Amparo
Lucero
8.04

GLOSARIO INTERNACIONAL
PARA EL TRADUCTOR

© 1994, MARINA ORELLANA
Inscripción Nº 131.128, Santiago de Chile.

Derechos de edición reservados para todos los países por
© EDITORIAL UNIVERSITARIA, S.A.
María Luisa Santander 0447, Santiago de Chile.

editor@universitaria.cl

Ninguna parte de este libro, incluido el diseño de la portada,
puede ser reproducida, transmitida o almacenada, sea por
procedimientos mecánicos, ópticos, químicos o
electrónicos, incluidas las fotocopias,
sin permiso escrito del editor.

ISBN 956-11-1640-5

Texto compuesto en tipografía *Times 9/9*

Se terminó de imprimir esta
CUARTA EDICIÓN, revisada y aumentada
de 2.000 ejemplares,
en los talleres de Imprenta Salesianos S.A.,
General Gana 1486, Santiago de Chile,
en febrero de 2005.

CUBIERTA
Diseño de *Keiko Hombo*.

Primera edición, 1967.
Segunda edición, 1984.
Tercera edición, 1988.
1ª reimpresión, 1992, de la Tercera edición.
2ª reimpresión, 1993, de la Tercera edición.
3ª reimpresión, 1994, de la Tercera edición.
4ª reimpresión, 1996, de la Tercera edición.
5ª reimpresión, 1997, de la Tercera edición.
6ª reimpresión, 1998, de la Tercera edición.
7ª reimpresión, 1998, de la Tercera edición.
8ª reimpresión, 2000, de la Tercera edición.
9ª reimpresión, 2001, de la Tercera edición.
Cuarta edición, 2003.
1ª reimpresión, 2005, de la Cuarta edición.

www.universitaria.cl

IMPRESO EN CHILE / PRINTED IN CHILE

GLOSARIO INTERNACIONAL

para el traductor

Glossary of selected terms used in international organizations

Marina Orellana

con la colaboración de
JOHN D. CHADBURN

CUARTA EDICIÓN
revisada y aumentada

Editorial UNIVERSITARIA

ÍNDICE

Nota preliminar
9

Parte I
INGLÉS-CASTELLANO

Abreviaturas
12

Glosario
13

Parte II
SPANISH-ENGLISH

Abbreviations
418

Glossary
419

NOTA PRELIMINAR

En esta cuarta edición del *Glosario Internacional para el Traductor* se han efectuado varias modificaciones.

Las "Frases de Uso Corriente" y las "Common Stock Phrases" han sido incorporadas en el cuerpo del texto, de modo que el usuario tiene ahora una sola secuencia que consultar. En el listado castellano-inglés se ha seguido la nueva ortografía recomendada por la Real Academia Española: la Ch y la Ll ya no son letras distintas del alfabeto, sino elementos integrantes de la C y de la L, respectivamente. Algunos términos han sido corregidos, otros han sido ampliados, y en cada idioma se han suprimido o agregado vocablos y expresiones. Las abreviaturas son también más numerosas.

El objetivo principal de los compiladores ha consistido en reunir una selección de términos y expresiones propias del amplio campo del desarrollo, que abarca temas tan diversos como agricultura, banca, computación, derecho, economía, educación, estadística, finanzas, medicina, salud, transporte, zootecnia. Esta gama de materias pone a prueba la competencia del traductor, quien en su tarea no siempre encuentra ayuda en los diccionarios generales.

En la preparación de esta nueva edición se ha tenido siempre en cuenta que los problemas a que deben hacer frente los traductores del inglés al castellano y viceversa son distintos, esencialmente por las características lingüísticas propias de cada idioma. Hasta se puede decir, sin exageración, que en las Américas son pocos los vocablos del ámbito del desarrollo que tienen un equivalente aceptado en castellano. Esto sucede, por ejemplo, con el vocablo *outsourcing*. Si bien este término es frecuente en todos los países de habla inglesa, en el mundo de habla castellana no hay acuerdo unánime acerca de su traducción.

Además, escasea el material de consulta rápida. A menos que el traductor tenga acceso a las publicaciones bilingües de organismos internacionales, se sentirá totalmente perdido. Esta dificultad se complica por el hecho de que la mayor parte de los diccionarios proceden de Europa. Por fortuna, esta situación se atenúa debido a la inclusión, en esos diccionarios, de un número cada vez mayor de "americanismos".

En esta cuarta edición del *Glosario*, como en anteriores ediciones, los compila-dores han procurado sugerir al usuario una serie de soluciones para traducir algunos términos y expresiones que lo abruman. Entre estos vocablos se encontrarán algunos que aún no han sido consignados en diccionarios generales, como también aquellos que han adquirido, o a los que se ha dado, un significado especial en los organismos especializados. Se incluye asimismo un manojo de locuciones que figuran con frecuencia en documentos de dichos organismos, cognados en inglés y castellano de los que ahora se abusa con tanta frecuencia que no siempre es fácil afirmar que se están usando correctamente o incorrectamente y, por último, palabras cuya traducción no acude con rapidez a la mente.

El orden en que figura la traducción sugerida para estos términos no indica prioridad ni preferencia, pues el usuario y el contenido del texto dictarán la traducción que se elija. La mención de un país sólo significa que el término o la expresión se encontró en un contexto originado en ese país, pero no que el vocablo se usa exclusivamente en ese país en el sentido indicado.

Interesa precisar que, en general, cada autor ha trabajado con cierta independencia, de modo que no hay concordancia absoluta entre las dos secciones del *Glosario*.

Las palabras seleccionadas no se presentan en todas sus acepciones. Sólo se consignan aquéllas que, a la luz de la experiencia, parecen más acertadas, como asimismo aquéllas que a menudo se dejan de lado.

Una vez más, me es muy grato hacer constar mis agradecimientos a colegas y a amigos de las Naciones Unidas y de organismos nacionales, regionales e internacionales, que han contribuido en una u otra forma a esta compilación de terminología. Agradezco muy especialmente a mi colega traductor y colaborador John D. Chadburn su valiosísimo aporte.

Se agradece asimismo a quienes intervinieron en la labor de computación tan necesaria en la preparación del *Glosario*. Menciono especialmente a Marlene Hyslop, Cecilia Plominsky, María Angélica Vargas, Yenny Isla y Jacqueline Dale.

El señor John D. Chadburn hace constar sus agradecimientos a Susan Hendry, ex funcionaria del Banco Interamericano de Desarrollo (BID), Washington, D.C., Estados Unidos, por la asistencia brindada. No sólo contribuyó con un sinnúmero de aciertos, sino que también leyó el texto manuscrito y formuló atinadas observaciones y sugerencias que mucho lo mejoraron.

Gracias también a Claudio Troncoso, de Editorial Universitaria, por su colaboración e interés en ver publicado el *Glosario*.

Marina Orellana

Santiago, Chile, Febrero de 2003.

PRIMERA PARTE

Inglés-Castellano

ABREVIATURAS

AC	América Central	Esp	España
AL	América Latina	EUA	Estados Unidos de América
Alem	Alemania	Guat	Guatemala
Arg	Argentina	Mex	México
Bol	Bolivia	RU	Reino Unido
Chi	Chile	RD	República Dominicana
Col	Colombia	Nic	Nicaragua
Escand	Escandinavia		

a	adjetivo	hosp	hospital
adm	administración	ict	ictiología
adv	adverbio	impr	imprenta
aero	aeronáutica	ind	industria
agr	agricultura	leg	legal
agrim	agrimensura	marit	marítimo
arq	arquitectura	med	medicina
bibl	biblioteca	met	meteorología
BID	Banco Interamericano de Desarrollo	mil	militar
biol	biología	náut	náutica
bnc	banca	NU	Naciones Unidas
Bols	Bolsa	odont	odontología
bot	botánica	op a	opuesto a
cens	censo	pisci	pisicultura
com	comercio	pl	plural
comp	computación	pol	política
const	construcción	p ej	por ejemplo
cont	contabilidad	presu	presupuesto
corp	corporación	psic	psicología
demo	demografía	rad	radio
dep	deporte	radiol	radiología
ecol	ecología	reg	regadío
econ	economía	s	sustantivo
edu	educación	seg	seguro
elec	electricidad	seg marit	seguro marítimo
enf	enfermería	silv	silvicultura
esp	especialmente	sinón	sinónimo
est	estadística	teat	teatro
etc	etcétera	técn	técnica
fam	familiar	teléf	teléfono
fc	ferrocarril(es)	topog	topografía
fig	sentido figurado	trib	tributación
fin	finanzas	trnsp	transporte
FMI	Fondo Monetario Internacional	TV	televisión
fot	fotografía	v	verbo
geol	geología	V	véase
gram	gramática	v gr	verbigratia
hidro	hidrografía	vial	vialidad

abalone: (ict) oreja de mar
abandon an appeal filed: desamparar la apelación
abandoned child: niño abandonado o desamparado
abandonment: abandono; dejación
__ **of an arrangement**: rechazo de un convenio
__ **of children**: desamparo o abandono de niños
abatement: disminución, reducción; (com) rebaja, descuento, bonificación; (leg) supresión, abolición; abandono de la instancia
__ **of suit**: desistimiento
__ **of taxes**: disminución de impuestos
abattoir: matadero
abdominal approach: (med) vía abdominal
abeyance: suspensión; (leg) suspenso; expectativa; (caer en) desuso
abhor: aborrecer, detestar, sentir horror
abide by: acatar, atenerse, someterse; ajustarse, aceptar; (leg) estar a la ley, estar a la altura de la ley (derecho)
__ **by a promise**: cumplir una promesa
__ **by the rules**: acatar las reglas
ability: aptitud, capacidad, habilidad, destreza, talento; (pl) dotes
__ **grouping**: (edu) distribución (de alumnos) según sus aptitudes, agrupamiento por secciones
__ **to attract people to a cause**: poder de convocatoria
__ **to pay**: solvencia, capacidad de pago, capacidad financiera, capacidad contributiva
abject poverty: pobreza absoluta
able: capaz, apto, competente, hábil, idóneo; (leg) legalmente habilitado o capacitado
able-bodied seaman: marinero experimentado, marinero de primera o preferente
abnormal capacity usage: (ind) superactividad
__ **child**: niño anormal, niño excepcional
__ **condition**: (med) estado patológico
__ **psychology**: psicología patológica, psicopatología, psicología de anormales
abode (of spouse): (leg) convivencia
abolish: abolir, anular, suprimir, revocar, derogar; levantar (restricciones)
abolition: (leg) abrogación, abolición, derogación
__ **of post**: supresión de puesto
abortion: aborto provocado
about-face: media vuelta; cambio de actitud, opinión o postura
about-turn: media vuelta; cambio de actitud, opinión o postura; inversión de la tendencia

above: *a* dicho, susodicho, precitado; superior, anterior, precedente; *adv* supra, más arriba, anteriormente.
__ **all**: en primer término, en primer lugar
__ **and beyond**: más allá de
__ **average profits**: ganancias sustanciales (jugosas), sin precedente
__ **par**: sobre par, con premio
__ **par value**: por encima de la paridad
__ **the line item**: partida ordinaria
above-mentioned: antedicho, antes citado, ya mencionado, precedente, susodicho, sobredicho
aboveboard: *a* franco; leal, sincero; honesto; legítimo; *adv* a vista de todos, al descubierto, en regla, abiertamente, sin rechazo
abrasive paper: lija
abridge the right: coartar el derecho
abridgement of rights: (leg) privación o coartación de derechos
abroad: en el extranjero, en ultramar, fuera del país
abrogate: abrogar, revocar, anular o rescindir acuerdo o tratado
abrupt downturn: baja brusca
absence of mind: distracción
__ **rate**: porcentaje de ausencia
__ **record**: antecedentes de ausencia, ficha o registro de ausencia
__ **without leave**: ausencia no autorizada
absent on leave: ausente con permiso
absentee: absentista, ausentista
__ **farm owners**: propietarios ausentistas
__ **landlord**: propietario absentista
absenteeism: absentismo, ausentismo, inasistencia habitual
absolute: absoluto; completo, incondicional; terminante; categórico; rotundo, perentorio
__ **acceptance**: aceptación sin condición
__ **obligation**: obligación incondicional
__ **poor**: personas que viven en la pobreza extrema; indigentes; desahuciados
absorbing shaft: pozo de drenaje
absorption accounting: contabilidad de costo total
__ **centers**: centros de recepción (refugiados)
__ **costing**: costo integral
__ **into useful employment**: absorción de la mano de obra
absorptive capacity: capacidad de absorción
abstention: abstención (votación)
abstract: resumen, extracto, sumario, compendio

__ **bulletin**: boletín de resumenes analíticos
__ **of title**: documento catastral de un inmueble
abuse liability: riesgo de abuso (drogas)
__ **of authority**: abuso de autoridad, extralimitación de poder
abutment: empotramiento (terreno); estribo (presa)
academic achievement: progreso académico, adelanto logrado en determinada aptitud o disciplina, resultado o aprovechamiento escolar o universitario
__ **bodies and universities**: academias y universidades
__ **credit**: calificación académica (V *credit*)
__ **discussion**: discusión teórica
__ **education**: enseñanza de tipo clásico (preparatoria para la universidad)
__ **fellowship**: beca para estudios académicos
__ **freedom**: libertad de enseñanza
__ **high school**: escuela secundaria clásica
__ **institutions**: establecimientos universitarios propiamente dichos o propiamente académicos (institutos de estudios superiores, institutos técnicos o pedagógicos, instituciones de enseñanza técnica o profesional)
__ **progress**: progreso escolar o académico
__ **qualifications**: títulos universitarios
__ **record**: antecedentes académicos, expediente universitario
__ **section (of a secondary school)**: sección de tipo clásico (de una escuela secundaria)
__ **self-discipline**: hábitos de trabajo intelectual
__ **standards**: (edu) requisitos académicos
__ **subjects**: disciplinas, asignaturas o materias clásicas; enseñanza de carácter general
__ **term**: período académico, período lectivo
__ **unit**: (est) casa de estudios
__ **writings**: trabajos eruditos o científicos (a veces, especulativos), trabajos universitarios
__ **year**: año escolar, académico o lectivo
academically gifted children: niños especialmente dotados para los estudios
accelerate: acelerar, apresurar, apurar, catalizar
__ **a loan**: exigir el reembolso anticipado de un préstamo, exigir el reembolso de un préstamo antes de su vencimiento
accelerated courses: cursos rápidos
__ **depreciation**: amortización acelerada, depreciación acelerada o decreciente
__ **language instruction program**: programa de enseñanza acelerada del idioma
acceleration clause: cláusula de vencimiento inmediato
accept and abide by: aceptar una obligación y atenerse a ella
__ **nomination**: aceptar ser candidato
__ **the tender**: adjudicar
acceptable: aceptable, admisible; oportuno, adecuado
__ **as collateral**: pignorable
__ **in payment**: de fuerza liberatoria
acceptance: aceptación; aprobación; (buena) acogida; aceptación bancaria

__ **agreement**: contrato de aceptación
__ **certificate**: acta de recepción (construcción)
__ **credit**: crédito cambiario
__ **for honor**: aceptación por honor
__ **house**: banco comercial de negocios
__ **in payment**: de fuerza liberatoria
__ **of membership**: aceptación de ingreso, aceptación en calidad de miembro
__ **papers**: (com) efectos de colusión
__ **rate**: tasa de aceptación (proyectos)
__ **supra protest**: aceptación por intervención
__ **test**: (min) ensayo de recepción; (const) prueba de recepción
acceptor: aceptante (de un efecto cambiario o de cambio); usuario de métodos anticonceptivos
__ **supra protest**: interventor en la aceptación
access road: camino de acceso
__ **shaft**: pozo de acceso
__ **to a facility**: acceso a un servicio
accessible: accesible, asequible, abordable
accession: accesión (al poder); adhesión (convenio); (agr) introducción
__ **department**: (bibl) departamento de adquisiciones
__ **number**: (bibl) número de registro o de ingreso
accessory: accesorio, aditamento; (leg) cómplice
__ **action**: (leg) acción incidental
__ **advertising**: publicidad de apoyo o complementaria
__ **after the fact**: encubridor
__ **before the fact**: cómplice, instigador
__ **penalties**: penas accesorias (comúnmente pérdida de derechos civiles)
__ **petition**: (leg) otrosí
__ **proceeding**: (leg) incidente
accident and health insurance: seguro de enfermedad y accidente
__ **benefits**: beneficios por accidente
__ **insurance**: seguro contra accidentes
__ **policy**: póliza de incapacitación
__ **report blank**: formulario de denuncia de accidentes
accidents at sea: fortuna de mar
accidental: accidental, fortuito; casual
__ **collision**: abordaje fortuito (mar)
__ **death**: muerte por accidente
accommodate: acomodar, adaptar, alojar, hospedar, caber, tener cabida para, tener espacio para; reconciliar, concertar, complacer
__ **and settle disputes**: transigir (conflictos o diferencias)
__ **students**: instalar o atender a los estudiantes; disponer de espacio para recibir a estudiantes
accommodating attitude: complacencia
__ **person**: persona servicial, atenta, complaciente, adaptable
accommodation: alojamiento, hospedaje, habitaciones; espacio, sitio, cabida; plazas, asientos; acuerdo, convenio; préstamo, crédito; adaptación (funcional)

ACCOMPANYNG · ACCRUAL

__ **acceptance**: aceptación de complacencia, de favor o por acomodamiento
__ **allowance**: subsidio de alojamiento
__ **and board**: alojamiento (habitación) y mantención (comida), casa y comida; pensión completa
__ **bill**: letra de favor, letra de cortesía o por complacencia
__ **capacity**: capacidad de alojamiento
__ **draft**: letra por complacencia, letra de cortesía
__ **ladder**: escala de portalón, escala real
__ **note**: pagaré de favor
__ **papers**: efectos de colusión o de cortesía
__ **ramp**: rampa de acceso, rampa de servidumbre
__ **rates**: (seg) tarifas de hospitalización
__ **schedule**: cuadro de distribución de espacio
__ **surplus**: exceso de locales
__ **type**: tipo de alojamiento
accompanying: concomitante (circunstancia)
accomplish: efectuar, lograr realizar; ultimar, rematar, dar cima a
accomplished fact: hecho consumado
accomplishment: realización, ejecución; logro, cumplimiento, consecución; (pl) talento, habilidades, aptitudes
accord: s acuerdo, convenio; v conceder, otorgar; concordar
__ **and satisfaction**: transacción
__ **precedence**: conceder prioridad
__ **sympathetic attention (consideration) to**: examinar con ánimo (o espíritu) favorable, otorgar benévola consideración
according as: según (que), a medida que
__ **to**: según, conforme a, de conformidad con, con arreglo a
__ **to law**: conforme a derecho, de conformidad con la ley
__ **to schedule**: conforme a los planes, según los planes
accordingly: por consiguiente, en consecuencia, como corresponde, por (lo) tanto, por ende
account book: libro de cuentas
__ **day**: día de liquidación (Bolsa)
__ **for**: dar cuenta de, justificar (atraso, etc), explicar, responder de
__ **for redraft**: cuenta de resaca
__ **holder**: cuentacorrentista, titular de una cuenta
__ **maintained by**: cuenta vigente de
__ **number**: número de cuenta
__ **of charges on return bills**: cuenta de resaca
__ **payable**: cuenta acreedora
__ **register**: registrador de cuentas
__ **settled**: cuenta liquidada
__ **title**: título de cuenta
__ **turnover**: movimiento de la cuenta
accountability: responsabilidad, rendición de cuentas, obligación de rendir cuentas, de responder de
accountable: responsable
__ **for, be**: responder de
accountancy: contabilidad, técnica contable
accountant: contador, contable

accounting: contabilidad
__ **clerk**: auxiliar de contabilidad
__ **conventions**: prácticas contables, usos contables
__ **dollar**: dólar de compensación
__ **entry**: asiento contable
__ **equation**: ecuación de balance general
__ **evidence**: justificación contable
__ **function**: función contable
__ **in**: contablemente
__ **manual**: manual de contabilidad, guía contable
__ **note**: extracto de cuenta
__ **office**: contaduría
__ **on a cash basis**: contabilidad de caja
__ **on a quantity basis**: contabilidad de materiales
__ **on an accrual basis**: contabilidad por acumulaciones
__ **period**: período económico, ejercicio contable, período fiscal, ejercicio social
__ **practices**: prácticas contables
__ **price**: precio de cuenta, precio contable
__ **procedure**: método de contabilidad, procedimiento contable
__ **provision**: consignación contable
__ **rate**: tipo (de cambio) para fines contables; tipo (de interés) contable
__ **ratio**: relación de cuenta
__ **records**: libros o registros de contabilidad
__ **standards**: normas de contabilidad
__ **transaction**: trámite contable
__ **unit**: unidad contable
__ **year**: ejercicio contable
accounts: cuentas, estados de cuentas
__ **chart**: esquema de cuentas
__ **clerk**: auxiliar de contabilidad, empleado de la sección de contabilidad
__ **due**: cuentas vencidas
__ **ledger**: libro mayor
__ **payable**: cuentas por pagar
__ **receivable**: cuentas por cobrar, por recibir o pendientes de cobro
accredit studies: homologar estudios
accreditation: reconocimiento de una institución de enseñanza, convalidación de estudios, sistema de equivalencias, certificación de idoneidad o competencia; credencial(es)
__ **service**: servicio de evaluación, servicio de homologación
accredited member: miembro reconocido o autorizado
__ **representative**: representante acreditado
__ **school**: escuela reconocida o aceptada
accrediting agency: organismo acreditador
accretion learning: aprendizaje acumulativo
accrual basis: base acumulativa, base devengada
__ **basis accounting**: contabilidad patrimonial; contabilidad según el (criterio de) registro de derechos adquiridos u obligaciones contraídas; contabilidad en valores devengados, contabilidad de ejercicio, contabilidad por acumulaciones

ACCRUE

__ **for interest**: suma acumulada por concepto de interés
__ **of exchange**: afluencia de divisas
__ **rate**: tasa de acumulación accruals: acumulaciones, incrementos
accrue: acumular, devengar
accrued annual leave: licencia anual acumulada
__ **assets-liabilities**: activo-pasivo acumulado
__ **charges**: cargos devengados
__ **depreciation**: depreciación acumulada
__ **dividend**: dividendo acumulado
__ **expenses**: gastos acumulados o devengados, gastos pagaderos
__ **income**: ingresos acumulados, devengados, renta acumulada
__ **income adjustment account**: cuenta de regularización de activo
__ **interest**: interés acumulado, vencido o devengado, intereses corridos
__ **interest receivable**: interés devengado por cobrar
__ **leave**: licencia acumulada
__ **liability**: pasivo acumulado, pasivo transitorio
__ **liabilities adjustment account**: cuenta de regularización de pasivo
__ **loan commissions**: comisiones devengadas (acumuladas) sobre préstamos
__ **service benefits**: gratificaciones acumuladas por servicios prestados
__ **taxes**: impuestos vencidos
acculturation: transculturación
accumulated elevation: cota redonda
accumulative evaluation: evaluación sumativa
accuracy test: test de exactitud
acetate rayon: rayón de acetato, acetato, artisela de acetato
achievement: ejecución, realización, consecución; logro, éxito; obra, resultado, progreso; hazaña, cristalización (metas, ideales); conquista
__ **indicators**: indicadores de los logros
__ **rating**: escala de rendimiento
__ **test**: prueba de aprovechamiento, test de progreso escolar, test de rendimiento
acid-producing (acidogenic) bacteria: bacterias acidógenas
acid-sulphate soils: suelos bisulfatados
acid-test ratio: relación activo disponible-pasivo corriente, relación de reservas (contra depósitos)
acidified (acidic) snow: nieve ácida
acidifying substance: sustancia acidificante
acknowledge: admitir, reconocer; (leg) certificar, atestar, declarar
__ **receipt**: acusar recibo de
acknowledgement: admisión, reconocimiento, acuse de recibo, agradecimiento
__ **of a debt**: reconocimiento de una deuda
acquaintance mission: misión de contacto, misión inicial
acquiesce: condescender, consentir, asentir
acquiescent learning: aprendizaje pasivo
acquired goodwill: plusvalía adquirida

ACTING

__ **right**: derecho adquirido
__ **surplus**: superávit adquirido
acquiring enterprise: empresa compradora
acquisition cost: precio de compra
__ **costs not written off**: gastos de adquisición no amortizados
__ **for value**: adquisición a título oneroso
__ **of data**: captación de datos
acquittal: cumplimiento (deber); descargo, pago o satisfacción (deuda); (leg) absolución, exculpación, sentencia absolutoria, absolución libre
acquittance: liquidación, pago, descargo; recibo, comprobante, carta de finiquito
acreage: superficie en acres; superficie cultivada
__ **allotment**: superficie asignada para siembra
__ **restriction**: limitación de cultivos
__ **tax**: (min) impuesto territorial
acre-foot: acre-pie
acronym: sigla
across-the-board competition: competencia en todos los ramos
__ **increase**: aumento general de sueldo (para todo el personal), aumento global
__ **reduction**: reducción lineal o general
__ **tariff cuts**: reducción general de aranceles
acute cerebral vascular accident: (med) apoplejía
act: s acto, hecho, acción; ley, decreto; v actuar, obrar, funcionar, tomar medidas, operar, oficiar
__ **as**: actuar de, hacer de
__ **as chairman**: presidir
__ **as surety**: dar fianza, caucionar
__ **for**: actuar en representación de
__ **in accordance with (circumstances)**: atenerse (a las circunstancias)
__ **of bankruptcy**: causa de la quiebra; acción que justifica la apertura de quiebra
__ **of Congress**: ley del Congreso
__ **of God**: fuerza mayor, caso fortuito
__ **of incorporation**: escritura de constitución
__ **of law**: acto jurídico
__ **of State**: acto de gobierno
__ **of war**: acto bélico o de guerra
__ **on behalf of**: actuar en nombre de, actuar por cuenta de
__ **under authority**: actuar por poder, actuar bajo autorización
__ **up**: travesear
__ **with full power**: proceder de oficio
acts of ownership: actos de dominio
__ **of violence**: (leg) vías de hecho
acting: interino, suplente, provisional; en funciones, en ejercicio
__ **chairman**: presidente interino (antes de la elección); presidente en ejercicio, en funciones o provisional (en ausencia del Presidente)
__ **chief**: jefe interino
__ **director**: director accidental
__ **manager**: director delegado
__ **minister**: ministro de (por) la ley
__ **upon a petition by one of the parties**: a petición de parte (*op a* de oficio)

16

acting-out individuals: personas con propensión a exteriorizar sus vivencias
action: acción, movimiento; intervención; actividades; medidas; trámites; actuación; decisión; (leg) acción, querella, demanda; pleito, litigio; proceso; (técn) mecanismo; funcionamiento
__ **at law**: acción procesal
__ **brought by a private party**: querella de parte
__ **does not lie**: (leg) no ha lugar
__ **for a provisional remedy**: acción precautoria
__ **in default**: juicio en rebeldía
__ **in rem**: acción real
__ **on application by one of the parties**: (leg) instancia de parte
__ **plan**: plan preventivo; plan de ordenación ambiental
__ **to upset the Constitution**: atentado contra la Constitución
action-oriented document: documento de medidas prácticas
__ **proposal**: propuesta orientada a la acción
actionable: (leg) procesable, justiciable
__ **damage**: (leg) daño pagable
__ **words**: (leg) injurias
activate: activar, hacer intervenir, poner en marcha
activated aeration: aeración activa
__ **sludge**: lodo activo o activado
active assets: activo productivo
__ **balance**: saldo acreedor
__ **bond**: (RU) obligación de renta fija
__ **buying**: demanda activa
__ **capital**: capital activo o disponible
__ **case-finding**: búsqueda activa de casos
__ **debt**: deuda activa o que devenga interés
__ **discussion**: discusión animada
__ **disease**: enfermedad en su forma activa
__ **duty**: servicio activo
__ **file**: archivo corriente, circulante o activo, expediente abierto
__ **fleet**: flota de servicio
__ **liabilities**: pasivo corriente o activo
__ **market**: mercado animado
__ **obligations**: obligaciones en curso
__ **partner**: socio activo, socio industrial, (Mex) socio comanditado
__ **school**: escuela activa
__ **service**: servicio activo
__ **solar energy system**: sistema activo de energía solar
__ **staff**: personal en servicio activo
activity: actividades; energía, vigor; ocupación; (bnc) movimiento de cuenta
__ **charge**: (bnc) gastos bancarios; cargo por movimiento (cuenta)
__ **curriculum**: (edu) plan de estudios de la escuela activa (sinón: *project* o *experience curriculum*)
__ **methods**: métodos activos o de la escuela activa
__ **period**: período de actividad libre extraescolar

__ **program**: programa experimental, programa de la educación activa, programa de actividades
__ **unit**: (edu) centro de interés, unidad de trabajo activo, unidad funcional
actor: actor, personaje, participante, persona que interviene, persona involucrada
actual: verdadero, real, concreto, efectivo, propiamente dicho
__ **application**: aplicación práctica
__ **case**: caso concreto
__ **cash value**: valor realizable en efectivo
__ **cost**: gasto efectivo
__ **count**: recuento directo (dinero, valores, etc)
__ **damages**: daños personales
__ **disbursements**: sumas efectivamente desembolsadas
__ **experience**: experiencia real
__ **possession**: (leg) posesión efectiva (inmuebles)
__ **price**: precio verdadero, precio vigente
__ **rate of pay**: remuneración efectiva
__ **reserves**: encaje constituido
__ **time**: tiempo real
__ **versus projected earnings**: utilidades reales versus las proyectadas
actually: en el fondo, en realidad, realmente, verdaderamente, efectivamente, en efecto, de hecho, concretamente
actuarial advice: asesoramiento de los actuarios
__ **basis**: base actuarial
__ **expectations**: perspectivas matemáticas, esperanzas matemáticas
__ **mathematics**: matemáticas actuariales
__ **profits**: ganancias contables
__ **reserve**: (cont) provisión técnica, reserva matemática
__ **tables**: cuadros actuariales, tablas de mortalidad
__ **valuation**: evaluación actuarial (avalúo catastral)
actuary's valuation: cálculo actuarial, valoración actuarial
acute: agudo, perspicaz, grave
__ **care hospital**: hospital de corta estadía
__ **disease**: enfermedad de carácter agudo
__ **situation**: situación peligrosa
__ **unemployment**: desempleo crítico
acutely ill: gravemente enfermo
__ **toxic pesticide**: plaguicida muy tóxico
ad hoc basis, on an: según las necesidades
__ **committee**: comité especial
__ **groups of experts**: grupos especiales de expertos
__ **working party**: grupo de trabajo especial o ad hoc
ad interim: *a* interino; *adv* provisionalmente
ad valorem: según valor
__ **valorem duties**: derechos (impuestos) ad valorem
__ **valorem fee**: tasa de valorización
__ **valorem import duty**: derecho de importación ad valorem

ADAPT

adapt: compatibilizar (tipo de cambio)
adaptation of job to man: ergonomía
adaptive expectations: expectativas adaptables
__ **planning**: planificación adaptable
__ **research**: investigación con fines de adaptación
add-on technology: tecnología suplementaria o accesoria
__ **waste treatment**: tratamiento suplementario de desechos
added clause: cláusula adicional
__ **value**: valor agregado
addendum: apéndice; anexo; suplemento; adición; addendum
addiction liability: acción toxicomanígena; efecto toxicomanígeno
addiction-forming drugs: drogas toxicomanígenas
adding-tabulating machine: máquina sumadora-tabuladora
addition for settling costs: suplemento para cubrir gastos de venta
__ **to a plant**: ensanche, anexo, adición
additional: complementario, añadido, extra, otro, otro más
__ **benefits**: beneficios complementarios
__ **bounty**: prima suplementaria
__ **charge**: sobreprecio, gasto adicional
__ **haulage**: sobreacarreo
__ **hours of teaching**: horas suplementarias de enseñanza
__ **levels**: categorías adicionales (de personal)
__ **pay**: sobresueldo
__ **payment**: pago suplementario
__ **premium**: (seg) sobreprima, recargo de prima
address: dirección, señas; discurso, palabras, alocución
__ **a meeting**: hacer uso de la palabra en una reunión o dirigirse a ésta, pronunciar un discurso ante
__ **an issue**: abordar un asunto (problema)
__ **in case of need**: dirección en caso de necesidad
__ **the Chair**: dirigirse a la Presidencia
addressee: destinatario; (com) consignatario
addressing externalities: formas de abordar las externalidades
adequacy: adecuación; conformidad; suficiencia; idoneidad; conveniencia
__ **of monetary reserves**: suficiencia de las reservas monetarias
adequate: suficiente, bastante, satisfactorio, aceptable, pasable; apropiado, indicado; a veces: correspondiente, pertinente
__ **background**: antecedentes adecuados; conocimientos apropiados, preparación conveniente
__ **care**: cuidado (atención) razonable
__ **compensation**: remuneración justa o equitativa
__ **consideration**: consideracion debida; (leg) causa adecuada
adherence: adherencia, adhesión; observación (regla); accesión (tratado)
adhesion contract: contrato de adhesión
adhesive stamp: sello adhesivo o engomado

ADJUSTMENT

__ **tape**: cinta adhesiva; (med) esparadrapo
adit: (min) bocamina, acceso, entrada, socavón, pozo inclinado, tiro inclinado, galería de acceso
__ **mining**: explotación por galerías
adjacent: adyacente, cercano, inmediato, próximo, vecino, contiguo, limítrofe, colindante, circundante (que rodea)
__ **area**: zona colindante
__ **State**: Estado limítrofe
adjective law: derecho procesal, derecho rituario, adjetivo o de forma
adjourn: suspender, aplazar, diferir, postergar, levantar (una sesión)
__ **a meeting (session)**: suspender una reunión (sesión, período de sesiones)
adjournment: suspensión; aplazamiento
__ **sine die**: aplazamiento por término indefinido
adjudge the debtor a bankrupt: iniciar el procedimiento de quiebra sobre los bienes de un deudor
adjudicate: decidir, juzgar, sentenciar
__ **on the merits**: decidir sobre el fondo (de un caso)
__ **upon disputes**: dirimir controversias
adjudication of a person as bankrupt: declaración en quiebra de alguien
__ **of bankruptcy**: juicio de quiebra, quiebra judicial
adjudicatory jurisdiction: jurisdicción contenciosa
adjunct account: cuenta auxiliar
__ **professor**: profesor adjunto, profesor asociado
adjust: ajustar, adaptar, arreglar, resolver, concertar, componer, modificar, cambiar
__ **a claim**: zanjar (solventar) una reclamación; (seg) liquidar (o tasar) un siniestro
adjustable: ajustable, regulable, graduable
__ **aid**: asistencia con fines de ajuste
__ **insurance**: seguro flotante
__ **peg**: vínculo ajustable (divisas)
adjusted capital: capital social más reservas
__ **rate**: tasa ajustada, tasa indexada
__ **upward**: aumentado, incrementado
adjuster: (seg) perito (liquidador) de averías
adjusting entry: asiento de ajuste o rectificativo
adjustment: ajuste; reajuste; adaptación; arreglo, solución (tasación y liquidación); modificación, cambio
__ **account**: cuenta de regularización
__ **aid**: asistencia para fines de ajuste o para la reconversión
__ **entry**: asiento rectificativo
__ **for currency devaluation**: corrección monetaria
__ **for prior periods**: ajuste por ejercicios anteriores
__ **of a claim**: liquidación de una reclamación
__ **of charges**: ajuste de cuentas
__ **of claims**: tasación de averías (daños)
__ **of the peg**: reajuste del vínculo
__ **studies**: estudios sobre el proceso de ajuste
__ **to class procedures**: adaptación a la vida escolar

adman: publicista, director de anuncios
admeasurement contract (unit price): contrato de precio unitario
administer: administrar, manejar; aplicar, proporcionar
__ **a vaccine**: vacunar, aplicar una vacuna
__ **an oath**: tomar juramento a
administered price: precio administrado, controlado o impuesto, precio fijo por el productor, precio regulado
__ **freight rates**: fletes reglamentados
__ **market**: mercado regulado
__ **rate**: tarifa de flete reglamentario
Administering Member: Estado Miembro encargado de la administración (de territorios)
administration: administración; gestión, dirección; (EUA) gobierno; mandato; (adm) personal director o administrativo
__ **of liquidation**: procedimiento para efectuar la liquidación
__ **of restrictions**: aplicación de restricciones
administrative ability: capacidad administrativa
__ **accounting**: contabilidad administrativa
__ **act**: trámite administrativo
__ **action**: medida administrativa, gestión administrativa, trámite administrativo, decisión administrativa
__ **agency**: organismo administrativo
__ **analyst**: analista de gerencia administrativa
__ **areas**: divisiones (territoriales) administrativas, circunscripciones administrativas
__ **arrangements**: disposiciones administrativas
__ **assistant**: ayudante administrativo
__ **audit**: auditoría administrativa
__ **hierarchy**: dependencia administrativa
__ **internship**: pasante
__ **issuance**: publicación administrativa
__ **law**: derecho administrativo
__ **law appeal**: recurso contencioso-administrativo
__ **law proceeding**: juicio contencioso administrativo
__ **machinery**: mecanismo administrativo, sistema administrativo, engranaje administrativo
__ **management**: gestión administrativa
__ **officer**: funcionario administrativo
__ **overhead**: gastos generales de administración
__ **patterns**: sistemas de administración
__ **proceedings**: (leg) vía administrativa
__ **protective order**: providencia precautoria administrativa
__ **rate**: tarifa de flete reglamentada
__ **research**: investigación sobre métodos administrativos
__ **rules**: reglamento administrativo, disposiciones administrativas, normas
__ **taxation**: imposición de oficio
administrator: administrador; (leg) albacea
admiralty court: tribunal marítimo
__ **law**: derecho marítimo
admissibility: admisibilidad, aceptabilidad

admission fee: cuota de ingreso
__ **of evidence**: (leg) recibimiento de pruebas
__ **of guilt**: confesión de culpabilidad
__ **of seaworthiness**: reconocimiento de navegabilidad
__ **requirements**: condiciones de ingreso o de admisión
__ **to membership**: ingreso en calidad de miembro
__ **to partnership**: admisión en consorcio
admissions tax: impuesto sobre entradas o espectáculos
admit: admitir, dejar entrar, confesar, reconocer (errores, etc)
__ **liability**: reconocer responsabilidad
admitted liabilities: pasivo computable
admittedly: cierto es que, se reconoce que, es verdad que, por cierto
admonition: amonestación, represión, apercibimiento, admonición
adobe wall: tapia
adopt: adoptar (hijo); aceptar (idea, sugerencia); aprobar (informe, resolución)
__ **a suggestion**: aceptar o seguir una sugerencia
__ **a system**: adoptar un sistema
__ **the agenda**: aprobar el programa de temas
adopted child: hijo adoptivo
adult: (leg) mayor de edad, persona de edad
__ **education**: educación o perfeccionamiento de adultos
__ **education fair**: exposición sobre educación de adultos
__ **education worker**: especialista en educación de adultos, educador de adultos, práctico de la educación de adultos
__ **suffrage**: derecho de voto de los adultos
__ **voters**: electores adultos
adulterant: s sustancia adulterante; a adulterante, adulterador
adulterate: falsificar, viciar
adulticides: imagocidas
advance: s crédito, adelanto, avance, progreso; anticipo, préstamo; a anticipado, adelantado, previo; v avanzar, adelantar; promover, fomentar, proponer, presentar; anticipar, prestar
__ **account**: cuenta de anticipos, cuenta de préstamos
__ **collections**: cobros por adelantado
__ **copy**: ejemplar de imprenta, ejemplar enviado a críticos; tirada anticipada
__ **deposit**: depósito previo
__ **deposit requirements**: requisitos de depósito previo (anticipado)
__ **edition**: edición anticipada
__ **freight**: porte o flete pagado con anticipación
__ **in price**: alza, aumento o subida de precio
__ **information**: información preliminar
__ **money**: adelantar dinero, prestar dinero
__ **money on securities**: adelantar dinero sobre valores
__ **notice**: preaviso, aviso previo o anticipado

__ **payment**: adelanto, pago anticipado, anticipo
__ **planning**: planificación oportuna
__ **planting**: cultivo preliminar, plantación anticipada
__ **procurement**: adquisición por adelantado
__ **redemption**: reembolso anticipado (bonos)
__ **release**: distribución preliminar o anticipada (comunicado de prensa)
__ **repayment**: reembolso anticipado
__ **repurchase**: recompra adelantada
__ **tax**: impuesto anticipado
__ **the date**: adelantar la fecha
advanced annual leave: vacaciones anuales por anticipado, licencia anual anticipada
__ **courses**: cursos superiores, cursos de perfeccionamiento
__ **degree**: certificado de estudios superiores
__ **disease**: enfermedad de grado avanzado
__ **education**: educación superior
__ **farmer**: agricultor innovador
__ **home leave**: vacaciones anticipadas en el país de origen; licencia anual anticipada; días de vacaciones anuales tomados por anticipado
__ **nursing education**: enseñanza superior de enfermería
__ **sick leave**: días de licencia por enfermedad tomados antes de tener derecho a ellos
__ **specialists**: especialistas (en educación) con formación superior
__ **students**: estudiantes ya avanzados en sus estudios, estudiantes adelantados
__ **studies**: estudios avanzados, superiores o de perfeccionamiento
__ **symposium**: coloquio (simposio) para especialistas
__ **technology**: tecnología de alto nivel, de punta o de vanguardia
__ **training**: formación superior, avanzada o especializada; especialización, perfeccionamiento
advancement: adelantamiento, adelanto, progreso; promoción, fomento, desarrollo; ascenso; superación
__ **of labor**: dignificación del trabajo
__ **of science**: avance de la ciencia
__ **of women**: promoción de la mujer
advantageous: ventajoso, útil, provechoso, beneficiario, conveniente
__ **balance of trade**: balanza comercial favorable
adversary (in a lawsuit): contraparte (en un juicio)
__ **proceeding**: juicio adversario o disputado
adverse balance of payments: balanza de pagos deficitaria o negativa
__ **climate changes**: cambios climáticos negativos o desfavorables
__ **effect**: efecto contraproducente, negativo, perjudicial o nocivo
__ **environmental effect**: efecto perjudicial para el medio ambiente
__ **health effect**: efecto nocivo para la salud

__ **party**: parte contraria
__ **trade balance**: balanza comercial pasiva
__ **weather**: tiempo desfavorable
adversely affect: perjudicar, comprometer, desvirtuar
advertised bidding: licitación pública
advertiser solicitor: corredor publicitario
advertising: propaganda, publicidad, anuncios
__ **appeal**: eficacia publicitaria
__ **charges**: gastos de propaganda
__ **competition**: concurso publicitario
__ **copy**: texto o manuscrito del anuncio; material publicitario
__ **film**: film publicitario, filmet
__ **literature**: material publicitario
__ **media**: medios de publicidad
__ **supplies**: material de propaganda
advice: consejo; asesoramiento; asesoría; (com) aviso, notificación
__ **of counsel**: consejo del abogado
__ **of shipment**: aviso de embarque
advisable: prudente; conveniente, aconsejable
advise: aconsejar, asesorar, informar; (com) notificar
advisedly: deliberadamente, con conocimiento de causa
advisement: consideración, deliberación, notificación
advising bank: banco avisador
advisory assistance: asesoría
__ **board**: consejo consultivo, junta consultiva
__ **bodies**: órganos consultivos
__ **committee**: comisión consultiva, comité asesor
__ **opinion**: dictamen, opinion consultiva
__ **report**: informe consultivo
__ **services**: servicios consultivos, asesoría
__ **staff**: personal asesor
advocacy of services: promoción de servicios
advocate: *s* defensor, partidario; (leg) abogado; *v* abogar por, ser partidario de, recomendar, propugnar, preconizar
aerated concrete: hormigón celular
aeration tank: torre biológica
aerial hijacking: secuestro de aviones, desviación (a mano armada) de aeronaves, piratería aérea
__ **larviciding**: aplicación de larvicidas desde aviones
__ **mapping**: fotogrametría aérea
__ **photography**: aerofotografía, fotografía aérea
__ **plankton**: plancton atmosférico
__ **seeding**: siembra aérea
__ **skidder**: (silv) cable vía de arrastre
__ **spraying**: rociamiento aéreo, pulverización aérea
__ **survey**: reconocimiento (levantamiento) aéreo
aerobic conditions: estados aerobios
__ **pond**: laguna aerobia

aerobic-anaerobic lagoon: laguna facultativa (aguas servidas)
aeromagnetic survey: estudio aeromagnético, levantamiento aeromagnético
aerosol dispenser: atomizador de aerosoles
__ **load**: carga de aerosoles; contenido de aerosoles
__ **spray**: aspersión a base de aerosol
__ **spray can**: atomizador de aerosoles
affect: afectar, tener que ver con, influir en
__ **adversely**: perjudicar
__ **with a public interest**: ser de utilidad pública
affidavit: (leg) declaración jurada, constancia testimonial
affiliate bank: banco afiliado
affiliated company (affiliate): compañía asociada o afiliada
__ **enterprise**: empresa filial
affiliation: (leg) legitimación (de un niño)
affirmative easement: servidumbre dominante
__ **proof**: prueba positiva
affluent society: sociedad próspera u opulenta
afford: permitirse (el lujo), costearse; proporcionar, brindar, dar
__ **an opportunity**: deparar la ocasión, brindar la posibilidad, posibilitar
affordability: accesibilidad financiera; capacidad de acceso a; capacidad de pago
__ **ratio**: (constr) relación gastos de vivienda-ingresos
affordable water: agua a precios razonables
afforest: (RU) repoblar con árboles
afforestation: (RU) repoblación forestal; (EUA) forestación, plantío de bosques, plantaciones forestales
aforesaid: antedicho, susodicho, ya mencionado
after a fashion: en cierto modo, más o menos, hasta cierto punto
__ **all is said and done**: al fin y al cabo
__ **consultation**: previa deliberación
__ **delivery**: previa entrega
__ **due consideration**: después de un detenido examen (del asunto)
__ **having received consent or permission**: previa venia, previo asentimiento o consentimiento
__ **mature deliberation**: después de largas deliberaciones
__ **official hours**: después del cierre de la Bolsa
__ **taxes**: después de deducir los impuestos
__ **the time-limit has passed**: extemporáneamente
afterbay: cámara de descarga, cámara de salida, cámara de restitución
aftercare: asistencia a los liberados, asistencia poscarcelaria; (med) asistencia posoperatoria, cuidado de postramiento, atención ulterior, vigilancia ulterior, tratamiento poshospitalario
__ **committee**: comité de asistencia poscarcelaria
__ **houses**: casas de convalecencia
__ **of disposal site**: mantenimiento de vertedero (de desechos)
aftereffect: efecto tardío, secuela, consecuencia, repercusión; coletazo o réplica (de un terremoto)

afterload technique: técnica de carga diferida
after market: mercado secundario
aftermath: repercusión, secuela, consecuencia, efecto, resultado; (agr) renadío (cultivo), segundo corte
aftersales service: servicio postventa
afterservice benefits: prestaciones después del cese en el servicio (de un funcionario)
__ **health insurance**: seguro médico después de la separación del servicio
aftershock: temblor secundario; réplica
aftertax income: ingresos después de pagar los impuestos, una vez deducidos los impuestos
again and again: una y otra vez, repetidas veces
against the background of: contra el telón de fondo de, dentro del marco de, teniendo en cuenta
__ **one's better judgment**: contra su propia convicción
__ **payment**: contra pago, contra reembolso
__ **the rules**: al margen del reglamento
__ **this background**: teniendo en cuenta estos antecedentes
age adjusted: ajustado por edad, ajustado para tener en cuenta la edad
__ **analysis**: (fin) análisis de vencimiento
__ **at calving**: edad en el momento del parto
__ **behavior norm**: conducta típica a un nivel de edad determinado
__ **characteristics**: características por edad
__ **dependency rate**: tasa de inactividad por edad
__ **distribution**: pirámide demográfica, composición por edad
__ **gracefully**: envejecer dignamente, con dignidad
__ **group**: grupo de edad, grupo etario
__ **level**: nivel de edad, grupo de edad
__ **norm**: edad cronológica típica (basada en expresión de adelanto, inteligencia)
__ **of maturity**: mayoría de edad
__ **profile**: distribución por edad
__ **range**: escala de edad
__ **structure**: distribución por edad
__ **structure of population**: estructura o composición de la población por edad
__ **tolerance**: margen de tolerancia para determinar la edad
age-class system: método por clases de edad
age-hardening: endurecimiento (motores, maquinaria) por antigüedad
age-life depreciation: depreciación por porcentaje constante
age-old forest: bosque secular
age-specific divorce rate: tasa de divorcialidad por edad
__ **enrollment rate**: (edu) coeficiente de matrícula por edad específica
__ **fertility rate**: tasa de fecundidad por edad
__ **rates**: tasas específicas por edad
age-standardized death rate: tasa de mortalidad normalizada según la edad

AGED   AGROCLIMATOLOGICAL

aged account: cuenta vencida
__ **trial balance**: balance cronológico
agency: organismo, entidad, institución; (com) agencia (de viajes, etc)
__ **contract**: contrato o mandato de representación
__ **fee**: comisión de gestión o de agente (mercado de capitales)
__ **line**: línea de crédito a través de un agente
__ **securities**: (EUA) títulos (emisiones) de organismos federales
agenda: programa (de temas), temario, orden del día, agenda
__ **for action**: programa de acción
agent: representante; (leg) apoderado; (com) agente
__ **bank**: banco corresponsal, banco agente
__ **of production**: agente de producción, factor de producción
agglomerated cake: cake sinterado
agglomeration of holdings: concentración parcelaria (de tierra agrícola)
aggravated assault: amenaza de acometimiento grave
__ **homicide**: homicidio calificado
aggregate: *s* monto global agregado; conjunto; totalidad; *a* global, colectivo, total, agregado
__ **account**: cuenta global
__ **amount**: importe total, cantidad global
__ **attendance**: total de días de asistencia
__ **demand**: demanda total, global
__ **econometric models**: modelos macroeconométricos
__ **gross liabilities**: total del pasivo bruto
__ **imports**: masa de las importaciones
__ **income**: renta global, ingresos globales
__ **index**: índice global o general
__ **life table**: tabla de mortalidad general
__ **model**: modelo agregado o global
__ **mortality table**: tabla completa de mortalidad
__ **profit**: producto global
__ **supply**: oferta agregada global
__ **target**: objetivo global, objetivo macroeconómico
__ **tax rate**: tasa impositiva global
__ **value**: valor acumulado, valor agregado
aggregative economics: macroeconomía
__ **planning**: planificación global o agregativa
aggressive: agresivo; (EUA) dinámico, activo, emprendedor, resuelto, enérgico, atrevido
aggrieved party: (leg) parte dañada
aging (ageing): antigüedad, vejez
__ **of accounts**: antigüedad de las cuentas
__ **schedule**: estado o informe de cuentas por cobrar según fecha de vencimiento
agio: sobretasa
agist: aparcería pecuaria
agitator tank: cubo de hormigón
agree to a resolution: aceptar una resolución
agreed facts: hechos reconocidos; hechos no controvertidos

__ **minutes**: acta aprobada
__ **par value**: paridad convenida
__ **point**: punto convenido
__ **statement of facts**: estipulación de hechos
__ **termination**: rescisión de contrato por acuerdo mutuo
agreement: acuerdo, pacto, convenio; contrato; concordancia, conformidad, armonía
__ **by job**: contrato por destajo
__ **coefficient**: (est) coeficiente de coincidencia
__ **dollars**: dólares "de convenio"
agribusiness: agroindustria, sociedad agroindustrial
agricultural and livestock loan: crédito agropecuario
__ **and livestock sector**: sector agropecuario
__ **bank**: banco de crédito agrícola
__ **census**: censo agropecuario
__ **chemicals**: productos químicos agrícolas
__ **college**: escuela-granja agrícola
__ **engineer**: ingeniero agrónomo
__ **engineering**: mecanización de la agricultura
__ **enterprise**: explotación agrícola
__ **expert**: agrónomo
__ **extension**: extensión agrícola
__ **extension officer**: agente de extensión agrícola, extensionista
__ **extension worker**: instructor agrícola
__ **high school**: escuela de agricultura de segundo grado
__ **implements**: aperos de labranza
__ **law**: derecho agrario
__ **loan**: crédito agrícola
__ **map**: carta agrológica
__ **modernization**: tecnificación agrícola
__ **policy**: política agraria
__ **potential**: vocación agrícola
__ **portfolio**: cartera de préstamos para agricultura o para el sector agrícola
__ **Production and Export (Apex) Bank**: banco (o caja) de crédito para la producción y las exportaciones agropecuarias
__ **profits tax**: impuestos sobre los beneficios agrícolas
__ **raw materials**: materias primas agropecuarias
__ **runoff**: desagüe agrícola, escorrentía de tierras agrícolas
__ **sector**: sector agrícola, agro
__ **settlement**: colonia agrícola
__ **surplus**: excedentes agrícolas
__ **technician**: perito agrónomo
__ **technology**: tecnología agrícola, técnicas agronómicas
agricultur(al)ist: agricultor, agrónomo, ingeniero agrónomo, técnico agrícola
agriculture-based industry: agroindustria
agrimonetary measures: medidas agrimonetarias
agrobased industry: agroindustria
agroclimatological zoning: zonación, zonificación o parcelamiento agroclimatológico

agroclimatology: agroclimatología
agrofish processing industry: industria de elaboración de productos agropiscícolas
agrofood(stuffs) industry: industria agroalimentaria
agroforestation (agroforestry): agrosilvicultura
agropastoralist: productor agropecuario
agroprocessing industries: industria de elaboración de productos agrícolas; agroindustrias
agrosupport industry: industria de apoyo a la agricultura
agrosylvopastoral system: sistema agrosilvopastoral
ahead of schedule: adelantado, antes de lo previsto
__ **of time**: por anticipado, con anticipación
aid: ayuda, auxilio, socorro, asistencia, cooperación; (pl) (técn) aparatos, instrumentos
__ **flows (to)**: ayuda; corrientes de ayuda (con destino a)
__ **in kind**: ayuda en especie
__ **dependency**: dependencia de la ayuda exterior
aids to learning: medios auxiliares de instrucción
aide: ayudante, asistente, auxiliar
aide-mémoire: memorándum, ayuda-memoria, recordatorio
aided community self-help development: desarrollo de la comunidad mediante la ayuda al esfuerzo propio
__ **self-help**: autoayuda con asistencia externa o ajena, ayuda al esfuerzo propio
aider and abettor: (leg) cómplice; instigador, inductor
aiding and abetting: (leg) complicidad
air basin: cuenca aérea
__ **bubble barrier**: cortina de burbujas
__ **carrier**: empresa de transporte aéreo
__ **compressor**: compresor de aire, compresor neumático
__ **conditioner**: acondicionador de aire
__ **conditioning**: acondicionamiento de aire, aeroacondicionamiento o climatización
__ **consignment note**: carta de porte aéreo
__ **drill**: taladro neumático
__ **fare mode container**: contenedor para transporte aéreo
__ **freight**: flete aéreo, carga aérea
__ **freighter**: avión de carga
__ **gas**: gas carbonado
__ **hammer**: martillo automático, martillo neumático
__ **hole**: ventosa, respiradero
__ **pocket**: pozo de aire, bache
__ **pollutant**: contaminante atmosférico
__ **pollution**: contaminación atmosférica
__ **pollution charge**: impuesto (cargo) por contaminación del aire
__ **pollution load**: carga de contaminantes atmosféricos
__ **sacs**: alvéolos
__ **shower**: chaparrón de rayos cósmicos
__ **surveillance**: vigilancia o control de la calidad del aire
__ **survey**: fotogrametría (aérea), reconocimiento fotogramétrico o aerotopográfico, levantamiento aéreo
__ **time charter**: fletamento aéreo
__ **traffic**: tránsito aéreo, circulación aérea
__ **transport**: aeronavegación
__ **waybill**: conocimiento aéreo, carta de porte aérea
air-cured tobacco: tabaco secado en cobertizos con circulación de aire
air-dried ton: tonelada en seco o secada al aire
air-entrained concrete: hormigón aireado
air-fuel ratio: mezcla de aire y combustible; mezcla carburante
air-sea (ocean-atmosphere) interaction: interacción aire-mar (entre la atmósfera y el océano)
__ **interface**: interfaz aire-mar; interfaz atmósfera-océano
air-shed (airshed): cuenca (de recepción) de aire, cuenca atmosférica, zona atmosférica
airborne: transportado por aire o vía aérea, transmitido por el aire
__ **disease**: enfermedad transmitida por el aire
__ **dust**: polvo contenido en el aire
__ **infections**: infecciones transportadas por el aire
__ **insecticidal effect**: efecto insecticida a través del aire
__ **particulates**: partículas en suspensión en el aire
__ **pollution**: contaminación transportada por el aire
__ **system**: sistema (de) a bordo; sistema aerotransportado
airconditioned container: contenedor isotérmico
aircraft and engine maintenance: mantenimiento de aeronaves y motores de aviación
__ **industry**: industria de fabricación de aviones
__ **kilometers**: kilómetros volados
__ **mechanic**: mecánico de aviación
airflow: flujo de aire
airlift: puente aéreo
airline: empresa de transporte aéreo
airlock: (min) cámara bajo presión
airmail rate: tarifa postal aérea
__ **service**: servicio aeropostal
airplane performance: características del aeroplano
airport authorities: jefatura del aeropuerto
__ **of call**: aeropuerto de escala
__ **of entry**: aeropuerto aduanero
__ **tax**: derecho de aeropuerto, impuesto de salida
airshaft: (min) pozo de ventilación
airtight container: contenedor herméticamente cerrado
airway: aerovía, ruta aérea, línea aérea; (min) galería de ventilación; (med) vía respiratoria
airworthiness: navegabilidad, aeronavegabilidad
aisle roof: cubierta a una agua, techo de una agua
akin: semejante, análogo, afín
albacore: (ict) atún blanco, albacora
albedo radiation: radiación de albedo (potencia reflectora de un cuerpo iluminado)
albeit: bien que, aunque
alcohol fuel: combustible de alcohol; carburante alcoholizado

alcoholic strength: grado de alcohol
alderman: concejal; regidor, concejero municipal
aleatory contract: contrato aleatorio o de azar
alerting signal: señal de aviso o de alerta
alertness test: test de vivacidad
alfalfa meal: alfalfa molida
algae bearing layer: capa de algas
__ **control**: lucha contra la proliferación de algas
algal bloom: floración (proliferación) de algas
alien head tax: impuesto de capitación o de extranjería
__ **registration requirements**: requisitos de registro de extranjeros
alienate: enajenar, alienar, traspasar, transferir
align: alinear, armonizar (leyes); reordenar (divisas); converger (posiciones)
aligned commercial invoice: factura comercial uniforme
__ **forms**: formularios normalizados
alignment: alineación; igualación (de derechos), armonización, compatibilización, convergencia; trazado (camino, fc)
__ **change**: variante de la carretera
__ **chart**: nomograma
__ **of entitlements**: igualación de derechos (Fondo o Caja de Pensiones)
alimony: pensión alimenticia, alimentos, pensión alimentaria (después del divorcio)
alkaline-earth metal: metal alcalinotérreo
all along: desde un principio
__ **and sundry**: todos sin excepción, todos y cada uno
__ **charges to goods**: todos los gastos a cargo del destinatario (de mercancías)
__ **in all**: en total, en definitiva, considerándolo todo
__ **in good time**: a su debido tiempo
__ **the more reason**: razón de más para
__ **the same**: a pesar de todo, sin embargo
__ **things being equal**: en igualdad de circunstancias
__ **things considered**: considerando todo, en fin de cuentas
__ **told**: por todo, en conjunto, en total, en resumidas cuentas
all-aged forest: masa irregular, bosque multietáneo
all-day hospital: hospital de tratamiento diurno
__ **school**: escuela diurna, externado
all-embracing: global, que lo abarca todo, universal, de vasto alcance, omnímodo
all-in charge: precio todo incluido
__ **contract remuneration package**: remuneración global contractual
__ **cost**: costo total
__ **rate**: tasa única
__ **time**: tiempo de presencia
__ **trip**: viaje a forfait
all-inclusive: que abarca el conjunto, completo, totalizador, unificador

all-night drugstore: farmacia de guardia (de turno)
all-out: acérrimo, incondicional (partidario); máximo, supremo (esfuerzo)
__ **effort**: esfuerzo supremo, máximo o total
all-purpose: para todo uso
__ **bank**: banco de operaciones generales, multibanco
all-round person: persona polivalente
all-time: nunca visto; nunca alcanzado, nunca conocido
__ **high**: cifras nunca conocidas antes (exportaciones); éxito nunca visto; record nunca alcanzado; aumento sin precedente
__ **peak**: cotización máxima absoluta
all-weather holding: portafolio de alta bursatilidad
__ **road**: camino transitable en todo el año
all-wheel drive vehicle: vehículo todo terreno, vehículo a cuatro ruedas motrices
alleged: supuesto, pretendido
allergenicity: alergenicidad
alleviating measures: medidas de mitigación, medidas de alivio
alley cropping: cultivo en franjas
Alliance for Progress: Alianza para el Progreso
allied: aliado, relacionado, conexo, afín
__ **fields**: actividades afines o conexas
__ **personnel**: personal conexo
__ **species**: especies similares o afines
alligator pear: (Méx) aguacate; (Chi) palta
allocate: asignar, distribuir, repartir; a veces: afectar
__ **quotas**: señalar cupos
allocated costs: costos imputados
allocation: asignación; distribución; reparto; lo asignado, cuota, cupo, ración
__ **issued**: crédito asignado o habilitado
__ **of credit**: asignación de crédito
__ **of funds**: asignación de fondos, distribución de fondos; proyectación (proyectos)
__ **of loan proceeds**: asignación de los fondos del préstamo, distribución del importe o de los fondos del préstamo
__ **of profits**: reparto o asignación de las utilidades, distribución de las utilidades
__ **of resources**: distribución o asignación de recursos, orientación de los recursos
__ **of shares in the quota**: repartición del contingente
allocations and allotments: asignaciones y distribuciones
allocative key: clave de distribución
allot: asignar, repartir, distribuir
allotment: asignación; asignación presupuestaria, crédito presupuestario; habilitación (de créditos); reparto; parte, porción, ración; (UK) jardín popular
__ **account number**: número de asignación de crédito
__ **control unit**: unidad de control de asignaciones

__ **garden**: huerto familiar, jardín popular
__ **holder**: depositario de asignaciones, administrador de asignaciones (persona o dependencia que controla asignaciones de fondos destinados a un proyecto)
__ **issued**: crédito asignado o habilitado
__ **of funds**: asignación (habilitación) de fondos
__ **of personnel**: asignación o dotación de personal
__ **of resources**: asignación de recursos
allotments made: créditos asignados, asignaciones efectuadas
allottee: destinatario (persona a quien se asignan fondos para determinado propósito)
allotter: repartidor, distribuidor
allowable cut: (silv) posibilidad
__ **defects**: defectos tolerables o admisibles
__ **expenses**: gastos deducibles
__ **load**: carga admisible (tolerable, permisible)
allowance: concesión; subsidio; subvención, pago, pensión; bonificación; (cont) reserva, estipendio; tolerancia; (com) descuento, rebaja
__ **account**: (com) cuenta de reserva o de provisión; cuenta de rebajas en ventas
__ **for contingencies**: reserva para imprevistos
__ **for decline in foreign exchange value**: provisión por pérdidas de cambio
__ **for decreases in value of portfolio**: protección de cartera
__ **for depreciation**: reserva para depreciación
allowed communication: (leg) en libre plática (*op a* incomunicado)
alluvial cone (fan): cono de deyección, cono aluvial
alluviation: aterramiento, proceso de acumulación aluvial, aluvionamiento
almond kernel: almendra en grano o sin cáscara, semilla de almendra
along these lines: de esta manera
alongside date: fecha del comienzo de la carga
alphabet sheet: juego de letras (facilita la composición de los títulos de una exposición)
alphabetic codex of places: índice toponímico
alphabetical key punch: perforador alfabético
__ **sequence**: orden alfabético
alteration of premises: reforma de locales
altered check: cheque alterado o falsificado
alternate: *s* sustituto, suplente, subrogante, sucedáneo; *a* alterno, alternativo, otro, sustitutivo
__ **delegate**: delegado suplente
__ **member**: miembro suplente o subrogante
__ **uses of land**: otros usos de la tierra
alternative: alternativa; disyuntiva; posibilidad, opción, solución sustitutiva; salida, remedio, camino; variante, variación
__ **bearing**: vecería (árbol)
__ **bid**: oferta alternativa (compra)

__ **choice**: opción, otra solución, otra alternativa
__ **development**: otra modalidad de desarrollo, modalidad alternativa u optativa de desarrollo
__ **education**: educación alterna (programas educativos opcionales)
__ **employment**: empleo sustitutivo o alternativo, otro empleo
__ **energy**: energía sustitutiva
__ **planning**: planificación sustitutiva
__ **pleadings**: conclusiones subsidiarias
__ **proposal**: contrapropuesta
__ **punishment**: pena subsidiaria
__ **recommendations**: recomendaciones sustitutivas
__ **route**: variante
__ **sources of energy**: fuentes de energía alternativas, otras fuentes de energía
__ **text**: variante de texto
__ **version**: variante
alternatively: subsidiariamente, otra solución sería, si no ; (leg) en subsidio
altitude distribution: distribución vertical
alumna (pl alumnae): alumna graduada de una escuela o universidad, ex alumna, antigua alumna
alumni education: actividades educativas llevadas a cabo por un colegio o universidad para beneficio de sus ex alumnos
alumnus (pl alumni): alumno graduado de una escuela o universidad, ex alumno, antiguo alumno
amalgamation: amalgamación; fusión, consolidación (de empresas), integración
__ **of farms**: concentración agrícola, de explotaciones
amateur service: servicio de aficionados
amateurism: estado o calidad de aficionado, amateurismo; inexperiencia
ambassador-at-large: embajador itinerante
amberjack: (ict) pez de limón
ambient air: aire ambiente
ambulatory patient: paciente ambulatorio, enfermo ambulante
__ **treatment**: tratamiento ambulatorio
amend: enmendar, rectificar, corregir, mejorar, modificar, reformar
amendatory agreement: convenio reformatorio
amended and restated text: texto enmendado y modificado; texto modificado y reformulado; texto ordenado (de una ley)
amending agreement: convenio modificatorio
amendment: enmienda; rectificación, corrección, modificación; reforma (Constitución)
amenity investments: inversiones en obras de acondicionamiento
__ **right**: derecho a un medio ambiente agradable, derecho al disfrute de un medio agradable, derecho a disfrutar del esparcimiento

amenities: comodidades; medios de esparcimiento, solaz y esparcimiento, esparcimiento y recreo, actividades recreativas
__ **of life**: las cosas agradables de la vida
__ **of the countryside**: atractivos de la zona rural o del interior
American Depositary Receipt (ADR): Certificado de Depositario Americano
__ **short staple cotton**: algodón herbáceo
amicable settlement: transacción amistosa, arreglo amistoso
amnesty for repatriation of flight capital: blanqueo de capital
amortization of replacement value: depreciación económica
__ **reserve**: reserva de amortización
__ **schedule**: plan de amortización
amortized cost: costo menos amortización
amount: cantidad, cuantía; suma, importe
__ **allotted**: partida asignada
__ **collected**: cobranza
__ **consisting of**: cantidad que comprende
__ **drawn**: cantidad girada
__ **due**: suma o cantidad adeudada, descargo, acreencia
__ **earmarked**: consignación (de fondos)
__ **expended**: gastos incurridos
__ **of precipitation**: altura de la precipitación
__ **of the bias**: (est) grado de distorsión
__ **of the loan**: monto (recursos) del préstamo
__ **of water**: proporción de agua
__ **outstanding**: (cont) saldo; deuda pendiente (deuda externa)
__ **owed**: acreencia, suma adeudada
__ **owing**: importe exigible
__ **payable**: cobranza
amounts budgeted: asignación presupuestaria; cantidad presupuesta
__ **obligated**: importe de las obligaciones contraídas
__ **receivable**: cantidades pendientes de pago; (cont) deudores
__ **received**: cantidad recibida, cantidad percibida
__ **refunded**: cantidad reembolsada
__ **to be assessed against salaries**: cuantía del impuesto sobre los sueldos
amounting to: por valor de
anaerobic conditions: condiciones anaerobias
analog computer: computadora analógica
analytical chemist: químico analista
__ **index**: tabla analítica
anchor: (const) muerto
__ **buoy**: boya de anclaje
__ **buoy ropes**: orinques
__ **store**: tienda ancla
anchorage: ancladero, fondeadero, anclaje; derechos de anclaje
anchoring, mooring and warping devices: dispositivos de fondeo, amarre y espía
__ **ground**: fondeadero
ancillary: auxiliar; subordinado, secundario, conexo, anexo; afín

__ **activity**: actividad secundaria o accesoria
__ **administration**: administración accesoria
__ **allowances**: prestaciones conexas o secundarias
__ **equipment**: equipo complementario
__ **expenses**: gastos secundarios
__ **jurisdiction**: fuero auxiliar, jurisdicción subsidiaria
__ **organization**: infraestructura
__ **plants**: (ind) fábricas anexas
__ **services**: servicios auxiliares
__ **spaces**: dependencias
__ **staff**: personal auxiliar
and furthermore: con el agregado de que
__ **especially**: y más que todo
__ **rightly so**: y con razón
__ **yet**: así y todo
Andean Indian Mission: misión para el estudio de poblaciones indígenas de los países andinos
__ **Pact**: Pacto Andino
anecdotal record: ficha biográfica
angle: ángulo; punto de vista, enfoque, aspecto
__ **iron**: hierro angular
__ **parking**: estacionamiento en ángulo
angles, shapes and sections: perfiles
angledozer: explanadora de sesgo, tractor con cuchillo frontal regulable
animal agriculture: agricultura orientada hacia la producción de alimentos para el ganado
__ **body fats**: grasas animales
__ **breeding**: zootecnia, selección genética
__ **charcoal**: carbón animal, negro animal
__ **climatology**: climatología aplicada a los animales
__ **disease control**: control de las enfermedades de los animales
__ **disease survey**: encuesta zoopatológica
__ **diseases**: patología animal, zoonosis (enfermedades transmisibles al hombre)
__ **deviation**: desviación zoófila
__ **dip**: baño (de animales)
__ **facilities**: bioterio (laboratorio)
__ **feed**: pienso
__ **genetic resources for agriculture**: recursos zoogenéticos para la agricultura
__ **health**: sanidad o salud animal
__ **husbandry**: ganadería, cría de ganado o de animales, zootecnia, economía pecuaria, explotación ganadera
__ **management**: ordenación pecuaria
__ **power**: (fuerza de) tracción animal, fuerza de sangre
__ **production**: producción pecuaria
__ **products**: productos de origen animal, productos pecuarios
__ **protein**: proteínas de origen animal
__ **quarters**: bioterio (laboratorio)
__ **traction**: tracción de sangre
__ **unit**: unidad de ganado

animal-drawn tools: aperos de tracción animal
animated cartoons: dibujos animados
__ **transparencies**: transparencias móviles
annealed steel: acero recocido
annealing oven: horno de recocido
annex: anexo; anejo o apéndice; dependencia; edificio anexo
annotated agenda: temario anotado o comentado
announcement campaign: campaña de información, publicidad de lanzamiento
announcer: locutor; (TV) presentador, animador
annual aggregator: coeficiente de agregación o acumulación anual
__ **balance**: (cont) resultado del ejercicio
__ **crops**: cultivos transitorios
__ **hatch**: producción anual (peces, aves)
__ **installment**: anualidad
__ **leave**: vacaciones anuales
__ **meeting**: reunión anual, asamblea anual
__ **peak**: cotización máxima de un año
__ **report**: informe anual; memoria anual (empresa)
__ **review**: examen anual
__ **statement**: (com) estado anual
annually: anualmente, por año, al año
annuitant: pensionista
annuity: anualidad, pensión vitalicia, renta vitalicia, renta anual
__ **bond**: bono perpetuo, de renta vitalicia
__ **by installments**: anualidad fraccionada, pagada a plazos
__ **payable in arrears**: renta pagadera a plazo vencido
__ **payment**: pago por concepto de pensión
__ **system**: sistema de pagos iguales de principal e intereses (servicio de la deuda)
annuity-type repayment terms: condiciones de reembolso con pagos iguales de principal e intereses
annul: anular, cancelar, revocar (contrato); abrogar (ley); denunciar (trabajo); invalidar
annulment: anulación; cancelación, revocación, abrogación
__ **of a judgment**: (leg) casación de una sentencia
anonymous letter: pasquín
anoxia: anoxia (ausencia de oxígeno en la sangre)
answer: contestación, respuesta
__ **a need**: satisfacer, responder a una necesidad
__ **a purpose**: servir para, convenir para
__ **an inquiry**: evacuar una consulta
__ **for**: responder de
__ **to a charge**: (leg) réplica
__ **under oath**: absolver preguntas
answers to questions put by a judge and given under oath: (leg) posiciones
answerable for, be: responder de
answering machine: contestador automático, servicio de recados telefónicos
__ **service**: servicio de mensajes o recados telefónicos
antenatal care: cuidado o atención prenatal
antenna pattern: haz que proyecta la antena

anthology: trozos escogidos, antología, florilegio, crestomatía
anthracite: antracita (carbón antracitoso)
antiannual report: contramemoria anual
antibodies: anticuerpos
antibounty duties: derechos compensatorios, derechos protectores
anticaking agents: antiaglutinantes
anticyclical trap: trampa anticíclica (petróleo)
anticipated decline: disminución prevista
__ **payment**: pago adelantado o anticipado
__ **profits**: ganancias previstas, beneficio esperado, previsto o probable
anticipation discount: descuento por pago anticipado
anticipatory approach: criterio, enfoque o método previsor
__ **environmental action**: medidas previsoras en la esfera ambiental, medidas ecológicas previsoras
__ **purchases**: compras de previsión o por razones de previsión
anticlockwise: en dirección contraria a las agujas del reloj; siniestroso
anticyclical measures: medidas anticíclicas coyunturales
__ **policy**: política anticíclica
antidesertification program: programa de lucha contra la desertificación
antidumping duties: derechos protectores contra la importación a precios arbitrarios, derechos antidumping, derecho contra abarrotamiento
__ **legislation**: legislación antidumping
antieconomic: no viable desde el punto de vista económico, sin interés económico
antiestablishment: contra el orden establecido
antifertility agents: agentes anticonceptivos
antifouling paint: pintura antivegetativa
antiinflationary measures: medidas antiinflacionarias, antiinflacionistas
antilabor: antisindical
antilocust mission: misión antiacrídida
antimicrobial therapy: terapéutica antibacteriana
antirelapse drug: medicamento antirrecidivante
antistrike legislation: legislación antihuelguística
antitrade wind: viento contralisio, contralisio
antitrust law: ley antimonopolio, ley antimonopólica
anyway: en todo caso, de cualquier manera, de todos modos
apart from: a más de
apartheid: segregación racial
apartment house: casa de vecindad, edificio de departamentos (apartamentos)
APEX Bank: banco (caja) de crédito para la producción y las exportaciones agropecuarias; banco principal
__ **institution**: institución principal
__ **loan**: préstamo principal, préstamo en pirámide o en cascada

__ **organization**: estructura piramidal, organización matriz
apparent: aparente; claro, manifiesto, evidente, patente
__ **consumption**: consumo aparente
appeal: *s* llamamiento, llamada; súplica, ruego, petición; atractivo, interés; solicitación; (leg) apelación, alzada, recurso; *v* suplicar, rogar, recurrir, apelar, exhortar, hacer un llamamiento; gustar, interesar, atraer; (leg) apelar de, alzarse; presentar o interponer una apelación
__ **against a rule**: apelar de una decisión
__ **against the chair**: apelar de la decisión del presidente
__ **for annulment**: recurso de nulidad; recurso de casación (de una sentencia)
__ **for clemency**: pedir clemencia
__ **for dismissal or reversal**: (leg) recurso de casación
__ **on a point of law**: citación en incidente
appeals board: junta de apelaciones
__ **judge**: juez de alzada
appealable: apelable, sujeto a recurso
__ **decision**: fallo en primera instancia
__ **judgment**: sentencia en primera instancia
appearance: aparición; aspecto, apariencia, facha; (com) presentación externa (de bienes o artículos); acondicionamiento; (med) cuadro; (leg) comparecencia
__ **of witnesses**: comparecencia de testigos
appearer: (leg) compareciente
appellant: apelante, demandante, recurrente
appellate court: tribunal de segunda instancia, tribunal de apelación
appellation of origin: denominación de origen
appellee: parte recurrida
appliance: aparato, artefacto, dispositivo
applicability: aplicabilidad, campo de aplicación
applicable: pertinente, que se extiende a, que se refiere a, que interesa a
__ **law rule**: norma de colisión
applicant: aspirante, postulante, candidato, solicitante, peticionario; (leg) demandante, apelante
application: (leg) aplicación, solicitud, petición
__ **blank (form)**: formulario, modelo de solicitud
__ **for a charter**: (bnc) solicitud de otorgamiento de concesión
__ **for employment**: solicitud de empleo
__ **for leave to enforce a foreign judgment**: petición de exequátur
__ **for membership**: solicitud de ingreso
__ **sof a theory**: aplicación de una teoría
__ **of expenditures**: imputación de los gastos
__ **of funds**: asignación de fondos, empleo, uso, destino o utilización (disposición) de fondos
__ **of overheads**: imputación de los gastos generales
__ **rate**: dosis de empleo (aplicación de insecticidas)
__ **to compel jurisdiction**: recurso de queja

__ **to issue execution**: petición de exequátur (juicio extranjero)
__ **to set aside (an award)**: demanda de anulación (de un laudo)
applicator (stick): aplicador, hisopo
applied research: investigación aplicada
__ **tariff**: arancel usual o corriente
apply: aplicar (teoría); recurrir a; destinar, afectar, asignar (fondos); aplicarse
__ **for**: solicitar, pedir; postular
__ **for a fellowship**: solicitar una beca
__ **for a job**: pedir o solicitar un puesto
__ **for a pension**: acogerse a jubilación
__ **for an appropriation**: solicitar (pedir) fondos del presupuesto
__ **to**: dirigirse a, recurrir a; presentar una solicitud; aplicarse a, referirse a, interesar
appoint: señalar, fijar, designar (día); nombrar, designar
appointed day: día señalado o indicado
__ **officer**: funcionario nombrado
appointee: persona designada o nombrada para un cargo
appointive office: cargo por nombramiento
appointment entitlements: derechos propios del (inherentes al) nombramiento
__ **of heirs**: institución de herederos
__ **status**: clase (tipo) de nombramiento
appointments and promotions: nombramientos y ascensos
apportion: prorratear; repartir, distribuir; asignar, conceder, desglosar
apportionment: prorrateo (de fondos o créditos); desglose (gastos); derrama (impuestos); reparto proporcionado
appositeness: pertinencia
appraisal: estimación, apreciación; (com) tasación, avalúo, valoración, valuación, aforo; (econ) evaluación inicial (proyecto)
__ **and evaluation**: estimación y evaluación
__ **fee**: comisión inicial por evaluación
__ **mission**: misión de evaluación (análisis) inicial, previo o ex ante (proyecto)
__ **of a project**: evaluación inicial (técnica y económica), evaluación previa o ex ante de un proyecto, evaluación después de terminado el proyecto (ex post)
__ **of damages**: tasación de los daños
__ **surplus**: superávit de revaluación
__ **value**: valor de tasación, valor tasado, valor calculado
appraise: apreciar, justipreciar; (com) tasar, valorar, estimar, evaluar
appraised value: valor calculado, aforo
appraisement: tasación, valuación, avalúo
appraiser: tasador, aforador
appreciate: comprender; apreciar; estimar; agradecer; tasar, valuar, evaluar; revalorizarse (tipo de cambio), aumentar en valor, valorizar; hacerse cargo, darse cuenta
__ **against the dollar**: valorizar en contraposición al dólar

appreciation: aprecio, apreciación; agradecimiento, reconocimiento, gratitud; valoración, valuación, avalúo; aumento en valor, valorización, aumento del valor (de una moneda); a veces: revaluación
__ **in value**: valorización, plusvalía
apprenticeship: aprendizaje
__ **contract**: contrato de aprendizaje o noviciado
apprise: informar, avisar
approach: acercamiento; acceso; (fig) enfoque, planteamiento, criterio, punto de vista, método, modo de abordar o enfocar, aproximación, orientación, actitud
__ **canal**: obras de aducción
__ **grafting**: injerto por aproximación
__ **paper**: documento expositivo sobre...
__ **road**: camino de acceso
__ **to coordination**: procedimiento (método) de coordinación
appropriate: *a* apropiado, conveniente; a propósito, indicado, oportuno, pertinente, competente; *v* consignar créditos, erogar fondos
__ **authority**: autoridad correspondiente
__ **committee**: comité competente
__ **funds**: asignar fondos
__ **measures**: medidas pertinentes
__ **technology**: tecnología apropiada
appropriated rights: derechos adquiridos (agua)
__ **surplus**: superávit asignado
appropriation: asignación de fondos, consignación de fondos (una vez aprobados); créditos consignados, suma presupuestada, cantidad asignada, autorización presupuestaria; superávit reservado
__ **account**: cuenta de asignación, cuenta de consignación
__ **law**: (EUA) ley de presupuesto
__ **line**: sector (sección) de consignaciones; a veces: presupuesto parcial
__ **of land**: incautación de tierras
__ **of profits**: asignación de las utilidades, distribución de las utilidades
__ **reserve**: reserva presupuestaria
__ **resolution**: resolución de asignación de fondos
approval: autorización, sanción, aprobación, beneplácito, agrément (embajador)
approve an appropriation: aprobar fondos con cargo al presupuesto
approved: visto bueno
__ **leave**: licencia autorizada
__ **school**: (RU) reformatorio, casa correccional, centro de reeducación
approving officer: funcionario aprobador o autorizado para aprobar
appurtenances: accesorios; aditamentos; (leg) anexidades, pertenencias, derechos accesorios
appurtenant structures: obras auxiliares, obras complementarias
apron: mandil; plataforma, andén; explanada de carga y descarga (puerto); pista delante de los hangares; losa de estacionamiento, pista de aterrizaje (aeropuerto); superficie de descarga o explanada (muelle)
aptitude test: prueba de aptitud
aqua privy: retrete de pozo anegado, letrina hidráulica, inodoro con descarga de agua
aquaculture: acuicultura
aquatic acidification: acidificación de las aguas
__ **food products**: alimentos de origen acuático
__ **sciences**: ciencias acuáticas
Arabian cotton: algodón herbáceo
arable land: tierra cultivable o arable, terreno de cultivo, tierra de labrantío o de labranza
arbitral award: laudo arbitral
__ **practice**: jurisprudencia arbitral
__ **tribunal**: tribunal de arbitraje
arbitrary: arbitrario, discrecional
__ **decision**: ley de encaje (decisión del juez tomada sin atenerse a principios legales)
__ **rule**: ley del embudo
arbitrate: arbitrar, someter a arbitraje
arbitration: arbitraje, componenda, tercería, juicio arbitral
__ **award**: laudo, fallo o sentencia arbitral
__ **board**: junta arbitral
__ **clause**: cláusula de arbitraje, cláusula arbitral, cláusula compromisoria
__ **ex aequo et bono**: arbitraje de equidad, arbitraje ex aequo et bono
__ **in equity**: arbitraje en equidad
__ **proceeding**: juicio arbitral
__ **rules**: reglas de arbitraje
arbitrator: árbitro, arbitrador, avenidor
arbovirus infection: arbovirosis
arcade: portal(es); soportales (en una plaza)
arch brace: (arq) arbotante
__ **bridge**: puente abovedado
archetype: prototipo, modelo
architect's design: proyecto arquitectónico
architectural concrete: hormigón arquitectónico
archive (file) of original instruments (deeds, etc) left with notary: protocolo
arctic circle: círculo polar ártico
__ **haze**: calina ártica
area: superficie, extensión, subregión, región, zona, barrio, distrito; materia, asunto, esfera (de actividad), terreno, campo, aspecto
__ **code (telephone)**: prefijo numérico, código territorial
__ **development**: desarrollo subregional, desarrollo regional
__ **education centers**: centros regionales de enseñanza
__ **graph**: gráfico de superficie, gráfico de área
__ **of agreement**: margen de acuerdo
__ **of arable land**: tierra aprovechable
__ **of concern**: motivo o asunto que preocupa; tema, disciplina, rama (de estudios), sector de interés
__ **of distress**: zona damnificada
__ **of employment**: tipo de trabajo
__ **of environmental stress**: zona de tensión ambiental, zona con (graves) problemas ecológicos

__ **of interest**: sector de interés
__ **of responsibility**: esfera de responsabilidad
__ **officer**: funcionario de zona, representante de un organismo en determinada zona o región
__ **planted to jute**: superficie dedicada al cultivo de yute
__ **requirements**: necesidades de espacio, espacio necesario
__ **sampling**: muestreo de una zona, muestra por áreas
__ **specific project**: proyecto en un sector específico
__ **study**: estudio regional interdisciplinario
__ **under cultivation**: superficie cultivada (cosechas)
areas-of-living curriculum: organización del plan de estudios en torno a grupos de actividades relacionadas con la vida o aspectos de ésta (protección de la vida y la salud, mejoramiento de la vida en el hogar)
argue: razonar, discutir, sostener, mantener, argüir, argumentar
argument: razonamiento, argumento; discusión; disputa; (leg) alegato
arid zone control: revalorización de zonas áridas
arising from: dimanante de, resultante de, derivado de
arithmetic age: progreso relativo en aritmética según la edad
__ **average**: promedio aritmético
__ **mean**: media aritmética
arm circumference: perímetro braquial
arm's length contract: contrato entre iguales o entre compañías independientes
__ **length negotiation**: negociación en pie de igualdad o entre iguales
__ **length price**: precio de mercado o de plena competencia
__ **length principle**: principio de la independencia mutua de las partes, ley de la independencia, principio del trato entre iguales (en condiciones de igualdad)
__ **length trade**: comercio realizado en condiciones de igualdad, de igual a igual
__ **length transaction**: transacción en condiciones (regimen) de plena competencia
arms race: carrera de armamentos
armamentum: arsenal de medidas
armchair politician: político de café
__ **psychology**: psicología de gabinete
__ **strategists**: estrategas de gabinete
armed robbery: robo a mano armada
armored cable: cable blindado
__ **truck**: camión o carro blindado
army education: educación en el ejército
__ **intake**: reclutas del ejército
__ **medical officer**: médico castrense
arraignment: (leg) acusación
arrange: arreglar, ordenar, organizar disponer

arrangement: arreglo, acuerdo, convenio; orden, ordenación, disposición; providencia, trámite, gestión; transacción; medida; (pl) plan, programa, preparativos, organización (física), fórmula, avenimiento
__ **in orderly sequence**: arreglo en serie
__ **with conditions to avoid bankruptcy**: convenio judicial (preventivo)
array: (est) ordenación
__ **the jury**: pasar lista de los miembros del jurado
arrearages: atrasos, pagos caídos
arrears: atrasos, pagos atrasados
__ **, be in**: estar en mora, estar atrasado en el pago de (cuota, etc.)
__ **of depreciation**: atrasos en la amortización
__ **of interest**: intereses atrasados o retrasados
__ **rate**: tasa de morosidad
arrest and detention: detención y encarcelamiento
__ **and pretrial detention**: detención y prisión preventiva
__ **of a ship**: (leg) embargo preventivo de un buque
__ **order**: mandamiento o auto de prisión
__ **warrant**: orden de detención
arrested cases of an illness: casos detenidos o inactivos de una enfermedad
__ **growth**: detención del crecimiento
arresting: llamativo, impresionante
arrival section: sección de recepción de viajeros
arrive at an understanding: llegar a un acuerdo, convenir
arrogate (to oneself): arrogarse; atribuirse o apropiarse
arrow gun: flecha luminosa
arsenicals: compuestos de arsénico
arson: incendio intencional o malicioso, incendio doloso, delito de incendio
art of forecasting the future: futurología
__ **paper**: papel cuché
arterial blood supply: irrigación arterial
__ **highway**: camino troncal
artery: arteria, camino troncal
artesian well: pozo artesiano
article: artículo, cláusula; (pl) articulado, artículos
articles of agreement: convenio constitutivo
__ **of association**: escritura constitutiva o social, convenio constitutivo, estatutos sociales
__ **of incorporation**: carta constitucional, escritura de constitución, estatutos
__ **of partnership**: contrato de asociación, contrato social
articled law clerk: pasante
articulate: *a* claro, distinto, inteligente, que habla claramente; *v* articular, unir, coordinar; sistematizar; conectar
artificial body parts: prótesis
__ **cheapness**: baja artificial de los precios
__ **feeding**: lactancia artificial
__ **fibers**: fibras sintéticas
__ **forest**: plantación

ARTISTIC   AS

__ **lake**: estanque (jardín)
__ **limbs**: aparatos ortopédicos
__ **person**: (leg) persona jurídica o moral, persona ideal
__ **range**: cultivo de pastos
artistic site: lugar de interés artístico
__ **wares**: objetos de arte
arts and crafts: artes y oficios, artesanía
__ **center**: centro cultural
artwork: ilustraciones
as a case in point: como ejemplo concreto
__ **a concession to**: en aras de
__ **a force in**: por la influencia que ejerce sobre
__ **a last resort**: en último término, como último recurso
__ **a matter of course**: naturalmente; (leg) ipso jure, de pleno derecho; por supuesto, por de contado, de seguro
__ **a matter of fact**: en realidad, como cuestión de hecho, en rigor
__ **a matter of form**: por fórmula, como cuestión de forma
__ **a matter of principle**: por principio
__ **a mere formality**: como cuestión de forma, para (por) cumplir
__ **a prudent administrator**: (leg) como padre de familia
__ **a result of**: con ese motivo, como consecuencia de, a raíz de, de resultas de, como resultado de, a causa de
__ **a rule**: por regla general, generalmente, en general, por lo general, normalmente, por principio
__ **a token of**: en señal de
__ **a tribute to**: en homenaje a
__ **a whole**: en conjunto, en su totalidad, en globo
__ **against this**: en contraste con, a diferencia de, comparado con, en comparación con, frente a eso
__ **agreed to**: como se ha convenido, según lo acordado
__ **amended by**: tal como ha sido (quedado) modificado por, así enmendado o modificado, con sus reformas
__ **an example**: a título de ejemplo, como ejemplo
__ **an expression of thanks**: en señal de agradecimiento
__ **an interim measure**: como medida transitoria
__ **an observer**: en calidad de observador
__ **and when**: según
__ **appropriate**: según sea apropiado, según proceda
__ **called for in the resolution**: como se estipula en, como se prevé en, en cumplimiento de la resolución
__ **charged**: (leg) en rúbrica
__ **circumstances may require**: según convenga
__ **concerns**: respecto a (de), refiriéndose a, en lo que respecta a, en lo concerniente a
__ **detailed**: como se detalla, según se detalla
__ **distinct from**: a diferencia de

__ **early as possible**: lo más pronto posible, lo antes posible, cuanto antes
__ **envisaged in**: como se prevé en
__ **evidence of**: en señal de
__ **far as**: hasta
__ **far as I am concerned**: por lo que a mí se refiere, en cuanto a mí se refiere
__ **far as I can judge**: por lo que yo puedo juzgar
__ **far as I know (see)**: que yo sepa, según parece, por lo visto
__ **far as practicable**: en la medida de lo posible
__ **far back as 1930**: ya en 1930
__ **far back as we can recall**: hasta donde alcanza la memoria
__ **far in advance as possible**: con la mayor antelación posible
__ **follows**: como sigue, en la forma siguiente
__ **from**: a partir de
__ **I see it**: a mi entender, a mi modo de ver, en mi opinión
__ **if by magic**: como por arte de magia, como por encanto
__ **in the case of**: según, como en el caso de
__ **is**: en el estado en que se encuentra
__ **is only fair**: como es justo, como es debido
__ **it is**: tal como están las cosas
__ **it now stands**: en su forma actual, en su redacción actual (texto)
__ **it were**: por decirlo así
__ **late as**: todavía en
__ **late as yesterday**: no más tarde que ayer
__ **long as**: mientras, mientras que
__ **matters now stand**: en la situación actual, tal y como están las cosas, dentro del regimen actual
__ **may be best**: según convenga
__ **necessary (appropriate)**: según sea necesario, según proceda
__ **occasion requires**: eventualmente
__ **of July 15**: a partir del 15 de julio
__ **of right**: de derecho
__ **opposed to**: a diferencia de, en comparación con
__ **part and parcel of**: como parte integrante de
__ **per advice from**: según aviso de
__ **per agreement**: según lo convenido
__ **per invoice**: según factura
__ **per our conversation**: conforme a nuestra conversación, conforme a lo convenido o conversado
__ **per your order**: según su pedido
__ **provided for**: como se prevé, como se ha previsto
__ **provided in**: según lo dispuesto en
__ **recently as 1970**: todavía en 1970
__ **regards**: en cuanto a, con respecto a, en relación con
__ **requested**: conforme a la solicitud, conforme se ha solicitado
__ **scheduled**: oportunamente, como se ha previsto

ASBESTOS

__ **seen in**: como se observa en
__ **set forth**: conforme a lo estipulado, como se expresa, como se estipula
__ **soon as**: no bien, en cuanto
__ **soon as possible**: a la brevedad posible, lo antes posible, cuanto antes
__ **stated above**: como se indica antes (anteriormente), como se indica supra
__ **stated below**: como se indica a continuación, como se indica infra
__ **stipulated**: en la forma prevista
__ **the case may be**: según sea el caso
__ **the case requires**: si fuera necesario
__ **the need arises**: en caso necesario, en caso de necesidad, si fuera necesario, si hiciera falta
__ **the saying goes**: como se dice, como dice (reza) el refrán
__ **the years roll on**: al correr de los años
__ **they may deem to be appropriate**: según lo juzguen conveniente
__ **things are**: tal y como están las cosas
__ **things now stand**: tal y como está la situación
__ **to**: en cuanto a, con referencia a, con respecto a, respecto de, por lo que se refiere a
__ **to me**: en cuanto a mí se refiere, por lo que a mí se refiere
__ **usually understood**: en el sentido ordinario de la palabra
__ **with**: como en el caso de, al igual que
asbestos cement: fibrocemento
__ **fiber cement**: fibrocemento
__ **flakes**: copos de amianto
ascending education: educación ascendente (mejorar el nivel de vida de la familia enseñando al niño que asiste a la escuela)
__ **order**: orden ascendente
ascertain: averiguar, determinar, descubrir, cerciorarse, comprobar (si hay quórum, etc.)
ascertainment errors: (est) errores de observación ajenos al muestreo
__ **of damage**: comprobación del daño
ash farming: cultivo en chamicera
__ **fly**: dispersión de cenizas
ashing: incineración
ashlar masonry: cantería
__ **stone**: canto
aside from (this) that: por lo demás
asked price: precio cotizado (valores), oferta, precio solicitado, precio de vendedor
asking price: precio nominal, de demanda o de venta
asparagus bean: dólico espárrago
__ **pea**: dólico de goa
asphalt: asfalto, brea mineral
__ **cement**: cemento asfáltico
__ **faced**: con pantalla asfáltica
ass colt: pollino
assault: ataque; ultraje; (leg) amenaza (de vías de hecho); amenaza de acometimiento inminente y viable, tentativa de agresión

ASSESSMENT

__ **and battery**: lesiones, vías de hecho, asalto con lesión, asalto con agresión, amenaza y perpetuación de acometimiento o de agresión
__ **by poisoning**: envenenamiento homicida
assay: *s* contraste (peso); (med) prueba, determinación, verificación; (min) ensaye (metales); aquilatamiento (oro); *v* contrastar (metales); ensayar, aquilatar, acrisolar, verificar (pesos y medidas)
__ **delivery system**: sistema de extracción de muestras, sistema de ensayos
assemble: reunir; armar, montar, ensamblar
assembling plant: planta o fábrica de montaje
__ **point**: centro de acopio (productos)
assembly: reunión, asamblea; montaje, armadura, ensambladura
__ **bench**: banco de ensamblaje
__ **conveyor**: transportador de montaje
__ **drawing**: diseño de montaje; plano de conjunto
__ **hall**: salón de actos, sala de sesiones
__ **line**: cadena de montaje; cadena de producción (en serie)
__ **line operation**: trabajo en cadena
__ **plant**: fábrica de montaje
__ **point**: punto de reunión
__ **room**: sala de sesiones; sala de fiestas
__ **test**: ensayo de montaje; (edu) test de ensamble (de cubos)
assent: permitir; consentir en
__ **of the parties**: voluntad de las partes
assert: afirmar, sostener, mantener
__ **a claim**: hacer valer una reclamación, entablar una reclamación, ejecutar una acción, hacer valer un derecho
__ **a right**: ejercer un derecho, hacer valer un derecho
__ **a setoff**: ejercer una compensación
assess: evaluar, valorar, gravar, repartir, imponer
assessable: gravable, imponible
__ **income**: ingresos imponibles
__ **penalties**: multas a que haya lugar (impuestos)
__ **(rateable) value**: valoración fiscal
assessed budget: presupuesto prorrateado, presupuesto ordinario
__ **contributions**: contribuciones asignadas o prorrateadas; cuotas (NU)
__ **contributions outstanding**: cuotas pendientes de pago
__ **contributions unpaid**: cuotas impagas
__ **income**: ingreso imponible, renta presunta, ingresos gravados
__ **share**: cuota parte
__ **tax**: valoración fiscal, impuesto liquidable
__ **valuation**: tasación oficial, valor imponible, valoración fiscal
__ **value**: tasación oficial
assessment: amillaramiento (catastro); contribución, avalúo (propiedad); cuota asignada; derrama, tasación; dividendo pasivo; gravamen, gravación, imposición, impuesto; juicio,

ASSESSOR / AT

evaluación; aprecio, valoración; a veces: prorrateo (de cuotas, gastos), liquidación del impuesto
__ **base**: base imponible
__ **for improvements**: impuesto sobre la plusvalía
__ **level**: nivel de las cuotas (conforme al prorrateo)
__ **list**: rol de avalúo, registro, lista de contribuyentes
__ **of dutiable value**: fijación del valor en aduana, aforo aduanero
__ **of punishment or treatment**: (leg) determinación de la pena o del tratamiento
__ **of taxes**: determinación o imposición de impuestos
__ **of the results**: apreciación o evaluación de los resultados
__ **paid**: avalúo
__ **period**: período impositivo
__ **scale**: escala de cuotas
__ **year**: año impositivo, ejercicio fiscal
assessor: tasador, (leg) asesor
asset: ventaja; (cont) elemento del activo; (pl) activo; bienes; haberes; fondos; capital
assets and liabilities: activo y pasivo
__ **and liabilities accounts**: cuentas por cobrar y por pagar
__ **in hand**: activo disponible
__ **of a corporation**: fondo social
__ **of an estate**: caudal hereditario
__ **preference**: preferencia por los diversos activos
__ **settlement**: liquidación en activos
__ **side of the balance sheet**: activo del balance
__ **stripping**: liquidación de activos
asset-backed securities: valores subyacentes
asset-based lending: préstamo basado en el capital
__ **securities**: valores subyacentes, valores a base del capital
asset-creating expenditure: gastos que crean riqueza
asseveration: protesta, declaración
assign: *s* cesionario; causahabiente; *v* asignar; ceder, traspasar; fijar, atribuir; señalar, destinar, designar, nombrar, adscribir (personal)
__ **for security**: ceder como garantía
assignability: transferibilidad
assigned residence: (leg) residencia forzada
__ **share**: cuota parte
assignee: cesionario; apoderado; derechohabiente
assigner: cedente, cesionista
assignment: asignación; (leg) cesión, misión, cometido, tarea, trabajo, función; (edu) ejercicio
__ **agreement**: acuerdo de cesión
__ **allowance**: subsidio por misión (asignación)
__ **of a patent**: transmisión de una patente
__ **of a right**: cesión de un derecho
__ **of contracts**: cesión de contratos
__ **of duty**: fijación de funciones
__ **of insurance policy**: cesión de póliza

__ **sheets**: (edu) hojas de ejercicios (distribuidas a los alumnos)
__ **travel**: viaje al lugar de destino
assistance: ayuda, auxilio, asistencia, colaboración, asesoría
assistant: asistente, ayudante, auxiliar, subalterno
__ **dean**: vicedecano
__ **director**: director adjunto, subdirector
__ **manager**: subgerente, subadministrador
__ **midwife**: partera auxiliar
__ **professor**: profesor auxiliar
__ **secretary**: subsecretario, prosecretario
__ **teacher**: profesor adjunto (en la escuela primaria), profesor ayudante (en la enseñanza secundaria)
assistantship: ayudantía
associate: adjunto, adherido, colaborador, colega, socio, consocio
__ **director**: subdirector, director adjunto, codirector
__ **in Arts (A.A.)**: Asociado en Humanidades
__ **Member**: Estado Asociado
__ **oneself with (an opinion, position)**: hacerse eco de, asociarse a, sumarse a, hacer suyo
__ **professor**: profesor asociado, profesor adjunto
__ **(simultaneous) learning**: enseñanza simultánea
associated: asociado, conexo; afín; secundario; afiliado; a veces: paralelo
__ **company**: empresa afiliada
__ **gas**: gas asociado
__ **schools**: (sistema o red de) escuelas asociadas
__ **with**: vinculado con
assume: suponer, dar por sentado
__ **a debt**: absorber una deuda
__ **an obligation**: asumir una obligación, contraer un compromiso
assumed age: edad supuesta
__ **name**: alias, apodo
assuming that: suponiendo que, en el supuesto de que
assumption: suposición, supuesto, hipótesis
__ **of risk**: asunción de riesgo
assure: asegurar, garantizar; (com) asegurar
assured access to environmentally sound technologies: acceso garantizado a tecnologías ecológicamente racionales
at a discount: a precio reducido, a precio inferior al valor de vencimiento
__ **a glance**: de una ojeada, de una mirada, de un vistazo
__ **a premium**: (fin) sobre la par (acciones, bonos), a precio superior al valor de vencimiento; muy solicitado
__ **a sacrifice**: con pérdida
__ **a small cost**: a buen precio
__ **a standstill**: estancado, parado, paralizado
__ **a stroke of the pen**: de un plumazo
__ **a subsequent date**: en fecha ulterior
__ **a suitable time**: en el momento oportuno

- __ **all costs**: a toda costa, cueste lo que cueste, a todo trance
- __ **all events**: en todo caso, suceda lo que suceda, pase lo que pase
- __ **an early date**: en fecha próxima, dentro de poco
- __ **an unreasonable hour**: a deshora
- __ **any moment**: de un momento a otro
- __ **any rate**: de cualquier modo, sea como fuere, en todo caso, de todas formas, de todos modos
- __ **any time**: en cualquier momento
- __ **best**: a lo más, en el mejor de los casos, cuanto más
- __ **close quarters**: de cerca
- __ **close range**: de cerca
- __ **constant prices**: a valores constantes (ajustados para tener en cuenta la inflación)
- __ **cost**: al precio de costo, al costo
- __ **cross-purposes**: sin entenderse
- __ **current prices (rates)**: a precios (valores) corrientes
- __ **discretion**: a discreción
- __ **face value**: al pie de la letra
- __ **factor cost**: al costo de los factores, al precio de costo
- __ **fault**: culpable, responsable
- __ **first blush**: a primera vista
- __ **first hand**: de primera mano
- __ **first sight**: a simple vista, a primera vista
- __ **full speed**: a todo andar, a toda velocidad
- __ **gold par rate**: a la par con el oro
- __ **great expense**: con mucho gasto
- __ **heart**: en el fondo
- __ **home in literature**: versado en literatura
- __ **intervals**: de vez en cuando, de trecho en trecho, a intervalos
- __ **large**: prófugo; en misión especial (Embajador)
- __ **last**: a la postre, por último, finalmente
- __ **length**: extensamente, por extenso, detalladamente, en detalle, con todo detalle; finalmente, por fin
- __ **long last**: por fin, al fin y al cabo
- __ **maturity**: al vencimiento
- __ **most**: a lo más, a lo sumo, como máximo
- __ **my expense**: a costa mía, a mi costa
- __ **my own charge**: a expensas mías, a mi costa
- __ **once**: en el acto, sin demora, de inmediato, acto continuo, en seguida, de una vez
- __ **one stroke**: de un golpe
- __ **one's own risk**: por su cuenta y riesgo
- __ **or before**: a la fecha o antes
- __ **par value**: valor a la par
- __ **quarterly intervals**: cada tres meses, trimestralmente
- __ **random**: al azar, a la aventura
- __ **sight**: a la vista
- __ **stake**: en juego, en peligro, comprometido, envuelto
- __ **that time**: a la sazón, entonces
- __ **the appropriate time**: oportunamente
- __ **the beginning of**: al principio de, a principios de
- __ **the behest of**: por encargo de, por instrucciones de
- __ **the cost of**: a costa de
- __ **the crossroads**: en la encrucijada, en el momento crítico
- __ **the discretion of**: a juicio de
- __ **the earliest possible date**: lo más pronto posible, con la mayor antelación, lo antes posible
- __ **the eleventh hour**: a última hora, en el último momento, a la undécima hora
- __ **the end of each semester**: a semestres vencidos
- __ **the end of six years**: a la vuelta de seis años, después de seis años, al cabo de seis años
- __ **the expense of**: a expensas de, a costa de
- __ **the foot of**: al calce (de una carta o de un documento)
- __ **the grassroots (level)**: a nivel popular, comunitario o local
- __ **the invitation of**: por invitación de
- __ **the latest**: a más tardar
- __ **the option of the Bureau**: si la Oficina lo estima preferible
- __ **the outset**: al principio
- __ **the outside**: como mucho, como máximo
- __ **the rate of**: a razón de, en la proporción de
- __ **the request of**: a solicitud de, previa solicitud de, a instancia de, a petición de
- __ **the responsibility of**: a riesgo y ventura de
- __ **the right time**: oportunamente, en su debida oportunidad
- __ **the risk of**: con riesgo de, a riesgo de
- __ **the same time**: al mismo tiempo
- __ **the time**: a la sazón
- __ **the time of**: en tiempo de
- __ **the very least**: como mínimo
- __ **the very moment (when)**: precisamente cuando o en ese momento
- __ **the wrong time**: fuera de tiempo, inoportunamente, en un mal momento
- __ **this juncture**: en esta coyuntura
- __ **this point**: al llegar a este punto, a estas alturas
- __ **this point in time**: en este momento
- __ **this stage**: a estas alturas, en la etapa actual, en esta fase
- __ **this time**: ahora, en este momento
- __ **this writing**: en el momento en que escribo estas líneas
- __ **times**: a veces
- __ **variance with the rules**: en desacuerdo con el reglamento
- __ **work**: (factores) en juego
- __ **worst**: en el peor de los casos
- __ **year-end**: (cont) al cierre del ejercicio
- __ **your convenience**: como guste, como le sea posible, a su conveniencia
- __ **your earliest convenience**: a la mayor brevedad, tan pronto como le sea posible, a su más pronta conveniencia
- __ **your option**: a su elección
- __ **your own risk**: por su cuenta y riesgo

atmosphere: atmósfera; clima, ambiente
atmosphere-ocean-land-ice system: sistema atmósfera-océano-tierra-hielo
atmosphere-wide objective: objeto a escala de la atmósfera
atmospheric change: cambio en la composición de la atmósfera
___ **chemist**: especialista en química de la atmósfera, químico especializado en la atmósfera
___ **circulation pattern**: régimen de circulación de la atmósfera
___ **fallout (deposition)**: aportación de contaminantes atmosféricos
___ **forcing**: forzamiento atmosférico
___ **input (of pollutants)**: aportación de contaminantes atmosféricos
___ **layer (region, shell)**: capa atmosférica
___ **lifetime (of a substance)**: permanencia en la atmósfera (de una sustancia)
___ **loading**: concentración (de) ... en la atmósfera
___ **movements**: circulación o desplazamiento (de) ... en la atmósfera
___ **residence time**: permanencia en la atmósfera (de una sustancia)
___ **sounder**: sonda atmosférica
atomic power plant: central nuclear
___ **warhead**: ojiva atómica
attached: anexo, adjunto, anejo
___ **account**: cuenta intervenida judicialmente
attachment: colocación, fijación; accesorio, aditamento; anexo; (leg) secuestro, traba de ejecución, incautación, embargo (bienes), confiscación
___ **of cover**: (seg) comienzo de la cobertura o de la garantía
___ **proceedings**: proceso para secuestro; diligencia de embargo
attacked at all levels: atacado en todos los flancos, atacado en todos los frentes
attainment: consecución, logro, obtención, realización; (pl) dotes, talento, conocimientos
___ **of objectives**: realización o consecución de objetivos
___ **test**: (edu) test de progreso escolar o de rendimiento, test de adquisiciones; a veces: test pedagógico
attars: aceites esenciales aromáticos
attempt: intento, intención, tentativa; (leg) atentado, conato
attempted crime: (leg) conato
attend a meeting: asistir a una reunión
___ **to**: evacuar una diligencia, ocuparse de o en
___ **to the mail**: despachar la correspondencia
attendance: asistencia, presencia; concurrencia, asistentes
___ **at childbirth in the home**: asistencia domiciliaria de parto
___ **bonus**: prima de asiduidad, de asistencia
___ **center**: (edu) departamento de asistencia escolar
___ **fees**: dietas de asistencia

___ **list**: lista de presentes, lista de asistencia
___ **ratio**: coeficiente de asistencia
___ **record**: planilla o registro de asistencia
___ **time**: tiempo de presencia
attendant: *s* servidor, acompañante, encargado; *a* concomitante, consiguiente;
___ **circumstances**: circunstancias concomitantes
___ **damage**: daño consiguiente
attended education: sistema de educación presencial (*op a* educación a distancia)
attenders: clientela (clínica)
attending physician: médico de cabecera, médico que atiende al paciente
attention span: duración de la atención
___ **time**: tiempo de vigilancia
attenuated poliomyelitis vaccine: vacuna antipoliomielitis atenuada
attest: atestiguar, atestar, deponer, dar fe; legalizar, autenticar, certificar
___ **to**: ser testimonio de
attestation: atestación, deposición; certificación
___ **clause**: cláusula testigo
attested herd: rebaño garantizado
attesting: testificante, testicativo
___ **notary**: notario fedante
___ **officer**: actuario, certificador
___ **witness**: testigo certificador o instrumental, testigo presencial
attestor: actuario
attitudes and skills: actitudes y capacidades
attitudinal barrier: barrera psicológica
___ **cluster**: constelación actitudinal
___ **mobility**: movilidad psicológica
attorney: abogado, apoderado, consejero, poderhabiente, abogado de oficio
___ **at law**: abogado, procurador judicial, abogado titulado
___ **general**: procurador general
___ **general's office**: ministerio publico
___ **in fact**: (leg) apoderado, procurador, gestor
___ **of record**: abogado que consta
attractants: sustancias atrayentes
attracting of funds: captación de fondos, movilización de recursos
attractive: atrayente, atractivo, interesante, gracioso, simpático, lucrativo, útil, ventajoso
___ **business**: negocio productivo
___ **idea**: idea sugestiva
___ **proposal**: propuesta interesante
___ **prospects**: perspectivas halagüeñas
attributable to service: imputable al servicio
attribute: *s* atributo; (est) característica cualitativa; *v* atribuir
attrition: roce; desgaste (*v gr* dientes); agotamiento (guerra); rozamiento, frote, rozadura; (edu) desgranamiento
___ **of jobs**: eliminación natural de puestos
___ **rate**: (com) tasa de desgaste, de eliminación (existencias, equipo); (adm) tasa de atrición, de disminución normal (empleados); (edu) tasa de deserción o de abandono escolar

auction: remate, subasta, venta al martillo, almoneda
__ **by tender**: subasta por adjudicación
__ **of foreign exchange**: remate de divisas, licitación cambiaria
__ **sale**: subasta, venduta
auctionable emission rights: derechos de emisión subastables
audience: público, espectadores, concurrencia, auditorio; lectores; radioyentes, telespectadores; sintonía (TV)
__ **share (TV)**: índice de audiencia
audio and visual discrimination: aptitud para distinguir las formas de los sonidos
__ **displays**: señales acústicas, indicación auditiva
__ **typist**: audiomecanógrafo
audioactive system: sistema audioactivo de enseñanza
audiology and speech pathology: fonoaudiología
audiovisual aids: medios audiovisuales, auxiliares o elementos audiovisuales, materiales audiovisuales
__ **centers**: centros de producción de medios audiovisuales
audit: *s* (fin) auditoría; verificación, revisión, comprobación, intervención, verificación de cuentas; *v* (fin) verificar, revisar o comprobar cuentas; (edu) asistir a clase como oyente; (proyecto) evaluar los resultados
__ **certificate**: certificado de comprobación de cuentas, de auditoría
__ **committee**: comité de auditoría
__ **mission**: misión de evaluación ex post (proyecto)
__ **observations**: observaciones derivadas de la comprobación de cuentas
__ **office**: contaduría, auditoría
__ **opinion**: dictamen de auditoría, opinion del auditor (o de los auditores); dictamen de intervención financiera
audited accounts: cuentas comprobadas
__ **financial accounts**: estado de cuentas intervenido o comprobado
__ **statement of accounts**: estado de cuentas verificado, certificado o dictaminado
auditor: interventor de cuentas, auditor, censor, revisor de cuentas; (edu) oyente
__ **general**: auditor general
auditor's certificate: informe o dictamen de auditoría
__ **opinion on fairness of balance sheet presentation**: certificación del balance
__ **report**: dictamen contable
auditorium: sala de reuniones; paraninfo, auditórium
auditory and visual capabilities: facultades auditivas y visuales
__ **discrimination**: acuidad auditiva, agudeza de percepción auditiva
aural rehabilitation: reeducación auditiva
austerity plan: plan de saneamiento económico

autarchy: autarquía o autarcia (autosuficiencia económica)
authentic: fehaciente
__ **act**: escritura o acta certificada o legalizada
__ **copy**: copia fidedigna
authenticate: autenticar, refrendar, legalizar, certificar
authenticated copy: copia legalizada, autenticada
__ **instructions**: instrucciones refrendadas
__ **specimen of signature**: espécimen de firma autenticado; facsímil de firma autenticado
authenticating key: clave de autenticación
__ **officer**: oficial que legaliza, que da fe, que certifica
authentication of signature: reconocimiento de firma
authenticity of a transaction: materialidad (realidad) de una operación
author catalog: catálogo por autor, catálogo por nombre de autores
author's copy: ejemplar autografiado
__ **royalties**: derechos de autor
authors gallery: lista de colaboradores
author-conceived materials: (edu) textos redactados por especialistas
author-prepared materials: textos redactados por especialistas (en contraste con "pupil-conceived materials": textos concebidos por los alumnos)
authoritative document: documento justificante, fehaciente, irrefutable
__ **text**: texto con fuerza de ley, texto de fuerza legal
__ **work**: (obra) magistral
authority: autoridad, jurisdicción, mando, competencia; dirección; administración (puertos), organismo autónomo, junta administrativa; (leg) autorización, facultad, poder; fundamento
__ **for expenditure**: autorización de gastos
__ **of a final judgment**: (leg) autoridad de cosa juzgada
__ **over children**: patria potestad
authorities: autoridades; administración, dirección, jefatura; gobierno
authorization: autorización; autoridad
__ **of the execution of a foreign judgment**: exequátur
__ **to pay**: autorización de pago
authorize: autorizar, facultar, acreditar, apoderar, legalizar, sancionar
authorized agent: agente oficial o acreditado
__ **amount**: monto o importe autorizado, cantidad autorizada
__ **budget obligations**: obligaciones contraídas en relación con el presupuesto aprobado
__ **capital**: capital nominal
__ **representative**: representante mandatario, representante autorizado o facultado
__ **share capital**: capital accionario autorizado

__ **signature**: firma autorizada o sancionada
__ **stock**: capital escriturado
authorizing memorandum: memorándum resolutivo
__ **officer**: ordenador de pagos, funcionario autorizador
autoconsumption of food: producción de alimentos para consumo propio
autoinstructional device: dispositivo de autoinstrucción, dispositivo autodidáctico, máquina enseñante
automated teller machine: cajero automático
automatic lapse (of a patent): caducidad automática (de una patente)
__ **merchandising**: venta automática
__ **resetting mechanism**: mecanismo de reajuste automático del tipo o de la tasa de interés
__ **screen dimmer**: atenuador automático de pantalla
__ **suspension clause**: cláusula suspensiva
automaticity of drawings: automatismo de los giros
automation: automatismo, automatización
automobile efficiency: rendimiento energético de los automóviles, eficiencia energética de los automóviles
__ **industry**: industria automotriz
automobiles and trucks: parque móvil
automotive trade: comercio de productos de la industria del automóvil
autotutorial method: método de autoa-prendizaje
auxiliary account: subcuenta
__ **goods**: elementos de producción
__ **measures**: medidas complementarias
__ **nurse**: enfermera auxiliar
__ **plea**: motivo subsidiario
availability: disponibilidad; accesibilidad, asequibilidad, posibilidad de obtener o conseguir
available: disponible; accesible, asequible, aprovechable, obtenible, realizable; existente, en venta; libre
__ **bottoms**: barcos disponibles, tonelaje disponible
__ **funds**: disponibilidades monetarias o de fondos
__ **nutrient**: nutriente asimilable
aval: aval, garantía, endoso especial de garantía
avalanche: avalancha, alud
avant-garde: de vanguardia, ultramoderno
avenue: avenida, vía, camino; medio, recurso, arbitrio
__ **of approach**: vía de aproximación
__ **of success**: medio para lograr el éxito
average: *s* media, promedio; (náut) avería; *a* (est) medio; mediano; regular, de término medio; *v* calcular el promedio, sacar la media, repartir proporcionalmente, prorratear

__ **age at marriage**: edad media de los contratantes
__ **annual pensionable remuneration**: remuneración anual media pensionable
__ **annual total return**: total de rendimiento anual promedio
__ **daily attendance**: asistencia media diaria, promedio de asistencia diaria
__ **daily balances**: promedio de los saldos diarios
__ **daily traffic (ADT)**: tránsito medio diario (TMD)
__ **deviation**: desviación promedia
__ **due date**: vencimiento común
__ **earning assets**: rendimiento medio de los activos productivos
__ **earning index**: índice de ingresos medios
__ **grade**: promedio general
__ **loan life**: vigencia media de los préstamos
__ **net receivables**: promedio neto de cuentas con clientes
__ **of above-average rates (or salaries)**: promedio de los sueldos superiores a los sueldos medios
__ **post adjustment index**: índice de la media de los ajustes por lugar de destino
__ **(rate of) return**: rentabilidad media
__ **step**: escalón medio (de una categoría)
__ **yield**: rendimiento medio
average-inflation country: país con tasa media de inflación
averaging of accounts: vencimiento común
averment: (leg) afirmación
aviation fuel: aeronafta
__ **medicine**: medicina aeronáutica
avocado plantation: aguacatal
avoidable costs: costos evitables
avoidance: (leg) anulación, resolución del contrato, rescisión
__ **clause**: cláusula resolutiva
__ **costs**: costos evitables
__ **of a sale (by hidden defect)**: redhibición
avoided cost: (econ) reducción de costos
awaiting reimbursement: pendiente de reembolso
award: *s* premio, recompensa; gratificación; adjudicación (contrato); concesión (préstamo); (leg) fallo, sentencia; laudo (arbitral); *v* conceder, otorgar, adjudicar
__ **committee**: jurado (concurso)
__ **containing reasons**: laudo motivado
__ **damages**: indemnizar por daños y perjuicios, otorgar una indemnización por daños y perjuicios
__ **of contracts**: adjudicación de contratos
__ **of (land) titles**: titulación
__ **of merit**: recompensa honorífica
__ **rendered by default**: sentencia dictada en rebeldía
awarding of prizes: concesión de premios, premiación
aware of: consciente de; conocedor de, enterado de, informado de

__ **of, be**: estar enterado de, ser consciente de, apreciar, darse cuenta, saber, tener conocimiento de
awareness: conciencia, conocimiento, percepción
__ **building**: sensibilización, toma de conciencia; concientización
axle weight: peso por eje

B

baby: lactante, recién nacido, bebé
__ **beef**: novillo de más de un año, novillito
__ **bonds**: títulos por valor inferior a 1000 dólares
__ **food industry**: industria de alimentación infantil o de alimentos para la infancia
__ **nurse**: puericultora
__ **products**: artículos para bebés
baby-feeding formula: lacticinio
baccalaureate degree: sinón de *bachelor's degree*
__ **degree in nursing**: diploma de enfermería
bachelor's degree: licenciatura, bachillerato (en general, es preferible no traducir al español Bachelor of Arts (B.A.) ni Bachelor of Science (B.Sc.), diplomas concedidos en los EUA al término de cuatro años de estudios superiores): (Bachillerato con mención en Humanidades; Bachiller con mención en Ciencias)
back: apoyar, respaldar; reforzar; (com) avalar (letra); endosar (cheque)
__ **a loan**: garantizar un préstamo
__ **bond**: contrafianza
__ **cover**: contraportada, contracubierta, carátula del respaldo, contratapa anterior o posterior
__ **crossing**: cruza regresiva, cruzamiento de absorción (ganado)
__ **haul traffic**: tráfico de regreso
__ **number**: ejemplar o número atrasado de revista, etc.
__ **of the bill**: dorso (o reverso) de la letra
__ **office**: oficina de control administrativo
__ **order**: pedido pendiente
__ **outside cover**: portada posterior
__ **page**: última página, (tapa) vuelta, reverso
__ **pay**: sueldo atrasado; pago con efecto retroactivo
__ **up**: apoyar, respaldar
__ **value**: ganancia neta (energía)
back-bending curve: (est) curva atípica
back-cloth: telón de foro o de fondo
back-room: cuarto interior
back-to-back credit: crédito en garantía de otro crédito
__ **guarantee**: fianza de fianza, contrafianza
backbone: espinazo, espina dorsal; (fig) piedra angular, pilar, elemento principal
backdate: antedatar (documento); dar efecto retroactivo a, poner en vigor con efecto retroactivo
backdoor financing: financiamiento no presupuestado

backdrop: telón de foro o de fondo, fondo
backfill work: tapado
background: fondo, telón de fondo, trasfondo, escenario; antecedentes (profesionales); ambiente (cultural, literario, etc.); calificaciones, preparación, formación, conocimientos generales; experiencia, pasado, orígenes; educación, instrucción; bases, fundamentos
__ **data**: información básica, antecedentes
__ **document**: documento informativo, documento de información general, documento de referencia, recopilacion de antecedentes
__ **information**: generalidades, antecedentes, información básica o general
__ **knowledge**: conocimientos básicos
__ **noise**: ruido de fondo
__ **notes**: notas documentales
__ **(of a person)**: bagaje intelectual
__ **paper**: documento de antecedentes o de información básica
__ **radiation**: radiación de fondo
__ **subjects**: asignaturas básicas, enseñanza teórica, conocimientos básicos
backing: (com) abono, apoyo, garantía, respaldo
__ **of currency**: cobertura de la moneda
backlash: contragolpe, retroceso brusco, reacción
__ **effect**: efecto de absorción, efecto de reacción
backlog: (volumen de) trabajo atrasado, trabajo pendiente, pedidos no despachados, cúmulo de pedidos pendientes
__ **of accumulated arrears**: acumulación de atrasos en los pagos
__ **of orders**: exceso (cúmulo) de pedidos (órdenes) en comparación con la capacidad para atenderlos
backscattered radiation: radiación retrodispersada
backstage manoeuvers: entretelones
backstay: barandal (puente)
backstopping: respaldo, apoyo; servicios auxiliares, mecanismos de apoyo, prestación de apoyo
backtrack: retroceder
backup equipment: equipo para respaldar una operación; equipo auxiliar
__ **facility**: mecanismo de suscripción de reserva (valores)
__ **facility fee**: comisión de garantía de compra
backward and forward linkage of an industry: eslabonamiento ascendente y descendente (progresivo y regresivo) de una industria
__ **area**: zona rezagada o atrasada
__ **child**: niño mentalmente atrasado o impedido, alumno lento
__ **country**: país atrasado
__ **glance**: mirada retrospectiva
__ **integration**: (ind) integración regresiva
__ **linkage**: vinculación hacia atrás; vínculos de concatenación regresiva; eslabonamiento ascendente
__ **peoples**: poblaciones atrasadas, pueblos poco evolucionados
__ **pricing**: precio en retroceso

BACKWARD-BENDING / BALANCING

backward-bending curve: curva atípica
backward-forward integration (linkage): integración (vinculación) vertical
backwardation: prima de aplazamiento de entrega de pago por acciones, deport; margen de cobertura (futuros)
__ **rate**: tasa de deport (Bolsa)
backwardness: atraso, retroceso, rezago; retraso (mental o cultural)
backwash: repercusión, reacción
backwater: remanso, brazo de mar, rebalsa; lugar apartado o perdido
__ **gate**: compuerta de retención
bacterial blight: plaga bacteriana; añublo bacterial
__ **diseases**: enfermedades bacterianas
__ **flora**: flora bacteriana
__ **warfare**: guerra bacteriana
bacteriological warfare: guerra bacteriológica
bad condition: mal estado
__ **debt**: deuda incobrable, deuda de pago dudoso
__ **management**: mala administración
__ **name**: mala fama
__ **times**: época de depresión
__ **title**: título imperfecto
__ **workmanship**: defectos de construcción
"**bad order**": daños (en las mercancías recibidas)
badge: insignia, distintivo, emblema, símbolo, escarapela
baffle board: pantalla acústica
__ **pier**: escollera
__ **plate**: deflector (ducto)
bag: cuerpo del arte (red de pesca)
__ **boom**: barrera colectora
__ **house**: cámara de filtros de bolsa
__ **net**: red de copo
bag-filling machine: ensacadora
bag-sealing machine: máquina selladora de bolsas
bagasse: bagazo
baggage allowance: límite de peso de equipaje gratis, franquicia para equipaje
__ **car**: furgón
bagging: arpillera, tela de estopa o de saco
__ **machine**: ensacadora, máquina de ensacar
bail: *s* fianza, caución; *v* poner en libertad bajo fianza; dar fianza por, ser fiador de; entregar en depósito
__ **bond**: caución, compromiso de fianza
__ **out**: sacar de apuro
bailee: depositario, comodatario
bailee's lien: retención prendaria
bailiff: alguacil
bailiwick: esfera de acción o de actividad, competencia
bailment: comodato
bailor: fiador, depositante; comodante
bait: cebo, carnada; señuelo
balaclava helmet: pasamontañas
balance: *s* balanza; equilibrio; (com) saldo, balance, balanza; *v* equilibrar, compensar; (com) saldar, cuadrar (cuenta)

__ **brought forward**: saldo arrastrado, saldo en cuenta nueva
__ **carried forward**: saldo traspasado
__ **due**: saldo pagadero o adeudado, saldo deudor, saldo vencido
__ **extinguished**: saldo liquidado
__ **line system**: sistema de canalización equilibrada
__ **of accounts**: balance de cuentas, de números
__ **of payments**: balanza cambiaria o cambista, balanza de pagos internacionales
__ **of payments deficit**: déficit exterior
__ **of payments position**: situación o posición de la balanza de pagos
__ **of payments statement**: estadística de la balanza de pagos
__ **of power**: equilibrio de poder o de fuerzas, equilibrio político
__ **of trade or visible items**: balanza comercial
__ **on hand**: saldo disponible
__ **or stock**: saldo o resto de las existencias
__ **outstanding**: saldo pendiente
__ **sheet**: balance, estado de cuentas, estado de situación
__ **sheet accounts**: cuentas de balance, permanentes o reales
__ **sheet date**: fecha de cierre del balance
__ **sheet equation (assets=liabilities and proprietorship)**: ecuación del balance (activo=pasivo más capital)
__ **sheet layout**: estructura del balance
__ **sheet ratios**: índices estáticos, razones estáticas
__ **sheet showing a loss**: balance pasivo
__ **sheet showing a profit**: balance activo
__ **the books**: hacer el balance, saldar los libros
__ **the budget**: equilibrar el presupuesto
__ **the ledger**: cerrar el libro mayor
balances held on a covered basis: saldos retenidos para cubrir operaciones a término o a plazo
balance-of-system costs: costos de instalación y suministros
balance-sheet value: valor en balance
balanced diet: dieta equilibrada, alimentación equilibrada
__ **growth**: crecimiento equilibrado
__ **pattern**: estructura equilibrada
balancing account: cuenta de compensación; cuenta compensadora; cuenta residual (capital de la Caja de Pensiones)
__ **equation**: ecuación compensadora
__ **equipment**: material complementario
__ **item (entry)**: partida compensatoria, contrapartida, partida por contra
__ **of cuts and fills**: compensación del movimiento de tierras
__ **subsidy**: subvención equilibradora
__ **tank**: torre de equilibrio (alcantarilla)

bale: *s* paca, fardo, bala; *v* empacar, enfardar, embalar
baler: enfardadora
baling: empacado, embalado
__ **machine**: enfardadora
balk: faja de tierra inculta
ball planting: plantación con cepellón, con terrón o con pan de tierra
__ **point pen**: bolígrafo
ballast: *s* lastre (barco); balasto (camino); *v* balastar; (fig) estabilizar
__ **bed**: firme (camino)
__ **load**: carga equilibrada
balloon loan: préstamo amortizable en su mayor parte al vencimiento, préstamo "balloon", de emergencia, préstamo reembolsable al vencimiento
__ **payment**: pago final (principal e interés vencen en una sola fecha), pago global
ballooning: alza artificial de precios
ballot: papeleta, voto; votación
__ **box**: urna
balloting paper: papeleta para votar, cédula de votación
ballpark figure: cifra aproximada, dato aproximado
ballyhoo: publicidad sensacionalista; reclamo estridente
ban: prohibición; interdicción; embargo
banana: plátano, cambur
__ **meal**: fécula de banana, bananina
__ **shipments**: volumen comercializado de bananas
banc, in: (leg) en pleno (tribunal)
band and frame sawmill: aserradero de banda
__ **chart**: diagrama de franjas, gráfico de franjas
__ **of sheep**: piara
bandwagon effect: efecto de amplificación, efecto de contagio; (pl) efectos acumu-lativos
banishment: destierro, extrañamiento, proscripción, confinamiento, exilio
bank acceptance: aceptación bancaria
__ **account reconciliation**: conciliación de cuentas bancarias
__ **balance**: saldo bancario, saldo en bancos
__ **bill**: letra bancaria
__ **cash ratio**: coeficiente bancario de caja
__ **charges (fees)**: gastos bancarios, comisiones bancarias
__ **clearings**: compensaciones bancarias
__ **club**: consorcio bancario (o de bancos), sindicato
__ **control**: estabilización de riberas
__ **credit**: crédito bancario
__ **credit financing**: financiamiento mediante créditos bancarios
__ **deposit cover**: cobertura de los depósitos bancarios
__ **deposit coverage**: respaldo de los depósitos bancarios

__ **draft**: letra bancaria, orden de pago, libramiento de un banco (sobre otro banco), giro bancario
__ **erosion**: desprendimiento de ribera
__ **examiner**: inspector o superintendente de bancos
__ **exposure**: monto de préstamos bancarios vigentes; monto de los préstamos desembolsados y pendientes; exposición crediticia
__ **failure**: quiebra bancaria
__ **holiday**: cierre bancario; cierre temporal de los bancos
__ **interests**: intereses bancarios
__ **lending**: crédito bancario
__ **liquidities**: liquidez bancaria, encaje bancario, disponibilidades bancarias
__ **liquidity ratio**: coeficiente de liquidez bancaria
__ **markup**: margen bruto
__ **money**: depósitos bancarios, cheques bancarios, cheques y créditos bancarios, letras bancarias
__ **notes of large denomination**: billetes de alto valor nominal
__ **of International Settlements**: Banco de Pagos Internacionales
__ **of issue**: banco emisor
__ **of lockers**: batería de armarios
__ **overdraft**: giro en descubierto
__ **paper**: valores bancarios
__ **rate**: tipo bancario; tipo o tasa (oficial) de redescuento del Banco Central; (Chi) tasa de instancia
__ **rate for collateral loans**: tipo de pignoración para créditos, créditos pignoraticios o adelantos sobre valores
__ **receipt**: resguardo, recibo bancario
__ **reconciliation**: comprobación del estado de cuenta
__ **reconciliation statement**: estado de conciliación bancaria
__ **reserve requirement**: encaje legal
__ **run**: pánico bancario
__ **signatories**: signatarios de cuentas bancarias
__ **statement**: extracto o estado de cuenta bancaria; (Chi) cartola
__ **stock**: acciones bancarias
__ **vault**: tesoro de seguridad del banco
bank's own promissory note payable on sight: vale a vista bancario
bankability: perspectivas de rentabilidad (proyectos)
bankable: bancable, descontable
__ **assurances**: seguridades aceptables para los bancos
__ **benefits**: beneficios seguros, beneficios efectivos
__ **bill**: letra (fácilmente) descontable, efecto negociable, letra (sobre plaza) bancable
__ **proyect**: proyecto financiable por un banco; proyecto de financiamiento aceptable

bankbook: libreta de depósito; cartilla, libreta de ahorro o de imposiciones
banked curve: curva con peralte (peraltada) (camino)
banker's acceptance: aceptación bancaria
__ **duty secrecy**: secreto bancario
__ **markup (spread)**: margen (bancario) bruto
banking: banca; operaciones bancarias
__ **committee**: comité de banca
__ **house**: institución bancaria
__ **law**: ley de ordenación de la banca
__ **syndicate**: consorcio bancario o de banqueros
bankrupt: quebrado, insolvente, concursado
bankrupt's certificate: concordato
__ **estate**: masa de la quiebra
bankruptcy auditor: auditor o interventor de la quiebra
__ **proceedings**: juicio de quiebra, juicio de concurso
banner: bandera, pabellón, pendón, flámula; banda publicitaria
__ **year**: año excepcional o sobresaliente
bar: excluir, impedir, prohibir; (leg) desestimar
__ **association**: colegio de abogados, corporación forense
__ **chart (diagram)**: gráfico (diagrama) de barras, histograma, diagrama de columnas
__ **grizzly**: (min) criba de barras (barrotes)
__ **iron**: hierro en barra, barra de hierro
__ **none**: sin excepción
__ **wire**: lizote
bars and rods: barras y varillas
barbed wire: alambre de púas usado para cercas
barbel: (ict) barbo (pez de río)
bare contract: contrato sin causa
__ **boat charter**: contrato de arrendamiento de casco
__ **boat chartering**: fletamento de casco solo (sin tripulación ni combustible)
__ **fallow**: barbecho negro, barbecho desnudo
__ **legal title**: nuda (nula) propiedad
__ **root method (of planting)**: plantación a raíz desnuda
barefoot doctor: médico "descalzo"
bargain: s ganga, compra ventajosa; v regatear
__ **and sale**: (leg) compraventa
__ **price**: vil precio
bargaining: negociación
__ **committee**: comité de paridad
__ **position**: situación para negociar, posición negociadora
__ **power**: capacidad (poder) de negociación
__ **table**: tapete
barge: barcaza, chalana, gabarra, pontón
bargeboard: falso cabrío
bargecarrier: buque portagabarras
bargeload: barcada, lanchada
bark beetle: gorgojo descortezador, barrenillo de la corteza
barking: descortezado, descostrado
barley futures: cebada para entrega futura

__ **malt**: malta de cebada
barn: granero (cereales); establo (ganado); cuadra (caballos)
barrage: presa (de contención), embalse de diversión
barratry: baratería
barred by statute of limitations: prescri(p)to
__ **debt**: deuda prescripta
barrel (crowned) road: camino bombeado
__ **stand**: poína
__ **stave**: duela
barrels of oil equivalent (boe): barriles de equivalente en petróleo (bep)
__ **per day of oil equivalent**: barriles diarios de equivalente en petróleo
barren: árido; estéril; yermo; infructuoso, inútil
__ **land**: tierra yerma
__ **money**: dinero improductivo, dinero que no da interés, deuda sin interés
barrier: barrera; obstáculo, impedimento, atasco, cerca
__ **spraying**: rociamiento en anillo, rociamiento periférico (paludismo)
barring unforeseen circumstances: salvo imprevistos
barrister: (RU) abogado (que tiene derecho a alegar en los tribunales superiores)
barrister's brief: alegato
__ **speech**: alegación
barrowman: comerciante ambulante
barter agreement: convenio de trueque (permuta)
__ **contract**: contrato de permuta
__ **deal**: negocio de compensación
__ **operations**: operaciones de compensación, operaciones de trueque, de contrapartida
__ **terms of trade**: relación de intercambio o de trueque
__ **trade**: trueque, comercio de trueque
basal dressing: abono o estercoladura de base
__ **metabolic rate**: tasa metabólica basal, índice de metabolismo basal, metabolismo basal
base amount: importe nominal, base nominal
__ **course**: capa de asiento, capa de base (camino)
__ **data**: datos básicos
__ **level**: nivel básico, base del índice
__ **load**: (elec) carga fundamental o de base
__ **metals (minerals)**: metales (minerales) comunes
__ **money**: base monetaria, dinero primario
__ **period**: período base
__ **price**: precio básico, precio mínimo
__ **rate**: sueldo base
__ **salary scale**: escala de sueldos básicos
__ **wage**: salario básico
__ **weighted index**: índice de ponderación fija
__ **year**: año base
base-weighted (Laspeyres index): ponderado en el período base (índice de Laspeyres)
baseboard: rodapié; zócalo, tablero de zócalo

based on facts: documentado
__ **on the record**: en mérito de los antecedentes
baseline: punto de partida, de referencia o de comparación
__ **case**: caso de referencia
__ **costs**: costos básicos, costos iniciales (proyectos)
__ **data**: datos básicos, iniciales o de referencia
__ **projection**: proyección básica
__ **scenario**: "escenario" de referencia, marco hipotético de referencia
__ **situation**: situación básica, situación en el punto de partida
__ **study**: estudio de referencia
__ **survey**: encuesta básica, estudio básico
basic: esencial, fundamental, elemental
__ **and advanced training**: formación y perfeccionamiento
__ **aspects of reading**: operaciones fundamentales de la lectura
__ **assumptions**: postulados fundamentales
__ **commodities**: productos básicos
__ **education**: educación fundamental, educación básica; (India) educación nueva
__ **educational skills**: técnicas pedagógicas fundamentales
__ **goods industry**: industria de productos básicos; industria de materias primas
__ **grade**: calidad tipo
__ **health care**: atención básica de salud
__ **law**: legislación o constitución básica, ley orgánica
__ **overhead capital**: capital social básico
__ **rate**: tasa o tarifa básica
__ **research**: investigación básica
__ **sciences**: ciencias fundamentales
__ **skills**: capacidades básicas; competencia básica, conocimientos básicos; (edu) técnicas, aptitudes o mecanismos elementales o fundamentales, automatismos (en el juego)
__ **slag**: escoria, escoria de desfosforación
__ **social investment**: inversión en capital social
__ **staff**: personal de plantilla
__ **stock**: existencias mínimas
__ **subjects**: (edu) materias o asignaturas básicas
__ **word list**: lista de palabras claves
basic-floor salary: salario básico mínimo
basically: en lo esencial
basin irrigation: riego en cazuela, riego por compartimientos, por bancales, riego por cajetes, riego por sumersión
__ **of a river**: cuenca de un río, cabecera hidrográfica
basing-point system: sistema de punto base
basis: base, fundamento
__ **point**: centésimo de punto porcentual (inversiones), (0.01%)
basket of currencies: cesta de monedas
__ **of goods**: cesta de productos, canasta familiar
__ **peg (pegging)**: vinculación a una cesta o a una canasta

__ **quota**: contingente globalizado
__ **trap**: nasa
__ **unit of account**: unidad de cuenta basada en una cesta de monedas
bass: esparto; (ict) róbalo
basswood: tilo americano
bassinet: cuna para recién nacido
bastard title: (impr) anteportada
bat rabies: rabia de los murciélagos
batch: lote, serie, tanda, hornada, partida, colección, remesa, lío (de papeles)
__ **culture**: cultivo discontinuo
__ **distillation**: destilación intermitente
__ **dryer**: desecador discontinuo
__ **feeding**: alimentación intermitente
__ **formula**: fórmula de lote
__ **method of refining**: destilación fraccionaria
__ **mixer**: hormigonera
__ **of fish**: camada de peces, conjunto de peces
__ **oven or furnace**: horno discontinuo
__ **process**: proceso discontinuo
batching: dosificación (cemento)
bathroom fixtures: artefactos sanitarios
batten board: tablero laminar, tablero enlistonado
batter wall: talud
battery: batería; serie, grupo, juego; (leg) agresión, acometimiento
__ **of tests**: conjunto o serie de tests
batting: guata, huata
bay (of a factory): nave, nave de edificio
be a credit to (his profession): honrar
__ **a test case**: sentar jurisprudencia
__ **at a standstill**: estar paralizado
__ **binding on**: obligar, tener plenos derechos para
__ **called for**: en lista de correos, poste restante
__ **commensurate with**: guardar proporción con
__ **created by law**: nacer de la ley
__ **designed to**: tener por objeto
__ **due**: ser exigible; vencer (fecha)
__ **easily marketable**: tener buena salida
__ **established or located**: radicar
__ **final**: (leg) causar estado, estar firme, quedar firme (dictamen, fallo)
__ **heard in court**: practicarse
__ **in line with**: enmarcarse en, armonizar con
__ **in someone's possession**: obrar en poder de
__ **inevitable**: no poder menos de
__ **inmaterial**: carecer de importancia, no tener importancia
__ **liable for debts**: responder de las deudas
__ **of use as**: servir de
__ **on record**: constar (en actas)
__ **on the safe side**: para mayor seguridad
__ **party to a lawsuit**: obrar en juicio
__ **that as it may**: sea como fuere
__ **under discussion**: estar sobre el tapete
beach nourishment: sustento de la playa
__ **seine**: boliche, jábega, arte de playa
beam (of a ship): manga
beams and joists: traviesas y travesaños

bean stalk: rodrigón
beans: frijoles, porotos, habas; judías, habichuelas
bear in mind: tener presente, recordar
__ **market**: mercado bajista, mercado a la baja
__ **operator**: bajista
__ **out**: corroborar
__ **witness to**: atestiguar, testimoniar
bear-trap dam: presa de alzas
__ **gate**: compuerta de abatimiento
bearer: tenedor de un bono, titular (de pasaporte)
__ **bond**: título al portador
__ **instrument**: título al portador
__ **note**: pagaré al portador
__ **paper**: documento transferible o traspasable, título al portador
__ **securities**: valores mobiliarios, valores o títulos a la orden
__ **stock**: acciones al portador
bearing: importancia, alcance; relación, conexión; cojinete, rodamiento
__ **capacity or power**: resistencia
__ **in mind**: teniendo presente, teniendo en cuenta
__ **of a line**: marcación de una línea
__ **power of the soil**: resistencia de la tierra
__ **tree**: portagranos, árbol padre, seminífero
__ **wall**: muro de carga, muro de apoyo
bearish attitude toward...: actitud pesimista ante..., respecto a...
__ **market**: mercado bajista, Bolsa con tendencia a la baja
beat the ban: anticiparse a la prohibición (en previsión de restricciones)
beating down: vareo (aceitunas)
become a party: formar parte
__ **accustomed to**: hacerse a (una idea), acostumbrarse a
__ **bankrupt**: declararse en quiebra, ir a la quiebra
__ **binding**: obligar (comprometer) a las partes, sujetar a las partes
__ **blurred**: velarse (fotos)
__ **due**: adeudar (una suma); vencer (una deuda); ser exigible (en pago)
__ **effective**: adquirir fuerza de ley
__ **enforceable**: causar ejecutoria
__ **invalid or unenforceable by prescription**: prescribir
__ **operative**: surtir efecto
__ **or be made final (decision)**: quedar firme
__ **urgent**: revestir carácter de urgencia
__ **void**: caducar
bed and board: pensión completa, techo y sustento, (hosp) cama y comida
__ **care**: servicios de cabecera
__ **for deliveries**: cama de maternidad
__ **maker**: conformador de camas (de arroz)
__ **occupancy rate**: índice de ocupación de camas
__ **of canal or ditch**: solera
__ **up soil**: abancalar (plantas)
__ **working**: trabajo en el fondo, en el cauce

bedding: ropa de cama; material (paja) para el piso o lecho de jaulas, carros ganaderos, etc; (min) estratificación, manteo
__ **litter**: yacija
__ **plane**: (min) plano de estratificación
bedfellow: (fig) compañero; colega, socio, aliado
bedpan: bacinilla de cama; chata
bedrock: roca de fondo, lecho de roca, roca firme, base; fondo de la cuestión
bedside care: cuidados de cabecera, cuidados a la cabecera del paciente
__ **doctor**: médico de cabecera
__ **nurse**: enfermera a la cabecera del enfermo
__ **nursing**: atención de enfermería junto al enfermo
__ **teaching**: (med) enseñanza a la cabecera del paciente
bee forage: néctar para abejas
beef: carne de vaca, de vacuno o de res
__ **and veal**: carne bovina
__ **cattle**: ganado vacuno, reses, bovinos, animales de carne, de abasto, de consumo, de corte, de engorde, de repasto
__ **herds**: animales de carne, ganado de engorde
__ **up**: vigorizar
__ **yield**: rendimiento en carne de vaca
beef-type cows: vacas productoras de animales de carne
beekeeping: apicultura
beet bagasse: pulpa de remolacha
__ **sugar**: azúcar de remolacha
beetroot: remolacha
before all else: ante todo, antes que nada
__ **and after test**: prueba (criterio) de "antes y después"
__ **long**: en breve, dentro de poco, muy pronto
__ **official hours**: antes de la apertura, de la sesión oficial (Bolsa)
beggar-my-neighbor policy: política de empobrecer al vecino, política de egoísmo nacional
begging the question: petición de principio
begin normal heat period: entrar en celo (ganado)
beginning in: a partir de
__ **inventory**: inventario de entrada, existencias iniciales
__ **teacher**: docente principiante
beginnings (of an action): conato
behavior: conducta, comportamiento, modales; funcionamiento (máquina)
__ **pattern**: modo (tipo) de conducta o de comportamiento; patrón de conducta
__ **therapy**: etoterapia o tratamiento de la conducta
behavioral disorders: trastornos de la conducta
__ **sciences**: ciencias del comportamiento o de la conducta
__ **urges**: impulsos de la conducta
behaviorism: behaviorismo, conductismo, psicología conductista

BEHIND

behind schedule: por debajo de la programación, atrasado
__ **the scenes**: entre bastidores
being handled: en trámite
__ **processed**: en trámite
believe it or not: increible pero cierto
bell pepper: pimiento morrón
bell-cow issue: primera emisión
bell-shaped curve: (est) curva normal, curva acampanada, curva campaniforme
belligerent: beligerante; belicoso, agresivo
belligerently: con beligerancia, con agresividad, belicosamente, furiosamente
bellows file: archivo de acordeón
bellwether: (fig) cabecilla, jefe
__ **of economic trends**: indicador primario de las tendencias económicas
below cost: a un precio inferior al costo, a menos del costo
__ **par value**: por debajo de la paridad
below-the-line: por debajo de la línea
__ **(balance sheet) items**: cuentas complementarias
__ **item**: (cont) partida extraordinaria
belt conveyor: cinta o correa transportadora
__ **elevator**: elevador de banda o de correa
__ **highway**: carretera de circunvalación
__ **skimmer**: recuperador de cinta, recolector de cinta
bench: (leg) tribunal, magistratura
__ **border irrigation**: riego por corrimiento por terrazas
__ **terrace**: terraza de banco o escalones, bancal
__ **warrant**: auto judicial
benched road: camino en ladera
benchmark: *s* cota de referencia; punto de referencia, punto de cota fija, (fin) indicador bursátil; *v* referenciar
__ **crude**: crudo de referencia, petróleo
__ **data**: datos básicos de referencia
__ **elevation**: cota de nivel
__ **figure**: cifra de referencia
__ **job**: puesto de referencia
__ **price**: precio de referencia (petróleo)
benchwork: trabajo de laboratorio, trabajo de taller
beneficial improvement: mejora permanente o útil
__ **interest**: interés beneficioso
__ **owner**: dueño útil
__ **ownership**: (leg) dominio útil, usufructo
__ **use**: usufructo
beneficially owned: en usufructo
beneficiary: (leg) beneficiario; pensionista, pensionado (Caja de Pensiones)
__ **population**: población beneficiaria
beneficiation of minerals: beneficio de minerales
benefit: beneficio; utilidad, provecho; ganancia; ventaja; subsidio; prestación (seguro social)

BIBLIOGRAPHIC

__ **of discussion (of a surety)**: (leg) beneficio de excusión
__ **of the doubt**: (leg) beneficio de la duda
__ **payments**: subsidios, prestación, beneficio
__ **scheme**: plan de prestaciones
__ **snatching**: apropiación de beneficios (política fiscal)
__ **society**: sociedad de socorro mutuo, mutualidad
__ **stream**: serie de beneficios
__ **theory**: teoría del usufructo, del disfrute
benefit-cost ratio: relación costo-beneficio
Benelux countries: países del Benelux (Bélgica, Holanda y Luxemburgo)
benevolent society: sociedad de beneficencia
benign neglect: desatención benévola, descuido benévolo
bent on: resuelto a, decidido a
bequest: asignación testamentaria
berth: atracadero, amarradero, fondeadero; litera; puesto de atraque
__ **freighting**: fletamento a carga general
__ **throughput**: volumen de actividad de los muelles, movimiento de mercancías en los muelles
berthage: derechos de atraque, amarraje
berthing capacity: capacidad de atraque
beside the point: fuera de propósito, que no viene al caso
best: superar (a un competidor)
__ **bid price**: postura máxima de compra
__ **efforts sale**: venta sin compromiso de garantía de emisión
__ **estimate**: estimación óptima
__ **profit potentialities**: mejores posibilidades de obtener beneficios
__ **seller**: éxito editorial, éxito de librería, libro de mayor venta, libro más vendido
bestowing country: país que otorga subvenciones
better-living cooperatives: cooperativas para mejoramiento de la existencia
betterment: mejora, mejoría, mejoramiento; (leg) plusvalía
__ **levy**: contribución de mejoras, impuesto de valorización, gravamen o impuesto sobre la plusvalía
__ **lien (tax)**: gravamen (impuesto) sobre mejoras o sobre la plusvalía
beverage crop: producto agrícola para elaboración de bebidas
biannual: semestral
bias: propensión, inclinación, tendencia, predisposición; prejuicio, prevención, distorsión; (est) sesgo (tendencia viciada, error sistemático), deformación sistemática; (comp) polarización, asimetría
__ **voltage**: voltaje de polarización
biased: sesgado; tendencioso
__ **sample**: muestra sesgada, muestra viciada
__ **sex ratio**: distribución desproporcionada de los sexos
bibliographic references: bibliografía

bid: s (com) oferta, propuesta; puja, postura; v licitar, ofrecer, hacer una propuesta
__ **bases**: bases (de licitación), pliego de condiciones
__ **bond**: fianza de licitación, garantía de seriedad, caución de licitador, fianza de la oferta
__ **form**: modelo de oferta
__ **offer spread**: margen entre precio de comprador y precio de vendedor
__ **opening**: apertura de ofertas
__ **package**: conjunto de bienes (obras, servicios, elementos) a licitar
__ **price**: precio de oferta (contrato); postura o puja de compra; precio comprador (valores)
__ **security**: garantía de seriedad (de la licitación), garantía de licitación
__ **submission**: presentación de ofertas
bidder: licitador, postor, licitante, proponente
bidding: licitación, postura, propuestas; puja
__ **conditions**: bases de licitación, pliego de condiciones de la licitación, especificaciones
__ **documents**: documentos de licitación
__ **form**: pliego de licitación
big-eyed tuna: (ict) atún patudo
big-ticket item: producto de alto costo
bilateral capital aid program: programa bilateral de ayuda en forma de capital
__ **countries**: países que son partes en acuerdos bilaterales
__ **partners**: partes en un convenio bilateral
bilge: pantoque (barco)
__ **water**: agua de sentina
bill: s factura; cuenta; pagaré; efecto comercial; letra; billete; cartelón; cartel; proyecto de ley; v facturar
__ **drawn payable at a certain time after date**: letra librada a cierto plazo vista
__ **frequency diagram**: diagrama de frecuencia de facturación
__ **holdings**: cartera de efectos
__ **of complaint**: escrito de agravio
__ **of exchange**: letra de cambio
__ **of freight**: carta de acarreo
__ **of goods**: partida o lote de mercancías
__ **of health**: patente de sanidad
__ **of indictment**: (leg) pliego de cargos
__ **of lading**: conocimiento de embarque
__ **of particulars**: (leg) escrito de calificación
__ **of quantities**: estimación cuantitativa, cubicación de obra
__ **of rights**: declaración de derechos
__ **of sale**: contrato o escritura de venta
__ **payable at a fixed period after date**: letra a tantos días (o meses) vista
__ **suffering dishonor**: letra impagada o no aceptada
__ **to order**: letra a la orden
__ **weight**: peso consignado (en la factura)
bills on hand: letras en cartera
billboard advertising: publicidad por carteles
billet: lingote, tocho, palanquilla (acero); leña (madera); llantón

billhead: membrete (de factura)
billing: (com) facturación; (pl) facturas despachadas, facturaciones
__ **agent**: organismo agente de cobranza
__ **office**: oficina de cobranza
billion: (RU) billón; (EUA) mil millones
bimetallic system: bimetalismo (sistema con doble patrón, o de patrón paralelo)
bimonthly: bimestral (cada dos meses); bimensual, quincenal (dos veces por mes)
bin tag: etiqueta de almacén
bind: (leg) obligar, comprometer; obligarse
binder: carpeta; cubierta; aglutinante (caminos); (seg) resguardo provisional, caparra
binding: (leg) obligatorio, válido, valedero, vinculante, en firme; empaste de un libro; consolidación (tarifas)
__ **agreement**: acuerdo obligatorio
__ **character**: carácter vinculante, obligatorio
__ **clause**: cláusula obligatoria o valedera
__ **commitment**: compromiso en firme
__ **contract**: contrato obligatorio
__ **decision**: decisión obligatoria
__ **force**: obligatoriedad
__ **materials**: cementantes
__ **precedents**: decisiones que sientan jurisprudencia
__ **transaction**: operación en firme
bindings: consolidaciones (tarifas)
bioassay: valoración biológica, bioensayo
biochemical oxygen demand (BOD): demanda bioquímica de oxígeno (DBO)
biochip: biochip, bioficha
bioconversion: conversión biológica
biodegradable compounds: compuestos biológicamente degradables
biodiversity: diversidad biológica
bioenvironment: bioambiente
biofertilization: biofecundación
biofilter: filtro biológico
biogas plant: central (productora) de biogás
biogenic gas: biogás
biogradation of pollutants: destrucción biológica de los contaminantes
biohazards: peligros de las sustancias biológicas
bioindustry: industria biológica
biological availability: biodisponibilidad
__ **energy conversion**: conversión biológica
__ **exposure indicator**: indicador biológico de la exposición
__ **half-life**: semivida biológica
__ **product**: sustancia o producto biológico
__ **reagents**: reactivos biológicos
__ **strains of organisms**: cepas biológicas de organismos
__ **uptake**: absorción biológica
biomagnification: bioamplificación
biomass from trees: biomasa arbórea
__ **plant**: central (generadora) de energía a partir de biomasa, central a biomasa
__ **supplies**: reservas de biomasa

biomonitoring: vigilancia biológica
bioregion: región biológica
biosensor: biodetector, sensor biológico
biotopes: ambientes ecológicos
bipartite agreement: acuerdo bipartito
bird preservation: protección de las aves
bird's eye view: vista panorámica, vista u ojeada general
birth attendant: partera empírica
__ **control**: regulación de nacimientos, limitación de la natalidad, control de la natalidad
__ **defects**: malformaciones congénitas
__ **heads**: nacientes (de glacial o de río)
__ **order**: orden de nacimiento
__ **rate**: tasa o índice de natalidad
__ **record**: acta de nacimiento
__ **registration document**: partida de nacimiento
__ **spacing**: espaciamiento de los nacimientos
birthing room: sala privada habilitada para el parto
birthright: (fig) patrimonio
bisque clause: cláusula de modificación parcial, cláusula de excepción provisional
bit: dígito binario, unidad binaria, bitio, bit
biting habits: hábitos (del insecto) al picar
__ **indoors species**: especies endófagas
bituminous coal: hulla grasa, carbón bituminoso o blando
__ **products**: productos bituminosos
bivariate: (est) de dos variables
biweekly: bisemanal (dos veces por semana); quincenal (cada dos semanas)
biyearly: *a* semestral; *adv* semestralmente
black and white: monocromático (TV)
__ **bass**: (ict) perca negra
__ **bonito**: (ict) bonito del trópico
__ **copper**: cobre ampolloso
__ **currant**: grosella negra
__ **economy**: economía subterránea o paralela
__ **iron**: hierro negro (sin galvanizar)
__ **lead**: grafito
__ **market**: mercado negro o clandestino; (Esp) estraperlo
__ **measles**: roña negra (plantas)
__ **rot**: podredumbre negra
__ **sea bass**: (ict) lubina negra del mar
__ **start**: arranque a ciegas
blackberry: mora
blackface type: negrilla, negrita
blackleg labor: esquiroles, rompehuelgas, trabajadores "amarillos"
blacklist: lista negra
blackout: apagón; (med) "ausencias", estado crepuscular
blacksmithing: herrería
blackstrap molasses: mieles industriales o finales
blades: palas (de un molino eólico), aspas; paletas; álabes (turbina)
blading: perfiladura, nivelado (caminos)
blank: *s* formulario, modelo; pieza en tosco (cobre); *a* en blanco

__ **acceptance**: aceptación en blanco o al descubierto
__ **check (cheque)**: carta blanca; (com) cheque en blanco o firmado en blanco
__ **experiment**: ensayo en blanco
__ **form**: formulario, modelo, formato, impreso
__ **space**: espacio en blanco
__ **values**: (est) valores testigos
blanket address: dirección colectiva o general
__ **depreciation**: depreciación global
__ **effect**: efecto generalizado; efecto (de) manta
__ **exemption**: exención general
__ **insurance policy**: póliza a todo riesgo, póliza abierta
__ **mortgage**: hipoteca colectiva
__ **rate**: tarifa de grupo, cuota general
__ **spraying**: rociamiento general
__ **tax**: impuesto concertado
__ **treatment**: tratamiento generalizado
blast: (min) polvorazo
__ **freezer**: congelador con aire soplado
__ **furnace**: alto horno
blast-off: lanzamiento
blasting: (min) voladura
__ **cap**: detonador, fulminante
__ **charge**: carga explosiva
bleached pulp: celulosa blanqueada
bleaching agents: blanqueantes, decolorantes
bleep: sonido agudo; señal aguda o continua (radio)
blemish: lacra, baldón
blend: mezclar, combinar, armonizar
__ **financing**: financiamiento combinado
__ **foods**: alimentos compuestos
__ **lending**: financiamiento combinado o mixto
blended coffee: café combinado o de mezcla
__ **cost**: costo medio
__ **foods**: mezclas alimenticias
__ **price**: precio combinado
blending (of financial flows): combinación de financiamiento
blight: roya; añublo, tizón; tugurización (ciudad)
blighted area: zona afectada o azotada
__ **land**: tierras muertas
blind alley: callejón sin salida
__ **alley job**: empleo (ocupación) sin posibilidad de ascenso o sin porvenir
__ **alley employment**: empleo sin porvenir
__ **cheese**: queso sin agujeros
__ **entry**: (cont) asiento sin explicación
__ **reference**: referencia o cita falsa
__ **test**: prueba anónima
__ **trust**: fideicomiso cuya composición es desconocida por el beneficiario, fideicomiso "ciego"
blister copper: cobre negro, cobre bruto
blithe assumption: suposición gratuita
block and pulley: motón y aparejo
__ **board**: tablero de alma llena
__ **caving**: (min) hundimiento de bloques, socavón y derrumbe
__ **diagram**: ordinograma
__ **of shares**: paquete de acciones

BLOCKS   BOIL

__ **of tenement houses**: ciudad obrera
__ **of trees in plantation**: cuartel
__ **paving**: adoquinado
__ **rate**: tarifa escalonada por bloques (electricidad)
__ **release**: licencia de tiempo completo, licencia de estudios prolongados
__ **release system**: (enseñanza técnica) período de práctica supervisada para alumnos de las escuelas técnicas
__ **trading**: negociación de bloques de acciones
blocks of energy: cantidades de energía
blocked account: cuenta bloqueada
__ **assets**: valores congelados
__ **funds**: fondos bloqueados o congelados
__ **tin**: estaño en galápagos (lingotes)
blocking antibodies: anticuerpos "bloqueantes" o incompletos
__ **of payments**: bloqueo de pagos
blood chemistry: análisis químico de la sangre
__ **count**: hemograma, recuento sanguíneo, recuento globular
__ **grouping**: tipificación de grupos sanguíneos
__ **matching**: confrontación o cotejo de sangres
__ **meal**: ingesta de sangre (mosquitos)
__ **product**: hemoderivado
__ **smear**: frotis sanguíneo
__ **test**: (med) reacción serológica
__ **type**: grupo sanguíneo
blood-forming organs: órganos hematopoyéticos
blooded stock: ganado de (pura) raza
bloodstream: corriente sanguínea
bloodsucking insects: insectos hematófagos
bloom: desbaste, lupia, tocho prelaminado (acero)
blooms: desbastes cuadrados o rectangulares
blooming mill: laminador, desbastador
blossoming: floración (plantas)
blotting paper: papel secante
blowout sale: venta rápida del total de la emisión
blue chips: valores de primera clase, las mejores acciones, valores de primer orden
__ **fish**: (ict) anoja, anchoa de banco
__ **law**: ley de descanso dominical (condiciones de trabajo)
__ **Peter**: pabellón de salida, bandeja de salida
__ **stained cotton**: algodón gris claro
__ **tongue**: fiebre catarral, lengua azul (ganado)
blue-collar worker: obrero, operario, trabajador operativo
blue-sky law: (EUA) ley reguladora de la emisión de valores, legislación sobre fraudes bursátiles
blueberry: arándano (vaccinácea)
bluefin tuna: (ict) atún de aleta azul
blueprint: copia heliográfica; (fig) proyecto básico, plan maestro, heliocalco
__ **planning**: planificación detallada
bluff: escarpadura, risco, morro, farellón
boar: verraco
board: tabla, tablero, tablón; mesa; cartón; pensión; junta, consejo, comisión; tribunal
__ **and lodging**: casa y comida

__ **foot**: pie de tabla, pie maderero, pie tablar
__ **of auditors**: junta de auditores
__ **of directors**: junta de directores, directorio, junta directiva, consejo de administración
__ **of Education**: a veces Ministerio de Educación
__ **of elections**: mesa electoral
__ **of examiners**: junta de exámenes, comisión de exámenes
__ **of Executive Directors**: Junta de Directores Ejecutivos, Directorio Ejecutivo
__ **of Governors**: Junta de Gobernadores
__ **of Trade**: (RU) Ministerio de Comercio; Junta de Comercio, Cámara de la Industria, Cámara de Comercio
__ **of trustees**: junta directiva; (edu) consejo de administración; (bibl) patronato
__ **room**: sala del consejo, sala de junta, sala de sesiones; sala de rueda (Bolsa)
boarding facilities: alojamiento para estudiantes, pensión
__ **fees**: (edu) pagos de pensión, costo de pensionado
__ **of a ship**: reconocimiento de un buque
__ **school**: internado
bodily assault: atentado a la persona física
__ **harm**: lesión
__ **injuries**: daños personales
__ **injury liability**: responsabilidad por daños corporales
__ **needs**: necesidades corporales
body: cuerpo, organismo; gremio, corporación
__ **build**: estatura
__ **burden**: contenido corporal (de un contaminante, etc.)
__ **corporate**: sociedad anónima, corporación, persona jurídica o moral
__ **fluids**: humores corporales
__ **image**: esquema corporal
__ **iron stores**: reservas de hierro orgánico
__ **of a speech**: parte principal de un discurso
__ **of evidence**: cuerpo del delito
__ **of knowledge**: acervo o caudal de conocimientos
__ **of laws**: recopilación de leyes, código o cuerpo de leyes
__ **of staff**: cuadro de personal
__ **of the hall**: hemiciclo
__ **of the letter**: texto de la carta
__ **of water**: masa de agua
__ **politic**: el Estado
__ **size**: volumen orgánico
__ **waste**: desechos orgánicos
__ **water loss**: pérdida hídrica del cuerpo
bog: tembladera, pantano, tolla, turbera, tremedal
__ **down**: obstaculizar
__ **iron**: limonita, limnita
bogey costs: costos estándar(es)
bogged down: estancado
bogus money: dinero falso
boil down to: reducirse a (hechos)

BOILERPLATE

boilerplate contract: contrato estereotipo
boiling range: margen de ebullición
boldface type: (impr) negrita, negrilla, tipo negro
boldprint: impresión en letras gruesas (en negrilla)
boll weevil: gorgojo del algodón, picudo
bolster: sostener, apoyar, reforzar, animar, entonar, alentar
bolt: (silv) rollo, rollizo, tronco pequeño
bolts and nuts: pernos y tuercas
bolt-on technology: tecnología fácil de adaptar
bona fide: de buena fe, genuino, veraz, serio, sincero
bond: lazo, vínculo; (fin) obligación (del sector privado); bono (del sector público); garantía; fianza; caución
__ **certificate**: bono, título, cédula
__ **coupon**: cupón (de interés, de obligación)
__ **duration**: intervalo de pago de réditos
__ **holdings**: cartera de bonos, bonos en cartera
__ **house**: casa de inversiones
__ **indenture**: escritura de emisión de bonos
__ **issue**: emisión de bonos
__ **market**: mercado (o sector) de obligaciones o de valores de renta fija
__ **maturity**: vencimiento del bono
__ **of indemnity**: contrafianza
__ **paper**: papel blanco de calidad extra, papel sin satinar
__ **proceeds**: ingresos devengados por bonos
__ **rating**: clasificación de bonos
__ **retirement**: redención de bonos
__ **service**: servicio de los bonos
__ **sold on tap**: bono de venta contínua
__ **swap**: canje o sustitución de obligaciones o de bonos
__ **swapper**: canjeador de bonos
__ **yield**: rendimiento de obligaciones o de bonos
bonds made out in dollars: bonos denominados en dólares
__ **not issued under an indenture**: emisión de bonos sin escritura
__ **sold at a discount**: obligaciones colocadas a un tipo o precio inferior a la par
__ **sold at a premium**: obligaciones colocadas a un tipo o precio superior a la par
bonded: en depósito (bajo fianza); garantizado (deuda); afianzado (aduana)
__ **area**: zona franca
__ **carrier**: empresa de transporte afianzada
__ **contractor**: contratista con fianza o afianzado
__ **debt**: deuda consolidada o en bonos, deuda de obligaciones
__ **goods**: mercancías en depósito, en almacén aduanero o en la aduana
__ **industrial estate**: zona industrial en regiones de franquicia aduanera
__ **manufacturing plants**: industrias manufactureras bajo control
__ **port**: puerto franco
__ **warehouse**: almacén de depósito bajo fianza o afianzado, depósito o almacén de aduanas, depósito de tránsito

BOOM

bondholder: (Esp) obligacionista; (AL) tenedor de bonos
bonding: depósito en almacén de aduana; fianza o afianzamiento (personal)
__ **company**: empresa fiadora, compañía fiadora o de fianzas, afianzadora
__ **material**: material aglomerante
__ **of cashiers**: fianza de los cajeros
__ **of employees**: afianzamiento de empleados
bondsman: fiador
bone char: carbón de hueso
__ **meal**: harina de huesos
__ **of contention**: manzana de la discordia
bone-in beef: carne de bovino sin deshuesar
bonus: prima; gratificación; beneficio; dividendo; sobresueldo
__ **issue**: emisión gratuita
__ **percentage of profits**: asignación estatutaria
__ **share**: acción gratuita; acción dada como prima
__ **stock**: acción gratuita o dada como prima
bonuses and gratuities: primas y gratificaciones
book allowance: (edu) subsidio para libros
__ **assets**: activo contable
__ **depreciation**: depreciación cargada en libros
__ **entry**: entrada o asiento en libros
__ **equity**: valor líquido según libros
__ **exchange**: compra y venta de libros
__ **fair**: feria del libro
__ **figures**: valor en libros
__ **grant**: (edu) asignación para libros
__ **jacket**: forro de papel, sobrecubierta
__ **loss**: pérdida contable o según libros
__ **number**: (bibl) signatura topográfica
__ **of account**: libro de contabilidad o de teneduría
__ **profit**: beneficio contable o aparente, utilidad aparente
__ **rate of a currency**: tipo de cambio contable, tipo de cambio (de una moneda) según los libros
__ **review**: crítica, reseña de libro, recensión
__ **value**: valor contable o en libros, valor de inventario según balance
__ **value of assets**: valor contable del activo
books and records: (cont) libros y registros
__ **of tender**: pliego de condiciones (de una licitación)
book-centered teaching: enseñanza libresca
bookends: sujetalibros, soportalibros
booking: (leg) consignación
__ **confirmation**: confirmación de reserva de flete
__ **of cargo space**: reserva de espacio, reserva de bandeja
__ **(of goods for dispatch)**: facturación
bookkeeping: teneduría de libros
booklet: folleto; opúsculo
bookmobile: biblioteca ambulante o móvil, bibliobús
boom: auge, bonanza, prosperidad repentina, crecimiento rápido, expansión de la actividad económica, alza desmedida, alta

BOOMERANG

coyuntura, euforia económica; alza rápida de precios (Bolsa); ola de prosperidad; (cine) jirafa o cámara; cerco (derrame de petróleo)
__ **sprinkler**: aspersor de botalón
__ **year**: año de gran expansión
boomerang: ser contraproducente
__ **effect**: acción contraproducente, efecto de rechazo o de rebote
boomtown effect: efecto secundario de urbanización
boost: *s* impulso, empuje, estímulo, ímpetu; *v* impulsar, promover, fomentar, dar ímpetu a; dinamizar, galvanizar, vigorizar
__ **a program**: dinamizar un programa
booster pump: bomba de refuerzo
__ **pumping station**: estación de bombeo, de refuerzo o de rebombeo
__ **shot**: vacuna de refuerzo, revacunación
__ **station**: estación impulsora
booth: cabina de teléfonos, intérpretes, etc.
bootlegging: contrabando de licores; (comp) piratería de programas
border area: zona fronteriza
__ **check irrigation**: riego por tablares o por eras, riego de gravedad con retenes
__ **(cut-off) price**: precio (umbral) franco en fronteras
__ **dike irrigation**: riego por escurrimiento, por terrazas
__ **ditch irrigation**: riego por tablares o por eras, riego de gravedad con retenes
__ **industry**: industria fronteriza
__ **irrigation**: riego de escurrimiento por tablares (eras); (Esp) por amelgas
__ **point price**: precio c.i.f./puerto de entrada
__ **price**: precio en (la) frontera
__ **(strip) irrigation**: riego por tablares o por eras, riego por gravedad con retenes
__ **taxes**: impuestos fronterizos
__ **trade**: comercio fronterizo
borderline: *s* línea divisoria, línea de demarcación; (fig) frontera; *a* dudoso, incierto
__ **case**: caso ambiguo, caso dudoso, caso dimorfo o marginal
__ **results**: resultados indeterminados, resultados limítrofes
__ **risk**: riesgo dudoso o casi inaceptable
boreal country: país del hemisferio boreal
borehole: pozo perforado, pozo de sondeo
__ **latrine**: letrina sanitaria, letrina de pozo profundo
__ **privy**: letrina de pozo perforado
__ **pump**: bomba de taladro
__ **temperature**: temperatura de sondeo
__ **well**: pozo tubular
boring: taladro, perforación
borough: comuna, municipalidad
borrow: solicitar en préstamo; pedir o tomar prestado, tomar en préstamo, obtener créditos; (fig) apropiarse, adoptar

BOTTOM-UP

__ **pit**: pozo de relleno, zanja de préstamo o terraplén
borrowed capital: capital ajeno, capital tomado en préstamo
__ **credits**: créditos contratados
borrower: prestatario, sujeto de crédito; (bibl) usuario
__ **of securities**: reportador
borrowing: obtención de préstamos; (pl) empréstitos
__ **arrangements**: acuerdos para obtener préstamos
__ **base**: ámbito de obtención de préstamos
__ **capacity**: capacidad de endeudamiento
__ **cost**: costo de los empréstitos
__ **country**: país deudor
__ **facility**: línea de crédito
__ **from the public**: colocación de empréstitos entre el público; oferta pública de emisiones
__ **of securities**: reporto; (Esp) reporte (préstamo de valores)
__ **pool**: conjunto de préstamos
__ **power**: capacidad de pago, capacidad crediticia, facultad para contraer préstamos
__ **rate**: tipo o tasa de interés de los empréstitos o sobre los depósitos, tasa pasiva, tasa de captación
__ **ratio**: coeficiente de empréstitos
botch job: chapucería, chambonada
bottle feeding: alimentación artificial; alimentación con biberón
__ **feeding formula**: lacticinio, leche maternizada, fórmula para alimentación con biberón
bottle-fed babies: niños alimentados con biberón
bottled gas: gas volátil
bottleneck: estrangulamiento, embotellamiento, atasco, atascamiento, obstáculo, obstrucción, impedimento, dificultad; escasez o congestión (que obstruye la producción o la distribución), cuello de botella
__ **analysis**: análisis de la capacidad limitante
bottom animals: fauna bentónica
__ **ash waste**: cenizas residuales
__ **dressing**: abono o estercoladura de base
__ **fauna**: fauna bentónica
__ **fishing**: pesca en el fondo
__ **land**: terreno de aluvión
__ **line**: (fig) resultado final, conclusión
__ **mud samples**: muestras de lodo de fondo
__ **out**: pasar o superar el punto más bajo (de la recesión)
__ **price**: precio mínimo o precio base
__ **trawling**: arrastre de fondo
bottom-line: palangre de fondo
bottom-living fish: pez bentónico, pez demersal, pez de fondo
bottom-set gill net: aljerife
__ **longline**: palangre de fondo
bottom-up model: modelo "de abajo arriba", modelo microeconómico

__ **planning**: planificación "de abajo arriba"
bottomry: contrato a la gruesa
__ **loan**: préstamo a riesgo marítimo, préstamo a la gruesa
bottoms receiver: receptáculo de residuos (petróleo)
boulder: canto rodado; guijarro, pedruzco
boulter: palangre
bound duties: derechos consolidados
__ **free**: franquicia consolidada
__ **nitrogen**: nitrógeno combinado
__ **risk**: riesgo tomado u obligado
__ **tariff**: tarifa consolidada
__ **to happen**: fatal
boundary layer: capa límite, capa de contacto, capa de transición
__ **mark (o marker)**: acotación, hito
__ **stone**: mojón, hito
bounded as follows: con los linderos y las medidas siguientes
bounden duty: deber indeclinable
bounty or grant (subsidy): franquicia o privilegio
bout: combate, encuentro; (med) ataque, episodio de enfermedad
__ **of inflation**: ola de inflación
bovine cattle: ganado bovino, bovinos, bovídeos
__ **rabies**: rabia bovina
__ **vaccines**: vacunas para bovinos
bowstring hemp: sanseviera
box chart: diagrama de cuadrículas
__ **pallet**: paleta de cajón, paleta de caja
__ **plywood**: tabla para cajonería
boxboard: cartón; tabla para cajones
boxcar: vagón cerrado, furgón
boxed words: palabras encuadradas o encasilladas
braces: (med) aparatos ortopédicos
bracket: paréntesis; corchete; (fig) grupo, categoría, escalón, clase, tramo (contribuyentes)
__ **creep**: paso gradual a tasas impositivas más altas
__ **progression**: progresión escalonada por tramos fiscales (impuestos)
__ **tariff**: derecho arancelario con límite máximo y mínimo
brackish water: agua salobre
braiding: trenzado
braille: analiptografía
brain drain: éxodo (migración) de profesionales, fuga de cerebros, éxodo intelectual
__ **wave**: inspiración, inspiración repentina, idea feliz, idea genial, idea luminosa; (med) onda telepática
__ **work**: trabajo intelectual
brains trust: grupo de expertos, asesores, peritos o consejeros
brainpower: capacidad intelectual, talento
brainstorming: tormenta de ideas, fermento de ideas
brainwashing: lavado de cerebro

brairding: nascencia, emergencia (de plantas)
brake horse-power: potencia al freno
__ **lining**: balata
branch canal: canal derivado
__ **drain**: acequia secundaria
__ **library**: biblioteca anexa
__ **line**: ramal
__ **of a river**: tramo o sección de un río
__ **of employment**: profesión
__ **of government**: poder
__ **of industry**: rama de la industria, sector de la producción
__ **of learning**: ramo de estudio, rama del saber, disciplina
__ **office**: sucursal, filial, oficina de enlace, oficina auxiliar (sindicato)
__ **track**: vía de derivación
branches of industry: ramas de la industria
branching point: punto de bifurcación
brand: hierro para marcar (ganado); (com) marca
__ **name**: marca de fábrica
brand-name drug: específico; especialidad farmacéutica
__ **product**: producto de marca registrada
branded goods: artículos o productos de marca
branding iron: herrete, calimba
__ **of animals**: herradero, hierra
brassage: gastos de acuñación o de monedaje
Brazil nut: castaña de Pará
Brazilian pine: pino Paraná
breach: infracción, transgresión
__ **date**: fecha de incumplimiento
__ **of contract**: contravención o violación de contrato, incumplimiento del contrato
__ **of discipline**: indisciplina
__ **of faith**: falta de lealtad
__ **of the peace**: ruptura o quebrantamiento de la paz; (leg) perturbación del orden público
__ **of trust**: abuso de confianza, infidencia
__ **of trust of a public official**: (leg) prevaricación
bread grains: cereales panificables
__ **millet**: mijo común
__ **wheat**: trigo candeal
breadcrumbs: pan rallado
breadstuffs: granos, cereales, harina
breadth index: índice de holgura
__ **of the market**: amplitud del mercado
breadwinner: sostén de la familia
break: rotura, ruptura; grieta; interrupción, receso, pausa, descanso; (edu) recreo; solución de continuidad
__ **clause**: cláusula de salvaguardia, cláusula de rescisión de contrato, cláusula de escape
__ **down a problem into parts**: parcializar un problema
__ **of trust of a public official**: prevaricar
__ **in grade**: cambio de rasante (caminos)
__ **in service**: interrupción de la continuidad del servicio
__ **new ground**: innovar

__ **up clods**: deterronar
break-even analysis: análisis de punto muerto o de equilibrio
__ **point**: punto muerto o de equilibrio, umbral de rentabilidad (beneficios)
breakage: rotura, fractura, quebrazón
breakbulk: *s* carga de transbordo, carga general, carga heterogénea, carga fraccionada; *v* fraccionar la carga; deshacer la estiba, desestibar; empezar la descarga, transbordar
__ **berth**: muelle de transbordo
breakdown: *s* ruptura (negociaciones); interrupción (servicios); fracaso; avería (máquina); (cont) análisis, desglose, distribución, detalle; discriminación (cifras); (est) descomposición; (med) colapso, crisis nerviosa; *v* desglosar, detallar, analizar
__ **of expenses**: desglose de los gastos
__ **of national product according to source**: desglose del producto nacional según su orígen
__ **of statistics**: desdoblamiento de las estadísticas
__ **of wastes**: degradación de desechos
__ **products**: productos de descomposición o degradación
breaking and entering: allanamiento de morada
__ **bulk**: fraccionamiento del cargamento, ruptura de la carga
__ **off of diplomatic relations**: ruptura de relaciones diplomáticas
__ **out**: (est) subdivisión
__ **point**: punto de máxima tensión tolerable; punto de ruptura, extremo, límite, punto de quiebre
__ **up of ground**: roturación del terreno
breakthrough: avance, progreso, adelanto, invento decisivo, descubrimiento importante o señero, conquista, hito, logro, brecha, idea revolucionaria
breakup: desintegración, desmembramiento; disolución; división; ruptura; separación; dispersión
breakwater: rompeolas, dique, escollera, espigón
breast microphone: micrófono de corbata
__ **milk**: leche materna
__ **surgery**: cirugía mamaria
breast-feeding: alimentación de pecho, alimentación con leche materna, alimentación natural, lactancia materna, amamantamiento
breathalyser: analizador de aliento
breathe new life into: vitalizar
breathing space: margen de acción, margen de maniobra
__ **spell**: descanso, pausa, respiro; período de ajuste (económico), compás de espera, receso
bred cow: vaca grávida, hembra entorada, vaca encastada

__ **heifer**: vaquilla cargada
__ **sow**: cerda de cría
breed: *s* raza (ganado); *v* criar; (fig) engendrar, producir, ocasionar; educar
breeder: ganadero; criador; reproductor (animales); genetista (plantas)
__ **reactor**: reactor generador o reproductor
__ **seed**: semilla del mejorador
breeding: cría (animales); genética (plantas); reproducción; crianza, educación, modales
__ **ability**: incubabilidad (pollos)
__ **animals**: animales de cría o de reproducción; a veces: vientres
__ **area**: zona donde abundan criaderos (*v gr* de mosquitos)
__ **cattle**: ganado de vientre, vientres, ganado de reproducción, de cría, ganado vacuno de vida, ganado de levante
__ **center**: centro de alevinaje
__ **cow**: vaca de vientre, res de vientre
__ **flock**: plantel
__ **for performance**: cría encaminada
__ **ground**: criadero; zona (foco) de cría o reproducción; lugar infestado
__ **herds**: pies de cría
__ **lakes**: piscinas de cultivo
__ **material**: material genético o de mejora (plantas)
__ **of fish**: ictiogenética
__ **place**: criadero, lugar de cría
__ **progress**: progreso genético
__ **season**: época de reproducción, temporada de monta
__ **station**: plantel de cría; puesto de cubrición, de monta o de reproducción (ganado)
__ **stock**: reproductores (animales); material de reproducción (plantas); pies de cría (árboles)
__ **structure**: pautas de procreación
__ **system**: (agr) sistema de cruce
__ **technique**: técnica de cruce
__ **unit**: centro de genética ganadera
brewer's barley: cebada cervecera
brewers grains: residuos de cervecería
bribe: cohecho, coima
bribery: soborno, cohecho
brick industry: industria ladrillera
__ **molds**: gradillas (marcos)
__ **partition (wall)**: panderete
__ **works**: fábrica de ladrillos
bricks laid on edge: ladrillos a sardinel
bridge account: cuenta de orden
__ **crane**: grúa de pórtico o de puente
__ **loan**: préstamo de empalme o de enlace
__ **loan financing**: financiamiento de enlace
__ **site or location**: ponteadero
__ **table**: (est) cuadro de conciliación o de contabilización
__ **technology**: tecnología de transición
__ **toll**: pontaje, portazgo

bridgework: construcción de puentes; (odont) puente
bridging arrangement: disposiciones transitorias; financiamiento transitorio
__ **credit**: crédito de empalme
__ **facility**: mecanismo o servicio de financiamiento transitorio
__ **loan**: préstamo de empalme o de enlace
brief: (leg) *s* escrito de demanda (primera instancia), escrito de apelación (segunda instancia); alegato (abogado); *v* dar instrucciones a un abogado
__ **for defense**: escrito de conclusión
__ **of complaint**: escrito de demanda, escrito de agravio
__ **of impugnation**: escrito de impugnación
briefing: información, orientación, sesión de información; (mil) órdenes
__ **officer**: funcionario encargado de orientar (a expertos enviados en misión)
__ **paper**: documento informativo
__ **session**: sesión de información; sesión para dar instrucciones
bright prospects: perspectivas prometedoras
brill: (ict) rémol
bring a civil suit: constituirse parte civil
__ **a suit**: incoar un proceso, entablar un proceso o pleito, encausar, enjuiciar
__ **before a court**: poner una persona a disposición judicial
__ **forward**: (cont) arrastrar; llevar a cuenta nueva; imputar al ejercicio siguiente
__ **into line**: armonizar, ajustar
__ **into play**: poner en juego
__ **to someone's attention**: hacer presente
__ **up a matter**: traer a colación
__ **up to date**: actualizar
bringing in of an oil well: puesta en producción de un pozo
brinkmanship: audacia, política arriesgada
brisk market: mercado animado
bristol board: cartulina
brittle soil: terreno deleznable
broach a problem: plantear un problema, entrar en (abordar) un asunto
broad aerial application: rociamiento aéreo de gran dispersión (insecticida)
__ **bean**: haba
__ **money**: dinero en sentido amplio
__ **outline**: esquema general
__ **silk**: tela de seda (*op a* cinta)
broad-gage railway: ferrocarril de trocha o vía ancha
broad-minded: de miras amplias, tolerante, liberal
broad-mindedness: amplitud de miras, tolerancia
broad-spectrum drugs: medicamentos de amplio espectro
broadcast: *s* emisión, difusión, transmisión; *a* radiodifundido; (agr) sembrado al voleo; *v* emitir y difundir, transmitir; (agr) sembrar al voleo

__ **courses**: radiodifusión educativa, "colegio del aire"
__ **lesson**: programa de instrucción radiodifundido
__ **satellite**: satélite de comunicaciones
__ **sowing**: siembra al voleo
broadcasting: radiodifusión; transmisión, difusión, siembra al voleo
__ **station**: emisora
broadfield course: curso sintético
__ **curriculum**: organización del plan de estudios basado en la integración de materias íntimamente relacionadas
broadleafed forest: bosque de frondosas
__ **trees**: especies latifoliadas
broadly defined money: dinero en sentido lato
__ **speaking**: en general, en términos generales, hablando en general
broadwoven fabrics: tejidos anchos, telas
brochure: folleto, hoja desplegable
broiler: pollo parrillero, pollo para asar; pollo de carne, pollo tomatero
broken cross-rates of exchange: tipos cruzados (discordes o dispares); tipos de cambio recíprocos irregulares, paridad irregular (disparidad de los tipos de cambio entre diversos países)
__ **fodder**: forraje partido
__ **ground**: terreno accidentado
__ **home**: hogar deshecho o disociado, hogar fragmentado
__ **kernels**: granos partidos (arroz)
__ **rice**: arroz partido, quebrado; picón
__ **stowage**: abarrotes
broker: corredor (de cambio, de Bolsa), agente de Bolsa; acopiador (de granos, papas, etc.); intermediario (Bolsa), comisionista
brokers' association: colegio de corredores
brokerage: corretaje
__ **fee**: comisión de corretaje, costo de intermediación
__ **system**: sistema bursátil
brood: cría, camada; nidada (aves); empolladura (abejas)
__ **sow**: cerda en lactancia
__ **stock**: reproductores (peces)
brooder: incubadora
broom millet: sorgo forrajero, sorgo escobero
brook trout: (ict) trucha de fontana
brotherhood: fraternidad, hermandad; gremio; cofradía
brought forward: (cont) del frente, de arrastre, suma y sigue, de la página anterior
brow of hill: cambio de rasante (caminos)
brown coal: lignito, carbón bituminoso, carbón pardo
__ **paper**: papel estraza
__ **rice**: arroz integral, arroz descascarado
__ **sugar**: azúcar terciado o moreno, panela
browsing: ramonear; hojear libros
bruised: magullado
brunt: peso, la mayor parte (de un trabajo)
brush: matorral, monte bajo

__ **and forest fires**: incendios de matorrales y de bosques
__ **fires**: fuegos de roza; (fig) pequeñas emergencias
__ **grazing**: pastura arbustiva
__ **up**: repasar, refrescar, perfeccionar
brushwood: maleza, broza, roza
Brussels Tariff Nomenclature (BTN): Nomenclatura Arancelaria de Bruselas (NAB)
bubble concept: principio de la burbuja, análisis global
__ **trade**: canje de derechos de emisión, negociación de los derechos de emisión
bubble-up effect: efecto ascendente o de capilaridad
bucket elevator: elevador de cangilones
__ **latrine**: letrina de cubo (movible), letrina en cubeta
__ **pump**: bomba de cangilones
__ **shop**: Bolsa clandestina, casa de Bolsa fraudulenta
buckwheat: alforfón, trigo sarraceno, trigo negro, trigo fanfarrón
budding: *s* brote, brotadura, germinación; *a* en ciernes
__ **grafting**: injerto de yema (escudete)
buddle: (min) artesa para lavar el mineral, lavadero
budget accounting: contabilidad del presupuesto
__ **adjustments**: ajustes presupuestarios
__ **amendment**: (EUA) enmienda presupuestaria presidencial
__ **appropriation**: crédito presupuestario; asignación presupuestaria; autorización presupuestaria; consignación de créditos
__ **authority**: facultad presupuestaria
__ **ceiling**: límite o tope presupuestario
__ **costing**: determinación del costo del presupuesto
__ **cuts**: reducciones presupuestarias
__ **deficit**: déficit presupuestario
__ **document**: presupuesto
__ **estimates**: proyecto de presupuesto, créditos previstos o presupuestados, estimaciones o previsiones presupuestarias
__ **figure**: asignación presupuestaria
__ **gap**: déficit presupuestario
__ **item**: partida presupuestaria; rubro o concepto presupuestario
__ **line**: renglón presupuestario, línea presupuestaria
__ **outlays**: lineamientos presupuestarios
__ **outturn**: liquidación del ejercicio presupuestario, resultado presupuestario
__ **performance**: ejecución del presupuesto
__ **posts**: puestos (sufragados) con cargo al presupuesto; puestos presupuestarios
__ **presentation**: presentación del presupuesto
__ **price**: precio barato o módico
__ **projection**: pronóstico presupuestario o proyección presupuestaria

__ **provisions**: créditos presupuestarios
__ **savings**: superávit presupuestario; a veces: ahorro presupuestario
__ **store**: baratillo
__ **submissions**: solicitud presupuestaria
__ **surplus**: superávit presupuestario
__ **year**: año en que se presenta el presupuesto
budgetary accounting: contabilidad presupuestaria
__ **aid**: ayuda presupuestaria o para el presupuesto
__ **and financial arrangements**: disposiciones presupuestarias y financieras
__ **appropriation**: consignación presupuestaria, crédito presupuestario
__ **charges**: partidas cargadas a las cuentas presupuestarias; cargos presupuestarios
__ **gap**: déficit presupuestario
__ **implications**: consecuencias o repercusiones presupuestarias
__ **organization**: estructura del presupuesto
__ **provision**: consignación presupuestaria o de créditos
__ **receipts**: ingresos presupuestarios
budgeting: preparación o elaboración del presupuesto, presupuestación
budwood: injerto
buffer: amortiguador; tope; parachoque; (comp) memoria intermedia
__ **fund**: fondo de estabilización o de regulación
__ **pool**: fondo amortiguador
__ **State**: Estado tapón
__ **stock agency**: organismo administrador de existencias reguladoras
__ **stock arrangements**: acuerdos sobre existencias reguladoras
__ **stock plan**: plan anticíclico o de existencias reguladoras
__ **stocks**: existencias reguladoras
__ **zone**: zona amortiguadora
bug: *s* anomalía, irregularidad, defecto, desorden; *v* intervenir (clandestinamente) una conversación telefónica; escuchar por medio de un micrófono en secreto para reproducirla después
build up a case: justificar, sustanciar, explicar
__ **up capital assets**: capitalizar
building: edificio, construcción; edificación; predio urbano
__ **activity**: coyuntura de la construcción
__ **and loan association**: asociación de préstamos para edificación, sociedad de préstamo inmobiliario
__ **blocks**: elementos constitutivos
__ **bulk**: (const) volumen edificado, espacio ocupado
__ **climatology**: climatología aplicada a la construcción
__ **engineering**: construcción de edificios
__ **fund**: fondo de reserva para edificios
__ **industry**: industria de la construcción
__ **land**: solar
__ **line**: alineación de los edificios

BUILDINGS   BUOY

__ **lot**: solar (terreno)
__ **output**: volumen de construcciones
__ **poles**: postes de construcción, rollizos de construcción
__ **site under construction**: obra
__ **slip**: grada (buques)
__ **society**: sociedad inmobiliaria
__ **trade**: (industria de la) construcción
buildings and grounds: edificios, parques y jardines
__ **and structures**: edificios y construcciones
buildup: aumento, acumulación; concentración; propaganda; vigorización
__ **of stocks**: acumulación de existencias
built environment: zonas edificadas
__ **to last companies**: empresas que perduran, compañías triunfadoras, empresas visionarias
built-in: orgánico, automático, congénito, consubstancial, empotrado, incorporado, que forma parte integrante, inherente, innato, integrado, natural, interior, reglamentario, previsto, propio
__ **biological barrier**: barrera biológica incorporada
__ **deficiency**: deficiencia estructural (institucional)
__ **equipment**: equipo fijo (empotrado)
__ **evaluation**: evaluación incorporada (en los proyectos), evaluación intrínseca
__ **inflation**: inflación inherente a la economía
__ **mechanism**: mecanismo intrínseco
__ **microphone**: micrófono incorporado
__ **stabilizer**: estabilizador interno o automático
__ **tendency**: tendencia intrínseca
built-on site: superficie edificada
built-up area: zona urbanizada; superficie edificada, zona edificada; aglomeración urbana
bulge: protuberancia; (fig) alza (*v gr* en el índice de natalidad)
bulk: la mayor parte, la mayoría, el grueso, la generalidad
__ **buying**: compra en grandes cantidades
__ **cargo**: carga a granel
__ **carrier**: buque para carga a granel
__ **deposition**: deposición en masa
__ **freighter**: granelero
__ **goods**: artículos de gran consumo, de producción en serie
__ **, in**: a granel; suelto
__ **of the harvest**: el grueso de la cosecha
__ **output**: producción en grandes cantidades
__ **procurement**: compra o adquisición en grandes cantidades o en grueso
__ **sample**: (min) muestra industrial
__ **sludge ship**: granelero para minerales en agua
__ **tariff** (elec): tarifa a tanto alzado
bulkage: material de lastre (forraje)
bulked: a granel, sin envase, suelto
bulkerization: transporte a granel
bulking center: (agr) centro de acopio
bulky goods: mercancías voluminosas o que abultan mucho

bull calf: torete, becerro, utrero (2 – 3 años)
__ **for service**: toro reproductor
__ **market**: mercado alcista o de alza
__ **not breeding**: toro fuera de servicio
__ **operator**: alcista
__ **performance**: capacidad de un toro
__ **the market**: jugar o especular al alza
bulldog market: mercado de bonos denominados en libras esterlinas
bulldozer: excavadora, niveladora
bullet credit: crédito de amortización única
__ **issue**: comisión o empréstito reembolsable de una sola vez a su vencimiento
__ **loan**: préstamo reembolsable (en su mayor parte) al vencimiento (V *balloon loan*)
__ **payment**: pago final
bulletin: boletín; (mil) parte, comunicado
__ **board**: tablero de anuncios, cartelera
bullhead: (ict) bagre
bullion: oro o plata en lingotes o barras, oro o plata sin acuñar, oro en tejo y plata, pasta metálica
__ **and specie**: oro en barra y moneda
__ **exchange**: Bolsa de metales preciosos
__ **reserve**: reserva metálica
__ **value**: valor comercial del metal
bullionism: metalismo
bullish: alcista, con tendencia al alza
__ **attitude toward**: actitud optimista con respecto a
bullock: novillo; (RU) buey, toro castrado
bullock's heart: anona, pelón, anona colorada
bulrush millet: mijo de los negros, panizo negro
bump integrator: integrador de irregularidades (caminos)
bumper crop: cosecha abundante
"bumping": desplazamiento (de un trabajador por otro más antiguo)
__ **right**: (adm) derecho de preferencia
bunch: crecimiento arbustivo
__ **map**: (est) haz
__ **of bananas**: cabeza de plátanos
bunching: aglomeración, acumulación, congestión (en los puertos)
__ **of maturities**: acumulación de plazos (de vencimiento)
__ **of postponed entries**: (edu) aglomeración de alumnos que ingresan tardíamente
bund: terraplén
bundle of papers (dealing with the same subject): legajo; lío
bunker: *s* carbonera (combustible), pañol de carbón; arcón; *v* carbonear; abastecer de combustible, petrolear
__ **fuel oil (marine fuel oil)**: petróleo combustible para buques
__ **sale**: venta a las empresas internacionales de transporte
bunkering: aprovisionamiento o suministro de combustibles, carbóneo, petróleo
buoy: boya, baliza
__ **boat**: buque balizador

buoy-and-beacon dues: derechos de baliza
buoyancy: dinamismo, animación (economía); firmeza (mercado, Bolsa); estabilidad (precios)
__ **of a tax system**: capacidad de reacción de un sistema tributario
buoyant demand: demanda intensa
__ **market**: Bolsa en auge o activa; mercado activo, sostenido, firme o alcista, bonanza
buoying up: saliendo a flote
burbot: (ict) lota
burden: (cont) gastos generales; carga, gravamen, peso
__ **of proof**: carga de la prueba, incumbencia de la prueba
__ **sharing**: participación en los costos o gastos (beneficiarios); participación en la carga o distribución de ésta (donantes)
__ **with a mortgage**: hipotecar
burdening actions: medidas que resultan gravosas
burdensome: pesado; oneroso, gravoso
__ **surplus**: excedentes onerosos
bureau: agencia (de colocaciones, etc); oficina; negociado; servicio; dirección; división; consultorio (médico)
__ **of Customs**: Administración de Aduanas
__ **of Flood Control**: Oficina de Hidráulica Fluvial
__ **of Flood Control and Water Resources Development**: Oficina de Hidráulica y Aprovechamiento de Recursos Hidráulicos
__ **of General Services**: Dirección de Servicios Generales
__ **of Internal Revenue**: Servicio de Impuestos Internos
__ **of Legal Affairs**: Asesoría Jurídica
__ **of Member States**: Oficina de Relaciones con los Estados Miembros
__ **of Personnel**: Oficina de Personal, Dirección de Personal
__ **of Standards**: Oficina de Fiel Contraste, Oficina de Pesas y Medidas, de Normas
__ **of the Comptroller**: Contraloría, Dirección de Intervención
burgeoning: naciente (interés), en ciernes
burglary: robo con escalamiento o con allanamiento de morada
__ **insurance**: seguro de robo
burial ground: cementerio, camposanto
burlap: arpillera, harpillera, tela de bramante
burned backfire: cortafuego, preventivo
burning (of fields): (AL) quema; roce; (Esp) artiga
__ **question (issue)**: asunto candente, cuestión palpitante
burnt lime: cal quemada
bursar: tesorero (de un colegio)
bursary: tesorería; beca
__ **fund**: fondo de becas
burst its banks: salir de madre (río)
bush: arbusto; matorral, monte bajo, breña

__ **fallow**: barbecho antiguo, barbecho en maleza; barbecho vivo (bosque)
__ **fire**: incendio de matorrales o malezas
bushveld: sabana baja y boscosa
business: negocio(s); empresa; comercio; actividad comercial o industrial; empleo, ocupación, profesión; transacción, operación; asunto, cuestión
__ **accounting**: contabilidad comercial o de empresa, contabilidad empresarial (mercantil)
__ **activity**: actividad económica
__ **acumen**: sentido de los negocios
__ **address**: dirección o domicilio comercial
__ **administration**: administración de empresas, gestión comercial, ingeniería comercial, economía de la empresa
__ **agent**: gestor
__ **and professional licenses**: patentes y licencias
__ **assets**: fondos de comercio
__ **aviation**: aviones que utilizan los directores de empresas en sus viajes de negocios
__ **center**: centro industrial y comercial
__ **circles**: medios (círculos o ambientes) económicos, comerciales o medios empresariales, sector comercial
__ **class**: clase ejecutiva, clase intermedia o de negocios (viajes)
__ **college**: escuela superior de comercio, escuela de altos estudios mercantiles
__ **community**: medios, esferas o círculos comerciales o empresariales, mundo de los negocios, sector privado; a veces: fuerzas vivas de la comunidad
__ **concerns**: empresas mercantiles, comerciales
__ **conduct**: ética comercial
__ **conglomerates**: agrupaciones (constelaciones) de empresas o empresariales
__ **corporation**: sociedad mercantil, sociedad anónima
__ **cycle**: ciclo coyuntural, coyuntura, ciclo económico
__ **cycle policy**: política anticíclica o coyuntural
__ **day**: día hábil, día laborable
__ **deal**: transacción comercial, trato económico, negociación
__ **district**: zona comercial
__ **expenses**: gastos de explotación, gastos de representación
__ **fluctuation**: oscilación de la coyuntura
__ **game**: simulación de gestión, juego empresarial (investigación operativa)
__ **hours**: horas hábiles
__ **in the building industry**: coyuntura en la construcción
__ **income**: ingreso mercantil
__ **interests**: (el mundo de) los negocios
__ **interruption insurance**: seguro contra lucro cesante (pérdida de ingresos, ganancias o beneficios); interrupción por cese de negocios
__ **law**: derecho mercantil, derecho económico
__ **leader**: magnate de la industria, gran industrial

BUSINESSLIKE   BY

__ **license**: patente, patente de giro, de funcionamiento, licencia comercial
__ **machines**: máquinas de oficina
__ **management**: dirección comercial, gestión gerencial
__ **manager**: administrador, director o gerente comercial
__ **name**: razón social
__ **or corporate sector**: sector empresarial
__ **papers (vouchers, etc)**: efectos comerciales
__ **place**: sede principal de una empresa
__ **practice**: práctica comercial
__ **premises**: domicilio, local comercial
__ **profit margin**: margen de beneficios de las empresas
__ **profits**: beneficios de explotación
__ **profits tax**: impuesto sobre las utilidades
__ **prosperity**: prosperidad económica
__ **recovery**: recuperación económica
__ **school**: escuela de comercio
__ **science**: ciencias económicas, empresariales
__ **situation**: coyuntura económica
__ **subjects**: (edu) estudios o ramos comerciales
__ **tax**: impuesto sobre las patentes
__ **transaction**: transacción comercial, negocio
__ **travel**: viaje en misión oficial
__ **trend policy**: política coyuntural
__ **trends**: tendencias económicas, evolución coyuntural
__ **turnover**: cifra de negocios, monto de las transacciones, volumen de comercio
__ **venture**: iniciativa comercial
businesslike: serio, formal; práctico, realista; eficaz; metódico, ordenado
__ **approach**: actitud realista
businessman: hombre de negocios; empresario; industrial; hombre de empresa; negociante; comerciante
butcher: carnear, destazar
butchering: destace
butter making: butirización
__ **oil**: manteca o mantequilla clarificada
butterfat: grasa de mantequilla, butiro, grasa butirométrica
buttermilk: suero de leche de vaca, suero de mantequilla, leche agria
buttress: (arq) contrafuerte, arbotante; (fig) apoyo, sostén
buttressed price: precio de defensa
buy by installments: comprar a plazo
__ **firsthand (secondhand)**: comprar de primera mano (de segunda mano)
__ **national provisions**: disposiciones que imponen la compra de productos nacionales
__ **or sell goods**: negociar
__ **out**: comprar el control empresarial
__ **space**: contratar espacio de periódico o revista
buy-in: compra de participación social
buy-out: s compra del control empresarial; v comprar el interés de

buy-up: acaparamiento
buyback: retrocompra
__ **agreement**: acuerdo de recompra o de readquisición
__ **facility**: centro de compra (de desechos reciclables)
buyers' credit: crédito de compradores
__ **market**: mercado de compradores, mercado favorable a los compradores
buying agent: agente comprador o de compras (productos básicos)
__ **on margin**: compra de valores sobre la cuenta de margen
__ **rate (of exchange)**: tipo de compra o comprador (divisas), tasa de compra o de comprador
__ **source**: fuente de aprovisionamiento
__ **spree**: consumismo
buzz-board: (edu) tablero electrónico de respuestas
buzzing: (edu) exámenes breves o rápidos; entrevistas breves o rápidas
by a long way: con mucho
__ **a majority vote**: por el voto de la mayoría
__ **a two-thirds majority**: por mayoría de dos tercios
__ **acclamation**: por aclamación
__ **air**: en avión o por avión
__ **all means**: por todos los medios posibles, sin falta, sin duda, no faltaba más
__ **and large**: en general, en conjunto, en todo respecto
__ **any indicator**: por cualquier punto de vista
__ **any means**: de cualquier modo que sea
__ **authority of the law**: por mandato de la ley
__ **birth**: de nacimiento
__ **bus**: en autobús
__ **chance**: por casualidad
__ **common consent**: de común acuerdo, de mutuo acuerdo, de consuno, la opinión general es que
__ **count**: por unidades
__ **default**: (leg) en rebeldía
__ **degrees**: gradualmente, progresivamente, poco a poco
__ **delivery only**: por simple entrega
__ **design**: a propósito, intencionalmente
__ **dint of**: a fuerza de
__ **direct labor**: (RU) por administración
__ **eminent domain**: por causa de utilidad pública
__ **exception to Article**: por oposición al artículo
__ **fair means or foul**: por las buenas o por las malas
__ **far**: con mucho, con largueza, muy lejos
__ **fits and starts**: a rachas, por rachas
__ **guesswork**: al tanteo, al ojo
__ **heart**: de memoria
__ **industrial origin**: según rama de actividad económica
__ **injunction**: (leg) por vía de requerimiento
__ **installments**: a plazos
__ **itself**: de por sí
__ **land**: por tierra

BY

- __ **law**: de pleno derecho, por ministerio de la ley
- __ **lawful means**: legalmente
- __ **lots**: por sorteo
- __ **means of**: mediante, por medio de
- __ **mistake**: por equivocación, por error, sin querer
- __ **mutual agreement (consent)**: de común acuerdo
- __ **no means**: de ningún modo, de ninguna manera, en ningún caso
- __ **no means last**: de ninguna manera el último en importancia
- __ **occult and mysterious means**: por arte de birlibirloque
- __ **private contract**: por adjudicación directa (sin concurso), por contrato reservado
- __ **procuration**: por poder
- __ **profession**: de profesión
- __ **proxy**: por poder
- __ **"rail over frontier"**: "por ferrocarril en la frontera"
- __ **rank order**: por orden de importancia
- __ **reason of**: con motivo de
- __ **registered post**: por encomienda postal
- __ **request**: a petición (del público)
- __ **request or on own initiative**: de parte o de oficio
- __ **return mail (post)**: a vuelta de correo
- __ **right**: de derecho, por derecho, propiamente
- __ **rote**: de memoria, maquinalmente, por rutina
- __ **rule of thumb**: de modo empírico
- __ **shift**: por turno, por grupo
- __ **stages**: progresivamente, por etapas
- __ **surface mail**: por vía marítima o terrestre (correo)
- __ **that time**: por entonces
- __ **the book**: según las reglas
- __ **the by**: por cierto, a propósito, de paso, entre paréntesis
- __ **the hour**: por hora
- __ **the same token**: en el mismo orden de ideas, del mismo modo, análogamente, por la misma razón
- __ **the way**: a propósito, de paso, entre paréntesis
- __ **these presents**: por la presente
- __ **this means**: por este medio, de este modo
- __ **this time**: ahora
- __ **trade**: de oficio, de profesión
- __ **trial and error**: por aproximación, por tanteo
- __ **unanimous vote**: por unanimidad, por decisión unánime
- __ **virtue and on the basis of**: en virtud y a base de
- __ **virtue of his office**: en virtud de su cargo
- __ **virtue of his position as chairman**: en su calidad de, en virtud de, debido a su posición de Presidente
- __ **way of**: por (pasando por), a modo de, en concepto de, por vía de, a título de
- __ **way of conclusion**: finalmente
- __ **way of example (illustration)**: a título de ejemplo, a modo de ejemplo, como ejemplo
- __ **way of information**: a título de información, a título informativo
- __ **way of precaution**: preventivamente
- __ **word of mouth**: verbalmente, oralmente
- **by-bidder**: licitante ficticio (el que puja para inflar el precio)
- **by-bidding**: postura ficticia
- **by-catch**: fauna (peces) de acompañamiento, peces secundarios, captura incidental
- **by-election**: elección parcial
- **by-product**: subproducto, derivado; (fig) consecuencia
- **by-profit**: ganancias suplementarias
- **bylaws of the corporation**: estatutos de la sociedad, reglamento interior
- **bypass**: *s* desvío, derivación; (RU) carretera de circunvalación; *v* dejar de lado, desviar, derivar, evitar
- __ **surgery**: cirugía de desviación, cirugía paliativa, "puente", tubo de paso
- **bypassed by development**: marginado, rezagado
- **byte**: (comp) octeto, posición de memoria

C

CALL

- **cabbage palm**: palma enana
- **cabinet change (shuffle)**: crisis de gabinete
- __ **council**: consejo de ministros
- __ **meeting**: sesión ministerial
- **cable lines**: líneas alámbricas (teléf)
- __ **railroad (ferry)**: andarivel
- __ **run**: recorrido, cantidad de cables entre postes
- **cadastral survey**: catastro
- **cadre of staff**: personal directivo o dirigente, personal de nivel superior, funcionarios superiores, cuadro directivo, cuadro de dirigentes
- **cage birds**: pájaros ornamentales
- __ **culture**: cultura en jaulas
- **cake**: placa (cobre)
- __ **steel**: lingote inicial (acero)
- **caking coal**: carbón aglutinante
- **calcination**: tuesta
- **calcium requirements**: necesidades de calcio
- **calculus of probability**: cálculo de probabilidades
- **calendar days**: días naturales, días corridos
- __ **year**: año civil
- **calendered paper**: papel satinado o calandrado
- **calf rearing**: cría de terneros
- **call**: (Bols) opción de compra
- __ **a loan**: exigir el pago o reembolso de un préstamo
- __ **a meeting**: convocar a una reunión (conferencia, etc.)
- __ **a meeting to order**: abrir la sesión, declarar abierta una sesión
- __ **a strike**: declarar una huelga
- __ **account**: cuenta a la vista

__ **attention to**: hacer presente, señalar a la atención de
__ **deposit**: depósito a la vista
__ **for a recount**: solicitar el recuento de los votos
__ **for a vote**: pedir que se proceda a votación
__ **for action**: exhortación (llamamiento a la vista)
__ **for bids**: llamar a licitación, concurso de subasta, sacar a licitación pública
__ **for capital**: requerimiento o llamamiento de capital, llamada para la integración de capital; (Esp) dividendo pasivo
__ **for nominations**: invitar a proponer candidatos o candidaturas
__ **for redemption**: notificación de amortización
__ **for tenders**: *s* apertura de concurso (subasta), convocatoria (llamada a licitación); *v* llamar a licitación
__ **forward**: pedido de entrega (materiales y fondos)
__ **in a loan**: exigir el reembolso de un préstamo
__ **in question**: poner en tela de juicio
__ **loan**: préstamo a la vista o exigible, pagadero a la demanda
__ **money**: dinero exigible, dinero a la vista, préstamo a muy corto plazo, dinero de día a día
__ **off**: cancelar, anular, dar por terminado
__ **option**: opción de compra
__ **order contract**: contrato de servicios ocasionales
__ **premium**: prima de opción de compra
__ **price**: precio de rescate, precio de amortización
__ **provision**: cláusula de prepago (bonos)
__ **the roll**: pasar lista
__ **the shots**: hablar a voz cantante
__ **the speaker to order**: llamar al orden al orador, invitar al orador a respetar el reglamento
__ **to order**: llamada al orden (para abrir la sesión)
__ **to the bar**: reconocer como abogado
__ **up**: (mil) llamar a las filas
__ **upon (a delegate)**: dar o conceder la palabra a
call-in payment: pago de presencia
__ **report**: informe de visita
call-up: contingente, servicio militar obligatorio
called-up capital: capital exigido
__ **capital stock**: acciones pagaderas
callable bond: bono u obligación redimible, retirable, exigible, rescatable
__ **capital**: capital exigible
__ **loan**: crédito redimible
__ **shares**: acciones amortizables o redimibles
calling in of a currency: retiro de una moneda de la circulación, desmonetización
__ **in of the banks' holdings of foreign exchange**: retiro de los haberes en divisas que poseen los bancos comerciales
__ **sequence**: plan de visitas programadas
caloric intake: ingestión o ingesta calórica
__ **requirements**: necesidades calóricas
calves: terneraje
calving rate: tasa de parición, índice de procreo

__ **station**: (agr) estación de parición
camber board: gálibo para bombeo (camino)
camouflage: mimetismo
campus: (edu) recinto universitario, mundo universitario, ciudad universitaria, terrenos de la universidad, "campus"
__ **activities**: actividades universitarias realizadas fuera de clase
__ **unrest**: agitación estudiantil
can-type precipitation gauge: pluviómetro
canal outlet: toma de canal
canary grass: falaris
cancel a debt (deficit): cancelar, enjugar, extinguir una deuda o déficit
__ **a vote**: anular una votación
canceled check: cheque pagado o cobrado, cancelado
__ **debt**: deuda anulada
canceling returns: (seg) reembolso de primas por rescisión de póliza
cancellation of a debt: condonación o anulación de una deuda
__ **of contract**: resolución del contrato
cancer-initiating substances: sustancias carcinógenas
cancer-producing substances: sustancias carcinógenas
candelilla wax: cera vegetal
candid: ingenuo, inocente, franco, sincero, sin reservas, espontáneo, natural, sin preparación
__ **camera**: cámara indiscreta
candidate: candidato; aspirante
__ **agents**: posibles agentes (medicamentos)
__ **insecticides**: insecticidas en fase experimental
__ **vaccine**: vacuna (en la etapa) experimental
candied fruit: fruta escarchada
candlenut tree: árbol de barniz
cane crop: zafra
__ **plantation**: cañamelar, cañaveral
__ **trash**: paja de caña
canned foods: conservas alimenticias, elementos envasados en bote o lata (*op a* "processed")
__ **goods**: conservas alimenticias, alimentos envasados en bote o en lata (*op a* "preserved"; conservado en cualquier envase)
cannel coal: carbón mate o de bujía
cannery wastes: desperdicios de las fábricas de conservas
canning (fruit, vegetables, etc.): envasado
__ **industry**: industria conservera
canopy: (silv) follaje, dosel superior; toldo, baldaquín
cantelever bridge: puente voladizo
canvass: solicitar (votos, fondos); realizar una campaña electoral; sondear (opinión pública); (com) buscar clientes; órdenes; hacer el escrutinio
__ **of votes**: escrutinio
canvasser: agente electoral, (com) corredor, solicitador, visitador; (cens) empadronador; (EUA) escrutador

CAP CAPITAL

__ **method**: método de entrevista (del empadronador)
cap: tope, límite máximo (en consumo, producción)
__ **and gown**: (edu) toga y bonete
__ **and gown conflict**: conflicto académico
__ **rock**: capa impermeable
capability: capacidad, competencia, aptitud; posibilidad, potencialidad
capacity: capacidad, cabida; (fig) capacidad, competencia, inteligencia, aptitud, facultad; (elec) potencia, capacidad; (leg) personalidad
__ **building**: fortalecimiento, formación de la capacidad
__ **constraints**: limitación de la capacidad (productiva), restricciones de la capacidad
__ **of a well**: caudal de un pozo, capacidad de un pozo
__ **output**: producción a (plena) capacidad o a capacidad total
__ **to compete**: poder competitivo
__ **to submit to arbitration**: capacidad de someter o referir al arbitraje
__ **to sue (or to be sued)**: capacidad procesal, personalidad procesal; legitimación procesal
__ **use**: utilización de la capacidad (productiva)
capelin: (ict) capelán
capital account: cuenta de capital, cuenta de patrimonio o patrimonial
__ **adequacy**: suficiencia de capital
__ **allowance**: desgravación sobre bienes de capital
__ **and reserves**: pasivo no exigible
__ **assets**: capital en activo, activo fijo o inmovilizado, inmovilizaciones, valores patrimoniales, bienes de producción, bienes de capital, activo tangible, activo de capital; (Chi) capital físico
__ **budget**: presupuesto de capital, presupuesto para gastos de capital, presupuesto para equipo e instalaciones, presupuesto de inversiones
__ **budgeting**: análisis de inversiones
__ **charges**: gastos de remuneración de capital, cargos en la cuenta de activo fijo
__ **construction**: construcción de obras de infraestructura
__ **consumption**: consumo de capital
__ **consumption allowance**: reserva para depreciación
__ **costs**: gastos de inversión, de capital, de infraestructura o de instalación
__ **deepening**: intensificación del (uso de) capital; profundización del capital; inversión productiva; modernización del equipo, aumento del capital con respecto al trabajo
__ **depletion**: agotamiento del capital
__ **depreciation**: gastos de amortización
__ **development**: capitalización, aumento de bienes de capital
__ **development fund**: fondo (caja) de capital, fondo de equipamiento

__ **efficiency**: productividad (eficacia, rendimiento) del capital, rentabilidad del capital
__ **endowment**: dotación de capital, instalaciones esenciales
__ **equipment**: bienes de capital, de equipo o de producción
__ **excluding military expenditures**: capital civil
__ **expenditures**: gastos de capital, inversiones de capital
__ **exporting country**: país exportador de capital
__ **exports**: exportaciones de capital
__ **flight**: fuga de capitales, huida del dinero
__ **flow**: corriente o flujo de capital, evasión de capital
__ **for turnaround**: capital para cambio en la posición
__ **formation**: formación de capital, capitalización
__ **fund**: fondo de capital, fondo patrimonial
__ **gains**: ganancias de capital, plusvalía (de capital)
__ **gains and losses**: beneficios y pérdidas de capital
__ **gains tax**: impuesto sobre las ganancias de capital o sobre la plusvalía
__ **goods**: bienes de capital o de equipo, medios de producción, equipo de producción
__ **goods' industry**: industria de bienes de capital (de equipo o de inversión)
__ **impairment**: perjuicio o deterioro de capital, reducción de capital
__ **improvement budget**: presupuesto de mejoras
__ **improvements**: mejoras, mejoramiento
__ **inadequacy**: insuficiencia de capital
__ **inflow**: entrada o afluencia de capital
__ **intensity**: intensidad o densidad de capital, grado de realización de capital, coeficiente de capital
__ **intensive**: con gran intensidad de capital, con uso intensivo de capital, con alto coeficiente de capital
__ **intensive industry**: industria de gran densidad de capital
__ **intensive modes of production**: modalidades de producción de gran densidad de capital o de alta capitalización
__ **invested in loans, securities, stock, etc**: capital mobiliario
__ **investments**: inversiones de capital, inversiones en capital fijo, obras reproductivas, gastos de capital
__ **levy**: impuesto sobre el capital o el patrimonio
__ **liabilities**: pasivo o capital fijo no exigible, obligaciones de capital, pasivo consolidado, pasivo patrimonial
__ **losses**: pérdidas de capital, minusvalías
__ **market**: mercado de capital(es)
__ **movements**: corrientes o movimientos de capital
__ **not fully paid**: capital insoluto
__ **offense**: delito castigable con la pena de muerte
__ **outflow**: salida de capital al exterior

CAPITAL CARE

__ **outlays**: gastos de capital; inversiones en bienes de capital o en capital fijo
__ **output ratio**: relación (razón) capital-producto
__ **participation**: participación patrimonial
__ **project**: proyecto de inversión
__ **punishment**: pena de muerte, pena capital
__ **recovery factor**: factor de recuperación de capital
__ **redeemed**: capital amortizado
__ **replacement**: reposición del capital; renovación del equipo
__ **resources**: recursos de capital; bienes de equipo
__ **stock**: capital social, acciones de capital, capital en acciones (de una empresa); capital nacional (de un país); capital existente
__ **structure**: estructura del patrimonio o del capital
__ **subscription**: subscripción de acciones; aportaciones de capital
__ **subsidy**: subvención en forma de capital
__ **supply**: oferta de capital
__ **surplus**: excedente o superávit de capital
__ **tax**: impuesto sobre el capital, impuesto sobre bienes
__ **transactions**: transacciones de capital
__ **transfer**: transferencia de capital
__ **turnover**: evolución del capital, rotación del capital
__ **value**: valor capitalizado, valor en capital
__ **widening**: ampliación de capital, aumento del capital, ampliación de la capacidad productiva, creación de nuevos medios de producción
__ **works**: instalaciones físicas, obras esenciales, grandes obras
__ **yield tax**: impuesto sobre rendimiento de capital
capital-debt ratio: coeficiente de endeudamiento
capital-deficit oil exporter: exportador de petróleo con déficit de capital
capital-employment ratio: relación capital-empleo
capital-labor ratio: relación capital-trabajo
capital-loan ratio: razón capital propio-préstamos
capital-output ratio: relación capital-producto
capital-service ratio: coeficiente o relación capital-servicio
capital-surplus country: país con superávit de capital, país superavitario
capitalism more broadly based: capitalismo popular
capitalization of income: actualización de la renta
capitalized assets: haberes o valores inmovilizados
__ **expenditures**: gastos inmovilizados
__ **value**: valor capitalizado, valor de capitalización, valor de rendimiento, valor actual de una renta
capitation tax: impuesto de capitación, impuesto a la persona física

capping: imposición de un tope (beneficios de pensión)
__ **rock**: (min) roca de cubierta
capsize: zozobrar
capstan: cabrestante, cabría, molinete, cigüeña
captain of a fishing boat: patrón de pesca
__ **of industry**: capitán de empresa, gran industrial, magnate
caption: pie de grabado o de foto, leyenda; encabezamiento o título de un capítulo; (cine) subtítulo, titular
captive audience: auditorio incondicional; público apresado; oyentes (espectadores) bajo supervisión
__ **plant**: (elec) planta autoproductiva
__ **propagation**: reproducción en cautiverio (peces)
__ **vote**: voto seguro o asegurado
capture breeding: cría en captura
__ **breeding station**: estación de cría en captura o en cautiverio
car card: anuncio en interior de vehículos públicos
__ **load**: vagón completo
__ **loading**: (fc) furgonización
__ **watcher**: acomodador o cuidador de automóviles
carbon black: negro de humo
__ **material**: materia carbónica
__ **offsets**: contrapartida de las emisiones de carbono
__ **paper**: papel carbón, carbónico, papel de calcar
__ **sink**: sumidero del carbono
__ **soot**: hollín
__ **tax**: impuesto sobre las emisiones de carbono
carbon-fixing tree: árbol que fija el carbono
carcass: res muerta, canal; (const) esqueleto, armazón
__ **meat**: carne en canal
__ **of poultry**: ave en gancho
__ **weight**: peso en canal
card catalog: fichero
__ **charging**: (bibl) registro del préstamo en fichas
__ **file**: fichero
__ **index**: fichero
__ **number**: signatura topográfica
__ **punch**: perforadora de tarjetas
__ **read punch**: perforadora para lectura de tarjetas
__ **strips**: descargas de carda, borras de carda (industria algodonera)
cardboard: cartón, cartulina
__ **box**: caja o bote de cartón
__ **factory**: cartonería, cartonera
__ **products**: cartonería, cartonaje
cardiac assistance device: dispositivo para facilitar el funcionamiento cardíaco
__ **monitors**: monitores para determinar la actividad cardíaca
__ **output**: rendimiento cardíaco
care: cuidado, esmero, atención; asistencia; inquietud, solicitud; custodia
__ **of (c/o)**: para entregar a (cartas, etc.)

60

career and merit system: sistema de promoción y ascenso por mérito, sistema de escalafón
__ **consul**: cónsul rentado
__ **counseling**: asesoramiento en posibilidades (perspectivas) de carrera
__ **day**: (edu) día de información sobre profesiones
__ **development**: promoción del servicio de carrera o de las perspectivas de carrera, posibilidades de desarrollo o adelanto profesional, progreso en la carrera, planificación del avance profesional
__ **development training**: formación para la carrera
__ **education**: educación para el trabajo, para la vida activa
__ **entrant**: funcionario que comienza la carrera
__ **expectations**: esperanzas de hacer carrera
__ **in health**: profesión relacionada con la salud
__ **ladder**: escalafón
__ **motivation**: interés por la carrera
__ **path**: ruta o trayectoria de la carrera, trayectoria profesional; planificación de dicha trayectoria
__ **planning**: planificación de avance profesional
__ **progression**: adelanto profesional
__ **prospects**: perspectivas de carrera, posibilidad de progresar en la carrera
__ **service**: escalafón, servicio de carrera
__ **service appointment**: nombramiento de "funcionario de carrera"
__ **span**: duración (alcance) de la carrera
__ **staff**: personal de carrera
__ **structure**: sistema de carrera
carelessness: incuria, descuido
caretaker: celador
__ **government**: gobierno de transición, gobierno provisional
cargo: carga marítima, cargo, carguío, cargamento
__ **aircraft**: carguero
__ **boat**: buque de carga, carguero
__ **container**: contenedor
__ **deadweight**: (barco) porte
__ **handling**: carga y descarga
__ **hatch**: escotilla
__ **interests (shippers)**: cargadores, propietarios de la carga
__ **manifest**: sobordo
__ **plan**: plan de estibar, arrumaje
__ **preference**: reserva de carga
__ **restriction**: reserva de carga
__ **sling**: eslinga
__ **throughput**: movimiento de mercancías
cargoes and parcels: cargas y bultos
caring for the earth: protección de la tierra, cuidado de la tierra
carjacking: robo de automóvil con secuestro del conductor
carload: (fc) carga de carro, vagonada, furgonada
carriage: carretaje (gastos de transporte); porte, transportes
carried by acclamation: adoptado por aclamación (un proyecto, etc.)

__ **forward**: (cont) suma y sigue; a la página siguiente, a la vuelta
carrier: transportista, portador, empresa de transporte; (med) portador de gérmenes, huésped, vector; (seg) compañía aseguradora
__ **system**: sistema de transmisión de onda portadora
__ **wave**: onda portadora
carrot and stick policy: política de incentivo y de negociación (de la zanahoria y el garrote), de premios y castigos
carry a motion: adoptar o aprobar una moción
__ **forward**: (cont) pasar al ejercicio siguiente, llevar a la nueva cuenta
__ **out**: realizar, llevar a cabo, ejecutar, cumplir
carry-back: (cont) imputación a un ejercicio anterior; traslado o traspaso a un ejercicio anterior
__ **circuit**: circuito de retorno
carry-on baggage: equipaje de mano
carry-over: (com) sobrante, remanente, reserva, existencias procedentes de la temporada anterior, (cont) saldo o suma anterior; (presu) cantidad traspasada al año siguiente
__ **balance**: saldo que se arrastra
__ **exports**: exportaciones diferidas
__ **fund**: cuenta de fondos remanentes
__ **loan**: préstamo a corto plazo para salvar una dificultad temporal
__ **of old projects**: remanente de antiguos proyectos
__ **rate**: interés por prórroga
__ **stocks**: existencias traspasadas al ejercicio siguiente, remanentes del ejercicio anterior, existencias de final de campaña
carry-overs: créditos o saldos que se traspasan; créditos o saldos traspasados
carrying capacity: (trnsp) capacidad de transporte o de acarreo, capacidad útil; (agr) capacidad de carga animal, de sustento o apacentamiento, ganadera o pastoril; capacidad cinegética; (pisci) capacidad biogénica (de un estanque), capacidad de producción; población máxima, capacidad máxima admisible, capacidad de sustento (de especies, turistas) de un lugar
__ **charges**: gastos incidentales
__ **cost of capital**: costo de inactividad del capital, costo de capital inactivo
__ **cost of goods**: costo de mantenimiento de existencias (inventario)
cart road: carril
cartage: acarreo, porte, carretaje, transporte
__ **(pick up and delivery)**: camionaje; porte a domicilio
carte blanche: facultades amplias
cartel arrangements: cartelización, agrupación en cartel
cartelized commodity: producto cartelizado
cartload: carretada, carretonada
cartoons: chistes gráficos, chistes ilustrados, caricaturas, tiras humorísticas, historietas cómicas; (cine) dibujos animados

CASCADE

cascade process: proceso en cascada
__ **shower**: chaparrón de rayos cósmicos
__ **tax effect**: imposición en cascada
cascading: efecto de cascada (impuestos indirectos)
__ **taxes**: impuestos en cascada
case: (leg) causa, pleito, proceso, acción, caso
__ **conference**: (med) presentación y discusión de casos
__ **detection**: (med) detección o localización de casos
__ **dismissed**: (leg) sobreseído definitivamente, no ha lugar
__ **fatality rate**: tasa de letalidad
__ **file**: expediente
__ **finding**: (med) localización de casos, búsqueda o investigación de casos
__ **hardening**: cementación, (acero) temple al aire, temple de superficie; (arroz) endurecimiento
__ **history**: historial, antecedentes; (edu) expediente individual, ficha individual del alumno; (med) historia clínica, historial clínico
__ **in point**: caso ilustrativo
__ **instituted in a lower court**: caso sometido a un tribunal de primera instancia
__ **law**: jurisprudencia
__ **load**: casuística, número de casos (pacientes)
__ **material**: casos de estudio
__ **of need**: (com) caso de necesidad o de apuro
__ **records**: expediente
__ **reported**: denuncia
__ **study**: estudio de un caso práctico o de casos prácticos, estudio por (de) casos, monografía, estudio monográfico
__ **suspended**: (leg) sobreseído provisionalmente
__ **work**: asistencia social individualizada
case-by-case study: estudio caso por caso, estudio de cada caso por separado
case-specific rate: tasa de letalidad
cased well: pozo entubado
casework: asistencia social individualizada; estudio de los antecedentes personales o familiares
caseworker: asistente social, consejero
cash: *s* dinero contante, (dinero) efectivo, metálico; numerario; *v* cobrar (en efectivo), hacer efectivo
__ **account**: cuenta de caja
__ **accounting**: contabilidad financiera
__ **advance**: anticipo en caja, anticipo en efectivo
__ **and bank deposits**: activo disponible, caja y bancos
__ **and carry**: pago al contado con transporte por cuenta del comprador
__ **and due from banks**: caja y depósitos bancarios
__ **and price policy**: política de precios y ventas al contado
__ **and trade discounts**: descuentos y bonificaciones

CASH

__ **and value forms**: comprobantes de valores y sumas en efectivo
__ **at banks and on hand**: efectivo en bancos y en caja
__ **audit**: auditoría de caja, arqueo de caja
__ **award**: gratificación en efectivo
__ **balance**: saldo de caja, saldo de tesorería, saldo en efectivo, fondos en efectivo, líquido de numerario, reservas líquidas disponibles
__ **basis accounting**: contabilidad a base de efectivo, contabilidad según el criterio de registro de caja, contabilidad en valores de caja, contabilidad de caja
__ **benefit**: prestación en efectivo
__ **budget**: presupuesto de caja
__ **buybacks**: recompras en efectivo
__ **call forward**: pedido de fondos
__ **count**: arqueo de caja
__ **crops**: cultivos comerciales, de fácil venta
__ **customer**: cliente que paga al contado
__ **deal**: operación al contado
__ **deficit**: déficit de caja
__ **disbursements (payments)**: salidas de caja
__ **discount**: descuento por pago al contado o por pago inmediato
__ **dispenser**: cajero electrónico
__ **dividend**: dividendo en efectivo
__ **down**: al contado (violento), dinero en mano, sonante y contante
__ **drawing**: retiro en efectivo
__ **economy**: economía monetaria
__ **entitlements**: prestaciones pecuniarias
__ **farming economy**: economía agrícola monetaria o comercial
__ **financial position**: situación financiera en efectivo
__ **flow**: corriente o flujo de fondos, corriente en efectivo, corriente de liquidez, movimiento de fondos, movimiento de tesorería, entradas y salidas; capital disponible
__ **flow chart**: cuadro financiero
__ **flow position**: situación de liquidez
__ **flow statement**: cuadro financiero o de corriente de fondos, estado de flujo de fondos, estado de fuentes y utilización de fondos, estado de la corriente de efectivo
__ **generation**: fondos o recursos propios, recursos provenientes de las operaciones
__ **holdings**: tenencias de efectivo; efectivo disponible, saldo de (en) caja, disponibilidades en efectivo, en numerario, en caja
__ **in advance**: pago adelantado o anticipado
__ **in banks**: efectivo en bancos
__ **in (on) hand**: saldo de (en) caja, efectivo en caja, existencias en caja
__ **in vault**: reservas en metálico o en efectivo
__ **income**: ingreso monetario o en efectivo
__ **inflow**: afluencia de fondos, ingreso o entrada de fondos
__ **input**: (cont) aportación o aporte en efectivo; (agr) insumo de fondos en efectivo

CASHEW

__ **issue**: emisión de pago
__ **items**: partidas de caja, efectos de caja
__ **management**: administración del efectivo, gestión de caja, gestión del activo disponible (liquidez)
__ **market**: mercado al contado, mercado de productos disponibles
__ **on delivery (COD)**: entrega contra reembolso, pago contra entrega
__ **on hand**: efectivo en caja
__ **outflow**: egreso o salida de efectivo
__ **outlet**: mercado al contado
__ **over**: superávit de caja
__ **payment**: pago al contado o en efectivo, pago en moneda contante y sonante, pago en metálico
__ **position**: situación de caja, de efectivo, de liquidez o de tesorería, situación líquida
__ **price**: precio al contado
__ **production**: producción comercializada
__ **projection**: proyección del flujo de fondos
__ **proof**: arqueo de caja
__ **receipts**: ingresos de caja
__ **requirements**: necesidades de efectivo, de tesorería
__ **reserves**: reservas en metálico, de caja; encaje legal
__ **settlement**: liquidación en efectivo
__ **share**: acción pagadera en efectivo; a veces: acción de pago
__ **shortage**: falla en caja
__ **shorts and overs**: déficit y excedentes de caja
__ **statement**: estado de caja
__ **surplus**: superávit de caja
__ **transaction**: operación de caja
__ **value**: valor efectivo, importe de algo, valor de realización
__ **voucher**: comprobante de caja
cashew nut: nuez de acajú o de anacardo
__ **nut tree**: anacardo, acajú, marañón, merey
cashier's check: cheque de caja, cheque de la caja central, cheque de administración o de gerencia, cheque extendido por un banco a su propio cargo
__ **office**: pagaduría
__ **tapes**: recibos de caja
casing head gasoline: gasolina natural
cask: barril, tonel
cassava: mandioca, yuca (amarga, brava)
__ **ash**: ceniza de la yuca
cassette and slide presentation: sonoviso
__ **deck**: paracasete
__ **rack**: archivador de casetes
cast: sangría (acero); elenco, reparto (personajes de una representación teatral)
__ **a vote**: emitir un voto
__ **iron**: hierro colado, hierro fundido; hierro de fundición
__ **net**: atarraya, esparavel, red de pescar
__ **steel**: acero colado o fundido
casting: pieza fundida (colada); (técn) fundición, colado, vaciado; pesca al lanzado

CATCHMENT

__ **vote**: voto de calidad o del presidente; voto decisivo
castor bean: tártago
__ **oil**: aceite de ricino
casual: fortuito, intermitente, accesorio, casual, ocasional, temporero, al azar
__ **employment**: empleo temporal
__ **income**: ingresos accesorios, ingresos ocasionales
__ **labor**: trabajo ocasional o temporero, trabajadores ocasionales, mano de obra ocasional, trabajo accidental, intermitente
__ **remark**: observación parentética o sin trascendencia
__ **revenue**: ingresos ocasionales
__ **service**: servicio ocasional
__ **unemployment**: desempleo intermitente
__ **ward**: asilo para desamparados
__ **work**: trabajo ocasional, trabajo intermitente
__ **worker**: temporero, trabajador intermitente, eventual o sin contrato, jornalero
casually: displicentemente, con aire de naturalidad, sin darle importancia, accidentalmente
casualty: accidente, víctima, herido, muerto; (mil) baja
__ **department**: (med) servicio de emergencia o de traumatología
__ **insurance**: seguro contra daños o desastres
catalog(ue): (bibl) catálogo, elenco bibliográfico; (edu) folleto o prospecto de informaciones sobre una institución
cataloguing rules: reglas catalográficas o de catalogación
__ **unit**: grupo o servicio de catalogación
catalytic chain: ciclo catalítico
__ **effect**: efecto catalizador
__ **exhaust system**: sistema de escape con convertidor catalítico
__ **role**: función catalizadora
catch: captura (pesca)
__ **a glimpse of**: vislumbrar
__ **basin**: sumidero, resumidero, pozal, pocillo
__ **composition**: composición de la copada (pesca)
__ **crop**: cosecha intercalada, cultivo intercalado, cultivo de emergencia, cultivo de sustitución, cultivo emergente, cultivo rotativo
__ **dam**: canal receptor o interceptor
__ **drain**: colector, cuneta de desagüe
__ **pit**: pozo o cuneta de guarda (protección)
__ **question**: pregunta capciosa
__ **up**: recuperar (el terreno perdido)
__ **up with work**: ponerse al día
catch-handling expert: experto en capturas
catch-up demand: demanda de alcance
catchability coefficient: coeficiente de pesca
catchment area: (reg) cuenca o zona de captación; (edu) zona de captación o influencia, área geográfica (de una escuela), zona de matrícula, circunscripción escolar
__ **basin**: cuenca de un río, cabecera hidrográfica, cuenca imbrífera

63

__ **water**: agua embalsada, agua represada
catchword: palabra llamativa, lema; (impr) reclamo
categorical grants: donaciones para un fin específico
__ **negative**: negativo rotundo
category of staff (personnel): (adm) cuadro de personal
cater: proveer, abastecer, (fig) atender a
caterer: abastecedor
catering: servicio de alimentación o de comidas
__ **services**: cafetería y servicios conexos, servicios de fonda
__ **trade**: hotelería, servicios de fonda
catfish: (ict) bagre
cathedral schools: escuelas catedralicias
cattle: ganado, ganado vacuno
__ **bounty scheme**: sistema de primas a la ganadería
__ **brand**: marca del ganado; hierro de marcar
__ **car**: jaula, vagón de hacienda, vagón de reja, de jaula
__ **census**: censo pecuario
__ **dealer**: ganadero
__ **dip**: bano antiparasitario
__ **dipping**: balneación del ganado, baños para animales
__ **enclosure**: rodeo, cercado, recinto cerrado
__ **feed**: pienso, forraje, alimento para animales
__ **for fattening**: ganado de engorde, ganado de invernada
__ **for local consumption market**: ganado de abasto
__ **grazing**: pastoreo, apacentamiento
__ **hide**: cuero de res
__ **loans**: préstamos para la industria ganadera
__ **management**: manejo de ganado o de animales
__ **manure**: estiércol de bovinos
__ **on the hoof**: ganado en pie
__ **pass**: brete, manga
__ **pen**: corral
__ **performance**: tasa de eficiencia bovina
__ **population**: existencias de ganado vacuno, masa ganadera
__ **prod**: picana eléctrica
__ **raiser**: ganadero
__ **ramp**: brete, manga
__ **ranch**: ganadería, estancia, hacienda
__ **restocking**: repoblación de ganado
__ **rustler**: cuatrero, ladrón de ganado
__ **rustling**: abigeato, robo de animales
__ **squeeze**: brete
__ **theft**: abigeato
__ **tick**: garrapata
__ **unit**: unidad ganadera
cattle-breeding center: centro zootécnico
catwalk: pasadizo
caucus: reunión de dirigentes de un partido político para seleccionar candidatos; cónclave o reunión electoral
causal connexion: relación de causalidad

causative agent: agente causal o causante; (med) agente (organismo) patogénico
__ **mechanism**: mecanismo causativo
cause a stir: tener resonancia, crear (provocar) conmoción o revuelo, causar sensación o despertar interés
__ **(matter) adjudged**: (leg) res judicata
__ **mortality rate**: tasa de mortalidad por causa
__ **of action**: (leg) causa o derecho de acción
caution: cautela, prudencia, cuidado; advertencia; (leg) fianza, garantía
cautionary: admonitorio, preventivo
cave-in: (min) soterramiento, revenimiento, hundimiento, derrumbe, desmoronamiento; socavon (ribera de río)
caved capping: (min) cerro hundido
cavity formation: cavitación
cease fire: orden de "alto del fuego", suspensión de las hostilidades, armisticio, tregua
cede: traspasar (derechos)
ceiling: (fig) límite máximo, tope, cifra tope; cuota máxima
__ **binding**: consolidación del (al) tipo máximo
__ **price**: precio máximo o tope
__ **principle**: principio del límite máximo
cell count: recuento celular
__ **culture**: cultivo de células
__ **growth**: proliferación o multiplicación de células
__ **lines**: líneas o estirpes celulares
__ **method**: método de enterramiento de desechos en fosas sanitarias
cellophane tape: cinta adhesiva
cement board: fibrocemento
__ **forms**: arquetas, arcas pequeñas
__ **grout**: lechada de cemento
__ **mill**: fábrica de cemento
censure: amonestación (medida disciplinaria)
census: censo, empadronamiento, enumeración censal
__ **areas**: circunscripciones censales
__ **data**: datos censales
__ **enumerator**: empadronador censal, enumerador censal
__ **of agriculture**: censo agropecuario
__ **of housing**: censo habitacional
__ **of population**: censo demográfico
__ **of real estate (for tax purposes)**: catastro
__ **returns**: resultados del censo
__ **reviser**: inspector censal
__ **schedule**: formulario o cuestionario censal, cédula censal
__ **taker**: enumerador censal
__ **taking**: levantamiento de un censo
__ **test**: ensayo censal
__ **tract**: área social censal, sector censal
__ **training center**: centro de capacitación censal
center line: eje (de una calle, de un río)
__ **of advanced studies**: centro de perfeccionamiento y de estudios para posgraduados
__ **of excellence**: centro de excelencia, centro de estudios superiores, de formación superior

__ **on**: cifrar (esperanzas) en
centering of attention on: focalización
centile range: (est) amplitud centílica
central city: casco urbano
__ **fund**: caja de crédito central (cooperativas)
__ **linen supply**: central de ropa blanca o ropería (hospital)
__ **news desk**: servicio central de información
__ **object of interest**: foco de interés
__ **problem**: problema básico
__ **square**: plaza de armas
__ **supply**: central de suministros (hospital)
centralization of control: centralización administrativa
centrally located: céntrico
__ **managed costs**: costos o gastos centralizados
__ **planned economy**: economía de planificación centralizada
century plant: pita, maguey
cereal for grain: cereal cosechado en grano
__ **production**: producción cerealista o de cereales
__ **products**: productos a base de cereales
ceremony: ceremonia, formalidad; acto, función
certificate of baptism: partida de bautismo
__ **of completion**: (edu) certificado de terminación de estudios
__ **of death**: certificado de defunción
__ **of entitlement**: certificado de derechos, certificado de residencia (pensiones)
__ **of indebtedness**: certificado de obligaciones
__ **of marriage**: certificado o partida de matrimonio
__ **of payment**: recibo o comprobante de pago
__ **of pratique**: certificado de libre plática
__ **of public convenience**: certificado de utilidad pública
__ **of registry**: certificado de navegación
__ **of settlement**: finiquito
certificateless shares: acciones sin certificado de transferencia
certification: certificación, certificado
__ **officer**: interventor de gastos
certified balance sheet: balance revisado
__ **check**: cheque certificado o aprobado, cheque confirmado (por un banco)
__ **copy**: copia certificada, copia autorizada, copia legalizada, copia compulsada
__ **correct**: certificado conforme
__ **public accountant (CPA)**: contador público diplomado, titulado o autorizado
__ **seed**: semilla certificada
__ **teacher**: maestro autorizado a enseñar
__ **true copy**: copia certificada conforme, copia legalizada
certify for payment: ordenar el pago
certifying officer: funcionario habilitado para certificar (desembolsos, etc.); interventor de gastos
cess: amilanamiento de la producción agrícola (impuesto)

cessation of employment: cese en el empleo
__ **of hostilities**: cese de las hostilidades
cesspit: pozo negro
cesspool: pozo negro
chad tape: cinta perforada
chaff: paja molida, ahechaduras del trigo cribado, granzas
chain: (com) empresa con sucursales, cadena de tiendas
__ **base indexes**: índices de base encadenada
__ **conveyor**: cadena transportadora
__ **index**: índice en cadena
__ **of command**: línea o vía jerárquica, jerarquía
__ **of mountains**: cordillera
__ **reaction**: reacción en cadena, reacción concatenada
__ **saw**: motosierra
__ **weights**: coeficientes de ponderación en cadena
chair: s silla, sillón; presidencia, presidente; (edu) cátedra; v presidir (reunión)
chairman: presidente
chairmanship: presidencia
chairside assistant: ayudante de odontología
chairwoman: presidenta
chalk talk: (edu) conferencia ilustrada con ejemplos o dibujos en la pizarra
challenge: s desafío, reto; prueba, dificultad, problema, tarea o empresa difícil, complejidad; (fig) estimulante, acicate, estímulo, incentivo, incitación, trance, imperativo, amenaza, peligro, competencia, rivalidad, empresa tentadora; (med) confrontación, descarga; (leg) recusación; v desafiar, retar; disputar, poner en duda, impugnar, poner a prueba; (fig) estimular, (leg) recusar
__ **a ruling**: impugnar una decisión
challenger: rival, contrincante, retador, desafiador, demandante
challenging: estimulante, interesante, difícil, arduo, que pone a prueba la inteligencia, sugestivo, sugerente, desafiante, provocador, problemático, arriesgado
chamber: cámara; (leg) despacho, bufete
__ **of Commerce**: Cámara de Comercio
chamfered: acanalado; biselado
champion: campeón; (fig) defensor, paladín, adalid
chance factor: factor aleatorio
__ **fluctuation**: fluctuación aleatoria
chancellery: cancillería
chancellor: canciller; (edu) rector (de una universidad)
__ **of the Exchequer**: (RU) Ministro de Hacienda
chandler: proveedor marítimo
change: s cambio, variación, modificación, transformación, alteración, reforma, innovación, novedad; a veces (pl): evolución; v cambiar, modificar, alterar, sustituir, reemplazar, innovar
__ **in course**: cambio de tendencia
__ **in emphasis in policy**: reorientación de la política

__ **in mood**: cambio de actitud (tónica)
__ **in par value**: modificación de la paridad
__ **in routing**: cambio del trazado (caminos)
__ **in the book value of stocks**: variación del valor contable de las existencias
__ **of grade**: cambio de rasante (camino)
__ **of line**: variante de trazado (camino)
__ **of ownership**: traspaso de propiedad
__ **of status**: cambio de situación (administrativa)
__ **of venue**: (leg) remisión de la causa a otro tribunal, cambio o traslado de jurisdicción
__ **of voyage**: (seg) cambio de ruta o de derrota
changes in an account: movimiento de cuenta
__ **in working capital statement**: estado de flujo de fondos, estado de fuentes y utilización de fondos
change-of-gauge station: (fc) planta de bitrochaje
changeability: variabilidad
changeover: cambio, permuta; a veces: conversión
__ **trial**: (med) ensayo intercambiado
changing: tornadizo, variable, que cambia, cambiante
__ **demands**: nuevas exigencias
__ **patterns of international trade**: evolución de la estructura del comercio internacional
__ **weight index number**: números índices de ponderación móvil
__ **world**: mundo en proceso de cambio, mundo dinámico
channel: s canal, cauce, lecho de un río; caño; (fig) vía, conducto; v canalizar, encauzar, orientar
__ **development**: acondicionamiento de cauce
__ **made by rainfall**: badén
__ **marker**: baliza de canal o de caño
__ **of communication**: vía de comunicación; órgano de enlace
__ **of information**: órgano de información
channels of communication: (red de) vasos comunicantes
__ **of trade**: corrientes de intercambio, conductos, cauces, vías de comercialización
channeling of funds: canalización de fondos
__ **of resources**: orientación de los recursos
chapeau (of a text): párrafo introductorio, encabezamiento, oración introductoria
chaplain: clero castrense
char: negro animal, residuo carbonizado
charcoal: carbón de leña, carbón vegetal, carboncillo
character loan: préstamo personal o sin garantía material (o colateral)
__ **symbols**: claves
characteristic: s característica, carácter, distintivo, tónica; a característico, típico, propio
__ **growth pattern**: régimen de crecimiento propio
characteristicity: (est) caractericidad
characterization: (leg) tipificación

charge: s (leg) acusación, cargo; (com) precio, costo, derecho, tasa, tarifa, comisión; v cobrar, cargar; (leg) acusar, imputar, denunciar
__ **account**: cuenta corriente, cuenta de crédito, cuenta abierta
__ **customer**: cliente que no paga al contado
__ **hand**: jefe de equipo; cabo de cuadrilla
__ **off**: anular o cancelar una deuda
__ **on real estate**: servidumbre
__ **out**: descargo de partida
__ **sales**: ventas a crédito
__ **service (for drawings)**: cargo por servicios (de giro)
charges: tarifas, recargos o cargos; gastos; gravámenes; comisiones; (cont) adeudos, gastos
chargeable: imputable, atribuible, gravable, a cargo de
__ **demand**: (elec) potencia de facturación, demanda de facturación
__ **to tax**: imputable a la cuenta de impuestos
chargeback: con cargo al usuario, contracargo
charged with: (leg) acusado de
charging system: (bibl) sistema de préstamos
charisma: atractivo (para las masas), magnetismo, fascinación personal, ángel, duende, "garra", hechizo, poder de convocatoria
charismatic: que ejerce un poder especial, que tiene un atractivo especial, que arrastra a las masas
charitable contribution: contribuciones graciables
__ **institution**: institución de beneficencia, institución benéfica
charity hospital: hospital de beneficencia
charities: obras de beneficencia
charm price: precio óptico o psicológico (ej. 99,90)
charqui factory: saladero
chart: gráfico, gráfica, diagrama, cuadro, tabla, esquema; (med) registro, historial, historia; (náut) carta hidrográfica o de navegación
__ **of accounts**: catálogo de cuentas, código, plan de cuentas, instrucciones de contabilidad
__ **the course of (policy)**: orientar, trazar un derrotero
charted data: datos representados
charter: s carta; (com) escritura de constitución, carta constitucional, escritura social, estatutos; fletamento (nave, avión); alquiler (bus); v conceder carta a; (com) fletar; alquilar, arrendar; dar la concesión a
__ **contract**: contrato de fletamento
__ **flight**: vuelo fletado, vuelo contratado
__ **member**: miembro fundador
__ **of a company (corporation)**: escritura de constitución, escritura social
__ **of the United Nations**: Carta de las Naciones Unidas
__ **party**: contrato de fletam(i)ento, carta o póliza de fletamento

chartered accountant: (RU) contador colegiado
— **bank**: banco con privilegios
— **plane**: avión fletado
chartering agent: agente de fletam(i)ento, fletador
chaser: carta recordatoria
chattel: (leg) bien mueble
— **house**: casa de madera (zona del Caribe)
— **mortgage**: hipoteca prendaria, hipoteca mobiliaria; gravamen sobre bienes muebles; prenda agraria, prenda industrial
— **mortgage on machinery and livestock**: prenda agraria
— **mortgage without conveyance**: prenda sin desplazamiento
cheap labor: mano de obra barata
— **money**: dinero barato, préstamo obtenido a bajo interés (concesionario)
cheapening of capital: baja de interés del dinero
check: (bnc) cheque; comprobación, inspección, prueba, repaso, examen, compulsa, cotejo; verificación, control; detención, restricción, freno; (reg) era o tablar
— **against delivery**: comprobar facturas a la entrega
— **book**: talonario de cheques
— **dam**: presa de contención
— **form**: formulario de cheque
— **irrigation**: (reg) riego por eras o por tablares
— **list**: lista de control (verificación, confrontación o referencia)
— **mark**: marca, señal
— **not transferable by endorsement**: cheque nominativo
— **off**: puntear
— **out**: verificar, examinar, comprobar, indagar
— **out counter**: caja de salida
— **out with**: consultar con
— **to bearer**: cheque al portador
— **up**: comprobar, verificar
checks and balances: frenos y equilibrios, contrapesos y frenazos
— **issued**: cheques librados, extendidos o emitidos
check-offs: descuentos obligatorios (de cuotas sindicales)
check-out procedure: trámites (o formalidades) de salida (del servicio, de hotel, etc.)
check-up: (med) examen de revisión, reconocimiento médico, reconocimiento general
checkable deposits: depósitos girables
checking: recuento, inspección, verificación, comprobación, cotejo
— **account**: cuenta corriente
— **deposit**: depósito a la vista (o en cuenta corriente)
— **for feasibility**: verificación de la viabilidad
— **of books by court order**: compulsa de libros
— **of cyclical overstraining**: contención del recalentamiento coyuntural
checkpoint: puesto de vigilancia, control o inspección

cheerful market: mercado favorable
chemical dump: vertedero de desechos químicos
— **safety**: prevención de los riesgos químicos, inocuidad de los productos químicos
chemotherapy: quimioterapia
chenille fabrics or yarn: tejidos o hilados de oruga o felpilla
cherry picker crane: grúa automóvil, grúa de aguilón plegable
— **picking**: selección de lo mejor
chest clinic: consultorio (clínica) de enfermedades torácicas
— **dispensary**: dispensario antituberculoso
chewing tobacco: tabaco de mascar
chick rearing: cría de polluelos
chicken coop: gallinero
— **dressing plant**: matadero de aves
— **farm**: explotación avícola, criadero
— **farming**: avicultura
— **pox**: varicela
chief: s jefe; cacique (tribu); a principal, primero, mayor, capital
— **accountant**: jefe contable
— **ad interim**: jefe interino
— **administrative officer**: el más alto funcionario administrativo
— **buyer**: jefe de departamento (o sección) de compra
— **cashier**: cajero principal
— **clerk**: jefe de oficina
— **delegate**: jefe de delegación
— **economist**: economista jefe o principal
— **editor**: redactor jefe
— **educational adviser**: asesor jefe de educación
— **educational officer**: funcionario jefe de educación
— **engineer**: ingeniero jefe
— **executive**: jefe ejecutivo; presidente, jefe de Estado, primer mandatario; (pl) la plana mayor, la alta jefatura, la gerencia, personal de alta dirección
— **executive officer**: gerente general; a veces: Presidente Ejecutivo; principal funcionario ejecutivo
— **justice**: presidente del tribunal supremo, juez primero (Panamá)
— **nurse**: enfermera jefe
— **of police**: intendente o jefe de policía
— **payroll clerk**: encargado de la nómina o de la planilla de sueldos
child care: puericultura
— **care center**: centro o consultorio de puericultura, guardería infantil
— **deprived of normal care**: niño privado de un medio familiar normal o de la protección de un hogar normal
— **education**: educación de niños
— **feeding**: alimentación infantil
— **guidance**: orientación infantil
— **health clinic**: consultorio de puericultura, centro de niños sanos

CHILD'S — CIVIL

__ **labor**: trabajo de niños o de menores, explotación de menores
__ **mortality**: mortalidad infantil
__ **spacing**: espaciamiento de los nacimientos
__ **study department**: (edu) servicio de psicología del niño y de orientación escolar, servicio de psicopedagogía
__ **welfare**: protección de la infancia
__ **welfare agency**: patronato para menores
child's benefit: pensión de los hijos
child-centered education: educación concebida en función del niño, educación puericéntrica
childbearing: parto
__ **age**: edad de concebir o de procrear
childhood: niñez, infancia
childlessness: infecundidad
children at high risk: niños expuestos a alto riesgo
__ **ever born**: niños nacidos vivos
children's allowance: subsidio para hijos a cargo
__ **court**: tribunal de menores
__ **education grant**: subsidio de educación
__ **home**: asilo de niños
__ **hospital**: hospital pediátrico
__ **ward**: (hosp) sala de pediatría
Chilean mussel: (ict) chorito
chi-square test: (est) prueba del chi cuadrado
chi-statistic: la variable chi
chintz: zaraza
chip: (comp) micropastilla; astilla; microplaqueta
chit: esquela, nota
chlorinated water: agua clorada
chlorination: desinfección con cloro
chlorosis: clorosis (amarilleo)
"choice cuts grade": "cortes de primera" (carne)
__ **of benefit**: opción entre las prestaciones
__ **of forum clause**: cláusula de elección de jurisdicción
__ **of law rules**: normas de determinación del derecho aplicable
__ **quality**: de primera calidad
cholera control: lucha contra el cólera
chronic absence: ausencia habitual
chum salmon: (ict) keta
chunk of ore: colpa
__ **sampling**: muestreo por grupos naturales, muestreo sin probabilística
church tax: impuesto eclesiástico
churn factor: oficinas en alquiler temporal (Banco Mundial)
churning: compras y ventas excesivas de acciones
__ **of milk**: amasamiento de la leche (batido de la leche)
__ **of securities**: compra y venta excesiva (valores en la Bolsa)
chute: canal inclinado, canaleta, lanzadera, deslizadero
cif (cost, insurance, freight): cif (costo, seguro, flete)

__ **valuation**: valorización cif
cinder concrete: hormigón de escorias
circle: ovalar (señalar un error)
circuit breaker: disyuntor, interruptor automático
__ **judge**: (leg) juez de circuito
__ **teacher**: maestro itinerante
circular chart: gráfico circular
__ **flow**: corriente circular
__ **letter**: circular, carta-circular, carta con carácter de circular
__ **sawmill**: aserradero circular
__ **tour**: circuito turístico
circulating assets: capitales móviles o disponibles
__ **capital**: capital circulante; capital de explotación, capital de aprovechamiento
__ **medium**: circulante monetario, moneda corriente (en circulación)
circulatory failure: (med) deficiencia circulatoria
circumference of the skull: perímetro cefálico
circumlocution: rodeo, ambages
circumstances beyond one's control: circunstancias ajenas a la voluntad
circumstantial evidence: (lcg) prueba indiciaria o indirecta, indicios vehementes
__ **report**: informe documentado
circumvent: evitar, salvar, esquivar (dificultad), burlar (ley); eludir, evadir (procedimiento); embaucar, engañar
cistern flush latrine: letrina de cisterna y sifón
citizens band receivers: receptores de banda de uso civil
citizenship training: educación (instrucción) cívica
citrus fruit: fruta agria o cítrica; (pl) agrios o cítricos
city council: ayuntamiento
__ **court**: juez, tribunal o corte municipal
__ **design**: ordenación urbana, urbanismo, planificación urbana
__ **forestry**: arboricultura urbana
__ **hall**: municipio, intendencia municipal, municipalidad, cabildo, casa de ayuntamiento, casa consistorial
__ **income tax**: impuesto municipal sobre la renta
__ **planner**: urbanista, ingeniero urbanista
__ **planning**: urbanismo, urbanización
__ **school district**: distrito escolar urbano
__ **tax**: impuesto municipal
civic center: conjunto de edificios municipales, barrio cívico
__ **group**: grupo de acción cívica
__ **training**: (edu) preparación para la convivencia
civics: educación cívica
civil action: (leg) acción o juicio civil
__ **commitment**: tutela
__ **commotion**: (seg) conmoción civil, motín, tumulto popular, disturbios populares, alboroto de la población

CIVILIAN   CLEAN

__ **corporation**: sociedad civil
__ **court sitting "in camera"**: tribunal civil reunido a puerta cerrada
__ **death**: muerte civil
__ **defense**: defensa privada, defensa de la población civil
__ **disability**: (leg) incapacidad jurídica
__ **disobedience**: resistencia pasiva
__ **division**: (leg) sala de lo civil
__ **engineer**: ingeniero civil
__ **engineering**: ingeniería civil; construcción de caminos, puertos y canales
__ **law**: derecho civil
__ **liberty**: libertad civil
__ **marriage**: matrimonio civil
__ **penalties**: sanciones administrativas
__ **rights**: derechos civiles
__ **servant**: funcionario público
__ **service**: administración pública; cuerpo de funcionarios públicos; función pública
__ **status**: estado civil
__ **unrest**: inquietud pública
__ **works**: obras civiles, obras públicas
civilian: civil, paisano (no militar)
civilization diseases: enfermedades derivadas de la civilización
claim: *s* demanda, petición; reclamación; solicitud; reivindicación; pretensión; declaración; afirmación; (bnc) acreencia; (fin) activo financiero, derecho, (título de) crédito; (min) concesión, pertenencia, denuncio; (seg) siniestro; indemnificación; (leg) demanda; *v* exigir, solicitar, pedir, reclamar, reivindicar, declarar, afirmar, pretender, sostener, alegar
__ **agent**: (seg) agente de reclamaciones
__ **damages**: reclamar por daños, exigir indemnización por daños
__ **exemption**: solicitar exención
__ **for damages**: demanda por daños y perjuicios, acción de indemnización por daños y perjuicios
__ **for education grant**: solicitud de reembolso de gastos de educación
__ **of refund**: reclamación de reembolso, solicitud de devolución
__ **on resources**: utilización de recursos
__ **on the Government**: crédito sobre el Gobierno
__ **secured by lien**: crédito privilegiado
__ **secured by mortgage**: crédito hipotecario
claims board: junta de reclamaciones
__ **paid**: (seg) indemnizaciones pagadas
__ **section**: sección de liquidación de pagos
claimant: reclamante; (leg) demandante; (min) denunciante; (seg) siniestrado
__ **to the goods**: titular de las mercancías
claimed land: tierra de dominio privado
clarify: aclarar, esclarecer, elucidar
clash: choque, encuentro, desacuerdo, conflicto, oposición, antagonismo, pugna
__ **of dates**: coincidencia de fechas

__ **of ideas**: pugna, conflicto
class: clase, calidad, categoría, grado; (edu) clase, promoción
__ **action**: acción popular
__ **action suit**: (leg) demanda colectiva, acción (judicial) mancomunada representativa
__ **activity**: duración de una clase, tiempo consagrado a una lección
__ **adviser**: asesor de curso
__ **boundaries**: límites de clase
__ **fellow**: (edu) compañero de promoción
__ **frequency**: (est) frecuencia de clase
__ **grazing**: pastoreo selectivo
__ **interval**: (est) intervalo de clase
__ **load**: (edu) número semanal de horas de enseñanza (servicio) de un maestro o profesor
__ **management**: (edu) administración de la sala de clase
classed catalog(ue): catálogo razonado
classification: nomenclatura, catálogo
__ **review**: (edu) examen con fines de clasificación
__ **society**: sociedad clasificadora de buques
__ **statistics**: función discriminante
__ **yard**: (fc) patio de clasificación
classified documents: documentos secretos o reservados
__ **information**: información confidencial
classify: clasificar, jerarquizar, ordenar por clases
classmark: (est) punto medio
classroom education: educación presencial (*op a* educación a distancia)
__ **management**: organización escolar
__ **teaching**: capacitación teórica
__ **technique**: técnica pedagógica
clause: (leg) cláusula, estipulación, disposición
claused bill of lading: conocimiento (de embarque) con reservas
clay blanket: pantalla de arcilla
__ **loam**: marga arcillosa
__ **pit**: mina de arcilla
clayey soil: terreno arcilloso
clean acceptance: aceptación libre o general
__ **atmosphere**: atmósfera no muy contaminada o pura
__ **bill of lading**: conocimiento (de embarque) sin tacha o sin reservas, limpio, sin objeciones
__ **certificate of health**: certificado limpio de salud o de sanidad
__ **coal**: carbón limpio o libre de impurezas
__ **coal technology**: tecnología no muy contaminante de uso del carbón
__ **coffee**: café trillado, café morteado
__ **credit**: (bnc) crédito simple
__ **draft**: (com) letra no documentaria
__ **endorsement**: endoso en blanco
__ **float**: flotación pura
__ **fuel**: combustible no contaminante
__ **industries**: industrias no contaminantes
__ **loan**: préstamo directo

CLEAN   CLIMATE

__ **product**: producto no contaminante, producto no perjudicial para el medio ambiente, producto inocuo
__ **rain**: lluvia limpia o no contaminada
__ **shipping document**: documento de expedición limpio
__ **slate solution**: solución de tabla rasa
__ **stock**: ganado sin defectos
__ **surplus theory**: teoría del superávit neto
__ **technologies**: tecnologías o técnicas poco o menos contaminantes
__ **up the portfolio**: sanear la cartera
__ **wool**: lana lavada, desgrasada, limpia
clean-up operations: operaciones de depuración o rehabilitación
cleanhanded: sin culpa, con la conciencia limpia, con las manos limpias
clear account: cuenta en regla
__ **checks**: compensar
__ **days**: días exclusivos, días cabales
__ **evidence**: prueba positiva o palmaria
__ **expenses**: gastos cubiertos
__ **goods through customs**: internar
__ **grade timber**: madera de primera
__ **land**: tumbar el monte, desmontar, desbrozar, rozar
__ **(net) profit**: beneficio neto, ganancia o utilidad líquida
__ **of all expenses**: libre de gastos
__ **span**: tramo libre, luz libre (puente)
__ **taxes**: solventar impuestos
__ **the market**: equilibrar el marcado; igualar la oferta y la demanda en el mercado; agotar el mercado
__ **through customs**: despachar
__ **title**: título seguro
__ **water**: agua filtrada, agua limpia, pura, salubre, no contaminada
clears: madera común, madera limpia
clear-cut: *a* bien definido, nítido, diáfano, bien delineado, terminante, definitivo; *v* cortar a mata rasa, cortar a hacha
__ **phrases**: cláusulas lapidarias
clear-cutting: tala rasa, corta total
clear-felled: (silv) tumbado
clearance: (adm) autorización, visto bueno, aprobación; despacho aduanal o aduanero, certificado de aduana; (com) compensación (cheques); liquidación (artículos); (agr) desmonte, desbroce, roce, roza; (técn) espacio libre, altura libre, gálibo; despeje; luz (entre cuerpos); acreditación, habilitación (seguridad), no hay objeción
__ **certificate**: certificado de baja (terminación del servicio); certificado de solvencia, de paz y salvo
__ **gage**: (fc) gálibo
__ **inwards**: declaración de entrada (aduana)
__ **of goods**: liquidación de mercancías
__ **of terminating staff members**: liquidación de funcionarios cuyos servicios termina

__ **outwards**: declaración de salida (aduana)
__ **sale**: venta de liquidación, de eliminación o de realización, quema
cleared check (cheque): cheque pagado o compensado
__ **on...**: liquidado contra...
clearing: claro (bosque): (agr) desbroce, desmonte, calvero, roza, roce; (com) compensación (cheque); liquidación (cuenta); despacho de aduana; (bnc) liquidación o compensación de balances, canje de cheques; compensación bancaria
__ **account**: (bnc) cuenta de liquidación o compensación, cuenta compensatoria
__ **agent**: agente bancario de compensaciones
__ **arrangements**: (bnc) convenios de compensación
__ **balance**: saldo por compensar
__ **facilities**: (bnc) sistema de compensación
__ **house**: (bnc) cámara de compensación; centro de intercambio de información
__ **of land**: desbroce, desmonte, roce
__ **of the air**: purificación del aire
__ **of title**: saneamiento de título (de dominio)
__ **stock**: acciones liquidables por la oficina de liquidaciones
clearly defined: bien definido
cleavage: *s* hendidura, escisión; *v* disociar, desunir, desorganizar
clerical activities: tareas de oficina o de tipo oficinesco
__ **cost**: costo administrativo
__ **error**: error de pluma o de copia; error administrativo, error tipográfico
__ **function**: trabajos de oficina
__ **services**: servicios de secretaria
__ **staff**: personal de oficina
__ **tasks**: tareas propias de la oficina
__ **test**: examen de oficinista
__ **training**: formación de oficinistas
__ **work**: trabajo de oficina
__ **worker**: oficinista
clerk: oficinista, empleado de oficina; auxiliar (med) pasante; (leg) escribano; dependiente de tienda
__ **of a judge**: pasante
__ **of the court**: secretario judicial
__ **of the works**: (RU) maestro de obras, interventor de obras
clerk-stenographer: escribiente-taquimecanógrafo
clerk-typist: escribiente-mecanógrafo
clerkship: (leg) pasantía; escribanía; (med) prácticas hospitalarias supervisadas
client: usuario (de un servicio); cliente
clientele analysis: perfil de los participantes
cliff: risco
climate alert: alerta climático
__ **control**: modificación artificial del clima
__ **diagnostic**: conclusión sobre el estado del clima
__ **diversity**: variedad de climas

__ **of opinion**: opinión general
__ **response**: reacción del clima
__ **science**: climatología
__ **watch**: vigilancia del clima
climate-induced changes: cambios de origen climático
climatic divide: frontera climática
__ **event**: fenómeno climático
__ **facilities**: instalaciones climatizadas
__ **factors**: factores climáticos, factores determinantes del clima
__ **hazard**: riesgo de origen climático
climax forest: bosque en equilibrio ecológico
clinic: (med) dispensario, ambulatorio, consultorio, centro de consultas, clínica (privada)
clinical chart: hoja clínica, ficha clínica
__ **clerk**: pasante; ayudante clínico
__ **course (of a disease)**: evolución clínica
__ **follow-up**: (med) examen clínico postratamiento
__ **picture**: cuadro clínico, manifestación o síntoma
__ **records**: historias clínicas, archivos clínicos, registros clínicos
clinker: escoria (de hierro) o de hulla de carbón; ladrillo vitrificado
clinomobile service: servicio de consultorios móviles
clipping service: servicio de recortes de prensa
clock card: marcador de tiempo, ficha de reloj
__ **time**: tiempo físico, tiempo real
clockwise: en el sentido de las agujas del reloj, dextrorso
clod coal: carbón en trozos
clogged pipeline: (fin) inventario (de proyectos) atascado o trabado
clogging (of pipes): atoro (de tuberías)
__ **of trade channels**: atascamiento de sistemas de distribución
clone: s clon; v clonar
cloning: clonamiento, duplicación
close a meeting: poner término a una reunión, clausurar una reunión
__ **an account**: saldar una cuenta; (bnc) cerrar o liquidar una cuenta
__ **arrest**: arresto mayor
__ **down**: (com) dejar de funcionar, cerrar (las puertas); paralizar
__ **group concept**: criterio del grupo cerrado (pensiones)
__ **of business**: (com) cierre de las actividades, cierre de operaciones, fin del día laborable
__ **out**: liquidar
__ **substitute**: sustitutivo cercano
__ **the books**: cerrar la contabilidad
__ **the debate**: cerrar o declarar cerrado el debate
close-out sale: venta de liquidación
closed account: cuenta cerrada (saldada)
__ **bidding**: licitación restringida
__ **bids**: propuestas selladas, licitación restringida

__ **channels of communication**: vías de comunicación inaccesibles
__ **corporation**: sociedad de participación cerrada, corporación familiar
__ **economy**: economía cerrada
__ **forest**: monte alto; bosque cerrado
__ **herd**: rebaño fijo
__ **institution**: establecimiento cerrado (únicamente cuando se trata de establecimiento para delincuentes); de otro modo: internado o semiin-ternado
__ **loop**: (comp) ciclo cerrado
__ **meeting**: sesión privada, sesión ejecutiva
__ **population**: población cerrada
__ **season**: veda (prohibición de caza o pesca)
__ **session**: sesión a puerta cerrada
__ **shop**: taller que sólo contrata trabajadores sindicados o que no admite obreros no sindicados, empresa de exclusividad gremial o de sindicación obligatoria
__ **storage**: almacenamiento bajo techo
closed-end investment company: sociedad de inversión cerrada, sociedad de inversión con cartera de composición fija o con número de acciones fijo
__ **mutual fund**: fondo mutuo con capital fijo
closely held corporation: empresa con pocos accionistas
__ **knit**: muy unido, muy solidario
closeness (in estimation): eficiencia (en la estimación)
closing account: cuenta de cierre
__ **assets**: activo al cierre (del ejercicio)
__ **balance**: saldo de cierre
__ **balance account**: cuenta de balance de cierre
__ **date**: (cont) fecha de cierre (del ejercicio); fecha de clausura (reunión)
__ **entries**: (cont) asientos de cierre
__ **inventory**: (cont) inventario de cierre
__ **liabilities**: (cont) pasivo al cierre
__ **(of) title**: consumación del traspaso de título (propiedad)
__ **operations**: operaciones finales
__ **speech**: discurso de clausura
__ **stock**: (agr) número de animales al final del período contable; (com) existencias de fin de temporada, existencias al cierre
closing-down sales: liquidación de existencias
closure: fin, término; cierre; clausura (de un debate, reunión, etc)
clothes tree: percha
clothing allowance: subsidio para prendas de vestir
__ **industry**: industria de la confección
cloud albedo: albedo de las nubes (potencia reflectora de un cuerpo iluminado, especialmente astros)
__ **cover**: nubosidad
__ **on title**: imperfección del título, título insuficiente
__ **seeding**: lluvia artificial, fumigación de nubes

cloudiness: nebulosidad
clouding of consciousness: obnubilación de la conciencia
cloven-hoofed: patihendido, de pezuña hendida, bisulco
cloverleaf crossing: cruce en trébol
club: consorcio bancario (o de bancos)
__ **car**: (fc) coche salón
__ **loan**: préstamo concedido por un club bancario o consorcio
clump of cells: grupo de células
cluster: racimo, manojo, macolla; agrupación, aglomeración, constelación, conglomerado; haz de rayos
__ **interview**: encuesta de grupo
__ **meeting**: reunión de grupos de países u organismos
__ **of houses**: caserío
__ **procedure**: procedimiento de ramificación
__ **question**: (est) pregunta en abanico
__ **sampling**: muestreo por conglomerados, grupos o universos
clustering: a veces: aglutinación
clutter: (comp) parásitos
coaching: (edu) preparación individual, clases particulares, enseñanza individual con preceptor, entrenamiento
__ **teacher**: profesor pasante
coadventure: (com) empresa colectiva
coal barge: barca carbonera, lanchón carbonero
__ **basin**: cuenca carbonífera o hullera
__ **cutter**: rozadora, máquina rozadora, excavadora, zapadora
__ **dust**: cisco, polvo de carbón, negro mineral
__ **face**: frente de arranque o de ataque del carbón
__ **face worker**: trabajador de fondo
__ **field**: terreno o distrito hullero, yacimiento carbonífero
__ **gas**: gas de hulla, gas del alumbrado
__ **hewer**: barretero
__ **hulk**: pontón de carbón
__ **measures**: estratos carboníferos, rocas carboníferas, yacimiento hullero o de carbón
__ **mining**: minería de carbón, explotación hullera, extracción de carbón
__ **property**: concesión de carbón
__ **tar**: alquitrán de hulla o mineral
__ **wall**: frente de arranque o de ataque
coal-based fuel: combustible derivado del carbón
coal-fired power station: central eléctrica a carbón
coal-fueled power plant: central eléctrica a carbón
coaling: aprovisionamiento de carbón, carboneo
coarse: basto, tosco, grueso
__ **cloth**: paño burdo
__ **cotton fabric**: osnaburgo (tocuyo)
__ **fish**: peces no comestibles, peces bastos, peces de poco valor
__ **grains**: cereales secundarios, cereales no panificables
__ **gravel**: grava gruesa
__ **metal**: mata

__ **papers**: papeles mecánicos
__ **wool**: lana gruesa
coarseness: rusticidad (pescado)
coastal area: zona costera, (zona) litoral
__ **pilot**: práctico
__ **shipping**: cabotaje, navegación local
__ **state**: estado ribereño, estado costero
__ **strip country**: país de franja litoral estrecha
__ **waters**: aguas adyacentes a la costa, mar territorial
coastguard: servicio de vigilancia costera
coasting trade: cabotaje
coastline: litoral, costa, contorno costero
coastwise: a lo largo de la costa
__ **carriage**: transporte de cabotaje
__ **fishing and trading**: pesca en el litoral y comercio de cabotaje
coat of paint: mano de pintura
coated paper: papel estucado, papel enlucido, papel cuché
__ **rice**: arroz glaseado
cobble: canto rodado
__ **stones**: adoquines
__ **together a plan**: armar o trazar un plan
coca leaf: hoja de coca
__ **leaf pressing trenches**: pozas de maceración (de hojas de coca)
cocain base paste: pasta básica de cocaína
__ **conversion**: conversión de la pasta de cocaína
cock: montón de heno
cocoa beans: cacao en grano, granos (almendras) de cacao, mazorcas de cacao
__ **butter**: manteca de cacao
__ **establishment**: cocotal, cacahual
coconut fiber: bonote, coir
__ **shell charcoal**: carbón de coco
cocoon (silkworm): capullo (gusano de seda)
cocurricular activities: (edu) actividades complementarias
code: *s* clave; cifra; código; símbolo, sigla, seña; *v* cifrar
__ **entries**: anotaciones en clave o en código
__ **of behavior**: código de comportamiento, conducta, código deontológico
__ **of conduct**: código de conducta
__ **of ethics**: código de ética profesional
__ **of laws**: recopilación de leyes, compilación o código de leyes
__ **of standard practices**: (código de) reglas uniformes (formalidades)
__ **word**: palabra en clave; a veces: palabra o signo convencional
coded punching: perforación en código
codetermination: cogestión, coadministración, sistema de participación en la gestión o administración
codfish: (ict) bacalao
codicil: codicilo
coding: cifrado de datos
coed: (abreviatura de *coeducational student*) alumna universitaria, universitaria

coeducation: enseñanza mixta, educación mixta, coeducación
coercion: coerción, coacción, compulsión
__ **of force**: apremios de la fuerza
coercive force: fuerza coercitiva
__ **measures**: medidas coercitivas
coexistence: coexistencia, convivencia
cofinancing: cofinanciamiento
coffee bean: grano de café
__ **berries**: almendras de café
__ **break**: receso
__ **growing**: caficultura
__ **mills**: instalaciones para beneficiar el café
__ **plant**: cafeto
__ **production**: producción cafetalera
__ **roasting**: torrefacción del café
__ **shop**: cafetería, restaurant
cofferdam: ataguía, caja-dique; (náut) compartimiento estanco
cogent: convincente, sólido, lógico, congruente
__ **argument**: argumento persuasivo, irrefutable, irrebatible, irrecusable
cogency: fuerza, poder (de un argumento)
cogging mill: laminador desbastador
cognitive: cognoscitivo
cognizance: conocimiento; (leg) competencia, incumbencia, jurisdicción
cognizant of: sabedor de, consciente de, enterado de; (leg) competente para
coherent: coherente, lógico, comprensible, consecuente
coho: (ict) salmón plateado
cohort: (est) cohorte o promoción
__ **analysis**: análisis por grupos humanos
__ **reproduction rate**: tasa de reproducción de generación
coil : rollo; bobina; carrete; serpentín
__ **wire notebook**: cuaderno de espiral
coils: desbastes en rollo para chapas
__ **for cold rolling**: desbastes en rollo para laminación en frío
coin: moneda acuñada
__ **bar**: barra de monedas fundidas
__ **blank**: cospel
coincide, make to: cuadrar (cuentas o saldos)
coined money: moneda metálica, moneda fuerte
coining money, be: nadar en dinero
coinsurance: coseguro, seguro copartícipe
coir fiber: bonote, fibra de coco
coke breeze: coquecillo
__ **oven gas**: gas de horno de coque
__ **oven plant**: coquería
coking coal: carbón coquificable, carbón aglutinante, carbón siderúrgico
__ **oven**: horno de esquificación
cold chain: cadena de frío
__ **cuts**: salsamentaría, fiambrería
__ **deck method of allocation**: (est) método de imputación estática
__ **deck values**: (est) valores de imputación estática

__ **frame**: (agr) plantel frío, cama fría o plataforma fría
__ **spell**: ola de frio
__ **steel**: armas blancas
__ **storage**: refrigeración; conservación en cámara frigorífica
__ **storage plant**: frigorífico
__ **storage slaughterhouse**: frigorífico
__ **store**: frigorífico
colead manager: codirector de banco (emisiones de bonos)
collapse of the market: colapso o derrumbe del mercado
__ **of prices**: caída vertical de los precios, hundimiento de los precios
__ **therapy**: (med) colapsoterapia
collapsed samples: estratos agrupados
collapsible container: contenedor plegable, desmontable
collate: cotejar, confrontar; verificar, comprobar; (impr) ordenar, compaginar
collateral: garantía; garantía prendaria; fianza; valores pignoraticios, resguardo de garantía
__ **credit**: crédito en garantía
__ **financing**: financiamiento con garantía
__ **loan**: préstamo con garantía, préstamo sobre valores (títulos); crédito pignoraticio
__ **mortgage**: garantía real hipotecaria
__ **note**: préstamo con resguardo o garantía prendaria
__ **on leasehold**: fianza del contrato de arrendamiento
__ **pledge**: garantía real prendaria
__ **right**: derecho accesorio
__ **security**: garantía prendaria o subsidiaria, bienes pignorados, aval accesorio, valor en garantía
__ **signature**: aval
collating machine: máquina cotejadora
__ **table**: mesa de cotejo
collator: compaginador, cotejador; (est) intercaladora
collect a tax: recaudar un impuesto
__ **call**: llamada a cobro revertido
__ **evidence**: reunir, diligenciar pruebas
collectable: (com) cobrable
collecting bank: banco cobrador, banco de cobranzas
__ **ditch**: canal colector
__ **gallery**: (min) galeria de captación de agua
__ **point**: punto de concentración; playa o cancha de acopio
collection: (com) cobro, cobranza, (deudas, letras de cambio, cheques); recaudación (impuestos)
__ **by court order**: cobro judicial
__ **center**: centro de acopio (productos agrícolas)
__ **charges**: (bnc) derechos de cobro
__ **fee**: (com) comisión de cobro, derechos de cobranza
__ **items**: (bnc) partidas a cobrar

COLLECTIVE   COMMERCIAL

__ of contributions: recaudación de cuotas, contribuciones
__ of data: recopilación o reunión de datos
__ of garbage: recolección o recogida de basuras
__ of maps: mapoteca
__ of receivables: cobranza de cuentas
__ of specimens: (med) toma o colección de muestras
__ of taxes: recaudación de impuestos
__ on delivery: entrega contra reembolso, percepción a la llegada (flete)
__ on handing in: percepción a la partida (flete)
__ point: playa o centro de acopio (productos agrícolas)
collective agreement: convenio (o contrato) colectivo
__ bargaining: negociación colectiva, contrato colectivo
__ family: (est) colectividad
__ security: seguridad colectiva
__ self-reliance: autosuficiencia colectiva, confianza de la colectividad en sí misma
collectively and severally: individual y colectivamente
collector of customs: recaudador de derechos de aduana
__ of internal revenue: recaudador de impuestos internos
__ of the port: administrador de aduanas
college: colegio autónomo universitario
__ courses: cursos universitarios
__ diploma: diploma al término del college
__ major: (edu) materia o asignatura principal
__ placement: (edu) distribución de los alumnos
__ principal: director de un college
colleges and universities: enseñanza superior
collegial management: administración colegiada
collegiate court: tribunal pluripersonal
colliery: hullera
collision insurance: seguro contra daño por choque
colloquium: coloquio
collusion: confabulación
collusive bidding: licitación o propuesta colusoria
__ oligopoly: oligopolio colusorio, cartel
coloan: préstamo cofinanciado
color bar: barrera racial, segregación racial
__ blindness: daltonismo
coloring matter: materia colorante
columnist: columnista, cronista, periodista articulista
comaker: (com) cogirador, cofiador, cofirmante (préstamo)
comanagement: cogestión, coadministración
comb-out (by police, security forces): operación rastrillo
"combed sliver": cinta peinada (lana)
combination car: (fc) coche mixto
__ of enterprises: integración
combine: (EUA) s consorcio, cartel, grupo de empresas; v reunir, combinarse

__ harvester: (agr) segadora-trilladora, cosechadora
__ with: integrar en, combinar con
combined offense: delito complejo
__ rate: tipo combinado
__ school: escuela policíclica
__ survey: encuesta con finalidades mixtas
__ vaccines: vacunas asociadas
combustion source: fuente o foco de combustión
come down from the rostrum: abandonar la tribuna
__ in handy: resultar útil
__ into being: dar fruto
__ into effect: surtir efecto
__ out on a strike: declararse en huelga
__ to a standstill: estancarse
__ to terms: avenirse
__ up to: responder a (esperanzas)
__ under: incluír en; ser de la competencia de; estar bajo la jurisdicción de
comic strip: tira cómica
coming from: procedente u originario de
comity of nations: acuerdo entre naciones
command area: (reg) zona bajo riego controlado
__ economy: economía dirigida
__ of language: dominio del idioma, facilidad de expresión
__ respect: merecer respeto
commencement: (EUA) (edu) ceremonia de graduación; ceremonia de clausura del año escolar; día de graduación
commend: tomar nota con satisfacción (de una propuesta)
__ the Director: felicitar al Director
commensurate with: en armonía con, que corresponde a, equivalente a
comment(ary): comentario; observación
commercial: (radio) anuncio comercial, programa o emisión publicitaria
__ accounting: contabilidad patrimonial
__ art: arte publicitario
__ artist: dibujante publicitario
__ bank: banco comercial o mercantil
__ bill: efecto comercial
__ capital: capital comercial o en condiciones de mercado
__ college: escuela superior de comercio, de altos estudios mercantiles
__ consul (consul electus): consul honorario
__ corporation: sociedad mercantil
__ debt: deuda con los bancos comerciales
__ deposit: (min) yacimiento rentable
__ directory: repertorio comercial
__ effect: efecto mercantil
__ engineer: especialista en administración comercial
__ high school: escuela comercial de segundo grado (ciclo)
__ law: derecho mercantil
__ lending: préstamo o financiamiento en condiciones comerciales
__ loan: préstamo en condiciones comerciales

COMMISSARY

__ **management**: gestión basada en la aplicación de principios comerciales
__ **paper or bill**: efecto comercial, papel comercial, papel de comercio, valor comercial
__ **price**: precio no manipulado
__ **production**: producción a escala comercial
__ **rates**: tarifas comerciales
__ **school**: escuela de comercio
__ **standing**: prestigio comercial
__ **terms**: condiciones del mercado
__ **trade directory**: repertorio o guía comercial
__ **viability**: comerciabilidad
commissary facilities: servicios de economato
__ **store**: economato
__ **commission**: *s* comisión; cometido, encargo, misión; perpetración, ejecución (crimen); grado de oficial (ejército); *v* encargar, contratar, encomendar, poner en servicio
__ **agent**: comisionista
__ **company**: empresa (compañía) comisionista
__ **merchant (factor)**: comisionista
commissioned, be: entrar en servicio (barco)
commissioner: comisario (de patentes, etc)
__ **of Education**: Director de Instrucción Pública
__ **of Taxes**: Director de Impuestos
__ **for Technical Cooperation**: Comisario de Cooperación Técnica
commit for trial: remitir al tribunal, dictar auto de procesamiento
__ **oneself**: comprometerse, declararse (a favor de)
__ **to prison**: encarcelar, dictar auto de prisión o encarcelamiento
commitment: compromiso, obligación; promesa; participación, consagración, dedicación, mística (*v gr* la mística latinoamericana); (leg) auto de procesamiento; auto de prisión
__ **authority**: facultad para contraer compromiso
__ **basis accounting**: contabilidad sobre la base de créditos comprometidos (presupuesto)
__ **charges**: cargos por inmovilización de fondos; comisión por apertura de créditos
__ **fee**: comisión de compromiso, comisión de obligación, comisión por apertura de crédito, inversiones o por inmovilización de fondos
__ **of funds**: inmovilización, obligación de fondos
__ **of resources**: asignación de recursos
__ **order**: auto de prisión o de procesamiento
__ **period**: plazo de indisponibilidad de la inversión
__ **to a cause**: mística, motivación
__ **to a policy**: consagración a una política
__ **to invest**: promesa de inversión
committal: (leg) auto de procesamiento (detención preventiva); auto de prisión (encarcelamiento)
__ **decision**: auto de enjuiciamiento
__ **order**: orden de detención
__ **warrant**: mandamiento judicial
committee: comité, comisión
__ **of the whole**: comité plenario
__ **structure**: estructuración en comisiones
committed loans: préstamos concertados

COMMON

__ **to**: comprometido, dedicado, consagrado
commodities stock exchange: bolsa agropecuaria, lonja
__ **subject to a quota**: productos contingentados
commoditization: conversión de activos en contratos de insumos
commodity: producto, artículo, mercadería, mercancía; producto básico o primario; (pl) bienes, productos básicos, mercancías
__ **agreement**: acuerdo o convenio sobre productos básicos
__ **assistance**: asistencia en especie
__ **balance**: balance visible o de comercio
__ **composition of trade**: desglose del comercio por productos
__ **exchange**: bolsa de mercancías, lonja, bolsa comercial o de productos básicos (trigo, maíz, etc)
__ **grade**: calidad del producto
__ **loan**: préstamo en especie
__ **production**: producción de bienes
__ **terms of trade**: relación de intercambio de productos básicos
__ **trade**: comercio de productos básicos
__ **trade statistics**: estadística mercantiles
commodity-flow approach: método de evaluación de movimiento de mercaderías
commodity-producing countries: países de producción primaria
__ **sector**: sector de producción primaria
common action: acción solidaria
__ **brick**: ladrillo ramplón
__ **carrier**: empresa de transporte público, transportador público, portador público
__ **carrier by water**: empresa de transporte marítimo
__ **cause**: solidaridad
__ **core**: (edu) disciplinas comunes, ramos o materias comunes
__ **costs**: costos generales, gastos de estructura
__ **currency**: unidad monetaria común
__ **enterprise**: empresa conjunta o colectiva
__ **expenditures**: gastos comunes, gastos generales
__ **features**: convergencias, puntos de convergencia
__ **grade lumber**: madera de tercera
__ **grading standards**: normas comunes de clasificación (de puestos)
__ **ground**: (tema) de interés mutuo; punto de confluencia
__ **herd**: el vulgo, las masas
__ **knowledge**: (fig) moneda corriente
__ **knowledge, be**: ser del dominio público
__ **law**: derecho consuetudinario y jurisprudencial; derecho civil
__ **law countries**: países del common law
__ **man**: hombre de la calle, hombre medio
__ **ownership**: condominio, propiedad colectiva
__ **room**: (edu) sala para profesores
__ **school**: (edu) escuela pública única

__ **services**: servicios comunes
__ **share**: acción ordinaria
__ **staff costs**: gastos comunes de personal
__ **staff regulations**: estatuto común del personal
__ **stock**: acciones ordinarias o comunes, valores de renta variable
__ **system master standard**: norma general del régimen común
__ **use of land**: explotación colectiva
__ **wheat**: trigo candeal
common-core instruction: (edu) disciplinas comunes
common-law marriage: matrimonio consensual, casamiento por mero acuerdo y cohabitación
__ **unions**: uniones establecidas de facto
__ **wife**: conviviente
commonplace: *s* lugar común, trivialidad, tópico, perogrullada; *a* común, vulgar, trivial
commonweal: bien público, bienestar público
commonwealth: Mancomunidad (Británica); Estado Libre Asociado (Puerto Rico)
__ **of nations**: Comunidad de Naciones
commotion: jaleo, bulla
communal landownership: propiedad comunal
__ **latrines**: letrinas públicas
__ **marital estate of the property of husband and wife**: sociedad conyugal
__ **tenure**: régimen comunal de tierras
communicable disease control: control o lucha contra las enfermedades transmisibles
__ **period**: (med) período de transmisibilidad
communicate officially and in writing: comunicación oficial y por escrito
communication allowed: (leg) en libre plática (reo)
__ **media**: medios de comunicación
__ **sciences**: ciencias de la comunicación
__ **skill**: aptitud para relacionarse con los demás
communications satellite: satélite de comunicaciones
community: comunidad, vecindario, colectividad, sociedad; núcleo urbano o de población
__ **agencies**: organismos locales
__ **amenities**: vivienda y servicios comunitarios
__ **center**: centro social
__ **chest**: caja de beneficencia
__ **college**: (equivalente al *junior college*): centro de educación popular
__ **development**: desarrollo de la comunidad, organización de la comunidad, animación social
__ **education**: educación comunitaria
__ **facilities**: instalaciones comunitarias, infraestructura social, servicios de la comunidad, obras de uso común
__ **groups**: agrupaciones (organismos) locales, colectividades
__ **headman**: personero
__ **health**: salud comunitaria
__ **health aides**: asistentes de salud de la comunidad
__ **health services**: servicios comunitarios de salud
__ **health worker**: trabajador de salud de la comunidad
__ **house**: centro social
__ **leader**: dirigente de la comunidad, dirigente local, dirigente cívico, "fuerza viva de la comunidad"
__ **medicine**: medicina comunitaria
__ **of interests**: intereses comunes, comunidad de intereses, solidaridad
__ **organization**: organización de la comunidad
__ **property**: (leg) bienes gananciales
__ **water supply**: abastecimiento de agua para la comunidad
__ **welfare center**: centro social local
__ **worker**: animador, promotor (escuelas), trabajador comunitario
community-centered curriculum: programa de estudios adaptado a la comunidad
__ **school**: escuela concebida en función de la comunidad
commutation of a benefit: permutación de una prestación
__ **of annual leave**: abono en efectivo de la licencia anual pendiente
__ **of sentence**: (leg) conmutación de sentencia
commute: viajar con frecuencia entre dos lugares, viajar desde el domicilio hasta el lugar de trabajo y viceversa; (pensiones) permutar, convertir
commuted payment: pago sustitutivo
commuter: viajero frecuente o cotidiano (por razones de trabajo o de negocios), pasajero, viajero o usuario de los servicios públicos, abonado a un billete de ferrocarril, trabajador fronterizo
__ **train**: tren de abonados
commuting: traslado o desplazamiento laboral diario entre un lugar y otro
__ **distance**: distancia al lugar de trabajo
compact community: comunidad concentrada
__ **solid fuel**: combustible sólido
compacted earth: tierra apisonada
compaction: compactación (suelo)
compactor truck: camión apisonador
companion crops: cultivos simbióticos o asociados
__ **drug**: (med) medicamento "acompañante"
company: (com) compañía, sociedad, empresa, asociación, corporación
__ **share of a partner**: parte social
__ **store**: economato
__ **union**: sindicato independiente o de empresa, sindicato de inspiración patronal; sindicato amarillo, sindicato blanco, sindicato libre (de una empresa)
company's liabilities: capital social, pasivo social, capital pasivo

COMPARATIVE   COMPLETION

comparative advantage: ventaja comparativa
__ **costs**: gastos comparativos
__ **education**: educación comparada
__ **income and expenses statement**: estado comparativo de ingresos y egresos
comparator: comparador (salarios), elemento de comparación, base de comparación, sector de referencia (de la administración pública, etc.)
compare: contrastar, comparar, confrontar
__ **and attest a document**: (leg) compulsar
comparison: parangón, cotejo, confrontación, comparación, compulsa
compartmentalization: (edu) compartimentación, división en compartimientos estancos
compassionate benefit: prestación a título de gracia (graciable)
__ **leave**: licencia por razones humanitarias
compelling agreement: acuerdo convincente
__ **circumstances**: circunstancias imperiosas (o de fuerza mayor)
__ **explanation**: explicación irresistible
compendium: compendio, resumen, sumario
compensate: indemnizar, remunerar
compensation: indemnización, compensación; remuneración, (leg) reparación civil
__ **and benefits**: remuneración y prestaciones
__ **claim**: solicitud de indemnización
__ **for damages**: compensación de daños y perjuicios
__ **for death**: indemnización por muerte o fallecimiento
__ **for dismissal**: indemnización por cesantía
__ **on separation**: pago por separación del servicio
__ **package**: sueldo más bonificaciones, comisiones, etc, remuneración total, conjunto integral de la remuneración
__ **plan**: plan de indemnización
compensation-setting practices: métodos (o procedimientos) para determinar la remuneración
compensatory credit: crédito compensatorio
__ **damage**: indemnización compensatoria
__ **drawing**: giro compensatorio
__ **education**: educación de adaptación o nivelación
__ **financing facility**: servicio de financiamiento compensatorio
__ **payment**: pago (a título) compensatorio
__ **time off**: tiempo libre compensatorio, licencia compensatoria, compensación de horas extraordinarias
competence: competencia, capacidad, aptitud, idoneidad
__ **of court**: (leg) competencia, incumbencia, jurisdicción
__ **of the testator**: capacidad del testador
__ **or capacity to sue and be sued**: legitimación procesal
__ **to make a will**: facultad para testar

competent: competente, apto, capaz, capacitado, idóneo, calificado
__ **authority**: autoridad competente
competing claims on resources: competencia por la obtención de recursos
competition: concurso, oposición; certamen; (com) competencia
__ **awards**: premios a ganadores de concurso
__ **bid**: competencia de precios, propuesta o cotización de competencia
__ **bid contract**: contrato por concurso
__ **bidding**: licitación o subasta pública, competencia, remate
__ **edge**: ventajas sobre la competencia
__ **examination**: concurso o examen por oposición
__ **exhibition**: certamen, concurso
__ **labor market**: mercado competidor de trabajo
__ **market**: mercado de competencia o competitivo
__ **need formula**: fórmula de competitividad
__ **price**: precio competitivo
__ **recruitment examination**: concurso para la contratación (de personal)
__ **strength**: capacidad competidora o de competencia
__ **wage**: salario competidor
competitiveness: capacidad de competencia, competitividad
competitor: concursante, contrincante, opositor
compilation of data: recopilación de datos
complainant: (leg) querellante, demandante, demandador
complaint: queja; agravio; reclamación; (med) enfermedad; (leg) querella, demanda
__ **of agression**: cargo de agresión
complement: efectivo, dotación (marina); (adm) plantilla o dotación de personal
__ **fixation**: (med) fijación del complemento
complementarity: complementación, aspectos complementarios
__ **agreement**: acuerdo de complementación
complementary financing: financiamiento complementario
complete: completar; terminar, acabar, concluir, complementar, ultimar, rematar, dar cima a
__ **a form**: llenar un formulario
__ **prosthesis**: prótesis total
__ **school**: escuela a ciclo completo
__ **stroke**: (med) infarto cerebral
completely knocked down (CKD) system: sistema de desarmado completo (maquinaria, equipo, etc)
completeness: (est) integridad, calidad de completo; (cont) exhaustividad
__ **of data**: (est) cabalidad de los datos
completion: terminación, conclusión; realización
__ **certificate**: certificado de terminación (proyecto)
__ **economic rate of return**: tasa de rentabilidad económica a la terminación (de proyecto)

compliance: acatamiento (ley); cumplimiento (contrato); conformidad (acuerdo)
__ **costs**: gastos de cumplimiento (de compromisos o proyectos)
complications (of a matter): recovecos, ramificaciones
comply with: cumplir con, acatar, obedecer, ajustarse, conformarse
__ **with all formalities**: cumplir con todos los requisitos
__ **with his wishes**: acceder a sus deseos
component: elemento integrante, componente (proyecto); (técn) pieza
__ **bidding**: oferta parcial
composite entry: (cont) asiento compuesto
__ **families**: (est) familias complejas
__ **forest**: monte medio
__ **index**: índice compuesto o mixto
__ **job**: puesto multifuncional
__ **mission**: misión multidisciplinaria, misión múltiple
__ **monetary unit**: unidad monetaria compuesta
__ **of currencies**: combinación de monedas
__ **peg**: vínculo compuesto, vínculo a una combinación de monedas (tasa de cambio)
__ **rate**: tasa compuesta
__ **salary index**: índice compuesto de sueldos
__ **sample**: muestra mixta o compuesta
__ **schools**: escuelas mixtas (Canadá)
composition in bankruptcy: acomodamiento jurídico entre fallido y acreedores
__ **in legal form**: convenio judicial
__ **of creditors**: (leg) convenio de acreedores
__ **tax**: impuesto a tanto alzado, impuesto globalizado
compositor: cajista, componedor
compost: abono compuesto, estiércol vegetal
__ **pit**: zanja o pozo para abono
composting: producción de abono a partir de desechos
__ **of domestic refuse**: transformación de basuras domésticas en abono
__ **plant**: fábrica (instalación) de abono compuesto
compound: *s* compuesto; recinto cercado, caserío; *v* componer, combinar, mezclar; (leg) arreglar, ajustar, transigir; (com) capitalizar; (fig) acentuar, aumentar, agravar
__ **bonus**: participación (bono) a interés compuesto
__ **fertilizer**: fertilizante compuesto
__ **frequency distribution**: distribución compuesta de frecuencias
__ **(mixed) duty**: derecho mixto
__ **probability**: probabilidad compuesta
__ **rate of growth**: tasa compuesta de crecimiento
__ **rates of duty**: derechos (tipos) compuestos
compounded annually: capitalizado anualmente
__ **semiannually**: con capitalización semestral
compounder: (med) preparador de medicinas
compounding factor: (fin) factor de interés compuesto

__ **of interest**: capitalización de interés
comprehensive: amplio, de gran amplitud, de vasto alcance, extenso; de conjunto, global, general, integral, integrado
__ **approach**: enfoque o criterio global, criterio amplio
__ **auditing**: evaluación o auditoría general, integral o a fondo
__ **care**: (med) atención integral o integrada
__ **clinic**: clínica general
__ **examination**: (edu) reválida, revalidación
__ **health center**: centro de salud integrado
__ **(high) school**: escuela (secundaria) diversificada, polivalente o de enseñanza múltiple
__ **insurance**: seguro contra todo riesgo
__ **list**: lista completa
__ **nurse practitioners**: enfermeras que brindan atención integral
__ **nursing care**: atención completa (integral) de enfermería
__ **planning**: planificación integral o global
__ **proposal**: propuesta amplia
__ **report**: informe global
__ **review**: examen global, detallado o amplio
__ **school**: escuela diversificada o polivalente
__ **survey**: encuesta global
__ **view**: visión de conjunto
compressed fiberboard: tablero de fibra prensada
compromise: *s* transacción; concesión mutua o recíproca; componenda; arreglo; acomodo; término medio; fórmula de transacción; *v* arreglar, componer, zanjar, transigir, avenirse, llegar a una transacción, adoptar una solución intermedia, llegar a una fórmula conciliatoria; consentimiento, asentimiento, avenencia
__ **between different views**: solución de transacción
__ **proposal**: propuesta de transacción
__ **solution**: solución de transacción o de avenencia
comptroller: contralor; interventor
compulsory acquisition: adquisición por expropiación
__ **arbitration**: arbitraje obligatorio
__ **education**: instrucción, enseñanza, educación o escolaridad obligatoria
__ **retirement**: jubilación obligatoria
__ **saving**: ahorro forzoso
__ **school age**: edad escolar obligatoria
__ **union membership**: sindicalización obligatoria
computable general equilibrium model: modelo computarizado de equilibrio general
compute volume: cubicar
computer code: código de computadoras
__ **inputs**: datos de entrada de computadora
__ **language**: lenguaje de programación de computadoras
__ **literacy**: capacidad básica en computación
__ **printout**: impreso (u hoja de salida) de computadora
__ **programing**: programación en computadoras

__ **science**: informática, computación
__ **scientist**: especialista en computación
__ **time**: tiempo de acceso a las computadoras
__ **virus**: virus informático
computer-aided design: diseño con ayuda de computadora
__ **education**: educación mediante computadora
__ **instruction**: instrucción con ayuda de computadora
computer-assisted instruction: instrucción con ayuda de computador
__ **microfiching**: microfichado por computadora
computer-based diagnosis: diagnóstico establecido en computadora
computer-managed display system: indicador dirigido (motivado, activado) por una computadora
computerization: computarización; informatización
computerized: computarizado, informatizado
concealed assets: activo oculto
__ **subsidies**: subvenciones encubiertas
__ **unemployment**: desempleo oculto o encubierto
conceivably: cabe pensar, es razonable suponer, se puede imaginar
conceive: idear, imaginar, concebir, engendrar
concentrate: converger, enfocar
concentrated training course: curso de formación intensiva
concentration level: concentración o grado de concentración
concentric circles method: (edu) método del plan concéntrico
concept teaching: enseñanza conceptual
conception: idea, concepto
conceptual framework: marco conceptual, conceptos básicos
concern: asunto; interés; preocupación, inquietud; (com) empresa, negocio, casa comercial
concerned about (at, by, with): preocupado por, interesado en
concession: concesión, franquicia
__ **holder**: concesionario
concessional (concessionary) element: factor o elemento concesionario o de donación, elemento de favor
__ **flow**: corriente (de fondos) en condiciones concesionarias
__ **price**: precio privilegiado
__ **sale**: venta en condiciones de favor
__ **terms**: condiciones especiales, concesionarias o muy favorables
concessionary aid: asistencia en condiciones concesionarias o muy favorables
__ **funds**: fondos concesionarios
__ **rate**: tasa de favor (alquiler)
__ **terms**: condiciones concesionarias
conciliation board: junta de conciliación
concise: breve, sucinto, conciso, lacónico, sobrio, a grandes rasgos
conclude: concluir, acabar; celebrar, concertar, firmar, suscribir (tratado); cerrar (un trato)

__ **an agreement**: firmar, concertar, negociar o ultimar un acuerdo
concluding mission: misión final
conclusion: conclusión; terminación, finalización
__ **of a contract**: celebración o firma de un contrato
__ **of law**: conclusión de derecho, fundamento de derecho o de ley
conclusive: concluyente, terminante, decisivo, definitivo
__ **evidence**: prueba definitiva, concluyente o decisiva
__ **presumption**: presunción absoluta
__ **proof**: prueba plena
concordance: correlación, armonía, conformidad
concomitant learning: (edu) método de aprendizaje indirecto
concomitantly: conjuntamente
concourse: explanada
concrete block: bloque de hormigón
__ **chain beam**: encadenado de hormigón
__ **core wall**: pantalla de hormigón
__ **forms**: obra falsa
__ **mixer**: hormigonera
__ **technology**: técnica del hormigón
concur: estar de acuerdo con; convenir en
__ **in**: hacer suyo
concurrence: asentimiento, coincidencia, acuerdo
__ **of legal actions**: litispendencia (la misma acción está pendiente en más de un juzgado)
concurrent contributions: contribuciones (aportaciones) simultáneas
__ **indicator**: indicador contemporáneo
__ **negligence**: (leg) negligencia concurrente
__ **powers**: (leg) poderes comunes
__ **training**: enseñanza simultánea
concurring opinion: (leg) opinión contraria (juez conviene con la mayoría del tribunal, pero aduce diferentes motivos para el rechazo)
__ **vote**: voto afirmativo
condensed balance sheet: extracto de balance
condition: *s* condición; estado; (med) estado de salud; trastorno; afección; proceso; dolencia; enfermedad; (pl) condiciones, circunstancias; *v* condicionar; acondicionar
__ **depending on the discretion of a party to the contract**: condición potestativa
__ **precedent**: condición previa o suspensiva
__ **subsequent**: condición resolutiva
conditions: circunstancias, condiciones; situación, coyuntura
__ **of a contract**: pliego de condiciones
__ **of effectiveness**: condiciones de entrada en vigor (ley, acuerdo, etc)
__ **of service**: condiciones de servicio
conditional acceptance: aceptación condicional o limitada
__ **agreement**: acuerdo condicionado
__ **release**: (leg) libertad condicional
__ **upon**: dependiente de
conditionality: condicionalidad

conditioning: acondicionamiento
__ **exercises**: (edu) ejercicios de entrenamiento general
condominium: propiedad horizontal
conducive to: conducente a, conveniente para, propicio, que conduce, que favorece
conduct: conducta, comportamiento; dirección, conducción, manejo, gobierno
__ **of business**: dirección de los debates; a veces: desarrollo de la reunión; gestión de los asuntos
__ **of health education**: organización de la educación para la salud
__ **the practice**: practicar la profesión
__ **the preliminary investigation**: (leg) instruir el sumario
conducted tour: viaje organizado, gira (visita) acompañada
conductive pencil: lápiz electrográfico
conduit: conducto, tubería, alcantarilla, atarjea, cañería; (elec) tubo, canal de alambre; (fig) intermediario, corredor, medio de transmisión; comisionista
confer title to: conferir título a...
conference agreement: convenio entre empresas de transporte marítimo (para controlar la competencia)
__ **area**: zona de conferencia
__ **building**: edificio de conferencias
__ **call**: conferencia telefónica
__ **facilities**: instalaciones (o servicio) de conferencias
__ **hall**: sala de conferencias, auditorio, hemiciclo
__ **officer**: funcionario de conferencia
__ **paper**: ponencia
__ **room**: sala de conferencias
__ **room paper**: documento de sesión (en signaturas)
__ **servicing costs**: gastos de servicios de conferencia
__ **staff**: secretaría de la conferencia
conferring of degrees: otorgamiento de títulos universitarios
confession of faith: profesión de fe
confidence interval: (est) margen de seguridad
__ **range**: (est) recorrido de confianza
confidential document: documento reservado
confined to: restringido o circunscrito a
confinement date: fecha de alumbramiento
__ **stabling**: (agr) estabulación
confirm: aprobar o sancionar un convenio
__ **as authentic**: dar fe
confirming house: (RU) comisionista
__ **stocks**: mercancías recibidas en consignación
confiscation: (leg) decomiso, comiso, incautación, confiscación, secuestro (bienes)
__ **of merchandise**: comiso
conflict (of duty, interest): incompatibilidad (de deberes, intereses)
__ **of jurisdiction**: conflicto de jurisdicción
__ **of laws**: conflicto de leyes, derecho internacional privado

__ **with other meetings**: simultaneidad con otras reuniones
conflicting assumptions: supuestos contradictorios
__ **evidence**: (leg) testimonio contradictorio
__ **interests**: intereses encontrados o antagónicos
conform to (instructions): ceñirse a o limitarse a (instrucciones)
conformed copy: ejemplar auténtico, copia auténtica
conformity certificate: certificado de conformidad
confrontation: confrontación, enfrentamiento, careo
confusing: confuso, desconcertante, difícil de comprender
conger eel: (ict) congrio
conglomerate: conglomerado de empresas
congressional challenge: oposición parlamentaria
conjecture: conjetura, presunción, barrunto
conjugal partnership: (leg) sociedad conyugal; sociedad de gananciales
conjure up: evocar, conjurar, suscitar
connate water: agua de cantera
connected script: (edu) escritura script ligada
connecting flight: vuelo de transbordo
__ **roads**: vías de enlace
connection: relación; unión; (elec) conexión de servicio; (fc) empalme, enlace
"**connections**": contactos o relaciones sociales
connective tissue: (med) tejido conjuntivo
conscientious objector: objetor de conciencia
consciousness-raising: concientización
consecutive number: número de orden, número consecutivo
consent: asentimiento, consentimiento
consequence of, be a: tener su origen en, ser consecuencia de
consequent upon: consecutivo a, que resulta(e) de, a raíz de
consequential damage: daño emergente
conservation: conservación; preservación (recursos naturales)
conservationist: especialista en conservación
conservative: conservador, tradicionalista; prudente, cauto
__ **analysis**: análisis cauteloso o mesurado
__ **estimate**: cálculo moderado
__ **figure**: cifra conservadora o moderada
conservator of forests: conservador de la riqueza forestal
consider: considerar, examinar, estudiar, analizar; tener en cuenta
__ **further**: proseguir (el estudio de un tema, etc)
considerable: de consideración
consideration: consideración, examen, estudio, análisis; (com) precio, retribución; compensación; honorario; pago; (leg) causa, contraprestación, contraprestancia
__ , **for valuable**: (leg) a título oneroso
considered opinion: opinión ponderada
considering (that): teniendo en cuenta, considerando, visto, en vista de

CONSIGNEE   CONSULTANT

consignee: consignatario, destinatario
consigner: cargador, expedidor, remitente
consignment: consignación, envío, remesa, expedición
__ **goods**: mercancías en consignación
__ **note**: hoja de ruta, carta de porte
consist in: radicar en, consistir en
__ **of**: constar de, componerse de, estar integrado por
consistency: consistencia (densidad); coherencia, congruencia, conformidad, concordancia, consecuencia, compatibilidad, lógica; firmeza, constancia
__ **of data**: coherencia de los datos
__ **of valuation**: concordancia de la valoración
__ **principle**: principio de la uniformidad
__ **record**: registro de calidad homogénea
consistent: consecuente, compatible, coherente, lógico; homogéneo, sistemático; firme, constante
consistently: consecuentemente, constantemente, sistemáticamente, de manera consecuente
console (TV): mesa de control
consolidate: consolidar, afianzar, reforzar; (com) amalgamar, unir, fusionarse
__ **maturities**: consolidar los vencimientos
consolidated balance sheet: balance consolidado
__ **cash basis**: cuenta global de ingresos y pagos en efectivo
__ **data**: resumen de los datos
__ **(financial) statement**: estado (financiero) consolidado
__ **income statement**: estado consolidado de ingresos y gastos
__ **list**: lista refundida, lista recapitulativa
__ **primary school (rural)**: núcleo escolar rural
__ **report**: informe único, informe conjunto
__ **school**: (edu) grupo escolar
__ **school district**: distrito escolar unificado
__ **statement**: estado general, recapitulación
__ **status report**: (cont) informe global de situación
__ **table**: (est) tabla general
__ **text (of a law)**: texto único
consolidation of (agricultural) holdings: concentración parcelaria; reagrupamiento de propiedades agrícolas
__ **of cargo**: concentración de la carga
__ **of companies**: fusión (mediante fundación de una nueva empresa)
__ **of land holdings**: concentración parcelaria
__ **of post adjustment classes**: consolidación de clases de ajuste por lugar de destino (en el sueldo básico)
__ **of schools**: nuclearización escolar
consols: (RU) obligaciones de la renta perpetua
consortium: consorcio
__ **credit**: crédito concedido por un consorcio de bancos; crédito bancario en coparticipación, crédito en consorcio
conspectus: cuadro sinóptico

conspicuous consumption: consumo de ostentación o suntuario
conspire: conjurar, conspirar
constant: constante; a veces: parámetro
__ **currency**: moneda de valor constante
__ **dollar budgeting**: presupuestación en dólares constantes
__ **price ratio**: relación de precios constantes
constituency: distrito electoral, circunscripción; colegio electoral, electorado; a veces: países que representa un director
__ **of an Executive Director**: país(es) representado(s) por un Director Ejecutivo; a veces: jurisdicción
constituent: componente; elector, votante; (leg) poderdante
__ **assembly**: Asamblea Constituyente
__ **body**: cuerpo electoral
__ **of a syndicate**: mandante o elector de un sindicato
constitute a claim against: dar derecho a
__ **a claim on**: dar derecho contra
constituted authority: institucionalidad
constitution: constitución; ley orgánica, acta orgánica, escritura constitutiva; físico, figura, temperamento (de una persona)
constitutional assumptions: principios constitucionales
__ **law**: derecho constitucional o político
__ **provision**: precepto o disposición constitucional
__ **rights**: garantías constitucionales
__ **state**: estado de derecho
constraint: restricción, limitación, factor limitativo, pie forzado, rigidez
constructive: (leg) implícito (aceptación); indirecto (contumacia); virtual (desalojo); sobreentendido (contrato)
__ **authority**: autorización implícita
__ **deposit**: depósito ficticio
__ **dishonor**: negativa presunta (gir
__ **peace**: edificación constructiva de la paz
construction: interpretación (de la ley)
__ **drawing**: diseño de construcción, plano de ejecución
__ **foreman**: maestro de obras
__ **lumber**: madera de construcción
__ **manager**: maestro, administrador o director de obras, jefe de obras
__ **progress chart**: gráfico de ejecución de las obras
__ **(structural) lumber**: madera de construcción
__ **worker**: obrero de la construcción
__ **works**: obras civiles
construe: interpretar, explicar
consuetudinary law: derecho consuetudinario
consular commission: carta-patente
__ **fees**: derechos consulares
__ **visa requirements**: visación
__ **hours**: horas de atención
consultancy: asesoría, consultorio
consultant: asesor, consultor; (med) especialista

CONSULTATION

__ **office services**: asesoría, servicios de consulta, servicios de consultor
consultation: consulta; consultación; conferencia
consultative board: junta consultiva
__ **group**: grupo consultivo
__ **status**: capacidad consultiva, condición de entidad consultiva
consulting actuary: actuario consultor
__ **engineer**: ingeniero consultor; (pl) oficina de proyectos
__ **firm**: firma de consultores o consultora
__ **hours**: horas de atención
consumable supplies: materiales fungibles
consumables: bienes fungibles o de consumo
consumer boom: auge en el sector bienes de consumo
__ **credit**: crédito a los consumidores
__ **durables**: bienes de consumo duraderos
__ **price**: precio al consumidor
__ **price index**: índice de precios de consumo, índice de precios al consumidor
__ **resistance**: reserva o resistencia de los consumidores
__ **society**: consumismo
__ **spending**: gastos de consumo
__ **surplus**: excedente del consumidor
consumption bundle: consumo
__ **charge**: (elec) tarifa por kilowatio/hora
__ **conversion factor**: factor de conversión basado en el consumo
__ **economy**: economía de consumo
__ **expenditure**: gasto de consumo
__ **use**: (reg) consumo neto de agua
consumptive waste: (reg) pérdida consuntiva
contact farmer: agricultor de enlace (extensión agrícola)
contacts: contactos personales, conexiones sociales, políticas, etc.
container/barge carrier: portacontenedores/portagabarras
__ **berth**: muelle de contenedores, atracadero para buque portacontenedores
__ **board**: cartón para embalaje
__ **carrier**: buque portacontenedores
__ **flat**: contenedor plataforma
__ **freight station**: centro de contenedores
__ **lo/lo ro/ro vessel**: buque portacontenedores por elevación y rodadura
__ **lot**: plaza de contenedores
__ **yard**: parque de contenedores
containerization: uso de contenedores, contenedorización
containerized cargo: carga transportada en contenedor
contango: operación con prórroga
__ **rate**: tipo de interés de aplazamiento
contemporary problems: problemas de actualidad o de la hora actual
contempt of court: (leg) desacato al tribunal, rebeldía
contend: afirmar, sostener

CONTINUED

contending parties: partes litigantes
content of a document: contenido o tenor de un documento
__ **of a seminar**: programa general de un seminario o cursillo
__ **of the curriculum**: (edu) contenido o elementos integrantes del plan de estudios (malla curricular)
__ **subject**: (edu) asignatura de conocimientos
contentious jurisdiction: jurisdicción contenciosa
contest the jurisdiction: (leg) discutir o impugnar la competencia
"contestable" activities: actividades "susceptibles a la competencia"
contested decision: decisión impugnada
context: contexto, sentido del texto, texto; situación, circunstancias
continental borderlands: zonas intermedias continentales
__ **platform**: zócalo continental
__ **shelf**: plataforma continental
__ **slope**: pendiente o talud continental, declive de la plataforma continental
__ **USA**: territorio continental de los EUA
contingency: contingencia, eventualidad, acontecimiento fortuito; (pl) imprevistos
__ **allowance**: (cont) reserva para imprevistos
__ **appropriation**: suma consignada para (gastos) imprevistos
__ **basis, on a**: para casos de emergencia
__ **clause**: cláusula condicional
__ **fee**: iguala, honorario condicional; (leg) costa litis
__ **funds**: fondos para imprevistos; fondos de previsión
__ **plan**: plan para situaciones imprevistas, plan condicional, plan de reserva
contingencies: (cont) imprevistos
contingent: contingente, eventual; accidental, fortuito
__ **asset**: activo disponible bajo ciertas condiciones; activo eventual
__ **commitment**: compromiso condicional
__ **interest**: interés condicional o contingente
__ **liability**: pasivo contingente o eventual
__ **reserve**: reserva para imprevistos
__ **right**: derecho eventual
__ **upon**: dependiente de, sujeto a
continuance: permanencia; continuación; (leg) aplazamiento
continuation class: (edu) curso complementario
__ **education**: enseñanza de segunda oportunidad
__ **rate**: (med) tasa de continuidad de utilización (contraceptivos)
__ **school**: (edu) establecimiento de enseñanza postescolar
__ **sheet**: hoja complementaria (formulario)
__ **stage**: (edu) fase de perfeccionamiento
continue to believe: mantener el parecer
continued: persistente, sostenido

CONTINUING   CONTROL

__ **education**: educación complementaria, reciclaje
__ **existence**: persistencia, subsistencia
continuing appropriation: partida presupuestaria
__ **data**: estadísticas continuas o iterativas
__ **education**: educación permanente; a veces: ampliación de estudios
__ **needs of children**: necesidades persistentes de la infancia
__ **security**: garantía permanente
continuous cropping: cultivo constante o continuo
__ **default**: incumplimiento prolongado
__ **entitlement, verification of**: verificación de la vigencia de los derechos
__ **flow process technology**: tecnología de producción en cadena
__ **forms**: formularios en banda contínua
contour: contorno, perfil
__ **bund**: dique en curvas de nivel, terraplén en curvas de nivel
__ **farming**: cultivo en curvas de nivel
__ **line**: curva de nivel
__ **line terraces**: terrazas en curvas de nivel; (Esp) isohipsas (hypsos=altitud)
__ **map**: mapa en curvas de nivel; plano acotado, mapa topográfico
__ **plan**: planialtimetría
contour-check irrigation: riego de dique a nivel
contra account: cuenta de contrapartida, contracuenta; cuenta compensada
contraband: contrabando, matute, alijo
contraceptive: *s* contraceptivo; *a* anticonceptivo
__ **services**: servicios de control de la natalidad
contract carrier: empresa transportadora por ajuste (contrata)
__ **documents**: documentos contractuales
__ **expectancy**: tiempo que falta para la expiración de un contrato
__ **goods**: mercancías objeto del contrato
__ **hauling**: acarreo por ajuste
__ **maturity**: plazo contractual
__ **of accession**: contrato de adhesión
__ **of affreightment**: póliza de fletamento
__ **of bargain and sale**: contrato de compraventa
__ **of carriage**: contrato de transporte
__ **of composition**: contrato de convenio
__ **of guaranty**: afianzamiento
__ **of mutual agreement**: adjudicación directa (sin subasta ni concurso previo)
__ **out**: dar en contrato, contratar, subcontratar; externalizar, tercerizar
__ **price**: precio contractual, monto del contrato, precio convenido, precio global
__ **with valuable consideration**: contrato oneroso
contracts manager: encargado de negociar contratos
contracted debt: deuda contratada o concertada
contracting out: externalización, tercerización
__ **parties**: partes contratantes

contraction (of investment): retraimiento
contractionary policy: política de contracción o de austeridad
contractor: contratista, empresario
contractual entitlements: derechos contractuales
__ **joint venture**: empresa mixta contractual
__ **liability**: responsabilidad contractual
__ **obligation**: obligación convencional o contractual
__ **payments**: pagos contractuales
__ **penalties**: penas convencionales
__ **personnel**: personal por contrata
__ **printing**: trabajos de imprenta por contrata
__ **services**: servicios contractuales
__ **status**: situación contractual
__ **treaty**: tratado-contrato
contracyclical policy: política anticíclica
contradiction in terms: falta de lógica
contradictory judgment: sentencia contradictoria
contraindication: contraindicación
contrary to expectations: contrariamente a lo esperado
contravention (of rules): violación, infracción (de artículos, normas, etc)
contribute: contribuir, aportar; donar, prestar; colaborar en revista o diario; intervenir en (debate)
contribution: contribución, aporte, aportación, cuota, donación, erogación; artículo, colaboración (revista); intervención (debate); impuesto
__ **rate**: tasa de aportación
contributions outstanding: contribuciones pendientes de pago
__ **receivable**: contribuciones por recibir
contributor: contribuyente; colaborador (revista), aportante
__ **to a fund**: imponente (seguro social)
contributory cause: (med) causa contributoria o contribuyente
__ **negligence**: (seg) negligencia secundaria
__ **scheme**: plan de contribuciones
__ **service**: período de afiliación (caja de pensiones), período de aportación
__ **school**: escuela preparatoria
contrived scarcity: escasez provocada o artificial
control: *s* control; lucha contra (enfermedades, etc); reglamentación; ordenación; *v* controlar, dirigir; intervenir; fiscalizar; regular, verificar, comprobar; manejar
__ **balance**: balance de verificación
__ **board**: panel de mando, tablero de mando o de control
__ **booth**: cabina de control
__ **flume**: canal de aforo
__ **group**: grupo testigo
__ **of communicable diseases**: lucha contra las enfermedades transmisibles
__ **panel**: tablero de control
__ **plot**: parcela testigo, parcela de control
__ **sample**: muestra de regulación
__ **sheet**: planilla de control

83

___ **tariff**: (trnsp) tarifa de reglamentación
controlled conditions: condiciones reguladas
___ **economy**: economía dirigida, intervenida
___ **experience**: experiencia dirigida
___ **flooding**: anegamiento controlado
___ **prices**: precios intervenidos
___ **schools**: escuelas fiscalizadas
___ **selection**: (est) selección controlada
___ **substance**: sustancia bajo control
controller: contralor
controller's office: contraloría
controlling account: (cont) cuenta de comprobación, cuenta de mayor; (Esp) cuenta colectiva
___ **company**: sociedad que ejerce el control, sociedad rectora, sociedad de cartera
___ **interest**: (com) participación mayoritaria, participación controladora
___ **investment**: inversión dominante
___ **minority**: minoría de control
controversial: discutible; controvertible, polémico, de carácter polémico, muy discutido, debatible
___ **topic**: punto litigioso o sujeto a controversia, asunto debatible, conflictivo
controversy: controversia, polémica, discusión, diferencia, litigio
conurbation: grupo o conglomerado de centros urbanos; conurbación
convalescent care: atención de convalecencia
___ **home**: casa de convalecencia, clínica de reposo
convene a meeting: convocar una reunión, citar a una reunión
convenience: conveniencia, utilidad, oportunidad
___ **foods**: alimentos de fácil preparación, a veces: precocinados
___ **goods**: bienes (mercancías) de compra rápida o fácil
convening authority: autoridad convocadora
convenor (of a committee): convocante; a veces: el Presidente de un organismo
convention: convenio, pacto, tratado, conferencia, reunión, asamblea, congreso
___ **tourism**: turismo de convenciones
conventional: ordinario, normal, habitual, tradicional, acostumbrado; de rigor
___ **energy**: energía de fuentes convencionales
___ **foundation**: cementación (de) superficie
___ **loans**: préstamos convencionales o en condiciones corrientes
___ **school**: escuela tradicional
___ **terms**: condiciones corrientes, comerciales o de mercado
___ **wisdom**: sentido común
convergent indicator: indicador coincidente
converging lines of evidence: (leg) pruebas coincidentes
conversant with: versado en, al corriente de, conocedor de, entendido en
conversely: en cambio
conversion: conversión, transformación; reorganización (industrial); (leg) apropiación ilícita

___ **at par**: conversión a la par
___ **of debt into equity**: conversión de la deuda en capital
___ **of investments portfolio into cash**: conversión de la cartera de inversiones en dinero, desintermediación
___ **table**: tabla de conversión
convert into cash: monetizar
converter: (técn) convertidor; (elec) transformador
convertible: transformable, reducible, convertible
___ **currency**: moneda convertible
conveyance: transporte, conducción, acarreo; (leg) traspaso, escritura de traspaso
___ **ditch**: canal de conducción
___ **duty**: impuesto sobre la transmisión de bienes
___ **line**: línea de impulsión, tubo de conducción (agua tratada)
___ **loss**: (reg) pérdida de conducción
___ **of property**: traspaso de propiedad
conveyor belt (line): cinta transportadora, correa sinfín, cinta contínua
___ **belt (production) flow**: trabajo en cadena, producción en cadena
conviction: convicción; (leg) condena, sentencia, declaración de culpabilidad, fallo condenatorio
coolant: refrigerante, líquido refrigerante
cooling: enfriamiento, refrigeración
___ **coil**: serpentín enfriador
___ **of the economy**: período de estancamiento
___ **tower**: torre de refrigeración
cooling-off period: tregua (laboral); a veces: período de reflexión o deliberación
cooperate with: coadyuvar, cooperar con
cooperative arrangement: acuerdo de cooperación
___ **efforts**: esfuerzos coordinados, aunados, combinados
___ **marketing**: comercialización cooperativa
___ **movement (system)**: cooperativismo
___ **officer**: especialista en cooperativas
___ **program**: programa de cooperación
___ **society**: cooperativa
___ **training**: formación de personal de cooperativas
___ **union**: asociación de cooperativas
coopt: designar o nombrar por votación (un comité, comisión, etc) a una persona como miembro temporal o colaborador de un comité, comisión, etc.
coordinate: armonizar, coordinar, sincronizar, articular
___ **paper**: papel cuadriculado
coordination: coordinación, sincronización
coowned ship: buque en condominio
copartner: socio
cope with: hacer frente a, enfrentarse con, contender con
coppice: monte bajo, soto, tallar
___ **forest**: (silv) monte tallar, monte gajo
___ **with standards**: monte medio
copra cake: torta de copra
copy: copia; ejemplar; número; (impr) original, manuscrito; texto (resolución)

COPYBOOK / CORPORATION

__ **editor**: corrector de manuscritos
__ **of a credit document**: vía
__ **of a document**: (leg) traslado de un documento
__ **preparation**: composición
__ **reader**: corrector de manuscritos
__ **writer**: redactor de textos publicitarios
copybook: cuaderno (de ejercicios)
copyholder: (impr) atendedor; portador del manuscrito
copyright: *s* derecho de autor y de propiedad artística, literaria o intelectual; *v* registrar como propiedad literaria
__ **library**: biblioteca beneficiaria del depósito legal
coral reefs and ledges: arrecifes y bancos de coral
cordage, rope and twine industries: industrias de cordelería
corduroy road: camino de troncos
cordwood: rollizos para leña, madera apilada
core: corazón, núcleo, centro, meollo, médula, esencia; (técn) testigo; (comp) núcleo magnético (dispositivo de almacenamiento)
__ **analysis**: análisis de muestras de perforación
__ **barrel**: (min) cilindro de perforación, portatestigos (perforación)
__ **budget**: presupuesto básico
__ **commodities**: principales productos básicos primarios
__ **competence**: competencia básica, competencia central
__ **course**: (edu) curso integrador o principal
__ **curriculum**: tronco común, currículo o plan de estudios común, programa obligatorio común, programa básico
__ **drilling**: extracción de testigos (petróleo)
__ **evaluation**: análisis de núcleos
__ **housing**: unidad mínima de vivienda, vivienda mínima, núcleos básicos de vivienda
__ **housing unit**: núcleo habitacional
__ **inflation**: inflación básica
__ **memory (storage)**: (comp) almacenamiento en núcleos magnéticos
__ **ministries**: ministerios de hacienda y planificación
__ **plywood**: tablero con alma (núcleo del tablero laminar)
__ **process**: actividad básica
__ **program**: programa básico
__ **sampler**: sacatestigo (dispositivo para extraer testigos (cores) o muestras cilíndricas de tierra)
__ **sampling**: cateo
__ **staffing**: dotación mínima de personal
__ **storage**: memoria de núcleos
__ **subjects**: (edu) materias o asignaturas básicas, materias comunes, asignaturas comunes u obligatorias
__ **wall**: pantalla (presa)
__ **(working) hours**: horario (de trabajo) básico
coreboard: tablero de capa central; tablero de alma
cored brick: ladrillo hueco

coresponsibility levy: gravamen de corresponsabilidad
coring: perfilación, perforación
corn: (EUA) maíz; (RU) trigo
__ **belt**: (EUA) zona o región de maíz
__ **breeding improvement**: mejoramiento genético del maíz
__ **exchange**: bolsa de granos, lonja de cereales
__ **fodder**: maíz forrajero (segado "en verde")
__ **on the cob**: mazorca, panoja; (Chi) choclo
corncob with grains: mazorca; (AC) elote
__ **without grains**: coronta, corozo
corned beef: carne en conserva o en lata
corner structures: montantes del ángulo (contenedores)
cornering: (econ) acaparamiento (de bienes); concentración (de valores); monopolio
cornerstone: piedra angular
coronary heart disease: enfermedad coronaria o del corazón
__ **occlusion**: oclusión coronaria
coroner: juez pesquisidor, médico forense
corporate action: resolución de la sociedad
__ **assets**: bienes sociales; acervo de la sociedad o empresa, patrimonio social
__ **body**: persona jurídica
__ **bond**: bono de una empresa privada, de una compañía o de una sociedad anónima
__ **business**: empresa constituida en sociedad (de capital)
__ **capital**: capital social
__ **divestiture**: liquidación de filiales (por venta, traspaso, cesión, etc)
__ **earnings**: utilidades de la empresa
__ **entity**: persona jurídica
__ **equities**: acciones; capital en acciones
__ **equity securities**: valores en acciones
__ **existence**: personalidad jurídica
__ **finance**: gestión financiera de las sociedades
__ **income tax**: (EUA) impuesto sobre las utilidades, impuestos sobre (la renta de) sociedades
__ **issue**: emisión por una empresa privada
__ **knowledge**: conocimientos empresariales
__ **member**: socio votante
__ **name**: razón social
__ **operations**: gestión empresarial
__ **organization**: estructura de la sociedad (anónima, de capital, etc)
__ **ownership**: propiedad social
__ **planning**: planificación empresarial
__ **purpose**: objeto social
__ **sector**: sector empresarial
__ **stock**: acciones, capital en acciones
__ **structure**: estructura social o empresarial
__ **tax**: impuesto a las sociedades o a las empresas
corporation: sociedad anónima; sociedad de capital, sociedad; (leg) persona moral, empresa: corporación
__ **charter**: certificado de incorporación, escritura constitutiva o de constitución, acta constitutiva

__ **law**: derecho corporativo, ley de sociedades o de corporaciones
__ **tax**: (RU) impuesto sobre las utilidades
corporeal chattel: bien mobiliario tangible
__ **property**: bienes corporales
corporization: transformación (conversión) de empresas (públicas) en sociedades comerciales
corps of officials: cuerpo de funcionarios
correct (for inflation): reajustar
correction: corrección, modificación; enmienda
__ **fluid**: (líquido) corrector
correctional authorities: autoridades penitenciarias
corrective entry: asiento rectificativo
__ **labor**: (leg) trabajo correccional
__ **policies**: medidas correctivas, políticas correctivas
correlated curriculum: (edu) programa coordinado
correspondence tuition: enseñanza por correspondencia
correspondent bank: banco corresponsal
corresponding period: período homólogo, período correspondiente
correspondingly low level of domestic pro-duction: nivel de producción nacional correlativamente bajo
corrigendum: fe de erratas
corrugated iron: chapa ondulada
__ **paper**: papel ondulado, papel rugoso
corrugation irrigation: riego por corrugaciones, riego por surcos pequeños y próximos
cosigner: aval
cosmic ray shower: chaparrón de rayos cósmicos
cosponsor: patrocinar conjuntamente
cost: costo; coste; (leg) costas
__ **accountant**: contador industrial, contador de costos
__ **accounting**: contabilidad de costos (de explotación o industrial)
__ **analysis**: análisis o descomposición de costos
__ **and fee contract**: contrato al costo más honorarios fijos
__ **apportionment**: prorrateo de costos
__ **breakdown**: costo detallado
__ **center**: centro (de determinación) de costos
__ **cutting**: reducción de costos
__ **estimate**: estimación de costos o de gastos; presupuesto
__ **guideline**: costo indicativo
__ **inflation**: inflación por el alza de los costos
__ **, insurance and freight (cif)**: costo, seguro y flete (cif)
__ **, insurance and freight (cif) port of entry/border point price**: precio cif/puerto de entrada
__ **of living survey**: estudio del costo de la vida
__ **of mediation**: costo de los comisionistas (intermediarios)

__ **overrun**: costos superiores a los previstos; sobrecostos, fijación de precios en función del costo
__ **plus**: costo más cantidad convenida; precio más honorarios; costo más margen de utilidad
__ **sharing**: participación en los costos, participación en el financiamiento de los gastos; distribución de los costos
__ **stream**: corriente de costos
__ **underrun**: costos inferiores a los previstos, infracostos
__ **value**: valor de adquisición (compra)
__ **variances**: desviaciones (o variaciones) de los costos
__ **waiver**: exoneración del pago de gastos
cost-benefit analysis: análisis costo-beneficio
__ **ratio**: relación costo-beneficio
cost-conscious approach: mayor interés por la rentabilidad
cost-effective: eficaz en función de los costos; económico, rentable
cost-effectiveness: eficacia en función de los costos, costo-eficacia
cost-of-living adjustment: reajuste por variación del costo de vida
__ **allowance**: subsidio por costo de vida
__ **differential**: coeficiente de ajuste por carestía de la vida
__ **index**: índice del costo de vida
__ **survey**: estudio del costo de la vida
cost-performance analysis: análisis de costos y resultados
cost-plus (fixed fee) contract: contrato al costo más honorarios (fijos)
__ **percentage (fee) contract**: contrato al costo más un porcentaje (honorarios)
__ **pricing system**: sistema de determinación de precios en función del costo más honorarios
cost-profit squeeze: reducción del margen de utilidades
cost-push inflation: inflación provocada por el alza de los costos, inflación de costos
cost-sharing fee: comisión de participación en los costos
costing: determinación de los costos
cosurety: fianza solidaria; fiador solidario
cottage cheese: queso fresco, requesón
__ **hospital**: (RU) hospital de pabellones
__ **industry**: industria familiar, casera o artesanal
cotton batting: guata, huata
__ **breeding**: genética del algodón
__ **fiber**: algodón en oro
__ **flannel**: moletón
__ **gin**: desmotadora
__ **ginning**: desmote
__ **lint**: algodón despepitado
__ **linter**: borra de algodón; máquina deshiladora
__ **picking**: pizca de algodón
__ **snapping**: recolección (del algodón) por quiebre

__ **stripping**: recolección (de las cápsulas del algodón)
__ **waste**: borra, desechos o desperdicios (de hilaza) de algodón
__ **yarn**: hilado o hilaza de algodón
counsel: consejo; (leg) abogado, asesor legal o jurídico
__ **for the defense**: abogado defensor
__ **for the prosecution**: fiscal
counseling: asesoría; consejos; (edu) orientación individual
countdown: cuenta hacia atrás, cuenta al revés, cuenta regresiva, retrocuenta, preparativos para el lanzamiento (de una nave espacial)
counter: contestar, oponerse a, contrariar, parar, contrarrestar
__ **check**: cheque de mostrador
__ **guarantee**: contrafianza
__ **scale**: balanza de mostrador
counteract: contrarrestar, neutralizar, frustrar, contrariar, oponerse
counteraction: (leg) reconvención, contrademanda
counterbalance: contrarrestar
counterbill: letra de resaca
countercharge: (leg) reconvención, recriminación
countercheck irrigation: riego de dique a nivel
counterclaim: (leg) reconvención, demanda reconvencional, contraquerella, contrademanda
counterclockwise: en sentido contrario al de las agujas del reloj, sinistrorso
countercyclical action: medidas anticíclicas o de estabilización de la coyuntura
__ **formula**: fórmula contracíclica
counterfactual: contrario a los hechos, hipótesis, caso hipotético
counterfeit(ed) money: dinero falso, dinero falsificado
counterfoil: talón de cheque
countermand a check: revocar, anular (un cheque, una orden), dar contraorden
countermeasure: contramedida
counterpart: colega, contraparte; (leg) contraparte
__ **agency**: organismo de contrapartida
__ **entry**: asiento de contrapartida
__ **funds**: fondos de contrapartida o de contraparte
__ **staff**: funcionarios o personal (nacional) de contraparte, personal homólogo
counterpurchase agreement: acuerdo de compras de contrapartida, compra compensatoria
countersign: visar, contrafirmar, refrendar
countertrade: transacciones comerciales por compensación; comercio compensatorio, intercambio compensado
countervailing duty: derecho compensatorio, derecho contrapesador
counting of votes: escrutinio
country allocation: asignación a los países

__ **desk officer**: técnico asignado a país
__ **exposure**: compromisos por país (préstamos a un país desembolsados y pendientes)
__ **fairs**: ferias comerciales
__ **loans**: préstamos para programas de un país
__ **of assignment**: país de destino, de misión oficial o de asignación
__ **of origin**: país de origen o de procedencia
__ **of retirement**: país de residencia después de la jubilación
__ **of the situs (source)**: (leg) país de la fuente
__ **office**: oficina de país
__ **planning**: planificación por países
__ **program**: programa de país, programa para (nombre del país)
__ **project**: proyecto de país
__ **quotas**: contingentes por paises o de los paises
__ **representative**: representante en el país
__ **road**: camino vecinal
countrywide project: proyecto de ambito nacional
couple: pareja; binomio
coupled categories: categorías conjuntas
coupling: acoplamiento, enganche, unión, conexión, empalme
coupon bond: bono con cupón, bono u obligación con rendimiento fijo, bono al portador
__ **equivalent yield**: rendimiento equivalente a un interés nominal
__ **rate of interest**: tasa de emisión; interés nominal (de una obligación)
courier: guía, agente de turismo; correo
__ **pouch**: valija
course: dirección, ruta, camino, trayectoria, marcha, curso, recorrido, política; (edu) curso, programa, ciclo, asignatura, carrera; (náut) rumbo, derrota, derrotero; (med) evolución (de una enfermedad); tratamiento; serie (inyecciones); desarrollo; (agr) rotación; (const) hilera (de ladrillos)
__ **construction**: (edu) organización del curso
__ **in government**: curso de ciencia política
__ **in the rotation**: parte (cultivo o barbecho) de la rotación
__ **instructions**: (edu) esquema del curso
__ **interchange**: (edu) curso de elementos intercambiables
__ **of action**: plan de acción, línea de acción, línea de conducta; camino, vía
__ **of conduct**: línea de conducta
__ **of development**: trayectoria
__ **of negotiations**: marcha o progreso de las negociaciones
__ **of study**: ciclo de estudio
__ **of the cycle**: evolución coyuntural
__ **of trade**: operaciones comerciales
__ **of treatment**: (med) tratamiento
__ **outline**: (edu) esquema del curso
courseware: (edu) soporte lógicodidáctico
court: (leg) tribunal, juzgado, audiencia; (fig) juez

__ **action**: acción judicial, litigio
__ **bailiff**: alguacil, emplazador
__ **composed of several judges**: tribunal colegiado
__ **costs**: costas causídicas, judiciales o procesales
__ **days**: días hábiles
__ **decision**: sentencia, fallo
__ **having jurisdiction**: tribunal competente
__ **of appeals**: tribunal de apelación, tribunal de segunda instancia; a veces: tribunal de casación o de alzada
__ **of arbitration**: tribunal arbitral o de arbitraje
__ **of bankruptcy**: tribunal competente en la quiebra
__ **of common pleas**: sala de lo civil
__ **of first instance**: tribunal de primer turno, tribunal de primera instancia
__ **of inquiry**: comisión de investigación
__ **of original jurisdiction**: juzgado o tribunal de primera instancia
__ **of record**: tribunal de autos
__ **of sole instance**: tribunal de única instancia
__ **officer**: alguacil
__ **order**: orden judicial, mandamiento judicial, auto judicial
__ **order to investigate an alleged crime**: auto cabeza de proceso
__ **organization law**: ley orgánica de los tribunales
__ **proceeding**: proceso, procedimiento judicial
__ **records**: actas de juicios
__ **rooms**: estrados, salas de justicia
__ **summons**: (leg) interpelación judicial
__ **to which an application for enforcement of a foreign judgment is made**: tribunal de exequátur
court-appointed legal counsel: defensor de oficio, abogado de oficio
court-martial: consejo de guerra, tribunal militar
courtesy ticket: billete o pase de favor, "de invitado" o "de cortesía"
covariance matrix: matriz de las covarianzas
covenant: pacto; convenio; acuerdo; (pl) cláusulas, disposiciones, estipulaciones (contrato)
__ **of the League of Nations**: Pacto de la Sociedad de Naciones
cover: *s* cubierta, carátula, tapa, forro, portada; (com) cobertura, provisión de fondos; (seg) protección; *v* cubrir, revestir, tapar; proteger, amparar, abrigar; recorrer; salvar; versar sobre; aplicar a, incluir, abarcar, comprender, tratar
__ **charge**: *s* derecho de mesa; *v* pagar cubierto (restorán)
__ **crop**: siembra de abono o de protección, cosecha de protección, cultivo protector, cultivo de cobertura
__ **for notes**: (fin) cobertura de billetes
__ **name**: "chapa", alias
__ **note**: (seg) hoja de cobertura

__ **of risk in foreign exchange**: seguro de cambio
__ **rate**: tasa de cobertura (de importaciones por exportaciones)
cover-up: encubrimiento, complicidad
coverage: información, reportaje, reseña; labor informativa periodística; número de personas atendidas, o tratadas; cobertura, sector abarcado, campo de aplicación, ámbito, alcance; difusión; circulación; (seg) riesgos cubiertos, extensión, amplitud, protección; (est) cobertura; (fin) fondos; respaldo
__ **of services**: alcance de los servicios
covered way (between buildings): paso cubierto
covering letter: carta de transmisión, carta de envío, carta remisora
__ **memorandum**: memorando de transmisión
__ **note**: carta remesa
coverslip: laminilla, cubreobjetos
covert: secreto, disimulado
__ **response**: respuesta latente
__ **suggestion**: indirecta
__ **unemployment**: desempleo encubierto, oculto o disfrazado
cow for fattening: vaca en ceba
__ **in calf**: vaca grávida
__ **in production**: vaca en producción
cows served but not in calf: vacas falladas
cowbell: esquila, cencerro
cowboy: vaquero, gaucho
cowdung: boñiga
cowmonth: requerimientos alimenticios mensuales de una vaca
cowpea: dólico (de Goa), frijol de ojos negros, frijol de costa, frijol chino, frijol de palo
cowshed: establo
"coyoting": (min) pirquinería
crab: (ict) cangrejo
"crack": cocaína fumada
crackdown: medidas enérgicas, drásticas, mano dura
cracker: tirabuzón (defecto del hilo); (com) pirata, espía informático
cracking run: tanda de redestilación (petróleo)
cradle school: guardería infantil
craft: arte u oficio, trabajo manual: (náut) embarcación, navío, barco, lancha; avión; aeroplano, aparato aéreo
__ **edition**: edición artesanal
__ **industry**: industria artesanal
__ **union**: gremio por oficios, sindicato profesional, sindicato de artesanos
craftsman: artesano, artífice, operario especializado
craftsman's establishment (business): empresa artesanal
craftmanship: artesanía; oficio; (fig) talento, destreza, habilidad profesional, capacidad técnica
crag: risco, despeñadero

CRAM / CRIMINAL

cram course: (edu) curso intensivo
cramming: memorización excesiva, aprendizaje apresurado
cranberry: arándano agrio
crane load: eslingada
crash: (com) quiebra bursátil
__ **course**: curso intensivo, curso acelerado, curso relámpago
__ **program**: programa de emergencia (urgencia), programa acelerado, programa relámpago
crate: s jaba, jaula; v embalar en jaulas
crawl: deslizamiento (de un tipo de cambio dentro de una banda)
crawler crane: grúa de orugas, de carriles
crawling inflation: inflación reptante
__ **peg**: paridad móvil, paridad irregular, vínculo móvil, ajuste gradual de la tasa de cambio
crayfish: (ict) cangrejo de río
__ **culture**: astacicultura
cream: (silv) entresacar (de los mejores árboles)
__ **separator**: desnatadora
creamery (dairy): lechería
creative ability: facultad creadora, creatividad, inventiva
__ **financing**: financiamiento innovador o imaginativo, formas innovadoras de financiamiento
__ **teaching**: enseñanza basada en la creatividad
creche: guardería infantil
credentials: poderes; credenciales
__ **committee**: Comité de Verificación de Poderes
__ **in order**: credenciales válidas o en buena y debida forma
credible: admisible, creíble, convincente, digno de crédito, que inspira confianza, fidedigno, verosímil
credibility: credibilidad, veracidad, verosimilitud, autenticidad, sinceridad
__ **gap**: margen de confianza
credit: s (com) crédito, haber, abono; (edu) crédito, unidad docente, unidad de valor; v ingresar o abonar en cuenta, descargar, pasar al haber, poner en el haber; datar, acreditar
__ **an account**: ingresar o abonar en cuenta; a veces: descargar una cuenta
__ **arrangements**: acuerdos de crédito
__ **availability**: acceso al crédito
__ **balance**: saldo acreedor, saldo a favor, saldo positivo, excedente del haber, acreencia
__ **balance in the bank**: haber en el banco
__ **ceiling (limit)**: límite de crédito, tope de crédito
__ **commitment**: dedicación o asignación de los créditos
__ **course**: curso de valor académico; curso al que se ha asignado cierto valor; estudios para la obtención de un título académico; curso que conduce a la obtención de un diploma
__ **crunch**: restricción pronunciada del crédito
__ **customer**: cliente que paga a plazo (compra a crédito)
__ **deductible**: ahorro deducible
__ **entry**: (cont) anotación en el haber, asiento de abono
__ **facilities**: sistemas, mecanismos o servicios de crédito o crediticios
__ **facility**: línea de crédito
__ **for service time**: habilitación de tiempo de servicio
__ **history**: trayectoria de crédito
__ **instrument**: título o instrumento de crédito
__ **limit (ceiling)**: límite o tope de crédito
__ **line on an agency basis**: línea de crédito a través de un agente
__ **made available**: crédito abierto
__ **memorandum**: nota de crédito, abonaré
__ **money**: dinero en cuenta, dinero bancario
__ **note**: aviso de abono
__ **on chattel mortgage**: crédito prendario
__ **opened against transfer of documents**: crédito documentario
__ **rating**: solvencia, grado de solvencia estimado, clasificación crediticia, calificación de solvencia; a veces: límite de crédito otorgable
__ **recipient**: sujeto de crédito
__ **risk**: riesgo de crédito
__ **sales**: ventas al crédito o (al) fiado
__ **side**: haber (de una cuenta)
__ **squeeze**: restricción del crédito
__ **standing**: solvencia, prestigio en materia de crédito; capacidad crediticia
__ **stringency**: escasez de crédito
__ **swing**: límite máximo del saldo crediticio
__ **tightening**: crédito restringido
__ **tranche**: tramo de crédito
__ **union**: cooperativa de crédito, caja mutual de crédito
credit-in-kind: crédito en especie
crediting device: sistema o mecanismo de deducción
creditor country: país acreedor
__ **holding chattel mortgage**: acreedor prendario
__ **position**: posición acreedora
creditor's claim: acreencia
creditors order of preference: prelación de los créditos
creditworthiness: capacidad crediticia, solvencia, capacidad de pago o de endeudamiento, moralidad comercial
creeping inflation: inflación progresiva, furtiva o reptante, inflación larvada, lenta
crest of dam: corona de presa
__ **weir**: compuerta de vertedero
crew: cuadrilla, brigada de trabajo, patrulla, dotación, equipo; (náut) tripulación, equipaje
__ **leader**: supervisor
crime: criminalidad, delincuencia; crimen, delito, ofensa
__ **against humanity**: crimen de lesa humanidad
__ **prevention and control**: prevención y represión del delito
criminal act: acto delictivo y penable

CRIMINALLY																													CROSS-CLAIM

__ **assault**: intento de violación
__ **case**: causa o proceso criminal
__ **complaint**: querella
__ **intent**: (leg) dolo penal
__ **justice**: justicia penal
__ **law**: derecho penal
__ **offense**: delito penal
__ **procedure**: procedimientos del tribunal penal
__ **proceedings**: acción penal
__ **record**: antecedentes penales; (Esp) registro de antecedentes penales; (AL) prontuario
criminally insane: psicótico delincuente
crisis: situación de emergencia, momento crítico
critical commodity: producto neurálgico
__ **consumption level (CCL)**: nivel crítico de consumo (NCC)
__ **illness**: enfermedad grave
__ **incident technique**: técnica de las soluciones críticas
__ **list**: (med) lista de enfermos graves
__ **materials**: materiales escasos, materias estratégicas
__ **moment**: crisis, trance, momento difícil
__ **path analysis**: análisis reticular
__ **path method**: método del camino crítico, método de la ruta o trayectoria crítica
__ **product**: producto neurálgico
__ **situation**: situación precaria
critique: crítica, juicio crítico
croaker: (ict) corbina, corvina, roncador, barbosa
crockery: loza
crooked: deshonesto, tramposo (persona)
__ **schemes**: cábala, fraude
__ **trick**: fraude
cronyism: favoritismo, preferencia por los amigos, amiguismo, compradazgo
crop: cosecha; cultivo
__ **and pasture land**: tierras de producción agropecuaria
__ **areas**: superficies, tierras de cultivo, superficies cultivadas
__ **climate**: condiciones fitoclimáticas
__ **credit**: crédito de cultivo o para un cultivo
__ **cutting survey**: (silv) encuesta sobre cosecha por extracción
__ **dusting**: aspersión de pesticidas por avión, fumigación aérea, fumigación de cosechas
__ **end (steel molding)**: recorte
__ **failure**: pérdida de cosecha
__ **farm**: explotación agrícola
__ **farming**: fitotécnica
__ **(harvest) prospects**: perspectivas de la cosecha
__ **land**: tierras labrantías, tierras agrícolas, tierra destinada al cultivo
__ **lien**: prenda agraria
__ **loan**: refacción agrícola
__ **of fish**: generación
__ **on land subject to seasonal flooding**: cultivo en terreno anegadizo
__ **plant**: planta cultivada

__ **processing**: elaboración de cosechas
__ **production**: producción agrícola o de cultivos, fitotecnia
__ **restriction**: limitación de cultivos
__ **rotation**: rotación de cultivos, alternación de cosechas, sucesión de cultivos
__ **spraying**: fumigación de los cultivos, fumigación aérea
__ **support price**: precio de apoyo a las cosechas
__ **tree**: árbol aprovechable, árbol de cultivo
__ **year**: campaña (agrícola); año agrícola
__ **yield**: rendimiento del suelo
crop-lien contract: contrato de refacción
crop-year price: precio de campaña
cropping efficiency: rendimiento de la cosecha
__ **intensity**: intensidad de los cultivos
__ **pattern**: sistema de cultivo, esquema de cultivo, estructuración de los cultivos
__ **system**: sistema de cultivo
cross action: (leg) contraquerella, reconvención
__ **credit relief**: deducciones recíprocas
__ **file**: índice de referencias cruzadas
__ **impact matrix method**: método de las matrices de interacciones
__ **index**: índice de referencias múltiples
__ **influence**: interferencia o influencia mutua
__ **intensity**: intensidad de los cultivos
__ **licensing agreement**: acuerdo de concesión recíproca de licencias
__ **price elasticity**: elasticidad-precio cruzada
__ **product**: (est) producto vectorial
__ **rate**: tipo cruzado, tasa cruzada o recíproca, tipo de cambio recíproco
__ **section**: grupo representativo
__ **section index**: corte o sección transversal; (fig) muestra representativa
__ **section of opinion**: opinión promedio
__ **section paper**: papel cuadriculado
__ **section sample**: muestra representativa
__ **section series**: serie representativa
__ **section study**: estudio transversal, estudio de las condiciones que predominan en determinado momento (en contraste con *longitudinal study*)
__ **section survey**: encuesta transversal
__ **sectioning**: (edu) organización horizontal del plan de estudios
__ **subsidization**: subvención cruzada, subsidio cruzado
__ **system**: sistema de cultivo
__ **tabulation**: (est) tabulación de múltiples entradas, tabulación cruzada
__ **talk (telefonía)**: diafonía
__ **trade**: tráfico entre terceros países
__ **weighted index**: índice con coeficientes de ponderación cruzados
cross-border: transterritorial, fronterizo; a veces: internacional
__ **transactions**: transacciones transfronterizas
cross-check: comprobar, verificar
cross-claim: (leg) contraquerella, reconvención

cross-classification: doble clasificación; clasificación cruzada, combinada o múltiple, clasificación de doble entrada
cross-classified tabulations: tabulaciones combinadas
cross-conditionality clause: cláusula de condicionalidad recíproca
cross-country flight: vuelo de travesía
__ **studies**: estudios comparados entre países
cross-cultural studies: estudios transculturales, estudios interculturales o interdisciplinarios
cross-default clause: clásula de incumplimiento recíproco, cláusula recíproca en caso de incumplimiento
cross-effects: efectos recíprocos
cross-effectiveness clause: cláusula recíproca de entrada en vigor
cross-elasticity: elasticidad cruzada o múltiple
cross-examination: (leg) contrainterrogatorio, repregunta
cross-fertilization of ideas: fecundo intercambio de ideas, complementación mutua
cross-functional team: grupo mixto, grupo interdisciplinario, equipo multifacético, grupo interfuncional
cross-licensing: concesión recíproca de licencias
cross-matching test: (est) prueba de compatibilidad
cross-organizational analysis: análisis interinstitucional
cross-picketing: contrapiqueteo
cross-posting (staff): cambio (o intercambio) de puestos (personal)
cross-preference share: acción preferente acumulativa
cross-reference: referencia (cruzada), remisión
__ **clause**: cláusula de referencia
cross-sectional analysis: análisis transversal, de corte transversal o de sección transversal
__ **data**: datos transversales
cross-sectoral study: estudio multisectorial o intersectorial
crossarm: cruceta (líneas eléctricas o telefónicas)
crossbar for securing door from inside: tranca
crossbeam: viga transversal, travesaño
crossbill: (leg) contraquerella, contradenuncia
crossbreed progeny: animales de cruza (cruce)
crossbreeds: razas híbridas (de ganado)
crossbreeding: cruza (cruce) de razas, hibridación
__ **of cattle**: producción de ganado híbrido, cruce
crosscut: (min) crucero, galería transversal
crosscutting: (silv) troceado
crossed check: cheque cruzado
crossfoot: sumar horizontalmente
crossfooted: (cont) sumas cuadradas
crosshatching: sombreado, rayado
crossing: (fc) paso a nivel
__ **out**: tachadura, borradura
__ **points**: puntos de convergencia

crossmembers: travesaños del suelo (contenedor)
crossover discount rate: tasa de actualización de equilibrio
crosspiece: pieza transversal, cruceta, travesaño, crucero
crossroads: (fig) encrucijada, momento decisivo, punto crítico
crosstie: traviesa, durmiente
crosswalk document: documento matríz de referencia cruzada, comparación
crosswise: atravesado
crow's nest: cofa, torre de vigía (buque)
crowbar: pie (pata) de cabra, barreta, palanca, chuzo
crowding-in effect: (econ) efecto de atracción o de invasión
crowding-out effect: (econ) efecto de desplazamiento o de exclusión
crown and bridge work: (odont) prótesis fija; corona y puente
__ **land**: (RU) patrimonio del Estado, bienes de dominio público
__ **of a tree**: copa o vuelo
crucial: crucial, crítico, decisivo
crude: bruto (acero); sin refinar, crudo (petróleo); tosco (muebles); verde (fruta); en rama (algodón, seda, tabaco)
__ **analysis**: análisis poco refinado; análisis grosso modo
__ **birth rate**: tasa bruta de natalidad
__ **cotton**: algodón en rama, no manufacturado
__ **data**: datos primarios, datos brutos
__ **death rate**: tasa bruta de mortalidad
__ **fertilizer**: fertilizante en bruto
__ **mineral**: mineral crudo o sin beneficiar
__ **moment**: (est) momento bruto
__ **oil**: petróleo crudo
__ **rule of thumb**: regla empírica aproximada
__ **sewage**: desagüe crudo
__ **statistics**: estadísticas rudimentarias
cruelty: (leg) malos tratos, sevicia
cruiser: (silv) cubicador
cruising: (silv) aforo, cubicación, determinación volumétrica
__ **speed**: régimen de crucero
__ **of timber**: estimación (apreciación) de madera en pie (bosques)
crushing argument: argumento decisivo
__ **(of minerals)**: trituración
crushed ice: escamas de hielo
__ **ore (stone)**: granzas
crux of a question: punto crucial, punto central, nudo de un problema
cubic content: cubicación
__ **equation**: ecuación de tercer grado
cull: animal inaprovechable para la reproducción; animal de desecho
__ **hens**: gallinas de descarte
__ **tree**: árbol de calidad inferior
culled cow: vaca de desecho
__ **layers**: gallinas retiradas de la postura

CULLING   CURRENT

__ **pullets**: pollas de desecho
culling: separación (de animales); matanza sistemática (de pollos)
__ **rate**: descarte (ganado)
culm: polvo de antracita
cultigen: cultivar, variedad de cultivo
cultipacker: (agr) rodillo-grada
cultivable area: tierra aprovechable
cultivated fallow: barbecho
__ **field**: sembrado
__ **variety**: cultivar
cultivation in burned (burnt) ground: cultivo en chamicera
__ **systems**: prácticas de cultivo
__ **under glass**: cultivo en invernadero
__ **under receding water**: cultivo de decrecida
cultural aspect: dimensión cultural
__ **awareness**: conciencia cultural
__ **background**: medio cultural, ambiente cultural
__ **bias**: prejuicio cultural
__ **deprivation**: privación cultural
__ **heritage of mankind**: patrimonio cultural de la humanidad
__ **lag**: desfase cultural
__ **shock**: choque cultural
__ **television programs**: franjas culturales de televisión
__ **workers**: especialistas culturales
culturally confirmed cases: (med) casos confirmados por cultivo
__ **disadvantaged**: desfavorecido cultural
culture flask: redoma de cultivo
__ **medium**: (biol) caldo de cultivo, medio de cultivo
__ **plot**: parcela testigo
culvert: alcantarilla, atarjea, paso de agua; (elec) conducto subterráneo
cumbersome: engorroso, complicado, incómodo, molesto
cumulative allocation of units: asignación acumulativa de unidades (de reserva)
__ **catalog(ue)**: (bibl) catálogo refundido
__ **deficits**: déficit acumulados o acumulativos
__ **dividend**: dividendo acumulable
__ **evaluation**: evaluación sumativa
__ **injury**: daño acumulativo
__ **(multistage) tax**: impuesto en cascada
__ **net advances and declines**: balance neto de alzas y bajas acumulativas
__ **net drawings**: (fin) giros netos acumulativos
__ **record card**: (edu) ficha acumulativa, expediente individual
__ **shortfalls**: deficiencias acumulativas
__ **statement of account**: estado de cuenta acumulativo
__ **stock**: acciones acumulativas
__ **tax**: impuesto en cascada
__ **tax percentage**: porcentaje impositivo acumulativo
__ **total**: total acumulativo
__ **voting**: votación acumulativa

__ **write offs**: anulaciones o cancelaciones acumuladas en libros
cupped oyster: (ict) ostión
curative services: servicios curativos, servicios terapéuticos
curb: *s* freno, estorbo; *v* refrenar, reprimir, limitar, dominar
__ **market**: mercado extrabursátil, fuera de Bolsa o de rueda
__ **market dollar**: dólar paralelo
__ **market rate**: tipo de cambio paralelo
__ **the boom**: frenar, amortiguar o moderar el auge
curbstone: bordillo
cure-all: panacea
cured tea: té elaborado
curfew: toque de queda, queda
curing: tratamiento, curación; vulcanización; cura, curado, secado
__ **of title**: saneamiento de título
curiously enough: aunque parezca extraño, por muy curioso que parezca
currants: pasas de Corinto
currency: moneda; dinero; divisa; especies monetarias, masa monetaria
__ **allowances**: haberes monetarios
__ **area**: zona monetaria
__ **bond**: bono pagadero en moneda nacional
__ **clause**: cláusula monetaria
__ **component**: componente en moneda
__ **deal**: operación de cambio o de arbitraje
__ **denomination**: valor monetario
__ **exchange adjustment**: ajuste por cambio de moneda
__ **floor**: límite mínimo en moneda nacional
__ **fluctuations**: fluctuaciones monetarias
__ **holdings**: tenencias de monedas, haberes monetarios
__ **issue**: emisión primaria
__ **mix**: combinación de monedas
__ **of account**: unidad monetaria o moneda de las cuentas
__ **of contributions**: unidad monetaria de las cuotas
__ **outside banks**: efectivo en circulación o efectivo en manos del público, dinero en poder de sectores extra bancarios
__ **peg**: vínculo con una moneda
__ **pool**: fondo común de monedas
__ **price**: precio del dinero
__ **realignment**: realineamiento monetario
__ **rehabilitation**: saneamiento de la moneda
__ **swap**: intercambio de monedas; "swap" de monedas
__ **translation**: traducción de monedas
__ **unit**: unidad monetaria
currency-hedged transaction: transacción cubierta contra riesgos cambiarios
__ **bond**: bono con cobertura de riesgo de cambio
currency-specific costs: costos relativos a monedas específicas
current: en boga, imperante, de actualidad, de moda, vigente

CURRENT — CUSTOMARY

__ **account**: (RU) cuenta corriente; (com) cuenta abierta, cuenta de giro
__ **account deficit**: déficit en cuenta corriente
__ **account flow**: movimiento de cuenta corriente
__ **affairs (events)**: actualidades, problemas de actualidad o contemporáneos, sucesos de actualidad
__ **assets**: activo corriente, activo disponible y realizable a corto plazo, capital circulante
__ **balance of payments**: balanza en cuenta corriente
__ **budget**: presupuesto ordinario o corriente
__ **capital**: capital circulante o de explotación
__ **carrying capacity**: (elec) capacidad de conducción
__ **conditions**: condiciones imperantes o que prevalecen
__ **contributions**: contribuciones del ejercicio financiero en curso
__ **cost**: (cont) valor de reposición
__ **dollar**: dólar corriente
__ **equity investment**: inversión en capital social corriente
__ **expenditures**: gastos ordinarios, gastos corrientes
__ **factor cost**: costo corriente por factores, costo corriente de los factores
__ **financial year**: ejercicio económico en curso
__ **issue**: último número (de una publicación)
__ **liabilities**: pasivo corriente, circulante o inmediato, pasivo exigible a corto plazo, exigibilidades
__ **market level**: nivel actual (o cotización) del mercado
__ **market price value**: cotización (acciones)
__ **maturities**: vencimiento (a menos de un año), del presente ejercicio
__ **meter**: molinete hidrométrico
__ **money**: moneda de curso legal
__ **opinion**: opinión general
__ **prices, at**: a precios corrientes
__ **quick assets**: activo realizable rápidamente, activo disponible
__ **quotas**: cuotas del ejercicio en curso
__ **rates**: valores corrientes
__ **ratio**: (AL) relación corriente, relación del circulante; (Esp) coeficiente de solvencia, liquidez
__ **revenues**: ingresos corrientes
__ **statistics**: estadísticas continuas o iterativas
__ **surplus**: superávit de operación, excedente de explotación
__ **trends**: tendencias predominantes
__ **validity**: cobrabilidad (cuentas por cobrar)
__ **value**: valor de reposición, valor actualizado
__ **value accounting**: contabilidad a valor corriente
__ **views**: opiniones modernas
current-costs method: método de los costos corrientes

current-weighted: ponderado en el período corriente
curriculum: (edu) programa de estudios, de enseñanza o escolar, currículo; plan de estudios, malla
__ **building**: preparación o confección del plan de estudios
__ **development**: planeamiento o desarrollo del currículo, reorganización o ampliación del plan de estudios
__ **director**: director de programas
__ **guide**: instrucciones didácticas, guía de estudios
__ **kit**: documentación sobre programas escolares
__ **laboratory**: centro de experimentación o investigación sobre planes de estudio
__ **outline**: esquema o esbozo del plan de estudios
__ **planning**: organización del plan de estudios
__ **subjects**: materias de enseñanza, de estudio, asignaturas
__ **vitae**: historial profesional, datos o antecedentes biográficos
curtail: abreviar, acortar, reducir, restringir
curtailed inspection: inspección cercenada
__ **correlation**: correlación curvilínea
curve-fitting: (est) ajuste
cusec: pie cúbico por segundo
custard apple: anona colorada
custodial care: atención en instituciones, atención de pacientes recluidos
__ **service**: servicio de vigilancia; (bnc) custodia de títulos
__ **staff**: personal de seguridad
custodian: conservador (museo); (leg) custodio, guardián
__ **account**: cuenta de custodia
__ **of attached goods**: depositario de bienes embargados
custodian's fees: derechos de guarda
custodianship: custodia
custody and guardianship: (leg) cuidado y tutela de los hijos
__ **account**: cuenta de custodia
__ **pending trial**: prisión preventiva
custom built: hecho a la medida o a la orden
__ **designed**: diseñado por encargo
__ **jobbing**: trabajos por encargo
__ **milling**: molienda de encargo
__ **ore**: mineral de maquila
__ **processing**: elaboración o tratamiento según especificaciones del cliente, trabajo por encargo
__ **retrofitting**: modificación de productos fabricados en serie
__ **smelter**: hacienda de maquila
customary: acostumbrado, de costumbre, habitual, usual; consabido; de rigor, de rúbrica (saludos, consultas, etc.)
__ **business practices**: prácticas comerciales, usos comerciales

__ **law**: derecho consuetudinario
__ **practices (of the trade)**: usos del comercio
__ **property right**: derecho de propiedad fundado en la costumbre
__ **work**: trabajo habitual
customer: cliente, usuario, consumidor, patrón, parroquiano
__ **cost**: costo por servicios al consumidor
customs: aduana; derechos de aduana o aduaneros, derechos arancelarios, aranceles
__ **administration**: práctica aduanera, administración de aduanas
__ **agent**: agente de aduanas, despachante aduanal
__ **and practices**: usos y reglas (normas)
__ **"basis"**: según cifras de aduana
__ **bill of entry**: declaración en la aduana
__ **bond**: fianza de aduana
__ **broker**: agente de aduana
__ **clearance**: despacho de aduana o aduanal, aforo y pago de derechos, guía de aduana
__ **clearance document**: póliza de importación (internación)
__ **clearance for home use**: despacho a consumo
__ **clearer**: despachador de aduana
__ **declaration**: declaración de aduana
__ **deposit**: caución, garantía previa
__ **duties**: derechos aduaneros o de aduana, derechos arancelarios, aranceles
__ **duty bill**: letra aduanera garantizada; obligación aduanera caucionada
__ **enclave**: inclusión aduanera
__ **entry form**: formulario de declaración de aduana
__ **exemption**: franquicia
__ **fee**: derechos de aduana
__ **formalities**: trámites aduaneros
__ **items**: posición arancelaria (en una lista)
__ **manifest**: manifiesto
__ **of the sea**: derechos marítimos
__ **officer**: aduanero, funcionario de aduana
__ **permit**: cédula o póliza de aduana; guía de tránsito
__ **procedures**: regimen aduanero; formalidades aduaneras
__ **quotas**: contingentes aduaneros
__ **rebate**: restitución de derechos de aduana, desgravación aduanera (arancelaria)
__ **regulations**: reglamento aduanero
__ **release**: liberación de aduana
__ **seal**: precinto aduanero, sello de aduana (de plomo)
__ **search**: inspección por aduana (barco)
__ **shed**: tinglado aduanero
__ **stamp**: marchamo
__ **tariff**: arancel aduanero
__ **union**: unión aduanera
__ **valuation (practices)**: (prácticas de) avalúo aduanero o de aduana
__ **valuer**: vista de aduanas; técnico en aduanas
__ **warehouse**: depósito de aduana

customs-bonded: bajo control aduanero
customs-free: exento de aranceles, libre de derechos arancelarios
__ **area**: zona franca
customshouse broker: agente de aduana
__ **inspector**: inspector de aduana, vista de aduana
cut (consumption, expenditure): restricción (del consumo, de gastos, etc.)
__ **a long story short**: en síntesis, sin ir más lejos
__ **across**: abarcar, traspasar; (leg) exceder los límites (*v gr* de varios sectores); ir demasiado lejos
__ **and carry system (of feeding cattle)**: alimentación en pesebre (ganado)
__ **and fill**: corte y terraplén, a media ladera
__ **prices**: deprimir los precios
__ **rate**: precio reducido; tasa reducida
__ **short**: abreviar, interrumpir
__ **stencils**: picar
__ **stone**: cantería
__ **tobacco**: tabaco picado, picadura de tabaco
cut-away models: dibujos en sección
__ **view**: vista en corte
cut-off: límite; (cont) cierre de los libros (para efectuar el inventario)
__ **age**: edad límite
__ **date**: fecha límite
__ **grade**: (min) ley de corte, tenor límite
__ **point**: límite de quiebre; de crédito otorgable, punto de inclusión; límite para la concesión de financiamiento por el Banco Mundial
__ **price**: precio umbral
__ **rate of return**: tasa de rentabilidad aceptable, tasa límite de rentabilidad aceptable
__ **score**: calificación terminal
cut-out weight: peso neto (carne)
cutback: reducción, restricción, limitación o disminución de producción; medida de austeridad
__ **asphalt**: asfalto diluido, líquido o disuelto, asfalto regresivo, betún fluidificado
cutlass fish: (ict) pez sable
cutline: leyenda, capción (explicación de una ilustración)
cutthroat competition: competencia encarnizada, intensa o enconada, competencia desleal
cutting: (silv) corta, tala; (agr) esqueje, estaca; (técn) zanja (camino); trinchera (fc)
__ **and playback needles**: agujas para grabación y reproducción
__ **of trees**: dasotomía
__ **of wages**: reducción o baja de salarios
cuttings of species: (agr) estaquillas de especies, patillas
cutting-edge technology: tecnología de punta, de alto vuelo, de avanzada, recientes adelantos de la tecnología
cuttlefish: (ict) jibia
cutwater: tajamar
cybernaut: cibernauta
cybernetic (cyberneticist): especialista en cibernética

cybernetics: cibernética (ciencia del control y gobierno automáticos)
cyberworld: cibermundo
cycle: (edu) etapa, curso, serie (conferencias)
cycle-conscious financial policy: política financiera que tiene en cuenta la situación coyuntural
cyclical changes: fluctuaciones cíclicas
__ **"climate"**: situación de la coyuntura o coyuntural
__ **downturn**: fase descendente del ciclo, contracción cíclica, coyuntura descendente
__ **factors**: factores de coyuntura
__ **fluctuation**: oscilación de la coyuntura
__ **peaks and troughs**: máximos y mínimos cíclicos
__ **policy**: política coyuntural
__ **swings**: oscilaciones cíclicas
__ **upswing (upturn)**: coyuntura cíclica favorable, fase ascendente del ciclo, movimiento cíclico ascendente, reactivación de la coyuntura, auge coyuntural
cyclically adjusted: ajustado con respecto al ciclo o a variaciones cíclicas, ajustado coyunturalmente
cycling: ciclado

D

dab: (ict) limanda
dabble in: interesarse en algo superficialmente
dagger: obelisco (marca de referencia)
daily allowance: prestación diaria
__ **assignment**: tarea diaria
__ **benefits insurance**: seguro de indemnización diaria
__ **performance record**: registro de rendimiento diario
__ **subsistence allowance**: dieta
__ **travel allowance**: viático
__ **wage**: jornal
dairy: lechería; vaquería, quesería
__ **animals**: ganado lechero
__ **belt**: región o zona lechera, cuenca lechera
__ **cattle**: ganado lechero, vacas lecheras
__ **development**: fomento lechero
__ **engineering**: técnicas de preparación de productos lácteos
__ **farm**: granja lechera, granja establo
__ **farmer**: agricultor dedicado a la lechería, establero
__ **farming**: explotación lechera
__ **herd**: hato lechero, cabaña lechera
__ **husbandman**: agricultor, granjero, vaquero
__ **husbandry**: cría de ganado lechero
__ **industry**: lechería
__ **land**: hoya de productos lecheros
__ **plant**: central lechera

__ **products**: productos lácteos, lacticinios
dairying: lechería, industria lechera
dais: estrado, plataforma, tarima
dallis grass: chépica
dam: dique; presa, embalse
damage: s daño, daño lesivo; (técn) avería; (fig) perjuicio; (leg) daños y perjuicios; v dañar, estropear, averiar, deteriorar, perjudicar
__ **at sea**: siniestro de mar, infortunio durante el tránsito
__ **claim**: demanda por daños y perjuicios
__ **difficult to repair**: perjuicio difícilmente reparable, de difícil reparación
damp course: (const) capa estanca, impermeabilización
dampening of demand: atenuación de la demanda
damping: parada temporal de alto horno
__ **off**: mal de los almácigos (semilleros)
danger pay allowance: (EUA) prestación por condiciones de vida peligrosa
__ **threshold**: toxicidad minimal
dangerously ill: gravemente enfermo
dapping: pesca al robo
dark current: corriente de fondo
__ **horse**: competidor desconocido; candidato nombrado de improviso
dash: s coima; v contrariar (esperanzas)
dashed line: línea punteada
data: datos, informaciones, antecedentes
__ **bank**: banco de datos
__ **base**: base de datos
__ **carrier**: soporte de datos
__ **center**: centro de cálculo
__ **collection**: recopilación de datos, reunión o acopio de datos
__ **flow**: circulación de datos
__ **processing**: elaboración, tratamiento, sistematización o procesamiento de datos
__ **sheet**: hoja de datos
date and place of issue: fecha y lugar de extensión (cheque, letra)
__ **back to**: remontarse a
__ **bill (draft)**: letra a tantos días (o meses) fecha
__ **due**: fecha de vencimiento
__ **of dispatch**: fecha de entrega
__ **of entitlement**: fecha en que (un funcionario) tendría derecho a
__ **of issue**: fecha de libramiento (letra de cambio, cheque)
__ **stamp**: fechador
dated bond: bono de vencimiento fijo
__ **information**: información desactualizada
dation: (leg) dación
datum: nivel de referencia
__ **line**: línea de referencia
__ **point**: punto de referencia
__ **quantities**: cantidades básicas
daughter company: filial o sucursal
davit: pescante para botes
day aggregator: coeficiente de agregación por día

__ **camp for children**: colonia de vacaciones diurnas
__ **care center**: guardería de niños
__ **care services**: (med) servicios asistenciales diurnos
__ **draft**: letra a días fecha
__ **laborer**: jornalero, peón
__ **nursery**: sala-cuna, cuna maternal, casacuna, hogar diurno, guardería diurna, guardería infantil
__ **of bed confinement**: día de enfermedad en cama
__ **off**: día de asueto, día libre
__ **pass**: pase de visitante
__ **pupil**: (alumno) externo
__ **release classes**: (edu) cursos de perfeccionamiento organizados durante las horas de trabajo
__ **release system**: (enseñanza técnica) período de aprendizaje en una escuela un día por semana (día de estudio semanal)
__ **school**: escuela de externos, externado
__ **shift**: equipo (turno) de día
__ **wage**: jornal
days of grace: día de gracia o de favor, días de prórroga especial, días de cortesía
__ **spent ill in bed**: días de confinamiento en cama
day's run: singladura (buque)
day-to-day: cotidiano, rutinario
__ **money**: dinero exigible, dinero a la vista
daylight saving time: hora de verano
daytime profile: perfil de distribución diurna del ozono
daywork: trabajo diurno, trabajo o jornal
de jure: de pleno
dead account: cuenta inactiva, cuenta dormida, cuenta sin movimiento
__ **assets**: activo sin valor, bienes improductivos
__ **cargo**: lastre
__ **end**: callejón sin salida
__ **freight**: flete falso
__ **lime**: cal apagada
__ **loss**: pérdida total
__ **reckoning**: (náut) navegación de estima
__ **rent**: alquiler fijo
__ **storage (capacity)**: (elec) capacidad no utilizable; almacenamiento inactivo; guarda permanente de vehículos
__ **time**: tiempo muerto, improductivo o inactivo
__ **work**: trabajo no productivo, obra muerta
dead-end street: calle sin salida
deadborn: nacido muerto
deadhead: (silv) poste de amarre
deadline: plazo, vencimiento de plazo, fecha límite, plazo fatal
__ **for applications**: plazo para inscribirse
deadlock: punto muerto, parálisis, paralización; votación infructuosa, empate
deadlocked negotiations: negociaciones estancadas
deadstock: capital mobiliario inanimado

deadweight: carga máxima, peso muerto; (fig) lastre, carga
__ **debt**: deuda improductiva
__ **loss**: pérdida de eficiencia (tributación)
__ **tons (dwt)**: toneladas de carga, toneladas de peso muerto
deadwood: (fig) persona inútil, "lastre", personal innecesario
__ **equity**: capital improductivo o inactivo
deal: *s* (com) transacción, negocio, trato; convenio, pacto; *v* tratar, traficar, negociar, mercadear, mediar
__ **in**: comerciar o negociar en
__ **with**: tratar de (sobre), versar sobre
__ **with a problem**: encarar, afrontar, examinar
dealer: negociante, comerciante; agente concesionario, revendedor; expendedor; detallista; (Bolsa) corredor de valores; a veces: agente por cuenta propia, intermediario (mercado de capitales, bonos); comisionista (compra de obras de arte)
dealer's aid advertising: publicidad de apoyo al detallista
dealing in securities: comercio de valores
dealings: relaciones, trato; (com) transacciones, negocios, intermediación (bonos)
__ **for forward delivery**: transacciones a plazo
__ **"for the account"**: transacciones a plazo
__ **in debt**: compraventa de certificados de deuda
__ **in foreign notes and coins**: operaciones de cambio de billetes y monedas
__ **with the public**: trato con el público
dean: decano, consejero escolar
dear money: dinero caro, dinero a elevado interés, contracción monetaria
dearth: escasez, carestía, penuria, falta
death annuity: pensión (anual) por fallecimiento
__ **benefit**: prestación (beneficio) por fallecimiento
__ **by misadventure**: (leg) muerte accidental, homicidio accidental no culpable
__ **certificate**: certificado o partida de defunción
__ **duty (tax)**: (RU) derecho de sucesión o de herencia, derecho sucesorio; impuesto de (sobre) sucesiones, tributación de las sucesiones
__ **grant**: subsidio (indemnización) por fallecimiento
__ **penalty**: pena capital, pena de muerte
__ **rate**: tasa de mortalidad
__ **sentence**: pena de muerte
debar: (leg) excluir del foro
debasement: envilecimiento (moneda)
debatable: debatible, discutible, en litigio
debate: debate, discusión, deliberación
debenture: (EUA) obligación (financiera) sin garantía específica no hipotecaria; (RU) obligación con garantía de activos
__ **bond**: libramiento por reintegro, certificado para reintegro (aduanas)
__ **certificate**: certificado de reducción de derechos aduaneros sobre productos en importación temporal

DEBENTURES   DECAY

__ **debt**: deuda en obligaciones
__ **loan**: empréstito en obligaciones, crédito contra pagaré
__ **stock**: (EUA) acciones privilegiadas, acciones no redimibles
__ **without special security**: sin garantía especial
debentures: capital en obligaciones
debilitating disease: enfermedad debilitante
debit: *s* débito; (cont) debe, pasivo, cargo; *v* cargar en cuenta; asentar o pasar a debe; debitar; adeudar
__ **account**: cuenta deudora
__ **and credit**: debe y haber
__ **balance**: saldo deudor, saldo en contra, saldo desfavorable
__ **entry**: débito, partida deudora (anotación en el debe)
__ **item**: partida (posición) negativa (balanza de pagos)
__ **items**: partidas deudoras, partidas del "debe" (lado del pasivo)
__ **memorandum note (advice)**: nota o aviso de débito, de cargo o de adeudo
__ **side**: debe (de una cuenta o de un balance)
debrief: rendir cuenta de una misión
debriefing: informe posmisión, reunión de información de fin de misión
debris: detrito, desperdicios, basura, desechos
debt: deuda, crédito pasivo
__ **bunching**: acumulación de vecimientos
__ **burden ratio**: relación intereses de la deuda-exportaciones
__ **cancellation**: anulación o condonación de la deuda
__ **capital**: capital de empréstitos o en empréstitos
__ **carrying capacity**: capacidad de endeudamiento
__ **claim**: documento de deuda
__ **distressed country**: país agobiado por la deuda
__ **due**: deuda vencida
__ **enhancement**: mejora de las condiciones de la deuda
__ **financing**: financiamiento crediticio, financiación mediante endeudamiento
__ **forgiveness**: condonación de la deuda
__ **funding**: financiamiento de la deuda, consolidación de la deuda
__ **incurred by receiver in bankruptcy**: deuda de la masa
__ **instrument**: instrumento de débito
__ **obligation**: obligación
__ **on mortgage**: deuda hipotecaria
__ **outstanding and disbursed**: deuda desembolsada y pendiente
__ **overhang**: deuda pendiente
__ **ratio**: relación de endeudamiento
__ **rearrangement (reorganization)**: reestructuración de la deuda

__ **redemption**: amortización de la deuda
__ **relief**: alivio de la carga de la deuda, reducción de la cuota de los paises endeudados, desdeudamiento
__ **rephasing**: reprogramación (del servicio) de la deuda
__ **rescheduling**: reajuste o reprogramación (del servicio) de la deuda; reescalonamiento del servicio de la deuda
__ **restructuring**: reestructuración o renegociación de la deuda
__ **retirement**: rescate de la deuda, plan de reventa de la deuda
__ **sales**: descuento de instrumentos de deuda
__ **secured by mortgage**: crédito hipotecario
__ **secured by personal property**: crédito mobiliario
__ **securities**: títulos de deuda
__ **service**: servicio de la deuda
__ **service burden**: carga del servicio de la deuda
__ **service flows**: pagos por servicio de la deuda
__ **service profile**: programación del servicio de la deuda
__ **service ratio**: coeficiente del servicio de la deuda
__ **service requirements**: obligaciones relacionadas con el servicio de la deuda
__ **servicing capacity**: capacidad para atender el servicio de la deuda, capacidad de endeudamiento
__ **servicing ratio**: proporción del servicio de la deuda
__ **settlement**: liquidación de la deuda
__ **workout program**: programa de reestructuración de la deuda
debt-carrying capacity: capacidad de endeudamiento
debt-creating: que genera deudas
debt-equity conversion: capitalización de la deuda; conversión de la deuda en capital
__ **ratio**: relación deuda-capital, coeficiente (razón) de endeudamiento
debt-to-capital ratio: relación deuda-capital, coeficiente de endeudamiento
debt-to-equity ratio: relación deuda-capital, coeficiente de endeudamiento; relación deuda/patrimonio; proporción deuda/capital social
debtor in bankruptcy: deudor alzado
__ **nation**: pais deudor o prestatario
__ **position**: posición deudora
__ **(creditor) quota**: cuota deudora (acreedora)
debug: eliminar las fallas o imperfecciones de un sistema, depurar (procedimientos, etc.)
debugging: (comp) depuración de mensajes de error, reparación de una máquina (informática)
decant: trasegar, decantar
decasualization: estabilidad en el empleo
decay: (meteorología) decrecimiento de una alteración; descomposición (materia orgánica)

decayed, missing, filled (DMF): (dientes) cariados, perdidos, obturados (CPO)
___, to be extracted, filled (DEF): cariados, por extraer, obturados (CEO)
___ tooth: diente cariado
deceased: difunto, finado, occiso
___ participant: afiliado fallecido
decedent: difunto, finado; causante (en leyes de sucesión); decedente (causante de una sucesión)
decelerate: desacelerar, reducir la velocidad
deceleration: desaceleración
___ lane: canal de retardación
___ of (the pace of) inflation: declinación del ritmo inflacionario
deceptive marks: marcas que pueden inducir a error
___ practices: prácticas (que pueden inducir a error), sospechosas, engañosas o falaces
decide: decidir, resolver; (leg) proveer
___ in favor of: optar por
___ on: decidir, determinar, fijar, optar por
___ on the merits of the case: decidir sobre el fondo del caso
deciding vote: voto decisivo
deciduous teeth: dientes temporales
___ trees: árboles de hojas caducas
decision: decisión, determinación; (leg) fallo, sentencia, resolución
___ appealed against: decisión impugnada
___ by default: (leg) condena por rebeldía
___ guidance: criterio decisivo; orientación decisiva
___ on appeal: fallo del recurso
___ role: papel condicionante
decision-maker: persona encargada de adoptar decisiones, instancia decisoria; (pl) personal directivo
decision-making: adopción de decisiones
___ body: órgano decisorio o de decisión, órgano de adopción de decisiones
___ chart: árbol de decisión
___ power: facultad decisoria o de decisión
___ process: proceso de adopción de decisiones
decisive: decisivo, concluyente, tajante, resuelto, decidido
deck: cubierta (nave); tablero (puente)
___ bridge: puente de tablero superior
___ cargo: carga sobre cubierta, cubertada en puente
___ carriage: transporte sobre cubierta
___ officer: oficial de cubierta (buque)
deckhand: marinero de cubierta
declaration of bankruptcy: declaratoria o manifestación de quiebra, declaración de concurso (de acreedores)
___ of ineligibility: declaración de inhabilitación
___ of intent: declaración de intención
___ of ship's stores: lista de rancho
declare bankrupt: concursar o declarar en quiebra

___ to be without penal responsibility: declararse inimputable
___ unfounded: declarar sin lugar
___ void: (premio) declarar desierto
declared capital: capital declarado, escriturado o autorizado
___ dividends: dividendos acordados
___ policy: política declarada
___ value: valor declarado
decline a liability: declinar una obligación
___ in exports: disminución o regresión de las exportaciones
declining: decreciente, descendente
___ balance (method of) depreciation: depreciación mediante el método del saldo decreciente; depreciación sobre el saldo; sistema de amortización o depreciación del saldo decreciente
___ floor: (seg) límite mínimo regresivo
___ industry: industria en decadencia
___ market: mercado de precios descendentes; Bolsa floja
___ (decreasing) method of depreciation: amortización degresiva
___ trend: tendencia a la baja
declining-rate depreciation: depreciación mediante el método de la cuota decreciente
decongestion: descongestión
decontrol: s liberalización; v liberalizar, desbloquear, suprimir los controles
___ of prices: liberación de los precios, desbloqueo de los precios
decontrolled items: artículos liberados o liberalizados
decreasing: decreciente, descendente, menguante
___ scale: degresividad (tributación)
decree: s decreto, edicto, acuerdo, auto; v decretar; promulgar; pronunciar
___ of insolvency: declaración judicial de quiebra, auto de quiebra
decree-law: decreto-ley, ley-decreto
decumulation: desacumulación (de existencias)
dedication: dedicación, entrega, amor a una profesión, tarea o idea
deductible: franquicia
___ amount: suma descontable
___ (100 dollars): (seg) 100 dólares deducible a cargo del asegurado
deduction: deducción, descuento, rebaja; conclusión, inferencia
___ from fleet: tonelaje reducido
de-duster (dust collector): captador de polvo, separador de polvo, precipitador de polvo
deed: (leg) escritura
___ (certificate) of protest: documento (certificado) de protesto
___ of conveyance (transfer): escritura de traspaso
___ of gift: escritura de donación
___ of sale: escritura de compraventa

DEEP — DEFLECTION

__ **of trust**: escritura de fideicomiso (fiduciario), cesión a un fideicomisario; escritura de constitución de deuda
__ **poll**: escritura unilateral
deep chill: refrigeración a baja temperatura
__ **discount bond**: bono de descuento intensivo
__ **ditch**: zanjón
__ **draft vessel**: caladero (trnsp. mar.)
__ **freeze**: congelación ultrarrápida; (fig) archivar
__ **frozen**: supercongelado
__ **market**: mercado muy activo
deep-level plowing: aradura profunda
deep-sea berth: muelle de gran calado
__ **disposal**: eliminación (de desechos) en aguas profundas
__ **fishing**: pesca de altura o de alta mar
__ **sediments**: sedimentos marinos o pelágicos
__ **traffic**: travesía larga
deep-water port: puerto de agua(s) profunda(s); puerto de altura
deepening of the industrial structure: modernización de la estructura industrial
deeper analysis (explanation): profundización (explicación)
__ **ocean**: aguas abisales
defacement of the environment: degradación o desfiguración del medio ambiente
defalcation: desfalco
defamation: calumnia, denigración, difamación
default: incumplimiento, omisión, descuido, negligencia, mora, morosidad, falta; (leg) contumacia, rebeldía, no comparecencia
__ **, in**: (leg) rebelde
__ **interest**: interés de moratoria, interés por demora
__ **on obligations**: incumplimiento de obligaciones
__ **setting**: (comp) ajuste prefijado o por defecto
defaulter: delincuente, deudor moroso; (leg) contumaz, rebelde, renuente; (med) persona rebelde a tratamiento
defaulting party: parte remisa, parte en rebeldía
defeat completely: anular completamente, desbaratar
defect: defecto, falla, imperfección
__ **of title**: vacío de título
defective ballots: papeletas nulas
__ **child**: niño anormal, niño mentalmente retardado
__ **goods**: mercadería defectuosa
__ **performance**: cumplimiento imperfecto
__ **teeth**: dentadura defectuosa
defectiveness: deficiencia, imperfección
defendant: demandado, parte demandada; acusado, reo, procesado
defendant's plea: contestación a la demanda
__ **seat in court**: banquillo de los acusados
__ **unsworn statement**: indagatoria
defense counsel: abogado defensor
__ **on the merits**: defensa a base de los méritos
__ **pleadings**: conclusiones reconvencionales

defenses and limits of liability: excepciones y limitaciones de impuestos
defensive expenditures: gastos preventivos
__ **shares**: acciones que muestran firmeza, acciones estables
defer: diferir, aplazar, prorrogar, postergar
deferment: aplazamiento, dilación, postergación
__ **from induction**: (mil) prórroga
deferral of tax: moratoria fiscal; aplazamiento de impuestos
deferred charges: cargos diferidos, gastos prepagados
__ **credits to income**: créditos e ingresos diferidos
__ **entitlement**: prestación diferida
__ **grazing**: pastoreo diferido
__ **liabilities**: pasivo diferido, transitorio, no exigible
__ **pension**: pensión diferida
__ **rate and currency setting**: fijación diferida de la tasa de interés y la moneda
__ **rate setting**: fijación diferida del interés
__ **rebate**: bonificación por pagos escalonados
__ **stock**: acciones de dividendo diferido
__ **tax**: impuesto aplazado
deficiencies: mermas (suministros, etc)
deficiency appropriation: crédito suplementario
__ **disease**: enfermedad carencial, enfermedad por carencia
__ **payments**: aportaciones para enjugar un déficit; pagos compensatorios (productos agrícolas)
deficit balance: balance contra
__ **country**: país deficitario
__ **financing**: financiamiento del déficit (presu); financiamiento de la economía mediante déficit presupuestario
__ **in merchandise trade**: déficit de la balanza comercial, del comercio de mercancías
__ **spending**: gastos deficitarios; déficit presupuestario (intencional)
define the bounds: determinar el alcance
definite: definido, determinado, claro, preciso, categórico, definitivo
__ **cases**: (med) casos comprobados o verificados
__ **sum**: suma determinada
__ **time**: plazo fijo
__ **undertaking**: compromiso firme o en firme
deflate: (econ) deflacionar; ajustar mediante un coeficiente de deflación; expresar en términos constantes; deflactar
deflated by consumer price index: ajustado (deflactado) según el índice de precios al consumidor
deflation theory: teoría del endeudamiento y de la deflación
deflationary gap: brecha deflacionaria, vacío deflacionario
__ **trend**: tendencia deflacionaria o deflacionista
deflator: índice o coeficiente de deflación, deflactor
deflection of trade: desviación del comercio o del tráfico comercial

DEFORESTATION   DEMAND

deforestation: desforestación, despoblación forestal, desbosque, desbroce
defray: sufragar, costear, pagar
degenerative illness: enfermedad degenerativa
degradation: degradación, deterioro, merma
__ **of the environment**: desfiguramiento del medio ambiente
__ **products**: productos de la descomposición
degraded lands: tierras empobrecidas
degrading punishment: pena infamante
degree: grado, categoría, rango; (edu) título universitario
__ **of concessionality**: grado de concesionalidad, medida en que la asistencia es concesionaria (o muy favorable)
degress prices: hacer bajar los precios
degressive retirement: jubilación gradual
__ **scale**: escala decreciente
__ **tax**: impuesto degresivo
dehorning (cattle): desmoche
dehusk: descascarar, deshojar
delay: s retraso, dilación, demora, tardanza, tiempo transcurrido; v retrasar, aplazar, demorar, diferir, postergar, estorbar, entretener
__ **allowance**: suplemento por demora
__ **clause**: cláusula dilatoria
__ **in delivery**: retraso en la entrega
delayed action: acción retardada
__ **broadcast**: redifusión, programa grabado
__ **growth**: crecimiento retrasado
__ **effect**: efecto tardío o retardado
__ **delivery**: venta diferida (de bonos)
__ **reaction**: reacción tardía o retardada
__ **recruitment**: demora en la contratación
__ **registration**: inscripción retardada
delaying tactics: tácticas dilatorias o retardatorias
__ **authority**: delegar autoridad
delegation of authority: delegación de atribuciones, de poderes o facultades
delete: suprimir, eliminar, testar, tachar
deleterious effects: efectos deletéreos (nocivos), consecuencias perjudiciales
deletion of posts: supresión de puestos
__ **mark**: dele
deleveraging: reducción de obligaciones
deliberalize imports: revocar liberación de importaciones
deliberately: a propósito, a postas, intencionadamente, expresamente
deliberative body: organismo deliberativo o deliberante
delicate balance: balance precario
__ **issue**: cuestión espinosa o delicada
delineate: delinear, trazar; delimitar; describir; esbozar
delink: desvincular; desvinculación (de divisas)
delinquency: (leg) delincuencia; (com) morosidad, mora en el pago (impuestos, etc.)
__ **ratio**: (cont) grado de contaminación
delinquent: (leg) delincuente; (com) deudor moroso

__ **children**: niños delincuentes, juveniles delincuentes
__ **debtor**: deudor moroso
__ **loans**: créditos en mora
__ **or due portfolio**: cartera contaminada, cartera morosa generalmente impaga
__ **patient**: paciente que no concurre a la consulta
__ **tax return**: declaración (de impuesto) tardía o atrasada
__ **taxes**: impuestos atrasados o en mora
deliver a judgment: emitir o pronunciar un juicio
__ **a lecture**: dictar o dar una conferencia
__ **a speech**: pronunciar un discurso
__ **goods**: entregar o repartir los artículos pedidos
__ **its findings**: presentar sus constataciones o conclusiones, etc.
__ **to work site**: entregar al pie de la obra
delivered duty paid: entregada (carga) con derechos pagados o libre de derechos
__ **free**: entregada (carga) libre de gastos a domicilio
delivery: entrega, reparto, distribución, expedición; (med) parto
__ **bed**: (med) cama de partos
__ **box**: (reg) caja distribuidora
__ **bundle**: (med) paquete estéril para partos
__ **care**: (med) asistencia a partos
__ **forthwith**: entrega inmediata
__ **note (notice, order)**: orden de entrega (aviso)
__ **of a contract**: formalización o perfeccionamiento de un contrato
__ **pipe**: tubería forzada
__ **schedule**: programa de entrega
__ **spread over an agreed period**: entrega escalonada en un período convenido
__ **system**: sistema de prestación o de suministro (de un servicio); red de distribución o de reparto
__ **truck**: furgoneta
__ **van**: furgoneta
delousing: despiojamiento
delve into: profundizar, sondear
demand: s exigencia; reclamación; requerimiento; (com) demanda; (leg) petición; v exigir; requerir; reclamar; insistir en, pedir, solicitar
__ **curve**: curva de relación entre demanda y precio
__ **deposit**: depósito a la vista
__ **draft (bill)**: letra a la vista
__ **factor**: componente de la demanda
__ **management**: gestión o regulación de la demanda
__ **money**: dinero exigible, dinero a la vista, dinero de día a día
__ **note**: pagaré a la vista
__ **performance**: exigir el cumplimiento (contrato)
__ **schedule**: curva de la demanda, tabla de la demanda
__ **shift**: desplazamiento de la demanda

demand-pull attraction: atracción de la demanda
__ **inflation**: inflación inducida por la demanda o provocada por presión de la demanda
demanding: exigente, apremiante; absorbente; agotador (trabajo)
demean oneself: degradarse
demerit goods: bienes de escaso interés social
demersal community: comunidad bentónica o del fondo del mar
demijohn: damajuana, garrafa
demise: *s* defunción, fallecimiento; cesión; *v* legar, transmitir, ceder
__ **charter**: fletamento con cesión
__ **of a ship**: cesión de la gestión náutica
demographic youthfulness: predominio de jóvenes en la estructura de la población
demolish: demoler, derrumbar
demolition: demolición, derrumbe, desbarate
demonstrate: evidenciar, probar de un modo evidente, demostrar; convencer; atestiguar
demonstration: manifestación
__ **area**: zona de demostración
__ **center**: centro experimental, de aplicación o de demostración
__ **class**: clase de demostración, clase experimental
__ **course**: (edu) curso de práctica
__ **farm**: granja modelo, granja experimental
__ **lesson**: lección modelo
__ **library**: biblioteca experimental
__ **plot**: (agr) parcela de demostración
__ **project**: (edu) proyecto modelo
__ **school**: escuela de aplicación, escuela piloto o experimental
__ **teaching**: lección-modelo
demonstrator: manifestante; (edu) auxiliar de clases prácticas
demotion: (adm) descenso de categoría, disminución de jerarquía, retrogradación a un puesto inferior
demurrage: sobreestadía (barco o almacenaje), compensación por días extra de estadía
__ **charges**: gastos de sobrestadía (barco o almacenaje); plazo o tiempo de estadía de un barco o de almacenaje
demurrer: (leg) excepción preventiva o perentoria
denationalization: desnacionalización, reprivatización
dendrothermal power plant: central eléctrica dendrotérmica
denim: mahón, mezclilla, dril de algodón
denominated in dollars: expresado o denominado en dólares
denomination: (fin) valor (moneda); denominación (billetes de banco); valor nominal (obligaciones)
denominational union: sindicato confesional
denounce a treaty: denunciar o abrogar un convenio
denopoly: denopolio

dense jungle: monte alto o denso
dental auxiliary: auxiliar de odontología
__ **benefit**: prestación por servicios odontológicos
__ **care**: atención dental, atención odontológica
__ **clinic**: clínica o consultorio dental
__ **health**: salud dental
__ **hygiene**: higiene dental
__ **laboratory technician**: protésico dental
__ **nurse**: enfermera de odontología, enfermera dental
__ **office**: consultorio dental
__ **plaque**: placa bacteriana
__ **plaster**: revestimiento dental
__ **practitioner**: práctico dental
__ **prosthetic appliance**: (aparato de) prótesis dental
__ **public health**: odontología de salud pública
__ **science**: odontología
__ **services**: servicios dentales u odontológicos
__ **surgeon**: cirujano dental
dentist's office: consultorio odontológico
denture: dentadura artificial
deny: (leg) declarar sin lugar
depackaging of technology: disociación de la tecnología
deparching: descascarado del café
department: departamento; servicio; sección o facultad de un establecimiento docente; dependencia, negociado, división, ministerio, secretaría; (fig) esfera de actividad, campo de competencia, especialidad
__ **chairman**: decano de facultad o director de instituto universitario
__ **of Agriculture**: Ministerio o Secretaría de Agricultura
__ **of State**: Ministerio de Relaciones Exteriores; (EUA) Departamento de Estado; Secretaría de Estado
__ **store**: gran almacén, tienda por departamentos
departmental head: jefe de servicio
__ **manager**: jefe de servicio
__ **school**: sección o escuela departamentalizada
departmentalization: departamentalización o división de la enseñanza
departure from normal: desviación
__ **of a ship**: zarpa
depend on: depender de; contar con; fiarse de; confiar en, quedar librado a, ser tributario de
dependability: formalidad, seriedad, confiabilidad; seguridad (de una máquina)
dependable: confiable, formal, cumplidor
__ **methods**: métodos seguros
dependence: dependencia; subordinación; confianza
dependency: dependencia; posesión (territorio)
__ **allowance**: asignación o prestación por carga familiar o por persona a cargo
__ **burden**: carga de dependencia, carga familiar
__ **credit**: deducción (impositiva) por cargas familiares

DEPENDENT

__ **producing drugs**: drogas que causan dependencia, drogas toxicomanígenas
__ **rate**: (adm) tasa para funcionarios con familiares a cargo (ajuste por lugar de destino)
__ **ratio**: relación de dependencia
__ **status**: calidad de dependencia familiar
dependent: *s* persona a cargo; *a* dependiente, condicional, contingente
__ **children**: hijos a cargo
__ **economies**: economías periféricas
__ **labor force**: fuerza de trabajo asalariada, trabajadores asalariados
__ **upon, be**: supeditar a, depender de
__ **spouse**: cónyuge a cargo
dependent's allowance: subsidio por familiares a cargo
depending on whether: según que
depletable resource: recurso no renovable
depletion: agotamiento; disminución, reducción, rarefacción (de suministros)
__ **allowance**: reserva o asignación por agotamiento de recursos
__ **of stock**: agotamiento o disminución de las existencias
__ **of subsoil resources**: agotamiento de los recursos (la riqueza) del subsuelo
__ **of surplus**: rarefacción de los excedentes
deployment of posts: distribución de puestos
__ **of resources**: despliegue de recursos
__ **of staff**: distribución del personal
__ **of work force**: movilización laboral
deposit: poso, sedimento, depósito; (bnc) depósito, imposición, ingreso; (min) yacimiento; (com) señal
__ **at notice account**: cuenta de depósito con preaviso
__ **currency**: cheques y créditos bancarios
__ **function**: (bnc) operaciones pasivas
__ **liabilities**: obligaciones por concepto de depósito; pasivo por depósitos; pasivos
__ **money**: dinero bancario
__ **money banks**: bancos creadores de dinero
__ **money in an account**: ingresar dinero en una cuenta
__ **operations**: operaciones de captación
__ **payable (available) on demand**: depósito a la vista
__ **rate of interest**: tipo o tasa de interés sobre los depósitos, tasa pasiva
__ **slip**: comprobante de depósito; abonaré
__ **subject to an agreed term of notice**: depósito con plazo de preaviso
__ **taking**: (bnc) movilización de recursos
__ **with x**: depositado en poder de x
deposition: (leg) testimonio, confesión en juicio
__ **of spawn**: puesta de la freza (peces)
depositor: depositador, depositante; imponente
depository bank: banco depositario
__ **libraries**: bibliotecas depositarias
depot: almacén; bodega; depósito; (EUA) estación (de buses, etc)

DEREGULATION

__ **charges**: derecho de custodia
depreciable value: valor total por amortizar
depreciated assets: activo amortizado
__ **value**: valor residual por amortizar
depreciation: depreciación, desgaste; a veces: amortización, devaluación, castigo (balance)
__ **allowance**: asignación o reserva para depreciación o amortización, margen de depreciación
__ **annuity method**: método de la depreciación fija
__ **base**: valor depreciable
__ **charge**: cuota o cantidad que se amortiza
__ **for obsolescence**: depreciación tecnológica
__ **for wear and tear**: depreciación técnica
depress: (com) hacer bajar o reducir (precios); deprimir (econ)
__ **prices**: forzar los precios a la baja
depressant: sedante, sedativo
depressed area: zona deprimida, zona de depresión económica, zona de pobreza, zona necesitada, zona poco privilegiada, área marginal
__ **exports**: estancamiento de las exportaciones
__ **industry**: industria en decadencia o en crisis
__ **market**: mercado debilitado; debilitamiento del mercado, mercado flojo
__ **prices**: precios bajos
__ **state**: marasmo, inactividad
depression: (econ) depresión, crisis económica, receso económico; bache
__ **storage**: retención superficial (agua)
deprivation: privación
__ **of civil rights**: inhabilitación
__ **of rights**: (leg) desafuero
deprive of seniority: postergar ascenso de un funcionario, privar de antigüedad
deprived: desheredado (del mundo)
__ **child**: niño necesitado
__ **groups**: grupos marginados
depth contour: curva del suelo
__ **interview**: entrevista de fondo
__ **of hold**: puntal (buque)
__ **of irrigation**: dosis de riego
__ **of soil**: espesor del suelo
__ **of water**: calado
deputy: *s* (pol) diputado; *a* suplente, adjunto
__ **chairman**: vicepresidente
__ **chief**: subjefe
__ **director**: director adjunto
__ **governor**: vicegobernador, subgobernador
__ **head**: jefe adjunto
__ **manager**: subgerente
__ **member**: suplente
__ **minister**: viceministro
__ **representative**: subrepresentante
__ **secretary**: secretario suplente
derangement: alteración, desorden, desarreglo; (med) trastorno
deregulate: desreglamentar, desregular, liberalizar
deregulation: eliminación de restricciones, liberalización de normas

dereliction: abandono, descuido, negligencia
__ **of duty**: negligencia en el cumplimiento del deber
derestricted document: documento cuya distribución ya no es reservada
derivative products: derivados
derivatives: derivados
derive from: derivarse, proceder, provenir de
dermal route: vía cutánea
dermic pencil: lápiz dermográfico
derrick: grúa; torre de perforación, torre de sondeo
__ **barge**: barco (de) grúa
__ **boom**: puntal o pluma de carga
__ **crane**: grúa de mástil o de pluma
desalting (desalination) of water: desalación (desalinación) del agua
desander: desarenador
descaling: desincrustación
description: descripción, clase, tipo; filiación (de una persona)
desert: desertar, abandonar
desert encroachment: desertificación
desertification: desertificación
deserving: digno; meritorio
design: s diseño, concepción, conceptualización, conformación, idea, dibujo, bosquejo, creación industrial, diseño industrial, estructuración, estructura, disposición de elementos, proyecto, plano; (fig) propósito, intención; v diseñar, idear, crear, proyectar, planear, delinear, bosquejar, esbozar, dibujar, concebir
__ **and engineering**: planes y estudios técnicos
__ **capacity**: capacidad nominal o de diseño
__ **charges**: cargas de diseño (caminos)
__ **critical flood**: crecida crítica de diseño
__ **drawing**: plano preliminar
__ **engineer**: ingeniero proyectista
__ **engineering**: ingeniería de proyectos
__ **engineering data**: datos técnicos para un proyecto
__ **engineering staff**: personal de estudio de proyectos
__ **flood**: crecida de proyecto (presa)
__ **office**: oficina técnica
__ **speed**: velocidad de régimen, de diseño, nominal o de proyecto
__ **type**: modelo
__ **type approval**: homologación de un modelo
designate: designar, nombrar, señalar, denominar
designated forest: bosque reservado
__ **responsibilities**: funciones asignadas
__ **school**: escuela seleccionada
designation of resources: imputación de fondos
designer: proyectista, diseñador; artífice, creador; modisto; decorador; escenógrafo
__ **drugs**: drogas de medida
desilter: desarenador
desilting canal: canal de limpieza

desirable: deseable, conveniente; interesante
__ **attainments**: aptitudes convenientes
__ **qualifications**: condiciones deseables
__ **ranges**: límites convenientes; a veces: intervalos convenientes de valores
__ **species**: (silv) especies nobles
desirability: conveniencia
desist: dejar de; desistir, cesar
desk: (adm) servicio, escritorio, despacho, oficina, mesa
__ **audit**: examen (del puesto) con fines de clasificación
__ **calculators**: calculadoras manuales
__ **jobber**: intermediario al por mayor, corredor de la Bolsa
__ **officer**: funcionario encargado de un país
__ **research**: investigación documental o bibliográfica
__ **study**: estudio documental o de referencia, estudio técnico o teórico
__ **work**: trabajo de oficina o de escritorio
desk-by-desk survey: estudio puesto por puesto
__ **distribution**: distribución escritorio por escritorio
desktop publishing: edición o publicación mediante microcomputadora
dessert: postre
destabilizing speculation: especulación desestabilizadora
destination taxes: impuestos según el mercado final
destock: liquidar existencias
detachable: quita y pon
detached house: casa independiente, casa individual, casa aislada
detail: s detalle, pormenor; (adm) afectación (de personal), destacamiento; v detallar, pormenorizar; enumerar, destacar
details of a treaty: modalidades de un tratado
detailed design (engineering): diseño detallado o ejecutivo, estudios técnicos detallados, planos técnicos detallados
__ **specifications**: especificaciones técnicas
__ **supervision**: supervisión minuciosa
detection: descubrimiento, investigación, averiguación, localización, percepción, identificación, detección
detective story: novela policíaca o policial
detente: distensión
detention: detención, arresto
__ **home for children brought before the juvenile court**: alcaldía de menores, casa de detención
__ **pending trial**: prisión preventiva
deter: desalentar, desanimar, disuadir, impedir, refrenar
deteriorate: empeorar, deteriorar, depreciar, desvalorizar; degenerar
deterioration: deterioro, empeoramiento, desmejoramiento, desperfecto; (soil) degeneración
determinant: factor condicionante

determination of the amount payable: liquidación
__ **of volume**: cubicación
determine the appeal: (leg) fallar el recurso, dictar fallo en el recurso
__ **the merits of the case**: pronunciarse sobre el fondo del caso
determined to do something: resuelto a, decidido a hacer algo
deterrent: *s* freno, factor (poder) disuasivo, fuerza disuasoria o de disuasión, elemento desalentador, amenaza; *a* disuasivo, disuasorio, freno
__ **effect**: efecto desalentador o disuasivo
detonator cap: fulminante, detonador
detour: desvío, desviación, rodeo
__ **test**: test de rodeo
detriment: menoscabo, desmedro, perjuicio
detrimental effects: efectos perjudiciales, lesivos
detrital fan or cone: (geol) cono de deyección
detritus: residuos, desperdicios, basura; acarreo fluvial
devaluate: desvalorizar, devaluar
devaluation of securities: baja de valores
develop: desarrollar, crear, idear, inventar, descubrir, obtener, encontrar, cultivar; impulsar, promover, fomentar, perfeccionar, organizar, establecer, realizar, construir, urbanizar, aprovechar, explotar, mejorar, modernizar, evolucionar; redactar, preparar, elaborar; manifestarse, revelarse
__ **a correct attitude towards reading**: fomentar una actitud favorable hacia la lectura
__ **a favorable attitude towards reading**: despertar interés por la lectura
__ **a print**: revelar una huella dactilar
__ **an estate**: valorizar una propiedad
__ **broader interests**: ampliar el horizonte
developed countries: países desarrollados
developer: inventor, descubridor, autor; sociedad inmobiliaria, urbanizador; (fot) revelador
developing countries: países en (vías de) desarrollo
__ **trends**: tendencias que se manifiestan
development: crecimiento, auge, incremento, fomento, desenvolvimiento, desarrollo, expansión, adelanto, avance, progreso, conquista, mejora, avance, superación, evolución, curso; establecimiento, descubrimiento, invención, innovación, creación, formación, organización, obra, constitución, ampliación, reforma, edificación, experimentación, tendencia, actividad, búsqueda, acontecimiento, hecho, circunstancia, nueva situación, nueva circunstancia; (pl) informaciones, noticias, actividades, novedades
__ **and training**: capacitación y adiestramiento
__ **area**: zona, enclave, sector o polo de desarrollo; zona de ensanche (urbana)
__ **assistance**: asistencia de desarrollo
__ **bank**: banco de fomento o desarrollo

__ **biology**: biología del desarrollo
__ **consumption**: consumo para el desarrollo
__ **credit agreement**: convenio de crédito de fomento
__ **drilling**: perforación de explotación
__ **effect**: acción dinamizadora
__ **expenditures**: gastos de promoción
__ **finance company**: institución financiera del desarrollo
__ **of a system**: implementación de un sistema
__ **of fishing grounds**: explotación de los bancos de pesca
__ **of international cooperation**: promoción de la cooperación internacional
__ **of local leaders**: formación de dirigentes locales
__ **of more effective vaccines**: obtención de vacunas más eficaces
__ **of new methods**: búsqueda de nuevos métodos
__ **of new oil fields**: habilitación de nuevos yacimientos
__ **of theory**: elaboración de una teoría
__ **pattern**: esquema genético, modalidades del crecimiento
__ **period**: etapa o fase de desarrollo, etapa o fase inicial (proyecto, empresa)
__ **phases**: etapas del crecimiento
__ **psychology**: psicología del desarrollo; psicología genética
__ **stage**: etapa o fase evolutiva
__ **values**: valores (factores) que facilitan el proceso evolutivo
developments to date: evolución registrada hasta la fecha
deviant groups: grupos disidentes
deviation: desviación, variación, anomalía; (com) cambio de ruta, variación de rumbo
__ **ditches**: zanjas de desagüe
__ **from par**: desviación (variación) con respecto a la paridad
device: dispositivo, artefacto, aparato, mecanismo, ingenio, ardid, estratagema, subterfugio
"devil's way of proving": "prueba diabólica", prueba negativa
devise: *s* legado; *v* idear, inventar, concebir, imaginar; (leg) legar
devolution: delegación (de poderes)
devolve upon: incumbir a, corresponder a, recaer sobre
devotion to law: vocación jurídica
dewater: desecar, deshidratar; desaguar, achicar, agotar
deworm: desparasitar
diagnosis: (técn) diagnosis, investigación, análisis; (med) diagnóstico
diagnostic radiology: radiodiagnóstico
__ **teaching**: clase de observación
__ **tests**: pruebas para establecer el diagnóstico
diagnostically related groups: grupos homogéneos de diagnóstico

DIAGRAM   DIRECT

diagram: diagrama, gráfico, esquema, figura
diagrammatic section: perfil diagramático
dial: (teléf) *s* cuadrante, disco selector o de llamada; *v* discar, marcar el número
diary method: (edu) método del diario de la clase
__ **survey**: estudio basado en un diario (de gastos)
diatomaceous earth: tierra diatomácea o de diatomeas, harina fósil, trípoli
dibble: plantador
dictating machine: dictáfono
dictum: (leg) dictamen
didactic method: (edu) método de enzeñanza o instrucción
didactics: (edu) arte de enseñar, instrucción sistemática, didáctica, pedagogía
die: (técn) molde, matriz; hilera; troquel
__ **making**: matricería
dies a quo: fecha inicial de un plazo
__ **ad quem**: última fecha de un plazo
__ **and jigs**: moldes y matrices
__ **non**: día inhábil, feriado legal
die-casting: pieza fundida a troquel
dieback: (silv) acronecrosis, muerte forestal periférica, extinción paulatina del bosque; gangrena recesiva; marchitazo o saneamiento descendente (árboles)
diesel oil: gas-oil, gasóleo
__ **power plant**: planta eléctrica diesel, central eléctrica diesel
diet: alimentación; régimen, dieta
__ **deficiencies**: deficiencias alimentarias
__ **department**: departamento de dietética
__ **protein**: proteína en la dieta
__ **recall**: encuesta alimentaria por interrogatorio
__ **schedule**: régimen dietético
__ **standard**: norma dietética
__ **supplement**: suplemento dietético, alimento complementario
__ **survey**: encuesta dietética, encuesta sobre el régimen alimenticio
__ **therapy**: dietoterapia
dietary environment: medio dietético
__ **habits**: hábitos de alimentación
__ **indiscretions**: desviaciones del régimen
__ **kitchen**: centro dietético
__ **survey**: encuesta dietética o alimentaria, estudio de los regímenes alimenticios
dietetic food: alimento de uso dietético especial
dietician (dietitian): bromatólogo, médico dietético; dietista
difference: diferencia; discrepancia, desacuerdo, disenso, controversia
__ **between levels of productivity**: desnivel de productividad
__ **equation**: ecuación de diferencias
__ **of opinion**: contraste de pareceres
differential: diferencia; tarifa diferencial (transporte); coeficiente diferencial; coeficiente de ajuste; a veces: plus
__ **cost**: costo diferencial, costo marginal

__ **duties**: derechos preferentes o preferenciales de aduana, arancel diferencial
__ **harvesting**: pesca selectiva
__ **rate**: coeficiente diferencial, tarifa diferencial
difficult labor: (med) parto distócico
diffidence: timidez, modestia
diffident: desconfiado de sí mismo, esquivo, modesto, huraño
diffusion of knowledge: vulgarización, difusión o publicación de conocimientos; circulación (periódicos)
digest: resumen; compendio, repertorio, recopilación
digit: cifra, número, guarismo, dígito, número dígito
__ **test**: test de memoria de números
digital: numérico, digital
__ **computer**: computador digital
__ **form**: forma numérica
__ **television**: televisión numérica
dike: dique; terraplén; arroyo, zanja, acequia
__ **terraces**: terrazas de borde
dilapidated: derruido; en mal estado de conservación; desvencijado; estropeado, desmoronado
dilatory payer: deudor moroso
dilution of labor: incorporación de mano de obra no capacitada
dimension: dimensión; (fig) faceta, aspecto, característica, modalidad
diminish: disminuir, menguar
diminishing balance depreciation: depreciación mediante el método del saldo decreciente; depreciación sobre el saldo
__ **returns, law of**: ley de rendimientos decrecientes
dimness of vision: visión nublada, oscurecimiento de la visión, obnubilación
dinghy: chinchorro (bote pequeño), jábega
dip: (agr) baño (animales); (min) buzamiento
dips in export proceeds: contracción de los ingresos de exportación
diplomatic courier: correo diplomático
__ **immunity**: inmunidad diplomática
__ **pouch**: valija diplomática
__ **service**: cuerpo diplomático, carrera diplomática
__ **status**: rango diplomático
dipping station: bañadera para animales
__ **tank**: tanque de inmersión (ganado)
direct: dirigir; encargar, mandar, ordenar; indicar; orientar
__ **access**: (comp) acceso al azar
__ **application therapy**: contactoterapia
__ **canvassing**: visitas personales (encuesta)
__ **castings**: piezas fundidas de primera fusión
__ **correlation**: (est) correlación positiva
__ **cost**: costo neto o directo
__ **costing**: cálculo (determinación) de costos directos
__ **current**: corriente continua

DIRECTED

__ **evidence**: prueba directa, prueba presencial
__ **examination**: (leg) interrogatorio directo
__ **mailing**: publicidad por correspondencia
__ **method of depreciation**: amortización directa
__ **rebate**: rebaja inmediata; descuento en el acto
__ **tax**: impuesto directo
__ **tax credit**: abono del impuesto directo
__ **unsecured obligation**: compromiso directo a sola firma
directed credit: crédito dirigido
__ **observation**: (edu) ejercicios de observación dirigidos por un especialista, trabajos de observación orientados
__ **study**: hora de preparación vigilada o de estudio vigilado
__ **teaching**: enseñanza dirigida
direction chart: cuadro de instrucciones de trabajo
__ **finder**: radiogoniómetro
__ **finding**: radiogonometría
__ **of flight**: línea de vuelo
__ **of lending**: distribución del financiamiento (entre los países)
__ **of trade**: corrientes comerciales
__ **of traffic**: sentido del tráfico
direction-of-change tables: tablas de los sentidos de variación
directive: orden, instrucción; (pl) directrices; directivas
director: director, administrador, gerente, dirigente; vocal (sociedad, corporación, etc.)
__ **category**: cuadro de dirección
__ **of a cooperative**: consejero social
__ **of curriculum**: director de programa o de la malla curricular
__ **of instruction**: director de estudios
__ **of personnel**: (adm) director de personal; (edu) jefe de sección de orientación de los estudiantes, consejero principal
__ **of placement**: director de la oficina de colocación de estudiantes
__ **of (student) teaching**: director de clases de práctica
__ **of teacher education**: encargado del programa de formación pedagógica
directors' fees: honorarios (remuneración) de directores de juntas directivas o emolumentos de asistencia
__ **percentage of profits**: participación de los directores en los beneficios
directorate: gerencia, directorio
dirt road: camino sin afirmar o sin firme, camino de tierra, camino de servicio
dirt-cheap price: precio irrisorio
dirty and clean utility rooms: (hosp) cuartos de faena limpia y faena sucia
__ **bill of lading**: conocimiento (de embarque) sucio o con reservas
__ **float**: flotación impura, flotación manipulada (de una moneda)

DISCHARGE

__ **products**: productos no refinados (del petróleo)
disability: incapacidad; invalidez
__ **benefit**: prestación de invalidez
__ **claim**: reclamación por incapacidad
__ **pension**: pensión por invalidez
disabled: inválido; (leg) incapacitado, discapacitado
__ **children**: hijos incapacitados
__ **ex-service man**: mutilado de guerra
disablement: incapacidad de trabajo
__ **benefits**: subsidios de invalidez
disabling consequences: consecuencias incapacitadoras o incapacitantes
__ **effect**: efecto incapacitante
disadvantage: inconveniente, desventaja
__ **of, to the**: en perjuicio de, en detrimento de
disadvantaged group: grupo desfavorecido
__ **school**: escuela marginal
disadvantageous balance of trade: saldo desfavorable, balanza comercial deficitaria
disaffirm: desmentir; denunciar; (leg) casar, anular
disaggregated data: datos desagregados, no totalizados
disaggregation: desagregación; desglose; desconjugación
disagio: descuento
disagree: no estar de acuerdo, estar en desacuerdo; discrepar; no aprobar; no convenir, sentar mal; reñir
disagreement: desacuerdo, desavenencia, inconformidad, discordancia, discrepancia
disallow: rechazar; anular; prohibir
__ **items in the accounts**: rechazar partidas de las cuentas
disallowance of claim: rechazo de una demanda
disallowed deductions: deducciones fiscales
disamenity: molestia
disaster areas: regiones devastadas
__ **at sea**: siniestro marítimo
__ **response**: medidas en caso de desastre
__ **warning**: alerta en caso de desastre
disaster-prone areas: zonas expuestas a desastres naturales
disbursed debt: deuda desembolsada
disbursement: desembolso; gasto, egreso
__ **office**: oficina de pagos o de desembolsos
__ **officer**: pagador, ordenador de gastos; oficial de desembolsos (préstamos)
__ **voucher**: justificativo
disbursing account: cuenta de pagos
__ **cashier**: cajero pagador
discards: desperdicios
discernment: uso de razón
discharge: descarga, pago de deuda; desembarque (buque); despido, despedida, destitución, separación del servicio; (leg) liberación (preso); rehabilitación (fallido); absolución (acusado); (mil) licencia absoluta; descargo, exoneración (impuestos); cumplimiento, ejercicio,

DISCHARGED

desempeño (función); (med) alta (paciente); exudado; flujo
— **a debt**: pagar o saldar una deuda
— **an obligation**: cumplir una obligación
— **diagnosis**: diagnóstico de alta
— **financial obligations**: saldar obligaciones financieras
— **from a liability**: liberar de una responsabilidad
— **from hospital**: dar de alta
— **in bankruptcy**: descargo o rehabilitación en quiebra o del fallido
— **of a bankrupt**: sobreseimiento o suspensión del procedimiento de quiebre
— **of a pump**: caudal de una bomba
— **of an attachment**: levantamiento de un embargo
— **of liability**: exención de responsabilidad
— **of one's duties, in the**: en el ejercicio de sus funciones
— **of patient**: alta o egreso de un paciente
— **outlet**: escape, salida
— **pipe**: tubería de impulsión
— **pressure**: presión de descarga
— **without notice**: despedir sin aviso previo
discharged bill: letra de cambio pagada
disciplinary action: medida disciplinaria
— **proceedings**: actuaciones para la aplicación de medidas disciplinarias
disclaimer: denegación (demanda); renuncia (derecho); (seg) declinación de responsabilidad; descargo de responsabilidades (publicación); (leg) negativa de un juez a conocer de un asunto
— **of certificate**: denegación del certificado (auditores)
disclosure: descubrimiento, advertencia; revelación, aclaración, divulgación; (cont) presentación o divulgación de información; inclusión o consignación de datos en estados financieros
— **of bids**: apertura de pliegos (o plicas) de ofertas
disconnected: desconectado, desarticulado, deshilvanado, inconexo, incoherente
discontinuance: cesación, interrupción, suspensión, discontinuación; (leg) desistimiento
— **of a benefit**: terminación de una prestación
discontinue: suspender, interrumpir, discontinuar, parar, cesar en alguna actividad, dejar de hacer alguna cosa
discontinuous: puntual, discontinua
discount: *s* (com) descuento, rebaja; (bnc) descuento, redescuento; *v* descontar, rebajar, disminuir, actualizar (proyectos)
— **factor**: factor de descuento o actualización
— **note**: pagaré descontado
— **rate**: tasa de descuento (bancario), tasa o tipo de (re)descuento (Banco Central); (econ) tasa de actualización (proyectos)

DISFIGUREMENT

discounted: (bnc) descontado, redescontado; actualizado (valor actual)
— **cash flow method**: método de actualización de los flujos de fondos
— **value**: valor actualizado
discourage: desanimar, desalentar, descorazonar, no fomentar; hacer desistir de, disuadir
discovery-learning method: método de aprendizaje por descubrimiento; enfoque heurístico
discrepancy: discrepancia; diferencia; desacuerdo, discurso; divergencia
discrete: distinto, desunido, separado, discreto, discontinuo, prudente, moderado
discretionary authority: discrecionalidad
— **income**: ingreso discrecional
— **power**: poder discrecional
— **trust**: fideicomiso discrecional
discriminating: perspicaz, discernidor; diferencial (derecho); fino (gusto)
— **dose**: dosis selectiva
— **market**: mercado exigente
discrimination: discriminación, discernimiento, distinción
discriminatory measures: medidas discriminatorias
— **power of a scale**: sensibilidad de una escala
— **sourcing**: discriminación entre proveedores
— **treatment**: trato discriminatorio
discuss: examinar, considerar, analizar, comentar, explicar, exponer, tratar, discutir, debatir, deliberar, hablar, conversar de, referirse a, tratar de alguna cosa
— **with**: entablar un dialogo con; tratar el asunto con
discussant: (experto) encargado del debate
discussion: examen (crítico), estudio, análisis, consideración, discusión, debate, deliberación, conversación, intercambio de opiniones
— **guide**: lista de temas para tratar; guía para dirigir los debates
— **leader**: director de debates, jefe de curso, animador, monitor
— **paper**: documento de trabajo, documento de debate
— **tree**: esquema de los debates
disease carrier: portador de gérmenes
— **control**: control de las enfermedades, lucha contra las enfermedades
— **patterns**: pautas patológicas, patologías prevalentes
— **survey**: encuesta patológica
disease-free area: zona indemne
diseconomies of scale: deseconomías de escala
disembodied productivity growth: crecimiento no incorporado de la productividad
— **technological progress**: progreso técnico no incorporado
disestablish: suprimir; separar (la Iglesia del Estado)
disfigurement of the environment: afeamiento (desfiguración) del medio ambiente

disguised unemployment: desempleo encubierto, disfrazado u oculto
dish antenna: antena parabólica
__ **water**: aguas grasas
dishoarding: desatesoramiento
dishonest: ímprobo, sin principios, sin probidad o sin integridad
dishonor: (com) incumplimiento o rechazo de pago
dishonored bill: letra rechazada o no atendida, letra impugnada, no aceptada
__ **check**: cheque rechazado
disincentive: freno, cortapisa, desincentivo, obstáculo, elemento disuasivo, factor desalentador
disinfect: desinfectar, higienizar
disinflation: desinflación, cese de la inflación
disinflationary: deflacionista, deflacionario
disinterestedly: desinteresadamente, desapasionadamente; sin interés, con apatía
disinsecting: desinsectación
disintermediation: desintermediación (movimiento de los ahorros de un banco a otro tipo de instrumentos para obtener mayores ingresos cambiando directamente sin recurrir a un intermediario financiero)
disinvestment: desinversión; retiro de inversiones, fuga de capital
disk harrow: grada de discos
dislocated worker: trabajador desplazado
dislocation: trastorno, desbarajuste, desarreglo, desorganización, disrupción; (med) luxación
disloyalty: infidencia, abuso de confianza
dismal science: ciencia funesta (= economía)
dismantle: desmantelar; desarmar, desmontar
dismantling of tariffs: desarme arancelario
__ **of the mold**: desarticulación del molde (fundición)
dismiss: despedir, distituir; exonerar; separar del servicio; (leg) desestimar (reclamación); declarar sin lugar (demanda); rechazar (recurso); absolver (acusado)
__ **a case**: (leg) sobreseer una causa
__ **a charge**: desestimar una acusación
__ **a minister**: separar a un ministro
dismissal: despido, despedida, destitución, licenciamiento, separación del servicio; (leg) sobreseimiento definitivo, absolución de la demanda o del acusado, declaración sin lugar, anulación de la instancia, rechazo (recurso)
__ **of action**: absolución del juicio
__ **of an arrangement**: rechazo de un convenio, oposición al convenio
disorder: desbarajuste, desarreglo, barullo
disorderly conduct: conducta escandalosa, perturbación del orden público
disowning of offspring: denegación de paternidad
disparity: disparidad, diferencia, desproporción
dispatch: expedir, remitir, enviar; despachar;

__ **money**: prima por pronta descarga, prima por celeridad (carga/descarga), sobrecarga por descarga rápida
__ **note**: nota de expedición
dispatcher: expedidor, despachador, agente despachador
dispatching: distribución de las órdenes de trabajo (talleres); repartición de la carga (redes eléctricas)
dispensable: prescindible, innecesario
dispense with: prescindir de
dispenser: (med) practicante de farmacia; (técn) distribuidor automático
disperse resources: atomizar los recursos
displaced person: persona desalojada; persona desplazada (reemplazada)
display: indicador, dispositivo indicador; vitrina, exposición, exhibición, material publicitario, despliegue, pantalla (indicadora), representación visual, imagen, dispositivo de visualización
__ **device**: (comp) terminal de pantalla
__ **unit**: unidad de representación visual
disposable: desechable
__ **income**: ingreso disponible
__ **money**: dinero disponible
disposal: disposición, eliminación, destrucción; evacuación; resolución; (com) venta; traspaso, enajenación
__ **of a case**: solución de un caso
__ **of a patient**: internación o confinamiento de un paciente; egreso de un paciente
__ **of equipment**: enajenación de equipo
__ **of funds**: utilización de los fondos
__ **of income**: destino del ingreso
__ **of property**: enajenación de bienes
__ **of surpluses**: colocación de excedentes
dispose of: disponer de; deshacerse de, tirar; enajenar, ceder, traspasar; vender, despachar
__ **for value**: enajenar a título oneroso
disposition of assets: enajenación o venta (de activos)
dispossess: desahuciar, lanzar, desalojar
dispossession: (leg) lanzamiento, evicción, desalojo (propiedad)
disprove: refutar, desaprobar, confrontar (impugnar)
dispute: disputa, desacuerdo, controversia, polémica; (leg) litigio; debate, discusión; conflicto (laboral)
disputed: controvertido (asunto); impugnado (teoría); contencioso, en litigio (asunto); discutido (decisión)
__ **debt**: deuda contenciosa
disqualification: incapacidad, impedimento legal, inhabilitación, descalificación; (leg) recusación
__ **of a judge to hear a case**: (leg) excusa de un juez para conocer de un asunto
disqualified: (leg) incompetente, incapacitado; inhabilitado; descalificado, inhábil para actuar como testigo

disregard: no hacer caso de, desatender, hacer caso omiso de; descuidar; (leg) desacatar;
— **of human rights**: desconocimiento de los derechos humanos
— **the rules of procedure**: demostrar negligencia en el cumplimiento del reglamento, ignorar el reglamento
disruption: ruptura; interrupción (tránsito); desbaratamiento, trastorno (planes); desorganización, perturbación (mercado)
— **of ecological balance**: ruptura del equilibrio ecológico
— **of the market**: desorganización o perturbación del mercado
disruptive effects: efectos perturbadores
— **fluctuations**: fluctuaciones perturbadoras
— **influence**: influencia disgregadora o perturbadora
dissatisfaction: descontento, desagrado, disgusto, insatisfacción
dissaving: desahorro, ahorro negativo
disseminate: diseminar, difundir, propagar, generalizar
disseminated disease: enfermedad generalizada
dissent: inconformidad, disentimiento, disidencia
dissenting opinion: opinión disidente o discrepante
— **vote**: voto particular, voto reservado; voto salvado (juez desaprueba el fallo); voto separado (juez desaprueba uno o más de los fundamentos del fallo, pero no éste)
disservice: perjuicio, deservicio
dissertation: (edu) tesis, memoria
dissociate oneself: desligarse, desentenderse
dissolve a partnership: disolver una sociedad, liquidar o eliminar una sociedad
dissolving wood pulp: pulpa de madera soluble
distance between the end of the thumb and the end of the little finger, fully extended: cuarta
— **between the end of the thumb and the forefinger, fully extended**: jeme
— **education (learning)**: enseñanza a distancia, educación a distancia
— **endurance**: autonomía en distancia (barco, avión)
— **input**: factor distancia
— **trade**: (trnsp mar) navegación de altura
— **traveled**: recorrido, trayecto
distance-measuring equipment: equipo radiotelemétrico
distempering: pintura al temple
distilled spirits: licores destilados
distinct: preciso (términos), exacto (descripción), definitivo (argumento); distinto, claro, evidente, inconfundible, inequívoco, marcado (accent)
— **possibility**: posibilidad evidente
distinctive: distintivo, característico, propio, especial, peculiar
— **behavior**: comportamiento característico

distinctly sketched out: netamente dibujado
distinguished: distinguido, ilustre, destacado, renombrado, eminente, famoso, insigne, conocido
— **guests**: mesa de honor; distinguidos invitados
distinguishing characteristics: rasgos típicos o diferenciales
— **mark (device)**: distintivo
distort exchange rates: alterar o falsear los tipos de cambio
— **the market**: perturbar el mercado
distortion: desajuste, distorsión, deformación
distraint: s (leg) embargo o secuestro de bienes, traba de ejecución; v embargar, trabar (poder de ejecución)
— **procedure**: cobro compulsivo, acción legal de cobro (impuesto)
distress: (naút) peligro; (leg) embargo extrajudicial
— **area**: zona damnificada
— **borrowing**: endeudamiento forzoso
— **calls and messages**: llamadas y mensajes de socorro
— **prices**: precios de saldo; precios irrisorios o de emergencia, de ganga, de ocasión, de oportunidad, de quema
— **sale**: venta de bienes embargados o secuestrados; venta a cualquier precio o de urgencia, venta a precios desfavorables
distressed loan: préstamo (que está) en dificultades
distribute a dividend: repartir un dividendo
distributed lag model: modelo de retrasos distribuidos, modelo con retardos escalonados
distribution: distribución, reparto; clasificación
— **channels**: conductos de distribución
— **of goods**: distribución comercial
— **pattern**: modelo de distribución (mercado)
distributional (distributive) effects: efectos distributivos
— **weight**: ponderación distributiva
distributive education: enseñanza comercial, enseñanza de técnicas de la comercialización
— **share**: participación distributiva
district: región; barrio; distrito, comarca, jurisdicción
— **attorney**: fiscal
— **attorney's office**: fiscalía
— **constituencies**: distritos electorales
— **court**: juzgado, tribunal o corte de distrito
disturbance: alboroto; disturbio; perturbación; trastorno; inquietud, preocupación
— **of the peace**: alteración o perturbación del orden público
disused: en desuso, abandonado
disutility: (econ) desutilidad
ditch: zanja, acequia, canal, cuneta; (reg) sangría
— **rider**: (reg) canalero
ditto: ídem, lo mismo
— **mark**: comillas (señal de repetición)
diversification of exports: diversificación de las exportaciones; (cartera de inversiones) desconcentración

DIVERSION

diversion: desviación (río, carretera); derivación (canal); trasvase (aguas)
__ **channel (ditch)**: canal (zanja) de derivación, derivadero, derivador
__ **dam**: presa de derivación, diversión
__ **of goods**: cambio de ruta
divestiture (divestment): cesión; traspaso de intereses; liquidación o venta (de una empresa); desinversión; desapropiación; desposeimiento; despojo (de honores)
divide: (EUA) (línea) divisoria de las aguas
divided highway: calzada doble
__ **loyalty**: conflicto de intereses
dividend in kind: dividendo en especie
__ **on preferred stock**: dividendo preferente
__ **warrant**: título que da derecho a dividendo (acciones nominativas), cupón o cédula de dividendo
dividend-right share: acción de usufructo o de goce
dividing (division) box: (reg) caja de derivación, partidor
diving: buceo
division chief: jefe de sección
__ **of a court**: sala
__ **of labor**: división del trabajo
__ **of material into various fields**: clasificación temática
divulge: propalar, divulgar
do without: prescindir de algo o de alguien
docent: guía de museo o galería de arte
dock: dársena, dique, muelle, espigón; (fc) andén; (leg) banquillo de los acusados
__ **and harbor dues**: derechos de dique y puerto, derechos de puerto o de quilla
__ **area**: zona de puertos
__ **basin**: dársena
__ **charges**: amarraje, atraque, derechos de muelle o de muellaje
__ **insurance**: seguro sobre mercancías en el muelle
__ **laborer**: estibador, trabajador de muelle
__ **siding**: vía de muelle
__ **siding haulage charge**: tasa por vías de muelle
__ **warrant**: recibo de aduana, certificado de almacén, certificado de depósito del muelle
dockage charges: muellaje
docket: (EUA) orden del día; (com) rótulo, etiqueta; (leg) registro de sumarios de causas; carpeta (de documentos), legajo
__ **a petition**: dar entrada a una demanda
docking: descuento de la paga (en concepto de sanción)
__ **system**: sistema de acoplamiento (aeronave)
doctor: (med) médico, doctor, facultativo, galeno
__ **accounts**: amañar las cuentas
__ **attending the case**: médico encargado del caso o que atiende al paciente
doctor's degree: (edu) doctorado
doctored data: datos amañados, adulterados o falsificados

DOMESTIC

document: *s* documento; (leg) escritura; *v* documentar, reunir datos, fundamentar, apoyar con pruebas, razonamientos, etc.
__ **evidencing the contract**: documento acreditativo del contrato
__ **in a case**: documento judicial o procesal
__ **in proof**: documento probatorio
__ **of title**: escritura de propiedad, título de tradición (venta), documento representativo (título) de mercancías (venta)
documents desk: servicio de distribución de documentos
documentalist: documentalista
documentary bill: letra documental, giro documentario, letra pagadera contra documentos
__ **credit**: crédito documental
__ **draft**: giro documentario, letra documentaria
__ **evidence (proof)**: prueba documental, comprobante, prueba, documento probatorio
__ **material**: (material de) documentación
documentation penalties: sanciones por errores en la documentación
dogfish: (ict) cazón, mielga, tollo
doldrums, be in the: (econ) estar parado (negocios); estar estancado; estar en calma (Bolsa)
dole: (RU) subsidio de cesantía o de desempleo
dollar at preferential rate: dólar preferencial
__ **at 1985 prices**: dólar de 1985
__ **budgeting**: presupuesto basado en los costos efectivos (Banco Mundial), presupuesto en dólares
__ **countries**: países de la zona del dólar
__ **gap**: déficit en dólares, escasez de dólares
__ **overhang**: excedente de dólares
__ **rate**: cambio o cotización del dólar
__ **track pension**: pensión en dólares
dollar-driven expenditures: gastos determinados en dólares
dolphin: poste de amarre
__ **fish**: (ict) lampuga, dorado
domain: (fig) campo, ámbito, esfera, competencia
domestic: doméstico; nacional; interno, casero
__ **arts**: artes domésticas
__ **assets**: (bnc) activo interno
__ **assets formation**: formación interna de capital
__ **bill**: letra interna (nacional)
__ **capital enterprises**: empresas de capital nacional
__ **capital formation**: formación interna de capital
__ **commodities**: frutos del país
__ **consumer demand**: demanda de bienes de consumo interno
__ **content**: contenido de origen nacional; (grado de) integración nacional
__ **content level**: porcentaje del valor agregado nacional
__ **costs**: costos internos
__ **currency**: moneda nacional
__ **debt**: deuda interna

__ **economy**: economía interna o nacional
__ **electric appliances**: (aparatos) electrodomésticos
__ **garden**: huerto familiar
__ **industry**: industria interna, rama de la producción nacional
__ **jurisdiction**: competencia nacional
__ **market**: mercado nacional
__ **measures to counteract recession**: medidas internas contra la recesión
__ **preference**: margen de preferencia a empresas nacionales
__ **product**: producto nacional
__ **savings**: ahorro interno
__ **science**: (edu) economía doméstica
__ **sewage**: desagüe doméstico
__ **tourism**: turismo interno, turismo nacional
__ **trade**: comercio interior o nacional
__ **value added**: valor agregado o añadido en el país
domestication: (econ) asimilación a las empresas nacionales
domicile a bill with: hacer pagadera una letra en (lugar o domicilio)
__ **taxation**: imposición según el domicilio
domiciled bill of exchange: letra de cambio domiciliada (donde es aceptada)
domiciliary midwifery: atención de partos en el hogar
__ **treatment**: tratamiento domiciliario
domiciling of a bill: domiciliación
dominance: predominio; dominación
dominate trading: dominar el mercado o las operaciones
domino effect: efecto recesivo en cadena
donation: donativo; (leg) donación
donor country: país donante o proveedor de fondos
door fittings: herrajes
__ **sill**: solera
dormancy: latencia
dormant: letárgico, inactivo, latente
__ **account**: cuenta sin movimiento
__ **balance**: saldo inactivo
__ **debt**: deuda inactiva
__ **partner**: socio comanditario, socio tácito, secreto y con poder de representación
__ **period**: letargo
dormitory: (EUA) casa o residencia de estudiantes
dosage: dosificación; posología
__ **form**: forma de la dosis, forma farmacéutica
__ **rate**: dosificación
__ **retention test**: ensayo de retención de la dosis
dose counting device: dosificador
__ **range**: intervalo de dosificación
__ **rate**: intensidad de la dosis
dossier: expediente, ficha (policía); (fig) antecedentes
dot chart: gráfico de puntos
__ **diagram**: diagrama de puntos

dotted line: línea de puntos, línea recortada
double accounting: recuento doble
__ **approach**: doble enfoque
__ **indemnity**: doble indemnización
__ **liability**: doble responsabilidad, doble carga
__ **shift**: jornada doble
__ **taxation**: doble tributación o imposición
__ **thread**: rosca doble, rosca de doble entrada
double-acting: a doble efecto
double-blind study: estudio doblemente ciego o doblemente anónimo
__ **technique**: prueba doblemente anónima (ciega)
double-cropping: cultivos dobles
double-day phenomenon: fenómeno de la doble tarea de la mujer
double-dealing: falsedad, duplicidad, doblez
double-digit inflation: (tasa de) inflación de dos dígitos, de 10% o más
double-dipping: doble empleo con miras a obtener dos pensiones, acumulación de beneficios (doble empleo)
double-entry accounting: contabilidad por partida doble
double-factorial terms of trade: relación de intercambio de dos factores
double-parking: estacionamiento en doble fila
double-pricing: dualidad de precios; (sistema) doble precio
double-session day: (edu) día escolar dividido en dos sesiones
double-shift school: escuela de horario alternado
__ **teaching system**: enseñanza de doble jornada o de doble turno
double-space page: página (mecanografiada) a doble espacio
double-toned milk: leche doblemente rebajada
double-track railway: ferrocarril de vía doble
double-weighted borrowing cost: costo de los empréstitos con doble ponderación
doubtful accounts: cuentas de dudosa cobranza
__ **debt**: deuda dudosa o de cobro dudoso
__ **pledges**: promesas (de contribución) de cumplimiento incierto
__ **title**: título incierto
Douglas fir: pino oregón
dowel: tarugo
down payment: pago inicial, pago a cuenta, pie
__ **period**: período de cierre
__ **pipe**: tubería de bajada
__ **pipes and gutters**: (const) bajantes y canales
__ **through history**: en el devenir histórico
__ **time**: tiempo improductivo o de inactividad, tiempo de parada o de cierre; (comp) período de no disponibilidad, tiempo sin operar, tiempo muerto
__ **tools**: cesar en el trabajo
down-to-earth: práctico, realista, sensato
downgrade: degradar; asignar a un grado más bajo, reducir la clasificación; rebajar de categoría (préstamo)

DOWNHOLE   DRAW

downhole log: diagrafía de fondo de perforación
downside potential: posibilidades de descenso o de que desciendan (valores)
downsides: desventajas
downsize: reducir el tamaño
downsizing victims: víctimas de la reducción de personal
downstream: aguas abajo, río abajo
__ **course**: migración aguas abajo (peces)
__ **dumping**: dumping en el proceso de comercialización; dumping posterior
__ **effect**: efecto mediato
__ **industries**: industrias consumidoras o procesadoras de materias primas
__ **innovations**: innovaciones inducidas por el usuario
__ **integration**: integración vertical hacia abajo
__ **migration**: migración aguas abajo, migración descendente
__ **plant**: planta de elaboración secundaria (petróleo); instalaciones de elaboración, transporte y distribución
__ **research**: investigación aplicada
__ **sector**: sector adquirente
__ **services**: servicios relativos al proceso de comercialización
__ **subsidies**: subvenciones en fases posteriores al proceso de producción
downswing: fase descendente o de contracción, movimiento descendente de la economía
downtown: centro de la ciudad, barrio céntrico, distrito comercial
downturn: iniciación de la fase descendente (del ciclo económico); cambio desfavorable de la coyuntura; declinación o descenso de la actividad; contracción de la actividad económica; caída, depresión
downward adjustment: ajuste a la baja
__ **bias**: sesgo por defecto
__ **inflexibility of prices and wages**: resistencia a la baja de precios y salarios
__ **movement**: movimiento (tendencia) de retroceso
__ **order**: orden descendente
__ **price movement**: movimiento a la baja de los precios, tendencia bajista
__ **rigidity**: (econ) resistencia de los precios a bajar
__ **slope of a curve**: depresión de la curva
__ **trend**: tendencia descendente o a la baja (bajista)
downward-sloping curve: curva descendente, curva inclinada hacia abajo
downwelling: corriente sumergente
dowser: zahorí
dowsing: rabdomancia
draft: corriente de aire; succión, aspiración; tracción, tiro; anteproyecto; borrador; redacción; proyecto; (com) giro, libranza, cédula de cambio, libramiento, efecto de comercio, letra de cambio; (náut) calado; (mil) conscripción

__ **agreement**: proyecto de acuerdo
__ **animal**: animal de tiro
__ **board**: (mil) junta de reclutamiento
__ **call**: (mil) conscripción
__ **guidelines**: pautas preliminares
__ **outline**: proyecto de esquema, proyecto preliminar
__ **oxen**: bueyes de trabajo
__ **power**: tracción animal
__ **resolution**: proyecto de resolución
drafts and estimates: planos y presupuestos
draftee: recluta, conscripto, quinto
drafting committee: comité de redacción, comité de estilo
draftsman: dibujante, delineante, diseñador
drag: aplanadora (caminos)
__ **conveyor**: transportador de cadena sin fin con paletas o de arrastre
__ **line**: cavadora, excavadora de arrastre
__ **seine**: red de barredera
dragnet: red barredera, barrida
drain: s desaguadero, alcantarilla, sumidero; conducto de desagüe; (fig) sangría, merma, disminución, éxodo; v drenar; desaguar; averiar
__ **inlet**: sumidero, vertedero (camino)
__ **of reserves**: agotamiento de las reservas
__ **on the budget**: sangría en el presupuesto
__ **pit**: sumidero
__ **water**: agua de desagüe
drainage: desagüe, saneamiento de tierras; (agr) avenamiento; desecación (pantano); alcantarillado
__ **basin**: cuenca hidrográfica, hoya sanitaria
__ **ditch**: atarjea, zanja, almenara
__ **pit**: pozo absorbente
drained weight: peso escurrido
drainfield: campo de absorción
drainpipe: tubería de desagüe, tubería de drenaje
dramatic: asombroso, sorprendente, impresionante, imponente, emocionante, tajante, sensacional, espectacular, descomunal, efectista, teatral, acongojante, conmovedor, elocuente, tangible, claro, gráfico; dramático
__ **proportions**: proporciones alarmantes
__ **reduction**: reducción espectacular
dramatization: caracterización (de personajes), psicodrama, dramatización, escenificación, presentación o exposición dialogada
dramatize: escenificar, representar, dramatizar, exagerar, destacar, realzar, demostrar ostensiblemente o palpablemente
drastic: drástico, importante, radical, tajante, draconiano, severo, riguroso
__ **cuts**: reducciones importantes
__ **measures**: medidas radicales, rigurosas o enérgicas
draw: (com) recibir, cobrar (sueldo); extender (cheque); girar, librar (letra); utilizar, retirar, girar (fondos)
__ **a wage**: percibir un salario (jornal)
__ **against**: girar a cargo de

__ **checks against a deposit**: extender cheques contra una cuenta
__ **down**: disminuir (existencias); reducir; utilizar
__ **lots**: sortear
__ **on**: recurrir a, inspirarse en, echar mano de; girar contra, librar contra
__ **to the attention**: señalar a la atención
__ **up**: redactar (documento); preparar (presupuesto); elaborar, formular (plan); trazar (itinerario)
__ **up a deed**: otorgar una escritura pública
__ **up the minutes**: preparar, redactar o levantar las actas
drawable currencies: monedas girables o utilizables para giros
drawback: inconveniencia, desventaja, retroceso; prima de exportación; devolución, reembolso, restitución o reintegro de derechos de aduana (o impuestos); descuento de exportación
__ **industry**: industria de maquila
__ **value**: valor de retorno
drawdown: disminución, reducción, utilización; retiro de fondos en cuenta, giro
__ **curve**: curva de depresión (pozo)
__ **of equity**: utilización de capital
__ **of inventory**: uso de existencias; redacción de inventario
__ **of legal reserve**: desencaje
drawee: (com) librado; girado
drawer: (com) librador; girador (de una letra o pagaré)
drawing: dibujo, plano; sorteo; (com) giro; (pl) cantidades retiradas
__ **authorization**: autorización para girar
__ **country**: país girador
__ **facilities**: servicios de giro
__ **on cash**: giro contra caja
__ **power (capacity)**: poder de convocatoria; carisma
__ **rights**: derechos de giro
__ **under credit**: utilización del crédito
__ **up of a deed**: otorgamiento de un título
__ **without recourse**: giro sin responsabilidad
drawing-down of stocks: disminución de las existencias
drawn by: (com) librado, girado o firmado por
__ **on**: (com) a cargo de; librado contra, girado contra
dredger (excavator): excavadora
dredging: fango de dragado
dress: cepillar madera
dressed beef: carne beneficiada de res
__ **carcass weight**: peso en canal limpia
__ **leather**: cuero adobado o curtido, cuero mutón
__ **lumber**: madera cepillada o pulida
__ **meat**: carne limpia
__ **poultry**: aves limpias, pollos pelados
__ **weight**: peso neto, peso en limpio (carne)
__ **wool**: lana peinada o cardada
dresser: (med) ayudante o practicante de enfermería

dressing: (med) venda, vendaje, apósito; abono en cubierta; enlucimiento (afirmado del camino); riego superficial (camino)
__ **of minerals**: elaboración de minerales
__ **of setts**: labra de adoquines
__ **plant**: (min) planta de concentrado
__ **section (hall)**: sección de evisceración (matadero)
dribble irrigation: riego por goteo
dried milk: leche desecada, deshidratada o en polvo
__ **skim milk**: leche descremada en polvo
__ **vaccine**: vacuna desecada
__ **whole milk**: leche entera deshidratada
drift: desplazamiento, movimiento (personas); significado (declaración); (náut) deriva; (min) galería de producción; socavón
__ **down**: contraerse (mercado)
__ **fishing**: pesca de deriva
__ **from the land**: éxodo rural, despoblación del campo
__ **net**: red de arrastre, traína, red barredera, arte de deriva
__ **of prices**: deslizamiento, inestabilidad de los precios
__ **spraying**: pulverización por deriva
__ **to the city**: movimiento hacia la ciudad
__ **tunnel**: (min) túnel de explotación, cañón, pique de traspaso
drill: (adm) ejercicio, ejercicio de automatización; (técn) taladro, broca, barrena; (min) perforadora, trépano (petróleo); (agr) sembradora
__ **bit**: punta de barrena
__ **core**: (min) testigo
drill-practice systems: (edu) sistemas de patrón y práctica
drilling: perforación o sondaje
__ **rig**: plataforma de perforación petrolera
drinking trough: abrevadero
__ **water**: agua potable
drip irrigation: riego por goteo, riego de escurrimiento por goteo
__ **valve**: (reg) gotero
drive: energía, vigor, empuje; agresividad, ofensiva, campaña de fomento, expansión, impulso
__ **belt**: correa de transmisión
drive-in bank: autobanco, banco para automovilistas
__ **service**: servicio (atención) en su propio coche
driven well: pozo hincado, pozo abisinio, pozo húmedo
driver: conductor, maquinista, chofer
__ **education**: educación vial
driveway: cañada, calzada
driving force: motor, móvil; impulso
drop: descenso, disminución, regresión, merma, baja, bajada, caída
__ **forging**: pieza forjada a martineta o troquel
__ **hammer**: martillo pilón, martinete
__ **out**: (edu) desertar, abandonar (escuela)

__ **wire**: (teléf) alambre de servicio al abonado
droplock: (fin) valor a tasa flotante de rendimiento mínimo garantizado, congelación de interés a un mínimo
dropout: (edu) s desertor escolar, alumno desertor
__ **program**: programa de recuperación escolar
__ **rate**: coeficiente de deserción escolar, coeficiente de éxodo
dropping out: (edu) deserción o abandono escolar, mortalidad escolar
dross: granzas (metal)
drought stage: (río) época de estiaje
__ **stress**: tensión debida a la sequía
drought-prone area: zona expuesta a la sequía
drought-resistent: xerófilas, xerofíticas (plantas)
drug: compuesto químico, medicamento, medicina, fármaco, sustancia medicinal, producto farmacéutico, preparado, preparación farmacéutica; droga, estupefaciente, narcótico
__ **abuse**: uso indebido de drogas, toxicomanía
__ **addict**: toxicómano, drogadicto
__ **addiction**: toxicomanía
__ **dependence**: farmacodependencia
__ **dependent individuals**: personas fármacodependientes
__ **detecting dogs**: perros detectores de drogas
__ **law enforcement**: represión de drogas
__ **liable to produce dependence**: droga susceptible de engendrar toxicomanía
__ **monitoring center**: centro de vigilancia farmacológica
__ **prophylaxis**: quimioprofilaxis
__ **prosecutions**: causas incoadas por tenencia ilícita de drogas
__ **resistance**: farmacorresistencia, resistencia a un medicamento
__ **therapy**: tratamiento farmacológico, farmacoterapia, quimioterapia
__ **traffic**: contrabando de narcóticos
__ **treatment**: tratamiento con drogas, quimioterapia
__ **use**: consumo de drogas
drugs of abuse: drogas enervantes
drum: (ict) corvina
__ **gate**: compuerta de sector
"drummer": viajante comercial
drumming: envasado de bidones
dry bulk (cargo): carga seca
__ **commodities**: áridos
__ **crops**: cosechas de secano
__ **dock**: dique seco o de carena
__ **farming**: agricultura o cultivo de secano, cultivo de temporal, cultivo por gravitación natural, cultivo de rulo
__ **farming areas**: tierras o zonas de secano, (Chi) campos de rulo
__ **feed**: alimentación en seco, pienso
__ **fruits**: orejones; huesillos
__ **goods**: géneros, telas, mercería, textiles, lencería

__ **grassland**: pasto xerófilo o xerofítico
__ **heat**: calor seco, aire caliente
__ **hole**: pozo seco (petróleo)
__ **ice**: nieve carbónica
__ **measure**: medida para áridos
__ **milk solid**: leche desecada en bloques, extracto seco de leche, leche desecada en polvo
__ **process**: producción por vía seca (cemento)
__ **season**: estación seca, estación de sequía
__ **skimmed milk**: leche desnatada en polvo
__ **trust**: fideicomiso pasivo
__ **up demand**: extinguir la demanda
__ **weather flow**: caudal de tiempo seco, caudal de estiaje
__ **weight content**: contenido en extracto seco
__ **welding**: soldadura en ambiente seco
drying: secado
__ **barn**: secadero (tabaco)
__ **bin**: secadero de cámara estable (madera)
__ **ground**: toril (tabaco)
__ **out of a (fish) pond**: vaciado de un estanque
__ **reef**: arrecife emergente
dryland farming: cultivo de secano, agricultura temporal
__ **management**: ordenación de tierras áridas
drylot cattle: (EUA) ganado de pesebre o de corral
dryness: sequedad (del suelo)
dual control: doble control o mando, fiscalización doble
__ **economy**: dualismo económico, economía dualista o dual
__ **exchange market**: mercado doble de cambios
__ **executive director**: director ejecutivo con doble función
__ **nationality**: doble nacionalidad
__ **payline method**: método de la curva doble de sueldos
__ **pension adjustment system**: sistema doble de ajuste de las pensiones
__ **pricing**: régimen de precios dobles
__ **valuation clause**: cláusula de doble evaluación
__ **workers**: personal bivalente o bifuncional
dual-purpose cattle: ganado de doble aptitud o de doble finalidad
__ **funds**: fondos de doble propósito (ingresos y crecimiento)
dubbing: sincronización, doblaje (películas)
__ **of transcriptions**: regrabación de transcripciones
__ **taxes**: impuestos sobre el doblaje (películas)
ductwork: conductos de cable
due: conveniente, oportuno, propio, legítimo; (com) pagadero, vencido, debido; (pl) derechos, cuotas (asociaciones)
__ **and payable**: vencido y pagadero
__ **and payable amount**: suma adeudada y pagadera
__ **bill**: pagaré, vale, reconocimiento de la deuda
__ **date**: fecha de vencimiento, plazo, caducidad

__ **diligence**: (com) debida diligencia o gestión
__ **for payment**: vencido, exigible
__ **from**: adeudado por
__ **notice**: aviso en buena y debida forma
__ **on demand**: pagadero a la vista
__ **process**: (leg) vía de derecho; respeto de las garantías legales; procedimiento reglamentario o jurídico, debido proceso
__ **process of law**: debido procedimiento legal
__ **process of law, without**: sin atenerse a la ley
__ **to**: debido a, adeudado a, como consecuencia de, causado por, provocado por, por causa de
dues-paying member: asociado o afiliado cotizante
duff: humus bruto, capa de materia orgánica, mantillo de hojas
duffel bag: saco de marinero
dug well: pozo excavado
dull child: niño de reacción lenta, niño ligeramente retardado
__ **market**: mercado inactivo, débil o flojo
__ **sales**: marasmo o paralización de las ventas
__ **season**: estación muerta, temporada inactiva
duly certified copy: copia certificada conforme
__ **qualified witness**: testigo sin excepción legal
dulse: alga roja
dummy: objeto ficticio; maniquí; (impr) maqueta; (bibl) advertidor; (fig) testaferro
__ **clause**: cláusula sin autoridad, cláusula de adorno, cláusula proforma
__ **company**: compañía pantalla
__ **out**: (est) sustituir por una variable ficticia
__ **stock**: acciones de propiedad simulada
__ **stockholder**: tenedor ficticio de acciones de otros
__ **table**: modelo de cuadro
__ **transaction**: negocio ficticio
__ **variable**: (est) variable ficticia o artificial, simulada
dump: s vertedero (al aire libre), basural; (min) cancha; v descargar, verter, vaciar, (com) inundar el mercado con (un producto)
__ **barge (scow)**: gánguil, lancha de descarga, gabarra sin motor (propulsión)
__ **car**: (fc) carro volcador, vagón de volquete, volcadora
__ **truck**: camión volquete, camión de volteo; camión de maroma (Méx), camión de palangana (Guat)
dumped product: producto objeto de dumping
dumping: (com) dumping; inundación del mercado con artículos a precios rebajados; descarga, vertimiento o inmersión (de desechos)
__ **duties**: (econ) derechos antidumping
__ **factor**: factor de amortiguación, de atenuación
__ **penalty duties**: sanciones aduaneras antidumping
__ **price**: precio de dumping
dumpster: contenedor mecanizable
dung cake: torta de estiércol
dunnage: abarrotes; maderos de estibar

__ **wood**: soleras
duopoly: duopolio
duplicate production: producción en serie
duplicating: (impr) reproducción de documentos, multigrafía
__ **bookkeeping system**: contabilidad por decalco
__ **machine**: multicopista
duplication: duplicación; pluralidad; proliferación, reproducción de documentos
durable consumer goods: bienes de consumo duraderos, bienes de uso
duration of cover: duración de la garantía
duress: coacción, coerción; compulsión
durum wheat: trigo duro, trigo fanfarrón o semolero
dust guard: guardapolvo
__ **overall**: guardapolvo
dustability: pulverulencia
duster: (agr) espolvoreador, pulverizador
dusting: espolvoreamiento, pulverización, fumigación
dutch auction: subasta a la baja
__ **disease**: (econ) mal holandés
__ **treat**: cada uno paga su cuenta o el gasto
dutiable: sujeto a pago de derechos arancelarios o de aduana, gravable, imponible
__ **value**: valor en aduana, valor a los efectos del pago de derechos
duties and powers: deberes y atribuciones
duty: deber, obligación, responsabilidad, función; (com) impuesto; (pl) derechos de aduana o arancelarios, aranceles
__ **allowance**: asignación de función
__ **levied on a weight basis**: derecho por peso
__ **nurse**: enfermera de turno
__ **of irrigation water**: dotación de agua; coeficiente de riego; (Esp) alema
__ **range**: intervalo de derechos, horquilla de derechos
__ **room**: local de servicio (hospital)
__ **station**: lugar de destino oficial, localización
__ **status**: situación de servicio activo
__ **travel**: viaje en comisión de servicio
duty-free entry: franquicia aduanera admisión libre o exenta de derechos de aduana
__ **port**: puerto franco
__ **quota**: contingente libre de derechos
__ **shop**: tienda franca, tienda exenta de derechos aduaneros
__ **status of goods**: franquicia aduanera
__ **treatment**: régimen de exención de derechos de aduana
duty-paid landed value: valor sobre muelle después de pagados los derechos
__ **value**: valor después de pagados los derechos
dwarf holding: minifundio
dweller: habitante, morador
dwelling: vivienda, morada, casa
__ **core**: núcleo habitacional, vivienda mínima
__ **unit**: unidad de vivienda
dwindle: menguar, disminuir; quedar reducido a

dwindling of assets: contracción del activo, disminución o agotamiento del activo
dye plant: planta tintórea
dyestuff industry: industria de colorantes (tintes, tinturas)
dynamic life index: índice de la vida dinámica
dynamics of population: dinámica de la población

E

each one teach one: a cada uno su alumno
eagerly: con empeño, ahinco, ansias, vehemencia
ear notch: muesca de oreja
__ **rot**: podredumbre de la mazorca
__ **tag**: arete (ganado)
eared seal: lobo marino
earliness: maduración temprana
early childhood education: educación de la primera infancia, educación preescolar
__ **detection**: detección temprana
__ **drawing**: giro anticipado
__ **examination**: (med) examen precoz
__ **maturing**: de maduración temprana; precoz
__ **phase out**: cese rápido (de la producción); eliminación rápida
__ **reading activities**: iniciación en la lectura
__ **retirement**: jubilación anticipada
__ **retirement benefit**: prestación de jubilación anticipada
__ **school education**: educación preescolar
__ **stages**: fases tempranas (de desarrollo), primeras etapas
__ **use**: primeras experiencias en el uso
__ **vegetables and fruits**: primicias
__ **warning**: aviso inmediato, aviso oportuno o anticipado
__ **warning devices**: indicadores de alerta rápida, inmediata
__ **warning system**: sistema de alerta anticipada
earmark: destinar (fondos); reservar, asignar, consignar (créditos), afectar para un fin
earmarked: asignado para uso especial
__ **account**: cuenta reservada o especial, cuenta consignada
__ **assets**: activo comprometido
__ **funds**: fondos destinados, fondos asignados
__ **gold**: oro en custodia (vendido, pero no transportado)
__ **sale**: venta reservada
__ **source**: origen especificado
__ **taxes**: impuestos para fines específicos
earn: ganar; merecer, merecerse, hacerse acreedor, ganarse; (com) devengar
__ **a profit or interest**: redituar
earned income: ingreso proveniente del trabajo, de la renta, ingreso percibido; a veces: ingreso(s) salarial(es)

__ **interest**: interés devengado, acumulado
__ **profits**: utilidades realizadas
__ **service time**: antigüedad en el servicio
__ **surplus**: superávit ganado o devengado, excedente de explotación, beneficios acumulados, utilidades no distribuidas, ingresos retenidos
__ **surplus account**: cuenta de utilidades no distribuidas
earnest money: arras, prenda, señal, anticipo, caparra, depósito, pie
earning assets: activo que devenga interés, activo productivo
__ **capacity**: productividad financiera, rentabilidad
__ **power**: rentabilidad, capacidad para obtener ingresos
earnings: ingresos, entradas, ganancias, utilidades; sueldo, salario, remuneración, renta, beneficios
__ **per share**: utilidades o beneficios por acción
__ **statement**: estado de resultados, estado de ganancias y pérdidas
earth: (elec) unir a masa
__ **body**: macizo continental
__ **eating**: geófago
__ **movements**: movimientos telúricos
__ **resources satellite**: satélite de exploración de los recursos terrestres, satélite para el estudio de los recursos terrestres
__ **road**: camino de tierra
__ **sciences**: geotecnia
earthenware: loza de barro, objetos de arcilla, alfarería
earthfill: terracería
__ **dam**: presa o represa de terraplén
earthing-up: aporcamiento (plantas)
earthmover: excavadora
earthmoving: trabajo de desmonte; movimiento o traslado de tierra
__ **equipment**: maquinaria para remover la tierra
earthquake engineering: ingeniería antisísmica, técnica de construcciones antisísmicas
earthworks: movimiento de tierra (en construcción); terraplén
ease: *s* facilidad, soltura; tranquilidad, seguridad; naturalidad; alivio; comodidad; *v* aliviar, mitigar; suavizar, aflojar, flexibilizar, atenuar restricciones
__ **of maintenance**: facilidad de conservación
__ **of operation**: comodidad de manejo
__ **up on**: suavizar
easement: servidumbre
__ **by implication**: servidumbre tácita o subentendida
__ **of access**: servidumbre de acceso
__ **of necessity**: servidumbre necesaria
easily marketable, be: tener buena salida
easing: relajación, baja; a veces: flexibilización
__ **in money rate**: distensión en el mercado monetario

EASY ECONOMY

__ **of cyclical conditions**: amortiguamiento, suavización de la coyuntura
__ **of exchange conditions**: distensión de la situación de cambio
__ **of the capital market**: mayor fluidez en el mercado de capitales, mayor oferta de capitales
easy credit policy: política de (concesión de) crédito, política del dinero barato
__ **fiscal and monetary policy**: política fiscal y monetaria liberales
__ **market**: mercado fácil, mercado sostenido
__ **money**: dinero abundante a bajo tipo de interés, dinero barato
__ **money measures**: medidas para facilitar el crédito, política de liberación del crédito
__ **payments**: facilidades de pago
__ **terms**: facilidades de pago
easterly wind: viento del Este
Eastern Standard Time: hora oficial del Este, de Nueva York
eating habits: hábitos alimentarios
__ **unit**: unidad alimentaria
eaves: alero
__ **trough**: canalón
eavesdrop: escuchar a hurtadillas o clandestinamente, husmear, fisgar, fisgonear
eavesdropping: escucha oculta
ebb tide: marea menguante
echelon: nivel (de autoridad); (mil) escalón
echo chamber: cámara de resonancia
__ **ranging**: telemetría
__ **sounder**: ecosonda, sondador acústico
ecological balance: equilibrio ecológico
__ **considerations**: aspectos ecológicos
__ **niche**: casilla ecológica
economic achievement: adelanto o progreso económico
__ **adjustment**: reordenación de la economía
__ **aggregates**: agregados económicos
__ **and sector work**: estudios económicos y sectoriales
__ **climate**: coyuntura
__ **conditions**: situación económica, coyuntura; a veces: clima económico
__ **depression**: crisis económica, depresión
__ **dislocation**: desbarajuste económico, disloque, perturbación
__ **downturn**: estancamiento (cambio desfavorable) de la coyuntura, contracción de la actividad económica, declinación o descanso de la actividad
__ **environment**: circunstancias económicas
__ **forecast**: perspectiva económica, predicción económica
__ **framework**: entorno económico
__ **grants**: donaciones en calidad de ayuda económica
__ **hardship**: dificultades económicas
__ **impact**: efecto económico o sobre la economía

__ **indicator**: indicador económico, índice de la actividad económica
__ **life**: vida útil, duración
__ **man**: *homo economicus*, sujeto económico
__ **management**: gestión de la economía
__ **monitor**: indicador de las perspectivas económicas
__ **motive forces**: fuerzas motrices de la economía
__ **pattern**: esquema económico
__ **pay-off**: rentabilidad
__ **performance**: comportamiento, actuación, desempeño o rendimiento de la economía; resultados económicos; marcha de la economía
__ **planning**: planificación económica
__ **policy**: política económica
__ **power**: potencia (capacidad) económica
__ **price**: precio económico, precio de eficiencia
__ **rate of return**: tasa de rendimiento económico o de rentabilidad económica
__ **recovery loan**: préstamo para reactivación económica, recuperación económica
__ **rent**: renta económica
__ **reversal**: inversión de la tendencia económica
__ **self-sufficiency**: autosuficiencia económica, autarquía, autoabastecimiento
__ **situation**: coyuntura o situación económica
__ **situation (background) of agriculture**: cuadro coyuntural de la agricultura
__ **size**: económicamente viable (v gr *farm of economic size:* granja económicamente viable)
__ **slowdown**: atenuación, deceleración o reducción de la actividad económica
__ **soundness**: solvencia económica
__ **status**: situación económica
__ **status groups**: grupos por posición económica
__ **summit**: reunión económica de jefes de estado, reunión económica en la cumbre
__ **survey**: sondeo coyuntural
__ **transactors**: agentes económicos
__ **trends**: coyuntura económica, evolución de la economía, evolución coyuntural, tendencias económicas
__ **viability**: viabilidad económica, economicidad
economics: economía, economía política, ciencias económicas
__ **of education**: aspectos económicos de la educación
__ **of health**: aspectos económicos de la salud; la economía y la salud
__ **of modes of transport**: economicidad o rentabilidad de los medios de transporte
__ **of regress**: economía de retroceso; aspectos económicos del retroceso
economy: economía; ahorro
__ **class**: clase económica o turista
__ **mired in a slump**: economía estancada en una depresión

ECONOMY'S   EDUCATIONAL

- __ of abundance__: economía de superávit o de abundancia
- __ of scarcity__: economía deficitaria o de escasez
- **economy's savings**: los ahorros totales (de un país)
- **economies of scale**: economías de escala
- __ of scope__: economías de alcance, economías de diversificación
- **Edam cheese**: queso de bola
- **eddy**: remolino, contracorriente; turbulencia
- **edema shoot**: edema de los brotes (enfermedad del cacao)
- **edge bias**: sesgo (por exceso) del margen, del borde
- __ up__: subir lentamente (precios)
- **edible crops**: cultivos comestibles
- **edit**: preparar textos para la imprenta; editar; redactar; compilar (textos); corregir; revisar; dirigir (diario)
- **edited by**: compilado por
- **editing**: preparación de textos, redacción, corrección, revisión; dirección (diario); montaje (película)
- **edition**: edición; tirada
- **editor**: editor (de un texto); compilador (textos); revisor, corrector, redactor, director (diario)
- __ in chief__: redactor jefe, jefe de redacción
- **editor-verbatim reporter**: taquígrafo-redactor de actas
- **editorial**: artículo de fondo, editorial
- __ amendments__: correcciones de estilo o de redacción
- __ assistant__: ayudante de redacción
- __ board__: consejo editorial, junta editora
- __ changes__: cambios de forma
- __ control__: control editorial
- __ division__: división de preparación de textos
- __ fees__: derechos editoriales
- __ officer__: oficial de redacción
- __ pages__: páginas de texto
- __ services__: servicios editoriales, servicios de redacción
- __ staff__: la redacción, los redactores
- __ writer__: editorialista
- **educated guess**: estimación razonada, bien fundada o ilustrada, conjetura razonable
- __ unemployed__: cesantía, desocupación o desempleo de los graduados
- **education**: educación, enseñanza, instrucción, formación
- __ allowance__: subsidio de educación
- __ and pedagogy__: teoría y práctica de la educación
- __ and training__: educación y adiestramiento (perfeccionamiento), formación teórica y práctica
- __ as a life-long process__: la educación como un proceso que dura toda la vida
- __ as adjustment__: la educación concebida como adaptación al medio, la función de adaptación de la educación
- __ clearing house__: centro de información sobre la educación
- __ college__: instituto pedagógico, instituto de educación o pedagogía
- __ course__: curso de pedagogía
- __ department__: a veces: ministerio de la educación de un país; en las universidades: departamento o sección de pedagogía
- __ for citizenship__: instrucción cívica, educación cívica, educación del ciudadano
- __ for international understanding and cooperation__: educación para el fomento de la comprensión y cooperación internacionales
- __ for leadership__: educación para la formación de dirigentes
- __ for leisure__: educación para el empleo del tiempo libre
- __ for living__: educación para la vida
- __ for living in a world community__: educación para la convivencia en una comunidad internacional
- __ for social responsibility__: educación destinada a fomentar el sentido de responsabilidad social
- __ for world citizenship__: educación para el civismo internacional
- __ grant__: subsidio para gastos de educación
- __ grant travel__: viaje relacionado con el subsidio de educación
- __ in and through the arts__: iniciación artística y educación por el arte
- __ nurse__: enfermera enseñante, enfermera docente, enfermera institutriz
- __ officer__: funcionario de educación
- **educational**: educativo (en los países latinoamericanos en general se usa de preferencia el término "educacional"); docente
- __ abstracts__: resúmenes analíticos sobre educación
- __ achievement__: rendimiento o aprovechamiento escolar, progreso escolar; resultados escolares; resultados obtenidos en la enseñanza
- __ administration__: administración de la enseñanza
- __ advancement__: nivel o grado de instrucción de una persona; desarrollo de la educación (de un país)
- __ age__: edad escolar
- __ aid(e)s__: auxiliares pedagógicos, auxiliares de la enseñanza
- __ and cultural rights__: derechos (del hombre) en materia de educación y cultura
- __ and health authorities__: autoridades encargadas de la salud y de la educación
- __ annuity__: prestación anual para estudios
- __ attainment__: nivel o grado de instrucción
- __ authorities__: autoridades encargadas de la educación
- __ background__: antecedentes académicos, formación
- __ backwardness__: retraso escolar
- __ broadcasting__: radiofusión educativa

118

EDUCATIONALIST

- __ **center**: centro docente
- __ **development**: desarrollo de la enseñanza; a veces: movimiento educativo, el futuro de la enseñanza
- __ **facilities**: medios de formación, medios educativos
- __ **fair**: exposición pedagógica
- __ **film**: película instructiva, didáctica o documental
- __ **filmology**: filmología de la educación
- __ **handicap**: desventaja educacional
- __ **hardware**: equipo educativo
- __ **institute**: institución o establecimiento de enseñanza, plantel de educación
- __ **institution**: centro docente
- __ **journal**: revista de educación
- __ **leaders**: educadores
- __ **leave**: licencia de perfeccionamiento
- __ **literature**: obras pedagógicas, obras sobre educación, textos de educación
- __ **loan**: préstamo para gastos de estudio
- __ **material**: material didáctico, material de pedagogía o pedagógico
- __ **measurement**: medición del trabajo escolar
- __ **media center**: centro de material didáctico
- __ **methods and materials**: métodos y materiales pedagógicos
- __ **outcome**: resultados de la enseñanza
- __ **output**: resultados obtenidos en la educación
- __ **package**: carpeta (paquete) o colección de material de enseñanza
- __ **pattern**: sistema de educación, estructura del sistema de educación
- __ **performance**: labor educativa; resultados pedagógicos; rendimiento escolar
- __ **personnel**: personal de la enseñanza (distinto de "personal docente")
- __ **planner**: funcionario encargado de planeamiento, planificador de la educación, especialista en planeamiento de la educación
- __ **policies**: normas educacionales
- __ **practice**: praxis educativa
- __ **productivity**: rendimiento escolar
- __ **programs that are developmental in nature**: programas de educación para acelerar el proceso educativo
- __ **quotient (EQ)**: cuociente educacional (CE)
- __ **radio program**: programa de radiodifusión escolar
- __ **ratio**: cuociente de progreso escolar
- __ **retardation**: retraso en los estudios, retraso escolar
- __ **staff**: personal docente
- __ **status**: grado de instrucción
- __ **technology**: técnicas pedagógicas, tecnología educacional
- __ **television**: televisión educativa, teleeducación
- __ **test**: test pedagógico, test de progreso o rendimiento escolar
- __ **theorists**: teóricos de la pedagogía
- __ **therapy**: pedagogía terapéutica, terapia educacional
- __ **tutorial service**: enseñanza por grupos pequeños
- __ **wastage**: desperdicio de los medios educativos, merma escolar, malogro escolar

educationalist: especialista (técnico en general) de la enseñanza, especialista en pedagogía

educator: educador, pedagogo

effect: *s* efecto, resultado, consecuencia, fuerza, vigor, vigencia; impresión, repercusión; fin, propósito, intención; tenor, significado; *v* efectuar, realizar, llevar a cabo, hacer (pagos, ahorros)
- __ **insurance**: cubrir el seguro

effects method: (evaluación de proyectos): método de los efectos

effective: eficaz, efectivo, real; vigente, en vigor, en vigencia
- __ **attendance**: matrícula real
- __ , **be**: surtir efecto
- __ **cut-off**: límite práctico (para recibir financiamiento)
- __ **date**: fecha de vigencia, fecha de entrada en vigor (contrato), fecha válida
- __ **demand**: demanda efectiva, demanda solvente
- __ **exchange rate**: tipo de cambio efectivo
- __ **head**: (hidro) salto neto
- __ **protection coefficient**: coeficiente de protección efectiva
- __ **span**: luz de cálculo
- __ **until**: vigente hasta, tener vigencia hasta

effectiveness: eficacia, eficiencia, efecto, vigencia
- __ **of an agreement**: entrada en vigor de un convenio

effectual: eficaz; válido

effectuate: efectuar, realizar, ejecutar

efficiency: eficacia; eficiencia; rendimiento, productividad; habilidad, funcionalidad, competencia, buena marcha, buena organización, operatividad, grado de eficacia
- __ **bar**: (edu) umbral de competencia, nivel mínimo de competencia
- __ **bonus**: prima por rendimiento
- __ **breeding**: cría con miras al rendimiento
- __ **cost of taxation**: costo de eficiencia de (los impuestos) la tributación; carga excesiva de la tributación
- __ **engineering**: ingeniería de eficiencia
- __ **loss**: pérdida de eficiencia
- __ **pay**: pago por resultados
- __ **price**: precio económico, precio de eficiencia, precio de proyección; (elec) costo marginal a largo plazo
- __ **rating**: índice de eficacia

efficient: eficaz; apto, capaz, competente, eficiente; que rinde, que produce, de buen rendimiento; bien organizado; que funciona bien
- __ **reading**: lectura correcta

effluent charge (fee): cargos por descarga de efluentes o eliminación de residuos

effluents: efluentes, aguas residuales

effort: esfuerzo, empeño, gestión, labor, intento, tentativa
egg batch: puesta
___ **candler**: ovoscopio
___ **development**: ovogénesis
___ **hatch**: eclosión del huevo
___ **laying**: oviposición (peces, mosquitos)
___ **mass**: (ict) freza
___ **processing**: conservación de huevos
eggs of shellfish: freza, desove
ego: amor propio, vanidad, egoísmo
Egyptian bean: sarandaja
eigenvalue: (est) raíz característica
elaborate: *a* complicado, detallado; *v* elaborar, desarrollar, ampliar una información, explicar con detalles
elapse: vencer (un plazo)
elastic demand: demanda elástica
elasticity of demand: elasticidad de la demanda
___ **of expectations**: elasticidad de las expectativas
___ **of supply**: elasticidad de la oferta
elbowroom: libertad de acción, campo libre; espacio, sitio
elect (the chairman) from among the members: elegir (al Presidente) del seno del comité
election: comicios, votación, elecciones
___ **of officers**: elección de la mesa
___ **returns**: resultados electorales
___ **tellers**: mesa de escrutinio, escrutadores
___ **time**: período electoral
elective post: puesto electivo
___ **subjects**: ramos electivos, asignaturas electivas (se puede elegir a, b o c, pero es preciso tomar uno de los tres) a diferencia de ramos facultativos u *optional subjects* (se puede tomar a, b o c, o ninguno)
electoral register: registro o rol electoral
___ **roll**: rol electoral
electric engineering industry: industria electromecánica
___ **fixtures**: artefactos eléctricos
___ **generating equipment**: material o equipo electrógeno
___ **logging**: registros electrográficos, perfilaje eléctrico (petróleo)
___ **power**: energía eléctrica, potencia eléctrica
___ **power plant**: central eléctrica
___ **punched card accounting machine**: máquina eléctrica contable de fichas perforadas
___ **signs**: avisos (anuncios) luminosos
___ **steel**: acero de horno eléctrico
___ **wiring**: alumbrado eléctrico, instalación eléctrica
electrical appliances: artefactos eléctricos
___ **engineering**: electrotecnia, ingeniería eléctrica
___ **equipment industry**: industria electrotécnica
___ **fitter**: electricista
___ **fittings**: accesorios eléctricos
___ **goods fair**: feria de electrotécnica
___ **logging**: testificaciones eléctricas

___ **machinery industry**: industria electromecánica
___ **sheet**: chapa para dínamos, chapa de acero eléctrico
___ **supplies**: materiales o efectos eléctricos
electronic brain: cerebro electrónico, computadora electrónica
___ **computers**: computadoras electrónicas, ordenadores
___ **data processing**: elaboración (electrónica) de datos, informática
___ **engineer**: técnico de electrónica
___ **engineering**: ingeniería electrónica
___ **filing cabinet**: archivador electrónico
___ **superhighway**: supercarretera de la información
electronic industry: industria electrónica
electroplating: electroplastia
elementary bodies: corpúsculos elementales
___ **grade**: (edu) primer grado, primer nivel de enseñanza
___ **school**: escuela primaria
___ **students**: principiantes
elephant trunk chute: trompa de elefante (concreto)
elevated lands: serranías
elevation: (top) cota
___ **mark**: acotación
elevator: ascensor, elevador; montacargas; silo con elevador (de granos), depósito
___ **conveyor**: conductor de banda vertical
___ **penthouse**: caseta de ascensor
eligibility: elegibilidad, aplicabilidad, habilitación, idoneidad (criterio); requisitos, condiciones exigidas, condiciones que deben reunirse, satisfacerse o cumplirse, admisibilidad de una demanda
___ **date**: fecha de habilitación
___ **for leave**: (adquisición del) derecho a licencia
___ **roster**: lista de candidatos calificados
___ **statement**: certificado de derecho
___ **threshold (ceiling)**: umbral (límite) para recibir financiamiento
___ **to bid**: habilitación para participar en una licitación
eligible: que reune condiciones o requisitos para determinado fin; que tiene derecho a (pensión); que cumple (satisface) los requisitos
___ **candidate**: candidato que reune las condiciones exigidas
___ **country**: país que puede recibir créditos o financiamiento, país habilitado para recibir créditos
___ **currency**: moneda admisible o admitida
___ **dependent**: familiar reconocido como persona a cargo
___ **expenses**: gastos financiables, admisibles o aceptables
___ **family members**: familiares calificados, familiares que reúnen las condiciones exigidas
___ **for discount**: descontable

ELIMINATE EMOTIONALLY

__ **for election**: eligible, con derecho a ser elegido
__ **for immediate reelection**: inmediatamente reeligible
__ **for reappointment**: reeligible
__ **for rediscount**: con derecho a redescuento
__ **for rediscounting**: redescontable
__ **host country**: país receptor eligible
__ **investment**: inversión admisible
__ **paper**: valores o efectos negociables, efectos redescontables, papel redescontable
__ **service**: servicio computable (Caja de Pensiones)
__ **source country**: país de origen calificado
eliminate: eliminar, suprimir, descartar
__ **doubtful assets**: sanear
elimination: eliminación, supresión; remoción
__ **of barriers**: remoción de barreras
__ **test**: prueba eliminatoria
elite: minoría selecta, elite
elitism: formación de grupos privilegiados
elucidate: dilucidar, elucidar, aclarar, poner en claro, explicar
elude: esquivar, eludir el cumplimiento de una obligación
emaciated: demacrado, entecado (ganado)
emancipation of women: superación (emancipación) de la mujer
embank: terraplenar
embankment: terraplenado; terraplén (camino); dique (río), tajamar
embargo: prohibición; embargo, incautación, confiscación
embark on: emprender
embarrassment: (fin) dificultades económicas, apuros económicos o financieros
embed: empotrar; (fig) clavar, fijar, meter
embedded blanks: (est) blancos incluidos
ember: pavesa; rescoldo
embezzlement: malversación, desfalco
emblements: (leg) frutos de la tierra, frutos cultivados, frutos industriales
embodied cost: costo incorporado, costo incluído
__ **technology**: tecnología incorporada
embodiment: personificación, símbolo, encarnación; incorporación
__ **hypothesis**: hipótesis del progreso técnico incorporado
embody: personificar, encarnar, simbolizar; incorporar, consignar, incluir, expresar, consubstanciar
emerge: salir, emerger, surgir, aparecer, brotar; deducirse; sacarse
emergence: salida, emergencia; nascencia (planta)
__ **of aptitudes**: manifestación de aptitudes
emergency: urgencia, necesidad apremiante, emergencia, caso imprevisto, crisis, extrema necesidad, situación crítica, crisis
__ **act**: ley de excepción
__ **agency**: organismo encargado de un programa de socorro

__ **aid (assistance)**: ayuda de urgencia o asistencia de carácter urgente
__ **area**: zona de emergencia, zona que necesita socorro urgente
__ **brake**: freno de seguridad
__ **credit**: crédito de apoyo urgente
__ **custodial care**: custodia de emergencia
__ **department**: servicio de traumatología
__ **feeding**: alimentación (ayuda alimentaria) de emergencia o de carácter urgente
__ **grants-in-aid**: ayuda financiera de emergencia
__ **landing**: aterrizaje forzoso o de emergencia
__ **law**: ley de excepciones
__ **measures**: medidas de socorro
__ **power act**: ley de plenos poderes
__ **preparedness**: preparativos para casos de urgencia
__ **procurement revolving fund**: fondo rotatorio para compras de emergencia
__ **psychiatric inpatient care**: servicio de emergencia de hospitalización psiquiátrica
__ **recovery loan**: préstamo de emergencia para recuperación
__ **relief**: socorro en caso de emergencia
__ **room**: sala o servicio de urgencia
__ **teacher**: maestro complementario, maestro suplente
__ **treatment**: tratamiento de urgencia
__ **voluntary fund**: fondo voluntario de emergencia
emerging countries: países nacientes, países en (vías de) desarrollo
__ **markets**: mercados emergentes, incipientes
__ **technology**: tecnología incipiente
eminent domain: dominio eminente, derecho de expropiación
__ **person**: personalidad, prócer
emision: emanación, escape, exhalación, emisión
emisions trading: intercambio de derechos de emisión, de contaminación
emolument: emolumento, remuneración, sueldo
emory cloth: lija
emotional: emotivo, conmovedor; emocional; afectivo
__ **adjustment**: equilibrio emocional, reajuste emocional
__ **and physical health**: salud física y equilibrio afectivo
__ **appeal**: reacción emocional
__ **child**: niño emotivo
__ **connotation**: connotación afectiva
__ **health**: equilibrio afectivo
__ **instability**: inestabilidad emocional
__ **interaction**: lazos afectivos
__ **pattern**: perfil afectivo
__ **status**: estado emotivo
__ **tension**: tensión emocional, alteración emocional
__ **upset**: episodio emocional
emotionally deprived child: niño privado de afecto

__ **disturbed child**: niño que padece de trastornos afectivos
empathy: empatía, compenetración
emphasis: acento, énfasis, importancia, relieve, significación; insistencia
__ **added**: sin subrayar en el original
emphasize: recalcar, subrayar, poner o cargar el acento, poner de relieve, acentuar, hacer hincapié, destacar, enfatizar, insistir en
emphatically: con vehemencia
emphyteusis: alquiler perpetuo renovable
emphyteutic annuity: censo enfitéutico
empirical assessment of taxation: imposición a tanto alzado
__ **probability**: probabilidad empírica
employee relations: relaciones con los empleados
__ **status**: condición de empleado, de asalariado
__ **turnover**: movimiento de personal
employees earnings ledger: libro mayor de nóminas salariales
__ **benefits**: prestaciones laborales
employer and employee: patrón y obrero, empleador y empleado
__ **match**: aportación de contraparte del empleador
employer-employee relation: relación de naturaleza laboral
employer's contribution: (Esp) cuota patronal, del empleador; (AL) aporte patronal
__ **payroll (manpower) tax**: impuesto sobre la nómina a cargo del empleador
employers' association: asociación patronal, organización empresarial, sindicato patronal o de empresarios, gremio
employment: empleo, trabajo; ocupación; uso
__ **agency (bureau)**: agencia u oficina de colocaciones
__ **exchange**: (RU) bolsa de trabajo
__ **index number**: índice de ocupación o de empleo
__ **legislation**: legislación laboral
__ **pattern**: estructura ocupacional
__ **practices**: política de empleo, normas de empleo
__ **record**: hoja de servicio, expediente profesional
__ **seeker**: candidato a empleo
__ **slack**: subempleo del factor trabajo
empower: facultar, habilitar, autorizar, potenciar, dar participación, dotar de los medios; responsabilizar, dar poder de decisión (a la mujer)
empowering acts: leyes de rehabilitación
empowerment: *s* habilitación, potenciación, promoción de la autonomía; *v* habilitar, potenciar, promocionar
empty calories: calorías ficticias
__ **period**: período inactivo
empties: vacíos (envases)
enable: permitir, autorizar, capacitar, habilitar
enabling act: ley de autorización

__ **clause**: cláusula de habilitación
__ **environment**: entorno, (medio) ambiente, clima propicio o favorable
__ **legislation**: legislación que autoriza, legislación habilitante, base legislativa, autorización legislativa
__ **policy**: política conducente a, que favorece a
enact: promulgar, dar fuerza de ley a
enacting terms: parte dispositiva (estatuto)
enactment: promulgación; estatuto, decreto
encash: hacer efectivo, convertir en efectivo, cobrar
encashable: convertible en efectivo
encashment: (presentación al) cobro (ingresos); realización (valores); conversión en efectivo (valores); rescate (pagarés)
__ **schedule**: (valores) cronograma de pagos; cronograma de rescate (pagarés)
enclave: enclave, inclusión aduanera, captación
__ **development**: polos de desarrollo
__ **project**: proyecto enclave
enclose: acompañar, adjuntar; remitir, incluir; cercar, encercar
__ **herewith**: remitir adjunto, acompañar (texto)
enclosed (area, country): enclave, territorio enclavado
enclosure: anexo, anejo, documento incluso o adjunto; cercado, cerco; recinto acotado; zona acotada, veda de pastoreo
encroach: usurpar, invadir
__ **on**: lesionar (derechos)
encroachment: usurpación, invasión
__ **of industrial areas**: invasión por las zonas industriales
encumber: gravar una propiedad
__ **with a mortgage**: hipotecar
encumbered: gravado, sujeto a carga
__ **funds**: fondos comprometidos (ya destinados)
__ **posts**: puestos cubiertos, puestos ocupados
encumbrance: (leg) gravamen, carga
__ **document**: documento de constitución de hipoteca u otra carga
end borrower: prestatario final
__ **consumer**: consumidor final
__ **of period stocks**: existencias de fin de ejercicio, de fin de campaña
__ **of term tests**: exámenes trimestrales
__ **product**: producto final
__ **span**: vano extremo de un puente
__ **use**: uso o destino final, (producto básico)
__ **use (energy) efficiency**: (elec) eficiencia en el uso final de la energía
__ **use industry**: industria usuaria, industria terminal
__ **use tax**: impuesto según uso final
__ **wall (of a container)**: pared extrema
__ **year**: año terminal
end-of-career indemnity: indemnización por terminación de la carrera
end-of-mission document: informe de fin de misión

end-of-pipe pollution control: control de la contaminación en la descarga
__ **test**: prueba de etapa final (ecotoxicología)
__ **treatment system**: sistema de tratamiento de etapa final
end-of-service grant: prima por terminación de servicios
end-of-time technology: tecnología de última etapa, tecnología de etapa final
end-use tax: impuesto según uso
endangered species: especies en peligro (de extinción)
endeavor: *s* esfuerzo, empeño; tentativa, intento; *v* esforzarse; procurar, intentar
ending inventory: inventario final, inventario de salida, existencias finales
endorse: respaldar, apoyar; aprobar, confirmar; hacer suyo; (com) endosar, avalar, garantizar, sancionar, ratificar
endorsed bonds: obligaciones garantizadas (por sociedad distinta de la emisora)
endorsee: (com) endosatario
endorsement: (com) endoso; aval, respaldo
__ **giving power of attorney**: endoso en procuración
__ **pledging collateral**: endoso en prenda
endorser: (com) endosante, endosador, avalista, cedente
endowment: donación; fundación, legado; (econ) dotación, recursos, patrimonio
__ **fund**: caja de dotación
__ **insurance**: seguro mixto
__ **policy**: póliza dotal
endurance: resistencia; autonomía de vuelo (avión)
endure (misfortune): sobrellevar, resistir, soportar (desgracia)
enduring: secular, duradero
energizing foodstuffs: alimentos energéticos
energy: energía; fuerza; potencia
__ **and water resources**: recursos energéticos e hidráulicos
__ **assessment**: evaluación de recursos energéticos
__ **audit**: estudio de recursos energéticos; examen del uso de la energía; balance de energía
__ **bank**: banco de crédito energético
__ **building foods**: alimentos calóricos, energéticos
__ **cascading**: utilización escalonada de energía
__ **conservation**: conservación o ahorro de energía
__ **cropping (crops)**: cultivos para fines energéticos
__ **efficient**: eficaz en el uso de la energía
__ **expenditure**: consumo de energía
__ **farming**: cultivo para fines energéticos
__ **intensive**: con gran intensidad de energía, con uso intensivo de energía
__ **lending**: financiamiento para energía
__ **level**: nivel energético

__ **saving technology**: tecnología economizadora de energía
__ **yielding nutrients**: nutrientes energéticos
enforce: hacer cumplir, asegurar el cumplimiento de (ley); hacer respetar, hacer valer (derecho); poner en vigor; imponer, exigir; ejecutar (sentencia)
enforceability of a claim: exigibilidad de un derecho
enforceable: ejecutorio, en forma ejecutiva (contrato); aplicable (ley)
__ **action**: acción ejecutoria
__ **at law**: susceptible de sanción legal
__ **award**: laudo ejecutivo
__ **contract**: contrato ejecutorio
__ **tax claim**: crédito fiscal ejecutivo
enforced collection: cobro compulsivo (impuestos)
__ **collection procedure**: procedimiento de apremio
__ **unemployment**: desempleo involuntario, desempleo intermitente
enforcement: observación, ejecución o aplicación de la ley; coacción; cumplimiento judicial
__ **action**: acción coercitiva, medida de ejecución
__ **award**: laudo ejecutorio, de obligado cumplimiento
__ **body**: organismo de ejecución
__ **by legal process**: exigir cumplimiento (hacer ejecutar) por vía judicial
__ **formula**: (leg) fórmula ejecutoria, exequátur (sentencia extranjera o laudo arbitral)
__ **measures**: medidas de aplicación, medidas coercitivas
__ **of guarantees**: ejecución de garantías
__ **of school attendance**: aplicación de las leyes sobre asistencia escolar
__ **of taxes**: apremio fiscal
__ **procedure**: (leg) procedimiento de exequátur (derecho internacional)
enfranchise: conceder derechos civiles; conceder el derecho de votar; liberar, franquear, emancipar
engage: contratar, emplear; enganchar
__ **in**: ocuparse en, dedicarse a
engagement: contratación; compromiso, cita
__ **bonus**: prima de contratación
engender: engendrar, suscitar, motivar
engine of growth: motor de crecimiento
__ **room**: sala de máquinas
engineer: *s* ingeniero; (EUA) maquinista; *v* construir; proyectar, concebir, idear, diseñar; gestionar, manejar, dirigir
__ **officer**: oficial maquinista
engineered road: camino trazado técnicamente
__ **time data**: datos de tiempos técnicos; tiempos establecidos mediante estudios técnicos
engineering: ingeniería, técnica; construcción mecánica, industria mecánica
__ **and design department**: oficina de proyectos, sociedad de estudios técnicos, oficina de estudios especializados, gabinete de estudios

__ **changes**: cambios técnicos
__ **company**: empresa de consultores técnicos (o de ingeniería)
__ **consultant**: ingeniero consultor
__ **data**: datos técnicos
__ **design**: diseño técnico
__ **development**: desarrollo o adelanto técnico
__ **economics**: ingeniería económica
__ **feasibility**: viabilidad o factibilidad técnica
__ **geology**: geología aplicada a la ingeniería
__ **goods**: productos de la industria mecánica
__ **industry**: industria mecánica o de construcción mecánica, industria metalmecánica
__ **insurance**: seguro de la maquinaria
__ **, preliminary**: diseño técnico preliminar
__ **products**: productos metalmecánicos
__ **shop**: taller mecánico
__ **studies**: estudios técnicos o de ingeniería
__ **work**: técnica, obra de arte (caminos)
engineering-related technical assistance: asistencia técnica relacionada con los componentes físicos o con las inversiones en activos físicos
enhance: acrecentar, aumentar, intensificar; incrementar; realzar, dar realce a
__ **new debt**: mejorar las condiciones de la nueva deuda
enhanced recovery: recuperación mejorada (petróleo)
enjoy preferential treatment: disfrutar de trato preferente
enjoyment: disfrute, goce
__ **of interest**: usufructo de los intereses
enlarge: ampliar, agrandar, ensanchar, extender
enlarged heart: hipertrofia del corazón
enlighten: aclarar, dar aclaraciones; informar, instruir, iluminar, ilustrar
enlightened public opinion: opinión pública bien informada o esclarecida
__ **self-help**: esfuerzo propio bien orientado
enlist: (fig) conseguir, lograr, recabar
__ **support for a cause**: tener poder de convocatoria
__ **the participation of**: movilizar
enquiry office: oficina de informaciones
enrichment: enriquecimiento, fortalecimiento (alimentos); fertilización, abono (sueldos)
__ **program**: (edu) programa de refuerzo
enrollment: (edu) matrícula, inscripción, número de alumnos matriculados; afiliación (a un organismo o institución)
__ **ratio**: (edu) tasa de escolaridad, tasa de matrícula, coeficiente de matrícula
__ **trends**: evolución de la matrícula
ensue: resultar, seguir(se); sobrevenir, suceder
ensuing: consiguiente, resultante; siguiente (año)
ensure: asegurar, garantizar; velar por
entail: traer consigo, acarrear, ocasionar; suponer, implicar, conllevar, traducirse en
enter: entrar en, ingresar en; (cont) asentar, apuntar, registrar, contabilizar; declarar (aduana)

__ **an amount in an account book**: toma de razón
__ **an appeal**: (leg) deducir (presentar) demanda
__ **an order**: anotar o registrar un pedido
__ **goods (through customs)**: declarar mercancías
__ **in the books**: contabilizar, asentar en los libros
__ **in the proceedings**: (leg) venir a los autos
__ **in the record**: hacer constar en las actas
__ **into**: celebrar (contrato); establecer (relaciones); concertar (acuerdo); contraer (obligación); entablar, iniciar (negociaciones)
__ **into commitments**: contraer compromisos
__ **the service**: (mil) causar alta
entered duty rate: derecho declarado
__ **for consumption**: despachado de aduana y libre para consumo
__ **value**: valor declarado (aduana)
enterprise: empresa; (fig) iniciativa
__ **economy**: economía de mercado, economía de empresa
enterprising: emprendedor, esforzado
entertain a claim: considerar una reclamación
__ **a complaint**: estimar una demanda
__ **the hope**: abrigar la esperanza de que
__ **the proceedings**: conocer del juicio
entertainment allowance: gastos de representación
__ **duties**: impuesto sobre los espectáculos
__ **of guests**: atenciones sociales
__ **program**: programa de festejos, recepciones, etc
entitle: dar derecho a, autorizar, habilitar
entitled to: (seg) titular de (pensión)
__ **to vote**: con derecho a voto
entitlement: derecho (reglamentario), certificado de titularidad
__ **payments**: prestaciones
__ **program**: programa de derecho a prestaciones (subsidios), programa social
__ **to a benefit**: derecho a una pensión
__ **to leave**: derecho a licencia
__ **to service benefit**: derecho a gratificación por servicios prestados
entourage: séquito; comitiva
entrance examination: examen de admisión o de ingreso
__ **fee**: derecho de entrada, cuota de ingreso
__ **grade**: categoría de ingreso
__ **hall**: entrada, vestíbulo, foyer
__ **level**: nivel de ingreso, categoría de entrada
__ **level qualifications**: requisitos de admisión
__ **on duty**: fecha de ingreso
__ **requirements**: condiciones o requisitos de ingreso o de admisión
__ **salary**: sueldo inicial
__ **station**: punto de entrada
entrant: nuevo funcionario
entreat: suplicar, rogar, implorar
entreaty: súplica, ruego

entrepot: almacén, depósito, centro comercial (de importación y distribución)
__ **port**: puerto distribuidor
__ **trade**: comercio de tránsito, comercio de reexportación
entrepreneur: empresario; intermediario; contratista
__ **economy**: economía de libre empresa
entrepreneurship: espíritu de empresa, capacidad empresarial, espíritu empresarial
entrust: confiar; encargar, encomendar
entrusted with the management: encargado de la gestión
entry: (cont) partida; asiento
__ **duties**: derechos de entrada
__ **for home use**: declaración de comercio interior
__ **in (world economy)**: inserción
__ **into effect**: aplicación efectiva, entrada en vigor
__ **into force**: entrada en vigor o en vigencia
__ **level**: nivel de comienzo de carrera
__ **permit**: permiso de internación (aduana)
enumeration: (est) empadronamiento; enumeración
__ **district**: (est) distrito censal
enumerator: empadronador, enumerador censal
envelope curves: curvas envolventes
environment: medio ambiente; entorno, condiciones ambientales
__ **satellite accounts**: cuentas subsidiarias del medio ambiente
environment-friendly infrastructure services: servicios de infraestructura inocuos para el medio ambiente
environmental action plan: plan de protección ambiental
__ **advisory panel**: grupo de evaluación ambiental
__ **audit**: auditoría ambiental
__ **causes**: causas externas o mesológicas
__ **conditioning**: acondicionamiento ecológico o del ambiente
__ **conflicts**: problemas relacionados con el ambiente
__ **control**: protección del medio ambiente
__ **deficit**: condiciones ambientales adversas
__ **degradation**: deterioro del medio ambiente, degradación ambiental
__ **education**: educación ambiental o sobre el ambiente
__ **engineering**: ingeniería ambiental o del medio ambiente, ingeniería ecológica
__ **enhancement**: mejoramiento ambiental
__ **factors**: factores externos o mesológicos
__ **forecasting**: previsión de factores ambientales
__ **forestry**: dasonomía ambiental
__ **goods and services**: bienes y servicios ecológicos (para la protección ambiental)
__ **health**: salud ambiental; higiene ambiental; saneamiento ambiental
__ **health engineer**: ingeniero sanitario

__ **hotspot**: zona de singular riqueza ecológica
__ **impact**: influencia sobre el medio ambiente
__ **impact assessment**: evaluación de efectos ambientales o del impacto ambiental
__ **impact statement**: exposición del impacto ambiental o de los efectos en el medio ambiente
__ **insult**: amenaza ambiental
__ **management plan**: plan de ordenación ambiental, plan preventivo
__ **problems**: problemas mesológicos
__ **program**: programa sobre el (medio) ambiente
__ **reconnaissance**: examen (ambiental) sobre el terreno
__ **review**: estudio de los efectos ambientales
__ **sanitation**: saneamiento del (medio) ambiente, saneamiento ambiental
__ **screening**: estudio (ambiental) preliminar
__ **services**: beneficios ecológicos
__ **specialist**: ambientalista
__ **stress**: tensiones impuestas por el medio ambiente, perturbaciones del medio ambiente
__ **studies**: estudios ecológicos
__ **upgrading**: mejoramiento del ambiente
environmentalist: ambientalista, experto en cuestiones del medio ambiente, ecologista
environmentally adjusted income: ingreso ajustado conforme a consideraciones ambientales
__ **safe**: sin riesgo ecológico o ambiental
environs: alrededores, cercanía, inmediaciones
envisage: contemplar, considerar; representarse mentalmente; vislumbrar, prever
envisioned: previsto (en tratado, etc.)
enzyme deficiency: deficiencia enzimática
ephemeral nature: transitoriedad
epidemic disease: epidemia (personas); epizootia (animales)
__ **sweeps**: olas epidémicas
epoch-making: memorable, trascendental
equal installment method: método de amortización en cuotas iguales
__ **partners**: asociados iguales
__ **pay for equal work**: salario igual por trabajo igual o de igual valor
__ **percentage variations**: variaciones relativas expresadas en porcentajes
__ **share**: participación igual o equitativa; porción igual
__ **vote**: división igual de votos, empate
__ **welfare curve**: curva de bienestar equivalente
equality of opportunities: igualdad de posibilidades
equalization aid: subvención compensatoria
__ **fund**: fondo (caja) de compensación, de estabilización o de igualación
__ **of import levies**: equiparación de gravámenes a la importación
__ **point**: punto de nivelación
__ **reserve**: reserva de igualación

EQUALIZING ERROR

equalizing discount rate: tasa de actualización de equilibrio
__ **levy**: derecho regulador o compensador
__ **reservoir**: contraembalse
equally divided vote: empate
__ **effective**: con la misma eficacia
equated calculation of interest: cálculo de intereses a base de los saldos
__ **share**: participación equitativa
equation of supply and demand: igualación de la oferta y la demanda
equilibrating capital flow: corriente de capital equilibradora
equilibrium climate change: cambio climático de equilibrio
__ **exchange rate**: tipo de cambio de equilibrio
__ **real exchange rate**: tipo de cambio real de equilibrio
equilineal tariff reduction: reducción general de aranceles
equip for: equipar, habilitar, dotar de equipo, aperar para
equipment: equipo, aperos, avío, herramientas; instrumentos, utensilios; material (de transporte); maquinaria, máquinas
__ **bond**: (fc) obligación garantizada con material rodante
__ **costs**: gastos de habilitación
__ **goods**: bienes de capital o de equipo
__ **grant**: donación en equipos o para equipos
__ **in operation**: equipo en servicio
__ **officer**: técnico en equipo
__ **pool**: flota común de equipo (V *motor pool*)
equitable: equitativo
__ **geographical distribution**: distribución geográfica equitativa
__ **title**: título en equidad
equity: capital (social, accionario); patrimonio neto; acciones, propiedad accionaria, propiedad neta; (leg) equidad, justicia, derechos sobre el activo, valor neto de una propiedad (bienes raíces)
__ **accounting**: contabilidad al valor del patrimonio neto, contabilidad patrimonial
__ **capital**: capital social, patrimonio o capital propio, capital accionario, capital en acciones, capital de participación, capital de inversión directa
__ **capital inflow**: entrada(s) de capital por participación en sociedades
__ **contributions**: aportes de capital social
__ **feature**: opción a participar en el capital social; préstamo convertible en acciones de capital
__ **financing**: inversiones en capital, participación en el capital social
__ **fund**: fondo de inversión en acciones
__ **grant**: donación en capital
__ **group**: grupo de participación en el capital social
__ **holdings**: cartera de acciones
__ **investment**: inversión o participación en (el) capital social (de la empresa), inversión accionaria, o en acciones ordinarias; valores de renta variable, participación societaria, acciones en cartera
__ **line**: línea de capital accionario
__ **loan**: préstamo en forma de participación en el capital
__ **losses**: pérdidas patrimoniales
__ **markets**: mercados de capitales
__ **of policy**: (seg) valor liquidable
__ **of redemption**: derecho de rescate de una hipoteca, diferencia entre el valor de una propiedad y la cantidad en que está hipotecada
__ **ownership**: posesión de participaciones de capital; participación en el capital social
__ **participation**: participación en el capital social
__ **portfolio fund**: fondo de inversiones de cartera
__ **provision requirements**: disposiciones (prescripciones) en materia de capital social
__ **ratio**: relación capital-activo
__ **securities**: acciones ordinarias
__ **share**: acción de capital
__ **subscription**: suscripción de capital social (o de capital accionario)
__ **transactions**: transacciones de capital
__ **turnover ratio**: índice de ventas o capital líquido
__ **underwriting**: compromiso de suscripción de acciones
__ **value**: valor contable de la participación
equities: acciones ordinarias, títulos, valores
equity-like instrument: instrumento financiero con características patrimoniales
equity-type loan: crédito de accionistas
equivalent value: equivalencia
equivalence study: estudio de equivalencias
equivocation: equívoco, ambigüedad
erase: borrar, tachar, testar
erased: testado, tachado, borrado
erasure: borradura, tachadura
erection: montaje, armadura; construcción, instalación, erección
ergonomics: ergonomía (ciencia que estudia el empleo eficaz de la energía humana), adaptación del trabajo al hombre
ergot: cornezuelo (centeno)
erode: derrubiar, deslavar
erodibility: susceptibilidad a la erosión
erosion: desfinanciamiento (activo); derrubio, deslave
__ **of prices**: depreciación
errata: fe de erratas
erratic: irregular, voluble, excéntrico, extravagante, desigual
__ **market**: (Bols) mercado de altibajos
__ **results**: resultados variables
error mean square: (est) cuadrado medio residual
__ **of fact**: error de hecho
__ **of law**: error de derecho

126

__ **rate**: índice de errores
__ **sum square**: (est) suma de los cuadrados residuales
__ **term**: (est) término de error
__ **variance**: (est) varianza residual
errors and omissions excepted: salvo errores u omisiones
escalated duties: derechos progresivos, derechos diferenciales (más elevados cuanto mayor es el grado de elaboración del producto)
__ **structure of tariffs**: estructura progresiva de los derechos arancelarios
escalation: agravación, intensificación, escalada; progresividad; (fig) subida
__ **clause**: cláusula de reajuste (de precios); cláusula de escala móvil (salarios)
__ **process**: incremento escalonado
escalator: escalera mecánica
__ **clause**: cláusula de escala móvil (salarios)
escape channel: canal de avenida
__ **clause**: cláusula de excepción o de salvaguardia, cláusula de elusión, de escapada liberatoria (contrato)
__ **liability**: eximirse de responsabilidad
escapist literature: literatura de evasión
escarpments: acantilados
escort charge: (derecho de) escolta aduanera; de acompañamiento en aduana
escort-interpreter: intérprete-guía
escrow: plica
__ **account**: cuenta de plica; cuenta de garantía bloqueada, cuenta de depósito en garantía, depósito en custodia
__ **funds**: fondos en plica
__ **posts**: puestos de reserva
esoteric knowledge: conocimiento peregrino
esprit de corps: espíritu de solidaridad
essay test: (edu) test de redacción
essential: esencial, indispensable, imprescindible; fundamental
__ **difference**: diferencia fundamental
__ **goods**: productos o artículos de primera necesidad
__ **narcotic drugs**: drogas esenciales
__ **oils**: aceites esenciales
__ **products**: artículos de primera necesidad
__ **qualifications**: requisitos
establish: establecer, fundar, crear, constituir; fijar (fecha); determinar, probar, demostrar, sentar (precedente); entablar (relaciones)
__ **that a crime has been committed**: establecer el cuerpo del delito
established age of retirement: edad estatutaria de jubilación
__ **by law**: consagrado por la ley
__ **consumer habits**: nivel habitual de consumo
__ **custom**: costumbre arraigada; derecho no escrito
__ **domestic industry**: producción nacional ya existente
__ **headquarters (office)**: sede (oficina) permanente

__ **post**: puesto de plantilla, puesto permanente
__ **practice**: práctica establecida, consagrada, arraigada
establishment: establecimiento, fundación, creación, institución; (adm) plantilla de personal, (servicios de) personal; demostración, comprobación; los de arriba, el grupo dominante, la clase dirigente; orden establecido de una sociedad, dirigentes sociales, económicos y políticos de ese orden
__ **costs**: gastos de constitución
__ **table**: escalafón
estate: propiedad; hacienda, estancia; masa hereditaria, sucesión, bienes relictos, caudal hereditario, masa de la quiebra
__ **crop**: cultivo de plantación, cultivo en gran escala
__ **distribution**: partición de una herencia
__ **duties**: impuestos sobre las sucesiones
__ **held in free tenure**: feudo franco
__ **in abeyance**: herencia yacente
__ **in common**: propiedad mancomunada
__ **of bankrupt**: masa de la quiebra
__ **of deceased**: masa hereditaria, herencia, bienes relictos
__ **tax**: impuesto sucesorio o de sucesión, contribución de herencia o de testamentaría
estimate: *s* estimación, estimado, cálculo, presupuesto; apreciación; *v* estimar, calcular, apreciar
estimated charges: gastos presupuestos
__ **cost**: costo estimado o estimativo
__ **costs system**: contabilidad industrial por costos estimados
__ **expenditure**: gastos estimados, gastos previstos, gastos presupuestos
__ **inventory**: inventario estimativo
estop: desestimar (una demanda); impedir
estoppel: desestimación, impedimento, preclusión
__ **by conduct**: impedimento por razón de conducta
__ **by deed**: impedimento por escritura
__ **by laches**: impedimento por negligencia
__ **by silence**: impedimento por falta de declaración
__ **in pais**: impedimento por hechos externos
estrangement: distanciamiento
estuary: ría
et seg: y siguientes (páginas)
ethical advertising: publicidad leal
__ **drugs**: medicamentos que requieren prescripción médica
__ **instruction**: enseñanza de la moral
ethnic disability: minusvalía étnica
__ **groups**: minorías étnicas
eurobonds: eurobonos
eurocurrency market: mercado de eurodivisas
euroissues: euroemisiones
European flotation: emisión (de obligaciones) en Europa
__ **Union**: Unión Europea

eurosterling: euroesterlina
eutrophic lake: lago eutrófico
eutrophied lake: lago eutrofizado
evacuation road: camino de salida
evade: evadir, eludir, evitar, esquivar, soslayar
evaluate: valuar, valorar, valorizar, evaluar, tasar, aforar; estimar, calcular; juzgar, ponderar
evaluated portfolio: valor estimado de la cartera
evaluation: evaluación (proyectos); valuación, valoración, avalúo; cálculo; examen crítico
__ **criteria**: principios, criterios o normas de evaluación
__ **mission**: misión de evaluación *ex post*
__ **of individual items**: evaluación por artículos
__ **point**: umbral de rentabilidad, punto de equilibrio
__ **techniques**: métodos o técnicas de evaluación
evaporated milk: leche evaporada o deshidratada
evasive techniques: técnicas de evasión
even function: función par
__ **number**: número par
__ **so**: sin embargo, aún así, así y todo
even-aged forest: (silv) masa coetánea, masa regular
evened up: nivelado
evenhanded: imparcial
event: suceso, acontecimiento
eventful life: vida accidentada, agitada, azarosa, memorable
eventually: finalmente, con el tiempo, tarde o temprano, en definitiva, al fin y al cabo, a la larga
ever since: a partir de
ever-married women: mujeres casadas alguna vez
evergreen: planta de hojas perennes
__ **credit**: crédito resolvente
__ **order**: pedido (orden) válido hasta nuevo aviso
every two months: bimestral
everyday ocurrence: acontecimiento rutinario
__ **science**: (edu) aplicaciones corrientes de la ciencia
eviction: desahucio; desalojo, expulsión, lanzamiento
evidence: *s* hechos, datos, elementos de juicio; indicio, señal, muestras; (leg) (medio de) prueba, recaudos probatorios, testimonio; declaración; (med) síntomas, signos, observaciones, indicaciones; (com) justificante, comprobante, constancia; *v* evidenciar, probar, constar, hacer fe
__ **accounts**: cuentas de comprobación (comercio compensatorio)
__ **of good health**: indicios de buena salud
__ **of indebtedness**: instrumento de deuda, comprobante de adeudo
__ **of witnesses**: prueba testimonial
evidenced by: demostrado por
evidencing: justificativo de
evident: indiscutible, evidente, manifiesto
evidential force: mérito probatorio
evidentiary value: eficacia probatoria

evidently: desde luego, por supuesto, naturalmente, manifiestamente, evidentemente
evolutionary process: proceso evolutivo
ewe: oveja
__ **lamb**: borrega
ex ante financing gap: brecha financiera *ex ante*
__ **bonus shares**: sin las acciones gratuitas
__ **dividend**: sin dividendo, ex dividendo
__ **factory price**: precio en fábrica
__ **gratia payments**: pagos a título graciable
__ **interest**: sin interés
__ **officio member**: miembro de derecho, miembro ex oficio, miembro nato, miembro por derecho propio
__ **outs**: subpartidas
__ **parte proceeding**: juicio no contencioso
__ **pit**: fuera de Bolsa o de rueda
__ **post evaluation**: evaluación a posteriori
__ **quay**: franco en el muelle
__ **quay (duties on buyer's account)**: en el muelle (derechos de muelle por cuenta del comprador)
__ **quota sector**: sector fuera de contingente
__ **rights**: sin derechos de suscripción (acciones)
__ **station price**: precio salida vagón
__ **vessel price**: precio en la playa (pescado)
__ **warehouse**: franco almacén, franco en depósito, puesto en almacén, vendido en almacén
exact copy: copia figurada
exacting: exigente
exactly: al pie de la letra
examination: examen; análisis, indagación; inspección; (edu) examen, prueba; (med) reconocimiento; (cont) revisión; (leg) interrogatorio; registro (aduana)
__ **essay**: examen escrito (de tipo analítico)
__ **for position**: oposición, concurso
__ **of bids**: análisis de las ofertas
__ **of books by court order**: compulsa de libros
__ **of luggage**: revisión de equipaje
__ **of witnesses**: recepción de testigos
__ **on a case-by-case basis**: casuística
examine: examinar, investigar, revisar, observar, reconocer; registrar; inspeccionar; (leg) interrogar (testigo); instruir; tratar de, versar sobre; estudiar, analizar
__ **a claim**: sustanciar
__ **the defendant in court**: practicar la prueba de confesión
examining board: junta examinadora
__ **judge**: juez sumariante
__ **magistrate**: juez o magistrado de instrucción
example: ejemplo, paradigma
exceed a credit: rebasar un crédito
__ **one's authority**: extralimitarse; exceder un mandato; exceder (rebasar) sus facultades
__ **the limits of**: extralimitarse de, sobrepasar los límites
excellence center: (edu) centro de excelencia
excelsior: viruta
except: excluir, exceptuar, recusar

__ **as may be otherwise agreed**: salvo acuerdo en contrario
__ **as otherwise provided for**: salvo lo dispuesto en otro lugar, salvo otra especificación, salvo indicación en contrario
__ **as otherwise specified**: salvo disposición (indicación) en contrario
__ **as provided for**: salvo lo dispuesto
__ **where**: con excepción de, salvo
excepted risks: riesgos no cubiertos
exception: exclusión; excepción; dispensa, salvedad; (leg) recusación
exceptionable: recusable; impugnable, oponible; reprobable, censurable
exceptional children: niños superdotados
__ **interest**: interés particular o especial
__ **student**: alumno atípico
excerpt: extracto, resumen
excess: exceso, demasía; inmoderación, destemplanza; desorden, transgresión; (com) excedente, sobrante
__ **amount**: excedente
__ **baggage (luggage)**: exceso de equipaje o de peso
__ **burden of taxation**: costo de eficiencia de los impuestos o de la tributación; carga excesiva de la tributación
__ **capacity**: capacidad de producción excedente o no utilizada, excedente de capacidad, capacidad excedentaria
__ **capital**: capital excedente o en exceso
__ **capital formation**: sobrecapitalización
__ **drawings**: sobregiros
__ **employment**: superempleo, hiperempleo
__ **external liquidity**: excedente de liquidez externa
__ **interest**: interés excedente
__ **money supply**: superávit de la circulación monetaria
__ **of plant capacity**: exceso de capacidad instalada
__ **of supplies**: oferta excedente o pletórica; situación excedentaria de la oferta, oferta excedentaria o sobreabundante
__ **profits tax**: impuestos sobre ganancias excesivas o beneficios extraordinarios
__ **reserves**: (bnc) reservas excesivas o en exceso, reservas excedentes, sobrencaje, encaje excedente
excessive: excesivo, desmedido, inmoderado
exchange: cambio, intercambio, permuta, trueque, canje; (com) Bolsa; lonja (productos básicos)
__ **action**: medida en materia de cambio; medidas de control de cambio
__ **adjustment**: ajuste o reajuste cambiario
__ **allocation**: asignación de divisas
__ **arbitrage**: arbitraje de cambios
__ **bank**: banco cambista
__ **bonus**: bonificación cambiaria
__ **broker**: corredor o agente de cambios, cambista

__ **budget**: presupuesto de divisas
__ **clearing agreement**: convenio de compensación
__ **control**: control de cambios, regulación cambiaria, intervención de los cambios o divisas
__ **control regulations**: disposiciones de control de cambios
__ **cost**: costo de divisas
__ **cover**: respaldo de divisas, cobertura de cambio
__ **credit**: crédito en moneda extranjera
__ **depreciation**: pérdida en la conversión (o en el cambio); devaluación de una moneda extranjera
__ **discount**: descuento cambiario; pérdida cambiaria
__ **earnings**: ingresos en divisas
__ **equalization account**: fondo, cuenta de igualación (equiparación) de tipos de cambio, de estabilización de los cambios
__ **holdings**: haberes en divisas
__ **losses**: pérdidas en el cambio
__ **market**: Bolsa de cambios, mercado de cambios, mercado cambiario o de divisas
__ **of ideas**: intercambio de ideas o de impresiones, diálogo
__ **of notes**: canje de notas
__ **of personnel**: intercambio de personal
__ **of publications**: canje de publicaciones
__ **of views**: cambio de impresiones
__ **policy**: política cambiaria, de tipos de cambio
__ **premium**: prima o ganancia cambiaria
__ **professor**: (edu) profesor de intercambio
__ **rate differential**: diferencia(s) de los tipos de cambio
__ **rate flexibility**: flexibilidad cambiaria
__ **rate overvaluation**: sobrevaloración de las monedas
__ **rate policy**: política cambiaria, política del tipo de cambio
__ **rate realignment**: reordenamiento de los tipos de cambio, reajuste de los tipos de cambio
__ **rate value**: cotización (de cambios)
__ **receipts**: entradas o ingresos en divisas
__ **record**: registro de operaciones de cambio o de operaciones en divisas
__ **reserves**: reservas para variación del tipo de cambio; reservas de divisas
__ **restrictions**: restricciones cambiarias
__ **risk**: riesgo cambiario o de cambio
__ **risk insurance**: seguro de cambio
__ **stability**: estabilidad de los tipos de cambio, estabilidad cambiaria
__ **stabilization fund**: fondo de estabilización cambiaria
__ **student (or teacher)**: estudiante (o maestro) que se beneficia de un intercambio (de alumnos o de maestros entre diferentes cursos o instituciones)
__ **system**: sistema o régimen cambiario o de cambio(s)

EXCISE

__ **taxes**: impuestos sobre las operaciones de cambio
__ **transactions**: transacciones en divisas o cambiarias
__ **value**: equivalencia (de una moneda)
excise duty: impuesto de consumo
__ **taxes**: impuestos sobre el consumo (al consumo), impuestos indirectos, arbitrios
excited: entusiasmado, animado, ilusionado, impresionado, emocionado, alborotado, excitado, nervioso
exciting: interesante, atractivo, excitante
exclusive: selecto, distinguido; caro, elegante
__ **agent**: agente único o exclusivo
__ **economic zone**: zona de soberanía económica exclusiva
__ **rights**: derechos de exclusividad
__ **territory**: mercado reservado
exclusively: privativamente
excusable homicide: homicidio por accidente o en legítima defensa
execute: ejecutar, cumplir, realizar, llevar a cabo; desempeñar (deberes); celebrar, firmar (contrato); (leg) legalizar, formalizar (documento); (com) servir, despachar (pedidos)
__ **an agreement**: celebrar, firmar u otorgar un convenio (acuerdo)
__ **on force account**: ejecutar en capital
executed agreement: acuerdo celebrado, formalizado
__ **in writing**: quirografario
__ **sale**: venta consumada o completa
executing agency: organismo de ejecución, (organismo) ejecutor
execution: ejecución, cumplimiento, realización, desempeño; puesta en práctica; firma (contrato); ejecución (sentencia); legalización, formalización
__ **of a document**: otorgamiento
__ **sale**: venta judicial
executive: *s* administrador, gerente; (pl) personal de dirección, personal directivo, altos funcionarios, gerentes; *a* ejecutivo, dirigente, directivo, administrativo, de ejecución
__ **ability**: aptitud o capacidad directiva o administrativa
__ **assistant**: auxiliar ejecutivo
__ **board**: consejo ejecutivo; directorio ejecutivo, junta ejecutiva, junta directiva o administrativa
__ **branch (of government)**: poder o rama del ejecutivo
__ **decree**: acuerdo presidencial, decreto supremo
__ **decree ratified by Congress**: decreto con fuerza de ley
__ **development**: perfeccionamiento del personal directivo, de los dirigentes
__ **direction and management**: dirección y gestión ejecutivas
__ **director**: director ejecutivo
__ **head**: jefe ejecutivo
__ **management**: dirección administrativa, personal ejecutivo, administradores

EXHAUSTIVE

__ **mansion**: residencia oficial de un presidente o gobernador
__ **meeting**: sesión reservada, sesión a puerta cerrada, sesión ejecutiva
__ **officer**: funcionario ejecutivo; jefe de servicios administrativos (NU)
__ **order**: decreto del ejecutivo, orden o decreto supremo (presidencial), ley-decreto
__ **power**: poder ejecutivo, el gobierno
__ **schedule**: cuadro ejecutivo
__ **secretary**: secretario ejecutivo
__ **session**: sesión ejecutiva, sesión a puerta cerrada
__ **summary**: resumen, síntesis de acción, recapitulación, sinopsis
__ **work**: actividad de dirección
executives and supervisors: personal dirigente y mandos intermedios
__ **and supervisory staff**: dirigentes y mandos intermedios
executor: (leg) albacea, ejecutor testamentario
executory instrument: instrumento ejecutivo
__ **judgments**: ejecutorios
__ **powers**: (leg) juicio ejecutivo
__ **provisions**: disposiciones de ejecución
exemplify: ilustrar o demostrar con ejemplos; servir de ejemplo
exempt decree: decreto exento (de toma de razón)
__ **from disclosure**: no comunicable (información)
__ **from encumbrances and attachments**: exento de gravámenes y embargos
__ **from taxes**: exento, libre o exonerado de impuestos
exemption: exención (impuestos); franquicia (derechos); exoneración (impuestos)
__ **for dependents**: exención por personas a cargo
__ **from an obligation**: dispensa de una obligación
__ **from duty**: franquicia aduanera, exención de derechos
__ **from payment of premium**: liberación de primas
__ **, remission or deferral of indirect taxes**: exención, remisión o aplazamiento de impuestos indirectos
__ **treatment**: regimen de exención
exercise equipment: (med) equipo de mecanoterapia
__ **therapy**: terapia por el ejercicio
__ **the public right of action**: ejercitar la acción pública
__ **warrants**: utilizar certificados de depósito
exhaustible resource: recurso agotable o no renovable
exhaustion: agotamiento, quebranto
__ **of an entitlement**: extinción, cese (de vigencia) de un derecho
__ **of local administrative or juridical remedies**: agotamiento previo de las vías administrativas o judiciales
__ **of remedies**: agotamiento de recursos
exhaustive test: prueba rigurosa

exhaustiveness: cabalidad, minuciosidad
exhibit: objeto expuesto, materias de exposición; exposición; (leg) documento de prueba, pieza de convicción (delitos), estado, anexo
exhibition space: superficie de exposición
exhibitors: expositores o participantes en exposición
exiguity of a market: limitación de un mercado
existence as a legal entity: personalidad jurídica de una sociedad
__ **value**: valor intrínseco, valor de existencia
existing: existente; actual, presente; en vigor; (ya) establecido; disponible
__ **by law**: que tiene personalidad jurídica
__ **or potential**: actual o posible
exit barrier: obstáculo a la salida del mercado
__ **bond**: bono de exclusión
__ **examination**: (med) reconocimiento médico final
__ **interview**: entrevista final
__ **poll**: encuesta a la salida del lugar de votación
__ **ramp**: escape de tránsito
exiting traffic: tránsito saliente
exonerate the accused from prosecution: absolver al reo
exorbitant price: precio prohibitivo
expand: dilatar, ensanchar, extender, ampliar, explayarse en una presentación (discurso)
__ **trade**: ampliar o ensanchar el comercio
expanded program: programa ampliado
expanding economy: economía en expansión
__ **file**: carpeta expansible o de acordeón
expansionary measures: reactivación de la coyuntura
__ **policy**: política expansionista
expatriate: expatriado
__ **benefit**: prestación de expatriación
__ **service**: servicio integrado por expatriados; tiempo de servicio como expatriado, servicio de funcionarios expatriados
__ **teachers**: maestros contratados en países extranjeros
expatriation allowance: subsidio de expatriación
expectant mother: mujer embarazada, encinta o gestante, madre gestante, futura madre
expectation of life: esperanza de vida, probabilidad de vida, duración probable de la vida
__ **of working life**: esperanza de vida activa
expectations: aspiraciones
expected economic life: vida económica probable
__ **mortality**: mortalidad esperada o prevista
__ **salary**: pretensiones de sueldo
__ **value approach**: método del valor previsto (EV=probability+effect)
expedidor: agente de transporte, consignador, transportista
expediency: conveniencia, oportunidad, utilidad
expedient: *s* expediente, recurso, medio; *a* conveniente, oportuno
expedite: acelerar, activar, agilizar, facilitar, expedir, despachar, dar curso a, cursar
expedited procedure: procedimiento de emergencia, procedimiento acelerado

expediting officer: oficial de envío, expedidor
expeditiously: con rapidez y eficacia; de prisa y bien expeditivo
expeller cake: tortilla comprimida
expend: gastar, agotar, desembolsar, invertir, consagrar, dedicar (esfuerzos); emplear (tiempo)
expendable: prescindible; gastable; fungible, desechable, que no es insustituible
__ **supplies**: suministros fungibles
expenditure ceiling: límite máximo de gastos
__ **commitment**: compromiso de gastos
__ **documents**: documentos justificativos de un gasto o que autorizan un gasto
__ **incurred prior to full production**: gastos de primer establecimiento
__ **item**: partida de gastos
__ **on gross national product**: gasto imputado al producto nacional bruto
__ **pattern**: patrón (modalidad) de gastos
__ **switching**: reorientación del gasto
expenditures: gastos, egresos, erogación, desembolso, inversión
__ **approach**: método de evaluación de gastos
__ **control**: intervención o fiscalización de gastos
__ **pending reimbursement**: gastos pendientes de reembolso
__ **under the allotments**: gastos imputables a los créditos consignados
expense: *s* gasto, costo, desembolso, inversión; *v* castigar; rebajar el valor en libros; amortizar parcialmente
__ **account**: cuenta de gastos o de desembolsos; cuenta de gastos de representación
__ **item**: partida de gastos
__ **materials**: materiales de consumo
__ **statement**: relación o estado de gastos
__ **voucher**: comprobante de gastos
expenses against revenues: gastos con cargo a los ingresos
__ **classified by type**: costos por origen
__ **of a lawsuit**: gastos causídicos
experience: *s* experiencia; vivencia; *v* experimentar, sufrir (pérdida); tener (dificultades)
__ **and training**: experiencia y capacitación
__ **chart**: (edu) cuadro de impresiones vividas, cuadro de lectura (basado en alguna experiencia en que participan los niños)
__ **curriculum**: V *activity curriculum*
__ **method**: (edu) método de la experiencia
__ **station**: (agr) estación experimental
experimental animals: animales de laboratorio
__ **design**: diseño de experimento
__ **education (school)**: pedagogía, educación (escuela) experimental
__ **method**: método experimental
expert: *s* experto, especialista, perito, técnico; *a* experimentado, con experiencia; pericial
__ **accountant**: contador perito, técnico contable
__ **advice**: consejo pericial
__ **appraisal**: tasación pericial o de perito; avalúo pericial; peritaje

__ **consultant services**: servicios consultivos
__ **costs**: gastos por servicios de expertos
__ **examination**: (edu) examen técnico
__ **opinion**: dictamen pericial
__ **report**: dictamen pericial, peritaje
__ **testimony**: testimonio pericial
__ **variance account**: cuenta de desviación de los gastos por servicios de expertos
expertise: conocimientos especializados o técnicos; especialidad, competencia, pericia, habilidad; a veces: servicios de expertos; expertos, especialistas, peritos; experiencia; competencia técnica
expiration: expiración, terminación; (com) vencimiento
expire: expirar, terminar; (com) vencer; caducar, anularse
expiry date: fecha o plazo de vencimiento
explanation: (cont) explicación (detalles); texto del asiento
__ **of vote**: voto razonado
explanatory chart: cuadro demostrativo
__ **memorandum**: memorando explicativo; memoria explicativa
__ **note**: nota explicativa
__ **statement**: exposición circunstanciada, explicativa de motivos (de una ley)
__ **variable**: (est) variable explicativa, variable independiente o predictiva
explode: (fig) refutar, desmentir (teoría, rumores)
exploded view: vista esquemática
exploration: (min) exploración; reconocimiento, cateo
__ **well**: pozo calicato
exploratory mission: misión de exploración
__ **survey**: encuesta exploradora
exponential growth: crecimiento exponencial
export: exportación; (pl) artículos exportados o de exportación, exportaciones
__ **adjustment loan**: préstamo para el ajuste del sector exportador, de exportación
__ **bounty**: subsidio de exportación, prima para exportación
__ **capacity**: capacidad exportadora
__ **certificate**: permiso de exportación
__ **credit**: crédito para exportación
__ **credit insurance**: seguro de créditos a la exportación
__ **development fund**: fondo para el fomento de las exportaciones
__ **drive**: campaña de fomento de las exportaciones
__ **duties**: derechos o impuestos de exportación, derechos de salida
__ **earnings**: ingresos de exportación, valor nominal de la exportación
__ **enhancement program**: programa de fomento de las exportaciones
__ **entitlement**: cupo o contingente de exportación
__ **/import processing**: tráfico de perfeccionamiento

__ **license (permit)**: licencia o permiso de exportación
__ **on drawback**: exportación en regimen de devolución de derechos (o de *drawback*)
__ **orders on hand**: cartera de pedidos exteriores
__ **parity price**: precio paritario de exportación
__ **performance**: resultados de las exportaciones; exportaciones efectivas
__ **platform**: base de exportación
__ **premium**: prima de exportación
__ **proceeds**: ingresos de exportación, producto de las exportaciones
__ **processing zone**: zona franca industrial
__ **promotion**: política de promoción de mercados exteriores
__ **quantum index**: índice de volumen de exportaciones
__ **quota**: cuota o contingente de exportación
__ **rehabilitation project**: proyecto de rehabilitación del sector exportador, de exportación
__ **restriction**: limitación de las exportaciones
__ **sector**: sector externo
__ **shortfall**: déficit de las exportaciones, deterioro del sector externo, insuficiencia de las exportaciones o de los ingresos de exportación
__ **subsidy**: subvención o subsidio a las exportaciones
__ **surplus**: saldo exportable, superávit de exportación
__ **tax**: arancel o derecho de exportación
__ **trade**: comercio exportador o de exportación, sector de exportación
__ **waybill**: guía de exportación
exports forgone: exportaciones perdidas
__ **of goods and services**: exportaciones de bienes y servicios
export-enclave economy: economía dependiente de la exportación de un solo producto
export-oriented: orientado hacia la exportación
exporter: exportador, comerciante exportador
exporting industry: industria exportadora
expose: exponer; descubrir, revelar, demostrar, poner al descubierto
exposed assets: activo en que el banco está sujeto a riesgo
__ **cinematographic films**: películas cinematográficas impresionadas
__ **population**: población expuesta, susceptible o vulnerable
exposure: (fin) riesgo(s), exposición crediticia, préstamos pendientes, participación en una inversión, compromisos netos
__ **diversification**: diversificación de los riesgos
__ **draft** (edu): borrador para comentarios
__ **hazard**: (seg) riesgo de vecindad o de contigüidad
__ **, rate of**: (fin) tasa de exposición crediticia
express an opinion: expresar o exteriorizar una opinión, opinar, dictaminar

expressway: autopista, carretera de accesos limitados
expropriation: expropiación, enajenación forzosa
extend: prolongar, extender, aplazar, prorrogar, cursar, enviar, comunicar, dispensar, proyectar a
__ **an invitation**: invitar, cursar una invitación
__ **credit**: conceder u otorgar crédito
__ **loans**: otorgar préstamos
__ **one's influence**: proyectarse
__ **terms**: conceder plazos
__ **the school system to an area (or a population)**: escolarizar una zona (o una población)
extended care: servicios de extensión hospitalaria
__ **day school**: escuela de jornada prolongada
__ **family**: familia ampliada, extensa
__ **illness**: enfermedad prolongada
__ **payment plan**: venta a plazos
__ **services**: (edu) servicios complementarios
__ **session**: período ampliado de sesiones
__ **test**: prueba prolongada
extender effect: prolongación de una actividad
extension: extensión, ampliación, expansión; anexo; continuación, prórroga; generalización, vulgarización, divulgación
__ **agent**: agente de extensión o de divulgación agrícola; (edu) agente de extensión cultural, extensionista
__ **booklet**: folleto divulgatorio (divulgador)
__ **clinic**: clínica o consultorio móvil
__ **courses**: (edu) cursos de divulgación o de vulgarización
__ **education**: educación complementaria, extensión cultural
__ **fee**: comisión de renegociación (préstamo)
__ **of the probationary period**: prórroga del período de prueba
__ **of time**: prórroga o prolongación del plazo de pago
__ **officer**: oficial de extensión (divulgación) agrícola
__ **services**: (adm) servicios exteriores; (ind) servicios de promoción industrial; (agr) servicios de divulgación o extensión; (edu) servicios de divulgación (o de extensión cultural), de vulgarización, de educación popular
__ **work by mass approach**: (agr) divulgación masiva
__ **worker**: (agr) oficial de extensión o divulgación agrícola; (edu) funcionario de los servicios de extensión o divulgación, personal de extensión, extensionista
extensive: importante, de consideración; extenso, amplio, extendido
__ **farming**: agricultura extensiva
__ **method**: (edu) método extensivo
__ **mobilization**: movilización en gran escala
extent: extensión, alcance; límites; importancia
__ **of a disaster**: proporciones de una catástrofe

__ **of his jurisdiction**: límites de su jurisdicción
__ **of the damage**: importancia de los daños
__ **of training**: nivel de formación, nivel de instrucción
extenuating circumstances: circunstancias atenuantes
external: externo, exterior; extranjero
__ **account**: cuenta de transacciones externas, cuenta en el extranjero
__ **audit**: comprobación de cuentas por auditores externos; auditoría externa
__ **auditor**: auditor externo, comisario de cuentas
__ **balance**: balanza externa, saldo externo, balanza de pagos
__ **bill**: letra sobre el exterior
__ **bond**: empréstito en moneda extranjera
__ **borrowing**: endeudamiento exterior
__ **candidates (students)**: estudiantes libres
__ **contribution**: saldo del comercio exterior
__ **convertibility**: convertibilidad externa
__ **courses**: cursos por correspondencia
__ **current account deficit**: déficit de la balanza en cuenta corriente
__ **debt outstanding**: deuda exterior, deuda externa pendiente
__ **debt reporting system**: sistema de notificación de la deuda externa
__ **deficit**: déficit de la balanza de pagos
__ **diseconomies**: efectos de vecindad
__ **distribution unit**: servicio de distribución exterior (de documentos)
__ **disturbances**: pertubaciones de origen externo
__ **economies**: economías externas
__ **examination**: (edu) examen "exterior"
__ **imbalance**: desequilibrio de los pagos exteriores, desequilibrio de la balanza de pagos
__ **lecturer**: conferenciante del exterior (de otra ciudad del mismo país); conferenciante extranjero (de otro país)
__ **loan**: préstamo en el extranjero
__ **payment(s) position**: situación de pagos externos
__ **quotient**: cociente de valores externos
__ **review mission**: misión de examen externo
__ **settlement**: arbitraje externo
__ **transaction**: transacción con el exterior
__ **viability**: viabilidad de la balanza de pagos
externalities: efectos o factores externos, factores exógenos, externalidades (proyectos)
extinction of a contract: terminación de un contrato
extinguish a mortgage: levantar una hipoteca
extinguishment of debt: liquidación de la deuda
extortion: (leg) exacción ilegal
extra and extraordinary costs: gastos adicionales y extraordinarios
__ **charge**: sobreprecio, recargo
__ **compensation**: compensación suplementaria
__ **dividend**: dividendo extraordinario o suplementario (a veces: dividendo extra)

EXTRA

__ **pay**: sobresueldo, sobrepaga, remuneración especial, suplemento, prima
__ **pay and bonus**: sobresueldo y prima
__ **shift**: turno adicional
extra-instructional load: total de actividades no pedagógicas
extra-long staple cotton: algodón de fibra extra larga
extra-marginal producer: productor cuyos precios de costo son demasiado altos
extrabudgetary funds: fondos extrapresupuestarios
extract: extracto, trozo; resumen analítico; certificado
extraction: extracción (minas, petróleo); saca (madera)
__ **drift**: (min) galería de arranque
__ **shaft**: (min) pique de extracción
extractive industry: industria extractiva
extracurricular activities: actividades extraescolares, actividades fuera de la clase, actividades fuera de programa, extraprogra-máticas o ajenas al programa de estudios (extracurriculares, actividades no académicas)
extradite: conceder la extradición de, entregar la persona reclamada; reclamar por extradición
extramural care: atención ambulatoria, servicio de pacientes externos o de consultorios externos
__ **courses**: cursos de extensión universitaria
__ **employment**: ocupación de presos fuera de establecimiento penales
__ **facilities**: (med) servicios o medios de consulta externa, servicios extrahospitalarios
__ **public health workers**: personal de salud de los servicios externos
__ **services**: servicios externos
__ **studies**: estudios periuniversitarios, estudios en regimen de enseñanza libre
extraordinary budget: presupuesto extraordinario
__ **income**: (cont) beneficio excepcional
extrascholastic activities: actividades extraescolares
extremal quotient: (est) cociente de valores extremos
extreme mean: (est) media extrema
__ **poverty**: pobreza absoluta o extrema
extrusion: extrusión, estirado
__ **methods**: trabajo de metales por el método de embutido
eye opener: noticia inesperada e increíble, revelación, sorpresa
__ **test chart**: escala tipográfica
eyewitness: testigo presencial u ocular

FACTOR

F

fabric: tejido, tela, género
__ **of peace**: bases de la paz, estructura de la paz
__ **of society**: estructura de la sociedad
__ **of system**: institucionalidad
fabricated materials: materiales semielaborados
__ **metal products industry**: industria de productos siderúrgicos o de productos de metal elaborado, industria de productos metálicos fraguados
__ **products**: productos elaborados, artículos manufacturados
face (danger, facts, problems): enfrentarse con, arrostrar, hacer frente a
__ **amount**: importe nominal
__ **amount of a policy**: valor neto de una póliza
__ **(of a bill)**: anverso
__ **of a wall (back or front)**: paramento
__ **validity**: validez aparente, valor nominal
__ **value**: valor nominal o a la par (acción o bono cuando es emitido)
face-to-face learning: enseñanza presencial (aprendizaje en contacto directo con el maestro), enseñanza directa
__ **teaching**: enseñanza directa
facial expresion: gesto
facility: (fin) servicio (financiero); mecanismo; línea de crédito
facilities: medios, servicios, mecanismos, instalaciones, recursos; facilidades (crédito)
__ **offered to students**: posibilidades ofrecidas a los estudiantes
facing east: con orientación al Este
facsimile: copia figurada
__ **signature**: firma en facsímil(e)
__ **telegram**: fototelegrama
fact: hecho, realidad, circunstancia; (pl) datos
__ **in issue**: hecho litigioso
__ **of common knowledge**: hecho notorio
__ **remains that, the**: a pesar de todo
__ **sheet**: ficha descriptiva (proyecto); ficha recapitulativa o de datos (personal); hoja de datos, hoja informativa o de datos básicos
fact-finding board (committee): comité o comisión investigador(a); comité de encuesta o de indagación
__ **mission**: misión de indagación de los hechos; misión de análisis, misión investigadora, de información, de estudio de la situación
__ **study**: estudio sobre la situación de hecho, estudio para esclarecer los hechos
facts of life: realidades
__ **of the case**: elementos materiales
__ **of the matter**: hechos del caso
factor: factor, elemento, coeficiente; elemento constitutivo; (com) agente de venta, corredor de ventas
__ **analysis**: (econ) análisis de los factores; (est) análisis factorial

FACTORS   FAIR

__ **cost**: costo de los factores; a veces: gastos de explotación
__ **endowment**: factores de producción disponibles
__ **endowment theory**: teoría de la combinación de factores de producción
__ **evaluation system**: sistema de evaluación por factores
__ **income**: ingresos por factores
__ **income payments**: pagos por concepto de ingresos de los factores
__ **mix**: combinación o dosificación de los factores
__ **of safety (security)**: coeficiente de seguridad
__ **price**: precio de los factores
__ **value**: valor al costo de factores
factors causing malnutrition: factores etiológicos de la malnutrición
__ **of production**: insumos, factores de producción
factorial analysis: análisis factorial; análisis de correlaciones de hechos
__ **content of a test**: contenido factorial de un test
__ **design**: diseño en parcelas subdivididas
__ **terms of trade**: relación de intercambio de factores
factoring: factorización (matemáticas); (com) factoraje; descuento de factores, manejo de facturas
factory: complejo industrial, planta, fábrica
__ **cost**: costo de fabricación, de elaboración, de producción o de transformación
__ **effluents**: efluentes industriales
__ **farming**: agricultura en gran escala, agricultura industrial
__ **gate price**: precio en fábrica
__ **hand**: operario
__ **industry**: industria fabril
__ **limits**: tolerancia de fabricación
__ **overhead**: gastos generales de fábrica
__ **plant**: complejo industrial
__ **ship**: buque-factoría
__ **siding**: ramal industrial
__ **supplies**: aprovisionamiento de las fábricas, materias intermedias
__ **system**: sistema fabril o de fábrica
__ **timber**: madera industrial
__ **worker**: obrero fabril, obrero industrial
factory-made: hecho en fábrica
factory-run: como sale de la fábrica
factory-type shipping vessel: barco-factoría
factual: objetivo, concreto, realista, basado en hechos, descriptivo, documentado, de carácter expositivo; fáctico
__ **approach**: enfoque concreto
__ **data (information)**: datos concretos o realistas, hechos positivos, información exacta
__ **document**: documento fáctico (de exposición de hechos) o informativo
__ **error**: error de hecho
__ **ground**: motivo de hecho

__ **paper**: documentación fáctica
__ **position**: situación verdadera o de hecho
__ **report**: exposición de hechos
__ **situation**: realidad concreta
faculty: profesorado, cuerpo docente, facultad (*v gr* de Derecho)
__ **member**: profesor
fad: manía, novedad, capricho, moda
faddist: caprichoso, aficionado a las novedades
fade away (out): desvanecerse, desdibujarse, desaparecer gradualmente, apagarse; fundirse (cine)
fade-out arrangement: eliminación gradual de la participación extranjera
fail: (an examination candidate) suspender del examen a un candidato
__ **to fulfill one's obligations**: faltar a sus obligaciones, dejar de cumplir con sus obligaciones
__ **to mention**: dejar en silencio, no mencionar
fail-safe: a prueba de averías, inaveriable, de funcionamiento seguro
__ **criterion**: criterio de seguridad
failing: a falta de
__ **grades**: notas de reprobación
__ **that**: en su defecto
failure: fracaso; falla; (elec) corte, interrupción; avería, paro (máquina); rotura, fractura, error, insuficiencia, falta, incumplimiento; (com) quiebra; (edu) suspenso, reprobación
__ **of banks**: quiebra bancaria
__ **of evidence**: falta de pruebas
__ **of sight**: debilitación de la vista
__ **rate**: (edu) tasa de reprobación; tasa de ineficiencia (de un medicamento); tasa de no comparecientes (a una clínica, etc)
__ **rate of primary vaccinations**: tasa de primovacunaciones negativas
__ **to comply**: inobservancia
__ **to perform**: incumplimiento
__ **to protest**: omisión de protesto
failures allowance: tolerancia de fallas
fair: *s* feria, exposición, salón (automóviles); *a* equitativo, imparcial, justo; regular, corriente, mediano
__ **and equitable practices**: prácticas honestas y equitativas
__ **and reasonable compensation**: justa retribución
__ **average quality (FAQ)**: calidad buena, sana y comercial
__ **compensation**: indemnización equitativa
__ **competition**: competencia leal o justa
__ **copy**: copia limpia o en limpio
__ **copytyping**: mecanografía en limpio
__ **dealings**: prácticas comerciales leales
__ **employment legislation**: legislación laboral antidiscriminatoria
__ **employment practices**: prácticas justas de trabajo
__ **hearing**: juicio imparcial

FAIR-MINDED   FARM

__ **market price**: precio justo
__ **market value**: valor justo de mercado, valor equitativo de venta
__ **means**: medios honrados o justos
__ **play**: juego limpio
__ **price**: precio equitativo o razonable, precio justo
__ **price law**: ley que permite al fabricante regular el precio de venta
__ **price shop**: puesto de venta de productos subvencionados
__ **trade**: comercio equitativo, comercio en condiciones de reciprocidad
__ **traders**: países de comercio equitativo
__ **trial**: juicio imparcial
__ **value**: valor equitativo, precio justo
__ **wages**: salario justo
__ **warning**: advertencia o aviso oportuno o razonable
__ **wear and tear**: desgaste o depreciación normal o por el uso normal
fair-minded: imparcial, justo, equitativo
fait accompli: hecho consumado
faithful: fiel; exacto; fidedigno
fall back on: echar mano de, recurrir a
__ **due**: vencer en, ser pagadero en
__ **in costs**: degresión de costos
__ **in prices**: retroceso de precios
__ **off**: menguar, disminuir, bajar, decaer
__ **short**: no alcanzar, ser deficiente, quedarse corto
__ **through**: venirse abajo, fracasar
__ **to**: tocar a, corresponder a, caerle en suerte a uno
__ **wheat**: trigo de invierno
__ **within the province**: ser de la incumbencia
fallback adjustment: ajuste retroactivo
__ **mechanism**: mecanismo de emergencia, auxiliar o de recambio
fallacies in food: prejuicios alimentarios
fallen angels: emisores (de valores) con problemas financieros
falling-off: disminución, baja, descenso, empeoramiento
fallow (land): barbecho, añojal, terreno baldío (tierra labrada en descanso)
false claim: reclamación fraudulenta; pretensión infundada
__ **oath**: juramento falso, perjurio
__ **pretenses**: estafa, dolo, falsas apariencias, pretextos falsos
__ **return**: declaración falsa (de impuestos)
__ **statement**: estado falsificado o mendaz
__ **step**: paso en falso
falsework: obra falsa
falsification: falsificación; adulteración
familiar with: versado en, conocedor de, familiarizado con
family aid(e): ayudante familiar
__ **allowance**: subsidio familiar, asignación familiar, prestación familiar; (Esp) plus familiar
__ **budget**: gastos familiares, presupuesto familiar

__ **business**: empresa familiar
__ **casework**: servicio social familiar
__ **certificate**: certificado para los familiares de funcionarios (NU)
__ **court**: tribunal de relaciones familiares
__ **day-care homes**: guarderías familiares
__ **desertion**: abandono de la familia
__ **education**: educación familiar
__ **expenditure survey**: encuesta sobre gastos de las familias
__ **farm**: explotación familiar
__ **history**: antecedentes familiares
__ **home care**: familia nodriza, cuidado en el hogar
__ **household**: (est) familia censal, familia
__ **law**: derecho de familia
__ **life education**: preparación o educación para la vida en familia
__ **of corporations**: grupo de sociedades
__ **of organizations**: sistema de organizaciones
__ **planning**: planificación familiar o de la familia, control de la natalidad
__ **practice**: sistema de atención médica de la familia
_ **elations**: relaciones interfamiliares
__ **hopping basket**: canasta familiar
__ **isit travel**: viaje para visitar a la familia
family-centered clinic: dispensario de orientación familiar
__ **program**: programa orientado hacia la familia
family-operated farms: explotación familiar de la tierra
fancy goods: géneros o artículos de fantasía
__ **leather**: cuero pintura
__ **plywood**: tableros contrachapados para decoración
__ **woods**: maderas preciosas
fanning: dispersión en abanico horizontal (humo que sale de chimenea)
fantasy life: vida onírica
far and away: sin ninguna duda, sin la menor duda, con mucho
__ **cry**: camino largo, gran distancia o diferencia, un abismo
__ **from it**: ni mucho menos, no con mucho
far-fetched: inverosímil, poco probable; exagerado, rebuscado, utópico
far-flung: extenso; remoto
far-reaching: trascendental, profundo; de mucho alcance, de mucho (alto) vuelo, de gran envergadura
farm: s granja, finca, explotación agrícola; v cultivar, labrar; a agrícola; campesino
__ **animals**: animales domésticos, animales de trabajo, ganado de labor
__ **budget**: presupuesto de la explotación agrícola
__ **consumption**: autoconsumo del productor agrícola
__ **credit**: crédito agrícola; a veces: refacción
__ **enterprise**: explotación (empresa) agrícola

FARM-BRED   FEATURE

__ **equipment**: maquinaria agrícola
__ **forestry**: agrosilvicultura
__ **gate price**: precio a nivel de la explotación agrícola, precio de granja
__ **held on share tenancy**: finca cedida en aparcería
__ **holding**: predio, unidad de explotación
__ **implements**: aperos o enseres agrícolas
__ **income**: ingresos derivados de la agricultura, ingreso(s) agrícola(s)
__ **land**: tierra de labranza
__ **loan bank**: banco de crédito agrícola, caja de crédito agrícola
__ **machinery**: maquinaria agrícola
__ **management**: administración agrícola, economía de la explotación agrícola, economía rural, gestión agrícola
__ **of economic size**: explotación agrícola económicamente viable
__ **operations**: faenas agrícolas
__ **operator**: agricultor, cultivador, productor agropecuario
__ **out**: dar en arriendo, arrendar; subcontratar, externalizar
__ **outlet**: toma de agua de la parcela
__ **pond**: estanque
__ **price**: precio al productor, precio de productos agrícolas
__ **rent**: canon, alquiler de inmuebles
__ **school**: escuela granja
__ **slaughter**: matanza privada
__ **tractor**: tractor agrícola
__ **turnout**: toma de agua de la parcela
farm-bred ducks: patos de cría
farm-to-market road: camino vecinal
farmer: agricultor, cultivador, granjero, hacendado, campesino, productor agrícola
farmer's woodlot: monte campesino
farmer-pull innovations: innovaciones inducidas por el agricultor
farmhand (worker): peón de granja, trabajador agrícola o de campo, mozo de labranza, faenero
farming: cultivo, labranza, agricultura, cría, cultura
__ **community**: campesinado
__ **demonstration**: demostración agrícola
__ **methods**: prácticas agrícolas
__ **plan**: plan de explotación
__ **sector**: sector agrícola, agro
__ **settlement**: colonia agrícola
__ **system**: sistema de explotación agrícola
__ **systems research**: investigación sobre sistemas de producción agrícola
__ **techniques**: métodos o técnicas de cultivo
__ **unit**: unidad agrícola o de explotación agrícola
__ **year**: campaña agrícola
farmland: terreno de labor, tierras de labrantío o de labranza, tierras de aptitud agrícola
farmstead: granja, finca
farrowing season: (agr) estación de parición

farsighted: perspicaz, clarividente, prudente, precavido, previsor
FAS (free alongside): franco en el muelle o al costado del buque
fascinating: sugestivo, fascinante, atractivo
fashion or dress designers: dibujantes (diseñadores) de modas o modelos para vestidos
fast foods: alimentos (platos) preparados
__ **track**: vía rápida, negociación rápida
fast-breeder reactor: incubador rápido
fast-burn engine: motor de combustión rápida
fast-disbursing loan: préstamo de rápido desembolso
fast-moving item: artículo muy solicitado, de mucha salida, de fácil colocación o venta
fast-track procedures: negociaciones por vía (expedita) rápida
fasteners: artículos de cierre o sujeción
fastidious: exigente, meticuloso, descontentadizo, criticón
fat pigs: cerdos para charcutería (cecinas)
fats and oils: grasas y aceites, materias grasas
fatal accident: accidente mortal
__ **consequences**: consecuencias funestas
fatality rate: tasa de letalidad
fate (of a collection): resultados de un cobro
fatstock: bueyes de engorda, ganado de ceba o de engorde, ganado para sacrificar o para carne, vacas para invernar
fatten: engordar, cebar ganado
fattened animal: cebón, animal gordo
fattening: engorde(a), ceba
__ **animals**: animales de engorde
__ **season for cattle**: invernada
fault: culpa; defecto, imperfección; falla, falta, error, avería
faultfinding: (manía de) criticar; crítica
faulty nutrition habits: régimen alimenticio defectuoso
favorable balance: saldo positivo, balanza positiva, balanza comercial activa
__ **balance of trade**: balanza comercial ventajosa, saldo positivo
__ **conditions**: condiciones propicias
__ **developments**: hechos positivos
__ **exchange treatment**: trato favorable en materia de cambio
__ **reception**: buena acogida
favored: privilegiado
"favorite son": hijo nato, candidato predilecto
feasibility: posibilidad de llevar a cabo, viabilidad, factibilidad
__ **study**: estudio de factibilidad o de viabilidad
feasible: factible, viable, practicable, posible
feather edge: bisel, canto biselado
__ **meal**: harina de plumas
__ **one's nest**: hacer su agosto
featherbedding: prebendaje
feature: s rasgo, detalle, carácter distintivo, característica o aspecto principal; artículo principal, crónica especial; (pl) semblante, facciones,

fisionomía, rostro; *v* describir, destacar, poner de relieve, presentar, caracterizar
__ **article**: crónica, artículo informativo
__ **film**: película principal
__ **service**: servicio de reportaje
__ **story**: reportaje, artículo de fondo
feature-length film: película de largometraje
fecundity: fertilidad
fed cows: vacas gordas o engordadas
Federal Register: Diario Oficial
fee for lodging requests: cargo por presentación de solicitudes
__ **paid**: retribución
__ **simple**: (leg) pleno dominio, dominio absoluto
fees: honorarios, emolumentos; (edu) derechos de matrícula, matrícula; cuota de ingreso (*v gr* en un club)
__ **and costs**: (leg) tasas y gastos
__ **or perquisities**: derechos o emolumentos
fee-based service: servicio a cambio del pago de honorarios
fee-for-services basis: sistema de honorarios por servicios
feeblemindedness: debilidad mental
feed: pienso, forraje; alimentación
__ **balance**: balance forrajero
__ **barley**: cebada forrajera
__ **conversión rate**: índice de aprovechamiento del forraje
__ **corn**: maíz forrajero
__ **crop**: cultivo forrajero
__ **efficiency**: índice de transformación (ganado)
__ **estimate**: balance forrajero
__ **grains**: granos o cereales forrajeros, forraje
__ **interlock**: (comp) intercierre de alimentación
__ **mashes**: mezclas alimentarias
   mill: molino forrajero
__ **rack**: comedero, pesebre; (comp) cremallera de alimentación o de avance
__ **sorghum**: sorgo forrajero
__ **trough**: comedero
__ **unit**: unidad forrajera
__ **wire**: conductor de alimentación
feedback: retroalimentación, retroacción, reacción de resultados, respuesta, realimentación; información, comunicación, información obtenida, retroinformación, datos, intercambio de información o de experiencia
__ **loop**: (comp) banda (circuito) de realimentación, bucle de información
feeder: alimentador, dosificadora de químicos (máquina); afluente de un río, tributario; canal alimentador; cable alimentador; ramal
__ **airport**: aeropuerto de enlace
__ **calf**: ternero para engorde
__ **cattle**: ganado de recría
__ **channel**: canal de acceso
__ **industry**: industria tributaria
__ **lines**: líneas aéreas de enlace, líneas secundarias (aviación)

__ **port**: puerto de enlace, puerto tributario
__ **reservoir**: embalse (depósito) de alimentación
__ **road**: camino secundario o vecinal, camino de penetración, ramal de carretera, camino de acceso
__ **school**: escuela preparatoria
__ **steers**: destetos
feeding area: zona de engorde
__ **barley**: cebada forrajera
__ **bottle**: biberón
__ **centers**: centros de alimentación
__ **disturbance**: perturbación alimentaria
__ **formula**: lacticinio, leche maternizada, fórmula para alimentación con biberón
__ **hog**: puerco de engorde
__ **methods**: pautas de alimentación
__ **to appetite**: alimentación a saciedad o a discreción
feedlot: sistema de engorde en confinamiento; concentración de ganado en corrales de alimentación
feedstock: materiales; materias básicas, materia prima
feedstuff: alimento para ganado, forraje; (pl) piensos
feedwater: agua de alimentación
feel compelled: verse obligado
__ **constrained**: verse obligado
__ **obligated to**: verse obligado
feeler: antena (insecto); (fig) sondeo
felling: corte, tala de árboles
__ **in growing season**: corta en savia
__ **permit**: permiso de aprovechamiento (de tala)
fellmongery: curtido de pieles
fellow: (edu) becario; título honorífico conferido a un estudiante graduado; (RU) miembro de una sociedad erudita, literaria o científica; (en algunas universidades): miembro de una corporación
__ **being**: semejante, prójimo
__ **citizen**: conciudadano
__ **countryman**: compatriota
__ **employee**: compañero de trabajo, colega
__ **man**: semejante, prójimo
__ **partner**: asociado, socio, consocio
__ **traveler**: comunizante, comunistoide
fellowship: beca de perfeccionamiento o de ampliación de estudios; dotación o fundación destinada a costear los estudios de un becario; cargo que un becario ocupa en un colegio o universidad; asociación o liga (*v gr* The New Educational Fellowship: Liga pro Educación Nueva)
__ **holder**: becario, titular de una beca (de perfeccionamiento)
__ **stipend**: estipendio de beca, subsidio para beca
felonious assault: asalto con propósito criminal
__ **homicide**: homicidio culposo, voluntario, intencional o doloso
felony: crimen, delito mayor o grave
felt board: feltógrafo, flanelógrafo

FELT   FIELD

__ **marker**: marcador con punta de fieltro
__ **pen**: lápiz de fieltro, pluma con punta de fieltro
felt-tipped pen: rotulador
female methods of birth control: métodos de control de la natalidad para mujeres
female-headed households: unidades familiares en que la mujer es jefe de familia
fence wall: tapia
fenced field: potrero
ferroconcrete: hormigón armado
ferrosteel: semiacero
ferrous metallurgy: metalurgia de los metales ferrosos
ferry: embarcadero, transbordador, balsadero, chalana
__ **bridge**: puente transbordador
ferryboat: transbordador; balsa, barca de pasaje, pontón de transbordo
fertile eggs: huevos fecundados
__ **soil**: suelo feraz
__ **women**: mujeres fecundas
fertility: (demog) fecundidad
__ **level**: feracidad (suelo)
__ **management**: control de la fecundidad
__ **rate**: tasa de fecundidad
__ **survey**: encuesta de fecundidad
fertilization: fertilización (suelo), abono
fertilize: abonar, fertilizar
fertilizer: abono, fertilizante, estercolado
__ **dressing (application)**: abonamiento, estercolado
__ **rate**: fórmula de abono
__ **treatment, dressing or application**: estercolado
fertirrigation: riego fertilizante, fertigación
fetal distress: sufrimiento fetal
__ **wastes**: pérdidas fetales
fetter (on world trade): traba
fever hospital: hospital de contagiosos
feverish market: mercado febril o incierto
fiat money: moneda de curso forzoso, moneda fiduciaria, billetes sin respaldo ni garantía emitidos por un gobierno, billetes de banco no convertibles, dinero sin cobertura
__ **standard**: billetes de banco no convertibles; patrón papel
fiber crop: planta textil
fiberboard: plancha, lámina de fibra, cartón de fibra
fiberglass: fibras de vidrio, vidrio-fibra
fiberizing operation: reducción de la fibra
fickle commodity: producto sujeto a fluctuaciones
fiction: ficción, literatura de imaginación, género novelístico
fictional unemployment: desempleo irreductible
fictitious liabilities: pasivo ficticio
__ **person**: persona jurídica
fidelity bond: caución de fidelidad, fianza de fidelidad patrimonial, seguro de fianza
fiduciary bond: fianza de fiduciario o de fideicomisario

__ **credit**: crédito personal, crédito sin garantía
__ **issue**: emisión fiduciaria (billetes de banco sin cobertura oro)
__ **loan**: préstamo sin garantía
__ **money**: moneda fiduciaria o de curso forzoso, dinero sin cobertura
field accounts: cuentas de los servicios fuera de la sede o de la oficina central
__ **administration**: administración del personal sobre el terreno
__ **advances**: anticipos locales
__ **agent**: agente en el terreno
__ **allowance**: subsidio por servicio sobre el terreno
__ **assignment**: misión sobre el terreno o de observación en el terreno
__ **audit**: inspección fiscal (impuestos)
__ **bean**: haba menor
__ **capacity**: (reg) capacidad de retención, capacidad de campo
__ **coverage**: información o reportaje sobre el terreno
__ **crops**: cosechas en gran escala, cultivos extensivos, cultivos comunes, cultivos de campo
__ **demonstration**: demostración práctica
__ **development officers**: supervisores de programas
__ **director**: director local, director de las actividades sobre el terreno
__ **duty station**: lugar de destino sobre el terreno
__ **equipment**: equipo de campaña o de campo
__ **experiment**: cultivo experimental
__ **food crops**: cultivos extensivos alimenticios
__ **force**: personal de campaña
__ **health projects**: trabajos prácticos en materia de salud
__ **hospital**: hospital de sangre, hospital de campaña
__ **laboratory experience**: cursillo pedagógico
__ **lesson**: clase de aplicación (dada fuera de las horas normales de clase)
__ **mission**: misión sobre el terreno, misión fuera de la sede
__ **observation**: observación extraescolar, observación sobre el terreno
__ **of activity**: esfera de actividad, especialidad
__ **of competence**: campo de especialización
__ **of learning**: disciplina, rama del saber
__ **of study**: materia de estudio, ramo, disciplina, asignatura
__ **office**: oficina local o sobre el terreno; oficina exterior; oficina fuera de la sede; a veces: representación
__ **officer**: funcionario en misión sobre el terreno, funcionario encargado de las actividades locales, funcionario que trabaja sobre el terreno
__ **operations**: actividades (operacionales) sobre el terreno
__ **organization**: sucursal, filial, oficina local
__ **personnel**: personal que trabaja sobre el terreno, personal de campo, personal de ejecución

__ **populations**: poblaciones no domésticas (animales)
__ **practices**: prácticas sobre el terreno
__ **program**: programa operacional
__ **promotion services**: promoción campesina
__ **psychologist**: psicólogo práctico
__ **recruitment representatives**: representantes encargados de la contratación sobre el terreno
__ **representative**: representante local, representante sobre el terreno
__ **seeds**: semillas o simientes de campo
__ **service**: servicio de estudios prácticos, servicio móvil
__ **staff**: personal de las oficinas exteriores o fuera de la sede, personal en el terreno, personal local, personal ejecutor, personal de ejecución
__ **strength**: plantel de personal de campo
__ **studies**: estudios (encuestas) sobre el terreno
__ **survey**: reconocimiento topográfico
__ **team**: grupo móvil
__ **test**: cultivo experimental
__ **trial**: ensayo práctico, ensayo sobre el terreno
__ **trip**: visita de observación, viaje de estudio, visita (sobre el terreno)
__ **work**: trabajo o actividades sobre el terreno, trabajo de campo, actividades fuera de la Sede (oficina principal)
__ **workers**: agentes locales; trabajadores sobre el terreno; personal de campo, personal que trabaja sobre el terreno, personal destacado en el terreno
field-level extension agent: agente de extensión a nivel de poblado
fierce competition: competencia encarnizada
FIFO (first in first out): primeras entradas, primeras salidas
fifth quarter: piel y grasa de los animales sacrificados
figurative language: retórica
figure: cifra, número, guarismo, valor; (com) precio; suma; cantidad; (fig) figura, personaje
__ **of speech**: figura retórica
figurehead: (fig) testaferro, títere, jefe nominal, figurón
filament yarn: hilado de fibra contínua o de filamentos
filbert: avellana
file: *s* archivo; carpeta; expediente; fichero; *v* presentar (demanda); plantear (apelación); entablar (reclamación); formular (reparo)
__ **a claim**: interponer una reclamación, entablar una demanda, instar o radicar una querella
__ **a complaint**: entablar querella
__ **a document**: archivar, registrar un documento
__ **a judgment**: registrar una sentencia
__ **a motion**: elevar un recurso, presentar una demanda, petición o pedimento
__ **a petition of bankrupcy**: solicitar la declaración de quiebra (o ser declarado en quiebra)
__ **a protest**: entablar o evacuar una protesta
__ **a tax return**: presentar una declaración de impuestos
__ **an appeal**: interponer recurso, presentar apelación, formalizar un recurso
__ **an application**: presentar una solicitud
__ **away**: encarpetar; dar carpetazo a, archivar
__ **card**: ficha
__ **copy**: copia de archivo
__ **drawer**: cajón archivador, gaveta archivadora
__ **envelope**: sobre archivador
__ **folder**: carpeta de archivo
__ **in a notarial record**: protocolizar
__ **suit**: entablar o seguir un pleito, demandar
filibuster: *s* obstruccionismo; *v* obstruir la aprobación de una ley; practicar el obstruccionismo
filing: archivamiento, registro, clasificación, intercalación de fichas, archivonomía; (leg) entablación
__ **cabinet**: armario-archivador, fichero
__ **clerk**: archivero, archivista, archivador
__ **fee**: derecho de inscripción de una patente
__ **in a notarial record book**: protocolización
__ **of claims**: presentación de reclamaciones
__ **of the appeal**: presentación del recurso
__ **system**: sistema de archivo
fill a post: ocupar un puesto o cargo
__ **a tooth**: empastar
__ **a vacancy**: cubrir una vacante
__ **an order**: despachar o surtir un pedido
__ **in**: rellenar; terraplenar (zanja)
__ **out a form**: llenar un formulario
__ **ratio**: coeficiente de ocupación de cargos o de puestos
__ **the requirements**: satisfacer, cumplir con las condiciones, reunir las condiciones
__ **with earth**: terraplenar
filled cheese: queso compuesto
__ **milk**: leche compensada (la grasa natural ha sido extraída y substituida por grasa vegetal)
filler: ripio
fillet: *s* plancha o filete de pescado o carne; *v* quitar la raspa
filling of reservoir: inundación del embalse
__ **riprap**: migajón
film: película, filme; (agr) hojas plásticas para cubrir el suelo; lámina
__ **archives**: filmoteca, archivos cinematrográficos
__ **booking agencies**: agencias de distribución de películas
__ **editing**: montaje de películas
__ **footage library**: cinemateca, filmoteca
__ **library**: cineteca
__ **prints**: copias de películas
__ **set**: plató
__ **stock**: película en blanco
filmstrip: película fija, cinta de proyección fija, filmina, tira fija
filmware: programa con soporte físico

filth-borne diseases: enfermedades transmitidas por inmundicias
finagle: conseguir con artimañas; embaucar, engañar
final: último, final; decisivo, terminante, definitivo
__ **acceptance**: recepción definitiva (de un proyecto de construcción)
__ **act**: acta final
__ **and conclusive**: terminante y decisivo
__ **average remuneration**: remuneración media final
__ **award**: laudo definitivo, sentencia firme
__ **balance sheet**: balance de cierre
__ **clearance certificate**: certificado de baja definitiva (personal)
__ **consumer goods**: productos acabados destinados al consumo
__ **deadline**: plazo perentorio, apremiante, urgente, decisivo
__ **decision**: decisión definitiva, decisión inapelable; auto resolutorio
__ **design**: plano definitivo
__ **dividend**: dividendo complementario
__ **finding**: conclusión o constatación definitiva
__ **judgment**: sentencia definitiva
__ **judicial decision**: sentencia
__ **location**: trazado definitivo
__ **market**: mercado de consumidores
__ **maturity**: vencimiento final (de un préstamo)
__ **meeting (session)**: sesión de clausura
__ **pay statement**: liquidación de la remuneración final
__ **pleadings**: escrito de conclusiones
__ **product**: producto final
__ **report**: informe final, acta final
__ **standard page**: página estándar definitiva
finality: determinación, carácter definitivo
finance: *s* finanzas; ciencia financiera; hacienda (pública); fondos, recursos; *v* financiar, proveer fondos
__ **bill**: (RU) ley presupuestaria
__ **charges**: gastos financieros
__ **committee**: comisión o comité de finanzas
__ **company (house)**: compañía de financiamiento (de ventas a plazo); sociedad financiera; compañía de crédito comercial
__ **officer**: funcionario de finanzas
__ **out of (the proceeds of a loan)**: financiar con un préstamo
financial: financiero, económico, monetario
__ **accounting**: contabilidad general, contabilidad de fondos
__ **adjustment**: liquidación de cuentas, cierre de las cuentas; reajuste o saneamiento financiero
__ **agents**: intermediarios financieros (empresas de seguros, fondos de pensiones, etc)
__ **aid**: subvención
__ **and accounting instructions**: instrucciones de contabilidad y finanzas
__ **backer**: financiador
__ **backing**: respaldo financiero
__ **burden**: carga financiera
__ **business**: actividad financiera
__ **cap**: techo financiero
__ **circles**: círculos financieros, sector financiero
__ **claim**: título de crédito; acreencia; activo financiero
__ **claims held**: activos financieros en cartera
__ **claims of government**: uso de recursos por el gobierno
__ **contingency**: imprevistos financieros
__ **cover**: provisión de fondos
__ **credit**: crédito de financiación o financiamiento, crédito financiero
__ **deepening**: intensificación financiera, profundización financiera, expansión de los conductos financieros
__ **disclosure**: divulgación o presentación de información financiera; inclusión o consignación de datos en estados financieros
__ **distress**: dificultades financieras graves
__ **district**: centro o distrito financiero, distrito de finanzas
__ **emergency**: crisis financiera
__ **engineering**: técnicas financieras
__ **expenses**: gastos financieros
__ **flows**: flujos financieros; corrientes financieras
__ **goodwill**: prestigio o buen nombre financiero
__ **highlights**: resultados financieros sobresalientes
__ **implications**: consecuencias financieras
__ **income**: ingresos financieros
__ **institution**: institución o empresa financiera
__ **intermediary loan**: préstamo a un intermediario financiero
__ **intrinsics**: situación financiera
__ **lease**: contrato de arrendamiento con opción de compra
__ **leasing**: arrendamiento financiero
__ **liability**: responsabilidad pecuniaria o económica, pasivo financiero
__ **loan**: préstamo en moneda o en efectivo; (bnc) crédito financiero
__ **matters**: asuntos financieros o monetarios
__ **package**: serie o conjunto de medidas financieras, plan de financiamiento
__ **paper**: efectos; valores financieros
__ **performance**: actuación financiera; resultados financieros
__ **period**: ejercicio financiero
__ **plan**: plan financiero
__ **pooling arrangement**: acuerdo de fondo común (de recursos financieros)
__ **position**: situación financiera, panorama financiero
__ **prospects**: expectativas financieras
__ **rate of return**: tasa de rentabilidad financiera o de rendimiento financiero
__ **rating**: capacidad financiera, solvencia

FINANCIALLY   FIRM

__ **ratios**: relaciones financieras
__ **rehabilitation**: saneamiento monetario
__ **reorganization**: saneamiento financiero
__ **replicability**: posibilidad de repetición financiera
__ **repression**: represión financiera
__ **responsability**: solvencia, capacidad financiera, responsabilidad financiera o pecuniaria
__ **restraint**: austeridad financiera, moderación financiera
__ **return**: rentabilidad financiera
__ **rule**: regla (del reglamento financiero)
__ **situation**: panorama financiero
__ **spread**: margen financiero
__ **stability**: estabilidad o solvencia financiera
__ **standing**: capacidad crediticia, solvencia, capacidad patrimonial o situación financiera
__ **standing position or condition**: situación financiera, capacidad patrimonial
__ **statement**: estado de situación financiera, extracto financiero, pieza contable
__ **stringency**: escasez monetaria, situación económica apurada, austeridad financiera
__ **survey**: panorama financiero
__ **terms**: valores financieros, cifras financieras; términos financieros, disposiciones financieras
__ **viability**: economicidad
__ **year**: año fiscal, ejercicio económico, ejercicio financiero
financially responsible: solvente
__ **sound**: de sólida situación financiera
__ **viable**: viable, rentable
financing: financiamiento, financiación; habilitación
__ **charge**: recargo por financiación
__ **facility**: servicio de financiamiento
  from one's own resources: financiación propia
__ **gap**: brecha no financiada, déficit de financiamiento
__ **of capital projects**: financiamiento de inversiones
__ **pattern**: sistema de financiamiento
__ **plan**: plan de financiamiento
__ **schedule**: esquema de financiamiento
find against: (leg) decidir contra
__ **fault with**: poner reparos, criticar
__ **for**: (leg) decidir en favor de
__ **guilty**: declarar culpable, condenar
__ **out about**: enterarse de
finder's fee: pago por intermediación
finding: descubrimiento; hallazgo; (pl) conclusiones de un seminario; resultados de un estudio; (leg) fallo, decisión
__ **of injury**: conclusión de existencia de daño
findings of fact: resultados
fine: (leg) multa, castigo
__ **arts**: bellas artes
__ **coal**: carbón menudo, carboncillo
__ **count cotton**: algodón de número fino

__ **crossbred (wool)**: (lana) cruzada de primera calidad
__ **gold**: oro fino o refinado
__ **print**: letra menuda o pequeña
__ **spray**: rociamiento en lluvia fina
__ **troy ounze of gold**: onza troy de oro fino
__ **tuning**: afinamiento o afinación (de la economía)
fineness (of a metal): ley
finger millet: (agr) mijo africano, coracán
__ **pier**: espigón
__ **tip control**: control digital o de tacto
fingerlings: pececillos, alevines, jaramugos
fingerprint: huella dactilar o digital
__ **analysis**: dactiloscopia
fingerprints: reseña decadactilar
finish: terminar, ultimar, finalizar; acabar (superficie); engordar (ganado)
__ **off**: terminar, concluir, acabar, completar, llevar a cabo, rematar; dar la última mano a
finished product: producto o artículo terminado o manufacturado
__ **steel**: acero laminado
finishing: acabado (cuero); aprestado (textiles); engorde (ganado)
__ **coat**: última capa
__ **flourish**: broche de oro
__ **of cattle**: acabado de engorde, ceba final
__ **touch**: último toque, última mano, retoque, remate
FIO (free in and out): (trnsp) franco de carga y descarga (f.i.o.)
fire brick: ladrillo refractario
__ **brigade**: compañía (cuerpo) de bomberos
__ **engine**: bomba de incendio
__ **escape**: escalera de incendio
__ **evacuation**: desalojamiento en caso de incendio
__ **exit**: salida de emergencia
__ **lane**: franja cortafuego
__ **main**: caño de incendio
__ **plug (hydrant)**: toma de agua, boca de incendio
__ **sales**: guerra de precios, venta o remate de mercancías dañadas en incendio
__ **tower**: atalaya
__ **underwriters**: aseguradores contra incendio
__ **wall**: (comp) cortafuego (mecanismo que permite proteger los datos o programas y evita el acceso remoto no autorizado)
fire-cured: secado al fuego (tabaco)
fire-resisting cabinet: armario incombustible
firebreak: cortafuego
fireproof houses: casas incombustibles
__ **panel**: tablero ignífugo
firm bid rule: norma de oferta firma
firm foundation: base sólida
_ **name**: razón social, denominación comercial
__ **obligation**: obligación formal
__ **offer**: oferta en firme
__ **offer subject to immediate acceptance**: oferta en firme si es aceptada de inmediato

142

FIRMNESS   FISHING

__ **pledge**: promesa firme
__ **price**: precio fijo o estable
__ **signature**: firma social
firmness of prices: estabilidad de precios
firmware: microprogramación (no es ni hardware ni software)
first ballot: primera votación
__ **charge items**: partidas de cargo prioritarias
__ **come, first served**: atención por orden de llegada
__ **cost**: costo inicial u original
__ **day covers**: sobres de primer día de emisión
__ **draft**: borrador
__ **floor**: (RU) primer piso; (EUA) planta baja
__ **fruits**: primicias
__ **generation pupils**: alumnos cuyos padres no asistieron a la escuela
__ **grade**: primer año de estudios
__ **in, first out (FIFO)**: salida en el orden de adquisición o de fabricación
__ **instance**: (leg) primera instancia
__ **lien**: primer gravamen, gravamen privilegiado
__ **mate**: primer oficial (barco)
__ **mortgage loan**: primera hipoteca
__ **of exchange**: primera de cambio
__ **offender**: delincuente primario
__ **party to take action**: (leg) parte más diligente
__ **principles**: principios básicos
__ **priority**: prioridad absoluta
__ **refusal**: opción exclusiva
__ **refusal right**: derecho preferencial o prioritario
__ **smelting**: primera fusión
__ **tranche**: primer libramiento (sobre un crédito)
__ **treatment lesson (in school)**: lección de exposición (de una nueva materia)
first-aid station: puesto de primeros auxilios, puesto de seguro
first-level supervisor: supervisor inmediato
first-line supervision: supervisión de primer nivel o directa
first-right hand term: primer término del segundo miembro
first-stage unit: (est) unidad primaria
first-tier bank: banco de primer piso
firstborn son: primogénito
firsthand information: información directa, información de primera mano
__ **knowledge**: conocimiento directo
fiscal agency: organismo fiscal
__ **agent**: agente financiero
__ **authorities**: autoridades financieras
__ **balance**: saldo presupuestario, equilibrio fiscal
__ **controller**: inspector de impuestos
__ **drag**: lastre fiscal, drenaje fiscal, rémora fiscal, freno fiscal, traba fiscal
__ **gap**: déficit fiscal
__ **leverage**: inflación fiscal
__ **management**: potestad fiscal
__ **performance**: actuación fiscal, gestión fiscal

__ **period**: año fiscal o financiero
__ **policy**: política fiscal o financiera
__ **receipts**: recaudaciones fiscales
__ **revenue**: ingresos fiscales, ingresos tributarios
__ **services**: servicios de tesorería
__ **year**: ejercicio económico o financiero, año fiscal, ejercicio contable
fish basket: nasa, chistera
__ **breeding**: ictiogenética, piscicultura, alevinaje
__ **breeding establishment (station, hatchery)**: piscifactoría, criadero, establecimiento ictiogenético
__ **catch**: captura
__ **collection pool**: estanque de pesca
__ **commodities**: productos pesqueros
__ **crop**: producción pesquera, cosecha de peces
__ **culture**: piscicultura
__ **dynamics**: dinámica de las poblaciones de peces
__ **farms**: granjas piscícolas, piscigranjas, estaciones pesqueras
__ **farmer**: criador de peces
__ **farming**: piscicultura
__ **feed**: alimentos para peces
__ **flour**: harina de pescado
__ **freezing plant**: planta congeladora de pescado
__ **genetics**: genética piscícola
__ **grading**: clasificación del pescado (según la calidad)
__ **harvest**: captura
__ **hatchery**: vivero o criadero de peces, piscifactoría
__ **holding pond**: estanque vivero
__ **length**: talla del pez
__ **market**: pescadería
__ **meal**: harina de pescado, polvo de pescado
__ **net**: albareque, red, arte de pesca
__ **pond**: vivero, estanque piscícola; depósito piscícola, nansa
__ **pond farming**: piscicultura en estanques
__ **products**: productos de pescado, productos pesqueros
__ **resources**: recursos ícticos
__ **stocks**: poblaciones ícticas o de peces
__ **tank**: depósito para peces, nansa
__ **way (ladder)**: escala de peces
__ **weir**: corral de pesca, encañizada
__ **well**: vivero para peces
fishery: pesquería, pesca, industria pesquera
__ **engineering**: tecnología de la pesca (pesquería)
__ **management**: ordenación piscícola, explotación piscícola o de los recursos pesqueros, ordenación de la pesca
fisheries development: desarrollo de las pesquerías
__ **technologist**: técnico en piscicultura
fishing: pesca, pesquería
__ **and catching gear**: artes de pesca y caza
__ **areas**: zonas de pesca

FISSION   FLAT

- __ **banks**: bancos de pesca
- __ **by lamplight**: pesca con luz (artificial), pesca al encandilado
- __ **conservation**: control de la pesca
- __ **fleet**: flotilla
- __ **gear**: material o equipo de pesca
- __ **grounds**: bancos de pesca, zona de pesca, caladero, pesquera
- __ **industry**: pesquería, industria pesquera
- __ **line**: hilo (pelo) de pesca
- __ **line with many hooks**: espinel
- __ **net**: red de pesca
- __ **port**: puerto para la flota pesquera
- __ **resources**: recursos pesqueros o ictiológicos
- __ **rights**: derechos de pesca
- __ **share paid to crew**: parte de pesca
- __ **smack**: embarcación
- __ **tackle**: aparejo de pesca, avíos de pesca; artes de pesca
- __ **waters**: zonas de pesca

fission: fisión, escisión
fissure: grieta, hendidura
fit: *s* ajuste (curva); arrebato, ira; ataque, acceso; *a* conveniente, apropiado; apto, digno; (med) sano; *v* cuadrar con, corresponder a, responder a; ajustar, adaptar; adecuar; preparar, encajar
- __ **for duty**: apto para el servicio

fitness: conveniencia, oportunidad; aptitud, capacidad, competencia; (med) salud
fitter: ajustador
fitting: *s* ajuste; *a* oportuno, apropiado, propio
fittings: accesorios; muebles, mobiliario; enseres
five-and-ten cent stores: tiendas populares
fix (navigation): punto de intersección
fixed assets: activo fijo, capital fijo (tierra, edificios, planta); valores inmovilizados
- __ **budget**: presupuesto no ajustable
- __ **capital**: activo fijo, capital fijo o permanente
- __ **capital expenditures**: gastos por inmovilización de capital
- __ **capital loan**: préstamo refaccionario
- __ **charges**: gastos fijos o constantes, cargos fijos
- __ **cost price contract**: contrato a precio fijo
- __ **costs**: costos o gastos fijos
- __ **debt**: deuda consolidada
- __ **deposit**: depósito con vencimiento fijo
- __ **expenses**: gastos fijos
- __ **fee**: honorario fijo o determinado
- __ **income**: renta fija
- __ **income securities**: valores de renta fija
- __ **investment**: inversión en capital fijo
- __ **liability**: pasivo fijo o no exigible; (leg) obligación fija, responsabilidad determinada
- __ **or capital liabilities (more than one year)**: pasivo consolidado (más de un año)
- __ **par value**: paridad fija
- __ **payment tariff**: tarifa a tanto alzado
- __ **rate financing**: financiamiento a un tipo de interés fijo

- __ **return securities**: títulos de renta fija
- __ **storage**: (comp) memoria muerta
- __ **term**: plazo fijo o determinado
- __ **term contract**: contrato de duración determinada, contrato por un período fijo, contrato de plazo fijo
- __ **term staff**: personal contratado a plazo fijo, con nombramiento de plazo fijo
- __ **value**: valor a tanto alzado
- __ **variate**: (est) variable independiente o predictiva

fixed-horizon plan: plan de horizonte fijo
fixed-interest bearing securities: valores de renta fija
fixed-term official: funcionario con nombramiento de plazo fijo
fixtures: instalaciones fijas, artefactos fijos, aparatos, dispositivos, accesorios
flag discrimination: discriminación basada en la nacionalidad del buque
- __ **of convenience**: bandera de conveniencia o de favor
- __ **officer**: oficial general de Marina
- __ **reservation**: reserva de carga

flagging: (econ) suavización de la demanda, de la economía
- __ **demand**: demanda floja

flagrant insult: ultraje
flagship: buque insignia, buque almirante
- __ **project**: proyecto puntero o de punta

flagstone: losa, loseta, baldosa, piedra laja
flake white: albayalde
flame cultivation: cultivo a llama (algodón)
- __ **pasteurization**: pasteurización rápida

flammable: inflamable
flannelgraph: flanelógrafo, feltógrafo
flare: quemar (gas); mancha luminosa
- __ **path**: pista de aterrizaje iluminada
- __ **up**: (fig) estallar, declararse

flare-up: brote (enfermedad)
flash autoclave: autoclave rápido
- __ **coat**: sellado (camino)
- __ **flood**: inundación repentina y violenta, riada, golpe de agua
- __ **heat treatment**: tratamiento térmico breve
- __ **pasteurization**: pasteurización instantánea
- __ **strike**: paro breve sin orden del gremio
- __ **welding**: soldadura por arco con presión, soldadura por chispa

flashback: retroceso, retrospección; (cine) escena retrospectiva, retorno al pasado
flashboard: (reg) alza móvil, alza removible, tabla de quitapón
flashcard: tarjeta mnemotécnica
flashing sign: semáforo destellante
flask: frasco; termo; matraz; redoma
flat: (RU) apartamento, departamento, piso
- __ **amount**: importe fijo, cantidad determinada
- __ **barge**: chata, chalana
- __ **budget**: presupuesto igual, sin cambio, sin aumento
- __ **charge**: cargo global

144

__ **cost**: costo neto
__ **fee**: honorarios fijos; (com) cuota o tarifa uniforme
__ **growth**: estancamiento del crecimiento
__ **increase**: aumento uniforme
__ **knitting**: trabajo de punto rectilíneo
__ **loan**: préstamo sin interés
__ **lowland plain**: vega
__ **market**: mercado inactivo, mercado lánguido, en calma o parado
__ **rate**: tasa uniforme, tarifa única, tarifa a tanto alzado, tipo fijo
__ **rate subsidy**: subsidio uniforme
__ **rating**: tarificación global
__ **refusal**: rechazo terminante, negativa rotunda
__ **salary**: sueldo neto
__ **truck**: camión de plataforma
flat-bottomed barge: balsa, chalana
flatbed trailer: carro de arrastre, remolque bajo
flatboat: chalana, chata, barcaza, balsa, lanchón
flatcar: vagón de plataforma
flatfish (sole, flounder, dab): (ict) lenguado
flatlands: tierras bajas, llano, llanura
flattening out (of a curve): achatamiento o aplanamiento (de una curva), nivelación; estabilización
flatware: platos y cubiertos
flavor enhancers: saborizantes (substancias que mejoran el sabor)
flavored milk: leche aromatizada
flavoring substances: substancias saborizantes
flavorings: extractos, esencias aromatizantes, sustancias aromáticas o saborizantes
flaw: defecto, desperfecto, imperfección; falla
flay (meat): desuello
flax: lino
flaxboard: tablero de lino
flaxseed: linaza, grano o semilla de lino
fledgeling: *s* novato; *a* en ciernes
fleece wool: lana natural o de vellón, lana de esquileo
fleet: flota, armada; parque (flota) de automóviles
flexible budget: presupuesto flexible o ajustable
__ **plan**: plan elástico
__ **policy**: política adaptable
__ **time bands**: períodos flexibles
flexitime: horario de trabajo variable, flexible
flexpoint: punto de inflexión (gráfico)
flier: volante, prospecto
flight: vuelo; recorrido, trayectoria
__ **attendant**: auxiliar de vuelo; azafata
__ **capital**: capital fugado
__ **clearance**: permiso de vuelo
__ **crew**: tripulación de vuelo
__ **engineer**: ingeniero de a bordo, mecánico de vuelo, mecánico navegante
__ **from the land**: éxodo rural
__ **in one direction**: vuelo direccional
__ **money**: capital especulativo
__ **of capital**: fuga de capital
__ **of funds**: huida de dinero
__ **of stairs**: tramo de escalera

__ **path**: trayectoria o línea de vuelo
__ **personnel**: personal o tripulación de vuelo (volante)
__ **range**: radio de vuelo
flimsy excuse: excusa floja o baladí, excusa inconsistente
__ **paper (onion paper)**: papel de copia
flint corn (maize): maíz duro
flip book: libro de imágenes, historia en imágenes
__ **chart**: rotafolio, gráfico reversible
float: flotador (arte de pesca); carroza (carnaval); (bnc) cheques pendientes de pago, efectos en cobro o cobranza
__ **a company**: fundar (establecer) una sociedad
__ **a currency**: dejar flotar una moneda
__ **a loan**: lanzar una emisión de bonos, emitir o colocar un préstamo, un empréstito
__ **securities**: emitir, colocar valores
__ **the exchange rate**: liberar el tipo de cambio
floater policy: (seg) póliza flotante o abierta
floating assets: activo circulante
__ **capital**: capital circulante, flotante o móvil, capital de operación
__ **cash reserve**: reserva flotante en efectivo; encaje circulante, flotante
__ **charge**: prenda flotante
__ **crane**: grúa-pontón, barco-grúa, grúa flotante
__ **debenture**: obligación no consolidada, en circulación
__ **debt**: deuda flotante, deuda a corto plazo
__ **landing stage**: pontón
__ **liability**: pasivo corriente o flotante
__ **money**: dinero disponible
__ **of loans**: emisión de empréstitos
__ **period**: período de libre fluctuación (del tipo de cambio)
__ **population**: población flotante o de tránsito
__ **rate**: tipo de cambio flotante o de libre fluctuación
__ **rate bond**: bono con interés variable o flotante
__ **rate note**: pagaré con interés variable o flotante
__ **rice**: arroz flotante
__ **rig**: torre de perforación flotante
__ **vote**: voto indeciso
floatline: relinga de corchos
flock: bandada (pájaros); rebaño (ovejas); manada (animales); borra (de lana)
__ **of origin**: plantel originario
flocks and herds: ganado lanar y vacuno, ganado menor y mayor
flood: inundación, crecida; avenida de agua, riada
__ **control**: control de las inundaciones, hidráulica fluvial, regulación de aguas
__ **control dam**: presa de regulación
__ **control irrigation**: riego por anegación controlada
__ **crop**: cultivo de decrecida
__ **gate**: compuerta
__ **irrigation**: riego por tendido o por desbordamiento
__ **level**: cota de inundación

__ **pattern**: regimen de inundaciones o crecidas
__ **plain**: llanura inundable, llanura aluvial o de inundación, terreno aluvial o de aluvión
__ **recession crop**: cultivo de decrecida
__ **relief culvert**: puente de aliviadores
__ **stage**: época de avenida
__ **the market**: inundar el mercado
__ **tide**: marca entrante
flooded rice: arroz acuático
flooding: (reg) tendido
__ **agriculture (cultivation)**: agricultura, cultivo en tierras de aluvión
floodway: desfoque, canal de derivación
floor: suelo, piso, solera (horno); nivel mínimo de precios o de jornales; (Bolsa) sala de operaciones; tablero (puente); cifra mínima presupuestaria
__ **area**: superficie cubierta útil
__ **manager**: (hosp) administrador de sala; director técnico de escena; jefe de planta (tiendas)
__ **member**: socio de la Bolsa
__ **of a vein**: (min) yac(i)ente de filón
__ **plan**: diagrama de planta
__ **price**: precio mínimo, precio básico
__ **return**: rendimiento mínimo
__ **space**: espacio (para oficinas, locales, etc), superficie de piso, de exposición
__ **stocks**: existencias en almacén
__ **tile**: baldosa, loseta
__ **trader**: (Bolsa) corredor de Bolsa independiente
floppy disk: (comp) disco flexible, disco blando
floriculture: floricultura
floss silk: borra de seda, seda floja
__ **yarn**: hilo de lino
flotation: emisión (bonos), emisión de un préstamo
__ **costs**: costos (gastos) de emisión (de bonos y valores)
__ **expenses**: gastos de emisión
flotsam: pecios, restos flotantes (de naufragio); personas a la deriva
flounder: (ict) platija
flour full fat: harina sin desaceitar
__ **low fat**: harina desaceitada
flourish: rúbrica (trazo añadido a la firma); (econ) pujanza
flow: flujo, corriente (fondos); movimiento (capital); afluencia (mercaderías); circulación (sangre); caudal (volumen de agua); gasto (volumen de flujo)
__ **chart**: gráfica de circulación, diagrama de movimiento, de secuencia, diagrama de flujo, flujograma, reograma; (ind) diagrama de producción; (comp) organigrama, ordinograma
__ **chart of births**: gráfico de la trayectoria de nacimientos
__ **limiter**: limitador de gasto (agua)
__ **meter**: aforador, caudalímetro
__ **of capital**: afluencia o corriente de capital
__ **of funds**: movimiento de fondos, corriente o flujo de fondos
__ **of information**: circulación de las informaciones

__ **of patients**: circulación de pacientes
__ **of transactions**: sucesión de operaciones
__ **pressure**: presión de urgencia (petróleo)
__ **process chart**: diagrama de producción, de fabricación
__ **production**: producción continua, producción en cadena, producción en serie
__ **rate**: caudal, gasto
__ **sheet**: planilla de producción, cuadro o diagrama de producción
__ **tunnel**: túnel conducto, túnel de carga
flow-line production: producción en serie, fabricación en serie, fabricación en cadena
flower buds: yemas florales
flowerbed: platabanda
flowing well: pozo surgente
fluctuating rate: tipo de cambio fluctuante, tipo móvil
__ **time pattern (of demand)**: fluctuaciones cronológicas de la estructura de la demanda
__ **unemployment**: desempleo intermitente
fluctuation of prices: fluctuación u oscilación de precios
__ **of the exchange rate**: fluctuación del tipo de cambio
fluctuations around the trend: fluctuaciones en torno a la tendencia
__ **of the economy**: variaciones o fluctuaciones de la coyuntura económica
flue-cured tobacco: tabaco secado al aire caliente o en secadores de aire caliente
fluid assets: activo corriente o realizable
__ **balance**: (med) equilibrio hídrico
__ **capital**: capital circulante
__ **milk**: leche reconstituida (a base de polvo), leche líquida, leche fresca para el consumo
__ **situation**: situación inestable
fluidized bed combustion: combustión en lecho fluidizado
fluke: (ict) platija
flume: canalón, canal de arrastre, canal sobre apoyos, canal de madera o de tablones; saetín; caz
fluoridated water: agua fluorurada
fluoridation: fluoruración, fluoración
fluoride(s): flúor
flush door: puerta lisa, de un solo panel
__ **grades**: calidades superiores
__ **season**: temporada de mayor producción láctea; época de gran actividad (vacas en producción)
__ **tank**: cisterna, descarga de agua
__ **toilet**: inodoro
__ **with**: a ras de, a nivel de, a paño con, a flor de
__ **with money, be**: nadar en dinero
flushing: floración, foliación (de los árboles)
__ **devices**: dispositivos de descarga
flux: exotérmico (soldadura)
fly ash waste: desperdicio de cenizas voladoras
__ **sheet**: hoja suelta, volante
flying bridge: puente volante
flyleaf: guarda (hoja de guarda)

flyover: (RU) paso elevado; cruce en dos niveles (camino)
foamed cement: concreto, hormigón alveolar
FOB (free on board): franco a bordo
focal point: centro de coordinación o de enlace; punto central, de contacto o de convergencia; elemento fundamental; núcleo; a veces: coordinador, funcionario de enlace
__ **point of growth**: polo de desarrollo
focus: foco (de enfermedad, de desempleo, de pobreza)
__ **group**: grupo de representantes de los interesados; grupo muestra elegido
__ **on**: concentrarse en
focused goals: objetivos bien definidos
focusing effect: efecto de concentración
fodder: forraje; pienso, pasto prensado
__ **barley**: cebada forrajera
__ **beet**: remolacha forrajera
__ **plant**: planta forrajera
fogging equipment: equipo de nebulización
foil: hoja delgada de un metal; pan de oro o plata; azogado de un espejo; papel de estaño
fold: pliegue, doblez; redil, aprisco; (fig) grey, rebaño
folder: carpeta; folleto, prospecto desplegable u hoja plegadiza
folder-letter: carta-sobre
folk high school: (Escand) colegio particular; (Alem) universidad popular
__ **music**: música popular, música tradicional, música típica
folklore: folklore, tradiciones y leyendas populares
folkways: costumbres (comunes a los miembros de un mismo grupo social)
follow from: derivar, emanar, dimanar de, desprender de
__ **suit**: seguir la corriente
__ **up a scholar**: seguir la carrera ulterior de un becario
follow-through: procedimiento de trámite o de continuación
__ **examination**: examen completo
follow-up: continuación; consecuencia; seguimiento, complemento, complementación, control; (com) carta recordatoria; (med) observación, verificación o control ulterior o de asistencia
__ **action**: medidas ulteriores
__ **care**: (med) atención complementaria, atención postratamiento
__ **clinic**: clínica de observación postratamiento, clínica de control
__ **department**: (med) servicio de vigilancia
__ **examination**: (med) examen de verificación
__ **financing**: financiamiento complementario
__ **funds**: fondos complementarios
__ **interview**: entrevista complementaria
__ **letter**: recordatorio, carta de insistencia, carta de seguimiento
__ **mission**: misión de estudios complementarios

__ **program**: programa complementario
__ **project**: proyecto complementario
__ **report**: informe complementario
__ **treatment**: tratamiento postoperatorio
follower of, be a: ser partidario de
__ **stock**: ganado horro
following: a consecuencia de, como consecuencia de, después de
__ **market**: mercado satélite
fondling: (leg) tocamientos impúdicos, abusos deshonestos
fondly imagine: hacerse la ilusión
food: alimento, comida, alimentación, víveres, comestibles
__ **additive**: aditivo alimentario
__ **allowance**: dietas
__ **and drink**: comida y bebida
__ **and drug control**: control e inspección de alimentos y medicamentos
__ **avoidance**: rechazo alimentario
__ **balance (national)**: balance (nacional) de alimentos
__ **card**: tarjeta de racionamiento
__ **chain**: cadena alimentaria, cadena metabólica, cadena trófica
__ **chemistry**: análisis de los alimentos
__ **colors**: colores alimentarios
__ **commodities**: productos alimenticios
__ **control**: inspección de los alimentos, control de los alimentos
__ **conversion factor**: índice de conversión del alimento, coeficiente de transformación de alimentos en materia viva
__ **crop**: cultivo alimentario
__ **economics**: economía alimentaria
__ **energy**: valor energético de los alimentos
__ **enrichment**: nutrificación de alimentos
__ **fads**: manías alimentarias
__ **fish**: peces comestibles
__ **fortification**: enriquecimiento de los alimentos
__ **grains**: cereales o granos alimenticios o comestibles
__ **habits**: hábitos alimentarios
__ **hygiene**: higiene de los alimentos
__ **import dependency ratio**: coeficiente de dependencia de la importación de alimentos
__ **industry**: industria de los alimentos, industria alimentaria
__ **intake**: ingestión o ingesta de alimentos; alimentos ingeridos, ración
__ **intoxication**: intoxicación por los alimentos
__ **laboratory**: laboratorio para ensayo de alimentos
__ **management**: economía doméstica alimentaria
__ **patterns**: tipos de alimentación
__ **plant**: planta alimentaria
__ **poisoning**: intoxicación alimentaria
__ **preservatives**: sustancias que conservan los alimentos, sustancias conservadoras
__ **Price Index**: Indice de Precios de los Alimentos

FOOD-BORNE   FOR

__ **processing**: elaboración de alimentos
__ **processing industry**: industria de elaboración de alimentos
__ **production**: producción de alimentos
__ **products**: productos o artículos alimenticios, víveres
__ **purity (wholesomeness)**: salubridad de los alimentos
__ **ration**: ración alimentaria
__ **recall**: encuesta alimentaria por interrogatorio
__ **reference laboratory**: laboratorio de referencia para alimentos
__ **relief**: socorro alimentario
__ **safety**: inocuidad de los alimentos
__ **sanitation**: saneamiento de los alimentos
__ **science**: bromatología, tecnología de los alimentos
__ **security**: seguridad alimentaria
__ **stamps**: sellos para la compra de alimentos
__ **standards**: normas alimentarias
__ **statistics**: estadísticas alimentarias
__ **supplement**: suplemento alimenticio
__ **supplementation**: alimentación suplementaria, suplementación alimentaria
__ **supplies**: comestibles, víveres, avituallamiento
__ **survey**: encuesta alimentaria
__ **technologist**: bromatólogo
__ **technology**: tecnología de los alimentos, bromatología
__ **value**: valor nutritivo
__ **wastes**: desechos alimentarios, desperdicios de comida
__ **web**: red (trama) alimentaria
food-borne diseases: enfermedades transmitidas por los alimentos
food-for-work program: programa de alimentos por trabajo
food-grade flour: harina apta para el consumo humano
food-producing animals: animales destinados al consumo, animales de los que se obtienen alimentos
food-vending machine: máquina expendedora de alimentos
foodstuffs: productos alimenticios, alimentos; víveres, abarrotes, comestibles
fool's paradise: mundo ilusorio
foolscap: papel ministro o de oficio
foot: (cont) sumar, totalizar
foot-and-mouth disease: fiebre aftosa, glosopeda
foothill: falda de una montaña; (pl) estribaciones
footing: base, fundamento; cimentación; (cont) suma o total de una columna
footloose industry: industria móvil, no localizada, sin vinculación permanente
footnote: nota de pie de página
footwear: calzado
FOQ (free on quay): franco en muelle
FOR (free on rail): franco sobre vagón

for a change: por variar, por innovar, por cambiar
__ **a consideration**: a título oneroso; a cambio de una suma determinada o de una contraprestación
__ **a term of two years**: por un período de dos años
__ **a variety of reasons**: por varias razones, por razones diversas
__ **action**: para su decisión
__ **all I know**: por lo que sé, según me parece, que yo sepa
__ **all pertinent purposes**: a que haya lugar
__ **all practical purposes**: para todo fin útil
__ **all purposes**: para todo fin
__ **all that**: a pesar de eso, con todo
__ **and on behalf of**: en nombre y por cuenta de, en su nombre y representación
__ **another thing**: por otra parte
__ **appropriate action**: para los efectos consiguientes
__ **argument's sake**: como hipótesis
__ **brevity's sake**: para ser breve
__ **cash**: al contado
__ **certain**: seguro, con toda seguridad
__ **collection only**: sólo para cobro
__ **commercial purposes**: con fines lucrativos
__ **deposit only**: por abono en cuenta únicamente
__ **everyday purposes**: para uso diario
__ **form's sake**: por pura fórmula, por forma
__ **further consideration**: para estudio ulterior
__ **further information**: para mayor información, si desea más información
__ **future purposes**: para el futuro, para actividades futuras
__ **good measure**: por añadidura
__ **(hard) cash**: al contado (violento)
__ **information only**: para su información únicamente, sólo para fines informativos
__ **instance**: para ilustrar, por ejemplo
__ **its part**: a su vez
__ **long**: por mucho tiempo
__ **my part**: en lo que a mí concierne, en lo que a mí respecta, por lo que a mí toca
__ **my purpose**: para lo que yo quiero
__ **no reason at all**: (ni) por nada
__ **nothing**: de balde, gratis, por nada, sin razón; para nada
__ **nothing in the world**: ni por nada
__ **or against**: a favor o en contra
__ **practical purposes**: por motivos de orden práctico
__ **private gain**: en beneficio propio
__ **public purposes**: con fines de utilidad pública
__ **release on delivery**: prohibida la difusión anticipada (comunicado de prensa)
__ **safety's sake**: para mayor seguridad
__ **short**: para abreviar
__ **sure**: sin falta, con seguridad, seguramente
__ **that matter**: respecto a eso, en cuanto a eso, para el caso
__ **the above purpose**: para el fin indicado, con el propósito antes mencionado

FORAGE   FOREIGN

__ **the account of**: por cuenta de
__ **the asking**: gratis, sin más que pedirlo, a pedir de boca
__ **the moment**: por el momento
__ **the most part**: por lo general, en general, en líneas generales, en la mayor parte
__ **the next account**: en la próxima liquidación (Bolsa)
__ **the purpose**: a tal efecto, al efecto
__ **the purpose of**: con el objeto de, con miras a, con el propósito de
__ **the record**: para que conste en libros
__ **the remainder of the term (of office)**: por el período restante del mandato
__ **the sake of argument**: por argumentar, como hipótesis
__ **the sake of brevity**: para mayor brevedad
__ **the sake of friendship**: en beneficio de, a favor de, por la amistad
__ **the sake of profit**: con fines lucrativos
__ **the time being**: por ahora, de momento
__ **these ends**: con esos fines
__ **this purpose**: con este propósito, con este fin
__ **three years in succession**: durante tres años consecutivos
__ **valuable consideration**: a título oneroso
__ **value**: a título oneroso
__ **want of food**: por falta de alimentos
__ **what it is worth**: para su gobierno, para su información, por si puede servirle, por si sirve de algo, valga lo que valiere
__ **your guidance**: para su orientación, para su gobierno
__ **your information**: para su información, para que lo sepa usted, con fines de información, a título informativo
__ **your information and appropriate action**: para su información y decisión al respecto
__ **your sake**: por consideración a usted, por su bien
forage: hierbas (no cortadas)
__ **elsewhere**: buscar o proveerse en otra parte
__ **fish**: peces-forraje, peces que alimentan a otros peces
__ **grass**: gramíneas forrajeras
__ **plant**: planta forrajera
__ **seeds**: semillas de plantas forrajeras
__ **tree**: árbol forrajero
forbear: contenerse, abstenerse; mostrar indulgencia
forbearance: indulgencia, paciencia, abstención; (com) indulgencia de morosidad
force: s fuerza; cuerpo, personal; (pl) fuerzas, factores; v forzar, obligar
__ **account, by/on**: por administración
__ **account contract**: contrato por administración
__ **account work**: obra hecha en régimen de administración; trabajo hecho con obreros contratados derechamente
__ **main**: conducto de impulsión

__ **majeure**: fuerza mayor, caso fortuito
__ **the issue**: acelerar la discusión del asunto o la decisión sobre el mismo
forces in play: factores en juego, factores que intervienen
forced currency: circulación o moneda de curso forzoso
__ **early retirement**: jubilación anticipada forzosa
__ **labor**: trabajo forzoso
__ **landing**: aterrizaje forzoso
__ **loan**: empréstito obligatorio
__ **quotation**: cotización ficticia
__ **sale**: venta forzosa
__ **savings**: ahorro forzoso
forceful: vigoroso, enérgico, contundente, convincente (argumento), expresivo, vivido (ejemplo): fuerte (personalidad)
forcible entry: (leg) allanamiento
forcing house: invernáculo (fruta)
ford: vado
forebay: cámara de agua, de carga; (Esp) depósito de carga, cámara de admisión, canal de caza, depósito de cabecera
forecast: s previsión, pronóstico, prognosis; v prever, predecir, pronosticar
foreclose: (leg) ejecutar una hipoteca, entablar juicio hipotecario
foreclosure: (leg) ejecución de una hipoteca, juicio hipotecario
__ **sale**: venta judicial
__ **suit**: juicio hipotecario
forefather: antepasado
forefront: primer plano, vanguardia
foregoing: precedente, anterior; antes, anteriormente o ya mencionado
__ **explanation, the**: lo expuesto
foregone conclusion: conclusión inevitable, resultado inevitable
foreign: extranjero, exterior, foráneo, ajeno
__ **account**: cuenta en el exterior
__ **affairs**: (Esp) asuntos exteriores; (AL) relaciones exteriores
__ **agent**: representante extranjero
__ **aid program**: programa de ayuda externa o al extranjero
__ **assets**: activos sobre el exterior, haberes extranjeros
__ **balance**: saldo exterior, saldo del comercio exterior
__ **bill**: letra sobre el exterior
__ **body**: cuerpo extraño
__ **borrowings**: crédito externo, préstamos del exterior; empréstitos en el exterior
__ **capital**: capital externo o extranjero
__ **claims**: activos sobre el exterior, títulos de crédito contra no residentes
__ **competition**: competencia extranjera o del extranjero
__ **currency**: divisas, moneda extranjera
__ **currency holdings**: existencias de divisas
__ **currency issues**: emisiones en moneda extranjera

FOREIGN-HELD

- __ **currency order**: giro postal en moneda extranjera
- __ **direct investment**: inversiones extranjeras directas
- __ **draft**: giro sobre el exterior
- __ **exchange**: divisas, cambio extranjero o exterior, cambio sobre el exterior
- __ **exchange auction**: subasta de divisas
- __ **exchange cost**: costo en divisas
- __ **exchange dealer**: cambista, agente de cambios
- __ **exchange expert**: cambista
- __ **exchange fluctuation**: fluctuación u oscilación de los cambios
- __ **exchange futures**: letras para entrega futura
- __ **exchange holdings**: existencias en divisas
- __ **exchange market**: mercado de divisas, mercado cambiario o de cambios, Bolsa de cambios
- __ **exchange policy**: política cambiaria
- __ **exchange position**: situación de las reservas en divisas
- __ **exchange reserves**: reservas en divisas
- __ **exchange resources**: recursos en divisas
- __ **exchange risk**: riesgo cambiario
- __ **exchange warrant**: libranza en divisas
- __ **interest**: (fin) participación extranjera
- __ **jurisdiction**: jurisdicción extranjera
- __ **loans (lending)**: empréstitos extranjeros o en el exterior
- __ **minister**: Ministro de Relaciones Exteriores, Canciller
- __ **office**: (RU) Ministerio de Asuntos Exteriores
- __ **payments**: giros al exterior
- __ **price**: precio en el exterior
- __ **public debt**: deuda externa
- __ **remittance**: remesa al exterior
- __ **sector**: sector externo
- __ **service**: (EUA) servicio diplomático y consular; (adm) servicio en el extranjero
- __ **service allowance**: subsidio de servicio en el extranjero
- __ **subsidiary**: compañía subsidiaria extranjera
- __ **tax credit**: crédito (descuento) por pago de impuestos en el extranjero
- __ **trade**: comercio exterior
- __ **trade bank**: banco de comercio exterior
- __ **trade zone**: zona franca

foreign-held balances: saldos en manos de extranjeros; saldos (deudores) en el extranjero
foreign-owned: de propiedad extranjera
- __ **corporation**: sociedad extranjera

foreman: capataz; (const) maestro de obras, jefe de cuadrilla, caporal
- __ **of the jury**: presidente del jurado

forensic laboratory: laboratorio forense
- __ **medicine**: medicina legal

forerunner: precursor; predecesor
- __ **of inflation**: antesala de la inflación

foreseeable future: futuro previsible
foreshadow: presagiar, prefigurar, anunciar, dejar entrever

FORGIVENESS

foresight: previsión, prevención
foresighted: previsor, precavido
forest biomass: biomasa forestal
- __ **canopy**: copa de los árboles, cubierta, dosel forestal
- __ **capital**: capital vuelo
- __ **conversion**: readaptación forestal
- __ **crop**: masa forestal
- __ **development**: desarrollo de las explotaciones forestales
- __ **engineer**: técnico forestal, ingeniero de montes
- __ **expert**: silvicultor
- __ **fallow**: barbecho forestal
- __ **farming**: cultivo o explotación silvoagrícola, cultivo agroforestal
- __ **floor**: cubierta muerta
- __ **grazing**: pastoreo en los montes
- __ **growing**: silvicultura
- __ **inventory**: censo forestal
- __ **logging**: explotación forestal
- __ **management**: dasocracia, ordenación forestal
- __ **mensuration**: dasometría
- __ **mining**: extracción excesiva de árboles
- __ **output**: productos forestales
- __ **products**: productos forestales o silvícolas
- __ **ranger**: guardabosques
- __ **surveys**: prospecciones forestales
- __ **tree breeding**: mejora de árboles forestales
- __ **utilization**: aprovechamiento forestal
- __ **wealth**: patrimonio forestal

forests in semiarid areas: bosques en zonas semiáridas
forestation: plantación de bosques, repoblación forestal
forested terrain: terreno boscoso
forester: guardabosque; silvicultor, ingeniero forestal, técnico forestal
forestry: silvicultura, técnica forestal, dasonomía, explotación de bosques
- __ **development**: desarrollo silvícola

forfaiting: forfetización, descuento de pagarés a mediano plazo, compra de pagarés a descuento
forfeit: (leg) perder (derecho); (de)comisar
- __ **tax**: impuesto concertado

forfeited oil leases: concesiones petrolíferas caducadas o renunciadas
- __ **policy**: (seg) póliza caduca
- __ **shares**: acciones caducadas

forfeiture: pérdida legal de un derecho (por dolo, culpa, incumplimiento o negligencia); decomiso; confiscación; (seguro) caducidad
- __ **of a mining claim**: caducidad de una concesión minera
- __ **of the bond**: caducidad de la fianza
- __ **to the treasury**: abandono a beneficio fiscal

forge ahead: realizar grandes progresos, avanzar con rapidez
- __ **pig iron**: fundición blanca

forged check: cheque falsificado o adulterado
forgery: falsificación
forgiveness agreement: convenio de paz y salvo

FORGONE

__ **of a debt**: cancelación de una deuda, condonación de una deuda
forgone earnings: ingreso no percibido o sacrificado
__ **output**: producción a que se renuncia
fork tunnel: orificio para introducir la horquilla
forklift truck: carrillo elevador de horquillas, camioneta elevadora de horquillas, horquilla elevadora
form: forma; formulario, modelo
__ **a trade union**: sindicar
__ **and substance**: forma y fondo
__ **contract**: contrato tipo
__ **for concrete pipe**: formalita
__ **letter**: carta modelo, carta tipo
__ **of addressing a person**: tratamiento
__ **of bid (tender)**: modelo de (presentación de) ofertas
__ **of fertilizer**: tipo de fertilizante
__ **of government**: sistema de gobierno
__ **of organization (of an agency)**: régimen institucional
formal: formal, oficial, en regla, en firme, con todas las de la ley, reglamentario, solemne, con solemnidad, con las debidas formalidades, ceremonioso, protocolar; en debida forma, formalista, metódico; de etiqueta; organizado, institucionalizado (elección)
__ **adherence**: adhesión oficial
__ **agreement**: acuerdo formal, acuerdo oficial
__ **amendment**: enmienda de forma (estilo)
__ **approval**: aprobación definitiva u oficial
__ **attire**: traje de etiqueta
__ **call**: visita de etiqueta, visita de cumplido
__ **clause**: cláusula de estilo
__ **commitment**: compromiso oficial
__ **courses**: cursos organizados o sistemáticos
__ **credit**: crédito institucional
__ **dress**: traje de etiqueta
__ **education**: enseñanza de tipo clásico, enseñanza escolar (*op a* estraescolar), enseñanza académica, educación formal
__ **indication of insolvency**: declaración oficial de insolvencia
__ **methods**: métodos convencionales, métodos puramente mecánicos
__ **opening session**: sesión solemne de apertura
__ **organization**: organización poco flexible
__ **request**: solicitud oficial
__ **requirements**: requisitos formales, exigencias
__ **resolution**: resolución oficial; resolución de mera forma
__ **schooling**: instrucción académica, enseñanza escolar
__ **sector**: sector estructurado
__ **sitting**: sesión solemne
__ **speech**: discurso oficial o solemne
__ **steps**: formalidades
__ **subject**: asignatura académica
__ **teaching**: enseñanza metódica
__ **vote**: votación nominal

FORWARD-LOOKING

__ **words**: palabras lapidarias
formality: formalidad; trámite, diligencia, requisito; ceremonia, solemnidad
formalize: (leg) instrumentar, legalizar
format: tamaño; (fig) concepción, modalidad, modelo, presentación, fórmula, esquema
formation expenses: gastos (iniciales) de constitución
__ **of a cartel**: cartelización, formación de carteles
__ **of tangible assets**: capitalización real
formative evaluation: (edu) evaluación operacional
formula system: (med) lactancia artificial
formulated foods: fórmulas alimentarias
formulating plant: fábrica de preparación de productos (químicos)
formulation: preparación, composición, formulación; (med) preparación de fórmulas
formwork: (const) encofrado; (min) entibación
forthcoming: próximo, venidero, futuro; disponible
forthright: rotunda (respuesta); categórica (negociación); terminante (argumento)
fortification of food: enriquecimiento de alimentos
fortified milk: leche fortificada o enriquecida
fortnightly: quincenalmente, bisemanal
fortuitous: fortuito, eventual, casual, accidental
__ **bankrupcy**: quiebra fortuita
forum: foro; (fig) tribuna; reunión, instancia
__ **state**: (leg) estado territorial
forward: expedir, enviar; remitir, despachar; dar traslado
__ **and backward linkage**: concatenación progresiva y regresiva (de una industria), eslabonamiento hacia adelante y hacia atrás
__ **booking**: reserva para carga futura
__ **budgeting**: presupuesto multianual
__ **cover**: entrega futura o a plazo, cobertura a término, cobertura a plazo
__ **contract**: contrato futuro
__ **delivery**: entrega futura o a plazo (divisas)
__ **exchange**: letra para entrega futura
__ **exchange market**: mercado de divisas a término o a plazo
__ **exchange rate**: tipo de cambio a término
__ **exchange transaction**: transacción de cambio a plazo
__ **integration**: integración progresiva; integración de empresas de producción y de distribución
__ **linkage**: (ind) eslabonamiento o concatenación ascendente
__ **market**: mercado de futuros
__ **operations**: operaciones a término
__ **planning**: planificación anticipada, planificación prospectiva, a largo plazo
__ **price**: precio futuro
__ **quotation**: cotización para entrega futura
__ **rate**: cambio a plazo
__ **shifting**: traslación hacia adelante (impuestos)
forward-looking: progresista, emprendedor, con (de) visión hacia el futuro

151

forwarder: agente de transporte, embarcador, transportista, despachador
forwarder's receipt: resguardo
forwarding: expedición, envío, embarque
__ **address**: dirección de reenvío
__ **agency**: agencia de transporte, de tránsito o de embarque; empresa embarcadora
__ **charges**: gastos de remisión
__ **station**: estación de procedencia
fossil content: riqueza fosilífera
foster: criar; patrocinar; fomentar, promover, impulsar
__ **brothers**: hermanos de leche
__ **care**: cuidado de un niño en un hogar de guarda
__ **home**: hogar de adopción, familia sustituta, familia que ha acogido al niño; hogar de guarda
__ **home placement**: colocación bajo tutela de una familia extraña
__ **parents**: padres adoptivos, tutores
__ **partnerships**: promover la formación de asociaciones
found: fundar, establecer, crear; fundamentar, basar; fundir, vaciar
foundation: cimientos; base, fundamento; fundación, establecimiento, creación; institución dotada
__ **course**: (const) zampeado
__ **cow**: hembra cabeza de línea
__ **money**: capital inicial, capital de primer establecimiento
__ **pit**: (const) zanja de cimentación
__ **raft**: radier
__ **school**: escuela dotada
__ **seed**: semilla básica, semilla original
__ **stock**: pies de cría (ganado); semilla original
__ **stone**: primera piedra; (fig) piedra angular
founder of a trust: fideicomitente
founder's shares: acciones de fundador, participación de fundador
founding fathers: padres de la patria
__ **stockholders**: accionistas constituyentes o primitivos
foundling: expósito, niño expósito
__ **home**: hospicio para niños abandonados
__ **hospital**: casa de expósitos, inclusa
fountain pen: pluma estilográfica
four-H club: Club de las 4 H (club de muchachos o niñas o mixto organizado conforme al sistema de trabajo cooperativo de divulgación agrícola para el adiestramiento en agricultura y economía doméstica y la formación de dirigentes en el medio rural). Las cuatro H corresponden a *hand* (mano), *head* (cabeza), *heart* (corazón) y *health* (salud). Estos clubes han sido creados en muchos países y las 4 – H han dado lugar a distintas iniciales: Argentina: Club de las 4 – A (acción, adiestramiento, amistad, ayuda); Colombia: 4 – S (saber, sentimiento, servicio, salud); Ecuador 4 – F (fe, fecundidad, fortaleza, felicidad); El Salvador, 4 – C (cabeza, corazón, conocimiento, cooperación); República Dominicana: 4 – D (Dios, dignidad, deber, derecho)
four-wheel drive car: vehículo de cuatro ruedas motrices o de todo terreno
four-year high school: escuela secundaria de cuatro años
__ **teachers' college**: escuela normal de cuatro años
fourth market: mercado bursátil electrónico
fowl pest: peste aviar
foxtail millet: panizo común
fraction: quebrado (aritmética)
fractional currency: moneda divisionaria
__ **distillation**: destilación fraccionada
__ **reserve**: encaje fraccionario
fragile area: zona vulnerable (ecológicamente)
fragmentation of holdings: parcelación excesiva de las explotaciones agrícolas
frame: marco; (técn) armazón, armadura; fotograma; imagen (película fija); (fig) estado (de ánimo); estructura (de sociedad); marco (de referencia)
__ **agreement**: acuerdo básico
__ **house**: casa de madera
__ **jam**: quicio (de la puerta)
__ **of mind**: estado de ánimo
__ **of reference**: marco o punto de referencia, marco teórico
framed structures: estructuras tipo armazón
framework: armazón, armadura, estructura, marco, sistema, esquema conceptual
__ **cooperative arrangement**: acuerdo de cooperación general
franchise: franquicia, privilegio; concesión, exención, licencia; derecho de votar, derecho electoral
__ **tax**: impuesto de privilegio o de patente
franchising: (otorgamiento de una) concesión o licencia
__ **agreement**: acuerdo de concesión
franked mail: franco de porte
franking privilege: privilegio postal, franquicia postal
fraudulent alteration: suplantación (firma)
__ **bankruptcy**: quiebra fraudulenta
__ **conveyance**: cesión culpable del fallido
__ **representation**: dolo civil
free alongside (FAS): franco en el muelle o al costado del buque
__ **and clear**: libre de gravamen
__ **bole**: (silv) fuste limpio
__ **carrier**: franco transportista
__ **cash**: (econ) caja disponible
__ **competition system**: sistema de economía liberal
__ **drainage**: drenaje natural
__ **economy**: economía liberal
__ **education**: educación gratuita, gratuidad de la educación
__ **enterprise economy**: sistema o economía de libre empresa
__ **floating boom**: cerco flotante libre

FREE-FORM | FREQUENCY

__ **flow**: gasto libre
__ **flow of information**: libre circulación de las informaciones
__ **(foreign) exchange**: divisas de libre convertibilidad
__ **funds**: fondos de libre utilización
__ **in and out (FIO)**: franco de carga y descarga
__ **limit**: límite de aprobación autónomo (préstamo)
__ **list**: lista de exenciones; lista de mercaderías importadas con franquicia de aduana
__ **market economy**: economía de libre empresa; economía de libre mercado
__ **market rate**: precio libre (divisas)
__ **of all average (FAA)**: franco de toda avería, libre de toda avería
__ **of all charges**: (com) limpio de polvo y paja
__ **of charge**: gratis, de balde
__ **of duty**: libre o franco de derechos
__ **of encumbrance**: libre de gravamen, saneado
__ **of tax**: exento o libre de impuestos
__ **on bail**: en libertad bajo fianza
__ **on board (FOB)**: franco a bordo (FAB)
__ **on board (FOB) port of shipment price**: precio FOB puerto de embarque
__ **on quay (FOQ)**: franco en muelle
__ **on rail (FOR)**: franco sobre vagón
__ **on truck**: libre sobre camión
__ **overside**: franco fuera del buque, descarga franca
__ **play of market forces**: libre juego de la oferta y la demanda; libre juego de las fuerzas del mercado
__ **port**: puerto franco
__ **press**: libertad de prensa
__ **rate of exchange**: tipo de cambio libre o del mercado
__ **reserves**: reservas disponibles
__ **rider**: que se beneficia sin asumir carga alguna, que obtiene beneficio automático, oportunista
__ **sample**: muestra gratuita
__ **speech**: libertad de exposición
__ **surplus**: excedente disponible o aprovechable, superávit libre
__ **ticket**: pase gratis
__ **trade**: librecambio
__ **trade area**: zona de libre comercio
__ **trade zone**: zona franca
__ **translation**: traducción figurada
free-form management: gestión o administración flexible
free-hand sketch: dibujo a mano alzada
free-lance: trabajador independiente o por cuenta propia
__ **miner**: pirquinero
free-limit loan (subloan): préstamo (subpréstamo) de aprobación autónoma
free-market pricing: libertad de precios
free-range grazing: pastoreo a campo abierto
free-standing: independiente, autónomo

__ **loan**: préstamo independiente o autónomo
__ **technical assistance**: asistencia técnica independiente
free-time storage: período de franquicia
freeboard: (náut) obra muerta, franco bordo
freedom from fear: derecho a vivir libre de temor
__ **from hunger campaign**: campaña mundial contra el hambre
__ **from social unrest**: paz social
__ **from tax**: exención de los impuestos
__ **from tax obligations**: solvencia
__ **from want**: derecho a vivir libre de miseria
__ **of abode**: libertad de residencia
__ **of assembly**: libertad de reunión
__ **of association**: libertad sindical
__ **of contract**: libertad contractual o de contrato
__ **of religion**: libertad de culto o religiosa
__ **of speech**: libertad de palabra o de expresión
__ **of the press**: libertad de prensa
__ **of worship**: libertad de culto
__ **to impart information**: libertad de informar
freehold estate: dominio absoluto o propiedad absoluta
freely convertible currency: moneda de libre convertibilidad
__ **usable currency**: moneda de libre uso
freeway: autopista (sin peaje)
freeze: congelación (de sueldos y salarios); bloqueo (de bienes)
freeze-dried vaccine: vacuna liofilizada
freeze-drying: liofilización, criodesecación, deshidratación por congelación
freight: flete; carga
__ **agent**: consignatario de la carga
__ **car**: vagón de mercancías
__ **, cartage and express**: flete, acarreo y envío por expreso
__ **charges**: flete, porte, gastos de flete
__ **contract**: contrato de transporte
__ **density**: intensidad del tráfico de carga
__ **elevator**: montacargas
__ **forward (collect)**: porte debido
__ **forwarder**: expedidor de fletes, embarcador, transportista
__ **forwarding**: expedición de fletes
__ **handler**: estibador, expedidor de fletes
__ **inward**: flete sobre compras
__ **liner**: tren-bloque
__ **list**: manifiesto
__ **outward**: flete pagado
__ **prepaid**: porte pagado
__ **rate**: flete
__ **space**: cupo de embarque
__ **train**: tren de carga, tren de mercaderías
freight-handling equipment: equipo de manipulación de la carga
freighter: buque de carga, carguero; avión o nave de carga; transportista; fletador
frenzied finance: financiación riesgosa
frequency diagram: histograma

153

FRESH   FULL

fresh vegetables: verduras
__ water fish: pescado de agua dulce
__ water fishing: pesca fluvial
freshet: avenida (corriente de agua)
freshman: estudiante de primer año de college
frictional unemployment: desempleo friccional, irreductible, natural, coyuntural
friendly relations: relaciones amistosas
__ settlement: transacción amigable
__ society: (RU) sociedad de socorro mutuo, mutualidad
fringe areas: periferia urbana o de las ciudades
__ benefits: prestaciones suplementarias, beneficios complementarios o accesorios, ventajas supletorias, beneficios laborales marginales
__ habitat: hábitat marginal
from all quarters: de todas partes
__ an official source: de fuente oficial
__ and after: a partir de
__ bad to worse: de mal en peor
__ memory: de memoria
__ now on: de ahora en adelante, desde ahora
__ that day on: a partir de esa fecha
__ the legal standpoint: desde el punto de vista del derecho, como cuestión de derecho
__ the outset: desde el principio
__ the point of view of: desde el punto de vista, bajo el prisma de
__ the sidelines: desde la barrera, desde fuera
__ then on: desde entonces, desde aquel momento, en adelante
__ this it follows: de ello se infiere o se desprende, de ahí que
__ this point on: de ahora en adelante, a partir de ahora
__ this time onwards: desde entonces
__ time to time: de vez en cuando, periódicamente
__ what I saw: por lo que he visto
"front": testaferro
__ cover: portada, tapa anterior, carátula, contratapa anterior
__ curtain: telón de boca
__ line workers: trabajadores de primera línea, de avanzada
__ loading: (fin) desembolsos, gastos o reembolsos concentrados al comienzo de un período
__ office: (adm) dirección
__ page: primera página o plana
__ view: vista de frente
front-end cost: costo inicial
__ fees: comisión de compra
__ financing: financiamiento sin garantía, sin asegurar
__ loader: cargador frontal
front-loaded spending: gasto concentrado al comienzo de un período
frontage: (const) fachada
__ street (road): camino auxiliar lateral
frontier checkpoint: control de frontera
__ customshouse: aduana fronteriza, resguardo fronterizo

__ customshouse officer: resguardo
__ technology: tecnología avanzada o de vanguardia
frost-hardy: resistente a la helada
frosted glass: vidrio esmerilado, deslustrado, escarchado
frostless zone: zona sin heladas
frozen assets: activo congelado
__ capital: capital congelado o bloqueado
__ liability: pasivo congelado o bloqueado
fruit and flower garden: vergel
__ canning: enlatado de frutas
__ grower: fruticultor, cosechero de frutas
__ growing: fruticultura
__ peel: mondas
__ set: fructificación
__ vegetable: hortaliza de fruta
fruits of the land: frutos naturales
fruiter: buque frutero
fruitful: fructífero, fértil, productivo; (fig) fructuoso, provechoso
fruiting: fructificación
fruition: cumplimiento, realización
frustrate: frustrar, hacer fracasar, echar a perder, desbaratar, impedir, (leg) anular, invalidar
frustrated: contrariado, desanimado, desalentado, decepcionado, impedido, infructuoso, desbaratado; (leg) anulado, invalidado
frustration: fracaso, contrariedad, decepción, desaliento, sentimiento de impotencia
fry: alevines, pececillos, peces pequeños, jaramugos
__ rearing: alevinaje, cría de alevines
__ stage: fase de jaramugos
fuel: combustible; carburante; (fig) pábulo
__ cell: célula energética, pila de combustible, pila electroquímica de combustión
__ depletion cost: costo del combustible consumido
__ efficiency: eficiencia en la utilización del combustible
__ food: alimento energético
__ hydrant: (trnsp marit) toma de combustible líquido
__ oil: fueloil, combustóleo; petróleo residual, petróleo combustible
fueling: abastecimiento de combustible, carguío de combustible
fuelwood: leña
fulcrum: punto de apoyo
fulfill: cumplir, cumplir con, satisfacer, llevar a cabo, realizar; desempeñar, seguir (instrucciones)
fulfillment: cumplimiento, satisfacción, ejecución, realización
full age: mayoría de edad, edad núbil
__ amount: valor íntegro
__ and final delivery: entrega completa y definitiva
__ board: pensión completa
__ budgeting: presupuestación completa

FULL-FLEDGED / FUNDING

__ **capacity**: capacidad máxima
__ **convertibility**: plena convertibilidad
__ **cost accounting**: (cont) sistema de costo integral, contabilidad de costo total
__ **cost pricing**: valoración a costo total
__ **costing**: determinación de los costos completos o íntegros
__ **court**: la corte en pleno
__ **coverage**: (seg) seguro contra todo riesgo, cobertura total, protección total
__ **development, at**: en pleno funcionamiento (proyecto)
__ **employment**: empleo total, pleno empleo
__ **force and effect**: (leg) vigor y efecto plenos, pleno vigor y aplicación
__ **guarantee**: garantía solidaria
__ **load hours**: (elec) carga máxima
__ **measure**: medida exacta
__ **meeting**: asamblea plenaria
__ **member**: miembro titular, miembro de número, miembro en propiedad, miembro de pleno derecho, miembro propietario del comité
__ **mission**: misión general
__ **name**: nombre y apellidos
__ **paid shares (stock)**: acciones liberadas
__ **participant**: participante de pleno derecho
__ **pay**: sueldo completo o íntegro
__ **payout lease (contract)**: contrato de arrendamiento con opción de compra
__ **payment**: pago total o completo
__ **power to act**: (leg) potestad discrecional
__ **powers**: facultades amplias, plenos poderes
__ **professor**: profesor titular, profesor numerario
__ **proof**: (leg) prueba plena
__ **rate**: precio sin descuento
__ **satisfaction**: (leg) pago total
__ **settlement**: liquidación, finiquito
__ **trial**: (leg) plenario después del sumario (abarca los procesos en el tribunal hasta el fallo definitivo de éste)
full-fledged: completo, acabado, hecho y derecho, completamente desarrollado, con plenos derechos
__ **agency**: organismo bien equipado, entidad bien equipada
__ **bank**: banco bien organizado
__ **course**: ciclo completo
__ **member**: miembro de pleno derecho, miembro con plenos poderes
full-function wholesaler: mayorista que realiza las funciones propias del cargo
full-scale: de tamaño natural; completo, íntegro, total; de gran alcance, en gran escala
__ **attack**: ataque en gran escala
full-size(d): de tamaño natural
full-swing: en plena actividad
full-term infant: niño nacido a tiempo o a término
full-time: horario (tiempo) completo, jornada completa, dedicación exclusiva

__ **attendance**: asistencia de tiempo completo
__ **employment**: empleo de horario completo, empleo de jornada completa o de dedicación exclusiva
__ **student**: estudiante a tiempo completo
__ **work**: jornada completa
fulled cloth: tejido abatanado
fullness (of time): plenitud
fully allocated cost: costo totalmente imputado
__ **frosted glass**: vidrio deslustrado
__ **funded system**: sistema financiado con fondos propios
__ **paid stock**: acciones liberadas, pagadas, desembolsadas, exhibidas, integradas
__ **paid-in capital**: capital totalmente pagado
function: s función; solemnidad, acto; recepción; v funcionar
__ **meaningfully**: funcionar organizadamente
functional accounting: contabilidad por funciones
__ **approach to education**: concepto funcional de la educación, pedagogía funcional
__ **commission**: comisión orgánica, comisión técnica
__ **curriculum**: plan de estudios funcional
__ **democracy**: democracia en acción
__ **depreciation**: depreciación funcional, desuso
__ **layout**: disposición (del equipo) según la función
__ **literacy**: instrucción o alfabetización funcional
__ **organization chart**: diagrama de organización funcional
__ **title**: denominación del cargo
__ **unit**: (edu) unidad funcional (basada en situaciones reales), dependencia funcional
functioning: funcionamiento, operación
fund: s fondo, caja; reserva; (fig) fuente, acervo, caudal; (pl) fondos, recursos, dinero; v financiar o consolidar, cancelar una deuda, alimentar un fondo
__ **family**: grupo de sociedades de inversión
__ **flow statement**: estado de flujo de fondos, estado de fuentes y utilización de fondos
__ **short-term debt**: cancelar deuda a corto plazo
funds on hand: fondos disponibles
fund-in-trust: fondo en fideicomiso, fondo fiduciario
fund-raising campaign: campaña de recaudación (captación) de fondos
fundamental education: educación fundamental, educación elemental
__ **error**: error esencial
__ **law**: ley fundamental, derecho orgánico
funded debt: deuda consolidada, deuda titulada, deuda perpetua
__ **liability**: pasivo fijo
funding: (fin) financiamiento, inversión, provisión o colocación de fondos o de recursos financieros; consolidación (deuda)
__ **bond**: bono de consolidación
__ **crisis**: estrangulamiento, crisis de financiamiento

FUNERAL

___ **gap**: brecha o déficit de financiamiento
___ **latter maturities**: financiamiento de los últimos vencimientos
___ **loan**: empréstito de consolidación
___ **pro rata**: (fin) participación proporcional o a prorrata
funeral benefit: subsidio de sepelio
fungal infection: infección causada por hongos
fungible funds: fondos intercambiables, transferibles
___ **goods**: bienes fungibles o intercambiables
fungus infection: infección micótica
funk money: capital itinerante
fur seal: lobo de dos pelos
furnish: suministrar, proporcionar, proveer; facilitar (información); aducir (prueba); otorgar (fianza, garantías)
furnishings: muebles, mobiliario; accesorios, artefactos y accesorios
___ **and fixtures**: mobiliario y equipo (enseres), mobiliario e instalaciones
furniture and fittings: muebles y enseres
___ **fair**: exposición de muebles
furniture-in-transit insurance: seguro de mudanza
furrier: peletero
furrow irrigation: riego por surcos, riego por infiltración
furrows and ridges: surcos y caballones
further: fomentar, favorecer, adelantar, impulsar, promover, contribuir a, facilitar, acelerar, afirmar, consolidar
___ **education**: educación posescolar, enseñanza posprimaria o possecundaria, educación continuada o permanente, educación superior; (Cuba) cursos de superación
___ **the peace**: fomentar la paz
___ **understanding**: favorecer la comprensión
furtherance: adelanto; fomento, promoción
fused course of study: estudios integrados
___ **curriculum**: plan de estudios integrados
future development: actividades futuras, acontecimientos futuros
___ **dollars**: dólares a término o a plazo
___ **price**: precio para entrega futura
___ **stand**: (silv) vuelo futuro
futures: futuros, convenios para entrega futura, operaciones a término o a plazo
___ **market**: mercado de futuros (productos básicos); mercado de instrumentos financieros de futuros

G

gabion: gavión
gable roof: techo o tejado de dos aguas
gadget: dispositivo, artefacto, adminículo
gadgetry: equipo de dispositivos mecánicos

GANGWAY

gage: s medida, calibre, calibrador, manómetro, ancho de vía; v calibrar, medir, aforar, arquear, determinar
___ **tonnage of a ship**: arqueo (de un barco)
gaging station: estación hidrométrica (fluviométrica)
gain: ganancia, utilidad, beneficio; aumento
___ **a share of the market**: penetrar en el mercado
___ **and loss exhibit**: estado de pérdidas y ganancias
___ **from valuation**: ganancias por valoración contable
___ **in currency exchange**: utilidad por cambio de moneda
___ **in live weight**: aumento de peso en vivo (ganado)
___ **momentum**: adquirir ímpetu
___ **on exchange**: utilidades por diferencias cambiarias
___ **or loss of manpower**: aumento o disminución de personal
gainful: provechoso, ventajoso, lucrativo
___ **activity**: actividad lucrativa
___ **employment**: empleo provechoso, ocupación lucrativa o retribuida, empleo remunerado
___ **occupation**: ocupación remunerada
gainfully employed population: población ocupada en trabajos remunerados, población en ocupación lucrativa, población remunerada
gallery forest: galería forestal, bosque galería
galley proofs: galeradas, pruebas de imprenta
galloping inflation: inflación galopante
gallup poll: sondeo de la opinión pública
galoshes: chanchos de goma, zapatones de lluvia
galvanized iron: hierro galvanizado
___ **roofing**: calaminas, planchas de zinc (cinc)
gambling contract: contrato de juego
gambrel: gancho, garabato
game: juego, pasatiempo, partida, jugada; caza
___ **animals**: caza mayor
___ **control**: control de la caza
___ **propagation**: repoblación de animales
___ **protection**: control de la caza
___ **reserve**: coto de caza
___ **warden**: guardabosque, guardamonte, guarda (de cota)
games theory: teoría de los juegos
gamekeeper: guardabosque, guardamonte
gaming: juego de simulación
gamut: gama, serie, escala, espectro
gang: cuadrilla, brigada, patrulla, equipo, grupo; banda, pandilla
___ **boss**: jefe o capataz de cuadrilla
___ **hour**: cuadrilla-hora
___ **of wells**: equipo de pozos
___ **punch**: multiperforadora
gangplank: desembarco, pasarela, plancha de acceso (barco)
gangue: (min) ganga
gangway: pasillo, escalerilla; plancha de acceso; pasarela (barco)

gantry: pórtico, puente transversal de grúa; puente transversal de señales
__ **crane**: grúa de puente, de pórtico o de caballete
Gantt chart: gráfico de Gantt (producción prevista y real)
gap: laguna, brecha, desfase, desajuste, desequilibrio, desproporción, distancia, distanciamiento, disparidad, desnivel, discrepancia, diferencia, déficit; fisura, grieta, resquicio; falta, ausencia, omisión; defecto, deficiencia, carencia, discontinuidad, interrupción, solución de continuidad, intervalo, lapso
__ **financing**: financiamiento del déficit (presupuesto)
__ **study**: análisis de las varianzas
__ **theory**: teoría de recuperación de los bosques
gapping of sailings: (trnsp) distanciamiento de las salidas
garage operation: administración del garaje
__ **permit**: permiso de estacionamiento en el garaje
garbage: basura, desperdicios, inmundicia; (comp) información parásita o inservible
__ **collection**: recolección de basuras
__ **collector**: basurero, recolector de basuras
__ **disposal**: eliminación de basuras, aseo urbano
__ **dump**: basural, vertedero de basuras
__ **grinder**: triturador de basuras
__ **incinerator**: incinerador de basuras
__ **truck**: camión basurero
garden: jardín; huerto, huerta
__ **city**: ciudad jardín
__ **produce**: hortalizas
__ **tools**: implementos de horticultura
__ **truck**: hortalizas
gardening: horticultura
garfish: (ict) pez aguja
garlic in strings: ajo en ristra, trenza de ajos
garment district: zona o sector de fábricas de ropa
garnish: embargar; retener pagos
garnishee: s embargado; v embargar; retener (pagos)
garnisher: s embargante
garnishment: (leg) embargo de bienes del deudor (que se hallan en posesión de un tercero); orden de embargo de crédito; orden de retención de pagos, embargo de sueldos
gas appliances: aparatos domésticos a gas
__ **cap**: cresta de gas (petróleo)
__ **fittings**: cañerías y accesorios de gas
__ **flaring**: quema de gas
__ **generator**: gasógeno
__ **lighting**: alumbrado de gas
__ **liquor**: aguas residuales de fábricas de gas
__ **main**: cañería maestra de gas
__ **oil**: aceite de gas, gasóleo, aceite para motores
__ **pipe**: tubería de gas
__ **pipeline**: gasoducto
__ **plant**: fábrica de gas
__ **producer**: gasógeno

__ **storage**: conservación por gas (fruta)
__ **warfare**: guerra química
__ **well**: pozo gasífero o de gas
gasholder: gasómetro
gasoline pump: surtidor de gasolina
gastight: a prueba de gases
gasworks: fábrica de gas
gate: puerta, portal, portón; compuerta; entradas, taquilla
__ **money (receipts)**: ingresos de entrada; entradas, taquilla
gateway: entrada, paso, vía, puerta de entrada
__ **to success**: puerta del éxito
gather: recoger, juntar, unir, acumular, recaudar, recolectar, congregar
__ **momentum**: cobrar velocidad
gathering: reunión, asamblea; concurrencia, asistentes, agrupación; recolección, acopio, acumulación
ga(u)ge: s medida, calibre, calibrador, manómetro, ancho de vía: v calibrar, medir, aforar, arquear, determinar
__ **cock**: grifo de indicador
__ **pressure**: presión manométrica
__ **tonnage of ship**: arqueo
ga(u)ger: aforador, arqueador
ga(u)ging: medición, calibraje, aforo, aforamiento, arqueo, medición de caudal
gavel: martillo
gear: s útiles, avíos, aparejos, engranajes; v adaptar, ajustar
__ **to the needs**: encausar u orientar a (hacia) las necesidades
gearing: (RU) nivel de endeudamiento relativo al capital; relación endeudamiento-capital propio, apalancamiento
__ **ratio**: (RU) relación préstamos desembolsados y pendientes/capital y reservas, relación pasivo-capital
gelding: caballo castrado
"**gen**": información
gender bias: discriminación sexual
__ **comparison**: comparación entre hombres y mujeres
__ **issues**: cuestiones que afectan a la mujer; cuestiones relativas a las desigualdades de los sexos, a las diferencias de roles del hombre y la mujer
__ **language**: idioma del género (*his, her*)
__ **problems**: problemática de las diferencias entre los sexos
__ **subject**: problemática de las diferencias entre los sexos
gender-blind laws: leyes que no toman en cuenta el sexo
gene bank: banco de genes; banco de germoplasma (plantas)
__ **pool**: caudal de genes, reserva genética o génica, genoteca
__ **splicing**: inserción de genes
general accountant: contador general.

GENERAL

__ **accounting office**: (EUA) Tribunal de Cuentas
__ **accounting using control accounts**: contabilidad sintética
__ **accounts**: cuentas generales, contabilidad general
__ **accounts division**: División de Contaduría General
__ **agent**: agente o apoderado general
__ **Agreement on Tariffs and Trade (GATT)**: Acuerdo General sobre Aranceles Aduaneros y Comercio (GATT)
__ **assembly**: asamblea general
__ **average**: (seg) avería gruesa
__ **cargo**: carga mixta, carga general
__ **cash**: (cont) caja general
__ **Certificate of Education (GCE)**: (RU) Certificado de terminación de estudios (antiguamente: *General School Certificate*)
__ **college** (*four-year liberal arts*): (EUA) institución académica de formación general de cuatro años de estudios
__ **core courses**: cursos integrados (sinón: *fused courses*)
__ **counsel (in a corporation)**: asesor jurídico (en una empresa o institución)
__ **cross reference**: referencia múltiple, llamada de orientación
__ **delivery**: en lista de correos, poste restante
__ **duty nurse**: enfermera de servicio general
__ **duty personnel**: personal de funciones generales; personal auxiliar
__ **education**: enseñanza o educación general, instrucción general; a veces: cultura general
__ **election**: elección general, comicios generales
__ **exchange arrangements**: regímenes generales de cambio
__ **extension services**: servicios generales de divulgación
__ **framework**: entorno general
__ **funding**: financiamiento general
__ **government**: administraciones públicas (cuentas nacionales)
__ **guidelines**: pautas generales
__ **health**: estado general (paciente)
__ **income**: ingresos generales
__ **introduction**: generalidades
__ **journal**: (cont) libro diario; diario
__ **jurisdiction**: competencia general
__ **ledger**: libro mayor general
__ **legal section**: sección de asuntos jurídicos generales
__ **management**: plana mayor, alta dirección
__ **mechanics and repair of machinery**: mecánica general
__ **meeting**: junta o asamblea general
__ **mortgage**: hipoteca general o colectiva
__ **outline**: lineamientos
__ **pardon**: amnistía
__ **partner**: socio general o regular
__ **partnership**: sociedad colectiva, sociedad personal de responsabilidad ilimitada

GENETIC

__ **post office**: oficina central (principal) de correos
__ **power of attorney**: poder general
__ **practitioner**: internista, médico de medicina general
__ **price level accounting**: contabilidad según el nivel general de precios
__ **procurement notice**: anuncio general de adquisiciones
__ **purpose sample**: muestra universal, muestra polivalente
__ **record**: historia general, historial
__ **sciences**: nociones generales de ciencias, curso de introducción a las ciencias físicas y biológicas
__ **secondary schools**: escuelas (establecimientos) de enseñanza general de segundo grado
__ **service category**: (adm) cuadro de servicios generales
__ **services**: servicios generales
__ **stock**: acciones ordinarias
__ **storekeeper**: jefe de almacenes
__ **subject course**: curso teórico (se relaciona más con conocimientos que con técnicas; *v gr* enseñanza de la historia)
__ **survey**: examen de conjunto
__ **survey mission**: misión de estudio general
__ **teacher**: (Noruega) profesor semiespecializado (persona que ha elegido la enseñanza en la escuela secundaria como profesión después de haberse especializado en una asignatura principal y en dos secundarias en la Universidad)
__ **temporary assistance**: (adm) personal supernumerario en general
__ **union**: central sindical
__ **usage**: uso o costumbre general
__ **welfare**: interés (bienestar) general
general-purpose computer: computador de uso general
__ **statement**: (fin) estado con fines generales
generalist: generalista (persona de competencia indiferenciada)
generalized system of preferences: (EUA) sistema generalizado de preferencias
generally accepted accounting standards: normas de contabilidad generalmente aceptadas
__ **accepted auditing standards**: normas de auditoría generalmente aceptadas
generate awareness: sensibilizar la opinión
generating capacity: (elec) capacidad instalada
__ **function**: función generatriz
__ **plant (station)**: central o planta generadora
__ **set**: grupo electrógeno
generation gap: brecha entre generaciones
__ **of energy**: producción de energía eléctrica
__ **of savings**: formación de ahorro
generator set: grupo electrógeno
generic drug: medicamento genérico, producto farmacéutico genérico
genetic counseling: asesoramiento genético

GENETICS

__ **engineering**: manipulación genética
__ **insult**: amenaza genética
__ **markers**: antecedentes genéticos, marcadores genéticos
__ **pool**: pool genético, reserva genética
__ **potential**: caudal genético
__ **shift**: traslación genética
__ **stock (reserves)**: patrón genético, estirpes genéticas
__ **types**: genotipos
__ **urges**: impulsos genéticos
genetics: genética
geneticist: genetista
genius of a nation: idiosincracia de una nación
gentle breeze: ventolina
gentlemen's agreement: pacto o acuerdo de caballeros, acuerdo tácito, convenio verbal
genuine: genuino, auténtico, legítimo, verdadero
__ **assets**: activo real
__ **liabilities**: pasivo real
geodetic transit: anteojo meridiano
geographic distribution: distribución geográfica
__ **ecologist**: fitogeógrafo
geographical features: accidentes geográficos
__ **posts**: puestos sujetos a distribución geográfica
geological mapping: levantamiento de mapas geológicos
__ **survey**: levantamiento estratigráfico, apeo geológico, investigación geognóstica
geometric average: promedio geométrico
__ **mean**: media geométrica
__ **range**: amplitud geométrica
geothermal deposit: yacimiento geotérmico
geriatric condition: afección propia de edades avanzadas, afección de tipo geriátrico
__ **hospital**: hospital geriátrico
__ **institution**: institución especializada en geriatría
geriatrics: geriatría (se ocupa de personas de edad)
germ: embrión; germen; (med) microbio, bacilo, bacteria
__ **cells**: células reproductoras o germinales
__ **plasm**: germoplasma, plasma germinal
__ **plasm banks**: bancos de plasma germinativo
__ **warfare**: guerra bacteriana, guerra bacteriológica
German measles: rubéola
gerontics: gerontología (se ocupa de los problemas de las personas de edad)
gerrymander: dividir arbitrariamente los distritos electorales para ser favorecidos en las elecciones; falsificar elecciones
gestation: gestación, embarazo, preñez
gestational age: edad de gestación
get excited about: entusiasmarse, acalorarse, emocionarse, hacer a uno la ilusión
__ **into touch with**: ponerse en contacto con
__ **on the job**: empezar a trabajar
__ **on well with (colleagues, etc)**: simpatizar con
__ **the business**: conseguir el negocio

GIVE

__ **used to**: hacerse a, habituarse o acostumbrarse a
get-together: reunión, fiesta, tertulia
get-up: presentación de la mercadería
ghee: mantequilla clarificada de búfalo, aceite de manteca clarificada
ghost fishing: pesca fantasma
__ **worker**: empleado fantasma
__ **writer**: escritor fantasma
gift: regalo, obsequio, don, dádiva, presente, donación, donativo, aguinaldo
__ **certificate**: cheque de regalo
__ **in kind**: donación en especie
__ **tax**: impuesto sobre donaciones y legados
gifted child: niño bien dotado, niño extraordinariamente dotado (talentoso)
__ **student**: alumno superdotado
__ **teacher**: maestro talentoso
gill: enmallarse (el pez)
__ **fishing**: pesca por enmalle
__ **net**: red de agallas, red de enmalle
gilt: lechona; puerca joven
gilt-edged securities: valores de primera clase, de primer orden o de óptima calidad; (RU) valores del Estado
gimmick: artefacto, artilugio; truco
gin: desmotadora (algodón); despepitadora
ginásio (Brasil): primer ciclo (4 años) de educación primaria
Gini inequality index: índice de desigualdad o de concentración de Gini
ginning: desmotado (algodón)
girls enrollment: escolaridad de las jóvenes
girth: perímetro (*v gr* torácico); circunferencia, cincha, faja, anillo
gist: esencia, quid, substancia
give a brief account: reseñar
__ **a conditional sentence**: dictar una sentencia condicional
__ **a fillip to**: dar impulso, dar ímpetu (a la Bolsa)
__ **a matter thought**: reflexionar
__ **an address**: señalar domicilio
__ **evidence**: prestar declaración
__ **first refusal to**: dar la preferencia a
__ **grounds for**: dar margen a
__ **legal force to**: (leg) sancionar
__ **legal opinion**: evacuar consultas
__ **more weight to**: dar mayor importancia a
__ **notice**: informar, advertir, hacer saber; presentar la dimisión; dar aviso; notificar
__ **notice of**: poner en conocimiento de, avisar, dar aviso
__ **notice of one's intention**: notificar su intención
__ **occasion for**: dar pie a, dar margen para
__ **one's approval**: dar el placet
__ **rise to**: dar margen u origen a, provocar, causar, ocasionar
__ **the finishing touches to**: rematar
__ **the floor**: conceder la palabra
__ **up**: dejar, abandonar (negocio); renunciar, dimitir (de cargo); darse por vencido, rendirse;

GIVE-AND-TAKE

ceder; dejar por imposible (tarea); desahuciar (enfermo)
give-and-take: toma y daca, concesiones mutuas o recíprocas, componendas
__ **sessions**: sesiones de intercambio de información
give-away price: precio ruinoso, precio vil
given name: nombre de pila o bautismal
__ **period**: período de referencia
giving countries: países otorgantes
glacier birthheads: nacientes de glaciar
glair: cola para encuadernar
glamor products: productos suntuosos o de lujo
glass case: escaparate, vitrina
__ **container**: envase de vidrio
__ **fibers**: fibras de cristal
__ **staple**: fibra de vidrio, fibravidrio
__ **wool**: lana de vidrio o de cristal
__ **window**: vidriera
glassine: papel transparente
glaze: *s* vidriado (cerámica); satinado (papel); cellisca (caminos); *v* satinar (papel); glasear (pescado); vidriar (cerámica); barnizar
glazed paper: papel satinado, papel lustre
__ **rice**: arroz glaseado
glazier: vidriero
glazing: glaseado
glee club: conjunto coral
gliding parity: paridad móvil
global: global; total, en conjunto; mundial; universal
__ **commons**: patrimonio de la humanidad, bienes comunes de la humanidad
__ **indexes**: índices de cobertura amplia
__ **learning**: aprendizaje global
__ **loan**: préstamo global (préstamo de desarrollo para représtamos)
__ **method**: método global (enseñanza de la lectura)
__ **warfare**: guerra mundial
__ **warming**: recalentamiento atmosférico, de la tierra, calentamiento de la tierra; aumento de la temperatura mundial
__ **warming potential**: potencial de recalentamiento atmosférico de la tierra
global-phonetic method: método global-fonético
globe: globo; globo terráqueo, mundo
glory hole: (min) tolva, embudo o conducto de extracción, pozo vertedor
glossy paper: papel brillante, satinado, lustroso o glaseado
glued-together household: unidad familiar con intereses en común
glut: *s* abarrotamiento, hartazgo, hartura; (com) saturación, sobreoferta, superabundancia, exceso, plétora, inundación, aglomeración; *v* hartar, saciar, saturar, inundar, atascar
__ **of money**: superávit monetario
glutted market: mercado saturado, sobrecargado o inundado

GOLD

go after: tratar de conseguir
__ **ahead with**: proceder a
__ **back to**: remontarse a
__ **fifty-fifty**: dividir por partes iguales, ir a medias
__ **into business with**: establecer relaciones comerciales con
__ **on stream**: entrar en producción o servicio, iniciar actividades
__ **on strike**: ir a la huelga, declararse en huelga
__ **out of business**: liquidar el negocio
__ **shopping**: tendear, ir de compras, vitrinear
__ **to great lengths**: no escatimar esfuerzos
__ **to press**: enviar a la imprenta
__ **to the grassroots**: llegar al pueblo o a las masas
__ **too far**: extralimitarse
__ **under**: sucumbir, hundirse
go-ahead: emprendedor, activo
__ **signal**: señal de permiso, consentimiento para algo, visto bueno, autorización
go-between: mediador, intermediario
go-devil: limpiador de tuberías
go-getter: buscavidas, hombre emprendedor
"go-go" expansion: expansión desaforada
__ **fund**: sociedad de inversión especulativa
go-slow strike: huelga pasiva; huelga de celo; huelga de trabajo lento (conforme a reglamento)
goa bean: dólico de goa
goal: meta, objetivo, fin, finalidad
__ **seeking**: identificación de objetivos
__ **setting**: fijación o definición de objetivos
goal-directed activity: actividad orientada hacia un fin
goal-oriented research: investigación aplicada (con objetivos concretos)
goat raising: ganadería caprina
goatherd: cabrero, cabrerizo
gobbledygook: jerga burocrática, guirigay
godown: cobertizo, galpón
going concern: empresa activa o en plena actividad, empresa que funciona bien, empresa que se sostiene o marcha
__ **inventory**: inventario perpetuo o permanente
__ **market rate**: tasa vigente en el mercado
__ **price**: precio corriente o vigente
__ **rate**: tasa corriente o vigente (mercado monetario); salario corriente
going-out-of-business sale: liquidación de existencias
goings-on: tejemanejes
gold and foreign exchange holdings: existencias (haberes) en oro y en divisas
__ **appreciation**: revalorización del oro
__ **assets**: haberes en oro
__ **basis**: patrón de oro
__ **block**: grupo de países con patrón oro
__ **bullion**: oro en lingotes, oro en pasta, oro bruto o en bruto
__ **bullion standard**: patrón de núcleo oro, patrón o talón oro ("gold standard" se usa en muchos países)

160

GOLD-BEARING

___ **clause**: cláusula oro
___ **coin**: moneda de oro, oro acuñado o amonedado
___ **cover**: cobertura (de) oro
___ **drain**: disminución de las reservas de oro
___ **exchange standard**: patrón de divisas en oro, del núcleo áureo o del fondo de oro, sistema del cambio-oro
___ **field**: campo o terreno aurífero, placer aurífero
___ **filling**: obturación de oro, orificación
___ **holdings**: oro físico, tenencias en oro, reservas en oro
___ **leaf (foil)**: pan de oro
___ **ocurrences**: mineralización de oro
___ **parity**: paridad (de) oro
___ **pool**: fondo o reserva común de oro
___ **premium**: premio o prima de oro
___ **ratio**: porcentaje de reservas en oro (mantenidas por un país)
___ **reserve**: reservas de oro o auríferas, encaje de oro, respaldo de oro
___ **rush**: fiebre del oro
___ **standard (basis)**: patrón oro, patrón de oro
___ **stock**: oro físico, existencias de oro
___ **tranche**: tramo de oro
___ **transaction**: transacción de oro
___ **under earmark**: oro en custodia
___ **value**: valor oro
___ **value clause**: cláusula del valor oro
gold-bearing: aurífero
gold-pegged currency: moneda vinculada al oro
gold-plated: dorado
golden age: época dorada, edad de oro, siglo de oro
___ **calf**: becerro de oro
___ **handshake**: despido con una compensación en metálico
___ **mean**: justo medio, moderación, término medio
___ **opportunity**: excelente oportunidad
___ **rule**: regla de oro
___ **share**: acción con derecho de voto
gondola car: vagón abierto, vagón batea
good appearance: buena presencia
___ **cause**: (leg) motivo suficiente
___ **conduct**: buen comportamiento
___ **earning record**: ganancias satisfactorias
___ **health practices**: buenas prácticas de higiene
___ **investment**: inversión productiva
___ **life**: vida plena, vida armoniosa (según el sistema de valores que se aplique)
___ **name**: buena fama, buen prestigio
___ **neighbor policy**: política de buen vecino o de buena vecindad
___ **offices**: buenos oficios
___ **pay**: paga o jornal suficiente
___ **sense**: sentido común, sensatez, juicio
___ **spirit**: actitud entusiasta
___ **standing**: solvencia
___ **standing performance**: buenos antecedentes
___ **title**: título válido, título bastante
goods: géneros, artículos, mercaderías, efectos, bienes

GOVERNMENT

___ **and chattels**: bienes muebles, muebles y enseres, efectos personales
___ **and services**: bienes y servicios
___ **contracted**: mercaderías objeto del contrato
___ **grouping system**: grupaje
___ **in process**: productos en (proceso de) fabricación
___ **station**: estación de carga
___ **train**: tren de mercancías
goodness of fit: (est) bondad del ajuste, precisión del ajuste
goodwill: (com) buen nombre o prestigio, clientela, crédito comercial o mercantil; plusvalía mercantil; llave del negocio; (Esp) fondo de comercio
___ **and fixtures**: incidentes de comercio
___ **clause**: cláusula buena voluntad
gooseberry: grosella silvestre, grosella verde
gorge: cañón, zanjón
gourd: calabaza no comestible
govern: gobernar, dirigir, mandar, regir
governance: gobierno, autoridad, ejercicio del poder, administración, dirección, conducción, buena gestión de la cosa pública
governing board: consejo de administración, junta administrativa
___ **bodies**: cuerpos directivos; órganos rectores
___ **class**: clase dirigente, clase gobernante
___ **committee**: comisión directiva
___ **consideration**: consideración principal o rectora
___ **council**: consejo de administración
___ **idea**: idea rectora
___ **law**: derecho o ley aplicable
government: *s* autoridades, Estado, Gobierno; dirección, administración, gestión; ciencia política; *a* estatal, fiscal; del Gobierno, del Estado; público
___ **accounting**: contabilidad pública, contabilidad cameralista
___ **agency**: organismo o dependencia gubernamental, organismo estatal
___ **approval**: ratificación oficial
___ **attorney**: fiscal
___ **auditing**: auditoría pública
___ **authorities**: autoridades públicas o gubernamentales, ente oficial
___ **bond**: título de la deuda del Estado, bono fiscal o público, bono del Estado
___ **borrowing**: empréstitos del Estado
___ **capital expenditures**: inversiones del sector público
___ **control**: control estatal o del Gobierno
___ **corporation**: organismo descentralizado, organismo estatal
___ **, course in**: curso de ciencia política
___ **debt outstanding**: deuda pública pendiente
___ **departments**: ministerios, secretarías
___ **earnings**: ingresos del sector público
___ **employees**: empleados públicos
___ **enterprise**: empresa pública, fiscal o estatal

GOVERNMENT-AIDED

__ **expenditure (expenses)**: gastos públicos o del sector público, gastos del Gobierno
__ **funding**: financiación o financiamiento estatal
__ **grant**: subsidio fiscal, subsidio oficial
__ **housing program**: programa estatal (gubernamental) para la construcción de viviendas
__ **involvement**: participación del Gobierno
__ **loans**: préstamos otorgados por el Gobierno
__ **monopoly**: monopolio o estanco fiscal, monopolio estatal
__ **obligations**: bonos del Tesoro
__ **official (officer)**: funcionario público
__ **outlays**: gastos públicos
__ **ownership**: propiedad gubernamental
__ **paper**: efectos fiscales, públicos o del Estado, obligaciones del Estado
__ **party**: partido oficialista, partido del Gobierno
__ **policy**: política o gestión gubernamental
__ **procedures**: procedimientos de la administración pública
__ **purchasing program**: poder comprador (comercialización de productos agrícolas)
__ **receipts**: ingresos públicos
__ **revenue**: ingresos públicos, rentas públicas
__ **securities**: valores (o títulos) del Estado, efectos públicos o del Estado
__ **services**: administración pública; servicios públicos
__ **shake-up**: reorganización ministerial
__ **stock**: fondos públicos
government-aided schools: escuelas subvencionadas por el Estado
government-controlled body: organismo intervenido por el Gobierno, organismo paraestatal
government-maintained school: escuela sostenida por el Estado
government-owned programs: programas preparados por el Gobierno mismo
government-planned economy: economía intervenida por el Estado, economía planificada, dirigida o dirigista
government-supported school: escuela costeada por el Estado
governmental agency: entidad o dependencia del Gobierno, organismo gubernamental
governor: gobernador, intendente
__ **in Council**: el Gobernador de acuerdo con su Consejo
governorship: gobierno (cargo), dignidad de gobernador, período que dura la gobernación, territorio bajo un gobernador
grab hook: gancho
__ **sample**: (est) muestra tomada al azar, muestra fortuita
grace period: período de gracia o de espera
gradation: gradación, grado, matiz
__ **curve**: curva granulométrica
grade: s grado; clase, calidad, categoría, rango; (edu) curso; año escolar o de estudio; nota; pendiente, gradiente, nivel, cuesta, rasante

GRADING

(caminos); v graduar, clasificar, nivelar (camino); emparejar (terreno)
__ **certificate**: certificado de calidad
__ **creep**: escalamiento de categorías, tendencia hacia categorías más altas de clasificación de personal
__ **crossing**: cruce o paso a nivel
__ **distribution chart**: cuadro de la distribución (de los alumnos) por grado
__ **level**: nivel escolar
__ **line**: rasante
__ **linking**: vinculación de categorías
__ **norms**: normas por grado (normas de valor escolar)
__ **provision**: grados o años de estudio ofrecidos
__ **pyramid**: pirámide de categorías
__ **ratio**: (edu) tasa de retención
__ **retention rate**: coeficiente de retención por grado
__ **school**: escuela primaria, escuela elemental
__ **separation**: paso a desnivel
__ **stake**: estaca de rasante, jalón de rasante
__ **survival**: supervivencia por grado
__ **textbook**: libro de texto graduado, manual en que cada volumen está redactado para una clase determinada, libro de texto redactado para cada clase
__ **year progress tables**: cuadros de aprovechamiento (promoción) anual por grado
grades, the: escuela pública elemental
graded qualities: cualidades diferenciales (productos agrícolas)
__ **roads**: caminos nivelados o apisonados
__ **school**: escuela graduada (originalmente escuela de varios grados en que cada uno tenía su maestro y su propia sala de clase, lo que permitía la agrupación de alumnos en grados relativamente homogéneos); establecimiento en que los materiales de instrucción se organizan según el nivel de dificultad del grado o año de estudio y en el que los alumnos se agrupan por grado según el progreso que realicen
graded-down contribution schedule: escala de aportaciones decrecientes (plan de pensiones)
graded-up contribution schedule: escala de aportaciones crecientes (plan de pensiones)
grader: clasificadora, explanadora, niveladora; alumno de cierta clase de la escuela (v gr fourth grader: de cuarto año)
gradient: gradiente; rasante, nivel, pendiente, cuesta
grading: (edu) gradación (inclusión de un niño en el grado escolar que le permite realizar satisfactoriamente los deberes prescritos para ese grado); clasificación cualitativa; control de la calidad (productos); nivelación, emparejamiento (caminos)
__ **adjustment**: ajuste por clasificación del personal
__ **and drainage**: obras básicas (caminos)

GRADUALIST

__ **of aggregates**: granulometría
__ **of crops**: clasificación de las cosechas
__ **standards**: normas de clasificación de puestos
gradualist approach: enfoque gradual
graduate: graduado, egresado, diplomado, titulado
__ **engineer**: ingeniero graduado
__ **nurse**: enfermera con título, enfermera diplomada
__ **program**: programa de estudios superiores
__ **school**: escuela de graduados, escuela para graduados, escuela superior, establecimiento o institución de estudios superiores o de altos estudios, institución universitaria de investigación
__ **school of arts and sciences**: escuela superior de estudios literarios y científicos
__ **student**: estudiante ya graduado, estudiante posgraduado
__ **studies**: estudios que preparan a los estudiantes graduados para la obtención de un diploma superior, estudios para posgraduados
__ **work**: altos estudios, estudios avanzados
graduated surtax: recargo gradual
__ **tax**: impuesto progresivo, impuesto escalonado
__ **taxation**: tributación graduada o escalonada
graduation: graduación (obtención de diploma de fin de estudios), ceremonia de clausura del año escolar, terminación de los estudios
__ **requirements**: nivel exigido (o materiales o condiciones exigidas) para el otorgamiento del diploma de terminación de estudios
graft: peculado, chanchullo, mangoneo, soborno político, coima; (agr) injerto
__ **rejection**: (med) rechazo del injerto
grafting in the dormant bud: injerto a ojo dormido
grain alcohol: alcohol etílico, alcohol de grano
__ **bin**: depósito o arca para granos o cereales
__ **corn**: maíz grano
__ **crop**: cosecha de cereales
__ **dealer**: cerealista
__ **drill**: sembradora de granos
__ **dust**: tamo
__ **elevator**: silo de cereales con elevador, elevador de granos, granero
__ **equivalent**: valor cereal
__ **feeder**: tolva
__ **futures**: compromisos para entrega futura de granos, futuros de granos
__ **grower**: cerealista
__ **legumes**: leguminosas para semilla
__ **market**: mercado de cereales
__ **mill**: molino de granos
__ **products**: productos cereales o de granos
__ **seeds**: cereales de siembra
__ **size determination**: determinación granulométrica
__ **sorghum**: sorgo en grano o para grano, sorgo granífero

GRAPH

__ **year**: campaña cerealista
grain-producing country: país granero
grammar school: (EUA) escuela primaria; (RU) escuela secundaria, instituto de segunda enseñanza
grand average: promedio general o total
__ **finale**: broche de oro
__ **juror**: miembro de gran jurado
__ **jury**: jurado de acusación, gran jurado
__ **larceny**: hurto grave, hurto de mayor cuantía
__ **total**: total general
grandfather clause: (EUA) cláusula de exención por derechos adquiridos
grandstand: tribuna, gradería de asientos principales, andanada
grange: granja, hacienda
granger: granjero, labriego
grant: *s* subvención, subsidio, concesión, dádiva, cesión, donación; *v* conceder, otorgar, ceder
__ **a claim**: reconocer una reclamación
__ **an appropriation**: facilitar fondos con cargo al presupuesto
__ **basis, on a**: a título de donación
__ **element**: factor o elemento concesionario, factor de donación
__ **equivalent**: equivalente en donación
__ **in case of death**: subsidio por fallecimiento
__ **pardon**: indultar la pena
__ **pratique**: otorgar libre plática
grant-aided schools: escuelas subvencionadas regularmente
grant-back provisions: disposiciones sobre retrocesión (patentes)
grant-in-aid: subvención, donación, subsidio oficial, donativo del Gobierno
grant-like contribution: aportación semejante a una donación o con características de donación
grantee: cesionario, adjudicatario
granting agency: organismo que concede subvenciones
__ **that**: dado que
grantor: otorgante, cesionista, otorgador de fondos (subvenciones, etc)
grape grower: viticultor
__ **growing**: viticultura
__ **harvest**: vendimia
__ **marc**: orujo
__ **skin**: hollejo
__ **sugar**: dextrosa
grapefruit: toronja, pomelo
__ **plantation**: toronjal
__ **tree**: toronjo
grapevine: parra, vid
__ **, on the**: "he oído" o "me dicen que", "se cuenta que" (vía oficiosa de comunicación verbal), medio de comunicación clandestino
graph: gráfica, gráfico, representacion gráfica, diagrama
__ **chart**: cuadro gráfico

__ **paper**: papel cuadriculado
__ **plotter**: trazador de gráficos
graphic arts: artes gráficas, industria gráfica
__ **presentation**: presentación gráfica
graphical reporting: información por gráficos
__ **user interface**: interfaz gráfica para el usuario
grapple: garfio
grappler arms: brazos prensores
grasp the meaning of the text: comprender el texto, captar el sentido del texto
grass: hierba, pasto, césped
__ **cover**: cubierta herbácea o tapiz vegetal
__ **root plant**: planta totalmente nueva
grasses: gramíneas, poáceas
grass-fed cattle: ganado para matar sin engordar
grassers: ganado sin engordar
grassland: prado, pradería, herbaje, dehesa, campo de pastoreo, prados y pastizales, herbazales
__ **development**: mejora de pastizales
__ **management**: ordenación de pastizales, pasticultura
grassroots: *s* población rural; las masas, la comunidad, el pueblo; base; primer escalón de desarrollo; *a* rural; (fig) básico, fundamental; popular, comunitario
__ **efforts**: actividades a nivel popular; actividades populares
__ **level, at the**: a nivel popular, comunitario o local
__ **organization**: organización de base, comunitaria
__ **planning**: plan básico
gratification: satisfacción, complacencia, gratificación, recompensa
gratifying: grato, agradable, satisfactorio
grating: emparrillado, rejilla, parrilla, reja
gratitude: gratitud, agradecimiento, reconocimiento
gratuitous beneficiary: beneficiario a título gratuito
__ **contract**: contrato a título gratuito
gratuity: propina, gratificación, dádiva
"**graveyard**" **shift**: turno "suicida"
gravel: grava, ripio, cascajo
__ **pit (bank)**: cantera o mina de grava, cascajal, cascajar
__ **road**: camino de grava
__ **walk**: vereda o sendero de grava
graveling: recubrimiento o aplicación de grava (caminos)
gravely ill: muy grave
graving dock: dique de carena, dique seco
gravity check irrigation: riego por tablares o por eras, riego por gravedad con retenes
__ **conveyor**: transportador a gravedad
__ **feeder**: alimentador por gravedad
__ **irrigation**: riego por gravedad
gray (grey) area: área intermedia
__ **area transactions**: transacciones de dudosa legalidad
__ **cotton**: algodón gris claro

__ **goods**: género crudo o sin blanquear
__ **iron**: fundición gris
__ **literature**: literatura gris (informes de circulación interna)
__ **market**: mercado gris (de artículos escasos a precios excesivos)
__ **matter**: substancia gris, inteligencia
gray-collar worker: trabajador de reparaciones y conservación (o mantenimiento)
grayling: (ict) tímalo
graze: *s* rozadura, roce; pasto, apacentamiento; *v* rozar; pastorear, apacentar, pacer
grazing capacity: índice de agostadero, carga animal, capacidad de carga (pastoril), o de apacentamiento, capacidad biogénica de apacentamiento
__ **control**: regulación del pastoreo (terrenos)
__ **fee**: talaje
__ **land**: tierra de pastos o pastoreo, praderas, pastizal, potrero, apacentadero; a veces: dehesa
grazings: pastizales naturales
grease trap: trampa desengrasadora, colector de grasa
greaseproof: a prueba de grasa
__ **paper**: papel apergaminado
greasy wool: lana grasienta, lana suarda, sin lavar
great landowner: latifundista, gran terrateniente, estanciero
Greater New York: Gran Nueva York
greed: voracidad, codicia, avidez, ansia
green coffee: café sin tostar, café oro
__ **concrete**: hormigón fresco
__ **corn**: maíz tierno
__ **crops**: cosechas en verde
__ **fallow**: barbecho verde (cultivo arado en verde para beneficiar el suelo)
__ **fish**: pescado en verde (sin salar)
__ **fodder (feed)**: forraje verde
__ **gas**: gas natural o verde
__ **goods**: verduras
__ **hand**: pasante, aprendiz
__ **hide**: cuero verde
__ **inmature soya**: edamame (vaina verde), soya con fines hortícolas
__ **light**: luz verde, autorización para actuar, para seguir adelante
__ **manure**: abono vegetal, abono verde, abono sideral
__ **pepper**: pimiento fresco o verde
__ **projects**: proyectos verdes
__ **revolution**: revolución verde o agrícola
__ **timber**: madera fresca
__ **vegetables**: productos de hojas, verduras
__ **wood**: bosque frondoso
green-leafed vegetables: verduras
greenbelt: zona (área) verde, cinturón verde
greenfield investment: inversión de tipo totalmente nuevo
__ **plant**: planta totalmente nueva
__ **project**: proyecto totalmente nuevo
greenhouse effect: efecto de invernadero

GREENNESS

__ **gas**: gas (nitroso) que produce el efecto de invernadero
greenness: verdura, verdor; (fig) falta de experiencia, inexperiencia, bisoñería
"grey market" goods: compras de fin de serie o de saldos
grid: rejilla, parrilla, cuadrícula, cuadriculado; (elec) red; retículo (*sismic line survey*)
__ **line**: línea de cuadrículas
__ **paper**: papel cuadriculado
__ **pattern (plan) of streets**: sistema de calles en cuadriculado
__ **sampling**: muestreo de cuadrícula
__ **sheet**: hoja cuadriculada
__ **square**: cuadrícula
__ **survey**: levantamiento topográfico por medio de cuadrículas
gridiron tracks: (fc) vías de parrilla
grievance: queja, motivo de queja, injusticia, agravio, ofensa, reivindicación
__ **Committee**: Comité de Reivindicaciones, Comité de Quejas
__ **procedure**: procedimiento para la presentación de reclamaciones
grill: *s* verja, reja; *v* asar en parrilla; (fig) interrogar severa y continuamente
grillage: cuadrícula, emparrillado, cuadradillo; (Col) entarimado
__ **foundation**: encadenada
__ **plan**: sistema de calles en cuadriculado
grind: moler, pulverizar, pulir, esmerilar
grinder: moledora, amoladora, trituradora, desfibradora, esmerilador
grinding engine (mill): máquina (molino) de moler; (min) trapiche
__ **machine**: esmeriladora
__ **of optical lenses**: tallado de lentes ópticos
__ **operation**: trituración
__ **season**: zafra (azúcar)
grip of, in the: paralizado por
grit: arenilla, cascajo, arenisca; firmeza, entereza, valor, valentía
__ **chamber**: tanque desarenador
grits: sémola; maíz a medio moler; royuelo; grava (caminos)
groceries: abarrotes, provisiones
grooming products: productos de belleza
groove: ranura, acanaladura, surco
gross: *s* gruesa (medida); *a* tosco, burdo; (com) bruto, total; grueso, gordo, corpulento
__ **agricultural product**: producto interno bruto agrícola (PIBA)
__ **amount**: importe bruto o total
__ **amount of loan**: valor nominal del préstamo
__ **anatomy**: anatomía macroscópica, anatomía descriptiva
__ **assessment**: cuota bruta
__ **average**: promedio bruto; avería o daño común
__ **budget**: presupuesto bruto
__ **calorific value**: poder calorífico bruto

GROSS

__ **charter**: fletam(i)ento por cuenta del arrendador; arrendamiento de nave armada; fletamiento bruto
__ **correlation**: correlación bruta
__ **domestic income**: ingreso interno bruto
__ **domestic product (GDP)**: producto interno bruto (PIB) (valor de todos los bienes y servicios producidos por un país dentro de su territorio)
__ **domestic product at factor cost**: producto interno bruto al costo de los factores
__ **domestic product at market prices**: producto interno bruto a precios de mercado
__ **earnings**: ingresos brutos
__ **earnings margin**: (bnc) margen bruto
__ **examination**: examen macroscópico
__ **fault**: (leg) negligencia grave
__ **fixed capital formation**: formación bruta de capital fijo
__ **fixed domestic investment**: inversión bruta interna en capital fijo
__ **fixed investment**: inversión bruta de capital fijo
__ **head**: salto total
__ **heating value**: poder calorífico bruto
__ **ignorance**: ignorancia crasa
__ **income**: ingresos brutos, renta bruta, entradas brutas
__ **interest**: interés bruto
__ **load**: carga bruta
__ **margin**: beneficio bruto; margen (bancario) bruto, margen de utilidad bruta, margen de ganancia bruta, resultado bruto
__ **material product**: producto material bruto
__ **misconduct**: falta grave (de conducta)
__ **national income**: ingreso nacional bruto
__ **national investment**: inversión nacional bruta
__ **national product (GNP)**: producto nacional bruto (valor de todos los bienes y servicios producidos por un país dentro y fuera de su territorio) (PNB)
__ **negligence**: gran negligencia; (leg) culpa seria, lata o grave
__ **neurological deficit**: daño neurológico evidente
__ **operating profit**: utilidad bruta de operación o de explotación
__ **pathology**: patología macroscópica
__ **(primary) enrollment ratio**: tasa bruta de matrícula (primaria)
__ **profit**: ganancia o utilitidad bruta
__ **receipts**: entradas brutas
__ **register tonnage**: tonelaje de registro bruto
__ **revenue**: entradas brutas
__ **sales**: ventas brutas
__ **symptoms**: síntomas evidentes o manifiestos
__ **takings**: entradas brutas
__ **ton**: tonelada larga
__ **tonnage**: tonelaje bruto
__ **total expenditure**: total de egresos brutos

__ **value product**: producto agrícola bruto
__ **wage**: salario bruto
__ **weight**: peso bruto
__ **yield**: rentabilidad bruta
grossed-up dividend: dividendo con adición del impuesto (pagado en el otro país)
ground: tierra, suelo, terreno, campo (de deportes); motivo, causa, causal, fundamento, base, razón; fondo (telón de fondo)
__ **coffee**: café molido
__ **connection**: (elec) toma de tierra
__ **control**: control desde tierra
__ **cover**: tapiz vegetal, tapiz verde, monte bajo
__ **crew**: personal de tierra (aero)
__ **equipment**: equipo para aplicación terrestre (vg de larvicidas)
__ **features**: accidentes del terreno
__ **floor**: planta baja, piso bajo, bajos
__ **for divorce**: causa o causal de divorcio
__ **glass**: cristal deslustrado
__ **glass filter**: filtro de vidrio esmerilado
__ **glass stopper**: tapón de vidrio esmerilado
__ **handling services**: servicios de escala (aviación)
__ **larviciding**: aplicación directa de larvicida
__ **lead**: conductor a tierra
__ **level**: nivel del suelo
__ **line**: nivel del terreno
__ **mass**: masa microcristalina
__ **plan**: plano, planta (edificio); a veces: planimetría; (fig) proyecto fundamental
__ **rent**: (agr) censo
__ **resolution(remote sensing)**: resolución terrestre (teleobservación, telepercepción, teledetección)
__ **rice**: sémola de arroz
__ **services**: servicios de tierra (aero)
__ **staff**: personal de tierra
__ **swell**: mar de fondo, ola de fondo
__ **truthing**: verificación sobre el terreno
__ **water development**: captación de aguas subterráneas
__ **wire**: alambre de tierra, conductor a tierra, cable de toma de tierra
__ **wood**: pasta mecánica
__ **wood pulp**: pasta mecánica
grounds: jardines
__ **and procedures**: causas y procedimientos
__ **for action**: bases de la acción
__ **for nullity**: causa de nulidad
__ **for proceedings**: causales de procedimiento
groundage: derecho de fondeo, derecho de puerto
groundfish: pescado de fondo
groundhog: marmota
groundless: sin fundamento, infundado, sin base
groundnut: cacahuate, maní
__ **cattle cake**: torta de maní para ganado
__ **presscake flour**: harina de torta de mani (cacahuete)
groundwater: agua subterránea, agua freática
__ **table (level)**: nivel freático, capa freática

groundwork: base, cimiento, fundamento; trabajos preparatorios
group: *s* grupo, agrupación; a veces: comité, comisión; *a* colectivo, grupal; *v* agrupar, reunir(se)
__ **action**: trabajo o actividad en grupo
__ **activity**: trabajo en grupo o en equipo
__ **attendant**: encargado de grupo
__ **banking (chain banking)**: sistema bancario constituído por consorcios bancarios
__ **conference**: (edu) reunión pedagógica 1) del director, administradores y personal docente de una institución de enseñanza; 2) de alumnos-maestros en una escuela normal; 3) del consejo pedagógico y de un grupo de alumnos-maestros
__ **consciousness**: conciencia colectiva
__ **counseling**: entrevista colectiva (el consejero atiende a dos o más personas que tienen por lo menos un problema en común)
__ **delinquency**: delincuencia grupal
__ **delinquency reaction**: reacción delictiva grupal
__ **discount**: descuento por grupo
__ **discussion**: discusión de grupo
__ **dynamics**: dinámica de grupo
__ **effort**: solidaridad
__ **elective course**: curso que no es obligatorio según el plan de estudio seguido
__ **factor**: factor de grupo
__ **farms**: explotaciones agrícolas colectivas
__ **feeding**: alimentación colectiva
__ **feeding kitchen**: cocina popular
__ **fellowships**: becas para adiestramiento en grupo
__ **financing**: financiamiento en común
__ **guidance**: orientación colectiva
__ **insurance**: seguro colectivo o de grupo
__ **lattice**: retículo de grupos
__ **leader**: jefe de grupo
__ **life insurance scheme**: plan de seguro de vida colectivo
__ **methods**: métodos de enseñanza en grupo
__ **practice**: agrupación médica
__ **rate**: tarifa de grupo
__ **study travel grant**: beca colectiva de viaje
__ **survival**: supervivencia del grupo
__ **test**: test colectivo
__ **therapy**: terapia de grupo
__ **training program**: programa de adiestramiento en grupo
__ **travel**: turismo colectivo
__ **unity**: solidaridad de grupo
__ **work**: trabajo colectivo y trabajo en grupos
groupage depot: centro de grupaje
__ **of consignments**: grupaje, agrupación de la carga
grouper: (ict) mero, perca de mar
grouping: agrupación
__ **error**: error de agrupación o agrupamiento
grout: s lechada; v (arq) rellenar con lechada
__ **curtain**: cortina de impermeabilización, pantalla de inyección

GROUTING

grouting machine: inyector de lechada
__ **tunnel**: galería de inyección
grove: arbolada, alameda, bosquecillo
grow: cultivar, producir, criar; crecer, cultivarse, desarrollarse; aumentar, incrementar
__ **in years**: envejecer
grower: cultivador, agricultor
growing concern: preocupación creciente o cada vez mayor; (com) empresa en plena actividad y crecimiento
__ **crops**: cultivos en crecimiento, cultivos en pie
__ **pains**: molestia del proceso de crecimiento; dificultades iniciales (de una empresa, etc)
__ **period**: período o ciclo vegetativo (de una planta), período de crecimiento
__ **scarcity**: rarefacción (dinero, mano de obra, etc)
__ **season**: temporada o época de cultivo, período vegetativo
__ **stock**: (silv) material en crecimiento, volumen en pie
__ **techniques**: ingeniería rural
grown-up: adulto, persona mayor; (pl) los grandes
growth: crecimiento, incremento, aumento, desarrollo, evolución; arbustos, hierbas, vegetación
__ **accounting**: análisis del crecimiento
__ **and development**: crecimiento y desarrollo
__ **chart**: tabla de crecimiento
__ **draft**: esbozo de crecimiento
__ **failure**: suspensión o retraso del crecimiento
__ **in the money supply**: aumento monetario o expansión monetaria
__ **management**: regulación del crecimiento
__ **of population**: crecimiento demográfico
__ **of schools**: aumento del número de escuelas
__ **path**: sendero de crecimiento, trayectoria de crecimiento
__ **pattern of demand**: evolución de la demanda
__ **patterns**: tipos de desarrollo
__ **period**: período vegetativo
__ **pole**: polo de crecimiento
__ **potential**: potencial o posibilidad de crecimiento
__ **securities**: valores con porvenir
__ **rate**: tasa (porcentaje) de crecimiento
grubbing: desbrozo, destronque
gruel: gachas, papilla, puches, atole
grunt: (ict) ruca, cabinza, roncador
guano deposit: covadera, guanera
__ **islands**: islas guaneras
guarantee: *s* garantía, fianza, aval, caución; *v* garantizar, garantir, afianzar, abonar, caucionar préstamos
__ **agreement**: convenio de garantía
__ **against price decline**: garantía contra la baja de precios
__ **association**: empresa fiadora

GUIDEBOOK

__ **authority**: facultad de otorgar garantías
__ **deposit**: depósito de garantía
__ **fund**: fondo o caja de garantía
__ **holder**: tenedor o titular de la garantía
__ **incidental to contract**: garantía accesoria a contrato
__ **leverage**: capacidad de endeudamiento en o por concepto de garantías
__ **of aval**: aval de aceptación
__ **of performance**: garantía de cumplimiento
guaranteed annual wage: salario anual garantizado
__ **bond**: bono con garantía
__ **loan**: préstamo garantizado
__ **minimum circulation**: tirada mínima garantizada (periódico, diarios)
__ **share**: acción con dividendo mínimo garantizado
__ **wage**: jornal mínimo
guarantor: garante, fiador, avalista
guaranty: garantía, caución, fianza, aval
__ **in the form of a surety**: garantía en forma de fianza
guard: guardia, guarda, sereno, vigilante; centinela; defensa, protección; cubierta de seguridad
__ **against (error)**: prevenir
__ **force**: servicio de seguridad, de vigilancia
guardian: tutor, guardián, curador, conservador
__ **angel**: ángel custodio
guardianship: tutela, tutoría, pupilaje; curadoría; amparo, protección
guardrail: defensa (carretera); parapeto, pretil
guerrilla strike: huelga de hostigamiento
__ **warfare**: guerra de guerrillas
guess: conjetura, adivinación, suposición
guesstimate: estimación conjetural, opinión aventurada
guesswork: conjetura, suposición
guest: huésped, invitado, convidado
__ **editorial**: editorial de colaborador invitado
__ **lecturer (speaker)**: conferenciante invitado, conferenciante de honor
__ **of honor**: invitado de honor, huésped de honor, agasajado, festejado
guesthouse: albergue comunal (aldea); casa de huéspedes
guidance: conducción, dirección, guía; orientación, dirección; gobierno, consejo, asesoramiento
__ **and supervisory control**: directrices y control de un superior
__ **counselor**: consejero de orientación
guide block: pasteca (especie de polea)
__ **card**: tarjeta indicadora; ficha guía
__ **dog**: perro de ciego
__ **price**: precio de orientación
__ **to curriculum development**: guía para la organización de programas escolares
__ **word**: palabra índice o de guía
guidebook: guía turística

guided discovery: descubrimiento orientado
__ **missile**: proyectil dirigido o teledirigido
__ **teaching**: enseñanza dirigida
__ **tours**: visitas organizadas, (servicios de) visitas con guía
guidelines: directrices, pautas, normas o líneas generales, principios rectores, normas de orientación
__ **of action**: parámetros de acción
guidepost: poste indicador
guiding experience: experiencia orientadora
__ **links**: eslabones conductores
__ **predictions**: predicciones-guía
__ **price**: precio indicativo
__ **principles**: principios rectores; líneas de conducta, orientación básica
guild: gremio, corporación gremial, hermandad
guildhall: casa consistorial, casa de ayuntamiento
guile: fraude; dolo
guilt: culpa, culpabilidad
guinea fowl: gallina de Guinea, gallineta
__ **grass**: hierba de India
__ **pig**: cobayo, conejillo de Indias, cui
guitar fish: (ict) guitarra
gulch: quebrada, cañada, barranco, cárcova, zanja, zanjón
gully: hondonada, barranco, quebrada
__ **erosion**: erosión por abarrancamiento, erosión en zanja
__ **pit**: cuneta de desmonte
gum: goma, resina, pegamento; encía
__ **arabic**: goma arábiga
__ **lac**: goma laca
__ **tree**: árbol que da la goma
gummed paper: papel engomado
gummy sack: saco de arpillera, saco de yute
gunmetal: bronce de cañón, bronce industrial
gutter: canalón, canaleta (tejado); arroyo (calle); cuneta (camino)
__ **press**: prensa sensacionalista
guy: contraviento
__ **wire**: viento de alambre
gym: gimnasio, gimnasia
__ **shoes**: zapatos de tenis o de lona
gymnasium: (Alem) gimnasio (escuela secundaria superior)
gypsum: yeso
gypsy moth: oruga de los pinos

H

habeas corpus: recurso (juicio) de amparo, auto de comparecencia
habit clinic: consultas medicopedagógicas, educación del carácter
habit-forming drugs: drogas que engendran hábito
habitat: residencia ecológica

habitual: habitual, acostumbrado, inveterado, empedernido, de rigor
__ **smoker**: fumador empedernido
hacker: (comp) pirata, intruso
hacking: (comp) intervención, piratería
hackled flax system: sistema de lino peinado
hackneyed phrase or idea: tópico
__ **theme**: tema trillado, trasnochado
haddock: (ict) abadejo, eglefino
hade: (min) pendiente, recuesto
haggle (higgle): regatear
hair (down): lanugo
__ **seal**: foca
haircloth: crin vegetal
hairy cotton: algodón velloso, algodón americano
hake: (ict) merluza, taihua, pescada (fojete)
half measures: medidas poco eficaces, paños calientes
__ **pay**: media paga, medio sueldo
__ **value**: (radiol) hemirreducción, valor medio
half-brothers: hermanos uterinos
half-gross salary: sueldo semibruto
half-life: (radiol) semidesintegración, semivida
half-value layer: capa de semiatenuación o de semiabsorción
half-yearly: semestralmente
halfhearted: sin gran estusiasmo, indiferente
halfway country: país medianamente industrializado, país parcialmente industrializado
__ **home**: (med) casa de convalecencia, casa de paso
halibut: (ict) hipogloso
hall: salón, palacio de exposición; vestíbulo, entrada, recibimiento (de edificio)
hallmark: marca del contraste; sello
halo effect: efecto de espejismo
halting reading: lectura con pausa
ham radio: radio de aficionados
hammer away at: insistir en, martillar
hamper: s cesto; v obstaculizar, estorbar, impedir, poner trabas a
hamster: criceto
hand assembly: montaje manual
__ **flush**: descarga de agua accionada a mano
__ **in a report**: presentar o entregar un informe, rendir un informe
__ **in one's resignation**: presentar la dimisión, dimitir
__ **key punch**: perforadora manual
__ **line (fishing)**: sedal
__ **on**: transmitir
__ **out information**: facilitar información
__ **salute**: saludo militar
__ **sawing**: aserrío manual
__ **stripping**: extirpado a mano, jaleo a mano (algodón)
hands: brazos, obreros, operarios; tripulación
hand-to-mouth policy: política precaria, sistema improvisado de trabajo al día
hands-off policy: política de no intervención

hands-on training: capacitación práctica
handbill: volante, hoja suelta, toma de mano, prospecto
handbook: guía, manual, libro de referencias
handicap: desventaja, obstáculo, impedimento, inconveniente, dificultad, incapacidad, defecto
handicapped children: niños impedidos o discapacitados; a veces: niños que padecen deficiencias motoras; niños con deficiencias físicas y mentales; en situación de inferioridad
handicraft: trabajo manual, artesanía; destreza manual
__ **economy**: economía artesanal, artesanado
__ **enterprise**: explotación artesanal
__ **manufacturing center**: centro de manufactura artesanal
__ **marketing**: comercialización de productos de la artesanía
handicrafts: artesanía, artes y oficios
handle: *s* manigueta, asa; *v* manipular, manejar; tratar, tramitar (asunto)
handling: manejo (recursos); manipulación, manutención (mercaderías); tramitación (solicitud); gobierno (buque); trato (personas); conducción (coche)
__ **charges**: gastos por tramitación o manipulación, gastos de porteo (carga), comisión de gestión o de transacción
__ **of orders**: tramitación de pedidos
handloom fabrics: tejidos hechos en telares manuales
handout: prospecto, folleto, octavilla, comunicado de prensa; limosna
__ **approach**: enfoque asistencialista
handrail: pasamano
handwork: trabajo manual; obra hecha a mano
handwriting: letra; escritura, letra manuscrita, caligrafía
__ **expert**: perito caligráfico
handwritten signature: firma de puño y letra
handy: a mano, cercano; diestro, hábil; práctico, cómodo; manejable; útil
__ **guide**: guía práctica
handyman: factótum
hangout: guarida, morada, punto de reunión
happening: suceso, acontecimiento, situación
happy idea: inspiración, idea feliz
harassment to exports: trabas a las exportaciones
harbor: puerto, rada, bahía
__ **and dock duties**: derechos de puerto (quilla) y muelle
__ **basin**: dársena
__ **dues (fees)**: derechos portuarios o de puerto, derechos de fondeo o de anclaje, derechos de quilla
__ **master**: capitán del puerto
__ **pilot**: práctico de puerto
__ **works**: obras portuarias
harborer: encubridor (persona)

hard: duro, basto, tosco, sin pulimiento, grosero; (fig) inculto, rudo
__ **and fast rule**: norma absoluta o inmutable, fórmula rígida
__ **bargain**: contrato leonino, trato poco ventajoso
__ **cash**: dinero contante y sonante, moneda efectiva
__ **coal**: hulla brillante, antracita, carbón antracitoso, carbón de llama corta
__ **coffee**: café fuerte
__ **component**: componente físico (proyectos)
__ **copy**: copia impresa, salida impresa
__ **core**: *s* reducto, casos residuales, elementos irreductibles; núcleo, base (proyectos); *a* mínimo; básico; irreductible
__ **currency**: divisa fuerte, dura, moneda fuerte
__ **data**: datos innegables, datos irrefutables, datos fidedignos
__ **disk**: disco duro
__ **evidence**: pruebas contundentes
__ **facts**: duras realidades
__ **goods**: bienes durables, bienes (de consumo) duraderos
__ **hit**: muy afectado, que ha sufrido pérdida de consideración
__ **labor**: (leg) trabajos forzados
__ **lending terms**: préstamos en condiciones gravosas
__ **loan**: préstamo en condiciones gravosas, préstamo en condiciones ordinarias o de mercado, préstamo convencional o duro; a veces: préstamo pagado en divisas fuertes
__ **loan window**: servicio o entidad de préstamos en condiciones ordinarias, no concesio-narias
__ **look**: mirada penetrante, examen detenido
__ **money**: dinero metálico, metálico; moneda fuerte; a veces: divisa fuerte
__ **news**: noticias ciertas o documentadas
__ **numbers**: datos concretos
__ **nut**: problema espinudo
__ **oil**: aceite solidificado
__ **roe**: huevas
__ **sell**: publicidad agresiva
__ **selling times**: períodos de contracción de la demanda
__ **technical assistance**: asistencia técnica relacionada con los componentes físicos o con las inversiones en activos físicos
__ **terms**: condiciones ordinarias o de mercado
__ **water**: agua dura, gruesa o cruda
__ **wheat**: trigo duro, trigo fanfarrón
__ **work (job)**: tarea pesada o difícil
hard-blend countries: países que reciben financiamiento en condiciones especialmente gravosas
hard-core problem: problema medular, problema pertinaz
__ **restrictions**: restricciones residuales (a la importación)
hard-top road: carretera asfaltada

hard-working: trabajador, afanoso, asiduo o laborioso
hardback book: libro de tapas gruesas
hardboard: tabla de madera triturada y comprimida, tablero duro o de aglomerado
hardened steel: acero templado
hardening of loan terms: tendencia a condiciones de préstamo más gravosas, endurecimiento de las condiciones de crédito
hardheaded: realista, práctico; testarudo, terco
__ **evaluation**: evaluación objetiva
hardiness: rusticidad, robustez (plantas, animales)
hardline: intransigente
hardness of water: crudeza del agua
hardpan: tosca, toba, piedra caliza
hardship: dificultad, apuro
__ **allowance**: subsidio por lugar de destino difícil
__ **areas**: (adm) zonas de desempeño difícil, zonas "difíciles"
__ **cases**: casos difíciles, casos de apuro
__ **clause**: cláusula de gravosidad
__ **differential**: plus por lugar de destino "difícil"
__ **station**: lugar de servicio con difíciles condiciones de vida
hardware: (const) ferretería, quincallería, artículos de metal, cerrajería; equipo, soporte físico (de computadoras); componentes o elementos físicos (proyectos)
__ **technology**: tecnología de objeto
hardwood: madera dura, de fronda, madera de color
__ **forest**: bosque de (especies) frondosas
__ **logs**: trozas de frondosas
__ **trees**: árboles de hojas caducas, especies frondosas
__ **veneers**: chapas de madera dura
hardy: resistente, rústico
harmful: perjudicial, dañino (peste); nocivo (cosa)
harmlessness: inocuidad
harmonic dial: cuadrante armónico
harmonious relations: convivencia (pareja), relaciones armoniosas
harmonization (of laws): unificación (de leyes)
harnesses and saddlery: guarniciones; guarnicionería
harnessing: *s* captación; movilización; aprovechamiento; *v* aprovechar, explotar (recursos)
__ **of a river**: aprovechamiento hidráulico
harrow: (agr) grada
harshness: rigor, severidad
harsh words: improperios
harvest: *s* cosecha, recolección, vendimia; esquilmo; *v* cosechar, recolectar
__ **cutting**: corta, tala, explotación forestal
__ **season**: zafra, siega, cosecha, recolección, vendimia; esquilmo
__ **time**: mies, siega
harvested lumber: madera en patio
harvester-thresher: segadora-trilladora
hatch: eclosión, salida (de un huevo); pollada; avivamiento (gusano de seda)

hatchability: tasa de eclosión
hatchery: piscifactoría
hatching: rayado, sombreado (dibujo); incubación
haul: distancia de transporte, acarreo, arrastre
haulage: arrastre, acarreo, transporte; gastos de acarreo
hauling: (min) trabajos de levante
have a bearing on: incidir en, tener relación con, tener que ver con
__ **a bill protested**: hacer protestar una letra
__ **a leaning towards**: propender a, tender a, inclinarse a
__ **a ready market**: tener buena salida
__ **an attachment removed**: levantar un embargo
__ **an open mind**: tener un criterio amplio, proceder con amplitud o altura de miras
__ **cause for complaint**: tener motivo de queja
__ **countries**: países con abundantes recursos económicos, países privilegiados, los acomodados, los "países ricos"
__ **jurisdiction of**: (leg) entender de
__ **recourse against**: recurrir contra
__ **the desired effect**: surtir efecto
__ **the floor**: tener la palabra
__ **the power of**: tener la virtud de
__ **title to**: pertenecer en propiedad
have-not countries: países de economía pobre, países poco privilegiados, los desposeídos, los "países pobres"
having heard: (leg) visto (el juez, que ya ha examinado todas las pruebas, está listo para dictar sentencia)
hawfish: (ict) castañeta
hawk: halcón; (fig) belicista
hawker: comerciante ambulante
hawks and doves: halcones y palomas
hawser: (náut) estrobo, cable de remolque, sirga
hay chopper: picadora de heno
__ **crop**: cultivo destinado a la producción de heno
__ **equivalent**: (agr) valor en heno
__ **pasture**: pasto de corte
haybaler: enfardadora de heno
hayfield: henar
hayloft: henil, pajar
haymaking: henificación
hayrick: pajar
haystack: pajar, almiar
hazard: peligro, riesgo, azar, albur
hazardous waste management: eliminación de desechos peligrosos
haze: calina, bruma seca, neblina
__ **canopy**: capa de neblina
hazelnut: avellana
head: cabeza; director, jefe, principal, jefe, jefa, superior; altura, carga (central eléctrica)
__ **card**: tarjeta patrón
__ **channel**: canal de aducción
__ **circumference**: perímetro cefálico
__ **counselor**: consejero principal, director de orientación

HEADS

__ **gate**: compuerta de toma
__ **gate structure**: (reg) estructura de cabecera
__ **note**: nota de introducción
__ **nurse**: enfermera principal, enfermera jefe
__ **of delegation**: jefe de delegación
__ **of expenditure**: capítulo de gastos
__ **of family**: cabeza o jefe de familia
__ **of household**: jefe de hogar
__ **of state**: jefe de Estado
__ **of water**: carga, caída o salto de agua, carga hidráulica, carga hidrostática
__ **office**: oficina central o principal, casa matriz, central, sede, domicilio social
__ **rice**: arroz en grano, grano entero
__ **tax**: impuesto de capitación, impuesto por persona, por cabeza
heads: personal directivo, directivos
__ **of agreement**: preámbulo de un acuerdo, bases de acuerdo, puntos de acuerdo
headcount index (ratio) of poverty: índice de recuento de la pobreza
header: ladrillo a tizón, tizón, travesaño
"**head hunters**": empresas consultoras dedicadas a rastrear los mejores ejecutivos ("cabezas") del mercado, cazatalentos
"**headhunting**": búsqueda de personal de nivel superior, búsqueda de personal calificado
heading: encabezamiento (de materia), título, epígrafe, concepto, rúbrica, membrete, partida arancelaria; título, titular
headland: risco, morro
headline: título de página, titular (diario), cabecera (periódico); renglón (cuenta)
headmaster: (edu) director
headphones: auriculares, audífonos; casco telefónico
headquarters: sede, oficina central o principal; domicilio, domicilio social; cuartel general; centro de operaciones, jefatura
__ **country**: país sede de organizaciones
headrace: canal de alimentación, canal de carga, canal de llegada, canal de toma, saetín, dársena de aducción
__ **channel**: canal de aducción
__ **tunnel**: túnel de aducción
headroom: margen de maniobra
headset: auriculares, audífonos
headstart: ambientación cultural y educacional previa (programa preescolar educativo y cultural para niños de ambientes poco evolucionados)
headteacher: profesor a cargo
headwater erosion: erosión regresiva
headwaters: cabecera hidrológica
headway: progreso, avance
headwind: viento contrario a la proa o de popa
headword: encabezamiento
headworks: obras de aducción, obras de toma (de agua)
healing power: capacidad de sanación, capacidad curativa

HEALTH

__ **touch**: técnicas curativas
health: salud, salubridad, higiene
__ **aid(e)**: ayudante de salud, promotor de salud
__ **and insurance contributions**: aportaciones al seguro de enfermedad y al seguro de vida
__ **and sanitation**: salud y saneamiento
__ **appraisal**: examen de salud
__ **area**: zona sanitaria
__ **aspects of radiation**: aspectos de salud de las radiaciones
__ **assistant**: auxiliar de salud
__ **care**: atención de salud
__ **center**: centro de salud, dispensario
__ **certificate**: certificado médico
__ **consumer**: consumidor de servicios de salud
__ **control**: fiscalización sanitaria
__ **delivery system**: sistema de prestación de servicios de salud
__ **demostration area**: zona de demostración sanitaria
__ **education**: educación en salud o para la salud
__ **education of the public**: educación sanitaria de la población
__ **education specialist**: especialista en educación para la salud
__ **educator**: educador especializado en salud
__ **examination**: examen (de estado) de salud
__ **food store**: tienda naturalista
__ **foods**: alimentos naturales
__ **habits**: hábitos de higiene
__ **hazard**: peligro o riesgo para la salud
__ **insurance**: seguro médico, seguro de enfermedad
__ **instruction**: educación en salud
__ **literature services**: servicios de documentación en salud
__ **maintenance center**: centro integral de salud
__ **maintenance organization**: organización de medicina preventiva
__ **measures**: medidas sanitarias
__ **officer**: funcionario de salud, inspector de salud
__ **outcome objective**: objetivo que mide el estado de salud
__ **physics**: protección radiológica, radiofísica sanitaria
__ **planner**: planificador de los servicios de salud
__ **post**: puesto de salud, dispensario
__ **practitioners**: higienistas (se ocupan de atención de la salud)
__ **protection scheme**: seguro de enfemedad
__ **record**: ficha o registro de salud, historia clínica
__ **resort**: balneario, termas
__ **scarcity area**: zona con escasez de personal de salud o de servicios de salud
__ **sciences**: ciencias de la salud
__ **screening**: reconocimiento, examen médico
__ **service**: servicio médico
__ **spa**: balneario termal, termas
__ **standards**: requisitos (en materia) de salud

HEALTHFUL / HEEL

__ **station**: puesto de salud, centro de salud
__ **statistics**: estadísticas de salud, estadísticas sanitarias
__ **status**: estado o nivel de salud
__ **supervision**: supervisión del estado de salud
__ **teaching**: enseñanza de la higiene
__ **visitor**: visitadora de salud
__ **workers**: personal de los servicios de salud, salubristas, trabajadores de la salud
healthful living: vida sana
__ **living at school**: condiciones de vida sana en la escuela
healthy economy: economía robusta, vigorosa o sana
__ **person**: persona sana o que goza de buena salud
__ **ship**: buque indemne (cuarentena)
heap: hacina, montón, rimero, pila, escorial (carbón)
hear a case: (leg) ver o conocer de una demanda o causa
__ **a dispute**: entender en un litigio
hearing: oída, oído; (leg) audiencia, vista; audición, juicio oral, procedimiento oral
__ **aids**: dispositivos acústicos, aparatos para sordos, aparatos auditivos
__ **defect treatment**: audioterapia
__ **loss**: pérdida de la capacidad auditiva
__ **of the case**: audiencia de las partes
__ **of the suit**: (leg) instrucción del proceso
__ **of witnesses**: (leg) examen de testigos, toma de declaraciones
__ **therapy**: audioterapia
heart arrest: paro o bloque cardíaco
__ **block**: paro o bloque cardíaco
__ **disease**: cardiopatía
__ **failure**: insuficiencia cardíaca, fallo cardíaco, colapso
__ **monitoring system**: sistema de captación (vigilancia) cardiológica
__ **of the city**: centro o casco urbano, corazón de la ciudad
__ **of the matter**: fondo o meollo de la cuestión
__ **of the problem**: nudo del problema, lo esencial del problema
__ **rate**: ritmo cardíaco
__ **specialist**: cardiólogo
__ **transplant**: trasplante de corazón
heartfelt thanks: sinceros agradecimientos
heartwood: duramen
heat: calor; calefacción; celo o brama de los animales
__ **content**: entalpía
__ **drying**: secado por calor
__ **inactivation**: inactivación por el calor
__ **insulation**: aislamiento térmico, termoaislamiento
__ **labile**: termolábil
__ **rate**: rendimiento térmico, consumo calorífico
__ **resistance (stability)**: termoestabilidad
__ **stress**: estrés térmico

__ **trapping**: retención térmica
__ **trapping gas**: gas que produce retención térmica
__ **treatment**: tratamiento térmico, termoterapia, termotratamiento
__ **value**: poder calorífico
heat-resistant cement: cemento refractario
heat-treated milk: leche sometida a tratamiento térmico
heathland: brezal
heating and plumbing: calefacción y cañerías
__ **coil**: calentador de serpentín
__ **oil**: petróleo o combustible para calefacción
__ **value**: poder calorífico
heatstroke: insolación; calentamiento, golpe de calor, fiebre térmica
heavy brush: (silv) monte alto
__ **cable**: estrobo
__ **claim**: (seg) siniestro mayor
__ **commodities**: productos pesados
__ **drinker**: bebedor empedernido
__ **duty**: servicio o trabajo fuerte (*v gr* de una máquina)
__ **engineering industry**: industria metalmecánica pesada
__ **equipment**: maquinaria pesada
__ **fuel oil**: petróleo combustible pesado
__ **hardware**: ferretería gruesa
__ **industry**: industria pesada
__ **infections**: infecciones masivas o intensas
__ **lift**: carga, mercancía pesada
__ **livestock**: ganado mayor
__ **loss**: fuerte pérdida
__ **oil**: aceite denso o espeso, petróleo pesado
__ **sales**: ventas cuantiosas
__ **soil**: terreno compacto, terreno fértil
__ **traffic**: tráfico denso
__ **water**: agua pesada
__ **weights**: bultos, cargas pesadas
__ **wool**: lana grasienta
__ **work**: trabajo pesado o fuerte
heckler: persona que interrumpe a un orador
hectic buying: ola de compras
hedge: s seto vivo, cerco vivo; cercado, vallado; (Bolsa) valor de protección; v cercar; eludir, contestar con evasivas, no querer comprometerse; hacer operaciones compensatorias de Bolsa
__ **against inflation**: barrera o garantía/salvaguardia contra la inflación
__ **buying**: compra de cobertura (en el mercado a término)
__ **clause**: cláusula de salvaguardia
__ **currency**: moneda de cobertura
__ **funds**: fondos de cobertura
__ **sellings**: ventas protectoras
hedging: operaciones de cobertura (de compras a plazo); cobertura de riesgo (cambiario), operaciones a término, operaciones de protección cambiaria
heel: talón (embalse)

heifer: vaquilla (11/2-2 años), novilla, utrera
__ **calf**: ternera mamona
height: altura; estatura; colina, montaña, monte; colmo; cumbre
__ **of lift**: altura de izada
__ **of power**: plenitud, apogeo, cénit del poder
__ **of tariff rate**: nivel inicial de un derecho
__ **sickness**: soroche, puna
heighten: elevar, levantar; aumentar, realzar
heightening of public consciousness (awareness): concientización (sensibilización)
heir apparent: heredero forzoso
__ **presumptive**: heredero presunto
heirs and assigns: herederos y causahabientes
held in trust: en depósito
__ **for trial**: inculpado, reo, procesado en prisión preventiva
__ **on suspicion**: detenido por sospecha
help: ayudar, auxiliar, cooperar, coadyuvar, remediar, aliviar
helping personnel: personal asistencial
hemp: cáñamo, sisal, cabuya
henceforth: en adelante
henchman: sicario, secuaz; hombre de confianza, partidario, guardaespaldas
henequen: henequén, jeniquén
herb: hierba; yerba
__ **doctor**: curandero
__ **tea**: infusión de hierbas, té de hierbas; "agüita"
herbaceous cotton: algodón herbáceo
herbage: (leg) herbaje, derecho de pastoreo
herbalist: herbolario, yerbatero, herbalista
herd: manada, rebaño, cabaña, recua, piara, vacada (de vacas)
__ **concept**: concepto de grupo o rebaño
__ **immunity**: inmunidad colectiva
__ **instinct**: instinto gregario
herdbook: libro genealógico (de razas bovinas)
herdsman: pastor, vaquero, peón de ganado, guardador de ganado, cabrero
hereafter: en lo futuro
hereby: por la presente, por este medio
hereditary succession: sucesión hereditaria
heredity: caudal genético
herein: en esto, en ésta, aquí mencionado, adjunto, acompaño
hereinafter: más adelante, a continuación; al amparo del presente (documento)
herewith: con esto, con la presente; adjunto, acompaño
heritage: (fig) patrimonio; (leg) herencia
hermeneutics: hermenéutica
heroin users: heroinómanos
herring: (ict) arenque
hesitant: reservado, indeciso, vacilante
hessian: tela de yute
hewn wood: madera tajada o rajada
hiatus in demand: escasez de demanda
hidden cost: costo oculto
__ **defect**: vicio oculto

__ **dumping**: dumping disimulado
__ **hunger**: hambre latente, oculta o encubierta
__ **inflation**: inflación larvada, latente u oculta
__ **meaning**: sentido oculto
__ **profits**: beneficios encubiertos
__ **reserves**: reservas ocultas o tácitas
__ **unemployment**: desempleo oculto, encubierto o disfrazado
hide: cuero, piel; (pl) corambre, curtidos
hides and skins: pieles y cueros
higgler: vendedor ambulante
high absorber: país de elevada absorción, de gran capacidad de absorción (exportador de petróleo)
__ **background radiation**: elevada radiación de fondo
__ **blood pressure**: hipertensión arterial, alta presión
__ **carbon steel**: acero rico en carbono
__ **command**: alto mando
__ **commercial standing**: moralidad comercial
__ **contracting parties**: altas partes contratantes
__ **cost of living**: carestía de la vida, elevado costo de vida
__ **court**: tribunal supremo
__ **explosive**: explosivo instantáneo, alto explosivo
__ **fidelity**: alta fidelidad
__ **forest**: fustal
__ **frequency**: alta frecuencia
__ **fructose corn syrup (HFCS)**: jarabe de maíz de alto contenido de fructosa
__ **level of effort**: elevado nivel de actividades
__ **official**: alto funcionario
__ **performing economy**: país de gran crecimiento económico
__ **quality material**: muestra noble
__ **quality proteins**: proteínas nobles
__ **school**: establecimiento de enseñanza secundaria (grados 9 a 12)
__ **seas**: alta mar, mar libre, piélago
__ **spirits**: buen humor, alegría
__ **technology**: tecnología avanzada o de alto vuelo
__ **technology industries**: industrias de alta tecnología o de tecnología avanzada
__ **tide**: marea alta, pleamar
__ **turnover rate**: coeficiente de rotación elevado
__ **visibility**: visibilidad buena o completa
__ **voltage**: alta tensión
__ **water**: marea alta, crecida (río)
__ **wind**: viento fuerte
high-class: de alta calidad, de categoría
high-clearance tractor: tractor de alto despeje, tractor de arco alto, tractor de zancas (zancador)
high-cost area: zona o región donde la vida es cara, zona de alto costo de la vida
__ **duty station**: lugar de destino con elevado costo de vida
high-flow diversion: canal de derivación
high-grade: de calidad superior

__ **ore**: mineral de alta ley
__ **product**: producto de alta calidad, de primera clase
__ **steel**: acero especial
high-grown coffee: café de altura
__ **tea**: té de altura
high-level consultant: asesor o consultor de gran competencia, altamente calificado o de alto nivel
high-load factor customer: cliente que utiliza mucha electricidad
high-low graph: gráfico de máximos y mínimos
high-minded: noble, magnánimo, de sentimientos elevados
high-octane gasoline: gasolina de alto octanaje, gasolina plomo, supercarburante
high-order position: puesto o cargo de categoría o de orden superior
high-powered: de gran potencia; dinámico
high-power(ed) money: dinero de alta potencia, dinero primario
high-pressure salesman: vendedor enérgico
high-proof: de alto contenido de alcohol, con mucho alcohol
high-protein food: alimento rico en proteínas
high-ranking official: funcionario de alta categoría o jerarquía, funcionario superior
high-rent houses: viviendas de alquiler elevado
high-resolution radar: radar de alta definición
high-rise apartment building: edificio residencial (de departamentos) de varios pisos, inmueble de varios pisos
high-risk population: población muy expuesta, población que corre gran riesgo, población vulnerable
high-seas fishing: pesca de gran altura
high-speed: de gran velocidad, ultrarrápido, ultraveloz
__ **computer**: computadora de alta velocidad
__ **memory**: (comp) memoria de acceso rápido
__ **printer**: impresora de alta velocidad
__ **steel**: acero rápido
high-status occupations: ocupaciones de gran prestigio social
high-test fuel: supercarburante, gasolina plomo
__ **sugar**: azúcar de alta polarización
high-water demersal fish: demersales de altura
high-yield year: año abundante
highbrow: persona intelectual o culta
higher court: tribunal superior
__ **education**: enseñanza superior; (RU) enseñanza secundaria superior, educación superior o universitaria
__ **heating value**: poder calorífico bruto
__ **income brackets**: grupos de ingresos más elevados
__ **learning school**: escuela de estudios superiores
__ **level staff**: personal o funcionarios de nivel profesional
__ **management**: mandos o cuadros superiores

__ **mathematics**: matemáticas superiores
__ **profile**: proyección mayor
__ **teachers' college**: escuela normal superior (forma no sólo profesores, sino también administradores)
__ **training**: estudios avanzados
__ **training fellowship**: beca de perfeccionamiento
highest bidder: mejor postor (licitante que hace la oferta más alta)
__ **cost, first out**: sale primero lo de costo máximo
__ **paying civil service**: administración pública mejor remunerada
__ **pensionable remuneration**: remuneración pensionable más alta
highest-in, first-out (HIFO): método de precio más alto, primera salida (PAPS)
highhanded: arrogante, altanero, arbitrario, despótico, tiránico
__ **behavior**: atropello
highland: altiplano, tierras altas, región montañosa
__ **plain**: altiplanicie
__ **rice**: arroz de montaña, de tierras altas o de secano
highlight: s acontecimiento más destacado, memorable o culminante; aspecto sobresaliente o notable; momento o punto culminante, característica notable, lo saliente; v destacar, subrayar, resaltar; realizar; poner de relieve
highly calcinated: sobrecalcinado
__ **essential goods**: mercancías esenciales prioritarias
__ **graded corporate stock (paper)**: acciones altamente cotizadas
__ **indebted country**: país muy endeudado
__ **leveraged**: (fin) con gran endeudamiento
highway: carretera, camino troncal; camino real
__ **billboard**: valla publicitaria en carretera
__ **department**: departamento de vialidad
__ **engineering**: ingeniería vial o de caminos, vialidad
__ **equipment**: equipo para construcción de carreteras
__ **marker**: señal de ruta
__ **projects**: proyectos viales
__ **transportation**: transporte o acarreo vial o por carretera
hijack: robar, asaltar, atracar, secuestrar, desviar (aviones)
hijacker: asaltador, secuestrador; pirata del aire
hijacking: robo (mercaderías en tránsito); asalto, atraco (personas); secuestro (avión); piratería aérea
hike: aumento (precios, producción)
hiking: incremento inesperado (precios)
hill cattle: ganado de montaña
hillock: mogote, altillo, otero, loma
hillside: ladera o flanco de colina o de cerro

__ **farming**: cultivo en pendiente
hinder: entorpecer, dificultar, estorbar, impedir, poner traba a, obstaculizar
hindrance: estorbo, obstáculo, impedimento, coartación, cortapisa
hindsight: reflexión sobre el pasado, percepción retrospectiva, retrospección, retrospectiva
hinge upon: depender de
hint: insinuación, indirecta, indicación, indicio, sugerencia
hinterland: interior; "hinterland", zona interior, zona de influencia
hire: *s* alquiler, arriendo; *v* alquilar, arrendar; contratar, emplear, enganchar
__ **purchase**: arrendamiento con opción de compra; a veces: compra a plazos
hire-purchase commitments: obligaciones de las compras a plazos
__ **contract**: contrato de arrendamiento con opción de compra
__ **credit**: financiamiento de venta a plazos
hired labor force: mano de obra asalariada o contratada; jornaleros
__ **murderers**: sicarios
histogram: histograma; diagrama de columnas
historic site: lugar de interés histórico
historical background: pasado histórico
__ **cost**: valor inicial, precio de compra, costo de adquisición, costo primitivo o histórico
__ **price**: precio de compra, precio de adquisición
__ **reason**: razón de hecho
historically valued assets: activos a su valor de adquisición
history: historia, antecedentes; (med) historia clínica
__ **of previous diseases**: antecedentes médicos
__ **records**: antecedentes
__ **taking**: (med) interrogatorio clínico de pacientes, obtención de la historia clínica
hit or miss: a tontas y a locas, a ciegas
hoard: acumular, amontonar; atesorar; acaparar, amasar
__ **of value**: medio de ahorro o de atesoramiento
hoarded money: dinero atesorado
hoarding: acumulación (provisiones); atesoramiento (dinero); acaparamiento (productos), retención de mercaderías
hobby: pasatiempo, afición, actividad secundaria o marginal, trabajo de aficionados, actividad lúdica
hockey-stick recovery: lenta recuperación económica
hod: cuezo (cubo para el carbón); capacho (canasto para llevar ladrillos)
hodcarrier: peón albañil, manobre(ro)
hoed crop: cultivo de raíces y tubérculos
hog: cerdo, puerco, chancho, marrano, verraco
__ **cholera**: peste porcina
__ **crop**: producción porcina
__ **fuel**: desperdicios de madera
__ **run**: número de puercos nacidos en un año

hoggets: ovinos jóvenes
hogshead: pipa, tonel
hoist: *s* cabría, grúa, montacargas, malacate; *v* izar (la bandera)
__ **for dumping**: volquete
hoisting capacity (crane): capacidad de levante (grúa)
hoisting engine: montacargas
hold: *s* asidero; asimiento, dominio, autoridad, influencia; (mar) bodega; *v* asir, contener, retener, poseer, sostener, ocupar, apoyar, disfrutar, detener; celebrar (reunión, sesión, seminario, etc); conservar, guardar
__ **a meeting**: reunirse, sesionar, celebrar una reunión
__ **an election**: efectuar una elección
__ **an interview**: celebrar una entrevista
__ **court**: presidir el tribunal
__ **five gallons**: tener cabida para cinco galones
__ **good (promise)**: quedar en pie
__ **harmless**: (leg) mantener exento de responsabilidad, eximir de responsabilidad, poner a cubierta
__ **in abeyance**: dejar en suspenso, pendiente
__ **office**: desempeñar u ocupar un cargo, ejercer un cargo
__ **over**: continuar, postergar, aplazar, (leg) dejar en suspenso
__ **responsible**: responsabilizar
__ **shares in**: tener participación en
__ **up well**: mantenerse la cotización (de un título)
holdback: retención (de garantía)
holder: poseedor (tecnología); tenedor (acciones, cheques, valores, etc); titular (cargo, beca); portador
__ **in due course**: tenedor legal (legítimo), tenedor privilegiado, tenedor de buena fe
__ **of a current account**: cuentacorrientista
__ **of a mortgage**: acreedor hipotecario
__ **of corporate bonds**: obligacionista
__ **of procuration**: apoderado
__ **of record**: tenedor inscrito
__ **with good title**: tenedor con título
holding: posesión; celebración (reunión); predio, terreno, propiedad, unidad de explotación; tenencia
__ **company**: sociedad inversionista, sociedad de cartera, sociedad de control, sociedad controladora
__ **down the price index**: coartación del índice de precios
__ **ground**: parcela de espera (ganado); aguadero o ajorro (trozas)
__ **pattern**: circuito de espera (aviación)
__ **pen**: corral de tránsito (en el terminal)
__ **racks**: gradillas
__ **rate**: (edu) coeficiente de retención escolar
holdings: tenencias (en, de divisas, oro) disponibles; disponibilidades; cartera; valores en cartera; haberes, existencias; fondo (colección de una biblioteca)

__ **of bonds**: bonos en cartera, cartera de bonos
__ **of gold (gold holdings)**: reservas (de) oro, oro físico
holdover: cantidad llevada al año siguiente
__ **storage**: embalse hiperanual
holdup: atraco, salteo; interrupción (servicios); embotellamiento (tráfico)
hole planting: plantación en hoyos (casillas)
holiday: fiesta, día de fiesta, día feriado, día de asueto; (pl) vacaciones
__ **camp**: colonia de vacaciones
__ **counselor**: instructor de colonias escolares
__ **leader**: director de colonias escolares
__ **village**: colonia de vacaciones
holidays with pay: vacaciones retribuidas o pagadas
holidaymaker: vacacionista, veraneante
holing: (silv) cava, excavación de hoyos
holistic: totalizador
hollow board: tablero de alma hueca
__ **generation**: clase hueca (baja tasa de natalidad)
__ **panel**: tablero de alma hueca
__ **ware**: loza hueca (para uso doméstico)
holographic will: testamento ológrafo
home: casa, hogar, domicilio, residencia; asilo
__ **aid**: asistencia domiciliaria
__ **and school association**: asociación de padres y maestros
__ **appliances**: artefactos domiciliarios, artículos caseros
__ **atmosphere**: ambiente familiar
__ **comforts**: comodidades del hogar
__ **consumption**: consumo propio
__ **country**: país de origen; país de matrícula (barco)
__ **delivery**: entrega a domicilio
__ **delivery service**: (med) servicio domiciliario de asistencia a partos
__ **economics**: economía doméstica, ciencias domésticas
__ **economics education**: estudio de los programas, métodos y administración de la economía doméstica
__ **economist**: profesor de economía doméstica, especialista en economía doméstica
__ **education**: educación en el hogar (se refiere generalmente a la educación preescolar o de la primera infancia y, a veces, a educación para el hogar)
__ **equity loan**: préstamo del plan destinado a la compra de casa
__ **for the aged**: hogar para ancianos, asilo de ancianos
__ **gardening**: horticultura doméstica
__ **help**: ayuda familiar
__ **improvement**: mejoramiento de las condiciones del hogar
__ **institution**: institución o establecimiento de origen
__ **instruction**: instrucción a domicilio

__ **learning**: educación a distancia
__ **leave**: licencia para visitar el lugar o país de origen, vacaciones en el país de origen
__ **leave allowance**: asignación para vacaciones en el país de origen
__ **leave entitlement**: derecho a licencia para visitar el país de origen
__ **life**: vida de familia, vida familiar
__ **market**: mercado nacional o interno
__ **office**: oficina matriz, casa central; (RU) Ministerio del Interior
__ **owner**: propietario, amo o dueño de casa
__ **port**: puerto de matrícula, puerto de origen, puerto de abanderamiento
__ **production**: producción doméstica o en el hogar
__ **remedy**: remedio casero
__ **rule**: autonomía, gobierno autónomo
__ **schooling**: escolarización en el hogar
__ **secretary**: (RU) Ministro del Interior
__ **services**: servicios domiciliarios
__ **teaching program**: programa de enseñanza a domicilio
__ **territory**: zona local
__ **visit**: visita a domicilio
__ **visiting service**: servicio de visitas a domicilio
__ **visitor**: visitadora domiciliaria, visitadora social
__ **work**: trabajo a domicilio
__ **worker**: trabajador que trabaja en su casa
home-bound: en dirección a casa, rumbo a casa
home-bred animals: animales autóctonos
home-health agencies: servicios domiciliarios de salud
home-to-home exchange of young people: intercambio de jóvenes entre familias
homebound person: persona confinada a su hogar
homecrafts: artes domésticas
homegrown industries: industrias caseras
homeland: patria, tierra natal; terruño
homeless: sin casa ni hogar, damnificado
homemade product: artículo de fabricación casera
homemaker: especialista en economía doméstica
__ **services**: servicios de ayuda familiar o a las madres
homemaking: economía doméstica
__ **cottage**: pabellón modelo para la enseñanza de economía doméstica
__ **education**: economía doméstica, más el estudio de las relaciones familiares y sociales y de los problemas económicos de la vida cotidiana
__ **program**: programa de enseñanza de las artes domésticas (vida familiar y doméstica)
__ **school**: escuela de artes domésticas
homeroom: (edu) sala de un solo maestro
__ **teacher**: (edu) profesor jefe, director de estudios, maestro encargado de la "homeroom"
homestead: finca (casa de habitación y sus terrenos)

homework: (edu) tarea escolar a domicilio, deberes (escolares)
homicide by misadventure: homicidio accidental, no culpable
homing missile: proyectil con cabeza buscadora
__ **of the salmon**: querencia del salmón
homogeneous grouping: (edu) agrupamiento por secciones
honesty: honradez, rectitud, probidad, franqueza, sinceridad
honor: honrar, rendir homenaje a; cumplir con (la palabra); hacer honor a (la firma); cancelar, reconocer, atender, pagar, honrar (una deuda); aceptar (un cheque)
__ **a bill**: honrar una letra (pagarla o aceptarla)
__ **a draft**: acoger o atender un giro, satisfacer una letra
__ **grade**: (edu) nota de aprobación, matrícula de honor
__ **list (roll)**: (edu) cuadro de honor
__ **student**: estudiante sobresaliente
__ **system**: (edu) sistema relativo a la administración de exámenes en el que se apela al sentimiento de honor (*op a* sistema de exámenes vigilados); cumplimiento voluntario de disposiciones, reglamentos, etc
honors course: curso reservado a los mejores alumnos (en la escuelas secundarias o colleges)
__ **degree**: licenciatura superior
honorable action: acción honrosa
__ **member**: Ilustre Representante
__ **mention**: mención honorífica
__ **representative**: distinguido representante
honorary degree: doctorado "honoris causa"
__ **expert**: (leg) perito nato
__ **member**: miembro honorario
hood: cubierta del motor; capota (auto); caperuza
hoof-and-mouth disease: aftosa, fiebre aftosa
hook-and-loop board: (edu) tablero de nilón para colgar figuras recortadas, objetos, etc
hookup: red de circuitos (radio); conexión; emisión conjunta; transmisión en circuito o conjunta
hooligan: rufián, truhán, desbocado, hincha, hombre violento y destrozón
hoops and strips: aros y flejes
hopeful that...: expresando la esperanza de que...
hopper: tolva
__ **barge**: cánguil (de compuertas)
__ **car**: vagón de carga a granel
__ **chute**: tobogán
hopper-bottom car: vagón tolva
hops: lúpulo
horizontal articulation: (edu) articulación horizontal (relación de continuidad entre los diversos elementos del plan de estudios a determinado nivel con respecto a niveles sucesivos de instrucción por edad y grado)
__ **combination**: integración o concentración horizontal (de empresas)
__ **equity**: equidad horizontal
__ **mobility**: movilidad horizontal
__ **unions**: gremios del oficio, sindicatos horizontales por oficios o ramas
horror film: película espeluznante, película de miedo o de terror
horse: caballo; caballete (del carpintero)
__ **bean**: faséolo
__ **doctor**: veterinario
__ **husbandry**: cría de caballos
__ **mackerel**: (ict) jurel de gran tamaño
__ **manure**: boñiga
__ **sense**: sentido común
__ **show**: concurso hípico
__ **thief**: cuatrero
__ **trading**: negociación de la que se obtienen concesiones recíprocas; chalaneo
horse-drawn vehicle: vehículo de tracción animal o sangre
horsepower (HP): caballo de fuerza (CF)
horseshoe crab: (ict) límulo
hospitable: hospitalario, acogedor, abierto, receptivo (persona)
hospital accommodation: medios de hospitalización
__ **block**: pabellón (de hospital)
__ **care**: atención o asistencia hospitalaria
__ **casualty department**: servicio de emergencia
__ **dietetics**: dietética hospitalaria
__ **food services**: servicios de alimentación hospitalaria
__ **insurance**: seguro hospitalario
__ **nurse**: enfermera hospitalaria
__ **officer**: interno o residente de un hospital
__ **overcrowding**: exceso de pacientes en un hospital
__ **procedures**: prácticas de hospital
__ **records**: registros hospitalarios
__ **services**: servicios de hospital
__ **ship**: buque hospital
__ **staff**: personal de un hospital
__ **stay days**: días de estancia
__ **steward**: mayordomo de hospital
hospital-acquired infections: infecciones contraídas en el hospital, infecciones nosocomiales
hospital-based training: enseñanza hospitalaria
hospital-induced diseases: enfermedades nosocomiales
hospitality: atención social, hospitalidad
__ **committee**: comité de atenciones sociales, comité de recepción
__ **expenses**: gastos de representación
__ **visits**: visitas sociales
hospitalize: hospitalizar(se)
host: anfitrión, huésped
__ **country**: país anfitrión, país beneficiario, país invitante, país de acogida, país que acoge (a un becario), país que ha ofrecido medios de formación, país en cuyo territorio se realiza una conferencia, un seminario, etc; país receptor (inversiones, estudiantes)

HOSTEL · HOUSEKEEPING

__ **institution**: institución de acogida, establecimiento patrocinador (de algún servicio, conferencia, seminario, etc); organismo invitante
__ **organization**: organismo anfitrión, organismo invitante
__ **rock**: roca encajante, roca hospedante, roca madre, roca original
hostel: residencia (hogar) de estudiantes; albergue de la juventud, albergue juvenil
hostile action: acción agresiva
hot finished steel: acero terminado en caliente
__ **frame**: (agr) cajonera
__ **lighting**: iluminación excesiva
__ **line**: teléfono rojo (teléfono directo entre gobiernos)
__ **money**: dinero de especulación, capital especulativo, dinero errante, capitales itinerantes, dinero de pánico, dinero movedizo
__ **news**: noticias de última hora, noticia bomba
__ **rolled coil**: rollo laminado en caliente
__ **spot**: situación crítica, lugar (sitio) donde la situación es crítica
__ **springs**: fuentes termales, aguas termales
hotbed: (agr) estercolero; (fig) semillero, foco (vicios)
hothouse: invernadero, invernáculo (plantas)
__ **effect**: efecto de invernadero
hourly earnings: ingresos o remuneración por hora
__ **wage rate**: salario por hora
hours of work: horas de trabajo, horario de trabajo
house agency: agencia de un solo anunciante
__ **arrest**: reclusión domiciliaria, arresto domiciliario
__ **bill of lading**: conocimiento de embarque interno
__ **connection**: conexión intradomiciliaria (servicios de agua y de alcantarillado)
__ **father**: (edu) padre de casa; educador especializado
__ **furnishings**: muebles y enseres domésticos
__ **mother**: (edu) mujer encargada de una residencia de estudiantes; "madre de casa"; educadora especializada
__ **of correction**: reformatorio, casa de corrección, casa correccional
__ **of detention**: cárcel, prisión
__ **officer**: interno o residente de hospital
__ **organ**: publicación interna
__ **physician**: médico residente o de planta (en un hospital)
__ **plan**: (edu) sistema de "casas" (los estudiantes de un college o universidad se agrupan por casas, cada una de las cuales tiene comúnmente su propio comedor, biblioteca y campo de deportes)
__ **search**: registro domiciliario, allanamiento, visita domiciliaria
__ **spraying**: rociamiento intradomiciliario
__ **staff**: personal de un hospital, personal médico residente de un hospital

__ **visits**: visitas a domicilio
house-connected service: servicio domiciliario
house-to-house coverage: tratamiento casa por casa
housebreaker: ladrón, atracador, escalador
housebreaking: escalamiento; allanamiento de morada, violación de domicilio (morada)
housefly: mosca doméstica
household: casa, familia, unidad familiar; hogar censal
__ **appliances**: aparatos electrodomésticos, artículos domésticos para la casa
__ **arts**: artes domésticas; a veces sinónimo de "home economics"
__ **budget**: presupuesto familiar
__ **durables**: bienes duraderos de uso doméstico
__ **duties**: quehaceres domésticos
__ **equipment goods**: enseres domésticos, aparatos caseros
__ **expenditure survey**: encuesta de gastos familiares
__ **expenses**: gastos domésticos
__ **goods (effects)**: enseres domésticos, menaje de casa, mobiliario y enseres
__ **group**: círculo familiar
__ **hardware**: quincalla
__ **linen**: ropa blanca
__ **member**: familiar
__ **name**: persona, etc bien conocida
__ **production**: producción doméstica o en el hogar
__ **remedy**: remedio casero
__ **removal expenses**: gastos por traslado de enseres domésticos
__ **savings**: ahorros domésticos
__ **school**: escuela organizada en grupos en una casa particular por un grupo de familias
__ **science**: ciencia doméstica
__ **survey**: entrevista o encuesta domiciliaria, encuesta de hogares
__ **unit**: familia, unidad familiar
__ **waste collection charge**: tarifa de recolección de basura(s)
__ **word**: palabra de uso corriente, palabra muy conocida, frase hecha, nombre muy conocido
__ **work (duties)**: labores propias del hogar, quehaceres domésticos
householder: cabeza de familia; dueño(a) de una casa, amo(a) de casa
__ **method**: (est) método de autoempadronamiento
housekeeper: ama de casa; ama de llaves; (hosp) persona encargada del economato
housekeeping: gobierno de la casa, quehaceres domésticos, economía doméstica, mayordomía, administración interna, mantención de bienes
__ **duties**: deberes que incumben al maestro respecto del orden y aseo de la sala de clase
__ **manual**: manual de servicios de limpieza
__ **services**: servicios de limpieza y saneamiento ambiental

housemaid's knee: rodilla de monja
housewares: efectos de menaje de casa
housework: quehaceres domésticos
housing: vivienda, alojamiento, albergue, amparo; abrigo, techo
__ **allowance**: subsidio de vivienda, asignación para alojamiento
__ **authority**: dirección de la vivienda
__ **census**: censo de habitación o habitacional
__ **center**: centro de estudios relacionados con la vivienda
__ **complex**: conjunto habitacional
__ **credit**: crédito inmobiliario
__ **development**: urbanización, colonia periférica, colonia residencial
__ **estate**: urbanización, colonia residencial, núcleo residencial, complejo de vivienda(s)
__ **expenses/income ratio**: relación gastos de vivienda/ingresos
__ **market**: mercado inmobiliario
__ **package (land, shelter, utilities)**: vivienda integral (terreno, abrigo, servicios)
__ **plan**: proyecto de vivienda
__ **project**: bloque de viviendas
__ **settlement**: grupo de viviendas, caserío
__ **shortage**: crisis o escasez de la vivienda
__ **stock**: patrimonio inmobiliario, inventario de viviendas, disponibilidades de vivienda
__ **subdivision**: urbanización, colonia periférica, colonia residencial
__ **subsidy**: subvención para vivienda
__ **unit**: vivienda
hovel: choza, casucha, cuchitril; cobertizo
hovercraft: aerodeslizador
hub: eje, centro, cúpula (de red)
__ **and spoke system**: sistema radial (aviación)
hull: s casco (barco); cáscara, vaina; v desvainar, descascarillar, mondar
__ **insurance**: seguro del buque
__ **meal**: harina de vainas
hull-less barley: cebada de grano desnudo
hulled barley: cebada de grano vestido
__ **rice**: arroz pilado
huller: descascaradora, desgranadora, piladora
hulling: (avena, maíz) descascarillado
human blood index: índice de antropofilia
__ **capital**: capital humano
__ **capital development fund**: fondo de capacitación
__ **discharge**: deyección humana
__ **development**: capitalización humana
__ **engineering**: ergonomía, ingeniería humana
__ **environment**: medio ambiente humano
__ **motives**: móviles humanos
__ **race**: género humano
__ **relations education**: V *intergroup relations*
__ **resource development**: perfeccionamiento de recursos humanos
__ **resources**: recursos humanos
__ **settlements**: asentamientos humanos
__ **waste**: excreta

humane: compasivo, humano, incruento
humanistic studies: estudios humanísticos
__ **training**: preparación humanística
humanitarian rules: normas humanitarias
humanities: humanidades (cursos generales de literatura, idiomas, arte, filosofía, religión e historia, a diferencia de las ciencias sociales y ciencias naturales, etc)
humid tropics: zona tropical húmeda
humidification: humectación
humidity-controlled container: contenedor higrométrico
humiliation: vejamen
humus: mantillo, humus, tierra negra
__ **tank**: tanque de cieno húmico
hundredweight: quintal (cien libras)
hung jury: (leg) jurado en desacuerdo
hunting: actividades venatorias, caza ordinaria
hurdle: valla, obstáculo, barrera
__ **rate**: (fin) tasa crítica de rentabilidad
hurricane tracking: detección de huracanes
hurt one's feelings: herir a uno el amor propio, ofenderlo
husband: ahorrar, economizar; escatimar
husbanding: buena administración, buen gobierno, administración racional de bienes
husbandman: agricultor
husbandry: agricultura, labranza, producción agrícola; zootecnia, cría de ganado; buen gobierno, buena dirección
hush kit: (aero) barquillo silenciador
husk: s cáscara, farfolla, envoltura, vaina, pellejo, tela; v descascarar, descascarillar, pelar, desvainar, desgranar, mondar, despellejar
husked rice: arroz descascarillado
husking: desgrane, desforfollamiento (maíz)
hustings: tribuna electoral
hut: cabaña, choza, cobertizo, casucha, chabola, barraca
hyacinth bean: frijol de tierra
hybrid computer: computadora mixta
__ **corn**: maíz híbrido
__ **cows**: vacas mestizas
__ **ship**: buque polivalente
hydrant: boca de incendio; fuente de agua, toma de agua
hydraulic power: hidroenergía
__ **ram**: ariete hidráulico
hydrocarbon minerals: hidrocarburos
hydrodevelopment: aprovechamiento de la energía hidroeléctrica
hydroelectric power: energía hidroeléctrica
hydrofoil: hidroplaneador, aliscafo, aerodeslizador
hydrogen peroxide: agua oxigenada
hydropower generation: generación de energía o de fuerza hidroeléctrica
hygienist: higienista
hypothecation: pignoración; inscripción hipotecaria

HYPOTHESIS

hypothesis testing: verificación de hipótesis
hypothesize: plantear el problema

I

ice cap: casquete antártico, casquete polar, casquete glaciar, helero
__ **fishing**: pesca a través del hielo
__ **flakes**: escamas de hielo
__ **sheet**: casquete glaciar, helero, manto de hielo, capa de hielo
__ **shelf**: banco de hielo
iceberg: témpano
ideaman: proyectista de anuncios
ideology: ideario
identical: de igual tenor
identification mark: distintivo
identifying witness: testigo de conocimiento
identity: identidad, filiación, personalidad, datos personales, señas
__ **card**: cédula, carnet o tarjeta de identificación; cédula de ciudadanía (vecindad)
__ **tag**: marbete, rótulo, etiqueta, placa de identificación
idle capacity: capacidad ociosa, capacidad no utilizada
__ **capital**: capital inactivo u ocioso
__ **cash**: dinero inactivo, efectivo ocioso
__ **land**: tierras en barbecho, tierra improductiva
__ **liquidity**: fondos líquidos, ociosos o inactivos
__ **money**: dinero inactivo u ocioso
__ **resources**: recursos inactivos o no utilizados
__ **time**: tiempo ocioso o muerto, tiempo de inactividad
if any: si lo(s) hay, si lo(s) hubiere, si existe, eventualmente
__ **anything**: principalmente, fundamentalmente
__ **applicable**: si fuera procedente o pertinente, si procede, en su caso
__ **appropriate**: si procede, de ser apropiado
__ **deemed appropriate**: si se estima conveniente
__ **necessary**: en caso necesario, si fuese necesario
__ **need be**: en caso de necesidad, si fuera necesario, si hiciera falta
__ **possible**: de ser posible, si es posible
__ **required**: en caso de necesidad, si se solicita, si se exige, si es preciso
__ **so**: en este caso, en caso afirmativo, si es así, de ser así
__ **such is the case**: si tal es el caso, si este es el caso
__ **the worst comes to the worst**: en último término, en el peor de los casos
igneous cycle: evolución magmática
ignominious punishment: pena infamante

IMPACT

ignore: pasar por alto, hacer caso omiso, desconocer, desentenderse de, dejar de lado, prescindir, no hacer caso, no darse por enterado, desairar, hacer uno como si no viera a una persona, hacer desaire, despreciar, no hacer el menor caso
ill at ease: embarazoso
__ **health**: mala salud
ill-considered measures: medidas apresuradas
ill-timed: inoportuno, intempestivo
illegal strike: huelga desautorizada o sin autoridad del gremio, huelga loca
illegitimate child: hijo natural, hijo ilegítimo, bastardo
illiquid funds: fondos no realizables, fondos ilíquidos
illiquidity: falta de liquidez, iliquidez
illiteracy: analfabetismo, falta de instrucción elemental
illiterate: analfabeto
illness: enfermedad, estado patológico, patología, dolencia
illuminating evidence: pruebas reveladoras
image: aspecto, apariencia, presentación, presencia, idea, concepto, idea que se tiene de nosotros; (fig) fama, prestigio
imagination: imaginación, creación poética; espíritu de iniciativa, inventiva, ingenio, espíritu innovador
imaginative: imaginativo, ingenioso, innovador
imbalance: desequilibrio; asimetría; descompás, desfase
imbued with: compenetrado en
imitation leather: cuerina
immaterial: indiferente, sin importancia, inmaterial, incorpóreo
__ **assets**: activo intangible
immateriality: insignificancia, irrelevancia
immature cereals (grains): cereales verdes
__ **infant**: niño de desarrollo defectuoso
immediate: impostergable
immigration control: control de entrada (de pasajeros) a un país; formalidades de policía
immovable assets (immovables): bienes inmuebles o raíces, propiedad inmobiliaria
immune response: respuesta de inmunidad, respuesta inmunitaria
immunity: inmunidad; (leg) exención
__ **from legal process**: (leg) inmunidad de jurisdicción o judicial, exención de jurisdicción
__ **from seizure (or distraint)**: inembargabilidad
__ **from suit**: (leg) inmunidad de jurisdicción
__ **from taxation**: inmunidad tributaria, exoneración (exención) de impuestos
__ **of archives**: inviolabilidad de los archivos
immunizing capacity: (med) poder inmunizante
impact: *s* impacto, choque, colisión; (fig) efecto, consecuencias, repercusión, influencia, conmoción; impresión, huella, mella; *v* impresionar, hacer o causar impresión, influir

sobre, tener influencia sobre; hacer mella, dejar huella, repercutir
__ **(evaluation) report**: informe de evaluación de los efectos, informe sobre las repercusiones (de un proyecto)
__ **of work**: repercusión del trabajo
impacted areas: zonas sujetas a reordenación
impair: menoscabar, dañar, deteriorar, debilitar, estropear, desvirtuar, vulnerar, perjudicar, obstaculizar
impaired growth: retraso del crecimiento
__ **value**: valor disminuido
__ **vision**: visión defectuosa
impairment: menoscabo, disminución, limitación, daño, detrimento, reducción; (fin) erosión
__ **of benefits**: menoscabo de las ventajas
__ **of quality**: empeoramiento de la calidad
__ **of resources**: perjuicio patrimonial
__ **of the monetary system**: desajuste del sistema monetario
impanel: elegir un jurado, incluir en la lista de jurados
impassable: intransitable, infranqueable (camino)
impasse: callejón sin salida, atolladero, dificultad insuperable
impeach: residenciar, impugnar, procesar, formar expediente
impeachment of a minister: procesamiento de un ministro
__ **proceedings**: juicio de residencia o de destitución, juicio político
impede: estorbar, dificultar, impedir, obstaculizar, entorpecer
impediment: estorbo, obstáculo; (leg) impedimento
impeller pump: bomba centrífuga
imperative: imperioso, imprescindible, indispensable, perentorio
imperceptibly: imperceptiblemente
imperfect competition: competencia imperfecta
impersonal accounts: cuentas simuladas, cuentas ficticias, cuentas impersonales
__ **tax**: impuesto real
impetus: ímpetu, estímulo, incentivo
impinge on: incidir, chocar, usurpar, impresionar
impingement: choque, impresión, intrusión, violación, infracción, usurpación
implanted in: inculcado
implead: establar pleito, demandar
implement: s herramienta, utensilio, instrumento; v llevar a cabo, llevar a la práctica, poner en práctica o en ejecución, poner en servicio, poner en marcha, implementar, aplicar, ejecutar, cumplir, dar cumplimiento; montar, construir, inaugurar
implementation: aplicación, ejecución, realización, materialización, instrumentación, puesta en práctica, cristalización, puesta en ejecución, puesta en marcha, a veces: creación, establecimiento, adopción
__ **letter**: carta de ejecución
implementer: ejecutor

implementing agency: organismo de ejecución
__ **agreement**: acuerdo de ejecución
__ **resolution**: resolución de insistencia
__ **staff**: personal ejecutor, personal en el terreno
implicate: implicar; comprometer, envolver, enredar
implication: deducción, corolario, inferencia; indicación, insinuación; complicidad, repercusión, consecuencia, efecto, incidencia, secuela, proyección, significado
implicit cost: costo implícito o virtual
__ **deflator**: índice de deflación implícito
__ **price deflator**: deflactor implícito de precios
implied: sobreentendido, implícito, tácito
__ **acknowledgement**: reconocimiento implícito
__ **allegiance**: lealtad natural o por nacimiento
__ **authority**: autorización implícita
__ **condition**: condición callada, de derecho o implícita, supuesta o tácita
__ **confession**: confesión ficticia
__ **contract**: contrato presunto, tácito o sobreentendido
__ **meaning**: sentido implícito
__ **money control theory**: teoría de control del dinero implícito
__ **notice**: notificación sobreentendida
__ **warranties**: garantías implícitas
__ **will**: voluntad tácita
imply: implicar, suponer, dar a entender, presuponer; insinuar; significar, querer decir, sobreentender, llevar implícito (reconocimiento, etc)
import: s importación, internación; (pl) importaciones, artículos de importación; sentido, significación; v importar; denotar, significar
__ **and pay the duty**: nacionalizar
__ **arrears**: retrasos en los pagos por importaciones
__ **availability**: capacidad de importación o de financiamiento de importaciones
__ **bill**: costo total de las importaciones
__ **capacity**: capacidad importadora
__ **certificate**: certificado de importación
__ **charges and surcharges**: cargos y recargos a la importación
__ **clearance document**: póliza de importación (internación)
__ **coefficient**: coeficiente de importaciones (= importaciones / producción total)
__ **component**: componente importado o de importación
__ **content of capital formation**: componente importado de la inversión nacional
__ **content of domestic products**: proporción de importaciones en los productos nacionales
__ **coverage ratio**: coeficiente, relación de cobertura de las importaciones
__ **duties**: derechos de importación, derechos de internación, derechos de entrada
__ **embargo**: interdicción de las importaciones
__ **entitlement**: derecho a importar mercancias,

IMPORTS   IMPUTED

derecho de compra de divisas para importar mercancias
__ **for consumption**: importación definitiva
__ **levy**: gravamen a las importaciones
__ **license (permit)**: licencia (permiso) de importación
__ **licensing**: sistema o régimen de licencias de importación
__ **licensing schedule**: plan de concesión de las licencias de importación
__ **parity price**: precio paritario de importación
__ **performance**: evolución de las importaciones
__ **privilege**: franquicia
__ **prohibition**: embargo sobre las importaciones
__ **quota**: cuota o cupo de importación, contingente de importación
__ **relief**: medidas para paliar efecto de las importaciones
__ **spacing**: escalonamiento de las importaciones
__ **subsidy**: subvención, subsidio a las importaciones
__ **substitution industries**: industrias de substitución de las importaciones
__ **surcharge**: recargo a la importación
__ **surplus**: excedente de importación; déficit de la balanza comercial
__ **tariff**: arancel de importación
__ **trade**: comercio importador o de importación
imports ex warehouse: importaciones franco almacén, franco depósito
__ **for retention**: importaciones a consumo
__ **into warehouse**: importaciones en depósito
__ **on Government account**: importaciones del Estado (del sector público)
__ **on private account**: importaciones privadas
import-intensive: con gran intensidad de importaciones, con alto contenido de importaciones
import-saving industries: industrias de sustitución de las importaciones, industrias sustitutivas de las importaciones
importance, matter of: asunto de entidad o de envergadura
important, be (meaningful): revestir importancia
__ **omission**: (leg) laguna
__ **person**: personaje, celebridad, estrella, astro, "gran hombre" (mujer)
importation works: (reg) obras de trasvase
imported inflation: inflación importada o de origen externo
importer of record: importador designado
importing power of exports: capacidad de importación derivada de las exportaciones, capacidad importadora, cobertura de importaciones
impose a time limit on a speaker: limitar el tiempo de la intervención de un orador
imposition of quotas: contingentación
impost: impuesto, contribución, derecho de aduana

impound: embalsar; (leg) embargar, confiscar, incautar
impoundage: embalse
impounded waters: embalse
impounding reservoir or dam: dique de captación, embalse
impoundment: estanque, embalse; (leg) confiscamiento, incautación
impoverish: esquilmar (suelo)
impoverished: necesitado, indigente, sin recursos
impoverishment: empobrecimiento, marginalidad; agotamiento (suelo)
impress: s impresión, marca, sello; huella; v imprimir, estampar, sellar, grabar; convencer, inculcar, impresionar, hacer o causar impresión
__ **upon someone**: subrayar, insistir en
imprest account: cuenta de anticipos en efectivo
__ **cash**: efectivo para anticipos
__ **fund**: fondo para gastos menores, fondo para gastos reembolsables, caja chica
__ **system**: sistema de fondo fijo
imprint: impresión, marca; sello, señal; pie de imprenta
imprinted postage: franqueo impreso
imprisonment: encarcelamiento, cárcel, prisión
__ **with hard labor**: reclusión
impromptu: improvisado
improper: inadecuado, improcedente, inexacto, incorrecto
__ **business practices**: prácticas comerciales abusivas, impropias
__ **claim**: reclamación abusiva
__ **diet**: alimentación incorrecta
impropriety: incorrección
improve: mejorar, perfeccionar, favorecer
__ **production**: tecnificar la producción, aumentar la producción
__ **the moral basis of reproduction**: moralizar la natalidad
improved road: camino afirmado
__ **seeds**: semillas selectas
improvement: mejora, mejoramiento, mejoría, perfeccionamiento; adelanto, progreso, fomento
__ **of agricultural technology**: tecnificación agrícola
__ **of breeds**: mejoramiento genético
__ **of institutions**: fortalecimiento institucional
__ **of land**: bonificación de tierras, urbanización
__ **of liquidity**: incremento de liquidez
__ **of slums**: mejoramiento de tugurios
__ **trade**: tráfico de perfeccionamiento
impulse buying: compra sin reflexionar
__ **goods**: artículos no imprescindibles
__ **turbine**: rueda Pelton
imputed costs: costos imputados o derivados, gastos imputados o presuntos, gastos virtuales, gastos implícitos
__ **interest**: interés atribuible al capital del empresario

__ **knowledge**: conocimiento implícito
__ **land rental**: alquiler (imputado o atribuído) de las tierras
__ **rent**: alquiler imputado
in a body: en masa, en pleno, todos juntos
__ **a broad sense**: en sentido amplio
__ **a businesslike manner**: con sentido práctico
__ **a class by itself**: sin par, sin igual, sui generis
__ **a formal manner**: con mucha solemnidad o ceremonia, con mucho protocolo o formalidad
__ **a general way**: en general, a grandes rasgos (trazos)
__ **a literal sense**: en un sentido literal
__ **a nutshell**: en resumen, en síntesis, en suma, en pocas palabras
__ **a practical manner**: con sentido práctico
__ **a qualified sense**: en sentido limitado
__ **a sense**: hasta cierto punto
__ **a short time**: dentro de poco
__ **a way**: en cierta manera, en cierto modo, hasta cierto punto
__ **a word**: concretamente
__ **abeyance**: en suspenso, en espera, pendiente
__ **absolute terms**: en cifras absolutas, en términos absolutos
__ **accordance with the Convention**: de conformidad con, conforme a la Convención
__ **active status**: en situación de disponibilidad
__ **addition**: además, más aún, por otra parte, a mayor abundamiento
__ **addition to**: además de, amén de
__ **advance**: con anticipación, con antelación
__ **agreement with all the countries**: de acuerdo con, con la anuencia de, con el consentimiento de, de consuno con, de concierto con todos los países
__ **aid of health**: en pro de, a beneficio de la salud
__ **all likelihood**: con toda probabilidad
__ **all matters of education**: en todo lo que se refiere a, en cuanto a, en materia de educación
__ **all seriousness**: en serio, con toda seriedad
__ **an advisory capacity**: en calidad de consultor, a título consultivo, como asesor
__ **an appropriate case**: en su caso
__ **an emergency**: en caso de emergencia
__ **an official capacity**: con carácter oficial
__ **any case**: en todo caso, de cualquier modo, sea como fuere, de todos modos, de todas maneras, por lo demás
__ **any event**: en todo caso, pase lo que pase
__ **apposition to**: en aposición
__ **arrears**: en mora, moroso, atrasado (cuentas, etc)
__ **back of the house**: detrás de, tras de la casa
__ **banc**: (leg) en pleno (tribunal)
__ **black and white**: por escrito
__ **blank**: al descubierto (cuentas)
__ **bond**: en depósito, sin despachar, en almacén aduanero, bajo fianza, afianzado, bajo precinto aduanero

__ **brief**: en resumen, en pocas palabras, en concreto
__ **broad outline**: en términos generales, en líneas generales
__ **broad terms**: en términos generales
__ **bulk**: en masa, en gran escala, en cantidades, a granel, suelto
__ **camera**: (leg) a puerta cerrada
__ **case**: en caso de, por si acaso
__ **case of illness**: en caso de enfermedad
__ **cash**: en efectivo, en metálico
__ **charge of**: a cargo de, encargado de
__ **check**: en jaque, contenido, refrenado
__ **close succession**: a cortos intervalos
__ **closing**: finalmente, por último
__ **commensurate amount**: en cantidad proporcionada
__ **common use**: de uso corriente
__ **compliance with**: en cumplimiento de, accediendo a
__ **concert**: de consuno
__ **confidence**: bajo reserva
__ **conflict with that concept**: en conflicto con, en pugna con ese concepto
__ **conformity with what has been said**: de conformidad con, con arreglo a, en consonancia con lo que se ha dicho
__ **conjunction with**: con el concurso de, conjuntamente con, con la cooperación o intervención de, en unión con
__ **connection with**: con respecto a, a propósito de, en materia de
__ **consequence**: en consecuencia, por consiguiente
__ **consultation with**: oída la opinión de
__ **contradistinction to**: a diferencia de, en contraste con
__ **contrast**: en contraste
__ **default whereof**: en cuyo defecto; (leg) rebelde, en rebeldía
__ **deference to**: por deferencia a, por respeto a
__ **depth**: concienzudo, pormenorizado, detallado, a fondo, minucioso, meticuloso
__ **detail**: en detalle, con los pormenores
__ **direct ratio to**: en razón directa con, en proporción directa con
__ **discharge for all demands**: por cancelación de cuenta en el día de hoy
__ **dispute**: en litigio, en debate, controvertido
__ **due course**: a su debido tiempo, oportunamente
__ **due form**: en debida forma
__ **due time**: a su debido tiempo, en su día, en su debida oportunidad
__ **duplicate**: por duplicado
__ **earnest**: en conciencia, en serio, de buena fe
__ **effect**: en vigor, vigente
__ **escrow**: en depósito fiduciario, en plica (fondos)
__ **every respect**: desde todo punto de vista, en todos los aspectos
__ **every sense of the word**: en toda la extensión de la palabra

- __ **every way**: a todas luces, desde todo punto de vista
- __ **excess of**: más que, más de, superior a
- __ **exchange for**: a cambio de
- __ **exchange for payment**: contra pago, contra reembolso
- __ **expectation of**: en espera de
- __ **fact**: en realidad, de hecho
- __ **fashion**: de moda
- __ **figures and in words**: en guarismos y por extensión
- __ **force**: en vigor, vigente, en efecto
- __ **forma pauperis**: (leg) en beneficio de la pobreza
- __ **full**: en extenso, sin abreviar
- __ **in full blast**: en pleno ejercicio, en plena marcha
- __ **full cry**: en persecución inmediata, acosado de cerca
- __ **full swing**: en pleno desarrollo, en plena actividad
- __ **furtherance of**: para fomentar, para favorecer
- __ **general**: en general, por lo general, en términos generales
- __ **good and proper form**: en buena y debida forma
- __ **good faith**: de buena fe
- __ **good standing**: acreditado, bien conceptuado, solvente, de prestigio
- __ **good time**: a tiempo, a su debido tiempo
- __ **hiding**: en la clandestinidad
- __ **high circles**: en las altas esferas
- __ **his individual capacity**: a título individual
- __ **his own right**: en propiedad (miembro)
- __ **honor of**: en honor de, en aras de
- __ **implementation of**: en aplicación de, en cumplimiento de
- __ **its entirety**: totalmente, en su totalidad, en conjunto
- __ **its infancy**: en pañales
- __ **its order (turn)**: por su orden, a su vez
- __ **its present form**: en su forma actual
- __ **keeping with the first line**: en armonía con, en consonancia con la primera línea
- __ **kind**: en especie
- __ **line with the decision taken**: en armonía con, en concordancia con, en consonancia con, conforme a la decisión adoptada
- __ **more ways than one**: en más de una manera
- __ **my capacity as Chairman**: en mi condición de, en mi calidad de, en mi capacidad de Presidente
- __ **my name and on my behalf**: en mi nombre y representación
- __ **my opinion**: a mi juicio, en mi opinión, según mi criterio, según me parece
- __ **my presence**: ante mí
- __ **name only**: sólo de nombre
- __ **no case**: de ningún modo
- __ **no respect**: en ningún aspecto
- __ **no sense**: por ningún concepto, de ninguna forma
- __ **no time**: en muy poco tiempo, en un abrir y cerrar de ojos, en un instante, en un santiamén
- __ **no way**: de ningún modo, de ninguna manera
- __ **office**: en ejercicio
- __ **one's own writing**: de su puño y letra
- __ **open court**: ante la sala
- __ **operation**: en uso, en marcha, en funcionamiento, en servicio; (leg) en vigor, vigente
- __ **order**: autorizado por (el reglamento); procedente (proposición, enmienda, moción), aceptable, admisible; pertinente; funcionando; conforme, en regla, en orden; en buena y debida forma (credenciales), correcto
- __ **other respects**: por lo demás
- __ **other words**: en otras palabras, por mejor decir
- __ **our opinion**: según nuestra opinión, estimamos que, a nuestro parecer, es nuestro parecer que
- __ **outline**: a grandes rasgos (trazos)
- __ **partial payment**: a cuenta
- __ **passing**: de paso, a este respecto
- __ **pawn**: en prenda, empeñado
- __ **pay status**: que percibe sueldo
- __ **plan**: en planimetría
- __ **(point of) fact**: de hecho, en realidad, en efecto
- __ **point of law**: como cuestión de derecho, desde el punto de vista del derecho
- __ **press**: en prensa
- __ **principle**: en principio
- __ **print**: en letra de molde o de imprenta, publicado, impreso
- __ **process**: en preparación, en marcha, en trámite, en curso, en vías de
- __ **progress**: en curso
- __ **proof of**: en fe de
- __ **proportion as**: a medida que
- __ **proportion to**: en proporción con
- __ **prospect**: en perspectiva
- __ **pursuance of these provisions**: en cumplimiento de, de conformidad con, conforme a, según estas disposiciones
- __ **question**: de que se trata, en referencia, en cuestión
- __ **real terms**: en valores absolutos, en valores o cifras reales
- __ **receivership**: en sindicatura, administración judicial, liquidación judicial
- __ **regard to history**: en lo que concierne a, en cuanto a la historia
- __ **relative terms**: en valores relativos, en cifras relativas
- __ **request**: solicitado
- __ **return**: en cambio
- __ **reverse order**: en sentido contrario
- __ **rotation**: por turno
- __ **round brackets**: en paréntesis
- __ **running order**: en buen estado
- __ **settlement of**: por saldo de

IN

__ **short**: en suma, en resumen, en síntesis, en fin, concretamente
__ **so many words**: en concreto
__ **some degree**: hasta cierto punto
__ **square brackets**: en corchetes
__ **stages**: por etapas
__ **stock**: en existencia, en almacén, en plaza
__ **substance**: en esencia, en sustancia, en el fondo
__ **such a case**: en tal caso, en un caso así
__ **such event**: en su caso
__ **suitable cases**: cuando proceda
__ **sum**: en suma, en resumen, en síntesis
__ **summary**: en resumen, en pocas palabras, en breves palabras, en síntesis
__ **terms of**: en relación con, (con) respecto a, en comparación con, en función de, desde el punto de vista de
__ **testimony whereof**: en fe de lo cual
__ **that instance**: en ese caso
__ **the absence of contractual agreement to the contrary**: si no se ha convenido (estipulado) lo contrario
__ **the aggregate**: en conjunto, globalmente, en total
__ **the back of my mind**: en lo más recóndito de mi pensamiento
__ **the best case**: en el mejor de los casos
__ **the best of circumstances**: en la mejor de las circunstancias
__ **the circumstances**: en estas circunstancias
__ **the context of the Charter**: en el contexto de la Carta
__ **the custody of**: bajo la responsabilidad de
__ **the discharge of one's duties**: en el ejercicio de sus funciones
__ **the end**: al fin, al final, en última instancia, a la postre
__ **the event**: después de todo
__ **the event of dismissal**: en caso de despido
__ **the exercise of my duties**: en el ejercicio de mis funciones
__ **the face of**: ante, frente a, en presencia de
__ **the field of**: en el ámbito de, en el campo de
__ **the final analysis**: en última instancia, en último término, en fin de cuentas
__ **the first instance**: en primer lugar
__ **the first place**: en primer lugar, en primer término, primero, primeramente
__ **the foreseeable future**: en el futuro previsible
__ **the future**: en el futuro, en lo futuro, en lo sucesivo
__ **the grip of (winter, strike)**: paralizado(a)
__ **the immediate future**: en el futuro cercano o inmediato
__ **the interest of peace**: en pro de la paz, en favor de la paz
__ **the judgment of many**: para muchos, a los ojos de muchos
__ **the last (final) analysis**: en última instancia
__ **the last resort**: en última instancia

IN

__ **the least**: en lo más mínimo
__ **the light of all factors considered**: ponderadamente
__ **the light of the Committee's opinion**: dada la opinión del Comité
__ **the light of the situation**: teniendo presente, atendiendo a, a la luz de, dadas las circunstancias, dentro del marco de la situación
__ **the literal sense**: en sentido propio, en sentido literal
__ **the long run**: a la larga, con el tiempo, a la postre
__ **the main**: generalmente, por lo general, en general
__ **the matter of education**: en materia de, en cuanto a, en lo de educación
__ **the meantime**: mientras tanto, entretanto, en el interim
__ **the middle of August**: a mediados de agosto
__ **the middle of the night**: en medio de la noche
__ **the middle of the room**: en el centro de la habitación
__ **the middle of work**: en pleno trabajo
__ **the months ahead**: en los meses venideros
__ **the name and on behalf of**: en nombre y en representación de
__ **the name of the law**: en nombre de la ley
__ **the near future**: en fecha próxima, en breve, en el futuro inmediato
__ **the nick of time**: en el momento crítico, a última hora
__ **the normal course of events**: normalmente, si todo marcha bien, si todo sigue bien
__ **the off-position**: en posición de cerrado (interruptor, máquina, etc)
__ **the offing**: en perspectiva
__ **the on-position**: en posición de abierto (interruptor, máquina, etc)
__ **the open air**: al aire libre, a la intemperie
__ **the opinion of**: en opinión de, según la opinión o el parecer de
__ **the ordinary course of trade**: en las operaciones comerciales normales; en el curso ordinario del comercio
__ **the performance of his duties**: en el ejercicio de sus funciones, en el cumplimiento de sus deberes
__ **the pipeline**: en tramitación, en trámite, en carpeta
__ **the presence of both parties**: en presencia de ambas partes; (leg) contradictorio (proceso)
__ **the ratio of 2**:3 : en la proporción de 2:3
__ **the red**: endeudado, (estar) en el debe, en descubierto, en déficit, en números rojos
__ **the reverse direction**: en dirección contraria
__ **the reverse order**: al revés
__ **the rough**: en bruto
__ **the same manner as provided in the Agreement**: conforme al procedimiento previsto en el Acuerdo
__ **the setting of**: dentro del marco de

185

__ **the short run**: a corto plazo, próximamente, en el futuro inmediato
__ **the subsequent discussion**: en el debate subsiguiente
__ **the vast majority of cases**: en la gran mayoría de los casos
__ **the very fact**: en el mero hecho
__ **the wake of the storm**: a raíz de, después de, tras la tempestad
__ **theory**: en teoría, teóricamente
__ **these circumstances**: en estas circunstancias (condiciones), en esta situación
__ **these times**: hoy (en) día, hoy por hoy
__ **this connection**: a este respecto, en cuanto a esto, en este orden de ideas
__ **this context**: dentro de este marco, dentro de esta problemática
__ **this event**: en este supuesto
__ **this regard**: a este respecto
__ **this respect**: a este respecto
__ **time**: a tiempo
__ **toto**: en su totalidad, integralmente
__ **travel status**: en viaje reglamentario
__ **turn**: cada uno a su vez, uno tras otro, alternativamente
__ **vain**: en vano, en balde, vanamente, infructuosamente
__ **view of the Council's opinion**: dada la opinión del Consejo
__ **view of your interest**: en vista de o en atención a su interés
__ **view whereof**: en atención a lo cual
__ **what follows**: en lo que sigue
__ **whole or in part**: en su totalidad o en parte
__ **witness whereof, they signed the paper**: en fe de lo cual (para constancia de lo cual), firmaron el documento
__ **word and in deed**: de palabra y de obra
__ **working order**: en condiciones de servicio, en buen estado de funcionamiento
__ **your interest**: en beneficio propio
in-and-out trader: especulador
in-between budget year: año en que no se presenta el presupuesto
in-bond assembly industry: industria de maquila
__ **industries**: empresas maquiladoras, industrias de zona franca
__ **plants**: industrias bajo control
__ **processing**: elaboración en depósitos aduaneros, maquila
__ **warehousing**: almacenamiento en aduana
in-bound conference: conferencia (de importación) para el tráfico de entrada
in-country programing: programación de escala nacional
__ **travel**: viajes nacionales
"in-group" feeling: sensación de enclaustramiento
in-hospital care: atención en un (en el) hospital
in-house counsel: abogado miembro del personal
__ **training**: capacitación o formación en la empresa

in-kind contributions: contribuciones en especie
__ **cost**: costos en (de) servicios
in-lieu tax: impuesto sustitutivo
in-payments: pagos de entrada
in-place capacity: capacidad instalada
in-plant training: formación en la fábrica, durante la ejecución del trabajo o en el curso del trabajo, capacitación en el empleo
in-service education (training): formación y perfeccionamiento en el empleo, adiestramiento (capacitación, formación) en el servicio, a veces: formación complementaria
__ **guidance program**: programa de orientación de personal ya en servicio
__ **training**: capacitación, formación, adiestramiento en el servicio, pasantía, internidad
in-the-mail price: precio con porte pagado
inability: inhabilidad, incapacidad, falta de aptitud
inactive account: cuenta dormida o sin movimiento
__ **assets**: activo improductivo
__ **borrower**: prestatario inactivo
__ **file**: archivo inactivo, activo definitivo
__ **loan**: préstamo inactivo
__ **money**: dinero ocioso
__ **population**: población no activa
inactivity: inactividad, marasmo
inadequacy of reserves: insuficiencia de las reservas
inadequate: inadecuado, insuficiente, defectuoso, deficiente
__ **remedy**: (leg) recurso no justo o no pleno
inadmissibility: (leg) improcedencia
inadmissible assets: activo no computable
inadvertent error: error de buena fe, error por inadvertencia
inalienable: inalienable, inenajenable
inapplicability of the statute of limitations: imprescriptibilidad
inappropriate: inapropiado, inconveniente, improcedente
__ **to the event**: fuera de lugar, inoportuno
inaugural meeting: reunión inaugural
__ **speech**: discurso de inauguración, discurso inaugural o de apertura
inauguration: investidura; día de inauguración
inbond processing industry: industria de maquila
inbred line: línea endocriada, filiación sanguínea
inbreeding: procreación en consanguíneo (animales), cruce entre animales de la misma raza, cría sanguínea, intracruzamiento, consanguinidad
incapacitated: incapacitado, imposibilitado, inhabilitado, discapacitado
incapacity clause: cláusula de invalidez o incapacidad física
incendiary fire: incendio malicioso o intencional
incentive: incentivo, estímulo, aliciente, acicate
__ **bonus**: prima de incentivo

INCEPTION

__ **goods**: productos de estímulo
__ **legislation**: legislación de estímulo, incentivadora
__ **operator**: operario a prima
__ **or production bonus**: prima de rendimiento
__ **payment**: prima como incentivo, prima especial, incentivo en dinero, bonificación
__ **premium**: prima de estímulo (aliciente)
__ **price**: precio ventajoso, precio de incentivo o de estímulo
__ **scheme**: sistema de incentivos
__ **wage**: salario por rendimiento, remuneración estimulante
__ **wage system**: sistema de salarios progresivos, de remuneración mediante incentivos
inception report: informe inicial
inchoate interest: (leg) interés incompleto
__ **right**: derecho en expectativa
incidence: frecuencia, incremento, intensidad; consecuencia, influencia, repercusión, presencia; (med) incidencia
__ **of loss**: frecuencia de los siniestros
__ **of taxes**: incidencia de los impuestos, peso de los impuestos
__ **rate**: (med) incidencia, (índice de) frecuencia
incident of the trial: hecho procesal
incidental complaint: demanda incidental
__ **expenses**: gastos varios, menores o incidentales, gastos no previsibles, gastos accesorios, gastos imprevistos
__ **method**: método indirecto (el maestro presta más atención a las ideas que a la enseñanza de la lectura)
__ **plea**: (leg) incidente
__ **powers**: poderes accesorios o concomitantes
__ **services**: servicios conexos
__ **teaching**: enseñanza indirecta
incidentals: imprevistos
incipient stage: primera etapa, fase inicial
inclement weather: intemperie
include in the minutes: dejar constancia en acta
__ **in the proceedings**: venir a los autos
inclusive price: precio global
income: renta, ingresos; rédito, entrada bruta
__ **account**: cuenta de ganancias o de ingresos
__ **accrued**: ingresos devengados
__ **adjustment account**: cuenta de regularización
__ **and expenditure account**: cuenta de ingresos y gastos o de pérdidas y ganancias
__ **and outlay accounts**: cuentas de ingresos y gastos (cuentas nacionales)
__ **available for distribution**: beneficio distribuible
__ **bracket**: categoría de contribuyentes, nivel, grupo o categoría de ingresos, tramo de renta, escalón de renta
__ **earned**: (cont) ingresos devengados
__ **effect**: efecto de ingreso, efecto de renta
__ **elasticity**: elasticidad con respecto al ingreso, elasticidad-ingreso

INCOMPLETE

__ **elasticity of demand**: elasticidad-ingreso de la demanda, elasticidad de la demanda en función del ingreso, con respecto al ingreso
__ **forgone**: ingresos dejados de percibir, ingresos condonados
__ **from investment**: ingresos derivados de inversiones, producto de inversiones
__ **from land occupation**: renta de bienes raíces, renta del suelo
__ **loss before price-level restatement**: (cont) resultado antes de corrección monetaria
__ **note**: bono, pagaré participatorio
__ **payments**: pagos por concepto de ingresos
__ **policy**: (seg) poliza de renta
__ **property**: edificio de renta
__ **return**: rendimiento, rentabilidad
__ **share**: participación en el ingreso nacional
__ **shortfall**: insuficiencia de ingresos, defecto de beneficios
__ **slabs**: estratos (grupos) de renta
__ **spending lag**: desfase ingreso-gasto
__ **spread**: banda de ingresos
__ **statement**: estado de ingresos y gastos o de pérdidas y ganancias; estado de resultados
__ **statement account**: cuenta temporal (nominal)
__ **statement ratios**: índices dinámicos
__ **tax**: impuesto sobre la renta (personas); impuesto sobre las utilidades o los beneficios (sociedades)
__ **tax base**: base impositiva (para atender el impuesto sobre la renta)
__ **tax return**: declaración del impuesto sobre (a) la renta
__ **taxable at source**: renta imponible por retención en el origen
__ **terms of trade**: relación de intercambio de ingresos; relación (de) intercambio-ingreso
__ **velocity of money**: velocidad de circulación del dinero como ingreso, velocidad-ingreso del dinero, velocidad-renta del dinero
__ **yield**: rendimiento, rentabilidad
income-earning asset: activo rentable
__ **opportunity**: trabajo remunerativo
income-producing activities: actividades rentables, remunerativas o de inversión
income-spending lag: desfase ingreso-gasto
income-splitting practice: práctica de expresar la renta en distintas partidas
incoming mail: correspondencia recibida
__ **orders**: nuevos pedidos, entrada de pedidos
__ **staff**: funcionarios que ingresan en el servicio
__ **tourism**: turismo receptivo
incomings and outgoings: (fin) entradas y egresos
incompetence: incompetencia, incapacidad, inhabilidad, ineptitud
incompetent: inhábil, incapaz, incompetente, incapacitado
incomplete data: datos parciales, información fragmentaria

inconclusive ballot: escrutinio no decisivo
__ **evidence**: (leg) prueba semiplena
incongruous: heterogéneo
inconsistency: inconsecuencia, incompatibilidad, contradicción, incongruencia, discordancia, falta de armonía
inconsistent with: contrario a, incompatible con, contradictorio (en presencia de ambas partes en una demanda)
inconspicuous: poco llamativo, no muy evidente o visible
incontestable: (leg) inconcuso
inconvenience: molestia, contrariedad, fastidio, incomodidad, dificultad, inconveniente
inconvertible currency: moneda inconvertible o no convertible
incorporate: incorporar, incluir, contener; (leg) constituir en sociedad; incorporarse, constituirse; agregar, incluir
incorporated: constituído en sociedad anónima, con personalidad jurídica, registrada
__ **communities**: comunidades incorporadas corporativamente
__ **company**: sociedad o compañía anónima
__ **mutual insurer**: sociedad anónima mutua (de socorros mutuos)
__ **village**: aldea constituida en municipio
incorporating clause: cláusula de incorporación
incorporation: (com) constitución (de una sociedad de capital)
__ **papers**: escritura social o constitutiva, contrato de sociedad, certificado de incorporación
incorporator: (com) fundador
incorporeal things: cosas intangibles
increase: aumento, incremento, subida, alza
__ **a rate of duty**: aumentar un derecho
__ **in investment**: inversión adicional
__ **in prices**: subida o alza de precios
__ **in stocks**: aumento de existencias
__ **in value**: plusvalía
__ **of business activity**: animación, repunte
__ **taxation**: aumentar (elevar) los impuestos
increased cost of working: aumento de los costos de explotación
__ **rate**: tasa aumentada
__ **tax yield**: aumento del rendimiento de los impuestos
increasing bonus: participación progresiva, dividendo creciente
__ **returns**: rendimiento creciente
increment value duty (tax): impuesto sobre la plusvalía
incremental activities: actividades ampliadas
__ **benefits**: beneficios adicionales
__ **budgeting**: presupuestación incremental
__ **building (housing)**: construcción progresiva de viviendas
__ **capital-output ratio**: relación marginal capital-producto, relación de incremento capital-producto
__ **cost**: costo marginal, costo incremental

__ **rate of return**: tasa diferencial de rentabilidad
__ **steps**: escalones de incremento
incriminate: incriminar, acriminar
incriminating circumstance: circunstancia que inculpa
incubator room: cuarto-estufa
inculpate: inculpar, incriminar
incumbency: período de mandato
incumbent: titular, persona que ocupa un puesto
incumbrance: (leg) gravamen, carga
incur: incurrir en; contraer (obligación, deuda); sufrir (pérdida)
__ **a deficit**: registrar un déficit, tener un déficit
__ **liability**: incurrir en responsabilidad
indebted: adeudado, endeudado, deudor, obligado
indebtedness: adeudo, deuda, endeudamiento, nivel de endeudamiento; a veces: monto de la deuda
__ **certificate**: título de deuda
indecent assault: atentado contra el pudor
__ **behavior**: atentado contra las buenas costumbres
__ **exposure**: (leg) exhibicionismo
indeed: en realidad, en verdad, en efecto, efectivamente, de hecho, decididamente
indefeasible: irrevocable, inabrogable
indefinite appointment: nombramiento de duración indeterminada
__ **quantity contract**: contrato por cantidades indefinidas
indemnify: indemnizar, resarcir (pérdida)
indemnity: indemnización, compensación, reparación; indemnidad
__ **bond**: contrafianza, caución de indemnidad, fianza de garantía o de indemnización
__ **contract**: contrato de indemnización
__ **insurance**: seguro de indemnización
indent: pedido (orden) de compra
__ **agent**: agente de compras de un importador
__ **a paragraph**: sangrar
__ **house**: agencia de importación
__ **merchant**: comerciante importador
__ **price**: precio al distribuidor
indentation of a paragraph: sangría, muesca
indenture: contrato; escritura
indentured labor: trabajadores con contrato a largo plazo no rescindible; trabajo en virtud de contrato de cumplimiento forzoso
independence of work: independencia en el trabajo
independent agency: organismo autónomo, organismo paraestatal
__ **audit**: auditoría externa, revisión independiente
__ **learner**: autodidacta
__ **reading**: lectura individual o personal, leer por cuenta propia
__ **school**: escuela privada, establecimiento escolar económicamente autónomo
__ **study**: estudio libre
__ **variable**: (est) variable independiente o predictiva

INDETERMINATE

indeterminate appointment: nombramiento de duración indeterminada
index: s índice, indicador, coeficiente; v catalogar, preparar índices, referenciar, indizar
__ **card**: tarjeta índice, ficha
__ **case**: (med) caso inicial, caso índice
__ **corrected for seasonal and trend movements**: índice desestacionalizado y corregido según las tendencias
__ **figure**: cifra índice, cifra indicativa
__ **number**: número índice, indicador
__ **numbers with a changing (fixed) base**: números índices con base móvil (fijo)
__ **of cases**: fichero
__ **of films**: filmografía
__ **of names**: índice onomástico
__ **of variability**: coeficiente de variabilidad
__ **patient**: paciente considerado como índice
__ **service**: servicio de indización
__ **tab**: pestaña índice, orejilla de índice
__ **table**: tabla de materias
index-linked bond: bono ajustable, bono indizado
index-tied: indizado, reajustable en función de un índice, vinculado a un índice
__ **loan**: préstamo reajustable según un índice
indexation: indización; (AL) indexación, corrección monetaria
indexed bonds: bonos de valor constante obligaciones reajustables, valores ajustables (reajustables)
indexing: ordenación de los asientos o encabezamientos de un catálogo, indización; corrección monetaria, sistema de reajuste
Indian ink: tinta china
__ **millet**: sorgo común
__ **paper**: papel de China, papel biblia
indicated (horse) power: potencia bruta
indication of injury: indicio de daño
indicative figure: cifra indicativa
__ **plan**: plan regulador
__ **planning**: planificación indicativa
indicator: indicador, índice
indict: acusar, procesar, encausar
indictment: (acta de) acusación, auto de procesamiento; encargatoria de reo
__ **charge**: informe del fiscal, sentencia solicitada por el fiscal
indifference curve: curva de indiferencia
indifferent to: insensible, apático, imparcial
indigenization: reemplazo de personal extranjero por personal nacional; sustitución de personal extranjero por personal local
__ **of imported technology**: adaptación de la tecnología importada
indigenous: indígeno, autóctono, nativo
__ **technology**: tecnología autóctona
indigents: pobres de solemnidad
indignant at the continuous violations: observando con indignación las continuas violaciones
indignity: indignidad, ultraje, afrenta, improperio

INDUCTION

indirect claim: demanda por daño emergente
__ **costs**: costos indirectos
__ **damages**: daños indirectos, daños emergentes
__ **labor**: trabajadores auxiliares; mano de obra indirecta
__ **selling**: venta por intermediario
indiscriminate aerial spraying: pulverización aérea generalizada
__ **cutting**: corta arbitraria, corta desaforada
indisputability clause: (seg) cláusula de indisputabilidad
indisputable: indisputable, incontestable, irrefutable, incontrovertible, inconcuso
__ **independence**: garantía total de independencia
individual: individual; personal, particular, propio, cada uno
__ **country quota**: contingente por país, de un solo país
__ **health record**: ficha sanitaria
__ **household**: economía individual (o de consumo)
__ **income**: ingreso personal
__ **income tax**: impuesto sobre la renta personal, de las personas físicas
__ **items**: cada uno de los temas, cada uno de los elementos
__ **master file**: ficha central de contribuyentes
__ **practitioner**: profesional que ejerce individualmente
__ **service**: servicio a personas
individuals and legal entities: personas físicas y jurídicas
indivisible contract: contrato indivisible
indomitable: irreductible
indoor: interno, interior, casero, bajo techo (cubierta), puertas adentro
__ **employment**: empleo de puertas adentro
__ **games**: juegos de salón o de sociedad
__ **pen (stall-feeding)**: estabulación
__ **plumbing**: conexiones intradomiciliarias
__ **relief**: socorro en las instituciones
__ **resting density**: densidad de mosquitos que reposan en el interior de las viviendas
__ **sports**: deportes bajo techo, deportes en sala
__ **spraying**: rociamiento intradomiciliario (de plaguicidas)
__ **storage**: almacenamiento bajo techo
indorse: endosar, respaldar, apoyar, avalar, aprobar, confirmar
induced abortion: aborto inducido o provocado
__ **breeding**: selección provocada
__ **development effect**: efecto secundario de urbanización
__ **effect**: efecto secundario
induced by-benefit: beneficio inducido indirecto
inducement: incentivo, estímulo, aliciente, acicate; móvil; atractivo
__ **goods**: bienes proporcionados para estímulo
induction: instalación (en un puesto, comité, dignidad, etc)

__ **course of training**: curso de iniciación
__ **of a judge**: instalación de un juez
__ **training**: formación (capacitación) previa al trabajo
industrial absorption: consumo industrial
__ **accidents**: accidentes del trabajo
__ **affiliation**: profesión colectiva
__ **arbitration**: arbitraje industrial
__ **automation software**: soporte lógico, programas para automatización industrial
__ **classification**: clasificación por rama de actividad económica, clasificación por gruupos principales de ocupaciones
__ **clears**: madera industrial
__ **conciliation**: conciliación de conflictos del trabajo
__ **consultant**: ingeniero de eficiencia o de administración
__ **consumption**: consumo industrial o intermedio
__ **cooperatives**: cooperativas de producción industrial
__ **country**: país industrial o industrializado
__ **crops**: cultivos industriales, cultivos para elaboración
__ **deepening**: intensificación industrial
__ **design**: estética industrial
__ **designer**: diseñador o dibujante industrial
__ **disease**: enfermedad profesional
__ **dispute**: conflicto laboral o del trabajo
__ **economics**: economía industrial
__ **education**: educación profesional, enseñanza de artes y oficios
__ **employment**: empleo en la industria, la construcción y los transportes
__ **engineer**: ingeniero de producción (planificación, control de producción, estudio de tiempos, sistemas de salarios)
__ **engineering**: ingeniería industrial, ingeniería de eficiencia, administración científica
__ **estate**: zona, parque, polígono o recinto industrial
__ **extension**: promoción industrial
__ **goods**: bienes o productos industriales
__ **health**: higiene industrial o del trabajo
__ **injuries**: accidentes del trabajo
__ **inputs**: insumos de la industria; materias primas y semiproductos de uso industrial
__ **insurance**: seguro contra accidentes del trabajo
__ **labor**: trabajadores industriales
__ **leader**: dirigente industrial, industrial, industrialista
__ **market economy**: país industrial con economía de mercado
__ **medicine**: medicina del trabajo, medicina laboral
__ **nation**: país industrializado
__ **output**: producción industrial
__ **park**: (EUA) zona, parque, polígono o recinto industrial

__ **pay-roll**: masa salarial de la industria
__ **peace**: paz laboral
__ **premises or facilities**: nave industrial
__ **(production) output**: producción industrial
__ **rating**: clasificación de las industrias
__ **rehabilitation**: reincorporación al trabajo
__ **relations**: relaciones obreras o del trabajo, relaciones profesionales o laborales, relaciones obrero-patronales
__ **residential center**: ciudad obrera
__ **retraining**: readaptación profesional
__ **reuse**: reciclaje industrial
__ **robot production and maintenance**: robótica industrial
__ **school**: escuela profesional de reeducación; generalmente establecimiento de educación profesional vigilada (reformatorio); a veces: escuela industrial (prepara contramaestres, maestros y personal auxiliar de la industria y el comercio), escuela profesional
__ **status**: estado de categoría profesional
__ **tips**: desechos de metales de la industria
__ **welfare**: protección de la mano de obra industrial
__ **welfare worker**: consejero del trabajo
industrialist: industrialista, empresario, industrial, manufacturero
industrially backward countries: países poco industrializados
industriousness: laboriosidad, aplicación, diligencia
industry: industria, rama de actividad económica; laboriosidad, aplicación, diligencia
ineffaceable: indeleble, indelible
ineffective: ineficaz, inútil, que no surte efecto
__ **measures (remedies)**: paños calientes
ineffectiveness: ineficacia, inoperancia
ineffectual: ineficaz, inútil
inefficacy: ineficacia
inefficiency: ineficacia, inutilidad; incompetencia
inefficient: ineficaz, ineficiente, desorganizado, de bajo rendimiento, que funciona mal
__ **reproductive performance**: deficiencia en el proceso de reproducción
ineligibility: inhabilitación
ineligible: ineligible, no eligible; no apto, no adecuado, inadmisible, carente de derecho, no habilitado, que no cumple los requisitos
inequality: desigualdad, injusticia
inequitable: inequitativo, injusto
inequity: falta de equidad, injusticia
inertial inflation: inflación inercial
inevitable: insoslayable, ineludible
inevitably: indefectiblemente, infaliblemente, necesariamente
inexpedient: inoportuno, inconveniente
infancy: infancia, niñez; (leg) minoría de edad, menor edad; principio
__ **and early childhood**: lactancia y primera infancia
infant: lactante, niño de pecho, niño en su primera infancia, criatura, bebé

__ **and child nutrition**: nutrición infantil
__ **and maternal welfare**: protección a la madre y al niño
__ **care**: puericultura
__ **deaths**: mortalidad de la primera infancia, mortalidad infantil
__ **industry**: industria naciente o incipiente
__ **mortality**: mortalidad infantil, mortalidad de niños menores de un año
__ **school**: escuela maternal, escuela de párvulos
__ **welfare center**: centro de protección a la infancia
infected area: zona infectada o de infectación
infectious: contagioso, infeccioso, infectante
__ **agent**: agente infeccioso
__ **disease**: infección, enfermedad contagiosa
__ **mosquito**: mosquito infectante
inference: inferencia, deducción, consecuencia, conclusión
inferential: deductivo
inferred mineral reserves: reservas minerales potenciales
infestation: infestación, plaga, invasión
inferior heading: subposición
infiltration gallery: (min) galería de captación de agua
inflation accounting: contabilidad que tiene en cuenta los efectos de la inflación, contabilidad en períodos de inflación, revalúo por inflación
__ **gain**: beneficio inflacionista
__ **premium**: prima de inflación
__ **tax**: impuesto de la inflación, impuesto inflacionario
inflationary expectations: expectativas o previsiones inflacionarias
__ **gap**: brecha inflacionaria, déficit inflacionista
__ **outburst**: brotes inflacionistas, olas inflacionarias
__ **pressures**: presiones inflacionarias o inflacionistas, tensiones inflacionarias
__ **process**: proceso inflacionario, tensión inflacionaria
__ **surge**: repunte inflacionario
__ **trends**: tendencias inflacionarias
inflection point: punto de inflexión
inflict bodily harm: inferir o causar lesiones (golpes)
inflow: ingreso, entrada, afluencia
__ **of capital**: entrada de capital, afluencia de capital
influence: influencia, ascendiente, peso, respaldo
__ **peddling**: tráfico de influencias
influential: influyente
influx: afluencia, entrada, caudal de entrada
inform: informar, avisar, participar, comunicar, poner al corriente
informal: no oficial, extraoficial, oficioso; sencillo, sin protocolo, sin formulismo, sin ceremonia, sin solemnidad; de confianza, íntimo, familiar

__ **atmosphere**: ambiente (atmósfera) de confianza, ambiente libre de formalismo, ambiente de cordialidad
__ **consultations**: consultas oficiosas
__ **copy**: copia simple
__ **credit**: crédito no institucional
__ **dress**: traje de calle
__ **education**: educación informal, educación refleja
__ **interview**: entrevista libre
__ **meeting**: charla o reunión amistosa u oficiosa
__ **methods**: métodos menos formalistas
__ **paper**: nota no oficial
__ **sector**: sector no estructurado, sector informal
__ **studies**: estudios libres
__ **visits**: visitas espontáneas
informality: sencillez, naturalidad, llaneza, carácter íntimo, ausencia de ceremonia, intimidad, familiaridad
informally: sin ceremonia, en tono de confianza, sencillamente, extraoficialmente, oficiosamente, sin solemnidad, en un ambiente de cordialidad
informant: persona entrevistada (encuestada)
information: información, datos, antecedentes, conocimientos; (leg) denuncia, acusación
__ **annex**: anexo explicativo
__ **bureau (center)**: centro de información
__ **call**: petición de informaciones o de informes
__ **data**: elementos de juicio
__ **desk**: servicio de información, mesa de información
__ **for bidders**: bases del concurso, pliego de licitación
__ **handling**: elaboración de datos
__ **kit**: sobre de material informativo
__ **media**: medios de comunicación social
__ **report**: memorándum informativo, nota informativa
__ **retrieval**: recuperación (automática) de información, localización y selección de documentos
__ **science**: informática
__ **search and retrieval**: informática (búsqueda y recuperación)
__ **storage and retrieval**: informática (almacenamiento y recuperación)
__ **subjects**: materias de erudición (conocimientos orientados principalmente a satisfacer la curiosidad intelectual)
__ **technology**: informática
information-oriented study: estudio informativo
informational approach: método de enseñanza que permite proporcionar información como base para facilitar el aprendizaje
informed: informado, al tanto, al corriente; culto, ilustrado
__ **opinion**: idea fundamentada, opinión fundamentada
informer: denunciante, delator; soplón

infra-red lamp: lámpara de rayos infrarrojos
infraction: infracción, contravención, violación, transgresion
infrastructure: infraestructura, (instalaciones, servicios, recursos, medios, etc.)
__ **developer**: empresa de obras y servicios de infraestructura
infringe: violar, infringir, contravenir, conculcar, contravenir
infringement: violación, infracción, contravención; uso indebido
__ **of patents**: usurpación de patentes
infusions of capital: inyecciones de recursos o de capital
ingenuity: ingeniosidad, ingenio, inventiva
ingot: lingote, barra de metal
__ **steel**: acero crudo
ingrained: arraigado, inveterado, inculcado (hábitos, gustos, etc.)
inhabit: habitar, vivir, residir
inhabitable air zone: zona atmosférica habitable
inhabitant: habitante, poblador, morador
inhalation: aspiración, inspiración, inhalación
inherent: inherente, propio, intrínseco, ínsito
__ **defect**: defecto propio
__ **in**: consubstancial a
__ **rate of natural increase**: tasa fija de crecimiento natural
__ **vice of the goods**: vicio propio de las mercancías
inheritance: herencia, patrimonio, sucesión
__ **laws**: leyes de sucesión
__ **tax**: impuesto sucesorio, a la sucesión, al patrimonio o a la herencia
initial: rubricar (documentos, etc);
__ **capital**: capital inicial, capital de entrada o de primer establecimiento
__ **capital tax**: derechos sobre las aportaciones de capital, impuesto sobre el capital inicial
__ **cost**: costo inicial, original o primitivo, histórico
__ **credit**: crédito preventivo
__ **directors**: directores fundadores
__ **estimates**: estimaciones iniciales; proyecto de presupuesto
__ **expenses**: (com) gastos iniciales o de instalación, gastos de constitución
__ **negotiating rights**: derechos (inherentes a la calidad) de primer negociador
__ **operation**: actividades iniciales, explotación inicial
__ **par value**: paridad inicial
__ **salary**: sueldo de contratación
__ **term**: período inicial
__ **trough**: mínimo inicial
initially: en primer lugar, en los comienzos, al principio, originalmente
initiate negotiations: entablar negociaciones
initiating memorandum: primer memorando oficial
initiation by petition: (leg) incoación a instancia de parte

__ **fee**: cuota de ingreso
injection drugs: drogas inyectables
injunction: mandato o requerimiento judicial, mandamiento, prohibición judicial, entredicho, interdicto
__ **against further moves**: (leg) orden de no innovar
injunctive relief: desagravio por mandato judicial
injure: herir, lastimar, hacer daño, perjudicar, ofender, estropear, lesionar, causar perjuicio a
injured: lesionado, herido, lastimado, accidentado, damnificado
__ **party**: parte perjudicada, damnificada, agraviada
injurious crime: delito con daño personal
injury: lesión, herida, lastimadura; daño, perjuicio, agravio, desperfecto; (med) traumatismo
__ **compensation**: indemnización por lesión
__ **requirement**: determinación de perjuicio
__ **test**: examen de perjuicio
__ **to persons**: daño a las personas
injustice: entuerto, agravio, lesión jurídica, daño legal, perjuicio
inland: interior, tierra adentro; terrestre
__ **bill of exchange**: letra sobre el interior
__ **carrier**: empresa de transporte terrestre
__ **customs house**: aduana interior
__ **fisheries**: pesca en aguas interiores, pesca continental, pesca fluvial
__ **freight**: carga terrestre o interior
__ **marine insurance**: seguro de navegación interior
__ **navigation**: navegación fluvial
__ **revenue stamp**: timbre fiscal
__ **sea**: mar continental
__ **seaport**: puerto marítimo fluvial o interior
__ **state**: estado sin litoral
__ **transport section**: sección de transportes continentales
__ **transportation**: transporte terrestre
__ **water transport**: transporte por vías de navegación interior, navegación fluvial o por aguas continentales
__ **waterway consignment note**: resguardo fluvial
__ **waterways**: vías de navegación interior
inlaws: parientes políticos
inlet: entrada, ensenada, estuario, cala
__ **channel**: canal de alimentación, canal de entrada
__ **ditch**: zanja de alimentación
__ **works**: bocatoma
inmate: asilado, persona recluida, enfermo, preso
inmature grains: cereales verdes
inmovable capital: capital inmobiliario
innate: innato, ingénito, connatural
inner city: casco urbano
__ **confidence**: autoconfianza
__ **harbor**: dársena
__ **purpose**: firmeza de propósito
innocent passage: paso inofensivo, tránsito libre

innuendo: indirecta, insinuación
inoperative: ineficaz, inoperante, sin efecto, fuera de servicio
inorganic fertilizer: fertilizante artificial
inpatient: paciente hospitalizado
__ **services**: servicios de hospitalización
input: insumo, entrada; entrada de energía; cantidad suministrada (de recursos, etc), dinero invertido; información, aporte (de datos), aportación; (com) factor de producción
__ **coefficient**: coeficiente (de) insumo-producto
__ **data**: datos de entrada, datos básicos
__ **mix**: combinación de insumos
__ **prices**: precios de entrada
__ **sequence**: secuencia de entrada
__ **shifting**: sustitución de recursos para reducir costos
__ **subsidy**: subvención para insumos
__ **switching**: reasignación de fondos presupuestarios
input-output: insumo-producto, relación entre el insumo y el producto
__ **analysis**: análisis insumo-producto
__ **coefficient**: coeficiente de insumo-producto
__ **ratio**: relación (de) insumo-producto
__ **table**: cuadro intersectores, tabla (cuadro) de relaciones interestructurales, matriz insumo-producto, tabla de insumo-producto
inquest: (leg) investigación, pesquisa judicial; encuesta judicial o post mortem, indagación, encuesta
inquiry: estudio, encuesta, investigación, indagación; petición o solicitud de información, consulta
insanitary: insalubre, antihigiénico, malsano
__ **practices**: prácticas contrarias a la higiene
inscrutable: impenetrable
insect control: desinsectación
__ **net**: red cazainsectos
insect-borne diseases: enfermedades transmitidas por insectos
insecticide testing unit: servicio encargado de prueba de insecticidas
insert: *s* inserción, hoja insertable o intercalada; *v* insertar, intercalar, introducir, incluir
inset: hoja intercalada o insertada, encarte; recuadro, mapa o grabado dentro de otro mayor
inshore coasting trade: pequeño cabotaje
__ **fisheries**: pesquerías costeras
__ **fishing**: pesca de bajura, pesca costera
__ **waters**: aguas litorales
inside back cover: interior de la contraportada
__ **cover**: contratapa
__ **front cover**: interior de la portada
__ **information**: información confidencial
__ **money**: dinero interno
__ **track**: (fig) ventaja
insider dealing: especulación (en Bolsa) aprovechando información interna
insight: discernimiento, perspicacia, penetración, clarividencia, conocimientos

insofar as: en cuanto a, en lo que, hasta donde, en la medida en que
insolvency: insolvencia, falencia, suspensión de pagos
insolvent: insolvente, fallido en quiebra
__ **estate**: masa de la quiebra
inspect: inspeccionar, revisar, reconocer, examinar, vigilar, fiscalizar, supervigilar, registrar, visitar
inspection: inspección, revisión, registro, fiscalización, control, vigilancia; visita
__ **of the place**: inspección ocular
__ **trip**: gira de inspección
inspecting judge: ministro en visita
inspectional supervision: supervisión basada en la inspección
inspector: inspector, fiscalizador, aforador (aduana)
inspector's office: inspectoría, fiscalía
inspectorship: inspectoría
inspired: inspirado, genial
inspiring: inspirador, alentador, estimulante
instability index: índice de variación
install a commission (committee): constituir una comisión (comité)
installation costs: gastos de habilitación
__ **expenses**: gastos de instalación
__ **of essential public services**: urbanización
__ **per diem**: subsidio de instalación
installed capacity: (elec) potencia o capacidad instalada, capacidad de producción
installment: plazo, pago parcial, abono, cuota, parte de cuota
__ **buying**: compra a plazo
__ **credit**: crédito para ventas a plazo
__ **debt**: deuda amortizable
__ **deliveries**: entregar prestaciones escalonadas
__ **loan**: préstamo reembolsable a plazos
__ **of an annuity**: complemento de renta
__ **payment on an installment plan**: pago a cuenta
__ **premium**: prima fraccionada
__ **sales**: ventas a plazo
instant: urgente, inminente, inmediato, insistente
__ **books**: obras de coyuntura o circunstancia
__ **coffee**: café soluble, café en polvo, café instantáneo
__ **potatoes**: puré de papas deshidratadas
instigate: instigar, incitar, provocar, fomentar
institute: *s* instituto, asociación, institución, centro; seminario, reunión de estudios; conferencias o cursos sobre una materia o tema; *v* instituir, fundar, establecer, iniciar, empezar, desarrollar
__ **a lawsuit**: seguir un proceso, entablar un pleito, interponer una demanda
__ **an action**: instruir una demanda
__ **arbitration proceedings**: incoar un procedimiento de arbitraje
__ **legal proceedings**: actuar en justicia, iniciar procedimientos judiciales, seguir un proceso, entablar un proceso

INSTITUTION

__ **proceedings**: incoar una causa, intentar una acción judicial
institution: institución, instituto, establecimiento, plantel (de educación), entidad; persona o cosa muy conocida
__ **building**: desarrollo o fortalecimiento institucional, desarrollo de instituciones
__ **for children**: institución pediátrica
__ **for dependents**: institución de beneficencia, institución de asistencia social
__ **for juvenile delinquents**: reformatorio, casa correccional, casa de corrección de menores
__ **for problem children**: instituto de preorientación
__ **of learning**: institución o establecimiento docente
__ **of public law**: persona de derecho público
__ **rules**: reglas de iniciación
institutional care: cuidado en instituciones
__ **evaluation**: juicio sobre una institución o una escuela
__ **framework**: estructura o marco institucional, institucionalidad, organigrama
__ **household**: (est) colectividad, grupo no familiar
__ **investment**: inversión (hecha) por institución
__ **investors**: instituciones inversionistas, inversores o inversionistas institucionales
__ **performance**: desempeño de las instituciones, actuación de las instituciones
__ **programs**: programas de fortalecimiento institucional
__ **ratio**: coeficiente interinstitucional
institutionalized children: niños al cuidado de instituciones especiales
instruct: dar instrucciones, instruir, enseñar, ordenar, mandar, avisar, encargar
instruction: instrucción, enseñanza; (leg) instrucción; instrucciones, direcciones, directiva; (pl) indicaciones
__ **manual**: manual de instrucciones
instructions for use: modo de usarlo
__ **to bidders**: pliego de licitación
instructional aid: material didáctico o pedagógico
__ **developer**: (edu) programador
__ **education**: educación concebida como mera instrucción
__ **material**: material de enseñanza, material didáctico, material docente, material adaptado a la enseñanza
__ **methodology**: metodología de la capacitación
__ **pathway**: itinerario educacional
__ **television**: enseñanza televisada, televisión didáctica, educación televisada
__ **trip**: gira de estudio, excursión de estudios
__ **unit**: unidad didáctica
instructor: instructor, profesor, docente, monitor, maestro (en los establecimientos de enseñanza superior: "ayudante" o "encargado" de la enseñanza)

INSURANCE

instrument: instrumento; (leg) documento, escritura; (pl) instrumental; (fin) vehículos (mercado de capital)
__ **capital**: capital de explotación, bienes de capital
__ **drawn on a bank**: título girado contra un banco
__ **of acceptance**: instrumento de aceptación
__ **of payment**: medio de pago
__ **of restraint**: medio de coerción
instrumental and informational subjects: materias instrumentales y materias de conocimiento
__ **capital**: capital productivo
__ **goods**: bienes indirectos, bienes instrumentales
__ **industry**: industria clave
__ **subjects**: (V *tool subjects*) asignaturas básicas (lectura, escritura, aritmética, etc), ramos instrumentales
instrumentality: mediación, medio, arbitrio; organismo
instrumentation industry: industria de aparatos de precisión
insulated truck: camión isotérmico
__ **wagon**: vagón isotérmico, isotermo
insulating felt: fieltro antisonoro
__ **oil**: aceite aislante
__ **underlay base**: sustrato aislante
insulation boards: cartones de aislamiento
insult: insulto, injuria, agresión; (med) trauma
insurable risk: riesgo asegurable
__ **value**: valor asegurable
insurance against loss of use: seguro contra privación de uso (o disfrute)
__ **agent**: agente o corredor de seguros
__ **bordereau**: boletín de seguro
__ **broker**: corredor de seguros
__ **carrier (company)**: empresa aseguradora, compañía de seguros
__ **claim**: declaración de daños o de siniestro
__ **contribution**: prima de seguro
__ **coverage**: cobertura del seguro, protección del seguro
__ **equalization account**: cuenta de compensación (igualación) de seguros
__ **examiner**: examinador médico
__ **for less than full value**: seguro de valor parcial
__ **for the benefit of third parties**: seguro a favor de terceros
__ **fund**: fondo o caja de seguro
__ **in force**: póliza vigente o en vigor
__ **industry**: ramo o sector de los seguros
__ **of anticipated profit**: seguro de beneficio esperado
__ **of laid-up vehicles**: seguro de vehículos inmovilizados
__ **officer**: funcionario encargado del seguro
__ **on buildings**: seguro inmobiliario
__ **policy**: póliza o escritura de seguro
__ **premium**: prima de seguro
__ **rate**: prima de seguro, tipo o tasa de seguro

__ **rules**: estatutos del seguro
__ **with index clause**: seguro referido a números índices
insured deposit: depósito asegurado
insurmountable: insalvable, insuperable
intact: incólume
intake: (med) ingesta, ingestión, consumo; (técn) admisión, toma, entrada, tubo de admisión; toma (de agua), bocatoma, obras de captación; (edu) ingreso de estudiantes, número de estudiantes admitidos; (mil) reclutas, contingente; (agr) ración
__ **level**: (med) consumo, nivel de consumo; cota de captación (drenaje)
__ **of labor**: contratación de mano de obra, admisión de mano de obra
__ **personnel**: personal que atiende a nuevos clientes en clínicas
__ **structures**: obras de toma (de agua)
__ **valve**: válvula de admisión
__ **works**: obras de toma (de agua)
intangible assets: activos intangibles o incorpóreos, activo intangible, nominal o inmaterial
__ **movable property**: bienes muebles intangibles (patentes, diseños, procedimientos secretos, etc)
__ **property**: bienes inmateriales, intangibles o incorpóreos (valores, hipotecas, etc)
__ **rights**: derechos intangibles, inmateriales
__ **value**: valor intrínseco
integer: número entero
integral: íntegro, integral, entero
__ **part**: parte integrante
__ **structure**: estructura autoportante
integrated approach: criterio integrado
__ **curriculum**: programa integrado (V *integration*)
__ **logging**: corta o tala exhaustiva
__ **management training program**: programa integrado de capacitación y perfeccionamiento de funcionarios que ocupan cargos de dirección
__ **personality**: personalidad armoniosa, estable, bien equilibrada o coherente
__ **pest (control) management**: lucha integrada contra las plagas
__ **practice-instruction project**: proyecto de integración enseñanza -aprendizaje
__ **program**: (edu) programa coordinado
__ **rural development project**: proyecto de desarrollo rural integrado
__ **school**: establecimiento de enseñanza en el que se practica la integración racial
__ **steelworks**: acería de ciclo de producción integrado
integration: integración, coordinación (método o proceso que consiste en combinar diferentes disciplinas y en presentarlas como aspectos de una materia o actividad)
__ **movement, process or scheme**: esquema de integración

__ **of medical instruction and practice**: integración docente/asistencial
integrity: integridad, honradez, probidad, solvencia moral, enterza; cabalidad (de datos)
intelligence: inteligencia, talento; información, noticia, aviso, informe
__ **capacity**: capacidad mental potencial (en contraste con competencia derivada de la práctica)
__ **quotient (IQ)**: cuociente de inteligencia
__ **service**: servicio de información
intelligent programable terminal: terminal programable
intelligentsia: intelligentsia (intelectualidad, clase culta o ilustrada)
intelligibility: transparencia
intended beneficiary: beneficiario presunto
__ **for**: encaminado o destinado a
intensification of restrictions: refuerzo de las restricciones
intensive care unit: unidad de cuidado intensivo
__ **course**: curso intensivo o concentrado
__ **cultivation**: cultivo intensivo
__ **culture**: cría intensiva
__ **farming**: laboreo intensivo, agricultura intensiva
__ **study**: estudio profundo o detenido
intent of the parties: voluntad de las partes
intention: intención, propósito, finalidad
__ **of a resolution**: finalidad de una resolución
__ **to appeal**: notificación de apelación
intentional injury: dolus, daño culposo
__ **killing**: homicidio voluntario, homicidio intencional
inter-agency cooperation: cooperación interinstitucional
__ **projects**: proyectos entre organismos, proyectos interinstitucionales
Inter-American Development Bank (IDB): Banco Interamericano de Desarrollo (BID)
__ **Social and Economic Council (CIES)**: Consejo Interamericano Económico y Social (CIES)
interact: obrar o actuar recíprocamente
interaction: interacción, acción recíproca, influencia mutua
interbank deposits: depósitos interbancarios
intercepting ditch: cuneta de guardia; zanja de coronación, contracuneta (caminos)
__ **sewer**: colector de alcantarilla
interception channel: canal interceptor
interceptor sewer: interceptor
interchange: intercambiar, alternar, canjear
interchangeability of staff: polivalencia del personal
intercity bus: ómnibus interurbano
__ **differentials**: diferencias (del costo de la vida) entre ciudades
intercoastal: entre costas, intercostanero
intercollegiate: interescolar, interuniversitario
intercom: sistema de intercomunicación, intercomunicador, interfono, citófono

intercompany pricing: fijación de precios de transferencia entre empresas
__ **sales**: ventas a compañías afiliadas
__ **transactions**: transacciones entre compañías
intercountry meeting: reunión entre países
__ **program**: programa interpaís
__ **programing**: programación multinacional, interpaíses
intercropping: cultivo intercalado, cultivo intermedio
interdenominational: intersectario
interdisciplinary approach: método o enfoque interdisciplinario
__ **meeting**: reunión de expertos en diversas disciplinas
interest: interés; ventaja, provecho, beneficio; (com) participación (en un negocio), acciones, rédito; (pl) industria, mundo de los negocios, grandes empresas, alta finanza
__ **at a nominal rate**: interés nominal
__ **charges**: intereses (cobrados o pagados)
__ **costs**: gastos por pago de intereses
__ **coupon**: cédula de interés
__ **coverage ratio**: relación de cobertura de intereses
__ **differential**: desnivel de intereses
__ **due**: intereses vencidos
__ **during construction**: intereses durante la construcción
__ **equalization fund**: fondo de igualación o equiparación de intereses
__ **equalization tax**: impuesto de igualación de tipos de interés
__ **earned**: interés devengado o ganado
__ **group**: grupo de aficionados
__ **in a limited partnership**: participación en comandita
__ **income (earnings)**: ingresos por intereses
__ **inventory**: (edu) lista de los intereses del niño; a veces: lista de control de los intereses del niño (usada para motivar la enseñanza de niños atrasados o renuentes)
__ **leakage**: fluctuación de los tipos de interés debido a la fuga de capitales
__ **(on capital) during construction**: intereses intercalarios
__ **on loan arrears**: intereses moratorios o penales, intereses de mora
__ **on overdue payments**: intereses moratorios
__ **payable**: interés por pagar
__ **rate**: tipo o tasa de interés
__ **rate actually paid**: tasa de interés observada
__ **rate cap**: tope de los tipos de interés
__ **rate differential**: margen o diferencial entre tasas de interés
__ **rate rebate**: abono de intereses
__ **rate risk**: riesgo de pérdida en, o por concepto de intereses
__ **rate sensitivity**: sensibilidad a las tasas de interés
__ **(rate) subsidy**: subvención de intereses

__ **(rate) swap**: intercambio de tipos de interés
__ **rates for mortgages**: intereses hipotecarios
__ **rates on deposits**: tasas pasivas de interés
__ **rates on loans**: tasas activas de interés
__ **rebate**: rebaja de intereses
__ **receivable**: intereses activos
__ **relief grants**: subvenciones para el pago de intereses
__ **service ratio**: coeficiente del servicio de los intereses
__ **spread**: margen entre las tasas (los tipos) de interés
__ **subsidy**: subvención de los intereses
__ **table**: planilla de interés
interest-bearing draft: letra con interés, que produce o rinde interés
__ **accounts**: cuentas que devengan interés
__ **note**: pagaré que devenga interés
interest-free loan: préstamo gratuito, sin interés
interest-to-follow rate: tasa con corrección monetaria
interested party: interesado, parte interesada
interface: *s* enlace, interconexión, contacto, (punto de) relación, superficie de contacto, interfaz; *v* concctarse; relacionarse
interfere: intervenir, estorbar, dificultar, obstaculizar, entorpecer, estropear, entrometerse, oponerse, chocar con; inmiscuirse, interponerse; molestar, poner trabas, distraer, perturbar, obstruir
interference: intervención; intromisión, injerencia, oposición, estorbo, entrometimiento, interposición
interfuel substitution: sustitución de combustibles
interfund balances payable: saldos por pagar entre fondos
intergovernmental: interestatal, intergubernamental
intergroup education: educación destinada a mejorar las relaciones entre grupos (sinón: *human relations education, intercultural education*)
interim: interino, provisorio, provisional
__ **accounts**: cuentas provisionales
__ **arrangement**: acuerdo provisional, disposición interina o provisional
__ **audit**: auditoría intermedia
__ **balance sheet**: balance provisional o tentativo
__ **dividend**: dividendo preliminar o provisorio
__ **examination**: examen parcial
__ **financial statement**: estado financiero intermedio
__ **financing**: crédito puente
__ **judgement or award**: laudo o sentencia provisional
__ **report**: informe provisional, informe presentado entre ejercicios financieros
__ **salary adjustment**: ajuste provisional de sueldos
__ **year budget**: presupuesto del año intermedio

INTERINDUSTRY   INTERNATIONAL

interindustry analysis: análisis insumo-producto
__ **linkage**: eslabonamiento de las industrias o entre industrias
interlaced scanning: barrido entrelazado
interlibrary loan: préstamo entre bibliotecas
interlocking connexions: interconexiones
__ **debt**: deuda(s) recíproca(s)
__ **directorates**: juntas directivas entrelazadas
__ **directorships**: juntas directivas (o consejos de administración) entrelazadas (coincidentes); unión de las gerencias de varias empresas
__ **investments**: participaciones cruzadas o recíprocas
__ **objectives**: objetivos íntimamente vinculados o combinados
interlocutor: portavoz
interlocutory decree: auto interlocutorio
__ **judgment**: auto interlocutorio, sentencia incidental
__ **order**: fallo interlocutorio, sentencia interlocutoria
__ **plea**: (leg) cuestión prejudicial, incidente
__ **pleading**: tramitación del incidente
__ **proceeding**: tramitación del incidente
interloper: intruso, usurpador; armador independiente (no es miembro de una conferencia naviera)
intermarriage: casamiento entre parientes o entre personas de distinta raza
intermediary lessee: intermediario
intermediate goods: bienes intermedios
__ **financing**: financiamiento temporal (interno)
__ **goods industry**: industria intermedia
__ **grades**: (edu) enseñanza media, cursos intermedios entre la enseñanza primaria y el primer ciclo de secundaria (o *junior high school*)
__ **officer**: oficial de tránsito, funcionario de nivel intermedio
__ **output**: producto intermedio
__ **port of call**: puerto de tránsito
__ **term appointment**: nombramiento de plazo intermedio
intermediation: (fin) intermediación, intervención, mediación
intermediative borrowing: préstamos obtenidos de intermediarios financieros
intermodal transport: transporte combinado, transporte plurimodal
intern: interno, pasante
__ **program**: programa de pasantías
internal audit: auditoría interna de cuentas o revisión
__ **balance**: equilibrio interno (empleo total sin inflación)
__ **borrowing**: financiamiento interno
__ **cash generation**: fondos o recursos propios, recursos provenientes de las operaciones
__ **cash ratio**: coeficiente de liquidez interna
__ **check**: control interno
__ **consumption**: autoconsumo
__ **control**: fiscalización interna, control interno
__ **cross subsidy**: subvención cruzada o interna, subsidio cruzado

__ **debt**: deuda interna o del país
__ **drain**: agotamiento interno
__ **economic trend**: coyuntura interior
__ **exchange rate**: tipo de cambio interno
__ **financing**: financiación con fondos propios
__ **matching by governments**: aportaciones paralelas internas hechas por los gobiernos
__ **medicine**: medicina interna
__ **migration**: migración interna
__ **rate of economic return**: tasa de rendimiento económico o de rentabilidad económica
__ **rate of financial return**: tasa de rendimiento financiero o de rentabilidad financiera
__ **rate of return**: tasa de rentabilidad interna
__ **revenue**: rentas públicas, recaudación tributaria
__ **revenue service**: servicio de impuestos internos
__ **revenue structure**: estructura del sistema impositivo
__ **revenue taxes**: impuestos internos sobre el consumo o las ventas
__ **storage capacity**: (comp) capacidad de la memoria interna
__ **struggle**: lucha intestina
internally generated funds: recursos propios; recursos provenientes de las operaciones
international advisory panel: grupo asesor internacional
__ **agricultural research centers**: centros internacionales de investigación agrícola
__ **Bank for Reconstruction and Development (IBRD)**: Banco Internacional de Reconstrucción y Fomento (BIRF), "Banco Mundial"
__ **banking facility**: servicio bancario internacional
__ **Bureau of Education**: Oficina Internacional de Educación (OIE)
__ **carriage of dangerous goods by road**: transporte internacional de mercaderías peligrosas por carretera
__ **Children's Center**: Centro Internacional de la Infancia
__ **Civil Aviation Organization (ICAO)**: Organización de Aviación Civil Internacional (OACI)
__ **Civil Service Commission**: Comisión de Administración Pública Internacional
__ **commodity agreements**: convenios internacionales sobre productos básicos
__ **competitive bidding**: licitación pública internacional
__ **credit guarantee fund**: fondo internacional de garantías de crédito
__ **Drinking Water Supply and Sanitation Decade**: Decenio Internacional del Agua Potable y del Saneamiento Ambiental
__ **education**: 1) estudio de los factores educativos, sociales, políticos y económicos en las relaciones internacionales, con especial referencia a la función y potencialidad de la educación; 2) programas internacionales destinados a promover la comprensión mutua mediante el intercambio de materiales

INTERNATIONALLY

didácticos, métodos, estudiantes, maestros y técnicos; 3) educación comparada
__ **Finance Corporation (IFC)**: Corporación Financiera Internacional (CFI)
__ **Labour Organisation (ILO)**: Organización Internacional del Trabajo (OIT)
__ **law**: derecho internacional o de gentes, orden internacional
__ **lending agency**: organismo internacional de crédito o de financiación
__ **liquidity**: liquidez internacional
__ **Literacy Day**: Día Internacional de la Alfabetización
__ **loadline certificate**: certificado internacional de franco bordo, certificado de línea de flotación (que el buque no está sobrecargado)
__ **machinery**: mecanismo internacional
__ **Maritime Organization (IMO)**: Organización Marítima Internacional (OMI)
__ **Monetary Fund (IMF)**: Fondo Monetario Internacional (FMI)
__ **money order**: giro postal internacional
__ **payments position**: situación de los pagos internacionales
__ **prices**: valores internacionales
__ **recruitment**: contratación internacional, contratación fuera de la Sede
__ **recruits**: funcionarios de contratación internacional (contratados internacionalmente)
__ **reserves**: reservas internacionales, externas o exteriores
__ **round table discussions**: coloquios o debates internacionales
__ **service category**: cuadro de servicio internacional
__ **settlements**: pagos internacionales
__ **shopping**: comparación internacional de precios
__ **staff**: personal (de contratación) internacional
__ **tax agreements**: acuerdos fiscales internacionales
__ **understanding**: comprensión internacional
__ **voluntary work camps**: campos internacionales de trabajo voluntario
internationally-minded schools: escuelas de espíritu internacional
internment: reclusión, internación
internship: internado, pasantía, práctica(s)
__ **fellowship**: beca para pasantía
interoffice memorandum: memorando entre oficinas
__ **voucher**: comprobante interno; comprobante entre oficinas
interpersonal competence: eficacia social
interplanting (intercropping): cultivo intercalado
interplay: interacción, acción recíproca, relación o dependencia mutua
__ **of market forces**: mecanismo del mercado
interplead: pleitear o litigar con otro demandante para determinar el mayor derecho a la demanda
interpolate: interpolar, intercalar

INTRODUCTORY

interpose: interponer, intervenir
interpretation: interpretación, explicación, significado
interrelated: interrelacionado; estrechamente ligado, estrechamiento vinculado
interrelationship: relación, relación mutua (recíproca), interacción, interdependencia, dependencia (influencia) recíproca
interrogatory: (leg) pliego de posiciones, examen
intersecting street: calle perpendicular
intersessional body: órgano que se reúne entre períodos de sesiones (en el calendario aprobado)
__ **meetings**: reuniones entre períodos de sesiones
intertillage: cultivo intercalado
intertilled crops: cultivos intercalados
interunion consultations: deliberaciones intersindicales o intergremiales
intervene: (leg) intervenir, mediar, tomar parte en, participar en, surgir, interponerse, mostrarse parte
intervener: (leg) interventor, tercerista; a veces: litisconsorte
intervention currency: moneda de intervención
__ **point**: punto de sostén (precios)
interventor: (leg) tercerista
interview: entrevista, encuesta; reportaje
interviewer: entrevistador; agente censal
interwar period: período interbélico
intimacy: intimidad, familiaridad, relación íntima
intimate: íntimo, personal, profundo
intoxicating liquors: bebidas alcohólicas fuertes
intoxication: embriaguez, intoxicación, envenenamiento
intra-area exchanges: intercambios intrarregionales
intra-day high: máximo de la jornada
__ **settlement**: pago en el día
intracorporate sales: ventas intrasociales
intractable: intratable; indisciplinado; insoluble, espinoso; incurable
intrauterine mortality: mortalidad fetal
intriguing: fascinante, misterioso, curioso
intrinsic: inherente, intrínseco, esencial
intrinsically: por naturaleza
introduce: presentar (enmienda, ley, moción, propuesta); introducir, lanzar
__ **changes in a resolution**: introducir cambios en una resolución
__ **evidence**: (leg) practicar prueba
introduction: introducción, isagoge; puesta o entrada en servicio, adopción de un sistema
__ **(of a curriculum)**: implementación de un programa de estudios
__ **of modern agricultural methods**: tecnificación agrícola
__ **to statistics**: nociones de estadística
introductory comments: observaciones preliminares
__ **courses**: cursos preliminares, nociones fundamentales

__ **remarks (words)**: observaciones (palabras) preliminares, primeras palabras
invalid: (med) inválido, enfermo, enfermizo; (leg) nulo, inválido, írrito
invalidate: invalidar, anular, declarar sin lugar
invalidity: (med) invalidez, enfermedad, mala salud; (leg) invalidez, nulidad, incapacidad
invariance: (est) invariancia
invasion: (leg) usurpación
invasion-formed settlements: colonias establecidas sobre terrenos públicos o privados
inventory: *s* inventario, recuento, descripción, lista; (edu) examen que permite hacer un inventario de los conocimientos del alumno en determinada especialidad; repertorio (de publicaciones); (pl) existencias, inventario; *v* inventariar, hacer un inventario, incluir en inventario
__ **accounting**: contabilidad de existencias
__ **accumulation**: acumulación de existencias
__ **certificate**: confirmación de inventarios
__ **changes**: variación de (las) existencias
__ **clearing account**: cuenta liquidadora del inventario
__ **control**: fiscalización o control de las existencias
__ **depression**: depresión por exceso de existencias
__ **form**: formulario o modelo para inventario
__ **investment**: inversión en existencias
__ **losses**: pérdidas por ajuste de inventario
__ **pricing**: valuación del inventario
__ **ratio**: índice de movimiento del inventario
__ **record**: inventario, registro de las existencias
__ **register**: libro de inventarios
__ **reserves**: reservas para atender fluctuación de precios del inventario
__ **shortages and overages**: faltantes y sobrantes de inventario
__ **shrinkage**: reducción de las existencias
__ **sheet**: relación de existencias, formulario del inventario
__ **turnover**: movimiento del inventario, rotación de existencias, giro de existencias
__ **value**: valor de inventario o en balance
inverse subsidy: contrasubvención
inverted rates: tarifas progresivas
invest: invertir, hacer una inversión; conferir, investir, envolver
__ **in securities**: colocar en valores mobiliarios
investable currencies: monedas convertibles
__ **indexes**: índices de valores para inversión
invested capital: capital de inversión
__ **credit**: crédito productivo
investee company: empresa o sociedad en la que se invierte
investigate: investigar, descubrir (mediante investigación), realizar investigaciones
investigating judge: ministro en visita
__ **magistrate**: juez de instrucción
investigation: investigación, indagación, encuesta, estudio

investigatory stage of the trial: (actuaciones del) sumario
investing styles: estrategias de inversión
investment agreement: convenio de inversiones
__ **allowance**: compañía de inversiones, sociedad inversionista, compañía de capitalización
__ **budget**: presupuesto de inversiones
__ **capital**: capital invertido, capital de inversión
__ **company**: sociedad de inversiones mobiliarias, compañía de inversiones, sociedad inversionista, compañía de capitalización
__ **credit**: crédito para gastos de capital
__ **fund**: sociedad de cartera
__ **gap**: déficit de inversiones
__ **goods**: bienes de inversión, de capital o de equipo
__ **grant**: subvención para inversión
__ **horizon**: perspectiva de la inversión
__ **house**: sociedad de financiamiento
__ **in depth**: inversión vertical
__ **in skill**: inversiones en personal técnico
__ **in stocks**: (fin) participación
__ **incentives**: incentivos para la inversión
__ **income**: ingresos por (concepto de) inversiones o derivados de inversiones
__ **loan**: préstamo para proyecto de inversión, crédito productivo
__ **manager**: administrador de carteras de inversiones
__ **molding**: moldeo a cera perdida
__ **of funds**: (bnc) operaciones activas
__ **opening (opportunity)**: posibilidad de inversión
__ **portfolio**: cartera de inversiones (a largo plazo)
__ **portion of a premium**: cuota de ahorro (de una prima)
__ **return (yield)**: rentabilidad o rendimiento de la inversión
__ **review mission**: misión de estudio de oportunidades de inversión
__ **securities**: valores en cartera
__ **tax credit**: crédito impositivo por inversiones
__ **trust**: compañía de inversiones o de rentas, sociedad de cartera, fondo (común) de inversión, sociedad de inversión con número de acciones fijo
investment-grade bonds: bonos calificados "aptos para la inversión"
investor: inversor
invidious: odioso, injusto
inviolability of the home: inviolabilidad del hogar
invisible deficit (gap): déficit en las transacciones invisibles
__ **exports or imports**: partidas invisibles (de la balanza de pagos)
__ **trade**: comercio invisible, (de) invisibles (seguros, turismo, navegación)
__ **transactions**: transacciones (operaciones) invisibles

invitation to bid: convocatoria a subasta, llamada a licitación, invitación a proponentes, citación a licitadores, anuncio de subasta, anuncio de concurso
__ **to prequalify**: invitación a la precalificación
invite subscriptions to shares: invitar a la suscripción de acciones
__ **questions from the floor**: invitar a hacer preguntas
__ **tenders**: sacar a concurso
invoice: facturar
__ **date**: fecha de facturación, fecha según factura
__ **of goods**: factura de las mercaderias (embarcadas)
__ **price**: precio de factura
__ **value**: valor facturado
invoicing: facturación
invoke: invocar, ampararse en, prevalerse de
involuntary lending: préstamos no voluntarios
__ **manslaughter**: homicidio accidental o involuntario
__ **resettlement**: reasentamiento involuntario
involve: concernir, atañer, afectar; suponer, comprender, entrañar, implicar; acarrear, traer consigo, ocasionar; comprometer; mezclar, confundir, embrollar, envolver, enredar complicar, meter; requerir, exigir, llevar aparejado; absorber, tomar (tiempo); atraer, interesar
involved, be: estar (verse) envuelto, comprometido, mezclado o implicado (en un asunto), tener que ver con un asunto, afectarle una cosa a alguien, intervenir, ser parte interesada en un asunto, ocuparse (de un asunto), tener tratos con una persona, estar en juego, haber de por medio; sentir afecto por una persona, estar enamorado; tener o experimentar (un accidente); encontrarse en un accidente
involvement: participación, intervención, implicación; compromiso; complicación, enredo, entrega; (med) invasión (tejido)
inward: interior, interno; hacia adentro
__ **bill of lading**: conocimiento de embarque de carga importada
__ **customs clearance**: despacho a plazo
inward-looking: introvertido, recogido en sí mismo, orientado hacia el interior, aislacionista
iodine uptake: (med) captación de yodo
ipso facto: por el hecho mismo; sin demora, inmediatamente
__ **facto avoidance**: resolución, rescisión de pleno derecho (de un contrato)
__ **facto null and void**: nulo de pleno derecho, nulo ab initio, sin efecto ni valor, sin validez, írrito
__ **jure**: (leg) derecho de jure, por el mismo derecho, pleno derecho
Irish bridge: vía sumergible
iron and steel industry: industria siderúrgica, siderurgia, acería
__ **alloy**: aleación de fierro, ferroaleación
__ **band**: zuncho

__ **billet**: tocho
__ **brand**: calimba
__ **casting**: fundición de hierro
__ **curtain**: telón o cortina de fierro
__ **deficiency anemia**: anemia ferropénica, anemia por deficiencia férrica, carencia de hierro
__ **hoop**: fleje
__ **law of wages**: ley de bronce de los salarios
__ **preparations**: preparaciones marciales
__ **strap**: zuncho
__ **working**: industria siderúrgica
ironclad guarantees: garantías rigurosas
ironically: paradógicamente
ironware: ferretería, quincalla, quincallería
ironwork: herrajes, herrería, carpintería metálica
ironworks: fábrica siderúrgica, fundición de hierro
irrational number: (est) cantidad irracional
irreceivability: (leg) inadmisibilidad
irreconciliable: irreconciliable; inconciliable, incompatible; intransigente
irrecoverable: irrecuperable; incobrable
irredeemable bond: obligación no amortizable, perpetua
irreductible sector: sector incomprensible (importaciones)
irrefutable: irrefutable, irrebatible, fehaciente, irrefragable
__ **presumption**: presunción de derecho
irregular bid: propuesta informal
__ **dividend**: dividendo casual u ocasional
__ **market**: mercado sin tendencia definida
__ **process**: proceso anormal
irregularity of procedure: (leg) vicio formal
irrelevance: falta de pertinencia, impertinencia, inaplicabilidad; (leg) improcedencia
irrelevant: fuera de lugar, ajeno a la cuestión, que no viene al caso, inaplicable, (leg) improcedente, carente de actualidad, ajeno a los problemas modernos, inoperante, inútil, incoherente, descabellado
irrespective of: independiente de, sin tener en cuenta, sin tener en consideración, sin considerar, prescindiendo de, sea cual fuere
__ **of percentage (i.o.p.)**: sin franquicia
__ **of the terms of the agreement**: no obstante lo dispuesto en el acuerdo (contrato)
irresponsible expenditures: gastos desmesurados
irresponsibility: irreflexión, irresponsabilidad, falta de responsabilidad, falta de seriedad
irresponsive to: insensible
irrevocability and enforceability of the award: carácter definitivo y ejecutorio de la sentencia
irrevocable agreement to reimburse: garantía irrevocable de reembolso
__ **beneficiary clause**: (designación de) beneficiario a título irrevocable
irrigated farming: cultivo de regadío
__ **land**: tierra de regadío, tierra regable
__ **maize**: cultivo de maíz de humedad

IRRIGATION

__ rice: arroz acuático
irrigation area: perímetro regable
__ development: puesta en riego
__ ditch: acequia, canal de riego, almatriche, sangría
__ dues: derechos de riego
__ project: puesta en riego
__ runoff: retornos del riego
isinglass: colapez; (min) mica
island country: país insular
__ port: puerto flotante
isolated economy: economía individual
__ event: hecho puntual
isoproduct curve: curva isocuante
issuance of a tender: apertura o convocación de un concurso
__ of title: concesión de título
issue: s salida; emisión; publicación; edición, tirada, número; expedición; distribución; reparto; resultado, consecuencia; cuestión, problema, punto; asunto; descendencia; v despachar, emitir, expedir, publicar, extender (cheque certificado, contrato, recibo, etc); salir, resultar, distribuir, repartir; ser descendiente de, promulgar, expender, cancelar, otorgar
__ a letter rogatory: librar un exhorto
__ a policy: extender una póliza de seguro
__ a writ: dictar un auto
__ above par, at a premium: emisión por encima de la paridad
__ at a discount, below par: emisión de descuento, por debajo de la paridad
__ in dispute: asunto litigioso
__ of liabilities: emisión de empréstitos
__ of notes: emisión de billetes
__ on tap: emisión abierta, emisión en ventanilla abierta, emisión contínua
issues paper: documento de exposición de problemas; síntesis (sectorial)
issued capital: capital emitido
__ share capital: capital accionario emitido
__ stock: acciones emitidas
issuing agency: organismo emisor, organismo que expide documentos
__ bank: banco emisor, banco de emisión (de valores)
__ of the credit: apertura del crédito
__ price: valor de emisión
it comes to this: en resumen
__ concerns him directly: le afecta directamente
__ follows that: de ello resulta, de ello se deriva que
__ has been seen: se ha observado
__ is a must: es un imperativo, es importante
__ is all for the best: es mejor que sea así, más vale que sea así
__ is apparent that: es evidente que, está claro que, es patente que
__ is beyond argument: es indiscutible
__ is common knowledge that: es del dominio público, es sabido de todos

IVORY

__ is fitting: es conveniente, procede
__ is my intention: tengo la intención de
__ is no use: de nada sirve, de nada vale
__ is not a case of: no se trata de
__ is not in my interest: no redunda en beneficio mío, no me beneficia
__ is not practicable: no resulta práctico
__ is obvious: es evidente, es manifiesto, es un hecho
__ is readily apparent: a primera vista
__ is reported that: se dice que, se informa que
__ is significant: interesa señalar
__ is the practice: se acostumbra, es de regla
__ is the sense of the Committee: el Comité estima
__ is to be understood that: queda entendido que
__ is up to (for): corresponde a, incumbe a
__ may be assumed from the foregoing: como corolario a lo expuesto
__ seems evident: por lo visto
__ seems fair to say: se puede afirmar
__ seems to be the general view: parece ser generalmente admitido, parece ser la opinión general
__ should be noted: conviene señalar, interesa observar que
__ so happens: precisamente
__ was so agreed: así (quedó) queda acordado, así se acordó (acuerda)
italics: letra bastardilla, cursiva, itálica; énfasis
item: rubro, asiento, partida, anotación; punto del programa, detalle, párrafo, artículo; renglón, concepto; materia, cuestión, asunto; (comp) unidad o elemento de información
__ (object) of expenditure: rubro o partida de gastos, concepto de gastos
__ of the tariff: posición arancelaria
items collectable: valores en cartera
__ with a large turnover: artículos de gran venta
itemization: (est) especificación, desglose
itemize: detallar, desglosar, pormenorizar, especificar, particularizar, puntualizar, precisar
itemized account: cuenta detallada o pormenorizada
__ invoice: factura detallada
__ list: lista pormenorizada
__ price: precio detallado
iterative or stepped method (procedure): método iterativo
itinerant: ambulante, itinerante, errante
__ expert: experto sin residencia fija
__ labor: afuerinos
__ teacher: maestro itinerante (visita dos o más escuelas u hogares y hospitales para dar clases a ciertos alumnos); sinón: *circuit teacher*
ivory paper: papel marfileño
__ tower: torre de marfil
__ tower plan: plan poco realista

J

jack: (ict) jurel; enchufe hembra
jack-up drilling rig: plataforma elevadora replegable
jacket: chaqueta, cubierta, carpeta (sobre exterior)
jackknifing: plegamiento (de vehículo articulado)
jacob's ladder: escala de gato
jaggery: azúcar moreno, azúcar sin refinar, azúcar de palma sin refinar
"jam": apuro, aprieto, lance, atasco, embotellamiento
jamming: interferencia (radio), atascamiento
jargon: jerga, jerigonza
jeep: vehículo a todo terreno
jellyfish: (ict) aguamala, medusa
jenny: torno, máquina para hilar, bobinador
jeopardy assessment: liquidación de oficio
__ **clause**: cláusula de salvaguardia
__ **loan**: préstamo con riesgo de posibles pérdidas
jerked beef: tasajo, charqui
jerque (jerk) note: certificado de declaración de entrada (aduana)
jet age: la época (era) del avión de reacción
__ **disperser**: dispersador de chorro
__ **injector**: inyector a presión o sin aguja
__ **lag**: retraso, desfase, alteración del reloj biológico en largos viajes aéreos
__ **plane**: avión de reacción o de retropropulsión
__ **propulsión**: propulsión a chorro
jetsam: echazón
jettison: *s* echazón de carga, pecio; *v* echar o arrojar mercancías al mar
jetty: rompeolas, tajamar, muelle, dique de abrigo
jewelry industry: industria de bisutería o joyería
jiffy bag: sobre acolchado
jig: útil de montaje
jitney: colectivo (minibus)
jitters: fluctuaciones de la imagen
job: trabajo, tarea, faena, puesto, colocación, empleo, oficio, profesión
__ **action**: acción laboral; (adm) protesta sindical (gremial)
__ **analysis**: análisis de las funciones de un puesto, análisis de actividades, análisis del trabajo, análisis de una profesión
__ **attrition**: eliminación natural de puestos
__ **audit**: examen del puesto (con fines de reclasificación)
__ **bias**: discriminación en el empleo
__ **breakdown**: descripción de las actividades de una tarea
__ **classification**: clasificación de puestos
__ **costing**: contabilidad industrial (por lotes, por pedido)
__ **description**: descripción de puesto o de cargo, descripción de las funciones (inherentes a un cargo)
__ **design**: especificación del empleo
__ **engineering**: organización del trabajo
__ **experience**: experiencia profesional
__ **evaluation (rating)**: evaluación del empleo o de las tareas, clasificación cualitativa de un puesto
__ **family**: grupo de ocupaciones, empleos o profesiones
__ **grading**: distribución de los puestos por categorías, clasificación de los empleos
__ **holder**: empleado, funcionario o persona con ocupación remunerada
__ **ladder**: estructura jerárquica de puestos
__ **opportunities**: posibilidades de empleo, fuentes de empleo o de trabajo
__ **order accounting**: contabilidad por órdenes de trabajo, por pedidos
__ **order cost accounting**: contabilidad por costos unitarios o por pedidos u órdenes de fabricación
__ **pricing**: atribución de valor monetario a los diversos empleos
__ **printing**: trabajos de imprenta por contrata
__ **requirements**: requisitos del cargo
__ **rotation**: rotación de puestos, reasignación
__ **tenure**: titularidad en el empleo
__ **satisfaction**: satisfacción en el empleo
__ **search allowances for employees**: subvenciones a los trabajadores en busca de trabajo
__ **security**: seguridad en el empleo
__ **seeker**: persona en busca de empleo, candidato, postulante
__ **seniority**: antigüedad en el empleo
__ **sheet**: hoja de instrucciones escritas destinadas a ayudar al aprendiz a dominar el trabajo asignado
__ **site**: obra
__ **slowdown**: merma en el trabajo
__ **specification**: profesiograma (cualidades exigidas en un empleo)
__ **time**: tiempo de trabajo
__ **title**: cargo, denominación del cargo
__ **training**: adiestramiento (enseñanza profesional para personas empleadas; enseñanza profesional para adultos que desean obtener empleo o mejorar su competencia en una ocupación)
jobs vacant: ofertas de empleo
job-ranking system: clasificación de los puestos por orden de importancia
job-related training: formación o capacitación para el puesto o cargo
job-time hours: horas de trabajo
jobber: comerciante, traficante, destajero, destajista, intermediario, negociador de valores
jobbing: comercio intermediario; a veces: trabajo a destajo
jobless: sin empleo, cesante
jockeying behind the scenes: trasfondo político
join: unir, asociarse, afiliarse, abrazar (un partido)
joined script: (edu) escritura (script) ligada

joinder: (leg) combinación de acciones
__ **of complaints**: acumulación de demandas
joining: confluencia (ríos)
joint account: cuenta conjunta o mancomunada, cuenta común, cuenta en participación, cuenta a medias
__ **action**: acción conjunta
__ **administrative machinery**: órganos administrativos paritarios
__ **adventure**: empresa colectiva, riesgo colectivo
__ **advisory committee**: comité consultivo mixto
__ **agreement**: acuerdo conjunto o colectivo, consensual
__ **and several**: mancomunado y solidario
__ **and several guarantee**: garantía solidaria
__ **and several liability**: obligación (responsabilidad) solidaria, indivisa, solidaridad legal; (Esp) solidaridad pasiva
__ **appeals board**: junta mixta de apelación
__ **arbitral clause**: cláusula de arbitraje mixta
__ **author**: coautor
__ **bond**: fianza solidaria
__ **catalog(ue)**: catálogo mixto
__ **commission**: comisión mixta, comisión paritaria, comisión conjunta
__ **committee**: comité conjunto, comité mixto, comisión conjunta
__ **costs**: costos mancomunados, costos de producción conjunta
__ **currency float**: flotación conjunta de las monedas
__ **current account**: cuenta corriente indistinta
__ **debt**: deuda solidaria
__ **debtor**: deudor solidario; codeudor
__ **declaration**: declaración conjunta
__ **disciplinary committee**: comité mixto de disciplina
__ **draft resolution**: proyecto de resolución conjunto o presentado conjuntamente
__ **effort**: esfuerzo colectivo
__ **enterprise**: empresa conjunta
__ **executor**: coalbacea
__ **field offices**: oficinas locales o regionales comunes
__ **financing**: financiamiento conjunto
__ **freight rate**: tipo de flete consolidado
__ **guarantee**: garantía solidaria
__ **guarantor**: avalista solidario
__ **holder**: copartícipe, cotitular, cotenedor, coposesor
__ **issue**: número doble (*v gr* publicación correspondiente a dos meses)
__ **liability**: responsabilidad u obligación mancomunada, responsabilidad solidaria
__ **management**: cogestión, codirección, coadministración
__ **manager**: coagente, coadministrador
__ **meeting**: reunión mixta
__ **mission**: misión conjunta
__ **monitoring committees**: comités conjuntos de fiscalización

__ **note**: nota consolidada
__ **operation**: explotación conjunta o en común
__ **owner**: copropietario
__ **ownership**: copropiedad, propiedad mancomunada, comunidad
__ **planning**: planificación conjunta
__ **possession**: coposesión
__ **product**: producto conjunto o conexo, coproducto
__ **program**: programa conjunto
__ **property**: propiedad indivisa
__ **proprietor**: copropietario
__ **resolution**: resolución conjunta
__ **responsibility**: responsabilidad solidaria
__ **return**: (impuestos) declaración conjunta
__ **secretary**: cosecretario
__ **service**: (trnsp marit) transporte sucesivo
__ **session**: sesión conjunta
__ **staff pension fund**: Comité Mixto de Pensiones del Personal (Naciones Unidas)
__ **stock company**: sociedad por acciones, sociedad de responsabilidad ilimitada
__ **subsidiary**: filial común
__ **surety**: fianza solidaria
__ **survey of inspection**: (seg) comprobación contradictoria (avería)
__ **tariff**: tarifa conjunta
__ **tenancy**: condominio, copropiedad
__ **tenant**: coarrendatario
__ **venture**: transacción u operación conjunta, empresa colectiva, sociedad accidental, empresa conjunta, asociación de empresas en participación; coinversión
joint-stock bank: banco en forma de sociedad anónima
jointly: conjuntamente, colectivamente, mancomunadamente
__ **and severally**: colectiva e individualmente, solidariamente, todos y cada uno por separado
__ **appointed member**: miembro designado por cooptación
__ **owned**: de propiedad conjunta
__ **owned companies**: sociedades en participación
joists: viguetas de techo
jouissance shares: acciones de disfrute o de goce (acciones redimidas que continuan participando de los dividendos)
jolly boat: chinchorro
jot down: anotar, apuntar
jouissance shares: acciones de disfrute o de goce (acciones redimidas que continuan participando de los dividendos)
journal: diario, periódico, revista; (cont) libro diario, libro mayor
__ **club**: club de lectura de revistas
__ **entry**: (cont) asiento de diario, asiento de traspaso
__ **of education**: revista de educación
__ **voucher**: comprobante de diario
journalism: periodismo

journalization: (cont) contabilización
journeyman: oficial, artesano, jornalero, funcionario ya formado, funcionario plenamente formado
joystick: (comp) palanca de mando
judge: *s* entendido, conocedor, árbitro; (leg) juez; *v* juzgar; considerar, estimar, calcular, evaluar
__ **from**: inferir, deducir
__ **of a labor court**: juez de trabajo
__ **of appeals court**: juez de alzadas
__ **of civil court**: juez civil o de lo civil
__ **of criminal court**: juez penal o de lo criminal
__ **of first instance**: juez de primera instancia
__ **on duty**: juez de turno
__ **on inspection**: ministro en visita
__ **ordinary**: juez ordinario
__ **who is a member of the bar**: juez letrado o de letras
__ **who tries both civil and criminal cases**: juez promiscuo
__ **with legal qualifications**: juez de letras
judgeship: judicatura
judging contest: concurso de evaluación
judgment: juicio, criterio, discernimiento, dictamen, fallo, sentencia; opinión, sentido, apreciación (personal, subjetiva)
__ **after trial**: sentencia contradictoria
__ **by arbitration**: sentencia arbitral
__ **debt**: deuda determinada por sentencia
__ **decisions**: decisiones personales, decisiones sobre valores
__ **remedy**: recurso legal
__ **roll**: expediente del juicio
__ **sample**: (est) muestra dirigida, muestra de apreciación
__ **that may be appealed to the executive but not to a higher court**: (Mex) sentencia ejecutoriada
judicial act: acto judicial
__ **action**: pleito; litigio judicial
__ **attestation**: atestación, certificado, testimonio, auténtica
__ **avoidance**: resolución judicial (de un contrato)
__ **circuit**: circunscripción (circuito) judicial
__ **compulsion (restraint)**: apremio
__ **confession**: confesión en juicio
__ **decision referring to matters of procedure (not to substance)**: providencia, orden de un juez
__ **decree**: decreto judicial
__ **discretion**: arbitrio judicial
__ **district**: (leg) círculo o distrito judicial
__ **machinery**: resortes judiciales
__ **(or administrative) authority**: órgano jurisdiccional
__ **order**: requerimiento judicial, providencia
__ **power**: autoridad del poder judicial
__ **practice**: jurisprudencia, práctica judicial
__ **procedure**: procedimiento judicial
__ **proceedings**: juicio
__ **recess**: receso judicial, feriado judicial
__ **remedy**: recurso legal
__ **review**: (leg) revisión judicial
__ **separation**: separación de cuerpos
__ **settlement**: mandamiento u orden judicial
__ **steps**: diligencias, gestiones, trámites judiciales
__ **testimony**: fe judicial
__ **writ**: auto, mandamiento
judiciary: magistratura; poder, autoridad judicial, función jurisdiccional
jumbo borrowing: empréstitos gigantescos
jump bail: quebrantar el arraigo, fugarse
jump on the bandwagon: subir al carro de la victoria
junction: empalme, entronque, unión; estación de empalme, bifurcación
__ **box**: (elec) caja de conexiones
__ **port**: puesto de enlace
juncture: juntura, coyuntura, ocasión, oportunidad, etapa, momento crítico
junior: (EUA) (edu) estudiante de tercer año en los colleges de 4 años; de segundo año en los colleges de 3 años
__ **basic course**: curso de educación fundamental para principiantes
__ **bond**: bono subordinado, bono de segunda clase
__ **capital**: capital sobordinado, no preferente
__ **clerk**: empleado de categoría inferior
__ **college**: establecimiento de enseñanza que ofrece un programa de dos años, ya sea como terminación de estudios o como preparación para la ulterior formación en un college o universidad (en América Latina se emplea el término "colegio universitario" para designar a estas instituciones); centro universitario básico, institutos postsecundarios; (Esp) colegio universitario básico
__ **counsel**: abogado auxiliar o secundario
__ **creditor**: acreedor no prioritario, acreedor secundario o inferior
__ **debt**: deuda subordinada
__ **employee**: empleado subalterno
__ **grade**: (adm) categoría del personal subalterno
__ **high school**: escuela secundaria elemental, primer ciclo de enseñanza secundaria, escuela secundaria (primer ciclo)
__ **kindergarten**: kindegarten elemental
__ **level**: categoría subalterna
__ **lien**: gravamen inferior
__ **lien bonds**: obligaciones sujetas a las prioritarias
__ **member**: miembro de categoría auxiliar
__ **officer**: oficial subalterno
__ **partner**: socio minoritario, socio menor
__ **position**: cargo auxiliar
__ **professional**: funcionario profesional de categoría auxiliar
__ **professional staff**: personal profesional auxiliar o subalterno

__ **research officer**: ayudante de investigación
__ **service**: cuadro auxiliar de la administración
__ **staff officer**: personal subalterno, personal de menor categoría
__ **technical trade schools**: escuelas técnicas elementales
__ **writ**: auto posterior
__ **year abroad**: (EUA) tercer año universitario que los estudiantes están autorizados a cursar en una universidad extranjera
junk: hierro viejo, hierro de desecho o desperdicio, chatarra, basura, trastos viejos, desechos, retal; mercancia de pacotilla
__ **bonds**: bonos especulativos, bonos chatarra
__ **vehicles**: vehículos descartados como chatarra
juridical person: persona jurídica, persona de existencia ideal
__ **personality**: personalidad jurídica
__ **rights**: bienes jurídicos
jurisdiction: fuero (militar, eclesiástico), jurisdicción, competencia, incumbencia
__ **of courts of law**: competencia judcial
jurisdictional dispute: controversia sobre jurisdicción, cuestión de competencia
__ **judge**: ministro de fuero
__ **strike**: huelga para establecer jurisdicción, huelga intergremial
jurisprudence: jurisprudencia
jurisprudent: jurisconsulto, jurisperito
jurist: jurista, jurisconsulto, jurisperito
juristic act: acto jurístico
__ **person**: persona jurídica o moral
__ **person at private law**: persona jurística de derecho privado
jury: jurado (cuerpo e institución), tribunal de jurados
juryman: juez de hecho, jurado (individuo)
jurywoman: jurada
just cause: causa justificada
__ **claim**: demanda justa
__ **compensation**: remuneración razonable o equitativa
__ **in case**: por si acaso
__ **in time**: justo a tiempo
__ **the same**: así y todo
__ **value**: valor equitativo
justice of the peace: juez de paz, justicia de paz, alcalde pedáneo
justifiable grounds: motivos justificados
__ **homicide**: homicidio inculpable, homicidio con causa de justificación
justification: justificación; documentos justificativos, documentación de apoyo, de fundamento
justified: fundamentado
justifying: justificativo de (ausencia)
jute: cáñamo, yute, henequén
__ **mill**: fábrica de yute
__ **twine**: bramante de yute, cáñamo
juvenile court: tribunal de menores
__ **court proceedings**: procesos seguidos contra menores

__ **court referee**: juez delegado de los tribunales de menores
__ **defendant**: menor acusado
__ **delinquency**: delincuencia juvenil
__ **delinquent (offender)**: menor delincuente
__ **vagrancy**: vagabundeo (vagancia) de menores

K

kangaroo court: tribunal irregular o desautorizado
kapok: lana de ceiba
ked: garrapata (ovejas)
keelage: derecho de quilla o puerto
keen demand: demanda sostenida
keenly: con empeño, entusiasmo, tesón, ahinco
keep an eye on: vigilar
__ **in check**: mantener a raya
__ **in mind**: tener presente o en cuenta, recordar
__ **in touch with**: mantener comunicación o relaciones con
__ **oneself informed**: mantenerse informado, al día o al corriente
__ **pace with**: llevar el mismo ritmo, avanzar al mismo paso
__ **posted**: poner al corriente o al tanto
__ **the minutes**: preparar o redactar las actas
__ **the peace**: mantener el orden público, mantener la paz
__ **up with the Jones**: no ser menos que el vecino (efecto de demostración)
keeping quality: durabilidad (fruta, verduras)
keg: barrica, cubeta, barrilete, cubilete, tonelillo
kelp: alga parda, algas marinas
Kennedy Round: Ronda Kennedy; negociaciones arancelarias Kennedy
kerb (stone): bordillo
kerosene: querosene, querosén, kerosina, kerosén
key: llave, clave, fundamento, símbolo; (comp) criterio de clasificación
__ **currency**: moneda clave
__ **data**: datos clave, datos básicos
__ **factor**: factor determinante
__ **industries**: industrias esenciales
__ **interest rates**: tipos o tasas de interés clave
__ **man**: persona muy importante, persona indispensable
__ **money**: derecho de llave
__ **money rate**: tipo o tasa central
__ **personnel**: personal clave, personal de servicios esenciales
__ **point**: punto vital o esencial
__ **position**: puesto clave
__ **posts**: puestos claves o principales
__ **punch**: perforadora de teclado
__ **skills**: técnicas claves o principales, especialización
__ **species**: especies esenciales

__ **station**: radioemisora principal
__ **words**: palabras clave; descriptores temáticos
keyed to: en función de, adaptado a
keynote: tónica; idea central o fundamental, piedra angular; tema de una campaña
__ **address**: discurso principal o de fondo
__ **idea**: idea central o fundamental, tema de una campaña
__ **speaker**: orador principal, portavoz
__ **speech**: discurso principal
keypad: teclado (telefónico)
kick upstairs: "sacar por arriba", promover (personal)
kickback: comisión clandestina
kid gloves: guantes de cabritilla
kidnapping: secuestro; (AL) plagio
kidney bean: judía, frijol
__ **cotton**: algodón egipcio
kill a well: tapar un pozo
killing effect: efecto mortífero
__ **floor**: cancha o nave de matanza (matadero)
kiln: horno, secadero (madera, etc)
kilowatt-hour: kilovatio-hora
kin: parentesco, vínculo, familia, linaje, parientes
kind, in: en especie
kindergarten: escuela maternal, escuela de párvulos, jardín de la infancia, kindergarten
kindred: *s* parentela, parentesco, parientes; *a* emparentado; similar, semejante, afín
kinds and amounts of customs duties: tipo y cuantía de los derechos aduaneros
kingsize: tamaño grande, sobretamaño
king crab: (ict) centolla, cangrejo ruso
__ **fish**: (ict) sierra
__ **mackerel**: (ict) carita
__ **salmon**: (ict) salmón gigante
kinked curve: curva quebrada
kin(s)folk: parentela, familia
kinship: parentesco, semejanza, correspondencia
kiss of life: respiración boca a boca
kissing bug: tratomídeo, chinche selvática
kit: juego, carpeta, colección, equipo, estuche, sobre; (edu) paquete didáctico
kitchen equipment: utensilios de cocina, batería de cocina
__ **garden**: huerto
__ **scraps**: desperdicios comestibles
kitchen-cupboard remedies: remedios caseros
kichenware: utensilios de cocina, batería de cocina
kite: (fin) cheque en descubierto
kiteflying: emisión de cheques (letras) en descubierto
kith and kin: parientes y amigos
knapsack: mochila, barjuleta
__ **sprayer**: rociador o pulverizador tipo mochila
knickknacks: cháncharas, chucherías, baratijas
knit goods: géneros o tejidos (prendas) de punto
knitting industry: fabricación de géneros y tejidos de punto
__ **loom**: telar de géneros de punto

__ **mill**: fábrica de géneros y tejidos de punto
knitwear: tejidos o prendas de punto
knobstick: rompehuelgas, esquirol
knock down at an auction: rematar
knockdown table: mesa desmontable
knockout price: precio de competencia, de remate o de liquidación
knoll: otero
know all men by these presents: sépase por la presente, conste por el presente documento, comuníquese
knowhow: experiencia práctica, conocimientos prácticos, conocimientos tecnológicos o técnicos, tecnología, fórmula, pericia, habilidad; método de fabricación, preparación técnica
knowing full well: con pleno conocimiento de causa
knowingly: a sabiendas, con conocimiento de causa, a ciencia cierta
knowledge: conocimiento, saber, erudición, ciencia
__ **and qualifications**: conocimientos y aptitudes
knowledgeable person: persona erudita, persona bien informada
kraft liner: papel de forro
__ **paper**: papel de envolver o para embalar
krill swarm: banco de krill

L

label: etiqueta, rótulo, marbete, letrero; designación, calificación
__ **holder**: portaetiquetas, portamarbete
labeling: etiquetado
__ **machine**: máquina etiquetadora
lablab bean: dólico gigante, sarandaja, frijol trepador, frijol de tierra
labor: mano de obra, trabajo; personal a jornal, trabajadores; (med) parto
__ **agreement**: contrato laboral, convenio colectivo de trabajo
__ **and management**: trabajadores y patrones
__ **code**: código del trabajo, legislación o leyes del trabajo
__ **contract**: contrato colectivo de trabajo
__ **cooperatives**: cooperativas de base sindical
__ **costs**: costos de mano de obra, costos del factor trabajo, costos laborales
__ **court**: tribunal o juzgado del trabajo, tribunal laboral, justicia del trabajo
__ **dispute**: conflicto del trabajo, conflicto laboral
__ **education**: educación sindical
__ **exchange**: bolsa de trabajo, servicio oficial de colocación, oficina de colocación
__ **experts**: expertos laborales
__ **federation**: federación del trabajo
__ **force**: fuerza de trabajo, mano de obra; a veces: población activa

LABOR LAMINATED

__ **force participation rate**: tasa de actividad
__ **income**: renta del trabajo
__ **input**: insumo de trabajo, factor trabajo
__ **inspection**: inspección del trabajo
__ **intensity of cultivation**: densidad de mano de obra en el cultivo
__ **intensive**: con gran intensidad de mano de obra, de uso intensivo de mano de obra, de alto coeficiente de mano de obra
__ **intensive industry**: industria que utiliza gran densidad de mano de obra
__ **law**: derecho sindical
__ **laws**: leyes sociales, reglamento del trabajo o legislación laboral
__ **layoff**: despidos de mano de obra
__ **leaders**: dirigentes obreros, sindicales o gremiales
__ **market**: mercado del trabajo, laboral o de mano de obra
__ **mobility**: movilidad de la mano de obra
__ **movement**: movimiento obrero o sindical
__ **party**: partido laborista
__ **penetration**: tasa de actividad
__ **productivity**: productividad de la mano de obra
__ **regulations (norms)**: disposiciones laborales
__ **relations**: relaciones laborales, relaciones obrero-patronal
__ **resources**: recursos en mano de obra, mano de obra disponible
__ **separation**: cesantía, desahucio
__ **shed**: zona de contratación de mano de obra
__ **statistics**: estadísticas laborales
__ **stoppage**: paralización del trabajo
__ **struggle**: conflicto laboral
__ **supply**: oferta de trabajo, trabajadores disponibles, disponibilidad de mano de obra
__ **trouble**: crisis obrera
__ **turnover**: movimiento de la mano de obra, inestabilidad de la mano de obra, rotación del personal, rotación de la mano de obra
__ **union**: gremio, sindicato obrero o gremial, asociación obrera
__ **ward**: (med) sala de partos
labor-output ratio: relación trabajo-producto
labor-saving devices: dispositivos que permiten ahorrar tiempo, dispositivos que economizan mano de obra
laboratory: laboratorio, gabinete
__ **breakage insurance**: indemnización por deterioro de materiales o equipo de laboratorio
__ **diagnosis**: diagnóstico de laboratorio
__ **method of teaching**: método experimental de enseñanza
__ **school**: escuela experimental, escuela de demostración, escuela modelo, escuela de práctica, escuela de capacitación, escuela de aplicación
__ **worker**: laboratorista
labor-management relations: relaciones obrero-patronal, entre empleados y empleadores
laborer: peón, jornalero, obrero, operario

laborite: laborista
laches: (leg) incuria, negligencia
lack of a proper defense: indefensión
__ **of adjustment**: desnivel
__ **of consideration (contract)**: falta de causa o de contraprestación
__ **of continuity**: discontinuidad
__ **of coordination**: desvinculación
__ **of development of the system**: falta de madurez del sistema
__ **of foresight**: falta de previsión, de perspicacia, imprevisión, miopía
__ **of judgment**: falta de criterio, falta de discernimiento, falta de juicio
__ **of legal capacity**: incapacidad jurídica
__ **of legal standing**: falta de personería
__ **of linkage**: desvinculación
__ **of passion**: seriedad
__ **of relevance**: inaplicabilidad
__ **of response**: falta de agilidad
__ **of vitamin A**: deficiencia, carencia de vitamina A, hipovitaminosis A
lacking substance: inconsistente
ladder of success: peldaño del éxito
__ **system of education**: sistema escalonado de educación
laden weight: peso en carga
lading: carga, cargamento, embarque, flete
__ **permit**: permiso de cargar
lag: retraso, demora, desfase, lapso
__ **behind**: (ir o quedar) a la zaga
__ **behind incoming orders**: no dar abasto a los nuevos pedidos
__ **correlation**: correlación desfasada
__ **phase**: fase de rezago, de retardo
__ **response**: respuesta retrasada
__ **test**: prueba de diferencia de tiempo
lagged inflation: inflación desfasada
__ **variable**: variable desfasada, retrasada o diferida
lagging indicator: indicador retrospectivo, indicador atrasado o rezagado
lagoon: estanque (aguas servidas); laguna
laid paper: papel verjurado o vergueteado (vergé)
__ **wool**: lana alquitranada
"laid-down" cost: "entregado"; precio de costo efectivo
laid-up fleet: flota inactiva
laisser faire: (econ) liberalismo
laity: laicado, seglares, profanos, legos
lake bloom: proliferación de algas en los lagos
__ **transportation**: transporte lacustre
lambing pen: paridera
lambs on feed: corderos de ceba
lame duck: legislador vencido por reelección; deudor insolvente
lame-duck industries: industrias no rentables
lamin board: tablero laminado, tablero enlistonado
laminated construction: piezas laminadas para construcción
__ **wood**: madera laminada o terciada; contraplacado, contrachapado

lamp black: negro de humo
lamp post: poste de alumbrado (de la luz)
lampara net: lámpara
lamplight fishing: pesca con luz (artificial), al encandilado
lampoon: pasquín, sátira, libelo
lancet: (med) lanceta, varilla
__ **with flexible end**: varilla flexible (para rociamiento)
land alienated by leasehold: tierras arrendadas o dadas en arrendamiento
__ **and its produce**: la tierra y sus productos
__ **and seabed subsoil**: subsuelo terrestre y marino
__ **area**: extensión territorial, zona continental
__ **awards**: donación de tierras
__ **betterment tax**: impuesto de valorización o sobre la plusvalía, impuesto de mejora
__ **block**: lote
__ **built over**: terrenos edificados
__ **capability**: capacidad productiva (potencial) de la tierra, aptitud agrícola de la tierra
__ **capability studies**: estudios de aptitud del suelo, de la capacidad de uso de la tierra
__ **capacity**: capacidad de la tierra, aptitud de la tierra
__ **clearance**: artiga, roce, desbroce, desmonte, roza
__ **clearance by burning**: roza a fuego, quema
__ **colonization**: colonización agraria
__ **consolidation**: concentración parcelaria
__ **degradation**: degradación (empobrecimiento) de la tierra
__ **development**: aprovechamiento, habilitación o acondicionamiento de tierras, urbanización, puesta en producción de tierras
__ **division**: parcelación
__ **drainage**: avenamiento de tierras, drenaje
__ **equivalent (or equivalency) ratio**: coeficiente de la tierra de cultivo equivalente
__ **freight**: flete terrestre
__ **grading**: preparación del suelo
__ **grant**: concesión o donación de tierras, merced de tierras
__ **held for service**: tierra arrendada a cambio de servicios
__ **holdings**: propiedades prediales o de tierras
__ **imprinting**: impronta terrestre
__ **improvement**: mejoramiento de tierras
__ **management**: ordenación de tierras, explotación de tierras
__ **mortgage bank**: banco de crédito agrario, banco de crédito territorial
__ **office**: oficina de catastro
__ **policy**: política agraria
__ **preparation**: habilitación de tierras
__ **preparation facilities**: obras de adecuación
__ **reclamation**: bonificación, recuperación (saneamiento) de tierras, puesta en cultivo de tierras
__ **reclamation and development**: bonificación y aprovechamiento de las tierras
__ **recovery**: rehabilitación de las tierras
__ **reform**: reforma agraria, reforma de la tenencia de la tierra
__ **registry**: registro de la propiedad, registro catastral, catastro
__ **resilience**: poder o capacidad de recuperación de la tierra
__ **resources**: recursos en tierras
__ **resources development**: desarrollo de los recursos de la tierra
__ **route**: vía terrestre
__ **settlement**: colonización, asentamiento agrícola
__ **settlement tax**: impuesto de mejoramiento de la tierra
__ **sown**: sementera, tierra sembrada
__ **suitable for forests**: tierras forestales
__ **subdividing**: parcelación
__ **survey(ing)**: agrimensura; levantamiento topográfico, medición o reconocimiento del terreno, apeo
__ **survey board**: dirección del catastro
__ **surveyor**: agrimensor
__ **tax**: impuesto (contribución) territorial o sobre la tierra, impuesto sobre bienes raíces, impuesto predial, impuesto de arraigo
__ **tenure**: tenencia de la tierra, régimen de propiedad
__ **title**: título de propiedad
__ **transport**: transportes internos, transporte de superficie
__ **use**: explotación del suelo, aprovechamiento de tierras, uso del suelo, uso de la tierra
__ **use planning**: planificación de tierras, ordenación territorial
__ **use ratio**: coeficiente de utilización de tierras
land-based producers: productores de tierra firme
land-grant college: (EUA) college establecido en tierras concedidas por el Gobierno Federal a los Estados a fin de que éstos crearan establecimientos para la enseñanza de la agricultura y artes mecánicas; dichos establecimientos se denominan en general *colleges of agriculture and mechanical arts* o *land-grant colleges and universities*
landed: desembarcado, descargado
__ **cost**: costo descargado, descarga franca
__ **institutions**: instituciones de bienes raíces
__ **interests**: terratenientes
__ **price**: precio al desembarque, precio en el muelle de descargue, precio descargado, precio en el lugar de destino, precio sobre el muelle
__ **property**: bienes raíces, finca rústica
__ **value**: (seg) valor despachado, descargado
__ **weight**: peso de descarga, peso en descarga (azúcar)
landfill: relleno, terraplenamiento
landholder: hacendado, terrateniente
landholding: tenencia de tierras
landing: desembarco, desembarque, descarga, aterrizaje, alunizaje; amaraje, desembarcadero; descansillo, rellano (escalera)

LANDLESS

__ **charges**: derechos de desembarque
__ **fees**: derechos de aterrizaje
__ **gear**: tren de aterrizaje (avión); patas de aparcamiento (camión remolque)
__ **ground**: campo de aterrizaje
__ **permit**: permiso de desembarque
__ **rates**: tasas o índices de descanso (*v gr* mosquitos posados)
__ **run**: recorrido de aterrizaje
__ **stage**: desembarcadero
__ **strip**: pista de aterrizaje
landless peasants: campesinos sin tierra
landlocked country: país sin litoral o país mediterráneo
__ **states**: estados sin litoral
__ **status**: mediterraneidad
landlord and tenant: arrendador y arrendatario
landlord's capital: capital en finca
landmark: mojón, marca, hito, punto o acontecimiento culminante (decisivo), rasgo sobresaliente
landowner: terrateniente, hacendado, propietario rural de inmuebles
landownership: propiedad de tierras, tenencia de tierras, posesión de tierras
landscape: *s* paisaje; *v* ajardinar, hermosear un terreno con árboles, arbustos, etc;
__ **architect**: arquitecto paisajista
__ **engineer**: ingeniero paisajista
__ **expert**: paisajista
__ **gardening**: jardinería ornamental, arquitectura del paisaje
landscaped areas: zonas verdes
landslide: derrumbe, desprendimiento de tierra, argayo; aplastante victoria electoral
lane: senda; vía de tráfico, carril, pista, ruta
language: lengua, idioma; lenguaje
__ **allowance**: prima por conocimiento de idiomas
__ **arts**: disciplinas lingüísticas
__ **bonus**: gratificación por conocimientos lingüísticos
__ **disorders**: logopatía
__ **incentive**: incentivo para el aprendizaje de idiomas
__ **laboratory**: laboratorio de idiomas
__ **of instruction**: idioma de instrucción, idioma en que se imparte la enseñanza, lengua vernácula
__ **patterns**: formas sintácticas
__ **proficiency**: dominio del idioma
__ **proficiency examination**: examen de competencia lingüística
__ **skill**: habilidad lingüística
__ **teacher coordinator**: coordinador de enseñanza de idiomas
__ **teaching machine**: máquina de enseñanza de idiomas
__ **training**: enseñanza de idiomas
__ **units**: elementos del idioma, unidades lingüísticas

LATENT

lapel clip: botón de solapa
lapse: *s* lapso, período; transcurso; falla, equivocación; desliz, falta, error; caducidad; prescripción; *v* transcurrir, pasar; caducar (contrato), anular, extinguirse; caer en el error, equivocarse; faltar; caer en desuso; cometer un desliz, deslizarse
__ **factor**: factor retraso
__ **in refilling vacant posts**: atraso en llenar puestos vacantes
__ **of a patent**: expiración de una patente
lapse-of-time decision: decisión tácita o aprobada tácitamente por vencimiento de un plazo
lapsed discount: descuento caducado
lapsing rights: decadencia de derechos
larceny: ratería, hurto, robo, latrocinio
lard: manteca de cerdo, empella
large animals: ganado mayor (vacas, mulas, caballos)
__ **group instruction**: enseñanza a grandes grupos
__ **mussel**: (ict) choro zapato
__ **primary forest**: monte real
__ **teletherapy unit**: unidad de teleterapia de gran rendimiento
__ **vineyard**: viñedo
large-scale map: mapa de gran escala
__ **mining**: gran minería
larval habitat: criadero de larvas
larviciding: aplicación de larvicida, destrucción de larvas, tratamiento larvicida
laser beam: rayo láser
lashing and unlashing of deck containers: amarre y desamarre de los contenedores de cubierta
LASH (lighter aboard ship): transporte con gabarras embarcadas
last but not least: el último en orden, aunque no en importancia
__ **hope**: tabla de salvación, último recurso
__ **in, first out (LIFO)**: últimas entradas, primeras salidas (salida en orden inverso a de adquisición)
__ **name**: apellido
__ **resort**: último recurso
__ **wish and testament**: última disposición, última voluntad
last-ditch effort: último esfuerzo
lasting: duradero, resistente, constante, profundo, perdurable
__ **peace**: paz duradera
latch: aldaba, picaporte, cerrojo
late attack area: área en fase de ataque avanzado (paludismo)
__ **bid**: oferta fuera de plazo, tardía
__ **fetal death**: mortalidad o defunción fetal tardía
__ **maturing crop**: cultivo de maduración tardía
latency time: (comp) tiempo de espera
latent defect: defecto o vicio oculto, falta oculta
__ **defect exception**: exoneración por vicio oculto

LATERAL

__ **goodwill**: plusvalía latente
__ **period**: período de latencia
__ **unemployment**: desempleo latente
lateral dominance: (edu) zurdera (EUA)
__ **integration**: combinación de empresas dedicadas a un mismo negocio
__ **transfer**: transferencia lateral
latest date: plazo
latex-backed carpet: moqueta con fondo de látex
lathe: torno
Latin American Economic System (SELA): Sistema Económico Latinoamericano
latitude: flexibilidad, libertad de acción, amplitud, anchura, margen, latitud
latrine construction: letrinización
lattice: enrejado
__ **container**: contenedor de celosía
__ **design**: trazado reticular
launch: crear, fundar (compañía); emprender (proyecto); emitir (bonos); estrenar (película)
__ **vehicle**: vehículo propulsor
launching pad: terraplén de lanzamiento (aeronaves)
laundering of capital: blanqueo de capital, amnistía para repatriación de capital fugado
laundering of money: blanqueo de dinero
lavatory: lavado, lavamanos, lavadero; retrete, W.C. (water closet), "water"
law: ley; derecho; jurisprudencia; abogacía
__ **and its enabling regulations**: ley y sus reglamentos
__ **and order**: orden público
__ **and practice**: leyes y usos
__ **enforcement**: ejecución o aplicación de la ley
__ **enforcement agencies**: fuerzas de orden
__ **enforcement officers**: autoridades encargadas de hacer cumplir las leyes, autoridades judiciales y policiales
__ **firm**: oficina de abogados, bufete, estudio de abogados
__ **goods**: mercancías legales
__ **in force**: ley vigente
__ **merchant**: derecho mercantil, derecho comercial
__ **of diminishing marginal utility**: ley de utilidad marginal decreciente
__ **of diminishing returns**: ley de rendimiento decreciente
__ **of nations**: derecho internacional, derecho de gentes
__ **of nature**: derecho natural
__ **of negotiable instruments**: derecho de los títulos negociables (cambiarios)
__ **of retaliation**: ley del Talión
__ **of sales**: derecho comercial
__ **of taxation**: derecho fiscal, derecho tributario
__ **of the land**: legislación nacional, ley de la nación, derecho común
__ **of the place where ... is situated**: ley de la situación de...
__ **of the sea**: derecho del mar

LAYING

__ **of war**: derecho de guerra
__ **office**: oficina o estudio de abogados, bufete
__ **relating to negotiable instruments**: derecho cambiario
__ **school**: escuela o facultad de derecho
__ **shopping**: búsqueda de leyes favorables
law-abiding: respetuoso de la ley, observador de la ley
law-breaker: infractor de la ley
law-breaking: violación de la ley, infracción de la ley
lawful: legal; lícito; legítimo; válido (contrato)
__ **age**: mayor de edad, edad legal, mayoría de edad
__ **day**: día hábil
__ **government**: gobierno legalmente constituido
__ **money**: moneda legal o de curso legal, medio de pago legal
__ **order of a court**: decisión jurídica legalmente dictada
lawfulness: legalidad, legitimidad
lawgiver: legislador
lawless: ilegal, ilícito, ingobernable, desordenado, anárquico
lawlessness: desorden, licencia, anarquía, desenfreno
lawmaker: legislador
lawmaking: *s* elaboración de leyes; *a* legislativo
__ **agreement**: acuerdo normativo
lawsuit: pleito, juicio, acción, causa, litigio, proceso
lawyer: abogado, licenciado, letrado, jurista, jurisconsulto
lawyer's head clerk: oficial de un bufete
lawyers services: servicios de asesoría jurídica (asesoramiento jurídico)
lay: laico, lego, secular, profano, seglar
__ **away sale**: venta para entrega futura
__ **corporation**: corporación secular
__ **days**: días de estadía (puerto)
__ **judge**: juez lego o popular, juez de hecho
__ **midwife**: partera empírica
__ **of the land**: configuración del terreno
__ **off**: dar de baja (a un empleado), despido libre, prescindibilidad
__ **over, on**: de paso, en escala (barcos o aviones)
__ **personnel**: personal no profesional, personal empírico
__ **the foundations (the groundwork) for**: sentar las bases, fundamentar
__ **time**: estadía; manipulación de la carga (duración)
lay-by: apartadero, dársena de espera
lay-out key: formulario modelo, formulario marco, tipo, formulario clave
layer: capa; estrato; gallina ponedora; (agr) acodo, vástago acodado
layered branch: mugrón
__ **structure**: estructura estratificada
layette: canastilla (para el recién nacido)
laying: colocación, instalación, tendido (cable); puesta (huevos)

LAYMAN   **LEARNING**

__ **out**: (const) replanteo
layman: lego, profano
layoff: paro involuntario o forzoso; despido, licenciamiento, desahucio, cesantía
__ **pay**: indemnización por despido
layout: (impr) disposición; diseño; diagramación; montaje, configuración, distribución; replanteo (trazado en el terreno o sobre el plano de cimiento de la planta de una obra ya estudiada o proyectada), plano general (de un proyecto); maqueta de presentación
__ **draftsman**: delineante, trazador
__ **map**: mapa general
__ **plan**: plan de conjunto, plan de situación; plan de distribución
__ **of a project**: diseño o plan general de un proyecto
__ **of equipment**: disposición del equipo
__ **of farms**: organización interna de las explotaciones agrícolas
__ **of the city**: ordenación de la ciudad
leaching: lixiviación, deslave
__ **plant**: planta de lixiviación
lead: dirección, mando; iniciativa; plomo; derivación; (pl) conductores
__ **agency**: organismo principal; organismo líder, organismo director
__ **bank**: banco director
__ **donor**: donante principal
__ **line**: sonda, sondaleza (pesca)
__ **manager**: jefe de fila (préstamo bancario sindicado)
__ **poisoning**: saturnismo
__ **screen**: pantalla de papel de plomo
__ **time**: plazo, tiempo de arranque o de preparación de una máquina; período de gestación o tiempo de puesta en marcha de un proyecto, tiempo de ejecución; estadía; período de maduración de un proyecto
__ **to**: traducirse en, resultar en; causar
leads and lags: adelantos (en los pagos) y atrasos (en los cobros); los anticipados y los diferidos
lead-free fuels: combustibles exentos de plomo
leader: dirigente, autoridad, jefe, caudillo, jefe de grupo, persona influyente, dignatario, líder, fuerza viva, cúpula, mandos; (pl) puntos suspensivos
__ **company**: sociedad piloto; compañía iniciadora o vanguardista, empresa líder
__ **market**: mercado pautador
leaders of farmer organizations: dirigentes campesinos
leadership responsibility: responsabilidad directiva
leading: principal, primordial, destacado, predominante, preponderante, de primer orden, determinante, influyente
__ **article**: artículo de fondo, editorial
__ **indicators**: indicadores anticipados, indicadores adelantados o de coyuntura anticipada

__ **question**: pregunta capciosa, pregunta sugestiva
__ **sector**: sector principal, pautador o adelantado
leadership: dirección, orientación, iniciativa, liderazgo, funciones directivas, mando, función rectora, cúpula
__ **capacity**: capacidad de dirección, dotes de mando
leaf fat: grasa en rama
__ **mould**: mantillo
__ **of a book**: folio
__ **season**: foliación
__ **tobacco**: tabaco en rama (de hoja) o sin despalillar, tabaco en bruto
leaflet: papeleta, pliego suelto, volante, hoja suelta, octavilla
leafy vegetables: verduras
leak: escape o fuga (de gas, vapor, etc); gotera
__ **of information**: filtración de informaciones
leakage: escape, fuga, pérdida, salida, derrame, merma; divulgación de información secreta, filtración; (fin) utilidades encubiertas; (pl) pérdidas de crédito
__ **flow**: (rate) caudal de pérdida
lean ore: mineral de baja ley, mineral pobre
__ **stock**: ganado flaco
__ **year**: año de crisis, año deficitario
lean-to: mediagua, cobertizo
leapfrog effect of duties: efecto de cruce de los derechos
learn: aprender, instruirse, informarse, enterarse, saber
learned: erudito, docto, ilustrado, sabio
__ **body**: asamblea o institución docta
__ **organizations**: organizaciones culturales o eruditas
__ **society**: academia
learner: alumno, estudiante, principiante, aprendiz, pasante
learner-based education: enseñanza centrada en el estudiante
learner-centered methods: métodos concebidos en función del alumno; métodos puericéntricos
learner-centered teaching: enseñanza adaptada a la personalidad del alumno
learning: aprendizaje, instrucción, adquisición de conocimientos, erudición, saber
__ **by doing**: "aprender a hacer haciendo", aprender sobre la marcha, aprender en la práctica, aprendizaje por la práctica
__ **curve**: curva de aprendizaje
__ **distortion**: trastorno del aprendizaje
__ **experience**: experiencia de aprendizaje
__ **kit**: estuche de material didáctico
__ **material**: material didáctico
__ **package**: paquete, carpeta o conjunto de material didáctico
__ **process**: proceso de aprendizaje
__ **rate**: tasa de asimilación de conocimientos
__ **sets**: secuencias de aprendizaje

LEASE   LEGAL

__ situations: situaciones en las que puede impartirse la enseñanza
__ theory: pedagogía
lease: s arrendamiento, arriendo, alquiler, contrato de arrendamiento; v arrendar, alquilar, tomar en arriendo
__ of livestock: aparcería pecuaria
__ purchase contract: contrato de arrendamiento con opción de compra
__ rental: cánon de arrendamiento
leased goods: bienes en leasing, bienes arrendados
leaseback: retroarriendo, retrocesión en arriendo (arrendamiento)
__ provision: cláusula de retrocesión
leasehold: inquilinato, derecho de arrendamiento
__ insurance: seguro de amortización
leaseholder: arrendatario, inquilino
leasing: arriendo, arrendamiento (financiero); alquiler; leasing (arrendamiento con opción de compra)
least developed countries (LLDCs): países (en desarrollo) menos adelantados (PMA)
__ resistance, principle of: principio del mínimo esfuerzo
__ squares method: método de las mínimas cuadradas o la mínima
least-cost analysis: análisis del costo mínimo
__ approach: procedimiento del costo mínimo
leather goods: artículos (productos) de cuero o de piel, talabartería, tafiletería, marroquinería
__ shop: peletería
leave: permiso, licencia
__ application: solicitud de vacaciones
__ at half pay: licencia con medio sueldo
__ entitlement: derecho a licencia
__ of absence: licencia prolongada que se concede a un maestro y que no influye en su contrato o permanencia en el cargo (V *sabbatical year*); permiso para ausentarse
__ on the sidelines: dejar al margen
__ out: omitir, excluir, prescindir de
__ room for: dar margen
__ the service: retirarse del servicio; (mil) causar baja
__ without pay: licencia sin goce de sueldo
leavers (rate of): (edu) tasa de abandono escolar
leaving certificate: certificado de terminación de estudios
__ rates: (adm) movimiento de personal
lectern: atril, fascistol
lecture: conferencia, exposición oral, clase magistral; lección, reprimenda, sermón
__ demonstration method: exposición teórica combinada con demostraciones prácticas
__ form of presentation: exposición (del maestro)
__ tour: visita (gira) con charla explicativa, gira de conferencias
lecturer: conferenciante, profesor (contratado para enseñar o dictar conferencias a una clase o grupo de estudiantes)

ledger: libro mayor, libro de cuentas, libro de contabilidad general
__ catalog: catálogo en forma de registro
__ entry: asiento de mayor
__ value: valor según los libros
leeway: libertad, margen, libertad de acción, tolerancia
left behind: quedar marginado o rezagado
left-hand term (equation): primer término del segundo miembro
left-handedness: zurdera
leftover: excedente, sobrante, restante, rezago
leg pipe: codo de portaviento (altos hornos); tubería de aducción (acería), tubería en carga (hierro y acero)
legacy: legado, herencia; (fig) patrimonio
legal: legal, lícito, jurídico
__ action: acción judicial
__ address: domicilio legal
__ advice: consejo jurídico o legal
__ advice and representation: patrocinio letrado
__ adviser: consultor o asesor jurídico o legal; fiscal (entidad pública o semiestatal)
__ age: mayoría de edad
__ aid: asistencia jurídica o judiciaria, asistencia letrada
__ aid bureau: oficina jurídica
__ authority: autorización legal, facultad legal; órgano jurisdiccional
__ basis: (leg) procedencia
__ capability: capacidad legal
__ capacity: personalidad o personería jurídica
__ certainty: seguridad jurídica
__ clerk: escribano
__ counsel: defensor, asesor jurídico
__ defense: defensa letrada, defensa legítima
__ definition of an offense: figura de delito (penal)
__ department: departamento jurídico
__ deposit copies: obras depositadas en el registro de propiedad intelectual
__ domicile: domicilio social (de una persona jurídica)
__ duty: obligación legal
__ entity: entidad jurídica, ente de existencia jurídica, persona jurídica, persona moral
__ existence: personalidad jurídica
__ expenses: gastos jurídicos o legales, costos judiciales, gastos causídicos, costas
__ expert: jurista, jurisconsulto
__ fees: honorarios de abogados
__ force: fuerza de ley
__ grounds: fundamentos (motivos) de derecho, fundamentos jurídicos
__ history: antecedentes jurídicos
__ holiday: día de fiesta oficial, feriado legal
__ impediment: implicancia, incompatibilidad, impedimento
__ instruments: instrumentos jurídicos o legales
__ irregularity: irregularidad de forma

LEGALISM

__ **limits of time**: plazos legales
__ **machinery**: procedimientos jurídicos
__ **measures**: medidas jurídicas, medidas legales
__ **name**: nombre o designación legal, razón social
__ **notice**: notificación legal
__ **office**: servicio jurídico
__ **officer**: oficial letrado
__ **opinion**: dictamen jurídico, opinión jurídica o legal
__ **or moral incompatibility**: implicancia
__ **order**: ordenamiento jurídico
__ **owner**: dueño directo
__ **person**: persona jurídica
__ **possession**: posesión legal o de jure
__ **principle**: principio de derecho, precepto de ley
__ **procedures**: procedimientos judiciales
__ **proceedings**: proceso, autos; vía contenciosa
__ **profession**: abogacía
__ **qualifications**: requisitos legales
__ **rate of duty**: derecho autónomo (aduana)
__ **recruiting**: contratación de personal jurídico
__ **redemption**: retracto legal
__ **redress**: reparación legal
__ **remedies**: recursos legales
__ **representative**: procurador, causahabiente
__ **reserve**: reserva legal o estatutaria, encaje legal, reserva obligatoria
__ **reserve ratio**: coeficiente de reserva obligatoria, coeficiente de encaje (legal)
__ **residence**: domicilio legal
__ **right**: derecho jurídico, título
__ **separation**: separación matrimonial
__ **services**: servicios de abogado
__ **size paper**: papel tamaño legal, papel oficio
__ **staff**: abogados y otros asesores o asistentes jurídicos
__ **status**: estado o situación legal, capacidad legal, personalidad o personería jurídica, condición jurídica
__ **strike**: huelga autorizada por el gremio
__ **subject**: sujeto de ley
__ **system**: régimen jurídico, ordenamiento jurídico
__ **tender**: moneda legal o de curso legal, dinero circulante, medio de pago legal; unidad de fuerza liberatoria, dinero liberatorio; valor legal
__ **tenets**: fundamentos legales
__ **title**: título perfecto, título válido
__ **value**: valor nominal (acciones)
__ **writer**: jurista (técnico en lo que respecta a derecho)
__ **year**: año civil
legalism: legalismo, rigorismo excesivo, formalismo jurídico
legality of transaction: regularidad de una operación
legalize: legalizar, formalizar, refrendar, legitimar
legally binding: con fuerza legal, con fuerza obligatoria

LENDING

__ **disqualified**: incapacitado, incompetente
__ **effective (valid)**: eficaz en derecho
__ **liable. legalmente responsable**
__ **qualified**: habilitado legalmente; sin impedimento alguno
__ **sufficient**: válido (contrato, promesa, garantía)
legation: legación, embajada
legend: leyenda, inscripción, nota explicativa; (gráfico) clave
legislative (the): poder legislativo
__ **authority**: base legislativa
__ **body**: cuerpo u órgano legislativo
__ **history**: (leg) trabajos preparatorios
__ **series**: repertorio de legislación
legislature: legislatura, asamblea legislativa, cuerpo (poder) legislativo; función legislativa
legitimacy: legitimidad, autenticidad, legalidad
legitimate: *a* legítimo, válido, auténtico; *v* legitimar
__ **business**: negocio lícito
__ **child**: hijo legítimo o de bendición
__ **self-defense**: legítima defensa
legumes: legumbres, leguminosas
leisure: tiempo libre u ocio, comodidad, ratos libres
__ **hour school**: escuela que ofrece un programa de cursos en horas libres a adultos o personas empleadas (*v gr* una escuela nocturna)
__ **time occupation**: empleo del tiempo libre, pasatiempo
__ **world**: mundo recreativo
lektor: (Nor) 1) profesor auxiliar de lenguas vivas (lector); 2) profesor de liceo
lemon grass: té de limón
lemon sole: (ict) lengua lisa, lenguado
lend: prestar, dar prestado o en préstamo, emprestar
__ **against real estate**: préstamo hipotecario
lend-lease: préstamo y arriendo
lender: prestamista, prestador
__ **of last resort**: prestamista en última instancia o de último recurso
__ **to the public sector**: financista del sector público
lending: préstamos, empréstitos, financiamiento, operaciones crediticias
__ **activities**: actividades crediticias
__ **agency**: organismo de crédito o crediticio
__ **authority**: facultad para conceder préstamos, facultad crediticia
__ **capacity**: capacidad de préstamo
__ **country**: nación acreedora, país prestador
__ **institution**: institución de crédito
__ **level**: nivel de créditos
__ **library**: biblioteca de préstamos, biblioteca circulante
__ **limit**: límite de crédito o de préstamos
__ **pipeline**: proyectos en tramitación o en reserva
__ **policy**: política crediticia
__ **program**: programa de operaciones crediticias, programa de financiamiento, programa crediticio

213

__ **rate**: tipo (tasa) de interés sobre los préstamos, tasa activa
__ **terms**: condiciones crediticias
length: eslora (de un barco); recorrido (de un camino)
__ **of haul**: distancia de acarreo
__ **of service**: antigüedad (en un cargo), antigüedad en el servicio, duración del servicio, años de antigüedad o de servicio
__ **of stay**: (hosp) estancia hospitalaria
lengthening order books: cartera de pedidos creciente
lengthman: peón caminero
lengthy: dispendioso
less developed countries (LDCs): países menos desarrollados, países no desarrollados
__ **than carload (LCL)**: menos de vagón (carro) completo, envío inferior a vagón completo
__ **than carload freight**: tráfico o mercancía de detalle
__ **than container load (LCL)**: contenedor de grupaje
lessee: arrendatario, inquilino
lesser grains: cereales secundarios
lesson: lección, instrucción, enseñanza
__ **planning**: organización de lecciones
lessor: arrendador, arrendante, alquilador
let a contract: adjudicar un contrato
__ **alone**: mucho menos
__ **it be known**: téngase presente
letdown: decepción, desilusión, chasco
letter: *s* letra, tipo, carta, comunicación; *v* escribir con letras, marcar, rotular
__ **by letter**: orden contínuo
__ **drill**: ejercicios fonéticos
__ **file**: clasificador de cartas
__ **method**: método alfabético (de lectura)
__ **of attorney**: poder
__ **of authority**: carta de autorización
__ **of award**: carta de adjudicación
__ **of bonding**: carta de afianzamiento
__ **of comfort**: carta de seguridades
__ **of commitment**: carta de compromiso
__ **of credence**: carta credencial, credencial (embajador)
__ **of credit**: carta de crédito
__ **of guarantee**: carta de garantía
__ **of indemnity**: carta de garantía
__ **of intent**: carta o declaración de intención
__ **of introduction**: carta de presentación o recomendación
__ **of marque**: patente de corso
__ **of no objection**: consulta sobre posibles objeciones
__ **of offer**: carta oferta
__ **of recall**: carta de retiro (de embajador, etc.)
__ **of transmittal**: carta de transmisión, de envío
__ **of understanding**: carta de entendimiento
__ **of undertaking**: carta de compromiso
__ **paper**: papel de carta, papel de escribir
__ **phonetic method**: método alfabético fonético

__ **rogatory**: exhorto, suplicatorio, comisión rogatoria
__ **scales**: pesacartas
__ **spaced**: espaciado
__ **telegram**: telegrama-carta
letter-agreement: carta convenio
letter-press printing: impresión tipográfica
letterhead: membrete, cabecera de página o papel de carta, brevete
lettering: rotulación, inscripción
letup: descanso, tregua, interrupción; disminución, reducción, relajamiento
levant cotton: algodón herbáceo
levee: dique, malecón
__ **maker**: conformador de caballones (arroz)
level: *s* nivel, altura, categoría, jerarquía, rango, escala, cuantía; *v* nivelar, igualar, aplanar, apuntar, allanar, dirigir, arrasar
__ **amount**: cantidad uniforme
__ **annuity system**: sistema de pagos totales iguales (de principal e intereses)
__ **border irrigation**: riego por compartimientos
__ **crossing**: paso a nivel
__ **line repayment**: amortización o reembolso en cuotas iguales
__ **map**: cartograma de curvas de nivel
__ **of attainment**: etapa de progreso (aprendizaje de lectura)
__ **of business activity**: coyuntura general
__ **of education**: nivel o grado de educación
__ **of efficiency**: norma o nivel de competencia, nivel de rendimiento, nivel de comprensión (enseñanza de la lectura)
__ **of functional literacy**: nivel de instrucción o alfabetización funcional
__ **of instruction**: nivel de instrucción, grado de instrucción
__ **of interest rates**: valor de las tasas de interés
__ **of jurisdiction**: instancia (primera, segunda instancia)
__ **of significance**: nivel de confianza
__ **premium**: (seg) prima uniforme, prima constante o nivelada
__ **repayment**: reembolso en cuotas iguales
__ **tendering**: oferta igual
level-headed: juicioso, sensato, moderado, discreto, formal
level-rate method: método (de financiamiento) de la tasa uniforme
leveling: nivelación; aplanamiento, allanamiento
__ **off**: nivelación, estabilización
__ **rod**: mira de nivelar
leverage: s (fig) influencia, poder, ventaja; (fin) tasa o razón endeudamiento a largo plazo-capital propio; poder multiplicador; v ejercer influencia, producir efecto multiplicador, apalancamiento
__ **ratio**: (fin) nivel de endeudamiento relativo al capital; relación endeudamiento-capital propio
leveraged acquisition: adquisición por emisión de obligaciones

LEVERAGING

__ **buyout**: compra de una empresa con fondos tomados en préstamo
__ **take-over**: adquisición apalancada de empresas
leveraging: multiplicación de los recursos (mediante préstamos)
leviable: exigible, percibible, recaudable; imponible
__ **charges**: gravámenes exigibles
levy: *s* gravamen (tributario), exacción, excusión (aplicable al pago de un deudor principal); *v* gravar, exigir; recaudar, percibir; imponer; embargar
__ **free quotas**: contingentes exentos o exonerados de gravamen
__ **on assets of a debtor**: excusión
__ **subsidy**: impuesto de equiparación (igualación)
__ **taxes**: imponer contribuciones o establecer impuestos
levies: gravámenes, impuestos, derechos, exacciones regulatorias
levying of a duty: percepción, exacción de un impuesto (derecho)
ley (lea): prado artificial; prado temporal, pradera
__ **due**: exigibilidades
__ **to worth ratio**: índice de capital líquido a pasivo total
liability: responsabilidad (legal); sujeción (a derecho); inconveniencia, estorbo
__ **account**: cuenta del pasivo
__ **bond**: fianza de responsabilidad civil
__ **encumbering the estate**: pasivo de la sucesión
__ **in tort**: responsabilidad extracontractual
__ **insurance**: seguro de responsabilidad civil (por daños a terceros)
__ **management**: gestión del pasivo
__ **to infectious diseases**: vulnerabilidad a las enfermedades infecciosas
liabilities: (cont) pasivo, debe; deudas, compromisos, obligaciones
liable: responsable, sujeto, expuesto, susceptible, propenso, obligado; (leg) incurso
__ **for damages**: responsable de daños y perjuicios
__ **for debts, be**: responder de las deudas
__ **on a bill of exchange**: obligado por una letra de cambio
__ **to duties**: sujeto al pago de derechos
__ **to tax**: sujeto a impuesto
liaison: enlace, vínculo; coordinación
__ **agent**: agente de enlace
__ **office**: oficina de enlace
__ **officer**: oficial de enlace
libel: libelo, injuria, calumnia escrita, difamación escrita
__ **suit**: pleito por difamación
liberal arts: artes liberales, educación académica universitaria, humanidades
__ **arts college**: establecimiento de educación preparatoria para ingresar a la Universidad

LICENSING

__ **education**: educación humanista
__ **interpretation**: libre interpretación; sentido lato
liberal-minded: de criterio amplio
liberal-mindedness: amplitud de miras
liberty clause: cláusula de no responsabilidad
LIBOR (London Interbank Offered Rate): tasa o cotización de oferta interbancaria de Londres
librarianship: (library science) bibliotecología
library administration: biblioteconomía
__ **assistant**: auxiliar de biblioteca
__ **board**: Consejo de Biblioteca
__ **card**: ficha
__ **consultant services**: servicio de asesoría para biblioteca
__ **economy**: bibliotecnia
__ **period**: hora de lectura libre en la biblioteca
__ **research**: investigación bibliotecológica
__ **science**: bibliotecología
__ **science abstracts**: revista analítica de bibliotecología
__ **shelf**: plúteo, estante
__ **style binding**: encuadernación para bibliotecas
__ **trailer**: biblioteca móvil remolcada, bibliobús
license: licencia, permiso, autorización, certificado de aptitud para la enseñanza; patente, matrícula
__ **fees and royalties**: derechos de licencia y regalías
__ **holder**: titular de una licencia
__ **plate**: placa de matrícula
__ **to carry on a trade or occupation**: patente profesional
licensed accountant: contador titulado o diplomado
__ **attorney**: procurador de número
__ **imports**: importaciones amparadas en licencias
__ **laboratory**: laboratorio autorizado
__ **land**: tierras otorgadas en concesión
__ **practical nurse**: auxiliar de enfermería con licencia
__ **prostitution**: prostitución reglamentada
__ **undertaking**: empresa concesionaria o autorizada
__ **warehouse**: almacén aprobado
licensee: titular de una licencia o permiso, concesionario autorizado, licenciatario
licensing: acreditación, concesión de una licencia o permiso
__ **agents**: organismos que autorizan la práctica de una profesión
__ **agreement**: acuerdo, convenio de licencia, de concesión de licencia
__ **authority**: organismo que expide un título o permiso
__ **requirements**: formalidades de licencia; requisitos para la obtención de una licencia, prescripciones para el otorgamiento de licencias

__ **schedule**: lista de productos sujetos a licencias de importación
licensor: concedente, el que da licencia
lie of the land: configuración del terreno; estado de las cosas
lien: gravamen, derecho prendario o de retención, privilegio, hipoteca, embargo preventivo, impuesto sobre los activos
__ **credit mechanism**: sistema de pignoración
__ **for dead freight**: derecho de embargo por falso flete
__ **ranking ahead of mortgage**: privilegio de prelación sobre las hipotecas
liens securing claims in respect of assistance and salvage: privilegios que garantizan las remuneraciones de asistencia y salvamento
lienor: acreedor privilegiado
lieutenant governor: vicegobernador, subgobernador
life: vida, duración, vida útil (proyecto); vigencia (contrato, préstamo), existencia
__ **age**: edad cronológica, edad vital
__ **annuity**: anualidad, renta o pensión vitalicia; censo vitalicio
__ **benefits**: prestaciones vitalicias (o pagaderas de por vida)
__ **buoy**: boya salvavida, guindola
__ **cycle**: ciclo vital, ciclo biológico
__ **cycle cost evaluation**: evaluación de los costos durante la vida útil (de equipo)
__ **expectancy**: expectativa o esperanza de vida
__ **expectancy at birth**: esperanza de vida al nacer
__ **force**: fuerza vital
__ **form**: biotipo
__ **funds**: fondos de reserva matemática
__ **goals**: aspiraciones
__ **history**: historia biográfica, antecedentes biológicos
__ **imprisonment**: cadena perpetua, prisión perpetua
__ **insurance trust**: fideicomiso de seguro de vida
__ **interest**: propiedad vitalicia
__ **of a loan**: vigencia de un préstamo
__ **of an obligation**: plazo de vencimiento de una obligación
__ **of leisure**: vida de ocio
__ **of use**: vida útil
__ **member**: miembro o socio vitalicio
__ **saver**: tabla de salvación
__ **sciences**: ciencias biológicas
__ **sentence**: cadena perpetua
__ **span**: duración de la vida, longevidad
__ **span of an asset**: período de amortización total
__ **table**: tabla de vida, tabla o cuadro de mortalidad
__ **test**: prueba de duración
life-giving: vivificante, que da vida
life-situations approach: método de organización del plan de estudios basado en experiencias de aprendizaje que volverán a presentarse en la vida
life-size: tamaño natural
lifeblood: sangre vital, sustento, nervio, alma
lifeline tariff: tarifa mínima o vital
lifelong education: educación permanente
__ **security of tenure**: seguridad en el cargo durante toda la carrera
lifesaving force: fuerza vital
"**lifestyle medicines**": farmacos cosméticos (medicinas para mantener un estilo de vida)
lifetime: vida útil (equipo)
__ **career**: carrera completa
LIFO (last-in, first-out): últimas entradas, primeras salidas (salida en orden inverso al de adquisición)
lift: (RU) ascensor
__ **bridge**: puente levadizo o basculante
__ **car**: vagón móvil
__ **on/lift off (lolo) ship**: buque de transbordo por elevación
__ **station**: estación elevadora (de agua)
__ **truck (van)**: camión elevador, montacargas
__ **van "cadre"**: contenedor especial para el transporte de muebles
lift-span bridge: puente de tramo levadizo
lifting of restrictions: supresión (eliminación) de las restricciones
__ **test**: prueba de izada
light and power company: compañía de luz y fuerza motriz
__ **bulb**: ampolleta, bombilla
__ **(capital) technologies**: tecnologías de menor intensidad
__ **crude oil**: aceite crudo liviano (ligero) de Arabia Saudita
__ **delivery truck**: camioneta
__ **displacement**: desplazamiento en lastre (de un barco)
__ **fishing**: pesca al encandilado (con luz)
__ **fixture**: lamparín
__ **gray cotton**: algodón gris claro
__ **industry**: industria ligera, industria liviana
__ **manufacturing**: fabricación de material ligero
__ **meter**: medida de iluminación, exposímetro, fotómetro
__ **oil**: aceite ligero o liviano
__ **pattern**: pauta de dispersión de la luz
__ **pen**: (comp) lápiz fotosensible, lápiz luminoso
__ **radiation**: radiación luminosa
__ **railway**: ferrocarril de trocha angosta
__ **soil**: terreno arijo, terreno fácil de arar
__ **spotted cotton**: algodón ligeramente manchado
lights and prospects: luces y vistas
lighter (barge): barcaza, gabarra, chalana, alijador, lancha de alije
__ **risk**: riesgo de gabarra
lighters and launches: lanchones y chalupas
lighter-aboard-ship (LASH): buque portagabarras
lighterage: lanchaje, gabarraje

LIGHTHOUSE

__ **charges**: gastos de alijo, gabarraje, lanchaje
lighthouse dues: derechos de faro y fanales
lighting in industrial plants: cromatismo industrial
lightweight concrete: hormigón ligero
__ **stationery**: papel fino de cartas
like as not: a lo mejor
likes and dislikes: preferencias y aversiones
likelihood: probabilidad, verisimilitud
likely to: susceptible de
lima (bean): faséolo
lime oil: aceite de lima
limestone: piedra caliza, caliza, piedra calcárea
__ **plain**: planicie calcárea
liming: encalado (suelo)
limit: limitar, restringir, coartar
limitation: limitación, restricción; (leg) prescripción
__ **of liability**: limitación de responsabilidades
__ **period**: período prescriptivo
limited liability capital: capital comanditario; aportación del (socio) comanditario
__ **liability company**: sociedad de responsabilidad limitada, corporación
__ **international bidding**: licitación internacional limitada
__ **interpretation**: interpretación restrictiva; sentido esctricto
__ **partner**: comanditario
__ **partnership**: sociedad en comandita (simple), sociedad personal de responsabilidad limitada
__ **recourse finance**: financiamiento con recurso limitado
__ **share-issuing company**: sociedad en comandita por acciones
limiting cost: costo marginal o límite
__ **price**: precio tope o limitado
line: línea, renglón; cuerda, hilo; linaje, especialidad; giro, rama; artículo, surtido; serie; vía
__ **and staff functions**: trabajo de línea de mando y de estado mayor
__ **and staff organization**: organización de línea y asesoría (ejecutivos y asesores), organización mixta
__ **and staff type of organization**: estructura de organización de tipo lineal y funcional
__ **breeding**: cruzamiento continuo, cruzamiento absorbente, consanguinidad directa
__ **department**: (adm) departamento ejecutivo, de ejecución o de operaciones
__ **drawing**: dibujo lineal
__ **drop**: (elec) caída de potencial
__ **executive**: funcionario de producción directa
__ **function**: (adm) función de dirección y ejecución
__ **item**: partida (presupuestaria)
__ **management**: dirección, supervisión o gestión de línea; personal directivo (jefes o supervisores)
__ **manager**: funcionario directivo, supervisor directo o inmediato

LINKING

__ **map**: mapa planimétrico
__ **ministry (department)**: ministerio (departamento) de operaciones, de ejecución o sectorial
__ **of argument**: (curso del) argumento
__ **of authority**: orden jerárquico, jerarquía, estructura o vía jerárquica
__ **of best (closest) fit**: línea de ajuste óptimo
__ **of business**: surtido, género de clase de mercaderías; ramo de actividad, ramo o giro comercial; renglón; objeto social
__ **of credit**: línea de crédito
__ **of exports**: renglón de exportaciones
__ **of goods**: surtido de mercaderías
__ **of products**: gama, surtido o renglón de productos
__ **of reasoning**: argumento, razonamiento
__ **of samples**: muestrario
__ **of thought**: tendencia, hilo del pensamiento
__ **of trade**: tipo de comercio
__ **organization**: organización de ejecutivos, organización jerárquica, organización lineal o vertical
__ **position**: cargo o puesto ejecutivo de operaciones, cargo de dirección, de supervisión o de gestión en línea
__ **sampling**: muestreo por líneas
__ **staff**: personal ejecutivo, de operaciones
__ **supervisor**: supervisor jerárquico, de línea
__ **transformer**: transformador de distribución
lines of production: tipos de producción
line-haul: (trnsp) transporte o acarreo entre terminales
lineage: linaje, abolengo, alcurnia
lineal consanguinity: consanguinidad lineal
__ **descent**: descendencia en línea recta
__ **foot**: pie corrido
__ **heir**: heredero en línea recta
linear equation: ecuación de primer grado
__ **programing**: programación lineal
__ **tariff reduction**: reducción general de aranceles
__ **village**: aldea lineal
lined well: pozo de brocal
linen goods: lencería, géneros de lino
__ **paper**: papel de lino o de hilo
liner: buque de pasajeros, de línea regular
__ **board**: cartón macizo, cartón de forro, cartón de capa a cara
__ **carriage**: transporte de carga regular
__ **charter**: fletamento de una nave para servicios regulares o corrientes
__ **conference**: (trnsp) conferencia marítima, conferencia de fletes (armadores)
__ **rates**: fletes (en buques de línea regular)
__ **train**: tren bloque
linkage: vinculación, conexión, enlace, vínculo
__ **articulation**: concatenación
linked printscript: escritura script ligada
__ **sales (jumelage)**: ventas vinculadas
linking: unión; enlace; encadenamiento, eslabonamiento, articulación, vinculación

LINSEED   LITIGATION

__ **of two schools**: hermanamiento de dos escuelas
linseed cake: torta de linaza
__ **oil**: aceite de linaza o de lino
lint: borra; algodón despepitado; hilachado
linters: borra (fibra) de algodón
lion's share: parte leonina o del león, parte mayor, tajada del león, la mayor tajada
lip service: homenaje verbal, promesas que no se han de cumplir, defensa o apoyo fingido; (hablar) de los dientes para afuera, de boquilla, jarabe de pico
liquid assets: activo líquido o disponible, activo circulante o realizable a corto plazo, valores líquidos disponibles, disponibilidades, liquidez
__ **debt**: deuda definitiva, líquida o liquidada
__ **funds**: liquidez de caja
__ **liabilities**: obligaciones liquidadas, pasivo liquidado
__ **manure**: agua de abono, purín
__ **measure**: medida de volumen de líquidos
__ **milk**: leche rehidratada o reconstituida
__ **ratio**: relación activo disponible-pasivo corriente
__ **reserve**: reserva realizable
__ **resources**: recursos de pronta disponibilidad
__ **waste**: desechos líquidos, efluente
liquidated: cancelado, pagado, liquidado
__ **damages**: cláusula de liquidación de daños y perjuicios, cláusula penal, penalidades, multa
__ **debt**: deuda definitiva o liquidada
liquidating dividend: dividendo de capital o de liquidación
__ **market**: Bolsa floja a consecuencia de operaciones compensatorias
__ **partner**: socio liquidador
__ **value**: valor liquidable, en liquidación o en realización
liquidation of a fund: disolución de un fondo
__ **value**: valor de liquidación o de venta forzosa
liquidador: síndico, administrador judicial, liquidador
liquidity: liquidez
__ **management**: gestión de la liquidez
__ **portfolio**: cartera de activos líquidos
__ **position**: situación de liquidez, (situación de) tesorería
__ **preference**: preferencia de liquidez
__ **provision**: reserva para liquidez
__ **ratio**: coeficiente de liquidez, relación o índice de liquidez
__ **requirements**: liquidez obligatoria
__ **shortage**: escasez o insuficiencia de liquidez
__ **squeeze**: crisis de liquidez, restricción de liquidez
__ **to fixed assets ratio**: índice de capital líquido a activo fijo
liquified natural gas: gas natural licuado
__ **petroleum gas (LPG)**: gas de petróleo licuado
list: lista, nómina, planilla, catálogo, escalafón
__ **of balances**: balance de saldos

__ **of charges**: (leg) pliego de cargos
__ **of delegates**: nómina de delegados
__ **of total debits and credits**: balance de sumas
__ **price**: precio de lista o de catálogo, precio de cotización
listed securities: valores bursátiles inscritos o registrados en la Bolsa, títulos de Bolsa, títulos cotizables en la Bolsa
lister: arado bordero
listing: alistado, listado, inscripción; lista
__ **of securities**: cotización de valores (en la Bolsa)
listlessness: apatía, inercia, falta de energía, desinterés, indiferencia, abulia (mercado)
literacy: capacidad de leer y escribir, saber leer y escribir, instrucción elemental, rudimentos de educación, alfabetismo, alfabetización, conocimientos básicos
__ **activities**: actividades que suponen instrucción elemental
__ **chart**: cartilla de alfabetización
__ **classes**: cursos de alfabetización, cursos para analfabetos, cursos de cultura general
__ **education**: educación de analfabetos, instrucción elemental, alfabetización
__ **information service**: servicio de información sobre enseñanza de las primeras letras
__ **level**: nivel de alfabetización
__ **posters**: carteles de alfabetización
__ **programs**: programas de alfabetización
__ **rate**: tasa (porcentaje, proporción) de analfabetismo o de analfabetos
__ **school**: escuela para analfabetos
__ **teaching**: enseñanza destinada a los analfabetos, alfabetización, metodología de la enseñanza de la lectura y de la escritura
__ **training**: instrucción elemental
__ **training chart**: cuadro de preparación para la enseñanza de la lectura
__ **workers**: especialistas en alfabetización, alfabetizadores
literal proof: (leg) prueba escrita
literally: al pie de la letra
literary agent: apoderado del autor, agente literario
__ **journal**: periódico literario
__ **man**: hombre de letras, literato
__ **property**: derecho de autor, propiedad literaria
__ **tradition**: vertiente literaria
__ **work**: obra literaria
literate: persona alfabetizada, persona que sabe leer y escribir
literature: literatura, información, material impreso, trabajos literarios, documentación, publicaciones, trabajos, folletos, hojas de propaganda
__ **Production Training Center**: Centro de Formación en la Preparación de Material de Lectura
__ **review**: reseña literaria
litigate: litigar, pleitear
litigation: litigio, litigación, pleito
__ **costs**: costas procesales

litigious: contencioso, litigioso
litter: camilla, parihuela, litera; cría, camada; yacija, cama suelta; hojarasca
little stroke: accidente isquémico transitorio
__ **teacher method**: método de pequeños monitores (China)
littoral fringe: franja litoral
live ammunition (munition): munición activa, munición con carga
__ **birth**: nacido vivo
__ **bomb**: bomba sin explotar
__ **broadcast**: emisión en directo
__ **fencing**: setos o cercos vivos
__ **file**: fichero corriente o activo
__ **poultry**: aves en pie
__ **program**: programa en directo
__ **question**: asunto de actualidad, asunto candente o de interés actual
__ **records**: registros activos
__ **storage (capacity)**: capacidad útil (embalse)
__ **vaccine**: vacuna de germen vivo
__ **weight**: peso de animales vivos, peso en vivo; carga útil
__ **wire**: alambre cargado; (fig) hombre listo y activo, hombre de empuje, persona enérgica
__ **wool**: lana viva o de esquilar
live-born infant: niño nacido vivo
livelihood: sustento, subsistencia
lively market: mercado animado
livestock: ganado, bienes semovientes, animales vivos, riqueza pecuaria, capital vivo, plantel, capital mobiliario vivo
__ **breeding**: crianza de ganado
__ **census**: encuesta ganadera
__ **extension**: extensión pecuaria
__ **housing**: estabulación
__ **industry**: industria ganadera
__ **management**: ordenación ganadera (pecuaria)
__ **numbers**: cabaña, existencias de ganado
__ **owner**: ganadero
__ **production**: producción pecuaria
__ **products**: productos pecuarios o ganaderos
liveware: personal de computadoras (operadores, programadores, analistas, etc)
living allowance: dieta, subsidio para gastos de subsistencia
__ **area**: área o superficie habitable
__ **conditions**: condiciones de vida
__ **expenses**: gastos de mantención o de mantenimiento
__ **forms**: formas de vida
__ **quarters**: aposentos, habitaciones, viviendas, residencia, alojamiento
__ **resources of the sea**: recursos vivos o biológicos del mar
__ **trust**: fideicomiso activo o voluntario
__ **wage**: salario vital
load: carga, peso, cargamento
__ **bearing capacity**: capacidad de tráfico o de carga (camino)
__ **cargo**: unidad de carga

__ **dispatching**: (elec) distribución de la carga
__ **factor**: (elec) factor de carga
__ **fund**: fondo mutuo que cobra comisión
__ **limit**: carga máxima
__ **line**: línea de carga
__ **shedding**: (elec) reducción de la carga
__ **test**: prueba de carga
loaded bill of lading: conocimiento de embarque, "estiba"
__ **question**: pregunta intencionada (se espera determinada respuesta)
loader: cargador, embarcador, carguero
loading apron: andén
__ **berth**: atracadero, amarradero para carga
__ **bunker**: depósito de carga
__ **capacity**: carga útil
__ **chute**: tobogán
__ **dock**: embarcadero
__ **dog**: (silv) plataforma de carga
__ **dose**: dosis de carga
__ **drift**: (min) galería de carga
__ **for collection costs**: (seg) recargo para gastos de cobranza
__ **gauge**: gálibo de carga
__ **hopper**: permiso de embarque
__ **jack**: (silv) plataforma de carga
__ **line**: límite de carga máxima
__ **platform**: embarcadero, plataforma de carga, muelle, andén de carga
__ **quay**: embarcadero
__ **ramp (platform)**: rampa (plataforma) de carga
__ **tackle**: aparejos de carga
__ **wharf**: muelle, embarcadero, desembarcadero
__ **yard**: patio de cargamento, playa de carga
__ **zone**: zona de carga
loadline mark: franco bordo
loaf sugar: pan de azúcar; chancaca
"loafing" pen: (agr) estabulación, comedero
loam: migajón (suelo), tierra arcillosa, tierra franca
loan: préstamo, empréstito; mutuo (de bienes fungibles)
__ **account**: cuenta de crédito o de préstamo
__ **agreement**: contrato de préstamo
__ **application**: solicitud de préstamo
__ **bond**: obligación de préstamo
__ **capital**: capital en préstamo, empréstito
__ **claims**: títulos de crédito
__ **commitment**: concesión de crédito, compromiso de préstamo, fondos inmovilizados en préstamo, préstamo otorgado, préstamo autorizado, crédito otorgado, monto contratado
__ **default**: incumplimiento en el pago de préstamos
__ **delinquency**: morosidad, mora
__ **desk**: (bibl) sección de préstamos, sección de servicio al público
__ **fee**: (bibl) cuota de préstamo
__ **(for consumption)**: mutuo (de bienes consumibles)
__ **guarantee funds**: fondos para garantizar préstamos
__ **in process of collection**: cartera vencida

LOANS LOGGER

__ **investment**: inversión en préstamos, inversión en forma de préstamos
__ **made**: préstamo activo
__ **mix**: combinación de préstamos
__ **on landed security**: crédito territorial
__ **payable**: crédito pasivo
__ **portfolio**: cartera de préstamos
__ **principal**: monto del préstamo
__ **processing**: tramitación de un préstamo
__ **raised upon bonds**: empréstito por emisión de obligaciones (o bonos)
__ **received**: préstamo pasivo
__ **secured by a personal guarantee**: préstamo con fianza o avalado
__ **secured by a pledge**: crédito con garantía prendaria
__ **secured by capital assets**: préstamo refaccionario
__ **service**: servicio de la deuda
__ **to industry**: crédito (préstamos) a la industria
__ **without strings**: préstamo sin cortapisas
__ **write-down**: castigo de préstamos fallidos
__ **write-offs**: cancelación de préstamos fallidos
loans and deposits: (bnc) operaciones activas y pasivas
__ **charged off**: préstamos amortizados
__ **(credits) disbursed**: créditos utilizados
__ **without strings**: préstamos sin cortapisas
loan-related expenses: gastos prestatarios
loanable capital: capitales libres, disponibilidades invertibles, fondos invertibles
lobby: *s* antecámara, pasillo, vestíbulo, sala de pasos perdidos, sala de espera; grupo de presión; *v* cabildear
__ **for votes**: cabildear
lobbying: cabildeo, capituleo; labor de pasillos, promoción de determinados intereses
lobbyist: cabildero, capitulero (miembro de un grupo que ejerce presión)
loblolly pine: (Arg) pino taeda
lobster pot: nasa langostera
local: local, nacional, del país, del lugar; vecinal
__ **authorities**: autoridades locales, poderes públicos locales, ayuntamiento, municipios
__ **banishment**: destierro, interdicción de residencia
__ **breed**: raza ganadera criolla
__ **cost**: costo en moneda nacional
__ **currency**: moneda local, moneda legal
__ **customs**: costumbres regionales o locales
__ **government**: administración local, gobierno municipal
__ **government bodies**: instituciones públicas locales
__ **law**: derecho nacional, derecho interno
__ **partnership agreement**: acuerdo de participación nacional
__ **price**: precio de plaza
__ **rates**: impuestos municipales sobre bienes inmuebles
__ **reaction**: (med) reacción tópica

__ **representative**: agente de plaza
__ **road**: camino vecinal
__ **staff**: personal local, personal contratado localmente
__ **taxes**: impuestos locales o vecinales
__ **train**: tren ordinario, tren ómnibus
__ **transit**: tránsito urbano o local
localization: autoctonización, indigenización (personal)
locally based enterprises: empresas de tipo local
__ **incorporated firm**: empresa constituída en el país
location: localización, situación, ubicación, emplazamiento
__ **plan**: plan de situación
__ **survey**: estudio topográfico del trazo, trazado sobre el terreno (camino)
lock gate: compuerta o puerta de esclusa
__ **gate price**: precio de compuerta, esclusa (avicultura)
locked market: mercado inmovilizado
locked-in capital gains: ganancias de capital realizadas
__ **interest rate**: tasa de interés inmodificable
__ **investor**: inversionista atrapado (en su posición)
locked-up capital: capital inmovilizado
locker: armario con llave; cajón; pañol (buque)
__ **room**: guardarropa, vestuario con armarios
lockout: cierre o huelga patronal, paro patronal o forzoso
locksmith: cerrajero
lode: (min) venero, veta
__ **tin**: estaño de roca
lodge a claim with someone: reclamar a alguien
__ **a complaint**: presentar una denuncia
__ **an appeal**: interponer un recurso de apelación
lodging: albergue, alojamiento, vivienda, hospedaje; prestación (denuncia); (agr) encamado, vuelco (plantas)
__ **requests**: presentación de solicitudes
log: *s* madera rolliza, tronco, troza; *v* tumbar, extraer madera; registrar, anotar, apuntar
__ **assembly**: (silv) apilado de las trozas
__ **boom**: adobo
__ **chute**: saeta de trozas, rápida para trozas, saetín de trozas
__ **jam**: atasco
__ **liner paper**: papel semilogarítmico
__ **peeling**: desenrollado de las trozas
__ **pond**: laguna de maderos, balsa para trozas, aguadero
__ **sheet**: hoja de apuntes
__ **sluice**: canal de flotación (trozas)
__ **storage pond**: estanque para guardar trozas de madera
log-log transformation: transformación loglog (doblemente logarítmica)
logbook: diario de navegación, diario de a bordo, cuaderno de bitácora, diario de vuelo
logger: maderero, cargador de troncos; registrador

logging: (leg) explotación forestal, extracción de madera (trozas); registro; diagrafía (petróleo); (silv) corta, labor y extracción
logically consistent data: datos lógicamente compatibles
logwood: palo campestre
London Metal Exchange: Bolsa de los Metales de Londres
long bill: letra de largo plazo
__ **coarse wool**: lana burda larga, lana churra y basta larga
__ **crop**: cultivo de largo ciclo vegetativo
__ **end of the market**: mercado de capitales a largo plazo
__ **haul oil producers**: productores de petróleo alejados de sus mercados
__ **shot**: cosa improbable
__ **staple cotton**: algodón de fibra larga
__ **ton**: tonelada inglesa, tonelada larga
__ **wall**: (min) frente largo, tajo largo
long-acting drug: droga o medicamento de efecto prolongado
__ **fertilizer**: fertilizante de entrega lenta
__ **(repository) pencillin**: peliclina de absorción lenta
long-dated: de largo plazo
long-distance telephone call: comunicación interurbana, conferencia telefónica
__ **service**: servicio interurbano
long-established company: compañía de larga trayectoria, muy antigua
long-lasting drug: droga o medicamento de acción prolongada
__ **immunity**: inmunidad prolongada
long-line fishing: pesca con palangre, con espinel
long-lived: de larga vida, longevo, de mucha vida, duradero, persistente
long-range forecast: pronóstico de largo alcance
__ **view**: visión de largo alcance
long-standing dream: aspiración
__ **habit**: hábito inveterado
long-term: a largo plazo
__ **assets**: activo realizable a largo plazo
__ **debt**: deuda consolidada
__ **exile**: entrañamiento mayor
__ **liabilities**: pasivo (exigible) a largo plazo
__ **loan (land purchase and preparation)**: crédito inmobiliario
__ **planning**: planificación a largo plazo
__ **rigorous imprisonment**: presidio mayor
__ **transportation**: (leg) confinamiento mayor
longer holidays: prolongación de las vacaciones
longevity step: incremento por antigüedad (escalón)
longhand: letra manuscrita, escritura corrida, escritura normal
longitudinal inertia test: prueba de resistencia a los efectos de la inercia
__ **studies**: estudios longitudinales o prolongados
longliner: palangrero (barco de pesca con palangre); pescador que usa palangre

longshoreman: estibador, (des)cargador de muelles, trabajador portuario
__ **conditions**: condiciones portuarias
__ **gang**: cuadrilla de estibadores
look favorably on: ver con simpatía o con ánimo favorable
__ **before you leap**: cautela antes de actuar
__ **forward to**: aguardar con interés, complacerse en saber que, hacerse ilusiones, hacer a uno la ilusión
__ **into the matter**: examinar (la cuestión) el asunto
look-and-say method: método basado en el reconocimiento y pronunciación de palabras completas sin insistir en el análisis y síntesis de ellas
loom large: cobrar mucha importancia
loop: asa, bucle, rizo; (fc) desvío de cruzamiento, circuito de programación
__ **film**: película enlazada
loophole: escapatoria, evasiva, efugio, cláusula de escape; (leg) resquicio, laguna, vacío
loose barn: establo para estabulación
__ **cement**: cemento suelto o a granel
__ **cotton or wool**: vellones de algodón o de lana
__ **definition**: definición poco exacta
__ **end**: extremo o cabo suelto
__ **fat**: grasa pella
__ **goods**: artículos a granel
__ **housing**: estabulación libre (ganado)
__ **labor market**: mercado de mano de obra libre, abundante oferta de mano de obra
__ **meaning**: sentido vago
__ **surface roads**: caminos empedrados
__ **translation**: traducción libre
__ **wire**: alambre desconectado
loose-fitting cover: tapa de ajuste flojo
loose-leaf binder: encuadernador de hojas sueltas
loosening (of restrictions): liberalización
lopping: desmoche, poda (árboles)
losing enterprise: empresa no lucrativa, empresa contraproducente
__ **side**: bando derrotado
loss allowed as general average: (seg) pérdida admitida en avería común
__ **carry-back**: traslado de pérdidas a ejercicios anteriores
__ **carry-forward**: traslado de pérdidas a ejercicios futuros
__ **compensation**: (elec) compensación por defectos de beneficios
__ **in the value of securities**: depreciación de la cartera de valores
__ **in value**: depreciación
__ **leaders**: artículos de cebo, de promoción (se ofrecen a precio ventajoso, a veces con pérdida, para atraer compradores), artículos de propaganda
__ **of capital investment**: descapitalización
__ **of condition**: (agr) desmejoramiento
__ **of head**: pérdida de carga

__ **of income**: lucro cesante
__ **of investment**: descapitalización
__ **of potential earnings (profits)**: lucro cesante
__ **of pregnancy**: embarazo malogrado
__ **of property**: daños materiales
__ **or gain on exchange**: pérdidas o ganancias por diferencias de cambio
__ **provision**: (cont) reserva para pérdidas
__ **recovery**: recuperación de siniestros
__ **settlement**: liquidación de siniestros; finiquito
__ **settlement clause**: cláusula transaccional
lost and found department: sección de objetos perdidos
__ **sight of**: (med) enfermos de paradero desconocido
lost-wax molding: moldeo a cera perdida
lot: porción, parte, lote, partida; terreno, parcela, solar; destino, suerte
__ **, by**: por sorteo
lottery contract: contrato de suerte
__ **drawing**: sorteo de la lotería
lounge areas: salones
__ **suit**: traje de calle
louver: persiana, lucerna
loving care: atención cariñosa
low absorber (country): país de baja capacidad de absorción
__ **background counter**: (radiol) contador de bajo fondo
__ **birth weight**: insuficiencia ponderal
__ **birth-rate years**: generaciones "vacías", años huecos
__ **forest**: monte bajo (tallar)
__ **income country**: país de bajos ingresos
__ **latitudes**: latitudes ecuatoriales, latitudes bajas
__ **load factor consumer**: (elec) consumidor de bajo factor de carga
__ **phase of a river**: época de mayor estiaje de un río
__ **profile**: actitud discreta, perfil bajo
__ **stage (of a river)**: estiaje
__ **standard road**: camino, carretera de normas reducidas, bajas
__ **voltage consumer**: consumidor de bajo voltaje
__ **water flow**: caudal de estiaje
low-cost area: región donde la vida es barata
__ **housing**: vivienda popular, social, económica o de bajo costo
low-grade ore: mineral pobre o de baja ley
__ **retardation**: retraso ligero o de segundo grado
low-ground coffee: café de tierras bajas
low-income house: vivienda social
low-level analysis: análisis de concentración baja
low-lift pump: bomba de baja altura de impulsión
low-rate tariff: (elec) tarifas de horas valle
low-test sugar: azúcar de baja polaridad
low-tide elevations: elevaciones visibles en baja mar
low-waste technology: tecnología que deja un bajo volumen de desechos

low-water line: línea de baja mar; estiaje
__ **mark**: estiaje
lower berth: litera baja
__ **case**: letra minúscula
__ **court**: tribunal de primera instancia, tribunal a quo (tribunal de cuya decisión se apela)
__ **floor**: piso bajo
__ **heating value**: poder calorífico neto
__ **house**: cámara de representantes o de los comunes
__ **middle income country**: país de ingreso mediano bajo
__ **priced bidder**: licitante que presenta la oferta de menor precio
__ **quality old debt**: deudas anteriores en condiciones menos favorables
__ **secondary education**: educación secundaria de primer ciclo o de ciclo básico
__ **secondary school**: escuela secundaria elemental
__ **slope of a hill**: falda (montaña)
__ **the flag**: arriar la bandera
lowest bid: oferta más ventajosa
__ **bidder**: proponente más bajo, mejor postor, licitante que presenta la oferta más baja, licitante o licitador más ventajoso
__ **evaluated bid**: oferta evaluada como la más baja
lowland area: zona de tierras bajas
loyalty: lealtad, fidelidad
__ **clearance**: acreditación
__ **contract (trnsp)**: contrato de fidelidad
__ **oath**: juramento de lealtad
__ **rebate**: bonificación por fidelidad
lucerne: (bot) mielga, alfalfa
lucrative: lucrativo, beneficioso, productivo, rentable
luggage van: furgón
lull: intervalo de calma, pausa, tregua, respiro
lumber: madera elaborada, madera de obra
__ **industry**: industria de la madera, industria maderera
__ **market**: mercado maderero
__ **mill**: aserradero
__ **shed**: galpón para madera
lumbering: aprovechamiento forestal, explotación forestal o maderera
lumberyard: almacén o depósito de madera, barraca, patio de secado, almacén de madera
lump: *s* trozo, pedazo, masa, montón; protuberancia, bulto; *a* global; *v* englobar
__ **entry (cont)**: asiento global o concentrado
__ **freight**: flete global
lump sum: suma global o total, suma alzada, cantidad gloval o total, a tanto alzado
lump-sum appropriation: consignación global de fondos
__ **contract**: contrato a precio global o a suma alzada
__ **deduction**: deducción fija o global
__ **loan**: préstamo de suma global

LUMPY

__ **payment**: pago global, a tanto alzado o de una suma fija
__ **price**: tanto alzado, precio o monto global, suma alzada, precio alzado
__ **settlement**: indemnización global
lumpy investments: inversiones indivisibles
lunch box (pail): caja de merienda
__ **program**: programa de almuerzo (escolar)
lunchroom in school: cantina o casino escolar, cocina escolar
lupine (lupin): altramuz (pasto)
lure: señuelo, cebo, añagaza; cebo artificial; (fig) aliciente, atractivo, encanto
luxuriant: exuberante (crecimiento de plantas)
luxury goods: artículos o bienes de lujo, artículos suntuarios
__ **tax**: impuesto sobre artículos de lujo, impuesto suntuario
lycée: liceo, establecimiento de enseñanza secundaria
lyceum: (EUA) clase de educación general de adultos, organizada para dar instrucción mediante charlas y actividades recreativas; ateneo
lying-in: parto
__ **beds and labor wards**: camas y salas de parto
__ **hospital**: hospital de parturientas, (casa de) maternidad
__ **time**: tiempo de permanencia o estadía de un barco en el puerto
__ **ward**: sala de maternidad
lying-to: al pairo (buque)

M

macaroni products: pastas alimenticias
mace: macis (corteza de nuez moscada)
machine accounting: contabilidad mecanizada (mecánica)
__ **building**: construcciones mecánicas
__ **interface**: ergonomia
__ **language**: lenguaje mecanizado, lenguaje de máquina
__ **operating controls**: mandos de una máquina
__ **pool**: parque de maquinaria
__ **shop**: taller mecánico
__ **sorting**: reparación mecánica
__ **tender**: operario, oficial
__ **tool**: máquina herramienta
machine-hours: horas-máquina
machine-readable data: datos en lenguaje de máquina (o de computadora)
machinery: maquinaria; dispositivo, sistema, procedimiento, organismo, mecanismo
__ **, apparatus, appliances and supplies**: maquinaria, aparatos, accesorios y suministros
__ **for international cooperation**: (procedimientos de) consulta y cooperación internacionales
__ **pool**: parque de maquinaria

MAIN

machining: labrado, fresado, torneado, maquinado
macroapproach: criterio macrográfico
macroeconomics: macroeconomía
macrolevel accountability: responsabilidad macroeconómica
macromanagement: macrogestión
macroscale study: macroestudio
mackerel: (ict) caballa
made out in: expresado en (moneda)
__ **payable in**: domiciliado en (letra de cambio)
__ **tea**: té elaborado
magazine: revista; polvorín
__ **case**: revistero
__ **rack**: revistero, portarrevistas
__ **stand**: puesto de revistas
magistrate: magistrado, juez de paz
magistrate's court: juzgado de paz, juzgado correccional
magma reservoir: cámara magmática
magnetic bearing (of a line): azimut magnético (marcación magnética)
__ **board**: pizarra magnética; tablero magnético
__ **core**: núcleo magnético
__ **memory**: memoria magnética, memorizador magnético, almacenamiento magnético
__ **recording equipment**: equipo de grabación en cinta magnética
__ **sound recording**: grabación magnética del sonido
magnify: magnificar, agrandar, potenciar
maiden name: apellido de soltera
__ **speech**: discurso inaugural
__ **voyage**: viaje de estreno, primer viaje
mail ballot: votación por correo o por correspondencia
__ **chute**: conducto para cartas, buzón tubular
__ **poll**: votación por correo
__ **survey**: encuesta postal
__ **transfer**: carta orden
mailing: envío por correo, publicidad postal
__ **address**: dirección postal
__ **list**: lista de direcciones, lista de destinatarios, lista de distribución
__ **list service**: servicio de listas para envíos postales (lista de direcciones)
__ **section**: sección de correspondencia
main: *s* tubería maestra, cañería matriz o principal; colector; *a* principal, mayor, de primera importancia
__ **body**: mayor parte (de los ciudadanos); el grueso (del ejército)
__ **change**: cambio de envergadura
__ **committee**: comisión o comité principal
__ **conference room**: sala de conferencia principal
__ **crop potatoes**: papas de temporada
__ **estimates**: previsiones o estimaciones de base
__ **floor**: primer piso, planta baja
__ **highway**: camino troncal
__ **line**: vía principal, línea troncal

__ **office**: oficina central, casa matriz, sede
__ **post office**: casa central de correos
__ **power grid**: red principal (elec)
__ **road**: camino troncal, carretera principal o matriz
__ **sewer**: colector
__ **square**: Plaza de Armas
__ **staple food**: base de la alimentación
__ **telephone exchange**: central telefónica o de teléfonos
mainframe computer: gran computadora, unidad (computadora) principal, maxicompu-tadora; (Esp) gran ordenadora
mainland: continente, territorio continental, tierra firme
__ **China**: China continental
mainspring: móvil, motivo o causa principal, móvil esencial
mainstay: fundamento, sostén, punto de apoyo, pilar
mainstream: cauce o corriente principal; línea central; de consumo general y masivo
__ **medicine**: medicina prevalente
mainstreaming of women: integración plena de la mujer (en el proceso de desarrollo)
maintain one's statements: (leg) persistir en sus deposiciones
maintenance: conservación, mantenimiento, mantención, sostenimiento; (med) tratamiento sostenido (drogas); cuidado, atención
__ **allowance**: pensión alimenticia, pensión de prestación de alimentos
__ **charges**: gastos de conservación, gastos por mantenimiento
__ **engineer**: ingeniero de mantenimiento (construcción)
__ **man**: V *gray-collar worker*
__ **margin**: garantía de mantenimiento (opcional)
__ **obligations**: obligaciones (relativas a la prestación) de alimentos, obligaciones alimen-tarias
__ **of a disease**: persistencia de una enfermedad
__ **of equipment**: conservación o mantenimiento de equipo
__ **of value**: mantenimiento del valor
__ **of value settlement**: liquidación por concepto de mantenimiento del valor
__ **programs**: programas de sostenimiento (drogas)
__ **schedule**: periodicidad de mantenimiento
__ **shop**: taller de conservación o de reparación
__ **staff**: personal de conservación
maize (yellow flint): maíz amarillo duro
major: (edu) especialidad; mención, asignatura principal
__ **change**: cambio de envergadura
__ **currency**: moneda importante
__ **field of concentration**: (edu) campo principal de especialización
__ **issues**: problemas graves o importantes
__ **nutrients**: macronutrientes
__ **reaction**: reacción intensa
__ **uncertainty**: alto grado de incertidumbre
majority interest (ownership): participación mayoritaria

__ **of stock**: participación mayoritaria
majority-owned foreign affiliates: filiales extranjeras con participación mayoritaria de la empresa matriz
make: marca, hechura, fabricación confección
__ **a final determination**: adoptar una decisión definitiva
__ **a point of**: tener por principio
__ **a preliminary decision**: resolver a título prejudicial
__ **a will**: testar, hacer un testamento
__ **an agreement**: concordar, concertar un acuerdo, llegar a un acuerdo
__ **an allowance**: conceder una rebaja (precios); hacer una concesión
__ **an appraisal**: efectuar una tasación
__ **an entry**: anotar (un asunto)
__ **an understatement**: quedarse corto en la exposición o aserción, decir menos de la realidad, atenuar la exposición
__ **as effective as possible**: optimizar
__ **allowance for**: tener en cuenta
__ **applicable to**: (leg) hacer extensivo
__ **arrangements**: hacer gestiones, preparativos o trámites, gestionar
__ **common cause**: solidarizarse con
__ **every effort to**: extremarse, procurar por todos los medios
__ **good a loss**: indemnizar por pérdida
__ **good the depreciation of fixed capital**: amortizar el equipo existente
__ **it a rule**: tener por norma
__ **light of**: restar importancia a
__ **much of**: dar (mucha) importancia a
__ **one's way**: abrir(se) paso
__ **possible**: hacer posible, posibilitar
__ **up lost time**: recuperar, rescatar o recobrar el tiempo perdido
__ **up the difference**: suplir la diferencia
make-believe: simulación, fingimiento, ensueño, ficción, imaginación
maker: fabricante, constructor; (leg) librante, otorgante, firmante (de un pagaré)
makeshift: *s* expediente, arreglo provisional; *a* provisional, temporal, improvisado, precario;
__ **arrangements**: arreglos provisionales
__ **housing**: vivienda precaria
__ **shelter**: albergue provisional
__ **solution**: solución provisional
makeup: construcción, composición; estructura; carácter, naturaleza, modo de ser, temperamento; (teat) maquillaje
__ **class**: clase (curso) de recuperación
__ **examination**: examen de recuperación
__ **pay**: porción del salario garantizado no ganado a destajo
__ **water**: agua de aportación, agua de ayuda
making-up day: (Bolsa) día de reporte o de liquidación
__ **price**: precio de liquidación (Bolsa)
maladjustment: inadaptación, desajuste, desequilibrio, inadecuación

malaise: molestar, indisposición
malaria control: lucha antimalárica o antipalúdica
— **engineering**: ingeniería antimalárica
— **eradication campaign**: campaña de erradicación de la malaria
— **program**: programa antimalárico
— **therapy**: paludoterapia
malariologist: malariólogo
maldistribution of employment: distribución defectuosa del empleo de la mano de obra
male breeding stock: sementales (ganado)
— **chauvinist pig**: cerdo macho arrogante
— **issue**: hijos varones, sucesión masculina
— **methods of birth control**: métodos de control de la natalidad para los hombres
malfeasance: (leg) fechoría, malversación, hecho delictual o delictivo
— **in office**: (leg) prevaricación
malformation: formación defectuosa o anormal, deformidad
malfunction: defecto de funcionamiento, operación defectuosa
malfunctioning: desperfecto
malice: (leg) intención delictuosa, dolo penal
— **aforethought**: malicia premeditada, premeditación
malicious damage: daño doloso
— **fraud**: dolo civil
— **intent**: mala fe
— **slander**: calumnia intencionada
malign: injuriar
malignancy: malignidad, malevolencia
malignant fever: fiebre perniciosa
— **tumor**: tumor maligno
mall: alameda, paseo; centro comercial
malleable iron: hierro forjable
mallet: mazo
malnourished: malnutrido, malalimentado
malnutrition: malnutrición; desnutrición, nutrición deficiente
— **among schoolchildren**: malnutrición escolar, hiponutrición escolar
malpractice: conducta ilegal o inmoral en el ejercicio de una profesión; empleo de procedimientos ilegales o desleales; (leg) negligencia profesional, malpraxis, incuria
malpresentation: presentación defectuosa o viciosa (parto)
malt: malta, cebada germinada, bebida malteada
— **barley**: cebada de cervecería
— **liquor**: cerveza
— **sugar**: maltosa
malting barley: cebada cervecera
maltreatment: (leg) apremios; tratos vejatorios, malos tratos
mamey apple: mamey
man: tripular, contratar, dotar de personal; armar
— **of all work**: factotum
— **of letters**: hombre de letras, literato
— **of straw**: testaferro
man-day: día-hombre

man-hour: hora-hombre, hora-obrero
— **output**: rendimiento horario por trabajador
man-in-the-street reaction: reacción popular
man-land relationship: el hombre en relación con la tierra
man-made capital: capital creado por el hombre
— **disaster**: desastre provocado por el hombre
— **fiber**: fibras artificiales o sintéticas
— **national wealth**: riqueza nacional producida por el trabajo; riqueza nacional social
— **plantations**: plantaciones forestales
— **pollution**: contaminación de origen humano, contaminación antropógena
— **radiation**: irradiación artificial
man-minute: obrero-minuto
man-month: mes-hombre
— **contract**: contrato por meses-hombre
man-shift output: producción, rendimiento por hombre-turno
man-year: hombre-año
manage: conducir, dirigir, gobernar, administrar, manejar, esforzarse por, lograr, ingeniarse
manageable: controlable, manejable, gobernable
managed costs: gastos generales directos
— **currency**: moneda controlada o dirigida, regulada o manipulada
— **economy**: economía dirigida o intervenida
management: *s* administración, dirección, gestión, gestión administrativa, manejo, gerencia; (med) tratamiento (manejo) de pacientes; *a* administrativo, gerencial
— **ability**: aptitud para dirigir, capacidad de dirección administrativa o empresarial
— **accounting**: contabilidad gerencial, administrativa o de gestión
— **and technical backup**: apoyo administrativo y técnico
— **audit**: evaluación (valoración) administrativa o de la gestión
— **auditor**: inspector administrativo
— **board**: consejo de administración, junta directiva
— **by objectives**: administración o gestión por objetivos
— **buyout**: adquisición de una sociedad por sus ejecutivos
— **capability**: capacidad de gestión
— **chart**: diagrama o gráfico de situación, gestionigrama
— **company**: compañía administradora, de administración o de gestión
— **consultant**: consultor en administración o dirección (de empresas)
— **development**: perfeccionamiento del personal administrativo, perfeccionamiento de la función de gestión
— **education**: formación de administradores
— **engineering**: organización de la gestión administrativa, técnica de la gestión administrativa, técnica de la administración
— **fee**: honorarios por administración, comisión de gestión o de administración

MANAGER

__ **firm**: firma o empresa de gestión administrativa
__ **for results**: administración con mira a los resultados
__ **function**: función empresarial
__ **game**: simulación (juegos) de gestión o de dirección
__ **information system**: sistema de información para la administración
__ **letter**: carta a la administración (auditoría)
__ **of currency**: política monetaria
__ **of living resources**: ordenación de los recursos vivos
__ **of pesticides**: manejo de pesticidas
__ **of the economy**: planificación y gestión de la economía
__ **of waterworks**: administración de obras hidráulicas
__ **officer**: oficial administrativo
__ **overhead**: (cont) gastos de estructura
__ **participation system**: cogestión, coadministración
__ **plan**: plan de administración, plan de ordenación; (silv) plan dasocrático
__ **practice**: sistema de ordenación
__ **services**: servicios de gerencia
__ **skill**: capacidad de organización
__ **succession planning**: plan de sucesión para cargos de dirección
__ **survey**: encuesta administrativa, inspección de la gestión
__ **tools**: técnicas de gestión
manager: gerente, administrador, director, jefe, empresario; (pl) directivos
manager's office: gerencia, administración
managerial: administrativo, directivo, gerencial
__ **ability**: aptitud para dirigir, capacidad de dirección administrativa o empresarial
__ **accounting**: contabilidad gerencial, contabilidad de gestión
__ **class**: clase patronal
__ **organization**: organización patronal
__ **staff**: personal directivo, personal dirigente, ejecutivos
__ **structure**: jerarquía directiva
managing agent: agente administrativo
__ **director**: director gerente, director general
__ **editor**: redactor-gerente, director administrativo (de una publicación)
__ **group**: grupo de dirección (o directivo); a veces: consorcio
__ **owner**: (trnsp) propietario gestor
__ **partner**: socio gerente o administrativo, socio gestor
__ **personnel**: personal directivo
__ **unit**: unidad directiva
mandate: *s* mandato; *v* asignar por mandato
mandated territories: territorios bajo mandato
mandatory planning: planificación obligatoria o preceptiva, planificación imperativa
__ **power**: potencia mandataria
__ **provision**: disposición obligatoria

MANUFACTURING

__ **retirement**: jubilación forzada
__ **rules of national statutes**: normas imperativas de las legislaciones nacionales
mange: roña, sarna, caracha
mangel-wurzel: remolacha forrajera
mangrove swamp: manglar
manhole: caja de registro, boca de acceso, pozo de inspección, pozo de visitas
manhood: edad viril, virilidad, estado o condición de hombre, masculinidad, hombradía, hombría
manifest: manifiesto, guía de carga, declaración general de carga, sobordo
__ **disease**: enfermedad declarada
__ **of loading**: manifiesto de embarque
manifiesto: manifiesto, proclama, declaración pública de intenciones
manifold classification: clasificación a múltiples entradas, clasificación múltiple
__ **paper**: papel para copias
Manila paper: papel de Manila
manioc: mandioca, yuca
__ **bean**: jíquima
manipulation: manipulación, manejo, manipuleo; maniobra, instrumentación
manning table: plantilla de personal, escalafón, planilla
manpower: recursos humanos, personal, potencial humano, mano de obra, brazos
__ **audit**: revisión de la mano de obra
__ **clearing**: distribución compensatoria de la mano de obra
__ **development**: perfeccionamiento o formación de recursos humanos o de mano de obra
__ **farming**: cultivo manual
__ **resources**: recursos en mano de obra, mano de obra disponible, disponibilidad de mano de obra
__ **survey**: encuesta sobre recursos humanos
mankind: la humanidad, los hombres, el género humano
manslaughter: homicidio culposo, involuntario o sin premeditación
manual labor: trabajo manual, trabajadores manuales
__ **processing**: elaboración manual
__ **training**: enseñanza de artes y oficios
__ **training high school**: escuela secundaria técnica
__ **worker**: operario
manufacture: fabricación, manufactura, elaboración, confección
manufactures: manufacturas, productos elaborados o manufacturados
manufactured gas: gas artificial, gas de fábrica
manufacturer's literature: propaganda industrial
manufacturing: industria manufacturera o fabril
__ **accounting**: contabilidad industrial
__ **beef**: carne de calidad industrial
__ **concern**: empresa manufacturera
__ **grade**: calidad para elaboración (carne)
__ **plants**: industrias maquiladoras, empresas industriales o manufactureras

MANURE   MARKET

__ **under bond**: fabricación en zona franca, bajo control aduanero
manure: abono (natural), estiércol
__ **crop**: abono verde
__ **heap**: estercolero
manuring: abonadura
many-sided: polifacético, variado, diverso, complejo
map: hacer mapas, levantar un plano, graficar, trazar, dibujar
__ **collection**: mapoteca
__ **diagram**: cartograma
__ **making**: cartografía
__ **reference service**: mapoteca, servicio de mapoteca
maple peas: bayas de arce
mapping: cartografía, levantamiento de planos, trazado de mapas
__ **of data**: representación gráfica de datos
marbled paper: papel jaspeado
marbling: engrasamiento intramuscular, depósito de grasa intramuscular, infiltración de grasa en la masa muscular
margin: margen, linde, lindero, borde; beneficio, ganancia bruta
__ **around parity**: margen en torno a la paridad, margen por encima y por debajo de la paridad
__ **of error**: margen de error
__ **of preference**: preferencia, margen de preferencia
__ **of underemployed labor**: margen de subocupación
__ **of unemployed labor**: margen de desocupación o desempleo
__ **release**: liberador de margen (máquina de escribir)
marginal: insignificante, despreciable, mínimo; excéntrico (positivo), marginal
__ **benefit**: ventaja marginal
__ **capacity cost**: costo marginal de mantenimiento de la capacidad
__ **case**: caso marginal, caso límite
__ **cash reserve**: encaje marginal, reservas marginales líquidas
__ **cost**: costo límite o marginal
__ **cost pricing**: fijación de precios conforme al costo marginal
__ **disutility**: desutilidad marginal
__ **efficiency of capital**: eficiencia o productividad marginal del capital
__ **import content of investment**: proporción marginal de los productos importados en el costo de las inversiones
__ **income**: margen de utilidad
__ **land**: tierra de muy bajo rendimiento
__ **lenders**: prestadores con tipo mínimo de interés
__ **national saving rate**: tasa marginal de ahorro nacional
__ **note**: apostilla, nota marginal, acotación
__ **producer**: productor marginal
__ **propensity**: propensión marginal
__ **reserve requirement**: encaje legal adicional, reserva obligatoria marginal
__ **revenue product**: ingreso marginal
__ **soils**: suelos de fertilidad marginal o de baja fertilidad
__ **utility**: utilidad marginal
__ **value product**: valor del producto marginal
__ **vocabulary**: vocabulario potencial, vocabulario marginal
marine biota: seres vivos marinos
__ **cargo insurance**: seguro de flete marítimo
__ **engineer**: ingeniero naval o marino
__ **engineering**: ingeniería naval, mecánica naval
__ **farms**: explotaciones de acuicultura
__ **insurance**: seguro de navíos
__ **mining**: minería marina
__ **mining equipment**: equipo de extracción minera
__ **oils**: aceites de pescado
__ **pollution**: contaminación de los mares o de las aguas del mar
__ **products**: productos del mar
__ **sciences**: ciencias del mar
__ **silk**: seda marina
__ **underwriters**: empresas de seguro marítimo
marital counseling: orientación sobre problemas matrimoniales
__ **difficulties**: problemas conyugales
__ **status**: estado civil
maritime pool: oficina de colocación marítima
__ **survey**: hidrografía
mark: *s* marca, seña, señal; nota, calificación; *v* marcar, señalar, visar, puntuar; caracterizar, distinguir
__ **to market**: calcular o valorar en precios de mercado, ajustar a precio de mercado
mark-sensing: lectura de marcas (de sensibilidad electrónica), método electrográfico
__ **card**: tarjeta de marcas sensibles
__ **device**: dispositivo de lectura de marcas
mark-to-market effect: efecto catalizador del mercado
__ **"approved"**: visto bueno, fórmula de aprobación
__ **of honor**: timbre de gloria
markdown: rebaja, disminución o reducción de precios, descuento, depreciación
marked: acentuado, pronunciado, apreciable, notable, sensible, destacado
__ **check**: cheque confirmado por un banco
__ **drop**: baja clara o marcada
marker (benchmark) crude: crudo de referencia (petróleo)
__ **cropping**: cultivo intercalado
__ **genes**: genes para identificación
__ **price**: precio de referencia (petróleo)
__ **studies**: estudios sobre marcadores
market: vender, comercializar, poner en venta, lanzar al mercado, explotar comercialmente
__ **area**: área (o zona) económica
__ **clearing**: (establecimiento de) equilibrio del mercado

227

__ **conditions**: situación (coyuntura) del mercado
__ **control**: orientación del mercado
__ **demand base**: base de la demanda en el mercado
__ **disruption**: desorganización, perturbación del mercado
__ **economy countries**: paises de economía de mercado
__ **eligible countries**: países que tienen acceso al mercado
__ **fluctuations**: fluctuaciones del mercado financiero
__ **forecast**: pronóstico del mercado
__ **garden**: huerta comercial
__ **gardener**: huertero
__ **gardening**: cultivo de hortalizas (verduras)
__ **gardening in hot house**: cultivo hortense de estufa
__ **gardening under frame**: cultivo hortense de abrigo
__ **glut**: saturación del mercado
__ **hog**: cerdo de abasto, cerdo para la venta
__ **intelligence**: información sobre la situación del mercado
__ **intermediation**: intermediación del mercado
__ **lacks incentive**: la Bolsa está desanimada, carece de incentivo
__ **leader**: principal valor de una rama del negocio; título que encabeza la cotización
__ **letter**: informe bursátil, carta circular de información sobre valores
__ **management**: mercadotecnia
__ **opportunity**: oportunidad comercial, oportunidad de venta
__ **order**: orden de compra al mejor cambio posible (Bolsa)
__ **place**: mercado, plaza; (Ch) recova
__ **potential**: capacidad potencial del mercado
__ **power**: poder de mercado, influencia en el mercado
__ **price**: precio corriente o del mercado, precio de plaza, precio de venta
__ **rate**: tipo de mercado
__ **report**: informe sobre el mercado, estado de la plaza, revista del mercado
__ **research**: investigación sobre el mercado, análisis del mercado
__ **sample**: muestra comercial
__ **segmentation**: fragmentación de mercados
__ **share**: participación en el mercado, cuota de mercado
__ **stand**: puesto en el mercado
__ **survey**: reconocimiento del mercado
__ **terminal**: mercado estación
__ **testing**: sondeo del mercado
__ **timing**: tiempo óptimo para transacciones; distribución óptima de los vencimientos
__ **trends**: evolución del mercado
__ **value**: valor de mercado, valor actual o real, valores en venta, valor venal, valor de cesión
market-clearing operations: cotizaciones de los precios de equilibrio del mercado

__ **price**: precio de equilibrio del mercado
__ **quotations**: cotizaciones de los precios de equilibrio del mercado
__ **returns**: rentabilidad de equilibrio del mercado
market-friendly: en armonía con, que armonice con el mercado; de conformidad con las leyes del mercado
"**market-in-hand**" **agreement**: contrato "mercado en mano"
market-related lending: financiamiento en condiciones de mercado
marketability: posibilidad de comercialización o de colocación, comerciabilidad, negociabilidad, posibilidad comercial o de venta (de un producto), cualidades comerciales de la mercancía
marketable output: producción vendible
__ **securities**: valores negociables, valores cotizados
__ **surplus**: excedentes comercializables
__ **title**: título seguro, título negociable
marketed suplus: excedentes comercializados
marketing: comercialización (productos), colocación; negociabilidad (valores); mercadotecnia, mercadeo
__ **arrangement**: acuerdo de comercialización
__ **board**: junta de comercialización
__ **channels**: conductos, medios o canales de comercialización
__ **department**: departamento de ventas
__ **disruption**: desorganización del mercado
__ **facilities**: medios de comercialización
__ **manager**: gerente de venta
__ **mix**: conjunto de productos comercializados
__ **orders**: exigencias de ingreso de los productos (tamaño de la fruta, período del año en que no pueden ingresar, etc.)
research: análisis del mercado, investigación sobre distribución y venta de productos
marking out: amojonamiento (límites)
__ **system**: sistema de calificación
markup: (com) margen de utilidad o beneficio, margen comercial; (bnc) margen bruto, sobreprecio, recargo; alza, aumento o subida de precio
marmalade plum: zapote
marriage articles: capitulaciones matrimoniales
__ **bans**: amonestaciones matrimoniales
__ **by proxy**: matrimonio por poder
__ **contract**: capitulaciones de matrimonio
__ **counseling**: consejos sobre matrimonio
__ **license**: licencia matrimonial o para casarse
__ **lines**: partida de casamiento o de matrimonio
__ **portion**: dote
__ **rate**: índice de nupcialidad
married couple: matrimonio, pareja, cónyuges
__ **fertility rate**: tasa de fertilidad legítima
__ **name**: apellido de casada
marsh: margal, pantano, marisma

__ **fever**: malaria, paludismo
marshal: ordenar, poner en orden
__ **evidence**: presentar u ofrecer pruebas, reunir pruebas
marshaling yard: patio o estación de clasificación o de maniobras
marshlands: zonas pantanosas, marisma
mart: emporio, centro comercial, mercado
mask works: medios de enmascaramiento (microcircuito integrado)
masking tape: cinta protectora, cinta adhesiva para tapar
masonry: mampostería, fábrica, obra de albañilería
__ **body**: (const) macizo de fábrica
mass administration of drugs: administración colectiva de medicamentos
__ **blood examination**: examen hemático en masa, examen serológico colectivo
__ **campaign**: campaña en gran escala, campaña colectiva
__ **consumption**: consumo en gran escala
__ **diagram**: diagrama de transporte; diagrama de volúmenes (movimiento de tierra)
__ **disease**: enfermedad de las masas, enfermedad generalizada
__ **drug treatment**: tratamiento colectivo con drogas, quimioterapia colectiva (malaria)
__ **education**: educación de masas
__ **feeding program**: programa de alimentación en masa
__ **health campaign**: campaña sanitaria en masa
__ **market**: mercado para grandes cantidades de productos
__ **media**: medios de información, difusión o comunicación; medios de comunicación de masas o social; órganos de difusión
__ **media coverage**: cobertura de los medios de divulgación o de información
__ **meeting**: reunión en masa, mitin popular, manifestación
__ **methods**: métodos globales
__ **occurrences of illnesses**: enfermedades en grandes sectores de la población
__ **production**: producción en serie o en gran escala
__ **transit**: transporte público o colectivo
__ **unemployment**: desempleo generalizado, desempleo en masa
__ **vaccination**: vacunación colectiva, vacunación generalizada
massive: macizo, abultado, en gran escala, global; impresionante, impactante
master: dominar, conocer a fondo; vencer, superar
__ **agreement**: convenio patrón
__ **card file**: fichero de tarjetas maestras
__ **copy**: (documento) original
__ **craftsman**: maestro artesano
__ **file**: archivo de datos originales (electrónica); fichero de contribuyentes
__ **list**: lista de verificación o de control
__ **of arts degree**: licenciatura o maestría (en letras)

__ **of ceremonies**: presentador, maestro de ceremonias
__ **paper**: papel para multicopistas, papel matríz
__ **plan**: plan básico, general o regulador, plan maestro
__ **policy**: (seg) contrato base
__ **seaman**: patrón de pesca, capitán de un barco pesquero, capitán (marinero)
__ **tape**: cinta original
__ **teacher**: profesor guía
master's degree: licenciatura. Es preferible no traducir los títulos siguientes cuyos equivalentes en español, entre paréntesis, no corresponden exactamente al término inglés: *Master of Arts* (M.A.) (Licenciado en Letras); *Master of Science* (Licenciado en Ciencias). Sin embargo, se generaliza el empleo de maestría (V. *Master of Arts*)
masterly: margistral, genial (obra); maestro (golpe)
mastermind: ser el cerebro de, dirigir
masterstroke: golpe maestro
mastery learning: aprendizaje para el dominio de una especialidad; pedagogía del conocimiento
__ **of vocabulary**: dominio (grado de asimilación) del vocabulario
mat feature: crónica ilustrada
match: *s* (dep) partido, partida, encuentro; *v* corresponder, coincidir, igualar, equiparar, parear, ser igual o semejante a
__ **billets**: rollizos para cerillas
matched control: control emparejado
__ **groups**: grupos emparejados
__ **samples**: muestras emparejadas
matching: igualación, hermanamiento, apareamiento; cotejo, comparación
__ **aspects**: aspectos correlativos
__ **contributions**: aportaciones paralelas, contribuciones de contrapartida o concurrentes
__ **credit**: crédito de contrapartida
__ **expenditures**: gastos de contrapartida
__ **funds**: fondos de contrapartida, fondos correspondientes a las aportaciones paralelas
__ **grant**: donación de contrapartida
__ **of records**: cotejo de actas
__ **pairs**: series equivalentes, series parejas
__ **payment**: contrapartida
__ **personnel**: personal homólogo
__ **point**: punto de concordancia
__ **principle**: principio de las aportaciones paralelas
__ **test**: test de correspondencia
mate: primer oficial
mate's receipt: resguardo de embarque, recibo del capitán
material: *s* tela o tejido, documentación, elementos informativos, datos, observaciones, notas, ideas, exposición, texto; *a* materialista; fundamental, esencial; profundo; material
__ **evidence**: prueba substancial o pertinente, pieza de convicción
__ **fact**: hecho importante

__ **goods**: bienes corpóreos o materiales
__ **injury**: perjuicio material, daño importante
__ **provision**: cláusula sustancial
__ **retardation**: retraso sensible
__ **wealth**: bienes materiales
__ **witness**: testigo importante o esencial
materials-testing laboratory: laboratorio de minerales
materiality: importancia relativa
__ **principle**: principio de la importancia relativa
materialize: realizarse, concretarse, materializarse
materiel: (mil) materiales, pertrechos
maternal and child care: atención maternoinfantil, protección a la madre y al niño
__ **and child health**: salud maternoinfantil
__ **health**: salud materna
__ **line**: linaje materno
__ **welfare agency**: organismo de protección a la maternidad
maternity beds: camas obstétricas para pacientes de maternidad
__ **benefits**: prestaciones de maternidad
__ **care**: cuidados de higiene materna
__ **department**: pabellón de maternidad
__ **home**: casa de maternidad, maternidad, casa maternal, casa prenatal, hogar maternidad
__ **hospital**: casa de maternidad
__ **nursing**: enfermería de la maternidad
__ **ward**: sala de maternidad
mathematical likelihood: verosimilitud (probabilidad) matemática
mating: apareamiento, acoplamiento, empadre
__ **season**: brama (de los animales)
matriculation: ingreso en la enseñanza superior, matriculación. En algunos establecimientos "admission" significa que sólo se puede seguir ciertos cursos, que se ha satisfecho parte o la totalidad de los requisitos antes de la autorización para seguir estudios encaminados a la obtención de un título; en cambio, "matriculation" significa que se han cumplido todos los requisitos
__ **exam**: (RU) examen de ingreso en la Universidad
__ **standards**: requisitos de ingreso (Universidad)
matrix aggregation: conjunto de matrices
__ **reporting**: responsabilidad ante más de una autoridad, entidad o jefe
matron: enfermera jefe
matter in dispute: cosa litigiosa
__ **of course**: cosa natural, cosa normal, que cae de su propio peso
__ **of fact**: hecho positivo o cierto, cuestión de hecho
__ **of importance**: asunto de entidad o de envergadura
__ **of record**: hecho establecido
matter-of-fact man: hombre positivista, hombre práctico o prosaico
__ **reply**: respuesta realista
matting: afelpamiento, apelmazamiento, obstrucción, taponamiento, entretejido (tratamiento de agua)

mattock: zapapico, piqueta, espiocha
mature: madurar, vencer (plazo)
__ **financing**: financiamiento previsional
__ **forest**: monte cortable
__ **investments**: inversiones que han alcanzado su madurez o su fase productiva
__ **markets**: mercados bien establecidos
__ **project**: proyecto en avanzado estado de ejecución o próximo a terminarse
__ **technology**: tecnología experimental, acreditada o de eficacia comprobada
matured bonds: obligaciones vencidas a reembolsar
__ **coupons**: cupones a pagar, cupones al cobro
maturing agents: maduradores
__ **in 10 years**: que vence en 10 años (obligación)
maturity: (plazo de) vencimiento (de un préstamo, obligación, etc.); (seg) caducidad, poliza
__ **transformation**: modificación de los vencimientos
__ **value**: valor al vencimiento
matweed grass: esparto
maul: mazo
maverick: res sin marcar; (fig) inconformista; disidente
maximum access entitlement: límite máximo de giro, de acceso o de utilización
__ **aggregate liability**: responsabilidad global máxima
__ **discharge**: máximo de descarga
__ **exposure risk**: financiamiento máximo
__ **height**: cresta (presa, inundación)
__ **likelihood method**: método de máxima verosimilitud
__ **load**: máximo de la carga
__ **operating payload**: carga útil máxima
meadow: prado, pradera, vega
meager: exiguo, escaso, pobre, seco, flaco
meal: comida; harina; grano molido
mean age: edad media
__ **annual rate**: tasa media anual
__ **labor strength**: efectivo medio de mano de obra
__ **length of life**: vida media
__ **life**: duración media
__ **range**: amplitud media
__ **sample value**: valor medio muestral
__ **well**: tener buenas intenciones
means: medios, recursos, fondos
__ **of payment**: medios de pago
__ **of resisting**: medios de oposición
__ **of transport**: medios de transporte
__ **test**: encuesta sobre los medios económicos
mean-square error: error cuadrático medio
means-tested pension plan: plan de pensiones con comprobación previa de medios de vida
meaning: significado, acepción, sentido
__ **of a document**: tenor de un documento
__ **of what is read**: sentido del texto
meaningful: significativo, útil, justificado, alentador, bien fundado, coherente, válido, que tiene razón de ser, conceptuoso, positivo, característico, sintomático

MEASURE   MEDIUM

__ **education**: educación válida desde un punto de vista social
measure of agreement: grado de acuerdo
__ **of execution**: (leg) medida ejecutoria
measures: providencias, disposiciones, medidas
measure-brief: arqueo (buques)
measured mineral reserves: reservas minerales comprobadas
__ **production**: producción medida, efectiva
measurement: medida, medición; dimensión; evaluación; aforo
measuring flask: matraz aforado
meat flour: harina de carne
__ **hook**: gancho, garabato de canal
__ **hygiene**: higiene de la carne, sanidad aplicada a la industria de la carne
__ **industry**: industria de la carne, industria cárnica
__ **on the hoof**: carne de ganado en pie
__ **organs**: vísceras
__ **packing plant**: frigorífico
__ **performance**: capacidad productiva de carne
__ **poultry**: pollos o aves para el consumo
__ **preparations**: preparados de carne, preparados cárnicos
__ **processing**: elaboración o transformación de la carne
__ **products**: productos cárnicos
__ **protection**: higiene de la carne
__ **scraps**: despojos de carne
mechanical: papel ilustración
__ **completion**: terminación de las instalaciones
__ **devices**: dispositivos mecánicos
__ **digger**: pala cargadora
__ **drawing**: dibujo industrial
__ **engineering**: ingeniería mecánica, mecánica industrial, tecnología mecánica, construcciones mecánicas
__ **failure**: falla mecánica o de máquina
__ **logging**: extracción mecánica de trozas
__ **posting**: contabilización mecánica
__ **translation**: traducción mecánica
__ **wood industries**: industrias de transformación mecánica de la madera
__ **wood products**: productos de elaboración mecánica de la madera
mechanically ventilated container: contenedor con ventilación mecánica
mechanics: mecánica; mecanismo, maquinaria
mechanized agriculture: agricultura mecanizada, labores agrícolas mecanizadas, motocultivo, motocultura
__ **accounting**: contabilidad mecanizada, mecanización contable
__ **packing**: envasado mecánico
media: medios de información, medios de difusión, órganos de información
__ **salesman**: agente publicitario
mediamobile: centro itinerante de información
median length of life: vida mediana
__ **strip**: faja (divisoria) central, separador, isla divisoria (camino)

mediated instruction: enseñanza indirecta
mediation: mediación, tercería, intercesión
mediator: (leg) tercero, árbitro
medical advice: consulta médica
__ **advisor**: asesor médico, consejero-médico
__ **aid(e)**: auxiliar médico
__ **aid post**: puesto de asistencia médica
__ **assistant**: auxiliar médico; practicante
__ **attention**: asistencia médica
__ **audit**: inspección médica, auditoría médica
__ **beds**: camas para pacientes clínicos
__ **benefits fund**: caja de seguro médico
__ **board**: tribunal médico
__ **cabinet (chest)**: botiquín
__ **care**: atención médica, servicios asistenciales
__ **care-teaching integration**: integración docente-asistencial
__ **chart**: ficha médica
__ **clerkship**: pasantía
__ **community**: cuerpo médico
__ **complaint**: padecimiento
__ **consultant**: médico consultor, médico de consulta
__ **corps**: cuerpo de sanidad, servicio de sanidad
__ **education**: pedagogía o educación médica, enseñanza de la medicina
__ **education and health care proyect**: proyecto docente-asistencial
__ **examination**: examen médico, reconocimiento médico
__ **examiner**: médico forense
__ **field unit**: servicio médico móvil, unidad móvil o ambulante del servicio médico
__ **inspection**: visita del médico
__ **institution**: establecimiento asistencial
__ **jurisprudence**: medicina legal o forense, jurisprudencia médica
__ **kit**: botiquín
__ **men**: médicos
__ **nutritionist**: nutriólogo
__ **officer**: médico
__ **practitioner**: médico general
__ **prescription**: prescripción facultativa
__ **record**: historia clínica, registro hospitalario, expediente profesional
__ **referee**: juez médico
__ **report**: dictamen de facultativo
__ **review board**: comité asesor médico
__ **section**: sección de asistencia médica
__ **social worker**: trabajador médico-social, auxiliar médico-social
__ **staff**: cuerpo médico
__ **standards**: requisitos médicos
__ **supervision**: vigilancia médica, fiscalización médica
__ **women**: doctoras en medicina
medicated salt: sal medicinada, sal medicada, sal cloroquinada
medicine chest: botiquín
medium absorber: país de mediana capacidad de absorción (petróleo)

231

MEDIUM   MENU

__ **carbon steel**: acero semisuave
__ **count cotton system**: algodón de número medio
__ **hardwood board**: tablero semiduro
__ **of exchange**: medio de cambio o de pago, medio circulante
__ **of instruction**: idioma de instrucción, lengua vernácula
__ **staple cotton**: algodón de fibra mediana
__ **steel**: acero semiduro
__ **term**: plazo mediano
medium-grade stock: valores de calidad media
medium-sized farms: explotaciones agrícolas medianas
medium-term exile: entrañamiento menor
__ **rigorous imprisonment**: presidio menor
__ **transportation**: (leg) confinamiento menor
__ **trend**: tendencia a mediano plazo
medlar: níspero
meet: encontrarse, tropezarse, entrevistarse con; reunirse; afrontar, afrontarse; cubrir (déficit); costear, sufragar (gastos); hacer honor (compromiso); llenar o satisfacer (requisitos, condiciones)
__ **a difficulty**: enfrentarse con o hacer frente a una dificultad
__ **a need**: satisfacer una necesidad
__ **a situation**: responder a una situación
__ **an obligation**: cumplir con o atender una obligación
__ **requirements**: cubrir las necesidades
__ **the demand**: satisfacer la demanda
meeting: reunión, sesión, asamblea, conferencia, junta, mitin; cita
__ **hall**: sala de reuniones
__ **in camera**: sesión a puerta cerrada
__ **of creditors**: concurso o junta de acreedores
__ **of minds**: acuerdo; (leg) acuerdo de voluntades
__ **place**: lugar o sitio de reunión
__ **services**: servicios de conferencia
meeting-room attendant: auxiliar de sala de reuniones
mellowness: sazón, madurez, suavidad
melt: hornada, picada, colada (acero)
melting: fundición, fusión
__ **point**: punto de fusión
__ **pot**: crisol; (fig) amalgama de gente, mestizaje
member: socio, miembro, afiliado, asociado, vocal, integrante, componente; familiar, pariente; empleado, funcionario; militante (de un partido político)
__ **as of right**: miembro por derecho propio, ex officio
__ **country**: país miembro
__ **entitled to vote**: vocal
__ **of a committee**: titular, miembro regular de una comisión o comité
__ **of a cooperative society**: socio cooperativo
__ **of Congress**: congresista
__ **of Parliament**: diputado
__ **of the bar**: abogado, letrado, licenciado

__ **of the crew**: tripulante
__ **of the Stock Exchange**: socio de la Bolsa de Cambio
__ **organization**: organización afiliada
__ **participation rebate**: bono de participación para los socios
__ **State**: Estado Miembro
members in good standing: miembros acreditados
__ **of the staff**: funcionarios, personal
__ **present and voting**: miembros presentes y votantes
membership: calidad de miembro o socio; (número de) miembros o socios; afiliación, participación, composición, integración; ingreso
__ **application**: solicitud de ingreso
__ **committee**: Comité de Admisión de Nuevos Miembros
__ **factor**: factor de condición de miembro
__ **shares**: acciones de adhesión
__ **votes**: votos de adhesión
memo calendar: agenda
__ **pad**: block de notas
memorable words: palabras lapidarias, palabras inolvidables
memorandum account: cuenta de orden
__ **entry**: partida de memorando o pro memoria
__ **item**: partida informativa, partida pro memoria
__ **of agreement**: memorándum de acuerdo; contrato (nota) verbal
__ **of association**: escritura de constitución
__ **of law**: memorándum jurídico
__ **of understanding**: memorándum de acuerdo o de entendimiento
memorial: monumento conmemorativo; memorial; recuerdo
__ **division**: División de Exequias
__ **room**: sala de meditación, sala de oraciones
memorization: aprendizaje de memoria, memorización
memorizing: memorización, aprendizaje de memoria
memory address: (comp) dirección de la memoria
__ **call**: (comp) elemento de memoria
__ **position**: (comp) posición de memoria
__ **system**: sistema mnemónico
__ **trace**: impresión mnémica, engrama
mensuration: cubicación
mental ability: aptitudes intelectuales, inteligencia, capacidad intelectual
__ **affecting drugs**: psicotrópicos
__ **clinic**: clínica de consultas psiquiátricas
__ **disarrangement**: alienación mental
__ **health training**: psicopedagogía
__ **hospital**: hospital psiquiátrico
__ **makeup**: constitución mental
__ **or physical fitness**: aptitud intelectual o física
__ **set**: rigidez mental
__ **work**: trabajo intelectual
mentalism: (psic) concienciacialismo
mention: mencionar, aludir, mentar, hablar de
menu: (comp) plantilla
__ **approach**: método de la lista de opciones

mercantile accounting: contabilidad mercantil
__ **credit**: crédito comercial (concedido por un empresario a otro)
__ **law**: derecho mercantil o comercial
mercerizing strength: punto de mercerización (tejidos)
merchandise: mercaderías, mercancías
__ **balance**: balanza comercial
__ **exports**: exportaciones de bienes
merchandising: distribución y venta; comercialización, técnica mercantil, ventas; a veces: acondicionamiento de productos
__ **margin**: margen de ventas
merchant bank: banco de inversiones, casa de inversiones
__ **bar**: hierro comercial en barras
__ **iron**: hierro comercial
__ **marine office**: delegación marítima
__ **mill**: laminador de perfiles y barras delgadas
__ **vessel**: buque mercante
merchantable timber: madera aprovechable, pies comerciables, madera vendible
__ **tree**: árbol vendible
__ **volume**: (silv) volumen comercial, volumen aprovechable
merchanting trade: comercio triangular
merciful homicide: homicidio piadoso
mercilessly: a sangre y fuego
merged categories: categorías refundidas (tejidos)
merger: fusión, incorporación, unión, consolidación o absorción de empresas
__ **of companies controlling successive stages in production**: fusión vertical
__ **of competing companies**: fusión horizontal
merging: convergencia (de tránsito); (IBM) intercalación
__ **traffic**: tráfico convergente, tráfico afluente
merit: mérito, merecimiento, fondo, fundamento de un asunto, valor intrínseco de algo, ventaja, virtud, bondad, cualidad, propiedad
__ **goods**: bienes preferentes o deseables; bienes de interés social
__ **increase**: aumento por mérito
__ **promotion**: ascenso por mérito
__ **rating**: evaluación de cualidades
__ **step**: incremento por mérito
__ **system**: sistema de ascenso (nombramiento) por mérito
__ **wants**: necesidades preferentes
merits of the case: (leg) fondo o fundamento del caso (de la cuestión, del asunto o del litigio)
meritorious consideration: (leg) causa valiosa
__ **defense**: (leg) defensa basada en méritos
__ **increase**: aumento de sueldo por mérito
mesh container: contenedor de malla, contenedor de tela metálica (para ganado)
mess hall: comedor o sala de rancho para soldados; imperio de oficiales
message: contenido técnico (extensión agrícola)
__ **front-end system**: sistema múltiple de mensajes financieros

messenger (boy): ordenanza, "junior", mozo (de banco o para los mandados), recadero
messing arrangements: servicio de fonda
metal band: fleje, zuncho
__ **industry**: industria metalúrgica
__ **reserve**: reserva en metálico, reserva monetaria
__ **strapping**: fleje
__ **trades**: industria mecánica
__ **trades council**: consejo de sindicatos metalúrgicos
__ **transforming industry**: industria metalmecánica
__ **works**: estructuras metálicas
metal-cutting tools: herramientas para corte de metales
metaled road: camino macadamizado o empedrado, carretera engravada
metalforming industries: industrias de tratamiento y pulido de metales
metaling: firme (caminos)
metalized yarn: hilado metalizado
metallic ore: mineral metálico
metalworking industry: industria metalúrgica
meter: medidor, contador
__ **level recorder**: limnígrafo
__ **rent**: (elec) cargo por medidor o por contador
metered water: agua aforada
metes and bounds: dimensiones (medidas) y linderos
method: método; sistema; manera, modo; procedimiento, modalidad
__ **course**: curso de metodología
__ **instructor**: consejero pedagógico
__ **of bonus allocation**: sistema de participación en los beneficios
__ **of cultivation**: sistema de labranza
__ **of meaning**: método interpretativo
__ **of repayment**: sistema de amortización
__ **of teaching**: método pedagógico
methodical arrangement: sistematización
methylated spirits: alcohol desnaturalizado
metropolitan planning: planes de reordenación metropolitana
mezzanine: entrepiso
__ **financing**: financiamiento "mezzanine"
Mexican domino effect: efecto "tequila"
MIBOR (Madrid Interbank Offered Rate): MIBOR (tipo o tasa de oferta interbancaria de Madrid)
microapproach: criterio micrográfico
microbial leaching: (min) lixivación bacteriana
microchips: microplaquetas, microcircuitos integrados
microdata: microdatos, datos detallados
microform: microformato
microlevel accountability: responsabilidad microeconómica
micromanagement: microgestión
microscopic organism: mircroorganismo
__ **section**: corte microscópico
__ **slides**: portaobjetos

microsprayer irrigation: riego por microaspersión
microteaching: microenseñanza
microwave link: enlace de microondas
midcourse: medio camino, media carrera
__ **value**: (est) valor característico de la clase
Middle America: Mesoamérica (Panamá, México, países de Centroamérica y el Caribe)
__ **ground**: posición intermedia entre dos extremos; zona intermedia
__ **management**: mandos o cuadros medios, administración de nivel intermedio, personal directivo intermedio
__ **school**: escuela media (primer ciclo de enseñanza secundaria), escuela intermedia
__ **waters**: aguas medianas
middle-income group: grupo de ingresos medianos
middle-level personnel: personal de categoría intermedia
middle-of-the-road: de tendencia moderada, de posición intermedia
__ **policy**: política de compromiso
middleman: intermediario; corredor, revendedor
middleware: (comp) programas intermedios
middlings: afrecho, afrechillo, salvado, salvadillo, harinillas
midget supermarket: supermercado en miniatura
midmonth account: liquidación quincenal
midnight dumping: vertimiento ilegal de basuras
midocean archipelago: archipiélago oceánico
midpoint of range: valor equidistante de los límites
__ **rate**: tipo medio o intermedio
midstep: escalón medio
__ **review**: examen de mitad del ejercicio, de mitad de año
midterm project review mission: misión de supervisión general del proyecto a mediados del período de ejecución
__ **report**: informe semestral
midway: medio camino, mitad del camino
midwife: comadrona, partera, matrona, obstetriz
__ **tutor**: obstetriz instructora
midwifery kit: maletín de obstetricia
__ **school**: escuela de obstetricia
__ **sister tutor**: enfermera instructora de obstetricia
__ **trainee**: practicante de obstetricia
midyear estimates: estimación de medio año
migrant labor: trabajadores migrantes
migrating animal husbandry: zootecnia del ganado migratorio
migration balance: balance migratorio
__ **bias**: sesgo introducido por la migración
__ **from the country to the towns**: éxodo rural
migratory grazing: pastoreo migratorio
__ **herd or flock**: rebaño trashumante
milch cows: vacas lecheras
mild: templado, moderado, apacible, benigno, leve, poco severo, poco riguroso
__ **course (of a disease)**: evolución benigna (de una enfermedad)

__ **malnutrition**: malnutrición leve
__ **retardation**: retardo leve
__ **steel**: acero dulce o suave
__ **success**: éxito de prestigio
mileage: distancia en millas; recorrido; kilometraje (en kilómetros)
__ **rate**: tarifa por distancia
milestone: jalón, hito, piedra miliaria; (fig) acontecimiento importante
milieu: medio ambiente, entorno
militant: militante, activista, combatiente
military coup: golpe de cuartel, golpe militar
__ **courts**: justicia militar
__ **education**: educación castrense
__ **law**: código militar
__ **materiel**: pertrechos militares
__ **revolt (coup)**: pronunciamiento militar
__ **staff**: estado mayor
__ **system of justice**: justicia militar
milk cows: vacas de ordeño, de leche o lecheras
__ **curd**: cuajada
__ **drying plant**: central de deshidratación de leche
__ **extra grade**: leche de calidad superior
__ **fats**: grasas lácteas
__ **feeding program**: programa de distribución de leche
__ **formula**: lacticinio
__ **grade**: calidad de la leche
__ **"kitchen"**: gota de leche
__ **parlor**: salón de expendio de la leche
__ **plant**: central lechera
__ **porridge**: gachas de leche
__ **processing plant**: central de tratamiento de leche
__ **station**: gota de leche, centro de distribución de leche, lactarium, dispensario de leche
milk-based formulas: fórmulas lácteas
milker: vaca en lactación
milkfish: (ict) alosa
milking: ordeño (vacas)
__ **cows**: vacas en lactación
__ **machine**: ordeñadora mecánica
__ **parlor (shed)**: establo
milkshed: cuenca lechera
mill: molino, fábrica; papelera; hilandería; laminadora; trapiche
__ **activity**: actividad manufacturera
__ **lots**: retazos de papel
__ **throughput**: capacidad de laminación
millage rate: tasa de impuesto en milésimos de dólar
millboard: cartón de encuadernar, cartón para encuadernación, cartón basto, cartón prensado
milled rice: arroz blanco, arroz elaborado o pulido
millet: mijo, milo
milling: molienda, moledura, molturación (trigo o arroz); fresado, trituración
__ **offals**: restos, residuos de molinería
__ **yield**: rendimiento en la fabricación, la molienda, el maquinado
milocorn: sorgo
mimeographed paper: papel vergé

mind: mente, entendimiento, espíritu; ánimo; inteligencia, pensamiento; memoria, recuerdo; opinión, parecer, cerebro
__ **expanding**: que enriquece al espíritu
mind's eye: imaginación
mindful of: consciente de
mindset: mentalidad, estado anímico
mine entrance: bocamina
__ **face worker**: barretero
__ **prop**: apeo, entibo, puntual de minas
__ **shaft**: galería de mina
mine-run: (min) todo uno
__ **coal**: carbón todo uno, carbón sin clasificar, tal como sale, en bruto
mined rock salt: sal mineral
minehead price: valor en boca de mina
mineral coal: hulla
__ **deposit**: yacimiento
__ **fat**: vaselina
__ **lick**: (agr) salegar
__ **nutrition**: nutrición con minerales
__ **resources**: riquezas mineras
__ **rights**: derecho al subsuelo
__ **waste**: minerales en broza
minimal stage: etapa incipiente
minimum annual rate: monto mínimo anual (jubilación)
__ **cash ratio**: encaje legal, coeficiente mínimo de encaje
__ **cash requirements**: porcentaje de reserva obligatoria, encaje legal, mínimo de encaje
__ **chargeable weight**: peso mínimo de tasación
__ **economic capacity**: umbral de rentabilidad económica
__ **grades**: calidades inferiores o mínimas
__ **living wage**: salario mínimo vital
__ **package project**: proyecto de contenido mínimo
__ **pension guarantee**: plan de jubilación mínima
__ **required reserve**: encaje marginal
__ **reserve requirements**: (bnc) encaje legal, reserva obligatoria
__ **safety requirements**: normas mínimas de seguridad
__ **tillage**: labranza mínima
__ **time-in-grade**: antigüedad mínima en la categoría (de personal)
__ **wage**: salario mínimo, mínimo vital
__ **wage in industry**: salario industrial mínimo
mining and quarrying: explotación de minas y canteras, industrias extractivas
__ **claim**: título minero, concesión minera, pertenencia; denuncio (solicitar la concesión de una mina)
__ **compounds**: recintos mineros
__ **house**: casa financiera minera
__ **lease**: concesión minera
__ **royalties**: cánones mineros
__ **site**: bocamina
mining-oriented: con vocación minera
Minister of External Relations: Canciller

__ **of Foreign Affairs**: Canciller
__ **without portfolio**: Ministro sin cartera
Ministry of Foreign Affairs: Ministerio de Relaciones Exteriores, Ministerio de Asuntos Exteriores, Cancillería
__ **level**: jerarquía ministerial
minor: *s* (edu) subespecialización, asignatura secundaria, ramo secundario; *a* secundario, inferior, menor, sin importancia, de poca importancia
__ **expenses**: gastos menudos
__ **exports**: exportaciones menores
__ **ills**: enfermedades benignas
__ **nutrients**: micronutrientes
__ **offense**: (leg) falta, contravención, infracción
minority interest: participación minoritaria
__ **report**: informe de minoría, informe disidente
__ **threshold**: umbral de veto de una minoría
mint: *s* casa de moneda, ceca; *v* acuñar; (fig) forjar, idear, inventar
__ **par of exchange**: paridad monetaria, cambio a la par de moneda
mintage: acuñación de moneda, monedaje
minus area: zona de ajuste (por lugar de destino) negativo
__ **balance**: saldo negativo, saldo deudor
__ **difference**: diferencia en menos
__ **differential**: coeficiente de ajuste negativo
__ **% rate of return**: tasa de retorno negativo de %
__ **post adjustment**: reajuste negativo por lugar de destino, reajuste por disminución del costo de la vida
__ **scores**: cifras con signo negativo
minute: menudo, diminuto, muy pequeño; minucioso, detallado
minutes: momentos; actas (de una sesión); protocolo de un acuerdo diplomático; actuaciones (de una junta de electores)
mirror image: reflejo exacto
misalignment of currencies: desfase de las monedas
__ **of rates of exchange**: desajuste, divergencia entre tipos de cambio
misallocation of employment: distribución geográfica defectuosa del empleo o de las posibilidades de empleo
__ **of resources**: distribución inadecuada o asignación desacertada de los recursos
misappropriation: (leg) malversación, desfalco, distracción de fondos
miscalculation: cálculo erróneo, error de cálculo; desacierto, equivocación, error
miscarriage: fracaso, malogro; extravío o pérdida (carta); (med) aborto
__ **of justice**: error judicial
miscellaneous cash accounts: cuentas diversas de caja
__ **charges**: cargos diversos
__ **expenditure**: gastos diversos
__ **expenses**: gastos varios
__ **income**: ingresos diversos

235

__ items: artículos varios
__ provisions: disposiciones varias
__ services: servicios varios
misconception: concepto erróneo, equivocado; malentendido
misconduct: falta de conducta; mala conducta; conducta fraudulenta, abandono de deberes
misconstruction: mala interpretación
misconstrue: interpretar erróneamente, entender mal
miscount: contar mal, equivocarse en la cuenta
misdeed: delito, fechoría, hecho delictual
misdelivery: error en la entrega
misdemeanor: (leg) infracción penal, delito menor, falta, contravención
misfeasance: (leg) abuso de derecho
misfortune: percance, desgracia, revés
misgivings: recelos, dudas, temores
mishap: percance, contratiempo
misinformation: información errónea
misinvestment capital expenditure: inversión equivocada
misleading advertising: publicidad engañosa o que desorienta
mismanagement: mal manejo, administración deficiente, mala dirección
mismatch: s falta de correspondencia; v emparejar mal, desajustar, desigualar, deshermanar
misprint: errata, error de imprenta, falta tipográfica, impresión errónea
misprocurement: adquisición no conforme con los procedimientos reglamentarios
misrepresent: desfigurar, desvirtuar, falsificar, tergiversar, desnaturalizar
__ competition: falsear la competencia
misrepresentation: falsedad, falsificación, representación falsa, falseamiento, desnaturalización, desfiguración; tergiversación, falsa declaración
missile: proyectil, cohete, misil, proyectil teledirigido
__ weapons: armas arrojadizas
missing detainees: detenidos desaparecidos
__ persons: desaparecidas
__ plot technique: técnica del bloque omitido
mission: misión; embajada
__ area: región de la misión
__ school: escuela dirigida por misioneros
__ student: titular de una beca concedida por misiones
__ subsistence allowance: dieta por misión
mission-oriented research: investigación orientada hacia determinados objetivos
missionary salesman: vendedor misionero
misstatement: afirmación o declaración falsa, aserción errónea; relación falsa; error
mist blower: nebulizador (pesticidas)
__ spraying: nebulización
mistrial: juicio nulo por error o desacuerdo del jurado, juicio viciado
misuse of authority (power): abuso de autoridad (poder), arbitrariedad

__ of land: utilización errónea de la tierra, mala utilización o aprovechamiento de la tierra
mitigate: mitigar, aliviar, atenuar, calmar, suavizar, aligerar, aplacar, moderar
mitigation measures: medidas mitigantes
__ plan: plan preventivo, plan de ordenamiento ambiental
mix: s mezcla; combinación; composición; estructura; v mezclar, combinar, asociarse, frecuentar, alternar
mixed accounts: cuentas mezcladas
__ action: (leg) proceso mixto
__ blessing: ventaja a medias
__ crops: cultivos combinados, mixtos o intercalados
__ duty: derecho mixto (ad valorem + específico): derecho compuesto o compensatorio
__ enterprise: empresa mixta
__ farming: explotación agropecuaria, explotación mixta, policultivo
__ farming project: proyecto agropecuario; a veces: proyecto de cultivos múltiples
__ feeding: alimentación mixta
__ feelings: sentimientos encontrados
__ fertilizer: abono mixto, fertilizante compuesto
__ fodder: forraje verde o mixto
__ forest: bosque mixto, masa irregular
__ metal: aleación
__ rates: tipos de cambio mixtos
mixed-use forest: bosque de usos múltiples
mixer drum: tambor de amasado (cemento)
mixing: (ind) malaxación
__ of races: mestizaje
mixture of wheat and rye: mezcla de trigo y centeno
mobile cinema unit: grupo o servicio móvil de cine
__ cinema van: cinebús
__ library: biblioteca ambulante
__ studio vans: emisoras móviles
__ telephone: teléfono celular, teléfono móvil
__ training unit: unidad móvil de formación o de capacitación
__ X-ray van: grupo móvil de radiografía
mobility of labor: movilidad de la mano de obra
mobilization advance: anticipo para movilización (contrato)
__ ratio: coeficiente de movilización
mock meeting: simulacro de reunión pública
__ trial: simulacro de juicio
mock-up: maqueta, modelo a escala
mode: modo, manera, forma, método, modalidad
__ of cultivation: sistema de plantación
__ of payment: modalidad de pago
modal split: distribución modal, entre modos de transporte
model: modelo, maqueta; dechado, ejemplo, paradigma, patrón; pauta; prototipo; maniquí, figurín, exponente
__ act (law): ley tipo
__ agreement: acuerdo-tipo
__ assembly: simulacro de asamblea, reconstitución de asamblea, asamblea en miniatura

- __ **bid documents**: modelo de documentos de licitación
- __ **farm**: granja modelo
- __ **law**: ley tipo o modelo
- __ **school**: escuela de aplicación (V *practice school, laboratory school, demonstration school*)
- **moderate**: morigerar, suavizar, restringir, moderar
- **moderation**: flexibilización
- **moderator**: director de debates
- **modernization of agriculture**: tecnificación de la agricultura
- **modernize**: racionalizar, modernizar, tecnificar
- **modular training**: enseñanza modular, capacitación por módulos
- **modus operandi**: mecánica operativa, procedimiento
- __ **vivendi**: convenio interino entre dos países
- **mohair**: lana de cabra
- **moisture stress**: estrés por falta de humedad
- **moisturizing**: hidratante, humectante
- **mold release oils**: aceites de desmoldeo
- **moldboard plow**: arado de vertedero o de reja
- **mole**: malecón, muelle
- **moleskin**: molesquin, cuero artificial (imitación cuero)
- **molting (of chicken)**: pelecha
- **moment**: momento; importancia
- **momentum**: impulso, ímpetu, velocidad
- __ **investing**: (fin) inversión de ímpetu
- **monetary aggregates**: agregado monetario
- __ **assets**: activo monetario
- __ **base**: liquidez monetaria
- __ **capital**: capital dinerario
- __ **correction**: corrección monetaria
- __ **ease**: relajación monetaria, flexibilidad monetaria
- __ **economist**: monetarista
- __ **expansion**: expansión monetaria, expansión de la masa monetaria
- __ **flow**: corriente monetaria, flujo monetario
- __ **gold**: oro-moneda, oro sellado o amonedado
- __ **gold stock**: masa de oro monetario
- __ **policy stance**: orientación de la política monetaria
- __ **reform**: saneamiento monetario
- __ **restraint**: austeridad monetaria
- __ **review**: análisis de la situación monetaria
- __ **stringency**: austeridad monetaria, constricción monetaria
- __ **survey**: panorama monetario, situación monetaria
- __ **token**: símbolo monetario
- __ **unit**: unidad monetaria, signo monetario
- __ **wage**: salario en efectivo, monetario o nominal
- **monetization of debt**: monetización de la deuda
- **monetized GDP**: PIB monetizado
- **on call**: dinero exigible, dinero a la vista
- **money broadly defined**: disponibilidad líquida
- __ **center banks**: bancos establecidos en las principales plazas financieras
- __ **desk**: mesa de dinero

- __ **illusion**: ilusión monetaria, valor ilusorio del dinero
- __ **in circulation**: circulante monetario
- __ **income**: ingreso monetario
- __ **laundering**: blanqueo de dinero, lavado de dinero
- __ **losing operation**: operación deficitaria
- __ **market**: mercado monetario o de dinero
- __ **market (mutual) fund**: fondo común de inversiones, fondo mutuo
- __ **market papers**: títulos o valores del mercado monetario
- __ **market rate**: tasa del mercado monetario o del mercado de dinero, tasa de los fondos comunes de inversiones
- __ **matters**: asuntos monetarios
- __ **on call**: dinero exigible, dinero a la vista
- __ **on hand**: dinero disponible
- __ **on short notice**: dinero a corto plazo
- __ **order**: vale postal, giro postal, libranza postal (o telegráfica), cheque postal, remesa postal
- __ **rate**: tipo de interés del dinero
- __ **stock**: masa monetaria, acervo de dinero, cantidad de dinero; a veces: disponibilidades líquidas, oferta monetaria
- __ **supply**: medio circulante; oferta monetaria, masa monetaria
- __ **supply and quasi-money**: oferta monetaria ampliada
- __ **wage**: salario en efectivo, monetario o nominal
- **money-losing operation**: operación deficitaria
- **moneyness**: liquidez
- **monitor**: *s* monitor, instructor; *v* controlar, vigilar, seguir la marcha, escuchar u oír (con fines de censura, propaganda, etc)
- __ **a trend**: vigilar o seguir el curso de una tendencia
- **monitors of service quality**: supervisores de calidad en el servicio
- **monitored marketing**: comercialización vigilada
- __ **release (of a drug)**: licencia vigilada (de un medicamento)
- **monitoring**: observación, fiscalización, verificación, control, seguimiento, vigilancia, supervisión, inspección, verificación
- __ **and evaluation**: seguimiento y evaluación
- __ **and vigilance**: inspección y vigilancia
- __ **station**: estación de vigilancia o control, servicio de escucha
- **monoculture**: monocultivo
- **monocyclic management**: ordenación monocíclica
- **monoeconomy**: economía basada en un solo producto
- **monoexporter**: monoexportador (exportador de un solo producto)
- **monofil**: monofilamento (hilo sintético de un solo filamento)
- **monolayer tissue culture**: monocultivo tisular
- **monopolism**: monopolismo, sistema de los monopolios
- **monopoly**: monopolio; estanco

___ **rights**: derechos exclusivos (de patente)
Monterey pine: pino insigne, pino radiata
monthly allowance (payment): mensualidad, mesada
___ **installments**: pagos (cuotas) mensuales, mensualidades
___ **loan**: dinero (o préstamo) a un mes
___ **premium**: (seg) deducción mensual
___ **publication**: revista mensual
___ **statement**: estado de cuenta mensual
mood: ánimo, genio, humor, talante; modo; disposición de ánimo, estado de espíritu, estado de ánimo; capricho
moonlanding: alunizaje
moonlight: tener un segundo empleo
moonlighter: persona que trabaja después de su jornada ordinaria
moonlighting: pluriempleo, trabajo negro
moored buoy: boya fondeada
mooring buoy: boya de anclaje o de muerto (amarre)
___ **in docks**: uso de diques
___ **place**: atraque
___ **winch**: malacate de amarre
moot question (point): asunto aún no decidido, asunto discutible, cuestión contenciosa
moped: ciclomotor
mor: mantillo ácido
moral damage: (leg) perjuicio moral
___ **hazard**: riesgo subjetivo, riesgo moral
___ **integrity**: conducta recta
___ **judgment**: juicio sobre el aspecto moral
___ **law**: ética, ley moral
___ **obligation**: obligación natural o moral
___ **prejudice**: daño moral
___ **restraint**: disciplina moral
___ **risk**: riesgo de improbidad del asegurado
___ **suasion**: persuación moral
___ **support**: apoyo moral
morale: estado de ánimo, espíritu de cooperación, espíritu de trabajo, moral
___ **building**: fortalecimiento del espíritu de cooperación o de trabajo
morbid condition: estado morboso
___ **state**: estado patológico
morbidity: morbilidad
___ **and mortality**: morbo-mortalidad
more often than not: generalmente, en general, la mayoría de las veces, más a menudo, casi siempre
___ **votes than any other candidate**: (EUA) pluralidad de votos
morphine addiction: morfinomanía
mortal remains: despojos mortales
mortality: mortalidad, tasa de mortalidad; mortandad
___ **rate**: tasa o coeficiente de mortalidad
___ **table**: tabla de mortalidad
mortgage bank: banco hipotecario o de crédito inmobiliario (territorial)
___ **bond**: bien hipotecario, cédula hipotecaria, obligación hipotecaria, bono o título hipotecario

___ **broker**: corredor de hipotecas
___ **credit**: crédito hipotecario
___ **creditor**: acreedor hipotecario
___ **debenture**: obligación hipotecaria, título o bono hipotecario
___ **deed**: escritura hipotecaria o de hipoteca, título de propiedad dspositado como hipoteca
___ **financing**: créditos (préstamos) hipotecarios
___ **investment conduit**: sociedad operadora de inversiones
___ **loan**: préstamo hipotecario
___ **loan bank**: banco de crédito hipotecario
___ **on a vessel**: hipoteca marítima
___ **payable**: deuda hipotecaria
___ **receivables**: créditos hipotecarios
mortgage-backed securities: valores con garantía hipotecaria
mortgagee: acreedor hipotecario
mortgagor: deudor hipotecario, hipotecante
most immediately impacted countries: países más inmediatamente afectados
___ **seriously affected countries**: países más gravemente afectados
most-favored-nation clause (treatment): cláusula (trato) de la nación más favorecida
mother and child health centers: centros de salud maternoinfantil
___ **hubbard clause**: cláusula general
___ **lode**: (min) veta del placer, filón principal
___ **ship**: buque (nave) nodriza; buque portador (de gabarras)
mothercraft: puericultura
___ **center**: centro de puericultura, hogar materno
___ **classes**: clases de puericultura
motion: movimiento; marcha; moción, ponencia, proposición; (leg) pedimento, petición
___ **studies**: estudios de movimiento (rendimiento individual)
___ **to adjourn**: moción para levantar la sesión
___ **to dismiss**: excepción perentoria
___ **to set aside**: (leg) recurso de reposición, moción para dejar sin efecto
___ **to vacate**: (leg) demanda de nulidad, recurso de casación
motion-picture camera: tomavistas
motivate: motivar, alentar, estimular, impulsar
motivating forces: líneas de fuerza; a veces: tendencias
motivation: móvil, motivo, incentivo; mística, dedicación desinteresada a una causa, vocación de servicio
___ **for change**: motivación para promover el cambio
motivator: promotor (planificación familiar)
motor carrier: empresa de transporte por autocamión, empresa camionera, compañía de transportes de carga
___ **carrier bill of lading**: conocimiento de embarque o de porte en camión
___ **fuel**: carburante
___ **octane number**: índice de octano, octanaje

MOTOR-DRIVEN

__ **pool**: flota común de equipo
__ **scooter**: motoneta
__ **shed or bay**: nave de motores (fábrica)
__ **spirit**: gasolina para motores
__ **transport**: transporte motorizado
__ **vehicle pool**: parque de vehículos automotores
motor-driven: movido, accionado o impulsado por motor
__ **vehicle**: vehículo de tracción mecánica
motorcade: desfile de automóviles
motorized farming: motocultivo
motorway: autopista
__ **intersection**: cruce en trébol
mottled enamel: esmalte moteado
mo(u)lt: mudar la pluma o el pelo los animales; pelechar
mo(u)lting: muda de la pluma o del pelo de los animales
mound planting: plantación en montículos
mountain chain (range): cordillera, sierra
__ **forest**: bosque de altura
__ **pass**: paso, portezuelo, desfiladero
__ **rice**: arroz de montaña, de tierras altas, de secano
__ **system**: sistema orográfico
mounting: engaste, montura, base, soporte; montaje
mouthpiece: boquilla; micrófono; portavoz, vocero
movable capital: capital mobiliario
__ **carrier**: carro corredizo, movible
__ **equipment**: equipo móvil
__ **forms**: moldes corredizos (concreto)
__ **tangible assets**: activos tangibles muebles
__ **tangible property**: bienes muebles corpóreos o tangibles
movables: (leg) bienes muebles
move: incentivo, decisión, propuesta, medida
move card: ficha (hoja) de ruta
__ **that the question not be put to a vote**: proponer que el asunto no sea sometido a votación
__ **the closure of the debate**: proponer el cierre del debate
movement of animals: tránsito de animales
__ **of goods**: circulación de mercancías
__ **of labor**: movimiento (circulación) de la mano de obra
moving average: promedio variable, promedio móvil, media móvil
__ **formwork**: encofrado deslizante (concreto)
__ **total**: suma móvil
__ **weight**: (est) ponderación móvil
mow-binder: segadora-gavilladora
mud: (min) lama, lodo, barro, fango, limo
__ **flat**: marisma
__ **lighter (dredger)**: gánguil (de compuertas)
__ **wall**: tapia
muddiness of water: enturbamiento o turbidez del agua
mulberry: mora

MULTIPLE

mulch: *s* pajote, colchón vegetal, acolchado, capa vegetal, cobertura orgánica (muerta) para proteger el suelo; *v* acolchar
mulching: capa vegetal, acolchado
__ **material**: humus
mule jenny: bobinador automático
mull: humus dulce, mantillo suave
mullet: (ict) lisa, mújol
multi-stage system tax: impuesto calculado según sistema de imposición acumulativa en cascada
multi-wall (multi-ply) paper sacks: sacos de papel de pliegos
multiclass teaching: (adm) enseñanza en clase única
multicompensatory trade: comercio de compensación múltiple
multicountry project: proyecto multinacional
multicourse system: (agr) pluricultivo, policultivo
multicraft union: gremio de varios oficios
multicropping: multicultivo, policultura
multicurrency clause: cláusula sobre (de) múltiples monedas
__ **intervention**: intervención con múltiples monedas
__ **pegging**: vinculación a múltiples monedas
multidimensional treatment: tratamiento de enfoque múltiple
multidwelling houses: viviendas multifamiliares
multifamily housing units: viviendas multifamiliares
multigrade teaching: enseñanza simultánea de varios grados
multilateral investment insurance: seguro multilateral de inversiones
__ **lending agency**: organismo multilateral de crédito
__ **pact**: pacto plural
__ **school**: escuela de varios grados
__ **trade negociations**: negociaciones comerciales multilaterales
__ **type of school**: escuela de tipo polivalente
__ **worker**: trabajador polivalente
multilaterialization: comvergencia (comercio)
multilayered board: tablero múltiple
multilevel farming: cultivos mixtos silvoagropecuarios
multimedia training modules: medios audiovisuales de capacitación
__ **instruction**: enseñanza por medios múltiples
multimodal distribution: (est) distribución plurimodal, multimodal
__ **transport**: transporte multimodal
multinational enterprises: empresas transnacionales
multiphase sampling: muestreo polifásico
multiple choice question: pregunta de selección múltiple, pregunta de respuesta múltiple
__ **choice test**: test de opción o de selección múltiple
__ **class schools**: escuelas de un solo maestro, escuelas de maestro único, escuelas completas de un solo maestro; escuelas pluriclases

__ **class system**: sistema de clase única con varias divisiones (donde un solo maestro imparte enseñanza completa y diferencial)
__ **course plan**: plan de cursos diferentes con volúmenes mínimos, medios y máximos de trabajo (el ritmo de progreso para todos los alumnos de un curso se mantiene relativamente constante)
__ **cropping**: cultivos múltiples, policultivos
__ **currency option bond**: bono con opción de cambio de divisas
__ **deficiency syndrome**: síndrome pluricarencial
__ **element tank-container**: contenedor tanque múltiple
__ **exchange rate**: tipo de cambio diferencial
__ **family**: multifamiliar
__ **pressure vaccination technique**: técnica de vacunación por presión múltiple
__ **production**: producción en serie
__ **production forestry**: poliproducción forestal
__ **sampling procedures**: procedimientos de muestreo polietápico
__ **screening**: examen múltiple
__ **shift operation**: operación en varios turnos
__ **shops**: cadena de tiendas, tiendas en cadena
__ **stage process**: proceso con varias operaciones o etapas
__ **stage tax**: impuesto por etapas o en cascada
__ **use assets**: bienes polivalentes
multiple-use building: edificio de uso colectivo
multiplexing equipment: equipo múltiple
multiplication farm: granja de multiplicación (de semillas)
multiplier effect: efecto multiplicador
__ **principle**: principio sobre relación de inversión al consumo y al empleo
multiproduct business: consorcio diversificado
__ **firm**: empresa multiproducto
multipurpose mill: fábrica de producción múltiple
__ **personnel**: personal polivalente
__ **pipeline**: poliducto
__ **project**: proyecto de propósitos o finalidades múltiples, proyecto multivalente o multipropósito
__ **school**: V *omnibus school, multilateral school*
__ **secondary education**: educación secundaria diversificada
__ **serological surveys**: encuestas serológicas mixtas
__ **technical schools**: escuelas politécnicas
__ **worker**: trabajador polivalente
multishift teaching: enseñanza en múltiples turnos o jornadas
multistage (multiphase): multifacético, polifacético, polietápico
__ **pump**: bomba multicelular
__ **sampling**: muestreo por fases sucesivas, muestreo polietápico
__ **tax**: impuesto en cascada
multistorey farming: cultivos mixtos silvoagropecuarios

multistoryed forest: monte alto de varios pisos
multistrata association: (leg) asociación de varios pisos
multisubject surveys: encuestas con finalidades múltiples
multitiered structure: estructura multiestratificada
multiunit manufacturing companies: empresas industriales múltiples (con varias fábricas)
multivariable analysis: análisis con múltiples variables
multiyear rescheduling arrangement: acuerdo de reprogramación multianual de la deuda
__ **restructuring agreement**: acuerdo de reprogramación multianual de la deuda
municipal corporation: corporación municipal o edilicia, cabildo
__ **council**: ayuntamiento, cabildo, concejo municipal
__ **government**: gobierno municipal; ayuntamiento; municipalidad
__ **law**: derecho nacional, derecho interno
__ **tax (toll)**: arbitrio
__ **utilities**: empresas públicas municipales
murder in the first degree: homicidio voluntario
museum buses: museos rodantes
mushroom spawn: micelio
mushrooming: proliferación
mussel breeding: mitilicultura
__ **growing:** crianza de mitílidos
muster of passengers: pasar revista a los pasajeros (buque)
mutation breeding: selección por mutación
mutual agreement: acuerdo consensual (consensuado)
__ **aid**: mutualidad, ayuda mutua
__ **aid fund**: fondo mutuo o mutualista
__ **aid society**: sociedad de socorros mutuos
__ **fund**: fondo de inversión, fondo común de inversiones, fondo mutuo
__ **insurance**: seguros mutuos, seguro solidario
__ **protection society**: sociedad de asistencia mutua; sociedad de socorro mutuo
__ **savings bank**: banco mutualista de ahorro
__ **understanding**: compenetración, comprensión mutua
mutuality: mutualidad, reciprocidad
mutually agreed report: (seg) acta aceptada por los interesados
__ **exclusive events (outcomes)**: sucesos mutuamente excluyentes
__ **exclusive possibilities**: posibilidades que se excluyen
__ **offsetting entries**: partidas que se compensan mutuamente
myrtleberry: murta, murtilla, murtina
mystery story: novela policíaca, novela de suspenso

N

naive faith: fe ciega
naked or simple debentures: obligaciones sin garantía específica
name: s nombre; apellido; prestigio, reputación; v nombrar, apellidar, mencionar, denominar, especificar, designar, bautizar
__ **and position of signatory after handwritten signature**: postfirma
__ **catalog(ue)**: catálogo onomástico
__ **day**: día del santo, día onomástico
named place of destination: (com) lugar de destino convenido
__ **port of shipment**: puerto de embarque convenido
nameplate: placa de fabricante, placa-marca, rótulo
namesake: tocayo, homónimo
nappe: capa de agua, lámina de agua
narcotic addiction: toxicomanía
__ **antagonist**: antagonista de productos estupefacientes
__ **dependent person**: toxicómano
__ **drugs**: estupefacientes
narrative: narración, narrativa, relato, descripción (de un programa, etc); historia; (cine) título explicativo
__ **chart**: cuadro descriptivo
__ **copy**: texto narrativo
narrow fabrics: cintas
__ **labor market**: mercado de trabajo restringido, penuria en la oferta de mano de obra
__ **market**: mercado de pocas transacciones, mercado flojo o poco activo
__ **money**: dinero en sentido estricto
__ **the gap**: reducir o atenuar la diferencia o la brecha
narrow-gage railway: ferrocarril de vía angosta
narrowly drawn protective order: providencia precautoria concebida en términos muy precisos
natality rate: tasa de natalidad
nation: nación, Estado, país, pueblo, gente
national: s nacional, natural, ciudadano, súbdito; a nacional, doméstico, interno
__ **accounts**: cuentas nacionales
__ **accounting**: contabilidad nacional
__ **budget**: presupuesto de la nación
__ **cadres**: funcionarios nacionales
__ **character**: idiosincrasia de una nación
__ **debt**: deuda nacional, pública o del Estado
__ **dividend**: renta o ingreso nacional
__ **economy**: economía nacional, hacienda pública
__ **emergency**: crisis nacional
__ **environmental action plan**: plan nacional de protección ambiental
__ **flag**: bandera o pabellón nacional
__ **herd**: hato nacional, cabaña nacional
__ **holiday**: día de fiesta (feriado) nacional; día festivo; asueto
__ **identity**: personalidad nacional
__ **income**: renta nacional, ingreso nacional
__ **income tax**: impuesto nacional sobre la renta
__ **insurance**: seguro estatal
__ **presentation**: comunicación, notificación, informe o estudio de un país
__ **product**: producto nacional, producción nacional; (pl) frutos del país, productos nacionales
__ **specialty boards**: (edu) juntas nacionales de certificación de especialidad
__ **wealth**: riqueza nacional, patrimonio nacional
__ **youth planning conference**: conferencia nacional de organización de actividades de la juventud
nationality: nacionalidad, ciudadanía
__ **of the product**: origen del producto
nationalization: estatización (industria)
nationalize: naturalizar (persona); nacionalizar (industria), estatizar
nationhood: categoría de nación, independencia
native: nativo, nacional, natural, oriundo, originario; indígena, autóctono, criollo
__ **authority**: autoridad indígena
__ **breed**: (agr) raza criolla
__ **country (land)**: patria, país natal, terruño
__ **language**: idioma (lengua) vernáculo o materno
__ **population**: población autóctona o nativa
__ **produce**: frutos del país
__ **village councils**: consejos indígenas de aldea
native-born Chilean: chileno de nacimiento, ciudadano por nacionalidad
natural: natural, nativo; innato; inafectado, sencillo; bastardo
__ **and legal persons**: personas físicas (naturales) y personas jurídicas (legales)
__ **breeding**: monta, cubrición (ganado)
__ **capital**: capital en tierras
__ **child**: hijo natural, hijo ilegítimo
__ **death**: muerte natural
__ **disasters**: calamidades naturales
__ **economy**: economía natural de subsistencia, de autoconsumo
__ **features (such as swamps)**: características naturales (v gr pantanos)
__ **foods**: alimentos naturales
__ **gas liquids**: líquidos de gas natural
__ **guardian**: curador o tutor natural
__ **growth of a population**: crecimiento (aumento) vegetativo, crecimiento demográfico natural
__ **history of a disease**: dinámica de una enfermedad
__ **increase**: aumento vegetativo o natural de la población, incremento vegetal
__ **law**: derecho natural, ley natural
__ **orator**: orador nato
__ **person**: (leg) persona natural o física, persona de existencia visible
__ **predators**: antagonistas naturales
__ **presumption**: presunción razonable

NATURALIZATION

__ **radiation**: radiactividad natural
__ **rain**: lluvia normal
__ **range**: praderas naturales
__ **resource endowment**: patrimonio de recursos naturales
__ **resource products**: productos obtenidos de la explotación de recursos naturales
__ **resources**: recursos naturales, riqueza natural
__ **resources development**: ordenación de los recursos naturales
__ **rubber**: caucho en bruto
__ **sciences**: ciencias naturales
__ **stands**: (silv) bosques naturales
naturalization papers: carta de ciudadanía, de naturalización o de naturaleza
naturalize: nacionalizar, naturalizar (persona); aclimatizar (planta)
naturalized citizen: ciudadano nacionalizado o naturalizado
nature study: historia natural
nautical mile: milla marina o marítima
__ **surveyor**: ingeniero naval
naval architect: arquitecto o constructor naval, ingeniero naval
__ **base**: base naval, apostadero
__ **station**: arsenal, astillero, apostadero naval
__ **stores**: pertrechos navales, abastecimientos para buques, productos de resinación o resinosos
navel orange: naranja sin semilla
navicert: navicert, licencia de navegación
navigable waterways: vías navegables
navigability: calidad de navegable, navegabilidad
navigation company: empresa o compañía naviera
__ **chart**: carta náutica, carta aeronáutica
__ **light**: baliza
__ **lock**: esclusa de navegación
navigational aids system: servicios auxiliares para la navegación
navy: armada; marina de guerra
neap tide: marea muerta
near butter: productos afines a la mantequilla
__ **drop-in substitute**: sucedáneo o producto sustitutivo de uso casi inmediato
__ **land-locked state**: Estado de litoral reducido
__ **money**: cuasidinero (activos líquidos)
__ **shore area**: zona cercana a la costa
__**shore coasting trade**: gran cabotaje
__**shore environment**: medio ambiente costero
__**shore waters**: aguas costeras
near-automatic facilities: servicios cuasiautomáticos o semiautomáticos
near-cash instruments: instrumentos cuasimonetarios
near-earth space: espacio circunterrestre
near-sea traffic: gran cabotaje
nearest equivalent of: el equivalente que se aproxime más a...
nearsighted: miope, corto de vista
neat cement: cemento puro

NEGOTIATING

__ **wool**: lana supra
neatherd: vaquero
necessary inference: deducción razonable
necessity: necesidad; requisito indispensable; indigencia
necessities: artículos de primera necesidad, requisitos esenciales
neck of land: lengua de tierra, istmo, cabo
__ **wool**: lana baja
need: necesidad, indigencia, pobreza, miseria, falta, carencia
needs gap: necesidades no cubiertas (no atendidas)
needle bearing: cojinete de agujas
__**trades**: industria de la aguja, labores de aguja, costurería
needle-leaved forest: bosque de coníferas
needlefelt carpet: alfombra de aguja tipo fieltro
needless to say: está de más decir, huelga decir, no está de más subrayar, ni que decir tiene que
needlework products: artículos de costurería
negative amortization loan: préstamo de amortización negativa
__ **balance**: saldo negativo
__ **covenant**: obligación de no hacer
__ **externalities**: diseconomías
__ **goodwill**: plusvalía negativa
__ **pledge clause**: cláusula de obligación negativa o de abstención
__ **rate of interest**: tasa de interés negativa, tipo de interés negativo
__ **reaction**: reacción negativa
__ **reactor**: (med) individuo de reacción negativa
__ **saving**: ahorro negativo, desahorro
__ **sum game**: juego de suma negativa
__ **vote procedure**: votación por acuerdo tácito
neglect: s negligencia, descuido, inobservancia, incumplimiento, abandono; v descuidar, desatender, faltar, dejar de, no cumplir con, no observar, abandonar, desdeñar
__ **of duty**: negligencia en el cumplimiento del deber; negligencia en el servicio
neglected child: niño abandonado
negligence: negligencia, descuido, imprudencia, improvidencia, incuria; (leg) culpa
negligible: insignificante; salvable, franqueable
negotiable: negociable, salvable, franqueable
__ **bill**: letra a la orden
__ **instrument**: título a la orden, título de crédito, valor a la orden; (pl) instrumentos o documentos negociables ("a la orden" y "al portador")
__ **note**: pagaré a la orden
__ **papers**: efectos negociables
__ **securities**: valores transmisibles
negotiate: negociar, gestionar, agenciar, vencer, superar, salvar, franquear
negotiated contract: contrato otorgado sin competencia
__ **procurement**: compra negociada
negotiating bank: banco comprador o negociador

NEGOTIATION

__ **committee**: comité de negociaciones
__ **rights**: derechos (inherentes a la calidad) de primer negociador
negotiation: negociación, gestión, trato
negotiations: tratativas, negociaciones, gestiones
neighborhood amenities: servicios vecinales (escuelas, parques, iglesias, mercados, etc)
__ **blight**: factores novicios para la comunidad
__ **house**: centro social, hogar comunitario
__ **upgrading**: mejoramiento de barrios y tugurios
neighboring sea: (Chi) mar presencial (zona inmediata al límite de 200 millas en el Pacífico donde la Armada chilena desea establecer su presencia)
neighborliness: buena vecindad, sociabilidad
neonatal mortality rate: tasa de mortandad neonatal
neophyte: neófito, principiante, novato
nerve specialist: neurólogo
nervous breakdown: colapso nervioso, depresión nerviosa
nest egg: ahorros, ahorrillos, reserva para caso de necesidad
nested sampling: (est) muestreo inclusivo
nesting: (est) anidamiento
__ **ground**: zona de nidificación
net assets: activo líquido
__ **balance**: saldo líquido
__ **beneficial product**: producto útil neto
__ **benefit investment ratio**: relación beneficio neto-inversión
__ **book value**: valor neto en libros, valor contable neto
__ **calorific value**: poder calorífico neto
__ **capital flow**: afluencia neta de capital
__ **cash flow**: flujo neto de capital
__ **cash requirements**: necesidades netas de efectivo
__ **changes in stock**: variación neta de las existencias
__ **charter**: fletamiento por cuenta del arrendatario, fletamiento neto
__ **cumulative allocation**: asignación acumulativa neta
__ **debt**: deuda efectiva
__ **discounted value**: valor neto actualizado
__ **drawings**: giros netos
__ **earnings**: ganancia neta, entrada, utilidades líquidas
__ **energy ratio**: relación de energía neta
__ **enrollment**: matrícula efectiva o neta
__ **exporting country**: país exportador neto, país con excedente de exportaciones
__ **factor service income**: ingreso neto por servicio de los factores
__ **fishing**: pesca con red
__ **fixed assets**: inmovilizaciones netas
__ **heating value**: poder calorífico neto
__ **income**: entradas netas, renta líquida, ingresos netos, utilidades netas

NETWORK

__ **income before tax**: ingresos netos antes de deducir los impuestos
__ **interest**: interés neto o puro
__ **interest margin on average earning assets**: margen neto de interés sobre el promedio de activos productivos
__ **investment**: inversión neta
__ **invoice**: precio de factura con rebajas
__ **liability**: (seg) reserva matemática
__ **of cancellations**: después de deducir las cancelaciones; deducidas las cancelaciones
__ **of taxes**: deducidos los impuestos
__ **out**: expresar en cifras netas; obtener cifras netas, calcular sobre una base neta
__ **present value in efficiency prices**: valor actual neto a precios económicos
__ **present worth (value)**: valor neto actual o actualizado
__ **price**: precio neto
__ **proceeds**: producto líquido o neto
__ **profit**: ganancia o utilidad líquida, beneficio líquido o neto
__ **profit ratio**: relación de beneficio líquido
__ **quick assets**: activo neto realizable
__ **register tons**: tonelaje de registro neto
__ **retained premium**: prima por cuenta propia
__ **return**: ingreso neto
__ **salary**: sueldo líquido
__ **surplus and deficit**: saldo acreedor y deudor
__ **(barter) terms of trade**: relación neta de cambio o de trueque
__ **ton**: tonelada neta
__ **tonnage**: arqueo neto
__ **trading profit**: beneficio neto después de pagar impuestos
__ **trawler**: halador mecánico
__ **unrealized gain**: ganancia neta no realizada
__ **valuation**: valuación o valorización neta
__ **value**: valor líquido
__ **visible**: saldo neto de los elementos visibles (de la balanza de pagos)
__ **water duty**: dotación neta de agua
__ **weight**: peso neto
__ **worth**: activo neto o líquido, capital líquido; patrimonio, patrimonio neto, valor neto, capital contable
__ **worth statement**: declaración de bienes
__ **yield**: rendimiento neto
netback arragements: contratos (acuerdos) "netback" (comercio)
__ **value**: valor residual neto; ganancia neta (energía)
netted out: calculado sobre una base neta, calculado en cifras netas
netting (in system of accounts): compensación mutua de las partidas del activo y del pasivo (en sistema de contabilidad)
network: red, sistema, canal, cadena, circuito
__ **account**: cuenta de activo líquido
__ **analysis**: análisis de redes, de circuito

NETWORKING

__ **diagram**: diagrama reticulado, diagrama de planificación reticular, diagrama de redes
__ **hookup**: conexión de cadena (radio)
__ **of international trade**: red o matriz del comercio internacional
__ **program**: programa en cadena (radio)
__ **technique**: técnica reticular
networking: concatenación, eslabonamiento; (com) intercambio de tarjetas y contactos
nevertheless: sin embargo, no obstante, ahora bien
new and used water: aguas blancas y negras
__ **deal**: nuevo orden (económico y social)
__ **debts**: nuevos empréstitos
__ **entries**: (edu) alumnos que recién ingresan a la escuela
__ **money**: dinero fresco
__ **money packages**: cantidades de dinero fresco o nuevo
__ **outbreak**: brote, epidemia (enfermedad)
__ **paragraph**: punto y aparte
__ **Zealand flax**: maulan
newborn: recién nacido
newborn lamb: cordero recental
newly appointed director: director entrante o recién nombrado
__ **created reserves**: reservas de nueva creación
__ **independent countries**: países de independencia reciente, nuevos Estados independientes
__ **industrialized country**: país recientemente industrializado, de reciente industrialización, en vías de industrialización
__ **literate**: persona que acaba de aprender a leer y a escribir, persona recién alfabetizada, ex analfabeto, nuevo lector, neoalfabeto
__ **mined gold**: oro de nueva extracción
news agency: agencia de prensa, de información o de noticias
__ **briefing**: conferencia o rueda de prensa
__ **broadcast**: transmisión de noticias
__ **bulletin**: boletín noticioso o informativo, noticias, noticiario
__ **bureau**: sección de prensa
__ **conference**: rueda de periodistas o de prensa, conferencia de prensa
__ **editor**: redactor de noticias, jefe de información
__ **features**: noticiero, crónica
__ **flash**: flash, noticia de última hora
__ **headline**: titular
__ **item**: noticia
__ **media**: medios de difusión, órganos de información pública (prensa, radio, cine, televisión)
__ **publisher**: editor
__ **release**: comunicado de prensa, boletín informativo
__ **service**: servicio noticioso
__ **stories or items**: información periodística
__ **story**: reportaje, crónica
__ **writer**: periodista, gacetillero
newsagent: vendedor de periódicos
newsboard: tablero de anuncios

NO

newscast: noticiario, noticiero, noticias
newscaster: radiodifusor de noticias, locutor, noticiero, locutor de telediario, locutor de boletín informativo
newscasting: periodismo radiofónico
newsgathering: recolección, obtención o acopio de noticias o de información
newsletter: hoja informativa, noticiero, boletín, boletín informativo
newspaper advertising: publicidad periodística
__ **clippings**: recortes de periódicos
__ **correspondent**: corresponsal de prensa
__ **library**: hemeroteca
__ **magazine**: revista de un diario
__ **publisher**: propietario de periódico
newsprint: papel de imprenta, papel de periódicos o de diarios
newsreel: noticiario, actualidades, noticiario cinematográfico
newsroom: sala de prensa, sala de redacción
newsstand: puesto o quiosco de periódicos y revistas
next of kin: pariente(s) más cercano(s) o próximo(s)
next-in-line manager: supervisor inmediato
nice distinction: distinción sutil
__ **point**: punto delicado o difícil
nicety: precisión, exactitud; sutileza; delicadeza
niche: hornacina, nicho; (fig) buena posición
__ **market**: mercado especializado para productos específicos
nickel-silver: metal blanco, plata alemana, alpaca
nickname: apodo, mote o sobrenombre
nigerseed oil: aceite de semillas de Níger
night depository: caja nocturna
__ **differential**: compensación, retribución o sobresueldo por trabajo nocturno
__ **letter**: telegrama diferido
__ **school**: escuela nocturna
__ **shift**: turno de noche; equipo de noche
__ **soil**: excretas, abono de cloaca o letrina, abono humano
__ **watchman**: sereno, vigilante nocturno, guardia nocturno
nitrate bed: salitrera, salitral, nitral
__ **deposit**: salitrera
__ **fertilizers**: fertilizantes nitrogenados
__ **of soda**: nitrato de soda, caliche (crudo), salitre
nitrogen blanket: atmósfera de nitrógeno
__ **oxides**: óxidos de nitrógeno
nitrogenous fertilizers: fertilizantes nitrogenados
nitrous oxide: óxido nitroso
noble savage: buen salvaje
no cause for action: sin procedencia
__ **claim bonus (discount)**: extorno (reembolso) de primas por años de siniestro
__ **man's-land**: tierra de nadie
__ **matter what happens**: a todo trance, suceda lo que suceda
__ **objection procedure**: procedimiento de aprobación tácita

__ **sooner**: no bien
__ **through road (street)**: calle sin salida
no-effect level: nivel de efecto nulo
no-fault cases: casos sin culpa
no-load mutual fund: fondo de inversión que no cobra comisión
__ **voltage**: tensión en vacío
no-till agriculture: agricultura sin laboreo o labranza
node price: (elec) precio de nudo
noils: borras de peinadora, fibras cortas (lana)
noise abatement: control del ruido
__ **pollution**: trastornos causados por el ruido
__ **suppressor**: silenciador
nolle prosequi: (leg) abandono del proceso
nolo contendere (plea): declaración de "ni lo acepto ni lo niego"; (leg) admisión de culpabilidad para el proceso actual
nominal account: cuenta temporal o impersonal
__ **amount**: monto o importe nominal
__ **capital**: capital autorizado o escriturado
__ **cost**: precio simbólico, costo simbólico
__ **effective exchange rate**: tipo de cambio efectivo nominal
__ **industry**: industria ficticia
__ **partner**: socio nominal
__ **price**: precio ínfimo, nominal o simbólico
__ **service**: servicio mínimo
__ **trust**: fideicomiso pasivo
__ **value**: valor nominal
__ **wage**: salario nominal, salario en efectivo
nominate: nombrar, designar o proponer un candidato; presentar o proponer la candidatura de alguien
nominated subcontractor: subcontratista propuesto
nominating committee: comité de candidaturas
nomination: designación, nombramiento, propuesta de nombramiento o de candidatura(s)
nominative: nombrado, designado; nominativas (acciones)
nominee: persona nombrada, persona propuesta, candidato designado, candidato
non sequitur: conclusión errónea
nonaccelerating-wages rate of unemployment: tasa de desempleo que no modifica el nivel salarial
nonacceptance: no aceptación, disconformidad, rechazo
nonaccrual status: exclusión del régimen de contabilidad en valores devengados
nonactive borrower: prestatario inactivo
__ **file**: archivo de casos cerrados
nonadjudicative hearing: audiencia no decisoria, sesión no decisoria de una audiencia
nonagency personnel: personal no perteneciente a organismos
nonagreement country: país al que no se aplica el régimen del acuerdo
nonaligned countries: países no alineados, Tercer Mundo

nonappearance: (leg) incomparecencia
nonapproval: disconformidad
nonassessed stock: acciones no gravables
nonassessment period: período no cubierto por cuotas
nonasset-creating subsidy: subvención no productiva
nonassignability of rights: intransferibilidad (inalienabilidad) de los derechos
nonassociated gas: gas no asociado
nonattachability: (leg) inafectabilidad
nonattendance: inasistencia, ausencia, falta de asistencia
nonbank customers: el sector no bancario
__ **market**: mercado no bancario
nonbonded debt: deuda flotante
nonbudget year: año en que no se presenta el presupuesto
nonbulk traffic: transporte de productos empacados
noncallable: no rescatable, no redimible antes del vencimiento (bono)
noncapital forming subsidy: subvención no productiva
__ **services**: servicios no financieros
noncareer staff: persona que no es de carrera
noncash assets: activo no realizable
__ **expenses**: gastos o costos no monetarios
__ **flows**: corrientes no monetarias
__ **income**: ingresos en especie, no monetarios
__ **input**: insumo no monetario
__ **item**: partida de transacción no monetaria
__ **transactions**: negocios no de caja
noncascading taxes: impuestos no acumulados
noncentrifugal sugar: azúcar no centrifugado
noncoastal State: Estado sin litoral
noncollapsible container: contenedor rígido, no plegable
noncollectible: incobrable, irrecuperable
noncollegiate student: alumno libre
noncommercial partnership: sociedad civil
noncommissioned officer: suboficial
noncommitted: reservado, evasivo, que no se compromete expresando su opinión
__ **countries**: países no comprometidos, Tercer Mundo
noncompetitive: no competidor
__ **bidding**: licitación sin cotizar precios
noncompliance: incumplimiento, inobservancia, desobediencia, negligencia
nonconcessional (nonconcessionary) flows: movimientos o flujos de capital en condiciones no concesionarias
nonconference line: compañía independiente, no afiliada a una conferencia
__ **servicing costs**: gastos no relacionados con servicios de conferencias
nonconforming bid: propuesta informal
noncontrolling interests: intereses no dominantes
nonconvertible assets: activo no realizable

noncore project: proyecto no básico
noncorporate enterprises: unidades económicas no constituidas en sociedades de capital
noncredit course: curso que no entraña calificación académica
noncumulative: inacumulable, no convertible
__ **preferred stocks**: acciones preferentes no acumulativas
noncurrent liabilities: pasivos no exigibles
nondebt flow (outward): corriente no relacionada con la deuda
nondebt-generating flow (inward): corriente que no crea deuda, no relacionada con la deuda
nondeductible expense: deducción inadmisible
nondenominational school: escuela no denominacional, escuela laica
nondepartmental school: establecimiento donde hay un solo maestro por clase
nondepreciating assets: bienes no depreciables
nondiscriminating trading system: sistema de intercambio no preferencial
nondisruptive imports: importaciones sin efectos perturbadores
nondollar country: país que no pertenece a la zona del dólar
nondurable goods: bienes perecederos o no durables, artículos de consumo
nondutiable: franco de derechos
nonearning cash: liquidez improductiva
noneffect level: nivel de inocuidad (medicamentos)
nonequity direct investment: inversión directa distinta de las contribuciones al capital social
__ **foreign investment**: participación extranjera no en capital
__ **securities**: títulos de interés fijo
nonessential goods: bienes no esenciales
nonexcludable (nonexcludible) goods: bienes no exclusivos o excluyentes
nonexclusive forum: fuero renunciable
nonexpatriate service: servicio de funcionarios no expatriados
nonexpendable: no tangible, no gastable
__ **equipment**: equipo no tangible
__ **supplies**: artículos no tangibles
nonfactor services: servicios no atribuibles a factores
nonfamily household: grupo censal no familiar
nonfat dry milk: leche desecada no grasa
__ **fish**: pez magro
nonfatal injury: lesión no mortal
nonferrous metals: metales no ferrosos
nonfiction literature: literatura instructiva, literatura no novelesca, literatura didáctica
nonfixed deposits: depósitos bancarios a la vista
nonfood agricultural commodity: producto básico agrícola no alimentario
__ **manufactures**: productos elaborados no alimenticios
nonforfeiture: no caducidad (no pago de prima de renovación, no caduca la póliza)

nonformal education: educación no académica, educación no formal
nonfuel exporter: país no exportador de combustible
__ **minerals**: minerales no combustibles
nonfulfillment: imcumplimiento (del deber, de promesa, contrato, etc.)
nonfunctional: antifuncional
__ **literacy**: analfabetismo en desuso (se ha olvidado de leer y de escribir)
nonfundable debt: deuda no consolidada
nongeographical post: puesto no sujeto a distribución geográfica
nongovernment organization: organización no gubernamental
nongraded school: escuela no diferenciada (sin "grados" en el sentido tradicional)
nonhospital training: enseñanza extrahospitalaria
nonhousing component: componente (del costo de vida) no relacionado con la vivienda
nonimmigrant status: condición de no inmigrante
nonindigenous organism: organismo alogénico o alógeno (biotecnología)
nonindustrial fishing: pesca artesanal
noninsurable: no asegurable
noninterest bearing note: pagaré que no devenga interés, sin interés, no productivo, efecto no negociable o sin intereses
__ **current account deficit**: déficit en cuenta corriente (excluidos los ingresos por concepto de interés)
__ **deficit**: déficit primario, déficit excluido el pago de interés
nonledger assets: activo extracontable, activo fuera del balance
nonlegal matters: asuntos extralegales
nonlinear program: programa no lineal, programa ramificado
nonliquid: no realizable, no disponible
nonliteracy languages: lenguas que no tienen representación escrita, idiomas sin escritura o sin expresión escrita
nonliving contaminants: contaminantes inorgá-nicos
nonlocal staff: personal no contratable localmente
nonmanagerial post: puesto no directivo
nonmanual worker: empleado
nonmarket activities: actividades fuera del mercado
__ **economy**: economía dirigida o planificada
__ **product**: producto no destinado al mercado o no comercializado
__ **services**: servicios no comerciales
nonmarketable bond: bono no transferible
__ **securities**: valores no negociables
nonmedical use: uso extramédico
nonmember country: país no miembro, país tercero
nonmerchandise imports: importaciones invisibles
nonmerchantable stands of trees: (silv) cultivos sin valor comercial

nonmetallic mine: mina no metálica
nonmilk fat: grasa no láctea
nonmonetary gold: oro no monetario
__ **holdings**: tenencias no monetarias
__ **liabilities**: obligaciones o pasivos no monetarios
nonnegotiable: no negociable, no transferible
__ **check**: cheque para abonar en cuenta, cheque nominativo
__ **note**: pagaré no negociable
nonnull hypothesis: hipótesis de no nulidad
nonobjection procedure: procedimiento de aprobación tácita
nonobservance: inobservancia, incumplimiento
nonoccupational disease: enfermedad no profesional
nonofficial: extraoficial, no oficial, oficioso
nonoil countries: países no petroleros
nonoperating assets: activos no operativos
__ **company**: compañía inactiva
__ **expenses**: gastos no operacionales
__ **income**: ingreso no proveniente de las operaciones; ingresos distintos de los de explotación; (cont) otros productos; ingresos atípicos
nonoriginal member: miembro no fundador
nonoverflow dam: presa insumergible
nonpar bank: banco fuera del sistema de compensaciones a la par
nonpar-value stock: acciones sin valor nominal
nonparticipating: no participante, sin participación
nonpay status: sin derecho a sueldo, situación de suspensión de sueldo
nonpaying freight: (fc) carga de servicio
nonpayment: no pago, incumplimiento en el pago, falta de pago
nonpension retiree medical costs: gastos médicos del personal retirado no cubiertos por el sistema de pensión
nonpensionable: no sujeto a pensión, no sujeto a descuento a los efectos de la pensión, no pensionable
nonperformance: incumplimiento, no ejecución
nonperforming assets: activo no redituable o improductivo; (a veces) créditos en mora
__ **debt**: acreencias no redituables, improductivas
__ **loan**: préstamo no redituable o improductivo
nonpoint service: fuente (de contaminación) no identificable
nonpolitical: apolítico
nonportfolio project: proyecto no incluido en la cartera
nonpregnant cows: vacas horras
nonprice competition: competencia no relacionada con los precios
nonprobability sample: muestra no probabilística
nonproduction bonus: prima que no depende de la producción del operario
nonproductive areas: áreas no explotadas
__ **labor**: trabajo indirecto o no productivo

nonprofit organization: organización sin fines de lucro o lucrativos, organización no lucrativa, empresa no pecuniaria
nonproprietary name: nombre o denominación común, nombre genérico
__ **technology**: tecnología no patentada (*op a* nombre registrado)
nonproyect aid: asistencia no destinada a proyectos específicos, ayuda para fines generales
nonpublic record: parte no pública del expediente
nonrecorded vote: votación no registrada
nonrecourse finance: financiamiento sin posibilidad de recursos
__ **loan**: (EUA) préstamo de reembolso limitado
__ **sale**: venta sin recurso de rescisión, irrevocable
nonrecoverable assets: fondo perdido
nonrecurrent appropriation: asignación extraordinaria
__ **expenses**: gastos no recurrentes, extraordinarios o no periódicos
__ **inflation**: inflación pasajera
__ **items (provisions)**: partidas no recurrentes, partidas no periódicas
__ **tax**: contribución única
nonrecurring expenses: gastos no recurrentes o extraordinarios
__ **receipts**: ingresos extraordinarios
__ **tax**: contribución única
nonregular staff: personal no permanente
nonreimbursable basis, on a: a fondo perdido
nonremunerative activities: actividades no remuneradas, no lucrativas, no rentables
nonrenewable: (com) no prorrogable; no renovable (recursos)
nonrepayable transaction: transacción no recuperable
nonrepeat order: pedido único
nonreporting nonmember country: país no miembro y no declarante
nonreproducible national assets: bienes nacionales no reponibles
nonreserve currencies: monedas que no son de la reserva
nonresident alien: extranjero no residente
__ **courses**: cursos externos
nonresistance: falta de resistencia, pasividad
nonresponse: sin respuesta
nonresponsive: que no se ajusta (a las estipulaciones, normas, etc.)
nonreturn equity: capital improductivo
nonreturnable container: envase no recuperable
nonrevenue water: agua que no produce ingresos
nonsampling error: error no debido al muestreo
nonscheduled flight: vuelo no regular
nonself-governing territories: territorios no autónomos
nonself-liquidating projects: proyectos no autoamortizables
nonsense correlation: (est) correlación sin sentido, absurda

nonshattering glass: vidrio inastillable o irrompible
nonsolids: materias secas no grasas
nonsterling currency: moneda no vinculada a la zona de la libra esterlina
nonstock corporation: corporación sin acciones, sociedad no accionaria
nonstop flight: vuelo sin escalas
__ **performance**: función continua o rotativa (cine)
nonsuit: (leg) (auto de) sobreseimiento, desestimación, denegación
nonsupport: incumplimiento de la pensión u obligación alimenticia o de alimentos
nontarget population: población a la que no esta destinada alguna medida, población no beneficiaria
nontariff barrier: barrera no arancelaria
nontax income: ingresos extrafiscales
__ **liabilities**: obligaciones no fiscales, no tributarias
__ **revenues**: ingresos no fiscales
nontaxable: no imponible, no gravable, exento de impuestos
nonteaching staff (personnel): personal no docente (administradores, personal auxiliar)
nontidal currents: corrientes independientes de las mareas
nontradable: bien no comerciable, no comercializable, no exportable o importable
nontraded goods: bienes no comerciados, no comercializados o no exportados o importados, no son objeto de comercio
__ **tradable**: bien comerciable no comerciado
nontrading partnership: sociedad civil
nontraditional exports: exportaciones no tradicionales, exportaciones menores
nontransferable: no traspasable, no transferible, innegociable
__ **staff**: personal no sujeto a traslado
nonuse: falta de uso o de explotación
nonvariable expenses: gastos no variables, gastos fijos
nonvoting: sin derecho a voto
nonwage awards: concesión (aumento) de prestaciones complementarias (no salariales)
nonwood products: productos no maderables o no leñosos
nonworking day: día feriado o inhábil
norm: norma, modelo, patrón
normal college: escuela o instituto normal (en algunos países: escuela normal superior)
__ **curve of errors**: curva normal de errores
__ **deviate**: desvío normal
__ **economic trend**: situación normal de la coyuntura
__ **financing**: financiamiento contra factura
__ **obsolescence**: envejecimiento normal
__ **operating capacity**: estado de régimen
__ **operation of a plant**: régimen de crucero, velocidad óptima
__ **parturients**: parturientas que no presentan complicaciones

__ **place of residence**: domicilio
__ **school**: escuela normal
__ **university**: universidad que posee una facultad de pedagogía o instituto pedagógico
__ **word method**: método de las palabras fundamentales (adaptación del método de palabras, en el cual los primero ejercicios de lectura contienen cierto numero de palabras que comprenden todos los sonidos esenciales del idioma)
normative usage: usos normativos o estatutarios
northern polar zone: zona ártica
nostro account: cuenta nostro o cuenta conciliatoria en banco foráneo
not anything near it: ni con mucho
__ **aplicable (na)**: no se aplica, no es aplicable, inaplicable, no es pertinente
__ **authorized (sancioned) by law**: extra legal
__ **available (na): no disponible (nd)**: no se dispone de datos
__ **elsewhere classified (nec)**: no clasificado en otra parte (ncp)
__ **elsewhere specified (nes)**: no especificado en otra parte (nep)
__ **fully paid share**: acción parcialmente liberada
__ **in the least**: nada, en absoluto
__ **included elsewhere (nie)**: no indicado separadamente (nis)
__ **only**: ya no, no solo
__ **shown in the books**: (cont) extracontable
__ **the least bit**: en absoluto
__ **to mention**: amén de
__ **to the purpose**: no viene al caso
not-for-profit organization: organización sin fines de lucro
"not-in-my backyard" (NIMBY): "no en mi barrio" (ecología)
not-to-order check: cheque intransferible
notarial attestation: fe extrajudicial
__ **certificate**: acta, certificado o testimonio notarial
notarization: atestación de notario
notarize: escriturar, otorgar ante notario, notariar, hacer certificar por el notario; (EUA), autenticar, legalizar
notarizing: escrituración
notary public: notario, escribano, escribano público
notary's clerk: amanuense, escribiente notarial
__ **office**: notaría, escribanía
notch barge: gabarra con entrante (muesca)
note: s nota, apunte, anotación, billete, vale, pagaré, oficio; v anotar, apuntar, tomar nota de, observar, advertir
__ **a bill**: protestar una letra de cambio
__ **card**: ficha (hoja) de ruta
__ **deposit**: depósito de pagarés
__ **holder**: tenedor de pagaré
__ **issurance facility**: servicio de emisión de pagarés
__ **issue**: emisión fiduciaria

NOTES

__ **paper**: papel de esquela
notes: (com) letras, documentos, efectos comerciales, pagarés, vales
__ **in circulation**: circulación fiduciaria
__ **in collection**: efectos al cobro
__ **in hand**: cartera de efectos
__ **payable**: letras, documentos o efectos por pagar o pagaderos
__ **receivables**: letras a efectos a cobrar, documentos por cobrar
__ **secured by collateral**: documentos garantizados con colateral
notebook: libreta, agenda, cartapacio
__ **computer**: computadora portátil
noted: notable, eminente, famoso, célebre
noteworthy: notable, digno de mención
notice: aviso, advertencia, notificación; preaviso, aviso de despido, desahucio; plazo, convocatoria
__ **board**: cartelera, tablero de anuncios o avisos, letrero
__ **in writing**: notificación escrita
__ **of claim**: (seg) notificación de demanda o reclamación, parte de perdida (daño)
__ **of discharge**: preaviso de despido o aviso de despedida
__ **of dishonor**: aviso (notificación) de no aceptación o no pago
__ **of meeting**: convocatoria, aviso de reunión, citación
__ **of proposed purchase**: aviso de compra (prevista) proyectada
__ **of registration**: notificación de registro
__ **of termination**: aviso de terminación de contrato, aviso de cese en el servicio
__ **of termination of treaty**: denuncia
__ **to proceed**: orden de proceder
notifiable disease: enfermedad de notificación obligatoria
notification in court: notificación en estrados
notify: avisar, notificar, hacer saber, comunicar
__ **and summon**: citar y emplazar
notifying bank: banco notificador
noting a bill: protesta de una letra de cambio
__ **with concern**: tomando nota con preocupación, observando con inquietud
notion: noción, idea, concepto
notional: abstracto, especulativo, teórico, nominal, imaginario, irreal, ideal, caprichoso
__ **target**: meta teórica
__ **unit**: unidad hipotética
notions: paquetería, mercería
__ **shop**: cordonería
notorious: notorio, muy conocido
notwihstanding the fact that: sin perjuicio de que
__ **the foregoing**: sin perjuicio de lo anterior
nourish: alimentar; fomentar; abrigar (esperanza)
nourishing: nutritivo, alimenticio
nourishment: alimento, alimentación, nutrición

NUMERICAL

novation: (leg) novación (sustitución de una nueva obligación o deuda por una antes existente)
novelty: novedoso, innovación
novice: principiante, novicio, novato
__ **teacher**: maestro principiante
NOW account: cuenta a la vista con interés, cuenta corriente con interés
noxious: nocivo, perjudicial, pernicioso, dañino
__ **fumes**: vapores o humos nocivos
nozzle: boquilla, lanza o toma de manguera; punta de soplete, cánula
nub sugar: azúcar machacada
nuclear chain reaction: reacción nuclear en cadena o en serie
__ **deterrent**: amenaza
__ **energy**: energía nuclear
__ **energy generated electricity**: electricidad derivada de la energía nuclear
__ **engineer**: técnico en ingeniería nuclear
__ **family**: familia "nuclear", núcleo familiar
__ **fision**: fisión nuclear
__ **fuel**: combustible nuclear
__ **housing**: unidad mínima de vivienda, vivienda mínima
__ **medicine**: medicina nuclear
__ **physics**: física nuclear
__ **power plant**: central nuclear, central nucleoeléctrica, núcleo energético
__ **reactor**: reactor nuclear
__ **schools**: núcleos escolares (a los cuales se vinculan otras escuelas)
__ **staff**: grupo inicial de personal
nuclearization: nuclearización
nucleus estate: plantación núcleo
nude contract: contrato sin causa; nudo pacto
nuisance: molestia; (leg) perjuicio, daño; estorbo; contaminación del medio; (pl) perturbaciones del medio
__ **duties**: derechos (arancelarios) "de puro estorbo"
__ **tax**: impuesto burocrático
null and void: nulo y sin valor, sin efecto ni valor; (leg) írrito, inválido, sin validez
__ **hypothesis test**: prueba de hipótesis de nulidad de diferencia
nullify: anular, invalidar, nulificar
nullity: nulidad
number: numerar, contar, ascender a
numbered account: cuenta con clave, cuenta impersonal
__ **paragraph**: ordinal
numbering: enumeración, recuento; numeración
numeracy: aptitud para el cálculo numérico, conocimientos básicos de aritmética; grado de preparación para el cálculo numérico
__ **programs**: programas de enseñanza de aritmética elemental
numeraire: unidad de cuenta
numerical coding: codificación numérica

__ **filing**: archivo numérico
numerus clausus: (edu) matrícula limitada
nuncupative will: testamento abierto (u oral)
nurse: s enfermera; nodriza; institutriz; niñera; v cuidar, atender, asistir, criar
__ **consultant**: enfermera asesora
__ **crop**: cultivo protector, de cubierta, de tutela o de cobertura
__ **director**: enfermera directora
__ **educator**: educadora de enfermería, enfermera instructora
__ **midwife**: enfermera obstétrica
__ **practitioner**: enfermera especializada en atención primaria de la salud
__ **tree**: árbol nodriza
nursery: guardería infantil, casa-cuna, cuarto dedicado a los niños, vivero, criadero, semillero
__ **bed**: (silv) era de vivero
__ **crop**: cultivo de cobertura
__ **garden**: vivero, plantel
__ **nurse**: enfermera institutriz
__ **school**: escuela de párvulos, escuela maternal
__ **stock**: (silv) material de viveros, de propagación
nurseryman: agricultor, arbolista
nursing: crianza, lactancia; (servicio de) enfermería, cuidado, asistencia
__ **auxiliary**: enfermera auxiliar
__ **benefit**: subsidio de lactancia
__ **break**: interrupción del trabajo para amamantar a los hijos
__ **care**: atención de enfermería
__ **education**: enseñanza de la enfermería
__ **home**: hogar de convalecencia, hospital particular, clínica privada; casa de reposo, hogar de ancianos
__ **infant**: lactante
__ **instructor**: enfermera instructora
__ **mother**: madre lactante
__ **staff**: cuadro de enfermeras
__ **technician**: técnico de enfermería
__ **workshop**: curso práctico (seminario) para enfermeras
nutrient: nutriente, elemento nutritivo, sustancia nutritiva
__ **supplements**: suplementos nutritivos, suplementos nutrientes
nutrition: nutrición, alimentación
__ **adviser**: médico nutriólogo
__ **and dietetics**: nutriología
__ **clinic**: centro de nutrición
__ **education**: educación nutricional
__ **habits**: hábitos dietéticas, régimen de alimentación
__ **indicators**: indicadores del estado nutricional
__ **training**: adiestramiento en nutrición
__ **worker**: técnico de la nutrición
nutritional anemia: anemia nutricional o carencial, anemia de origen nutricional, carencia nutricional
__ **assessment**: evaluación nutriológica
__ **balance**: equilibrio nutricional
__ **broth**: caldo nutriente
__ **deficiency**: deficiencia nutricional, carencia nutricional
__ **deprivation**: desnutrición proteico-calórica
__ **diseases**: enfermedades carenciales
__ **dwarfing**: enanismo nutricional, cortedad de talla, crecimiento insuficiente
__ **needs**: necesidades nutricionales
__ **policy**: política alimentaria
__ **rehabilitation**: recuperación nutricional
__ **safety**: seguridad alimentaria
__ **scouts**: observadores del estado nutricional
__ **spectrum**: espectro nutriológico
__ **state**: estado de nutrición, estado nutricional, nivel de nutrición
__ **stress**: depleción nutricional
__ **survey**: encuesta nutriológica
__ **value**: valor nutritivo

O

oat: avena
oatmeal: harina o sémola de avena
oath of office: juramento de cargo, juramento profesional
object: objeto, sujeto o tema; propósito; (gram) complemento
__ **accounts**: cuentas clasificadas según su objeto
__ **given as a pledge**: cosa pignorada o dada en prenda
__ **lesson**: lección de cosas, lección o clase práctica; lección que ilustra un principio moral; ejemplo
__ **of expenditure**: partida de gastos, grupo de egresos, objeto de los gastos, concepto de gastos
__ **produced in evidence**: pieza de convicción (en causa o proceso criminal)
__ **teaching**: enseñanza objetiva
objection: objeción, reparo, inconveniente, disconformidad; (leg) impugnación
__ **to jurisdiction**: (leg) excepción de incompetencia de jurisdicción
objectionable: censurable, desagradable, molesto, grosero, inaceptable
__ **odor**: olor desagradable, mal olor
objective: objetivo, meta; objeto, blanco
__ **function**: función objetiva (análisis económico)
__ **test**: test de conocimientos
obligate funds: asignar o comprometer fondos, reservar créditos para
obligated capital: capital suscrito; fondos asignados a un fin determinado
__ **funds**: fondos comprometidos
obligation: obligación, deber; (com) compromiso, deuda; (pl) obligaciones y compromisos, títulos de deuda

OBLIGATIONAL

__ **arising from the operation of law**: obligación derivada de la ley
__ **to perform or to forbear**: (leg) obligación de hacer o no hacer
obligational authority: autorización para contraer obligaciones
obligatory attendance center: centro de presentación (*v gr* de pacientes)
__ **rule**: regla (norma) imperativa u obligatoria
obligee: tenedor de una obligación
obligor on a bill of exchange: obligado cambiario
obliteration: tachadura
observance: observancia, cumplimiento, acatamiento
observant: observador, atento, cumplidor, que se fija en todo, observante
observation class: clase de observación
__ **of instruction**: inspección (supervisión) de la enseñanza, observación de la enseñanza, práctica docente
__ **school (demonstration school)**: escuela de aplicación, experimental o de observación
observational error: error de observación
observe: observar, cumplir con, acatar, respetar, guardar; notar, ver
obsolescence: obsolescencia, envejecimiento, desuso; (cont) depreciación por desuso, depreciación funcional
__ **allowance**: deducción por obsolescencia, reserva por concepto de envejecimiento
obsolescent dwellings: viviendas que con el tiempo resultan inhabitables
obsolete: anticuado, caído en desuso, poco usado, obsoleto, desusado, pasado de moda, que ha perdido actualidad, que ha caducado, fuera de uso
obstacle: obstáculo, impedimento, estorbo, inconveniente, barrera, óbice, tropiezo
obstetric(al) advice: consulta obstétrica
__ **bag**: botiquín de parto
__ **clinic**: clínica de maternidad
__ **injury**: traumatismo obstétrico
obstetrician: obstetra, tocólogo, obstetriz
obstruct: entorpecer, obstruir, impedir, estorbar, dificultar; atorar (tubo)
obstructed labor: retención fetal
obstruction: obstrucción, atoramiento, atasco, obstáculo, estorbo
obtain: obtener, conseguir, lograr, adquirir, sacar, prevalecer; existir
__ **a foothold in the market**: penetrar en el mercado
__ **by entreaty**: recabar; (leg) impetrar, conseguir (previa solicitud) una cosa solicitada (impetrar una gracia)
__ **redress**: obtener desagravio (reparación)
obviate: zanjar una dificultad
obvious case: caso ilustrativo, caso palmario
__ **defect**: defecto (vicio) manifiesto
obviously: naturalmente, evidentemente, con toda evidencia

OCEAN

occasion: ocasión, oportunidad, coyuntura, caso, momento, circunstancia, motivo, lugar
occasional earnings: ganancias eventuales u ocasionales
__ **worker**: trabajador ocasional, obrero accidental
occasionally: de vez en cuando; a veces: de tarde en tarde, alguna que otra vez, ocasionalmente
occupancy costs: gastos por arriendo de locales
__ **problem**: (est) problema de distribución
__ **standards**: normas de ocupación
occupant: ocupante, inquilino, habitante; titular, morador
occupation: ocupación, profesión, trabajo, actividad, oficio, empleo
occupational ability: aptitud profesional
__ **accident**: accidente profesional o del trabajo
__ **advancement**: ascenso o promoción en el empleo
__ **classification**: clasificación ocupacional, por profesiones
__ **disease**: enfermedad laboral
__ **earnings**: ingresos profesionales u ocupacionales
__ **environment**: medio laboral
__ **guidance**: orientación profesional
__ **hazards**: riesgos profesionales, gajes del oficio
__ **health**: salud ocupacional, higiene profesional o del trabajo, medicina del trabajo
__ **information**: información sobre oficios, ocupaciones y profesiones
__ **injury**: lesión ocupacional
__ **lessons**: clases activas (actividades dirigidas)
__ **maladjustment**: desajuste o inadaptación ocupacional
__ **material**: material para trabajos prácticos
__ **mortality**: mortalidad por ocupaciones
__ **risks**: riesgos profesionales, accidentes del trabajo, gajes del oficio
__ **status**: categoría ocupacional, tipo de ocupación
__ **survey**: encuesta o estudio sobre las ocupaciones
__ **tax**: impuesto profesional
__ **therapy**: educación profesional, terapia ocupacional, ergoterapia, terapéutica por el trabajo, cura por el trabajo
__ **training**: capacitación profesional
__ **wages**: salarios según oficio
occupied person: persona activa, persona ocupada, empleada
occurrence: acontecimiento, acaecimiento, suceso, incidencia, existencia, presencia; (med) manifestación (de casos, enfermedades)
ocean bill of lading: conocimiento (de embarque) a la orden; conocimiento marítimo
__ **carrier**: empresa de transporte marítimo
__ **currents**: corrientes marinas u oceánicas
__ **dumping**: vertimiento en los océanos, descargo en los mares
__ **farming**: maricultura

OCEAN-BORNE

__ **floor**: fondo o suelo marino
__ **freight**: carga marítima
__ **freight rate index**: índice de fletes matírimos
__ **outfall**: emisario submarino
__ **ranching**: cultivo de mar abierto (salmones)
__ **route**: vía o ruta marítima
__ **shipment**: cargamento marítimo, despacho por mar
__ **trade**: comercio marítimo
__ **transportation**: transporte marítimo
__ **tug**: remolcador de alta mar
ocean-borne: transportado por mar
oceangoing ship: transatlántico, buque de alta mar, de alto bordo, para navegación de altura
__ **trade**: servicio de altura
oceanic fishing: pesca de altura
octane booster: aditivo que aumenta el octanaje
odd job: trabajo accidental
__ **size**: tamaño suelto, tamaño poco corriente
odds and ends: pedazos, trozos, restos, retazos; fruslerías, cosillas, baratijas
odd-even method: método par-impar
odd-job man: changador, factótum
odor nuisance: molestia causada por olores
__ **removal**: desodorización, eliminación de olores
of concern: de interés, de importancia
__ **course**: sin duda, por cierto, por supuesto, desde luego
__ **great importance**: de mucha envergadura
__ **international concern**: de interés o preocupación internacional
__ **late**: en fecha reciente, recientemente
__ **long standing**: de larga tradición
__ **necessity**: dado el caso
__ **one's own accord**: espontáneamente
__ **prime importance**: primordial
__ **proper fineness**: (min) de buena entrega o ley (oro, plata, etc.)
__ **sound mind**: en su cabal juicio
__ **the same type**: por el estilo
__ **utmost importance**: de suma importancia
__ **working age**: en edad de trabajar
off duty: fuera de servicio, libre
__ **flavor**: sabor desagradable, mal olor (pescado)
__ **peak**: (elec.) horas de menos carga o de menos consumo; horas de menos tráfico o afluencia
__ **the cuff**: de improviso, sin pensarlo, espontáneo
off· air recording: grabación de una emisión
off-balance sheet item: partida fuera del balance general
off-budget: extrapresupuestario, fuera del presupuesto
__ **year**: año en que no se presenta el presupuesto
off-campus education: educación extraescolar
__ **school**: escuela afiliada o anexa
off-gage: fuera de dimensiones
off-grade: inferior, defectuoso
off-hours: horas de menos tráfico
off-limits: zona vedada

OFFICE

off-line: (comp) fuera de línea, autónomo
__ **editing**: edición off line
__ **operation**: operación sin acoplamiento al sistema
__ **storage**: (comp) memoria indirecta o autónoma
off-market transaction: transacción fuera del mercado
off-peak period: período de volumen normal de trabajo, período normal
__ **season**: temporada baja, época inactiva
off-period adjustments: ajustes después del período de cierre
off-site treatment: tratamiento en otro lugar
off-the-peg solutions: soluciones hechas
off-the-record: confidencial, extraoficial, no oficial, oficioso, informal, reservado, no se mencionará
__ **meeting**: reunión oficiosa
off-the-shelf: en existencia
__ **goods**: bienes o mercaderías en existencia, disponibles
__ **price**: precio en almacén
__ **purchases**: compras de bienes en existencia en el mercado
__ **technology**: técnicas disponibles
offal: despojos, menudos, residuos de matadero, asaduras, carniza (desecho de carne), menudillos
offender: delincuente, infractor
offending state: Estado transgresor, demandado
offense: (leg) tipo delictivo
__ **under penal law**: delito previsto en el código penal
__ **without bloodshed**: delito incruento
offer: *s* oferta, propuesta; *v* ofrecer, regalar, proponer; manifestar, expresar, presentar
__ **a motion**: presentar una moción
__ **clear evidence of**: patentizar
offers and bids: ofertas y demandas (en emisiones)
offeree: receptor de la oferta
offering price: precio cotizado
offhand: *a* improvisado; desenvuelto; informal; brusco, descortés; adv sin preparación, de improviso, con desenvoltura, bruscamente, así como así
office: oficina, despacho; negociado; consulta, consultorio; bufete, función(es), cargo; ministerio
__ **accomodation**: locales para oficinas; espacio de oficinas; instalación de oficinas
__ **automation**: ofimática, automatización de oficinas
__ **equipment**: útiles o artículos de escritorio
__ **hours**: horas de oficina, horas de consulta
__ **in question**: oficina de mérito
__ **manager**: jefe o encargado de oficina, gerente
__ **occupancy fee**: cargo por uso de oficinas
__ **of harbor master**: capitanía del puerto
__ **of personnel**: oficina de personal, dirección de personal

OFFICEHOLDER

__ **of the public prosecutor**: fiscalía (nivel local); ministerio público (nivel nacional)
__ **of the Secretary-General**: despacho del Secretario General
__ **payroll**: planilla o nómina de empleados
__ **premises**: locales para oficinas
__ **space**: lugar de oficina, local para oficina
__ **staff**: personal de oficina
__ **supplies**: materiales o suministros de oficina, útiles o artículos de escritorio
__ **visit**: (med) consulta
__ **work**: trabajo de oficina
__ **worker**: empleado de oficina, oficinista
officeholder: funcionario púublico
officer: funcionario; policía, agente de policía; director (de una compañía); ejecutivo; oficial
__ **in charge**: funcionario a cargo, (persona) responsable
officers: mesa(de comité o comisión)
official: funcionario, autoridad, dignatario, representante oficial, personero
__ **act**: acto oficial
__ **approval**: aprobación oficial; homologación (vacuna, estudios)
__ **auditing department**: tribunal de cuentas
__ **capital**: (econ) capital oficial o público
__ **channel**: vía oficial, vía administrativa
__ **debt**: deuda pública
__ **demand for payment**: (leg) auto de pago
__ **development assistance**: asistencia oficial para el desarrollo
__ **duty station**: lugar de destino oficial
__ **export credit**: crédito oficial a la exportación
__ **flows**: corrientes o flujos oficiales (desarrollo)
__ **holdings**: tenencias oficiales
__ **letter**: oficio
__ **misconduct**: falta en el desempeño de funciones oficiales
__ **rate**: cambio oficial
__ **records**: actas oficiales, documentos oficiales
__ **representative**: personero, vocero, portavoz
__ **size paper**: papel de oficio
__ **visitor**: huésped de honor
offprint: separata, reimpresión, tirada aparte
offseason: estación muerta, temporada inactiva, período de calma
__ **crop**: cultivo fuera de estación o de temporada
offset: *s* (cont) contrapartida; *v* compensar, contrarrestar, desviar; (leg) contrarreclamar
__ **a disequilibrium**: eliminar un desequilibrio
__ **account**: contracuenta, cuenta de contrapartidaa
__ **agreements**: acuerdos compensatorios
__ **by**: compensado por (déficit); contrarrestado (superávit)
__ **dollar**: dólar de compensación
__ **printing**: impresión offset
offsetting entry: (cont) asiento compensatorio, contrapartida
__ **errors**: errores compensatorios
__ **revenues**: ingresos compensatorios

OIL

offshoot: vástago, retoño, renuevo; ramificación
offshore: fuera de la costa, de tierra; de altura, frente a la costa
__ **area**: zona frente a la costa, zona mar adentro
__ **assembly**: montaje en el extranjero (de bienes); fabricación de material en otro país
__ **bank**: banco extraterritorial
__ **banking center**: zona bancaria franca, centro bancario extraterritorial o transnacional
__ **coasting trade**: gran cabotaje
__ **concession**: concesión marina
__ **cost**: costo extranacional
__ **drilling**: perforación submarina o mar adentro
__ **drilling rig**: torre de perforación mar adentro
__ **field**: yacimiento marino o mar adentro
__ **fishing**: pesca de altura
__ **funds**: fundos extraterritoriales
__ **grant**: donación fuera de territorio, donación indirecta
__ **islands**: islas cercanas a la costa
__ **lands**: terrenos marinos
__ **market**: mercado extraterritorial
__ **mooring**: monoboya de amarre
__ **oil**: petróleo submarino, a mar adentro o fuera de la costa
__ **processing**: elaboración o montaje de material fabricado en otro país
__ **production**: explotación de la plataforma (petróleo)
__ **purchases**: compras en el extranjero
__ **rig**: plataforma marina
__ **waters**: aguas de litoral
offspring: descendencia
offstake rate: tasa de extracción, saca o tasa de rendimiento (ganado)
oil basin: cuenca petrolífera, pozo petrolífero
__ **(bearing) seeds**: semillas oleaginosas
__ **belt**: zona petrolífera
__ **bill**: gastos en petróleo, costo del petróleo, costo total del petróleo importado
__ **cake**: torta de (semillas) oleaginosas, torta de aceite, torta de borujo, linaza o de prensado
__ **clots**: grumos de petróleo
__ **content**: tenor de aceite (roca)
__ **drilling rig (platform)**: equipo o torre de perforación petrolera, plataforma de perforación petrolera
__ **field**: campo petrolero (mar)
__ **grade**: calidad del aceite
__ **industry**: industria petrolífera; (AL) petrolera
__ **kernels**: nueces oleaginosas
__ **lease**: concesión petrolífera
__ **paper**: papel encerado
__ **patch (spill)**: mancha de aceite (petróleo)
__ **pipeline**: oleoducto
__ **pollution**: contaminación por petróleo o por hidrocarburos
__ **pool**: criadero de petróleo
__ **processing**: elayotecnia (extracción de aceite, por ej. de aceitunas)
__ **rig**: plataforma de perforación petrolera

OIL-FILLED | ON

__ **sand**: arena (arenisca) petrolífera o asfáltica, arena impregnada de brea o alquitranada
__ **seepage**: manantial de petróleo
__ **shale**: esquisto petrolífero o bituminoso, pizarra bituminosa, lutita bituminosa
__ **shock**: crisis petrolera, conmoción petrolera causada por los precios del petróleo
__ **slick**: película (capa) de aceite o aceitera, mancha de petróleo u oleosa (aceitosa)
__ **spill(age)**: derrame de petróleo
__ **tanker**: buque-cisterna, (buque) petrolero
oil-filled power transformer: (elec) transformador eléctrico, eléctrico de aceite
oil-fired: alimentado a petróleo
__ **power station**: central eléctrica de petróleo
oil-insulated cable: cable en aceite
oil-well casing: (min) tubo de ademe
__ **drilling**: sondeo de petróleo
oilcloth: hule, encerado, tela impermeable
oilseed: semilla oleaginosa
__ **cake**: torta oleaginosa
old balance: saldo anterior
__ **growth**: árboles de edad madura, bosque catedral
__ **people's home**: asilo de ancianos
old-age retirement: pensión o subsidio de vejez, jubilación
__ **welfare service**: asistencia a la tercera edad
oleo oil: óleo margarina
olive crop (harvest): zafra de aceituna, raima, cultivo olivícola
__ **grower**: olivicultor, olivarero
__ **growing**: olivicultura, oleicultura
__ **oil**: s aceite de oliva; a oleícola (relativo a la oleicultura)
__ **plantations**: plantaciones olivícolas
__ **pomace**: orujo
__ **residue oil**: aceite de orujo de aceituna
ombudsman: mediador, defensor del pueblo
omnibus accounts: cuenta combinada
__ **bill**: proyecto de ley sobre diversos asuntos, proyecto de ley que abarca varias medidas
__ **school**: escuela "ómnibus"(ofrece a la vez enseñanza clásica, técnica y profesional)
on a basis of proportionality: a prorrata
__ **a charge of**: acusado de
__ **a commercial basis**: con criterio comercial, sobre una base comercial
__ **a competitive basis**: por concurso, por oposición
__ **a contingency basis**: en (para) caso de necesidad, temporalmente, accidentalmente
__ **a fixed date**: en fecha fija
__ **a formal basis**: formalmente
__ **a grant basis**: a título de donación, a título gratuito, a base de subvención
__ **a large (small) scale**: en grande (pequeña) escala
__ **a lump-sum basis**: a tanto alzado
__ **a non-reimbursable basis**: a fondo perdido

__ **a one-time basis**: a título excepcional, por una sola vez
__ **a payment basis**: a título oneroso
__ **a point of clarification**: para hacer una aclaración
__ **a point of order**: sobre una cuestión de orden
__ **a profit basis**: en condiciones de rentabilidad
__ **a proportional basis**: a prorrata
__ **a regular basis**: periódicamente, con carácter periódico
__ **a remunerative basis**: sobre una base remunerativa
__ **a showing that**: al probarse que
__ **a straight-line basis (amortization, depreciation)**: a base de una cantidad anual fija directa
__ **a war footing**: en pie de guerra
__ **account**: a cuenta
__ **account of her health**: a causa de, en atención a, por motivos de salud
__ **an accrual basis**: sobre una base de acumulación, en valores devengados
__ **an ad hoc basis**: según las necesidades
__ **an emergency basis**: en caso (situación) de emergencia
__ **an equal footing**: en pie de igualdad, en condiciones de igualdad
__ **an exclusive basis**: con exclusividad
__ **an individual basis**: a título individual
__ **an informative basis**: a título informativo
__ **and after July 15**: a partir del 15 de julio y después de esa fecha
__ **and off**: de vez en cuando, a intervalos, en forma intermitente
__ **and on**: sin cesar
__ **appearance**: por las apariencias
__ **application by**: a instancia de
__ **approval**: previa aprobación
__ **average**: por término medio
__ **bail**: bajo fianza, bajo caución
__ **balance**: en última instancia, en fin de cuentas, mirándolo bien
__ **behalf of**: en nombre de, en interés de
__ **call**: en reserva, disponible, pendiente de llamada, pendiente de ser llamado; de guardia, de turno (médico personal); (com) pagadero a la vista
__ **call personnel**: personal en reserva
__ **cloud seven**: en el séptimo cielo
__ **condition that**: a condición de que
__ **consignment**: en consignación
__ **credit**: a crédito, a plazo, a fiado
__ **demand**: a solicitud, previa solicitud
__ **demand guarantee**: garantía pagadera a la vista
__ **detail**: (personal) cedido en comisión de servicio
__ **duty staff**: personal de turno
__ **excellent authority**: en buena fuente
__ **file**: archivado
__ **force account**: por administración (directa)

__ **grounds of expediency**: por conveniencia, por motivos de, por razones de conveniencia propia
__ **hand**: en existencia, a mano, entre manos, disponible, en reserva
__ **hire or purchase terms**: en alquiler o con opción de compra
__ **hold**: en espera
__ **humanitarian grounds**: por razones de humanidad
__ **its (his, her) own merits**: por sí mismo
__ **leave**: con permiso, ausente, en uso de licencia
__ **loan**: en préstamo (personal); cedido en comisión de servicio
__ **no account**: por (bajo) ningún concepto
__ **oath**: bajo juramento
__ **occasion**: de vez en cuando, eventualmente
__ **one's own account**: por cuenta propia
__ **one's own initiative**: por iniciativa propia
__ **or before June 22**: el 22 de junio o antes de esa fecha, hasta el 22 de junio
__ **pain of**: (leg) bajo apercibimiento (advertencia)
__ **pain of death**: bajo pena de muerte, so pena de muerte
__ **paper**: por escrito
__ **parole**: bajo responsabilidad, bajo palabra, libertad condicional de reo, libertad vigilada
__ **principle**: por principio
__ **probation**: a prueba
__ **purpose**: a propósito, adrede, a posta, ex profeso, deliberadamente
__ **record**: registrado, que consta
__ **relief**: que vive del socorro o de la asistencia pública
__ **request**: a petición (del interesado), previa solicitud
__ **schedule**: a la hora fijada o convenida, a tiempo, a la hora, oportunamente
__ **second thoughts**: después de reflexionar, pensándolo bien
__ **short notice**: con poco tiempo de aviso o de antelación, sin gran dilación, a corto plazo
__ **site**: sobre el terreno, al pie de la obra
__ **standby**: en espera
__ **target**: conforme a lo planteado, como está previsto
__ **that score**: por ese lado
__ **the advice of**: por consejo de, por indicación de
__ **the assumption that**: en el supuesto de que, suponiendo que
__ **the basis of**: a base de, basado en, atendiendo a, teniendo en cuenta, a tenor de, a razón de
__ **the books**: registrado en los libros, contabilizado
__ **the brink of a catastrophe**: al borde de, a punto de
__ **the contrary**: al contrario, por lo contrario, antes bien, en cambio
__ **the cuff**: a crédito, a plazo
__ **the evidence of**: en mérito de los antecedentes

__ **the face of it**: a primera vista, según las apariencias, evidentemente, obviamente
__ **the fringe of**: al margen de
__ **the grapevine**: "he oído", "me han dicho que", "se cuenta que" (vía oficiosa de comunicación)
__ **the grounds of**: a causa de, por motivos (razones) de, en razón de, basándose en
__ **the grounds that**: por cuanto, porque, alegando que, basándose en
__ **the horns of a dilemma**: entre la espada y la pared
__ **the inside**: por dentro
__ **the installment plan**: con facilidades de pago, con pago en cuotas
__ **the issue or substance**: (leg) en lo principal
__ **the job**: en el empleo
__ **the market**: en el comercio, en venta
__ **the matter**: al respecto
__ **the merits of the case**: en lo principal
__ **the motion of**: a propuesta de
__ **the occasion of**: con motivo de
__ **the orders of**: por mandato de
__ **the other hand**: en cambio, por otra parte
__ **the other side of the coin**: en cambio
__ **the payment of a fee**: mediante el pago de un honorario
__ **the principle that**: fundándose en
__ **the recommendation of**: por recomendación de
__ **the record**: (para publicar o difundir) oficialmente; (encuestar) en las actas
__ **the request of**: a petición de, por recomendación de
__ **the same basis**: en las mismas condiciones
__ **the shelf**: diferido, aplazado
__ **the spot**: en el lugar, al punto, en seguida, en el acto, en el momento
__ **the spur of the moment**: sin pensarlo, impulsivamente, de buenas a primeras
__ **the strength of**: confiado en, teniendo como base, fundánsose en
__ **the stroke of 12**: al dar las 12
__ **the subject of**: con referencia a, con respecto al tema de, referente al tema de, a propósito de
__ **the substance**: en lo esencial
__ **the understanding that**: a condicion de que, con tal de que, en la inteligencia de que
__ **the whole**: por lo general, en general, considerándolo todo
__ **this showing**: mirando así las cosas
__ **this understanding**: conforme a esta interpretación
__ **time**: a la hora debida, puntualmente, a tiempo, con puntualidad
__ **top of all this**: por añadidura
__ **trial**: enjuiciado, procesado, sometido a juicio, a prueba
__ **your behalf**: en su representación
on-board staff: personal en servicio
__ **posts**: puestos existentes

on-carriage: transporte sucesivo
on-carrier: transportista subsiguiente o sucesivo
on-costs: (RU) gastos indirectos o generales, costos indirectos, costos comunes
on-farm consumption: consumo en la explotación agrícola, autoconsumo
__ **improvements**: mejoras en la explotación agrícola; a veces: adecuación predial
__ **investment**: inversión a nivel de la explotación agrícola
__ **research**: investigación en las explotaciones agrícolas
on-floor silo: silo horizontal
on-line: (comp) conectado o acoplado al sistema
__ **editing**: edición final, edición on line
__ **storage**: (comp) memoria directa
on-location: al exterior, al aire libre
on-lot disposal: evacuación sobre el terreno
on-site: al pie de la obra
__ **training**: adiestramiento en el terreno
on-the-air: con antena, por radio
on-the-hoof: en pie (ganado)
on-the-job experience: experiencia práctica
__ **training**: formación y perfeccionamiento en el empleo o durante la ejecución del trabajo
once and for all: de una vez y para siempre
once-for-all: no renovable, único; de una sola vez
onchocerciasis: ceguera de los ríos; oncocercosis
"one for the book": hecho memorable
__ **member, one vote**: cada miembro, un voto
__ **of a kind**: sui generis
__ **year rule**: regla de la vida económica mínima de un año de los equipos
one-check system: sistema de cheque único
one-crop economy: economía de monocultivo
__ **farmer**: monocultor
one-group concept: criterio de grupo abierto (plan de pensiones)
one-man band: hombre-orquesta
one-off: puntual
__ **project**: proyecto aislado
one-parent family: familia dirigida por uno de los padres, familia monoparental
one-person household: hogar unipersonal
one-room school: escuela de una sola clase
one-shot: puntual
__ **action**: medida irreversible
__ **survey**: encuesta puntual
one-sided: unilateral, injusto, parcial, desigual, desproporcionado
__ **contract**: contrato leonino
__ **decision**: decisión unilateral
__ **rule**: ley del embudo
__ **test**: prueba unilateral
__ **view**: opinión unilateral, parcial
one-stage test: prueba de una fase, prueba monogradual
one-stop agency: oficina u organismo de centralización de trámites

one-teacher school: escuela de maestro único, escuela con un solo maestro, escuela unitaria, escuela unidocente (Perú); escuela monodidáctica, escuela monoclase
one-time: puntual
__ **costs**: gastos que se realizan una sola vez
__ **shift**: jornada intensiva
one-track mind: de mente obsesionada, de criterio unilateral
__ **railroad**: ferrocarril de vía única
one-way classification: clasificación simple
__ **free trade**: comercio libre sin reciprocidad
__ **pallet**: paleta no recuperable
ongoing: en curso, actual, en marcha, en ejecución
__ **activities**: actividades de tipo corriente
__ **project program**: proyecto en ejecución, programa en curso o en marcha
onionskin paper: papel de cebolla, papel transparente
onlend: represtar, prestar de nuevo
onlending: represtamo; a veces: concesión de subpréstamos
onset: principio, comienzo; (med) ataque, acceso
__ **of a disease**: inicio o comienzo de una enfermedad
onshore costs: costos en moneda nacional o costos locales
__ **currents**: corrientes hacia la costa
onstream services: servicios prestados en las fases finales
onus: carga, responsabilidad, peso (de la prueba)
onward lending: represtamo
ooze: limo
oozing well: pozo de infiltración
opaque projector: episcopio, epidiascopio
open a judicial inquiry: hacer un expediente
__ **a meeting**: abrir o declarar abierta una reunión o sesión
__ **access system**: (bibl) estantería abierta
__ **account**: cuenta abierta o corriente
__ **account credit**: crédito en cuenta abierta
__ **an account**: abrir una cuenta
__ **an airport**: habilitar un aeropuerto
__ **apron storage**: almacenamiento en explanada
__ **arrest**: arresto menor (simple)
__ **ballot**: votación pública
__ **barn**: establo para estabulación libre
__ **bidding**: propuesta o licitación abierta o pública
__ **bids**: abrir o desellar propuestas
__ **book credit**: crédito a plazo indeterminado
__ **building methods**: construcción discontinua
__ **burning**: quema al aire libre, quema a campo abierto
__ **burning dump**: vertedero de combustión al aire libre
__ **camp system**: sistema de colonia penal abierta
__ **capital company**: empresa de capital variable
__ **check (cheque)**: cheque sin cruzar o no cruzado
__ **company**: sociedad de capital variable; sociedad anónima

OPEN　　　　　　　　　　　　　　　　　　　　　　　　　　　　　　　　　OPENING

__ **country**: campo raso, descampado
__ **cover**: (seg) cobertura flotante
__ **cow**: vaca no grávida
__ **culvert**: canal a cielo abierto
__ **cut**: a cielo abierto (canal, mina)
__ **date**: fecha por fijar
__ **debate**: debate público
__ **discussion**: cabildo abierto
__ **economy**: economía abierta
__ **field drain**: zanja a cielo abierto
__ **general license**: licencia general de importación
__ **herding**: hato abierto
__ **inflation**: inflación caracterizada
__ **issue**: cuestión pendiente
__ **learning**: educación a distancia
__ **letter**: carta abierta
__ **market**: mercado libre (productos), mercado abierto (banca); a veces: mercado financiero
__ **market operations**: operaciones de mercado abierto o libre
__ **meeting**: reunión o sesión publica
__ **membership**: ingreso libre
__ **negotiations**: entablar negociaciones
__ **order**: pedido pendiente
__ **penal institution**: colonia penal abierta semi-vigilada, colonia-hogar
__ **penstock**: canal de carga
__ **policy**: póliza abierta o sin valor declarado; (seg marit) póliza flotante abierta, no valorada
__ **port**: puerto libre o franco
__ **position**: plaza vacante
__ **question**: cuestión pendiente, aún no decidida o discutida o por resolver
__ **rate**: tasa o tarifa no establecida
__ **registry**: libre matrícula
__ **registry flag**: bandera de conveniencia o de favor
__ **salary**: sueldo a convenir
__ **sea**: alta mar
__ **season**: época de pesca y caza; período sin restricciones
__ **shelf**: (bibl) estantería de libre acceso
__ **shop**: taller de sindicación no obligatoria, taller franco, fábrica que emplea obreros que son miembros o no de un sindicato
__ **spaces**: espacios libres o abiertos
__ **stall**: establo para estabulación libre
__ **storage**: almacenamiento al aire libre, en explanada
__ **tender**: licitación publica
__ **tendering procedures**: licitaciones (concursos) públicos
__ **the vote**: proceder a la votación
__ **the way for**: posibilitar, preparar el terreno para
__ **to attack**: expuesto al ataque
__ **to suggestions**: dispuesto a recibir sugerencias
__ **to the public**: abierto al público
__ **tray bulk type container**: contenedor tipo bandeja para carga a granel
__ **unemployment**: desempleo evidente o manifiesto, desempleo declarado

__ **union**: gremio sin límite de afiliados
__ **university**: universidad abierta (cursos por correspondencia más cursos televisados), universidad a distancia, universidad sin muros
open-air market: feria libre
open-cast coal mine: mina de carbón a cielo abierto
open-classroom school: escuela de espacios abiertos
open-door policy: política de puerta abierta (de oportunidad para el comercio de todos los países)
open-end company: compañía de capital ilimitado
__ **contract**: contrato para entrega de una cantidad indefinida
__ **investment company**: sociedad de inversión con cartera variable
__ **investment fund**: sociedad de inversión con número de acciones variable
__ **mortgage**: hipoteca sin límite de importe
__ **mutual fund**: fondo mutuo con capital variable
__ **spinning**: filatura de fibras liberadas
__ **trust**: sociedad inversionista
__ **wage contract**: contrato de empleo con salario ajustable
open-ended: sin límite, abierto
__ **approach**: enfoque adaptable o flexible
__ **body**: órgano de composición abierta
__ **commitment**: compromiso sin plazo o volumen definido
__ **contract**: contrato de duración indefinida, contrato para entrega de una cantidad indefinida
__ **discussion**: discusión sin resultados previsibles
__ **group**: grupo abierto, grupo de participación abierta
__ **meeting**: reunión de duración indeterminada
__ **question**: pregunta que admite más de una respuesta, pregunta de interpretación abierta
__ **study**: estudio de alcance variable
open-heart surgery: cirugía de corazón abierto
open-hearth furnace: horno de hogar (solera) abierto, horno Siemens-Martin
__ **steelmaking**: fabricación de acero en hogar abierto o en horno Siemens-Martin
open-label study: estudio sin grupo control
open-pit mining: explotación a cielo abierto o a tajo abierto; minería a cielo abierto
open-plan school: escuela de planta abierta
open-skies policy: política de libertad del espacio aéreo
open-top container: contenedor descubierto
openhanded: generoso, liberal
opening: abertura, grieta; apertura, oportunidad; vacante; principio, comienzos; estreno, inauguración
__ **balance**: saldo inicial, saldo inicial o de apertura
__ **balance account**: cuenta de balance de apertura
__ **bank**: banco abridor (crédito documentario)
__ **clause**: cláusula inicial
__ **inventory**: inventario inicial, de apertura o de entrada

OPERATE

__ **of bank account**: habilitación de cuenta bancaria
__ **of bids**: apertura de las ofertas (propuestas)
__ **price**: precio de apertura, cotización inicial
__ **remarks**: observaciones preliminares
__ **speech**: discurso inaugural, discurso de apertura
__ **statement**: declaración inaugural; exposición preliminar o inicial
__ **stocks**: existencias de principios de temporada, de apertura del ejercicio
__ **up of new (virgin) lands**: roturación de tierras vírgenes, habilitación de tierras, puesta en producción de tierras
operate: manejar, hacer funcionar, conducir, dirigir; efectuar, realizar, organizar, llevar a cabo; accionar, impulsar, funcionar; surtir efecto, manejar, operar y explotar; obrar, obrar efecto, actuar; trabajar, tener el efecto de, poner en marcha (servicio), llevar a administrar un negocio o encargarse de, atender a, mantener
__ **accounts**: ser titular de cuentas
__ **at full capacity**: funcionar a plena capacidad
__ **on an unsecured basis**: operar a sola firma
__ **the line**: (aero) usufructuar la línea
operated oil leases: concesiones petrolíferas en explotación
operating account: cuenta de explotación, cuenta de gestión, cuenta de operación
__ **arm**: órgano ejecutivo
__ **budget**: presupuesto de explotación, presupuesto de ejecución o de operaciones, presupuesto funcional
__ **capacity**: (elec.) capacidad instalada
__ **capital**: capital de explotación o en giro
__ **charges**: comisión por operaciones
__ **costs**: gastos de explotación, gastos de funcionamiento, gastos de operación, gastos ordinarios
__ **divisions**: divisiones funcionales, operativas
__ **department**: departamento de operaciones
__ **deficit**: déficit de explotación
__ **expenses (expenditures)**: gastos de explotación u operación, gastos de funcionamiento
__ **head**: (hydro) salto útil
__ **income (revenue)**: ingresos de explotación u operación; producto de explotación
__ **instructions**: (instruccines sobre) modo de empleo
__ **lease**: contrato de arrendamiento operativo
__ **leasing agreement**: acuerdo de arrendamiento de equipo para operaciones
__ **losses**: pérdidas de exploración o de operación
__ **manual**: manual de procedimiento
__ **permit**: (aero) certificado de explotación
__ **profit (income)**: ingresos o utilidades de explotación, de operación
__ **program**: programa de operaciones
__ **ratio**: relación o coeficiente de explotación o de operación
__ **statement**: estado de operación (ganancias y pérdidas)

OPERATOR

__ **suite**: centro quirúrgico
__ **supplies**: materiales de consumo
__ **surplus**: superávit ganado o devengado, excedente de explotación o de operación
__ **year**: ejercicio anual
operation: operación, manejo, funcionamiento; explotación; actividad, faena, obras; aplicación; vigencia, puesta en vigor (en marcha)
__ **analysis**: análisis de una operación
__ **and maintenance**: funcionamiento y mantenimiento
__ **, be brought into**: entrar en funcionamiento
__ **bootstraps**: operación "manos a la obra", "hacer milagros", hacer todo de la nada
__ **breakdown**: descripción de los elementos de una tarea
__ **of a project**: desarrollo, funcionamiento, explotación de un proyecto
__ **of the law**: (leg) efecto de la ley
operational analysis: análisis de organización, análisis operativo
__ **assistance**: asistencia operacional
__ **ceiling**: altura máxima operativa (aviones)
__ **charges**: cargos por concepto de operaciones
__ **costs**: gastos de ejecución o explotación, gastos de funcionamiento u operación
__ **cut-off (threshold)**: límite máximo o práctico para recibir financiamiento
__ **economies**: economías (ahorros) en los gastos de operación
__ **flight**: vuelo de servicio
__ **implications**: consecuencias prácticas
__ **(operations) research**: investigación operativa, operacional o de operaciones
__ **range**: intervalo de funcionamiento; autonomía de vuelo (avión); radio de acción
__ **schedule**: cronograma operativo
__ **services**: servicios funcionales u operativos, servicios de ejecución
__ **travel**: viajes oficiales relacionados con operaciones
__ **unit**: unidad operativa
operative: *s* operario, obrero; agente secreto; *a* operativo, operante, que funciona debidamente, en vigor, vigente, eficaz; operatorio (referente a una operación); laboral
__ **clause**: cláusula determinante
__ **dentistry**: operatoria dental, odontología restauradora, odontología operatoria, dentística conservadora
__ **paragraph**: párrafo de la parte dispositiva (de una resolución)
__ **part (of a resolution)**: parte dispositiva
__ **provisions**: disposiciones de fondo; parte dispositiva (de una resolución)
__ **resolution**: resolución ejecutiva
__ **technology**: tecnología práctica
operator: operario, maquinista, motorista, telefonista, telegrafista, empresario; conductor; organizador, negociante, especulador,

traficante, administrador, concesionario, mayorista
opiates: opiáceos
opinion: opinión, concepto, parecer, dictamen, sentencia
__ **leaders**: personalidades
__ **poll**: encuesta (sondeo) de opinión pública
__ **research**: demoscopia
__ **survey**: encuesta de opinión
opium poppy: adormidera
opportunity class: (edu) clase de adaptación, clase de recuperación
__ **cost**: costo de oportunidad o de sustitución; de renuncia, de opción
__ **group**: (edu) clase de recuperación
__ **school**: escuela que ofrece enseñanza especial y muy variada a diferentes grupos de adultos (analfabetos, personas que necesitan de educación profesional); clases especiales para alumnos atrasados; escuela nocturna y centro cultural combinados
opposite balance: saldo contrario
__ **number**: colega; el que ocupa la posición equivalente, contraparte
opposition: oposición, desacuerdo, disconformidad, resistencia, contraste, competencia
oppress: oprimir, mediatizar
oppressive agreement: contrato leonino, gravoso
__ **clause**: cláusula leonina
opt back in: optar por volver a recibir (asignaciones)
__ **out**: optar por no recibir (asignaciones); ejercer una opción liberatoria (denunciar un acuerdo), ejercer la opción de reintegración
optical scanner: explorador óptico
__ **scanning**: lectura óptica
__ **sound track**: pista sonora óptica
optically read forms: formularios de la lectura óptica
optimal emotional environment: medio afectivo lo más favorable posible
__ **growth**: grado óptimo de desarrollo
optimization: aprovechamiento óptimo
__ **problem**: problema del óptimo
optimize: optimizar, mejorar o perfeccionar lo más posible
optimum: *s* óptimo, grado óptimo, punto óptimo; *a* óptimo, más favorable
__ **density**: densidad óptima
__ **point**: punto máximo
__ **population**: población óptima
__ **rate of population growth**: tasa máxima de crecimiento de la población
__ **running speed**: régimen de crucero
__ **test**: prueba óptima
option: opción, alternativa, elección, posibilidad
__ **money**: prima (operaciones bursátiles)
__ **of resigning**: opción de renuncia
__ **value**: valor de opción
optional: facultativo; discrecional, opcional, optativo

__ **course**: curso optativo
__ **subjects**: ramos facultativos
oral evidence: prueba testimonial
__ **hearing**: (leg) vista, audiencia
__ **hygiene of children**: higiene buco-dentaria infantil
__ **proceedings**: juicio oral
__ **proficiency**: competencia en la expresión oral
__ **reading**: lectura en voz alta
__ **rehydration therapy**: terapia de rehidratación oral
__ **request**: solicitud verbal
orchard, fruit and flower garden: vergel
__ **production**: fruticultura
orchestration: instrumentalización; ejecución de un plan
order: *s* orden, pedido, encargo, instrucción, precepto, decreto, secuencia, sucesión; (leg) fallo, sentencia, mandado, mandamiento; *v* ordenar, poner en orden; clasificar; organizar; arreglar, disponer; mandar, pedir, encargar
__ **bill of exchange**: letra de cambio a la orden
__ **book**: libro de pedidos, cartera de pedidos
__ **check**: cheque nominal o nominativo; cheque a la orden
__ **for payment (order to pay)**: orden de pago
__ **in Council**: (RU) decreto real
__ **in writing**: por escrito
__ **of commitment (pending trial)**: auto de prisión preventiva
__ **of execution**: (leg) mandamiento judicial
__ **of payment**: libranza
__ **of seating**: orden de precedencia
ordering: ordenamiento, seriación
orderly: *s* ordenanza; enfermero, camillero, asistente de hospital; *a* ordenado, en orden, metódico, disciplinado
__ **conduct of trade**: buena conducta, buena marcha, buen funcionamiento de comercio, coordinación del intercambio
__ **marketing agreements (arrangements)**: disposiciones de comercialización ordenada
ordinality: orden de nacimiento
ordinance: (leg) orden, ordenanza, decreto
ordinary: vulgar, tosco, burdo, plebeyo, zafio (persona)
__ **care**: cuidado razonable
__ **course of transit**: ruta ordinaria
__ **interest**: interés ordinario o corriente
__ **jurisdiction**: fuero común
__ **offense**: delito común
__ **law**: derecho común, ley común
__ **legal proceedings**: justicia ordinaria
__ **proceedings**: procedimiento ordinario
__ **reader**: lector medio
__ **repairs**: reparación del desgaste natural
__ **services**: servicios ordinarios o de costumbre
__ **wear and tear**: uso y desgaste; desgaste natural, desgaste por el uso
ordnance: artillería, material de guerra o bélico

ore: mineral, mena, mineral metalúrgico o metalífero, colpa
__ **body**: cuerpo mineral, filón metalífero
__ **content**: ley del mineral
__ **deposit**: yacimiento de mineral
__ **dressing**: concentración de minerales, enriquecimiento de minerales, preparación mecánica de minerales
__ **mine**: mina de veta, mina metálica
__ **sizing**: clasificación de minerales
ore-bearing: metalífero
ore-bulk-oil ship: mineralero-granelero-petrolero
organic act: ley orgánica
__ **debris**: residuos o restos orgánicos
__ **law**: ley fundamental u orgánica
__ **loading**: contenido de materia orgánica
__ **pact**: pacto constitutivo
organismic psychology: sicología somática, psicofisiología, psicología organísmica
organization: organización, institución, organismo, entidad; estructura orgánica
__ **and management**: organización y gestión (administrativa)
__ **chart**: organigrama, cuadro o diagrama de organización, plantilla
__ **expenses**: gastos de constitución o iniciales
__ **in consultative status**: organización reconocida como entidad consultiva
__ **meeting**: sesión o asamblea constitutiva; reunión de instalación
__ **of American States (OAS)**: Organización de los Estados Americanos (OEA)
__ **organizational arrangements**: disposiciones institucionales
__ **committee**: comité de organización
__ **fine tuning**: ajuste institucional
__ **meetings**: reuniones de organización, reuniones con fines de organización
__ **structure**: estructura orgánica
__ **study**: estudio orgánico
__ **units**: dependencias orgánicas, unidades de organización
organized body: organización
__ **labor**: movimiento sindical, sindicalismo, trabajadores (obreros) sindicados
__ **market**: lonja, mercado organizado (*v gr* bolsa de granos o de mercancías)
organizing teacher: consejero escolar
orientation course: curso de introducción (a una asignatura); curso de adaptación a la universidad; propedéutica, curso de carácter general destinado a orientar a los alumnos en la selección de otros cursos
origin tax: impuesto de origen
original: original, originario, primitivo, primero
__ **amount**: cantidad original
__ **capital**: capital inicial, capital de establecimiento
__ **cost**: costo inicial o primitivo, precio de adquisición

__ **draft or abstract (of a document or contract)**: (leg) minuta
__ **entry**: asiento o anotación original, primera entrada
__ **issue discount bond**: bono emitido con descuento
__ **jurisdiction**: jurisdicción de primera instancia
__ **member**: miembro fundador, miembro originario
__ **mover (of a resolution)**: autor o proponente (de una resolución)
__ **net cash invested**: inversión neta original en efectivo
__ **record of deed**: protocolo notarial
__ **sense of a word**: primer sentido (significado) de una palabra, primera acepción
__ **value**: valor de origen, valor de compra
originally: en un principio, al principio
originate: originar, causar, provocar, crear, inventar; ser el autor de; comenzar; tener su origen en, ser originario de
originating agency: organismo de procedencia o en el que se origina (una decisión, etc.)
ornamental fish: peces de acuario
__ **plant**: planta de ornato
orphaned calf: cria sin valor
orthopedic appliances: aparatos ortopédicos
__ **brace-making**: fabricación de aparatos ortopédicos
__ **class**: clase especial para niños que adolecen de defectos motrices (fisioterapia, ejercicios correctivos y ergoterapia)
__ **technician**: ortesista
orthopedically handicapped children: niños inválidos o mutilados (o con defectos motrices)
orthotist: ortopedista, técnico protético
ostensibly: aparentemente, en apariencia
other income: (cont) productos varios
__ **party (in a contract)**: contraparte
__ **things being equal**: en igualdad de condiciones o circunstancias
otter: nutria
__ **trawl**: arte de pesca de puertas
ouster: desahucio, desalojamiento; (leg) desposeimiento
ousting: desalojo
out of a job: sin empleo
__ **of action**: inutilizable, fuera de combate
__ **of cash**: sin fondos
__ **of commission**: fuera de servicio, fuera de combate
__ **of deference to**: por deferencia a, por respeto a
__ **of fashion**: pasado de moda
__ **of order**: inadmisible (proposición, enmienda, moción); descompuesto, no funciona (maquinaria, artefacto, etc.)
__ **of print**: agotado (libro, folleto, etc.)
__ **of proportion**: desproporcionado
__ **of range**: fuera de alcance
__ **of respect for**: por respeto a, en consideración

__ **of step**: en desacuerdo, sin armonía, sin sincronización
__ **of term**: fuera del período (de sesiones)
__ **of the blue**: como llovido (caído) del cielo
__ **of the question**: imposible, indiscutible, inadmisible, ni que pensarlo
__ **of the woods**: libre de dudas, apuros o dificultades
__ **of this world**: (fam) et plus ultra, de calidad superior, excelente, extraordinario
__ **of touch with**: apartado de, alejado de, no estar al tanto
__ **of tune**: desentonado, destemplado, desafinado
__ **of work**: sin trabajo, sin puesto, cesante
out-and-away: con mucho
out-and-out: empedernido, redondo, cien por cien, acérrimo, completamente, sin reservas
out-migration: migración exterior o hacia el exterior
out-of-control patients: pacientes perdidos de vista
out-of-court settlement: arreglo extrajudicial
out-of-date: anticuado
__ **check**: cheque vencido
out-of-pocket expenses: gastos de menudeo, gastos de poca monta
out-of-school education: educación extraescolar o postescolar
__ **youth**: juventud sin escolaridad
out-of-season crop: cultivo fuera de estación o de temporada
out-of-stock: agotado (artículo de comercio)
__ **cost**: costo de existencias agotadas
out-of-the-common: fuera de lo corriente, excepcional
out-of-the-way: de difícil acceso, apartado, aislado, remoto
__ **knowledge**: conocimientos peregrinos
out-of-wedlock birth: nacimiento fuera del matrimonio
out-turn clause: cláusula de rendimiento, producto o resultado
outage: (elec) interrupción del servicio, apagón, falla de la corriente eléctrica
__ **cost**: (elec) costo de falla
outback: interior, monte
outbid: sobrepujar, hacer una mejor oferta
outbidding: mejor postura, puja
outbound: tráfico de salida (de exportación)
outbreak: comienzo, brote, epidemia, ola, estallido
__ **center**: foco de propagación
__ **of violence**: ola de violencia, asonada
outbred animals: animales cruzados con otras línea genéticas o criados por cruce de razas
outbreeding: cruzamiento racial, cruzamiento abierto
outbuilding: dependencia, construcción exterior, enexo
outcome: resultado, desenlace, consecuencia; forma de término (reproducción)
outcrop (of rock): afloramiento, crestón

__ **of mineral**: reventón
outdated concept: concepto trasnochado, anticuado, obsoleto
__ **vaccine**: vacuna con fecha vencida
outdoor employment: empleo de puertas afuera
outer boundary: periferia
__ **continental shelf**: plataforma continental exterior
__ **franc area**: países de ultramar de la zona del franco
__ **harbor**: antepuerto
__ **office**: antedespacho
__ **packaging**: envase exterior
__ **space**: espacio ultraterrestre, espacio interplanetario
outfall: descarga, desagüe, vía de desagüe, emisario (alcantarilla); imbornal (camino)
__ **conduit**: tubería de descarga
__ **ditch**: zanja de desagüe
__ **drain**: colector de salida
outfit: s equipo, habilitación, utilería, avíos, aperos; ropa, traje, uniforme, vestido; grupo, cuerpo, unidad; v equipar, aviar, habilitar, vestir
outflow: salida, corriente, flujo, derrame
__ **of capital**: salida de capital
__ **of exchange**: salida de divisas
__ **of trained personnel**: éxodo de personal capacitado
outgassing: desgaseamiento, desgasificación
outgo: salida, gasto, desembolso, egresos
outgoing chairman: presidente saliente
__ **funds**: desembolsos, salidas de caja, pagos
__ **mail**: correspondencia por salir
__ **member**: miembro saliente
__ **staff**: personal saliente, funcionarios que dejan el servicio
outgrower: agricultor con pequeña(s) explotación(es) satélite(s)
__ **scheme**: sistema de pequeñas plantaciones
outgrowth: consecuencia, resultado
outhouse: dependencia, retrete o letrina fuera de la casa
outing: excursión, paseo, caminata
outlaw: proscribir, declarar fuera de la ley; prohibir, declarar ilegal
outlay: desembolso, gastos, inversión, erogación
outlet: salida; desagüe, desaguadero; descarga para riego; (com) mercado, distribuidor, canal de distribución, sucursal; (elec) toma
__ **channel**: canal de desagüe
outlier project: proyecto aislado
outliers: (est) valores atípicos, singulares
outline: s contorno, marco, perfil, silueta, bosquejo, esbozo, boceto, trazado; resumen, esquema, introducción, reseña, exposición sucinta, líneas generales (guión de un discurso, charla, etc); v perfilar, bosquejar, esbozar, trazar las líneas generales; resumir, exponer a grandes rasgos, describir someramente
__ **for discussion**: esquema o marco del debate

OUTLOOK   OVER-THE-COUNTER

__ **map**: mapa mundo
__ **text**: texto esquemático
__ **training guide**: guía de capacitación esquemática
outlook: perspectivas, probabilidades, panorama, punto de vista, actitud, mentalidad, concepto, horizonte
outpatient: paciente no hospitalizado, paciente no internado, paciente ambulatorio, paciente de la consulta externa
__ **care**: atención ambulatoria
__ **service**: servicios de consulta externa o ambulatoria
__ **treatment**: tratamiento ambulatorio
outpayment: desembolso
outplacement: despido, reubicación, recolocación (situación de despido)
__ **service**: servicio de empleo en otros organismos
outplant: (agr) repicar, transplantar
outport: puerto secundario, puerto de salida
outpost: avanzada
__ **laboratories**: laboratorios periféricos
outposted personnel: pesonal fuera de la sede o de la oficina principal
__ **staff**: personal destacado (fuera de la sede)
output: producción, volumen físico; rendimiento; (elec) potencia, energía; (comp) salida; (edu) egresados; producto
__ **and input items**: productos finales y factores de producción
__ **bonus**: prima por rendimiento
__ **budgeting**: presupuestación de producción
__ **costs**: gastos de escala de producción
__ **data**: (comp.) datos de salida
__ **factor**: factor de producción
__ **index**: índice de producción
__ **indicators**: indicadores de producción
__ **interval (project analysis)**: rango de producción
__ **per man-hour**: producción por hora-hombre
__ **unit**: unidad de producción
output-capital rate: relación producto-capital
output-input ratio: coeficiente de insumo-producto
outrage: atropello, desmanes
outreach activities: actividades de extensión, de vulgarización o de divulgación, cooperación exterior
__ **post**: centro fuera de la sede
__ **program**: programa de alcance exterior, de extensión o de divulgación
__ **services**: servicios de extensión (en los que participa la población)
__ **worker**: trabajador o funcionario de extensión o de divulgación, promotor, extensionista, agente de planificación familiar
outright purchase: compra incondicional, compra a tanto alzado, compra en firme
__ **sale**: venta simple o al contado

__ **settlement**: pago inmediato, liquidación inmediata
outset: principio, inicio, comienzo
outside counsel: abogado (asesor jurídico) externo
__ **financing**: financiamiento ajeno, o por terceros
__ **processing**: trabajo por encargo
__ **securities**: valores del mercado no oficial
__ **the law**: al margen de la ley
outsized package: paquete de dimensiones especiales
outskirts: periferia (ciudad)
outsourcing: montaje en el extranjero (bienes); externalización de servicios fuera de la empresa, contratación externa, tercerización
outstanding: destacado, notable, sobresaliente, eminente, excepcional; vigente; sin pagar, insoluto, pendiente (en suspenso), sin resolver; por hacer
__ **account**: cuenta pendiente
__ **balance**: saldo pendiente
__ **bond (securities, shares, stock)**: bono (valores, acciones) en circulación, bono vigente
__ **capital**: capital suscrito, no pagado
__ **capital stock**: capital emitido o desembolsado o en manos de accionistas o del público
__ **check**: cheque no cobrado, cheque pendiente de cobro
__ **claim**: (fin) título d crédito
__ **contract**: contrato pendiente de ejecución
__ **debt**: deuda pendiente de cobro, deuda insoluta, deuda activa, deuda efectiva, deuda condicional, crédito activo, acreencia
__ **drawings**: giros pendientes de reembolso, total o monto neto de los giros
__ **interest**: interés vencido o atrasado
__ **issues**: emisión en circulación
__ **liabilities**: obligaciones pendientes de pago
__ **loan**: préstamo sin amortizar o sin reembolsar
__ **obligation**: obligación pendiente
__ **receivables**: deudas pendientes de cobro
__ **securities**: valores en circulación
__ **stock**: acciones en circulación o en manos de accionistas o del público
outward clearance: permiso de salida
__ **collection form**: formulario para el cobro de efectos
__ **leg (of a voyage)**: viaje de ida
__ **reinsurance**: reaseguro pasivo
__ **trade**: tráfico de ida, de exportación
outward-looking (outward-oriented) country: país orientado hacia el exterior
outweigh: pesar más que, valer más que, exceder en valor o importancia, ser superior a
outwork: trabajo a domicilio
outworks: obras accesorias
"over-the-counter": extrabursátil
__ **market**: mercado extrabursátil, fuera de la Bolsa
__ **sales**: ventas en ventanilla, ventas fuera de la Bolsa; ventas sin receta (drogas)

overaccounts: cargos contables excesivos
overaccruals: cargos contables excesivos
overachiever: alumno superaventajado
overage: excedente de mercancías
___ **loan**: préstamo para cubrir posibles costos excesivos o posibles excesos de costos
overall: global, de conjunto, total; en conjunto, en su totalidad
___ **deficit**: déficit global, total
___ **demand**: demanda global
___ **dimensions**: dimensiones exteriores
___ **efficiency**: rendimiento total
___ **estimate**: estimación total
___ **improvement**: mejoramiento general
___ **length (of a vessel)**: eslora total
___ **plan**: plan de conjunto
___ **planning of education**: planeamiento integral de la educación
___ **rate**: tasa global
___ **review**: examen de conjunto
___ **sampling fraction**: fracción total de muestreo
___ **speed**: velocidad efectiva o media
___ **view**: visión de conjunto, visión panorámica
overanxious reaction: reacción hiperansiosa
overbooking: contratación excesiva de resesrvas (de hotel, etc.)
overburden: capa; sobrecarga; (min) cobertura de rocas, manto, montera
overcharge: s carga excesiva, sobrecarga; precio excesivo, sobrecargo, recargo, sobreprecio; v sobrecargar; cobrar más de lo justo, recargar
overcome: vencer, salvar, superar
overcommitment: exceso de compromisos
overcropping: explotación excesiva de las tierras
overcrowding: hacinamiento, promiscuidad
overdesign: diseño de normas demasiado ambiciosas, diseño excesivo para las necesidades
overdraft facilities: créditos al descubierto, servicio de sobregiro (giro en exceso de los fondos disponibles)
overdraw: sobregirar, girar en descubierto, sobrepasar o rebasar un crédito
overdue: atrasado, moroso, en mora, vencido
___ **account**: cuenta vencida, cuenta morosa
___ **debts**: deudas atrasadas
___ **pledged contributions**: contribuciones prometidas atrasadas
___ **portfolio**: cartera vencida (generalmente inpaga)
overemployment: sobreempleo, hiperempleo, exceso de empleo
overencumbering (of budget appropriations): rebasamiento (de los créditos presupuestarios)
overexcited: exaltado
overexpanded industries: industrias hipertrofiadas
overexpenditure: gastos superiores a los previstos
overexposed bank: banco en situación de riesgo excesivo
overexposure: concentración excesiva de riesgos de financiamiento

everextended economy: economía en estado de tensión, con presiones excesivas
___ **obligations**: obligaciones excesivas
overfeeding: hiperalimentación, superalimentación
overfishing: pesca excesiva, sobrepesca, explotación excesiva de los recursos marítimos
overflow: s desbordamiento, derrame, rebosamiento, rebose; (comp) exceso de capacidad; v desbordarse, rebosar, derramarse, salirse de madre
___ **digit**: dígito excedente
___ **pipe**: cañería de desagüe
___ **structure**: alcantarilla, vertedero
___ **weir**: aliviadero
overgeared: (fin) endeudamiento en exceso
overgrading of a post: reclasificación de un puesto a un grado superior al que le corresponde
overgrazing: apacentamiento excesivo, sobrepastoreo, pastoreo excesivo, sobrecarga
overgrowth: crecimiento excesivo, vegetación frondosa o exuberante; (med) invasión, hipertrofia
overhang: exceso de oferta, excedente, sobrante, saldos pendientes: producción excedente
overhaul: revisión, reforma, reorganización, reparación general de equipo, arreglo, rehabilitación; acarreo extra, sobreacarreo
overhead: gastos generales, gastos fijos, gastos indirectos, costos comunes, costos globales
___ **capital**: capital social fijo (empresa); capital nacional fijo (país); capital de infraestructura
___ **capital investment**: inversión en infraestructura
___ **conveyors**: transportadores automáticos aéreos
___ **crossing**: paso o cruce superior
___ **funds**: fondos para gastos generales
___ **irrigation**: aspersión, riego a presión, por aspersión, riego tipo lluvia
___ **line**: línea de tendido aéreo
___ **mechanical crane**: grúa aérea
___ **operations**: tareas generales
___ **personnel**: personal administrativo
___ **projector**: proyector (de) periscopio, proyector periscópico
___ **railway**: ferrocarril aéreo
___ **staff**: personal imputado a gastos generales
___ **traffic sign**: pórtico de señalización
___ **traveling crane**: grúa-puente, puente transbordador aéreo
overheating of the boom: exceso de coyuntura, ritmo demasiado acelerado de la economía (de los negocios)
___ **of the economy**: recalentamiento de la economía o de la coyuntura
overinvestment: exceso de inversiones; inversión excesiva
overinvoicing: sobrefacturación, facturación a precio superior al real
overland flow: inundación
___ **freight**: flete terrestre, carga terrestre
___ **route**: ruta por tierra

__ **shipment**: remesa por vía terrestre
__ **transport**: transporte terrestre
overlapping: duplicación, superposición, traslapo, solapa, imbricación, coincidencia de ideas, conceptos, materias
__ **maps**: mapas sobrepuestos
__ **of posts**: superposición de los sueldos asignados a puestos distintos
__ **periods**: períodos superpuestos, escalonados
__ **with**: simultaneidad (con otras reuniones)
overlay: recubrimiento, revestimiento, capa de refuerzo (caminos); superposición
__ **transparencies**: transparencias superpuestas
overleaf: a la vuelta, al dorso
overload: *s* sobrecarga, sobrecapa; *v* saturar, sobrecargar
__ **posts**: puestos por mayor volumen de trabajo
__ **the market**: inundar el mercado
overlook: dar a, tener vista a, dominar; pasar por alto, hacer caso omiso de, no hacer caso de, dejar pasar
overlying bonds: obligaciones inferiores
overmature forest: monte decadente, monte viejo
overnight funds: fondos de un día para otro
__ **investment**: inversión por 24 horas
__ **money**: préstamo (o dinero) al día, dinero a un día, dinero día a día, fondos de un día para otro, dinero interbancario
__ **service**: servicio de la noche a la mañana
__ **stays and arrivals**: pernoctaciones y llegadas
overpass: paso superior
overpayment: pago excesivo
overpermissive programs: programas demasiado flexibles
overrate: supervalorar, sobreestimar, sobrevaluar
overreporting: (est) notificación excesiva
override: no hacer caso, hacer caso omiso, no tener en cuenta; restar valor a, anular, invalidar, poner o dejar a un lado
overriding: predominante, decisivo, primero, primordial, imperioso, trascendental
__ **clause**: cláusula derogatoria
__ **commission**: supercomisión
__ **consideration**: consideración fundamental
__ **decree**: decreto de insistencia
__ **factor**: factor decisivo
__ **importance**: importancia primordial o trascendental
__ **need**: necesidad imperiosa
__ **principle**: principio absoluto
overrule: denegar, rechazar, anular, invalidar, desestimar
__ **an objection**: rechazar o no aceptar una objeción
overruling (veto) decree: decreto de insistencia
overrun: costos superiores a los previstos, sobrecostos; tiempo mayor que el plazo previsto; déficit presupuestario
__ **commitment**: compromiso para financiar excesos de gastos

overseas: ultramar, el extranjero
__ **allowance**: bonificación o prima por trabajo en el exterior
__ **assets**: medios de pagos externos
__ **branches**: sucursales en ultramar
__ **markets**: mercados extranjeros
__ **trade**: comercio extranjero o exterior
overseer: sobrestante, mayoral; encargado de la obra, maestro albañil
oversell: vender a un precio mayor que el correspondiente a la calidad (al mérito) del producto
overshoot: exceder del objetivo, ir (llegar) más allá de la meta, rebasar los límites, método de las desviaciones o del ajuste excesivo
overshooting: (econ) ajuste o reajuste excesivo, reacción excesiva; acción de sobrepasar o ir más allá de un objetivo
oversight: descuido, inadvertencia, error involuntario; supervisión, vigilancia, fiscalización
oversizes: (min) desechos de criba
oversizing: sobredimensionamiento
oversold market: mercado con exceso de ventas (los precios han descendido por debajo del nivel considerado normal)
oversowing: siembra sobre vegetación establecida
overspending: gastos excesivos, gastos superiores a los previstos
overspent balance: saldo deficitario
overspill area: polígono de descongestión
overstaffed: con exceso de personal
overstated: exagerado; declarado o contabilizado de más
overstatement: sobrestimación (impuestos); exageración, valuación excesiva
overstay the market: demorarse en vender con pérdida de ganancias, perder ganancias por tardanza en vender
overstep the mark: extralimitarse, pasarse de la raya
overstocked: abarrotado, con existencias excesivas
overstocking: pastoreo abusivo o excesivo
overstory: (silv) cumbre, piso superior
oversubscription: suscripción por importe superior al de la emisión
oversupply: exceso de oferta, oferta excesiva, surtido excesivo, existencias excesivas, oferta excedentaria, exceso de producción; inundación o saturación del mercado
overt behavior: conducta manifiesta
__ **disobedience**: desobediencia franca
__ **response**: respuesta evidente
overtaking lane: canal o carril, ruta o vía de adelanto
overtax: exigir demasiado
overtime: horas extraordinarias, horas suplementarias, tiempo extra
__ **pay**: remuneración o pago de horas extraordinarias
overtone: insinuación

overture: propuesta, proposición, oferta; sondeo de paz
overvaluation: sobrevaloración, supervaloración, valoración excesiva
overvalued currency: moneda sobrevaluada o sobrevalorizada
overview: visión o vista general, cuadro panorámico, global o sintético
__ **paper**: documento (monografía) de información general, exposición general
overwhelming majority: mayoría abrumadora
owned dog: perro doméstico
owner: propietario, dueño, terrateniente
__ **codes**: marcas de propietario
__ **occupancy (farm)**: cultivo personal y explotación directa
__ **of a business**: titular (propietario) de un negocio
__ **of a project**: organismo de ejecución
__ **of record**: propietario registrado
__ **operator**: empresario propietario
owner's equity: patrimonio, patrimonio neto, valor neto, activo neto o líquido, capital líquido; a veces: fondos propios, capital propio
owner-farmer land: tierra de agricultores propietarios
owner-operated farm: explotación directa
ownerless goods: bienes mostrencos
ownership: propiedad; dominio, posesión legítima, pertenencia
__ **of a corporation**: propietarios de las acciones, control mayoritario
__ **of programs**: autoría
__ **of public debt**: portadores de títulos de la deuda pública
__ **rights**: derechos de propiedad
__ **structure (of a company)**: estructura o composición del capital social, distribución de los accionistas por categorías
__ **without usufruct or use**: nuda (nula) propiedad
oxbow: collera del yugo; vuelta o recodo de un río en forma de U
oxidation pond: laguna o estanque de oxidación
oxyacetylene welding: soldadura autógena
oxygen tent: cámara de oxígeno
oyster bed: criadero de ostras, ostral, banco de ostras
__ **culture (farming)**: ostricultura
__ **farm**: ostral, criadero o parque ostrícola
__ **fishery**: pesquería de ostras
__ **producer**: ostricultor
__ **spat**: larva de ostra
ozone depletion: agotamiento de la capa de ozono, enrarecimiento o destrucción del ozono
__ **hole**: agujero en la capa de ozono; adelgazamiento de la capa de ozono
__ **layer**: capa de ozono, ozonósfera
__ **sink**: pozo de ozono

ozone-depleting potential: potencial de agotamiento de la capa de ozono
__ **substance**: sustancia que agota la capa de ozono

P

pace: ritmo (producción)
pacemaker: (med) marcapasos, regulador cardíaco, cardioestimulador
Pacific bonito: (ict) bonito chileno
__ **rim countries**: países del Arco del Pacífico
pacing: (edu) ritmo de progreso
pack animal: animal o bestia de carga, acémila
__ **trail**: camino de herradura
__ **train**: reata
package: paquete, bulto; (fig) lote, conjunto o combinación de servicios, programa de medidas; serie de disposiciones, equipos, proyectos, actividades, etc.
packaged air conditioner: climatizador para apartamentos (también hay tipo "portátil")
__ **coverage**: cobertura global
__ **deal**: acuerdo, trato, arreglo, enfoque o solución global, contrato global, acuerdo (político) global, oferta combinada; (ind) contrato llave en mano
__ **financing**: financiamiento global
__ **fuels**: combustibles aglomerados
__ **goods**: paquetería
__ **of educational information**: carpeta (paquete) de documentación sobre educación
__ **programs**: (comp) programas envasados (software)
__ **technology**: tecnología de transferencia global, tecnología global, tecnología de transferencia indirecta, tecnología transferida en bloque
__ **transfer of technology**: transferencia en bloque de tecnología
packaging: embalaje, envase; acondicionamiento
__ **list**: lista de bultos
packing: embalaje, empaquetado; envase, envasado
__ **bins**: arcones de empaque
__ **for ocean shipping**: embalaje marítimo
__ **materials**: materiales para embalaje o para embalar
__ **plant**: frigorífico, planta refrigeradora
padded accounts: cuentas de gran capitán, infladas o abultadas
__ **door**: mampara
paddlefish: (ict) sollo
paddles: (comp) tableros de control
paddock: potrero, establo; (min) cantera a cielo abierto
paddy: arrozal
__ **rice**: arroz con cáscara, arroz sin descascarar, arroz vestido, palay

__ **wagon**: coche celular
page of text: foja (documento), página, plana
paid holidays: vacaciones pagadas o remuneradas
__ **on a job-fee basis**: pagado por tarea, pagado a destajo
__ **sick leave**: licencia de enfermedad con goce de sueldo
paid-in: pagado
__ **balance**: saldo de las cantidades aportadas
__ **(share) capital**: capital pagado
__ **surplus**: superávit pagado, superávit librado
paid-off: cancelado, liquidado, pagado
paid-up capital: capital pagado, capital efectivo, desembolsado, liberado, capital cubierto, integrado, exigido
__ **insurance**: seguro libre de primas
__ **members**: miembros al día en sus cuotas
__ **obligations**: obligaciones liquidadas
__ **policy**: (seg) póliza liberada
__ **share capital**: capital en acciones liberado
__ **shares (stock)**: acciones liberadas, pagadas, cubiertas, exhibidas, integradas, desembolsadas
pair of opposites: par antitético
__ **trawling**: pesca a la pareja
palatable: de sabor o gusto agradable
paling fence: tranquera
palisade: valla, palenque
pallet: paleta, plataforma de carga
__ **loader**: cargador de paleta
__ **pool**: uso colectivo de paletas
__ **truck**: carretilla elevadora
palletized handling: manipulación paletizada
palliate: paliar, mitigar, atenuar, reducir, disminuir
palm kernel: almendra de palma
__ **kernel oil**: aceite de palmiste o de palmiche
__ **oil**: aceite de palma
__ **wax**: cera de ceará, cera vegetal
pamphlet: folleto, opúsculo, fascículo, impreso, escrito, prospecto
Pan American Health Organization (PAHO): Organización Panamericana de la Salud (OPS)
__ **American Sanitary Bureau (PASB)**: Oficina Sanitaria Panamericana (OSP)
panel: grupo, lista o cuadro de expertos, foro, jurado; terna (grupo de tres personas)
__ **board**: tablero de control o de cortacircuitos
__ **data set**: tabla de conexiones de datos
__ **discussion**: mesa redonda
__ **for conciliation**: lista de personas para constituir comisiones de conciliación
__ **member**: integrante de una lista (de expertos)
__ **of consultants**: grupo de consultores
__ **of counsel**: lista de asesores letrados
__ **of military experts**: cuadro de expertos militares
__ **plot**: artesón
panelist: experto (miembro de un grupo de especialistas de una mesa redonda)
pangola grass: pangola
panic selling: ventas hechas por miedo

panning: (min) lavado en la batea
panoply of measures: arsenal de medidas
paper: papel; documento; comunicación, ponencia, informe; memoria, monografía, disertación; (fin) efecto, valor
__ **and board**: papel y cartón
__ **and pencil test**: test colectivo, test impreso, test de papel y lápiz
__ **birch**: abedul papelero
__ **exercises**: ejercicios académicos
__ **money**: papel moneda, billete de banco; a veces: circulación fiduciaria
__ **profits**: utilidades en libros; utilidades aparentes
__ **pulp**: pasta de papel
__ **read at a meeting**: ponencia
__ **reinforcement**: ojete de refuerzo
__ **sticker**: precinto adherido por la aduana a algunos artículos (tabaco, tejidos)
paperback: edición económica, libro en rústica, libro de tapa blanda
paperboard: cartoncillo
paperweight: pisapapeles
paperwork: papeleo
papier maché: cartón piedra
par of exchange: cambio a la par, paridad del cam-bio
__ **value**: valor a la par, paridad (moneda), valor par, valor nominal (títulos al vencimiento)
__ **value stock**: valor mobiliario
paraffin paper: papel parafinado
paragraph: párrafo, acápite, apartado
parallel: parangón, comparación
__ **curriculum**: plan de estudios paralelo, malla curricular paralela
__ **economy**: economía subterránea o paralela
__ **financing**: financiamiento paralelo
__ **operation**: operación simultánea
__ **translation**: traducción yuxtalineal (que acompaña a su original)
paramedical personnel: personal paramédico, personal médico auxiliar
parameters of a study: ámbito de un estudio; características de un estudio
paramount title: título superior
__ **right**: mejor derecho
Parana pine: araucaria
parapet wall: muro de defensa
paraph: rubricar
paraphed: rubricado
paraprofessional school personnel: (edu) personal paradocente
parasite rate: índice parasitario
parcel: partida, lote, parcela
__ **of land**: parcela
__ **post**: encomienda postal
parcels and subdivisions: parcelas y lotes
parchment coffee: café en pergamino (con cascarilla)
__ **paper**: papel pergamino

__ **skin**: cáscara (café)
pardon: *s* perdón; (com) condonación, remisión (deuda); (leg) indulto, amnistía; *v* perdonar, condonar, remitir; indultar, disculpar, dispensar, excusar
parent body: organismo central, principal, organismo del que depende otro organismo
__ **care**: cuidado de la prole por los progenitores
__ **company**: compañía matriz, casa matriz, sociedad matriz
__ **fish**: reproductores
__ **house**: casa principal, casa matriz
__ **material**: material original
__ **organization**: organización central
__ **population**: (est) población imaginaria, población madre, población original
__ **rock**: roca madre
__ **ship**: buque nodriza
parent-teacher organization: asociación de padres y maestros
parental authority: patria potestad
parenthood: paternidad, maternidad
paretic rabies: rabia paresiante
pari passu: a ritmo parecido al de, al igual (que)
parity: relación de paridad
__ **exchange rate**: tasa paritaria
__ **grid**: red de relaciones de paridad
__ **price**: precio de paridad
parking area: zona de estacionamiento, playa de aparcamiento
__ **attendant**: celador
__ **facility**: lugar de estacionamiento
__ **lot**: solar o parque de estacionamiento, plaza (playa) de estacionamiento, aparcamiento
__ **privilege**: cortesía en cuanto a estacionamiento
__ **space**: lugar de estacionamiento, zona de parqueo
__ **stall**: espacio para un coche
__ **sticker**: marbete de estacionamiento
parliamentary elections: elecciones legislativas
__ **immunity**: inviolabilidad parlamentaria, inmunidad
__ **privilege**: inmunidad parlamentaria, fuero parlamentario
__ **procedure**: procedimiento parlamentario
__ **reporter**: redactor de actas taquigráficas
parol: (leg) oral, verbal, no solemne
parole: libertad condicional
parolee: persona o delincuente bajo el régimen de libertad condicional
part: (tecn) parte, pieza; (pl) repuestos, partes; a veces: tramo, etapa
__ **and parcel**: parte integrante o esencial
__ **of a letter**: trazo o elemento constitutivo de una letra
__ **owner**: copropietario
__ **payment**: pago parcial, pago a cuenta
parts and components: partes y piezas
part-time: horario parcial, tiempo parcial, jornada parcial
__ **activities**: actividades parciales

__ **employment**: empleo parcial
__ **unemployment**: desempleo parcial o limitado
__ **worker**: trabajador a tiempo parcial
partial: parcial; tendencioso
__ **census**: censo parcial
__ **denture**: prótesis removible, prótesis parcial
__ **disability**: incapacidad parcial, invalidez relativa
__ **interest forgiveness**: condonación parcial de los intereses vencidos
__ **or total remission of a debt**: quita de una deuda
__ **payment**: pago parcial, pago a cuenta, abono parcial
partiality: parcialidad, predilección, predisposición, afición, inclinación
partially convertible currency: moneda de convertibilidad limitada
__ **sighted**: (med) ambliope
participant involvement: compromiso de participantes
participant's estate: masa hereditaria del afiliado
participating bond: obligación con derecho a participación en beneficios
__ **government**: gobierno participante
__ **rights**: derechos de participación
__ **stock**: acciones preferenciales, acciones participantes preferenciales
participation certificate: certificado de transferencia de préstamos
__ **in ownership**: coparticipación
__ **rate**: tasa de actividad (mano de obra)
participative management: administración o gestión participatoria
participatory democracy: democracia participatoria o participativa
__ **development**: desarrollo participatorio o con participación
__ **method**: (edu) método participativo
__ **poverty assessment**: evaluación de la pobreza con la participación de los afectados
__ **rural appraisal (analysis)**: evaluación con la participación de los habitantes de las zonas rurales
particle board: madera aglomerada o conglomerada, tablero de partículas
particulate matter: partículas
__ **pollutants**: contaminantes atmosféricos sólidos
partido system: aparcería (ganado vacuno)
partition of common property: división de una comunidad de bienes
__ **wall of bricks on edge**: tabique de panderete (de canto)
partly knocked down: parcialmente desmontado, desarmado (equipo, maquinaria, etc.)
__ **paid share**: acción parcialmente desembolsada
partner bank: banco corresponsal
__ **countries**: países asociados
__ **with full liability**: comanditante
partner's capital account: cuenta de aportación de fondos

__ **capital contribution**: parte social
__ **drawing account**: cuenta corriente de un socio
__ **share**: parte social
partnership: asociación; (com) sociedad de personas, sociedad civil, sociedad personalista, compañía colectiva
__ **agreement**: pacto social, contrato de asociación
__ **arrangements**: acuerdos de asociación
__ **assets**: patrimonio de la sociedad, fondo social
__ **capital**: capital social o de la sociedad
__ **contract**: contrato social o de asociación
__ **interest**: participación en una sociedad
__ **limited by shares**: sociedad en comandita por acciones
__ **property**: patrimonio de la sociedad
__ **roll-ups**: traspasos a mejor posición en sociedades de capitalización
parturition: parto
party: firmante (instrumento); (leg) parte
__ **line**: (teléf) línea colectiva o compartida, teléfono compartido
__ **to a contract**: parte contratante
__ **to a lawsuit**: (leg) parte titular o sujeto de una acción
__ **to an agreement**: parte de un acuerdo
__ **to an instrument**: firmante
__ **to the proceeding or to the dispute**: parte en el procedimiento o en la diferencia
__ **wall**: muro medianero común, pared medianera
pass: puerto, desfiladero, paso, pasaje; pase, salvoconducto, permiso
__ **a resolution**: aprobar una resolución
__ **an examination**: salir bien en un examen
__ **book**: libro de cuenta y razón, libreta de depósito o de ahorro bancario
__ **for payment**: presentar al pago (una factura, etc.)
__ **judgment**: emitir, pronunciar o dictar juicio
__ **on**: transmitir
__ **over in promotion**: postergar
__ **rate**: (edu) tasa de promoción
__ **the budget**: aprobar el presupuesto
__ **the dividend**: omitir el dividendo, no respetar dividendo
__ **up a chance**: pasar por alto una ocasión
__ **upon**: dictaminar
pass-through (loan) certificate: certificado de transferencia de préstamos
__ **effect**: efecto secundario
__ **securities**: valores o títulos de transferencia de ingresos
passable: pasable, tolerable, admisible, aceptable; transitable (camino)
passage money: pasaje
passed dividend: dividendo omitido
passenger load factor: (aero) coeficiente de ocupación
passing fancy: gusto pasajero
__ **grade**: aprobado; nota que permite ser promovido, nota suficiente

__ **of risk**: transmisión (traspaso) de los riesgos
passion fruit: maracuyá
passive bond: bono que no paga interés
__ **viewing**: (edu) presentación pasiva
__ **vocabulary**: vocabulario pasivo
password: contraseña
past due account: cuenta sobrevencida o de vencimiento atrasado
__ **due items**: partidas vencidas
__ **due quota**: cuota vencida, cuota adeudada
__ **indebtedness**: morosidad
__ **investment**: inversión realizada
pasteboard: cartón, cartulina
__ **box**: caja (envase) de cartón
pasteurizing plant: central de pasteurización, lechería pasteurizadora, pasteurizadora
pastoral association: asociación de pastoreo comunitario
__ **products**: productos agropecuarios
__ **subsistence**: ganadería de subsistencia
pastoralist: pastor nómada
pasturage: pasturaje, apacentamiento, dehesa
pasture: *s* pastizal, pastura, pasto; *v* apacentar, pastorear, pacer
__ **and sown lands**: praderas y siembras
__ **carrying capacity**: capacidad de producción de forraje
__ **for fattening**: invernada
__ **ground**: pastizal
__ **legumes**: leguminosas forrajeras o de pastizal
__ **management**: praticultura
__ **meadow**: dehesa
__ **plants**: leguminosas pratenses
__ **rotation**: pastoreo rotacional
pastureland: terreno de engorde
pasturing: pastoreo
patch system: (edu) método que consiste en estudiar la historia por tramos en torno a determinados temas
patching: bacheo, reparación de baches (caminos), remiendo
patchwork responses: respuestas parciales
patent: propiedad industrial; privilegio de invención
__ **agent**: agente de propiedad industrial
__ **annuity (renewal fee)**: derechos (anuales) de patente
__ **defect**: defecto manifiesto
__ **infringement**: violación o infracción de patente
__ **law**: derecho patentario o de patente
__ **license**: licencia o título de patente
__ **medicine**: especialidad, específico
__ **office**: oficina de patentes
__ **right**: derecho de patente
__ **roll (register)**: registro de patentes
__ **royalties**: derechos de patente
patentee: poseedor de patente, concesionario de la patente, titular de patente
paternal authority: potestad paternal
pathology: patología; enfermedades prevalentes

patient discharge: alta de paciente
__ **load**: número de pacientes
__ **treatment and management**: tratamiento y manejo del paciente
patient's chart: historia clínica del paciente
__ **record**: historia clínica del paciente; hoja clínica, ficha clínica, expediente
patrimonial waters: mar patrimonial
patronage: clientela
patronize: comprar habitualmente en un lugar; frecuentar (por ej. un restaurante), propiciar
pattern: norma, pauta, perfil, modelo, esquema, tipo, tipología, escenario, característica, modalidad, ritmo, configuración, composición, módulo, modo
__ **drill**: (edu) ejercicio estructural
__ **farm plan**: plan modelo de presupuesto de finca
__ **maker**: modelador
__ **of behavior**: modelo de comportamiento
__ **of conferences**: plan de conferencias
__ **of educational administration**: tipo de administración escolar
__ **of expenditure**: composición de los gastos, estructura de los gastos (costos)
__ **of food choice**: preferencias alimentarias
__ **of foreign trade**: composición o estructura del comercio exterior
__ **of growth**: modalidad de crecimiento
__ **of investment**: composición o estructura de la inversión
__ **of land utilization**: forma de utilización de la tierra
__ **of lending**: tendencia de las operaciones de crédito
__ **of production**: régimen de producción
__ **of reserve movements**: tendencia del movimiento de la reserva
__ **of settlement**: tipo o modalidad de asentamiento
__ **of society**: forma o sistema de sociedad
__ **of trade**: estructura del comercio
__ **recognition**: (edu) reconocimiento de formas
patterns and dies: modelos y dados
__ **of child mortality**: características de la mortalidad infantil
patterned interview: entrevista estructurada o dirigida
__ **sampling**: muestreo tipificado, cuasialeatorio o sistematizado
patterning: adaptación, conformación a un modelo
pave: pavimentar, adoquinar, enlosar, empedrar, enladrillar
__ **the way for**: preparar el camino o el terreno para
paved ford: badén
__ **road**: calzada
paving block: adoquín
__ **spreader**: máquina vibradora

pawnshop: casa de empeño
pay: *s* pago, paga, sueldo, salario, jornal, emolumentos, remuneración; *v* pagar, remunerar, abonar, liquidar, cancelar
__ **attention to**: prestar o conceder atención a
__ **back**: devolver, reembolsar, restituir, desembolsar
__ **by installments**: pagar a plazos
__ **cash**: pagar al contado
__ **down**: pagar un primer plazo
__ **expenses**: cubrir (sufragar) los gastos
__ **homage**: rendir homenaje
__ **off**: pagar por completo, liquidar, saldar; redimir (una hipoteca); despedir (a un empleado)
__ **one's respects to**: saludar respetuosamente a
__ **packet**: paga global, conjunto de la paga
__ **scale**: escala de sueldos
__ **slip**: hoja de pago (paga)
__ **station (telephone)**: teléfono público
__ **status, in**: que figura en la nómina, que recibe (percibe) sueldo
__ **up**: pagar (por completo)
pay-as-you-earn (PAYE): retención (de impuestos) en la fuente, deducción del sueldo para los impuestos
pay-as-you-go policy: política de pago de impuestos a medida que se reciben ingresos, política de pagos a plazos
__ **system**: régimen de pagos con cargo a los ingresos corrientes (seguridad social); sistema de jubilación por reparto
payable: pagable, pagadero, por pagar, abonable; (pl) efectos a pagar, obligaciones por liquidar
__ **at a specific date**: pagadero a plazo
__ **at destination**: pagadero en su destino
__ **at sight**: pagadero a la vista
__ **by**: a cargo de
__ **in advance**: pagadero adelantado o de antemano
__ **in cash**: pagadero en efectivo
__ **on delivery**: pagadero a la entrega
__ **on demand**: pagadero a la vista, contra la presentación o a la presentación
__ **to bearer**: pagadero al portador
__ **to order**: pagadero a la orden
payback of funds: devolución de fondos, recuperación de fondos o de la inversión
__ **period**: período de amortización o de reembolso; período de recuperación (inversiones)
payday: día de pago (paga)
payee: portador, tenedor, tomador (de un documento); beneficiario
__ **card**: tarjeta de registro de pagos
paying agency fee: comisión de agente pagador
__ **bank**: banco pagador
__ **of shares**: rescate de acciones
__ **up of shares**: liberación de acciones
__ **well**: pozo económicamente explotable
payline: curva salarial
payload: carga útil (o pagada); carga explosiva (cohete)

__ **ceiling**: capacidad de carga
paymaster: pagador
paymaster's office: pagaduría
payment agreement: convenio de pago
__ **arrears**: atrasos en los pagos, pagos en mora
__ **basis, on a**: a título onerosos
__ **bond**: fianza de pago
__ **by check**: pago mediante cheque
__ **by results**: pago a destajo (mano de obra); pago en función de los resultados
__ **deficit**: déficit de pagos
__ **in advance**: pago por adelantado
__ **in cash**: pago en efectivo
__ **in full**: pago total, pago íntegro, liquidación
__ **in full discharge**: pagamento liberatorio
__ **in full of a share**: pago de liberación de una acción
__ **in kind**: pago en especie
__ **of claims**: pago de las deudas
__ **officer**: ordenador de pagos
__ **on account**: pago a cuenta
__ **on due date**: pago a término
__ **on procurement**: pago por compras
__ **order**: orden de pago
__ **position (of a country)**: situación de pagos (de un país)
__ **restrictions**: restricciones a los pagos
__ **schedule**: fechas o plazos de pago, plan de pagos
__ **under protest**: pago bajo protesta
payoffs: recompensas, beneficios
payout date: fecha de desembolso
__ **period**: período de gestación (proyecto)
__ **price**: precio neto
payroll: nómina, planilla, masa salarial
__ **accounting**: contabilidad de sueldos y salarios
__ **clerk**: cajero pagador, oficial encargado de nómina
__ **contributions**: aportes, aportaciones
__ **deduction**: deducción del sueldo pagado, deducción de nómina
__ **tax**: impuesto sobre planilla de sueldos y salarios, impuesto sobre nómina, impuesto patronal
__ **unit**: unidad de pagos
paysheet: nómina
peace: paz; orden público, tranquilidad cívica; armonía
__ **of mind**: tranquilidad de espíritu o de ánimo
__ **officer**: agente del orden público
__ **overture**: sondeo de paz
peace-keeping forces: fuerzas de paz, fuerzas encargadas de mantener la paz
peace-loving states: Estados amantes de la paz
peaceful coexistence: coexistencia pacífica, convivencia pacífica
__ **settlement**: solución pacífica
peak: *s* apogeo, auge, punto máximo o más alto; copado (pesca); *a* máximo, de mayor intensidad; copado (producción)

__ **flow**: caudal máximo
__ **hours**: horas de punta o de mayor afluencia (transporte); horas de mayor consumo (de gas, electricidad, etc.); horas de mayor intensidad (tráfico)
__ **in the economic trend**: cresta de la coyuntura
__ **load**: (adm) volumen máximo de trabajo; (elec) carga máxima, carga de punta, demanda máxima
__ **period of activity**: período de máxima actividad
__ **production**: fase de mayor producción
__ **sales**: ventas máximas
__ **shaving**: (elec) recorte de la demanda de punta
__ **stock year**: año de nivel máximo de existencias
peak-load plant: central de punta
__ **posts**: puestos para períodos de volumen máximo de trabajo
pearl barley: cebada perlada
__ **millet**: panizo negro
__ **oysters**: ostras perleras o perlíferas
peasant agriculture: agricultura tradicional
__ **homesteading**: asentamiento de campesinos
__ **ownership**: propiedad de pequeños agricultores
__ **production**: cultivo en pequeña escala
__ **settlement**: colonización campesina
peat bog: turbal, turbera
__ **fuel**: combustible de turba
pebbles: guijarros
peculiar: raro, extraño, característico, propio, típico; especial, peculiar
peddler's wool: lana sucia al barrer
pedestrian traffic: peatones
pediatric nurse: puericultora
__ **ward**: sala de pediatría
pedigree: tabla genealógica, árbol genealógico
__ **cattle**: ganado de raza
pedologist: edafólogo
peel: descortezar
peeled coffee: café mondado o pelado
peeler: tronco para hoja de madera
peer: igual, colega, semejante
__ **appraisal**: evaluación confiada a funcionarios de igual nivel
__ **education**: educación mutua
__ **groups**: grupos paritarios, grupos de compañeros, condiscípulos
__ **teaching**: enseñanza mutua (sistema de monitores)
__ **tutoring**: (edu) tutoría (de compañeros)
peg: fijar o estabilizar (precios); vincular (moneda, precios, tasas de interés)
__ **a currency**: mantener fijo o inmovilizado el tipo de cambio
__ **out**: marcar, trazar, piquetear
__ **the currency to gold**: fijar la paridad de una moneda en relación con el oro
pegged rate: tipo de cambio fijo
__ **price**: precio subvencionado
__ **to the dollar**: indexado al valor del dólar

pegging: estabilización (de precios)
__ **(supporting) purchases**: compras de apoyo
pelleted fertilizer: abono granulado
__ **fodder**: forraje en granos o en gránulos
pelleting: granulación (minerales)
pen: (agr) aprisco, redil; corral
__ **barn**: establo para estabulación libre
__ **type stall**: estabulación
penal cases: casos de jurisdicción penal
__ **code offenses**: delitos previstos en el código penal
__ **colonies**: colonias penitenciarias o penales
__ **interests**: intereses penales
__ **majority**: mayoría de edad penal
__ **servitude**: trabajos forzados
__ **servitude for life**: cadena perpetua
penalize: castigar, sancionar, multar, imponer sanciones, perjudicar, causar inconvenientes, colocar en desventaja
penalty: pena, multa, castigo, sanción penal
__ **bond**: fianza de incumplimiento (contrato)
__ **clause**: cláusula penal, cláusula punitiva
__ **duties**: derechos penales
__ **interest**: interés de recargo
__ **involving personal restraint**: pena privativa de libertad
pending: pendiente, en trámite, en tramitación
__ **charge to working capital**: cantidad que se cargará al fondo de trabajo
__ **litigations**: juicios pendientes
__ **question**: asunto o cuestión pendiente
penetration coat: capa de imprimación (asfalto)
pension: pensión, jubilación; retiro; subsidio de vejez, montepío
__ **entitlements**: derechos de pensión
__ **fund**: caja o fondo de pensiones
__ **fund for wives and orphans**: montepío
__ **hospital**: hospital de pago
__ **plan**: plan de pensiones
__ **rights**: derechos de pensión
pensionable age: edad de jubilación
__ **remuneration**: remuneración con derecho a pensión, remuneración sujeta a descuento para el fondo de pensión, remuneración pensionable
pensioners: jubilados, pensionistas, "clases pasivas", sector pasivo
penstock: tubería de carga, tubería de presión, tubería forzada, canal de presión o de carga, pozo inclinado
pent-up demand: demanda reprimida, demanda acumulada
people: personas, gente; el pueblo, la nación, los habitantes
__ **meter**: sistema de medición de sintonía (TV)
people's capitalism: capitalismo popular
__ **college**: escuela nocturna
per annum: por año, al año
per capita ceiling principle: principio del límite máximo per cápita
__ **capita debt**: capitación de la deuda

__ **capita income**: ingreso por habitante o per cápita
per diem (allowance): dieta, viático
per-unit purchasing power: unidad de poder adquisitivo
percentage: porcentaje, tanto por ciento, proporción, parte
__ **allowance**: subsidio calculado a base de porcentaje
__ **breakdown (distribution)**: distribución porcentual
__ **depletion**: agotamiento a base de porcentaje de utilidades (acciones)
__ **of sales**: coeficiente de ventas
__ **point**: punto porcentual
__ **proof**: grado de alcohol
percentile: percentil
perception and senses content method: método basado en la percepción y comprensión del sentido general del texto (enseñanza de la lectura)
__ **of self**: imagen de sí mismo
percolation: filtración, infiltración, coladura
peremptory: imperativo, terminante, urgente, estricto (tiempo límite)
__ **exception**: (leg) excepción perentoria
__ **sale**: venta forzosa
perfect competition: (econ) competencia perfecta, competencia con productos uniformes
perforated casing: rejilla de pozo
__ **hose**: manguera transpirante, manguera perforada
perform a contract: ejecutar un contrato
__ **(role in theater)**: interpretar, actuar
performance: cumplimiento, ejecución, realización (tarea); desempeño, ejercicio, acción, actuación (funciones); representación, función, interpretación (teatro); sesión; (tecn) comportamiento, funcionamiento, rendimiento; (econ) resultados (exportaciones)
__ **accounting**: contabilidad de actuación
__ **audit**: evaluación de la gestión o dirección; a veces: evaluación de resultados
__ **award**: gratificación por rendimiento
__ **bond**: fianza de cumplimiento de contrato, garantía de ejecución, boleta de garantía
__ **budget**: presupuesto por programas o por actividades, presupuesto funcional o por funciones, presupuesto por resultados
__ **chart**: diagrama o gráfico de situación
__ **contract**: contrato por resultados, contrato-plan, contrato con fines específicos
__ **criteria**: criterios de eficiencia
__ **evaluation**: evaluación del trabajo o de la labor realizada; evaluación o calificación (del personal)
__ **guarantee**: garantía de cumplimiento
__ **indicators**: indicadores del desempeño o de la actuación
__ **level**: nivel de rendimiento
__ **management process**: proceso de evaluación del desempeño (del funcionario)

__ **monitoring**: fiscalización, seguimiento u observación del desempeño o de los resultados
__ **of a contract**: cumplimiento de un contrato
__ **of a drug**: comportamiento de un medicamento o de una droga
__ **of the economy**: comportamiento de la economía
__ **pay**: remuneración con arreglo al rendimiento
__ **period**: período de cumplimiento de las obligaciones
__ **planning and review**: planificación y evaluación del desempeño (del funcionario)
__ **rate**: tasa de la actuación, del rendimiento (del funcionario)
__ **rating**: calificación de la labor realizada o de la actuación profesional, valorización de actuación, rendimiento efectivo
__ **record**: antecedentes profesionales, calidad de la labor realizada, nivel del rendimiento
__ **requirements**: requisitos de desempeño, cumplimiento o funcionamiento
__ **securtity**: garantía de cumplimiento o contra el riesgo de incumplimiento (contrato)
__ **test**: test de realización o de ejecución, prueba de rendimiento
__ **time**: tiempo de ejecución
__ **work statement**: especificación de servicios laborales
performance-based instruction: enseñanza basada en los resultados
__ **test**: test de desempeño, de actuación, de ejecución
performer: actor, actriz, artista, intérprete, ejecutante
performing arts: artes de la representación, artes del espectáculo
__ **assets**: activos redituables o productivos
__ **loan**: préstamo redituable o productivo
perfunctory: negligente, descuidado, superficial, somero, hecho a la ligera, mecánico
__ **service**: trabajo rutinario
perils of the sea: (seg) fortuna de mar, accidentes del mar
period: período, época, era; plazo; (edu) clase
__ **analysis**: (econ) análisis de secuencias
__ **and new paragraph**: punto y aparte
__ **and no paragraph**: punto y seguido
__ **of account**: período contable
__ **of directed study**: clase u hora de preparación (estudio) vigilada
__ **of duty**: período de servicio
__ **of instruction**: período de práctica
__ **of office**: mandato
__ **of partial benefit**: (seg) período de carencia
__ **of retention**: período de inmovilización (del depósito previo)
__ **of time**: período, época, plazo, duración
__ **of urgency**: período crítico
__ **under review**: período en estudio, período dado
periodic health assessment: evaluación médica periódica

periodical: *s* periódico, revista, publicación periódica; *a* periódico
__ **dividend**: dividendo ordinario
__ **library**: hemeroteca
periodizing of fixed capaital: determinación del período de amortización del capital fijo
peripheral health services: servicios de salud periféricos
perishable: perecedero, deteriorable, corruptible
__ **goods**: productos perecederos
perjury: falso testimonio
permafrost: capa de tierra congelada que cubre la superficie de la región (Jatanga, Siberia) y que también se extiende bajo ella; suelo permanentemente helado
permanent: permanente, definitivo, estable, duradero, durable, fijo
__ **address**: domicilio
__ **assets**: activos fijos, capital fijo
__ **disability**: incapacidad permanente
__ **employment**: empleo estable
__ **file**: archivo permanente
__ **fixtures**: instalaciones fijas
__ **formwork**: (const) encofrado perdido
__ **grassland**: pradera permanente
__ **improvement**: mejoramiento definitivo
__ **official**: funcionario con nombramiento permanente
__ **pasture**: pradera permanente
__ **post**: puesto fijo
__ **staff**: personal de plantilla, personal a contrato permanente, personal de planta
__ **teacher**: maestro o profesor titular
__ **way**: vía férrea permanente
permissible load: carga autorizada
__ **variation from standard**: tolerancia
permission: permiso, autorización
permissive: condescendiente, indulgente, permisivo, tolerante, facultativo
__ **deviant groups**: grupos de comportamiento antisocial
__ **nature**: carácter facultativo
__ **provisión**: disposición discrecional
__ **society**: sociedad condescendiente, sociedad tolerante
permissiveness: condescendencia, tolerancia, permisividad
permit: permiso, licencia
perpetrated offense: delito consumado
perpetrator: autor de un crimen (delito)
perpetual: de duración indefinida
__ **bond**: bono sin vencimiento, bono no amortizable
__ **inventory**: inventario continuo, constante o perpetuo, permanente
perpetually renewable lease: enfiteusis (renta que se paga por un predio al cediente, quien conserva el dominio directo)
perplexing problem: problema desconcertante

perquisites: privilegios, gajes, beneficios propios del puesto, gratificación, emolumentos eventuales, ganancia extra, prebenda
perseverance: tesón, tenacidad
persevering: tesonero, tenaz
persimmon: caqui
persistence: (edu) perseverancia (*op a* **dropping out**: deserción escolar)
persistent: persistente, crónico, continuo, constante, perseverante, firme, irreducible, duradero
__ **ofender**: delincuente habitual, multirrecidivista
person acting for someone else: persona interpuesta
__ **entitled**: derechohabiente
__ **from whom a right is derived**: causante
__ **granting the power (of attorney)**: poderdante
__ **guaranteeing payment by aval**: avalista
__ **having juridicial status under international law**: persona de derecho internacional
__ **in plain clothes**: individuo de civil
__ **liable for damages**: responsable civil
__ **not legally qualified**: persona ilegítima
__ **under international law**: persona de derecho internacional
person-to-person approach: contacto personal
personal allowance: subsidio personal, subsidio compensatorio
__ **assets**: bienes muebles
__ **assistant**: ayudante personal, secretario personal
__ **circumstances as to which all witnesses must be questioned (age, civil status, business, interest in the case)**: (leg) generales de la ley
__ **circumstances having been established:** (leg) generales conocidos
__ **consumption expenditures**: gastos personales de consumo
__ **disposable income**: ingreso personal disponible
__ **education**: (edu) enseñanza personalizada o individual
__ **effects**: efectos personales, artículos de uso personal
__ **experience**: vivencia
__ **health services**: servicios de salud a individuos o a personas
__ **history**: expediente personal, datos personales; (med) historia médica, historia clínica
__ **history form**: formulario del expediente personal o de antecedentes personales
__ **hygiene**: aseo personal, higiene personal
__ **injury**: lesión o daño corporal
__ **interview**: encuesta directa
__ **judgment**: criterio personal
__ **liability insurance**: seguro de responsabilidad civil
__ **liberty**: libertad individual
__ **profile**: currículum vitae

__ **property**: bienes personales, propiedad personal, bienes muebles
__ **property tax**: impuesto a los bienes muebles
__ **record**: antecedentes personales, archivo personal
__ **stock**: acciones nominativas, valores nominativos
personality: personalidad, personaje, figura
__ **cult**: culto a la personalidad
__ **disorder**: trastorno de la personalidad
__ **problem**: problema de carácter
personalized care: atención individual
__ **teaching**: enseñanza personalizada
personalty: bienes muebles
personnel action: trámite de personal, notificación de decisión administrativa, decisión sobre cuestiones personales
__ **administration**: administración de personal; oficina de personal, servicios de personal
__ **bureau (office)**: oficina de personal, dirección de personal
__ **costs**: gastos de personal
__ **department**: (edu) sección de orientación de los estudiantes (orientación individual y servicios varios)
__ **officer**: funcionario de los servicios de personal
__ **rating**: calificación del personal
__ **record**: ficha recapitulativa (o de datos)
__ **roster**: nómina de personal
__ **standards**: normas relativas al personal
perspective: vista, perspectiva, ángulo
persuasive: persuasivo, convincente, sólido, lógico (argumento)
PERT (Program Evaluation and Review Technique): Técnica de Evaluación y Revisión de Programas
pertaining to a law suit: procesal
perusal file: archivo corriente o circulante
pervasive: omnipresente, generalizado, difundido, empapado, impregnado, penetrante, amplio
pervasiveness: ubicuidad
pessimistic scenario: marco hipotético pesimista
pest: plaga; peste; animal nocivo, insecto dañino, parásito
__ **and disease control**: lucha contra plagas y enfermedades, lucha antiparasitaria
pesticide: pesticida, plaguicida
pestilential disease: pestilencia
pet birds: pájaros de ornamento
petcoke: residuo del petróleo
petition: petición, solicitud, instancia; (leg) demanda, petición, recurso, pedimento
__ **denied**: (leg) no ha lugar
__ **determination**: decisión acerca de una solicitud
__ **for reconsideration**: escrito de reposición
__ **to set aside (award)**: demanda de anulación
petitioner: (leg) demandante
petroleum and natural gas: hidrocarburos
__ **jelly**: petrolato
__ **products**: productos derivados del petróleo
__ **spirit**: gasolina
petty average: (seg) avería ordinaria

__ **cash**: caja chica, fondo de caja chica, dinero para gastos menores
__ **cash voucher**: comprobante de caja chica
__ **claims**: reclamaciones menores
__ **expenses**: gastos menores
__ **larceny**: hurto leve, robo o hurto de menor cuantía, ratería
pewter: peltre
phantom: (med) simulador
__ **dumping**: depósito ilegal de basuras, vertimiento ilegal de basuras
__ **pregnancy**: seudoembarazo
pharmaceutical chemist: farmacéutico, químico farmacéutico
__ **chemistry**: química fina
__ **formulation**: forma farmacéutica
__ **industry**: industria de productos farmacéuticos
pharmacist: farmacéutico, boticario, químico farmacéutico
phase diagram: diagrama de fases
__ **in**: incorporar gradual o escalonadamente, progresivamente o por etapas
__ **lag**: (elec) desfasaje
__ **lead**: avance de fase
__ **out**: eliminar gradual o escalonadamente o por etapas, reducir o hacer desaparecer progresivamente
__ **out programs**: programas de eliminación gradual (de préstamos)
__ **over time**: escalonar
__ **reversal**: inversión de fase
phased plan of action: plan de acción por etapas
phasing: ajuste de fase
phasing-in: expansión gradual (inversión extranjera); puesta en marcha gradual (de una fábrica o empresa)
phial: pomo, frasco pequeño
philanthropic or cultural institution: obra social
philosophy: filosofía, doctrina, teoría, tesis, manera de pensar, concepción, concepto, idea, criterio, actitud, principios o conceptos básicos
phonetic indexing: índice fonético
phony: *s* farsante, impostor; *a* falso
phosphatic fertilizers: fertilizantes fosfáticos
__ **rock**: fosforita, roca fosfatada
photo corners: cantoneras fijafotos
__ **coverage**: reportaje gráfico, fotomontaje
__ **finish**: final de carrera (hípica) muy reñida
__ **index**: mosaico fotográfico
__ **layout**: despliegue fotográfico
__ **offset**: foto offset
__ **spread**: despliegue fotográfico
__ **story**: reportaje gráfico o fotográfico
photobiological energy conversion: conversión biológica
photographic mapping: fotocartografía
__ **survey**: levantamiento fotográfico
photogravure: huecograbado
photostat: fotocopia
phototype: fototipo, clisé, fototipográfico

physical assets: bienes tangibles, materiales o físicos; activo fijo
__ **capital**: bienes materiales o tangibles o de capital, equipo
__ **cleanlines**: aseo personal
__ **coercion**: apremios físicos
__ **condition**: cuadro físico, estado físico
__ **contingencies allowance**: asignación para exceso de cantidades físicas
__ **demands**: exigencias físicas
__ **development**: desarrollo físico, desarrollo material, mejoras materiales (*v gr* mejorar el aspecto físico de una sala)
__ **disability**: incapacidad física
__ **disorder**: trastorno orgánico
__ **distress**: molestia física, angustia física
__ **education**: educación física, cultura física
__ **environment**: condiciones ambientales y materiales
__ **examination**: examen o reconocimiento físico, examen médico
__ **evidence**: (leg) cuerpo de lite, cuerpo del delito
__ **facilities**: estructuras físicas, edificios, instalaciones, locales; condiciones materiales
__ **fitness**: buena salud
__ **infirmity**: defecto físico (ceguera, sordera, etc.)
__ **infrastructure**: obras de infraestructura, infraestructura física
__ **inspection**: inspección material
__ **inventory**: inventario físico, inventario de bienes; inventario extracontable, inventario real, inventario periódico
__ **investment**: inversión en activo fijo
__ **layout**: distribución del espacio
__ **life-time of an asset**: vida física de un activo
__ **location**: emplazamiento
__ **makeup**: presentación material (de un libro)
__ , **mental and social well-being**: bienestar o equilibrio físico, mental y social
__ **neglect**: abandono físico
__ **planner**: planificador de obras o de instalaciones
__ **planning**: planificación del espacio o medio físico; ordenación territorial
__ **plant**: instalaciones materiales
__ **property**: bienes materiales
__ **quality of life index**: índice de la calidad material de la vida
__ **replacement**: reposición física
__ **resources**: recursos reales o naturales
__ **stocks**: inventario real
__ **stocktaking**: inventario físico
__ **structure**: contextura
__ **value**: valor físico o tangible
__ **welfare**: bienestar físico
physically abused child: niño físicamente maltratado
__ **defective**: físicamente anormal
__ **deficient child**: niño físicamente deficiente o disminuido

__ **handicapped child**: niño físicamente impedido
__ **mistreat**: maltratar de obra
physician's office: consultorio médico
physiological saline solution: suero fisiológico
picketing: piqueteo
pickling: escabechado, marinado
pickup: camioneta de reparto, furgoneta de reparto
__ **baler**: recogedora-empacadora
pictorial devices: representaciones gráficas
__ **example**: ejemplo concreto, ejemplo con imágenes
__ **form**: forma gráfica
__ **symbol**: símbolo gráfico
picture: cuadro, pintura, retrato, ilustración, descripción, lámina, estampa, imagen; situación, visión de conjunto o general; (med) estado general de un paciente
__ **editor**: montador de películas
__ **gallery**: pinacoteca
__ **layout**: despliegue fotográfico
__ **method**: método de imágenes (enseñanza de la lectura)
__ **page**: noticiario gráfico
__ **phone**: videoteléfono, fototeléfono, videófono
__ **projector**: proyector de imágenes
__ **sheet**: hoja de imágenes (medio auxiliar gráfico)
__ **story**: historieta fotográfica
__ **tube**: (edu) tubo de imágenes
pidgin: lengua franca
pie chart: gráfico o diagrama de sectores, gráfico circular
piece cost: costo unitario
__ **goods**: tejidos; géneros en pieza, géneros que se venden por pieza
__ **of equipment**: aparato, instrumento, objeto, artículo
__ **of legislation**: cuerpo legal, ley
__ **of literature**: publicación, material impreso
__ **of news**: noticia, informe
__ **of real estate**: predio
__ **price**: precio a destajo
__ **rate incentive**: incentivo por cada unidad
__ **wage**: salario por pieza o a destajo
piecemeal: hecho por partes o a pedacitos, hecho poco a poco
__ **approach**: enfoque parcial
__ **learning**: aprendizaje fragmentario
piecework: trabajo a destajo o por pieza
__ **price**: precio a destajo
pieceworker: destajista, trabajador a destajo
pier: muelle, embarcadero, dique, espigón, atracadero
__ **of a bridge**: pila o estribo de puente
pig crop: producción de cerdos
__ **for service**: verraco reproductor o reproductivo
__ **iron**: arrabio, hierro colado bruto, en barras o en lingotes, goa
__ **tin**: estaño en galápagos, lingote de estaño
pigeon pea: guandú (guandul), frijol de palo, dólico, guisante de paloma

pigeonhole: s casilla; (pl) casillero; v archivar, encasillar, clasificar, dar carpetazos a
__ **space**: espacio para casilleros
piggyback: (trnsp) sistema "canguro" de carguío o de remolque sobre vagón plataforma, transporte combinado carretera/ferrocarril
__ **financing**: financiamiento concatenado
__ **project**: proyecto concatenado
piglet: lechón
pigling: cerdo destetado
pigsty: pocilga, chiquero, establo, zahúrda
pike: (ict) lucio
pilchard: (ict) sardina, arenque
pilcorn: avena de grano desnudo
pile: hacina, pila, montón
__ **beacon**: espolón
__ **driver**: martinete
__ **driving**: hinca de pilotes
pilfer: sisar, hurtar, robar
pilferage: hurto, robo, sisa, pillaje, ratería; (elec) sustracción de corriente
piling: apilamiento, amontonamiento, apilado o apiladura
pilot: s práctico (puerto); piloto (buque); a piloto, experimental, modelo; de prueba, de experimentación
__ **balloon**: globo sonda
__ **chart**: carta de derrotas (rutas)
__ **enquiry**: encuesta piloto
__ **farm**: granja modelo, explotación tipo
__ **plant**: instalación piloto (experimental), planta de ensayo, fábrica modelo
__ **project**: proyecto piloto o experimental, experiencia (o empresa) piloto
__ **run**: ensayo, prueba inicial
__ **study**: encuesta piloto, preliminar; a veces: estudio de orientación
__ **survey**: encuesta de prueba, encuesta piloto, exploratoria
pilotage: practicaje, derechos de pilotaje
pink bollworm: gusano rojo (algodón)
__ **slip**: notificación de despido
pink-collar occupations: ocupaciones en que predominan las mujeres
pinpoint: a preciso, exacto; v localizar, apuntar, determinar con precisión; señalar, poner de relieve
__ **targets**: objetivos precisos
pioneer: s colonizador, explorador, pionero; precursor, iniciador, innovador, descubridor, promotor; v promover, sentar las bases de, iniciar, innovar, preparar el terreno para, echar los cimientos de, abrir nuevos caminos, ir a la cabeza de o a la vanguardia de
__ **crop**: cultivo de desmonte
__ **industry**: industria de vanguardia, de punta
__ **road**: camino natural
__ **technology**: tecnología de vanguardia
pioneering effort: iniciativa, esfuerzo inicial, primer ensayo, labor sin precedente

PIOUS

___ **research**: investigación inicial o de avanzada
pious wish: deseo fervoroso
pipe: tupo, tubería, caño, cañería de desagüe, conducto
___ **culvert**: caño
___ **fitter**: gásfiter
___ **fitting**: instalación de tuberías
piped water: agua corriente o por tubería
___ **water supply**: sistema de abastecimiento de agua por cañería
pipeline: ducto, oleoducto, gasoducto; cartera, inventario (proyectos); conducto (información)
___ **credit**: crédito en tramitación
___ **loan**: crédito o préstamo en tramitación
___ **of projects**: inventario de proyectos, (conjunto de) proyectos en tramitación o en reserva
___ **project**: proyecto en tramitación, en reserva o en cartera
piping: canalización
pirating: sustracción de personal especializado de otras empresas (u organizaciones); piratería (libros, CD's, software)
piston engine: motor de explosión
pit kiln: horno estacionario (*op a* portátil), horno fijo, horno de foso
___ **latrine**: letrina de fosa (seca), letrina de pozo, pozo ciego
___ **privy**: letrina de pozo, letrina de fosa (seca)
___ **silo**: silo de trinchera, silo-cuba
pitch: brea, colofonia, resina; inclinación, pendiente (techo)
___ **pine**: pino rizado, pino de tea (Mex) ocote
pitched roof: cubierta a dos aguas, techo de dos aguas
pitfall: escollo, peligro, trampa; dificultad
pithead: bocamina
___ **power plant**: central eléctrica de la zona de una bocamina
___ **selling price**: precio de venta en bocamina
___ **stock**: existencias a bocamina
___ **worker**: trabajador a cielo abierto
pitprop: puntal de minas; (pl) madera para entibar
pitsawn lumber: madera aserrada en foso
pivotal figure: figura eje
pixel: elemento de imagen
place a mortgage on a property: hipotecar un inmueble
___ **an item on the agenda**: incluir un tema en el programa o en el temario
___ **an order**: hacer un pedido
___ **in escrow**: poner en plica, entregar en depósito a tercero
___ **in the sun**: buena situación, parte de la gloria
___ **of a meeting**: lugar de reunión; sede
___ **of business**: domicilio social
___ **of incorporation**: lugar de registro de una sociedad
___ **of occurrence**: lugar de acontecimiento
___ **of registration**: lugar de matrícula
___ **of residence**: lugar de residencia, domicilio

PLANNING

___ **of worship**: lugar de culto, templo, lugar de oración
___ **on record in the minutes**: hacer constar o dejar constancia en las actas
___ **on the market**: lanzar al mercado
___ **with a bank for safekeeping**: entregar a un banco para su custodia
place-to-place survey: estudio entre ciudades
placement: colocación (de fondos); empleo; asignación (de becas o de personal)
___ **bureau**: oficina de colocaciones
___ **counselor**: consejero del servicio de colocaciones (miembro del personal de orientación escolar encargado de ayudar a los estudiantes a buscar empleo)
___ **test**: (edu) test selectivo, prueba de clasificación
placer: mina de aluvión; lavadero, placer
___ **deposit**: yacimiento de aluviones
___ **mining**: explotación de placeres
placing in a family: colocación (de un niño) en una familia
___ **in an institution**: internación, reclusión
plagiarism: plagio
plaice: (ict) platija, acedia, solla
plain bond: obligación quirográfica
___ **sailing**: derrota (ruta) loxodrómica
plain-clothes police: detectives, investigaciones
plaintiff: demandante, demandador, actor, querellante, parte actora
plan: *s* plan, proyecto; plano, diseño, esquema; *v* planear, hacer planes, planificar, proyectar, programar, tener en proyecto, tener la intención o el propósito de, proponerse, organizar, tramar, urdir, prever
___ **file**: planoteca
___ **for the roadbed**: rasante
___ **view**: planta
plane surveying: planimetría
___ **table**: plancheta
planing: acepilladura de madera
___ **mills**: talleres de acepilladura o de cepillada de la madera
planket wall: tabique de planchas
plankton bloom: florescencia planctónica, floración de plancton
planned: planeado, planificado, proyectado, previsto
___ **capacity**: capacidad proyectada
___ **economy**: economía planificada
___ **parenthood**: planificación de la familia
___ **requirements**: necesidades previstas (o proyectadas)
___ **shutdown**: paro planeado o programado
planner: planificador, proyectista, organizador
planning: (econ) planificación; (edu) planeamiento, programación, organización
___ **agency**: organismo de planificación
___ **and design**: anteproyecto y proyecto
___ **board**: junta (comité) de planificación
___ **estimates**: presupuesto de planificación
___ **forecast**: previsiones para fines de planificación

PLANT · PLEAD

__ **meeting**: reunión preparatoria
__ **period**: (edu) hora consagrada a la discusión de trabajos futuros
__ **, programming, and budgeting system**: sistema de planificación, programación y presu-puestación
__ **units**: oficinas o dependencias de planificación
plant: (agr) planta, mata; fábrica, planta, instalación, establecimiento; maquinaria
__ **and equipment**: instalaciones y equipo
__ **breeder**: fitogenetista
__ **breeding**: genética vegetal, fitogenética, fitomejoramiento
__ **capacity**: (ind) capacidad de la planta; (elec) capacidad instalada
__ **collecting**: herborización
__ **cover**: cubierta vegetal
__ **gene resources**: recursos fitogénicos
__ **genetics**: fitogenética
__ **giving fruit in alternate years**: vecero
__ **growth**: desarrollo vegetal
__ **health**: fitosanidad
__ **industry**: fitotecnia
__ **laboratory**: fitotrón
__ **layout**: disposición del equipo, distribución del espacio
__ **life**: vida vegetal, flora
__ **load**: (elec) carga de planta
__ **, machinery and equipment**: edificio, maquinaria y equipo
__ **modernization**: modernización del equipo de planta o fábrica
__ **nutrients**: nutrientes vegetales
__ **operation**: funcionamiento de la fábrica
__ **output**: producción o rendimiento de fábrica o planta
__ **pathology**: fitopatología
__ **population**: densidad de siembra
__ **production**: fitotecnia
__ **products**: productos vegetales
__ **prop**: patrón, tutor
__ **propagation**: multiplicación de plantas
__ **protection**: protección fitosanitaria
__ **quarantine station**: estación de cuarentena de los vegetales
__ **resources**: recursos vegetales
plant-expanding investment: inversión para realizar ampliaciones
plantation economy: economía de plantaciones
__ **of young trees**: plantel
__ **production (cultivation)**: producción (cultivo) en gran escala, cultivo de plantaciones
planter: plantador, cultivador, cosechero; plantadora, sembradora
planting material: material de siembra o de plantación, plantones
__ **of fish**: siembra de peces
__ **stock**: material de plantación, de propagación, de viveros, cepa
plaster: emplasto, yeso, enlucido, repello; escayola

__ **cast**: enyesado, escayola
plasterboard: cartón yeso, yeso mate, cartón de yeso y fieltro
plastering: revoque
plastic agriculture: agricultura plástica
__ **tubing**: tubería plástica
plat: plano, mapa, carta administrativa
plate culture: (med) cultivo en placa
__ **glass**: vidrio plano pulido, luna de espejo, vidrio cilindrado, vidrio de escaparate
__ **mill**: laminador de planchas
__ **waste**: desperdicios comestibles
plateau: meseta, altiplano
platform: plataforma, andén, tribuna, estrado, tarima, entarimado; programa político, programa electoral
__ **car**: batea, vagón plataforma
__ **container**: contenedor plataforma
platitude: tópico, lugar común, perogrullada, verdad de Perogrullo
platoon: (mil) pelotón
__ **school**: escuela dividida en grupos que se turnan en el uso de las salas, talleres, laboratorios, etc.
play activities (disciplines): actividades (disciplinas) lúdicas
__ **experiences**: experiencias recreativas
__ **for the bear**: jugar a la baja
__ **for the bull**: jugar al alza
__ **hooky**: hacer novillos o la rabona, fumar la clase, irse de pinta (Mex), capearse (Guat), hacer la cimarra (Chi)
__ **into the hands of**: hacer el juego a
__ **of random factors**: influencia de factores aleatorios
__ **technique**: método físico-terapéutico empleado especialmente con niños que presentan problemas afectivos (V *role playing*)
__ **the stock exchange**: especular en el mercado de acciones
__ **therapy**: ludoterapia
__ **truant**: ausentarse de la escuela sin permiso (hacer novillos, hacer la cimarra, etc.)
playback: reproducción
playground: patio o lugar de recreo, de diversión, de esparcimiento, de vacaciones, lugar predilecto
plea: súplica; (leg) alegato, alegación
__ **as to the jurisdiction of the court**: declinatoria
__ **bargaining**: confesión compensada, arrepentimiento compensado
__ **of guilty**: confesión simple
__ **of not guilty**: declaración de inocencia
__ **of res judicata**: excepción de cosa juzgada
plead: (leg) alegar, abogar; defender
__ **extenuating circumstances**: alegar circunstancias atenuantes
__ **guilty**: confesarse culpable, declararse culpable
__ **not guilty**: negar la acusación, declararse inocente
__ **self-defense**: alegar legítima defensa

PLEADINGS   POLICE

__ someone's cause: interceder por uno
pleadings: (leg) alegatos, demandas, presentaciones, escritos, conclusiones; a veces: defensa
pleasure-centered education: la educación concebida como actividad amena
pledge: s prenda, garantía, fianza, promesa solemne; (leg) pignoración, empeño; compromiso; v empeñar, pignorar; comprometer(se), prometer
__ endorsement: endoso de garantía
__ loan: préstamo prendario o pignoraticio
__ of real property: garantía inmobiliaria
__ of shares: promesa de participación en el capital accionario
__ of title: prenda sin tenencia
pledged funds: fondos prometidos
__ gold: oro en prenda
__ securities: valores dados en prenda
pledgee: acreedor prendario, tenedor de prenda; depositario
pledging: promesa de contribuciones; pignoración de efectos y garantías
__ conference: conferencia sobre promesas de contribuciones
plenary action: (leg) juicio de lato conocimiento
__ hall: salón del pleno, sala de plenario
plight: apuro, aprieto, situación crítica, situación apremiante
plimsoll line (mark): línea de máxima carga (buque)
plot: s parcela, tablar, terreno, solar; v trazar en mapa, diagramar, graficar, hacer el plano de, hacer un gráfico de
__ development: urbanización de solares o de lotes, instalación de servicios en los lotes
__ of land made ready for cultivation: paño
__ planting: plantación en manchas
__ servicing: instalación de servicios en los lotes, urbanización de lotes
plotless units: (est) unidades sin límites o puntuales
plotted: trazado (sobre gráfico); representado
plotting: (est) trazado, representación gráfica
__ paper: papel cuadriculado
plow under: cubrir arando
__ up wasteland: roturar
plowable pasture: pradera permanente
plowed-back profits: utilidades reinvertidas
plowing back: inversión de ganancias, reinversión de utilidades, capitalización de beneficios
__ in: enterramiento (fertilizante)
plowland: tierra de labranza, tierra labrantía
plug: enchufe macho, cuña radial
plug-compatible: (comp.) compatible directamente
plumbing: fontanería, gasfitería; instalaciones sanitarias
__ fixtures: artefactos sanitarios
__ supplies: artículos sanitarios
plummet: caer a plomo, caer verticalmente
plummeting: desplome
plunger pump: bomba de émbolo
plurality: mayoría simple; mayoría relativa

__ vote: mayoría de votos
plus adjustment: ajuste positivo
__ area: zona de ajuste positivo
__ balance: saldo acreedor
__ difference: diferencia en más
__ differential: coeficiente de ajuste positivo
__ differential area: zona con coeficiente de ajuste positivo
__ infinita: infinito positivo
__ sum game: juego de suma positiva
plywood: madera terciada, laminada, contrachapada o multilaminar, tableros contrachapados
"poaching" of staff: sustracción de personal
pocket: (comp) casilla de tarjetas
__ of infection: foco de infección
__ of poverty: foco de pobreza
__ of unemployment: foco de desempleo
podium: estrado
point estimation: estimación puntual
__ in a score: tanto
__ in issue: punto controvertido, en litigio
__ of agreement: aproximación
__ of attraction: punto de convergencia
__ of claim: pretensión
__ of destination: lugar de destino
__ of infestation: foco de infección
__ of law: consideración judicial
__ of order: cuestión de orden, moción de orden
__ of view: punto de vista, prisma, óptica
__ or issue raised: cuestión planteada
__ out: hacer presente, informar, señalar
__ prevalence: (med) prevalencia momentánea
__ sampling: muestreo por (de) puntos
__ spread: gradación por puntos de desviación
__ system: sistema de salario basado en la productividad
__ up: hacer observar, señalar, apuntar
point-blank refusal: negativa categórica, rotunda o terminante
point-of-purchase advertising: publicidad en el lugar de compra
point-of-sale advertising: publicidad en el lugar de venta
point-to-point facilities: servicios entre distintos lugares
__ radiocommunication channels: vías de comunicación entre puntos fijos
points-factor evaluation (or ranking) system: sistema de evaluación (o clasificación) por puntos de los factores funcionales
pointer: índice; aguja; indicador, puntero; sugerencia
polar vortex: vértice polar, torbellino polar
pole: (silv) pie joven
__ lines: postería
__ wood: latizo
poles and posts: postes y piquetes
pole-line hardware: morsetería
police: a policíaco, policial; v vigilar, mantener el orden en, supervisar

__ **director**: jefe de policía
__ **force**: cuerpo de policía, fuerza pública, policía
__ **headquarters**: prefectura de policía, jefatura de policía
__ **power**: fuerza pública
__ **premises**: dependencia policial
__ **record**: prontuario, antecedentes penales, registro de antecedentes policiales
__ **rules and regulations**: reglamento de policía sanitaria (puertos)
__ **state**: estado policíaco, estado-policía
__ **station**: comisaría de policía
policy: política; norma, norma de conducta, normas generales, directrices, principio, sistema, criterio, orientación, actitud, posición, táctica; (seg) póliza
__ **commission**: comisión de cuestiones normativas
__ **decision**: decisión de principio
__ **framework**: marco de una política, pautas para una política, estructura normativa
__ **guidelines**: normas de política
__ **levels of government**: autoridades superiores de la administración pública
__ **loan**: (seg) adelanto basado en póliza
__ **makers**: autoridades responsables o encargadas de (formular) una política
__ **matters**: cuestiones normativas
__ **mix**: combinación de políticas
__ **package**: conjunto de principios de acción, conjunto de medidas o normas de política
__ **paper**: documento normativo, documento de política, documento en que se expone la política de ...
__ **relating to economic trends**: política de coyuntura
__ **role**: función normativa
__ **statement**: declaración de política o de principios
policy-based assistance: medidas o asistencia en apoyo de una política
policy-making: determinación de políticas (o normativas)
__ **body**: organismo que establece normas, organismo normativo o rector
policy-setting body: organismo normativo
policyholder: tenedor de póliza o asegurado
polipoly: polipolio
polished rice: arroz pulido o descascarado
polishings: desperdicios del pulido de arroz
political affairs officer: funcionario de asuntos políticos
__ **affiliation**: militancia
__ **divisions**: distritos administrativos
__ **entrepreneurship**: iniciativa, motivación (política)
__ **faith**: doctrina política, credo político
__ **jobbery**: politiqueo
__ **offense**: agravio político
__ **scientists**: politicólogos; (Chi) politólogos

poll: votación, sufragio, escrutinio, elecciones; sondeo, encuesta
__ **public opinion**: sondear la opinión pública
__ **tax**: impuesto personal, impuesto de capitación, derecho por sufragio
polling booth: cabina electoral
__ **officer**: escrutador
__ **place (station)**: (AL) mesa electoral; mesa de votación; (Esp) centro o colegio electoral, junta receptora de votos
pollock: (ict) colín, abadejo
pollutant: contaminante, agente contaminador, polutante
__ **accidents**: accidentes provocados por la contaminación
__ **inventory**: inventario de la contaminación
__ **source**: fuente de contaminación
polluted water: agua contaminada, agua comprometida
polluter: contaminador (personas, industrias)
polluter-pays principle: principio del que contamina paga
pollution: polución (presencia de sustancias deletéreas que pudieran causar efectos tóxicos o enfermedades), contaminación
__ **contributions**: emanaciones
__ **control**: descontaminación (fabricación de vidrio)
__ **from land**: contaminación originada en tierra firme
__ **haven**: país que permite la contaminación sin restricción
__ **incidents**: casos de contaminación
__ **load**: carga de contaminantes
polyclinic for children: policlínica infantil
polycyclic management: (silv) ordenación policíclica
pomace: orujo (uvas, manzanas, aceitunas)
pomaceous fruit: fruta de pepitas
pomfret: (ict) pámpano
pompano: (ict) palometa, guaipar, guapote
pompous: pedante
pond: charca
__ **fish culture**: piscicultura en estanques
pondage: embalse de aguas
ponding: encharcamiento; anegamiento, empozamiento
pontoon bridge: puente balsa
pool: s fondo común, capital común, reserva común, recursos comunes; servicio (explotado) en común; consorcio; explotación en común; parque; v aunar esfuerzos, combinar recursos, construir un fondo o capital común, mancomunar recursos, unir, reunir
__ **of cars**: parque de automóviles
__ **of knowledge**: acervo de conocimientos
__ **of vehicles and equipment**: flota común de vehículos y equipos
__ **unit**: numerario del fondo común de monedas
pool-based variable lending rate: tipo de interés variable basado en una cesta o un conjunto de empréstitos pendientes

pooled blood: mezcla de sangre
___ **loan**: préstamo incluido en el sistema de fondo común de monedas
___ **milk**: leche de mezcla
___ **quota**: contingente agrupado
___ **samples**: combinación de muestras
pooling: uso común, combinación (recursos), unión, centralización
___ **agreement**: convenio de explotación en común o mancomunación
___ **arrangement**: acuerdo de fondo (uso) común
___ **of locomotives**: banalización de locomotoras
___ **skills**: puesta en común de conocimientos o de aptitudes
poor countries: países de escasos recursos, países pobres
___ **harvest**: cosecha escasa
___ **health**: salud delicada o precaria
___ **relief board**: junta de asistencia pública
___ **risk**: grave riesgo
___ **vision**: acuidad de visión insuficiente
popcorn: palomitas de maíz, rosetas de maíz
poppy seeds: semillas de plantas de adormidera
popular: corriente, generalizado, concurrido, famoso, de moda, que tiene mucho éxito, que goza de muchas simpatías o que goza de la aprobación del público
___ **tourism**: turismo social
popularize: vulgarizar
population: población; (est) universo
___ **aggregates**: población vulnerable, población en riesgo, población expuesta
___ **at the school-age level**: población en edad escolar
___ **center**: núcleo de población
___ **clusters**: aglomeraciones de población
___ **covered**: (est) universo, población estudiada
___ **decline**: descenso de población, despoblación
___ **development**: evolución demográfica, movimiento de población
___ **dynamics**: dinámica de la población
___ **explosion**: explosión demográfica
___ **growth**: crecimiento demográfico
___ **increase**: aumento o incremento de la población
___ **planning**: planificación demográfica
___ **policy**: política demográfica
___ **pyramid**: pirámide de edades o demográfica, árbol de población
___ **reserve**: reserva por factor población
___ **statistics**: estadísticas demográficas
___ **survey**: encuesta demográfica
porcelain sanitary fittings: lozas sanitarias
pork-barrel legislation: legislación con fines electorales
porker: cerdo joven engordado, cebón, lechón
porpoise: marisopa
port administration: administración del puerto
___ **authorities**: autoridades portuarias, gobernación marítima, capitanía de puerto, dirección portuaria
___ **bill of lading**: conocimiento de embarque para barcos en puerto
___ **charges (duties)**: derechos portuarios, tarifas portuarias
___ **district**: distrito portuario
___ **dues (fees)**: derechos portuarios
___ **facilities**: instalaciones portuarias, servicios portuarios
___ **of call**: puerto de escala o arribada, puerto de recalada
___ **of delivery (destination)**: puerto final o terminal, puerto de destino
___ **of departure**: puerto de salida
___ **of discharge**: puerto de destino
___ **of distress**: puerto de amparo o de emergencia
___ **of entry**: puerto de entrada, puerto aduanero, puerto habilitado
___ **of redelivery**: puerto de devolución
___ **of registry**: puerto de matrícula o de amarre, puerto de abanderamiento
___ **of transhipment**: puerto de trasbordo
___ **operations**: operaciones portuarias, maniobras
___ **pricing**: tarificación portuaria
___ **superintendent**: capitán de armamento, capitán inspector
___ **tariffs (charges)**: tarifas portuarias
___ **tie-ups**: paralización de las actividades portuarias
___ **time**: tiempo de permanencia en puerto
___ **traffic**: movimiento portuario
___ **works**: obras portuarias
portability: facilidad de transporte, transportabilidad
portal crane: grúa pórtico
porter: changador
portfolio: cartera (de inversiones), carpeta; lista de valores o de letras en mano
___ **cleanup**: saneamiento de la cartera
___ **equity investments**: inversiones de cartera en capital social o accionario
___ **income**: ingreso(s) de los valores en cartera
___ **investment**: inversión de cartera, valores en cartera
___ **loans**: préstamos en cartera, préstamos pignoraticios o con garantía
___ **manager**: administrador de cartera de inversiones
___ **of overdue loans**: cartera vencida
___ **of stocks**: cartera de acciones
___ **sale**: venta de valores en cartera
___ **securities**: inversiones o valores en cartera
___ **shift**: cambio de composición de la cartera
___ **transactions**: transacciones en cartera
___ **written down**: cartera castigada
pose (a question): formular una pregunta
position: posición, situación, sitio; punto de vista, opinión, actitud, postura; categoría, rango; puesto, cargo, empleo
___ **of trust**: puesto de confianza
___ **paper**: documento (informe) de posición
positions open: ofertas de colocación

POSITIVE

positive and negative signs: cambios de signo contrario
__ **sum game**: juego de suma positiva
__ **thinking**: inteligencia práctica
positively: categóricamente, terminantemente, realmente, verdaderamente
possession: posesión; (leg) tenencia; (pl) bienes
__ **of a thing**: tenencia
possibility of performance: ejecutabilidad (contrato)
post: s poste; correo; puesto, cargo, empleo; v fijar, pegar (carteles); enviar, destinar (personal), echar al correo; (cont) pasar (asientos), sentar (partidas)
__ **adjustment**: reajuste por lugar de destino
__ **category**: cuadro de personal, categoría de personal
__ **description**: descripción de las funciones (inherentes a un cargo)
__ **differential**: prima por lugar de destino
__ **differential hardship scale**: escala de prestaciones por lugar de destino "difícil"
__ **exchange**: economato
__ **list**: registro de puestos
__ **requirements**: requisitos exigidos para un cargo
__ **, telephone and telegraph**: correos, teléfonos y telégrafos
post-appraisal mission: misión de evaluación complementaria
post-entry education: educación que recibe un empleado fuera de las horas de trabajo a fin de perfeccionarse o de prepararse para un nuevo cargo
post-enumeration survey: encuesta de verificación del caso
__ **tests**: (demo) encuestas de calidad
post-office address: dirección postal
__ **box**: apartado de correos, casilla postal o de correo
__ **checking account**: cuenta corriente postal
__ **savings bond**: bono de ahorro postal
__ **stationery (stamped paper)**: enteros postales, efectos postales timbrados
post-secondary studies: estudios superiores
post-to-post exchanges: intercambios bilaterales
postage: franqueo, porte de correos, tarifa pagada
__ **and freight charges**: franqueo y gastos de envío
__ **and sealing machines**: máquinas franqueadoras selladoras
__ **due**: franqueo insuficiente
__ **paid**: franqueo de porte, porte pagado
__ **rate**: tarifa postal o de correo
postage-metering machine: máquina franqueadora, contador postal
postal ballot: votación por correspondencia
__ **check telegram**: transferencia telegráfica
__ **money order**: giro postal, remesa postal
__ **permit (privilege)**: franquicia postal

POTENTIAL

poste restante: en lista de correos
posted: al corriente, al tanto
__ **price**: precio de lista, de cotización o cotizado, precio de registro; precio estipulado o anunciado; precio de referencia (petróleo)
__ **values**: precios en plaza (lista de)
postgraduate: graduado, postgraduado, diplomado
__ **course**: curso de perfeccionamiento, curso de estudios superiores, curso de estudios postuniversitarios
__ **institutions**: instituciones de altos estudios, estudios superiores
__ **preparation**: ampliación de estudios
__ **research**: investigación superior
__ **student**: graduado, diplomado
__ **studies**: estudios posteriores al primer título universitario, estudios de postgrado
__ **training**: cursos de ampliación de estudios o de perfeccionamiento para graduados, formación postuniversitaria
postharvest conservation: conservación de cosechas nuevas
posthearing briefs: alegatos posteriores a la audiencia
posting: (cont) asiento, pase, traspaso, traslado
__ **of a bond**: constitución de una fianza
__ **of a cash deposit**: constitución de un depósito en efectivo
__ **of entries**: pase de asientos (al mayor)
postmark deadline: vencimiento según fecha de sello postal
postmortem examination: autopsia, necropsia, examen postmortem
postnatal care: atención postnatal
__ **period**: puerperio
__ **woman**: mujer en período puerperal
postoperative patient: paciente recién operado
__ **treatment**: tratamiento postoperatorio
postpartum: puerperio
__ **check-up**: vigilancia puerperal
__ **patient**: puérpera
postpayment: pago diferido
postpone: aplazar o postergar, suspender
__ **a meeting**: aplazar o postergar una reunión
__ **sine die**: aplazar sine die o indefinidamente
postponed entries: alumnos que ingresan a la escuela tardíamente
__ **promotions**: estudiantes aplazados en sus exámenes
postqualification of bidders: poscalificación de licitantes
postscript: postdata
postulate: suponer, plantear
posture: postura, actitud, situación
pot experiment: (agr) ensayo de vaso
potato blight: roña de la papa
potency test: prueba de actividad (vacuna)
potent drugs: medicamentos muy activos
potential: presunto; llamado; virtual (periodista)

POTENTIALITY

___ **aggressor**: agresor potencial
___ **drawings**: capacidad de giro
___ **employment**: posibilidades de empleo
___ **farmland**: potencial agrícola
___ **market**: mercado potencial
___ **of a person**: capacidad potencial; capacidad de desarrollo
___ **output**: producto potencial (macroeconomía); producción potencial (microeconomía)
___ **trade gap**: déficit virtual de pagos
___ **vocabulary**: V *marginal vocabulary*
potentiality: potencialidad, posibilidad, aptitud, capacidad
pothole: bache, nido
pothooks: ganchos o curvas que, con los palotes, componen las letras
pottery: cerámica, productos cerámicos
pouch: valija (correo), bolsa, saco, zurrón
poultry breeding: avicultura
___ **diseases**: enfermedad de las aves de corral
___ **establishment**: matadero de pollos
___ **farm**: granja avícola
___ **farming (raising)**: avicultura, cría de aves de corral
___ **husbandry**: avicultura
___ **keeping**: avicultura
___ **meat**: carne de ave, pollo y aves para el consumo
___ **production**: producción de aves
___ **products**: productos avícolas, productos de volatería
pound net: nasa, garlito
___ **of fine tin**: libra fina de estaño
pounded rice: arroz molido
pour-flush latrine: letrina de sifón
pourparler: coloquio, conferencia (diplomática) preliminar
poverty: pobreza, miseria, necesidad, indigencia; carencia, escasez
___ **gap**: brecha de pobreza
___ **income threshold**: umbral de pobreza
___ **line**: nivel de pobreza, nivel de ingresos de pobreza, umbral de pobreza, mínimo vital
___ **pocket**: foco de pobreza
poverty-stricken: menesteroso, necesitado, indigente
powder metallurgy: metalurgia de pulverización
powdered milk: leche desecada en polvo (laminillas)
powdery mildew: oidio
power: poder, potencia; poderío; facultad, capacidad, posibilidad; fuerza; ascendiente, influencia; autoridad; (elec) energía; economía energética
___ **alcohol**: alcohol para motores
___ **cable**: cable de transmisión
___ **company**: empresa de fuerza motriz
___ **conduit**: conducción forzada
___ **cut**: apagón, corte de corriente
___ **development**: aprovechamiento de energía

PRACTICE

___ **drain**: pérdida de energía
___ **factor**: factor de potencia
___ **failure**: apagón, corte de luz, de electricidad o de corriente
___ **generation**: producción de energía
___ **grid**: red de suministro, red de energía eléctrica
___ **input**: potencia absorbida, potencia de entrada
___ **line**: línea de transmisión o transporte de energía, línea de fuerza eléctrica
___ **machinery**: equipo mecánico
___ **of attorney**: poder, carta de personería, procuración
___ **of attorney endorsement**: endoso por poder
___ **of suggestion**: sugestión
___ **on grid**: energía eléctrica ya en el sistema
___ **output**: potencia de salida
___ **plant**: central eléctrica o de energía, central térmica; grupo electrógeno
___ **politics**: política de fuerza
___ **rating**: potencia nominal
___ **relationships**: relaciones jerárquicas
___ **resources**: recursos energéticos
___ **shovel**: excavadora, pala mecánica
___ **station**: central eléctrica, planta generadora
___ **structure**: grupos influyentes
___ **supply**: (elec) fuente de alimentación
___ **system**: (elec) red de energía eléctrica
___ **takeoff**: toma de fuerza o de potencia, toma de corriente
___ **test**: test de capacidad potencial
___ **to compete**: capacidad competitiva
___ **tool**: herramienta mecánica, herramienta motriz
___ **transistor**: transistor de potencia
powers and duties: atribuciones
power-driven: con motor, accionado a motor, motorizado, mecánico
power-loom weaving: tejeduría mecánica
powerhouse: central eléctrica o generadora de electricidad, casa de máquinas
practicability: practicabilidad, factibilidad, viabilidad
practicable: factible, practicable, posible, realizable; viable, hacedero, utilizable; transitable (camino)
___ **vision**: visión realizable
practical application: operacionalización
___ **approach**: solución práctica
___ **arts**: artes aplicadas (encuadernación, cerámica, etc.)
___ **joke**: broma pesada, mistificación
___ **nurse**: enfermera auxiliar, enfermera empírica, enfermera sin título, enfermera no diplomada
practicals: (edu) práctica; trabajo manual
practice: práctica; uso (administrativo), aplicación, costumbre; procedimiento, manera de proceder, ejercicio (de una profesión); normas; (med) clientela
___ **area**: zona de práctica (educación fundamental)
___ **class**: curso o clase de aplicación o de demostración

282

PRACTICING

__ **complained of**: práctica incriminada
__ **demonstration**: curso o clase de aplicación en una escuela experimental (laboratory school), clase que sirve de ensayo a los alumnos-maestros
__ **lesson**: clase de práctica (dada por un alumno-profesor)
__ **school**: escuela de aplicación, escuela experimental
__ **teaching**: prácticas pedagógicas, práctica docente
practicing: en ejercicio, que ejerce
practicum: práctica en la comunidad u hospital
practitioner: persona que ejerce una profesión; médico, facultativo
praiseworthy: loable, laudable, digno de elogio
pratique: libre plática; liberación de cuarentena
prayer for relief: súplica
preamble of a judgment: (leg) (contiene los fundamentos del caso) vistos de un fallo, considerandos
__ **to (recital of) an agreement**: preámbulo de un convenio
preambular paragraph (of a resolution): párrafo del preámbulo, resultando, considerando
preappraisal mission: misión de evaluación preliminar
prearranged: preconvenido, previsto
preavis (telephone) call: conferencia con aviso previo
precast: vaciado de antemano (concreto)
__ **concrete**: hormigón ya fraguado, hormigón prefabricado o vaciado de antemano
precaution: previsión, precaución
precautionary detention: arraigo judicial (para impedir evasión de una obligación)
__ **imprisonment**: prisión como medida de seguridad
__ **measures**: medidas de precaución, medidas precautorias, medidas de protección, medidas de salvaguardia (de bienes o derechos), medidas cautelares, medidas preventivas, prevención
precedence: precedencia; prioridad, preferencia, prelación
precedent: (leg) precedente
precedents of a court: jurisprudencia
precensorship: censura previa
preceptorial plan: plan de instrucción en el que se asignan grupos pequeños de alumnos a un profesor, quien se reúne con ellos semanalmente para dirigirles sus estudios y lecturas
__ **supervision**: (edu) práctica bajo vigilancia o supervisión
precious metals: metales nobles
précis: resumen o extracto (de las partes más importantes de una obra)
__ **writer**: redactor de actas resumidas
precise: meticuloso; exacto (ubicación); definitivo
precision: rigor (medición, cálculo)
__ **engineering**: ingeniería de precisión

PREHEARING

__ **gear**: aparatos de precisión
__ **instrument maker**: mecánico de precisión
preclude: impedir, imposibilitar, evitar, excluir
preconference meeting: reunión previa a una conferencia
precredit tax: impuesto antes de aplicar el descuento
predate: ser anterior a, preceder, antefechar, antedatar
predator: animal dañino, rapaz o de rapiña, alimaña; depredador
predatory discount: descuento agresivo
__ **exploitation**: explotación abusiva
__ **price**: precio desleal
__ **pricing**: venta a precios "ruina"
predevelopment work: actividades previas a la explotación (petróleo)
predicament: apuro, situación difícil
predictability: previsibilidad
predicted costs: costos pronosticados
predictor: (est) variable independiente o predictiva
preempt: comprar con derecho preferente; adueñarse (de un terreno) para conseguir el derecho preferente de compra; afincarse, adelantarse, reservar tiempo en un programa
preemption: (leg) derecho preferente de compra; adquisición o apropiación por derecho preferente de compra
preemptive right: derecho preferencial o prioritario
prefabricated house: casa prefabricada; casa desarmada
preface: prólogo, prefacio, palabras preliminares, palabras liminares
prefeasibility study: estudio de prefactibilidad
preference: preferencia; (leg) prioridad
__ **hierarchy**: escala de preferencia
preferential claim: privilegio
__ **inducements**: medidas preferenciales de estímulo
__ **rate**: tarifa preferente o de favor
__ **rates**: tipos (arancelarios) preferenciales, tarifas arancelarias preferenciales
__ **right to purchase**: derecho de tanteo
__ **shares**: acciones preferentes
__ **tariff**: aranceles preferenciales, tarifa preferencial, derechos preferenciales
__ **tariff treatment**: régimen arancelario preferencial
__ **treatment**: trato preferente
preferred credit: crédito privilegiado
__ **creditor**: acreedor privilegiado
__ **debt**: deuda privilegiada
__ **dividend**: dividendo preferente o preferencial
__ **stock**: acciones preferentes o preferidas
prefinancing: prefinanciamiento
pregnancy: embarazo; preñez (animal)
__ **anemia**: anemia gravídica
__ **waste**: embarazo malogrado
prehearing: investigación; (leg) instrucción del proceso

PREINVENTORY   PRESCRIPTION

preinventory sale: realización por inventario
preinvestment projects: proyectos previos a la inversión, proyectos de preinversión
__ **study (survey)**: estudio de preinversión
prejudice: prejuicio; parcialidad; perjuicio, daño, detrimento, menoscabo; (contrapre-vensión)
__ **the conditions of**: perjudicar las condiciones de
prejudicial: prejudicial
prelevement: gravamen variable, derecho regulador, exacción reguladora (aduana)
preliminary advice: (leg) instrucciones preliminares
__ **application for guarantee**: solicitud preliminar de garantía
__ **balance sheet**: balance provisorio
__ **control**: control preventivo
__ **costs**: costos de primer establecimiento
__ **data**: datos preliminares, antecedentes
__ **design**: planos preliminares, estudios técnicos preliminares, anteproyecto arquitectónico, proyecto preliminar
__ **detention**: detención provisoria
__ **draft**: anteproyecto
__ **engineering**: diseño técnico preliminar, estudios técnicos preliminares
__ **estimate**: presupuesto preliminar
__ **estimates of quantities**: estimaciones cuantitativas preliminares
__ **evidence**: prueba preparatoria
__ **inquiries**: primeras diligencias
__ **investigation of a case**: (leg) instrucción del sumario, instrucción preliminar
__ **proceedings in a military case**: sumario
__ **question**: cuestión previa
premarital counseling: orientación prenupcial
prematured loan: préstamo cuyo vencimiento se ha anticipado
prematuring: anticipación de vencimiento (préstamo)
prematurity: precocidad
premise: premisa, postulado, principio; (pl) local, edificio, sitio; (leg) encabezamiento de una sentencia
premium: (seg) prima, (valores) prima, agio; (acciones) prima de emisión; deport (divisas); premio; recargo, bonificación
__ **bond**: bono comprado arriba de par
__ **grade**: calidad superior
__ **installment**: fracción de prima
__ **on capital stock**: prima de emisión
__ **on foreign exchange**: prima de cambio o cambiaria; deport
__ **on interest rates**: prima sobre tasas de interés
__ **on prepayment**: prima por reembolso anticipado
__ **on redemption**: prima de rescate
__ **pay**: prima, pago por mayor rendimiento
__ **rate**: (seg) tarifa de primas
__ **sale**: venta con prima
__ **selling**: venta con prima
__ **stock**: acciones con prima

__ **wage system**: sistema de pago por mayor rendimiento
premiums less claims: primas menos indemnizaciones
prenatal and child welfare clinic: centro de consultas prenatales y de puericultura
__ **care**: atención prenatal, asistencia obstétrica prenatal
__ **clinic**: centro de consultas prenatales, clínica de atención prenatal
__ **counseling**: orientación prenatal
preoperational project: proyecto preoperacional
prepaid expenses: gastos pagados de antemano o por anticipado
__ **reply**: contestación pagada
__ **system**: sistema de pagos por anticipado
preparation of the case: (leg) instrucción de la causa
preparatory: preparatorio; preliminar, previo
__ **school**: escuela preparatoria
prepare (draw up) a balance sheet: hacer un balance
prepared animal feeds: piensos preparados
__ **edible fats**: grasas comestibles elaboradas
__ **foodstuffs**: alimentos precocinados
__ **medicines**: preparados medicinales
__ **mixtures**: abonos compuestos
__ **mustard**: mostaza en pasta
prepayment: pago adelantado o anticipado; reembolso anticipado
prepension plan: régimen prejubilatorio
preplanning: planificación o planeamiento de antemano
prepool loan: préstamo anterior al sistema de fondo común de monedas
preprimary education: educación de párvulos, educación parvularia
__ **schools**: escuelas maternales, escuelas de párvulos, jardín de infantes, jardín de la infancia, kindergarten, jardín de niños
preprimer: manual preparatorio, libro de lectura para principiantes
preprofessional training: cursos básicos para la formación especializada que requiere una profesión, adiestramiento preprofesional
prequalification of bidders: precalificación de licitantes
prequalifications: requisitos básicos o iniciales (de licitantes); méritos y antecedentes
prerelease program: programa previo a la excarcelación
prerequisite: requisito (previo), condición previa
__ **function**: función previa
prerequisites or rules of procedure: (leg) presupuestos procesales
prerogative: competencia privativa
preschool child: niño de edad preescolar
prescribed: reglamentario, que fija la ley, que ordena la ley
prescription drugs: medicamentos de venta con receta

__ **of rights**: prescripción (extinción) de los derechos
present a check (cheque) for payment: presentar un cheque al cobro, cobrar un cheque
__ **a claim**: deducir demanda
__ **a petition**: interponer una petición
__ **a report**: presentar o rendir un informe
__ **company excepted**: mejorando lo presente
__ **(discounted) value**: valor actualizado (proyecto)
__ **level of economic activity**: coyuntura
__ **one's compliments to**: saludar muy atentamente
__ **time**: actualidad
__ **value (worth)**: valor actual o actualizado
__ **year**: año actual o en curso
present-value-weighted time: tiempo ponderado del valor actual
presentation: exposición, disertación, conferencia, charla, exhibición (películas, diapositivas), sesión de cine; premiación (entrega de un premio o regalo); homenaje, ceremonia
__ **copy**: ejemplar de cortesía (con dedicatoria del autor), homenaje del autor
presented-dead: presentado sin vida
presentence investigation: investigación durante el juicio
preservation forest: bosque totalmente protegido
__ **of an entitlement**: protección de un derecho
preservative: sustancia preservativa, producto para la conservación o de conservación
preservice and inservice training: formación y perfeccionamiento en el servicio
__ **(pre-education) training**: formación de los maestros antes de ingresar a la enseñanza
__ **selection**: (edu) selección de los candidatos a la enseñanza antes de ingresar en la profesión docente
__ **teacher education**: formación inicial de docentes
presession documentation: documentación anterior al período de sesiones
president: presidente (conferencia, etc.); director (banco); rector (universidad)
__ **elect**: presidente electo
__ **now in office**: presidente en ejercicio
__ **pro tem(pore)**: presidente interino
presidential act: ley de la República
presiding officer: presidente
press agent: agente de publicidad, propagandista
__ **attaché**: agregado de prensa
__ **briefing**: conferencia de prensa, reunión informativa para la prensa
__ **clippings (cuttings)**: recortes de prensa
__ **conference**: rueda de prensa, reunión de prensa, entrevista periodística
__ **documents center**: servicio de distribución de documentos de la prensa
__ **gallery**: tribuna de prensa
__ **officer**: funcionario de prensa o de enlace con la prensa
__ **photographer**: reportero gráfico
__ **relations**: relaciones con la prensa
__ **release**: comunicado de prensa, boletín de prensa
__ **secretary**: secretario de prensa o de información
__ **services**: servicio de prensa
pressbox: tribuna de prensa
presscake: torta de semillas oleaginosas, tortilla prensada (ganado)
pressing: urgente, apremiante, acuciante
pressrun: tirada, número de ejemplares impresos
pressure area: (edu) aspecto que presenta las mayores dificultades al maestro o que impone graves demandas sobre su tiempo y energía
__ **gage**: manómetro
__ **gallery**: galería forzada, galería de carga
__ **group**: grupo de presión
__ **indexes**: índices de tensión
__ **of business (work)**: urgencia de los negocios
__ **pipe**: tubería forzada; tubo de impulsión
__ **tunnel**: galería forzada
__ **vessel container**: contenedor-cisterna a presión
pressurized cabin: cabina a presión o presurizada, cabina altimática o climatizada
__ **fluidized bed combustion**: combustión en lecho fluidizado a presión
__ **irrigation**: riego a presión
prestressed concrete: hormigón pretensado
presumed misadventure: presunta desgracia
presumption: (leg) presunción; suposición, supuesto
__ **of law**: presunción legal o de derecho
__ **of misadventure**: presunta desgracia
presumptive assessment of taxation: imposición a tanto alzado
__ **determination of income**: evaluación a tanto alzado de los ingresos
__ **fraud**: presunción de fraude (o dolo)
__ **income**: renta presunta
__ **tax**: impuesto presuntivo o presunto
__ **taxation**: impuesto sobre la renta presuntiva o presunta
pretax earnings: utilidad antes de deducir los impuestos
pretraining: adiestramiento previo
__ **selection**: selección de candidatos para la enseñanza antes de la especialización profesional
pretreatment observation: observación antes del tratamiento
pretrial detention: prisión preventiva
preuniversity courses: propedéutica
__ **education**: educación preuniversitaria
prevail upon: persuadir, convencer, inducir a; intensificar gestiones ante
prevailing condition: condiciones actuales, corrientes o imperantes
__ **market rate**: tipo de cambio vigente en el mercado

__ **opinion**: opinión general
__ **price**: precio en vigor, precio dominante
__ **rate of salary**: escala de sueldos vigentes
__ **trend**: orientación o tendencia dominante
__ **wind**: viento dominante
prevalence: (med) frecuencia, prevalencia (enfermedad)
preventable deaths: defunciones evitables
prevention of labor turnover: estabilización de la mano de obra
__ **of unemployment**: lucha contra el desempleo
preventive maintenance: mantenimiento previo, conservación preventiva
__ **measures**: medidas preventivas
__ **medicine**: medicina preventiva
previous balance: saldo anterior
__ **question**: cuestión previa
prevocational education: educación preprofesional
price adjustment clause: cláusula de ajuste de precios
__ **adjustment scheme**: sistema de compensación
__ **appreciation**: alza de las cotizaciones
__ **boom**: alza repentina (súbita, rápida) de precios
__ **bracket**: nivel (horquilla) de precios
__ **cap**: tope de precios
__ **ceiling**: precio máximo, precio tope
__ **contingency**: asignación para tener en cuenta el alza de precios, asignación por alza de precios
__ **control**: control o intervención de los precios
__ **cutting**: reducción o rebaja de los precios
__ **deflator**: coeficiente de deflación de los precios
__ **differential**: margen o diferencia entre los precios, desnivel de precios
__ **dip**: baja de precios
__ **discount house**: empresa de descuentos, tienda al menudeo a precios rebajados
__ **effect**: efecto en (sobre) los precios
__ **elasticity**: elasticidad de la demanda con respecto al precio, elasticidad-precio de la demanda
__ **escalation**: alza de precios
__ **escalation clause**: cláusula de ajuste de precios, cláusula sobre ajuste de precios
__ **ex factory**: precio en fábrica, precio "loco"
__ **ex warehouse**: precio tomado en almacén
__ **fixing**: fijación de precios
__ **fixing authorities**: autoridades reguladoras de precios
__ **follower**: seguidor de precios
__ **freeze**: bloqueo o congelación de precios
__ **in warehouse**: precio tomado en almacén
__ **incentives**: incentivos por los precios
__ **index**: índice de precios
__ **inelastic demand**: demanda inelástica con respecto a los precios
__ **inelasticity**: inelasticidad respecto al precio
__ **leader**: artículo de propaganda o de reclamo; país que impone los precios
__ **level accounting**: contabilidad según el nivel general de precios o nivel de cotizaciones
__ **list**: lista de precios, tarifa

__ **maintenance policy**: política de sustentación de precios
__ **maker (setter)**: agente económico que determina el precio; vendedor o país que impone los precios
__ **movement**: fluctuación de los precios, evolución de los precios
__ **of capital goods**: precio de inversión
__ **of money**: tipo de interés
__ **pattern**: comportamiento de precios comunes
__ **premium**: sobreprecio
__ **range**: escala o gama de precios, serie de precios
__ **rise**: alza de precios, aumento de precios
__ **schedule**: lista de precios
__ **setting**: fijación de precios, tarificación
__ **signals**: indicadores de precios
__ **slump**: baja repentina de los precios, receso económico
__ **spread**: margen o diferencia entre los precios, margen de precios
__ **squeeze**: compresión de precios
__ **stabilization**: estabilización de precios
__ **structure**: estructura o composición de los precios
__ **subsidy**: subvención a los consumidores
__ **support**: sostén, cimiento o apoyo de precios
__ **support program**: programa de precios garantizados o de sostenimiento de precios
__ **swing**: oscilación o fluctuación de los precios
__ **tag (ticket)**: rótulo o marbete de precios
__ **taker**: agente económico sin influencia en el precio, país que no influye en los precios internacionales
__ **to factory**: precio puesto en fábrica
__ **undercutting**: oferta de mercaderías a un precio inferior
prices are sensitive: la Bolsa está insegura o indecisa
__ **below the current market level**: precios inferiores a los corrientes en el mercado
price-earnings ratio: relación precio-utilidades, relación precio/ganancia por acción
priced bill of quantities: estimación cuantitativa con precios
pricing: asignación de valores, fijación de precios, tarificación
__ **policy**: política de (fijación de) precios (servicios, productos); política tarifaria o de tarifas (servicios públicos)
__ **system**: sistema de fijación de tipos o tasas de interés
prickly pear: nopal, chumbera; higo chumbo, tuna
prima facie case: presunciones razonables
__ **facie case of damages**: presunción de daños y perjuicios
__ **facie evidence**: prueba suficiente a primera vista, prueba suficiente para justificar la presunción de un hecho
primacy deficit: déficit primario, déficit excluido el pago de interés

primage duty: (trnsp) gratificación, derecho de capa, impuesto ad valorem especial (Australia)
primal city: ciudad principal
primary allotment: asignación inicial
__ **capital**: capital básico
__ **commodity**: producto primario o básico
__ **continuation courses**: cursos de enseñanza primaria superiores
__ **dependent**: familiar primario (principal) a cargo
__ **deposits**: (bnc) depósitos efectivos
__ **education**: (EUA) educación primaria elemental
__ **elections (primaries)**: elección preliminar, comicios
__ **energy (power)**: (elec) energía primaria
__ **enrollment ratio**: coeficiente de matrícula en las escuelas primarias
__ **exporting country**: país exportador de productos primarios
__ **extension school**: escuela primaria complementaria
__ **health care**: atención primaria de salud
__ **industry**: sector primario, producción de materias primas; industria extractiva
__ **infection**: infección primaria
__ **liability**: liquidez primaria
__ **mental ability**: aptitud mental básica (capacidad para trabajar con números)
__ **poverty**: pobreza absoluta
__ **processing**: elaboración inicial
__ **producing countries**: países de producción primaria
__ **products**: productos de primera necesidad, productos principales, primarios o básicos (los derivados de la agricultura, silvicultura y minería)
__ **reading**: enseñanza de las primeras letras
__ **road system**: red de carreteras principales
__ **sampling units**: unidades muestrales primarias (o de primera)
__ **school**: escuela primaria; a veces: escuela elemental
__ **school population**: población en edad de asistir a la escuela primaria
__ **school with secondary tops**: escuela primaria que ofrece algunos cursos de nivel postprimario
__ **securities**: valores (efectos) de primera clase
__ **standard**: patrón
__ **vaccination**: primovacunación
prime bill: valor o efecto de primera clase
__ **borrower**: prestatario de primera clase, preferente o preferencial
__ **cost**: costo neto o directo, costo primario, costo de fabricación, precio de fábrica o de costo comercial
__ **credit**: crédito de primer orden
__ **land**: tierra de primera
__ **mover**: móvil principal, motor, palanca, alma (de una institución o empresa), fuerza motriz, causa principal, promotor, instigador
__ **of life**: plenitud de la vida
__ **rate of interest**: tasa (tipo) preferencial (de interés), tasa (tipo) de interés más favorable para el cliente
__ **securities**: efectos de primera clase
__ **time**: horas de mayor sintonía (TV)
primer: primer libro de lectura, libro de lectura elemental, cartilla de alfabetización; máquina de escribir con caracteres grandes
primers and readers: manuales elementales y libros de lectura
priming: cebadura (bomba); imprimación (primer relleno de canal o embalse)
__ **coat**: capa de imprimación
principal: (edu) director (escuela); rector (universidad); (fin) capital (de un préstamo); (com) mandante (letras de cambio); (leg) comitente (contrato), otorgante (poder); (seg) administrador; (leg) autor, juez que emite un exhorto (suplicatorio); (const) maestro de obras
__ **amounts outstanding**: (cont) deudores
__ **and agent**: (leg) mandante y mandatario, poderdante y apoderado
__ **and interest**: capital e interés
__ **assistant**: auxiliar principal
__ **income earner**: principal sostén económico de la familia, jefe de familia
__ **loan amount**: monto del préstamo
__ **obligee**: acreedor principal
__ **obligor**: obligado principal
__ **of a debt**: capital de una deuda
__ **place of business**: centro de negocios
__ **private secretary**: jefe de gabinete
__ **secretary**: secretario principal
principles of law: principios de derecho, preceptos de la ley, fundamentos de derecho
printed cotton piece goods: zaraza
__ **fabrics**: géneros estampados
__ **form**: formulario impreso
__ **matter**: impresos
printer: impresora, copiadora; impresor
printer's mark: pie de imprenta
__ **reader**: corrector de pruebas
printing: impresión, imprenta, tipografía
__ **house**: imprenta, casa impresora
__ **industry**: industria gráfica
__ **of money**: emisión de moneda
__ **paper**: papel fotográfico
__ **plant**: imprenta
__ **press financing**: financiamiento inorgánico
__ **rights**: derechos de imprenta
__ **shop**: imprenta, taller de impresión, taller gráfico
printout: (comp.) impresión, hoja de salida y listado de datos, impreso; a veces: salida de impresora
printscript: escritura script (estilo que consiste en el uso de formas modificadas de la letra

impresa, simplificada y sin ornamentación, no conectándose las letras con palotes)
prior: previo, anterior, precedente
__ **party** (to a bill of exchange): firmante anterior
__ **record**: (leg) antecedentes penales
__ **to**: antes de, con anterioridad o con antelación a
prior-year-to-date: de un año anterior a la fecha
priority: prioridad, precedencia, antelación, anterioridad, prelación, orden de prelación, grado de prioridad, urgencia o importancia
__ **area**: esfera de acción prioritaria
__ **of a creditor**: preferencia (prelación) de un acreedor
__ **problem**: problema prioritario
__ **share**: acción privilegiada
prison administration: administración penitenciaria
__ **labor**: trabajo de presos, trabajo en la prisión, trabajo penitenciario
__ **population**: número de penados (en la cárcel), población reclusa
__ **reform**: reforma penitenciaria
__ **sentence**: condena
__ **system**: régimen penitenciario
prisoner: preso, detenido; acusado
__ **awaiting trail**: procesado en prisión preventiva
__ **under remand**: detenido preventivo
__ **who has had benefit of trial**: preso procesado
privacy: intimidad; vida privada; aislamiento; soledad; deseo de no ser importunado, de gozar de intimidad
private account: cuenta particular
__ **benefit-cost ratio**: relación costo-beneficio privado
__ **bonded warehouse**: depósito ficticio
__ **cargo**: pacotilla (de los tripulantes)
__ **citizen**: particular
__ **corporation**: sociedad privada de capital; corporación de derecho privado
__ **development finance company**: financiera
__ **duty nurse**: enfermera particular
__ **economies**: ahorros del sector privado
__ **education**: enseñanza privada o no oficial
__ **employment**: empleo en el sector privado
__ **enterprise**: empresa privada
__ **equities**: títulos privados, acciones privadas
__ **final consumption expenditure**: gasto de consumo final privado
__ **foreign investment**: inversiones de capital privado extranjero
__ **homes**: casas particulares
__ **hospital**: casa de salud, clínica
__ **household**: economía doméstica
__ **international law**: derecho internacional privado
__ **investment bank**: financiera
__ **meeting**: reunión privada, reunión interna, reunión a puertas cerradas
__ **motives**: motivos personales
__ **nursing care**: servicio particular de enfermos, atención de enfermos privados

__ **office of the Secretary General**: Secretaría particular del Secretario General
__ **patient**: paciente particular, pensionista
__ **person**: particular
__ **practice**: ejercicio privado (de una profesión)
__ **property**: propiedad privada, bienes particulares o de dominio privado
__ **prosecution**: acción privada
__ **resources**: peculio
__ **rights**: fuero privado
__ **sale**: venta directa
__ **school**: escuela privada o particular
__ **schoolteacher**: docente (maestro) de escuela privada
__ **secretary**: secretario o secretaria particular, privada
__ **treaty**: acuerdo privado (entre personas)
__ **tuition**: clases particulares
__ **use**: uso personal
__ **voluntary organization**: organización privada de voluntarios
privately held corporation: sociedad que no cotiza en la Bolsa
__ **held Treasury debt**: bonos de Tesorería en manos de particulares
privatization vouchers: cupones para la privatización
privatize: desnacionalizar, privatizar
privilege: privilegio, prerrogativa; honor
__ **tax**: impuesto preferencial
privileged consumption: consumismo
__ **information**: información confidencial o reservada
__ **retired stock bonds**: bonos de disfrute o goce
privity: (leg) relación contractual (bipartita)
privy: s retrete, excusado, letrina; a privado, secreto
__ **council**: consejo privado
prize: recompensa, premio, galardón
__ **court**: tribunal de presas martítimas
__ **law**: derecho sobre presas de la guerra
prizewinner: premiado, galardoneado, vencedor en un concurso
pro forma account: cuenta simulada
__ **forma balance sheet**: balance pro forma
__ **forma invoice**: factura simulada o pro forma
__ **memoria item**: (presu) partida rememorativa, partida por memoria
__ **rata**: a prorrata, a prorrateo; proporcionalmente
__ **rata commitment authority limitations**: límites a la facultad para contraer compromisos impuestos por el principio de proporcionalidad
__ **rata recall**: reintegro a pro rata o proporcional
__ **rata rule**: principio de proporcionalidad
__ **tempore**: interino; interinamente, por el momento, provisionalmente
proactive: proactiva (persona con orientación hacia el futuro, que anticipa problemas y adopta medidas que convenga para abordarlos de manera positiva, en vez de reaccionar después de transcurrida la situación)

probability check: examen de probabilidades
— **curve**: curva de probabilidades
— **level**: (est) nivel de significación, nivel de confianza
— **sample**: muestra probabilística, muestra (tomada) al azar, muestra aleatoria
probable life: duración probable
probate a will: validar o legalizar un testamento
— **court**: tribunal de testamentarías, tribunal de legalización de testamentos
probating of a will: homologación judicial
probation: (leg) libertad condicional (con régimen de prueba), libertad vigilada
— **advice**: notificación sobre el período de prueba
— **home**: hogar para personas sometidas a un período de prueba
— **officer**: funcionario a cargo de la libertad condicional, funcionario encargado de la vigilancia de la prueba
— **system**: sistema de prueba
— **work**: servicio de libertad vigilada
probationary appointment: nombramiento a prueba o por un período de prueba
— **period**: período de prueba
— **rating**: evaluación preliminar
probative evidence: (leg) prueba suficiente
— **period**: (leg) período de libertad condicional; período para la presentación de pruebas
— **value**: eficacia probatoria
probe: s sondeo, investigación, encuesta, exploración; (med) sonda; v sondear, examinar, investigar, explorar, tantear
probit (probability unit): probit (unidad de probabilidad)
probing: minucioso, meticuloso, penetrante
problem area: área problema, esfera de problemas, sector crítico, área problemática
— **child**: niño difícil, niño problema
— **loan**: préstamo problemático
— **question**: problema de fondo
problem-centered learning: aprendizaje basado en la solución de problemas
problem-solving method (approach): método activo orientado hacia la solución de problemas, método de solución de problemas
procedural code: (leg) ordenamiento adjetivo
— **decision (motion)**: decisión (moción) de procedimiento; (leg) proveído
— **defect**: vicio de procedimiento
— **law**: derecho procesal, derecho adjetivo, derecho de forma, ley rituaria
— **or substantive nullity**: (leg) invalidez adjetiva o sustancial
— **orders (rules)**: disposiciones (normas) procesales
— **prerequisites**: presupuestos procesales
— **question**: cuestión de procedimiento
— **system**: sistema procesal
procedure: trámite, tramitación; método, manera, sistema, reglamento, normas, medidas reglamentarias; operaciones, práctica; (leg) procedimiento, enjuiciamiento
proceeds: ganancias, beneficios; ingresos, entradas, rédito, producto obtenido, producto líquido; importe, fondos de un préstamo o crédito; producto (de una venta)
— **arising out of ownership rights**: producto de derechos patrimoniales
— **of a loan**: recursos de un préstamo, monto o producto de un préstamo
— **of discounting**: producto del descuento
— **of international trade**: ingresos (obtenidos) del comercio internacional
— **of sale**: productos (ingresos obtenidos) de la venta
proceedings: actas; anales; debates, deliberaciones; (leg) proceso (causa criminal); actuaciones (causa o acción civil); autos, práctica de diligencias, trámites
— **for collection of a debt**: vía de apremio
— **in a civil suit**: autos
— **in a criminal suit**: autos sumarios
— **of a court**: procedimiento judicial
— **to determine the enforceability of a foreign judgment**: juicio de exequátur
process: s procedimiento, proceso (serie de medidas), método, sistema; (leg) proceso; v tratar, transformar, elaborar, preparar, despachar, tramitar, cursar
— **accounting**: contabilidad por precio de costo de fabricación continua
— **an application**: tramitar una solicitud, dar traslado a una solicitud
— **chart**: diagrama de secuencia, de circulación o de procedimiento; (ind) diagrama de producción
— **control**: control de procesos industriales
— **data**: informatizar
— **engineering**: ingeniería de procesos
— **of a suit**: instancia
— **of law**: procedimiento legal
— **of reshaping the country**: proceso de institucionalización
— **technology**: teconolgía industrial, tecnología de proceso
process-server: notificador (de citaciones), ujier
processed beef: carne ahumada, curada, salada, etc.
— **cheese**: queso fundido
— **dairy products**: productos lácteos elaborados
— **resource products**: productos elaborados obtenidos de recursos naturales
— **sugar**: azúcar refinado
processing: (adm) tramitación; (ind) elaboración, transformación; (comp) tratamiento, sistematización (de datos, información, resultados)
— **error**: (est) error de manipulación
— **industry**: industria de maquila, industria de transformación o elaboración
— **line**: cadena de elaboración
— **of data**: elaboración, tratamiento, procesamiento o sistematización de datos; informática

__ **of documents**: reproducción de documentos; tramitación de documentos
__ **of food**: elaboración de alimentos
__ **of passengers**: despacho de pasajeros
__ **of photographs**: revelado de fotografías
__ **of raw salt**: tratamiento de sal en bruto
__ **of rice**: elaboración del arroz
__ **of transcriptions**: grabación de transcripciones
__ **or treatment charge (coffee)**: tarifa de maquila
__ **trade**: tráfico de perfeccionamiento (activo para importaciones; pasivo para exportaciones)
processors: industrias transformadoras
proctor: censor (oficial encargado de la disciplina en una universidad); vigilante (persona que ayuda en la administración de exámenes o en la supervisión de los examinados)
procure capital: levantar u obtener capital
procurement: adquisición, compra; obtención; consecución
__ **agent**: agente de adquisiciones
__ **authorization**: autorización de compra
__ **budget**: presupuesto de compras
__ **department**: proveeduría
__ **officer**: funcionario de los servicios de compra
__ **procedures**: procedimiento para la adquisición o compra (de bienes, etc.), procedimiento de adquisiciones
__ **service**: servicio de compra
produce: *s* productos (agrícolas); producción; (fig) fruto: *v* presentar, mostrar, aducir (pruebas); producir, fabricar; rendir (beneficios); causar, motivar, ocasionar; acarrear
__ **of soil**: rendimiento del suelo
__ **results**: surtir efecto
producer gas: gas pobre
__ **goods**: bienes de producción, bienes de equipo (herramientas o materias para producción)
__ **loan**: préstamo para producción
__ **price**: precio al productor, precio recibido por el productor, valor productor
producer's capital: capital de producción, capital de insumo, capital reproductivo
product: producto; renglón; producción, resultado
__ **cycle**: ciclo (de desarrollo) de un producto
__ **engineering**: ingeniería de productos
__ **in hand contract**: contrato "producto en mano"
__ **line**: línea de productos, ramo de productos
__ **mandating requirements**: prescripciones en materia de exclusividad de los productos
__ **mix**: combinación de productos, estructura de la producción o de productos; gama (conjunto) de productos
__ **wage**: salario en relación a la producción
production animals: animales de renta
__ **bonus**: bono de incentivo a la producción
__ **buildup**: aumento de la producción
__ **development corporation**: Corporación de Fomento de la Producción

__ **engineering**: técnica de producción
__ **gap**: brecha de producción, diferencia entre producción efectiva y producción potencial
__ **goods**: bienes de producción
__ **index**: índice de producción
__ **line**: cadena de producción, elaboración o fabricación, línea de montaje, tren de producción
__ **livestock**: animales (ganado) de renta
__ **manager**: jefe o director de producción, encargado de producción
__ **metallurgy**: metalurgia de los minerales
__ **of documents**: (leg) exhibición de expedientes o documentos
__ **per man-hour**: producción por hora-hombre
__ **possibility curve**: curva de posibilidades de producción, curva de transformación
__ **quotas**: contingentes, cuotas o cupos de producción
__ **requisites**: medios que requiere la producción (máquinas, abonos, semillas, etc.)
__ **run**: tirada de producción, ciclo o tanda de producción
__ **schedule**: programa de producción, cronograma de producción
__ **standard**: norma de producción
__ **targets**: metas de producción
__ **units (centers)**: centros de producción
production-income lag: desfase producción-ingreso
production-payment loan: pago en producción
production-sharing contract: contrato de participación en la producción
productive capacity: capacidad de producción
__ **equipment**: medios de producción
__ **industry**: empresa con chimenea
__ **investment**: inversión reproductiva
__ **labor**: trabajo directo o productivo
__ **sector**: sector real
__ **thinking**: inteligencia práctica
__ **undertaking**: actividades lucrativas
productivity gains: aumentos o incrementos de productividad
__ **index**: índice de productividad (rentabilidad), indicador de los indicadores
profession: profesión, miembros de una profesión; ocupación, carrera
professional: *s* profesional; *a* profesional, de profesión, de carrera
__ **assistant**: auxiliar especializado
__ **category**: cuadro orgánico
__ **charges**: honorarios
__ **consul (consul missus)**: cónsul de carrera
__ **course**: curso que trata de algún aspecto de la práctica de la profesión, curso profesional
__ **diplomat**: diplomático de carrera
__ **directory**: guía profesional
__ **education**: enseñanza (educación) profesional superior
__ **ethics**: ética profesional, deontología
__ **fees**: honorarios profesionales

- __ **judge**: juez de carrera
- __ **nurse**: enfermera diplomada
- __ **post**: puesto profesional o del cuadro orgánico
- __ **prosecutor**: fiscal letrado
- __ **rating**: calificación profesional
- __ **recruitment**: contratación de personal profesional
- __ **staff**: personal profesional o personal de categoría profesional
- __ **status**: situación profesional, competencia profesional, rango o reconocimiento obtenido en una profesión

professionally qualified judge: juez de letras, juez letrado
professor: profesor, catedrático
professorship: cátedra, profesorado, función docente de un profesor
proficiency: pericia, habilidad, competencia, destreza, eficiencia
- __ **test**: test de capacidad

proficient: capaz, competente; experto, perito; diestro, hábil; versado en
profile: perfil; bosquejo, esquema, semblanza, profesiograma, reseña biográfica; sección, corte, sección vertical
- __ **chart**: gráfico usado para indicar la posición relativa de una persona o grupo en cada uno de los tests de una serie; formulario en el que se puede trazar un perfil
- __ **map**: mapa fotográfico

profit: provecho; ganancia, lucro, beneficios, utilidades
- __ **and loss account**: (RU) estado de ingresos y gastos o de pérdidas y ganancias; cuenta de resultados
- __ **and loss ratio**: proporción de utilidades y pérdidas
- __ **and loss statement**: estado de pérdidas y ganancias
- __ **and loss surplus**: superávit de operaciones
- __ **by**: sacar partido de
- __ **center**: (cont) centro de utilidades
- __ **for risk taking**: beneficios como prima al riesgo
- __ **history**: rentabilidad (de una compañía)
- __ **impact**: incidencia sobre el beneficio
- __ **investment ratio**: coeficiente de autofinanciación o autofinanciamiento
- __ **margin**: margen de utilidad, margen de ganancias
- __ **motive**: afán de lucro, móvil del interés
- __ **performance**: ganancias obtenidas
- __ **ratio**: índice de rendimiento
- __ **sharing**: participación en los beneficios, reparto de utilidades
- __ **squeeze**: limitación o reducción de las ganancias o de los márgenes de utilidad
- __ **taking**: realización de beneficios o de plusvalía
- __ **threshold**: umbral de rentabilidad

profits on exchange: plusvalía de cotización de cambio
- __ **tax**: impuesto sobre las utilidades o los beneficios

profit-earning capacity: rentabilidad
profit-making (seeking) enterprises: empresas con fines lucrativos o con fines de lucro
profit-pooling arrangements: puesta en común de beneficios
profitability: rentabilidad
profitable: provechoso, beneficioso; útil; (com) rentable, productivo, lucrativo, reduitable, costeable
- __ **price**: precio remunerativo, precio remunerador
- __ **project**: proyecto rentable
- __ **sector**: sector saneado

profitless point: umbral de no rentabilidad
progeny: descendencia (plantas)
- __ **test**: (leg) ensayo de procedencia

program aid: ayuda para programas
- __ **budget**: presupuesto por programas
- __ **budgeting**: (establecimiento del) presupuesto por programas o por actividades, presupuestación por programas
- __ **budgeting by objectives**: establecimiento de presupuesto por objetivos
- __ **committee**: comité de programas
- __ **content**: programática
- __ **contract**: plan contractual
- __ **evaluation and review technique (PERT)**: técnica de evaluación y revisión de programas (PERT)
- __ **loan (lending)**: préstamo o financiamiento para programas
- __ **manager**: director de programa
- __ **narrative**: descripción del programa
- __ **objective categories**: categorías principales del programa de operaciones
- __ **officer**: funcionario encargado de los programas
- __ **operations**: operaciones de programación, operaciones del programa
- __ **planning**: programación
- __ **projections**: proyecciones del programa (o de los programas)
- __ **support**: apoyo a los programas
- __ **trend**: orientación de los programas
- __ **writer**: programador

programed book: libro o texto de enseñanza programada
- __ **instruction (learning)**: instrucción (enseñanza) programada

programing: programación
progress chart: (const) gráfico o diagrama de ejecución; curso de progreso
- __ **of a disease**: curso de una enfermedad
- __ **of the work**: marcha o avance de los trabajos
- __ **payment**: pago de cuenta, pago parcial, pago escalonado o fraccionado
- __ **profile**: perfil de avance del trabajo
- __ **record**: (med) evolución clínica
- __ **report**: informe de avance (del proyecto), informe sobre las actividades en marcha,

informe sobre el progreso alcanzado o sobre el estado (la marcha) de los trabajos, estado de ejecución o estado de situación de un proyecto, informe sobre la labor realizada
progressive education: educación progresiva
__ **taxation**: tributación progresiva, graduada o escalonada
__ **wage rate**: salario progresivo
progressivity: carácter progresivo
prohibitive cost: costo prohibido
__ **tariff**: tarifa prohibitiva
project: proyecto; actividad, trabajo, plan, empresa, obra
__ **advance account**: cuenta de anticipos para la preparación de un proyecto
__ **agency**: organismo del proyecto, organismo responsable del proyecto
__ **appraisal**: evaluación (inicial) de un proyecto o de proyectos
__ **brief**: datos básicos de un proyecto, ficha de un proyecto
__ **budgeting**: presupuestación por proyecto
__ **costs**: gastos del proyecto
__ **curriculum**: V *activity curriculum*
__ **delivery**: ejecución de proyectos
__ **design**: diseño, formulación, preparación de proyectos
__ **engineer**: ingeniero o jefe de obra, ingeniero planeador
__ **enterprise**: empresa del proyecto, empresa receptora del proyecto
__ **evaluation**: evaluación ex post de un proyecto o de proyectos
__ **fund agreement**: convenio sobre financiamiento para el proyecto
__ **grants and other expenses**: subvenciones y otros gastos para proyectos
__ **identification**: identificación o determinación de un proyecto o de proyectos
__ **in the pipeline**: proyecto en cartera, proyecto en trámite o en tramitación
__ **leader**: director de proyectos
__ **life**: duración o vida útil de un proyecto
__ **lending**: préstamo, financiamiento para proyectos
__ **management**: administración de proyectos
__ **manager**: administrador o director de proyectos, jefe de obras
__ **method**: (edu) método de proyectos, método de trabajo, método de centros de interés, técnicas de exteriorización (se tiende a recabar la participación de los alumnos en un trabajo de investigación o en una experiencia en condiciones "reales" (sinón *activity curriculum*)
__ **officer**: encargado de un proyecto
__ **packaging**: elaboración global de proyectos
__ **performance audit report**: informe sobre la ejecución y los resultados de un proyecto, informe de evaluación ex post de un proyecto
__ **pipeline**: inventario de proyectos
__ **planning**: proyectación
__ **preparation**: elaboración o preparación de un proyecto
__ **qualifying for financing**: proyecto que satisface los requisitos de financiamiento
__ **ranking**: priorización de proyectos
__ **rent**: utilidades netas derivadas de un proyecto
__ **study**: estudio o análisis del proyecto
__ **supplies and equipment**: suministros y equipos para un proyecto
__ **support costs**: gastos de apoyo a proyectos
__ **staff**: personal de proyectos
projection: pronóstico, proyección, cálculo, extrapolación, cálculo para el futuro
prominent individuals: personalidades o personas de excepción
promising: prometedor, auspicioso, alentador, interesante
__ **field**: especialidad que ofrece perspectivas alentadoras
__ **solution**: solución acertada
promissory note: pagaré (a la orden)
promote: ascender; fomentar, impulsar, fomentar la venta de un producto, hacer propaganda, promover, estimular, suscitar, provocar; contribuir a
promoter: gestor comercial
promotion: ascenso; fomento, adelanto; promoción; propaganda, publicidad
__ **by merit**: ascenso por mérito
__ **by seniority**: ascenso por antigüedad
__ **list**: escalafón
__ **of health**: fomento de la salud
__ **prospects**: perspectivas de ascenso
__ **rate**: (edu) índice de promocionados, tasa de promoción
__ **register**: registro de candidatos a ascenso
__ **review**: estudio de los candidatos a ascenso
__ **selling**: venta publicitaria
promotional activities: actividades de promoción o promocionales
__ **material**: material publicitario
__ **opportunities**: oportunidades de ascenso
promotive effect: efecto predisponente
prompt delivery: entrega puntual o a tiempo
__ **payer**: pagador puntual
__ **payment**: pago puntual, pago pronto
promulgation: promulgación (de una ley); difusión
pronouncement: declaración
proof: prueba, comprobación, motivo de prueba
__ **after movements**: (bnc) control posterior
__ **beyond a reasonable doubt**: prueba satisfactoria
__ **of cash**: verificación de la caja
__ **of claims**: justificación de las pretensiones
__ **of debt**: título de crédito; comprobación de la deuda, credencial
__ **of mailing**: constancia de despacho
__ **of private documents**: prueba documental
__ **of public documents**: prueba instrumental

__ **positive**: prueba evidente
proofreader's marks: signos de corrección
proofreading: corrección de pruebas
prop jet engine: turbopropulsor
__ **up**: apuntalar
propensity: propensión
__ **to save**: propensión al ahorro
__ **to spend**: propensión a gastar
proper conduct (of a project): buen funcionamiento (de un projecto)
properly supported claim: solicitud o reclamación con los comprobantes correspondientes
property: propiedad; características; finca; bienes
__ **acquired during marriage**: ganancias matrimoniales
__ **capital**: (fin) capital ficticio (créditos de tenedores de acciones o bonos)
__ **company**: sociedad inmobiliaria
__ **damage**: daños materiales
__ **dividend**: dividendo en bienes o en especies
__ **equity**: valor líquido de la propiedad
__ **income**: (government) ingreso o renta de propiedades públicas; (individuals, corporations) ingreso de la propiedad o del patrimonio
__ **insurance**: seguro de bienes o de la propiedad
__ **line**: lindero de la parcela
__ **man**: (cine) utilero
__ **management**: control patrimonial, administración de bienes
__ **not subject to usufruct**: nuda propiedad
__ **of the people**: propiedad colectiva
__ **owner**: terrateniente, propietario (de bienes)
__ **rights**: derechos sobre los bienes
__ **rights in goodwill**: derecho de llave
__ **services**: servicios de edificios y terrenos
__ **subject to a lien**: bienes gravados o sujetos a gravamen
__ **tax**: impuesto sobre los bienes, impuesto predial, contribución territorial, sobre el patrimonio o a la propiedad
proponent: proponente o autor (de una propuesta), defensor (de algo)
proportional interest: prorrata de intereses
__ **representation**: representación proporcional
__ **share**: cuota-parte
__ **taxation**: tributación proporcional
proposal: propuesta, proposición; oferta; proyecto, plan, idea
__ **form**: impreso de solicitud
__ **writing**: redacción de propuestas
propose: proponer; presentar una propuesta
__ **as a candidate**: proponer la candidatura de
proposed amendment: proyecto de enmienda
__ **resolution**: proyecto de resolución, resolución propuesta
propound: proponer, exponer, presentar, plantear
__ **a problem**: plantear un problema
proprietary account: cuenta de patrimonio
__ **article**: artículo patentado o de marca
__ **company**: compañía propietaria o privada

__ **equities**: (fin) acciones en poder del propietario
__ **goods (items)**: artículos patentados o de marca registrada
__ **information**: información de dominio privado
__ **interest**: participación patrimonial; interés mayoritario, interés patrimonial
__ **medicines**: específicos, especialidades farmacéuticas
__ **name**: nombre o denominación comercial
__ **reserves**: reservas de capital
__ **right**: derecho de propiedad, real o de patente
__ **school**: escuela privada administrada sobre una base comercial
__ **technology**: tecnología bajo licencia, de propiedad o privada
__ **training**: enseñanza privada con métodos patentados
proprietor: propietario, dueño
proprietor's capital: capital accionista
__ **equity**: patrimonio, capital propio
proprietorship: (cont) patrimonio, capital contable, capital neto, activo líquido, valor neto
__ **account**: cuenta de propiedad o de patrimonio
__ **investment**: inversión de los propietarios
propriety of a measure: procedencia de una medida
__ **of contracts**: regularidad de los contratos
__ **of the act**: oportunidad del acto
prosecute: proseguir, continuar, llevar a cabo; (leg) procesar, enjuiciar, entablar una acción judicial
prosecuting attorney: fiscal
prosecution: continuación, persecución, cumplimiento; (leg) procesamiento, enjuiciamiento; proceso, juicio
__ **service**: Fiscalía
__ **team**: fiscalía
__ **witness**: testigo de cargo
prosecutor: fiscal, parte acusadora
prospect: perspectiva; vista, panorama; esperanza(s); expectativa; posibilidad, probabilidad de éxito
__ **pit**: (min) trinchera
prospects of an early peace: posibilidad de una pronta paz
prospecting: (min) prospección, cateo, exploración
__ **rights**: derechos de exploración
prospection procedures: procedimientos de búsqueda de candidatos
prospective: eventual, probable; anticipado, esperado; presunto; previsible, posible
__ **borrower**: presunto prestatario
__ **customer**: cliente probable
__ **education**: educación prospectiva
__ **inbalance**: desequilibrio previsible
__ **loan**: eventual préstamo
__ **planning**: planificación prospectiva
__ **research**: investigación prospectiva

__ **return**: rendimiento previsible
__ **sales**: ventas anticipadas
__ **situation**: perspectiva
__ **studies**: estudios prospectivos
__ **trends**: tendencias previsibles
__ **yield of capital assets**: rendimiento previsto del activo de capital
prospector: (min) cateador, explorador, prospector
prospectus: prospecto, folleto informativo
prosperity: prosperidad, alta coyuntura
prosthetic appliances: aparatos de prótesis
protect: proteger, amparar, respaldar, salvaguardar
protected by: bajo la tuición de
__ **customs territories**: zonas (aduaneras) francas
__ **forest**: bosque protegido, bosque de protección
protecting state: Estado protector
protection: protección, amparo, resguardo; (leg) tuición (o tuitivo)
__ **of securities**: custodia de valores
protectionism: proteccionismo
protective clause: cláusula de salvaguardia (protectora)
__ **clothing**: ropa protectora
__ **covenants**: cláusulas proteccionistas
__ **custody**: detención preventiva
__ **duties**: derechos protectores
__ **food**: alimento protector
__ **maintenance**: conservación protectora
__ **tariff**: arancel proteccionista, tarifa aduanera discriminatoria
protein caloric malnutrition: desnutrición proteicocalórica (proteinocalórica)
__ **calories**: calorías de origen proteico
__ **concentrate**: concentrado de proteínas
__ **content**: contenido proteínico
__ **deficiency**: deficiencia proteínica
__ **food**: alimento proteico, alimento rico en proteína
__ **malnutrition**: malnutrición proteínica
__ **requirements**: necesidades proteínicas
protest: protesta, queja, objeción; (com) protesto
__ **a bill**: protestar una letra de cambio
__ **against**: reclamar contra
__ **demostration**: manifestación
__ **waived**: "sin gastos"
prove the cash: comprobar o arquear la caja
proven reserves: reservas comprobadas o confirmadas (petróleo)
provide: suministrar, proveer de, surtir de, facilitar, proporcionar, dotar, constituir, prestar, equipar, ofrecer; (leg) estipular, disponer
__ **the information requested**: (leg) absolver consultas
provided that: siempre que
provident fund: fondo de previsión
__ **reserves**: reservas de previsión
__ **society**: sociedad mutualista
provision: (com) provisión; suministro, abastecimiento; disponibilidad; (leg) disposición, medida; providencia; precepto; cláusula; (cont) reserva, asignación; (pl) víveres, abarrotes, comestibles, provisiones
__ **account**: cuenta de reserva
__ **for bad debts**: reserva para cuentas incobrables
__ **for depreciation**: reserva para depreciación
__ **for doubtful debts**: reserva para cuentas morosas
__ **for losses**: reserva para pérdidas
__ **for taxes**: reserva para impuestos
__ **of educational facilities**: escolarización
__ **of equipment**: suministro de material y equipo, equipamiento
__ **of farm credit**: habilitación de crédito agrícola
__ **of funds**: provisión de fondos
__ **of health services for communities**: prestación de servicios de salud a la comunidad
__ **of reading material**: disponibilidad (producción) de material de lectura
__ **of services**: prestación (aportación) de servicios; instalación de servicios
__ **of the agreement**: estipulación o disposición del acuerdo
__ **of water**: abastecimiento de agua
provisions of a contract: modalidades (términos y condiciones) de un contrato
__ **market**: mercado de abasto o de abarrotes
__ **room**: pañol de víveres (buque)
provisional agenda: programa provisional; orden del día provisional
__ **draft**: anteproyecto
proviso: condición, estipulación; (leg) salvedad
provocative treatment: (med) tratamiento reactivo
provoked abortion: aborto provocado
proximate cause: cause directa
proxy: s (leg) procuración, poder o poderes; (est) valor sustitutivo, artificial o simulado; a sustituto, sustitutivo, representativo
__ **data**: datos indirectos
__ **for appearing in court**: mandato judicial
__ **holder**: (leg) apoderado, mandatario, procurador, poderhabiente; representante (reunión)
prudent man rule: norma de prudente discreción
__ **shopping**: comparación de precios, obtención de cotizaciones
prudential constraints: limitaciones por razones de prudencia
prune: ciruela pasa
pruning: poda, escamonda, desrame
psychiatric disorder: trastorno psíquico
__ **social work**: servicio social psiquiátrico
__ **symptoms**: cuadro psiquiátrico
psychic dependence: dependencia psíquica
__ **distress**: conflicto psíquico
psycho drugs: psicofármaco, psicodroga
psychological anxieties: estados de angustia psicológica
__ **awareness**: conciencia psicológica
__ **block**: experiencia emotiva que afecta la actitud

de una persona para aprender
- __ **development**: desarrollo psicológico, maduración psicológica
- __ **disturbances**: trastornos psicológicos
- __ **makeup**: perfil psicológico
- **psychomotor skill**: destreza psicomotora
- **public accountant**: contador público
- __ **accounting**: contaduría pública
- __ **aid**: asistencia pública
- __ **aided schools**: escuelas subvencionadas
- __ **authorities**: poderes públicos, autoridades públicas
- __ **awareness**: conciencia pública, reconocimiento por el público
- __ **bidding**: licitación pública
- __ **body**: organismo público
- __ **bond**: título de deuda pública
- __ **bonded warehouse**: depósito real de aduana
- __ **borrowing**: oferta pública, emisión ofrecida al público; empréstitos
- __ **capital expenditure**: gastos públicos de capital
- __ **ceremony**: acto público
- __ **college**: universidad pública
- __ **consumption**: consumo del sector público
- __ **corporation**: sociedad pública de capitales, empresa pública o del sector público, corporación de derecho público
- __ **debt**: deuda pública, fiscal u oficial
- __ **deposits**: cuenta corriente del gobierno
- __ **disaster**: calamidad pública
- __ **domain**: bienes del dominio público, patrimonio del Estado o de la Nación
- __ **economies**: economías del sector público
- __ **education**: instrucción pública, enseñanza pública
- __ **enquiries unit**: sección o servicios de información pública
- __ **enterprise**: empresa de servicio público
- __ **enterprise rationalization loan**: préstamo para racionalización de empresas públicas
- __ **expenditures**: gastos del sector público
- __ **figure**: personaje público
- __ **finance**: hacienda pública, erario, fisco
- __ **funds**: erario, hacienda pública
- __ **health aspects of housing**: aspectos de la vivienda relacionados con la salud pública
- __ **health educator**: educador en salud pública
- __ **health engineer**: ingeniero sanitario
- __ **health medical officer**: médico de salud pública
- __ **health nurse**: enfermera de salud pública
- __ **health unit**: centro de higiene, centro de salud
- __ **hearing**: audiencia (vista) pública
- __ **hospital**: hospital de utilidad pública
- __ **housing development (estate)**: caserío público
- __ **lands**: terrenos públicos, tierras fiscales
- __ **law**: ley general, ley pública
- __ **law entity**: entidad de derecho público
- __ **letting (bidding)**: licitación pública
- __ **liability**: responsabilidad ante terceros o civil
- __ **liability insurance**: seguro contra responsabilidad civil
- __ **loans**: empréstitos públicos
- __ **monies**: fondos públicos
- __ **nature of the discussions**: publicidad de las discusiones
- __ **notary**: (AL) notario público; (EUA) fedatario
- __ **notice**: aviso público, notificación pública
- __ **offering**: (fin) oferta (o colocación) pública, emisión ofrecida al público
- __ **officer**: funcionario público
- __ **opinion poll**: sondeo de opinión pública
- __ **overhead facilities**: servicios comunes
- __ **ownership**: nacionalización
- __ **peace**: tranquilidad pública
- __ **policy**: (leg) orden público
- __ **power**: (leg) fuerza pública
- __ **pronouncement**: declaración pública
- __ **property**: propiedad del Estado
- __ **prosecutor**: fiscal, acusador público
- __ **prosecutor's office**: Fiscalía
- __ **purse**: erario público
- __ **relief**: socorro público
- __ **revenue**: ingresos públicos, fiscales o del Estado, ingresos del erario
- __ **sale**: subasta pública
- __ **school**: (EUA) escuela pública; (RU) escuela particular
- __ **schoolteacher**: docente de escuela pública
- __ **sector agencies**: oficinas públicas
- __ **sector borrowing requirements**: necesidades de financiamiento del sector público
- __ **service**: administración pública
- __ **speaking**: arte de hablar en público, arte de la oratoria
- __ **spending**: gastos públicos
- __ **spirit**: civismo, vocación de servicio público
- __ **standpipes**: fuentes públicas
- __ **switch network**: red pública de comunicación
- __ **tender**: licitación pública
- __ **thoroughfare**: vía pública
- __ **transport(ation)**: transporte colectivo, locomoción colectiva
- __ **treasury**: erario, hacienda pública
- __ **underwriting of possible losses**: garantía oficial contra posibles pérdidas
- __ **utilities**: empresas de servicio públicos
- __ **utility coporation**: empresa de servicio públicos
- __ **weal**: bien público
- __ **welfare**: asistencia social o pública
- __ **welfare clinic**: clínica pública
- __ **welfare works**: servicio social, beneficencia pública, asistencia pública
- __ **works**: obras públicas
- **public-address system**: sistema de altavoces con amplificadora, sistema de ampliación radiofónica, instalación de altavoces
- **publication**: publicación; edición; revista
- **publications board**: junta de publicaciones
- **publicity**: publicidad, propaganda, divulgación
- __ **manager**: agente de publicidad

publicly guaranteed debt: deuda con garantía pública
— **held government debt**: deuda pública del Estado en poder de particulares
— **issued bonds**: bonos emitidos en oferta pública
— **owned undertaking**: empresa del sector público
— **traded company**: sociedad cuyas acciones se cotizan en la Bolsa
— **traded stock**: acciones que se cotizan en la Bolsa
publisher: editor, casa impresora, editorial, casa editorial, casa editora, propietario (de un diario)
publisher's stock: obras del fondo
publishing: industria del libro
— **house**: editorial, casa editora, casa editorial
— **industry**: industria del libro
puddle: chorrear
puddled bars and pilings: bloques pudelados
puddling of plants: pralinaje de plantas
pull factors: factores de atracción
pull-down menu: menú desplegable
pulled wool: lana curtiembre
pullets: pollos en crecimiento
pulley: roldana, polín
pulp: pulpa de papel, pasta de papel, celulosa
— **products**: productos a base de pulpa de madera
pulper: despulpadora
pulping materials: materiales celulósicos
pulpwood: madera para pulpa de papel, madera de pulpa
pulse: (med) pulso; (pl) legumbres, (plantas) leguminosas
— **crops**: leguminosas de grano seco
— **rate**: frecuencia del pulso
pump house: sala de bombas
— **irrigation**: riego mediante bombas
— **priming operation**: programa de reactivación, de financiación compensatoria
— **priming policy**: política de reactivación
— **water**: agua de pozo
pumpcrete: concreto lanzado
pumping and pressure works: obras de elevación e impulsión (abastecimiento de agua)
— **main**: tubería principal de impulsión
— **station**: estación de bombeo
punch card: tarjeta perforada
punched hole: perforación
— **tape**: cinta perforada
punching machine: máquina perforadora
punishment of acts of terrorism: represión de actos terroristas
— **of offenses**: represión de infracciones
punitive measure: sanción
pupil: alumno, escolar, educando; (leg) pupilo
— **activity**: trabajo individual del alumno, trabajo espontáneo del alumno
— **load**: número de alumnos por maestro, 1) en las clases de maestros únicos: número de alumnos en la clase; 2) en las clases de varios maestros: a) número medio de alumnos atendidos cada día por determinado maestro; b) número total de alumnos atendidos en un día por un determinado maestro; c) número de alumnos diferentes atendidos en un día o en una semana por determinado maestro
— **nurse**: enfermera aspirante
— **personnel services**: servicios no docentes para el alumno proporcionados por la escuela que contribuye a su educación (servicios de salud, de psicología, etc.)
— **teacher system**: sistema de formación directa de maestros (el futuro profesor aprende su profesión ayudando al maestro)
— **wastage**: mortalidad escolar
pupil's cumulative record: expediente escolar completo (en el que figuran cursos seguidos, notas obtenidas, ausencias, enfermedades, etc.)
pupils enrolled and in attendance: alumnos matriculados y presentes
pupil-centered education: educación concebida en función del alumno
pupil-conceived materials: textos concebidos por los alumnos (a diferencia de *author-conceived materials*: textos redactados por especialistas)
pupil-teacher ratio: proporción (coeficiente) de alumnos por maestro
puppet government: gobierno títere, gobierno de títeres o monigotes
purchase an issue outright: adquirir una emisión en firme
— **contract**: contrato de compraventa
— **invoice**: factura de compra
— **order**: orden de compra
— **price**: precio o valor de compra, precio de adquisición, precio de usuario
— **requisition**: solicitud de compra
purchases of discontinued or "grey market" goods: compras de fin de serie o de saldo
— **on capital account**: compras cargadas a la cuenta de capital
purchase-option lease: arrendamiento (financiero) con opción de compra
purchased inputs: insumos comerciales
purchaser's value: valor a precio de comprador (cuentas nacionales)
purchasing agent: agente de compras o de adquisiciones
— **policies**: procedimientos y prácticas de compra
— **power**: poder adquisitivo o de compra
— **power parity**: paridad del dinero, paridad del poder adquisitivo
— **power parity rate of exchange**: tipo de cambio de paridad del poder de compra
— **procedure**: concurso, licitación, procedimiento de compra
pure competition: competencia libre o perfecta
— **random process**: (est) proceso estocástico puro
— **stand**: (silv) cultivo de un solo tipo de especie,

cultivo único
__ **stands**: bosques homogéneos
__ **variety**: (agr) variedad pura
__ **water**: agua potable
purebred: de raza, de pura sangre
__ **livestock**: ganado de (pura) raza, ganado fino
purification of sewage: depuración de las aguas negras
__ **plant**: instalaciones depuradoras
purifying qualities: cualidades depuradoras
purport: tenor (contenido, términos) de un documento
purpose: propósito, objetivo, intención, deseo; destino; resolución, determinación; utilidad; uso
__ **of a company**: objeto social
__ **of appropriation**: fines de la asignación
purposeful activity: actividad intencionada
purposely: voluntariamente
purposive injury: lesión intencional
__ **pscyology**: psicología teleológica
__ **sample**: muestra dirigida o intencional
__ **sampling**: muestreo intencional
__ **selection**: selección dirigida
purse line: jareta
__ **seine**: red de cerco de jareta
purser: contador (de navío o aeronave)
pursuant to: según, conforme a, de conformidad con, en cumplimiento de, en virtud de; a tenor del cual
pursue a policy: seguir una política
purview: alcance; esfera; competencia; articulado o texto (de una ley)
push and pull: tira y afloja; (fc) tracción y empuje
__ **button**: botón de mando, de llamada o de contacto; pulsador
pushed for money, be: estar flojo de dinero
push tugboat: remolcador-empujador
"**pusher**": traficante de drogas
__ **craft**: barco impulsor
pusher-barge system: navegación de empuje
pushing: navegación por parco impulsor
put at stake: poner en juego
__ **forward**: proponer o someter (una propuesta), proponer o presentar la candidatura de o como candidato a
__ **in legal claim**: presentar una demanda de reclamación
__ **in a word for**: interceder por uno
__ **in casing (sausage meat)**: embutido
__ **in writing**: poner por escrito
__ **into commission**: poner en servicio
__ **into effect**: poner en vigor, poner en práctica, hacer efectivo; operacionalizar la teoría
__ **into practice**: poner en práctica, aplicar, llevar a la práctica
__ **into private ownership**: privatizar
__ **into public ownership**: nacionalizar
__ **law into force**: promulgar, aplicar, poner en vigor
__ **on the same footing as**: equiparar con, poner en pie de igualdad con
__ **option**: opción de venta
__ **to a vote**: someter a votación
__ **up at auction**: sacar a remate, subastar, poner en pública subasta
putlog: (const) mechinal
putlog hole: mechinal
puttable bond: bono con opción a venta
putting forth: puesta en circulación
__ **into stock**: constitución de existencias
puzzling: incomprensible, enigmático, misterioso, extraño
pyramiding of prices: aumento escalonado de precios

Q

quack: charlatán, galeno
quackery: charlatanerismo, curanderismo, curandería
quadratic equation: ecuación de segundo grado
__ **mean**: media cuadrática
quadrivium: cuadrivio (las cuatro disciplinas principales del plan de estudio medieval: aritmética, geometría, astronomía y música)
quagmire: lodazal, ciénaga, cenegal, tremedal
quaking bog: tremedal
qualification: educación, experiencia y preparación; capacidad, idoneidad, competencia; (pl) títulos exigidos, títulos y aptitudes, títulos y méritos, condiciones de admisión o de inscripción; preparación y méritos, cualidades; conocimientos; reservas, salvedad; requisitos, conocimientos; distingo, restricción, atenuante, paliativo
__ **clauses**: cláusulas especiales
__ **procedures**: procedimientos de calificación
__ **shares**: acciones de garantía
qualified: calificado, preparado, idóneo, competente; a veces: condicional, condicionado, con reservas, con salvedades
__ **acceptance**: aceptación limitada o condicional, parcial o con reservas
__ **accountant**: perito contador
__ **agreement to reimburse**: acuerdo (convenio) condicional de reembolso
__ **approval**: aprobación con reserves (salvedades)
__ **bidder**: licitante calificado
__ **borrower**: sujeto de crédito
__ **borrowing**: empréstito calificado
__ **candidates**: candidatos idóneos
__ **certificate**: (audit) certificado con salvedades
__ **doctor**: médico debidamente preparado
__ **electrician**: perito electricista
__ **endorsement**: endoso condicional, endoso con exclusión de la responsabilidad, sin mi responsabilidad
__ **equilibrium**: equilibrio relativo

__ **guarantee**: garantía relativo
__ **instrument of commitment**: instrumento de compromiso condicional
__ **interest**: interés limitado
__ **majority**: mayoría especial, mayoría calificada
__ **nurse**: enfermera titulada o diplomada
__ **opinion**: (cont) dictamen con reservas; opinión condicionada, con salvedades o reservas
__ **organizations**: organizaciones acreditadas
__ **privilege**: privilegio condicional
__ **statement**: afirmación condicionada o con reservas
__ **teacher**: maestro calificado, certificado o idóneo
__ **to act**: habilitado
__ **to vote**: capacitado para votar
__ **worker**: obrero calificado, trabajador calificado
qualifier: condicionante; (est) determinante
qualify: capacitarse, habilitarse; dar derecho; calificar de; limitar, restringir, formular distingos o reservas; cursar los estudios profesionales, estudiar; obtener el título, graduarse; llenar los requisitos, reunir las condiciones, condicionar
__ **for membership**: reunir las condiciones para ser miembro (socio de un club, etc.)
__ **the law**: condicionar la ley
qualifying clause: (leg) cláusula habilitante
__ **diploma or license**: licencia de idoneidad
__ **document**: (leg) documento habilitante
__ **examination**: examen de aptitud o de ingreso, examen de competencia
__ **for financing projects**: que satisfacen los requisitos de financiamiento exigidos
__ **of suppliers**: (proceso de) calificación de los proveedores
__ **period**: (seg) período mínimo de afiliación
__ **service**: servicio calificado, servicio acreditable
__ **shares**: acciones habilitantes
qualitative adjustment: reajuste cualitativo
__ **analysis**: análisis cualitativo
__ **coinsurance**: coaseguro cualitativo
__ **exchange control**: control cualitativo de cambio
quality assurance: garantía de calidad, control de calidad
__ **checks**: (demo) encuestas de control, verificaciones de la calidad
__ **cuts**: cortes de 1ª calidad (carne)
__ **discount**: bonificación por calidad
__ **goods (products)**: productos de calidad
__ **loan**: préstamo de calidad
__ **standards of production**: normas de calidad de la producción
qualm: escrúpulo o remordimiento de conciencia
quantification: cuantificación (asignación arbitraria de valores numéricos a observaciones que son comúnmente cualitativas)
quantified evidence: datos cifrados o cuantificados
quantitation: expresión cuantitativa
quantitative analysis: análisis cuantitativo

__ **ceiling**: límite cuantitativo
__ **index**: índice cuantitativo
__ **response**: respuesta cuantitativa
quantity discount: bonificación, rebaja o descuento por cantidad
__ **equation**: ecuación de cambio (teoría cuantitativa del dinero)
__ **estimates**: cómputos métricos
__ **of money**: masa monetaria
__ **production**: producción o fabricación en serie, en masa o en cantidad
__ **relation**: relación de cantidad
__ **survey**: cómputo de cantidades de trabajo
__ **surveyor**: aparejador, metrador; medidor, estimador, medidor de materiales
__ **theory of money**: teoría cuantitativa del dinero
quantum: cuanto, quantum (unidad elemental de energía); cuantía, cantidad
__ **contract**: contrato por cantidad
__ **index**: índice de volumen cuantitativo (exportaciones)
__ **number**: número cuántico
__ **of output**: volumen físico de la producción
__ **of proof**: cuantía de la prueba
__ **of the claim**: cuantía de la reclamación
quarantine line: cordón sanitario, línea cuarentenaria, aislamiento sanitario
__ **period**: período de cuarentena
__ **station**: estación de cuarentena
quarry: s cantera, pedrera; v sacar piedra de una cantera
__ **stone**: piedra de cantera, bruta o sin labrar
quarry-run: todo uno de la cantera, tal como sale de la cantera (sin cribar)
quarrying: cantería, pedrería
quarter: s cuarto, cuarta parte, cuarto de hora, trimestre; (pl) domicilio, vivienda; v depositar; destazar, carnear (carne)
__ **teat**: cuarto de ordeña
quartering: cuarteo (superficie vial)
quarterly: s publicación trimestral; a trimestral; adv trimestralmente, en cuartos
__ **intervals, at**: cada tres meses, trimestralmente
__ **magazine**: revista trimestral
quartile: cuartil
quash a judgment: invalidar una sentencia
quasi contract: cuasi contrato
__ **equity**: cuasi capital
__ **money**: cuasi dinero
__ **partner**: socio aparente
quasi-automatic: cuasi automático, semiautomático
quasi-compact cluster: conglomerado casi compacto
quasi-experimental insecticide: insecticida aún en la fase experimental para ser aplicado
quasi-factorial design: diseño casi factorial
quasi-governmental: paraestatal
quasi-household population: población fluctuante en colectividades
quasi-official agency: organismo paraestatal

quasi-public corporation: persona privada de derecho público
quasi-random sampling: muestra casi aleatoria
quasi-restricted random sampling: muestreo casialeatorio, aleatorio restringido
quay: muelle, malecón
quayage: muellaje
queensland nut: macadamia
quell: reprimir, sofocar, calmar, mitigar
quench tank: tanque de enfriamiento; cubeta de remojo
query: s pregunta, indagación, averiguación; v preguntar, indagar, expresar duda, poner en entredicho
quest: busca, búsqueda; investigación, averiguación
question: s pregunta, interrogante; problema, asunto; v preguntar, indagar, hacer preguntas, interrogar, poner en entredicho, pone en tela de juicio, dudar, desconfiar
__ **and answer method**: método de preguntas y repuestas
__ **box**: buzón de preguntas
__ **list**: cuestionario
__ **mark**: signo de interrogación, interrogante
__ **submitted**: cuestión planteada
questions in an interrogatory: posiciones
questionable: discutible, debatible, dudoso, dudable, controvertible, problemático
questioner: interrogador
questioning: interrogatorio
questionnaire: cuestionario, encuesta
__ **survey**: encuesta mediante cuestionario(s)
queue: cola, fila de espera
queuing problem: problema de las colas
__ **theory**: teoría de las colas
__ **time**: tiempo de espera (puerto)
quick: rápido; (fin) efectivo, disponible
__ **assets**: activo disponible o realizable; activo de fácil liquidación (liquidez) de caja, valores disponibles
__ **on the draw**: impetuoso, impulsivo
__ **ratio**: índice rápido
__ **works**: obra viva
quick-assets ratio: índice rápido
quick-disbursing loan: préstamo de rápido desembolso
quick-reference books: los "usuales"; obras de consulta
quick-yielding project: proyecto de rápido rendimiento
quicksilver: azogue, mercurio
__ **ore**: cinabrio
quickie strike: huelga corta
quid pro quo: contrapartida; compensación
quiet diplomacy: diplomacia discreta
__ **market**: mercado calmado
__ **pride**: autosatisfacción
__ **sun**: actividad solar mínima
__ **zone**: zona de tranquilidad

quincunx: tresbolillo (árboles plantados en tresbolillo)
quit: abandonar, renunciar, irse (de un trabajo)
quitter: desertor (de una causa, etc.)
quiz: examen oral o escrito (para evaluar el progreso de los alumnos que se da generalmente al término de una unidad de trabajo); programa o concurso (radiofónico) de preguntas y respuestas
__ **master**: moderador
quorum: quórum
quota: cuota, contribución; cupo (importaciones); contingente
__ **assessment**: prorrateo de cuotas
__ **in effect**: cuota vigente
__ **sampling method**: método de muestras por cuotas
__ **system**: (com) contingentación, sistema de contingentes
__ **system for staff**: sistema de cuotas para la contratación de personal
quota-share: cuota-parte
quotable: citable, que merece citarse; cotizable
quotation: cita, citación, texto citado; (fin) cotización, oferta de precios, precio
__ **board**: tabulador de cotizaciones
__ **form**: formulario de ofertas
__ **marks**: comillas
quote: citar entre comillas; cotizar (indicar) precios
quoted company: compañía que cotiza en la Bolsa
__ **market price**: precio cotizado de mercado
__ **on the stock exchange**: cotizado en la Bolsa
__ **prices**: precios de oferta, de cotización
__ **securities**: valores cotizados
quotient: cociente, cuociente

R

rabbit breeding (keeping): cunicultura
raceway: (reg) canal de conducción; (elec) conducto de alambres
rachet efffect: efecto de trinquete
racking: estiba; trasiego (para eliminar sedimento)
RADAR (Radio Detecting and Ranging): radar
radial power saw: sierra circular
radiance: brillo, resplandor, esplendor; emisividad
radiation: radiación, radiaciones ionizantes
__ **balance**: radiación total resultante
__ **biology**: radiobiología
__ **data**: datos radiométricos
__ **dosimetry**: dosimetría de radiaciones
__ **effect**: efecto de irradiación
__ **health**: salud o higiene de las radiaciones ionizantes
__ **medicine**: medicina de las radiaciones, medicina radiológica
__ **medicine services**: servicios radiológicos

RADICAL

__ **monitoring**: observación de la radiación
__ **pasteurized foods**: alimentos pasteurizados por irradiación
__ **physicist**: físico radiólogo
__ **source**: fuente de radiaciones
__ **surveillance**: vigilancia de las radiaciones
__ **survey meter**: monitor de radiaciones
__ **therapy**: terapéutica por radiaciones
radical rethinking: reformulación completa
radio: radiodifundir, radiotransmitir, transmitir por radio, perifonear
__ **advertising**: publicidad radiofónica
__ **announcer**: locutor
__ **class**: clase por radio
__ **college of the air**: universidad radiofónica, "escuela del aire"
__ **direction finding**: radiogoniometría
__ **engineer**: radiotécnico, ingeniero radiotécnico
__ **engineering**: radiotecnia
__ **forum**: tribuna radiofónica, tribuna radial
__ **ham**: radioaficionado
__ **hookup**: circuito
__ **listener**: radioyente
__ **message**: radiograma, radiomensaje
__ **network**: cadena de radio, radiocadena, red de emisoras
__ **on the shoestring**: radio pobre
__ **receiver**: radiorreceptor
__ **recordings**: cintas grabadas para radio
__ **school**: escuela radiofónica
__ **sensing imagery**: imágenes obtenidas mediante teleobservación
__ **set**: aparato de radio, radiorreceptor
__ **spot**: espacio o cuña radial
__ **station**: emisora
__ **technology**: radiotecnia
radio-based systems: sistemas radiales
radioactive check source: fuente radiactiva de verificación
__ **decay**: desintegración de la superficie radiactiva
__ **fallout**: posos radiactivos, lluvia radiactiva
__ **forcing**: forzamiento radiactivo, variaciones climáticas inducidas por la radiación solar
__ **material**: material radiactivo
__ **tracer methods**: métodos que utilizan trazadores radiactivos
__ **water**: agua activa o radiactiva
__ **waste**: residuos radiactivos
radioactivity in the environment: radiactividad del ambiente
radiobroadcast: radiodifundir, perifonear
radiobroadcasting: radiodifusión, perifonía
radioisotope tracer technique: técnica de marcadores radioisotópicos
radiological health: salud radiológica, protección contra las radiaciones ionizantes
radiophonic instruction: radioeducación
raft: balsa, almadía
rafting: bajada de ríos

RAM

rag paper: papel de hilo, papel de estraza
raging inflation: inflación desenfrenada
raid: operativo (militar), incursión; (fin) tiburoneo (OPAS)
rail carriers: empresas ferroviarias, transportistas (portadores) por ferrocarril
__ **laying**: tendido de carriles
__ **tractor**: locotractor
railhead: terminal de ferrocarril
railroad: vía férrea, ferrocarril, ferrovía
__ **crossing**: paso a nivel, cruce de vías
__ **junction**: empalme ferroviario, nudo ferroviario
__ **operation**: explotación de los ferrocarriles
__ **rates**: tarifas de ferrocarriles
__ **siding**: apartadero, desvío ferroviario
__ **system**: red ferroviaria, sistema ferroviario
__ **track**: línea férrea, línea ferroviaria
railway car for livestock: jaula
rain forest: bosque húmedo; bosque pluvial, selva tropical húmeda, bosque ombrófilo, bosque higrofítico, pluviselva
__ **gage**: pluviómetro
__ **gage data**: datos pluviométricos
__ **or wind damage**: accidentes meteorológicos (lluvia o viento)
rain-free period: período seco
rainfall: precipitación, pluviosidad, lluvia caída, altura de la precipitación
__ **pattern**: régimen pluvial o de lluvias
__ **stations**: estaciones pluviométricas
rainfed agriculture: agricultura de secano
__ **area**: secano
__ **rice**: arroz pluvial
rainy season: estación de las lluvias; invierno (en los trópicos)
raise: (min) chimenea
__ **a loan**: emitir un empréstito, levantar un préstamo
__ **a plea**: oponer (una) excepción
__ **a point**: plantear un asunto, traer (sacar) a colación
__ **a point of law**: (leg) provocar un incidente
__ **a point of order**: presentar (plantear) una cuestión de orden
__ **an objection**: formular una objeción, oponer reparos, poner inconvenientes
__ **factor**: factor de crecimiento, de expansión
__ **funds**: obtener o movilizar fondos
__ **in wages**: aumento o alza de salarios
__ **the school age**: extender la escolaridad obligatoria
raising of capital: movilización de capital, obtención, captación de capital
__ **of funds by borrowing**: captación de recursos
__ **on range**: cría de libertad en campo abierto
rake of wagons: (fc) rama
rally: reunión, manifestación, mitin; (com) recuperación, reanimación, repunte
ram: carnero, morueco; ariete (hidráulico)
__ **lamb**: borrego

300

ramifications: repercusiones, consecuencias; recovecos
rammed earth: tierra apisonada
rampant inflation: inflación desenfrenada o galopante
ranch: hacienda, estancia, explotación pecuaria
ranching: cría de ganado, ganadería de carne
random access: (comp) acceso al azar, acceso directo
__ **access memory**: (comp) memoria de libre acceso, de acceso aleatorio
__ **access programming**: (comp) programación de libre acceso
__ **event**: suceso casual
__ **migration**: migración casual
__ **number**: número aleatorio
__ **sample**: muestra (elegida) al azar, muestra aleatoria
__ **sampling method**: método de muestreo aleatorio, método de muestreo probabilístico
__ **selection**: selección al azar
__ **shock**: perturbación aleatoria
__ **variable**: variable aleatoria
__ **walk**: (est) trayecto o camino aleatorio
randomization: distribución al azar, aleatorización
randomized blocks: bloques aleatorizados
randomizing: (comp.) conversión libre
randomness: aleatoriedad
range: campo o esfera de actividad, radio de acción; límite; (est) intervalo de variación, margen, extensión, zona; distribución geográfica (plantas, animales); banda (precios); alcance; recorrido, amplitud, escala, gama; abanico, variedad, surtido; (agr) dehesa, praderas, campo de invernada; (aero) autonomía de vuelo
__ **chart**: gráfico de amplitud
__ **count**: carga de ganado
__ **finding**: telemetría
__ **management**: manejo de empastadas o pasturas (aprovechamiento racional de tierras de pastoreo), ordenación de tierras de pastoreo
__ **of attention**: amplitud de la atención
__ **of flight**: radio de vuelo
__ **of grades**: escala de grados
__ **of information**: alcance o amplitud de información
__ **of mountains**: cordillera
__ **of possibilities**: abanico, repertorio, gama de posibilidades
__ **of prices**: gama de precios, recorrido de los precios (precios máximos, precios mínimos)
__ **of production**: variedad de la producción
__ **of scores**: (edu) escala de valores
__ **of unitized transport**: recorrido del transporte unitarizado
__ **of variation of wage differentials**: margen (rango) de variación de las diferencias salariales
__ **of visibility**: campo de visibilidad, radio de visibilidad
__ **officer**: ingeniero de montes

__ **or distance**: tramo de distancia (fletes y transportes)
__ **readiness**: pastizal maduro, aptitud de los pastizales
rangeland: tierra de pastoreo, tierra de pastos, dehesa
__ **management**: ordenación de tierras de tránsito
__ **stock farming**: ganadería ligada a la tierra
ranger: guardamontes, guardabosques
rank: *s* grado, categoría, jerarquía, rango posición; *v* ocupar un lugar jerárquico o una posición; figurar, encontrarse, considerarse; (est) ordenar, jerarquizar
__ **ahead of (before or above)**: tener prelación
__ **and file**: masa (de funcionarios, afiliados, etc.); bases, militancia (de un sindicato o partido político); socios ordinarios (de un club); la generalidad, el común de la gente
__ **correlation**: correlación por categorías
__ **correlation coefficient**: coeficiente de correlación por rangos
__ **high**: sobresalir, distinguirse
__ **in the occupation**: categoría profesional, situación jerárquica en la profesión
__ **order**: (est) orden de importancia
__ *pari passu* **with**: tener igual prelación
__ **size rule**: (est) regla de precedencia por tamaño
rank-in-man approach: criterio del mérito personal
rank-in-post approach: criterio de las funciones del puesto (de la jerarquía del puesto)
ranking: categoría, clasificación por rangos, orden de importancia, jerarquización, priorización (proyectos); (est) posición relativa
__ **of creditors**: orden de prelación de los acreedores
rape oil (rapeseed oil): aceite de nabina, aceite de nabo silvestre
rapeseed: semilla de colza
rapid training: formación acelerada o intensiva
rapport: relación; compenetración, armonía
rapporteur: relator, ponente
rapprochement: acercamiento, aproximación, convergencia
raps: colza
rash: *s* (med) erupción de la piel, erupción cutánea, exantema: *a* temerario, impetuoso, imprudente; precipitado
__ **action**: acto temerario
raspberry: frambuesa
ratchet effect: efecto de retén o de trinquete (inflación)
ratcheting up: alza o subida por efecto de trinquete
rate: *s* proporción; índice, tasa coeficiente (natalidad, incremento, crecimiento); velocidad; ritmo (producción); precio (mercado); cotización; tarifa (servicios públicos); flete (carga); tipo (interés); (med) frecuencia (pulso); *v* tasar, valorizar, estimar; considerar; calificar; clasificar
__ **basis conversion**: conversión de la base de

interés
__ **compliance**: cumplimiento de tarifas
__ **contract**: contrato a precios unitarios
__ **cutting**: reducción de tarifas
__ **fixing**: fijación de tarifas, tarificación
__ **for deposits**: tasa de captación
__ **for the job**: sueldo justo
__ **making**: confección de tarifas, tarificación
__ **of appraisal**: tasa de valorización
__ **of benefit**: tasa de prestación
__ **of births out of wedlock**: tasa de partos en solteras
__ **of bonus**: tipo de participación
__ **of computation**: tipo para los cálculos
__ **of contribution**: tasa de aportación
__ **of conversion**: tipo de conversión
__ **of default**: tasa de mora
__ **of degradation**: velocidad de degradación
__ **of disbursement**: nivel de los desembolsos
__ **of discount**: tipo de descuento; tasa de actualización (FMI)
__ **of duty**: tarifa de derechos de aduana
__ **of exchange**: cambio, tipo de cambio
__ **of flow**: caudal (río); velocidad del gasto (bomba); (elec) régimen de corriente
__ **of freight**: flete
__ **of interest**: tipo de interés, tasa de interés
__ **of output**: coeficiente o tasa de producción
__ **of pay**: tipo de sueldo, razón de salario
__ **of progress**: ritmo de progreso, avance o rapidez (de una obra)
__ **of pure time preference**: tasa de preferencia pura en el tiempo
__ **of reading**: rapidez de lectura
__ **of return**: (tasa de) rentabilidad o rendimiento de capital
__ **of seeding**: dosis de siembra
__ **of surplus value**: tasa de plusvalía
__ **on the free market**: cotización (o cambio) no oficial
__ **pattern**: estructura de los tipos (tasas) de interés
__ **schedule**: esquema tarifario
__ **setting**: fijación de tarifas, tarificación; ajuste de salarios
__ **structure**: estructura de tarifas
__ **tiering**: diferenciación por medio de tasas (reestructuración de la deuda externa)
rates: impuestos municipales
rate-of-time preference: tasa de preferencia temporal
rateable value: valor imponible
rated capacity: capacidad de diseño, nominal o de régimen
__ **horsepower**: potencia de régimen
__ **load**: carga normal
__ **power**: potencia nominal
__ **technician**: técnico calificado
__ **tube**: tubo especificado (radiaciones)
ratification of a deal (deed): formalización de un negocio (escritura)
ratify: sancionar, aprobar, ratificar
rating: estimación, tarificación, tasación, valorización, valoración, evaluación, apreciación, calificación, valor asignado, determinación de una tasa, precio o grado, clasificación de valores, asignación de notas (puntos); capacidad normal (máquina)
__ **agency**: agencia u organismo de clasificación de riesgos
__ **agreement**: (seg) convenio de tarificación de riesgos
__ **bureau**: (seg) órgano de tarificación de riesgos
__ **of a business**: crédito, límite de crédito
__ **of priorities**: determinación de prioridades
__ **scale**: escala de puntuación, de calificación o de medición
__ **service**: servicio de clasificación de valores
__ **up**: (seg) tarificación de riesgos agravados
ratio: razón, relación, proporción, coeficiente, índice
__ **analysis**: análisis de razones
__ **chart**: diagrama en escala semilogarítmica
__ **estimate**: estimación de la razón
__ **of debt (liabilities) to equity (capital)**: relación de endeudamiento - capital propio
__ **scale**: escala semilogarítmica
ratios of exchange: relaciones de cambio
ration: ración; (pl) víveres, suministros, aprovisionamiento
rational: racional, razonable, sensato, lógico, razonado, juicioso
__ **development**: desarrollo sistemático, formación o preparación sistemática
__ **expectations**: expectativas racionales
rationale: razón de ser, razón (criterio) fundamental, base racional, fundamento lógico, lógica del diseño, análisis razonado, exposición razonable, justificación, explicación, motivación
rationing: racionamiento
__ **of credit**: limitación cuantitativa del crédito
__ **of foreign exchange**: contingentación de divisas
rattan: rota, caña de India
raveling: desintegración de la superficie, pavimento desgastado (camino)
ravine: hondonada, cañada
__ **erosion**: erosión en cárcavas, abarrancamiento
raw agricultural products: productos agrícolas brutos
__ **brown coal**: lignito crudo
__ **coffee**: café verde o crudo
__ **cotton**: algodón en rama o bruto
__ **data**: datos primarios u originales, datos básicos, brutos, datos sin elaborar, datos primos
__ **deal**: decisión injusta, injusticia
__ **foods**: alimentos crudos
__ **hand**: novato
__ **humus**: mantillo ácido
__ **investment**: inversión bruta

RAYON

__ **land**: terreno no acondicionado
__ **material**: materia prima, material primario
__ **milk**: leche cruda, leche natural
__ **rubber**: caucho bruto
__ **score**: puntuación original, nota bruta, valor bruto
__ **sewage**: aguas residuales o aguas negras sin tratar
__ **silk**: seda cruda, seda basta, seda en rama o sin trabajar
__ **stock**: película virgen (cine)
__ **sugar**: azúcar no refinado o crudo
__ **tobacco**: tabaco en bruto (crudo)
__ **water**: agua bruta, cruda o sin tratar, agua natural, agua sin depurar
__ **wool**: lana en rama
rayon: rayón (fibra de celulosa)
__ **acetate staple fiber**: fibra celulósica cortada de acetato
re-account (re-exchange): cuenta de resaca
reaction flask: matraz
reach a compromise: transigir
__ **a quorum**: obtener o conseguir el quórum
__ **of a river**: tramo de un río
reactionary: reaccionario, retrógrado
read and approved: visto y conforme
__ **in**: (comp) introducir en la memoria
__ **off**: (comp) leer desde un disquete
read-and-write memory: (comp) memoria de lectura-escritura
read-only memory: (comp) memoria de solo lectura (memoria ROM), memoria inalterable, memoria de lectura solamente (informática)
readability formula: fórmula de legibilidad o criterio de inteligibilidad
reader: lector, libro (manual) de lectura; antología, libro de trozos escogidos; corrector de pruebas; (RU) encargado de curso
__ **in biochemistry**: profesor adjunto de bioquímica
readership: (número de) lectores (revista); (edu) cargo de profesor adjunto; difusión, audiencia
readiness: buena disposición; disponibilidad; preparación
__ **activities**: actividades que preparan para aprender a leer, tales como relatos, elocución, ampliación de vocabulario, etc.
__ **curriculum**: currículo de aprendizaje
__ **for reading**: grado de preparación para la lectura, aptitud para la lectura
__ **programs**: programas de preparación psicológica (para el estudio de una materia)
__ **to invest**: disposición a invertir
__ **to learn to read**: receptividad de los alumnos a la lectura
reading activity: ejercicios de lectura
__ **age**: edad en lectura (expresión de la habilidad para leer en función de la edad)
__ **capacity**: 1) habilidad para aprender a captar ideas de la palabra impresa o escrita y efectuar las adaptaciones físicas y mentales que

REAL

requiere la lectura; 2) aptitud para leer; 3) capacidad potencial para la lectura
__ **interests**: tipos de material de lectura que atraen y sostienen la atención del lector
__ **laboratory**: centro de estudios de material de lectura
__ **list**: lista bibliográfica
__ **material**: textos o material de lectura
__ **pattern**: patrón de referencia para la lectura
__ **period**: clase o sesión de lectura
__ **programs**: programas de enseñanza de la lectura
__ **skill**: habilidad esencial para el satisfactorio aprendizaje de la lectura (reconocer, comprender, organizar, recordar palabras)
__ **span**: número de palabras en una línea percibido de una ojeada
readjustment: reajuste, reorganización
__ **allowance**: asignación por reajuste
__ **of currencies**: reajuste monetario, reajuste de las paridades
ready assets: liquidez de caja
__ **availability**: facilidades de acceso
__ **cash (money)**: dinero a la mano, fondos disponibles, dinero contante, contante y sonante, dinero líquido o efectivo
__ **for decision**: (leg) para resolver
__ **market**: fácil venta, fácil salida
__ **mixed cement truck**: camión de hormigonera
__ **reckoner**: baremo
__ **sale**: venta fácil, pronta salida
__ **understanding of stock exchange operations**: transparencia de la Bolsa
reafforestation: repoblación forestal, reforestación
reagent: reactivo
real accounts: cuentas económicas o permanentes (*op a* financieras)
__ **assets**: bienes raíces, bienes inmuebles, activos reales
__ **"danger of bias"**: peligro real de un fallo viciado o prejuiciado
__ **effective exchange rate**: tipo de cambio efectivo
__ **estate**: bienes inmobiliarios, bienes raíces, bienes inmuebles, bienes sedientes
__ **estate auction**: subasta inmobiliaria
__ **estate credit**: crédito inmobiliario o hipotecario
__ **estate developer**: promotor inmobiliario; a veces: urbanizador
__ **estate development**: urbanización
__ **estate equity**: participación en inversiones inmobiliarias
__ **estate map**: plano catastral
__ **estate mortgage**: hipoteca inmobiliaria
__ **estate partnership**: sociedad de bienes raíces
__ **estate property mortgage**: hipoteca sobre bienes raíces
__ **estate register**: catastro
__ **estate sector**: sector inmobiliario
__ **estate security**: garantía hipotecaria

303

__ **estate tax**: contribución sobre bienes raíces, contribución inmobiliaria, impuesto predial
__ **estate taxation**: gravámenes a la propiedad
__ **income**: ingresos reales
__ **income movement**: variación de los ingresos reales
__ **property (real estate)**: propiedad raíz, bienes inmuebles
__ **sectors**: sectores productivos
__ **terms, in**: en términos (cifras) reales, a precios constantes
__ **time**: tiempo real
__ **value**: valor intrínseco
__ **wage**: salario efectivo o real
realignment: armonización
__ **of currencies**: realineamiento (reajuste) monetario o de las monedas
__ **of parities**: reajuste de las paridades
__ **of the economy**: reestructuración de la economía
realistic: realista, práctico, objetivo, en armonía con la realidad, ajustado a la realidad
__ **criteria**: criterios objetivos
reality: (leg) materialidad (ejecución de un acto); realidad
realize: darse cuenta, caer en la cuenta, comprender, hacerse cargo; sacar, lograr; obtener (ganancias); realizarse, hacerse realidad
realized benefits: beneficios realizados
__ **price**: precio efectivo o realizado (petróleo), precio de realización
reallocation of labor: redistribución de la mano de obra
__ **of land**: concentración parcelaria, consolidación de predios dispersos
realtor: corredor de bienes raíces
realty: bienes raíces, propiedad inmueble, inmuebles
ream of paper: resma
reappointment: renovación de nombramiento, recontratación
reappraisal: revaluación, nueva estimación, nueva apreciación; reajuste
reappropriation: reasignación (renovación) de créditos
"rearer" cattle: ganado de levante o de cría
rearing: cultivo; cría; crianza; educación
__ **by hand**: cría artificial (terneros)
__ **pond**: vivero o laguna de cría
rearrangement: nuevo arreglo, nueva disposición; reordenación
reasons for an award: motivación de un laudo
reasonable: razonable, racional; moderado, sensato; módico; prudente, prudencial, justificado, fundado, legítimo
__ **belief**: indicios razonables (de que se ha cometido un delito)
__ **grounds for reaching a decision**: (leg) convicción moral
__ **time**: plazo prudencial
reasonably convenient homes: casas relativamente confortables
__ **valued**: valorado razonablemente, ventajoso
reasoned conclusion: conclusión motivada
reassert (his position): reafirmar o reiterar (su posición)
reassignment: nuevo nombramiento, traslado, asignación de nuevo destino, cambio de destino, reasignación funcional
rebar (reinforcing bar): (const) barra de refuerzo
rebate: bonificación, descuento, rebaja; a veces: reintegro
rebound: (econ) repunte, recuperación, reacción, aumento de precios
rebuild: reconstruir, reedificar, reconstituir, reponer
rebuilding of reserves: reconstitución (acumulación) de reservas
rebuttal: réplica; refutación; impugnación
__ **panel**: grupo de impugnación
recall: hacer volver, retirar (embajador); reintegrarse (a un cargo o empleo)
__ **installments**: pagos parciales por concepto de reintegro
__ **questionnaire**: cuestionario recordatorio
__ **questionnaire survey**: estudio basado en cuestionarios recordatorios
__ **under loans**: reintegro de los montos en préstamo
__ **recalls**: (presu) fondos retirados
recap: *s* resumen, recapitulación; recauchado (llanta); *v* resumir; recapitular; recauchar
recapitulation: resumen, recapitulación
recapture clause: cláusula de recuperación
recede: bajar, disminuir, retroceder (precios)
receipt: recepción; recibo, vale; (pl) ingresos, entradas, recaudación, sumas percibidas (o recibidas), percepción
receipts and disbursements: entradas y salidas, ingresos y desembolsos
__ **and expenditures account**: cuenta de ingresos y gastos
receipted bills: facturas canceladas o firmadas
receivable: admisible, procedente; válido
receivables: (com) activo exigible, efectos a cobrar, cuentas (deudas) por cobrar, deudores diversos
receive (salary, dividend): percibir (sueldo, dividendo)
receiver: recibidor encubridor, receptor; destinatario; recaudador
__ **in bankrupcy**: (leg) síndico de quiebra
receivership: (leg) administración judicial, sindicatura
receiving and dispatch: recepción y expedición
__ **clerk**: recibidor
__ **country**: país beneficiario; país que recibe o acoge (a un becario)
__ **home**: hogar o casa de admisión
__ **industry**: industria compradora o utilizadora
__ **organization**: organización de acogida (de becarios, etc.)
__ **pier**: muelle de entrega

304

RECEPTION

__ **set**: (radio) receptor
reception office or desk: recepción; oficina de partes (donde las comunicaciones se reciben y se hacen llegar al departamento conveniente)
recertification: renovación de certificado
recess: hueco, nicho; suspensión (de una sesión), intervalo (entre sesiones), interrupción (de una reunión); (edu) recreo; (parlamento) período de clausura, vacaciones parlamentarias
__ **a meeting**: pasar a cuarto intermedio, suspender una reunión
recessed lamps: lámparas embutidas
recession: (econ) recesión, contracción económica; lento retroceso de la actividad económica
__ **crop**: cultivo de decrecida o en recesión
recessions and floods: estirajes y crecidas
recessionary trends: tendencias recesionistas
recessive traits: caracteres recesivos
rechanneling of credit: reorientación del crédito
recharge well: pozo filtrador o con filtro de agua
recipient: destinatario (carta), beneficiario o titular (de ayuda, de un préstamo)
__ **animals**: animales receptores
__ **country**: país beneficiario o receptor
recipients of foreign loans: deudores del exterior
reciprocal advantage: ventaja mutua
__ **arrangement**: acuerdo de reciprocidad
reciprocity clause: cláusula de reciprocidad
recital of an agreement: preámbulo (considerandos) de un acuerdo o contrato; exposición de motivos
__ **of facts**: (leg) resultandos
reckless acts: actos temerarios
__ **attitude**: actitud temeraria, actitud gravemente culposa
reclaim: (agr) bonificar, sanear, habilitar, roturar, aprovechar (tierra); (ind) regenerar (caucho); reconstituir o recuperar (piezas)
reclaimed land: tierra bonificada o saneada
__ **rubber**: caucho regenerado, goma recuperada
__ **wool**: lana regenerada
reclamation: reclamación, reclamo; (agr) habilitación o bonificación de tierras, roturación (tierras baldías); regeneración, recuperación
__ **of worn-out parts**: reconstitución de piezas gastadas
reclassification: reestructuración, reclasificación
__ **of accounts**: depuración de cuentas
__ **of funds**: coordinación de los fondos (cuentas, etc.)
__ **test**: test de ordenamiento
recognition and enforcement (of award): reconocimiento y ejecución (de un laudo)
__ **span**: número de palabras de una ojeada; máximo perceptible
__ **test**: test de identificación
__ **vocabulary**: vocabulario pasivo (conjunto de palabras que el sujeto comprende en su contexto, pero que no puede utilizar por sí solo); semejante a vocabulario *marginal o potencial*
recognizance: (leg) fianza

RECORD

recognize: conceder o dar la palabra a
recognized by the Chair: la Presidencia concede la palabra a
__ **certificate**: certificado válido
__ **competence**: competencia notoria
__ **home**: domicilio reconocido
__ **prostitution**: prostitución tolerada
__ **school**: escuela aprobada, aceptada o acreditada
recommend (propose) a dividend: proponer un dividendo
recommended allowance: cantidad recomendada (*v gr* de vitaminas)
__ **practice**: método recomendado
recomputation of pensions: restablecimiento de la paridad entre las pensiones y el sueldo
reconcile: reconciliar (personas); conciliar, compatibilizar (diferencias); armonizar (sistemas); cuadrar, verificar (cuenta)
__ **the balance**: conciliar, cuadrar el balance
reconciliation item: (cont) partida de conciliación
__ **of accounts**: conciliación de cuentas, cuentas de reconciliación
reconciling item: partida compensatoria
reconditioning: rehabilitación; revisión, reconstrucción, reacondicionamiento
reconnaissance photography: fotografía aérea de reconocimiento
__ **survey**: estudio preliminar
reconsider: volver a considerar, replantear, examinar de nuevo, proceder a un nuevo examen, reconsiderar; (leg) revisar
reconsideration: nuevo examen; revisión
reconstituted milk: leche reconstituida
reconstruction import credit: crédito para importaciones con fines de reconstrucción
__ **of the educational system**: reorganización del sistema de educación
reconstructive surgery: cirugía reparadora, cirugía plástica
reconveyance: (leg) restitución de la propiedad
record: *s* anotación, inscripción, registro; crónica, historia, relación; historial médico; hoja de servicios; expediente académico; (pl) archivos, actas, anales; *v* tomar nota de, apuntar, registrar; contabilizar; hacer constar, consignar, dejar constancia de, protocolizar
__ **a mortgage**: inscribir una hipoteca
__ **, be on**: hacer constar, consignarse, dejar constancia (en un documento)
__ **card**: (edu) ficha escolar
__ **figure**: cifra sin precedente, cota máxima
__ **flood**: inundación sin precedente
__ **in the accounts**: contabilizar
__ **library**: discoteca
__ **of achievement**: trayectoria
__ **of experiences**: cuadro de experiencias
__ **of performance**: historial de desempeño
__ **of proceedings**: acta de los debates o de las sesiones
__ **of service**: hoja de servicios

__ of understanding: puntos convenidos, memorándum de acuerdo
__ room: (med) cuarto de historias clínicas
__ sheet: (med) hoja de evolución
records management: archivo de documentos
recorded book value: valor contabilizado
__ broadcast: emisión diferida
__ expenses: gastos contabilizados
__ vote: votación registrada
recording in a register: toma de razón
__ mode: código de grabación
__ of a motion: consignación de una moción
__ rain gage: pluviógrafo
__ secretary: secretario de actas
__ stage gage: limnígrafo (río)
__ system: (com) método de registro
__ thermometer: termómetro
recosting: nuevo cálculo de los costos
recoup a loss: resarcirse de una pérdida
recoupment: (seg) resarcimiento
__ period: período necesario para recuperar capital (de inversiones)
recourse procedure: procedimiento de interposición de recursos
__ to legal procedure: vía de derecho
recover: (leg) repetir (recuperar un pago hecho)
recoverable accounts: cuentas reembolsables
recovery: (econ) recuperación, reactivación, cobro; restablecimiento, mejoría; reanimación
__ of business: mejoría o recuperación de la actividad económica
__ of damages: resarcimiento de daños
__ of lands: mejoramiento de tierras (degradadas)
__ of prices: alza o subida de los precios
__ of principal: recuperación del capital
__ of taxes: recaudación de impuestos
__ of the economy: repunte de la actividad económica, reactivación de la economía
recreation: esparcimiento, descanso, diversión, entretenimiento; (edu) recreo
__ center: centro recreativo
recreational activities: actividades recreativas, de recreo o de esparcimiento
__ area: zona verde
__ facilities: instalaciones recreativas
__ opportunities: servicios o medios de esparcimiento
__ therapy: ludoterapia, actividades de recreación para pacientes
recruits: candidatos (a contratación)
recruitment: contratación; (mil) reclutamiento
__ and placement: contratación y asignación
__ and selection of pupils: ingreso y selección de alumnos
__ of blood donors: búsqueda de donantes de sangre o campaña para buscarlos
__ of fish: repoblación de peces
__ roster: lista de contratación
recuperation leave: licencia de recuperación
recuperative centers: centros de rehabilitación

recurrent: periódico, iterativo
__ data: estadísticas iterativas
__ education: educación recurrente, permanente o iterativa, educación continua
__ expenditures (expenses): gastos ordinarios, corrientes o periódicos; gastos recurrentes
__ grants-in-aid: subvenciones renovables
__ obligations: obligaciones periódicas
recurring appropriation: crédito ordinario
__ costs: gastos de rutina
recycling: recuperación (desechos); regeneración (caucho); reciclaje o recirculación (fondos)
__ of capital: reciclaje o recirculación de fondos
__ of surpluses: reciclaje de superávit (excedentes)
__ of waste: reciclaje (aprovechamiento) de desechos, reuso de desperdicios
red blood cell: glóbulo rojo, eritrocito
__ clay: arcilla roja o almagre (color de óxido de fierro)
__ clover: trébol rojo o de los prados
__ currant: grosella roja
__ hake: (ict) locha roja
__ herring: ardid o pretexto para desviar la atención
__ herring issue: (fin) emisión (de valores) exploratoria
__ herring prospectus: prospecto preliminar
__ interests: intereses deudores o de empréstitos
__ mullet: (ict) salmonete de roca
__ porgy: (ict) pargo
__ ocher: almagre (color del óxido de fierro)
__ raspberry: mora de monte
__ snapper: (ict) pargo
__ tape: papeleo; rutina oficinesca, burocratización, formalismo, formalidades o trabas administrativas, impedimentos burocráticos, tramitación lenta y engorrosa
__ tide: marea roja, purga de mar
red-feather campaign: colecta para obtener fondos
red-letter day: día memorable o señalado
redeem: rescatar (bonos)
redeemable: rescatable, redimible, amortizable, reembolsable
__ bonds: obligaciones amortizables
redelegation of authority: subdelegación de facultades
redemption: amortización (de una deuda, valor); reembolso (de un préstamo, valor); cancelación o extinción (de una hipoteca); rescate (de un bono, valor)
__ date: fecha de rescate
__ fund: caja de amortización
__ of a promissory note: cancelación de un pagaré
__ of bonds: rescate o reembolso de bonos, obligaciones o títulos
__ price: precio de rescate o retroventa
__ table: cuadro de amortización
redeployment: redistribución (de personal),

reasignación o redistribución (de fondos); modernización (de planta o empresa)
__ **cost**: cargo por reinversión
redesign: adaptación, modificación, rediseño
redevance: asignación (o pago) correspondiente a servicios
redevelopment: reordenación (de zonas)
__ **of landfill sites**: reaprovechamiento de los vertederos
redfish: (ict) restaza, besugo, gallineta
rediscount ceiling: límite de redescuento
redraft: (com) resaca, letra de resaca, letra de recambio
redress of injuries: reparación de daños, resarcimiento, desagravio
reduce to the form of ore: mineralizar
__ **to writing**: hacer constar por escrito, dejar por escrito
reduced balance method: método de amortización regresiva (inversamente proporcional a duración prevista del material)
__ **dosage schedule**: (med) esquema o plan con número reducido de dosis
__ **scale model**: modelo a escala reducida
reducing balance depreciation: amortización por saldo decreciente (método contable)
reduction in force: reducción (forzosa) de personal, reducción de la plantilla
__ **in strength**: reducción de personal, reducción de los efectivos
__ **of labor intensity**: reducción de la densidad o intensidad de empleo o del coeficiente de mano de obra
redundancy: (adm) exceso (excedente) o duplicación de personal o de mano de obra; a veces: reducción de personal, prescindencia o supresión de puestos
__ **payment**: indemnización por despido
redundant costs: cargos excedentarios
__ **staff**: personal sobrante, excesivo, superfluo; exceso de personal
__ **workers**: trabajadores excedentarios
reef areas: zonas de arrecifes o de rompientes
reefer ship: buque frigorífico
__ **space**: cámaras (bodegas) frigoríficas
reeligible: elegible para un nuevo nombramiento
reeling: devanado (seda)
reemployment factory: taller destinado al reempleo de trabajadores inválidos
reentry into participation: reafiliación (Caja o Fondo de Pensiones)
reequipment: renovación de equipo
reestablishment: reanudación (relaciones diplomáticas)
reexchange: recambio (de una letra)
__ **account**: cuenta de "resaca"
refer: enviar (paciente); referirse, remitirse, aludir, mencionar; (leg) remitir
__ **to a committee (commission)**: encomendar o remitir a comité
__ **to drawer (check)**: devolver cheque al librador

referee (or addressee) in case of need: interventor en caso de necesidad
reference: referencia, alusión, mención; consulta; obra consultada; (pl) bibliografía
__ **assistant**: auxiliar referencista
__ **book**: libro u obra de referencia (término preferido a "consulta" por expertos en bibliotecología)
__ **center**: centro de documentación o de referencia
__ **man**: "hombre tipo"
__ **material**: material de consulta, documento de referencia
__ **standard**: patrón de referencia
__ **rate**: tasa ancla de referencia
__ **rate of exchange**: tipo de cambio de referencia
__ **woman**: "mujer tipo"
referral hospital: hospital de remisión de pacientes
__ **system**: (med) sistema de envío o remisión de pacientes a otros servicios o a un servicio de nivel superior
refillable container: envase reutilizable
refinancing: refinanciamiento, refinanciación
refined: afinado, ajustado, corregido, matizado, sutil, refinado
__ **figures**: cifras ajustadas
refining: refinado, refinación (petróleo); purificación (metales); depuración (agua); perfeccionamiento (técnica)
reflation: reflación, revitalización o reactivación de la economía
reflect upon: recapacitar
reflecting pool: espejo de agua
reflectorized marker: señal reflectora (camino), captafaros
refloat a stranded vessel: poner a flote un barco encallado (varado)
reforestation: repoblación forestal
reformatory: reformatorio, casa correccional, casa de corrección
__ **home**: hogar reformatorio
__ **school (approved school)**: centro o instituto de reeducación, establecimiento médico-pedagógico
reformulation: replanteo (de un problema)
refresher course: curso de perfeccionamiento, de actualización o de repaso
refrigerated chamber: cámara frigorífica
refrigerator car: vagón frigorífico
refuel: repostar (barcos y aeronaves)
refund: s devolución, reembolso, extorno, reintegro; v devolver, reembolsar, reintegrar, consolidar (deuda)
refundable assistance: asistencia (a título) reembolsable
__ **tax**: impuesto reembolsable
refunding: reembolso, refinanciación, refinanciamiento
__ **of a loan**: conversión de un empréstito
__ **of bonds**: consolidación de bonos
refusal: negativa, denegación, rechazo

__ **rate**: tasa (índice) de negativas (encuestas)
refuse: basura, desechos, desperdicios
__ **and garbage disposal**: eliminación de basuras y desperdicios
__ **collection**: recolección de basuras, aseo urbano
__ **dump**: vertedero, basural, escombrera
refute: rebatir, refutar; contradecir (argumentos)
regardless of: independientemente de, sin considerar, sin tener en cuenta, a pesar de, más allá de
regimented instruction: enseñanza reglamentaria (*op a individualized instruction*)
regional adviser (or): asesor regional
__ **agencies**: organismos regionales
__ **integration arrangements**: acuerdos regionales de integración
__ **papers**: monografías regionales
__ **service desk**: servicio regional de información
register: *s* registro; matrícula; lista; registradora (caja); *v* registrar; declarar (muerte); presentar, facturar (equipaje); certificar (carta); experimentar (aumento); inscribir, autorizar (firma); matricular (vehículo); protocolizar (un documento); inscribirse; matricularse; registrarse
__ **of births, marriages and deaths**: registro civil
__ **of trademarks**: registro de marcas
__ **ton**: tonelada de arqueo
registered address: sede, domicilio social o legal
__ **bonds**: bonos nominativos (nominales), obligaciones nominativas
__ **capital**: capital social, accionario o en acciones, capital nominal
__ **check**: cheque de ventanilla
__ **debt**: deuda contabilizada
__ **deed**: escritura pública
__ **delegates**: delegados inscritos o autorizados
__ **for taxes**: empadronado a efectos fiscales
__ **letter**: carta certificada
__ **nurse**: enfermera titulada, diplomada o matriculada
__ **office**: domicilio social
__ **owner**: titular inscrito
__ **security**: valor o título nominativo
__ **seed**: (agr) semilla registrada o reconocida oficialmente
__ **shares**: acciones nominativas
__ **tonnage**: arqueo de registro
registrar: secretario (del Registro Civil); secretario (de un tribunal); jefe de admisión y residencia (hospital); secretario general (de universidad)
registration: inscripción, declaración, registro, matrícula, certificación, facturación; abanderamiento (de buques); escrituración (de contratos)
__ **duty (fee)**: derecho de inscripción
__ **number**: matrícula (automóvil)
__ **of seeds**: (leg) certificación de semillas
__ **statistics**: estadísticas del estado civil
registry (of a Ministry): oficina de partes (de un Ministerio)
__ **of the court**: secretaría del tribunal
__ **office**: (RU) registro civil

regrading of posts: reclasificación de puestos
__ **of roads**: renivelación
regraveling: recubrimiento o aplicación de grava (caminos)
regression equation: ecuación de regresión
regressor: (est) variable independiente o predictiva
regrouping of holdings: fusión de explotaciones agrícolas, concentración parcelaria
regrowth: (silv) rebrote
regular: corriente, habitual, acostumbrado, ordinario, normal, regular, periódico, sistemático
__ **activities**: actividades normales
__ **appointment**: nombramiento ordinario
__ **assessment**: cuota ordinaria (UN)
__ **budget**: presupuesto ordinario
__ **budget establishment**: plantilla presupuestaria o sufragada con cargo al presupuesto ordinario
__ **class placement**: (edu) reubicación escolar
__ **course**: (edu) curso corriente
__ **director**: director titular, director en propiedad
__ **job**: cargo permanente, empleo de planta
__ **judge**: juez propietario
__ **lending program**: programa ordinario de financiamiento
__ **member**: miembro ordinario o titular, vocal en propiedad, vocal titular (propietario)
__ **secretariat**: plantilla ordinaria de la Secretaría; la Secretaría propiamente tal
__ **session**: período ordinario de sesiones
__ **share**: acción ordinaria
__ **shipping lines**: líneas regulares de navegación
__ **staff**: personal permanente o de plantilla, personal ordinario
__ **supplier**: proveedor habitual
__ **worker**: trabajador de planta
regularly trained: capacitado(s) en forma habitual
regulating reservoir: embalse de compensación
regulation: regulación; reglamentación, regla; (pl) reglamento
__ **of competition**: disciplina de la competencia
__ **of cut**: (silv) ordenación del aprovechamiento
__ **size**: tamaño legal (papel)
regulators: gobernadores (turbinas)
regulatory agency: organismo regulador, fiscalizador o de control; organismo con potestad normativa
__ **duty**: derecho regulador
__ **management of markets**: regulación de los mercados
__ **measures**: medidas de fiscalización
__ **power**: potestad normativa
__ **roller coaster**: altibajos de la regulación
rehabilitate a company: sanear una empresa
rehabilitation: rehabilitación; restauración; modernización; reconstrucción, saneamiento (finanzas), reorganización; (med) reeducación, rehabilitación; renovación (viviendas); readaptación (damnificados), mejoramiento (o rehabilitación) de medios dañados
__ **center**: centro de rehabilitación

REHEARING   RELEVANT

__ **import credit (loan)**: crédito o préstamo para importaciones con fines de rehabilitación
__ **of the handicapped**: rehabilitación del inválido, incapacitado o discapacitado
__ **of the undernourished**: recuperación del desnutrido
__ **program**: programa de reorganización o de saneamiento (empresas)
rehearing: nueva audiencia; (leg) revisión de la causa
reimbursable budget: presupuesto para programas reembolsables
__ **loan**: préstamo reintegrable
reimburse: reembolsar, reintegrar, devolver dinero
reimbursement: reembolso; cantidad reembolsada
reimposition of quotas: reimplementación de cuotas
reinforce: potenciar, reforzar
reinforced concrete: hormigón armado, ferrocon-creto
reinforcing bars: (constr) barras de refuerzo, varillas de refuerzo o de armadura
__ **dose**: dosis de refuerzo
__ **steel bars**: acero de construcción
reinstatement: reincorporación (a un puesto); reinstalación, restablecimiento, reintegración, reposición; rehabilitación (derechos)
__ **of appropriations**: reposición de consignaciones
__ **of cover**: (seg) rehabilitación del efecto
__ **value**: seguro de valor a nuevo
reinterview: repetición de entrevista, reencuesta
reinvestment of earnings: reinversión de utilidades
reject: rechazar; (leg) declarar sin lugar (demanda)
rejection of a claim: (com) impugnación de crédito
__ **of a tender**: desestimación de una oferta (licitación)
__ **or denial of a request**: rechazo o negativa de una solicitud
__ **region**: (est) zona de rechazo
rejoinder: dúplica, contrarréplica
rejuvenative pruning: poda de reforma
rekindle: reactivar (inflación)
relapse: reincidencia; (med) recaída, recidiva
__ **rate**: (med) tasa de recaída
relapsing fever: fiebre recurrente
related: conexo, afín; relacionado con, relativo a, referente a
__ **courses**: cursos coordinados
__ **fields**: especialidades afines
__ **meaning**: sentido complementario
relationship: relación, vínculo, parentesco
__ **by marriage**: parentesco político, parentesco por afinidad
relative humidity: estado higrométrico
__ **merit of each method**: valor respectivo de cada método
__ **merits of the case**: circunstancias peculiares del caso
relatives: parientes
__ **to the first degree by (ties of) blood**: pariente de primer grado de consanguinidad
__ **to the second degree by blood**: parientes del segundo grado de consanguinidad
relativities: proporciones relativas o diferenciales (salarios)
relaunching: reanudación (proyecto)
relax: aflojar, relajar(se); disminuir; mitigar; liberalizar; descansar, sentirse a gusto; flexibilizar (normas, etc)
relaxation: relajación; disminución; atenuación; moderación, descanso, desahogo; distracción; suavización, flexibilización (crédito)
relaxed physical state: relajación física
relay broadcast(ing): redifusión
__ **stations**: estaciones repetidoras o retransmisoras
__ **system**: sistema de interpretación indirecta
relearning process: método de reaprendizaje
release: *s* liberación, puesta en libertad; exención; finiquito, quita, liberación total o parcial de una deuda; descargo; autorización; (leg) cesión, acta de cesión; *v* liberar, descargar (obligación); descongelar, desbloquear (fondos); (leg) ceder
__ **a vaccine**: comercializar una vacuna
__ **capital**: entregar o liberar capital
__ **from an obligation**: exención de un compromiso contraído
__ **from control**: (med) alta definitiva
__ **from military service**: licenciamiento del servicio militar
__ **from prison**: excarcelación
__ **funds**: liberar, descongelar, desbloquear fondos
__ **of a ship**: liberación o levantamiento del embargo de un buque
__ **of bank accounts**: desbloqueo de cuentas bancarias
__ **of nutrients**: desprendimiento de nutrientes (*op a intake*: absorción)
__ **of the goods**: levante, liberación, descarga de las mercancías
__ **on bail**: libertad bajo fianza, libertad provisional
__ **on parole**: libertad condicional
__ **print**: copia para distribución
__ **procedure**: procedimiento de excarcelación
released: dispensado, liberado, exento, exonerado
releasing organization: organización cedente (movimiento de personal)
relend: represtar, prestar de nuevo (el importe de un préstamo)
relending: nuevo préstamo, représtamo
relevance: pertinencia; afinidad, aplicabilidad
relevant: pertinente, que hace al caso, en cuestión, en referencia, del caso, que viene al caso, a propósito; a la altura de los tiempos, a tono con la realidad, aplicable, útil
__ **factors**: elementos de juicio

___ **facts**: hechos pertinentes
___ **to**: relacionado con, referente a, que corresponde a
reliability: seriedad, certeza, confianza, formalidad; solvencia; confiabilidad, fiabilidad, seguridad; exactitud, veracidad (hechos)
___ **of a test**: fidelidad de un test
___ **of marking**: validez de la anotación
___ **of results**: seguridad de los resultados
reliable: de confianza; seguro; serio, confiable, fidedigno, digno de fe, formal, con seguridad, bien informada (fuente)
reliance on foreign aid: dependencia de la ayuda extranjera
relief: exoneración de responsabilidad, alivia; desgravación (fiscal), socorro, (leg) remedio, recurso, auxilio, ayuda; beneficencia; (leg) desagravio por mandato (vía) judicial
___ **behavior**: conducta que libera de estados de tensión
___ **from taxation**: desgravación de impuestos, exención de la tributación, exención fiscal
___ **gradient**: porcentaje de desgravación
___ **man**: relevo, sustituto
___ **map**: mapa en relieve
___ **payments**: pagos de socorro
___ **valve**: válvula de seguridad
___ **works**: obras de socorro o de emergencia (para reducir el desempleo)
religious leaders: autoridades religiosas
___ **observance**: observancia religiosa, devoción religiosa
relinquish: abandonar, ceder, dejar; renunciar; despojarse de
___ **a right**: renunciar a un derecho
relinquishment: dejación de bienes
reliquified milk: leche reconstituida
reloading: transbordo
relocatable facilities: (elec) instalaciones móviles
relocation: reubicación, reinstalación, restablecimiento
___ **grant**: prima de reinstalación, asignación o subsidio por traslado
reluctance: resistencia, renuncia, mala gana, desgano, desagrado, poca o mala disposición, poca inclinación a hacer alguna cosa, a disgusto
reluctant: renuente, refractario, reacio, hostil, poco dispuesto, que se resiste a hacer algo
rely: contar con, depender de, recurrir a
___ **upon self-certification**: considerar suficiente la autocertificación
remain intact: quedar intacto (derecho)
remainder of: faltante
remand a case: remitir un caso
___ **home**: casa de reclusión provisional, casa correccional
___ **in custody**: mantener bajo custodia o en prisión preventiva
___ **on bail**: liberar bajo fianza
remarks: observaciones, comentarios
___ **by**: palabras de, alocución de

remarriage: nuevo matrimonio; celebración de nuevas nupcias
remedial: reparador, recuperador, curativo, correctivo, terapéutico
___ **action**: medidas correctivas, rehabilitación
___ **courses**: (edu) cursos de recuperación o de nivelación de conocimientos
___ **education center**: centro de recuperación, centro para la enseñanza de niños atrasados
___ **exercises (gymnastics)**: gimnasia médica, ejercicios correctivos
___ **institutions**: instituciones reparadoras
___ **instruction**: educación correccional, enseñanza correctiva
___ **play**: reeducación por el juego
___ **teacher**: reeducador, ortopedagogo
remedy: s remedio, desagravio, recurso; solución ; (leg) recurso jurisdiccional; v reparar, subsanar
___ **of appeal**: recurso de apelación
___ **of complaint**: recurso de queja
remedies for non-payment: sanciones por falta de pago
reminder: recordatorio, notificación; advertencia; recuerdo
remission: remisión, perdón; disminución, rebaja, descuento; franquicia; exoneración (deuda)
___ **of fever**: (med) defervescencia
___ **of part or whole of the penalty**: (leg) indulto
remit a debt: perdonar una deuda
remittal of contributions: pago de las cuotas
remittance: remesa o giro de fondos, situación de fondos, transferencia (de beneficios)
___ **advice**: notificación de remesa
___ **in transit**: remesa en camino
___ **taxes**: derechos de transferencia
remittances for replenishment: reposiciones de fondos; remesas para reponer fondos; libranzas y giros
remitter: remitente
remodel: modernizar, renovar, reformar
remote: remoto; lejano, apartado, de difícil acceso
___ **access**: (comp.) acceso a distancia
___ **control**: telecontrol, telemando, control remoto, dirección o mando a distancia
___ **sensing**: teledetección, teleobservación, percepción remota, telepercepción
___ **sensing of the environment**: teleobservación del medio ambiente
remote-sensing instrument system: sistema de instrumentos telesensores
___ **programs**: programas de teledetección
removable: movible, móvil, de quita y pon, transportable
___ **prosthesis**: prótesis removible
removal: traslado; despido, destitución; mudanza; eliminación, supresión
___ **costs**: gastos de mudanza
___ **expenses**: gastos de traslado de mobiliario y efectos personales
___ **of a temporary surplus**: reabsorción de un

excedente temporal
__ **of overburden**: (min) retiro de sobrecapa, sobrecarga o terreno de recubrimiento
removals: (silv) extracciones (troncos), desembosque
remove: derogar o suprimir (restricciones); quitar, eliminar, borrar, disipar
__ **a surplus**: reabsorber un excedente
__ **roots**: rozar
remuneration: retribución, remuneración
__ **package**: remuneración global
remunerative: lucrativo, remunerativo
render a judgment: dictar o pronunciar una sentencia, dictaminar, resolver, fallar
renderer of a service: prestador de un servicio
rendering plant: planta extractora de grasa; fábrica de sebo
renewable energy: energía renovable o de fuentes renovables; energéticos renovables o de fuentes renovables
renewal: reanudación (amistad); renovación, reconducción, revalidación
__ **of a lease**: (leg) reconducción, renovación, prórroga (contrato de arrendamiento)
__ **of term of office**: renovación o prórroga del mandato
__ **value**: valor de reposición
rennet: cuajo (leche)
renovated rubber: caucho regenerado
rent freeze: congelación de alquileres
__ **recovery index**: índice de recuperación de la renta económica
rent-free: sin pago de alquiler, de ocupación gratuita, cedido gratuitamente (local, espacio de oficina, etc)
rent-seeking: (sistema de) captación de rentas
rental: alquiler, arriendo, arrendamiento; cánon
__ **allowance (subsidy)**: subsidio de alquiler
__ **charge**: alquiler
__ **housing**: inmuebles de arriendo, edificio de departamentos
__ **income (revenue)**: ingresos por alquiler o arrendamiento
__ **library**: biblioteca circulante que cobra derechos o tarifas
__ **of office space**: alquiler de locales de oficina
renunciation of appeal: desistimiento, renuncia a recurrir o apelar
reopen the case: rever la cuestión, reabrir el caso
reopening: reapertura, reanudación
repair shop: taller mecánico, reparadora
repatriation entitlement: prima de repatriación
__ **of export proceeds**: (Chi) retorno
__ **grant**: subsidio de repatriación
repayable credit: crédito reintegrable
__ **transaction**: transacción de pagos recuperables
repayment: devolución, pago, amortización, reintegro, reembolso
__ **bond**: fianza de reembolso
__ **of mortgage**: amortización de hipoteca

__ **period**: período (plazo) de amortización
__ **schedule**: calendario o plan de amortización
repeal or annul a law in part: derogar (*op a abrogate*)
repealable: derogable
repealing clause: cláusula derogatoria
repeat a mistake: reincidir
__ **financing**: financiamiento complementario
__ **order**: renovación de pedido
repeater: (edu) repetidor (alumno que repite curso)
__ **loan**: préstamo adicional o complementario
__ **rate**: (edu) tasa de repetición
repercussion: repercusión, consecuencia, ramificaciones
repetitive: repetitivo, iterativo, reiterativo
rephasing of a debt: reprogramación del servicio de la deuda
replaceable: reemplazable, sustituible, de quita y pon
replacement cost: costo de reposición o de sustitución
__ **fund**: fondo de renovación
__ **market**: mercado de artículos de sustitución
__ **price**: precio de reposición
__ **teachers**: maestros suplentes
__ **therapy**: (med) tratamiento de sustitución
__ **value**: valor de reposición
replanting (of forest): repoblación, reforestación
replenish: reponer, restablecer el nivel de un fondo, alimentar a un fondo, reconstruir
replenishment of a fund: reposición o restitución de un fondo
__ **of accounts**: alimentación de cuentas
__ **of reserves**: reconstitución de las reservas
__ **of resources**: reposición de recursos
replicability: posibilidad de duplicar o reproducir
replicated trial: ensayo múltiple
replotting: sistematización parcelaria
reply procedure: (leg) procedimiento de descargo
__ **to the counterclaim**: (leg) dúplica
report: *s* informe, (prensa) crónica, (columna) artículo informativo; ponencia, memoria, noticia; (seg) parte; *v* notificar, comunicar, dar cuenta de algo, informar, presentar o rendir informe, denunciar
__ **card**: (edu) libreta de notas, certificado escolar
__ **for duty**: presentarse para trabajar, presentarse al trabajo; hacerse cargo de funciones, asumir el cargo
__ **form of balance sheet**: balance informativo
reportable disease: enfermedad de notificación obligatoria
__ **quantities**: cantidades informables o notificables
reported cases: casos notificados o comunicados; denuncias o casos denunciados
__ **debt**: deuda notificada
__ **income**: ingreso declarado
reporter: periodista, reportero, noticiero; (est) informante, declarante
reporters' gallery: tribuna de los periodistas
reporting country (body): país (órgano) decla-

rante o informante
___ **function**: función informativa
___ **judge**: juez ponente
___ **of births**: notificación de nacimientos
___ **physician**: médico informante
___ **procedure**: procedimiento de presentación de informes
___ **requirements**: requisitos en materia de informes
___ **system**: sistema de presentación de informes
repository: depósito; almacén; depositario
___ **drug**: droga de acción prolongada
___ **effect**: acción prolongada (de una droga)
repossession: recuperación
representation: representación; declaración; petición; protesta; delegación
___ **allowance**: subsidio para gastos de representación
representative bank: banco corresponsal
___ **money**: billetes de banco, moneda fiduciaria o escritural, dinero escritural
___ **of the private sector**: vocero del sector privado
___ **period**: período de referencia
___ **sample**: muestra representativa
repressed inflation: inflación "reprimida" o "contenida"
repricing: cambio de la tasa de interés (deuda externa)
reprieve: (leg) suspensión o aplazamiento temporal de la ejecución de una pena (por lo común, de muerte)
reprimand: reprimenda, represión, reproche, reconvención
reprint: reimpresión, reimpreso, reedición, separata, tirada aparte
reprocessed wool: lana regenerada
reproductive age: edad de concebir o procrear, edad reproductiva, edad fértil
___ **behavior**: comportamiento reproductor
___ **biology**: biología de la reproducción
___ **career**: historia reproductora
___ **failure**: falla en la reproducción
___ **insult**: agresión o daño reproductivo
___ **pattern**: modalidades de reproducción
___ **performance**: proceso de reproducción, capacidad reproductiva
___ **wastage**: pérdidas en el proceso de reproducción
reprography: reprografía (técnica de reproducción de documentos, fotos, etc)
repudiate financial obligations: sustraerse de (no cumplir) sus obligaciones financieras
repudiation of debts: desconocimiento de deudas
repurchase agreement: cláusula de retrocompra, acuerdo de recompra
reputable: estimable, honorable, acreditado, de confianza, seguro
reputed: supuesto, tenido por
___ **owner**: presunto propietario, dueño aparente
request: s petición, ruego, solicitud; demanda; (leg) pedimento; v pedir, solicitar; rogar
___ **for a hearing**: solicitud de audiencia

___ **for a purchase**: orden de compra
___ **stop**: parada discrecional
requesting Government: Gobierno solicitante
requiem shark: (ict) tiburón de cazón, cazón picador
require immediate action: urge atención inmediata
required documents: documentos necesarios
___ **rate of return**: tasa de rentabilidad requerida o exigida
___ **reserve**: (bnc) encaje mínimo; reserva obligatoria
___ **subjects**: (edu) asignaturas obligatorias
___ **time**: plazo prescrito
requirement: requisito; necesidad; condición, estipulación; exigencia
"requirements" contract: contrato por "especificaciones"
requisition: pedido, solicitud, orden, requerimiento, requisito
___ **control**: verificación de pedidos
requisitioning of assets: incautación de bienes (haberes)
requited transfer: transferencia con (de) contrapartida
resale price maintenance: fijación de precios por el fabricante
rescheduling of debt: reprogramación (del servicio) de la deuda; (re)ajuste (del calendario) de la deuda; a veces: renegociación de la deuda, reescalonamiento de la deuda
rescind: rescindir o abrogar (un contrato); anular, revocar
rescission by agreement: rescisión mediante acuerdo mutuo
___ **of contract**: cancelación, rescisión de contrato
___ **of judgment**: rescisión, revocación, casación o anulación de sentencia
___ **of the warrant**: revocación del auto
rescue (of an enterprise): operación de salvamento o rescate
___ **package**: programa o conjunto de medidas de rescate o de salvamento
resealing: resellado (caminos)
research and development (R and D): investigación y aplicación de los resultados, investigación y desarrollo, estudios y proyectos
___ **editor**: editor técnico
___ **officer**: analista
___ **professor**: profesor investigador
___ **scientist**: investigador científico
___ **worker**: investigador
research-push innovations: innovaciones inducidas por la investigación
reservation: reserva; (leg) salvedad
___ **price**: precio de reserva (mano de obra)
reservative annuity: censo reservativo
reserve above normal: reservas de encaje excedentarias
___ **account**: cuenta de reserva

__ **against losses**: reserva para pérdidas
__ **asset**: activo de reserva
__ **currency**: moneda (divisa) de reserva
__ **ease**: amplitud de las reservas
__ **for allocations**: reserva para asignaciones
__ **for bad debts**: provisión para cuentas dudosas
__ **for compensation payments**: reserva para el pago de indemnizaciones
__ **for contingencies**: reserva para imprevistos o contingencias
__ **for depletion**: reserva para agotamiento
__ **for depreciation**: reserva de depreciación, fondos de amortización
__ **for doubtful accounts**: reserva para cuentas de dudosa cobranza
__ **for known liabilities**: reserva de provisión
__ **for losses on purchases**: reserva para pérdidas en contratos de compra
__ **for possible liabilities**: reserva de previsión
__ **for unexpired claims**: reserva matemática
__ **money**: base monetaria, dinero primario
__ **position**: situación o posición de las reservas
__ **price**: precio mínimo fijado, precio de reserva
__ **ratio**: (bnc) coeficiente de reserva o de liquidez; tasa de encaje legal, reserva obligatoria
__ **recruitment roster**: lista de reserva para la contratación
__ **requirement**: encaje legal, reserva obligatoria
__ **shortfall**: desencaje
__ **stock**: existencia en reserva, existencia en almacén
__ **supplies**: abastecimiento de reserva
reserves deductible from the assets (v gr bad debt reserve): reservas complementarias del activo
reserved procurement: adquisición reservada (a proveedores, contratistas nacionales)
reservoir: represa, estanque, receptáculo; (med) reservorio
__ **fisheries**: pesca en embalses
reset notes: pagarés de interés ajustable
resettlement of farmsteads: descongestión rural
__ **grant**: subsidio para reasentamiento o para reinstalación
__ **of terms of a debt**: renegociación de las condiciones de una deuda
reshaping: reperfilado (de caminos de ripio)
reshuffle: reorganización (de gabinete)
residence: residencia, permanencia; (edu) período de estudio, residencia
__ **training programs**: programas de residencia
residency history: antecedentes sobre residencia
resident alien: extranjero residente
__ **buyer**: agente de compra residente en el extranjero
__ **fish stocks**: poblaciones de peces sedentarios
__ **population**: población fija o permanente
__ **representative**: representante residente
residential address: dirección domiciliaria
__ **adult education**: educación de adultos en internados
__ **adult schools**: internados o residencias para adultos
__ **care institutions for children**: residencias infantiles, internados para niños
__ **care of children**: cuidado de niños en instituciones
__ **college**: internado universitario
__ **construction**: construcción de viviendas
__ **demand**: demanda en el sector doméstico (servicios públicos)
__ **development**: barrio residencial; urbanización residencial
__ **institution**: establecimiento hospitalario; residencia familiar
__ **nursery**: (RU) escuela maternal-pensionado
__ **school**: internado
__ **settlement**: centro de acción social, colonia residencial
__ **status**: situación en materia de residencia; condiciones de residencia
residentiary industries: industrias de barrios residenciales (situadas cerca del consumidor)
residual benefit: prestación residual
__ **current**: corriente residual
__ **disability**: invalidez consecutiva
__ **effect**: efecto remanente
__ **insecticide**: insecticida de acción residual
__ **legatee**: heredero universal
__ **market**: mercado residual (marginal)
__ **product**: subproducto residual
__ **responsibility**: responsabilidad subsidiaria
__ **share**: (econ) participación residual
__ **settlement**: liquidación residual
__ **spraying**: rociamiento de acción residual
__ **unemployment**: desempleo residual
__ **value**: valor residual o de desecho
residuary: residual, remanente
__ **legatee**: heredero universal
resignation: dimisión; renuncia
resilience: elasticidad, resorte; (fig) resistencia, poder de recuperación, fuerza moral; capacidad para adaptarse
resilient: flexible, elástico; resistente
resin: colofonía
__ **tapping**: resinación
resistant persons: personas refractarias (al cambio)
resocialization of offenders: readaptación de delincuentes
resolute: resuelto o determinado (persona)
resolved to: decidido o resuelto a
resort: complejo turístico, centro turístico, centro de veraneo, balneario
__ **to law**: recurrir a la vía judicial
__ **to the surety**: recurrir al avalista (o fiador)
resource: recurso, medio, expediente; (pl) recursos, fondos, medios
__ **allocation**: asignación de recursos
__ **balance**: balanza de recursos

RESOURCE

__ **base**: dotación de recursos
__ **development**: explotación de recursos
__ **gap**: deficiencia, insuficiencia, brecha o déficit de recursos
__ **input**: (cantidad de) recursos utilizados, insumo de recursos
__ **management**: ordenación de recursos, manejo de recursos
__ **person**: especialista, perito, experto, persona competente que domina una materia
__ **requirements**: recursos necesarios (como rubro del presupuesto); necesidades de recursos (como expresión general)
__ **staff**: personal especializado; personal de organización
__ **structure**: capitalización
__ **survey**: estudio sobre recursos, encuesta sobre recursos
__ **teacher**: asesor pedagógico
__ **unit**: (edu) material de enseñanza adaptado al método de centro de interés (equivale a *teaching unit*)
resource-based industries: industrias (de transformación) de recursos naturales
resource-neutral: sin efecto sobre los recursos
resourceful earth: tierra generosa
resourcefulness: inventiva, habilidad, ingenio, ingeniosidad
respiratory diseases: enfermedades de las vías respiratorias
respite: respiro, tregua; prórroga (obligación); (leg) suspenso, suspensión o aplazamiento temporal de una sentencia
respond to: contestar, responder, reaccionar, ser sensible a
respondent: entrevistado o empadronado (encuesta); (leg) querellado, demandado; a veces: parte recurrida
response: contestación, respuesta; acogida; reacción, intervención
__ **of pastures**: comportamiento de pasturas
responsibility: responsabilidad, obligación, deber, función, misión, tarea, cometido, atribuciones
__ **center**: (cont) centro de responsabilidad
responsible: responsable, de responsabilidad, encargado de, con sentido de responsabilidad, culpable, causante, que debe rendir cuentas, fiable
__ **behavior**: conducta plenamente consciente
__ **bidder**: licitador responsable, solvente o serio
__ **for, be**: responder de
__ **parenthood**: paternidad o maternidad responsable o consciente
__ **physician**: médico que atiende al paciente, médico encargado del tratamiento, médico de cabecera
__ **position**: cargo de autoridad o de responsabilidad
__ **statesman**: estadista con sentido de responsabilidad
responsive planning: planificación flexible

RESUME

__ **to**: sensible a, que se ajusta a (normas), que tiene en cuenta
responsiveness: grado de reacción o de interés, sensibilidad, sensibilización
__ **of production**: reacción de la producción
rest leave: licencia de descanso
__ **of the world**: el exterior (balanza de pagos)
restatement: nueva exposición; nuevo planteamiento (de un problema); repetición; (cont) actualización
__ **of net assets**: (cont) resultado acumulado por actualización de activos
resting period: parada vegetativa (planta)
restocking: reposición (sustitución) de existencias
restoration: restauración; restitución, devolución; reintegración, restablecimiento
__ **of health**: recuperación de la salud
__ **of road surface**: retexturado (superficie de carreteras)
__ **of soils**: regeneración o mejoramiento de los suelos
__ **of stocks**: reposición de existencias
__ **to duty**: reincorporación al servicio
restored to active duty: repuesto en el ejercicio de (sus) funciones
restraining order: (leg) interdicto, inhibitoria
restraint: restricción; limitación de la libre disposición, traba; moderación, mesura, discreción; austeridad
__ **of trade**: restricción del comercio o intercambio, restricción de la competencia
__ **policy**: política de austeridad
__ **test**: prueba de resistencia
restricted: restringido, limitado, reducido
__ **advertisements**: anuncios de difusión limitada (en contratación de personal)
__ **articles**: mercancías bajo (objeto de) restricción
__ **covenant**: convenio restrictivo
__ **currencies**: monedadas de uso limitado o restringido
__ **distribution (of documents)**: distribución limitada, distribución reservada
__ **document**: documento de distribución limitada
__ **parking area**: zona acotada, zona azul
__ **practices**: normas restrictivas
__ **release (of 18% currency)**: liberación restringida (de los montos del 18%)
restrictive endorsement: endoso nominativo (no permite transmisión ulterior), endoso restrictivo
__ **policy**: política de austeridad
__ **trade policy**: política comercial restrictiva
restrictively: taxativamente
resubmission: resometimiento
result in: dar o tener por (como) resultado, conducir a, llevar a, producir, motivar, causar, traducirse en, derivar en
resulting from membership: inherente a la condición de miembro
resume: reasumir, reanudar, continuar, (pro)seguir
__ **one's speech**: (pro)seguir su discurso

RESUMÉ

__ **operations**: reanudar trabajos o actividades
resumé: resumen, curriculum vitae
resumption of membership: reasunción de la calidad de miembro
__ **of work**: reanudación del trabajo
resurfacing of roads: reafirmado de carreteras, rehabilitación de caminos, renovación de la superficie
resurgence: rebrote (enfermedad, inflación)
re-survey: re-encuesta, encuesta repetida
retail: *s* venta al por menor o al detalle, comercio minorista, menudeo; *v* vender al menudeo, vender al detalle
__ **bank**: banco de personas
__ **banking**: servicios bancarios para consumidores, banca de menudeo
__ **dealer**: comerciante minorista
__ **market**: mercado minorista
__ **price**: precio al menudeo, precio de venta, precio al por menor o al detalle
__ **training**: formación en el propio país
retailer: minorista o comerciante al por menor
__ **cooperative**: cooperativa de minoristas
retailer's excise tax: impuesto sobre las ventas al por menor
retained earnings (profits): utilidades no distribuidas; utilidades incorporadas o acumuladas
__ **import**: importación definitiva
retainer: (leg) pago adelantado de abogado; anticipo de honorarios, honorario anticipado, honorarios por disponibilidad
__ **fee**: honorario anticipado, honorarios por disponibilidad (consultor), iguala
retaining wall: muro de contención
retaliation: retorsión, venganza, desquite, represalia
retaliatory duties: derechos antidumping
__ **measures**: medidas de retorsión, medidas de represalia
retention money: retención de garantía; monto retenido
__ **money bond**: garantía de retención contractual
__ **quota**: cuota de retención (de divisas o de ingresos de exportación)
__ **rate**: (edu) tasa de retención, coeficiente de retención escolar, tasa de remanencia
__ **scheme**: sistema de detracción o de retención de ingresos de divisas (por concepto) de exportación
rethinking: reformulación
retiming: extensión de la fecha de pago (deuda externa)
retire: dar de baja (equipo, personal, etc)
__ **on a pension**: acogerse a jubilación
retired debt: deuda amortizada
__ **persons**: sector pasivo
retiree: jubilado
retirement annuity: anualidad, pensión de retiro
__ **benefit**: pensión (prestación) de jubilación
__ **fund**: caja previsional

RETURN

__ **of fixed assets**: baja de activos fijos
__ **of land**: abandono del cultivo (producción) de tierras
__ **of outstanding debt**: amortización (anticipada), reembolso o rescate anticipado de la deuda pendiente
__ **plan**: plan de jubilación
retiring chairman: presidente saliente
retracements: (fin) correcciones temporarias (Bolsa)
retraining: reorientación profesional, readaptación, reconversión, readiestramiento, reeducación profesional; reciclaje
retrenchment: reducción (de gastos), disminución; supresión; ahorro, economía; cercenamiento
__ **of staff**: reducción de personal
retribution: retribución, recompensa, pena, castigo
retrieval: recuperación (de datos), localización
retroactive effect (retroactivity): efecto retroactivo (retroactividad)
__ **financing**: financiamiento retroactivo
__ **pay**: pago retroactivo
retroceding insurer: (seg) retrocedente
retrofit: modernización, modificación, reconversión (aeronaves, computador, etc)
retrofitting: renovación, reconversión o readecuación industrial
retrofranchising: reconversión de la franquicia
retrospective effect: (leg) efecto retroactivo
__ **self-reporting**: información retrospectiva del propio personal
__ **study**: estudio retrospectivo
retry the case: (leg) rever la cuestión
retted flax: lino enriado
retting: enriado (fibra)
return: vuelta, regreso, retorno; devolución, restitución; producto, rendimiento; estadísticas; (com) estado de gastos; resultados (votación); declaración (impuestos); ganancias; rédito, interés
__ **address**: dirección o señas del remitente
__ **canal**: canal de restitución
__ **of capital**: recuperación de capital
__ **of investment**: recuperación de la inversión
__ **of premium**: (seg) extorno (reembolso de prima)
__ **on capital**: rentabilidad o rendimiento del capital, interés de capital
__ **on investment**: rendimiento de la inversión o del capital invertido
__ **on labor**: rendimiento de la mano de obra
__ **on management**: utilidades (que representan la recuperación) de las actividades de administración
__ **packing**: envase o empaque reutilizable
__ **premium**: (seg) prima de retorno
__ **to capital (from reserves)**: reconstitución del capital, amortización de capital, reembolso de capital
returns to scale: rendimiento a escala, rendimiento

en función de la escala de producción
returnable containers: envases devolutivos o reintegrables
returning officer: escrutador
reuse of derelict land: recuperación de tierras abandonadas
__ **of waste**: reciclado de desechos
reused wool: lana de recuperación, lana regenerada de telas usadas
revalidation of studies: convalidación de estudios
revaluation: revalorización, revaluación (monedas)
__ **factor**: factor de revaluación (fondo común de monedas)
reveal: revelar, manifestar, descubrir, divulgar; a veces: patentizar, exteriorizar
revealed comparative advantage: ventaja comparativa manifiesta, explícita, evidente, etc.
revealing: revelador, expresivo
revenue: entrada; ingresos, rentas públicas
__ **account**: cuenta de entradas, ingresos o resultados
__ **agent**: (EUA) funcionario de auditoría de impuestos
__ **authorities**: autoridades fiscales, administración fiscal
__ **base**: base impositiva
__ **claim**: crédito fiscal
__ **cutter**: escampavía
__ **duties**: derechos fiscales
__ **earned**: ingresos totales obtenidos
__ **from taxes**: producto de impuestos
__ **grant**: bonificación fiscal
__ **laws**: legislación fiscal
__ **officer**: (EUA) funcionario de recaudación de impuestos
__ **penalty**: multa fiscal
__ **recognition**: registro de ingresos
__ **sharing**: participación en los ingresos (fiscales), coparticipación del ingreso
__ **side of the budget**: (estado de los) ingresos del presupuesto
__ **stamp**: timbre fiscal, sello fiscal, sello de impuesto; (pl) especies fiscales
__ **ton**: tonelada rentable
revenue-earning enterprise: empresa productiva de ingresos
__ **train**: tren comercial
revenue-producing activities: actividades que producen ingresos
reversal: inversión, cambio de sentido o de orientación, cambio de signo, desviación (tendencia, dirección), reversión, reversa; (leg) revocación
__ **film**: película inversible
__ **of a loan**: reintegro (reembolso) de un préstamo
__ **of a trend**: inversión de una tendencia
__ **print**: copia inversible
reverse: invertir (tendencia); cambiar completamente (de política); (leg) revocar, anular, cancelar (una apelación)
__ **the charges**: (telef) cobrar al número llamado
__ **charge call**: llamada de cobro revertido

__ **gear**: engranaje de retroceso (auto)
__ **grade (slope)**: contrapendiente (camino)
__ **import substitution**: sustitución de importaciones a la inversa
__ **interpretation**: interpretación, inversa (del idioma del intérprete a otro idioma)
__ **preferences**: preferencias de contrapartida o inversas
__ **space key**: tecla de espacio hacia atrás
__ **survival**: (demo) proyección retrospectiva
__ **technology**: tecnología inversa
__ **transfer of technology**: transferencia inversa de tecnología
reversibility of damage: reversibilidad del daño
reversing entry: (cont) contrapartida
reversion to private ownership: reprivatización
reversionary annuity: anualidad reversible o recuperable, renta de supervivencia
review: *s* examen, análisis; repaso, recapitulación; crítica, reseña; revista; (leg) revisión; *v* examinar, analizar; repasar; (leg) revisar
__ **and appeal procedures**: procedimientos de recurso
__ **meeting**: revisión de consulta
__ **of**: visión sobre
__ **of the merits (of the substance)**: revisión (examen) en cuanto al fondo
__ **of the situation**: balance de la situación
revise: revisar; repasar; corregir, modificar, refundir
revised downwards: corregido a la baja
__ **rates**: vales revisados
__ **upwards**: corregido al alza
revitalize: reactivar (economía)
revival: restablecimiento, resucitación; (com) reactivación, reanimación
__ **of a barred claim**: revalidación (reactivación) de un crédito prescrito
__ **of interest**: renacimiento del interés
__ **of protectionism**: restablecimiento de medidas protectoras
__ **of the East**: resurgimiento del Oriente
revive: reanimar, estimular, incentivar
__ **a patent**: restablecer, revalidar una patente
revocable offer: oferta revocable o provisional
revoke a license: retirar una licencia
revolving credit: crédito renovable, rotatorio o refinanciable
__ **desk chair**: silla rotatoria
__ **door**: puerta giratoria
__ **fund**: fondo rotatorio
__ **letter of credit**: carta de crédito permanente
__ **underwriting facility**: servicio de emisión de pagarés
rewarding: que compensa, remunerador
reweighting: reponderación
rhizobium inoculants: (agr) inoculantes de rizobio
rhizomes: rizomas; cultivos de rizomas
rhumb sailing: derrota loxodrómica
ribbon check irrigation: riego por tablares o eras;

RIBBON   RISK

riego de gravedad con retenes
__ **development**: desarrollo lineal
rice bran: salvado o afrecho de arroz
__ **dikes**: pretiles arroceros
__ **field**: arrozal
__ **in the husk**: arroz sin descascarillar
__ **land**: arrozal
__ **meal**: harina de arroz
__ **mill**: piladora de arroz
__ **milling**: pilado de arroz
__ **paddy**: arrozal
__ **paper**: papel de arroz de China (hojas delgadas de pasta de harina o fécula cocida y secada)
__ **polishings**: salvado o cáscaras de arroz
__ **processing**: limpieza y pulido del arroz
rice-processing industry: industria arrocera
rider: (leg) cláusula adicional
ridge (between furrows): lomo, ensillada, camellón (entre surcos)
ridging: (agr) acaballonamiento, aporque
rigged market: mercado especulativo
rigging: aparejos, palos y jarcias
right holders: titulares de derechos
__ **honorable**: muy honorable, honorabilísimo
__ **in dispute**: derecho controvertido
__ **in rem**: derecho real
__ **of access to records**: derecho a consultar las actas
__ **of appeal**: recurso de apelación
__ **of asylum**: derecho de asilo
__ **of foreclosure**: ejecutividad
__ **of peaceful assembly**: derecho de reunión pacífica
__ **of preemption**: derecho de preferencia o de prioridad
__ **of recognition as a person before the law**: derecho de (al) reconocimiento de su personalidad jurídica
__ **of recovery**: derecho a la devolución o restitución (de bienes raíces)
__ **of representation**: (leg) personería
__ **of setoff**: derecho de compensación
__ **of way**: derecho de vía, zona expropiada, servidumbre de paso, derecho de paso, acceso forzoso
__ **to be represented**: idoneidad para ser sujeto de derechos y obligaciones, capacidad para estar en juicio
__ **to claim back the payment**: derecho a exigir restitución de pago
__ **to freedom of movement**: derecho a circular libremente
__ **to indemnity**: derecho a indemnización o indemnizatorio
__ **to intervene in an action**: tercería
__ **to organize**: derecho de asociación
__ **to organize trade unions**: derecho de sindicación
__ **to recognition as a person before the law**: derecho al reconocimiento de su personalidad jurídica
__ **to represent others**: (leg) personería

__ **to repurchase**: derecho de rescate
__ **to sue and be sued**: derecho a demandar y a ser demandado, derecho de entablar juicio y ser juzgado
__ **to trial**: derecho a ser juzgado
__ **to vote**: derecho a votar o a voto
rights and remedies: (leg) derechos y acciones
__ **issue**: emisión u oferta de acciones (con derecho preferencial de suscripción)
right-hand man: brazo derecho
__ **term**: segundo miembro de ecuación
rightful claimant: (leg) derechohabiente
__ **notice**: notificación con arreglo a derecho
rigorous imprisonment: reclusión
rill erosion: erosión en surcos o zanjas
rinderpest: peste bovina
ring: sindicato, camarilla; puesto de transacciones (lonja)
__ **frame**: telar de anillo, hilandera continua de anillo
__ **road**: carretera de circunvalación
__ **up**: llamar por teléfono
__ **vaccination**: vacunación en anillo
ringleader: cabecilla; promotor
riot: motín, desorden, tumulto
rioter: alborotador, amotinador, revoltoso
riparian population: población ribereña
__ **rights**: derechos ribereños
ripe females: hembras maduras (peces)
__ **grains**: mieses (cereales)
ripeness: sazón, madurez
ripening room: estufa de plátanos
ripper: roturadora, desfondadora de terrenos, fresadora (madera)
ripple effect: efecto residual, remanente o de propagación; (fig) repercusión
__ **price effects**: repercusiones del alza de precios
riprap: s rocalla, ripio, pedraplén, cascajo; escollera; v zampear, afirmar el suelo, revestir de piedra
rise and fall: grandeza y decadencia
__ **in price**: alza o aumento de precios; valorización
__ **spread over a variety (of shares)**: subida que abarca diversos valores o un gran número de valores
__ **to a point of order**: pedir la palabra para plantear una cuestión de orden, invocar el reglamento
__ **to the occasion**: estar a la altura de las circunstancias
riser: tubo de prolongación, tubería vertical o de elevación, ascendente o montante
rising stage: crecida de un río
__ **trend**: tendencia al alza, alcista o ascendente
__ **vote**: votación por levantados y sentados
risk allowance: margen (de precio) por concepto de riesgo
__ **approach**: criterio de riesgo
__ **asset**: activo de riesgo
__ **assets-equity ratio**: relación activos de riesgo-

patrimonio
__ **capital**: capital de riesgo, inversiones directas
__ **contract**: contrato de riesgo (petróleo)
__ **history**: antecedentes del riesgo
__ **management**: gestión de (los) riesgos
__ **of liquidity**: riesgo de insuficiencia de liquidez
__ **pooling**: cobertura conjunta de riesgos
__ **population**: población de riesgo o vulnerable
__ **posture**: posición de riesgo
__ **premium**: prima por (concepto de) riesgo
__ **spread**: margen de riesgo
__ **takers**: personas dispuestas a tomar riesgos
risks of the profession: gajes del oficio
risk-assets ratio: relación riesgo-activo
risk-taking strategy: estrategia en asumir riesgo
risky: arriesgado, peligroso, aventurado
river basin: cuenca hidrográfica
__ **bed**: madre de un río
__ **blindness**: oncocercosis, ceguera de los ríos
__ **channel**: cauce, lecho, canal de un río
__ **coasting trade**: cabotaje fluvial
__ **development**: aprovechamiento de los ríos, desarrollo fluvial
__ **discharge**: caudal del río, descarga de los ríos, descarga fluvial
__ **gage**: fluviógrafo
__ **harbor**: dársena
__ **navigation**: navegación fluvial
__ **or lake gage**: limnímetro
__ **port**: puerto fluvial
__ **staff gage**: escala fluviométrica
__ **terrace land**: terrazas de aluvión
__ **training (regulation)**: regulación del cauce de un río, control de caudales
__ **waybill**: conocimiento de embarque fluvial, guía de carga
road accident: accidente del tránsito
__ **base**: base, capa de base
__ **building**: construcción de caminos, vialidad
__ **carrier**: transportista por carretera
__ **consignment note**: guía de carga de porte, guía de consignación
__ **engineering**: ingeniería de caminos
__ **haulage firm**: empresa de transporte por carretera
__ **header**: tunelera (mina de carbón)
__ **intersection**: encrucijada
__ **junction**: empalme carretero, nudo vial
__ **making**: construcción de carreteras
__ **map**: mapa caminero o vial
__ **marking**: señalización de carreteras
__ **mender**: peón caminero
__ **metal**: grava, macadam, lastre, macadán
__ **motor vehicles**: vehículos de carretera
__ **patching**: bacheo, reparación de baches
__ **pricing**: fijación de cargos por el uso de las carreteras
__ **roller**: apisonador de camino, cilindro de camino, apisonadora
__ **show**: gira de presentación, gira promocional

__ **sign**: señal de tráfico
__ **surface**: afirmado, carpeta de camino
__ **survey**: levantamiento de ruta
__ **tax**: impuesto para la construcción de caminos
__ **transport**: transporte por carreteras
__ **user charges**: cargos a los usuarios de carreteras
__ **vehicles**: vehículos terrestres
road-grading equipment: máquinas niveladoras
roadbed: (lecho) firme del camino, plataforma del camino, explanación
roadman: peón caminero
roadside: borde de la carretera
__ **hotel**: albergue de carretera
roadstead: rada, fondeadero
roadway: calzada (camino); tablero (puente); (fc) lecho de vía
roasting: torrefacción (café); calcinación (minerales), tostación, tostaduría
robbery: robo con violencia
rock bass: (ict) salmón de roca, papagayo
__ **fill**: enrocamiento, escollera, enrocado
__ **fill dam**: presa o represa de escollera
__ **flint**: sílex negro
__ **ledge**: restinga
__ **phosphate**: fosforita, roca fosfatada
__ **rubble**: derrubio
__ **salmon**: (ict) galludo
__ **salt**: sal gema
rock-bottom price: precio mínimo, último precio
rocket: subir vertiginosamente (precios)
rocketry: ciencia de los cohetes
rockfish: (ict) rescaza, escorpina
rodman: portamira, jalonero (camino)
roe: huevas y lechas de pescado
Roentgen-ray treatment: radioterapia
roguing: deshierbado (algodón)
role: papel, función, misión, cometido, intervención
__ **expectations**: expectativas de funciones
__ **performance**: ejecución de función
__ **playing**: desempeño de una función, juego de imitación, juego simbólico, juego dramático, caracterización, escenificación, dramatización, psicodrama
roll-call vote: votación nominal
roll-front cabinet: armario persiana
roll-on/roll-off: autotransbordo, embarque/desembarque por propulsión propia (transbordadores marítimos o lacustres)
__ **ship**: buque portarrodante, buque de autotransbordo
__ **technique**: técnica de remolques cargados
rollback of prices: reducción de precios (a un nivel anterior)
__ **of protectionist measures**: reversión o desmantelamiento de medidas proteccionistas
rolled costs: costos promediados
__ **oats**: avena machacada, copos de avena
__ **plate**: chapa laminada
__ **steel**: acero laminado
__ **steel shape**: acero perfilado

roller: laminadora
___ **bearing**: cojinete (rodamiento, soporte de rodillos)
___ **conveyor**: cinta transportadora de rodillos
rolling file: archivador de bandejas corredizas
___ **horizon plan**: plan de horizontes renovable
___ **in money, be**: nadar en dinero
___ **mill**: taller de laminación, laminadora, tren de laminación
___ **plan**: plan renovable, plan móvil, plan multianual ajustable
___ **press**: laminador
___ **stock**: equipo o material rodante o móvil (ferrocarriles)
___ **train**: tren de laminación
rollover: (fin) refinanciamiento continuo con nuevo crédito, renovación de préstamos
___ **credit**: crédito renovable en condiciones variables, refinanciamiento
___ **of capital**: giro de capital
___ **of gains**: reutilización de las ganancias
___ **payments**: s financiamiento de pagos con nuevos préstamos; v financiar pagos con nuevos préstamos
___ **policy**: política de refinanciamiento
___ **project**: repetición de un proyecto
roly-poly bond: obligación con tipo de interés renovable
roof crops: cultivos de cobertura
___ **gutter**: canal, canalón, canaleta
___ **made of rushes and mud**: quincha
___ **purlins**: viguetas de techo
___ **sheeting**: láminas para techo
___ **support**: (min) estibación
___ **truss**: armadura de techo, armazón
roof-top parking: estacionamiento en azoteas
roofing sheets: calaminas
room and board: alojamiento y comida (pensión completa)
___ **and pillar technique**: (min) técnica por cámaras y pilares
___ **temperature**: temperatura ambiente
roosters: aves jóvenes cebadas
root and tuber crops: plantas carpidas
___ **crops**: raíces alimentarias, raíces comestibles, cultivos de raíces alimentarias, cultivos raíces, tubérculos alimentarios
___ **crops for fodder**: raíces forrajeras
___ **mean square deviation**: (est) desviación cuadrática media
___ **plant**: planta de escarda
___ **stalk**: rizoma
___ **vegetables**: legumbres-raíces
rooted cutting: barbado (estaca que se transplanta con raíces, hijuelo de un árbol)
___ **graph (diagram)**: diagrama marcado
rooter: escarificadora (instrumento para labrar la tierra sin mucha profundidad)
rootstock: portainjerto
___ **crops**: rizomas, cultivos de rizomas

rope, cord and string: cordaje, cuerdas y bramantes
rose quartz: cuarzo rosado, rubí de Bohemia
roselle hemp: cáñamo de rosella
roster: lista, nómina, rol, registro
rostrum: tribuna
rotaprinting: reproducción por fotocopia
rotary file: archivo rotatorio
___ **flail**: cortadora rotativa (camino)
___ **intersection**: glorieta
rotate among: ocupar por turno
rotating savings and credit association: asociación de ahorro y crédito rotatorio
rotation in office: rotación en el cargo
___ **of crops**: rotación de cultivos, cultivos alternados
rotational grazing: pastoreo rotacional
___ **staff**: personal de reemplazo
rote learning: aprendizaje de memoria, memorístico o mecánico
rototiller: motocultivador
rough articles: artículos ordinarios
___ **cargo**: carga basta
___ **draft**: borrador
___ **draft or abstract (of a document, contract)**: (leg) minuta
___ **estimate**: estimación aproximada, presupuesto o cálculo aproximado; cálculo prudencial, tanteo
___ **finish**: (const) materiales "aparentes"
___ **grazing land**: tierra (terreno) de pastos bastos
___ **grazings**: pastizales naturales
___ **handling**: mal trato
___ **lumber**: madera tosca, sin labrar o en rollo
___ **moorland**: páramo
___ **out**: pergeñar, bosquejar (diseño)
___ **pasture land**: tierras accidentadas de pastoreo silvestre
___ **punishment**: castigo severo
___ **rice**: arroz sin descascarar
___ **sketch**: bosquejo, boceto, esbozo
___ **timber**: madera sin desbastar, troncos no desbastados
___ **wood**: madera en bruto
___ **work**: (const) obra gruesa
rough-and-ready: tosco, improvisado
rough-and-tumble: desordenado, sin restricción ni regla, movido
___ **politics**: política conflictiva
rough-dressed timber: madera desbastada
roughage: pasto burdo o basto; forraje voluminoso, de relleno, de gran masa (granzas, etc.) o celulósico
roughcast concrete: concreto aparente
roughcasting: (const) materiales aparentes
roughing mill: laminador desbastador
roughness: rugosidad
round fish: pescado entero
___ **numbers**: números redondos
___ **of injections**: serie o tanda de inyecciones
___ **of negotiations**: rueda (ronda) de negociaciones

ROUNDS   RUN

__ of talks: rueda de conversaciones
__ sum: suma redonda
rounds: (silv) troncos
round-robin: petición
round-trip: viaje de ida y vuelta
rounded style: escritura redonda (caligrafía)
rounding of data to the nearest hundredth: redondeo de datos al números con dos decimales más próximo
__ of data to the nearest unit: redondeo de datos al número entero más próximo
roundtable conference: conferencia de mesa redonda
roundup: rodeo (ganado); redada, barrida (personas); resumen, sinopsis, recapitulación
__ paper: documento sinóptico (o recapitulativo)
roundwood: madera rolliza, en rollo o redonda; troncos
route map: mapa de carreteras
__ marker: jalón
__ of inoculation: (med) vía de inoculación
__ of transmission: (med) vía de transmisión o contagio
routine: monotonía, repetición, costumbre, procedimiento acostumbrado; (leg) trámites de estilo, tarea habitual, norma, ordinaria o corriente
__ contingency clause: cláusula previsoria normal
__ courses: cursos ordinarios
__ examination: examen ordinario o habitual
__ maintenance: mantenimiento de rutina o rutinario
__ matters: asuntos de trámite
__ practices: prácticas habituales
__ repetition: repetición de oficio
__ rotation of the troops: relevo normal de las tropas
__ work: actividades ordinarias
routing: itinerario, ruta; encaminamiento
__ of papers: distribución interna de documentos
__ of traffic: canalización del tránsito
__ slip: hoja de ruta
roving ambassador: embajador sin cartera, embajador itinerante
__ seminar: seminario móvil
row crop: cultivo en hileras o surcos, plantas de escarda, cultivo carpido
__ houses: vivienda continua
__ of trees: liño, hilera de árboles
__ plants: plantas escardadas
rowlock: sardinel (albañilería)
royal jelly: jalea real
royalty: (com) regalía, derechos de autor, derecho de patente; cañón (minería)
__ tax: impuesto de explotación
rubber check: cheque en descubierto o sin fondos
__ cloth: tela engomada
__ growing: cultivo cauchero
__ industry: industria del caucho
__ plant: siringa

__ plantation: cauchal, cauchera, cauchería
__ seeds: semillas de hevea, cauchera o siringa
__ stamp: sello de goma o de caucho, gomígrafo; (fig) aprobación maquinal o ciega
__ tree: cauchera, árbol de caucho
rubber-bearing tree: gomero, árbol gomífero
rubber-tired bulldozer: niveladora de ruedas neumáticas
rubbish: basura, escombros, desperdicios; birria; tontería, disparates, sandeces
__ chute: vertedero de basuras
rubble: cascote, ripio
rule: regla, norma, disposición, artículo (de convenio, reglamento); dominio, mando; (pl) reglamento
__ established by law: regla consagrada por la ley
__ making: normalización
__ of conduct: precepto
__ of law: imperio de la ley
__ of the air: hegemonía aérea
__ of thumb: regla empírica o práctica, método aproximado
__ on: dictaminar; resolver un problema, estatuir
rules and formalities: reglamentos y formalidades
__ and regulations: normas y reglamentos
__ of an evidentiary character: normas de carácter probatorio
__ of construction of the law: reglas de interpretación de la ley
__ of law: normas jurídicas, doctrina jurídica, reglas de derecho
__ of procedure: reglamento (interno)
__ of the game: reglas del juego
__ of the road: reglamento del tráfico
__ on choice of law: normas para determinar la ley aplicable
rule-of-thumb practices: prácticas empíricas
ruled paper: papel rayado
ruler: cartabón, regla
ruling: (leg) fallo, directiva, decisión, resolución, dictamen, (pl) jurisprudencia (administrativa y judicial)
__ circles: círculos dirigentes
__ forecast: previsión directora
__ language: idioma que hace fe (contrato)
__ pen: tiralíneas
__ price: precio en vigor, precio actual de mercado
rump: nalga- cadera (carne)
run: (comp) corrida; (técn) serie, tanda, racha, pasada de máquina
__ aground: zabordar, varar, encallar, embarrancarse
__ for office: ser candidato a un cargo o a una función
__ gum: goma fundida
__ into debt: endeudarse, entramparse
__ of pipes: tuberías
__ off the track: descarrilarse, desrielarse
__ on a currency: movimiento especulativo contra una moneda, especulación contra una divisa
__ on the bank: asedio o pánico bancario

run-of-mill: corriente y moliente; (com) como sale de la fábrica, al barrer
run-of-mine: como sale de la mina, todo uno (mineral antes de ser tratado)
__ **coal**: carbón sin clasificar o tal como sale, en bruto
__ **sulphur**: azufre de minería
run-of-the river conditions: descarga no regulada de un río
__ **hydroelectric power plant**: central de pasada, central hidroeléctrica de agua corriente
__ **plant**: central sin almacenamiento de agua
run-up: alza de precios
runaway inflation: inflación desenfrenada o galopante, hiperinflación
__ **world**: mundo desbocado
rundown: informe detallado
__ **of inventories**: disminución o uso de existencias
runner: crecimiento rastrero (planta); rodete (turbina); patín (contenedor)
running account: cuenta corrida o continua
__ **average**: promedio móvil
__ **brokers**: corredores de la Bolsa
__ **commentary**: reportaje en directo
__ **contract**: contrato por cantidades aproximadas
__ **costs**: costos o gastos de explotación o de funcionamiento
__ **days**: días corridos o consecutivos
__ **expenses**: gastos de operación corriente u ordinarios
__ **inventory**: inventario continuo o constante
__ **public entities on comercial principles**: gestión de entidades públicas a base de principios comerciales
__ **time**: horas de navegación (buque)
runoff: escorrentía, escurrimiento
__ **election**: votación secundaria (por falta de mayoría en la primera vuelta); segunda vuelta
__ **from land**: erosión terrestre
__ **irrigation**: riego por escorrentía o por escurrimiento
__ **of rain**: escorrentía de lluvia
__ **of water**: escurrimiento
rural area (region): campaña, zona rural
__ **arts and crafts**: artes y oficios en el medio rural
__ **betterment**: progreso (adelanto) del medio rural
__ **character**: ruralidad
__ **credit**: crédito agrícola
__ **development**: ordenación rural
__ **economics**: economía agrícola
__ **extension**: extensión cultural rural
__ **free delivery**: distribución o entrega postal rural
__ **health service**: servicios de salud rurales
__ **housing**: vivienda campesina
__ **improvement**: planificación rural
__ **indebtedness**: endeudamiento de la población rural
__ **practice field**: (edu) lugar de práctica rural

__ **property**: predio rústico
__ **sector**: sector agrícola, agro
__ **social welfare**: servicio social rural
__ **tax distribution lists**: listas de distribución del impuesto a la propiedad rural
__ **welfare work**: obras de bienestar en el medio rural
rurban: rurbano (contracción de rural y urbano: designa las relaciones entre el campo y la aldea o la pequeña aldea)
rurbanization: rurbanización (interacción entre lo rural y lo urbano)
rush hour: hora de mayor tráfico, hora de punta
__ **order**: pedido urgente
__ **through**: ejecutar o realizar con prisa
rust of wheat: roya parda
rust-proofing: antioxidante
rustler: ladrón de ganado
rustling: abigeato
ruthless: implacable; despiadado
rye: centeno
__ **grass**: ballico

S

sabbatical year: (edu) año de licencia, año sabático
sable fish: (ict) maruca
sack: echar a la calle, ser despedido
sackcloth: arpillera, tela de saco
sacred trust: misión sagrada
sacrificial sale: venta con pérdida
saddlery: talabartería, artículos de cuero
safe and sound: sano y salvo, ileso
__ **custody of securities and valuables**: custodia de valores, objetos de valor
__ **investment**: inversión segura
__ **load**: carga admisible, carga máxima
__ **milk**: leche sana, leche pura
__ **motherhood**: maternidad sin riesgos
__ **policy**: política prudente
__ **sewage disposal**: eliminación de aguas servidas
__ **technologies**: tecnologías inocuas y racionales
__ **water**: agua potable, agua pura
safe-deposit box: caja de seguridad, caja de caudales, caja fuerte
__ **department**: custodia (de bancos)
safeguard: *s* salvaguardia, protección, garantía, resguardo; *v* salvaguardar, proteger, resguardar
safekeeping: custodia
__ **fees**: gastos de custodia, derechos de guardia
__ **of securities**: custodia de títulos
__ **rights**: derechos de guardia
safely landed: desembarcado sin avería
__ **invested money**: dinero invertido con garantía
__ **prepared food**: alimento industrial controlado
safety account: cuenta de custodia
__ **and health**: seguridad e higiene en el trabajo

SAFFLOWER   SALT

__ **education**: enseñanza de medidas de seguridad
__ **engineering**: ingeniería de prevención de accidentes, ingeniería de seguridad, técnicas de seguridad
__ **factor**: factor de seguridad, margen de seguridad
__ **load**: carga máxima
__ **margin**: margen de seguridad
__ **net**: medidas de protección social
__ **period**: período de carencia (insecticidas)
__ **test**: (med) prueba de inocuidad
safflower: azafrancillo
saffron: cúrcuma
sag: ligera baja de precios
sagging economy: economía poco activa
__ **exports**: estancamiento de las exportaciones
__ **market**: mercado flojo
__ **prices**: precios decrecientes
"said to be" clause: cláusula "dice ser"
sailcloth: lona
sailing: zarpa, salida, travesía
__ **directions**: derrotero
sainfoin: (bot) pipirigallo, esparceta
salability: posibilidad de colocación (valores); vendibilidad, salida
salable: de fácil venta, vendible, realizable
__ **assets**: bienes alienables, comerciales, activos vendibles
__ **publications**: publicaciones en venta o a la venta
__ **value**: valor venal
salaried employee: empleado asalariado
__ **employment**: empleo a sueldo
__ **position**: puesto retribuido o rentado
salary advance: anticipo de sueldo
__ **and allowances**: sueldos y subsidios; haberes y beneficios
__ **and bonuses**: sueldo y gratificaciones
__ **benefits**: beneficios relacionados con el sueldo
__ **bonus**: aguinaldo, gratificación
__ **bracket**: tramo (o categoría) de sueldo
__ **desired**: pretensiones de sueldo
__ **differential**: índice o coeficiente de ajuste de sueldo, diferencial de sueldos
__ **guidelines**: directrices para la fijación de los sueldos
__ **level**: nivel de sueldos
__ **open**: sueldo a convenir
__ **per annum**: sueldo anual, retribución anual
__ **range**: tramo (o campo de variación) de la escala de sueldos; diferencia entre el sueldo máximo y el sueldo mínimo
__ **rates**: sueldos, escalas de sueldos
__ **review**: estudio o examen de los sueldos o del régimen de sueldos
__ **scale (schedule)**: escala de sueldos
__ **standards**: normas (en materia) de sueldos
__ **step**: escalón de sueldo
__ **system**: régimen de sueldos
salaries and wages: sueldos y salarios
sale below cost: venta con pérdida, a precio inferior al de costo
__ **by auction**: venta en subasta
__ **by authority of law**: venta judicial, por resolución legal
__ **by sample**: venta según muestra
__ **by sealed tender**: propuesta sellada
__ **by way of execution**: venta judicial, en ejecución de sentencia forzosa
__ **from portfolio**: venta de valores de cartera
__ **in bulk**: venta a granel
__ **of bonds**: emisión de bonos o de obligaciones
__ **of equity capital**: emisión de acciones
__ **of growing (standing) crop**: venta a ojo (de cultivo en pie)
__ **on approval**: venta a prueba
__ **on credit**: venta a crédito o al fiado
__ **upon judicial order**: venta judicial, por resolución judicial
__ **value**: valor de venta, valor de mercado o venal
sales: ventas; a veces: cifra de negocios, volumen de negocios
__ **agent**: agente vendedor
__ **agreement**: contrato de compraventa
__ **aids**: medios publicitarios
__ **allowance**: reducción sobre ventas
__ **approach**: política de ventas, política comercial
__ **clerk**: dependiente
__ **confirmation**: nota de venta
__ **discount**: rebaja
__ **drive**: campaña de venta
__ **executive**: jefe o director de ventas
__ **figure**: cifra de negocios
__ **force**: equipo de ventas
__ **forecast**: pronóstico, estimación o previsión de ventas
__ **letter**: carta publicitaria
__ **literature**: documentación publicitaria
__ **manager**: jefe, gerente o director de ventas
__ **potential**: posible volumen de ventas
__ **promotion**: promoción de venta, publicidad
__ **resistance**: falta de demanda
__ **returns and allowances**: devoluciones y rebajas en las ventas
__ **slip**: nota de caja
__ **tax**: impuesto sobre las ventas, impuesto sobre la compraventa
__ **turnover**: volumen de ventas
__ **yard**: feria (ganado)
salesmanship: arte de vender, mercadotecnia, pericia de ventas
saleyard price: precio en corrales de venta
salient points: puntos principales o sobresalientes
salt extraction and processing: extracción y tratamiento de la sal
__ **deposit**: salitrera
__ **iodization**: yodación de la sal
__ **lick**: salegar
__ **marsh**: salina, marisma, saladar
__ **mine**: salina, mina de sal o salífera
__ **swamp**: manglar, pantano

saltpeter: salitre
saltwater intrusion: intrusión de agua salada o salobre
saltworks: salinas, salitreras
salvable materials: materiales recuperables
salvage: *s* salvamento; recuperación; material aprovechable; objetos salvados; (leg) derecho de salvamento; *v* salvar, recuperar
__ **bond**: contrato de salvamento
__ **cutting (logging)**: corta de recuperación, corta accidental
__ **value**: valor de recuperación o de rescate; a veces: valor residual (de un activo) o de rescate, valor de liquidación
salvageable: recuperable, salvable
sample: muestra; testigo (sondeo)
__ **census**: censo por muestreo o por el método de la muestra
__ **cleanup**: eliminación de interferencias de la muestra
__ **core**: (const) nabo de muestra (suelo)
__ **data**: datos de la muestra
__ **design**: diseño de la muestra
__ **design plan**: plan de muestreo, plan de diseño de la muestra
__ **inventory**: inventario parcial
__ **loop**: espiral de muestreo
__ **mean**: media muestral
__ **method**: método de muestreo
__ **review**: revisión por muestreo
__ **size**: tamaño de la muestra
__ **space**: espacio de la muestra, universo
__ **survey**: encuesta por muestreo o muestral
__ **test**: escandallo (prueba, ensayo)
__ **unit**: unidad de muestra
sampling: muestreo, toma de muestras; sondeo, catadura, (min) cateo
__ **bias**: sesgo de muestreo
__ **for attributes**: muestreo de atributos
__ **frame**: marco de muestreo
__ **modulus**: intervalo de muestreo
__ **moment**: momento de la distribución muestral
__ **plot**: plan de muestreo
__ **ratio**: razón o fracción de muestreo
__ **with (without) replacement**: muestreo con (sin) reposición, exhaustivo/no exhaustivo
Samurai market: mercado de bonos denominados en yenes
sanction: sanción; aprobación, ratificación, confirmación; autorización; consagración
__ **of the court**: sanción judicial
sanctuary (reserve): acotado total
sand asphalt: arena-asfalto
__ **ballast**: lastre; sorra, zahorra (buque); (fc) balasto
__ **dune**: médano, duna
__ **trap**: desarenador
sandbar: restinga
sandblasting: arenado
sandcatch: desarenador

sanding: enarenado
sandpaper: lija
sandpit: mina o cantera de arena
sandstone: arenisca
sandstorm: tolvanera; nube de polvo
sandwich: intercalar, insertar
__ **course**: curso intercalado (entre dos períodos de capacitación)
__ **man**: hombre anuncio
__ **system**: (enseñanza técnica) períodos alternativos de estudio en la escuela y de práctica en la industria
__ **training**: capacitación alternada (en el servicio y en una institución de enseñanza)
sandy soil: trumao (suelo arenoso muy fino derivado de roca volcánica)
sanitary and healthful environment: condiciones de salud y de higiene del medio ambiente
__ **core**: caseta sanitaria (vivienda)
__ **facilities**: instalaciones o servicios sanitarios
__ **inspector**: inspector de sanidad
__ **landfill**: terraplén higiénico, vertedero sanitario, vertedero controlado, relleno sanitario
__ **milk**: leche salubre, leche higiénica
__ **sewerage**: alcantarillado
sanitarian: sanitarista
sanitation: sanidad; saneamiento; higiene; higienización
__ **felling**: corte o tabla de limpieza, corta de árboles en mal estado y sin valor; desbroce
sap-bearing plants: árboles de savia
sapling: árbol joven, pimpollo, latizo
sapling-stage thicket: monte bravo
sardine net: albareque
sash window: ventana de guillotina
satisfaction: satisfacción, cumplimiento; (com) liquidación (deuda); reembolso (crédito); pago, finiquito
satisfy: satisfacer; cumplir con; pagar, liquidar, reembolsar; convencer; contentarse
__ **a medical inspector**: dejar satisfecho a un inspector médico
__ **the demand**: dar abasto a
saturation of the market: saturación, hartazgo (hartura) del mercado
saurel: (ict) palometa, jurel
saury: (ict) paparda
sausage casings: tripas para embutidos
save as provided in: con las excepciones mencionadas en, salvo lo que se dispone en
__ **harmless from any claim**: salvo cualquier reclamación
__ **or hold harmless**: liberar de demandas
saved expenses: gastos evitados
__ **values**: (seg) valor de los bienes salvados
saving clause: cláusula de reserva, de salvedad, de excepción o de salvaguardia
savings and loan association: sociedad (cooperativa) de ahorro y préstamo
__ **of the government**: ahorros del sector público

sawbuck: caballete, cabrilla, tijera
sawhorse: caballete, cabrilla, burro
sawlogs: trozas para aserrar
sawmill: aserradero
sawmilling: aserradura mecánica
__ **of timber**: serreo de trozas
sawn softwood: madera aserrada de coníferas
__ **wood**: madera aserrada
sawwood: madera para aserrar
say and quote: decir textualmente
scab: esquirol (rompehuelgas)
scabies: sarna (ovejas)
scale: escala, amplitud, extensión; (pl) balanza, báscula, romana
__ **buying**: compra a precios escalonados
__ **down**: reducir proporcionalmente; reducir a escala
__ **drawing**: dibujo a escala
__ **fish**: (ict) pescado de escama
__ **model**: modelo reducido, maqueta
__ **of assessment**: escala de cuotas
__ **of charges**: tarifa de cargos
__ **of contributions**: escala de cuotas
__ **of operations**: alcance de operaciones
__ **of the project**: magnitud del proyecto
scaler: (silv) dendómetro
scaling: dimensionamiento (proyecto); descamación (caminos)
__ **down**: reducción (tamaño de un proyecto)
scallop: (ict) vieira
__ **breeding**: pecticultura
scamp work: *s* chapucería; trabajo mal hecho, frangollo; *v* frangollar, trabajar mal
scanner: explorador; (med) escáner
scanning: (comp) exploración; barrido
scapegoat: víctima propiciatoria, chivo expiatorio
scarce currencies: monedas raras
scarcity: escasez, carestía, carencia, falta
__ **value**: valor en razón de la escasez
scatter analysis: análisis de dispersión
__ **coefficient**: (est) coeficiente de dispersión
__ **diagram (chart)**: diagrama de dispersión, diagrama de esparcimiento, nube de puntos
__ **resources**: atomizar los recursos
scattered plotting: gráfico de dispersión
__ **radiation**: radiación dispersa
scattering: difusión (energía nuclear); dispersión
scavenging: pepena
scenario: argumento, guión; (fig) hipótesis de trabajo, supuesto, circunstancias, panorama, ambiente, marco hipotético, escenario
scene shifter: tramoyista
schedular system: sistema cedular
__ **tax**: impuesto cedular
schedule: *s* lista, inventario; (leg) anexo; apéndice; programa (de actividad); calendario, cronogra-ma, horario; escala; plan (de trabajo); curva (demanda, oferta); cédula; cuadro; cuestionario; formulario; patrón; *v* catalogar, registrar, inventariar; programar; incluir en la lista; fijar el horario de
__ **contract**: contrato basado en una lista oficial de precios
__ **of amortization**: plan de amortización
__ **of annual salaries**: escala de sueldos anuales
__ **of charges**: tarifa de cargos
__ **of events**: cronograma (programa) de actividades
__ **of meetings**: calendario de reuniones, programa o plan de reuniones
__ **of par values**: lista de paridades
__ **of participation**: (leg) hijuela
__ **of rates**: tarifa, lista de tarifas
__ **of treatment**: esquema de tratamiento
__ **of vaccinations**: esquema de vacunaciones
__ **of visits**: programa de visitas
__ **tare**: tara aduanera
scheduled castes: castas que han sido objeto de disposiciones legislativas especiales
__ **cost**: costo proyectado
__ **date**: fecha prevista
__ **drugs**: medicamentos catalogados
__ **flight**: (aero) vuelo regular, vuelo de itinerario, frecuencia de vuelo
__ **price**: precio según tarifa establecida
__ **work week**: semana de trabajo reglamentaria
scheduling: ordenación cronológica, programación
__ **of refunds**: programación de los reembolsos
scheme: esquema, plan, programa, proyecto, sistema; idea
scholar: erudito, estudioso, intelectual, sabio, especialista, autoridad en la materia, tratadista, investigador; (edu) becario, alumno
scholarship: saber, erudición; (edu) beca
__ **holder**: becario
scholastic aptitude test: test (prueba) de aptitud escolar o académica
__ **aptitudes**: aptitudes escolares
__ **attainment**: nivel escolar, conocimientos escolares, adelanto académico
__ **travel (tour)**: viaje de estudio
__ **year**: año académico
school: escuela, establecimiento de enseñanza, institución docente, plantel
__ **achievement**: resultado o rendimiento escolar
__ **accommodation**: locales o edificios escolares, capacidad de la escuela o de los edificios escolares
__ **administration**: administración escolar
__ **administrators**: personal directivo o personal administrativo de la escuela
__ **and community health services**: servicios de higiene escolar y servicio de salud comunitarios, servicios de higiene escolar y pública
__ **attendance**: asistencia escolar; frecuentación escolar, número de niños que efectivamente asisten a la escuela
__ **bus**: autobús escolar
__ **community**: medio escolar
__ **enrollment**: matrícula escolar, número de alumnos inscritos
__ **environment**: medio ambiente escolar

324

__ **executives**: administradores de escuela
__ **facilities**: servicios escolares, instituciones docentes
__ **feeding**: refección o refacción escolar, alimentación escolar
__ **fees**: derechos de matrícula, derechos o gastos de escolaridad
__ **for truants**: escuela para inasistentes
__ **furniture**: mobiliario escolar
__ **garden**: huerto escolar
__ **health clinic**: centro médico escolar
__ **health program**: programa de higiene escolar
__ **health service**: servicio médico de la escuela
__ **health work**: labor médico-escolar, medicina escolar
__ **holding power**: poder de retención de la escuela
__ **leaver**: egresado de la escuela
__ **leaving**: egreso (de la escuela) escolar
__ **leaving age**: edad de terminación de la escolaridad obligatoria
__ **leaving examination**: examen final, examen de terminación de estudios
__ **lunch**: almuerzo escolar
__ **lunchroom**: refectorio escolar, restaurante escolar, comedor escolar, casino escolar, cantina escolar
__ **management**: administración escolar
__ **mapping**: (levantamiento del) mapa escolar
__ **marks**: calificaciones, notas
__ **meal program**: programa de comedores escolares
__ **nurse**: visitadora escolar, enfermera (de higiene) escolar
__ **of fish**: cardumen
__ **officials**: funcionarios o autoridades escolares
__ **playground**: campo escolar de juegos, cancha escolar, patio de recreo
__ **population**: población escolar, porcentaje de escolaridad
__ **principal**: director de escuela
__ **readiness**: (edu) madurez para la escolaridad
__ **record**: expediente escolar, ficha escolar
__ **report**: libreta de notas
__ **supervision**: inspección escolar
__ **system**: sistema de educación, sistema escolar
__ **year**: año escolar
school-age children: niños en edad escolar o en edad de asistir a la escuela
school-farm: escuela-granja
school-home: escuela-hogar (escuela primaria vinculada a un albergue o instalación para niños huérfanos o sin hogar)
schoolfellow: condiscípulo, compañero de clase
schooling: instrucción; estudios; escolaridad; educación; enseñanza; costo de la enseñanza o de la colegiatura
science cooperation offices: centros de cooperación científica
__ **education**: formación científica

__ **fiction**: fantasía científica, novela futurista, ciencia-ficción, ficción científica
__ **kit**: estuche de experimentación científica
__ **lesson**: clase de historia natural
__ **of forestry**: dasonomía
__ **of management**: organización científica del trabajo, ciencia de la administración
__ **policy**: política científica
scientific knowhow: conocimientos científicos
__ **management**: administración racional o científica; racionalización del trabajo, organización científica del trabajo
__ **manpower**: científicos
scion grafting: injerto de púa
scoop net: red barredera
scope: alcance, envergadura, amplitud, ámbito; extensión, campo de aplicación; esfera de acción; incumbencia, competencia
__ **of an agreement**: campo de aplicación (alcance) de un acuerdo
__ **of authority**: amplitud del poder
scorched-earth policy: política de tierra arrasada
score: resultado numérico de un test; puntaje; tanteo, nota, calificación; partitura (música)
__ **card**: (edu) ficha para evaluar los resultados (de un test o de una prueba)
scotch pine: pino silvestre
__ **kiln**: pilada de secado (fabricación de ladrillos)
__ **tape**: cinta adhesiva
scour: socavón (banco de río)
scours: diarrea del ganado
scoured wool: lana limpia, lana lavada, lana desgrasada
scourge: azote, plaga, flagelo; castigo
__ **of war**: flagelo de la guerra
scouring sluice: canal desarenador
scove clamp: pilada de secado
scow: gánguil, lancha de descarga, lanchón
scrap: *s* trozo, pedazo, recorte; defecto, desperdicio, retal; restos, sobras; *v* desechar, dar de baja, descartar, desguazar
__ **iron**: chatarra
__ **metal**: desperdicios metálicos
__ **paper**: papel de desecho
__ **rubber**: desperdicios de hule, goma o caucho; a veces: tasajo
__ **value**: valor de desecho, valor residual o de chatarra
scrapping: desguace, desbarate
__ **compensation for enterprises**: compensación a empresas por desmontar sus fábricas
scratch coat: repello (yeso)
__ **paper**: papel sábana, papel (de) borrador
__ **test**: cutirreacción
scratches: rasmilladuras
scree (talus): talud detrítico
screen: cribar, tamizar, pasar por la criba (el tamiz), seleccionar; pantalla (cine)
__ **analysis**: análisis por tamizador
__ **candidates or applicants**: seleccionar candidatos

screening: cribado (carbón); preselección, selección, tamizaje, clasificación; (med) examen colectivo; exploración; análisis; blindaje (rayos X)
__ **inspection**: inspección exhaustiva
__ **of needs**: estudio de las necesidades
__ **of patients**: examen sistemático
__ **of war prisoners**: clasificación de los prisioneros de guerra
__ **plant**: seleccionadora (caminos)
__ **tests**: pruebas de selección, tests eliminatorios, pruebas eliminatorias
screw conveyor: transportador espiral o de tornillo sinfín, tornillo transportador
scrip: cédula, vale, título provisional de propiedad; certificado de acción fraccionaria; resguardo provisional
__ **certificate**: certificado de acción fragmentaria o de dividendo diferido
script: escritura script; guión, guión radial, argumento, texto manuscrito, transcripción
__ **and connected forms**: escritura script y formas ligadas
scrod: (ict) bacalao
scroll (staff awards): pergamino (NU)
scrub: monte bajo, chaparral, charral, matorral
scrubbing: depuración (gases)
__ **techniques**: tecnología de depuración (gas)
scrupulously careful: meticuloso
scrutinize: escudriñar, escrutar, examinar a fondo
scubadiving: buceo autónomo
sculptor's plaster: escayola
scutch: agramar, macerar
scutching: macerado (de fibras)
scutched fiber: fibra agramada
sea anemone: actinia
__ **barge system**: sistema portagabarras
__ **bass**: (ict) lubina, perca de mar
__ **bream**: (ict) pargo
__ **carrier**: empresa de transporte marítimo
__ **farming**: maricultura, cultivo marino
__ **grass bed**: lecho, prado o pradera de zosteras y algas marinas
__ **island cotton**: algodón de Barbados
__ **ladder**: escala de gato
__ **letter**: certificado de navegación, de buque, pasaporte marítimo, pasavante
__ **or air transport business**: actividad comercial de transporte marítimo o aéreo
__ **perch**: (ict) lubina
__ **power**: potencial naval
__ **risk**: peligro de mar
__ **room**: espacio de maniobra
__ **snail**: (ict) loco
__ **spider**: (ict) centolla, cangrejo ruso
__ **squirt**: ascidia
__ **stores**: provisiones o abastos para el viaje
__ **sunflower**: actinia
__ **trout**: (ict) pescadilla

__ **wall**: dique, rompeolas, tajamar, malecón, molo, muro de defensa
sea-lane: ruta o vía marítima, corredor marítimo
sea-level canal: canal a nivel del mar
seabed: fondo del mar, suelo marino
__ **and subsoil**: suelo y subsuelo marinos
__ **mining**: actividades mineras en el fondo marino
__ **resources**: recursos del fondo del mar
seaboard: costa, litoral
__ **customshouse**: aduanera marítima
__ **terminals**: terminales marítimos
seaborne commerce: comercio marítimo
__ **shipping**: transporte marítimo
__ **trade**: tráfico marítimo
seafarer: marinero; (pl) gente de mar
seagoing people: pueblo marítimo
__ **ship**: navegación marítima; buque de alta mar o de alto bordo
seal of letter made with sealing wax: nema
__ **of warranty**: precinto de garantía
sealed bids: propuestas selladas, licitaciones o proposiciones en pliego cerrado
__ **documents**: documentos con sello
__ **envelope or package**: pliego
__ **orders**: instrucciones selladas
__ **tender**: proposición en sobre cerrado
__ **verdict**: veredicto cerrado
__ **will**: testamento cerrado
sealift: puente marítimo
sealing coat: riego de sellado, tratamiento superficial (caminos)
__ **device**: cualquier dispositivo como sello, atadura cerrada con sello de plomo que no puede ser abierto sin romper ese sujeción, precinto de garantía
__ **wax**: lacre
seam: (min) veta, filón
__ **welding**: soldadura autógena
seamanship: náutica, marinería, competencia náutica
seaquake: maremoto
search: *s* busca, búsqueda; registro, cacheo, reconocimiento, allanamiento; investigación; visita; *v* buscar, registrar, examinar, investigar
__ **a ship**: fondear
__ **engine**: (comp) megaíndice, motor de búsqueda
__ **strategy**: estrategia de indagación
__ **warrant**: orden o mandamiento de registro, orden de allanamiento, auto de registro domiciliario, auto de entrada y registro
season cyclical fluctuations: fluctuaciones cíclicas de temporada
seasonal adjusted series: series que eliminan fluctuaciones estacionales
__ **changes**: fluctuaciones periódicas
__ **credit**: (agr) crédito de avío, crédito estacional
__ **demand**: demanda de temporada o de estación
__ **employment**: empleo de temporada
__ **factor**: factor estacional
__ **goods**: artículos o productos de temporada
__ **migration**: migración estacional, migración

SEASONALLY / SECTION

    golondrina; trashumancia de aves
— **movement**: variación estacional
— **nature**: estacionalidad (del empleo)
— **patterns**: modelos (configuraciones) estacionales
— **peak**: punto máximo estacional, máxima estacional
— **peak of employment**: temporada de empleo máximo
— **sale**: venta de fin de temporada
— **shortages**: penurias estacionales
— **shutdown of farm operations**: tiempo muerto agrícola
— **unemployment**: desempleo estacional
— **work**: (agr) trabajo precario
— **worker**: trabajador de estación o de temporada
seasonally adjusted: desestacionalizado (ajustado para tomar en cuenta las variaciones estacio-nales), corregidas las variaciones estacionales
seasoned issues: valores de reconocida rentabilidad
— **securities**: valores acreditados
— **stock**: acciones con antecedentes de ganancias y dividendos
seasoning: cura, secado (madera); adobo, aliño
seat: escaño (parlamentario)
— **of government**: sede de gobierno
— **of learning**: centro de estudios
— **of trouble**: foco de disturbio
seating capacity: número de asientos o plazas
— **order**: orden de precedencia
seawater holding station: cetárea (para crustáceos)
seaway: ruta o vía marítima, canal marítimo
seaworthiness: navegabilidad
secede: separarse (una región de otra)
secession: secesión, separación
second: apoyar, secundar; adscribir en comisión de servicio, destacar, destinar
— **a motion**: apoyar una moción
— **best**: segunda opción mejor
— **generation special account**: cuenta especial secundaria
— **growth**: (silv) bosque renacido, vuelo colonizador, crecimiento secundario, retumba, repoblación forestal
— **home**: parcela de agrado, segundo hogar, segunda vivienda
— **lowest bidder**: licitante que presenta la oferta clasificada en segundo lugar
— **mortgage**: hipoteca de segundo grado, hipoteca segunda
— **offender**: reincidente
— **offense**: (leg) reincidencia
— **or further offense**: reincidencia
— **preferred stock**: acciones de segunda preferencia
— **"track" actions**: medidas de "segunda vía"
— **vice-president**: segundo vicepresidente
seconds: artículos de calidad inferior, productos de segunda calidad
second-best optimum: subóptimo, segunda alternativa
— **policy**: política subóptima
second-generation growth: segundo crecimiento del bosque (vuelo de segunda formación)
second-line bank: banco de segunda categoría o de importancia secundaria
— **drug**: medicamento de reserva
— **securities**: valores de segundo orden
second-tier bank: banco de importancia secundaria
— **country**: país de nivel intermedio
second-to-none: sin comparación
secondary dependent: persona secundaria a cargo, familiar secundario a cargo
— **dependent's allowance**: prestación por familiar secundario a cargo
— **dependent's benefit**: pensión de familiar secundario a cargo
— **deposits**: (bnc) depósitos generados mediante un crédito
— **education**: educación secundaria
— **fish**: peces de acompañamiento
— **forests**: bosques regenerados
— **gallery**: (min) ramal
— **industry**: industria secundaria; elaboración, manufactura
— **liability**: responsabilidad secundaria o subsidiaria
— **metal**: metal de segunda fusión
— **officer**: (adm) funcionario de segunda categoría
— **party**: parte subsidiaria
— **poverty**: pobreza relativa
— **products**: productos secundarios (los derivados de la industria manufacturera)
— **reserves**: segunda línea de reservas
— **school certificate**: certificado de suficiencia liceal
— **securities**: valores de segundo orden
— **strike**: huelga para ayudar a otros huelguistas
— **transmission line**: línea de subtransmisión o transmisión secundaria
seconded staff: personal adscrito, personal en comisión de servicio
secondhand: de segunda mano, de ocasión, usado, de lance
— **dealer**: baratista
— **price**: precio de reventa, de ocasión o de lance
— **store**: (tienda de) baratillo
— **value**: valor usado
secondment: prestación de servicios de personal, cesión temporal (adscripción) de personal, envío en comisión de servicio, adscripción
secret ballot: votación secreta
— **goings-on**: entretelones
secretarial and clerical staff: secretarios y escribientes
— **work**: labor de secretaria
secretariat: secretaría, secretariado
— **assistance**: personal de secretaría
section: sección, parte, artículo (de una ley); párrafo; región, distrito, departamento, dirección, negociado; sector (población); perfil (metal)
— **mill**: laminador estructural

SECTIONS

__ **switch**: llave seccionadora
sections and bars: perfiles y barras
__ **of road**: tramos a campo traviesa
sectional furniture: muebles desmontables
__ **interests**: intereses particulares (locales, regionales)
__ **school**: escuela anexa (V *nuclear school*)
__ **view**: vista en corte
sector adjustment loan: préstamo para (fines de) ajuste sectorial
__ **chart**: diagrama o gráfico de sectores
__ **loan**: préstamo sectorial
sectoral actors: (los) actores del sector
__ **approach**: enfoque (criterio) sectorial o por sectores
__ **emphasis**: concentración sectorial
secular school: escuela laica
__ **growth**: crecimiento a largo plazo
__ **trend**: tendencia secular o a largo plazo
secure a loan: garantizar o caucionar un préstamo; a veces: obtener un préstamo
secured bond: bono hipotecario o colateral
__ **claim**: crédito privilegiado o de privilegio
__ **credit**: crédito real o pignoraticio
__ **creditor**: acreedor pignoraticio o garantizado, acreedor prendario
__ **debt**: deuda garantizada, deuda preferente, deuda privilegiada, deuda colateralizada, crédito garantizado
__ **loan**: préstamo con garantía o garantizado, préstamo prendario
__ **note**: pagaré garantizado
securing of funds: obtención de fondos
securitization: conversión de activos financieros en valores
security: seguridad; (com) garantía, prenda; caución, fianza; (fin) valor, título
__ **agreement**: acuerdo de garantía
__ **check**: acreditación
__ **clearance**: pase
__ **council**: consejo de seguridad
__ **deposit**: depósito de garantía
__ **for costs**: caución para costas
__ **for costs and penalty, if any**: (leg) garantía judicial
__ **for judgment**: fianza para comparecer en juicio
__ **force**: cuerpo de seguridad
__ **held as collateral (pledge)**: pignoración
__ **holders**: tenedores de títulos
__ **interest**: (leg) interés en bienes muebles o inmuebles, garantía real o personal (mobiliaria)
__ **lending**: préstamo en valores; financiamiento en valores
__ **loan**: préstamo sobre valores
__ **money**: divisas-valores
__ **of tenure**: seguridad de tenencia, seguridad en el cargo, inamovilidad
__ **ratings**: clasificación de valores
__ **trading**: intermediación de valores
__ **transaction**: operación bursátil
securities: valores, títulos mobiliarios, títulos a

SEEPAGE

la orden
__ **account**: cuenta de valores
__ **at cost**: valores a precio de costo
__ **broker**: corredor de valores o de la Bolsa, agente de cambio
__ **dealer**: corredor de la Bolsa
__ **exchange**: Bolsa de valores
__ **held**: valores en cartera
__ **in hand**: valores en cartera
__ **in safekeekping**: valores en custodia
__ **lodged as collateral**: títulos depositados como garantía subsidiaria
__ **market**: mercado de valores (o títulos)
__ **market line**: relación entre rentabilidad esperada y riesgo
__ **on sale**: valores en venta
__ **outstanding**: valores en circulación
__ **owned**: cartera de títulos
__ **trading**: intermediación de valores
sediment load: capacidad de arrastre (de un río)
__ **of the vat**: pies de cuba (industria vitivinícola)
sedimentation ponds: estanques de sedimentación
seed: (agr) sembrar, hacer la siembra; fumigar (nubes); despepitar
__ **bed**: semillero, almácigo, plantel, almaciguera; (fig) foco, semillero, sementera
__ **capital**: capital (de) simiente, capital iniciador, capital generador, capital inicial
__ **crop**: (silv) fructificación
__ **dressing**: embadurnado, limpieza de semillas
__ **drill**: sembradora, sembradera
__ **drilling**: siembra en línea
__ **drilling machine**: máquina sembradora
__ **farm**: finca o granja de producción de semillas
__ **filling**: llenado del grano
__ **formation**: granazón
__ **garden**: huerta (de producción) de semillas
__ **money**: capital inicial, capital de inversión, capital simiente
__ **nursery**: almáciga, almácigo, almacería
__ **parent**: portagranos
__ **pasture**: pradera artificial
__ **plant**: planta de simiente, planta para semilla
__ **plot**: semillero
__ **potato**: papa de siembra
__ **production**: multiplicación de semillas
__ **setting**: granazón
__ **stand**: (silv) semillero, rodal
__ **tree**: árbol seminal, árbol padre
__ **year**: año de fructificación
seeded pasture: pradera artificial
seeding rate: densidad de siembra
seedling: (silv) planta de semillero o de vivero, retoño, plantilla, plantita, plantón (2 años); plántula, germen, pastura
seedtime: época de siembra
seek: buscar, tratar, procurar
seepage: filtración, percolación, rezumado; (petróleo) manadero
seeping well: pozo absorbente, pozo de filtración

328

seesaw of prices: vaivén de los precios
segment: sector, segmento, tramo
__ **of the population**: sector de la población
segmentation: segmentación, división en segmentos, compartimentación, fragmentación del mercado; a veces: desglose
segmented data: datos desglosados
segregate: segregar, separar, aislar
segregation of cargo: segregación de carga
seignorage: derecho de acuñación (en monedas)
seine fishing: pesca (con redes) de tiro o de cerco
__ **net**: arte de cerco, arte de cortina, tirona
seismic stresses: solicitaciones sísmicas
__ **survey**: estudio o reconocimiento sísmico
seismological survey: encuesta sismológica
seizin in deed or fact: (leg) posesión efectiva (inmuebles)
__ **in law**: (leg) derecho de posesión efectiva
seizure: asimiento; aprehensión; (leg) detención (personal); incautación (bienes); decomiso, secuestro, embargo, confiscación; traba de ejecución; (med) ataque compulsivo
__ **by authority of goods or property**: (leg) incautación
__ **of the ship**: apresamiento, retención, detención o embargo del buque
SELA (Latin American Economic System): Sistema Económico Latino Americano
select life table: tabla de mortalidad de grupos seleccionados
selecting: tría
selection felling or cutting: tala selectiva
selective breeding: mejoramiento (semillas, plantas, etc)
__ **screening**: control selectivo
__ **selling**: venta a clientes selectos
__ **stock purchase**: compra de valores seleccionados
self-agrandizements: protagonismos personales
self-actualization: realización personal
self-adjustment: autoajuste, autocorrección, autorregulación, reajuste automático
self-administered test: test administrado por el sujeto
self-aid: esfuerzo propio
self-appraisal: autoevaluación
self-assertive: presumido, agresivo
self-awareness: toma de conciencia, concientización
self-balancing accounting: contabilidad automática o de balance automático
self-care: autotratamiento, autoterapia
self-confidence: confianza en sí mismo
self-consumption: autoconsumo, consumo propio
self-contained: autónomo, autosuficiente, independiente; monobloque
self-correcting sample: muestra autocorregida
self-correlation: autocorrelación
self-defeating: contraproducente
self-defense: autodefensa, defensa propia o personal, legítima defensa, defensa de hecho
self-destroying: (ecol) autodegradable

self-determination: autodeterminación, libre determinación de los pueblos, derecho de los pueblos a la autonomía; decisión propia
self-disqualification of a judge (to hear a case): excusa de un juez para conocer de un caso
self-draining: con desagüe
self-effort: esfuerzo personal
self-employed worker: persona que trabaja por cuenta propia, trabajador autónomo, trabajador independiente
self-employment: empleo por cuenta propia o actividades emprendidas por cuenta propia
self-enumeration: autoinscripción; (demo) autoempadronamiento
self-evaluation: autoevaluación
self-evident truth: verdad de Perogrullo, perogrullada
self-examination: examen de conciencia; (med) autoexamen
self-feeder: comedor automático
self-fertilization: autofertilizante
self-financing: autofinanciamiento
self-generating phenomenon: fenómeno espontáneo
self-governing territories: territorios autónomos o independientes
self-government: autonomía política; dominio de sí mismo
self-help: esfuerzo personal, esfuerzo propio, iniciativa personal, autoayuda
__ **construction**: autoconstrucción
__ **housing scheme**: plan de vivienda por el sistema de esfuerzo propio y de ayuda mutua
self-important: engreído, vanidoso, presumido
self-improvement: superación
self-inflicted injury: autolesión, lesión voluntaria
self-initiated reading: lectura iniciada por el propio sujeto
self-insurance: autoseguro
self-learner: autodidacta
self-liquidating assets: activos autoliquidables, autoamortizables
__ **credit**: crédito autoamortizable
__ **projects**: proyectos autoamortizables, proyectos que se autofinancian
self-made man: hombre que ha triunfado por su propio esfuerzo, hombre hecho a sí mismo
self-management: autogestión
self-pacing: (edu) ritmo individual
self-purifying capacity: autodepuración natural, poder autodepurado
self-pruning: poda natural
self-rating: autoevaluación
self-realization: realización personal
self-reducing clause: cláusula de autoamortización
self-regulatory organization: entidad autonormalizadora
self-reliance: confianza en sí mismo, independencia, capacidad para valerse por sí mismo, autosuficiencia, autorresponsabilidad, autonomía
__ **in health**: autosuficiencia en cuestiones de salud

self-reliant: autovalente
self-restraint: autolimitación, autocontrol, moderación, continencia
self-seal envelope: sobre con pegamento
self-seeking: interesado
self-serving: que busca su propia ventaja
self-starter: arranque automático (máquina); persona emprendedora o con mucha iniciativa
self-stowing: autoestibante
self-study: autoanálisis; autoinstrucción, estudio por cuenta propia, estudio independiente
self-styled: supuesto, llamado
self-sufficiency: autosuficiencia, autonomía, independencia, autarquía, autoabastecimiento
self-sufficient economy: autarquía
__ **farms**: granjas (explotaciones) que producen lo necesario para el sustento
self-supporting: con recursos económicos propios, económicamente independiente
self-sustained (self-sustaining) fund: fondo autofinanciado, autosostenido
self-sustaining: autónomo
__ **development**: desarrollo (crecimiento) que prosigue por sus propios medios, autónomo
__ **growth**: crecimiento factible, rentable, autosostenido
self-targeting product: producto destinado por su propia índole a determinados grupos de la población
self-teaching manual: manual para aprender por sí solo
self-treatment: autotratamiento, autoterapia
self-trimming: autoestibado
self-weighted sample: muestra autoponderada
selfing: autofertilización
sell at a loss: vender con pérdida
__ **at a profit**: vender con ganancia
__ **at an auction**: rematar, subastar, vender en remate o subasta
__ **at retail**: vender al menudeo
__ **at wholesale**: vender al mayoreo o al por mayor
__ **by weight**: vender al peso
__ **down**: venta de un crédito fuera de consorcio
__ **for cash**: vender al contado
__ **on comission**: vender a comisión
__ **on consignment**: vender a consignación
__ **con credit**: vender al crédito, a plazo o al fiado
__ **off**: liquidar, vender todo
__ **out**: realizar, liquidar, vender todo
__ **short**: vender al descubierto, operar en descubierto (descuento)
sell-through: venta directa
seller's market: mercado favorable a los vendedores o de vendedores, mercado dominado por el vendedor
__ **rate**: valor vendedor (a la venta)
selling off: realización o liquidación
__ **off after stocktaking**: liquidación por inventario
__ **overhead**: gastos generales de venta

__ **price**: precio de venta
__ **rate**: tipo vendedor o de venta, precio vendedor o de venta
__ **short**: ventas en corto
__ **sindicate (consortium)**: consorcio bancario, grupo de colocación, grupo vendedor
__ **value**: valor a precio de liquidación o de realización
sellout: (com) agotamiento de las existencias
semester hour: una hora semanal (de clases o de laboratorio) durante un semestre
semiannual installments: cuotas semestrales
semiannually in advance: por semestre adelantado
semicellulose: hemicelulosa
semiclosed sea: mar semicerrado
semidetached house: casa pareada
semifinished goods: productos semiacabados, semielaborados o semimanufacturados
semiknocked down: semidesmontado (maquinaria, equipo, etc)
semilocal staff: personal semilocal
semimanufactures: productos semimanufacturados
semimonthly: quincenal, bimensual
seminar: seminario, cursillo
semiprivate accommodation: hospitalización semiprivada
__ **bank**: banco semioficial o semiestatal
semiprocessed goods: artículos semitransformados o semielaborados
semipublic (company) enterprise: empresa mixta, semipública o paraestatal; (a veces: *joint venture*)
semipulp: pasta mecánica depurada
semiskilled worker (labor): mano de obra semicalificada, trabajador u obrero semicalificado o especializado
semisteel: semiacero, hiero acerado
semivariable costs: cargos semiproporcionales
semiweekly: bisemanal
send a copy to: (leg) dar traslado a la otra parte o remitir a la otra parte (documentos legales)
__ **the matter to trial**: elevar a plenario
sending organization: organización de origen
senior: *s* (EUA) escolar de último grado en un college; *a* mayor, de mayor edad, superior; más antiguo; de alta categoría o de alto nivel
__ **accountant**: contador (en) jefe
__ **adviser**: asesor principal
__ **assistant**: ayudante jefe
__ **authority**: administrador superior
__ **citizens**: personas de edad avanzada
__ **clerk**: auxiliar principal de oficina, auxiliar de oficina de categoría superior
__ **college**: los dos últimos años (junior y senior) del *four-year college*
__ **counsel**: abogado principal
__ **debt**: deuda principal, prioritaria o privilegiada
__ **engineer**: ingeniero experimentado

- __ **high school**: escuela secundaria de segundo ciclo
- __ **level**: categoría superior
- __ **level staff**: funcionarios superiores
- __ **listing**: escalafón de antigüedad
- __ **loan**: préstamo prioritario
- __ **management level**: personal directivo superior
- __ **manager**: directivo principal; alto funcionario, funcionario superior, alto directivo
- __ **member**: miembro más antiguo, decano
- __ **officer (official)**: oficial superior; funcionario superior; alto funcionario; funcionario principal
- __ **partner**: socio o asociado principal; socio mayoritario
- __ **personnel**: personal directivo de alto nivel o categoría, personal superior
- __ **research officer**: jefe de investigaciones
- __ **school**: escuela de enseñanza complementaria
- __ **securities**: valores prioritarios o privilegiados
- __ **staff**: personal directivo
- __ **trade promotion adviser**: consejero principal en promoción del comercio

seniority: antigüedad
- __ **rights**: derechos de antigüedad
- __ **status**: antigüedad
- __ **step**: escalón por antigüedad

sensational: efectista, espectacular

sense content method: método basado en al comprensión del sentido general del texto (enseñanza de la lectura)
- __ **of belonging**: identificación con la comunidad, sentido de pertenencia
- __ **of mission**: vocación de servicio
- __ **of proportion**: sentido de la medida o de las proporciones
- __ **of the meeting**: opinión o criterio de la reunión (asamblea)

sensible: sensato, cuerdo, razonable, acertado; notable

sensitive: sensible, susceptible, sensitivo
- __ **commodity**: producto vulnerable
- __ **industries**: industrias sensibles, vulnerables
- __ **land resources**: recursos de tierra vulnerable
- __ **market**: mercado inestable
- __ **policy**: política en que se tiene en cuenta (el medio ambiente, por ej)
- __ **product**: producto sensible a la coyuntura

sensitivity analysis: análisis de sensibilidad
- __ **training**: sensibilización (para el trabajo en equipo)

sensor: telesensor

sentence: oración, frase; (leg) sentencia, condena
- __ **attack skill**: técnica de captación directa de la frase
- __ **method**: método de frases (método global)
- __ **of death**: pena capital
- __ **pattern**: estructura de la frase

sentinel: centinela, señuelo

separate: separado, particular, nuevo, distinto, suelto, aislado, independiente, aparte, otro
- __ **assets**: patrimonio especial
- __ **currencies**: pluralidad monetaria
- __ **estate**: propiedad particular o aparte
- __ **identity**: identidad propia
- __ **trial**: proceso individual

separation allowance: indemnización por desplazamiento
- __ **clearance**: finiquito
- __ **from service**: separation, disociación del servicio, terminación del empleo
- __ **of estates**: (leg) separación de bienes (matrimonio)

separator: desnatadora (leche)

septic sludge: lodo séptico
- __ **tank**: foso séptico, tanque séptico

sequence: sucesión, serie cronológica, orden de sucesión; (cine) secuencia; (edu) serie de estudios sobre un mismo tema, ciclo de estudios

sequential control: control ordenado
- __ **cropping**: cultivos sucesivos o dobles
- __ **development**: desarrollo metódico
- __ **disk file**: archivo secuencial en disco
- __ **mating**: apareamiento sucesivo
- __ **program**: programa de enseñanza metódico o progresivo
- __ **sampling**: muestreo múltiple o secuencial

sequentially arranged objectives: objetivos dispuestos en serie sucesiva

sequestered account: cuenta secuestrada

serendipity: virtud de atraer la buena suerte

serial bonds: bonos en serie o de vencimiento escalonado
- __ **cluster**: conglomerado serial
- __ **lag correlation**: correlación serial desfasada
- __ **loan**: préstamo de vencimiento escalonado, préstamo con vencimiento elegido a la suerte
- __ **number**: número de serie, de orden
- __ **operation**: operación en serie
- __ **order**: seriación, orden consecutivo
- __ **storage**: almacenamiento de serie

serialize: producir en serie

serialized novel: novela por entrega

serialization: en serie

seriatim: en serie, sucesivamente, por separado, uno tras otro

series: serie, conjunto, colección, repertorio, ciclo; cadena
- __ **of lectures**: ciclo de conferencias

serious: serio, formal, grave, de gravedad, importante, de peso, de consecuencia
- __ **discussion**: debate a fondo
- __ **injury**: grave perjuicio
- __ **misconduct**: falta grave (de conducta)
- __ **offense**: delito grave
- __ **situation**: situación grave

serological tests: pruebas o reacciones serológicas

serum therapy: sueroterapia, seroterapia

serve: servir, ser útil; atender; ejercer, desempeñar; (leg) notificar, diligenciar; entregar, cumplir
- __ **a notice on...**: notificar un aviso a

__ **a sentence**: cumplir una sentencia o condena
__ **a subpoena**: notificar un comparendo
__ **a summons**: notificar o diligenciar una citación o un emplazamiento
__ **a useful purpose**: cumplir un propósito útil
__ **a warrant**: ejecutar un acto de prisión
__ **a writ**: notificar un mandato judicial
__ **as rapporteur**: actuar de relator o de ponente
__ **in an office**: desempeñar un cargo
__ **on a committee**: participar en un comité, integrar un comité
__ **on the jury**: ser miembro del jurado
__ **the needs**: responder a las necesidades
served cows: vacas entoradas, piezas de cría
service: mantener, revisar, atender, reparar; cubrir, montar
__ **a loan**: atender el servicio de un préstamo
__ **area (project)**: zona de influencia
__ **benefit**: gratificación por servicios prestados, prestación por servicios
__ **charge**: cargo (gasto) por servicios, comisión por servicios; (bnc) cargo mensual por cuenta corriente
__ **company**: empresa de prestación de servicios
__ **connexion to a main**: arranque domiciliario (agua)
__ **contract**: contrato de servicios
__ **elevator**: montacargas
__ **fee**: cargo por servicios
__ **industry**: sector terciario, industria de servicios; (Chi) empresa sin chimenea; *op a productive industry*
__ **life**: vida útil
__ **line**: (elec) conexión de servicio
__ **of process**: (leg) notificación, citación, emplazamiento
__ **of the debt**: servicio de la deuda
__ **part**: pieza o parte de repuesto
__ **pin**: condecoración
__ **record**: antecedentes, hoja de servicio, historia personal, hoja de vida; minuta de servicio (ejército)
__ **road**: camino de acceso limitado, vía o calzada de servicio
__ **sector**: servicios, sector terciario
__ **station**: gasolinera; (agr) puesto de monta
__ **tables**: tablas para el cómputo de duración de los servicios
__ **to visitors**: servicio a los visitantes
__ **trades**: industrias de prestación de servicios, sector terciario de la economía (servicios)
__ **transactions**: comercio de servicios
__ **workers**: empleados del sector terciario
services credit: haber de la cuenta de servicios
service-incurred death: muerte imputable al servicio
__ **injury**: lesiones en acto de servicio
serviceability: vida útil (de un producto o de un bien)
serviceable: transitable (camino)

__ **life**: vida útil
serviced area: zona urbanizada
__ **lot**: lote con servicios, lote con mecha
__ **site**: solar o lote urbanizado
serviceman: reparador, mecánico; militar
servicing of plots (sites): instalación de lotes
__ **post**: puesto de servicio (o auxiliar)
__ **unit**: dependencia de servicio (o auxiliar)
servient tenement: predio serviente
serving chairman: presidente en funciones
__ **staff**: personal (en servicio) activo
servitude (easement) imposed by law for public purposes: servidumbre de utilidad pública
sesame: ajonjolí
session: sesión, período de sesiones; reunión; (edu) período escolar, hora de clase, curso académico
sessional body: órgano del período de sesiones (NU)
set: conjunto, serie, juego, grupo, colección; (cine) plató, rama de enseñanza
__ **aside an award**: anular un laudo
__ **designers**: escenógrafos
__ **forth in**: consignado en, consagrado en , estipulado en
__ **forth under Article 1**: prever (consignar) en el Artículo 1
__ **of documents**: juego de documentos
__ **of equations**: sistema de ecuaciones
__ **of instruments**: instrumental, juego de instrumentos
__ **of laws**: conjunto de leyes
__ **of measures**: serie de medidas
__ **of pigeonholes**: casillero
__ **of rules**: conjunto de normas; a veces: código, reglamento
__ **of tools**: juego de herramientas, herramental
__ **price**: precio fijo o determinado
__ **purpose**: partido tomado
__ **square**: cartabón
__ **the pace**: marcar la tónica, dar la pauta
__ **the stage for**: crear las condiciones para
__ **the tone**: dar la tónica, dar el tono
__ **up**: establecer, crear, constituir, fundar; instalar, armar, montar, instaurar
__ **up a defense**: oponer una excepción
__ **up and knocked down**: armado y desarmado (equipo, etc)
set-aside agreement: acuerdo o convenio de destinación especial
set-up costs: costos de primer establecimiento
setback: revés, contratiempo, percance, contrariedad; (com) regresión, retroceso; (const) retiro (edificio)
setoff: contrapeso, compensación de crédito líquido; (leg) contrarreclamación
setting: marco, escenario, escena, decorado, ambiente, entorno; (técn) ajuste; fraguado (cemento); (edu) agrupamiento por niveles, distribución por aptitudes
settle: saldar, liquidar, pagar; asentar, arraigar,

instalarse
__ **a dispute**: zanjar una controversia, una diferencia
__ **and close an account**: finiquitar y cerrar una cuenta
__ **by compromise**: resolver mediante transacción
__ **differences**: avenirse, limar las asperezas, arreglar la situación, superar o dirimir las diferencias
settlement: arreglo, solución, componenda, conciliación, ajuste; cancelación, liquidación, pago; asentamiento, establecimiento, colonización, ocupación de espacio; centro de acción (educación médica y social), centro social, hogar social
__ **area**: zona de colonización
__ **date (day)**: fecha de cierre o de liquidación, día de saldo
__ **of a debt**: pago de una deuda
__ **of accounts**: liquidación de cuentas
__ **of claims**: liquidación de las reclamaciones
__ **of invoices**: pago de facturas
__ **of maintenance of value**: liquidación por (concepto de) mantenimiento del valor
__ **on termination**: liquidación al término de...
__ **out of court**: ajuste extrajudicial
settler (smallholder): colono
settling basin: cámara de sedimentación
__ **day**: día de liquidación
__ **tank**: tanque decantador, depósito clarificador
settling-in grant: subsidio (asignación) de instalación o para gastos de instalación
settlor: fideicomitente
setup: sistema, organización, estructura, estructuración; plan, proyecto
several obligor: obligado solidario
severance: división; separación, interrupción
__ **of diplomatic relations**: ruptura de relaciones diplomáticas
__ **pay(ment)**: indemnización por despido, desahucio o cesantía; pago por cese en el servicio (despedida), prestación o pago de cesantía, derecho de desahucio
__ **tax**: impuesto sobre la utilización de recursos naturales
severity of the adjustment: intensidad del ajuste
sewage: aguas servidas, aguas residuales, aguas negras, aguas cloacales, aguas de albañil
__ **disposal**: eliminación de aguas negras o servidas
__ **farm**: campos de riego
__ **lagoon**: laguna de aguas residuales
__ **pumping**: bombeo de aguas residuales
__ **sludge**: fango de las aguas negras, cieno de alcantarillado
__ **treatment plant**: planta de tratamiento de aguas negras o servidas para el aprovechamiento de aguas residuales
sewer: alcantarilla, albañal, cloaca; colector
__ **inlet**: imbornal

__ **pipe**: tubería de desagüe
sewerage: alcantarillado
__ **project**: proyecto de alcantarillado
__ **system**: alcantarillado
sex differential: diferencia de los sueldos pagados al hombre y a la mujer por trabajo igual
__ **discrimination**: discriminación basada en el sexo o por motivos de sexo
__ **education**: educación sexual
__ **ratio**: composición (de la población) por sexo, proporción de cada sexo, índice de masculinidad (femin(e)idad)
__ **specific marriage rate**: tasa de nupcialidad por sexo
__ **structure**: distribución por sexo
sexual activity among multiple partners: promiscuidad sexual
__ **harassment**: asedio (de índole) sexual
__ **offense**: delito o falta contra la honestidad (el pudor)
sexually transmitted diseases: enfermedades transmitidas por contacto sexual
shack: chabola, choza
shad: (ict) alosa, sábalo, alacha
shade: sombra; matiz, tono
__ **prices**: establecer precios degresivos
shading: sombreado (dibujo)
shadow cabinet: gabinete fantasma
__ **cost**: costo oculto
__ **discount rate**: tipo o tasa de descuento sombra (de cuenta)
__ **index**: índice indirecto
__ **price**: precio de cuenta, precio sombra, precio ficticio, precio virtual, precio de eficiencia, precio contable, precio de umbral
__ **project**: proyecto compensatorio
__ **rate of interest**: tipo de tasa de interés sombra o interés de cuenta
__ **rates of discount**: tasas actualizadoras de cuentas
__ **wage**: salario de cuenta, salario sombra
shady place: umbría; lugar sombrío
shaft: (min) tiro, pique, pozo; eje, árbol; fusta o caña (columna)
shafting: barras o ejes cilíndricos
shag (smoking tobacco): picaduras
shaggy-dog story: chiste largo y pesado
shake: tejuela rajada
shake-out of the market: asentamiento o sacudimiento del mercado
shake-up: reorganización
shaky company: compañía de solvencia dudosa
shale oil: aceite de esquisto bituminoso
__ **rock**: roca esquistosa
shallow draft vessel: barco de poco calado
shanty: chabola, choza, casucha
shanty-town: villa miseria, cinturón miseria, población callampa, favela, población marginal, suburbio, barriada
shape: s forma, figura, configuración; perfil (ace-

SHAPE   SHELTERED

ro); *v* plasmar, moldear
shapes, angles and sections (rolled steel): perfiles estructurales, perfiles laminados (acero perfilado)
shape-rolling mill: laminador estructural
shaping pattern: configuración
share: parte, parte alícuota, cuota, participación, aportación, contingente, contribución, cupo; (com) acción
__ **and share alike**: por partes iguales
__ **assigned**: contingente, cuota (pago, trabajo)
__ **capital**: capital social, accionario o en acciones
__ **certificate**: certificado o título de acciones
__ **market**: mercado (o sector) de acciones o de renta variable
__ **of world export trade**: parte equitativa del comercio mundial
__ **premium account**: cuenta de primas de emisión
__ **register**: registro de accionistas, libro de acciones
__ **retention agreement**: acuerdo de retención de acciones
__ **tenancy**: aparcería
__ **with multiple votes**: acción de voto plural
shares listed on stock exchange: acciones cotizadas
sharecropper: aparcero, mediero; (Perú) yanacón
sharecropping: aparcería, mediería
shared responsibility: distribución equitativa (compartida) de la responsabilidad (o de las obligaciones)
__ **sponsorship**: (TV) patrocinio conjunto
shareholder: accionista
shareholders' companies: sociedades anónimas
__ **equity**: fondos propios, patrimonio (neto), activo neto, capital permanente
shareholding: participación en acciones
sharing clause: cláusula en que se estipula que se han de compartir los reembolsos
__ **of experience**: intercambio de experiencia, confrontación de experiencias
sharp curve: curva forzada fuerte o pronunciada (caminos)
shearer lambs: corderos para esquilar
shearing: esquileo, trasquila
__ **shed**: tambo; ramada o galpón de esquileo
sheave: *s* roldana (de una polea), polín; gavilla *v* (agr) agavillar
shed: cobertizo, galpón, barraca, tinglado; almacén; hangar
__ **receipt**: recibo o resguardo de almacén
sheep farm: hacienda de ovejas
__ **farming**: cría de ovejas o de ganado lanar
__ **raising**: ovinotecnia, cría de lanares
__ **walk**: pasto, dehesa
sheep's carcass: pécora
sheepfold: majada
sheepskin: badana
sheet: hoja, lámina, chapa; pliego, foja, hoja

__ **bars**: barras, varillas, lingotes, llantones, palanquillas (acero)
__ **bond paper**: papel sábana
__ **cellulose**: laminilla de celulosa
__ **erosion**: erosión en capas, erosión laminar
__ **glass**: vidrio plano, vidrio común o laminado
__ **iron**: chapa de hierro, palastro
__ **iron scrap**: chapa de desecho, desecho de lámina
__ **metal**: chapa metálica, chapa de metal, metal en chapa, palastro
__ **metal work**: chapería, chapistería, hojalatería
__ **nickel**: níquel electrolítico
__ **piling**: tablestacado, forros de zanja
__ **rubber**: lámina de goma
__ **written on both sides, all lines filled**: hoja útil (documento notarial)
sheets: paletas publicitarias
__ **and plates**: chapas y planchas de acero
sheetbar: platina
sheeting: tela para sábanas; placas de metal laminado, calaminas (techo); forros de zanja
shelf: anaquel, estante, repisa; plataforma; plataforma submarina
__ **catalog(uc)**: catálogo topográfico
__ **channel**: canal de plataforma
__ **life**: caducidad de un reactivo; vida útil
__ **list**: (bibl) inventario topográfico
__ **number**: signatura topográfica
__ **projects**: proyectos en reserva
__ **warmer**: artículo que no se vende
shelf-locked state: Estado de plataforma encerrada
shelfless state: Estado sin plataforma continental
shell: pelar, desvainar, descascarar, desgranar
__ **company**: sociedad ficticia, compañía de papel
__ **housing**: vivienda construida con moldes neumáticos
__ **of a building**: obra gruesa, armazón, obra estructural
__ **ridges**: depósitos de materias calcáreas, suelo con gran cantidad de materias calcáreas
shelled filberts: avellanas desvainadas
shellfish: mariscos
__ **culture**: cultura de crustáceos, cría de mariscos
shelling machine: descascaradora, desgranadora
shelter: refugio, abrigo, asilo; albergue; (fig) amparo
__ **crop**: cultivo de abrigo
__ **rule**: norma de "protección" o de "refugio"
shelter-wood system: (leg) cortas sucesivas
shelterbelt: abrigo vivo, faja protectora o de protección, cortina cortavientos, abrigaño
sheltered employment: empleo vigilado
__ **industry**: industria con protección de la aduana o aduanal, industria no expuesta a la competencia extranjera
__ **market**: mercado protegido
__ **workshop**: taller protegido (para la readaptación de inválidos), taller de reemplazo de inválidos
shelve: dar carpetazo, dejar de lado, postergar

334

shelving: estantería, anaquelería; aplazamiento indefinido de un asunto
shield wire: cable pararrayos
shift: cambio, variación, desplazamiento, movimiento, traslado, mutación; turno, tanda, jornada
__ **differential**: plus por turnos especiales; prima por trabajo en el turno de noche
__ **in emphasis**: reorientación
__ **in income distribution**: redistribución de la renta
__ **in public opinion**: cambio de la opinión pública
__ **of crops**: rotación de cultivos
__ **of demand or supply**: desplazamiento de la demanda o de la oferta
__ **of short-term funds**: movimiento (desplazamiento) de fondos a corto plazo
__ **parameter**: parámetro de cambio
__ **premium payment**: bonificación por turno
__ **work**: trabajo en turno, trabajo por turno
__ **worker**: obrero que trabaja por turno
shifts or reallocations: traslados (dentro del presupuesto)
shifting cost: costo variable
__ **cultivation**: cultivo migratorio, nómade, agricultura de corta y quema
__ **in seasonal patterns**: cambios en los modelos estacionales o en las configuraciones estacionales
__ **of cargo**: deslizamiento de la carga, corrimiento de la carga
__ **of tax**: traslación del impuesto
shingle: tejamanil, tejuela aserrada (techo)
__ **and stave bolts**: cachones para tejamaniles y duelas
ship canal: canal navegable
__ **chandler**: cabuyero, proveedor o abastecedor de buques
__ **charter**: fletamiento
__ **operator**: naviero, armador
__ **repair**: carena, carenaje
__ **superintendent**: capataz de estibadores
__ **surveyor**: arqueador
ship's apparel (gear): grúas del buque, avíos, aparejos
__ **articles**: rol de tripulación
__ **bag (steamer bag)**: cajillo del buque
__ **bill of health**: patente de sanidad
__ **boat**: panga
__ **broker**: agente marítimo
__ **course**: derrota (ruta seguida)
__ **husband**: agente o consignatario, contable de compañías navieras, representante del propietario, inspector de buques
__ **manifest**: sobordo, manifiesto
__ **papers**: documentación del buque
__ **passport**: certificado de navegación, pasaporte (certificado de navegabilidad) del buque, permiso de navegación, patente de navegación
__ **receipt**: guía de embarque
__ **stores**: rancho del buque, pertrechos, provisiones del buque
__ **sweat**: apañamiento, vaho de la bodega, condensación sobre la estructura del buque
shipbreaker: desguazador
shipbuilder: constructor naval
shipbuilding: construcción naval, industria naval o naviera
__ **technology**: tecnología naval
shipment: embarque, transporte, envío, expedición; carga, cargamento
shipowner's liability: responsabilidad del naviero (armador)
shipped bill of lading: conocimiento de a bordo o "embarcado"
__ **by installments**: expedición fraccionada
__ **in broken stowage**: embarcado en vacíos de estiba
shipper: embarcador, cargador, expeditor, remitente, consignante; empresa de transporte
shipper's certificate: declaración del embarcador (de las mercaderías que va a transportar)
__ **export declaration**: declaración de embarque, declaración de exportación, declaración de expedición del cargador
__ **manifest**: manifiesto del embarcador, declaración de exportación
__ **papers**: documentos de embarque
shippers' council: consejo de usuarios (fletadores)
shipping: transporte marítimo; barcos, buques; navegación; (com) embarque, envío o expedición, tráfico marítimo
__ **agent**: agente marítimo; consignatario de buques; expedidor
__ **articles**: contrato de enrolamiento, abastecimiento, ajuste o enganche
__ **charges**: gastos de embarque
__ **company**: empresa naviera o marítima, compañía armadora
__ **conference**: conferencia marítima, asociación de empresas de transporte marítimo
__ **documents**: documentos de embarque o expedición
__ **expenses**: gastos de envío
__ **in foreign bottoms**: transporte en pabellón extranjero
__ **interests**: (intereses) navieros
__ **invoice**: factura de expedición
__ **lane**: vía de navegación
__ **line**: naviera
__ **officer**: oficial expedidor, oficial de embarque
__ **order**: orden de embarque
__ **permit**: permiso de movilización
__ **port**: puerto de embarque
__ **report**: certificado de exportación
__ **weight**: peso al embarque
shipwright: carpintero de buque o de bahía
shipyard: astillero
shock: sacudida, choque, conmoción, sobresalto, susto; (med) shock, postración nerviosa; (agr) tresnal
__ **treatment (therapy)**: tratamiento por electro-

choque, shockterapia
shoddy: lana regenerada o recuperada
__ **goods**: pacotilla
shoe board: aglomerado para suelas y tacones
shoot: retoño
shop: (edu) taller (para el aprendizaje de trabajos manuales), sala de trabajos prácticos
__ **foreman**: jefe de taller
__ **steward**: delegado gremial, representante gremial de un taller; enlace sindical
__ **supervisor**: supervisor jerárquico, supervisor
shop-training department: taller-escuela
shopgirl: dependienta
shopping: comparación de precios
__ **arcade**: galería comercial, centro comercial
__ **basket**: canasta familiar (indica gastos medios de una familia al calcular el índice del costo de vida)
__ **district**: barrio comercial
__ **mall**: galería o centro comercial
shopwindow: escaparate, vitrina; (Am) vidriera
shore bailee: depositario en tierra
__ **tackle**: equipo de muelle
shoreline: contorno o borde de playa
shoreside crane: grúa de muelle
short account: cuenta al descubierto
__ **bill**: letra de corto plazo
__ **bonds**: bonos (pagarés) de caja
__ **course**: cursillo
__ **crop**: cosecha escasa, cosecha mala (baja)
__ **delivery**: falla de entrega, mercancía que falta, entrega no conforme (por cantidad o peso insuficiente)
__ **end of the market**: mercado de capitales a corto plazo
__ **form**: formulario resumido (de auditoría)
__ **haul**: tráfico a corta distancia
__ **history**: reseña histórica
__ **landing certificate**: certificado de "faltas"
__ **lease**: arriendo a corto plazo
__ **list**: lista de seleccionados, lista final de selección
__ **notice**: aviso a corto plazo
__ **of money**: corto de dinero
__ **position (sale)**: posición de venta en descubierto (Bolsa)
__ **rotation**: turno de corta duración (árboles)
__ **sea traffic (trade)**: travesía corta
__ **season crop**: cultivo de temporada corta
__ **selling**: venta en descubierto
__ **shipment**: faltante de embarque
short-delivered contributions: contribuciones inferiores a lo previsto
short-grain rice: arroz de grano corto
short-lived fluctuation: fluctuación a corto plazo, efímera o breve
short-service staff: personal contratado por períodos breves
short-shipped: mercancías no embarcadas o no cargadas (en el buque)
short-sighted view: falta de visión

short-sightedness: falta de perspicacia, imprevisión, imprudencia, falta de previsión; (med) miopía
short-staple cotton: algodón de fibra (hebra) corta
short-term appointment: nombramiento de corto plazo (de corta duración)
__ **assets**: activo (realizable) a corto plazo
__ **bill of lading**: conocimiento de embarque simplificado
__ **debt**: deuda flotante
__ **employment**: empleo a corto plazo, empleo intermitente
__ **factors**: factores coyunturales
__ **focus**: cortoplacismo
__ **funds (money)**: dinero a corto plazo
__ **hospitalization (stay)**: hospitalización (estadía) breve
__ **imprisonment**: pena corta de prisión
__ **indicators**: indicadores de coyuntura
__ **liability**: deuda (pasivo exigible) a corto plazo
__ **measure**: medida inmediata
__ **outlook**: perspectiva inmediata
__ **policy**: política de coyuntura
__ **prospects**: perspectiva inmediata
__ **staff**: personal contratado por breve período
__ **study**: estudio a corto plazo o de breve duración
shortage: escasez, falta, insuficiencia, merma, déficit; crisis
__ **and overage**: faltantes y sobrantes
__ **of capital for agriculture**: descapitalización de la agricultura
__ **of inventory**: merma del inventario
shortcoming: defecto, deficiencia; punto flaco o débil
shortcut: atajo; solución más directa, simplificación
shortdated: a corto plazo
shorter hours: jornada reducida
shortfall: deficiencia, déficit, disminución, insuficiencia, diferencia entre el resultado y lo previsto, cantidad faltante
__ **in tax revenue**: déficit fiscal
shorthanded: con personal insuficiente, falta de mano de obra
shortwall technique: (min) técnica para tajos (franjas) cortos
shortwave radiation: radiación a ondas cortas
shotcrete: concreto lanzado, hormigón proyectado
shotgun methods: métodos aproximados y empíricos (que entrañan una dispersión de esfuerzos)
shoulder (of a road): banqueta, berma
__ **weapons**: armas largas
show: enseñar; mostrar, demostrar, explicar, exponer, probar; manifestar, registrar, arrojar; experimentar ; marcar, indicar
__ **a profit**: arrojar una ganancia, registrar un beneficio
__ **an increase**: experimentar un aumento

__ **business**: mundo del espectáculo
showcase project: proyecto de exposición
showdown: momento decisivo, hora de la verdad, confrontación, enfrentamiento (para resolver de manera definitiva un asunto controvertido); explicación forzosa
showing: exposición; presentación; proyección; resultados; actuación, figuración
showmanship: teatralidad, talento para organizar espectáculos
shown at par: calculado la par
shredder: desfibradora, trituradora de papel
shrimp net: salabardo, camaronera
shrinkage: contracción, merma, disminución, reducción; retracción (cemento)
shuck: descascarar, quitar la concha de una ostra
shunt reactor: reactor en derivación
shunting: (fc) maniobras; comercio triangular; desviación (derivación) fraudulenta de fondos
__ **trade**: comercio circular o triangular
__ **yard**: estación de maniobras, playa de clasificación
shut-off valve: llave de paso
shutdown: paro, paralización, cierre (patronal)
shutter: persiana
shuttering: encofrado (hormigón), formaleta deslizante
shuttle diplomacy: diplomacia de lanzadera
__ **schedule**: horario de ida y vuelta (entre los hoteles y la sede de una conferencia)
__ **service**: servicio regular de ida y vuelta (entre dos puntos)
shyster lawyer: tinterillo
sibling species: especies hermana
siblings: hermanos carnales, hermanos de doble vínculo
SIBOR (Singapore Interbank Offered Rate): SIBOR (tasa de oferta intercambiaria de Singapur)
sibship: fratría
sick and ailing: enfermos y enfermizos
__ **benefit**: subsidio o indemnización por enfermedad
__ **buildings**: edificios malsanos
__ **leave**: licencia por enfermedad, permiso o ausencia por enfermedad, licencia médica
__ **leave under insurance cover**: licencia con derecho a seguro
__ **rate**: proporción de enfermos
sickness benefit: subsidio de enfermedad
__ **insurance**: seguro de enfermedad
side: (cont) vertiente (balance)
__ **effects**: efectos marginales, secundarios o indirectos
__ **heading**: título lateral o marginal
__ **issue**: asunto de interés secundario
__ **letter**: carta complementaria
__ **road**: camino secundario
side-lift truck: carretilla de elevación lateral
sideline: negocio incidental o suplementario; renglón secundario; actividad secundaria, empleo secundario
sidestep: evitar, evadir, esquivar, eludir, soslayar una cuestión
sidetrack: desviar, apartar, despistar, soslayar; eludir obstáculos, dejar de lado
__ **the main issue**: desviarse de la cuestión
sideway(s) linkage: articulación secundaria
sidewise price movement, be in: no experimentar variación, mantenerse en el mismo nivel
siding (sidetrack): apartadero, desviadero, vía lateral o muerta, vía de enlace
sieve analysis: análisis granulométrico, análisis por tamizador
sifter (sieve): harnero, tamizador
sight assets: activos a la vista
__ **bill**: letra a la vista
__ **credit**: crédito para giros a la vista
__ **deposit**: depósito a la vista
__ **draft**: giro o letra a la vista
__ **liabilities**: obligaciones (pasivo) a la vista
__ **survey (mapping)**: reconocimiento local
__ **vocabulary**: palabras que se reconocen inmediatamente, vocabulario de lectura
__ **words**: palabras reconocibles a la vista
sight-oral reading lessons: lecciones de lectura verbal a primera vista
sign: firmar, suscribir, rubricar
__ **an agreement**: suscribir un acuerdo
__ **and seal**: firmar y rubricar, firmar y sellar, rubricar
__ **the policy**: formalizar la póliza
signatory country: país signatario o firmante
signature: rúbrica musical (radio)
__ **by facsímile**: firma por sello o en facsímil
__ **loan**: préstamo a sola firma
__ **tune**: sintonía (radio)
signatures below: firmas al calce
signed and sealed: rubricado y sellado, firmado y sellado
__ **in person**: firmado de puño y letra
significance: significación, importancia, trascendencia
significant: significativo; considerable, apreciable, cuantioso; importante, pronunciado, trascendente, sintomático
__ **other**: conviviente
signposting: señalización
silage: ensilaje, ensilado
silent consent: táctica reconducción (renovar contrato)
__ **partner**: socio comanditario o capitalista, silencioso, secreto, oculto
__ **partnership**: sociedad en comandita, comandita
__ **reading test**: test de lectura silenciosa
silhouette chart: gráfico de silueta
"silk": pelo de choclo
__ **culture**: sericultura, sericicultura
__ **industry**: industria sedera
silk-screen work: serigrafía

sill (doorsill, window sill): solera
silo scraping: escarpe de silo
siloing: ensilado, ensilaje
silt: limo, cieno, légamo, acarreo fluvial
___ **loam**: tierra franco-limosa
siltage of lakes: coluvionamiento de lagos
siltation: atarquinamiento
silting: sedimentación, aterramiento, colmatación, entarquinamiento, encenagamiento, embanque
silty clay: arcilla limosa
___ **loam**: marga limosa
___ **sandy clay**: arcilloso-limoso
silver lining: resquicio de esperanza, perspectiva esperanzadora
___ **plated**: enchapado de plata
___ **smelt**: (ict) pez de plata, pejerrey
silverside: (ict) pejerrey; plateada (carne)
similitude test: test de analogía o de semejanza
simple assault: asalto simple, acometimiento
___ **average**: avería simple; promedio aritmético
___ **bar chart**: gráfico de barras simples
___ **battery**: agresión simple
___ **bond**: pagaré, obligación incondicional
___ **debenture**: oblicacion quirografaria
___ **entry**: partida simple
___ **interest**: interés simple
___ **larceny**: hurto sencillo
___ **majority**: mayoría absoluta, mayoría simple, de la mitad o más uno
___ **obligation**: obligación simple o incondicional
___ **theft**: hurto simple
simplified sewerage: sistemas simplificados de alcantarillado
simulation techniques: técnicas de simulación
sine die: indefinidamente
sinecure: sinecura, canonjía
single anchor leg mooring: monoamarre columnar (barcos tanqueros)
___ **ballot**: votación única, votación en un solo escrutinio
___ **blind technique**: técnica de simple anonimato
___ **category**: cuadro único (de personal)
___ **condition**: condición única
___ **copy**: número o ejemplar suelto
___ **country principle**: principio de un solo país
___ **currency loans**: préstamos en moneda única, en una sola moneda
___ **factorial terms of trade**: relación de intercambio de un solo factor
___ **fertilizer**: abono o fertilizante simple
___ **grading structure**: estructura de clasificación única
___ **head of household**: jefe de familia sin cónyuge
___ **matches**: equiparaciones unipersonales
___ **parking**: estacionamiento en una sola banda
___ **plants**: plantas aisladas
___ **sampling**: muestreo monoetápico
___ **shift**: jornada simple, turno único
___ **staff**: funcionario sin familiares a cargo
___ **tendering**: contratación directa

___ **track**: (edu) itinerario único
___ **unit in one piece**: monobloque (como el motor de un auto)
___ **values**: valores enteros
single-acting: de efecto simple
single-column tabulation: tabulación de columna única o simple
___ **tariff**: arancel autónomo
single-concept film: película monovalente
single-crop country: país monocultivista
___ **economy**: economía de monocultivo
___ **farming**: monocultivo
single-curve chart: diagrama de curva simple
single-entry bookkeeping: (cont) teneduría de libros por partida simple o sencilla
single-factor theory: teoría de factor único
single-family housing: vivienda unifamiliar
single-ladder school system: sistema de escuela única
___ **system**: sistema de escala única
single-lane road: camino de una sola vía
single-life annuity: anualidad vitalicia
single-name bill: pagaré cambiario
___ **paper**: letra de una sola firma
single-parent household (family): familia monopaternal
single-payment loan: préstamo pagadero íntegramente
single-purpose machine tool: máquina herramienta unifuncional
single-schedule tariff: tarifa general o unilinear
single-stage election: elección con votación única
___ **tax**: impuesto monofásico o único
single-stream school: escuela de una clase por año de estudios
single-track railway: ferrocarril de vía única
singleness of purpose: identidad de propósitos
singular: raro, excepcional, insólito
sink: sumidero, medio receptor, zona de absorción, de disipación (gases de invernadero)
sinker: pocero
sinking fund: fondo o caja de amortización
___ **fund loan**: empréstito de amortización
___ **of the debt**: consolidación de la deuda
sintered glass: vidrio poroso
siphon off funds: desviar o drenar fondos
sire: padre, semental, padrillo, padrote
___ **bull**: toro semental
sirloin: solomillo
sisal: henequén, sisal, pita
sister companies: empresas asociadas, afiliadas o pertenecientes al mismo grupo
___ **nurse**: enfermera jefa de sala
sit (as a body): reunirse, celebrar sesión, sesionar
___ **on a committee**: ser miembro de un comité, formar parte de un comité
sit-in: ocupación (de un edificio, lugar), "sentada"
site: emplazamiento, solar, lote, lugar escenario; lugar de interés artístico o histórico
___ **coverage**: terreno comprendido o cubierto
___ **development**: preparación del terreno, (trabajos

de) urbanización
__ **engineer**: maestro de obras
__ **factors**: factores estacionales
__ **index**: (silv) índice del medio
__ **plan**: plano del emplazamiento o del lugar
__ **preparation**: acondicionamiento de terrenos
__ **superintendent**: aparejador, sobrestante
sites and services: lotes y servicios
siting: emplazamiento, localización, situación
sitting: sesión; reunión, junta
__ **judge**: juez en funciones, juez en turno
situation vacant (open): empleo vacante; ofrecen colocación
__ **wanted**: empleo solicitado; buscan colocación
situational ethics: ética de situación
situs: lugar, localidad
six-rowed barley: cebada de seis carreras
sizable: considerable, importante, bastante grande, significante
size: tamaño, envergadura, talla, estatura, formato; magnitud, volumen, dimension(es), extensión, importancia numérica, número de componentes
__ **distribution of materials**: granulometría
__ **of class interval**: amplitud de clase
__ **of the credit tranche**: cuantía del tramo de crédito
__ **of the fund**: monto (cuantía) de los recursos del fondo
__ **of the labor force**: volumen de la mano de obra
__ **tolerance**: tolerancia de calibre
__ **up a situation (and form a plan of action)**: composición de lugar
sizing: apresto (textiles); calibración (fruta)
skate board: patín
skeleton staff: personal mínimo, dotación básica
sketch: croquis, boceto, esbozo, bosquejo, esquema, dibujo, descripción
__ **map**: croquis, mapa esquemático
__ **out**: pergeñar
__ **plan**: boceto, croquis
sketchy view: visión fragmentaria o a grandes rasgos (de algo)
skew: distorsión
__ **distribution of income**: asimetría
skewed: oblicuo, sesgado, asimétrico
__ **distribution**: (est) distribución asimétrica
__ **intersection**: intersección en ángulo oblicuo
skewness: asimetría, disimetría, sesgo
ski mask: pasamontañas
skid: *s* (silv) larguero, corredora; patín (contenedor); (trnsp) tabla o madero inclinado de arrastre o deslizamiento; rampa de descarga; *v* arrastrar (trozas); *v* patinar
__ **road**: (silv) camino de arrastre
skids: maderos de estibar
skidder tractor: tractor de arrastre
skill: habilidad, aptitud, talento, capacidad, competencia, pericia, destreza, técnica, arte; (pl) conocimientos prácticos, especialidades, experiencias, conocimientos especiales, calificaciones

__ **in management**: aptitud administrativa
__ **subject**: asignatura en que se acentúa el aprendizaje de técnicas (lectura, escritura, aritmética)
skills development: capacitación, adiestramiento, formación profesional, desarrollo de aptitudes
__ **improvement**: capacitación laboral
__ **mix**: combinación de especialidades
__ **training center**: centro de desarrollo de aptitudes, centro de capacitación especializada o de perfeccionamiento
skilled: calificado, experto, experimentado, especializado
__ **labor**: mano de obra calificada, personal idóneo
__ **manpower**: mano de obra calificada
__ **trade**: oficio calificado
__ **worker**: obrero calificado, perito
skim milk: leche desnatada, leche magra, leche descremada
skimming: descostrado (caminos)
__ **account**: sistema de compensación
skin health: salud dermatológica
__ **reactions**: cutirreacciones
skins in the wool: zaleas
__ **, hides and pelts**: corambre
skipjack tuna: (ict) barrilete
skirting board: rodapié, zócalo, tablero de zócalo
skirtings: lana de calidad inferior o de la parte posterior
skittish: inestable
sky-high prices: precios astronómicos o siderales
skyjack: secuestro en vuelo
skyjacking: secuestro de aviones, secuestro en vuelo, piratería aérea, desviación de aeronaves
skylane: corredor celeste
skyline: perfil (de una ciudad, edificio), contorno, horizonte, silueta
skyrocket: subir vertiginosamente, alzarse rápidamente
skyrocketing price: precio estratosférico
skywriting: publicidad aérea
slab: placa (cobre); planchón (fierro)
slabs and sheet bars: desbastes planos y llantón
slack: *s* cisco (carbón); *a* inactivo, flojo
__ **business**: negocio flojo, capacidad no utilizada
__ **demand**: poca demanda
__ **domestic demand conditions**: atonía de la demanda interna
__ **in the economy**: capacidad no utilizada
__ **in the tariff**: agua en el arancel
__ **market**: mercado flojo, mercado estacionario
__ **season (period)**: período de poco trabajo o de poca actividad; negocio flojo, estación de menor venta; (agr) estación muerta
slacken: disminuir, reducir, aflojar, relajar, mermar, menguar
slackening: debilitamiento (demanda)
slander: calumnia; (leg) difamación (demanda)
slap tattoo: tatuaje a presión (animales)
slash: desechos forestales

SLAP   SMALL

__ **burning**: quema de broza y residuos
__ **cultivation**: (agr) método de roza y quema
__ **prices**: reducir radicalmente los precios
slash-and-burn cultivation: método de quema, troza y quema (de malezas, etc)
slate: lista de candidatos; a veces: cédula
slaughter: matanza, faena, sacrificio
__ **animals**: reses de matanza, de sacrificio o para matadero
slaughtered animals: animales sacrificados o faenados
slaughterhouse: matadero, camal
slaughtering: faena; faenamiento (animales)
__ **weight**: peso muerto
slave driving: negrerismo
slave-labor camp: campamento de trabajos forzados
sledge hammer: macho, almádena, combo
sleep disturbance: perturbación del sueño
__ **inducers**: soporíferos
__ **teaching**: hipnopedia
sleeper: (fc) traviesa, durmiente
sleeping partner: socio secreto
__ **sickness**: tripanosomiasis, enfermedad del sueño
slice and package: fraccionamiento de adquisiciones
__ **and package contract**: contrato fraccionado
__ **of contract**: porción o componente (de un contrato)
slide: lámina, portaobjetos; diapositiva, transparencia
__ **magazine**: cargador de diapositivas
__ **projector**: proyector de diapositivas
__ **rule**: regla de cálculo
sliding erosion: erosión por deslizamiento
__ **form work**: formaleta deslizante, encofrado deslizante
__ **parity**: paridad móvil
__ **premium**: prima graduada
__ **scale**: escala o tasa móvil
__ **scale clause**: cláusula de escala móvil
__ **scale tariff**: tarifa regresiva
slight uncertainty: ligera incertidumbre (Bolsa)
slim hole: perforación de sondeo
slim-hole rig: (pet) perforadora para pozos de hoyos pequeños
slime: limo, cierno, fango
sling: cabestrillo
__ **charge**: eslinaje
slinger belts: transportadores centrífugos
slinging charge: eslinaje
slink: nonato (cuero de animal no nacido)
slip: patilla, esqueje (planta)
__ **erosion**: erosión por deslizamiento
__ **of the pen**: error de pluma
__ **system**: (cont) sistema de volantes
slipe: lana de peladero
slippage: retraso, demora, desfase
slipway dues: derechos de embarcadero

slogan: consigna, divisa, frase de campaña, lema comercial
slope: vertiente, ladera; talud de una montaña
__ **protection**: defensa de taludes
__ **wash**: derrubio de faldeo
slot machine: tragamonedas
slotting machine: ranuradora
sloughing of river bank: derrumbe
slow assets: activo fijo no disponible
__ **down**: atenuar, moderar, aminorar, reducir la velocidad
__ **onset emergency**: situación de emergencia latente
__ **sale**: venta difícil
slow-moving deposits: depósitos de poca movilidad
__ **goods**: mercaderías de salida lenta
slowdown: tortuguismo, trabajo lento, huelga de celo, huelga de trabajo lento (o según reglamento)
__ **in inflation**: contención del proceso inflacionario
slowing down of economic activity: disminución de la actividad económica
__ **down of growth**: contracción del crecimiento
sludge: fango cloacal, cieno residual
sluggish growth: crecimiento lento
__ **market**: mercado inactivo o desanimado, mercado en receso
__ **river**: río de corriente lenta
sluggishness of the market: abulia o debilitamiento del mercado, atonía
slugs: lingotes
sluice: canal, esclusa; canal de desagüe, canal de flotación (trozas)
__ **gate**: compuerta de desagüe
sluiceway: canal de desagüe o desfoque, aliviadero
sluicing tunnel: túnel de limpieza
slum: tugurio, casucha; vivienda insalubre; barriada, barrio de tugurios
__ **clearance**: eliminación de tugurios o barriadas
__ **congestion**: congestión de tugurios
__ **upgrading**: mejoramiento de zonas o barrios de tugurios
slump: bache o receso económico; baja repentina (precios)
slumpflation: recesión con inflación
slumping price: precio flojo
slurry: lechada de cemento, pasta aguada, medio pastoso
slush fund: fondo para coima, fondo para sobornar a políticos o para propaganda corruptiva, fondos ocultos
smack of: saber, oler o trascender a
small and medium industries: industrias pequeñas y medianas
__ **animals**: ganado menor (ovejas, cabras, cerdos), animales de corral, animales de granja
__ **businesses**: empresas pequeñas
__ **capital letter**: (impr) versalita, versalilla

340

SMALL-BATCH · SOCIAL

__ **change**: moneda suelta
__ **culvert**: tarjea
__ **expenditures**: gastos menores
__ **fish**: (ict) morralla
__ **grains**: cereales pequeños o finos (avena, cebada)
__ **money**: moneda fraccionada
__ **shareholder**: pequeño accionista, accionista minoritario
__ **stock**: animales pequeños (ovejas, cabras)
__ **truck farmer**: hortelano
__ **wares**: quincalla
small-batch production: producción en pequeña serie
small-bore sewerage: sistema de alcantarillado para efluentes líquidos
small-cap stock: acciones de la pequeña empresa
small-scale enterprise: pequeña empresa
__ **farming**: explotación agrícola en pequeña escala
__ **fishing**: pesca artesanal
__ **irrigation project**: pequeño proyecto de riego
smallholder: pequeño agricultor, minifundista
smallholding: pequeña explotación agrícola, minifundio
smear: (med) frotis
smelt: (ict) eperlano
smelter: fundición, hacienda de fundición, planta beneficiadora
smelting: fundición de metales
smog: mezcla de niebla, humo y vaho; brumo, nube de la muerte, niebla contaminada, bruma industrial, niebla urbana, esmog
__ **severity**: intensidad del esmog
smoke-stack industries: industrias básicas, industrias tradicionales
smoking: hábito de fumar
smolt: (ict) joven salmón
smooth (a curve): suavizar
__ **hound**: tollo
__ **the way for**: preparar el terreno para, allanar el camino para
smoothed curve: curva suave
smoothing of data: (est) ajuste de datos
smoothly: sin dificultades, con facilidad, sin novedad, sin contratiempos, con tranquilidad
smoothness: uniformidad, suavidad, fluidez, tranquilidad
__ **ratio**: coeficiente de uniformidad
__ **test**: prueba de suavizamiento
smuggling: importación clandestina, matute
smut: tizón (planta)
smuts: tiznaduras
snail breeding: helicicultura
"**snake**": "serpiente" (flotación de monedas)
__ **antiserum**: suero antiofídico
snap back clause: cláusula de caducidad
__ **judgment**: juicio irreflexivo
__ **sample**: muestra puntual (agua contaminada)
__ **vote**: votación rápida, votación repentina (o sorpresiva)

snapper: (ict) pargo
snarl: maraña, enredo (de hilo)
snatch block: pasteca
__ **crop**: cultivo intercalado
snatching effect: efecto de captación incidental de beneficios
snook: (ict) róbalo
snow course: ruta nivométrica
__ **(gage) tube**: nivómetro
__ **whirl**: torva
snowball effect: efecto multiplicador
snowballing: crecimiento vertiginoso
snowfall: nevada
snowfence: cerca o valla paranieve, barrera antinieve
snuff: tabaco en polvo
soakaway: foso permeable, pozo de absorción, sumidero ciego
soap bark: quillay
__ **opera**: telenovela
__ **stock**: productos de jabón
soaring of prices: subida rápida de los precios
social accounting matrix: matriz de contabilidad social
__ **accounts**: (sistema de) contabilidad nacional, contabilidad de la economía nacional
__ **adjustment of offenders**: readaptación social, al medio social o a la sociedad
__ **aid**: asistencia social
__ **aide**: auxiliar social
__ **and political policies**: ordenamiento sociopolítico
__ **assistant**: ayudante del servicio social
__ **benefits**: prestaciones sociales
__ **benefit-cost ratio**: relación costo-beneficio social
__ **capital**: capital para obras públicas, capital de infraestructura
__ **case work**: trabajo social para casos o sobre casos especiales, servicio social individual y familiar
__ **case worker**: asistente social familiar
__ **committee**: comité de asuntos sociales
__ **conscience**: responsabilidad social
__ **contract**: contrato social
__ **control**: trabas sociales
__ **costs**: costos sociales o colectivos
__ **dimensions of adjustment**: aspectos sociales del ajuste
__ **education**: educación popular, educación cívica o educación para adultos (India, China)
__ **engineering**: tecnología social
__ **engineers**: prácticos de las ciencias sociales
__ **exclusion**: marginalización
__ **forestry**: plantación de bosques comunitarios
__ **group work**: trabajo social en un grupo o por un grupo
__ **guidance**: consultas relativas a la orientación social
__ **impact assessment**: evaluación de los efectos sociales

- __ **implications**: contenido social
- __ **improvements**: obras sociales
- __ **infrastructure**: instalaciones comunitarias, infraestructura social
- __ **insurance**: seguro social, previsión o seguridad social
- __ **ladder**: escala social
- __ **marketing program**: programa de ventas subvencionadas
- __ **mobility**: movilidad social, capilaridad social
- __ **net present value**: valor social neto actual o actualizado
- __ **opportunity cost**: costo de la oportunidad social
- __ **order**: sistema social
- __ **overhead capital**: capital de infraestructura, infraestructura social, capital social fijo
- __ **pricing**: fijación, determinación o cálculo de precios sociales
- __ **Progress Trust Fund**: Fondo Fiduciario de Progreso Social (BID)
- __ **rate of return**: tasa de rentabilidad social
- __ **relevance**: contenido social
- __ **relief and welfare**: beneficencia y asistencia social
- __ **responsibility of the school**: función social de la escuela
- __ **returns**: beneficios sociales
- __ **safety net**: red de seguridad social, medidas de protección social
- __ **scale**: jerarquía social
- __ **science research in health**: investigación de los aspectos sociales de la salud
- __ **scientists and engineers**: teóricos y prácticos de las ciencias sociales
- __ **security scheme**: plan de seguridad social
- __ **security benefits**: prestaciones de (la) seguridad social, beneficios o prestaciones sociales
- __ **security contributions (taxes)**: cargas sociales
- __ **security coverage**: protección de la seguridad social
- __ **security fund**: fondo o caja de seguridad social
- __ **service**: servicio de asistencia social, prestación social, beneficencia
- __ **setting**: marco social
- __ **settlement**: centro social, centro de asistencia social
- __ **shadow-wage rate**: salario de cuenta social
- __ **standing**: posición social
- __ **status**: categoría social, situación social, significación social
- __ **time-preference rate**: tasa de preferencia social en el tiempo
- __ **unrest**: malestar
- __ **welfare**: bienestar o asistencia social
- __ **welfare agency**: organismo de asistencia social o de previsión social, institución de protección social
- __ **welfare services**: servicios de asistencia y de protección sociales
- __ **welfare visitor**: visitadora social
- __ **welfare work**: trabajo social
- __ **work**: servicio social, asistencia social
- __ **worker**: asistente social, trabajador social

socialization of education: socialización de la enseñanza: 1) introducción de métodos democráticos en la escuela (discusión, autoadministración, etc); 2) adaptación de la educación a las necesidades de la sociedad

socialized medicine: medicina estatal

socially disadvantaged: desfavorecido social

- __ **oriented free market economy**: economía social de mercado

socioeconomic framework: estructura socioeconómica

- __ **status**: situación socioeconómica; condiciones socioeconómicas

sockeye salmon: (ict) salmón de lomo azul

sod: pedazo de césped, champa
- __ **sampling**: muestreo de céspedes
- __ **seeding**: siembra en terreno arado

soda ash: carbonato sódico anhidro, ceniza de soda, soda calcinada

sodhouse: rancho de terrones

sodding (tufting): cubrir el suelo de césped o pasto

soft capital: capital concesionario
- __ **coal**: carbón bituminoso o graso, hulla grasa, lignito, carbón de llama larga
- __ **component**: componente no físico o de servicios (proyecto)
- __ **currency**: moneda débil o blanda (sin respaldo de oro)
- __ **drink**: bebida no alcohólica
- __ **funds**: fondos concesionarios, fondos blandos
- __ **goods**: artículos suaves, paños, telas, géneros, tejidos; bienes de consumo no duraderos
- __ **iron**: hierro dulce o maleable
- __ **loan**: préstamo blando o liberal, préstamo en condiciones concesionarias
- __ **loan affiliate**: institución afiliada que otorga el financiamiento en condiciones concesionarias
- __ **loan window**: servicio (ventanilla) para préstamos concesionarios
- __ **(mild) steel**: acero suave, acero dulce
- __ **money (currency)**: moneda débil, moneda blanda, dinero en papel
- __ **oil**: aceite líquido
- __ **project**: proyecto de carácter social
- __ **roe**: (ict) lecha, lechaza
- __ **technology**: tecnología sencilla, tecnología de gestión y programas
- __ **terms**: condiciones favorables
- __ **wheat**: trigo tierno, blando o candela

soft-pedal: suavizar, moldear

software: (comp) programas y procedimientos, instrucciones, soporte lógico, componentes lógicos, elementos no físicos (inmateriales), material de programación

softwood: madera de coníferas, madera blanda
- __ **forest**: bosque de resinosas o coníferas

__ **logs**: trozas de coníferas o frondosas
soil: pasto verde para engordar ganado
__ **bank**: banco de terrenos (ley de ordenación agraria)
__ **building**: fijación del suelo
__ **bureau**: oficina de conservación del suelo
__ **capacity**: vocación del suelo
__ **conditioner**: acondicionador de suelos
__ **conditioning**: fertilización del suelo
__ **conservation**: conservación del suelo
__ **creep**: deslizamiento del suelo, soliflexión
__ **crops**: cosechas que reconstituyen el humus
__ **depletion**: empobrecimiento del suelo
__ **deterioration**: degeneración del suelo
__ **dressing**: enmienda del suelo
__ **exhaustion**: agotamiento (desgaste, empobrecimiento) del suelo
__ **horizon**: horizonte edafológico (capa de suelo diferente de la superior o inferior)
__ **husbandry**: ordenación del suelo
__ **management**: aprovechamiento o acondicionamiento del suelo
__ **map**: mapa edafológico
__ **mechanics**: mecánica del suelo
__ **profile**: perfil edafológico
__ **reclamation**: bonificación o rehabilitación del suelo, rescate de tierras
__ **science**: edafología, pedología
__ **studies**: estudios edafológicos
__ **survey**: reconocimiento o estudio edafológico
__ **texture**: granulometría del suelo
__ **tilth**: laboreo del suelo
soilage crop: forraje de corte, cultivo de corte
soiling: suministro de forraje verde (tierno), alimentación con forraje verde
__ **crop**: forraje tierno, corte de pasto, cultivo para forraje verde
solar cooker: hornillo solar
sold off farm: vendido en la explotación
sole: (ict) lenguado; lengua lisa
__ **agency**: agencia exclusiva o única, exclusividad
__ **agent**: (com) representante exclusivo (único)
__ **cropping**: monocultura, monocultivo
__ **heir**: heredero único
__ **legatee**: (leg) legatario universal
__ **manager-partner**: administrador único
__ **of exchange**: único de cambio
__ **paragraph**: párrafo único
__ **proprietorship**: propiedad de una sola persona
__ **proviso**: condición única
__ **representative**: representante o agente exclusivo
__ **support**: sostén único de la familia
sole-charge school: escuela de un solo maestro
sole-right agency: agencia exclusiva
sole-source procurement: adquisición de un solo proveedor
solicitor: (RU) procurador; notario; abogado
solid discharge: caudal sólido
__ **support**: apoyo unánime o sin reservas

__ **wood**: madera maciza
solid-state electronics: electrónica de transistores o de estado sólido
__ **technology**: tecnología de transistores, de semiconductores o de estado sólido
solids-free sewerage: sistema de alcantarillado para afluentes líquidos
solitary confinement: incomunicación
solo flight: vuelo autónomo
solution: solución; resolución
SONAR (Sound Navigation Ranging): sonar
sonic boom: estampido transónico
__ **depth finder**: ecosonda
sophisticated: fino, refinado, sutil; sofisticado, complejo; perfeccionado; elegante, mundano, ultramoderno, ingenioso, rebuscado, artificial
__ **manufactures**: manufacturas muy elaboradas; productos de precisión
__ **market**: mercado discriminado
__ **question**: pregunta complicada
__ **technology**: tecnología avanzada, perfeccionada, compleja, ultramoderna
sophistication: complejidad, refinamiento
sophomore: (EUA) estudiante de segundo año de college
sore need: necesidad imperiosa o apremiante, punto neurálgico
__ **point**: punto delicado, asunto espinoso, peliagudo
__ **subject**: asunto delicado
sorghum: sorgo, milo, millo
__ **grits**: harina gruesa (sémola) de sorgo
sorting: clasificación, selección, separación, tría
__ **by size**: calibración
__ **machine**: máquina repartidora
__ **of data**: selección de datos
__ **office**: oficina de distribución del correo
__ **rack**: casillero
soul-searching question: pregunta que induce a reflexionar
soul-stirring: emocionante, conmovedor
sound: acertado, juicioso; firme, sólido, recto, justo; racional, válido, sano; factible, viable
__ **advice**: consejo bueno
__ **business**: negocio seguro
__ **finances**: finanzas saneadas
__ **financial judgment**: buena gestión financiera
__ **level**: sonoridad
__ **library**: sonoteca
__ **loan**: préstamo sólido o seguro
__ **merchantable quality**: calidad comercializable o para la comercialización
__ **mind**: cabal, juicio, mente sana
__ **organization**: organización bien concebida
__ **out**: sondear, pulsar tantear las opiniones
__ **policy**: política acertada o atinada
__ **principle**: principio sólido
__ **reason**: razón lógica o bien fundada
__ **recommendations**: recomendaciones atinadas o prudentes

SOUNDING   SPATE

__ **recorder and reproducer**: aparato registrador (grabador) y reproductor (lector) de sonido
__ **recording**: grabación sonora, sonorización
__ **slide presentation**: diapositivas con sonido, diaporama
__ **structure**: estructura sólida
__ **track**: banda sonora
__ **truck**: vehículo con altoparlante o con altavoces, unidad móvil con altoparlante
__ **value**: valor justo
sounding out: sondeo
__ **board**: caja de resonancia
__ **rocket station**: estación de lanzamiento de cohetes-sonda
soundness: validez, seguridad, firmeza, solidez, acierto, sensatez, solvencia; viabilidad (de proyectos)
soundproofing: aislante del sonido, insonorización, aislamiento acústico
sour cherry: guinda
__ **cream**: crema ácida
__ **gas discharge**: descarga de gases ácidos (ricos en productos azufrados)
source: fuente, origen, procedencia; (med) foco
__ **and aplication (use) of funds statement**: estado de fuentes y utilización de fondos, estado de flujo de fondos
__ **book**: libro de consulta, obra de referencia
__ **case**: (med) caso original
__ **country**: país de procedencia
__ **gases**: gases primarios
__ **language**: idioma de partida, idioma del cual se traduce (idioma original); lenguaje fuente
__ **levy**: retención o impuesto en su origen
__ **material**: material documental, elementos de información
__ **of a river**: nacimiento, manantial
__ **of evidence**: fuente de comprobación
__ **of financing**: fuente de financiamiento, financiador
__ **of funds**: origen de los fondos
__ **of information**: fuente de información
__ **of supply**: (com) fuente o procedencia de aprovisionamiento
__ **publication**: publicación de antecedentes
__ **records**: registros básicos, registros de partida
__ **water**: agua cruda
sourcing: montaje en el extranjero (bienes); selección de proveedores
soursop: guanábana
South Pacific bream: (ict) cojinoba
Southern King crab: centolla patagónica
sovereign bond: bono soberano
__ **credit loan**: crédito garantizado por el Estado
__ **risk**: riesgo político, riesgo soberano, riesgo que plantea el Estado prestatario
__ **risk loan**: préstamo que entraña un riesgo soberano
sow for breeding: puerca (cerda, marrana) destinada a la reproducción

sowing: sementera, siembra
__ **machine**: sembradora
__ **rate**: densidad de siembra
__ **season**: sementera, época de la siembra
sown land: sembrado
soybean curd: preparado de soya (soja, frijol de soja)
__ **meal**: harina de soya
__ **oil**: aceite de soya
space: (est) distancia, intervalo, espacio; sitio
__ **between trees**: (silv) interlínea (siembra)
__ **heating**: calefacción de locales
__ **medicine**: medicina espacial
__ **of control**: margen de control
__ **planning**: ordenación espacial
__ **probe**: sonda espacial
__ **science**: ciencias del espacio
__ **shuttle**: lanzadera espacial
__ **spraying**: rociamiento al aire libre, nebulización
space-control section: sección de distribución de oficinas
spacecraft: nave espacial
spaceship: astronave, nave espacial
spacing: espaciamiento, espacio; separación; distancia de siembra
__ **interval**: (silv) distancia de plantación o de siembra
__ **of births**: espaciamiento de los nacimientos
spadework: trabajo preparatorio o preliminar
"spaghetti junction": cruce de trébol
span: envergadura; lapso, duración, período; distancia, tramo, luz (puente)
__ **of apprehension**: campo de percepción
__ **of attention**: duración de la atención, lapso de atención, tiempo de fijación mnémica
__ **of control**: margen de control
spandrel wall: muro de enjuta
Spanish cedar: cedro rojo antillano
__ **mackerel**: (ict) sierra
__ **treillis**: parrón a lo español
spare: disponible; sobrante; de repuesto, de recambio; libre
__ **no efforts**: no dejar nada por hacer, no perdonar o escatimar esfuerzo
__ **no expenses**: no perdonar gastos
__ **parts**: piezas de repuesto, repuestos, partes de refacción
__ **time**: tiempo ocioso, tiempo desocupado, tiempo libre
sparing credit: descuento por concepto de impuesto (pagado en el extranjero)
sparingly: con moderación
spark (ignition) engine: motor encendido por chispas
sparkling wines: vinos aromáticos
spate: crecida, avenida; (fig) exceso, superabundancia
__ **irrigation**: riego por inundación
spatial comprehension test: test de comprensión espacial

SPATIAL

__ **diffusion**: desconcentración espacial (población)
__ **planning**: ordenación del territorio
spawn: freza (peces); micelia (setas)
spawning: desove, freza
__ **area**: desovadero, zona de desove
__ **places**: lugares de desove, frezadores
speak at length: extenderse, explayarse
Speaker of the House: Presidente de la Cámara
speakers bureau: oficina de conferencias
speaking: actividad discursiva
spearhead research: investigación de punta
special agent: agente particular
__ **and differential treatment**: trato especial y diferenciado
__ **assessment**: contribución especial
__ **assets**: patrimonio especial
__ **assignment**: misión especial, trabajos especiales
__ **authority**: autorización especial
__ **budget**: presupuesto extraordinario
__ **creditor**: acreedor privilegiado
__ **delivery**: correspondencia urgente, correo expreso, correspondencia de entrega inmediata
__ **drawing rights (SDR)**: derechos especiales de giro (DEG)
__ **edition**: edición extra
__ **education**: educación especial (de niños anormales, sordos, mudos, ciegos, deficientes mentales o excepcionalmente dotados)
__ **facility**: servicio financiero especial
__ **hospital**: hospital especializado
__ **interest lobby**: grupo de presión de intereses especiales
__ **lien**: gravamen específico
__ **majority**: mayoría calificada
__ **meeting**: sesión o asamblea extraordinaria
__ **partner**: socio de responsabilidad limitada
__ **partnership**: sociedad limitada
__ **post allowance**: subsidio por funciones especiales
__ **privilege**: privilegio particular
__ **purpose tax**: impuesto específico
__ **school**: establecimiento de educación especial
__ **service agreement**: acuerdo sobre la prestación de servicios especiales
__ **session**: sesión extraordinaria, período extraordinario de sesiones
__ **subject**: (edu) especialidad
__ **tax treatment**: régimen fiscal de excepción
__ **teacher**: maestro especializado
specialist journal: revista especializada
specialized agency: organismo especializado (NU)
__ **child care**: asistencia especializada infantil, asistencia diferenciada del niño
__ **commodity bodies**: organismos especializados en el estudio de productos básicos
__ **crop species**: especie cultivada adaptada
__ **education**: enseñanza individualizada; enseñanza técnica y profesional; enseñanza especializada
__ **fair**: feria monográfica
__ **school**: establecimiento de enseñanza especia-

SPEED

lizada
__ **teacher training college**: (Méx) escuela normal de especialización
speciality board: Junta de Calificación de Especialidad
specie: metálico, efectivo; valores
__ **payments**: pagos con moneda constante
__ **reserve**: encaje metálico
specific: particular, expreso, preciso, concreto, específico
__ **agreement**: acuerdo expreso
__ **customs duty**: derecho aduanero específico
__ **investment loan**: préstamo para una inversión específica
__ **measure**: medida concreta
__ **performance**: (leg) ejecución del contrato según sus términos, ejecución estricta
__ **response**: respuesta concreta o explícita
specifics: datos específicos, detalles; (med) fármacos
specifically: específicamente, expresamente, explícitamente, taxativamente
specification: especificación, estipulación, requisitos; (pl) descripción detallada; (leg) pliego de condiciones, especificaciones
specifications for a tender: pliego de condiciones
specificity principle: cantidades determinadas
specify: especificar, precisar, concretar, estipular, exponer en detalle, indicar explícitamente
specimen: (med) muestra sin valor comercial; espécimen, ejemplar
__ **signature**: muestra o espécimen de la firma (modelo)
speculate for a fall: especular la baja
__ **for a rise**: especular al alza
__ **on the wrong side**: equivocarse al especular
speculation: especulación, juego de Bolsa
__ **on futures**: especulación en operaciones a plazo
speculative damages: daños anticipados
__ **property transactions**: especulación inmobiliaria
speech and hearing personnel: fonoaudiólogos
__ **clinician**: especialista en trastornos de la palabra o del lenguaje
__ **course**: curso de dicción
__ **defect**: defecto de lenguaje, defecto de pronunciación
__ **disturbance**: trastorno de la palabra, trastorno de la fonación
__ **fluency test**: test de fluidez verbal
__ **sound**: fonema
__ **therapist**: logoterapeuta
__ **therapy**: logoterapia, logopedia, terapia del lenguaje
__ **training**: elocución
speechcraft: don de la oratoria, arte de hablar
speed bump: resalto, lomo de toro, reductor de velocidad
__ **reading**: lectura rápida, dinámica
speedup: aceleración, aceleración forzada; aumen-

SPEEDUP

to de productividad; aumento de producción sin aumento de salario
spell out: puntualizar, explicitar, anunciar explícitamente
spelling instruction: enseñanza de la ortografía
__ **book**: abecedario
spelt: escaña mayor, escanda común, espelta (especie de trigo duro)
spelter: peltre, cinc comercial
spendable earnings: sueldo después de las deducciones
__ **income**: ingreso líquido (o neto)
spending: gastos
__ **ministry**: ministerio que efectúa gastos, ministerio de ejecución
__ **power**: poder adquisitivo
spendthrift decree: (leg) declaración de prodigalidad
spent bill of lading: conocimiento de embarque por mercancías entregadas
__ **female**: hembra desovada, hembra que ha puesto
__ **fish**: peces desovados, pez que ha puesto
sperm oil: cetina, aceite de ballena
sphere of activity: campo de actividad
__ **of exports**: sector de las exportaciones
__ **of responsibility**: mandato
spice plant: planta condimenticia
spider crab: (ict) centolla
spill(age): derrame
spilling tunnel: túnel de alivio
spillover effect: efecto indirecto, derivado, secundario o subsidiario
__ **exports**: exportaciones de excedentes del mercado interno
spillovers: residuales tecnológicos
spillway: aliviadero, vertedero, canal de desgüe
__ **chute**: canal de descarga
__ **tunnel**: túnel vertedor
spindle: huso
spinoff: (fin) escisión de un departamento o filial de una sociedad y cesión (transferencia) de sus activos a cambio de las acciones de una nueva sociedad; descubrimiento secundario, resultados indirectos (tecnología); (cont) transferencia de activo; a veces: (fig) repercusión
__ **benefits**: beneficios (efectos) secundarios o residuales
__ **effect**: efecto secundario, indirecto o derivado
spinning and weaving: hilado y tejido
__ **jenny**: máquina de hilar
__ **mill**: hilandería
__ **reserve**: (elec) capacidad de reserva inmediatamente disponible
spiny dogfish: (ict) galludo
spiral chute: tobogán helicoidal
__ **up**: subir vertiginosamente (precios)
spirit level: nivel de burbuja de aire
spirits: alcohol, espíritu de vino
splashdown: amerizaje
splice: (est) empalmar

SPOT

spliced grafting: injerto por empalme
__ **index**: índice empalmado
splicing: empalme, enlace
split an atom: escindir un átomo
__ **decision**: decisión no unánime
__ **degree**: (edu) título otorgado por dos universidades
__ **exchange rate**: (RU) tipo de cambio múltiple
__ **half method**: (est) método de la prueba bipartita
__ **log**: (silv) raja
__ **plan design**: diseño en parcelas subdivididas
__ **plot method**: (est) método de las parcelas subdivididas
__ **pricing**: desdoblamiento de precios
__ **rate**: tasa mixta
__ **shift**: turno discontinuo
__ **year**: año emergente
splitting of consignments: fraccionamiento de envíos
__ **of shares**: división de acciones
__ **up of farm units**: parcelación (excesiva)
spoil: dañar, perjudicar, deteriorar; desvirtuar
__ **bank**: escombrera, banco de escombros
spoilage: desperdicios, desechos, piezas defectuosas; daño, deterioro, degradación, descomposición, derrame
spoiled goods: productos echados a perder, productos deteriorados
spokesman: vocero, portavoz, interlocutor, representante
sponsor: *s* patrocinador; promotor, auspiciador; (com) garante, fiador; *v* patrocinar, auspiciar; fomentar, promover; (com) fiar, garantizar
__ **firm**: firma patrocinadora o sostenedora
__ **of a resolution**: patrocinador o autor de una resolución
sponsored by: patrocinado por, con el patrocinio de, auspiciado por, bajo los auspicios de
__ **loan**: crédito de participación
sponsoring countries: países que patrocinan (la celebración de una conferencia), países patrocinantes o invitantes
sponsorship: patrocinio, auspicio; (com) derecho de presentación
__ **lawyer**: abogado patrocinante
spontaneous lending: préstamos voluntarios
sports field: cancha
__ **medicine**: medicina del deporte
sportsmanship: caballerosidad
spot announcement: cuña publicitaria (mensaje comercial entre dos programas), espacio publicitario, corte publicitario
__ **availabilities**: disponibilidades inmediatas
__ **cash**: pago al contado, dinero al contado
__ **check**: inspección al paso o al azar; comprobación de muestreo o sobre el terreno, verificación o revisión por sondeo, control por muestreo, comprobación esporádica
__ **coffee**: café físico o en plaza, café para entrega inmediata

SPOTLIGHT

__ **commodities**: productos físicos
__ **currency**: divisa de entrega inmediata
__ **delivery**: entrega inmediata
__ **exchange rate**: tipo de cambio al contado, tipo de cambio en plaza
__ **exchange transactions**: operaciones de cambio al contado
__ **frequencies**: frecuencias fijas
__ **grazing**: pastoreo irregular, apacentamiento manchoneado (sectorial)
__ **improvement**: bacheo, reparación de baches (caminos)
__ **inspection**: inspección esporádica
__ **map**: mapa estadístico
__ **market**: mercado al contado (divisas); mercado de productos disponibles o de entrega inmediata (productos básicos); mercado libre (petróleo); mercado primario (algodón)
__ **order**: orden para entrega y pago inmediato
__ **price**: tipo o precio al contado (valores); precio para entrega inmediata (productos básicos); precio de plaza (en la plaza)
__ **quotation**: cotización al contado
__ **rate**: tipo de cambio al contado
__ **sales**: ventas por entrega inmediata
__ **sampling**: muestreo intencional
__ **studies**: estudios de muestreo
__ **survey**: encuesta preliminar
__ **test**: prueba de la gota
__ **transactions**: operaciones a la vista
__ **welding**: soldadura por puntos
spotlight: *s* reflector; *v* iluminar, destacar, subrayar
__ **fishing**: pesca al encandilado
spotted cotton: algodón maculado o manchado
spouse: esposo, esposa, cónyuge
__ **allowance**: prestación por cónyuge a cargo
spout: tromba (violento remolino de aire)
sprat: (ict) espadín, sardineta
spray: pulverizar, rociar, fumigar
__ **dispenser**: vaporizador
__ **gun**: pulverizador
__ **irrigation**: riego por aspersión
__ **man**: operario rociador
__ **tank**: bomba de rociamiento
spray-dried coffee: café en polvo secado por pulverización con aire caliente
spread: propagación, difusión, extensión; expansión; (com) margen entre las tasas de interés, diferencia entre los tipos de interés; (Esp) diferencial; (AL) sobretasa; diferencia entre precios de oferta y de demanda o entre precio de fábrica y precio por menor
__ **news**: propalar noticias
__ **of basis points**: margen de centésimos
__ **of disease**: propagación (proliferación) de enfermedades
__ **of information**: difusión de información, anuncio para toda plana
__ **of spreads**: diferencia entre los márgenes
__ **of technical knowledge**: generalización

STABILIZATION

__ **over an agreed delivery period**: entrega escalonada en un período convenido
__ **over LIBOR**: tasa de recargo
spreading grounds: terrenos de desparramamiento
__ **of risks**: diversificación de riesgos
spreadsheet: (comp) hoja de trabajo o de análisis (planilla), hoja de cálculo electrónica
spring calves: terneritos
__ **lambs**: borregos
springer: vaca a punto de parir
sprinkle irrigation: riego por aspersión
sprinkler: rociador, regadera
sprinkling: aspersión
sprout: retoño
sprouting: (agr) despunte
spruce: picea
spun concrete: concreto centrifugado
__ **glass**: lana de vidrio
__ **goods**: hilados
__ **silk**: seda hilada
spur: espuela, acicate, incentivo, estímulo
__ **canal**: subcanal
__ **dike**: dique de estribo, espigón
__ **junction**: empalme (ferrocarril)
__ **railway line**: espuela de ferrocarril
__ **road**: ramal
spurious correlation: correlación ficticia
spurt: racha de alzas (precios), alza fuerte y repentina
squad: cuadrilla, brigada, patrulla, equipo
__ **leader**: jefe de brigada
squalor: miseria, pobreza
square grid sample: muestra de enrejado cuadrado
__ **lattice**: retículo cuadrado
__ **meter**: centiárea
__ **with**: enmarcarse; ajustar o arreglar cuentas con
squarecut (sawn) timber: madera escuadrada
squared log: troza
squaring of logs: despojo de trozas
squat: ocupar un terreno sin tener derecho, usurpar
__ **lobster**: (ict) galatea
squatter: ocupante ilegal sin título o precario
__ **settlements**: barriadas de ocupantes ilegales, barrios de tugurios ilegales, poblaciones marginales
__ **takeover**: colonización espontánea, ocupación salvaje
squatting: usurpación o invasión de terreno
squeeze: recompra obligatoria de acciones vendidas en descubierto; inyección forzada de cemento (pozos de petróleo); restricción (importaciones)
__ **chute**: brete de contención, manga
squid: (ict) calamar
stabilization fund: fondo de estabilización o igualación
__ **pond**: laguna de estabilización
stabilized earth: hormigón de tierra
stable: *s* cuadra, establo; *a* estable, fijo, firme

STABILIZED

__ **personality**: personalidad equilibrada
__ **volume**: volumen muerto (embalse)
stack: montón, rima, rimero, pila; (agr) niara, almiar, hacina; (bibl) (pl) estantería, estantes
__ **of boxes**: estiba
__ **of pigeonholes**: casilleros
stacker: apiladora
stacking: amontonamiento, apilamiento
__ **of cards**: almacenamiento de tarjetas
stadia rod: mira taquimétrica
__ **survey**: taquimetría
staff: s personal, funcionarios, empleados; (edu) cuerpo docente, cuadro profesional; (mil) estado mayor; v dotar de personal
__ **accounts**: haberes del personal
__ **agencies**: organismos asesores
__ **assessment**: contribuciones del personal
__ **assistant**: auxiliar especial
__ **audit**: evaluación de funciones directivas
__ **award and reward system**: sistema de premios y recompensas al personal
__ **Benevolent Fund**: Fondo de Socorro al Personal
__ **counselor**: asesor del personal
__ **department**: (adm) departamento de asesoramiento o de asesoría; (ind) departamento de servicios (no de producción)
__ **development**: perfeccionamiento del personal, formación del personal
__ **establishment**: personal
__ **function**: asesoría, función de asesoría
__ **housing**: alojamiento para el personal
__ **housing fund**: fondo de alojamiento del personal
__ **nurse**: enfermera de sala
__ **of a conference**: secretaría de la conferencia
__ **offices**: oficinas auxiliares (o de asesoría)
__ **on detail**: personal cedido en comisión de servicios
__ **organization**: organización funcional, organización horizontal
__ **panel**: lista de representantes del personal
__ **pattern**: estructura o composición de personal
__ **pension fund**: Caja (Fondo) de Pensiones del Personal
__ **personnel**: personal asesor
__ **placement**: colocación (o asignación) del personal
__ **policy**: política de personal (sueldos, condiciones de empleo, etc)
__ **provident fund**: Fondo de Previsión del Personal
__ **psychologist**: psicólogo de planta
__ **regulation**: cláusula (del Estatuto del Personal)
__ **relations**: relaciones con el personal
__ **retirement fund**: Caja de Jubilaciones del Personal
__ **rule**: regla, norma, artículo (del reglamento del personal)
__ **rules**: reglamento del personal
__ **strength**: importancia numérica del personal;

STALEMATE

número de empleados
__ **support**: personal auxiliar
__ **training**: adiestramiento, capacitación o formación del personal
__ **Union**: Sindicato del Personal; Unión Sindical del Personal (NU)
__ **veterinarian**: asesor en veterinaria
__ **welfare**: asistencia al personal
__ **welfare activities**: actividades relacionadas con el bienestar del personal
staff-month: mes-funcionario
staff-years equivalent: equivalente en años-personal
staffing: dotación de personal
__ **pattern**: composición del personal de la plantilla
__ **policies**: normas de dotación de personal
__ **ratio**: (adm) coeficiente de ocupación de cargos; relación personal-población
__ **table**: escalafón
stag: especulador que suscribe títulos con intención de venderlos con beneficio lo antes posible
stage: etapa, fase, período; escena, escenario; altura de agua (río)
__ **curtain**: telón de boca
__ **design**: (teat) montaje
__ **hand**: tramoyista
__ **of processing**: grado de elaboración
__ **of progress**: fase de progreso
stagflation: estanflación, estancamiento de la inflación
stagger: tambalear, escalonar
staggers: modorra (ovejas)
staggered disposal: venta escalonada
__ **holidays**: vacaciones escalonadas
__ **program**: programa alternado
__ **working hours**: horas escalonadas
staggering: escalonamiento
__ **of cuts**: escalonamiento de las reducciones (arancelarias)
stagio: pasantía, formación en el servicio
stagnant: estancado, paralizado; (com) inactivo
__ **water**: agua estancada
stagnation of the economy: estancamiento de la economía
stake: piquete, poste, estaca (palo)
__ **in the company**: interés en la sociedad
__ **net**: arte de pesca fijo
__ **of 15%**: participación de 15%
stakeholder: parte interesada; interesado, afectado, involucrado, participante, actor
staking: entutorado (plantas)
__ **out**: (const) replanteo
stale check: cheque vencido, cheque prescrito, no cobrado a tiempo, cheque caducado, cheque incobrable por plazo vencido
stalemate: empate, dificultad insuperable, atolladero; paralización, punto muerto, estancamiento
stalk: tallo; escobajo (uvas)
stall: establo; caseta; (com) puesto de venta

STALK | STANDBY

__ **a project**: trabar un proyecto
__ **feeding**: engorde en establo
stalling speed: velocidad crítica
stallion: semental, caballo entero, padrillo
stamp duty (tax): derecho de timbre, impuesto de timbre (de sellos)
__ **paid**: sello exonerado
stamped paper: papel sellado o timbrado
__ **paper tax**: impuesto sobre patentes fiscales
__ **with official approval**: rubricado
"stamping out" an outbreak of foot-and-mouth disease: rifle sanitario
stance: postura, actitud; orientación (de la política monetaria)
stanchion: cornadiza, puntal, montante; (const) pie derecho
stand adjourned: queda suspendida (la asamblea)
__ **by**: apoyar, defender o respaldar a una persona
__ **for**: significar; representar; abogar por, ser partidario de; postular (a cargo)
__ **in line**: hacer cola
__ **of trees**: masa (de árboles), rodal; macizo boscoso, latizal
__ **off**: suspender, mantenerse a distancia
__ **out**: perfilarse, destacarse
__ **pat**: mantenerse firme, oponerse a todo cambio
__ **taken by someone**: posición, actitud
__ **up for**: defender, salir en defensa de
__ **up to**: resistir, aguantar, hacer frente a, someterse a, tolerar, soportar
stand-alone project: proyecto independiente
stand-by: persona o cosa en la que se puede confiar; recurso confiable
standard: *s* norma, pauta, criterio; modelo, medida, patrón, nivel; *a* normal, corriente, estándar, tipo
__ **agreement**: acuerdo modelo, modelo de acuerdo
__ **author**: autor clásico
__ **benefit**: prestación ordinaria
__ **bullion**: oro y plata de ley
__ **charge section**: sección estándar (del presupuesto)
__ **classification**: clasificación uniforme
__ **clause**: cláusula tipo, cláusula de rigor, cláusula modelo, cláusula uniforme
__ **conditions**: condiciones normales
__ **contract**: contrato tipo o de adhesión
__ **conversion factor**: factor de conversión estándar
__ **cost**: costo prefijado, costo estándar, costo predeterminado, costo fijo
__ **cost variance**: (cont) diferencia estándar
__ **deviation**: desviación estándar, desviación típica
__ **equipment**: equipo corriente, equipo reglamentario
__ **error**: error estándar o típico (tipo)
__ **gage**: (fc) vía normal
__ **gold**: oro de ley
__ **grade of lumber**: madera común (ordinaria)
__ **hard water**: agua dura patrón

__ **indemnity**: indemnización ordinaria
__ **International Trade Classification (SITC)**: Clasificación Uniforme para el Comercio Internacional (CUCI)
__ **length**: largo corriente
__ **list**: lista tipo
__ **measure**: medida legal
__ **model**: modelo estándar
__ **of living**: nivel de vida
__ **of performance**: nivel de eficiencia
__ **of value**: patrón de valor
__ **performance**: rendimiento normal
__ **population**: población estándar
__ **practice**: regla general
__ **procedure**: procedimiento reglamentario
__ **production**: producción o fabricación en serie
__ **rate of interest**: tipo de tasa de interés vigente
__ **ratio**: razón tipo
__ **size**: tamaño normal o corriente
__ **specifications**: especificaciones normalizadas, armonogramas
__ **supply items**: artículos conrrientes
__ **symbols**: símbolos convencionales
__ **tests**: tests estandarizados
__ **time**: hora normal u oficial
__ **turnover deduction rates**: tasas de deducción por movimiento normal de personal
__ **unit of account**: dinero patrón
__ **values**: (com) valores normales, corrientes o estándares
__ **weight**: peso legal o de ley
__ **work**: obra clásica
standards of accommodation: (est) normas de distribución, de adecuación o de habilitación
__ **of appraisal**: criterios de evaluación
__ **of behavior**: normas de conducta
__ **of excellence**: normas de calidad
__ **of reference**: pautas de referencia (criterios y principios)
__ **of safety**: normas de seguridad
standard-bearer: (fig) jefe, adalid, abanderado
standard-setting: normalización
standardization: estandarización, normalización, tipificación, uniformación
standardize: normalizar, uniformar, tipificar, estandarizar, homogenizar
standardized approach: criterio único normalizado
__ **forms**: formularios estándares
__ **occupational streams**: perfiles ocupacionales normalizados
__ **production**: producción en serie
__ **variate**: variable estandarizada
standby: de reserva, en reserva (personal)
__ **agreement**: acuerdo de compromiso contingente
__ **arrangement**: acuerdo de derecho de giro
__ **credit**: crédito contingente, de disponibilidad inmediata, crédito de apoyo, crédito de reserva, crédito de respaldo de cambio
__ **equipment**: equipo de emergencia
__ **equity commitment**: compromiso contingente

STANDING

    de participación en el capital social
— **loan**: préstamo contingente
— **plant**: planta de reserva o de turno
— **power plant**: central auxiliar
— **staff**: personal en reserva o de turno
standing: posición, situación, importancia, reputación, prestigio, categoría, duración; (fin) capacidad crediticia, solvencia
— **committee**: comité (comisión) permanente
— **costs**: costos fijos
— **crop**: cultivo en pie, volumen en pie, cosecha sin recoger, mieses
— **instructions**: instrucciones permanentes
— **orders**: reglamento general (de un comité); (com) pedidos regulares; (hosp) reglamento
— **rule**: regla fija, norma sagrada o inquebrantable
— **timber**: madera en pie
— **volume**: (silv) volumen en pie
— **water**: agua estancada
standpipe: fuente de agua pública, tubo de alimentación (de agua), toma de agua
standpoint: punto de vista, aspecto
standstill: (com) estancamiento; (econ) marasmo; (ind) paralización
— **agreement**: acuerdo de statu quo, acuerdo de mantenimiento de la situación existente
staple: s producto principal, elemento principal, materia prima; grapa; fibra; v engrapar, corchetear
— **commodities**: artículos básicos
— **cotton**: algodón en rama, algodón herbáceo, fibra discontinua
— **crops**: cosechas básicas, de productos básicos, esenciales o de primera necesidad
— **exports**: exportaciones principales
— **fiber**: fibra textil, fibra discontinua (algodón)
— **food crop**: cultivo de alimentos básicos
— **foods**: alimentos básicos de primera necesidad
— **good**: artículo de primera necesidad
stapling machine (stapler): grapadora, abrochador, corchetera, presillera
star apple: caimito
starch cake: torta de fécula
starchy foods: féculas
— **root crop**: raíz feculenta o tubérculo feculento
— **roots**: raíces amiláceas, raíces farináceas o féculas, tubérculos feculentos
— **roots and tubers**: raíces y tubérculos
start from scratch: empezar sin nada, empezar de la nada, partir de cero
— **of building**: comienzo de las obras
start-up capital: crédito o capital inicial
— **companies**: compañías nuevas
— **cost**: costo de puesta en funcionamiento o en marcha, costo inicial, costo de primer establecimiento
— **of machinery**: (elec) puesta en marcha
— **time**: tiempo de puesta en marcha
starter culture: (med) cultivo matriz
— **homes**: viviendas mínimas

STATEMENT

starting from: a partir de
— **point**: punto de partida
— **rate of pay**: sueldo inicial
starvation wage: salario de hambre o de inanición, miseria
state: s condición, situación; estado físico; estado, nación; v declarar, afirmar, expresar, manifestar, consignar, aseverar, exponer
— **an objection**: objetar
— **attorney**: abogado fiscal
— **bank**: banco estatal o del Estado
— **education**: (RU) enseñanza pública
— **eligible to sign (the Convention)**: Estado que puede adherir (a la Convención)
— **forests**: patrimonio forestal del Estado
— **law**: (EUA) ley de un Estado
— **of emergency**: estado de emergencia (catástrofe); estado de excepción
— **of mind**: estado de ánimo
— **of repair of the equipment**: estado técnico del equipo
— **of the art**: conocimientos actuales, últimos adelantos (de la tecnología), estado actual de la técnica
— **of the art technology**: tecnología de punta, la tecnología más moderna
— **of the market**: situación reinante en el mercado
— **of war**: estado de guerra
— **trying the case**: Estado juzgador
state's evidence: prueba o testimonio contra el reo, prueba de cargo
state-aided schools: escuelas subvencionadas por el Estado
state-controlled enterprise: organismo estatal, organismo descentralizado
state-owned enterprise: empresa estatal (pública)
state-trading countries: países de comercio estatal
stated capital: capital declarado o escriturado
— **date**: fecha determinada
— **policy**: política declarada
— **value**: valor declarado o establecido
statehood: condición o calidad de Estado
stateless: apatrida
statelessness: apatridia
statement: (leg) declaración, expresión, planteamiento (problema); intervención (orador); afirmación, exposición (hechos), relación, informe; (cont) estado de cuenta, extracto de cuenta; balance mensual
— **made by the accused during the preliminary investigation**: declaración indagatoria
— **made by the judge**: (leg) declaratoria
— **of account**: estado de cuenta, extracto de cuenta
— **of activity**: (bnc) estado de movimiento
— **of changes in financial position**: estado de flujo de fondos, estado de fuentes y utilización de fondos, estado de cambios en la situación financiera
— **of condition**: (est) estado de situación
— **of earnings (income)**: estado de resultados

STATEMENTS / STEADY

__ **of expenditures**: declaración, estado o relación de gastos
__ **of facts forming the basis of legal decision**: resultandos
__ **of financial position**: estado de situación financiera
__ **of income and expenditure**: estado de ingresos y gastos (egresos)
__ **of policy**: declaración de principios o de política
__ **of purpose**: exposición de objetivos
statements of a bill of exchange: enunciados (menciones) de una letra de cambio
statesman: estadista, hombre de Estado
statesmanship: función directiva o política, arte de gobernar, habilidad política
static life index (commodities): índice estático de las reservas de productos básicos (años)
__ **sensing**: lectura con tarjetas en reposo
__ **storage**: almacenamiento estático
__ **test**: prueba de banco
stating the reason: con expresión de causa
station: *s* puesto, lugar, sitio; estación; emisora; posición social, condición; *v* destacar o afectar (personas)
__ **wagon**: furgoneta
stationarity: estacionalidad, inmovilidad
stationary distribution: distribución estacionaria
__ **health units**: unidades sanitarias permanentes
__ **seating equipment**: mobiliario escolar (banco y escritorios) fijo
stationery: material de oficina, artículos de oficina o de escritorio
__ **store**: papelería, librería
statism: estatismo, economía dirigida o planificada
statistical commentary: análisis estadístico
__ **map**: cartograma
__ **parenthood**: paternidad putativa
__ **processing**: elaboración estadística
__ **quality control**: verificación de la calidad de las estadísticas
__ **reliability**: grado de validez (confiabilidad) estadística
__ **yearbook**: anuario estadístico
statistician: estadístico, estadígrafo
statistics: estadística, datos estadísticos; estadística (ciencia)
status: condición, situación, estado; categoría, calidad, rango, prestigio; posición social; (leg) estado legal, régimen jurídico
__ **in employment**: tipo de ocupación
__ **inquiry**: petición de informes sobre el crédito
__ **need**: necesidad de afirmación personal
__ **of body corporate**: personalidad jurídica
__ **of quota payments**: situación relativa a la recaudación de las cuotas
__ **of women**: condición jurídica y social de la mujer, condición de la mujer
__ **quo**: statu quo
__ **report**: informe de avance (de las obras), informe sobre la marcha (de un proyecto)
__ **seeker**: arribista, persona que desea figurar
__ **symbol**: símbolo de prestigio, símbolo de posición social
statute law: derecho escrito, ley escrita
__ **law country**: país de derecho escrito
__ **of limitations**: ley de prescripción
__ **tolled**: (leg) prescripción operada
statutes: (com) estatutos, escritura de constitución
statute-barred debt: deuda prescrita
statutory: reglamentario, conforme al estatuto, estatuario, de conformidad con la ley o la legislación, establecido por la ley
__ **age, of**: mayor de edad
__ **auditor**: síndico, comisario
__ **bodies**: organismos de derecho público, organismos creados por la ley
__ **bond**: fianza conforme a la ley
__ **ceiling**: límite reglamentario, estatutario o legal, máximo legal
__ **decree**: decreto con fuerza de ley
__ **embargo**: embargo legal
__ **functions**: funciones reglamentarias (o estatutarias)
__ **law**: derecho escrito
__ **law offenses**: delitos previstos en la legislación
__ **liability**: responsabilidad estatutaria
__ **meeting**: junta general prevista por los estatutos
__ **obligation**: obligación legal
__ **order**: decreto, orden (con fuerza de ley)
__ **provisions**: disposiciones previstas en el estatuto, disposiciones reglamentarias, disposiciones legales
__ **rape**: violación de menores
__ **reserves**: reserva legal, reserva obligatoria
staunch (a leak): restañar (una gotera o escape de agua, vapor, etc)
stave wood: madera para duelas
stay: estancia, estada, permanencia; (leg) suspensión (de la instancia), sobreseimiento (definitivo o provisional)
__ **of bankruptcy**: suspensión de pagos
__ **of enforcement**: (leg) suspensión de la ejecución del laudo
__ **of proceedings**: (leg) sobreseimiento
__ **of sentence**: (leg) suspensión temporal de la condena
stay-down strike: (min) huelga de brazos caídos
stay-in strike: huelga de brazos caídos o de brazos cruzados, tortuguismo
staying effect: efecto suspensivo
steady: firme, fijo, seguro, estable; constante, continuo; uniforme, regular, estacionario
__ **customer**: cliente fijo
__ **demand**: pedido constante; demanda estacionaria
__ **flow**: flujo o corriente uniforme
__ **job**: puesto fijo, permanente o de planta
__ **market**: mercado firme
__ **prices**: precios estables
__ **progress**: progreso(s) continuo(s) o constante(s)

steady-state growth: crecimiento constante o sostenido
— **lending**: nivel estable de préstamos
steam coal: carbón de alto poder calorífico, carbón térmico, carbón para caldera, hulla de caldera
— **generating plant**: central termoeléctrica
— **hammer**: martillo pilón
— **plant**: central a vapor
— **power**: fuerza térmica o a vapor
— **propulsion**: tracción a vapor
— **shovel**: pala mecánica, excavadora
steam-driven: accionado a vapor
steam-electric power plant: central termoeléctrica
steamer bag: cajillo del buque
steamship agent: agente marítimo
— **company**: compañía naviera
— **line**: línea de vapores
steamroller: s apisonadora; v aplastar, arrollar
steel bar mill: laminadora de llantones, laminador de platinas
— **casting**: acero colado o moldeado; fundición de acero
— **foundry**: fundición de acero
— **industry**: industria siderúrgica, acería
— **ingots**: lingotes de acero
— **lining**: revestimiento (túneles)
— **mill**: acería, fábrica de acero, taller siderúrgico
— **plate**: plancha de acero, palastro
— **reinforcement (concrete pipe)**: alma de acero (tubería de concreto)
— **scrap**: acero viejo, desechos de acero
— **shoring**: entibación de acero (túneles)
— **slab**: palastro
— **strapping**: zunchos de cajón, cintas de acero, cintas de encajonar
— **trusses**: armaduras de acero, travesaños y tirantes de acero
— **wool**: viruta o virutilla de acero
steel-rolling industry: industria de acero laminado, planta de laminación
steelmaker: industrial de acero o siderúrgico
steelmaking: fabricación de acero
steelwork: estructura de acero
steelworks: acería, fábrica (fundición) de acero, planta de acero, usina siderúrgica
steelworker: montador de acero estructural
steelyard: romana, balanza
steep: remojar, empapar, dejar en remojo
steepness of a curve: (grado de) inclinación, pendiente de un acurva
steer: buey, novillo, toruno, buey castrado después de 3 años
— **for processing**: buey de manufactura
Steering Committee: Comité de Dirección, Comité de Gestión
stem from: derivar de, originarse en, emanar de
stemmed tobacco: despabilladuras, tabaco desvenado
stemming-from benefit: beneficio derivado indirecto

stencil: s plantilla, patrón de estarcir, clisé o cliché (de multicopista), estarcido; v marcar en una plantilla
stenographic pool: servicio de estenografía-dactilografía, servicio de mecanografía
— **record**: acta taquigráfica, transcripción estenográfica
— **section**: sección de taquimecanografía
step: paso, etapa; medida, gestión; trámite, medio, providencia; diligencia; escalón (nómina de sueldos); tramo (impuesto progresivo)
— **backwards**: retroceso
— **bonus**: prima escalonada
— **increase**: aumento de escalón
— **interval**: (est) intervalo de clase
— **rate**: (elec) tarifa escalonada
— **reaction**: reacción en dos (o más) tiempos
— **to expedite a matter**: trámite para activar un asunto
— **up**: aumentar, acelerar, agilizar, activar, potenciar
step-by-step approach: enfoque gradual, progresivo o por pasos
step-down power station: (elec) estación reductora
— **schedule**: calendario de reducido
— **transformer**: transformador reductor
step-relatives: parientes por afinidad
step-up interest rates: tasas de interés crecientes
— **power station**: (elec) estación elevadora
— **transformer**: transformador elevador
stepped method (procedures): método iterativo
— **tariff structure**: estructura tarifaria escalonada
stepping-stone: escalón, trampolín
stere: estéreo, metro cúbico (madera)
sterile conditions: condiciones asépticas
sterility: esterilidad, infecundidad
sterilization of gold resources: neutralizar, inmovilizar, absorber o reabsorber liquideces
sterling area (bloc): zona (bloque) de la libra ester-lina
— **bonds**: bonos pagaderos en libra esterlina
— **exchange**: divisas en libra esterlina
— **silver**: plata de ley
stevedore: estibador
stevedoring: carga y descarga
steward: mayoral; mayordomo (hospital)
stewardess: azafata, auxiliar de vuelo
stick figure characters: personajes hechos con palotes
— **figure illustrations**: ilustraciones con palotes
stick to your last: pastelero a tus pasteles, intervenir en lo que le importa
stickiness: adhesividad, rigidez (de los precios, salarios)
stiffen prices: subir precios
still pending: en tramitación
— **wine**: vino no espumoso
stillbirth: mortinato, nacido muerto
— **rate**: tasa de mortinatalidad
— **ratio**: razón de mortinatalidad

stillborn: mortinato, nacido muerto
stilling pool: colchón disipador, colchón amortiguador
stipend: estipendio; sueldo, remuneración, subsidio
stipulate: estipular, especificar
stipulation: estipulación, condición; (leg) cláusula, estipulación
stochastic: estocástico, conjetural, hipotético
__ **variable**: variable estocástica
stock: *s* (com) existencias, abastecimientos, reservas, surtido; (fin) acciones, títulos, valores; (agr) ganado, semovientes; material de plantación, existencias de vivero, planta madre, *v* abastecer, almacenar, embodegar, tener existencias de, tener en almacén; (re)poblar (árboles, peces)
__ **accounting**: registro de almacén, contabilidad de existencias
__ **and order cycle**: ciclo de almacenaje y pedidos
__ **book**: libro de almacén
__ **carrying capacity**: (agr) capacidad de carga
__ **catalog(ue)**: (bibl) catálogo del acervo bibliográfico
__ **cattle**: ganado de ceba
__ **certificate**: certificado o título de acciones
__ **check**: comprobación de existencias
__ **company**: sociedad por acciones, sociedad anónima
__ **corporation**: sociedad anónima, sociedad por acciones
__ **deposited in escrow**: acciones en caución
__ **diet**: dieta estándar
__ **dilution**: dilución del capital accionario
__ **disposal**: colocación, despacho, venta, liquidación de existencias
__ **dividend**: dividendo en acciones
__ **emulsion**: (med) emulsión base
__ **exchange**: Bolsa de Comercio o de Valores; (Chi) Bolsa de Corredores
__ **farmer**: ganadero
__ **farming**: ganadería
__ **in trade**: bienes comerciales, existencias
__ **is depleted**: las existencias se han agotado
__ **management**: ordenación ganadera o pecuaria
__ **market**: Bolsa o mercado de valores
__ **of capital**: capital existente
__ **of fish**: reserva de pesca
__ **of fixed capital**: dotación de capital fijo
__ **of money**: masa monetaria, acervo de dinero, cantidad de dinero; a veces: disponibilidades líquidas
__ **of vehicles**: parque de vehículos
__ **on hand**: existencias disponibles o en almacén
__ **option**: opción a la compra de acciones, opción de compra de acciones
__ **ownership**: cartera de acciones
__ **phrase**: expresión consagrada o acuñada
__ **price index**: índice de cotizaciones de valores
__ **qualification**: número mínimo de acciones en los estatutos que debe poseer un miembro del directorio
__ **rights**: derechos de adquisición o de suscripción
__ **route**: (agr) cañada
__ **rundown**: liquidación de las existencias
__ **sheep**: ganado lanar
__ **trading**: negociación de acciones
__ **transfer**: enajenación o traspaso de acciones
__ **turnover**: movimiento o renovación de las existencias
__ **warrant (commodities)**: resguardo de garantía
__ **watering (dilution)**: (fin) dilución del capital accionario
__ **watering facilities**: abrevaderos (ganado)
stocks and shares: valores bursátiles, acciones
stock-account balance: balance de inventario, revaluación, plusvalía de las existencias
stock-control card: ficha de almacén
stock-exchange information: informaciones bursátiles
__ **operator**: bolsista, especulador de la Bolsa
__ **securities**: valores bursátiles o de Bolsa
__ **session**: rueda
__ **speculation**: juego de Bolsa
__ **ticker**: pizarra electrónica
__ **transaction**: operación bursátil
stockbreeder: ganadero, criador de ganado
stockbreeding: ganadería, cría de ganado
stockbroker: corredor de la Bolsa, agente de Bolsa, bolsista
stockbrokerage: corretaje de Bolsa
stockbuilding: constitución o acumulación de existencias
stockcar: carro ganadero, carro reja, vagón jaula
stocker: cebón (animal para engorde), res para el matadero
stockholder: accionista
__ **of record**: accionista registrado o inscrito en el libro de acciones
stockholders' equity: patrimonio neto, activo neto, capital líquido, capital propio; a veces: fondos propios
__ **ledger**: libro de acciones
__ **meeting**: junta, asamblea, reunión de accionistas
stockholding costs: gastos de mantenimiento de existencias
__ **policy**: política de almacenamiento de existencias
stockholdings: cartera de acciones
stocking: intensidad de población, grado de espesura del bosque, carga del pastizal; repoblación, siembra de peces, propagación
__ **rate**: (agr) densidad de pastoreo, de carga o de masa, carga animal o ganadera; índice de repoblación
stockjobbing: corretaje de acciones
stockpile: *s* reservas especiales o estratégicas; *v* acumular, reunir materias primas

stockpiling: acumulación de existencias, reservas, materias primas o materiales estratégicos
stockraising: ganadería, cría de ganado
stockroom: depósito, almacén, cuarto de existencias
stocktaking: inventario, acción de inventariar; toma de inventario; preparación del inventario; recuento de existencias
__ **value**: valor de inventario
stockyard: corral de ganado
stone facing: paramento
__ **fruit**: fruta de carozo
__ **screenings**: granzas
stone-blind: completamente ciego
stook: (agr) trensal
stop and go growth: crecimiento intermitente
__ **and go policy**: política de avance intermitente, política de freno y reactivación, política de expansión y contracción
__ **loss**: asumir pérdidas por la venta de dólares comprados a un precio más bajo
__ **work**: cesar en el trabajo
stop-go: alternancia rápida (de medidas) de expansión y contracción
__ **projection**: proyección intermitente
stop-loss coverage: (seg) reaseguro que fija límite de pérdida
__ **order**: orden de pérdida limitada
stop-press news: noticias de última hora
stope: (min) punto o galería de extracción, labor escalonada o vertical
stopgap: expediente, arreglo provisional; sustituto, supletorio, medidas provisionales
__ **measure**: medida temporal, de transición o provisional, recurso provisional; a veces: medida de emergencia
stopover: parada (temporal); escala, estancia, parada intermedia
__ **point**: punto de escala en la ruta, escala intermedia, parada-estancia
stoppage: paro, parada, huelga, suspensión de trabajo; deducción, suspensión (de pago)
stopped check: cheque bloqueado
stopping distance: distancia de detención (de vehículos)
__ **place**: escala, lugar de descanso o detención
__ **power**: poder de frenado
__ **time**: hora de cese del trabajo
storage: almacenamiento; almacenaje; (elec) acumulación; (comp) memoria, almacenamiento
__ **and issue**: almacenamiento y distribución
__ **and retrieval of information**: almacenamiento y recuperación (restitución) de la información
__ **cell**: (comp) elemento de memoria
__ **dam**: presa o represa de almacenamiento; presa embalsadora
__ **device**: (comp) memoria
__ **factor**: coeficiente de ocupación
__ **level**: cota de retenida (embalse)
__ **location**: (comp) localización de memoria
__ **medium**: (comp) dispositivo de almacenamiento

__ **reservoir**: embalse de almacenamiento o de almacenaje
__ **yard**: cancha, patio
store cattle: ganado de ceba, destetos; ganado flaco (para engorde o ceba), ganado de engorde
__ **chain**: cadena de establecimientos de venta
__ **cost**: costo a la entrada en almacén
stores accounting: contabilidad de existencias
__ **requisition**: vale de almacén, orden de salida de almacén
store-of-value: reserva de valor
storehouse: almacén, depósito; proveeduría; (fig) mina (de información)
storeroom clerk: pañolero (buque)
storm center: centro de la tormenta; foco de disturbios
__ **drain**: pozo sumidero
__ **drainage system**: sistema de desagües pluviales
__ **drains**: obras de protección pluvial
__ **warning**: aviso de galerna (viento del noroeste)
__ **water**: aguas pluviales
storm-water drainage system: drenaje de aguas lluvias o pluviales
__ **runoff**: escorrentía de aguas pluviales
__ **sewer**: alcantarillado pluvial, conducto pluvial
story: historia, cuento, narración, historieta, anécdota; trama, argumento
__ **hour**: hora consagrada a la narración, sesión de lectura en voz alta (ensayo de dramatización), hora del cuento o de historias
__ **method**: método de la narración o del cuento
stover: (RU) rastrojo, forraje
stow net: biturón
stowage: estiba, arrumaje, huecos de estiba (o en la estiba)
__ **plan**: plan en la estiba, arrumaje
stowaway: polizón, pasajero clandestino
straddle carrier: acarreador a horcajadas
__ **option**: opción de compra y venta, opción doble (operación combinada de compra y venta)
straddling stock: poblaciones compartidas (peces)
straight average: promedio directo
__ **bill of lading**: conocimiento de embarque nominativo
__ **bond**: bono clásico u ordinario
__ **bond market**: mercado de bonos sin garantía
__ **credit**: crédito documentario normal
__ **debentures**: debentures simples (sin descontar)
__ **debt**: deuda simple
__ **fertilizer**: abono puro
__ **loan**: préstamo no amortizado
__ **run**: de primera destilación, destilación directa (petróleo)
straight-line basis: método lineal
__ **depreciation**: depreciación por porcentaje constante, amortización (depreciación) lineal, constante o de cuotas fijas, depreciación proporcional
__ **method of depreciation**: método de amortización constante o en cuotas iguales

STRAIGHT

__ **rate**: tasa constante
straight-time pay: pago sin sobretiempo
__ **rate**: tasa ordinaria
straightforward accounts: cuentas propiamente dichas; cuentas ordinarias
strain: tensión del mercado, tirantez; (med) cepa; (agr) raza; deformación (material)
__ **crossing**: cruce de cepa pura
__ **on liquidity**: estrechamiento de la liquidez
strains and stresses: presiones y tensiones
strained foreign balance: situación precaria de la balanza de pagos externos
straits: aprietos, apuros, situación difícil
stranding of a ship: encalladura, varadura
strapping: zuncho, fleje
strata chart: gráfico de franjas
strategic sector: sector clave, sector estratégico
__ **investors**: inversionistas estratégicos (que se estimen adecuados o apropiados)
strategy implementation: instrumentación de estrategias
stratification after selection: (est) estratificación postselectiva
stratified cluster sampling: muestreo estratificado por conglomerados
__ **structure**: estructura escalar
stratum: (min) estrato, capa, manto, camada
strawberry: fresa, frutilla
streaky bacon: tocino entreverado
streaks: estrías (huellas dactilares)
stream: curso de agua; (edu) rama, grupo o sección
__ **flow**: caudal de un cauce natural
__ **gage**: escala limnométrica, escala hidrométrica, hidrómetro
__ **gager**: aforador, hidromensor
__ **, go on**: entrar en producción, iniciar las actividades, entrar en servicio
__ **of benefits**: serie de beneficios
__ **of conciousness**: monólogo interior
__ **pollution**: contaminación de las corrientes de agua
streams of costs and benefits: (econ) corrientes o flujos de costos y beneficios
streamed school: escuela organizada por secciones
streamflow regulation: regulación de caudales o gastos (de agua)
streaming: (edu) agrupamiento o clasificación por secciones
streamline: modernizar, racionalizar, simplificar; agilizar, dinamizar, fluidizar, hacer expedito
streamlined capitalism: capitalismo perfeccionado
__ **project procedure**: procedimiento simplificado
streamlining: modernización, simplificación, racionalización, organización racional, agilización, aerodinamismo
street cleaning: aseo público
__ **furniture**: accesorios viales

STRINGING

__ **lighting**: alumbrado público
__ **pharmacology**: farmacología del hombre de la calle
__ **price**: precio fuera de la Bolsa
__ **repair**: bacheo
__ **trading**: comercio callejero, venta callejera
strength: fuerza, resistencia, solidez; validez; personal (importancia numérica), efectivos; aspecto positivo, punto fuerte; intensidad (color, sentimientos); pujanza; vigor (del crecimiento)
__ **charge**: cargo (aplicado) según la concentración de contaminantes
__ **of a test**: potencia de una prueba
__ **of materials**: resistencia de materiales
__ **of purpose**: resolución, firmeza
__ **of services**: grado de desarrollo y eficacia de los servicios
__ **of sewage**: calidad (concentración) de las aguas servidas
strength-giving foods: alimentos energéticos
strengthen: fortalecer, consolidar, reforzar; afianzar, afirmar, fortificar, potenciar
__ **with a grillage**: zampear, pavimentar
stress: s (med) tensión o fatiga nerviosa, estrés; presión, fuerza, coacción; énfasis, hincapié; acento; v recalcar, hacer hincapié, subrayar, insistir en
stresses and strains: presiones y tensiones
stretch of wall: paño, lienzo
stretcher: camilla, parihuela, litera
__ **bearer**: camillero
strict: estricto, preciso, exacto; severo, riguroso; terminante (prohibición); absoluto (confianza)
__ **time limit (deadline)**: plazo perentorio
strictly speaking: en rigor, de verdad
strike: huelga, paro del trabajo; (silv) prender, echar raíces; germinar
__ **a balance**: (cont) lograr el equilibrio
__ **camp**: levantar la tienda
__ **campaign**: campaña huelguística
__ **fund**: caja de resistencia
__ **of a rock stratum**: (min) rumbo del estrato (filón)
__ **out words not applicable**: tachar lo que no interesa, tachar las palabras inaplicables
__ **pay (benefit)**: subsidio de huelga, subsidio gremial
__ **picket**: brigada de vigilancia
__ **vote**: referéndum
strikebreaker: rompehuelgas, esquirol
striker: huelguista
string: cadena de sondeo (petróleo)
__ **beans**: habichuelas verdes, porotos verdes
stringency: rigor, severidad; (com) escasez de divisas, moderación financiera
stringing of transmission lines: (elec) tendido de líneas de transmisión
strip: fleje; tira en rollo (cobre)
__ **check irrigation**: riego por tablares o por eras;

riego por gravedad con retenes
__ **mill**: laminador a fleje (banda)
__ **mine**: mina de cantera, cielo abierto o a tajo abierto
__ **mining**: explotación minera a cielo abierto o a tajo abierto
__ **or stemmed tobacco**: tabaco desvenado (despalillado)
__ **participation**: participación en cada uno de los vencimientos (de un préstamo)
__ **picking**: ordeño (de café, aceitunas)
__ **planting**: plantación en franjas
__ **tobacco**: tabaco desvenado
strip-cropping: cultivo en fajas o en franjas
stripling: plantón deshojado
stripping: (min) desmonte, desbroce; arrancado a mano(algodón); descostrado (capa fértil)
__ **of containers**: vaciado de contenedores
__ **ratio**: (min) relación de desmonte
strong and weak points: aspectos positivos y negativos, puntos fuertes y débiles
__ **compacting**: compactado de fondo (eliminación de desechos)
__ **currency**: moneda fuerte
__ **decision**: decisión enérgica
__ **evidence**: evidencia suficiente
__ **language**: lenguaje violento; a veces: indecente
__ **market**: mercado alcista
__ **measures**: medidas drásticas
__ **support**: apoyo decidido
strongbox: caja de caudales, caja fuerte
structural adjustment lending: préstamos para (fines de) ajuste estructural
__ **analysis of words**: descomposición de las palabras en sus elementos constitutivos
__ **cement**: cemento estructural
__ **engineer**: ingeniero estructural
__ **engineering**: ingeniería de la construcción o de estructuras
__ **iron**: hierro para la construcción
__ **lumber**: madera de construcción
__ **parameters**: parámetros estructurales
__ **shapes**: perfiles de acero o de hierro, hierro perfilado
__ **steel**: acero estructural o de construcción
__ **unemployment**: desempleo estructural o endémico
__ **work**: obra gruesa (edificio), estructura metálica
structure: estructura, construcción, edificio
structured financing: financiamiento estructurado
__ **security**: título o valor híbrido o estructurado
struggle: pugna, lucha, contienda, forcejeo
stub: cabo; talón, matriz, resguardo; (est) columna matriz (de un cuadro estadístico)
__ **book**: talonario
__ **card**: tarjeta con talón
stubble: rastrojo
__ **field**: rastrojera

__ **mulch farming (mulching)**: abonado con rastrojo
stud: cuadra, caballeriza, acaballadero; yeguada; (const) pie derecho, montante
__ **centers**: centros de remonta
__ **farm**: acaballadero, caballeriza, haras, stud
__ **mare**: yegua de cría
studbook: registro genealógico de caballos
student: estudiante, alumno, escolar, investigador
__ **assistant**: estudiante encargado de ciertas funciones auxiliares retribuidas o no (v gr ayudante bibliotecario)
__ **body**: estudiantado, alumnado
__ **council**: comité de estudiantes, consejo de estudiantes
__ **flow**: movimiento o flujo de estudiantes (alumnos)
__ **government**: (sistema de) autogobierno estudiantil
__ **health service**: servicio médico (de la universidad o de la escuela)
__ **hostels**: residencias u hogares de estudiantes
__ **load**: número de horas de clase y de estudios
__ **loan**: crédito educacional, préstamo para estudios
__ **mortality**: deserción escolar, baja escolar, merma del alumnado
__ **output**: egresados
__ **placement**: orientación de estudiantes
__ **progress**: trayectoria escolar del alumno
__ **teacher**: alumno-maestro, alumno del magisterio, estudiante de pedagogía o de cursillo pedagógico
__ **teaching facilities**: material y personal necesarios par la organización de cursillos pedagógicos
__ **tourism**: turismo estudiantil o universitario
__ **wastage**: merma escolar
student's record: expediente académico
student-teacher ratio: coeficiente profesor-alumnos; alumnos por profesor
study: s estudio, investigación, examen; v estudiar, examinar, investigar, observar
__ **course**: esquema del contenido del curso; programa del curso
__ **grant**: subvención para estudios; beca de estudios
__ **group**: grupo o círculo de estudios
__ **guide**: libro del alumno
__ **in depth**: profundizar, estudiar a fondo
__ **kit**: juego o carpeta de documentación sobre determinada materia
__ **leave**: (edu) licencia de estudio
__ **project**: trabajo de investigación
__ **tour**: viaje de estudio
stuffing: llenado (de contenedores)
stumbling block: escollo, tropiezo, obstáculo, atolladero
stump: (agr) tocón
__ **felling**: apeo por el tocón

__ **field**: toconal
__ **pasture**: pastura en bosques talados
__ **removal**: destronque
__ **remover**: destroncadora
stumpage: (silv) precio de madera viva, cotización de la madera, capital vuelo, valor de la madera en pie, valor troncal; derecho a la corta (de madera), madera de fuste, cánon por pie, derecho de bosque; madera en pie
__ **fee**: (silv) cánon o derecho por pie
__ **price**: (silv) precio por pie
__ **value of growing stock**: capital vuelo
stunning of animals (before slaughtering): insensibilización (aturdido) de animales (antes de sacrificarlos), golpe de frío
stunted growth: crecimiento frenado
stunting: enanismo nutricional, cortedad de talla, crecimiento insuficiente
sturgeon: (ict) esturión
style committee: comité de estilo, comité de redacción
stylized fact: hecho estabilizado o de ocurrencia frecuente, generalización
subaccount: subcuenta, cuenta subsidiaria
subassembly: subconjunto
subbase: infraestructura (de la vía)
subbasin: cuenca secundaria
subborrower: subprestatario
subcontract: subcontrato
subcontracted services: servicios por subcontrata
subcontractor: subcontratista
subcultural milieu: indigencia cultural del medio
subdivision: subdivisión; loteo, ensanche
__ **of a tract**: parcelación
subdue the attractiveness of taking foreign money: disminuir el interés por obtener dinero extranjero
subfunds: fondos subsidiarios
subgrade: subrasante o plataforma del camino
subimprest: subanticipo
subitem: subtema, punto del tema (de un temario); ordinal (de un presupuesto); subpartida (aranceles); apartado (de una resolución, de un acuerdo)
subject: materia, disciplina, asignatura, tema, asunto, cuestión
__ **area**: materia, contenido del programa, campo de actividad
__ **articulation**: relación sistemática entre dos o más materias, articulación entre materias
__ **catalog(ue)**: catálogo por materias
__ **content**: asignatura, actividades
__ **course**: curso teórico (se relaciona más con conocimientos que con técnicas; *v gr* enseñanza de la historia)
__ **field**: asignatura, ramo de estudio
__ **integration**: integración (o fusión) de disciplinas
__ **matter**: tema, temática, materia, contenido, asunto; (edu) asignatura
__ **matter jurisdiction**: (leg) competencia real
__ **matter of an offense**: particularidades de un delito

__ **matter of contract**: materia (de contrato)
__ **to**: sujeto a, propenso a; previo (acuerdo de las partes); a reserva de, con sujeción a, con la salvedad de
__ **to acceptance**: sujeto a la aceptación
__ **to accidents (earthquakes)**: propenso a accidentes (terremotos)
__ **to call (capital)**: sujeto a requerimiento de pago
__ **to confirmation**: sin compromiso, sujeto a confirmación
__ **to correction**: sujeto a modificación
__ **to criticism**: expuesto a crítica
__ **to discussion**: previa deliberación
__ **to Government approval**: sujeto a la aprobación del Gobierno, previa aprobación del Gobierno
__ **to inspection**: previa inspección
__ **to one month's notice**: previo aviso de un mes
__ **to prior sale**: salvo venta previa
__ **to punishment**: sometido a castigo
__ **to reciprocity**: en condiciones de reciprocidad
__ **to the exception that**: con la salvedad de que
subject-centered curriculum: programa por materias, programa temático
__ **education**: educación temática
__ **preparation**: (edu) didáctica general
__ **scheme of activities**: (edu) plan de actividades por materia
__ **specialist**: (edu) técnico (funcionario) especializado
__ **supervisor**: (edu) inspector especializado en una disciplina
subjugate: subyugar, mediatizar
sublet: subarrendar
subloan: subpréstamo, préstamo subordinado
submark: marca accesoria
submerged bridge: badén o vado pavimentado
__ **economy**: economía subterránea o paralela
__ **sandbank**: sirte
submission: comunicación, alegación
__ **of a proposal**: presentación de una propuesta o de un informe
__ **of evidence**: (leg) práctica de pruebas
submit: someter, presentar, aducir; proponer, sugerir; exponer; señalar, comunicar, entregar; sostener, opinar
__ **a proposition**: presentar una proposición o propuesta
__ **a report**: rendir o presentar un informe
__ **evidence**: aducir pruebas; (leg) practicar prueba
__ **to a vote**: someter a votación
__ **to arbitration**: someter o referir a arbitraje
__ **to consideration**: someter a consideración
subordinate: subordinado, subalterno; (pl) personal subalterno
__ **lender**: prestamista subordinado
__ **note**: pagaré de rango inferior, pagaré de segunda
__ **position (post)**: cargo subalterno, puesto de personal subalterno

__ **to**: *a* dependiente de; *v* supeditar a
subordinated debt: deuda subordinada
__ **loan**: préstamo subordinado o no prioritario
suborgan: órgano subsidiario
subparagraph: subpárrafo, inciso
subpoena: *s* (leg) citación (con apercibimiento), compareendo; *v* citar, mandar comparecer
subprogram: subprograma
subscribe: firmar, suscribir (documento); abonarse, suscribirse a (diario); (fig) aprobar, estar de acuerdo con
subscribed capital: capital suscrito
__ **capital called for**: (Esp) dividendo pasivo solicitado
subscriber to stock: suscriptor de acciones
subscribing witness: testigo suscriptor
subscript: subíndice
subscription: suscripción; firma; adhesión, abono, cuota
subscriptions to capital receivable: suscripciones de capital no desembolsados
subsection: subdivisión, subsección; apartado, inciso
subsequent crediting of the tax: descuento posterior del impuesto
subsidiarity: subsidiariedad, complementariedad
subidiary: *s* filial, sucursal; *a* subsidiario, secundario, auxiliar, dependiente
__ **accounts**: libros auxiliares, contabilidad auxiliar, subcuentas
__ **books**: (cont) libros auxiliares
__ **college**: college dependiente de una universidad
__ **company**: sucursal, filial, sociedad dominada
__ **cost record**: registro auxiliar de gastos
__ **ledger**: libro mayor auxiliar
__ **loan**: préstamo subsidiario
__ **organs or bodies**: órganos auxiliares
__ **role of the state**: subsidiariedad o función subsidiaria del Estado
subsidization: subvención de intereses
__ **per unit**: subvención (calculada) por unidad
subsidized price: precio subvencionado
subsidy: subvención; subsidio
subsistence: subsistencia, existencia; mantenimiento, sustento, sostenimiento
__ **allowance**: dieta, viático, indemnización por desplazamiento
__ **economy**: economía de subsistencia
__ **farming**: agricultura de subsistencia
__ **law of wages**: ley de bronce de los salarios (F. Lasalle)
__ **level**: mínimo vital
__ **minimum**: mínimo vital
__ **wage**: sueldo mínimo para vivir
subsoil irrigation: riego subterráneo
subsoiling: labra del subsuelo, subsoladura
substance: substancia, esencia, fondo, fundamento
__ **of an argument**: esencia de un argumento
__ **of a resoluton (item)**: fondo de una resolución (tema)
__ **or merits of the case**: cuestión de fondo
substandard: inferior al promedio (a nivel normal o a lo normal)
__ **grade**: (edu) curso preparatorio
__ **housing**: vivienda deficiente
__ **risk**: riesgo anómalo
__ **school**: (edu) sección preparatoria de la escuela primaria
substantial: real, verdadero; substancial (argumento); considerable, apreciable (ingreso); abundante (comida); sustancioso, nutritivo; consistente, sólido, fuerte
__ **damages**: daños cuantiosos o considerables
__ **error**: error grave
__ **loss**: pérdida importante
__ **penalty**: sanción severa
substantiate: establecer, comprobar, verificar, justificar, fundamentar, documentar
substantive body: órgano sustantivo
__ **department**: departamento orgánico
__ **issue (question)**: cuestión de fondo o de política
__ **law**: derecho positivo, sustantivo o de fondo
__ **linkages**: estrechos vínculos (entre asuntos sectoriales y multisectoriales)
__ **motion**: moción sobre el fondo del asunto (de la cuestión), moción de fondo
__ **problem**: problema de fondo
__ **provisions (of an agreement)**: parte dispositiva (de un acuerdo)
__ **rules**: normas sustantivas
__ **staff**: personal técnico
substation: centro anexo; (elec) subestación
substitute: *s* suplente, reemplazante; *v* substituir, sustituir, suplir, reemplazar
__ **product**: sucedáneo, sustituto
__ **teacher**: docente, profesor o instructor suplente, reemplazante
substitutive agent: agente de sustitución
__ **resolution**: resolución sustitutiva
subsurface acquifer: aguas subterráneas
__ **drainage**: drenaje subterráneo
__ **erosion**: erosión subterránea
__ **resources**: recursos del subsuelo
__ **rights**: derechos subterráneos
__ **waters**: aguas del subsuelo, aguas freáticas
subterfuge: subterfugio, rodeo, evasiva, escapatoria, pretexto
subtractability: posibilidad de extracción
subtransmission line: línea de subtransmisión o de transmisión secundaria
subtropical forests: bosques higrofílicos
subunderwriter: subagente (valores)
suburbs: barrios residenciales, las afueras, los alrededores
success fee: comisión por captación de fondos
__ **rate**: índice de aciertos
successful: afortunado (personal); exitoso; venturoso; fructífero, fructuoso; provechoso; con-

SUCCESSFUL   SUMMIT

seguido, logrado (intento); acertado, atinado
__ **bidder**: adjudicatario, licitante favorecido
__ **business**: negocio próspero
__ **candidate**: candidato elegido
__ **effort**: esfuerzo fructuoso
__ **outcome**: buen éxito
succession duties (taxes): impuestos de sucesión o sobre la herencia
successive ballots: votaciones sucesivas
successor: sucesor, heredero
__ **in title**: sucesor, causahabiente; derechohabiente
succintly: a grandes rasgos, breve, conciso, en pocas palabras
sucker: vástago, hijuelo
suckling: lactación, lactancia; lactante
__ **calf**: ternuela
__ **pig**: cochinillo, lechoncillo, cerdito lactante
sue: demandar, entablar pleito a, iniciar una acción judicial, pleitear
__ **for damages**: demandar por daños y perjuicios
suet: grasa de riñón, empella
sufferance: consentimiento; tolerancia
suffering humanity: la pobre humanidad, la humanidad doliente
suffice it to say: basta (decir) señalar
sufficient reason: (leg) motivo justificado
sugar apple: anona blanca
__ **beet**: remolacha azucarera, betarraga
__ **confectionery**: artículos de confitería
__ **crop**: zafra, cosecha de azúcar
__ **mill**: central de azúcar, ingenio, molino azucarero, trapiche, central azucarera
__ **technologist**: técnico azucarero
__ **warehouse**: azucarería
sugar-beet harvest: zafra remolachera
__ **marc (pulp)**: pulpa de remolacha azucarera
__ **tops**: hojas y coronas de remolacha azucarera
sugarcane: caña de azúcar
__ **crop**: zafra, cosecha de azúcar
__ **field**: tablón
__ **grinding**: molienda de caña de azúcar
__ **grinding season**: zafra
__ **harvest**: zafra
__ **plantation**: cañamelar, cañadulzal, cañaveral
suggest: sugerir, proponer, indicar, aconsejar; evocar, dar (una idea), insinuar, dar a entender, intimar
__ **a proposal**: presentar (sugerir) una propuesta
__ **someone for a post**: proponer a alguien
suggested price: precio indicativo, precio de orientación
suggestion: sugerencia, indicación, insinuación; sugestión
__ **box**: buzón para sugerencias
__ **scheme**: esquema de sugerencias
suint: mugre, suarda (lana)
suit: (leg) pleito, litigio, acción judicial
__ **for damages**: acción por daños y perjuicios
__ **for the collection of a debt**: juicio de apremio
__ **settled by arbitration**: juicio arbitral

__ **to recover a major (minor) sum of money**: juicio de mayor (menor) cuantía
suitable: conveniente, oportuno, idóneo, adecuado, apropiado; compatible, apto, satisfactorio
suitability: conveniencia; oportunidad; compatibilidad; aptitud
sulfadrugs: sulfamidas, sulfonamidas
sullage: barro, cieno; escoria; aguas residuales
__ **drains**: desagües
sulphite wood pulp: pasta de papel al bisulfito
sulphur in sticks: azufre en barritas
sum and substance of the affair: alma de la cuestión
__ **carried forward**: suma y sigue
__ **of sums, for a**: por el importe máximo
__ **total**: suma total, total, montante
__ **total of assets**: masa de bienes
summarization statistic: estadística o indicador global (de resumen)
summarize: resumir, compendiar, recopilar
summary: resumen, digesto, recopilación, extracto, compendio, relación somera
__ **account**: (cont) cuenta de resumen, cuenta de recapitulación, cuenta de cierre
__ **card**: tarjeta sumaria, ficha recapitulativa
__ **dismissal**: destitución sumaria
__ **note**: reseña, nota recapitulativa
__ **of apportionments**: resumen de los créditos
__ **of project information**: síntesis informativa sobre un proyecto
__ **offense**: falta perseguida en procedimiento sumario
__ **proceedings**: actas resumidas; (leg) sumario, juicio sumario, juicio de apremio
__ **records**: actas resumidas, actas analíticas
__ **statement**: exposición sucinta; (cont) estado resumido, estado recapitulativo, extracto
__ **table**: cuadro-resumen, cuadro recapitulativo, sinóptico o sintético
__ **trial**: juicio sumario
summation: resumen, recapitulación; (cont) adición, suma, total, suma total; (leg) conclusiones
__ **curve**: curva de frecuencias acumuladas
__ **sign**: (Σ) sumatoria
summative evaluation: (edu) evaluación sumativa o acumulativa
summer camp: colonia veraniega, colonia escolar
__ **fallow**: barbecho en descanso
__ **level**: nivel de estiaje (río)
__ **pasture**: veranadero, veranero
__ **sales**: saldos de verano, liquidación de verano
__ **school**: escuela (cursos) de verano
__ **session**: escuela (cursillos) de verano
summing-up: resumen, recapitulación; en concreto, en síntesis, en resumidas cuentas, recapitulando
summit conference (meeting): conferencia (reunión) de alto nivel o en la cumbre, conferencia cumbre
summon: convocar; (leg) citar, emplazar
__ **a session**: convocar a sesión

summons: llamado, llamamiento; convocatoria; (leg) citación judicial, requerimiento judicial, emplazamiento, auto (orden) de comparecencia
__ **to appear**: orden de comparecencia, emplazamiento, comparendo
sump: cárcamo
sumpter: bestia de carga, acémila
sumptuary goods: bienes suntuarios de lujo
Sunday work: trabajo dominical
sundry accounts: cuentas varias o diversas
__ **assets**: activos varios
__ **cash accounts**: cuentas diversas de caja
__ **creditors**: acreedores varios
__ **debitors and deferred charges**: deudores varios y diferidos
__ **expenses**: gastos diversos, gastos varios
__ **liabilities**: pasivos varios
sunk cost: inversión inmovilizada, inversión muerta, costo extinguido, costo irrecuperable, costo no recurrente de capital o no recuperable
__ **funds**: capital muerto
__ **investments**: inversiones inmovilizadas
sunn hemp: cáñamo de Bengala, crotalaria
sunrise industry: industria con porvenir
sunset clause: cláusula con fecha de expiración, cláusula de extinción
sunshade effect: efecto pantalla
sunshine laws: leyes por las cuales se determina que las sesiones de un organismo estatal deben ser públicas
sunstroke: insolación
super: cámara de miel (colmena)
superannuation: jubilación; incapacidad por vejez
__ **benefits**: prestaciones
supercalendered paper: papel supersatinizado
superelevation: peralte (carretera)
superhighway: autopista, superpista
superintendency of banks: superintendencia de bancos
superintendent of education: director de enseñanza
__ **of public instruction**: (EUA) Director de Instrucción Pública
__ **of schools**: superintendente escolar (de un pueblo o distrito)
superior court: tribunal superior
__ **officers**: superioridad, alto mando (de las fuerzas armadas)
supersede: desbancar, suplantar, reemplazar, sustituir
supertanker: superpetrolero, petrolero gigante, superbuque cisterna, barco petrolero de gran tonelaje; cisterna de gran tonelaje
supertax: sobretasa, impuesto adicional, recargo tributario
supervise: supervisar, controlar, fiscalizar, vigilar, supervigilar, orientar y dirigir (el trabajo de estudiantes)
supervised credit: crédito supervisado, crédito de capacitación, crédito controlado

__ **teaching**: práctica de la enseñanza, enseñanza supervisada o dirigida
supervising engineer: supervisor de obras
supervision mission: misión de supervisión
__ **of children**: vigilancia de menores
supervisor: supervisor, supervisor jerárquico
__ **responsibility**: responsabilidad jerárquica
supervisory development: técnicas y funciones de supervisión
__ **grades**: (ind) niveles o categorías de supervisión, niveles medios
__ **job**: cargo o función de supervisor, mando medio
__ **nurse**: enfermera jefe
__ **oficial**: superior jerárquico
__ **posts**: cargos de dirección
__ **staff**: personal de supervisión, cuadro de dirigentes
__ **training**: formación de supervisores
supplant: reemplazar, falsificar (un escrito); (leg) subrogar, substituir una persona en lugar de otra
supplement to gold: complemento del oro
suplemental (supplementary): suplementario, supletorio, adicional
__ **appropriation**: asignación suplementaria
__ **feeding**: suplementación alimentaria
__ **letter**: carta complementaria
__ **pastures**: pastos complementarios
__ **reserve**: reserva suplementaria
__ **summons**: (leg) segundo emplazamiento
supplementary administrative expenses: gastos suplementarios de administración
__ **budget**: presupuesto adicional
__ **contributions**: aportaciones suplementarias o complementarias
__ **costs**: costos supletorios
__ **feeding programs**: programas de alimentación complementaria
__ **finance**: financiamiento complementario
__ **foods**: alimentos suplementarios
__ **reader**: libro de lecturas complementarias
__ **requirements**: (solicitud de) créditos suplementarios
__ **tax**: impuesto adicional
supplier credit: crédito de proveedores
__ **industry**: industria auxiliar, industria abastecedora
__ **inventory**: inventario de suministros
__ **restraints**: limitación de las exportaciones por el abastecedor
supply: s oferta; abastecimiento, suministro; provisión; v proveer, abastecer, suministrar, aprovisionar, facilitar, proporcionar
__ **and demand**: la oferta y la demanda
__ **bottleneck**: estrangulamiento en el suministro, cuello de botella
__ **cost**: costo de la oferta
__ **curve**: curva de la oferta
__ **department**: proveeduría
__ **items**: artículos corrientes

SUPPLIES

__ **line**: (elec) conexión de servicio; tubo de aducción (agua cruda); conducto de alimentación
__ **management**: regulación de la oferta
__ **of credit**: medios de pago, disponibilidades monetarias
__ **of savings**: masa de ahorros
__ **of service**: prestación de servicios
__ **of teachers**: disponibilidad de maestros, número de maestros necesarios y disponibles
__ **pipe**: tubería de aducción (agua natural o cruda)
__ **share capital**: participar en el capital social
__ **shortage**: contracción de la oferta
__ **teacher**: profesor suplente
__ **voltage**: (elec) tensión de alimentación
supplies: suministros, abastecimientos, provisiones, víveres, pertrechos, materiales
__ **under procurement**: suministros cuya adquisición se gestiona
supply-led loan: préstamo impulsado (determinado) por la oferta
supply-push factors: factores de rechazo (del lugar de origen) relacionados con la oferta
supply-side economics: economía de oferta, doctrina macroeconómica de oferta, ofertismo
__ **policy**: política de (incentivos a la) oferta, política favorable a la economía de la oferta
supply-siders: ofertistas (economía de oferta); en general: desviar recursos del consumo hacia la inversión
supplying sector: sector proveedor
support: *s* apoyo, ayuda; mantenimiento, sostén; sustento, adhesión, valimiento; *v* sostener, apoyar (una causa), sustentar, respaldar, confirmar, corroborar, mantener, soportar, aguantar
__ **a family**: mantener una familia
__ **a motion**: apoyar una moción
__ **a nomination**: apoyar una candidatura
__ **department**: departamento de (servicios de) apoyo
__ **facility**: instalación de apoyo
__ **obligation**: (leg) obligación de alimentos
__ **price**: precio de sostén, de apoyo o de sustentación, precio (mínimo) garantizado, precio de refugio, precio subvencionado
supporter: partidario, propugnador, sustentador
supporting activities: actividades complementarias
__ **data**: datos complementarios (o justificativos); información básica
__ **documents**: (cont) comprobantes, documentos justificativos, justificantes o comprobatorios
__ **evidence**: (leg) elemento o documento justificativo o acreditativo, documentación probatoria
__ **literature**: material complementario
__ **papers**: documentación justificativa o complementaria; a veces: documentación técnica
__ **role**: papel secundario
__ **schedule**: cuadro explicativo
__ **services**: servicios auxiliares o de apoyo

SURGICAL

__ **staff**: personal complementario, auxiliar o de apoyo
__ **table**: cuadro explicativo
__ **therapy**: tratamiento complementario
supportive environment: medio favorable
__ **measure**: medida de apoyo
__ **therapy**: terapia complementaria
supposition: suposición, supuesto, hipótesis
supressed inflation: inflación reprimida o contenida
surcharge: recargo, aumento, sobretasa, sobreestimación, sobreprecio, sobrecarga (aplicada a los cargamentos)
surety: (com) fiador, garante; fianza, garantía; caución
__ **bond**: fianza
surf line: línea rompiente
surface active agent: agente tensoactivo, surfactante
__ **and line variations**: (fc) desniveles en la vía
__ **course**: capa superficial o de rodadura (caminos)
__ **currents**: corrientes superficiales
__ **dressing**: sellado superficial o de superficie, enlucido superficial; tratamiento superficial (caminos)
__ **foundation**: cementación de superficie
__ **irrigation**: riego superficial o de superficie
__ **mail**: correspondencia por vía marítima o terrestre
__ **mineral working**: cantera
__ **mining**: explotación minera a cielo o tajo abierto
__ **patching**: bacheo, reparación de baches
__ **pollutants**: contaminantes de superficie
__ **rental**: cánon superficiario (petróleo)
__ **rights**: derechos de servidumbre; derechos de superficie (petróleo)
__ **shipment**: embarque por transporte marítimo o terrestre
__ **tax**: impuesto de explotación (petróleo)
__ **water**: agua de superficie
surface-effect ships: embarcaciones hidroplaneadoras
surfaced road: camino afirmado
surfacing: revestimiento (caminos)
surge: (com) repunte; inflación, rebrote, (elec) sobretensión
__ **chamber**: cámara de carga, cámara de compensación, cámara de agua, chimenea de equilibrio, tanque de oscilación
__ **of buying**: racha de compras (Bolsa)
__ **of demand**: ola de demanda, cupo de la demanda
__ **of loans**: afluencia de préstamos
__ **tank**: tanque igualador o de oscilación
surgeon: médico, galeno, cirujano
__ **general**: (EUA) director de servicios de salud
surgical appliances: aparatos quirúrgicos
__ **beds**: camas para pacientes de cirugía
__ **lights**: cialíticas
surmount: superar o vencer (dificultades)

surmullet: (ict) salmonete
surplus: (fin) superávit; (com) excedente, sobrante, exceso
__ **account**: cuenta de superávit o de remanente
__ **agricultural commodities**: excedentes agrícolas
__ **benefits**: beneficios suplementarios
__ **capacity**: excedente de capacidad
__ **capital**: capital superavitario
__ **cash**: excedente de numerario; superávit de caja
__ **country**: país superavitario o excedentario
__ **crops**: excedentes agrícolas
__ **disposal**: eliminación, colocación o canalización de excedentes
__ **dividend**: dividendo extraordinario
__ **earnings**: ganancias excedentes, superávit de utilidades
__ **food**: excedente de alimentos
__ **funds**: fondos sobrantes
__ **on invisibles**: superávit de las transacciones invisibles
__ **position**: posición excedentaria
__ **rate of return**: capacidad de reinversión
__ **reserves**: superávit reservado, reservas del excedente o del superávit
__ **stock**: existencias excedentes
__ **value**: plusvalía
surrender of foreign exchange: entrega de divisas
__ **of property**: cesión de bienes
__ **of shares**: devolución de títulos
__ **rate**: tipo de liquidación (de divisas)
__ **value**: (seg) valor de rescate o de cesión
surrogate market: mercado sustitutivo
surroundings: alrededores, cercanías, contornos; ambiente, entorno
surtax: sobretasa, recargo, impuesto adicional o complementario
__ **levies**: recargos arancelarios
surveillance: vigilancia
__ **committee**: (seg) comité de inspección o de vigilancia
survey: s reconocimiento; examen, estudio; encuesta; vista de conjunto; topografía, agrimensura, mediación, levantamiento (de mapas, planos), estudios topográficos; v reconocer, examinar, estudiar, medir un terreno, apear, levantar un plano
__ **course**: (edu) curso general, curso de introducción o de iniciación
__ **instruments**: instrumentos topográficos
__ **marker**: mojón de cadenamiento
__ **mission**: misión de encuesta o de estudio
__ **monument**: hito, mojón
__ **of resources**: inventario o relación de recursos
__ **plat**: plano de agrimensura
__ **pole**: mira de nivelar, piquete
__ **using cross-section methods**: encuesta transversal
__ **vessel**: planero, buque hidrográfico
surveyor: agrimensor, topógrafo, apeador
survival index (rate): (edu) índice (tasa) de supervivencia (escolar o de longevidad escolar)

surviving female spouse: esposa supérstite
__ **male spouse**: cónyuge varón supérstite, marido supérstite
survivor: superviviente, sobreviviente, supérstite
__ **insurance**: seguro en caso de muerte
survivor's benefit: prestación al supérstite
suvivorship annuity: anualidad de supervivencia
__ **benefit**: prestación a familiares supérstites
susceptible: susceptible, sensible; vulnerable, expuesto; (med) predispuesto o propenso a
suspend: colgar, suspender; interrumpir; privar; aplazar, diferir
__ **the rules**: suspender la aplicación del reglamento
suspended matter: sólidos en suspensión
__ **particulate matter**: partículas en suspensión
__ **sentence**: condena suspendida
__ **solids**: sólidos en suspensión
suspense account: cuenta de orden, cuenta transitoria, cuenta de espera, cuenta puente
__ **items**: partidas diferidas
suspension bridge: puente colgante, puente de cimbra
__ **from duty**: suspensión del servicio
__ **of driving license**: privacón del carné de conducir
__ **of judgment**: excepción dilatoria, excepción de procedimiento
__ **of payments**: suspensión de pagos
__ **points**: puntos suspensivos
suspensive effect: efecto suspensivo
suspensory loans: préstamos de amortización diferida
sustain a complaint: declarar con lugar
sustainability: sostenibilidad y continuidad, mantenimiento
sustainable development: desarrollo sostenible, viable o duradero
__ **forestry**: silvicultura sostenible, ordenación forestal sostenible
__ **level of lending**: nivel sostenible de préstamos
__ **net national product**: producto neto nacional sostenible
sustained capital outlfow: salida continua de capital
__ **growth**: (econ) crecimiento económico sostenido o continuo; (silv) crecimiento sostenido
__ **irrigation**: riego permanente
__ **reaction**: reacción persistente
sustenance: mantenimiento, sustento, sustentamiento; alimento(s); subsistencia
swamp: pantano, lodaza, ciénaga
swap: cambio, canje, trueque; (fin) créditos recíproco; (Bolsa) *swap*
__ **arrangement**: acuerdo de créditos recíprocos (a corto plazo)
__ **facilities**: créditos recíprocos
__ **market**: mercado de *swaps*
__ **operations**: (fin) operaciones de reporte o de pase
swaps: *swaps* (permuta de valores)
swaption: opción de ejecutar *swaps*
swear: jurar, prestar, juramento, declarar bajo juramento; (leg) tomar juramento a

sweat equity: aportación en mano de obra propia
sweated goods; productos de explotación
sweating: explotación de obreros, ilotismo industrial, exudación (superficie de camino)
__ **shed**: galpón o cuarto de exudación (ovejas)
__ **shop**: lugar de trabajo y sueldo bajo
sweeping reform: reforma radical
sweepings: lanas sucias al barrer
sweet clover: melitotus
__ **pepper**: pimiento morón
__ **potato**: batata, boniato, camote
__ **(sugar) corn**: maíz dulce
sweetening agents: edulcorantes
sweetheart contract: contrato leonino
sweetsop: anona blanca
swidden agriculture: (RU) agricultura de corte y quema
swine: puerco(s), cerdo(s), chancho(s)
__ **fever**: peste porcina
swing: vaivén, oscilación, fluctuación, balanceo, viraje (distribución del ingreso)
__ **bridge**: puente giratorio, puente de cimbra
__ **credit**: (margen de) crédito recíproco, crédito compensador (por descubiertos), descubierto recíproco
__ **door**: puerta de vaivén
__ **limit**: límite de crédito recíproco
__ **margin**: margen o masa de maniobra; margen de crédito recíproco
__ **producer**: productor compensador o de compensación (de petróleo)
__ **shift**: turno de tarde
__ **space**: oficinas provisionales
switch: modificación, nueva orientación de la estructura del intercambio; (fc) cambiavía
__ **agreement**: (com) acuerdo de compensación triangular
__ **operations**: (com) operaciones de crédito recíproco
__ **trade**: comercio triangular
__ **transaction**: transacción de arbitraje (valores, divisas)
switchboard: (teléf) central(ita) de teléfonos; (elec) cuadro o tablero de distribución
switching center: (elec) centro de distribución
__ **equipment**: (teléf) equipo de comunicación; (elec) dispositivos de distribución, equipo de maniobra
__ **interruptor**: (teléf) conmutación
__ **policies**: políticas de reasignación de recursos
__ **value**: valor crítico (análisis de sensibilidad); valor de aceptabilidad (análisis de valores)
__ **yard**: (fc) patio de maniobras
switchyard: (elec) patio de conexiones, playa de distribución
swivel chair: silla giratoria
swollen cash reserves: superabundancia de fondos en caja, reservas excesivas en caja
sworn and subscribed before me: protestado y ratificado con su firma ante mí

__ **declaration**: declaración jurada
__ **to by me**: de que doy fe
__ **translator**: traductor juramentado
syllable pattern: patrón silábico
syllabus: (edu) programa de estudios, programa escolar detallado (materias tratadas, etc), malla
__ **requirements**: exigencias del programa
__ **revision committee**: comité de revisión de programas escolares
sympathetic and constructive guidance: consejos prácticos y comprensivos
__ **attitude**: actitud comprensiva, actitud benévola
__ **consideration**: consideración benévola o comprensión con espíritu favorable
__ **strike**: huelga por solidaridad o solidaria
__ **understanding**: compenetración
symposium: simposio, coloquio, reunión de estudio
symptoms and signs: (med) cuadro clínico
syndetic catalog(ue): catálogo sindético
sindicate: (fin) consorcio bancario o de bancos
__ **group**: grupo de trabajo
__ **method**: (edu) trabajo en equipo
syndicated bank loan: préstamo de (concedido por) consorcio bancario
synthetic fuel (synfuel): combustible sintético
__ **rubber**: caucho o hule sintético
system: sistema, método, procedimiento, red; ordenamiento (social); régimen; (med) organismo; conjunto, aparato, dispositivo, instalación, mecanismo
__ **load factor**: (elec) coeficiente de carga de la red
__ **of equivalents**: (edu) sistema de convalidación de estudios
__ **of land tenure**: estructura agraria
__ **of pipes**: canalización
__ **of taxation**: régimen fiscal
systems analysis: análisis de sistemas
__ **analyst**: analista de sistemas
__ **approach**: enfoque de sistemas; ordenación o planificación integral
__ **approach in education**: enfoque sistémico
__ **engineering**: ingeniería de sistemas
__ **management**: gestión por sistemas
systematic error: error sistemático o constante
systematize: sistematizar, metodizar

T

tab: *s* saliente, ceja, pestaña, lengüeta, etiqueta, señal; *v* tabular
__ **key**: tecla de tabulador
table: (RU) presentar una moción, poner sobre la mesa; (EUA) aplazar la discusión de un asunto o el examen de una moción; dar carpetazo a un asunto
__ **bird**: ave culinaria
__ **fish**: pescado de consumo

__ of contents: tabla de materias, índice
tableland: altiplano, meseta, altiplanicie
taboo: tabú, prohibición
tabular statements: tabla de estadísticas
tabulate: tabular, disponer en cuadros sinópticos
tabulating machine: tabuladora
__ punch: perforadora tabuladora
tabulation: tabulación, cuadro, planilla
tacit adoption: adopción sin debate
tack coat: riego de adherencia (caminos)
tackle: s aparejo, útiles (pesca); v abordar (problema); emprender (tarea)
tag: marbete, etiqueta, rótulo; (comp.) identificador
__ end: final
tailbay: (elec) antecámara de restitución
tailings: (min) residuos, rechazos, escorias, relaves, colas
__ dam: represa de relaves (cobre); presa para decantación de desechos
__ pond: depósito de decantación de residuos
tailrace: (min) canal de descarga, galería de descarga
tailwater level of the power house: nivel (cota) de restitución de la central
tailwind: viento de cola o de espalda
tailor-made course: (edu) curso a la medida
tainted by pollutants: corrompido por sustancias contaminantes
__ fish: pescado corrompido
__ meat: carne cediza
take: s prendimiento (vacuna); toma (de una escena con imagen y sonido); taquilla, borderó (cine); v tomar, aceptar, apoderase de, admitir
__ a census: levantar un censo, censar
__ a vote: votar
__ action: actuar, proceder, adoptar medidas, hacer diligencias, tomar providencias
__ advantage of: valerse de, aprovecharse de
__ an examination in: examinarse de
__ charge of: encargarse de
__ custody of: tomar bajo su responsabilidad
__ (draw) a sample: tomar una muestra
__ exception: objetar, oponerse, poner u oponer reparos
__ for granted: dar por sentado
__ heed of (difficulties): reparar en
__ legal steps: adoptar la vía legal, entablar o ejercer una acción judicial, proceder judicialmente
__ liberties: extralimitarse
__ note of: tomar nota de, notar
__ notice of: darse por informado, hacer caso de, tomar conocimiento de
__ office: entrar en funciones
__ over: hacerse cargo de, asumir (responsabilidades); absorber (empresa); expropiar (edificio); intervenir (bancos)
__ pains to: extremarse, tolerar, aguantar
__ posession of: posesionarse (cargo)
__ proceedings: practicar diligencias

__ shape: perfilarse (plan), tomar forma, cristalizar
__ soundings: sondear
__ steps: hacer gestiones, adoptar medidas
__ steps to safeguard property of litigant: (leg) prevenir
__ stock of (situation): hacer el balance o el inventario; recapitular
__ the chair (the president's chair): presidir
__ the cream off the top of the market: descremar el mercado
__ the floor: tomar la palabra, hacer uso de la palabra
__ the form: adoptar la forma, plasmarse
__ the law into one's hands: hacerse justicia por sí mismo
__ the lead: tomar la iniciativa
__ the liberty of: permitirse
__ the sense of the meeting: consultar a la asamblea, pedir el parecer de la asamblea, solicitar la opinión de la asamblea
__ the stand: dirigirse al banquillo
__ up the slack in the economy: utilizar toda la capacidad productiva de la economía
__ up with: tratar con
take-a-number system: sistema de digiturno
take-and-pay contract: (min) contrato de compra garantizada, contrato de pago con la entrega
take-home pay: paga líquida, sueldo (que se lleva a casa) después de efectuarse las deducciones, salario neto, remuneración neta
take-it-or-leave-it contract: contrato de adhesión
take-or-pay contract: contrato firme de compra (sin derecho de rescisión), contrato de entrega forzosa
take-out agreement: acuerdo de recompra
take-over: adquisición, absorción (de una empresa por otra)
__ bid: oferta pública de compra de acciones
takeoff: despegue, arranque, impulso inicial
taking: toma, captura, apresamiento
__ at sea: captura
__ everything into account: en fin de cuentas, pensándolo bien
__ office: toma de posesión
__ on of fuel: carguío de combustible
__ over of foreign assets: incautación de activos extranjeros
talapia: (ict) majarra
talent: talento, aptitud, ingenio, persona talentosa, idónea o competente; dotes, cualidades, capacidad, condiciones, celebridad, estrella, lumbrera
talk: conversación, charla, plática, consulta
talking book: libro hablado
__ point: tema de conversación
tall oil: aceite de bogol
tallow: sebo industrial
__ oil: aceite de sebo
tally: s tarja, recuento; v contar, cuadrar (una

suma)
__ **method**: método de contraseñas
__ **of goods**: recuento de mercancías
__ **sheet**. hoja de presencia o de recuento; guía de embarque
__ **stick**: tarja
tallying: (est) método de marcar, tarja
__ **of goods**: recuento
tallyman: apuntador, tarjador
talus: (geol) talud detrítico, detrito de falda
tamping machine: apisonadora
tandem operation: operación tándem
tangential force: fuerza tangencial, fuerza centrífuga
__ **stress**: esfuerzo tangencial
tangentially related: incertidumbre relacionado o vinculado
tangible: tangible, palpable
__ **assets**: activo tangible, activo material, activo físico, activo corpóreo; bienes tangibles
__ **nonreproducible goods**: bienes tangibles no reproducibles
__ **property**: bienes tangibles, materiales o corpóreos
__ **value**: valor intrínseco
tank: tanque, depósito, cuba
__ **car**: vagón cisterna
__ **container**: contenedor cisterna
__ **farm**: patio de tanques
__ **farming**: (agr) hidroponía
__ **rearing**: estabulación (peces)
__ **truck**: camión cisterna
__ **yard**: parque de tanques (petróleo)
tankage: capacidad de un tanque; (agr) fertilizante orgánico; subproducto de la matanza de animales, residuo o harina de animales
tanker: buque cisterna, buque tanque, aljibe, petrolero; camión cisterna, camión tanque
tanned: tanizado, tratado con ácido tánico, curtido
tannery: tenería, curtiduría, curtiembre
__ **wool**: lana pelada, lana de curtiembre
tanning: curtimiento, curtido, curtiembre
__ **of hides**: curtido de cueros
tantrum: rabieta, acceso de cólera
tap: s grifo, llave, espita, tapón, tarugo; v horadar, perforar, explotar (recursos); picar (hevea)
__ **issue**: (fin) emisión continua
__ **security**: valor en venta continua
__ **water**: agua corriente
tape: cinta (de papel, metal, etc); cinta para medir, cinta de pegar, cinta métrica (pasacinta), huincha
__ **deck**: platina para cintas, platina de magnetófono
__ **drive**: propulsor de cinta magnética, impulsión o mando por cintas
__ **input**: entrada en cinta
__ **library**: cintateca
__ **punch**: perforadora de cinta
__ **reader**: lectora de cinta
__ **recorder**: magnetófono, grabadora en cinta magnética

__ **threading**: inserción de la cinta
tape-to-card equipment: equipo de transmisión de datos de cinta a tarjeta
__ **punch**: perforadora de cinta a tarjeta
__ **transmitter**: transmisor de cinta perforada
tapered scale: escala regresiva; baremo regresivo
tapering rates: tarifas escalonadas
tapping: sangría (árboles), sangrado
taproot: raíz primaria o fusiforme
tar: alquitrán, brea
__ **aggregates**: agregados con alquitrán
__ **board**: cartón alquitranado
__ **paper**: cartón o papel alquitranado
__ **pit**: pozo de alquitrán
__ **sands**: arenas asfálticas, esquistos, esquistos petrolíferos, arenas impregnadas de brea
tare: tara
__ **and tret**: tara y merma
__ **weight**: taraje
target: s mira, meta, blanco, objetivo; v orientar, enfocar o focalizar a grupos específicos, usar un enfoque selectivo
__ **area**: zona que ha de ser tratada (con insecticida, etc); zona que se espera beneficiar
__ **audience**: público beneficiario, público al que se espera atender
__ **budget**: presupuesto tope, presupuesto óptimo proyectado
__ **community**: (edu) comunidad beneficiaria
__ **contract**: contrato basado en un presupuesto meta
__ **date**: fecha límite, horizonte
__ **disease**: enfermedad que se espera combatir
__ **figure**: cifra tope, cifra prevista, cifra fijada como objetivo, cifra proyectada
__ **group**: grupo beneficiario, beneficiado, destinatario o específico; grupo elegido como objetivo, grupo escogido (como meta); grupo objeto de
__ **level**: nivel previsto
__ **market**: destino de la producción, mercado destinatario u objetivo
__ **population**: población beneficiaria o destinataria, población a la que se espera atender, población a la que se destina algo(v gr un programa)
__ **price**: precio indicativo
__ **tariff rates**: derechos de referencia
__ **time schedule**: plan cronológico de ejecución, fecha prevista para la realización (v gr de un plan), calendario
__ **year**: año horizonte
__ **zone**: zona de referencia
targeted beneficiaries: beneficiarios designados, escogidos, específicos o seleccionados
__ **grants**: donaciones para fines específicos
__ **interventions**: intervenciones dirigidas
__ **outputs**: resultados previstos
__ **programs**: programas focalizados, proyectados, fiscalizados o dirigidos a grupos específicos

targeting: fijación de objetivos
tariff: tarifa, arancel (aduanero), derecho arancelario, aduanero, derecho de aduana o de importación
__ **advantages**: beneficios tarifarios
__ **band**: franja tarifaria
__ **barriers**: barreras arancelarias, obstáculos arancelarios
__ **concession**: concesión arancelaria
__ **coverage**: inclusión arancelaria
__ **escalation**: escalada o alza de tarifas, progresividad arancelaria
__ **item**: partida arancelaria o del arancel
__ **jumping**: elusión del pago de aranceles (por ej. estableciendo una empresa en el país)
__ **law**: ley o legislación arancelaria
__ **line**: renglón arancelario
__ **list**: nomenclatura arancelaria
__ **making**: tarificación
__ **or customs quota**: cupo arancelario
__ **peak**: cresta arancelaria
__ **policy**: criterio arancelario
__ **position**: partida arancelaria
__ **premium rate**: (seg) prima comercial
__ **privatization**: control empresarial del arancel
__ **protection**: protección aduanera o arancelaria
__ **quota**: cuota arancelaria, cupo o contingente arancelario
__ **rates**: tasas o derechos arancelarios
__ **reduction floor (or threshold)**: mínimo de reducción arancelaria
__ **round**: negociaciones arancelarias o sobre aranceles
__ **schedule**: arancel; tarifa (precios); clasificación tarifaria, nomenclatura
__ **structure**: estructura del arancel (aduanero)
__ **treaty**: tratado sobre derechos aduaneros
__ **union**: unión aduanera
__ **wall**: barrera arancelaria
__ **wedges**: diferencias arancelarias
tariffication: conversión en arancel, tarificación
tarpaulin: encerado, lona impermeable, lona alquitranada, toldo, tela embreada
tarred road: camino petrolizado o alquitranado
task: tarea, faena, trabajo, misión, cometido
__ **force**: grupo de estudio, misión especial, grupo en misión especial, grupo de trabajo
__ **manager**: administrador de actividades
__ **work**: trabajo a destajo, trabajo a medida
taskmaster: capataz, supervisor, persona que asigna tareas, tirano
tax: *s* impuesto, tributación, tributo, tasa, contribución, gravamen; *a* impositivo, fiscal, tributario; *v* gravar, imponer (tributo o gravamen), cargar; (leg) tasar; (fig) imponer una pesada carga, exigir en demasía, abrumar, fatigar
__ **accountant**: contador especializado en asuntos impositivos
__ **accounting**: contabilidad fiscal
__ **accruals**: impuestos acumulados
__ **adjustments**: ajustes fiscales
__ **administration**: administración tributaria
__ **after double taxation relief**: impuesto después de la exoneración por doble tributación
__ **allowance**: exención tributaria o fiscal; desgravación, deducción
__ **amnesty**: amnistía tributaria
__ **anticipation bills or certificates**: bonos o certificados de impuestos previstos
__ **anticipation note**: pagaré respaldado por ingresos fiscales previstos
__ **arbitrage**: arbitraje impositivo
__ **arrears**: impuestos atrasados
__ **assessment**: (determinación de la) base impositiva o imponible; imposición de contribuciones; estimación de la base imponible; tasación para fines impositivos, avalúo; (pl) distribución de las cargas fiscales
__ **audit**: inspección de hacienda, inspección tributaria, auditoría fiscal, impositiva o tributaria
__ **authorities**: administración fiscal, autoridades fiscales, fisco
__ **avoidance**: evitación de impuestos
__ **base**: base imponible o impositiva
__ **benefit**: deducción impositiva
__ **bill**: liquidación o notificación de impuestos
__ **bracket**: nivel o escala de impuestos, tramo impositivo; grupo o categoría impositiva o de contribuyentes
__ **break concession**: privilegio fiscal, franquicia tributaria
__ **buoyancy**: elasticidad tributaria global, capacidad de reacción del sistema tributario
__ **burden**: carga tributaria, impositiva o fiscal, presión tributaria o fiscal
__ **capacity**: capacidad contributiva o impositiva
__ **claim**: crédito tributario
__ **clearance**: certificado de pago de impuestos
__ **collection**: recaudación fiscal o de impuestos
__ **collector**: cobrador o recaudador de impuestos
__ **concessions**: franquicias tributarias
__ **consultant**: asesor fiscal, perito en cuestiones fiscales
__ **court**: tribunal fiscal
__ **credit**: descuento o crédito impositivo o tributario, bonificación fiscal
__ **credit certificate**: certificado de abono tributario
__ **credit provision**: cláusula de abono
__ **deadbeats**: infractores fiscales
__ **deduction**: deducción tributaria o de impuestos
__ **deferral**: aplazamiento o prórroga del pago de impuestos
__ **dodger**: contribuyente evasor, evasor fiscal
__ **dodging**: fraude fiscal; evasión de impuestos
__ **equalization plan**: plan de igualación (nivelación) de impuestos
__ **equity**: equidad fiscal
__ **effort**: esfuerzo tributario, carga tributaria

TAX

- __ **elasticity**: elasticidad del impuesto
- __ **enforcement officials**: funcionarios encargados de la aplicación de las leyes fiscales
- __ **evasion**: evasión tributaria, elusión fiscal o de impuestos, fraude fiscal
- __ **event**: hecho imponible
- __ **examiner**: inspector fiscal
- __ **exemption**: exención de impuestos
- __ **exemption limit**: mínimo imponible
- __ **expenditures**: gastos fiscales
- __ **expert**: experto en tributación
- __ **field audit**: inspección fiscal
- __ **funds**: fondos gravables o imponibles
- __ **fraud**: fraude fiscal
- __ **gimmick**: malabarismo fiscal
- __ **handle**: asidero tributario o fiscal
- __ **handles**: sujetos (potenciales) del impuesto
- __ **haven**: régimen tributario especial; paraíso fiscal, impositivo o tributario
- __ **holiday**: exoneración fiscal temporal, exoneración (del pago) de impuestos, tregua tributaria, moratoria fiscal, franquicia tributaria
- __ **incentive**: incentivo o aliciente tributario
- __ **incidence**: incidencia de los impuestos, incidencia fiscal, presión fiscal
- __ **income elasticity**: elasticidad-ingreso de los impuestos, elasticidad de los impuestos en función del ingreso
- __ **law**: derecho tributario
- __ **laws**: ordenamiento tributario
- __ **liability**: obligación tributaria, obligación contributiva, impuesto a pagar, a veces: carga fiscal
- __ **lien**: gravamen por impuestos no pagados
- __ **list**: censo de contribuyentes, cédula fiscal
- __ **load**: carga fiscal, gravitación fiscal
- __ **loophole**: escapatoria tributaria, laguna tributaria, resquicio tributario
- __ **matters**: asuntos impositivos, materias impositivas
- __ **mitigation**: atenuación o reducción de los impuestos
- __ **morale**: moral fiscal, actitud con respecto a los impuestos
- __ **net**: sujetos, bienes y actividades imponibles
- __ **offense**: infracción fiscal
- __ **office**: administración u oficina de impuestos
- __ **on assets**: impuesto sobre el patrimonio
- __ **on capital**: impuesto al capital
- __ **on company (corporate) profits**: impuesto sobre las utilidades de sociedades de capital y otras personas jurídicas (o morales)
- __ **on fortune**: impuesto sobre el patrimonio
- __ **on gifts**: impuestos sobre donaciones
- __ **on movable property**: contribución mobiliaria
- __ **on payroll**: impuesto sobre nómina
- __ **on property**: impuesto sobre el patrimonio
- __ **on rated potential output**: impuesto sobre la producción potencial garantizada
- __ **on the total income**: impuesto sobre la renta global

- __ **on value added**: impuesto al (sobre el) valor agregado o añadido
- __ **penalties**: sanciones o multas fiscales
- __ **performance ratio**: relación o coeficiente de recaudación de impuestos
- __ **planning**: gestión fiscal
- __ **policy**: política fiscal o impositiva, sistema de impuestos
- __ **privileges**: ventajas fiscales
- __ **profit share**: parte imponible de los beneficios
- __ **rate**: tasa impositiva, nivel de impuestos
- __ **ratio**: coeficiente tributario; relación impuestos-ingresos
- __ **rebate**: desgravación tributaria, reducción de impuestos, rebaja de impuestos
- __ **receipts**: entradas tributarias, ingresos impositivos, ingresos tributarios, recaudación impositiva, ingresos fiscales
- __ **reduction**: desgravación
- __ **reference price**: precio de referencia para fines tributarios (petróleo)
- __ **refund**: reembolso, devolución o reintegro de impuestos, restitución de impuestos
- __ **regulations**: disposiciones (normas) fiscales
- __ **relief**: desgravación fiscal, alivio tributario
- __ **requirement**: requisito de la imponibilidad
- __ **reserve certificates**: certificados para reserva de impuestos
- __ **retained at source**: impuesto raíz o retenido en la fuente
- __ **return**: declaración de impuestos, declaración de renta o de ingresos
- __ **revenue**: ingresos tributarios, recaudaciones impositivas
- __ **roll**: cédula fiscal, censo de contribuyentes, lista de bienes imponibles, empadronamiento tributario
- __ **rules under ordinary law**: reglas fiscales de derecho común
- __ **sale**: venta de bienes por impuestos no pagados, venta por motivos fiscales
- __ **sanctuary**: oasis fiscal, paraíso fiscal
- __ **sharing**: participación en los impuestos
- __ **shelter**: refugio tributario
- __ **shift**: traslación del impuesto
- __ **sparing**: descuento del impuesto potencial
- __ **sparing credit**: descuento por concepto de impuesto (pagado en el extranjero)
- __ **stamps**: timbres fiscales
- __ **structure**: estructura fiscal o tributaria
- __ **surcharge**: recargo tributario, impositivo o de impuestos, sistema fiscal
- __ **system**: sistema tributario, impositivo o de impuestos, sistema fiscal
- __ **technology**: técnicas de administración tributaria
- __ **treaty**: acuerdo fiscal
- __ **valuation**: avalúo catastral
- __ **wedge**: discrepancia impositiva
- __ **withholding**: retención de impuestos, retención impositiva, recaudación del impuesto en el origen

__ write-off: amortización fiscal, deducción tributaria (por pérdida)
__ year: ejercicio (año) impositivo, fiscal o gravable
__ yield: recaudación tributaria
taxes and charges payable: créditos fiscales
__ levied: impuestos recaudados
__ on corporate net wealth: impuestos recaudados sobre el patrimonio neto de las sociedades
__ on net income and profits: impuestos sobre la renta y utilidades netas
tax-deductible: deducible de la unidad imponible
tax-exempt: libre o exento de impuestos, exonerado de impuestos
tax-paid cost: costo incluidos los impuestos
tax-paying capacity: capacidad tributaria o contributiva
taxable: imponible, gravable o sujeto a impuesto
__ capacity: capacidad tributaria o contributiva
__ estate: parte de la herencia sujeta a impuestos
__ event: hecho imponible
__ income: renta imponible, ingresos imponibles, gravables, líquido imponible
__ profits: utilidades imponibles, ganancias imponibles
__ year: año fiscal, año contributivo, ejercicio fiscal
taxation: tributación; fiscalidad; aplicación de impuestos
__ of costs: (leg) tasación de costas
__ policy: política fiscal, sistema de impuestos
__ system: régimen fiscal
taxing district: distrito impositivo, zona fiscal
__ power: potestad tributaria
taxonomic key: índice taxonómico
taxpayer: contribuyente, sujeto imponible
taxpayer's current account file: cuenta corriente de un contribuyente
taxpayers' register: inventario de contribuyentes
teach: enseñar, instruir, ejercer el magisterio, dar clase a, ser profesor de
teacher: maestro, profesor; (pl) personal docente, personal académico, profesorado
__ attendance: puntualidad del docente
__ background: experiencia del docente
__ education: formación de docentes
__ educator education: formación de formadores de docentes
__ examination: examen de aptitud para la enseñanza, examen pedagógico
__ improvement: perfeccionamiento del maestro (del magisterio)
__ in service: maestro en ejercicio o en funciones
__ in training: alumno-maestro, estudiante de pedagogía, maestro que sigue un cursillo de perfeccionamiento
__ intern: docente en práctica
__ mortality: desperdicio del personal docente (por cualquier causa durante determinado período); tasa de mortalidad del personal docente
__ observation report: nota profesional, informe de inspección (redactado por el director, el inspector, etc. de una institución docente)
__ qualifications: aptitudes, títulos o estudios exigidos de un maestro
__ rating scale: escala de calificación personal del maestro
__ status: estatuto del maestro (magisterio); situación o condición económica, profesional y social del personal docente
__ tenure: permanencia en el cargo de un profesor o maestro
__ training institution: escuela normal, instituto pedagógico, instituto de formación pedagógica
__ turnover: ritmo de renovación del personal docente
__ wastage: desperdicio del personal docente
teacher's certificate: certificado de aptitud para la enseñanza
__ guide: libro del profesor, libro, manual o guía del maestro (instructor)
__ handbook: manual para el personal docente
__ kit: material pedagógico, material didáctico
teachers' agency: organismo de colocación del personal docente
__ college: instituto pedagógico de una universidad (en algunos países: escuela normal superior)
__ convention: reunión o convención del personal docente
__ opportunities for improvement: facilidades o posibilidades que se ofrecen al maestro para perfeccionarse
__ union: sindicato de maestros
teacher-centered method: método centrado en el profesor
teacher-made materials: materiales didácticos preparados por el maestro
teacher-pupil ratio: número de alumnos por maestro (relación numérica entre el personal docente y el número de alumnos); relación o coeficiente profesor-alumnos
teaching: s enseñanza, instrucción, magisterio, docencia; a enseñante, docente
__ ability: aptitud pedagógica
__ aids: materiales didácticos, medios auxiliares de enseñanza
__ and health care process: proceso docente asistencial
__ fellowship: beca (de perfeccionamiento) con obligación de enseñar
__ hospital: hospital docente, hospital clínico, hospital escuela
__ learning situations: situaciones pedagógicas
__ load: carga docente
__ machine: máquina enseñante o de enseñanza, profesor robot
__ materials: materiales didácticos, materiales de enseñanza
__ modules: módulos de enseñanza
__ period: hora de clase

__ **profession**: profesión docente, docencia, magisterio
__ **system**: sistema escolar, sistema de enseñanza
__ **units**: centros de interés (clase o serie de clases sobre determinado tema)
teak: teca
team: pareja, brigada, equipo, bando, grupo, comisión; yunta (bueyes)
__ **approach**: (método de) trabajo en grupo o equipo
__ **leader**: jefe de equipo (o grupo)
__ **spirit**: espíritu de solidaridad o de equipo
__ **training**: formación en equipo
teamster: carretero, carretonero, camionero
teamsters union: sindicato de conductores de camiones
teamwork: trabajo en grupo, en equipo o colectivo
teardown time: (ind) tiempo de desmontaje
tearing strength: resistencia al desgarramiento
technical advertising: publicidad industrial técnica
__ **adviser**: asesor técnico
__ **advisory group**: grupo técnico asesor
__ **and clerical training**: formación técnica y administrativa
__ **and financial bid**: propuesta técnica y económica (sistema de dos sobres)
__ **approval**: aprobación técnica
__ **Assistance Contingency Fund**: Fondo para Imprevistos de Asistencia Técnica
__ **assistance program**: programa de asistencia técnica
__ **assistant**: funcionario de asistencia técnica, asistente técnico
__ **background**: formación técnica, preparación técnica
__ **consultant**: consultor técnico
__ **cooperation among developing countries**: (TCDC) cooperación técnica entre países en desarrollo (CTPD)
__ **courses (subjects)**: cursos (ramos) técnicos
__ **defect**: (leg) defecto de forma, vicio de forma
__ **drawing**: dibujo técnico
__ **education**: enseñanza técnica (profesional, artesanal, técnica secundaria y técnica superior)
__ **education demonstration center**: centro experimental de enseñanza técnica
__ **expertise**: pericia técnica
__ **improvement**: tecnificación
__ **journal**: revista técnica
__ **manual**: manual técnico
__ **offense**: casi delito
__ **point**: cuestión de forma
__ **requirements**: especificaciones o exigencias técnicas
__ **school**: (EUA) escuela de artes y oficios; (RU) establecimiento de enseñanza posprimaria que ofrece cursos de educación general y sobre los principios de comercio, economía doméstica, tecnología y bellas artes

__ **skill**: competencia técnica
__ **term**: tecnicismo
__ **trade schools**: escuelas técnicas, institutos técnicos
__ **training**: capacitación técnica, adiestramiento técnico, preparación técnica
__ **writer**: redactor técnico
technical-efficiency index: índice de eficiencia técnica
technicality: tecnicidad, tecnicismo, detalle técnico, formalidad, sutileza
techician: técnico, especialista, técnico de ejecución
__ **trainer**: especialista en formación técnica
technicum: escuela técnica especializada
technique: técnica, método, procedimiento, manera o forma de hacer algo, táctica
technological advance: adelanto técnico
__ **breakthrough**: avances tecnológicos, penetración tecnológica, logros tecnológicos
__ **development**: progreso o adelanto tecnológico
__ **fallout**: residuos tecnológicos
__ **gap**: brecha tecnológica, desequilibrio tecnológico, falla tecnológica, falla debida a raciona-lización o a medidas que permiten ahorrar tiempo o economizar mano de obra
__ **obsolescence**: obsolescencia tecnológica
__ **spillover**: (agr) divulgación tecnológica
__ **unemployment**: desempleo tecnológico, paro tecnológico
technologist: tecnólogo
technology: tecnología, técnica, medios o recursos técnicos
__ **appraisal**: estudio prospectivo de la tecnología
__ **package**: conjunto de tecnología
__ **satellites**: satélites tecnológicos
technology-oriented: tecnocéntrico
teenage club: club de menores de 20 años
__ **centers**: centros juveniles
teenager: adolescente, joven
teething: dentición, erupción dentaria
__ **problems**: (fig) problemas iniciales
telebroadcasting: teledifusión
telecast: teledifusión, transmisión por televisión
telecourse: telecurso, curso televisado
teleducation: educación a distancia
telemetering: telemetría
telephone booth: cabina telefónica
__ **exchange**: central telefónica
__ **facililties**: instalaciones telefónicas
__ **main line**: línea telefónica principal
__ **rate**: tarifa telefónica
__ **receiver**: auricular, receptor telefónico
__ **school instruction**: enseñanza por teléfono
__ **switchboard**: conmutador, tablero de distribución telefónico; (Esp) centralita
teleprinter: teleimpresor, teletipo
teleprocessing: teleinformática
teleprompter: telepuntador
telerate: tasas por telesistematización

TELEPROMPTER   TERM

telescopic legs: patas extensibles (de un trípode, etc)
teletype: *s* teletipo; *v* transmitir por teletipo
television announcer: locutor
__ **broadcasting**: teledifusión
__ **commercial**: mensaje comercial de programas de televisión
__ **documentary broadcasting**: documentales televisados
__ **engineer**: técnico en televisión
__ **film program**: programa filmado por la televisión
__ **network**: telecadena, red de teledifusión
__ **production**: producción televisiva
__ **student**: estudiante de los cursos televisados
teller: cajero, pagador, taquillero (banco); escrutador (votos)
teller's window: taquilla, ventanilla
telling: eficaz, contundente, expresivo, revelador
__ **argument**: argumento eficaz
__ **effect**: efecto considerable
__ **remark**: observación reveladora
telltale evidence: signo revelador, signo elocuente
temper: moderar, mitigar, ablandar, suavizar
__ **outburst**: explosión temperamental
__ **tantrum**: pataleta
temperate hardwoods: especies latifoliadas de zona templada
__ **forest**: bosque de especies frondosas
template: lámina, molde, patrón, plantilla de dibujo
temporarily in: de tránsito en
temporary: temporero (obrero); temporal, tempo-rario, provisorio, provisional, transitorio (medidas)
__ **admission**: internación temporal (importaciones)
__ **alternate**: suplente temporal
__ **appointment**: nombramiento temporal
__ **assets**: activos transitorios
__ **assignment**: cargo temporal
__ **assistance**: personal supernumerario
__ **chairman**: presidente provisional (de reunión)
__ **contract**: contrato temporal
__ **disability**: invalidez temporal o transitoria
__ **employment**: empleo interino o temporal
__ **indefinite contract**: contrato temporal indefinido
__ **layoff**: licenciamiento o despido temporal
__ **liabilities**: pasivo(s) transitorio(s)
__ **partial disability**: incapacidad parcial temporal
__ **pasture**: pradera artificial
__ **post**: puesto supernumerario, puesto temporal
__ **release**: adscripción temporal (de personal)
__ **repairs**: reparaciones provisionales
__ **staff**: personal temporal, personal supernumerario
__ **stay**: (leg) sobreseimiento provisional
__ **total disability**: incapacidad absoluta temporal
tenacity of purpose: tesón, perseverancia
tenancy: inquilinato, arrendamiento, tenencia

__ **conditions**: arrendamiento, sistema de arrendamiento
tenant: arrendatario, inquilino
__ **farmer**: agricultor, arrendatario, aparcero
__ **farmer land**: tierra de agricultores arrendatarios
tenant's capital: capital de arrendatario
tender: *s* oferta, propuesta, licitación; *v* presentar, ofrecer, ofertar, hacer propuestas
__ **board**: junta de licitaciones
__ **boat**: escampavía
__ **bond**: garantía (o fianza) de oferta
__ **documents**: documentos de licitación
__ **mercies**: cuidados paternalistas
__ **of payment**: oferta de pago
__ **rate**: tasa de oferta
__ **ship**: buque nodriza
tenders, call for: llamar a licitación
tenderer: proponente, licitante, postor
tendering: licitación
__ **date**: fecha de apertura de ofertas (o sobres)
__ **documents**: documentos que acompañan a la oferta
__ **without price quotation**: licitación no valorada
tending: (agr) cuidados culturales
tenement: casa de vecindad, conventillo; (leg) propiedad, predio
tenet: postulado, principio
tenor: tenor, contenido o texto de un escrito; significado (de documento); enunciado, mención; plazo (de un préstamo); (leg) copia conforme, traslado, trasmuto
__ **of a bill**: plazo hasta el vencimiento
__ **of events**: curso de los acontecimientos
tensile strength: resistencia a la tensión
__ **test**: prueba de tracción
tentative: tentativo, preliminar, provisional, a título de ensayo, a título provisional
__ **budget**: presupuesto provisional, antepresupuesto
__ **draft**: anteproyecto
__ **guide**: guía de orientación provisional
__ **overall estimate**: estimación global provisoria
__ **plan**: anteproyecto
__ **projection**: proyección preliminar
tentatively: en principio
tenure: (adm) seguridad o estabilidad en el cargo, permanencia en el cargo, inamovilidad en el cargo; titularidad; (leg) posesión, pertenencia, tenencia de tierras
__ **of office**: duración o tenencia de un cargo o puesto, período de nombramiento, permanencia o seguridad en el empleo
__ **right**: inamovilidad (de un cargo)
term: término, tiempo, plazo, condición; vocablo, expresión; vigencia, período de validez, mandato; (edu) (RU) trimestre, (EUA) semestre
__ **bills**: efectos comerciales a plazo
__ **certain**: plazo fijo, duración cierta

370

TERMS

__ **deposits**: depósitos a plazo, captaciones a plazo
__ **draft**: efecto (letra) con vencimiento a plazo
__ **financing**: financiamiento a mediano o largo plazo
__ **insurance plan**: plan de seguro temporal
__ **life insurance**: seguro para un período determinado
__ **loan**: préstamo a mediano o largo plazo, préstamo a término o a plazo
__ **of a loan**: plazo de una deuda
__ **of a patent**: duración de una patente
__ **of enforcement**: plazo de vigencia
__ **of insurance**: vigencia del seguro o de la póliza de seguro
__ **of notice**: plazo de preaviso (préstamo)
__ **of office**: mandato, duración del cargo o de las funciones
__ **of service**: período de servicio
__ **sheet**: hoja de plazos y condiciones
__ **test**: examen parcial
terms: condiciones, términos, expresiones; plazos, modalidades
__ **and conditions**: forma de pago, plazos y condiciones (préstamos); pliego de condiciones (licitación); términos y condiciones (convenio)
__ **and conditions of a contract**: términos y condiciones de un contrato
__ **and conditions of a loan**: términos y condiciones de un préstamo
__ **and conditions of an agreement**: modalidad de un convenio o acuerdo
__ **and conditions of employment**: disposiciones y condiciones de empleo
__ **of a debt**: plazos para el pago de una deuda
__ **of a judgment**: (leg) pronunciamientos de una sentencia
__ **of accession**: condiciones de adhesión
__ **of appointment**: contrato de empleo
__ **of art**: léxico profesional
__ **of credit**: plazos o condiciones del crédito
__ **of employment**: condiciones de empleo
__ **of payment**: modalidades de pago, plazos o condiciones de pago
__ **of reference**: atribuciones o mandato (comité); cometido u objeto (misión); funciones o instrucciones (expertos); ámbito, alcance o parámetros de un estudio
__ **of sale**: condiciones, modalidades o términos de venta
__ **of settlement**: fórmula de conciliación
__ **of trade**: relación o términos de intercambio
terminable annuity: anualidad terminable o a plazo
__ **assets**: bienes agotables, activo gastable
terminal: estación terminal, terminal, término; (elec, comp.) borne
__ **age**: edad en que termina la escolaridad obligatoria
__ **carrier**: transportador entregador
__ **charges**: cargos o gastos del terminal

TEST

__ **course**: (edu) curso en el cual se finaliza la educación recibida en establecimientos de enseñanza
__ **date**: plazo
__ **decision**: decisión terminal
__ **facilities**: instalaciones del terminal o de los terminales
__ **leader**: (silv) crecimiento apical
__ **operation**: operación en el puerto de destino
__ **payment**: pago por terminación de contrato o por separación del servicio; pago final o terminal, devengos pagaderos al cese en el servicio
__ **reserve**: reserva final o terminal
__ **wage**: indemnización por desahucio
terminate: terminar, dar por terminado, finalizar, ultimar, concluir; despedir (empleado); derogar (tratado); abrogar (ley); rescindir (nombramiento)
__ **a contract**: rescindir un contrato
__ **an agreement**: derogar un acuerdo
terminating recipient: participante que se retira
termination: terminación, expiración, rescisión de contrato o de nombramiento, cese en el servicio, despido, supresión
__ **and repatriation entitlement**: pago por terminación de contrato y repatriación
__ **costs**: costos por terminación de contrato
__ **grant**: prima de cesantía, subsidio de cesantía
__ **indemnity (payment)**: indemnización por rescisión del nombramiento, indemnización por cese del servicio
__ **of contract**: terminación de contrato
__ **of employment**: terminación de empleo
__ **of membership**: pérdida de la calidad de miembro
__ **of pregnancy**: interrupción del embarazo
__ **pay (payment)**: pago terminal, indemnización por desahucio o por cese en el servicio, sueldo de despedida
__ **payments account**: cuenta de pagos terminales
__ **periods for withdrawals**: plazos de notificación en caso de retiro
terminologist: especialista en terminología, investigador de terminología, terminólogo
terraced: escalonado
terracing of crops: abancalamiento de los cultivos
terrain feature: accidente del terreno
territorial jurisdiction: jurisdicción territorial
__ **monopoly**: monopolio geográfico o territorial
__ **waters**: aguas jurisdiccionales, mar territorial, mar patrimonial
terry cloth: tela de algodón (toalla)
tertiary industry: industria terciaria o de servicio
__ **recovery**: recuperación terciaria (petróleo)
test: *s* prueba, test, examen, ensayo, experimento, análisis; (med) reacción; *v* probar, poner o someter a prueba, ensayar, experimentar, examinar
__ **behavior**: comportamiento en una prueba, respuesta a pruebas

__ **bench**: banco de pruebas
__ **box**: estuche para pruebas
__ **case, be a**: sentar jurisprudencia
__ **check**: control de sondeos, (cont) verificación de prueba, prueba aislada, prueba selectiva
__ **control**: control de prueba
__ **farm**: explotación tipo
__ **hole**: (min) cateo
__ **kit**: estuche de pruebas
__ **number**: clave telegráfica de autenticación
__ **of goodness of fit**: prueba de la bondad del ajuste
__ **of solvency**: prueba de solvencia
__ **paper**: papel reactivo; (edu) examen
__ **piece**: probeta de ensayo
__ **pit**: cata, pozo de sondeo, pozo calicata, pozo de explotación, pozo de cata o de cateo, pozo de exploración
__ **plot**: lote o parcela de prueba, parcela testigo
__ **run**: serie de pruebas
__ **specimen**: muestra de ensayo, probeta
__ **statistic**: estadística de prueba
__ **tube**: tubo de ensayo, probeta
__ **value**: valor aceptado (considerado) como criterio
tests and test methods: pruebas y métodos de prueba
test-tube baby: bebé de probeta
testamentary provisions: disposiciones de última voluntad
testify: declarar, atestar, atestiguar, testificar, aseverar
testimonial: homenaje, testimonio, carta de recomendación
testimony: deposición, declaración judicial, atestación
__ **of a notary**: fe extrajudicial
__ **under oath**: declaración jurada, confesión judicial
testing: ensayo, prueba, examen, análisis, comprobación
__ **device**: dispositivo o medio comprobador
__ **for vision and hearing**: examen de la vista y del oído
__ **ground**: campo de experimentación, zona de pruebas
__ **material**: material de prueba
__ **of hypotheses**: verificación de hipótesis
__ **team**: grupo encargado de las pruebas
text: texto, tema
textbook: libro de texto, manual
__ **analysis**: examen crítico de manuales (escolares)
__ **bureau**: oficina de libros de texto
__ **production center**: centro de producción de libros de texto
textile fibers: fibras textiles
__ **industries**: industrias textiles
__ **mill**: fábrica textil o de tejidos
__ **spinning and weaving**: hilado y tejido

__ **training expert**: experto en métodos textiles
textiles and textile goods: textiles y sus derivados
texture: textura, contextura, tejido; estructura
textured yarn: hilado (hilo) texturado
texturized plant proteins: proteínas vegetales estructuradas
thatch: *s* techo de paja, tejado de paja; materia de empajar; *v* techar con paja, empajar
thatched roof: techo de paja
the better part of: casi todo
__ **council having given its opinion**: oído el parecer del Consejo
__ **fact remains that**: a pesar de todo
__ **happy few**: los privilegiados, los talentosos, los favoritos
__ **parties having being heard (having stated their case)**: oídas las partes
__ **point is that**: se trata de que
theater sister: (med) enfermera quirúrgica
theft: robo, hurto, substracción, latrocinio
__ **insurance**: seguro contra robo
theft-proof: a prueba de hurto
thematic team: grupo de expertos
theme: tema, idea central, temática
then and there: acto continuo
theoretical approach: estudio técnico, enfoque teórico
__ **socialism**: socialismo de cátedra
theory and practice of teaching: pedagogía y didáctica
__ **of public choice**: teoría de la elección social
therapeutic community: (med) comunidad terapéutica
therapeutist: terapeuta, terapista
therapy: terapia, tratamiento
thermal lag: retardo térmico, inercia térmica
__ **power**: energía térmica
__ **power plant**: central térmica
__ **reactor**: reactor térmico
__ **waters**: aguas termales
thermic: termal, térmico, calorífico
thermo-setting resins: resinas termoendurecidas
thermoflask: termo
thesis: tesis, argumento; (edu) disertación, memoria
thick blood film: lámina de gota gruesa
thickening agents: espesantes
thicket: maleza, matorral, espesura, soto, bosque cerrado
thickness (of a seam, vein, etc): (min) potencia de la veta
thin capitalization: infracapitalización
__ **corporation**: sociedad endeudada
__ **market**: mercado flojo, poco activo, mercado de pocas transacciones, mercado estrecho
think: pensar, reflexionar, meditar, creer
__ **over**: recapacitar, volver a pensar
__ **tank**: grupo de expertos, grupo de estudiosos, centro de reflexión, centro de estudio, centro de investigación
thinking: pensamiento, modo de ver, opinión, parecer

__ **and practice of education**: teoría y práctica (ideas y métodos) de la educación
thinning of trees: (silv) corta de aclareo, raleo, desrama, corta de ramas, entresaca, clara
third countries: terceros países
__ **currency**: moneda de un tercer país
__ **party**: (leg) tercero, tercera parte
__ **party claim**: tercería
__ **party cost-sharing**: participación de terceros en la financiación de los gastos
__ **party (liability) insurance**: seguro contra tercera persona, seguro contra responsabilidad civil
__ **World**: Tercer Mundo
thirty days date, at: a treinta días fecha
__ **days sight, at**: a treinta días vista
thorough: minucioso, concienzudo, profundo, completo, a fondo, perfecto, cabal, esmerado, empedernido, redomado
thorough-going (reform): (reforma) profunda, radical
thoroughbred: *s* pura sangre, *a* de pura raza o sangre; bien nacido (persona)
thoroughfare: carretera, vía pública, camino, paso
thoroughness of learning: grado de asimilación de los conocimientos
those listed below: los mencionados al calce
thought: pensamiento, idea, concepto, opinión, consideración, reflexión
thought-provoking: que induce a pensar o a reflexionar, conceptuoso
thoughtful reading attitude: actitud reflexiva en relación con lo que se lee, lectura inteligente, lectura reflexiva
__ **report**: informe bien concebido, informe atinado
thread herring: (ict) arenque
__ **test**: prueba de la hebra
threaten: conminar; amenazar
threatening letter: carta conminatoria
three R's: 1) originalmente lectura, escritura y aritmética (inglés: Reading, wRiting, and aRithmetic: las tres R; 2) actualmente se incluyen otras materias afines; gramática, fonética, caligrafía, etc. En general, conocimientos fundamentales (lectura, escritura, cálculo), técnicas básicas
three-course rotation: cultivo por amelgas trienales
three-dimensional chart: gráfico tridimensional
__ **lattice**: retículo tridimensional
three-phase current: corriente trifásica
three-pronged penstock: tubería de trifurcación
three-tiered system: sistema de tres escalones (clasificación de puestos)
three-wheeler van: motocarga
three-year crop-rotation system: rotación trienal (de cultivo)
thresh: trillar, desgranar
threshing: trilla
__ **machine (thresher)**: trilladora, desgranadora
threshold: umbral, comienzo; tolerancia (dolor)
__ **amount**: cifra de umbral, cifra fijada como umbral

__ **countries**: países que se encuentran "en el umbral"
__ **dose**: dosis liminal
__ **duty**: derecho (arancelario) de umbral
__ **levels**: umbrales
__ **limit value**: concentración máxima admisible
__ **of noxiousness**: nocividad liminal
__ **of response**: umbral de sensibilidad
__ **of toxicity**: toxicidad liminal
__ **percentage figure**: cifra porcentual de umbral
__ **price**: precio umbral
thrift account: cuenta de ahorros
__ **cooperatives**: cooperativa de pequeño ahorro
__ **deposit**: depósito de ahorro
__ **institutions**: instituciones de (fomento del) ahorro; (EUA) cajas de ahorro
thrifty: económico, ahorrativo, frugal
thrive: medrar (cultivos, animales)
through an oversight: por distracción
__ **bill of lading**: conocimiento de embarque corrido o directo
__ **coal**: carbón sin cribar, carbón todo uno
__ **freight (rates)**: flete corrido
__ **oficial channels**: por conducto oficial; por vía administrativa
__ **proper channels**: por vía jerárquica
__ **street**: travesía, carretera urbana
__ **terminal**: término de paso continuo
__ **the instrumentality of**: por conducto de
__ **ticket**: billete directo, boleto directo
__ **traffic**: tráfico en tránsito, tráfico directo, tránsito de paso
__ **train**: tren directo
throughput: (ind) volumen global de consumo (de una fábrica); cantidad tratada (en el proceso de producción); volumen de material elaborado; (edu) número de estudiantes que pasan por el sistema escolar
throw oneself into: volcarse en, lanzarse a
thrust: empuje, aspecto principal; eje principal, línea de fuerza, estímulo, impulso, arranque
__ **of a plan**: puntos (aspectos) principales; lineamientos
thruway: camino de acceso limitado, carretera de paso preferencial
thumbnail sketch: recapitulación
thunderbolt: centella
thus far: hasta ahora, hasta aquí
tick mark: tica, marca, signo, señal, marca de comprobación
__ **off**: puntear
tick-box: casilla, recuadro (de un formulario)
ticker tape: cinta perforada; teletipo de la Bolsa
ticket: boleto, billete; lista de candidatos
__ **slip**: papeleta
"**tickler**": recordatorio
tidal basin: dique o dársena de marea
__ **bore**: macareo
__ **limit**: límite de marea de la zona litoral o de la zona intermarea

TIDE

___ **marine life**: biota marina
___ **power plant**: central maremotriz
___ **range**: amplitud de la marea, movimiento de la masa de agua
___ **river**: río de marea
___ **wave**: maremoto, marejada gigante, ola sísmica marina, onda de marea, tsunami (causado por maremoto)
tide: marea, corriente
___ **gate**: compuerta
___ **of events**: curso de los acontecimientos
___ **of public opinion**: corriente de la opinión pública
___ **station**: observatorio de marea
___ **table**: anuario de mareas
tideland: terreno inundado por la marea; marisma
tideline: marca de marea
tidemark: línea de marea alta
tidewaiter: visitador de registro; inspector aduanal a bordo de buque
tidewater: aguaje, agua traída por marea; (EUA) costa del mar, litoral
tie: empate; (fc) durmiente
___ **clause**: cláusulas vinculatorias
___ **contract**: contrato que prevé compra de otros productos (además de un producto principal)
tie-line: (elec) línea de interconexión
tie-up: relación, conexión, enlace, paralización, embotellamiento, atasco, bloqueo
tiebreaking: desempate
tied aid: ayuda vinculada o condicionada
___ **currency**: moneda vinculada
___ **loan**: préstamo condicionado
___ **purchase provisions**: cláusulas de vinculación de las compras
___ **purchase requirements**: contingente de absorción
___ **resources**: recursos reservados (para un determinado proyecto)
tier: grada; piso; estrato; nivel; fila, hilera
___ **of containers**: ruma o pila de contenedores
tight: apretado, estrecho, tirante, hermético, estricto
___ **credit**: crédito restringido
___ **credit policy**: política de restricción de crédito, política crediticia restringida
___ **labor market**: mercado de trabajo restringido, escasez de oferta de trabajo, penuria en la oferta de mano de obra
___ **market**: mercado difícil
___ **money**: dinero o crédito escaso, dinero caro, restricción monetaria, liquidez limitada
tighten: apretar, estrechar; hacer más estricto
___ **one's belt**: hacer economías, vivir con austeridad, aguantar o soportar privaciones, "apretarse el cinturón"
___ **the market**: restringir el mercado
tightened inspection: inspección estricta
tightening of credit: contracción (rigidez) del crédito, restricción crediticia, escasez de crédito

TIME

___ **of monetary policy**: intensificación de la política monetaria restrictiva; a veces: imposición de una política restrictiva más rígida
___ **of the market**: rigidez del mercado
tightness of money: escasez monetaria, estrechez monetaria, escasez de dinero, liquidez limitada
tile: teja; azulejo; baldosa
___ **drain**: tubería de drenaje
___ **floor (pavement)**: solado, embaldosado, enlosado
tilework: tejado, baldosado o azulejería
tileworks: tejaría, tejar
till money: efectivo en caja para uso cotidiano
till-forbid: hasta nuevo aviso
tillable land: tierra labrantía
tillage (tilling): labranza, cultivo
tiller: agricultor, labrador; cultivadora
tiltable gantry: pórtico basculante
tilth: labranza, cultivo; tierra cultivada o labrada; capacidad de laboreo
tilting gate: compuerta basculante
timber: madera (en pie), maderamen, maderaje
___ **cruiser**: estimador de madera en pie
___ **dealer**: maderero
___ **forest**: bosque maderable
___ **framework**: entramado
___ **growing**: crecimiento de la madera
___ **merchant**: maderero
___ **mill**: aserradero para maderos pesados
___ **rights**: derechos de monte de bosque
___ **tract**: terreno maderero, bosque
___ **trade**: industria maderera
___ **tree**: árbol maderable
___ **yard**: corral de madera
timberland: bosque maderable, terreno maderero, tierra maderable
timberline: límite de la vegetación selvática
timberwork: maderaje o maderamen
timbrel wall: panderete
time: *s* tiempo, hora, plazo, lapso, época; *v* calcular (el tiempo de), sincronizar, regular
___ **adjustment**: ajuste de tiempo
___ **allowed for producing evidence**: (leg) probatoria
___ **and again**: repetidas veces, reiteradamente
___ **and a half**: tiempo y medio, hora y media de sueldo por hora trabajada
___ **and attendance report**: hoja de presencia
___ **and motion study**: estudio de tiempo y movimiento, estudio de productividad o de rendimiento individual; estudio de tiempo y progreso
___ **base**: base de tiempo
___ **belt**: huso horario
___ **book**: libreta de tiempo o de jornales
___ **bill of exchange**: letra (de cambio) a plazo
___ **budgeting**: empleo del tiempo
___ **card**: tarjeta de asistencia o de horas de trabajo, ficha o tarjeta de tiempo
___ **charter**: fletamiento a plazo
___ **charter rates**: tarifas de fletam(i)ento por

tiempo
- __ **clock**: marcador de tiempo, reloj registrador
- __ **comparability factor**: factor de comparabilidad cronológica
- __ **constant**: constante de tiempo
- __ **correlation**: correlación cronológica
- __ **cost of ship**: costo de inmovilización del buque
- __ **dependent patterns of mortality**: características de la mortalidad en función del tiempo
- __ **deposit**: depósito a plazo o a término
- __ **discount**: descuento por pago dentro de un plazo, descuento por frecuencia
- __ **draft**: giro a plazo
- __ **endurance**: autonomía en tiempo (avión)
- __ **frame**: período de tiempo, plazo, horizonte, marco temporal o cronológico
- __ **horizon**: plazo, período, fecha límite, horizonte (cronológico), perspectiva cronológica
- __ **lag**: retraso, desfasamiento cronológico, desfase, intervalo entre dos acontecimientos
- __ **limit**: plazo
- __ **line**: cronología
- __ **loan**: préstamo a plazo o a término
- __ **money**: dinero para préstamos a plazo, dinero a plazo, dinero a término
- __ **obligations**: obligaciones a plazo
- __ **of delivery**: plazo de entrega
- __ **of flight**: tiempo de vuelo
- __ **of meetings**: horario de las reuniones
- __ **off**: licencia, permiso, tiempo libre, horario libre
- __ **overrun**: tiempo mayor que el plazo previsto, demora respecto del plazo previsto
- __ **path**: sendero temporal, trayectoria en el tiempo
- __ **pattern**: cronología, pauta cronológica
- __ **payment**: pago a plazos
- __ **policy**: póliza de plazo fijo
- __ **preference**: preferencia temporal o cronológica
- __ **recorder**: reloj marcador, marcador de tiempo
- __ **report**: informe sobre uso del tiempo
- __ **reversal test**: prueba de reversión en el tiempo
- __ **schedule**: horario, calendario, fecha, ordenación cronológica, plan cronológico
- __ **separation**: intervalo de tiempo
- __ **series**: (est) series cronológicas, variables o históricas
- __ **series analysis**: análisis por series cronológicas
- __ **sheet**: hoja de presencia, hoja de asistencia, hoja de jornales devengados
- __ **span**: dimensión temporal
- __ **step**: intervalo o espacio de tiempo
- __ **study**: estudio del tiempo necesario para realizar tareas, estudio de tiempo
- __ **underrun**: adelanto respecto del plazo previsto
- __ **value of money**: valor temporal del dinero
- __ **wages**: jornal, salario por hora
- __ **waiver**: desestimiento de los plazos
- __ **within which the protest must be made**: plazo de protesto
- __ **zone**: huso horario

time-barred: extemporáneo, prescrito

time-based contract: contrato por tiempo
time-consuming devices: dispositivos que requieren mucho tiempo, dispositivos lentos
- __ **surveys**: encuestas prolongadas
- __ **work**: trabajo demorado

time-honored: tradicional, consagrado
- __ **phrase**: expresión consagrada
- __ **test**: prueba clásica

time-in-grade: antigüedad en la categoría (ascenso)

time-limited activities: actividades de duración limitada
- __ **exceptions**: excepciones limitadas en el tiempo
- __ **objectives**: objetivos a plazo fijo

time-of-day tariff: (elec) tarifa horaria
time-of-use rates: (elec) tarifas según hora de consumo
time-out: descanso, recreo, pausa
time-phasing of activities: escalonamiento de actividades
time-sharing: (comp) tiempo compartido
time-slice loan: préstamo por etapas
time-temperature range: límite de tiempo y temperatura
time-to-time index: índice de fecha a fecha, índice periódico
- __ **survey**: estudio de fecha a fecha; estudio periódico

timekeeper: cronómetro, cronometrador, listero
timekeeping: cronometraje, control de entrada y salida del trabajo
timely: oportuno
timer: cronograma, cronómetro, cronorregulador, sincronizador, cronometrador
timesaving devices: dispositivos que permiten ahorrar tiempo
timesaver: contemporizador
timetable: horario, calendario, distribución del tiempo, itinerario, guía, plan o esquema cronoló-gico; cronograma
timid legalism: formulismo jurídico medroso
timing: oportunidad, sincronización, cronometraje, simultaneidad, coordinación, concordancia, coincidencia, calendario, fecha, secuencia cronológica, distribución cronológica, precisión, periodicidad, oportunidad
- __ **belt**: correa de sincronización
- __ **chart**: cuadro de tiempos
- __ **circuit**: circuito de sincronización
- __ **error**: error de sincronización
- __ **of meetings**: fecha de celebración de las reuniones
- __ **of the operations**: oportunidad de las operaciones
- __ **of the pesticide**: época de empleo del plaguicida

tin: estaño; lata, bidón
- __ **can**: lata o caja de lata
- __ **container**: envase de lata, bidón
- __ **futures**: estaño para entrega futura
- __ **industry**: industria del estaño

__ mill: laminador de hojalata
__ ore: casiterita, mineral de estaño
__ paper: papel de estaño
__ sheet: plancha de estaño
__ shop: hojalatería
tin-bearing deposit: yacimiento estannífero o estannífero
tinfoil: hoja o papel de estaño
tinged cotton: algodón tintado
tinned: estañado, enlatado
tinnitus: silbido de los oídos
tinplate: hojalata, chapa o lámina estañada
__ scrap: recortes de hojalata, desechos estanníferos
tinsel: oropel
tinsmith: hojalatero, estañero
tinware: quincalla, efectos de hojalata
tinwork: hojalatería
tip: propina; consejo, información secreta o confidencial; vertedero, depósito de desechos, escorial; punta, extremidad
__ off: advertir, dar una información o un dato
tissue: tejido, pañuelo de papel sedoso
__ copy: copia sobre papel de seda
__ culture: cultivo de tejidos
__ paper: papel de seda, papel facial
__ section: (med) corte histológico
__ stages: fases tisulares
titanic iron ore: ilmenita, hierro al titanio
titanium sheets: planchas de titanio
title: título (libro); denominación (cargo); sección, título, capítulo (documento); (leg) derecho, título de propiedad
__ bond: fianza o título de propiedad
__ company: sociedad de verificación de escrituras de propiedad
__ deed: escritura de propiedad
__ insurance: seguro de desgravamen, seguro de título
__ of a post: denominación de un puesto
__ page: portada, carátula, frontispicio; titular (de periódico)
__ role: papel principal
__ search: (leg) estudio o investigación de títulos de dominio
__ to assets: derecho sobre los bienes
__ to fame: timbre de gloria
__ to recover one's property: derecho de recuperación del dominio; derecho de separación (de una sociedad conyugal)
__ to (the good): derecho de propiedad
titleholder: titular
titling land: otorgamiento de títulos de propiedad, adjudicación (de títulos de propiedad) de la tierra
to a certain degree (extent): hasta cierto punto, en cierta medida
__ a great (large) extent: en gran medida, en gran parte, en sumo grado
__ add insult to injury: para colmo de desfachatez
__ all appearances: según parece, al parecer, por lo visto, aparentemente
__ all intents and purposes: prácticamente, en realidad, en el fondo
__ be on the safe side: para mayor seguridad
__ be precise: en rigor
__ be sure: claro está
__ begin with: en primer lugar, para empezar
__ boot: por añadidura
__ cap it all: como broche de oro, por añadidura
__ crown it all: por añadidura
__ cut a long story short: en resumen, en concreto, en pocas palabras, en resumidas cuentas, sin ir más lejos
__ face the music: arrostrar las consecuencias
__ good purpose: con provecho, con buenos resultados
__ make matters worse: por añadidura
__ my knowledge: que yo sepa
__ my profit: en provecho mío
__ name but a few: para mencionar sólo algunos
__ no purpose: en balde, para nada, sin resultado
__ some degree (extent): hasta cierto punto
__ some purpose: para algo
__ sum up: en fin
__ that effect: en el mismo sentido, por el estilo
__ that end: con ese fin, con esa finalidad
__ the amount of: hasta (la concurrencia) suma de
__ the best of his ability: lo mejor que pueda (pudo), lo mejor posible
__ the best of my belief: a mi entender, que yo sepa
__ the best of my knowledge and belief: a mi leal saber y entender
__ the best of my memory: que yo recuerde
__ the contrary: en contrario
__ the debit of: con cargo a
__ the detriment of: en detrimento de, en perjuicio de
__ the disadvantage of: en perjuicio de, en detrimento de
__ the effect that: en el sentido de que, con el propósito de
__ the extent necessary: en el grado necesario, en la medida necesaria
__ the highest degree: en grado sumo
__ the limit: hasta más no poder
__ the point: al caso, al grano, certero, a propósito, pertinente
__ the prejudice of: en detrimento de, en (con) menoscabo de
__ the purpose: que viene al caso, a propósito
__ the same effect: en el mismo sentido, por el estilo
__ the satisfaction of: a satisfacción de
__ this effect: con este fin
__ top it all: para remate, para colmo, por si fuera poco
__ whom it may concern: a quien corresponda, a quien competa, al que corresponda en derecho
toastmaster: maestro de ceremonias
tobacco crop: cosecha tabacalera

__ **factory**: tabaquería
__ **grower**: tabacalero
__ **industry**: industria tabaquera
__ **leaves**: tabaco en bruto (crudo)
__ **monopoly**: estanco de tabaco
__ **plantation**: tabacal
__ **stemmed**: tabaco podado
__ **worker**: tabaquero
toddler: párvulo, niño que empieza a caminar, niño de corta edad, preescolar (2-5 años)
toddy tree: mamey
toggle: fiador atravesado
toilet: arreglo, aseo; retrete, excusado, inodoro
__ **facilities**: servicios higiénicos
__ **paper**: papel higiénico
__ **preparation**: artículos de tocador
__ **room**: excusado, retrete, inodoro
__ **set**: juego de tocador
__ **soap**: jabón de tocador
__ **tissue**: papel facial
__ **training**: adiestramiento del niño para ir al baño (control de la defecación o de la orina)
toiletries: artículos de tocador
token: prueba, muestra, seña, signo, indicio, prenda, contraseña, ficha, vale
__ **contribution**: contribución o aportación simbólica
__ **entry**: asiento meramente indicativo
__ **imports**: importaciones en cantidad mínima
__ **money**: moneda fraccionaria o divisionaria
__ **payment**: pago o abono parcial o a cuenta
__ **strike**: huelga simbólica, huelga de advertencia
tokenism: simbolismo
toll: peaje (camino); portazgo, pontaje (puente); tasa de peaje; bajas, número de víctimas, pérdidas
__ **bridge**: puente de peaje
__ **rate**: tasa de peaje
__ **road**: carretera de peaje
toll-free call: llamada telefónica gratis
tollgate: barrera de peaje o de portazgo
tombstone: (fin) anuncio de emisión efectuada, esquela, aviso informativo
ton of oil equivalent: tonelada de equivalente en petróleo
tons measure: toneladas de arqueo
__ **weight**: toneladas-peso
tone down (conditions): flexibilizar; amortiguar, suavizar
__ **of the market**: situación del mercado, tendencia del mercado
toned milk: leche reconstituida, rebajada
tongue grafting: injerto inglés
tongued and grooved lumber: madera machihembrada
tonka bean tree: sarrapia
tonnage certificate: certificado de arqueo
__ **dues**: derechos de tonelaje
tool: herramienta; útil, utensilio; instrumento
__ **subjects**: disciplinas fundamentales, materias claves, conocimientos esenciales (generalmente las tres R's más higiene); asignaturas instrumentales (disciplinas que permiten adquirir los automatismos necesarios para los estudios)
__ **subjects and content subjects**: materias instrumentales y materias de conocimientos, mecanismos de base y adquisición de conocimientos
toolbox: caja de herramientas
toolkit: juego de herramientas
toolmaker: fabricante de herramientas
tooth decay: caries dental
__ **extraction**: extracción o avulsión de un diente
top: tope, cima, cúspide, cumbre; cofa (buque)
__ **career level**: nivel de carrera máximo
__ **corporate officers**: altos funcionarios de la empresa; personal directivo (o ejecutivo); gerentes
__ **credit ratings**: óptima solvencia
__ **executive**: funcionario principal, jefe del ejecutivo, funcionario ejecutivo principal
__ **floor**: piso más alto (de un edificio)
__ **grade**: calidad óptima, calidad superior
__ **leader**: dirigente máximo
__ **management**: personal directivo superior, altos funcionarios administrativos, plana mayor, alta dirección
__ **of the grade**: escalón máximo del grado
__ **price**: precio máximo
__ **priority**: prioridad máxima, prioridad principal; prioridad absoluta
__ **quality**: calidad superior
__ **security**: seguridad máxima
__ **table**: mesa de honor
tops: mechas peinadas, borras; lana procesada; (edu) últimos cursos de nivel primario
top-down approach (projects): enfoque vertical (proyecto)
top-flight personnel: personal muy calificado, personal de alta categoría
top-heavy staffing structure: estructura de personal sobrecargada de puestos de categoría superior
top-level management: alta dirección, plana mayor
__ **personnel**: personal de categoría superior
__ **staff**: personal de categoría superior
top-ranking director: director principal
__ **official**: funcionario de categoría máxima; alto funcionario
top-rated bank loan: préstamo bancario de primera categoría
top-up scheme: plan de jubilación mínima (pensión)
topdressing: (agr) abono, estercoladura o fertilizante de superficie
topic: tema, asunto, materia
__ **network**: red temática
__ **to be discussed**: ponencia
topical: de actualidad; (med) tópico, local

topographic map: carta topográfica
__ **survey**: planialtimetría, levantamiento altimétrico
topping: destilación inicial (petróleo)
topsides: obra muerta (barco)
topsoil: capa superficial del suelo, capa fértil, tierra vegetal, mantillo, capa vegetal superior, arable o cultivable
tort: agravio, hecho ilícito civil (indemnizable en juicio civil), daño legal, lesión jurídica, culpa extracontractual
tot: chiquitín, nene, nena, niño que empieza a caminar
total: sumar, totalizar, ascender a
__ **accounts**: cuentas globales
__ **amount**: importe o cantidad total
__ **amount obligated**: cantidad total comprometida
__ **appropriation**: total de los créditos consignados
__ **area in farm units**: superficie en explotación
__ **assets**: total de los haberes, archivo total
__ **birth order**: orden de nacimientos entre el número total de hijos
__ **blood**: sangre completa
__ **body counting**: medición del cuerpo entero
__ **coverage**: cobertura total, aplicación total
__ **diet**: dieta total
__ **digestive nutrients (TDN)**: nutrientes digestibles totales (NDT)
__ **disability**: incapacidad o invalidez absoluta
__ **economic activity**: volumen económico
__ **economy**: economía total
__ **fortune**: masa de bienes
__ **indebtedness**: endeudamiento total
__ **loss cover**: cobertura contra pérdida total
__ **of credit entries**: (cont) movimiento acreedor
__ **physical stock of industrial machinery**: parque industrial de un país
__ **protein**: proteína total
__ **receipts**: ingresos totales
__ **return index**: índice de rendimiento total; índice de rentabilidad total
__ **suspended particulates**: total de partículas en suspensión
__ **value**: valor global o total
__ **voting power**: totalidad de los votos
__ **wage bill**: monto total de los salarios, masa salarial
totalize: totalizar, sumar
tote road: camino de arrastre
touch-and-go: arriesgado
touch-tone phone: teléfono digital
touchstone: criterio, estándar, piedra de toque
tough-podded kidney bean: frijol para desgranar
tour de force: hazaña, proeza
__ **of duty**: período o turno de servicio
__ **operators**: operadores turísticos, mayoristas del turismo internacional
tourism facilities: instalaciones y servicios para el turismo

tourist accommodations: establecimientos hoteleros
__ **industry**: turismo
__ **trade**: turismo
__ **weather insurance**: seguro de tiempo de vacaciones
tow: sirga, remolque, acoplado, atoaje; estopa, hilaza de lino o cáñamo
__ **conveyor**: transportador, tirador
__ **of barges**: tren de barcazas
__ **rope**: cabo (calabrote) de remolque
__ **truck**: camión remolcador
towage: remolque, atoaje, derechos de remolque
__ **fees**: derechos de remolque
towards these ends: en este sentido
towboat: remolcador
toweling: género para toallas
towing: remolque, atoaje
__ **hawser**: guindaleza de amarre
__ **winch**: torno de remolque
town clerk: (RU) secretario del ayuntamiento
__ **planning**: urbanismo
towpath: camino de sirga
toxic appearance: signos de toxina
__ **buildup**: acumulación de sustancias tóxicas
__ **hazard**: toxicidad
trace: rastro, huella, indicio, vestigio
__ **amount**: cantidad mínima
__ **constituents**: elementos trazadores
__ **elements**: oligoelementos, microelementos, elementos vestigiales
__ **gas**: gas en trazas; oligogás, gas en baja concentración
__ **metals**: metales trazadores
__ **mineral**: microelemento, oligoelemento
traceable cost: costo identificado o individualizable
__ **patient**: paciente o enfermo de paradero conocido
tracer: calcador, trazador, marcador longitudinal
__ **study**: (edu) estudio de seguimiento de egresados o de becarios, seguimiento longitu-dinal
__ **technique**: técnica de marcadores
tracing: trazo, copia, calco, calcado
__ **method**: método de calco
__ **of ground water**: rastreo de aguas subterráneas
__ **paper**: papel de calcar, papel vegetal
track: (edu) rama de la enseñanza, franja
__ **costs**: (fc) costos de infraestructura
__ **man**: (fc) rielero, peón de vía, carrilano
__ **record of an institution**: historial o trayectoria de una institución
tracked equipment: equipo sobre orugas
__ **vehicle**: vehículo con tren de aterrizaje de oruga
tracker: baqueano, rastreador
tracking: seguimiento, monitoreo, rastreo (satélites); (edu) (EUA) agrupamiento por secciones
tract of land: región, zona, extensión de terreno
traction: tracción, propulsión
__ **animals**: animales de tiro

TRACTION

__ **company**: empresa de tranvías
tractor operator: maquinista, conductor
__ **truck**: camión tractor
tradable: bien comerciable, comercializable, exportable o importable, transable
__ **but nontraded good (item)**: bien comerciable no comerciado
__ **emissions permits**: (ecol) permiso negociable de contaminación
__ **goods**: bienes comerciables, exportables o transables
trade: *s* comercio, intercambio, tráfico, actividad comercial; oficio, gremio, profesión individual; *v* traficar, negociar, comerciar, cambiar, trocar
__ **act**: ley de comercio exterior
__ **acceptance**: aceptación mercantil
__ **accounts**: cuentas comerciales, balanza comercial
__ **accounts payable**: (cont) proveedores
__ **adjustment loan**: préstamo para ajuste del régimen comercial, de la política comercial o de comercio exterior
__ **agreement**: acuerdo o convenio comercial, acuerdo de intercambio comercial
__ **association**: asociación mercantil, profesional o gremial
__ **balance**: balanza comercial
__ **barriers**: barreras u obstáculos al comercio
__ **bill**: letra comercial
__ **board**: cámara industrial, cámara de industrias, cámara de industriales
__ **brand**: marca comercial
__ **cattle**: ganado de comercio
__ **center**: centro comercial
__ **channel**: vía de comercio
__ **combine**: arreglo o combinación comercial
__ **coverage ratio**: proporción de importaciones sujetas a barreras no arancelarias (tasa de importaciones afectadas)
__ **creation**: formación de nuevas corrientes comerciales o de intercambio
__ **currency**: moneda del intercambio
__ **customs**: prácticas comerciales
__ **cycle**: ciclo económico, coyuntura
__ **data tapes**: cintas de estadísticas comerciales
__ **deficit**: déficit comercial, déficit de la balanza comercial
__ **depression**: depresión económica
__ **discount**: descuento al revendedor
__ **dispute**: conflicto con un gremio del oficio; conflicto comercial
__ **diversion**: desviación del intercambio, del comercio o de las corrientes comerciales
__ **draft**: giro comercial
__ **fair**: feria comercial o de comercio, feria de muestras
__ **gap**: déficit comercial, de la balanza comercial o del intercambio
__ **high school**: escuela de artes y oficios (segundo grado)
__ **in goods and services**: comercio de bienes y servicios

TRADE-RELATED

__ **instructor**: maestro obrero
__ **law**: derecho mercantil
__ **mart**: feria o exposición comercial
__ **matrix**: estructura del comercio
__ **mission**: misión comercial
__ **name**: nombre comercial, razón social, marca de fábrica o de comercio
__ **organization**: organización gremial o patronal
__ **pattern**: estructura o modalidad del intercambio (comercio)
__ **pledge**: declaración comercial (OCDE)
__ **policy**: política comercial
__ **price**: precio para reventa, precio al ramo; precio al por mayor, precio para el mayorista
__ **promotion**: promoción o fomento del comercio o del intercambio
__ **publication**: publicación especializada para determinada industria, negocio o profesión
__ **receivables**: efectos de comercio por cobrar
__ **regulations**: reglamentos comerciales
__ **returns**: estadísticas de comercio
__ **sanctions**: sanciones comerciales
__ **school**: escuela artesanal, escuela de artes y oficios, escuela profesional, escuela técnica, escuela industrial
__ **secret**: secreto de fabricación
__ **section**: delegación comercial
__ **stock**: ganado de comercio
__ **union**: gremio, sindicato gremial, asociación profesional obrera
__ **union branch**: seccional
__ **union leadership**: cúpula sindical
__ **union movement**: movimiento sindical u obrero, sindicalismo, gremialismo
__ **union rights**: derechos sindicales
__ **unionism**: mejoramiento sindical, sindicalismo, gremialismo
__ **unionist**: sindicalista
__ **value**: valor de venta (balanza de pagos)
__ **winds**: alisios
trades: ramas de la industria, sectores de la actividad económica
__ **institutes**: escuelas de oficios, escuelas artesanales
trade-in: mercadería aceptada como pago parcial de una compra
__ **allowance**: valor de retorno
__ **value**: valor comercial, valor en cambio, valor de retorno
trade-off: compensación (de factores, de ventajas y desventajas); compensación recíproca; ventaja comparativa o relativa; concesión recíproca; sustituibilidad, solución de compromiso (entre), opción alternativa
__ **comerce**: comercio de compensación
trade-related investment measures: medidas en materia de inversiones relacionadas con el comercio
trade-weighted: ponderado en función del (según el) comercio exterior

tradeable services: servicios comerciables
___ **value**: valor comercial o de comercialización
traded commodities (or services): productos (o servicios) objeto de comercio
___ **goods**: bienes que son objeto de intercambio, bienes comerciados o transados, bienes exportados o importados
trademark: *s* marca de productos, marca registrada, marca de fábrica o de comercio, marca industrial; *v* aplicar o registrar la marca
___ **law**: derecho marcario
___ **rights**: propiedad industrial
trader: comerciante, negociante, traficante
tradesman: comerciante; tendero; artesano
trading: comercio, intercambio mercantil, negociación, trato, operación de compraventa; intermediación (Bolsa)
___ **account**: cuenta de venta o de compraventa, cuenta comercial o mercantil
___ **company**: sociedad mercantil
___ **concern**: empresa mercantil o comercial
___ **corporation**: sociedad mercantil
___ **currency**: moneda de intercambio
___ **enterprise**: empresa, empresa mercantil
___ **estate**: zona (parque) de fomento industrial, polígono industrial
___ **firm**: sociedad de comercio
___ **floor**: recinto de la Bolsa, piso de remates
___ **fund**: fondo comercial
___ **partners**: países que comercian entre sí o que mantienen relaciones comerciales, interlocutores comerciales, copartícipes
___ **partnership**: sociedad comercial en nombre colectivo
___ **portfolio**: cartera de inversiones
___ **posts**: lugares de contratación de títulos no cotizados oficialmente
___ **profits**: beneficios (resultados) de operaciones o de explotación
___ **services**: servicios de carácter comercial
___ **stamp**: sello de premio
___ **ticket**: (Bolsa) orden de compra, orden de venta
___ **unit**: unidad negociable
traditional birth attendant: partera empírica, partera tradicional
___ **midwife**: partera empírica
___ **practices**: procedimientos tradicionales, hábitos tradicionales
___ **practitioners**: quienes ejercen una profesión por tradición
___ **standing**: (de) reconocido prestigio
traditionally: secularmente, tradicionalmente
traffic: tráfico, tránsito, circulación; comercio
___ **accident**: accidente de circulación o de tránsito
___ **circle**: intersección rotatoria, rotonda, glorieta
___ **code**: reglamento de tránsito
___ **congestion**: congestión o congestionamiento del tráfico, concentración del tráfico
___ **count**: cuenta, conteo o recuento del tráfico, censo del tráfico

___ **density**: intensidad del tráfico
___ **flow map**: mapa de circulación del tráfico
___ **in persons**: trata de mujeres, trata de blancas
___ **in women and children**: trata de mujeres y niños
___ **island**: isla o isleta de tráfico
___ **jam**: embotellamiento, atasco, congestión vial, taco
___ **lane**: carril, canal (camino)
___ **light**: semáforo
___ **manager (head of shipping department)**: jefe de despacho
___ **sign**: señal o letrero de control de tránsito; (pl) señalización de caminos
___ **survey**: censo de tránsito
___ **weaving**: intercruzamiento
traffic-bearing capacity: capacidad de tráfico
trailer: remolque, acoplado
___ **on flatcar**: remolque sobre vagón plataforma
___ **ship** *(roll on / roll off)*: buque de autotransbordo, buque portarrodante
trailing: apacentamiento libre; seguimiento (de solicitudes)
train: enseñar, disciplinar, adiestrar, formar, capacitar
___ **ferry**: transbordador
___ **of animals**: recua
___ **of rolls**: tren de laminación
___ **of thought**: secuencia de ideas, hilo o curso del pensamiento
trainability: susceptibilidad, posibilidad de capacitación
trained: adiestrado, amaestrado, educado, preparado, licenciado, calificado, diplomado, competente, capacitado
___ **nurse**: enfermera diplomada
trainee: cursillista, pasante, aspirante, aprendiz; participante en seminario o taller, participante en programa de capacitación, persona que recibe adiestramiento
trainer: instructor, educador de adultos, entrenador, adiestrador, domador (animales)
___ **in management**: adiestrador o formador gerencial
training: formación, capacitación, adiestramiento, perfeccionamiento, preparación, aprendizaje, instrucción, enseñanza, estudios, prácticas
___ **aids**: auxiliares didácticos, auxiliares para capacitación
___ **allowance**: asignación para formación
___ **and teaching abroad**: perfeccionamiento y enseñanza en el extranjero
___ **and visit system**: sistema de capacitación y visitas
___ **course**: curso de formación (técnica o profesional), curso de adiestramiento
___ **events**: actividades de formación o capacitación
___ **facilities**: servicios o medios de capacitación
___ **for citizenship**: formación del ciudadano
___ **material**: material de demostración
___ **of ground water**: captación de aguas subterrá-

TRAMMEL

neas
__ **of trainers in management**: formación de adiestradores gerenciales
__ **package**: conjunto o paquete didáctico
__ **production unit**: unidad de capacitación práctica
__ **schedule**: programa de adiestramiento
__ **school**: (edu) escuela normal (especialmente de aplicación)
__ **ship**: buque-escuela
__ **test**: autoexamen
__ **within industry**: adiestramiento en el taller o dentro de la empresa, formación profesional en el empleo
trammel fishing: pesca con trasmallo
__ **net**: red al trasmallo
tramp: buque de transporte ocasional, buque de servicio irregular, buque volandero
tranche: fracción; tramo (de crédito)
tranching: repartición en porciones o tramos (préstamos)
tranquilizer: tranquilizante, ataráxico
transact: llevar a cabo, tratar, negociar, tramitar
__ **business**: negociar un asunto; transar; evacuar una diligencia
__ **foreign exchange business**: realizar operaciones de divisas
transaction: (com) operación, negociación, tramitación
__ **on an exchange**: operación de Bolsa
__ **tax**: impuesto sobre la cifra de negocios o sobre el volumen de operaciones
transactions: actas, memoria (de sociedad cultural); compromisos, trámites
transactor: sujeto económico
transborder data flows: corrientes transfronterizas de datos
__ **(transboundary) air pollution**: contaminación atmosférica transfronteriza
transcribe: transcribir, copiar
transcriber: transcriptor
transcript: (edu) certificado de estudios, copia del certificado académico
transcription: transcripción, grabación, grabado electrónico
__ **library**: discoteca
transfer: s traslado; transbordo; trasvase; transferencia, transmisión; traspaso; (leg) cesión, transmisión; billete de transbordo; v transferir, trasladar, transbordar, transmitir, enajenar
__ **charge call**: llamada de cobro revertido
__ **journal**: diario de transferencia de acciones
__ **of a pollutant**: desplazamiento de un contaminante
__ **of equity**: traspaso de patrimonio
__ **of funds**: remesa o traspaso de fondos
__ **of liquid cargo**: transbordo (de buque a buque); trasvase (de buque a tierra); trasiego o trasvase (dentro del buque)
__ **of pension rights**: transmisión de los derechos de pensión

TRANSITIONAL

__ **of portfolio**: cesión o transferencia de cartera
__ **of posts**: transferencia de puestos
__ **of shares in foreign corporations**: cesión de títulos de sociedades extranjeras
__ **of technology**: transferencia (transmisión) de tecnología
__ **of title (real estate)**: transferencia de propiedad; transmisión o traspaso de título
__ **of title of property**: alineación
__ **one's rights under a bill**: transmitir los derechos de una letra
__ **payments**: pagos de transferencia
__ **price**: precio de transferencia (entre empresas afiliadas)
__ **taxes**: impuestos sobre transferencias de propiedad
transferability: transmisibilidad, transferibilidad, cesibilidad
transferable: transferible, trasmisible, cedible
__ **account countries**: países con cuentas transferibles
__ **annuity**: censo consignatorio
__ **security**: valor mobiliario (negociable, cesible, transferible)
__ **staff**: personal sujeto a traslado
transferee: cesionario, adquirente
transference: transferencia
transferor: transferidor, cedente
transferred in fee simple: transferido en propiedad
transformation curve: curva de transformación, curva de posibilidades de producción
transgenic animal: animal transgénico (modificado genéticamente)
transhipment point: centro de trasiego
transient: s transeúnte; a transitorio, pasajero, fugaz
__ **climate change**: cambio climático circunstancial
__ **flow**: flujo (corriente) variable
__ **population**: población móvil
__ **situation disturbance**: perturbación situacional transitoria
__ **status**: situación transitoria
transitor radio: radio de transistor, receptor transistorizado, radiorreceptor de transistor
transistorized: transistorizado
transit authority: autoridad de transportes
__ **bond-note**: certificado de tránsito
__ **duties**: derechos de tránsito
__ **expenses**: gastos durante el viaje, viáticos
__ **goods**: mercaderías en tránsito
__ **insurance**: seguro de mercancías en tránsito
__ **permit (pass)**: guía de libre tránsito
__ **storage**: almacenaje en tránsito
transition (promotion or pass) rate: (edu) tasa de progreso o de progresión
transitional arrangement: disposición transitoria, acuerdo transitorio, régimen transitorio
__ **housing**: vivienda provisoria
__ **period**: período transitorio, período intermedio

TRANSLATION

__ **unemployment**: desempleo transitorio o de transición
translation of an idea into reality: materialización de una idea
__ **of currencies**: conversión contable de monedas, traducción de monedas
transmission towers: torres conductoras
transmit the invitation: dar traslado a la invitación, cursar la invitación
transmittal: transmisión, envío, remisión
transnational enterprises: empresas transnacionales
transparency: transparencia, diafanidad; diapositiva; calcomanía
transplant: trasplante
transponder: repetidor
transport: transporte, acarreo; buque (avión) de transporte
__ **charges**: porte
__ **or removal**: transporte o traslado
__ **tank**: cisterna para transporte, camión cisterna
transportation: transporte, acarreo, acarreamiento, porteo
__ **documents**: documentos de embarque
__ **facilities**: medios de comunicación
__ **of decedents**: traslado de restos mortales
__ **policy**: póliza sobre riesgos de transporte
transporter: transportador, camillero
transshipment: transbordo
__ **free entry**: declaración franca en tránsito
__ **permit**: licencia de trasbordo
trap: eliminador, separador, purgador (control de emisiones de gas)
__ **cropping**: planta cebo
__ **fishing**: pesca con almadraba
__ **test**: prueba de retención
trapped soils: suelos soterrados
trapping: caza mediante trampas
trash: basuras, hojarasca, trastos viejos; literatura de pacotilla
__ **burning**: incineración de basuras, quema de desechos, incineración de desperdicios
__ **can**: basurero, cubo o tarro para la basura
__ **dump**: basural, basurero, vertedero
__ **fish**: (ict) morralla
trashy farming: laboreo con abrigo vegetal
travel: *s* viaje, gira, excursión, tur, recorrido; *v* viajar, andar, recorrer
__ **advance**: anticipo para viajes; anticipo de fondos con ocasión de un viaje
__ **agency**: agencia de viajes o de turismo
__ **allowance**: dieta, viático
__ **and transportation**: viajes y transporte
__ **claim**: solicitud de reembolso de gastos de viaje o de pasajes
__ **expenses advance**: anticipo para gastos de viaje
__ **fellowship**: beca para viaje, beca viajera
__ **grant**: subsidio de viaje
__ **insurance**: seguro de viaje
__ **leave**: licencia para visitar el lugar (país) de

TREATMENT

origen, licencia en el país de origen
__ **office**: oficina de viajes
__ **on official business**: viaje en comisión de servicio, viaje en misión oficial
__ **per diem**: dieta, viático
__ **reservation**: reserva de plaza
__ **scholarship**: beca de observación
__ **sickness**: mareo
__ **standards**: condiciones de viaje
__ **status, in**: en viaje reglamentario
__ **subsistence allowance rates**: viáticos
__ **time**: tiempo de recorrido, tiempo de desplazamiento
__ **vouchers**: pases, autorizaciones o vales de viaje
traveler: turista, viajero, viajante de comercio
traveling clinic: clínica ambulante
__ **course**: curso móvil
__ **crane**: puente grúa
__ **display**: exhibición rodante
__ **exhibit**: exhibición ambulante
__ **expenses**: gastos de viaje, viáticos
__ **formwork**: encofrado amovible o deslizante, moldes corredizos
__ **gantry crane**: guía pórtico locomóvil
__ **library**: bibliobús
__ **shop**: camión bazar
__ **specialist or teacher**: especialista o profesor itinerante
traverse: (agrim) línea quebrada, itinerario, poligonal
trawl: *s* red de barrera, red de arrastre, arte de arrastre; palangre; *v* pescar con red barredera
__ **boards**: puertas de arrastre
trawler: buque rastrero, barco para la pesca de arrastre, escamero
trawling: pesca de rastreo, pesca de arrastre, con red barredera
tray cabinet: archivador de bandejas
treadmill: tapiz rodante
treason: atentado contra la seguridad del Estado, traición
treasure trove: tesoro escondido, tapado o descubierto
treasurer's check (cheque): cheque certificado
__ **office**: tesorería, auditoría
treasury: tesorería, tesoro, arcas fiscales, erario, fisco
__ **bill**: (EUA) letra del Tesoro, bono (pagaré) del Tesoro a corto plazo
__ **bond**: (EUA) bono del Estado o del Tesoro a largo plazo
__ **deposit receipts**: ingresos procedentes de depósitos en bonos del Tesoro
__ **note**: (EUA) pagaré del Tesoro
__ **stock**: acciones propias readquiridas, acciones rescatadas
treat a subject: versar (en un discurso)
treatment: trato, manera de tratar; (med) tratamiento, régimen, atención
__ **chart**: ficha de tratamiento
__ **of Asian cultures in Western textbooks**: ma-

nera de presentar las culturas del Asia en los libros de texto occidentales
__ **of foreign capital**: régimen de capital extranjero
__ **of patients**: medicina asistencial
__ **of the mouth and teeth**: tratamiento oral y dental
treaty: tratado, pacto, convenio, acuerdo
__ **port**: puerto abierto por convenio internacional
__ **reinsurance**: reaseguro contractual
__ **shopping**: búsqueda del acuerdo más favorable (tributación)
tree belt area: cinturón arbolado
__ **breeding**: arbogenética, agrosilvicultura (mejoramiento genético de los árboles)
__ **cotton**: algodón arbóreo (Siám, Ceilán, China)
__ **cover**: cobertura arbórea, cubierta arbolada
__ **crop**: cosecha arbórea, cultivo arbóreo, masa forestal, producción forestal
__ **crop system**: arboricultura
__ **farming**: arboricultura
__ **felling**: tala de árboles
__ **fodder**: forraje arbóreo
__ **growing**: producción de árboles
__ **line**: límite de la vegetación arbórea
__ **mining**: extracción excesiva de árboles
__ **nursery**: vivero
__ **plantations**: plantaciones arboladas o arbóreas
__ **prop**: rodrigón, tutor
__ **ring**: anillo de crecimiento (de un árbol)
__ **savannah**: sabana arbórea
__ **stump**: tocón
__ **tenure**: tenencia comunitaria de bosques
trees, vines and shrubs: cultivos arborescentes y arbustivos
tree-length logs: rollizos largos; (Mex) trozos en largos de árbol
treetop: copa
trefoil (clover): trébol
trench bracing: estibación
__ **reinstatement**: reposición de zanjas
__ **silo**: silo, zanja
__ **work**: estibación
trenching: desfondamiento (suelo)
trend: dirección, curso, rumbo, giro, tendencia, orientación, vertiente
__ **fitting**: ajuste de la tendencia
__ **in exports**: coyuntura en exportación, tendencia de las exportaciones
__ **of opinion**: corriente de opinión
__ **projections**: extrapolaciones, líneas de tendencia
__ **rate**: tasa tendencial
__ **value of exports**: valor de tendencias de las exportaciones
trespass: *s* infracción, violación, transgresión, invasión, usurpación; culpa, pecado; *v* violar, infringir, traspasar los límites
trespasser: intruso, violador, infractor
trespassing: intrusión, intromisión (en propiedad ajena)
trestle: cabrilla, caballete
__ **bridge**: puente de caballete
triad: tríada, terna
triage: selección, triaje
trial: ensayo, prueba, experimento, tanteo, juicio; pleito, proceso, acción penal
__ **and error method**: método de ensayo y error, método de tanteo o por aproximaciones sucesivas, método aproximativo
__ **area**: zona de experimentación
__ **balance**: balance de verificación o de prueba, balance de comprobación, balance aproximado
__ **balance of balances**: balance de saldos
__ **balance of total assets**: balance de sumas
__ **balloons**: globos de ensayo
__ **by jury**: juicio por jurado
__ **census**: censo experimental o de ensayo
__ **court**: tribunal de primera instancia
__ **documents**: (leg) autos
__ **group**: grupo de ensayo, grupo experimental
__ **hearing**: (leg) vista, audiencia
__ **hole**: cata
__ **judge**: juez del juicio, de la causa o de los autos, juez sentenciador, juez juzgador
__ **lawyer**: abogado litigante
__ **of a case**: sustanciación de un caso
__ **period**: período de prueba
__ **run**: prueba, ensayo, "marcha blanca"
__ **use**: uso experimental
__ **work**: (en la enseñanza técnica) piezas de prueba; trabajo de control
triangular agreement: acuerdo trilateral
__ **planting**: plantación a tresbolillo
__ **scale**: cartabón, escala triangular
__ **trade**: intercambio triangular, "triangularización"
tribal peoples: pueblos tribales, poblaciones indígenas
tribunal: tribunal, sala, juzgado
__ **ad quem**: tribunal superior o tribunal al cual se apela
__ **of conscience**: fuero interno
tribute: tributo, homenaje; impuesto
tributer: pirquinero
trick: intriga, maquinación, tinglado, cábala, fraude
trickle irrigation: riego por goteo
__ **of radioactive material**: precolación (ingreso) de materiales radiactivas
trickle-down theory: teoría de la filtración o del chorreo
__ **effect**: efecto de (la) filtración
trickling filter: filtro percolado, filtro de escurrimiento
tried and convicted: condenado en juicio
trigger: *s* gatillo, disparador, detonador, causa detonante; *v* accionar; provocar, desencadenar, detonar, gatillar
__ **a strike**: desencadenar una huelga
__ **clause**: cláusula de revisión de la activación

TRIM

__ **point**: nivel de alarma (importaciones, precios), punto a nivel crítico
__ **price**: precio de intervención, de activación o activado (precio mínimo a la importación)
trim the budget: reducir, ajustar o depurar el presupuesto
trimmer: palero, pañolero (buque)
trip: viaje, excursión, gira de estudios
__ **charter**: (contrato de) fletamento por un viaje
__ **charter rates**: tarifas de fletam(i)ento por viaje
triumph: abrir(se) paso (verdad)
trivial name: nombre vulgar o frívolo
trivium: trivio (las tres disciplinas básicas del plan de estudios medieval: gramática, dialéctica, retórica)
trolley system: sistema de tranvía de trole
trolleybus: trolebús
trolling: pesca a la cacea, pesca a la curricán
tropical pasture plants: leguminosas pratenses tropicales
__ **rain forest**: bosque tropical húmedo, selva tropical (pluvial)
trouble: problema, dificultad, inconveniencia, molestia, avería, trastorno, padecimiento
__ **spots**: focos de disturbio
troublemaker: provocador de problemas, elemento perturbador
troubleshooter: identificador de dificultades, buscador de fallas, localizador de averías, mediador
troubleshooting: búsqueda de fallas, localización de fallas (en máquinas)
__ **mission**: misión de solución de problemas
trough: batea; (est) sima; depresión oceánica, zona de bajas presiones, seno de las olas; (econ) mínimo
troughs and peaks: mínimas y máximas
trout farm: granja trutícola
__ **rearing**: truticultura
troy ounce of gold: onza (troy) de oro fino
truancy: (edu) inasistencia a clases, ausentismo escolar, ausencia sin permiso
truant: novillero, cimarrero (alumno que no asiste a clases), ausente, haragán
Trucial States: Estados en fideicomiso
truck: camión, autocamión, camión de carga
__ **and fruit crops**: cultivos hortícolas y frutas
__ **crops**: hortalizas comerciales
__ **driver**: camionero
__ **farm**: granja, huerto de hortalizas
__ **farmer**: hortelano
__ **freighter**: contratista de transportes por carretera
__ **gardening**: cultivo de hortalizas
__ **operator**: camionero
__ **pallet operations**: transporte de carga en camiones con plataformas especiales
__ **shop**: economato
truckage: camionaje, acarreo, gastos de transporte vial
trucking: acarreo, camionaje, transporte por carretera, carretonaje

TRUSTEESHIP

__ **business**: industria camionera
__ **industry**: industria del transporte por carretera
truckload: carga de camión, camionada
true: verdadero, exacto, genuino, fiel
__ **and fair view**: (cont) imagen fiel y adecuada
__ **copy**: copia fiel, copia auténtica, copia de estilo
__ **income elasticity**: elasticidad real del ingreso
__ **lease**: contrato de arrendamiento verdadero
__ **mean**: media verdadera
__ **resin**: resina natural
__ **specific gravity**: gravedad específica
__ **value**: valor real
true-false test: test de lo verdadero y de lo falso
true-to-type seed stock: semillas de tipo genéticamente puro
__ **variety**: variedad pura
truism: axioma, perogrullada, verdad de Perogrullo
truncated distribution: distribución truncada
__ **sample**: muestra truncada
truncation: truncamiento
trunk: tronco; baúl, cofre
__ **call**: (RU) llamada o conferencia interurbana
__ **circuit**: circuito troncal, circuito principal
__ **infrastructure**: infraestructura primaria
__ **line**: línea interurbana; (fc) línea principal o troncal
__ **network**: red interurbana
__ **road**: camino principal o troncal
__ **sewer**: colector principal; alcantarilla colectora (maestra)
truss: cabrilla, caballete
__ **bridge**: puente de armadura, puente de celosía
trusswork: entramado
trust: confianza, confidencia; fideicomiso; sociedad fiduciaria
__ **account**: cuenta fiduciaria
__ **agreement**: acuerdo o convenio de fideicomiso
__ **and confidence**: seguridad y confianza
__ **areas**: (ecol) zonas protegidas
__ **company**: sociedad fiduciaria; sociedad de inversión (mobiliaria); sociedad encargada de la gestión de una cartera de valores mobiliarios
__ **deed**: escritura fideicomisaria
__ **department**: departamento fiduciario; departamento de administración fiduciaria
__ **funds**: fondos en custodia o en depósito, fondos fiduciarios o fideicomisos
__ **territory**: territorios en fideicomiso (bajo administración fiduciaria)
trustee: fideicomisario; guardián; depositario; síndico
__ **investment**: inversión tutelar
__ **securities**: valores con garantía (tutela) de fiduciarios
__ **work**: administración de bienes
Trusteeship Agreement: Acuerdo de Tutela
__ **Council**: Consejo de Administración Fiduciaria (Naciones Unidas)
trustor: fideicomitente
trustworthiness: formalidad

try: ensayar, procurar, intentar, tratar de, probar
__ **a case**: ver o conocer una causa
__ **a cause and hand down a judgment**: causar instancia
__ **a criminal case**: conocer de una causa por delito
__ **an offense**: conocer de un delito
"**try-your-skill**" **games**: juegos de pulso y habilidad
tryout: ensayo, experimento, prueba de la eficacia o competencia de una persona, prueba de aptitud, audición
tube railway: ferrocarril subterráneo, metro
__ **saw**: sierra tubular
__ **well**: pozo entubado, pozo instantáneo, pozo abisinio, pozo entubado
__ **works (mill)**: fábrica de tubos
tuber crops: tubérculos
tubers: raíces o tubérculos
__ **and starchy foods**: tubérculos y alimentos amiláceos
tuberculin testing: tuberculinización
tubular goods: géneros tubulares
tuff: toba, piedra volcánica
tufts: manojo, ramillete, mata pequeña, césped
tufting: empastado (plantío de manojos de césped o pasto)
tug (boat): remolcador
tuition: enseñanza, instrucción, costo de la enseñanza, tutela, guarda, colegiatura
__ **fees**: costo de la enseñanza o de la escolaridad
__ **refund plan**: plan de reembolso de matrícula (colegiatura)
__ **scholarship**: beca para gastos de enseñanza
tumble: baja repentina de precios
tumeric: (bot) cúrcuma (se usa como tintura y para preparar el arrurruz)
tuna albacore: (ict) atún albacora
__ **clipper**: atunero
__ **fish**: (ict) atún
__ **trap**: almadraba
tune: afinar (instrumento); sintonizar (radio); rectificar (máquina); (fig) armonizar
tung oil: aceite del árbol de China (aleurita), aceite de madera china
__ **bean**: sarrapia
tuning: afinación, sintonización (de la economía)
__ **knob**: botón sintonizador
turbidity: turbiedad (estado nebuloso del aire); turbidez (nebulosidad en el agua)
turbojet: turborreactor
turboprop: turbohélice, turbopropulsor
turbot: (ict) rodaballo
turf: césped, tepe
turn: vuelta, revolución, turno; inversión
__ **down**: rechazar
__ **inside out**: s inversión; v dar vuelta al revés, de dentro afuera
__ **of events**: giro de los acontecimientos
__ **of the conversation**: giro de la conversación

__ **on (up)**: (elec) poner en marcha
__ **turtle**: zozobrar
__ **upside down**: voltearse patas arriba; zozobrar (buque)
turnabout: (econ) vuelco
turnaround time: duración del viaje redondo o de ida y vuelta; tiempo de despacho necesario para un servicio
turncoat: renegado, veleta, desertor
turning basin: (trnsp marit) zona de evolución, dársena de maniobra
__ **point**: momento decisivo, punto crítico, cambio radical, nuevo punto de partida, hito, viraje decisivo; (est) punto de inflexión (de una curva); curvatura de la costa; punto de quiebre
turnkey contract: contrato llave en mano, contrato de montaje completo de la fábrica
__ **financing**: financiamiento hasta la entrega de la fábrica montada
__ **operation**: entrega de fábrica lista para empezar a funcionar
__ **plant**: fábrica ya montada o lista para funcionar
__ **project**: proyecto llave en mano, proyecto a punto
turnout: concurrencia, número de asistentes, público; huelga; (com) producción; apartadero (camino); (reg) toma
turnover: movimiento de personal, volumen o cifra de negocios, giro del personal o de las existencias, facturación, volumen de comercio, rotación, ritmo de renovación; vuelco, reorganización
__ **deduction**: deducción por movimiento de personal
__ **of capital**: movimiento o rotación de capital
__ **of deposits**: movimiento bancario
__ **of inventories**: movimiento de inventario o de existencias
__ **of patients**: (hosp.) tasa de ocupación de camas
__ **of staff**: rotación o movimiento de personal
__ **rate**: índice de renovación, índice de rendimiento, velocidad de giro, velocidad de rotación
__ **tax**: impuesto sobre el volumen o cifra de negocios, impuesto sobre el monto de las transacciones, impuesto sobre ingresos brutos
turnpike: autopista
turnstile: molineta
turntable: platillo giratorio (pasadiscos)
turpentine: trementina, aguarrás
tutor: preceptor, profesor particular, tutor (universidad); (leg) tutor
tutorial classes (courses): clases (cursos) tutoriales, grupos de estudio dirigidos por tutores, sesiones de trabajo
__ **work**: trabajo de tutores o instructores
tutoring: enseñanza, instrucción
TV spots: cuñas de TV
twice a month: bimensual
twigs: leña menuda
twill: sarga, tejido cruzado

twin check: doble verificación
__ **cities**: ciudades gemelas
twine: bramante, cáñamo, guita
twinning arrangements: acuerdos de "hermanamiento"
__ **of cities**: gemelación o hermanamiento de ciudades
twist (someone's words): tergiversar (las palabras de alguien)
twisted yarn: hilo retorcido, torzal
twitching of eyes: contracción de los párpados
__ **of muscles**: contracción muscular
two-celled universe: universo dicotómico
two-column schedule: arancel mixto
two-digit inflation: (tasa de) inflación de dos dígitos, de 10% o más
__ **price system**: sistema de precios dobles
two-envelope system: sistema de dos sobres (licitación)
two-eye vision: visión binomia
two-lane highway: carretera de doble vía, carretera biviaria
two-part tariff: (elec) tarifa binomia
two-phase sampling: muestreo a dos fases
two-sided test: prueba bilateral
two-stage procedure: tratamiento por separado
__ **sampling**: muestreo en dos etapas
two-tier gold system: doble mercado de oro
__ **loan**: préstamo a dos niveles
__ **market**: mercado doble, mercado de dos niveles
__ **meeting**: reunión en dos niveles
two-track curriculum: plan de estudio a dos niveles o de doble vía (se proporciona instrucción de nivel superior y promedio sobre una misma material general, lo que permite mayor individualización de la enseñanza)
__ **development**: trayectoria de desarrollo a dos ritmos
__ **system of pension adjustment**: sistema doble de ajuste de las pensiones
two-way breakdown: desglose doble
__ **classification**: clasificación a doble entrada
__ **communication**: comunicación recíproca
__ **match**: (est) confrontación bilateral
__ **pallet**: paleta de dos entradas
__ **ratio**: aparato emisor y receptor
__ **road**: ruta o carretera bidimensional
__ **street**: vía doble, calle de doble dirección o de doble sentido
__ **trade**: comercio recíproco
__ **traffic**: tránsito en dos sentidos o en dos direcciones
__ **vision**: visión binocular
two-wheeled tractor: motocultor
tycoon: magnate
tying arrangement: acuerdo circulatorio, acuerdo de lealtad
__ **restrictions**: ataduras de compra
type bias: sesgo tipo
__ **of culture**: modo de explotación (de la tierra)

__ **of expenditure**: categoría de gastos
__ **size**: (unidad de) medida tipográfica
type-approval inspection: inspección de homologación, homologación (emisiones)
typeset: (imp) componer
typesetter: (imp) cajista
typesetting: composición tipográfica
typewriter desk-bookkeeping machine: máquina de escritura y contabilidad combinada
typical average family: familia tipo o típica
__ **business cycle**: ciclo económico clásico
__ **price**: precio característico
typify: simbolizar, representar; caracterizar
typing pool: servicio de mecanografía
__ **mistake (typo)**: error de máquina
typographical error: errata, error de imprenta, gazapo

U

ubiquity: ubicuidad; omnipresencia
ullage: merma, altura vacía (del contenedor); pérdida, espacio vacío
ulterior: ulterior, oculto
__ **motive**: segunda intención; motivo o fin inconfesable u oculto
ultimate: final; definitivo; máximo, fundamental; esencial
__ **analysis**: análisis final, análisis elemental
__ **authority**: autoridad suprema
__ **borrower**: prestatario final
__ **cluster**: conglomerado final
__ **consignee**: destinatario final
__ **customer**: (elec) consumidor / usuario
__ **destination**: destino final
__ **goal (objective)**: objetivo fundamental; objetivo final
__ **recoverable reserves**: reservas que se estiman recuperables
__ **stockholders**: accionistas reales
ultimately: en definitiva; en última instancia; finalmente
ultra vires acts of the corporation: actos que no están de acuerdo con los fines de la sociedad
ultrahigh frequency: frecuencia ultraelevada
ultralow volume spraying: rociado de muy bajo volumen
umbrella agreement: acuerdo general o global; a veces: acuerdo marco
__ **brand**: marca genérica
__ **clause**: cláusula general
__ **organization**: organización (general) coordinadora; organización coordinadora
__ **project**: proyecto rector (o principal); proyecto global; proyecto que sirve de marco para otros
umpire: árbitro; (leg) tercer árbitro; árbitro dirimente

unabridged text: texto íntegro o completo
unabsorbed commodities: productos no asimilados o no consumidos
__ **expenses**: gastos no distribuidos o no absorbidos
unacceptable: inadmisible; inaceptable
unaccounted: no contabilizado (agua, electricidad, etc.), perdido
unaccustomed: poco usual; insólito
unadjusted assets: activo transitorio o por ajustar, activo sin ajustar
__ **debits**: cargos no ajustados
__ **liabilities**: pasivo transitorio o por ajustar
unallocable expenditure: gasto no asignable
unallocated balance: saldo no asignado
__ **costs**: costos no distribuidos
unallotted appropriations: consignaciones inhabilitadas o no autorizadas
unanimously: por unanimidad (voto) ; de común acuerdo
unanswerable: irrebatible (ataque, argumento)
unapparent infections: infecciones subclínicas
unappealable judgment: sentencia firme, sentencia en primera y última instancia
unapproachable (person): inaccesible
unappropriated profits: beneficios no asignados; utilidades no distribuidas
__ **surplus**: excedente sin asignar, superávit disponible, reservado
unascertained goods: mercancías genéricas
unassailable: irrebatible, inexpugnable
unassessed appropriations: consignaciones no prorrateadas
unassignable: intransferible
unassigned funds: fondos no asignados
__ **period**: (edu) hora de actividad libre en clase
unaudited: no intervenido
unauthorized assumption of a right: (leg) usurpación de un derecho
__ **leave**: ausencia (licencia) sin autorización
unavailable: no disponible; inaprovechable, inutilizable; agotado (libro); ocupado (persona)
unavoidable: inevitable; insoslayable
__ **accident**: caso fortuito
__ **right**: derecho indeclinable
unavoidably absent: ausente por causas ajenas a su voluntad
unaware: ignorante; incosciente
unbalanced budget: presupuesto desnivelado o deficitario
unbeaten pulp: pulpa (pasta) no refinada
unbiased: imparcial; insesgado
__ **critical region**: (est) región crítica insesgada; muestra sin distorsión
__ **estimate**: estimación insesgada, centrada, objetiva
__ **test**: prueba insesgada
unbind the bindings: desconsolidar los derechos (de aduana) consolidados
unbinding: desconsolidación (GATT)
unblock: (fin) descongelar; desbloquear

unbound duties: derechos de aduana no consolidados
unbred cow: vaca horra
unbridled competition: competencia desenfrenada
unbroken: sin solución de continuidad (serie), continuo
__ **line of authority**: unidad de autoridad
__ **series**: serie ininterrumpida o sin solución de continuidad
unbudgeted extra costs: costos suplementarios no presupuestados
unbundling: desglose; descomposición
__ **of a technology**: desagregación de tecnología, separación de los elementos de una tecnología
__ **of financial risks**: separación de riesgos financieros
__ **of services**: desagregación de los servicios
unburnt solids: sólidos incombustibles o incombustos
unbusinesslike: informal
uncalled capital: capital suscrito y no desembolsado; capital no requerido
__ **stocks**: dividendos pasivos
uncashed checks: cheques a cobrar
uncastrated male animal: macho entero
uncertain: incierto, inseguro, dudoso, problemático
__ **health**: salud precaria
__ **title**: título precario
uncertainty: inseguridad, incertidumbre, margen de error
unchangeable: indeleble (límites)
unchanged price: precio inalterado
unchanging: inmutable, invariable, inalterable, constante
unchecked: sin obstáculos; desenfrenado; (com) no comprobado; no verificado
unclaimed cargo: carga sobrante o sin reclamar
__ **dividend**: dividendo no cobrado
__ **estate**: herencia yacente
__ **mail**: cartas sobrantes
__ **pay**: sueldo no cobrado
unclassified posts: puestos sin clasificar o no clasificados
__ **staff**: personal sin clasificar
unclean bill of lading: conocimiento (de embarque) sucio o con reservas
uncleared goods: mercancías no despachadas (o que aún no han pagado los derechos)
uncoated paper: papel sin estuco, sin encolar
uncollected contributions: cuotas no recaudadas
__ **items**: efectos por cobrar
uncollectible account: cuenta incobrable o irrecuperable
uncommitted balance: saldo disponible
__ **funds**: fondos disponibles; fondos no comprometidos
__ **lending capacity**: capacidad de préstamo disponible

uncommon: insólito, poco común, poco frecuente; escaso; extraordinario
uncompacted tip: descarga sin compactar (basura)
uncompromising: inflexible, intransigente; absoluto
__ **integrity:** integridad absoluta
unconditional acceptance: aceptación pura y simple, incondicional
__ **sentence:** condena no condicional (de cumplimiento íntegro)
uncongenial job: trabajo desagradable
unconscionable: poco escrupuloso; desmedido, desmesurado, exagerado, extravagante
unconstitutional: inconstitucional; anticonstitucional
uncontestable clause: cláusula de incontestabilidad
uncontrolled urban settlement: colonización urbana no regulada
uncoordinated: puntual, aislado
uncovered credit: crédito descubierto, sin garantía material o en blanco
__ **goods:** mercancías no embaladas
__ **transport:** transporte al descubierto
uncrossed check: cheque al portador
uncultivable land: tierra inaprovechable
uncultivated: inculto, baldío, erial
__ **lands:** tierras baldías
uncut tobacco: tabaco en rama
__ **wood:** madera en rollo
undebatable motion: moción no debatible, que puede someterse a votación sin discusión
undelivered letter: carta sobrante no entregada al destinatario
__ **pledges:** promesas de contribución sin cumplir
undeniable: (leg) inconcuso
undeniably true: innegable
undepreciated cost: costo no depreciado o sin depreciación
under: de acuerdo con; en virtud de; de conformidad con; dentro de los límites de; bajo; so (so pretexto de)
__ **a cloud:** bajo sospecha, desacreditado
__ **arrest:** bajo arresto, detenido
__ **Article X:** en el marco del Artículo X, a tenor del Artículo X
__ **bond:** bajo control aduanero (fábricas, depósitos, etc.)
__ **consideration:** en consideración, en estudio, es objeto de estudio
__ **construction:** en construcción
__ **contract:** bajo contrato
__ **cover:** al abrigo, bajo techo, a cubierto
__ **customs seal:** sellado por la aduana
__ **development:** en estudio
__ **discusion:** sobre el tapete
__ **dispute:** en litigio
__ **duress:** bajo presión, por compulsión
__ **examination:** sometido a examen, objeto de examen, se está examinando

__ **fully competitive conditions:** en condiciones de competencia
__ **his authority:** bajo su autoridad
__ **instructions from:** conforme a instrucciones de, cumpliendo instrucciones de, por encargo de, por orden de
__ **investigation:** sumariado
__ **my hand and seal:** firmado y sellado por mí
__ **new management:** bajo nueva dirección
__ **no circumstances:** (ni) por nada del mundo, por ningún concepto o motivo
__ **no indebtedness (to a bank):** a paz y salvo
__ **oath:** bajo juramento
__ **obligation:** obligado, bajo obligación
__ **paragraph 2:** acogiéndose al, en virtud del, de conformidad con el párrafo 2
__ **repair:** en (proceso) de reparación
__ **sealed cover:** bajo pliego cerrado o sellado
__ **separate cover:** en pliego aparte, en sobre aparte, por separado, por correo aparte
__ **standard conditions:** en condiciones normales
__ **study:** en estudio, es objeto de estudio
__ **the auspices of:** bajo los auspicios de, bajo el patrocinio de
__ **the aegis of:** bajo el patrocinio de, bajo tutela de, bajo la protección de
__ **the authority of:** bajo la autoridad de
__ **the caption:** bajo el rubro de, bajo el título de
__ **the circumstances:** en estas circunstancias
__ **the command of:** al mando de
__ **the heading of:** bajo el encabezamiento de, bajo el título de, bajo el epígrafe de, bajo la rúbrica de
__ **the law:** conforme a la legislación
__ **the leadership of:** bajo la dirección de
__ **the pretense of:** con el pretexto de, so pretexto de
__ **the pretext that:** con el pretexto de que, so pretexto de que
__ **the provisions of Article 10:** en virtud de las disposiciones del Artículo 10
__ **the same cover:** adjunto
__ **the sponsorship of:** bajo el patrocinio de, patrocinado por
__ **the terms of:** en los terminus de, en las condiciones de, según los términos de, según las condiciones de
__ **the umbrella of:** bajo los auspicios de
__ **this agreement:** a tenor de este acuerdo
__ **uncertainty:** en condiciones de incertidumbre
__ **way:** en curso, en marcha, en movimiento, en camino, en vías de ser
under-the-line expenditures: gastos extraordinarios
underaccruals: subacumulaciones
underachiever: persona que rinde menos de lo esperado
underage: menor de edad; demasiado joven; (leg) incapacitado

underapplied expenses: gastos subaplicados
underbrush: malezas, monte bajo, broza, matorral, zarzales, sotobosque
undercapitalization: subcapitalización, capitalización insuficiente
undercharge: tasa insuficiente
undercollection: deficiencia de recaudación (impuestos)
underconsumption: infraconsumo, subconsumo
undercount: recuento incompleto
undercover struggle: lucha sorda
undercurrent: corriente submarina, corriente superficial; (fig) tendencia oculta; fondo
undercut prices: vender a precios inferiores
undercutting (of prices): reducción de precios, baja de precios
underdemand: falta de demanda; infrademanda
underdeveloped countries: países subdesarrollados o en (vías de) desarrollo
underdevelopment: subdesarrollo; escaso desarrollo
underemployed: subempleado
underemployment: subempleo; desempleo parcial; subocupación; infraocupación; empleo insuficiente; empleo reducido; empleo incompleto
underenumeration: (est) subenumeración
underestimate: s subestimación; v subestimar, menospreciar, subvalorar
underfed population: población subalimentada; población desnutrida
underfeeding: hipoalimentación, alimentación deficiente
underflow: corriente subterránea
undergraduate: (estudiante) universitario: estudiante de los cuatro primeros años de la enseñanza superior; aspirante al primer título universitario; estudiante que no ha recibido el primer título universitario
__ **nurse:** enfermera alumna
__ **studies:** estudios para recibir el primer título universitario, estudios del primer ciclo universitario
__ **training:** formación universitaria
underground: subterráneo, secreto, clandestino
__ **economy:** economía oculta, clandestina o sumergida; economía subterránea o paralela
__ **flow:** escurrimiento (flujo) subterráneo
__ **movement:** movimiento clandestino; movimiento de resistencia
__ **natural water conduit:** vena de agua
__ **parking:** estacionamiento subterráneo
__ **tank:** tanque soterrado
__ **water:** agua subterránea; agua freática
undergrowth: matorral; monte bajo; maleza
underinvestment: subinversión; inversión insuficiente
underinvoicing: facturación a precios inferiores a los reales; subvaloración
__ **of imports:** subfacturación de las importaciones
underlay: (imp) s calce, realce; calzo; v reforzar, realzar

underleveraged: con bajo coeficiente de endeudamiento
underlie: estar en la raíz de, estar debajo de, subyacer, ser la razón fundamental
underline: subrayar, hacer hincapié, recalcar, destacar, enfatizar
underlying bonds: obligaciones prioritarias
__ **cause of death:** causa básica de defunción
__ **costs:** costos implícitos
__ **disease:** enfermedad subyacente
__ **inflation:** inflación subyacente
__ **trend:** tendencia subyacente
undermilled rice: arroz semiblanco, arroz blanco semielaborado
undermine: socavar, minar, debilitar
undernourished: desnutrido
undernourishment: subalimentación
undernumeration: subenumeración, laguna en las declaraciones
undernutrition: desnutrición
underpaid: subremunerado, con sueldo insuficiente
underpar children: niños insuficientemente dotados
underpass: paso subterráneo, paso inferior
underpayment: pago incompleto
underplanting: plantación bajo cubierta natural
underpopulation: subpoblación
underprice: subprecio, precio inferior al corriente
underpricing: fijación de los precios por debajo de los costos
underpriviledged: desfavorecidos, marginados
__ **child:** niño necesitado; niño subprivilegiado
__ **people:** menos afortunados, más pobres, paupérrimos, marginados
__ **person:** persona desfavorecida
__ **sector:** sector marginado
underquote: cotizar precios más baratos
underrate: menospreciar, subestimar
underrecruitment: contratación insuficiente
underregistration: subregistro
underreporting: notificación incompleta
underrun: subutilización; sobrestimación; (pl) excedentes presupuestarios
__ **costs:** costos inferiores a los previstos; infra-costos
__ **budget:** excedentes presupuestarios; subutilización del presupuesto
underscore: subrayar, destacar, hacer hincapié, recalcar
undersecretary: subsecretario, vicesecretario
undersell: vender a precios inferiores
underselling: limitación voluntaria de las ventas
underserved population: población subatendida o mal atendida
undershooting (target): reacción insuficiente (meta, objetivo)
undersigned: infrascrito, suscrito, los firmados al calce, los abajo firmantes
undersowing: siembra intercalada
understaffed: sin personal suficiente

understanding: inteligencia, entendimiento; comprensión; armonía, compenetración; interpretación, manera de entender; arreglo; relación amistosa; convenio; ajuste
understatement: exposición atenuada (incompleta); declaración modesta; eufemismo
__, **make an;** quedarse corto en la exposición o aserción; decir menos de la realidad; atenuar la exposición
understorey: (silv) piso inferior
__ **plants:** plantas del nivel inferior, plantas del sotobosque
understudy: suplente; sustituto; aprendiz
undersupply: insuficiencia de oferta
undertake: emprender, acometer; encargarse de; comprometerse a; prometer
__ **searches:** (leg) practicar allanamientos o registros
__ **the defense:** asumir la defensa
undertaking: tarea; empresa; (leg) compromiso; garantía; obligación
undertone: voz baja; murmullo; fondo; trasfondo; corriente
undertrend: tendencia fundamental o subyacente
undervaluation: subvaloración
undervalue: tasar o valorar en menos
undervalued currency: moneda subvaluada o subvalorada
underwater habitat: habitat subacuático; habitación submarina
underworld: bajos fondos; el hampa; el bajo mundo, gente maleante
underwrite a risk: asegurar contra un riesgo
underwriter: (seg) asegurador, suscriptor de valores, compañía o empresa aseguradora; garante (bonos), fiador, suscriptor
underwriting: suscripción de acciones
__ **association:** sindicato de aseguradores
__ **authority:** autoridad emisora
__ **banks:** consorcio (bancario) de colocación
__ **committment:** operación de garantía de emisión (valores)
__ **costs:** costos de colocación; costos de suscripción, costos de garantía de emisión
__ **facility:** servicio de suscripción de acciones
__ **fee:** comisión de suscripción, comisión de garantía
__ **of bonds:** garantía de emisión de valores
__ **of possible losses:** garantía contra posibles pérdidas
__ **syndicate:** sindicato (consorcio) garante; consorcio de emisión o emisor
undesirable: desventajoso; inconveniente; indeseable; poco interesante, desagradable; nocivo; pernicioso
__ **exercise of market power:** peligros de un abuso de poder del mercado
undeveloped land: terreno inexplotado
__ **plot:** lote sin servicios no urbanizado
undigested securities: valores de difícil colocación
undisbursed balance: saldo a favor; saldo no desembolsado
__ **commitment:** suma no desembolsada correspondiente a un compromiso; compromiso no desembolsado
__ **debt:** deuda no desembolsada o pagada
undisclosed principal: comitente encubierto; mandante no nombrado, encubierto
__ **reserve:** reserva encubierta
undisputed: incontestable; indiscutido; indiscutible, incontrovertido
__ **truth:** verdad indiscutible
undistributed costs: gastos no distribuidos o no prorrateados
__ **earnings:** ganancias no repartidas; utilidades sin distribuir; utilidades retenidas
__ **expenses:** gastos no distribuidos
__ **residual:** saldo no asignado o no imputado
undisturbed posession: (leg) posesión pacífica
__ **sample:** muestra inalterada o reposada (suelo)
undivided estate: herencia indivisa
__ **profits:** utilidades no repartidas; ganancias no distribuidas
undoubted acts: actos indubitados
undrawn balance: saldo no utilizado
__ **borrowings:** empréstitos pendientes de utilización
undue disturbances: perturbaciones injustificadas
undying words: palabras lapidarias
unearned increment: plusvalía
__ **income:** ingresos no provenientes del trabajo; ingresos no laborales, no salariales; renta no salarial; (cont) ingresos o haberes diferidos
__ **interest:** intereses no devengados; intereses por vencer, intereses cobrados anticipadamente
uneconomic production: producción antieconómica
uneconomical: dispendioso, costoso
unemployable: incapacitado para un empleo
"unemployables": clases pasivas
unemployment: desempleo; desocupación, cesantía
__ **allowance:** subsidio (compensación) de desempleo
__ **assistance:** ayuda al desempleado
__ **benefit:** seguro de desempleo, indemnización por desempleo, subsidio por desempleo, prestaciones de desempleo
__ **between jobs:** paro friccional
__ **compensation:** compensación por desempleo o cesantía
__ **due to rationalization:** (Esp) paro tecnológico
__ **fund:** caja de desempleo
__ **rate:** índice o tasa de desempleo
__ **relief:** auxilio de cesantía
__ **works:** obras públicas para combatir el desempleo
unencumbered: libre de gravamen, saneado, no gravado; no sujeto a cargas; a veces: disponible
__ **balance:** saldo no comprometido, saldo disponible

unequated: sin igual, único, sui generis
unequal distribution (of the benefits of the common market): asimetría en la distribución de los beneficios del Mercado común
uneven: accidentado; desigual; impar; irregular; desnivel
__ **progress:** progresos irregulares
uneven-aged forest: bosque irregular
unexpected: inesperado; imprevisto
unexpendable: no tangible; no gastable
unexpended balance: saldo no utilizado
__ **income:** ingresos no utilizados
unexpired term: período no terminado (no vencido) del mandato
unexploited: sin explotar; no aprovechado
unfailing friendship: amistad incondicional
unfair competition: competencia desleal o injusta
__ **practices:** prácticas desleales
unfavorable balance of trade: balanza comercial desfavorable, pasiva o deficitaria; déficit comercial
unfermented grape juice: mosto
unfettered right: derecho irrestricto
unfilled jobs: vacantes
__ **orders:** pedidos no despachados, pedidos pendientes
__ **vacancies:** empleos vacantes, puestos de trabajo no cubiertos
unfinished business: asuntos pendientes o inconclusos (no concluidos)
__ **logs:** troncos sin elaboración
__ **products:** productos semiacabados
unfit: impropio; incapaz; inadecuado; incompetente; inútil
unfluoridated water: agua no fluorurada
unforeseen developments: evolución imprevista de las circunstancias, situaciones imprevistas
__ **expenses:** gastos imprevistos
__ **liabilities:** obligaciones imprevistas
unforgetable words: palabras lapidarias
unfounded: (leg) improcedente; inadmisible; sin mérito
unfreeze: (fin) descongelar, desbloquear
unfulfilled commitments: compromisos por cumplir; compromisos incumplidos
unfunded allotment: asignación sin respaldo
__ **costs:** costos para los que no se han previsto fondos
__ **debt:** deuda flotante o no consolidada
__ **interest:** interés no financiado
__ **liabilities:** obligaciones sin financiamiento previsto
__ **system:** sistema financiado con aportaciones (seguro social)
__ **trust:** fedeicomiso sin depósito de fondos
unginned cotton: algodón en rama
ungraded posts: puestos sin clasificar; puestos sin grado
__ **school:** escuela de clase újnica; escuela de enseñanza individualizada (los alumnos no están divididos en clases o secciones)
unharmed: incólume, ileso, intacto
unharmonic mean: media antiarmónica
unharvested (crops): en pie (cultivos)
unhealthful: insalubre; malsano
unhealthy: enfermizo; insalubre; malsano; morboso
__ **person:** persona que no se encuentra en buen estado de salud
unhoarding of gold: desatesoramiento del oro
unhulled coffee: café en pergamino
unhygienic work: trabajo insalubre
unicurrency pegging: vinculación a una sola moneda
unidimensional attitude: actitud que (al ser medida) representa un solo factor
unified appeal: llamamiento conjunto
__ **bonds:** obligaciones de conversión, de consolidación
__ **cross rates:** tipos de cambio concordantes, homogéneos, paridades homogéneas (correspondencia entre tipos de cambio de diversos países)
__ **studies approach:** reagrupamiento y fusión de disciplinas
uniform accounting: contabilidad normalizada
__ **accounting manual:** guía contable normalizada
__ **customs:** usos uniformes
__ **price:** precio único
__ **sampling fraction:** fracción constante de muestreo
uniformity trial: prueba de uniformidad
unilateral transfer: transferencia unilateral (balance de pagos)
unilinear tariff: arancel de columna simple
unimodal distribution: distribución unimodal
unimpaired capital: capital libre de gravámenes
__ **reserves:** reservas sin gravámenes
unimpeachable: irrevocable
unimproved land: campo natural
unincorporated body: agrupación sin personalidad moral o jurídica
__ **enterprise:** empresa no constituida en sociedad de capital
uninsured deposit: depósito sin seguro
unintentionally: accidentalmente; involuntariamente; sin intención; sin querer
uninterruptedly: sin solución de continuidad
uninvested funds: fondos sin invertir
union card: carnet sindical
__ **catalog(ue):** (bibl) catálogo colectivo
__ **clause:** cláusula de exclusión
__ **delegate:** delegado sindical o del gremio; diputado sindical; enlace sindical
__ **dues:** cuota sindical o del gremio
__ **fabrics:** tejidos mixtos
__ **label:** etiqueta sindical
__ **leadership:** cúpula sindical
__ **member:** afiliado a sindicato

__ **membership:** afiliación sindical
__ **officials:** dirigentes sindicales
__ **organizer:** organizador de sindicatos obreros
__ **scale:** escala de jornales del gremio
__ **shop:** empresa de exclusividad gremial; empresa con afiliación sindical obligatoria
unionism: unionismo, sindicalismo, gremialismo
unionization: sindicalización
unionize: sindicalizar; agremiar; formar un sindicato
unionized sectors: sectores sindicalizados
uniprepared personnel: personal monovalente, personal que ejerce una sola función
uniprofessional education: enseñanza uniprofesional
unique factor: factor único, excepcional; extraordinario; singular; señero
__ **goods:** artículos especiales, no de serie
uniqueness: unicidad; singularidad
unit: unidad; elemento; servicio; sección; oficina; dependencia; (agr) parcela
__ **and investment trusts:** sociedades de inversión cerradas y abiertas
__ **cost:** costo unitario o por unidad
__ **cost index:** índice de costo unitario
__ **deviation:** desviación unitaria
__ **elasticity of demand:** elasticidad de la demanda igual a la unidad
__ **expenditures:** gastos unitarios
__ **inventory:** inventario por unidades
__ **labor cost:** costo unitario del trabajo o de la mano de obra
__ **load:** carga unitaria; carga por unidad
__ **load vessel:** buque de transporte de unidades de carga
__ **management system:** sistema de administración de unidades
__ **of account;** moneda de compensación; unidad de cuenta
__ **of instruction:** (edu) unidad didáctica
__ **price contract:** contrato a (de) precio unitario
__ **record:** historia clínica única, registro de unidad
__ **teller:** cajero pagador y cobrador
__ **train:** tren unidad (cargado de carbón, por ej. y en horario muy controlado); tren-bloque
__ **trust:** sociedad inversionista por obligaciones
__ **value export index:** índice del valor unitario de las exportaciones
unit-managed costs: costos o gastos descentralizados
unit (ary) elasticity: elasticidad igual a la unidad
unitization: unitarización
unitized cargo: carga unitarizada
unity: unidad; armonía; unión
univariate distribution: distribución a una variable
universal bank: banco mixto
__ **Copyright Convention:** Convención Universal sobre Derechos de Autor
__ **Declaration of Human Rights:** Declaración Universal de Derechos Humanos

__ **education:** escolarización total, educación para todos
__ **primary school:** universalidad de la escuela primaria
__ **remedy:** panacea
university college: (EUA) colegio universitario (centro de enseñanza preuniversitaria que ofrece cursos diurnos y nocturnos)
__ **chair:** cátedra universitaria
__ **degree:** título universitario
__ **department:** departamento de la universidad; facultad o sección universitaria
__ **extension services:** servicios de extensión universitaria; servicios de extensión cultural de la Universidad
__ **graduate:** graduado universitario; universitario; licenciado
__ **hospital center:** centro médico universitario
__ **school:** facultad o departamento de la universidad
__ **sectors:** estamentos universitarios
__ **subject:** cátedra universitaria
unlawful: ilícito; ilegal; ilegítimo; delictivo
__ **assembly:** reunión ilícita
__ **coercion:** (leg) apremios ilegales
__ **detainer:** desahucio en precario
__ **entry:** (leg) escalamiento
__ **harassment and coercion:** vejaciones y apremios ilegales
unleavened cereals: cereales ácimos
unless otherwise determined: salvo decision en contrario
__ **otherwise provided for:** salvo disposición en contrario
__ **otherwise stated:** a menos que se indique otra cosa, salvo indicación en contrario
__ **the Council demurs:** salvo mejor opinión del Consejo
unlicensed: sin licencia, sin patente; no autorizado; ilícito
unlike: diferente; distinto; a diferencia de; contrariamente a
unlikely: improbable; poco probable; increíble; inverosímil; insospechado
unlimited issue of paper money: emisión inorgánica de papel moneda
__ **liability (of a debtor):** responsabilidad ilimitada o general (de un deudor)
unlinked short-term assets: activo realizable a corto plazo
unliquidated balance: saldo sin liquidar o pendiente de pago
__ **damages:** daños ilíquidos o no determinados
__ **debt:** deuda por pagar, deuda sin saldar
__ **expenses:** gastos sin saldar
__ **obligations:** obligaciones pendientes; obligaciones por pagar o por liquidar; obligaciones no liquidadas
__ **trading:** operaciones con valores no cotizados
unlisted securities: valores no admitidos a cotización, valores del mercado no cotizados

| UNLISTED | UNRESTRAINED |

unload: descarga; desembarcar
unlocated worker: trabajador ambulante
unmanaged ecosystem: ecosistema sin explotar
unmanned capsule: (aero) cápsula inhabitada
unmanufactured tobacco: tabaco sin elaborar
unmarketable: invendible; incomerciable
unmarketed services: servicios no comercializados
unmarried mother: madre soltera
__ **motherhood:** maternidad extramatrimonial
__ **participant:** afiliado no casado
unmatured bills: documentos por vencer
__ **interest:** interés no devengado
unmilled maize: maíz desgranado
unmistakable; inconfundible; inequívoco
unnecessary expenses: gastos inútiles
unnotarized contract: contrato quirografario
unobligated allotment: crédito disponible
__ **balance:** saldo sin liquidar; saldo sin asignar, saldo disponible; saldo no comprometido
unoccupied: desocupado; deshabitado; vacante; sin empleo
unofficial: no oficial; oficioso; extraoficial
__ **information:** información oficiosa
__ **meeting:** reunión oficiosa o extraoficial
__ **status:** carácter oficioso (o extraoficial)
unofficially: a título oficioso; de fuente oficiosa
unopposed candidate: candidato único
unorganized worker: trabajador no sindicado
unpacking: desembalaje, desempaque
unpackaged transfer of technology: transferencia de tecnología disociada
unpackaging of technology: disociación de tecnología
unpaid: pendiente de pago; no pagado
__ **balance:** saldo impagado, saldo pendiente de pago; saldo sin pagar, saldo impago o insoluto
__ **benefit:** prestación impaga(da), prestación pendiente de pago
__ **family work:** trabajo doméstico no remunerado
__ **family worker:** trabajador de familia no remunerado
__ **liability fund:** fondo de obligaciones por liquidar
unparalleled: sin par; incomparable; sin precedente
unpeeled wood: madera no descortezada
unpeg the rate: desvincular, dejar fluctuar el tipo de cambio
unpolished diamond: diamante en bruto
__ **rice:** arroz sin pulir o no descascarado, sin elaborar
unprecedented: inaudito; sin precedente
unprocessed log: tronco o troza sin elaborar
__ **milk:** leche natural; leche cruda
unproductive: improductivo; infructuoso; estéril
unprofitable: antieconómico; improductivo; no lucrativo; inútil; contraproducente
unprogramed balance: saldo no asignado a programas

unpublished: inédito, no publicado
unqualified: (leg) inhabilitado; inhábil; incompetente; desautorizado; absoluto; sin reserva(s), incondicional; (com) completo; entero
__ **birth attendant:** partera sin formación profesional
__ **certificate:** certificado sin salvedades
__ **commitment:** compromiso no condicionado
__ **endorsement:** (com) endoso completo; aprobación sin reservas
__ **opinion:** opinión sin reservas
__ **statement:** declaración categórica
__ **support:** apoyo sin reservas, incondicional
__ **teacher:** maestro no diplomado
unquestioned facts: actos indubitados
unquestioning faith: fe incondicional
unrealized income: ingresos por cobrar o por realizar, utilidades no realizadas
__ **losses:** pérdidas no realizadas
__ **profits:** utilidades no realizadas
unreasonable demands: pretensiones desmedidas, exageradas o inmoderadas
__ **prices:** precios exorbitantes
unrecorded: no registrado; no anotado
__ **obligations:** obligaciones sin asentar, no registradas, no anotadas o no asentadas
unredeemed loan: préstamo no reembolsado o pendiente de reembolso
unrefined: no refinado; impuro; en bruto; inculto; ordinario
unrefundable: no restituible
unregistered mail: correspondencia no certificada
unregulated housing: viviendas no sujetas a reglamentaciones
unrelated buyers and sellers: empresas compradoras y vendedoras no vinculadas entre sí
unreleased funds: fondos no disponibles para préstamos
unrelenting: implacable, inflexible, inexorable
unreliable: informal; indigno de confianza; que no es de fiar; poco seguro; no confiable
unreliability: falta de confiabilidad
unrequited exports: exportaciones que no dan lugar a pago, no compensadas, exportaciones sin contrapartida
__ **payment:** pago sin contrapartida o sin contraprestación
__ **remittances:** transferencias gratuitas, unilaterales
__ **transaction:** transacción unilateral
__ **transfer:** transferencia sin contrapartida (cuentas nacionales); transferencia unilateral (balanza de pagos)
unreserved approval: aprobación sin reservas
unresponsive to: insensible a, inflexible, inelástico
unrest: desasosiego, inquietud
unrestrained competition: competencia desenfrenada o despiadada
unrestricted: sin trabas; libre; ilimitado
__ **competition:** competencia abierta, libre con-

currencia
__ **currencies:** monedas de uso ilimitado, monedas de libre uso
__ **distribution:** distribución general (documentos)
__ **funds:** fondos de libre disponibilidad
__ **random sample:** muestra irrestrictamente aleatoria
__ **subscription:** suscripción no sujeta a restricciones
unroot: descuajar, desarraigar, extirpar
unruly child: niño insubordinado
unsafe: peligroso; arriesgado; poco seguro
unscheduled: no programado; no planeado
__ **exports:** exportadores ocasionales, esporádicos
unseasoned investment: inversión que no ha alcanzado su pleno rendimiento
__ **timber:** madera verde
unsecured: no garantizado; no respaldado; sin colateral
__ **creditor:** acreedor quirografario
__ **debt:** deuda no garantizada, deuda quirográfica
__ **loan:** préstamo sin caución o a sola firma; préstamo no garantizado, no respaldado, sin colateral, préstamo de honor, préstamo quirogra-fario
__ **notes:** documentos o pagarés sin garantía
__ **paper:** documento sin garantía prendaria
unsettled conditions: condiciones inseguras
unshakable: irreductible
unsinkable debt: deuda perpetua, no amortizable
unskilled labor: mano de obra no calificada
__ **work:** trabajo no especializado
__ **worker:** trabajador no calificado (inexperto), peón
unsliced bread: pan entero
unsmoothed data: datos antes del análisis de regresión
unsociable: insociable; intratable
unsolicited requests: solicitudes no requeridas o espontáneas
unsolved issues: interrogantes
unsound argument: argumento inconsistente
__ **currency:** moneda inestable
__ **policy:** política errónea o desatinada
unspeakable: indecible; execrable; inefable; incalificable
unspent: (suma) no gastada
__ **commitment:** suma no utilizada correspondiente a un compromiso; compromiso no utilizado
__ **credit balance:** saldo acreedor no utilizado
unspoken agreement: acuerdo tácito
unsteady wind: viento irregular
unstocked: (silv) sin masa forestal o despoblado
unstructured time: tiempo no dedicado a una actividad especial
unstuffing of containers: vaciado de contenedores, desarrumazón
unsubdivided plot: terreno no parcelado
unsuccessful: sin éxito; fracasado; fallido; vano;

infructuoso
__ **attempt:** intento fallido
__ **bid:** oferta no favorecida o desestimada
__ **candidate:** candidato derrotado; candidato suspendido (examen)
__ **pregnancy:** embarazo malogrado
__ **tenderer:** licitador no adjudicatario
unsuitability: impropiedad; inadecuación; ineptitud; falta de aptitud; inconveniente; inoportunidad
unsuitable: incompetente; no apto; inadecuado; impropio; inconveniente; inoportuno
unsurfaced roads: caminos no revestidos; caminos sin pavimento
unsuspecting: confiado; poco suspicaz o sospechoso
unsustainable: improcedente
unsworn statement or declaration made by an arraigned person: (leg) indagatoria
untapped resources: recursos inexplotados o sin explotar
untaxed: libre o exonerado de impuestos
unthinkable: impensable; inconcebible; inimaginable
untie: desatar; zafar; desligar; soltar
untied aid: ayuda incondicional; ayuda no condicionada o desvinculada
__ **foreign exchange resources:** divisas sin destino fijo
__ **investment:** inversión incondicional
__ **loan:** préstamo sin condiciones especiales
until further notice: hasta nuevo aviso, por de pronto, por lo pronto
__ **now:** a esta parte, hasta ahora
untilled land: tierras baldías, tierras incultas
untraceable patients: pacientes de paradero desconocido
untrained: sin formación, inexperto, que no ha realizado estudios, le falta entrenamiento, no calificado, sin preparación
untried prisoner: inculpado
untying of aid: desvinculación de la ayuda
unusable: inutilizable, no aprovechable, inservible
unused appropriations: créditos no utilizados (presupuesto)
__ **balance:** saldo no utilizado
__ **capacity:** capacidad no utilizada
__ **capital:** capital no emitido
__ **credit line:** saldo disponible de una línea de crédito
unusual: extraño, raro, insólito; desacostumbrado, inhabitual; poco común; excepcional, extraordinario, inusitado, poco empleado
unusually: excepcionalmente
unvalued policy: (seg) póliza abierta (sin valor prefijado o declarado)
unvarnished truth: verdad lisa y llana
unveil (statue): inaugurar, descubrir
unwanted advice: consejos no solicitados
__ **child:** niño no deseado

unwarranted claims: reclamaciones infundadas
unwavering: constante, firme, resuelto; inquebrantable; fijo
unweaned calf: ternero mamón (lechal)
__ **child:** lactante
__ **heifer calf:** ternera mamona
unweighted index: índice no ponderado
__ **mean:** media no ponderada
__ **tariff averages:** promedios arancelarios no ponderados
unwillingly: de mala gana, a disgusto
unwithdrawn profits: ganancias no retiradas
unwrought copper: cobre en bruto
up tick: aumento del precio de valores
ups and downs: altibajos, vicisitudes
up-and-down method: método de altibajos
up-time: (comp) tiempo útil
up-to-date: moderno, de moda, al día, al corriente, al tanto; avanzado
__ **(modern) farming practices:** producción tecnificada
up-to-the-minute news: noticias de última hora
__ **reporting:** reportaje instantáneo
upbringing: educación del niño
update: actualizar, poner al día, modernizar
updated: al día, actualizado
upgrade: s pendiente, rampa, subida, cuesta arriba; a ascendente; v ascender, reclasificar, clasificar un puesto a un grado superior o a una categoría más alta, elevar la categoría de un puesto, mejorar, superar, refinar
upgraded cow: vaca encastada
__ **mineral:** mineral concentrado
upgrading: (edu) formación complementaria; ascenso, reclasificación, promoción a un grado superior; reconversión, reciclaje, mejoramiento, perfeccionamiento; habilitación (vivienda); encastamiento, cruzamiento absorbente (ganado)
__ **of farms:** ampliación de fincas demasiado pequeñas
__ **of skills:** perfeccionamiento
upheaval: trastorno, agitación, solevantamiento
uphill work: trabajo arduo
uphold: (leg) declarar procedente, sostener, apoyar, defender, sustentar
__ **a claim:** apoyar una petición
__ **a sentence:** (leg) confirmar una sentencia
__ **an opinión:** sostener, apoyar o defender una opinión
upholstery: tapicería, tapizado
upkeep: conservación, mantenimiento, mantención (familia), entretenimiento
__ **costs:** gastos de conservación o mantenimiento
upland coffee: café de tierra alta
__ **cotton:** algodón de altura, algodón americano, algodón velloso
__ **crops:** cultivos de la altiplanicie, cultivos de tierras altas, cultivos de montaña, de altura
__ **farming community:** comunidad agrícola de montaña, de altiplano

__ **rice:** arroz de secano, arroz de montaña, arroz pluvial
uplift: ajuste al alza
uploading: (comp.) transferencia hacia el sistema principal
upon authorization: previa autorización
__ **my honor:** por mi honor, por mi palabra de honor
__ **my word:** por mi palabra, a fe mía
__ **petition of any party concerned:** a instancia de parte interesada
__ **request:** a solicitud de, previa solicitud
__ **the recommendation of the district attorney:** oído el fiscal
upper air: capa superior de la atmósfera
__ **berth:** cama (litera) superior
__ **classes:** clases superiores
__ **classman:** (EUA) estudiante del tercero o cuarto año de college
__ **control limit:** límite máximo
__ **crust:** la flor y nata
__ **limit on admissions (to a university):** numerus clausus
__ **ocean:** capa superior de los océanos o del mar
__ **reaches of the Amazon:** cuenca alta del Amazonas
__ **secondary education:** educación secundaria de ciclo superior
upper-air station: estación aerológica
__ **wind:** viento de altura
upset: trastorno, alteración, episodio emotivo, perturbación
__ **price:** precio mínimo fijado; precio de base (subasta)
__ **rate:** tipo para subasta
upside and downside gaps: brechas al alza o a la baja (diferencia entre el precio de cierre y de apertura al día siguiente)
__ **down:** al revés
__ **returns:** rendimientos ascendentes
upstart: advenedizo, arribista, presuntuoso
upstream: aguas arriba, río arriba; a contracorriente
__ **approach:** procedimiento tradicional o convencional
__ **dumping:** dumping de insumos, dumping previo
__ **industries:** industrias de materias primas
__ **innovations:** innovaciones inducidas por la investigación
__ **processes (processing):** (ind) primeros procesos; procesos iniciales; primeras etapas de producción
__ **research:** investigación aplicada básica
__ **services:** servicios relativos al proceso de producción
upsurge: ola (inflación); repunte (inversión), (fig) proliferación
upswing: (econ) movimiento ascendente, fase ascendente o de expansión, mejoramiento,

auge coyuntural, reanimación
uptake mechanism: mecanismo de absorción
uptrend: movimiento alcista
upturn: recuperación o reactivación de la economía, mejoramiento de la coyuntura económica, iniciación de la fase ascendente; cambio favorable de la coyuntura
___ **multiplier:** multiplicador al alza
upward adjustment: ajuste al alza
___ **bias:** sesgo por exceso
___ **mobility:** movilidad ascendente
___ **readjustment:** reajuste de los precios al alza
___ **rigidity:** rigidez al alza
___ **trend:** tendencia alcista o al alza, tendencia ascendente
upwelling: ascensión de las aguas profundas, afloramiento de agua
___ **current:** corriente ascendente
___ **regions:** regiones de corrientes ascendentes
urban blight: tugurización
___ **decay:** deterioro urbano
___ **development:** ordenación urbana, urbanización
___ **drift:** influjo urbano
___ **management:** urbanismo
___ **practice field:** lugar de práctica en el medio urbano
___ **renewal:** reordenación urbana; mejoramiento de barrios y tugurios
___ **sprawl:** aglomeración urbana, crecimiento urbano no planificado
___ **sprinkling:** proliferación de asentamientos urbanos
urban-rural differential: diferencias en la tasa de natalidad urbana y rural
___ **districts:** distritos en zonas rural y urbana
___ **relationships:** relaciones urbano-rurales, relaciones entre zonas urbanas y rurales
urban-total population ratio: índice de urbanización
urbanization: desarrollo urbano
___ **economies:** economías de urbanización
urge: exhortar, incitar, instar, encarecer
urgency: urgencia, premura, apuro
urgent problem: problema apremiante
___ **time limit:** plazo perentorio
usable size: tamaño comercial (madera de construcción)
usage: usanza, uso, costumbre
usance draft: efecto a vencimiento
use: *s* utilización, uso, empleo, aplicación, consumo, utilidad, finalidad; *v* hacer uso de, valerse de; consumir, gastar; aprovechar (se), servirse (de); *a* usar, utilizar, emplear, recurrir
___ **factor:** coeficiente de uso
___ **or apply modern methods:** tecnificar
___ **tax:** impuesto sobre servicios
___ **value:** valor de uso
used assets: bienes usados
___ **equipment:** equipo usado, de ocasión o de segunda mano

___ **water:** aguas negras
useful farm space: superficie agrícola útil (sin incluir bosques y zona no agrícola)
___ **life:** duración o vida útil
___ **storage volume:** volumen útil (de embalse)
user charges: tarifas a los usuarios
___ **cost:** costo de uso, costo para el usuario
user-based organization: organización de usuarios
user-friendly: (comp.) de uso fácil, amistoso
usher: acomodador: (leg) ujier; ordenanza
___ **in:** inaugurar, estrenar
usual employment: ocupación ejercida habitualmente, empleo habitual
usufruct security: prenda pretoria
utility function: función utilidad
___ **goods:** artículos de utilidad social
___ **of capital:** productividad o rentabilidad del capital
___ **room:** cuarto de servicio
utilities: empresas de servicio público, servicios públicos
utilization of results: explotación de los resultados
uttering: expedición de moneda, títulos o valores falsos, acción de defraudar con moneda falsa

V

vacancy: vacío; vacante; puesto vacante
___ **notice:** aviso de vacante
___ **rate:** tasa de vacantes; porcentaje de puestos vacantes
vacant lot: terreno baldío
vacate: evacuar, desalojar, desocupar, anular, revocar (sentencia
vacation abroad: vacaciones en el extranjero
___ **school:** cursos de vacaciones, escuela de verano, escuela de temporada
___ **with pay:** vacaciones pagadas; licencia remunerada
vaccinate: vacunar, inocular
vaccination certification: certificado de vacuna
___ **chute:** (agr) manga de vacunación
___ **kit:** botiquín de vacunación
___ **scar:** cicatriz vacunal
___ **schedule:** esquema de vacunación
___ **status:** antecedente de vacunación
___ **yard:** corral de vacunación
vaccine dilution: dilución vacunal
___ **potency:** actividad de la vacuna
___ **therapy:** vacunoterapia
___ **virus:** virus vacunal
vacuum bottle: termo, botella de vacío
___ **boxes:** cajas aspirantes
___ **brake:** freno de vacío
___ **cleaner:** aspiradora, limpiador de succión

__ **column**: columna de vacío
_ **control**: control de vacío
_ **flasks**: botellas isotérmicas
_ **milk**: leche desecada al vacío
__ **packed**: empacado al vacío
__ **pump**: bomba aspirante o de vacío
__ **relief valve**: válvula vacuorreguladora
__ **sweeper**: barredora-aspiradora
__ **tube**: tubo de vacío; válvula electrónica
__ **vessel**: recipiente isotérmico
vagaries of climate: caprichos del clima
vagrant child: niño vago o vagabundo
vague: vago; indefinido; impreciso; incierto
valediction: (edu) despedida
valedictory: discurso de despedida en los colegios
valid claim: reclamo válido; a veces: derecho de acción
validate: validar, convalidar; legalizar
validation of non-contributory service: validación de los servicios prestados sin afiliación; validación del período de servicio sin afiliación
validity: validez; valor; fuerza legal
valuable consideration: contraprestación en un contrato a título oneroso
valuation: evaluación; valoración; apreciación; avalúo; tasación; aforo aduanero
__ **charge**: (seg) sobreprima
__ **for customs purpose:** valoración aduanera, aforo
__ **of assets:** valoración del activo
__ **of security:** valoración de la garantía
value: *s* valor; precio; importancia; monto; significación; principio; beneficio; ventaja; (pl) escala o sistema de valores; *v* valorar, valorizar; tasar; estimar, apreciar, valuar
__ **added:** valor agregado
__ **as evidence:** mérito probatorio
__ **at cost:** valor de compra; de adquisición
__ **at current factor cost (or current prices):** valor a precios corrientes
__ **at maturity:** valor al vencimiento
__ **date:** fecha de valor (de una transacción)
__ **engineering:** análisis o ingeniería del valor
__ **for duty:** valor imponible
__ **for money:** optimización de los recursos
__ **in collection:** valor al cobro
__ **in exchange:** valor de cambio (de un bien)
__ **judgment:** juicio sobre cuestiones de principios; juicio de valores (valórico)
__ **of capital:** valor del capital, de un bien de capital, valor capitalizado
__ **of money:** poder de compra
__ **of net physical changes in stocks:** valor de las variaciones netas en el volumen de existencias
__ **on balance sheet:** valor en balance
__ **orientation:** escala de valores
__ **policy:** (seg) póliza de valor declarado, prefijado, póliza fija
__ **put in place:** valor (del equipo) instalado
__ **recovery clause:** cláusula de recuperación económica
__ **secured:** valor en prenda o garantía
__ **weighting:** ponderación de valores
value-added tax (VAT): impuesto al valor agregado (IVA)
value-based accounting: contabilidad según el costo; (valor) de reposición
valuer: tasador, valuador; apreciador
van: furgoneta; camioneta; (fc) furgón; vagón cerrado
vanishing: desvanecimiento (de una película)
__ **vote:** voto incierto
vantage ground: posición ventajosa
__ **point:** punto estratégico; posición ventajosa
varec: alga marina
variable (variate): variable; a veces: variante (*v gr* edad); característica cuantitativa
__ **budget:** presupuesto variable o ajustable
__ **costs:** costos o gastos variables
__ **quantity weights:** factores variables de ponderación cuantitativa
__ **speed drive:** accionamiento a velocidad regulable
variance: desavenencia; discrepancia; discordancia; desacuerdo; variación; (leg) divergencia; (est) varianza
__ **account:** cuenta de los gastos
__ **analysis:** análisis de la varianza
__ **pricing:** tarificación de la varianza
__ **ratio:** razón de las variaciones
__ **request:** solicitud de dispensa
variant : variante, variable ; mudable; indeciso
variation in the level of economic activity: desnivel de la actividad económica
varied economy: economía diversificada
variegated wool: lana jaspeada
"variety" shops: almacenes de precio único y bazares
__ **trial**: prueba, ensayo de variedades (semillas)
varnish: barnizar; paliar; disminuir; encubrir
varying interval prediction: pronóstico a intervalo variable
vault: bóveda; bodega; sótano, subterráneo; caja fuerte o de seguridad; tesoro de seguridad
__ **cash**: (bnc) reservas en efectivo o en metálico, efectivo en bóveda
__ **toilet**: letrina de pozo negro
vector analysis: análisis vectorial
__ **correlation**: correlación vectorial
vector-borne disease: enfermedad de transmisión vectorial
vegetable: planta, vegetal; (pl) legumbres; hortalizas, verduras
__ **cover**: cubierta vegetal
__ **crops**: productos hortenses, hortícolas
__ **fibers**: fibras vegetales
__ **garden**: huerta
__ **hair**: crin vegetal
__ **loss**: desaparición de la vegetación
__ **market**: verdulería

397

__ **milk processing**: elaboración de leche vegetal
__ **oil**: aceite vegetal
__ **protein food**: alimento vegetal rico en proteína
__ **protein mixtures**: mezclas de proteínas vegetales
__ **stall**: puesto de verduras
__ **survey**: reconocimiento de masas vegetales
vegetarian: vegetariano, vegetalista
vegetative propagation: multiplicación por estacas; multiplicación vegetativa
vehicle and equipment pool: flota común de equipo
__ **currency**: moneda "vehículo"
__ **fleet (stock pool)**: parque de vehículos, parque de material rodante
__ **(for negotiations)**: mecanismo
__ **roads**: camino carretero
__ **transit**: tránsito rodado
__ **weighing scale**: báscula de pesada, báscula para vehículos
vehicular gap: intervalo de marcha
__ **traffic**: tránsito vehicular o rodado
veil of pollution: capa contaminada
veiled: solapado (control)
__ **wool**: lana enredada
vein: (min) vena, nervio, veta, filón, manta, capa; humor, genio
__ **rock**: roca filoniana
vellum: vitela, pergamino
velour: veludillo, velur
velvet: terciopelo, velludo
velveteen: terciopelo de algodón, veludillo
vend: vender (esp. como vendedor ambulante)
vendee: comprador
vendible: vendible, venal
vending machine: máquina vendedora o expendedora
vendor: vendedor, buhonero, proveedor
veneer: chapa, hoja de madera; enchapado; revestimiento, (fig) barniz (de cultura)
__ **log cores**: duramen de trozas para chapas
__ **logs**: trozas para chapas
__ **plywood**: madera terciada en chapas
__ **sheets**: hojas (láminas) de chapa
__ **wood**: madera enchapada
veneering: enchapado, chapeado, chapería
vengefulness: espíritu vengativo
venipuncture: venipunción
vent: s respiradero, orificio de respiración, tobera, salida, paso, abertura; v (fig) desahogar (se), descargar
ventilated (improved) pit laterine: letrina de pozo mejorada con ventilación
venture: aventura, riesgo, empresa u operación arriesgada
__ **capital**: capital de riesgo o aventurado, capital de especulación, capital empresario, acciones ordinarias
venue: lugar (del crimen); punto (de reunión); (leg) jurisdicción
veracious; veraz, verídico
verbal: verbal, oral, de palabra, de viva voz, literal

__ **contract**: contrato verbal
__ **fluency**: facilidad de expresión
__ **patient**: paciente que puede expresarse
__ **request**: solicitud verbal
verbalism: expresión oral, palabrería
verbatim: al pie de la letra, palabra por palabra
__ **record**: acta taquigráfica, acta literal
__ **reporter (editor)**: taquígrafo parlamentario, redactor de actas
__ **reporting section**: sección de taquígrafos parlamentarios
__ **training guide**: guía de orientación de tipo verbal
verbiage: verbosidad, palabrería
verboseness: verbosidad, ampulosidad; palabrería, verborrea
verdict: fallo, sentencia, veredicto
__ **of guilty**: veredicto de culpabilidad o de condenación, fallo condenatorio, sentencia de culpabilidad
__ **of not guilty**: veredicto absolvente o absolutorio
verification: verificación, comprobación, confirmación, inspección
verify: verificar, comprobar, averiguar
vermin: bicho, parásito
vernacular: s vernáculo, idioma vernáculo; a nativo, local
__ **instruction**: instrucción o enseñanza (impartida) en el idioma vernáculo
versatile: de múltiples aptitudes o habilidades, que puede desempeñar diversas funciones, polifacético, adaptable; de múltiple talento, de gran erudición, con muchas facetas, que sirve para muchas cosas, muy útil, multifacético y polivalente, multifuncional, multipropósito
__ **stock**: acciones de valor inestable
versatility: versatilidad, adaptabilidad, flexibilidad, universalidad
version: versión, texto, exposición, interpretación
vertical articulation: (edu) articulación vertical (grado en que la trabazón y relación recíproca de los niveles sucesivos del sistema de educación facilitan el progreso escolar continuo, económico y eficiente de los alumnos)
__ **clearance**: altura libre
__ **cofinancing**: cofinanciamiento vertical
__ **combination**: (econ) integración vertical
__ **equity**: equidad vertical
__ **expansion**: (const) ampliación en monobloque
__ **shaft**: pozo vertical, pique
vessel: barco, nave, navío, buque, embarcación; vaso, vasija, recipiente
vest: invertir; conferir, conceder (autoridad)
__ **a right**: conferir un derecho
vest-pocket supermarket: supermercado en miniatura
vested in: atribuido (poder); concedido, conferido (derechos)

__ **interests**: intereses personales; (leg) derechos adquiridos
__ **rights**: derechos intrínsecos o adquiridos
__ **schools**: escuelas controladas por comités locales o consejos de administración a las que el Consejo de Educación otorga subsidios en ciertas condiciones
vestibule course: curso de iniciación (en el que se da a conocer la naturaleza, el alcance y las posibilidades de las actividades industriales asequibles para ulterior estudio y participación en ellos)
__ **door**: mampara corta viento
__ **school**: escuela en una fábrica para la capacitación de nuevo personal
__ **training**: curso de adiestramiento (encaminado a facilitar la adaptación de un nuevo empleado a la organización, a los procedimientos y al personal con los que ha de trabajar), taller-escuela
vestige: vestigio, huella, señal, rudimento
vet: verificar (a fondo), repasar, examinar
veteran: ex combatiente, veterano
veterans' education: educación de ex combatientes
veterinarian: médico veterinario
veterinary public health: veterinaria de salud pública
__ **science**: veterinaria, ciencia de la veterinaria
__ **surgeon**: médico veterinario
vetiver: vetiver (forraje común en Africa; usado también para controlar la erosión)
veto: *s* veto, derecho de veto; *v* prohibir, vedar, vetar, poner el veto
__ **power**: derecho de veto
vexed issue: cuestión batallona
viable: viable, capaz de vivir, factible
viaduct: puente de (para) carretera
vial: ampolla, redoma, frasco
vice-chairman: vicepresidente
vice-dean: vicedecano
vice-minister: viceministro
vice-presidency: vicepresidencia
vice-president: vicepresidente
vicinity: vecindad, cercanía, proximidad, alrededores.
vicious: vicioso, depravado, maligno, rencoroso, malicioso, malvado, malintencionado, censurable, reprensible, erróneo, atroz, horrible
victim of an offense: ofendido
victimize: tomar como víctima; perseguir; tomar represalias contra; engañar
victual: abastecer, avituallar
victuals: víveres, provisiones, comestibles, vitualla
victualer: abastecedor, proveedor
victualing: aprovisionamiento de alimentos
video: video, parte pictórica o visual del cine o de la televisión
__ **amplifier**: amplificador de video
__ **cassette**: videocasete, cartucho audiovisual

__ **frequency**: videofrecuencia
__ **record**: videodisco
__ **recorder**: magnetoscopio, videógrafo
__ **sound and image**: grabación de video con sonido e imagen
__ **switcher**: (selector); mezclador de video
__ **tape**: cinta magnetofónica, cinta televisual, cinta de grabación fonóptica, grabación con cinta, videograbación, videocinta
video-tape recorder: grabador de video, videogra-bador
view: vista, opinión, criterio, visión, escena, panorama, perspectiva, impresión, modo de ver, enfoque, idea, consideración
viewer: mirador, espectador, telespectador, televidente
viewing angle: ángulo de visión
__ **distance**: distancia de observación
viewpoint: punto de vista, aspecto
village: aldea, pueblo, caserío
__ **college**: establecimiento de enseñanza al que asisten alumnos de varias aldeas vecinas (funciona como escuela primaria durante el día y por la tarde ofrece cursos de educación de adultos y de formación profesional)
__ **extensión worker**: agente de extensión de poblado
__ **guest house**: albergue comunal
__ **school**: escuela rural
__ **woodlot**: bosque comunal
__ **worker**: auxiliar que trabaja en el pueblo
village-level worker: trabajador a nivel de poblado
vindicate: vindicar, defender, justificar (la conducta)
vindictive: vindicativo, vengativo
vine: vid, parra
__ **arbor**: emparrado, parrón
__ **branch**: sarmiento
__ **grower**: viticultor
__ **growing**: vinicultura, viticultura
__ **pest**: filoxera
__ **prop**: rodrigón
vineyard: viña, viñedo
vinicultural: vinícola
vintage: vendimia, cosecha
vintner: viñatero, tratante en vinos
vinyl film: lámina de vinílico
violate: violar, infringir (una ley o disposición), atropellar, deshonrar, vulnerar, contravenir, quebrantar
violation: violación, infracción, transgresión, contravención, quebranto
violations and evasions: transgresiones francas y encubiertas
violence against authority: atentado contra la autoridad
viral disease: virosis, enfermedad vírica, enfermedad causada por virus
__ **mass**: masa vírica
virgin areas: zonas inexploradas

Virginia tobacco: tabaco rubio
virtual: implícito, tácito; sobreentendido; (leg) evicción, conversión
virulence: virulencia, malignidad
virus and vector research: investigaciones sobre virus y vectores
__ **diseases**: enfermedades víricas, enfermedades causadas por virus
__ **research**: investigación virológica
visa: visado (pasaporte), refrendación
__ **status**: clase (o tipo) de visa (o visado)
visage: rostro, cara, semblante, aspecto distintivo
vise: husillo de carpintero, prensa de tornillo, morsa
visible items of trade: elementos visibles de comercio
__ **trade**: intercambio (comercio) visible
vision: visión, vista, clarividencia, perspicacia
visit of experts, oficials, to the scene of the ocurrence: visita judicial
visits to the field: visitas de observación
visiting housekeeper service: servicio de ayuda familiar
__ **mission**: misión visitadora
__ **nurse**: enfermera visitadora
__ **professor**: profesor visitante o en vista, profesor invitado
__ **teacher**: a veces: visitador escolar
__ **trade delegation**: delegación comercial en misión
visitor: visitante, visitadora, visita
vista: vista panorámica, horizonte, perspectivas, posibilidades
visual aids: medios visuales, auxilios o ayudas visuales
__ **aids center**: centro audiovisual
__ **amenity effect**: efecto en el paisaje, efecto estático
__ **and auditory aids**: medios audiovisuales
__ **arts**: artes plásticas
__ **census**: censo por inspección ocular
__ **discrimination**: acuidad visual o fuerza de percepción visual
__ **display terminal**: pantalla de computadores
__ **display unit**: (comp) unidad de representación visual
__ **field**: campo de visión
__ **inspection**: inspección ocular
__ **inventory**: inventario físico
__ **material**: medios visuales
__ **media**: medios visuales de información
__ **memory**: memoria visual
__ **range**: visibilidad
__ **readout**: emisión visual
__ **services**: servicios de información visual
__ **training aids**: medios gráficos de instrucción
visualization: representación mental, representación gráfica, formación de una imagen clara, exposición gráfica
vital event: hecho vital o importante
__ **forces**: fuerzas vivas

__ **importance**: importancia decisiva
__ **rate**: tasa demográfica
__ **records**: actas de estado civil, registros vitales
__ **registration**: registro civil, registro de fenómenos vitales
__ **statistics**: estadísticas vitales o demográficas, estadísticas de estado civil
__ **trend**: tendencia demográfica
vitalize: vitalizar, vivificar, animar, dinamizar
vitamin deficiency: avitaminosis
vitiate: viciar, infectar, contaminar, corromper; (leg) invalidar, viciar
vivify: vivificar, avivar, dar o infundir vida
vocabulary: vocabulario, léxico, lista de palabras o vocablos, diccionario, boletín terminológico
vocation: vocación, oficio, profesión, carrera
vocational adviser: asesor profesional, consejero profesional
__ **and technical education**: enseñanza técnica y profesional; a veces: enseñanza técnica
__ **counseling**: orientación profesional
__ **education**: enseñanza profesional (de grado inferior al universitario destinada a preparar al alumno para ingresar en determinada profesión o a mejorar la situación de trabajadores ya empleados)
__ **guidance**: orientación profesional (vocacional)
__ **high school**: escuela secundaria técnica
__ **homecraft school**: escuela de artes domésticas
__ **school**: escuela profesional
__ **training**: formación o adiestramiento profesional, instrucción práctica
__ **training school of cooking, dressmaking and homecraft**: escuela de artes domésticas (cocina, corte, confección y artes manuales)
__ **work**: actividades profesionales
voice: expresar, proclamar, vocalizar
__ **chip**: (comp.) voz del chip
__ **frequency telegraph system**: sistema de telefonía armónica
__ **in management**: participación en la dirección
__ **mail**: buzón telefónico
__ **mechanism**: mecanismo de participación (para fomentar el volumen o la calidad de un servicio
__ **radio message**: mensaje radiotelefónico
__ **vote**: votación oral
void: *a* vacío; desocupado, vacante (puesto); (leg) nulo, inválido; *v* desocupar, vaciar; (leg) anular, invalidar
voids ratio: proporción de vacíos
voidable: anulable, que se puede desocupar
voided check: cheque anulado
voidless concrete: hormigón compacto
volatile: volátil, vaporable, sutil, fugaz, pasajero, transitorio, mudable, inconstante
__ **capital**: capital fugaz, inestable o volátil
__ **funds**: fondos especulativos
__ **organic compounds**: compuestos orgánicos volátiles

volatility: volatilidad; (fig) volubilidad, inconstancia, inestabilidad, transitoriedad
__ **ratio (stocks)**: (relación) coeficiente de inestabilidad (valores)
voltage regulator: regulador de tensión
__ **surge**: sobretensión
volume discount: descuento por cantidad, descuento por volumen de compras
__ **driven program**: programa cuya magnitud depende del volumen de actividad
__ **of business**: valor o cantidad de los negocios o de las transacciones
__ **of trade (trading)**: volumen de transacciones
__ **of traffic**: volumen de tránsito
__ **of water**: caudal de agua
__ **production**: producción en serie
__ **table**: table o volumen de cubicación
volumetric charge: cargo (aplicado) según volumen de descarga
__ **flask**: matraz aforado
voluntary agencies: instituciones de beneficencia, organizaciones privadas
__ **associations**: asociaciones o agrupaciones benévolas
__ **competitive courses**: docencia libre
__ **contributions** : aportaciones o contribuciones voluntarias
__ **effort**: iniciativa privada
__ **export restraints**: limitación voluntaria de las exportaciones
__ **fund for health promotion**: Fondo de Donativos para el Fomento de la Salud (OMS)
__ **hospital**: hospital de utilidad común
__ **lending**: préstamos voluntarios
__ **manslaughter**: homicidio intencional
__ **restraint of trade**: limitación voluntaria, autolimitación o represión del comercio
__ **standards**: normas optativas de aplicación voluntaria
__ **union membership**: sindicación voluntaria
__ **workers**: personal voluntario
volunteer: *s* voluntario; *v* contribuir a ofrecer voluntariamente, ofrecerse a hacer algo, servir como voluntario
__ **educational centers**: centros voluntarios de enseñanza
__ **services**: servicios de voluntarios
vostro account: cuenta vostro o cuenta conciliadora en banco foráneo
vote: *s* voto, votación, sufragio; *v* votar, emitir un voto
__ **by correspondence**: votación por correspondencia
__ **by proxy**: *s* voto por poder: *v* votar por poder
__ **by show of hands**: votación a mano alzada, votación ordinaria
__ **by standing**: votación por levantados y sentados
__ **down**: rechazar por votación, votar en contra
__ **indicator**: marcador de votos

__ **of confidence**: voto de confianza
__ **of thanks**: voto de gracias
__ **without debate**: votación sin debate
__ **without meeting**: votación sin convocar a reunión
votes against: votos en contra
__ **cast**: votos emitidos
__ **count**: cómputo de votos
__ **for**: votos a favor
voter: votante, elector
voters list: lista de votantes, censo electoral
voting booth: cabina electoral, cabina de votación
__ **by ballot**: votación con cédula
__ **letter**: carta de voto
__ **list**: censo electoral
__ **paper (slip)**: papeleta
__ **power**: número de votos, totalidad de los votos, poder de votación, derechos de voto
__ **precinct**: distrito electoral
__ **procedure**: procedimiento de votación
__ **stock**: acciones que confieren derecho de voto, acciones con derecho de voto
vouch: atestiguar, certificar, afirmar, responder de
voucher: comprobante, vale, recibo, justificativo; fiador, garante
__ **accounting**: contabilidad por clasificación de documentos
__ **document**: justificativo, documento de descargo
__ **privatization**: privatización mediante cupones
vouchered: con comprobante
vouchering: comprobación contra justificantes; facturación
voyage charter: fletamiento por viaje redondo
vow: *s* voto, promesa solemne; *v* hacer promesa solemne de; votar, hacer voto, jurar
v-shaped form: forma trapezoidal
vulgarization: vulgarización, divulgación

W

wafer chip: (comp) microplaqueta de disco
wage: salario, sueldo, jornal
__ **adjustment**: reajuste de salarios
__ **agreement**: acuerdo sobre salarios, convenio salarial
__ **awards**: aumentos salariales, concesión de aumentos salariales; a veces: decisión sobre salarios
__ **bill**: costos salariales, costo de los salarios, masa salarial
__ **bracket**: categorías de salario
__ **claim**: reivindicación o reclamación salarial
__ **control**: ordenación o regulación salarial, control de salarios
__ **costs**: costos salariales, costo del factor trabajo
__ **differential (or spread)**: diferencia de jornal por trabajo igual, coeficiente de ajuste de

salarios
- __ **dividend**: participación en los beneficios
- __ **drift**: deriva o desviación de los salarios, patinaje de los salarios, movimiento de salarios
- __ **earner**: asalariado, obrero, jornalero
- __ **floor**: salario base
- __ **freeze**: congelación o bloqueo de salarios
- __ **goods**: bienes salariales, bienes de consumo salariales
- __ **"hike"**: aumento de salarios
- __ **increase**: reajuste de salarios, aumento de salarios
- __ **index**: índice de salarios, índice salarial
- __ **inflation**: inflación salarial
- __ **policy**: política de salarios
- __ **pressure**: presión de los salarios
- __ **rate**: escala de salarios, salario
- __ **rate trend**: tendencia salarial
- __ **rates adjustment**: reajuste de salarios
- __ **regulation**: reglamentación de salarios
- __ **restraint**: restricción o austeridad salarial, moderación salarial o de los aumentos salariales
- __ **round**: negociación salarial
- __ **scale**: escala de salarios (jornales), salario
- __ **settlement**: acuerdo salarial, convenio colectivo
- __ **spread**: margen de diferencia (entre un máximo y un mínimo) de salarios
- __ **structure**: estructura de los salarios
- __ **tax**: impuesto sobre salarios
- **wage-price indexing (tying)**: vinculación de los salarios con los precios
- __ **spiral**: aumento alternativo de precios y salarios, espiral salarios-precios, espiral de precios y salarios
- **wage-pull inflation**: inflación causada por los salarios
- **wage-push inflation**: inflación provocada por aumento de los salarios
- **waif**: niño abandonado, animal abandonado o extraviado; (leg) bien mostrenco
- **waifs and strays**: niños abandonados o desamparados
- **wainscot**: entablado, zócalo, cenefa ; arrimadillo
- **wait and see attitude**: posición de espera, compás de espera
- **waiting list**: lista de espera, lista de turno, lista de aspirantes, lista de solicitudes inatendidas
- __ **period**: período o plazo de carencia (seguros, indemnización por desempleo)
- __ **room**: sala de espera
- **waive**: renunciar a (derecho), etc.); eximir (de una obligación); desistir (de un derecho); exonerar (de una condición); dispensar (de una obligación), pasar por alto
- __ **notice**: renunciar a que se observe el plazo de preaviso
- **waiver**: renuncia (derecho); exención, dispensa (obligación); desistimiento (derecho)
- __ **of immunity**: renuncia de inmunidad
- __ **of local costs**: exoneración del pago de gastos locales, exención local
- __ **of notice**: renuncia a la convocatoria
- __ **of premiums**: suspensión de prohibiciones
- **walk of life**: condición o clase social, sector de actividad, ocupación, oficio, profesión
- **walk-in clinic**: clínica-consultorio
- **walk-up apartment**: departamento o apartamento sin ascensor
- **walkie-talkie**: emisor-receptor portátil, radioteléfono portátil
- **walking distance to school**: distancia escolar a pie
- __ **tractor**: motocultor
- **walnut**: nuez del nogal
- **wall bench**: poyo
- __ **case**: vitrina de pared
- __ **chart**: cuadro mural, gráfico mural
- __ **face**: frente de arranque
- __ **made of rushes and mud**: quincha
- __ **outlet (socket)**: tomacorriente de pared
- __ **photo**: fotografía mural
- __ **safe**: cofre o caja de seguridad de pared
- __ **screen**: pantalla mural
- __ **sign**: letrero mural
- __ **with air space**: tabique sordo
- **wallboard**: panel, tablero, plancha de fibra; fibra dura, madera laminar
- **wallpaper**: papel pintado, papel mural
- **want (lack) of capital**: falta de capital
- **war and civil disturbance**: guerra y disturbios civiles
- __ **emergency**: estado de guerra
- __ **memorial**: monumento a los caídos
- __ **tax**: contribución o impuesto de guerra
- **war-handicapped children**: niños víctimas de la guerra
- **warlike**: belicoso, bélico
- **ward**: menor en tutela, pupilo; custodia, tutela; sala de hospital, pabellón; barrio, distrito
- __ **maid**: empleada de sala, ayudante de sala
- __ **management**: administración de sala
- __ **nurse**: enfermera de sala
- __ **routines**: prácticas de sala hospitalaria
- __ **sister**: enfermera de sala
- __ **staff**: (hosp) personal de sala
- **warden**: custodio, guardián; (RU) director de ciertos colegios universitarios
- **warder**: alcaide, carcelero, vigilante
- **wardship**: tutela, tutoría, pupilaje
- **warehouse**: bodega, depósito, almacén
- __ **bond**: fianza de almacén
- __ **charges**: derechos de almacenaje, bodegaje
- __ **clerk**: empleado de almacén
- __ **in a free port**: depósito franco
- __ **pallet**: paleta para almacenaje
- __ **receipt**: resguardo de depósito; título de tradición; documento de título (venta)
- __ **rent**: almacenaje
- __ **stock**: existencias en almacén
- __ **tally**: recuento de almacén
- __ **warrant**: recibo de almacén, resguardo de

WAREHOUSING

depósito en almacén
warehousing: absorción forzada
___ **in bond**: almacenamiento, almacenaje bajo control aduanero
___ **of financial assets**: inmovilización de activos
___ **procedure**: regimen de depósito (almacenaje, bodegaje) en aduana
wares: mercadería, mercancías, artículos de comercio
warhead: ojiva
warming-up period: período de preparación
warn: advertir, prevenir, avisar, poner en guardia; amonestar
warning: advertencia, alerta, voz de alerta, aviso; amonestamiento; (leg) apercibimiento
___ **light**: lámpara indicativa, piloto, señal luminosa
___ **service**: servicio de prevención o de alerta
___ **signal**: señal de alerta, de prevención; indicador de la coyuntura
warp and woof: trama y urdimbre
___ **knitted**: tejido de punto por urdimbre (urdiembre)
warping machine: urdidora
warrant: *s* (leg) orden, mandamiento judicial (de detención, de prisión, etc.); (com) garantía; (RU) recibo de depósito; (fin) certificado para la compra de acciones, bonos, etc.; *v* garantizar, certificar; (fig) justificar, merecer; autorizar
___ **bond**: bono con certificado
___ **for imprisonment**: orden de encarcelamiento
___ **in bankrupcy**: auto de bancarrota
___ **loan**: préstamo prendario
___ **of arrest**: auto o mandamiento de detención
___ **of detention**: auto o mandamiento de prisión
warrantee: afianzado, garantizado
warrantor: garante, fiador
warranty: garantía; (seg) condición de seguro
___ **bond**: aval
___ **deed**: escritura de propiedad con garantía de título
___ **seal**: precinto de garantía
wash away: derrubiar, deslavar
___ **boring**: perforación con lavado, sondeo con inyector de agua
___ **one's hands of**: desentenderse de; (fig) lavarse las manos
___ **sale**: venta ficticia
wash-up room: (hosp) cuarto de aseo
washboarding: rugosidad, ondulaciones (camino)
washing overboard: arrastrarse por las olas
wastage: (edu) abandono de los estudios, merma del alumbrado, merma de la población escolar, derroche o desaprovechamiento de capacidades y aptitudes, volumen o tasa de deserción
___ **in bulk or weight**: merma en volumen o peso
waste: pérdida, desperdicio, despilfarro, dilapidación, derroche; (pl) desechos, residuos
___ **air**: aire viciado
___ **chemical substances**: desechos químicos
___ **disposal**: eliminación (evacuación) de desechos

WATER

___ **disposal unit**: triturador de basura
___ **emission**: emisión de residuos
___ **end**: despunte, recorte
___ **flows**: corrientes de desechos
___ **heat**: calor residual, calor sobrante
___ **iron**: chatarra
___ **lagoon**: laguna o estanque de sedimentación
___ **liquids**: desechos líquidos
___ **materials**: desechos
___ **matter (products)**: residuos, desperdicios, productos residuales
___ **salts**: sales residuales
___ **silk**: borra de seda, desechos de seda
___ **silk fabrics**: tejidos de borra de seda
___ **treatment**: tratamiento de los desechos
___ **water**: aguas residuales, negras o servidas
___ **wood**: desperdicios de madera, residuos de la industria de la madera
waste-water management: tratamiento de aguas residuales, aguas servidas, desechos
___ **spreading**: esparcimiento de aguas residuales
wasteful: despilfarrador, derrochador; ruinoso, excesivo; antieconómico
___ **consumption**: consumo antieconómico o dispendioso
___ **management of public funds**: dilapidación de los fondos públicos
wastefulness: despilfarro, derroche, prodigalidad
wasteland: terreno baldío o árido; yermo, erial, páramo
wastepaper: papel de desecho, papel usado, papeles viejos
wastepipe: tubo de desagüe, desaguadero
wasteway: desagüe, canal desaguador o evacuador, canal de descarga
wasting: devastación, asolamiento; (med) extenuación, emaciación, debilitamiento, consunción
___ **assets**: activo o bienes agotables, consumibles o gastables
watch and clock fair: feria de relojería
watchdog committee: comité controlador o fiscalizador
watchman for guard service: celador
watchword: contraseña, santo y seña; consigna, lema
water areas: zonas acuícolas
___ **bailiff**: canalero
___ **balance**: balance hídrico
___ **bloom**: floración de fitoplanctón
___ **bugs**: hemípteros acuáticos, chinches de agua
___ **carriage**: transporte por barco, transporte marítimo o fluvial
___ **charges**: tarifas de agua
___ **chlorination**: cloración o clorinación del agua
___ **concession**: servidumbre o merced de agua
___ **control**: regulación de (las) aguas, ordenación de las aguas
___ **development**: alumbramiento de aguas
___ **effluent charges**: cargos por contaminación del agua

__ **engineer**: ingeniero hidrológico o hidráulico
__ **erosion**: erosión hídrica
__ **gage**: columna de agua
__ **hammer**: ariete hidráulico
__ **harvesting**: aprovechamiento de aguas
__ **hole**: aguadero, bebedero; manantial; charco
__ **horizons**: mantos de agua
__ **intake**: toma de agua
__ **legislation**: legislación sobre suministro de agua
__ **level recorder**: limnímetro (río, lago)
__ **levels**: niveles hidrostáticos
__ **loading of the air**: contenido de agua del aire
__ **main**: cañería maestra de agua, cañería principal
__ **management**: aprovechamiento del agua, ordenación de las aguas
__ **management problems**: problemas hidrotécnicos
__ **meter**: medidor de agua
__ **pipe**: cañería o tubería para la conducción del agua
__ **point**: pozo, ojo de agua
__ **power**: hulla blanca
__ **ram**: ariete hidráulico
__ **rates**: tarifas de agua
__ **resources**: recursos hídricos, hidrológicos, hidráulicos
__ **reticulación**: red de distribución del agua
__ **rights**: derechos de agua, servidumbre o merced de agua
__ **spreading**: riego eventual, realimentación, distribución de aguas
__ **spring**: manantial, ojo de agua
__ **storage reservoir**: embalse (de reserva)
__ **stress**: estrés o consunción por falta de agua (botánica)
__ **supply sanitation**: higienización o depuración del agua
__ **supply system**: sistema de abastecimiento o suministro de agua; acueducto
__ **surveillance**: vigilancia de la contaminación del agua
__ **table**: capa freática, nivel hidrostático
__ **tower**: arca de agua, torre de agua
__ **weeds**: malas hierbas acuáticas
water-bearing soil: suelo acuífero, capa acuífera
water-flush latrine: letrina con cisterna o con cisterna de agua
water-greenhouse feedback: acción recíproca agua-efecto invernadero
water-related disease: enfermedad de origen hídrico o relacionada con el agua
water-repellent: hidrófugo
water-salt balance: equilibrio hidrosalino
water-seal latrine: letrina con cierre hidráulico
water-table pollution: contaminación de la capa freática o de la capa superior del subsuelo acuífero
water-washed disease: enfermedad vinculada con la falta de higiene
waterborne (water-based) disease: enfermedad transmitida por el agua

__ **outbreak**: brote de origen hídrico
__ **sewage system**: alcantarillado de arrastre hidráulico
waterbound macadam: macadam apisonado en húmedo, macadán hidráulico
watercourse: corriente de agua; lecho, cauce, canal, acueducto; río, arroyo
watered assets: activo diluido
__ **capital**: capital inflado o diluido
__ **stock**: acciones diluidas, capital inflado
waterfront: zona de los muelles
__ **labor**: estibadores
watering: riego, regadío
__ **place**: abrevadero, aguada, aguadero; balneario, terma, estación balnearia
__ **point**: aguada, abrevadero
__ **trough**: abrevadero, aguadero
waterline: línea de flotación; nivel de aguas; tubería, canalización
waterlogged belts: zonas anegadas
waterlogging: encharcamiento, anegamiento, sobresaturación
waterman: canalero
watermark: marca del nivel del agua
__ **(in paper)**: filigrana
waterpower: energía hidráulica
waterproof: impermeable, a prueba de agua
watershed (USA): cuenca hidrográfica, cuenca imbrífera, hoya, vertiente, divisoria de aguas; (fig) momento decisivo
__ **management**: ordenación de cuencas colectoras, hidrográficas o de vertientes
watershort areas: zonas áridas
watertight alibi: coartada irrecusable
waterway: vía navegable, vía fluvial; canal, cauce
waterworks: sistema de abastecimiento de agua
waver: dudar, vacilar, titubear, flaquear
wax tailings: desechos de parafina
waxed paper: papel encerado
way ahead: trayectoria futura, el camino adelante
__ **of life**: estilo de vida
__ **of thinking**: opinión; modo de pensar; juicio
__ **port**: puerto intermedio
__ **with people**: trato de gente
ways and means: medios, medios y arbitrios
waybill: hoja de ruta, guía de carga, conocimiento de embarque, carta de porte
weak decision: decisión poco enérgica
__ **market**: mercado débil o flojo
__ **moment**: momento de debilidad
__ **point**: punto débil, punto neurálgico
__ **side**: punto flaco (de alguien)
weaken: debilitar, disminuir, quebrantar, atenuar, restar fuerzas
weakness: debilidad, decaimiento, fragilidad
wealth: riqueza, dinero, patrimonio, abundancia, profusión
__ **tax**: impuesto sobre la fortuna o sobre el patrimonio
wealthy individual investors: capitalistas
weaned calf: postenco

weaner: cerdito lactante
weaning foods: alimentos para el período de destete
__ **period**: período de destete, ablactación
weanling: niño o animal recién destetado
weaponry: armas, armamento
wear and tear: desgaste natural, deterioro, uso y desgaste, depreciación física (equipo)
wearing apparel: ropa, indumentaria
__ **course**: capa superficial de rodadura (caminos)
__ **surface of a road**: rodadura de un camino, pista de rodamiento
weather bureau: servicio meteorológico
__ **chart**: carta meteorológica
__ **forecast**: predicción o pronóstico del tiempo
__ **map**: mapa meteorológico
__ **report**: boletín meteorológico
__ **resistance**: resistencia a la intemperie
__ **ship**: buque meteorológico
weatherability: alterabilidad a la intemperie; intemperización (rocas)
weathering (of soil): meteorización, intemperización, intemperismo, desgaste
weatherproof: a prueba de intemperie
weaver: tejedor
weaving: tejedura, tejeduría, tejido manual
__ **frame**: bastidor
__ **mill**: tejeduría, fábrica de tejidos
web: tela, tejido, trama
__ **hosting**: (comp.) alojamiento de sitios web
wedge: s cuña, calza; v acuñar, calzar
__ **filter**: filtro en cuña
weed: hierba, mala hierba, maleza, cizaña
__ **clearing**: deshierba, escarda
__ **control**: control de las hierbas parásitas
__ **killer**: herbicida
__ **tree**: árbol indeseable
weeder: desmalezador, escardador
weeding (weedkilling): deshierba; escarda, escardadura
weekend break: semana inglesa
weekly: s semanario, revista seminal; a semanario, hebdomanario
__ **news feature**: noticioso semanal
__ **news sheet**: semanario informativo
__ **newspaper**: semanario
weepholes: agujero de drenaje; aliviaderos, goteros
weevil: gorgojo (gusano del trigo)
weft: trama, tejido
__ **knitting**: tejedura de punto por trama
weigh: pesar, considerar, reflexionar, ponderar, juzgar
weighbridge: puente-báscula
weighing and packing machine: pesadora-envasadora
__ **machine**: máquina de pesar, báscula, dinamómetro
__ **scale**: báscula, romana
weight: s (est) ponderación; v ponderar
__ **allowance**: tolerancia de peso

__ **and fineness (of a unit of currency)**: peso y ley (de un signo monetario)
__ **base period**: período acogido como base de ponderación
__ **chart**: tabla de peso
__ **dead tonnage**: toneladas de peso muerto
__ **deficiency**: deficiencia ponderal
__ **of paper**: gramaje
__ **ratio**: peso ponderal
__ **records**: curvas ponderables
__ **taking**: anotación del peso
weights and measures: pesas y medidas
weighted average: media ponderada, promedio ponderado
__ **average cost**: costo promedio ponderado
__ **average of post adjustment (WAPA)**: promedio ponderado de ajuste por lugar de destino
__ **average tariff rate**: tasa arancelaria media ponderada
__ **bias**: sesgo de la ponderación
__ **credit**: calificación ponderada (el número de puntos aumenta o disminuye según la calidad del trabajo
__ **distance**: distancia ponderada o ficticia
__ **time**: tiempo ponderado
__ **value**: valor ponderado
__ **voting system**: sistema de votación ponderada
weighting: ponderación
weightless: ingrávido
weir: presa, vertedero, azud
welcome: s bienvenida, buena acogida, recibimiento, recepción; v dar la bienvenida a, acoger o recibir con agrado, alegrarse, congratularse, felicitarse, aplaudir
welcoming address: discurso de bienvenida
weld: soldadura
welding rod: varilla de soldar
__ **torch**: soplete soldador, lámpara de soldar
__ **wire**: alambre fundente o soldador
welfare benefits: beneficios sociales, prestaciones sociales
__ **center**: centro (de asistencia) social
__ **client**: beneficiario del servicio social
__ **clinic**: dispensario
__ **department**: departamento de asistencia pública
__ **economics**: economía del bienestar
__ **function**: función bienestar
__ **fund**: fondo de previsión o de bienestar
__ **institution**: institución benéfica
__ **legislation**: legislación social
__ **payments**: prestaciones sociales, subsidios de asistencia social
__ **services for juveniles**: servicios sociales de protección a la juventud
__ **society**: sociedad de beneficencia
__ **state**: estado benefactor, estado providente
__ **weeks**: semanas de acción social
__ **work**: asistencia social o prestaciones asisten-

WELL

ciales, obra social o de beneficencia
__ **worker**: trabajador social, trabajador de asistencia social, visitadora social
well: pozo; fuente, manantial; (med) pocillo (de láminas)
__ **babies**: niños sanos de corta edad
__ **bore (digger, sinker):** pocero
__ **driller**: técnico en perforación de pozos
__ **drilling**: perforación de pozos
__ **screen**: rejilla de pozo
__ **shooting**: dinamitación
__ **shutters**: tapas de pozo
well-assorted stock: almacén bien surtido
well-balanced diet: dieta equilibrada
well-being: bienestar, prosperidad
well-child clinic: clínica de niños sanos
well-defined: nítido, perfilado
well-documented: circunstanciado
well-grounded: bien fundado; fundamentado
well-integrated training: formación bien equilibrada
well-off society: sociedad acomodada
well-rounded personality: personalidad bien equilibrada
well-shaped: perfilado
well-stocked: bien provisto de
well-worn: gastado, desgastado, trillado
wellhead: boca o cabeza del pozo
__ **price**: precio en la boca (cabeza) del pozo (gas)
Wendy houses: (RU) casas para niños
were it not for: de no ser que
westerlies: vientos del Oeste
wet cows: piezas de cría
__ **dock**: dársena
__ **dressing**: curaciones húmedas
__ **gas**: gas húmedo
__ **goods**: líquidos envasados, licores
__ **ice**: hielo corriente
__ **nurse**: nodriza, ama, ama de leche
__ **paddy rice**: arroz de tierras bajas
__ **process**: producción (de cemento) por vía húmeda
__ **season**: estación de las lluvias
__ **stock**: ganado parido
__ **test**: ensayo o prueba por vía húmeda
wetbacks: trabajadores mexicanos ilegalmente en los Estados Unidos
wetcore: instalación sanitaria mínima
wether: carnero, castrado
wetland rice: arroz de tierra anegadiza
wetlands: zonas pantanosas, tierras (zonas) húmedas, humedales, marismas, cenagal, marjal
wettability: humectabilidad
wettable poder: polvo humectable
wetting agent: agenta humectante
wharf: muelle, embarcadero, desembarcadero
__ **apron**: explanada o zona de descarga fuera del galpón
__ **delivery receipt**: recibo de puerta en muelle
wharfage: derechos de muelle, muellaje; embarque,

WHITE

desembarque, almacenamiento de mercancías
__ **charges**: gastos de muellaje
wharfinger: fiel de muelle; representante del armador en el muelle
what counts is: lo que cuenta, lo que importa, lo que vale
__ **is more**: a mayor abundamiento, además
__ **stands to reason**: lógico
wheat acreage: superficie de siembra de trigo
__ **belt**: zona de trigo
__ **bran**: salvado
__ **chaff**: residuos de trigo
__ **field**: trigal
__ **futures**: trigo para entrega futura
__ **grain**: trigo grano
__ **grass**: agropiro
__ **growers**: triticultores
__ **land**: tierra paniega o de panllevar
__ **pit**: sección de trigo en la Bolsa de productos
wheel groove (rut, lane): ferrovía, carril
__ **tractor**: tractor de ruedas
wheelbase: distancia entre ejes, batalla
wheeled equipment: equipo rodante
__ **traffic**: tránsito rodado
wheelhouse: caseta de timón
wheeling: servicio de transmisión (energía transportada del proveedor al receptor por un tercero)
__ **and dealing**: manejo
when actually employed basis: tiempo trabajado
__ **all is said and done**: en fin de cuentas
__ **and if**: eventualmente
__ **applicable**: cuando sea applicable, cuando proceda
__ **appropriate**: cuando proceda, llegado el caso
__ **due**: al vencimiento, en la fecha de vencimiento
__ **requested**: cuando se solicite, previa solicitud
where aplicable: cuando sea (de ser) aplicable, cuando proceda, si procede
whereas: considerando (que), por cuanto, mientras que, visto que
__ **clauses**: considerandos
whether or not: en todo caso, de todos modos
whey cheese: queso de suero
__ **powder**: suero en polvo
whip: azote, látigo; persona designada en el Parlamento o en reuniones para convocar a sesión o emitir el voto
whispering interpretation: interpretación al oído o de cuchicheo
white blood count: recuento leucocitario
__ **brand**: salvado de arroz; salvado cilindro
__ **bream**: (ict)sargo
__ **cell**: glóbulo blanco, leucocito
__ **coal**: hulla blanca
__ **corpuscle**: glóbulo blanco
__ **elephant**: elefante blanco; carga, objeto o artículo gravoso
__ **feather**: cobardía
__ **flag**: bandera de rendición; bandera de parla-

mento
- __ goods__: ropa blanca, tejidos blancos
- __ iron__: hierro estañado
- __ lead__: cerusa o albayalde (blanco de plomo)
- __ lie__: mentirilla, mentira oficiosa, mentira piadosa
- __ line__: aparatos de línea blanca (refrigeradores, lavadoras, etc.)
- __ metal__: metal blanco
- __ paper__: (RU) libro blanco, informe oficial
- __ perch__: (ict)lubina blanca
- __ products (petroleum)__: productos blancos (petróleo)
- __ slave__: víctima de la trata de blancas
- __ slavery__: trata de blancas
- __ spirit__: espíritu de petróleo, trementina mineral, aguarrás mineral
- __ sugar__: azúcar blanca o refinada
- __ wheat__: trigo candela

white-collar schooling: educación que prepara para empleos de oficina
- __ worker__: empleado de oficina, oficinista, trabajador no manual, trabajador de corbata

whitewash: blanqueo, enlucido, revoque; (fig) informe que encubre las faltas de alguien, encubrimiento de faltas

whole: entero, íntegro, completo, intacto; sano, ileso
- __ blood__: sangre total
- __ body exposure__: irradiación global
- __ body of law__: pirámide jurídica
- __ cell__: célula completa
- __ cheese__: queso en pieza entera o entero
- __ child__: personalidad integral del niño (características físicas, afectivas, mentales y sociales del niño que corresponden a la totalidad de su ser)
- __ diet__: dieta integral
- __ farm development__: desarrollo integral de la explotación agrícola
- __ milk__: leche entera
- __ number__: número completo
- __ protein__: proteína total
- __ rice__: arroz en grano
- __ serum__: suero total

whole-life insurance: seguro de vida (con primas hasta la muerte)
- __ policy__: póliza para toda la vida

whole-wheat bread: pan completo

wholesale: al por mayor
- __ and retail trade__: comercio mayorista y minorista
- __ banking__: transacciones u operaciones interbancarias, entre grandes bancos o instituciones financieras
- __ butcher__: abastecedor
- __ dealer__: mayorista
- __ house__: casa mayorista
- __ market__: lonja (trigo, maíz, etc.)
- __ provision market__: mercado de abasto (abastecimiento)

wholesaler: mayorista, comerciante al por mayor

wholesome: sano, saludable; (fig) edificante

wholesomeness: calidad de sano, comestibilidad o pureza de los alimentos
- __ of emotions__: equilibrio afectivo

wholly owned subsidiary: filial en propiedad absoluta (o total)

whom it may concern, to: a quien pueda interesar, a quien corresponda

whooping cough: tos ferina

whorls (fingerprints): venticilos

wicker: mimbre

wickerworks: artículo de mimbre, cestería

wide: ancho, holgado, extenso, espacioso, amplio, grande

wide-angle lens: objetivo gran angular

wide-flanged girders: vigas de ala ancha

wide-open competition: libre competencia

wide-ranging: amplio, de gran amplitud

wide-spread market: desequilibrio entre la oferta y la demanda

widely: muy, mucho, ampliamente, en forma generalizada, extensamente
- __ owned companies__: sociedades de muchos accionistas
- __ spread improvement__: recuperación general
- __ spread rise__: alza general de cotizaciones

widening of the band (exchange rates): ampliación de la banda de fluctuación de los tipos de cambio

widespread effects: resonancia, amplia repercusión

widow's benefit: prestación de viudez, pensión de viuda
- __ pension__: montepío

widower's benefit: pension de viudo

wild: *s* naturaleza, region salvaje, selva, monte, yermo; *a* silvestre, salvaje, bárbaro, desolado, deshabitado; indisciplinado, alocado, desordenado, incoherente, disparatado, desenfrenado, arriesgado, peligroso, temerario, imprudente; extravagante, raro
- __ code__: (est) código fuera de rango
- __ cost__: costo exorbitante
- __ flooding__: riesgo de desbordamiento natural
- __ man__: extremista, exaltado
- __ meadow__: pradera silvestre
- __ resources__: recursos en estado natural, recursos de la flora y fauna silvestres
- __ rice__: arroz de agua profunda, arroz silvestre (zizania)
- __ rubber__: caucho silvestre, latex
- __ virus__: virus natural o selvático
- __ water__: aguas broncas

wild-caught flies: moscas capturadas en la naturaleza

wildcat: *s* sondeo de exploración; *a* arriesgado, especulador, atolondrado
- __ drilling__: perforación exploratoria
- __ scheme__: proyecto arriesgado o descabellado
- __ strike__: huelga descabellada, no oficial, desautorizada, huelga loca, huelga no negociada

__ **well**: pozo exploratorio
wilderness areas: zonas en estado natural, zonas silvestres, zonas desiertas o deshabitadas
__ **retreats**: lugares vírgenes
wildfire inflation: inflación rápida
wildlands management area: zonas silvestres administradas
wildlife: fauna silvestre, animales salvajes, especies silvestres
__ **conservation**: conservación de la flora y fauna silvestre
__ **management**: ordenación de la fauna silvestre, servicio de caza y pesca
__ **management area**: zona silvestre protegida
__ **park**: parque o reserva de animales silvestres
__ **sanctuary**: refugio o vedado de especies silvestres, reserva para fauna silvestre
wildlings: (silv) plantones recogidos en el bosque, arbolitos bravíos
wildness: selvatiquez, rusticidad, rudeza, ferocidad, desvarío
will: s voluntad, disposición, testamento; v desear, querer, disponer, estar dispuesto a; (leg) legar, dejar testamento
__ **of the parties**: autonomía de la voluntad
willful: voluntarioso; deliberado; intencionado; (leg) voluntario, premeditado
__ **acts**: actos dolosos
__ **action**: acto intencional
__ **conduct**: dolo
__ **damage**: daño premeditado
__ **homicide**: homicidio voluntario
__ **misrepresentation**: (leg) tergiversación intencionada o dolosa; declaración dolosa, declaración falsa deliberada, dolo
__ **negligence**: negligencia intencional
willfully caused loss: pérdida causada con dolo
willingly: de buena gana, con gusto
__ **or unwillingly**: de buena o mala gana
willingness: deseo, impulso, anhelo, buena voluntad, complacencia
__ **to pay**: voluntad o disposición de pagar
willpower: fuerza de voluntad
wilting: marchitamiento
winch: torno, chigre, maquinilla, malacate, montacarga, cabrestante
wind bracing: contraviento
__ **erosion**: erosión eólica, erosión por el viento
__ **farming**: aprovechamiento de la energía eólica
__ **plant**: central anemoeléctrica
__ **power**: energía eólica
__ **power plant**: central enamoeléctrica
__ **pump**: bomba eólica
__ **scale**: escala anemométrica
__ **strip cropping**: cultivo de bandas alternadas (contra la erosión)
__ **tunnel**: túnel aerodinámico
__ **up (business)**: liquidar
windbreak: plantación contravientos, barrera contraviento, rompeviento, paravientos

windfall: ganancia o herencia inesperada, beneficio aleatorio, ganga, suerte
__ **benefits**: beneficios imprevistos, extraordinarios
__ **changes**: cambios imprevisibles
__ **profits**: ganancias o utilidades imprevistas, ocasionales o eventuales, ganancias o utilidades inesperadas (extraordinarias)
winding up: (com) liquidación
window dressing: arreglo de vitrinas o escaparates; (fig) falseamiento de los hechos para darles un aspecto favorable, maquillaje, engaño, mejoramiento ficticio, retoque del balance o de estados financieros
__ **envelope**: sobre con ventanilla
__ **(in a market)**: resquicio
__ **sill**: solera, repisa
window-shopping: vitrinear, mirar los escaparates
windrow: (agr) hilera, camellón
windstorm: tempestad de viento, vientos de tempestad
windward: del lado del viento, barlovento
wine grower: vinicultor, viticultor, viñero
__ **growing**: viticulture, vinicultura, vitinicultura
__ **industry**: industria vinícola, viniviticultura
__ **making**: vinificación
__ **merchant**: viñatero
__ **must**: mosto, zumo de uva
__ **taster**: catavinos, enólogo
wines, oils and spirituous liquors: caldos
winepress: lagar
winery: fábrica o bodega de vinos
wing pallet: paleta de piso caliente
__ **wall**: muro de defensa
winning bid: propuesta que gana adjudicación, propuesta ganadora
__ **bidder**: licitante favorecido
__ **post**: meta, posta de llegada
__ **side**: partido triunfante
__ **team**: equipo victorioso
__ **tender**: oferta ganadora
__ **ways**: trato de gente
winter fattening of steers: engorde invernal de novillos
__ **pasture**: invernadero, campo de invernada, estalaje
__ **season**: temporada de invierno, estación invernal, invierno, invernada
__ **wheat**: trigo otoñal o de invierno
wintering: (agr) invernada
__ **ground**: zona de hibernación
winze: (min) pozo de comunicación
wipe: (comp) barrido
__ **out a deficit**: enjugar un déficit
wipes: cuadritos de gasa (en paquetes esterilizados)
wire: alambre, hilo o cuerda metálica; telégrafo, telegrama
__ **bar**: lizote, hierro para estirar
__ **cloth**: tela de alambre
__ **fabric**: tejido o malla de alambre

__ **fence**: alambrado
__ **forging**: trefilería, fábrica de alambre
__ **mesh**: malla o esterilla de alambre, tela metálica
__ **mill**: planta estiradora de alambre
__ **netting (screen)**: tela metálica, tela de alambre, alambrado
__ **products**: productos trefilados
__ **recording**: registro en hilo magnético
__ **rigging**: aparejos metálicos
__ **rod**: alambrón
__ **service**: agencia de noticias o informativa, servicio informativo; (RU) servicio de telegramas
__ **stay**: viento de alambre
__ **telegraphy**: telegrafía alámbrica
__ **transfer**: transferencia, giro telegráfico
__ **transfer fees**: honorarios por transferencia electrónica
wire-based networks: redes alámbricas
wire-form drawing: (comp) dibujos esqueléticos
wiredrawing mill: trefilería, máquina de trefilar
wireless loop: lazo magnético
__ **message**: radiograma
__ **operator**: radiotelegrafista
__ **telegraph station**: estación de telégrafo inalámbrico
__ **telegraphy**: radiotelegrafía
__ **telephony**: radiotelefonía
wireman: electricista de obras, montador o tendedor de alambres
wiretapping: intercepción telefónica,
wiring: instalación alámbrica; instalación eléctrica, alambrado, canalización eléctrica
wisdom: sabiduría, saber, juicio, cordura, sagacidad, sensatez
wise: sabio; prudente, juicioso; atinado, acertado, sensato; aconsejable
wishful thinking: ilusionismo, ilusiones, inconsecuencia, presunción exagerada
wishy-washy: insípido, débil, diluido, aguado
witches-broom: escobón (enfermedad del cacao)
witch-hunt: caza de brujas, persecución de ideas
with a view to: con miras a, con el propósito de, a fin de
__ **all due modesty**: dicho sea sin alarde
__ **all due respect**: con el respeto debido
__ **all speed**: a toda prisa
__ **all the more reason**: a mayor abundamiento
__ **an eye to**: con miras a
__ **and without test**: criterio, prueba o método de "con y sin"
__ **certainty**: a ciencia cierta
__ **difficulty**: con dificultad, no sin dificultad
__ **due care**: con el debido cuidado
__ **due regard**: teniendo (debidamente) en cuenta
__ **ease**: con facilidad
__ **effect from April 25**: con efecto al (a partir del) 25 de abril
__ **few exceptions**: salvo contadas excepciones
__ **greater reason**: a mayor abundamiento
__ **malice**: con premeditación

__ **malicious intent**: con fines delictivos
__ **one accord**: de consuno
__ **qualifications**: con salvedades
__ **reference to**: con referencia a, en consideración a, en relación a
__ **regard to**: en cuanto a, respecto a, en relación con, atendiendo a
__ **renewed strength**: con nuevas fuerzas, con nuevos bríos
__ **respect to**: con respecto a, respecto de
__ **that end in view**: con ese fin, con tal propósito
__ **the aim of**: con el propósito de, con la intención de, con el objeto de
__ **the exception of**: con excepción de, salvo
__ **the further (added) difficulty that**: con el agravante de que
__ **the help of**: con la ayuda de, con la colaboración de, gracias a
__ **the intention of**: con ánimo de, con la intención de
__ **the naked eye**: a ojo descubierto
__ **the proviso that**: con la condición o salvedad de (que)
__ **the result that**: de ahí que, con el resultado de que
__ **the right to vote**: con voz y voto, con derecho a voto
__ **the understanding that**: en la inteligencia de que, entendiéndose que
__ **the utmost care**: con todo detenimiento
__ **this**: sin más
__ **this aim in mind**: teniendo en cuenta este propósito (objetivo)
__ **this aim in view**: con tal finalidad, a este efecto
withdraw: retirar, retractarse
__ **a concession on a rate of duty**: desconsolidar un tipo de derecho
__ **a draft resolution**: retirar un proyecto de resolución
__ **in favour of**: renunciar a favor de
withdrawal benefit: prestación en caso de cese en el servicio
__ **of a drug**: supresión de una droga
__ **of bid**: retiro de licitación
__ **of reserve funds**: retiro de fondos de reserva
__ **of suit**: desistimiento (de una demanda o medida)
__ **payment**: pago por cese en el servicio
__ **settlement**: liquidación por cese en el servicio
__ **symptoms**: síntomas de desintoxicación o abstinencia
__ **voucher**: comprobante de retiro de fondos
withdrawals: cantidades retiradas
withdrawing member: miembro que se retira
withering: marchitamiento
withhold: retener, contener, negar, rehusar
__ **a recommendation**: abstenerse de formular una recomendación
__ **the truth**: ocultar la verdad
withholding charges: retenciones
__ **of concessions**: suspensión de concesiones

WITHHOLDING

__ **tax**: impuesto percibido por retención, recaudación del impuesto en el origen o impuesto retenido en la fuente
withholdings: retenciones; sumas retenidas
__ **from the regular budget**: retenciones (o sumas retenidas) respecto de aportaciones al presupuesto ordinario
within a period of two months: en un plazo de dos meses
__ **a radius of**: en un radio de
__ **easy reach**: muy cerca, a corta distancia
__ **limits**: dentro de límites, con moderación
__ **my cognizance**: de mi incumbencia
__ **my memory**: que yo recuerde
__ **my province**: de mi competencia
__ **oneself**: en su fuero interno
__ **the compass of**: dentro del marco de
__ **the framework of**: dentro del marco de
__ **the purview of**: dentro del ámbito, del campo, de la esfera, de la provincia o competencia, a tenor de
__ **the reach of**: al alcance de
__ **the scope of**: dentro del marco de
__ **the time fixed**: en el plazo determinado
__ **two weeks**: dentro de dos semanas
within-grade salary increment (step): incremento dentro de la categoría (escalón); aumento de sueldo dentro del mismo grado
without bail: sin fianza
__ **delay**: sin demora, sin tardanza, sin más dilación
__ **detriment to**: sin desmedro a, sin causar detrimento o perjuicio a, sin perjuicio de (que)
__ **distinction**: indistintamente, vagamente
__ **due consideration**: sin reflexión, sin la debida consideración
__ **due notice**: intempestivamente
__ **due process of law**: sin el debido procedimiento legal; sin atenerse a la ley
__ **fail**: sin falta, seguro
__ **further ado**: sin más ni más
__ **further delay**: sin más dilación
__ **impediment**: a pie llano
__ **letup**: sin solución de continuidad
__ **limit of time**: de duración ilimitada
__ **merit**: nulo y sin efecto, improcedente, sin procedencia
__ **my knowledge**: sin saberlo yo
__ **obligation**: sin compromiso
__ **portfolio**: sin cartera
__ **prejudice**: sin prejuicio
__ **prejudice to the possibility**: sin excluir la posibilidad
__ **prejudice to the provisions**: sin perjuicio de las disposiciones (lo dispuesto), sin prejuzgar (menoscabar) las disposiciones
__ **profits insurance**: seguro sin participación en los beneficios
__ **qualifications**: sin reserva
__ **question**: sin lugar a dudas, sin duda, incuestionablemente

WOOD

__ **recourse**: sin mi responsabilidad
__ **recourse draft**: giro "sin responsabilidad"
__ **recourse financing**: créditos "sin ganancias"
__ **regard to reciprocity**: sin tener en cuenta la reciprocidad
__ **rhyme or reason**: sin orden ni concierto
__ **stopping to think**: sin pensarlo
__ **strings attached**: sin trabas o condiciones, sin cortapisas
__ **the right to vote**: con voz, pero sin voto
__ **valuable consideration**: sin contraprestación, a título gratuito
__ **warning**: de buenas a primeras
witness: s testigo, declarante, testimonio, prueba; v asistir a, presenciar, ser testigo de; atestiguar, atestar, testificar, dar testimonio, dar fe, firmar como testigo
__ **against someone**: testigo de cargo
__ **box**: barra de los testigos
__ **clause**: cláusula de atestación
__ **for the defense**: testigo de descargo
__ **for the prosecution**: testigo de cargo
__ **on oath**: testigo juramentado
__ **stand**: banquillo de los testigos
__ **table**: mesa de testigos
__ **to a notarial deed**: testigo instrumental
__ **to a will**: testigo testamentario, testigo testimonial
__ **whereof, in**: en fe de lo cual
__ **who confirms testimony of another**: (leg) conteste
witnessed before me: atestado ante mí
__ **by**: de que doy fe
woeful condition: situación aflictiva
wolf tree: árbol lobuno
womankind: la mujer, las mujeres, el mundo femenino
women in development: participación de la mujer en el proceso de desarrollo
__ **migrant workers**: trabajadores migrantes
__ **of childbearing age**: mujeres en edad de procrear
women's guild (United Nations): Asociación de Mujeres (de las Naciones Unidas)
__ **rights**: derechos de la mujer
wonder drugs: drogas milagrosas o mágicas
wood: madera, leña, bosque, monte
__ **alcohol**: alcohol metílico; alcohol de madera (metanol, alcohol metílico)
__ **and non-wood fibers**: fibras de madera y distintas de la madera
__ **chemistry**: tecnología química de la madera
__ **chips**: astillas; (comp) microplaquetas
__ **chisel**: formón
__ **chopper**: leñador
__ **engraving**: grabado en madera
__ **flooring**: tablas para piso
__ **in the rough**: madera en bruto
__ **lumber (timber)**: madera aserrada

__ **products**: productos forestales
__ **pulp**: pulpa (pasta) de madera
__ **shavings**: viruta
__ **tar**: alquitrán vegetal
__ **technology**: xilología
__ **wool**: viruta
wood-based panel: tablero de madero
__ **industry**: industria de la madera
wood-consuming insect: insecto xilófago
woodcraft: conocimiento del bosque; artesanía en madera
wooded lands: tierras boscosas o arboladas
__ **meadows**: dehesa, praderas arboladas
__ **terrain**: terreno boscoso
wooden fence: palenque, cerca de madera, tranquera
__ **hammer**: mazo
__ **paving block**: tarugo (camino)
woodenware: artículos de madera
woodfuel: leña; combustible de madera o de biomasa leñosa
__ **plantation**: plantación de especies para leña
woodland: *s* bosque, monte, arbolado, monte abierto; *a* silvestre
__ **lot**: predio forestal, bosquecillo
woodshed: leñera
woodturner: torneador, tornero en madera
woodwork: carpintería; maderaje, maderamen, enmaderado, artesanía en madera
woodworking: carpintería, ebanistería, elaboración de la madera
__ **industry**: industria de transformación de la madera
woof: trama, textura
wool card (comb): carda; peine para lana
__ **clip**: esquila, esquileo, producción anual de lana, pila
__ **combing**: cardadura
__ **down**: lanita
__ **exchange**: bolsa o lonja de lana
__ **fat (grease)**: grasa de la lana, lanolina
__ **fleece**: lana de vellón
__ **flock**: borra de lana
__ **not corded or combed**: lana en masa
__ **on skins**: pieles lanosas
__ **powder**: polvo de lana, lana molida
__ **stapler**: tratante en lana, comerciante en lana, lanero
__ **tops**: lana peinada, estambres "tops"
__ **waste**: desperdicios, estopa o borra de lana
__ **yarn**: hilaza o hilo de lana, estambre
woolen fabrics (goods): géneros o tejidos de lana
__ **industry**: industria lanera
__ **trade**: comercio de géneros de lana
woolens: paños, pañería
woolgrower: productor de lana o lanero
woolgrowing: cría de ganado lanar (lanares)
word attack skill: técnica de captación directa de la palabra
__ **blind**: aléxico (persona incapaz de leer un texto)

__ **card**: tarjeta o ficha en la que está escrita la palabra que el alumno debe leer
__ **count**: (cálculo de la) frecuencia de empleo de palabras y familias de palabras
__ **for word**: textualmente
__ **method**: método de palabras (se enseñan las palabras como un todo y luego se analizan en partes, a diferencia del método alfabético en que se presentan primero las letras y las sílabas)
__ **of mouth, by**: verbalmente, oralmente, de palabra
__ **picture ratio**: número de palabras que se pueden enseñar con la ayuda de una imagen
__ **processing**: tratamiento o elaboración de textos
__ **processor**: máquina de tratamiento de textos, elaborador o procesador de textos
__ **reading**: lectura cantada y mecánica
__ **recognition**: identificación de palabras
__ **recognition skill**: aptitud para reconocer palabras
word-by-word: orden discontinuo
word-for-word translation: palabra por palabra, traducción literal
word-of-mouth recruitment: contratación por sugerencia (o recomendación verbal)
wordbook: vocabulario, léxico; (mús) libreto; (edu) libro de ejercicios
wordbuilding: ejercicios de formación de palabras y familias de palabras
wordiness: verbosidad, palabrería
wording: redacción, fraseología, texto, términos
wordy: prolijo, verboso
work: *s* trabajo, empleo, labor, actividad, faena, obra; *v* trabajar, beneficiar, explotar (una mina); manejar, hacer funcionar
__ **card**: ficha (hoja) de ruta
__ **chart**: ficha de fabricación
__ **crew**: cuadrilla o grupo (equipo) de trabajo
__ **done by contractors**: trabajo por contrata
__ **ethics**: ética profesional
__ **experience program**: (edu) programa integrado estudio-trabajo
__ **extension program**: actividades, servicios o trabajos de extensión universitaria, actividades extraescolares; a veces: actividades complementarias
__ **flow**: circulación o movimiento de trabajo
__ **for stock**: producción para (constituir) existencias
__ **force**: fuerza de trabajo, fuerza laboral; personal, plantilla (de una empresa)
__ **front**: frente de trabajo
__ **hours**: horas de trabajo, horas laborales
__ **in process (progress)**: obras en curso de elaboración, trabajos en curso o en marcha; productos en elaboración
__ **in the field**: trabajar fuera de la compañía (de la oficina principal)
__ **injury**: accidente del trabajo
__ **label**: hoja (ficha) de ruta

WORKS   WORKING

__ **off inventories**: liquidar existencias
__ **output**: rendimiento en el trabajo
__ **program**: programa de trabajo
__ **record sheet**: gráfico de trabajo
__ **relief**: trabajo para asistencia a cesantes
__ **responsibility schedule**: plan de trabajo o de tareas
__ **role**: función laboral
__ **sampling**: muestreo laboral
__ **schedule**: calendario de actividades, horario de trabajo, plan o programa de trabajo
__ **seam**: (min) veta, filón
__ **session**: session de trabajo, session de estudio
__ **sheet** : hoja de trabajo, hoja de computación
__ **shift**: turno de trabajo
__ **site**: obra; (min) frente de trabajo; (Chi) faena
__ **station**: lugar de trabajo, puesto de trabajo
__ **status**: categoría de la ocupación o del empleo
__ **stoppage**: paro
__ **storage**: (comp) memoria de trabajo
__ **test**: test de trabajo
__ **to rule**: huelga de celo
__ **under pressure**: trabajo intensivo
   with a will: trabajar con ilusión
__ **with youth**: colaboración con la juventud
works: fábrica, planta, obras
__ **college**: establecimiento de enseñanza profesional superior (escuela profesional superior) o escuela profesional dependiente de una empresa y dirigida por ésta
__ **committee**: consejo de empresa
__ **engineer**: ingeniero de la fábrica
__ **management**: (const) dirección de obras
__ **manager**: jefe de obras
__ **superintendent**: maestro de obras
__ **supervisión**: interventoría
work-months: meses de trabajo
work-study camps: campos de trabajos y de estudio
__ **programs**: educación cooperativa, trabajo remunerado de estudiantes
work-up (med): examen físico del paciente
workability: viabilidad; practicabilidad; maquinalidad (metales); operacionalidad
workable: explotable; factible, viable
__ **competition**: competencia viable
__ **mine**: mina explotable
__ **plan**: proyecto factible
__ **solution**: solución viable
workbench: banco o mesa de trabajo
workbook: (edu) cuaderno de ejercicios, folleto de instrucciones
worked fallow: barbecho
worker: trabajador, obrero, operario; especialista, práctico; (pl) personal
workers education: educación obrera
__ **stock ownership**: accionado obrero
__ **welfare fund**: caja de seguridad
workforce: fuerza de trabajo, fuerza laboral, personal, plantilla (de una empresa)

working: funcionamiento, explotación, manejo; labrado, forja, cultivo
__ **account**: cuenta de explotación
__ **age, of**: en edad de trabajar
__ **age population**: población en edad de trabajar
__ **agreement**: acuerdo provisional práctico, avenencia, arreglo
__ **assets**: activo circulante o de trabajo
__ **assumption**: hipótesis de trabajo
__ **balance**: saldo para operaciones, saldo de operación
__ **budget ceiling**: cifra tope del presupuesto efectivo
__ **capital**: capital de explotación, de trabajo o de operaciones; capital activo; capital circulante
__ **capital fund**: fondo de trabajo
__ **capital loan**: préstamo para capital de trabajo, (préstamo) crédito de habilitación o de avío
__ **capital ratio**: (AL) relación corriente; (Esp) coeficiente de solvencia; liquidez, índice de liquidez
__ **cash balance**: saldo en efectivo para operaciones
__ **class**: clase obrera o trabajadora, proletariado
__ **control**: control efectivo
__ **day**: día laboral o de trabajo, jornada de trabajo
__ **document**: documento de trabajo
__ **drawing**: plano de ejecución, plano de construcción
__ **effective budget**: presupuesto efectivo
__ **environment**: ambiente de trabajo
__ **equipment**: elementos (equipo) de trabajo
__ **expenses**: gastos de explotación
__ **face**: frente de arranque
__ **fund**: fondo de explotación
__ **group**: grupo o comité de trabajo
__ **hours**: horas laborales, hábiles o de trabajo
__ **hypothesis**: hipótesis de trabajo
__ **interest**: participación del concesionario, interés económico directo (petróleo)
__ **knowledge**: conocimiento práctico
__ **life**: período de servicio, vida activa, vida útil
__ **lifespan**: duración de la vida activa
__ **luncheon**: reunión-almuerzo
__ **majority**: mayoría suficiente
__ **mean**: media de trabajo
__ **model**: prototipo, modelo de guía; reducido
__ **of an industry**: explotación industrial
__ **off of inventories**: liquidación de existencias, inventarios
__ **order, in**: en buen estado de funcionamiento
__ **paper**: documento de trabajo
__ **partner**: socio de trabajo o industrial (aporta servicios, no capital), socio activo
__ **party**: grupo de trabajo
__ **plan**: plan o sistema de trabajo u operacional
__ **population**: población activa
__ **proprietor**: empresario propietario
__ **ratio**: coeficiente de explotación
__ **table**: diagrama o gráfica de situación

workings: (min) labores, faenas
working-class district: barrio obrero, colonia proletaria
working-level posts: puestos a nivel de trabajo
working-off (stocks): liquidación (de existencias)
workload: volumen de trabajo, carga de trabajo
__ **factors**: factores de medición del volumen de trabajo
workman: obrero, operario, trabajador, artesano
workmanlike piece of work: trabajo bien hecho
workmanship: destreza del artífice, habilidad o destreza en el trabajo; fabricación, confección
workmen's compensation: indemnización por accidentes del trabajo
__ **insurance**: seguro de accidentes del trabajo, seguro social obrero
workout: prueba, ensayo, ejercicio de entrenamiento
workover: reacondicionamiento (pozo petrolífero; (fin) reestructuración financiera
workprint: copia de trabajo
workroom: taller; (hosp) sala de trabajo
worksheet: hoja de trabajo; (est) hoja de codificación; (ind) ficha de fabricación
workshop: taller, (edu) grupo de estudio, reunión de trabajo, grupo de trabajo práctico, curso práctico; sala de trabajo, cursillo, trabajo en grupo; (enf) seminario de trabajo. En general, actividades de perfeccionamiento en el servicio organizadas con fines de estudio y solución de problemas de interés
__ **instruction**: práctica de taller
__ **instructor**: profesor de trabajos prácticos, profesor de taller
__ **training**: adiestramiento práctico
worktable: mesa de trabajo
workweek: semana laborable
world affairs education: enseñanza de los problemas mundiales
__ **approach**: estudio de alcance mundial; criterio, punto de vista o aspecto mundial
__ **Bank**: Banco Mundial (Banco Internacional de Reconstrucción y Fomento)
__ **census of agriculture**: censo agropecuario mundial
__ **Children's Day**: Día Mundial de la Infancia
__ **citizenship**: civismo internacional
__ **Court**: Corte Internacional de Justicia
__ **forest cover**: cubierta forestal mundial
__ **forestry inventory**: inventario forestal mundial
__ **Food Program**: Programa Mundial de Alimentos
__ **Health Day**: Día Mundial de la Salud
__ **Health Organization (WHO)**: Organización Mundial de la Salud (OMS)
__ **history**: historia universal
__ **Hunger Campaign**: Campaña Mundial contra el Hambre
__ **Intellectual Property Organization (WIPO)**: Organización Mundial de Propiedad Intelectual (OMPI)
__ **issues**: asuntos de interés mundial
__ **List of Educational Associations**: Lista Internacional de Asociaciones Pedagógicas
__ **literacy campaign**: campaña mundial de alfabetización
__ **market price**: precio del mercado mundial
__ **Meteorological Organization (WMO)**: Organización Meteorológica Mundial (OMM)
__ **money**: moneda universal (función del oro)
__ **power**: potencia mundial
__ **Trade Organization (WTO)**: Organización Mundial de Comercio
worldly-mindedness: sentido o espíritu internacional
worldwide: de alcance mundial, universal, global, mundial
__ **income**: ingresos obtenidos en todo el mundo
worn-out fixed capital: equipo desgastado
__ **parts**: piezas desgastadas
worsen: agravar, empeorar
worsted: estambre (tela)
__ **spun acrylic yarns**: hilados acrílicos peinados
__ **yarns (fabrics):** hilados (telas) de lana peinada
worth: valor, valía, mérito, precio, riqueza, excelencia
worthwhile: que vale la pena; digno de consideración, de atención, de mérito; útil (experiencia)
worthy: noble, justo, digno, apreciable, merecedor, acreedor, meritorio
__ **assistance**: asistencia valiosa
__ **cause**: causa noble
__ **conduct**: conducta digna
__ **of respect, be**: ser digno de respeto, merecer respeto
would-be: supuesto
__ **candidates**: aspirantes a la candidatura, posibles candidatos
wound: herir, lesionar, ofender
wounding with grievous bodily harm: lesiones graves
woven wire fencing: cerca de tela metálica; alambrado
wrangle wood: madera bronca, madera áspera
wrap: *s* bata, abrigo, chal; envoltura; *v* envolver, enrollar
wrap-up insurance arrangement: plan de seguridad global
__ **meeting**: reunión de conclusiones
wrapping: envoltorio
__ **paper**: papel de envolver o de envoltura, papel de estraza
wreckage: restos, escombros; pecio
wretched poverty: probreza total; indigencia
writ: escritura; (leg) orden, mandato, mandamiento o auto judicial
__ **of attachment**: mandato (mandamiento) de embargo

___ **of error**: recurso de casación
___ **of execution**: (premio) ejecutoria, mandamiento de ejecución, auto de adjudicación
___ **of summons**: emplazamiento
___ **server**: (leg) receptor, notificador de la citación
write down: (cont) amortizar parcialmente; rebajar el valor en libros, castigar (cuentas), rebajar (precios)
___ **off**: anular, cancelar, eliminar en libros, amortizar totalmente en libros, pasar a pérdidas y ganancias
___ **up**: aumentar el valor en libros
write-up: crítica, relato, crónica; (cont) aumento del valor en libros o por reajuste; descripción escrita, crónica de prensa; (cont) aumento injustificado de valor del activo
writer on political economy: tratadista de economía política
writing: escritura, letra; redacción, estilo; (leg) escrito; (pl) obras
___ **board**: tablilla de escribir
___ **fluid (ink)**: tinta de escribir
___ **materials (set)**: recado de escribir
___ **pad**: block de papel, taco de escribir
___ **table**: mesa-pupitre
___ **tablet**: cuaderno
writing-down: cancelación o amortización parcial, castigo, reducción del valor en libros, amortización parcial
writing-off: paso a pérdidas y ganancias; anulación o cancelación (de préstamos)
written accent: acento ortográfico
___ **censure**: represión por escrito
___ **notice**: aviso o notificación por escrito
___ **procedure**: sumaria (procedimiento preliminar en un caso militar)
written-down replacement cost: costo de sustitución después de deducidas las asignaciones por amortización
___ **value**: (cont) valor de amortización, valor contable ajustado
wrong: (leg) entuerto, injuria, agravio, ofensa
wrongdoing: (leg) infracción, delito
wrongful act or omission: culpa, agravio
___ **arrest or detention**: detención indebida
___ **removal**: traslado ilegal
wrought copper: cobre batido
___ **iron**: hierro forjado, hierro dulce

X

xenocurrencies: xenomonedas; xenodivisas
xenophile: xenófilo (amigo de los extranjeros)
xenophilia: xenofilia (simpatía hacia los extranjeros)
xenophobe: xenófobo
xenophobia: xenofobia (odio o antipatía hacia los extranjeros)
xerodermia: endurecimiento de la piel
xerophagy: xerofagia
xerophyte: (bot) planta xerófila (planta de clima y suelos seco)
xerosis: (med) xerodermia
Xmas bonus (box): aguinaldo de navidad
X-ray examination: examen de rayos X, examen radiográfico
___ **film**: radiografía, película radiográfica
___ **picture**: radiografía
___ **picture viewer**: fluoroscopio
___ **plate**: placa de rayos X
___ **table**: mesa de radiaciones
___ **technician**: técnico de radiaciones
___ **treatment**: radioterapia
xylem: (bot) parte leñosa de las plantas
xylene: (quim) xileno
xylography: xilografía (grabado en madera)
xyloid: xiloideo (semejante o relativo a la madera)

Y

yam: balata; ñame; (AL) camote
___ **bean**: jícama
yard timber: madera corriente, madera secada al horno
yard-fed cattle: ganado a pesebre
yardage: tasaje; largo en yardas; volumen de excavación
yarding: (silv) desembosque
yardstick: vara de medir, medida; norma para evaluar servicios; criterio; patrón, modelo
___ **competition**: competencia comparativa
yarn: hilaza, hilo, hilados
___ **count**: título del hilo, número del hilo
___ **waste**: hilo de desperdicios
yaws: (med) frambesia, pián
yeaning: parto de la oveja, parto de la cabra
year account: cuenta de cierre
___ **of entitlement**: año de vigencia del derecho
year's income: ingresos del año económico
years of schooling: años de estudio, de escuela, de instrucción o de escolaridad
year-end adjustment: ajuste de cierre de año
___ **balance sheet**: balance de fin de año
___ **bonus**: aguinaldo
___ **closing entries**: asientos de cierre
___ **closure**: cierre de ejercicio
___ **dividend**: dividendo de fin de año
___ **entries**: asientos de regularización
___ **prices**: precios de fin de año
___ **work**: (cont) cierre de ejercicio
year-to-year growth ratio: tasa de crecimiento anual
___ **average value**: valor medio interanual
yearbook: anuario
yearling: añojo, añal, cordero, primal, lechal,

becerro, berrogo; pez de un año
yearly income: renta anual
yellow brass: latón corriente
__ **fever**: (med) fiebre amarilla
__ **flint corn**: maíz amarillo duro
__ **pine**: pinoteca, pino amarillo
__ **snapper**: (ict) pargo amarillo
__ **stained cotton**: algodon amarillento
yellow-dog contract: contrato que prohíbe la afiliación a un sindicato
yellowfin tuna: (ict) tuna de aleta amarilla
yellowtail flounder: (ict) pez de limon
yesteryear: antaño, en otros tiempos, antiguamente
yield: *s* producción, rendimiento; rédito, interés; beneficio; rentabilidad (financiera); *v* producir (obtener resultados), dar, devengar, (interés), redituar; ceder, entregar, rendirse
__ **a profit**: producir beneficios (ganancias) o utilidades
__ **curve**: curva de rendimiento
__ **in favor of**: renunciar a favor de
__ **management**: (silv) ordenación del aprovechamiento forestal
__ **of invested funds**: renta de las inversiones
__ **point**: momento flexionante (equipo)
__ **rate**: tasa de rendimiento
__ **the floor to**: ceder la palabra a
__ **to maturity**: rendimiento al vencimiento
yoke: yugo; opresión, servidumbre, férula
young: juventud, jóvenes, gente joven; cría (animales)
__ **bull**: torete
__ **fry**: alevines, peces pequeños
__ **heifer**: vaquillona
__ **pig**: lechón
__ **salmon**: (ict) esquín
__ **seedling**: (silv) brizal
__ **stand**: (silv) retumba
youth: juventud
__ **activities**: actividades de la juventud
__ **hostels**: albergues de la juventud
__ **kit**: carpeta de documentación sobre actividades relacionadas con la juventud
__ **population**: población joven
__ **service camps**: campos de servicios sociales para la juventud
__ **unemployment**: desocupación de los jóvenes
__ **welfare unit**: sección de servicios sociales para la juventud
youthful age structure: prevalencia de jóvenes en la juventud

Z

zapping: paso rápido de un canal a otro a través de control remoto, preferentemente cuando comienzan los espacios publicitarios; (edu) elegir una carrera o una asignatura
zero coupon bonds: bonos de cupón cero, bonos sin cupón
__ **duties**: derechos nulos
__ **entry**: asiento cero, asiento nulo
__ **grazing**: alimentación en estabulación
__ **growth**: crecimiento cero o nulo, estancamiento del crecimiento
__ **hour**: momento decisivo o crítico
__ **population growth**: crecimiento cero de la población
__ **proof**: prueba a cero (máquina comercial)
__ **yield**: potencial nulo
zero-balance account: cuenta de saldo cero
zero-base: a partir de cero, base cero
__ **budgeting**: presupuestación de base cero o a partir de cero
zero-free policy: política de servicios gratuitos
zero-growth budgeting: prosupuestación de crecimiento nulo
zero-sum game: juego de suma cero o nulo
zero-tillage system: sistema de cultivo sin laboreo o de cero labranza
zero-waste strategy: estategia de desechos nulos
zest: ánimo, entusiasmo, brio
zinc coated: cincado, bañado de cinc
__ **etching**: cincografia, grabado en cinc
zinc-steel wire: alambre galvanizado
zip-code: designación postal, (EUA) código postal
zipper: zíper, cierre de cremallera, abrochador de corredera, broche
zonation: zonación (división en zonas)
zone: *s* zona, distrito; *v* zonificar
zoned: zonal (dividido en zonas)
zoning: planificación urbana, división en zonas, zonificación, parcelamiento
__ **laws**: leyes de urbanismo, reglamento de urbanismo o de zonificación; ordenanzas municipales sobre construcción
zoom: *s* alza rápida de precios; *v* subir los precios

SEGUNDA PARTE

Spanish-English

ABBREVIATIONS

Arg	Argentina	El Sal	El Salvador	Per	Peru
Bol	Bolivia	Guat	Guatemala	PR	Puerto Rico
CA	Central America	Hond	Honduras	Sp	Spain
Chi	Chile	LA	Latin America	UK	United Kingdom
Col	Colombia	Mex	Mexico	Ur	Uruguay
CR	Costa Rica	Nic	Nicaragua	USA	United States of America
DR	Dominican Republic	Pan	Panama		
Ec	Ecuador	Para	Paraguay	Ven	Venezuela

a	adjective	IMF	International Monetary Fund
acct	accounting		
admin	administration	ind	industry
adv	adverb	inf	infinitive
aero	aeronautics	ins	insurance
agr	agriculture	intr	intransitive
arch	architecture	irr	irrigation
bnk	banking	leg	legal
com	commerce	m	masculine
comp	computer	med	medical
constr	construction	mil	military
CPM	Critical Path Method	min	mining
demog	demography	n	noun
econ	economics	ot	ocean transport
ed	education	pl	plural
elec	electricity	rr	railroad
EMU	European Monetary Union	st	statistics
ent	entomology	st ex	stock exchange
f	feminine	synon	synonym
fig	figurative	TC	telecommunications
fin	finance	tech	technical
for	forestry	tr	transitive
geol	geology	transp	transportation
hosp	hospital	UN	United Nations
hydr	hydrology		
IDB	Inter-American Development Bank		

418

A

- __ **a beneficio de**: in aid of, for the benefit of, on behalf of
- __ **ciencia cierta**: firmly (believe), (to know) for certain, for sure, for a fact
- __ **condición de que**: with the proviso that
- __ **corto plazo**: in the short term, as soon as possible, forthwith, on short notice, shortly
- __ **cortos intervalos**: in close succession
- __ **costa de mucho trabajo**: through, by means of, by dint of hard work
- __ **cualquier título**: on whatever grounds, in any way whatsoever
- __ **decir verdad**: as a matter of fact, actually, to tell the truth
- __ **deshora**: at an unreasonable hour, very late, at an unusual time, at an untimely moment, at an inconvenient time
- __ **diario**: day in, day out; every day, daily
- __ **estas alturas**: at this point, at this stage, at this hour, as late as this
- __ **este punto**: until now, this far, thus far
- __ **este respecto**: in this regard, in this connection, in this respect, with regard to this matter, for that matter
- __ **este tenor**: at this rate, if this continues, like this, in this way, likewise, in the same fashion
- __ **fin de cuentas**: when all is said and done, all things considered, taking everything into consideration, in the final analysis
- __ **grandes rasgos**: in a few words, briefly, in outline, in a general way
- __ **intervalos**: on and off
- __ **juicio cabal**: of sound mind
- __ **juicio de**: in the opinion of, at the discretion of, according to
- __ **juzgar por las apariencias**: on the face of it, judging by appearances
- __ **la intemperie**: in the open air, out of doors, at the mercy of the elements
- __ **la larga**: in the end, in the long run, eventually
- __ **la postre**: at last, in the end, in the long run, finally, eventually, after all is said and done
- __ **la sazón**: at the time, then, at that time; currently (in session)
- __ **la ventura**: at random, with no fixed idea or place, haphazardly, any old how
- __ **la vez (que)**: at the same time (as), together (with)
- __ **la vista de las dificultades**: in view of the difficulties, in (the) light of the difficulties
- __ **la vista de todos**: openly, publicly, aboveboard, for all to see, in full view
- __ **la vuelta de 6 años**: at the end of 6 years, after 6 years
- __ **lo largo de**: throughout
- __ **lo más**: at best, at most, at the most
- __ **lo mejor**: like as not, perhaps, maybe
- __ **lo que parece**: so it seems, to all appearances, apparently
- __ **lo sumo**: at most, at the most, at the outside, at the earliest
- __ **los efectos de esta sección**: (leg) within the purview of this section; as used in this paragraph the term "…" means
- __ **los ojos de muchos**: in the judgment of many
- __ **mano**: handy, within easy reach, at hand, to hand; (made, written) by hand; all square, quite square
- __ **mano real**: (leg) by executive action, by official means
- __ **mansalva**: without taking any risk
- __ **más de**: in addition to, besides
- __ **más tardar**: on or before
- __ **mayor abundamiento**: furthermore, with all the more reason
- __ **media voz**: in a low voice, under one's breath
- __ **mi costa**: at my expense
- __ **mi entender**: as I see it, in my opinion
- __ **mi juicio**: in my opinion, as I see it
- __ **mi parecer**: in my view, to my way of thinking, to my mind, as I see it, in my opinion
- __ **modo de ejemplo**: by way of example
- __ **nivel de la comunidad**: community based, at the grassroots, local
- __ **nivel internacional**: international in scope, worldwide; global(ly)
- __ **nivel nacional**: nationwide
- __ **nivel popular (comunitario o local)**: at the grassroots
- __ **ojo (de buen cubero)**: by guesswork, by rule of thumb, in a rough and ready way, at a rough estimate
- __ **ojo descubierto**: with the naked eye
- __ **partir del 15 de julio**: as of July 15, on and after July 15, from July 15 onwards, starting on July 15
- __ **pedir de boca**: for the asking, to one's heart's content

419

__ **pesar de todo**: all the same, for all that, despite everything, in spite of everything, the fact remains that
__ **pesar mío**: against my will
__ **pie enjuto**: dry-shod, without getting one's feet wet; without risk, without danger
__ **pie juntillo(s)**: firmly (believe), absolutely (sure)
__ **posta**: deliberately, on purpose, intentionally
__ **primera vista**: at first sight, at first blush, it is readily apparent, on the face of it
__ **pro rata**: on a proportional basis, proportionally, pro rata
__ **propósito**: *adv* by the way, by the by; opportunely, at the right time, seasonably; *a* useful, handy, suitable, fitting, appropriate
__ **que haya lugar**: for all pertinent purposes
__ **que hubiera lugar**: if applicable
__ **quien compete**: to whom it may concern
__ **rachas**: by fits and starts
__ **raíz de**: consequent upon, as a result of, in the wake of
__ **ratos perdidos**: at odd moments
__ **simple vista**: at first sight, at first blush, at first, at a glance, (with) to the naked eye
__ **solicitud del interesado**: upon beneficiary's request; at the request of the interested party
__ **su debido tiempo**: all in good time, in due course (time)
__ **su modo**: in his own way
__ **su tiempo**: at its proper time (moment), at the right time, opportunely, seasonably
__ **su vez**: for its part, in its turn
__ **tal efecto**: for that purpose, to that end
__ **tanto alzado**: for a lump sum; on a presumptive basis (taxation)
__ **tenor de**: in accordance with; under the terms of, pursuant to, under (agreement), on the basis of, along the lines of
__ **tenor de este acuerdo**: under, in accordance with, pursuant to this agreement
__ **tenor del cual**: pursuant to which
__ **tiempo**: in good time, on time, just in time
__ **título de**: by way of, as (in the capacity of), as a matter of
__ **título de ejemplo**: as an example, by way of example (illustration)
__ **título excepcional**: on a one-time basis
__ **título experimental**: tentatively
__ **título gracioso**: free of charge
__ **título gratuito**: gratuitously
__ **título individual**: in his individual capacity
__ **título oneroso**: for value, for valuable consideration, in return for payment, against payment, subject to payment
__ **título precario**: (leg) at sufferance (subject to unilateral revocation)
__ **toda costa**: at all costs
__ **todas luces**: in every way; anyway you look at it, obviously, evidently, clearly
__ **todo andar**: at full speed

__ **todo trance**: no matter what happens, at all costs
__ **través de los tiempos**: through the ages
__ **última hora**: at the eleventh hour, at the last minute (moment)
__ **un tiempo**: at the same time
__ **una voz**: unanimously
__ **veces**: at times, sometimes, occasionally, on occasion
__ **voz en cuello**: at the top of one's voice
__ **voces**: shouting
__ **vuelta de correo**: by return mail (post)
abacá: Manila hemp
abacería: retail grocery
abaco, fuera de: not computed
abadejo: pollock
abalizar: to beacon, buoy, provide ground lights
abalón japonés: Japanese abalone
abalorio: glass bead
abancalado: (irr) ridging
abancalamiento de los cultivos: terracing of crops
__, **producción agrícola en**: hillside farming, terrace farming
abancalar: to bed (plants), bed up soil
abanderado en, estar: to be flying the flag of
abanderamiento de buques: registration of vessels under a country's flag
abandonar: to leave, set out from (a place); leave for good, leave to one's fate; forsake (person); back down from (a position); drop (claim, plan, project); give up (habit); resign from (job); jettison (goods); relinquish (habit, claim); surrender (damaged goods), vacate (military installations), sidetrack (project)
__ **la tribuna**: to come down from the rostrum
abandono: surrender, renunciation (goods, rights); desertion, neglect, abandonment (children, duty, property); disclaimer, surrender (patent), waiver (right), discontinuance (judicial action), neglect (of duties)
__ **a beneficio fiscal**: forfeiture to the treasury
__ **de bienes**: retirement of assets
__ **de estudios**: (ed) wastage
__ **de la instancia**: abatement
__ **de proceso**: nolle prosequi
__ **escolar, tasa de**: attrition rate
abanico: variety, range, set (measures), menu (of options); derrick, crane
abaratamiento: fall in price or cost, cheapening
__ **de precios**: price cutting
abarbetado: lashing, racking
abarcamiento: coverage (sampling)
abarcar: to embrace, include, take in, encompass, extend to; contain, comprise; span (time); occupy (space); cover (aspects, radius of action, items); range over (subjects); undertake; carry out (variety of activities)
abarloar: to bring alongside, berth, dock
abarrancamiento: ravine erosion
abarrotado: overstocked (forestry, stockraising)

abarrotamiento: glut, congestion, drug on the market; dumping (goods)
abarrote: small bundle of hay
abarrotes: broken stowage, dunnage; groceries
abastecedor: caterer, supplier; wholesale butcher
abastecimiento: supply, provision; (Sp) sourcing
__ **externo**: (Sp) outsourcing
abasto: provisioning, supplying; slaughterhouse, (pl) provisions, supplies
__, **dar**: to satisfy (demand for); provide, supply; keep up with (demand, work)
__ **social**: (Mex) food entitlement
abastos, mercado de: (wholesale) fresh food market
abatí: (Arg) maize; (Indian) corn
abatido: depreciated, fallen in price or demand
abatir: to disassemble; knock down
abedul: birch
abejas asesinas (OPAS): killer bees
abertura de espíritu: broadmindedness
__ **de la malla**: mesh size (of a net)
abeto: spruce
__ **blanco**: fir
abierto: receptive (to the outside world), outward-looking (nation); unrestricted (competition)
__ **a la firma de** : open(ed) for signature by
abigeato: rustling, cattle theft
abisal: deepsea (water)
ablactación: (med) weaning
abocado a, estar: to be tackling (a problem)
abocarse a: to face (an issue), devote oneself to, deal with (a matter), tackle (a problem)
__ **a un tema**: to address an issue
abochornar: to wilt (plant) from excessive heat
abogacía: law (as a profession); career as a lawyer
abogado de oficio: attorney (counsel) assigned by the court to defend poor litigant, court appointed counsel
__ **fiscal**: State attorney
__ **integrante**: (Chi) associate judge
__ **patrocinante**: defense lawyer
__ **que consta**: attorney of record
__ **titulado**: attorney-at-law
abogar por: to argue, defend or plead (a case); advocate, champion, side with, hold a brief for; call for (new review)
abolir: to revoke (provisions)
abonado: *a* reliable, trustworthy, apt; *s* subscriber, commuter, season-ticket holder; (fertilizer) dressing; (TC) customer
abonadura: manuring, fertilizing
abonamiento: fertilizer dressing or application
__ **con marga**: liming (soil)
__ **con rastrojo**: stubble mulching
__ **de almacenamiento**: (Sp) (agr) basal dressing
__ **de base**: (agr) basal dressing, bottom dressing
__ **de conservación**: upkeep fertilizing
__ **de fondo**: basal dressing
__ **foliar**: foliar fertilizing
abonar: (agr) to fertilize, dress; (fin) pay or credit to (an account); provide, put in, contribute (capital); make a partial payment; support, vouch for (someone's conduct, judgment); (leg) back or stand security for a guarantee
__ **en cuenta**: to enter, record, log
__ **kilómetros volados**: (aero) to earn credit for mileage
abonaré: (Sp) (bnk) deposit slip, deposit ticket, credit memorandum, promissory note, due-bill
abono: backing, support, security, guarantee; voucher, certificate; installment, partial payment; credit, credit entry; allowance; subscription, season ticket; fertilizer; attestation (of truth of a document or declaration of a witness)
__ **de cloaca**: (agr) night soil
__ **de intereses**: (fin) interest rate rebate
__ **de la prisión preventiva**: (leg) allowance for temporary detention, credit (for time served)
__ **de personas**: (leg) accreditation of (third) parties
__ **de sulfato de cal**: (agr) chalk dressing
__ **de superficie**: (agr) top dressing
__ **de tiempo de prisión**: (leg) commutation of sentence
__ **en cubierta**: (agr) dressing
__ **en cuenta, por**: (fin) for deposit only (check)
__ **en efectivo de licencia anual pendiente**: commutation of annual leave
__ **en metálico por adelantado**: (fin) cash in advance
__ **familiar**: family allowance
__ **simple**: (agr) straight fertilizer
__ **verde**: (agr) compost
__ **y arraigo**: (com) trustworthiness and good standing
abonos: manures and fertilizers
__ **compuestos**: (agr) prepared mixtures
__ **granulados**: pelleted fertilizer
__ **humanos**: night soil
__ **naturales**: manure
__ **puros**: straight fertilizer
__ **siderales**: green manure
__ **y fertilizantes**: organic and inorganic fertilizers
abordaje: collision, fouling (at sea); approach (to a subject)
__ **culpable**: wrongful collision
__ **fortuito**: fortuitous collision
abordar: to tackle, attack, grapple with (problem); approach or introduce (subject); address, discuss (issue); collide, run into (ship); come alongside, on board; put in (at a port), land (vessel); undertake, deal with (task)
aborto: (med) miscarriage
__ **provocado**: (med) abortion
__ **voluntario**: therapeutic abortion
abortón: premature animal; unborn sheep's skin
abovedamiento de los cauces: (irr) shaping of ditches, watercourses, etc

abovedar: to shape (roads)
abra: haven, harbor; pass, gap
abrazadera: (tech) clamp, clasp, clip, brace
abrevadero: water point; (cattle) watering place, drinking trough
abrevado: (stock) watering
abridor: freestone peach
abrigaño: shelterbelt
abrigar: to shelter, protect; cherish (hope); hold (opinion); entertain (hope), harbor (suspicion)
abrigo vivo: shelterbelt
abrir a pruebas: (leg) to begin taking testimony
__ **camino**: to clear the way for
__ **concurso**: to call for tenders
__ **crédito**: to open, give, extend credit
__ **expediente**: (leg) to begin an inquiry
__ **la causa (el juicio) a prueba**: to put the case on trial
__ **la sesión**: to call a meeting to order
__ **nuevas perspectivas**: to give rise to new hopes
__ **paso**: to make way, clear the way, pave the way for; gain ground
__ **testimonios**: (leg) to begin to take evidence
__ **una carta de crédito**: to open or extend a line of credit
abrochador: stapler, stapling machine
abrogar: (leg) to repeal, rescind, revoke, set aside; terminate (treaty)
abrojo: burr
abrumador: vast, overwhelming (majority), crushing (superiority), heavy (responsibility)
abrupto: rugged (terrain), steep, precipitous (descent)
absentismo: absenteeism; absentee ownership
absolución: (leg) judgment or order of court putting end to the proceedings and stating that the defendant is not liable or that the accused is free of the charges made against him; acquittal
__ **de la demanda**: dismissal of the complaint
__ **de la instancia**: dismissal of the case
__ **de posiciones**: (leg) reply to interrogatories
__ **del juicio**: dismissal of action
__ **libre**: judgment declaring innocence of accused; acquittal
absoluto: strict (prohibition), unconditional (need), simple (majority); overriding (priority), conclusive (presumption), hard and fast (rule), flat (denial), complete (silence)
absolutoria: judgment for, acquitted
absolver: (leg) to declare not guilty, acquit (defendant)
__ **consultas**: (leg) to provide the information requested
__ **de la instancia**: (leg) to acquit for lack of evidence
__ **el reo**: to exonerate the accused from prosecution
__ **posiciones**: to reply to interrogatories or cross-examination by parties or principals in a suit
__ **preguntas**: to answer under oath

absorber: to absorb, take up (shock, bump), neutralize (vibration), account for (percentage of students); bear (costs); receive, be allocated (funds); consume, use up (products); use (credit); assume (debt); take over (company)
__ **, a**: (acct) (losses) unabsorbed, carried over, to be expensed
__ **liquidez**: to soak up liquidity
absorbido por: taken over by
absorción: taking over (firm); consumption or assimilation of a product; uptake (nutrients)
__ **de costes**: (acct) absorption costing
__ **de empresas**: take-over
__ **de la mano de obra**: absorption into useful employment
__ **inversa**: reverse take-over
__ **lenta, de**: (med) long-acting (penicillin)
__ **por fusión**: amalgamation
absorciones de empresas financiadas con préstamos: debt-financed buy-outs
abstención: forbearance
__ **de opinión**: (acct) disclaimer (auditor's report)
abstenerse de: to refrain from, forbear
abstracción de, hacer: to disregard, leave aside
absuelto: settled (problems, issues)
abuchear: to heckle, boo
abulia: listlessness, sluggishness (market)
abulón: abalone, ear shell
__ **colorado**: red abalone
__ **gigante**: giant abalone
abundante: plentiful, copious
abundar en: to dwell upon, enlarge upon (a subject)
__ **en la opinión**: to agree wholeheartedly
abusar de: to abuse, take advantage of (kindness, confidence); exceed, exaggerate, go too far; misuse, use wrongly or excessively (tobacco, liquor), abuse (alcohol)
abusivo: wrongful, improper; unreasonable (export practices); excessive (use)
abuso de armas: (leg) misuse of weapons
__ **de autoridad**: misuse of authority
__ **de confianza**: breach of trust
__ **de derecho**: (leg) abuse of process
abusos deshonestos: (leg) indecent assault
acabado: finishing; currying (leather)
acaballonamiento: ridging
acacia gomífera: gum arabic tree
academia: learned society
acahual: (Mex) second growth forest
acajú: cashew nut; American caoba
acantilado: cliff, escarpment; rocky ledge
acaparamiento: hoarding (money, goods), cornering (market); concentration (land ownership)
acaparar: to hoard, monopolize, corner the market, stockpile; buy up all available
acarreador a horcajadas: straddle carrier
acarrear: to cart, carry, haul; cause, occasion; bring upon oneself; bring in its wake; bring

ACARREO　　　　　　　　　　　　　　　　　　　　　　　　　　　　　　　　ACCION

about, entail, involve
__ **beneficios (pérdidas)**: to produce a profit (loss)
__ **perjuicios**: to cause damage
__ **responsabilidad**: to incur liability
acarreo: cartage, transportation, haulage, trucking, carriage
__ **, capacidad de**: carrying capacity
__ **entre terminales**: line-haul
__ **fluvial**: silt, alluvion
__ **por ajuste**: contract hauling
acarreos: detritus
acaso: (Chi) contingency, chance
acasos de la mar (del mar): perils of the sea
acatamiento: respect for, compliance with (the law, rules)
__ **obligatorio, de**: binding upon
acatar: to respect, revere, esteem, treat with deference; observe, respect, abide by, comply with, adhere to (law, rules, plan); carry out (judgment)
acceder: to agree to, consent to, comply with; (comp) access
accediendo a: in compliance with
accesibilidad financiera: affordability
accesible: affordable (housing), approachable (person), open to all, within the reach of all, obtainable (services)
accésit: honorable mention (prize)
acceso: access, approach (to a bridge); fit (of coughing); opportunities for (education), outburst (of temper)
__ **a distancia**: (comp) remote access
__ **al azar**: (comp) random access, direct access
__ **al crédito**: credit availability
__ **difícil, de**: out of the way, remote (area)
__ **directo**: (comp) random access
__ **forzoso**: easement, right of way
__ **inmediato, de**: (comp) on line
accesorio: incidental (expenses), fringe (benefits), secondary, minor (role)
__ **legal**: (leg) consequence of a penalty (e.g. loss of civil rights)
accesorios: attachments, fittings, fixtures; appurtenances
__ **de montaje de canalizaciones**: fittings (water pipes)
__ **viales**: street furniture (roads)
__ **y muebles**: furniture and furnishings
accidentado: rugged (terrain); eventful (life); stormy (history); injured (person), damaged (auto), downed (aircraft), in distress, foundering (ship); sunk (ship), crashed (airplane)
accidental: nonessential, incidental; unplanned, unexpected (visit), odd, temporary (job), occasional (act); acting (chairman, secretary), chance (encounter), casual (income), spare-time (job)
accidentalmente: casually, unintentionally
accidente del trabajo: occupational accident, industrial accident
__ **del terreno**: terrain feature
accidentes de mar: perils of the sea (marine insurance)

__ **de trabajo, ley de**: workers' compensation act
__ **geográficos**: geographical features
__ **meteorológicos**: rain or wind damage
acción: action, activity; effect; (com) share, stock in corporation; (leg) lawsuit, right of action
__ **agresiva**: hostile action
__ **beneficiaria**: participating share
__ **cambiaria**: (leg) action on a negotiable instrument; action for collection of a bill of exchange
__ **cambiaria de regreso**: (leg) action against secondary endorsers; repossession (seizure or foreclosure by secured creditor to satisfy the debtor's obligation)
__ **cautelar**: (leg) action for provisional remedy (e.g. restraining order)
__ **civil**: (leg) criminal indemnification action
__ **coactiva**: (leg) action to enforce
__ **con derecho de voto**: golden share
__ **concertada**: joint action
__ **confesoria**: action for enforcing an easement
__ **contraproducente**: boomerang
__ **de apremio**: (leg) action for collection of debt
__ **de cosa juzgada**: (leg) res judicata action
__ **de coyuntura**: unanticipated short-term action
__ **de lanzamiento**: (Col) summary action
__ **de precario**: (leg) possessory action
__ **de regreso**: (Mex) (leg) recourse (collections)
__ **de regreso, sin** : (com) without recourse
__ **de restitución**: (leg) action for recovery, restitution
__ **de saneamiento**: (leg) warranty action
__ **de saneamiento y evicción**: (leg) action for peaceful possession
__ **de tutela**: (Col) (leg) action for protection of constitutional rights (= amparo)
__ **dinamizadora**: development effort
__ **ejecutiva**: (Chi) (leg) enforcement action
__ **estimatoria**: (leg) action for reduction in price because of defects
__ **gratuita**: (USA) bonus share
__ **hipotecaria**: (leg) foreclosure action
__ **incidental**: (leg) accessory action
__ **(judicial) mancomunada (representativa)**: class action suit
__ **laboral**: job action
__ **legal de cobro**: distraint procedure
__ **mutagénica**: mutagenic effect
__ **oblicua**: (leg) subrogation action
__ **pauliana civil**: (leg) civil action to nullify fraudulent acts of bankrupt
__ **penal**: (leg) criminal proceedings
__ **personal**: (fin) registered share
__ **popular**: (Arg) (leg) public interest action
__ **por incumplimiento de contrato**: (leg) action for breach of contract, for assumpsit
__ **precautoria**: action for provisional remedy
__ **privada**: private prosecution
__ **procedente**: action that lies
__ **procesal**: action at law
__ **prolongada**: repository effect (drug)

ACCIONES

- __ **pública**: (Arg) (leg) criminal action
- __ **que hubiese lugar**: (leg) action that may lie
- __ **real**: action in rem
- __ **reconvencional**: (leg) counter-action
- __ **redhibitoria**: action for cancellation of sale
- __ **remanente**: residual effect (insecticide)
- __ **resolutoria**: (leg) action for avoidance (contract)
- __ **retardatoria**: delaying action
- __ **social de responsabilidad**: (Arg) (leg) corporate lawsuit for liability
- __ **solidaria**: common action
- __ **temporal**: (leg) action with time limit
- __ **toxicomanígena**: addiction liability

acciones: corporate equities, equity securities
- __ **a la orden**: (Arg) registered shares
- __ **acumulativas**: cumulative stock
- __ **amortizables**: redeemable, callable shares
- __ **amortizadas**: redeemed shares, treasury stock
- __ **con antecedentes de dividendos**: seasoned shares
- __ **con derecho a dividendo**: participating shares
- __ **con derecho a voto**: voting shares
- __ **con potencial**: growth stock
- __ **con prima**: (Sp) shares issued at a premium
- __ **con valor nominal**: par value stock
- __ **cotizadas**: shares listed on stock exchange
- __ **cubiertas**: paid-up stock
- __ **cumulativas preferentes gravables**: taxable cumulative preference shares
- __ **dadas como prima**: bonus shares
- __ **dadas en pago**: qualifying shares
- __ **de aportación**: vendor's shares
- __ **de aportes (en especie)**: stock issue for property contributed
- __ **de beneficio (de favor)**: stock issued for services
- __ **de caída vertiginosa**: air-pocket stock
- __ **de capital**: capital stock, equity shares
- __ **de capital pagadero en efectivo**: paid-in shares
- __ **de depositario americano**: American Depositary Shares (ADS)
- __ **de disfrute**: jouissance shares (redeemed shares that continue to participate in dividends), dividend-right shares
- __ **de dividendo diferido**: deferred stock
- __ **de efectivo**: shares issued for cash
- __ **de empresas**: corporate stock
- __ **de garantía**: qualification shares
- __ **de goce**: dividend-right shares, jouissance shares; (Sp) common stock issued for preferred stock called in
- __ **de industria**: shares issued for services
- __ **de industrias cíclicas**: cyclical stock
- __ **de la pequeña empresa**: small-cap stock
- __ **de muy baja cotización**: stub stock
- __ **de numerario**: shares issued for cash, cash shares
- __ **de pago**: cash shares
- __ **de premio**: shares issued for services
- __ **de primera categoría**: blue chips
- __ **de propiedad simulada**: dummy stock
- __ **de relanzamiento**: expansionary measures
- __ **de trabajo**: shares assigned to workers as participation in profits
- __ **de una empresa prometedora**: growth stock
- __ **de usufructo**: dividend-right shares, jouissance shares
- __ **de voto ilimitado**: common stock
- __ **de voto limitado**: preferred stock
- __ **de voto plural**: multiple voting shares
- __ **depositadas en una cuenta fiduciaria**: American Depositary Shares (ADS)
- __ **desembolsadas**: fully paid shares
- __ **desestimadas**: undervalued shares
- __ **desiertas**: shares not paid up
- __ **disponibles**: unused stock
- __ **doradas**: preferred shares with voting rights
- __ **en caja (tesorería)**: treasury stock
- __ **en cartera**: treasury stock, stock holdings, unissued stock
- __ **en caución**: stock deposited in escrow
- __ **en circulación**: outstanding stock
- __ **en manos del público**: outstanding stock
- __ **en poder de un propietario**: (acct) proprietary equities
- __ **entregadas en garantía**: qualification shares
- __ **estatutarias (habilitantes)**: qualifying shares (entitling holder to become a director of a company)
- __ **exhibidas**: fully paid shares
- __ **gratuitas**: shares representing capitalization of reserves, stock dividend, (USA) bonus shares
- __ **habilitantes**: qualifying shares
- __ **liberadas**: issued stock
- __ **liberadas de pago**: fully paid shares, (Sp, Chi) bonus shares (stock dividend)
- __ **móviles**: (Col) inventories, current assets
- __ **no redimibles**: debenture stock
- __ **no susceptibles de dividendos pasivos**: nonassessable shares
- __ **nominativas**: registered shares
- __ **obligatorias de los miembros del consejo de administración, que tiene en depósito la sociedad**: qualification shares
- __ **ordinarias**: common stock, equity stock
- __ **pagadas**: paid-up stock, fully paid stock
- __ **pagadoras**: called-up capital stock
- __ **participantes preferentes**: participating preferred stock
- __ **preferentes con derecho a dividendo acumulativo**: cumulative preferred stock
- __ **preferentes con dividendo diferido**: bailout stock
- __ **preferentes con jerarquía**: prior-preferred stock
- __ **preferentes (en pago de dividendos)**: preferred shares
- __ **preferentes en segundo lugar**: second-preferred stock
- __ **privadas**: private equities
- __ **privilegiadas**: debenture stock, preferred stock

__ **provisionales**: interim (share) certificates, scrip
__ **recibidas como dividendo**: bonus shares, stock dividend
__ **redimibles**: callable shares
__ **repartidas como gratificación**: bonus shares
__ **rescatadas**: (Arg) treasury stock
__ **sin valor nominal**: non-par-value stock
__ **subvaluados en el mercado pero con potencial**: value stock
__ **vigentes**: shares outstanding
__ **y participaciones**: corporate equity securities
accionar: performance
accionariado: (Sp) body of shareholders
__ **laboral**: employee shareholders
accionista: stockholder, shareholder
__ **aparente**: dummy stockholder
__ **censor de cuentas**: (Sp) statutory auditor
__ **de trabajo**: worker shareholder
__ **industrial**: holder of stock issued for services
__ **registrado**: stockholder of record
accionistas-deudores por suscripción: capital subscribed, not yet called
__ **censores de cuentas**: (Sp) supervisory board
__ **dividendos pasivos pendientes de pago**: capital subscribed, in arrears
acechar: to monitor, observe, watch
acecinar: to jerk beef
acedía: plaice
acéfalo: lacking a president or chairman
aceite de andiroba: (Per) carapa oil
__ **de ballena**: sperm oil
__ **de bogol**: tall-oil
__ **de comer**: (Sp) olive oil
__ **de lambán (nuez de cera)**: candlenut oil
__ **de linaza**: linseed oil
__ **de madera de China**: tung oil
__ **de mantequilla clarificada**: ghee
__ **de orujo**: sulphur oil, olive-kernel oil
__ **de orujo de aceitunas**: olive-residue oil
__ **de palma**: palm oil
__ **de palmiche**: palm-kernel oil
__ **de palo**: tung oil
__ **de patas de vacuno**: neat's foot oil
__ **de pie de vaca**: neat's foot oil
__ **de sésamo**: ginjelly oil, teal oil
__ **del árbol de China (aleurita)**: tung oil
__ **fluido**: soft oil, thin oil, free-flowing oil
__ **solidificado**: hard oil
aceites de pescado: marine oils
__ **esenciales aromáticos**: attars
aceleración del proceso de redenciones: (fin) accelerated encashments
__ **forzada**: speed-up
acelerado: crash (program)
acelerar: to speed up, build up speed, gain headway, quicken (pace)
acelga: Swiss chard
acemite: middlings
acento: emphasis, stress
acentuado: sharp (increase), emphatic, strongly marked

acentuar: to compound (dramatic events), increase, add to, strengthen, redouble, step up (efforts)
aceña: water mill
acepar: (agr) to root
acepilladura: planing (of wood)
aceptable: fair (price, value); reasonable (terms), welcome (gift), eligible for reimbursement (costs)
aceptación bancaria: banker's acceptance
__ **comercial**: trade acceptance
__ **condicionada**: qualified acceptance
__ **de competencia**: (leg) consent of jurisdiction
__ **de complacencia**: accommodation acceptance
__ **de condiscípulos**: (ed) peer acceptance
__ **de fianza**: collateral acceptance
__ **de firmar**: willingness to enter into (an agreement)
__ **después de protesto**: acceptance supra protest
__ **libre (general)**: clean acceptance
__ **limitada**: conditional acceptance (of a draft)
__ **por intervención**: acceptance for honor
__ **sin condición**: absolute acceptance
aceptante: acceptor (contraceptive use)
aceptar: to accept (all senses); come to terms with; accede to (a demand); acquiesce in (a crime); (com) lift a draft
__ **que**: to assume
__ **ser candidato**: to accept nomination
acequia: trench, drainage ditch, irrigation ditch, drain
acercamiento: convergence (of views), drawing closer together, narrowing the gap, alignment, rapprochement
__ **al cliente**: accessibility to taxpayer
acería Martin-Siemens: open-hearth steel works
acerina: pope, ruff
acero bajo en carbón: mild steel, soft-carbon steel, ingot steel
__ **bruto**: crude steel
__ **colado**: steel castings
__ **crudo**: ingot steel
__ **de cementación**: case-hardened steel
__ **de construcción**: reinforcing steel bars, structural steel
__ **de horno eléctrico**: electric steel, electric-furnace steel
__ **dulce (suave)**: mild steel, soft steel
__ **extradulce (suave)**: dead soft steel, dead mild steel
__ **laminado**: finished steel
__ **Martin-Siemens**: open-hearth steel
__ **perfilado**: rolled steel shape, structural shape
__ **rápido**: high-speed steel, air-hardening steel
__ **recocido**: annealed steel
__ **semiduro**: medium steel
__ **semisuave**: medium carbon steel, quarter-hard steel
__ **suave**: soft steel
__ **templado**: hard(ened) steel
__ **Thomas**: basic Bessemer steel

acerola: haw(thorn) berry
acertadamente: opportunely, fitly, wisely, effectively, well (said), aptly, properly
acertado: well-aimed; apt (remark), wise (choice, move), enlightened, positive, well conceived (plan, policy), correct, sensible, judicious (decision), sound (idea, plan), effective (campaign), to the point, well-taken, fair (comment), justifiable (concern), expedient, advisable (course of action), the right (idea, approach, course)
acertar: to hit the mark, guess right, succeed (in doing), manage (to do); (Arg) determine a question of law
acervo: heap, pile; wealth, pool (of knowledge); knowhow; store (of information); (resource, natural resources) endowment; cultural resources; (sometimes) heritage (cultural, natural); large amount of; (Chi) (leg) estate (succession), individual estate; assets (bankruptcy)
__ **comercial**: goodwill
__ **de capital**: capital stock
__ **de la sociedad**: corporate stock
__ **de vivienda**: housing stock
__ **forestal nacional**: national forest estate (i.e., total forest in country)
__ **social**: corporate assets
achacar: to attribute; impute, blame
achagual: ratfish
achicadura: unwatering
achicar: to reduce, trim (budget)
achiote: an(n)atto
achipa: (Para) yam bean
achique: bailing or pumping out of a ship; draining (mine)
achurado: (Chi, Mex) hatching (diagram)
achuras: entrails of slaughtered animals
acicate: spur, goad, inducement, incentive, challenge
aciclio: (Per) alley, side street, lane
acidez de la leche: sourness of milk
ácido muriático: hydrochloric acid
acierto: skill, ability, dexterity; wisdom; wise decision; example of good sense
ácimo: unleavened (cereals)
acitara: partition wall
aclaración: explanation, elucidation, clarification, illustration; point of information (in a meeting), more explicit information
aclarar: to explain, cast light on, make clear (problem); resolve, dispel, remove (doubt), allay (doubts)
__ **que**: to point out
__ **un asunto**: to shed light on, throw light on, clear up
aclareo: singling (plants)
__ **, corta de**: thinning
__ **del suelo**: soil enlightenment
acodalar: to shore up, brace
acodo: layer (plant), layered branch; layering
__ **al aire**: air layering

__ **de caballón**: mound layering
acogedor: hospitable, welcoming, cordial, pleasing, gracious, affable
acoger: to honor (bill); protect; include, embody, incorporate in; receive (requests)
__ **con beneplácito**: to welcome
__ **una recomendación**: to endorse
acogerse: to resort to, avail oneself of; claim (benefit, exemption), make use of; take advantage of; opt for
__ **a la quinta**: (leg) to take the fifth amendment
__ **, poder**: to be eligible for (pension)
acogida: response (to a campaign), reception (offer, proposal)
acogiéndose al párrafo 2: under, as per or pursuant to paragraph 2
acolchado: mulching, mulch
acolchamiento: mulching
acolchar: to mulch
acometer: to attack, assail; undertake (a task), tackle (a problem)
acometida: service connection, house connection (water, gas); (elec) current intake, service drop
__ **de agua**: service connexion (water); (irr) water inlet; poaching or diversion of water (irrigation)
__ **de cable**: (elec) service connexion
__ **en la conducción de agua**: diversion (unmetered use)
acometimiento: (leg) battery
acomodado: hand-placed (of rockfill)
acomodados: the "haves" (as opposed to the "have nots")
acomodar: to accommodate; arrange; suit to; find room for; reconcile (views); come to terms with
acompañado a foja 24: attached to sheet 24
acompañamiento: monitoring
__ **, fauna (peces) de**: by-catch
acompañar: to accompany, escort, go with (a person); sympathize, be sorry about (a person's loss); send together with (documents); enclose (documents); keep up with, keep pace with, keep abreast of
acondicionamiento: processing (vegetable products, fruit); overhaul; preparation for market (fruit); conditioning (environment); handling and packing; packaging; layout, arrangement, development (place); fitting out (hospital), improvement (roads), equipping (offices), securing (cargo); landscaping; presentation (goods)
__ **de cauce**: channel development
__ **de la carga**: securement of cargo, securing of cargo
__ **de terrenos**: site preparation, site planning
__ **de tierras**: land development
__ **del medio ambiente**: physical planning
__ **del suelo**: soil management
__ **ecológico**: environmental conditioning
__ **parcelario**: leveling of ground

acondicionamientos: (Arg) packing crates
acondicionar: to condition; repair; overhaul; put up (for sale), package, prepare for market (goods)
aconsejar: to advise, counsel; suggest
acontecimientos: developments (in trade relations); goings-on; events
acopiador: middleman, broker, buyer (grain, potatoes, etc)
acopio: assembling (data, food products), collecting, gathering, bulking (of merchandise), store, stock; great amount, wealth of; pondage (water); accumulation (foreign exchange); pick-up (milk)
___ , **centro de**: assembling point, collection center
___ **de caliza**: limestone stockpile
___ **de capitales**: supply of capital
___ **marginal ribereño**: bank storage
___ , **sistema de**: collection system (marketing)
___ **y desacopio de materiales**: material handling, receipt and despatch of materials
acoplado: tow of barges, road train component; semi-trailer; (Per, Arg) trailer
___ **al sistema**: (comp) on-line
acoplador: (Bol) trailer
acoplamiento: mating (of animals); joint (of pipe); interlock (systems); docking (space craft)
acordar: to grant, approve; agree to do something; agree on, work out (program)
acorde con: in harmony with
acostumbrado: usual (way, payment, method)
acotación: boundary mark; (survey) elevation mark; dimension (drawing); (Col) dimension marked on a plan; marginal note, annotation
acotado: fenced area, enclosure, closed area (in which grazing is prohibited)
___ **total**: sanctuary, reserve
acotamiento: (Per, Mex) road shoulder
acotar: to demarcate, delimit; fence in, enclose (land) (fig) define, outline; vouch for, accept; put numbers on a plan; annotate a document; dimension (drawing)
acotillo: sledge hammer
acreditable: (service) entitling to; pensionable (earnings)
acreditación: security clearance
acreditado: well-known, well established, respectable (house, firm), of good standing, of good reputation (doctor), solvent (business)
acreditar: to accredit (diplomat, correspondent); credit (an account); vouch, answer for; authenticate; (+ para) entitle; (+ con) demonstrate, prove someone to be; attest the appointment of, appoint (agent)
___ **su personalidad**: to establish one's identity
acreditivo: (Chi) letter of credit
acreedor: who merits, deserves; worthy of, eligible for; creditor
___ **hipotecario**: holder of a mortgage, mortgagee
___ **no prioritario**: junior creditor
___ **pignoraticio**: secured creditor
___ **prendario**: creditor holding chattel mortgage, secured creditor
___ **privilegiado**: preferred creditor, lienor
___ **quirografario**: common creditor, unsecured creditor
___ **real**: (Arg) secured creditor
___ **solidario**: joint creditor
acreedores: (acct) creditors; accounts payable (on credit side of ledger); accounts receivable (on debit side of ledger); (leg) holders of debt claims
___ **diversos**: sundry creditors, accounts payable
acreencia: financial claim, creditor's claim, amount owed, outstanding debt; credit balance; (Col, Per) credit; (leg) claim; debt, liability
___ **del prestamista**: amount due to the lender
acreencias improductivas: non-performing debt
___ **no redituables**: non-performing debt
acrisolar: (Arg) to clarify by testimony or proof
acronecrosis: dieback (tree)
acta: minutes, record of something done; certificate (birth, death or marriage); deed
___ **acordada**: agreed minute
___ **constitutiva**: incorporation papers; charter (bank, institution)
___ **de acusación**: bill of indictment
___ **de confrontación**: check file (for verifying accounts)
___ **de emisión de bonos**: indenture
___ **de garantía**: surety bond
___ **de introducción**: import permit (livestock)
___ **de liberación**: quarantine discharge permit (livestock)
___ **de mensura**: survey record
___ **de nacionalidad**: (ship's) registry certificate
___ **de notoriedad**: identity certificate; (Mex) (leg) notarial certificate
___ **de presencia**: (Arg) (leg) notarial certificate (of truth of facts contained in a document)
___ **de recepción**: acceptance certificate (construction)
___ **de sesión(es)**: proceedings, minutes
___ **de vista**: (ot) (ship's) survey report (losses)
___ **declarativa**: (leg) statement of record
___ **fiscal**: tax assessment
___ **judicial**: court record, record of proceedings
___ **legalizada**: public instrument executed or drawn up by a notary
___ **(liquidación) fiscal**: tax assessment
___ **literal**: verbatim record
___ **notarial**: affidavit, certificate issued or deed executed by a notary
___ **oficial**: official document
actas analíticas: summary records
___ **de estado civil**: vital records
___ **de identificación**: identification proceedings
___ **de juicios**: court records
___ **taquigráficas**: verbatim records
actinia: sea anemone, sea sunflower

actitud: attitude, posture; position, policy; outlook; response; stance
__ **discreta**: low profile
__ **no autoritaria**: (ed) democratic attitude
__ **realista**: business-like appraisal
activación: expediting, triggering
__ **de gastos**: expense capitalization
activar: to quicken, hasten, move (push) forward, make things hum, speed up, expedite (delivery, formalities), urge
actividad: activity, bustle, buoyancy, movement; promptness; potency (vaccine); strength (drug)
__ **de promoción comunitaria**: community development
__ **económica**: the economy
__ **extraescolar**: afterschool activities
__ **intencionada**: purposeful activity
__ **lucrativa**: gainful employment
__ **productiva**: production
__ **social**: the association's activities
actividades afines (conexas): allied fields
__ **agropecuarias**: farming and ranching (activities, operations)
__ **complementarias**: follow-up activities
__ **de divulgación**: outreach activities
__ **de proyección exterior**: outreach activities
__ **extraprogramáticas**: extracurricular activities
__ **forestales comunitarias**: community forestry
__ **no académicas**: (ed) extracurricular activities
__ **normales**: regular activities
__ **parciales**: part-time activities
__ **previas a la explotación**: predevelopment work (oil)
__ **remunerativas**: income-producing activities, gainful activity, gainful employment
__ **venatorias**: hunting
activo: *a* active, energetic, prompt, diligent, industrious, busy; operative; lending (rate), working (partner); forceful (manner); lively, buoyant; wide-awake (person); *n* assets, resources
__ **acumulado**: accrued assets
__ **agotable (gastable)**: wasting assets
__ **amortizable**: wasting assets, diminishing assets; (Sp) depreciable assets
__ **amortizado**: depreciated assets
__ **aparente**: (Mex) intangible assets
__ **circulante**: working assets, current assets, liquid assets
__ **comercial**: current assets, working capital
__ **computable**: eligible assets
__ **consumible**: wasting assets
__ **contable**: assets
__ **contable depurado**: (Chi) adjusted net operating assets (pension funds); audited and adjusted book assets
__ **corpóreo**: tangible assets
__ **corriente**: current assets, working capital
__ **cuasilíquido**: (Sp) new money; quasi-money
__ **de fácil liquidación**: quick assets
__ **de rendimiento**: performing assets
__ **de rotación**: working assets
__ **de trabajo**: working assets
__ **diferido**: deferred charges or assets
__ **disponible**: quick assets, available funds; cash and due from banks, cash and bank deposits
__ **disponible y el pasivo circulante, relación de**: acid-test ratio
__ **en caja**: earning assets
__ **en ejercicio**: current assets
__ **eventual**: contingent assets
__ **exigible**: receivables; sundry debtors
__ **exterior**: assets held abroad
__ **extracontable**: non-ledger assets
__ **ficticio**: intangible assets
__ **fijo**: fixed assets (land, buildings, plant), capital assets, permanent assets
__ **fijo físico**: (Chi) plant and equipment
__ **fijo tangible**: (Sp) plant and equipment
__ **financiero**: financial claim
__ **físico**: tangible assets
__ **flotante**: current assets, working capital
__ **fluido**: quick assets
__ **fuera de balance**: non-ledger assets, off-balance-sheet assets
__ **gastable**: wasting assets
__ **gravado**: pledged assets
__ **improductivo**: dead assets, inactive assets, non-performing assets
__ **incorpóreo**: intangible assets
__ **inmaterial**: intangible assets
__ **inmovilizado**: fixed assets
__ **interno**: (bnk) domestic assets
__ **invisible**: concealed assets; goodwill
__ **lento**: (Guat) non-current assets
__ **líquido**: owner's equity; (Mex) net worth
__ **material neto consolidado**: consolidated net tangible assets
__ **menos bienes de uso**: (Arg) working assets
__ **móvil**: (Sp) contingent assets
__ **neto**: owner's equity, net worth; (Sp) shareholders' equity
__ **neto en servicio**: (elec) plant in service
__ **no computable**: inadmissible assets
__ **no realizable**: non-convertible assets
__ **nominal**: (Chi) intangible assets
__ **operación**: (Col) current and fixed assets
__ **pendiente**: outstanding assets
__ **permanente**: fixed assets, capital assets
__ **productivo**: earning assets (property, plant, equipment)
__ **rápido**: quick assets
__ **real**: genuine assets
__ **realizable**: quick assets, current assets, available assets, liquid assets (stocks and short-term investments in securities); physical assets
__ **rentable**: earning assets
__ **semifijo**: working assets
__ **sin valor**: dead assets
__ **sobre el exterior**: assets held abroad
__ **social**: partnership assets

ACTIVOS ACUERDO

__ **social neto**: (acct) residual assets
__ **tangible**: capital assets
__ **transitorio**: pre-payments, deferred assets, unadjusted assets
activos acumulados: assets outstanding (balance of payments)
__ **con beneficio fiscal**: tax-sheltered assets
__ **dudosos (o improductivos)**: non-performing assets
__ **financieros**: (financial) claims
__ **financieros totales del sector privado**: (Ur) M4
__ **frente a**: claims on
__ **líquidos en manos del público**: (Sp) (econ) M4 (M3 + short-term instruments)
__ **ponderados por riesgo**: risk-weighted assets (RWA)
__ **representados por títulos**: securitized assets
__ **y pasivos**: active and non-contributing members (social security)
acto: act, action; deed; meeting, ceremony, function; (leg) proceeding
__ **a título oneroso**: contract for valuable consideration
__ **antijurídico**: offense
__ **cívico**: public ceremony
__ **comercial**: commercial transaction
__ **concursal**: bankruptcy proceeding
__ **constitutivo**: certificate of incorporation
__ **continuo**: at once, immediately, then and there, straight away; then, next
__ **de constitución**: organization meeting (company)
__ **de intervención**: acceptance for honor, acceptance supra protest
__ **de posesión**: assumption of ownership
__ **de presencia**: attendance, appearance
__ **incoativo**: act initiating legal proceeding
__ **judicial**: writ; (leg) action taken by, or decision made by, a judge or court, judicial act, judicial decision
__ **jurídico**: legal transaction; (leg) an act that entails rights and obligations; act having effects at law
__ **legal**: (leg) an act permitted by law
__ **procesal**: proceeding
__ **público**: act witnessed by a notary
__ **punible**: offense
__ **social**: social event
__ **traslativo**: (leg) transfer, conveyance
actos de administración: management transactions
__ **de dominio**: acts of ownership; (Mex) (fin) ownership transactions
__ **indubitados**: undoubted facts, unquestioned facts
__ **jurídicos documentados**: (Sp) transactions evidenced by legal documents
__ **oficiales**: official functions
__ **u omisiones dolosas o gravemente culposas**: willful or reckless acts or omissions

actor: plaintiff, protagonist; (fig) stakeholder
__ **civil**: plaintiff claiming damages (in a criminal case)
__ **social**: social actor (trade union, business)
actores sociales: social forces, groups
actuación: action; role; behavior, conduct; showing, performance (economic, fiscal, industrial)
__ **distante (poco comprometida)**: low profile
__ **judicial**: civil proceedings; criminal prosecution
__ **oral**: (leg) oral proceedings
actuaciones: proceedings (steps taken and things done by a court officer); records of pleadings in a case; documents relating to legal proceedings (civil or criminal); (sometimes) minutes (of board of directors, etc)
__ **del sumario**: investigatory stage of the trial
__ **judiciales**: judicial orders, resolutions
actuado, lo: (leg) the litigation
actual: present, current, up-to-date, fashionable, present day, topical, of immediate importance, contemporary, modern; prevailing (conditions)
actualidad: present time; timeliness
actualidades: current events, live issues, topical events, newsreel
actualización: updating; discounting (project analysis); (ed) refresher training, updating training; (acct) restatement (inflation accounting), revaluation for book purposes; realignment (of currency values)
__ **de la renta**: capitalization of income
__ **de los conocimientos**: refresher training
__ **dirigencial**: (DR) in-service management training
actualizado a partir del (segundo año): time-adjusted (project analysis)
actualizar: to keep current, update, modernize; discount (to present worth), revise (price), adjust (values); (Sp) (acct) revalue
actuar con: (com) to have dealings with, do business with
__ **de ponente**: to serve as rapporteur; prepare draft report, recommendations, judgment
__ **en juicio**: to address the Court
actuario: marshal, sheriff, court clerk; judicial officer who authenticates all documents in a suit, attesting officer
__ **de seguros**: actuary
acuacultura: aquaculture, fish farming, fish husbandry
acudir: to go (to a meeting, the office); come (when called), be attracted to, flock to (a place, something); happen to someone (of misfortunes); occupy oneself with, deal with (something); go to the assistance of, rescue; turn to, have recourse to, resort to (banks), apply to, make application to
acueducto rural: rural water supply system
acuerdo: decision, resolution; agreement; pact, arrangement

ACUERDOS

__ amigable: (leg) out-of-court settlement
__ amistoso: (leg) out-of-court settlement
__ armónico: (Arg) gentleman's agreement
__ básico: frame agreement
__ comercial con contrapartida del proveedor: offset agreement
__ comercial con pago en mercancías producidas: buy-back agreement (trade)
__ con, de: in accordance, in compliance, in line, in keeping, in common, consistent with; to the satisfaction of; along the lines of, as provided for by, under the terms of (contract), as stipulated by (contract)
__ conceptual: framework agreement
__ condicional de reembolso: qualified agreement to reimburse
__ criminal: (leg) criminal conspiracy
__ de apertura de línea de crédito: (Sp) standby agreement
__ de autolimitación: voluntary restraint agreement
__ de compromiso: standby agreement
__ de compromiso contingente: standby agreement
__ , de común: by mutual agreement, with one accord, by joint agreement
__ de concesión: franchising agreement
__ de concesión recíproca de licencias: cross-licensing
__ de crédito contingente: standby agreement
__ de derecho de giro: standby agreement (IMF)
__ de destinación especial: set-aside agreement (project)
__ de disponibilidad de crédito: (Sp) standby agreement
__ de ejecución: implementing agreement
__ de explotación (del software): site-license agreement
__ de intenciones: letter of intent
__ de intercambio: swap agreement
__ de licencia: licensing agreement
__ de patente y licencia: co-pack agreement
__ de recompra: buyback agreement
__ de traspaso progresivo (de acciones): fade-out agreement, phase-in agreement (joint venture)
__ de voluntades: (leg) meeting of minds, concurrence of wills
__ entre naciones: (leg) comity of nations
__ , estar de: to concur in, accept
__ firme de compra (sin derecho de rescisión): take or pay contract
__ marco: framework agreement, outline agreement
__ modelo: standard agreement
__ multifibra: multifiber arrangement
__ obligatorio: binding agreement
__ sindical: collective bargaining agreement
__ sobre crédito contingente: standy by credit arrangement
__ sobre tipo de cambio: (Sp) forward exchange agreement

ACUSADO

__ sobre tipo de interés: (Sp) forward rate agreement
__ social: directors' resolution
__ superior, por: duly authorized
__ tácito: gentleman's agreement
__ tipo: model agreement, standard agreement
__ verbal: gentleman's agreement
acuerdos compensatorios: offset agreements (countertrade)
__ de crédito: credit arrangements
__ de crédito recíproco: swap agreements
__ de crédito sobre productos básicos: commodity agreements
acuícola: marine; relative to aquiculture
acuicultura: aquiculture
acumulación: accumulation, accrual; hoard, pile, stock; pooling; bunching (maturities), bunching of loans, of loan approvals; (tech) pool, deposit, deposition; build-up (pressure); backlog (orders), storage (minerals, nutrients); pyramiding
__ de acciones: (leg) joinder (of actions)
__ de agua: water storage
__ de atrasos: backlog
__ de beneficios: double-dipping
__ de capital: capital formation
__ de capital reproductivo: capital accumulation (i.e. investment)
__ de causas: (leg) consolidation of actions
__ de demandas: (leg) joinder of complaints
__ de existencias: stockpiling
__ de inventarios: stockpiling, building up of stocks
__ de plazos (vencimientos): bunching of maturities
__ de préstamos: bunching of loans
__ de reservas estratégicas: stockpiling
__ metalífera: ore body, ore pocket
__ petrolífera: oil reservoir
__ voluntaria de existencias: deliberate stockpiling
acumulaciones: (acct) accruals
acumulada: station (survey line)
acumulado: accrued (dividend), outstanding (amount); stored-up, piled-up, heaped-up
acumulados: (Mex) backlog (of orders), accrual (of funds)
acumular: to amass, gather, hoard; pile or stack up
acumularse: to accrue
acumulativo: cumulative (dividend, stock); (leg) non-concurrent (penalties)
acuplano: hovercraft
acusación constitucional: impeachment
__ gratuita: unfounded charge
__ pública: indictment, charge
acusado: *a* marked, pronounced, striking (similarity, contrast); pronounced, prominent (feature), definite (personality); *n* accused; defendant
__ de: on a charge of, charged with

430

acusador: counsel for the prosecution
acusar: to accuse of, charge with (offense); register, show, indicate (of a meter); denote, reveal, betray (of actions, words, etc); record (gain or loss)
__ **recibo**: to acknowledge receipt
ad corpus: (Chi) in the condition in which it now stands, as (it) is (real estate sales)
ad referendum: with prior approval of, pending approval of
adaptabilidad: versatility, flexibility
adaptable: versatile (of persons); adaptive (technology); adjustable
adaptación: redesign (technology), development (land)
__ **a la vida escolar**: (ed) adjustment to class procedures
__ **de la tecnología importada**: indigenization of imported technology
adaptador: (electric current) converter
adaptar: to adapt, modify, fit to, adjust, gear to, tailor to, suit to (condition); (ind) retrofit
adaptarse: to adjust to, come to terms with (situation); fit oneself for (new job)
adaraja: bond stone
adarales: sideboards or racks of a cart (truck)
adecuación: adjustment, modification, upgrading, improvement, adaptation; refurbishing, overhauling; fitting in with, gearing to, keying, tailoring to, adjusting to match; updating, keeping abreast of events, modernization, reform, adequacy, fitness, suitability, appropriateness, relevance
__ **de costos**: cost adjustment
__ **de gas natural**: conditioning
__ **de tierras**: land improvement, land management; (Col) land reclamation
__ **de un documento**: adjusted version
__ **del terreno**: (constr) site preparation
__ **patrimonial**: adjustment of capital position (to meet capital-adequacy requirements)
__ **predial**: on-farm improvements, land management
adecuado: appropriate (techniques); right (word); suitable (approach); apt (remark); acceptable (gift); competent (arrangement); effective (system); meaningful (level of education); suited to, commensurate with; proper; sound (planning, policy); relevant (document), that squares well with
adecuar: to adapt, adjust, fit, suit to, attune to, bring into line with, harmonize, make suitable for, tailor, gear, make responsive to, match with, upgrade (maintenance)
adehala: tip, gratuity; (work) bonus
adehesar: to convert (land) to pasture
adelantado: pioneer
adelantar: to move forward; advance, progress; promote, foster, further, advance (money); pay in advance; outdistance, outstrip, get ahead of, encourage, expedite

adelanto: advance payment, loan; advancement, progress, headway; breakthrough; retaining fee, retainer
__ **de descubierto en cuenta corriente**: advance (credit) on current account; current account overdraft (line, facility)
__ **de la mujer**: advancement of women
__ **de vencimiento**: acceleration of maturity
__ **importante**: breakthrough
__ **pignoraticio**: advance against collateral
__ **profesional**: career development
__ **sobre títulos (valores)**: advance against collateral
adelantos (en los pagos) y retrasos (en los cobros): leads and lags
adema: (min) prop
ademado: trench bracing
además: additionally, then again, besides, moreover, furthermore
adeudado por: due from
adeudo: indebtedness; (customs) duty; (com) debit, charge
adherente: member, follower, supporter (of party, society), endorser (of petition, etc)
adheridos (bienes – a la propiedad real): (Chi) fixtures
adherir: to become a member of, join (a party), accede (treaty), become a party to
adhesión: accession (to a treaty), joining (a society), support
adicto: supporter, follower, member (of a political party); partisan, devotee
adiestramiento: skills development
__ **en el servicio**: in-service training
__ **en el trabajo**: on-the-job training
__ **sobre el terreno**: on-site training
__ **vivencial**: life skills training
aditamento: attachment (machine), fitting (machine); rider (document), annex (document); addendum (book)
__ **del contrato**: side-letter
aditamentos: supporting hardware (telephone); (Col) pipe fittings
aditivo voluntario: intentional additive
adjetivo: (leg) procedural (law); fringe (activity)
adjudicación: allotment (resources); commitment (funds); award or letting (contract), sale (at auction); earmarking (funds); adjudication (in bankruptcy); acceptance of tender (contract); (sometimes) invitation to tender
__ **directa, por**: by private contract
__ **pública**: open tender
adjudicar: to allocate (resources), let (a contract)
__ **al mejor postor**: to knock down (auction) to the highest bidder
__ **daños y perjuicios**: to award damages
__ **la autoría de un atentado**: to claim responsibility for an attack
adjudicatorio: grantee; successful bidder (at auction); person to whom a contract is awarded or let; beneficiary, recipient (public housing)

adminículos: paraphernalia
administración: administration, management; bureau, board; (admin) authority (ports, airports, etc), service; (Cu) plantation owned by a sugar mill
__ **agrícola**: farm management
__ **de bienes**: trustee work (of bank)
__ **de edificios y equipos**: (ed) facilities management
__ **de fondos**: cash management
__ **de los haberes en divisas**: currency management
__ **de pesquerías**: fisheries management
__ **de zonas de pastoreo**: range management
__ **del personal**: personnel policies; human resources management
__ **delegada**: agency form of contract, cost plus contract; (sometimes) outsourcing
__ **, en**: in trust, (leg) in administration (bankruptcy protection)
__ **fiscal**: internal revenue service
__ **, por**: (USA) by force account, (UK) by direct labor
__ **pública**: the Government; government services; civil service
__ **racional**: scientific management
__ **racional de bienes**: husbanding
__ **rural**: farm management
administraciones públicas: general government (national accounts)
administrador: (Sp) (leg) director (of a corporation)
__ **de aduana**: collector of the port; (Ven) customs collector
__ **delegado**: managing director
__ **judicial**: receiver
administrar juramento: to put on oath, swear in
administrativo: managerial, clerical (error)
admisibilidad: receivability (of a motion, complaint)
admisible: in order (of a motion); eligible (expenses)
admisión, edad de: (school) entrance age
admitir: to accept (explanation); honor (a claim); allow (delay, excuse); allow for, leave room for (doubt)
__ **a trámite**: (leg) to give leave for a case to go ahead
adobado: seasoned (meat); (Mex) pickled pork
adobador: tanner (hides)
adobería: (adobe) brickyard; tannery
adobo: (log) boom
adocretos: concrete adobes
adolecer: to be defective, suffer from, be subject to
__ **de un vicio**: to be tainted by a defect
adolescente: teenager
adopción de decisiones: decision-making
adoptar: to adopt; espouse (cause); pass (resolution)
__ **disposiciones**: to arrange for, make arrangements for

__ **disposiciones por la vía legal**: to take legal steps
__ **medidas anticíclicas**: to counteract the business cycle
__ **una actitud diferente**: to follow a different policy
__ **una política**: to pursue a policy
adoquín: cobblestone, sett
adormidera: opium poppy
adquirido en firme: acquired outright
adquiriente final: end user
adquisición: takeover (company)
__ **a título oneroso**: acquisition for value
__ **apalancada (OPAS)**: levered buyout, leveraged buyout
__ **(de derecho)**: vesting (e.g. pension rights, benefits)
__ **de inmovilizado**: additions to fixed assets
__ **de participaciones**: investment in shares
__ **de un solo proveedor**: direct purchase, sole source procurement
__ **de una empresa**: buyout
__ **de una participación mayoritaria (OPAS)**: buyout
__ **de una sociedad por sus ejecutivos (OPAS)**: management buyout
__ **hostil**: takeover bid
__ **por emisión de obligaciones**: (fin) leveraged takeover
adquisiciones: procurement (goods, equipment); purchases (balance sheet entry)
adrede: on purpose, deliberately
adscribir: to appoint, assign to (person), second (staff)
adscripción: appointment, employment, secondment, attachment (personnel)
__ **temporal**: temporary release (of personnel)
aduana de salida: (CR) customs point of shipment
__ **interviniente**: applicable customs house
__ **marítima**: seaboard customs house
aduanaje: custom brokering, customs brokers
aducción: conveyance of (raw) water to point of use (treatment plant, power plant, irrigation system), supply line or duct; penstock outlet duct
__ **, tubo de**: supply line
aduciendo que: on the ground that, claiming that
aducir: to adduce, bring forward, furnish, provide (proof), put forward, advance (idea, excuse)
aduja: coil (rope)
adulteración de la medición: (elec) tampering
__ **de un instrumento público**: (leg) falsification of notarial document
adulterio: (leg) adultery; criminal conversation (crim. con.)
adultos en edad productiva: prime-age adults
advertencia: observation; remark, notice; warning, admonishment; introductory note (to a book)

advertidor: dummy (cardboard replacing book on shelf)
advertir: to warn, caution, advise, point out, draw attention to; notice, observe, notify, give notice of, let be known
__ **oportunamente**: to give due notice of
aeración activa: activated aeration
__ **prolongada**: extended aeration (sewage)
aerodeslizador: hovercraft
aerofotogrametría: aerial surveying or mapping
aerograma: airletter sheet
aeronafta: aviation fuel
aeronave de tercer nivel: commuter aircraft
aeronavegabilidad: airworthiness
aeronavegación: air transport
aeropuerto aduanero: airport of entry
__ **base**: hub airport (in a hub-and-spoke system)
__ **de escala**: airport of call
__ **de salida convenido**: named airport of departure
aerovía: commercial air route
afanes dilatorios: (leg) dilatory pleas
afeamiento (desfiguración) del medio ambiente: disfigurement of the environment, scarring (of the environment)
afectación: (acct) allocation, assignment, application (funds), earmarking, apportionment, appropriation; detail(ing) (personnel); (leg) encumbrance; (Mex) expropriation; (Per) pledge, lien
__ **de bienes**: allocation of assets
__ **específica, fondos de**: earmarked funds
afectaciones: (Mex) compensation payments for expropriation; set-aside (debt reduction)
afectado: *a* damaged, spoiled, stricken, distressed, disaster (area); *n* victim (of a crime, natural disaster)
afectar: to simulate, make out to be; take the form or appearance of; effect, influence; apply to; harm, impair, disturb (balance); disrupt (habitat); earmark, set aside, devote to, allocate, appropriate, assign, obligate (funds); (Arg) encash; (Bol) pledge; (leg) encumber, impose a lien on
afectivo: emotional (health, interaction, pattern)
afecto a: subject to (tax); encumbered by (mortgage); (admin) seconded, assigned to, working for (an organization, company, etc); liable to (tax); (med) suffering from
afianzado: (customs) bonded (warehouse)
afianzamiento: (com) contract of guarantee; (leg) bond, surety; strengthening
__ **de empleados**: bonding of employees
afianzar: to strengthen, support, prop up (a wall); fasten, secure; back, support, vouch for (a person); guarantee, give surety; enhance (value)
__ **pagos**: to give security for payment
afianzarse: to take hold (economic recovery)
afiatado: consolidated (team)

afiatar: to harmonize, coordinate, consolidate
afiche: poster
afijación (de las unidades de muestra): (st) allocation (of sampling units)
afiliación: membership, enrollment (pension fund)
__ **, período de**: (ins) qualifying period; contributory service (pension fund)
afiliado: affiliated to, member of, participant (pension fund)
afiliados (de una caja): members
afinación: fine tuning (economy)
afinamiento: fine tuning (economy)
afinidad: similarity, resemblance; affinity (relationship by marriage)
afirmación: claim; (leg) averment
__ **personal, necesidad de**: status need
afirmado: road surfacing, pavement; (Ven) road bed
afirmar: to strengthen, secure, steady; affirm, assert, state, lay down
afirmativa, tener la: to bear the burden (of proving)
aflojamiento: decline, fall; downturn; slide, drop off in; weakening; slackening
aflojarse: to become loose (nut), falter (inflation), flag (interest), slacken off
afloramiento: outcrop (of rock), upwelling (current); bleeding (road pavement); spring (water)
__ **de petróleo**: oil seep or seepage
afluencia: inflow, influx, crowd, jam (of persons), attendance (at a meeting)
__ **neta de capital**: net capital inflow
aforador: customs inspector, appraiser; (hydr) flow meter, stream ga(u)ge
__ **de caudal**: volumetric or flow ga(u)ge
aforamiento: farm lease
aforar: to appraise (for the purpose of taxation, customs duties); set a value on; ga(u)ge, calibrate
afore: (Mex) (Administrador de fondos para el retiro) pension funds administrator
aforo: measurement, appraisal, (assessed) valuation; (for) cruising; ga(u)ging (water); (Para) officially appraised value; (Ur) import reference price, officially appraised value; (CA) tariff
__ **aduanero**: valuation (for customs purposes), appraised value; (El Sal) import duty
afrechillo: (Arg) shorts, middlings; (Chi) bran
__ **de maíz**: (Arg) grits
aftosa: foot-and-mouth disease
afuerinos: itinerant labor
agachados: (Mex) the downtrodden
agave: sisal hemp (cordage); pita
agencia de calificación crediticia (de valores): rating agency or service (securities)
__ **de colocaciones**: employment agency
__ **de desconsolidación**: (ot) break-bulk agency
__ **de riesgo**: rating agency (bank)
__ **de ventas**: sales outlet

agenciamiento de compras: (Per) procurement
agenciar: to get (something for someone); negotiate, achieve an end, perform, facilitate
agenda: note book, engagement diary, memorandum book
__ **anotada**: annotated agenda (UN)
agente censal: interviewer
__ **colegiado**: duly authorized agent
__ **colocador**: underwriter, selling agent
__ **comisionado**: factor
__ **de aduanas**: customhouse broker
__ **de bolsa**: stockbroker
__ **de cambio**: (Sp) securities broker
__ **de contrapartida**: dealer
__ **de fabricación**: dispatcher
__ **de intermediación exclusiva**: commission house broker
__ **de notificaciones**: (Arg) process server
__ **de planificación familiar**: outreach worker (family planning)
__ **de población**: (Mex) immigration officer
__ **de retención**: withholding agent for taxes
__ **de seguros y fianza**: insurance and surety broker
__ **de sindicación**: syndicated loan manager
__ **de transacciones**: transactor
__ **de valores**: dealer, broker; (UK) (st ex) jobber; (Chi) (st ex) over-the-counter securities broker
__ **dinámico**: driving force
__ **económico**: economic transactor
__ **económico que determina los precios**: price maker (setter)
__ **económico sin influencia en los precios**: price taker
__ **embarcador**: forwarding agent
__ **eventual (ocasional)**: part-time agent
__ **industrial**: manufacturer's agent
__ **marítimo**: ship's broker, steamship agent, freight agent
__ **oficial**: authorized agent
__ **patogénico**: (med) causative agent
__ **principal**: lead manager (securities issue)
__ **privado**: private sector entity, corporate borrower
__ **procesal**: agent for service of process, process server
__ **publicitario**: media salesman
__ **receptor (reexpeditor)**: (ot) break-bulk agent
__ **reconocedor**: (Ven) (ins) damage surveyor or appraiser
__ **tensioactivo**: wetting agent
__ **visitador**: missionary salesman
agentes de salud: health workers
ágil: nimble; quick-acting, responsive (of organizations); quick (mind); ready (tongue); expeditious (treatment); flexible; streamlined, mean and lean (management), efficient
agilidad: flexibility, responsiveness
__ **administrativa**: administrative leeway, flexibility

__ **, falta de**: lack of response
agilización: streamlining
agilizar: to speed up, streamline, give momentum to, step up, activate, improve, help, make it easier for, facilitate, ease, expedite
agio: exchange premium; profit on exchange transactions; agio; (st ex) stock jobbing
agiotaje: (fin) speculation on exchange, agiotage
agiotista: speculator, (UK) jobber (metal exchange)
agitación estudiantil: student unrest
aglomeración: large population center; (traffic) jam; crowding (trees); glut (market); sintering (coal); pelletization
__ **de alumnos que ingresan tardíamente**: (ed) bunching of postponed entries
__ **de mercancías**: congestion (of goods at ports)
__ **de pedidos**: a rush of orders
__ **urbana**: urban sprawl; built-up area; urban center, population center
aglomerado: briquetted coal; sinter; flake board; wall board; binder (road materials); chipboard; chip core; particle board
__ **de viruta**: chipboard
__ **para suelas y tacones**: shoe board
aglomerados (de carbón): patent fuels
aglutinación: (sometimes) clustering
aglutinado: (Ven) plywood
aglutinantes para núcleos de fundición: foundry core binders
aglutinar: to bind; join, unite
agostadero: summering (of stock); (CA) pasture
__ **, índice de**: (CA) carrying capacity (range)
agotamiento: depletion (stock, soil, natural resources), dwindling (reserves); exhaustion, impoverishment (soil); draining (reserves)
__ **de pastos**: depletion of pastures
__ **del mercado**: market clearing
__ **del modelo**: model that has run its course, become outdated
__ **natural**: attrition
agotar reservas: to drain reserves
agracejo: barberry
agradecer el detalle: to appreciate the gesture
__ **públicamente**: to acknowledge publicly
agradecimiento: acknowledgement (to helpers, etc), gratitude
ágrafo: illiterate
agravación: change for the worse, adverse change
__ **del riesgo**: increase in risk
agravante de que, con la: with the further difficulty that
agravar: to compound (an error); aggravate (illness, offense); augment (penalty); increase (taxation); widen (gap, deficit); deepen (crisis)
agraviar: to offend; insult; wrong
agravio: (leg) wrong, injury, tort; insult
__ **de hecho**: assault and battery
__ **moral**: (leg) personal tort; (Arg) pain and suffering
__ **político**: political offense

434

agreement: (common mistake for agrément = consent to appointment of diplomatic representatives)
agregaciones: (Chi) (leg) hotchpot
agregado de que, con el: and furthermore
__ **monetario**: money aggregate
agremiar: (Ur) (leg) to form an association
agresión reproductiva: reproductive insult
agresividad: drive, dynamism
agresivo: pushy, pushing; assertive; militant; go-getting, dynamic, hostile (action)
agrícola: agricultural, farming; farm (management), crop (year)
agricultor: (landed) farmer (one who owns or manages a farm)
__ **de enlace**: (agr) contact farmer (extension work)
__ **de montaña**: hill farmer
agricultura: agriculture; crop farming (as opposed to stock farming)
__ **campesina**: subsistence farming
__ **de drenaje**: flooding irrigation
__ **de montaña**: hill farming
__ **de quema**: swidden cultivation
__ **de secano**: dry farming, rain-fed agriculture
__ **industrial**: factory farming
__ **plástica**: plastic agriculture
__ **temporal**: dry-land farming
agrimensura: land surveying
__ **catastral**: cadastral land survey
agrios: (Sp) citrus fruit
agro: rural sector, agriculture, agricultural sector; land for cultivation, farming sector
agroforestación: (Chi) agroforestry
agronomía: agricultural science
agrónomo: agricultural scientist
agropastoril: crop-farming and grazing
agropecuario: agricultural, farm, farming; mixed farming (enterprise); agriculture and livestock (sector)
agropiro: wheat grass
agroquímica: chemurgy
agrosilvicultura: agroforestry
agrupación: group; gathering, meeting, association; crowd; consolidation (of properties); (Chi) cluster of housing units, subdivision
__ **de acciones**: (Sp) reduction of capital stock
__ **de colaboración**: (Arg) temporary partnership
__ **de la carga**: consolidation of consignments of cargo
__ **de mercancías en grandes cargas**: bulking of cargo
__ **de peces**: schooling of fish
__ **de tráfico**: (Sp) traffic police
__ **empresarial**: business conglomerate
__ **médica**: (med) group practice
__ **por niveles**: (ed) setting
__ **por secciones**: (ed) ability grouping
__ **temporal de empresas**: (Sp) (acct) temporary consortium, joint venture
agrupador de carga: freight consolidator

agrupamiento: package (bidding)
__ **por secciones**: (UK) (ed) streaming; (USA) tracking, ability grouping
agua: slack (produced by protective tariffs)
__ **activa**: radioactive water
__ **aforada**: metered water
__ **aprovechable**: water resources
__ **consumida**: consumptive water
__ **corriente**: piped water
__ **de abono**: liquid manure
__ **de alimentación**: feed water (pulp and paper)
__ **de aportación**: make-up water
__ **de cantera**: connate water
__ **de descarga**: tailwater
__ **de incendio**: fire-fighting water
__ **de lastre**: ballast water
__ **de salida**: tailwater
__ **del deshielo de la nieve**: snowmelt
__ **efectiva**: wet water (= water actually consumed)
__ **embalsada**: catchment water
__ **en las tarifas**: water (slack) in the tariffs, inflated tariffs
__ **filtrada**: seepage
__ **freática**: ground water
__ **gaseosa**: aerated water, carbonated water
__ **muerta**: standing water
__ **natural**: raw water
__ **no contabilizada**: unmetered water, water unaccounted for
__ **nominal**: "paper water" (water available but not delivered)
__ **potable**: drinking water, safe water
__ **potable salubre**: (med) pathogen-free drinking water
__ **represada**: catchment water
__ **salubre**: safe water
__ **somera**: shallow water
aguas abisales: deeper ocean
__ **"blancas" y "negras"**: "new" and "used" water
__ **broncas**: wild water, rapids
__ **claras**: (Chi) (min) effluent water (from tailings)
__ **continentales**: inland waters
__ **de arrastre**: drainage water
__ **, de dos**: gable (roof)
__ **grasas**: dishwater
__ **grises**: sullage
__ **jurisdiccionales**: territorial waters
__ **litorales**: inshore waters
__ **menores**: streams
__ **negras**: raw (i.e. untreated) sewage
__ **pluviales**: storm water
__ **residuales**: sewage
__ **servidas**: sewage
__ **y sus accesiones**: (leg) waters and their accretions
aguacate: avocado
aguachinado: saturated
aguada: watering point, watering place

aguadero: watering trough; holding ground (for logs), log pond
aguaje: tide; tidal wave; wake (of a ship); watering point
aguamala: jellyfish
aguano: Peruvian mahogany
aguapote: tiger fish; carp
aguarrás mineral: white spirit
aguatal: bog, swamp
agudizar: to worsen, exacerbate, aggravate; become more tense (situation), more pronounced (effect)
aguila: skate
aguinaldo: Christmas bonus, Christmas box; salary bonus; (Arg) (Chi) (monetary) year-end bonus; statutory bonus
aguja: billfish, garfish
agujillo: Pacific saury
aguzado: (sometimes) highly sensitive (equipment)
ahechaduras: chaff (wheat)
ahí que, de: hence; it therefore follows; as a consequence; with the result that; and so; the result is
ahijadero: (CA) calf crop
ahiladero: chute
ahitar: to stake out (property lines)
ahora bien: nevertheless, however, but
ahorrar: to save (money, etc); avoid (discussion); conserve (efforts); economize
ahorro fiscalmente opaco: (Sp) tax-sheltered savings
__ **forzoso**: compulsory savings
__ **interno**: domestic saving
__ **negativo**: dissaving
ahorros contractuales: contractual savings (i.e. deduction from wages at source)
__ **por reducción de costos**: (Sp) cost displacement
ahuellamiento: rutting (roads)
aire colado: cold draught
aislado: detached (house); isolated, remote (spot); single (projection), separate (room); (elec) insulated (cable); stand-alone (computer terminal)
ajeno: another's, of other people's; foreign, alien, strange, unrelated; uninformed about, unaware of; indifferent to; immune to (inflation)
__ **al cometido de**: outside the purview of (an agency, ministry, etc)
ajo en ristra: garlic in strings
ajonjolí: sesame (seed)
ajorro: holding ground (for logs)
ajustado al interés social: (leg) in the company's interest
__ **coyunturalmente**: cyclically adjusted
ajustador de telares: loom fixer (tuner)
ajustadores: fitters
ajustar: to fit in, wedge in (cork); fasten (window); fit tightly; pinch (shoes); fix, establish (prices); settle (argument, account); reconcile (enemies); adjust, regulate, tune up (machine); tailor, gear to (needs); make consistent with; (econ) deflate; peg (exchange)
__ **a valores de mercado**: to mark to market (values)
__ **una cuenta**: (Sp) to balance an account; settle an account
ajustarse a: to conform to, be in conformity with, fit, be tailored or geared to, tally with, square with, keep in line with, be in compliance with
ajuste: fit (correlation); settlement; adjustment; (acct) balancing item; settlement (disputes)
__ **alzado, por**: on a lump-sum basis
__ **con una dimensión humana**: (econ) adjustment with a human face
__ **coyuntural**: fine tuning (of the economy)
__ **de costo**: cost escalation
__ **de curvas**: curve-fitting
__ **de datos**: (st) smoothing of data
__ **de flete**: freight settlement
__ **de la tendencia**: (st) trend fitting
__ **de precios, cláusula de**: price escalation (adjustment) clause
__ **de salarios, crecimiento de**: wage differential
__ **de traducción (de monedas)**: (acct) currency translation
__ **institucional**: organizational fine tuning
__ **negativo por lugar de destino**: negative post adjustment
__ **por disminución del costo de la vida**: minus post adjustment
__ **por sede**: (admin) post adjustment
__ **positivo**: (admin) plus adjustment
__ **prefijado (por defecto)**: (comp) default setting
__ **proporcionado, cláusula de**: escalator clause
ajustes por periodificación: (Sp) (acct) time period adjustments (accruals and prepayments)
al aire libre: in the open air, outdoors
__ **amparo de (lo establecido por)**: under the protection of
__ **amparo del presente**: hereunder, pursuant to, in reliance on this instrument
__ **azar**: at random
__ **barrer**: as they come, run of the mill
__ **buen tuntún**: haphazardly, any old how
__ **calce**: at the foot (of a letter or document)
__ **contrario**: on the contrary
__ **correr de los años**: as the years roll on (go by)
__ **descubierto**: in full view, openly, aboveboard
__ **efecto**: for that purpose
__ **fin**: in the end, at last, finally
__ **fin y al cabo**: at long last, in the end, after (when) all is said and done
__ **final**: in the end, after all, in conclusion
__ **igual que**: as with, like, just like
__ **llegar a este punto**: at this point
__ **margen del reglamento**: against the rules
__ **mismo tiempo**: at the same time
__ **parecer**: to all appearances, apparently, seemingly

__ **pie de la letra**: at face value, literally, to the letter, exactly, according to instructions, word for word, thoroughly
__ **principio**: at the outset, in (at) the beginning, to begin with
__ **punto**: at first, initially
__ **que corresponda en derecho**: to whom it may concern, the authorized person, the competent authority
__ **revés**: upside down, inside out, wrong side out, the other way round, back to front; in the opposite way, in the reverse order, topsy turvy
__ **tenor de**: (Mex) as per, in accordance with
alabeo: distortion (pavement)
álabes (de una turbina): blades
alacha: shad
alambre cargado: live wire
__ **de púas**: barbed wire
__ **de servicio al abonado**: drop wire (telephone)
__ **tejido**: wire netting
alambría: wirebar
alambrón: wire rod; steel bar or rods (for making chain)
álamo: aspen, poplar
alargar: to elongate; lengthen (a skirt); extend (a period); stretch (salary); stretch out (arm); reach, hold out to
alarife: (Chi) rodman, assistant topographer (caddy)
alarmante: disquieting; startling (news)
alazor: safflower
albacea: executor (will), administrator (decedent's estate)
albañal, aguas de: sewage
albara: sapwood
albarán: (Sp) delivery note (goods); despatch note; goods outward note; (Arg) for rent or for sale sign
__ **de entrada**: (Sp) receiving slip (warehouse)
__ **de salida**: dispatch note (factory)
albarda: packsaddle
albardilla: saddleback (wall) coping
albareque: fish net, sardine net
albaricoque: apricot
albarrada: dry stone wall
albayalde: white lead, flake white
albéitar: horse doctor, veterinarian
alberca: (Mex) swimming pool
albina: salt-water marsh
alboroto de la población: civil commotion
albufera: reservoir; lagoon
albur: bleak, dace
alcabala: (Col) tax on property transactions; (Ec) transfer tax
alcaide: (Arg) prison warden
alcaidía: (Arg) prison
alcalde: (CR) magistrate, justice of the peace
__ **pedáneo**: justice of the peace
alcance: reach (of hand); extent (of rights); terms of reference (study); scope (program); meaning (of a word); purview (of book); grasp (intelligence); importance, significance, impact (policy message); comment, remark; dimensions (problem); coverage (services, radio station); range (aircraft); bulletin, news bulletin, last minute news; (feature) supplement (of newspaper); (CR) special edition, insert (in Boletín Oficial), late stop press; (acct) adverse balance, deficit; (Chi) a further remark or comment; (Arg) net liability
__ **de, al**: within someone's reach or means
__ **, de gran**: comprehensive; far-reaching
__ **de grúa**: operating reach, crane outreach
__ **de operaciones**: scale of operations
__ **de servicios de venta**: sales coverage
__ **de sus palabras**: the bearing of his words
__ **de un texto jurídico**: import of a legal text
__ **del terreno perdido**: catching up
__ **, en este**: (Arg) in this sense
__ **estadístico**: coverage
__ **útil de una grúa**: outreach
alcancía: (Mex) tremie
alcantarilla: culvert
__ **colectiva (maestra)**: trunk sewer
__ **de pozo**: bore sewer, drop-inlet culvert
alcantarillado: sewers, drains, sewerage (sewer system)
__ **de arrastre hidráulico**: waterborne sewage system
__ **para efluentes líquidos, sistema de**: effluent sewage, solids free sewage, small-bore sewage system
__ **pluvial**: storm sewer(age)
__ **sanitario**: sanitary sewer(age)
alcanzado: in arrears, short of money
alcanzar: to overtake, catch up with (work, studies); reach, amount to (production); get, obtain (job); be enough for, be sufficient for; hand, pass (something); understand, grasp (idea); involve, apply to (measures)
__ **un quórum**: to constitute a quorum
alcayota: (Arg) (Chi) type of gourd or watermelon
alcista: rising, buoyant (market); upward (tendency, trend)
alcohol desnaturalizado: methylated spirits
__ **etílico**: grain alcohol
__ **metílico**: wood alcohol
alcornoque: cork oak
alcotana: mattock
aldaba: latch, safety hasp
aldea: hamlet (as opposed to village = pueblo)
__ **planetaria (global)**: global village
aleatoriedad: uncertainty
aleatorio: random (factor, sample); (sometimes) stochastic; uncertain, doubtful, problematic; contingent; chance (fluctuation); windfall (profits)
alegación: (leg) averment; barrister's speech; pleading, argument
__ **de inocencia**: (leg) plea of not guilty
alegaciones: (leg) pleadings, pleas; charges, counts
alegando que: on the grounds that

alegar: to claim, maintain, assert, contend; plead; invoke (difficulty); offer (excuse); adduce, put forward (reasons); quote (authorities)
— **un incidente**: to put in an interlocutory plea
alegado: (leg) plea, argument; barrister's brief; trial brief
alegato de bien probado: (leg) summing up
alegatos: pleadings
alejar: to exclude; separate, withdraw from
alejarse: to switch from
alema: (Sp) duty of irrigation water
alemanisco: huckaback (cloth)
alentar: to buoy up, raise (spirits); stiffen, bolster (resistance); encourage, cheer, inspire
alerce: larch
alerta inmediata: early warning
aleta: vane, blade (turbine); wing wall (dam)
alevinaje: fish breeding; stocking with fish
alevinero: hatchery
alevines: fry
— **vesiculados**: hatchlings
alevosía: perfidy
alfabetización: literacy teaching
alfabetizador: literacy teacher
alfalfa: lucerne
— **molida**: alfalfa meal
alfaque: shoal, bar
alfar: slip, pottery glaze
alfombra aterciopelada: velvet pile carpet
— **de afelpado**: tufted carpet
alforfón: buckwheat
alforja: saddle bag; knapsack
alga de arribada: wrack
— **laminaria**: sea cabbage
— **parda (feoficea)**: kelp, brown alga
— **roja**: dulse
algas comestibles: laver
— **marinas**: kelp
algarroba: carob bean
algodón amarillento: yellow stained cotton
— **americano**: hairy cotton, upland cotton
— **arbóreo**: tree cotton (Ceylon, Siam or China cotton)
— **áspero**: full rough cotton
— **bruto**: raw cotton, seed cotton
— **de altura**: upland cotton
— **de Barbados**: sea island cotton (Kidney, West Indian or Egyptian cotton)
— **de fibra larga**: long-staple cotton
— **desmotado**: ginned cotton, stripped cotton
— **en hueso**: (Mex) seed cotton
— **(en) oro**: (CR) cotton lint; (Guat) cotton fiber
— **en pluma**: raw cotton
— **en rama**: raw cotton, unginned cotton; (CA) seed cotton
— **gris claro**: light grey cotton, blue-stained cotton
— **herbáceo**: American short staple (Arabian, Levant, or herbaceous cotton)
— **hidrófilo**: absorbent cotton
— **no maduro**: green cotton

— **semiáspero**: semi-rough cotton
— **sin desmotar**: seed cotton
— **superfino**: upland cotton
— **tintado**: tinged cotton
— **velloso**: upland cotton
algorín: granary
alguacil: bailiff; court official or usher
alguero: seaweeder, kelper
alhajamiento: furnishings
alhóndiga: (Sp) corn exchange, public granary
alicante: (Hond) horned viper (harmful to bees)
aliciente: incentive, inducement, motivation, mainspring (of action); attraction (of a city)
alícuota: n a fractional part, defined share of something; (Arg) rate; a proportional
— **del 25%**: 25% rate (income tax)
alienabilidad: transferability
alienación: transfer of title of property, disposal of property
aliento: breath, breathing, respiration; encouragement, courage, strength, incentive
— **, de largo**: long-range
alijar: to clear (a vessel); unload (ship)
— **en lanchas**: to discharge (unload) into lighters
alijo: (ot) lighterage, unloading; (Sp) contraband
alimaña: predator; vermin, pest
alimentación: feeding, nourishment; food; boarding (workers); (power) supply; (power) source, supply voltage; feed, delivery (of oil from pump); supplying, provisioning (market); input (machine)
— **a discreción**: feeding to appetite
— **a saciedad**: feeding to appetite
— **a voluntad**: self-feeding
— **con forraje verde**: soiling (cattle)
— **de cuentas**: replenishment of accounts
— **de pecho**: breast feeding
— **decorosa**: a decent diet
— **discontinua**: batch feeding (fish)
— **en comedero**: trough feeding
— **en confinamiento**: soiling
— **en pasto verde**: soiling
— **en pesebre**: cut and carry system
— **estival en estabulación**: zero-grazing
— **intermitente**: batch feeding (fish)
— **materna (natural)**: breast feeding
— **rastrera**: creep feeding
alimental: that can be used as food
alimentar: to feed, nourish; maintain, support (a family); feed (a machine); provide funds for, replenish (an account); be fed into a system (of electricity); generate, supply (electric) power for; deliver (water, power)
alimentario: dealing with or referring to nutrition
alimenticio: dietary; nourishing; food (industry)
alimentos: support (under separation order); alimony (after divorce); foods; feed
— **básicos**: staple foods
— **bastos**: roughage
— **calóricos**: energy-building foods
— **compuestos**: blended foods, formulated foods

__ **de fácil preparación**: convenience foods
__ **de primera necesidad**: staple foods
__ **energéticos**: protective foods, fuel foods
__ **granulados**: pelleted feed (cattle)
__ **preparados para llevar**: fast food
alind(er)ar: to delimit, mark boundaries
alineación de los edificios: building line
__ **y rasante**: line and grade (roads)
alisar: to float (concrete)
aliscafo: (Arg) hydrofoil
alisios: trade winds
alistamiento: readiness
aliviadero: spillway, overflow weir
__ **de seguridad**: emergency spillway
__ **en salto de trampolín**: ski-jump spillway
aliviar: to ease (restrictions); mitigate (difficulties); relieve (pressure), reduce (debt burden); cushion (effect), alleviate (poverty)
alivio de (la carga de) la deuda: debt relief
__ **en el devengamiento de intereses**: interest relief (debt reduction)
aljerife: bottom-set gill net
aljibe: tanker, cistern; (Ur) well
__ **de puerto**: water boat, tank boat
aljorozar: to plaster
allacha: (Per) narrow-bladed hoe
allanamiento: leveling, smoothing; (leg) search of premises, (police) raid; submission to a legal decision
__ **de domicilio (morada)**: housebreaking, burglary; (recommended use) official entry and search with warrant
__ **de morada**: breaking and entering; unlawful entry
allanarse a un fallo judicial: to accept, abide by
allegado: relative; (Chi) person who is put up or given shelter, lodger; (sometimes) sublease of a sharecropper
__ **al gobierno**: (circles) close to or closely connected with the Government
allegados del Presidente: the entourage of the President
allegamiento: (over) crowding (housing); "doubling-up"
allegar: to gather, collect (funds), procure (resources); (leg) place (a document in a file)
alma: (tech) center strand (cable), web (girder), core (wire cable)
__ **de acero, con**: steel-reinforced (concrete pipe)
__ **de la cuestión**: the sum and substance of the affair
almacén: warehouse; storage yard; (Chi) store, shop
__ **aduanero**: bonded warehouse; (USA) appraiser's store (for goods awaiting inspection)
__ **afianzado**: bonded warehouse
__ **, cuenta de**: inventory account
__ **de consignación**: (Sp) consignment stock (exports)
__ **de depósito**: bonded warehouse

__ **de madera**: lumber yard
__ **, en**: ex warehouse
__ **fiscalizado**: (Mex) private bonded warehouse
__ **general de depósito**: (Mex) officially authorized warehouse
almacenes comerciales: (Sp) (acct) finished goods
__ **de aprovisionamiento**: (Sp) (acct) raw materials and supplies
__ **de obra**: (Sp) (acct) stocks on site
almacenaje: storage, warehouse fee or charges
__ **al aire libre**: open storage
__ **en depósito ficticio**: field warehousing
__ **refrigerado**: cold storage
almacenamiento: (comp) storing, storage
__ **bajo techo**: covered storage space, indoor storage
__ **en aduana**: in-bond warehousing
__ **en explanada**: open apron
__ **en núcleos magnéticos**: (comp) core memory
__ **inactivo**: dead storage
__ **por más de un año**: holdover storage (dam)
almacenista: wholesaler
almacería: seed nursery
almáciga: nursery, hot bed, seed bed; collection of plants for transplanting
almácigo: seedling
__ **rápido**: (agr) speedling
almaciguera: seed bed; tree nursery
almadía: raft
amadraba: tuna trap; tuna fishery
almatriche: irrigation ditch
almeja: clam
almenara: drainage ditch; (Col) surge tank
almendras de cacao: cocoa beans
__ **de café**: coffee beans
__ **de palma**: palm kernels
__ **en grano (sin cáscara)**: almond kernels
almíbares: preserved fruit (in syrup)
almirantazco: (Arg) airport or port tax
almocafre: dibble, spud, planting-bar
almojaya: putlog
almoneda: (Bol) invitation to bid, call for bids (tenders)
__ **, junta de**: Award Committee (tenders)
alocución de clausura: closing remarks
alodialidad: (leg) free and full possession
alojamiento para alumnos: (ed) student housing
alosa: milkfish, shad
alpaca: nickel silver, white metal; paco (fabric)
alpende: lean-to roof
alpiste: canary grass
alquequenje: Cape gooseberry
alquiler (arriendo) básico: (min) dead rent
__ **con opción de compra**: lease with option to buy
__ **fijo**: (min) dead rent
__ **simbólico**: nominal rent
alquiler-venta: (Sp) lease-back
alquitrán: (mineral) tar
alta: discharge from hospital; entry into active service (army); acceptance as member (of an

association); admission to a profession; hiring date (personnel)
___, **dar de**: to discharge from hospital; enroll in army; enter, record (in account, plan)
___, **darse de**: to join, become a member
altas, bajas y traspasos de personal: (Mex) new hires, dismissals and personnel transfers
alteración de los alimentos: food spoilage
___ **del balance**: window dressing
___ **del orden público**: breach of the peace, disorderly conduct
alterado: weathered (rock), disturbed (forest, ecological balance)
alterar: to change, rearrange, alter, vary (order, plans, or contents of text or story); disturb (the peace); disturb, upset, perturb (person); irritate, make angry; frighten; make something turn bad (e.g. food); adulterate
alternabilidad: rotation (of power) principle
alternancia rápida (de medidas) de expansión y contracción: stop and go measures
alternar: to alternate (things); go around, hobnob with, be sociable, mix with
alternativa: alternation; alternative, option, choice (between two things); trade-off; alternative course of action
___ **de cosechas (cultivos)**: crop rotation
___ **entre inflación y desempleo**: trade-off between inflation and unemployment
alternativas de solución: alternative solutions, possible solutions; alternative dispute resolution (ADR) approaches, methods, avenues
alternativamente: in succession, in turn, alternately
altibajo de la Bolsa: stock exchange movements
altibajos: vicissitudes, ups and downs, fluctuations
___ **de la regulación**: regulatory roller coaster
altiplanicie: highland, tableland; upland moor
altiplano: high plateau, highlands
alto funcionario: senior official
___ **horno**: blast furnace
altos: first floor above ground
altramuz: (agr) lupine
altura bruta de caída: (hydro) gross head
___ **de agua**: (river) stage
___ **de estiba**: stack height
___ **de impulsión**: delivery head (pump)
___ **de inundación**: flood stage
___ **de Lisboa, a la**: off Lisbon
___ **de miras**: broadmindedness
___ **de precipitación**: amount of precipitation
___, **estar a la**: to do justice to (his ability)
___, **falta de**: lack of clearance (bridge, tunnel)
___ **libre**: headroom, clearance (bridge, tunnel)
___ **máxima**: crest
___ **real**: effective height (waterfall)
___, **servicio de**: (ot) high-seas trade, ocean-going trade
___ **útil**: operating head
___ **vacía del contenedor**: ullage
alubia: kidney bean

alud: avalanche, snowslide
alumbramiento: lighting, illumination; childbirth
___ **de aguas**: water development
___ **de los huevos**: candling
alumno atípico: exceptional student
___ **brillante**: overachiever
___ **de educación suplementaria**: continuation student
___ **deficiente**: handicapped student
___ **desertor**: dropout
___ **desfavorecido**: handicapped student
___ **libre**: non-collegiate student
___ **mediocre**: low achiever
alunizaje: moon landing
alusión: hint, innuendo, insinuation; reference
aluvión: mudflow
álveo: bed of a river, channel
alverja: (Ec) pea
alza: super (beehive)
___ **artificial de los precios**: ballooning
___ **de los precios**: upward price movement, boom; run-up of prices
___ **del tipo de descuento**: increase in the (re)discount rate; (UK) increase in the minimum lending rate
___ **desmedida**: boom
___, **en**: resurgent (economy)
___ **en el índice de natalidad**: bulge in the birthrate
___ **en el mercado**: upside in the market
___ **fuerte y repentina**: spurt
___ **móvil**: flashboard
___ **rápida (súbita, repentina) de precios**: price boom
___ **removible**: (irr) flashboard
alzada: (leg) appeal; (agr) height (of an animal)
alzamiento: uprising; rise in prices; (Chi) release (from pledge); lifting (of measures)
___ **de bienes**: (leg) fraudulent bankruptcy (concealment of assets by a bankrupt)
___ **de hipoteca**: mortgage release
___ **de la medida precautoria**: (leg) lifting of (release from) precautionary measure
alzaprima: crowbar, lever
ama de casa: housewife, homemaker
amañar las cuentas: to doctor, falsify the accounts
amañarse: (Bol) to practice trial marriage
amarillamiento letal del cocotero: lethal yellowing of coconuts
amarrado: laid up (ship)
amarraje: (ot) mooring
amarras: working lines (ship)
amarrazones: (ot) ground tackle
amarre de monoboya: exposed location single buoy mooring
___ **y desamarre de los contenedores de cubierta**: lashing and unlashing of deck containers
amasada: batch
amasadora: kneading machine; pugmill
amasamiento de la leche: churning
amasar: to knead (dough); puddle (adobe); mix (mortar); churn (milk)

ambientación: setting
__ **de monumentos**: landscaping of monuments
__ **inicial**: settling in or down (of a worker in a new job)
ambiente: atmosphere, climate; setting, surroundings, environment, milieu; room; space; tone (of market)
__ **del trabajo**: working conditions (i.e. physical conditions)
__ **propicio (favorable)**: enabling environment
ambientes ecológicos: biotopes
ambiguo: borderline (case), equivocal (reply)
ámbito: (fig) environment, atmosphere; scope; field, subject-area; sphere
__ **de actividad**: sphere of activity
__ **de aplicación**: coverage (index number); coverage (of a law, etc)
__ **de obtención de préstamos**: borrowing base
__ **de un estudio**: terms of reference; parameters of a study
__ **del acuerdo**: scope of the agreement
__ **en el, de**: within the scope, purview, border of
__ **, en varios**: on a variety of fronts
ambivalente: mixed (results)
ambliope: (med) partially sighted
ambos efectos, con: (leg) with both effects i.e. the decision may be appealed and the execution suspended
__ **efectos de una apelación**: (leg) both effects of an appeal (suspensive and devolutive)
ambulatorio: *a* ambulatory; outpatient; *n* health clinic, outpatient clinic, dispensary
amburinas: (Sp) scallops
amelga: land (sown), strip of land to be sown
amelioración: breeding (animals)
amén de: in addition to, not to mention, besides; except for, aside from
amenadores: community workers
amenaza ambiental: environmental insult
__ **de acometimiento grave**: (leg) aggravated assault
__ **de acometimiento inminente y viable**: (leg) assault
__ **y perpetración de acometimiento (agresión)**: (leg) assault and battery
amenazar: to be impending
amenazarse: to be in danger of
amenguar las limitaciones: to relax the constraints
amento: catkin
amigable: friendly, amicable; (comp) user-friendly
__ **conciliador**: (leg) friendly arranger
amiguismo: cronyism
amillaramiento: assessment (tax)
__ **de la producción agrícola**: cess
amistoso: friendly, amicable; (comp) user-friendly
amnistía: general pardon
__ **fiscal**: cancellation of assessed taxes
amojonamiento: marking out (of boundaries)
amonestación: admonition, reprimand; (leg) caution, warning

amonestaciones matrimoniales: marriage banns
amonte: (Chi) uphill
amontonar: to pile up, accumulate; (agr) bank up (plants)
amortizable: redeemable, callable (bonds); wasting, diminishing (assets)
amortización: amortization (the gradual extinguishment of any amount over a period of time: e.g. retirement of a debt); depreciation (a reduction in the book value of a fixed asset); amount written off; retirement (securities); repayment (of loan); redemption (debt); cost recovery
__ **acelerada**: accelerated depreciation
__ **constante**: straight-line depreciation
__ **de activos a sanear**: (Sp) (bnk) write-down of non-performing loans
__ **de cuota fija**: straight-line depreciation
__ **de fallidos**: (Sp) writing off of bad debts
__ **de la deuda pendiente**: retirement of outstanding debt
__ **decreciente**: accelerated depreciation, declining balance depreciation
__ **degresiva**: declining (decreasing) balance method of depreciation
__ **económica**: (acct) depreciation on replacement value; depreciation of fixed assets
__ **en cuotas iguales**: level-line repayment (loan)
__ **en proporción simple**: straight-line depreciation
__ **externa**: amortization abroad
__ **financiera**: (acct) redemption of a loan
__ **fiscal**: tax write-off
__ **interna**: domestic amortization
__ **lineal**: straight-line depreciation
__ **rápida del capital fijo**: quick writing off of fixed assets (capital)
__ **sobre el saldo**: declining balance method
amortizaciones de créditos: charge-offs
__ **de préstamos**: loan repayments
__ **de préstamos (créditos) fallidos**: (bnk) write-offs
__ **fiscales**: investment allowances
amortizar: to repay (debt), redeem (bonds), retire (securities), extinguish (mortgage); charge off, write off (depreciation)
__ **en proporción simple**: to depreciate on a straight-line basis
__ **parcialmente en libros**: to write down (equipment, investments, expense)
__ **totalmente en libros**: to write off
__ **un crédito dudoso**: to write off a bad debt
__ **una deuda**: (Sp) (acct) to pay back a loan; write off a debt
amparado: person protected, the subject of an *amparo* proceeding
__ **por la ley**: under the terms of
__ **por seguro**: covered by insurance
__ **por una garantía**: backed by a guarantee
amparar: to shield, protect, fend off; (C ɨi) (min) pay for a mining license

amparo: action for protection of a right guaranteed by the Constitution, but violated by the judicial or executive branch; (sometimes) habeas corpus; (Chi) mining right
__ **de, al**: under (article); in reliance on (document); pursuant to (law)
__ **fiscal**: tax shelter
amplia trayectoria: extensive experience; solid track record
ampliación: spread, increase, expansion, enlargement, building up (network); extension or addition to a building; blow-up (photograph)
__ **de capital**: call for capital, capital increase, increase in capital
__ **de capital productivo**: capital widening,
__ **de una garantía**: topping up
__ **de la capacidad productiva**: capital widening
__ **del crédito interior**: (Sp) extension of domestic credit
__ **en monobloque**: vertical expansion (of a building)
ampliado: *n* (Chi) plenary meeting (of union, political party, etc)
ampliar: to elaborate (a statement)
__ **el capital**: (Sp) to increase capital; raise capital
__ **el horizonte**: to develop broader interests
amplio: wide (valley), extensive (area); full (discussion), unrestricted (arbitration), wide (experience, circulation), broad (meaning of a word); broad (authority); open (mind); comprehensive (report); wide-ranging (discussion); full (power), broad (spectrum), broadly based (effects); vast, great, generous (size)
amplitud: range (of the tide, etc); extent, size, amount; fullness; spaciousness; scope, coverage
__ **centílica**: (st) centile range
__ **de aplicación**: range
__ **de clase**: (st) size of class interval
__ **de crédito**: credit facilities
__ **de la marea**: tidal range
__ **de la variación**: range
__ **de las reservas**: reserve ease
__ **de miras**: broadmindedness
__ **de precios**: price corridor (range between ceiling and floor prices)
__ **del promedio móvil**: extent of the moving average
amura: (ot) bow
anacardo: cashew nut
anales: proceedings (of a meeting of a learned society or other organization)
analiptografía: braille
análisis: analysis (all senses); appraisal, examination, discussion, review; breakdown (of figures)
__ **a distancia**: offsite analysis
__ **arbitral**: determinative analysis (drug testing)
__ **beneficio/costo**: cost-benefit analysis
__ **colegiado (por homólogos)**: peer review

__ **costo/rendimiento**: cost-effectiveness analysis
__ **cruzado (transversal)**: (Sp) (st) cross-section analysis
__ **de circuito**: network analysis
__ **de concentración baja**: low-level analysis
__ **de datos sincrónicos (de sección mixta)**: (econ) cross-section analysis
__ **de inversiones**: capital budgeting
__ **de la antigüedad de las cuentas**: aging of accounts
__ **de la capacidad limitante**: bottleneck analysis
__ **de la correlación entre dos variables**: (Sp) bivariate analysis
__ **de la leche**: milk testing
__ **de la relación costo-eficacia**: cost-effectiveness analysis
__ **de la situación monetaria**: monetary review
__ **de las áreas funcionales**: business area analysis
__ **de las varianzas**: gap study
__ **de mercado**: market research
__ **de muestras de perforación**: core analysis
__ **de núcleos**: core evaluation
__ **de ofertas**: examination of bids
__ **de requerimientos**: end-use analysis
__ **de resultados**: lessons learned
__ **de vencimientos**: (fin) age analysis
__ **eficiencia/costo**: cost-effectiveness analysis
__ **estadístico**: statistical commentary
__ **exhaustivo**: (Sp) in-depth analysis
__ **exterior**: invited review article
__ **granulométrico**: sieve analysis, screen (mesh) analysis, particle size analysis; grading
__ **por antigüedad**: (acct) aging of accounts
__ **por grupos humanos**: cohort analysis
__ **por tamizador**: screen analysis, sieve analysis
__ **razonado de estados financieros**: management's comments on financial statements
__ **reticular**: critical path analysis
__ **sectorial**: industry-specific analysis
__ **sincrónico**: (Sp) (st) cross-section analysis
analista de bolsa: (fin) chartist
analítico: summary (record)
analizador de aliento: breathalyzer
__ **léxico**: (comp) scanner
analizar: to examine, discuss, consider
análogamente: similarly, by the same token, likewise
análogo: akin to; (a case) in point
anamnesis: (med) medical history of a patient (and his/her family)
anana: pineapple
anatacismo: (Hon) compound interest, compounding of interest
ancho: ga(u)ge (of railway track)
__ **de desagüe**: waterway (bridge)
anchoa: anchovy
__ **de banco**: bluefish

anchoita: Argentine anchovy
anchoveta: small anchovy, anchoveta
ancianato: (Col) nursing home
anclaje: (constr) deadman
ancón: cove, inlet, small bay
andaja: (Chi) dowel
andamiaje: (fig) underpinning, scaffolding, frame (work)
andamiento: progress
andamio: scaffold
andana: (for) windrow (slash)
__ **de redes**: group (line) of nets
andanas: swathe
andando el tiempo: in the course of time, as time goes by, in time
andariveles: cableway; cable railway; cable ferry; ski lift
andén: (rr) platform, loading apron; (CR) bridle path; (Guat) sidewalk; (Per) benched terrace
__ **de carga**: (ot) loading bay
andropogón: beardgrass
anecdótico: incidental; of secondary interest or importance; inconsequential; evanescent, impermanent; story (content, value)
anegamiento (anegación): water-logging
__ **controlado**: (irr) controlled flooding
anexidades: (leg) appurtenances
anexo: exhibit, annex or rider (to a document); enclosure (enclosed document); outbuilding; storage yard; (Per) hamlet
anfiteatro: (med) autopsy room, dissecting room
angelote: angel fish
anguila: river eel
__ **joven**: elver
anguilla: snake eel (salt water)
ángulo: point of view, standpoint, view point
__ **de reposo**: angle of repose (earth)
__ **de talud**: slope angle
anillo: loop (telephone)
__ **de transferencia**: (comp) transfer loop
__ **periférico**: beltway
animación: liveliness, life, gaiety, bustle, excitement; buoyancy; stimulation
__ **de la coyuntura**: growth in economic activity, increase in business activity
__ **social**: community development
animado: brisk (market), buoyant (economy)
__ **por**: prompted by, driven by
animador: facilitator; radio or TV show host; advisory officer (extension work)
__ **de la comunidad**: (ed) community worker, outreach worker, extension worker
animal de cría: animal kept for farming purposes, farm animal
__ **de desecho**: cull
__ **de fundación (de cría)**: seed stock
__ **innato**: unborn animal
animales autóctonos: home-bred animals
__ **de casta**: breeding animals
__ **de corral**: farmyard animals
__ **de crianza**: cross-bred animals
__ **de granja**: small animals
__ **de prueba**: test animals
__ **de rechazo**: culls
__ **de renta**: production livestock
__ **favoritos**: pets
__ **naturalizados**: mounted animals (trophies)
animar: to liven up, enliven, brighten up; encourage, urge on, put new heart into, egg on, bolster, buoy up, energize, stimulate, move, inspire, spur, spice up
ánimo de, con: in an effort to, with the intention of
__ **de, sin**: without intent to
__ **del legislador**: legislative intent, the aim(s) of the bill
anodino: insipid, innocuous
anoja: bluefish
anomalía: irregularity, "bug", disorder, defect, discrepancy
anómalo: unusual
anona: sugar apple, sweetsop, custard apple
__ **blanca**: sweetsop, sugar apple
__ **colorada**: custard apple, bullock's heart
__ **lisa**: alligator pear; (Ven) pond apple
__ **pelón**: custard apple, bullock's heart
anotación: entry (i.e., record); scoring (game); logging; plotting (on a map); explanatory note
__ **de contabilidad**: financial record
__ **de la demanda**: (Arg) (leg) filing of a complaint
__ **en cuenta, valores de**: book-entry securities
anotaciones: (acct) accounting records
anotar: to book, register, put down, make a record, take a note, write down, score, take a recording, read (a meter); plot (on a graph); enter (in a book of record)
anótese y comuníquese: (leg) for registration and transmittal
ansia: desire, eagerness, hankering
antagónico: competing, conflicting (demands), opposed, opposing
antagonista natural: (agr) natural predator
ante: before, in the presence of, in the face of, in dealings with; faced with; in view of; in comparison with
__ **el consejo**: (representative) on the Council; (delegate) to the Council
__ **la sala**: in open court
__ **todo**: before all else, above all, first of all, first and foremost
antecámara de restitución: tailbay
antecedentes: events leading up to, facts or acts (that serve as a basis for establishing subsequent facts); background (material or data); preliminary steps of an undertaking; particulars; record (education, work); case history (non-medical); past performance, personal history, experience; legislative history (of a bill); biographical data
__ **académicos**: (ed) academic record
__ **familiares**: family history

__ **judiciales, sin**: (leg) no previous convictions
__ **penales**: criminal record
__ **profesionales**: record of service, performance record
antefirma: title preceding signature
antejuicio: (leg) steps preliminary to a lawsuit
antelación: precedence (in order of time)
__ **, con la mayor**: well beforehand, long in advance, at the earliest possible date
antena, con: on-the-air
__ **parabólica**: dish antenna
antenas, red de: antenna array
anteojo meridiano: geodetic transit
anteplaya: foreshore
anteportada: half-title (document)
anteproyecto: preliminary sketch; preliminary draft; preliminary plans for an architectural or engineering structure or works project; blueprint; preliminary design; draft; preliminary engineering; tentative draft (document)
__ **y proyecto**: planning and design
antepuerto: outer harbor
antesala: forerunner (of inflation)
antes bien: on the contrary
__ **de lo previsto**: ahead of schedule
__ **y después del cierre del balance**: on-and-off balance sheet
antiaglutinantes: anticaking agents
anticíclico: counter-cyclical
anticipación: notice
__ **, con la mayor**: as far in advance as possible; as far ahead of time as possible
__ **de vencimiento**: prematuring (loan)
anticipado: early (repurchase, drawing, warning system)
anticipar: to bring forward, do or go ahead of time, hasten, advance (date, event); lend, loan, advance (money); (Arg) inform, let know, advise
anticiparse: to be early, ahead of time; forestall; act or occur before regular or scheduled time
anticipo de honorarios: retainer
__ **pignoratorio**: advance against collateral
anticipos: pre-payments
__ **sin garantía documentaria**: clean advances
__ **sobre certificaciones**: (Sp) (acct) advance payments on construction certificates
anticuado: dated (of ideas); old fashioned (of people); out-of-date; obsolete, outmoded (model, approach), aging (power grid)
antieconómico: uneconomic(al)
antigeneración: (elec) non-utility generation
antiguación: (Arg) obsolescence
antigüedad: antiquity; (admin) seniority, length of service, time-in-service, tenure
__ **calificada**: satisfactory performance, longevity
__ **de cuentas**: aging of accounts, extent of account delinquency
__ **de las cuentas por cobrar**: aging of accounts; aging schedule (of accounts receivable)

__ **en el servicio**: earned-service time
antiguo: old, ancient, antique; former, one-time, erstwhile; outdated; senior (in service)
antillano: West Indian
antimonopolio: (Sp) anti-trust
antonomasia, por: par excellence
anualidad: annual installment
anuario de mareas: tide tables
anulación: repeal, revocation, annulment (law); cancellation, annulment, invalidation (contract); cancellation (check); annulment (will); setting aside, repeal, rescission (judgment)
__ **de deudas a cambio de un activo financiero**: debt defeasance
__ **de deudas con la garantía de un fondo de amortización**: debt defeasance through a sinking fund
__ **(interrupción) del viaje**: (ot) frustration of the voyage
__ **en libros**: write-off; charge-off
anular: to rescind (contract), set aside (award), cancel (treaty, post, order, contract), quash (decision); vacate, void, invalidate; write off (amounts allotted); call off (deal)
__ **la oferta**: to disqualify the bid
anunciar: to announce, give notice of, advertise; unveil (plan, program); augur, herald, foreshadow, foretell, portend, forebode, betoken, be an indication of
anuncio a toda plana: (Sp) spread (advertising)
__ **de la emisión efectuada (realizada)**: tombstone (security issue)
__ **de licitación**: invitation to bid
__ **en el interior de vehículos públicos**: car card
__ **preliminar de una nueva emisión**: red herring
anverso: face of a document
añadido: a rider (to a bill)
añagaza: lure (for birds)
añarismo: (Chi) alternate bearing (fruit trees)
añil: indigo
año a otro, de un: year-on-year (price increase)
__ **abundante**: high-yield year, year of plenty, bumper year
__ **agrícola**: crop year, farm year
__ **civil**: calendar year
__ **comercial**: marketing year
__ **continuo**: (Mex) calendar year
__ **contributivo**: tax(able) year, taxation year
__ **corrido**: one full year
__ **cupo**: quota-year (cocoa)
__ **de fructificación**: seed year
__ **de gran expansión**: boom year
__ **de licencia**: (ed) sabbatical year
__ **del informe**: year under review
__ **emergente**: split year
__ **entrante**: next year
__ **excepcional (sobresaliente)**: banner year
__ **horizonte**: target year
__ **hueco**: low-birth rate year
__ **impositivo**: assessment year

__ **laborado**: year of service (pension plan)
__ **lectivo**: academic year
__ **muerto**: year of grace, grace year
__ **natural**: calendar year
__ **simple**: single year
__ **social**: fiscal year
añojal: (agr) fallow
añojo: calf or sheep in its second year; yearling
añublo bacterial: bacterial blight
apacentamiento: grazing
__ **libre**: trailing
apagar un pozo: to kill a well (oil)
apagón: (elec) brownout, power cut, blackout, electricity failure
apalancamiento: leverage
aparato productivo: system of production; (sometimes) domestic industry, national industrial plant
__ **telefónico multifrecuente**: touchtone telephone
aparatos electrodomésticos: household appliances
__ **de línea blanca**: white line
__ **ortopédicos**: artificial limbs; braces
__ **sanitarios**: bathroom fixtures
aparcería: sharecropping; partido system (cattle)
__ **pecuaria**: lease of livestock, agist
aparcero: tenant farmer
apareamiento racial: outbreeding
aparecer: to come into being; appear, show up, turn up (person); become evident
aparejado, llevar (traer): to carry with it, lead to, involve, entail, mean
aparejador: foreman, overseer, site superintendent; building surveyor; (Sp) quantity surveyor; rigger
aparejar a: (Arg) to correspond to, couple with, match up
aparejo: ship's gear, tackle; hoist; fishing gear; masonry bond, chain block, block and tackle
aparejos: rigging
__ **de carga**: loading tackle
__ **de fondeo**: (ot) ground tackle
aparente: evident, obvious, manifest; not real, seeming, apparent; exposed, rough-cast (concrete), dummy (stockholder)
aparentemente: outwardly (grand); seemingly; to all appearances, ostensibly
aparición: (med) occurrence (disease)
apartadero: (railway) siding; (UK) lay-by, turnout
apartado: division (of an inventory); paragraph, section; subparagraph (convention); clause (recommendations); post-office box
apartados: (Ven) (acct) reserve, provision
apartar: to separate, move away, remove, sidetrack
apartarse de: to depart from (an opinion, rule), deviate from
apático: dull, listless (market), inactive, sluggish, depressed (market)
apátrida: stateless person

apeadero: (railway) halt
apeador: surveyor
apeadura: surveying
apelable a un solo efecto: (leg) appealable but without suspension of review of sentence
apelación: (leg) appeal to a higher court for reversal
__ **con efecto devolutivo**: (leg) appeal that does not suspend execution
__ **desierta**: (leg) abandonment of appeal
__ **en relación**: (Arg) appeal with grounds stated
__ **en subsidio**: (Pan) petition for financial relief
__ **libre**: (Arg) appeal without grounds stated
apelambrado: wool pulling
apelar de: to contest
apelmazado: compacted, compressed
apenas: (LA) only
apendiculares: (Ven) piggy-back
apeo: land survey; cutting, felling, logging
__ **de minas**: mine prop
__ **geológico**: geological survey
__ **por el nogal**: (for) stump felling
apercibida: (leg) summons
apercibimiento: (leg) warning or admonition of a judge or court (enforceable by contempt proceedings)
aperdigonado: in pellet form (fertilizer)
aperos: farm implements; tools, equipment
__ **de tracción animal**: animal-drawn tools
__ **del caballo**: horse clothing
apersonarse: (leg) to appear (before court); (Mex) become party to a suit
apertura: openness (of the economy); opening up (of the economy); liberalization, lifting of controls (on trade, business); (st) breakdown
__ **comercial**: trade liberalization, open trade practices
__ **de cantera**: stripping
__ **de capital**: diversification of capital ownership
__ **de crédito**: (bnk) issuance of credit; (sometimes) earmarking (UNESCO)
__ **de créditos complementarios**: supplementary earmarkings
__ **de créditos complementarios, resolución de**: supplementary appropriation resolution
__ **de fajas**: (for) strip opening
__ **de la economía, grado de**: (CR) ratio of foreign trade (exports + imports) to GDP
__ **de los hoyos**: digging of planting pits (trees)
__ **de testamentos**: reading of wills
__ **(convocación) de un concurso**: issuance of a tender
__ **del régimen de importaciones**: (Sp) import liberalization
aperturista: outward-looking, outward-oriented (country, economy)
apichú: (Per) sweet potato
apilado de las trozas: (for) log assembly
__ **en estéreos**: (for) stacking
apiladora: stacker (containers); stacking crane
apilamiento: stacking (cargo, containers)

apire(i): mine laborer
apisonado: tamping, ramming, (Mex) roadbed, subgrade
aplanadera: drag (roads)
aplanamiento de una curva: (st) flattening of a curve
aplastamiento: collapse (of a market); flooring (of an opponent)
aplastar: to flatten (out); crush, smash; floor (an opponent)
aplauso: appreciation, thanks
aplazado: postponed (conditional, in grading system); deferred; failed (an examination)
aplazamiento: postponement, adjournment; deferment (payment); (leg) continuance (adjournment or postponement of an action)
__ **de entrega, prima de**: backwardation
__ **de impuestos**: tax deferment
__ **del debate**: adjournment of debate
aplicabilidad: relevance, suitability; fitness
aplicable: relevant, germane, appropriate, suitable
aplicación: use, implementation; enforcement; (military) instruction, training; (Mex) appropriation, allotment, assignment, allocation
__ **de la ley**: enforcement of a law, implementation and enforcement (of a new law); administration and enforcement of a law
__ **de recursos**: allocation of resources
__ **de restricciones**: administration of restrictions
__ **de salvaguardias preventivas**: (Sp) implementation of preventive measures
__ **de utilidades**: appropriation of profits
__ **efectiva**: entry into effect
__ **práctica**: actual application
aplicaciones y asignaciones: (fin) allocations and allotments
aplicar: to apply to a surface; use; give effect to (rules); follow (vaccination schedule)
__ **contablemente**: (acct) to allot to various accounts
__ **un impuesto**: to impose, levy a tax
ápoca: discharge in full, receipt; acknowledgement of receipt
apoderado: agent, representative (holder of power of attorney); (leg) proxy, attorney; (com) confidential clerk (holder of procuration), authorized signatory; (Sp) attorney in fact
__ **general**: (Mex) general or universal agent
apoderamiento: (leg) seizure; authorization, granting of power of attorney
apoderante: principal (who confers power of attorney)
apoderar: to empower, authorize; (leg) grant power of attorney to
apolitismo: statelessness
apología: eulogy, defense (of a public figure, ideal, etc), vindication, justification
__ **del crimen**: (leg) eulogy of crimes
apoplejía: (Mex) black measles (cattle disease)
__ **esplénica**: anthrax

aporcamiento: earthing-up (plants); hilling (cultivation)
aporcar: to earth up (plants); ridge, hill
aporque: ridging
aportación: contribution; provision (of capital); investment (of capital)
__ **calórica**: calorie intake
__ **en trabajo**: sweat equity
__ **material**: embodied labor
aportaciones: inputs (non-economic); assets brought in; contributions (pension fund)
__ **de capital**: paid-in capital
__ **para enjugar déficit**: deficit payments
aportar: to bring, furnish, contribute (resources), bring in, invest (capital), provide (financing); inject (funds), pump (funds into the economy)
aporte: contribution, input; infusion (capital); intake (calories)
__ **inicial de capital**: initial capital investment
__ **patronal**: employer's contribution (social security)
__ **personal**: employee's contribution (social security)
aportes: (acct) payroll contributions (social security)
__ **de financiamiento**: funding
__ **no capitalizados**: (fin) capital subscriptions awaiting share issuance
__ **no puntuales**: non-point inputs (pollution)
__ **patrimoniales**: capital contributions
apósitos: (med) dressings
apostadero naval: naval base or station
apostilla: marginal note; certificate on document instead of authentication of signature
apóstrofe: (leg) insult, dicterium
apotreramiento: field
__ **artificial**: lea, ley
apotrerar: to divide land into pastures
apotrero: lea, ley
apoyar: to rest, lean (on or against); support, bolster, prop up; favor, back up, defend, second (a motion); endorse (an appeal); nurture
apoyarse: to depend on, be supported by, base one's actions on
apoyo: cradle (conduit); backstopping
__ **de la opinión pública**: public support
apoyos: support payments (e.g. to farmers)
appertización: canning
apreciación: judging (of distance, etc); estimation, appraisal; performance appraisal
__ **de la prueba**: weighing of the evidence
__ **del trabajo**: job evaluation, merit rating, performance appraisal
apreciar: to determine (whether), assess (information), do justice to
__ **la capacidad**: to determine the capacity
aprehensión: capture, arrest
apremiar el pago: to compel payment
apremio: pressure, compulsion, coercion, restraint, duress; (leg) court order or decree for

collection; sale of attached property to pay decreed debt
__ **de pago**: demand note
__ **físico**: physical coercion
__ **ilegal**: unlawful coercion
__ **judicial**: (leg) court claim (foreclosure sale, collection order, etc)
__ **personal**: (leg) execution on the person, body execution, suit for collection
__ **provisional**: (leg) interlocutory order
__ **real**: (leg) execution on property, sale of attached property to pay decreed debt

aprender sobre la marcha: to learn by doing

aprendizaje: learning process, apprenticeship, traineeship, period of training
__ **acumulativo**: accretion learning
__ **en contacto directo con el maestro**: face-to-face learning
__ **indirecto, método de**: (ed) concomitant learning
__ **mediante la práctica**: activity learning
__ **memorístico**: rote learning
__ **para el dominio**: mastery learning
__ **pasivo**: acquiescent learning
__ **por experiencia**: (Sp) learning by doing
__ **práctico**: learning by doing

aprestado: finishing (textile)

apresurado: hasty, hurried, ill-considered (measures)

aprete: (min) hang-up

apretilado: (Chi) (irr) diked

aprobación automática: rubber-stamping
__ **de la gestión**: quittance; (USA) exoneration; final discharge
__ **de un gasto**: allocation
__ **por acuerdo tácito**: negative vote procedure of approval
__ **tácita, procedimiento de**: no objection procedure, negative vote procedure of approval

aprobar una prueba: to pass an examination
__ **una resolución**: to adopt a resolution, pass a resolution
__ **sin enmiendas**: to approve as read (resolution)

apropiación: adaptation to; (Mex) allotment, assignment
__ **de beneficios**: benefit snatching (tax policy)
__ **ilícita**: (leg) conversion (unauthorized assumption and exercise of the right of ownership)
__ **indebida**: breach of fiduciary relationship

apropiado: well-trained (staff), relevant, suitable, fitting

apropiarse de una mina denunciada por otro: to jump a claim

aprovechable: available (nutrients); useful (example, model), crop (tree)

aprovechado: logged-over (forest); (ed) good (grading system)

aprovechador: free rider

aprovechamiento: utilization (manpower); improvement (land, soil); development (river, water, hydroelectric resources, manpower); management (forestry); reclamation (land); (run-of-river) development; recycling (of waste); tapping (resources)
__ **de aguas residuales**: sewage treatment
__ **de carbón**: coaling
__ **de energía**: power development
__ **de la energía eólica**: wind farming
__ **de la tierra**: land use
__ **de recursos**: tapping of resources
__ **de tierras**: (agr) land development
__ **de un alumno**: (ed) progress
__ **del agua**: water management
__ **del forraje**: feed conversion
__ **del mar**: marine development
__ **del suelo**: land use
__ **económico**: economy in the use of resources
__ **escolar**: educational achievement
__ **escolar (universitario)**: (ed) academic achievement
__ **fluvial**: river development
__ **forestal**: forest utilization
__ **hidroeléctrico**: harnessing of a river; hydroelectric development

aprovechar: to be useful, beneficial; profit by, make good use of, derive profit from, take advantage of, make the most of, exercise (privilege)

aprovisionamiento de combustibles: bunkering
__ **de préstamos**: (acct) loan loss provisioning

aproximación: approximation; nearness; rapprochement; forecast (events); harmonization (laws); approach
__ **de legislación**: coordination
__ **, por**: by trial and error

aproximaciones: points of agreement
__ **de precios**: alignment of prices
__ **sucesivas, método de**: trial and error method

aproximado: approximate, rough, trial (balance)

aptitud: ability to do something; qualifications; performance (animal); capability (land); fitness for (employment); skill; purpose or type (cattle); suitability, competence, appropriateness, caliber (person)
__ **agrícola de las tierras**: land capability, agricultural potential
__ **de impresión**: printability
__ **de los pastizales**: range readiness
__ **doble, de**: dual-purpose (cattle)
__ **en el trabajo**: job competence
__ **ganadera y forestal, con**: suitable for stock-raising and forestry
__ **intelectual o física**: mental or physical fitness
__ **legal**: (leg) legal competency
__ **para el almacenamiento**: storageability
__ **para el cálculo numérico**: numeracy
__ **para la comunicación**: communication skills
__ **personal**: personal capacity, fitness
__ **productiva del suelo**: land use capacity
__ **profesional**: skill

aptitudes: qualifications; skills

apuntador de la carga: tally man

apuntalado: trench bracing
__ **por**: buttressed by
apuntalamiento: (constr) falsework
apuntalar: to support, brace, prop, shore up
apuntamiento: (st) kurtosis
apuntar: to aim or point at; point out, hint, point to; note down, write down, make a note of, register; begin to appear
apurado: needy, short of money
__ **con trabajo, estar**: to be pressed with work
apurar: to urge, press, importune
aquí que, de: hence (the fact that); this is why; from this it follows; it therefore follows
aquilatamiento: assay (gold)
aquilatar: to measure (value); weigh (evidence); assay (gold); improve, refine; reduce (price)
arado bordero: lister
__ **con asiento**: sulky plow
__ **de reja**: moldboard plow
__ **de vertedera**: moldboard plow
__ **para desmontar**: bush-breaker plow
__ **sembrador**: lister
aradura en curvas de nivel: contour plowing
  profunda: deep-level plowing
arancel: tariff, schedule of customs duties, scale of fees or charges
__ **autónomo**: single column tariff
__ **compuesto**: compound tariff
__ **consolidado**: bound tariff
__ **de columna simple**: unilinear tariff
__ **de exportación**: export tax
__ **de "puro estorbo"**: nuisance tariff
__ **mixto**: two-column schedule
aranceles: (Arg) (ed) tuition fees; fees (any kind)
arancelización: tariffication
arándano: blueberry; (sometimes) bilberry; whortleberry
  agrio: cranberry
__ **trepador**: large American cranberry
aras de, en: in honor of; as a concession to; exercising (reasonable care)
araucaria: Paraná pine
arbitrado: (Ur) converted, translated (currency)
arbitraje: (fin) arbitrage (exchange); switch trading (countertrade); (leg) arbitration
__ **arriesgado (OPAS)**: risk arbitrage
__ **riesgoso (OPAS)**: risk arbitrage
__ **vinculante**: (leg) binding arbitration
arbitrar: to find ways (to do something)
__ **fondos**: to raise funds
arbitrariedad: arbitrary act, willfulness; misuse of authority or power
arbitrariedades: (leg) outrages
arbitrio: free will; means (of doing something), expedient; discretion (of a person); (discretionary) latitude
__ **judicial**: (leg) judicial discretion
arbitrios: excise taxes, tolls, municipal taxes
__ **y servicios portuarios**: harbor dues and fees
árbitro arbitrador: (leg) arbitrator (not bound by legal principles, but only by his discretion)

__ **de derecho**: (leg) arbitrator who is bound by legal principles
__ **dirimente**: (leg) umpire
arbogenética: tree breeding, tree growing
árbol aprovechable: crop tree
__ **de barniz**: candlenut tree
__ **de calidad inferior**: cull tree
__ **de decisión**: decision-making chart
__ **de hojas caducas**: deciduous tree, broadleaf tree, hardwood
__ **de hojas perennes**: evergreen, softwood
__ **de pertinencia**: (st) relevancy tree
__ **de plantación**: crop tree
__ **de población**: population pyramid
__ **dominado**: suppressed tree
__ **forrajero**: fodder tree
__ **genealógico**: pedigree
__ **indeseable**: weed tree
__ **joven**: (large) sapling, pole
__ **lobuno**: wolf tree
__ **maderable/maderero**: timber tree
__ **nodrizo**: nurse tree
__ **padre**: seed tree
__ **selecto**: elite tree
__ **seminal**: seed tree
__ **vendible**: merchantable tree
árboles de edad madura: old growth
arboleda: woodland, grove; woodlot
arboleta: shaft (oil well)
arbolito de producción: Christmas tree (oil)
arbolitos bravíos: (for) wildlings
arboricultor: tree farmer, nursery man
arboricultura: tree farming, tree cropping
__ **urbana**: city forestry
arbotante: buttress, arch brace
arca de agua: water tower
__ **de caudales**: safe
arcas públicas: the Treasury
arcén: roadside; (Sp) shoulder (road)
archivador: file, filing cabinet; (Chi) ring binder; document file
archivar: to "deep freeze" (legislation), file away
__ **un caso**: to set aside a case, quash a case
archiveo de documentos: records management
archivo: file; filing
__ **circulante**: current file, active file, perusal file
__ **de acordeón**: bellows file, accordion file
__ **de casos cerrados**: nonactive file
__ **de un asunto**: (leg) removal of a case from the Register
__ **definitivo**: inactive file
__ **en formación**: active file
archivonomía: filing, records management
arcilla limosa: silty clay
__ **vitrificada (tubería de)**: vitrified clay (pipe)
arcilloso-limoso: silty, sandy clay (soil)
arco: (for) logging arch
arcón: (Ven) container
área agrícola: cropland, farm land
__ **cafetera**: coffee-growing area
__ **colectora**: drainage area

__ **cubierta**: covered area (of a building lot)
__ **de alimentación**: watershed
__ **de captación**: (ed) recruitment area (students), catchment area;
__ **de concesión**: license area (oil)
__ **de distribución**: habitat, range (tree)
__ **de exploración**: prospecting area
__ **de influencia**: drainage area (river); service area (project); hinterland (port)
__ **de negocios (negociación)**: front office
__ **de ocurrencia**: range (plant)
__ **de registro y confirmación**: back office
__ **edificada**: (Sp) area under roof
__ **geográfica**: geographical distribution (plants); (ed) catchment area, recruitment area (students)
__ **marginal**: depressed area
__ **sujeta a reordenación**: impacted area
__ **temática**: subject area
__ **vertiente**: drainage area
áreas rurales dispersas: low populated rural areas
__ **silvestres**: wildlands
arena alquitranada: oil sand
__ **(arenisca) petrolífera**: oil sand
arenado: (Chi) grit blasting, sand blasting
arenas asfálticas: tar sands
arenque: herring
arete: ear tag (of cattle)
argayo: landslide
argentina: deep sea smelt; silver smelt
argucias procesales: (leg) procedural tactics
argumento: argument, contention, line of argument, reasoning; plot (of novel, film, play)
argumentos basados en los hechos: (leg) conclusions of fact
áridos: dry commodities (grains, seeds); aggregate (material)
arista exterior de un cimiento: toe of a footing
__ **interior de un cimiento**: head of a footing
arma arrojadiza: missile
__ **de dos filos**: mixed blessing
armas blancas: cutting and thrusting weapons; cold steel
__ **largas**: shoulder weapons
armadas: (Per) installment payments
armador: erector, steel worker; shipbuilder, shipowner
__ **independiente**: (ot) "interloper" (non-member of Conference); intruder (vis-à-vis Conference)
armadores: shipping interests
armadura: truss, reinforcement (concrete); shell (of building); framework
__ **en malla**: mesh reinforcement
armaduría: assembling (automobiles)
armamento de un buque: equipment of a vessel
armamentos navales: ordnance
armar un buque: to put a ship into commission; fit out, equip, man and supply a ship
armario archivo: filing cabinet

__ **empotrado**: closet
__ **persiano**: roll-front (office) cabinet
armazón: framework; carcass (building)
armonía con, en: in keeping with, along the lines of
armonización de la economía con el medio ambiente: greening of the economy
__ **de los derechos**: adjustment of tariff rates
armonizar: to bring into line, align; reconcile (differences); coordinate, attune, match
armonogramas: standard specifications
arpillera: hessian, burlap, sacking
arquear: to verify (cash or securities); ga(u)ge tonnage of a ship
arqueo: (acct) cash balance (verification of money in a safe); (ot) tonnage (of ship), tons burden
__ **de caja**: cash audit
__ **de fondos de caja chica**: petty cash count
arqueología de salvamento: archeological salvage operations; rescue archeology
arqueta: cement form
arquitectura: design engineering, architectural services
__ **del paisaje**: landscape gardening
__ **escolar**: (ed) facilities planning
arrabal: outskirts of a town; suburb; slum area
arrabio: pig iron, scrap iron
__ **para moldería**: foundry pig iron, foundry pig
arraigado: well-established (link, system), deeply rooted (custom, idea), entrenched (classes); (Arg) released on bond
arraigar: to give, file bond
arraigo: landed property, real estate; (leg) bail, bond
__ **de una nave**: (ot) arrest of a ship
__ **judicial**: precautionary detention to prevent evasion of an obligation
__ **, orden de**: (leg) writ of ne exeat
arrancado: uprooting (plant)
__ **a mano**: stripping (cotton)
arrancador: (elec) starter
arranque: beginning or intake of a canal; beginning of a road; take-off, start; (fig) origin, root; impulse, drive, thrust; (Chi) switch
__ **domiciliario**: service connexion to a main
__ **en negro**: (elec) black start
arras: earnest money (handsel)
arrastramiento: land creep
arrastrar: to pull, drag, haul, transport; (acct) carry forward
__ **trozas**: to skid (logs)
arrastre: silt; bedload; (for) skidding; trawling
__ **, de**: (acct) brought forward
__ **de fondo**: bottom trawling
__ **del agua**: water erosion
__ **del frente**: (acct) amount carried (brought) forward
arrastres: (acct) carry forwards
arrastrero con rampa a popa: stern trawler
__ **de altura**: distant-water trawler
arrayán: (Guat) guava tree

arrebato y obcecación, con: with malice aforethought
arrecife: reef; causeway
__ **emergente**: drying reef
arrecifes y bancos de coral: coral reefs and ledges
arreglar una cuenta: to settle, balance an account
arreglo: arrangement, layout; settlement; disposition, adjustment
__ **a, con**: subject to; on the basis of; in accordance with, in conformity with, pursuant to, according to; under (a program, law)
__ **de compensación**: (fin) netting arrangement (derivatives)
__ **de retrocompra de productos**: buy-back arrangement
__ **de una tienda**: layout of a shop
__ **en serie**: arrangement in orderly sequence
__ **extrajudicial**: out-of-court settlement
__ **financiero**: financial settlement
__ **global**: package deal
__ **paralelo**: (st ex) over-the-counter arrangement
arrendamiento con deducción fiscal: tax lease
__ **con opción a compra**: leasing
__ **de activos institucionales**: operating lease
__ **de nave a casco desnudo**: bare-boat charter
__ **de nave armada**: gross charter
__ **de obra(s)**: hiring of industry
__ **de servicios**: contract for services
__ **financiero**: leasing
__ **puro**: straight rental (of assets)
arrendatario: lessee, leaseholder
arresto: act of arresting or detaining; detention, custody; seizure; attachment, distraint, embargo
__ **mayor**: close arrest
__ **menor (simple)**: open arrest
arriate: flowerbed (by a wall)
arribada: putting into port
__ **forzosa**: unscheduled call at a port
arribar: to put into port, run into harbor
arriendo como especie o cuerpo cierto (físico): lease on the property as a whole
__ **con opción de compra**: financial leasing
arriete hidráulico: water ram
arrimadillo: wainscot
arrimaje: berthage, lighterage
arroba (@): the "at" (@) sign in an E-mail address
arrocero: rice breeder; (Hond) bird that eats bees
arrojar: to throw, hurl, drop; empty; "sack", expel; show, yield, produce (a balance)
arropar: to mulch
arrope: mulching
arrostrar las consecuencias: to face the music
arroyo: gully; stream, brook, creek; gutter (town), road gutter
arroz acuático: flooded rice, irrigated rice
__ **blanco**: milled rice
__ **(con) cáscara**: unhulled rice, paddy rice
__ **con cáscara escaldado (sancochado)**: parboiled paddy rice
__ **de agua profunda**: wild rice
__ **de embarque**: cargo rice
__ **de grano corto (largo)**: short (long) grained rice
__ **de montaña**: upland rice
__ **de regadío**: flooded rice
__ **de secano**: upland rice, non-irrigated rice, dry field rice
__ **de tierra anegadiza**: wetland rice
__ **de tierras bajas**: wet paddy rice
__ **descascarado**: hulled rice, brown rice
__ **descascarillado**: hulled rice, brown rice
__ **elaborado**: milled rice
__ **(en) cáscara**: paddy rice, unhulled rice
__ **en grano**: whole rice
__ **entero (flor)**: whole rice
__ **glaseado**: glazed rice, coated rice
__ **granza**: paddy rice
__ **integral**: brown rice
__ **molido**: milled rice, pounded rice
__ **moreno**: brown rice
__ **perlado**: hulled rice
__ **picón**: broken rice
__ **pilado**: pounded rice
__ **pluvial**: upland rice
__ **quebrado**: broken rice
__ **sin descascarar**: paddy rice
__ **sin sancochar**: raw rice
__ **vestido**: paddy rice
arrozal: paddy
arrumaje: trimming (of cargo), stowage
arrumar: (ot) to stow; yard logs
arrumazón de los contenedores: packing (stuffing) of containers
arrurruz: arrowroot
arsenal: dockyard
__ **de medidas**: panoply of measures, armamentum
arsenalera: (Chi) surgical nurse, instrument nurse
arte de arrastre: trawl
__ **de cerco**: seine net
__ **de cortina**: seine net
__ **de deriva**: driftnet
__ **de émbolo**: pusher-head trawl
__ **de pesca de puertas**: otter trawl
__ **de pesca fijo**: fixed or staked net
__ **de playa**: beach seine
__ **de rodillo**: roller trawl
__ **de superficie**: skimmer trawl
__ **popular**: folk art
__ **publicitario**: commercial art
artes de pesca y caza: fishing and catching gear
__ **del espectáculo**: performing arts
__ **domésticas**: homecraft
__ **epipelágicas**: surface gear (fish)
__ **plásticas**: visual arts, graphic arts
artefacto: appliance, contrivance, device
artefactos: manufactured goods
__ **de loza**: earthenware manufactures
__ **eléctricos**: electrical fixtures
artemia salina: brine shrimp

artesa para lavar el mineral: (min) buddle
artesanal: small-scale, nonindustrial (fisheries); craft (industry); (min) by hand
artesón: panel plot
articulación: linkage, tie-in, meshing, interlocking; coordination, interconnexion; interrelation, dovetailing; arrangement; liaison
__ **del balance**: balance sheet layout
__ **secundaria**: sideways linkage
articulado: *a* linked, jointed, meshed, geared to, dovetailed with; tied in, tied up with, connected with; *n* (leg) articles, clauses, paragraphs; purview (of a law), provisions, body of text
articular: to hinge, link, joint; relate to, connect with, gear to, tie in with, dovetail, coordinate; (leg) divide into articles, sections, etc
__ **posiciones**: to prepare interrogatories
articularse: to be made up of, compose, form
artículo: article, commodity; feature, report, dispatch (in a newspaper); item (in a account); section (in a law); entry (in a dictionary); (Sp) paper to be read at a meeting; (leg) incidental question or plea
__ **de fondo**: editorial, leading article, lead story, leader, feature story
__ **de previo pronunciamiento**: (leg) dilatory exception
__ **recapitulativo (panorámico)**: review article
__ **subsistente**: (article 1) to stand
__ **único**: single article, sole article
artículos básicos: basic commodities
__ **comestibles de consumo corriente**: staples
__ **corrientes**: supply items
__ **de cebo**: loss leaders
__ **de deporte**: sporting goods
__ **de marca**: proprietary articles
__ **de oficina**: stationery
__ **de primera necesidad**: essential goods
__ **de propaganda**: loss leaders
__ **de suministro corriente**: line items
__ **de utilidad social**: utility goods
__ **liberalizados**: decontrolled items
__ **no tangibles**: nonexpendable supplies
__ **para caballeros**: men's furnishings
__ **patentados**: proprietary articles
__ **suntuarios**: luxury goods, prestige goods
__ **varios**: miscellaneous items
artificial: man-made (environment), false (skin), imitation (leather), synthetic (wool), artificial (silk)
artificios contables: (Chi) accounting loopholes
artiga: land clearance by burning, (Sp) ash farming
artisela: (Mex) rayon
arvense: agrestal (describing a weed growing in arable land)
asalariado: wage earner, employee, blue-collar worker; employed person
asalariados (obreros y empleados): employees (wage earners and salaried employees)

asamblea constitutiva: (fin) first meeting of shareholders
__ **reunida en segunda convocatoria**: adjourned meeting
asalto con lesión: assault and battery
__ **con propósito criminal**: (leg) felonious assault
ascendencia: ancestry, descent, pedigree (animal); parents (or grandparents); (fin) soaring
ascendente: rising
ascendiente: influence, authority, power; ascending relative, ancestor, forebear, relative in the ascending line
ascensión de las aguas profundas: upwelling
__ **social**: upward mobility
ascenso de ejecutivos: executive advancement
__ **en el empleo**: occupational advancement
ascidia: sea squirt
asedio: siege; run on a bank
__ **sexual**: sexual harassment
asegurador: (ins) underwriter
__ **final**: last-resort insurer
__ **marítimo**: underwriter
__ **propio**: self-insurer
aseguramiento: underwriting (shares)
__ **de carga**: securement of cargo, securing of cargo
asegurar: to secure, ensure, guarantee; provide (net return); establish (authenticity), procure insurance coverage; (Mex) seize
__ **la tasa de retorno**: to lock in a rate of return
asentamiento: settling (foundations); shake-out (market)
__ **de campesinos**: peasant homesteading; land reform peasant settlement
asentar: to seat (a person); place (an object); pitch (a tent); enter (in an account); post (in the books); set (jewel), lay (pipe)
asentimiento: concurrence
aseo urbano: refuse or garbage collection
asequibilidad: affordability (housing)
asequible: available; obtainable; attainable; feasible (plan); reasonable (price); approachable, affable (person)
aserradero: sawmill
__ **circular**: circular sawmill
__ **de banda**: band and frame sawmill
aserrado manual en foso: pit sawn
aserradora al hilo de bastidor: rip saw
aserrín: sawdust
aserrío: sawmilling
__ **manual**: hand sawing
asesinato: (leg) murder in the first degree
asesor: advisor; consultant; (leg) a *letrado* who advises a *juez lego*
__ **jurídico**: general counsel (institution)
__ **pedagógico**: resource teacher
asesoramiento: advisory services
asesoría: advice, advisory services; consultantship, advisory assistance, technical assistance; staff function (management)

ASEVERACION

__ **jurídica**: Bureau of Legal Affairs, Legal Department; legal counsel, advice (sometimes), legal aid, assistance
__ **técnica**: technical assistance, technical advisory services
aseveración: (leg) averment
asfalto diluido: cut-back asphalt
__ **líquido**: cut-back asphalt
__ **regresivo**: cut-back asphalt
asfaltos naturales: tar sands, natural asphalts
así parece: so it seems
__ **y todo**: even so, and yet, just the same
asidero tributario (fiscal): tax handle
asiento: seat, chair; (acct) entry, registration number (property register); (DR) agricultural settlement
__ **anatómico**: (med) location or site in the body
__ **bibliográfico**: catalog(ue) entry
__ **contable**: accounting entry
__ **contable sin cuadrar**: (acct) unbalanced entry
__ **de abono**: credit entry
__ **de cargo**: debit entry
__ **de concentración**: recapitulating entry
__ **de diario**: journal entry
__ **de mayor**: ledger entry
__ **de traspaso**: journal entry; transfer entry
__ **rectificativo**: adjustment entry
__ **sin explicación**: (acct) blind entry
asientos compensatorios: (acct) off-sets
__ **corridos**: (CR) (Mex) (acct) entries made, postings
__ **de regularización**: year-end entries
__ **pasados a pérdidas y ganancias**: (acct) loss write-offs
asignación: allocation, allotment (funds); allowance; appropriation; earmarking; appointment (to a post); (Col) inheritance; benefit (education), allowance (children); (acct) provision
__ **adicional**: deficiency appropriation (budget)
__ **correspondiente a servicios**: redevance
__ **de crédito**: allocation
__ **de cuotas**: assessed contributions (UN)
__ **de (para) depreciación**: depreciation allowance
__ **de divisas**: exchange allocation
__ **de factores**: resource allocation
__ **de las utilidades**: appropriation of profits, allocation of profits
__ **estatutoria**: bonus-percentage of profits
__ **familiar**: family allowance
__ **moral**: (Col) restricted legacy
__ **por agotamiento**: depletion allowance
__ **presupuestada**: amount budgeted
__ **presupuestaria**: appropriation (company)
__ **temporal de un funcionario**: secondment
__ **testamentaria**: bequest
asignaciones: percentage-of-profits bonus (item of compensation package)
__ **de fondos**: allocations and allotments
__ **familiares**: family assistance (program); family allowances

ASOCIACION

__ **por casos de urgencia**: continuing allocations
asignar: to appropriate, set aside (money), award (credit)
asignatura: (ed) course
__ **de conocimientos**: content subject (as opposed to "skill" subject)
__ **pendiente**: (fig) unfinished business
asignaturas básicas: (ed) tool subjects
asilo diplomático: political asylum
asimétrico: lopsided
asimetría: unequal distribution (of the benefits of the common market); skew (of distribution of income); imbalance between; disparity, mismatch
__ **de los vencimientos**: maturity mismatch
__ **en el plazo de recursos y créditos**: (Sp) mismatch
asimilable: comparable to, similar to, assimilable (nutrients)
asimilación a las empresas nacionales: domestication
asimilar: to put on the same footing, equate with, liken to; treat as equivalent or similar to, treat in the same way as
asimilarse: to resemble, be like
asimina: pampano
asimismo: furthermore, moreover, also, similarly, likewise
asistencia: presence, attendance (at a meeting); help, assistance
__ **a los liberados**: aftercare (ex-convicts)
__ **en especie**: commodity assistance
__ **letrada**: legal aid
__ **médica**: medical care
__ **poscarcelaria**: aftercare (ex convicts)
__ **postinstitucional**: aftercare (patients)
__ **social**: social welfare, case work, welfare services
__ **social individualizada**: case work
__ **técnica de recuperación contingente**: technical assistance subject to recovery (through the grant of a loan)
asistencial: medical (institution, etc), health care (system, providers, etc), medical care (services); welfare (programs); health-care (expenditures), relief (policy)
asistencialista: handout (approach)
asistenta: charwoman; (hospital) ward maid; (community) health aide, cleaner
asistente: spectator, participant in a meeting; trainee
__ **social**: case worker
asistir: to attend, be present at (meeting); care for, treat (a patient); (+ derecho, interés, etc) have, possess
__ **a un acto**: to attend the execution of a deed
asociación: partnership
__ **civil**: legally incorporated body for other than commercial purposes; civil association (usually charitable)
__ **de crédito**: (fin) credit union

452

ASOCIACIONES ATENDER

__ de derramas: assessment association
__ de empresas: (Sp) consortium, joint venture
__ de varios pisos: (for) multistrata association
__ de X con Y: X in combination with Y
__ económica: joint venture
__ en participación: (Per) joint venture
asociaciones vegetales: vegetative communities
asociado: (Mex) passive joint venturer
__ en humanidades: associate in arts (AA)
asociados: partners
asociante: (Mex) managing partner
asociar: to associate, unite, join; pool (resources); take into (partnership)
asociarse a una propuesta: to endorse, concur in a proposal
asociativismo: (related to) associative enterprises
asolado: wracked by
asoleamiento, derecho de: (leg) servitude of light
asonada: riot, unlawful assembly; outbreak of violence
aspecto: feature; facet; characteristic; dimension (problem); side (question); angle; appearance (page, etc); item; fact; matter; pointer, picture
__ cultural: cultural trait
aspectos: factors, features, characteristics, lines, considerations; (subject) area, special points, instances, dimensions
__ correlativos: matching aspects
__ ecológicos: ecological considerations
__ financieros: (Chi) financial data
__ salientes: highlights
__ sociales del ajuste: social dimensions of the adjustment
aspersión: sprinkling, spraying; overhead irrigation
__ de pesticidas: spreading
aspersor de botalón: boom sprinkler
aspiraciones: expectations, aims, longings, hopes, desires, wishes, what someone has in mind or wants, target, ambitions, goals
aspirante: trainee (UN)
__ de marina: cadet
aspirar: to aim (at doing); want (to do)
astacicultura: crayfish culture
astillas de madera: lumber chips
__ pasadas de tamaño: oversized chips
astronave: space ship
asueto: time off, holiday, free day, day off
asumir: to take upon oneself, take on (responsibility), take (office), take charge of (expenses), take (the lead); bear, shoulder (cost), absorb (loss); (Chi) undertake (study, endeavor), take on (vocation), accept (treaty, facts), adopt (values)
__ como propio: to own (feel, gain a sense of ownership)
__ la presidencia: to take the (presidential) chair
__ la realidad: to accept the fact(s)
asunto: matter, subject, topic, affair; issue
__ candente: burning question

__ gracioso (no contencioso, voluntario): (leg) non-contentious matter
asuntos de orden interno: matters of domestic concern
__ deliberados: business transacted (meeting)
__ exteriores: foreign affairs, external relations
__ sociales: (Sp) personnel and welfare matters
asurcar: to furrow (a field)
atá: (Para) sweetsop, sugar apple
atacar: (med) to penetrate (tissue)
__ la jurisdicción: to challenge the jurisdiction
__ los metales: to act upon, corrode metals
atadura: fastening; knot, binder, tie; lashing; (fig) constraint, impediment
ataduras de compra: tying restrictions
ataguía: cofferdam; sheet-piling
atajo: dike
atalaya: lookout tower (for firewatchers); vantage point
atarazana: shipyard
atarjea: (Sp) culvert; (Per) conduit; drain pipe; (Ec) drainage ditch
atarquinamiento: siltation
atarraya: cast net
atascamiento: bottleneck
__ de sistemas de distribución: blocking, clogging of trade channels
atasco: log jam
atención: attention; care; heed; treatment (hospital); service (on board); thoughtfulness, courtesy, kindness; upkeep (of a system)
__ a clientes: customer service; entertainment, hospitality (expense, allowance)
__ a, en: in view of, having regard to, considering, in compliance with
__ abierta: (Chi) outpatient care
__ ambulatoria: outpatient care
__ cerrada: (med) inpatient care
__ crediticia: credit facilities
__ de relevo: respite care
__ especial: emphasis, stress
__ integral (integrada): comprehensive care
__ médica administrada: managed health care, health maintenance (organization)
__ primaria de la salud a nivel de la comunidad: community-based primary health care
__ ulterior: aftercare (patients)
atenciones: kindness, courtesies
__ estatutarias: (Sp) directors' share of profits
__ sociales: entertainment of guests, hospitality; (Sp) welfare costs
atender: to pay attention to; give consideration to, take into account, heed; look after, care for (person); tend (machine); fill (orders); honor (draft); wait on (customer); meet or accommodate (demand); serve, respond to, cope with (needs); cater to (limited market); come to grips with (needs); grant, agree to (request)
__ a barcos de gran calado: to accommodate ocean-going ships
__ a la edad: to take age into account

__ **el servicio de préstamo**: to service a loan
__ **un cheque**: (Sp) to honor a check (cheque)
atendible: worthy of consideration, considering, that can be worth taking into account
atendiendo a: in accordance with (circumstances); on the basis of (recommendations); in the light of (needs); considering (the situation); in view of
atenerse: to abide by, observe (rules, law); follow (instructions); live up to (agreement)
__ **a la ley, sin**: without due process of law
atentado: attack (with a bomb); criminal attempt on someone's life, attempted murder; crime of violence; outrage upon, injury to (personal dignity); violence to (life); impairment (rights)
__ **a la integridad física**: (leg) physical assault
__ **a la persona física**: bodily assault
__ **contra el pudor**: indecent assault
__ **contra la Constitución**: action to upset the Constitution
__ **contra la seguridad del Estado**: treason
__ **contra las buenas costumbres**: indecent behavior
atentar contra: to endanger
atentatorio: unlawful; with criminal intent; which constitutes an attempt against (on), an impairment of; damaging; contrary to law; unwarranted; offensive; injurious to
atento: attentive; kind, considerate, courteous
atenuación: relaxation, easing, relief, dampening
__ **de la actividad económica**: economic slowdown
__ **de la demanda**: dampening of demand
__ **de las restricciones a la importación**: relaxation of import restrictions
__ **de los impuestos**: tax mitigation
__ **del ruido**: noise abatement
atenuador automático de pantalla: automatic screen dimmer
atenuar: to attenuate, diminish, reduce, tone down; lessen (dependence); mitigate (punishment); extenuate (offense); ease (restrictions), minimize (effects)
aterramiento: silting
aterrizaje técnico: (aero) landing for non-traffic purposes
atesoramiento: hoarding (money)
atestación: (leg) deposition (in court matters)
atestado ante mí: witnessed before me
atinado: apt (description); wise (decision); keen (judgment); pertinent (remark); cogent (argument); to the point (observation); sound (policy)
atípico: irregular, unusual, capricious, abnormal, freakish; off-type (plant), nonconventional
atirantado: guyed (power tower)
atmósfera: mood (of a meeting); feeling
atolladero: stumbling-block, impasse, bottleneck, "bind"
atomizar los recursos: to disperse, scatter

atonía: sluggishness (in the expansion of an economic sector); general slackness (of economic cycle); weakness, debility, lack of dynamism, flatness (of demand, growth)
__ **de la demanda interna**: slack domestic demand
__ **inversora**: lack of investment
atoro: clogging (pipes)
atracar: to moor; come alongside a quay, tie up
atracción: crowding-in (market)
__ **de la demanda**: demand pull
atractivo de la zona rural: amenities of the countryside
__ **publicitario**: appeal
atraque: mooring place, berth; link up, docking (in space exploration)
atrasado: (acct) overdue
atrasar: to stall (a project)
atraso: slippage
__ **, en**: overdue, past due, in arrears
atrasos: arrears (of payments); backlog (of orders)
atravesar por: to experience (problems, crisis)
atribuciones: power, authority (inherent in a post); terms of reference (commission); competence, power, sphere of duties, functions (committee); delegated authority; powers and duties
__ **de voto**: (fin) voting power
__ **, en el ámbito de sus respectivas**: within their (own) sphere of authority
atribuir: to put something down to, ascribe, impute
atrincherar: to heel in (plants)
atronar: to stun (animals)
atropello: (fig) violation (law), breach (principles), outrage, offence, arbitrary treatment, highhanded behavior; infringement, violation, abuse, ill-treatment
atún albacora: albacore tunny
__ **aleta larga**: long-finned tuna, albacore
__ **barrilete**: skipjack tuna
__ **blanco**: albacore, long-fin white tuna, long finned tunny
__ **de aleta amarilla**: yellowfin tuna
__ **de aleta azul**: Pacific bluefin tuna
__ **ojo grande**: big-eye tunny
__ **patudo**: big-eyed tuna
__ **rojo**: red tunny
atunero: tuna clipper
aturdido: stunning (animals)
aturdidor eléctrico: electrolethaler (slaughtering)
audacia: brinkmanship
audiencia: (leg) hearing, proceedings (before a court); court session; court, court building; oral hearing
__ **de las partes**: hearing of the case
__ **no decisoria**: (leg) non-adjudicative hearing
__ **pública, en**: (leg) in open court
audiograbación: audio tape
auditor: (Chi) (leg) assessor (to a judge)
__ **rentado**: external auditor

AUDITORIA / AUTO

__ **viajero**: field auditor
auditoría basada en archivos: office audit, desk audit; off-site supervision, off-site inspection (banks)
__ **funcional**: operating audit
__ **intermedia**: interim audit
__ **privada**: internal audit
auditorías y sistema de ordenación ambiental: environmental management systems and auditing
auditorio incondicional: captive audience
auge económico: increase in business activity, upward trend, cyclical upswing, boom, upturn; rise (prices); buoyancy
__ **, en**: booming, flourishing, buoyant (economy)
aula de espacios abiertos: (ed) open classroom
__ **magna**: main amphitheatre
aumentar: to raise, step up, intensify, accelerate, advance, push up, boost; climb, burgeon, move up
aumento: (st ex) up tick
__ **alternativo de precios y salarios**: wage-price spiral
__ **de bienes de capital**: capital development
__ **de escalón**: salary step increase
__ **del capital**: capital widening, capital increase, increase in capital
__ **del capital con respecto al trabajo**: capital deepening
__ **de la relación capital-trabajo**: capital deepening
__ **de peso en vivo**: gain in live weight
__ **de valor en libros**: (acct) write-up(s)
__ **de valor por reajuste**: write-up
__ **del volumen de inversión**: capital widening
__ **dentro del escalafón**: within-grade increase
__ **escalonado de precios**: pyramiding of prices
__ **general de sueldos**: across-the-board increase
__ **por antigüedad**: longevity step increase
__ **sustancial**: quantum leap
__ **uniforme**: flat increase
__ **vegetativo de costos**: natural cost increase
aun así: even so, for all that
aunque no lo parezca: incredible as it may seem
__ **parece extraño**: curiously enough
auricular: headset
auscultación: (fig) sounding out, consultation with, obtaining feedback from
auscultar la opinión: to sound out
ausencia de contraprestación: (leg) absence of consideration
__ **no autorizada**: absence without leave
ausencias: (mental) "blackouts"
ausente con permiso: absent on leave
ausentismo, índice de: (ed) truancy rate
auspicios de, bajo los: sponsored by
__ **de, con los**: under the umbrella of
austeridad: belt-tightening, stringency, fiscal restraint
__ **financiera**: financial restraint
__ **, medidas de**: cutback

__ **monetaria**: monetary stringency, credit squeeze or crunch
__ **, política de**: contractionary policy
autarquía: self-sufficient economy, economic self-sufficiency; (sometimes) decentralized agency
autenticar: to certify, legalize, authenticate (document), notarize (affidavit), attest (signature)
auténtico: authoritative (version), certified (copy), genuine; conformed (copy); drawn up by a notary (instrument)
auto: judicial decree or decision other than final decision (*sentencia*) or procedural decision (*providencia*); court order or decree; writ; trial document
__ **cabeza de proceso**: court order to investigate an alleged crime
__ **de avocación**: writ of certiorari
__ **de casación**: writ of error
__ **de citación**: summons
__ **de comparencia**: (Sp) (leg) summons, process
__ **de detención**: warrant of arrest
__ **de embargo**: writ of attachment
__ **de enjuiciamiento**: committal decision, indictment
__ **de estar a derecho**: (Arg) judicial order to defendant to comply with judicial decision
__ **de exhibición**: (Nic) writ of habeas corpus
__ **de inhibición**: (Sp) (leg) order relinquishing jurisdiction
__ **de pago**: official demand for payment
__ **de prisión**: commitment order
__ **de prisión preventiva**: order of commitment (pending trial)
__ **de proceder**: (leg) indictment; order to proceed
__ **de procesamiento**: writ of indictment; indictment
__ **de quiebra**: (leg) decree of insolvency
__ **de rechazo de libre circulación**: (leg) order restricting freedom of communication
__ **de registro**: search warrant
__ **de reivindicación**: writ of replevin
__ **de sobreseimiento**: nonsuit
__ **de suspensión**: (leg) order of stay (of proceedings)
__ **definitivo**: ruling
__ **ejecutorio**: fieri facias, fi.fa.
__ **encargatorio de reo**: indictment; (Chi) committal decision, warrant of commital to prison
__ **fiscal**: initial charge of failure to pay taxes
__ **interlocutorio**: interlocutory judgment
__ **judicial**: court order
__ **para mejor proveer**: order requiring additional steps to be taken (issued after the proceedings to enable the judge to take his decision with a further knowledge of the facts); decision issued to better the course of proceedings
__ **que procede**: the proper order
__ **resolutorio**: final decision

autos: proceedings or court records in a civil suit; pleas and proceedings in a civil suit
__ , **en el caso de**: in the case being heard, under consideration; in the instant case, in these proceedings; in this case
__ , **juez de los**: trial judge
__ **incidentales**: interlocutory proceedings
__ **para sentencia y vistos**: considering that (judge's announcement that the case is closed and he is considering his judgment)
__ **para sentenciar**: judicial pronouncement that the evidentiary stage of the trial is closed or that the judge is considering his judgment
__ **sumarios**: proceedings in a criminal suit
__ **y vistos**: considering that, in the present proceedings; orders and proceedings
autoamortizable: self-liquidating
autoarrancar: (comp) to boot
autobanco: drive-in bank
autocapacitación: self-instruction
autocartera: (Sp) treasury stock
autoconfianza: inner confidence, self-reliance
autoconstrucción: self-help construction
autoconsumo: consumption by producer, on-farm consumption, internal consumption; on-site use; (elec) energy used by producer
autocosteable: self-liquidating
autóctono: unimproved, indigenous, native (breed of cattle)
autodegradable: self-destroying
autodidacto: self-learner
autoedición: desktop publishing
autofertilización: selfing, self-fertilization
autofinanciable: financially self-sustaining
autofinanciación: plowing back (of profits); self-financing, retained earnings, in-house financing
autofinanciado: financially self-sustaining
autofinanciamiento: in-house financing
autogestión: empowerment, (ability to) manage one's own affairs
autoinmunidad: built-in immunity
autolimitación: voluntary restraint, self-restraint
autoliquidación: self-assessment (taxation)
automático: built-in (checks); self-acting (apparatus)
automotor (autovía): (diesel) rail car
automóvil ecológico: green car
autonomía: independence, self-government, home rule; self-reliance, range, radius of action (fishing boat); cruising range (ship); self-sufficiency
__ **de la voluntad**: (leg) will of the parties, party autonomy, freedom of choice of the parties; (leg) contractual freedom
__ **de vuelo**: (aero) operational range
__ **económica**: economic enfranchisement
__ **en distancia**: distance endurance
__ **en tiempo**: time endurance
__ **frigorífica**: cold-life time (vaccines)
__ **política**: self-government

autónomo: non-compensatory (foreign capital); (comp) off-line; self-sustaining (growth); free-standing (equipment); free (credit limits); self-governing, independent (states); single (tariff); self-contained (apparatus); (sometimes) community-led
autooruga: half-track
autoperfeccionamiento: self-realization
autopista: multi-lane, limited access highway; freeway, expressway
__ **de peaje**: turnpike
autopotencialidad: empowerment (of women)
autoproductores: (elec) non-utility producers
autoproveedor: self-supplier (electricity)
autor: framer (of a treaty, convention); (leg) principal, perpetrator (of a crime); author (constitution), draftsman, drafter (proposal), sponsor (resolution)
__ **de una resolución**: proponent, original mover of a resolution
__ **intelectual**: (leg) instigator (of a crime)
__ **material**: (leg) perpetrator (of a crime)
autoría: ownership (social programs)
autoridad de aplicación: (Arg) pertinent authority
__ **de cosa juzgada**: (leg) authority of a final judgment
__ **de supervisión**: oversight authority
autoridades: authorities
__ **fiscales**: revenue (tax) authorities; (sometimes) customs and excise authorities
__ **jurisdiccionales**: the courts
autorización: authority (to pay, for travel, for expenditure); clearance (of letters, etc), permit, warrant
__ **de ayuda**: appropriation-in-aid (budget)
__ **de crédito**: appropriation
__ **presupuestaria**: appropriation
autorizar el desembolso: to release (funds)
autorresponsabilidad: self-reliance
autotransbordo: (ot) roll-on, roll-off
autoválido: (med) not bedridden
auxiliar: *a* subsidiary (account, ledger, record); supplier (industry)
__ **consultivo**: staff assistant
__ **contable**: (Sp) junior accountant
__ **de caleta**: fisherman's assistant
__ **de dispensario**: dresser
__ **de línea**: line assistant
auxiliares sanitarios polivalentes: multipurpose health auxiliaries
auxilio de cesantía: unemployment relief
auyama: (Arg) pumpkin
aval: collateral signature (on a note); guarantee (of note, bill or loan); endorsement; guarantee by endorsement; backing of a bill; warranty bond, guarantee; co-signer, surety; aval (guarantee of payment of a bill of exchange, check or promissory note)
__ **bancario**: bank guarantee
__ **de aceptación**: guarantee of acceptance

avalar: (com) to collateralize; stand security for, guarantee, back, endorse, warrant
— **los diagnósticos de campo**: to confirm, back (up)
— **una letra de cambio**: to back a bill of exchange
avalle: (Chi) downhill
avalúo: appraisal, assessment (property), valuation (livestock); appraised value; officially assessed value
— **catastral**: assessed valuation
avance: (rate of) progress (works); percentage of work completed; breakthrough; headway; (sometimes) status report
— **de 75 %** : 75 % complete (project)
— **informativo**: press release
avances: developments
avanzada: outpost, front line; offset (surveying)
avanzado: sophisticated (equipment)
avanzar: to make headway
ave culinaria: table bird
— **depredadora**: pest bird, bird of prey
— **en gancho**: carcass (poultry)
aves acuáticas: waterfowl
— **de carne**: table poultry
— **de corral**: poultry
— **en pie**: live poultry
— **jóvenes cebadas**: roosters
— **ornamentales**: cage birds
avecinado: (Mex) squatter
avecinarse: to be in the offing, be on the way
avellana: filbert, hazelnut
avena: oats
— **arrollada**: oatmeal
— **de grano desnudo**: pilcorn
— **forrajera**: feed oats
avenamiento: (land) drainage; (USA) covered drain, underdrain
— **de pantanos**: swamp reclamation
avenida: high water (river); high flows; flood
— **de aguas**: flood
— **de cálculo**: design flood
— **repentina**: freshet, flash flow
avenidas de agua: intrusion of water (marine insurance)
avenimiento: (leg) agreement, compromise, conciliation
avenirse: to come to terms, settle differences, compromise, agree
aventurado: unwise (step), overbold (statement), risky (plan), uncertain (undertaking)
avería: damage (to a ship); average (sea damage); breakdown (machine)
— **de maquinaria**: breakdown of machinery (insurance risk)
— **gruesa**: (ot) general average
— **ordinaria**: (ins) petty average
— **particular**: particular average
— **simple**: (ot) simple average, particular average, common average
averiguación previa: (Mex) (leg) pretrial investigation

averiguar: to find out, get to the bottom of, check up on
aviamiento: (Col, Mex) earning power of a company
aviar: to lend money to farmers, cattle ranchers or miners
avicultura: poultry breeding, farming, keeping or raising
avío: farm credit (for implements, equipment, etc); equipment (working capital) loan; operating credit; (Mex) advancing of money, cash advance; (min) grubstake loan
avíos de calzado: footwear findings
— **y aparejos de marina**: gear and tackle
aviso: patrol ship, light frigate
— **de despedida**: termination notice, notice of discharge
— **de embarque**: advice of shipment, shipping notice
— **de galerna**: storm warning
— **de movimiento de personal**: personnel action
— **de prevención**: cautionary statement (pesticides)
— **de reclamación**: (ins) notice of loss
— **de temporal**: (ot) storm warning
— **de terminación de contrato**: notice of termination
— **informativo**: tombstone (stock)
— **previo**: advance notice
— **recapitulativo**: (Sp) summary advice
avisos a los navegantes: (ot) notices to mariners
avituallamiento: (ot) victualing (ship)
avocación (avocamiento): (leg) removal to a superior court
avocarse al conocimiento: (Mex) (leg) to take over a case from a lower court (or other decision-making authority)
axiología jurídica: judgment regarding the value of a law (i.e. its fairness, effectiveness, etc)
axiológico: relating to value judgments, especially in ethics
ayni: (Per) communal work
ayuda condicionada: tied aid
— **incondicional**: untied aid
— **mutua y esfuerzo propio**: aided self-help
ayudante contador: bookkeeper
— **de planificación familiar**: outreach worker
ayudista: (Chi) accessory after the fact to subversives
ayunque: weakfish; drum; croaker
ayuntamiento: city council
azada: hand hoe
azafrancillo: safflower
azar: vagaries (of climate)
— **, al**: spot-check (survey), random (survey)
azarcón: minium, red lead
azolvamiento: silting
azolve: (Mex) silt
azúcar centrifugada en bruto: centrifugal sugar, raw sugar
— **de alta polarización**: high-test sugar

AZUD

__ **de palma sin refinar**: jaggery
__ **de remolacha**: beet sugar
__ **en pilón**: loaf sugar
__ **machacada**: nub sugar
__ **morena**: jaggery
__ **refinada**: processed sugar
__ **terciada**: brown sugar
azud: weir, spillway; diversion dam
azuela: adze
azufre de minería: run-of-mine sulphur

B

babaco: (Ec) kind of papaya
bache: pothole, rut; air pocket; slump, depression; sweating room for sheep
__ **económico**: (Sp) downturn
bacheo: street repairs, patching
__ **mayor**: deep patching (roads)
bachiller: high school graduate
bachillerato: high school certificate; (Per) first degree
__ **normal**: teacher's certificate
baciloscopio: (med) smear examination, smear microscopy
bacterias de descomposición: spoilage bacteria
badana: sheepskin, basil
badén: gully; channel made by rainfall; (Arg) paved ford; watersplash, submerged bridge; Irish bridge, catchwater; (Sp) speed bump
bagaje intelectual: background (of person)
bagazo: bagasse (residue of sugarcane or beets after extraction of juice)
__ **de cervecería**: brewer's grains
bagre: catfish, bullhead
__ **pardo**: American catfish, brown bullhead
baharaquero: (Col) small-scale placer operator
bahareque: wattle and daub (wall)
bahía: gulf, bay, harbor
baja: termination of employment; (Sp) retirement or disposal of fixed assets; cessation of use; drop (prices); (mil) casualty
__ **accionaria**: fall in share prices
__ **, dar de**: to remove, exclude (from a list); (acct) charge off (expenses), retire (equipment); discharge (staff); (Chi) scrap
__ **de activo fijo**: retirement, disposal of fixed assets
__ **de la economía**: downturn
__ **de precios**: sagging of prices
__ **de títulos de crédito**: write-off of credit instruments
__ **de valores**: devaluation of securities
__ **maternal**: (Sp) maternity leave
__ **policía**: (Ven) trash collection
__ **temeraria**: underbidding (in tendering to win contract and then to increase price during contract negotiations)

BALANCE

bajas: (acct) disposals (property, plant, etc) (balance sheet entry)
bajada de agua: rainwater drain pipe
bajante: drop inlet (road drain)
bajantes y canales: (constr) down pipes and gutters
bajar: (Ec) to raft, bring downstream
__ **archivos**: (comp) to download (records, files)
bajareque: wattle and daub (wall)
bajío (bajial): sandbank, shoal, shallow sea; lowland; (Per) low lying area
__ **de barro**: mudflat
bajo: shoal, sandbank
__ **apercibimiento de**: (leg) on pain of
__ **cota canal**: irrigable (land)
__ **cubierta**: (ot) in the hold
__ **el prisma de**: from the point of view of
__ **el rubro de**: under the caption (heading of)
__ **el supuesto de**: (leg) in contemplation of; on the grounds of (that)
__ **este aspecto**: from this point of view, viewed from this angle, in this respect
__ **juramento o protesta**: under oath
__ **la confianza que**: (Ec) on the assumption that
__ **la rúbrica de**: under the head(ing) of
__ **los auspicios de**: under the umbrella of, under the aegis of
__ **ningún concepto**: on no account, not at all
__ **ningún motivo**: under no circumstances, on no account
__ **pliego cerrado (sellado)**: under separate cover
__ **precinto aduanero**: in bond
__ **presión**: (leg) under duress
__ **riego**: irrigated (land)
__ **título alguno**: under no circumstances
__ **todos los conceptos**: from every point of view, in every respect
balance: (acct) balance, balance sheet, statement of financial condition; trial balance; review, stocktaking, survey, evaluation
__ **activo**: balance sheet showing a profit; earnings statement
__ **actualizado**: (Sp) balance sheet after readjustment, restatement, of values
__ **agregado**: consolidated balance sheet
__ **aproximado**: trial balance
__ **comercial**: trade balance
__ **cronológico**: aged trial balance
__ **de aguas subterráneas**: ground water inventory
__ **de cierre**: final balance (after closing entries)
__ **de comprobación**: trial balance
__ **de cuenta**: (Sp) account form of balance sheet
__ **de energía**: energy audit
__ **de ingresos y egresos**: income statement
__ **de la situación**: review of the situation, taking stock
__ **de la situación internacional**: overall assessment or review (of the international scene)
__ **de las transacciones corrientes**: balance on current account
__ **de números**: balance of accounts

BALANCEO   BANCO

__ **de (por) productos**: commodity balance
__ **de resultados**: income statement
__ **de saldos**: (CA) trial balance of the balances of all accounts
__ **de situación**: balance sheet, statement of condition
__ **de sumas**: list of total debits and credits
__ **deficitario**: balance sheet showing a loss
__ **deficitario de comercio**: unfavorable, adverse balance of trade; trade deficit
__ **en contra**: deficit balance
__ **en forma de resumen**: (Arg) account form of balance sheet
__ **en forma técnica**: (Mex) account form of balance sheet
__ **favorable de comercio**: trade surplus, favorable balance of trade
__ **forrajero**: feed balance, feed estimate
__ **general, forma horizontal**: balance sheet, account form
__ **, hacer el**: to take stock of (situation)
__ **hidráulico**: water budget
__ **hídrico**: water balance
__ **horizontal**: (Arg) (Col) (Mex) account form of balance sheet
__ **informativo**: report form of balance sheet
__ **negativo**: deficiency account (prepared by creditors of a debtor)
__ **operativo**: statement of revenue and expenditure
__ **pasivo**: balance sheet showing a loss
__ **precario**: delicate balance
__ **pro forma o simulado**: pro forma balance sheet, suggested balance sheet
__ **provisional (tentativo)**: interim balance sheet
__ **regularizado**: balance sheet after regularization
__ **visible**: commodity balance
balanceo: (fin) even-up
balancete: (Arg) (acct) tentative or provisional balance sheet
balandra: scow, sloop
balandro: fishing boat
balanza: scales, weighing machine
__ **cambiaria**: balance of payments
__ **comercial**: balance of trade on visible items
__ **comercial activa**: favorable balance of trade; trade surplus
__ **comercial pasiva (deficitaria)**: adverse (unfavorable) balance of trade; trade deficit
__ **de bienes y servicios**: balance of visibles and invisibles
__ **de capitales**: (Sp) balance of payments on capital account
__ **de pagos deficitaria**: adverse balance of payments
__ **de servicios**: balance of invisible items
__ **de transacciones corrientes**: balance of trade on current account
__ **en cuenta corriente**: current balance of payments

__ **positiva**: favorable balance
__ **romana**: steelyard
__ **turística**: tourism balance sheet; balance on the tourism account
__ **visible**: commodity or visible balance of trade
balata: brake lining (automobile)
balde, de: free, gratis, for nothing
__ **, en**: in vain, uselessly
baldío: uncultivated, untilled, waste (land); empty, baseless (argument); idle (person); vacant lot
baldosa: floor tile; paving block; flagstone
baliza: buoy, marker; beacon, navigational light; survey pole, rod
ballena de barba: baleen whale
ballico: rye-grass
balneación del ganado: cattle dipping
balneario: health resort
balón: sphere (container); (Per) bale
balsa: raft; float; (Arg) ferryboat; pond, pool; camel (of ship); (Ec) balsa-wood
balso: (Ven) sling for hoisting goods on board ship
banal: trivial, ordinary, commonplace
banalización de las locomotoras: common use (pooling) of locomotives
bananina: banana meal
banca: banking (as a profession), banking system
__ **asociada**: (Per) public (or government-owned) commercial banks
__ **de primer piso**: ground-floor banking (i.e., serving public directly)
__ **pública**: (Sp) public sector banking; State banks; government-owned banks
bancal: bench terrace; (vegetable) patch; berm, shoulder (road)
banco agente: agent bank (of a syndicate)
__ **autorizado**: (Col) chartered bank
__ **avisador**: advising bank
__ **cambista**: exchange bank
__ **codirector (coadministrador)**: co-manager
__ **comercial**: deposit money bank, commercial bank
__ **comercial de negocios**: acceptance house
__ **comercial principal**: core bank (debt)
__ **comercial secundario**: non-core bank
__ **con privilegios**: chartered bank
__ **corresponsal**: agency bank (acting for principal bank); correspondent bank, representative bank
__ **creador de dinero**: deposit money bank
__ **de cambio**: exchange bank
__ **de capitalización**: fixed-term installments savings bank
__ **de cobranza**: collecting bank
__ **de compensación**: collecting bank
__ **de crédito agrario**: mortgage bank
__ **de crédito energético**: energy bank
__ **de crédito inmobiliario**: mortgage bank
__ **de crédito territorial**: land (farm) mortgage bank
__ **de datos**: data base
__ **de depósitos**: commercial bank

__ **de emisión**: bank of issue
__ **de escombros**: spoil bank
__ **de fomento**: development bank
__ **de habilitación general**: general license bank
__ **de hielo**: ice shelf
__ **de inversión**: second-tier bank; (UK) merchant bank
__ **de inversiones**: (USA) investment bank
__ **de krill**: krill swarm
__ **de liquidación**: clearing house
__ **de materiales**: (Guat) naturally occurring deposit of soil, clay, limestone, etc
__ **de negocios (o de inversiones)**: investment bank; (UK) merchant bank
__ **de operaciones generales**: all-purpose bank
__ **de peces**: school of fish, shoal of fish
__ **de personas**: retail bank
__ **de plaza**: commercial bank
__ **de productos agrícolas y exportaciones**: apex bank
__ **de proyectos**: project pipeline
__ **de pruebas**: test bench
__ **de recaudación**: collecting bank
__ **del transmitente**: transferor bank
__ **destinatario**: transferee bank
__ **director**: lead bank (consortium)
__ **en situación de riesgo excesivo**: overexposed bank
__ **extraterritorial**: off-shore bank
__ **federativo**: (Mex) apex bank
__ **fiduciario de la emisión**: corporate trustee
__ **fuera de jurisdicción**: off-shore bank
__ **general**: universal bank
__ **hipotecario**: land bank
__ **industrial**: industrial finance company
__ **líder (principal)**: parent bank
__ **matriz**: apex bank
__ **mixto**: universal bank
__ **múltiple**: all-purpose bank; full-service bank; universal bank; (Mex) commercial bank
__ **presentador**: presenting bank
__ **principal**: apex bank
__ **territorial**: mortgage bank
"**bancos**": (acct) cash in bank
__ **aseguradores**: underwriting banks (bonds)
__ **creadores de dinero**: deposit money banks
__ **de créditos energéticos**: (USA) energy banks
__ **de material genético**: gene pools
__ **de pesca**: fishing grounds
__ **de plasma germinativa**: germ plasm banks
__ **de préstamo**: spoil banks
banda continua: conveyor belt
__ **de fluctuación**: (st ex) trading range
__ **de ingresos**: income spread
__ **de precios**: price range
__ **de sonido**: sound track
bandeja: tray; tote pan, tote box; (Sp) pallet
bandera: flag, ensign; carrier
__ **de conveniencia (de favor)**: (ot) open registry flag

__ **de parlamento**: white flag, truce flag
__ **de salida**: blue peter
bando: faction, party; proclamation, edict, decree
__ **derrotado**: the losing side
banqueo: (Col) earth fill
banqueta: shoulder (road); (Mex) sidewalk; (irr) eyebrow terrace
banquillo del acusado: (leg) dock
banquina: (Mex) (Arg) shoulder (road)
banquisa: pack ice, ice floe
bañera para animales: dipping station
baño antiparasitario: cattle dip
baños: dipping (animals)
bao: (ot) beam, deck beam
__ **de escotilla**: (ot) hatch beam
baqueano: mountain and road guide, tracker; (Arg) river pilot
barajar: to shuffle (cards); mix up, entangle; juggle with, play with; mention (names of persons under consideration for a job); toy with (ideas); be in the balance (for a post)
baratillo: second hand store, bargain store, budget store
baratón. (Ven) iron-tipped digging stick
barbacana: weephole; drain hole
barbado: rooted cutting; seedling
barbecho: fallow (land left uncultivated for one year); worked fallow; cultivated fallow; (Mex) plowing; (Per) plowing time; (Bol) slash and burn; secondary forest and vegetation
__ **antiguo**: bush fallow
__ **desnudo**: bare fallow
__ **en descanso**: summer fallow
__ **en maleza**: bush fallow
__ **negro**: base fallow
__ **verde**: green fallow (crop plowed under green for its beneficial effect on the soil)
__ **vivo**: bush fallow (forest)
barbeo: (Mex) pruning
bárbero: barberry
barbo: barbel
__ **de mar**: mullet
barbosa: croaker
barbotón: gypsy wheel (windlass); cable holder or lifter; cable wheel
barca de pasaje: ferryboat
__ **grúa**: derrick barge
barcaza: flat boat, barge, lighter, (Sp) ferry
barco de alta mar: ocean-going ship
__ **(de) grúa**: derrick barge
__ **de huachinango**: long-liner
__ **de poco calado**: shallow-draft vessel
__ **escorado**: listing ship
__ **factoría**: factory-type fishing vessel
__ **impulsor**: pusher craft (tug)
__ **para cargar en alta mar**: off-shore loading barge
__ **portador**: carrying vessel
__ **transbordador**: ferryboat
barda: (Mex) enclosing wall or fence
bardallo: chub

baremo: ready reckoner, scale (rates, fares), schedule, listing; form; (Arg) handbook, guide, directory
___ **de materiales**: (Sp) bill of quantities
barica: keg
barjuleta: knapsack; tool bag
barniz de fondo: stain, shellac
barómetro de coyuntura: short-term indicator
barra: (Chi) groupie, fan
___ **colectora**: bus bar
___ **de los testigos**: (leg) witness box
___ **de metal**: ingot
___ **de refuerzo**: (constr) rebar
___ **de soldadura**: weldrod
___ **ómnibus**: bus bar
barras: bars and rods
___ **angulares**: (Ven) shapes
___ **cilíndricas**: shafting
___ **redondas**: (Ven) merchant bars
barraca: warehouse
___ **de madera**: (Chi) lumberyard
barracón: bunkhouse, barracks (for workers)
barranca: cliff, bluff, escarpment; gully, ravine; gorge
barreal: bog, fen
barredura: (comp) scan, sweep
barrena: (for) awl; drill
___ **con punta de acero**: adamantine drill
___ **sacatestigos**: core drill
barrenar: to drill, bore, perforate; scuttle (ship)
___ **una roca**: to blast a rock
barrer, al: average, run-of-mill
barrera: hurdle
___ **colectora**: bag boom
___ **de hielos**: ice shelf
___ **flotante (de contención)**: containment boom (oil spill); oil boom
___ **invisible**: glass ceiling (women)
___ **psicológica**: attitudinal barrier
___ **viva**: shelter-belt
barretero: coal hewer; mine face worker
barriada: slum district
___ **de ocupantes precarios**: squatter settlement
barrial: bottom (land); bog, mire
barrica: spool
barrida: (police) dragnet, raid; round-up
barrido: scanning (data processing)
barrilete: skipjack tuna
___ **negro**: black skipjack
barrio: ward, area, district (of a town)
___ **alto**: chic or swank quarter
___ **cerrado**: (Arg) gated community
___ **comercial**: shopping district
___ **de tugurios**: slums
___ **marginado**: (Guat) slum, shanty town
___ **periférico**: outlying district
___ **residencial**: suburb
barrita para carga: hatch batten, hatch bar
barrizal: bog, fen
barro: mud, clay, puddle; pottery, earthenware
barrujo: forest litter

barruntar: to guess, conjecture, surmise
basándose en: relying on, on the ground that
basas: (Chi) planks, boards, sawn timber, lumber; (for) squares, square-cut logs
báscula: platform scale; weighing machine (for vehicles)
basculador: dump truck
base: base, foundation; (fig) rank and file, grass-roots; reservation price (auction); (Sp) branch (as opposed to main office = central)
___ **acumulativa**: accrual basis
___ **de cálculo**: charge number (currency pool)
___ **de comparación**: (st) benchmark; comparator (salaries)
___ **de concentrado**: stock (copper)
___ **de este reglamento**: authority for these regulations
___ **de exportación**: export platform
___ **de la clasificación**: rationale of the classification
___ **de una acción judicial**: cause of action
___ **energética amoníaca**: ammonia feedstock
___ **gravable, imponible, impositiva**: tax base; tax assessment base
___ **imponible, determinación de**: tax assessment
___ **legal**: legal framework
___ **legislativa**: legislative authority, enabling legislation
___ **monetaria**: money stock; reserve money
___ **patrimonial**: equity base
___ **periódica**: recurrent basis
___ **racional**: sound basis
___ **real de la sujeción (al pago del impuesto)**: impersonal basis of liability
___ **, sin**: no reserve bid (auction)
___ **tarifa**: rate base
bases: (fin) terms and conditions; grounds (for action); (sometimes) guidelines for, basic knowledge, background
___ **de actuación**: (leg) grounds for action; (sometimes) terms of reference
___ **de acuerdo**: heads of agreement
___ **de entendimiento**: heads of agreement
___ **de financiación**: conditions for financing
___ **de hormigón**: concrete footings
___ **de la acción**: (leg) theory of the case, grounds for action
___ **de la paz**: fabric of peace
___ **de licitación**: bidding conditions
___ **del concurso**: bidding conditions
___ **macroeconómicas**: macroeconomic underpinnings
___ **para cimientos**: footings
___ **para fundaciones**: footings
básico: essential (fact), central (problem), basic (industry); underlying (principle), key (occupation), essential (condition), core (financing, activities, subjects), front-line (tasks)
bastardilla: italics
bastidor: frame, framework; chassis, set of pigeonholes, rack

__ **de periódicos**: newspaper rack
bastimentos: (Pan) sea stores
bastón toma muestras: probe sampler
basurero: open dump (i.e. without environmental controls)
basuriegos: (Col) scavengers, trash pickers
batalla: (Sp) wheel base
batata: sweet potato
batea: trough, tub; (Col) ditch; flat-bottomed boat, punt; (Ven) paved ditch; miner's pan
__ **de carga**: pallet
bateado: (min) panning, washing, placer mining
batería: set, collection; row (filing cabinets); fleet (trucks); bank (lockers)
__ **, en**: parallel (parking) (at an angle to the curb)
batey: (DR) group of buildings surrounding sugar mill; patio, courtyard (of sugar mill); sugar refinery
bateyes: (DR) sugar mill camps
batida: (police) round-up, dragnet, raid
bato: shad
batro: (Chi) bullrush, reed
baudio: (Sp) (comp) baud
bayas: berries
__ **de arce**: maple peas
bayahonda: mesquite
bazar: general store
bebidas: beverages
beca: study grant, fellowship, scholarship
__ **alimentaria**: (Ven) children's food allowance
__ **de estudios**: scholarship
__ **de investigación**: fellowship, research grant
__ **de observación**: travel fellowship
__ **láctea**: (Ven) milk coupon
beca-escuela: school attendance grant
becado: grant recipient, grantholder
becario: grantholder, fellow, scholarshipholder
becerra: heifer calf, yearling
becerrada: calf crop
becerrito: calfskin
becerro: bull calf; kipskin
__ **de un año**: yearling
__ **descarriado**: dogie, stray calf
bejuco: rattan
beluga: white whale; white sturgeon
bellotas: mast
bellotera: acorn crop, acorn harvest
beneficencia: charity organization, charity hospital; (Arg) relief; free medical assistance
beneficiación mecánica: mechanical upgrading (ore)
beneficiar: to benefit; operate (a farm); work (mine); process (ore); crop, gather (harvest); slaughter (cattle)
beneficiarse: to benefit from; qualify for, be eligible for, be entitled to, be in receipt of
beneficiario: *a* target (population, group); *n* recipient (of a loan); payee (bill of exchange)
__ **automático**: free rider
__ **de ventas**: income receiver
__ **eventual (condicional)**: contingent beneficiary

__ **inútil**: (leg) beneficiary under legal disability
__ **presunto**: intended beneficiary
beneficiarios propuestos: target beneficiaries
beneficio: benefit; advantage; profit, earnings, gain; processing (ore, cotton); slaughtering (cattle); tilling (land); smelting (ore); (CA) plant for processing agricultural products
__ **adquirido**: vested benefit
__ **aleatorio**: windfall profit
__ **aparente**: book profit
__ **contractual**: beneficial interest
__ **de café**: coffee processing plant
__ **de defensa por pobre**: benefit of having counsel assigned by the court
__ **de escusión**: (leg) benefit of discussion
__ **de inventario, a**: (leg) with reservations, under right of inventory; benefit of inventory (right of heir to limit his liabilities to the value of the effects of the succession)
__ **de justicia gratuita**: legal aid
__ **de mineral**: ore preparation
__ **de pobreza**: (leg) grant of legal aid
__ **de sisal**: sisal mill
__ **diferencial**: incremental benefit (profits)
__ **eventual**: capital gain
__ **ficticio**: paper profit
__ **fiscal**: assessable profit, taxable profit
__ **imaginario**: anticipated profit (marine insurance)
__ **inflacionista**: (Sp) inflation gains
__ **líquido**: clear, net profit; (Sp) profit after tax
__ **más amortizaciones**: (Sp) profit plus depreciation
__ **ocasional**: windfall profit
__ **operativo**: trading profit
__ **propio, en**: in your own interest; for private gain
__ **tributario**: tax (re-investment) credit
beneficios accesorios: fringe benefits
__ **acumulados**: earned surplus
__ **adicionales**: incremental benefits
__ **adquiridos**: accrued benefits, vested benefits
__ **complementarios al sueldo**: (Sp) "perks"
__ **de explotación**: business profits
__ **diferenciados**: incremental benefits (projects)
__ **diferenciales**: differential benefits (because of proximity to source of supply)
__ **fiscales**: fiscal incentives, tax relief or concessions
__ **fiscales por inversiones**: investment incentives
__ **indirectos**: spinoffs; spinoff benefits
__ **laborales**: fringe benefits
__ **marginales**: fringe benefits
__ **no distribuidos**: retained earnings
__ **por acción**: earnings per share
__ **realizados**: realized profits
__ **residuales**: spinoffs
__ **sociales**: (Per) fringe benefits
__ **tarifarios**: tariff advantages
beneplácito: approval; agrément (diplomacy)
bengala submarina: underwater flare

berberecho: cockle
berma: shoulder (of a road)
berrendo: two-colored (animal)
bestia de carga: sumpter, pack animal, beast of burden
besugo: red sea bream; (red) porgy; croaker
betabel: (Mex) beetroot
betarraga forrajera: mangel-wurzel
betún: bitumen; shoe blacking; shoe polish; icing (on a cake)
— **de injertar**: grafting wax
— **fluidificado**: cutback
bibliobús: traveling library
bibliografía: literature (on a subject); references
— **comentada**: annotated bibliography
biblioteca anexa: branch library
— **beneficiaria del depósito legal**: copyright library
— **circulante**: lending library
— **de consulta**: reference library
— **experimental**: demonstration library
— **móvil remolcada**: library trailer
bibliotecnia: library economy (organization and management of libraries)
biblioteconomía: library science
bicicleta: (Chi) rollover (loans)
bidón (tambor) para petróleo: oil drum
— **para la leche**: milk churn
bien: good, commodity, product; asset; piece of property
— **común**: commonweal, the public welfare
— **de, en**: for the sake of
— **jurídico**: legally protected interest
bienes: goods, property, possessions, riches, wealth
— **actuales**: (Sp) consumer goods
— **agotables**: wasting assets
— **alienables**: saleable assets
— **comerciables no comercializados**: tradable but not traded (goods)
— **comerciales**: stock-in-trade, inventory; (Arg) tradable goods
— **comunes de la humanidad**: global commons
— **corporales (corpóreos)**: (leg) tangible or corporeal property; (fin, acct) tangible assets
— **de cambio**: (Arg) inventory (balance sheet entry)
— **de capital**: (Sp) capital assets, investment goods
— **de capital permanente**: permanent capital
— **de compra rápida**: convenience goods
— **de consumo**: consumer goods
— **de consumo duraderos**: consumer durables
— **de consumo salariales**: wage goods
— **de disfrute**: consumer goods; inventories
— **de equipo**: producer goods; (Sp) capital goods; machine tools
— **de explotación**: (Sp) stocks and work in progress
— **de implementos**: equipment goods
— **de información**: information products
— **de interés social**: merit goods
— **de inversión**: capital goods
— **de la tierra**: agricultural commodities
— **de producción**: capital assets, producer goods; property, plant and equipment
— **de uso**: durable consumer goods; (Sp) durable goods; (Arg) fixed assets; property, plant and equipment; (Per) fixed assets
— **de uso final**: finished goods
— **del activo**: (Chi) net worth of bankrupt
— **deseables**: merit goods
— **en existencia**: off-the-shelf goods
— **en servicio**: (elec) plant in service
— **estables**: durable goods
— **estimulados**: incentive goods
— **finales**: final goods
— **fiscales**: public property
— **físicos**: goods (as distinct from services)
— **forales**: (leg) leasehold property
— **fungibles**: consumable, expendable goods
— **gananciales**: community property (husband and wife)
— **gastables**: wasting assets
— **improductivos**: dead assets
— **incorpóreos**: intangible assets
— **indirectos**: instrumental goods
— **inferiores**: (Sp) Giffen goods, inferior goods
— **inmateriales**: intangible assets
— **inmuebles**: immovable property, real estate
— **instrumentales**: producer goods, capital goods
— **intangibles**: (fin, acct) intangible assets; (leg) incorporeal goods
— **jurídicos**: juridical rights
— **libres**: (Arg) (leg) unencumbered property, tax-exempt property
— **materiales**: tangible property, tangible assets
— **mobiliarios**: chattels
— **mobiliarios tangibles**: corporeal chattels
— **mostrencos**: ownerless property, derelicts, waifs; (Sp) unclaimed goods
— **muebles**: personal or movable property, goods and chattels; ambulatory chattels; stocks and shares
— **muebles corporales**: corporeal movable, tangible personal property
— **muebles de una empresa**: fixtures
— **muebles intangibles**: intangible movable property (patents, designs, secret processes, etc)
— **nacionalizados**: goods on which import duty has been paid
— **naturales**: assets
— **naturales, terrenos y otros**: (Sp) real estate
— **no exportables**: non-tradables
— **para dar en arrendamiento financiero**: assets for leasing under capital leases
— **patrimoniales**: capital assets
— **perecederos**: non-durable goods
— **personales**: (leg) separate estate
— **pignorados**: collateral security
— **plurivalentes**: multiple use assets
— **preferentes**: merit goods
— **preferibles**: merit goods
— **prescindibles**: sumptuary goods

__ **primarios**: primary goods
__ **pro indiviso**: (leg) joint property
__ **propios**: proprietor's capital
__ **públicos**: social goods
__ **raíces**: real estate, landed property
__ **raíces y haberes**: real assets; property and assets
__ **relictos**: estate (deceased person)
__ **salariales**: wage goods
__ **sedientes**: real estate
__ **semovientes**: cattle, livestock
__ **tangibles**: tangible assets
__ **transables**: tradable goods
__ **y haberes**: property and assets
__ **y servicios no factoriales (bsnf)**: non-factor goods and services (nfgs)
bígamo: (Arg) bigamist; person who marries a widow
bígaro: winkle
bigornia: blacksmith's anvil
bija: annatto
bilateral: bilateral, reciprocal, two-sided, two-way, dual
bilateralidad del proceso: (leg) duality or plurality of parties to a suit
billete de transbordo: transfer ticket
__ **festivo**: (Sp) Sunday excursion ticket
billetes de alto valor nominal: bank notes of large denominations
__ **de banco**: fiduciary money
__ **y monedas en circulación**: currency
__ **y monedas en poder del público**: (fin) currency outside banks
billón: one million millions
bimensual: twice a month
bimestral: every two months
bimodal: (st) dual, two-tiered (structure)
binomio madre-niño: mother-child nucleus
bioterio: (laboratory) animal facilities, animal rooms or quarters
biotipo: life-form
bipolar: dual-focus
birómetro: (Per) ball-point pen
bisel (canto biselado): feather edge
biselado: skiving, beveled
bisulco: cloven-hoofed
bita de amarre: mooring bollard
bitácora, cuaderno de: logbook (ship, aircraft)
__ **del conductor**: driver's (duty) log
bitrochaje, planta de: (rr) change of gauge station
biturón: stow net
bizarro: brave, gallant
blanco: target
blancos incluidos: (st) embedded blanks
blandón: depression (road pavement)
blanqueo: blanching (of fruit); "laundering" of money
__ **de capital**: amnesty for repatriation of flight capital
blanquillo camelo: tile fish

blindaje metálico: steel liner
blocos para lamber: (cattle) licks
blondín: cableway
bloque de viviendas: housing project
__ **, en**: as a unit (votes)
__ **publicitario**: (Sp) break
bloques de cosecha: crop packages
__ **pudelados**: puddled bars and pilings
bloquear: to freeze (assets, accounts, etc)
bloqueo de las importaciones: import ban, prohibition, or embargo
__ **de los precios**: price freeze
blusa: noils
boca abajo: flounder, flatfish
__ **de entrada**: inlet (tunnel)
__ **de puerto**: harbor entrance
__ **de registro (visita)**: manhole; sewer hole; utility access hole; sewer access
bocadillo: balloon (cartoon)
bocamina: pithead, mine entrance, adit
bocatoma: inlet work; intake, run-of-river intake; outlet to irrigation ditch
bocina de escobén: hawser pipe
bocoy: hogshead, cask
bodega: warehouse, storage facility; cargo hold; bay (aircraft); (ot) hold space; (Bol) box car
__ **fiscal**: bonded warehouse
bodegaje: storage charges
bodegón: still life (picture)
bofedal: (Chi) marsh
bogavante: lobster; spiny lobster; (pl) crawfish, crayfish
boleta de garantía: (Chi) bid bond; performance bond
boletín informativo: newsletter
boliche: beach seine
__ **anclado**: anchored bagnet
bolichero: purse seiner, trawler (ship)
bolígrafo: ball-point pen
bolo: (Hond) sawlog, squared log
bolón: (Chi, Arg) boulder, cobblestone, rubble stone
bolsa activa: buoyant market
__ **clandestina**: bucket shop
__ **con tendencia a la baja**: bear market
__ **con tendencia al alza**: bull market
__ **de comercio**: commodity exchange, produce exchange; (Chi) stock exchange
__ **de contratación**: commodity exchange
__ **de estudios**: (ed) grant
__ **de granos**: corn exchange
__ **de mercancía**: commodity exchange
__ **de merienda**: packed lunch; box lunch
__ **de metales preciosos**: bullion exchange
__ **de productos**: commodity exchange
__ **de trabajo**: labor exchange, employment bureau
__ **de valores**: stock exchange
__ **floja**: declining market
__ **metalera**: metal exchange
__ **oficial**: official trading

bolsín: (Sp) curb market; (Bol) foreign-exchange auction
bolsón: swale; (Bol) pocket (of ore); (Mex) small lake
__ **escolar**: book bag
bomba: pump, bomb
__ **aspirante**: vacuum pump
__ **de baja altura de impulsión**: low-lift pump
__ **de cangilones**: bucket pump
__ **de émbolo**: piston pump
__ **de émbolo buzo**: plunger pump
__ **de emulsión**: air-lift pump
__ **de espalda**: knapsack sprayer
__ **de hélice**: propeller pump
__ **de impulsión**: rotary pump
__ **de ingestión**: rotary pump
__ **de reducida altura de aspiración**: low-lift pump
__ **de refuerzo**: booster pump
__ **de taladro**: borehole pump
__ **sumergible**: submersible pump, deepwell pump
__ **sumergida**: deepwell pump
__ **volumétrica**: displacement pump
bombasí: thick cotton cloth
bombeo: pumping; camber (road, bridge); crown (road)
bonanza: buoyant market, prosperity, boom; large deposit of rich ore
bondad: merit (of building site, etc); goodness (of fit) (econometrics)
__ **de un proceso**: dependability of a process
bongo: (Ven) barge; (CA) lighter, coaster (engaged in coastal trade); scow; rough canoe or boat
boniato: sweet potato
bonificación: (com) incentive payment, discount, rebate; bonification (tax rebate); bonus, allowance (expenses); incentive earning, premium; (land) reclamation, melioration
__ **cambiaria**: exchange bonus
__ **complementaria**: (Ec) "fifteenth" salary
__ **de interés**: interest rate subsidy, interest rebate or subsidy
__ **de tierras**: land drainage, reclamation, land improvement
__ **familiar**: family allowance
__ **fiscal**: tax rebate; tax credit
__ **forestal, certificado de**: (Chi) forest reclamation certificate
__ **por cantidad**: volume discount, quantity discount
__ **por descarga rápida**: (ot) dispatch money
__ **por fidelidad**: loyalty rebate
__ **por trabajo en el exterior**: overseas allowance
__ **sobre venta**: sales discount
__ **tributaria**: tax rebate
__ **tributaria a la inversión**: investment tax credit
bonificaciones fiscales por reducción de emanaciones: emission credits

bonificar: (acct) to credit (to a person's account); (com) give a discount or rebate; (DR) convert (debt into bonds); reclaim (land); (CR) securitize debt
bonito chileno: Pacific bonito
__ **del norte**: albacore
__ **del sur**: bonito
__ **del trópico**: black bonito
bono: bond
__ **ajustable**: indexed bond
__ **al portador**: coupon bond
__ **amortizable**: installment bond
__ **apócrifo**: junk bond
__ **basura**: junk bond
__ **calificado**: (Ec) bond payable on demand
__ **cerealero**: (Ven) rice and flour coupon
__ **chatarra**: junk bond
__ **clásico**: straight bond
__ **clasificable**: ratable bond
__ **colateral (hipotecario)**: secured bond
__ **comprado arriba de par**: premium bond
__ **con certificado**: warrant bond
__ **con derecho a la compra de bonos**: bond with bond warrant
__ **con descuento de emisión original**: original issue discount bond
__ **con reinversión de intereses**: (UK) bunny bond
__ **con tasa de interés renovable (incrementable)**: roly poly bond
__ **con vencimiento elegido a la suerte**: serial bond
__ **de alto rendimiento**: high-yield bond, junk bond
__ **de caja**: Treasury bill
__ **de calidad inferior**: junk bond
__ **de consolidación**: funding bond
__ **de descuento intensivo**: deep discount bond
__ **de doble respaldo**: double-barreled bond
__ **de exclusión**: (Arg) exit bond (debt restructuring)
__ **de fuerte descuento**: deep discount bond
__ **de pago periódico**: pay-through bond
__ **de posesionamiento**: (ot) ballast bonus
__ **de prenda**: warrant; (Col) warehouse lien
__ **de prima**: (Sp) lottery bond
__ **de reconocimiento**: (Chi) acceptance bond; recognition bonds (given to workers who elect to move to a private pension plan)
__ **de rendimiento fijo**: coupon bond
__ **de renta vitalicia**: annuity bond
__ **de sorteo**: (Sp) premium bond
__ **de tesorería de cupón fraccionado y descontado**: (USA) TIGER issue
__ **de usufructo**: dividend-right certificate
__ **de valor constante**: indexed bond
__ **de valor nominal muy bajo**: baby bond (less than US$ 1,000)
__ **de vencimiento escalonado**: serial bond
__ **de vencimiento fijo**: dated bond
__ **de venta continua**: bond sold on tap
__ **del Estado**: Government bond
__ **del Tesoro a corto plazo**: (USA) Treasury bill

__ del Tesoro a largo plazo: (USA) Treasury bond
__ emitido con descuento: (USA) original discount bond
__ en circulación: outstanding bond
__ especulativo: junk bond
__ garantizado con recursos: self-supporting bond
__ garantizado por el Estado: sovereign bond
__ no convertible: straight bond
__ no hipotecario: debenture
__ participatorio: income bond
__ perpetuo: annuity bond; (UK) consol
__ preferencial: debenture bond
__ previo a una emisión: bond anticipation note
__ privilegiado: debenture bond
__ redimible con descuento antes de su vencimiento: callable bond
__ rescatable: callable bond
__ rescatado anticipadamente: called bond
__ sin aval: unendorsed bond
__ sin garantía específica: (USA, Chi, Arg) debenture
__ sin garantía hipotecaria: (USA) debenture bond
__ sin vencimiento: perpetual bond; (UK) consol
__ soberano: Government bond
bonos a la par con reducción inicial de intereses: front-loaded interest-reduction par bonds (FLIRB)
__ con amortización parcial: serial bonds
__ con garantía de activos: (UK) debenture bonds
__ con interés escalonado (fijado anticipadamente): stepped-rate bonds
__ con tasas de interés escalonadas: stepped-rate bonds
__ de alta bursatilidad: high-grade bonds
__ de caja: (bnk) time deposit certificates, cash warrants (vouchers authorizing disbursements and receipt of funds); (Sp) short-term bonds
__ de cartera: bond holdings
__ de conversión de deuda: (Mex) (fin) paydown bonds
__ de disfrute (goce): participation certificates, privileged retired stock bonds
__ de dos monedas: dual currency bonds
__ de garantía interna: (Chi) fidelity bonds
__ de interés diferido: z-bonds
__ de obligación: bonds
__ de prenda: (Para) mortgage bonds
__ de rendimiento fijo: coupon bonds
__ de renta fija: fixed rate bonds, coupon bonds
__ de responsabilidad general: general obligation bonds
__ de tesorería cupón cero: (USA) CATS issue
__ de valor constante: indexed bonds
__ de vencimiento escalonado: serial bonds
__ emitidos debajo de la par: original issue discount bonds
__ en cartera: bond holdings
__ en circulación: outstanding bonds
__ en doble moneda: dual-currency bonds
__ en serie: serial bonds
__ garantizados: collateralized bonds
__ garantizados con hipoteca: mortgage bonds
__ garantizados con metales preciosos: (fin) commodity-backed bonds
__ hipotecarios precedentes: underlying mortgage bonds
__ matador: (Sp) peseta bonds issued by foreign corporations
__ municipales garantizados con ingresos de la recaudación fiscal: (USA) general obligation bonds
__ municipales garantizados con doble fuente de ingresos: (USA) double-barreled bonds
__ privados: corporate bonds
__ que no devengan interés: zero-coupon bonds
__ sin garantía (de empresas sólidas): (USA) debenture bonds
__ sin rendimiento calificado: unrated bonds
__ sin vencimiento: (UK) consols
__ subordinados (a otra emisión): junior bonds
__ y cédulas hipotecarias: mortgage bonds and notes
bonote: coir fiber; dunnage
boñiga: cow dung; horse manure
boquerón: anchovy
borde de campo: bund
borderó: (Chi) "take", takings, gate; acceptance slip
bordillo: kerb, curb
bordo: (Mex) earth dike; (sometimes) hatchery (fish)
borla: tuft (wool)
borne: (elec) terminal; (comp) terminal
borra: cotton linter; fluff
__ de lana: wool flock
__ de seda: waste silk
borras: tops, noils
__ de algodón: cotton linters
borrador: first draft; rough copy; (com) blotter, daybook; (LA) eraser
borrar: to reset (machine), clear (computer); strike out; delete; erase
borrasca: gale
borrega: yearling ewe lamb; (USA) chilver (hogget 6 months – 1 year)
borrego: yearling ram lamb
__ cimarrón: wild sheep; (USA) bighorn sheep
borricada: drove (asses)
borrico: sablefish
borrilla: noil silk
bosque: wood, forest; timber tract, timberland
__ abierto: open forest, open woodland
__ achaparrado: scrub
__ adulto: mature forest
__ alterado: disturbed forest
__ artificial: man-made forest, forest plantation
__ autóctono: indigenous forest
__ catedral: old growth
__ cerrado: closed forest, thicket
__ claro: open forest, open woodland

- __ **comunal**: village woodlot
- __ **de altura**: mountain forest
- __ **de coníferas**: softwood forest
- __ **de especies frondosas**: temperate hardwood forest
- __ **de pastos**: woodland pasture
- __ **de resinosas**: softwood forest
- __ **de tierra firme**: dryland forest (as opposed to swamp forest)
- __ **denso**: closed forest
- __ **desmontado**: cut-over forest
- __ **económico**: (Chi) planted forest, plantation
- __ **en equilibrio ecológico**: climax forest
- __ **esclerófilo**: (Chi) arid-area forest
- __ **higrofítico**: rain forest
- __ **homogéneo**: pure stand
- __ **húmedo**: rain forest
- __ **intervenido**: disturbed forest
- __ **irregular**: uneven-aged forest
- __ **maderable (claro o abierto)**: open forest, open woodland, timberland, timber forest
- __ **multietáneo**: all-aged forest
- __ **nativo**: indigenous forest (i.e. without imported species)
- __ **nublado**: cloud forest
- __ **ombrófilo**: rain forest
- __ **primario**: primary forest
- __ **público protegido**: gazetted public (protected) forest
- __ **relictual**: relic forest
- __ **reservado**: gazetted forest
- __ **salado**: (mangrove) swamp forest
- __ **secular**: age-old forest
- __ **talado**: logged-over forest
- __ **tropical de tala**: cut-over tropical forest

bosquete: (Chi) dump
botadero: (min) tip, dump
botaguas: any projecting element that prevents water running down windows or walls
botanas: (Mex) snack foods, appetizers
botella desechable: one-way bottle
- __ **flexible**: squeeze bottle

botiquín de primeros auxilios: first-aid kit
botón de mando: push button, control knob
- __ **de solapa**: lapel clip

bou: seiner, trawler; pair trawling, seine fishing
bóveda: vault; arch; underground chamber
- __ **(de la correduría)**: the box
- __ **de ramas**: canopy

bovedón: (min) room
bovedones y pilares: (min) room and pillar method
bovinos a pasto: grazing cattle
- __ **de ceba**: feeder cattle
- __ **de engorde**: feeder cattle

boya: buoy; (fishing) float
- __ **a la deriva**: drifting buoy
- __ **de amarre**: mooring buoy
- __ **de recalada**: approach buoy

boyación: buoyancy
boyada: drove (oxen)
boyarín: drogue, sea anchor

boyero: cattleman, drover
braceaje: sounding
bramante: twine, packthread
- __ **, tela de**: burlap

brandal: backstay (bridge)
brasmología: tidology
braza: fathom
brazo: channel (of a river)
- __ **derecho**: right-hand man, assistant to

brazos prensores: grappler arms
brea: pitch; sea wax
- __ **mineral**: asphalt

breca: common pandora, bleak
brecha: breach, gap; divide (rural/urban); gulf (between haves and have-nots); brecchia; (Arg) (fin) spread (rates); (Mex) animal track
- __ **abierta**: breakthrough
- __ **en el intercambio de bienes**: merchandise trade gap
- __ **informática**: digital divide, lag (information technology)

brecheo: (Mex) land clearance
brécol: broccoli
brema: bream
breña: bush, brush, scrub
breñal: shrub vegetation
brete: squeeze chute; cattle pass, cattle ramp; narrow runway on to a cattle car or leading to a cattle dip; loading neck; (Arg) sheep pen
bretones: Brussels sprouts
brezal: heathland, heath
brigada: gang, team
- __ **de vigilancia**: strike picket

brindar: to confer (an advantage), afford (an opportunity)
brinzal: young seedling, seedling
briquetas de carbón: patent fuel
broca: (drill) bit
- __ **de diamantes**: diamond bit (drill)
- __ **de la cereza del café, del cafeto**: (agr) coffee-bean borer, coffee berry borer
- __ **helicoidal**: augur

brocal: parapet (well); casing head (well); (min) mouth (shaft)
brocear: (Chi) (min) to exhaust a mine
broceo: (Chi) exhaustion of a mine
brochal: header (carpentry)
broche: pipe clip
- __ **de alambre**: stapler
- __ **de oro**: grand finale; finishing flourish
- __ **de oro, como**: to cap it all
- __ **de presión**: snap-fastener

"brokers": (Chi) commercial paper
bromatología: food science
bromatólogo: food technologist, food technician
broquel: shield (for drilling tunnels)
brote: shoot, sprout (plant); outbreak (disease); (Mex) bringing in of an oil well
- __ **de cepa**: stool shoot
- __ **de raíz**: root shoot
- __ **inflacionista**: inflationary outburst

BROTOLA

__ **rastrero**: runner (plant)
brótola de roca (de fango): forkbeard
broza: (for) slash; underbrush
brozal: (for) slashing (tract of land covered with slash)
bruma industrial: smog
bruto, en: crude (of minerals, materials); raw (vegetables)
buceo autónomo: scuba diving
bucle: (comp) loop
buen cumplimiento del contrato: faithful performance, proper execution
__ **estado de salud**: (med) wellness
__ **funcionamiento**: proper conduct, smooth operation (of a project)
__ **nombre**: goodwill (of a business)
__ **padre de familia, de un**: of a prudent man
__ **salvaje**: noble savage
buena disposición, mostrar: to be agreeable to, be amenable to
__ **gestión fiscal**: fiscal soundness
__ **marcha**: orderly conduct (of trade), efficiency
__ **presencia**: good appearance; well-groomed, presentable
buenos deseos: good intentions
bueyes: oxen; steers; beef cattle
__ **cebados**: fat steers, fatstock
__ **de engorde**: fatstock
__ **de industria**: commercial steers
__ **de manufactura**: steers for processing
__ **de trabajo**: draft oxen
bufete: desk with drawers, rolltop desk; lawyer's office
buhonero: (Ven) hawker
buitra: (min) grizzly
buitrero: (Chi) grizzly worker; chute tripper
bulto: physical volume, bulk, size; bundle, package
buque auxiliar: tender
__ **cisterna**: tanker
__ **cisterna de gran tonelaje**: supertanker
__ **completo**: shipload
__ **conductor**: (Arg) carrier vessel
__ **convenido**: named vessel
__ **de alto bordo**: ocean-going ship
__ **de altura**: ocean-going vessel
__ **de autotransbordo**: roll-on, roll-off ship
__ **de cabotaje**: coaster
__ **de carga fraccionada**: general cargo ship
__ **de enlace**: on-carrying vessel, feeder ship
__ **de gran radio de acción**: long-range vessel
__ **de línea**: liner ship
__ **de mar**: seagoing ship
__ **de navegación de altura**: ocean-going ship
__ **de pasajeros**: passenger ship
__ **de servicio irregular**: tramp
__ **de tipo corriente**: conventional ship
__ **de transbordo por elevación**: lift-on, lift-off ship
__ **de transbordo rodado**: ferry-type ro/ro vessel
__ **de transporte ocasional**: tramp

BUZO

__ **de vapor**: (Sp) motorship
__ **deficiente**: substandard ship
__ **del Estado**: state-owned ship
__ **desmantelado**: disabled ship
__ **en condominio**: co-owned ship
__ **en lastre**: light ship
__ **faro**: light vessel
__ **fondeado**: vessel at anchor
__ **frigorífico**: reefer
__ **fuera de servicio**: decommissioned ship
__ **gemelo**: sister ship
__ **higrográfico**: surveying ship
__ **indemne**: (med) healthy ship
__ **inutilizado**: disabled vessel
__ **metanero**: (liquified methanol gas) carrier, tanker
__ **meteorológico**: weather ship
__ **mixto**: cargo and passenger ship
__ **nodriza**: tender, mother ship
__ **OBO (mineralero-granelero-petrolero)**: oil-bulk-ore ship
__ **oceanográfico**: research ship
__ **para navegación de altura**: ocean-going ship
__ **polivalente**: hybrid ship
__ **portacontenedores puro**: full container carrier
__ **portador**: mother ship, barge carrier
__ **portagabarras**: LASH ship, barge carrier
__ **portarrodante**: roll on/roll off ship; trailer ship
__ **rastrero**: trawler
__ **recolector (descontaminador)**: oil-collection vessel (oil spill)
__ **sin línea fija (regular)**: tramp
__ **, sobre**: ex ship
__ **vacío**: light ship
__ **volandero**: tramp
buques no armados: vessels in ordinary
buraco: (Ur) well
burdégano: hinny
burlar: to deceive, get around; circumvent (rule); flout, thwart, defeat (law), sidestep (rules)
burocratización: red tape
burótica: office automation
burrada: drove (asses)
burro (ronco): grunt
bursatilización: securitization
burucuya: (DR) passion fruit
busca: search, hunt, pursuit
buscapersonas: beeper
buscar: (comp) to browse
__ **un método**: to develop a method
buseta: (Col) minivan
búsqueda de clientes: solicitation
__ **de fuero conveniente**: (leg) forum shopping
__ **de nuevos métodos**: development of new methods
__ **de personal calificado**: head hunting
butirización: butter making
buzamiento: dip (of stratum); (min) pitch
buzo: diver
__ **de gimnasio**: track suit, sweat suit

buzón: (Bol, Per) (min) dump site
__ **de descargos**: spoil deposit site
__ **telefónico**: voice mail
__ **tubular**: mail chute

C

cabal: exact (definition), accurate (idea), full (weight), complete (fiasco), thorough (effort), sound (person)
__ **juicio, a**: of sound mind
cabalidad de un diseño: (st) completeness
caballa: Pacific mackerel
caballerosidad: sportsmanship, gentlemanliness, good breeding, good manners
caballete: trestle, (Arg) windrow (road)
caballo castrado: gelding
__ **de batalla**: hobbyhorse
__ **entero**: stallion
caballos al eje: shaft horsepower
caballón: ridge (furrow); soil ridge; dike, levee
caballones enlazados: tie ridging
cabaña: hut, shack, shelter; total livestock (sheep, goats, cattle) population of a country or specified region; livestock number; farm for breeding of pedigree livestock; (Arg) herd of brood cows, flock of breeding ewes
__ **nacional**: national herd
cabecera: headland (field)
__ **de la cuenca**: catchment area
__ **hidrológica**: headwaters
__ **, médico de**: attending physician
__ **, servicios de**: (med) bed services
cabestrillo: sling
cabeza: end-face (drain)
__ **de lectura**: playback head
__ **de línea (estirpe)**: foundation animal
__ **de mina**: (min) entrance to the mine
__ **de pozo**: well head
__ **de rotación**: (agr) first course in a crop rotation
__ **de sentencia**: (leg) preamble to a judicial decision
__ **de turco**: (Sp) scapegoat
__ **del muelle**: root of the pier
__ **y cuerpo**: (Sp) hub-and-spoke system (airline) (as opposed to point-to-point system)
cabezal: headwall (culvert); well cap (oil); drilling head; capstan (rope hauler); bearing plate (bridge pile)
cabida: capacity, scope, room for (something)
__ **, dar**: to allow for (unforeseen circumstances); accommodate, hold (of a suitcase)
cabildear: to lobby for votes
cabildeo: lobbying
cabildo abierto: open discussion; town meeting

cabina: cabin, cockpit, booth (interpreter's, telephone)
__ **altimática**: pressurized cabin
__ **electoral**: voting booth
cabinza: grunt
cable blindado: armored cable
__ **conductor**: conductor
__ **de transmisión**: power cable
__ **en aceite**: oil-insulated cable
__ **pararrayos**: shield wire
__ **vía de arrastre**: aerial skidder
cabo: police sergeant
__ **de cuadrilla**: charge hand
__ **de pesca**: fishing boat skipper
__ **(calabrote) de remolque**: tow rope
cabotaje: coasting trade, coastwise trade (CT); domestic traffic
__ **aéreo**: domestic air traffic
__ **fluvial**: river coasting trade
__ **, gran**: offshore CT; near-sea traffic
__ **pequeño**: inshore CT
cabrestante: capstan, winch; A frame
cabría: hoist, crane; derrick, rig, (ship's) winch; A frame
__ **para hacer niaras**: hay stacker
cabrilla: sawhorse; trestle, truss
cabrío: joist
cabullero: ship's chandler
cabuya: sisal, century plant; (Ven) twine
cabuyero: ship's chandler
cacao en grano: cocoa beans
cachaco: (Col) highlander (by extension, a person from Bogotá, not from the coastal region)
cachí: (Ec) salt
cachito: pigeon pea
__ **de árbol**: (Mex) pigeon pea
cacho: horn (cattle); bunch of bananas
cachos (cachuelos): flake, rigg (small fry)
cachones para tejamaniles y duelas: shingle and stave bolts
cachorreo: (min) very light blast
cachuela: (Per, Bol) rapids
cachuelo: chub
cachurero: (Chi) trash picker, scavenger
cachurrete: skipjack tuna
cadena alimentaria: food chain
__ **continua, sistema de**: assembly line system
__ **de agrimensor**: surveyor's chain
__ **de elaboración**: processing line
__ **de fabricación**: production line
__ **de frío**: cold-storage network (vaccines, etc.), cold chain
__ **de montaje**: assembly line
__ **de posesión**: (leg) chain of custody
__ **de sondeo**: string (oil)
__ **metabólica**: food chain
__ **perpetua**: life imprisonment
__ **transportadora**: chain conveyor
cadre: (Arg) container flat
caducado: ineligible, invalid, expired
caducar: to fall due; lapse; become void; expire

CADUCIDAD   CALCULO

caducidad: lapse, expiry; action of lapsing or expiring; due date (installment), maturity (policy); forfeiture (insurance); extinction (legal action)
__ **automática**: automatic lapse (patents)
__ **de la fianza**: forfeiture of the bond
__ **de la instancia de apelación**: time limitation for filing an appeal
__ **de la póliza**: due date, maturity
__ **de un reactivo**: shelf-life of a reagent
__ **de una concesión minera**: forfeiture of a mining claim
__ **de una patente**: forfeiture
__ **, ley de**: (leg) amnesty law
__ **, período de**: shelf life (drug)
caduco: null and void (legacy), lapsed (contract), statute-barred (debt), forfeited (insurance), stale (check); outmoded (model, theory)
café beneficiado: processed coffee
__ **de altura**: high-grown coffee
__ **de bajura**: low-grown coffee
__ **en cerezas**: coffee in cherries
__ **en grano**: coffee berries (cherries)
__ **en grano verde**: green bean coffee
__ **(en) oro**: green coffee
__ **en pergamino**: parchment coffee; (Col) un-hulled coffee
__ **físico (en plaza)**: spot coffee
__ **mondado**: peeled coffee
__ **morteado**: clean coffee
__ **oreado**: pre-dried coffee
__ **oro**: green coffee, export coffee
__ **para entrega inmediata**: spot coffee
__ **pelado**: peeled coffee
__ **soluble**: instant coffee
__ **trillado**: clean coffee
caída: drop, slump, decline, plunge, slip, fall, deterioration, falling off, collapse, failure, downturn (econ); (hydr) head; (geol) dip
__ **de la actividad económica**: downturn in the economy
__ **de potencial**: (elec) line drop
__ **vertical de los precios**: collapse of prices
caídos: (Sp) (acct) arrears
caimito: star-apple
caja: box, chest, crate, bin; cash box, till; fund, (Sp) savings bank
__ **acústica**: sound box
__ **chica**: petty cash
__ **colectora**: collection box
__ **de ahorros**: savings and loan association, (USA) thrift
__ **de ahorros en fideicomiso**: trustee savings bank
__ **de alquiler**: safe deposit box
__ **de carga**: (Arg) container
__ **de caudales**: strongbox, safe
__ **de compensación**: equalization fund; (Chi) private agency that pays family allowances, workmen's compensation, disability pensions (on behalf of the State)

__ **de conexión**: (elec) junction box
__ **de derivación**: (irr) dividing box, division box
__ **de desempleo**: unemployment fund
__ **de franqueo**: petty cash
__ **de mar**: sea chest
__ **de menores**: imprest account
__ **de merienda**: lunch pail, lunch-box
__ **de previsión**: social security fund, retirement fund
__ **de recolección**: (agr) field box
__ **de registro**: manhole, (sometimes) meter box
__ **de reparto**: pay-as-you-go plan (pensions)
__ **de resistencia**: strike fund
__ **de resonancia**: sound box
__ **de salida**: check-out counter
__ **de seguridad**: safe deposit box
__ **de sindicato**: trade union benefit fund
__ **de valores**: (Arg) depository of securities of mutual funds for safe-keeping
__ **distribuidora**: (irr) delivery box
__ **fuerte**: (wall) safe; safe-deposit box
__ **general**: (acct) general cash
__ **mutual cooperativa**: credit union
__ **mutual de crédito**: credit union
__ **nocturna**: night depository
__ **previsional**: social security fund, retirement fund
__ **rural**: (Sp) savings cooperative
__ **y bancos**: cash and due from banks, cash and deposits
caja-dique: cofferdam
cajero automático: cash dispenser, automatic teller machine (ATM)
__ **pagador**: disbursing cashier
cajillo del buque: ship's bag, steamer bag
cajista: compositor, typesetter
cajón: (Mex) subparagraph; (Col) form for concrete, (Chi) canyon, gorge
__ **para peces**: corf, cauf
cajonados: (Chi) case goods
cajonera: (agr) cold frame
cake sinterado: agglomerated cake
cala: creek; (Arg) slip (shipbuilding)
calabaza: squash
__ **no comestible**: gourd
caladero: fishing grounds; (ot) deep draft vessel
calado: depth of water, draft of a vessel
__ **a popa**: empty draft (ship)
calador: hollow digger for taking samples of grain
calamento: setting (of fishing line)
calamidad pública: public disaster
calaminas: galvanized iron roofing, roofing sheets
calar la red: to shoot (the fishing line)
calce: rim (wheel), wedge; foot (of document), (Chi) (fin) hedge
__ **, al**: at the foot (of a letter or document)
calcomanía: transparency
calculado: estimated, targeted, expected
cálculo actuarial: actuary's valuation
__ **de la base imponible**: assessment (taxes)
__ **en cifras netas**: netted out

CALCULOS   CAMARA

__ **sobre una base neta**: netted out
cálculos: (budget) estimates
caldera: (min) winze; sump; caldera (geology)
caldo de cultivo: (fig) propitious circumstances, seedbed
caldos: wines, oils, and spirituous liquors
calefacción de locales: space heating
calendario: calendar; timetable, schedule (amortization)
__ **agenda**: engagement calendar
__ **de ministraciones**: (Mex) schedule of payments to be made
__ **de recuperación de intereses, modificación de** : interest retiming
__ **de rescate**: encashment schedule
__ **de reuniones**: pattern of conferences
caleta: creek, cove; (Ven) loading/unloading of a ship, lighterage, longshoreman's union
caletero: (Ven) stevedore
calibración: sizing (fruit); sorting by size, screen size
calibrar: to grade according to size, size
calibre de nectarines: size of nectarines
calicanto: (Arg, Chi) stone masonry
calicata: (min) test pit; (constr) trial pit (to ascertain firmness of soil); core drilling (petroleum)
caliche: saltpeter; saltpeter deposit
calidad: quality; grade (agricultural products); capacity
__ **comercial**: merchantable quality
__ **comercial corriente**: fair average quality (f.a.q.)
__ **(comercial) media corriente**: fair average quality (f.a.q.)
__ **de, en**: in the capacity of, as
__ **de panificación**: bread-making aptitude (cereals)
__ **, de primera**: first-class quality, choice quality, high-grade
__ **de, tener**: to qualify as
__ **para elaborar**: manufacturing grade (meal)
__ **, plagas de**: harmful pests
__ **superior**: premium grade (meat)
calidades: (moral) qualities, qualifications (for a post)
__ **diferenciales**: graded qualities (agricultural products)
calificación: characterization; term, description, designation, name; assessment; rating, grade, standing, performance rating (personnel); examination, review
__ **académica**: (ed) credit
__ **crediticia**: (fin) bond rating
__ **de activos**: classification of assets
__ **de la demanda**: (leg) review by the court to determine whether it is competent to adjudicate the complaint
__ **del delito**: (leg) determination of the nature of the crime and of the applicable punishment, identity of the criminal, and penalty involved
__ **de solvencia**: credit rating

__ **, sistema de**: (ed) marking system
__ **terminal**: cut-off score
calificaciones: ratings (performance); skills; school marks, grades
calificado: qualified, skilled (workman); eminent (scientist), necessary (proof), proven (theft), satisfactory (performance), specially conditioned (majority e.g. two-thirds); aggravated (homicide, i.e. subject to a more severe penalty), eligible
calificar: to characterize, describe, call, term, style, label, tag as; grade, classify, rank, rate; provide with skill; qualify (= put restrictions on); assess, evaluate, mark (examination)
__ **la capacidad del heredero**: to determine the qualifications of the heir
calimba: branding iron; brand
calina: haze
calinguero: (CA) molasses grass (a fodder crop)
calla: digging stick
calle ciega: dead-end street
__ **perpendicular**: intersecting street
calles en cuadriculado: grid pattern of streets
callejón: alley
__ **sin salida**: impasse, stalemate
callo de hacha: (Mex) scallop
calma: lull, slack period (business)
__ **, en**: (st ex) in the doldrums
calmas ecuatoriales: the doldrums
calmado: quiet (market)
calmil: (Mex) semi-permanent plot near house enriched by refuse
calota de hielo: ice cap
calumnia: defamation
__ **escrita**: libel
__ **intencionada**: malicious slander
__ **oral**: slander
calvero: clearing (in forest)
calzada: (paved) roadway; traveled way (excluding shoulders); roadway (of a divided highway); carriageway (road)
__ **afirmada**: surfaced road
__ **de servicio**: service road
__ **doble**: divided highway
__ **simple**: two-lane road
cama: bed, lairage (cattle)
__ **(plataforma) fría**: cold frame
__ **suelta**: loose litter
camas para pacientes clínicos: medical beds
camada: litter (animals), brood (birds), batch (fish); (min) stratum
camal: slaughterhouse; gambrel stick, meat hook
camanchaca: (Chi) thick low-lying sea mist that drifts inland at night
cámara acorazada: strongroom, vault
__ **bajo presión**: (min) airlock
__ **de admisión**: forebay
__ **de agua**: forebay
__ **de carga**: forebay; surge tank
__ **de comercio**: chamber of commerce, board of trade

CAMARAS

__ **de compensación**: surge tank; (fin) clearing house
__ **de descarga**: afterbay
__ **de equilibrio**: surge tank
__ **de industrias (industriales)**: manufacturers' association, trade board
__ **de miel**: super (beehive)
__ **de oficiales**: wardroom
__ **de oxígeno**: oxygen tent
__ **de resonancia**: echo chamber
__ **de restitución**: afterbay
__ **de salida**: afterbay
__ **de sedimentación**: settling basin
__ **indiscreta**: candid camera
__ **industrial**: manufacturers' association, trade board
__ **magmática**: magma reservoir
__ **rompecarga**: surge tank
cámaras abiertas y pilares, sistemas de : (Chi) room-and-pillar system
__ **frigoríficas**: (ot) reefer space, cold-storage rooms
camarón: (for) logging arch
__ **blanco (del Golfo)**: white shrimp
__ **café**: brown shrimp
__ **rosado**: pink shrimp
__ **rosado manchado**: spotted pink shrimp
__ **silvestre**: shrimp caught in the sea
__ **tili**: seabob shrimp
camarones de primera: primary shrimp catch
__ **de rebusca**: secondary shrimp catch
__ **gigantes**: deep-sea prawns
camaroncillo: seabob
camaroneras: shrimp nets
camaronero: shrimp trawler
__ **de carnada**: bait shrimper
cambalache: secondhand shop
cambial: (Sp) bill of exchange, draft; drawing
cambiar: to change, exchange
__ **cobertura de riesgo**: to shift a hedge
cambio: change, shift, switch, reverse; rate of exchange, (st ex) price
__ **comercial**: (Sp) markup
__ **de actitud (tónica)**: change in mood
__ **de compensación**: (Sp) break-even exchange rate
__ **de compra/venta**: (Sp) buying/selling rate (foreign exchange)
__ **de destino**: reassignment (personnel)
__ **de deuda antigua (vieja) por deuda nueva**: debt exchange
__ **(canje) de deuda por capital**: debt-for-equity swap (exchange)
__ **de envergadura**: major change
__ **de impresiones**: exchange of views
__ **de la tasa de interés**: repricing (external debt)
__ **de pabellón**: deflagging
__ **de posición**: turnaround, reversal
__ **de rasante**: brow of hill; change of grade; break in grade
__ **de ruta**: diversion (goods)

CAMION

__ **de signo**: reversal of direction, of trend
__ **de vía**: (rr) switch
__ **desfavorable de la coyuntura**: downturn
__ **, en**: instead of, in exchange for, on the other hand
__ **radical**: turning point
__ **recíproco, tipo de**: cross rate
__ **sobre el exterior**: foreign exchange
cambios de signo contrario: positive and negative signs
cambur: banana
camellón: ridge (of furrow), windrow; fill (in low ground); filled-in roadway (across low ground); (Mex) median strip
camino: road, track, path, trail; (fig) alternative, way, avenue, procedure for achieving an end
__ **afirmado**: surfaced road, improved road
__ **aleatorio**: (st) random walk
__ **auxiliar lateral**: frontage street or road
__ **bombeado**: barrel (crowned) road
__ **carretero**: vehicle road
__ **de acceso limitado**: service road
__ **de arrastre**: skid road, tote road
__ **de brecha**: (Mex) mule trail
__ **de cuota**. (Mex) toll road
__ **de herradura**: pack trail, bridle path
__ **de ingresos**: toll road
__ **de paso preferencial**: throughway, thruway
__ **de peaje**: toll road
__ **de penetración**: feeder road, pioneer road, access road (road to resources)
__ **de servicio**: service road, dirt road
__ **de sirga**: tow-path
__ **de troncos**: corduroy road
__ **empedrado**: metaled road
__ **en ladera**: hanging road, benched road
__ **engravado**: metaled road
__ **hormiga**: road made by villagers with simple hand tools
__ **macadamizado**: metaled road
__ **natural**: pioneer road
__ **petrolizado**: tarred road
__ **secundario**: feeder road
__ **sin afirmar**: dirt road
__ **transitable en todo el año**: all-weather road
__ **trazado técnicamente**: engineered road
__ **troncal**: main road, main highway, arterial highway
__ **vecinal**: farm-to-market road, local road, secondary road, feeder road
camión: truck, lorry
__ **apisonador**: compactor truck
__ **barométrico**: jet-flusher truck
__ **bazar**: traveling shop
__ **cisterna**: tanker, tank truck
__ **combinado**: tractor-trailer
__ **compactador**: compactor truck (refuse collection)
__ **cubo de hormigón**: agitator truck
__ **de contenedor móvil**: lift-off container truck
__ **de hormigonera**: ready mixed cement truck

__ de maroma: (Mex) dump truck
__ de palangana: (Guat) dump truck
__ de volteo: dump truck
__ simple: single unit truck
__ tienda: traveling shop
__ volquete: dump truck
camionaje: cartage (pickup and delivery)
camioneta: light delivery truck, pickup truck
__ de carga: pickup truck
camote: sweet potato
campamento de tortugas: turtle camp
__ informal: (Chi) shanty town
campana de extracción: fume hood (laboratory)
campaña: crop year; farming year; season; rural region or area, (advertising) drive; (electoral) campaign; (Arg) ship's cruise; duration of employment; business year
__ cerealista: grain year
__ de comercialización: marketing year
__ de educación (de información): outreach campaign
__ de pesca: fishing trip
__ de sondeos: sample campaign (geology); (min) drilling campaign
__ pública: mass appeal
__ publicitaria: (fin) roadshow
campear: (agr) to graze; put out to graze
campera: (Arg) windbreaker
campero: (Col) jeep
campesinado: farming community
campesino: tenant farmer; farmhand
campo: countryside; country (as opposed to town); agricultural land; field; box (on a form)
__ de absorción: drainfield
__ de acción: coverage, scope
__ de actividades: subject area
__ de alcance de una grúa pórtico: slewing range of a gantry crane
__ de aplicación: scope (law), coverage, applicability; leach field, sewage farm
__ de hielo: ice field
__ de invernada: range for wintering cattle, winter pasture
__ de variación de la escala de sueldos: salary range (spread)
__ libre: elbow room
__ natural: unimproved land
campos de riego: sewage farm
canal (f): carcass; roof gutter
__ limpia: dressed carcass
canal (m): canal, channel, ditch; chute, flume, gutter; culvert; traffic lane
__ a cielo abierto: open culvert
__ a media ladera: bench flume
__ a nivel del mar: sea-level canal
__ apareado: (TC) paired channel
__ , bajo: irrigated
__ cerrado: closed culvert
__ colector: collecting ditch
__ compartido: (TC) shared channel

__ cubierto: (Sp) culvert
__ de acceso: feeder channel, headrace channel, fairway (port)
__ de adelanto: overtaking lane, passing lane
__ de aducción: head channel, headrace channel
__ de aforo: control flume
__ de alimentación: headrace, feeder canal, supply channel, conveyance channel
__ de alivio: (Mex) (irr) overflow drain or ditch, run-off channel
__ de arrastre: flume
__ de avenida: escape channel
__ de carga: headrace; open penstock
__ de caza: forebay
__ de comercialización: distribution channel
__ de conducción: raceway, conveyance ditch
__ de derivación: diversion channel, floodway, high-flow diversion
__ de desagüe: (irr) outlet channel, drainage ditch, discharge channel, sluice-way
__ de descarga: discharge channel; tailrace; spillway chute; waterway
__ de desfogue: sluiceway
__ de distribución: (com) outlet
__ de entrada/salida: inlet channel; (comp) input/output port
__ de evacuación: spillway, outlet channel
__ de flotación: log sluice
__ de fuga: tailrace
__ de guarda: (TC) guard channel
__ de limpieza: desilting canal
__ de llamada: (TC) calling channel
__ de llegada: headrace
__ de paso: fairway
__ de presión: (hydr) open penstock
__ de radiodifusión: (TC) broadcasting channel
__ de restitución: return canal, discharge canal
__ de retardación: deceleration lane (road)
__ de retroceso: backdown channel (fish)
__ de salida: tailrace, discharge canal, afterbay; (irr) outlet channel
__ de toma: headrace; intake channel, feeder canal
__ de transferencia de datos: (comp) data port
__ derivado: branch canal
__ desarenador: scouring sluice
__ despejado: (TC) clear channel
__ evacuador: wasteway
__ inclinado: chute
__ interceptor: catch dam
__ interoceánico: inter-ocean canal, transisthmian canal
__ marítimo: ship canal
__ navegable: ship canal
__ para alambres: raceway
__ receptor: catch dam, interception channel
__ secundario de desagüe: branch drain
__ sobre apoyos: flume
__ subramal: spur canal
canales de rodeo, sistema de: diversion canal system

473

canalero: water bailiff; (irr) ditch rider
canaleta: roof gutter, eaves trough; chute (for concrete, for loading grain into bags)
canalización: piping, system of pipes; feed line; (Ven) inland waterway
__ **de tránsito**: routing of traffic
canalizaciones: sewer lines, sewers
canalizar: to channel, funnel, act as a conduit for, steer, route, pump (funds); allocate (resources); refer (patients)
canalizarse hacia: to be used for (of funds)
canalón: roof gutter
canasta: basket (a group of gabions)
__ **de monedas**: currency pool
__ **familiar**: family shopping basket, basket of goods
canastilla: layette
cáncamo de izada: lifting eye (of a container)
cancel: screen; partition
cancelación: paying-off (debt); writing-off (book-keeping item); redemption (mortgage); (Chi) (leg) deletion (of an entry)
__ **contable de la deuda**: charge-off
__ **de impuestos**: tax clearance, tax clearing certificate
__ **de préstamos fallidos**: loan write-offs
__ **en libros**: (acct) write-off
__ **parcial**: writing down (defaulted loan)
cancelado: paid off, annulled, canceled, voided
__ **por** : receipted by
cancelar: to strike out or cross out (notations); annul, rescind (contract); settle, pay off, discharge (debt); close off (account); redeem by paying; annul, invalidate; write off (budget items)
cancha: sports field; storage yard; expertise, experience; (min) dump; (Chi) subgrade (road), (Per) toasted wheat
__ **de acopio**: storage yard
__ **de matanza**: killing floor
canciller: minister of foreign affairs; minister of external relations; clerk (consulate), (Mex) administrative officer
__ **ad honorem**: temporary clerk (consulate)
cancillería: ministry of foreign affairs
cándalo: (for) stub
candía: (Col) okra, gumbo
candidato único: unopposed candidate
candidatura, apoyar una: to support a nomination
__ **, proponer (presentar) una**: to nominate
caneca: ceramic bottle; (Arg) wooden tub; (Col) waste paper basket
cangrejo: crab
__ **de río**: crayfish, crawfish (freshwater)
__ **ruso**: king crab
canguecho: moist sugar
canícula: (Hon) minor dry spell in midst of rainy season; hot weather
canje: exchange (of one thing for another); clearing (of bank checks); redemption of bond coupons

canoa: (min) chute; conduit
canola: (Chi) rape (seed)
canon: rental, royalty; fixed charge; farm rent; (Ur) mining license fee; (water) rate; (building) rent; fee for service; (Sp) levy; charge for transfer of know-how; surface (tax)
__ **de arrendamiento**: lease rental; (Sp) rate of rental
__ **por pie**: stumpage fee
__ **superficiario**: surface rental
cánones de censo: (Col) rents and annuities from real property
cantagrillo: (Ur) shantytown
cantar la palinodia: to retract something publicly
cántaro: pitcher
__ **para la leche**: milk churn
cantera: quarry; surface mineral workings
__ **a cielo abierto**: (min) paddock
__ **de alumnos**: (Sp) catchment area (students)
cantería: ashlar masonry, cut stone
cantidad : quantity, sum
__ **de cables entre postes**: cable run (telephones)
__ **de cables entre pozos**: duck run (telephones)
__ **faltante**: shortfall
__ **irracional**: (st) irrational number
__ **tope**: ceiling figure
__ **tratada**: (ind) throughput
cantidades básicas: datum quantities
__ **de energía**: blocks of energy
__ **de obra**: (constr) building quantities
cantil: (Mex, Col) cliff
canto: edge; ashlar stone
__ **rodado**: cobble, boulder
cantonera: corner fitting (of a container)
caña de India: rattan
__ **del timón**: tiller (boat)
cañada: gulch, ravine; (agr) driveway, stock route; (min) flume
cañal: (Ven) ravine
cáñamo de Bengala: sunn hemp
cañamelar: sugar cane plantation
cañaveral : sugar cane plantation
cañeras de pesca: fishing hurdles
cañerías: (water) mains
caño: pipe, conduit; channel, gut, waterway, deep navigable river; ditch, gutter; (Sp) pipe culvert; slice of pipe
__ **de incendio**: fire main
__ **para buques de alta mar**: ship canal
cañón: gorge; (min) drift
capa: coat (paint); stratum, layer (rock); (min) bed; overburden (soil); seam, vein; course (road); (ot) primage
__ **arable**: top soil
__ **de aceite**: oil slick
__ **de base**: base course (road)
__ **de drenaje**: blanket drain
__ **de imprimación**: priming coat, penetration coat (asphalt)
__ **de materia orgánica**: (for) duff
__ **de refuerzo**: overlay (road)

__ **de rodadura**: wearing course
__ **estanca**: (constr) damp course
__ **fértil**: top soil
__ **filtrante**: drainage layer
__ **freática**: water table; aquifer
__ **impermeable**: cap rock
__ **pegajosa**: tack coat (road)
__ **protectora de restos vegetales**: mulch
__ **superficial**: surface course (road)
__ **superior de la masa forestal**: canopy
__ **vegetal**: mulch
capacho: scoop, bucket; hod
capacidad: capacity; capability, ability, competence, efficiency; means
__ **adquisitiva**: purchasing power
__ **básica en computación**: computer literacy
__ **biogénica de apacentamiento**: carrying (grazing) capacity (range)
__ **competitiva**: competitive strength
__ **contributiva**: tax-paying capacity, ability to pay
__ **crediticia**: borrowing power, creditworthiness
__ **crediticia de valores prendarios**: borrowing power of securities
__ **cúbica** : grain capacity
__ **de absorción del mercado**: absorptive capacity of the market
__ **de alojamiento**: accommodation capacity
__ **de amortización**: repayment capacity; ability (means) to repay a loan
__ **de apacentamiento**: carrying capacity (range)
__ **de arrastre**: sediment load (of a river)
__ **de atención**: responsiveness to
__ **de autogestión**: empowerment
__ **de bodega**: freight space; fish-hold capacity; fish-carrying capacity
__ **de campo**: (irr) field capacity
__ **de carga**: load-bearing capacity (road)
__ **de carga (biogenética) de un estanque**: carrying capacity of fish pond
__ **de comprometer**: capacity to submit to arbitration
__ **de conducción (transporte)**: (elec) current carrying capacity
__ **de despacho de un buque**: berth throughput
__ **de endeudamiento**: creditworthiness, borrowing base, borrowing capacity, debt-servicing capacity, capital/debt ratio
__ **de extracción** : harvesting capacity or capability (fish)
__ **de financiamiento importaciones**: import availability
__ **de gestión**: management capacity
__ **de importación derivada de las exporta-ciones**: importing power of exports
__ **de instrucción**: educational status
__ **de laboreo**: tilth
__ **de laminación**: (steel) mill throughput
__ **de levante**: hoisting capacity (crane)
__ **de negociación**: bargaining power
__ **de pago**: creditworthiness, ability to pay
__ **de préstamo**: lending capacity

__ **de producción**: installed capacity, plant capacity
__ **de producción de forraje**: pasture carrying capacity
__ **de reacción**: buoyancy (tax system); responsiveness
__ **de régimen**: rated capacity
__ **de reserva inmediatamente disponible**: (elec) spinning reserve
__ **de resolución**: (of a health care institution) patient- or case-treatment capability (ability to treat all its patients, i.e. it does not nead to refer them to a higher health care level or to another institution at the same level)
__ **de retención**: (agr) field capacity (soil)
__ **de soporte**: bearing capacity
__ **(densidad) de tráfico**: (TC) traffic flow
__ **de un toro**: bull performance
__ **de uso de terreno**: land capability
__ **del testador**: competency of the testator
__ **económica**: financial standing, ability to pay
__ **empresarial**: management, managerial skill, business acumen
__ **financiera**: financial standing, financial means
__ **importadora**: importing power
__ **innovadora**: inventive capacity
__ **instalada**: (elec) generating capacity; operating capacity, plant capacity
__ **instalada de placa**: (elec) nameplate capacity
__ **intelectual**: brain power
__ **limitante, análisis de**: bottleneck analysis
__ **no utilizable**: (elec) dead storage
__ **no utilizada**: idle capacity; slack (in economy)
__ **nominal**: rated capacity; design capacity
__ **ociosa**: idle capacity
__ **pastoril**: carrying capacity (range)
__ **patrimonial**: financial standing
__ **plena**: full authority
__ **procesal**: capacity to sue
__ **productiva**: capacity (industrial plant); installed capacity; plant capacity
__ **productiva de carne**: meat performance
__ **productiva de la tierra**: land capability
__ **teórica de captura de la flota**: theoretical harvesting capacity (fish)
__ **útil**: live storage (reservoir); (ot) freight tonnage
capacitación: training, skills development, instruction (manpower), breaking in (staff)
__ **alternada**: sandwich training
__ **complementaria**: follow-up training
__ **de instructores**: wholesale training, trainer training
__ **empresarial**: management education, supervisory training
__ **en el empleo**: in-plant training, in-service training, on-the-job training
__ **laboral**: skills improvement
__ **práctica**: hands-on training, in-service training
__ **previa al trabajo**: induction training

CAPACITADO

__ **suplementaria**: follow-up training
__ **teórica**: classroom teaching, formal training
__ **y adiestramiento**: development and training
capacitado: trained, skilled, experienced (worker), competent, qualified, entitled; (leg) empowered to
capar: to castrate (animals)
caparra: earnest money, binder
capataz de cuadrilla: gang boss, charge hand
capear: to avoid, dodge, elude, sidestep (difficulties); ride out (storm), weather (sudden changes)
capelán: capelin
capi: pod (bean, pea)
capilaridad social: social mobility
capitación: per capita payment or fee; poll-tax, head-tax; capitation (health insurance)
__ **de la deuda**: per capita debt
capital: capital; assets; funds; principal (loan)
__ **accionario**: capital stock, share capital
__ **accionista**: proprietor's capital
__ **activo**: working capital; (Chi) capital assets
__ **ajeno**: loan capital
__ **amortizable**: capital stock issued and outstanding
__ **autónomo**: non-compensatory (foreign) capital, autonomous capital
__ **base**: core capital
__ **circulante**: working capital (company), current assets
__ **civil**: capital excluding military expenditures
__ **comercial**: merchant capital
__ **concesionario**: soft capital
__ **consecuente**: capital surplus
__ **contable**: net worth
__ **cubierto**: paid-up capital
__ **de aprovechamiento**: circulating capital
__ **de entrada**: initial capital
__ **de especulación**: venture capital
__ **de explotación**: working capital; (U.K) circulating capital
__ **de giro**: working capital
__ **de infraestructura social**: social overhead capital
__ **de insumo**: producer's capital
__ **de inversión directa**: equity capital
__ **de operación**: floating capital, working capital
__ **de participación**: equity capital, shareholders' capital
__ **de patrimonio**: (Arg) capital account
__ **de primer establecimiento**: initial capital outlay, foundation money, start-up capital
__ **de riesgo**: venture capital
__ **de trabajo**: working capital
__ **de un préstamo**: principal amount
__ **desembolsado**: paid-up capital
__ **dinerario**: monetary capital
__ **disponible**: cash flow
__ **disponible de los bancos**: liquid position of banks

CAPITAL

__ **efectivo**: paid-up capital
__ **emitido**: outstanding capital stock, issued capital stock
__ **en acciones**: equity capital
__ **en cartera**: (Sp) shares in period of subscription
__ **en evolución**: (Arg) working capital
__ **en giro**: working capital, operating assets
__ **en manos de accionistas**: capital stock outstanding
__ **en obligaciones**: debentures
__ **en tierras**: natural capital
__ **escriturado**: authorized capital
__ **especulativo**: hot money
__ **excedente**: capital surplus
__ **exhibido**: (LA) paid-up capital
__ **exigible**: callable capital
__ **exigido**: called-up capital
__ **existente**: capital stock
__ **ficticio**: property capital (claims of share and debenture holders)
__ **fijo**: owner's equity invested in fixed assets
__ **fijo inmovilizado**: fixed assets, capital assets
__ **fiscal**: government revenue (tax receipts, etc.)
__ **físico**: (Chi) capital assets, fixed assets
__ **flotante**: current assets, floating capital
__ **fugaz**: volatile capital
__ **generador (de inversiones)**: seed capital
__ **humano**: labor force, human resources, human capital; skills, qualifications, training
__ **improductivo (inactivo)**: unproductive capital, assets not in use, non-earning assets; deadwood equity; no-return equity
__ **inanimado**: deadstock
__ **inestable**: volatile capital
__ **inflado**: watered capital
__ **inicial**: seed capital, initial capital (stock)
__ **inmovilizado**: locked-up capital expenditure
__ **insoluto**: capital not fully paid
__ **integrado**: (Ur) paid-in capital
__ **invertido**: principal amount, capital of an investment (as distinct from returns thereon)
__ **jurídico**: authorized capital
__ **lastre**: deadwood capital
__ **liberado**: paid-up capital; (Sp) bonus issue
__ **libre**: free equity
__ **libre de gravámenes**: unimpaired capital
__ **líquido**: proprietorship, owner's equity; net worth; shareholders' equity
__ **mobiliario**: capital invested in loans, securities, stock, etc.; (Arg) investments
__ **mobiliario inanimado**: deadstock
__ **mobiliario vivo**: livestock
__ **mueble**: working capital
__ **muerto**: sunk funds
__ **nacional**: capital stock (of a nation)
__ **neto**: proprietorship, owner's equity, net worth, shareholders' equity
__ **no desembolsado**: uncalled capital
__ **no emitido**: unissued capital
__ **no exhibido**: subscribed capital not paid in

CAPITALISMO

- __ **no exigido**: uncalled capital
- __ **no integrado**: uncalled capital
- __ **no realizado**: subscribed capital not paid in
- __ **nominal**: registered capital, authorized capital; total par value of authorized stock (of a corporation with par value stock), nominal capital, share capital
- __ **obligaciones**: debenture capital
- __ **ordinario**: (Mex) common stock capital
- __ **pagadero en efectivo**: paid-up capital
- __ **pagado**: paid-in capital
- __ **pasivo**: capital liabilities
- __ **patrimonial**: capital participation; (Arg) capital account; (sometimes) home equity, homeowner's capital
- __ **permanente**: invested capital; (Sp) shareholders' equity, plus medium and long-term debt
- __ **privilegiado (prioritario)**: senior capital
- __ **productivo**: instrumental capital
- __ **propio**: owner's equity; shareholders' equity, corporate equity
- __ **propio (accionista, de participación)**: stockholders' equity capital
- __ **real**: paid-up capital, capital assets
- __ **realizado e integrado**: (Arg) paid-in capital
- __ **reproductivo**: producers' capital
- __ **simiente**: seed capital
- __ **social**: capital stock; equity; registered capital; (Sp) authorized share capital; (econ) social capital
- __ **social básico**: basic overhead capital; capital infrastructure
- __ **social fijo**: social overhead capital
- __ **social más reservas**: adjusted capital
- __ **social pagado**: paid-up capital
- __ **solicitado**: call on share capital
- __ **subordinado (no preferente)**: junior capital
- __ **superavitario**: capital surplus
- __ **suscrito**: subscribed capital; obligated capital
- __ **suscrito, no desembolsado**: uncalled capital
- __ **suscrito, no exhibido**: uncalled capital
- __ **suscrito y desembolsado**: (Sp) capital stock outstanding
- __ **suscrito y no requerido**: uncalled capital
- __ **total más intereses acumulados**: aggregate principal amount (loan)
- __ **totalmente pagado**: paid-in capital
- __ **variable (fracción del capital representada por la mano de obra)**: variable capital
- __ **vivo**: (fin) outstanding capital (on a loan); (ins) surrender value (on an insurance policy); livestock
- __ **vuelo**: forest capital, stumpage value of growing stock

capitalismo popular: more broadly based capitalism, people's capitalism
- __ **salvaje**: uncontrolled capitalism

capitalización: (LA) capital formation; (Sp) capital structure; capital endowment; sum total of securities issued by corporation, resource structure; (sometimes) raising of capital; (market) capitalization (of a company)
- __ **de beneficios**: plowing back of profits
- __ **de interés**: compounding of interest
- __ **de la deuda**: debt-equity conversion; debt for equity swap, conversion of debt into equity
- __ **de las utilidades**: plowing back of profits
- __ **de obligaciones quirográficas**: conversion of bonds into shares
- __ **(de una empresa) en el mercado**: market capitalization (of a company)
- __ **del país**: capital formation
- __ **, haber de** : funded benefit (social security)
- __ **individual, cuenta de** : individual pension account (social security)
- __ **monetaria**: formation of monetary wealth
- __ **semestral, con**: compounded semiannually

capitalizado anualmente: compounded annually
capitalizar: to invest; build up capital assets
capitán: master (mariner)
- __ **de armamento**: (ot) port superintendent
- __ **inspector**: port superintendent
- __ **pesquero**: master seaman, skipper of a fishing vessel

capitana: flagship
capitanía: office of harbormaster; (Bol) river station (oversees river traffic)
- __ **del puerto**: port authority

capitón: thin-lipped grey mullet
capitulaciones: marriage settlement
capitular: to make or reach an agreement
capítulo: caption (on balance sheet)
- __ **de gastos**: category of expenditure

capón: castrated ram, wether
caporal: foreman, boss (cattle ranch)
capotear: to stall, put off; get out of, dodge
cápsula detonante: blasting cap
- __ **fulminante**: blasting cap

captación: collection, impounding, catchment (water); tapping (river, resources); deposit-taking, acceptance, attraction (deposits); collection, mobilization (funds); intake structure (water); statistical compilation; detection (nuclear explosion); uptake (iodine); harnessing (water, financial resources); (TC) reception, pick-up
- __ **de agua superficial**: surface water intake
- __ **de aguas subterráneas**: training of ground water, ground water development
- __ **de capital**: raising of capital
- __ **de datos**: acquisition of data
- __ **de depósitos (fondos, ahorros, recursos)**: attracting, gathering, taking (in) of deposits
- __ **de fondos**: (Sp) funding
- __ **de polvo**: dust collection
- __ **de recursos**: raising of funds by borrowing
- __ **de ventanilla**: over-the-counter deposit
- __ **de yodo**: (med) iodine uptake
- __ **, operaciones de**: deposit operations

captaciones: deposits, borrowings
- __ **a plazo**: term deposits

captador: (tech) sensor
captafaros: reflective placard, reflectorized marker, retro-reflexive placard (highway)
captar: to tap (resources); attract (savings); borrow (funds); receive (radio signals); impound (water); capture (share of market)
__ **depósitos**: to take in deposits
captura: sequestration (gas); (domestic) catch, fish catch, harvesting (fish)
__ **incidental**: by-catch (fish)
__ **por unidad de esfuerzo**: catch per unit effort (fishing)
capturar: to seize; catch, harvest, fish
capulí: (Ec, Arg) wild black cherry
capulina: jam fruit, Jamaican cherry, Japanese cherry
capullo: cocoon (silk worm)
caqui: persimmon
caracha: scabies (persons), mange (animals)
caracol de mar: top shell
__ **de pala**: conch
carácter: nature, kind; characteristic, attitude
__ **de, con**: as; on a... basis
__ **de, tener**: to be in the nature of
__ **devolutivo, con**: subject to return
__ **indicativo, de**: illustrative
característica: distinguishing or distinctive feature; salient trait, quality; hallmark, dimension, property, specification
__ **cualitativa**: attribute (e.g. sex)
__ **cuantitativa**: variable (e.g. age)
características: particulars, specifications, profile
__ **de la mortalidad infantil**: patterns of child mortality
__ **del aeroplano**: airplane performance
__ **del terreno**: natural features
__ **principales**: main features
__ **técnicas**: highway conditions (as opposed to traffic conditions)
característico: distinctive, characteristic, typical
__ **de, ser**: to be an example of
caracterización: description
__ **, elementos de** : (leg) disguise, disguising
caracterizado por: distinguished by, marked by, set apart by, differentiated by
caraota: kidney bean, black bean
carátula: title page; cover page; face of a dial or meter; (Mex) cover sheet (fax)
caratulado: (leg) entitled (document)
caravana de alta visibilidad: high-profile motorcade
carbón: coal
__ **aglutinante**: coking coal
__ **coquizable**: coking coal
__ **de alto poder calorífico**: steam coal
__ **de coco**: coconut shell charcoal
__ **de gas**: cannel coal
__ **de llama corta**: hard coal
__ **de llama larga**: soft coal
__ **de palo (leña)**: charcoal
__ **depurado**: clean coal

__ **en galletas**: cobble coal
__ **en trozos**: clod coal
__ **mate**: cannel coal
__ **menudo**: slack, dant
__ **metalúrgico**: metallurgical coal, furnace coal
__ **mineral**: coal
__ **para calderas**: steam coal
__ **pardo**: brown coal
__ **siderúrgico**: coking coal
__ **sin clasificar**: run-of-mine coal
__ **sin cribar**: through coal
__ **tal como sale**: run-of-mine coal
__ **térmico**: steam coal
__ **todo uno**: through coal
__ **vegetal**: charcoal
carbonato de sodio: soda ash
carboncillo: (Sp) charcoal; fine coal, slack
carbonear: to bunker (coal)
carboneo: coaling, bunkering
carbonera: bunker (coal)
carbúnculo sintomático: anthrax
cárcamo: (Mex) (irr) intake shaft; sump
cárcova: gully
cardume(n): school of fish
carecer de fuerza legal: to be unenforceable
__ **de valor**: to be invalid
carena: hull (that part of a ship that is under water)
__ **del casco**: submerged displacement of the hull
__ **submergida**: submerged displacement of the hull
carena(je): ship repair
carencia: lack, shortage; deficiency (nutrition), deficit (housing)
__ **de ideas**: poverty of ideas
__ **, período de**: period during which something is unavailable, not allowed, or does not happen; (ins) waiting period; safety period (insecticides), grace period
careo: (leg) confrontation
carestía: dearth, shortage, scarcity; high price, high cost
carey: sea turtle
carga: loading (ship); cargo; carrying capacity, load; (fin) tax, lien, encumbrance; (tax) burden; (elec) load
__ **a descarga, de**: from ship's tackle to ship's tackle
__ **a granel**: bulk cargo
__ **admisible**: safe, permissible, tolerable, allowable load
__ **animal**: carrying capacity, stocking rate (range)
__ **basta**: rough cargo
__ **cinegética**: carrying capacity (range), grazing capacity
__ **de agua**: head of water
__ **de alimentación**: feedstock
__ **de base (fundamental)**: (elec) base load
__ **de dependencia**: dependency burden
__ **de familia**: dependent (relative)
__ **de ganado**: range count

CARGAS

- __ de pago: payload
- __ de pastizal: stocking rate (animals)
- __ de planta: (elec) plant load
- __ de punta: (elec) peak load
- __ de servicio: (rr) non-paying freight
- __ de transbordo: break-bulk
- __ del servicio de la deuda: debt service burden or ratio
- __ destinada a un buque de línea regular: berth cargo
- __ docente: (ed) teaching load
- __ ecológica: ecological rucksack
- __ equilibrada: ballast load
- __ fabril: (acct) burden
- __ familiar: dependency burden, dependent (social security)
- __ fiscal: tax burden
- __ fraccionada: break-bulk
- __ fundamental: (elec) base load
- __ ganadera: carrying capacity (range)
- __ heterogénea: break-bulk
- __ hidráulica (hidrostática): head of water
- __ máxima: safe load
- __ máxima, límite de: loading line
- __ mixta: general cargo
- __ neta: cargo deadweight tonnage
- __ normal: rated load
- __ orgánica: organic content (of soil)
- __ por eje: axle loading, axle weight, axle load
- __ productiva: paying freight
- __ que paga por cubicación: measurement cargo
- __ seca: dry cargo
- __ tributaria: tax effort or burden
- __ unitaria: (ot) load unit
- __ útil: payload, carrying capacity
- __ voluminosa: (ot) measurement cargo
- __ y descarga: stevedoring, cargo handling

cargas de diseño: design charges (road)
- __ sociales: social security contribution or taxes; social burden
- __ y bultos: cargoes and parcels

cargador: cartridge clip; (aero) consigner
cargadores: cargo interests (shippers)
cargamento mixto: general cargo
cargar a costos: to expense
- __ a la cuenta (en cuenta): to debit

cargo: post, position, job; public office; duty, obligation, responsibility; (acct) debit, charge (item in an account); (leg) accusation, charge, count
- __ a, con: chargeable to, by charging to, financed under, to account of, to the debit of, for the account of; from (loan), against (reserve), out of (net income), subject to (adjustment); drawn on (bank); payable by
- __ , a mi: over which I preside
- __ , a su digno: (formal) in your worthy care; (informal) of which you are the head
- __ al usuario: (elec) charge-back
- __ de, a: in the charge of, incumbent upon, on the responsibility of, under (section, activity);

CARNE

administered by, managed by (services), undertaken by (project); (com) chargeable to
- __ de, hacer: to assume responsibility for, cope with, take over, handle, take up (a post), look after something for somebody
- __ de operaciones: (admin) line position
- __ ejecutivo (de dirección, de responsabilidad): (adm) line management position
- __ electivo: elective office
- __ por incobrabilidad: charge-off on uncollectible items
- __ por inmovilización de fondos: commitment charge or fee
- __ por medidor (contador): (elec) meter rent
- __ por movimiento: activity charge (banking)
- __ por nombramiento: appointive office
- __ por retiro de inversión: (fin) rear-end load
- __ por transmisión: (elec) wheeling charge
- __ vacante: post in abeyance
- __ y data: (acct) debit and credit

cargos administrativos: handling fees
- __ a la cuenta de activo fijo: capital charges
- __ a usuarios: (elec) chargebacks
- __ contables excesivos: (acct) overaccruals
- __ de dirección: supervisory posts
- __ de nombramiento libre y remoción: appointive offices
- __ de origen: cost classification by type
- __ de tramitación: handling charges
- __ del terminal: (ot) terminal charges
- __ devengados: accrued charges
- __ excedentarios: redundant positions
- __ por apertura de crédito: commitment fees
- __ por manipulación (tramitación): handling charges
- __ sociales: employee benefits (social security)

carguero: cargo aircraft
- __ no regular: charter (freight carrier airplane)

carguío de combustible: fueling, taking on of fuel
cariados, perdidos, obturados (CPO): decayed, missing, filled (DMF)
caricas: papayas and babacos
carilla: face or side of a sheet or page
carimba: branding iron
carite: king mackerel
carmelita: medium-brown
carnada: bait, baiting (fish)
carnaza: bait
carne: flesh, meat
- __ ahumada (curada): processed beef
- __ bovina: beef and veal
- __ ceniza: tainted meat
- __ con gancho: dressed meat, carcass meat
- __ de palo: flesh of small quadrupeds (e.g. rabbits)
- __ de pie: live cattle for slaughtering
- __ de res: beef or veal
- __ de vaca: beef
- __ de vacuno: beef
- __ en canal: carcass meat
- __ en vara: carcass meat

__ **industrializada**: processed meat
__ **limpia**: dressed meat
__ **refrigerada**: chilled meat
__ **salada**: salted meat
__ **sin deshuesar**: bone-in meat
__ **vacuna**: beef
carné: (Chi) identification card
__ **sindical**: union card
carnear: to slaughter and cut up an animal
carnero: ram
carnicería: (Ec) slaughterhouse
carpa: tent; (Per, Chi) tarpaulin
__ **de cabeza grande**: big head
carpeta: binder, folder (letter), file; portfolio (securities); coat (road); (Per) pavement (road)
__ **asfáltica**: bituminous pavement
__ **(cubierta interior)**: folder
__ **de acordeón**: expanding file, accordeon file, bellows file
__ **de antecedentes**: case history
__ **de drenaje**: blanket drain
__ **de information**: briefing kit
__ **de material didáctico**: (ed) learning package
forestal: (for) litter
__ **para expedientes**: binder cover for files
carpicultura: carp culture
carpida: hoeing
carpín: cracian carp
carpintería: joinery
__ **metálica**: structural steelwork
carpintero de bahía (de buque, de navío) : shipwright, ship's carpenter
carpir: to weed
carpofitosis: (agr) excessive fruit drop
carrera: profession, career; professional training course (university level); university studies, program of study; field of specialization; (Chi) steamer service
__ **breve**: (Sp) course for technicians
carretable: (Col) road
carretaje: cartage, carriage (transportation charges)
carretera afirmada: unpaved road
__ **asfaltada**: hard-top road
__ **bivaria**: two-lane highway
__ **con calzadas separadas**: divided highway
__ **de circunvalación**: belt highway, beltway
__ **engravada**: metaled road
__ **nacional**: (Sp) arterial highway
__ **troncal**: major highway; (major) arterial; arterial highway
carretilla elevadora: pallet truck
carretilla-pórtico: (ot) straddle carrier or truck
carretón: (Sp) trailer
carril: traffic lane, (CR) cart road
carriles: wheel grooves, ruts
carrillo elevador de horquilla: forklift truck
carrizo: reed
carro bodega: (Chi) (rr) box car
__ **cajón**: (Chi) (rr) gondola car
__ **completo**: carload

__ **de arrastre**: flatbed trailer
__ **de perforación**: (min) jumbo (tunneling)
__ **de tolva**: hopper bottom car
carta: document, letter; map, chart
__ **acotada**: contour map
__ **administrativa**: plat
__ **agrológica**: agricultural map
__ **complementaria**: side letter
__ **con anexos**: (Sp) cover letter
__ **constitucional**: articles of incorporation
__ **de acarreo**: bill of freight
__ **de anterioridad a un crédito**: letter of subordination, subordination agreement
__ **de aviso al cargador**: notice of readiness (ship loading)
__ **de ciudadanía**: naturalization papers; (fig) acceptance (custom, usage)
__ **de crédito colateral de otro crédito comercial**: back-to-back letter of credit
__ **de crédito permanente**: revolving letter of credit
__ **de derrotas**: pilot chart
__ **de ejecución**: implementación letter
__ **de envío**: cover(ing) letter
__ **de fianza (de garantía, de pignoración)**: letter of hypothecation
__ **de fletamento**: charter party
__ **de garantía**: letter of indemnity
__ **de intención**: letter of intent
__ **de mar**: ship's passport
__ **de naturaleza**: naturalization papers, (fig) acceptance (custom, usage)
__ **de pago**: receipt, discharge of a debt in full, acquittance
__ **de personería**: power of attorney
__ **de porte**: waybill, consignment note, bill of lading (overland transport)
__ **de recomendación**: letter of introduction
__ **de remisión**: letter of transmittal, cover(ing) letter
__ **de sanidad**: ship's bill of health
__ **de seguridad**: (Mex) identity card
__ **de seguridades**: letter of comfort, comfort letter
__ **de tiempo**: weather map or chart
__ **de transmisión**: letter of transmittal, cover(ing) letter
__ **hidrográfica**: chart
__ **hipotecaria**: letter of hypothecation (*not* a mortgage)
__ **Magna**: the Constitution
__ **modelo**: form letter
__ **monitoria**: (Sp) dunning letter
__ **oferta**: letter of offer (L/O)
__ **orden**: mail transfer
__ **partida**: charter party
__ **patente**: (consular) commission
__ **poder**: letter of attorney, form of a proxy
__ **recordatoria**: chaser
__ **remisora**: letter of transmittal, cover(ing) letter

__ **seriada**: form letter
__ **-sobre**: folder letter
__ **tipo**: form letter
cartas credenciales: letters of credence (ambassador)
__ **de retiro**: letters of recall (ambassador)
cartabón: set square; carpenter's square; (LA) measuring apparatus
cártamo: safflower
cartel: poster (advertisement); (ed) wall chart
carter: crank case
cartera: assets of company, bank, etc; portfolio; holdings (bills, etc); notes and accounts receivable
__ **castigada**: portfolio written down
__ **contaminada**: delinquent portfolio
__ **crediticia**: loan portfolio
__ **de acciones**: stockholdings
__ **de alta bursatilidad**: (fin) all-weather holdings
__ **de bonos**: bond holdings
__ **de colocaciones**: (bnk) loans and discounts
__ **de efectos**: notes discounted
__ **de inversiones a corto plazo**: trading portfolio
__ **de inversiones a largo plazo**: investment portfolio
__ **de obligaciones**: bond holdings
__ **de pedidos exteriores**: export orders on hand
__ **de títulos**: securities owned
__ **, en**: not issued, not in circulation, withheld from circulation (stock); treasury (stock), in the pipeline (loan, projects)
__ **en mora**: (bnk) nonperforming loans
__ **modelo**: benchmark portfolio
__ **morosa**: delinquent or due portfolio (usually, unpaid)
__ **, proyecto en**: project in the pipeline
__ **relacionada**: (Chi) bank loans to associated companies
__ **vencida**: overdue portfolio (usually, unpaid)
cartilla de alfabetización: (ed) primer
__ **(de apresto)**: (ed) primer
cartografía: mapping
cartograma: statistical map, map diagram, statistical chart
cartola: (Chi) bank account statement, computer printout
cartón: cardboard, paperboard, panelboard, (UK) pasteboard
__ **acanalado**: corrugated paper
__ **basto**: millboard
__ **de capa (cara)**: linerboard
__ **de encuadernación**: millboard
__ **de forro**: linerboard
__ **de yeso**: gypsum board, plaster board
__ **gris de recortes**: chipboard
__ **liso**: linerboard
__ **macizo**: solid fiberboard
__ **ondulado**: corrugated cardboard
__ **piedra**: papier-maché

__ **prensado**: millboard
__ **tablero**: chipboard
cartoncillo: paperboard
cartoné, en: hard cover
cartucho de dinamita: stick of dynamite
cartulina: bristol board
casa aislada: detached house
__ **consistorial**: city hall
__ **cuna**: (Sp) orphanage, (LA) creche
__ **de aceptaciones**: acceptance house; (UK) merchant bank
__ **de bolsa**: (Mex) securities firm, brokerage firm
__ **de bolsa colocadora**: sponsor, underwriter
__ **de contratación**: (Mex) stock or commodity exchange
__ **de convalescencia**: (med) halfway house (home)
__ **de descuentos**: (UK) discount house, bill broker
__ **de estudios**: academic unit
__ **de madera**: frame house; (Caribbean) chattel house
__ **de vecindad**: apartment house; rental housing
__ **desarmada**: prefabricated house
__ **exenta**: detached house
__ **familiar**: one-family house
__ **financiera minera**: mining house
__ **huerta**: house with small truck garden
__ **independiente**: individual, detached house
__ **matriz**: head office (company), parent company
__ **militar**: presidential guard, Royal Guard
casas en hileras: row houses
__ **pareadas**: semi-detached houses
casamata: bunker
casamiento por mero acuerdo: common-law marriage
casar: (leg) to set aside
casabe: (DR) cassaba bread
casación: annulment, repeal, rescission of judgment
__ **de una sentencia**: annulment of a judgment
cascada, impuesto en: multistage tax, cascade tax
cascajar: gravel pit
cáscara: parchment skin (coffee)
__ **de cobre**: cement copper
cáscaras de arroz: rice husks or bran
cascarilla: grit (chickens)
casco (urbano): inner city, city core
caserío: cluster of houses, settlement; housing development; hamlet; (PR) housing project
__ **público**: public housing estate or project
caserita: tin ore
caserones: (min) headings, rooms
__ **abiertos, método de**: (Chi) (min) sublevel stoping, room and pillar method
__ **rellenos, método de**: (Chi) (min) cut and fill (or shrinkage) method
caseta de ascensor: elevator penthouse
__ **del timón**: wheelhouse
__ **sanitaria**: sanitary core (housing)

casi siempre: more often than not
__ **todo**: the better part of
casilla: boxhead (column); cell (table); (LA) post office box
__ **de tarjetas**: (comp) pocket
__ **ecológica**: ecological niche
__ **electrónica**: E-mail address
casillero: set or stack of pigeonholes, sorting rack; (ed) locker room (school)
casimir(a): fine woolen cloth, worsted cloth
casino: (food) catering
caso base: base case scenario
__ **concreto**: practical example, specific case, actual case
__ **de autos**: (leg) case of record, case to hand
__ **de derecho común**: (leg) case under the ordinary, general law
__ **de necesidad, en**: when required
__ **de referencia**: baseline case, benchmark case
__ **, del**: relevant, germane, pertinent
__ **dudoso**: borderline case
__ **, en su**: in an applicable case; if applicable; in such event
__ **fortuito**: unavoidable accident, act of God, unforeseeable circumstances
__ **ilustrativo**: case in point, obvious case
__ **inicial**: (med) index case
__ **omiso de, hacer**: to dispense with, disregard, brush aside, set aside
__ **palmario**: evident case, obvious case
__ **por caso**: on an ad hoc basis
__ **práctico**: (Per) show case (training)
__ **, verse en el**: to find oneself forced to, compelled to, be obliged to; have to
casquete: (Chi) segment of a sphere
__ **glaciar**: ice sheet, ice cap
__ **polar**: ice cap
castaña: chestnut
__ **de cajú**: cashew nut
__ **de Pará**: Brazil nut
castañeta: hawkfish, Atlantic pomfret
castigar: to write down (value of asset); reduce, cut (budget); (Mex) write off, charge off
__ **los gastos**: to reduce, cut, keep down
__ **los precios**: to bring down, lower (prices)
castigos: depreciation (balance sheet entry); (Mex) charge-offs, write-offs
castra de una colmena: harvesting of a honeycomb
castrense: military
casual: chance (meeting); random (migration); irregular (dividend); accidental, fortuitous
__ **o culpable**: (leg) accidental or through negligence
casualidad: chance occurrence, fate; coincidence, accident
__ **, por**: by chance, accidentally, fortuitously
casualmente: accidentally, fortuitously, as it happens
casucha: slum

casuística: examination on a case-by-case basis; case history; case load
cata: trial hole (soil), test pit
catafote: cat's eye (road)
catalizar: to activate, set in motion, accelerate
catálogo colectivo: union catalog(ue)
__ **de cuentas**: chart of accounts
__ **por materias**: subject catalog(ue)
__ **razonado**: systematic catalog(ue), classed catalog(ue)
__ **refundido**: cumulative catalog(ue)
__ **topográfico**: shelf list
catar: (Chi) (leg) to search; (min) prospect
catastro: official land register; real estate register; census of real estate (for tax purposes); (Chi) survey (number of court officials, extent of indigenous stands, etc.)
__ **de usuarios, programa de**: users' roster program
__ **municipal, sistema de**: municipal property records system
catástrofe: disaster
catastrófico: dismal (failure), disastrous
cátedra: professorship, university chair; university department; university subject, school or faculty; lecture series; (CR) seminar
__ **, obtener una**: to be appointed to a professorship
catedrático: head of a university department, professor; (Col) hourly professor, faculty member
categoría: category, class, type, rank, level, quality (things, persons); importance, distinction, prestige; rank, standing; status; (tax) bracket; trade, craft
__ **de inversión**: cost category (project)
__ **ocupacional**: occupational status
categóricamente: clearly, flatly, definitely, explicitly, positively, out of hand
categórico: pointblank, flat (refusal), unqualified (statement); absolute, blank (denial), explicit, clear (answer), definite (opinion)
cateo: prospecting (minerals), exploration (oil); core sampling; testing, sampling, test hole
cauce: bed (river), channel; irrigation ditch
__ **de comercialización**: trade channel
__ **principal**: main stream
__ **que reemplaza una vuelta**: cut-off
caucho en bruto: natural rubber
__ **injertado**: graft rubber
__ **regenerado**: reclaimed rubber
__ **silvestre**: wild rubber
caución: security, guarantee (loan); (leg) bail bond; surety (person)
__ **de arraigo (en juicio)**: (Mex) bond for court costs
__ **de fidelidad**: fidelity bond
__ **de licitación**: bid bond
__ **de manejo de empleados**: (Mex) (fin) schedule bond
__ **judicial (leg)**: judgment security

CAUCIONAR

__ **juratoria**: surety for costs of a lawsuit
__ **solidaria**: personal surety (guarantee with liability as co-debtor)
caucionar: to act as surety
__ **préstamos**: to guarantee, secure loans
caudal: (volume of) flow (river); volume of water; discharge (pump); store (knowledge); volume (funds), supply
__ **de entrada**: inflow
__ **de estiaje**: dry weather flow, low water flow
__ **de infiltración**: quantity of underground water infiltration
__ **de tiempo seco**: dry weather flow
__ **de un cauce natural**: stream flow
__ **de un pozo**: capacity of a well
__ **genético**: genetic potential, heredity
__ **hereditario**: assets of an estate
__ **seguro**: safe yield (pump)
__ **sólido**: solid discharge
caudalímetro: flow meter
caupí: cowpea, black-eyed pea
causa: cause; motive, reason for (action); (leg) consideration (contract); lawsuit, criminal case, proceedings
__ **básica de defunción**: underlying cause of death
__ **de nulidad**: grounds for nullity
__ **de presunta desgracia**: (Chi) (leg) presumed misadventure proceedings
__ **de utilidad pública, por**: by eminent domain; for public purposes
__ **del contrato**: consideration
__ **directa**: (leg) proximate cause
__ **insubsanable**: inexcusable grounds
__ **onerosa**: valuable consideration
__ **tácita**: (Arg) implied consideration (contract)
__ **valiosa**: valuable consideration
causación, contabilidad a base de: accrual method (or basis) of accounting
causado: (leg) a person sued; defendant
causados (ingresos o egresos): (Col) accruals
causahabiente: assign, successor (in title)
causal : (Chi) (leg) ground
__ **de, ser** : to be grounds for
causales de procedimientos: grounds for proceedings
causalidad: causal link, cause and effect
causante: principal, originator; (Mex) taxpayer; divisor, decedent (in inheritance law); person from whom a right is derived; constituent (agency contract); predecessor in title (decedent)
__ **de una sucesión**: the decedent
__ **, la parte que fuere**: party at fault
causar: to cause, be the cause of; incur (tax); entail (expense), be subject to (charge, tax, etc), bear (interest), earn (profits)
__ **alta**: to enter the service
__ **baja**: to leave the service; lay off, dismiss (worker); (Sp) withdraw from membership
__ **ejecutoria**: to go into effect, become enforceable

CEDULA

__ **estado**: (leg) to be final (judgment)
__ **impuesto**: to be subject to tax
__ **instancia**: to try a case and hand down a judgment
__ **intereses**: to bear interest, earn interest
__ **lesiones**: to inflict bodily harm
causídico: concerning litigation; court (costs)
cava: holing (forestry)
__ **de anime**: (Ven) styrofoam cover cooler (for shipping food)
cavadora: dragline
caverna: vault (for generators)
__ **de máquinas**: underground power house
__ **de válvulas**: (hydr) valve house, valve chamber
__ **para equipo**: (hydr) generator bay
cavitación: (dental) cavity formation
cayada: shepherd's crook
cayuco: (Hond) dugout canoe or boat
caza furtiva: poaching
__ **mayor**: game animals
__ **mediante trampas**: trapping
__ **ordinaria**: hunting
cazadores de talentos: "headhunters"; executive search firm(s)
cazón: dogfish
__ **picador**: requiem shark
__ **, (tiburón de)**: requiem shark
ceba: fattening (animals)
__ **final**: finishing (cattle)
cebada cervecera: brewer's barley, malting barley
__ **de grano desnudo**: hull-less barley
__ **de grano vestido**: hulled barley
__ **de seis carreras**: six-rowed barley
__ **forrajera**: feed barley
cebar: to fatten (animal); bait (trap); prime (pump)
cebo: feed (animal); bait (fish); incentive, inducement
__ **artificial**: lure
__ **de fondo**: ground bait
__ **de llamada**: ground bait
cebón: feeder, stocker (animal for fattening)
ceca: (Per) mint mark
cecina: cured (dried, jerked) beef
cedazo de minerales: kibble
cedente: (com) assignor, conveyor, transferer, grantor, endorser; (leg) principal, constituent
ceder: to transfer (property); assign (right), make over; hand over; give up, yield; give in; collapse, give way; drop, ease off, let up
cedes: CD's; certificates of deposit
__ **de plazo de un día**: (fin) overnight deposits
cediza: tainted (meat)
cedro rojo antillano: Spanish cedar
cédula: document; certificate; warrant (certificate for shares); bond coupon; (leg) document for service; (Chi) (leg) certified writ
__ **censal**: census schedule
__ **de aduana**: customs permit, customs bond
__ **de cambio**: draft

483

__ **de ciudadanía (vecindad)**: identity card
__ **de dividendo**: dividend warrant
__ **de identidad**: identity card
__ **de interés**: interest coupon
__ **de inversión**: (Sp) government bond
__ **de suscripción**: subscription warrant
__ **fiscal**: tax roll, tax list
__ **hipotecaria**: hypothecation bond (often misused for (UK) mortgage bond or (USA) mortgage debenture = bono hipotecario)
cédulas preferentes: founders' preferred shares
céfalo: grey mullet
ceibey: (DR) passion fruit
ceja: track, path
celador: caretaker, watchman for guard service; parking attendant
celebrar: to enter into (contract, transaction); conclude (a contract)
__ **un concurso**: to call a public tender
celeridad, prima de: (ot) dispatch money
cellisca: glaze, sleet
célula energética: fuel cell
celulosa blanqueada: bleached pulp
__ **blanqueada de fibra corta**: bleached hardwood Kraft
__ **blanqueada de fibra larga**: bleached softwood Kraft
cementación: case-hardening (metals)
__ **superficie**: surface foundation, conventional foundation (building)
cementantes: binding materials
cemento de débil calor de fraguado: low-heat cement
__ **estructural**: structural cement
__ **puro**: neat cement
__ **refractario**: heat-resistant cement
__ **vaciado de antemano**: precast cement
cenabrio: quicksilver
cenegal: quagmire
cencerro: cowbell
ceniza de la yuca: cassava ash (plant disease)
censar: to enumerate, take a census of, poll
censo: census; tax list; voters' list; (real property) annuity; standing crop of animals (number or total weight of animals present in an area at a given time); (agr) rent-charge, rent, ground rent
__ **aéreo**: aerial survey
__ **agropecuario**: agricultural census
__ **consignatorio**: transferable annuity
__ **de talla escolar**: (ed) anthropometric census of school children
__ **del tráfico**: traffic count
__ **electoral**: (Sp) voter list or roll
__ **enfitéutico**: emphyteutic annuity
__ **forestal**: forest inventory
__ **por inspección ocular**: visual census
__ **reservativo**: reservative annuity
__ **vitalicio**: life annuity
censor: auditor
__ **de cuentas**: (Sp) auditor
__ **jefe**: senior auditor
censualista: (agr) copyholder
censura: audit
__ **previa**: pre-censorship, censorship before publication
centella: thunderbolt
centena: triple digits (inflation)
centeno: rye
centésimo de punto porcentual: basis point (investment)
centiárea: square meter
centolla: sea-spider, king-crab, spider crab
__ **patagónica**: southern king-crab
central: plant, station; mill; main telephone exchange; main post office; (TC) exchange; *a* core (question)
__ **anemoeléctrica**: wind power plant
__ **auxiliar**: standby power plant
__ **azucarera**: sugar mill
__ **de abasto (abastecimiento)**: wholesale provisions market
__ **de aprovechamiento**: rendering plant (livestock)
__ **de pasada**: (hydr) run-of-river plant
__ **de paso**: run-of-river electric generating plant
__ **de punta**: peak load plant
__ **de (depositaria) valores**: (fin) central securities depository
__ **eléctrica a carbón**: coal-fueled power plant
__ **eólica**: wind power plant
__ **hidroeléctrica de agua corriente**: run-of-river hydroelectric power plant
__ **lechera**: milk plant, dairy plant
__ **maremotriz**: tidal power plant
__ **media intemperie**: partially covered power house
__ **nacional**: amalgamated union, national federation
__ **nuclear**: nuclear plant
__ **sin almacenamiento de agua**: run-of-river plant
__ **sindical**: general union
__ **subterránea**: (hydr) underground power house
__ **telefónica**: telephone exchange
__ **térmica**: steam power plant
__ **termoeléctrica**: steam-electric power plant
centralita: (Sp) telephone switchboard
centralización: pooling
__ **administrativa**: centralization of control
centralizar: (acct) to transfer totals from subsidiary ledgers; organize, compile (data)
centralizarse en: to focus on
centrarse en: to focus on
céntrico: centrally-located (housing)
centro comercial: shopping center (information)
__ **coordinador**: clearing house (information)
__ **cultural**: arts center
__ **de abastecimiento**: market facilities, wholesale provisions market
__ **de acopio**: assembling point (agricultural produce), storage center

CENTROS   CERTIFICACION

__ **de alevinaje**: breeding center (fish)
__ **de aplicación**: (ed) demonstration center
__ **de asistencia**: clinic
__ **de atención principal**: main center
__ **de compra (de derechos reciclables)**: buy-back center
__ **de comunicación**: communication hub
__ **de contenedores**: (ot) container freight station
__ **de coordinación**: focal point; clearing house (information)
__ **de determinación de costos**: cost center
__ **de distribución**: (elec) switching center
__ **de enlace**: focal point
__ **de estudios superiores**: (ed) center of excellence
__ **de eventos**: conference center
__ **de formación superior**: (ed) center of excellence
__ **de gravedad**: population center
__ **de higiene**: public health unit
__ **de información y documentación**: (ed) clearing house (UNESCO)
__ **de iniciativas**: local travel publicity agency
__ **de intercambio de información**: clearinghouse
__ **de interés**: (ed) activity unit
__ **de investigación**: think tank, research center
__ **de investigación aplicada**: research and development center
__ **de material didáctico**: (ed) educational media center, learning resources center
__ **de negocios**: principal place of business (of a company)
__ **de perfeccionamiento**: skills training center
__ **de playa integralmente planeado**: mega project; self-sufficient resort complex
__ **de ponencia**: (Mex) load center
__ **de presentación de pacientes**: obligatory attendance center
__ **de reeducación**: reformatory
__ **de referencia**: clearing house (records)
__ **de reflexión**: think tank
__ **de responsabilidad**: (acct) responsibility center
__ **de trasiego**: transshipment point
__ **de turismo**: resort, tourism center
__ **docente**: educational institution
__ **especializado**: center of excellence
__ **experimental**: demonstration center
__ **integral de salud**: health maintenance center (HMC)
__ **social**: community center
__ **turístico**: resort
__ **zootécnico**: cattle-breeding center
centros bancarios extraterritoriales: off-shore banking centers
__ **bancarios transnacionales**: off-shore banking centers
__ **de convergencia**: poles of attraction
__ **universitarios básicos**: (Sp) (ed) junior colleges
ceñirse: to stick to (point, subject), keep to (the right); abide by, conform to (instructions); limit oneself to, confine oneself to, not go beyond the bounds of
cepa: (for) planting stock; (constr) pillar (bridge)
cepario: collection of strains
cepillar: to dress (lumber)
cepo: (Hond, Arg) (irr) headgate
cequión: (Chi) irrigation canal; large ditch or channel
cera de carnauba: palm wax
__ **de ceará**: palm wax
__ **vegetal**: palm wax; caudelilla wax
cerámica cruda: unfired ceramics
ceraunico: pertaining to thunderbolts
cercado: paddock; enclosure, fenced field; pen
cercenamiento: retrenchment
cercha: truss, roof truss, roof frame, truss frame; rib (of arch)
cerciorarse de: to satisfy oneself, convince oneself, persuade oneself, make sure
cerco: hurdle, fence; boom (oil spill)
__ **de tela metálica**: woven-wire fencing
__ **flotante libre**: free floating boom
__ **vivo**: hedge
cerda: sow; horse hair, bristle
__ **de cría**: bred sow
__ **en lactancia**: brood sow
cerdito destetado: pigling
__ **lactante**: suckling pig, weaner
cerdo: pig, hog
__ **carnizado**: slaughtered hog
__ **de abasto**: market hog
__ **joven**: gilt
__ **para charcutería**: fat pig
__ **para la venta**: market hog
cereales ácimos: unleavened cereals
__ **alimentarios**: food grains
__ **cosechados en grano**: cereals for grain
__ **de siembra**: grain seeds
__ **finos**: small grains
__ **forrajeros**: feed grain(s)
__ **no panificables**: coarse grain(s)
__ **panificables**: bread grain(s), food grains
__ **para piensos**: coarse grain(s), feed grain(s)
__ **secundarios**: coarse grains
__ **verdes**: immature grains
cerealización: cereal cultivation
cerebro de un plan: mastermind
ceremonias: ceremonies; formalities
cerquero: seiner (fish)
cerrado: (Portuguese word used in Spanish) savannah
cerrar el libro mayor: to balance the ledger
cerro hundido: (min) caved capping
certificación: certification, registration, certificate
__ **de obras**: (constr) completion certificate
__ **de semillas**: (for) registration of seeds
__ **del balance**: auditor's opinion on fairness of balance sheet presentation
__ **médica**: medical clearance
__ **profesional**: credentialing (teachers)

certificado con salvedades: qualified certificate (audit)
__ **de abono tributario**: tax-credit certificate; export incentive credit
__ **de acción fraccionaria**: (st ex) scrip certificate (stock split)
__ **de acciones**: share certificate, scrip
__ **de acciones en custodia**: depository receipt
__ **de adeudo**: debt certificate
__ **de aeronavegabilidad**: airworthiness certificate
__ **de almacén**: dock warrant; (Sp) customs bond warrant
__ **de almacenamiento**: warehouse receipt
__ **de arqueo**: tonnage certificate (ship); (ot) measure brief
__ **de autorización**: clearance certificate
__ **de buenas costumbres**: (leg) written testimonial
__ **de cesión**: pass-through certificate
__ **de declaración de entrada**: jerque note
__ **de depósito**: warrant (warehouse receipt); (customs) bond note
__ **de depósito del muelle**: dock warrant
__ **de depositario americano**: American Depositary Receipt (ADR)
__ **de derecho**: eligibility statement
__ **de dividendo diferido**: scrip certificate
__ **de estudios**: (ed) transcript
__ **de explotación**: (aero) operating permit
__ **de habilitación**: clearance certificate (on leaving a job)
__ **de inafectabilidad**: (Mex) certificate that land cannot be appropriated; certificate of non-attachability
__ **de la Tesorería**: Treasury discount security
__ **de línea**: building line certificate
__ **de liquidación**: clearance certificate
__ **de matrícula**: (Col) certificate of origin (ship)
__ **de navegabilidad**: seaworthiness certificate
__ **de navegación**: sea letter, certificate of registry
__ **de obligación**: certificate of indebtedness
__ **de pago de impuestos**: tax clearance
__ **de participación**: equity security, participacion certificate (mortgage or loan pool, syndicated Eurocredit, pension plan), certificate of participation (issued by an investment company)
__ **de paz y salvo**: clearance certificate
__ **de recepción**: out-turn report (supplies)
__ **de recepción del transitorio**: forwarding agent's report
__ **de solvencia**: clearance certificate
__ **de suficiencia liceal**: secondary school certificate
__ **de trabajo**: service certificate
__ **de transferencia de préstamos**: pass-through (loan) certificate
__ **de utilidad pública**: certificate of public convenience
__ **de vale vista**: sight bill or draft

__ **escolar**: (ed) report card
__ **internacional de depósito**: global depository receipt (GDR)
__ **nominativo**: bond certificate
__ **para cobertura en mercado bancario**: (CA) Central Bank bearer certificate
__ **para exportación**: export licence
__ **para la compra de acciones o bonos a un precio fijo**: (financial) warrant
__ **para reintegro**: debenture (customs)
__ **provisional**: scrip
__ **separable**: detachable warrant
__ **separado del cupón**: strip certificate
__ **sin salvedades**: unqualified certificate (audit)
certificador: (USA) notary public
certificar: to register (letter); guarantee (surety); authenticate (accounts); attest
cerusa: white lead
cesación de la acción: (leg) discontinuance
cesante: unemployed; dismissed, discharged
cesantía: unemployment; dismissal; discharge, termination of employment
__ **de los graduados**: educated unemployment
cesibilidad: transferability
cesión: assignment (patent, claim); passing (risk); transfer (rights), divestiture, divestment (assets)
__ **a un fideicomisario**: deed of trust
__ **de acciones (de una sociedad) a cambio de acciones (de otra sociedad nueva)**: spin-off
__ **de bienes**: surrender of property, assignment of property (to creditors)
__ **de contratos**: assignment of contracts
__ **de crédito (acreencia)**: (leg) assignment of claim (amount due)
__ **de créditos**: assignment of receivables; (leg) assignment of claims (amounts due)
__ **de la gestión náutica**: demise of a ship
__ **de póliza**: assignment of insurance policy
__ **de un derecho**: assignment of a right or claim
__ **de un préstamo**: assignment of a loan
__ **de unidades de obra**: (Sp) subcontracting (of specific and complete elements of a larger contract)
cesionario: assign, assignee, transferee (bill of exchange)
cesionista: assigner
cesta de productos: (econ) shopping basket
__ **para peces**: creel
cesto: hamper; crate; punnet
cestón: gabion
cetárea: seawater holding station (for crustaceans)
cetina: sperm oil
chabacano: (Mex) apricot
chabola: shack; squatter
chacina: pork products (sausages, etc.)
chacinería: pork butcher's shop; packing house
chacra: small farm (for field crops); truck farm
chala: (Arg) corn husk, (Arg) stover, forage
chalán: (Mex) scow, lighter
chalana: ferry; flat-bottomed barge

challa: miner's pan
challeo: (Chi) (min) hand sorting
chamba: (Ur) ditch
chamicera: patch of burnt land; burning of land
chamota: fireclay; grog
champa: piece of turf, sod
chancaca: loaf sugar
chancada: crushing (stone, ore)
chancadora: (Chi) crusher (rock)
__ **de conos**: cone crusher (ore)
chanchito blanco: (Chi) mealybug
chancho: (Chi) pig
chanchullo: (Arg) contraband; scam
changa: (Arg) temporary job, odd job
changador: porter, odd-job man, station or dock porter
chano: milkfish
chapa: (Chi) lock; coat of paint; false name; metal plate
chapas y planchas: sheets and plates
chapapote: (Mex) tar
chapeadora: rototiller
chapeo: (Guat) mowing (grass)
chapucería: scamped work
chapuza: botched job
chaquitada: Indian foot-plow
charca: (farm) pond
charneo: (min) sorting, sifting
charol: (Ven) varnish
charra: (fish) sea bass
charral: scrub; (CA) swamp
charrales: (CR) scrub, underbrush
charro: *n* (Mex) typical Mexican; wide-brimmed sombrero; *a* ill-bred, coarse, common, uncouth
chaspe: blaze (tree)
chata: (Sp) lightship; lighter, pontoon, flat barge; flat truck; (Chi) bedpan
chaucha: (Ur) kidney bean
__ **turca**: (Arg) okra
chaya: (min) sieve; pan (gold sand)
chayote: vegetable pear, squash
chaza: (Chi) landing stage, pier
chépica: dallis grass
cheque a fecha: postdated check
__ **al portador**: uncrossed check
__ **bloqueado**: stopped check
__ **caducado**: stale check
__ **compensado**: cleared check
__ **cruzado**: check for deposit only
__ **de administración**: cashier's check
__ **de gerencia**: cashier's check
__ **de mostrador**: counter check
__ **de ventanilla**: registered check
__ **en blanco**: blank check
__ **en descubierto**: bad check; NSF (nonsufficient funds) check
__ **giro**: (Per) bank draft
__ **intervenido**: certified check
__ **intransferible**: not-to-order check
__ **nominal (nominativo)**: order check
__ **pagado**: cleared check
__ **para abonar en cuenta**: non-negotiable check
__ **postal**: money order
__ **propio**: cashier's check
__ **protestado**: bad check; NSF (nonsufficient funds) check
__ **sin fondos**: bad check; NSF (nonsufficient funds) check
__ **vencido**: out-of-date check, stale check
__ **visado**: certified check
cheques librados: checks issued
cheques no canjeados: (bnk) float
cherna: wreck fish
cherne: sea bass
chicha: alcoholic beverage made by fermenting maize or various fruits (e.g. grape wine, cider pommy, manioc beer)
chícharo: garden pea; (LA) chick-pea
chicharro: horse mackerel, jack mackerel
chigre: winch
chihuistle: (Mex) (cotton) blight
chilacayote: type of gourd or watermelon (also alcayote)
chilización de la deuda: debt domestication
chimbombó: (Mex) okra, gumbo
chimenea: (min) ore chimney; chimney stack; raise
__ **de equilibrio**: surge chamber, surge tank (penstock)
china dulce: parsnip
chincheta: (Sp) drawing pin; (USA) thumb tack
chinchorro: dinghy; jolly boat, (Mex) tender
chinola: (DR) passion fruit
chiquero: pig, goat or bull pen
chiripero: (DR) farm laborer
chistera: fish basket
chiuj: (pl of jeque) sheiks
chivo expiatorio: scapegoat
choclo: (Chi) corncob with grains
cholga: (Chi) kind of mussel, cholga mussel, Magellan mussel
cholo: (Ec) kidney bean
chompipe: (Nic) turkey
chonchón: (Chi) handmade burned brick
chontaduro: palm (whose fruit is edible)
chopo: (Mex) aspen; black poplar
chorito: Chilean mussel
__ **maico, negro, quimahue**: (Chi) small mussel
choro: mussel
__ **zapato**: (Chi) large mussel
chorrear: to puddle (cement)
chorreo: blasting (sand, water)
chuico: jug
chulengos: (Chi) the young of the *guanaco*
chumbera: prickly pear
chumpi: (El Sal) turkey; (Per) type of wheat
chunchilines: (Arg, Chi) intestines (prepared for eating)
chuño: dehydrated potato, potato flour
churre: suint
cibera: feed grain

ciclo: (ed) stage; course, series (lectures); cycle (project, learning); repeating pattern
__ **básico**: (ed) middle school
__ **biológico**: life cycle
__ **cerrado**: closed loop
__ **combinado**: (elec) combined cycle
__ **contable**: accounting cycle
__ **de campaña**: round of campaign
__ **de capital**: payback period
__ **de capital de trabajo**: (Ven) working capital turnover
__ **de capital de un proyecto**: financial life
__ **(de desarrollo) de un producto**: production cycle
__ **de los nutrientes**: food chain
__ **de producción**: production run
__ **de tala**: felling cycle
__ **de temporal**: (Mex) spring-summer season; rainfed farming
__ **diversificado**: (ed) specialized education
__ **económico**: business cycle
__ **vegetativo**: growing period
__ **vegetativo, cultivo de largo**: long crop
ciclomotor: moped
cielo abierto, a: (min) open-cast, strip; open-cut (channel)
ciénaga: mudflat; marsh, bog, swamp, quagmire, slough
ciencia funesta: dismal science (economics)
ciencia(s) del mar: marine science(s)
__ **zoológica(s)**: animal science(s)
cierne, en: budding, burgeoning, blossoming, blooming; in embryo; in its infancy; emerging
cierre contable: ruling and balancing (ledger)
__ **de ejercicio, ajuste de**: year-end adjustment
__ **patronal**: lockout
__ **, período de**: down-time period
cierro: circle, ring, hoop; (Chi) quickset hedge, fence
cierto que, es: admittedly, of course, to be sure
cifra aproximada: ballpark figure
__ **de negocios**: turnover
__ **de referencia**: benchmark figure
__ **guía (indicativa)**: base figure
__ **instantánea**: flash estimate
__ **mínima**: floor
__ **prevista**: target figure
cifras de balance: balance-sheet figures
cifrado de datos: coding
cifrar: to code; summarize; place, concentrate, center (hopes) on
cigala: nephrop (Norway lobster, Dublin Bay prawn, scampi)
cilindro de perforación: core barrel
cimarrón: Pacific bluefin tuna
cimbrea: centering; falsewood
cimentación: foundation; laying of foundations, footing
__ **forzada**: squeeze cementing (oil)
cimentar: to lay the foundations of; strengthen (relations); build up, consolidate (equity)

cinc comercial: spelter
cincado: galvanizing
cinebrio: quicksilver ore
cinetoscopia: filmstrip
cínico: impudent, bare-faced, brazen
cinismo: effrontery
cinorrodón: rose hip
cinta de grabación fonóptica: video tape
__ **de transporte**: belt conveyor
__ **fonóptica**: video tape
__ **perforada**: chad tape
__ **televisual**: video tape
cintas grabadas para radio: radio recordings
cintateca: tape library
cinturón ecológico: green belt
cinturones de miseria: shanty towns
cipayo: political puppet
circuito: (comp) loop, system; channel; radio hook-up
__ **autónomo**: (Sp) (comp) home loop
__ **de cobre**: copper (mining) cycle
__ **de distribución**: distribution chain (marketing)
__ **de espera**: holding pattern (aviation)
__ **de fabricación**: flow (process) chart, diagram of production process
__ **de información**: feedback loop
__ **de programación**: (comp) loop
__ **de tránsito**: traffic pattern (aviation)
__ **promiscuo**: jurisdiction of a circuit court that tries both civil and criminal cases
__ **turístico**: circular tour
circulación de dirección única: (Sp) one-way traffic
__ **fiduciaria**: paper money, money in circulation, currency
__ **inversa**: counterflush drilling
circulaciones y accesos: internal and access roads
circulante: *a* (acct) current; *n* money (currency) in circulation; money supply
__ **activo**: (Sp) current assets
__ **monetario**: money in circulation, circulating medium
__ **pasivo**: (Sp) current liabilities
circular: form letter
círculo: ring system (taxes); (leg) judicial district
círculos comerciales: business community
__ **de comercialización**: marketing channels
circunscripción escolar: (ed) catchment area
circunstancias: conditions, facts, events; background
__ **ajenas a la voluntad de**: circumstances beyond the control of
__ **concomitantes**: attendant circumstances
__ **económicas**: economic environment
__ **eximientes**: (leg) grounds for exemption from criminal liability
__ **previstas**: the situation contemplated
__ **que, en**: whereas
circunstanciado: in detail, well documented, with full particulars, circumstantial (report)
circunstancial: temporary; makeshift (arrangement); stop-gap (solution)

circunvalación: belt road, beltway
ciruela pasa: prune
cirugía de derivación: bypass surgery
ciruja: (Mex) scavenging of refuse, trash picking
cisco: slack, coal dust, breeze; (Ven) cinders
citación: (leg) service of legal process; serving of a writ; summons of defendant; writ of summons; subpoena of witness
__ **con apercibimiento**: subpoena
citar: to summon
__ **a los Directores**: to notify the Board of Directors
__ **y emplazar**: to notify and summon
citara: brick wall one brick thick
citófono: intercom system
ciudad obrera: block of tenement houses
__ **perdida**: (Mex) slum
__ **principal**: primal city
ciudadanía: civic mindedness
ciudadano: citizen, national (Canadian, Mexican)
__ **legal**: naturalized citizen
__ **natural**: citizen by birth
ciudadela: (Ec) housing project or development
civismo: public spirit
clandestinidad, en: in hiding
clandestino: illicit, secret (meeting), underground (forces), underhand (procedures), undeclared (income)
clara: thinning of trees
claro: *a* definite; distinct (possibility); *n* clearing in a forest; clear space (bridge)
__ **está**: to be sure
clase: (ed) class, lesson; quality
__ **de nombramiento**: appointment status
__ **de observación**: (ed) diagnostic teaching
__ **ejecutiva**: (aero) business class
__ **hueca**: hollow generation (population), low-birth rate year
__ **intermedia**: (aero) business class
__ **magistral**: lecture
__ **médica**: the medical establishment
__ **preferente**: (aero) business class
clases: non-commissioned officers (army); petty officers (navy)
__ **de adaptación**: opportunity classes
__ **de recuperación**: (ed) make-up classes; opportunity classes, remedial classes
__ **particulares**: (ed) coaching
__ **pasivas**: pensioners, "unemployables" (who are noncontributors, noncontributing participants in a social security or other plan)
__ **y marinería**: petty officers and seamen (navy)
clásico: typical, traditional, time-honored; conventional (weapons), standard (model)
clasificación: sorting (mail), grading (agricultural produce), sizing (coal), screening (patients), ranking (of bids)
__ **(análisis) de cuentas por antigüedad**: aging of accounts
__ **de cuentas**: chart of accounts
__ **de ganado**: grading

__ **de las industrias**: industrial rating
__ **de minerales**: ore sizing
__ **de solvencia**: credit rating
__ **de valores**: security rating(s)
__ **múltiple**: cross-classification
__ **por bloques**: (comp) sorting
__ **por secciones**: (ed) (UK) streaming, (USA) tracking, ability grouping
__ **simple**: one-way classification
__ **tarifaria**: tariff schedule
__ **temática**: division of material into various fields
__ **volumétrica**: sizing (wheat)
clasificadora: sorter (grain, coffee)
clasificar: to classify, rank, rate, grade, order, sort (by size, color, etc.)
__ **bienes**: to marshal assets
claudicar: to abandon one's principles; yield, cede; give up
cláusula: clause of a contract, will, etc.; covenant (contract); stipulation
__ **accesoria de no competencia**: ancillary covenant against competition
__ **adicional**: rider
__ **adjetiva**: procedural clause
__ **"barcazas"**: (ot) craft clause
__ **compromisoria**: arbitration clause
__ **condicional**: contingency clause
__ **con fecha de expiración**: sunset provision (law)
__ **constante**: blanket clause
__ **de abstención**: any negative condition in a contract (an undertaking not to do something); negative covenant (especially in non-competition agreements); in loan agreements, often negative pledge clause or covenant (borrower pledges not to encumber its assets or part thereof)
__ **de activación**: trigger clause
__ **de adorno**: dummy clause
__ **de afectación hipotecaria en bienes sobrevivientes**: after-acquired property claim
__ **de anterioridad**: grandfather clause
__ **de aplazamiento de pagos**: (fin) bisque clause (international loan agreement)
__ **de autorización para colocaciones adicionales**: green shoe clause (securities underwriting)
__ **de cesión**: (ot) demise clause
__ **de compromiso sobre gravámenes**: negative pledge clause
__ **de corrección monetaria**: escalator clause (wages)
__ **de derechos adquiridos**: grandfather clause
__ **de dilución**: anti-stock watering clause
__ **de elección de la jurisdicción**: choice of forum clause
__ **de elección de legislación**: choice of law clause
__ **de elusión**: break clause, escape clause, jeopardy clause
__ **de escala móvil**: escalator clause (wages)
__ **de escape**: loophole

CLAUSULAS

__ **de estilo**: formal clause
__ **de excepción**: saving clause
__ **de excepción provisional**: (fin) bisque clause (international loan agreement)
__ **de exención**: escape clause
__ **de exención por derechos adquiridos**: grandfather clause (rule)
__ **de exoneración de la responsabilidad**: disclaimer, disclaimer clause (e.g. in warranty, purchase order); hold-harmless clause (loan, mortgage, license)
__ **de extinción**: sunset clause
__ **de habilitación**: enabling clause, qualifying clause
__ **de insolvencia cruzada**: cross-default clause
__ **de liquidación de daños y perjuicios**: penalty clause (breach of contract)
__ **de modificación parcial**: (fin) bisque clause (international loan agreement)
__ **de no emitir bonos sin garantía adicional**: negative pledge clause
__ **de no responsabilidad**: disclaimer, disclaimer clause (e.g. in warranty, purchase order); hold-harmless clause (loan, mortgage, licence)
__ **de obligación, de garantía, de pignoración o de salvaguardia negativa**: negative pledge clause
__ **de paz laboral**: harmony pledge
__ **de prepago**: call provision (bond)
__ **de protección**: escape clause
__ **de reajuste (de los precios)**: price escalation clause
__ **de recuperación**: recapture clause
__ **de recuperación económica**: value recovery clause
__ **de referencia**: cross-reference clause
__ **de rendimiento**: (ind) outturn clause; performance clause
__ **de rescisión**: break clause (contract)
__ **de reserva (salvedad)**: saving clause
__ **de retiro**: call provision (bond)
__ **de retrocesión**: grant-back provision (technology), leaseback provision
__ **de revisión**: trigger clause
__ **de salvaguardia**: break clause, hedge clause, protective clause
__ **de suscripción preferente**: clawback provision
__ **de vencimiento inmediato (anticipado)**: acceleration clause
__ **derogatoria**: repealing clause, overriding clause
__ **determinante**: operative clause
__ **excluyente de responsabilidad**: disclaimer clause, hold-harmless clause
__ **general**: mother hubbard clause, umbrella clause
__ **habilitante**: qualifying clause, enabling clause
__ **leonina**: oppressive clause
__ **liberatoria**: escape clause

COALICION

__ **proforma**: dummy clause
__ **recíproca de entrada en vigor**: cross-effectiveness clause
__ **recíproca en caso de incumplimiento**: cross-default clause
__ **resolutoria**: avoidance clause, cancellation clause, defeasance clause (contract)
__ **roja**: red-line clause
__ **sin autoridad**: dummy clause
__ **sobre gravámenes**: negative pledge clause
__ **sobre riesgo de lanchaje**: (ot) craft clause
__ **substantiva**: substantive clause
__ **suspensiva**: automatic suspension clause
__ **sustancial**: material provision
__ **testigo**: attestation clause
__ **tipo**: standard clause
__ **vinculatoria**: covenant (real estate); restorative clause (real estate)
cláusulas: provisions of a treaty; covenants, terms and conditions (contract)
__ **lapidarias**: clear-cut phrases
clavar pilotes: to drive in or set piles
clave: code, cipher; legend (map); gist (novel); key (problem); keystone
__ **de distribución de los costos**: basis of allocation
__ **telegráfica de autenticación**: test number, authentication key
claves: character symbols
clavija: (elec) plug; pin; jack (telephone)
clavo: (min) chimney; shoot (rich body of ore), (Mex) vein
__ **de olor**: clove
clero castrense: chaplain
cliché: stencil (typing)
cliente: owner (in contract); customer (in purchase order = buyer)
__ **de alta utilización**: (elec) high load factor customer
__ **fijo**: steady customer
clientes: (acct) accounts receivable
__ **por mercancías**: trade accounts receivable (balance sheet entry)
clientela: attenders (at a clinic); practice (of a physician)
clientelismo: patronage; (sometimes) cronyism
clima económico: economic conditions
__ **marítimo**: oceanic climate
clínica: (Chi) private hospital; (med) clinical manifestations
__ **de reposo**: (med) nursing facility
clínica-consultorio: walk-in clinic
clínico: physician
clisé: printing block; stencil (typing)
coacción: (leg) writ of execution
coactivo: compulsory, coercive; compelling, restrictive
coadyuvante: third party (to a contract); (leg) additional party (civil proceedings), intervenor
coadyuvar: to contribute to
coalición: ring of enterprises

coartación: hindrance; impediment; constraint, restriction
__ **del índice de los precios**: holding down the price index
coartada: alibi
__ **irrecusable**: watertight alibi
coartar: to hinder; prevent; restrict, limit, inhibit
__ **el derecho**: to abridge the right
cobertada: (ot) deck cargo
cobertizo: lean-to; shed; cowshed
__ **de concentración de carga**: consolidation shed
cobertura: cover, covering; backing (currency); coverage (insurance); hedging (stock market, foreign exchange); canopy (plant)
__ **a término (cambio)**: forward cover
__ **comprador (vendedor)**: long (short) hedge (commodity market)
__ **de compras a plazo**: hedging
__ **de dos aguas**: span roof
__ **de importaciones**: importing power of exports
__ **de la moneda**: backing of a currency
__ **de los depósitos bancarios**: bank deposit cover
__ **de operaciones a plazo**: hedging
__ **de riesgo cambiario**: hedging
__ **de rocas**: (min) overburden
__ **diferida**: (Chi) deferred payment terms (imports of capital goods)
__ **flotante**: (ins) open cover
__ **(orgánica) muerta**: mulch
cobijarse: to take shelter, find protection
cobo: conch (fish)
cobrabilidad: current validity (accounts collectible)
cobrable: collectible (debt), due
cobranza: collection; bill for collection; amount collected; amount payable
__ **de exterior**: trade collection received from abroad
cobrar: to receive money in payment; get paid, be paid; earn (wage); charge (price); collect (debt); cash (check); gain (importance); acquire (reputation); have (effect); gather (strength)
__ **importancia**: to loom large
cobre ampolloso: black copper, blister copper
__ **batido**: wrought copper
__ **bruto**: blister copper
__ **negro**: blister copper
__ **para afino**: (Chi) blister copper
cobro: (Chi) (leg) recovery
__ **anticipado**: acceleration (loan)
__ **compulsivo**: enforced collection (tax); (leg) distraint procedures
__ **de los créditos de los productores frente a sus clientes**: (Sp) factoring
__ **judicial**: collection by court action
cobros por cuenta de clientes: (fin) collections on customers' account
cocaína fumada: "crack"
cocería: (Mex) village (on an estate)
cocha: (Ec) lagoon, impoundment (water); (Per) pampa suitable for cropland; large flooded area
cochayuyo: (edible) seaweed
coche celular: patrol wagon, paddy wagon, Black Maria
__ **mixto**: (rr) combination car
__ **salón**: (rr) club car
cochinillo: grunt
cocina: kitchen, stove, cooking (French cooking)
__ **económica**: fuel-efficient stove
__ **Lorena**: Lorena cooker (stove)
__ **popular**: community kitchen
coco: coir; croaker (fish)
codeudor: co-signer
codificar: (TC) to scramble, encrypt
código de cuentas: chart of accounts
__ **de grabación**: recording modes
__ **de leyes**: body of laws, law code
__ **militar**: military law
__ **territorial**: area code (telephone)
codo de portaviento: leg pipe (blast furnace)
coeditores: joint publishers
coeficiente: coefficient; factor, ratio; constant; index; quotient
__ **beta**: (st) slope coefficient
__ **de ajuste de salarios**: wage differential
__ **de ajuste por carestía de la vida**: cost-of-living differential
__ **de asimetría**: mismatch ratio
__ **de balasto**: subgrade reaction coefficient
__ **de beneficios**: percentage of profits
__ **de caja**: minimum cash requirement
__ **de capital**: capital intensity (of an industry, economy)
__ **de capital pagadero en efectivo**: paid-in capital ratio
__ **de capturabilidad**: catchability coefficient (fish)
__ **de carga**: (elec) load factor
__ **de coincidencia**: (st) agreed coefficient
__ **de costo en recursos internos**: domestic resource cost ratio; Bruno ratio (project analysis)
__ **de deserción escolar**: dropout rate
__ **de empuje de tierra**: earth pressure (coefficient)
__ **de endeudamiento**: debt ratio (usually debt-equity; sometimes debt-assets)
__ **de éxodo**: (DR) (ed) dropout rate
__ **de impacto distributivo**: distributive impact percentage (ratio)
__ **de inflación**: deflator
__ **de inteligencia**: intelligence quotient
__ **de la deuda**: debt ratio (usually debt-equity; sometimes debt-assets)
__ **de liquidez**: (Sp) acid-test ratio; (bnk) cash ratio, reserve ratio; (UK) liquidity ratio; (USA) current ratio, working capital ratio
__ **de liquidez del capital ordinario**: ordinary capital liquidity holdings level
__ **de matrícula**: enrollment ratio
__ **de mortalidad**: mortality rate

__ **de ocupación**: (aero) passenger load factor; storage factor
__ **de ocupación de cargos**: staffing ratio
__ **de pesca**: catchability coefficient
__ **de ponderación**: (st) weight
__ **de producción**: rate of production
__ **de reservas**: reserve rate (banking)
__ **de retención escolar**: (ed) retention rate
__ **de riego**: duty of irrigation water
__ **de solvencia**: (Sp) current ratio, working capital ratio
__ **de solvencia inmediata**: (Sp) acid-test ratio
__ **de suficiencia patrimonial**: capital adequacy
__ **de transformación de alimentos en materia viva**: food conversion factor
__ **de uniformidad**: (st) smoothness ratio
__ **técnico**: input-output coefficient
coeficientes de actividad: activity ratios
__ **económicos**: economic indicators
coerción: coercion, compulsion; duress
coercitividad: binding nature (agreement)
coexistencia: (to live in) harmony; (peaceable) coexistence; get(ting) along; (TC) compatibility
cofa: top, crow's nest (ship)
cofirmante: co-maker (loan)
cogestión (de los trabajadores): co-determination, joint management
cogirador: co-maker (note)
cognición judicial: (leg) judicial notice or recognition
__ **limitada**: (leg) limited jurisdiction
cohabitación: (leg) common-law marriage
cohecho: bribe, bribery
coherencia: consistency
__ **horizontal**: (Sp) (ed) horizontal articulation
__ , **perder**: to unravel, fall apart
coherente: consistent, ordered, well ordered, well formulated, structured, sound, rational, cohesive
cohete sonda: sounding rocket
cohombros del mar: sea cucumbers
cohume: palm (whose nuts are used for oil)
coima: bribe, "kickback"
coincidencia: timing; clash, conflict (dates); overlapping (loan operations); shared view
__ **de fechas**: clash of dates
__ **de las salidas**: (ot) bunching of sailings, overlapping of sailings
__ **de voluntades**: meeting of minds
__ **entre**: relevance to
coincidir: to be somewhere at the same time; meet (persons); coincide (things), agree (things); share the same opinion, taste, etc; match (interests)
coinversiones: joint ventures
coipo: (Chi) nutria
cojinete de aire: (comp) air duct
__ **de rodillos**: roller bearing
cojinova: South Pacific bream; (Chi) black ruff; ragfish, snook
cola: (Chi) stub, counterfoil

__ **de pescado**: isinglass
__ **para encuadernar**: glair
colas: (min) tailings
colaborador: associate, assistant, senior assistant; contributor (to a journal); joint author; colleague, co-worker
colaboradores: (sometimes) staff, colleagues
colaborar: to help, assist; cooperate, work with; partner with (another agency)
colación, sacar a: to bring up a matter, raise a point, mention
__ , **traer a**: to bring up (a question), mention
colada: casting, melt (steel)
colado en bruto: as cast (iron)
colador: well screen
coladura: (Chi) lava flow
colapso: stoppage, paralysis (trade, industry); (med) breakdown
__ **de la bolsa**: stock market crash
__ **nervioso**: (med) nervous breakdown
colchón amortiguador: stilling pool
__ **disipador**: stilling pool
__ **orgánico forestal**: duff
__ **vegetal**: mulch
colectividad: community; (st) non-family household, institutional household
colectividades: community groups
colectivo: *a* collective (bargaining), joint (effort, product), mass (transportation, campaign, treatment, screening), group (consciousness, insurance), multiple-family (household); common, public, community, (med) herd (immunity); *n* small bus, minibus, jitney
colector: main or trunk sewer; catch drain; (Ur) main artery (road)
__ **de alcantarilla**: intercepting sewer
__ **de salida**: outfall drain
__ **perimetral**: throughway (road)
__ **solar móvil**: traveling solar collector
colectores húmedos multiciclones: humid multicyclon collectors
__ **verticales**: suspended collectors (oyster farming)
colecturía: tax office
colega: colleague, counterpart, (sometimes) opposite number
colegiado: pertaining to a collegiate body (e.g. municipal council or a tribunal composed of several members); licensed to practice a profession; deliberative (body); (often) decision-making
colegio: private school; professional association
__ **de abogados**: law society, Bar Association
__ **del aire**: (ed) broadcast courses
__ **electoral**: (sometimes) polling place
__ **vespertino**: night school
coletazos del terremoto: aftereffects of the earthquake
colibrador: co-drawer
coligarse: to associate (with) (for some purpose)
colín: pollock
colinabo: rutabaga

colindancias: boundaries of real property
colirio: (med) eye-drops
collera de yugo: oxbow
colmatación: silting (lake)
colmateo: silting
colmena moderna: (Hon) beehive (with movable parts)
__ **rústica**: (Hon) home-made beehive (i.e. without movable parts)
colocación: positioning (containers); placement, marketing, sale (securities); employment; job; investment; allocation; bank loan; lending, offering (shares)
__ **combinada de acciones públicas y privadas**: (fin) piggyback offering
__ **de acciones**: (leg) allotment of shares
__ **de empréstitos entre el público**: borrowing from the public
__ **de excedentes**: surplus disposal
__ **de los productos agrícolas**: disposal
__ **en familias**: foster care
__ **en hogares de guarda**: foster care
__ **integral**: (st ex) selldown
__ **pública primaria**: initial public offering (IPO)
colocaciones: (bnk) loans, lending; loans and discounts; investments (of a company); help-wanted column
__ **efectivas totales**: total new lending
__ **forestales**: exports of forest products
__ **forzosas**: (bnk) mandatory loans
colocador principal: lead underwriter (securities)
colocar ahorros en valores inmobiliarios: to invest in securities
__ **cables**: to reeve
__ **dinero a interés**: to lend money at interest
__ **recursos**: to lend
__ **un aviso**: to run an advertisement
colocasia: old coco-yam, taro
colofón: tagline (printing)
colofonia: resin; pitch
colonia: (Para) small settlement; (Mex) neighborhood, district
__ **agrícola**: agricultural, farming settlement
__ **de mejillones**: mussel bed
__ **de vacaciones**: day camp, summer camp, holiday camp
__ **escolar**: summer camp
__ **periférica**: housing estate; housing development or project
__ **residencial**: housing estate; housing development
coloniales: (Sp) imported goods
colonización: land settlement
__ **espontánea**: squatter take-over
colono: settler; (Arg) sharecropper; (Ec) pioneer-settler
__ **allanador**: squatter
__ **usurpador**: squatter
color, de: colored
colorado: red
coloso: (Per) trailer

colpa: ore, chunk of ore
columna: column; (tech) head (pump)
__ **de agua**: water gauge; head (of pressure), water column
columpio: dip (road surface)
coluvionamiento (de lagos): siltage (of lakes)
colza: oil-seed rape (plant), summer rape
comandancia: (Mex) airport authorities; airport administration office
comandante de aeródromo: (Mex) airport administrator
comandita, sociedad en: limited partnership
comanditado: active partner, managing partner
comanditante: partner with full liability, general partner
comanditario: silent partner, special partner, limited partner, backer, financial supporter; (U.K) sleeping partner
comarca de suministros: (for) timbershed
combado: distortion (pavement)
combinación: mix (investment); blend (loans); set (circumstances); merger (firms); pooling (interests); connection (bus or train), "package"
__ **de intereses**: (acct) pooling of interests
__ **de los factores**: factor mix
combinado: blend (financing), blended (coffee), multipurpose (insurance)
combo: maul
combustible: fuel
__ **de pequeño poder calorífico**: low-grade fuel
__ **para buques**: bunkers
__ **secundario (pobre)**: low-grade fuel
combustibles aglomerados: packaged fuels
combustóleo: (Mex) fuel oil
comedero: feed rack, feed trough
comedor: dining room, refectory, dining hall, canteen
__ **automático**: self-feeder
__ **popular**: community kitchen; soup kitchen
comentar: to talk about, remark on, discuss
comentarios: comments, remarks, points, submissions (on proposals)
comentarista: discussant (meeting)
comenzar (terminar) el modo de diálogo: (comp) to log in (off)
comerciabilidad: commercial viability, merchantability (timber)
comerciable: saleable, marketable (surplus)
comercial : business (strategy, relations, policy); trade (gap, restrictions, sanctions, etc.); marketing (requirements)
comercialidad: marketability (product)
__ **de los servicios**: tradeability of services
comercialización: marketing, trading
__ , **medios de**: trade channels, trade facilities
comercializar una vacuna: to offer for sale, release, market a vaccine
comerciante: *a* trading (nations); *n* trader, dealer, merchant
comerciar con (en): to trade with (in), do business with

comercio callejero: street trading
___ **compensado**: countertrade
___ **de compensación**: countertrade
___ **de contrapartida**: countertrade
___ **de reexportación**: entrepot trade
___ **de servicios**: service transactions
___ **de tránsito**: entrepot trade
___ **diversificado**: multi-product business
___ **ecológico**: green trade
___ **en cuenta de compensación**: clearing account
___ **entre terceros países**: cross-trade
___ **formal**: established business
___ **intermediario**: re-export trade
___ **invisible**: invisibles (shipping, insurance, tourism)
___ **libre sin reciprocidad**: one-way free trade
___ **marítimo**: sea-borne trade
___ **realizado en condiciones de igualdad**: arm's length trade
___ **triangular**: shunting, swing trade; merchanting trade
___ **triangular en divisas**: switch trade
comestibilidad: wholesomeness, edibility
___ **del pescado**: edibility of fish
cometido: assignment; task; role; terms of reference (mission)
comfort: (Chi) toilet paper
comicios: elections; electing, voting, balloting
comienzo de la cobertura (garantía): (ins) attachment of cover
comisario: ship's purser; police captain; (Ec, Mex, Ven) statutory auditor, vigilance officer; shareholders' representative
___ **de a bordo**: purser
___ **de averías**: (ins) appraiser, surveyor
___ **de cuentas**: external auditor
___ **propietario**: (Mex) statutory auditor
comisión: assignment, task, mission; committee; fee, commission; principal/agent relationship; appointment (consul); handling fee; management fee; service charge
___ **anticipada por ventas**: up-front sales charge
___ **bancaria**: bank charge
___ **de administración**: management fee (bank)
___ **de apertura**: up-front fee, front-end fee
___ **de apertura de crédito**: commitment fee
___ **de cancelación**: (Sp) prepayment penalty (for privilege of paying off loan before maturity)
___ **de cierre de préstamo**: commitment fee
___ **de cobranza**: (leg) collection fee
___ **de compra**: front-end fee
___ **de compromiso**: commitment fee
___ **de crédito**: commitment fee
___ **de garantía**: underwriting fee
___ **de garantía de compra**: back-up facility fee (securities)
___ **de gestión**: agency fee (loan); handling charge, management fee
___ **de iniciativas**: steering committee
___ **de obligación**: commitment fee
___ **de renegociación**: extension fee (loan)
___ **de servicio, en**: seconded (staff)
___ **de suscripción**: underwriting fee
___ **de trámite**: processing fee
___ **de transacción**: handling charge
___ **de verificación de poderes**: credentials committee
___ **de vigilancia**: vigilance committee, committee that keeps check on management, oversight committee
___ **delegada**: standing committee
___ **especial**: ad hoc committee
___ **fija**: flat fee
___ **fiscalizadora**: (Arg) oversight committee (appointed by shareholders)
___ **inicial**: front-end fee (securities)
___ **orgánica**: functional commission (ECOSOC)
___ **pagadera por adelantado**: (Sp) front-end fee
___ **paritaria**: joint commission or board
___ **plenaria**: committee of the whole
___ **por apertura de crédito**: commitment fee
___ **por inmovilización de fondos**: commitment fee
___ **por servicios**: service charge
___ **preventiva**: (Chi) review board
___ **privativa**: (Sp) special commission
comisiones: service fees (bank)
comisionado de apremios: (leg) writ server
comisionario: commissioner (trade, patents)
comisionista: commission agent; (Arg) stockbroker; (Sp) broker (as opposed to dealer)
comiso: confiscation of merchandise
comité de asistencia postcarcelaria: (prisoners) aftercare committee
___ **de dirección**: steering committee
___ **de gerencia**: steering committee
___ **de gestión**: steering committee
___ **de iniciativas**: steering committee
___ **de notables**: panel of eminent persons; blue-ribbon panel
___ **de reestructuración**: steering committee (debt)
___ **de verificación de poderes**: credentials committee
___ **especial**: ad hoc committee
___ **permanente**: standing committee
___ **plenario**: committee of the whole
comitente: principal (contract); client, customer; consignor (of goods for sale); (leg) the judge issuing a letter rogatory
___ **encubierto**: undisclosed principal
comitiva oficial: official delegation
como broche de oro: to cap it all
___ **buen padre de familia**: (leg) like a prudent administrator
___ **consecuencia**: as a result, accordingly
___ **cuerpo cierto**: as is, in the condition it now stands (real estate sale)
___ **cuestión de derecho**: as a matter of right, from the legal standpoint, in point of law
___ **ejemplo concreto**: as a case in point, by way of illustration
___ **es debido**: as is only fair

__ **es justo**: as is only fair
__ **está previsto**: on target, on schedule
__ **guste**: at your convenience
__ **hipótesis**: for argument's sake
__ **le sea posible**: at your convenience
__ **llovido del cielo**: out of the blue
__ **máximo**: at most, at the most, at the outside
__ **medida preventiva**: for safety's sake, as a precautionary step
__ **medida transitoria**: as an interim measure
__ **mínimo**: at the very least, at the outside
__ **otra opción**: alternatively
__ **paréntesis**: by the by, by the way
__ **por arte de magia**: as if by magic
__ **por encanto**: as if by magic
__ **quien dice**: as it were, so to speak
__ **quien no dice nada**: as if it were of no importance
__ **quien no quiere la cosa**: casually (with pretended indifference)
__ **quiera que**: since, inasmuch as
__ **quiera que sea**: in any case; however it be; be that as it may
__ **remate**: to round it off; to top it all
__ **se dice**: as the saying goes
__ **se estipula en la resolución**: as called for in the resolution
__ **se ha convenido**: as agreed to
__ **se ha previsto**: as scheduled
__ **se preve en la resolución**: as called for in the resolution
__ **último recurso**: as a last resort
comodante: bailor
comodatario: bailee
comodato: (leg) bailment, contract of loan and restitution, commodatum, gratuitous loan for use
__ **, acción de** : (leg) possessory action
__ **, dar en**: to make a gratuitous loan
__ **precario**: (leg) precarious loan or bailment (usually of real property)
comodidad: comfort; convenience; amenity
__ **de manejo**: ease of operation, user-friendly
comodín: (comp) wild card
compactación: (Nic) downsizing
compacto: heavy (soil)
compadecerse con: to go with, agree with, be in keeping with
compadrazgo: conspiracy; nepotism; favoritism
compaginación: (comp) assembly
compaginar: to collate
compañero de vida: common-law husband or spouse
compañía: company, firm, society
__ **afiliada**: related or sister company
__ **colectiva**: general partnership
__ **comanditaria**: special partnership (some partners liable as in general partnership, others as in limited partnership)
__ **de capital ilimitado**: open-end company
__ **de capitalización**: investment company

__ **de cartera**: holding company
__ **de fianzas**: bonding company
__ **de papel**: shell company
__ **de traslado de valores**: security company
__ **dominatriz**: holding company
__ **en comandita**: limited partnership
__ **fiadora**: bonding company
__ **inactiva**: non-operating company
__ **matriz**: parent company, holding company
__ **nominal**: dummy company
__ **pantalla**: dummy company
__ **por acciones**: stock company
__ **privada (cerrada)**: closely held company
comparación entre hombres y mujeres: gender comparison
comparador: comparator (salaries), comparator institution
comparecencia de testigos: appearance of witnesses
__ **verbal, en**: at a hearing
comparecer: to appear, put in an appearance
compareciente: party hereto; party appearing
comparendo: (law) summons, subpoena
compartimiento de equipaje: (aero) baggage pit
compás de espera: (Col) grace period, waiting period
compasivo: sympathetic, compassionate, understanding
compatibilización: reconciliation (theory, system)
compatibilizar: to adapt to (exchange rate), reconcile (accounts); make compatible (trade rules)
compendio: digest
compatible: consistent, compatible, consonant, in keeping with, geared to, fitting, designed to work with or operate in the same manner
compenetración: mutual understanding; identification (with the aims of); sympathetic understanding, rapport, empathy
compenetrado: imbued with, filled with
compensación: clearing, clearance, settlement (payment); offset (countertrade); (acct) set-off (e.g. of prior year's losses); (leg) set-off
__ **bancaria**: interbank clearing
__ **de crédito líquido**: set-off
__ **de factores**: trade-off
__ **de generación, fondo de**: (Per) (elec) rate equalization fund
__ **de pérdidas**: loss set-off
__ **de riesgo**: hedging
__ **de títulos, sistema de**: (fin) clearing system
__ **de ventajas y desventajas**: trade-off
__ **del movimiento de tierras**: balancing of cuts and fills
__ **industrial**: buy-back
__ **, moneda de**: unit of account
__ **mutua de las partidas de activo y pasivo**: netting (accounts)
__ **, nivel de**: (trade) swing
__ **por defectos de beneficios**: loss compensation (electricity companies)

__ **por despido**: "golden handshake"; termination or severance payment or package
__ , **sistema de**: skimming account, price adjustment scheme
__ **triangular, acuerdo de**: switch agreement (trade)
compensaciones bancarias: (bnk) clearings
__ **legales**: statutory payments
__ **recíprocas**: trade-offs
compensado: (acct) set-off; equal fores and hinds
__ **por**: offset by (e.g. expenditures, deficit)
compensar: to offset, make up for (price escalation); make amends for; balance, adjust; skim off (prices); clear (balances, checks)
compensatorio: countervailing (duties), compensatory (product)
competencia: competition; competitiveness; aptitude, ability, capability, competence, skills; field, province, bailiwick, area of responsibility; expert knowledge; sphere of competence; scope; (leg) jurisdiction
__ **abierta**: unrestricted competition
__ **con productos uniformes**: perfect competition
__ **de precios**: competitive bids
__ **desleal**: unfair, cut-throat competition
__ **en la expresión oral**: oral proficiency
__ **en todos los ramos**: across-the-board competition
__ **enconada**: cut-throat competition
__ **judicial**: jurisdiction of courts of law
__ **libre**: pure competition
__ **material**: (leg) subject-matter jurisdiction
__ **nacional**: domestic jurisdiction
__ **náutica**: seamanship
__ **notoria**: recognized competence
__ **privativa de** : within the exclusive jurisdiction of, prerogative
__ **real**: (leg) subject-matter jurisdiction
__ , **ser de**: to fall within the jurisdiction of, fall to, be the responsibility of
__ , **sistema de**: (acct) accrual method
__ **tecnológica**: know-how
__ **tributaria**: tax jurisdiction
competencias centrales: core competencies or skills
competente: competent, proper, appropriate (authority); qualified (student, firm); conversant with; (the authority) having jurisdiction
competer: to be within the authority of
competitividad: competitivity, competitive position
compilación: (st) collection
compilado por: edited by
complacencia: satisfaction, pleasure; indulgence, accommodating attitude, permissiveness
__ , **ver con**: to be gratified
complejidad: sophistication
complejo: many-sided, complicated (question); elaborate (system), involved (syntax), intricate (arrangement), sophisticated (system)

__ **arcillo-humus**: clay-humus complex
__ **de vivienda**: housing development or project
__ **industrial**: industrial complex; factory, plant
complementación: follow-up (of a meeting); (sometimes) complementarity
__ , **acuerdo de**: complementarity agreement
__ **general de trabajadores**: (Chi) combined education and work program
__ **mutua**: cross-fertilization
complementar: to round out (requirement)
complementario: additional to, follow-up (studies), further (information), ancillary (state); accompanying (swing), supporting (data, staff, evidence); (acct) subsequent (entry)
completar: to make up, top off (quantity, total), round out (picture), bring up to strength, add the finishing touch to, finalize, supplement, reach (quorum), terminate, conclude (discussion), amplify (definition), flesh out (collection)
__ **el stock**: to replenish the stock
completo: all-inclusive, all-round (training)
complexión: build, physical constitution (person); temperament, disposition
complicado: elaborate (mechanism); involved (system); cumbersome (procedure)
cómplice: (leg) accessory (before or during the fact); (Arg) accessory before, during and after the fact
__ **encubridor**: accessory after the fact
__ **instigador**: accessory before the fact
complicidad: (leg) aiding and abetting
componedor amigable: arbitrator, mediator, conciliator
componenda: compromise, settlement; arbitration
componente de demanda: demand factor, component of demand
__ **de servicios**: soft component (project)
__ **físico**: hard component (project)
__ **inflacionario**: (acct) inflationary gain or loss
__ **nacional**: (Col) domestic content (goods and services)
__ **no físico**: soft component (project)
componentes físicos: (comp) hardware
__ **lógicos**: (comp) software
__ **materiales**: hardware (project)
comportamiento: behavior, conduct; performance
__ **antisocial**: deviant behavior
__ **de los precios**: price pattern
__ **de pasturas**: (agr) response of pastures
__ **(p)síquico**: psychological and mental condition
composición: make-up, structure, pattern; arrangement, adjustment, settlement; content, membership (committee); (leg) composition
__ **abierta, de**: open-end (group)
__ **de financiamiento**: mix, blend
__ **de la copada**: catch composition (fish)
__ **de la inversión**: pattern of investment
__ **de las ventas**: sales mix
__ **de los gastos**: pattern of expenditure
__ **de los productos**: product mix

__ **de lugar, hacer (formar)**: to size up a situation (and form a plan of action)
__ **del capital social**: ownership structure
__ **del personal**: staffing pattern
__ **(estructura) del comercio exterior**: pattern of foreign trade
__ **procesal**: out-of-court settlement
__ **relativa**: structure
compra: purchase, acquisition, buying
__ **a condición**: memorandum buying
__ **a precio escalonado**: (Sp) scale buying
__ **compensatoria**: counterpurchase (countertrade)
__ **con retrocesión en arrendamiento**: leaseback option
__ **de bonos con vencimientos diversificados**: liquidity diversification
__ **de capital accionario dominante**: (fin) buy-out
__ **de cartera**: buying loans; factoring
__ **de control empresarial**: (fin) buy-out
__ **de las propias acciones para evitar la absorción de la empresa**: greenmail
__ **de pagarés a descuento**: forfaiting
__ **de participación social**: (fin) buy-in
__ **de producción**: (Per) buy-back (countertrade)
__ **de una empresa con fondos tomados en préstamo**: leveraged buy-out
__ **en descubierto**: (st ex) margin buying
__ **incondicional (a tanto alzado)**: outright purchase
__ **subsiguiente, acuerdo de**: buy-back agreement
__ **y venta excesivas**: churning (securities)
compras: procurement
__ **compensatorias**: offset procurement
__ **de apoyo**: pegging (supporting) purchases
__ **de previsión**: anticipatory purchases
__ **del sector público**: government procurement
__ **en el exterior**: offshore purchases
compraventa: buying and selling; trading (securities, commodities); merchanting (balance of payments); (leg) bargain and sale
__ **, contrato de**: contract of bargain and sale
__ **en el piso de remesas**: (fin) open outcry (commodity exchange)
comprender: to comprise, include; come within; understand
comprensible: readily understood
comprensivo: understanding (person)
compresión de gastos: curtailment of expenses
__ **de precios**: price squeeze
__ **del gasto público**: fiscal retrenchment
__ **financiera**: financial crowding out
__ **fiscal**: fiscal retrenchment
compresiones presupuestarias: budget cuts
comprobación: testing, checking, verification, check-up, inspection, monitoring; (acct) vouchering
__ **contradictoria**: joint survey or inspection (average)
__ **contra justificantes**: (acct) vouchering

__ **de cuentas**: audit
__ **de la deuda**: proof of debt
__ **de muestreo**: spot check
__ **del estado de cuenta**: bank reconciliation
__ **del peso en destino**: (ot) full outturn
__ **sobre el terreno**: spot check
comprobante: voucher, receipt, supporting document; exhibit (lawsuit); (financial) record
__ **de caja**: cash voucher
__ **de descargo**: voucher
__ **de deuda**: evidence of debt
__ **de imposición**: credit slip, deposit slip
__ **de pago**: credit slip, receipt, pay slip
comprobantes: business papers (vouchers, supporting documents, etc)
comprobar: to check, verify, prove, show, confirm, bear out, establish, take into account the fact that
__ **el quórum**: to ascertain that a quorum has been reached
comprometer: to compromise, involve, implicate; adversely affect, jeopardize; bind, commit; endanger; impair (health); (leg) subject to arbitration; agree to arbitration on, refer (submit) to arbitration
comprometerse a: to undertake (to do something)
compromiso: obligation, commitment; involvement (politics); difficult situation, predicament; (leg) arbitration agreement
__ **comunitario**: community "buy-in" or involvement
__ **de acciones**: equity underwriting
__ **de avería**: average bond (customs)
__ **de fianza**: bail bond
__ **de garantía**: underwriting commitment (securities)
__ **de participantes**: participant involvement, "buy-in"
__ **de resultados**: (CR) performance contract
__ **de suscripción de acciones**: equity underwriting
__ **directo a sola firma**: direct unsecured obligation
__ **en materia de desmantelamiento**: rollback commitment (duties)
compromisos de inversiones: commitments
__ **de (por) países**: (fin) country exposure (of a lender or insurer)
__ **netos**: (fin) exposure
__ **suscritos**: undertakings
compuerta: water gate, flood gate, sluice
__ **basculante**: tilting gate
__ **de abatimiento**: beartrap gate
__ **de retención**: backwater gate
__ **de sector**: drum gate
__ **de toma**: head gate
__ **de vertedero**: crest weir
__ **vertical**: sluice gate
compuesto: *a* composite, compound; *n* composting
compulsa: (leg) officially compared and attested instrument; certified copy

__ **de libros**: examination or checking of books (by court order), judicial review of accounting records
compulsas: (Arg) competitive bidding
compulsar: to collate (documents); (leg) make an attested copy of
computadora central: mainframe computer
__ **de mesa**: desk-top computer
__ **portátil**: laptop computer, "Notebook"
__ **principal**: mainframe computer
cómputos métricos: quantity estimates
común: common to; (sometimes) shared (e.g. recorridos comunes: shared routes); joint (pension fund, sales agency, etc); mixed (program, board); (ins) both to blame (clause)
comunal: community (organization); common (land); group (effort)
comunero: (leg) co-owner, joint owner (land)
comunicación de resultados: feedback
__ **interurbana**: long-distance call
__ **, ponerse en**: to get into touch with, write to, contact
__ **social, medios de**: the media, mass communications
comunicado oficial: communiqué, official statement or release, press release
comunicador agrícola: agricultural journalist
comunicar: to inform; transmit (customs, disease); convey (feelings); impart (movement); adjoin, be connected (rooms); announce; report (results)
__ **con**: to get in touch with, reach, contact
comunidad: joint ownership (common ownership)
__ **bentónica**: demersal community
__ **de base**: (ed) target community
__ **de bienes**: jointly owned property; (Sp) pooling of interests
__ **de intereses**: joint venture; pooling (of interests)
__ **, división de**: partition of common property
comuníquese: know all men; for transmittal
__ **publíquese y cúmplase**: to be announced, published and enforced
con alto coeficiente de endeudamiento: (highly) leveraged
__ **antelación a**: on or before, at or before
__ **arreglo a**: subject to, in accordance with
__ **buen fin**: with good intentions
__ **carácter oficial**: in an official capacity
__ **carácter periódico**: on a regular basis
__ **cargo de**: drawn on or from
__ **conocimiento de causa**: with a full knowledge of the facts, knowingly, advisedly, on good grounds
__ **detenimiento**: at length
__ **el agregado de que**: and furthermore
__ **el ánimo de**: in an effort to, with the intention of
__ **el concurso de**: in conjunction with
__ **el tiempo**: in the course of time, as time goes by
__ **ello**: in so doing
__ **esa finalidad**: to that end

__ **ese fin**: with that end (aim) in view, to that end
__ **ese motivo**: as a result
__ **este fin**: to this end, with this aim, for this purpose
__ **este propósito**: for this purpose
__ **excepción de**: except
__ **fines delictivos**: with malicious intent
__ **fines lucrativos**: for commercial purposes, for (the sake of) profit
__ **independencia de**: regardless of, whether or not
__ **intervención de**: in conjunction with
__ **la certeza de que**: confident that
__ **la mayor antelación**: as far in advance as possible, at the earliest possible time
__ **la mayor brevedad**: at your earliest convenience, at the earliest possible time, as soon as you can
__ **largueza**: by far
__ **lo cual**: accordingly
__ **los fines a que dé lugar**: for all appropriate purposes
__ **mayor (más) motivo**: even more so
__ **mayor razón**: with all the more reason
__ **miras a**: with a view to, for the purpose of
__ **motivo de**: on account of, in connection with, because of, owing to, on the occasion of
__ **motivo de la boda**: on the occasion of the wedding, because of the wedding
__ **mucha solemnidad o ceremonia**: in a formal manner
__ **mucho**: out and away, by far, by a long shot, by a long way, far and away
__ **mucho gasto**: at great expense
__ **mucho protocolo**: in a formal manner
__ **pérdidas**: at a sacrifice
__ **pleno conocimiento de causa**: knowing full well
__ **poco tiempo de aviso (antelación)**: on short notice
__ **premeditación**: with malice aforethought
__ **premio**: (fin) above par
__ **provecho**: to good purpose
__ **razón**: and rightly so, understandably so, with good reason, for good reason; that explains it
__ **razón o sin ella**: rightly or wrongly
__ **recargo**: at a premium
__ **respecto a**: as to, as for, as regards, in relation to, with regard to
__ **seguridad**: for sure
__ **sentido práctico**: in a businesslike manner
__ **sujeción a**: subject to, in accordance with
__ **tal propósito**: with this aim in view, to that end
__ **tal que**: on the understanding that, provided that
__ **toda probabilidad**: in all likelihood, chances are, like as not
__ **todo**: for all that, after all, all in all, still, nevertheless, however
__ **todo detalle**: at length
__ **todo y eso**: everything considered, in spite of everything, nonetheless, nevertheless, still, even so

conato: (leg) attempted crime; beginnings (of an action)
concatenación descendente: (ind) forward linkage
__ **progresiva y regresiva (de una industria)**: backward and forward linkage
concatenado: piggyback (project, financing)
concebido: (leg) unborn child
__ **como**: understood as, thought of as
__ **para**: designed, intended for
concebir: (Arg) to make out (check), draw (bill of exchange)
concedente: franchisor, grantor, licensor
conceder: to grant (favor); pay (attention); extend (credit); award (damages, prize); confer (honor); admit (as true); allow (rebate, discount); give the floor to
__ **la palabra**: to call upon (to speak), give the floor to
__ **mucha importancia a**: to set great store by
concentración: concentration, loading, content (ozone); merger, fusion, amalgamation; assembling (of produce); (acct) recapitulation (entries, items); (min) upgrading (ore)
__ **agrícola**: amalgamation (of farms)
__ **al comienzo del período (del programa)**: front loading
__ **al final del período**: back loading (program)
__ **crediticia**: (bank) exposure
__ **crediticia excesiva**: (bank) overexposure
__ **de campesinos**: mass meeting, rally, demonstration
__ **de cloro en la atmósfera**: atmospheric loading
__ **de empresas**: (Sp) merger
__ **de explotaciones**: amalgamation of farms
__ **de fuerzas**: (mil) troop assembly
__ **de información**: collection, storage
__ **de la carga**: (ot) consolidation of cargo
__ **de minerales**: ore dressing
__ **de notas**: (Chi) (ed) grade transcript
__ **de partículas**: particulate loading
__ **de valores**: cornering
__ **final, con**: backloaded (program)
__ **parcelaria**: regrouping of holdings, consolidation of dispersed holdings, land consolidation
__ **sectorial**: sectoral emphasis
concentrado de un mineral: beneficiation of a mineral
__ **, planta de**: (min) dressing plant
concentrar: to account for (e.g. 10% of production), represent
__ **esfuerzos**: to focus on
__ **(la condicionalidad) en el primer tramo de desembolso**: to front-load a loan
concentrarse: to congregate
__ **en**: to focus on
concepción: format; design; planning (facilities); organization (services); development (products); styling (products); thrust (policy)
__ **del puesto**: job design
concepto: idea, view, judgment, estimation, opinion; head, heading, section (account); item (budget); article; category of credit or debit (account heading); approach, thrust (policy)
__ **de gastos**: items of expenditure
__ **de, por**: as, by way of, under the heading of (income); from (tourism); (payment) for (visas)
__ **de, tener un buen**: to have a high opinion of, high regard for
__ **del juez**: (leg) opinion of the judge
__ **final**: closing statement, closing remarks, summation
conceptos: (sometimes) charges
__ **asociados**: associated equipment or items
__ **básicos**: conceptual framework
__ **de gastos**: objects of expenditure
__ **presupuestarios**: budget items
conceptualización: how something is viewed; design (project)
__ **del problema**: approach to the problem
conceptuoso: thought-provoking, meaningful, significant
concertación: consensus building; (Ven) consensus; (Chi) (political) coalition; (consultation with a view to) agreement on concerted action or adoption of a joint position; concerted (political) action
__ **social**: social pact
concertar: to agree on (price), clinch (deal), take out (insurance); obtain (loan); coordinate (efforts), get persons to agree (to do something); reach (agreement); conclude, negotiate (treaty), arrange (sale); (intr) tally, harmonize, be in tune with, be consistent with, mesh with
__ **la operación**: to put the deal together, clinch the deal
__ **un acuerdo**: to conclude, negotiate an agreement
concesión: award (loan); concession, franchise
__ **de carbón**: coal property
__ **de fondos**: appropriation (budget)
__ **de premios**: awarding of prizes
__ **exclusiva**: franchise; exclusive trading
__ **marina**: offshore concession
__ **mercantil (comercial)**: franchise
__ **minera**: mining lease
__ **petrolífera**: oil lease
__ **recíproca**: trade-off
__ **recíproca de licencias**: cross-licensing
concesiones mutuas, política de: give and take policy
__ **petrolíferas caducadas**: forfeited oil leases
__ **petrolíferas en explotación**: operated oil leases
__ **petrolíferas renunciadas**: forfeited oil leases
concesionalidad: flexibility; concessionality (lending terms)
concesionario: *n* license holder; dealer; licensee, franchisee; *a* soft (loan terms); cheap (money)
concesionario-distribuidor: franchisee
concha de abanico: (Mex) scallop
conchal: shell mound, kitchen midden
conchuela: (Chi) scale (trees)
conciencia cultural: cultural awareness

CONCIENTIZACION   CONDENA

__ , en: (leg) ex aequo et bono, in justice and in fairness, according to equity and conscience
concientización: self-awareness; consciousness raising; awareness raising or building; climate setting; heightening of public awareness
concientizar: to raise the level of consciousness of; indoctrinate
conciliación: (acct) reconciliation (accounts)
__ , **comité de**: conference committee
cónclave: caucus
conclusión: conclusion, (fig) bottom line; (leg) submission, finding
__ **errónea**: non sequitur
__ **inevitable**: foregone conclusion
conclusiones: findings (seminar, etc); (leg) findings, decisions; pleadings
__ **acusatorias**: (Mex) (leg) indictment
__ **adoptadas**: conclusions reached
__ **de derecho**: conclusions of law
__ **de las partes**: brief (bill of complaint)
__ **motivadas**: reasoned conclusions
__ **reconvencionales**: defense pleadings
__ **subsidiarias**: alternative pleadings
concluyente: unanswerable, irrefutable, convincing (argument), conclusive (evidence), decisive (proof)
concomitancia: accompaniment, co-existence, regular conjunction
concomitante: incidental (powers), attendant, accompanying (circumstances)
concordancia: consistency, relevance, affinity; best fit (of curve); timing
__ **de la valoración**: consistency of valuation
concordar con: to agree, tally with; be consistent with, be in keeping with
__ **cuentas**: to reconcile accounts
concordato: (leg) composition (before adjudication), arrangement (after adjudication) between insolvent and creditors
__ **preventivo**: (Arg) arrangement with creditors to avoid bankruptcy
concreción: conclusion (of transaction), implementation (agreement), execution, carrying out; closing (deal); firming up (plans)
concretamente: specifically; exactly, precisely, more precisely, in short, in a word, to cut a long story short, in so many words
concretar: to put into practice, effect, achieve, implement, carry out, get settled, conclude (agreement); arrange (something); conclude (sale, arrangement); bring about; specify, spell out, summarize, pinpoint, define
concretarse: to limit, confine oneself to; stick to the point; concentrate on, devote oneself to; be established, be realized, take shape, emerge
concreto: *a* actual, particular, specific (case, instance), firm (opinion), definite (idea), factual (appraisal); *n* concrete
__ **aparente**: rough-cast concrete
__ **asfáltico**: bituminous concrete, asphalt concrete

__ , **en**: in short, in brief, to sum up, in a word, in a nutshell, more precisely, to cut a long story short
__ **fresco**: green cement
__ **lanzado**: pumpcrete, shotcrete
__ **preesforzado**: prestressed concrete
__ **premezclado**: ready-mixed concrete
__ **proyectado**: shotcrete
__ **simple**: plain concrete
concubina: female partner, mistress, concubine (sometimes misused to mean common-law spouse)
concubinato: (leg) cohabitation
conculcar: to infringe, violate, break (the law)
concurrencia: audience, attendance, those present or in attendance; crowd, multitude; influence, contribution (factors), conjunction (events); rivalry, competition (business); participation (of contractors in call for bids)
__ **del delitos**: (leg) compound offenses; concurrence of offenses
concurrir: to be present at, attend, take part in (meeting); be a party to; exist (circumstances), meet (the definition or requirements)
__ **con**: to meet (requirements)
concursado: an insolvent
concursante: bidder
concurso: conjunction (events); cooperation, help; contest, competition; competitive examination, (active) involvement (of the community), limited invitation to tender; prequali-fication
__ **de acreedores**: meeting of creditors
__ **de competencia (precios)**: competitive bidding
__ **de delitos**: (leg) concurrence of offenses, compound offenses
__ **de méritos**: call for prices and description of firm's experience, invitation to prequalify, prequalification (review of qualifications of firms)
__ **de méritos, títulos y antecedentes**: prequalification, invitation to submit statement of qualifications (usually for consultants)
__ **de ofertas**: call for bids
__ **de precios**: "shopping" (procurement); call for bids from prequalified firms
__ **de subasta**: competitive bidding, call for bids, invitation to tender
__ **(formal) ideal de delitos**: (leg) multiple offenses
__ **material (real) de delitos**: (leg) series of offenses
__ , **por**: on a competitive basis
__ **preventivo**: (Arg) arrangement with creditor to avoid bankruptcy
__ **privado**: restricted call for bids
__ **voluntario**: (leg) voluntary bankruptcy
concusión: (leg) extortion
condecir: (Per) to agree with, be consistent with
condena: (prison) sentence
__ **a costas**: (Sp) (leg) order for costs

CONDENADO

__ **acumulativa**: (leg) accumulative sentence
__ **condicional**: (leg) binding over; suspended sentence
__ **contradictoria**: judgment after trial
__ **de costos**: taxation of costs
__ **ejecutariada**: (leg) unappealable sentence
__ **en rebeldía**: (leg) contumacious sentence
condenado en juicio: tried and convicted
condenar a alguien a costas: (Sp) (leg) to order someone to pay the costs
__ **en costas**: (Sp) (leg) to order to pay the costs
condescendencia: permissiveness
condescender: to acquiesce, be obliging; yield to, agree to (request, wishes)
condición: nature (thing), character (person); rank, social position, condition, status (economic, legal, etc)
__ , **bajo esta**: with this proviso
__ **de entidad consultora**: consultative status
__ **de, en mi**: in my capacity as
__ **de estado**: statehood
__ **de la inversión**: securities position
__ **de que, a**: with the proviso that
__ **jurídica**: legal status
__ **potestativa**: condition depending on the discretion of a party to the contract
__ **previa**: prerequisite; condition precedent
__ **resolutiva**: condition subsequent
__ **suspensiva**: condition precedent
condiciones: qualities, ability; conditions, circumstances, state; terms, stipulations
__ **corrientes**: conventional (market) terms
__ **crediticias**: lending terms
__ **de empleo**: conditions of employment, staff policy
__ **de favor**: concessionary terms
__ **de mercado**: (fin) hard terms
__ **de transporte (embarque)**: terms of shipment
__ **de votación**: voting requirements
__ **favorables**: (fin) concessional terms (loan)
__ **fitoclimáticas**: crop climate
__ **imperantes**: current conditions, prevailing conditions
__ **materiales**: physical conditions
__ **mínimas necesarias**: enabling environment (for investment)
__ **ordinarias**: (fin) hard terms
__ , **poner en**: to put into working order, mend, repair
condicionado: tied (purchase); qualified (acceptance)
__ **a**: with the proviso that
condicional: contingent (clause, commitment); qualified (agreement)
condicionamiento: merchandising; making-up (of a product), presentation (of goods)
condicionante: (Sp) constraint
condicionar: to be or make dependent, contingent upon; determine, govern, dictate (price); set limits on (allocation); stipulate, prescribe, limit, qualify, subordinate

CONFECCIONADO

condicionarse a: to be contingent upon, vary as
condonación: cancellation, remission (tax, debt), forgiveness (indebtedness)
condonar: to forgive (rent); remit (debt, taxes, damages); absorb (loan); cancel (debt); turn a blind eye to (abuses)
conducción: leading, guiding, management; conveyance (water); piping, wiring; leadership; governance; stewardship
__ **forzada**: power conduit, penstock
__ , **tubo de**: conveyance line (treated water)
conducciones: conduits
__ **de agua**: water services
conducente: pertinent, relevant; intended (to); enabling (environment, policy)
__ , **en lo**: wherever pertinent
conducir: (Per) to rent out
__ **a**: to make for, conduce to (better relations)
conducta: behavior (person); management, direction
__ , **ciencias de la**: behavioral sciences
__ **recta**: moral integrity
conducto: pipe, conduit, cable; culvert; channel (trade)
__ **cerrado**: closed culvert
__ **de alambres**: raceway, electric conduit
__ **de alimentación**: supply line
__ **de extracción**: (min) glory hole
__ **de impulsión**: force main
__ **de, por**: through, via
__ **de presión**: penstock
__ **eléctrico**: raceway
__ **forzado**: penstock
__ **oficial, por**: through official channels
__ **pluvial**: storm (water) sewer
__ **subterráneo**: (elec) culvert
conductos de cable: ductwork
__ **de desagüe**: drains
__ **de distribución**: distribution channels
conductor: facilitator (at meetings); (Per) tenant (apartment); lessee, leaseholder
conductores empaquetados: (elec) conductor bundle, bundled conductors
conectado: (Sp) (comp) on line
conector tetrapolar: four-pin connector
conexidades: (Arg) (leg) incidental rights
conexión de cadena: network hook-up (radio)
__ **de servicio**: (elec) supply line
__ **directa, en**: (comp) on line
conexiones intradomiciliarias: indoor plumbing
conexo: allied (fields, personnel), related to, connected with
confabulación: collusion
confección: making up (clothes); compounding (medicine); manufacturing (goods); workmanship; construction (machines); formulation (budget)
__ , **industria de**: (ready-made) clothing industry
confeccionado: ready-made (clothing), made-up (goods)

confeccionar: to fabricate, manufacture, prepare, make (up)
conferencia: meeting, conference; lecture; long-distance telephone call
__ **de fletes (armadores)**: liner conference
conferir derechos en: to vest rights in
confesión: admission, acknowledgement
__ **compensada**: plea bargaining
__ **de culpabilidad**: admission of guilt
__ **en juicio**: judicial confession, deposition
__ **ficta**: implied confession
__ **judicial**: judicial confession, deposition
__ **simple**: simple confession, plea of guilty
confiabilidad: reliability
confianza: confidence, trust, reliability, dependability
__ **de, bajo**: (Ec) on the assumption that
__ **estadística**: statistical reliability
confidencial: classified (information), private (matter), in confidence
configuración: forming, shaping; lie (lay) (of the land); layout (port structures); form, design; shape (animal); make-up (student body); pattern, array
__ **de las cuentas corrientes**: pattern of current accounts
__ **de muestreo**: sample frame
configurar: to shape, give a particular form to; make up, constitute, (sometimes) describe, reflect; (leg) constitute (an offense), meet the definition or requirements (of an offense)
__ **la figura**: (leg) to constitute the offense of
configurarse: (leg) to lie, exist (offense); be grounds for (offense)
confinamiento: (Chi) (leg) banishment to a place named in the sentence; internal exile; impoundment (of hazardous wastes); containment; (agr) soiling
__ **mayor**: (leg) long-term transportation
__ **menor**: (leg) medium-term transportation
confirmación de inventarios: inventory certificate
__ **expresa**: (acct) positive confirmation
__ **supuesta (tácita)**: (acct) negative confirmation
confiscación: (leg) seizure, attachment
__ **y decomiso**: forfeiture and seizure (customs)
confiscar: to seize (a ship)
confitería, artículos de: sugar confectionery
conflictivo: controversial, difficult (situation), quarrelsome (person), confrontational (style), polemical
conflicto de interés: divided loyalty
__ **del trabajo**: industrial dispute
__ **laboral**: industrial dispute
confluencia: meeting, joining (rivers)
__ **, punto de**: common ground, points agreed upon
confluyente: (Mex) common (interest)
conformación: design
conformador de caballones: levee maker (rice)

__ **de camas**: bed maker (rice)
conformar: to adjust (outlays to income), reconcile; (tech) form, shape, grade (roads)
conformarse con: to settle for, resign oneself to, put up with
conforme a: subject to; on instructions from, in line with
__ **a derecho**: (leg) in due form; according to law (judge's ruling)
__ **a esta interpretación**: on this understanding
__ **a lo convenido (conversado)**: as per our conversation
__ **a lo estipulado**: as set forth in
__ **a lo previsto en**: as provided for, set forth, stipulated in, evidenced by
__ **a los planes**: as scheduled, according to schedule, on schedule
conformidad: consent, agreement
conformidades: (Ven) export licenses
confrontación: inspection (shipping); checking, comparison (texts); (fig) showdown
__ **bilateral**: (st) two-way match
__ **de experiencias**: sharing of experiences
__ **de sangres**: blood matching
confrontar: to face (up to), compare, collate
confundir: to disconcert, perplex; mix up, confound; blend
confusión: intermingling, blending (debts, rights); (Chile) (leg) merger
__ **de los derechos de acreedor y deudor**: merging of the rights of creditor and debtor
__ **de penas**: (leg) concurrence of sentences
confuso: misleading, doubtful, obscure, unintelligible; confused, mixed, jumbled
congelación: freezing
__ **de interés a un nivel mínimo**: (fin) drop-lock
__ **por corriente de aire**: air-blast freezing (food)
__ **por inmersión**: immersion freezing (food)
congestión portuaria: bunching
conglomerado: particle board; (st) cluster
congrio: (Chi) conger eel; (Sp) cusk eel
__ **colorado (o negro)**: (Chi) cusk eel
congruencia: consistency, coherence
congruente: consistent, in keeping with, congruent, fitting, in agreement with, convenient, opportune
congruo: (Chi) (leg) appropriate
coníferas: softwood
conjetura: guess-work, surmise
conjugación: coordination, combination
conjugar: to fit together, unite (efforts)
conjunción de oferta y demanda: matching of supply and demand
conjuntamente: concomitantly
conjunto: *a* joint, united (efforts), combined (total), overall; *n* system, assembly, module, package, set, kit, array, series; congregation (things), assembly (machinery), collection (units), set (proposals), batch (fish), package (projects); (comp) array; (fig) spectrum
__ **de costos fijos**: aggregate of fixed costs

__ **de facilidades de crédito**: credit package
__ **de tecnología**: technology package
__ **didáctico**: learning package
__ **, en**: as a whole, together, all told, in (its) entirety, in all
__ **habitacional**: housing complex, housing project
conjurar: to stave off, ward off, forestall, avert; rid oneself of; entreat (person)
conllevar: to bear, endure, put up with; involve, imply, lead to, entail (change); be accompanied by; be fraught with
conminar: to threaten; warn; require someone to do something
conmoción interior: internal disturbances, civil commotion
__ **petrolera**: oil shock
conmutación: switching (telephones)
conmutador: switch; telephone switchboard
cono aluvial: alluvial fan
__ **de deyección**: debris cone, alluvial cone, detrital fan
conocedor de: familiar with
conocer: to be familiar with (things); be acquainted with (persons); know, know about, understand; take up, deal with, be informed of (matter); identify (characteristics), recognize, distinguish (problems), assess (situation), determine (quality), detect (defects), investigate
__ **a prevención (leg)**: to assume jurisdiction in (a case)
__ **de**: to be informed of; (leg) take cognizance (jurisdiction) of, try (a case), hear (appeal)
__ **de un delito**: to try an offense
__ **de una causa por delito**: to try a criminal case
__ **de una demanda**: (leg) to take cognizance of an action
__ **en determinadas categorías de asuntos**: to adjudicate on particular categories of cases
conocido: well-known, prominent (person), recognized (tendency)
conocimiento: knowledge, know-how, information; good sense; consciousness; (leg) jurisdiction; (Mex) (com) land bill of lading
__ **aéreo**: air waybill
__ **de a bordo**: shipped bill of lading
__ **de almacén**: dock warrant
__ **de causa, con**: with full knowledge of the facts; enlightened
__ **de embarque**: forwarder's bill of lading
__ **de embarque a la orden**: ocean bill of lading
__ **de embarque con reservas**: claused bill of lading
__ **de embarque de seguro mutuo**: P and I (protection and indemnity) bill of lading
__ **de embarque directo**: through (straight) bill of lading
__ **de embarque "estiba"**: "loaded" bill of lading

__ **de embarque por mercancías entregadas**: spent bill of lading
__ **de embarque simplificado**: short-form bill of lading
__ **de embarque sin restricciones**: clean bill of lading
__ **de una causa**: (leg) hearing of a case
__ **de, ser de**: (leg) to be heard by (case)
__ **especializado**: expertise
__ **marítimo**: ocean bill of lading
__ **nominativo**: straight bill of lading
__ **operativo**: working knowledge
__ **patrimonial**: proprietary knowledge
__ **, poner en**: to notify, give notice of, inform
conocimientos básicos de aritmética: (ed) numeracy
__ **especiales**: (ed) skills
__ **técnicos (tecnológicos)**: know-how, expertise
conquista: achievement, breakthrough
conquistas científicas: scientific achievements
conquistar: to win, open up, penetrate (a market)
consabido: above-mentioned, aforementioned (witness); usual, customary, traditional (words of greeting); oft repeated, timeworn (joke); well-worn (description)
consagración: devotion to (task), commitment to (policy), establishment (principles), recognition (as a writer)
consagrado: devoted to; stock (phrase); time honored (custom), settled (practice); sanctioned (by usage); laid down, established, expressed, committed to
__ **en**: established, embodied, contained in, set forth in
__ **por la ley**: established by law
consagrar: to devote (a chapter to), dedicate (life to); confirm as, show to be, establish reputation as (writer); embody, enshrine (in UN Charter); establish, adopt (principles); stipulate (in Constitution); classify as (crimes), give sanction (authority) to
consanguíneo: on his father's side
consanguinidad: inbreeding
__ **directa**: line breeding
consciente de: aware of, alive to, recalling that
consecuencia: consequence, conclusion, result, outcome, by-product; implication, aftermath, aftereffect; importance, weight; impact; consistency (argument)
__ **de, a**: in the wake of
__ **financiera**: financial implication
__ **sanitaria**: public health impact
__ **, tener como**: to result in, entail
consecuente: consistent with (results); true to (nature); attendant on; rational, logical (person)
consejero: case-worker; (Sp) (com) non-executive director (company), director
__ **delegado**: (Sp) chief executive officer; (USA) CEO; (UK) managing director
__ **municipal**: alderman; (city, town) councilor, council member

__ **propietario**: full director (as opposed to alternate)
__ **social**: director of a cooperative
consejo de administración: board of directors (company); board of trustees (museum)
__ **de fletadores**: shippers' council
__ **de guerra**: court-martial
__ **de la carne**: (UK) Meat Marketing Board
__ **de la judicatura, de la magistratura**: judicial council
__ **de la leche**: (UK) Milk Marketing Board
__ **de ministros**: cabinet council
__ **de patronato**: board of trustees
__ **de usuarios**: shippers' council
__ **de vigilancia**: (Arg) oversight committee (corporation), shareholders' committee
__ **en pleno**: board in full attendance
__ **municipal**: city or town council
consejos de administración coincidentes: interlocking directorates
consensual: joint, mutual (agreement); consensual (union)
consentimiento: agreement, consent, approval
__ **con conocimiento de causa**: informed consent
__ **fundamentado**: informed consent
conservación: preservation (marine resources), conservation (soil), storage (vaccine), maintenance (equipment), upkeep (buildings), retention (records)
__ **de cosechas nuevas**: postharvest conservation
__ **de derechos**: (Mex) continuing coverage (social security)
__ **de huevos**: egg processing
__ **por gas**: gas storage (fruit)
conservacionista: environmentalist
conservador: (Chi) registrar of lands, mines, and industrial property
conservas: canned food
__ **alimenticias**: canned goods
__ **de carne**: canned meat
considerable: hefty (increase), large, extensive; heavy (expenses)
consideración, de: considerable (damage), serious (wound), sizeable (sector)
__ **, de mi**: Dear Sir or Madame, Dear Sir(s), Gentlemen (salutation of a letter)
__ **de nuestra posición**: reasons for our stand
consideraciones: conclusions
__ **jurídicas**: points of law
considerando: preamble (law); grounds (judgment), whereas clause (usually refers to conclusions of law as opposed to *resultando*, which usually refers to findings of fact)
considerando todo: after all
considerándolo bien: all things considered
considerandos: paragraphs setting forth the legal grounds on which a judgment is based; preambular paragraphs, whereas clauses (of a resolution); recitals (agreement)

considerar: to take into account, bear in mind, not forget; include; cover, provide for, allow for (contingencies)
__ **como**: to consider to be; regard as; treat as, deem to be
consignación: consignment, shipment (goods); allocation, (budget) appropriation; amount earmarked; (leg) booking, indictment, charging with crime; recording (matter)
__ **bancaria**: (Col) bank deposit
__ **de créditos**: appropriation (UN)
__ **de datos**: (comp) logging, data input, data entry
__ **presupuestaria**: budget line
consignado en: set forth in, embodied in, shown in, stated in, recorded in
consignador: broker; (comp) logger
consignar: to send, ship, dispatch (goods), deposit (money); set forth, state, record (reasons); assign, allocate, earmark (funds); make an appropriation (budget); pay (the value of a promissory note); commit (e.g. 5% of the budget)
__ **créditos**: to appropriate (budget)
consignatario de buques: shipping agent, ship broker
__ **de la carga**: freight agent
consiguiente: consequent upon, resulting from; consecutive; consistent, logical
consiguientes, para los efectos: for appropriate action
consistir en: to consist of or in, be due to, be accounted for by, lie in the fact that
consolidación: merger, amalgamation (firms); funding (debt), binding (tariffs)
__ **de bonos**: refunding of bonds
__ **de la deuda**: sinking of the debt, funding of the debt
__ **de la paz**: peace-building
__ **de un préstamo**: (Sp) restructuring of a loan
consolidar: to strengthen, reinforce; bind (tariffs); fund or sink (debt); solidify; entrench
consorcio: conjunction (circumstances); syndicate (banking); consortium (aid); trust (company)
__ **bancario**: banking syndicate; bank club
__ **diversificado**: multiproduct business
__ **garante**: underwriting syndicate
constalación: (st) cluster
constancia: steadiness, certainty; proof, evidence, voucher, record, statement; (leg) attestation
__ **de baja**: (Sp) separation certificate (employment)
__ **de, dejar**: to put or place on record, have included in the minutes; express (appreciation)
__ **de despacho**: proof of mailing
__ **de servicios**: record of employment
__ **de situación escolar**: (Sp) academic performance record, report card
__ **, para**: let the record show (that); in witness whereof
__ **testimonial**: affidavit

constante: steady (demand), sustained (commitment); unbroken (practice); unstinting (support), tireless (efforts)
constar: to be clear, evident, manifest; appear, be on record, be listed in, be shown in, be set forth in (document)
__ **de**: to comprise, consist of, be composed of
__ **, hacer**: to point out, make the point that; mention, state; include in a report; place on record in (minutes); certify, set forth
__ **por el presente documento (conste)**: know all men by these presents
__ **por escrito**: (leg) to be evidenced in writing
__ **que (conste que)**: I can certify; I am sure, I am aware, it is evident to me
constatación: finding (inquiry)
constatado por: evidenced by
constatar: to establish, verify, confirm (fact); record (event); report (case); note, find; notice, observe
constelación: (st) cluster
constitución: incorporation (company)
__ **de existencias**: stockpiling
__ **de una anualidad**: (leg) settling of an annuity
__ **de una fianza**: posting of a bond
__ **de una garantía**: collaterization; posting of a bond
__ **mental**: mental make-up
constituir: to form, make up (group); create, establish, set up (committee); form (company); furnish (pledge); install (committee); build up (portfolio); furnish (mortgage)
__ **garantías**: to furnish security, pledge collateral
__ **gravámenes**: to encumber assets or revenues
__ **título ejecutivo**: (leg) to accord the privilege of attaching
__ **un comité**: to install a committee
constituirse: (leg) to meet, sit (of a multipersonal organ); attend, visit (of a judge performing his duties outside the courtroom); appear (before a notary)
__ **parte civil**: to bring a civil suit; (leg) take criminal indemnification proceedings
constitutivo de: establishing (an institution)
construcción de acuerdos: making, concluding, negotiating agreements
__ **de obra de infraestructura**: capital construction
__ **discontinua**: open building methods
__ **metálica**: heavy equipment manufacturing
__ **naval**: shipbuilding
__ **progresiva de viviendas**: incremental building
construcciones: construction works, building and construction
__ **mecánicas**: mechanical engineering, machine building
consubstancial: inherent in
consubstancialmente: inherently
consubstanciar: to embody

cónsul de carrera: professional consul (*consul missus*)
__ **honorario**: commercial consul (*consul electus*)
__ **rentado**: career consul
consulta: consultation; conference, meeting; question, inquiry; legal opinion; information; (med) office visit; out-patient (or emergency) service visit; (Chi) referendum; (Col) summary review; request for
__ **popular**: referendum; asking for the opinion of the public; community opinion poll
__ **sobre posibles objeciones**: letter of no objection (LNO) (imports)
consultas: submissions (on proposals)
consultado en el contrato: covered in, provided for in
consultar: to consult, ask for or take advice (medical, legal); confer with, discuss, take a matter up with; take into account; pay due regard to; involve, concern, refer to, have to do with (change); earmark, appropriate funds for; provide for, be included in
__ **a la asamblea**: to take the sense of the meeting
__ **con**: to check something out with, confer with, seek input from (the community, the public, stakeholders); sound out (those affected)
consultarse: to confer together
consúltese: (leg) let it be submitted to a higher court for approval or review
consultor administrativo: management consultant
__ **general de hacienda**: (Mex) Comptroller General
__ **permanente**: house consultant
__ **técnico**: engineering consultant
consultorio: clinic; center; bureau (legal aid); physician's office
consumación del traspaso de título: closing (of) title (real estate)
consumar: (Mex) to accomplish, effect, complete, carry out, perpetrate (crime)
consumidor/usuario: (elec) ultimate customer
consumirse: to be used
consumismo: (privileged) consumer society; privileged consumption, buying spree
consumo: consumption; intake (feed in cattle); use (of a thing)
__ **aparente**: apparent consumption
__ **calorífico**: heat rate
__ **de drogas**: drug use
__ **de ostentación**: conspicuous consumption
__ **decomisado**: seized input (drugs)
__ **industrial**: industrial absorption
__ **neto de agua**: (irr) consumptive use
__ **propio**: home consumption
consumos: expendables (electricity, gas, etc.); (Sp) municipal excise taxes
__ **interruptibles**: (elec) interruptible sales
consunción: wasting (cattle), starvation
consuno, de: with one accord, by common consent, in concert

__ , **disponer de**: (Chi) (leg) to dispose of by mutual consent
contabilidad: accounting, accounting department
__ **a base de causación**: (Col) accrual basis accounting
__ **a valor corriente**: current value accounting
__ **a valores de mercado**: market value accounting
__ **actualizada por poder adquisitivo**: general purchasing power adjusted accounting
__ **administrativa**: management accounting
__ **al valor del patrimonio neto**: equity accounting
__ **analítica**: variable accounting; (Sp) cost accounting
__ **analítica de explotación**: cost accounting
__ **autónoma**: self-balancing accounting
__ **auxiliar**: subsidiary accounts
__ **cameralista**: government accounting
__ **comercial**: financial accounting, business accounting
__ **de actuación**: performance accounting
__ **de caja**: cash basis accounting; accounting on a receipt and payment basis
__ **de causación**: accrual basis accounting
__ **de costo total**: absorption accounting; absorption costing
__ **de ejercicio**: accrual basis accounting; accounting on a receivable-payable basis
__ **de empresas**: business accounting
__ **de existencias**: inventory accounting
__ **de fondos**: accounting on a value basis; financial accounting
__ **de gasto total**: absorption accounting
__ **de gestión**: managerial accounting
__ **de material**: equipment records
__ **de materiales**: accounting on a quantity basis
__ **empresarial**: business accounting
__ **en valores de caja**: (fin) cash (basis) accounting
__ **en valores devengados**: accrual basis accounting
__ **financiera**: cash accounting
__ **general**: financial accounting
__ **industrial**: cost accounting, factory accounting
__ **mecanizada (mecánica)**: machine accounting
__ **mercantil**: business accounting
__ **moral**: (Sp) (leg) behavior record
__ **nacional**: social accounting, national accounting
__ **patrimonial**: accrual basis accounting, commercial accounting
__ **por centros de responsabilidad**: activity accounting
__ **por clasificación de documentos**: voucher accounting
__ **por decalco**: duplicating bookkeeping
__ **por ejercicio**: accounting on an accrual basis
__ **por partida doble**: double entry bookkeeping
__ **pública**: government accounting

__ **según el criterio de registro de caja**: cash basis accounting
__ **según el criterio de registro de derechos contraídos**: accrual basis accounting
__ **sintética**: general accounting using control accounts
__ **sobre la base de créditos comprometidos**: commitment basis accounting
contabilización: (acct) journalization; (Sp) entering in books of accounts; posting
__ **mecánica**: mechanical posting
contabilizado: recorded (expenses); metered (water)
contabilizar: to enter (in the books of account), record (in the accounts); meter (water)
contable: *a* book (value, profit); *n* (acct) bookkeeper; accountant
__ **de compañía naviera**: (ot) ship's husband
__ **industrial**: cost accountant
__ , **perito**: (public) accountant
contablemente: in accounting
contado (violento), al: cash down, for (hard) cash
contados: few, scarce, a small number, numbered, few and far between, handful
contador : accountant
__ **ayudante**: junior accountant
__ **colegiado**: (UK) chartered accountant
__ **en jefe**: senior accountant
__ **industrial**: cost accountant
__ **público (autorizado, juramentado, registrado, titulado)**: certified public accountant
__ **público nacional**: (Arg) certified public accountant
contaduría: accounting office, audit office, auditor's office, treasurer's office
contaminación: pollution
__ **del paisaje**: scarring of the landscape
__ **en la descarga, control de**: end-of-pipe pollution control
__ , **grado de**: (acct) delinquency ratio
__ **por hidrocarburos**: oil pollution
contaminantes atmosféricos sólidos: particulate matter
contar con: to count on, rely on; have (large population): have available, at one's disposal or command (resources); bargain for, anticipate (difficulties)
__ **con la presencia de**: to be present at, be in attendance at
__ **con que**: (you may) rest assured that
contemplar: to provide for, call for; take into account, embrace, include, cover, encompass; envisage; concern, involve, have to do with
contén: curb, kerb
contención: containment; curbing (inflationary process); restraint
__ , **brete de**: squeeze chute
__ **del proceso inflacionario**: slowdown in inflation
__ , **muro de**: retaining wall

contencioso administrativo: relating to an action under administrative law
contenedor abierto: open-top container
__ **cadre**: lift van (for transport of household goods), container flat
__ **cerrado**: box container
__ **cisterna**: tank container
__ **completo**: full container load
__ **de celosía**: lattice container
__ **de grupaje**: less than container load (LCL)
__ **de malla**: mesh container
__ **de media altura**: half-height container
__ **de montantes al descubierto**: exposed post type container
__ **de ruedas fijas**: P.A. container
__ **de tela metálica**: mesh container (for livestock)
__ **descubierto**: open-top container
__ **desmontable**: collapsible (freighter) container
__ **flexible**: dracone, towed flexible barge, towable storage bladder, "cigar"
__ **higrométrico**: humidity-controlled container
__ **isotérmico**: airconditioned container
__ **mecanizable**: dumpster
__ **plataforma**: container flat, platform container, flat-rack container
__ **plegable**: collapsible (freighter) container
__ **refrigerado**: Conair container
__ **rígido (no plegable)**: non-collapsible container
contenido: content, contents, subject-matter
__ **de la enseñanza**: (ed) training content, course content, learning content
__ **en**: reproduced in
__ **indicativo**: guideline level (pesticides)
__ **social**: social relevance, social implications
__ **técnico**: messages (agricultural extension)
contenidos (de la educación): messages
conteo: head count (one measure of poverty)
__ **atrás**: countdown
contestación: answer; reply; dispute; argument; (leg) plea (first pleading on the part of a defendant in a civil action)
__ **a la demanda**: the defendant's plea
contestador telefónico: answering machine
contestar: (leg) to corroborate, confirm
conteste: (leg) witness who confirms testimony of another
contexto: frame of reference
__ **de, en el**: as part of (program); through (financial arrangements); under (credit lines)
__ **social**: social setting
contextura: physical structure
contigüidad: (ins) exposure
continental: inland (waters, fisheries)
continente: hemisphere
__ **americano**: the Americas
contingentación: imposition of quotas, quota system
__ **de divisas**: rationing of foreign exchange
contingente: call-up, intake (military); share assigned (payment, work); quota
__ **arancelario**: tariff-rate quota

__ **autónomo**: unilateral quota
__ **de absorción**: tie-in purchase requirements
__ **de importación**: import quota
__ **de solidaridad**: matching quota
__ **libre de derechos**: duty-free quota
continuación, a: next, immediately after, below; as follows; as set forth below; in the following (table); now (in a speech)
continuar: to keep on, go on; continue, endure; remain (in good health)
continuidad: sustainability; reliability (of water service); uninterrupted water delivery
continuo: unbroken (sequence), current (statistics), sustained (outflow of capital), persistent (losses); recurrent; unbroken, incessant
contorno: outline (line showing the boundaries of an object), (TC) contour
__ **costero**: coast line
__ **del histograma**: outline of the histogram
contra imperio: (leg) unconstitutional; unlawful
__ **reembolso**: cash on delivery
__ **su propia convicción**: against one's better judgment
contrabando de licores: bootlegging
contracargo: charge-back
contracción: contraction; slowdown (manufacturing); dwindling (assets); tightening (credit); fall (value added); drop, relapse, setback, stagnation
__ **cíclica**: cyclical downturn
__ **de la actividad económica**: downturn
__ **de la liquidez**: liquidity squeeze
__ **de la oferta**: supply shortage
__ **de los ingresos de exportación**: dips in export earnings
__ **del crecimiento**: slowing (down) of growth
__ **del crédito**: credit squeeze
__ **económica**: recession
contracubierta: back cover (magazine)
contracuenta: offset account; contra account
contracuneta: (Mex) intercepting ditch
contradecir: to contradict; (fig) be inconsistent with, fly in the face of, be at variance with
contradicción: (leg) adversary procedure (proceeding)
contradictoriamente: (leg) so that both sides may be heard; by (after) hearing both sides; in adversary proceeding, by the adversary system
contradictorio: inconsistent, conflicting; (leg) in the presence of both parties to an action; adversary, adversarial (proceedings); *audita altera parte*
contraembalse: equalizing reservoir
contraenchapado: laminated wood
contraer: to raise (loans), incur (debt, liability, expenses), enter into (commitment), contract (debt, obligation), catch (disease)
__ **un compromiso**: to assume an obligation, undertake to
contraerse: (Ven) to apply to, refer to

contraescarpa: apron (below dam); apron (paving below chute)
contraestadía: (Arg) overstaying of a ship at an unloading berth
contrafianza: back-to-back guarantee; counter guarantee; indemnity bond
contrafuego preventivo: burned backfire (fire control)
contrafuerte: spur (geology)
contraído: contracted (debt), incurred (expenses), entered into (commitment); acquired (habit); (Ven) drawn up (document)
contralor: official charged with examining official accounts
___, **ejercer de**: to control, inspect; audit
contraloría: controller's office; audit office (private sector); Office (Bureau) of the Comptroller General (public sector); (USA) General Acccounting Office
contramemoria anual: anti-annual report
contraparte: the other party (contract); adversary (lawsuit); the other side; opposite number; peer (consultants)
___ , **de**: matching (funds)
contrapartida: (acct) counter, cross, reverse or balancing entry; matching payment; matching or counterpart funds (project); counterpart (personnel); compensation, offset, trade-off, quid pro quo
___ **de fondos, política de**: match funding
___ **de las variaciones por revalorización**: countervailing duty
contrapendiente: reverse grade (highway)
contrapesar con: to balance (level of poverty with employment opportunities)
contraportada: back cover (book)
contraprestación en un contrato a título oneroso: valuable consideration
contraprestancia: (leg) consideration
contraproducente: self-defeating, counterproductive, unprofitable; ill-advised; boomerang (effect)
contrapuesta: alternative proposal
contraquerella: (leg) cross action
contrariar: to dash (hopes)
contrario: counter to, repugnant to, at variance with, in opposition to, incompatible with, in violation of (law)
___ , **de lo**: otherwise
___ **imperio, por**: (leg) by reversing his decision in the exercise of his prerogative (pouvoir de retraction)
___ , **por lo**: on the contrary
contrarreclamación: (leg) set off, offset, counter-claim, cross-demand, cross claim
contrarrestado por: offset by (e.g. savings, surplus)
contrarrestar: to offset, compensate for (decline in exports); counteract, counterbalance, check, take up (thrust), outweigh
contraseña: tally

___ , **método de**: (st) tally method
contrastar: to assay (metals); officially verify (weights and measures); weigh, compare (proposals); monitor (radio); hallmark
contraste: test; assay; hallmark
___ **de opiniones**: difference of opinions
contrata, por: contractual (services)
contratación: contracting, hiring; procurement; (Sp) (acct) total orders, volume of business
___ **bursátil**: stock exchange dealings, trading; trading volume
___ **(de las cuadrillas) de estibadores**: shape-up
___ **de mano de obra**: recruitment of labor
___ **directa**: force account, direct labor; no-bid contract (between borrowing country and international agency)
___ **insuficiente**: insufficient intake (of labor)
contratante: party to the contract; owner or client (as party to a contract); procuring entity or agency; tendering agency or entity
contratar: to contract for, engage, recruit, hire (staff), retain (firm), commission (studies)
___ **un seguro**: to effect an insurance
___ **una póliza de seguro**: to take out an insurance policy
___ **una renta vitalicia**: to purchase a life annuity
contrato a la gruesa: bottomry bond; (ot) respondentia bond
___ **a plazo**: forward contract; (Sp) futures contract (commodities)
___ **a precio global**: lump-sum contract
___ **a precio unitario**: admeasurement contract (unit price or unit rate)
___ **a suma alzada**: lump-sum contract
___ **a tanto alzado**: fixed price contract; lump-sum contract
___ **abierto**: open-end contract
___ **accesorio**: collateral contract
___ **al costo más honorarios fijos**: cost and fee contract
___ **aleatorio**: aleatory contract
___ **atípico**: non-statutory contract
___ **blindado**: ironclad contract, "golden parachute" contract (executives)
___ **colectivo (convenio)**: labor agreement, collective agreement
___ **de adhesión**: contract of accession (treaty); (leg) adhesion contract; take it or leave it contract; customer's contract with Public Utility Services
___ **de arrendamiento con opción de compra**: lease purchase contract, full payout lease, full payout contract; financial lease
___ **de arrendamiento de casco**: bareboat charter
___ **de asociación**: partnership contract; joint venture
___ **de beneficencia**: (leg) gratuitous undertaking
___ **de clientela**: patronage contract
___ **de compensación**: (fin) hedging contract
___ **de compra garantizado**: take and pay contract (mining)

CONTRATOS

__ **de compra o pago**: take or pay contract
__ **de compra sin derecho de rescisión**: take or pay contract
__ **de compra y pago**: take and pay contract
__ **de compra y venta (compraventa)**: bill of sale, purchase-sale contract, purchase contract, sales contract, sales agreement, trade contract, merchantizing contract
__ **de compraventa emparejada**: (fin) reverse REPO
__ **de concesión**: franchise
__ **de costo más honorarios**: cost plus contract
__ **de duración fija**: fixed-term contract
__ **de duración indefinida**: open-end contract
__ **de emisión**: indenture (bond)
__ **de enrolamiento (abastecimiento, ajuste, enganche)**: shipping articles (seafarers)
__ **de entrega forzosa**: take or pay contract
__ **de favor**: preferential contract
__ **de fidelidad**: loyalty contract (transport)
__ **de fletamiento**: charter party
__ **de intermediación bursátil**: security trading contract
__ **de intervención**: (Guat, Col) contract whereby a firm takes over a work contract held by another firm that cannot finish the job
__ **de juego**: gambling contract
__ **de la tripulación**: ship's articles
__ **de locación-conducción**: (Per) lease agreement
__ **de machote**: (Col, Arg, Mex): boilerplate contract
__ **de montaje de fábrica**: turnkey contract
__ **de mutuo**: (Arg) loan of consumable property
__ **de obras y servicios**: (leg) contract of industry and services
__ **de opción triple**: (fin) strap option
__ **de pago contra entrega**: take and pay contract
__ **de paz y salvo**: forgiveness contract
__ **de plazo**: (Sp) forward contract
__ **de prenda**: collateral agreement; pledge agreement
__ **de producción**: (leg) manufacturing contract
__ **de radicación**: establishment of business contract; (sometimes) foreign investment contract
__ **de recompra**: (Mex) repurchase agreement, REPO
__ **de refacción**: crop-lien contract
__ **de reporto**: borrowing of securities; borrowed securities contract
__ **de representación**: agency contract
__ **de servicios ocasionales**: call order contract
__ **de sociedad**: articles of incorporation
__ **de suerte**: lottery contract
__ **de trabajo**: (leg) employment contract; performance contract
__ **de transporte**: (leg) contract of carriage
__ **de venta**: bill of sale
__ **ejecutivo**: enforceable contract
__ **entre compañías independientes**: arm's length contract

CONTRIBUCIONES

__ **entre iguales**: arm's length contract
__ **firmado y perfeccionado**: executed contract
__ **firme de compra (sin derecho de rescisión)**: take or pay contract
__ **firme de compra de la totalidad de la producción**: take-off agreement
__ **global**: package deal
__ **gratuito**: (leg) gratuitous undertaking
__ **gravoso**: oppressive contract
__ **innominado**: (leg) unnamed contract
__ **leonino**: sweetheart contract, unconscionable contract, oppressive contract
__ **llave en mano**: turnkey contract
__ **modificatorio**: amendatory contract
__ **obligatorio**: binding contract
__ **oneroso**: contract with valuable consideration
__ **otorgado sin competencia**: negotiated contract
__ **para entrega de una cantidad indefinida**: open-end contract
__ **por administración**: force account contract
__ **por administración delegada**: cost plus contract
__ **por cantidades aprovisionadas**: running contract
__ **por concurso**: competitive bid contract
__ **por obra**: service contract
__ **por resultados**: performance contract
__ **presunto**: implied contract
__ **real**: (leg) real contract (one that requires the delivery of the subject matter of the contract for its consummation)
__ **renovable**: open-end contract
__ **renovable automáticamente**: open-end contract (personnel)
__ **reservado, por**: by private contract
__ **sin causa**: nude contract, bare contract
__ **sobreentendido**: constructive contract, implicit contract
__ **social**: articles of incorporation; (corporation) charter
__ **solemne**: (leg) contract in solemn form
__ **tácito**: implied contract
__ **tipo**: form contract
__ **verbal**: memorandum of agreement
contratos futuros o a futuro: forward contracts
contravención: minor offense
contraventa: repurchase by seller
contraviento: wind bracing, guy
contribución: contribution; tax; revenue; (economic) importance, impact
__ **de contrapartida**: matching contribution
__ **de mejoras**: betterment levy (real estate)
__ **de valorización**: (Col) betterment levy
__ **especial**: special assessment
__ **marginal**: (acct) gross margin (retail sector)
__ **pendiente de pago**: unpaid contribution (pension)
__ **territorial**: land tax
__ **única**: nonrecurring (non-recurrent) tax
contribuciones asignadas (prorrateadas): assessed contributions (budget)

CONTRIBUIR   CONVERSION

___ **concurrentes**: matching contributions
___ **graciables**: charitable contributions
___ **indirectas**: excise taxes
___ **paralelas**: matching contributions
contribuir: to help to, go far towards, be instrumental in, be an effective means of, conduce to; pump $... into the economy, add $... to the economy; contribute (___% of GDP)
contribuyente: taxpayer, member (of pension plan)
___ **persona jurídica**: corporate taxpayer
control: control; inspection, checking, supervision, monitoring; follow-up; tracking; (med) check-up; audit
___ **al azar**: spot check
___ **alternativo**: staggered control (livestock inspection)
___ **automático directo, sistema de**: automatic distribution control system
___ **de cambios**: exchange control
___ **de carga**: weight (regulations) enforcement; load monitoring
___ **de caudales**: river training
___ **de conformidad**: end-use supervision
___ **de la calidad**: grading (milk), quality control
___ **de la caza**: game protection
___ **de la gestión**: monitoring of the administrative process
___ **de la pesca**: fishing conservation
___ **de orientación**: (aero) altitude control
___ **digital (de tacto)**: finger-tip control
___ **directo**: majority interest, controlling interest
___ **in situ**: spot check
___ **integrado de insectos**: integrated pest management
___ **patrimonial**: financial control; property management
___ **perceptivo**: (El Sal) (acct) physical check, on-the-spot check (audit)
___ **permanente de almacenes**: perpetual inventory control
___ **posterior**: (acct) proof after movements
___ **presupuestario de gastos de capital**: capital budgeting
___ **preventivo**: preliminary control
___ **previo**: (acct) proof before movements; pre-audit
___ **puntual**: spot check
controlado: managed (access)
controlar: to control, direct, supervise, crack down on (tax dodgers); check, verify, monitor; curb, curtail (inflation); inspect, keep track of, follow, surveil; (Sp) audit; (med) examine, check up on
___ **una vacuna**: to test a vaccine
controvertible: questionable
controvertido: in dispute
contumacia indirecta: (leg) constructive contempt
contundente: stunning, forcible, impressive; hard (evidence); self-assertive

conuco: (Ven) plot of land used by shifting cultivators
convalidación de estudios: accreditation
___ **, sistema de**: (ed) system of equivalences
convalidar: to confirm, authenticate (document); ratify; (ed) accredit
convencer: to persuade, prevail upon
convención: convention, treaty; (leg) agreement
convencional: pertaining to a treaty; contractual; by agreement
convenido: named (port, place of delivery or shipment)
___ **según lo**: (as per) by agreement
conveniencia nacional: national interest
conveniente: advisable, advantageous, proper, appropriate, fit, suitable, acceptable, expedient, opportune, desirable, salutary, a good thing, just as well, an advantage, conducive to
convenio: arrangement (e.g., clearing arrangement); (leg) agreement
___ **concursal**: (leg) creditors' arrangement with insolvent, composition of creditors
___ **constitutivo**: articles of agreement
___ **de acreedores**: (leg) creditors' arrangement with insolvent, composition of creditors
___ **de compensación**: (bnk) clearing arrangement
___ **de cuasi-capital**: quasi-equity arrangement
___ **de destinación especial**: set aside agreement
___ **de explotación**: offtake agreement
___ **de explotación en común**: pooling agreement (shipping)
___ **de paz y salvo**: forgiveness agreement
___ **judicial (preventivo)**: (Chi) arrangement with creditors to avoid bankruptcy
___ **marco**: framework agreement
___ **modificatorio**: amending agreement
___ **reformatorio**: amendatory agreement
conventillo: tenement, alley
convergencia: alignment (wheels); merging (traffic, ideas); multilateralization (trade); fusion, rapprochement; (st) consistency
___ **económica**: granting of subsidies to poor members (EU)
___ **, puntos de**: common ground
convergencias: common features
converger/convergir: to concentrate, move, turn, be directed to the same point, tend to come together at one point; have the same objective
conversión de activos en contratos de insumos: commoditization
___ **de activos en títulos bursátiles**: securitization
___ **de la deuda**: debt conversión, debt funding
___ **de la deuda en capital**: debt (for) equity swap
___ **de la deuda en valores**: debt securitization
___ **de monedas**: translation of currencies
___ **de rentas**: commutation of annuities
___ **de tierra**: change in land use
___ **de un empréstito**: refunding of a loan
___ **en efectivo**: encashment
___ **libre**: (comp) randomizing

510

convicción moral: (leg) reasonable grounds for reaching a decision
convincente: powerful, compelling (argument)
convivencia: abode (of spouse); harmonious relations
__ **pacífica**: peaceful coexistence
conviviente: common-law spouse, partner, significant other
convocar a licitación: to call for tenders
convocatoria: notice of meeting, assembly, association; notice of vacancy, competition; call for bids, tender
__ , **poder de**: drawing power, charisma, appeal; (sometimes) leverage; ability to enlist (drum up) support for something; constituent strength (of an NGO or grassroots organization)
cooperación exterior: outreach activities (of an organization)
__ **horizontal**: South-South cooperation
__ **solidaria**: partnership for development
cooperadores escolares: (Arg) (ed) groups of parents who contribute money and non-cash support to schools
cooperativa de compra: wholesale cooperative society
__ **de consumo**: retail cooperative society
__ **de crédito**: (Sp) cooperative (savings) bank; credit union
cooperativismo: the cooperative system or movement
coordinación: rearrangement of funds (accounts, etc)
__ **con, en**: working with
coordinador: focal point
__ **de una edición**: editor
copa: (for) crown (tree)
copado: *a* peak (production); *n* catch (fishing)
copamiento: (Chi, Arg) illegal occupation (street, etc.)
copar: to win (posts in election); (Chi) fill (time, space)
__ **60% de la demanda**: to fill, satisfy, supply 60% of the demand
coparticipación: joint ownership, participation in ownership
__ **del impuesto**: revenue sharing
__ **en la garantía hipotecaria**: security sharing agreement
copartícipe: trading partner
copia: abundance; copy
__ **acuñada**: stamped copy (i.e. bearing a legal stamp)
__ **auténtica**: conformed copy
__ **autorizada**: (leg) certified true copy
__ **certificada conforme**: duly certified copy
__ **conforme**: certified copy
__ **de estilo**: true copy
__ **de plan**: blueprint
__ **de seguridad**: (comp) back-up
__ **fidedigna**: authentic copy

__ **fiel**: true copy
__ **figurada**: facsimile, exact copy
__ **impresa**: hard copy
__ **legalizada**: authenticated, certified copy
__ **simple**: informal copy, unnotarized copy
copos de amianto: asbestos flakes
__ **de avena**: rolled oats
copropiedad: (fin) joint tenancy
copulativo: (leg) copulative (requirement); coupling, joining
coque metalúrgico: hard coke, furnace coke
coquecillo: coke breeze
coquines: (min) detrital limestone
coracán: finger millet
corambre: skins, hides, and pelts
corbina: drum, croaker
corchete: brace (sign); (Chi) staple
corchetes, en: in square brackets
corcho: cork, float (fishing)
cordaje, cuerdas y bramantes: rope, cord and string
cordero: lamb, mutton
__ **castrado**: wether
__ **lechal**: yearling
__ **primal**: yearling
__ **recental**: new-born lamb
cordillera: mountain range
cordio: bitter pit (apples)
cordón: curb, kerb (road)
__ **sanitario**: quarantined area
cordonería: notions shop
corinto: raisin
cornadiza: stanchion
cornezuelo de centeno: ergot
corolario: consequence; implication(s)
__ **a lo expuesto, como**: it may be assumed from the foregoing
corona de presa: crest of dam
coronta: corncob (without grains)
corozo: corncob
corporación ciega: (Chi) blind trust
__ **familiar**: closed corporation
__ **forense**: bar association
__ **médica**: medical establishment; medical association
corporacionización: conversion of a government agency into a corporation under private law (often preliminary to privatization)
corporal: personal or bodily (injury); tangible (assets, property)
corral: barnyard; cattle pen, cattle fold or shed; flock
__ **de ceba (engorde)**: feedlot
__ **de madera**: timber yard
__ **de pesca**: fish weir; sea ranch
__ **de tránsito**: holding pen (at terminal)
__ **protegido para engorde**: chill shelter
__ **reservado**: feedlot
correa de transmisión: drive belt
corrección de perfiles: shape correction (roads)

___ **monetaria**: indexing; adjustment for currency devaluation; money restatement
___ **monetaria al valor del mercado**: marking to market
correcciones seculares: trend corrections
correcto: in order; accurate (copy), proper (thing to do), effective (implementation of a rule); polite, well-mannered
corredor: corridor, passage, hallway; broker ; sales agent (securities)
___ **celeste**: skylane
___ **de bolsa (de cambio)**: (st ex), broker, dealer, trader; (Chi) stock exchange broker (as opposed to *agente de valores*)
___ **de bolsa independiente**: floor trader
___ **de registro**: (comp) log player
___ **de valores**: securities dealer
___ **de ventas**: factor
___ **marítimo**: sea lane
corregido: refined (birth rate)
___ **a la baja**: revised downwards
corregir: to neutralize, correct (price distortions)
___ **a la baja (al alza)**: to revise downwards (upwards)
correlación: concordance
___ **absurda**: (st) nonsense correlation
___ **curvilínea**: (st) curtailed correlation
___ **ficticia**: (st) spurious correlation
___ **positiva**: (st) direct correlation
correlativamente: correspondingly; (numbered) consecutively
correlativo: consecutive, in serial form (numbers); like, corresponding, matching (amount, order)
correntada: rapids, strong current
correo: mail, post, post-office
___ **aparte, por**: under separate cover
___ **diplomático**: diplomatic courier
___ **ordinario**: surface mail
correr con: to be in charge of, be responsible for, take care of; be paid by, borne by, chargeable to (costs)
___ **en los autos**: (leg) to be contained in the records; appear in the records
corresponder a: (persons) to be the responsibility of; fall to; be incumbent upon, rest with (responsibility), be for the account of (a person); behove, befit; (things) be equivalent to, belong to, pertain to, fit, come up to
___ **con**: to be consistent with, harmonize with, correspond to, tally with, square with, be commensurate with
correspondiente: applicable; prevailing; concerned, respective, relevant, pertinent; appropriate, required (majority), due (compensation), adequate (amendment), proper (time); in question
correspondiente a: associated with, commensurate with, in respect of, for; which represents
corresponsal: correspondent bank; agent (for a carrier)
corretaje: brokerage

corrida de depósitos: run on banks
corrido: shed
___ **hasta**: destined for (of cargo)
corriente: *a* common, usual, normal, everyday, regular, standard, routine; *n* flow, stream; current, course, tendency, (political) faction
___ **actualizada de los ingresos de explotación, método de la**: discounted cash flow method
___ **ascendente**: upwelling (of cold water), upwelling current
___ **comercial**: direction of trade, channel of trade; trade flow
___ **de costos**: cost stream
___ **de efectivo, de fondos, de liquidez**: cash flow
___ **de opinión**: school of thought
___ **de tránsito**: flow of trade
___ **de un río**: stream flow
___ **del Niño**: The Christ Child current (so called because it often occurs around Christmas. It is due to the upwelling of warm water into cold waters and dramatically reduces the fish yield)
___ **principal**: mainstream
___ **sumergente**: downwelling (water)
corrientes de capital: capital movements
___ **de intercambio**: channels of trade
corrillos: group discussion, workshops
corrimiento: creepage, landslide, sliding
___ **de la carga**: shifting of cargo
corro: (Per, Mex) ring (stock exchange), pit (commodity exchange)
___ **donde sólo se opera con una clase de valores**: (Sp) (st ex) pit
corroborar: to bear out
corta: felling (trees); harvest cutting
___ **a hecho**: clear cutting
___ **accidental**: salvage cutting
___ **arbitraria**: indiscriminate cutting
___ **de aprovechamiento**: harvest cutting
___ **de recuperación**: salvage cutting, salvage logging
___ **desaforada**: indiscriminate cutting
___ **en savia**: felling in growing season
___ **exhaustiva**: integrated logging
___ **, labor y extracción**: logging
___ **rasa**: clear cutting
___ **total**: clear cutting
cortas sucesivas: (for) shelter-wood system
cortador de alambre para fardos: bale-tie maker
cortadora rotativa: rotary flail (road)
cortafuego: firebreak
___ **preventivo**: burned backfire
cortapisa: disincentive; obstacle, hindrance
cortar a mata rasa: to clearcut
___ **el balance**: (acct) to strike a balance
cortaviento: windbreak
corte (f): tribunal
___ **en pleno**: (leg) full court; court sitting *en banc*
___ **marcial**: (Chi) military appeals court
corte (m): cut, cutting, felling
___ **con barreno largo**: (min) longhole method

___ **de caja**: cash statement
___ **de cuenta mensual**: monthly statement
___ **de energía**: power outage
___ **de limpieza**: (for) sanitary felling
___ **de pasto**: soiling crop
___ **por barreno largo**: (min) blasthole stoping
___ **publicitario**: "spot"
___ **y saca**: (for) logging
___ **y terraplén**: cut and fill
cortesía internacional: comity of nations
corteza terrestre: earth crust
cortina cortavientos: shelterbelt
___ **de impermeabilización**: grout curtain
___ **de inyecciones**: grout curtain
cortoplacismo: short-term focus
corvina: croaker, drum
corvinata: weakfish
cosa común: the thing held in common
___ **litigiosa**: matter in dispute
___ **pública**: (leg) public welfare; the public interest
___ **singular**: (leg) a separate thing
cosecha: harvest; harvesting; crop (when harvested)
___ **baja**: short crop
___ **de protección**: cover crop
___ **en pie**: standing crop
___ **fina**: (Arg) winter crop
___ **gruesa**: (Arg) summer crop
___ **mala**: short crop
___ **sin recojo**: standing crop
___ **suplementaria**: catch crop, undersown crop
cosechas básicas: staples
cosechado en grano: (harvested) for grain
cosechadora de remolacha: beet puller
cosechar: to raise (crops); harvest, reap; pick (fruit)
cosechero: producer
coseta de la remolacha: (Chi) beet bagasse
cosificación: dehumanization
cospel: coin blank; token
costas: (Sp) legal costs (other than attorney's fees)
___ **causídicas**: court costs
___ **judiciales**: court costs
___ **procesales**: court costs
coste: (Sp) cost, price, expense
___ **de estructura**: (Sp) committed cost
costes comerciales: (Sp) marketing costs
___ **comunes**: overhead (cost accounting)
costeabilidad de una industria: profitability
costeable: profitable, lucrative
costear: to defray
costero: slab (timber)
costo colectivo: social cost
___ **completo, sistema de**: (Sp) absorption costing
___ **corriente**: recurrent cost
___ **de conversión**: replacement cost
___ **de fabricación**: prime cost, factory cost, direct cost
___ **de falla**: (elec) outage cost
___ **de garantías**: collaterization cost
___ **de inactividad del capital**: carrying cost of capital
___ **de inmovilización (del capital)**: carrying cost, carrying charges
___ **de inversión**: capital cost
___ **de la oferta**: supply cost
___ **de mantenimiento de existencias**: carrying cost (inventories)
___ **de opción (de capital)**: opportunity cost
___ **de producción**: prime cost
___ **de puesta en marcha**: start-up cost
___ **de renuncia**: opportunity cost
___ **de reposición**: replacement cost
___ **de ruptura**: (Sp) break cost
___ **de sustitución**: opportunity cost
___ **de uso**: user cost
___ **del factor trabajo**: wage cost
___ **descargado**: landed cost
___ **efectivo**: actual cost
___ **en el punto de recepción**: laid down cost (transport)
___ **ficto**: (Ur) estimated cost
___ **histórico**: historical cost
___ **implícito**: underlying cost
___ **indicativo**: cost guideline
___ **individualizable**: traceable cost
___ **inicial**: front-end cost
___ **integral, sistema de**: (Sp) absorption costing
___ **irrecuperable**: sunk cost
___ **marginal**: differential cost, incremental cost
___ **marginal a largo plazo**: (elec) efficiency price
___ **más cantidad convenida**: cost plus
___ **más honorarios**: cost plus
___ **más margen de utilidad**: cost plus
___ **menos amortización**: amortized cost
___ **no recuperable de capital**:: sunk cost
___ **normalizado**: standard cost
___ **oculto**: shadow price
___ **prefijado**: standard cost
___ **presunto**: (Bol) (min) production cost
___ **simbólico**: nominal cost
___ **total**: all-in cost
___ **total de las importaciones**: import bill
___ **unitario**: cost per unit, unit cost
___ **virtual**: implied cost, imputed cost
costos accesorios: slipstream costs
___ **centralizados**: centrally managed costs
___ **comunes**: on-costs, overhead
___ **de colocación**: underwriting costs (stock)
___ **de emisión**: flotation costs
___ **de instalación y suministros**: balance-of-system costs (alternative energy)
___ **de intermediación**: brokerage fees
___ **de mantenimiento**: carrying costs
___ **de primer establecimiento**: preliminary costs, start-up costs, set-up costs
___ **de suscripción**: underwriting costs (stock)
___ **detallados**: cost breakdown
___ **en moneda nacional (locales)**: onshore costs
___ **evitables**: avoidable costs
___ **extinguidos**: sunk costs
___ **globales**: overhead costs
___ **imputados**: allocated costs

__ **incluidos los impuestos**: tax paid costs (TPC)
__ **indirectos**: overhead; (UK) on-costs
__ **iniciales**: baseline costs (project)
__ **iniciales no recuperables**: initial sunk costs
__ **inmediatos**: up-front costs
__ **no incorporables**: period costs; exceptional, non-recurring costs
__ **opcionales**: (Arg) avoidable costs
__ **por origen**: expenses classified by type
__ **posteriores**: back-end costs
__ **predeterminados**: standard costs
__ **promediados**: rolled costs
__ **proyectados**: scheduled costs
__ **salariales**: wage bill
__ **tipo**: standard costs
__ **variables**: variable costs
__ **y costas**: (leg) all expenses of a lawsuit (attorney's fees and court costs)
costurería: needle trades
cota: elevation (above datum); level (reservoir)
__ **de captación**: intake level (drain)
__ **de embalse**: storage level
__ **de inundación**: flood level
__ **de nivel**: benchmark elevation
__ **de restitución**: tailwater level
__ **de retención en un embalse**: storage level
__ **de retenida**: storage level (reservoir)
__ **redonda**: accumulated elevation
__ **referencial**: (fin) benchmark (bond)
cotejar: to compare, collate, check
cotejo de sangres: blood matching
cotización: current market value, current market price (shares); trading; dues (to club); contribution (pension fund); exchange rate value
__ **, años de**: years of contributory service (pension plan)
__ **automatizada (computarizada)**: automated quotation (securities)
__ **de la colocación**: asked price
__ **de valores en la bolsa**: listing (of securities)
__ **ficticia**: forced quotation
__ **LAB**: FOB pricing
__ **LIBOR**: LIBOR rate (London Interbank Offered Rate)
__ **única**: (st ex) uniform price
cotizaciones a las cajas de pensiones: contributions to pension funds
__ **de los precios de equilibrio del mercado**: market clearing operations
__ **del mercado**: market indices
cotizador: quantity surveyor
cotizar: to negotiate (a credit document); list securities on the stock exchange; quote prices
cotizarse a una prima: to trade at a premium
cotos de caza: game reserves
cotufa: Jerusalem artichoke
covadera: guano deposit
coyuntura: current economic trends; business or economic situation; business or economic trend; market conditions; business cycle; present level of economic activity, economic climate, economic environment
__ **alta**: prosperity, boom
__ **, de**: cyclical, short-term (factors)
__ **de exportación**: trend in exports
__ **de la construcción**: building activity; trends in the building industry
__ **descendente**: cyclical downturn
__ **favorables**: cyclical upturn
__ **general**: general level of business activity
coyuntural: cyclical, short-term (factors)
creación de áreas verdes: urban greening
__ **de portafolio con rendimiento asegurado**: (fin) immunization
creador: inventor; breeder (plants)
crear: to establish, found, set up, institute; invent
__ **las condiciones para**: to set the stage for
crearse: to bring into being
crecida: flood, high flows, high water (river); run-off (flood)
__ **crítica de diseño**: design critical flood
__ **de proyecto**: design flood
creciente: spate, flood, freshet
crecimiento a largo plazo: secular growth
__ **arbustivo**: bunch
__ **autónomo**: self-sustaining growth
__ **constante**: steady-state growth
__ **descontrolado**: blooming (of algae)
__ **frenado**: stunted growth
__ **intermitente**: stop-and-go growth
__ **no incorporado de la productividad**: disembodied productivity growth
__ **rastrero**: runner (plant)
__ **sostenido**: steady-state growth
__ **vegetativo**: natural growth (population)
__ **vertiginoso**: snowballing
credencial: proof or evidence of debt; (Mex) letter of credit; (Chi) certificate evidencing the status of a person (e.g. student); press card
credenciales: letters of credence
crédito: credit; appropriation (UN); (fin) claim; (acct) credit entry; loan; bankruptcy claim
__ **a los bancos creadores de dinero**: claims on deposit money banks
__ **agrícola**: farm credit
__ **agropecuario**: agricultural and livestock loan
__ **al gobierno central**: claims on central government
__ **asignado**: allotment issued (budget)
__ **autoamortizable**: self-liquidating credit
__ **bancario**: bank lending
__ **cambiario**: acceptance credit
__ **comercial**: (Sp) trade loans and discounts
__ **comercial con obligación contingente**: standby letter of credit
__ **cómodo**: convenience credit
__ **compensado (por ventas en corto)**: swing credit
__ **compensador (por descubierto)**: swing credit
__ **común**: unsecured claim (bankruptcy)

___ **con garantía de otro crédito**: back-to-back loan
___ **consorcial**: syndicated loan
___ **contingente**: standby credit
___ **contingente, acuerdo de**: standby agreement
___ **contra pagaré**: (Sp) debenture loan
___ **controlado**: supervised credit
___ **de apoyo**: standby credit
___ **de asentamiento**: (agr) land settlement loan
___ **de avío**: (agr) seasonal credit, working capital loan; (Mex) loan secured with inventories, loan for purchase of raw materials (which are pledged as collateral)
___ **de capacitación**: supervised credit
___ **de colonización**: (agr) land settlement loan
___ **de empalme**: bridging loan
___ **de enlace**: bridge loan
___ **de explotación**: (Sp) working capital loan
___ **de financiación**: buyer's credit (housing)
___ **de habilitación**: (agr) seasonal credit, working capital loan; (Mex) loan secured with inventories, loan for purchase of raw materials (which are pledged as collateral)
___ **de reactivación**: pump-priming credit
___ **de reserva**: standby credit
___ **de respaldo de cambio**: standby credit
___ **denunciable**: (Sp) callable loan
___ **derivado de**: payment due for
___ **dirigido**: (Col) tied credit
___ **documentario**: credit opened against transfer of documents; documentary credit, bank credit (exports)
___ **en cuenta corriente**: (Sp) (bnk) overdraft on current (checking) account
___ **en garantía**: collateral credit
___ **exterior**: foreign borrowings
___ **fácil**: convenience credit
___ **garantizado por el Estado**: sovereign credit
___ **habilitado**: allotment issued (budget)
___ **hipotecario**: mortgage loan, debt secured by mortgage, credit secured by real property
___ **inicial**: start-up capital
___ **inmobiliario**: long-term loan (land purchase and preparation), real estate credit, (sometimes) housing credit
___ **librado**: allotment issued (budget)
___ **mercantil**: commercial or financial standing; (Mex) goodwill
___ **mobiliario**: debt (credit) secured by personal property
___ **negociable**: spot credit
___ **ordinario**: (admin) recurring appropriation
___ **otorgado**: loan commitment
___ **pasivo**: debt, loan payable
___ **personal**: fiduciary credit
___ **pignoraticio**: collateral loan
___ **por etapas**: time-slice loan
___ **prendario**: credit on chattel mortgage
___ **presupuestario**: (admin) budgetary appropriation, amount appropriated
___ **preventivo**: initial credit

___ **privilegiado**: credit secured by lien, claim of preferred creditor, senior claim (bankruptcy)
___ **productivo**: investment loan, invested credit
___ **prometido**: standby credit
___ **provisional**: bridge-over loan
___ **puente**: interim financing
___ **quirográfico**: unsecured loan
___ **real**: collateral loan, secured credit
___ **recíproco**: swing credit
___ **refaccionario**: (agr) fixed investment loan (equipment, stock, land improvement); (Mex) loan for purchase of machinery and equipment, secured with capital assets
___ **reforzado**: enhanced credit
___ **relacionado**: related-party loan
___ **renovable**: revolving credit
___ **renovable en condiciones variables**: rollover credit
___ **revolvente**: (Mex) (fin) evergreen credit
___ **rotativo (rotatorio)**: revolving credit
___ **simple**: clean credit
___ **sin garantía**: fiduciary credit
___ **sin garantía tangible**: clean credit
___ **soberano**: sovereign credit, risk credit
___ **sobre el Gobierno**: claim on the Government
___ **solidario**: joint credit, group loan, group borrowing.
___ **suplementario**: deficiency appropriation (budget)
___ **territorial**: loan on landed security
___ **tributario**: tax claim
créditos: claims (financial); payables
___ **activos**: outstanding debts
___ **al descubierto**: overdraft facilities
___ **asignados**: earmarkings
___ **autorizados**: earmarkings
___ **bancarios**: bank capital; (Sp) loan capital
___ **compensadores**: swing credits
___ **consignados en el presupuesto**: (admin) budgetary appropriations
___ **e ingresos diferidos**: deferred income, deferred revenue
___ **en mora**: delinquent loans; (sometimes) non-performing assets
___ **fiscales**: taxes and charges payable
___ **hipotecarios**: mortgage receivables, mortgage lending, loans
___ **incobrables**: bad debts
___ **inorgánicos**: (bnk) haphazard lending
___ **no comprometidos**: uncommitted earmarkings (UNESCO)
___ **renovables**: roll-over credits
___ **sin garantía**: without recourse financing
___ **suplementarios**: deficit appropriations
___ **utilizados**: loans/credits disbursed
creencia: credit (money received); claim; (acct) account receivable
crematística: political economy; pecuniary interest (from a business transaction)
cresta: crest; maximum height; ridge (fingerprint)
___ **de alta presión**: ridge of high pressure

__ de gas: gas cap (petroleum)
__ submarina: submarine ridge
crestón: (min) outcrop
cría: rearing, raising, keeping, breeding; litter (puppies); baby animal; spat (mollusks); brood
__ artificial: rearing by hand (calves)
__ bajo techado: indoor culture (ornamental fish)
__ con miras al rendimiento: efficiency breeding
__ consanguínea: inbreeding
__ consanguínea colateral: line breeding
__ , de : farm-bred (ducks)
__ de animales de granja: small animal raising
__ de crecimiento: nursing (fish)
__ de ganado lanar: woolgrowing, sheep farming
__ de laneras: woolgrowing
__ de libertad en campo abierto: raising on range
__ de mariscos: shellfish culture
__ de peces: fish breeding
__ en captura: capture breeding
__ encaminada: breeding for performance
__ sin valor: orphaned calf
crías: (Chi) stock dividends
criadero: (min) seam, lode, deposit; brooder house (chickens)
__ de peces: fish hatchery
__ de petróleo: oil pool
__ en masa: ore body
criadillas: milt
crianza: livestock breeding, livestock product
__ de los hijos: parenting
criba: well screen, strainer, sieve
__ de barras (barrotes): (min) bar grizzly
criceto: hamster
crimen: offense, crime
__ infamante: (leg) infamous crime
crin vegetal: haircloth
criodesecación: freeze drying
criollo: native (cattle)
crisis: peak (business cycle); crisis, emergency; (econ) turmoil, stress, plight
__ de la vivienda: housing shortage
__ de liquidez: liquidity squeeze
__ de mano de obra: labor shortage
__ económica: depression, recession, slump
__ , situación de: emergency
cristal delustrado: ground glass
cristalización: implementation; achievement (goals); firming; final form
cristalizar: to take shape, emerge; come off; work out; result in, lead to, take on a definite form
criterio: yardstick, criterion; point of view, viewpoint, attitude, approach; opinion, view; policy position, stance, posture; discretion, discernment, good taste; judgment
__ anticipado: advance ruling (trade disputes)
__ arancelario: tariff policy
__ de clasificación: (comp) key
__ de grupo abierto: one-group concept (pensions)

__ de la asamblea: sense of the meeting
__ de las funciones (operaciones) del puesto: (admin) rank-in-post approach
__ de mérito personal: (admin) rank-in-man approach
__ de riesgo: risk approach
__ fundamental: rationale
__ global: comprehensive approach
__ macrográfico: macro-approach
__ micrográfico: micro-approach
__ personal: personal judgment
__ sectorial: sectoral approach
__ único: standardized approach
criterios: standards
__ de eficiencia: performance criteria
__ para la evaluación de proyectos: standards of project appraisal
criticar: to find fault with
crítico: critical, crucial (moment), problem (area), sensitive (product)
cromatismo industrial: lighting in industrial plants
crónica: (newspaper) feature; report; column
__ ilustrada: mat feature
crónico: perpetual (inflation), persistent (crises), irreducible (unemployment), lasting
cronograma: schedule
__ de metas: target time schedule
__ de pagos: encashment schedule (notes)
__ de rescate: encashment schedule (notes)
cronología: schedule; sequence (of events); (CPM) sequence, sequencing; timing; time pattern, time line
cruce de líneas consanguíneas: crossbreeding
__ en dos niveles: fly over
cruces de cuentas: netting of accounts
crucero: trip (fishing boat); (min) crosscut; cross heading; cruise (tourism); cruiser (warship)
cruceta: cross-arm (power or telephone line)
crudeza del agua: hardness of water
crudo de referencia: marker (benchmark) crude (oil)
cruento: inhumane (procedure), difficult (task)
crupón: butt (leather)
crutalaria: sunn hemp
cruz: "dagger" mark
cruza: (Arg) crossbreeding; (Chi) second ploughing (plowing)
__ regresiva: back crossing
cruzadas de detonación: (min) blasting hang-ups
cruzado: (min) crosscut; throwing of silk
cruzamiento abierto: outbreeding
__ absorbente: upgrading (beef cattle)
__ continuo: line breeding (animals)
__ de absorción: back crossing (animals)
__ , programa de : mating program
__ racial: outbreeding
cuaderno: (leg) case records (sometimes secret)
__ de bitácora: ship's log book
cuadrado medio residual: (st) error mean square

cuadrados de rendimiento, método de: (agr) cross-cut method
cuadrante: dial
cuadrar una cuenta: to reconcile an account, balance an account
cuadrilla: gang, crew, team
cuadro: frame (film strip); picture; table (tabulated matter); panel (experts); schedule (financial statement); (admin) category of personnel, key staff; box, section, space (on a form, tabulated matter); framework (limits of an agreement)
__ **auxiliar**: supporting table, schedule
__ **clínico**: (med) clinical manifestations, symptoms and signs, clinical pattern
__ **consolidado**: spread sheet
__ **coyuntural de la agricultura**: economic situation (background) of agriculture
__ **de amortización**: redemption table; amortization schedule
__ **de concentración**: (Mex) (ed) report card, transcript
__ **de conciliación (contabilización)**: (st) bridging table
__ **de dirigentes**: managerial staff, executives
__ **de distribución**: switchboard
__ **de distribución de espacio**: accommodation schedule
__ **de enfermeras**: nursing staff
__ **de experiencias**: record of experience
__ **de maniobras**: drawworks
__ **de mortalidad**: life table
__ **de personal**: category of staff
__ **de posiciones**: manning chart
__ **de ruta**: route schedule
__ **de trabajo**: working table
__ **demostrativo**: explanatory chart
__ **descriptivo**: narrative chart
__ **directivo**: managerial staff
__ **explicativo**: supporting table
__ **financiero**: cash-flow statement
__ **físico**: (med) physical condition
__ **general**: overview
__ **gráfico**: graph chart
__ **intersectores**: input-output table
__ **orgánico**: professional personnel, professional category
__ **panorámico**: overview
__ **persistente de violaciones flagrantes**: consistent pattern of gross violations (of human rights)
__ **recapitulativo**: summary table
__ **sinóptico**: conspectus; sketch map; summary table
__ **siquiátrico**: psychiatric symptoms
cuadros de dirigentes: cadres, supervisory staff
__ **de resultados**: (st) final tables
__ **homogéneos**: (st) consistent tables
__ **medios**: middle management
__ **orgánicos**: professional category (UN)
__ **superiores**: higher management

cuajada: fruit setting, fruit set; milk curd
cuajo: rennet (milk)
cual en derecho se requiere: (Ec) pursuant to the law, under the law, as required by law
cualidad: personal quality
cualidades (condiciones) para, tener: to be cut out for
cuando proceda: in such a case, in suitable cases, as appropriate, when applicable, where indicated
__ **tenga a bien**: at one's discretion
cuantía: size (of credit tranche); quantum; (leg) seriousness of offense
__ **de la cosa litigada**: the value of the matter in dispute
__ **de la operación**: value of the transaction
__ **de la prueba**: quantum of proof
__ **de la reclamación**: quantum of the claim
__ **, (juicio de) menor**: (sometimes but not necessarily) suit for recovery of small amount
__ **, juzgado de**: court of minor jurisdiction
cuanto antes: as soon as possible
__ **así**: at the outside, at the most
__ **mejor pueda**: to the best of one's ability
cuaresmero: (Mex, Chi) spring (vegetables; fruit)
cuarta: distance between the end of the thumb and the end of the little finger, fully extended
cuartel: block (of trees in plantation)
cuarteo: cracking, quartering (road surface)
cuarto de ordeña: quarter teat
__ **de servicio**: utility room
__ **estufa**: incubator room
__ **frío**: cold store
__ **interior**: back room
__ **intermedio**: recess, break
cuartos de res: quarters
cuasi contrato: implied contract; quasi contract
__ **delito**: technical offense; quasi delict
__ **dinero**: near money
__ **sociedad**: quasi corporate enterprise
cuatrero: cattle rustler
cuatro reglas: four operations (+ − : x)
cubertada: deck cargo
cubicación: volume (mensuration); measurement (of solids or hollows); cubic content; yardage (volume of material to be moved or hauled); determination of volume; cubic contents; scaling, sizing; (for) cruising; (Chi) (min) take-offs
__ **de obra**: bill of quantities
cubicaciones: (ot) bill of quantities
__ **por cobrar**: (Mex) payments on job portions completed, progress payments (receivable)
cubicador: (for) cruiser
cubicar: (min) to block out; (for) scale; measure (solids); compute volume; yard; assess (volume of water)
cubierta a dos aguas: pitched roof
__ **a una agua**: aisle roof
__ **arbolada**: tree cover
__ **, bajo**: under cover (as opposed to "in the open air")

__ **de copas**: (for) canopy
__ **de tutela**: nurse crop
__ **del vuelo**: (for) canopy
__ **ilustrada**: art cover (document)
__ **muerta**: forest floor; (for) litter
__ **orgánica**: (agr) mulch
__ **, poner a**: to hold harmless, protect from
__ **vegetal**: plant cover; canopy
cubos y tornos: buckets and winches (sewer cleaning equipment)
cubrición: natural breeding (cattle)
cubrir: to cover (costs), fill (post), meet (expenses), raise (capital)
__ **arando**: to plow under
cuchara de lanzamiento: flip bucket
__ **normal**: standard spoon
__ **perforadora**: hammer grab
cuchilla: (Ur) range of hills
cuchillo de resorte: switch blade knife
cuenca: bowl, socket (eye), basin
__ **alta del Amazonas**: upper reaches of the Amazon
__ **carbonífera**: coalfield
__ **colectora**: (USA) watershed; (UK) catchment basin
__ **de rebalse**: overflow basin
__ **(de recepción) de aire**: air-shed
__ **hidrográfica**: watershed; catchment basin
__ **imbrífera**: watershed, catchment basin; (Arg) drainage basin
__ **lechera**: milkshed (area from which milk supplies are drawn), dairy belt
__ **minera**: coalfield
__ **petrolífera**: oil basin
cuenta, a: on account; in partial payment
__ **a la vista**: call account
__ **a la vista con interés**: NOW (Negotiable Order of Withdrawal) account
__ **a medias**: joint account
__ **a mitad**: joint account
__ **abierta**: current account, running account, charge account
__ **acreedora**: account payable
__ **acumulativa**: accruals account
__ **afectada**: earmarked account
__ **ajena, por**: for account of third party
__ **centralizadora**: controlling account
__ **cerrada**: closed account
__ **colectiva**: (Sp) controlling account
__ **combinada**: omnibus account
__ **compensatoria**: clearing account, balancing account
__ **comprometida**: paired account
__ **con el exterior**: foreign account
__ **conforme**: stated account
__ **consignada**: earmarked account
__ **corriente**: (bnk) checking account; (UK) current account; demand deposit account (DDA)
__ **corriente de ahorro**: (bnk) interest-bearing checking account; NOW account

__ **corriente de crédito**: (Sp) (bnk) overdraft on current account
__ **corriente de un contribuyente**: taxpayer's current account file
__ **corriente que devenga interés**: negotiable order of withdrawal (NOW) account
__ **de, a**: as credit against
__ **de activo líquido**: net worth account
__ **de afectación**: appropriation account
__ **de ahorro jubilatorio personal**: individual retirement account (IRA)
__ **de almacén**: inventory account
__ **de anticipos**: imprest account
__ **de aportación de fondos**: partners' capital account
__ **de asignación**: appropriation account
__ **de cheques con pago de interés**: NOW account
__ **de cierre**: closing account, year-end account
__ **de clearing bilateral**: open account (trade)
__ **de compensación**: balancing account
__ **de compraventa**: trading account
__ **de comprobación**: controlling account
__ **de consignación**: appropriation account
__ **de contrapartida**: offset account, contra account
__ **de crédito**: charge account
__ **de custodia**: (bnk) safekeeping account, custodian account
__ **de depósito en garantía**: escrow account
__ **de espera**: suspense account
__ **de explotación**: (Sp) trading account
__ **de faltas y sobrantes**: over-and-short account
__ **de garantía bloqueada**: escrow account
__ **de habilitación de cuentas**: allotment account (UNESCO)
__ **de ingresos**: revenue or income account
__ **de inmovilizado**: capital account
__ **de inversión financiera transitoria**: sweep account
__ **de las transacciones con el exterior**: external account
__ **de liquidación**: clearing account; statement of charge and discharge
__ **de mayor**: controlling account
__ **de mercancías**: commodity account
__ **de operaciones**: trading account
__ **de orden**: memorandum account, suspense account
__ **de pagos**: disbursing account
__ **de patrimonio**: capital account, proprietorship account, proprietary account
__ **de, por**: for account of, at the expense of, chargeable to, on behalf of, on account from
__ **de producción**: production account
__ **de provisión**: provision, reserve
__ **de registro**: memorandum account
__ **de regularización**: income adjustment account
__ **de regularización de activo (pasivo)**: accrued income (liabilities) adjustment account

__ **de resaca**: account for redraft; protest charges
__ **de reserva**: provision account
__ **de resultados**: revenue or income account, income statement; (Sp) (acct) operating account
__ **de tránsito**: suspense account, clearing account
__ **de utilidades no distribuidas**: earned surplus account
__ **deudora**: account receivable
__ **en participación**: joint account
__ **en regla**: clear account
__ **especial**: earmarked account
__ **ficticia**: dummy account
__ **figurada**: dead account
__ **fungible**: fungible account
__ **global**: aggregate account
__ **impersonal**: nominal account; (Ur) numbered account
__ **inactiva**: dead account
__ **indexada en los mercados de divisas**: money-market account
__ **indistinta**: (Sp) joint current account
__ **intangible**: (Per) suspense account
__ **intervenida judicialmente**: attached account
__ **liquidada**: account settled
__ **mancomunada**: (fin) two-name paper
__ **permanente (real)**: balance sheet or real account
__ **puente**: suspense account
__ **rebasada**: (Sp) (bnk) overdrawn account
__ **reservada (afectada, consignada, especial)**: earmarked account
__ **saldada**: closed account
__ **simulada**: proforma account
__ **sin movimiento**: dormant account
__ **temporal**: nominal account
__ **transitoria**: suspense account, clearing account
__ **vencida**: aged account
__ **vigente de**: account maintained by
cuentas colectivas: (Mex) controlling account
__ **compensadas**: contra accounts
__ **complementarias**: below the line items (balance sheet)
__ **comprobadas**: audited accounts
__ **de balance**: balance sheet accounts
__ **de comprobación**: evidence accounts (countertrade)
__ **de dudoso cobro**: bad debts
__ **del Gran Capitán**: padded accounts
__ **de los sujetos económicos**: accounts of transactors
__ **de periodificación**: (Sp) accrual accounts
__ **deudoras**: accounts receivable
__ **económicas**: real accounts
__ **emparejadas**: paired accounts
__ **en gestión**: past due accounts
__ **objetivas**: (Arg) balance sheet accounts
__ **patrimoniales**: net worth accounts; clearing accounts; natural resources accounts (environment)
__ **por cobrar y por pagar**: assets and liabilities accounts
__ **provisionales**: interim accounts
__ **puentes**: (Mex) clearing accounts
__ **reales**: assets and liabilities accounts; balance sheet accounts; permanent or real accounts
__ **verificadas**: reconciled accounts
cuentacorrentista: holder of a checking (current) account
cuentahabientes de inversión mancomunada con derecho de beneficio: joint tenants with right of survivorship
cuentaya: sharecropper
cuerina: (Bol) imitation leather
cuero: hide
__ **adobado (curtido)**: dressed leather
__ **artificial (o regenerado)**: composition leather
__ **en bruto**: green hides
__ **mutón**: dressed leather
__ **pintura**: fancy leather
cuerpo cierto: (leg) specific item of property: thing *in specie* (movable property)
__ **cierto, como**: as is, in the condition it now stands (real estate sales)
__ **colegiado**: (collective) decision-making body, deliberative body
__ **de bibliotecarios**: library association
__ **entero, de**: dyed in the wool, hardcore
__ **de lite**: (leg) physical evidence
__ **de venta**: sales staff
__ **del arte**: bag (fishing gear)
__ **electoral**: constituent body
__ **filónico**: (min) vein body
__ **legal**: law, piece of legislation
__ **médico**: medical staff, medical community
__ **mineral**: ore body
__ **mineral(izado)**: ore body
__ **profesional**: staff
cuerpos colegiados de la Administración: Senior Management Committees
__ **de seguridad**: security forces, law enforcement agencies
__ **receptores**: receiving bodies (water)
cuesomate: (Mex) granary
cuestas, a: (comp) piggybacking
cueste lo que cueste: at all costs
cuestión: subject, topic; problem, matter; item; issue; quarrel
__ **batallona**: vexed issue, moot point
__ **contenciosa**: moot question
__ **crucial**: focal point (discussion)
__ **de competencia**: jurisdictional dispute
__ **de fondo**: substance (merits) of the case
__ **de política**: substantive issue, policy issue
__ **espinosa**: delicate issue
__ **objeto de litigio**: subject-matter of the proceeding
__ **palpitante**: burning question
__ **pendiente**: open question
__ **planteada**: point or issue raised, question submitted

__ **prejudical**: a question that must be settled before the matter can be pursued further; (leg) interlocutory plea; (leg) question submitted for a preliminary ruling; preliminary ruling
__ **previa**: preliminary question; (leg) prior issue decided by the court in which the action lies
cuestiones normativas: policy matters or issues
cuestionamiento: debate, discussion, questioning
cuestionario: (st) enumeration form
__ **recordatorio**: recall questionnaire
cuezo: hod
cuidados culturales: (agr) tending
__ **paliativos**: (med) respite care
culpa: wrongful act or omission, fault or negligence (criminal law)
__ **civil**: (leg) tort
__ **extracontractual**: tort
culpable: due to negligence; (leg) culpable, tortious, guilty; wrongful (collision)
cultivable: arable
cultivador(a) : tiller (machine)
cultivar: cultivated variety, cultigen
cultivo: crop husbandry, cropping, cultivation; crop (when growing); culture (science)
__ **a llama**: flame cultivation (cotton)
__ **a mar abierto**: ocean ranching (salmon)
__ **abusivo**: overcropping
__ **agroforestal**: forest farming
__ **asociado**: companion crop, combined crop
__ **carpido**: row crop
__ **constante**: continuous cropping
__ **de algas**: seaweed farming
__ **de alimentos básicos**: staple food crop
__ **de bandas alternadas**: wind strip cropping
__ **de campo**: field crop
__ **de cero labranza, sistema de**: zero tillage system
__ **de cobertura**: nursery crop; roof crop
__ **de corte**: soilage crop
__ **de decrecida**: flood recession crop
__ **de desmonte**: pioneer crop
__ **de emergencia**: catch crop
__ **de maíz de humedad**: irrigated maize
__ **de meristema**: meristem-tip culture, tissue culture
__ **de milpa**: (Mex) shifting (nomadic) cultivation
__ **de protección**: cover crop
__ **de raíces y tubérculos**: hoed crop
__ **de regadío**: irrigated farming
__ **de renta**: cash crop
__ **de secano**: dry farming; rain growth, rainfed cultivation
__ **de sustitución**: catch crop
__ **de tejidos**: tissue culture
__ **de temporal**: dry farming
__ **de un solo tipo o especie**: (for) pure stand
__ **emergente**: catch crop
__ **en bandas**: strip cropping

__ **en chamicera**: cultivation in burned ground, ash-farming
__ **en fajas**: strip cropping
__ **en franjas**: alley cropping, strip cropping
__ **en hilera**: alley cropping
__ **en invernadero**: cultivation under glass
__ **en pendiente**: hillside farming
__ **en placa**: (med) plate culture
__ **en terreno anegadizo**: crop on land subject to seasonal flooding
__ **en suspensión**: hanging method (oysters)
__ **energético**: energy crop, fuel crop
__ **experimental**: field test, field experiment
__ **extensivo**: field crop
__ **forrajero**: feed crop, fodder crop, pasture crop
__ **hortense**: market gardening
__ **hortense de abrigo**: market gardening under frame
__ **hortense de estufa**: market gardening in hothouse
__ **intercalado**: catch crop, marker cropping, intercropping
__ **intermedio**: catch crop
__ **limpio**: tillage
__ **manual**: manpower farming
__ **migratorio**: shifting cultivation
__ **nómade**: shifting cultivation
__ **numerario**: crop used as a proxy
__ **para forraje verde**: soiling crop
__ **personal y directo**: owner-occupancy (farm)
__ **por amelgas trienales**: three-course rotation
__ **por gravitación natural**: dry farming
__ **por herida**: (med) stab culture
__ **protector**: nurse crop
__ **rotativo**: catch crop
__ **simbiótico**: companion crop
__ **sin labores, sistema de**: zero tillage system
__ **transitorio**: annual crop
__ **único**: (for) pure stand
cultivos arbóreos: tree crops
__ **básicos**: staple crops
__ **comerciales**: cash crops
__ **comunes**: field crops
__ **de exportación**: cash crops
__ **de fácil venta**: cash crops
__ **de invernadero**: cultivation under glass
__ **de pastos**: artificial range
__ **de pronta comercialización**: cash crops
__ **de rizomas**: rootstock crops
__ **dobles**: sequential cropping
__ **en hileras**: row crops
__ **en posta**: relay cropping
__ **forestales**: tree farming, forest cropping
__ **hortícolas y frutas**: truck and fruit crops
__ **húmedos**: crops lifted moist and stored cool
__ **incipientes**: emerging crops
__ **intermedios**: intercrops
__ **para fines energéticos**: energy farming
__ **perennes**: permanent crops
__ **raíces**: root crops
__ **secundarios**: minor crops

CULTO

__ **simbióticos**: companion crops
__ **sin valor comercial**: (for) non-merchantable (stands of trees)
__ **sucesivos**: multiple or sequential cropping
__ **viejos**: aging crops
__ **vivaces**: permanent crops
culto: *a* knowledgable; *n* (religious) denomination, worship
cultura: tilling; breeding (fish, etc.): culture (tissue); cultivation, education, good breeding
__ **del consenso**: the consensus approach
__ **en jaulas**: cage culture
cumbo: (Col) gourd
cumbre: (for) overstorey
cúmplase: Let it be executed (official approval of a decree or law); to be executed, implemented
cúmpleme: it's my duty to, it is up to me to, it behooves me; I should, am supposed to
cumplimentación (de albaranes): (Sp) filling out of (parts sales orders, charts, blank forms)
cumplimentar: (Arg) to carry out, execute, implement; fill (an order); fill out or in; complete (a form)
cumplimiento: execution (order); enforcement (regulation); observance (treaty); discharge (obligation); performance (contract); fulfillment (commitment); serving (sentence)
__ **aduanero**: customs clearance
__ **de albaranes**: filling out of blank forms
__ **de, en**: in pursuance, prosecution of; in compliance, accordance with; as called for in (section 2)
__ **de tarifas**: rate compliance
__ **de todas sus obligaciones con terceros**: performance of all covenants with third parties
__ **de un contrato**: performance of a contract
__ **específico**: (leg) specific performance
__ **judicial**: enforcement
cumplir: to live up to (a commitment), perform (obligation), do (one's duty), fulfill (a condition), keep (promise), meet (requirements), comply with, satisfy (rules of origin), abide by (rules); expire (period, term), fall due (promissory note)
__ **un contrato**: to perform, fulfill a contract
__ **una condena**: to serve a sentence
__ **y hacer cumplir**: to observe and enforce
cúmulo: store (of information); pile
__ **de órdenes**: backlog of orders
cuna maternal: (Per) day-care center
cuneta: side ditch; road drain; shoulder (field); open drain, street gutter
__ **de carretera**: culvert
__ **de coronación**: intercepting ditch
__ **de desagüe**: catch drain
__ **de desmonte**: gully pit (drain)
__ **de guarda (protección)**: catch pit (road)
__ **encachada**: paved gutter
cunicultura: rabbit keeping
cuña publicitaria: spot announcement (radio, TV)

CURANDERO

__ **radial**: radio (TV) spot, plug, commercial
cuñete: keg, firkin
cuño: die (for coins); stamp, impression
cuota: quota (exports); allocation; subscription or membership fee; installment (loan); rate (depreciation, water, freight); share (of payment); payment, down payment; (membership) dues; (Mex) toll (road); (UN) assessed contribution; (Chi) share in a mutual fund
__ **a destajo**: piece rate
__ **al contado**: down payment
__ **bruta**: gross assessment
__ **compensadora**: countervailing duty
__ **de adhesión**: (Sp) real estate down payment
__ **de agua**: water rate
__ **de ahorro**: (Sp) saving ratio
__ **de ahorro de una prima**: (ins) investment portion of the premium
__ **de amortización**: amortization rate, installment of principal (loan)
__ **de fondo de inversión**: mutual fund share
__ **de ingreso**: admission fee; import quota
__ **de inscripción**: registration fee (seminar)
__ **de inversiones**: (Sp) investment ratio (rate)
__ **de mayoría**: (fin) majority holding or stake
__ **de mercado**: market share
__ **de pie**: (Chi) down payment
__ **de seguros sociales**: social insurance contribution
__ **de servicio**: (elec) standing charge
__ **desgravatoria**: (Sp) amount of tax deductible
__ **litis**: (leg) contingency fee
__ **parte**: assessed share; proportional share; assigned (allotted) portion
__ **patronal**: employer's contribution (social security, pensions, etc.)
__ **tributaria**: tax bill
__ **uniforme**: flat fee
__ **vigente**: quota in effect
cuotas: assessed contributions (UN); contributions (social security)
__ **sindicales**: union dues
cupo: tax rate; space (on steamer); allotment; ceiling; quota (imports)
__ **arancelario**: tariff or customs quota
__ **de crédito**: line of credit
__ **de embarque**: freight space
__ **de financiación**: (Col) line of credit
cupos de caza: hunting crops
__ **de exportación (importación)**: export (import) entitlements
cupón: interest coupon; dividend warrant
__ **de dividendo**: dividend warrant
cupones separados: (fin) strips (securities)
cúpula: hub (of network); leaders, leadership
__ **sindical**: trade union leadership
curado: curing (concrete)
curador: guardian (of a child)
curagüilla (curahuilla): (Chi) sorghum
curandero: herb doctor, healer

curatela: (leg) curatorship (person appointed to take care of the estate of a person incompetent to do so)
cúrcuma: saffron, tumeric
curiosa: traditional birth attendant
curríceras: (Mex) troll lines
cursado por: transmitted through
cursante: participant in a course
cursar: to process (application); send, dispatch (letter); route, channel (payments); pass on (order); (leg) follow or carry out a suit or proceedings in court
cursillo: workshop (course)
curso a, dar: to attend to (order); grant (request); forward (letter); put through, give effect to, handle, expedite, allow to continue
__ **a medida**: (ed) tailor-made course
__ **correctivo**: remedial course
__ **corriente**: (ed) regular course
__ **de actualización**: refresher course
__ **de agua**: stream
__ **de iniciación**: induction course or training, vestibule course
__ **de perfeccionamiento**: advanced course; upgrading course; (sometimes) in-service training; follow-up course
__ **de recuperación**: "make-up" class
__ **de repaso**: (ed) refresher course
__ **de valor académico**: credit course
__ , **en**: current
__ **externo**: non-residential course, non-resident course
__ **forzoso, de**: as legal tender, with a compulsory rate of exchange
__ **integrado**: (ed) core course
__ **intensivo**: crash course
__ **legal, de**: as legal tender, with a compulsory rate of exchange
__ **móvil**: traveling course
__ **optativo**: optional course
__ **práctico**: workshop
__ **principal**: core course
__ **relámpago**: crash course
__ **sintético**: broadfield course
cursos alternados con trabajo: sandwich courses
__ **de extensión**: (ed) extramural training
__ **de extensión universitaria**: extramural courses
__ **de nivelación (en grado)**: remedial courses
__ **de vulgarización**: extension courses
__ **intercalados**: sandwich courses
__ **por correspondencia**: (ed) correspondence courses, external courses, distance education, home-study courses
__ **rápidos**: accelerated courses
curtido de pieles: (fellmongery and) tanning
curtimiento de pieles: (fellmongery and) tanning
curva: curve; (st) graph; schedule (demand, supply); trend
__ **atípica**: backward-bending curve
__ **circular**: circular curve (surveying)
__ **con peralte (peraltada)**: banked curve (road)

__ **de depresión**: draw-down curve (well)
__ **de ley-tonelada**: (min) grade-tonnage curve
__ **de nivel**: contour line
__ **de oferta**: supply schedule
__ **de posibilidades de producción**: transformation curve, production curve
__ **de progreso**: progress chart
__ **de relación entre demanda y precio**: demand curve
__ **de rendimiento normal**: positive slope
__ **envolvente, método de**: (econ) envelop technique
__ **estacional**: seasonal pattern
__ **forzada (fuerte)**: sharp curve (road)
__ **granulométrica**: grain size distribution curve; gradation curve
__ **isocuante**: isoproduct curve
__ **normal**: bell-shaped curve
__ **quebrada**: (st) kinked curve
__ **salarial**: (admin) pay line
custodia: safe deposit department (bank)
__ **de títulos**: safe-keeping of securities
cuy: guinea pig

D

dable: possible, feasible, practicable
dación: (leg) delivery, handing over (documents, goods); dation
__ **de cuentas**: (Sp) rendering of accounts
__ **en pago**: (leg) datio in solutum; accord and satisfaction; payment in kind
dactiloscopia: fingerprint analysis
dada la opinión del Comité: in view of, in the light of the Committee's opinion
__ **la situación**: at this stage
dádiva: (Chi) (leg) bribe
dado el caso: of necessity
__ **que**: because, since; granting that, granted that, assuming that, provided that; as long as, inasmuch as
dados: dies (threading)
__ **y matrices**: die sets (both matrices and punches)
daltonismo: color blindness
damajuana: demijohn; carboy, wicker bottle
damasco: apricot
damnificado: *a* injured, harmed (person); distressed, disaster-stricken (area); *n* victim (of flood); homeless (as result of disaster)
damnificados: (leg) injured parties, aggrieved parties
daño: damage, injury
__ **consiguiente**: attendant damage
__ **corporal**: personal injury
__ **emergente**: indirect, special or consequential damage
__ **grave**: serious injury

DAÑOS

__ **moral**: moral prejudice
__ **pagable**: (leg) actionable damage
__ **patrimonial**: capital impairment
__ **significativo**: material injury
__ **supuesto**: alleged injury
daños: (leg, ins) losses, damages, damage (to property)
__ **anticipados**: speculative damages
__ **, demanda de**: claim for damages
__ **materiales**: property damage
__ **personales**: bodily injuries
__ **previstos en el contrato**: liquidated damages
__ **punitivos**: exemplary damages
__ **reales**: actual damage
__ **sobrevenidos**: (ins) losses incurred
__ **y perjuicios**: (when incurred) loss, (when paid) damages
dar abasto a: to satisfy (the demand); keep up with (orders, demand)
__ **abasto a los nuevos pedidos, no**: to lag behind incoming orders; be unable to keep up with (orders, demand)
__ **a conocer**: to circulate (figures)
__ **a entender**: to imply, intimate, hint at, insinuate, represent (give reasons to believe)
__ **cima**: to accomplish, successfully conclude
__ **de alta**: to discharge (from hospital)
__ **de baja**: to drop, remove, cancel, eliminate; scrap (machinery); charge off (equipment); muster out, discharge (a soldier)
__ **de sí**: to stretch (wool)
__ **derecho a**: to confer title to, entitle
__ **derecho contra**: to constitute a claim on
__ **entrada a una demanda**: to docket a petition
__ **fe (de que doy fe)**: to attest, certify (witnessed by, sworn before, confirmed as authentic)
__ **lugar a**: to give rise to, provoke; prompt, trigger
__ **(mucha) importancia**: to make much of
__ **participación a**: to empower (women, minorities); give a voice to
__ **pie**: to give occasion
__ **poder de decisión a**: to empower (women, minorities)
__ **por**: to consider (approved, received, etc), regard; declare to be
__ **por recibido**: to take cognizance of (a report)
__ **por sentado**: to assume, take for granted
__ **por terminado**: to adjourn (meeting), denounce (treaty)
__ **traslado de**: (leg) to send a copy of
__ **una entrada**: (Sp) to make a down payment
__ **vista**: (leg) to make available for examination (document)
darse: to happen, occur
__ **de alta**: to admit to practice (physician); be called to the bar (lawyer); join the ranks of, enroll (in a social security program)
__ **por**: to regard as
dardanismo: Dardanism (destruction of output already produced)

DE ACUERDO

dársena: harbor basin; inner harbor; dock basin; river harbor; wet dock
__ **de aducción**: headrace
__ **de espera**: lay-by
__ **de maniobra**: (ot) turning basin
dasocracia: forest management
dasometría: forest mensuration
dasonomía: forest(ry) science, forest management
dasotomía: cutting
data: (acct) entry, item, posting; (Arg) credit entry; (leg) date and place of occurrence of an event, of a letter or writing
datación de roca total: whole rock dating
datar: to credit, (Mex) date
datos: data, information, reading (of an instrument), particulars
__ **adulterados**: doctored data
__ **amañados**: doctored data
__ **antes del análisis de regresión**: (st) unsmoothed data
__ **básicos de referencia**: (st) benchmark data
__ **básicos de un proyecto**: project brief (document)
__ **brutos**: raw data
__ **de partida**: baseline data
__ **de referencia**: benchmark data
__ **desglosados**: (st) segmented data
__ **exactos**: factual data
__ **falsificados**: doctored data
__ **fidedignos**: hard data
__ **indirectos**: proxy data
__ **iniciales**: baseline data
__ **, ordenación y análisis de**: data processing
__ **parciales**: incomplete data
__ **primos**: raw data
__ **producidos**: output data
__ **representados**: charted data
__ **sin elaborar**: raw data
de acuerdo con: along the lines of, in accordance with, as stipulated in
__ **ahora en adelante**: from this point onward(s); henceforth; in future
__ **alguna otra forma**: otherwise
__ **alto nivel**: blue-chip (advisory group); blue-ribbon (panel)
__ **balde**: free, gratis, for nothing
__ **buena gana**: willingly, gladly, readily
__ **buenas a primeras**: on the spur of the moment, without warning, suddenly, right away, immediately
__ **cargo a**: drawn on, charged to
__ **cargo de**: (com) chargeable to, for the account of
__ **cerca**: at close quarters, at close range
__ **consideración**: substantial (order), heavy (loss)
__ **consuno**: with one accord, by common consent, in concert
__ **cualquier modo**: at any rate, in any case
__ **derecho**: (leg) (as a matter) of right; as a matter of course; by (operation of) law, de jure; ipso jure; automatically
__ **derecho privado**: under private law, private law (institution)

523

- __ **derecho público**: under public law, public law (institution)
- __ **emergencia**: standby (equipment)
- __ **esta manera**: along these lines, in doing so, in this way, thus
- __ **fácil manejo**: user-friendly
- __ **forma habitual**: consistently
- __ **género**: (Chi) generic (obligation)
- __ **golpe**: all of a sudden
- __ **hecho**: in point of fact, in fact, truly, really, actually
- __ **hecho o de derecho**: formally or in effect
- __ **igual a igual**: (com) at arm's length
- __ **inmediato**: at once
- __ **ley**: acting (minister)
- __ **lo contrario**: if not, otherwise
- __ **marras**: (person, matter) in question
- __ **memoria**: by heart, by rote
- __ **mi competencia**: within my province
- __ **modo empírico**: by rule of thumb
- __ **momento**: for the time being
- __ **ningún modo**: by no means whatsoever, in no way whatsoever
- __ **ninguna forma**: in no sense
- __ **ninguna manera**: by no means, in no way whatsoever
- __ **no mediar esa circunstancia**: otherwise
- __ **no ser así**: otherwise
- __ **no ser que**: were it not for
- __ **número**: regular (member, etc), titular
- __ **oficio**: (leg) by virtue of his office, officially, ex officio (used of a government department or official); of its own motion (used of a court)
- __ **oficio o a petición de parte**: on its own motion or on the application of a party
- __ **palabra y obra**: in word and in deed
- __ **paso**: by the by, by the way, incidentally, in passing
- __ **plano**: (leg) summarily
- __ **pleno derecho**: (leg) (as a matter of) right; as a matter of course; by (operation of) law, de jure; ipso jure; automatically
- __ **primera mano**: (at) first hand
- __ **pronto**: suddenly, all at once, hastily, hurriedly
- __ **propósito**: intentionally, by design, on purpose, deliberately
- __ **punta**: leading-edge (sector), pioneer, cutting-edge (technology), growth (industry), advanced (technique)
- __ **puño y letra**: in one's own handwriting, signed in person
- __ **que doy fe**: witnessed by, sworn to by
- __ **reserva**: standby (equipment)
- __ **seguro**: certainly, undoubtedly, truly
- __ **todas formas**: at any rate
- __ **todas maneras**: in any case, whatever happens, by all means, definitely, anyway
- __ **todas partes**: from all quarters, from all sides
- __ **todos modos**: at any rate, in any case, by all means, in any case, definitely, anyway

- __ **trecho en trecho**: from time to time, from place to place
- __ **un golpe**: at one stroke
- __ **un modo a otro**: somehow or other, in one way or another
- __ **un momento a otro**: at any moment
- __ **un plumazo**: at a stroke of the pen
- __ **un tiempo a esta parte**: for some time now
- __ **una vez**: at once, at one go, once and for all; without interruption
- __ **utilidad pública**: for public purposes, benefit or good; of service to the public; in the (of) public interest
- __ **vez en cuando**: from time to time, on and off, sometimes, on occasion, sporadically
- **debate**: debate, discussion, dispute; (Senate) hearing
- **debatirse**: to struggle, thrash (about); cope with
- **debe y haber**: debit and credit
- **debenture**: (UK) secured bond, (USA) unsecured bond
- **debentures simples**: straight (i.e., not discounted) debentures
- **deber indeclinable**: bounden duty
- __ **tácito**: implied duty
- **deberes y atribuciones**: duties and powers
- **debido procedimiento legal**: due process of law
- **debilitamiento**: slackening (demand), sluggishness (market); softening (market)
- **debilitar**: to weaken, undermine, enervate
- **debitar**: to charge, debit
- **decadencia**: decay, decline; (leg) lapsing (rights), forfeiture
- **decantar**: to trim (budget)
- **decapar**: (tech) to pickle (steel)
- **deceleración de la economía**: slowdown of the economy
- **desacelerador**: retard (bank erosion)
- **decididamente**: resolutely, definitely, firmly, strongly (indicate)
- **decidido**: determined, resolute, decisive, confident (person); staunch; stalwart, solid, steadfast, unwavering (support); strong, firm (commitment); active (involvement),
- __ **a**: bent on, resolved to, determined to
- **decidir contra**: (leg) to find against
- __ **en favor de**: (leg) to find for
- __ **sobre el fondo**: to adjudicate on the merits
- **decimotercer mes**: (Ec) wage bonus
- **decisión**: decisiveness, resoluteness, determination; (leg) judgment, ruling, verdict, finding
- __ **de principio**: policy decision
- __ **impugnada**: contested decision, decision appealed (against)
- __ **obligatoria**: binding decision
- __ **propia**: self-determination
- __ **razonada**: informed decision
- __ **tácita por vencimiento de un plazo**: lapse-of-time decision
- **decisiones que sientan jurisprudencia**: (leg) binding precedents (decisions)

decisivo: decisive, landmark (event), casting (vote), major (breakthrough), overriding (consideration), crushing (argument), conclusive (proof), vital (importance), deciding (factor), critical, crucial (moment), pivotal (role)
declaración: statement, declaration; tax return
__ **atrasada**: delinquent tax return; return filed late; late return
__ **bajo protesta**: (Mex) sworn statement, affidavit
__ **de aduana**: customs entry
__ **de bienes**: net worth statement (for legal or tax purposes)
__ **de comercio interno**: (customs) entry for home use
__ **de entrada**: (customs) bill of entry, clearance inwards
__ **de expedición**: (UK) (rr) consignment note; (USA) railroad bill of lading, waybill
__ **de expedición del cargador**: shipper's export declaration
__ **de gastos**: statement of expenditures
__ **de inhabilitación**: declaration of ineligibility (IMF)
__ **de "ni lo acepto", "ni lo alego"**: plea of noli contendere
__ **de prerrogativas**: disclosure of perks
__ **de principios**: policy statement
__ **de prodigalidad**: (leg) spendthrift decree
__ **de salida**: clearance outwards
__ **de voluntades**: (leg) manifestation of consent
__ **del apoderado**: (fin) proxy statement
__ **en la aduana**: customs bill of entry
__ **falsa**: misstatement
__ **indagatoria**: statement made by the accused during the preliminary examination; the defendant's answers (civil proceedings)
__ **judicial**: decree, court order
__ **judicial de quiebra**: (leg) decree of insolvency
__ **jurada**: affidavit; sworn statement
__ **objetiva**: factual declaration
__ **preparatoria**: (Mex) (leg) accuser's statement
__ **pública**: public pronouncement
__ **tácita**: (leg) manifestation of consent
declaraciones y garantías: representations and warranties (contract)
declarado reo: (Chi) committed for trial
declarante: (leg) deponent
declarar: to state; enter (customs); (leg) testify
__ **con lugar**: to sustain, uphold (complaint)
__ **de utilidad pública**: declared to be for public purposes, declared to be in the public interest
__ **en la aduana**: to enter (at the customs house)
__ **la propuesta desierta**: (Ec) to disqualify a bid
__ **mercancías**: to enter goods (through customs)
__ **por oficio**: (Chi) to give official evidence in writing
__ **saber que**: to acknowledge
__ **sin lugar**: to dismiss (complaint)
declaratoria: declaration; (leg) statement made by the judge, declaratory ruling

__ **de impacto ambiental**: environmental impact statement
declinación: decline
__ **de la actividad económica**: downturn
__ **de responsabilidad**: (ins) disclaimer (of liability)
__ **del ritmo inflacionario**: deceleration of (the pace of) inflation
declinatoria: (leg) plea as to the jurisdiction of the court
__ **de jurisdicción**: (leg) objection as to jurisdiction, plea to the jurisdiction
declive de la plataforma continental: continental slope
decolé: skirting (wool)
decolorante: bleaching agent
decomiso: (leg) confiscation; seizure (meat, animals); forfeiture (drugs)
deconjugación: disaggregation
decrecer: to decrease, diminish, dwindle, peak out, fade out; subside (flood waters), grow shorter (time), wane (moon), die away (sound)
decrétase: be it enacted
decreto: decree; (court) order, (judicial) decision
__ **con fuerza de ley**: statutory decree, executive order ratified by Congress
__ **de aplicación**: implementing decree
__ **de detención**: (Chi) (leg) arrest warrant
__ **de exhibición**: (Nic) (leg) writ of habeas corpus
__ **de insistencia**: overruling (veto) decree
__ **de mero trámite**: (leg) procedural order
__ **de no a lugar**: (Per) dismissal order
__ **de sustanciación**: (Ur) procedural order
__ **exento**: (Chi) exempt decree (exempt from review as to constitutionality and legality), prerogative decree
__ **ley**: decree-law, executive order
__ **supremo**: executive decree
dedicación: devotion, commitment; (ed) professional commitment (teachers)
__ **exclusiva**: full-time employment
__ **exclusiva, profesor de**: (Arg) (ed) teacher working two shifts (morning and afternoon); full-time teacher
__ **personal**: commitment
__ **simple, profesor de**: (Arg) (ed) teacher working one shift only (morning or afternoon)
dedicado: (fin) captive (subsidiary, insurance company, etc)
__ **a**: committed to, devoted to, dedicated to, engaged in (a business, an activity)
dedicar: to devote (time, effort, money); spend time on, give time to; commit, earmark for, allot to (percentage of budget)
dedicarse: to carry on (business), engage in (activity), practice (profession), address (task), take up, pursue (hobby)
deducción: deduction, inference; (acct) deduction, writing down (expenses, costs); (tax) allowance; admissible, allowable deduction

___ **de (por) depreciación**: depreciation allowance
___ **de la deuda tributaria**: tax credit
___ **del líquido disponible**: (Sp) basic abatement, earned income allowance, personal allowance
___ **en concepto de impuesto potencial**: tax sparing
___ **impositiva**: tax allowance
___ **inadmisible**: non-deductible expense
___ **personal**: personal allowance
___ **por falta en el cargamento**: dead freight
___ **razonable**: necessary inference
___ **tributaria por pérdida**: tax write-off
deducciones fiscales: (personal) allowances (tax)
deducir: to deduce, infer, conclude; judge from, according to, by; (leg) offer, adduce (reason), present, assert (claims), file (appeal)
___ **demanda**: to present a claim
___ **recurso**: to enter (file, lodge) an appeal; appeal
defecto: fault, flaw, defect; shortcoming; breakdown; failure (to pay); insufficiency, lack, want, shortage; (Arg) shortfall; blemish (fruit); imperfection
___ **de beneficios**: income shortfall
___ **de pago**: default
___ **de título**: flaw in title
___ **inherente (intrínseco)**: inherent defect
___ **manifiesto**: patent defect
___ **oculto**: latent defect
___ **redhibitorio**: (leg) hidden or latent defect
defectos de construcción: bad, faulty workmanship
defectuoso: inadequate, imperfect, faulty, unsound
defensa: protection, defense; (ship's) fender; guardrail (road); sea wall; (leg) plea, defense
___ **del consumidor**: consumer protection, consumer advocacy
___ **legítima**: self-defense
defensas rígidas: (highway) stiff barriers (e.g. guardrails, concrete barriers)
defensivos: (Portuguese word used in Spanish) pesticides, insecticides
defensor: (leg) counsel for the defense; official guardian (children, mental defectives)
___ **de los Habitantes**: ombudsman
___ **de oficio**: court appointed counsel; defense counsel
___ **del pueblo**: (Col) ombudsman (human rights); (Sp) ombudsman; Parliamentary High Commissioner
___ **oficial de turno**: (Bol) (leg) duty (defense) lawyer
deferir: to defer to, yield to; delegate (powers or jurisdiction), transfer or refer a case
___ **el juramento**: to administer an oath, put on oath, swear (in)
deficiencia: shortcoming, lack, inadequacy; flaw, defect; shortfall, gap; (ed) handicap
___ **de las exportaciones**: export shortfall
___ **de recursos**: resource gap
___ **estructural (institucional)**: built-in deficiency

deficiencias de saneamiento: sanitation failures (in a meat packing plant)
deficiente: defective; faulty (diet); unsatisfactory (service); poor (piece of work); poorly developed (elements); unsound (reasoning); substandard (housing); inadequate, lackluster, not up to par (performance); poorly stocked (school library)
déficit: deficit; lack, shortage, shortfall, gap; unfavorable balance
___ **comercial**: trade gap
___ **de la balanza comercial**: import surplus
___ **de la balanza de pagos**: external deficit
___ **exterior**: balance of payments deficit
___ **fiscal**: shortfall in tax revenue
___ **presupuestario intencional**: deficit spending
___ **virtual de pagos**: potential trade gap
definición: resolution (of a problem), determination; decision (of a conflict); establishment (of legal framework, etc)
___ **de objetivos**: goal setting
definido: well-defined, clearly-defined (policy); clear-cut (decision); strong (impact)
definir: to define, determine; frame (policy); chart, map out (strategy); delineate (ore body)
definitivamente: definitely, definitively, conclusively; ultimately; all things considered
definitivo: definitive, final; conclusive (proof), hard and fast (decision), ultimate (destination); unappealable, unchallengeable (decision); firm (conclusion); permanent (solution)
___ **, en**: all things considered, in short
deflactar: to deflate
deflectores: baffles (conduit); pallets (machine)
deformación: distortion, strain (materials)
___ **profesional**: vocational bias
___ **sistemática**: bias
defraudación de impuestos: (Sp) tax evasion
degradación: demotion, debasement, degradation
___ **de desechos**: breakdown of wastes
___ **del medio ambiente**: defacement, scarring (of the landscape); disfigurement of the environment,
degresión de costos: fall in costs
degresividad: decreasing scale (of taxation); phased reduction
degresivo: graduated (tax relief), on a decreasing scale, decreasing (balances), tapering (charge, tariff)
degüello: slaughtering
dehesa: pasture meadow; rangeland, grassland, grazing land; cattle ranch; sheepwalk
dejación de bienes: relinquishment, abandonment; (leg) assignment
___ **o negligencia**: non-compliance or negligence
dejar: to leave, abandon, give up
___ **a salvo**: to protect, hold harmless
___ **constancia**: to mention; (leg) place on record
___ **de lado**: to sidetrack; shelve (question); bypass

__ **de pagar**: to omit payment; fail to pay (when due)
__ **en acuerdo**: (Chi) (leg) to leave pending
__ **en silencio**: to fail to mention
__ **sin efecto**: to set aside, invalidate
del mismo modo: by the same token
dele: deletion mark
delegación: delegation; local office, branch office (company); local office of government department
__ **comercial**: trade section
__ **de atribuciones**: delegation of authority
__ **de poderes**: devolution
__ **de trabajos preparatorios**: devolution of preparatory work
__ **del Gobierno**: (Sp) Government representation (e.g. where the State has a major interest in a company)
__ **marítima**: merchant marine office
delegado de libertad vigilada: probation officer
__ **del Gobierno**: (Sp) Government representative
__ **del gremio (sindicato)**: business agent, union representative
__ **general**: authorized representative
__ **sindical**: shop steward, union delegate
delfín: dolphin (fish); (fig) favorite son
__ **listado**: striped dolphin
__ **manchado**: spotted dolphin
__ **tornillo oriental**: Eastern spinner dolphin
delfinario: dolphinarium (natural refuge)
deliberaciones: consultations
__ , **después de largas**: after mature consideration
deliberar: to examine, ponder (decision, report); discuss a matter, consult or take counsel together
delicado: difficult (matter), sore (point); ticklish (situation), tricky (job); fine (distinction); awkward (situation, position); sensitive (issue); frail (health); refined (taste)
delictivo y penable: criminal (act)
delincuencia común: ordinary street crimes
delincuente habitual: repeat offender
delineante proyectista: design draftsman
delito: (penal) offense (can be either felony or misdemeanor)
__ **complejo**: combined offense
__ **común**: ordinary offense, non-political offense
__ **conexo**: related offense
__ **contra la integridad personal**: (leg) offense against the person (offense affecting the human body)
__ **de acción privada**: offense for which a private action lies
__ **de acción pública**: offense for which a public action lies
__ **de función**: (Arg) offense committed during course of duties
__ **incruento**: offense without bloodshed
__ **privado**: offense against a private person
__ **público**: offense against the public

demanda: demand (goods); (leg) petition; the written declaration or complaint in pleading; complaint or application initiating proceedings
__ **acumulada**: pent-up demand
__ **colectiva**: (leg) class action suit
__ **de alcance**: catch-up demand
__ **de anulación**: petition to set aside (award)
__ **de cobertura suplementaria**: margin call
__ **de depósito reglamentario**: (fin) margin call
__ **de mano de obra**: manpower needs
__ **de margen adicional**: margin call
__ **estacionaria**: steady demand
__ **final**: end-use demand
__ **floja**: flagging demand
__ **global**: aggregate demand
__ **incidental**: (leg) incidental complaint
__ **intensa**: buoyant demand
__ **judicial**: judicial complaint, process
__ **máxima**: (elec) peak load
__ **pública**: (leg) prosecution
__ **ratificada**: (leg) confirmed complaint
__ **reconvencional**: counterclaim
__ **reprimida**: pent-up demand
__ **solvente**: effective demand
__ **sostenida**: keen demand
__ **total de energía**: total energy requirement
demandado: defendant; respondent
demandante: (leg) plaintiff, complainant
demandar: (leg) to sue, bring an action against
demarcadores: (road) markers (e.g. black and white highway posts); hazard markers; delineators; delineator posts
demasía: surplus, excess; excess quantities (over purchase-order quantity); overage; (sometimes) surcharge, excess charge; (Per) spillway
dematerialización: replacement of physical securities by book entries
demérito: decrease in value; (Col) wear and tear; (Chi) obsolescence
demersales de altura: high water demersal fish
democratización del capital: diversification of capital ownership (i.e. lending to small and medium size enterprises); coupon privatization
demográfico: relating to population; vital (statistics)
demora: delay; slippage (schedule); (sometimes) lead time (project)
__ **respecto del plazo previsto**: overrun, time overrun
demoscopia: opinion research
demostración: showing; statement (e.g. of profit and loss)
demostrar: to prove, provide evidence of
demovilización: moving out (equipment or personnel from work site)
dendroenergético: having to do with fuelwood plantations
dendroenergía: wood-based energy
dendrómetro: (for) scaler

denegación: refusal, denial, disclaimer
　__ **de certificado**: (acct) withholding (of certificate), disclaimer of certificate (auditors)
　__ **de concesiones**: withholding of concessions
　__ **de paternidad**: disowning of offspring
denegar: to deny, reject, turn down (petition, request, appeal); overrule
　__ **una apelación**: (leg) to refuse leave (to appeal)
denominación: designation, name; denomination (bank notes)
　__ **común**: non-proprietary name
　__ **de las emisiones**: (TC) emission designation
densidad aparente: bulk density
　__ **de capital**: capital intensity
　__ **de carga**: stocking rate (cattle)
　__ **de flujo de potencia**: (TC) power flux density (pfd)
　__ **de mano de obra**: labor intensity
　__ **de masa**: (for) stocking rate
　__ **de pastoreo**: stocking rate (cattle)
　__ **de rodal**: (for) stocking rate
　__ **de siembra**: seeding rate; plant population
　__ **de tráfico**: (TC) traffic density, flow (transport)
dentística conservadora: operative dentistry
dentograma: dental chart
dentro: in, within, as part of, under, in the light of, in accordance with
　__ **de esta problemática**: in this context
　__ **de este entorno**: in this context
　__ **de este marco**: in this context
　__ **de este orden de ideas**: in this connection
　__ **de la organización democrática**: in accordance with democratic principles
　__ **de las condiciones peculiares de sus países**: with due regard to the conditions prevailing in their countries
　__ **de lo posible**: as far (much) as possible; preferably
　__ **de los programas**: under the programs
　__ **de poco**: at an early date
　__ **del marco de**: within the scope, ambit, compass, purview of; against the background of, in conjunction with; in the light of; in the setting of
　__ **del presupuesto**: as a share of the budget
　__ **del régimen actual**: as matters now stand
denuncia: report, announcement; (leg) charge (criminal); accusation (of an offense in general); (criminal) complaint (accusation of an offense made by a private individual); an information (accusation of an offense laid before a magistrate); notice of termination (of a treaty); note of cancellation, note of termination; (min) mining claim, denouncement
　__ **de importación**: (Mex) import license
　__ **de presunta desaparición**: (Arg) notice of presumed disappearance
denuncias: cases reported (human rights)
denunciado: offending (country, product)
denunciante: complainant, party alleging injury

denunciar: to report something to an authority (offense, abuse, irregularity); give notice of termination (contract, treaty); reveal, proclaim, betray (the presence of something e.g. education, dissipation); file a complaint against
　__ **un préstamo**: (Sp) (bnk) to call in a loan
　__ **una mina**: to give notice of discovery of and claim the right to exploit a mine
denuncio: (mining) claim (filed but not yet granted)
deparar la ocasión: to afford an opportunity
departamento: department, apartment
　__ **de administración de bienes**: (Sp) (bnk) trust department
　__ **de asesoría**: (admin) staff department
　__ **de corrección**: (Sp) (leg) punishment wing (of a prison)
　__ **de ejecución**: line department
　__ **de servicios (de asesoramiento)**: (admin) staff department
　__ **fiduciario de banco**: bank trust department
　__ **operativo**: line department
　__ **técnico y de proyectos**: engineering and design department
dependencia: reliance, dependence; dependency (of a country); unit, section (of an office); branch office; (Government) agency
　__ **administrativa**: administrative hierarchy; administrative unit, branch, office
　__ **, bajo su**: under his authority; reporting to him
　__ **de cuentas**: account unit
　__ **de tierra**: (Arg) shore establishment (navy)
　__ **económica, acreditar**: to demonstrate that someone is incapable of self-support
　__ **militar**: military establishment
　__ **orgánica**: functional unit
　__ **policial**: police premises
dependencias: ancillary spaces; annexes; outbuildings
depender de: to be determined by, hinge on, turn on, rest with, be contingent upon; report to, be subordinate to, under the authority of, in the hands of, answerable to; rely on (for support), be dependent on, be conditioned by
　__ **funcionalmente**: to report to, be subordinate to
dependiente de: subordinate to, attached to, coming under (the authority of), reporting to, under; controlled, administrated by; conditional upon
deponente: (leg) (UK) deponent; (USA) deponent, affiant
deponer: (leg) to give evidence; testify; depose, affirm, declare, state
deport: backwardation (shares); premium (foreign exchange)
deposición: (leg) testimony, statement, evidence
depositante: bailor
depositario: depositary (for treaty, legal instrument); depository (for things), bailee (of goods)

DEPOSITO

__ **de bienes embargados**: custodian of attached goods
depósito: place where something is deposited; storehouse, warehouse, storage facility, stockroom; bunker; cistern, tank, reservoir; tip, dump, bin; thing deposited; (leg) bailment
__ **a la vista (orden)**: demand deposit
__ **a plazo (término)**: time deposit
__ **centralizado de valores (sociedad para)**: central securities depository
__ **de aduanas**: bonded warehouse
__ **de cabecera**: (irr) forebay
__ **de carga**: (ot) loading bunker; (Sp) forebay
__ **de decantación de residuos**: (min) tailings pond
__ **de garantía**: (st ex) initial margin
__ **de maniobra**: swing margin
__ **de poca movilidad**: slow-moving deposit
__ **de títulos en custodia**: escrow deposit
__ **de tránsito**: bonded warehouse
__ **, en**: in bond
__ **en custodia**: escrow account
__ **en garantía**: security deposit
__ **ficticio**: private bonded warehouse
__ **ficticio, almacenaje en**: field warehousing
__ **fiduciario, en**: in escrow
__ **franco**: bonded warehouse
__ **franco, en**: in bond
__ **garantizado**: bonded warehouse
__ **girable**: checkable deposit
__ **mineral**: ore body
__ **necesario**: (Sp) guaranty deposit
__ **previo**: advance deposit (on application for import permit)
__ **real de aduana**: public bonded warehouse
depósitos: deposits, (bnk) deposit liabilities
__ **bancarios**: bank money
__ **en administración**: custodianship accounts
__ **monetarios**: bank money
__ **vencidos**: deposits payable
depreciación: depreciation (assets, currency), writing down (debt, doubtful accounts); impairment (capital); decline, decrease, drop, fall in value; erosion of prices
__ **acelerada**: accelerated depreciation
__ **de equilibrio**: breakeven (dollar) depreciation
__ **decreciente**: accelerated depreciation
__ **económica**: amortization of replacement value
__ **fija, método de**: depreciation annuity method
__ **física**: wear and tear
__ **funcional**: obsolescence
__ **mediante el método de la cuota decreciente**: declining-rate depreciation
__ **mediante el método del saldo decreciente**: declining-balance depreciation
__ **por porcentaje constante**: straight-line depreciation; age-life depreciation
__ **proporcional**: straight-line depreciation
__ **técnica**: depreciation for wear and tear
__ **tecnológica**: depreciation for obsolescence

DERECHO

depredación: plunder (of fish stocks)
depredador (OPAS): corporate raider
depreflación: sumpflation
depresión: (econ) downturn
__ **de la curva**: downward slope of a curve
__ **económica**: slump
deprimir los precios: to cut prices
depuración: purification (water, sewage); trimming (budget, fund); roguing (forest); screening, selective review; refining (waste); updating of tax roll; (comp) debugging
__ **de cuentas**: reclassification of accounts, writing-off of delinquent accounts, charging-off
__ **de inventarios**: (Mex) inventory clearance
depurado: (st) refined
depurar: to purify (water); refine (waste); purge (political party); debug (system); eliminate (doubtful assets); trim (budget), weed out (defects), edit (census)
derecho: law, right; claim; fee, duty
__ **a circular libremente**: right to freedom of movement
__ **a, dar**: to constitute a claim against, entitle (to)
__ **a la devolución (restitución)**: right of recovery (of landed property)
__ **a licencia**: leave entitlement
__ **a pensión**: eligibility for pension
__ **a un medio ambiente vivible**: amenity right
__ **accesorio**: collateral right
__ **adjetivo**: procedural law
__ **al reconocimiento de su personalidad jurídica**: right to recognition as a person before the law
__ **al reintegro**: (Sp) (leg) right of recovery
__ **al tanto**: stock option privilege, stock subscription right
__ **al vuelo**: construction right
__ **aplicable**: governing law
__ **arancelario**: tariff
__ **autónomo**: legal rate of duty
__ **cambiario**: law relating to negotiable instruments
__ **canónico**: ecclesiastical law, law spiritual, canon law
__ **casuídico**: (CA) law relating to litigation
__ **casuístico**: (Mex) common law
__ **compensador**: equalizing tax (customs)
__ **común**: ordinary law
__ **consuetudinario**: customary law
__ **continental**: civil law (as opposed to common law)
__ **convencional**: law of treaties, treaty law
__ **corporativo**: (Arg) (leg) trade union law
__ **, de**: by right, as of right, as a matter of right, as a matter of law
__ **de acción**: (sometimes) valid claim
__ **de acrecencia (acrecimiento)**: (leg) right of accession (land)
__ **de adquisición**: stock right

DERECHOS

__ **de aduana**: tariff
__ **de anterioridad**: anticipation right (patent)
__ **de autor**: copyright
__ **de compensación**: countervailing duty (customs); (leg) (right of) set-off
__ **de desahucio**: severance pay right
__ **de ejercicio**: (fin) exercise value
__ **de embargo por falso flete**: lien for dead freight
__ **de entrada**: import duty
__ **de estar en juicio**: right to sue and be sued
__ **de expropiación**: (right of) eminent domain
__ **de faro**: lightage, light dues
__ **de fondo**: substantive law
__ **de forma**: procedural law, adjective law
__ **de frente**: frontage levy
__ **de garantías judiciales**: right to due process
__ **de gentes**: public international law
__ **de importación**: tariff, import duty
__ **de internación**: (Chi) ad valorem import duty
__ **de llave**: (Chi) (com) goodwill
__ **de participación**: (Col) certificate of participation
__ **de paso**: right of way
__ **de patente**: proprietary right
__ **, de pleno**: ipso jure, by operation of law
__ **de preferencia**: (admin) "bumping" right
__ **de preferencia (del accionista)**: preemptive right
__ **de preferencia (del acreedor)**: lien
__ **de prioridad**: right of pre-emption
__ **de propiedad**: title; (Mex) proprietary right
__ **de propiedad exclusivo y excluyente**: exclusive right of ownership (i.e. one that can be exercised only by the grantee and from which all others are shut out)
__ **de reconocimiento de su personalidad jurídica**: right to recognition as a person before the law
__ **de repetición**: right of recovery
__ **de rescate**: right to repurchase
__ **de retención**: lien
__ **de retroventa**: right of redemption
__ **de seguimiento**: droit de suite (right of a creditor to pursue the debtor's property into the hands of third persons for the enforcement of his claim)
__ **de separación**: right of seclusion (bankruptcy)
__ **de servidumbre**: (Ven) surface right (petroleum)
__ **de sindicación**: right to organize trade unions
__ **de suscripción**: stock right
__ **de tanteo**: (Sp) right of pre-emption, pre-emptive right
__ **de timbre**: stamp tax
__ **de usufructo**: beneficial interest
__ **de veto**: veto power
__ **declarado**: entered duty rate (customs)
__ **económico**: business law
__ **en expectativa**: inchoate right
__ **escrito**: statute law

__ **interno**: municipal law
__ **jurisprudencial**: case law
__ **justicial**: (Arg) (leg) procedural law
__ **marítimo**: admiralty law
__ **mixto**: combined duty (customs)
__ **moral**: moral right
__ **nacional**: municipal law
__ **napoleónico**: civil law (as opposed to common law)
__ **no escrito**: established custom
__ **objetivo**: the (enacted) law
__ **orgánico**: fundamental law
__ **patrimonial**: (Mex) ownership right, right deriving from ownership; (acct) proprietary equity; economic right (WIPO)
__ **político**: constitutional law; right to vote
__ **por movilización**: (ot) cargo handling charge
__ **por pie**: (for) stumpage fee
__ **portuario**: harbor fee
__ **positivo**: substantive law, positive law (as opposed to natural law)
__ **preferencial**: (com) right of first refusal; (fin) preemptive right
__ **prendario**: right of lien
__ **prendario sobre cosecha en pie**: (agr) lien on growing crops
__ **pretorio**: case law, judge-made law
__ **procesal**: adjective law, procedural law
__ **público, institución de**: public corporation
__ **real**: right *in rem*; transmission tax (in death duties)
__ **real de vuelo**: (Sp) forestry exploitation right
__ **regulador**: equalizing tax (customs)
__ **rituario**: adjective law
__ **romano**: civil law (as opposed to common law)
__ **subjetivo**: a right
__ **temporal**: secular law (as opposed to canon law)
__ **y propiedad**: title of ownership
derechos: charges, taxes, duties, fees
__ **a prestaciones**: entitlements
__ **accesorios**: appurtenances
__ **administrativos**: service charges
__ **adquiridos**: appropriated rights (water); vested rights (pensions)
__ **aduaneros (arancelarios)**: custom duties
__ **al subsuelo**: mineral rights
__ **compensatorios**: countervailing duties, anti-bounty duties
__ **conexos**: neighboring rights (patent, trademark)
__ **consolidados**: bound duties
__ **consulares**: consular fees
__ **contra abarrotamiento**: anti-dumping duties
__ **contractuales**: contractual entitlements
__ **de amarre**: buoyage
__ **de atraque**: (ot) berthage
__ **de autor**: royalties, copyright
__ **de baliza**: buoy-and-beacon dues
__ **de consumo**: excise duties
__ **de custodia**: safe deposit charges
__ **de dique y puerto**: dock and harbor dues

530

__ **de entrada**: import duties
__ **de faro**: light duties
__ **de faros y fanalas**: lighthouse dues
__ **de fondeo**: groundage
__ **de frente**: (Ven) real estate taxes
__ **de guarda**: custodian's fees, safe-keeping fees
__ **de guardia**: safe-keeping fees
__ **de herencia**: (USA) estate taxes; (UK) death duties
__ **de llave**: (Arg) property rights in goodwill
__ **de matrícula**: (ed) tuition fees
__ **de muellaje**: dock charges
__ **de negociación**: bargaining rights (trade union)
__ **de patente**: royalties
__ **de pensión**: pension entitlements (UN)
__ **de puerto**: groundage
__ **de puerto (quilla) y muelle**: harbor and dock charges
__ **de referencia**: target tariff rates
__ **de salida**: export duties
__ **de secretaria**: (leg) court clerk fees
__ **de servidumbre**: surface rights (oil)
__ **de superficie**: surface rights (oil)
__ **de suscripción**: rights issue
__ **de transferencia**: remittance taxes
__ **de tránsito**: (Ven) vehicle user fees
__ **de uso**: (Sp) exploitation rights, extraction rights
__ **de voto**: voting power
__ **diferenciados**: graduated duties
__ **en sociedades**: options
__ **especiales de giro (DEG)**: special drawing rights (SDR)
__ **fiscales**: revenue duties
__ **individuales**: civil liberties
__ **inmateriales**: intangible rights
__ **intrínsecos**: vested interests
__ **judiciales**: (Sp) stamp duties
__ **nulos**: zero duties
__ **o emolumentos**: fees or perquisites
__ **patrimoniales**: patrimonial rights (not property rights)
__ **políticos**: ownership rights (corporation)
__ **por movilización de carga**: cargo handling charges
__ **por sufragio**: poll taxes
__ **preferentes de aduana**: differential duties
__ **preferentes de cupón (warrant)**: preemptive rights
__ **progresivos**: graduated duties
__ **promocionales**: copyright royalties
__ **protectores**: anti-bounty duties, countervailing duties
__ **reales**: transmission taxes
__ **reservados**: (Mex) copyright
__ **sobre el activo**: equity
__ **subterráneos**: subsurface rights (oil)
__ **sucesorios**: (USA) estate taxes; (UK) death duties
__ **testamentarios**: probate duties
__ **y acciones**: (leg) rights and remedies

derechohabiente: successor, beneficiary; rightful claimant; person who succeeds to the rights of a deceased person; person entitled to make a claim; successor in interest
derechohabientes: eligibles; qualifying dependents (social security)
deriva: drift (from ship's course)
derivación: (elec) shunt; (irr) diversion (of river or canal); (Ec) referral (patients); (fig) consequence, effect
__ **de fondos, contrato de**: funds transfer agreement
derivadero: diversion channel or canal
derivado: by-product; (fin) derivative (swap, option, etc)
__ **de**: resulting from, stemming from, associated with
derivador: diversion canal or channel
derivar: to stem, spring, come, result, arise from; be the outcome of, be prompted by; derive from; convey (water); divert or tap (the course of running water); (elec) shunt, branch (current); (rr) shunt, switch (train)
derivarse: to be carried over, derived from (experience)
derogable: repealable
derogación: (partial) abolition or annulment; revocation
__ **de las disposiciones vigentes, por**: notwithstanding the provisions in force
derogaciones y reservas: repeals and saving clauses (bills of exchange)
derogar: to waive or depart from (a principle); overrule, override (contract); (leg) repeal or annul a law in part (as opposed to abrogate)
derogarse: to be inconsistent with, conflict with
derogatoria tácita: tacit (or implied) derogation
derrama: apportionment (tax); special assessment; levy
derramadero: spillway
derramar: to spill; apportion (taxes), levy (assessment)
derrame: spill, leakage
__ **de petróleo**: oil spill
derribar: to knock down, blow down, floor (opponent); overthrow (government)
derroche: wastage, squandering, extravagance
derrota: ship's course (route followed)
__ **comercial**: trade route
__ **loxodrómica**: rhumb sailing, plane sailing
derrotero: sailing directions
derrubiar: to erode, wash away
derrubio: talus, scree, rock rubble, debris, colluvium
__ **de faldeo**: slope wash
__ **del cauce**: river bed scour
derrumbe: sloughing (river bank); washout; landslide; collapse of a structure (e.g. building, trench); (min) cave-in
__ **del mercado**: collapse of the market
__ **por bloques**: (min) block caving

desacato al tribunal: contempt of court
desacuerdo: clash, dispute, lack of unity, discord, difference of opinion
desacumulación de existencias: drawdown of stocks, drawdown
desaduanamiento: customs clearance
desafectación: (fin) de-earmarking
__ **gradual**: (aero) phase-out
desafectar: (Ven) to remove from the original purpose (concession)
desafuero: (leg) infringement; outrage, excess; withdrawal of immunity (members of parliament, etc), deprivation of rights, deprivation of privilege
desagraviar: to redress, indemnify, compensate, apologize; right a wrong
desagravio : (leg) reparation (of physical or emotional damage)
__ **por mandato judicial**: injunctive relief
__ **por vía judicial**: relief
__ **provisional por mandato**: (leg) interim injunctive relief
desagregación: unbundling; disintegration
__ **de los servicios**: unbundling of services (e.g. TC, public utilities)
__ **de tarifas**: unbundling of tariffs
__ **tecnológica**: unbundling of packaged technology
desaguadero: drain, ditch, outlet channel; monk (outlet of water from a fish pond)
__ **en el mar**: off-shore sewage outfall
desaguar: to drain, dewater
desagüe: drainage, dewatering, unwatering; outfall (road); (storm) drain, wasteway; surface runoff
__ **doméstico**: domestic sewage
desagües: drains, sewerage, outlet works; (sometimes) sewage waste
desahogo: relief, relaxation, rest, ease; (Mex) treatment, handling, processing; (comp) flame
__ **de prueba**: (Mex) presentation of documentary evidence
desahorro: dissaving
desahuciar: to dispossess, evict
__ **un contrato**: to terminate a contract
desahucio: eviction (tenant); dismissal (employee); severance pay; denouncement (agreement), note of discharge, resignation, termination of lease
__ **en precario**: unlawful detainer (non-payment of rent or occupancy without lease)
desaire: (com) dishonor (of a draft)
desajuste: maladjustment; divergence (between interest rates), mismatch, imbalance, gap, distortion, disarray
__ **entre tipos de interés**: misalignment of interest rates
desajustes sociales: social dislocations
desalmacenaje: (Col) customs clearance
desalojamiento: eviction
desalojar: to vacate (premises)

desalojo: eviction, ousting
desamparado: deserted, neglected (child) (waif); helpless, unprotected
desamparar la apelación: to abandon an appeal filed
desamparo de niños: (leg) abandonment of children
desanimado: depressed, flat (market)
desaparición: drying up (of external financing)
desaporque: (agr) unearthing (of a plant)
desapropiación: (fin) divestiture
desarenador: sand trap, desander, desilter
desarmado completo, sistema de: CKD (completely knocked down) system
desarmar: to lay up, put out of commission (ship); dismantle (machinery)
desarme arancelario: dismantling of tariffs
__ **, en**: laying-up (ship)
desarraigo: uprooting (population); (sometimes) relocation
desarrollar: to establish, initiate, set up, institute, devise (system); conduct (program), execute (project), run (meeting), build up (company); upgrade; (Sp) (leg) give effect (to an article, provision)
desarrollarse: to expand, grow (trade), be held (meeting), make progress (industry), take place (events); run, proceed, operate (program); unfold
desarrollo: execution (project), conduct (course), expansion, increase (trade), course (meeting); development (theory), changes (movement, trend, tendency); operation, progress, status (of a project, program); (sometimes) chronology of events (title)
__ **armónico y equilibrado**: stable and balanced development
__ **de aptitudes**: (ed) skills development
__ **de la educación**: educational advancement
__ **de la reunión**: conduct of business (meeting)
__ **de pesquería marítima**: marine fisheries development
__ **, en pleno**: in full swing
__ **, etapa de**: stage of growth (plant)
__ **forestal**: forest planning
__ **fronterizo**: border area (region) development
__ **gerencial**: management training
__ **hacia adentro**: policies to develop the domestic market
__ **, implementación y puesta en marcha de un sistema de computación**: development, putting in place (introduction) and start-up
__ **incluyente**: comprehensive development (i.e. encompassing all groups), development for all, intensive development
__ **institucional**: institution-building, strengthening of an institution
__ **lineal**: ribbon development (city)
__ **material**: physical development
__ **rural**: rural development, village development
__ **subregional**: area development

__ técnico: engineering development
__ vegetal: plant growth
desarrumazón: unstuffing (stripping) of containers
desarticulación: dissolution (of society)
__ del molde: dismantling of the mold (casting)
desarticulado: disjointed, uncoordinated, in disarray, fragmented, dislocated
desasosiego: (social) unrest; restlessness
desatención: neglect (of investments)
__ benévola: benign neglect
desatender: to neglect (duties), ignore, pay no attention to (advice), disregard (decision)
desatendido: (ed) not enrolled, not attending school
desatinado: ill-advised, rash, wild
desaventajado: disadvantaged
desbarajuste: disorder, disturbance, upset; breakdown; dislocation, upheaval
desbarajustes económicos: economic dislocations
desbastado: *a* hewn (wood); *n* (for) roughing, cogging
desbastar: to trim, dress roughly (wood); hew (trees); clear land
desbaste: bloom (steel); slab
desbastes cuadrados o rectangulares: blooms
__ en rollo para chapas: coils
__ en rollo para la laminación en frío: coils for cold rolling
__ planos y llantón: slabs and sheet bar
desbloqueo de créditos: unfreezing of (budget) appropriations
__ de los precios: decontrol of prices
desbocarse: to get out of hand (situation)
desbordar: to overflow; spill over; overwhelm; go beyond; exceed; surpass, transcend (national boundaries)
desbroce de tierras: land clearance
desbullar: to shuck (oysters)
desburocratización: streamlining of procedures
descalce: mismatch
__ de plazos: mismatching of maturities
__ de vencimientos: maturity mismatch
descamación: scaling (road)
descanso: rest, repose; landing (stairs); (agr) deferred grazing; (fin) breathing spell
descapitalización: loss of capital investment; (Arg) capital depletion; (Sp) (acct) running down, erosion, reduction in net worth; underca-pitalization; disinvestment; disintermediation (money flowing out of an intermediary institution to a higher interest rate)
__ de la agricultura: shortage of capital for agriculture, undercapitalization of agriculture
descapitalizado: (Sp) undercapitalized
descarga: unloading; landing (fish); dumping (materials); discharge (pump); outfall (sewer, drain); (elec) load shedding
__ a presión: pressure discharge (container)
__ de un contenedor: (USA) stripping; (UK) unstuffing of a container

__ en el medio ambiente: discharge into the environment (water)
__ franca: landed cost, free overside
__ no regulada de río: run-of-river conditions
__ para riego: outlet
descargador de fondo: undersluice (dam)
descargar: to dump, discharge, unload
__ una cuenta: to pay into, credit an account
descargo: (acct) credit, charge-out; acquittance (debt); (USA) receipt, release, (leg) answer to a charge; acquittal from a charge
__ de partida: (fin) charge-out
__ de responsabilidades: disclaimer (publications)
descargos: (ot) landing charges; (leg) excuse, plea, evidence
descarpe: (Chi) (min) digging down to, or cleaning, the vein or lode
__ de silo: scraping; scrapings
descarriar: to separate some animals from the rest of herd or flock
descartar: to eliminate, rule out, exclude (possibility); set aside, leave out, discard; disqualify (bid); cull (cattle)
descarte: discard, reject; culling rate (cattle)
descascarado del café: deparching
descascaramiento: raveling, scaling, spalling (roads); hulling (peanuts)
descascarar: to husk (rice), hull (corn), shell (nuts), peel (coffee beans)
descascarillado: hulling (oats)
descendencia: origin, descent; descendants, offspring, issue; progeny (plant)
descendente: (TC) downlink
descender archivos: (comp) to download (records, files)
descentralización: decentralization, autonomous capacity of regional units to decide on policies, programs and projects
descifrar: to decode, unravel; solve, figure out; (comp) decrypt
descole: (Col) drain outlet (road)
descompás: (fig) gap, deficit
descomponer: to disaggregate, break down (costs)
descomposición: decay (organic matter); (st) breakdown
__ de costos: cost analysis
descompuesto: decomposed (tissue), decayed, rotten; broken down (machine), out of order (radio)
desconcentración: diversification (portfolio), deconcentration (execution by regional units of policies, programs, etc decided by central units)
__ de un ministerio: decentralizing
__ del crédito: (bnk) diversification of loans, of lending
__ espacial: spatial diffusion (population)
desconchado: spalling (road)
descongestión rural: resettlement of farmsteads

533

desconocer: not to know or be aware of; disregard; be ignorant of; ignore (person); deny, repudiate (statement); disown (validity); fail to recognize or appreciate the worth (of a person)
desconocimiento: unfamiliarity, ignorance; disregard
__ **de los derechos humanos**: disregard of human rights
__ **del pago de la deuda**: repudiation of debt
desconsolidación: unbinding (customs duties)
__ **de las concesiones arancelarias agrícolas**: unbinding of agricultural tariff concessions
descontaminación: pollution control; cleanup (of river, bay); beneficiation (glassmaking)
descontar: to rebate, deduct (an amount); discount (a bill)
descontrol: (CR) lack of supervision
descornamiento: polling, dehorning (animals)
descorte de parronales: litter
descortezado: barking (trees)
descortezamiento: (agr) husking (coconuts); hulling, shelling; (for) removing bark
__ **circular**: girdling
descortezar: to ross (remove bark)
descostrado: skimming (road), stripping (top soil)
descripción: narrative (project); (leg) inventory
__ **del empleo**: job analysis
__ **del programa**: program narrative
descriptivo: factual (report)
descriptores temáticos: key words (thesaurus)
descuadre: imbalance
descuajar: (for) to uproot
descuaje: land clearance, stump removal, grubbing
descubierto: overdraft
__ **recíproco**: swing credit
descubrimiento: discovery, finding
__ **importante**: breakthrough
descubrimientos secundarios: spin offs (technology)
descubrir: to uncover, disclose, reveal; discover, find out
descuento: discount, markdown, rebate; deduction, allowance
__ **, a**: (fin) below par (bond)
__ **de derechos de aduana**: drawback
__ **de exportación**: drawback
__ **de factores**: factoring
__ **de la paga**: docking (penalty)
__ **de pagarés a mediano plazo**: forfaiting
__ **del impuesto potencial**: tax sparing
__ **en el precio**: markdown
__ **impositivo**: tax credit
__ **por pronto pago**: cash discount
__ **por volumen de compras**: volume discount
descuentos agresivos: predatory discounts
__ **obligatorios**: check-offs (from sales)
__ **por impuestos pagados en el exterior**: foreign tax credits
__ **y bonificaciones**: cash and trade discounts
descuido: oversight, slip
desde algunos puntos de vista: in certain respects

__ **el principio**: from the outset
__ **el punto de vista de**: in terms of
__ **fuera**: from the outside
__ **la barrera**: from the sidelines
__ **luego**: clearly (at the beginning of sentence), of course
__ **todos los puntos de vista**: in all respects, in every respect, in every way, entirely, utterly, absolutely
__ **un principio**: right from the start
desdeudamiento: debt relief
desdoblamiento: (st) breakdown; splitting (prices); fractionalization; cleavage
__ **de precios**: split pricing
desear: to seek to
desecación: drainage, drying
__ **rápida**: flash drying (foods)
desecador discontinuo: batch dryer
desechable: disposable (container)
desecho: cull, reject; second; refuse, junk, scrap (metal); offal (meat); gurry (fishing offal); rubbish, waste
desechos: waste, tailings
__ **de criba**: (min) oversizes
__ **de parafina**: wax tailings, rejects
__ **forestales**: slash
desembarazar el inventario de proyectos: to unclog the project pipeline
desembarque: landing (fish)
desembarrado de los estanques: scraping of tanks (fish)
desembocadura: outlet (of a canal); river mouth
desembocar: to discharge, flow into (river); lead to (street)
desembolsado: paid-up, fully paid (shares)
desembolso: disbursement; payment, outlay
desembolsos anticipados: prepayments
__ **efectuados**: accrued expenditure; (loan) proceeds disbursed; disbursements (to date)
desembosque: (for) removal (logs), yarding, hauling
desempeñar: to redeem (pledge); perform (functions), discharge (duties), carry out (tasks), play (role)
desempeño económico: economic performance
__ **de funciones**: performance of duties
desempleo abierto: open unemployment
__ **coyuntural**: frictional unemployment
__ **crítico**: acute unemployment
__ **disfrazado**: disguised unemployment, hidden unemployment
__ **en estado de régimen**: steady-state unemployment
__ **encubierto**: concealed, hidden, disguised unemployment
__ **endémico**: structural unemployment
__ **evidente**: open unemployment
__ **intermitente**: casual unemployment
__ **involuntario**: enforced unemployment
__ **irreductible**: frictional unemployment
__ **natural**: frictional unemployment

__ **ocasional**: casual unemployment
__ **oculto**: hidden unemployment, concealed unemployment, disguised unemployment
desencadenar: to set in motion, trigger
desencaje: drawdown of legal reserve; reserve shortfall; failure to meet reserve requirements
desencape de tierra: overburden removal
desenlace: dénouement; outcome, result
desenrollado de las trozas: log peeling
desensamblamiento (de los proyectos mineros): unbundling (of mining projects)
desentenderse de: to wash one's hands of, have no part in, bypass, have or want nothing to do with, ignore, shirk, dissociate oneself from
desequilibrado: uneven (income distribution)
desequilibrio: imbalance, maladjustment, lack of balance, disturbance of balance; mismatch
__ **comercial**: trade gap
__ **de la balanza de pagos**: external imbalance
__ **en favor de**: slant towards
__ **entre la oferta y la demanda**: wide-spread market
__ **financiero**: financial deficit
__ **tecnológico**: technology (technological) gap
deserción: (leg) abandonment of suit by plaintiff
__ **escolar, tasa de,** : attrition rate, drop-out rate, student "mortality" rate
desertificación: desertification, desert encroachment.
desestacionalizado: (st) seasonally adjusted; corrected for seasonal movements
desestimación del *exequatur*: (leg) decision refusing the enforcement formula
desestimar: to underestimate; (leg) reject, disallow, dismiss (claim, charge); refuse, overrule, deny (objection)
desfalco (por medio de cheques no registrados): kiting
desfase: time-lag; mismatch; gap
__ **de edad**: (ed) (number of) over-age students for their cohort
__ **tecnológico**: technology (technological) gap
desfiguramiento del medio ambiente: degradation of the environment; disfigurement, scarring (of the landscape or environment)
desfinanciamiento: erosion of assets
desfocalización: loss of focus (of a social program)
desfondamiento: trenching (soil)
desfonde: subsoiling
desfoque: floodway; (irr) sluice, wasteway
desforfollamiento: husking (maize)
desgaste: erosion, scour (canal bank), weathering (rock)
__ **ambiental**: environmental stress
__ **de los efectivos**: attrition (employees)
__ **del suelo**: soil exhaustion
__ **natural**: wear and tear
desglosar: to break down (items, statistics); detach (one document from another); (leg) sever (actions at law); (Arg) remove (e.g. attachments to letter)

desglose: (st) breakdown
__ **de la votación**: particulars of the voting
__ **de los procesos**: (leg) severance of causes
__ **del comercio por productos**: commodity composition of trade
desgranamiento: (ed) attrition
desgranar: to shed, shatter (seeds)
desgrane: husking
desgrasado: scoured (wool)
desgravación: reduction (of taxes, duties, tariffs); sometimes: (tariff) phaseout, tax credit; deduction; remission, relief; (fin) abatement (taxes, tolls, duties)
__ **a la exportación**: duty drawback on exports
__ **aduanera**: customs rebate
__ **de tierras**: (Ec) disencumbering of properties
__ **del impuesto duplicado**: double taxation relief
__ **fiscal**: tax relief, reduction, refund, remission, release, rebate; personal allowance rebate, refund (taxes); personal allowance
__ **fiscal a la exportación**: (Sp) drawback
__ **por inversión**: investment allowance
__ **sobre bienes de capital**: capital allowance
__ **tributaria**: tax rebate
desguace: scrapping (ships)
desguazar: to scrap, break up (ships)
deshacer la estiba: to break out (cargo)
deshacerse de: to get rid of, shed, offload (shaky loans), relinquish (holdings)
desherbaje: weeding; weed killing
deshidratación: dewatering
__ **de leche**: milk drying
__ **por congelación**: freeze drying
deshierba: weeding; weedkilling
deshierbado: roguing (cotton)
deshiladora: cotton linter (machine)
desideologización de políticas: greater pragmatism in policy making
desidia: negligence, laziness, carelessness
desierto, declarar: to declare (a prize, call for tenders) void
designación: description, name, appointment
__ **de las mercancías**: description of products
__ **postal**: postal code; (USA) zip code
__ **vitalicia**: life tenure; life, life-long, lifetime appointment
designado: of record, appointed (person, time); indicated, represented; (ins) named
designar: to appoint (person); specify, fix, settle on (time, place), describe (things)
__ **candidatos**: to nominate candidates
desigual: skewed (distribution), rough (surface), broken (land), uneven (income distribution)
desigualdad: disparity, inconsistency, inequality; unevenness
desincorporación: breaking up of an enterprise; (Mex) privatization, divestiture (by Government)
__ **de activo fijo**: disposal of fixed assets
desinsectación: insect control

desintegración de la superficie: raveling (road)
__ **radiactiva**: radioactive decay
desinteresado: *a* wholehearted (support); generous, altruistic
desintermediación: disintermediation (withdrawal of money from an intermediary institution; movement of savings from banks to money market instruments)
desinversión: divestiture (interests, assets); disposition (fixed assets); liquidation (investment); withdrawal of investment
desistimiento: (leg) discontinuance (civil proceedings); waiver (right)
__ **administrativo**: administrative waiver
__ **de la acción**: discontinuance, abandonment of suit; withdrawal of suit
__ **de la instancia y de la acción**: (leg) formal withdrawal of suit of plaintiff
__ **de primera instancia**: abandonment of suit
desistir: to desist, give up (ideas, plan, etc); (leg) waive (a right), discontinue, withdraw a case
deslave: wash (soil), landslide; (min) tailings; (sometimes) leaching
desleal: unfair (competition, advantage); cut-throat (competition), predatory (prices)
desligarse del tratado: to withdraw from the treaty
desliz: slip (soil); (Mex) slippage
deslizadero: chute, log slide, flume
deslizador de evacuación: (aero) evacuation slide
deslizamiento: (soil) creep; (ot) shifting (cargo)
desmantelamiento: dismantling (tariff barriers), roll-back (tariff restrictions, protective measures)
__ **de instalaciones nucleares**: decommissioning of nuclear installations
__ **de monopolio**: (Sp) trust busting
desmantelar: to dismantle (barriers), strip (machinery), disband (group), disrupt (market), roll back (protective measures); break up (institution)
desmedido: unconscionable, immoderate, excessive
desmedro a, sin: without detriment to
desmejoramiento: loss of condition (animals)
desmesurado: large, much too big; disproportionate (size); inordinate (pride); unbounded (ambition); immoderate (thirst); excessive (reliance), unconscionable
desmoche: pollarding, topping; dehorning (cattle); lopping (trees), pruning (tipping)
desmonetización: calling in of a currency
desmonetizar: to withdraw from circulation, call in a currency
desmonopolización: dismantling of monopolies, trust busting
desmontar: to clear (land); cannibalize, dismantle, knock down
desmonte: land clearance, brush clearance, screefing; soil removal, stripping (road construction), earthmoving duties
__ **y destronque**: (for) clearing and stumping

__ **y terraplén**: cut and fill
desmontes: (min) waste material, refuse, deads; (Bol) (min) discarded ore (still with mineral metal content recoverable manually)
desmoronamiento: cave-in, landslide
desmotadora: (cotton) gin
desmote: ginning of cotton
desnatadora: separator (milk)
desnivel: unevenness, difference of elevation, head; variation, difference, inconsistency, lack of adjustment, disparity, gap
__ **de intereses**: interest differential
desniveles en las vías: (rr) surface and line variations
desocupación de los graduados: educated unemployment
desollar: to flay (meat), skin (fish)
desorbitación: lack of direction
desorbitado: disproportionate, exaggerated, immoderate
desorden: disorder, mess, disarray, muddle; disturbance, riot; malfunction
desordenado: helter-skelter, muddled, jumbled, upset; in disarray, erratic, haphazard (land settlement)
desorganización del mercado: market disruption
desovadero: spawning area (fish)
desove: spawning, deposition of spawn
__ **artificial por presión**: stripping of eggs
__ **, lugares de**: nesting places (turtles)
despachador: broker, customshouse broker, freight forwarder
__ **de aduana**: customs clearer
despachante de aduana: customshouse broker
despachar: to finish (talk), deal with, attend to (mail), serve (customer), handle (messages), process (files), transact (business), forward, ship (goods), clear through customs (passengers, goods, baggage)
__ **ejecución**: (leg) to order foreclosure
__ **el remolque**: (ot) to clear out the tug boat
__ **la correspondencia**: to attend to the mail
__ **, sin**: in bond (customs)
despacho: forwarding, sending, dispatching (goods); handling, dealing with, settling (business); selling (goods); office; (grocery) store; sale; shipment
__ **a consumo**: customs clearance for home use
__ **a plaza**: inward customs clearance
__ **aduanero**: customs clearance
__ **alemán**: (admin) German desk
__ **de carga**: (elec) load dispatching
__ **de exención de derechos de aduana**: (UK) bill of sufferance
__ **de leche**: milk booth
__ **de los asuntos oficiales**: transaction of official business
__ **de pasajeros**: processing of passengers
__ **económico**: (elec) economic dispatch (power plant)
__ **, tener pronto**: to have a ready sale

__ **vía de pesca**: (Mex) fishery clearance document
despachos: (leg) judicial business, court orders
despanoja: picking of maize
despartar: (for) to scalp
despedida: good-bye, farewell, send-off; complimentary close (letter); dismissal (employee)
__ **con compensación en metálico**: "golden handshake" (usually as an inducement to early retirement)
despedido: laid off, dismissed, fired, terminated
despegue: take-off (airplane, economy)
despejar: to clear (away): (fig) clarify, explain; find, identify; solve (problem)
__ **el terreno**: to clear the way
despeje: (land) clearance
despensa: (Para) small grocery store
despepitadora: (Mex) (cotton) gin
desperdicios: waste; scrap, debris; discards, rejects (fish)
__ **comestibles**: plate waste, kitchen scraps, orts
__ **de madera**: "hog fuel"
__ **de peces y de algodón**: chum and cotton waste
desperfecto: flaw, blemish, damage; malfunctioning, breakdown; fault (service)
desperfollamiento: husking (maize)
despido: dismissal, discharge
__ **injustificado**: dismissal without cause
__ **libre**: lay off (worker)
despiece: cutting (up)
desplante: (Mex) excavation
desplazado: out of place; displaced (workers); (sometimes) (declared) redundant
desplazamiento: displacement; shift (in demand, trade); travel; commuter travel; (admin) bumping (personnel); relocation; change of railway line; (fin) crowding-out (market)
__ **de tenencias**: (Col) transfer of ownership; conveyance of property
__ **diario**: commuting
__ **en lastre**: (ot) light displacement
desplazar: to shift, transfer, displace, remove; bump (personnel)
__ **al sector privado**: to crowd out the private sector
__ **la emisión de bonos privados**: to crowd out issues by corporations
desplazarse: to travel (from one place to another), commute; transfer, switch (from one airline to another)
desplegable: folder, brochure, pamphlet
desplegar: to show, display (energy, intelligence)
despliegue: show, display; deployment
__ **de recursos**: deployment of resources
__ **fotográfico**: picture layout, photo spread
despoblación: depopulation
__ **del campo**: absconding of peasants
__ **forestal**: deforestation
despojo: divestment, stripping
__ **de la posesión**: (leg) dispossession, ouster

__ **de trozas**: squaring of logs
despojos: offal
desposeídos: have-nots
desposeimiento: divestiture (assets, investments); (leg) dispossession, ouster
__ **, juicio de**: eviction or dispossess proceedings
despostar: to quarter, butcher
desposte: butchering
despreciable: negligible, minute (quantity of pesticide residue)
despreciar: to despise (person), neglect (possibility), ignore, disregard (difficulty)
desprenderse de: to get rid of, dispose of, give up (something), follow from, be inferred from, be implied by, be clear from, be evident from, be a consequence of
desprendimiento: release (of nutrients as opposed to *absorción* = intake)
__ **de la fruta**: fruit drop
__ **de la plataforma**: line-to-shoulder separation (road)
__ **de ribera**: bank erosion
__ **de tierras**: landslide
despueble: (Per) abandonment of mining claim
después de largas deliberaciones: after mature consideration
__ **de todo**: in the event, after all, when all is said and done
despunte: waste end, crop end (ingot), off-end (copper); (agr) sprouting, shooting (plants)
despuntes: cuttings, laths, slats, short-ends of bars or shapes
desquinchar: (min) to enlarge a stope
desrame: (for) thinning out (pruning)
desratización: rat control
destacado: outstanding, prominent, eminent, distinguished (person); outstanding, brilliant, remarkable (work); prominent, influential, major, lead(ing) (role)
__ **fuera de la sede**: (admin) outposted
destacamiento: (admin) secondment, detailing (personnel); post (station) (harbor police, guards, custodians, etc)
destacar: (tr) to post, station, second (official); feature, highlight, emphasize, single out, bring out, point up, underline, draw attention to (thing); (intr) stand out, be(come) prominent, excel; be remarkable, foremost, exceptional, worthy of special mention
destace: slaughtering, cutting up of carcass, butchering
destajo, trabajo a: piece-work
destetos: (USA) feeder steers; (UK) store cattle
__ **machos de levante**: feeder steers
destierro: exile, banishment, deportation; (Chi) local banishment; (Ur) exile
destilación: retorting (oil shale)
__ **fraccionada**: cracking (oil)
__ **fraccionaria**: batch method of refining
__ **inicial**: topping (oil)
__ **intermitente**: batch distillation

destinado a: allotted to, allocated to, earmarked for, made available for, intended for, aimed at, slated for, targeted to
destinar: to intend something or someone for a certain purpose or use; appoint, assign, station, post, second (person); allocate, assign, appropriate, earmark (funds), target (services)
destinarse: to go to, be available for (funds)
destinatario: addressee; consignee, allottee
destino: (intended) use or purpose (assistance, funds); destination (letter, goods, parcel); position, post, assignment, job; destiny, fate, lot
__ **de fondos**: application of funds
__ **de la producción**: target market
__ **del crédito**: intended use of loan proceeds
__ **del ingreso**: disposal of income
destinos: manpower placement
destitución: dismissal, removal from office (minister, committee member)
__ **sumaria**: summary dismissal
destreza: ability, skill, dexterity
destripado: gutted (fish)
destronque: (for) stump removal, grubbing
destrucción biológica de los contaminantes: biogradation of pollutants
destructor de papeles: shredder
desuardado: scouring (wool)
desuello: flaying (meat), skinning (fish)
desuso: (Mex) (comp) down-time
desvainado: shelled (peas)
desvalorización: depreciation, devaluation; (acct) write-off; impairment (investment); loss in value
desventaja: disadvantage, drawback, snag, handicap
__ **educacional**: educational handicap
desviación: deviation, deflection, variance, departure from (normal); shift (to); slippage (measures, policy)
__ **de poder**: (leg) misuse of power
__ **del tráfico comercial**: deflection of trade
__ **media**: (st) deviation from the mean
__ **promedia**: (st) average deviation
desviaciones de los costos: cost variance
__ **ilegales**: (elec) pilfering
desviar fondos: to divert funds, siphon off funds
desviarse de la cuestión: to sidetrack the main issue
desvinculación: releasing, discharging; lack of coordination, of linkage
__ **de la ayuda**: untying of aid
desvincular: to delink (foreign exchange); unpeg (rate); untie (aid)
__ **el tipo de cambio**: to unpeg the exchange rate
desvío: deviation, detour ; beltway, ring road; diversion (goods); bypass (fish)
__ **coronario**: (med) by-pass
__ **de aeronaves**: skyjacking
__ **de cruzamiento**: (rr) loop
__ **de los salarios**: wage drift

__ **ferroviario**: railway siding
__ **típico (normal)**: (st) standard deviation
desvirtuar: to spoil, impair, adversely affect, nullify (effects)
detalladamente: at length
detallado: comprehensive (report), itemized (bill); descriptive (list); circumstantial (report)
detalle: details, particulars, items; (st) breakdown
__ , **al**: retail
__ , **de**: fine (distinction)
__ , **en**: fully
__ **sobre, con**: with full particulars of, giving detailed guidance on
detalles: features; particulars; specifics; specifications
__ **arquitectónicos**: architectural details
detasa: adjustment of charges (telephone, railroad); (rr) refund of (freight) overcharge
detección de huracanes: hurricane tracking
detector de película: badge detector (radiation)
detención: arrest; custody; (leg) pretrial detention
__ **en ruta**: intermediate stop
__ **indebida**: wrongful arrest or detention
__ **preventiva**: (UK) remand in custody; detention while on remand or awaiting trial; pretrial detention; (leg) committal for trial
__ **provisional**: (UK) remand in custody
__ **y encarcelamiento**: arrest and detention
__ **y prisión preventiva**: arrest and pretrial detention
detenido: *a* thorough (review), close (study), careful (examination); *n* person arrested, detainee; prisoner, person in custody (from time of arrest until committed to prison)
__ **de opinión**: (Sp) (leg) prisoner of conscience
__ **preventivo**: prisoner under remand
detenidos desaparecidos: missing detainees
detenimiento, con todo: with the utmost care, thoroughly
detentación: (leg) deforcement
detergentes biodegradables: soft detergents
deteriorar: to spoil, damage, wear out, impair, tarnish (image)
deteriorarse: to be damaged, spoiled, impaired; slip (standards), sour (markets), break down (tissue)
deterioro: impairment, wear and tear; loosening (standards); dilapidation (houses); impairment (capital); decaying (plant stems)
__ **ambiental**: environmental degradation
__ **de capital**: capital impairment
__ **del sector externo**: export shortfall
__ **natural**: wear and tear
determinación: decision, determination; pinpointing
__ **de intereses, fecha de**: interest fixing date
__ **de la pena**: assessment of punishment
__ **de méritos**: merit rating
__ **de proyectos**: project identification
__ **del tributo**: assessment
__ **volumétrica**: (for) cruising

determinadamente: resolutely; specifically
determinado: appointed (day); fixed (date); given (direction); certain (sector); set (term); individual (tasks); specific (group); particular (aim); selected (liabilities); specified (amount); set (quota); standard (quality)
determinante: determining factor
determinantes: (cost) drivers
determinar: to decide; lay down, stipulate, specify (law); fix (location, date); identify (problems); assess (tax); ascertain (magnitude); cause, occasion, produce (result)
detersivo: detergent
deterronar: to break up clods
detracciones: (Ur) export taxes
detrito: debris
__ **de falda**: talus
deuda activa: outstanding debt; (acct) account payable
__ **amortizada**: retired debt
__ **bancaria**: (fin) bank debits
__ **bonificada**: (CR) securitized debt
__ **colateralizada**: secured debt
__ **condicional**: outstanding debt
__ **consolidada**: funded debt; long-term debt; capital obligation; bonded debt
__ **contenciosa**: disputed debt
__ **de arrastre**: debt carried forward or over, heldover debt
__ **de bonos**: bonded debt
__ **de cobro dudoso**: doubtful debt
__ **de liquidez secundaria**: junior debt; subordinate(d) debt
__ **de obligaciones**: bonded debt
__ **definitiva**: liquidated debt
__ **del Tesoro**: Treasury bill
__ **desembolsada y pendiente**: debt disbursed and outstanding
__ **determinada por sentencia**: judgment debt
__ **dudosa**: doubtful debt
__ **efectiva**: outstanding debt
__ **exigible**: account receivable
__ **fija**: (Sp) fixed debt, unsinkable debt
__ **fiscal**: tax liability
__ **flotante**: floating debt, short-term debt; unfunded debt, non-bonded debt, current liabilities
__ **garantizada**: secured debt
__ **improductiva**: deadweight debt
__ **incobrable**: bad debt
__ **insoluta**: outstanding debt
__ **límite**: arrears, past due or delinquent debt
__ **líquida**: (leg) liquid debt (i.e. one that is immediately and unconditionally due)
__ **liquidada**: liquidated debt
__ **morosa**: bad debt, arrears, past due debt, delinquent debt
__ **municipal**: subsovereign debt
__ **pasiva**: amount payable
__ **pendiente**: debt overhang, unpaid debt, unsettled debt, amount outstanding

__ **perpetua**: funded debt, unsinkable debt
__ **preferente**: secured debt
__ **prescri(p)ta**: statute-barred debt
__ **principal**: senior debt
__ **prioritaria**: senior debt
__ **privilegiada**: secured debt
__ **pública**: national, public debt; Treasury bonds
__ **quirográfica**: unsecured debt
__ **recíproca**: interlocking debt
__ **refundida**: (Mex) funded debt
__ **restructurable**: eligible debt
__ **simple**: straight debt
__ **sin interés**: barren money; interest-free loan
__ **solidaria**: joint debt
__ **subordinada**: junior debt
__ **titulada**: funded debt
__ **tributaria**: tax liability
__ **viva**: (Sp) outstanding debt
deudor: debtor, borrower, obligor
__ **alzado**: debtor in bankruptcy
__ **moroso**: delinquent debtor, dilatory payer, defaulter
__ **solidario**: joint debtor
deudores del exterior: recipients of foreign loans
__ **en cuenta corriente**: amounts receivable (bookkeeping)
__ **en gestión**: past due accounts in collection
__ **varios**: sundry debtors; sundry receivables
deudos: relatives
devaluar activos en libros: to write down
devanado: reeling (silk)
devengación de anticipos: (Ec) right to draw on advances
devengar: to be entitled to collect (wage, interest, taxes); produce, earn, bear, bring in, accrue (interest)
devengo: amount due, entitlement
devengos: (Sp) accruals, accrued income or expenses
__ **del personal**: staff entitlements
__ **pagaderos al cese**: terminal payments
devenir histórico, en el: down through history
devociones religiosas: religious observances
devolución: repayment, refund; (com) drawback; refoulement (at the frontier)
__ **de impuestos**: (Sp) tax rebate, tax refund
__ **de los impuestos arancelarios**: drawback
__ **de títulos**: surrender of shares
__ **del caso**: (leg) remand of the case
devoluciones y bonificaciones: returns and allowances
devolver: to return, put back, give back, send back, repay, refund; remand (case), surrender (foreign exchange)
devuelto: relinquished
día de fiesta: holiday
__ **de fiesta pública**: legal holiday
__ **de información de profesiones**: (ed) career day
__ **de liquidación**: settlement day
__ **de saldo**: settlement day
__ **feriado**: legal holiday, paid public holiday

DIAS

__ **franco**: (DR) full day
__ **tras día**: day in day out
días acumulados de vacaciones anuales: (admin) accrued leave
__ **cabales**: clear days (up to and including)
__ **completos**: clear days (loading)
__ **consecutivos**: running days
__ **corridos**: calendar days, running days
__ **cotizados**: number of days of contribution (social security)
__ **de asueto**: days off
__ **de cortesía**: days of grace
__ **de estadia**: lay days
__ **de estancia**: (med) hospital stay days
__ **de favor**: days of grace
__ **de plancha**: (Sp) lay days
__ **de prórroga especial**: days of grace
__ **exclusivos**: clear days
__ **hábiles**: working days; court days; business days
__ **laborales**: working days, business days
__ **naturales**: calendar days, running days
diaclasa: rock cleavage or fracture joint
diafanidad: transparency
diafonía: cross talk (telephony)
diagnóstico: diagnosis, assessment, evaluation, appraisal
__ **de (al) alta**: (med) discharge diagnosis
diagrafía: logging (petroleum)
__ **de fondo de perforación**: downhole log
__ **de sondeos**: borehole logging
diagrama: diagram, figure, chart
__ **de barras**: bar chart
__ **de barras (de) Gantt**: Gantt chart
__ **de circulación**: flow chart
__ **de cuadrículas**: box chart
__ **de dispersión**: (st) scatter diagram, dot chart
__ **de ejecución**: progress chart
__ **de esparcimiento**: scatter diagram
__ **de movimiento**: flow chart
__ **de planificación reticular**: network diagram
__ **de proceso de fabricación**: flow process chart
__ **de producción**: flow process chart
__ **de puntos**: dot diagram
__ **de recorrido**: flowchart
__ **de sectores**: pie chart
__ **de secuencia**: flow chart
__ **de situación**: (admin) working table; performance chart, management chart
__ **de transporte**: mass diagram
__ **de volúmenes**: mass diagram (earth moving)
__ **del proceso**: flow process chart
__ **marcado**: rooted graph
__ **reticulado**: network diagram
__ **unilinear**: blueprint
diagramación: layout
diagramar: to plot, chart, log
diálogo: exchange of ideas, discussion; talks
diapositiva: slide, transparency
__ **con sonido**: sound slide presentation
diario: newspaper; (com) daybook, journal

DIFERENCIAS

__ **de a bordo**: logbook
__ **de navegación**: ship's journal, log book
__ **de registro de acciones**: transfer journal
diarrea del ganado: scours
dibujante publicitario: commercial artist
dibujo: drawing, sketch, design
__ **a mano alzada**: free-hand sketch
__ **de ejecución**: working drawing, blueprint
__ **en sección**: cut-away model
__ **esquelético**: (comp) wire-form drawing
__ **publicitario**: commercial art
dicho sea de paso: incidentally
__ **sea sin alarde**: with all due modesty
dictamen: (expert's) report, opinion, certificate; (advisory) opinion
__ **anónimo, sujeto a**: peer-reviewed
__ **con salvedades (reservas)**: qualified opinion (of auditors)
__ **contable**: auditor's report
__ **de auditoría**: auditor's certificate
__ **de facultativo**: medical report
__ **judicial**: decision of a court or judge
__ **jurídico**: legal opinion
__ **legal**: legal opinion; memorandum of law (opinion of a legal officer authorized to represent a government)
dictaminado: (acct) audited
dictar: to pass, pronounce (judgment), issue, promulgate (regulations); teach (classes); deliver (lectures)
__ **auto de prisión**: to commit to prison
__ **auto de procesamiento**: to commit for trial
__ **providencias**: to take steps, adopt measures
__ **un auto**: to issue a writ
__ **una sentencia condicional**: to give a conditional sentence
didáctico: school (equipment), instructional (tool)
dientes temporales: deciduous teeth
dieta: (medical) diet; per diem allowance, subsistence allowance
dietas de asistencia: attendance fees; (Sp) director's fees
diferencia: difference; differential; (fin) spread; dispute, difference of opinion, controversy
__ **de, a**: as distinct from, unlike
__ **de cambio**: exchange rate differential
__ **de ganancias**: makeup pay
__ **de márgenes**: spread of spreads
__ **en más**: plus difference
__ **en menos**: minus difference
__ **entre el precio con descuento y el valor nominal**: accretion (bonds)
__ **entre las tasas de interés**: spread
__ **estándar**: (acct) standard cost variance
__ **negativa**: carrying loss (difference between return on a portfolio and its average cost)
__ **positiva**: (bnk) money left in an account, remainder
diferencias arancelarias: tariff wedges (difference between tariff at a particular stage of processing and previous stage)

diferenciación: diversification
  __ **por medio de tasas**: rate tiering (foreign debt)
diferenciado: separate (units), distinguishable
diferencial: discriminating (duty, tariff), incremental (rate), graded (qualities), multiple (exchange rates), special (education), case-by-case
diferente: different, unlike, not the same; uneven (tariff protection); various (papers)
diferido: deferred, postponed, put off, recorded (broadcast), prepaid (taxes)
diferidos: (acct) carry forwards
difícil: hardship (area)
difícilmente: hardly; not easily; which cannot easily be
dificultades: setbacks, obstacles, problems, trouble
  __ **de liquidez**: liquidity squeeze
  __ **iniciales**: growing pains
  __ **, poner**: to raise objections, create problems
  __ **, tener**: to experience difficulties, have trouble with
dificultar: to hinder, hamper, impede, obstruct; create problems, put obstacles in the way of, interfere with, hold up
difundir: to spread, publish, disseminate, divulge
difusión: spreading, propagation; dissemination (knowledge); broadcasting; distribution (plan); publicity; widespread use (inputs); dissemination of information, information activities, publication activities, circulation (newspaper); coverage (extent of circulation)
digitación por tonos: (TC) touch-tone dialing
digiturno, sistema de: take-a-number system
dignificación del trabajo: advancement of labor
dilación: delay
  __ **deliberatoria**: (leg) time allowed for answering complaint
  __ **, sin más**: forthwith, without delay
dilapidación de los fondos públicos: squandering, waste, wasteful management of public funds
dilatorias: delay; (sometimes) stalling
diligencia: diligence; any act or step taken to transact any business or to protect or assert a legal right; (leg) judicial proceeding; execution or performance of order of a judge; measure or decision of a judge; any step taken by a court
  __ **de buen padre de familia, (con)**: (leg) reasonable prudence, (with) reasonable care
  __ **debida (propia)**: due diligence
diligenciamiento: follow-up; (leg) processing (letter rogatory); service (of summons), (return of) service
  __ **de la ficha**: (Col) filling in of the card
diligenciar: to take steps to deal with a matter; take care of; see about, deal with a matter; process, act on (request); (Col) fill in (form)
  __ **pruebas**: to collect evidence
  __ **una causa**: (leg) to conduct or pursue a lawsuit
  __ **una citación**: to serve a summons, serve process
diligencias: measures, steps, formalities; business; transactions
  __ **de prueba**: (leg) taking of evidence, preliminary inquiries
  __ **judiciales**: steps taken to execute or carry out the order of a judge; judicial proceedings, judicial formalities, judicial steps
  __ **para mejor proveer**: (leg) actions to be taken pursuant to a court order to facilitate the rapid adjudication of a case, to clarify existing evidence, to obtain additional evidence
  __ **preliminares**: pretrial proceedings
  __ **, por**: through legal channels
dilución de asfalto: cutting back
  __ **de capital accionario**: stock watering
dimanar: to be founded upon (Article I), originate from, spring from, be due to
dimanente de: resulting, arising, originating, stemming, following from; associated with, ensuing from
dimensión: (cultural) dimension; cultural aspect(s), cultural consideration(s); (economic) importance, impact (of an industry); economic dimension (of a plan, project)
  __ **temporal**: time span
dimensionamiento: sizing, scaling (project), specification
dimensiones del lote: lot size
  __ **y linderos**: metes and bounds
dinamante (dinamente): common misspelling of *dimanente*, especially in Spain
dinámica: dynamics (population); force (affecting something); momentum; changes, movement, growth; energy, vigor, strength, drive
  __ **de cambio**: sweeping changes
  __ **de las enfermedades**: natural history of disease
dinámico: dynamic; active; effective; powerful, strong, energetic, relating to change or movement; rapid, fast; growing, expanding (economy); enterprising, go-ahead, high-powered (person); aggressive (sales policy); vigorous (program); robust, buoyant, lively, spirited; changing (world)
dinamismo: upturn, increase, surge, boom, flourish; rapid, vigorous growth, expansion; buoyancy, growth rate (economy); drive, vitality, momentum, energy
dinamitación: well shooting
dinamizador: invigorating
dinamizar: to impel, give an impulse to, drive to, vitalize, enliven, invigorate, put new life into, boost (program); promote, stimulate, spur (the development of)
dinamómetro: scales, weighing machine
dinero a la vista: call money; day-to-day money
  __ **a plazo (término)**: time money
  __ **al día**: call money
  __ **bancario**: deposit money
  __ **blanqueado**: laundered money

DIPLOMADO | DISCIPLINAS

__ **circulante**: money in circulation
__ **de curso legal**: legal tender
__ **de pánico**: hot money
__ **del sector privado**: M 1 (= currency in circulation + demand deposits)
__ **efectivo**: cash
__ **en circulación**: money in circulation
__ **en sentido amplio**: broad money, broadly defined money
__ **en sentido estricto**: narrow money
__ **en sentido lato**: broadly defined money
__ **errante**: hot money
__ **escritural**: representative money
__ **exigible**: day-to-day money
__ **improductivo**: barren money (non performing loan)
__ **inactivo**: idle cash
__ **inorgánico**: printing press money
__ **interbancario**: overnight money
__ **liberatorio**: legal tender
__ **líquido**: ready money
__ **mercancía**: commodity money
__ **metálico**: hard money (cash)
__ **"negro"**: untraceable money
__ **patrón**: standard unit of account
__ **primario**: reserve money, central bank money
__ **reembolsable a la demanda**: call loan
diplomado: qualified (person); professional (nurse, midwife)
dique: dike, dam; seawall; breakwater; jetty; dock; (irr) bund
__ **de abrigo**: jetty
__ **de captación**: impounding dam
__ **de carena**: dry dock, graving dock
__ **de contención**: impounding reservoir or dam
__ **de estribo**: spur dike
__ **de retención**: check (structure placed across field ditches to control water level)
__ **de tierra**: earth dam
__ **en curva de nivel**: contour bund
__ **fusible**: fuse plug (breaching section)
__ **seco**: graving dock
dirección: direction; control, conduct, management (activities); leadership (politics); directorship; directorate; board of directors, administration, management; division (FAO); street address
__ **administrativa**: office management
__ **colectiva**: blanket address
__ **comercial**: business management
__ **de ideas**: train of thought
__ **de intervención**: Bureau of the Comptroller
__ **de la elección**: supervision of the election
__ **de los debates**: conduct of business (meeting); conduct of the proceedings
__ **de los proyectos**: project management
__ **de necesidad**: address in case of need
__ **de obras**: works management
__ **domiciliaria**: residential address
__ **general**: component department of ministry, general directorate, bureau, branch

direcciones: (migratory) trends
direccionador: (comp) router
directiva: policy; (Sp) executive committee (of a trade union); governing body; board of directors; guideline, directive, instruction
directivo: *a* managerial (personnel), supervisory (personnel); *n* executive, member of a governing body; (Arg) leader, director
director: director, executive; editor (and publisher)
__ **accidental**: acting director
__ **apoderado**: (Sp) director and legal representative
__ **de debates**: moderator
__ **de impuestos**: commissioner of taxes
__ **de la emisión**: (fin) lead manager (banks)
__ **delegado**: acting manager
__ **en propiedad**: regular director
__ **entrante**: newly appointed director
__ **general**: director general (organization), chief executive officer (CEO) (corporation); editor-in-chief (newspaper)
__ **general de aduanas**: Commissioner of Customs
__ **saliente**: retiring director
__ **suplente**: alternate director
__ **titular**: regular director
directorios y letreros: notice boards and signs (for meeting rooms)
directrices: instructions, guidelines, guiding principles, policy
dirigentes campesinos: leaders of farmer organizations
__ **cívicos**: community leaders
dirigido: managed, controlled (economy); tutorial (studies)
__ **a**: directed, pointed, aimed at, targeted to
dirigir: to lead, direct, head, point, aim at; send to, address, steer; manage, own (business); administer (government); edit (newspaper)
__ **el comercio**: to manage trade
dirigirse a: to address, resort to, approach, consult, write to
__ **al estrado**: (leg) to take the stand
dirimente: decisive (argument), casting (vote), final (decision)
dirimir: to annul (contract, marriage); settle (dispute)
__ **controversias**: to adjudicate upon disputes
discernimiento: (leg) due discernment, discretion
discernir: (leg) to appoint to a post or function (e.g. as a guardian)
disciplina: area of concern, field of study or of learning, subject, branch of instruction
__ **de la competencia**: regulation of competition
__ **lingüística**: (ed) language arts
__ **moral**: moral discipline
__ **principal**: (ed) college major
disciplinas comunes: (ed) common-core instruction

disciplinar la competencia: to bring competition under control
disco flexible: (comp) diskette, floppy disk
discontinuidad: lack of continuity
discontinuo: batch (process, production); split (shift), discontinuous or open (building methods)
discordancia: inconsistency; mismatch (maturities); discrepancy; nonconformity
discreción, a: as much as one likes, freely
discrecional: discretionary, optional, permissive (provision), at one's option (choice); arbitrary, willful, intentional
discrecionalidad: discretionary authority; (Guat) (fin) autonomy
discrepancia impositiva: tax wedge
discrepar: to be inconsistent (tests); differ (opinions); clash with (clothes); disagree with (opinion)
discriminación: discrimination; (acct) breakdown
__ **basada en pabellón**: (ot) flag discrimination
__ **por motivos de posición económica**: discrimination as to property
__ **positiva**: affirmative action
__ **sexual**: gender bias
discriminado: differentiated, distinguished, broken down, itemized
discurso: speech, address
__ **de fondo**: keynote address
__ **de toma de posesión**: inaugural speech or address
discusión: discussion, debate; argument
__ **sin resultados previsibles**: open-ended discussion
__ **teórica**: academic discussion
discutible: questionable (grounds), doubtful (matter), debatable (point)
discutido: in dispute, disputed
discutir la competencia: (leg) to contest the jurisdiction
diseminado: scattered, widespread, prevalent
diseño: design, drawing
__ **de construcción**: construction drawing, plant layout and design
__ **de encargo**: custom design
__ **de montaje**: assembly drawing
__ **de muestreo**: sampling design
__ **detallado**: detailed (engineering) design
__ **ejecutivo**: detailed drawing
__ **en parcelas subdivididas**: split plan design, factorial design
__ **técnico**: engineering design
__ **y ordenación de instalaciones**: plant layout and design
disfrutar de una pensión: to draw a pension
disgusto: annoyance, anger; sorrow, grief, bereavement, misfortune
disímil: mismatched (maturities)
disinversiones: divestiture
disloque: (econ) dislocation

disminución: weakening, slackening, slide, downturn, falling off, decline, plunge, dip, drop, reduction, downward trend; fall-off, cutback (production) slowdown (inflation), cut (funds), rundown (activity), drain (gold reserves), dwindling (profits), drawdown (stocks); downsizing (staff)
__ **de existencias**: drawing-down of stocks
__ **de impuestos**: reduction, abatement of taxes
__ **de las reservas de oro**: gold drain
__ **vegetativa**: (ed) attrition
disminuir: to lessen (competition), downsize, reduce, decrease, diminish, lower, slacken, bring down, dampen
disociación: cleavage; divorce, separation
__ **de la tecnología**: depackaging of technology
disparidad: gap
disparidades salariales: wage differential
dispendioso: lengthy, drawn out, costly, expensive
dispensa: waiver (age limit), exemption (obligation)
dispensas al sistema de licitación pública: exceptions to the competitive (public) bidding system
dispensario: health facility; (free) clinic; (sometimes) outpatient department
dispersión de cenizas: ash fly
__ **, diagrama de**: scatter diagram
disperso: in disarray, scattered, a patchwork of, sparsely populated
disponer: to arrange, set out, lay out; stipulate, provide (that), contain provisions on; rule (that); decide (that)
__ **contratar**: to propose to contract
__ **de**: to have (available), have at one's disposal, be able to count on
__ **la división de rutas**: to provide for the splitting of routes
__ **por testamento**: to devise by will
__ **que**: (leg) to direct that, provide that, stipulate that
disponerse a: to be, get or make ready to
disponibilidad: availability; supply (teachers, credit)
__ **, de libre**: unrestricted (funds)
__ **, en situación de**: in active service
disponibilidades: available stocks; resources, available funds, disposable assets; quick assets, cash assets, liquid assets; holdings (balance of payments); cash position, cash reserves; reserves (grains, water); availabilities (funds)
__ **diferidas**: (fin) deferred availabilities
__ **en caja**: ready cash
__ **fiscales**: (Chi) fiscal reserves
__ **líquidas**: (econ) money broadly defined, stock of money; (Sp) M3 (M2 + term deposits)
disponible: available, on hand, uncommitted (funds); vacant (post), on call (personnel); unused (stocks)

disponiéndose que: provided that
disposición: arrangement, layout (store); design (experiment); rule, regulation, provision; disposal (goods); willingness (to pay)
__ **a pagar (DAP)**: willingness to pay (WTP)
__ **de los fondos**: application of funds
__ **del ensayo**: experimental design, schedule or program
__ **derogatoria**: (leg) revocatory provision
__ **judicial, poner a**: to bring before a court
__ **obligatoria**: (leg) mandatory provision
__ **regulatoria**: (leg) regulatory provision
disposiciones: provisions (law), terms, stipulations (contract), clauses (treaty); measures, steps, arrangements, preparations; regulations, directives, covenants
__ **de fondo**: operative provisions
__ **de última voluntad**: testamentary provisions
__ **legales**: statutory provisions
__ **preventivas**: (leg) injunctive provisions
__ **realizadas**: (fin) drawings made, disbursements made
dispositivo: device, mechanism, apparatus, contrivance
__ **de almacenamiento**: (comp) storage medium
__ **de fondeo, amarre y espía**: anchoring, mooring and warping devices
dispuesto a, estar: to stand ready to
__ **a, estar bien**: to be favorably inclined to
__ **a trabajar**: willing to accept employment
disquete: (comp) floppy disk
disquetera (disquera): (comp) drive
distancia al lugar de trabajo: commuting distance
__ **al suelo**: ground clearance
__ **de acarreo**: length of haul
__ **de los tubos (de drenaje)**: spacing of drains
__ **de plantación**: (for) spacing interval
__ **de siembras**: spacing, sowing distance
__ **de tasación**: minimum chargeable distance
__ **de transporte**: haul
__ **entre ejes**: wheel base
__ **escolar**: walking distance to school
distanciamiento: estrangement; spacing
__ **de las salidas**: (ot) gapping of sailings
distante: distant, far-off, remote (location, times); apart
distar mucho de: to be a far cry from
distensión: detente; easing, softening (market)
__ **de la situación de cambio**: easing of exchange conditions
__ **en el mercado monetario**: easing in money rate
distilación: retorting (oil shale)
distinción sutil: nice distinction
distingo: qualification; reservation, proviso
distinguido: noted (writer), distinguished (economist), eminent (person)
distintivo: distinguishing mark or device; identification badge
__ **de llamada**: (TC) call sign; call letters

distinto: not the same, different, another (direction); individual (enterprise), separate (unit); varied (results)
distorsión: bias, skew
distracción de fondos: (leg) misappropriation
__ **, por**: through an oversight
distribución: distribution, allocation; delivery (goods), arrangement, layout (plant), supply (utilities); structure (ages), composition (fish catch)
__ **comercial**: distribution of goods
__ **compensatoria de la mano de obra**: manpower clearance
__ **de capital**: capital dividend
__ **de cobertura**: top-dressing (fertilizers)
__ **de documentos**: routing of papers
__ **de impuestos**: incidence of taxes
__ **de la carga**: (elec) load dispatching
__ **de las enfermedades**: disease pattern
__ **de las utilidades**: appropriation of profits
__ **de los accionistas por categorías**: ownership structure
__ **de los alumnos**: (ed) college placement
__ **de pies de masa**: (for) spacing (distribution of stems)
__ **de recursos**: allocation of resources
__ **de superficies cultivadas**: crop rates
__ **del espacio**: physical layout
__ **del financiamiento**: direction of lending (among countries)
__ **del personal**: deployment of staff
__ **desigual**: skewed distribution
__ **en planta**: (Sp) layout
__ **entre modos de transporte**: modal split
__ **geográfica**: range (plants, animals)
__ **geográfica del comercio**: direction of trade
__ **interna**: (admin) routing
__ **por aptitudes**: (UK) (ed) set, setting
__ **por edades**: age structure
__ **porcentual**: percentage breakdown
distribuidor automático: (tech) dispenser
distribuidoras: (irr) distributaries
disturbios populares: civil commotion
disyuntiva: alternative, dilemma; trade-off
disyuntor: (elec) circuit breaker
divergencia de opinión: cleavage of views
divergente: differing (points of view)
diversidad biótica: biodiversity
diversificación de riesgos: (ins) spread of risks
diversificado: (ed) comprehensive (school, i.e. academic with vocational education in same senior high school)
diversos: a number of, several, various; sundry (accounts payable, receivables, expenses), miscellaneous (items), varied (opinions)
dividendo: (fin) dividend; (Ec, Chi) installment payment (on a loan, a mortgage), partial payment
__ **a cuenta**: interim dividend
__ **activo**: dividend payable
__ **casual**: irregular dividend

- __ **complementario**: final dividend; (sometimes) extra dividend
- __ **, con**: dividend on
- __ **con adición del impuesto pagado en otro país**: grossed-up dividend
- __ **de capital (de liquidación)**: liquidation dividend
- __ **decretado**: declared dividend
- __ **en acciones**: stock dividend, bonus issue
- __ **en bienes**: property dividend
- __ **en especie**: property dividend
- __ **en pagarés**: scrip dividend
- __ **, ex**: dividend off
- __ **extraordinario**: surplus dividend
- __ **hipotecario**: (Chi) mortgage payment
- __ **ocasional**: irregular dividend
- __ **omitido**: passed dividend
- __ **ordinario**: periodical dividend
- __ **pasivo**: stock assessment; (Sp) call for capital; installment payment on subscribed shares, call on shares
- __ **preferente**: dividend on preferred stock
- __ **provisional**: interim dividend
- __ **, reclamar un**: to make a call on shares
- __ **, sin**: dividend off
- __ **virtual**: (Sp) consent dividend

dividendos acordados: declared dividends
- __ **del mutuo**: (Chi) installment payments on a loan
- __ **por acción**: earnings per share

divisas: foreign exchange, foreign currency
- __ **a plazo**: forward exchange
- __ **asignadas**: allocated currencies
- __ **, haberes en**: exchange holdings

divisibilidad del contrato: severability

división: division, split
- __ **de acciones**: (stock) split, share dividend (*not* the same as stock dividend)
- __ **funcional**: (admin) operating division

divisiones administrativas: political divisions (UN)

divisoria de agua: watershed; divide, ridge

divulgación: information activities; popularization; spreading (of information, technology); making generally available; putting into general use; (agr) extension activities; disclosure (income sources; environmental impact of a project)
- __ **agrícola**: agricultural extension
- __ **masiva**: (agr) extension work by mass approach
- __ **rural**: rural extension
- __ **tecnológica**: technological spill-over

divulgar: to publish, publicize, make known, spread, disclose, reveal

divulgarse: to become (generally) known; leak out

doble aptitud: dual purpose (animal breed)
- __ **cabina, de**: crew cab
- __ **clasificación**: cross-classification
- __ **cultivo**: double cropping

- __ **efecto, a**: double-acting
- __ **opción**: call and put option
- __ **tributación (imposición)**: double taxation

docente practicante: teacher intern
- __ **en práctica**: teacher intern

docilidad: workability (concrete)

dócima: (Sp) (st) test

docimasia: assaying of ore
- __ **de hipótesis**: (st) test of significance

doctrina: theory, principles, doctrine; (leg) writings (of jurists); teaching; school of thought
- __ **, en la**: in theory
- __ **legal**: (leg) rules of law which the Supreme Court draws up in its judgment to found its decree; (Arg) judicial construction of a given law

doctrinario: doctrinary, (sometimes) ideological

documentación: papers, documents, information, materials; reference material
- __ **básica**: background information
- __ **general**: background information
- __ **probatoria**: supporting evidence
- __ **técnica**: supporting documentation

documentado: well-grounded, well-based, substantiated; grounded, founded, based on facts, factual

documentales: background notes

documentar: to reduce to writing, put in writing; verify by documentary evidence
- __ **obligaciones con**: (fin) to place bonds with

documento: document, paper
- __ **auténtico**: notarized document
- __ **catastral de un inmueble**: abstract of title
- __ **compensable**: (Para) negotiable instrument
- __ **conceptual**: concept paper; approach paper
- __ **de análisis**: discussion paper
- __ **de antecedentes**: background paper
- __ **de base**: source document
- __ **de consulta**: reference document
- __ **de debate**: discussion paper
- __ **de deuda**: debt claim
- __ **de exposición de problemas**: issues paper
- __ **de información básica**: background paper
- __ **de información general (monografía)**: overview paper
- __ **de medidas prácticas**: action-oriented document
- __ **de obligaciones**: instrument evidencing indebtedness
- __ **de recapitulación**: round-up document
- __ **de referencia**: background document
- __ **de referencia cruzada (de comparación)**: cross-walk document
- __ **de sesión**: Conference Room Paper
- __ **de trabajo**: background paper, reference paper, discussion paper
- __ **de transmisión**: (Arg) (leg) transfer deed; bill of sale
- __ **depositado en garantía**: (leg) an escrow
- __ **fáctico**: factual paper
- __ **fundamental**: background document

DOCUMENTOS DOTACION

- __ **habilitante**: (leg) qualifying document
- __ **informativo**: background document, briefing paper
- __ **judicial**: document in a case
- __ **justificativo**: supporting document, voucher, certificate
- __ **normativo**: policy paper
- __ **original**: source document
- __ **probatorio**: document in proof
- __ **procesal**: document in a case (writ, process, summons)
- __ **público**: notarially recorded document, notarized document, authentic instrument
- __ **recapitulativo**: round-up document
- __ **sin garantía prendaria**: (fin) unsecured paper
- __ **sinóptico**: round-up paper
- __ **sobre parámetros de política económica**: policy framework paper
- __ **sustituido**: superseded document
- __ **transferible (traspasable)**: (fin) bearer paper

documentos a cargo de clientes: customers' notes receivable
- __ **de crédito al portador**: commercial paper payable to bearer
- __ **en cartera**: (acct) bills on hand
- __ **en tránsito**: (bnk) float
- __ **vencidos**: bills past due

dólar acuerdo: (Chi) a preferential rate of exchange applicable to incoming foreign investments
- __ **de compensación**: accounting dollar, offset dollar
- __ **observado**: (Chi) rate at which export earnings in dollars are exchanged
- __ **paralelo**: curb-market dollar

dólares corrientes: dollars at current prices
- __ **de 1985**: dollars at 1985 prices
- __ **preferenciales**: dollars at preferential rates
- __ **propios**: (DR) privately owned dollars

dólico de Goa: Goa bean, asparagus pea
- __ **espárrago**: asparagus bean
- __ **gigante**: lablab bean

dolo: (leg) fraud (civil matters), malice (criminal matters)
- __ **civil**: (leg) (civil law) deceit, fraud, guile, malicious fraud, willful misrepresentation, fraudulent representation, dolus
- __ **penal**: (leg) (criminal law) criminal intent, malice

dolor y sufrimientos: (leg) pain and suffering
dolosamente: willfully, maliciously, with wrongful intent
doloso: deliberate, malicious, wrongful, felonious, criminal; fraudulent, deceitful
domar un caballo: to gentle a horse
domiciliación: domiciling of a bill
domiciliado en: made payable in (of a bill)
domiciliario: on customer's premises (meters, sewer lines); (leg) home (arrest)

domicilio: legal residence
- __ **convencional**: (leg) address for service
- __ **conyugal**: matrimonial home
- __ **de las personas morales**: corporate domicile
- __ **electivo**: (leg) address for service
- __ **fiscal**: (leg) domicile for tax purposes, tax residence
- __ **necesario**: (leg) domicile by operation of law
- __ **social**: registered office, head office, corporate domicile

dominio: (leg) title (to a thing), ownership; authority, control; good knowledge, mastery, fluency (language)
- __ **absoluto**: (leg) freehold estate (fee simple absolute, fee simple, fee)
- __ **del idioma español**: fluency in Spanish
- __ **directo**: legal ownership
- __ **eminente**: (leg) eminent domain
- __ **público**: public domain, public property
- __ **público, ser del**: to be common knowledge
- __ **útil**: (leg) beneficial ownership, usufruct ownership

donación: grant-in-aid, grant; (leg) bequest
- __ **de capital**: capital grant
- __ **de contrapartida**: matching grant
- __ **fuera del territorio**: offshore grant
- __ **modal**: (leg) conditional donation; (Col) restricted gift

donaciones: (corporate) giving
dorada: gilthead, sea bream
dorado: dolphin (fish), dorado
doré: gold/silver bearing material
dorso: back, reverse (document)
dosel superior: (for) canopy
dosificación: proportioning (cement); batching (cement); portioning (agricultural products); (med) dosage; distributing, apportioning, allotting, assigning
- __ **de los factores**: factor mix

dosificador: batcher (cement), feeder (chemicals)
- __ **de concreto**: (Mex) concrete mixer

dosificar: to apportion, ration out; proportion (cement); regulate (flow, timing); measure out, apply in appropriate installments

dosis de aplicación (empleo): application rate (insecticide)
- __ **de refuerzo**: reinforcing dose, booster shot (vaccination)
- __ **de riego**: depth of irrigation
- __ **de siembra**: rate of seeding

dotación: ship's crew; staff, personnel; provision (equipment, capital); supply (energy, capital); endowment, base (capital, natural resources); duty (water)
- __ **a las provisiones**: (acct) transfer to provisions (reserves), appropriation
- __ **de capital**: capital endowment, capitalization
- __ **de hospitales**: outfitting of hospitals
- __ **de pasivos laborales**: employee compensation provision(s)
- __ **de personal**: staffing

546

__ **de poder a**: empowerment (of women)
__ **de recursos**: resource base
__ **de tierras**: land awards, land base
__ **ganadera**: stocking rate
__ **neta de agua**: net water duty
__ **para cuentas de provisiones**: (acct) transfer to provisions (reserves), appropriation
dotar: to provide with, endow; supply, equip with, outfit; staff, man; assign money to, fund, provide funds for
dotes de mando: leadership (skills) (ability to lead)
draco: icefish
draga de mandíbulas: (ot) clamshell dredger
dramático: spectacular, striking, sensational (change), disastrous (situation), emotional (scene)
drástico: stringent (regulations), strong (measures), shock (tactics), draconian
drenaje fiscal: fiscal drag
__ **natural**: free drainage
__ **por tubos (tubería)**: tile drainage
__ **subterráneo**: subsurface drainage
drenar: to drain (land); siphon off (funds); unwater
dresina: railway inspection trolley
droga de acción prolongada: repository drug
__ **de medida**: designer drug
dualidad de criterios: dual standards
ducho: well versed in, conversant with, skilled in
duda: doubt, uncertainty; misgiving, indecision, hesitation
__ , **no caber**: to be clearly established, be an indisputable fact
__ , **sin**: without question, assuredly, undoubtedly; of course, no doubt
dudoso: doubtful, uncertain (success), questionable (authenticity), suspect, dubious (results)
duela: barrel stave
dueño aparente: (leg) reputed owner
__ **directo**: legal owner
__ **útil**: beneficial owner
dula: common (pasture)
dulce: fresh (water), soft (metal), mild (climate)
dumping indirecto: diversionary dumping
__ **posterior**: downstream dumping
__ **predatorio**: (Chi) cut-throat pricing
dúplica: (leg) rejoinder; reply to the counterclaim
duplicación: doubling; overlapping; redundancy
__ **de funciones**: (Arg) overlapping
__ **del seguro**: (ins) overlapping insurance
duplicidad: duplicity; duplication
duque de Alba: dolphin (mooring buoy)
durabilidad: keeping quality (fruit, vegetables)
duración: length, duration, period; service life (tool, machine); life (contract, project, loan); term; tenor (bill); period (appointment)
__ **de la atención**: attention span
__ **del viaje redondo**: (ot) turn-around time
__ **indefinida, de**: perpetual, open-ended
__ **máxima de conservación**: shelf life (vaccines)

__ **útil**: economic life
duramen de trozas para chapas: veneer log cores
durazno: peach
__ **de hueso adherente**: clingstone peach
__ **de hueso libre (suelto)**: freestone peach
durina: dourine
durmiente: (constr) crosstie, stringer; (rr) sleeper, tie; skid

E

echado: (min) dip
echar mano de: to draw on, dip into (reserves); resort to (certain expedients); fall back on
echazón: jettison
__ **aboyado**: ligan
__ **y arrastre por las olas**: jettison and washing overboard
eclosión: hatching
eco de, hacerse: to associate oneself (with an opinion, position), join someone in (protesting)
__ , **tener**: to make news; cause a stir; catch on; strike a responsive chord
ecología forestal: silvics
ecologista: conservationist
economato: company store, truck-shop, commissary store; (sometimes) post exchange
economía agraria monetaria: cash farming economy
__ **clandestina**: underground economy
__ **de chorreo**: trickle-down economy
__ **de consumo**: affluent society
__ **de la explotación agrícola**: farm management
__ **de monocultivo**: single crop economy
__ **de oferta**: supply-side economics
__ **de regreso**: economics of regress (i.e. of negative growth)
__ **dirigida**: planned economy, command economy, controlled economy, managed economy
__ **doméstica**: (ed) home economics; homecraft, homemaking, domestic arts; private household
__ **empresarial**: business management
__ **en estado de tensión**: overheated or overextended economy
__ **enérgica**: power sector
__ **espacial**: (Sp) spatial economics
__ **formal**: mainstream economy
__ **general**: total economy, national economy as a whole
__ **individual**: (Sp) individual household
__ **integrada**: integrated world (global) economy
__ **interna**: domestic economy
__ **liberal, sistema de**: free competition system
__ **libre**: open-market economy

ECONOMIAS … EFECTIVO

__ **mixta**: dual economy
__ **nacional**: domestic economy
__ **oculta**: underground economy
__ **paralela**: (UK) black economy, informal economy
__ **pecuaria**: animal husbandry
__ **poco activa**: sagging economy
__ **política**: economics
__ **privada**: private ownership economy
__ **rural**: farm management
__ **subterránea**: underground, informal, off-the-books economy
economías de alcance: economies of scope
__ **de diversificación**: economies of scope
__ **de escala**: economies of scale
__ **periféricas**: dependent economies
economicidad: profitability, financial viability
economizar: to save; husband (resources); retrench
ecónomo: bursar (treasurer of a college); steward (in a hospital)
economuseo: economuseum (that pays its own way)
ecosonda: sonic depth finder
ecuación de cambio: quantity equation (quantity theory of money)
__ **de primer grado**: linear equation
__ **de segundo grado**: quadratic equation
__ **de tercer grado**: cubic equation
__ **del balance general**: accounting equation
edad comunicada: reported age
__ **declarada**: stated age
__ **estatutoria de jubilación**: established age of retirement
__ **fértil**: reproductive age
__ **media de los contratantes**: average age at marriage
__ **núbil**: full age
edafología: soil science
edamame: green (immature) soya bean
edema de los brotes: swollen shoot (cocoa disease)
edición: edition, issue, reprint, publishing
__ **electrónica**: desk-top publishing
__ **preliminar**: advance copy (of document)
__ **príncipe**: first edition
edificio de altura: high-rise building
__ **de renta**: rental income building; income property
__ **de uso colectivo**: multiple-unit building
__ **y otras construcciones**: (Sp) buildings and other structures
edil: mayor
edilicio: municipal, civic; pertaining to buildings
editar: to publish, print, put out, produce (newspaper, etc)
editor confeccionador: layout editor
editorial: (f) publishing house; (m) leading article, editorial
educación a distancia: distance teaching; distance (home, open) learning; home study (courses)

__ **ascendente**: ascending education
__ **cívica**: citizenship training
__ **complementaria**: extension education
__ **con participación de la comunidad**: community-managed education
__ **cooperativa**: work-study program, work experience; cooperative education
__ **cuaternaria**: (Arg) postgraduate education
__ **de párvulos**: preprimary education
__ **del niño**: upbringing
__ **diferencial**: special needs education
__ **directa**: formal education
__ **dual**: education plus work
__ **entre compañeros**: peer education
__ **, estructura del sistema de**: educational pattern
__ **extraescolar**: off-campus education
__ **inicial**: early childhood education, preparatory education
__ **iterativa**: recurrent education
__ **mixta**: coeducation
__ **mutua**: peer education
__ **no académica**: non-formal education
__ **no presencial**: distance education, distance learning
__ **para el empleo del tiempo libre**: education for leisure
__ **para el trabajo**: career education
__ **para la vida activa**: career education
__ **parvularia**: preprimary education
__ **permanente**: life-long education
__ **popular, servicio de**: extension services
__ **preescolar**: preprimary education
__ **presencial**: classroom education, face-to-face classes; attended education (as opposed to distance education); live instruction (as opposed to televised classes)
__ **recíproca**: peer education
__ **refleja**: informal education
__ **secundaria (1er ciclo)**: lower secondary school, junior high school
__ **secundaria (2° ciclo)**: upper secondary school; senior high school
__ **superior**: higher education, advanced education, post-secondary education
__ **temática**: subject-centered education
__ **terciaria**: post-secondary education
__ **vial**: driver education
educador: educational leader
__ **de adultos**: trainer
efectista: sensational, spectacular
efectivamente: sure enough, in point of fact; actually; accordingly (corroborating previously expressed idea)
efectivar: (Col) (com) to encash, cash in, convert into cash, redeem, collect against
efectividad: (leg) effective exercise (rights)
efectivización: perfection of a security interest
efectiv(iz)ar: to confirm; cash in, convert into cash
efectivo: *a* real (power), regular (employment), ready (money), actual (value); *n* cash, cash

assets or holdings; strength (personnel), complement (Navy)
__ **disponible**: ready cash
__ **, en**: in cash
__ **en bóveda**: (bnk) vault cash
__ **en caja**: cash on hand, cash holdings
__ **en caja y bancos**: cash on hand and due from banks
__ **en circulación**: (fin) currency outside banks
__ **en manos del público**: (fin) currency outside banks
__ **en tránsito**: cash in transit
__ **, hacer**: to cash (check), collect (bills), recover (cost); enforce (penalty)
__ **medio de mano de obra**: mean labor strength
efecto: effect, consequence, outcome; (good or bad) impression, impact, purpose; (com) bill, draft; merchandise security
__ **, a sólo**: both (all) equally authentic (copies of a document)
__ **a vencimiento**: time or us(u)ance draft
__ **acumulativo**: bandwagon effect
__ **ascendente**: bubble-up effect
__ **cambiario**: bill of exchange
__ **catalizador del mercado**: (fin) mark-to-market effect
__ **de absorción**: backlash effect
__ **de amplificación**: bandwagon effect
__ **de arrastre**: backward linkage
__ **de atracción**: crowding-in effect
__ **de buena calidad**: (fin) investment in good paper
__ **de capilaridad**: bubble-up effect
__ **de cascada**: cascading (indirect) taxation
__ **de comercio**: bill of exchange, negotiable instrument
__ **de contagio**: contagion effect (spillover from a financial crisis); bandwagon effect (group dynamics, market demand, etc)
__ **de cruce de los derechos**: leapfrog effect of (customs) duties
__ **de desplazamiento**: crowding-out effect
__ **de difusión**: spread effect
__ **, de doble**: double-acting
__ **de espejismo**: halo effect
__ **de exclusión**: crowding-out effect
__ **de expulsión**: crowding-out effect (market)
__ **de "filtración"**: trickle-down effect
__ **de invasión**: crowding-in effect
__ **de la ley**: (leg) operation of the law
__ **de propulsión**: forward linkage effect
__ **de reacción**: backlash effect
__ **de rebote**: boomerang effect
__ **de rechazo**: boomerang effect
__ **de retardo**: lag effect
__ **de trinquete**: ratchet effect
__ **derivado**: spin-off
__ **devolutivo**: (leg) devolutive effect (transfer of the case to a superior court with no stay of execution during appeal), no suspension of execution of judgment

__ **disuasivo**: deterrent
__ **, en**: as it is (was), in point of fact, sure enough (corroborating previously expressed idea)
__ **, en un solo**: (leg) (Sp) for review only
__ **indirecto**: spill-over effect, spin-off
__ **mediato**: downstream effect
__ **mercantil**: commercial paper
__ **multiplicador**: (fin) snowball effect
__ **negociable**: bankable bill
__ **recesivo en cadena**: domino effect
__ **residual**: ripple effect
__ **secundario**: spill-over effect, spin-off effect
__ **simple**: (com) clean draft
__ **, sin**: (leg) null and void, without merit, annulled, rescinded, dismissed, set aside
__ **subsidiario**: spill-over effect
__ **, surtir**: to have an effect; work (medicine); become operative, come into effect, enter into force (law)
__ **suspensivo**: (leg) cognizance, in virtue of an appeal, of the decree of a lower court while suspending its execution; suspensive effect, suspension of execution of judgment during appeal
__ **, tener el**: to operate to
__ **"tequila"**: (Mex) Mexican domino effect
efectos: (fin) securities (bonds, stocks and shares), drafts; (com) goods, merchandise
__ **a cobrar**: bills receivable
__ **activos**: assets
__ **comerciales (de comercio)**: commercial paper, negotiable instruments, (Sp) trade bills
__ **de caja**: cash items
__ **de colusión**: (com) acceptance paper, accommodation paper
__ **de compensación**: trade-offs
__ **de escritorio**: office supplies
__ **de esta sección, a los**: within the purview of this section
__ **de la relación de intercambio sobre el ingreso (nacional)**: income terms of trade
__ **de primera clase**: prime securities
__ **de rebase**: spillover effects
__ **de vecindad**: external diseconomies
__ **del Estado**: Government paper, Government securities
__ **del presente, a los**: for the purpose of this...
__ **descontados**: discount notes
__ **e impresos**: stationery and office supplies
__ **, en ambos**: (leg) (Sp) for review and suspension (i.e., of execution)
__ **en cobro (cobranza)**: (bnk) float
__ **en depósito**: bonded goods
__ **en garantía**: pledged securities
__ **externos**: externalities
__ **financieros**: financial paper
__ **impositivos**: tax consequences
__ **indirectos**: (econ) externalities (project analysis)
__ **intangibles**: intangible assets
__ **matriciales**: (st) matrix effects

__ **navales**: ship's stores
__ **pasivos**: bills payable
__ **públicos**: Government paper, Government securities
__ **residuales**: spin-offs
__ **secundarios**: side-effects, spillover effects
efector en programas de salud: health provider, health agent
efectuar: to make (visit), effect (payment); do, transact, conduct (business); take (stock); draw up (inventory)
__ **un juicio hipotecario**: to foreclose
__ **un préstamo**: to disburse a loan
efemérides: chronicles
eficacia: efficacy, effectiveness (of things); efficiency (of persons), validity (documents), efficiency (capital), significance; appeal (advertising); acceptance (advertising)
__ **de la conversión del alimento en carne**: food conversion efficiency
__ **en función de los costos**: cost effectiveness
__ **(legal)**: validity (of a document)
__ **probatoria**: evidentiary value, probatory value
__ **publicitaria**: advertising appeal
__ **social**: interpersonal competence
eficaz en derecho: legally effective (valid)
eficiencia: efficiency, ability, effectiveness, competence (person); (st) closeness (in estimation)
__ **en función de los costos**: cost effectiveness
__ **externa**: (ed) external efficiency
__ **interna**: (ed) internal efficiency (of educational system)
efluente: liquid waste
égida de, bajo la: under the aegis, auspices of; sponsored by
eglefino: haddock
egresado: (Mex) student who has finished his course work but has not completed final requirements (examination) for a degree (licenciatura)
__ **escolar**: school leaver
egreso: expenditure, outgo; outflow; discharge (hospital); graduation (university course)
egresos: disbursements; (Chi) charge-outs
eje: axis; middle, center line (street, river); crux, hub, core (argument); cynosure, center (attraction); pivotal point (attention, conversation); main highway; central element; pivot; pivotal figure; crucial or cardinal factor, member, part, person, point, etc; linchpin; thrust, emphasis, focus, plank; backbone; (aero) hub; (development) corridor
__ **central**: focal point (discussion); (comp) backbone (network)
__ **de cobre**: (Chi) semi-refined copper
__ **-rayos**: hub-and-spoke (airline) system
__ **vial**: axle highway
ejes cilíndricos: (tech) shafting
ejecución: execution (project, obligation, treaty); carrying out (orders); application (regulations); enforcement (lien); compliance (letters rogatory); performance (obligation, tasks); fulfillment (obligation); discharge (obligation); (leg) attachment; distraint, distress, executory process; (Mex) transfer of title, conveyance
__ **contra bienes embargados (hipotecados)**: enforcement of a lien
__ **de garantías**: enforcement of guarantees
__ **de programas**: program delivery
__ **de proyectos**: project delivery
__ **de una hipoteca**: foreclosure
__ **de una ley**: enforcement of a law; administration and enforcement of a law
__ **del presupuesto**: budget execution, administration, implementation, performance (i.e. comparison of budgeted and actual figures)
__ **estricta**: (leg) specific performance (contract)
__ **financiera**: disbursement (loans)
__ **legal**: law enforcement
__ **presupuestaria**: budget performance
ejecutabilidad: possibility of performance (contract); feasibility, viability (of a project)
ejecutar: to perform, carry out; fulfill, enforce; (leg) oblige someone to pay what he owes, attach the property of, distrain
__ **bienes**: to attach property
__ **en capital**: to execute on force account
__ **un contrato**: to perform a contract
__ **una acción**: to bring an action
__ **una hipoteca**: to foreclose
ejecutiva, en forma: enforceable
ejecutividad: right of foreclosure
ejecutivos: managerial staff
ejecutor: implementer
ejecutoria: (leg) writ of execution; formal and public document embodying final judgment; final judgment
ejecutorias: accomplishments, merits (of a person)
ejecutoriar: to make final (decree), declare a sentence enforceable; obtain a writ of execution
ejecutorio: enforceable (judgment, tax claim)
ejecutorios: executory judgments
ejemplar autografiado: author's copy
__ **con dedicatoria del autor**: presentation copy
__ **permanente**: hard copy
ejemplo auténtico: conformed copy
__ **justificativo**: complementary copy
ejercer: to practice (profession), exert (influence), perform (functions), use (right), conduct (business)
__ **actos de dominio**: (Mex) to exercise powers of attorney, proxies, etc
__ **un derecho**: to assert a right
__ **una compensación**: (leg) to assert a set-off
ejercicio: exercise, drill; tenure (office); fiscal year; business year; budget year; accounting period; holding (of an office); engagement (in an occupation); practice (of a profession);

__ **de automatización**: (ed) drill
__ **económico**: accounting period; financial year, fiscal year (corporation)
__ **estructural**: (ed) pattern drill
__ **financiero**: accounting period; fiscal year (corporation), financial year
__ **presupuestario**: budget year
__ **social**: accounting period
ejercicios de entrenamiento general: (ed) conditioning exercises
ejercitar: to put into practice
__ **la acción pública**: to exercise the public right of action
__ **una acción**: to bring an action or suit, prosecute, file a claim
__ **una acción extracambiaria**: to bring an action outside the instrument
ejidatario: farmer who works community land
ejido: common land, community-owned land (given by Government to a community to farm, and not susceptible to division, transfer, sale or mortgage)
ejote: string bean
elaboración: manufacture, production; processing (food, data); working (metal); dressing (ore); drafting (law); development (theory), formation (plan); compilation (statistics); drawing up, preparation, drafting (regulations); formulation (budget); packing (meat); shaping (metals)
__ **de material fabricado en otro país**: offshore assembly, outsourcing (goods)
__ **de minerales**: dressing of minerals
__ **de proyectos**: project preparation
__ **de sistemas**: systems design
__ **de textos**: word processing
__ **del presupuesto**: budgeting
__ **en depósito aduanero**: in-bond processing
__ **global de proyectos**: project packaging
__ **secundaria, planta de**: downstream plant
elaborar: to process (raw material, data); work (metal), manufacture (goods), produce, work out, prepare; formulate, draft, draw up (plan); elaborate, work out in detail, expand in detail (draft)
elasticidad: resilience (market), responsiveness, elasticity (economy)
__ **con respecto al ingreso**: income elasticity
__ **con respecto al precio**: price elasticity
__ **del impuesto**: tax elasticity
__ **de la demanda**: elasticity of demand
__ **de la demanda en función del ingreso**: income elasticity of demand
__ **igual a la unidad**: unitary elasticity
__ **ingreso**: income elasticity
__ **ingreso de la demanda**: income elasticity of demand
__ **intrínseca de un sistema tributario**: buoyancy (of tax system)
__ **múltiple**: cross-elasticity
__ **precios**: price elasticity

__ **renta de la demanda**: income elasticity of demand
__ **tributaria global**: tax buoyancy
elástico: resilient, flexible, adaptable, accommodating; *n* (Arg) spring, bed spring
elayotecnia: vegetable oil processing (e.g. olives)
elección: election; choice, selection; option
__ **escalonada de administradores (OPAS)**: staggered board of directors
__ **legislativa**: parliamentary election
__ **parcial**: by-election
electricidad derivada de la energía nuclear: nuclear energy generated electricity
electricista: electrical fitter
electroplastia: electroplating
electrotecnia: electrical engineering
elegir uno de los suyos: to choose one of their number
elemento: component, ingredient; aspect, feature; factor, item; part, member, unit, building block
__ **central**: pivotal element
__ **concesionario**: grant element
__ **de catálogo**: off-the-shelf item
__ **de costo**: cost factor
__ **de favor**: concessionality (loan terms)
__ **de imagen**: pixel
__ **de memoria**: (comp) storage cell
__ **disuasivo**: disincentive, deterrent
__ **fundamental**: focal point
elementos: resources (usually human); parts, components, building blocks; introduction to a subject, basic notions; data, facts
__ **cuantitativos**: building blocks
__ **de juicio**: information, data, background; facts with which to form a judgment; source material; evidence (non-legal sense); considerations, relevant factors; input; guidance, criteria
__ **de producción**: auxiliary goods
__ **de resolución**: (tech) pixels
__ **de trabajo**: working equipment
__ **fertilizantes**: (plant) nutrients
__ **físicos**: hardware
__ **inmateriales**: (comp) software
__ **materiales**: (leg) the facts of the case
__ **nutritivos**: (plant) nutrients
__ **raros**: trace elements (minerals)
__ **vestigiales**: trace elements (minerals)
elenco: cast (of play)
__ **bibliográfico**: catalog(ue)
elevación primaria: (Chi) (min) finger raise
elevado: high (price), tall (building), lofty (style), sharp (disparity)
elevador de capachos: bucket elevator or ladder
__ **de tornillo**: Archimedes (water) screw
elevar: to raise (price); present (report); boost, step up (production)
__ **a escritura judicial**: to perfect an instrument
__ **a plenario**: (leg) to send the matter to trial
__ **un informe**: to present, submit (report)

ELIMINACION

__ **una reclamación**: to file a claim
eliminación: removal (price controls); disposal (waste); abolition (double taxation)
__ **de desperdicios peligrosos**: hazardous waste management
__ **de plantas enfermas**: (agr) roguing of diseased plants
__ **gradual**: phasing out (foreign investment, tariffs)
__ **natural de los puestos**: attrition of jobs
__ **sanitaria de aguas servidas**: safe sewage disposal
__ **y tratamiento de desechos**: waste management
eliminaciones: (Sp) (acct) write-offs
eliminar: to remove, exclude; get rid off (waste); stamp out (livestock diseases); curtail, head off (practices), rogue (plants)
__ **en libros**: to write off
__ **por etapas (progresivamente)**: to phase out
elocución: diction; (ed) speech training
elocuente: enlightening (data), telling, significant (fact)
elote: (CR) corncob with grains, corn on the cob
eludir obstáculos: to sidetrack obstacles
elusión: (trade) circumvention, evasion
__ **del control de divisas con fines fraudulentos**: commodity shunting
__ **fiscal**: tax evasion
emanación: offshoot
emanar de: to issue out of, emanate from; arise, result from
emanómetro: emanometer (remote sensing)
embadurnado: seed dressing
embadurnamiento de las aves (con petróleo): oiling of birds
embajador en misión especial: ambassador at large
__ **itinerante**: roving ambassador, ambassador at large
__ **sin cartera**: roving ambassador
embalado: boxed, crated
embalaje: packing, packing charge
__ **habitual**: customary packing
__ **marítimo**: packing for ocean shipment
embalse: impoundage, water storage; reservoir
__ **de aguas**: pondage
__ **de compensación**: regulating reservoir
__ **de regulación nocturna**: overnight storage reservoir
__ **hiperanual**: holdover storage
__ **útil**: live storage
embandejamiento de mercancías: (ot) palletization
embanque: silting
embarazo: pregnancy; (leg) difficulty, hindrance, impediment
__ **malogrado**: loss of pregnancy
embarcación: boat, craft, small vessel, (sometimes) fishing smack
__ **de puerto**: bum boat

EMISION

__ **de recreo**: pleasure boat, pleasure craft
embarcaciones hidroplaneadoras: surface-effect ships
embarcadero: loading quay or wharf; quay, jetty, pier; loading platform (railroad)
embarcado en vacíos de estiba: shipped in broken stowage
embarcador de fletes: freight forwarder
embargo: confiscation, impoundment (executory seizure of movables); embargo (government detention of ships or exports); arrest (of craft and their cargo); (leg) seizure (all purpose term); attachment (of debtor's property); garnishment (of debtor's wages or bank balance); distraint, distress (extrajudicial seizure of debtor's goods)
__ **en forma de intervención**: attachment (bank account)
__ **en forma de retención**: garnishment
__ **preventivo (precautorio)**: (ot) arrest (ship), pre-judgment attachment or garnishment
__ **provisorio (provisional)**: (Mex) temporary injunction to prevent waste of assets by debtor
__ **sobre las importaciones**: import prohibition
__ **subsecuente**: post-judgment attachment or garnishment
__ **trabado**: (leg) attachment
embarque, desembarque por propulsión propia: (ot) roll-on, roll-off
embarrancar: to run aground (ship)
embate: brunt of attack, shock (earthquake), breaking (waves); (fig) blows (of fate)
embuchamiento: booting (genetics)
embudo de extracción: (min) glory hole
__ **, ley del**: one-sided rule, arbitrary rule
embustidor: hidden or secret compartment for concealing weapons
embutido: recessed (lamps); flush (fit); put in casing (sausage meat); n sausage; stuffing (pillows), stamping, pressing (steel), inlay (wood)
embutir: to insert, fit into, nest, plug in, engage
emergencia: (agr) braiding (plants)
emigración golondrina: seasonal migration
emisario: (sewer) outfall
__ **submarino**: ocean outfall, off-shore outfall
emisión: broadcasting, broadcast, radio program; (fin) issue, issuance (bonds, shares, notes); flotation (loan); monetary creation
__ **abierta**: issue on tap
__ **adquirida anticipadamente por un consorcio bancario**: (fin) bought deal
__ **constante**: tap issue
__ **corriente**: benchmark issue
__ **de acciones (con derecho preferencial de suscripción)**: rights issue or offering
__ **de acciones gratuitas**: bonus issue
__ **de acciones liberadas**: (Sp) capitalization issue
__ **de acciones nuevas**: (Sp) rights issue

__ **de bonos de obligación**: sale of bonds
__ **de bonos sin escritura**: bonds not issued under an indenture
__ **de derechos**: rights issue
__ **de dinero**: (sometimes) money supply
__ **de empréstitos**: issue of debt obligations
__ **de opciones en volumen**: (fin) overwriting
__ **de pagarés**: note issue
__ **de pago**: cash issue
__ **de un préstamo**: flotation
__ **de valores de capital**: capital issue
__ **en circulación**: outstanding issue
__ **en directo**: live broadcast
__ **en la atmósfera**: discharge into the environment (air); (pl) (factory) emissions
__ **en ventanilla abierta**: issue on tap
__ **exploratoria**: red herring issue
__ **fiduciaria**: note issue
__ **gratuita**: (UK) scrip issue (made possible by capitalization of reserves); (USA) bonus issue
__ **inorgánica**: unlimited issue of paper money
__ **liberada**: (Sp) bonus issue
__ **para el público inversionista**: public borrowing
__ **parcial**: tranche
__ **primaria**: currency issue (central bank); (fin, st ex) new issue, primary offering
__ **u oferta de acciones**: (Sp) rights issue
emisiones incumplidas: defaulted issues
__ **no esenciales**: (TC) spurious emissions
emisor: (irr) outlet (of a pipe)
emisor-receptor portátil: walkie-talkie
emitir: to issue (bonds, shares), float (a loan); broadcast; express (opinion, views); cast (vote)
emoción: thrill, excitement, stir, sensation
emolumentos: perquisites; remuneration, salary
__ **de asistencia**: directors' fees
__ **(de los administradores)**: compensation
__ **por administración**: directors' fees
empacado: baling
empadre: mating
empadronado: respondent (survey)
empadronador: census enumerator or interviewer
__ **, método de**: (st) canvasser method
empadronamiento tributario: tax roll
empadronar: to register, enroll, record, enumerate; interview (census)
empalisada: (Ec) log road or track
empalmar: (st) to splice
empalme: joint (the junction of two concrete slabs in road building), connection, splice; coupling; connection (railroad); junction (roads); (Col) transition from one government to another
__ **carretero**: road junction
__ **ferroviario**: railroad junction, (sometimes) spur
empañamiento de bodega: ship's sweat

emparejamiento: grading, leveling (land)
emparejar: to spot grade (land clearance), level (earth); match (one thing with another); smooth, level off; draw level with, catch up with
emparrillado: reinforcement mat
empastadas: (Chi) range, grassland
empastado: tufting (planting of sod or grass in tufts or small bunches), sodding
empastar: to fatten cattle on grass; convert into pasture
empaste: binding (of a book); (Col) pasturing, fattening (cattle)
__ **, en** : hard cover (book)
empate: equally divided votes, tie
empecer: to damage, injure; prevent
empego: (Chi) (min) fracture filling
empella: lard
empeñado en, estar: to be engaged in (an activity); set on, determined to, anxious to; be endeavoring to
empeñar: to pledge, pawn; give one's word, promise; begin (a discussion)
empeñarse: to bind oneself; get into debt; be set on, determined to, bent on (doing something); persist in, insist on (assertion), get embroiled in (discussion); be anxious to
empeño: pledge, determination (to do something); aim; effort, endeavor; commitment, involvement, thrust, resolve, determination
__ **, con**: persistently, insistently, eagerly, keenly
empeoramiento: deterioration, change for the worse, falling off; impairment
__ **de las condiciones de préstamo**: hardening of loan terms
empezar a regir: to take effect
empírico: trial and error (method), rule-of-thumb (method)
emplazador: court bailiff
emplazamiento: physical location or lay-out; (setting of a) deadline; notice given with a deadline for compliance; (leg) summons of process, service of summons, writ of summons; subpoena (witness)
empleado: *a* at work; *n* employee, salaried worker; clerk, office worker, white-collar worker, non-manual worker
emplear dinero: to invest money
empleo: use; job, post, position; employment; (fin) investment
__ **de fondos**: application of funds
__ **de referencia**: benchmark job
__ **de transición**: alternative employment
__ **interino**: temporary employment
__ **intermitente**: short-term employment
__ **remunerado**: gainful employment
__ **sin porvenir**: blind alley employment (job); dead-end job
__ **sustitutivo**: alternative employment
__ **temporal**: casual employment
__ **vigilado**: sheltered employment

empleos: (Sp) assets
— **medios en pesetas**: (Sp) average assets in pesetas
empobrecimiento del suelo: soil exhaustion
empoderar: to empower (women, minorities)
empollar: to hatch (chickens)
empotrado: embedded, built-in
empotramiento: abutment
empozamiento: ponding (road)
emprendedor: aggressive (salesman); enterprising, go-ahead
emprender: to undertake, tackle, set out on, start (journey), embark on (undertaking)
empresa: endeavor, undertaking; (com) enterprise, concern, firm, business, venture; (Chi) (leg) contracting party (in a contract)
— **adscrita**: (Sp) departmental enterprise
— **adscrita auxiliar**: (Sp) (fin) ancillary departmental enterprise
— **barométrica**: pace setter (price setter)
— **con pocos accionistas**: closely held corporation
— **conjunta**: joint venture
— **consulta**: firm of consulting engineers
— **de base tecnológica**: technology-based company
— **de capital variable**: open capital company
— **de la industria terminal**: (Mex) manufacturer
— **de persona física**: (Mex) sole proprietorship
— **de riesgo compartido**: joint venture
— **de servicios públicos**: public utility corporation
— **de sindicación obligatoria**: closed chop
— **de transporte**: carrier
— **de transporte aéreo**: airline
— **de transporte marítimo**: common carrier by water
— **de transporte por carretera**: road haulage firm
— **del sector público**: publicly owned undertaking, public corporation
— **eléctrica**: electrical utility, power company, power supplier, electricity supplier
— **en plena actividad (en marcha, en funcionamiento)**: going concern
— **estatal**: state-owned company; government enterprise
— **experimental**: pilot enterprise
— **familiar**: family business
— **fiadora**: guarantee association, bonding or surety company
— **matriz**: parent company
— **mercantil**: business enterprise
— **mixta**: semi-public company; (sometimes) joint venture
— **mixta contractual**: contractual joint venture
— **naviera**: shipping company
— **, por**: by contract
— **privada de interés público**: (Sp) quasi-public corporation
— **productiva**: revenue-earning enterprise

— **pública**: state-owned company; government enterprise
— **que negocia en bolsa**: (fin) publicly traded company
— **transformadora**: manufacturing company
— **transportadora por ajuste (contrata)**: contract carrier
empresas de alimentación: (UK) services trades
— **integradas**: (Mex) joint enterprises
— **relacionadas**: (Chi) affiliates
— **vinculadas**: related companies, affiliates
empresarial: management, managerial (skills); business, corporate (sector)
empresario: businessman; entrepreneur; employer, contractor (in contract)
— **industrial**: industrialist
— **propietario**: working proprietor, owner operator
empréstito: public loan; loan capital
— **de amortización**: sinking fund loan
— **de consolidación**: funding loan
— **de contrapartida**: back-to-back loan
— **municipal (estatal)**: (Sp) municipal (state) bonds
empréstitos: borrowings, public loans; (sometimes) bonds offered
— **en el exterior**: foreign borrowings
— **públicos (del Estado)**: Government borrowings
empuje: drive, "push"; influence, power
— **(presión) de tierra**: (Chi) active earth
en absoluto: not at all, not the least bit, not in the least
— **adelante**: from now on, henceforward
— **aras de**: for the sake of, in honor of
— **armonía con**: in keeping with, in step with
— **atención a**: in view of, in consideration of, taking into consideration, considering
— **beneficio propio**: in one's interest, to one's own advantage
— **breve**: before long, in the near future, shortly, soon
— **breves palabras**: in a few words, in short, to sum up, in summary
— **buen estado**: in good condition, in running order
— **buen estado de funcionamiento**: in working order
— **buen momento**: at the right time, at a good time
— **buena lógica**: in the light of cold reason
— **buena y debida forma**: in good and proper form
— **cambio**: on the other hand, on the other side of the coin; in its stead, in return, in exchange, to make up for it; however, conversely, on the contrary
— **caso necesario (de necesidad)**: should the need arise, if need be, if necessary, if required
— **cierta manera**: in a way, after a fashion
— **cierta medida**: to a certain extent, up to a point, in some measure

__ **cierto modo**: after a fashion, in a way
__ **coincidencia con**: in agreement with
__ **concepto de**: as, by way of; based on, depending on
__ **concordancia con**: in line with, in keeping with, along the lines of
__ **concreto**: in short, in brief, in a nutshell, summing up, specifically
__ **condiciones de igualdad**: on an equal footing
__ **condiciones de plena competencia**: at arm's length
__ **condiciones de reciprocidad**: subject to reciprocity
__ **condiciones de riesgo**: under risk
__ **condiciones de servicio**: in working order
__ **conjunto**: all told, by and large, on the whole, altogether
__ **consideración a**: considering, in consideration of
__ **consonancia con**: in harmony with, in line with, in keeping with, along the lines of
__ **coordinación con**: together with
__ **cuanto a**: as to
__ **cuanto a eso**: for that matter
__ **cuanto a esto**: in this connection
__ **cumplimiento de**: in accordance with, in compliance with, pursuant to
__ **definitivo**: in short, in a word, in a nutshell; all things considered
__ **detalle**: at length
__ **efecto**: in point of fact, as a matter of fact; for, since, because (when connected with previous sentence)
__ **el acto**: at once, immediately, on the spot, there and then
__ **el cumplimiento de sus funciones**: in the performance of his duties
__ **el devenir histórico**: down through the ages
__ **el ejercicio de sus funciones**: in the performance of his duties
__ **el fondo**: at heart, deep down, basically, really
__ **el futuro inmediato**: in the short run
__ **el ínterin**: meanwhile, in the meantime
__ **el mejor de los casos**: at best, in the best case
__ **el mero hecho**: in the very fact
__ **el mismo orden de ideas**: by the same token
__ **el mismo sentido**: to that effect
__ **el momento de escribir estas líneas**: at this writing
__ **el momento menos pensado**: when least expected
__ **el momento oportuno**: at a suitable time
__ **el peor de los casos**: at worst, if the worst comes to the worst, in the worst (case) scenario
__ **el sentido amplio de la palabra**: in the broad sense of the word
__ **el último momento**: at the eleventh hour
__ **esencia**: essentially, in essence, in substance
__ **espera**: in abeyance

__ **esta coyuntura**: at this juncture, in this situation, at this point in time
__ **esta situación**: in these circumstances
__ **este contexto**: accordingly, that being so
__ **este estado**: at this point
__ **este momento**: at this point in time
__ **este orden de ideas**: while on the subject, from that angle, in this connection
__ **este sentido**: along these lines, therefore
__ **firme**: firm, binding, final, definitive, outright, unconditional
__ **general**: usually, more often than not
__ **gran demanda**: at a premium
__ **igualdad de circunstancias**: other things being equal; on an equal footing
__ **juego**: at stake, at work
__ **la actual coyuntura**: at this stage, at this point in time; at this juncture, in this situation
__ **la dirección contraria**: in the opposite direction
__ **la encrucijada**: at the crossroads, on the horns of a dilemma
__ **la forma prevista**: as stipulated, as scheduled
__ **la forma señalada**: in the manner described
__ **la inteligencia de que**: on the understanding that; it being hereby understood and agreed; provided that
__ **la medida de lo posible**: as far as possible; insofar as is practicable
__ **la medida de que**: provided that
__ **la mejor de las circunstancias**: in the best of circumstances
__ **la misma hipótesis**: likewise
__ **la proporción de**: at the rate of
__ **la situación actual**: as matters now stand
__ **las mismas condiciones**: on the same basis
__ **letras de molde (de imprenta)**: in printed letters, in block capitals (letters)
__ **líneas generales**: in broad outline, in broad terms, approximately, roughly, for the most part
__ **lista de correos**: (UK) poste restante; (USA) General Delivery
__ **lo esencial**: basically, in the main
__ **lo más mínimo**: at the least
__ **lo que a mí me concierne**: for my part
__ **lo que a mí respecta**: for my part
__ **lo que sigue**: in what follows
__ **lo que transcurrió del año**: to date; year-to-date (figures)
__ **lo que va corrido del año**: so far this year
__ **lo sucesivo**: in the future, henceforward, henceforth
__ **los meses venideros**: in the months ahead
__ **más de una manera**: in more ways than one
__ **mi concepto**: in my opinion
__ **mi nombre y representación**: in my name and on my behalf
__ **modo alguno**: not by any standards
__ **ningún aspecto**: in no way
__ **ningún concepto**: on no account, under no circumstances, (not) by any standards

ENAJENABLE — ENAJENACION

__ **nombre y por cuenta de**: for and on behalf of
__ **orden excluyente**: in the following priority, in the preferred order of things
__ **otras palabras**: in other words, that is
__ **otro caso**: otherwise
__ **parte**: in part, partly, in some cases
__ **persecución inmediata**: in full cry
__ **perspectiva**: in prospect, in the offing, in view
__ **pie de igualdad**: on an equal footing; (com) at arm's length
__ **plan de**: as
__ **pleno**: in full attendance (board); en banc (court)
__ **pleno conocimiento de causa**: advisedly, knowing full well
__ **pleno desarrollo**: in full swing
__ **pleno trabajo**: in the middle of work
__ **pliego aparte**: under separate cover
__ **pocas palabras**: in a nutshell, in short, to sum up, in a word, briefly, in brief
__ **primer lugar**: to begin with, in first instance, in the first place, first of all
__ **primer término**: in the first place, in the first instance; first of all
__ **principio**: in or on principle, provisionally, tentatively
__ **pro de**: for the benefit of, on behalf of, in the interest of (peace); advocating
__ **propiedad**: in one's own right, rightfully
__ **realidad**: as a matter of fact, in point of fact, in actual fact, in fact, actually, to all intents and purposes, really, truly, come to think of it
__ **referencia con**: as to
__ **regla**: in order, according to the book, above-board
__ **relación con**: in regard to, in comparison with, versus (as opposed to)
  resumen: in a word, in a nutshell, in short, in brief, it comes (boils) down to this, to sum up
__ **resumidas cuentas**: to cut a long story short, summing up, to sum up, in short, in a word, in a nutshell
__ **rigor**: to be precise, strictly speaking, in actual fact, the truth of the matter is
__ **seguida**: at once, right away, immediately
__ **sentido contrario**: in reverse order
__ **sentido limitado**: in a qualified sense
__ **sentido propio**: in the literal sense (of the word)
__ **señal de**: as evidence of
__ **señal de agradecimiento**: as an expression of thanks, as a token of (my) thanks
__ **serio**: in all seriousness, seriously
__ **síntesis**: in short, in a nutshell, to cut a long story short, summing up, to sum up
__ **su amplio concepto**: in its broadest sense
__ **su apogeo**: in full swing
__ **su cabal contenido**: in its entirety
__ **su calidad de Presidente**: by virtue of his position as Chairman

__ **su caso**: if applicable, if appropriate, in such an event, in an appropriate case, in an applicable case
__ **su condición actual (existente)**: as it now stands (real estate), as is
__ **su conjunto**: in the aggregate, in its entirety, as a whole
__ **su debida oportunidad**: at the right time, in due time
__ **su día**: in due time (course), at the proper time
__ **su forma actual**: as it now stands, as it now reads (text)
  su fuero interno: in his heart of hearts, deep down
__ **su justo valor**: on its own merits
__ **su mayoría**: in the main
__ **su totalidad**: as a whole, all told, in its entirety
__ **su totalidad o en parte**: in whole or in part
__ **suma**: in short, to sum up, briefly, in a nutshell
__ **sustancia**: in substance, in essence, essentially, at bottom
__ **tal caso**: in such a case, in this case
__ **tela de juicio**: in doubt
__ **términos generales**: as a general rule, broadly speaking, in a broad sense; generally speaking, in broad terms
__ **toda la extensión de la palabra**: in every sense of the word
__ **todo caso**: at all costs, in any case, at any rate, anyway, anyhow
__ **todo respecto**: by and large
__ **todos los aspectos**: in every respect, in all respects, on every account, in every way
__ **total**: all told, all in all, when all is said and done, to cut a long story short
__ **última instancia**: as a last resort, in the final analysis, in the end, finally; (leg) without right of appeal
__ **último caso**: as a last resort
__ **último término**: if the worst comes to the worst, as a last resort
__ **un caso así**: in such a case
__ **un futuro cercano (próximo, inmediato)**: in the near future, in the immediate future, in the short run
__ **un futuro previsible**: in the foreseeable future
__ **un mal momento**: at the wrong time
__ **un momento oportuno**: at a suitable time
__ **uso de**: in the exercise of
__ **vías de**: in (the) process of
__ **virtud y a razón de**: by virtue and on the basis of
enajenable: transferable; assignable
enajenación: (leg) disposal of property; transfer of title and possession of real property; conveyance
__ **de equipo**: disposal of equipment
__ **forzosa**: expropriation; condemnation

encabezado: caption (chapter heading)
encabezamiento: heading; salutation (letter); letter head, caption; (Ven) first paragraph of único aparte; chapeau (text)
__ **de la sentencia**: premises of a judgment
encadenada: grillage foundation
__ **de hormigón**: concrete chain beam
encadenar: (TC) to preempt
encajar: to fit into, dovetail, tally, square with; correspond to
encaje: cash position; cash reserve; (Sp) encashment; (bnk) reserve requirement(s); (ins) collection (premiums)
__ **adicional**: marginal cash reserve
__ **bancario**: cash in (on) hand, cash holdings; (legal, statutory, mandatory) reserve requirement
__ **constituido**: actual reserves
__ **fraccionario**: fractional reserve
__ **legal**: legal reserve, bank reserve requirements, minimum cash requirements
__ **legal adicional (marginal)**: marginal reserve requirements
__ **marginal**: marginal cash reserve; minimum required reserve
__ **obligatorio remunerado**: yield-bearing required reserve
__ **vigente**: cash reserve in force
encalado: liming (soil)
encalladura: grounding, stranding (ship)
encallar: to run aground (on rocks)
encamado: lodging (plants)
encamarse: to lodge (grain)
encame: lodging of stems
encaminado a: directed towards, aimed at, designed to, intended for (measures), calculated to
encaminar: to direct, guide, put on the right road, route
encañizada: fish weir
encañizado: wattling (of slopes)
encarar: to undertake (program); handle (risks)
__ **un problema**: to tackle, address, come to grips with, face up to, grapple with, deal with a problem
encarcelamiento: (leg) commitment, committal (to prison)
encarcelar: to commit to prison
encarecer: to emphasize, stress (importance); urge, strongly recommend; earnestly request; appeal to
__ **un artículo**: to raise the price of an article
encargado: person in charge of, responsible for something; manager, agent; employee, clerk, attendant, shop foreman, shop supervisor (factory)
__ **de la cartera**: (Per) acting minister or secretary
__ **reo**: (Chi) (leg) committed for trial
encargar: to entrust someone with something, put in charge of; instruct; commission; order (meal); urge, recommend; refer to (a working group)
encargarse: to look after (accounts), be responsible for (billings); assume responsibility for
encargatoria de reo: (Chi) indictment
encargo, de: custom (made)
__ **de, por**: for, on behalf of; at the behest of, under instructions from, on the instructions of
encarnerada: served (ewe)
encarpetar: to table, shelve, pigeonhole, file away
encasillado: rack of pigeonholes
encastamiento: upgrading (cattle)
encaste: mating (sheep); upgrading (cattle)
encausado: defendant, accused
encausamiento: (leg) indictment
encausar: to prosecute, sue
encauzar: to channel; direct, guide, route towards; put on the right road (discussion); gear to (needs); allocate (resources); keep on track
encenagamiento: silting
encerado: oilcloth; tarpaulin; (ed) blackboard
encerradero: holding pen
encerrado: a included, implicit, involved, contained (in)
encerrar: to put under lock and key (documents); confine, shut up (person); contain (thoughts, things); involve, imply; comprise, include
encerrona: high level meeting (e.g. with government authorities)
enchapado de plata: silver plated
encharcamiento: ponding, waterlogging
enchufado: nested, telescoped; connected; plugged in
enchufe: (elec) socket, plug, outlet; port
__ **hembra**: jack
__ **macho**: socket, plug, outlet, port
encintado: curb
enclavado: situated, located, placed
encofrado: formwork, shuttering; (min) crib work
__ **amovible**: traveling formwork
__ **deslizante**: moving formwork, sliding formwork, slipform
__ **perdido**: permanent formwork or shuttering
encomendar a comité: to refer to a committee
encomienda postal: parcel post
encontrado: conflicting, opposing (interests)
encrucijada: crossroads, intersection; dilemma, impasse
encuadrar: to fit something into; be the setting, framework, background for, incorporate (people)
encuadrar(se) con: to dovetail with, fit with, square with
encuadrarse en: to form part of, be incorporated in; join (association); be included in; fit into, conform to, fall or come within the framework of
encuadre: (comp) frame

encuarte: extra charge for oversize (timber)
encubridor: harborer (person); receiver (goods); accessory after the fact
encubrimiento: cover-up (scandal); (leg) complicity, abetment
encuentros deportivos: sports events
encuesta: survey; opinion poll; inquiry, investigation
___ **alimentaria por interrogatorio**: food recall
___ **con finalidades mixtas**: combined survey
___ **de acordonamiento**: screen-line survey
___ **de calidad**: (st) post-enumeration test
___ **de coyuntura**: business survey
___ **de lista única**: (st) single-round survey
___ **de prueba**: pilot survey, sample survey
___ **de verificación del caso**: post-enumeration survey
___ **directa**: personal interview
___ **ganadera**: livestock census
___ **preliminar**: pilot study
___ **puntual**: one-shot survey
___ **transversal**: cross-sectional survey
___ **zoopatológica**: animal disease survey
endeudado: in debt, in the red
___ **en exceso**: (fin) overleveraged, overgeared
endeudamiento: indebtedness, debt, borrowing
___ **exterior**: borrowing abroad, external borrowing(s); (the resulting) external debt
___ **forzoso**: distress borrowing
endogámica: inbreeding
endógeno: built-in
endosado: endorsee
endosante de favor: (acct) accommodation party
endoso completo: special endorsement
___ **condicional**: qualified endorsement
___ **de cortesía**: accommodation endorsement
___ **de favor**: accommodation endorsement
___ **de regreso**: endorsement to a prior party
___ **en prenda**: endorsement pledging collateral
___ **en procuración**: endorsement giving power of attorney
___ **pignoraticio**: endorsement pledging collateral
___ **por aval**: accommodation endorsement
___ **sin responsabilidad**: endorsement without recourse
endrogarse: (Mex) to run into debt
endurecimiento: curing (asphalt); age-hardening (engines)
___ **de la superficie**: case hardening (rice)
energético: *a* vigorous, strong (attack); energetic, spirited (response); strenuous (effort); forceful (measures); fuel (foods); *n* energy source (pl) fuels
energía: vigor, vehemence, emphasis, drive, enterprise; (elec) power
___ **carbo-eléctrica**: coal-fueled electric power
___ **de reserva**: standby power
___ **eléctrica**: electric power
___ **eléctrica ya en el sistema**: power on grid
___ **eólica**: wind power
___ **eventual**: non-firm power

___ **hidráulica aprovechable (utilizable)**: harnessable power
___ **permanente (disponible)**: firm power
___ **secundaria**: surplus energy
___ **substitutiva**: alternative energy
___ **undimotriz**: wave energy
enérgico: vigorous, strong (attack), sturdy (opposition), emphatic (no), spirited (defense), determined, strenuous (efforts), forceful (winds), bold (move, stroke), drastic (measure), resolute (decision), powerful (medicine)
energización: power-up, energizing
enervar: (leg) to render invalid, null
___ **el aval**: to impair (the enforceability) of the guarantee
enervarse: to be actionable (of a cause)
enfardadora: baling machine, baler
énfasis: bombast, pomposity, ponderousness; italics
___ **en, poner**: to play up
___ **suplido**: emphasis ours
enfermedad de transmisión vectorial: vector-borne disease
___ **inmunoprevenible**: vaccine-preventable disease
___ **profesional**: occupational disease
___ **transmisible**: communicable disease
___ **transmitida por el agua**: water-borne disease
___ **transmitida por el aire**: airborne disease
___ **vinculada con la falta de agua**: water-washed disease
enfermera ayudante de medicina: nurse practitioner
___ **de atención directa**: nurse practitioner
___ **diplomada**: registered nurse, qualified nurse, staff nurse
___ **especializada en atención primaria de salud**: nurse practitioner
___ **instrumentista**: scrub nurse
___ **médico-quirúrgica**: operating room attendant
___ **técnica**: licensed practical nurse
___ **titulada**: registered nurse, qualified nurse, staff nurse
___ **visitadora**: home nurse
enfermera-visitadora social: welfare worker
enfocar: to approach (a problem); consider, study, examine, look at (in a different way)
enfoque: approach, perspective
___ **adaptable**: open-ended approach
___ **concreto**: factual approach
___ **escalonado**: phased approach
___ **especializado**: niche targeting
___ **flexible**: open-ended approach
___ **gradual**: step-by-step approach, gradualist approach
___ **individualizado**: niche targeting
___ **parcial**: piece-meal approach
___ **sistémico**: systems approach
enfrentar: to contend with, come to grips with, cope with

enganche: (Mex) down payment; (Chi) recruitment, employment (workers)
__ **de tres puntos**: (tech) three-point lift (tractor)
engorde: fattening, finishing (cattle)
__ **de confinamiento**: confinement feeding, fattening in feedlots
__ **en el campo**: summer fattening
__ **en establo**: stall feeding, winter fattening
engranaje administrativo: administrative machinery
engravillar: to blind, grit (road)
enjalma: packsaddle
enjugar: to pay off, clear, wipe off (debt)
__ **un déficit**: to cancel, wipe out a deficit
enjuiciamiento: procedure; act of instituting and prosecuting a judicial proceeding
enlace: link, tie, connection; (admin) liaison; (comp) linkage
__ **ascendente**: (TC) up-link (earth to space link)
__ **de bajada**: (TC) down-link (space to earth link)
__ **de conexión**: (TC) feeder link, feeder connection
__ **descendente**: (TC) down-link (space to earth link)
__ **sindical**: shop steward, union delegate
__ **UHF ó VHF**: (TC) ultrahigh or very high frequency link
enlucido: sealing coat (road)
__ **superficial**: surface dressing, surface coat, sealing coat
enlucimiento: dressing (road surface)
enmallarse: to gill (fish)
enmarcado en: in line with
enmarcarse: to fit; tally, be consistent, dovetail, square with; be in line with; be (form) part of; be included in; fall or come within the framework of
enmienda: rectification; (leg) amendment
__ **del suelo**: soil dressing
ennoblecimiento textil: textile finishing
enriado: retting (fiber)
enriquecimiento: fortification (foods)
__ **de los minerales**: ore dressing, concentration
enrocamiento: rock fill, stone riprap
enrutamiento de llamadas: (TC) call forwarding
ensamblaje en el exterior: offshore processing, outsourcing (goods)
ensamblado o sin ensamblar: s.u. (set up) or k.d. (knocked down)
ensamble: assembly, assembling; coordination
ensanchado: widening, enlarging, reaming (drilling)
ensanchamiento del capital: capital widening
ensanche: widening, extension, expansion; (new) suburb, subdivision, urban development area; (min) cut-out (in a tunnel)
ensayo: essay; pilot run; trial; test; experiment
__ **de la procedencia**: (for) progeny test
__ **de recepción**: (min) acceptance test

__ **de vaso**: pot experiment
__ **en blanco**: blank (experiment)
__ **múltiple**: replicated trial
ensayos y tanteos: trial and error
ensenada: inlet, creek
enseñanza: instruction, teaching, education
__ **académica**: formal education
__ **basada en los resultados**: performance based instruction
__ **básica**: (Sp) basic cycle
__ **centrada en el estudiante**: learner-based education
__ **complementaria**: continued education
__ **correctiva**: remedial instruction
__ **de segunda oportunidad**: continuation education
__ **de técnica de comercialización**: (ed) distributive (trades) education
__ **de tipo clásico**: academic education
__ **directa**: face-to-face teaching, learning, classes; classroom education (as opposed to distance education, distance learning)
__ **elemental**: fundamental education, literacy education; basic skills training
__ **en clase única**: multiclass teaching
__ **escolar**: formal education
__ **forestal**: forestry education
__ **, grado de**: level of education
__ **indirecta**: mediated education
__ **individual**: individual instruction
__ **mediante computadora**: computer-aided, computer-mediated instruction, computer-mediated learning
__ **mutua**: peer teaching
__ **objetiva**: object teaching
__ **personalizada**: individual education
__ **por alumnos mayores**: cross-age teaching
__ **postescolar, establecimiento de**: continuation school
__ **presencial**: face-to-face learning
__ **radiofónica**: radio-based education
__ **secundaria diversificada**: multipurpose secondary education
__ **secundaria polivalente**: comprehensive secondary education
__ **superior**: colleges and universities; post-secondary education
__ **televisada**: instructional television
enseres: goods and chattels; household goods; tools, implements, equipment, gear; (Sp) furniture
__ **domésticos**: household effects
ensilado: silage, siloing
ensillada: ridge, saddle
entablar: to institute (legal proceedings), open (negotiations), start (conversation), file (claim)
__ **juicio estimativo**: (Sp) to foreclose
__ **negociaciones**: to enter into negotiations
__ **relaciones comerciales**: to enter unto business relations with

ENTALLADURA   ENTREGAR

__ **un diálogo**: to discuss
__ **una demanda**: to file a claim, bring suit
__ **una reclamación**: to assert a claim
entalladura: (for) girdling
entalpía: heat content
entarquinamiento: silting
entecado: emaciated (cattle)
entender de: to be familiar with, know all about
__ **en**: to be in charge of, deal with, handle, have to do with; (leg) have jurisdiction of, hear (take cognizance of) proceedings
__ **en el fondo**: to be seized of the substance
__ **en los procedimientos aquí dispuestos**: to hear the proceedings herein provided for
__ **en un litigio**: to hear a dispute
entenderse (lo dispuesto ha de entenderse): to be applied
enterar: to pay, hand over, surrender (foreign exchange)
enterarse de: to find out about, hear of, get to know of, learn of (about)
entero: payment; (Chi) balance; (fin) point (share value)
enterramiento: (agr) plowing in (fertilizer); disposal on land (waste)
__ **de desechos en fosas sanitarias, método de**: cell method (waste disposal)
__ **sanitario**: sanitary landfill (refuse)
entibación: (min) cribwork; trench bracing
__ **de acero**: steel lining (tunnels)
entidad: importance (matter); institution, agency, company; body, organization; (com) firm, concern, company
__ **adscrita**: (Ec) agency whose budget is part of the general budget of the State
__ **asociativa**: (Pan) association
__ **civil sin fines de lucro**: (non-profit) association
__ **de derecho público**: institution constituted under public law; public law entity; public corporation
entidades de servicio público: public service institutions (schools, welfare clinics, etc)
__ **federativas**: (Mex) the States (of the Federation)
entonar: to bolster
entorada: served (cow)
entoramiento: mating
entorno: setting, surroundings, milieu, environment
__ **económico**: economic framework
__ **general**: general framework
__ **humano**: (Sp) environment
__ **legal**: (Sp) regulatory environment
__ **macroeconómico**: macroeconomic environment
__ **político**: political climate
entorpecer: (fig) to be a stumbling block, hinder, obstruct, delay
__ **la vista**: to interfere with, obstruct
entrada: part of price not financed by loan; down payment (house); (elec) commencement of new load on system
__ **a consumo**: (customs) entry for home use
__ **de capital**: capital inflow
__ **en vigor**: effective date (loan, commitment); (ins) commencement of coverage; (leg) entry into force (law)
__ **libre**: unrestricted entry (market)
entradas brutas: gross revenues, receipts, income, takings
__ **consulares**: (Per) consular fees
__ **y salidas**: cash flow; income and expenditure
entrada-salida: input-output (data processing)
entramado: timber framework, cribwork, trusswork; (concrete) forms
entramparse: (Sp) to run into debt
entrante: next (month, year, etc)
entrañar: to give rise to, involve, entail
entrañas: (Chi) (fig) essentials, core
entrar a un asunto: to broach a subject
__ **en ciclo**: to reach maturity, begin normal heat period (cattle)
__ **en funciones**: to take office, take up duties
__ **en juego**: to be at work, be involved (factors)
__ **en servicio**: to come on stream (plant), be commissioned (ship); be brought into operation
entre la espada y la pared: on the horns of a dilemma, between the devil and the deep blue sea
__ **otros**: including, but not necessarily limited to
__ **paréntesis**: by the by, by the way, incidentally
__ **sí**: with one another; from among their number
entredicho: (leg) injunction
__ **, poner en**: to question, query
entrega: delivery (goods); handing over, surrender (person, thing), issuance (permit); commitment, dedication, devotion; involvement with
__ **a plazo**: forward delivery (foreign exchange)
__ **contra reembolso**: cash on delivery
__ **, de buena**: (min) of proper fineness (gold, silver)
__ **de divisas**: surrender of foreign exchange
__ **deficiente de productos**: goods short delivered
__ **en prenda hipotecaria**: warehousing of mortgages (e.g. pledged as collateral for commercial bank loan to a mortgage banker)
__ **futura**: forward delivery (foreign exchange)
__ **inmediata**: spot delivery (foreign exchange)
entregas parciales: (ot) split(-load) deliveries (e.g. to different locations); (com) partial (=incomplete) deliveries
entregado: laid down (transport)
entregar: to transmit (diplomatic note); turn over (funds); deliver, hand over; part with, surrender (foreign exchange)
__ **a cuenta**: to trade in

entrepiso: floor slab; subfloor, mezzanine
entresaca: thinning (trees); culling (animals)
__ **(de los mejores árboles)**: "creaming", selective felling
entresacar: to cream (forest); cull (animals)
entretelones: secret goings-on, backstage maneuvers
entretenimiento: upkeep
entrever: to make out (shape); (fig) suspect, guess
__ , **dejar**: to foretell, foreshadow
entrevista dirigida (estructurada): patterned interview
__ **libre**: informal interview
__ , **método de**: (st) canvasser method
entrevistado: respondent (survey)
entrevistar: to interview, hold talks with
entronque: (Col) sewer or water connection to a main; railway junction
entuerto: (leg) wrong, injustice, injury, offense
entusiasmo, con: ardently, keenly
entutorado: staking (tomatoes)
enumeración: population census
enumerador: census-taker, enumerator
enunciación: wording (of a statement)
enunciado en: stated in, laid down in, set forth (out) in
enunciados de una letra de cambio: statements of a bill of exchange (e.g. its tenor)
enunciar: to set forth, set out (principles), enunciate (theory), formulate (idea), explain (problem), state (conditions)
enunciativo: illustrative
envasado: canning (fruit, vegetables); filling (containers); packing, putting up (goods)
__ **para su venta al por menor**: put up for retail sale
envase: packing, bottling, canning; putting up (of doses); container (bottle, can, carton, sack); packaging
__ **exterior**: outer packaging
__ **no reutilizable (retornable)**: non-returnable packing, non-reusable packing
__ **sin retorno**: one-way package or container
envases devolutivos: returnable containers
__ **en comandita**: (Mex) returnable containers
__ **reintegrables**: returnable containers
envejecimiento normal: normal obsolescence
envenenamiento de las aguas: pollution of waters
__ **homicida**: assault by poisoning
envergadura: (fig) importance, scope, magnitude
__ , **de mucha**: of great importance; far-reaching, wide-ranging, comprehensive, ambitious (project), large-scale (operations)
envilecimiento: debasement (currency)
envío: shipment, remittance, dispatch, consignment
__ **de casos**: (med) referral
__ **de detalle**: (ot) part-load consignment
__ **para inspección**: shipment on approval
envite (OPAS): greenmail
__ **y azar, juegos de**: games of wager and chance

envoltorio: wrapping, cover, wrapper
eperlano: smelt
epicentro: seismic origin
epidiascopio: opaque projector
epígrafe: (chapter) heading; inscription; caption; motto; catchword; customs item or heading
__ **del arancel de aduana**: customs item
episcopio: opaque projector
episodios de enfermedad: (med) bouts, spells
época de avenida: flood stage
__ **de cultivo**: growing season
__ **de estiaje**: drought stage (river)
__ **de siembra**: sowing time, seed time
__ **inactiva**: off-season
equilibrado: sound (national development)
equilibrar el mercado: to clear the market
__ **la balanza de pagos**: to eliminate the balance of payments deficit
equilibrio de poderes, sistema de: checks and balances system
__ **emotivo**: emotional adjustment
__ **financiero**: financial stability
__ **interno**: internal balance (full employment without inflation)
__ **político**: balance of power
__ , **precio de**: equilibrium (or accounting) price
equipaje de mano: carry-on baggage
equipamiento: procurement, supplying or provision of equipment; equipping
__ **comunitario**: (Ven) community services
__ **urbano**: city plant and facilities
equiparación: comparison to; equalizing, assimilation
__ **de gravámenes en la importación**: equalization of import levies
__ **de salarios**: equal pay for equal work
equiparaciones: equivalents
equiparar con: to align with, equate with, compare to, put on the same footing as
equipararse: to be compared to, rank with, be on a level with, be placed on the same footing
equipo: equipment, gear, tackle; plant, facilities; team, shift; (ed) hardware; (comp) hardware
__ **automático**: unattended equipment
__ **auxiliar**: backup equipment, backstopping equipment
__ **cultural**: cultural facilities
__ **de computación**: hardware
__ **de día**: day shift
__ **de fondeo**: (ot) ground tackle
__ **de maniobra**: (elec) switching equipment
__ **de maniobras**: materials-handling equipment
__ **de mejora**: (Sp) quality circle
__ **de muelle**: shore tackle
__ **de música**: audio equipment
__ **de pozos**: gang of wells
__ **de producción**: capital goods
__ **de ventas**: sales force
__ **educativo**: educational hardware
__ **fabricado ex profeso**: custom-made equipment

__ fijo: built-in equipment
__ fungible: expendable equipment
__ hotelero: hotel availability (total accommodation in a given area); hotel or room stock; stock of hotel rooms
__ múltiple: multiplexing equipment
__ radiotelemétrico: distance measuring equipment
equitativo: fair (prices, trade), square (deal), reasonable (solution)
equivalencia: exchange value (of a currency)
era: (agr) plot, (irr) check; (vegetable) patch, threshing floor
__ de vivero: (for) nursery bed
erario: public treasury, public funds, public finance
__ público: public purse
ergonomía: adaptation of job to man, human engineering, ergonomics, man-machine interface
ergoterapeuta: occupational therapist
ergoterápia: occupational therapy
erial: uncultivated, untilled land; uncultivated fallow
__ antiguo: bush fallow
erizo: sea urchin
erogaciones: outgo, outlays, expenses, expenditure
erogar fondos: to appropriate
erosión de las capas vegetales: sheet erosion
__ de regresión: headwater erosion
__ de ribera: streambank erosion
__ de surcos: rill erosion
__ de taludes: slope erosion
__ en capas: sheet erosion
__ en zanja: gully erosion, rill erosion
__ eólica: wind erosion
__ por abarrancamiento: gully erosion
__ regresiva: headwater erosion
erradicación de la fiebre aftosa: stamping out of foot-and-mouth disease
__ de plantas enfermas: (agr) roguing of diseased plants
error compensado: offsetting error
__ de anotación: clerical error
__ de buena fe: inadvertent error, oversight
__ de manipulación: (st) processing error
__ de máquina: typing mistake, typo
__ de pluma: slip of the pen, clerical error
__ involuntario: inadvertent error, oversight,
__ judicial: miscarriage of justice
__ sistemático: (st) biased error
__ tipo: (st) standard error
errores administrativos: (leg) civil wrongs
__ de evaluación ajenos al muestreo: (st) ascertainment errors
escabechado: pickling (food)
escala: ladder; scale; range (prices); bracket (tax); schedule (rates); stopover (aircraft), port of call; rate (assessment)
__ de adquisición: vesting schedule (pensions)

__ de calificación: rating scale
__ de cargos: scale of charges
__ de cuotas: assessment scale (budget)
__ de gato: jacob's ladder, sea ladder
__ de impuestos: tax bracket
__ de las masas: calculation of earth quantities
__ de mareas: tide gauge (gage)
__ de medición: rating scale
__ de peces: fishway
__ de portalón: accommodation ladder
__ de precios: range of prices
__ de puntuación: rating scale
__ de rendimiento: (ed) achievement rating
__ de valores: range of scores
__ fluviométrica: river staff ga(u)ge
__ limnométrica: staff ga(u)ge, stream ga(u)ge
__ móvil: sliding scale
__ para fines no comerciales: (aero) stop for non-traffic purposes
__ real: accommodation ladder
__ técnica: (aero) technical stop
__ tipográfica: eye test chart
escalada: rise of or appearance on the scene (of OPEC)
escalafón: list of employees arranged by rank or seniority; seniority listing; promotion roster; manning table; establishment table; career service; career ladder; (sometimes) payroll
__ , sistema de: career and merit system
escalamiento: escalation; (leg) housebreaking, unlawful entry, breaking and entering
__ de categorías: grade creep
escalera mecánica: escalator
escalón: step (stairs); rung (ladder), stage (rocket), block (tariff), bracket (tax); stepping stone
__ de renta: income bracket
__ de sueldo: salary step
escalonado: spread out, spread over, staggered, step by step, in stages; stepped; terraced; phased (approach), graduated (rates, tariffs); tapered (figures)
escalonamiento: staggering, phasing, spacing out, spreading; (Sp) laddering; staging (of tariff cuts)
__ de actividades: time-phasing
escama: fish scale; flake (skin, wood, soap)
__ de cereales: scab
escamas de hielo: crushed ice, ice flakes
escamero: trawler
escamonda: pruning (topping), high pruning
escamondar: to prune (trees), lop, trim
escampavía: tender (boat); revenue cutter
escanda común: spelt
__ de dos carreras: emmer, two-grained wheat
__ menor: einkorn, one-grained wheat
escandalizar: to shock; make a fuss
escándalo: noise, uproar, din, racket; disturbance
escandallo: (Sp) test, trial, experiment; test sample; sampling (goods); (Sp) costing, cost accounting; deepsea lead of sounding line

escaña mayor: spelt
___ menor: einkorn, one-grained wheat
escaño: (parliamentary) seat; seat (in a hall); vacancy (on a board)
escapatoria tributaria: tax loophole
escape de tránsito: exit ramp (highway)
escarapela: badge
escarchado: candied (fruit); pearled, frosted (light bulb)
escarda: weeding (plants), grubbing (trees); a spud
escarificadora: (agr) rooter
escarificar: (agr) to break up clods
escarmiento: object lesson, lesson, warning; punishment
escarpado: (Chi) (min) excavation
escarpe: (Chi) (min) stripping (of overburden); getting down to the seam, vein or lode
escasez: shortage, scarcity, lack, dearth
___ de carbón: coal famine
___ de crédito: tightness of credit, credit stringency
___ de dólares: dollar gap
___ de liquidez: liquidity squeeze
___ de suministros: supply bottleneck
___ monetaria: tight money
escaso: very little, very few; few, only a few, a handful of; scarce, scanty, meager, limited, few and far between; tight (money); poor (promotion)
escatimar: to be sparing with, skimp on, cut down
___ esfuerzos, no: to go to great lengths
escatología: scatology; eschatology
escayola: sculptor's plaster
escena: frame (filmstrip)
___ retrospectiva: flashback
escenario: scene, setting, scenario
___ exterior: film lot
___ pesimista: (econ) downside scenario
escenificación de situaciones (de roles): role-playing
escindir: to split, splinter; divide; separate into; hive off
escisión: corporate breakup; unbundling (public utilities)
___ de un departamento o filial (de una sociedad) y cesión (transferencia) de sus activos a cambio de las acciones de una sociedad nueva: (fin) spin-off (a form of corporate divestiture)
___ procesal: (leg) splitting of an action
esclusa de aire: (min) airlock
___ de nivelación: navigation lock
escobajo (de uva): stalk
escobón: witches broom (cocoa disease)
escocés: gingham; tartan plaid
escolaridad: schooling, school attendance, enrollment
___ de las jóvenes: (ed) girls' enrollment
___ obligatoria: compulsory education
escolarización: provision of educational (school) facilities; enrollment

___ , tasa de: enrollment ratio
escolarizado: at school, attending school, in the formal education system
escollera: rockfill; breakwater; baffle pier
escollerado: riprap, rockfill
escollo: shelf (sea); pitfall, stumbling block
escombrera: spoil bank; refuse dump; (min) waste dump, spoil bank, tip (coal mine)
escombros: debris, rubbish, jumble
escoramiento: listing (ship); (fig) leaning towards
escoria: dross, slag (metals); clinker, cinder
___ básica: basic slag
___ de cemento: cement clinker
___ de desfosforación: basic slag
escoriado: (Chi) slag extraction
escorial: (min) slag dump
escorrentía agrícola: agricultural run-off
escotilla: cargo hatch, loading hatch; (sometimes) manhole
escribano: (Arg, Ur) notary; clerk of the court; public recording officer
escrito: any written document (note, letter, memorandum, etc); a writing; application to a court; indenture; (leg) petition, any of the pleadings (complaint, answer, reply, response), brief of argument (appellate case)
___ de acusación: (leg) indictment
___ de agravio: bill of appeal
___ de ampliación: amended complaint
___ de apelación: brief (appellate court)
___ de calificación: (leg) bill of particulars; trial brief (or appellate brief if case is on appeal); indictment
___ de cargos: (Ven) (leg) indictment
___ de conclusión: brief for defense
___ de contestación: (Ur) (leg) defense
___ de demanda: brief of complaint (civil suit)
___ de impugnación: brief of opposition
___ de personación: notice of appearance; acknowledgment of service
___ de recusación: motion challenging a judge
___ de reposición: petition for reconsideration
___ de solicitud: petition, plea
escritos de conclusión: (Sp) final pleadings
___ procesados: pleadings
escritura: document drawn up by a notary; deed; indenture; public instrument; specialty contract
___ constitutiva y estatutos: (com) constitution and bylaws
___ de cesión: deed of assignment
___ de compra-venta: deed of sale
___ de constitución: articles of incorporation; partnership deed; corporate charter; (UK) foundation deed
___ de constitución de deuda (de fideicomiso): (leg) deed of trust
___ de emisión de bonos: bond indenture
___ de propiedad: title deed
___ de traspaso: deed of conveyance
___ de venta: deed of sale

__ **fiduciaria**: deed of trust
__ **pública**: public instrument; document drawn up by notary; legal instrument; registered deed
__ **social**: incorporation papers, deed of partnership; (company) charter
__ **unilateral**: deed poll
escrituración: notarizing; registration of contracts; legal work
__ **de títulos**: land titling
escriturado: secured (loan)
escriturar: (Arg) to register a deed
__ **contratos de trabajo**: to draw up employment contracts in writing
escrupuloso: conscientious, exact, precise
escrutador: teller (voting); (USA) canvasser (votes)
escrutinio: counting of votes
__ **de votos**: (UK) tallying of votes; (USA) canvass of votes
escuadra: (Col) gang (workmen)
__ **, perfil en**: angle iron
escuálido: dogfish (shark)
escucha oculta: eavesdropping
__ **telefónica**: wiretapping
escudo fiscal: tax shelter
escudriñar: to inquire into, investigate; scan, scrutinize
escuela aceptada: accredited school
__ **de aplicación**: practice school, observation school
__ **de artes y oficios**: trades school
__ **de ciclo completo**: complete school
__ **de comercio**: business school
__ **de enseñanza complementaria**: senior school
__ **de horario alternado**: double-shift school
__ **de párvulos**: nursery school
__ **de peritos agrícolas**: (Sp) agricultural college
__ **de planta abierta**: open-plan school
__ **de tipo polivalente**: comprehensive school
__ **de un solo maestro**: multiclass school, one-teacher school
__ **diferencial**: (Arg) special school
__ **diferencial especial**: school for handicapped children
__ **diversificada**: comprehensive school
__ **elemental**: (UK) infant school; primary, elementary school
__ **experimental**: observation school
__ **granja**: agricultural school, farm school
__ **marginal**: disadvantaged school
__ **maternal**: pre-primary school, nursery school
__ **mixta**: composite school (Canada)
__ **no diferenciada**: non-graded school (only one class)
__ **normal**: teacher training school
__ **normal superior**: teachers' college, insitute of education
__ **organizada por secciones**: streamed school
__ **policíclica**: combined school
__ **privada paga**: proprietary school
__ **profesional**: (Sp) technical school, trades school
__ **pública única**: common school
__ **reconocida**: accredited school
__ **rural alternada**: double session rural school
__ **secundaria clásica**: academic high school
__ **secundaria de primer ciclo**: junior high school
__ **secundaria de segundo ciclo**: senior high school
__ **secundaria polivalente**: (UK) comprehensive school
__ **secundaria técnica**: vocational high school, trade(s) school
__ **subvencionada**: public aided school
__ **tradicional**: conventional school
__ **unitaria**: one-teacher school
escueto: skeletonized (dispatch)
escurrimiento: run-off
esencia: essence, heart, gist, pith, core (of problem)
esencialmente: mainly, primarily, substantially, fundamentally
esfera de acción: sphere of influence
esfuerzo de pesca (pesquero): fishing effort
__ **fiscal**: budget resource management; fiscal effort
__ **personal**: self-help
__ **propio**: self-help
eslabonamiento ascendente y descendente: backward and forward linkage (of an industry)
__ **de las industrias**: inter-industry linkage
__ **hacia adelante y hacia atrás**: forward and backward linkage
eslinga: cargo sling
eslingada: crane load
eslingaje: customs charge for handling merchandise in and out of fiscal warehouses; handling charges
eslora: length (of a vessel)
__ **total**: overall length
esmerarse: to take pains over (to); do or try one's best
esocicultura: pike culture
espaciamiento: spacing
espacio: space; program (television), spot (advertising), (window of) opportunity; (a) chance to learn, experiment
__ **circunterrestre**: near-earth space
__ **de maniobra**: (ot) sea room
__ **interplanetario**: outer space
__ **libre (muerto)**: clearance
__ **perdido**: (ot) broken stowage
__ **rural para tecnólogos (ERTES)**: Rural Space of Action of Technologists
__ **ultraterrestre**: outer space
__ **útil**: clearance; (ot) stowage
espacios escolares: classrooms
espadillado: scutching

espadín: sprat, brisling
espaldón estructural: structural embankment (dam)
esparavel: cast net
esparceta: sainfoin
esparcidora de heno: hay tedder
esparcimiento: leisure, relaxation, recreation
esparido: sea bream
esparto: bass; matweed grass
espátula: float (mortar)
especial: special, particular (reference); peculiar, out of the ordinary; ad hoc (meeting, group); (com) non-standard (items, articles)
especialidad: (area of) expertise; branch (of service); skill; special field of study; (med) proprietary medical product; (ed) major (=chosen field of specialization)
__ **farmacéutica**: brand-name drug, proprietary drugs
especialidades: specialty goods; special fields of study
especialista: resource person, (ed) subject matter specialist
__ **en computación**: computer scientist
__ **en terminología**: terminologist
especialización: special field, field of concentration; expertise; advanced training; (ed) major (=chosen field of specialization); (market) niche
especializado: skilled (worker); trained; specializing in; (sometimes) technical (e.g. personnel, library, journal); specialty (television channel)
especie: (for) species; piece of news; (com) specie, coin, cash; kind; type; denomination (money)
__ **de, propalar la**: to spread gossip about
__ , **en**: in kind (e.g. goods); (Chi, Arg) in specie (e.g. gold and silver coins)
__ , **en la**: (leg) in the case in point
__ **o cuerpo cierto**: specific thing, thing in specie
especies: means of payment, (Chi) goods, items (of equipment)
__ **colonizadoras**: pioneer species
__ **de ley**: revenue stamps; stamps required by law to be affixed to corporation documents
__ **fiscales**: revenue stamps; (Guat) cash, funds
__ **latifoliadas**: broadleafed trees
__ **madereras**: timber trees
__ **monetarias**: currency
__ **nobles**: (for) desirable species
__ **/ procedencia, ensayos de**: species / provenance trials
__ **reservadas a este sector**: (Mex) funds reserved (held) for this sector
__ **valoradas**: tax stamps; revenue stamps
especificación: (st) breakdown, itemization
__ **del empleo**: job design
__ , **excepto otra**: except as otherwise provided
__ **inicial**: (comp) default
especificaciones técnicas: detailed (engineering) design

especificar: to detail, spell out, itemize, list
especificidad: distinctiveness
específico: *n* brand-name drug
espectro de energía: (TC) power spectrum
__ **disperso**: (TC) spread spectrum
especulación bursátil con información confidencial: insider trading
__ **diferencial a la baja**: bear spread
__ **financiera**: (fin) arbitrage
especulador (en fusiones y adquisiciones): (fin) raider
espejo de agua: reflecting pool
espera: (leg) stay, holding in abeyance
__ , **en**: on standby (of a machine)
__ , **posición de**: wait and see attitude
espesor del suelo: depth of soil
espía informático: (comp) hacker; cracker
espichar: (Col) to press a button
espigón: breakwater, groyne; spur dike; (finger) pier, jetty
__ **de madera**: groyne
espinel: fishing line with many hooks
espiocha: mattock
espiral de muestreo: (st) sample loop
espíritu de petróleo: white spirit
__ **de solidaridad**: esprit de corps, team spirit
espolón: pile beacon; (Col) cutwater, seawall
espontáneamente: on one's own accord, at (their) own initiative, voluntarily
espontáneo: off-the-cuff (remarks), unsolicited (manuscript), unplanned (development), self-generating (phenomenon); squatter, unregulated (settlement)
esporádicamente: intermittently
esporádico: sporadic, unscheduled, intermittent, from time to time
esposa supérstite: surviving female spouse
espuela de ferrocarril: spur railway line
espumas: skimmings (copper-bearing scrap), scum
esqueje: cutting, slip (plant)
esquela: (newspaper) notice or announcement; tombstone (issue of stock)
esqueleto: rough draft, outline, preliminary plan; (Ven) blank form; (Chi) coarse aggregate; crate; carcass (building); (Arg) packing crate
esquema: outline (drawing), sketch, diagram, blueprint, table, plan, program, scheme; schedule; system, procedure, pattern, model; layout, arrangement, design; framework; formula; format (interview); chart (activities); (st) schematic presentation
__ **conceptual**: framework
__ **de cultivo**: cropping pattern
__ **de discusiones**: discussion tree
__ **de disyuntor y medio**: one and a half circuit breaker scheme
__ **de financiamiento**: financing schedule
__ **de integración**: integration movement, process or scheme
__ **de sugerencias**: suggestion scheme

__ **del curso**: (ed) course outline, course instructions
__ **económico**: economic pattern
__ **general**: broad outline
__ **genético**: developmental pattern
__ **metodológico**: methods and procedures
__ **tarifario**: rate schedule
__ **unifilar (unilineal)**: (elec) one-line diagram, single-wire diagram
esquemático: sketchy (survey), diagrammatic (section), outline (plan), skeleton (organization); (sometimes) simplistic, oversimplified
esquila: cowbell
esquileo: sheep shearing
esquilmar: to harvest; exhaust, impoverish (soil)
esquilmo: harvest; crop; (CR) sharecropping
__ **, dar en**: (CR) to sharecrop
esquín: young salmon
esquirol: blackleg, strike breaker, scab
esquisto de barro: mudstone
__ **petrolífero**: oil shale; (sometimes) tar sand
está de más decir: needless to say
estabilidad (de un mercado): buoyancy
__ **de precios**: firmness or buoyancy of prices
estabilización: flattening out (curve); pegging (prices); leveling off (volume of exports)
__ **de la coyuntura, medidas de**: countercyclical measures
__ **de mano de obra**: prevention of labor turnover
__ **de riberas**: bank control, shore control
estabilizador automático (interno): built-in stabilizer
estabilizar precios: to regulate, peg prices
estable: steady, unchanged, with no significant change, remained the same (situation); leveled off (bank lending)
establecer: to stipulate, provide for; establish, found, set up (business); fix (prices); draw up (budget); map out (plan)
__ **el cuerpo del delito**: to establish that a crime has been committed
__ **la base**: to lay the groundwork
__ **precios degresivos**: to shade prices
__ **relaciones comerciales con**: to go into business with
establecerse: to set up (in business); settle (in the country), gain a foothold
establecimiento de la paz: peace-making
__ **de acceso directo**: (med) walk-in (clinic, etc)
__ **prestador**: provider (of a service, program)
__ **principal**: (com) principal place of business
establecimientos hoteleros: tourist accommodations
estableros: dairy farmers
establo: cowshed, stall; barn
__ **de engorde**: feedlot
__ **para estabulación**: loose barn
__ **para estabulación libre**: pen barn, open stall
estabulación: (agr) confinement stabling, housing; drylot, "loafing" pen, pen-type stall, indoor pen (stall-feeding); livestock housing; tank-rearing (fish)
__ **libre**: loose housing (cattle)
estaca: stake, post; (plant) cutting; (Arg) concession of new mine; (min) mining claim, mineral concession
__ **de planta**: (agr) cutting
estación: station, season
__ **de bajada**: (Chi) voltage reduction station, step-down station
__ **de clasificación**: marshaling yard
__ **de compresión**: booster station (pipeline)
__ **de derivación**: (Chi) distribution station
__ **de empalme**: junction
__ **de espacio reducido**: (TC) short-spaced station
__ **de limpieza**: cleaning station (solid waste disposal)
__ **de maniobras**: marshaling yard
__ **de parición**: (agr) farrowing or calving station
__ **de procedencia**: forwarding station
__ **de terreno alimentadora**: (TC) feeder earth station
__ **elevadora**: lift station (water supply)
__ **fluviométrica (hidrométrica)**: ga(u)ging station
__ **impulsora**: booster station (pipeline)
__ **muerta**: slack season
__ **repetidora**: relay station
__ **repetidora de radio**: radio relay stations
estacionalidad del empleo: seasonal nature of employment
estacionamiento en ángulo: angle parking
estacionario: steady (ratio); slack (market)
estadías: lying days, lay days; (sometimes) demurrage
estadígrafo: statistician
estadillo electrónico: (comp) spread sheet
estadística: (Arg) fee charged by customshouse to cover expenses of compiling statistics
estadísticas continuas: current statistics
__ **de comercio**: trade returns
__ **del estado civil**: vital statistics
__ **demográficas**: vital statistics
__ **iterativas**: current statistics
__ **mercantiles**: commodity trade statistics
__ **rudimentarias**: crude statistics
estado: state, condition; status, standing; statement, report, list, return, exhibit; State; (acct) position; condition statement; return, stage (of development, of proceedings)
__ **acreedor**: sovereign creditor
__ **actual de la tecnología**: state of the art
__ **benefactor**: welfare state
__ **civil**: marital status
__ **constructivo**: (acct) working sheet, working trial balance
__ **de actuación**: (acct) balance sheet
__ **de ánimo**: morale
__ **de asamblea**: (Chi) state of alert

__ de beneficencia: welfare state
__ de bienestar: welfare state
__ de catástrofe: state of disaster
__ de consolidación: (acct) recapitulation statement
__ de cuentas: balance sheet
__ de derecho: constitutional state; state in which the rule of law prevails
__ de emergencias: state of emergency
__ de espíritu: mood
__ de excepción: state of emergency
__ de flujo de fondos: statement of changes in financial position, cash flow statement
__ de litoral reducido: near land-locked country
__ de plataforma encerrada: shelf-locked state
__ de régimen, en: steady-state (unemployment); (Arg) operating at normal capacity
__ de situación: (any) status report, (fig) taking stock; (fin) balance sheet; (bnk) statement of condition; (Sp sometimes) statement of assets and liabilities (balance)
__ de variaciones en el capital contable: statement of changes in stockholders' equity
__ , en: (leg) ready for decision (trial proceedings)
__ limítrofe: adjacent State
__ mediterráneo: landlocked country
__ patrimonial: statement of resources (property, assets, corporate holdings)
__ requerente: sending state (letters rogatory)
__ requerido: receiving state (letters rogatory)
__ sin plataforma continental: shelfless state
estados fenológicos del bosque (brinzal, latizal, fustal): the phenological stages of a forest (seedling, pole-stage, timber stage)
__ presupuestarios: (admin) outturn figures
estafeta: (Sp) branch post office; diplomatic pouch; courrier; (Chi) messenger, errand boy
estancado: in the doldrums (economy)
estancamiento, período de: (econ) cooling period
estanflación: stagflation
estannífero: tin-bearing
estanque: impoundment; pond, farm pond; pool; (artificial) lake; tank, reservoir
__ de agua salobre: brackish water pond
__ de cría: brood pond, nursery tank or area
__ de decantación (decantador): sedimentation tank, settling tank
__ de engorde: enriched-water pond, fattening pond
__ de estabulación: holding pond
__ de presa: dammed pond
__ de reproductores: brood pond
__ escalado: stepped pond
__ piscícola: fish pond
__ piscícola agrícola: homestead fish pond
estante elevado: hi-boy
estantería abierta: (library) open access system; open-stack (system)

estaño de roca: lode tin
__ en galápagos (lingotes): block tin
estaque: staking, staking out
estaquilla: cutting (plant)
estaquillas de tallo: truncheons, large stem cuttings
estar a: (leg) to abide by
__ a derecho: (Sp) to appear in court; (leg) be at bar
__ en juicio, derecho de: right to sue and to be sued
__ y pasar por una obligación: (Ec) to accept and abide by
estarse a: (leg) to be governed by
__ a la ley: (leg) to observe, abide by the law
estarcido: stencil
estatismo: planned economy, statism
estatización: nationalization (industry)
estatuir: to enact, decree, provide that, give a ruling on
estatura: body height
estatuto(s): (USA) articles of incorporation (document creating private corporation); articles of association, by-laws (contract between company and its members)
estemple: pit prop
estercolado: fertilizer treatment or dressing
estercoladora de base: (agr) bottom dressing
estercolero: (agr) hotbed
estéreo: cubic meter, stere (stacked wood measurement)
estereotipado: hackneyed (words), fixed (smile), trite (expression), uncritical (judgment), cookie-cutter (approach)
estéril: futile, fruitless, unavailing, vain, unproductive (efforts)
esterilizar una mina: (min) to exhaust a mine
estero: (Sp) estuary; (Chi) brook, rivulet; (Ur, Arg) marsh, bog; (Ven) pond, swamp; (seasonal) creek
estética industrial: industrial design
estiaje: low-water (mark); low stage (of a river)
estiajes y crecidas: recessions and floods
estiba: stowage, trimming (cargo); stack of boxes, tier of containers, racking
estibador(a): (Mex) forklift truck
estiércol: dung, manure
estilo, de: customary, stock, usual, standard
__ de, por el: similar to, along similar lines, of the same type as
estimación aproximada: gross estimate
__ bien fundada: educated guess
__ conjetural: guessestimate, "guestimate", "guesstimate"
__ cuantitativa: bill of quantities
__ de la base impositiva: tax assessment
__ de madera en pie: (for) cruising
__ ilustrada: educated guess
__ por suma: estimation on an accrual basis
__ presunta, sistema de: forfait system (taxation)

ESTIMADOR

__ **puntual**: point estimation
__ **razonada**: educated guess
estimador de madera en pie: (for) timber cruiser
estimador-medidor de materiales: quantity surveyor
estimar: to value, appreciate (person, thing), like (person); consider, think, deem, believe, feel, find that; judge, appraise, gauge, size up
__ **una demanda**: to entertain a complaint
estimulación de un pozo: kickover (oil)
estimulante: challenging
estimular: to encourage (discussion), promote (industry), urge on, spur on, goad (person), boost (process), revitalize (economy), give a fillip to (business), foster (friendship), motivate
estímulo: promotion, encouragement, incentive, impetus, challenge, spur, incitement, "shot in the arm"
estipulación de hechos: agreed statement of facts
estipulaciones: covenants (of a contract, agreement)
estipular: to determine (conditions); fix (price); specify, require that; covenant; lay down (that), provide that
estipularse: to be set forth in
estirpe celular: (med) cell line
estoa: slack water, slack tide, stand of the tide
estocada: (min) cut-out (widened part of a drift); drift (in the side of a hill)
estocafis: stockfish
estolón: sucker, runner (plant)
estopa: tow; oakum
estopilla: cheesecloth
estorbar: to hinder, hamper, impede, interfere with, get in the way of, create difficulties for
estrado de los testigos: (leg) witness stand
estrados: court rooms, law courts
__ **, citar en**: to subpoena
estrangulamiento (estrangulación): bottleneck, constraint
estraperlo: (Sp) black market
estrategas de gabinete: armchair strategists
estrategia: strategy, approach
__ **genérica**: cookie-cutter approach
estrategias de desarrollo orientadas a la exportación: export-led development strategies
estratificación, plano de: (min) bedding plane
estrato: stratum, layer; (min) (sometimes) seam
__ **ligado**: stratum bound
__ **rasante**: (for) forest floor
estratos agrupados: (st) collapsed samples, collapsed strata
__ **carboníferos**: coal measures
estrechamente ligado con: bound up with
estrechamiento: narrowing, tightening, reduction (profit margin, liquidity margin), strain (on liquidity)
estriado: fluted, grooved (column); ribbed (glass); streaked (marble); striated (muscle)

ESTUDIAR

estrías: streaks (finger prints)
estribaciones: foothills
estribar en: to consist in, lie in, be based on, stem from, result from the fact that
estribo: boarding step (vehicle); abutment (dam); buttress (bridge); (Arg) deadman (of fence corner post)
estrobo: heavy cable, hawser; sling; strop (of rope); logging sling
estrombo: conch
estropajo de acero: (Chi) steel wool
estropear: to tear, damage, spoil, ruin (goods); frustrate, thwart, cause to fail (plans)
estructura: structure, framework, pattern; make-up (classification, breakdown); lay-out (accounts, balance sheet)
__ **agraria**: system of land tenure
__ **de acceso**: approach (to bridge, as opposed to main span)
__ **de cabecera**: (irr) headgate structures
__ **de costos (gastos)**: pattern of expenditure
__ **de plazos**: maturity profile
__ **de productos**: product mix
__ **de vencimientos**: maturity profile
__ **del balance**: balance sheet layout
__ **del comercio**: trade matrix or pattern
__ **del consumo**: consumption pattern
__ **del patrimonio**: capital structure
__ **del préstamo**: loan design
__ **de la paz**: fabric of peace
__ **de las corrientes financieras**: pattern of financial flows
__ **empresarial**: corporate structure
__ **escalar**: stratified structure
__ **geográfica del comercio**: direction of trade
__ **global**: global pattern
__ **institucional**: institutional framework or setup
__ **jerárquica**: (Sp) chain of command
__ **macroeconómica**: macroeconomic framework
__ **metálica**: structural steelwork
__ **ocupacional**: employment pattern
__ **orgánica**: organizational structure
__ **piramidal**: apex structure
__ **principal**: main span (bridge)
__ **social**: corporate structure
__ **socioeconómica**: socioeconomic framework
estructuras de cruce: (irr) crossover structures (offtakes, siphons, canal bridges)
estructuración: structuring, organization (programs), framing (policy)
__ **de cultivos**: cropping pattern
__ **en comisiones**: committee structure
__ **parcelaria**: land tenure reform
estructurar: to formulate, frame (policy); arrange, organize, construct
estrujar: to extrude (metal); press (grapes, olives); (econ) crowd out (of the market)
estudiante libre: auditor; (UK) external candidate (for a degree)
estudiar: to study, examine, consider, ponder, look into, explore, survey, review

estudio: study, survey, research, investigation; paper (on a subject); occasional paper
— **colectivo**: collaborative study
— **de alcance variable**: open-ended study
— **de carácter práctico**: (agr) field-level study
— **de orientación**: pilot study
— **de proyectos**: design engineering
— **de realización**: (Sp) feasibility study
— **de referencia**: baseline study; benchmark survey
— **de rentabilidad**: cost-benefit study
— **de seguimiento de egresados**: (ed) tracer study
— **de tiempo y progreso**: (Sp) time and motion study
— **detenido**: thorough (review or study), careful, in-depth study; scrutiny
— **documental**: desk study
— **monográfico**: case study, profile
— **multisectorial**: cross-sectoral study
— **orgánico**: organizational study
— **periódico**: time-to-time survey
— **preliminar**: pilot study; reconnaissance survey
— **prolongado**: longitudinal study
— **prospectivo de la tecnología**: technology appraisal
— **sin grupo control**: (med) open-label study
— **topográfico del trazo**: location survey (road)
estudios básicos: baseline surveys
— **complementarios**: follow-up studies
— **de especialización universitaria**: post-graduate studies
— **de muestreo**: spot studies
— **de perfeccionamiento**: advanced studies
— **dirigidos**: tutorial studies
— **dogmáticos y prácticos**: theoretical and practical studies
— **edafológicos**: soil studies
— **en régimen de enseñanza libre**: extramural studies
— **genealógicos**: family studies
— **interdisciplinarios**: cross-cultural studies
— **libres**: independent studies
— **regionales interdisciplinarios**: area studies
— **superiores**: post-secondary studies
— **técnicos**: engineering studies
— **técnicos preliminares**: preliminary design, preliminary engineering
— **universitarios del primer ciclo**: undergraduate studies
estudios y proyectos: (Sp) research and development
estudioso: researcher
estufa: stove; kiln; hothouse, greenhouse
— **de plátanos**: ripening room (bananas)
estupro: (leg) statutory rape
etapa: stage, phase, step (in a process); part (of a plan)
— **de formación**: development stage (staff)
— **evolutiva**: developmental stage

— **final, de**: end-of-pipe (test, technology, treatment)
— **inicial**: development period (of a project, company)
— **probatoria**: (leg) period allowed for producing evidence
etiqueta: ceremonial, ceremony; label, tag; (comp) tag
— **, de**: formal (dress)
— **sindical**: union label
etoterapia: behavior therapy
euforia: buoyancy
— **económica**: boom
evacuación de desechos: waste disposal, dumping
— **de la producción**: transport (of products) to market
evacuar consultas: to answer inquiries, give legal opinion
— **declaraciones de testigos**: to take evidence
— **las citas**: to take the testimony of
— **pruebas**: to furnish proof, adduce evidence
— **un traslado**: to give notice
— **una diligencia**: to attend to, transact (business)
evadir una cuestión: to sidestep an issue
evaluación: evaluation, appraisal (project); assessment (environmental impact), rating
— **acumulativa**: (ed) summative evaluation
— **de cualidades**: merit rating
— **de la conformidad**: (standards) conformity assessment
— **de oficina**: (admin) desk evaluation or audit
— **de proyectos**: appraisal (before execution), evaluation (after execution)
— **de resultados**: (admin) performance audit
— **del movimiento de mercadería**: commodity flow approach
— **del riesgo**: credit analysis
— **ex ante**: appraisal (project)
— **ex post**: evaluation (project)
— **inherente**: built-in evaluation
— **intrínseca**: built-in evaluation
— **objetiva**: hardheaded evaluation
— **operacional**: (ed) formative evaluation
— **sumativa**: cumulative evaluation, accumulated evaluation, summative evaluation
evaluar: to evaluate, appraise, rate, assess, size up, inventory, review
evasión de capital: capital flight
— **, índice de**: (ed) truancy rate
evento de la condición resolutoria: (Chi) (leg) satisfaction/accomplishment of the condition subsequent
eventos, centro de: conference center
eventual: contingent, possible; prospective (loan), temporary, casual (worker), acting (official), incidental (expenses); (corrections) if any; provisional (promise); part-time (agent); spare-time (occupation); stop-gap (solution)
eventuales: (Arg) contingencies (budget item)

eventualmente: possibly; sometimes, on occasion; should the case arise, as occasion requires, if and when, from time to time
evicción: (leg) dispossession (goods), ejection (tenant)
evidencia: a self-evident fact
___ **suficiente**: strong evidence
evidenciar: to demonstrate, show, prove (something)
evidente: clear, plain, indisputable, obvious, patent, manifest; strong (evidence), gross (inadequacy)
evidentemente: clearly, plainly (unwelcome); on the face of it
evisceración de pescado: cutting up of fish
___ , **sección de**: dressing section (abattoir)
evitable: preventable (deaths)
evitación de los impuestos: tax avoidance
evitar: to take the necessary steps to prevent; ensure that something will not happen; avert, head off, sidestep, dodge, stave off, forestall
evocar: to conjure up, call forth, summon up; call to mind
evolución: changes over time (in distribution of population), developments (in the transportation sector), trend(s) (in income distribution), movement (prices); pattern; (econ) performance; growth (production); course (disease)
___ **coyuntural**: business trend, economic trend, course of the cycle
___ , **crédito para**: working capital loan, credit
___ **de la endemicidad**: (med) pattern of endemicity
___ **de la estructura del comercio internacional**: changing pattern of international trade
___ **de la matrícula**: enrollment trends
___ **de las importaciones**: import performance
___ **de precios**: price movements; (sometimes) cost escalation
___ **del capital**: capital turnover
___ **del mercado**: market trends
___ **demográfica**: population change
___ **económica**: economic performance
___ **estacional**: seasonal pattern
___ **futura**: (Sp) future developments; prospects; future course
___ **intelectual**: mental development (child); change in thinking (about something)
___ **internacional**: international situation
___ **magmática**: igneous cycle
___ **registrada hasta la fecha**: developments to date
evolucionar de: to shift from
ex parte: (leg) on the part of one party only; unilateral (proceeding)
___ **profeso**: specifically, especially, purposely, on purpose, deliberately, expressly
exabrupto: sudden attack (in words), sharp remark
exacción: levy

___ **de un impuesto**: levying of a tax
___ **ilegal**: (leg) extortion
exactitud: reliability (figures), accuracy (statement)
___ **de ajuste**: (st) goodness of fit
exacto: accurate, correct (calculation), faithful, close (copy); correct (version); punctilious (in performing duties); punctual (clerk)
exagerado: excessive (frugality), exorbitant (price), overstated (claim)
exaltado: *a* overexcited, worked up, impassioned (speech); heated (argument); hotheaded (person); *n* hothead, extremist, fanatic, radical
examen: exploration, review; checkup; (ed) achievement test
___ **colegiado**: peer review
___ **de aptitud**: qualification test, qualifying examination
___ **de conjunto**: general survey, tour d'horizon
___ **de evaluación de la gestión**: management audit
___ **de testigos**: hearing of witnesses
___ **del presupuesto**: budget review
___ **detenido**: hard look, in-depth review
___ **físico de un paciente**: (med) work-up
___ **global**: comprehensive review
___ **parcial**: interim examination, term test
___ **por homólogos**: peer review
___ **práctico**: road test (driving)
___ **sistemático**: screening (patients)
exámenes breves: (ed) buzzing
___ **diagnósticos**: (med) screening
examinar: to examine, investigate, look into, study, explore (problems); review (loans), consider
___ **con ánimo favorable**: to accord sympathetic attention to
excarcelación: (leg) release from prison
excavación de hoyos: (for) holing
excavado: dug (well, latrine)
excavadora: power shovel; walking dragline
___ **de arrastre**: dragline
___ **zapadora**: coal cutter
excedencia: layoff, redundancy (employment); (Sp) leave of absence; (unpaid) leave (government worker); sabbatical leave (teacher)
excedente: overhang (difference between production capacity and actual production); overage; excess, surplus (Sp) on leave (government worker, military, teacher)
___ **de dólares**: dollar overhang
___ **de explotación**: (acct) earned surplus
___ **de importaciones**: export deficit
___ **de mercancías**: overage
___ **disponible**: unappropriated surplus (budget)
excedentes agrícolas: surplus agricultural commodities
___ **de numerario**: surplus cash
___ **gravosos**: burdensome stocks
___ **onerosos**: burdensome surplus
___ **presupuestarios**: underruns

exceder: to outdistance, outstrip, outspace, excel; exceed, surpass; be beyond, be more than
excelencia, por: essentially, pre-eminently
excelente: impressive, splendid, first-rate
excéntrico: marginal (position)
excepción: (leg) an incidental plea raised in defense of an action; defense; (Mex) objection
__ **de cosa juzgada**: plea of res judicata
__ **de fondo**: (leg) substantial defense
__ **de incompetencia de jurisdicción**: (leg) objection to jurisdiction
__ **de orden público**: plea of public policy
__ **dilatoria**: (leg) dilatory exception (tending to retard or delay the action)
__ **general**: (leg) catch-all exception
__ **legal, sin**: (leg) duly qualified (of a witness)
__ **perentoria**: (leg) peremptory exception (tending to dismissal of action); demurrer; motion to dismiss
__ **preventiva**: (leg) demurrer, motion to dismiss
__ **previa**: demurrer; motion to dismiss
__ **, sin**: bar none
excepciones mencionadas, con las: save as provided in
__ **mencionadas en, salvo**: save as provided in
excepcional: out of the ordinary, unusual, uncommon, outstanding (ability), remarkable (bargain, price)
excesivo: uncontrolled (growth), heavy-handed (control), extreme (cruelty), undue (pressure), exorbitant, unreasonable (charge), inordinate (optimism), immoderate
exceso: overhang (excess of x over y), overage
__ **de capacidad**: (comp) overflow
__ **de compromisos**: overcommitment
__ **de dinero**: monetary overhang
__ **de gastos**: cost overrun
__ **de oferta**: oversupply, overhang (bonds)
__ **de oferta agregada**: slack (in the economy)
__ **de personas**: redundancy
__ **de riesgo**: (fin) overexposure
__ **de transacciones (en la cuenta de un cliente)**: churning (stocks and shares)
excesos: excess quantities (purchase order)
excipiente: filler (medicament)
excluir del foro: (leg) to debar
exclusión de tierras: land set-aside
exclusividad: franchise; exclusive dealing or trading
exclusivismo: special interests
excluyendo: not including
excluyente: (leg) justification, excuse
exculpación: (leg) acquittal
excursión de estudios: instructional trip
excusa: (leg) excuse, exemption, exception; self-disqualification of a judge
__ **de noticia de rechazo**: waiver of notice of dishonor
__ **de protesta**: waiver of protest
excusación: (Arg) (leg) self-disqualification of a judge

excusado: (drainable) latrine
excusión: (leg) excussio, discussion
__ **, beneficio de**: (leg) benefit of discussion (of a surety)
__ **de bienes**: right of surety to require creditor to first levy on property of debtor
exención: exemption, immunity, freedom from
__ **de una obligación**: waiver
exequátur: (leg) authorization of the execution of a foreign judgment; consular commission
__ **, juicio de**: proceeding to determine the enforceability of a foreign judgment
exhaustividad: completeness (accounts)
exhaustivo: in-depth (study), complete (inspection)
exhibición: presentation, production, exhibition, document; (Mex) (acct) call (for capital); (Mex) (fin) payment of installment, partial payment of stock subscription; call (on shares, for capital)
__ **, auto de:** (Nic) writ of habeas corpus
__ **de expedientes o documentos**: (leg) production of documents
__ **, en una sola**: (Mex) in a lump sum
__ **personal**: (Hond) habeas corpus
exhibido: fully-paid (shares)
exhibir: (Mex) to pay in cash; make a payment (especially a stock subscription)
__ **documentos**: (leg) to produce documents
exhorto: letter rogatory
exigibilidad de un préstamo: acceleration of maturity of a loan; declare a loan to be immediately due and payable
__ **de un derecho**: enforceability of a claim
exigibilidades: liabilities due, current liabilities
exigible: *a* payable on demand (deposit), current (liability), callable (subscription); receivable (account); due and payable; collectable; *n* demandable (= liability)
exigibles: *n* (Chi) call loans
exigir el reembolso anticipado de un préstamo: to accelerate a loan
__ **el reembolso de un préstamo**: to call a loan
exiguo: minimal (increase), meager, scanty, slender (means)
eximir: to exempt from (taxes, military service); waive (condition); free from (obligation)
__ **de responsabilidad**: to hold harmless
__ **de una obligación**: to waive an obligation
eximirse de responsabilidad: to escape liability
__ **de sus obligaciones**: to relieve oneself of one's obligations
existencia: existence, availability, presence; stock, inventory
__ **de casos**: case-load; (sometimes) backlog
existencias: inventories; stock (in hand); growing stock (forest)
__ **a finales de temporada**: closing stock
__ **contables**: book stock
__ **de acciones propias**: treasury stock

__ **de divisas**: foreign currency holdings, foreign exchange balances
__ **de ganado vacuno**: cattle population
__ **de principios de temporada**: opening stock
__ **del vivero**: (for) stock
__ **en almacén**: reserve stock, floor stock
__ **en caja**: (UK) cash in hand; (USA) cash in vault
__ **en crecimiento**: (for) growing stock
__ **reguladoras**: buffer stock
existente: outstanding (debt); available (sources), ongoing (programs), established (network); in force (contract); on hand; prevailing (conditions); in-place, in stock (goods)
éxito: success, achievement, successful practice, result, outcome
__ , **buen**: successful outcome
__ **editorial (de librería)**: bestseller
éxodo intelectual: brain drain
__ **rural**: drift from the land
exoneración (del pago) de impuestos: tax holiday
__ **de base**: standard deduction (tax); deduction from the basic taxable income
__ **de impuestos**: immunity from taxation
__ **del pago de gastos**: cost waiver
__ **del pago de gastos locales**: waiver of local costs
__ **por quiebra**: (leg) discharge in bankruptcy
__ **temporal (parcial o total) de impuestos**: tax holiday
exonerar: to dismiss (staff); free, relieve (from a duty), exempt (from tax)
exotérmico: flux (welding)
expansión gradual: phasing-in (foreign investment)
__ **de la frontera agrícola**: expansion of the agricultural land area
__ **de las importaciones**: (Sp) import upsurge
__ **de los conductos financieros**: financial deepening
__ **monetaria**: growth (expansion, increase) in the money supply
expansivo: dynamic (factor), growth (factor), open, frank, expandable
expectación: excitement, suspense
expectativa: expectancy, prospect, hope; (leg) abeyance
__ , **a la**: on the lookout for, on the watch for
__ **de vida**: life expectancy
expectativas: (business) prospects
__ **de funciones**: role expectations
expedición: expedition, party; sending, shipping, dispatch(ing) (goods); (leg) uttering (coins, securities, banknotes, etc)
__ **de carga**: freight forwarding
expedidor: shipping agent, dispatcher, consigner, forwarder
expediente: file, dossier, papers relating to a matter requiring attention (a case, application, validation of a passport), project brief; (leg) case records, written proceedings; case file; docket; means, resource, device, expedient, knack, make-shift
__ **académico**: academic record, certificate of studies, transcript, student's record
__ **administrativo**: administrative enquiry (into a matter of public interest); personnel file, official status file
__ **de los procedimientos**: record of proceedings
__ **escolar**: (cumulative) report card
__ , **formar**: to impeach
__ , **hacer un**: to open a judicial inquiry
__ **individual (del alumno)**: (ed) case history, student's record
__ **médico**: medical record
__ **personal**: (admin) fact sheet
__ **profesional**: employment record
__ **universitario**: (ed) academic record
expedienteo: red-tape, bureaucracy
expedir: to issue (document); dispatch, send off (letter); ship, forward (goods); draw up (contract); issue (passport); deal with, dispatch (business)
expender: to retail (goods); utter (counterfeit)
expensas: expenses; (leg) legal costs
__ **de, a**: chargeable to, at the expense of
experiencia: experiment; experience; result of experience i.e., knowhow
__ **dirigida**: controlled experiment
__ **piloto**: pilot project
__ **práctica**: on-the-job experience, hands-on experience
__ **real**: direct experience, actual experience
__ **reunida**: experience; track record; expertise acquired, built up, gained
__ **supletoria**: (Arg) equivalent experience
__ **vivida**: direct experience, actual experience
experiencias: findings, expertise; background
__ , **intercambio de**: discussion, exchange of views
__ **médicas**: medical practice (as opposed to medical science)
experimentar: to show (an increase); incur, sustain (loss)
experto: *a* skilled in; *n* expert (title given by trade or vocational school, usually requires 1-3 years of study beyond elementary school), (ed) resource person; consultant (international project)
__ **en capturas**: catch-handling expert
__ **individual**: individual consultant
expirar: to fall due; cease to be effective, come to an end (lease)
explanación: earth moving, leveling, grading (road); roadbed
__ **preliminar**: (agr) rough leveling (land)
explanada: level area (behind beach, etc); esplanade
__ **de carga y descarga**: wharf apron
explanadora: (Col) bulldozer; rolling tamper, roller, compactor

__ de sesgo: angledozer
__ inclinable: (Col) tiltdozer
explayar: to enlarge upon, expand (a presentation); elaborate on
explicación: explanation, elucidation; clearing up (difficulties); justification (position); reasons
__ dominante: compelling explanation
explicar: to account for (absence); clear up (details of contract); discuss
explícito: clear, plain, stated (objectives)
exploración: exploration (territory); prospecting (mines), scanning (radioisotopes), reconnaissance (surveying); (comp) scan, sweep
explorador óptico: (comp) optical scanner
explorar: (comp) to scan
__ hacia atrás: (comp) to back-track
explosión demográfica: baby boom
explotación: working (mine); operation (airport); management (plant); production (oil); development (forest, oil or gas field); tapping (resources); farming; farm; utilization (of a patent); harvesting (seaweed)
__ a mata rasa: clear cutting
__ agrícola: agricultural holding, crop farm
__ agropecuaria: mixed farming
__ colectiva: common use of land
__ de alto horno: blast furnace operation
__ de bosques: forestry
__ de la plataforma continental: offshore production
__ de los bancos de pesca: development of fishing grounds
__ de los recursos: resource development
__ de reservas: (Sp) development of reserves
__ del terreno: land management
__ directa: owner occupancy, owner-operated farm, self-management (farm)
__ directa, sistema de: (agr) owner-occupancy system
__ familiar: family farm
__ forestal: logging, harvesting
__ forestal maderera: lumbering
__ ganadera: animal husbandry
__ industrial: working of an industry
__ pecuaria: ranch
__ petrolera: (Guat) oil production
__ piscícola: fish management
__ por galerías: adit mining, drift mining
__ silviagrícola: forest farming, farm forestry
__ , sistema de: (for) harvesting
__ tipo: pilot farm, test farm
explotar: to cultivate (land); manage, run (farm), operate (mine), work (seam), tap (resources), harness (water power); harvest (trees), produce (oil); develop (oil or gas field)
__ una invención: to work an invention (a patent)
exponente: model, example; index, indication; measure (of a condition); person filing a report, making a proposal, expounding theory, etc; exponent; proof (non-legal) or example (of something)

exponer: to show, display (paintings); expose to (sun); explain (reason), put forward, present (plan, proposal), set out, set forth (facts), describe (procedures); (Arg) depose
exportaciones de excedentes del mercado interno: spillover exports
__ efectivas: export performance
__ menores: non-traditional exports
__ perdidas: exports forgone
exposición: exhibition; recital, submission, presentation, statement, explanation, account
__ circunstanciada: explanatory statement
__ crediticia: (fin) exposure
__ de la invención: disclosure of invention
__ de los efectos (repercusiones): impact statement
__ de motivos: recitals (contract); explanatory statement, introductory remarks,
__ de motivos de una ley: explanatory statement of a bill
__ de objetivos: statement of purpose
__ general: overview paper
__ preliminar: introductory statement
expresado en dólares: denominated in dollars
expresamente: specifically, expressly, especially; purposely, deliberately, intentionally, on purpose; explicitly
expresar agravios: to state grievances
__ en precios constantes: to deflate
expresión consagrada: ritual phrase, time-honored phrase, stock phrase
__ de causa, con: stating the reasons
__ de causa, sin: (leg) without cause
expresivo: significant, revealing
expropiación, adquisición por: (leg) compulsory purchase
__ forzosa: compelling purchase; (exercise of the right of) eminent domain
__ por causa de utilidad pública: expropriation for a public purpose
expuesto, lo: the foregoing explanation
__ , por lo: therefore
expulsión: (Sp) banishment
extemporalidad: late filing (tax return)
extemporáneamente: after the statutory time limit has passed
extemporáneo: time-barred
extender: to spread (out); draw (check); issue (certificate); make out (receipt); draw up (contract); provide
extenderse: to run from... to (of time); apply to other cases (law); speak at length, enlarge on a subject
extendido: (med) smear
extensamente: at length, in detail
extensión: surface area; size; range (voice); span (life), scope (rule); length (speech), stretch (land), extent (knowledge); expanse (sea); lengthening (of road network)
__ cultural: (ed) extension education
__ , de: outreach (program)
__ de crédito: roll-over

___ **de la auditoría**: scope of the audit
___ **de la fecha de pago**: retiming (foreign debt)
___ **de programas**: (ed) program length
___ **de términos contratados**: (fin) jack-up
___ **territorial**: land area
extensionismo: outreach activities
extensivo, hacer: to extend to include (invitation); apply to, make applicable to (law)
extenso: broad (knowledge), full (account), large (room), vast (stretch of land), lengthy (speech), comprehensive (study)
___ **, por**: in detail, at length, in full
exterior, al: to other countries
exteriorizar: to show, manifest, reveal (feelings)
___ **una opinión**: to express an opinion
exterminio: eradication (pest)
externado: (Sp) all-day school
externalidades: (econ) externalities, spillover effects, neighborhood effects
externar una opinión: to express an opinion
externo: external, outward (signs), non-residential (course), extra-mural (classes), day (student), outpatient (services)
extinción: discharge (obligation), extinction (obligation); redemption (mortgage); termination (contract, treaty); stamping out (epidemic); (leg) abatement (of an action at law)
___ **de responsabilidad**: discharge of liability
___ **de una pensión**: lapse of a pension
extinguir la demanda: to dry up, soak up demand
___ **una sociedad**: to dissolve a partnership
extirpado a mano: hand stripping (cotton)
extornar: (Per) to refund, make reversing entry (credits)
extorno: (ins) return of premiums, returned premiums; (acct) balancing, reversing or contra entry
___ **de primas por años sin siniestros**: (ins) no-claim bonus
extra edad: (ed) (number of) over-age students for their cohort
extrabursátil: over the counter
extracción: hauling (logs); (for) logging; catch, harvesting (fish); recovery (oil)
___ **de cuenta**: (acct) accounting note; (bnk) bank statement
___ **de los alevines**: stocking out of fry
___ **de madera**: logging
___ **de testigos**: coring (oil), core drilling
___ **electrolítica**: electro-mining
___ **por realce**: (min) stope-mining (gold)
___ **vegetal**: tapping of forest resources
___ **y pérdidas**: drain (forestry)
extracciones: (for) removals
extracontable: not shown on the books; off-books; (USA) statistical (entry), memorandum (entry)
extracto: abstract, summary; excerpt
___ **de balance**: condensed balance sheet
___ **de cuenta**: accounting note; statement of account

___ **de título**: abstract of title
___ **seco de leche**: dry milk solid
extraescolar: out-of-school, after school, off-campus, extra-mural (education)
extrafronterizo: cross-border (trade)
extrainstitucional: outreach (treatment)
extrajudicial: out-of-court
extralegal: not authorized or sanctioned by law
extralimitaciones de poder: abuse of authority (not necessarily deliberate), exceeding of powers conferred
extralimitarse: to go too far, overstep the mark, take liberties, exceed one's authority; carry too far, encroach upon the sphere of
extrañamiento: exile (abroad i.e., expulsion from the country), banishment; (Chi) exile to a place chosen by the offender; deportation
___ **mayor**: long-term exile
___ **menor**: medium-term exile
extraoficial: off-the-record
extraordinario: unusual, uncommon (event); surprising (success); special (session, issue, edition); outstanding (services); supplementary (charges); enormous (growth); non-recurring (expenses, receipts), below-the-line (entry); dramatic; remarkable; rare; overtime (working hours); bonus (payments)
extrapolación: (sometimes) projection, prediction
___ **para nuestra región**: outlook (prospects) for our region
extraprogramático: (ed) extracurricular (activities); off-program
extraterritorial: offshore (funds)
extraviarse: to be mislaid, misplaced, lost; go astray; miscarry
extravío: loss (of credit document)
extrema pobreza: absolute poverty, dire poverty
extremarse: to take pains, special care to; do one's best (utmost) to, make every effort to
extremo: (utmost) point; end (of bridge); extreme; item, question, matter, subject; details, particulars (of a clause); (leg) count, point of law; ground; fact on which action is based
___ **, en algún**: in any particular
extrínseco: intangible (value); extraneous (matter); foreign (bodies)
exuberante: rank, lush (vegetation), superabundant, luxuriant (growth)
exudación: bleeding, sweating (road surface)
exudado: (med) discharge (wound)

F

fábrica: factory, plant, works, mill; building, structure; masonry, stonework
___ **de forraje**: forage-based feed plant

__ de pasta: pulp mill
__ de sebo: rendering plant
__, franco en: ex works, ex factory
__ lista para funcionar: turnkey plant
__ ya montada: turnkey plant
fabricación de acero en horno (hogar) abierto (Martin-Siemens): open-hearth steelmaking
__ en cadena: flow production
__ en serie: mass production, flow-line production
__ "justo al tiempo": just-in-time (JIT) manufacturing
fabricante de conservas: canner
fabricar: to fabricate (assemble standard parts or further process manufactured material); manufacture: build; construct, process
fabril: manufacturing, industrial
fachada: (constr) frontage
fachinal: (Ur) bog, marsh
fácil de olvidar: likely or apt to be forgotten
__ que, ser: to be probable, possible that
facilidad de comprensión: (ed) ease of assimilation by the reader
__ de conservación: ease of maintenance
__ de redescuento de liquidez: discount window (Central Bank)
facilidades de crédito: terms (of credit)
facilitación: provision, delivery (of training, etc); expediting; simplification of formalities
__ de crédito: (econ) credit relaxation (as opposed to tightening of credit)
facilitador: be an enabler of
facilitar: to provide, furnish (information), supply with; make available, let have, place at the disposal of; enable; make it easier to do something, contribute to, be instrumental in, expedite (the study of a matter); promote (discussion); encourage (progress), ease or pave the way for (negotiations); arrange (interview); simplify (the performance of something); make for (better relations); put up (funds), grant (loan)
__ fondos con cargo al presupuesto: to grant (approve) an appropriation
fácilmente: easily; readily; comfortably (of a fit)
facistol: lectern
factor concesionario: grant element (financing); concessional element
__ condicionante: determinant
__ de agotamiento: (Sp) depletion allowance
__ de atracción: pull factor (migration)
__ de capitalización: (fin) interest factor
__ de donación: grant element
__ de expulsión: push factor (migration)
__ de planta: (elec) plant load factor
__ de producción: input; factor of production
__ de trabajo: labor (input)
__ determinante: key factor, determinant
__ limitativo: constraint
__ multiplicador: compounding factor
__ retraso: lapse factor

factores de producción: factors of production, inputs; (Sp) agents of production
__ disponibles: factor endowment
__ disuasivos: disincentives
__ en juego (que intervienen): forces in play
__ estacionales: site factors
__ etiológicos de la malnutrición: factors causing malnutrition
__ exógenos: (econ) externalities
__ externos: (econ) externalities
__ mesológicos: environmental factors
__ productivos: factors of production
__ que determinan o influyen: (cost) drivers
factoraje: factoring
__ con acción de regreso: factoring with recourse
factoría: (Sp) industrial complex, plant, factory
factura: bill of sale, invoice
__ avanzada: (Chi) pro forma invoice
__ comercial uniforme: aligned commercial invoice
__ figurada: (Sp) pro forma invoice
__ observada: disputed invoice, invoice containing disputed (contested) items
__ simulada: pro forma invoice
facturación: invoicing; billing(s); registration, booking (of goods for dispatch by rail); turnover (sales); (USA) sales revenue, (UK) gross sales, turnover
__ al solicitante (del servicio): charge-back
__ anual: (Sp) annual sales
__ neta de impuestos: sales net of tax
__ por atención prestada integral: (Chi) fee-for-service schedule
facturar: to invoice, bill; check baggage; charge
facultación: empowerment
facultad: ability (of a person) to do something; power, authority, right; (ed) university school
__ crediticia: lending authority
__ de rescisión: right of recovery
__ decisoria: (fin) adjudicatory authority
__ para contraer compromisos: commitment authority
facultades amplias: broad (and extensive) powers, broad authority (granted to a Board); carte blanche
__ conferidas: power(s) granted to, authority vested in
facultar: to authorize, empower, entitle
facultativo: *a* optional, elective, (st) voluntary (inquiry); (leg) discretionary; university-trained (expert); medical (opinion, prescription); *n* physician; expert
faena: work, task, operation, job; (Chi) shift; (Chi) (min) work site
faenas: (min) removal of overburden
__ agrícolas: farm operations
faenamiento: slaughtering (animals)
faenar: (Arg) to slaughter (animals)
__ la pesca: (Ec) to engage in fishing
faenero: farmhand
faja: traffic lane

__ de tierra inculta: balk
__ (divisoria) central: median strip (of road)
__ protectora: shelter belt
fajina: (Ur) wattle wall
falaris: canary grass
falda: the lower slope of a hill or mountain, foothill
falencia: (Col) bankruptcy
falla: (comp) bug; omission, fault, mistake; rift (geology)
__ de borde: edge crack, edge break
__ de corriente eléctrica: (elec) interruption, outage
__ en caja: cash shortage
__ tecnológica: technology gap
fallido: insolvent, bankrupt
fallo: (leg) judgment, decision of a court, verdict
__ de la sentencia: (leg) operative part of the judgment
__ del recurso: decision on appeal
__ en primera instancia: (leg) appealable decision
falseamiento: misstatement
falsear: to misrepresent
falsedad ideológica en perjuicio de la fe pública: misusing the right to attest document by misrepresentation of the facts
falsificar: to counterfeit, forge; adulterate
falso cabrío: barge board
__ flete: dead freight
falta: (leg) minor offense, fault, misdemeanor; negligence; non-availability, deficit (cash), loss (income), lack, shortage, scarcity (capital), constraint (liquidity), need for
__ a las condiciones: failure to comply with, non-compliance with conditions
__ contra el orden público: disorderly conduct, breach of the peace
__ de abordo: (ot) shortages aboard
__ de aceptación: (com) dishonor (bill)
__ de agilidad: lack of response, slow response; slow-moving; cumbersome
__ de armonía: inconsistency
__ de causa: (leg) lack of consideration (contract)
__ de coincidencia: lack of convergence
__ de congruencia (correspondencia): mismatch
__ de contraprestación: (leg) failure of consideration
__ de demanda: sales resistance (marketing); (econ) weak, flat demand
__ de entrega: short delivery
__ de franqueo: postage due
__ de lealtad: breach of faith
__ de lógica: contradiction in terms
__ de méritos: (leg) lack of evidence
__ de pago: dishonor (of a bill)
__ de personería: (leg) lack of legal standing
__ de previsión: lack of foresight
__ de promoción: insufficient promotion
__ de prueba: (leg) benefit of the doubt
__ de título oneroso: absence of consideration

__ de visión: short-sighted view
__ grave: (leg) gross negligence
__ o ausencia, en casos de: if he is absent or otherwise unable to attend
__ oculta: latent defect
faltante: n shortfall of, remainder of, shortage of
__ de embarque: short shipment
faltantes y sobrantes de inventario: inventory shortages and overages
familia ampliada: extended family
familias complejas: (st) composite families
__ de pequeños agricultores: families on small holdings
familiares: relatives, members of the household
__ derechohabientes: eligible dependents
fangal: mudflat, slough, swamp
fango: (min) slime, slurry
__ activado: activated sludge
fangolita: mudstone
fangueo: puddling (rice)
farallones, riscos o acantilados: bluffs, cliffs or escarpments
faraónico: mega (-project)
farmacia de guardia (de turno): all-night drugstore, duty pharmacy
fármaco: a specific
fármacos: pharmaceuticals, pharmaceutical products
farmacorresistencia: drug resistance
fase ascendente: (econ) upswing
__ contradictoria: (leg) adversary stage
__ de contracción: (econ) downswing
__ de expansión: (econ) upswing
__ descendente: (econ) downturn
__ epigeo: above-the-ground stage (plant)
__ hipogeo: underground stage (plant)
__ inicial: development phase (project)
faséolo: horse bean
fatal: bound to happen, inevitable, unavoidable
fatalmente: unavoidably, irremediably, necessarily; inevitably
fatiga: (tech) stress, straining, heavy duty, fatigue
fauna bentónica: bottom animals
__ de acompañamiento: by-catch (fisheries)
__ y flora silvestre: wildlife
fautor: (leg) aider and abettor
favor de, a: (com) in the name of, for the account of, issued to
__ del trabajador, a: to the employee's credit (pension plan)
__ , elemento de: concessional element (loan)
favorecer: to be beneficial to, help, aid, encourage; promote (growth); further (an objective); make for (optimism); contribute to (revolution); foster; be conducive to, be propitious for; boost, favor, best serve the interests of
fe: faith, confidence, trust; official document attesting something, certificate, testimonial
__ , dar: to attest, certify (statement); authenticate (signature), confirm

__ **de bautismo**: baptismal certificate
__ **de, en**: in proof of, in witness of
__ **de lo cual, en**: in witness whereof
__ **de nacimiento**: birth certificate
__ **de vida**: (leg) certificate of existence
__ **extrajudicial**: notarial attestation
__ **, hacer**: to be authentic, be valid (document); (leg) have probatory force
__ **judicial**: judicial attestation (e.g. of the clerk of the court)
__ **ministerial**: certificate (affidavit) issued by a ministry
__ **notarial**: notarial certification (authority that a notary's signature holds)
__ **pública**: authenticity of documents attested by notaries and other authorized persons; authority to authenticate or certify authenticity of document
__ **pública, dar**: to bear witness to, attest
fecha, a la: as of this writing, thus far, to date
__ **a partir de la cual se calcula el interés**: dated date
__ **cierta**: fixed date
__ **de caducidad**: use-before date (perishable products)
__ **de cierre**: settlement date (securities)
__ **de duración mínima**: best before (food product)
__ **de ejecución**: exercise date (options, securities)
__ **de embarque**: date of dispatch (shipment)
__ **de emisión**: date of issue (bond)
__ **de entrada en vigor**: effective date
__ **de incumplimiento**: breach day
__ **de libramiento**: date of issue (bills of exchange, checks)
__ **de liquidación (pago)**: settlement date (securities)
__ **de rescate**: redemption date
__ **de transacción**: trade date (securities)
__ **de valor**: value date, effective date (of application, etc)
__ **de vencimiento**: due date, maturity date, product expiry date
__ **de vigencia**: effective date
__ **del comienzo de la carga**: alongside date
__ **determinada**: stated date
__ **límite**: (st) cutoff date; deadline, final date, latest date, expiry date, target date
__ **tope**: (Sp) deadline
__ **válida**: effective date
__ **vigente**: current time limit
fechoría: malfeasance; misdeed
fécula de banana: banana meal
feculación: (agr) fertilization
féculas: starchy foods
fecundidad: fertility
fecundo: productive, prolific, fruitful, fertile
fedatario: one who attests or certifies i.e. public notary in USA; (Mex) notary public; attestor

fehaciente: authentic, reliable, authoritative (document); irrefutable (proof); convincing (evidence), evidencing, evidential
fehacientemente: (leg) in authentic form, duly, properly
felicitar: to compliment, congratulate on, commend for
__ **al Director**: to commend the Director
felicitarse: to be gratified
feltógrafo: flannelgraph
fenómenos: circumstances, situation
feracidad: fertility level (of the soil)
feria: fair, bazaar; commercial exhibition, trade fair, show; sales yard (for cattle); market
__ **judicial**: judicial recess
__ **libre**: open-air market (i.e. no roof)
__ **monográfica**: specialized or trade fair
fermachin: wire rods, wire bar
fermento de ideas: brainstorming
ferroconcreto: reinforced concrete
fertigación: addition of fertilizer to irrigation water
fertilidad: fecundity
fertilización: (agr) dressing
fertilizante integrado: nitrate or nitrogenous fertilizer
fertilizantes artificiales: inorganic fertilizer
__ **en bruto**: crude fertilizer
__ **orgánicos**: tankage
fertirrigación: addition of fertilizer to irrigation water
férula: splint (injury)
festuca: fescue, meadow fescue
feudatarios: (Per) tenant properties
feudo franco: estate held in free tenure, freehold
fiable: (Hon) releasable on bond
fiado: guarantee (person who receives a guaranty)
__ **, al**: on credit
__ **, en**: (leg) on bail
fiador: underwriter (guarantor); surety (debt); warrantor (goods); bondsman; co-maker (note); (tech) fastener, catch; (constr) gutter hook or bracket, (leg) bailor
__ **atravesado**: toggle
__ **, salir de**: to go bail for; act as surety for (debt); vouch for
__ **solidario**: co-surety
fiambres: cold cuts, variety meats
fianza: guarantee, guaranty, bond; suretyship of a commercial instrument (bill of exchange); (leg) recognizance
__ **, dar**: to act as surety
__ **de cárcel**: bail
__ **de caución (leg)**: surety bond
__ **de cumplimiento**: performance bond
__ **de ejecución**: performance bond
__ **de fianza**: back-to back guarantee
__ **de fidelidad**: fidelity bond
__ **de incumplimiento**: penalty bond (contract)
__ **de la haz (faz)**: (Bol) (leg) recognizance
__ **de licitación**: bid bond

__ **para comparecer en juicio**: bail bond
__ **solidaria**: joint surety, co-surety; (leg) surety bond
fibra agramada: scutched fiber
__ **de algodón**: lint
fibras cortas: noils (wool)
__ **de artisela**: staple fibers
__ **de cristal**: glass fibers
__ **de vidrio**: glass wool, fiberglass
__ **discontinuas**: staples (cotton)
__ **sintéticas**: man-made fibers
__ **textiles**: staple fibers
fibrocemento: asbestos fiber cement, cement board, fiberboard
ficha: file card, record card, catalog(ue) card; chit, slip of paper
__ **bancaria**: deposit slip
__ **biográfica**: anecdotal record
__ **de depósito**: deposit slip
__ **de fabricación**: work chart
__ **de filiación**: (Chi) criminal record
__ **de proyecto**: project brief, project profile
__ **de reloj**: clock card
__ **de ruta**: batch card, note card, work card, move card
__ **de tiempo**: time card
__ **descriptiva**: fact sheet (project)
__ **escolar**: (ed) school record; report card
__ **recapitulativa**: fact sheet (personnel)
fichero: card cabinet, card file, card index, card catalog(ue)
__ **de contribuyentes**: individual taxpayers master file
__ **visible**: Kardex, visible file
ficticio: fictitious, false, sham; nominal (price); impersonal (account); pro forma (invoice), dummy (account); wash (sale); notional (offer); paper (profits), private bonded (warehouse); (leg) constructive (deposit)
ficto: (Ur) estimated (cost, price)
fidedigno: reliable, trustworthy, hard (data)
fideicomisario: beneficiary (trust)
fideicomiso: trust fund
__ **activo**: living trust
__ **implítico**: (Sp) (leg) involuntary or constructive trust
__ **pasivo**: (leg) dry or naked trust
__ **voluntario**: living trust
fideicomitente: settlor, trustor, founder of a trust
fidelidad: adherence (to an idea); trustworthiness (employee); accuracy (translation)
fiduciario: trustee
fiebre aftosa: foot-and-mouth disease
__ **catarral**: blue tongue (livestock)
fiel de muelle: wharfinger
"fierro": (comp) hardware
fierros: (Hon) tools
figura clave: pivotal figure
__ **de delito (penal)**: legal definition of an offense
__ **decorativa**: figurehead

__ **delictiva**: offense, crime, criminal act
__ **eje**: pivotal figure
figuración parlamentaria: parliamentary showing
figurar en: to be included, contained, listed in; appear in
fijación: determination (of compensation, penalty)
__ **de derechos (aduaneros)**: assessment of duties
__ **de los precios debajo de los costos**: underpricing
__ **de objetivos**: goal setting
__ **de ostras**: setting of oysters
__ **de precios**: pricing
__ **(ilícita) de precios**: price fixing
__ **de precios con arreglo a la norma de la independencia**: arm's length pricing
__ **de precios en función del costo**: cost pricing
__ **de suelo**: soil building
__ **de vencimientos no coincidentes**: (fin) layering
fijador: (Col) flannel board, felt board
fijar: to set, specify, agree upon, come to a decision about (dates, goals, meaning of something)
fijo: fixed (idea); firm (date); permanent (employee); intent (gaze); settled (price); steady (job); built-in (furniture); regular (income)
filástica: rope yarn (fishing net)
filiación: particulars (of a person); description (of a person); identity; (leg) relationship between parents and children, of son to father; direct descent; adjudication of paternity
__ **consanguínea**: inbred line
filial: branch office, subsidiary; affiliate (institution, enterprise); chapter (of an association)
filiar: to take the particulars of a person (usually by the police)
filigrana: watermark (in paper)
filmina: film strip
filmoteca: film library, film footage library
filón: (min) vein, lode, ore body
__ **metalífero**: ore body
__ **principal**: mother lode
filtración: percolation; seepage; leakage, loss; leak of information
__ **, teoría de la**: (econ) trickle-down theory
filtrar: to screen (candidates)
filtro de escurrimiento: trickling filter
__ **de goteo (de instilación)**: trickling filter
__ **de pozo**: well screen
__ **de tela**: bag filter, baghouse filter
__ **percolador**: trickling filter
__ **percolador tipo torre**: trickling filter tower
fin interesado, tener un: to have an axe to grind
__ **, llevar a buen**: to bring to a successful conclusion
__ **que conste, a tal**: as occasion may arise
fines pertinentes, para los: for your information (and appropriate action)
finado: the deceased

final: conclusive (determination), ultimate
finalidad: object, purpose, aim, goal; intention (of a resolution)
__ **específica**: special purpose
finalización del contrato: signature of the contract
finalizar: to conclude, end, finish, consummate, close (deal), cast into final form (contract)
finalmente: in the end; in closing, by way of conclusion; lastly, at last
financiación con fondos propios: internal financing; self-financing
__ **concatenada**: piggyback financing
__ **hasta entrega de la planta instalada**: turnkey financing
__ **mixta**: associated financing (exports)
__ **no presupuestada**: backdoor financing
__ **sin asegurar**: front-end financing
__ **sin garantía**: front-end financing
financiadores: sources of financing, backers
financiamiento: funds, funding (provision of funds), financing arrangements, financing, lending; loan, credit
__ **combinado**: blend financing
__ **complementario**: follow-up financing
__ **con déficit presupuestario**: deficit financing
__ **con fondos propios**: in-house financing; self-financing
__ **con garantía**: collateral financing
__ **con garantía limitada**: limited recourse finance
__ **concatenado**: piggyback financing
__ **concertado**: concerted financing (i.e. not voluntary)
__ **coparticipado**: (Arg) (ed) cost-sharing arrangement
__ **crediticio**: debt financing
__ **de inversiones**: financing of capital projects
__ **de riesgo**: risk financing
__ **deficitario**: deficit financing
__ **en valores (cotizables)**: securitized financing
__ **inorgánico**: printing press financing
__ **interno o propio**: internal borrowing; self-financing
__ **máximo**: maximum exposure
__ **monetario del déficit**: monetization of the deficit (i.e. financing the deficit through money creation)
__ **no presupuestado**: backdoor financing
__ **para programas**: program loans
__ **por fondos propios**: internal financing, self-financing
__ **previsional**: (Sp) pension, social security funding; mature financing (venture capital)
__ **sin posibilidades de recurso**: non-recourse financing
__ **, sistema de**: financing pattern
__ **transitorio (o de transición)**: bridge financing
financiar con: to finance out of (the proceeds of a loan)

financiera: private development finance company; private investment bank, acceptance house, credit institution
financista del sector público: lender to the public sector
finanzas saneadas: sound finances
finca: property, real estate; (LA) small farm, small holding
__ **de demostración**: demonstration plot
__ **rústica**: landed property, land
__ **urbana**: urban property, building(s)
fincas urbanas: (Sp) city real estate
fines inconfesables: ulterior motives
__ **lucrativos, con**: for commercial purposes; for the sake of profit
finiquitar: to settle and close an account; extinguish (debt)
finiquito: *a* free from debt; *n* receipt in full, clearance certificate, certificate of settlement, final settlement of accounts; (admin) separation clearance; release; discharge, quittance
__ **, carta de**: (fin) acquittance
finos: undersizes (sieved material), fines
__ **de cabeza**: head fines
finquero: (Guat) landowner
fioco: (Mex) synthetic rubber
fique: rope, cord; hemp, fiber, pita fiber; (Col) hemp plant
firma: signature; firm (company)
__ **, a sola**: unsecured (of a loan)
__ **autorizada**: authorized signature
__ **de puño y letra**: handwritten signature
__ **en blanco**: blank signature
__ **interesada**: applicant (prequalification call)
__ **legalizada**: certified signature
__ **mancomunada**: (Sp) joint signature
__ **por sello**: signature by facsimile
__ **sancionada**: authorized signature
__ **solidaria**: (Sp) sole signature
__ **y sello**: (Sp) hand and seal
firmado y sellado por: (leg) under the hand and seal of
firmante: party to an instrument
__ **de favor**: (com) accommodation party
__ **de un pagaré**: maker
firmar: to sign, accede to a treaty
__ **la doctrina**: to subscribe to
firme: *a* unswerving, steadfast (support); staunch (defense), steady, strong (market), firm (price); (leg) final (judgment); *n* metaling of roads; (rr) ballast bed; roadbed, base, foundation course
__ **, en**: firm (offer), binding (commitment, transaction), definitive (judgment), final (decision), outright (purchase), unconditional (support)
firmeza: finality, definitive character; buoyancy (market)
fiscal: *a* financial; pertaining to government or treasury, (the) public finance(s); relating to taxation; financial (year); tax (rebate),

bonded (warehouse); fiscal (year); (USA) (ed) public (school); *n* investigator (in public administration); counsel, legal advisor (in corporation), general counsel; prosecutor, prosecuting attorney (in ordinary collegial courts); (military) prosecutor, investigating judge; (USA) district attorney; (national level) attorney general
___ **económico nacional**: (Chi) Director of National Economic Affairs Investigation Bureau (enforces law relating to competition)
___ **letrado**: professional prosecutor
fiscalía: office of public prosecution team or prosecutor, (USA) district attorney's office; inspector's office; regulatory agency
fiscalidad: (Sp) taxation rate
fiscalización: control, supervision, inspection; audit of accounts; monitoring; oversight; compliance-monitoring (regulatory agency)
___ **de las existencias**: inventory control
___ **interna**: internal control
fiscalizador: regulatory (agency)
fiscalizar: to inspect, investigate, check; audit (tax); oversee, supervise (an industry, sector)
fisco: (Sp) tax authority; public treasury; inland revenue service
físicamente apto: able-bodied
físico: actual, actually present (gold, capital); spot (coffee)
fitogenética: plant breeding
fitomejoramiento: plant breeding
fitotecnia: plant production; crop farming; plant breeding
fitotécnico: plant breeder
fitoterapia: herbal therapy
fitotrón: plant laboratory
flaco: emaciated (cattle); weak (argument, point)
flamante: brand new
flámula: streamer, banner, pennant
flecha luminosa: arrow gun
fleje: iron hoop, binding; metal strapping (on bales); strip (metal)
flejes: hoops and strips
fletam(i)ento: charter party; chartering, freightage, affreightment; freight contracting (charter)
___ **a carga general**: berth freighting
___ **a plazo**: time charter
___ **bruto**: gross charter
___ **con cesión de la gestión marítima (náutica)**: bare-boat charter, demise charter
___ **con cesión temporaria de la posesión y del control del buque**: demise charter, bare-boat charter
___ **con operación por cuenta del arrendador**: gross charter
___ **con operación por cuenta del arrendatario**: net charter
___ **consolidado, tipo de**: joint freight rate
___ **de barco solo**: bare-boat charter, demise charter

___ **de buque sin tripulación ni combustible**: bare-boat charter, demise charter
___ **de casco solo (desnudo)**: bare-boat charter, demise charter
___ **de una nave por servicios regulares**: liner charter
___ **en los buques de línea regular**: line service rate
___ **global**: (ot) lump sum freight, flat-rate freight
___ **neto**: net charter
___ **por cuenta del arrendatario**: net charter
___ **por uno o más viajes**: time-trip charter
___ **por viaje**: trip charter; voyage charter
___ **por servicios regulares**: line services
___ **por viaje redondo**: voyage charter
___ **sin dotación**: bare-boat charter, demise charter
fletán: halibut
fletar: to charter out
flete: freight, freight rate
___ **corrido**: through freight
___ **falso**: dead freight
___ **global**: lump-sum freight
___ **marítimo**: ocean freight
___ **oceánico**: ocean freight
___ **pagado**: freight out(ward), freight prepaid
___ **sobre compras**: freight in(ward)
___ **terrestre**: (over)land freight
fletes: freight charges, rates
___ **reglamentados**: administered freight rates
flexibilidad: softening (of terms), latitude, (more) room for (manoeuvre)
___ **de la matriz**: relaxation of the matrix
flexibilización: moderation, adaptation, relaxation (rules, quotas), adjustment, accommodation, liberalization (services), greater flexibility, reduction, easing (restrictions)
___ **de la enseñanza**: flexible application of curricula
___ **del artículo 7**: the flexible application of Article 7
flexibilizar: to streamline; accommodate; ease, relax, loosen, tone down (conditions), soften, lighten, alleviate, adapt
flexible: adaptable, adjustable, flexible, variable, pliant, free-form (management), flexi (-time), responsive (planning)
flojedad de demanda: flagging demand
flor y nata: (fig) upper crust
floración: flushing (trees), blossoming (plants)
___ **de algas**: algal bloom
florescencia planctónica: plankton bloom
flota común de equipo: vehicle and equipment pool
___ **costera**: coastal inshore fishing fleet
___ **de servicio**: (ot) active fleet
___ **inactiva**: (ot) laid-up fleet
flotabilidad: floating capacity, buoyancy
flotación de gruesos: sand flotation
___ **dirigida**: controlled float (of a currency)
___ **impura**: dirty float

__ **intervenida**: controlled float
__ **manipulada**: dirty float
__ **pura**: clean float
__ **sucia**: dirty float
flotante: current (assets), floating, unfunded (debt), floating (securities), (ins) floating (policy)
flotilla: fishing fleet
fluctuación cíclica: cyclical swings
__ **de tensión**: (elec) flicker of tension
fluctuaciones de los precios: price movements, price swings
fluctuar: to fluctuate, oscillate; range
fluido: *a* flowing (style); quick (assets); trouble-free; *n* electricity
flujo: incoming tide
__ **de caja actualizado**: discounted cash flow
__ **de fondos**: cash flow
__ **de tesorería**: cash flow
__ **financiero no participativo**: non-equity financial flow
__ **y reflujo**: ebb and flow; incoming and outgoing tide
flujos subterráneos: (Chi) underseepage
flujograma: flowchart
flúor: fluoride(s)
fluviógrafo: river ga(u)ge
foca: hair seal
focalización: centering of attention on, targeting (of policies)
foco: focus (of disease); pocket (of unemployment); outbreak (of disease); seat (of trouble, fire, infection); focal point, (chief) center, central object of interest
__ **de disturbio**: trouble spot
__ **de incendio**: outbreak of fire
__ **de infección**: pocket of infection
__ **de reproducción**: breeding place (insects)
__ **de riesgos**: problem areas
foja: sheet (recto)
__ **vuelta**: sheet (verso)
fojas útiles: pages of text (notarial document)
foliación (de los árboles): flushing, leaf season
folio: leaf of a book, etc, numbered only on the front side
__ **personal**: (Bol, Guat, Hond) property register kept by name of registrant/owner
__ **real**: (Bol, Guat, Hond) paper record kept by parcel (each parcel being assigned a unique number); (Guat, also) paper record in such a register (as opposed to "folio magnético")
folleto: brochure, booklet, folder, pamphlet
__ **divulgativo**: (agricultural) extension booklet
__ **informativo**: prospectus (securities)
fomentar: to promote, develop, foster, improve, encourage (tourism), boost, nurture
fomento: inducement, encouragement, furtherance, promotion, development, pump-priming
fondeadero: anchorage; berth
fondear: to cast or drop anchor; search a ship

fondeo: search(ing) of vessel, "jerking" (jerquing), casting of anchor
fondo: bottom; (sea) bed; background; merits (of a case); substance (of a matter); holdings, collection (of library)
__ **autofinanciado**: self-financing fund
__ **común de inversión(es)**: mutual fund
__ **común de monedas**: currency pool
__ **contravalor**: counterpart fund
__ **de amortización**: sinking fund, (Sp) accumulated depreciation
__ **de caja chica**: imprest fund
__ **de capital**: capital development fund
__ **de comercio**: (Sp) (com) goodwill, ongoing business, underlying business
__ **de comercio negativo**: (Sp) "badwill", negative goodwill
__ **de equiparación**: equalization fund
__ **de estabilización**: buffer fund
__ **de habilitación**: working fund
__ **de inversión**: mutual fund
__ **de maniobra**: (Sp) working capital
__ **de obra social**: (Per) pension fund
__ **de operaciones**: working capital fund
__ **de previsión**: (UK) provident fund, contingency fund
__ **de renovación**: replacement fund
__ **de renta variable**: equity fund
__ **de reserva**: provision for contingencies, contingency fund
__ **de rotación**: working capital
__ **de trabajo**: working capital
__ **de una resolución**: substance of a resolution
__ **del litigio**: (leg) merits of a case
__ **del sinclinal**: structural low (geology)
__ **fiduciario**: trust fund
__ **fijo**: imprest fund
__ **marino**: sea-bed
__ **mutuo**: mutual fund
__ **mutuo con capital fijo**: closed-end mutual fund
__ **mutuo con capital variable**: open-end mutual fund
__ **oceánico**: ocean floor
__ **para coima**: slush fund
__ **para gastos menores**: imprest fund
__ **patrimonial**: (venture capital) captive fund (as opposed to independent fund)
__ **perdido, a**: outright, non-recoverable, on a non-reimbursable basis
__ **rotativo**: revolving fund
__ **sindicado**: (fin) pool
__ **social**: partnership assets or capital, assets of a corporation
fondos: funds, funding; capital
__ **a la vista**: (fin) same-day funds
__ **a un día**: (fin) overnight fund
__ **ajenos**: (Sp) loan capital, debt capital
__ **complementarios**: follow-up funds
__ **comprometidos**: obligated funds
__ **concesionarios**: soft funds

__ **congelados**: blocked funds
__ **de castigo**: contingency funds
__ **de cobertura de riesgo**: hedge funds
__ **de comercio**: business assets
__ **de depósito**: trust funds
__ **de desgravación**: (Arg) uncommitted funds
__ **de libre disponibilidad**: unrestricted funds
__ **de operaciones**: (Sp) working capital
__ **de previsión**: contingency funds; pension funds
__ **de reserva**: contingency funds
__ **de reserva matemática**: life funds
__ **de reserva para compra de acciones**: capital redemption reserve funds
__ **de semilla**: (fin) seed money
__ **de un crédito**: proceeds
__ **disponibles**: uncommitted funds, funds in hand
__ **en plica**: escrow funds
__ **en trámite**: float (banking)
__ **facilitados**: appropriation (budget)
__ **fiduciarios**: funds-in-trust
__ **fungibles**: fungible funds
__ **ilíquidos (inactivos)**: idle liquidity
__ **intercambiables**: fungible funds
__ **invertidos**: equity
__ **ociosos**: idle liquidity
__ **originados**: sources of funds
__ **para soborno**: slush funds
__ **patrimoniales**: shareholders' equity
__ **propios**: owner's equity; (internal) cash generation; capital and reserves; equity capital, shareholders' equity, corporate equity; (municipal government) own funds, locally generated revenues (as opposed to borrowings, grants)
__ **públicos**: public funds; government securities; gilt-edged securities; (Sp) public borrowings
  retirados: recalls (budget)
__ **traspasables**: (fin) fungible funds
fonoaudiología: audiology and speech pathology
fonograma: phonograph record, phonogram
fonola (fonolita): tarred, corrugated cardboard; roofing sheet
fontanería: plumbing (trade); plumbing fixtures; pipe work, piping; water supply system (fish culture)
forestaciones: (Arg) planted forests
forestal: forester
forfait: lump sum rate (customs)
forjado: floor framing; nogging
__ **a martinete (troquel)**: drop forging
forma: form, shape; mo(u)ld; manner, way (of doing something), pattern
__ **alta**: (for) high training (trees)
__ **, cambios de**: editorial changes
__ **de pago**: terms and conditions of payment
__ **de transporte**: mode of transport
__ **del terreno**: shape of the building lot
__ **ejecutiva, en**: enforceable
__ **, en buena y debida**: in good and proper form (credentials)

__ **gráfica**: pictorial form
__ **icnográfica**: ground plan, floor plan
__ **legal**: (leg) form prescribed by law
__ **numérica**: digital form
__ **prevista, en la**: as stipulated
__ **resumida**: short form
formas novedosas de financiamiento: creative financing
__ **, reconocimiento de**: (ed) pattern recognition
formación: training; educational background; (min) occurrence (of metals), upbringing (of child)
__ **-acción**: (ed) action training; participation training (role-playing, etc)
__ **artesanal**: craft training
__ **complementaria**: (ed) upgrading
__ **de administradores**: management education
__ **de consorcios**: syndication
__ **de instructores**: wholesale training; train the trainer (programs)
__ **de investigadores**: research training
__ **de la dirección**: management development
__ **de orientadores**: (ed) counselor training
__ **en el propio país**: retail training
__ **humana**: personal development, human capital formation
__ **intensiva**: rapid training
__ **previa al trabajo**: induction training
__ **profesional**: vocational training; skills development; (Sp) career training
__ **superior**: advanced training
__ **y adiestramiento**: (staff) development
__ **y perfeccionamiento**: education and training; basic and advanced training
formador de mercados: market maker
formal: pertaining to form; reliable, dependable, businesslike, levelheaded, serious-minded (person); serious (matter); earnest (desire); express (permission), correct (manner); established (business, as distinct from street vendor), structured (sector), salaried (workers)
formaleta: centering, form for concrete pipe
__ **deslizante**: sliding form, shuttering
formalidad: formality, formal requirement, established practice, usual procedure; reliability, trustworthiness
formalidades: requirements, formal steps, (leg) procedural requirements
__ **de cese**: (admin) check-out procedures
formalista: red tape
formalización: steps legally required to be taken; conclusion of a contract, ratification of a deal, perfection (security interest); delivery, execution (contract)
formalizar: to put in due form, legalize; execute or draw up (contract); put into effect (agreement); (sometimes) enter into (contract); (leg) execute (and deliver)
__ **a los pequeños empresarios**: to incorporate into the formal sector, mainstream

__ **en escritura pública**: to execute in a notarized document
__ **la póliza**: to sign the policy
__ **una comisión**: to establish a committee
formalmente: expressly (excluding)
formar expediente a: to initiate an administrative investigation
__ **parte de**: to become a party to; be a part or member of
__ **parte de un comité**: to sit on, be a member of a committee
__ **parte integrante de**: to be part and parcel of
formio chileno: New Zealand flax (hemp)
formón: wood chisel
fórmula: (chemical, mathematical) formula; (medical) prescription; recipe; prescribed words of document, clause, oath, etc; agreement, understanding, compromise, arrangements; boilerplate (standard legal language used in most contracts, wills, indentures, prospectuses, and other legal documents)
__ **de abono**: fertilizer ratio
__ **de competitividad**: competitive-need formula
__ **de equivalencias**: (aero) conversion formula
__ **ejecutoria**: writ of execution
__ **, por**: as a matter of form, for form's sake
__ **rígida**: hard and fast rule
fórmulas alimenticias: formulated foods
formulación de proyectos: (sometimes) project planning
__ **de sistemas de vigilancia nutricional**: planning of nutrition supervision programs
__ **de un proyecto**: project design
formular: to make (criticism, claim, complaint, request); express (wish); draw up (plan); pose (question); define (position); set forth, lay out, devise (solution), frame (policy)
__ **descargos**: to answer a charge; present views in writing
__ **descripciones**: (PR) to prepare inventories, draw up (draft) schedules
formulario de licitación: bid form
formularios en banda continua: continuous forms
__ **normalizados**: aligned forms
foro de consulta: arena for discussion; forum for parties to consult on issues
forraje: fodder, forage
__ **arbóreo**: tree fodder
__ **básico**: staple diet (animals)
__ **basto**: roughage
__ **celuloso**: roughage
__ **de corte**: soilage crop
__ **de gran masa**: roughage
__ **de relleno**: roughage
__ **en gránulos**: pelleted fodder
__ **partido**: broken fodder
__ **pratense**: grass fodder
__ **tierno**: soiling crop
__ **verde**: green feed, mixed fodder

__ **voluminoso**: roughage
forro de papel: book jacket
fortalecer: to strengthen, reinforce; encourage, support, assist
fortalecimiento institucional: institution building; strengthening or improvement of institutions
fortuito: random, unforeseeable
fortuna de mar: accidents at sea, damage at sea, sea damage, (ins) perils of the sea, sea-going risks
forzosamente: unavoidably, inevitably, necessarily; inescapably; compulsorily; by force
forzoso: involuntary (bankruptcy, savings), unavoidable, inevitable, inescapable; obligatory (service); forced (landing); compulsory (savings); mandatory (retirement age); (leg) apparent (heir)
fosa de captura: fish capture channel
__ **de guarda**: berm ditch (road)
fosca: undergrowth
fosfato mineral: rock-phosphate
fotocopia: photocopy
fotograma: frame (filmstrip)
fotogrametría: aerial surveying; aerial mapping photography
fotolito: (Sp) a mechanical
fototelegrama: facsimile telegram
fracción: part, portion, proportion; (Mex) tariff item; (Mex) subparagraph; subsection of a law
__ **aduanera**: (Sp) customs classification number
fraccionador particular: private developer (real estate)
fraccionamiento: housing subdivision
__ **de adquisiciones**: slice and package
__ **de las acciones**: stock split
__ **del cargamento**: breaking bulk, splitting of consignments
fraccionar: to break up, split, detach, subdivide
__ **por vencimientos**: to tranche
fragmentación de mercados: market segmentation
fragmentario: piecemeal (information); incomplete (data); sketchy (view of something)
fraguado: setting (cement)
fragüe: setting (cement)
frambesia: (med) yaws
francadora: postal meter
francamente: honestly, openly, freely; really, definitely, utterly, downright, positively
franco: candid, forthright (person); real, true, clear (improvement); loamy (soil)
__ **al costado del buque**: free-alongside
__ **bordo**: loadline mark, free board
__ **bordo, certificado internacional de**: international loadline certificate
__ **de carga y descarga**: (ot) free in and out (f.i.o.)
__ **fábrica**: ex factory (ex mill, ex works)
__ **transportista**: free carrier (named point)

583

__ **sobre el muelle**: ex quay
franelógrafo: felt board, flannel board, flannelgraph
franja: tariff band; (ed) track
__ **cortafuego**: fire lane
__ **del crédito**: segment (of the credit market)
__ **interior**: median strip (highway)
__ **política**: (Ch) TV time for political debates
franjas culturales de televisión: cultural television programs
franqueado por la ley: prepaid (postage)
franquear al uso público: to free for, make available for public use
franquía, salir a: to get into a free lane (ship); (fig) be free to act
franquicia: exemption, exoneration; free allowance (baggage); duty free importation; exemption from payment for some public service; (Arg) clearance (of vessel) for sea; (com) franchise; (ins) deductible; zero duty (duties)
__ **aduanera**: duty-free status of goods, duty free entry, exemption from customs duty; import privilege
__ **correspondiente a la primera pérdida**: (ins) first-loss deductible
__ **intermedia**: corridor deductible (health insurance)
__ **para equipaje**: baggage allowance
__ **postal**: franking privilege
__ **tributaria**: tax concession, tax holiday
franquicias y privilegios: exemptions and exonerations
franquiciante: franchiser
franquiciario: franchisee
fratas: (constr) float (cement)
fratría: siblings, sibs
fraude a la ley: (leg) fraud in law (constructive fraud)
__ **fiscal**: tax evasion
freático: *a* ground-water
frecuencia: regular sailing; scheduled flight; (st) occurrence
__ **de la clase**: (st) absolute frequency, class frequency
__ **de pulso**: pulse rate
frecuentación escolar: school attendance
frejol: (Chi) kidney bean
__ **de Castilla**: (Mex) kidney bean
__ **de palo**: pigeon pea
frenar: to hold back; check, restrain, slow down
freno: brake; (fig) disincentive, curb, restraint, check on
__ **fiscal**: fiscal drag
__ **y reactivación**: stop and go (policy)
frenos y equilibrios: checks and balances
frente: frontage (lot); (min) face (heading)
__ **a**: opposite to, facing; faced with; compared with, as opposed to, in contrast to, in comparison with, as against, rather than; in view of; in the presence of; in dealing with

__ **a, hacer**: to cope or contend with, confront, deal with, address (needs); meet (engagements)
__ **a la costa**: offshore
__ **, al**: carried forward
__ **corto**: (min) shortwall
__ **de arranque**: coal face, coal wall, working face, wall face
__ **de atraque**: (ot) berth(s)
__ **de laboreo**: (min) working face
__ **de trabajo**: work site, work front
__ **, del**: brought forward
__ **largo**: (min) longwall
frentes y techos de labores: (min) faces and backs of workings
frentista: frontage landowner
freza: spawning (fish); eggs of shellfish
frigorífico: cold storage plant, meat packing plant; reefer (ship)
frijol: kidney bean
__ **bocón chileno**: (Per) hyacinth bean
__ **chino**: cowpea
__ **chuncho**: (Per) yam bean
__ **de árbol**: (Mex) pigeon pea
__ **de Castilla**: (Mex) kidney bean; (Per) cowpea
__ **de costa**: cowpea
__ **de ojos negros**: cowpea
__ **de palo**: pigeon pea
__ **de tierra**: lablab bean, hyacinth bean
__ **para consumo en verde**: skinless-podded kidney bean
__ **para desgranar**: tough-podded kidney bean
__ **trepador**: lablab bean
frío: refrigeration
frisol: (Ec) kidney bean
frondosas: hardwoods
fronterizo: cross-border (traffic, trade)
frotis: (med) smear
fructífero: successful (effort)
fructificación: (agr) fruit set; fruiting; seed setting; (for) seed crop
__ **, año de**: seed year
fruta abrillantada (glaseada): glazed fruit
__ **de árboles de hoja caduca**: deciduous fruit
__ **de carozo**: stone fruit
__ **de pepitas**: pomaceous fruit
__ **escarchada**: (Sp) candied fruit
fruticultura: orchard production, fruit growing
frutilla: strawberry
fruto: result, outcome, consequence
__ **, dar**: to come into bearing (orchard)
frutos: benefits (of development), advantages (of peace)
__ **civiles**: (leg) civil fruits (rent, interest)
__ **de la tierra**: (leg) emblements
__ **del país**: agricultural products; (Arg) livestock products; national products, domestic commodities, home produce
__ **industriales**: emblements
__ **menores**: truck (market garden produce), vegetables and fruits

__ **pendientes**: (leg) standing crops
__ **secos**: nuts
fudre: cask
fuego de roza: brush fire
fueloil para calderas: residual fuel oil
fuente de agua pública: standpipe, standpost
__ **de alimentación**: (elec) power supply
__ **de columna**: standpost
__ **de contaminación a sotoviento**: downwind source of pollution
__ **de divisas**: foreign exchange earner
__ **fija**: (Chi) point source (pollution)
__ **fugitiva (no localizada)**: non-point source (of pollution)
__ **puntual**: point source (pollution)
fuentes de agua: water points, water sources
__ **de trabajo**: job opportunities
__ **públicas**: public standpipes
__ **solventes**: reliable sources
__ **tradicionales de energía**: conventional energy sources
fuera de dimensiones: off-ga(u)ge
__ **de esta hipótesis**: apart from this case
__ **de esta legislación**: save for, apart from this legislation
__ **de la bolsa**: over the counter (transaction)
__ **de la diligencia**: off-the-record
__ **de línea**: (comp) off-line
__ **de los casos de ley**: except as provided by law
__ **de lugar**: irrelevant
__ **de propósito**: beside the point
__ **de protocolo**: (El Sal) separately from the notary's register
__ **de rueda**: ex pit (stock exchange)
__ **de tiempo**: at the wrong time; time-barred
__ **de unas cuantas acciones**: save for a few shares
__ **del marco de**: independent(ly) of
fuero: forum, tribunal; (military, ecclesiastic, etc) jurisdiction, power, authority; privilege, charter, exemption, prerogative; law, body of laws, law code, a right
__ **auxiliar**: ancillary jurisdiction
__ **común**: ordinary jurisdiction; (Mex) civil court
__ **de manifestación**: habeas corpus
__ **eclesiástico**: ecclesiastical jurisdiction
__ **exterior**: court of law; (sometimes) statute law
__ **interno**: tribunal of conscience
__ **interno, en su**: within oneself, deep down, in one's heart of hearts
__ **maternal**: (Sp) maternity rights
__ **militar**: military jurisdiction; military court(s); military privilege
__ **parlamentario**: parliamentary privilege (i.e., freedom from arrest)
__ **privado**: private rights
__ **renunciable**: nonexclusive forum
__ **sindical**: (leg) legally autonomous status of trade unions
fuerza de cosa juzgada, tener: to have the effect of a final judgment

__ **de ley, adquirir**: to become operative, effective
__ **de sangre**: animal power, animal traction
__ **de tracción**: draught power
__ **ejecutoria, tener**: to be executed immediately (of a decision), to be enforceable
__ **laboral**: labor force, manpower
__ **liberatoria, de**: legal tender; acceptable in payment
__ **mayor, por**: owing to circumstances beyond our control
__ **obligatoria**: binding effect
__ **pública**: (leg) public power; law enforcement personnel
fuerzas de contracción: contractionary pressure
__ **de orden**: law enforcement agencies
__ **vivas**: community leaders; (sometimes) business community
fuga de capitales: capital outflow
__ **de captación (de intermediarios finan-cieros)**: disintermediation
fulminante: detonator cap, blasting cap
fumigación aérea: crop dusting
__ **de cosechas**: crop spraying
__ **de nubes**: cloud seeding
función: role (of an institution), responsibilities
__ **de asesoría**: (admin) staff function
__ **de dirección y ejecución**: (admin) line function
__ **de, en**: in terms of, varying with, depending on, keyed to, having regard to; conditional upon, on the basis of, based on
__ **de, ser**: to be dependent on, conditioned upon
__ **discriminante**: classification statistic
__ **empresarial**: management function
__ **informativa**: reporting function
__ **jurisdiccional**: the judiciary
__ **legislativa**: the legislature
__ **pública**: civil service, public service
__ **rectora**: leadership
funciones: terms of reference (experts)
__ **de referencia**: benchmark jobs
funcional: performance (characteristics); (sometimes) by type of activity (e.g. classification)
funcionalidad: functional relations; efficiency
funcionamiento: operation; performance
__ **, en pleno**: at full development
funcionario: public official
__ **autorizado**: authorizing officer
__ **de enlace**: focal point
__ **directivo**: (admin) line manager
__ **especializado**: subject-matter specialist
funcionarios: (USA) government workers, (UK) civil servants; (Mex) (leg) public officials (executive), public officers
__ **principales**: executive officers
__ **superiores**: senior level staff
fundación: endowment
__ **pirata**: (Col) phantom foundation
fundado: well-founded, admissible (evidence), justified (fears), substantiated (claims), reasoned (decision); reciting the authority on which it is based (enactment)

fundamentado: sound (criteria), founded, grounded, reasonable, justified, informed (guess)
fundamental: central (problem), basic (feature), radical (change), main (concern), primary (consideration), key (fact), crucial (issue), underlying (trend); essential (element); basic (research)
fundamentalmente: in the main, mainly, basically, essentially; radically, from the ground up
fundamento: basis, support, foundation(s), underpinning(s); grounds, reason, merits (of claim, etc); rationale (policy)
__ **de ley**: conclusion of law
fundamentos de derecho (ley): legal principles and facts, legal grounds, merits; conclusions of law, justification
__ **legales**: legal tenets, authority
fundándose en: on the principle that
fundar: to found, set up, establish (institution); base, ground on (argument)
__ **un agravio**: to file a complaint
__ **recurso**: to file an appeal
fundente: welding compound, flux
fundición: casting, smelting; foundry; cast iron
__ **blanca**: forge pig iron
__ **bruta**: (Arg) pig iron
__ **de acero**: cast steel
__ **de afinar**: steel-making iron
__ **instantánea**: flash smelting
fundo: (Sp) country property, estate; (LA) farm
fungible: consumable (supplies); (leg) fungible (things); fungible (funds, aid, securities, property); fungible, identical-type (products); (inventory) fungible (materials); fungible (goods, e.g. in trade treaties); interchangeable (funds); expendable (goods)
fungir: to act in some capacity
furgón: (rr) boxcar
furgoneta: delivery van; (sometimes) station wagon
furgonización: (rr) car loading
fusiforme: spindle shaped, spindly
fusión: merger, amalgamation
__ **de explotaciones agrícolas**: regrouping of holdings
__ **de las nieves**: snow-melt
__ **de los capitales**: capital merger
__ **de metales**: smelting
__ **horizontal**: merger of competing companies
__ **por absorción**: (Sp) takeover merger
__ **vertical**: merger of companies controlling successive stages in production
fusiones y adquisiciones: mergers and acquisitions
fustal: high forest; timber stage (of a tree)
fuste limpio: (for) free bole, clear bole; stem
futurología: art of forecasting the future

G

gabarra: lighter, barge, scow
__ **con entrante (muesca)**: notch barge
__ **sin motor (propulsión)**: dumb barge
gabarraje: lighterage
gabela: (Arg) tax
gabinete: doctor's consulting room; (physics or chemistry) laboratory; section (of a museum); cabinet (=team of ministers of an administration)
__ **de estudios**: engineering firm
__ **económico**: (Bol) economic planning team
__ **fantasma**: shadow cabinet
__ **, trabajo de**: desk work (as opposed to field work)
gacetilla: (Sp) press release
gafete: badge, name tag
gajes: "perks"
__ **del oficio**: risks of the profession, "occupational hazards"
galardonado: prizewinner
galatea: squat lobster
galeno: surgeon; quack; (Mex) physician
galería: (irr) tunnel; (min) (working) drift, level; concourse (airport); (for) gallery forest; (Per, Chi) (house) porch
__ **comercial**: shopping arcade, mall
__ **de acceso**: (min) adit
__ **de arranque**: (min) extraction drift
__ **de captación**: (min) gathering drift; collecting gallery
__ **de captación de agua**: infiltration gallery; collecting gallery
__ **de carga**: pressure tunnel; (min) loading drift
__ **de comunicación**: (min) traveling way
__ **de desagüe**: adit
__ **de descarga**: tailrace
__ **de extracción**: (min) stope
__ **de inyección**: grouting tunnel
__ **de ordeño**: milking shed
__ **de producción**: (min) drift
__ **de traspaso**: (min) draw point drift
__ **de ventilación**: airway
__ **forestal**: gallery forest
__ **forzada**: pressure tunnel
gálibo: clearance; (rr) clearance ga(u)ge
__ **de carga**: loading ga(u)ge
__ **para bombeo**: camber board (road)
gallardo: redfish
gallina para caldo: stewing hen
__ **ponedora**: layer
gallinero: chicken coop, poultry battery
gallineta: rockfish, redfish
gallo: megrim
galludo: rock salmon, spiny dogfish
galpón: shed, godown
__ **de exudación**: sweating shed (sheep)
galvanizar: to boost, give new life to, stimulate
gama: array, variety, choice, assortment, line (of products), range, series, spectrum

__ **de productos**: product range
gambusino: (Mex) free-lance miner
gambuza: provisions room (ship)
gamella: feeding trough; (Chi) pail, bucket; (sometimes) chute
gamonal: boss, chief; (Col) local political boss
ganadería: cattle, livestock; cattle ranch; stock raising, cattle breeding; national herd
__ **de carne**: ranching
__ **de leche**: dairy farming
__ **de montaña**: highland-cattle raising
__ **de subsistencia**: pastoral subsistence
__ **ligada a la tierra**: rangeland stock farming
ganadero: livestock owner, stockbreeder, cattle raiser, pastoralist
ganado: livestock, cattle
__ **a sacrificio**: slaughter animals
__ **comercial**: trade cattle, trade stock
__ **de abasto**: cattle for local consumption or market
__ **de ceba**: store cattle, fatstock
__ **de comercio**: trade cattle, trade stock
__ **de consumo**: beef cattle
__ **de corte**: beef cattle
__ **de doble aptitud (finalidad)**: dual-purpose cattle
__ **de engorde**: store cattle, fatstock
__ **de labor**: farm animals
__ **de levante**: "rearer" cattle, breeding cattle
__ **de (pura) raza**: blooded stock, pedigree cattle
__ **de recría**: feeder cattle
__ **de renta**: production livestock, livestock for production (as opposed to breeding)
__ **de repasto**: beef cattle
__ **de vientre**: breeding cattle
__ **en pie**: cattle on the hoof
__ **fino**: pure breeds
__ **flaco**: lean stock
__ **horro**: follower stock
__ **lanar**: (stock) sheep
__ **lanar y vacuno**: flocks and herds
__ **mayor**: heavy livestock, large animals (cows, mules, horses)
__ **menor**: small animals (sheep, goats, pigs)
__ **menor y mayor**: flocks and herds
__ **para carne**: fatstock
__ **para matar sin engordar**: grass-fed cattle, grassers
__ **para sacrificar**: fatstock
__ **parido**: cows in calf, wet stock
__ **sin engordar**: grass-fed cattle
__ **tambero**: (Arg) dairy cattle
__ **vacuno**: beef cattle
__ **vacuno de vida**: breeding cattle
ganancia: profit, earnings
__ **neta**: back value (energy)
ganancias contables: actuarial profits; (fin statement) (pre-tax) accounting income
__ **en divisas**: foreign exchange earnings
__ **eventuales**: capital gains, occasional earnings
__ **fortuitas**: windfall profits

__ **imprevistas**: windfall profits
__ **inesperadas**: windfall gains
__ **líquidas**: clear (net) profits
__ **matrimoniales**: property acquired during marriage, joint property
__ **obtenidas**: profit performance
__ **por diferencias cambiarias**: profit on exchange, exchange gain
__ **por valoración contable**: gains from valuation, valuation gain
ganaciales: (Chi) acquisitions
gancho: grab hook
ganchos: snags and stubs (tree)
gandul: pigeon pea
ganga: (min) gangue, run-of-mine (ungraded) material; waste material; (sometimes) overburden
gangrena recesiva: dieback
ganguil (de compuertas): hopper barge, hopper, mud lighter (dredger)
garabato: gambrel
__ **de canal**: meat hook
garante: guarantor; surety; underwriter (securities)
garantía: guarantee, guaranty; security, collateral; warranty
__ **a la vista**: on-demand guarantee
__ **accesoria**: collateral security
__ **condicional**: qualified guarantee
__ **contra la inflación**: hedge against inflation
__ **de buen fin**: performance bond, (com) guarantee of a bill
__ **de buenas condiciones de navegabilidad**: warranty of seaworthiness
__ **de, con**: backed by
__ **de ejecución**: performance bond
__ **de préstamo**: security for a loan
__ **de retención contractual**: retention money bond
__ **de seriedad**: bid bond
__ **de servicio técnico**: warranty
__ **de una deuda**: debt instrument
__ **del crédito a la exportación**: cover (export credit)
__ **en comandita**: collective security
__ **hipotecaria**: real-estate guarantee, mortgage
__ **incondicional**: absolute guarantee
__ **judicial**: (leg) security for costs and penalty, if any
__ **permanente**: continuing security
__ **prendaria**: chattel mortgage, collateral security
__ **previa**: customs deposit
__ **real hipotecaria**: collateral mortgage
__ **real o mobiliaria**: collateral, (fin) security interest
__ **real prendaria**: collateral pledge
__ **rigurosa**: ironclad guarantee
__ **secundaria**: collateral security
__ **, sin**: unsecured (note)
__ **solidaria**: joint and several guarantee

GARANTIAS

__ **subsidiaria**: collateral security
__ **vigente**: outstanding guarantee
garantías constitucionales: constitutional rights, civil liberties
__ **jurídicas**: (leg) legal safeguards
garantizado: guaranteed, warranted, secured, collateralized
garantizar: to guarantee, warrant, collateralize, vouch, answer for; secure (a note); underwrite (stock issue)
garañón: (Arg) stallion
garbanzo: chickpea
garfio: hook, grapple; gutter bracket
garita: (Mex) customs inspection station
garlito: pound net
garra comercial: (Sp) sales appeal
garrafa para la leche: milk churn
garrapata: cattle tick; ked (sheep)
garroba: carob bean
garrubia: cowpea
garrucha: sheave, pulley
gas artificial: manufactured gas
__ **carbonado**: air gas
__ **de cañería**: town gas, city gas
__ **de fábrica**: manufactured gas
__ **libre**: non-associated gas
__ **natural**: casing head gas
__ **pobre**: producer gas
__ **sucio**: raw gas
__ **volátil**: bottled gas
gases combustibles: power gases
gasoducto: gas pipeline
gasóleo: diesel oil
gasolina natural: casing head gasoline
__ **plomo**: high-test/high-octane gasoline
gastar: to spend, disburse; use up, exhaust, wear out
gasto: expense, expenditure, outlay; cost; spending; discharge, rate or volume of flow (spring); consumption (water); output (water)
__ **consuntivo de agua**: (irr) consumptive water use
__ **de consumo**: consumption expenditure
__ **deficitario**: deficit spending, overspending
__ **inútil**: waste of money
__ **libre**: free flow (water)
__ **programable**: discretionary spending
__ **total, método de**: (acct) absorption costing
gastos: spending
__ **a pagar**: accruals (expenses due and unpaid)
__ **accesorios**: incidental expenses; (Sp) contingencies
__ **al capital (al patrimonio)**: (acct) adjustment to shareholders' equity account
__ **amortizables**: (Sp) deferred expenses, deferred charges, capitalized expenses
__ **anticipados**: prepaid expenses
__ **bancarios**: (USA) activity charges
__ **causados, no vencidos**: accrued expenses, accrued liabilities

GASTOS

__ **causídicos**: expenses of a lawsuit, litigation costs (court costs, attorney's fees, and other expenses)
__ **centralizados**: unit-managed costs
__ **concurrentes**: associated costs
__ **conexos**: incidental expenses
__ **contabilizados**: recorded expenses
__ **corrientes**: recurrent expenses
__ **de acuñación**: brassage
__ **de adquisición**: prime costs
__ **de alijo y de muellaje**: lighterage and wharfage charges
__ **de amortización**: capital depreciation
__ **de apoyo**: backstopping costs
__ **de banco**: (USA) activity charges
__ **de capital**: capital expenditure(s), capital costs, capital outlay (for fixed assets)
__ **de comercialización**: selling and distribution expenses
__ **de constitución**: establishment costs, preliminary expenses, formation expenses
__ **de custodia**: safekeeping fees
__ **de descargo**: landing charges
__ **de detención**: carrying charges
__ **de embarque**: shipping charges
__ **de emisión**: flotation costs
__ **de equipamiento**: capital outlay (for fixed assets)
__ **de escala**: output costs
__ **de escrituración**: conveyance fees (real estate)
__ **de estadía**: (ot) demurrage charges; (Sp) per diem expenses
__ **de estudio**: (ed) costs of attendance
__ **de estructura**: (acct) management overhead, overhead, common costs
__ **de explotación**: operating (business) expenses, operational costs, business charges, trading expenses; (Col, Ur) customs duties, charges
__ **de fábrica**: burden, overhead, on-costs
__ **de habilitación**: installation costs; (housing) equipment costs; set-up costs, initial expenses, organization expenses
__ **de infraestructura**: capital costs
__ **de inmovilización**: fixed capital expenditure; capital expenditure(s), capital costs, capital outlay (for fixed assets)
__ **de instalación**: settling-in expenses (person); capital costs
__ **de inversión**: capital costs, capital expenditure(s), capital outlay (for fixed assets)
__ **de manipulación**: handling charges
__ **de menudeo**: out-of-pocket expenses
__ **de nacionalización**: import duties, charges
__ **de operación**: operating (business) expenses, operational costs, business charges, trading expenses; (Col, Ur) customs duties, charges
__ **de partida y llegada**: terminal expenses (personnel)
__ **de preparación**: run-on costs (printing)
__ **de primer establecimiento**: expenditures incurred prior to full production, preliminary

588

expenses, pre-operating expenses, start-up costs, set-up costs
__ **de promoción**: development expenses
__ **de propaganda**: advertising expenses
__ **de realización**: (Bol) processing expenses
__ **de remisión**: forwarding charges
__ **de remuneración de capital**: capital charges
__ **de representación**: representation allowance (budget item), entertainment expenses, hospitality expenses
__ **de situación**: (acct) transfer charges
__ **deducibles**: allowable expenses
__ **diferidos**: deferred charges, prepaid expenses
__ **diversos**: sundry expenses, sundries
__ **domésticos**: household expenses
__ **efectivos**: actual expenses
__ **estructurales**: overheads
__ **evitados**: saved expenses
__ **extraordinarios**: non-recurring expenses
__ **familiares, encuesta sobre**: family budget survey
__ **fijos**: fixed, overhead costs
__ **fiscales**: budget spending, government spending, public spending
__ **generales**: overhead, burden, on-costs
__ **generales de fabricación**: (Sp) factory overhead
__ **imprevistos**: contingent costs, expenses; contingencies
__ **imputados (presuntos, implícitos)**: imputed costs
__ **incidentales**: carrying charges; incidental, accessory expenses
__ **incurridos**: amount expended
__ **indirectos**: overhead, burden, on-costs
__ **inherentes**: incidental expenses; (sometimes) overhead
__ **iniciales**: organization expenses
__ **inmovilizados**: capitalized expenditures
__ **menores**: incidental, accessory expenses, out-of-pocket expenses, petty cash (fund)
__ **militares (para la defensa)**: (USA) defense appropriations (budget)
__ **no deducibles**: disallowed deductions (tax)
__ **no previsibles**: incidental expenses
__ **ordinarios**: (re)current expenses
__ **pagaderos**: accrued expenses
__ **periódicos**: recurrent expenses
__ **por arriendo de locales**: occupancy costs
__ **por conceptos**: objects of expenditure
__ **por pase a almacén**: cycling costs (customs)
__ **por periodificación**: (Sp) year-end adjustment
__ **prestatarios**: loan-connected expenses
__ **presupuestos**: estimated costs
__ **públicos**: public spending, government outlays
__ **suplidos por**: expenses incurred by
__ **temerarios**: (leg) costs vexatiously caused
__ **varios**: sundry, miscellaneous expenses
__ **virtuales**: imputed costs
gaveta: (Mex) grave, tomb

gavilla: (UK) sheaf, (USA) bundle
gavilladora: (agr) grain binder
gea: gaia (non-living resources), the earth
gema: log; bud
gemación: budding (plant)
gendarmería nacional: (Arg) National Border Patrol; (Chi) corps of prison guards
gendarmes de custodia: (UK) warders, (USA) prison guards
generación: (sometimes) (elec) generating capacity
__ **de fondos**: cash flow
generaciones: crops (of fish)
__ **"vacías"**: low birth-rate years
generador de fondos: cash cow
__ **de ingresos**: job oriented (programs)
general: general (interest); common (custom); across-the-board (reduction); overall (view, demand, growth), prevailing (opinion), universal (bank)
generales: (leg) particulars (of a person)
__ **conocidos**: (leg) personal circumstances having been established
__ **de la ley**: (leg) personal circumstances as to which all witnesses must be questioned (age, civil status, business, interest in the case)
generalidad: almost all, most, the bulk, the majority of, the rank and file; generality
generalidades: general introduction, background information, general remarks; introduction to or summary of a subject, overview; background, general terms
generalización: extension, dissemination, diffusion, spread (of technical knowledge), widening (of armed conflict)
generalizado: pervasive (phenomenon); extensive, widespread (poverty); common (practice); general (problems); disseminated (disease)
generalizarse: to come into general use, become common, popular, general, usual; win recognition; spread (of customs, habits), become widespread
generalmente: in the main, mostly, usually, in most cases, frequently, normally, as a rule, more often than not
generar: to generate (all senses); (fig) engender (strife), kindle (hopes)
genérico: generic (not protected by trademark) (drug); general, one-size-fits-all, cookie-cutter (approach), nonproprietary (name); *n* article that can be supplied by several suppliers
géneros crudos (sin blanquear): gray goods
generoso: generous, noble, liberal, beautiful, open-handed; full-bodied (wine)
genética del algodón: cotton breeding
__ **vegetal**: plant breeding
genetista: plant breeder
genial: inspired (work), brilliant (idea), outstanding (work), creative (artist); apt, witty (remark)

genoteca: gene bank, germ-plasm bank, seed bank
gente de mar: seafarers
geografía económica: economic or statistical geography
geoponía: cultivation with soil
gerencia: management, manager's office
gerente de cartera de valores: portfolio manager
__ **de colocaciones**: (fin) underwriting manager
__ **de operaciones**: project manager (project)
__ **general ejecutivo**: chief executive officer (CEO)
germen: (for) seedling
gestación, período de: payout period (project), lead time (project)
gestar: to create, produce; broker (agreement); forge, build (consensus)
gestión: step taken or effort made to attain an end or deal with a matter; measure; arrangement; management, conduct (of a business), performance (private sector); (Bol) fiscal year; period of administration; term of office; (sometimes) business year; (sometimes) activity, activities, work (of an organization)
__ **administrativa**: administrative management
__ **administrativa flexible**: free-form management
__ **ambiental**: environmental management, stewardship
__ **colectiva**: collective management (intellectual property)
__ **de caja**: cash management
__ **de calidad**: quality control
__ **de expedientes**: record management
__ **de liquidez**: cash management
__ **de los asuntos**: conduct of business
__ **de sistemas**: systems engineering
__ **de tesorería**: (Sp) cash management
__ **debida**: due diligence
__ **del activo disponible**: cash management
__ **empresarial**: corporate operations
__ **fiscal**: fiscal performance, tax planning
__ **gubernamental**: government policy
__ **judicial**: proceedings
__ **minimalista**: lean and mean management
__ **por objetivos**: management by objectives (MBO)
__ **tecnológica**: technology-oriented management
gestiones: negotiations, steps, démarches; dealings, arrangements
__ **, hacer**: to take steps, approach, make arrangements, attend to a matter
gestionar: to take the necessary steps to obtain or attain something, procure (a passport, entrance to, resolution of a matter); negotiate (a sale, loan); manage (a business); arrange for (a loan); take action, take a matter up with, arrange, transact, handle, deal with
gesto: facial expression, look on a person's face; gesture

gestor: manager, business agent; managing partner; attorney in fact; (Sp) expediter; agent hired to do paperwork for real-estate or other transactions; (sometimes) tax accountant
__ **comercial**: promotor
gimnasia médica: remedial exercises
gira de promoción: (fin) road show
girador: maker (note)
girar: to rotate, revolve around; turn on, center on, deal with, concern (conversation, lecture), change direction, turn; remit money by bills of exchange; draw, send drafts; conduct a business; do business, trade; (intr) operate, be established (of a business)
__ **a cargo de**: to draw against
__ **cheques de cancelación**: to issue checks for payment
__ **contra (sobre)**: to draw on
__ **en torno de**: to be based on
giro: rotation, revolution; turn (of events, of the conversation), shift; remittance, transfer, draft (bill of exchange); line of business; drawdown, drawing (funds)
__ **angular**: deformation (geology)
__ **bancario**: banker's draft
__ **contra documentos**: arrival draft
__ **, cuenta de**: current account
__ **de buque**: berthing turn of vessels entering port
__ **de capital**: rollover of capital
__ **de existencias**: inventory turnover
__ **de fondos**: remittance
__ **de fundaciones**: tiltings (geology)
__ **documentario**: documentary draft
__ **doloso de cheques**: (leg) fraudulent drawing of checks
__ **en descubierto**: (Arg) overdraft
__ **, patente de**: business license
__ **postal**: postal money order
__ **sin responsabilidad**: drawing without recourse
giros al exterior: foreign payments
glaciales: (Chi) pack ice
glaciares activos: living glaciers
glaseado: glazing (fish)
global: aggregate (amount), lump (sum), all-embracing (transformation), comprehensive (report), overall (demand), total (cost), across-the-board (increase); in its entirety; blanket (authorization), consolidated (budget), all-in (contract), all-inclusive (price), package (deal), universal (membership), world (trade)
globalidad: universality (of a theory)
globalizador: umbrella (provisions)
globalmente: across the board, in the aggregate
globo de ensayo: trial balloon, "feeler"
__ **sonda**: pilot balloon
glorieta: traffic circle, rotary intersection; (UK) roundabout
glosa: auditing (in tax accounting)
__ **arancelaria**: tariff item or heading
glosar: to audit

glosopeda: foot-and-mouth disease
goa: pig iron, bloom
gobernable: governable, manageable
gobernabilidad: governance
gobernación: (Chi) Governor's Office
__ **marítima**: port authorities
gobernadores: (tech) regulators (turbine)
gobierno beneficiario: recipient government, aided government
__ **de transición**: caretaker government
__ **, para su**: for your guidance
gobiernos territoriales: (Col) provincial or municipal governments
goce de una pensión: pension entitlement
golpe de agua: flash flood
__ **de arriete**: water hammer, pressure surge
__ **de frío**: stunning of animals
goma de Basora: Karaya gum
góndola: (Chi) bus (now replaced by *bus*)
__ **de ferrocarril**: freight car
goniómetro: direction finder
gorgojo: (agr) weevil
__ **del algodón**: boll weevil
gota de leche: milk kitchen
gotero: (irr) drip valve
gozar de: to be eligible for, qualify for (exemption); have (full enjoyment of), possess, enjoy (good reputation); draw (pension)
__ **de las prestaciones**: to be entitled to the benefits
gracias a: as a result of, because of, with the help of, by dint of, by means of, through, owing to
grada: slip, slipway, building slip, building berth; (agr) harrow; (min) stope
__ **de lanzamiento**: slip, slipway
gradeo: (agr) harrowing
gradillas: brick molds, holding racks
grado: (ed) degree; (leg) grade or degree of a crime
__ **de acuerdo**: measure of agreement
__ **de alcohol**: alcoholic strength, percentage proof
__ **de autonomía financiera**: equity rating
__ **de cobertura de la enumeración**: (st) completeness of enumeration
__ **de concentración**: concentration level
__ **de cumplimiento**: level of compliance
__ **de desarrollo (de un mercado financiero)**: depth (of a financial market), market depth
__ **de eficiencia**: efficiency
__ **de ejecución**: status (of ongoing projects)
__ **de elaboración**: stage (of processing)
__ **de espesura del bosque**: stocking
__ **de estado de sitio**: degree of state of siege
__ **de inclinación**: steepness (of a curve)
__ **de instrucción**: (ed) educational attainment
__ **de integración nacional**: (Mex) proportion of domestic content
__ **de preparación para el cálculo numérico**: numeracy

__ **de reacción**: responsiveness
__ **de realización de capital**: capital intensity
__ **de riesgo**: (bank) exposure
__ **de solvencia**: credit rating
__ **de validez estadística**: statistical reliability
__ **máximo**: (Chi) (leg) maximum term (of imprisonment)
grados de libertad: (econ) degrees of freedom
graduación de créditos: (Sp) credit ranking; order of preference of claims (bankruptcy)
gradual: gradual, step by step, phased; progressive (development)
gradualismo: phased approach
gradualmente: by degrees, progressively, step by step
graficar: to plot, map, illustrate, describe
__ **X en función de Y**: to plot X against Y
gráfico: graph, chart, diagram, figure
__ **circular**: pie chart
__ **de barras**: bar chart, bar graph
__ **de circulación**: flow chart; process chart
__ **de columnas**: column graph, (sometimes) histogram
__ **de corriente**: flow chart
__ **de dispersión**: scatter diagram
__ **de ejecución de obras**: construction progress chart (project)
__ **de equilibrio**: breakeven chart
__ **de fajas**: bar chart
__ **de franjas**: band chart, strata chart
__ **de frecuencia**: histogram
__ **de movimiento**: flow chart
__ **de perforación**: (Ven) well log
__ **de puntos**: dot chart
__ **de recorrido**: flowchart
__ **de sectores**: pie chart
__ **de secuencias**: flow chart
__ **de situación**: (admin) working table, performance chart, management chart
__ **de trabajo**: work record sheet
__ **reversible**: flipchart
grama: (Guat) grass, Bermuda grass
__ **china**: (Per) Johnson's grass
__ **de la India**: vetiver
gramaje: weight of paper
gramalote: Para grass; (Col, Ec) dallis grass
gramíneas: grasses
Gran Caribe: Wider Caribbean Region
gran industrial: captain of industry
__ **minería**: large-scale mining
Gran Malvina: (Arg) West Falkland
granadilla: (Arg) passion fruit
granazón: seed-setting, seed formation; earing
granel, a: in bulk, loose (goods)
granelero: bulk freighter
__ **para minerales en agua**: bulk sludge ship
granero: grain elevator
granja: farm, farmstead (farm plus buildings on it); agricultural holding
__ **avícola**: poultry farm
__ **carpícola**: carp farm

__ **escuela**: technical husbandry or farm school
__ **establo**: dairy farm
__ **experimental**: pilot, model farm
__ **lechera**: dairy farm
__ **modelo**: demonstration farm, pilot farm (technology transfer)
__ **trutícola**: trout farm
grano entero (arroz): head rice
__ **perdido**: flush finish (mortar)
granos alimenticios: food grains
__ **forrajeros**: feed grains
__ **partidos**: broken kernels (rice)
granulación: pelleting (minerals)
granulometría: size distribution, grading of aggregates, grain size (gold)
__ **del suelo**: soil texture
granvaca: greywacke
granzas: dross (metal); nuts (coal); chaff; (Chi) crushed stone; crushed ore; gravel; stone screenings
granzón: (Ven) run-of-bank gravel (road surfacing)
grapadora: stapler, stapling machine
grapas: staples
grasa butirométrica: butterfat
__ **, cantidad y distribución de**: finish (cattle)
__ **de riñón de buey**: suet
__ **en rama**: leaf fat
__ **pella**: loose fat
grasas de matadero: slaughter fats
gratificación: bonus, award (extra payment for special duties), gratuity, bounty (premium); allowance; (sometimes) (political or financial) reward
__ **de vuelo**: flight pay
gratificaciones acumuladas por servicios prestados: accrued service benefits
grato: pleasant (to hear), pleasing (to taste), agreeable (person); acceptable (to a government); gratifying
gratuidades: "freebees"
gratuito: cost-free (capital, etc), free of charge, free, gratis, at no cost to; blithe (assumption)
grava: gravel, road metal
gravable: assessable, liable
gravado: assessed, taxed, burdened, encumbered; pledged (assets)
gravamen: obligation; tax, impost, levy, assessment, lien, encumbrance, charge, security interest (judgment or statutory lien)
__ **a las importaciones**: import levy
__ **fiscal**: fiscal charge
__ **marítimo**: (leg) maritime lien
__ **privilegiado**: first lien
__ **sobre impuestos no pagados**: (Sp) tax lien
__ **sobre la cosecha**: crop lien
__ **sobre la plusvalía**: betterment levy
__ **sobre los activos**: lien
gravámenes a la propiedad: real estate taxation

__ **comerciales**: trade levies
__ **, sin**: unimpaired (of capital)
__ **y embargos, exento de**: exempt from encumbrances and attachments
gravar: to impose or levy a tax or charge on; encumber property (by a mortgage, easement, privilege, license, lease, lien, etc); burden
grave: serious (illness, mistake), gross (negligence), solemn (tone), lowpitched (sound), elevated (style), severe (wound)
gravilla: chippings (road surface)
gravitación: impact, seriousness (of a problem); influence
__ **a, dar más**: to accentuate
__ **fiscal**: tax load, burden
gravitar en: to influence (situation)
__ **sobre**: to rest on, lie on, weigh on, burden
gravosidad: hardship
greda: marl, clay
gredal: clay pit
gredoso: chalky (soil)
gremialismo: trade unionism
gremio: association or group of persons in the same trade; trade association; trade union
__ **del oficio**: horizontal trade union
__ **por oficios**: craft union
gres: sandstone
grifo: tap, faucet, standpipe, standpost, cock, bibcock, fire plug
__ **comunitario (público)**: communal tap
grillete: clevis (container lifting)
grilleteras: shackles
grisú: firedamp
grosella: red current
__ **china**: kiwi
__ **espinosa**: gooseberry
__ **negra**: black current
__ **roja**: red current
__ **silvestre**: gooseberry
__ **verde**: gooseberry
grosista intermediario: (com) secondary wholesaler
grúa automóvil: cherry picker
__ **de gran luz**: long-span crane
__ **de mástil**: derrick crane
__ **de muelle**: (port) dock or wharf crane, shore side crane
__ **de pluma**: derrick crane
__ **de pórtico**: gantry, bridge crane
__ **gemela**: twin-lift crane
__ **hidráulica**: (rr) water column, water hydrant, track standpipe
__ **portuaria**: gantry, top lifter
grúas del buque: ship apparel
grueso: *n* cobble conglomerate
grumo de caucho natural: hevea crumb
grumos de petróleo: oil clots
grupaje: (ot) goods grouping system, joint cargo system; consolidation (cargo); bulking (cargo, orders)

grupo de asesores (consejeros, peritos): brain trust
__ **de avanzada**: advance party
__ **de condiscípulos**: (ed) peer group
__ **de egresos**: objects of expenditure (budget)
__ **de generadores**: generating set, power plant
__ **de nivel**: (ed) set (of students)
__ **de países representados**: constituency (of a director in an international bank)
__ **de pertinencia**: (st) relevancy tree
__ **de presión**: lobby(ists), special interest group, pressure group
__ **de promoción**: lobby
__ **de reflexión**: brain trust, think tank, special (ad hoc) study group
__ **de sociedades de inversión**: fund family
__ **de sondaje**: fact-finding group
__ **de trabajo**: task force, working group, working party
__ **de trabajo especial**: ad hoc working party
__ **económico**: group of business enterprises; business group
__ **electrógeno**: generating set
__ **especial**: panel
__ **familiar**: household
__ **marginado**: deprived group
__ **no familiar**: institutional household
__ **paritario**: peer group
__ **Pelton de 25 MV**: Pelton unit rated at 25 MW
__ **prioritario**: target group
__ **representativo**: cross-section
__ **sanguíneo**: blood type
__ **solidario**: community group, cooperative group
__ **testigo**: control group
grupos de egresos: (fin) objects of expenditure
__ **desfavorecidos**: underprivileged groups
guacamole: (Mex) avocado pear
guacamote: (Mex) cassava, manioc, mandioc(a)
guadua: (Col) bamboo; cane for construction
guaipar: pompano
guaipe: cotton waste
guajalote: (Mex) turkey
gualele: (Bol) banana
guamiles: (Hon) weeds
guanábana: (Per) soursop
guandú: pigeon pea
guantes: (Mex) goodwill (for renting premises)
guapote: pompano
guarango: dye-wood tree
guarda: (f) custody, safekeeping; fly leaf (of a book)
__ **de cota (bosque)**: (m) game warden
__ **permanente de vehículos**: dead storage of vehicles
guardalmacén: warehouseman
guadabosque: forest ranger, game warden
guardacantón: corner spur stone, wheelguard
guardagua: (irr) flashboard
guardapesca: fish watch

guardapolvo: (Chi) (constr) beading
guardar relación con: to match, be consistent with, be in proportion to
guardería de niños: day care center
__ **infantil**: day care nursery
guardia: (ot) watch keeping
__ **acostado**: speed bump
guarijos: (Nic) peasants
guarismo: arabic number, figure, digit
guarismos y por extensión, en: in figures and in words
guarnición: lip (of dam); (Mex) curb
guarniciones: harnesses and saddlery
guarnicionería: harness and saddle making
guarro: hog, pig, swine
guata: cotton batting, wadding
guate: (Hond, El Sal) tender ear of corn used for forage
guaya: (Ven) wire
guayaba: guava apple
__ **del país**: (Per) feijoa
guayacán: persimmon
guedeja: tuft (wool)
guía: handbook, manual; (telephone) directory; (rr) timetable; (com) waybill; permit; (comp) prompt
__ **aérea**: air waybill
__ **comercial**: commercial (trade) directory
__ **de aduana**: (Arg) custom house clearance
__ **de carga**: waybill
__ **de circulación de una mercancía**: transire excise bond (customs)
__ **de despacho**: waybill
__ **de embarque**: tally sheet, ship's receipt; bill of lading
__ **de estudios**: (ed) curriculum guide
__ **de exportación**: export waybill
__ **de internación**: (Arg) import permit
__ **de museo (galería de arte)**: (m) docent
__ **de tránsito**: customs permit, bond note
__ **de tránsito de mercancías**: transit permit
__ **de verificación**: check list
__ **práctica**: field guide
guijarros: pebbles, cobbles, boulders; shingle (beach)
guillochera: rose engine (bank notes)
guinda: sour cherry
guindaleza de amarre: towing hawser
guíndola: life buoy
guineo: (Ec) banana
guión: outline of a speech, lecture, etc; script (for radio); scenario (film)
__ **definitivo**: shooting script (cinema)
__ **radial**: radio spot
guita: twine; (CA) money
guitarra: guitar fish
gunita: shotcrete
gusano barrenador: screw-worm
__ **rojo**: pink bollworm (cotton)
gusto agradable, de: palatable

H

ha lugar: (leg) action lies
__ , **en cuanto**: pursuant to law
haba: broad bean; (Ur) horse bean, faba bean
__ **caballar (caballuna)**: horse bean
__ **menor**: field bean
__ **verde**: lima bean
haber: assets; (acct) credit side of entry; credit balance of a customer; salary; wages
__ **en el banco**: credit balance in the bank; cash in banks (balance sheet)
__ **líquido en numerario y en depósito de banco**: cash balance / gold, currency and bank deposits
__ **lugar a**: to be cause for
haberes: salary, property, resources
__ **diferidos**: prepaid or unearned income; deferred credits
__ **inmovilizados**: capitalized assets
__ **jubilatorios (previsionales)**: pensions, pension benefits
__ **monetarios**: currency holdings
__ **pasivos**: (Sp) pension
__ **y beneficios**: salary and allowance
habichuelas verdes: string beans, green beans
habilidad: skill (rather than intelligence); tact
__ **lingüística**: language skill
habilitación: qualification (invest a person with qualities for or make a thing fit for doing something); authorization; financing; upgrading (of housing); putting land into production; (sometimes) job training; entitlement (to do something); fitting out, equipping (buildings, houses); empowerment (women); (Arg) workers' participation in profits; employees' profit sharing
__ **de crédito**: allotment of credit
__ **de crédito agrícola**: provision of farm credit
__ **de créditos**: allotment of funds, allotment (budget)
__ **de cuenta bancaria**: opening of bank account
__ **de la base aérea**: development of the air base
__ **de los terrenos**: land development
__ **de nuevos yacimientos**: development of new oil fields
__ **de seguridad**: (security) clearance
__ **de tiempo de servicio**: credit for service time
habilitaciones presupuestarias, cuenta de: budget allotment account
habilitado: authorized, eligible, accredited, qualified to act; legally entitled to act; responsive, acceptable (bids)
__ **para**: equipped for
__ **(para pagos)**: paymaster
habilitante: qualifying (shares, clause); enabling (letter)
habilitar: to entitle, empower, enable or qualify a person to do something; (leg) declare competent, eligible, authorized to do something; equip or fit out for use; provide with, supply, furnish means; finance, advance credit
hábitos de consumo: consumption patterns
__ **de trabajo intelectual**: (ed) academic self-discipline
habitual: usual, customary, regular (supplier, customer)
habitualidad: (leg) recidivism
hablando en general: broadly speaking
hacendista: public finance manager or expert
hacer a: to affect, have a bearing on, be relevant to, be pertinent to, relate to
__ **agua**: (ot) to spring a leak
__ **bajar los precios**: to degress, depress prices
__ **constar**: to point out, mention, state, set forth, put on record
__ **constar por escrito**: (leg) to reduce to writing
__ **de**: to act as, serve as, work as; pretend to be
__ **efectiva una garantía**: to realize a security
__ **efectivo**: to cash (check), encash (promissory note), convert into cash; collect from, recover (cost), enforce (penalty)
__ **el balance**: to balance the books
__ **fracasar**: to derail (plans, etc)
__ **presente**: to point out, remind
__ **que**: (+ subjunctive) to cause; (+ indicative) to pretend, make out
__ **saber**: to give notice
__ **suponer**: to imply
__ **suyo**: to adopt, approve, endorse, espouse
__ **valer**: to assert (right), enforce (claim, guarantee), bring to bear
hacerse a: to become accustomed to, get used to
hacienda: (Per, Chi, Arg) cattle; livestock; (CA) plantation; (fin) treasury, finance; property; (agr) farm, plantation; cattle ranch; (ind) plant, works
__ **de fundición**: smelter
__ **de maquila**: custom smelter
__ **vacuna**: beef cattle
hacina: pile, heap, stack; (Mex) hayrick
hacinamiento: overcrowding (in housing)
hacinar: to pile, heap, stack; crowd (persons)
halador mecánico: net trawler
halagüeño: attractive (prospects), promising (developments)
halita: rock salt
halofitas: halophytes (plants that thrive in salty soil)
hampa: the (criminal) underworld
hampón: crook, racketeer, gangster, thug
haras: stud farm
harina de carne: tankage, meat flour
__ **de huesos**: bone meal
__ **de tankage**: (CR) bone meal
__ **de vainas**: hull meal
__ **desaceitada**: low fat flour
__ **fósil**: diatomaceous earth
__ **gruesa de sorgo**: sorghum grits
__ **sin desaceitar**: full fat flour

__ **y polvo de pescado**: fish flour(s) and meal(s)
harinas alimenticias: food meals
__ **y sémolas de pescado**: fish flours and meals
harinillas: middlings
harnear: to screen, sift
harnero: sieve, sifter
hartazgo (hartura): saturation (market); glut (market)
hasta ahora: so far, thus far, hitherto, hithertofore
__ **cierto punto**: in a sense, in some degree, after a fashion, to a certain extent, in a way, in some measure
__ **donde alcanza la memoria**: as far back as we can recall
__ **dos**: no more than two
__ **el 22 de junio**: on or before June 22, through June 22, up to and including June 22
__ **la saciedad**: (leg) to full satisfaction
__ **más no poder**: to the limit
hastiales: (min) sidewalls of a gallery
hato: flock, herd; (Ven) cattle ranch
__ **abierto**: open herding
__ **lechero**: dairy herd
haz: (st) bunch map
haza: tillable land
hazaña: deed, exploit; feat, remarkable achievement
hecho: an act, action; deed, exploit; fact; (leg) legal point, issue; event, development, happening, incident, occurrence
__ **cierto**: matter of fact
__ **constitutivo de causa de acción**: (leg) cause for action
__ **consumado**: accomplished fact
__ **, de**: factual (error, declaration); *adv* in point of fact, as a matter of fact; actually
__ **establecido**: matter of record
generador: taxable event
__ **generador de la obligación**: assessable event (social security)
__ **ilícito civil**: tort
__ **imponible**: taxable event
__ **jurídico**: (leg) juridical event (i.e. one that has legal consequences)
__ **lesivo**: damage
__ **memorable**: "one for the book"
__ **notorio**: fact of common knowledge
__ **positivo**: matter of fact
__ **procesal**: incident of the trial
__ **puntual**: isolated event (i.e., not indicative of a trend)
__ **tipificado**: (leg) criminally defined offense
hechos articulados: cited facts
__ **de príncipe**: (ins) restraint of princes (ship); (sometimes) acts of State (sovereign acts of government that are not challengeable)
__ **diferenciales**: distinguishing characteristics
__ **en litigio**: (leg) events at issue
__ **positivos**: favorable developments; factual data
__ **suscitados**: (Ec) facts that have come to light
hechura: shaping (poles, railway ties, etc)

hegemonía: supremacy
__ **aérea**: (aero) rule of the air
hélice de paso variable: variable pitch propeller
helicicultura: snail breeding
heliografía: blueprint
hembra de cabeza de línea: foundation cow
hembras entoradas: bred cows
__ **maduras**: ripe females (fisheries)
hemeroteca: newspaper library
hemiciclo: body of a hall, floor (of conference room)
hemograma: blood count
henequén: sisal
henificación: haymaking
henil: hay-loft
herbaje: grassland
herbazales: grassland
herborización: plant collecting
heredero aparente: (leg) putative heir
__ **forzoso**: heir apparent, forced heir
__ **universal**: (leg) residual legatee, general legatee
herederos y causahabientes: heirs and assigns
herencia vacante: unclaimed estate, estate in abeyance
__ **yacente**: unclaimed estate, estate in abeyance
herido voluntario: self-inflicted wound
hermanamiento de ciudades: town twinning
hermandad: fraternal society
hermano carnal: (leg) sibling of the whole blood (i.e. same mother and father)
__ **de doble vínculo**: sibling
__ **de leche**: foster brother
__ **uterino**: half brother
herradero: branding of animals
herrajes: door fittings
herramental: set of tools, tool kit, tool bag
herramienta mecánica: power tool
__ **motriz**: power tool
herrete: branding iron; ear tag (animal)
heterodoxo: unorthodox
heterogeneidad: diversity, (ethnic) mix
heterogéneo: disparate, motley, hodge-podge, mixed bag, dissimilar, incongruous, mixed (results)
hevea: rubber tree
__ **, semillas de**: rubber seeds
hibridación: cross-breeding(cattle); interbreeding (fish)
hidratante: moisturizing
hidráulica: *n* water engineering, hydraulic engineering; *a* water delivery
__ **fluvial**: flood control
hidrocarburos: hydrocarbons, hydrocarbon minerals, petroleum and natural gas
hidroenergía: hydraulic power
hidrografía: (ot) maritime survey
hidroponia: tank farming
hierba de India: Guinea grass
hierbas: forage (uncut grass)
hierra: branding of animals

HIERRO

HOJA

hierro acerado: semisteel
___ **bruto**: pig iron
___ **colado**: cast iron
___ **comercial**: merchant iron
___ **de fundición**: cast iron
___ **dulce**: wrought iron
___ **en lingotes**: pig iron
___ **estañado**: white iron
___ **forjado**: wrought iron
___ **fundido**: cast iron
___ **para estirar**: wire bar
___ **para la construcción**: structural iron
___ **perfilado**: structural shape
higiene buco-dentaria infantil: oral hygiene of children
___ **del trabajo**: occupational health
higienización: sanitation
higienizar: to disinfect
higo chumbo: (Mex) prickly pear
higuerilla: castor bean, castor
hijo legítimo: lawful issue
___ **natural**: illegitimate child
hijos natos: "favorite sons" (local political candidates)
hijuela: branch drain; (irr) spur ditch; (Chi) farm (resulting from division of larger holding), small rural estate; (leg) portion of an inheritance; schedule of participation
hijuelar: (Chi) to parcel, divide an estate
hijuelo: plant shoot; (for) sucker
hilacha: raveled thread
hilachas: rags; (com) pulled and garnetted rugs
___ **de seda**: pulled silk
hilada: (constr) course (masonry)
hilado: yarn, thread
___ **de fibra continua**: filament yarn
hilados: spun goods
hilera: (agr) windrow; (comp) string; (constr) course (of bricks)
hilerador: (agr) windrower
hilerar: (agr) to windrow
hilo de lino: floss yarn
hinca de pilotes: pile driving
hincapié en, hacer: to insist on; emphasize, underline, underscore, make a special point of; dwell on
hincha: fan, supporter, rooter (football)
hinchamiento: heaving (geology)
hinojo: fennel
hipérico: St. John's wort
hiperinflación: runaway inflation
hipódromo: (Sp) baggage carousel
hipogloso: halibut
hipoteca: security interest; mortgage
___ **colectiva**: blanket mortgage
___ **de prioridad**: first mortgage
___ **judicial**: mortgage ordered by a court
___ **marítima (naval)**: mortgage on a vessel, on a ship
___ **mobiliaria**: (Sp) chattel mortgage
___ **posterior (secundaria)**: junior mortgage

___ **prendaria**: chattel mortgage
___ **sobre bienes muebles**: chattel mortgage
___ **superior**: underlying mortgage
___ **viva**: outstanding mortgage
hipotecar: to encumber (burden) with a mortgage; mortgage landed property
hipótesis: assumption, supposition, theory, scenario
___ **básica**: baseline scenario; (sometimes) base case scenario
___ **, como**: for argument's sake
___ **, en la misma**: likewise
hipotético: assumed; notional
hirame: Japanese sole
histograma: (st) frequency diagram, column diagram
historia clínica: (med) case history, personal history
historial: record, curriculum vitae; background; performance or "track record" of an institution; experience
___ **clínico**: case history
histórico: past (experience); (event) of great importance
hito: survey monument; boundary marker; signpost; guidepost; (fig) breakthrough; landmark; (CPM) milestone; target
hogar censal: household
___ **de adopción**: foster home
___ **de guarda**: foster home
___ **de transición**: (leg) halfway home
___ **familiar**: private household
___ **individual**: (st) one-household structure
___ **materno**: mothercraft center
___ **residencial**: group home
___ **unipersonal**: (st) one-person household
hoja de análisis electrónica: (comp) spreadsheet
___ **de asistencia**: employment record, personal record, time sheet
___ **de cálculos**: (Sp) (comp) spreadsheet
___ **de calificación**: (st) worksheet
___ **de cobertura**: (ins) cover note
___ **de control**: log
___ **de distribución de costos**: (comp) spreadsheet
___ **de ejercicios**: (ed) worksheet
___ **de metal**: foil
___ **de presencia**: time and attendance report, time sheet
___ **de recuento**: tally sheet
___ **de reseña**: (comp) spreadsheet; worksheet
___ **de ruta**: consignment note, waybill, manifest; batch card; note card, work card, move card
___ **de salida**: (comp) print-out
___ **de salida de cómputos**: print-out
___ **de servicio**: employment record
___ **de trabajo**: (comp) spreadsheet; worksheet
___ **de vida**: service record
___ **electrónica de cálculo**: (comp) spreadsheet; electronic worksheet
___ **informativa**: fact sheet
___ **suelta**: fly sheet, loose sheet

__ **útil**: sheet written on both sides, all lines filled (notarial document)
hojas plásticas para cubrir el suelo: film
__ **y coronas de remolacha azucarera**: sugar-beet tops
hojalata: tinplate, sheet metal
hojarasca: haulms, litter, dead leaves
hojear: (comp) to browse
holgura: float (CPM)
hollejo: grape skin
hombre tipo: reference man
homenaje del autor, ejemplar con: presentation copy
__ **a, en**: as a tribute to
homicidio accidental: involuntary manslaughter
__ **accidental no culpable**: death by misadventure
__ **accidental no culposo**: excusable homicide
__ **calificado**: aggravated homicide
__ **culposo**: felonious homicide; culpable homicide
__ **doloso**: felonious homicide, willful homicide
__ **inculpable**: justifiable homicide, excusable homicide
__ **intencional**: (UK) felonious homicide; (USA) murder in the first degree; willful homicide
__ **involuntario**: (UK) manslaughter, (USA) murder in the second degree; unintentional homicide
__ **piadoso**: merciful homicide; mercy killing
__ **por imprudencia**: negligent homicide
__ **sin premeditación**: manslaughter
__ **voluntario**: (UK) felonious homicide; (USA) murder in the first degree
homoclave: (Mex) (unique) taxpayer identification number or identifier
homogenizar: to unify, standardize
homologación: (leg) confirmation; probate of a will, official approval; clearance; licensing (vaccine); certification (of seed); clearance and acceptance (engineering plans); registration (standards); accreditation (by an authority)
__ **de la adopción, sentencia de**: adoption order
__ **de un modelo**: design type approval
__ **de una tarifa**: official approval of a tariff (scale of charges)
__ **judicial**: probate
__ **, servicio de**: (ed) accreditation service
homologar: (leg) to confirm, ratify, approve; accredit (studies)
homólogo: *a* counterpart (personnel); *n* opposite number
hondonada: ravine; saddle; depression
honestidad: (leg) integrity
hongo: fungus; mushroom
honor (para mí es un): privilege
__ **de informar, tener el**: to beg to inform
honorario condicional: contingent fee
honorarios fijos: flat fee
__ **por disponibilidad**: retainer fee

honrar: to be a credit to (his profession)
hora oficial (legal): standard time
__ **de la verdad**: showdown
horas de navegación: running time (ship)
__ **extraordinarias**: overtime
__ **hábiles**: working hours, business hours
__ **huecas**: off-peak hours
horario comercial: business hours
__ **flexible, móvil, variable (de trabajo)**: flexitime, flextime, flexible working hours
horizonte: (fig) outlook, knowledge; target date; target period; layer (soil)
hormigón aireado: air-entrained concrete
__ **alveolar**: foamed concrete
__ **celular**: aerated concrete
__ **centrifugado**: spun concrete
__ **compacto**: voidless concrete
__ **de escorias**: cinder concrete
__ **de tierra**: stabilized earth
__ **fresco**: green concrete
__ **impulsado**: shotcrete
__ **proyectado**: shotcrete
hormigonera: batch mixer, concrete mixer
hornada: batch; melt (steel)
hornillo solar: solar cooker
horno: kiln, furnace, oven
__ **de coquificación**: coking oven
__ **de foso**: pit kiln
__ **de fusión autógena**: flash furnace
__ **de hogar abierto**: open-hearth furnace
__ **de pudelar**: puddling furnace
__ **de recocer**: annealing oven (furnace)
__ **de reverbero**: reverbatory furnace, air furnace
__ **de solera**: hearth oven
__ **discontinuo**: batch oven or furnace
__ **estacionario**: pit kiln
__ **fijo**: pit kiln
__ **forrajero**: underground silo
__ **Martin**: open-hearth furnace
horquilla de derechos: duty range (customs)
__ **de precios**: price bracket
__ **elevadora**: fork lift
hórreo: (Sp, Mex) elevated silo, granary
hortalizas: garden truck; vegetables
__ **de primor**: (Per) early vegetables
hortelano: small truck farmer
horticultura doméstica: home gardening
hospital: (service) hospital
__ **clínico**: (Sp) teaching hospital
__ **de cabecera**: medical center
__ **de consulta**: referral hospital
__ **de corta estadía (estancia)**: acute care hospital
__ **de remisión**: referral hospital
__ **de utilidad común**: voluntary hospital
__ **diario**: (PR) outpatient clinic
__ **docente**: teaching hospital
__ **en pabellones**: cottage hospital
__ **escuela**: teaching hospital
__ **pediátrico**: children's hospital
__ **universitario**: medical college hospital

hostelería: catering trade
hostigamiento sexual: sexual harassment
hotelería: catering trade
hoy en día: in these times, nowadays
__ **por hoy**: in these times, nowadays
hoya: basin; drainage basin, watershed
__ **hidrográfica**: (UK) catchment area; (USA) watershed
__ **tributaria**: drainage basin
hoyas de productos lecheros: dairy lands
hoyado: dibbling
huacal (guacal): wooden crate; gourd vessel
huaico: (Per) mudflow, mudslide, landslide (in river); washout; ravine; gully, gorge, draw
huaiquerías: badlands
hualput(r)a: type of alfalfa
huarizo: cross between alpaca and llama (inferior quality wool)
huasipunguero: (Ec) sharecropper
huata: cotton batting
huayco: (Per) mudflow, mudslide, landslide (in river); washout; ravine; gully, gorge, draw
huecograbado: (Sp) photogravure
huecos de entrada: forklift pockets
__ **de estiba**: broken stowage
huelga alternativa: staggered strike
__ **con ocupación de locales**: sit-down strike
__ **de advertencia**: token strike
__ **de brazos caídos**: sit-in or stay-in strike
__ **de celo**: work to rule, go-slow strike
__ **de hostigamiento**: guerrilla strike
__ **de solidaridad**: sympathy strike
__ **desautorizada**: illegal strike
__ **descabellada**: wildcat strike
__ **intergremial**: jurisdictional strike
__ **loca**: illegal strike
__ **no negociada**: (Sp) wildcat strike
__ **pasiva**: go-slow strike
__ **salvaje**: wildcat strike
__ **simbólica**: token strike
huelga decir: needless to say
huella: trail (i.e., non-engineered road)
huerta: large truck farm, large market garden
huertas comerciales: market gardens, truck farms
huertero: (Per, Chi) orchard farmer
huerto: kitchen garden, vegetable garden, truck garden; orchard
__ **de hortalizas**: truck farm
__ **familiar**: allotment garden
huevas: hard roe, eggs of fish
__ **y lechas de pescado**: fish roe (hard and soft)
huevos: fish seeds
huijolo: (Mex) turkey
hule: oilcloth; (Mex) rubber
hules: oiled fabrics
hulla: coal
__ **blanca**: water power
__ **brillante**: hard coal
__ **grasa**: soft coal, bituminous coal
hullera: colliery, coal mine

humanizar: to give a human dimension to
humedad: moisture (content); (min) damp
__ **fija**: (agr) field water
humedales: wetlands
humus: mulching material
__ **bruto**: duff
__ **dulce**: mull
hundimiento: (min) caving; sublevel caving; (fig) plunge (of market)
__ **de los precios**: collapse of prices
__ **por bloques**: (min) block caving
hurapo: (Chi) guava tree
hurgadores: trash pickers
hurto: larceny, theft
__ **calificado (con circunstancias agravantes)**: (leg) aggravated larceny
__ **de menor cuantía**: petty larceny
husillo de carpintero: vise
husmeador: (comp) sniffer
huso: spindle
__ **horario**: time zone

I

icopar, bolitas de: (Col) popcorn (packing material)
icteria: jaundice
ictiogenética: fish breeding
ictiólogo: fish specialist
idea fundamentada: informed opinion
__ **genial (feliz, luminosa)**: brainwave
__ **sugestiva**: attractive idea
ideal: (leg) legal (person)
idear: to conceive (idea), devise (method), think up (way of doing something), develop (theory), invent (plot), design
ideario: ideology; idea, thinking, doctrine
identidad cultural: cultural identity, cultural integrity
__ **de personas**: paging (meeting)
__ **de propósitos**: singleness of purpose
identificación con la comunidad: sense of belonging
__ **de la comunidad (con el proyecto)**: (sense of) ownership (of the project)
__ **de necesidades**: needs assessment
__ **de objetivos**: goal seeking
identificador: (comp) tag
ideólogo: framer (constitution)
idioma que hace fe: ruling language (contract)
idiosincrasia de una nación: national character, genius of a nation
idoneidad: suitability for; fitness for; qualifications for; eligibility (criteria); capability, competence
__ **ecológica**: environmental soundness
idóneo: qualified (witness); competent, skilled (personnel); suitable, fit, qualified for, sound

(ecologically), appropriate; the right (person, skills)
ignorar: to be unaware of, not to know (facts), ignore, not pay attention to, disregard (regulations)
iguala: retainer (fee); contract for service; (DR) health management organization (HMO)
igualación de derechos: alignment of entitlements (pension fund)
igualdad: (admin) equal treatment (of bidders)
__ **de circunstancias, en**: other things being equal
__ **de condiciones**: level playing field
igualmente: also, too, in addition
ilegal: wrongful (act); unlawful, that is contrary to law, illegal
ilegitimidad: (leg) want of capacity, disqualification
ilícito: *a* that is contrary to law, unlawful, illegal; illicit (contrary to law, morals or public policy); *n* a wrong (criminal offense)
ilmenita: (min) ilmenita (a mineral composed of iron and titanium); titanium ore
ilotismo industrial: sweating
ilusión: illusion; (unfounded) hope, dream, desire; excitement, eagerness
__ , **hacer a uno la**: to get excited about, look forward to, thrill
__ , **hacerse la**: to fondly imagine, conceive the hope that
__ , **trabajar con**: to work with a will
ilusiones: wishful thinking
ilusionado: excited about, full of high hopes about
ilusorio: idle, deceptive, vain, misleading, unrealistic, pointless
ilustración: artwork (documents)
ilustrar: to instance, illustrate a point; enlighten, give someone an understanding of; explain; instruct; throw light on
ilustrativo: in point (case); eloquent, enlightening, clarifying, explanatory
imagen: frame (filmstrip)
__ **de sí mismo**: perception of self
__ **fiel y adecuada**: (acct) true and fair view (of financial position)
imágenes fijas: "stills", still pictures
__ **obtenidas mediante teleobservación**: remote sensing imagery
imagenería: (med) imaging techniques, (computer) imaging
imaginería: religious imagery, sacred images
imbornal: sewer inlet; outfall (road); scupper (ship)
imbricación: overlapping, interdependence; "packaging" (of projects)
impacto: (ed) outcome(s)
imparcial: fair (trial); fairminded; neutral, unbiased; evenhanded
impartir: to grant, bestow on; provide (education); (leg) dispense, mete out, deliver (justice)
impedido: disabled, handicapped

impedimento: obstacle, hindrance; hitch; (leg) estoppel
__ **legal**: (leg) legal impediment, disqualification
__ **por escritura**: estoppel by deed
__ **por falta de declaración**: estoppel by silence
__ **por hechos externos**: estoppel in pais
__ **por negligencia**: estoppel by laches
__ **por razón de conducta**: estoppel by conduct
__ **por registro público**: estoppel by record or by judgment
impedir: to hinder, prevent, keep from, bar (from doing); (leg) estop, frustrate
impeditivo: (leg) impeding, impeditive
impenetrable: unfathomable (puzzle); inscrutable (smile); mysterious (ways of God); close (secret)
imperante: prevailing (policy, theory, wind), current (trend)
imperativamente: direly (in need)
imperativo: *a* imperious (person), peremptory, urgent (need); mandatory (provisions, planning, rules); *n* essential requirement, imperative need, absolute need; (leg) requirement
imperativos económicos: economic requirements, economic considerations
imperfección: flaw, blemish, fault, defect, shortcoming
__ **de título**: cloud on title
imperio, facultades del: (leg) powers of a (the) judicial authority
__ , **por contrario (leg)**: by reversing its (his) decision in the exercise of its (his) prerogative
imperioso: urgent, pressing (need), imperative, compelling (circumstances), overriding (need)
impertinente: out-of-place; indiscrete (question); irrelevant, uncalled for, beside the point
impetrar: to obtain (by entreaty); beg for, beseech; (leg) ask for, solicit, apply for, petition for, entreat
__ **auxilio**: (leg) to demand assistance
ímpetu, adquirir: to gain momentum
__ , **dar**: to boost, spur on, breathe new life into, have a tonic effect on, energize
implacable: ruthless, relentless, unrelenting
implantación: adoption (methods), introduction (prices), installation (system); establishment, location (industry); (Sp) implementation, start-up
__ **de tepes**: sodding
implantar: to adopt (fees, mechanisms, system, principles); establish (planning process); introduce (methods, procedures); implement, set up, start
implementación (de un programa de estudios): introduction (of a curriculum)
__ **de un sistema**: development of a system
__ **y ejecución de un proyecto**: development and execution of a project
implicancia: legal or moral incompatibility; legal impediment; implication; (leg) plea that judge

is party to a suit or has an interest in it (conflict of interest)
implicar: to involve (someone in something); connote (meaning); entail (expense); have as a consequence, bring about, be attended by, associated with
implícito: constructive (authority); implied (intention), underlying (cost)
__, **llevar**: to imply (recognition)
impluvio: baffle (rain water)
imponente: (bank) depositor, (social security) contributor
imponer: to impose, subject to (obligations); command (respect); place or deposit (money); levy (taxes); assess, impose (fines); set (price); inform; acquaint someone with (facts); be called for, be essential
imponerse: to be imperative, indispensable; gain ground, gain acceptance, win recognition
__ **a**: to (be able to) assert oneself; compel (recognition), command (respect), outshine (others)
__ **de**: to find out about, obtain information about, take note of (letter)
__ **una obligación**: to assume an obligation
imponible: dutiable, taxable
importación definitiva: retained import, import for consumption
importaciones denunciadas: offending imports
__ **directas**: through importing (i.e. all the way to the end user)
__ **efectuadas**: actual imports
__ **invisibles**: non-merchandise imports
importancia: importance; significance, import, moment, consequence, emphasis; size, magnitude, extent, scope, scale
__ **a, dar**: to make a point of
__ **a, dar mayor**: to give more weight to
__ **a, restar**: to downplay
__, **carecer de**: to be immaterial
__ **relativa**: (acct) materiality
__, **revestir**: to be important, significant, meaningful; affect
importante: important, significant, meaningful; sizable, large, appreciable (amount); material (evidence); major (element); key (factor), solid (basis, foundation)
importar: to import, introduce into a country (goods, customs); (acct) be valued at; amount to; (intr) be important, matter; total, aggregate; count
importe: cash value of something; amount; value (bill of exchange); proceeds (loan)
__ **adeudado**: amount due (owing)
__ **de las ventas**: sales proceeds
__ **exigible**: amount due, amount owing
__ **global**: lump sum
__ **total**: aggregate amount
imposibilitar: to prevent, stop, make unable; preclude

imposición: tax; (bnk) deposit; duty, import, levy; local rates; (acct) assessment of amount payable (taxes, duties)
__ **a tanto alzado**: presumptive or empirical assessment of taxation
__ **de impuestos**: assessment of taxes
__ **de oficio**: administrative taxation
__ **de precios por el fabricante**: resale price maintenance
__ **de un tope**: capping
__ **fiscal en origen**: (Sp) taxation at source
impositor: (bnk) depositor
impostergable: not to be put off, immediate
impoventa: (Col) sales tax, value added tax
imprescindible: absolutely necessary, essential, imperative, indispensable
imprescriptibilidad: (leg) inapplicability of the statute of limitations
imprescriptible: inalienable (right); indefeasible
impresión tipográfica: letter-press printing
impreso: (printed) form or sheet; (pl) printed matter (postal service)
__ **de computadora**: print-out
__ **de solicitud**: application form
imprevisión: shortsightedness, lack of foresight, improvidence
imprevisto: unforeseen, unexpected, sudden
imprevistos: (acct) contingencies, unforeseen expenses
imprimación: priming (first filling of canal or reservoir); (Arg) priming coat, penetration coat (asphalt)
imprimir: to impress, stamp, print, (fig) impart (greater efficiency), transmit (movement); inspire (respect)
improbar: to disapprove, reject (something)
improbo: enormous, tremendous (effort); arduous, thankless (task); (leg) dishonest, corrupt, unprincipled
improcedencia: (Mex) case rejection notice (antidumping regulations)
improcedente: irrelevant, beside the point; uncalled for; inappropriate; unsuitable; unsustainable (objections); (leg) unfounded, without merit, inadmissible (appeal), unwarranted; out of order
improductivo: unprofitable; unsound (investment); nonearning (assets), nonperforming (loans)
impronta terrestre: (irr) land imprinting
improrrogable: non-renewable
improvisado: improvised, impromptu (speech, argument); rough-and-ready, makeshift (repair), ramshackle (housing), off-the-cuff
improviso: unexpected, unforeseen, sudden, without warning, by surprise
impuesto: tax; rate; charge; duty
__ **a cuenta**: prepayment (tax)
__ **a la persona física**: capitation tax
__ **a la primera venta**: (Arg) first-sale tax (cattle)
__ **a la transmisión patrimonial**: property transfer tax

IMPUESTO

__ **a las ganancias**: (Arg) corporate income tax
__ **a las sociedades**: corporate tax
__ **a los beneficios eventuales**: capital gains tax
__ **a los bienes muebles**: personal property tax
__ **a los capitales**: capital stock tax
__ **a pagar**: tax liability
__ **a tanto alzado**: composition, formula, or lump-sum tax
__ **al consumo**: excise tax
__ **al gasto**: expenditure tax
__ **al patrimonio accionario**: (Per) tax on corporate net worth
__ **burocrático**: nuisance tax
__ **causado**: (Per) tax payable
__ **cedular**: schedular tax; (Chi) income tax; poll tax
__ **concertado**: forfeit tax, lump-sum tax
__ **de arraigo**: land tax
__ **de capitación**: head tax, community charge, poll tax
__ **de capitación extranjera**: alien head tax
__ **de cascada**: cumulative (multi-stage) tax
__ **de compensación**: countervailing duty
__ **de constitución**: start-up tax
__ **de cooperación**: (CR) levy
__ **de equiparación de intereses**: interest equalization tax
__ **de etapa única**: single-stage tax
__ **de explotación**: royalty tax
__ **de franquicia**: (Ec) stamp tax
__ **de herencia**: inheritance tax, estate tax, death duties
__ **de igualación de intereses**: interest equalization tax
__ **de inmigración**: head tax
__ **de patente**: franchise tax
__ **de permanencia**: (Pan) head tax
__ **de primera venta**: (Arg) (agr) first-sale tax (produce, cattle)
__ **de privilegio**: franchise tax
__ **de producción**: severance tax (petroleum)
__ **de reabsorción**: (Arg) guaranteed sales tax
__ **de rueda**: road tax
__ **de salida**: departure tax, airport tax
__ **de sucesión**: inheritance tax, estate tax, death duties
__ **de tranquera**: (Arg) (agr) first-sale tax (produce, cattle)
__ **de transacciones patrimoniales**: (Sp) capital transfer tax
__ **de tránsito**: road tax
__ **de valorización**: betterment levy
__ **de valorización nacional**: (Col) property improvement tax
__ **de vialidad**: (El Sal) net worth tax
__ **en cascada**: multi-stage tax
__ **en suspenso, sistema de**: ring system (taxes)
__ **escalonado (por tramos)**: graduated (income) tax
__ **específico**: special purpose tax
__ **global(izado)**: formula, composition, or lump-sum tax

IMPUESTO

__ **inflacionario**: inflation tax
__ **inmobiliario**: land tax
__ **liquidable**: assessed tax
__ **mercantil**: business income tax
__ **monofásico**: single-stage tax
__ **negativo sobre la renta**: tax credit
__ **personal**: capitation tax
__ **por obras de mejoramiento**: betterment levy
__ **predial**: (Col) real estate tax
__ **presuntivo**: presumptive tax
__ **profesional**: occupational tax
__ **progresivo (sobre la renta)**: graduated (income) tax
__ **raíz**: withholding tax
__ **real**: impersonal tax
__ **retenido en la fuente**: withholding tax
__ **según uso final**: end-use tax
__ **sobre beneficios inesperados (eventuales)**: (USA) windfall profits tax
__ **sobre bienes**: capital tax
__ **sobre donaciones y legados**: gift tax
__ **sobre el capital**: capital tax
__ **sobre el capital movible**: (Per) tax on interest
__ **sobre el incremento (la ganancia) de capital**: capital gains tax
__ **sobre el patrimonio**: tax on net worth; (Per) general property tax (includes income)
__ **sobre el patrimonio empresarial**: corporate property tax
__ **sobre el patrimonio neto**: (Sp) wealth tax
__ **sobre el tráfico de empresas**: turnover tax
__ **sobre el valor agregado (añadido)**: value added tax
__ **sobre el volumen (la cifra) de negocios**: turnover tax
__ **sobre ingresos mercantiles**: (Mex) business (corporate) income tax
 sobre la extracción: severance tax (petroleum)
__ **sobre la fortuna**: general property tax, wealth tax
__ **sobre la nómina a cargo del empleador**: employer's payroll tax, manpower tax
__ **sobre la plusvalía**: betterment levy
__ **sobre la plusvalía de capital**: (Sp) capital gains tax
__ **sobre la renta presuntiva**: presumptive taxation
__ **sobre la utilización de recursos naturales**: severance tax
__ **sobre las patentes**: business tax
__ **sobre los bienes**: property tax
__ **sobre los bienes personales no incorporados al proceso económico**: (Arg) personal assets tax
__ **sobre servicios**: use tax
__ **sobre transacciones bursátiles**: (USA) stock transfer tax
__ **sucesorio**: estate duty, death duties
__ **sustitutivo**: in-lieu tax
__ **territorial**: land tax, property tax; (min) acreage tax

impuestos a cuenta sobre los pagos de intereses:

withholding taxes on interest payments (non-residents)
__ **a pagar**: accrued taxes (balance sheet entry)
__ **en mora**: delinquent taxes
__ **internos**: internal charges
__ **jubilatorios**: social security taxes
__ **locales**: rates
__ **municipales**: rates
__ **no acumulados**: non-cascading taxes
__ **no permanentes sobre la propiedad**: non-recurrent taxes on property
__ **permanentes**: recurrent taxes
__ **repercutibles**: (Mex) reciprocal taxes (i.e. taxes shared by two taxpayers)
__ **selectivos a la producción y al consumo de bienes**: excise tax
__ **sobre herencias, legados y regalos**: estate, inheritance, and gift taxes
__ **susceptibles de repercusión**: (Mex) taxes to which reciprocity might (could) apply
__ **vencidos**: accrued taxes
impugnación: (leg) objection, exception; (Arg) rebuttal
__ **de crédito**: (com) rejection of a claim
impugnar: to contest, challenge (decision, interpretation); attack (opinion, theory); impeach (testimony, judgment); (leg) object, take exception to, attack as a nullity
impulsar: to further, advance, boost, promote, expedite (integration); drive, urge forward, propel; force, constrain (to do something); fuel (growth); trigger, spark, accelerate
impulsión: discharge (pump)
__ **, tubo de**: pressure pipe, pressure line
impulsiones: pressure pipes
impulso: momentum; drive (person); boost, movement (given to something); take-off; (motivating) force, stimulus, fillip, impetus; incentive, thrust
__ **a, dar**: to give a fillip to; trigger, prompt
impulsor: impeller
imputabilidad: (leg) criminal liability
imputable a: accounted for by, attributable to
__ **al cumplimiento de funciones oficiales**: service-incurred (injuries, etc)
imputación: application or investment of funds, apportionment (credits)
__ **de las utilidades**: allocation of profits
__ **de los gastos**: application of expenditure
__ **estática, método de**: (st) cold-deck method of allocation
__ **estática, valores de**: (st) cold-deck values
imputado: *a* alleged (facts); *n* the accused (before he is committed for trial), defendant
imputar: to attribute to, impute to; assign, allocate, apply (funds); charge or credit (account); allocate (profits, charges); set against (tax payable); charge against (quotas); (fin) deduct, charge, debit, appropriate; (leg) impute, ascribe, charge, accuse
__ **al ejercicio siguiente**: (acct) to bring forward

inaccesible: prohibitive (price); unapproachable (person); unaffordable, beyond the means (reach) of
inactividad: sluggishness, dullness (market)
__ **del capital, costo de**: carrying cost of capital
inadaptación: maladjustment
inadecuación: maladjustment
inadecuado: inappropriate, unsuitable, flawed, insufficient, unsatisfactory; unsound; mal- (absorption, distribution); unacceptable; misplaced (emphasis); ineffective (with, having weaknesses, weak points or shortcomings); inadequate (transportation facilities); leaving something to be desired
inadmisibilidad: (leg) irreceivability
inadmisible: out of order (proposal, motion, amendment)
inadvertencia: slip, oversight, carelessness
inafectabilidad: (leg) non-attachability
inafectable: (Hond) (leg) unexpropriable
inamovilidad: (admin) tenure right; irremovability (of a judge); security of tenure
inanición: starvation; (fig) stagnation
inapelable: final (decision)
inaplicabilidad: lack of relevance
inapreciable: invaluable, inestimable, priceless (support); insignificant, imperceptible (difference)
inarmónico: discordant
inasistencia a clases: (ed) truancy
inaugurar: to open (shop, bank, school, meeting); unveil (statue); usher in (epoch)
incapacidad: incapacity, incompetence, disability
__ **de trabajo**: disablement
__ **jurídica**: (leg) civil disability; lack of legal capacity
__ **legal**: (leg) statutory disability, disability at law
__ **médica**: medically certified disability
__ **o siniestro**: impairment or injury (occupational health)
incapacitado: (leg) underage, legally disqualified; handicapped, disabled, (leg) incompetent (person)
incapacitar: to disqualify (a bankrupt)
incautación: (leg) seizure by authority of goods or property; attachment, impoundment, forfeiture
__ **de activos extranjeros**: taking over of foreign assets; requisitioning (of assets abroad)
__ **de bienes privados en el exterior**: requisitioning of private assets abroad
__ **de tierras**: appropriation of land
incautar: to seize, impound, attach
incendio de matorrales o malezas: brush fire
__ **de bosques (de monte)**: wild fire
__ **doloso (intencional)**: arson
incentivar: to energize, boost (exports)
incentivo: inducement, stimulus, challenge, spur, (fig) kicker
__ **comercial**: market-based incentive

incesantemente: steadily, continually
incidencia: incidence; (leg) burden, tax, charge, assessment; bearing on, influence, consequence, effect, impact; frequency (disease, accidents); range of occurrence (tree), applicability, repercussion; implication
__ **de la inflación**: (Sp) impact of inflation
__ **sobre el beneficio**: profit impact
incidental: incidental; (leg) accessory (action)
incidente: (leg) incidental plea, interlocutory proceeding, matter or motion
__ **de apelación**: (leg) cross-appeal
__ **de nulidad**: (leg) motion for dismissal
__ **de oposición**: (leg) exception
__ **del abandono del procedimiento**: (leg) incidental plea of abandonment of action
__ **procesal**: incidental plea; interlocutory matter; preliminary issue
__ **, trámite de**: (leg) interlocutory pleading
incidentes de comercio: goodwill and fixtures
incidir en: to make (mistake), commit (error); affect, influence, act on, have a bearing on, be a factor in, impinge on, have implications for, have repercussions on, make itself felt in, apply to
incidirse: to make itself felt
incineración: ashing (experiment), open burning (solid wastes)
inciso: subparagraph, sub-subparagraph, clause, section
incitación: challenge
incitar: to encourage, induce, prompt, provoke
inclinación: inclination; dip (stratum), pitch (roof), batter (wall); slope, slant; (st) bias
__ **de una curva**: steepness of a curve
incluir en el temario: to place on the agenda
__ **como factor**: to factor in
inclusa: (Sp) orphanage
inclusión aduanera: enclave
__ **arancelaria**: tariff coverage
incluso: including; even; (at beginning of sentence or parenthetically) additionally
incoar una causa: to institute proceedings
incógnita: unknown quantity; mystery; hidden reason
incólume: safe, unharmed, uninjured; (fig) intact (principles)
incompatibilidad: conflict (of duty, interest); inconsistency
incompetencia: unsuitability (for a post); (leg) lack of jurisdiction; want of authority
__ **profesional**: malpractice
incompresible: irreducible (need)
incomunicado: in solitary confinement
inconcuso: cogent (reasons), undeniable, incontestable, incontrovertible, indisputable
incondicional: unconditional (surrender); absolute (obedience), unquestioning (faith), unfailing, steadfast (friendship); full, staunch, wholehearted (support); unwavering (supporter), outright (purchase)
inconducente: useless, inadequate
inconfesable: ulterior (motive)
inconformidad: dissent
inconsciente: unaware, oblivious; unintentional; reckless, irresponsible, thoughtless
inconsistencia: lack of consistency, irrelevancy, discrepancy; insubstantiality (argument)
inconsistente: lacking substance; weak, unsound (argument); flimsy (excuse)
inconstante: fickle, erratic, changeable, variable
incontrolable: runaway (inflation)
incontrovertido: undisputed (fact)
inconveniente: *a* inadvisable, inexpedient, disadvantageous, objectionable, improper, unseemly, not a good _, not the right _ (idea, time, approach); *n* disadvantage, obstacle, impediment, difficulty; snag, handicap, drawback, hurdle
inconvenientes, poner: to raise objections
incorporación de mano de obra no capacitada: dilution of labor
__ **de reservas**: (Sp) capitalization of reserves
incorporaciones suplementarias: (for) recruits (of trees)
incorporado: built-in; embodied; integral with
incorporar: to add (one thing to another); insert (article); invest (capital); absorb (manpower); employ, hire, engage, recruit (staff); include (in a document); add (to the agenda), take (seat on a Board), embrace (new technologies); build in (consultation arrangements); (trade agreement) impose (disciplines)
incorporarse: to enter (modern sector, labor market); fit or be fitted into (a system); join (movement); take up (job)
incorpóreo: intangible (assets)
incorrección: impropriety
incremento de capital: capital gain; capital increase
__ **por antigüedad**: (admin) longevity step
__ **vegetal**: natural increase (population)
increpar: to chide, reprehend, reprimand, rebuke
incruento: humane (killing); bloodless (coup)
incubabilidad: breeding ability (chickens)
incubación: hatching (eggs)
incubadora: brooder (fish)
inculcado en: ingrained, implanted in
inculpación: (leg) indictment
inculpado: *a* held for trial; *n* the accused (before he is committed for trial); untried prisoner, defendant
incumbencia: obligation, duty, concern; province, purview, bailiwick; (leg) jurisdiction (over subject matter)
__ **de la prueba**: burden of proof
__ **, de mi**: within my cognizance
__ **, ser de la**: to fall within one's province
incumbir: to be of concern to, behove, be up to, be for, be within one's province; be vested in (authority); devolve upon, lie with, fall on,

rest with (responsibility)
incumplimiento: non-fulfillment (duty); failure to keep (promise); breach (contract); default (payment); failure to observe, non-observance (rules), non-compliance
incuria: carelessness; negligence, mismanagement; (leg) laches
incurrir en: to post (a loss); post, run, labor under (deficit)
__ **en gastos**: to incur expenses
__ **en un delito**: (leg) to commit a crime
incursar: (Sp) (leg) to charge, accuse; impugn (challenge)
incursión: foray (into a market)
incursionar en el mercado: to penetrate a market
incurso: (leg) liable, falling within a rule or regulation; included in the litigation
__ **en las prohibiciones**: within the purview of the prohibitions
indagación: investigation, inquiry, examination, inquest
indagado: (leg) accused, defendant
indagatoria: (leg) unsworn statement or declaration made by or required of an arraigned person; defendant's unsworn statement
indebido: wrongful, improper
indeclinable: bounden (duty); unwaivable (right); unavoidable (obligation), binding
indefectiblemente: necessarily, inevitably, infallibly; (leg) without fail
indefensión: defenselessness, lack of a proper defense
indefinidamente: permanently; sine die
indeleble: indelible, ineffaceable; unchangeable (boundaries)
indemnificación compensatoria: (leg) compensatory damages
indemnización: (payment of) damages; amount of damages paid; indemnity; compensation; allowance; benefit, compensation claim, insurance claim; restitution (to crime victim)
__ **de daños y perjuicios**: compensation for damages
__ **equitativa**: fair compensation
__ **global**: lump-sum settlement, lump-sum benefit
__ **por accidentes de trabajo**: workmen's compensation
__ **por antigüedad**: severance pay, length of service indemnity
__ **por cesantía**: severance pay
__ **por despido**: severance pay; (sometimes) redundancy payment
__ **por desplazamiento**: subsistence allowance
__ **por enfermedad**: sick benefit
indemnizar una pérdida: to make good a loss
independiente: separate (elements); self-governing (states); self-reliant; self-contained, self-employed (worker), free-standing (equipment), stand-alone (warrant); unre-

lated to
__ **de**: irrespective of, apart from
indeterminado: vague; not specified, not fixed (date); without time limit (period), indefinite (period), borderline (results)
indexación: (fin) (st ex) benchmarking; indexation (wages); pegging to an index
indicación: sign, signal; (marginal) note; direction (route); suggestion, hint; intimation, advice; reading (meter)
indicaciones: instructions
indicado: appropriate, suitable, the right (person); obvious (place)
indicador: yardstick, index, signal, indicator
__ **analítico**: summary indicator
__ **anticipado**: (st) leading indicator
__ **bursátil**: (fin) benchmark
__ **de los indicadores**: productivity index
__ **de resultados**: performance benchmark
__ **de tendencia**: (st ex) trendline
__ **primario de las tendencias económicas**: bellwether (of economic trends)
__ **retrospectivo**: (st) lagging indicator
__ **rezado**: lagged indicator
indicadores adelantados: (econ) leading indicators
__ **coincidentes**: convergent indicators
__ **contemporáneos**: concurrent indicators
__ **de coyuntura**: short-term indicators
__ **de coyuntura anticipada**: leading indicators
__ **de eficiencia**: (Chi) operating ratios
__ **de los logros**: achievement indicators
__ **de precios**: price signals
__ **de progreso**: benchmarks (project)
indicar: to denote, mean; suggest, point to; advise, intimate, hint
índice: indicator, table of contents, index; catalog(ue); ratio, rate, rating; subscript; index number; factor, coefficient
__ **californiano (CBR)**: California Bearing Ratio (CBR) (road stability)
__ **combinado**: composite index
__ **compuesto**: composite rate
__ **de agostadero**: grazing capacity
__ **de aprovechamiento de forraje**: feed conversion ratio
__ **de audiencia**: audience share (TV)
__ **de cadena**: chain index
__ **de capital líquido a activo fijo**: liquidity to fixed assets ratio
__ **de capital líquido a pasivo total**: liabilities to worth ratio
__ **de cobertura**: (ed) enrollment rate
__ **de cobertura de (los) intereses**: interest coverage rate
__ **de concentración de Gini**: Gini inequality index
__ **de conversión del alimento**: food conversion factor
__ **de crecimiento potencial de la recaudación tributaria**: tax buoyancy
__ **de desgranamiento**: (ed) attrition rate

__ **de eficacia**: efficiency rating (personnel)
__ **de eficiencia**: turnover ratio (use of resources)
__ **de endeudamiento**: (fin) debt ratio; debt/assets or debt/equity ratio; debt leverage index
__ **de holgura**: (fin) breadth indicator
__ **de liquidez**: liquidity ratio, cash ratio (banking); current ratio (company), working capital ratio
__ **de liquidez absoluta**: quick ratio, quick asset ratio, acid-test ratio
__ **de malestar**: (Sp) stagflation index
__ **de masculinidad**: sex ratio
__ **de ocupación**: (Sp) utilization index
__ **de ponderación fija**: base weighted index
__ **de precios de consumo**: consumer price index
__ **de precios implícitos del PNB**: GNP price deflator
__ **de prendimiento**: (med) cutaneous take rate (vaccination)
__ **de procreo**: calving rate
__ **de recuento de la pobreza**: headcount ratio
__ **de rendimiento**: (fin) turnover rate
__ **de solvencia**: (fin) current ratio
__ **de transformación**: (agr) feed efficiency (cattle)
__ **de variación**: instability index
__ **de ventas a capital líquido**: equity turnover ratio
__ **de volumen de exportaciones**: export quantum index
__ **de volumen de producción**: production index number
__ **del costo de la vida**: consumer price index
__ **del medio**: (for) site index
__ **implícito de deflación**: implicit deflator
__ **mixto**: composite index
__ **onomástico**: index of names
__ **rápido**: quick ratio, quick asset ratio, acid-test ratio
__ **toponímico**: alphabetic index of places
índices dinámicos: income statement ratios
__ **estáticos**: balance sheet ratios
indiciado: (leg) the suspect
indicio comprobado: (leg) an item of evidence
__ **razonable**: reasonable belief (that a crime has been committed), (leg) circumstantial evidence
indicios de buena salud: evidence of good health
__ **vehementes**: (leg) circumstantial evidence
indiferente: indifferent, unaffected (by), immaterial; makes little or no difference (sensitivity analysis), disinterested, unbiased, neutral
indígena: indigenous; native (to, of); home (produced, grown), domestic (product)
indigenismo: native affairs
indirecta: hint, insinuation, covert suggestion
indisciplina: breach of discipline
indisponibilidad de activos: (leg) immunity of assets (i.e. they cannot be seized)
indistintamente: without distinction; it doesn't matter which; without being differentiated, indifferently; (sometimes) equally; all or any, interchangeable, either/or, any, (either) of (the following)
individualizar: to distinguish, specify, particularize, itemize, separate out, net out; focus attention on, describe, define
individuos de civil: persons in plain clothes (i.e., not in uniform)
indivisión (leg): undivided ownership (or entitlement), joint ownership
indiviso: (leg) undivided, joint (estate, shares), in undivided ownership
indocumentado: illegal immigrant, illegal worker
índole: nature, kind, character, class
inducir: to persuade, lead, influence
inductivo: (leg) tending to, conductive to
inductor: (leg) accessory before the fact; aider and abettor
indulgencia: leniency, forbearance, making allowance for
indultar: (leg) to pardon; exempt (from law); exonerate (from obligation); commute (sentence)
indulto: remission of part or whole of a penalty; commutation
industria: industry, factory, manufacturing plant, processing plant
__ **arrocera**: rice-processing industry
__ **artesanal**: cottage industry, craft industry
__ **auxiliar**: supplier industry
__ **casera**: cottage industry
__ **clave**: instrumental industry
__ **compradora**: receiving industry
__ **con porvenir**: sunrise industry
__ **conservera**: canning industry
__ **de alto coeficiente de mano de obra**: labor-intensive industry
__ **de aparatos de precisión**: instrumentation industry
__ **de cordelería**: cordage, rope and twine industry
__ **de gran densidad de mano de obra**: labor-intensive industry
__ **de la confección**: clothing industry, apparel industry
__ **de la madera**: woodworking industry, wood-based industry
__ **de maquila**: inbond assembly industry; drawback industry
__ **de materias primas**: basic goods industry
__ **de sustitución**: import substitution industry
__ **de transformación**: processing industry, manufacturing industry
__ **de transformación de la madera**: mechanical wood industry, woodworking industry
__ **de uso intensivo de mano de obra**: labor-

605

INDUSTRIAS

    intensive industry
— **de vanguardia**: pioneer industry
— **de zona franca**: inbond assembly industry; drawback industry
— **del libro**: publishing industry
— **derivada**: downstream industry
— **electromecánica**: electrical machinery industry
— **electrotécnica**: electrical equipment industry
— **en zona franca**: inbond industry
— **extractiva**: primary industry, extractive industry, resource industry
— **fabril**: manufacturing industry
— **familiar**: cottage industry
— **forestal**: woodworking industry, wood-based industry
— **gráfica**: printing industry
— **intermedia**: intermediate goods industry
— **maquiladora**: inbond assembly industry; drawback industry
— **mecánica**: engineering industry; metal trades
— **metálica**: engineering industry
— **metalmecánica pesada**: heavy engineering industry
— **metalúrgica**: metal industry; metal-working industry
— **móvil**: footloose industry
— **naciente**: infant industry
— **naviera**: shipbuilding industry
— **primaria**: primary industry, extractive industry, resource industry
— **secundaria**: manufacturing
— **sin asiento fijo**: footloose industry
— **técnica**: engineering industry
— **terciaria**: service industry
— **terminal (usuario)**: end-use industry
— **tributaria**: feeder industry
— **utilizadora**: receiving industry
industrias alimentarias: food industries
— **básicas**: smoke-stack industries
— **con chimenea**: (Chi) productive industries, manufacturing industries
— **consumidoras de materias primas**: downstream industries
— **en crisis, en decadencia, en declive**: lame-duck industries, depressed industries, declining industries,
— **hipertrofiadas**: over-expanded industries
— **no rentables**: lame-duck industries, depressed industries, declining industries
— **primarias del derecho de autor**: core copyright industries
— **procesadoras de materias primas**: downstream industries
— **proveedoras de materias primas**: upstream industries
— **tradicionales**: smoke-stack industries
industrial: *n* manufacturer, industrialist; *a* manufacturing (sector), working (partner), factory (farming), commercial (fishing)
industrialización: industrialization; production,

INFLEXION

    manufacture; processing
industrializado: (Arg) sold commercially (corn, sorghum, etc)
inédito: unpublished; unknown; special (characteristics); new, original (plan)
ineficacia jurídica: (leg) lack of legal effect
ineficaz: ineffectual, inoperative, ineffective; useless
ineluctable: inevitable; absolute (need); inescapable
inembargabilidad: (leg) immunity from seizure (distraint)
inestabilidad: volatility (market, interest rates); uncertainty
— **de la mano de obra**: labor turnover
inestable: skittish, shaky
inevitable: unavoidable, bound to happen; inherent (difficulties); preordained
inexcusable: obligatory, indispensable; unjustifiable
inexperiencia: amateurism
infamante: shameful, defaming; (leg) infamous (crime, punishment)
infección nosocomial: hospital acquired infection
infecciones transportadas por el aire: airborne infections
inferencia: implication
inferioridad, en situación de: handicapped, at a disadvantage
inferir: to deduce, infer, gather from, conclude from, judge from; inflict (a blow), cause (damage)
infestado: infested, parasitized (plants)
infestar: (med) to penetrate (tissue)
infidencia: breach of trust; disloyalty, leak (of information)
infiltración de la grasa en la masa muscular: marbling (meat)
inflación básica: core inflation
— **caracterizada**: open inflation
— **de costos**: cost-push inflation
— **de origen externo**: imported inflation
— **desenfrenada**: galloping, runaway inflation
— **desfasada**: lagged inflation
— **fiscal**: fiscal leverage
— **furtiva**: creeping inflation
— **larvada**: hidden inflation
— **latente (oculta)**: hidden inflation
— **lenta**: creeping inflation
— **producida por la presión de la demanda**: demand-pull inflation
— **producida por los salarios**: wage-push inflation
— **progresiva**: creeping inflation
— **provocada por el alza de los costos**: cost-push inflation
— **salarial**: wage-push inflation
inflexión: curvature (of the coast); turning-point (of a curve)
— **, punto de**: turning-point, point of change of

a curve
influencia: effect; impact, weight; authority, pressure; (fig) leverage
__ , **ejercer mucha**: to make a strong impression on
__ , **zona de**: service area (project); hinterland (port)
influente: tributary (river)
influir en: to affect; determine, help shape
influjo urbano: urban drift
información: data; report(s); intelligence (military, security services)
__ **básica**: background information
__ **confidencial**: privileged information
__ **confrontada (contrastada)**: matched information
__ **de dominio privado**: proprietary information
__ **de nudo hecho**: (Ven) (leg) an information
__ **directa**: first hand information
__ **exacta**: factual information
__ **fragmentaria**: incomplete information
__ **industrial**: industrial intelligence
__ **lateral**: straddling information
__ **periodística**: news stories or items
__ **preliminar**: advance information
__ **previa**: advance information
__ **privilegiada**: (st ex) insider information
__ **sobre la situación del mercado**: market intelligence
informal: unreliable, not to be depended upon, not serious, unbusinesslike; casual (dress), unstructured (sector)
informalidad: informal, unstructured sector; unstructured setting (research center)
informar: to form the basis of; permeate, animate (conduct); report, tell, impart information
informática: information science; information search and retrieval; data processing; computer science; information technology
__ **educacional**: (ed) computer-based education
__ **gráfica**: computer graphics
informativo: *a* information-oriented; *n* (Col) preliminary hearing or investigation
informatizar: to process data
informe: account, report, survey, reference for job
__ **complementario**: follow-up report
__ **con salvedades**: (acct) qualified report
__ **de almacén**: (ot) outturn report
__ **de avance**: status report, progress report
__ **de desembarque**: (ot) outturn report
__ **de estado de las mercancías**: (ot) outturn report
__ **de gestión de cartera**: portfolio management report
__ **de gestión presupuestaria**: budget performance report
__ **de situación**: status report, progress report
__ **del fiscal**: indictment, charge, sentence demanded by the prosecutor
__ **global de situación**: (acct) consolidated status report
__ **instructivo (ilustrativo)**: informative report
__ **semestral**: mid-year report
__ **sobre la marcha del trabajo**: progress report, status report
infracción: infringement, breach (of law, regulations, agreement), violation (of a treaty provision or chapter); (criminal) offense; (Sp) misdemeanor
infracostos: cost underruns
infractor: (leg) wrongdoer
infraestructura: infrastructure; (fig) fabric (of society)
__ **de la vía**: sub-base (railroad)
__ **física**: plant, physical plant; buildings and equipment
__ **hidráulica**: water-control works, water-delivery works
__ **social**: social infrastructure; community facilities and resources
infundado: groundless, baseless
ingeniería antisísmica: earthquake engineering
__ **conceptual**: design engineering
__ **de eficiencia**: industrial engineering
__ **de gestión**: systems engineering
__ **de la construcción**: structural engineering
__ **naval**: marine engineering
__ **rural**: agricultural engineering, growing techniques, methods of cultivation
ingeniero agrónomo: agronomist, agricultural scientist (university level); (Sp) agricultural expert
__ **comercial**: person holding a degree in business administration
__ **consultor**: consulting engineer, efficiency expert
__ **de ejecución**: technician, technologist
__ **de montes**: forest engineer, range officer
__ **de obras**: (Chi) field resident (engineer)
__ **forestal**: forester
__ **hidrógrafo**: nautical surveyor
__ **naval**: naval architect
__ **planeador**: project engineer
__ **proyectista**: design engineer
__ **sanitario**: sanitary engineer, environmental health engineer
__ **técnico**: (Sp) engineering technologist (title conferred after 3 years of studies as opposed to 5 years for an engineer), technologist
__ **titulado**: graduate engineer
__ **urbanista**: city planner
ingenioso: inventive; imaginative, adroit, shrewd
ingerencia: interference with, intermeddling in, meddling
ingesta: intake (food); (agr) feed intake
ingestión: intake (food), consumption
__ **de sangre**: blood meal (mosquito)
ingredientes de carga: (Mex) inputs (plant)
ingresar a cartera vencida: to classify as bad loan
__ **dinero en una cuenta**: to pay in, deposit money

INGRESO

in an account
ingreso: income; (bank) deposit; entry (in[to] a sector, industry)
— **del producto marginal**: marginal revenue product
ingresos: income, earnings, receipts; revenue(s); inflows (capital)
— **accesorios**: casual income; (sometimes) fringe benefits
— **asignados**: earmarked funds
— **atípicos**: non-operating income
— **autónomos**: earned income
— **de capital**: capital earnings
— **de divisas**: foreign exchange earnings
— **de explotación**: (Sp) trading income, sales income
— **de exportaciones**: export earnings
— **de honorarios y comisiones**: (bnk) non-interest income
— **declarados**: reported income (tax)
— **dejados de percibir**: income forgone
— **del sector público**: government earnings, revenue
— **del trabajo**: earned income
— **devengados**: accrued income, income earned
— **disponibles**: disposable income
— **en especie**: non-cash income
— **extrafiscales**: non-tax income
— **fiscales**: tax receipts
— **gravables**: taxable, assessable income
— **gravados**: assessed income
— **imponibles**: taxable, assessable income
— **impositivos**: tax receipts
— **mercantiles**: commercial imports; business income
— **monetarios**: cash income
— **no laborales**: unearned income
— **no salariales**: unearned income
— **ocasionales**: casual income
— **ordinarios**: current revenue
— **percibidos**: earned income
— **periódicos**: recurrent income, receipts
— **por réditos**: interest income
— **profesionales**: occupational earnings
— **públicos**: government receipts or revenues
— **retenidos**: earned surplus
— **y gastos**: receipts and disbursements
inhábil: (leg) unqualified; incompetent; nonworking (day); (leg) a day that is not a business day
— **para actuar como testigo**: (leg) not qualified, disqualified
inhabilidad: (leg) incompetency (to make a will), legal incapacity, disability, disqualification, unfitness
inhabilitación: (leg) disqualification; deprivation of certain rights and imposition of penalties; ineligibility; loss of civil rights; (com) putting out of commission; shutting down (of plant, school)
— **absoluta**: (leg) general disqualification

INMIGRACION

inhabilitado: (leg) disqualified; ineligible; (com) out of order, broken down
inhabilitarse: (leg) to disqualify oneself (of a judge)
inharmónico (inarmónico): discordant
inherente: intrinsic; built-in (stability, factors)
— **a la condición de miembro**: resulting from membership
inhibición: (leg) inhibition, prohibition
inhibirse: to disqualify oneself (judge)
inhibitoria: (leg) writ of prohibition, restraining order; motion before a judge having jurisdiction for removal of case from court not having jurisdiction; (leg) prohibition, inhibition proceedings, restraining order
iniciación: (ind) vestibule training
— **de prueba**: prima facie evidence
— **del flujo de un pozo**: kick-off (oil)
— **laboral**: (ed) preparation for work, job preparation, integration into the work force
iniciador: *a* pioneer
inicial: baseline (costs, projections); first (round); starting (price); original (application), opening (balance), preliminary (expenses), starting, start-up (costs)
iniciar: (comp) to boot
— **gestiones**: to take steps
iniciativa: initiative, resourcefulness, effort, endeavor (to do something); pioneering effort; idea (motion, proposal, proposition, plan, program) that triggers action; scheme; proposal; suggestion, move, course of action, innovation, enterprise
— **privada**: private enterprise, (sometimes) voluntary effort (support for the arts)
— **, tomar la**: to take the lead
inimputable, declarar: to declare to be without penal responsibility
injerto a ojo dormido: grafting in the dormant bud
— **de parche**: patch grafting
— **de púa**: scion grafting
— **de tallo (de tubérculo)**: stem (or tube) graft
— **de yema (escudete)**: bud(ding) grafting
— **inglés**: tongue grafting
— **por aproximación**: approach grafting
— **por empalme**: spliced grafting
injuria: (leg) injurious behavior; insult
— **escrita**: libel
injurias: (leg) actionable words
injuriar: to abuse, insult, offend, malign; wrong, harm, damage
injustificado: unwarranted (delay); excessive, unreasonable (charge)
inmediato: adjoining (room); following (day); next (station); immediate (effect); short-term (measures); direct (cause); first level (superior)
inmersión: dumping (of waste)
inmigración golondrina: seasonal migration
— **y Extranjería, Departamento de**: Aliens

Department
inmigrados: (Mex) permanent residents
inmoderado: excessive (rate), inordinate, uncontrolled, unreasonable
inmovilización: (fin) commitment of funds; (ot) laying up (of shipping)
__ **de activos**: (leg) warehousing of financial assets
__ **de bienes**: (leg) freezing of assets
__ **de capital**: (Mex) committed capital
__ **de fondos, comisión de**: commitment fee
inmovilizaciones: capital assets, fixed assets; capitalized assets; property, plant and equipment; capital spending
__ **en curso**: construction in progress
__ **financieras**: long-term loans and investments
__ **inmateriales**: intangible assets
__ **netas**: net fixed assets
inmovilizado: *a* locked-up (capital); *n* fixed assets, capital assets
__ **financiero**: (Sp) investments
inmueble: (real) property, real estate, immovable assets (i.e. assets in immovable property)
inmuebles: (leg) real estate, immovable property
__ **por destino**: (Sp) fixtures
__ **y construcciones**: (Arg) land and buildings
inmunidad de jurisdicción: immunity from suit
__ **colectiva**: (med) herd immunity
__ **judicial**: immunity from legal process
__ **procesal**: immunity from legal process
innato: born (actor, artist)
innegable: undeniably true
innovador: creative (financing); trailblazing (effort); imaginative (measures), pioneering (efforts)
innovar: to pioneer, introduce changes, break new ground
inocuidad: safety (food, drugs), harmlessness
__ **de los alimentos**: food safety
inoculantes de rizobio: (agr) rhizobium inoculants
inocuo para el medio ambiente: environment-friendly, environmentally neutral
inodoro con descarga de agua: aqua privy
inoficioso: (leg) ineffective; inofficious (will, contract); unlawful (gift)
inoperante: inoperative, ineffectual, unworkable, useless, idle
inopia: indigence, poverty
inoportunamente: at the wrong time
inoportuno: inexpedient, ill-judged; ill-timed
inorgánico: immoderate (expansion); characterized by a lack of order, organization, or planning; haphazard (dismantling of tariffs), unregulated, uncontrolled (growth of cities), unrestrained (issue of currency); disjointed (system)
inquietud: disquiet, unease, restlessness; concern, misgiving, uneasiness, turmoil (markets); intellectual curiosity; (sometimes) hope, ambition, aspirations
__ **pública**: civil unrest
inquilinato: (leg) tenancy, lease, leasehold
inquilino: tenant, renter, leaseholder, lessee; (Chi) sharecropper
insacular: to vote by ballot
insalvable: insurmountable (obstacle)
inscribir en el temario: to place on the agenda
inscripción: registration (for a course, seminar, congress), enrollment; (leg) filing, recording; record entering, record entry, (st ex) listing
__ **de participantes**: registration of participants (meeting)
__ **, modalidades de**: registration papers or forms (seminar, course)
insecticidas en fase experimental: candidate insecticides
inseguridad de las cifras: unreliability (of figures)
inseguro: insecure, unsafe; uncertain; unstable; unsettled (market)
insensibilización: stunning (of animals before slaughter)
insensible: unresponsive to, indifferent to
insensiblemente: imperceptibly, by slow degrees
inserción: putting in, joining in, taking part in, engaging in; entry in (world economy); integration into (society, world market); (Chi) statement (by a person in public life published in a newspaper as a separate item of reading matter and usually paid for by the author); (Arg) (leg) publication of a statement in a newspaper as required by judicial decision
__ **de genes**: gene splicing
__ **externa**: partnership in world trade
__ **internacional**: entry into the global economy
insertar: to insert, include, (agr) graft
insertarse en: to take one's place in, participate in, make a place for oneself in (world economy)
__ **en el comercio internacional**: to expand international trade linkages
insignia: badge; banner; (ot) pennant
insignificante: unimportant (person), trifling, paltry (cause), nominal (rent, sum); negligible (change)
insinuación: overtone, suggestion, hint, innuendo
insinuar: to suggest, intimate, (drop a) hint
insistencia: emphasis (on agriculture)
insistir en: to persist in, push for; dwell on; hammer away at, make a point of; demand (to know); emphasize the importance
insólito: unaccustomed (role); unusual (event); strange
insoluto: outstanding (debt); unpaid (amount); (Bol) pending
insolvencia: (bnk) credit losses; bad debts
insolvencias cubiertas con provisiones: (Sp) bad debts covered by provisions, bad debts written off against provisions
__ **sin dotaciones en los fondos correspon-di-**

entes: bad debts written off (against profit and loss account) not covered by bad debt provisions
insonorización: soundproofing
insoslayable: inevitable, unavoidable
inspección al azar: spot check
__ **al paso**: spot check
__ **esporádica**: spot inspection
__ **fiscal**: field audit (tax)
__ **ocular**: (leg) inspection of the place
__ **por la aduana**: custom search (ship)
inspeccionar: (Ur, Arg) to audit (tax); control (quality)
inspector de buques: ship's husband
inspiración: brainwave, happy idea
inspirado en: based on, derived from, underlying, drawn from; inspired by, imbued with; prompted by, actuated by, modeled on, guided by
inspirar: to inspire; breathe (new life) into; instill (idea); prompt (to action), imbue with
instalación: induction (committee); taking charge of a job, post or office
__ **de servicios**: provision of services
__ **sanitaria mínima**: wetcore
instalaciones: (physical) facilities; plant; fixtures; equipment
__ **domiciliarias**: service connections (water supply)
__ **eléctricas**: wiring (of a building)
__ **esenciales**: capital equipment
__ **fijas**: permanent fixtures
__ **físicas**: capital works
__ **móviles**: (ed) relocatable facilities (portables)
__ **y bienes de equipo**: plant and equipment
__ **y servicios de la comunidad (públicos)**: community facilities
__ **y servicios de navegación aérea**: air navigation facilities
__ **y servicios para el turismo**: tourism facilities
instalar: to install, put into service, fit out or up, equip; install (in office); settle someone (in a place)
instancia: forum, agency, institution, board, body, authority; (leg) petition, request, application (form); motion; proceedings, instance; level of jurisdiction (first, second instance)
__ **de, a**: at the request of, on application by
__ **de decisión**: forum for discussion; decision-making authority, body; deliberative body
__ **de parte, a**: (leg) action on application by one of the parties; upon petition (application) of one party, at the request of one party, of the party interested or concerned
__ **dilatoria**: (leg) dilatory plea (plea in abatement)
__ , **en última**: in the final analysis, as a last resort
__ , **fallo en primera**: appealable decision
__ , **modelo (impreso) de**: (Sp) application form
instantáneo: (comp) in real time, real-time
instar: to file (complaint); bring (a suit); prosecute
__ **a**: to urge, press, call upon, call for
instigador: (leg) accessory before the fact; aider and abettor
institución de herederos: appointment of heirs
__ **internacional de financiación**: international lending agency
__ **penal**: (leg) correctional institution
__ **principal**: apex institution
instituciones de altos estudios: postgraduate institutions
__ **de índole bancaria**: (fin) banklike institutions
institucional: institutional (investor); organizational (arrangements)
institucionalidad: institutional framework, fabric or system; constituted authority
instituto de salud previsional (ISAPRE): health insurance company, health management organization
institutos de crédito: credit agencies
__ **postsecundarios**: (ed) (sometimes) junior colleges
instrucción: (ed) education, schooling; training; (leg) preliminary investigation, examination, investigation, pre-trial proceedings
__ **con (ayuda de la) computadora**: (ed) computer-aided instruction
__ **de causa**: (leg) preparation of the case
__ **de comprar a precio restringido**: (fin) stop-order to buy
__ **de compra-venta a precio determinado**: (fin) good-till-canceled order (GTC)
__ **de los asuntos**: (leg) preparatory inquiries
__ **del proceso**: (leg) hearing of the suit
__ **del sumario**: preliminary investigation of a case; (Mex, Per) pre-trial hearing
__ **entre compañeros**: (ed) peer education
__ **escrita**: (leg) pleadings
__ , **nivel de**: (ed) level of educational attainment (number of years of schooling or level attained)
instrucciones: terms of reference (experts)
__ **de contabilidad**: chart of accounts
__ **didácticas**: curriculum guide
__ **refrendadas**: authenticated instructions
instructivo de cargos: (leg) charges against the defendant; arraignment
__ **de contabilidad**: (CR) plan of accounts, chart of accounts
instructor agrícola: agricultural extension worker
instruir: (leg) to draw up, put in legal form (documents)
__ **diligencias**: (leg) to prepare documents to serve as brief for prosecuting officer and to furnish material for the indictment
__ **el sumario**: to conduct the preliminary investigation
__ **una demanda**: to institute an action; arraign

INSTRUMENTACION

instrumentación: establishment (program); implementation (plan); ways and means (of doing something); implementation (plan, strategy)
instrumentado en: (Arg) evidenced by
instrumental: *a* (leg) documentary (proof); pertaining to deed or writ; implementing; (econ) producer (goods); *n* tools, equipment; (comp) hardware
instrumentalización: manipulation (people); orchestration; implementation (plan)
instrumentar: (leg) to formalize, draw up (deed), legalize; arrange; effect; implement; give effect to
instrumento: (leg) instrument (deed, contract, writ, etc)
__ **de crédito**: credit instrument; (sometimes) debit instrument; loan
__ **institucional**: policy handle
__ **público**: (leg) authentic instrument
instrumentos de captación: (bnk) debt instruments and deposit liabilities
__ **de crédito**: (sometimes) loans
__ **de (crédito de) rendimiento a riesgo**: equities (debt instruments)
insubsistencias: (Ven) reduction in spending authorizations of ministries
insuficiencia: shortage, scarcity, deficit, shortfall, dearth, inadequacy
__ **cardíaca**: (med) heart failure
__ **cardíaca descompensada**: (med) congestive heart failure
__ **de causa**: (leg) failure of consideration
__ **de liquidez**: liquidity squeeze
__ **de oferta**: undersupply
__ **de recursos**: resource gap
__ **de reservas**: inadequacy of reserves
insumiso: (Sp) conscientious objector
insumo: (econ) input; (pl) factors of production; ingredients, supplies
__ **de mano de obra (de trabajo)**: labor input
__ **/producto, análisis de**: input-output analysis
intangibilidad: security, safety, preservation (of capital)
integración: payment; inclusion (in list); linkage; merger; (st) consolidation; constitution (committee); membership (council); (Sp) (ed) mainstreaming
__ **de datos**: consolidation of data
__ **de empresas**: amalgamation or combination of enterprises, merger
__ **de un comité**: establishment of a committee; membership of a committee
__ **docente/asistencial**: (med) integration of medical instruction and practice
__ **laboral**: (Sp) job placement
__ **nacional**: (Mex) domestic content (goods); net domestic value added
__ **plena de la mujer**: mainstreaming of women (in the development process)
__ **progresiva**: forward integration (industry)
__ **regresiva**: backward integration (industry)

INTENSIFICACION

__ **vertical**: backward-forward integration (industry)
__ **vertical hacia abajo**: downstream integration
integrado: (LA) paid, fully paid (shares); comprehensive (care), full (text); integrated (management)
integrador de irregularidades: bump integrator (road)
integral: overall (planning); full (funding, budgeting); complete (education, reform); comprehensive (plan)
integralmente: in toto
integrar: to constitute, set up (a body); be a member of, serve on (committee); compose, make up (a group); pay in, pay up (shares, capital); be or form part of, mesh with
__ **con**: to combine with
__ **en**: to incorporate into, combine with
integridad: soundness (currency); completeness (statistics)
__ **patrimonial**: (Sp) soundness of equity
integrismo ambiental: environmental holism
inteligencia práctica: (ed) positive thinking
__ **y aplicación**: (leg) interpretation and application (treaty)
inteligente: (bnk) smart (card); smart (ticket) (subway), thoughtful (review)
intemperie: inclement weather
intemperismo: weathering (rock)
intemperización: weathering (soil)
intempestivamente: without due notice; inopportunely
intempestivo: untimely, ill-timed (proposal); (sometimes) premature, inopportune
intención: intention, plan, purpose, design; (leg) intent
intenciones de siembra: (agr) sowing plans
intencional: purposive (injury, sampling, selection); deliberate, willful; (st) judgment (sample)
intencionalmente: by design, willfully
intendencia, gastos de: administrative expenses
intendente: governor of state or province; (Arg) mayor; superintendent, manager; (Chi) Prefect (of a region)
__ **municipal**: (Arg,Ur) mayor
intensidad: strength (color, feelings); vigor, energy, speed, pace; size, extent, (relative) importance (proportion, ratio)
__ **de la clara**: (for) severity of thinning
__ **de los cultivos**: cropping intensity
__ **de población**: stocking (fish)
__ **de tráfico**: traffic density
__ **del ajuste**: severity of the adjustment
__ **, tecnologías de menor**: light capital technologies
intensificación: deepening (depression); enhancement (precipitation)
__ **(máxima) de campo**: (TC) (maximum) field strength
__ **(del uso) de capital**: capital deepening

__ **(del uso) de valores**: securitization
intensificado: enhanced
intensificar: to increase, add to; strengthen (purposes); reinforce (efforts); step up (activities); give more (increased) emphasis to; promote, encourage (relations); redouble the pace of
__ **sus gestiones ante**: to prevail upon
intensivo: vigorous (effort); concentrated (course); (work) under pressure; dense (traffic)
intenso: strong (light); severe (cold); powerful (emotion); major (reaction); sharp (fluctuation); keen (competition); resolute (efforts); buoyant (demand)
intentar una acción judicial: to institute proceedings
__ **repetir**: (Arg) to intend to claim
intento: aim, purpose; attempt, intention
__ **de violación**: (leg) attempt to rape, assault of lust
interacción: interplay
intercalación de fichas: filing
intercalado: inserted; sandwiched; interpolated; interleaved; interplanted (crops); interim (interest)
intercambio: exchange; trade
__ **compensado**: countertrade
__ **de experiencias**: sharing of experience; pooling of experience
__ **de mercancías por operaciones compen-sadas**: countertrade
__ **de monedas**: currency swap
interceder por uno: to plead someone's cause, speak up for, put in a word for
interceptor: (tech) trap (oil, grease, steam), catcher (sand, grit)
interconexión: interfacing; (comp) interface
interdicción: prohibition, restraint, ban (imports); (leg) deprivation or loss of civil rights (due to mental illness, bankruptcy, prodigality, etc)
__ **civil**: (leg) judicial restraint, civil interdiction
__ **de las importaciones**: import embargo
__ **de residencia**: local banishment; (leg) prohibition from entering specific areas or places
__ **deprivativa**: (leg) deprivation or loss of civil rights (due to mental illness, bankruptcy, prodigality, etc)
__ **legal**: (leg) interdiction by operation of law
interdicto: (leg) injunction, restraining order
interés: importance, interest; self-interest; advantage; yield, annual interest
__ **a rebatir**: (Sp) interest upon payment
__ **acreedor (deudor)**: interest on credit (debit) balances
__ **acumulado**: interest earned; accrued interest
__ **comercial, de**: commercially valuable, of commercial importance
__ **condicional**: contingent interest
__ **creado**: vested interest

__ **de carátula de 6%**: 6% coupon interest
__ **de demora**: default interest, penal interest
__ **de, en**: on behalf of
__ **de mora**: penalty interest, interest on arrears, post-maturity interest; interest fine, default interest
__ **de recargo**: penalty interest
__ **económico, con**: of economic importance (plant, land), economic (mineral deposit)
__ **económico directo**: working interest (oil, minerals), controlling interest
__ **en bienes inmuebles o muebles**: security interest
__ **en la sociedad**: (fin) stake in the company
__ **general**: general welfare
__ **incompleto**: (leg) inchoate interest
__ **internacional, de**: of international concern
__ **legal**: legal interest (fixed by statute); (sometimes) interest on arrears, interest for default, penalty interest
__ **mayoritario**: controlling interest
__ **no devengado**: unearned interest
__ **nominal**: interest at nominal rate, coupon rate (bonds)
__ **patrimonial**: proprietary interest
__ **penal**: penalty (charge for not maintaining legal reserve); penal interest
__ **por la carrera**: career motivation
__ **por pagar**: interest payable to creditors
__ **público, de**: affected with a public interest
__ **puro**: net interest
__ **social**: public benefit
__ **social, de**: low-cost (housing)
intereses: property, assets
__ **activos**: interest receivable
__ **corridos**: (Sp) accrued interest
__ **de capital**: return on capital
__ **de demora**: interest on overdue payments, on loan arrears, penalty interest, default interest
__ **devengados**: accrued interest (on own funds)
__ **devengados, sin**: (traded) flat (bonds)
__ **en mora**: interest arrears
__ **escalonados**: graduated interest
__ **explícitos**: loan interest
__ **intercalados**: interim interest
__ **intercalarios**: interest (on capital) during construction
__ **marinos**: marine affairs
__ **moratorios**: interest on loan arrears
__ **por demora**: default interest, interest on loan arrears
__ **punitorios**: penalty interest
__ **, sin**: non-interest bearing
__ **vencidos**: accrued interest (on borrowings), past-due interest
interesa señalar: it is significant
interesado: *a* self-seeking, selfish, with an ulterior motive, not disinterested; would-be (borrower), prospective (buyer); *n* the party concerned, involved, in question; (sometimes) the

applicant; the incumbent; person concerned; stakeholder (person with an interest in/who could be affected by a proposed project)
__ **en**: concerned with
interesante: attractive (offer, price); valuable (experience); promising, advantageous (terms), enlightening (observation), valuable (insights), worthwhile, useful, well paid, profitable, remunerative, lucrative
interesar: to give a share or financial interest in a business; be of interest to, appeal to; suit (a person); concern, affect (an industry); (med) affect
interesarse: to be anxious to, wish to (do something); concern oneself with
interfaz: (comp) interface
interferencia: jamming (radio); meddling
interfono: intercom system
interinidad: in-service training
interino: acting (chairman), provisional (solution); (Arg) temporary worker
interinstitucional: interagency
interior: *a* domestic (trade); (CA) outside the capital, rural; *n* hinterland
interlínea: (for) space between trees (planting)
interlocutor: actor (in a matter, negotiations, etc)
__ **comercial**: trading partner
__ **válido**: accepted spokesman (for the business community)
intermediación: placement of money with an intermediary (for investment); (credit, financial, social, price risk) intermediation
__ **, costo de**: brokerage fee
__ **de valores**: security trading
__ **, regular la**: to regulate the operations of security brokers
intermediaria financiera: (sometimes) (development) finance company
intermediario al por mayor: drop shipper, desk jobber
intermediarios: middlemen; brokers (securities); dealers (bonds); (fin) conduits; (sometimes) participating banks; market higglers (Caribbean)
__ **financieros**: financial agents (i.e., insurance companies, pension funds, etc), credit institutions
intermedio: *a* interim (audit)
intermitente: blinker, winker (automobile); *a* occasional (work), casual (labor)
internación temporal: temporary admission (imports)
internado universitario: residential college, boarding school
internalizado: built into (a project)
internar: to clear goods through customs (it implies definitive importation whereas *importar* only means to bring into a country without regard to final destination)
internarse: to go into, delve into a subject
internista: general practitioner

interno: internal, interior; boarding (student); domestic (costs, savings, taxes, investment), municipal (law), built-in (stabilizar), office (memo)
interorganizacional: inter-agency (program)
interpelación judicial: (leg) court summons; parliamentary question to a minister
interpelar: (leg) to summon for questioning
interponer: to file (complaint); lodge (appeal); present (petition)
__ **denuncias**: (leg) to bring charges
interpretación al oído: whisper interpretation
__ **indirecta, sistema de**: relay system
interpretar: to understand (meaning), construe (to mean); expound, explain; play, act (in theater); perform (in concert)
intérpretes y ejecutantes: producers of phonograms
interrelación: interaction, interdependence
interrogante: question mark; (fig) question or issue still unsettled; quandary
interrogantes: (unsolved) issues
interrogar: (leg) to examine, question (witnesses)
interrogatorio de pacientes: (med) history taking, questionnaire (food consumption survey)
interrupción: disruption (traffic)
__ **de las vacaciones anuales**: recall from annual leave
__ **del servicio**: (elec) outage
interrumpir: (leg) to overrule (precedent)
interruptor: (elec) switch; circuit breaker
__ **limitado**: (elec) limit switch
intersección: (st) intercept
intersticios del suelo: soil pores
intervalo: interval, distance (apart), space, spacing, gap, (st) range
__ **de clase**: (st) step interval
__ **de variación**: (st) range
__ **entre nacimientos**: birth spacing or interval
__ **intergenésico**: (med) birth spacing or interval
intervención: role; involvement (in an effort); statement (of a speaker); time allowed a speaker; requisitioning (of plant or building by Government); government take-over (bank); government bail-out (bankrupt thrift); regulation or control of prices by government; (com) acceptance for honor, acceptance supra protest; (med) operation, treatment; (acct) audit; (sometimes) program, project; (fig) response (disaster), step, measure, plan, project; what (a person or agency) did, how he/it assisted; help, assistance; action(s); a say or voice in, input into, contribution to, (chance to) comment on; tapping (of a telephone), wire tapping; appearance (on TV); (political/military) intervention, instrusion, interposition, presence (in another country); (government) interven-

tion, intervening (in a market, dispute); representations (made by bidder to attempt to sway the outcome: interference with the regular bid evaluation process); intercession (by an official); stepping in, becoming involved; participation (e.g. in a trade fair); (pl) work (e.g. maintenance) planned or scheduled
___ **de, con la**: (by) through the intermediary of; (meeting) at which a statement (speech) is made by
___ **de contención**: curbing intervention
___ **de gastos**: expenditures control
___ **de la comunidad**: community involvement
___ **de los precios**: price control
___ **de una licencia de importación**: discharge of an import license
___ **oficial en materia de productos**: commodity control
___ **pública en el sector financiero**: (Sp) crowding out
___ **salarial**: wage regulation
___ **telefónica**: wiretap
intervenciones dirigidas: targeted interventions (project)
intervenido: government-controlled, controlled (prices), audited (accounts), tapped (telephone), certified (check)
intervenir: to stop (payment); step in; take the floor, speak, address a gathering; submit a bid (in a call for tenders); (police) raid; take over (the control of, the operation of; e.g. a bank by the government); (Arg) try, hear (a case)
___ **en**: to take part in, have a hand in, be or become involved in; interfere, meddle in; intercede (in a dispute); be operative, come into play, come into the picture, appear (factors); audit (accounts); participate in (project); take over, control (government); be a party to; enter into (a calculation); concern oneself with a matter
interventor: auditor; (Chi) government-appointed overseer, government nominee (takeover)
___ **de documentos**: receipt validation printer (taxes)
___ **de gastos**: certifying officer
___ **de la quiebra**: (Sp) receiver in bankruptcy
___ **de obras**: clerk of the works, supervising engineer
___ **en la aceptación**: (bnk) acceptor for honor
interventoría: works supervision
intimación: signal (to stop, etc), demand for payment of tax
___ **judicial (por un ujier)**: (service of) writ, process
intimar: to hail (boat)
intracruzamiento: inbreeding
intransigente: uncompromising, not to give way to, strict, adamant; diehard, hardline
intransitable: impassable (road)

intrínseco: built-in, inherent, essential, specific
introducción: introduction, insertion; bringing in; (ed) guide to, elements of, first course in (book title); (com) launching (product); (agr) accession
introducir: to pioneer, bring in, bring about, usher in
intromisión en propiedad ajena: (leg) trespassing
intrusión: (leg) encroachment
intruso: interloper: intruder; trespasser, squatter; (comp) cracker
inundar el mercado: to glut the market, overload the market
inútil: futile, unnecessary, needless, useless
inutilizado: disabled (vessel)
invadir: (med) to penetrate (tissue)
invalidar: (leg) to nullify, void, invalidate, annul; quash, frustrate
___ **una sentencia**: to quash a judgment
invalidez adjetiva o sustancial: (leg) procedural or substantive nullity
___ **consecutiva**: (med) residual disability
inválido: *a* (leg) null, void; *n* disabled person
invasión: encroachment; squatting; (econ) crowding in (market); (med) involvement (tissue); infestation (weeds); incursions (onto land, into protected areas)
___ **de parásitos**: pest outbreak
invasor: (Per, Col) squatter
inventario: list of goods or property on hand; preparation of such a list; inventory, drawing up an inventory; stocktaking; pipeline (projects)
___ **atascado**: (fin) clogged pipeline
___ **de apertura**: beginning inventory
___ **de bienes**: physical inventory
___ **de contribuyentes**: taxpayers' register
___ **de entrada**: beginning inventory
___ **de proyectos**: pipeline of projects
___ **de recursos**: survey of resources
___ **de vivienda**: housing stock
___ **extracontable**: physical inventory
___ **físico**: physical inventory
___ **inicial**: beginning inventory
___ **parcial**: sample inventory
___ **periódico**: physical inventory
___ **real**: physical inventory, physical stocks
___ **topográfico**: shelf list (library)
___ **trabado**: (fin) clogged pipeline
invernáculo: forcing house (fruit); hothouse (plants)
invernada: wintering (sheep, cattle); fattening season for cattle; pasture for fattening
invernadero: winter pasture (cattle); hothouse (plants)
invernar: to fatten (cattle); overwinter (plants)
inversión: turning upside down or inside out; reversal of direction, position, or order; (econ) investment, capital expenditure
___ **clave**: anchor investment

INVERSIONES

__ **constante**: dollar cost averaging
__ **de capital**: (Sp) capital expenditure
__ **de ímpetu**: momentum investing
__ **de tipo totalmente nuevo**: greenfield investment
__ **de una tendencia**: reversal, about-turn or turnaround of a trend
__ **en acciones de capital**: equity investment
__ **en bienes de activo fijo**: capital investing
__ **en capital social**: equity investment
__ **en sociedades en participación**: investment in equity partnerships
__ **extranjera directa**: direct foreign investment
__ **incondicional**: untied investment
__ **negativa**: disinvestment
__ **orientada a aumentar la productividad**: capital-deepening investment
__ **periódica**: averaging
__ **posterior**: downstream investment
__ **productiva**: capital deepening
__ **todavía improductiva**: immature investment
__ **transitoria**: short-term investment
__ **verde**: immature investment
__ **vertical**: rationalization investment, investment in depth
__ **viva**: (Sp) loan investment
inversiones abiertas: open-ended investments
__ **brutas fijas**: gross fixed capital formation
__ **colectivas**: mutual funds
__ **en acciones comunes, hacer**: to take a straight equity position
__ **en acciones ordinarias**: equity investments
__ **en activos fijos**: capital outlays
__ **en bienes de producción**: capital development
__ **en capital (social)**: equity investment or financing
__ **en curso**: (Sp) construction work in progress
__ **en infraestructura**: social overhead capital investment; infrastructure investment
__ **en obras de acondicionamiento (de las ciudades)**: amenity investments
__ **en valores**: current investments
__ **en valores de renta variable**: equity investment
__ **fijas**: capital investment
__ **fijas de las empresas**: business investments in plant
__ **financieras inmateriales**: (Sp) intangible assets
__ **financieras permanentes**: (Sp) long-term investments
__ **financieras temporales**: (Sp) short-term investments
__ **indivisibles**: lumpy investments
__ **inmovilizadas**: sunk costs, sunk investment; fixed assets; (electrical utility) net investment (net plant in service + working capital)
__ **materiales**: (Sp) fixed assets
__ **muertas**: sunk costs

IRREGULAR

__ **realizadas**: past investments
__ **reproductivas**: productive investments
__ **transables**: investments in tradable goods sector
inversionista atrapado en su posición: locked-in investor
investidura: inauguration, inauguration day
investigación: research; laboratory experiment
__ **aplicada**: downstream research, goal-oriented research
__ **básica**: upstream research
__ **de casos**: case finding
__ **de punta**: spearhead research
__ **de título**: title search
__ **encaminada a resolver un problema concreto**: mission-oriented research
__ **geognóstica**: geological survey(s)
__ **operativa**: operational research
investigaciones: Plain Clothed Police Force, Detectives
investigador: *a* fact-finding
investigar: to investigate; find out, discover (by investigation); conduct research
investir: to confer upon, endow with
invierno: rainy season (in the tropics)
inviolabilidad de los archivos: immunity of records
__ **parlamentaria**: parliamentary immunity
inviolable: tamper-proof (seed container)
invisibles: non-merchandise (imports)
invitar: to call upon (governments)
__ **al Secretario General**: to request the Secretary General
invocar: to invoke or rely on an argument, cite (an earlier judgment)
involución de la agricultura: agricultural involution
involucrados: stakeholders
inyecciones: grouting
__ **de recursos**: infusions of capital
inyectado (volumen): piped volume (natural gas)
inyectar: to pump (money into the economy)
inyector a presión: (med) jet injector
__ **de aire comprimido**: (med) jet injector (vaccines)
__ **de lechada**: grouting machine
__ **de presión**: (med) jet injector
__ **sin aguja**: (med) jet injector, ped-o-jet
ipso facto: immediately, forthwith
__ **jure**: (leg) as a matter of course, by operation of law
irradiar: to spread, disseminate
irrebatible: unassailable (agreement); unanswerable (attack); irrefutable (argument)
irrecusable: cogent (reason), unchallengeable; (leg) unchallengeable, unimpeachable, watertight (alibi)
irreductible: incompatible (tendencies); indomitable, unshakable, relentless
irregular: patchy; erratic, uneven, unequal
irregularidad de forma: legal irregularity

irrigación por corrugación: ditch irrigation
írrito: (leg) null and void, invalid
irrogar: to cause, occasion (damages)
isagoge: introduction
isla divisoria: median strip (road)
isotérmico: insulated (truck)
iterativo: recurrent; repeated
itinerario: route; path; (sometimes) (aero) schedule; (rr) guide, timetable; traverse (surveying)
__ **educacional**: (ed) instructional pathway
ixtle de lechuguilla: agave fiber

J

jaba: crate, gabion
jábega: beach seine, sweepnet, drag net
jaca: jack, jack fruit
jacal: (Mex) hut, shanty
jácena: girder
jaiba: (LA) crab
jalca: (Per) highland of the Andes
jalea real: royal jelly
jaleo: commotion
__ **a mano**: hand stripping (cotton)
jalón: milestone; surveyor's rod; stage (in a process)
__ **de rasante**: grade stake
jalonero: rodman (surveying)
jamaica: (Mex) roselle hemp
jarabe de maíz con alto contenido de fructosa: high fructose corn syrup (HFCS)
jaramugo: fingerling
jaramugos: fry
jarcia: Manila rope, sisal rope; rigging; cordage; fishing tackle
jarciería: rope goods
jardín popular: allotment
jardinería ornamental: landscape gardening
jareta: purse line
jarillones: (Col) river dikes
jaula: cage; crate; railway car for livestock, cattle car; (Chi) small crowbar
jebe: rubber
jedar: to farrow, calve
jefatura: headquarters; division, department; (Sp) management (personnel)
__ **del aeropuerto**: airport authorities
__ **inspectora**: supervisory authority
jefe accidental: chief ad interim
__ **de equipo**: charge hand, gang boss; team leader (project)
__ **de familia sin cónyuge**: single head of household
__ **de fila**: lead manager (syndicated loan)
__ **de gabinete**: principal private secretary
__ **de hogar**: head of household
__ **de obras**: project manager, construction manager
__ **de pesca**: first mate (fishing boat)

__ **de planes**: chief of staff
__ **de sección**: division chief; works manager
__ **de servicio**: departmental manager
__ **de taller**: shop foreman, supervisor
__ **de turno**: shift boss
jeme: distance between the end of the thumb and the forefinger, fully extended
jerarquía: rank, order; grade, level; line of authority, line of command, management structure, order of precedence, order of priority (projects), "pecking order"
__ **constitucional**: (leg) constitutional rank
__ **de precios**: price relations
__ **de valores**: scale of values
__ **directiva**: managerial structure
__ **ministerial**: ministry level
__ **social**: social scale
jerarquización: ranking
jerarquizar: to classify, rank
jeringa no reutilizable: (med) self-destructing syringe
jibia: cuttlefish
jícama: yam bean
jineteo: (Mex) (acct) lapping (fraud)
jiquima: manioc bean
jirafa: (cine) boom (camera)
jirón: (Per) long narrow street; city block
jitomate: (Mex) tomato
jornada: shift (school)
__ **de trabajo**: (Chi) total time worked (not a day's work)
__ **doble**: double shift
__ **intensiva**: continuous (condensed) working day (with a short break or no break for lunch)
__ **simple**: single shift
jornadas: seminar, symposium, workshop, study session, teachers' institute
jornal: day's work; day's wages; wage rate, labor rate
jornalero: unskilled laborer, day laborer
jornaleros: hired labor, day labor
joven salmón: smolt
"joyas reales" (OPAS): "crown jewels"
jubilación anticipada: early retirement
__ **de capitalización individual, sistema de**: capitalization or funded retirement system
__ **de reparto, sistema de**: pay-as-you-go pension (or retirement) plan or system
__ **forzosa**: mandatory, compulsory retirement
__ **por reparto, sistema de**: pay-as-you-go pension (or retirement) plan or system
jubilados y pensionados: retirees and pensioners
judía: kidney bean
__ **pinta**: scarlet runner bean
__ **verde**: green, string, snap, wax or French bean
judicatura: judgeship; term of office of a judge; the judiciary
__ **de trabajo (o laboral)**: labor courts
judicial: judicial (relating to a court); juridical

(relating to law); legal (relating to or derived from a law); court-ordered (sale); court-appointed (defense lawyer)
juego: game; gambling; set (of objects); play; trade-off (between prices and quality); (tech) an assembly; kit, package (information)
__ **de bolsa**: stock exchange speculation
__ **de láminas**: flip chart
__ **de pulso y habilidad**: try-your-skill game
__ **de simulación**: (ed) gaming
__ **, en**: (interests) at stake; (forces) involved, in play, operative, at work
__ **, estar en**: to be at work (forces)
__ **, hacer el**: to play into the hands of
__ **, poner en**: to bring into play, make use of
__ **, reglas del**: ground rules
juez a quo: judge or court from whose decision an appeal is made
__ **actuante**: officiating judge; judge hearing the case
__ **ad quem**: judge or court to whose decision an appeal is made
__ **administrativo**: administrative law judge
__ **ambulante**: (Col) circuit judge
__ **árbitro**: umpire
__ **cartulario**: notary
__ **común**: (Nic) ordinary court, court of general jurisdiction
__ **de alzada**: appeals judge
__ **de carrera**: (professional) judge, judge who is a member of the bar
__ **de competencia**: (Mex) jurisdictional judge, judge who decides a conflict of jurisdiction
__ **de controversia**: (Sp) amicable referee
__ **de derecho**: (Arg, Col) judge who applies the law (but does not determine the facts in a case)
__ **de hecho**: (Arg) juror, juryman; (Arg, Col) judge who determines the facts in a case (but does not apply the law)
__ **de instrucción**: examining magistrate, investigating judge; (Arg) public prosecutor
__ **de la causa**: trial judge
__ **de letras**: judge with legal qualifications, professionally qualified judge
__ **de los autos**: trial judge
__ **de prevención**: judge assuming jurisdiction
__ **de primer turno**: first rota court
__ **de primera instancia**: lower court judge
__ **de registro civil**: registrar of vital statistics
__ **de sentencia**: trial judge or court
__ **de turno**: judge on duty, sitting judge
__ **del crimen**: criminal court judge
__ **del estado civil**: (Mex) Registrar of Vital Statistics
__ **en funciones**: sitting judge
__ **lego**: lay judge
__ **letrado**: judge who is a member of the bar; professionally qualified judge
__ **médico**: medical referee
__ **ordinario**: judge of ordinary law; court of general jurisdiction
__ **perquisidor**: coroner
__ **ponente**: judge who delivers the opinion of the court; judge-rapporteur (Supreme Court); judge-relator (Appeals Court)
__ **promiscuo**: judge who tries both civil and criminal cases; (Col) justice of the peace
__ **propietario**: regular judge; permanent judge
__ **relator**: judge who delivers the opinion of the court, judge-relator (Appeals Court)
__ **sentenciador**: trial judge
__ **sumariante**: examining judge
__ **único**: judge sitting alone
juicio: judgment (mental faculty); mind, reason, sanity; sound, common, good sense; (leg) action, suit, trial, proceeding
__ **arbitral**: arbitration proceeding; suit settled by arbitration
__ **contencioso**: lawsuit, adversary process
__ **de apremio**: suit for the collection of a debt
__ **de concurso**: bankruptcy proceedings
__ **de exequátur**: proceeding to determine the enforceability of a foreign judgment
__ **de lato conocimiento**: (leg) plenary action
__ **de mayor (menor) cuantía**: suit to recover a major (minor) sum of money; suit for a claim exceeding (under) a fixed amount
__ **de reproche**: a reproach, reprimand
__ **de residencia**: impeachment
__ **de responsabilidad**: (Bol) trial for misfeasance in office
__ **de tercería**: arbitration proceeding
__ **declarativo**: declaratory judgment (i.e. one not followed by executory process)
__ **ejecutivo**: attachment proceeding; executory process
__ **en rebeldía**: action in default
__ **hipotecario**: foreclosure proceeding
__ **imparcial**: fair hearing
__ **militar**: court-martial
__ **no contencioso**: ex parte proceeding
__ **oral**: oral proceeding
__ **político**: impeachment proceeding
junco de Indias: rattan
junta: (USA) authority; (UK) board
__ **de vecinos**: residents' association
__ **directiva**: board of directors, executive board, executive council
juntas directivas entrelazadas: interlocking directorships
__ **receptoras de votos**: polling stations; (Nic) electoral precinct boards
junturas: fittings (pipes); joints, splices, couplings
jurado: panel (of judges); award committee; jury; juror
__ **de acusación**: (USA) grand jury
__ **de conciencia**: juror, juryman
__ **de empresa**: works council, labor/management committee
juramento profesional: oath of office

jurar una certificación: to acknowledge
jurel: jack mackerel
__ **amarillo**: yellowtail
__ **chileno**: Chilean jack mackerel
__ **de gran tamaño**: horse mackerel
jurídico: legal; juridical (relating to law)
jurisconsulto: legal expert, jurist, lawyer-jurist
jurisdicción: power to hear and determine a case; area in which jurisdiction is exercised; judge or court having jurisdiction over subject matter (e.g., military, labor, civil) or parties; constituency (of an executive director, i.e. the countries he represents) (international banks); forum (arbitration)
__ **contenciosa**: adjudicatory jurisdiction
__ **contenciosa-administrativa**: (system of) administrative (law) jurisdiction or courts (judicial review of administrative decisions)
__ **de primera instancia**: original jurisdiction
__ **, exención de**: immunity from legal process
__ **subsidiaria**: ancillary jurisdiction
__ **, traslado de**: change of venue
__ **voluntaria**: non-contentious jurisdiction
jurisdiccional: jurisdictional (relating to jurisdiction); adjudicatory (relating to the determination of disputes)
jurisprudencia: rulings, precedents of a court, court decisions; case law; judicial practice
__ **arbitral**: arbitral practice
__ **, sentar**: to be a test case
justa retribución: fair and reasonable compensation
justamente: as it happens, precisely, exactly, just
justicia: the courts
__ **del trabajo**: labor courts
__ **distributiva**: equitable distribution
__ **militar**: military courts, military system of justice
__ **ordinaria**: ordinary legal proceedings
justiciable: actionable (fraud); liable for
justificación: rationale, reason for, explanation of; substantiation (of claim); accounting for (expenses)
__ **contable**: accounting evidence
justificado: well-founded (concerns); (leg) with cause, for cause
justificante: voucher, receipt, supporting document
justificantes: authoritative documents
justificar: to prove, verify, establish, substantiate, build up a case for; make allowance for (a person's behavior); explain (one's action); justify, vindicate (conduct); account for (delay); prove, show oneself to be entitled to (rights); warrant (punishment); show just cause for (dismissal); show that there are (solid) grounds for (a decision)
justificativo de: justifying (absence); evidencing (shipment)
justipreciar: to value, appraise; assess, rate

justo: tight (fit, dress); correct, exact, precise (weight); just, fair (price, decision)
__ **título**: (Chi) (leg) proper title, due title
juventud sin escolaridad: out-of-school youth
juzgado: court, tribunal; (subject-matter of a) judgment; result of a trial
__ **correccional**: magistrate's court
__ **de estado civil**: (Mex) Vital Statistics Office
__ **de inquilinato**: (El Sal) landlord-tenant court
__ **de instrucción**: (El Sal) court of first instance
__ **de letras**: court of first instance
__ **de letras de mayor cuantía**: court of major jurisdiction
__ **de mayor (menor) cuantía en lo penal (en lo civil)**: criminal (civil) court of major (minor) jurisdiction
__ **de partido**: (El Sal) regional court
__ **de paz**: magistrate's court
__ **de primera instancia**: court of original jurisdiction, lower court
__ **de subdelegación**: (Col) local court
__ **general de hacienda**: (El Sal) general tax court
__ **mixto**: court of combined jurisdiction
juzgador: the trial judge, the court
juzgar: to weigh (evidence); determine, judge, adjudicate on

K

keta: chum salmon
kilómetros volados: aircraft kilometers

L

labor: work; tilling, especially plowing
__ **cultural**: (agr) field work
__ **directa, por**: on force account
__ **minera**: (min) stope
labores: (min) workings; (agr) tilling, plowing
__ **complementarias**: (agr) secondary tillage
__ **fundamentales**: (agr) primary tillage
__ **preparativas**: (agr) tillage, tilling
__ **preparatorias**: (agr) tilling, tillage; (min) mine openings
laboral: industrial (accident), employment (legislation), technical (education), fringe (benefits)
laboratorio de materiales: materials-testing laboratory
laboreo: (min) a working
__ **con abrigo vegetal**: trashy farming, mulch tillage
__ **de escarpe**: scarification works

LABORIOSO

__ **del suelo**: soil tilth
__ **intensivo**: intensive farming
__ **mecanizado**: mechanized farming
laborioso: industrious, hardworking, painstaking, diligent (person); demanding, exacting, arduous; difficult (task); prolonged, protracted (negotiations)
laborterapia: occupational therapy
labra de adoquines: dressing of setts
__ **del subsuelo**: subsoiling
labranza: tillage, tilling
labrar: (agr) to farm, plow, till; (constr) dress (stone); carve (wood)
laca para correcciones: correction fluid
lacra: blemish, spot, stain; defect, flaw, fault; scourge, blight
lactancia artificial: formula system
__ **natural**: breastfeeding
lactante: *a* unweaned (child, young of animals); *n* suckling, unweaned child
lactario: (Hon) breast feeding clinic
lactinicio: dairy product; baby-feeding formula
ladera, a media: cut and fill
ladrillo a tizón: header
__ **al hilo**: stretcher
__ **de soga**: stretcher
__ **hueco**: cored brick
__ **ramplón**: common brick
ladrillos a sardinel: bricks laid on edge
__ **en soga**: bricks placed face up
lagar: winepress
lago artificial: reservoir, impoundment lake
laguna: gap, blank, omission, lacuna; lagoon, small lake; (leg) important omission, question not answered; loophole (in law)
__ **aeróbica**: aerobic pond (sewage)
__ **de cría**: rearing pond, nursery pond (fish)
__ **de oxidación**: stabilization pond
__ **facultativa**: aerobic-anaerobic lagoon (sewage)
__ **tributaria**: tax loophole
laja: flake, spall
lama: (min) mud
lambón: candlenut tree
lambrín: (Mex) wall covering (wood or tile)
lamentar: to deplore, regret, mourn, grieve, be sorry about
lámina: sheet; plate; (blood) slide
láminas para techo: roof sheeting
laminador: rolling mill
__ **a fleje (banda)**: strip mill
__ **de llantones**: steel bar mill
__ **de perfiles y barras delgadas**: merchant mill
__ **de platinas**: steel bar mill
__ **desbastador**: blooming mill, cogging mill, roughing mill
__ **estructural**: section mill, shape-rolling mill
laminaria: (El Sal) flip chart
laminarias: kelps
lampa: (Per) small broad-bladed hoe; spade, spud
lámpara: lampara net

LAPSO

lamprea de arroyo: brook lamprey
lampuga: dolphin fish
lana alquitranada: laid wool
__ **artificial**: shoddy
__ **baja**: neck wool
__ **cardada**: dressed wool
__ **curtiembre**: pulled wool
__ **de cabra**: mohair
__ **de ceiba**: kapok
__ **de esquilar**: live wool
__ **de esquileo**: fleece wool
__ **(de) peladero**: slipe
__ **de vellón**: fleece wool
__ **de vidrio**: spun glass
__ **desuardada**: degreased wool
__ **en balas**: pack wool
__ **en masa**: wool not carded or combed
__ **enredada**: veiled wool
__ **grasienta**: greasy wool
__ **jarrosa**: kemp
__ **jaspeada**: variegated wool
__ **lavada**: scoured wool
__ **limpia**: scoured wool
__ **natural**: fleece wool
__ **peinada**: wool tops, dressed wool
__ **regenerada (recuperada)**: shoddy
__ **suarda**: greasy wool
__ **sucia**: natural wool in the grease
__ **supra**: neat wool
__ **viva**: fleece wool, live wool
lanas sucias al barrer: sweepings, peddler's wool
lance: incident, episode; critical moment; cast (metal); casting (fishing net)
lancha: craft, fishing smack
__ **de alije**: lighter (barge)
__ **de carga**: scow
lanchaje: lighterage
lanchón: scow
langosta: (spiny) lobster; crawfish
langostino: nephrop (Norwegian lobster, Dublin Bay prawn, Ecuadorian shrimp, scampi, etc); (sometimes) prawn; (Chi) crawfish
languidez: (Sp) dieback (plant)
lánguido: dull, flat (market), weak, sluggish, listless, at a standstill
lanita: (wool) down
lantánidos: rare earth metals
lanugo: down (hair)
lanza de agua: (Chi) jetting
lanzadera: shuttle (loom); chute
__ **espacial**: space shuttle
__ **hidráulica**: flume
lanzamiento: launching; (sometimes) issue of shares; (leg) dispossession, eviction
lapa: limpet
lapidario: clear-cut (phrases); memorable (words)
lápiz electrográfico: conductive pencil
__ **fotosensible**: (comp) light pencil
lapso de atención: (ed) attention span
__ **de preparación**: lead time (project)

619

__ **de tiempo**: time-span
laque: (Chi) type of lariat
largada de la red: casting of the net
largar la red: to shoot the line (of nets)
largometraje: feature length film
largos corrientes: standard lengths (wood)
larva de ostra: oyster spat
lastre: ballast; road metal; (admin) deadwood
__ **fiscal**: fiscal drag
lata: rafter, (sometimes) sapling
late: snook
latencia: dormancy (plant); (agr) resting period
latente: dormant (plant); hidden, concealed (defect), contingent (liability), potential (talent), in abeyance
látex: wild rubber
latitud: latitude; freedom; scope, discretion, elbow room, margin (of maneuver)
latitudes y desviaciones: latitudes and departures (surveying)
latizal: stand of trees (at the pole stage); sapling; pole (stage) of a tree
latizo: sapling; pole wood
laúd: catboat, craft, merchant ship
laudo arbitral: arbitral award
__ **ejecutivo**: enforceable award
__ **por transacción**: award upon settlement
lavadero: (min) buddle; placer (gold); drain inlet (road)
lavado: scouring (wool)
__ **de dinero**: money laundering
__ **en la batea**: (min) panning
laya: spade, spud
lazareto: (ot) quarantine unit or station
lealtad comercial: fair trade
lebrancho: striped mullet
lección modelo: (ed) demonstration lesson
lecha de pescado: milt
lechada bituminosa: slurry seal (road)
__ **de cemento**: cement grout, slurry
lechaza: fish milt
leche agria: butter milk
__ **batida**: buttermilk
__ **compensada**: filled milk
__ **de larga vida (o duración)**: long-keeping milk
__ **desecada al vacío**: vacuum milk
__ **desecada en laminillas**: roller milk
__ **desnatada**: skimmed milk
__ **doblemente rebajada**: double-toned milk
__ **enriquecida**: fortified milk
__ **magra**: skimmed milk
__ **maternizada**: humanized milk
__ **mezclada con grasas**: filled milk
__ **modificada**: toned milk
__ **popular**: (Ven) milk subsidy program
__ **rebajada**: toned milk
__ **reconstituida (rehidratada)**: liquid milk
lechería: creamery; dairy industry
lecho de secado de lodo: sludge drying bed
__ **de un río**: river channel, river bed
__ **del camino**: roadbed; subgrade

lechón: piglet; grunt
lechona: gilt
lechuga acuática: water hyacinth
lechuguilla: (Mex) agave
lector de anotaciones (ficheros): log player
__ **de código de barras**: scanner
__ **óptico (automático)**: scanner (text)
lectoría (de los medios de comunicación escrita): readership
lectura dinámica: (Col) speed reading
__ **personal**: (ed) independent reading
legado: testamentary gift
legajo: file, docket; bundle of papers (dealing with the same subject)
legal: relating to a law; derived from a law; based on a law; by operation of law; in accordance with the law; prescribed by law; legal (duty), lawful (act), statutory (reserve), official (holiday); forensic (medicine)
legalidad: due process
legalización: authentication, acknowledgement, (notarial) certification or certificate
__ **de un testamento**: (leg) probate
legalizado por: authenticated by, notarized by
legalizar: to certify, authenticate, attest a document or signature, legalize (by consul)
legalmente: by lawful means
légano: slime, mud; (sometimes) loess
legar: to bequeath (personal property); devise (real property)
legislación de autorización: enabling legislation
__ **fiscal**: revenue laws
__ **sobre fraudes bursátiles**: securities regulations; (USA) blue sky laws
__ **social**: welfare legislation
legítima defensa: self-defense
legitimación: (leg) affiliation (child); legitimation (child); legal standing or competency; authentication (document, signature), authorization to practice a profession
__ **procesal**: competency or capacity to sue and be sued; legal standing
legitimado: (leg) having legal standing; entitled to bring an action
legitimidad del poder: (sometimes) source of authority
legítimo: justified (satisfaction); reasonable (expectation); authentic (signature); legitimate, lawful, genuine, real (gold), unaltered, pure (products), self (defense)
legumbres: legumes; vegetables
__ **secas**: pulses
leguminosas: legumes (pasture), pulses (peas, etc)
__ **de grano seco**: pulses
__ **forrajeras**: pasture legumes
__ **pratenses tropicales**: tropical pasture plants
lencería: dry goods trade
lencisco: dace
lengua de perro: tongue fish
__ **lisa**: lemon sole

__ **vernácula**: (ed) (sometimes) language of instruction
lenguado: flatfish (sole, flounder, dab)
__ **redondo**: sole
lenguaje de componer: (comp) author language
__ **de máquina**: machine language
__ **de programación de computadoras**: computer language
lenta recuperación económica: hockey-stick or sluggish recovery
leña: firewood, fuelwood
__ **menuda**: twigs
leonino: unfair, one-sided (agreement); (leg) unconscionable
lesión: loss (of value); injury, wound
__ **corporal**: personal injury
__ **para los contratantes**: loss to the contracting parties
__ **voluntaria**: self-inflicted injury
lesiones: injury; assault and battery; wounding
__ **graves**: wounding with grievous bodily harm
lesionar: to wound; harm, injure, wrong; adversely affect; impair, encroach on (rights); endanger (interests)
lesivo: detrimental, prejudicial, harmful
letalidad, tasa de: case-specific rate
letargo: (agr) dormancy, dormant period
__ **estival**: (agr) estivation
letra: bill of exchange
__ **a 30 d/v**: draft payable at 30 days' sight
__ **a __ días fecha**: date draft
__ **a la orden**: bill to order, negotiable bill
__ **a la presentación**: demand draft
__ **a la vista**: demand draft, after-sight bill
__ **a la vista (a plazo) sin garantía**: clean draft
__ **a plazo**: after-date bill
__ **aduanera garantizada**: customs duty bill
__ **bancaria**: banker's draft
__ **cruzada**: return draft, counterbill, redraft, counterdraft
__ **de aduana garantizada**: customs duty bill
__ **de banco**: banker's draft
__ **de cambio**: draft (bill of exchange)
__ **de cambio a plazo**: usance draft
__ **de cambio con crédito documentario**: draft drawn under a documentary credit
__ **de cambio pagado**: discharged bill
__ **de cortesía**: accommodation draft
__ **de favor**: accommodation bill
__ **de la ley**: (leg) language of the law, of the statute
__ **de molde (de imprenta), en**: in capital letters, in capitals, in printed letters
__ **de pelota**: (Sp) accommodation bill
__ **de una sola firma**: single name paper
__ **descontable**: bankable bill
__ **documentaria**: documentary draft
__ **impugnada**: dishonored bill
__ **interna**: inland bill of exchange
__ **librada a fecha fija**: bill drawn payable at fixed date
__ **menuda (pequeña)**: fine print
__ **negociable**: discountable bill
__ **pagadera a la llegada de las mercancías**: arrival draft
__ **por complacencia**: accommodation draft
__ **procesal**: notary's handwriting
__ **(sobre el) exterior**: external bill
__ **(sobre el) interior**: domestic bill
__ **volada**: superior letter (printing)
letras afianzadas: (Per) bank-guaranteed commercial paper
__ **del Tesoro**: (Sp) treasury bills
__ **en cartera**: bills on hand
__ **para entrega futura**: forward exchange
letrado: *a* professionally qualified (judge, prosecutor); *n* lawyer, attorney, counsel(or)
letrina: latrine, head (ship)
__ **abonera**: composting latrine
__ **colgante**: overhung latrine
__ **con cierre hidráulico**: water-seal latrine
__ **con pozo de preparación de abono**: compost privy, composting latrine
__ **de cisterna y sifón**: cistern flush latrine
__ **de cubo**: box-and-can privy, bucket latrine
__ **de cubo movible**: bucket latrine
__ **de doble cámara (o bóveda)**: double-vault latrine
__ **de fosa**: pit privy
__ **de pozo**: pit latrine
__ **de pozo anegado**: aqua privy
__ **de pozo excavado**: dug-pit latrine
__ **de pozo mejorado con ventilación**: ventilated improved pit (VIP) latrine
__ **de pozo negro**: vault toilet
__ **de pozo perforado**: borehole
__ **de sifón**: pour flush latrine
__ **en cubeta**: bucket latrine
__ **hidráulica**: aqua privy
__ **higiénica**: safe latrine
__ **privada**: household latrine
__ **sanitaria**: borehole latrine
__ **seca**: pit privy
letrinización: construction of latrines
levantamiento: taking (inventory); surveying and mapping; survey (geology); crop (when harvested); release, lifting, removal (restrictions); (tech) hoisting, lifting; upheaval (geology)
__ **altimétrico**: topographic survey
__ **de planos**: mapping
__ **de ruta**: route, road survey
__ **de un embargo**: discharge of an attachment
__ **de una sesión**: adjournment of a meeting
__ **del mapa escolar**: school mapping
__ **estratigráfico**: geological survey (map)
__ **popular**: civil uprising
__ **topográfico**: mapping, land survey, topographic survey
levantar: to lift, abolish (restrictions)
__ **acta**: to draw up the minutes

__ **acta fiscal**: to assess for taxes
__ **capital**: to procure capital
__ **la sesión**: to adjourn the meeting
__ **un acto notarial**: to draw up an affidavit
__ **un embargo**: to have an attachment removed, release a lien
__ **un plano**: to make a map
__ **un préstamo**: to raise a loan
__ **una garantía**: to release a security
__ **una hipoteca**: to extinguish a mortgage
levante: customs release; (agr) breeding (animals); (tech) hoisting, lifting
__ **y nacionalización**: customs clearance and release
léxico profesional: terms of art
ley: legal standard of quality, weight or measure; standard fineness (gold); grade (coal); law
__ **adjetiva penal**: code of criminal procedure
__ **antimonopolística**: antitrust law
__ **básica**: fundamental law
__ **común**: ordinary law
__ **de amparo**: (Mex) protection of civil rights
__ **de arrastre**: continuing resolution (that keeps lapsed legislation in force)
__ **de autorización**: enabling act
__ **de bases**: (Sp) framework law
__ **de bronce de los salarios**: (econ) "iron law of wages"; subsistence theory of labor supply
__ **de caducidad**: (Ur) amnesty law
__ **de corte**: (min) cut-off grade
__ **de crédito público**: public borrowing law
__ **de descanso dominical**: blue law (regulating work on Sundays)
__ **de excepciones**: emergency law
__ **de la situación**: law of the place where... is situated
__ **de lo administrativo contencioso**: administrative procedure law
__ **de plenos poderes**: emergency powers act
__ **de prescripción**: statute of limitations
__ **de punto final**: amnesty law
__ **de quórum calificado**: (Chi) qualified-majority law
__ **de rendimiento decreciente**: law of diminishing returns
__ **del embudo**: one-sided agreement or arbitrary rule
__ **del encaje**: court ruling that ignores legal precepts, arbitrary decision
__ **del mineral**: ore content
__ **del presupuesto**: (USA) appropriation law
__ **del talión**: law of retaliation (eye for an eye, tooth for a tooth)
__ **en aceite**: oil content in percentage
__ **general de población**: immigration law
__ **imperativa**: peremptory statute
__ **orgánica**: basic law (i.e., Constitution); organizational law (e.g. court organization law); charter (corporation)
__ **reglamentaria**: statutory law

__ **rituaria**: procedural law
__ **supletoria**: residuary law
__ **sustancial penal**: (Mex) Penal Code
__ **y sus reglamentos**: law and its enabling regulations
ley-cuadro: skeleton law, outline law
ley-decreto: decree-law, executive order
leyes autoaplicativas: (leg) self-executing provisions (treaty)
__ **de ejecución**: implementing legislation
__ **despachadas**: laws enacted
__ **sociales**: labor laws
leyenda: legend (coins), key (map), caption (photo), footing (illustration), cut line (illustration)
libelo: (leg) petition, demand, complaint; libel
liberación: paying up (shares); decontrol (foreign exchange); exemption (from requirements); waiver (requirements); payment (premium), redemption (bonds), reversal, write-back (reserves); release (goods), deblocking (funds); discharge (obligation), issue (stock, shares), relaxation (controls)
__ **de acciones**: paying up of shares
__ **de aduana**: customs release
__ **de cambios**: decontrol of foreign exchange
__ **de cuarentena**: (ot) pratique
__ **de fondos**: release of funds
__ **de la exigencia colateral**: release from the security requirement
__ **de pagarés**: signing of notes to obtain loan funds
__ **de precios**: decontrol of prices
__ **retardada, de**: depot (drug)
liberado: (Chi) free (entry to concert, etc)
liberalidad: concessionality (loan terms)
liberalización: decontrol (trade); deregulation (airlines); loosening (of restrictions); freeing (of products)
liberalizar: to decontrol, deregulate, lift price controls
__ **las exportaciones**: to free exports
liberar: to unfreeze, unblock (funds, accounts); free, release (from debt); discharge (from payment); exempt (from tax); pay up (shares); pay (dividends); (med) release (an antitoxin into the system)
__ **bajo fianza**: to remand on bail
__ **de demanda**: to hold harmless (contract)
__ **el precio**: to decontrol the price
__ **el tipo de cambio**: to float the exchange rate
__ **una garantía**: to release a security
liberatorio: *a* releasing, discharging, in full discharge (payment)
libertad a prueba: parole (of a prisoner); probation (in lieu of a custodial sentence)
__ **anticipada**: early release
__ **condicional**: parole, probation
__ **de acción**: elbow room
__ **de cátedra**: academic freedom

__ **de enseñanza**: academic freedom
__ **de expresión (de palabra)**: freedom of speech
__ **de informar**: freedom to impart information
__ **de precios**: free-market pricing
__ **de radicación**: freedom of residence
__ **de residencia**: freedom of abode
__ **provisional**: pre-trial release (e.g. on bail or on own recognizance)
__ **sindical**: trade union rights, freedom of association
__ **vigilada (restringida)**: probation, parole
LIBOR: London Interbank Offered Rate
libra fina: pound of fine tin
librado: *a* paid-up, fully paid (shares); (sometimes) bonus (shares); exempted from payment; *n* drawee (of a draft)
__ **al uso público**: declared open to public use (cultivar)
librador: drawer (of a draft); maker (of a promissory note)
libramiento: (com) order of payment, warrant; allotment issued (budget); (Mex) draft, bill of exchange, tranche (loan, credit)
__ **de un banco (sobre otro banco)**: bank draft
__ **por reintegro**: debenture (customs)
libranza: draft, bill of exchange, order of payment, warrant
__ **en divisas**: foreign exchange warrant
__ **postal**: money order
librar: to issue (order); pronounce (judgment); draw (draft); free, release (from obligation)
__ **a cargo de (o contra)**: (fin) to draw on
__ **de responsabilidad**: to hold harmless
__ **mandamiento de prisión**: to issue a warrant of commitment (before trial, to custody; after sentence, to prison)
__ **un exhorto**: to issue a letter rogatory
libre concurrencia: unrestricted competition
__ **convicción (de los jueces)**: judicial discretion
__ **de gravámenes**: unimpaired (reserves), unencumbered (property)
__ **determinación de los pueblos**: self-determination
__ **en el mercado**: free-float (market capitalization, foreign exchange regime)
__ **matrícula, de**: open registry (fleet)
__ **plática**: (leg) normal detention (i.e. prisoner allowed communication)
__ **plática, certificado de**: (ot) certificate of pratique
__ **plática, en**: (leg) allowed communication (as opposed to *incomunicado*)
librería: stationery store; bookstore
libreta cívica: (Arg) voter's identity card (females)
__ **de ahorro (o de depósitos)**: passbook, bank book
__ **de enrolamiento**: (Arg) voter's identity card (males)
__ **de notas**: (ed) report card

__ **electoral**: (Per) voter's identity card
libro de acciones: stock record, stockholders' ledger
__ **de cuenta y razón**: (bnk) passbook, bank book
__ **de ejercicios**: (ed) workbook
__ **de imágenes**: (ed) flip book
__ **del profesor**: (ed) teacher's guide
__ **diario**: (acct) general journal; (com) journal, day book
__ **hablado**: talking book
__ **más vendido (de mayor venta)**: bestseller
libros auxiliares: subsidiary books (of account)
__ **contables (o de cuentas)**: accounting records
__ **principales**: (acct) books of original entry
licencia: permission; leave; permit, license, franchise; (mil) discharge; (ed) bachelor's degree
__ **de estudios por día**: (vocational ed) day release
__ **de estudios prolongada**: (ed) block release
__ **de navegación**: navicert
__ **de perfeccionamiento**: educational leave
__ **de tiempo completo**: (ed) release for full-time studies, block release
__ **en servicio remunerado**: (admin) paid leave
licenciado: university graduate (often used as a title)
licenciamiento: dismissal (of worker), authorization
licenciatura: equivalent to four-year bachelor's degree
licitación: competitive bidding, tendering (for contract); auction
__ **a viva voz**: open outcry
__ **cambiaria**: auction of foreign exchange
__ **colusoria**: collusive bidding
__ **en pliego cerrado**: sealed bid tendering
__ **no valorada**: tendering without price quotation, non-competitive bidding
__ **, por**: on a best bid basis
__ **privada nacional (internacional)**: limited national (international) bidding
__ **pública**: public bidding, advertised bidding; competitive bid, solicitation; (st ex) open outcry
__ **pública, sacar a**: to call for bids
__ **restringida**: closed bidding; non-competitive bid solicitation
__ **sin cotizar precios**: non-competitive bidding
licitador más ventajoso: lowest bidder
lícito: (leg) permitted by law, permissible; lawful; licit (what is right or proper), rightful, right
liebre: (Chi) (omni)bus
liendre: nit (louse)
lienzo: fabric, cloth; linen; canvas; banner; stretch of wall
lienzos: dry goods
lignito: soft coal, brown coal
lija: sandpaper, abrasive paper; emory cloth
lijuana: (Per) handhoe

limanda: dab
liminar: preliminary (nature), introductory (course), opening (speech)
limitación: constraint; impairment; capping
__ **de exportaciones**: export restrictions
__ **de ganancias**: profit squeeze
__ **de producción**: cutback
__ **de responsabilidades**: limitation of liability
__ **de un mercado**: exiguity of a market
__ **voluntaria**: voluntary restraint, self-restraint
limitado: qualified (acceptance)
limitador de gasto: flow limiter (water supply)
limitar: to hobble
limitativo: restrictive
límite (máximo): ceiling (spending); cap (on production, consumption, etc), cut-off (point, grade, etc)
__ **autónomo**: free limit (IMF), discretionary limit (for loan approvals)
__ **crediticio**: credit limit; borrowing limit; lending limit or ceiling (lending institutions)
__ **de aprobación autónoma**: free limit (IMF), discretionary limit (for loan approvals)
__ **de captura autorizado**: maximum allowable catch (fish)
__ **de carrera**: (tech) limit switch
__ **de crédito**: credit limit; borrowing limit; lending limit or ceiling (lending institutions)
__ **de crédito (concesible, otorgable)**: credit rating
__ **de crédito recíproco**: swing limit
__ **de endeudamiento**: (bnk) borrowing limit
__ **de inclusión**: cut-off point
__ **de redescuento**: rediscount ceiling
__ **especulativo**: notional limit (trade)
límites de: range of
__ **de su jurisdicción**: extent of his jurisdiction
limítrofe: borderline (results), adjacent (state)
limnígrafo: water level recorder, river ga(u)ge
limnímetro: water level recorder; river or lake gage; gage (water supply)
limo: silt; slime, ooze; loam
limolita: siltstone
limonita: bog iron
limpiador de tuberías: go-devil (pipeline)
limpieza de bodega: (ot) cleaning of cargo residues (clingage)
__ **de semillas**: seed dressing
límulo: horseshoe crab, king crab
linaza: flax seed, linseed
lindero de la parcela: property line
linderos y colindancias: metes and bounds
__ **y medidas siguientes, con**: bounded as follows
línea aductora: transmission line (water)
__ **colectiva**: party line (telephone)
__ **de acción**: policy
__ **de carga**: (ot) plimsoll line, load line
__ **de ceros**: no cut-no fill line (highway construction)
__ **de crédito**: borrowing facility, appropriation line (budget)
__ **de crédito contingente**: backstop (credit) facility, backup (underwriting) facility
__ **de descuento**: (Arg) line of credit
__ **de impulsión**: conveyance line (water)
__ **de indigencia**: indigence line (may differ from poverty line)
__ **de interconexión**: (elec) tie-line
__ **de nivel**: contour line
__ **de rasante**: grade line
__ **de referencia**: base line, datum line, reference line
__ **de tendencia**: trend line
__ **de transmisión**: (elec) power line
__ **divisoria de las aguas**: (UK) watershed, (USA) divide
__ **endocriada**: inbred line (cattle)
__ **punteada**: dashed line
__ **pura**: inbred line (cereals)
__ **pura de semillas**: seed stock
__ **recortada**: dotted line
__ **secundaria**: (aero) feeder line
__ **trifásica en cuadrante**: block 3-phase line
líneas aéreas de enlace: feeder lines
__ **alámbricas**: cable lines (telephones)
__ **de conducta**: guiding principles, guidelines
__ **de fuerza**: motivating forces, (sometimes) trends
lineado: deleted, crossed out
lineal: across-the-board (reduction); by equal installments
lineamientos: general outline, principal points, general contents (documents); thrust (of a plan)
__ **presupuestarios**: (Mex) budget outlays
lingada: hoist, lift, load (goods hoisted aboard); sling load
lingote inicial: cake (steel)
lingotes: slugs; ingots
__ **para alambre**: wirebar
lingotera: ingot mo(u)ld
lingotillo de arrabio: pig iron
lino: flax; (Arg) linseed; (Guat) New Zealand flax
__ **agranado y rastrillado**: scutched and hulled flax
__ **enriado**: retted flax
__ **peinado**: hackled flax
liño: row of trees
liquidación: determination of amount to be paid; payment in full; assessment (tax), settlement (debt); winding-up (business); clearing (of accounts); close-out sale; adjustment, discharge (claim); extinction (mortgage); working off (stocks); disposal (surplus); execution (bond, job); tax return; (acct) statement of account; statement of sum due; statement of tax due; note of loan payment due; (Chi) conversion of foreign exchange brought in for investment
__ **de activos**: asset stripping (company takeover)
__ **de averías comunes**: (ins) adjustment of

LIQUIDADO

general average
__ **de costos**: (Col) (leg) assessment of court costs
__ **de derechos e impuestos**: assessment of duties and taxes (= determination of the amount payable)
__ **de empresas filiales, valores, etc**: divestiture
__ **de existencias**: working off of inventories; rundown of stocks
__ **de facturas**: settlement of accounts
__ **de filiales**: corporate divestiture
__ **de mercancías**: clearing of goods; clearance (sale)
__ **de oficio**: jeopardy assessment
__ **de servicios**: billing statement
__ **de tasas**: rate setting
__ **de un reclamo**: adjustment of a claim
__ **del ejercicio**: budget performance, budget outturn
__ **del impuesto**: assessment
__ **del presupuesto**: budget performance or out-turn
__ **en activos**: asset settlement
__ **en caso de cese en el servicio**: withdrawal settlement (pension)
__ **en efectivo**: cash settlement
__ **fiscal**: tax assessment
__ **judicial, en**: in receivership
__ **presupuestaria**: budget performance, budget outturn
__ **quincenal**: (st ex) mid-month account
liquidado: paid-off
__ **contra**: cleared on...
liquidador: disbursing officer; (Col) paymaster; (leg) trustee in bankruptcy
liquidar: to determine amount to be paid; determine balance and make closing entry; close, clear, settle (an account); close out, sell off (merchandise); wind up, liquidate (business); negotiate (foreign exchange); discharge (debt); redeem, convert into cash (certificate), cash in
__ **existencias**: to work off inventories
__ **posiciones**: (fin) to settle accounts; (st ex) close positions
__ **un siniestro**: (ins) to adjust a claim
liquidez: liquid assets; liquidity (of financial system)
__ **ampliada**: money broadly defined
__ **, crisis de**: liquidity squeeze
__ **de caja**: liquid funds, quick assets, ready assets
__ **improductiva**: non-earning cash
__ **limitada**: tight money
__ **monetaria**: monetary base
__ **seca**: quick ratio, acid test ratio; accounts payable
__ **, situación de**: cash position
líquido: net, clear (profit); ready (money), taxable (income); (leg) relating to a debt that is immediately and unconditionally due
__ **imponible**: taxable income

LLAMAZAR

lisa: thick-lipped gray mullet; rabies
lisímetro de campo: (agr) field lysimeter
liso y llano: plain, naked, unvarnished (truth)
lista común de descriptores: aligned list
__ **condicionada**: (Sp) (ot) waiting list
__ **de bultos**: packing list
__ **de candidatos**: slate; (sometimes) ballot
__ **de confrontación**: check-list
__ **de correos, en**: poste restante, to be called for, general delivery
__ **de opciones del mercado**: market menu
__ **de palabras claves**: basic word list
__ **de paridades**: schedule of par values
__ **de rancho**: declaration of ship's stores
__ **de raya**: (Mex) payroll
__ **refundada**: consolidated list
__ **tipo**: standard list, guide-list
listado: skipjack tuna
__ **de datos**: printout
listero: time-keeper
listón: lath, slat, cleat
__ **moldeado**: extruded slat
litera: berth, bunk, cot
literal: *n* (lettered) subparagraph
literato: writer; scholar
literatura comprometida: literature of commitment, "littérature engagée"
__ **de evasión**: escapist literature
__ **de pacotilla**: trash literature, "trash"
__ **didáctica**: non-fiction
__ **instructiva**: non-fiction
__ **no novelesca**: non-fiction
litigio de mala fe: abuse of legal process
litisconsorte: (leg) intervenor in a suit for the same cause or interest as another, co-litigant
litispendencia: concurrency of (legal) actions; same case pending in another court
litoral: coastal, seaboard, inshore (waters)
lixiviación: leaching; (soil) wash
__ **bacteriana**: microbial leaching (copper)
lixiviado: leachate (waste disposal)
lizote: bar wire
llama: float, trowel; (Arg) page (either side of a folio) of a notary's register or of a sheet of stamped paper
llamada: (telephone) call; call (of the wild); shout; reference mark (in a book); cross-reference
__ **a filas**: call-up
__ **a licitación**: invitation to tender, call for bids
__ **de cobro revertido**: collect call
__ **de orientación**: general cross-reference
__ **para integración de capital**: call for capital
llamado: what is known as, as it is known, "..."
llamamiento: appeal (to the public conscience)
__ **de capital**: call for capital
llamar a propuesta (pública): to call for tenders, for bids
__ **de**: to appoint, designate
llamazar: bog
llampo: ore

llantón: sheet bar, billet
llanura aluvial (inundable o de inundación): flood plain
llapa: a small extra given by shopkeeper on a purchase (to win a customer)
llave: brace (sign); faucet; wrench; stop cock
__ , **derecho de**: (Arg, Chi) (acct) goodwill
__ **seccionadora**: section switch
llegadas y pernoctaciones: arrivals and overnight stays
llenado: stuffing (of containers)
__ **del grano**: seed filling
llevar a cuenta nueva: (acct) to bring forward
__ **a valores de mercado**: to mark to market (securities)
lloradero: weep hole; drain hole
lluvia artificial: cloud seeding
__ **radioactiva**: radioactive fallout
lo antes posible: as soon as possible
__ **más probable es que no venga**: chances are he can't (won't) come
__ **más pronto posible**: as early as possible
__ **principal**: (leg) principal petition or item (paragraph heading usually followed by *primer*, *segundo otrosí*)
__ **que es normal**: what is to be expected
__ **que más tarde se verifique**: whichever is later
lobo de dos pelos: fur seal
__ **marino**: eared seal
locación: (Arg) hire, lease, lease and hire, letting and hiring; bailment (for hire)
__ **de obra**: (Arg) building construction or manufacturing agreement for supplying of works; subcontracting of works
__ **de obras**: putting works out to contract
local comercial: business premises
__ **de servicio**: (hosp) duty room
locales: accommodation (budget item)
localización: tracking, site selection, siting
__ **de casos**: case detection, finding, tracing
__ **de fallos**: trouble shooting (machines)
__ **de inspectores**: duty station of inspectors
__ **de memoria**: (comp) storage location
__ **de personas**: (TC) paging
__ **y selección de documentos**: information retrieval
localizador: beeper
localizar: (Ur) to allocate funds
locativo: (Arg) rentable (value)
locha roja: red hake
loco: sea snail, abalone
locomoción colectiva: public transport
locro: (Chi) cornmeal; (Para) white corn
locutor: radio, television announcer; newscaster
locutorio: (interpreter's) booth
lodazal: quagmire
lodo activado: activated sludge
lógica de la clasificación: rationale of the classification
__ **del diseño**: rationale
__ **física**: (Sp) (comp) firmware

lógico: well-grounded, that holds water (argument); normal, natural, to be expected (event, situation); sensible, reasonable (line of conduct); what stands to reason, commonsense (approach)
logopedia: speech therapy
logro: accomplishment, achievement, success, benefit, gain, outcome, result
__ **ejemplar**: success story
__ **tecnológico**: technological breakthrough
loma: hill, down
lomo: ridge (between furrows), back (animal); loins (human being); spine (book)
__ **de nieve**: snowdrift
__ **de toro**: (Chi) speed bump
lona: sailcloth; tarpaulin
__ **de trama simple**: single-ply canvas
longevidad: life span
__ **escolar, índice de**: (ed) survival rate
longitud de horquilla: fork length (fish)
__ **virtual**: true length
longitudinal: fore and aft (ship)
lonja: wholesale market (e.g. corn exchange), commodity exchange; (Arg) strip (of land)
lonko: (Chi) Indian leader (of Mapuches, Pehuenches)
loque: (Hon) bee disease
losa de estacionamiento: apron (airport)
loseta: floor tile, flagstone
lota: barbot
lote: lot (merchandise), batch (vaccine); parcel of land, building plot or site; (ot) consignment
__ **con mecha**: serviced site
__ **de ganado**: (Guat) cattle drove
__ **de mercancías**: (ot) unit of cargo
__ **urbanizado**: serviced site
lotes, blocks (for oil exploration, divided into tracts)
__ **y servicios**: sites and services
loteo: subdivision
lotera: birdsfoot trefoil
lotificar: to subdivide (lands)
loza: porcelain, china, crockery
__ **a la turca**: squatting plate (type of latrine)
lozas sanitarias: porcelain sanitary fittings
lubina: sea perch, sea bass
__ **blanca**: white perch
__ **negra del mar**: black sea bass
lubricantes para cuchillas: cutting oils
lubrigante: lobster
luces y vistas: lights and prospects
lucha antiparasitaria: pest control
__ **contra el desempleo**: prevention of unemployment
__ **contra el paludismo**: malaria control
__ **contra el ruido**: noise abatement
__ **integrada contra las plagas**: integrated pest management (IPM)
__ **por poder (OPAS)**: proxy fight

lucio: pike, luce (fully grown pike)
__ **joven**: jack pike
lucrativo: profitable (investment, operation); remunerative (prices); gainful (employment); profit-making (business)
lucro cesante: loss of income, earnings or profits; (ins) business interruption
ludoterapia: recreational therapy
lugar: place, location; locality; post, job, office; time, moment; (leg) reason, motive, cause
__ **a, negar**: (leg) to dismiss (complaint, etc)
__ **común**: commonplace statement, notion; platitude
__ **de celebración**: seat (of a conference)
__ **de costes**: (Sp) (acct) cost center
__ **de destino**: (admin) duty station
__ **de destino convenido**: (com) named point of destination
__ **, declarar con**: to decide a case favorably, allow, sustain (complaint)
__ **, declarar sin**: to dismiss (suit, case, complaint), deny (request), reject (claim)
__ **de petróleo**: oil bunkering station
__ **de reunión**: seat (of a conference)
__ **del crimen**: (leg) venue (place or country in which event(s) from which the legal action arises take(s) place)
lugares de cría: breeding places
__ **vírgenes**: wildlife retreats
luma: (Arg) guava tree
lumbrera: (tech) port (exhaust)
luna de escaparate: plate glass window (store, shop)
__ **de espejo**: mirror glass
lupia: bloom (steel); pig iron
lúpulo: hops
lutita (bituminosa): oil shale
luz: span (of bridge, between power line posts); (sometimes) window opening
__ **alta (baja)**: (TC) high (low) beam
__ **de cálculo**: effective span
__ **de malla**: mesh size (fishing net)
__ **libre**: clear span (bridge)

M

macadán apisonado en húmedo: waterbound macadam
__ **hidráulico**: waterbound macadam
macana: billy club; (Per) potato farming
macarela: Pacific mackerel
macareo: tidal bore
macerado: scutching (of fibers)
macha: razor clam, macha clam
macheo: mach number
machete: menhaden, herring
machi: (LA) medicine man, curer, healer
machinal: (constr) putlog

macho: stallion; sledge hammer
__ **entero**: uncastrated male animal
machorra: (Arg) barren heifer
machote: (Mex) blank form
machuelo: menhaden, herring
macizo boscoso: stand of trees
__ **continental**: earth body
__ **de fábrica**: (constr) masonry body
macolla: bunch, cluster (plant); (constr) poppy head finial
macollamiento: tillering
macrodrenaje: macrodrainage (i.e. river channeling as opposed to storm drainage)
macroeconomía: (Sp) aggregative economies
macromedición: master metering (water supply)
madera aglomerada: particle board
__ **apilada**: cordwood, stacked wood
__ **aprovechable**: merchantable timber
__ **aserrada**: sawn wood, sawed lumber
__ **borne**: hardwood
__ **bronca**: wrangle wood
__ **cepillada**: dressed lumber
__ **compensada**: veneer
__ **común (ordinaria)**: standard grade of lumber
__ **contrachapada**: plywood
__ **corriente**: yard timber
__ **de color**: dyewood, hardwood
__ **de construcción**: construction or structural lumber
__ **de desenrollo**: peeler logs
__ **de estiba**: dunnage
__ **de fuste**: stumpage
__ **de grado**: clears
__ **de minas**: pit props
__ **de obra**: timber
__ **de primera**: clear grade lumber
__ **de tercera**: common grade lumber
__ **desbastada**: rough dressed lumber
__ **dimensionada**: yard timber
__ **elaborada**: lumber
__ **en bruto**: rough wood, wood in the rough
__ **en patio**: harvested lumber
__ **en pie**: growing stock, stumpage, standing timber
__ **en pie, valor de**: stumpage
__ **en rollo**: roundwood, uncut timber
__ **enchapada**: veneer wood; (sometimes) plywood
__ **encuadrada**: square-sawn lumber
__ **fresca**: green timber
__ **industrial**: industrial clears; factory timber
__ **laminada**: plywood
__ **limpia**: clears
__ **machihembrada**: tongue(d) and groove(d) lumber
__ **maciza**: solid wood
__ **multilaminar**: plywood
__ **para aserrar**: saw wood
__ **para duelas**: stavewood
__ **prensada**: particle board

MADERAS

__ **pulida**: dressed lumber
__ **rajada**: hewn wood
__ **rolliza**: log
__ **secada al aire**: yard timber
__ **sin desbastar**: rough timber
__ **sin labrar**: rough lumber
__ **terciada**: plywood
__ **terciada de chapas**: veneer plywood
__ **utilizable**: timber
__ **verde**: unseasoned timber
maderas preciosas: fancy woods
madereo: (Chi) logging; transporting of logs to sawmill
maderos de estibar: dunnage; skids
madre de un río: river bed
madres precoces: teenaged mothers
maduración: aging, maturing
__ **sicológica**: psychological development
__ **temprana**: earliness
__ **, tiempo de**: lead time (project)
madurez del sistema, falta de: lack of development of the system
__ **, grado de**: (degree of) readiness (project)
__ **para la escolaridad**: (ed) school readiness
__ **técnica**: degree of readiness (project)
maestranza: petty officers (carpenters, skilled tradesmen in government shipyard); skilled workers; (Chi) machine shop; repair shop; maintenance shop; (Arg) service personnel
maestro de obras: construction foreman, works superintendent, site engineer; principal (in a contract); (UK) clerk of the works
__ **itinerante**: (ed) circuit teacher
__ **suplente**: (ed) substitute teacher, replacement teacher; supply teacher
__ **titular**: permanent teacher
mafafa: (Col) new coco-yam, yautia
magisterio: teaching; teachers; teaching profession
magistrado interviniente: (leg) judge who hears the case, the application, etc
magistral: authoritative (work), masterly (performance); outstanding, brilliant; masterful; (med) according to a prescription (drug)
magistratura: the judiciary
__ **sentada (de la sede)**: judges
__ **de pie (de estrado)**: law officers of the state
magnate: captain of industry, tycoon
magnetófono: tape recorder
magnitud: volume, bulk, size, extent
__ **del proyecto**: scale of the project
magro: lean (meat); slender (revenue, income), scanty (resources)
magüey: century plant, pita
magullado: bruised (fruit)
mahón: denim
maicillo: (CA) sorghum; (CR) millet; (Chi) Johnson's grass; (Per) Argentine grass; (Ven) gama grass; (Chi) gravel (roads)
mainel: mullion
maíz: (UK) maize, (USA) corn

MANCOMUNIZACION

__ **desgranado**: unmilled maize
__ **dulce**: sweet corn, sugar corn
__ **duro**: flint corn, flint maize
__ **forrajero**: feed corn
__ **grano**: grain corn
__ **milo**: (Mex) sorghum
__ **millo**: (Col) sorghum
__ **paloma**: pop corn
__ **vitro**: flint corn
majada: sheepfold; (Arg) band, flock of sheep, (Ec) dung, manure; (sometimes) herd of cattle
majano: heap of stones to mark a line, field divider
majarra: talapia
mal de boca: (Arg) foot-and-mouth disease
__ **de los almácigos (semilleros)**: damping-off
__ **holandés**: (econ) Dutch disease
__ **que bien**: willingly or unwillingly, willy-nilly, somehow
mala fe: (leg) malicious intent
malabarismo fiscal: tax gimmick
malacate: hoist; draw works (oil well)
malaja: (DR) fodder
malanga: old coco-yam, taro
malaxación: (ind) mixing (dough, etc)
malecón: sea wall; mole, dike, pier, jetty; (sometimes) flood wall
maleza: brush; (Chi) weed
malla curricular: curriculum
__ **de escurrimiento**: flow net
__ **de tronaduras**: (min) blasting grid
mallín: (Chi) marshland, bog, swamp
malnutrición leve: (med) mild malnutrition
maloca: raid on Indian territory
malogro escolar: (ed) educational wastage
malón: raid by Indians; (Chi) surprise party
malos tratos: (leg) cruelty
maltona: silver flake (milling)
maltratar de obra: to physically mistreat
malversación de fondos: misappropriation of funds
mamadero: seepage (oil)
mamandurria: sinecure
mamey: mamey apple
mamón: (Cu) custard apple
mampara: screen; padded door; partition
__ **corta viento**: vestibule door
__ **de contención para mercancías en granel**: (Sp) (ot) shifting board
mamparo: bulkhead (ship, aircraft); core wall
mamparra: spotlight fishing
mampostería: masonry; stonework; rubble work
manantial de petróleo: oil seepage
mancha de aceite (petróleo): oil patch, oil spill
__ **descendente**: (for) dieback
mancomunadamente: conjointly
mancomunar: to pool
mancomunidad: pool; (leg) joint liability
mancomunización: pooling
mandado cumplir como ley: (leg) given the force

MANDADO

of law; assented to
mandamiento: command, order, commandment, writ, mandate; (leg) warrant (a direction from a court to an officer to perform an act (e.g. an arrest); an order (a direction of a court that an act be done); warrant of commitment
__ **de aprehensión**: arrest warrant
__ **de arraigo**: restricted residence warrant
__ **de detención**: arrest warrant, warrant for commitment
__ **de ejecución y embargo**: writ of execution and attachment
__ **de prisión**: commitment (to prison); arrest warrant
__ **judicial**: (leg) order of execution; judicial order directing that a decision be carried out
mandante: principal (in agency contract = mandator); owner of the works (contract)
__ **no nombrado**: undisclosed principal
mandatario: (authorized) agent (person holding power of attorney); proxy (at meeting); attorney-in-fact (in legal matters); assign; representative; Chief Executive (e.g. President, head of State)
mandato: command, order, instructions, delegation of authority by power of attorney, agency; term of office; terms of reference (committee); sphere of responsibility; proxy (power given for voting at a meeting)
__ **de embargo**: (leg) writ of attachment
__ **de la ley**: por: by authority of law
__ **judicial**: proxy for appearing in court; (sometimes) writ, warrant
__ **jurídico**: injunction, court order
mandioca: cassava
mando: authority; control, command, power; term of office
mandos: leaders
__ **medios**: middle-level management
manejo: handling (funds), operation (machine), management (business)
__ **de carga**: (elec) load shedding
__ **de empastadas**: range management
__ **fácil, de**: (comp) user friendly
manejos: wheeling and dealing
manga: squeeze chute, loading chute, cattle pass; (Ec, Col) corral; beam (of ship)
__ **de pesca**: purse seine
__ **de vacunación**: vaccination chute
manglar: salt swamp, mangrove swamp
manguera: hose; (Arg) large corral
manguito: (tech) sleeve, coupling; joint (in electrical conductor, in fire hose); sinkable cofferdam
manifestación: manifestation, sign, show (of emotion); statement, declaration (policy); protest demonstration, mass meeting; seepage (oil); showing (gas); (Mex, CR) tax return; (acct) disclosure; (med) occurrence

MANTENER

(cases); (min) occurrence (mineral)
__ **de quiebra**: (leg) declaration of bankruptcy
__ **mineralógica**: (min) exposure
manifestaciones: (min) (mineralized) showings or exposures
__ **de petróleo**: showings of oil
manifestar: to state expressly or formally; show, give expression to
manifestarse en: to state one's opinion on a matter
manifiesto: n customshouse manifest, freight list; a clear (difference), definite (demand), evident (guilt), patent (contradiction), plain (truth), obvious (mistake)
__ **de aduana**: (Ven) bill of entry
__ **de carga**: waybill
__ **de embarque**: shipper's export declaration
__ **de exportación**: shipper's export declaration
manigua: (Ven) brush, jungle
manigueta: handle, crank; kevel
maniobra(s): (rr) shunting; (ot) port operations, movement of vessels in port (includes pilotage, towage, handling of lines, etc), mooring procedures, working or handling of a ship, rigging, (Per) winch; manoeuver, operation, manipulation; (fin) stratagem, ruse
manipulación de la contabilidad: (acct) window dressing
__ **genética**: genetic engineering
mano: coat of paint
__ **alzada, a**: by free hand
__ **de obra**: labor, manpower, labor force
__ **de obra calificada**: skilled labor
__ **de obra corriente**: unskilled manpower
__ **de obra disponible**: manpower potential
__ **de obra especializada**: semi-skilled manpower
manos de, estar en: to be vested in (estate, property)
__ **muertas**: goods in mortmain
manobre: hodcarrier
manómetro: pressure ga(u)ge
mansalva, a: without taking any risk
manta: (min) vein, stratum, thin bed of ore
manteca clarificada: butter oil; ghee
__ **de búfalo**: ghee
__ **de cerdo**: lard
__ **de Karite**: shea butter
mantención: (Chi) maintenance
mantener: to hold something up (support) or in a position; keep up, maintain (relations, conversation, correspondence); uphold, keep (law, discipline, opinion); support (family); preserve (stability); hold (at the disposal of); hold on to (market share); abide by (decision); follow (policy)
__ **bajo custodia**: (leg) to remand in custody
__ **el flete a un nivel bajo**: to peg freight rates at a low level
__ **el parecer**: to continue to believe
__ **exento de responsabilidad**: to hold harm-

less
— **fijo (inmovilizado) el tipo de moneda**: to peg a currency
— **que**: to assert, maintain that
mantenimiento de la paz: peace-keeping
— **de los precios impuestos por el vendedor**: resale price maintenance, fair trade
— **diario**: daily upkeep
— **en funciones**: continuation (of a committee, etc)
— **mayor**: rehabilitation
— **preventivo (sistemático)**: preventive maintenance
— **preventivo de personal**: labor hoarding
— **previo**: preventive maintenance
manteo: (min) bedding; (Chi) conversion of a vein into a stratum; slope, dip; (Ur) dip, inclination, bedding
mantequilla clarificada: butter oil, ghee
— **de producción industrial**: dairy butter
mantillo: humus (-rich) layer, planting media
— **ácido**: mor humus, raw humus
— **de hojas**: duff
— **suave**: mull
manto: (min) overburden; occurrence (metal); stratum; bed, seam; (hydr) nappe, horizon
— **acuífero (freático)**: water-bearing stratum, ground water
— **de agua**: water horizon
— **de asentamiento**: settling bed (sewage)
— **de drenaje**: drainage blanket (dam)
manual: source book, textbook
— **de procedimiento**: operating manual
manualidades: (ed) handicrafts, crafts
manuscrito: *a* in handwriting
manutención: upkeep (machinery); support, maintenance (family); (Ven) subsistence (workers)
— **de bienes**: housekeeping
manzana: (El Sal) 0.7 hectares
— **de discordia**: bone of contention
— **de mesa**: eating apple
mapa administrativo: plat
— **de situación**: location map
— **de tiempo**: weather map or chart
— **edafológico**: soil map
— **escolar, levantamiento de**: school mapping
— **esquemático**: sketch map
— **estadístico**: spot map
— **general**: layout map
— **meteorológico**: weather map or chart
— **mudo**: outline map
— **planimétrico**: line map
— **previsto**: forecast chart (weather)
— **topográfico**: line map, contour map
mapoteca: collection of maps; map cabinet; map reference service
maqueta: miniature model; dummy (book); make-up, visual, layout (printing), lay-out sheet, mock up
maquila: processing fee; (Chi) fee charged for processing ore
— **, industria de**: inbond assembly industry
maquilador: offshore processing industry
maquiladora de oleaginosas: (vegetable) oil mill, oil press
maquilar: (Mex) to make to order
máquina de tratamiento de textos: word processor
— **de trefilar**: wiredrawing machine
— **vibradora**: paving spreader (roads)
maquinabilidad: workability (metals)
maquinilla: winch
maquinista: operator of a machine (locomotive, cableway); engineer (ship)
mar antigua: relic sea
— **continental**: inland sea
— **de fondo**: ground swell, undercurrent
— **de la Flota**: (Arg) Bransfield Strait
— **de leva**: storm tide, storm surge
— **interior**: inland sea
— **libre**: high seas
— **patrimonial**: territorial sea, patrimonial waters (those considered necessary for the well-being of a country)
— **presencial**: (Chi) (no official translation) naval protection zone, patrolled waters (that part of the ocean beyond its jurisdictional waters in which Chile wishes to establish its presence in order, *inter alia*, to protect straddling fish stocks)
— **territorial**: coastal waters, territorial waters
maracuyá: passion fruit
marañón: cashew nut
marasma: stagnation, dullness (trade), inactivity, slackness, slump (business), weakness (market), standstill (economy)
marbete: label, tag
— **de precio**: price tag
marca de comprobación: check or tick mark
— **de contraste**: hallmark
— **de fábrica**: manufacturer's brand, trade mark
— **de garantía**: certification mark
— **de hacienda**: cattle brand
— **de matrícula**: (aero) registration mark
— **de máxima carga**: (ot) load line
— **de referencia**: landmark (for ship)
— **genérica**: umbrella brand
— **unionista**: (Paris) Union trade mark
marcaciones: (ot) bearings
marcado: *a* striking, impressive, proficient
— **abreviado**: (TC) speed dialing
marcapasos: pace-maker
marcar: to peg out (surveying)
— **con una plantilla**: to stencil
— **las pautas**: to pioneer
marcario: *a* relating to trade marks or brand names
marcha: course (of negotiations); turn (of events); progress (of project)
— **blanca**: (Chi) trial run
— **de la economía**: economic performance

marchamo: customs stamp (on goods released)
marchitamiento: withering (plant)
marchitez de maíz: maize wilt
__ **descendente**: dieback (tree)
marco: framework; frame (of a survey); setting (event); set-up; (Arg) (irr) measuring weir
__ **de, dentro del**: within the compass, domain, field, gamut, province, purview, range, radius, realm, region, scope of; in the setting of; by way of; for the purpose of; in line with; as an element or component of; in relation to; in connection with; in the course of; under (convention)
__ **hipotético**: scenario (forecasting)
__ **hipotético de referencia**: baseline scenario
__ **normativo**: policy framework
__ **partidor**: (irr) division box
__ **propicio**: enabling environment (for private investment)
__ **sectorial**: sectoral background
__ **temporal**: time frame
__ **teorético**: frame of reference
marea entrante: flood tide
__ **menguante**: ebb tide
__ **muerta**: neap tide
__ **roja**: Red Tide
marejada: surf, swell, heavy sea
maremoto: seaquake
marga: loam, marl
__ **arcillo-limosa**: silty-clay loam
__ **arcillosa**: clay loam
__ **fértil**: heavy loam
__ **limosa**: silty loam
margal: marsh, swamp
margen: border, edge, fringe; river bank, roadside; margin; leeway, latitude; allowance, spread (interest rates); range; markup; (com) price differential
__ **bruto**: margin, gross margin, gross earnings; (bnk) spread, mark-up; (bnk) net interest and fee revenue
__ **comercial**: markup
__ **de acción**: headroom, breathing spell
__ **de acuerdo**: area of agreement
__ **de, al**: on the fringe of (society); outside (the law); ; excluded; not part of (the mainstream economy); (sometimes) regardless of
__ **de beneficio (beneficiario)**: markup
__ **de caja operacional**: cash operating ratio
__ **de centésimos**: basis(-)point spread
__ **de cobertura**: backwardation (futures trading)
__ **de confianza**: credibility gap
__ **de control**: span of control
__ **de crédito recíproco**: swing credit
__ **de depreciación**: depreciation allowance
__ **de diferencia de salarios**: wage spread
__ **de ebullición**: boiling range
__ **de ganancias**: profit margin
__ **de ganancias bruto**: (Sp) gross earnings, gross margin
__ **de garantía**: initial margin

__ **de intermediación**: middleman's markup; interest rate spread, (lending rate) spread
__ **de maniobra**: swing margin (of credit); headway, leeway
__ **de precios**: price spread
__ **de preferencia a empresas nacionales**: domestic preference
__ **de seguridad**: safety factor; confidence interval; (fin) cushion
__ **de utilidad**: markup
__ **de variación**: variation margin (futures trading; EMU), range of variation
__ **de venta**: (Sp) merchantizing margin
__ **, dejar**: to leave room for, allow for, provide for
__ **, dejar al**: to leave out of, leave on the sidelines
__ **del reglamento, al**: against the rules
__ **entre las tasas (los tipos) de interés**: interest rate differential, interest spread
__ **estándar**: benchmark margin
__ **financiero**: (bnk) financial margin (difference between interest received and interest paid); net interest and fee revenues
__ **libre**: freeboard
__ **para, dar**: to give occasion for
márgenes, diferencia de: spread of spreads
marginación educacional: (ed) educational disadvantagement
marginado: poor, underprivileged (sectors), deprived (groups); excluded (from society), bypassed (by development), disadvantaged (groups)
marginal: incremental (rate), marginal (pricing), differential (cost), fringe (benefits); poor (communities, neighborhoods)
marginalidad: impoverishment; exclusion (from the mainstream economy and society)
__ **judicial**: lack of access to courts, exclusion from the judicial system
__ **sanitaria**: unhygienic conditions, substandard sanitary conditions
marginalización: social exclusion
marginar: to exclude (from), alienate; (Sp) markup
maricultura: sea-farming, oceanic farming
marina: (Chi) (min) broken rock, detritus produced after a shot; muck, mucking
__ **, cortar**: (Chi) (min) to muck, clean up a work front
__ **, hacer**: (Chi) (min) to muck
marinero capacitado: able seaman
__ **de cubierta**: deck hand
__ **de primera**: able seaman
__ **experimentado**: able seaman
__ **preferente**: able seaman
marineros: ratings (navy)
mariscador: shellfisherman, seafood catcher
mariscos: shellfish
marisma: mudflat, tideland, salt marsh, salt

MARISMA

    swamp, tidal marsh, tidal pool
marismas: wetlands
marisquería: shellfishing
marítimo: relating to shipping; marine (insurance), maritime (navigation), seaboard (town), seaborne (trade), naval (dockyard), (leg) admiralty (law, courts)
marjal: marsh, moor
marlo: (Arg) corncob without grains
marque: (Sp) trademark, brand name
marquetería: inlaid work, cabinet making
marrano: pig, hog, swine
marsopa: porpoise
martillero: (Arg, Chi) auctioneer
martillo: hammer, gavel
— **neumático**: jack hammer, air hammer
— **pilón**: drop hammer
martinete: pile driver, drop hammer
maruca: sable fish; ling
más allá de: regardless of, above and beyond
— **aún**: in addition, furthermore, moreover
— **o menos**: fairly, by and large, on the whole, about, approximately, somewhat, rather, so-so, after a fashion, more or less
— **que todo**: and especially
masa: stand (of trees); tree plantation; (elec) ground
— **coetánea**: (for) even-aged forest
— **, conectada a la**: (elec) earthed, grounded
— **continental**: continental landmass, territorial landmass
— **de acreedores**: (Sp) body of creditors
— **de agua**: body of water
— **de bienes**: sum total of assets, total fortune
— **de capital**: capital stock (amount of capital goods)
— **de dinero**: stock of money
— **de funcionarios (afiliados, etc)**: rank and file
— **de la deuda**: stock of debt
— **de la quiebra**: bankrupt's assets, estate
— **de las importaciones**: aggregate imports
— **de maniobra**: swing margin
— **decadente**: (for) overmature stand
— **forestal**: forest crop, tree crop
— **ganadera**: cattle population
— **hereditaria**: estate
— **irregular**: all-aged forest, mixed forest
— **microcristalina**: groundmass
— **mineral**: ore body
— **monetaria**: monetary stock, money stock; (Sp) money supply, total money supply (M3)
— **regular**: even-aged forest
— **salarial**: wage bill, payroll
masas de aguas continentales: inland bodies of water, inland waters
— **brinzales**: seedling stands
masivo: large-scale (demonstration), substantial (aid), solid (metal), heavy (sales) ; mass (transit), huge, large
mata: plantation, grove; orchard; shrub, bush;

MATERIAL

    tussock; coarse metal, matte
matacuaces: (Mex) farm laborers
matadero de aves: chicken dressing plant
matanza privada: farm slaughter
— **sistemática**: culling
matarasa: (for) clear cutting
matayuyo: (Arg) herbicide
mate: Paraguayan tea
matear: (Chi) to plant (at intervals)
materia: subject (of speech); topic (for discussion); subject-matter (of contract)
— **clave**: (ed) tool subject
— **de, en**: in connection with
— **imponible**: tax base
— **instrumental**: (ed) tool subject
— **noble**: high-quality material
— **prima**: raw material
— **principal**: (ed) college major
— **seca (de la leche)**: milk solids
materias: (ed) subjects, courses
— **básicas**: (ed) core subjects; (ind) feedstock (fertilizers)
— **de enseñanza**: curriculum subjects
— **fundamentales**: core subjects
— **genéricas**: commodities
— **principales**: core subjects
material: *a* actual (damages, possession); physical (damages, presence); factual (issue), real (perpetrator), clerical (error), tangible (goods); property (damage), bodily (needs); (leg) substantive (law); *n* materials, implements, equipment; (ind) plant, machinery
— **aglomerante**: bonding material
— **aprovechable**: salvage
— **básico de siembra**: foundation stock seed
— **bélico**: ordnance
— **de apoyo**: (ed, conferences) resource materials (e.g. handouts)
— **de construcción**: building timber
— **de consulta**: reference material
— **de estiba**: dunnage
— **de fijación**: cultch (spawning bed for oysters)
— **de lastre**: bulkage (animal feed)
— **de oficina**: stationery
— **de plantación**: stock, planting stock
— **de producción**: capital goods
— **de propagación (vegetal)**: planting material
— **de propaganda**: advertising supplies
— **de repoblación**: fish seed
— **de reproducción**: breeding stock (fish)
— **de soporte**: cultch (culch) (oyster breeding)
— **de viveros**: nursery stock
— **didáctico**: instructional aids, teaching aids, teaching material
— **dragado**: spoil
— **en crecimiento**: growing stock
— **en pie**: (for) growing stock
— **fluvial**: inland waterway vessels
— **fungible**: expendable material, consumable supplies, fungibles
— **genético (de mejora)**: breeding material

(plants)
__ **móvil**: rolling stock; (Sp) automobiles and trucks
__ **naval**: seagoing vessels
__ **noble o seminoble**: (Per) hardwood (housing construction)
__ **para formar cambas**: windrowing material
__ **pedagógico básico**: (ed) teacher's kit
__ **rodante**: rolling stock; (Sp) automobiles and trucks
materiales aparentes: (constr) rough finish, rough casting
__ **básicos**: feedstock
__ **bituminosos de curado medio**: medium-cured cutback materials
__ **celulósicos**: pulping materials
__ **de consumo**: operating supplies
__ **para consumo y reposición**: (Sp) supplies and spares
__ **semielaborados**: fabricated materials
materialidad: reality; structural condition (of housing); (leg) actual execution (of an act)
__ **de una operación**: authenticity of a transaction
materialización: achievement (goals); implementation (plan); execution (project); translation of an idea into reality
__ **de reservas**: capitalization of reserves
materializar: to implement, execute, consummate (purchase, investment, contract); bring into being, give form to
materializarse: to take place, be realized (profits), turn out as promised (plan)
materialmente: physically, utterly, absolutely (impossible); literally (worn out)
matiz: shade, hue, nuance, tone; characteristic; tendency; (matter of) degree, overtone
matorral: underbrush; thicket; undergrowth
matraz: flask
__ **aforado**: volumetric flask
matricería: die making
matrices: dies (drill sharpeners)
matrícula: register, list; registry (ship); license plate, registration (automobile); (ed) registration fee; (sometimes) tuition fees
__ **efectiva (neta)**: (ed) net enrollment
__ **escolar**: school enrollment
__ **fiscal**: (ed) public school enrollment
__ **limitada**: (ed) numerus clausus
__ **real**: (ed) effective attendance
matricularse: to enroll, register, join (association); enter, go up to (university)
matrimonio consensual: common-law marriage, companionship marriage
__ **con régimen sin separación de bienes**: marriage in community of property regime
matriz: die, mold, form; matrix; counterfoil, stub; original copy (of deed); parent company; (comp) array; (com) stencil; water main, sewer main; (Sp) holding company
__ **de referencia cruzada (de comparación)**: crosswalk document
__ **de talonario**: checkbook stub
__ **financiera**: holding company
__ **insumo-producto**: input-output table
matute: smuggling, contraband
maulan: New Zealand flax
maule: (Ven) yearling
maxicomputadora: mainframe computer
maximar: to boost
máxime: all the more (so), especially, chiefly
máximo: *a* all-out (effort), full (speed), top (figure), utmost (care), peak (load); *n* cap (on production, consumption)
__ **de descarga**: maximum discharge
__ **de la carga**: maximum load
mayor: ledger
__ **de clientes**: accounts receivable ledger
__ **de edad**: (leg) adult, of statutory age
__ **parte de**: the bulk of
mayores costos: cost increases, cost overruns (project budget)
mayoral: overseer, foreman; farm manager; steward (hospital)
mayordomía: housekeeping; administration; management
mayordomo: farm manager; steward
mayoría absoluta: absolute majority (more than half the votes cast)
__ **calificada**: qualified or special majority (usually two-thirds of the votes cast)
__ **de la mitad más uno**: absolute majority
__ **relativa**: plurality, simple majority
__ **simple**: simple majority, plurality (overall majority of the votes cast)
__ **suficiente**: working majority
mayorizado: (acct) posted to general ledger
mayormente: especially, chiefly, mainly, predominantly
maza: sledge hammer; pile driver; drop hammer
mazamorreros: (Col) small-scale placer operators
mazapán: (CA) breadfruit
mazo: wooden hammer, beetle
mazorca de cacao: cocoa bean
__ **de maíz**: corncob
__ **negra**: black pod (cocoa disease)
mecánica: mechanics; mechanism; metal products; engineering; (tech, fig) machinery
__ **de precisión**: precision engineering
__ **del suelo**: soil mechanics
__ **general**: general maintenance and repair of machinery
__ **operativa**: modus operandi
mecánico de precisión: precision instrument maker
__ **navegante**: flight engineer
mecanismo: mechanism; device; means; arrangement; facility (for rediscounting); vehicle (for negotiation)
__ **accionador**: trigger mechanism
__ **controlador**: regulatory mechanism

MECANISMOS

— **de compensación cambiaria**: exchange rate facility
— **de financiamiento transitorio**: bridging facility
— **de la lectura**: reading skill
— **de opción**: exit mechanism (public sector market)
— **de participación**: voice mechanism (public sector market)
— **de precios de intervención**: trigger price mechanism
— **de producción**: (Sp) production organization
— **de protección**: safety net
— **de reajuste de alza**: catch-up provisions (budget)
— **de salida de cesta**: basket extractor (GATT)
— **de suscripción de reservas**: back-up facility (securities)
— **del mercado**: interplay of market forces
mecanismos: arrangements, machinery, instruments
— **de cargos al usuario**: user-pays mechanisms
— **oportunos**: satisfactory, adequate arrangements
mecanización agrícola: agricultural mechanization
— **completa**: all-round mechanization
— **contable**: mechanized accounting
— **de la agricultura**: agricultural engineering; agricultural (or farm) mechanization
— **de oficina**: office automation
mecate: (Mex) rope
mecha: staple, length of wool that grows in one year
mechas peinadas: (wool) tops
mechinal: weep hole; putlog hole
médano: sand dune, sand bank
media aritmética: arithmetic mean
— **diferencial**: (st) arithmetic mean or average; mean; average
— **firma, a**: surname only
— **móvil**: moving average
— **ponderada**: weighted average
— **recortada**: truncated mean
— **verdadera**: true mean
medias, a: (Ec) agreement whereby a farmer receives every other offspring of the cattle he allows to graze on his pastures
— **reses**: (Arg) half carcasses
mediación: (Sp) (fin) trading
— **entre mercados**: (fin) arbitrage
mediador: ombudsman, (Sp) (st ex) dealer (as opposed to broker=*comisionista*)
mediagua: lean-to
medianería: party wall
mediano: median value, median
mediante: by means of, by using; on the basis of; by virtue of; with the help of, through, thanks to
mediar: to mediate (a dispute); speak on behalf of a person; be between, intervene (of things); come into the picture (fact,

MEDIDAS

circumstance)
mediatizar: to oppress, subjugate; manipulate
medicamento: medicinal product, drug
— **de liberación retardada**: depot drug
— **de reserva**: second-line drug
— **de venta con receta**: ethical drug, prescription drug
— **de venta libre**: over-the-counter drug
— **patentado**: proprietary drug
medicina asistencial: treatment of patients
— **estatal**: socialized medicine
— **oficial**: medical establishment
— **paralela**: alternative medicine
— **personalizada**: encounter-physician medicine
— **social**: medical social work
medición ambiental: environmental monitoring
— **de caudal**: (hydr) stream ga(u)ging
— **, macro y micro**: metering at source and at user level (water supply)
médico castrense: army medical officer
— **de cabecera**: family physician
— **nutriólogo**: nutrition adviser
— **salubrista**: public health officer
— **sanitarista**: (Arg) public health officer
— **titulado**: general practitioner
medida: measuring, measurement; measure; step, arrangement
— **de no innovar**: (Arg, Chi) (leg) preliminary injunction to preserve status quo
— **de transición**: stopgap measure
— **ejecutoria**: (leg) measure of execution
— **legal**: standard measure
— **provisional**: stopgap measure
— **temporal**: stopgap measure
— **transitoria**: interim measure
medidas apresuradas: ill-considered measures
— **cautelares**: precautionary measures (to safeguard assets or rights)
— **coercitivas**: enforcement measures
— **compensatorias**: countervailing measures
— **correctivas**: remedial measures
— **coyunturales**: anticyclical measures, short-term measures
— **de austeridad**: cutback(s)
— **de conservación**: precautionary measures
— **de desgravación**: (tax) relief measures
— **de excepción**: emergency measures
— **de normalización**: standards-related measures (free trade agreements)
— **de ordenación de la oferta**: supply management measures
— **de protección**: precautionary measures
— **de protección social**: safety net
— **de regulación de la oferta**: supply management measures
— **de relanzamiento**: pump priming
— **de retorsión**: retaliatory measures
— **de salvaguardia**: precautionary measures; safeguard provisions (free trade agreements)
— **de seguridad**: safety features (highway)
— **de socorro**: emergency measures or action

__ **enérgicas**: crackdown
__ **judiciales**: legal proceedings
__ **paliativas**: stopgap measures
__ **para mejor resolver**: (leg) steps to facilitate judgment
__ **precautorias**: precautionary measures
__ **prejudiciales**: (leg) preliminary steps (e.g. to collect information)
__ **preventivas**: preventive measures (usually administrative)
__ **supletorias**: stopgap measures
__ **, tomar**: to take steps, take action, make arrangements
medidor: meter; quantity surveyor
__ **de materiales**: (constr) quantity surveyor
__ **de troncos**: scaler
medidores parados: non-working meters (water)
mediero: sharecropper
medio: means; environment, setting; medium
__ **ambiente favorable**: enabling environment (investments)
__ **circulante**: (LA) money supply
__ **de pago**: medium of exchange; (pl) money supply
__ **de pago legalmente forzoso**: legal tender
__ **familiar**: family background
__ **jurídico**: legal environment
__ **laboral**: occupational environment
__ **legal de prueba**: statutory proof
__ **monetario**: money supply
__ **para ondular**: fluting medium (paper)
__ **pedagógico**: learning environment
__ **receptor**: sink (greenhouse gases)
medios: media; tools, instruments, means, facilities; (ed) aids
__ **auxiliares de instrucción**: (ed) aids to learning
__ **de coerción**: instruments of restraint
__ **de comercialización**: marketing facilities
__ **de comunicación**: communications media; transportation facilities
__ **de comunicación social**: (the) media, mass media
__ **de difusión**: mass media
__ **de distribución**: distribution channels
__ **de enseñanza**: teaching aids
__ **de formación**: educational facilities
__ **de instrucción**: aids to learning
__ **de pago**: supply of credit; money supply (money in circulation, plus demand deposits = M1), means of payment
__ **de pagos externos**: overseas assets
__ **de producción**: production facilities; (agr) inputs
__ **de prueba**: evidence, (means of) proof
__ **de transporte**: transportation facilities; carriers; modes (of transportation)
__ **educacionales (educativos)**: educational media, teaching media; software (films, slides, videorecordings, etc used with equipment); (sometimes) educational facilities
__ **educativos**: educational facilities

__ **empresariales**: business community
__ **líquidos**: ready assets
mediterráneo: land-locked (country)
medrar: to grow (of crops, animals); thrive
médula: main point, gist, pith (of a matter)
medular: pithy, crucial, pivotal, seminal, very important
megalópolis: megacity
mejillón: mussel
mejor: improved, better, more effective
__ **, a lo**: probably, perhaps, maybe, like as not
__ **derecho**: (leg) paramount right
__ **es no meneallo**: the least said the better, the less said the better
__ **parecer**: approval or favorable opinion
__ **postor**: successful bidder, lowest bidder
__ **que mejor**: so much the better
mejora: (Chi) self-help housing construction
__ **de árboles forestales**: forest-tree breeding
__ **de clase**: (aero) upgrading
__ **de pastizales**: grassland development
__ **de plantas**: plant breeding
__ **del suelo**: soil dressing
__ **permanente (útil)**: beneficial improvement
mejoras: betterment, improvement
__ **en la explotación agrícola**: on-farm improvements
mejorador del suelo: soil conditioner
mejoradora del hogar: home-demonstration agent (agricultural extension)
mejoramiento: improvement (land), enhancement (environment), upgrading, improvement (slums), upswing (market)
__ **de barrios**: urban renewal
__ **de barrios marginales**: slum improvement
__ **de las aguas**: improvement of water quality
__ **de plantas**: plant breeding
__ **del crédito**: credit enhancement
__ **del medio ambiente**: environmental upgrading, environmental remediation
__ **genético del cereal**: cereal breeding
mejorar: to upgrade, improve, enhance
mejoría: advancement, progress; a change for the better, improvement, betterment
melga: land (sown), alley (for cropping); furrow; row of plants
melilotus: sweet clover
mella: notch, nick
mellas en una capa de hormigón: (Mex) sparrow pecking
membrete: letterhead
__ **editorial**: masthead
memorando de acuerdo: memorandum of understanding
__ **resolutivo**: authorizing memorandum
memorante: (Sp) student preparing a thesis
memoria: (comp) storage (device); (com) annual report (company); proceedings (symposium)
__ **autónoma**: (comp) off-line storage
__ **de acceso directo**: (comp) random access

memory (RAM)
___ **de núcleos**: (comp) core storage
___ **descriptiva de una invención**: specifications of a patent
___ **directa**: (comp) on-line storage
___ **inalterable**: (comp) read only memory (ROM), fixed memory
___ **indirecta**: (comp) off-line storage
___ **intermedia**: (comp) buffer storage
___ **muerta**: (comp) read only memory (ROM), fixed memory
___ **principal**: (comp) processor storage
___ **tampón**: (comp) buffer storage
memorial: (leg) request, petition
memorista: (ed) student preparing thesis or dissertation
memorización excesiva: (ed) cramming
mena: ore
___ **tubular**: (min) ore pipe
menas y minerales: ores and minerals
menaje de faenamiento: processing equipment (trout farming)
mención: (ed) special field of study; major
___ **de, hacer**: to refer to
___ **especial de, hacer**: to single out
menciones de una letra de cambio: statements of a bill of exchange (e.g. its tenor)
mendo limón: lemon sole
mene: (Ven) seepage
menestras: (Per) pulses
menguante: dwindling (supplies); sagging (popularity); ebbing (tide); waning (moon)
menguar: to diminish, decrease, reduce (importance, speed, amount, responsibility), tail off, fall off
menor acusado: (leg) juvenile defendant
___ **adulto**: (leg) young adult
___ **infractor**: (leg) young offender
menos adelantados: least developed (countries)
___ **importante**: secondary
___ **mal que**: it's a good job that
menoscabar: to impair (right); reduce (efficiency); harm (reputation); erode (conditions); undermine (success); counteract (demand); lessen, reduce; discredit
menoscabo: impairment, damage, detriment; loss; erosion (of GNP)
menospreciar: to undervalue, underrate (influence); scorn, despise; slight
menosprecio de la justicia: contempt of court
___ **de los derechos humanos**: contempt for human rights
mensajería: (TC) messaging
___ **electrónica**: E-mail
ménsula: (constr) bracket
mensura del solar: site study, site survey
mentado: aforementioned; well-known, famous, renowned
mentalidad exportadora: export awareness
menú desplegable: (comp) pull-down menu
menudencias: offal, giblets

menudo: petty (expenses); small (change); insignificant (amount)
mercadeo: marketing; (sometimes) merchandizing
mercadería detenida en el muelle: (ot) goods on demurrage
mercaderías estancadas: bonded goods
___ **genéricas**: unascertained goods (customs)
mercado: market, market forces
___ **a plazo de deuda pública**: (Sp) forward market in Treasury bonds
___ **a tanto alzado**: fixed-price market
___ **a término**: forward market, futures market
___ **abierto**: (bnk) open market
___ **activo**: buoyant market
___ **al contado**: spot market (exchange)
___ **alcista**: bull market
___ **bajista**: bear market
___ **bursátil**: equity market
___ **bursátil por computadora**: fourth market
___ **de cambio a término**: forward exchange market
___ **cautivo**: (Sp) closed market
___ **continuo**: continuous automated trading, electronic trading
___ **de abasto**: provisions market
___ **de capitales (financiero)**: financial market
___ **de capitales a largo plazo**: long-term capital market (interest rates at the long end of the market)
___ **de compra**: buyer's market
___ **de dinero a la vista**: call money market
___ **de divisas (de cambio) a término**: forward exchange market
___ **de entrega inmediata**: spot market (commodities)
___ **de futuros (bursátiles)**: futures market
___ **de futuros (no bursátiles)**: forward market
___ **de hacienda**: livestock market
___ **de mostrador**: over-the-counter market
___ **de obligaciones**: securities market
___ **de pocas transacciones**: tight market, inactive market
___ **de primera venta**: first-hand market
___ **de sustitución (de monedas o de tasas de interés para préstamos)**: swap market
___ **de ventanilla**: over-the-counter market
___ **débil**: soft market
___ **difícil**: tight market
___ **doble**: two-tier market
___ **en pie (en vivo)**: live marketing (cattle)
___ **estación**: market terminal
___ **exterior**: foreign market
___ **extrabursátil**: curb market
___ **extraterritorial**: off-shore market
___ **flojo**: sagging market, dull, weak or lackluster market; thinly-traded market, thin trading, thin market volume (stock market)
___ **funcional**: (Arg) supermarket
___ **inactivo**: flat market

MERCADOTECNIA

__ **inestable**: sensitive market, volatile market
__ **inmobiliario**: housing market
__ **insuficiente**: flawed market
__ **interior**: local market, domestic market
__ **lánguido**: flat market
__ **libre**: spot market (oil), parallel market (foreign exchange); open market (products)
__ **libre de cambios**: parallel market
__ **libre de capital**: curb market
__ **monetario**: money market
__ **muy activo**: deep market
__ **nacional**: domestic market
__ **naturalista**: market for organically grown products
__ **paralelo**: unofficial market (foreign exchange)
__ **poco activo**: narrow market
__ **primario**: spot market (cotton)
__ **regulado**: administered market
__ **reservado**: exclusive market
__ **satélite**: following market
__ **secundario**: over-the-counter market
__ **supranacional (o transnacional)**: off-shore market
mercadotecnia: market management, marketing; (sometimes) salesmanship
__ **social**: social marketing
mercancías: commodities, goods, merchandise; (ot) cargo
__ **arrojadas al mar y marcadas con una boya para ser recogidas**: lagan
__ **de compra comparativa**: shopping goods
__ **de compra fácil (rápida)**: convenience goods
__ **de detalle**: less than carload freight
__ **depositadas en la aduana**: bonded goods
__ **genéricas**: (Sp) commodities
__ **en almacén aduanero**: bonded goods
__ **en camino**: goods in transit
__ **en depósito de aduana**: bonded goods
__ **en existencia**: off-the-shelf goods
__ **estancadas**: (Sp) bonded goods
__ **objeto del contrato**: the contract goods
__ **varias**: general cargo (customs)
__ **voluminosas**: (ot) measurement goods
merced: concession, grant, gift
__ **conductora**: (Per) rent (for apartment)
__ **de agua**: water right, water concession
__ **de tierras**: land grant
merceología: product testing
merecer: to deserve, merit, meet with (success); be worthy of (respect), be worth (telling)
merey: cashew nut
merienda: snack
__ **de los negros**: free-for-all, bedlam
mérito: (leg) legal significance, standing or importance; intrinsic rights and wrongs of a legal case determined by substance rather than by form
__ **de, hacer**: (Hond) to mention, allude to, refer to
__ **de la denuncia**: (leg) merit of the report
__ **de los antecedentes, en**: on the evidence of,

METALURGIA

based on the record
__ **ejecutivo**: (leg) right of execution
__ **probatorio**: evidential force, value as evidence
meritorio: *a* praiseworthy, deserving, worthy; *n* (Sp) unpaid employee; trainee, intern
merlán: whiting
merluza: hake
__ **de cola**: Patagonian grenadier
merma: (com) ullage (liquids); tret (loss by evaporation); cut-back (production); deficiency (supplies); shrinkage (loss of weight of wool); (elec) outage; decrease; loss
__ **de la población escolar**: educational wastage, student wastage
__ **en el trabajo**: jobs slowdown
__ **en volumen o peso**: wastage in bulk or weight
__ **escolar**: (ed) student wastage
mermas excluidas: (ot) full outturn
mero: sea bass
__ **sureño**: Argentine sea bass
mesa: officers (of a committee), general committee, bureau (of committee)
__ **de control**: console
__ **de crudos**: crude oil allocations to refineries
__ **de dinero**: money market desk
__ **de entradas**: (Arg) reception desk in government office (where communications are received and routed to proper department)
__ **de escrutinio**: tellers
__ **de honor**: distinguished guests
__ **de negociación**: (Per) (st ex) over-the-counter session
__ **de trabajo**: (Col) working group
__ **de votación**: polling place, polling station
__ **electoral**: polling officers, board of elections
__ **para la presidencia de la reunión**: head table
__ **receptora de sufragios**: polling place, polling station
__ **redonda**: panel discussion, round-table discussion
mesilla: window sill
mesobiología: environmental biology
mesológico: environmental (problems, factors)
mesones: (El Sal) tenements
mestizaje: mixing of races, melting pot, mixed descent (people of)
mestizar: to crossbreed; (Arg) upgrade (cattle)
meta teórica: (admin) notional target
metaíndice: (Sp) (comp) search engine
metal blanco: nickel-silver
__ **madre**: precursor metal, mother metal, sow metal
metales comunes: base metals
__ **nobles**: precious metals
metálico, pagar en: to pay cash
metalmecánico: machine tool (industry); engineering (product, industry); metal-working (trades)
metalogénico: *a* metal-mining
metalurgia: metallurgy; metal industries
__ **de los minerales**: process metallurgy, product

metallurgy
— **de pulverización**: powder metallurgy
meteorización: weathering (of soil)
meticuloso: scrupulously careful, precise (person); in-depth (study); probing (examination)
método: way of doing something, procedure, practice, approach, technique
— **a tanto alzado**: presumptive method (of assessing income)
— **activo**: (ed) problem-solving method
— **aproximativo**: rule of thumb
— **de actualización de flujos de fondos**: discounted cash flow method
— **de amortización en cuotas iguales**: straight line method of depreciation
— **de autoaprendizaje**: self-tutorial method
— **de autoedición**: (comp) desk-top publishing
— **de autoempadronamiento**: (st) householder method
— **de conteo**: head count method
— **de continencia periódica**: (med) rhythm method (contraception)
— **de edición en pantalla**: (comp) desk-top publishing
— **de edición informatizada**: (comp) desk-top publishing
— **de enterramiento en fosas sanitarias**: cell line (refuse disposal)
— **de entrevista**: canvasser method
— **de escalera**: stepladder method (costing practice)
— **de la curva envolvente**: (econ) envelop technique
— **electrográfico**: mark sensing
— **empírico**: trial and error method
— **experimental**: experimental method
— **indicativo**: benchmark method
— **iterativo**: iterative or stepped procedure
— **Montecarlo**: (st) random walk method
— **parcial**: limited approach
— **práctico**: rule of thumb
— **recomendado**: recommended practice
métodos de eliminación técnica: (TC) technical cull techniques
metodología: procedure, methods, system, way
metrador: quantity surveyor
metraje: yardage
metrología: weights and measures
metrópoli: parent country
mezcla: mixture, blend, pool (blood samples); mortar
— **asfáltica**: oil mix
— **bituminosa**: road mix
— **por cargas (tandas)**: batch mixing (cement)
mezclas alimenticias: blended foods
mezclador: (med) compounder
mezclar: to mix; merge, combine; bulk (seeds)
mezclilla: denim
mica: (min) isinglass, mica
micelio: mushroom spawn

micro: (LA) (omni)bus
microbús: jitney
microcircuitos integrados: (com) microchips
microcuenca: small watershed
microdrenaje: storm drainage
microelemento: trace element, trace mineral
micrófono de corbata: breast microphone
microformato: microform
microintermediación: microfinancing
micromedición: house metering
microplaqueta: (comp) chip
— **de disco**: (comp) wafer chip
— **vocal**: (comp) voice chip
micro y macromedidores: household and master meters (water supply)
miel de purga: blackstrap
mieles industriales (finales): blackstrap molasses
mielga: lucerne, alfalfa; dogfish; winnowing fork, rake (implement); windrow
miembro activo: full-fledged (fully-fledged) member
— **acreditado**: member in good standing (according to an organization's bylaws or principles); accredited member (e.g. of a professional society)
— **autorizado**: accredited member
— **con plenos poderes**: full-fledged (fully fledged) member; (sometimes) voting member
— **de derecho**: ex officio member
— **de la rueda**: dealing member (stock exchange)
— **de número**: full member (as opposed to associate, honorary member, etc)
— **de pleno derecho**: full member
— **en propiedad**: full member, regular member (of a committee, as opposed to alternate member)
— **fundador**: charter member
— **nato**: ex officio member
— **permanente**: regular member
— **por derecho propio**: ex officio member, member as of right
— **propietario del comité**: full member; regular member (as opposed to alternate member)
— **reconocido**: accredited member
— **saliente**: retiring member
— **suplente**: alternate member
— **titular**: full member; regular member (of a committee, as opposed to alternate member)
mientras tanto: meanwhile, in the meantime
mieras: naval stores
mieses: ripe grains; standing crops
migas: crumbles (for fish feeding)
migajón: loam, topsoil; filling riprap
migración: (comp) migration (e.g. systems); conversion
— **casual**: random migration
— **de peces**: wandering of fish
— **descendente**: downstream migration
— **por etapas**: step migration

mijo: millet
— **africano**: finger millet
— **común**: bread millet
— **de los negros**: bullrush millet
— **perla**: pearl millet, African millet, bullrush millet
mil millones: (USA) billion
militancia: political affiliation; rank and file (political party)
milpa: (CA, Mex) maize field; garden area, truck garden; plot of land used by shifting cultivators
mimetismo: camouflage
mina a cielo abierto: strip mine, open-cut mine
— **de aluvión**: placer mine
— **de arcilla**: clay pit
— **de arena**: sandpit
— **de hierro en cantera**: open-pit iron ore mine
— **de veta**: ore mine
— **metálica**: ore mine
mineral: ore; (Chi) mine
— **concentrado**: upgraded ore
— **de baja ley**: lean ore, low-grade ore
— **de cabeza**: raw ore (crushed but not processed)
— **de hierro**: iron ore
— **de maquila**: custom ore
— **en bruto**: mine-run ore
— **pobre**: lean ore, low-grade ore
— **todo uno**: run-of-mine ore (before processing)
minerales en broza: mineral waste
— **in situ**: solid ore
mineralización: process of ore formation, presence (occurrence) of ore
— **de oro**: gold occurrences
mineralizar: to reduce to the form of ore
minería chica: small mines (and mining cooperatives)
— **energética**: fuel mining
— **no energética**: non-fuel mining
minidevaluaciones: (Arg) crawling peg
minifundio: dwarf holding
mínima responsabilidad patrimonial: minimum capital requirements
mínimas y máximas: (econ) troughs and peaks; floors and ceilings (prices); minima and maxima (data)
minimalista: a lean and mean (private sector management)
minimización patrimonial: decrease in net worth
mínimo: floor, lower limit, threshold, trough; (agr) banana
— **de**: a modicum of
— **vital**: poverty line
ministerial: a legal (officer)
ministerio: government department
— **de ejecución**: spending ministry
— **de la ley, por**: by operation of law
— **de operaciones (sectorial o de ejecución)**: line ministry
— **de trabajo**: ministry of labor
— **público**: (Ministry level) office of the Attorney General; (court level) office of public prosecutor, prosecuting authority
ministración: (Mex) disbursement (of a loan)
ministro: (leg) judge (of a collegiate court)
— **de fe**: (Chi) authenticating officer, sworn judicial officer
— **de fe pública**: (Chi) clerk of the court
— **de fuero**: (leg) jurisdictional judge
— **en visita**: judge on inspection, investigating judge
— **en visita extraordinaria**: special investigating judge
— **por la ley**: acting minister
— **subrogante**: (Chi) alternate judge
— **sumariante**: (Chi) prosecutor
minoración: (Sp) reduction, decrease
minuciosidad: exhaustiveness
minucioso: close (examination); thorough (inspection); detailed (supervision); probing, searching (inquiry); in-depth (examination)
minusvalía de capital: (Sp) capital loss
— **étnica**: ethnic disability
minusválido: disabled person
minuta: (leg) original draft or abstract (of a document, contract); bill (law and other professions)
— **de servicio**: service record (army)
minutas: (sometimes) proceedings, minutes of a meeting
mira de nivelar: level rod, surveying pole
— **taquimétrica**: stadia rod
mirador: lock (canal)
miramiento: prudence, caution, circumspection, misgiving, respect, consideration
mirando así las cosas: on this showing
mirándolo bien: on second thoughts, on balance
mirtillo: whortleberry, bilberry
miseria: poverty, squalor, wretchedness
misión: job, duty, task, assignment (task assigned)
— **de análisis**: appraisal mission
— **(de carácter) protocolar**: mission of a formal nature
— **de contacto**: acquaintance mission
— **de estudio**: survey mission
— **de evaluación**: appraisal mission; ex post audit mission (project)
— **de observación**: field trip
— **económica**: trade mission
— **inicial**: acquaintance mission
— **investigadora**: fact-finding mission
— **multidisciplinaria**: composite mission
— **múltiple**: composite mission
— **sagrada**: sacred trust
mística: wholehearted and disinterested commitment to a cause; motivation
— **de servicio en pro de la comunidad**: vocation for community service
mistificación: practical joke, hoax
mita: (Arg) herd of cattle transported by train; (Per) tax
mitad al tanto: (leg) one and a half times (the

amount of the bribe) (fine equivalent to)
mitilicultura: mussel breeding
mitílidos, crianza de: mussel breeding
mitin popular: mass meeting
mixto: joint (committee); interagency (committee); jointly appointed (arbitrator), universal (bank), composite (sample); serving a double purpose
mobiliario: *a* movable (applied to unregistered bonds and securities); pertaining to bearer securities or commercial paper transferable by endorsement; (leg) movable, personal (property, chattels, estate); *n* furniture
__ **y accesorios**: furniture and fixtures
__ **y enseres (instalaciones)**: (Sp) furniture and fittings
"mochila": (Chi) debt
moción de orden: motion as to procedure, procedural motion
__ **sobre el fondo de la cuestión**: substantive question
modalidad: kind, form, type (of something); way of doing something; pattern; characteristic; shade (opinion); type (of export); form (of payment); arrangement (for execution); procedure (for operations), format; terms (of loans)
__ **de asentamiento**: pattern of settlement
__ **de crecimiento**: pattern of growth
__ **de gastos**: expenditure pattern
__ **de la reunión**: format of the meeting
__ **de utilización de la energía**: pattern of energy use
modalidades: (leg) conditions and terms (of a contract or obligation)
__ **de alimentación**: consumption patterns
__ **de comercio**: trade pattern
__ **de designación**: procedures for designating
__ **de distribución ocupacional**: patterns of occupational distribution
__ **de inscripción**: registration papers or forms (seminar, course)
__ **de pago**: terms of payment
__ **de producción de alta capitalización**: capital-intensive modes of production
__ **de producción de gran densidad de capital**: capital-intensive modes of production
__ **de un tratado**: details of a treaty
__ **de una emisión**: terms and conditions of an issue
__ **de venta**: terms of sale
__ **de viaje**: modes of travel
__ **del convenio**: terms and conditions of the agreement
__ **epidemiológicas**: epidemiological patterns
modelador: pattern maker
modelaje: model-making (airplanes, ships); pattern-making (steel), modeling (economics)
modelo: model, pattern, example, specimen; type; (st) frame; form, mockup (document), format, blue-print, design type
__ **de acuerdo**: standard agreement
__ **de distribución**: (market) distribution pattern
__ **de fábrica**: manufacturing pattern
__ **de la firma**: specimen signature
__ **de oferta (de proposición)**: bid form, proposal form
__ **exhaustivo**: (st) ultimate model
__ **reducido**: scale model
modelos y dados: patterns and dies
__ **y troqueles**: patterns and dies
moderación: (self-)restraint, moderation, reduction (prices, penalties)
__ **, con**: sparingly
__ **salarial**: wage restraint
modernización: streamlining, improvement, upgrading, redeployment (plant)
__ **de la estructura industrial**: deepening of the industrial structure
__ **de puertos**: port improvement
__ **del equipo**: capital deepening
modernizar: to modernize, renovate, remodel, rebuild, revamp, reconstruct, recondition; streamline; improve, upgrade, retrofit, redeploy
moderno: forward-looking, up-to-date
modificación: redesign (layout), variation (alignment), alteration (arrangements), amendment (plan), change (project), rectification (entry)
__ **de forma**: stylistic change
__ **de la paridad**: change in par value
__ **de los productos fabricados en serie**: custom retrofitting
modificado y glosado: amended and restated
modificar: to change (plan, ideas); amend (law)
modo de empleo: instructions (for use)
módulo: pattern, module (all senses); modulus; unit; standard; building block
__ **de formación**: training package
módulos (compromiso financiero que se cumple por): time-slice operation
__ **de construcción**: building blocks
mofa: (Chi) enclosure (cable)
mogote: hillock, hummock; stack, rick (of sheaves)
mojarra: porgy
mojón: (survey) monument; landmark, milestone
__ **de cadenamiento**: survey marker
moldaduras: trimmings (building)
molde: form; mold; pattern; (tech) die; matrix
__ **de combadura**: camber board (road)
moldes: (constr) forms (concrete)
__ **corredizos**: movable forms (concrete)
__ **y matrices**: dies and jigs
moldeo a cera perdida: lost-wax molding, investment molding
molesquin: artificial (imitation) leather
molesto: troublesome, trying, tiresome; irksome (task)
molienda de encargo: custom milling

molinete: winch; current meter (stream); turnstile
__ **hidrométrico**: current meter (water)
molino de cascada: sag mill
__ **de mano para granos**: quern
molleja: gizzard, sweetbread
molo: sea wall; jetty
__ **de abrigo**: (Chi) breakwater
molondrón: (DR) okra
molturación: milling (wheat or rice)
momento decisivo: (fig) watershed; showdown
mondas: fruit peel
moneda: money, currency
__ **acuñada**: coin
__ **bancaria**: deposit money
__ **blanda**: soft currency
__ **corriente**: (fig) common knowledge
__ **corriente (en circulación)**: circulating medium
__ **de compensación**: unit of account
__ **de cuenta**: unit of account
__ **de cuño legal**: (Mex) legal tender
__ **de curso forzoso**: (Chi) legal tender
__ **de curso legal**: legal tender
__ **de exportación**: foreign exchange
__ **de fuerza liberatoria**: legal tender
__ **de intercambio**: trading currency
__ **de libre disponibilidad**: unrestricted currency
__ **de valor constante**: constant currency
__ **débil**: soft currency
__ **divisoria**: fractional currency
__ **dura**: hard currency
__ **escritural**: (bnk) deposit money; bank and other forms of financial credit
__ **fiduciaria**: fiduciary money, paper money; book money
__ **fraccionaria**: change, small money
__ **fuerte**: hard currency
__ **imaginaria**: currency (money) of account
__ **inestable**: unsound currency
__ **intrínseca**: standard money
__ **legal**: local currency
__ **nacional**: local currency
__ **suelta**: small change
monedaje: seigniorage
monetario: monetary (policy), currency (devaluation)
monetizar: to convert into cash; monetize (the deficit, the debt, equity ownerhsip, environmental impacts); convert into or adopt as currency or as currency standard
moniato: (Ur) sweet potato
monitor: instructor, trainer, coach, adviser
__ **de radiaciones**: radiation survey meter
mono: Pacific bonito
monoamarre columnar: single anchor leg mooring (tankers)
monobloque: self-contained, single unit in one piece (like the engine of a car); (Arg) multi-family dwelling or housing unit
monoboya de amarre: off-shore mooring (tankers)
monocromático: black and white (TV)
monocultivo: continuous cropping; single-crop farming
monografía: case study; occasional paper
monografías nacionales: national papers (conference)
__ **regionales**: regional papers
monolito: control survey monument
monopolio legal: statutory monopoly
__ **natural**: natural monopoly
monta: natural breeding
__ **dirigida**: group service (cattle)
montacarga: hoist, winch; hoisting engine; service elevator
montador de películas: picture editor
montaje: mounting; erection, assembly, installation (machinery); stage design (theater); editing (film)
__ **de material fabricado en otro país**: off-shore processing
__ **en el extranjero**: (ind) offshore assembly; sourcing, outsourcing (goods)
montanera: mast; acorn ranging or feeding (hogs)
montante: amount; total sum; sum total; (constr) transom window; stud
montantes del ángulo: corner structures (container)
montaña: (Ec, Guat) forest; forestland
monte: woodland; forestland
__ **abierto**: woodland
__ **alto**: closed forest, high forest
__ **alto de varios pisos**: multistoreyed forest
__ **bajo**: brush, ground cover, scrub, polewood
__ **bravo**: sapling-stage thicket
__ **campesino**: farmer's woodlot
__ **cortable**: mature forest
__ **decadente**: overmature forest
__ **gajo**: coppice forest
__ **medio**: composite forest, coppice with standards
__ **permanente**: continuous forest
__ **real**: large primary forest
__ **tallar**: coppice forest, sprout forest, low forest
__ **viejo**: overmature forest
montear: (Arg) to fell (trees)
montecarga: forklift
montepío: pension, pension fund for widows and orphans, mutual benefit fund, mutual benefit agency, (Sp) pension fund of a professional association; (LA) pawnshop
montera: (min) overburden
monto contratado: loan commitment
__ **de la deuda**: indebtedness (of a country)
__ **de las transacciones**: business turnover
__ **de los préstamos desembolsados y pendientes**: (bnk) exposure
__ **del contrato**: contract price
__ **del préstamo**: principal loan amount

__ **global**: aggregate amount
montos acreditados: (bnk) amounts lent, exposure
montón de heno: cock
mora: delay, (in) arrears (taxes, loan); (agr) mulberry; (sometimes) blackberry
__ **de monte**: red raspberry
__ **en el pago**: delinquency
__ , **intereses de**: default interest, penalty interest
morado: purple, violet, red (cabbage)
moral: (ins) non-economic (loss); (leg) juristic or juridical (person)
moralidad: (Mex) integrity; reputation
__ **comercial**: creditworthiness; high commercial standing
moralizar la natalidad: to improve the moral basis of human reproduction
moratoria fiscal: tax holiday; deferral of taxes
morbilidad: disease pattern
morcajo (morcacho): mixture of wheat and rye
morigeración: (sometimes) retrenchment
morigerar: to moderate, restrain
morosidad: default, past due indebtedness; payment arrears; delinquency (taxes, etc); non-performing assets; problem loans
moroso: delinquent, in arrears (debtor)
morralla: small fish, trash fish
morrillo: cobble, boulder, quarry stone
morro: headland, pierhead; pier, jetty; hill, bluff
morsa: (tech) vise
morsetería: pole-line hardware
mortalidad: loss of life (humans), loss of stock (animals)
__ **de peces**: fish kill
__ **escolar**: student wastage
__ **esperada**: (Sp) (st) tabular mortality
__ **fetal**: intrauterine mortality
mortandad: (sometimes) death rate
mortinatalidad: stillbirth rate
mortinato: stillborn
morueco: ram, tup
mosaico fotográfico: photo index
mosca del Mediterráneo: fruit fly
__ **seca**: artificial fly
mosquito simúlido: sandfly
mostaza en pasta: prepared mustard
mosto: unfermented grape juice, must
mostrarse parte: (leg) to intervene
motivación de un laudo: reasons for an award, rationale
motivado: reasoned (request), substantiated (claim), (decision) for which the reasons are given or the grounds set out
motivar: to cause, give rise to, motivate, prompt; give the grounds for, state the reason for
motivo: cause, reason, grounds for; justification; pretext; consideration; (leg) plea in law
__ **a, dar**: to give rise to, lead to, result in, provoke
__ **de, con**: by reason of, owing to, on account of; on the occasion of
__ **de derecho**: legal ground
__ **de hecho**: factual ground
__ **de prueba**: proof
__ **fundado**: (Arg) (leg) probable cause
__ **justificado**: (leg) sufficient reason
__ **legítimo**: (leg) good reason, good cause
__ **subsidiario**: auxiliary plea
__ **suficiente**: good cause, good reason
motocarga: three-wheeler van
motocultivo: mechanized farming
motocultor: walking tractor, two-wheeled tractor
motocultura: mechanized farming
motón: block, pulley
__ **y aparejo**: block and pulley
motoneta: motor scooter
motor: driving force, engine (of growth)
__ **de alto rendimiento**: energy efficient engine
__ **de explosión**: piston engine
motorista: automobile driver, motorcyclist; operator (of machine); ship's engineer
motorizado: power driven
motosierra: chain saw
mover: to move; impel; prompt; induce; cause, provoke
móvil: mobile, movable; inconstant, non-permanent, unstable, changeable, rolling (stock), revenue (stamp), (Col) current (assets); (comp) removable (disk)
movilidad: transportation expenses (cab-fare or car-fare)
__ **profesional**: labor mobility
movilización: drive, campaign; travel, movement; (constr) moving in personnel and equipment to work site; harnessing (financial flows); (com) handling (goods), relocation (staff), deployment (work force), raising (funds)
__ **de capital**: raising of capital
__ **de fondos**: raising of funds, procurement of capital
__ **de recursos**: (bnk) deposit taking
__ **social**: awareness campaign (environment)
movilizar: to raise (funds); enlist (cooperation, participation); harness (resources); leverage (funds); make available (funds); (leg) convert into movable property; (of a sector, industry) bring into, generate for; be worth ($ __) to (the economy)
movimiento: (bnk) activity of a bank account, account turnover, traffic (port); volume (of business); (st ex) operation; transactions (cash); fluctuation (price, market)
__ **acreedor**: (acct) total of credit entries
__ **ascendente**: upswing (economy)
__ **bancario**: turnover of deposits, velocity of demand deposits
__ **de cuenta**: (bnk) account activity, changes in account
__ **de cuenta corriente**: current account flow

(balance of payments)
__ **de efectivo**: cash flow
__ **de existencias**: inventory turnover
__ **de fondos**: cash flow
__ **de la carga**: throughput (port)
__ **de la mano de obra**: labor turnover
__ **de la masa de agua**: tidal range
__ **de mercancías**: (ot) cargo throughput
__ **de mercancías de (en) los puestos de atraque**: (ot) berth throughput
__ **de personal**: (admin) leaving rate, staff turn-over
__ **de retroceso**: downward movement (prices)
__ **de salarios**: wage drift
__ **de tesorería**: cash flow
__ **de tierra**: earthwork (road construction)
__ **descendente**: downswing (economy)
__ **especulativo contra una moneda**: run on a currency
__ **portuario**: port traffic
__ **sindical**: organized labor, trade union movement
__ **virtual por acciones cedidas al interés mayoritario**: (Mex) adjustment due to shares acquired by majority interest (*virtual* = no exchange of money)
movimientos en cuentas: (acct) accounting entries
__ **telúricos**: earth movements
moyuelos: grits, pollards, coarse meal, cargo meal (rice)
mozo: (Nic) migrant worker
mucho menos: let alone
muda: mo(u)lting
__ **de agua**: oilskins (waterproof suit)
mueble: *a* (leg) personal, movable (property, etc)
muebles: chattels
__ **y enseres**: furniture and fixtures
__ **y útiles**: furniture and fixtures
muellaje, empresa de: wharfage company
muelle: quay, (rr) loading platform
__ **de descarga**: unloading platform
__ **de entrega**: (ot) receiving pier
__ **de gran calado**: deep-sea berth
__ **de transbordo**: breakbulk berth
__ **embarcadero**: (ot) loading wharf
__ **, sobre**: ex quay
muermo: glanders
muerte accidental: (leg) death by misadventure
__ **encefálica**: brain death
__ **fetal**: (med) stillbirth
__ **forestal periférica**: dieback of forest species
__ **súbita del lactante**: cot death, crib death
muertes intrauterinas: (med) fetal deaths
muerto: anchor, deadman
__ **de amarre**: mooring buoy
__ **de atraque**: berthing dolphin
muesca: (Arg) (cattle) brand; earmark (cattle)
__ **de oreja**: ear notch (cattle marking)
muestra: sample; specimen (work); pattern (fabric); token (of appreciation, esteem); gesture
__ **aleatoria**: random sample
__ **comercial**: market sample
__ **compuesta**: composite sample
__ **contradictoria**: shipping sample
__ **de apreciación**: judgment sample
__ **de canaleta**: channel sample
__ **de enrejado cuadrado**: square grid sample
__ **de regulación**: control sample
__ **dirigida**: purposive sample, judgment sample
__ **elemental**: primary sample (agricultural produce testing)
__ **enriquecida**: (min) salted sample
__ **global**: bulk sample (agricultrual produce testing)
__ **inalterada**: undisturbed sample (soil)
__ **industrial**: bulk sample
__ **intencional**: purposive sample
__ **mixta**: composite sample
__ **no aleatoria**: non-random sample
__ **ponderada**: weighted sample
__ **puntual**: snap sample
__ **reposada**: undisturbed sample (soil)
__ **representativa**: representative sample; cross-section sample
__ **tomada al azar**: probability sample
__ **universal**: general purpose sample
muestras apareadas: matched samples
muestreo aleatorio simple: probability sampling
__ **condicional**: (st) purposive sampling
__ **dirigido**: purposive sampling
__ **inclusivo**: nested sampling
__ **instantáneo**: spot sampling
__ **intencional**: purposive sampling
__ **ocasional**: discrete sampling
__ **por aceptación**: acceptance sampling
__ **por conglomerados**: cluster sampling
__ **por grupos naturales**: chunk sampling
__ **por líneas**: line sampling
__ **por universos**: cluster sampling
__ **tipificado (sistematizado)**: patterned sampling
mugre: suint (wool)
mugrón: layered branch; (agr) shoot, sucker, sprig; layer (of a vine)
mujer campesina: rural woman
mujol: mullet, grey mullet
multa fiscal: revenue penalty
multas y remates: fines and forfeitures
multibanco: all-purpose bank
multicancha: (Chi) multipurpose playground or court
multicopista: duplicating machine
multigrafía: duplicating (documents)
multimodal: (st) multipeaked; multimodal (transport, interaction)
multinacional: intercountry (project)
multiperforadora: gang punch
múltiple: many, numerous, manifold; multi-

(dwelling); all-purpose (bank); multi-purpose (project); cross (elasticity)
multiplicación: proliferation
__ **de plantas**: plant propagation
__ **de semillas**: seed production
__ **por estacas**: vegetative propagation
multiplicador discado: (Chi) direct-dialing; choose your own carrier (long-distance telephone service)
multiplicadores: trainers
multiplicarse: to mushroom (new universities); replicate (plants)
multipropiedad: (constr) time sharing
mundo del trabajo: labor market
__ **dinámico**: changing world
__ **ilusorio**: fool's paradise
muniato: (DR) sweet potato
munición de ejercicio: drill (or training) ammunition
__ **de fogueo**: blank ammunition
__ **de guerra**: live ammunition
__ **de instrucción**: drill (or training) ammunition
municipio: township
muñón: (tech) trunnion; gudgeon; pivot
muradora: (agr) terracer (erosion control)
murmenta: a type of edible seaweed (= *cochayuyo* in Chile)
muro de ala: wing wall (round building)
__ **de apoyo**: bearing wall, retaining wall
__ **de asta**: wall one brick thick
__ **de carga**: bearing wall
__ **de contención**: retaining wall
__ **de contorno**: contour terrace (erosion)
__ **de defensa**: wing wall; sea wall; parapet
__ **de enjuta**: spandrel wall
__ **medianero común**: party wall
__ **portante**: shear wall, core wall
murta: myrtleberry
musáceas: bananas
músculo estriado: skeletal muscle
__ **voluntario**: striated muscle
música ambiental: canned music, "elevator music", ambient music
mutación: (sudden) change; shift (from one thing to another)
mutual: reciprocal (trade), with one another, with each other
mutualidad: mutual aid; (Sp) sick fund; mutual benefit fund, friendly society, mutual insurance society; (leg) mutual insu-rance
mutuario: borrower (fungible goods), borrower (on mutuum)
mutuo: loan (of consumable items)
muy a menudo: more often than not
__ **solicitado**: at a premium

N

nabina: field mustard; rape
__ , **aceite de**: rapeseed oil
nabo de muestra: (constr) sample core (earth)
__ **gallego**: rutabaga
nacer: to come into being
__ **de**: to arise from, be created by
__ **de personas abstractas**: (leg) establishment of artificial persons (corporations)
naciente: infant (industry); rising (sun); burgeoning (interest)
nacientes: headwaters, head (of a stream)
__ **de glaciar**: glacier birthheads
nacimiento de personas abstractas: (leg) establishment of artificial persons (corporations)
nación acreedora: lending country
__ **deudora**: borrowing country
nacional: local (currency); domestic (jurisdiction, flight, market, production); national (defense); home (industry), country-wide (campaign), government (securities); arterial (highway)
nacionalidad: citizenship
nacionalización: inward customs clearance; expropriation, nationalization (industry); (Arg) naturalization (person)
nacionalizar: to clear in through customs; import and pay the duty
nafta: gasoline
nanquín: denim
nansa: fish tank, fish pond
napa: picker-lap (textiles)
__ **subterránea**: groundwater table
naranja sin semilla: navel orange
naranjilla: (Ec) Quito orange; lulo
narrar: to recount
nasa: basket trap, pound net
__ **langostera**: lobster pot
nascencia: emergence (plant), brairding
natalidad: birth rate
nativo de: born in
nato: ex officio (chairman)
natural: life-sized (scale, portrait), fresh (fruit), raw, untreated (water), illegitimate (child), unimproved (land), calendar (days)
__ **de**: native of (= born in)
naturaleza, por: intrinsically
naturalmente: obviously
naufragar: to falter, fail, miscarry
navajuela: razor clam
nave de carga: freighter
__ **de edificio**: bay (factory)
__ **de matanza**: killing floor (abattoir)
__ **de motores**: motor shed or bay (factory)
__ **industrial**: industrial premises or facilities
__ **nodriza**: mother ship (space travel)
navegabilidad: seaworthiness, airworthiness, navigation conditions (of a river)
navegación de altura: (ot) distance trade
__ **de cabotaje**: coastal shipping
__ **de empuje**: pusher barge system
__ **de estima**: dead reckoning

__ **fluvial**: inland water transport
__ **local**: coastal shipping
__ **loxodrómica**: plain sailing
__ **marítima**: sea-going ships
navegar: (comp) to surf; browse
naviera: shipping line or company
naviero: ship owner, ship operator
navieros: shipping interests
naviplano: hovercraft
nebulización: mist spraying, space spraying
nebulizador: mist blower (pesticides)
nebulosidad: cloudiness, amount of cloud
necesidad, artículos de primera: essential goods, household goods
__ **de afirmación personal**: status need
__ **de mantener la competencia**: competitive need
necesidades comerciales habituales (NCH): usual marketing requirements (UMRs)
__ **corrientes de caja**: working cash requirements
__ **de calcio**: calcium requirements
__ **de tesorería**: cash requirements
__ **preferentes**: merit wants
néctar para abejas: bee forage
negativa: rejection or denial (request); refusal
__ **de un juez a conocer de un asunto**: disclaimer
__ **de venta**: refusal to sell
__ **presunta**: constructive dishonor (draft)
negativo: adverse (change), unhelpful, unforthcoming, reactionary, pessimistic, unpromising, obstructive, uncooperative, untoward, (step) in the wrong direction, defeats the purpose
negligencia concurrente: (leg) concurrent negligence
__ **profesional**: malpractice
__ **secundaria**: (ins) contributory negligence
negociabilidad: marketability (securities)
negociable: marketable, negotiable; transferable (securities); market (value)
negociación: negotiation; transaction, trading (securities, commodities, exchange)
__ **colectiva**: collective bargaining
__ **comprimida**: fast track negotiations (trade)
__ **de acciones**: stock trading
__ **de igual a igual**: arm's length trading
negociaciones arancelarias: (round of) tariff negotiations
__ **entre partes independientes**: arm's length negotiations
__ **incompatibles**: conflict of interest
negociado: bureau, section, office; (Arg, Chi, Ec, Per) major illegal deal (kickbacks, etc)
negociar: to transact (business); negotiate (loan); trade or market (exchange); buy or sell (goods); deal, do business
negocio a prima: (fin) option dealings
__ **de compensación**: barter deal
__ **ficticio**: dummy transaction
__ **financiero**: banking
negrita(s): boldface (type)

negro animal: char, animal charcoal
__ **de humo**: carbon black; lamp black
__ **mineral**: coal dust
nema: seal of letter made with sealing wax
neme: (Col) asphalt, pitch, tar
neoalfabeto: new literate
netamente: markedly (better, etc); clearly, distinctly (sketched out); sharply (different)
neto patrimonial: (Sp) net worth, shareholders' equity
neurálgico: critical (commodity); nerve (center); weak (spot); trouble (spot); hot (spot); sensitive (question, issue)
neutrales: neutral third parties (arbitrators and mediators)
neutralidad activa: (Arg) armed neutrality
neutralizar: to counteract (tendency); offset (revenues)
nevera portátil: cold box (vaccines)
ni con mucho: far from it, not by a long shot, not anything like (near) it, not by any means
__ **mucho menos**: far from it, by no means
__ **nada que se le parezca**: not anything of the sort, far from it
__ **por nada**: not anything of the sort, far from it, for no reason at all; (it is) no wonder that; (it is) not for nothing that; of course not, definitely not, no way
__ **qué decir tiene (que)**: needless to say
nicho: (market) niche
nido: pothole (road)
__ **de desove**: redd (salmon), spawning nest
nieve carbónica: dry ice
niño anormal (excepcional): (med) abnormal child; (ed) exceptional child, special needs child
__ **necesitado**: deprived child
niños deficientes: handicapped children; children with disabilities
__ **desamparados (abandonados)**: waifs and strays
__ **desatendidos**: (ed) out-of-school children (either have no access or are not being served)
níquel electrolítico: sheet nickel
níspero: medlar
__ **de Japón (de España)**: loquat
nítido: sharp, clear (difference); well-defined (contour); distinct (line of separation); clear-cut (division)
nitro: niter, saltpeter
nivel de burbuja de aire: spirit level (instrument)
__ **de confianza**: (st) level of significance
__ **de cotizaciones**: (st ex) price level
__ **de créditos**: lending level
__ **de eficiencia**: standard of performance
__ **de endeudamiento con respecto al patrimonio**: (UK) gearing ratio; (USA) leverage ratio; debt-equity ratio
__ **de endeudamiento relativo al capital**: (UK) gearing ratio; (USA) leverage ratio; debt-equity ratio

__ **de estiaje**: summer level (river)
__ **de hundimiento**: sinking level (geology)
__ **de impuestos**: taxation rate
__ **de ingresos**: income bracket
__ **de instrucción**: academic level completed; educational attainment; extent of training
__ **de los desembolsos**: rate of disbursement
__ **de protección**: coverage
__ **de referencia**: datum
__ **de renta**: income bracket
__ **de rentabilidad**: break-even point (credit operations)
__ **de restitución de la central**: tailwater level of the power house
__ **de significación**: (st) probability level, level of significance
__ **escolar**: grade level; (sometimes) educational attainment, academic level completed
__ **freático**: ground water level
__ **general de cotizaciones**: (st ex) the market
__ **hidrostático**: water table, ground water level
__ **impositivo**: tax bracket
__ **inicial del derecho**: height (of tariff)
__ **medio**: (admin) supervisory grade
__ **mínimo de competencia**: (admin) efficiency bar
__ **nacional, a**: nationwide
__ **natural**: background level (radiation)
__ **previsto**: target level
__ **substantivo**: operational level
__ **técnico**: level of expertise
nivelación: leveling, grading (land); leveling off (demand); flattening out (curve)
__ **de conocimientos, cursos de**: remedial courses
__ **involuntaria**: give-away (geology)
nivelado: blading (roads), grading, leveling, shaping (terrace)
niveladora: grader, scraper
nivelar el presupuesto: (Sp) to balance the budget
nivómetro: snow tube, snow ga(u)ge
nixtamal: (Mex) corn meal
no aprovechable: unavailable (water, moisture)
__ **autónomo**: non self-governing (territories)
__ **bien**: as soon as, no sooner
__ **biológico**: non-living (resources)
__ **condicionado**: unqualified (commitment); untied (aid, loan, lending)
__ **contabilizado**: unaccounted for (water, electricity)
__ **devengado**: unearned
__ **es para mucho**: it's not up to much
__ **faltaba más**: That crowns it all! That takes the cake! That's all we needed! certainly, of course
__ **garantizado**: unsecured (loan, note)
__ **ha lugar**: (leg) case dismissed, petition denied, action does not lie
__ **indicado separadamente**: not included elsewhere
__ **innovar, medida de**: (leg) preliminary injunction to preserve the status quo
__ **objeción**: clearance
__ **obstante**: nevertheless, notwithstanding, nonetheless
__ **poder menos que**: to be inevitable
__ **puntual**: chronic, regular
__ **ya**: not only
nociones: elements, rudiments; subject matter preparatory to a specific course
__ **de estadística**: introduction to statistics
nodo (de una red): link (in a network)
nogal: walnut tree
__ **de la India**: candlenut tree
nomadismo fiscal: emigration of the tax base
nombre común: non-proprietary name (drug)
__ **de dominio**: (comp) domain name
__ **de, en**: on behalf of
__ **de fantasía**: trade name
__ **de guerra**: assumed name, pen name (writer)
__ **genérico**: non-proprietary name (drug)
__ **imaginario**: nom de plume, pen name (writer)
__ **registrado**: proprietary name
__ **y representación, en su**: for and on behalf of
nomenclatura: classification, list, catalog
__ **arancelaria**: tariff list or schedule
__ **de cuentas**: chart of accounts
nómina: list, roster; payroll
__ **docente**: (ed) teacher wage bill
nominal: par (value of stock); face (value of bonds); money (income); token (loan); nominal, in name only; face (amount), rated (capacity), registered (capital), authorized (capital), gross (amount of loan), roll-call (vote)
nominativo: registered (bonds); straight (bill of lading)
nomograma: alignment chart, graph of parallel lines
non: odd number
nonato: stillbirth; slink (hide of unborn animal)
nopal: (Mex) prickly pear
noria: (Chi) well, (Arg) elevating chain and bucket system
norma: norm, rule, standard, practice, (standard) specification
__ **de la independencia**: arm's length principle
__ **de prudente discreción**: prudent man rule
normas: rules; regulations; guidelines; policies; standards; practices; procedures; models; patterns; specifications
__ **cambiarias**: rules relating to bills of exchange; exchange-rate regulations
__ **de calidad**: (ed) standards of excellence
__ **de colisión**: (leg) applicable law rules; conflict of law rules
__ **de conducta**: standards of behavior, code of behavior
__ **de contabilidad**: accounting practices (or standards)
__ **de determinación del derecho aplicable**: choice of law rules
__ **de diseño**: design standards

- __ **de ingreso**: rules of entry (trade)
- __ **de integración**: (Arg) (leg) rules of legal construction
- __ **de ordenación ambiental**: environmental management standards
- __ **de origen**: rules of origin
- __ **directivas**: guiding principles
- __ **generales**: general conditions
- __ **gerentes**: guidelines
- __ **jurídicas**: rules of law
- __ **restrictivas**: restrictive practices
- __ **vigentes**: current practice
- __ **y análisis**: standards and testing (seeds)
- __ **y prácticas**: rules and regulations

normal: normal, regular (activities); usual (care); standard (ga(u)ge); rated (speed); smooth (running, operations); teachers' training (college)

normalización: (tech) setting of standards; rule making
- __ **del ciclo económico**: easing of cyclical conditions

normalizar: to standardize

normalmente: as usual; in the ordinary course of events; as a rule

normatividad: regulations (tax)

normativo: policy-setting (body); regulatory (power); (Sp) rules, body of rules; policy framework

nota: note, footnote; (school) grade
- __ **bruta**: (ed) raw score
- __ **de abono**: credit memorandum
- __ **de caja**: (Sp) sales slip
- __ **de cargo**: (acct) debit memorandum
- __ **de consignación**: shipping invoice
- __ **de crédito**: credit memorandum
- __ **de envío**: (admin) covering slip
- __ **de información**: position paper
- __ **de reintegro**: bill for collection
- __ **de servicio**: interoffice memorandum
- __ **de transmisión**: (admin) forwarding slip (correspondence)
- __ **de venta**: sales slip confirmation
- __ **descriptiva**: profile (document)

notas aclaratorias: (acct) disclosures; memorandum entries
- __ **documentales**: background notes
- __ **explicativas**: (acct) disclosures; memorandum entries
- __ **físicas y morales**: (Mex) deposits of individuals and corporations
- __ **reversales**: exchange of notes

notable: remarkable (success), significant, impressive, distinctive, striking, noteworthy (progress); good (in grading system); considerable (advance), appreciable (change), sharp (increase), substantial (decrease), outstanding (achievement)

notación, sistemas de: (comp) program languages

notario fedante: attesting notary; (USA) public notary

noticia contraria, con: (leg) with notification to the opposing party

noticiario: newsreel; newscast

notificación: notification; reporting (of diseases); (leg) service (of legal process), writ of summons
- __ **de citación**: (leg) summons
- __ **de despedida**: termination notice, "pink slip"
- __ **de documentos**: (leg) service of documents
- __ **de una diligencia judicial**: (leg) service of legal process
- __ **en estrados**: notification in court
- __ **judicial por ujier**: service made by process server
- __ **personal**: (leg) personal service (process)
- __ **por cédula**: (leg) substituted service, schedular service
- __ **por el estrado (en estrados)**: (leg) service by publication at court

notificaciones: (leg) service

notificar: to inform, notify; serve (a writ, subpoena, etc)
- __ **su intención**: to give notice of one's intention
- __ **un auto**: to serve a writ, warrant, or order
- __ **un comparendo**: to serve a subpoena
- __ **una citación**: to serve a summons

notoriedad: fame, renown; public recognition of a trademark or brand

notorio: well-known, generally known; open, undisguised, manifest (error), downright, obvious, blatant, glaring, flagrant, recognized (competence); vivid (contrast)

novación: (leg) novation (substitution of a new obligation or indebtedness for one previously existing)

novato: novice; (college) freshman

novilla: heifer

novillito: baby beef

novillo: steer, bullock (2-3 years old)

novillos para destace: slaughter steers

nube de puntos: (st) dot chart, scatter diagram

nuclearización: clustering (of facilities)
- __ **escolar**: (ed) consolidation of schools

núcleo: core (dam); hard core (projects); (Bol) (ed) central school; cluster (houses); group (persons); unit, focal point, central point
- __ **allegado**: extended family unit
- __ **de arcilla**: clay core (dam)
- __ **de pliegue**: arch core (mining geology)
- __ **de población**: population center, community
- __ **de tablero laminar**: plywood core
- __ **escolar rural**: (ed) consolidated (rural) primary school
- __ **familiar**: household
- __ **habitacional**: core unit
- __ **magnético**: (comp) core (storage medium)
- __ **residencial**: housing estate
- __ **sinclinal**: trough core (mining geology)
- __ **urbano**: community

núcleos básicos de vivienda: core housing
___ **escolares**: nuclear schools
nuda (nula) propiedad: bare ownership, bare legal title (title to a thing without right to enjoy it); ownership without usufruct or use
nudo: knot (speed); center (communications); crux (of the matter); bottleneck
nueva conquista: breakthrough
nuevo: fresh (savings), recent (development), re- (issue), further (research), entry level (worker), young (wine)
___ **, de**: afresh
nuevos cultivos: emerging crops
nuez de anacardo (acajú): cashew nut
___ **de la India (cera, candela)**: candlenut
___ **de nogal**: walnut
nueces: nuts
___ **con cáscara**: nuts in the shell (husk)
___ **oleaginosas**: oil kernels
___ **verdes**: nuts, pickled
nula propiedad: (leg) bare ownership
nulidad: (leg) nullity (something that is without legal force or effect), invalidity (contract), voidness; non-existence
___ **virtual**: (leg) implied nullity
nulo: useless (person); void, invalid, of no legal force or effect
___ **de pleno derecho**: void ab initio, ipso facto null and void
___ **y sin valor**: null and void
numeral: numbered (sub)paragraph
numerario: *a* full (member); *n* cash, coins; (Arg) staff, personnel
número comercial: (Mex) commercial vehicle registration number
___ **, de**: as of (date), regular, titular (member), registered (member)
___ **de egresados**: (ed) output
___ **de orden**: serial number, consecutive number
___ **de personas atendidas**: coverage
___ **de votos**: voting power (board of directors)
___ **volado**: superior number (printing)
nunatak: an isolated mountain peak (dry land) that projects through an ice-sheet
nunca o casi nunca: seldom if ever
nupcialidad: marriage rate
nutrido: numerous, large, abundant (group); deafening (applause); rich (documentation); heavy (voting)
nutriente asimilable: available nutrient
nutrientes digestibles totales (NDI): total digestible nutrients (TDN)
nutrificación de alimentos: food enrichment
nutriología: nutrition and dietetics
nutriólogo: medical nutritionist

Ñ

ñadi: (Chi) marsh, swamp, bog
ñaju: (Pan) okra
ñame: (Guat) old coco-yam, taro
ñandú: American ostrich, rhea
ñandutí: (Para) lace
ñapa: something extra given by shopkeeper on a sale to encourage customer to return; promotional gift, giveaway
ñeque: strength, vigor, energy

O

oasis fiscal: tax sanctuary
obedecer: to obey; respond to (a drug); be attributable to, be due to, arise from, be accounted for by, be caused by, stem from, be the result of (action); be indicative of, be a reflection of, reflect (an effort); (fam) toe the line
obediencia: fidelity (to the law, required of judges)
obelisco: dagger (reference mark)
obenque: (ot) guy; shroud
óbice para que, ser: to bar; be an obstacle, impediment; preclude
objeción (perentoria): (leg) demurrer
objetable: substandard (water quality); objectionable (odor, substances)
objetar: to state an objection
objetivamente: impartially, dispassionately, fairly, in an unbiased manner
objetivo: *a* impartial, factual; realistic (criteria); *s* aim; target; objective, goal
___ **de habilitación**: (ed) enabling objective
objetivos precisos: pinpoint targets
objeto: subject (of a speech); subject matter (of a contract); purpose (of a meeting); focus (of interest)
___ **asegurado**: (ins) subject matter insured
___ **cierto**: (Arg) concrete object, material thing
___ **de estudio, ser**: to be under consideration, under study; be subject (of a census); unit of (statistical) inquiry in a census
___ **de gasto**: item of expenditure; category of expenditure
___ **de la misión**: terms of reference
___ **social**: purpose for which the business was established; line of business; corporate purpose
___ **, tener por**: to be designed to, seek to, be the aim or purpose of, be intended for
objetos de escritorio: office supplies
oblar: (Arg) to pay off, satisfy; (Ven) pay (taxes)
obligación: (moral) obligation, duty; liability; written instrument setting forth terms of agreement by which one is bound (e.g. note, acceptance, contract, bond, debenture)
___ **adicional**: supplemental liability
___ **aduanera caucionada**: customs duty bill

OBLIGACIONES

- __ **afirmativa**: affirmative covenant
- __ **alimentaria**: (leg) maintenance or support obligation
- __ **de calificación superior**: (fin) investment grade bond
- __ **de hacer**: affirmative covenant
- __ **de hacer o no hacer**: (leg) obligation to perform or to forbear
- __ **de no hacer**: negative covenant
- __ **de rendir cuentas (de responder)**: accountability
- __ **de, ser**: to be compulsory for, binding on
- __ **derivada de la ley**: statutory obligation; obligation arising from the operation of law
- __ **incondicional**: (leg) absolute obligation
- __ **líquida**: liquidated debt
- __ **mancomunada**: joint liability
- __ **natural**: (leg) moral obligation
- __ **solidaria**: joint and several liability
- __ **tributaria**: tax liability

obligaciones: bonds (usually corporate bonds, debentures); (sometimes) loan capital; (acct) liabilities
- __ **a corto plazo**: current liabilities
- __ **a la vista**: sight liabilities
- __ **ajustables**: indexed bonds
- __ **amortizables**: redeemable bonds
- __ **colocadas a un tipo inferior a la par**: bonds sold at a discount
- __ **con derecho de conversión**: debentures with warrants
- __ **con garantía**: (UK) debentures
- __ **con interés variable**: floating-rate notes
- __ **con tipo de interés renovable**: roly-poly bonds
- __ **contraídas**: raised obligations (UNESCO)
- __ **convertibles en acciones**: convertible debt, convertible debentures
- __ **de capital**: capital liabilities
- __ **de interés fijo**: (UK) active bonds; fixed-income bonds
- __ **de organismos federales**: (USA) agency securities
- __ **de renta perpetua**: (UK) consols
- __ **de préstamo**: loan bonds
- __ **de rendimiento fijo**: coupon bonds
- __ **de renta fija**: (UK) active bonds; fixed-income bonds
- __ **del Estado**: government bonds
- __ **emitidas por una sociedad o corporación**: debentures
- __ **emitidas sin garantía específica**: simple or naked debentures
- __ **en circulación**: outstanding bonds
- __ **en curso**: active obligations
- __ **excesivas, con**: overextended
- __ **exigibles**: current liabilities
- __ **existentes**: outstanding liabilities
- __ **financieras**: debentures (corporation debt)
- __ **garantizadas**: secured bonds; secured debentures

OBRA

- __ **hipotecarias amortizables por lotes**: (Sp) pay-through bonds
- __ **hipotecarias de remuneración por tramos**: collateralized mortgage obligations (CMO)
- __ **hipotecarias garantizadas**: collateralized mortgage obligations
- __ **industriales**: (USA) corporate bonds; industrial bonds
- __ **liquidadas**: paid-up obligations
- __ **monetarias**: currency liabilities
- __ **no amortizables**: irredeemable bonds
- __ **no hipotecarias**: debenture bonds
- __ **ordinarias**: straight bonds
- __ **pasivas**: funded debts
- __ **pendientes de pago**: outstanding liabilities
- __ **perpetuas**: irredeemable bonds
- __ **preferente**: participating bonds
- __ **prioritarias sobre las propiedades hipotecadas**: underlying bonds
- __ **quirográficas**: (USA) debenture bonds, plain bonds, simple or naked debentures
- __ **reales**: (fin) mortgage bonds; (leg) real obligations
- __ **sin garantía**: (USA) debentures
- __ **tributarias**: tax liability
- __ **y bonos recogidos**: own debentures and bonds purchased

obligacionista: debenture holder, bond holder
obligado: obligor; party to a contract
- __ **a**: bound to, liable to, compelled to, having the duty to
- __ **cambiario**: obligor on a bill of exchange
- __ **primario**: primary obligor (tax)
- __ **solidario**: obligor for the whole of the debt or things to be given, several obligor
- __ , **verse**: to feel constrained, compelled, obligated to

obligar: to force, compel, constrain (someone to do something); bind, be binding on (of an agreement); affect, apply (of law, order)
obligarse: to make a commitment, undertake to do something; agree and covenant; agree to (do something) (in a contract)
obligatoriedad: binding force, binding nature; (leg) obligatory jurisdiction
obligatorio: mandatory (planning), compulsory (insurance), binding (agreement)
obra: workmanship (as opposed to materials); finished work, production; book, play, sculpture painting, etc (hence: a creation, composition); construction work; structure; work site; building site (under construction); project; (original) work of authorship (for copyright purposes)
- __ **de beneficencia**: charity fund
- __ **de fondo**: publisher's stock
- __ **falsa**: falsework, concrete forms
- __ **gruesa**: shell (of a building); structural work
- __ , **maltratar de**: to beat, hit
- __ **muerta**: deadworks, topsides; (sometimes) freeboard

__ **negra**: (Mex) construction materials
__ **ruinosa**: (leg) a construction work likely to cause something to fall down (house, wall, etc)
__ **social**: philanthropic or cultural institution, foundation
__ **viva**: quick works, bottom (part of hull under water)
obras: physical works, developments (results of construction); material works (building construction) (as opposed to *trabajos* = manual operations or type of work other than building)
__ **accesorias**: outworks
__ **anexas**: appurtenant structures (dam)
__ **auxiliares**: appurtenant structures (dam)
__ **básicas**: grading and drainage (roads)
__ **civiles**: construction work(s), works projects; civil works, civil engineering works
__ **complementarias**: appurtenant structures
__ **de adecuación**: land preparation facilities
__ **de aducción**: headworks, intake works, headrace, approach canal
__ **de arte**: masonry or concrete structures (bridges, tunnels, etc)
__ **de bordería**: (Mex) strengthening walls of irrigation ditches
__ **de captación**: headworks, intake, impounding works
__ **de conducción**: conveyance works
__ **de defensa**: fendering systems or devices (port)
__ **de elevación e impulsión**: pumping and pressure works (water supply)
__ **de esparcimiento**: recreational facilities
__ **de evacuación**: (hydr) tailwater works
__ **de movimiento de tierras**: earthwork(s)
__ **de protección**: flood protection works
__ **de protección pluvial**: storm drains
__ **de servicio**: (highway) service facilities (rest rooms, camp grounds, rest areas, etc)
__ **de toma**: headworks, intake structures; (irr) diversion works, intake works
__ **de trasvase**: (irr) importation works
__ **de uso común**: community facilities, installations
__ **en ejecución**: (construction) work in progress
__ **en marcha**: work in progress
__ **esenciales y grandes obras**: capital works
__ **hidráulicas**: water delivery works, structures or infrastructure
__ **públicas**: public works, municipal engineering
__ **reproductivas**: capital investments
__ **sociales**: social welfare (funds); (Arg) publicly funded social welfare activities (health insurance, holidays, social security) administered by trade unions
__ **urbanas**: municipal works
obrados: (Bol) (leg) proceedings, court records
obraje: (Arg) (for) logging site
obrar: to work; act or do things in a certain way (e.g., in bad faith, in accordance with the law); be in possession, in receipt of (letters, file, documents)
__ **con dolo**: (leg) to act with criminal intent
__ **condena**: to hand down a conviction, convict
__ **de acuerdo con**: to comply with
__ **en el expediente**: to be on file
__ **en juicio**: to be party to a suit
__ **en poder de**: to be in (someone's) possession
obrando en mi carácter de apoderado: acting pursuant to power of attorney
obrero: manual worker; (st) wage earner, blue collar worker
__ **calificado**: skilled worker
__ **especializado**: semi-skilled worker
__ **inhabilitado**: incapacitated worker
__ **naval**: shipyard worker
obsequio de, en: for the sake of; as a token of (distinction, respect or appreciation)
observación: remark, comment; objection, criticism; monitoring, follow-up
__ **de la radiación**: radiation monitoring
__ **ulterior**: follow-up (of patients)
observaciones: (leg) representations
observado: actual (GDP), disputed, contested (invoice)
observadores del estado nutricional: nutritional scouts
observar: to observe; watch; comply with, adhere to, abide by (rules); note, notice; contest, dispute (an invoice)
__ , **hacer**: to point out
obsoleto: outdated
obstaculizar: to hinder, hamper, bog down, obstruct, block, impair (channel of trade)
obstáculo: hindrance, stumbling block, road block, setback, disincentive, hitch, barrier (trade)
obstetra: obstetrician
obstetriz: (trained) midwife
obstruccionismo: filibuster(ing)
__ **legal**: legal harassment
obtención: achievement (of full employment); securing, raising (funds); funding; gathering (news); development (of more effective vaccines)
__ **vegetal**: new plant variety (biotechnology)
obtener: to get, obtain (result, satisfaction); secure, elicit (promise, commitment); achieve (result); be awarded (a prize, fellowship); win (a prize); command, fetch (high prices); raise (funds); develop (new vaccines)
__ **créditos**: to borrow
__ **desagravio (reparación)**: to obtain redress
__ **un empréstito**: to float a loan
obtenerse: to give, yield (mathematics)
obtentor: producer of new plant varieties; plant breeder
obvenciones: (Ven) perquisites
obviamente: on the face of it, clearly, evidently, needless to say
oca: oca (edible root)

ocasional: contingent, irregular (income); chance, accidental (meeting); expressly for an occasion (speech); tramp (shipping); casual (income, work, labor); windfall (profits); incidental
ocote: (Mex) pitch pine
octavilla: leaflet
octeto: (comp) octet (used instead of byte because the byte in some systems does not consist of 8 bits)
oculto: hidden, secret, concealed (account, unemployment), ulterior (motive), silent (partner)
ocumo: (Ven) new coco-yam, yautia
ocupación: occupancy; possession (of property); employment; job; (ed) number of students in a classroom
__ **calificada**: skilled job
__ **del espacio**: settlement of land; land use
__ **del territorio**: land use
__ **, factor de**: (aero) seat load factor
__ **lucrativa**: gainful employment
__ **salvaje**: squatter takeover
ocupaciones en que predominan las mujeres: pink-collar jobs; (traditionally) female-dominated jobs, professions
ocupantes (sin título): squatters
ocupar: to take up, occupy (space); reside in (a house); hold (a post, position); keep busy (person); employ, give employment to; fill, take up (time), use
ocuparse de: to be busy with, go in for; concern oneself with, take care of, look after
ocurrir: to litigate
ocursante: (Mex) petitioner
ocurso: (Mex) petition, claim, application
odontología operatoria (restauradora): operative dentistry
ofender: to act in violation of a law, rule, etc; violate (contract); transgress; give offense to, offend; be detrimental to; be an affront to (dignity); run counter to (values of society)
ofendido: victim of an offense; the aggrieved party
ofensa: infraction of law; crime; violation (of environmental standards)
oferente: bidder
oferta: tender, bid, offer; supply; stock (housing, hotel); (stock of) providers of an item or service
__ **combinada**: package deal
__ **de acciones (con derecho preferencial de suscripción)**: rights issue
__ **de capital**: capital supply
__ **de compra**: takeover bid
__ **de doble precio (OPAS)**: two-tier bid
__ **de educación**: educational opportunities; (stock of) education providers
__ **económica**: price proposal (as opposed to *oferta técnica*)

__ **global**: aggregate supply, package deal
__ **hostil**: takeover bid
__ **igual**: level tendering
__ **más ventajosa**: lowest bid
__ **monetaria**: money supply, money stock, (Sp) M1 (cash + sight deposits)
__ **monetaria ampliada**: broad money supply; broad measure of the money supply (money supply + quasi money);(Sp) (econ) M2 (M1 + savings deposits)
__ **parcial**: component bidding
__ **privada**: private placement (securities)
__ **pública**: public offering (bonds); (stock of) private providers (of an item or service)
__ **pública de acciones**: (fin) takeover bid
__ **pública (de adquisición) de acciones (OPAS)**: takeover bid
__ **pública de compra**: takeover bid
__ **y demanda**: supply and demand
ofertas de colocación: positions open; job (employment) ads in a newspaper
ofertismo: supply-side economics
ofertista: supply-sider
oficial: *a* formal (call, invitation, adherence); authorized (statement); government (center); standard (nomenclature); *n* skilled worker, craftsman; clerk (in attorney's or government office); officer (public administration); officer (armed forces); mate (navy)
__ **de cubierta**: deck officer
__ **de extensión (divulgación) agrícola**: extension officer
__ **de gestión**: operations officer
__ **de operaciones**: field officer
__ **de un bufete**: lawyer's head clerk
__ **encargado**: officer-in-charge
__ **letrado**: legal officer
__ **maquinista**: engineer officer
__ **mayor**: head or chief clerk of a government office, chief administrative officer (in a ministry)
oficializar: (Arg) to approve
oficiar: to notify; communicate officially and in writing
__ **de**: to act as
oficina: (Chi) nitrate works
__ **de catastro**: land office
__ **de colocación**: employment agency
__ **de colocación marítima**: maritime pool
__ **de control administrativo**: (fin) back office
__ **de corretaje**: (st ex) dealing room
__ **de enlace**: branch office (trade union)
__ **de estudios**: engineering and design department
__ **de fiel contraste**: bureau of standards
__ **de mérito**: office in question
__ **de partes**: registry (of a ministry); reception office or desk (where communications are received and routed to proper department)
__ **de proyectos**: engineering and design department, (sometimes) firm of consulting engineers
__ **sucursal**: field office

__ técnica: design office
oficinas públicas: public sector agencies
oficinista: clerk, office worker; white collar worker
oficio: trade (skilled occupation); craft, function, role; official letter; (leg) note; (Arg) (court) warrant
__ , de: by trade; by official letter; officially; (lawyer, expert) appointed by the court (to litigate) at the state's expense; (step taken by a judge) on his own initiative; (secretary) ex officio; by virtue of his office
oficiosamente: unofficially, off the record
oficioso: informal (discussion); semi-official, unofficial, off-the-record (statement)
ofimática: office automation
oída la opinión de: in consultation with
oídas las partes: the parties having been heard, having stated their case
oídio: powdery mildew (pest)
oído el fiscal: upon recommendation of the district attorney
__ el parecer del Consejo: the Council having given its opinion
ojo de agua: water point
__ de buey: porthole (ship)
__ de gato: cat's eye, button reflector (road)
__ de malla: mesh size (fishing net)
__ de puente: bay or span of a bridge
__ de uva: grouper
ola de frío: cold spell
__ de inflación: bout of inflation
__ inflacionista: inflationary outburst
oleaginosas: oil-seeds
oleoducto: oil pipeline
oligoelemento: trace element, trace mineral
olla común (popular): soup kitchen, community kitchen
olominas: (CR) guppies
olote: (CA) corn cob without grains
omiso de declaración: non-filer (tax return)
omisos: stopfilers and non-filers (taxation)
omitir el dividendo: to pass the dividend
omnímodo: all-embracing
once: (Chi) afternoon tea
ondas centimétricas y de frecuencias superiores: (TC) super-high frequencies (SHF) and higher frequencies
__ de tormenta: storm surges
__ decamétricas: (TC) high frequency (HF)
__ decimétricas: (TC) ultra-high frequency (UHF)
__ hectométricas: (TC) medium frequency (MF)
__ hectométricas, banda de: (TC) medium wave band
__ kilométricas: (TC) low frequency (LF)
__ métricas: (TC) very high frequency (VHF)
__ milimétricas: (TC) extremely high frequency
__ miriamétricas: very low frequency (VLF)
__ radioeléctricas: (TC) radio waves

onerosidad excesiva: hardship
oneroso: burdensome (tax); heavy (charge, expenditure); subject to payment; (leg) for valuable consideration
__ , a título: on a payment basis, subject to (against) payment; (leg) for (valuable) consideration
OPAS (oferta pública de acciones): (fin) takeover bid
opción: (freedom of) choice; opportunity; alternative
__ combinada: straddle
__ de bloqueo: lock-up option
__ de compra: call option
__ de compra con precio básico (de): call struck (at)
__ de compra de acciones: (fin) stock option
__ de compra de valores: call
__ de compra y venta: straddle
__ de venta: put option
__ de venta con precio básico (de): put struck (at)
__ doble: straddle option
__ exclusiva: first refusal
opciones en acciones: stock options
operación a prima: (fin) option dealings
__ de ajuste: (Sp) fine-tuning by Central Bank
__ de compromiso de compra: standby agreement
__ de garantía de emisión: underwriting commitment
__ de rescate (salvamento): bailout (banks, corporations)
__ dividida en períodos: time-slice operation
__ rastrillo: comb-out (by police, security forces)
operaciones a término: futures
__ activas: (bnk) investment of funds; lending; loans; credit operations; loan function; (acct) loans receivable
__ activas y pasivas: (bnk) loans and deposits
__ bancarias: banking transactions
__ bursátiles: security operations; trading; stock exchange transactions
__ con prórroga: (st ex) contango trading
__ conjugadas: (Chi) barter
__ contables: internal transactions
__ corrientes del Banco Central: current account of the Central Bank
__ crediticias: loans, lending
__ , de: field (officer, personnel)
__ de arbitraje: switch operations
__ de cobertura: hedging
__ de compensación: (st ex) clearing operations; barter operations
__ de corte, troceado y extracción: (for) logging
__ de divisas: (fin) currency trading
__ de pase: (Arg) swap operations
__ de reporte: swap operations, swaps (exchange of one security for another); sometimes (=

de reporto) repurchase agreements, REPOs, repos (government securities)
__ **de tiburones (OPAS)**: raid
__ **del activo**: (bnk) income-earning business
__ **del día**: (st ex) day trade
__ **del fondo**: activities of the fund
__ **finalistas**: closing operations
__ **interbancarias**: wholesale banking
__ **negativas**: (bnk) deposits and all transactions that create liabilities
__ **pasivas**: (bnk) deposits and all operations that create liabilities, deposit function; (acct) loans payable
__ **refrescadas**: (Ur) rescheduled debt
__ **reguladoras**: defensive operations (money supply)
__ **simultáneas**: parallel operations
operacionalidad: workability
operacionalización: practical application
operacionalizar la teoría: to apply, put into effect, implement
operador de opciones: (st ex) put-and-call broker
__ **de piso**: (st ex) floor trader
__ **por cuenta propia**: market maker
operadores (económicos): market participants
operar: to work, take effect; do business; (st ex) trade, be transacted (at a certain price) (securities)
__ **a sola firma**: to operate on an unsecured basis
__ **en descuento**: to sell short
operario: manual worker; mill-worker, factory hand, machine operator; unskilled worker
operativa: (Arg) arrangement
operatividad: efficiency
operativo (militar): raid, mass raid, comb-out
operatoria: procedure, modus operandi, way of doing something, "drill"
__ **dental**: operative dentistry
opinión: view, opinion, way of thinking, mind
__ **aventurada**: guesstimate
__ **colectiva**: sense of the meeting
__ **con conocimiento de causa**: informed opinion
__ **consultiva**: advisory opinion
__ **contraria**: (leg) concurring opinion (judge concurs with majority of the court but expresses different grounds for denial)
__ **de la asamblea, solicitar la**: to take the sense of the meeting
__ **en contra**: (leg) dissenting opinion
__ **general**: climate of opinion; current opinion
__ **sin reservas**: unqualified opinion (auditors)
__ **técnica**: technical judgment
opiniones, intercambio de: discussion(s)
oponer (una) excepción: to raise a plea, set up a defense; protest (assessment)
__ **un derecho de crédito en compensación**: to invoke a right as a defense for the purpose of set-off
oponerse a: to run counter to, object to, be opposed to, take exception to
oponible: (leg) exceptionable; liable to exception or objection

oportunamente: duly, at the appropriate time, as scheduled, on schedule; in due course; (sometimes) earlier, early on
oportunidad: opportuneness, seasonableness, timeliness; advisability; timing (e.g. of a proposed project); scheduling, proposed date (for meeting)
__ **comercial**: market opportunity
__ **de las operaciones**: timing of the operations
__ **del acto**: propriety of the act
__ **respecto a**: relevance
oportunista: free rider
oportuno: timely, well-timed, propitious, appropriate (occasion); advisable; expedient, wise (thing to do); in season (remark); seasonable (advice); judicious (decision), satisfactory, adequate (arrangements), early (indicators), advance (warning, planning), when due; the right (moment, time), prompt (delivery)
__ **, ser**: to be well to, be fitting to
oposición(es): opposition; competitive examination for a post; (leg) objection
__ **a, por**: by exception to (article 21)
__ **, recurso de**: (leg) formal objection
opoterápico: *a* organotherapeutic (products)
oprimir: (Guat) to handstrip tobacco leaves
optar por: to elect (to); decide in favor of, decide to
óptica: point of view, viewpoint, approach
optimizar: to make as effective as possible
opuntia: prickly pear
opúsculo: booklet
oración introductoria: chapeau, chapeau text
orador principal: keynote speaker
orden: (m) order in which things are arranged; order, discipline; (arch) order, column; order (biology); sequence
__ **continuo**: letter by letter
__ **de ejecución**: sequencing
__ **de importancia**: (st) rank order
__ **de méritos**: ranking
__ **de precedencia**: order of seating, seating order
__ **de prelación de los acreedores**: ranking of creditors
__ **discontinuo**: word by word
__ **internacional**: international law
__ **interno**: domestic control, domestic order
__ **jerárquico**: line of authority; chain of command
__ **jurídico**: (leg) legal system or order
__ **, por su**: in its (their) order or turn, respectively
__ **público**: law and order, the peace; public policy (ordre public) (international law)
__ **público y seguridad**: public order and safety
orden: (f) order, command; (leg) warrant
__ **, a la**: (com) payable to order, negotiable; made out to, to the order of, to a named person
__ **amplia de investigación**: (leg) general order of investigation

- __ **de allanamiento**: search warrant
- __ **de aprehensión**: writ of attachment; distress warrant; warrant of arrest
- __ **de arresto**: (leg) warrant of arrest
- __ **de comparecencia**: summons (criminal law)
- __ **de compra**: purchase order; (com) indent (import purchases); trading ticket (stock exchange)
- __ **de compraventa**: (fin) trading ticket
- __ **de detención**: arrest warrant, committal order
- __ **de ejecución**: administrative decree stating executory measures for enforcement of a law
- __ **de embargo**: (leg) writ of attachment; distress warrant
- __ **de embarque**: shipping order (bill of lading)
- __ **de encarcelamiento**: warrant for imprisonment, committal to prison
- __ **de ingreso en calidad de procesado**: (leg) indictment
- __ **de no innovar**: (leg) injunction against further moves; injunction to preserve the status quo
- __ **de pago**: payment authorization; bank draft
- __ **de partido**: parliamentary whip
- __ **de, por**: by authority of
- __ **de prisión**: warrant of arrest
- __ **de prisión preventiva**: committal order
- __ **de salida de almacén**: stores requisition
- __ **de suspensión de ventas de valores**: (fin) stop order
- __ **de venta**: trading ticket (stock exchange)
- __ **del día**: order of business; agenda
- __ **del día, estar a la**: to be widespread, an everyday occurrence, frequent, common, usual
- __ **judicial**: (leg) court order
- __ **válida hasta nuevo aviso**: evergreen order
- __ **y cuenta de, por**: (com) by order and for account of

ordenación: ordering, arranging, planning, management, order, arrangement; disposition, layout; control, regulation (wages); (st) array; ranking (of bids), scheduling
- __ **cronológica**: scheduling
- __ **de bosques**: forest management
- __ **de cuencas colectoras**: watershed management
- __ **de cultivos**: crop management
- __ **de estadísticas**: array
- __ **de la ciudad**: layout of the city
- __ **de la fauna silvestre**: wildlife management
- __ **de los asientos en un catálogo**: indexing
- __ **de los recursos vivos**: management of living resources
- __ **de pastoreo**: range management
- __ **de pesca**: fishery management
- __ **de salarios**: wage regulation
- __ **de tierras**: land management
- __ **de tierras de tránsito**: rangeland management
- __ **del aprovechamiento**: (for) regulation of cut, yield management
- __ **del suelo**: (agr) soil husbandry; (municipal, regional) land-use planning
- __ **del territorio**: spatial planning, land use planning, physical planning
- __ **forestal**: forest management
- __ **ganadera**: livestock management
- __ **hidrográfica**: basin management
- __ **pecuaria**: livestock management
- __ **pesquera**: fishery management
- __ **piscícola**: fish management
- __ **rural**: rural development
- __ **salarial**: wage control
- __ **, sistema de**: management practice
- __ **territorial**: spatial planning, land use planning, physical planning
- __ **urbana**: urban development, city design

ordenada: offset (surveying)

ordenado: tidy, well-ordered, orderly; coordinated; of regular habits (person); sequenced, sequential (use); well arranged, disciplined, methodical, in order

ordenador: (Sp) computer; (comp) assembler; authorizing officer (payments)
- __ **de gastos**: disbursing officer
- __ **de pagos**: payments officer, authorizing officer

ordenamiento: (st) array, compilation (laws), (juridical, administrative) system; putting in order; ordering; scheduling, sequencing (production), timing (decisions), planning, management, development (rural areas);(leg) code or body of laws; legislation (on a particular subject)
- __ **adjetivo**: (leg) procedural code
- __ **jurídico**: legal system, laws
- __ **legal**: the legal order, the law
- __ **socio-político**: social and political policies
- __ **territorial**: land management, spatial planning, land use planning, physical planning
- __ **tributario**: tax laws

ordenanza: (municipal) ordinance; messenger

ordenanzas municipales de construcción: zoning laws

ordenar: to put in order; marshal (demand); (st) array, rank; command, order; collate (printing), sort
- __ **el pago**: to certify for payment, authorize payment, pass for payment; sanction (expenditure)

ordeño: milking (cows); strip picking (of coffee, olives)
- __ **a mano**: hand milking
- __ **a mano cubierta**: wholehand milking
- __ **con los dedos**: stripping
- __ **mecánica**: machine milking

ordinal: numbered paragraph; sub-item in budget

ordinario: ordinary, usual, customary, everyday, common; regular (budget, expenses); uncouth; vulgar (remarks); common (stock); annual regular (meeting); (acct) above-the-line (item); periodic (inspection)

ordinograma: flowchart, flow diagram, (comp)

ORDINOGRAMA

ordinograma: process chart, block diagram
orégano: wild marjoram
oreja de mar (o marina): abalone
orejano: (Arg) unbranded animal; (Ur) animal that has not been (ear) marked
orejones: dried fruits
orgánico: organized, organic (whole); basic (law); organizational (unit); built-in (safe-guard); functional (commission); substantive (department); statutory (tax); (leg) pertaining to the constitution and functioning of institutions
organigrama: organization chart; (comp) flow chart; (leg) institutional framework
organismo: (public or private) agency, non-government(al) organization
— **de clasificación de valores**: rating agency (securities)
— **de derecho público**: statutory body
— **de ejecución**: implementing agency, executing agency
— **de evaluación de la conformidad**: (standards) conformity assessment body
— **de medicina preventiva**: health maintenance organization (HMO)
— **de reflexión**: think tank
— **descentralizado**: government corporation, statutory body, state-controlled enterprise or entity, decentralized agency
— **estatal**: government agency; state-controlled entity
— **financiero**: (sometimes) monetary authority
— **internacional de crédito**: international lending agency
— **local**: community group
— **normalizador**: bureau of standards
— **patógeno**: (med) causative organism
organismos comparadores: (admin) comparator organizations, marker organizations (salaries)
— **de contralor**: (Arg, Ur) regulatory bodies or agencies
— **de reglamentación**: regulatory authorities
organización: organized body (of people); non-government(al) organization; system, mode of organization; (social) structure
— **campesina**: small-farmers organization
— **científica del trabajo**: science of management, scientific management
— **coordinadora**: umbrella organization
— **corporativa**: (Hond) (trade, labor) union
— **de base**: community-based organization, grass-roots organization
— **de línea y asesoría**: line and staff organization
— **de mando**: span of control
— **de ventas**: merchandizing, merchandising
— **del mercado**: marketing and distribution
— **en plana mayor**: line and staff organization
— **funcional**: staff organization
— **gremial**: trade organization

ORIENTACION

— **horizontal**: staff organization
— **horizontal de plan de estudios**: (ed) cross-sectioning
— **jerárquica**: line organization
— **lineal**: line (scalar) organization
— **matricial**: matrix structure
— **matriz**: apex organization
— **mixta**: line and staff organization
— **principal**: umbrella organization
— **sin fines lucrativos**: non-profit, not-for-profit organization
— **territorial**: (sometime) field organization
— **vertical**: line organization
organizaciones de consultoría técnica y de diseño: consulting engineering and design organizations
organizador del mercado: market maker
organizar un mercado: to make a market
órgano: organ, medium, channel (information); agent, means, instrument (of the government, etc)
— **de fiscalización**: watchdog agency; supervisory agency, regulatory agency
— **de línea**: (admin) senior body, senior level
— **deliberante**: governing body
— **jurisdiccional**: judicial or administrative authority; court or tribunal
— **jurisdiccional nacional**: national court
órganos administrativos: administrative bodies
— **auxiliares**: subsidiary organs or bodies
— **consultivos**: advisory bodies
— **de contralor**: supervisory authorities, regulatory bodies
— **de difusión**: mass media
— **de enlace**: channels of communication
— **normativos**: policy-making organs
— **rectores**: policy-making bodies
orientación: positioning, guiding, directing, steering to, channeling, funneling (resources); counseling, briefing; direction taken, trend, approach, pattern, policy, course of action, line of conduct; provision of information, guidance, counseling (students); focusing on, emphasis on; thrust; stance (policy); induction (new staff); placement (students)
— **básica**: guiding principles
— **de la actuación del Banco**: emphasis of Bank's activities
— **de la crianza**: specialization of breeding
— **de la política monetaria**: monetary policy stance
— **de los programas**: program trend
— **de recursos**: allocation, channeling of resources
— **del capital**: direction of capital investment
— **del mercado**: market control
— **dominante**: prevailing trend
— **eugenística**: eugenic counseling
— **informática**: information referral
— **profesional**: vocational guidance; job or employment counseling

orientaciones cifradas: guide figures
orientado: directed to, aiming at, geared to, keyed to; influenced by; working (for some object); tending (in some direction)
orientar: to position or point in a certain direction; train (gun); point (telescope); swing (derrick); guide (efforts); direct; point the way to, slant, aim at, slew, turn to; channel; funnel (funds); counsel, guide, supervise (students); refer (patients); chart the course of (policy); key to, gear to (needs)
__ **a grupos específicos**: to target
orientarse a la baja: to show a downward tendency; trend down (bond yields, prices, indicators)
orificio para introducir la horquilla: fork tunnel
origen de fondos: funds provided by, source of funds
__ **del producto**: nationality of the product
__ **en, tener su**: to be a consequence of, originate in (from); derive from; stem from; be prompted by
__ **y destino de los intercambios comerciales**: direction of trade
original: *n* master copy; source document; *a* singular, odd, queer (idea), novel, creative, inventive
orilla: (constr) side wall
orinques: anchor buoy ropes
orito: (Ec) banana
ornato: (Chi) landscaping; maintenance of parks and recreation areas; urban beautification (levy, tax)
oro de ley: standard gold
__ **de nueva extracción**: newly mined gold
__ **en custodia**: gold under earmark
__ **en pasta**: gold in bars or bullion
__ **en tejos y plata en lingotes**: bullion
__ **fino**: fine gold, gold bullion
__ **físico**: gold holdings, gold stock
__ **mercancía**: commodity gold
__ **nativo**: (min) gold in natural state, native gold
__ **no monetario**: non-monetary gold
__ **sellado**: gold coin
__ **y plata sin acuñar**: bullion
ortodoxia: orthodox view, accepted view
ortopedagogo: remedial teacher
oruga de los pinos: gypsy moth
orujo: olive pomace; grape marc; pomace (apples)
__ **molido**: oil cake
oscilación de precios: price swing
oscilaciones de la coyuntura: economic, market, business or cyclical fluctuations
__ **de la demanda**: shifts in demand
oscilar: to swing (crane); fluctuate (prices); see-saw, wobble
osnaburgo: osnaburg (coarse cotton fabric)
ostentar un cargo público: to hold a public office
ostión: cupped oyster; (Per, Ch) scallop

ostral: oyster bed, oyster farm
ostras planas: flat oysters
__ , **cultivador de**: oyster producer
otero: knoll, butte
otó: (Per) new coco-yam, yautia
otorgado por: drawn up and registered (by a notary)
otorgamiento: drawing up (of a deed); execution (of a document)
otorgante: principal (power of attorney); donor (technical cooperation)
otorgar: to grant (pardon); award (fellowship, prize); extend (credit); make, approve (loan); execute (instrument, will, contract, deed); furnish (guarantee); execute and deliver (loan agreement)
__ **benévola consideración**: to accord sympathetic consideration
__ **garantías**: to furnish guarantees
__ **préstamos**: to lend; extend loans
__ **un contrato**: to sign, execute, conclude a contract
__ **una escritura**: to execute a deed, draw up a deed
otro(a): other, another, next (day, street); alternative (source, technology, development)
otros productos: (acct) other income, non-operating income
otrosí: (adv) besides, moreover, furthermore; (leg) a petition other than the principal one; accessory petition
ovado: spawning (fish)
ovalar: to circle (to call attention to error)
oveja: sheep; ewe
ovinos jóvenes: young sheep, (UK) hoggets
ovinotecnia: sheep raising
oviposición: egg laying (mosquito, fish)
ovoscopio: egg candler
oyentes (espectadores) bajo supervisión: (ed) captive audience

P

pabellón: (ot) national flag (ship); (constr) block, wing, body; hospital block; booth; exhibition hall (fair); (med) operating theater
__ **de favor**: flag of convenience
__ **de maternidad**: maternity department
__ **de salida**: departure flag, Blue Peter
pábulo a, dar: to lead to, give rise to, result in, provoke
paca: bale
pacaya: (Guat) pacaya (palm tree whose fruit is edible)
pacífico: peaceful, not contrary to; undisturbed (possession); uncontested (ownership)
pacotilla: shoddy goods; (ot) private cargo (of a ship's crew); venture

pacto comisorio: (Arg) (leg) forfeiture clause (contract)
__ **de cuota**: (leg) (lawyer's) contingent fee agreement
__ **de obligación**: (leg) affirmative covenant
__ **de retroventa**: repurchase agreement
__ **no escrito**: gentleman's agreement, unwritten agreement, mutual understanding
__ **plural**: multilateral pact
__ **social**: (depending on the entity) articles of agreement, charter, articles of incorporation, partnership agreement; social contract, social compact (usually between government, trade unions, employer associations)
__ **verbal**: gentleman's agreement, unwritten agreement, mutual understanding
padecimiento: (med) complaint
padre de familia, como: (leg) as a prudent administrator
__ **adoptivo (tutor)**: foster father
padres de la patria: founding fathers
__ **tutores**: foster parents
padrillo: sire, stallion
padrón: register (list, roll) of inhabitants for voting, tax purposes; standard; (Bol) tax identification number; stud (horse or bull), (Col) herd bull; (Ur) plot, lot, site
__ **de oro**: gold standard
__ **de proveedores**: source list (procurement)
__ **electoral**: voter registration records or list
padrote: sire
paga líquida: take-home pay
__ **quien llama**: (TC) calling-party pays
pagadero: payable
__ **a la vista (contra presentación)**: payable on demand
__ **a plazo**: payable at a specific date
__ **a plazo vencido**: payable in arrears
pagado: paid-in (capital)
pagador: disbursement officer, payroll clerk; drawee of a negotiable instrument
pagaduría: disbursement office; cashier's office; paymaster's office, accounts payable office
pagamento liberatorio: payment in full discharge
pagaré: note, promissory note
__ **a la orden**: negotiable note
__ **bancario**: bank bill
__ **de favor**: (com) accommodation paper or draft
__ **de interés ajustable**: reset note
__ **de participación en las entradas de divisas**: "exchange participation" note
__ **de tasa variable**: floating rate note
__ **del Tesoro**: (USA) Treasury note
__ **del Tesoro a corto plazo**: (USA) Treasury bill
__ **descontado**: discount note
__ **directo**: (Arg) unsecured note
__ **libre**: (Ven) unsecured note
__ **participatorio**: income note
__ **previo a una emisión**: bond anticipation note
__ **respaldado por ingresos fiscales previstos**: tax anticipation note
pagarés aceptados a su vencimiento: notes honored at maturity
__ **y bonos de Tesorería**: Treasury coupon securities
paginar: to number pages
pago: *a* paid; *n* payment
__ **a cuenta**: payment on account, (constr) progress payment; down payment; part payment
__ **a destajo**: payment by results
__ **a plazo**: (Sp) deferred payment, installment
__ **a término**: payment on due date
__ **a título graciable**: ex gratia payment
__ **anticipado**: prepayment
__ **compensatorio**: (agr) deficiency payment
__ **con contraprestación**: requited payment
__ **con efecto retroactivo**: back pay
__ **contra (presentación de) documentos**: cash against documents (CAD)
__ **correspondiente a servicios**: redevance
__ **de cesantía**: severance pay
__ **de contrapartida**: matching payment
__ **de despedida**: severance pay
__ **de la carga**: loading charge
__ **de liberación de una acción**: payment in full of a share
__ **de lo no debido**: (leg) undue payment
__ **de pensión**: boarding fees
__ **de presencia**: call-in pay
__ **en producción**: production payment (loan)
__ **escalonado**: progress payment
__ **excesivo**: overpayment
__ **final**: balloon or bullet payment (loan, mortgage)
__ **fraccionado**: progress payment
__ **global**: lump-sum payment, balloon payment (loan, mortgage)
__ **incompleto**: underpayment (tax)
__ **inicial**: down payment
__ **inmediato**: outright settlement
__ **judicial**: payment ordered by a court
__ **liberatorio**: payment that operates as a discharge; payment in full discharge
__ **parcial**: part payment, progress payment, payment on account
__ **por intermediación**: (fin) finder's fee
__ **por mayor rendimiento**: premium pay
__ **por resultados**: efficiency pay
__ **puntual**: prompt payment
__ **simbólico**: token payment
__ **suplementario**: additional pay
__ **sustitutivo**: commuted payment
__ **único final**: bullet payment
__ **voluntario**: ex gratia payment
pagos atrasados: outstanding payments
__ **de utilidades e intereses del capital extranjero**: net investment income
__ **diferidos**: accrued expenses (balance sheet)
__ **en concepto de ingresos de los factores**: factor income payments
__ **netos al contado**: net pay-downs

__ **para enjugar déficit**: deficiency payments (UNESCO)
__ **por avance de obra**: progress payments
pairo, al: lying to (of a ship)
país adherente: acceding country (treaty)
__ **anfitrión**: host country (meeting)
__ **beneficiario**: recipient country
__ **comprador**: importing country
__ **de asilo**: host country (refugees)
__ **de constitución**: country of incorporation
__ **de destino**: country of assignment (employment); country of destination (mail, emigration, exports, tourism); host country (of refugees)
__ **de la fuente**: (leg) country of the source, country of the situs
__ **de matrícula**: home country (ship)
__ **de misión oficial**: country of assignment
__ **de origen**: country of origin (emigrants); source country (drug trafficking), sending country (emigrants), home country (trade, students, refugees)
__ **de origen calificado**: eligible source country
__ **de procedencia**: country of dispatch, consignment or shipment, country of provenance (of tourists), tourism- (or tourist-) generating country
__ **de producción primaria**: primary producing country, commodity producing country
__ **emisor**: tourism- (or tourist-) generating country; emitting country, source country (greenhouse gases); issuing country (postage stamp, debt securities, passport, currency, permit, license); country of issue (insurance policy, currency, securities); sending country (emigrants)
__ **huésped**: guest country (meeting)
__ **litoral**: coastal state
__ **mediterráneo**: landlocked country
__ **que impone los precios internacionales**: price maker (setter)
__ **que no influye en los precios internacionales**: price taker
__ **receptor**: host country (students, refugees, investments); receiving country (tourism, electronic data, immigrants); country receiving tourists; importing country
__ **ribereño**: coastal state
__ **sin litoral**: land-locked country
__ **tercero**: non-member country
países asociados: partner countries
__ **invitantes**: sponsoring countries
paisaje protegido: scenic reserve
paisano: civilian (as opposed to military)
paja de caña: cane trash
__ **molida**: chaff
pajar: haystack, hayrick; hay loft
pájaros de ornamento: pet birds
pajote: (Sp) mulch
pala: bulldozer; loader; scraper
__ **cargadora**: mechanical digger; loader

__ **de arrastre**: scraper
__ **mecánica**: power shovel
__ **niveladora**: motor grader
palas (de un molino eólico): blades
palabras lapidarias: memorable, unforgettable, undying words
__ **liminares**: preface
__ **mayores**: insults
__ **protocolarias**: formal words
palanca: (LA, Mex) contacts, "pull", connections, clout
__ **de juego**: (comp) joystick
__ **de mando**: (comp) joystick
palangre: boulter, bottom-line
__ **de fondo**: bottom-set longline
palangres: tackle
palangrero: longliner
palanqueo, índice de: leverage ratio
palanquilla: billet (iron and steel, copper)
palastro: sheet iron, steel plate
palay: paddy rice
palenque: palisade; wooden fence; wood posts; (Arg) enclosure for milking cows or breaking horses; (Nic) wattle
palero: trimmer (ship)
paleta: blade (turbine); joint (of prickly pear)
__ **caja**: box pallet
__ **de dos entradas**: two-way pallet
__ **de piso saliente**: wing pallet
__ **no recuperable**: one-way pallet
paletas: (chain) deflectors
palinodia: recantation, retraction
__ , **cantar la**: to recant, retract
pallaqueo: (Chi) (min) picking out usable ore from overburden
palma enana: cabbage palm
palmario: clear, obvious, evident
palmito: heart of palm
palo de campeche: logwood
__ **de tinte**: dyewood
palos de fósforos: match sticks
__ **y jarcias**: (ot) rigging
palomar: (Guat) tenement
palometa: pompano, saurel, yellow jack
palpitante: new, novel; burning (question)
pámpano: pomfret
pan completo: wholemeal bread
__ **de oro**: gold foil, gold leaf
__ **entero**: unsliced bread
__ **rallado**: breadcrumbs
__ **y palo**: (Mex) carrot and stick
panes: grain crops in the ground
panderete: (Chi) brick partition (wall), timbrel wall
panel de fibras de madera: fiberboard
__ **de madera**: panel product; wood-based panel
__ **electrónico**: (comp) bulletin board service (BBS)
panela: brown sugar loaf
panga: ship's boat
pangola: pangola grass
pánico bancario: run on banks, on the bank

panificación: bread-making
panizo común: foxtail millet
— **negro**: pearl millet; (sometimes) bulrush millet
panoja: corncob with grains
panorama: outlook, prospects; vista; overview; comprehensive presentation of a subject
— **financiero**: financial position; financial survey; financial situation
— **general**: overview
— **monetario**: monetary survey
pantalla: screen; core wall (dam); (comp) visual display unit
— **acústica**: baffle board
— **asfáltica, con**: asphalt faced
— **de arcilla**: clay blanket
— **de computadora**: visual display terminal
— **de hormigón**: concrete core wall
— **de impermeabilidad**: grout curtain
— **de inyección**: grout curtain
pantano: swamp, marsh; (sometimes) reservoir
pantoque: bilge (ship)
pañería: woolens
pañete: (Col) mortar
paño: plot of land made ready for cultivation; stretch of wall; (irr) check; (elec) panel (station); fish panel
— **con, a**: flush with
paños: woolens
— **calientes**: (fig) half measures, ineffective measures
pañol: locker (ship), room; tool deposit, tool crib
— **de víveres**: provisions room (ship)
pañolero: trimmer (ship); storeroom clerk
paparda: saury (mackerel pike)
papayo: pawpaw (papaw)
papel: paper; document; role, function; (com) paper money; security, bond
— **al portador**: (fin) bearer paper
— **alquitranado**: tar paper
— **apergaminado**: grease-proof paper
— **biblia**: Indian paper
— **carbónico**: (Arg) carbon-paper
— **condicionante**: decisive role
— **cuadriculado**: plotting paper, cross-section paper, graph paper, grid paper, coordinate paper
— **cuché**: art paper, coated paper, machine glaze paper, surface-coated paper
— **de borrador**: scratch paper
— **de buena calidad**: (fin) investment grade paper
— **de China**: Indian paper
— **de colusión**: (Sp) (com) accommodation paper
— **de esquela**: note paper
— **de estraza**: brown paper, rag paper
— **de forro**: Kraft liner
— **de hilo**: rag paper, linen paper
— **de ilustración**: coated paper
— **de imprenta**: newsprint

— **de marca**: foolscap paper
— **de oficio**: foolscap, legal size paper
— **de pagos**: (Sp) stamped paper (for payments of amounts owed to the State)
— **de protocolo**: official stationery
— **de seda**: tissue paper
— **del Estado**: government securities; (UK) government debentures; public debt instruments
— **encerado**: waxed paper
— **enlucido**: coated paper
— **estarcido**: stencil
— **estucado**: coated paper
— **facial**: facial tissue
— **gofrado**: corrugated paper, embossed paper
— **hilo**: (Arg) bond paper
— **japonés**: Japanese rice paper
— **jaspeado**: marbled paper
— **logarítmico**: logarithmic plotting paper
— **ministro**: foolscap
— **obra**: (Arg) book paper; (Chi) newsprint, liner
— **onda**: (Chi) corrugated paper
— **ondular**: fluting paper
— **para caras**: liner board
— **para ondular**: fluting paper
— **pelota**: (Sp) accommodation paper
— **pintado**: wallpaper
— **rayado**: ruled paper
— **redescontable**: (fin) eligible paper
— **representativo**: (Arg) paper money with metallic backing
— **rugoso**: corrugated paper
— **sábana**: scratch paper, sheet bond paper
— **salmado**: particle board
— **satinado**: glazed paper, calendered paper
— **sin estuco**: uncoated paper
— **sin satinar**: bond paper
— **tapiz**: (Mex) wallpaper
— **transparente**: glassine
— **vegetal**: tracing paper
— **vergé (vergueteado, verjurado)**: laid paper
— **y cartón**: paper and board
— **y útiles de oficina**: stationery
papeles de a bordo: ship's papers
— **de comercio**: commercial bills, commercial paper
— **mecánicos**: coarse papers, machine-made papers
— **valorados**: (Bol) stamped paper
papeleo: paperwork; red tape
papeleta: voting slip or paper; ballot; ticket, slip
papelógrafo: (Col) flip chart
papel-sobre: self-mailing stationery
paquete de acciones: block of shares
— **didáctico**: (ed) kit; training package
paquetería: notions shop
para abreviar: for short
— **(por) ampliar**: as a mere formality
— **caso de necesidad**: on a contingency basis
— **colmo**: to top it all
— **colmo de desfachatez**: to add insult to injury
— **decirlo con otras palabras**: (to put it) in other

PARACAIDAS PAREJA

　words
__ **el caso**: for that matter, for that purpose
__ **el fin indicado**: for the above-mentioned purpose
__ **ello**: in doing so, to that end
__ **empezar**: for openers, to begin with, for one thing
__ **entonces**: by then
__ **entregar a**: care of, c/o
__ **este fin**: with this aim, to this end
__ **estudio ulterior**: for further consideration
__ **fines pertinentes**: for your attention
__ **ilustrar**: for instance
__ **lo cual**: accordingly
__ **lo que yo quiero**: for my purpose
__ **los efectos consiguientes**: for appropriate action
__ **mayor brevedad**: for the sake of brevity, in short, to be brief, in a word
__ **mayor seguridad**: to be on the safe side
__ **mejor proveer, diligencias (providencias)**: proceedings to furnish additional evidence
__ **muchos**: in the judgment of many
__ **no decir más**: to put it mildly
__ **que conste (en acta)**: for the record
__ **resolver**: (leg) ready for decision
__ **(mayor) seguridad**: to be on the safe side, for safety's sake
__ **su decisión**: for action
__ **su gobierno**: for what it is worth, for your guidance, for your information
__ **su información**: for what it is worth, for your information
__ **todo fin**: for all purposes
__ **todo fin útil**: for all practical purposes; as thought fit; for your attention
paracaídas de oro (OPAS): golden parachutes
parada: stop; stoppage; outage (electricity); interruption; cattle fold or shed, stall for cattle
__ **-estancia**: stopover
__ **intermedia**: stopover
__ **vegetativa**: resting period (plant)
paradera: staked gill net
paradigma: model, example; pattern
parado: flat (market); laid off (personnel); on strike (workers); out of production (machine); in the doldrums (economy)
paraestatal: government controlled (body), quasi-official (institution), quasi-governmental
parafrasear: to explain, clarify, interpret (text)
parágrafo: (Col) special or additional article of a law; additional clause of a treaty, decree, etc
__ **único**: sole proviso, sole paragraph
paraíso impositivo (tributario): tax haven
paralelamente: concurrently, in parallel with, concomitant with, along with (the program), at the same time; hand in hand; in step with

paralelo: matching (contributions), alternative (medicine), free (market)
paralización: standstill, deadlock; stalemate (negotiations); shut-down, breakdown (services); stagnation; bringing to a standstill (business activities), interruption (trade), stoppage, outage
__ **de las actividades portuarias**: port tie-up
__ **del trabajo**: labor stoppage
paralizado: in the grip of (winter, strike), at a standstill, crippled (industry, economy)
paralizar: to bring to a standstill, cripple, immobilize
paramento: apron (dam); face of a wall (back or front); cladding; facing, stone facing
parámetros: bounds, limits; ambit; constants, determinants; factors; framework; criteria; terms of reference, benchmarks
__ **de acción**: guidelines
__ **de un estudio**: terms of reference
páramo: rough moorland, wild land
parangón: comparison; parallel
paraninfo: auditorium
parapeto: guardrail
parásito: (CR) squatter
parásitos: (comp) clutter
parcela: plot, lot; (agr) unit
__ **de espera**: holding ground (cattle)
__ **de exhibición**: (agr) demonstration plot
__ **de validación**: (agr) test plot
__ **testigo**: test plot, culture plot, check plot
parcelas y lotes: parcels and subdivisions
parcelación: real estate development; development of building land; land division; subdivision of a tract
__ **de latifundios**: breaking up of large estates
__ **excesiva de las explotaciones agrícolas**: fragmentation of holdings
parcelamiento: zoning
__ **, plan de**: plat (real estate)
parcha: (Mex) passion fruit
parcial: part (payment); (constr) progress (payment); one-sided (view); piecemeal (approach); patchwork (response); incomplete (information, data); interim (examination); mid-term (examinations), fragmentary (information), split (deliveries), part-time (activities), fractional
parcialidad: (fin) installment
parcializar: to break down (a problem into parts)
pardete: golden grey mullet
parear: to match, pair
parecer, al: to all appearances
pared extrema: end wall (of a container)
__ **medianera**: party wall (of a house)
pareja (conviviente): unmarried partner, cohabitant, domestic partner; (USA) significant other
parentesco por afinidad: relationship by marriage
paréntesis: aside, digression, interruption, break
__ **, en**: in round brackets

__ , **entre**: by the way, incidentally, by the by
pargo: red snapper; red porgy; sea bream
__ **amarillo**: yellow snapper
parián: (Mex) market
parición: calving
paridad: par value
__ **adquisitiva**: purchasing power parity
__ **cambiaria**: par of exchange
__ , **comité de**: bargaining committee
__ **de poder adquisitivo**: purchasing power parity
__ **del dinero**: purchasing power parity
__ **irregular**: broken cross-rate
__ **monetaria**: (Sp) mint par of exchange
__ **móvil**: crawling peg
__ **política**: (Arg) parity of exchange imposed by government intervention
__ , **por encima de**: above-par (values)
__ , **relación de**: parity
paridera: lambing pen
pariente más próximo: next of kin
parientes políticos: in-laws
__ **por primer grado de afinidad**: relatives to the first degree by (ties of) marriage
__ **por segundo grado de consanguinidad**: relatives to the second degree by blood
__ **sin afinidad**: step-relations
parihuela: litter, stretcher; (Per) pallet; (Ven) hand barrow, carrier
paro: stoppage (of work); standstill; shutdown; unemployment
__ **coyuntural**: (Sp) cyclical unemployment
__ **forzoso**: unemployment; layoff
__ **involuntario**: layoff
__ **irreductible**: frictional unemployment
__ **obrero**: unemployment; (Sp) layoff; (LA) strike
__ **patronal**: lockout
__ **tecnológico**: technological unemployment (due to rationalization or labor-saving measures)
parque: stock (vehicles, machinery, containers); yard (coal, ore); fleet (cars, ships, aircraft); (industrial) facilities, plant, capacity
__ **de coches**: vehicle fleet or pool
__ **de contenedores**: container yard
__ **de exposición**: exhibition grounds
__ **de extracción**: stock of logging material and equipment in a country
__ **de intemperie**: switchyard
__ **de maquinaria**: machinery pool
__ **de materiales**: (ot) equipment fleet (port)
__ **de tanques**: tankyard (petroleum stores)
__ **industrial**: industrial estate
__ **industrial de un país**: total physical stock of industrial machinery
__ **móvil**: automobiles and trucks
__ **tecnológico**: technology park
parquet: (Sp) (st ex) trading floor
párrafo introductorio: chapeau text; chapeau
parrón: (Chi) vine arbor

parroquiano: patron, customer, client
parte: (f) part (of a whole); share; party to a law suit, contract, etc
__ **actora**: (leg) plaintiff
__ **alícuota**: (equal) share
__ **civil**: (leg) claimant for criminal indemnification, claimant for civil injury
__ **conducente**: (Mex) the proper party, the authorized person
__ **considerativa**: whereas clauses (resolution)
__ **contraria**: adverse party
__ **dañada**: (leg) aggrieved party
__ , **de**: (leg) by one of the parties to the action
__ **de pesca**: fishing share paid to crew
__ **de refacción**: spare part
__ **de rotación**: course (one crop or fallow) in the rotation
__ **dispositiva**: operative part (resolution), substantive provisions (agreement); purview (law), enacting terms (statute); (leg) material part (of the pleadings); operative part (of a judgment)
__ **embargada**: (leg) (sometimes) garnishee
__ **expositiva**: preamble (resolution); (leg) explanatory statement
__ **integrante**: part and parcel
__ **interesada**: stakeholder (in a project); (leg) party in interest (e.g. in a bankruptcy proceeding); party at interest (in any legal proceeding)
__ **más diligente**: (leg) the first party to take action; the first mover
__ **motiva**: whereas clauses (of a law)
__ **o de oficio, de**: by request or on own initiative
__ , **por otra**: furthermore, besides, in addition (at beginning of a sentence or when standing alone); (+ *por una parte*) on the other hand
__ **principal del discurso**: body of the speech
__ **procesal**: (leg) party to a cause
__ **recurrida**: respondent; appellee
__ **remisa**: (leg) defaulting party
__ **resolutiva**: enacting part (resolution)
__ **social**: company share of a partner; partner's capital contribution (to limited company); partner's share
parte: (m) report
__ **de daño (pérdida)**: (ins) notice of claim
__ **de vuelo**: debriefing (aviation)
partes iguales, por: share and share alike
__ **nobles**: (Sp) (constr) public rooms, main rooms
__ **titulares de la acción**: parties to a suit
__ **y piezas**: parts and components
parteaguas: divide
partera empírica: lay midwife
partición voluntaria: (leg) free division (among heirs)
participación: taking part in, involvement in; share in, voice in, stake in (a planned project); attendance or presence at (meeting); partnership interest; ownership interest;

PARTICIPACION　　PARTIR

equity investment; investment in stock; (fin) shares, equities, equity investment; taking (acquiring, buying, purchasing) an equity interest, stake, position in (a company); buying into a company or investment fund
__ **accionaria**: stock ownership, shareholding
__ **activa**: working interest (in a business)
__ **ciudadana**: civic activism, community participation or involvement; input or voice (in a project)
__ **de, con**: that was attended by; in conjunction with
__ **del accionista**: shareholder's interest
__ **del concesionario**: working interest (oil, mineral)
__ **del Gobierno**: government involvement
__ **electoral**: voter turnout
__ **en acciones**: shareholding, stock ownership
__ **en cada uno de los vencimientos**: (fin) strip participation
__ **en comandita**: interest in limited partnership
__ **en el capital social**: equity financing or investment, equity ownership
__ **en el financiamiento de los costos**: burden sharing
__ **en inversiones inmobiliarias**: real estate equity
__ **en la carga**: burden sharing
__ **en la dirección de una empresa**: voice in the management of a company
__ **en las ganancias (utilidades) netas**: net profit interest (oil)
__ **en los beneficios**: wage dividend (workers), employee profit sharing
__ **en los gastos**: cost sharing
__ **en, tener**: to hold shares in
__ **en una sociedad colectiva**: partnership interest
__ **extranjera distinta de la participación en capital**: non-equity foreign involvement or interest
__ **mayoritaria**: controlling interest, majority holding, majority interest
__ **mercantil**: market share
__ **minoritaria**: minority interest, holding or stake
__ **pasiva**: carried interest (oil)
__ **patrimonial**: capital participation; equity investment, ownership, stake, interest, holding; proprietary interest
__ **proporcional**: (fin) funding prorata
__ **societaria**: equity investment, capital participation, stake, holding, proprietary interest
participaciones: shares, equities; (equity) holdings
__ **de dirección**: directors' percentages
__ **en bancos extranjeros**: holdings in foreign banks
__ **vendidas**: (fin) equity sales
participante de pleno derecho: full participant

__ **en un curso (programa) de capacitación**: trainee
participar: to participate, take part, share in; attend a meeting; inform, tell, notify
__ **en el capital social**: to supply share capital; take (purchase, secure, acquire) an equity stake or position in a company; buy into a company
__ **en un comité**: to serve on a committee
particular: special, peculiar (tastes); own (car); unusual, strange, uncommon (character); private (life, room, lesson); exceptional (interest)
particulares: *n* private sector workers
particularidades de un delito: subject-matter of an offense
particularizar: to itemize, specify, detail; to go into detail
particularmente: especially, in particular
partida: lot, batch, consignment, shipment; accounting item, entry; amount allotted, allotment; budget item, head, heading; certificate (birth, marriage, death); departure; start-up; (Chi) identifying number of tariff item (as opposed to a *glosa*)
__ **arancelaria**: tariff heading
__ **compensatoria**: (acct) balancing item, reconciling item
__ **de casamiento**: marriage certificate
__ **de defunción**: death certificate
__ **de gastos**: (acct) object of expenditure
__ **de memorando**: (acct) memorandum entry
__ **de mercancías**: shipment of goods, consignment of goods
__ **doble**: double entry (bookkeeping)
__ **extraordinaria**: extraordinary item (in income statement); below-the-line entry
__ **informativa**: (acct) memorandum item
__ **ordinaria**: above-the-line entry or item
__ **por contra**: balancing entry
__ **por memoria**: (acct) memorandum item
__ **presupuestaria**: budget appropriation, line item
__ **rememorativa**: memorandum item
__ **simple**: single entry (bookkeeping)
partidas: amounts allotted, earmarkings
__ **en aclaración**: (acct) suspense account
__ **a cobrar**: (bnk) collection items
partidario: (Ec) sharecropper
__ **de, ser**: to be a supporter, follower of; be in favor of, advocate, approve of
partido de, sacar: to profit by, take advantage of
__ **tomado**: set purpose
partidor: (irr) division box; (Chi) (elec) starter
partir de, a: ever since, beginning in; effective; counting from, as from, on and after; (sometimes) based on
partitura: (musical) score
parto de la oveja: yeaning
parva: (Arg) haystack; unthreshed wheat
parvada: flock (birds); (sometimes) band (sheep);

herd (pigs)
párvulo: toddler, infant (up to 2 years)
pasacasete: cassette deck
pasacinta: tape deck
__ **de magnetófono**: tape deck
pasada: run (of a machine)
pasadizo: catwalk, aisle
pasado: overripe (fruit); overcooked (pasta); sour, "off" (milk)
__ **por notario público**: witnessed by a notary public
pasaje: passage money, fare; ticket
__ , **índice de**: (ed) transition rate (from basic to secondary education)
pasamano: ship's rail, handrail
pasamontañas: balaclava (helmet), hood; ski mask
pasante: trainee; articled law clerk; (med) clinical clerk; (Mex) student who, having completed a professional course, is performing his social service; (ed) coaching teacher; (summer) intern
pasantía: any opportunity to gain hands-on experience or expert training; apprenticeship (trades); internship (usually junior staff or job candidates), developmental assignment; specialized training assignment; (senior staff, sometimes) secondment; traineeship, in-service training, clerkship, administrative internship
pasaporte de buque: ship's passport
__ **local**: (Mex) border pass
__ **marítimo**: sea letter
pasar: (acct) to post
__ **a**: to begin to
__ **a pérdidas y ganancias**: to expense, write off
__ **a un cuarto intermedio**: to recess a meeting
__ **de un precio**: to exceed a price
__ **el punto más bajo**: to bottom out (recession)
__ **lista de los miembros del jurado**: to array the jury
__ **los votos**: (Mex) to cast votes
__ **por alto**: (leg) to waive (formal arraignment)
__ **por alto una ocasión**: to pass up a chance
__ **una acta**: to draw up, execute a deed
pasarela: (comp) gateway
pasarse de: to be too, excessively, over (generous, etc)
pasas: raisins
__ **de Corinto**: currants
pasavante: sea letter, navicert; permit; permit for vessel to change berths in a port
pase: (acct) posting, entry; free (complimentary) ticket (to show, fair, etc)
__ **de anuncio publicitario**: (Sp) slot
__ **de asientos**: (acct) posting of entries
__ **de caja**: cashier's allowance; allowance for error
__ **de exportación temporal**: re-entry permit (customs)
__ **de importación temporal**: drawback (customs)

__ **de tránsito de mercancías**: transit permit
__ **financiero**: (Arg) (fin) swap
__ **lo que pase**: in any event, at all events
__ , **operaciones de**: swap operations (stock exchange)
pases al mayor: (acct) postings to ledger
paseo: jetty, footpath
pasividad: (Ur) pension; pensioners
__ **oficial**: (Arg) military pensioners
pasivo: *a* adverse, unfavorable, deficit (balance), borrowing (rate); pensioner (class); acquiescent (learning), passive (learning), reception (learning); *n* liabilities (balance sheet analysis); liabilities and net worth (balance sheet heading)
__ **a corto plazo**: short-term (current) liabilities
__ **a largo plazo**: long-term liabilities
__ **activo**: current liabilities
__ **acumulado**: accrued liabilities
__ **circulante**: current liabilities (less than 1 year)
__ **comercial**: trade liabilities
__ **computable**: admitted liabilities
__ **consolidado**: fixed or capital liabilities (more than 1 year)
__ **de la sucesión**: liabilities encumbering the estate
__ **eventual**: contingent liabilities
__ **exigible**: (acct) current liabilities; (bnk) demand deposits
__ **fijo**: capital liabilities
__ **flotante**: (com) unfunded liabilities (debt); floating debt (government)
__ **liquidado**: paid-up liabilities
__ **no exigible**: capital liabilities; capital and reserves
__ **patrimonial**: capital liabilities
__ **real**: current liabilities
__ **social**: company's liabilities
__ **transitorio**: unadjusted liabilities, accrued liabilities; (Chi) deferred liabilities
pasivos: (bnk) deposit liabilities, demand deposits
__ **imputables**: (Sp) affected liabilities
__ **monetarios**: currency liabilities
__ **transitorios**: pre-employment-age population (in a census)
paso a desnivel: grade separation (overhead or undergrade crossing)
__ **a la comisión**: referral to committee (meeting)
__ **a nivel**: grade crossing, level crossing, railroad crossing
__ , **abrir(se)**: to clear a way; make one's way (in life); triumph (truth)
__ **al pleno**: introduction (of a motion, resolution) to the floor (meeting)
__ **cubierto**: covered way (between buildings)
__ **de agua**: culvert
__ **elevado**: overpass, flyover
__ **inferior**: underpass
__ **inofensivo**: innocent passage

__ **previo a la elaboración**: groundwork for
__ **superior**: overpass
pasos: (fin) tranches (of a loan)
pasquín: anonymous letter
pasta de madera: wood pulp
__ **base (básica)**: coca(ine) paste
__ **mecánica**: groundwood pulp
__ **metálica**: bullion
pastas alimenticias: macaroni products
pastadero: feedlot
pasteca: snatch block, guide block
pasteurización instantánea: flash or flame pasteurization
__ **rápida**: flame pasteurization
pasticultura: grassland agriculture
pastillas para impacto: extrusion ingots
pastizal: pastureland, grassland, range
pastizales naturales: rough grazing
pasto: fodder; pastureland
__ **de corte**: hay pasture
pastos: pastureland; (Chi) weeds
__ **bastos**: rough (unimproved) grazing land
pastón: (Arg) batch
pastor: shepherd; (Arg) herder (cattle)
pastoreo: grazing, pasturing
__ **a campo abierto**: free-range grazing
__ **abusivo**: overgrazing, overstocking; (leg) trespass (i.e. grazing without permission)
__ **común**: rough grazing
__ **diferido**: deferred grazing
__ **irregular**: spot grazing
__ **manchoneado**: spot grazing
__ **migratorio**: migratory grazing
__ **rotacional**: pasture rotation, rotational grazing
__ **selectivo**: class grazing
__ **sectorial**: spot grazing
pastura arbustiva: brush pasture
__ **en bosques talados**: stump pasture
pata de cabra: crowbar
__ **trasera**: abdominal leg (animal)
patas de aparcamiento: landing gear (semitrailer)
patente: permit, license, authorization; business tax; ship's pass; patent (invention); (Chi) motor vehicle license plate
__ **al día**: valid license
__ **de capitán**: (ot) master's certificate
__ **de corso**: letters of marque
__ **de giro**: business license
__ **de marina**: sea letter
__ **de nacimiento**: birth certificate
__ **de navegación**: ship's passport, ship's registration papers
__ **de oficial**: commission
__ **de sanidad**: ship's bill of health
__ **original (primitiva)**: basic patent
patentes fiscales, impuesto sobre: stamped paper tax
__ **y licencias**: business and professional licenses

patentizar: to reveal, clearly show, offer clear evidence of
paternidad putativa: statistical parenthood
patihendido: cloven-hoofed
patilla: slip, cutting (plant)
patín: skid (on container); runner (container)
patinaje de los salarios: wage drift
patio: storage yard; (Mex) tenement
__ **de clasificación**: (rr) marshaling yard, switching yard
__ **de conexiones**: (elec) switchyard
__ **de corte**: (elec) switchyard
__ **de interruptores**: (elec) switchyard
__ **de maniobras**: (rr) marshaling yard, switching yard
__ **de mufas**: (Chi) (elec) high-voltage cable switchyard
__ **de recreo**: (ed) playground
__ **de secado**: lumber yard
__ **de tanques**: tank farm
patos de cría: farm-bred ducks
patología prevalente: disease pattern
patria potestad: parental authority, authority over children
patrimonial *a* equity (base), capital (assets)
patrimonio: (acct, fin) owner's equity; proprietorship or proprietary capital; (shareholders', stockholders') equity; net worth; (corporate) assets; (fig) birthright, heritage, inheritance; (national) treasures
__ **ambiental**: environmental assets, environmental heritage
__ **costero**: coastal commons
__ **de la humanidad**: world heritage
__ **de la nación**: public domain
__ **de la sociedad**: partnership assets
__ **de las Naciones Unidas**: assets of the United Nations
__ **de recursos naturales**: natural resource endowment
__ **de viviendas**: housing stock
__ **forestal**: forest wealth
__ **forestal del Estado**: state forests; (UK) Crown forests
__ **inmobiliario**: housing stock
__ **líquido**: net worth; equity
__ **marcario**: trade mark rights, fund of proprietary brands
__ **monumental**: monumental heritage; a country's monuments
__ **nacional**: national wealth
__ **natural**: natural resource endowment
__ **neto**: (acct, fin) owner's equity; proprietorship or proprietary capital; (shareholders', stockholders') equity; net worth; (corporate) assets
__ **propio**: equity capital
__ **real**: (UK) Crown lands
__ **social**: equity capital; corporate assets
__ **universal**: global commons
patrocinar: to favor, sponsor, protect, defend; adopt (project); (Chi, Arg) represent at law

patrocinio: sponsorship; adoption (project) (donor earmarks contribution for specific purposes)
__ **letrado**: legal advice and representation
patrón: (paper) pattern; standard, norm; boss, employer; plant prop; stock, rootstock (grafting); skipper, captain; (production) model
__ **de estarcir**: stencil
__ **de gastos**: expenditure pattern
__ **de injerto**: (agr) rootstock
__ **de pesca**: captain of a fishing boat; master seaman
__ **de referencia**: benchmark
__ **de riesgo de volatilidad**: (fin) yardstick for interest rate risk
__ **para estarcir**: stencil
patronato: patronage, sponsorship; board (of trustees); welfare foundation or (charitable) institution; (ed) parent-teacher association
__ **para menores**: child-welfare agency
patronización: standardization
patrulla: gang, squad, crew
patudo: big-eyed tuna
paulatinamente: slowly, gradually, by degrees, steadily
pausa: interruption (of an activity); (coffee) break; interval; (fig) breathing spell
pauta: rule, standard, criterion, pattern, model, guideline
__ **cronológica**: time pattern
__ **, dar la**: to set the pace
__ **de consumo**: consumption pattern (items of consumption)
__ **de dosificación**: dosage schedule
__ **de vacunaciones**: immunization schedule
pautas de alimentación: feeding methods
__ **generales**: guidelines
pavesa: ember
pavimento desgastado: ravel, raveling
paz social: freedom from social unrest
__ **y salvo**: (Col) tax clearance certificate
__ **y salvo, a**: under no indebtedness (to a bank); paid-up
peaje: (elec) usage charge
pececillo: fingerling
pechar: to pay taxes
pecio: flotsam, wreckage
pecios: goods salvaged
pécora: a sheep; sheep's carcass
pecticultura: scallop breeding
pecuario: livestock
peculiar: characteristic of, peculiar to, distinctive
peculio: private resources; private money, one's own money, one's own private purse
pedagogía del conocimiento: mastery learning
__ **experimental**: experimental education
__ **y didáctica**: theory and practice of teaching
pedagogo: educator
pedante: self-important, pompous
pedernal: silex, flint

pedido de entrega de suministros: supply call-forward
__ **de fondos**: cash call-forward
__ **de prueba**: (com) trial order
__ **no despachado**: unfilled order
__ **único**: non-repeat order
__ **válido hasta nuevo aviso**: evergreen order: (commodity exchange), good-till-canceled (GTC) order
pedidor: (Chi) customs appraiser
pedimento: (leg) request, petition
__ **aduanero**: (Ec) customs declaration
__ **de exportación**: (Mex) export declaration
__ **de importación**: (Mex) customs declaration
__ **minero**: (Chi) (min) prospecting license
__ **para declaración sin lugar**: (leg) motion to dismiss
pedir: (leg) to apply for, petition for, request
__ **el parecer de la asamblea**: to take the sense of the meeting
__ **fondos del presupuesto**: to apply for appropriation (budget)
pedología: soil science
pedraplén: riprap
pedreguilla: gravel, coarse aggregate
pegujal: small holding
pegunta: pitch mark on sheep
pehuén: Chilean pine
peinados: (wool) tops
pejegallo: (Chi) elephant fish; ratfish
pejerrey: silverside, Argentine, silversmelt
pejibaye: (Per) peach palm; palm heart
peladilla: anchovy; (Per) fish under 12 cm
pelecha: molting (chickens)
película: film; thin layer, coating; motion picture
__ **aceitosa**: oil slick
__ **de largo metraje**: feature film
__ **de (proyección) fija**: filmstrip
__ **dosimétrica**: film badge (radiation)
__ **en blanco**: film stock
__ **muda**: silent film
__ **oleosa**: oil slick
__ **sonora**: talkie
peligro en mora: (leg) danger in delay (*periculum in mora*)
pelma: old coco-yam, dasheen, taro
pelo de choclo: silk
__ **de pesca**: fishing line
__ **lanudo**: shag
pelotear: (LA) to audit accounts
pella: pellet
pena aflictiva: punishment involving death, personal restraint or penal servitude
__ **capital**: death penalty, sentence of death; capital punishment
__ **corporal**: punishment inflicted on the body, including imprisonment (as opposed to pecuniary punishment, i.e. a fine)
__ **divisible**: (leg) graded penalty, graduated penalty

__ **indivisible**: (leg) indivisible penalty
__ **infamante**: degrading, ignominious punishment; penalty involving loss of civil rights
__ **privativa de libertad**: penalty involving personal restraint; imprisonment
__ **subsidiaria**: alternative punishment
penas accesorias: accessory penalties (usually loss of civil rights)
__ **convencionales**: contractual penalties
__ **divisibles**: (leg) graded penalties
penacho: plume
penalidades: (com) liquidated damages (contract)
penca: fleshy leaf (of a plant)
pendiente: *n* slope; steepness (of a curve); *a* pending (problems); awaiting a solution; unfinished (business), outstanding (debt)
__ **general**: (min) average hade
penetración: insight, shrewdness, acumen, acuteness (of mind)
__ **de mercado**: market share
penetrante: probing, insightful, piercing, discerning
penetrar: to penetrate; fathom, comprehend
__ **en el mercado**: to break into, penetrate, obtain a foothold in market, gain a share of the market
__ **un mercado**: to tap a market
penicilina de absorción lenta: (med) long-acting (repository) penicillin
pensándolo bien (mejor): taking everything into account, on second thought(s), come to think of it
pensión: (ed) boarding facilities
__ **alimenticia (alimentaria)**: alimony (after divorce); support (of children or under separation order); maintenance (payments)
__ **completa**: room and board
__ **pasiva**: (Sp) State pension
__ **por orfandad**: benefit(s) to surviving children
__ **por viudez**: pension to surviving spouse
pensiones en curso de pago: pensions in award
pensionista: private patient (hospital)
pensum: (ed) curriculum
penuria: shortage, scarcity, lack, dearth
__ **de crédito**: credit stringency, credit squeeze, tightness of credit
peón: (unskilled) laborer
__ **caminero**: road mender; lengthman (road)
__ **de albañil**: hodcarrier
pepena: scavenging
pepenadores: (Mex) trash pickers
pepino dulce: (Chi) melon pear
pepita: (min) nugget
pepitonas: arkshells (mollusks)
pequeña empresa: small-scale enterprise, small business
__ **industria**: small-scale industry
peralte: superelevation (highway), camber, banking (road)
peraña: (Col) paddy rice
perca de mar: grouper, sea bass

__ **negra**: black bass
percance: setback, mishap, misfortune; (ins) loss, damage
percepción: (Sp) collection, receipt
__ **de un impuesto**: levying of a duty (customs)
__ **remota**: remote sensing
percepciones: (acct) receipts; (Sp) revenues, receipts, collections
percibir: to perceive, discern; receive (salary, dividend); take in (revenue), collect (taxes), receive (subsidy)
__ **un impuesto**: to collect a tax
percolación: trickle, trickling, seepage
__ **inferior**: (Chi) underseepage
percolado: seepage
perder: to let slip, let go by (opportunity); waste, give up, pass up (chance); forfeit, give up (right)
pérdida cambiaria: exchange discount
__ **consuntiva**: (irr) consumptive waste
__ **contable**: book loss
__ **de arrastre**: accumulated loss
__ **de eficiencia**: deadweight loss (taxation), efficiency loss
__ **de un derecho**: (leg) forfeiture of a right
__ **efectiva**: direct loss
__ **por incumplimiento**: (leg) forfeiture
__ **total virtual**: (ins) constructive total loss (ship)
__ **trasladable a ejercicios anteriores**: carryback
__ **trasladable a ejercicios posteriores**: carryover
__ **vegetal**: attrition
pérdidas de conducción: conveyance line losses (water)
__ **de crédito**: leakages
__ **de riego**: conveyance losses
__ **efectivas**: (ins) experience losses; loss experience
__ **negras**: (elec) unbilled energy, lost and unaccounted for
__ **patrimoniales**: equity losses
__ **sustanciales de reservas**: hemorrhage of reserves
__ **técnicas y no técnicas**: (elec) system and non-system losses
perdón de una deuda: remission of a debt
perdonar una deuda: to remit a debt
peregrino: strange, peculiar, out-of-the way, esoteric
perentorio: absolute (necessity); urgent, pressing (need); final (deadline); (leg) not admitting of delay, question or reconsideration; decisive (condition); strict (time limit)
perfeccionamiento: improvement, further development (method); upgrading (skill); refinement (approach); advanced or further training (as opposed to basic training); (staff) development, in-service training, refresher training; (ed) refresher education; skills improvement;

PERFECCIONAR

    (leg) execution (contract); processing (goods); adding value to goods
__ **activo**: inward processing; temporary entry of goods for further processing; duty deferral program or arrangement
__ **de productos**: product development
__ **del personal directivo**: management development
__ **profesional**: career development
__ **y acabado para la reexportación**: (Sp) processing for reexport
perfeccionar: to refine (methods), improve (skills), upgrade (services), develop (staff); brush up (knowledge), optimize (methods), (econ) add value to goods; (leg) conclude (treaty, contract); perfect (bring into line with legal requirements); execute a document (i.e. sign and deliver); hone, refresh (skills)
__ **un contrato**: to execute a contract
perfil: profile, outline, silhouette; skyline; section, cross section, view; feature, characteristics; pattern (income distribution); (psychological) make-up; section (iron); configuration (highway), log (drilling)
__ **de carrera**: career stream, career pattern
__ **de la hoja**: outline of the leaf
__ **de los participantes**: clientele analysis (training/continuing education)
__ **de vencimiento**: maturity profile
__ **del puesto**: job specifications
__ **edafológico**: soil profile
__ **esquemático**: diagrammatic section
perfiles de acero: steel shapes
__ **de hierro**: iron shapes
__ **de PVC**: PVC shapes and angles
__ **estructurales**: structural shapes, sections
__ **laminados**: shapes, angles, and sections
perfilación: coring (drilling)
perfilado: well-defined, well-shaped, clearly defined; *n* grading (road)
__ **, corrección de**: shape correction (road)
perfiladura: blading (roads)
perfilar: to outline, shape, give character to, put finishing touches on
perfilarse: to take shape (plan, possibilities); evolve (goals); stand out; become prominent; appear, emerge
perforación: drilling; borehole
__ **a disparos**: gun perforation (oil)
__ **a percusión**: cable-tool drilling, churn drilling
__ **de avance**: pilot borehole
__ **de descarte**: cross drilling
__ **de explotación**: development drilling
__ **de tierras**: (Mex) earthmoving
__ **en seco**: dry bore
__ **exploratoria**: coring; wildcat drilling
__ **submarina**: offshore drilling
perforaciones desviadas: directional drillings (oil)
perforadora: drill (oil); key punch

PERIODO

__ **de cable**: drill rig (cable tool)
__ **de percusión**: cable percussion rig
__ **de realces**: (min) stoper
__ **neumática**: drill rig (air hammer)
__ **neumática de percusión**: drill rig (down-the-hole)
__ **rotativa**: drill rig (rotary)
pergamino: (ed) diploma, (USA) sheepskin; scroll (United Nations staff awards)
pergeñar: to sketch out, rough out (design); prepare (test), compose (article)
pericia: skill; expertise, know-how
__ **de ventas**: salesmanship
periferia: outer boundary; outskirts (town)
__ **urbana**: fringe areas
periférico: outpost (laboratories), outlying, fringe (areas), outreach (services); (sometimes) municipal, provincial (agencies)
perifonear: to radiobroadcast
perímetro: perimeter; zone, district
__ **irrigado**: irrigated belt, irrigated district
__ **regable**: irrigation area
periódicamente: from time to time; on a regular basis
periodicidad de la presentación de informes: reporting schedule; schedule of reports
__ **de mantenimiento**: maintenance schedule
periódico: *a* recurrent (at regular intervals); scheduled (maintenance); regular (inspection, maintenance); time-to-time (studies); recurring (fever); *n* newspaper
periodificación: (acct) time period adjustment
__ **, principio de**: (acct) accrual principle, periodicity concept
__ **(temporal) de productos y costes**: (Sp) revenue and cost accruals
periodismo: journalism
período afecto: (leg) suspect period (bankruptcy)
__ **complementario**: follow-up period
__ **de afiliación**: contributory service (pension fund)
__ **de ajuste económico**: breathing spell
__ **de amortización (total)**: repayment period, repayment term, payback period (loan); depreciation period (of an asset); life-span; useful life (of an asset)
__ **de aplicación**: contributory service (social security)
__ **de carencia**: safety period (insecticides), waiting period (insurance, unemployment benefits); qualifying period, grace period
__ **de cierre**: down time
__ **de deliberaciones**: cooling-off period
__ **de devolución**: repayment period, repayment term, payback period (loan)
__ **de disponibilidad de un crédito**: (Sp) drawdown period
__ **de estancamiento**: cooling of the economy
__ **de exigibilidad**: maturity period; period in respect of which (a levy) is payable
__ **de franquicia**: (ot) free-time storage

PERIODOS

__ de gestación de un proyecto: lead time
__ de inactividad: slack period
__ de licencia: block release (work-study program)
__ de liquidación: liquidation period (annuity, Customs, government grant, partnership); (UK) Account (stock exchange)
__ de maduración de un proyecto: lead time
__ de mandato: term of office, incumbency
__ de no disponibilidad: (comp) down time
__ de recuperación: (Sp) upswing (economy)
__ de recuperación de la inversión: payback period; repayment period; pay-off period
__ de servicio: tour of duty
__ de sesiones: session
__ de tiempo: time frame, interval
__ de utilización: availability period (credit)
__ ejecutivo: term of office
__ escalonado: overlapping period
__ estatutario: (Arg) term of office
__ homólogo: corresponding period
__ impositivo: assessment period
__ lectivo: (ed) academic term
__ necesario para la recuperación de las inversiones de capital: pay-out period; payback period, pay-off period
__ normal: (elec, transp) off-peak period
__ postemisión: after market (bonds)
__ retribuido: leave with pay
__ vegetativo: growth period (plant), growing season
períodos flexibles: flexible time bands
peritaje: expert appraisal
perito: a qualified (accountant, electrician, etc); n expert, technician, skilled workman; (Sp) (ed) expert (title given by trade or vocational school, usually represents 2-3 years of study beyond elementary school); technical college graduate; resource man
__ agrónomo: agricultural technician; (Ven) agricultural extension worker
__ contador: qualified accountant
__ electricista: qualified electrician
__ nato: (leg) honorary expert
perjudicado: a negatively affected
perjudicar: to harm, injure (chances, reputation, trade); adversely affect; impair, do a disservice to; damage (reputation), affect (someone's interests)
__ gravemente: to have a pernicious effect on (families and children)
perjudicial: harmful (to security of State), detrimental, injurious
perjuicio: damage, harm; (financial) loss; setback (market)
__ de capital: capital impairment
__ de, en: to the detriment of
__ de (que), sin: (+ noun) notwithstanding; (+ clause) even though
__ económico: (ins) material loss
__ patrimonial: impairment of resources

PERSONA

perjuicios incurridos: (Mex) (leg) liquidated damages
permanencia (en el cargo): tenure (personnel)
permanente: fast (colors); continuing or life-long (education); regular (staff); standing (committee); on-going (programs); resident (population); full-time (employees); sustained (irrigation); lasting (basis, interest); abiding (interest), continuing (effectiveness), fixed (assets), recurrent (taxes), perpetual (inventory), all-day (service)
permisivo: liberal, generous (leave system), permissive (attitude)
permiso: permission; permit; license; leave
__ de aprovechamiento: (for) felling permit
__ de cala: (Sp) sampling permit
__ de desmonte: (for) felling permit
__ de despacho: (ot) shipping permit
__ de embarque: loading permit
__ de formación: (ed) study leave
__ de frecuencia: (aero) frequency clearance
__ de movilización: (ot) shipping permit
__ de navegación: ship's passport, sea letter
__ de vuelo: flight clearance
permitir: (+ infinitive) to make it possible to; allow, enable, pave the way for, open the door for (to); (+ noun) permit, allow; make for (better income distribution);
permitirse (me permito): I venture to say, may I say
__ (nos permitimos): we beg to, we would like to; we take the liberty to
permuta: barter
__ de valores: (fin) swap
permutación de una prestación: commutation of a benefit
permutar: to commute (pension)
pernos y tuercas: bolts and nuts
Perogrullo, verdad de: truism
perro de ciego: guide dog
__ doméstico: owned dog
persecución: pursuit, chase; follow-up; tracking (radar); hot pursuit (ship)
__ de ideas: witch-hunt
perseverancia: (ed) persistence (opposite of dropping out)
perseverar: to stick to; persist in; continue to
persiana: louver, shutter
persistencia: continued existence; (for) sustained yield
persistir: to persist in, adhere to (decision), step up (efforts), stick to (principles); stand by, (principle, decision); (v/i) continue, endure, remain
__ en sus deposiciones: (leg) to maintain one's statements
persona a cargo: dependent
__ civil: (leg) artificial person
__ confinada: home-bound person
__ de arraigo: (Arg) person of property, of substance; influential person

- __ **de derecho internacional**: person under international law, having juridical status under international law
- __ **de derecho privado**: artificial person (organized for private purposes, e.g. corporation)
- __ **de derecho público**: institution of public law; (leg) artificial person (organized for public purposes, e.g. municipality)
- __ **de existencia ideal**: (leg) juridical person, body corporate, juristic person
- __ **de existencia visible**: natural person
- __ **desalojada**: displaced person
- __ **entrevistada**: informant (survey); respondent (census, survey)
- __ **física**: natural person, individual
- __ **ideal**: : (leg) juridical person, body corporate, juristic person
- __ **ilegítima**: person not legally qualified
- __ **informada**: "insider"
- __ **jurídica**: (leg) artificial person, juridical person, juristic person, legal entity, body corporate, corporation, company
- __ **jurística de derecho privado**: juristic person at private law
- __ **moral**: (leg) legal person, body corporate
- __ **moral de derecho público**: (leg) legal person governed by public law
- __ **privada de derecho público**: quasi-public corporation
- __ **pública**: public corporation
- __ **social**: (leg) legal entity, body corporate

personas de edad avanzada: senior citizens
- __ **de mejor excepción**: prominent persons
- __ **físicas y jurídicas**: individuals and legal entities

personación del demandado: (leg) entering of appearance by defendant

personaje: important person, celebrity, "big shot", "big man"; character in a play, novel

personal: *a* (st) per capita; *n* staff, personnel
- __ **adscrito**: seconded staff
- __ **asesor**: staff personnel
- __ **auxiliar**: ancillary staff, support staff
- __ **bivalente (bifuncional)**: dual workers
- __ **de alta dirección**: chief executives
- __ **de computadores**: liveware; computer system programmers, analysts, operators and administrators
- __ **de dirección**: executive personnel
- __ **de ejecución**: implementing staff, field personnel
- __ **de encuestas**: enumerators
- __ **de extensión**: extension or outreach workers
- __ **de operaciones**: line staff
- __ **de planta**: regular, permanent staff
- __ **de sala**: (med) ward staff (hospital)
- __ **directivo**: senior staff; line management
- __ **dirigente y mandos intermedios**: executives and supervisory staff (supervisors)
- __ **ejecutivo (de operaciones)**: line staff
- __ **ejecutor**: implementing staff, field staff
- __ **empírico**: lay personnel
- __ **en comisión de servicio**: seconded staff
- __ **en reserva**: stand-by personnel
- __ **especializado**: (Sp) semi-skilled personnel
- __ **fuera de la sede**: outposted staff, field staff
- __ **homólogo**: counterpart personnel
- __ **laborante**: (Hond) implementing staff
- __ **operativo**: line staff
- __ **paradocente**: (ed) paraprofessional school personnel
- __ **paramédico**: allied health personnel
- __ **técnico**: substantive staff (international and government agencies); technical staff, technical officers
- __ **titulado**: professional staff

personalidad: (leg) legal status, legal capacity; right to represent others, right of representation; eminent person
- __ **jurídica**: right to recognition as a person before the law
- __ **jurídica, con**: (com) incorporated; having legal status
- __ **jurídica de una sociedad**: existence as a legal entity, corporate existence
- __ **nacional**: national identity
- __ **procesal**: (leg) capacity to sue and be sued

personalidades ilustres: VIPs

personalismo: caudillo-type leadership

personarse: (leg) to enter an appearance

personería: (leg) legal status, legal capacity (to represent another); right of representation

personero: (official) representative, attorney (in fact); (sometimes) community headman

personificación: embodiment

perspectiva: outlook; prospects; vista; view; promise (of low-cost coverage)
- __ **cronológica**: time horizon
- __ **de la inversión**: (fin) investment horizon
- __ **, en**: in the offing
- __ **inmediata**: short-term prospects

perspectivas de cosecha: crop (harvest) prospects
- __ **de rentabilidad**: bankability (project)
- __ **matemáticas**: actuarial expectations

persuasiones: inducements

persuasivo: cogent (argument)

pertenecer a: to be vested in (rights)
- __ **en propiedad**: to have title to

pertenencia: mining claim, mining concession

pertenencias: (leg) appurtenances

pértiga: rod, stick, pole, boom; post (tree)

pertinencia: relevance, appositeness; (leg) appropriateness (of evidence)

pertinente: relevant; opportune, apt, appropriate, wise (decision), applicable (standards)

pertrechos: ship's stores

perturbación: disturbance, disruption (market)
- __ **aleatoria**: random shock
- __ **del orden público**: disorderly conduct, breach of the peace
- __ **endógena**: endogenous shock

perturbaciones del medio ambiente: nuisances;

PERTURBACIONES   PEZ

environmental stress
__ **económicas**: (Sp) economic dislocations
perturbar: to disrupt, upset, perturb
pesadez de cartera: arrears; non-performing assets; problem loans
pesca: fishing, fishery, fisheries, harvesting (of the seas); catch, haul; capture fishery, harvest fishing
__ **a la cacea**: trolling
__ **a la curricán**: trolling
__ **a la pareja**: pair trawling
__ **a luz artificial**: lamplight fishing
__ **acompañante**: by-catch
__ **al encandilado**: lamplight fishing
__ **al lanzado**: casting
__ **al robo**: dapping
__ **artesanal**: artesanal fishing, small-scale fishing, non-industrial fishing
__ **con almadraba**: trap fishing
__ **con espinel**: long-line fishing
__ **con gusano**: worm-fishing
__ **con nasa**: trap fishing
__ **con palangres**: long-line fishing
__ **con red barredera**: trawling
__ **con redes de parada**: stake net fishing
__ **con redes largas**: long-line fishing
__ **continental**: inland fisheries
__ **costera**: in-shore fisheries
__ **de altura**: deep-sea fishing, off-shore fisheries
__ **de altura y de bajura**: ocean and coastal fishing
__ **de arrastre**: trolling
__ **de bajura**: in-shore fishing
__ **de distancia**: distant-waters fishing, high-seas fishing
__ **de enmalla**: trammel fishing
__ **de enmalla y de deriva**: drift net fishing, driftnetting
__ **de gran altura**: high-seas fishing
__ **dirigida**: targeted fishing
__ **en almadraba**: trap fishing
__ **en nasa**: trap fishing
__ **excesiva**: overfishing
__ **fantasma**: ghost fishing
__ **fluvial**: inland fishery
__ **furtiva**: poaching
__ **marítima en el litoral**: coastal fishing, near-shore fishing
__ **negra**: (Per) irregular sale of fish (i.e. reporting of anchoveta catches under another name, e.g. as sardines)
__ **por enmalla**: gill fishing
__ **profesional**: commercial fishing
__ **selectiva**: differential harvesting
pescada (fojete): hake
pescadería: fish market
pescadilla: (striped) weakfish; whiting; sea trout
pescado de consumo: table fish
__ **de escama**: scale fish
__ **de fondo**: groundfish
__ **en verde**: green fish (i.e., unsalted)

__ **entero**: round fish
__ **magro**: low-fat fish
__ **seco no salado**: stockfish
pescante para botes: davit
pesebre: (agr) rack, manger, crib
__ **, a**: (USA) dry-lot; (UK) yard-fed
peso: (fig) weight, impact, influence; burden (of adjustment), strain (on balance of payments); (Bol) (leg) court judgment, ruling, decision; sentence
__ **de descarga**: landed weight
__ **de la ley, con todo el**: to the full extent of the law
__ **de ley**: standard weight
__ **en canal**: carcass weight
__ **en carga**: (ot) laden weight
__ **en destino**: landed weight (sugar)
__ **en limpio**: dressed weight (beef)
__ **en origen**: shipping weight
__ **en vivo**: live weight (meat)
__ **escurrido**: drained weight
__ **medio, de**: handy weight (meat)
__ **muerto**: slaughtering weight; (ot) forfeit freight; (transp) tare weight; deadweight tonnage
__ **neto**: dressed weight (meat)
__ **vivo de ganado por hectárea**: stocking rate
__ **y ley (de un signo monetario)**: weight and fineness (of a unit of currency)
pesquerías costeras: in-shore fisheries
__ **de altura**: off-shore fisheries
pesquero: catcher vessel (fishing)
pestaña: tab
peste bovina: rinderpest
__ **porcina**: hog cholera
petate: (DR) bagasse
petición: petition, application, request; (leg) motion; claim
__ **de exequátur**: application for leave to enforce (to issue execution of) a foreign judgment
__ **de indemnificación**: (leg) claim for compensation
__ **de parte, a**: acting upon a petition by one of the parties (as opposed to *de oficio*)
__ **de principio**: begging the question
petitoria: request; petition
petitorio: (leg) that part of a complaint or answer that sets forth legal claims
petrolear: to bunker (oil)
petróleo combustible: fuel oil
__ **fuera de la costa (mar adentro, submarino)**: off-shore oil
__ **residual**: fuel oil
petrolero: tanker (oil)
petrolizado: tarred (road surface)
pez bentónico: bottom-living fish, bottom-dwelling fish
__ **de limón**: amberjack, yellowtail flounder
__ **de plata**: Argentine, silver smelt
__ **de un año**: yearling
__ **demersal**: bottom-living fish

__ **gato**: bullhead; American catfish
__ **magro**: lean fish, non-fat fish
__ **perrito**: (USA) desert pupfish
__ **sable**: cutlass fish
__ **sin raspa**: boneless fish
peces bastos: rough fish, coarse fish
__ **comestibles**: food fish
__ **de acompañamiento**: secondary fish, by-catch
__ **de acuario**: ornamental fish
__ **de poco valor**: rough fish
__ **juveniles**: recruits
__ **marcados**: tagged fish
__ **no comestibles**: coarse fish
pián: (med) yaws
piara: herd (swine, horses), band of sheep
PIB global: aggregate GDP
PIB nominal: money GDP (gross domestic product); nominal GDP
pica: (Ec) trail
picada: path, trail; (Arg) line of stakes, ford; survey line (road); cast, melt, tap (steel)
picaduras: smoking tobacco, shag
picana eléctrica: cattle prod
picar: to cut (stencils)
picea: spruce
pichihuén: (Chi) type of seaweed
pichipén: (Ven) pitch pine
pico: (st ex) odd lot (less than 100 shares, stock trading)
picón: broken rice, brokens
picudo: (agr) boll-weevil
pie: foot; down payment; tree; (Mex) layered branch
__ **a, dar**: to lead to, give rise to, result in, provoke, prompt
__ **de foto**: caption
__ **de igualdad, en**: on a par with, on an equal footing, on a level playing field
__ **de imprenta**: imprint (document)
__ **de la fábrica, al**: ex works, cost price
__ **de la letra, al**: exactly, literally
__ **de la obra, al**: delivered to work site, on site
__ **derecho**: stud, stanchion
__ **, en**: on the hoof (animals); live (poultry); standing (timber); growing, unharvested (crops)
__ **joven**: pole (tree)
__ **llano, a**: easily, without impediment
__ **maderero**: board foot
pies comerciables: merchantable timber
__ **de cría**: foundation stock (cattle), seedstock (animals), breeding herds; (for) breeding stock
__ **de cuba**: sediment of the vat (winemaking)
__ **forzados**: constraints
piedra angular: (fig) cornerstone
__ **calcaria**: limestone
__ **de toque**: criterion, standard, touchstone
__ **laja**: flagstone
__ **miliaria**: milestone
__ **volcánica**: tuff

piedras petrolíferas: oil shale
piedraplén: rockfish
piel: furbearing hide; skin, pelt, fur
__ **y grasa de los animales sacrificados**: fifth quarter (hide and fat)
pienso: fodder, animal feed; dry feed
piensos almacenados: silage
__ **concentrados**: feed concentrates
pieza contable: financial statement
__ **colada**: casting
__ **de fundición**: casting
__ **en tosco**: blank (copper)
__ **fundida**: casting
__ **fundida a troquel**: (ind) die-casting
piezas de convicción: material evidence, exhibits (in criminal cases), objects produced in evidence
__ **de cría**: served cows, wet cows
__ **sueltas**: spare parts
pignorable: acceptable as collateral, eligible as collateral
pignoración: pledge; collateral; security held as collateral (pledge)
__ **de efectos y mercancías**: pledging
pignorar: to mortgage stock or other securities
pignorativo (pignoraticio): secured (credit)
pila: wool clip
__ **de combustible**: fuel cell
__ **de puente**: pier of a bridge
__ **electroquímica de combustión**: fuel cell
pilada de secado: scove clamp, scotch kiln (brickmaking)
pilado de arroz: rice milling
piladora de arroz: rice mill
pilar: to hull (rice) (by pounding); *n* mainstay (of the economy)
píldora envenenada (OPAS): poison pill
pileta: (Arg) swimming pool
pillaje: pilferage
pilón: (Chi) standpipe; community tap
pimiento fresco: green pepper
__ **morrón**: bell pepper, sweet pepper
pimpollo: (for) sapling, (agr) plant
pino insigne: (Chi) Monterey pine
__ **Oregón**: Douglas fir
__ **Paraná**: Brazilian pine
__ **radiata**: Monterey pine
__ **rizado**: pitch pine
__ **silvestre**: Scotch pine
__ **taeda**: (Arg) loblolly pine
__ **tea**: yellow pine
pinto: parr (young salmon before it enters salt water); smolt (young salmon when it first descends to the sea 1-2 years)
pintura al temple: distempering
__ **antivegetativa**: anti-fouling paint
piñón: (Chi) herd
pipa: hogshead
pipirigallo: sainfoin
pique: (min) vertical shaft
__ **de extracción**: extraction shaft

PIPA   PLANCHA

__ **de máquina**: (min) machine shaft
__ **de presión**: (hydr) penstock
__ **de traspaso**: (min) drift; transfer raise
__ **horizontal**: (min) drift
piquete: post; stake; survey pole; plug (topography)
piquetear: to peg out (surveying)
pirámide de edades: population pyramid, age distribution
__ **demográfica**: population pyramid, age distribution
__ **jurídica**: (leg) the whole body of law; hierarchy of positive law
pirata: (com) hacker; (sometimes) cracker
piratería de programas: (comp) bootlegging
pirca: (Arg) stone wall, dry wall
pirquén: mining concession whereby the user pays the owner a stipulated fee (tribute) for unrestricted mining rights
pirquenería: "coyoting" (mining)
pirquinero: tributer; (Bol) placer miner
piscicultura: fish breeding or culture
__ **agrícola**: fish farming
piscifactoría: hatchery, fish breeding station
piscina: fish pond; paddy field; (Sp) swimming pool
pisco: (grape) marc wine
piso de remate: (Mex) (st ex) trading floor
__ **del valle**: bottom of the valley
__ **inferior**: (for) understorey
__ **superior**: (for) overstorey
pisoteo de los arrozales: puddling of rice fields
pista de aterrizaje: landing strip
__ **de rodamiento**: wearing surface
__ **iluminada**: flare path
pistola: lance (of sprayer)
pita: century plant; pita; (Ec) cord, yarn
piure chileno: red sea squirt (edible seaweed)
pizarra: (ed) chalk board, black board
__ **electrónica**: stock exchange ticker
__ **magnética**: (ed) magnetic board
pizarrón: bulletin board
pizca de algodón: cotton picking
placa: slab (copper); cake (copper)
__ **de circuito impreso**: (comp) printed circuit board
__ **de ensamblaje**: flitch plate
__ **de fabricante**: nameplate
__ **de semiconductor**: (comp) chip
__ **ensamblada**: flitch (wood, steel)
__ **turca**: (constr) Turkish privy
placas de argamasa: clay plates (for lining drainage canals)
placet, dar el: to give one's approval; agrément (approval) of an ambassador
plaga bacteriana: bacterial blight
plagas de calidad: harmful pests
plagio: plagiarism; (LA) kidnapping
plaguicida: insecticide
plan: plan, program, design, layout, schedule, scheme
__ **anticíclico**: buffer stock plan, countercyclical plan
__ **básico**: master plan
__ **condicional**: contingency plan
__ **consolidado**: (Chi) funded pension plan
__ **contable**: chart of accounts
__ **de acción**: action plan, plan of action, work plan, blueprint for action
__ **de amortización**: amortization schedule
__ **de avance**: schedule
__ **de conjunto**: layout plan
__ **de cuentas**: chart of accounts
__ **de distribución**: layout plan
__ **de estiba**: (ot) cargo plan, stowage plan
__ **de estudios**: curriculum
__ **de estudios común**: core curriculum
__ **de estudios de la escuela activa**: activity curriculum (experience curriculum, project curriculum)
__ **de existencias reguladoras**: buffer stock plan
__ **de explotación**: farming plan, working plan
__ **de financiamiento**: (sometimes) financial package; financing package; (Sp) financial budget
__ **de horizonte renovable**: rolling (horizon) plan
__ **de muestreo**: sampling design
__ **de pagos**: payment schedule
__ **de participación accionaria de los empleados (en las sociedades)**: employee stock ownership plan (ESOP)
__ **de recompras**: (fin) schedule of repurchases
__ **de reserva**: contingency plan
__ **de reventa de deuda**: debt retirement schedule
__ **de tareas**: work-responsibility schedule
__ **de trabajo**: working arrangements
__ **de vacunaciones**: (med) immunization schedule
__ **de visitas programadas**: calling-in sequence
__ **esquemático**: sketch plan
__ **financiero**: (sometimes) financial package; financing package; (Sp) financial budget
__ **general**: master plan
__ **general de un proyecto**: layout of a project
__ **maestro**: master plan, blueprint
__ **móvil**: rolling plan
__ **no consolidado**: pay-as-you-go pension plan
__ **operativo**: work plan, business plan
__ **regulador**: indicative plan, master plan
__ **sugestivo**: attractive idea
planes de obra construida: (constr) as-built drawings
__ **multianuales ajustables**: rolling plans
__ **renovables**: rolling plans
plancha: (Sp) lay days
__ **de acceso**: (ot) gangplank
__ **de conexión**: gusset
__ **de desembarco**: (ot) gangway
planchas de pescado: fillets
__ **de titanio**: titanium sheets
plancheta: plane table

PLANCHAS   PLANTEAR

planchón: slab (iron); (Col) barge
planear: to plan, make preparations for
planero: surveying vessel
planialtimetría: contour map; topographic survey
planificación a largo plazo: forward planning
— **adaptable**: adaptive planning
— **anticipada**: forward planning
— **de avance profesional**: career development
— **del espacio físico**: physical planning
— **flexible**: responsive planning
— **global (integral, amplia)**: comprehensive planning
— **oportuna**: advance planning
— **prospectiva**: forward planning
— **sustitutiva**: alternative planning
planilla: schedule, tabulation, list; payroll; statement (of expenses, charges, etc); (admin) manning table, staffing level, staffing table, establishment
— , **de**: regular (staff), permanent (employee)
— **electrónica**: (comp) spreadsheet
planimetría: plane surveying
— , **en**: in plan
plano: plan, drawing, map; plat
— **acotado**: topographic map, contour map
— **altimétrico**: contour map
— **de conjunto**: assembly drawing
— **de construcción**: working drawing
— **de ejecución**: working drawing, construction drawing
— **de emplazamiento (del lugar)**: site plan
— **de situación**: location plan, layout plan
— **definitivo**: final design
— **inclinado**: (min) incline
— **preliminar**: design drawing
— **rasante**: plan for the roadbed
— **topográfico**: contour map
planos definitivos: final design
— **generales (de un proyecto)**: layout
— **preliminares**: preliminary design, preliminary engineering
— **técnicos detallados**: detailed designs, detailed engineering
planta: (agr) plant; (constr) ground plan; plan view; horizontal alignment (road); (ind) plant, factory, facilities; (admin) complement (staff)
— **académica**: (ed) faculty
— **autoproductiva**: (elec) captive plant
— **cebo**: trap cropping
— **cultivada**: crop plant
— **de bitrochaje**: (rr) change-of-ga(u)ge station
— **de elaboración secundaria**: downstream plant
— **de elusión de oro**: gold washing plant
— **de ensayo**: pilot plant
— **de escarda**: row crop, root plant
— **de hortaliza**: truck plant
— **de ornato**: ornamental plant
— **de reserva**: (elec) standby plant
— **de semillero**: seedling

— **de vivero**: seedling
— **eléctrica diesel**: (elec) diesel-fired power plant
— **elevadora**: pumping station
— **espontánea**: volunteer plant
— **estiradora de alambre**: wire mill
— **extractiva de grasa**: rendering plant
— **fuera de tipo**: offtype
— **húmeda de selección**: (min) wet screening plant
— **madre**: stock
— **noble**: (Sp) (constr) principal stor(e)y of a house; main stor(e)y
— **termoeléctrica**: (elec) steam generation plant
— **textil**: fiber crop
— **tipo filo de agua**: (hydr) run-of-river power plant
— **trampa**: trap cropping
— **vista**: top view, overhead view
— **vivaz**: overwintering plant
— **voluntaria**: volunteer plant
plantas aisladas: single plants
— **carpidas**: root and tuber crops
plantación: plantation, planting; (for) artificial forest
— **a marco real**: square planting
— **a raíz desnuda**: bare-root planting
— **a tresbolillo**: triangular planting
— **bajo cubierta natural**: (for) underplanting
— **con cepellón**: ball planting
— **con montículo en el hoyo**: mound planting
— **con pan de tierra**: ball planting
— **con terrón**: ball planting
— **de bosques comunitarios**: social forestry
— **de campo**: (for) open-field planting
— **en franjas**: strip planting
— **en hoyos (casillas)**: hole planting
— **en manchas**: plot planting
— **en montículos**: mound planting
— **pequeña**: small holding (tea farming)
plantaciones: fields (of potatoes)
— **forestales**: man-made plantations; afforestation
planteamiento: presentation, exposition, statement (of a problem); assertion, proposal, problem; approach; position, attitude, thesis; layout, design (experiment); idea; (list of) demands (e.g. of a union); appeal; (artist's) message
plantear: to set out, put forth (a problem, issue); pose, bring up (a point); raise (a point of order, an issue); broach, bring to the attention of; institute, introduce (reform); start (an argument)
— **cuestiones**: to raise, involve questions
— **dificultades**: to cause, give rise to, create difficulties
— **el problema**: to raise the issue, hypothesize
— **la cuestión a**: to bring the matter to the attention of
— **la necesidad**: to affirm the need
— **la posibilidad de**: to propose

673

__ **que**: to raise the point that
__ **un asunto**: to broach a subject
__ **un problema**: to propound a problem
plantel: nursery, nursery garden; seedbed; plantation of young trees; (purebred) herd of cattle, breeding flock (sheep); (ed) school, educational institution; (admin) personnel
__ **animal**: total livestock on a farm
__ **, de**: permanent, regular (staff)
__ **frío**: (agr) cold frame
plantilla: organization chart; manning table; established (regular) staff; stencil (for lettering); (agr) seedling; (tech) jig; (comp) menu; lay-out sheet; staffing level (table); (admin) establishment
__ **de cálculo electrónico**: (comp) spreadsheet
__ **de dirección**: (Sp) management grid
__ **de una empresa**: work force
plantita (de vivero): seedling
plantón: (for) seedling (2 years old)
__ **deshojado**: (for) stripling
plantones: (for) planting stock; planting material
__ **recogidos en el bosque**: wildlings
plántula: (small) sapling, seedling
plasmar: to shape, mold; represent, depict
plasmarse: to take the form, shape of; turn into, emerge as, erupt as; be embodied, incorporated in
plástico expansible: plastic foam
plata alemana: nickel-silver
__ **de ley**: sterling silver
platabanda: flowerbed; (Chi) (irr) check
plataforma: (rr) flat car, flat-bed truck; flat deck (of truck); apron (lock, pier, wharf)
__ **autoelevadora**: jack-up drilling unit
__ **continental**: continental shelf
__ **de camino**: roadbed; subgrade
__ **de carga**: (for) loading jack, loading dog; (ot) pallet
__ **de ensayo**: test bench
__ **de perforación petrolera**: oil rig, platform
__ **elevadora**: jack-up drilling rig
__ **informática**: (comp) operating platform
__ **marina**: offshore rig
__ **replegable**: jack-up rig
__ **submarina**: shelf
plátano: plane tree; banana
plateada: silverside (meat)
plática, a libre: (ot) pratique; released from quarantine
__ **, certificado de libre**: (ot) certificate of pratique; free movement certificate
__ **, en libre**: (leg) allowed communication (prisoner)
platija: flounder, fluke
platillo giratorio (pasadiscos): turntable
platina: sheet bar
plató: film set
plausible: laudable, praiseworthy, commendable (of actions); (a step) in the right direction; plausible (reasons)

playa de anidación: nesting beach
__ **de carga(mento)**: loading yard
__ **de clasificación**: shunting yard
__ **de desembarque**: unloading pier
__ **de distribución**: (elec) switchyard
__ **de estacionamiento**: parking lot
__ **de faena**: slaughtering floor (abattoir)
__ **de maniobras**: (rr) switching yard
__ **de matanza**: slaughtering floor (abattoir)
playo: shallow
plaza: market
__ **de acopio**: storage yard
__ **de armas**: main square, central square; parade ground
__ **de contenedor**: container slot
plazo: maximum period allowed for doing something, term; latest date, terminal date (delivery); appointed date; deadline; life (of a loan, contract); installment
__ **, a**: (com) on credit, in installments
__ **contractual**: contract maturity
__ **de amortización**: amortization or payback period (loan)
__ **de carencia**: (ins) waiting period, no-insurance period
__ **de entrega**: lead time (project)
__ **de espera**: lead time
__ **de indisponibilidad de la inversión**: commitment period
__ **de notificación de cese en el servicio**: notice of separation
__ **de recuperación**: payback period (investment)
__ **de retorno de principal**: (Mex) bond maturity
__ **de validez del título de propiedad**: term of plant variety protection (plant protection)
__ **de vencimiento**: expiry, maturity date
__ **fatal (límite)**: deadline
__ **hasta el vencimiento**: tenor (of a bill)
__ **muerto**: (Mex) grace period
__ **perentorio**: strict deadline
__ **previsto**: specified period
__ **prudencial**: reasonable time
__ **total de ejecución**: lead time (project)
plazos: installments (partial payments of a debt)
plegamento: fold (geology)
plegamiento: jackknifing (of articulated vehicles)
plegar: to kink (of plastic tube)
pleito: lawsuit, litigation
__ **civil**: (leg) civil suit
__ **criminal**: (leg) criminal prosecution
plena prueba: (El Sal) conclusive evidence
__ **vigencia**: (leg) full exercise (of human right)
plenamente: to the full, entirely, fully, quite
plenario: (leg) full trial (after the *sumario*) (covers the proceedings in court until the definitive judgment of the court)
plenitud: fullness (of time); height (of power); prime (of life)
pleno: plenary meeting, session
__ **derecho, de**: de jure; by law; by operation of

law; as a matter of law, as a right, as a matter of right
__ **dominio**: fee simple
__ **, en**: (leg) (sitting) in banc; (sitting) in full; the full court
plétora: glut, excess of supplies
plica: (leg) escrow; (Arg) (leg) sealed will or other document
__ **de aduana**: (Sp) bill of entry
pliego de cargos: (leg) bill of indictment, list of charges
__ **de condiciones (de subasta)**: specifications, terms and conditions (of a tender, contract), bidding conditions; books of tender
__ **de licitación**: bidding form, information for bidders
__ **de posiciones**: (leg) interrogatory
__ **de reivindicaciones**: petitions
__ **preliminar de condiciones**: preliminary terms sheet (bidding)
pliegue, en forma de: saddle-shaped (anticline)
pluma de carga: derrick boom
pluricultivo: multicourse system; multicropping
pluridad de ocupación: multiple tenure
pluriempleado: "moonlighter"; person holding down more than one job
plus de carestía de vida: (Sp) cost-of-living allowance
__ **familiar**: (Sp) family allowance
__ **por trabajo nocturno**: (admin) night differential
plusvalía: increase in value through time or other extraneous circumstances; (Sp) betterment of real estate (as result of improvements); (acct) acquired surplus; (com) appreciation (increase in value due to external causes); real estate appreciation
__ **absoluta**: absolute surplus value
__ **adquirida**: (com) acquired goodwill
__ **comercial**: goodwill
__ **de actualización**: revaluation increment
__ **de cambio**: (Sp) exchange gain
__ **de capital**: capital gain
__ **de cesión**: (Sp) capital gain
__ **mercantil**: (com) goodwill
__ **neta**: net appreciation
__ **no realizada**: (Sp) unrealized surplus
__ **por avalúo**: appraisal increment
plúteo: library shelf
pluviógrafo: recording rain ga(u)ge
pluviómetro: can-type precipitation or rain ga(u)ge
pluviosidad: rainfall
pluviselva: rain forest
PNB potencial inflactado: GNP (gross national product) at current prices
poáceas: grasses
población: inhabitants; locality; (st) universe
__ **activa**: gainfully employed, economically active, working population;labor force

__ **beneficiaria**: target population
__ **característica**: standard population
__ **cotizante**: contributors, members, participants
__ **escolar**: school population
__ **estudiada**: population covered
__ **expuesta**: (med) population at risk
__ **imaginaria**: (st) parent population
__ **inactiva**: non-working population
__ **madre**: (st) parent population
__ **marginal**: squatter settlement
__ **natural**: wild stock (fish)
__ **objetivo**: target population
__ **original**: (st) parent population
__ **receptora**: (Per) target population
__ **vulnerable**: (med) population at risk
poblaciones compartidas: straddling stocks (fish)
__ **de peces**: fish stocks
__ **de peces cuyos territorios se encuentran dentro y fuera de las zonas económicas**: straddling fish stocks
__ **de peces sedentarias**: resident fish stocks
__ **no domésticas**: field populations (animals)
pobres de solemnidad: indigents
pobreza absoluta: absolute poverty (as opposed to relative poverty, in poverty-line calculations); extreme poverty, abject poverty, destitution
__ **dura**: hardcore poverty
__ **, en beneficio de**: (leg) *in forma pauperis*
__ **extrema**: extreme, abject poverty; the extemely poor, destitute
__ **generalizada**: pervasive poverty
__ **medular**: hard-core povery
__ **relativa**: secondary poverty
pocilga: pigsty
poco a poco: by degrees, gradually, little by little
__ **salado**: slightly salted
poda: pruning
__ **de reforma**: rejuvenative pruning
__ **natural**: self-pruning, natural thinning
poder: power, strength; possession; power of attorney; branch of government; (fig) leverage; clout
__ **adquisitivo**: purchasing power
__ **compensador**: countervailing power
__ **competitivo**: capacity to compete
__ **comprador**: (Chi) government purchasing program to assist in marketing of agricultural produce
__ **de, bajo**: under the control of
__ **de consumo**: (Chi) purchasing power
__ **de convocatoria**: ability to enlist support (for a cause), drawing power, charisma, appeal
__ **de importación de las exportaciones**: import capacity of exports, import coverage
__ **de negociación**: bargaining power
__ **de retención de la escuela**: school holding power
__ **disuasivo**: deterrent
__ **ejecutivo**: executive branch (of government),

the Executive
__ **general**: general power of attorney
__ **judicial**: the Judiciary
__ **legislativo**: the Legislative; Legislature
__ **liberatorio, de**: that can be used as legal tender
__ **multiplicador**: (fin) leverage
__ **para la enajenación de bonos**: (fin) bond power
poderes comunes: (leg) concurrent powers
__ **públicos**: public authorities
poderdante: the person granting the power (of attorney), principal, constituent
__ **y apoderado**: principal and agent
poderhabiente: attorney; proxyholder
poderío: power, authority, dominance
podredumbre de la mazorca: ear rot
__ **negra**: black rot (cocoa disease)
poína: barrel stand
polarización: (comp) bias
__ **, azúcar de alta**: high-test sugar
__ **, voltaje de**: (comp) bias voltage
polarizar: to attract attention, concentrate, fix attention on, focus attention on
polémico: controversial
poliambulatorio: (Col) outpatient department
policía: police rules and regulations
__ **acostada**: (Col, Ven) speed bump
__ **de los estrados**: (leg) proper conduct of the hearing
__ **sanitaria**: police rules relating to health
policíaco: *a* police, law enforcement
policultivo: mixed farming; multicourse system
policultivos, sistema de: (agr) multiple cropping system
policultura: multicropping
poliducto: multipurpose pipeline
polifacético: versatile, many-sided (person)
poligonal: traverse (surveying)
polígono: rifle range; practice ground (artillery)
__ **de descongestión**: overspill area
__ **industrial**: (Sp) industrial estate
polígrafo: copying machine; lie detector
polín: sheave; pulley; skid; (Col) crosstie
política: politics; policy; steps
__ **agrícola**: agricultural or agriculture policy; farm (and agricultural) policy; crop policy
__ **anticíclica**: business cycle policy, coun-tercyclical policy
__ **coyuntural**: business-trend policy, business-cycle policy, cyclical policy, short- term policy
__ **crediticia**: lending policy
__ **de apertura**: policy of integration into the world economy; outward-looking policy; market-opening policy
__ **de avance intermitente**: stop-and-go policy
__ **de compromiso**: middle-of-the-road policy
__ **de coyuntura**: business-trend policy, business-cycle policy, cyclical policy, short-term policy

__ **de dinero barato**: easy credit policy
__ **de egoísmo nacional**: beggar-my-neighbor policy
__ **de estímulo de la oferta**: supply-side policy
__ **de formación de existencias reguladoras**: stockpiling
__ **de frenazos y aceleraciones**: stop-and-go policy
__ **de incentivos y amenazas**: carrot and stick policy
__ **de incentivos a la oferta**: supply-side policy
__ **de libertad de espacio aéreo**: (aero) open skies policy
__ **de moderación**: policy of restraint
__ **de no intervención**: hands-off policy
__ **de precios**: pricing policy
__ **de premios y castigos**: carrot and stick policy
__ **de promoción de mercados exteriores**: export promotion policy
__ **de reactivación**: pump-priming policy
__ **de sustentación de precios**: price maintenance
__ **de tierra arrasada**: scorched-earth policy
__ **del producto**: merchandising
__ **económica**: economics
__ **focalizada**: targeted policy
__ **monetaria**: monetary policy; (tight, easy) money policy; currency (management) policy
__ **monetaria acomodaticia**: accommodative policy
__ **monetaria de adaptación**: accommodative policy
__ **para la reasignación de recursos**: switching policy
__ **pragmática**: effect-oriented policy
__ **precaria**: hand-to-mouth policy
__ **selectiva**: targeted policy
político de café: armchair politician
politicólogo: political scientist
polivalente: general purpose (container); multipurpose (project, health worker); all-purpose, versatile, broad-based; (UK) comprehensive (school)
póliza: (insurance) policy; charter party; voucher, supporting document; customs permit; revenue stamp; (surety) bond
__ **a todo riesgo**: (ins) blanket policy
__ **abierta**: (ins) open (unvalued) policy; (USA) floater; (UK) floating policy
__ **de acumulación**: (Ec) savings certificate
__ **de aduana**: customs house permit
__ **de capitalización**: savings contract
__ **de fletamiento**: contract of affreightment
__ **de importación**: customs clearance document, import clearance document
__ **de incapacitación**: (ins) accident policy
__ **de internación**: (Chi) customs clearance certificate
__ **de plazo fijo**: (ins) time policy
__ **de seguro de caución**: fidelity bond
__ **de seguro global**: wrap-up insurance policy
__ **de turismo**: (Arg) (leg) tourist tax

- __ **dotal**: endowment policy
- __ **en blanco**: (ins) unvalued policy
- __ **flotante**: (ins) open (unvalued) policy; (USA) floater; (UK) floating policy
- __ **liberada**: (ins) paid-up policy
- __ **provisional entregada por el agente de seguros**: cover note
- __ **sin valor declarado**: open policy (marine insurance)

polleros: "loan sharks"
pollos: broilers
- __ **de carne**: broilers
- __ **(aves) de consumo**: meat poultry
- __ **de descarte**: culled pullets
- __ **de engorde**: fattening poultry, meat poultry
- __ **en crecimiento**: pullets
- __ **para asar**: broilers
- __ **para el consumo**: meat poultry
- __ **parrilleros**: broilers
- __ **pelados**: dressed poultry

polo: (fig) center, hub, pivot, focus
- __ **de desarrollo**: development area; focal point of development

polos de desarrollo: enclave development
polvo de antracita: culm
- __ **, en**: dried (milk)
- __ **humectable**: wettable powder
- __ **y paja, limpio de**: (com) free of all charges

polvorazo: (min) blast
pomarrosa: (DR) rose apple
pomo: small bottle, vial, phial
poncho: (Chi) (irr) gate
ponderación: (st) weighting; weight
ponderadamente: in the light of all factors considered
ponderado: prudent, cautious; balanced, sound (of judgment); weighted (average); considered (opinion)
- __ **en el período base**: base-weighted (Laspeyres index)
- __ **según el comercio exterior**: trade-weighted

ponderador: (st) weighting factor
ponencia: report; rapporteurship; draft, proposal; paper read at a meeting; conference paper; working document; topic to be discussed
ponente: proponent; rapporteur; presenter (of a paper); reporting judge
poner a cero: (Sp) (comp) to reset
- __ **a cubierto**: (leg) to hold harmless
- __ **de manifiesto**: to show, bring out, point up
- __ **de relieve**: to bring out, highlight, spotlight
- __ **en conocimiento de**: to give notice of
- __ **en evidencia**: to show, demonstrate, make plain or evident
- __ **en juego**: to bring into play, put at stake, involve
- __ **en práctica**: to give effect to; introduce (system)
- __ **en producción un pozo**: to bring in a well
- __ **en servicio**: to put into service, commission (hydroelectric plant); bring on stream
- __ **en tela de juicio**: to question
- __ **en vigor**: to enforce (a law)

ponerse al día: to catch up (with work, developments); bring oneself (or be brought) up to date on; refresh (knowledge, skills)
- __ **en buen recaudo**: to protect oneself from
- __ **en contacto con**: to seek out (prospective investors); get in(to) touch with

pongo: (Per) rapids
ponteadero: bridge site or location
pontón: barge; floating landing stage
- __ **de carbón**: coal hulk

popote: (Mex) straw
popular: of the people (republic), working class (district), folk (traditions) slang (expression), mass (consumption goods), grass roots (participation), public (education); vernacular (culture, architecture, etc)
popularizarse: to gain in popularity
por acuerdo superior: having been duly authorized
- __ **administración directa**: (constr) on (by) force account
- __ **ahora**: for the time being, at this stage, at the moment, for the moment
- __ **algo será**: it is no accident that, there must be a reason for it
- __ **analogía**: correspondingly, *mutatis mutandis*, in like manner
- __ **antonomasia**: par excellence
- __ **añadidura**: on top of all this, for good measure, into the bargain, to boot, to crown it all, to cap it all (implying "to make matters worse")
- __ **aproximaciones**: by trial and error
- __ **aquel entonces**: at that time, then
- __ **cambiar**: for a change
- __ **casualidad**: by chance, as chance would have it
- __ **causa de utilidad pública**: (leg) for public purposes
- __ **causa y título**: for good reason
- __ **causas ajenas a su voluntad**: for reasons beyond one's control
- __ **cierto**: by the by, by the way, incidentally, of course, indeed, admittedly
- __ **concepto de**: as, by way of, in the form of; in payment of
- __ **concurso**: on a competitive basis
- __ **conducto de**: through, through the instrumentality of
- __ **consideración a**: out of consideration for, out of respect for
- __ **consideración a usted**: for your sake
- __ **contabilidad de ejercicio**: (acct) on an accrual basis
- __ **contrario imperio**: (leg) by reversing its (his) decision in the exercise of its (his) prerogative
- __ **convenio de partes**: (leg) by mutual agreement
- __ **cualquier título**: in whatever capacity
- __ **cuanto**: whereas, inasmuch as, on the ground

that
- __ **de ley**: as required by law; (Guat) acting (minister)
- __ **de pronto**: until further notice, for the moment, for the time being; at least, anyway; meanwhile
- __ **debajo de la línea**: (acct) below the line
- __ **debajo de la programación**: behind schedule
- __ **decirlo así**: as it were, so to speak
- __ **descontado**: of course
- __ **dicho concepto**: therefore
- __ **distintas razones**: for one reason or another
- __ **el bien parecer**: to save appearances, to keep up appearances, for form's sake
- __ **el estilo**: to the same effect, of the same type, like that, of that sort; along those (the same) lines
- __ **el lado bueno de las cosas**: to look on the bright side
- __ **encargo de**: acting at the request (behest) of
- __ **encargo del Comité**: at the behest of the Committee, on the instructions of the Committee
- __ **encima de la línea**: (acct) above the line
- __ **encima de la par (del valor nominal)**: over par
- __ **encima de la paridad**: above par value
- __ **ende**: accordingly, therefore, hence
- __ **entonces**: by that time
- __ **escrito**: in writing, written; in black and white
- __ **ese lado**: on that score
- __ **etapas**: in stages, by degree, progressively; staged (implementation, blackouts)
- __ **extenso**: at length, in detail, in full
- __ **debajo de la par (del valor nominal)**: below par
- __ **fin**: at long last, finally
- __ **fórmula**: as a matter of form, for form's sake
- __ **fuerza mayor**: owing to unforeseen circumstances
- __ **igual**: evenly, equally
- __ **iniciativa propia**: on one's own initiative; off his own bat
- __ **innovar**: for a change
- __ **instrucciones de**: at the behest of
- __ **la cuenta que le trae**: in your own interest
- __ **la ley**: (leg) acting (formula under signature)
- __ **la misma razón**: by the same token
- __ **la presente**: by these presents
- __ **las buenas o por las malas**: willy-nilly, by fair means or foul
- __ **lo demás**: besides, moreover, furthermore, otherwise, apart from that, in other respects
- __ **lo general**: for the most part, in the main, usually, as a rule, normally, on the whole
- __ **lo pronto**: until further notice
- __ **lo que a mí se refiere**: as far I am concerned
- __ **lo que a mí me toca**: for my part
- __ **lo que he visto**: from what I saw
- __ **lo que pude juzgar**: as far as I can judge

- __ **lo que sé**: for all I know
- __ **lo que se refiere a**: as to
- __ **lo tanto**: accordingly, therefore, hence
- __ **lo visto**: it seems evident, evidently, apparently, as far one can see, to all appearances
- __ **más que**: no matter how much, however much
- __ **mejor decir**: in other words, or rather, to put it more exactly
- __ **ministerio de la ley**: (leg) by operation of law
- __ **motivo de**: on account of, on grounds of
- __ **motivos concluyentes**: (leg) for cause
- __ **mucho que**: no matter how much, however much
- __ **muy curioso que parezca**: curiously enough
- __ **nada del mundo**: under no circumstances
- __ **naturaleza**: intrinsically, naturally, by nature
- __ **ningún concepto**: on no account, not on any terms, by no means, in no sense, in no way
- __ **no ser menos**: not to be outdone
- __ **no variar**: as usual
- __ **orden de**: by authority of
- __ **orden de importancia**: by rank order
- __ **otra parte**: (at beginning of sentence or standing alone) furthermore, besides, in addition, moreover; (+ por una parte) on the other hand
- __ **otro lado**: in another direction; furthermore, moreover, besides, in addition; (sometimes) meanwhile
- __ **poco**: almost, merely
- __ **poder**: (leg) by proxy
- __ **portería**: by order, by decree
- __ **principio**: on principle
- __ **pura fórmula**: for form's sake
- __ **qué no decirlo**: to be very frank
- __ **razones de fuerza mayor**: owing to circumstances beyond one's control
- __ **razones diversas**: for a variety of reasons
- __ **regla general**: as a rule, usually, generally
- __ **respeto a**: out of deference to, out of respect for, out of consideration for
- __ **rutina**: by rote
- __ **si acaso**: should the contingency arise, just in case
- __ **si fuera poco**: and on top of that, and to top it all, to say the least
- __ **sí mismo**: by itself, on its own merits, on one's own account
- __ **si puede servirle**: for what it is worth
- __ **si sirve de algo**: for what it is worth
- __ **sí solo**: spontaneously, on its own
- __ **sorteo**: by lot(s)
- __ **su bien**: for your (his) sake
- __ **su cuenta y riesgo**: at one's own risk
- __ **su orden**: in its turn, in its proper order
- __ **su parte**: likewise; in turn
- __ **supuesto**: as a matter of course, naturally, of course, it goes without saying
- __ **tal concepto**: (Arg) in that respect, for that matter, on that account
- __ **tanteo**: by trial and error, by rule of thumb
- __ **término medio**: on (the) average

___ **todos los conceptos**: from every point of view, in every respect
___ **último**: in conclusion, in closing, at last, finally
___ **una coincidencia**: as luck would have it
___ **variar (innovar, cambiar)**: for a change
___ **varias razones**: for a variety of reasons
porcentaje: percentage, portion, share
___ **de agotamiento**: depletion allowance
___ **de crecimiento**: growth rate
___ **de desgaste**: attrition rate (stocks)
___ **de directores**: directors' percentage of profits
___ **de escolaridad**: school population
___ **de reserva obligatoria**: (bnk) minimum cash requirement
___ **del valor agregado nacional**: (leg) percentage domestic content, domestic content level
porcino para carne: porker
pórfido: (min) porphyry; (Chi) deposit (gold, copper)
pormenores: details, particulars, ins and outs (of a matter)
pormenorizado: in depth, in detail, detailed, broken down, itemized
pormenorizar: to detail, give a detailed account or description of; itemize
poroto: kidney bean
___ **de Egipto**: (Arg) lablab bean
portacontenedores por elevación y rodadura: container lo/lo ro/ro vessel
___ **/portagabarras**: container/barge carrier
portador: holder (of stock); bearer (bond, check, bill of exchange); (TC) carrier
___ **de energía**: energy carrier
___ **público**: common carrier
portafolio de alta bursatilidad: (fin) all-weather holdings
___ **estructurado para pago de pasivos**: (fin) dedicated portfolio
portagranos: seed parent, bearing tree
portainjerto: root stock (graft)
portalón: gangway (ship)
portaminas: clutch-type pencil
portamira: rodman (surveying)
portamóvil: *a* (TC) cordless
portatestigos: core barrel (drilling)
porte: transport, carriage; transport charges; growth habit (plant); cargo deadweight (ship)
___ **debido**: carriage forward, freight forward, freight collect
porteo: haulage, transport, carriage
portezuela: mountain pass; saddle (in hills)
pórtico: gantry
___ **basculante**: tiltable gantry
portilla: (Sp) (ot) porthole
posesión: possession, property, ownership
___ **artificial**: (leg) constructive possession
___ **de estado legal**: (leg) apparent status
___ **efectiva**: (leg) actual possession
___ **imaginaria**: (leg) constructive possession
___ **pacífica**: (leg) undisturbed possession

posesionar: to install (in a post or office)
posesionarse: to take possession of; take office
posesionero: cattleman who owns pastures that are leased or rented out
posfirma: name and position of signatory after handwritten signature
posibilidad: possibility, opportunity, chance; capability (of a thing); (for) allowable cut; prospects for, potential for, opportunity for; alternative; availability (of credit, loan); (creative) outlet, medium
___ **de colocar la emisión**: (fin) marketability
___ **de invertir**: investment opening
___ **de la tierra**: land capability
___ **de una pronta paz**: prospects of an early peace
posibilidades comerciales: marketability (of products)
posibilitar: to afford (an opportunity), open or pave the way for; facilitate; be available for; make available to
posible: prospective, proposed, potential (project, loan)
posición: (acct) account balance, balance of account at a given time; (comp) location; stand taken by someone; posture, stance
___ **a la baja**: (st ex) short position
___ **arancelaria**: tariff item
___ **de abierto**: (tech) on-position (switch)
___ **de cerrado**: (tech) off-position (switch)
___ **de cobertura**: (fin) hedging position
___ **de compra**: long position
___ **de venta en descubierto**: (st ex) short position
___ **descubierta**: (fin) unhedged position
___ **larga**: (st ex) long position (securities)
___ **negociadora**: bargaining position
___ **relativa**: (st) rank, ranking
___ **social**: social status
___ **vendedora o de venta**: (st ex) short position
___ **ventajosa**: vantage point
posiciones: (Arg) (leg) answers to questions put by a judge and given under oath; questions in an interrogatory
___ **de memoria**: (comp) bytes
___ **, poner**: (leg) (Arg) to put questions
positivo: progressive, forward-looking; propitious; in the right direction; favorable (balance); real (improvement); constructive (criticism); realistic, practical (person); actual (fact)
poso radiactivo: radioactive fallout
posología: (med) dosage, dose schedule, dose level
postación eléctrica: erection of electricity posts
poste: (for) pole
___ **de amarre**: dolphin, deadhead
postes extensibles: (constr) jack legs
postenco: weaned calf
postergado: backward (sector), undeveloped (area); disadvantaged (group)
postergar: to deprive of seniority, pass over in

promoting; defer, delay, postpone, shelve
postería: pole lines
posteriormente: subsequently; thereafter; down the road; (+ present perfect) since then
postre, a la: at last, finally, eventually, after all is said and done
postulado: postulate; principle (of international law); premise; plank (of program); tenet; self-evident truth; aim, goal; (sometimes) demand, requirement; assumption
postulante: applicant, candidate
postular: to apply for, ask for, request, petition; call for (reforms, certain measures); nominate (for office or employment), stand for (public office); advocate (reform)
postura: bid, offer; (for) seedling
__ **de compra**: (fin) bid price
__ **ficticia**: by-bidding
postzafra: (Ur) off-season
pota: (Per) squid
potabilización: purification (water)
potable: drinking, safe (water)
potencia: power; (elec) demand, capacity; (min) layer, thickness of stratum
__ **absorbida**: power input
__ **bruta**: indicated (horse) power
__ **de entrada**: power input
__ **de facturación**: (elec) chargeable demand
__ **de la veta**: (min) thickness (of a seam, vein, etc)
__ **de régimen**: rated horsepower
__ **de salida**: power output
__ **firme**: (Arg) (elec) installed capacity
__ **instalada**: (elec) installed capacity
__ **nominal**: rated power, power rating
__ **radiada aparente**: (TC) effective radiated power (ERP)
potencial de explotación (Sp) development potential (products)
__ **de la tierra**: land capability
__ **ganadero**: carrying capacity (range)
__ **humano**: manpower, labor, human resources
potencialidad: capability
potenciar: to step up, magnify, strengthen, reinforce, build up, beef up, boost, increase (power of); empower; increase possibilities of; allow, facilitate, make possible
__ **la liquidez**: (Sp) to improve liquidity
potestad discrecional: (leg) full power to act
__ **fiscal**: fiscal management
__ **matrimonial**: husband's legal authority over his wife
__ **paternal**: paternal authority
potranca: filly
potrero: grazing land, fenced field, cattle ranch, pasture for colts, paddock
potrillo: colt
potro: colt; (Chi) stallion
poyo: wall-bench, shelf; (CA) wood-burning stove
pozo: pit; well; mine shaft; fish tank (on fishing boat)
__ **abisinio**: driven well, tube well
__ **absorbente**: seeping well; drainage pit
__ **artesiano**: artesian well
__ **calicato**: test pit
__ **ciego**: pit latrine
__ **cubierto**: protected well
__ **de absorción**: soakaway, sump
__ **de acceso**: access shaft; manhole
__ **de aquietamiento**: stilling pool
__ **de avanzada**: outpost well (oil)
__ **de brocal**: lined well
__ **de carga**: (hydr) pressure shaft
__ **de cateo**: test pit, test well; wild-cat well (oil)
__ **de comunicación**: (min) winze
__ **de drenaje**: absorbing well
__ **de ductos**: (hydr) cable vault
__ **de explotación**: development well
__ **de filtración**: seeping well
__ **de fondo permeable**: leaching cesspool
__ **de guarda**: catchpit (road)
__ **de infiltración**: oozing well
__ **de inspección**: manhole, sewer hole, inspection well
__ **de ordenanza**: mandatory well
__ **de protección**: catchpit (road)
__ **de registro**: manhole, sewer hole, inspection well
__ **de relleno**: borrow pit
__ **de sondeo**: borehole; test pit; drilled well
__ **de tratamiento**: stilling pool
__ **de ventilación**: (min) airshaft
__ **de visita**: manhole, sewer hole, inspection well
__ **económicamente explotable**: paying well
__ **entubado**: cased well, tubewell
__ **exploratorio**: wildcat or exploratory well (oil); exploratory well (water, geothermal projects)
__ **filtrador**: recharge well
__ **hincado**: driven well
__ **inclinado**: penstock, sluice; (min) adit
__ **instantáneo**: (Sp) tubewell
__ **negro**: cesspit, cesspool
__ **negro absorbente**: leaching cesspool
__ **negro impermeable**: water-tight cesspool
__ **obstruido**: choked well
__ **perforado**: borehole
__ **público**: community well
__ **seco**: dry hole (oil)
__ **sumidero**: storm drain
__ **surgente**: flowing well
__ **taladrado**: bored well
__ **tubular**: borehole
__ **vertidor**: (min) glory hole
pozos de aire: air pockets
__ **de maceración (de hojas de coca)**: coca leaf pressing trench
práctica: application of theory; practice, customs; method; experience; (ed) practical instruction, practicum; internship
__ **de diligencias**: (leg) proceedings

PRACTICA

__ **de pruebas**: (leg) submission of evidence; taking of evidence, preliminary inquiry
__ **óptima, documento de**: best practice paper
prácticas agrícolas: farming methods
__ **comerciales**: trade customs
__ **contables**: accounting conventions; accounting practices
__ **de cultivo**: cultivation systems
__ **de labranza**: husbandry
__ **desleales**: unfair (labor) practices
__ **docentes**: (ed) practice teaching
__ **pedagógicas**: (ed) practice teaching
practicaje: (harbor, channel) pilotage
prácticamente: for all intents and purposes; virtually
practicante de enfermería: dresser
practicar diligencias: to take proceedings
__ **la prueba de confesión**: to examine the defendant in court
__ **prueba**: to submit evidence
__ **una liquidación**: (leg) to make an assessment, appraise
__ **una tasación**: to make an appraisal
practicarse: to be heard in court
práctico: *a* down to earth, businesslike (attitude); useful, utilitarian; practical; skilled, experienced, field (research), hands-on (experience), actual (application of a method); *n* coastal pilot
__ **de puerto**: harbor pilot
__ **mayor**: harbor master, port master
pradera: meadow; prairie; grassland, pasture
__ **artificial**: seeded pasture, temporary pasture, ley (lea)
__ **permanente**: plowable pasture, permanent grassland
__ **silvestre**: wild meadow
__ **temporal para corte**: temporary meadow for mowing
praderas y siembras: pasture and sown land
prado: meadow
__ **artificial**: ley (lea), seeded pasture
__ **temporal**: ley (lea), seeded pasture
pralinaje de plantas: puddling of plants
praticultura: pasture management, grassland agriculture
preámbulo de un acuerdo: heads of agreement
preaviso: advance notice
prebendaje: featherbedding
precandidato (presidencial): presidential hopeful
precariamente: (leg) without legal right (to receive or keep something, or to continue to exercise legal power or control)
precariedad del empleo: lack of job security
precario: doubtful, uncertain, liable to break or fail; unreliable (data); tumbledown, ramshackle (building); makeshift (housing); hand-to-mouth, poverty-stricken (existence); unstable, precarious (title, tenure); uncertain (health); makeshift (housing); strained (situation); delicate (balance); straitened (circumstances); strained (balance of payments); (leg) held or retained only on sufferance or by permission (e.g. bailment, permit)
__ **, en**: (tenancy) at will; precarious (loan, possession)
precarista: (Chi) squatter
precedente, sin: record (yield), all-time (high)
precepto: rule (of conduct, etc); provision (constitution); rule, regulation, command, stipulation, article (constitution)
__ **de ley**: rule of law, legal principle
preceptos contables: (acct) accounting policies
precinta: paper sticker (seal) affixed by customs to textiles, tobacco, etc
precintar: to hoop, clamp; place a seal on; (leg) seal, seal off
precinto: any sealing device (adhesive strip, paper sticker, wax or lead seal, iron or steel strapping, etc)
__ **aduanero**: customs seal
__ **, bajo**: in bond
__ **de garantía**: warranty seal

PRECIO

precio (a) puerta ciudad: citygate price (cost) (natural gas)
__ **acordado**: locked-in price
__ **activado**: trigger price
__ **actual**: prevailing price, ruling price
__ **agrícola**: farm price
__ **al contado**: spot price, cash price
__ **al desembarque**: landed price
__ **al nivel de la explotación agrícola**: farmgate price
__ **al productor**: producer price; farm price
__ **alzado**: lump sum
__ **anunciado**: posted price
__ **básico de una opción**: strike price
__ **-beneficio de una acción**: price-earnings ratio
__ **c.i.f. (puerto de entrada)**: border point price
__ **combinado**: blended price
__ **comprador**: bid price (securities)
__ **contable**: shadow price, accounting price
__ **contractual**: contract price, lump sum price
__ **controlado**: administered price
__ **convenido**: contract price
__ **conveniente**: (Sp) charm price
__ **corriente**: going price
__ **cotizado**: asked price (securities), posted price
__ **de activación**: trigger price
__ **de adquisición**: historical cost, cost price, purchase price
__ **de afección**: sentimental value
__ **de amortización**: call price (securities)
__ **de apoyo**: support price
__ **de base**: upset price (auction)
__ **de campaña**: crop-year price
__ **de catálogo**: list price
__ **de competencia**: knock-out price (auction)
__ **de compra**: historical cost, acquisition cost; purchase price, cost price
__ **de compraventa de contratos de opciones**:

- (fin) exercise price
- __ de compuerta: sluice gate price; lockgate price
- __ de costo, al: at factor cost; prime cost
- __ de cuenta: shadow price, accounting price
- __ de defensa: buttressed price
- __ de desembarque: landed price
- __ de dinero: currency price; rate of interest price, cost of money
- __ de eficiencia: shadow price, efficiency price
- __ de ejercicio: (fin) exercise price (options); strike price (derivatives)
- __ de estímulo: incentive price
- __ de fábrica: factory cost, manufacturer's price
- __ de fabricación: cost price
- __ de garantía: support price
- __ de granja: farmgate price
- __ de indiferencia: reference price
- __ de intervención: trigger price
- __ de inversión: price of capital goods
- __ de lance: resale price
- __ de liquidación: selling value; knock-out price (auction)
- __ de lista: posted price
- __ de necesidad: distress price
- __ de nudo: (elec) node price
- __ de ocasión: (Sp) bargain price
- __ de plaza: spot price; current price, market price
- __ de plena competencia: arm's length price
- __ de proyección: shadow price, efficiency price
- __ de reabsorción: disposal price
- __ de realización: realized price (oil), selling value
- __ de referencia: posted price (oil), marker or benchmark price
- __ de refugio: support price
- __ de registro: posted price
- __ de reposición: replacement price
- __ de rescate: call price
- __ de reserva: reservation price (labor)
- __ de retroventa: redemption price
- __ de salida (en las subastas): (Sp) put-up price
- __ de salida de fábrica: output price
- __ de sostén (sustentación): support price
- __ de transferencia (interna): transfer price
- __ de umbral: shadow price
- __ de usuario: purchase price
- __ de venta: sales price, retail price, market price
- __ del producto agrícola: farmgate price
- __ descargado: landed price
- __ desleal: predatory price
- __ determinado en el mercado: arm's length price
- __ discriminatorio: class price
- __ dispuesto: administered price
- __ dominante: prevailing price
- __ económico: efficiency price
- __ efectivo: realized price (oil)
- __ en almacén: off-the-shelf price
- __ en el muelle de descarga: landed price
- __ en el punto de destino: C.I.F. landed price
- __ en fábrica: ex-factory price
- __ en la playa: ex-vessel price (fish)
- __ en la plaza: spot price; current price, market price
- __ en muelle: landed price
- __ en vigor: prevailing price
- __ "entregado": "laid-down" cost
- __ estipulado: posted price (oil)
- __ excluyente: (Sp) sluicegate price
- __ ficticio: shadow price
- __ fijado por el productor: administered price
- __ global: contract price, lump sum price, inclusive price, all-in price or cost
- __ guía: target price, guiding price
- __ hedónico: hedonic price
- __ impuesto: administered price
- __ indicativo: guiding standard, target price; suggested price; indicator price
- __ inferior al valor de vencimiento, a: at a discount to par (bond)
- __ intervenido: controlled price
- __ irrisorio: dirt-cheap price
- __ justo: fair market price
- __ más honorarios: cost plus
- __ máximo: ceiling price
- __ mínimo: floor price; reserve price; reservation price (auction)
- __ mínimo fijado: upset price (auction)
- __ módico: budget price
- __ oculto: shadow price
- __ óptico: charm price
- __ piloto: price leader
- __ por acción: price per share of stock, stock price, share price
- __ por pie: (for) stumpage price
- __ por pronta entrega: spot price
- __ practicado: ruling price
- __ privilegiado: concessional price
- __ prohibitivo: exorbitant price
- __ psicológico: charm price
- __ puerta-ciudad: (elec) citygate price
- __ puesto en la granja: farmgate price
- __ racional: fair, reasonable price
- __ real: effective price
- __ real para el productor: farmgate price
- __ regulado: administered price
- __ regulador: standard price
- __ remunerador: profitable price, favorable price
- __ remunerativo: profitable price, favorable price
- __ salida vagón: ex-station price
- __ simbólico: nominal cost, token price or cost
- __ superior al valor de vencimiento, a: at a premium to par (bond)
- __ todo incluido: all-in price or cost
- __ tomado en almacén: price in warehouse
- __ tope: price cap
- __ umbral: shadow price
- __ único: uniform price
- __ único de indiferencia: reference price
- _ vendedor: asked price (securities); market price
- __ verdadero: actual price

__ **vigente**: going price
__ **virtual**: shadow price
precios al productor: (agr) farm prices
__ **altos**: (Sp) strong prices
__ **de entrada**: input prices
__ **de equilibrio del mercado**: market-clearing prices
__ **decrecientes**: sagging prices
__ **energéticos**: fuel prices
precipitación: (quantity of) rainfall
precipitador: dust collector, dust separator, precipitator
precisamente: just, at the very moment (when); (in contradiction) as it happens, it so happens, as a matter of fact; expressly, specially
precisar: to need; specify, define more accurately, clarify, spell out the details
precisión del ajuste: (st) goodness of fit
__ **, en toda**: unmistakably
preciso: exact (location), distinct (terms), definite (reason), accurate (description)
preclusión: (leg) estoppel; foreclosure (of mortgage)
__ **de juzgado**: (Mex) (leg) estoppel by judgment
preconizar: to suggest, propose, recommend, advocate
precoz: early maturing (crops); teenage (pregnancy)
precursor: *a* pioneer; *n* forerunner; predecessor
predicamento: (Sp) influence, weight, standing, prestige; (LA) posture, stance, policy
predicción económica: economic forecasting
predio: piece of real estate; property, (farm) holding; (leg) tenement (piece of land held by owner)
__ **dominante**: dominant tenement
__ **forestal**: wood lot
__ **rústico**: farm, rural property
__ **serviente**: servient tenement
__ **urbano**: building; city property
predisposición: bias (economy, statistics)
predominante: predominant, prevailing; mainstream (views)
predominar: to predominate, prevail; tower over; be in the ascendant; be the predominant element in
prefectura naval: (Arg) coastguard
preferencia a, dar la: to give first refusal to
__ **de un acreedor**: priority of a creditor
preferencias de contrapartida: reverse preference
__ **tributarias**: tax concessions
preferentemente: preferably; primarily, mainly
prefiguración: foreshadowing
prefijo: area code (telephone)
pregunta capciosa: catch question
__ **de abanico**: (st) cluster question
__ **de interpretación abierta**: open-ended question
__ **de respuesta múltiple**: multiple-choice question

__ **de selección múltiple**: (ed) multiple-choice question
__ **sugestiva**: leading question
preguntas generales de la ley: (leg) standing legal questions (name, age, marital status, etc) usually formulated by the court
prejudicial: (leg) requiring prejudication; preliminary (ruling, decision)
prelación: priority
__ **de los acreedores**: priority of creditors
__ **, tener**: to rank ahead of, before, above
preliminaria: draft agenda
premiado: prize-winning, awarded a prize
premios y castigos: (fig) carrot and stick (approach)
prenda: pledge (security for loan); collateral; (Mex) chattel mortgage; (leg) lien; security interest
__ **agraria**: chattel mortgage on farm machinery and livestock
__ **de primer rango**: (fin) first priority security interest
__ **flotante**: floating charge; variable collateral
__ **industrial**: chattel mortgage (on plant and equipment)
__ **pretoria**: usufruct security
__ **sin desplazamiento**: chattel mortgage without conveyance
__ **sin tenencia**: pledge of title
prender: (for) to strike
prendimiento: "take" (after transplanting); "take" (vaccination)
preñez: pregnancy (cattle)
preparación: preparation; preparedness; training; knowledge, background; development (site); readiness (for)
__ **de minerales**: ore dressing
__ **de proyectos**: project preparation; project design (one element of project preparation)
__ **de recursos humanos**: human resources training, manpower training, workforce training,
__ **de terreno**: site development
__ **del suelo**: land grading; (Sp) tillage
__ **individual**: (ed) coaching
__ **mecánica de minerales**: ore dressing
__ **para exportación**: export boxing, packing
__ **para la convivencia**: civic training
__ **para la vida activa**: (ed) career education
__ **profesional**: vocational training
__ **técnica**: technical background
preparador de medicinas: compounder
preparados de despojos comestibles: variety meat
preparatoria: prevocational school
prerrogativas: "perks"
presa: dam, weir; (Guat) arrears
__ **de alzas**: bear trap dam
__ **de contención**: barrage, reservoir, check dam
__ **de diversión**: barrage, diversion dam
__ **de escollera**: rockfill dam
__ **de regulación**: flood-control dam

__ de terraplén: earthfill dam
__ embalsadora: storage dam
__ insumergible: non-overflow dam
presagiar: to foreshadow, foretell, portend, forebode, betoken
prescindencia de, con: regardless of (whom), no matter (who), irrespective of
__ de personal: (admin) redundancy
prescindibilidad: (USA) layoff of workers, (UK) redundancy
prescindible: dispensable, not essential
prescindiendo de: regardless of
prescindir: to do without (something); leave out, pass over (someone); dispense with (research); let go (staff)
prescribir: to prescribe; become invalid or unenforceable by prescription
prescripción: (leg) tolling; prescription (barring by limitation)
__ facultativa: medical prescription
__ operada: (leg) statute tolled
prescri(p)to: barred by statute of limitations; statute-barred; stale, stale-dated (check)
preselección: screening
presencia: occurrence (tree); (min) occurrence (mineral)
__ destacada: high profile
presencial: (ed) face-to-face (learning), classroom (teaching)
presentación: (comp) display; format (document); introduction (person); submission (report); make-up (pharmaceutical product); launching (product); appearance (person), packaging (product), get-up (goods); (leg) presentment
__ al cobro: encashment (check)
__ de datos: reporting of data
__ de información: disclosure
__ de informes: reporting
__ de la mercancía: get-up; appearance (external make-up) of goods
__ de ofertas: bid submission
__ del recurso: filing of the appeal
__ material: physical make-up (book)
__ sonoviso: slide-tape or audiovisual presentation
__ y discusión de casos: (med) case conference
presentador: announcer (TV); master of ceremonies (emcee)
presentar: to present, hand in (report); submit (application, report), display (pictures); file, lodge (complaint); produce (show); nominate (for a post); introduce (person); (leg) submit (proof); produce (witnesses); showcase; hold, stage (exhibition)
__ una denuncia: to lodge or file a complaint
__ un documento (informe): to introduce (orally) (at a meeting)
presente: (on envelope) City
__, hacer: to call attention to, bring to someone's attention

__, tener: to bear in mind, remember, not to forget; be mindful of, keep in mind
preservativo: condom
presidente: president (country), chairman (committee); (USA) speaker (House, Senate)
__ cesante: outgoing chairman
__ de la Corte: Chief Justice; presiding judge, chief judge
__ en funciones: serving chairman
__ interino: acting chairman (replacing chairman)
__ provisional: acting chairman (before election of chairman)
presidio mayor: long-term rigorous imprisonment
__ menor: medium-term rigorous imprisonment
presidir: to take the chair, act as chairman
presión de fondo: bottom hole pressure (oil)
__ de los salarios: wage pressure
__ de surgencia: flow pressure (oil)
__ de tierra: (Chi) active earth
__ fiscal: tax burden
__ tributaria: tax burden, tax ratio
presiones y exigencias: strains and stresses
presos procesados: prisoners awaiting sentence, prisoners who have had benefit of trial
prestación: contribution; rendering, performance, delivery (of services); help; benefit (disability, death, etc); payment
__ a título de gracia: compassionate benefit
__ de apoyo: backstopping
__ de cesantía: severance pay
__ de jubilación: retirement benefit
__ de servicios de salud: delivery of health service
__ por condiciones de vida peligrosa: hazard pay
prestaciones: benefits (social security); entitlement payments; (tech) performance (characteristics)
__ acumuladas de un afiliado activo: accrued entitlements of an active participant (pension fund)
__ adicionales: fringe benefits
__ al supérstite: survivor's benefits
__ alimentarias: (leg) family maintenance obligations
__ económicas: benefit payments; (Mex) cash benefits
__ en especie: in-kind benefits
__ familiares: family allowances, children's benefits
__ legales: (Col) social security taxes, payroll taxes
__ pecuniarias: cash entitlements
__ sociales: social security benefits; welfare payments
__ suplementarias: fringe benefits
prestamista titular: lender of record (where there is more than one)
préstamo: loan, credit

PRESTAMISTA

__ **a dos niveles**: two-tier loan, on-lending
__ **a la gruesa**: bottomry loan; respondentia loan
__ **a la orden**: call credit
__ **a la vista**: call loan
__ **a mediano o largo plazo**: term loan
__ **a plazo**: time loan
__ **a riesgo marítimo**: bottomry loan
__ **a sola firma**: unsecured loan
__ **activo**: loan made
__ **al día**: overnight money (interbank market)
__ **amortizable en su mayor parte al vencimiento**: balloon loan
__ **amortizado**: loan charged off
__ **complementario**: repeater loan
__ **con fianza**: loan secured by a personal guarantee
__ **con garantía**: secured loan (guaranteed by personal property); collateral loan (guaranteed by negotiable instrument(s)); portfolio loan (guaranteed by mortgage)
__ **con garantía prendaria**: collateral loan, pledge loan
__ **con intermediación de un banco**: back-to-back loan
__ **con resguardo**: collateral loan
__ **con vencimiento escalonado**: serial loan
__ **con vencimiento elegido a la suerte**: serial loan (reimbursement date decided by lot)
__ **concedido por un consorcio**: club loan
__ **concedido sin banco director**: club loan
__ **condicionado**: tied loan
__ **contingente**: standby loan
__ **cruzado en divisas**: back-to-back loan
__ **de amortización única**: balloon credit
__ **de aprobación autónoma**: free-limit loan
__ **de arranque**: (min) grabstake loan
__ **de avío**: working capital loan
__ **de consorcio bancario**: syndicated bank loan
__ **de emergencia**: bail-out
__ **de empalme (enlace)**: bridge loan, bridging loan; (pl) bridge finance or financing
__ **de habilitación**: working capital loan, loan secured by inventories
__ **de inversión con condicionalidad de política**: policy-driven loan, policy-based loan
__ **de liquidez**: short-term loan
__ **de liquidez inmediata**: liquidity loan
__ **de refacción**: fixed investment (capital) loan
__ **de transición**: bridge loan, bridging loan; (pl) bridge finance, financing
__ **de un día**: (bnk) clearance loan
__ **en cascada**: apex loan
__ **en condiciones concesionarias**: soft loan
__ **en condiciones convencionales (corrientes)**: hard loan
__ **en condiciones de mercado**: hard loan
__ **en condiciones gravosas**: hard loan
__ **en condiciones ordinarias**: hard loan
__ **en dificultades**: distressed loan
__ **en especie**: commodity loan
__ **en forma de participación en el capital**:

PRESTAMOS

equity loan
__ **en pirámide**: apex loan
__ **específico**: project loan
__ **exigible**: call loan
__ **fiduciario**: unsecured mortgage loan
__ **global**: indirect, global loan (development loan for onlending)
__ **gratuito**: interest-free loan
__ **no amortizado**: straight loan
__ **no garantizado**: unsecured loan
__ **no redituable**: non-performing loan
__ **para fines comerciales (industriales)**: business loan
__ **para posibles excesos de costos**: overage loan
__ **pasivo**: loan received
__ **personal**: character loan
__ **pignoraticio**: pledge loan
__ **por etapas**: time-slice loan
__ **prendario**: pledge loan
__ **privilegiado**: "insider" loan
__ **quirografario**: (com) unsecured loan
__ **reajustable**: index-tied loan
__ **reembolsable al vencimiento**: bullet loan
__ **refaccionario**: fixed capital loan, loan secured by capital assets
__ **reintegrable**: reimbursable loan
__ **reorientado**: reformulated loan
__ **sin garantía**: fiduciary loan, unsecured loan
__ **sin garantía colateral (material)**: unsecured loan; character, signature, good-faith loan
__ **sobre cargo de un buque**: respondentia loan
__ **sobre valores (títulos)**: collateral loan
__ **transitorio**: bridging loan, bridge loan; (pl) bridge finance, financing
préstamos: lending
__ **a empresas (sociedades)**: corporate lending
__ **con garantía**: portfolio loans
__ **concedidos**: lending
__ **concertados**: committed loans; (Sp) (acct) loans obtained
__ **cruzados en dólares**: back-to-back loans
__ **de política**: policy-based loans
__ **del exterior**: foreign borrowings
__ **desembolsados (a un país) y garantizados**: country exposure
__ **directos**: direct lending
__ **dudosos**: non-performing loans
__ **en base al capital**: asset-based lending
__ **en cartera**: portfolio loans
__ **en trámite**: pending loans
__ **hipotecarios**: mortgage financing
__ **inmobiliarios**: (Per) mortgage loans
__ **interbancarios**: (Arg) call money; (USA) federal funds
__ **mobiliarios**: (Per) equipment loans
__ **pasados a pérdidas**: write-offs
__ **pendientes**: exposure
__ **sin cortapisas**: loans without strings
__ **subsidiarios**: back-to-back loans
__ **tomados**: borrowings
__ **vigentes**: active loans

prestanombre: "front", dummy, straw man
prestar declaración: to give evidence, testify
__ **juramento**: to take the oath
__ **servicio**: to be in operation
prestatario final: end borrower, ultimate borrower
__ **(que tiene carácter) preferencial**: prime borrower
prestatarios de alta (gran) solvencia: prime borrowers or high quality borrowers
presumario: (Ur) (leg) preliminary judicial interrogation of a person under arrest
presunción de daños y perjuicios: (leg) prima facie case of damages
__ **de derecho**: (Chi) irrefutable presumption
__ **irrefragable**: irrefutable presumption
__ *juris et de jure*: (leg) conclusive (irrebuttable) presumption
__ *juris tantum*: (leg) rebuttable presumption
__ **legal**: presumption of law
presunciones razonables: prima facie case
presunta desgracia: presumed misadventure; presumption of misadventure
presunto: prospective (borrower), potential (supplier), intended (beneficiaries); so-called (journalist); alleged (murder); reputed (owner)
presupuestación de producción: output budgeting
__ **por actividades**: performance budgeting
__ **por objeto de gastos**: line budgeting
presupuestaria: budget accounting
presupuesto: estimate of expenses or costs; budget; (Sp) bill of quantities; presupposition, assumption, supposition, postulate; motive, reason, grounds; (fin) resource envelope (overall expenditure limit)
__ **aproximado**: rough estimate
__ **básico**: core budget
__ **de capital**: capital budget; capital costs
__ **de ejecución**: performance budget
__ **de equipo e instalaciones**: capital budget
__ **de explotación**: operating budget
__ **de inversiones**: capital budget; capital costs
__ **de la construcción**: construction estimates
__ **de la explotación agrícola**: farm budget
__ **de mejoras**: capital improvement budget
__ **de planificación**: planning estimate
__ **familiar**: household expenditure
__ **funcional**: performance budget
__ **igual**: flat budget
__ **límite**: target budget
__ **multianual**: multi-year budget; forward budgeting
__ **ordinario**: assessed budget (United Nations)
__ **parcial**: appropriation line
__ **por funciones**: performance budget
__ **prorrateado**: assessed budget (United Nations)
__ **sin cambio (sin aumento)**: flat budget
__ **unificado**: consolidated budget

presupuestos procesales: (leg) prerequisites or rules of procedure, procedural requirements
pretender: (+ infinitive) to try, attempt; aim at, seek to, strive for, intend; (+ clause) expect, suggest, intend; claim, allege; (+ direct object) lay claim to, aspire to
pretensión: (leg) cause of action; claim
__ **litigiosa**: (leg) subject-matter of a suit
pretensiones de sueldo: expected salary, salary desired
pretil: parapet, guardrail; (Chi) dike; (Mex) curb, kerb
__ **de la acequia**: (irr) bank of irrigation ditch
prevalecente: prevailing, prevalent, mainstream (view)
prevalecer: to dominate, impose oneself, triumph, be the most important of, prevail; (leg) be controlling (in the event of an inconsistency)
prevalencia: (med) prevalence (total number of cases of a disease)
prevalerse: to take advantage of, make use of, (fig) invoke
prevaricación: (leg) breach of trust of a public official, malfeasance in office
prevaricato: (leg) malfeasance in office
prevención: preparations (for a trip), foresight, precaution; precautionary measures; prejudice (against); (leg) right of judge to take cognizance of a suit over which he has concurrent jurisdiction with another judge; (Chi) (leg) reservation (to a treaty, etc); opinion of concurring judge about one of the grounds of a judgment
__ **, departamento de**: (Mex) department of correction
prevenir: to prepare; provide; take precautions; warn, alert; prejudice for or against; (leg) take steps to safeguard property of litigant; guard against (error), forestall; (leg) act first (of a judge) (in taking jurisdiction of a case)
preventivamente: by way of precaution
preventivo: cautionary; preventive, tentative, provisional; interim (extension); (leg) protective (custody), preliminary (control)
prever: to foresee; envisage, anticipate, visualize; provide for (be prepared for)
previa aprobación del Gobierno: subject to Government approval
__ **deliberación**: after consultation
__ **entrega**: after delivery
__ **la revisión de**: once the... has been inspected
__ **revisión**: subject to inspection
__ **venia de**: after receiving consent or permission from
previo: prior, previous, preparatory to; (ablative absolute) after (certain conditions have been fulfilled), following upon, subject to
__ **acuerdo**: subject to agreement, with the prior agreement of
__ **aviso de un mes**: subject to one month's

notice
- __ concepto de__: with the concurrence of; after a ruling by, after... decides
- __previsible__: prospective (trend, returns, etc)
- __previsión__: precaution; estimate (expenditure); forecast (weather, short-term trends); (Sp) (acct)(sometimes) reserve, allowance (depreciation)
- __ discrecional__: judgmental forecast
- __ para clientes dudosos__: (Sp) (acct) allowance for bad debts, for doubtful accounts
- __ social__: social insurance
- __previsiones (de gastos)__: (budget) estimates
- __ inflacionarias__: inflationary expectations
- __ presupuestarias__: budget estimates
- __previsionamiento legal de las condiciones__: (leg) legal compliance with the conditions
- __previsor__: farsighted
- __previsto__: envisaged (rate of advance), envisioned (in the treaty), expected (increase), specified (deadlines), provided for (in the budget), planned (requirements), contemplated (in the agreement), scheduled (date), anticipated (decline), target (level), prearranged (date)
- __ en el artículo 3__: as set forth in, as stipulated in Article 3
- __prima__: (ins) premium; bonus, subsidy, incentive payment, allowance (language, repatriation, etc)
- __ de aplazamiento__: (st ex) backwardation
- __ de asiduidad__: attendance bonus
- __ de carestía de la vida__: cost-of-living bonus
- __ de celeridad__: (ot) dispatch money (loading/unloading)
- __ de emisión__: premium (bonds)
- __ de entrada__: (Ec) exploration fee (oil), entrance fee (minerals)
- __ de exportación__: drawback; export premium, subsidy, export bounty
- __ de incentivo__: (fin) account opener
- __ de pronta carga (descarga)__: (ot) dispatch money
- __ de rapidez__: (ot) dispatch money
- __ de rendimiento__: incentive or production bonus
- __ de rescate__: call premium; premium on redemption, loan discount
- __ de retorno__: (ins) return premium
- __ de velocidad__: (ot) dispatch money
- __ especial__: incentive payment
- __ fraccionada__: installment premium
- __ global__: (ins) flat rate premium
- __ pagada por aplazamiento de entrega__: (st ex) backwardation
- __ pagada por aplazamiento de pago__: (st ex) contango
- __ por cuenta propia__: (ins) net retained premium
- __ por lugar de destino__: (admin) post differential
- __ por pronta descarga__: dispatch money
- __ por trabajo nocturno__: (Sp) night work bonus or differential
- __ suplementaria__: additional bounty
- __ uniforme__: level premium
- __primas y gratificaciones__: bonuses and gratuities
- __primal__: yearling
- __primer ciclo de la enseñanza secundaria__: (UK) lower secondary school; (USA) junior high school
- __ libramiento (sobre un crédito)__: (Mex) (fin) first tranche of a loan
- __ maquinista__: chief engineer (ship)
- __ miembro__: left-hand term (equation)
- __ oficial__: first mate (ship), chief clerk
- __ otrosí__: (leg) first petition
- __ término del segundo miembro__: first right-hand term (equation)
- __primera de cambio__: first of exchange
- __ de dominio__: (leg) first time issuance of title
- __ emisión__: bell-cow issue
- __ infancia__: early childhood
- __primeras diligencias__: preliminary inquiries
- __ letras__: the three R's
- __primeros procesos__: upstream processing
- __primicias__: early vegetables or fruits
- __primitivo__: early (work), original (price); initial (cost); primitive (customs); crude (method)
- __primordial__: of prime importance, prime (necessity), vital (interest), basic, fundamental (concern)
- __principal__: *a* principal, chief, main (part, idea, concern), lead(ing) (underwriter), cardinal (aspect); senior (debt, partner, advisor, auditor, creditor), head (office), key (factor), major (object of expenditure), staple (commodity); lead (agency), foremost (producer); *n* principal (of a debt); principal (as opposed to agent)
- __ , en lo__: on the merits of the case; (leg) on the issue or substance
- __principales productos básicos (primarios)__: core commodities
- __principalmente__: mostly, mainly, largely
- __principio, al__: to begin with, initially, early on
- __ básico__: underlying principle
- __ capital__: cardenal rule
- __ de la continuidad (uniformidad)__: (Sp) (acct) principle of consistency
- __ de la importancia relativa__: materiality principle
- __ de subsidiaridad__: principle of subordination
- __ del devengo__: (Sp) (acct) principle of accruals; accrual basis
- __ , desde un__: all along
- __ , en__: temporarily, tentatively
- __ , en un__: at first, initially, to start with, originally
- __ , por__: as a rule, as a matter of principle, on principle
- __ , tener por__: to make a point of
- __principios__: tenets

PRINCIPIOS

__ **de, a**: at the beginning (of May), early (in the week)
__ **rectores**: ground rules
pringado: upgraded (through crossbreeding)
prioridad: seniority (loans)
__ **absoluta**: first priority
__ **unionista**: Paris Union priority right (patent)
prioritario: prime, primary (objective), paramount (concern), crash (program), rush (order); vital, pressing, requiring immediate attention
priorización de proyectos: project ranking
prisión: arrest; prison; imprisonment
__ **como medida de seguridad**: precautionary imprisonment
__ **perpetua**: life imprisonment
__ **preventiva, en**: under pre-trial detention, custody pending trial, held for trial, remanded in custody, detained in (police) custody; awaiting trial
prisma: (fig) point of view
privación: deprivation, loss (freedom), abridgement (rights)
__ **de derechos civiles**: (leg) attainder
__ **de libertad**: imprisonment, prison sentence
privado: private, personal, confidential; internal (audit)
privar: (Mex) to prevail, be prevalent, be in force
privativamente: exclusively
privativo: exclusive (authority); reserved for, vested solely in (power); is the preserve of, prerogative of
privatización: divestiture, divestment (shedding) of corporations by the State
__ **mediante cupones**: voucher privatization
privatizar: to put (back) into private ownership, privatize; sell (off) to private buyers, to the private sector
privilegiado: talented (person), favored (place); extremely good (memory); preferred (creditor); (UK) debenture (bond); (pl) the happy few
privilegio: privilege; preference; preferential claim, lien, privilege; concession, franchise, exemption; charter (bank)
__ **de patente**: patent
__ **de prelación sobre las hipotecas**: lien ranking ahead of mortgages
__ **fiscal**: tax concession
__ **marítimo**: (leg) maritime lien
privilegios industriales: industrial patents
probarse que, al: on a showing that
probatoria: (leg) time allowed for producing evidence; probatory period; discovery period
probeta: test tube; test piece; specimen; (min) assay spoon
__ **de ensayo**: test piece
problema básico: central problem, basic problem
__ **crítico**: key problem
__ **esencial**: central problem, basic problem

PROCESO

__ **espinudo**: "hard nut" (to crack)
problemas de coyuntura y de fondo: short- and long-term problems
__ **iniciales**: teething problems
problemática: problem areas; (set of) problems; major issues
__ **de diferencias entre los sexos**: gender issues
problemático: dubious, questionable, uncertain
procede, que en derecho: (leg) as is befitting in law, that is proper in law
procedencia: source (of financing); provenance (seed); (leg) legal basis, validity, merits (petition, demand); lawfulness, legality, accordance with the law
__ **de una idea**: cogency of an idea
__ **de una medida**: propriety of a measure
__ **, sin**: without merit; no cause for action
procedente: according to the law, rules, etc; advisable, in order, proper; valid (decision); well-founded (charge); upheld (challenge); having merit (allegation); appropriate (list); fitting (action)
__ **de**: coming from, consigned, shipped from; of... origin, derived from
proceder: to be advisable, convenient, (leg) be admissible, lie, be in order
__ **a**: to begin to do something, proceed to, get on with, go ahead with; attend to, undertake
__ **a la votación**: to open the vote
__ **de**: to originate, come from, be accounted for by
__ **de oficio**: to act with full powers
__ **judicialmente**: to take legal steps
procedimiento: method, procedure (for doing something); (artistic) technique; (leg) procedure; series of steps, proceeding(s)
__ **contradictorio**: (leg) adversary proceeding
__ **de apremio**: enforced collection procedure
__ **de aprobación tácita**: no objection procedure
__ **de elaboración**: process engineering
__ **de exequátur**: enforcement proceeding
__ **judicial**: judicial proceeding
__ **reglamentario**: standard procedure
procedimientos no cruentos: (med) non-invasive procedures
prócer: eminent person; founding father; national hero
procesable: (leg) actionable
procesado: *a* held for trial; *n* the accused
procesal: pertaining to a lawsuit
procesamiento de un ministro: impeachment of a minister
proceso: process; procedure (series of steps); course (of a lifetime); (leg) proceedings; civil action; criminal prosecution
__ **autónomo**: (Sp) (comp) off-line processing
__ **civil**: (leg) lawsuit
__ **criminal**: (leg) trial
__ **de avance (de superación)**: (econ) breakthrough process
__ **de institucionalización**: process of reshaping

688

PROCESOS · PRODUCTOS

the country; reshaping a country's institutions
__ **discontinuo**: batch processing
__ **legislativo**: law making
__ **morboso**: (med) condition
procesos inflacionarios: inflationary trends
proclama: banns (of marriage)
procreación: child-bearing
__ **en consanguinidad (consanguíneo)**: (agr) inbreeding (animals)
procuración: (leg) written authorization to act for another (agency, proxy); power of attorney
procurador: agent, proxy; attorney in fact
__ **de número**: licensed attorney
__ **fiscal**: public prosecutor
procurar: (+ infinitive) to try, endeavor, seek, take steps, find a way to, take care (not to); (+ noun) get something for someone (job), provide with (funds), afford (consultation); (+ clause) make sure, ensure that
__ **fondos**: to raise funds
producción: production, output; yield; crop, produce; (sometimes) performance (cattle)
__ **a capacidad total**: capacity output
__ **a destajo**: jobbing
__ **a maquila**: toll production, contract production
__ **a plena capacidad**: capacity output
__ **agrícola**: agricultural output
__ **cautiva**: (Arg) captive production
__ **comercial**: market production
__ **comercializada**: cash production
__ **compartida**: production sharing
__ **de abonos a partir de desechos**: (agr) composting
__ **de árboles**: tree growing
__ **de aves anual**: annual hatch
__ **de bienes**: commodity production
__ **de ganancia líquida**. (fin) netting
__ **de ganancia neta**: (fin) netting (to net a profit)
__ **de series completas**: full-line production
__ **de temporal (régimen de)**: dryland farming; rainfed agriculture, rainfed production
__ **de terneros**: calf crop
__ **en cadena**: flow-line production, assembly production
__ **en pequeña serie**: small-batch production
__ **en serie**: standardized production, mass production, volume production
__ **excedente**: "overhang"
__ **lechera**: dairying
__ **metalúrgica**: smelter production
__ **nacional**: national industry; domestic production; (sometimes) domestic industry
__ **por pedidos**: jobbing
__ **rectilínea**: straight-line production
__ **sostenida**: (for) sustained yield
__ **tecnificada**: up-to-date (modern) farming practices
__ **total**: total or aggregate output; throughput

(processing industries)
__ **vendible**: marketable output
__ **y demanda sincronizadas**: (ind) just-in-time production
producciones: products, commodities; line of production
__ **principales de un país**: staples
producir efecto multiplicador: (fin) to leverage
__ **obligación y acción en juicio**: (leg) to be a source of duties and rights at law
productividad: productivity (output per man/hour); productive capacity; efficiency; performance; yield-capacity (forest); (Col) profitability
__ **de capital**: capital efficiency (productivity, yield, utility)
productivo: productive; profitable; lucrative; production-oriented (project)
producto: product, produce; (ind) output; (fin) yield; proceeds (of a loan, sale), (acct) operating income, revenue
__ **alimentario**: foodstuff
__ **bruto de explotación**: (Sp) gross operating income
__ **bruto interno agrícola (PBIA)**: gross (domestic) agricultural product
__ **cardinal**: key product
__ **de los impuestos**: tax yield, tax proceeds
__ **de un préstamo**: proceeds of a loan
__ **del delito**: (leg) proceeds of the crime
__ **denunciado**: offending product (antidumping negotiations)
__ **estrella**: flagship product
__ **geográfico bruto**: (Chi) gross domestic product; (sometimes) gross regional product; specifically: gross state product, (Arg) gross provincial product
__ **global**: aggregate output; (sometimes) aggregate profit
__ **industrial**: industrial output
__ **intermediario**: (ind) semi-finished product
__ **interno bruto (PIB)**: gross domestic product (GDP)
__ **marginal**: (ind) by-product
__ **nacional bruto (PNB)**: gross national product (GNP)
__ **neurálgico**: critical product
__ **vectorial**: (st) cross product
__ **vulnerable**: sensitive commodity
productos: (ed) outputs; (fin) revenues
__ **alimenticios**: food commodities
__ **básicos**: commodities
__ **compensados**: swing products
__ **contingentados**: commodities subject to a quota
__ **de belleza**: grooming products
__ **de degradación (descomposición)**: breakdown products
__ **de elaboración mecánica de la madera**: mechanical wood products
__ **de empleos**: (Sp) (acct) interest revenue

__ de explotación: operating income
__ de hojas: green vegetables
__ de inversión: investment income
__ de la pesca: fish products
__ de precisión: (ind) sophisticated products
__ de primera necesidad: essential goods
__ de resinación: naval stores
__ del mar: marine products
__ duraderos (de consumo): consumer durables
__ elaborados: manufactures
__ en curso de fabricación: (acct) work in process, in progress
__ físicos: spot commodities
__ forestales: forest output, wood products
__ forestales no madereros: non-timber forest products
__ hortícolas: vegetables, vegetable crops
__ lácteos elaborados: processed dairy products
__ metalmecánicos: engineering products
__ no leñosos: non-wood products
__ no refinados (del petróleo): (ot) dirty products
__ objeto de comercio internacional: internationally-traded goods
__ pecuarios: animal products
__ pesqueros: fish products, fish commodities
__ primarios: raw materials
__ principales: primary products; primary commodities
__ refinados (del petróleo): (ot) clean products
__ terminados (manufacturados): final products, end products
__ trefilados: wire products
__ varios: (acct) other income
productor agropecuario: farm operator
__ **de producción flexible**: swing producer (oil)
profano: worldly, secular; uninitiated, lay, ignorant (of the arts, etc)
proferir una sentencia: (leg) to announce a decision
profesión: occupation, trade, profession
__ **colectiva**: industrial affiliation
__ **individual**: occupation, trade
__ **liberal**: profession
profesional: vocational (training), occupational (rehabilitation), trade (association), commercial (fishing), job (aspirations), industrial (disease), business (use), career (development)
profesionalización: career development, vocational training, professionalization (of teaching, child care, the public sector, sports); building a professional community; professional development
profesor: teacher, instructor; high school or university teacher
__ **a cargo**: (de) head teacher
__ **adjunto**: (USA) associate professor; (UK) reader (e.g. in biochemistry); assistant teacher (primary school)
__ **agregado**: assistant professor
__ **ayudante**: assistant teacher (high school)

__ **de prácticas**: workshop instructor
__ **guía**: master teacher
__ **hora**: (Chi) part-time teacher
__ **invitado**: visiting professor
__ **numerario**: full professor
__ **pasante**: coaching teacher
__ **suplente**: supply (substitute, replacement) teacher
__ **titular**: (USA) full professor; (UK) senior lecturer
profilaxis: (med) prevention of disease
prófugo: at large
profundidad: depth (water), extent (knowledge), scope, complexity
__ **de labranza**: depth of tillage
__ **puntual**: local depth
profundización: deeper analysis, deeper explanation, intensification (measures), expansion (knowledge)
profundizar: to delve into, study in depth, probe, get to the bottom of; deepen, improve, develop, advance, intensify, step up; provide more complete (fuller) information about; build on (a system); build a more complete (system), expand (up)on, provide (afford) a more complete (accurate) picture of
profundo: deep (bow, breath); incisive (mind); piercing (glance); radical, sweeping (change); intensive (study); keen (regret); thoroughgoing, far-reaching (reform); steep (devaluation), extensive (knowledge)
progenitores: parents (plants)
programa: program, plan, schedule; agenda (meeting)
__ **acelerado**: crash program
__ **alterado**: staggered program
__ **asistencial**: welfare program
__ **bien encaminado**: on-track program
__ **colectivo**: collaborative program
__ **complementario**: follow-up program
__ **de actividades**: schedule of events (meeting)
__ **de alcance exterior**: outreach program
__ **de cadena**: (radio) network program
__ **de comedores escolares**: school meals program
__ **de cooperación exterior**: outreach program; external cooperation program (of a country)
__ **de derecho a prestaciones (subsidios)**: entitlement program
__ **de difusión**: outreach program
__ **de divulgación**: outreach program, extension program
__ **de emergencia**: crash program
__ **de enseñanza de aritmética elemental**: numeracy program
__ **de entrega**: delivery schedule
__ **de estudios**: (ed) syllabus (outline of a course of study), course plan, course outline; curriculum (course of study or set of courses of a degree program)
__ **de exploración**: (comp) browser program

PROGRAMAS

__ de extensión: outreach program
__ de producción: (ind) production schedule
__ de reactivación: pump priming program
__ de recuperación escolar: (ed) drop-out program
__ de refuerzo: (ed) enrichment program
__ de reorganización (saneamiento): (fin) rehabilitation program (public corporations)
__ de sesiones: order of business
__ del Desarrollo: Agenda for Development
__ en curso de ejecución: on-going program
__ esencial: (ed) core program
__ específico: target program
__ examinador: (comp) browser program
__ explorador: (comp) browser program
__ genético: breeding program
__ integrado estudios-trabajo: (ed) work experience program
__ mal encaminado: off-track program
__ obligatorio común: (ed) core curriculum
__ operacional: field program; (sometimes) business plan
__ operativo de proyectos: project pipeline (IDB)
__ relámpago: crash program
__ selectivo: targeted program
programas aplicativos: (comp) object-oriented programs
__ envasados: (comp) packaged programs (software)
__ intermedios: (comp) middleware
__ y procedimientos: (comp) software
programación: program planning, scheduling; phasing; timing (of investments)
__ de escala nacional: in-country programming
__ del servicio de la deuda: debt service profile
__ lineal: activity analysis, linear programming
__ multinacional: intercountry programming
__ operativa: short-term policy
__ prospectiva: medium-term policy
programática: program content
progresar: to progress, make progress, advance, make headway, gain ground
progresión escalonada: bracket progression (tax)
progresiva: station (on a survey line)
progresivamente: by stages, by degrees
progresividad arancelaria: tariff escalation
__ de las restricciones a la importación: escalation of import restrictions
progresivo: steady, continuous, sustained (increase), gradual, by degrees; graduated (rate), step-by-step (advance), continual (growth), constant (increase); staged (implementation), incremental (building)
progreso: headway, inroad, advance
__ escolar: (ed) achievement
__ , índice de: (ed) transition rate (from basic to secondary education)
__ técnico no incorporado: disembodied technological progress
__ tecnológico: technological advancement
prohibición: ban; embargo

PRONOSTICO

__ judicial: (leg) injunction
prohijar: to adopt (child, idea, custom)
prole: descendants (usually children)
proliferación: rapid growth; build-up; mushrooming; spread (of disease)
prolongación de una actividad: extended effect
promediado: (fin) rolled (costs)
promedio fluctuante: moving average
promesa de compraventa: (fin) option contract
__ de contribuciones: pledge, pledging
__ de invertir: commitment to invest
__ de suscripción: underwriting
prometedor: full of promise, promising, attractive, bright (prospects)
promiscuidad: overcrowding
promiscuo: (leg) which has jurisdiction in both civil and criminal cases (judge, court)
promoción: furtherance (principles), development (cooperation), advocacy (cause), initiation (action); drive (sales, exports), pioneering; advancement, personal development; (ed) cohort, graduation class; affirmative action (women, minorities); outreach
__ de intereses: advocacy
__ de la autonomía: empowerment
__ de la mujer: advancement of women
__ de las perspectivas de carrera: career development
__ de servicios: advocacy of services
__ en el empleo: occupational advancement
__ industrial: industrial extension
__ social: social advancement; community development
promotor: n community (action) worker, extension worker, outreach worker; motivator (family planning); field officer; sponsor (venture capital fund); proponent
__ fiscal: (leg) government attorney, prosecutor, (sometimes) district attorney
__ inmobiliario: real estate developer
promover: to initiate, institute (reform); further, contribute to the growth of; foster, sponsor (idea); boost, expedite (piece of work); advance (cause); further (principles); develop (cooperation); make for (better relations); cause something to be done; institute (proceedings); nurture (dialogue, economic growth); enhance (social equity)
__ juicio (demanda): to bring suit
__ pruebas: to call for proof
promoviente: (Mex) (leg) plaintiff
promulgar: to announce (publicly); enact (law), put law into force
pronóstico de largo alcance: long-range forecast
__ presupuestario: budget projection
prontuario: compendium, digest; notebook; fact sheet (staff)
__ policial: (LA) police record
pronunciamiento militar: military revolt; military coup

pronunciarse: to rule
__ **sobre el fondo**: to determine the merits of the case
propagación, material de: nursery stock; planting stock
propaganda: publicity, advertising (material)
__ **y publicidad**: advertising and promotion
propalar: to announce, divulge, spread (news)
propedéutica: (ed) pre-university courses; orientation course
propender a: to tend, be inclined towards, have a leaning towards (anger); tend to (become angry)
propenso a: subject to, (earthquake-, flood-) prone
propiamente dicho: actual, real, proper
propiciar: to be conducive to, favor, patronize; (sometimes) cause, give rise to; lead to, be conducive to
propicio: conducive (to), favorable (time), suitable (person), prone to, inclined to; enabling (environment for investment); the right (moment, time)
propiedad: possession; ownership; property; propriety, appropriateness, correctness; (fin) owner's equity
__ **absoluta**: freehold
__ **accionista**: equity
__ **(artística y) literaria**: copyright
__ **colectiva**: common ownership
__ **, en**: regular (member); in his own right (i.e., as the incumbent); (leg) in absolute and legal possession (a right, piece of property, etc), in fee; (Sp) freehold
__ **exclusiva, de**: solely owned
__ **horizontal**: condominium
__ **indivisa**: joint property
__ **industrial**: trademark rights, patents
__ **intelectual**: copyright
__ **mobiliaria**: stock ownership
__ **neta**: (Mex) equity
__ **plena**: (leg) unrestricted ownership
__ **social**: corporate ownership
__ **temporal, en**: (Sp) leasehold
propietario absoluto: (Sp) freeholder
__ **aparente**: reputed owner
__ **del muelle**: (USA) ship's husband
__ **efectivo**: (leg) beneficial owner
__ **gestor**: (ot) managing owner
__ **indiviso**: joint owner
propietarios de la carga: cargo interests
propio: separate (identity); same (conditions); own (court, character); strict (meaning); characteristic (trait), typical of, peculiar to, distinctive; home (consumption), inherent (defect), incumbent (duties); (pl) own (= locally raised resources or revenues of a municipality)
proponente: proposer (motion, resolution); bidder (auction)
__ **de una resolución**: original mover of a resolution

proponer: to propose, put forward, propound, submit (plan, theory, problem); nominate (candidate)
__ **prueba**: (leg) to offer evidence
proponerse: to intend, plan, mean (to do something)
proporción: proportion, ratio; share (of agricultural products in export earnings); percentage; amount
__ **con, guardar**: to be commensurate with
__ **de agua**: amount of water
__ **de importaciones en los productos nacionales**: import content of domestic products
__ **de vacíos**: voids ratio
__ **de, en la**: at the rate of
__ **de mano de obra**: labor intensity
__ **del impuesto (gravamen) en el precio**: tax wedge
__ **deuda/capital social**: debt-to-equity ratio
__ **marginal de los productos importados en el costo de las inversiones**: marginal import content of investment
proporciones: dimension; size, scope, extent
__ **de la catástrofe**: extent of the disaster
__ **relativas o diferenciales**: relativities (wages)
proporcionar: to provide, supply, furnish, make available, lend (enchantment); yield (statistics)
proposición de prueba: submission or offering of evidence
propósito: intention; aim; object, purpose; attempt (to do something)
__ **, a**: a suitable; relevant; adv deliberately, intentionally, on purpose
propuesta: proposal; bid; tender; motion, proposal (at a meeting)
__ **aceptable**: responsible proposal
__ **de medidas prácticas**: action-oriented proposal
__ **de transacción**: compromise proposal
__ **informal**: non-conforming bid
__ **pública**: open bidding
__ **sellada**: sale by sealed tender
__ **técnica y económica**: technical and financial bids (two-envelope system)
propugnadores: supporters, advocates, champions (of a cause)
propugnar: to advocate, press for (something being done), encourage, promote, back, support, defend
prorrata de intereses: proportional interest
prorratear: to prorate; share out or divide proportionally
prorrateo: apportionment (expenses, etc)
__ **de cuotas**: quota assessment
__ **de gastos**: assessment of expenses
prórroga de desembolso de intereses: (Chi) retiming (of interest payments on debt)
__ **preventiva**: interim extension
prorrogado: extended-term (insurance)
prorrogar: to extend (time limit)

PRORROGA

__ **jurisdicción**: (leg) to change venue
prosecretario: assistant secretary, deputy secretary
proseguir: to pursue (studies), press ahead with (work), continue with, carry on with
proselitismo: recruiting (new members)
prospección de ideas: brainstorming
__ **geofísica**: geophysical prospecting, electrical prospecting
prospecciones forestales: forest surveys
prospecto: pamphlet, folder, prospectus (securities issues)
__ **de emisión**: (fin) "tombstone" (advertisement of public offering of securities)
__ **preliminar**: (fin) red herring prospectus (preliminary prospectus)
protagonizar: to drive; be a driver of (economic growth)
protección a la madre y al niño: infant and maternal welfare
__ **contra la inflación**: hedging
__ **de cartera**: allowance for decreases in value of portfolio
__ **de empedrado**: slope protection
__ **de la infancia (infantil), servicios de**: child welfare services
__ **del seguro**: insurance coverage
__ **marcaria**: trade mark protection
proteínas nobles: high quality proteins
__ **vegetales estructuradas**: texturized plant proteins
protésico dental: dental laboratory technician
protesta: asseveration, declaration; protest
__ **de avería**: (ins) ship's protest
__ **del cargo**: (Mex) oath of office
__ **sindical (gremial)**: (admin) job action
protestado y ratificado con su firma ante mi: sworn to and subscribed before me
protestar (protesto lo necesario): I solemnly swear that … is true
protesto: (com) protest
__ **de una letra de cambio**: noting a bill
__ **por falta de aceptación (o de pago)**: (com) protest for dishonor
protocolario: formal, ceremonial
protocolización: filing in a notarial record book, formal registration by a notary
protocolizar: to record, register or file (a document) with a notary; sign (a treaty) formally
protocolo: a file or archive of original instruments (deeds, land transfers, etc) left with notary, the parties having certified copies only; minutes or drafts of a diplomatic agreement; (diplomatic) protocol (to a treaty); record of proceedings of a diplomatic conference
__ **notarial**: original record of deed
protocolizador: (Mex) incorporator
prototipo: *a* true to type; *n* example, model; archetype
protuberancia: bulge
provecho, sacar el mejor: to turn to the best account

PROVOCAR

proveedor de buques: ship's chandler
__ **de efectos navales**: ship's chandler
__ **marítimo**: ship's chandler
proveedores: (acct) trade accounts payable
proveeduría: supply department, procurement department, purchasing unit
proveer: to supply, provide, furnish; fill (a vacancy); (leg) decide, resolve, issue a judicial decision
__ **un recurso**: (leg) to adjudicate an appeal
proveído: (leg) interlocutory or procedural decision; (Mex) writ
proveimiento: decision, judgment; supply provisioning
proventos: (Ur) (acct) miscellaneous revenue (from sales of material, etc)
providencia: judicial decision referring to matters of procedure; judicial writ
__ **precautoria**: (leg) protective order
providencias: (precautionary) steps, measures, arrangements
__ **de mero trámite**: (leg) interlocutory orders
provisión: provision (funds); cover, margin (stock exchange); allowance (depreciation); (acct) (contingency) reserve
__ **contable**: accounting allowance
__ **de fondos**: provision of funds, funding, reserve funds, financial cover; funds made available
__ **para cuentas bancarias**: cash float
__ **para cuentas dudosas**: reserve for bad debts; allowance for bad debts, for doubtul accounts
__ **para depreciación**: depreciation allowance
__ **para fallidos**: loan-loss provision(s), reserve(s); loan-loss provisioning
__ **para pérdidas de cambio**: allowance for decline in foreign exchange value
provisiones del buque: ship's stores
__ **para insolvencias**: (Sp) provision for bad debts
__ **para responsabilidades**: (Sp) provision for third-party liabilities
__ **para riesgos en curso**: (ins) unearned premium reserves
__ **técnicas**: (acct) actuarial reserves; (ins) statutory reserves
provisional: temporary (arrangement); tentative (estimate); interim (award); make-shift (solution)
provisorio: interim, provisional; temporary, tentative; stop-gap (measures)
provocación: (leg) entrapment
provocar: to prompt, induce, provoke, cause, give rise to, elicit (response); trigger, spark, touch off
__ **un incidente**: (leg) to raise a point of law
proyección: projection; influence; "hold"; implications, potential, impact (of measures); outreach
__ **del hospital en la comunidad**: the influence of the hospital in the community
__ **exterior**: outreach activities

PROYECCION   PRUEBA

__ **mayor**: higher profile
__ **minera**: mine design
__ **retrospectiva**: (demog) reverse-survival (method, estimate)
proyectación: project planning; allocation of funds to projects
proyectado: budgeted (costs, as opposed to actual costs)
proyectar: to plan (to do something); design (building)
__ **a**: to extend to
proyectarse: to extend one's influence
proyectista: designer, design engineer
proyecto: plan, project, blueprint, proposal; design, draft, scheme, deal, venture (venture capital); (fig) mission, calling
__ **a punto**: turnkey project
__ **agropecuario**: mixed farming project
__ **básico**: basic design; core project; blueprint
__ **complementario**: follow-up project
__ **completo**: full-blown project
__ **concatenado**: piggyback project
__ **de ...** : suggested (time table), proposed (draft, agenda), draft (law = bill)
__ **de carácter social**: "soft" project
__ **de derivación directa**: (hydr) run-of-river project
__ **de ejecución**: detailed design
__ **de exposición**: showcase project
__ **de integración enseñanza-aprendizaje**: integrated practice-instruction project
__ **de inversión**: capital project
__ **de rápido rendimiento**: quick-yielding project
__ **de resolución**: draft resolution
__ **docente-asistencial**: medical education and health care project
__ **ejecutivo**: detailed design
__ **en cartera**: pipeline project
__ **en ejecución (en marcha)**: on-going project, active project
__ **en reserva**: shelf project, pipeline project
__ **en tramitación**: pipeline project
__ **experimental**: pilot project
__ **financiable**: bankable project
__ **financieramente aceptable**: bankable project
__ **general**: umbrella project
__ **global**: umbrella project
__ **llave en mano**: turnkey project
__ **modelo**: (ed) demonstration project
__ **multivalente**: multipurpose project
__ **para comentarios (PC)**: Exposure Draft (ED)
__ **patrocinado**: adopted project
__ **puntero**: flagship project
__ **rector (principal)**: umbrella project
__ **sin historia**: greenfield venture
proyectos financiados con fondos propios: fully funded plans
__ **refundidos**: consolidated projects
proyector de opacos: overhead projector
__ **(de) periscopio**: overhead projector

prudencial: reasonable (amount); decent (interval)
prudente: cautious; sensible; moderate; sound; judicious; discreet; polite; conservative (estimate)
__ **discreción, normas de**: prudent man rule (trust)
prueba: test, (demonstration of) proof; evidence
__ **a un extremo**: (st) one-sided or one-tailed test
__ **concluyente**: (leg) conclusive evidence
__ **contraria**: (leg) conflicting evidence
__ **de actividad**: (med) potency test (vaccine)
__ **de aprovechamiento**: (ed) performance test; achievement test
__ **de banco**: static test
__ **de compatibilidad**: (st) cross-matching test
__ **de conocimiento**: (ed) achievement test
__ **de descendencia**: offspring test
__ **de desgaste**: abrasion test
__ **de diferencia de tiempo**: (st) lag test
__ **de oídas**: (leg) hearsay evidence
__ **de progenie**: progeny test; offspring test
__ **definitiva (decisiva)**: (leg) conclusive evidence
__ **doblemente anónima (ciega)**: (med) double-blind test
__ **documental**: proof of private documents
__ **eficiente**: (leg) probative evidence
__ **en banco**: bench scale experiment
__ **escrita**: documentary evidence
__ **esencial**: (leg) material evidence
__ **evidente**: (leg) proof positive
__ **indiciaria**: circumstantial evidence
__ **indirecta**: circumstantial evidence
__ **indispensable**: (leg) conclusive evidence
__ **inicial**: pilot run
__ **instrumental**: proof of public documents
__ **monogradual**: one-stage test
__ **perentoria**: (leg) decisive evidence
__ **pertinente**: (leg) material evidence
__ **plena**: (leg) conclusive proof, full proof
__ **preparatoria**: preliminary evidence
__ **presumarial**: (Ur) (leg) evidence obtained from inquiries (during the preliminary proceedings)
__ **presuntiva**: circumstantial evidence
__ **referencial**: (leg) hearsay evidence
__ **rigurosa**: exhaustive test
__ **satisfactoria**: proof beyond reasonable doubt
__ **semiplena**: (leg) inconclusive evidence; half-proof (proof by one witness or a private instrument); (Arg) prima facie proof (insufficient to found a sentence)
__ **sustancial (pertinente)**: (leg) material evidence
__ **temática**: content test (census)
__ **testimonial**: evidence of witnesses, oral evidence
__ **unilateral**: (st) one-sided or one-tailed test
pruebas aisladas: test checks
__ **coincidentes**: (leg) converging lines of evi-

dence
__ **de recepción**: (constr) acceptance tests
__ **en contrario**: evidence in rebuttal
__ **en fondo de pozo**: downhole tests (oil)
__ **salteadas**: spot checks
__ **selectivas**: test checks
psicodrama: role-playing
piscología de gabinete: armchair psychology
psicóticos delincuentes: criminally insane
púa: scion, graft; tine, prong
publicación de antecedentes: source publication
__ **de proclamas**: publication of banns
__ **interna**: house organ
__ **ocasional**: non-serial publication
publicar: to make a public statement
publicidad: publicity, advertising; (leg) disclosure of information
__ **aérea**: sky writing
__ **agresiva**: hard sell
__ **de apoyo (de complemento)**: accessory advertising
__ **de prestigio**: institutional adverstising
__ **de las discusiones**: public nature of the discussions
__ **del contrato**: (leg) publicizing of the contract
__ **directa**: spill-in (advertising)
__ **en comercios al por menor**: point-of-sale advertising
__ **indirecta**: spillover (advertising)
__ **leal**: ethical advertising
__ **por correspondencia**: direct mailing
público: public (contract), open (session, court), official (aid, support), government (accounting, authorities, debt, expenditure), national (debt)
pudelar: to puddle
pueblerino: person who lives outside a city; villager; rustic
pueblos jóvenes: (Per) shanty towns
puelche: (Chi) Chinook-like wind
puente: (med) by-pass
__ **aéreo**: airlift
__ **balsa**: pontoon bridge
__ **báscula**: weighbridge
__ **de abordaje**: (Sp) (aero) passenger boarding bridge
__ **de aliviadores**: flood relief culvert
__ **de armadura**: truss bridge
__ **de caballete**: trestle bridge
__ **de cimbra**: suspension bridge
__ **de tablero inferior**: through bridge
__ **de tablero superior**: deck bridge
__ **de tramo levadizo**: lift-span bridge
__ **grúa**: traveling crane
__ **marítimo**: sealift
__ **para carretera**: viaduct
__ **peatonal**: footbridge
__ **voladizo**: cantilever bridge
puentecillo: culvert (road)
puerco: pig, hog, swine
__ **de engorde**: feeding hog

puericultora: childcare worker, baby nurse
puericultura: child care, mothercraft
puerta cerrada, a: (leg) in camera
__ **de entrada**: (aero) gateway; (med) gatekeeper (family physician who determines the need for a more specialized level of care)
__ **de finca, a**: farmgate (price)
__ **de un solo panel**: flush door
__ **de vaivén**: swing door
__ **lógica**: (comp) gate
puertas de arrastre: trawl boards
puerto: harbor, port; mountain pass
__ **aduanero**: port of entry
__ **artesanal**: harbor for small-scale fishing boats; small-scale fishing port
__ **artificial**: port (as opposed to harbor)
__ **de abanderamiento**: port of registry, home port
__ **de altura**: deep water port, export port
__ **de amarre**: port of entry
__ **de amparo**: port of distress
__ **de arribada (forzosa)**: port of refuge
__ **de bajo calado**: (Sp) shallow port
__ **de destinación**: port of delivery (destination)
__ **de destino**: port of discharge
__ **de devolución**: port of redelivery
__ **de embarque convenido**: named port of shipment
__ **de enlace**: feeder port, junction port
__ **de escala**: port of call
__ **de matrícula**: home port, port of registry
__ **de recalada**: port of call
__ **de salida**: out port
__ **de transbordo**: port of transshipment
__ **de tránsito**: way port, intermediate port of call
__ **distribuidor**: entrepôt port
__ **facultativo (de descarga)**: optional port
__ **final**: port of delivery
__ **flotante**: island port
__ **franco**: bonded port, free port, duty-free port
__ **habilitado**: port of entry
__ **intermedio**: way port, intermediate port of call
__ **natural**: harbor
__ **seco**: (Chi) inspection station for agricultural products for export
__ **secundario**: out port
__ **terminal**: port of delivery
__ **tributario**: feeder port
Puerto de la Soledad: (Arg) Port Stanley
puesta: laying of eggs
__ **a punto**: refining (method), development (technique), adjustment, fine-tuning (economy)
__ **a tierra**: (aero) grounding
__ **de la freza**: deposition of spawn (fish)
__ **en cultivo de tierras**: land reclamation
__ **en explotación**: land reclamation
__ **en libertad condicional**: (leg) release on parole
__ **en marcha**: (elec) start-up (machinery); commissioning (plant); beginning (project); (elec) turn-on, turn-up; activation (plan); implemen-

tation (project)
__ **en práctica**: execution
__ **en producción de tierras**: land development
__ **en producción de un pozo**: bringing in of an oil well
__ **en riego**: irrigation project, irrigation development
__ **en servicio**: introduction (of system, etc), start-up, commissioning (of plant, etc)
puestero: stallholder; (Arg, Ur) ranch hand in charge of a herd of cattle or tract of sown land located at a distance from the ranch house
puesto: *a* laid-down (transport); *n* (admin) assignment, position; job, post; (market) stall
__ **a bordo**: f.o.b. (free on board)
__ **al costado**: f.a.s. (free alongside)
__ **de atraque de fines múltiples**: (ot) multipurpose berth
__ **de bolsa**: (Mex) seat on stock exchange
__ **de estacionamiento**: operational stand, loading stand (aircraft)
__ **de monta**: breeding station, service station (cattle)
__ **de pesaje**: weighing station
__ **de planta**: permanent position, steady job
__ **de plantilla**: established post, permanent post
__ **de referencia**: benchmark job
__ **de salud**: neighborhood health clinic
__ **de trabajo**: work station, work bench
__ **de transacciones**: stock exchange pit
__ **en libertad condicional**: paroled, released on parole
__ **fijo**: steady job
__ **multifuncional**: composite job
__ **permanente**: permanent position, steady job
puestos directivos: policy-making levels
__ **existentes**: (admin) on-board posts
__ **supernumerarios**: temporary posts
pugna: struggle (for, against); conflict, clash (of ideas, interests)
__ **de intereses**: conflict of interests
puja: bid (in auction sale); over-bid, higher bid
__ **de compra**: (fin) bid price
pujante: strong, vigorous, powerful, buoyant (economy)
pujanza: strength, vigor (of growth); flourish (economy); buoyancy (economy); dynamism
pulcritud: polish, neatness, tidiness
pulgón: aphid
pulpa: pulp
__ **de madera**: wood pulp
__ **de mineral**: ore pulp
__ **de remolacha**: sugarbeet marc or pulp, beet bagasse
__ **mecánica**: groundwood
pulpería: (Arg, Chi) small country store
pulverización aérea: crop spraying
__ **por deriva**: drift spraying
punta: band of sheep; (Sp) (acct) accounting entry
__ **coladora**: well point

__ , **de**: leading-edge, cutting-edge (sector); state-of-the-art, pioneer (technology); growth (industry); advanced (techniques); rush (hour)
__ **de barrena**: drill bit
puntal: prop; support(er); depth of hold
__ **de carga**: derrick
__ **de mina**: pit prop
punteado con soldadura: (tech) spot welded
puntear: (Sp) (acct) to check off, tick
puntera: (Chi) well point
punto central: (admin) focal point; crux (of an argument)
__ **coyuntural**: turning point
__ **crítico**: triggering point; (fig) crossroads, turning point
__ **crucial**: crux (of an argument)
__ **de apoyo**: fulcrum; basis (for claim); intervention point (price)
__ **de bifurcación**: branching point
__ **de comparación**: baseline
__ **de concentración**: collection point, meeting place
__ **de concordancia**: matching point (salaries)
__ **de convergencia**: focal point, crossing point (pensions)
__ **de coto fijo**: benchmark
__ **de destino convenido**: (ot) named place of destination
__ **de dispersión de la carga**: (ot) break-bulk point
__ **de emergencia (de aguas subterráneas)**: discharge point
__ **de entrada**: portal, gateway, point of entry; entrance station
__ **de equilibrio**: break-even point; trade-off point
__ **de equiparación**: matching point (salary comparison)
__ **de extracción**: (min) stope
__ **de inflamación**: flash point
__ **de inflexión**: (st) turning point; break in grade; flexpoint (graph)
__ **de intersección**: fix (navigation)
__ **de nivelación**: equalization point (trade); break-even point; profit threshold
__ **de partida**: (st) baseline, benchmark; starting point, start; inception; (sometimes) beachhead
__ **de quiebre**: (st) set-off point; (Chi) turning point (inflation)
__ **de referencia**: benchmark, baseline, set point, reference point, datum point (surveying)
__ **de sostén**: intervention point (prices)
__ **de sustentación**: keystone
__ **de tiraje**: (min) draft point
__ **de toma**: (min) drawing point
__ **de vista**: viewpoint, aspect, angle
__ **de vista, desde el**: in terms of
__ **decisivo**: turning point
__ **estratégico**: vantage point
__ **final**: (Arg) amnesty law
__ **focal**: communications hub

__ **legal**: (leg) legal issue or question
__ **máximo estacional**: seasonal peak
__ **medio**: (st) class mark
__ **muerto**: break-even point; impasse, stalemate, deadlock, standstill, dead center
__ **negro**: (Chi) person or thing of outstanding badness or harmfulness; detriment
__ **neurálgico**: weak point, weakness; sore spot; nerve center
__ **y aparte**: period and new paragraph; (fig) that's a different matter, another story
__ **y seguido**: period and no paragraph
puntos de acuerdo: heads of agreement
__ **de confluencia**: common ground
__ **más allá**: (aero) beyond points
__ **suspensivos**: leaders
puntuación: marking, scoring; marks, score
__ **original**: raw score
puntual: at a certain point or points; limited (in time), one-shot, one-time, one-off; isolated, uncoordinated, discontinuous; accurate (account), specific (issue), isolated (event), momentary (risk), spot (sealing), as and when needed, on an on-call basis (service), discrete (intervention)
puntualidad: appositeness, relevance (of a study)
__ **del docente**: (ed) teacher attendance
puntualizar: to specify, itemize, detail, spell out, give a detailed account of
punzón de garantía: hallmark
puño, firmado de: signed in person
__ **y letra, de su**: in one's own (hand) writing
pupitre: (Sp) (comp) console
__ **de comando**: (tech) switchdesk
puquio: (Chi) water spring
purée de papas (patatas) deshidratadas: instant mashed potatoes
purga del mar: Red Tide
puridad, en: clearly, directly; frankly; in secret
purín: liquid manure
purma: (Per) second growth forest
puro por cruce: (Arg) crossbred
__ **y simple**: (leg) not subject to any condition (obligation)
púrpura: crimson, scarlet, vermilion
PYME: small and medium-size(d) enterprise

Q

que no viene al caso: beside the point
__ **yo sepa**: as far as I can see, to the best of my belief, for all I know
quebrada: gully, gulch, gorge; stream, brook, watercourse, creek
quebrado: fraction (arithmetic); bankrupt (person)
quebrantamiento de contrato: breach of contract

__ **de una resolución judicial**: (leg) violation of a court order
quebranto: loss; damage; harm; deterioration; exhaustion; setback; (fin) impairment (capital)
quebrar: (com) to go bankrupt
quebrazón: breakage
queda: curfew
quedar a salvo: to remain intact (right)
__ **en pie**: to hold good (promise); continue, persist (doubt)
__ **en poder de**: to be held by (balance)
__ **firme**: to be made or become final (decision)
__ **librado a**: to depend on, fall to, be the responsibility of
quehacer: duty, task, chore; business
quehaceres: (legislative) calendar
quelonio: turtle
quema: (com) clearance sale; (agr) burning (of fields); flaring (oil)
quenapa: (LA) genip tree; Spanish lime
querella: (leg) action, suit, case, proceeding; claim (civil proceeding); criminal prosecution
__ **(juicio) de capítulos**: (Chi) (leg) preliminary proceeding to ascertain whether or not a judge has committed an offense in the discharge of his duties
__ **de parte**: action brought by a private party
querellado: (leg) respondent
querellante: (leg) complainant
querencia del salmón: homing of the salmon
queso blanco prensado: farm cheese
__ **compuesto**: filled cheese
__ **de bola**: (Sp) Edam cheese
__ **de cerdo**: headcheese
__ **de leche entera**: full cream cheese
__ **de país**: farmer's cheese
__ **de pasta dura**: hard cheese
__ **de suero**: whey cheese
__ **fresco**: cottage cheese
__ **fundido**: processed cheese
__ **industrial**: factory cheese
__ **madurado**: cured or sharp cheese, aged cheese
__ **magro**: skim(med)-milk cheese, fat-free cheese
__ **sin agujeros**: blind cheese
quicio: (constr) pivot hole (hinge); frame jamb (door)
quid pro quo: misunderstanding, error, mistaken identity
quiebra: bankruptcy (individual), insolvency (company); collapse
__ **culpable**: (leg) bankruptcy due to poor management
__ **judicial**: adjudication of bankruptcy
quien corresponda, a: as interest may appear
__ **conforme a la ley corresponde**: (leg) the person entitled
quijero: sloping bank of a canal, irrigation ditch, etc
quillay: soap bark
quimbombó: (Mex) okra, gumbo

química fina: pharmaceutical chemistry
químico farmacéutico: pharmacist
quimigación: (irr) addition of insecticides and pesticides to irrigation water (drip irrigation)
quimioterapia colectiva: mass drug treatment (malaria)
quina: (Bol) cinchona bark, (med) quinine
quincalla: notions; small wares; household hardware
quincha: wall or roof made of rushes and mud; (Ur) thatch roof; wattle wall
quincho: (Chi) palisade, fence (of poles)
quinchoncho: (Ven) pigeon pea
quingombó: (Ven) okra, gumbo
quinto: draftee, conscript
__ **cuarto**: offal
quirografario: executed in writing; unofficial, unnotarized (of a contract); unsecured, signature (loan); unsecured (credit); (UK) simple (debenture)
quisquillas: shrimps
quita de una deuda: partial or total remission of a debt
__ **y espera**: (leg) request by insolvent for reduction of debts and extension of time for paying them
__ **y pon, de**: removable; replaceable (parts, pieces)
quitación: (leg) quitclaim
quórum, comprobar el: to ascertain that there is a quorum
__ **, obtener el**: to reach a quorum

R

rabdomancia: dowsing
rabia paresiante: paretic rabies
rabil: yellow fin tuna
rabión: rapids (river); riffle
raboteo: docking (tails of sheep)
ración: portion, helping, amount; feed (animal); ration (amount of feed allotted to an animal for a 24-hour day); food intake
racional: sensible (way of doing something); intelligent, reasonable (suggestion); efficient (use); carefully planned (campaign); well conceived (plan); sound (methods); scientific (management)
racionalidad: (acct) fairness
racionalización: orderly arrangement, orderly execution, streamlining, labor-saving measures; efficient organization (to reduce costs); simplification (procedures)
__ **de las pérdidas**: ranking of losses, loss management
__ **de las variantes presupuestarias (RVP)**: planning, programming, budgeting system (PPBS)
__ **de los procedimientos y documentación comerciales**: facilitation of trade procedures and documents
__ **del trabajo**: scientific management
racionalizar: to streamline; organize efficiently (production); make more efficient use of, modernize (structure); trim (budget)
__ **el uso (de recursos internacionales)**: to obtain optimum use (advantage) from
racha: gust (wind); series, run, wave (bankruptcies); surge (of buoyancy)
__ **de alzas**: spurt (prices)
rada: (ot) roads, roadstead
radar de alta definición: high-resolution radar
radiación: broadcasting
__ **no esencial**: (TC) spurious emission
radiactividad natural: background radiation
radial: pertaining to broadcasting, radio
radicación: process of establishing or locating (enterprises); headquarters, main office; (Arg) investment
__ **de licencias**: lodging (filing) of import licenses
__ **de pago**: place of payment
__ **, proyectos de**: (housing) improvement projects (as opposed to demolition of dwellings and relocation of occupants = *erradicación*)
radical: complete (change); thoroughgoing (reform); extreme (opinions)
radicar: to be established or located; bring (suit); file (application); submit (bid, report); (Arg, Col) invest
__ **en**: to consist in, lie in
__ **una demanda**: to file a complaint
radier: invert (tunnel, sewer); (constr) foundation raft
radio de acción: operating range
__ **sondeoviento**: rawindsonde
radiobúsqueda, sistema de: paging
radiodifusión: broadcasting
radiogonometría: direction finding
radiotecnia: radio engineering, radio technology
rafín: burned brick
raima: (Chi) harvest (usually of olives)
raíz de, a: hard upon, immediately after, right after, following, in the wake of; as a result, consequence of
__ **característica**: (st) eigenvalue
__ **de India**: canaigre root
__ **feculenta**: starchy root crop
raíces amiláceas: starchy roots
__ **de (gran) cultivo**: root crops
__ **y tubérculos**: starchy roots and tubers; root crops
raizal: (Col) relating to the English-speaking (largely) Negro population of the San Andrés, Providencia, and Santa Catalina islands
raja: (for) split log; (Sp) fish steak, fish cutlet
rajo: (Chi, Bol) (min) excavation, cut
raleo: (for) thinning
rama: bough or branch (still attached to tree); leaf (tobacco); branch (of knowledge); line of business; (com) branch
__ **de actividad económica, según**: by industrial

RAJO

origin
__ de la enseñanza: (ed) track (part of a stream)
__ de vagones: (rr) rake of wagons
__, en: raw, crude (cotton, tobacco or silk); unmanufactured
ramada: (Col, Ec) shed
ramal: branch road, spur road; (rr) branch line; (elec) distribution line; (min) secondary gallery; foothill
__ de carretera: feeder road
__ industrial: factory siding
rambla: (Ur) boardwalk; (sometimes) dock
ramificación: consequence, implication, repercussion, outcome, effect
__, procedimiento de: (st) cluster procedure
ramo: (small) branch detached from tree; field (of study); sphere (of business); (com) section, department; line (of goods)
ramos electivos: (ed) elective subjects
__ facultativos: (ed) optional subjects
__ instrumentales: (ed) tool subjects
ramoneo: browsing
rampa: upgrade (road)
__ de acceso: accommodation ramp
__ de descarga: skid
__ de servidumbre: accommodation ramp
rampla: (Chi) two-wheeled trailer, semi-trailer
rancherita: (El Sal) four-wheel drive vehicle
rancho: hut, hovel; mess (non-commissioned officers); food, grub (army, navy); (ot) bunkering (oil and coal); ship's supplies; crew's quarters (ship); (Mex) small farm
__ de terrones: sodhouse
rango: rank, status; range
__ de producción: output interval (project analysis)
__ de variación: (st) range
__ hipotecario: (Arg) priority of mortgage security interest
rape: anglefish, monkfish, goosefish
rapidez de avance (del trabajo): rate of progress
rápido de descarga: discharge chute
__ para troncos: log chute
rapiña: (Ur) (leg) robbery, stealing
rappel (por compras o sobre ventas): (Sp) volume discount on purchases or sales)
raquítico: scarce, scanty, meager, inadequate (salary)
rarefacción: depletion (of supplies); growing scarcity (of labor, money, oil)
__ de la capa de ozono: depletion of the ozone layer
rareza: rarity, scarcity, dearth
raro: unusual (event); exceptional (merit); singular (courage); uncommon (occurrence); odd (person)
ras, al: level, even, flush (with)
rasante: grade; grade line (the degree of slope or inclination of a road); subgrade (road)
rascadera: road scraper: (Mex) new coco-yam, yautia
rasel (racel) de popa: after peak (ship)
__ de proa: fore peak (ship)

RAZON

rasgo: trait, feature, characteristic; (worthy) gesture
rasgos, a grandes: succinctly, concisely, broadly, in outline
rasmilladuras: scratches
raso: satin
rasos, clases y oficiales: enlisted men, non-commissioned officers and officers
raspa: fishbone
raspadura: erasure, deletion, crossing out
ráspano: bilberry, whortleberry
rastra: trawl net; (agr) harrow; (min) trace
__ para cabllones: border drag (harrow)
rastrear: to track, trace; search for (someone); trawl; sell meat wholesale
__ un programa: (comp) to trace a program
rastreo: tracking (satellite); trawling (fish); (agr) harrowing
__ de aguas subterráneas: tracing of ground water
__ de caminos: (Mex) road grading, blading
rastro: (agr) harrow; trace, track (left by something); vestige; (Ec) slaughterhouse
rastrojo: stubble; stubble field; (UK) stover
rata: (Col) rate
rateo de inmunización: (Sp) (fin) hedge ratio
ratería: pilferage
ratificar: to confirm the validity or truth of something (promise, contract, treaty); approve, confirm, endorse (decision); renew (term of office)
ratio de tesorería: quick (or quick assets) ratio, acid-test ratio
raudal: rapids
raya: line, stripe; firebreak; stingray (fish)
__ eléctrica (o tembladera): torpedo (fish)
__ espinosa: skate (fish)
rayado: crosshatching
raza: breed (animals); race (plants)
__ autóctona: land race (plants, animals)
__ criolla: land race; native breed (cattle)
__, de: pure-bred, pedigree, thoroughbred
__ no mejorada: land race (plants, animals)
__ vacuna de carne: beef cattle
__ vacuna de leche: dairy beef
razón: (ability to) reason; cause, motive, grounds; ratio
__ capital propio/préstamos: capital/loan ratio
__, con: and rightly so
__, dar: to report on; explain, account for (something); bear out; give information regarding a person or place
__ de capital de trabajo: (Mex) current ratio
__ de carga: (ot) loading ratio
__ de deuda a capital: (acct) debt-to-equity ratio (total liabilities divided by total shareholders' equity)
__ de endeudamiento: (acct) debt ratio (usually debt-equity ratio, (sometimes) debt-assets ratio); gearing ratio; leverage ratio
__ de hecho: historical reason
__ de más: all the more reason
__ de pagos: payment ratio

699

RAZONES REALIDAD

__ de pasivo a capital (líquido): debt-equity ratio; debt-to-equity ratio
__ de recibo: (Mex) receipt
__ de registro: follow-up remarks (on a report)
__ de ser: rationale, purpose, object; justification
__ de solvencia inmediata: quick (or quick assets) ratio; acid-test ratio
__ de ventas netas a capital contable: equity turnover
__ deuda-capital: (fin) (USA) leverage, (UK) gearing ratio (total long-term debt divided by total shareholders' equity)
__ endeudamiento a largo plazo-capital propio: (fin) (USA) leverage; (UK) gearing; ratio of long-term debt to equity
__ fondos propios/activos: capital/assets ratio
__ préstamos obtenidos-capital: (fin) (USA) leverage; (UK) gearing ratio
__ social: firm name, trade name
__ , tomar: (acct) to enter, record, register, post
razones dinámicas: income-sheet ratios
__ estáticas: balance-sheet ratios
__ imperiosas (de fuerza mayor): compelling reasons
__ justificadas: (leg) good cause
razonable: prudent, sensible (person); moderate, fair, reasonable, equitable, justified; accessible, acceptable (price); adequate (care)
razonablemente: (acct) fairly (present)
__ presentada: fairly presented (auditor's report)
razonado: explanatory (information); vouchered (accounts); descriptive (catalog(ue)); well-reasoned, justified
razonamiento: reasoning; line of reasoning, argument, thesis
razonar: to explain (a vote)
reacción: reaction; backlash; response (to stimulus); (med) test; (sometimes) feedback; rebound (market), (emotional) appeal, response; (rapid) deployment (troops)
__ de la producción: responsiveness of production
__ en cadena (concatenada): chain reaction
__ insuficiente: undershooting (target)
__ popular: man-in-the-street reaction; popular reaction
__ serológica: (med) blood test
reacio: reluctant (to do something); hostile, opposed to (reforms)
reacomodo estructural: structural realignment
reacondicionamiento: workover (oil well)
reacondicionar: to overhaul
reactivación: recovery, revival, upturn (economy), revitalization, revival, (Sp) pump priming
__ cíclica: cyclical upswing
__ de empresas recién privatizadas: (fin) flotation
__ de la coyuntura: expansionary measures, cyclical upswing
__ de un volcán: reawakening of a volcano

__ económica: upswing in, growth of economic activity, economic recovery, upsurge or upswing
__ , programa de: pump-priming program
reactivar: to revitalize (economy); rekindle (inflation)
reactividad: return to gainful employment (disability claim)
reactivo: reagent
reactor (de compensación) en derivación: shunt reactor
__ generador: breeder reactor
readaptación: rehabilitation (of a patient); retraining (labor)
__ forestal: forest conversion
__ profesional: industrial retraining
__ social: social adjustment (of offenders); social rehabilitation
readecuación: retraining (labor), reconditioning (infrastructure), refurbishing
__ industrial: retrofitting
readquisición: recovery (nationality); reinstatement (in post); buy-back (countertrade)
reafirmado de carreteras: resurfacing of roads
reafirmar (su posición): to reassert (its position)
reajustable: indexed (loans)
reajustar: to adjust, correct (for inflation)
reajuste: rescheduling (of debt service); adjustment (upwards or downwards); (fin) escalation
__ a la baja: catching-down (budget)
__ al alza: catching-up (budget)
__ de la deuda: debt rescheduling
__ de la moneda: realignment of the currency
__ de las paridades: realignment of par values
__ de los vencimientos de la deuda: debt rescheduling
__ de personal: reduction in staff, reduction in force
__ de salarios: wage adjustment, wage increase
__ del gobierno: government reshuffle
__ del servicio de la deuda: debt rescheduling
__ del vínculo: adjustment of the peg (currency)
__ excesivo: overshooting
real: actually existing, actual; true, genuine; (leg) pertaining to real estate; effective (height, rate of return); goods and services producing (sector); public bonded (warehouse)
realce: importance, enhancement; (min) stope, overhead stope, rising drift, (fin) kicker
__ en relleno: (Chi) shrinkage stoping
realidad: what actually exists; the real world, real life; the truth or true facts (of a situation); actual conditions (in a country); (existing) circumstances; environment, scene; situation; (present day) society
__ concreta: factual situation
__ , en: actually, in fact, in point of fact, as a matter of fact, to all intents and purposes
__ positiva: something tangible
realidades: facts of life
realimentación: (elec) feedback; water spreading

realista: hard-headed, practical (person); hard (look); businesslike (appraisal); figurative (art)

realizable: *a* sal(e)able; attainable (ends), feasible, practicable; (com) quick, liquid, available, readily convertible (assets), marketable (financial instruments); *n* (Sp) realizable current assets

realización: making, doing, accomplishment (of something); fulfillment (hopes); carrying out, execution (plans); taking, conducting (census); implementation (projects); attainment (ends); achievement (goals); conduct (courses); taking (steps); production (cinema); broadcast (radio); converting into cash; selling off, sale, encashment (securities), (com) clearance sale, close-out

__ **de la cartera de inversiones**: conversion of investment portfolio into cash

__ **personal**: self-realization; empowerment (of women);

__ **por inventario**: pre-inventory sale

realizar: to carry out, implement; achieve, attain, accomplish (goal); fulfill (hopes); undertake (journey); execute (work of art); (com) sell, convert into cash (shares, stock)

__ **un esfuerzo**: to mount an effort

__ **grandes progresos**: to forge ahead

realizarse: to realize one's potential

realzar: to highlight, improve, enhance, emphasize, stress, give sparkle to, intensify

reanimación: upswing, recovery, revival (trade)

reanimar: to revive; encourage, stimulate

reanudación: resumption (meeting); renewal (friendship); re-establishment (relations)

reaparición: recurrence; reopening (parliament); re-launching (project)

__ **de paludismo**: (med) recrudescence or re introduction of malaria

reaseguro contractual: treaty reinsurance

__ **facultativo**: facultative reinsurance

reasignación de fondos: redeployment of funds

__ **funcional**: reassignment (change of job in the same enterprise)

reata: pack train; (Mex) rope

rebaja: abatement (price, taxes); amount abated; rebate

__ **de derechos**: drawback (import tariff)

__ **de impuestos**: tax rebate

__ **de intereses**: interest rebate

__ **de precios**: reduction, markdown

rebajar de categoría: to downgrade (loan, bonds)

__ **el valor en libros**: to write down

rebalse: impoundment, dam

rebanado de las trozas: slicing of logs

rebaño fijo: closed herd

__ **garantizado**: attested herd

__ **trashumante**: migratory herd or flock

rebasar: to (be) go beyond (a mark); exceed (amount); surpass (expectations); cut across the boundaries of; outstrip; be more than, top, go over, overshoot (target)

__ **un crédito**: to exceed a credit, overdraw

__ **una cuenta**: (Sp) to overdraw an account

rebase: spillover

rebatir: to reduce (price, balance)

__ **los argumentos**: to refute the arguments

rebelde: rebellious (person); obstinate (fever); intractable (problem); unamenable (to discipline); (leg) in default; *n* (Mex) defaulter

rebombeo, estación de: booster pumping station

rebosadero: spillway

rebosamiento: flooding over bank

rebosar: to overflow; abound in, be brimming with

rebose: overflow pipe (spring)

rebote, efectos de: boomerang effect

rebrote: aftergrowth; aftermath (re-growth of forage crops after harvesting); flare-up (disease); surge, resurgence (inflation); renewal

recabar: to obtain (by entreaty); elicit (information); collect (data); assemble (reports); obtain (evidence, funds), apply for (permit); (Arg) (leg) request (authorization or power to act)

__ **de**: to claim (freedom, right)

__ **la cooperación**: to enlist cooperation

recaer en: to be attributed to; awarded to

__ **sobre**: to affect, fall on (responsibility); bear on (tax burden); devolve on (duty); go to (prize)

recalada: (ot) landfall; arrival (ship); putting back (return to port for serious reasons)

recalar: to make or sight the land, stand in shore; arrive, return to port or airport

recalcar: to emphasize, lay stress on, underscore

recalentamiento de la coyuntura: overheating of the economy

recambio, solución de: substitution solution

recapacitar: to think over, ponder, reflect upon

recapado: overlay (road)

recapeo de concreto asfáltico: installation of concrete asphalt overlay (road)

recapitulación: summation, round-up; (acct) consolidated statement

recapitulando: summing up

recapitulativo: consolidated, summary (table); closing (statements of account)

recargar: to resurface (road); increase (taxes); load down, overburden

__ **una tasa de 35%**: to apply a surcharge of 35%

recargo: surcharge, extra charge; markup; supplement (airfare); spread (over LIBOR); regraveling (road), remetaling, resurfacing (road)

__ **a las importaciones**: import surcharge

__ **de prima**: (ins) additional premium

__ **de la prima**: (ins) loading

__ **de la prima por gastos de cobranza**: (ins) loading for collection costs

__ **de la prima por seguridad**: (ins) collection

for contingencies
__ **de precio**: markup
__ **gradual**: graduated surtax
__ **parcial**: spot regraveling
__ **tributario**: surtax, tax surcharge
recargue: hardfacing (metal)
recaudación: receipts, intake, "take" (box office); revenue; collection (money, revenue, taxes); tax office
__ **de impuestos**: collection of taxes
__ **impositiva**: tax receipts
__ **nominada**: (Ur) individual contribution account (social security)
__ **por impuestos**: tax receipts
__ **tributaria**: tax yield
recaudador: (tax) collector
recaudo: (fin) collection; (leg) surety, bond; bail; (acct) voucher, supporting document
__ **de un impuesto**: yield of a tax
recaudos probatorios: (leg) evidence
__ **sumariales**: (leg) pretrial safeguards
recebar: to surface with gravel
recebo: road covering or sealing material (sand, stones, etc); top dressing; retread treatment (roads); binder (road)
recelos: misgivings
recensión: book review
recepar: (for) to cut back (tree)
recepción: acceptance, taking over (works); verification of contract work on completion; intake (of census returns, tax payments); check-in (of mailed census returns)
__ , **almacenamiento y distribución de las capturas**: intake, storage, and distribution of catch
__ **de pruebas**: taking of evidence
__ **de testigos**: examination of witnesses
__ **definitiva**: final acceptance (of construction project)
__ , **prueba de**: acceptance tests
recepcionar obras: to accept works (project)
receptación: (leg) concealment, cover-up (of a crime); receipt of stolen goods; hiding of criminal fugitive
receptáculo: vessel, container, reservoir, tank
receptor: (Chi) process-server, writ-server; consignee (customs)
recesión con inflación: reflation, slumpflation
__ **moderada del mercado**: shake-out
receso: (coffee) break (meeting)
__ **económico**: down-turn
recetas magistrales: (med) prescriptions made up by pharmacist
__ **oficinales**: (med) off-the-shelf medicines
rechazar: to rebuff, repel (person, thing); refuse, reject (appeal), turn down (something); deny (accusation, statement); disallow (petition), drop (a project), turn down (offer)
__ **una acción**: (Chi) to dismiss an action
rechazo: refusal, rejection, denial; reject (skin);

cull (cattle); (Chi) (min) tailing
__ **de una demanda**: disallowance of a claim
__ **del injerto**: graft rejection
recibí: paid (endorsement on check); received with thanks; receipt
recibimiento a pruebas: admission of evidence
recibir declaración: (leg) to take someone's evidence
__ **valores a título de propiedad**: to receive the transfer of title to the securities
recibirse de abogado: to be called to the bar
recibo americano de depósito: (fin) American Depositary Receipt (ADR)
__ **de almacén**: dock warrant, warehouse warrant
__ **de descarga**: discharge receipt
__ **de embarco (bordo, sobrecargo)**: mate's receipt
__ **del capitán**: mate's receipt
__ , **estar de**: to be acceptable (work)
__ **warrant**: warehouse receipt
reciclaje: retraining; recycling (of capital)
__ **de los préstamos**: relending
recién: just (arrived, appointed); newly (made, born); (+ future) not... until
__ **creado**: newly created
__ **entonces**: only then
recinto: camp; compound; concession; enclosure
__ **de la bolsa**: trading floor
__ **fiscal**: (Mex) customs house
__ **industrial**: industrial estate
__ **universitario**: campus
recipiente de alimentación: (tech) feedcup
reclamación: claim, demand; protest, complaint; call (debt, bond)
__ **abusiva**: improper claim (tax)
__ **por vía judicial para la ejecución de un embargo o garantía**: (leg) action to enforce liens
reclamar: to demand, claim (something); sue for (recovery, fulfillment)
__ **contra**: to protest against, appeal (fine)
reclamo: catch-word (dictionary); advertisement; (fig) inducement; (com) loss leader; (leg) claim
reclusión: (leg) imprisonment; (Arg) imprisonment at hard labor
__ **mayor**: (Chi) long-term ordinary imprisonment
__ **menor**: (Chi) medium-term ordinary imprisonment
__ **provisional, casas de**: remand homes
recluso: prisoner, prison inmate
__ **condenado**: convicted prisoner
__ **en prisión preventiva**: untried prisoner
reclutamiento: engagement, hiring (staff)
__ **y gestión de personal**: resourcing
recobrar: to recover (health); get back (a loss); make up (lost time); regain (confidence); buy back (shares)
recoger: to pick up (what has fallen); take delivery

of; collect (signature, money, data); borrow (funds); make a collection of (plants); harvest (crops); embody, contain (in a document); log (data)
___ **(el impuesto)**: to bear (the tax)
recogida de basura: refuse collection, removal
___ **de la leche**: milk collection
___ **de plantas**: plant collection
___ **por la aduana**: forfeiture (of goods)
recogido: reported, published, stated, announced (in Official Gazette); shown, set out, listed (in schedule), embodied (in treaty), contained in, covered by
recogimiento: round-up (cattle)
recolección: harvest(ing); crop (when harvested); (Per) (for) yarding
___ **de pesca**: fish harvesting
___ **(de las cápsulas) del algodón**: cotton stripping
___ **(del algodón) por arranque de las cápsulas**: cotton pulling
___ **(del algodón) por quiebre**: cotton snapping
recolecta: harvesting, picking
recolector de cinta: belt skimmer (oil pollution)
recolocación: (admin) out-placement
recomendatorio: (com) referee in case of need (customer's representative); alternate drawee or acceptor
recompensa: (ed) incentive
___ **honorífica**: award of merit
recomponer: to replenish (reserves)
recompra: buy-back; buyout (venture capital fund)
___ **, pacto de**: (Mex) repurchase agreement, REPO
reconducción: renewal (lease), continuance (treaty), extension (agreement)
___ **, por tácita**: automatically renewed; by implied renewal
___ **, tácita**: implied renewal; implied or tacit extension of the period of validity of (agreement, lease, treaty, contract)
reconducido: continuing (resolution)
reconducir: (leg) to extend by implication the term of a contract (especially a lease)
reconocer: to recognize (person); distinguish, identify (things, persons); examine (patient); reconnoitre (reconnoiter) (territory); inspect (baggage); admit (mistake); acknowledge (fault); face (facts); bow to (evidence); express gratitude for (help, assistance, contribution)
___ **algo a**: to grant something to; give someone the credit for; extend rights, guarantee; (Arg) credit a person with; accord (facilities)
___ **un buque**: to survey, inspect a ship
reconocido como abogado: called to the bar
___ **por**: grateful for, indebted to
___ **prestigio, de**: widely respected
reconocimiento: acceptance, acknowledgement (need); admission (mistake); reconnaissance (territory); inspection (baggage); examination (patient); survey (soil); gratitude, thankfulness, appreciation
___ **de firmas**: authentication of signatures
___ **de la deuda**: due bill
___ **de navegabilidad**: admission of seaworthiness
___ **de pastizales**: range survey
___ **de servicios previos**: past service credit
___ **de testigos**: (leg) examination of witnesses
___ **de un buque**: (ot) vessel inspection
___ **de una deuda**: (com) acknowledgement of a debt
___ **edafológico**: soil survey
___ **general**: (med) check-up
___ **judicial**: visit of experts, officials, to the scene of the occurrence
___ **local**: sight survey (mapping)
___ **oficial**: (ed) accreditation
___ **sanitario**: inspection of ship by health authorities
___ **sísmico**: seismic survey
reconstitución: reconstitution (committee, board); reconstruction (company, crime); reclamation (worn-out parts); restoration (building), replenishment (stock)
___ **de las reservas**: replenishment, rebuilding of reserves
reconstrucción: rehabilitation (housing); reshuffle (government)
___ **de las reservas**: replenishment of reserves
___ **urbana**: urban renewal
reconstruir: to rebuild, rehabilitate, overhaul
reconvención: reprimand, reproach, censure; (leg) counterclaim, cross action
reconvenir: (leg) to recriminate; countercharge, file a countercharge or counterclaim against
reconversión: (ind) re-engineering, retrofitting, restructuring; (acct) reorganization, rationalization
___ **industrial**: retrofitting; transformation (or restructuring, realignment) of industry (or of industrial production); transformation of a nation's industrial apparatus
reconvertir: (ind) to retrofit
recopilación: compendium, collection (of statutes, articles, etc); (leg) digest; tabulation
___ **de antecedentes**: background paper
___ **de datos**: data collection
___ **de leyes**: code of laws
recordar: to remind, point out, draw attention to
___ **que**: to note that
recordatorio: aide-mémoire; reminder; "tickler", follow-up letter
recorrido: route, path; travel; distance traveled; tour; excursion; mileage; course, length (of road); range (sampling); cable run (telephones); haul (loading/unloading distance); (leg) circuit (judge);
___ **de confianza**: (st) confidence range
___ **en vacío**: empty running (transport)
___ **regional de estudio**: regional study tour
recorte: (press) clipping; waste end, crop end

(steel molding)
__ de la demanda de punta: (elec) peak shaving
recortes de cabeza: head trimmings (meat)
recova: (Chi) market
recovecos: (fig) ramifications, complications (of a matter)
recreo: (ed) break, recess
recría: growing, rearing, raising; preliminary fattening of animals; nursing (fish)
__ de polluelos: chick rearing
__ de terneros: calf rearing
__ y engorde: fattening and finishing
recriminación: countercharge
recrudescencia: flare-up (disease); resurgence (inflation); fresh outbreak (disorders)
__ de inflación: new surge of inflation
recta de ajuste: regression line
__ de balance: budget line
rectificación: adjustment, regrading (slope), realignment (highway)
rectificar: to straighten (road); correct (a report); change (vote); adjust (a border); tune (machine), amend (accounts)
rector: president, chancellor (university); a guiding (principles), governing (ideas, bodies)
__ delegado: (Chi) government-appointed rector
recua: pack train; drove (llamas)
recuadro: box, cell (in a table); inset (form)
recubierto: (Sp) sheathed (cable)
recubrimiento: overlay (road)
__ de grava: graveling (road)
__ , instalación de: capping (of sanitary landfill with impermeable material)
recuento: physical count, tallying (of goods); stocktaking (library)
__ anual: annual stocktaking
__ de sangre: (med) blood count
__ de tráfico: traffic count
__ directo: actual count (securities, cash)
__ doble: double accounting
__ globular: (med) blood count
recuperación: recovery (health, loans); regaining (confidence); upturn (economy); rally (market); salvaging (paper, iron); repossession (goods); retrieval (data); pay-back (period); reclamation (land, watersheds); rally, rebound (prices); restoration (of exchange rate parity); rebound (market); repayment (of loan); restoration (environment); rehabilitation (grasslands)
__ , clase de: (ed) make-up class
__ de la inversión: return of investment
__ de un préstamo: loan recovery
__ del capital: return of capital
__ del terreno perdido: catching up
__ económica: economic upturn, upswing, or recovery
__ , en: resurgent (economy)
__ escolar, programa de: (ed) dropout program
recuperador de cinta: belt skimmer (oil pollution)

recuperar: to recover, regain (something lost, level, status, health, confidence); make up (lost time); catch up with (work, studies); salvage (material); rebound (market); bounce back (economy); recoup (loss); recycle, reclaim (rubber)
recuperarse: to bounce back; pick up (trade)
recupero: (Arg) salvage (marine insurance)
recurrente: (leg) appellant
recurrido: (leg) party against whom appeal is taken
recurrir a: to appeal (to arms); apply (rule); rely on, turn to, resort to, fall back on; use (loans); draw on (stocks); resort to (measures), tap (funds)
__ a las existencias: to draw on stocks
__ contra (de): to file an appeal against
recurso: expedient, resource; (leg) appeal, recourse, remedy
__ contencioso administrativo: (leg) judicial complaint against an administrative action or decision
__ contra el endosante: (leg) recourse to the endorser
__ de alzada: remedy of appeal
__ de amparo: amparo (action for enforcement of rights); (when filed) application for amparo; (when brought) action for amparo; (when exercised) remedy of amparo
__ de amparo preventivo: early application for amparo
__ de apelación: remedy of appeal
__ de casación: (leg) appeal for annulment, writ of error; appeal for dismissal or reversal; appeal for review by a higher court of a judgment on the grounds of an error of law or breach of a procedural right
__ de denegada apelación: (leg) appeal against refusal of leave to appeal
__ de nulidad: appeal for declaration of nullity
__ de protección: remedy of protection; (Chi) appeal for reestablishment of a pre-existing right or against the disturbance of a *statu quo ante*
__ de queja: (leg) remedy of complaint, application to compel jurisdiction; complaint against a judge for refusing to allow an appeal or delaying a decision
__ de reposición: motion to set aside; appeal from judgment of appellate court; (Chi) appeal for reconsideration of judgment
__ de revisión: appeal for review, plea for new trial or hearing
__ interno: (leg) domestic remedy
__ jurisdiccional: contentious remedy (application to a court)
__ legal: judicial remedy (as opposed to administrative remedy)
__ provisional: stopgap measure
recursos: means, (fin) funds, (financial) resources, money; proceeds (of a loan)
__ administrados: funds under management

(investment fund)
- __ **biológicos de la mar**: living resources of the sea
- __ **blandos**: soft, concessionary funds
- __ **coparticipables**: revenue sharing pool; (Arg) revenues collected by central government and shared with provinces and municipalities; transfer payments
- __ **de libre disponibilidad**: unrestricted resources
- __ **disponibles**: resource base
- __ **forestales accesibles**: open-access wood resources
- __ **generados**: (fin) cash flow
- __ **inexplotados**: untapped resources
- __ **marinos**: ocean resources
- __ **nacionales**: indigenous resources (oil, gas)
- __ **no renovables**: depletable resources, finite resources, nonrenewable resources
- __ **propios**: own funds, internal cash generation; (Sp) stockholders' equity; (municipal government) own resources, own revenues, locally raised revenues (as opposed to central government transfers)
- __ **provenientes de las operaciones**: internal cash generation
- __ **reales**: physical resources
- __ **vivos de la mar**: living resources of the sea

recusación: challenge to a judge, objection, exception (to)
- __ **con (por) causa**: (leg) challenge for cause
- __ **de un testigo**: exception to a witness
- __ **graciosa**: (leg) challenge to a judge for prejudice
- __ **sin causa**: (leg) peremptory challenge

recusar: to refuse or reject for good reason; (leg) challenge (a judge, juror, expert witness); object to (a witness)

red: net; network, system (railroad, electricity, highways)
- __ **agallera**: gill net
- __ **aislada**: (comp) stub network
- __ **al trasmallo**: trammel net
- __ **alimentaria**: food web
- __ **barredera**: trawl, dragnet, drag seine
- __ **colectora**: lateral sewer (a sewer discharging into another sewer and having no tributary to it)
- __ **colectora principal**: main sewer
- __ **de agallas**: gill net
- __ **de arrastre**: drift net, trawl
- __ **de arrastre de media agua**: half-depth trawling net
- __ **de cerco**: seine
- __ **de cerco de jareta**: purse seine
- __ **de conexiones**: (Bol) wiring
- __ **de consultorios**: (med) referral system
- __ **de copo**: bag net
- __ **de distribución**: distribution system, supply network
- __ **de energía eléctrica**: power system
- __ **de enmalle**: gill net
- __ **de jábeca (jábega)**: seine net
- __ **de protección social (de seguridad social)**: social safety net
- __ **de rizos**: reef net
- __ **domiciliaria**: service lines (water supply, etc)
- __ **en anillo**: (comp) token ring network
- __ **hotelera**: chain of hotels
- __ **medular**: backbone network
- __ **principal**: (elec) main power grid; (USA) (rr) trunkline system
- __ **troncal**: backbone network

redacción: editorial staff, editing; wording (resolution); drafting (document); writing (article)
- __ **alternativa**: alternative text

redactar: to draft, draw up (petition); edit

redactor de actas: précis writer; parliamentary reporter
- __ **de textos publicitarios**: copywriter

redada: (police) roundup, dragnet

redhibición: avoidance of sale (by hidden defect)

redifusión: relayed broadcast

redil: sheepfold

redimensionamiento: rescaling (project); resizing, rightsizing
- __ **del aparato público**: "shrinking" of the State (government or public sector)

redimible por lotes: callable by lot (bonds)

redimir: to pay off, call [in] (bonds), extinguish (loan)
- __ **obligaciones**: to retire obligations

redistribución de personal: redeployment of personnel

rédito: income or interest (on loan, investment); yield, (rate of) return
- __ **de capital**: return on capital
- __ **de los intereses**: interest yield; revenue from interest charges

redituable: revenue-producing; money-making (business); profitable

redituar: to yield, earn a profit or interest

redituarse: to accrue

redocumentación: (Mex) rescheduling, refinancing (debt)

redoma de cultivo: culture flask

redondeado al centésimo: rounded to the last two decimal points

reducción: reduction, retrenchment (staff); cutback (supplies); curtailment (operations); drawdown, rundown (stocks); scaling down (size of project); roll-back (incentives); downsizing (staff)
- __ **de calificación**: (fin) downgrading (bonds)
- __ **de impuestos**: abatement of taxes
- __ **de la carga**: (elec) load shedding
- __ **de las existencias**: inventory shrinkage
- __ **de las tasas máximas de cada tramo arancelario (del arancel)**: concertina reduction (tariffs)
- __ **de (los márgenes de) beneficios**: profit(s) squeeze
- __ **de plantilla**: reduction in force
- __ **del margen de utilidades**: cost-profit squeeze
- __ **directa al impuesto a pagar**: tax credit
- __ **general de aranceles**: linear (equilinear) tariff

reduction
___ **lineal**: across-the-board tariff cut, across-the-board reduction
reducido: low (prices); confined (space); limited (resources); small (amount)
reducir: to bring down (birth rate); roll back (prices); cut back, curtail (expenses); cut, cut down, trim, pare (budget); abridge (document); downsize (staff); shed (labor)
___ **de tamaño**: to downsize
reducirse a: to boil down to, come to, amount to (of facts)
reducto: hard core (of quota protection, unemployment); (for) last remaining tract (of forest)
reductor de riesgo: (Sp) hedge (securities)
redundancia: water in the tariff (tariff conversion, tariff setting)
redundar en: to lead to, result in
___ **en beneficio de**: to be to one's advantage, serve the interests of
___ **en perjuicio**: to be to one's detriment
reeducación: rehabilitation
___ **por el juego**: (ed) remedial play
___ **profesional**: retraining
reembolso: repayment, refund; redemption (security)
___ **a las exportaciones**: (Arg) export-tax rebate
___ **de derechos de importación**: drawback on imports
___ **de primas por años sin siniestros**: (ins) no-claim bonus
___ **en cuotas iguales**: level-line repayment
reescalonamiento de la deuda: debt rescheduling
reestructuración: rescheduling (debt); realignment (economy)
reexpedición: forwarding
reexpedidor: break-bulk agent
reexportación: (fin) repatriation (of capital, profits, etc); (ot) on-carriage; trans(s)hipment
reexpresión de estados financieros: (acct) restatement of financial statement items
___ **financiera**: (acct) restatement
refacción: repair; spare part; loan, financing; farm credit (for repairs, rehabilitation)
___ **agrícola**: crop loan
___ **, crédito de**: (agr) seasonal loan
___ **sobre bienes muebles**: (Mex) chattel mortgage
refaccionar: to finance
referencia: reference; referral (of patients); yardstick; (comp) benchmarking
___ **múltiple**: general cross-reference
referenciación: benchmarking
referenciar: to index, benchmark
referirse: to apply to, cover (case); refer to; concern; have a bearing on
___ **a la ley del país**: to rely on the law of the country
refinanciamiento: refunding (debt); refinancing (maturing bonds); rollover (loan)
___ **anticipado**: advance financing
___ **con nuevo crédito**: rollover

___ **continuo**: rollover
___ **de monto igual**: (fin) even roll
reflejar: to show, reflect, reveal, evince
reflejo exacto: mirror image
reflexión, documento de: discussion paper
___ **, grupo de**: think tank
___ **, hacer un ejercicio de**: to take stock
___ **, período de**: cooling-off period
reflexionar: to give a matter thought
reflexivo: thoughtful, serious-minded (person); considered (action)
reforma: (constr) alteration (buildings)
___ **de locales**: alteration of premises
reformar: to change, amend, alter (for the better); recast (document); improve, renovate, correct; alter, remodel, redecorate (premises)
reformulación: rethinking; reformulation (of a theory, of a drug)
reforzado: enhanced (export financing program)
reforzar: to bolster, buoy up, buttress, strengthen, shore up; upgrade, enhance, intensify, tighten (control); invigorate (indigenous culture)
refrendata: countersignature
refrendar: to countersign, authenticate (document); visa (passport); renew (passport); vouch (the truth)
refrendo: authentication of a law by a minister
refrescar una deuda: (Ur) to refinance a debt
refrigerar: to chill (meat, etc); cool (building)
refuerzo: enhancement (credit, SDRs, resources)
___ **, estación de**: booster pumping station
refugio: sanctuary zone (fish)
___ **faunístico**: wildlife refuge
___ **fiscal**: tax shelter; tax haven
refugue: (Ur) culling
refundido: consolidated (lists), integrated (text)
refundir: to adapt (plays); (ind) recast (metal); (fig) adapt, rewrite (document, plays, etc)
___ **una deuda**: (Sp) to reborrow
refutación: (leg) rebuttal
regalía: (fig) privilege, prerogative; (com) royalty; bonus; (Mex) (pl) franchise fees
regalías cabalgantes: overriding royalties (oil)
___ **de terceros**: overriding royalties (oil)
regante: irrigator
regeneración: (agr) aftermath growth; revitalization
regenerar: to reclaim (rubber)
regidor: (Chi) municipal councilman; alderman, city councillor
régimen: rules, regulations (applicable to something); provisions (Civil Code); diet; (political) system; regime (seasonal distribution of rainfall, streamflow); treatment (foreign capital); procedures, formalities; arrangements; (rate of) flow (air, water, river)
___ **administrativo**: administrative machinery, procedure

REGIMEN   REGLA

__ aduanero: customs procedures, regulations
__ celular: (leg) solitary confinement
__ comunal de la tierra: communal tenure
__ de aguas: water management
__ de aprovechamiento de la tierra: land use pattern
__ de capital extranjero: treatment of foreign capital
__ de crecidas: flood pattern
__ de crecimiento propio: characteristic growth pattern
__ de crucero: optimum running speed, cruising speed; normal operation of a plant
__ de, en: on a... basis
__ de exención de derechos: duty-free treatment
__ de importación: import arrangements; import treatment; import regulations
__ de inundaciones: flood pattern
__ de licencias de importación: import licensing, import license procedures
__ de los cursos de agua: watercourse patterns
__ de origen: rules of origin
__ de pagos con cargo a los ingresos corrientes: pay-as-you-go system (social security)
__ de producción: pattern of production; rate of production (oil)
__ de propiedad: land tenure system
__ de propiedad de las aguas: water property rights
__ de reposición patrimonial: capital replenishment regime
__ de sueldos: salary system
__ de vigilancia preventiva: (bnk) precautionary oversight (by Superintendent of Banks until capital adequacy ratio is acceptable)
__ del Código Civil, bajo el: under the provisions of
__ fiscal: system of taxation
__ fiscal aplicable: tax status
__ hídrico (hidraulico): streamflow regimen
__ institucional: (form of) organization (of an agency)
__ irregular de la lluvia: irregular rain pattern
__ legal: status; legal system; (legal) treatment of...; laws governing...; legal framework
__ legal privado: private law
__ monetario: monetary system
__ normativo: policy framework; laws (or standards), standards governing
__ pluvial: rainfall pattern
__ presupuestal vigente: current budget procedures
__ transitorio: transitional arrangement
__ tributario de cociente familiar: income-tax split system, split system
regímenes generales de cambio: general exchange arrangements
región atrasada: lagging region
__ devastada: disaster region
__ lechera: milkshed
__ precordillerana: (Chi) highlands
__ tealera: tea-growing region
regir: (intr) to be in force; apply; obtain; prevail;

(tr) govern (country); run, be in charge of; be the head of, manage, control; apply to (rules); (leg) govern
__ indefinidamente: to remain in force indefinitely
registrado en cifras netas (o sobre una base neta): netted out (balance of payments)
__ o no registrado: corporate or non-corporate
registrador automático: (comp) logger
registrar: to record; inspect, search; show; run (a deficit)
__ con carácter neto: to net out
__ en cifras netas: to net out
__ ganancias: to post gains
__ un déficit: to incur, run a deficit
__ una sentencia: to enter a judgment
__ utilidades: to report profits
registrarse: to occur
registro: register (book); list; entry (in a register); registry; registering; registration (airplanes); manhole; search (ship); (ed) school record; (comp) item (of a file); logging (data)
__ bruto: (ot) gross tonnage
__ civil: registry office (births, marriages, deaths); vital statistics bureau
__ de accionistas: capital stock register, stockholders register
__ de acometida: connection (water supply)
__ de importación: (Chi, CR, Nic) import license
__ de la propiedad industrial: patent office
__ de perforación: (Ven) well log (oil)
__ de pólizas: (Mex) voucher register
__ de una sociedad: (com) incorporation
__ de vencimientos: (com) bill book
__ e incautación: (leg) search and seizure
__ federal de contribuyentes: (Mex) tax registration number
__ genealógico: herd book
__ grueso: (ot) gross ton register, gross tonnage
__ impreso: (comp) printout
__ inactivo: closed record
__ mercantil: incorporation papers
__ neto: netting
__ sanitario: Health Ministry registration, permit (to sell a food product in the country)
__ tributario: tax roll
__ único de contribuyentes: taxpayer master file
registros contables: (acct) accounting records, books of account
regla de cálculo: slide rule
__ de la puja arriba: (st ex) plus tick rule
__ de pelo: straight edge
__ empírica: rule of thumb
__ medidora de altura de agua: staff ga(u)ge
reglas de origen: rules of origin (trade)
__ de valuación: (acct) valuation principles; rules of valuation (customs, securities)
__ del juego: ground rules
__ fundamentales: ground rules
__ uniformes: code of standard procedures
reglamentación: rule-making; rules

707

__ urbanística: zoning rules
reglamentar: (leg) to make a law operative or effective by issuing enabling rules or regulations for implementing it
reglamentario: according to regulation; prescribed (period); statutory (ceiling); requisite (quorum), scheduled (work week)
reglamento: regulations; rules of procedure (committee)
__ de explotación: (for) working plan
__ de la ley: regulations issued or made under the law
__ de una ley: implementing regulations
__ interno: by-laws (company); standing orders (hospital); rules of procedure (committee)
__ laboral: workplace regulations
__ orgánico: (Chi) general regulations governing an institution
regrabación: dubbing (films)
regresión: decline, drop (in exports); return to (old ways)
reguera: irrigation ditch
regulación: regulation (watercourse); adjustment (prices); control (births, traffic); management
__ de aguas: flood control
__ de caudales: streamflow regulation
__ de la demanda: demand management
__ de tipos de cambio flotantes: management of floating exchange rates
__ del cauce: river training or regulation
__ del pastoreo: grazing control
__ salarial: wage control
regular: to adjust (merchandise), regulate (stream flow), control (foreign exchange, traffic); a average, fair, ordinary, run-of-the mill, nothing special, so-so; steady (pace, speed); strict (observance); scheduled (maintenance); orderly (life)
__ , por lo: generally, usually
regularidad: consistency, uniformity; steadiness, evenness; (leg) lawfulness, correctness, legality, propriety
__ de una operación: legality of a transaction
regularización: leveling up (returns), equalization (foreign exchange fund), stabilization (market price), correction (payments), workout (loan, debt); (Sp) restatement of assets in accordance with tax laws
__ contable: (acct) adjustment of books
__ de corrientes: flood control, river training
__ de un río: river training
__ del perfil geométrico: grading (road)
regularizar: to make regular (by conformance to law, rules or custom); (cont) adjust (books of account), rectify, correct (patent); (acct) adjust (balance sheet items), restate
__ una deuda incobrable: (acct) to write off a bad debt
regularmente: usually
rehabilitación: reinstatement (in rights, in post); re-establishment, vindication (of good name); overhauling, reconditioning
__ de caminos: resurfacing of roads
__ de fincas: farm rehabilitation
__ de pozos: reconditioning or overhauling of wells
__ de tierras: land reclamation
__ de un fallido: discharge of a bankrupt
__ de viviendas: housing improvement or upgrading
__ financiera: financial reorganization
rehabilitar: (Mex) to discharge from bankruptcy
reinante: prevailing (winds), existing (conditions)
reincidencia: second offense
reincidente: n repeat offender; recidivist
reincidir: to repeat a mistake, offense; relapse into crime; backslide
reincorporación al proceso de trabajo: (med) industrial rehabilitation
__ de utilidades netas: plowing back of profits
reincorporar: to re-admit to (pension fund); rehire (worker)
reiniciar: to rekindle (economic growth)
reinjerto: top grafting
reinserción laboral: rehiring; labor force (or workforce) adjustment
__ laboral y empresarial: outplacement
__ social: (leg) social resettlement (offenders), rehabilitation (criminals)
reintegración: reinstatement (staff)
reintegrar: to reinstate (in a post), reemploy; repay (loan, advance); surrender (foreign exchange); refund (deposit); release (a convicted offender) back into the community
reintegro: repayment, refund
__ de aranceles a los exportadores por los insumos que se incorporan al bien expor-tado: drawback (customs)
__ de derechos de aduana: drawback
__ de derechos de importación: drawback
__ en efectivo: cash refund
__ tributario: (Ur) tax rebate
reinversión: plowing back (of profits)
reiteradamente: time and again, repeatedly
reiterado: repeated, recurrent, repetitive
reiterar: to reaffirm, repeat
__ (su criterio): to reassert (its position)
__ su voluntad: to reaffirm one's intention
reivindicación: (leg) action for repossession, recovery (of property), replevin; (Arg) defense
reivindicaciones: claims, grievances, demands
__ salariales: wage demands
__ sociales: social protest
reivindicar: (leg) to replevy; (Arg) defend, vindicate
reja del arado: co(u)lter
rejilla: perforated casing (well)
__ de pozo: well screen
__ para peces: fish grating, fish grid
rejo: (Ec) herd of dairy cows; (Ec) milking of cows

__ , **corral de**: (Ec) milking corral
rejuntar: (constr) to point (wall)
relación: relation, relationship, ratio; record, account; list, schedule; statement, recital (pleadings), bearing on (subject matter); enumeration; tie-in
__ **activo corriente/pasivo corriente**: current ratio, working capital ratio
__ **activo disponible/pasivo corriente**: quick (or quick assets) ratio, acid-test ratio
__ **capital/activo**: (bnk) capital ratio, equity ratio
__ **capital prestado/capital propio**: debt-to-equity ratio; (UK) gearing ratio; (USA) leverage
__ **capital/producto**: capital-output ratio
__ **con, en**: as regards, in terms of
__ **con, tener**: to apply to, have a bearing on, affect
__ **contractual (bipartita)**: (leg) privity of contract
__ **corriente**: current ratio, working capital ratio
__ **costo/beneficio**: cost-benefit ratio
__ **cotización/beneficio**: price-earnings ratio
__ **cotización/precio**: price/earnings ratio
__ **de causalidad**: cause and effect relationship
__ **de dependencia**: (Arg) full-time employment
__ **de desmonte**: (min) stripping ratio
__ **de estabilidad**: (Ven) ratio of net fixed assets to long-term liabilities
__ **de incremento capital/producto**: incremental capital/output ratio
__ **de intercambio**: terms of trade
__ **de intercambio de productos básicos**: commodity terms of trade
__ **de intercambio de trueque**: barter terms of trade
__ **de intercambio/ingreso**: income terms of trade
__ **de liquidez**: current ratio; working capital ratio; (bnk) reserve ratio
__ **de los hechos**: (leg) statement of facts
__ **de naturaleza laboral**: employer/employee relationship
__ **de precios**: terms of trade
__ **de precios de cambio**: trade price ratio
__ **de protección de la señal deseada/señal interferente**: (TC) desired signal-to-interference protection ratio
__ **de reservas contra depósitos**: (bnk) reserve-deposits ratio
__ **de sustitución entre dos variables**: (Sp) trade-off
__ **de viaje**: travel record
__ **deuda/capital**: debt-to-equity ratio
__ **deuda/patrimonio**: debt-to-equity ratio
__ , **en** : (Arg) (leg) closed to new evidence (of an appeal)
__ **endeudamiento/capital propio**: debt-equity, debt-to-equity ratio; leverage; gearing (ratio)
__ **entre activo disponible y pasivo corriente**: (acct) quick (or quick assets); acid-test ratio
__ **entre capital-activos con riesgo**: (bnk) capital ratio
__ **entre rentabilidad esperada y riesgo**: securities market risk
__ **ganancias/precio**: price-earnings ratio
__ **gastos de vivienda/ingresos**: affordability ratio (housing)
__ **marginal capital/producto**: incremental capital/output ratio
__ **portadora/ruido térmico del receptor**: (TC) carrier to receiver thermal noise ratio
__ **precio/beneficios**: price-earnings ratio
__ **préstamos/capital de un banco**: exposure
__ **préstamos desembolsados y pendientes/capital y reservas**: (UK) gearing ratio; (USA) leverage
__ **procesal**: (leg) procedural relationship
__ **rápida**: quick ratio
__ **real de intercambio**: real terms of trade
relaciones: links, contacts, dealings with; ratios
__ **comerciales con, establecer**: to go into business with, trade with, have dealings with
__ **de actividad**: activity ratios
__ **de precios constantes**: constant price ratios
__ **de rentabilidad**: profitability ratios
__ **jerárquicas**: power relationships
__ **obrero-patronales**: labor-management relations
__ **sociales**: "connections", contacts
__ **tirantes**: strained relations
relacionado con: related to, connected with, bound up with, relevant to; concerning, regarding
relacionarse: to be connected with, be related to
relajación (relajamiento): let-up, easing, slackening (off), loosening (standards); (leg) lightening or release from a burden or duty; mitigation (punishment)
__ **monetaria**: monetary ease
relanzamiento: (Sp) resumption, recommencement, recovery
__ , **acciones de**: expansionary measures
relativamente: comparatively; to some extent
relativo a: relating to; regarding, bearing on, (certificate) stating that
relator: rapporteur (Supreme Court), reporting clerk (Appellate Court)
relaves: tailings (copper); slime (tin)
relegación: (Chi) enforced residence, internal exile
relegado: underserved (groups)
releje: wheel rut
relevación de gastos causídicos: exemption from court costs
relevamiento: topographic survey
__ **censal de datos**: enumeration, count(ing), census (taking)
relevancia social: social visibility (of women)
relevante: outstanding; of paramount, crucial, extreme importance; remarkable, exceptional; significant; appreciable; considerable; emi-

nent; valuable (tool, information)
relevar: (Arg) (leg) to exonerate from a charge
relevo: shift (workers)
relicto: (min) residue (after leaching)
relieve: (social) importance
__ , **dar**: to emphasize, highlight
__ **del terreno**: land forms
__ , **poner de**: to spotlight
relieves: upsets (geology)
relinga de corchas: floatline (fishing net)
relocalización: rerouting (road)
reloj marcador: time recorder, time clock
relleno de atraque: soil against abutment
__ **de juntas**: grouting (roads)
__ **de mampuesto**: rock rubble fill
__ **sanitario**: sanitary landfill
remalladora: looper (textile)
remanente: *a* residual (effect); surplus; *n* (com) remainder; balance (of production); carryover (of last year's crop, old projects); surplus; amount outstanding
remanentes de tierras: "land banks"
remanso: backwater
rematar: to finish, finish off, complete; give the finishing touch to; knock down at an auction, auction off
remate: auction sale
__ , **para**: to top it off
__ **judicial**: (USA) (leg) marshal's or sheriff's auction
remedio: (leg) relief, remedy
remendar: to patch (road)
__ **los daños sufridos por el medio ambiente**: to clean up the environment; undo environmental damage
remesa: (com) shipment, consignment; remittance (money)
__ **postal**: postal money order
remesar: to ship (goods); remit (money)
remiendo: patch (road)
remisa: (Arg) chauffe(u)red car available for hire
remisión: shipment (goods), dispatch (letter, cable); cross-reference; delivery (documents); remission (debt); (Ven) referral (patients); (leg) remanding (of a case from higher to lower court); (USA) removing (of) case from State to Federal court
__ **de la deuda**: remission, cancellation (debt)
__ **del proceso**: (leg) transfer of proceedings
remisor: *a* covering (letter)
remitente: sender (letter); (com) shipper, consigner (goods)
remitido: announcement (in the press) paid for by an individual who writes to clarify personal circumstances
remitir al tribunal: to commit for trial
__ **la causa a otro tribunal**: to change the venue
__ **una deuda**: to remit or cancel a debt
remitirse: to quote, cite (the facts, what the Chairman said)
remito: (Arg) packing slip

remoción: removal; dismissal (personnel)
__ **de las barreras**: removal, elimination of (trade) barriers
__ **de tierras**: earth moving
__ **del grano del trigo**: scalping
remodelación: rehabilitation (sewers)
__ **urbana**: urban renewal
rémol: brill
remolacha: beetroot
__ **forrajera**: mangel-wurzel
remolcador: tug boat; (UK) breakdown truck; (USA) tow truck
remoliendo: milling (of ore)
remolino: eddy, whirlpool
remolque bajo: flatbed trailer
remolques cargados, técnica de transporte de: roll on, roll off
remontarse: to go back to (memories); date from (buildings); go up to (of an amount)
rémora: hindrance, obstacle; setback
__ **fiscal**: fiscal drag
removedor: skimmer (oil spill)
remozar la vejez: to add life to years
remuneración: compensation (wages); salary
__ **adicional (especial, suplementaria)**: extra or special allowance
__ **de la mano de obra**: return on labor
__ **efectiva**: actual rate of pay
__ **neta**: take-home pay
__ **y beneficios (prestaciones)**: compensation and benefits
remuneraciones: fees (consultants); honoraria (speaker, lecturer)
remunerador: rewarding, worthwhile (job)
remunerativo: paid (labor, work); gainful (employment); income-generating
renadío: (agr) aftermath (crop)
rendición de cuentas: (acct) reporting, rendering of accounts; (sometimes) performance reporting
rendimiento: efficiency (machine); output (per man/shift); output rate; productivity; performance; throughput; yield (crop); return (on capital)
__ **a la canal**: carcass yield
__ **académico**: academic success rate (of a system or school)
__ **al vencimiento**: yield to maturity (bond)
__ **continuo (sostenido)**: (for) sustained yield
__ **de aserrar**: (for) lumber yield
__ **de capital**: capital efficiency
__ **de carne**: production of meat
__ **de cuentas**: rendering of accounts; accountability; (sometimes) performance reporting
__ **de escala**: returns to scale
__ **de la canal**: dressing percentage (meat)
__ **de la cosecha**: cropping efficiency
__ **de la educación**: educational output, educational performance (system)
__ **de la porción del título sin colateral**: stripped yield (bond)

__ **de una bomba**: pump duty
__ **del capital**: return on capital employed, investment income
__ **del ganado**: livestock efficiency
__ **del patrimonio promedio**: (fin) return on average equity (ROE)
__ **del rebaño**: flock offtake
__ **educativo**: (ed) school achievement (system); educational attainment (student)
__ **efectivo**: performance rating
__ **en carne de vaca**: beef yield
__ **escolar**: educational productivity; school achievement; educational achievement
__ **normal**: standard performance
__ **técnico**: (Sp) input/output ratio
__ **total**: throughput
rendimientos ascendentes: (fin) upside returns (investment risk)
__ **de la deuda**: debt workout
__ **descendentes**: (fin) downside returns (investment risk)
__ **en función de la escala de producción**: returns to scale
__ **en función del capital**: returns to capital
renegociación de la deuda: debt restructuring
renglón: item, head (budget); line (of products); entry in a list; (written or printed) line; wage step
__ **arancelario**: tariff line
__ **de gastos**: item of expenditure
renovación: turnover (capital, labor, merchandise); rollover (notes, credit); reform (education); reconditioning (building); reorganization, shake-up; replenishment (funds)
__ **curricular**: curriculum reform
__ **de bonos de dólares**: rolled-over dollar bonds
__ **de destino**: (admin) reassignment (staff)
__ **de la superficie**: resurfacing
__ **de vivienda**: rehabilitation of housing
__ **industrial**: retrofitting
__ **urbana**: urban renewal
renovales: (for) secondary forest or growth
renta: revenue, rent; income; (sometimes) unearned income
__ **consumible**: disposable income
__ **de aduanas**: (Sp) customs duties
__ **de capitales**: funded income
__ **de situación**: (econ) pure economic rent
__ **de supervivencia**: (leg) reversionary annuity
__ **del trabajo**: earned income
__ **derivada**: (Sp) imputed income
__ **disponible**: disposable income
__ **económica**: economic rent; (Ur) income derived from land
__ **estancada**: (Arg) (leg) income from government monopoly
__ **ficta**: (Ur) estimated income, presumptive income
__ **global**: aggregate income
__ **imponible**: taxable income
__ **no salarial**: unearned income
__ **patrimonial**: return on capital
__ **percibida**: earned income
__ **presunta**: presumptive income
__ **presuntiva**: presumptive income
__ **pública**: (Sp) government debt (securities)
__ **variable**: (Sp) equity securities
__ **vitalicia**: life annuity
rentas públicas: government revenues, government receipts
rentabilidad: profitability; (rate of) return (on investment); rate of return; earning power, earning capacity; profit margin; profit history (of a firm); yield (investment, share); financial return; ratio of earnings to capital; profit ratio; economic pay-off
__ **bursátil (efectiva)**: actual yield; true yield
__ **de los empleos**: (Sp) (bnk) return on funds
__ **de los recursos propios**: (Sp) return on equity, return on (shareholders') equity
__ **del capital**: capital efficiency, return on capital
__ **del patrimonio promedio**: (fin) return on average equity (ROE)
__ **económica**: economic merits (of a project)
__ **en dividendos**: (Sp) price-earnings yield
__ **financiera**: financial return
__ **indebida**: (Per) excess profits
rentable: profitable, income-producing, with a positive rate of return; yielding a return; economical to run (machine); cost-effective, paying (concern)
rentado: gainful (employment), salaried, paid (work)
renuevo: sapling, offshoot
renuncia: resignation; relinquishment; abandonment (rights); (sometimes) quitclaim (giving up a claim or title)
__ **a las prerrogativas e inmunidades**: waiver of privileges and immunities
__ **a una concesión**: (min) abandonment of a claim
__ **voluntaria**: waiver, disclaimer, release
renunciar: to renounce, give up, forgo (something), give up the idea (of doing something), waive (right), withdraw (claim); resign from office; relinquish (claim, right)
reñir con: to conflict with
reo: the defendant, the accused (in the trial stage of criminal proceedings); criminal, offender; person held for trial
reograma: flow chart
reordenación: rearrangement
__ **de la economía**: realignment of the economy
__ **de las finanzas públicas**: budget consolidation; restructuring of public finances
__ **económica**: economic adjustment
__ **monetaria**: realignment of currencies
__ **racional**: rational layout (of land surface)
__ **urbana**: urban renewal
reorganización de gabinete: cabinet reshuffle
__ **drástica**: shake-up

reorientación: reordering, redirection, change in the direction of (policy); shift (in the sectoral pattern); rechanneling (of credit); change (in personnel training); readjustment, change in emphasis (in policy), realignment
__ **nacional**: the nation changes course
reparación: repair; (leg) redress
__ **civil**: (leg) compensation
__ **de agravios**: redress of grievances
__ **de baches**: patching (roads)
__ **de zanjas**: trench reinstatement
reparar: to repair, mend, fix (something); make amends, atone for; make good, redress (damage)
__ **en**: to take heed of (difficulties); think about; notice, observe, pay attention to
reparo: repair; workover (well); representation, objection, misgiving
reparos, poner: to object to, take exception to, find fault with
repartición: distribution, allocation, allotment, apportionment; (market) sharing; spreading out (payments); (Arg, Chi, Ur)government agency, department, unit, section
__ **de costos**: cost distribution
__ **de la carga**: (elec) load distribution, dispatching
__ **del contingente**: allocation of shares in the quota
repartir: to distribute, allocate, allot, apportion; deliver (mail, milk, etc)
__ **dividendo, no**: to pass a dividend
reparto: distribution, allocation, allotment; mail delivery; apportionment; cast(ing) (TV, theater)
__ **de materias primas**: allocation of raw materials
__ **sistema de**: pay-as-you-go system (social security)
repase de fondos: transfer of funds
repaso: review, inspection, scrutiny, examination
repatriado: (Mex) returning citizen
repello: whitewashing, plaster
repercusión: reverberation; consequential effect, impact, import, bearing on, implication; aftermath, after-effect, spillover, fall-out from; reaction; backlash
__ **de las alzas de precios**: ripple price effects
repercutir en: (fig) to make its influence felt, affect
reperfilado (de caminos de ripio): reshaping
repertorio: check-list; range (of possibilities)
__ **comercial**: commercial directory; business directory
__ **de legislación**: legislative series
repetición: recurrence; replication (test); (leg) redress, recovery; action for recovery, right of recovery; claim for restitution (of money paid)
__ **de pasada**: (Sp) (comp) re-run
__ **de un proyecto**: rollover project
repetidas veces: again and again, time and again

repetidor: transponder
repetir: (leg) to recover a payment made; claim restitution
repicado: (for) transplant
repicar: (agr) to outplant, transplant; prick
replanteamiento: redefinition; restatement (of principles)
replantear: to reconsider; rethink; re-examine; look anew or afresh at
replanteo: laying out, staking out, pegging out (site), preconstruction survey; (fig) reappraisal, reassessment, rethinking, reformulation (problem)
réplica: aftershock (earthquake); (leg) answer to a charge, complaint; rejoinder; rebuttal
repoblación: replanting (of forest); reforestation; (sometimes) establishment of a plantation
__ **cinegética**: game propagation
__ **con intercalación de cultivos**: taungya system (agroforestry)
__ **de animales**: game propagation
__ **de ganado**: restocking
__ **de peces**: recruitment of fish
__ **forestal**: second-growth forest
reportador: (Mex) securities lender
reportaje: news feature, feature story, report, story; interview
__ **en directo**: running commentary
reporte: (st ex) swap (gold, exchange rate); (Sp) borrowing of securities
__ **, operación de**: (Sp) swap (stock exchange)
reportero gráfico: press photographer
reporto: swap (gold, exchange rate); repurchase agreement, REPO (money market vehicle; liquidity instrument in Central bank monetary policy); borrowing of securities
__ **activo**: (st ex) borrowing of securities
__ **pasivo (st ex)**: lending of securities
reposesión: (leg) repossession (e.g. recovery of goods sold)
reposición: replacement (equipment); replenishment (funds); restocking; reinstatement (staff); repaving (e.g. of road surface)
__ **de cuentas**: replenishment of accounts
__ **, recurso de**: (leg) application for reconsideration
repostar: to supply, provision, refuel (ships, aircraft)
repreguntar: (leg) to cross-examine
represa: dam, dike, reservoir
__ **de escollera**: rockfill dam
__ **de relaves**: tailings dam (copper); slime dam (tin)
__ **de terraplén**: earthfill dam
represamiento de las aguas: back-up of waters
representación: (leg) agency; proxy; (com) agency; field office, country office (WHO, IDB)
__ **de, en**: acting for
__ **diplomática**: diplomatic mission
__ **, en su**: on your (its, his, her, their) behalf
__ **gráfica de problemas**: issue mapping

representante: proxy (at a meeting); (com) agent
__ **autorizado**: authorized representative
__ **del armador en el muelle**: (UK) (ot) wharfinger
__ **del propietario**: (ot) ship's husband
__ **exclusivo (único)**: (com) sole agent
__ **facultado**: authorized representative
__ **mandatario**: authorized representative
representar: to represent, stand for; be equivalent to, equal to; account for, make up (__% of GDP); be worth, generate, contribute ($__ to/for the economy); (variable) be a proxy for; belong to (another era); (art) depict, portray
represión: punishment (of acts of terrorism); suppression (drug traffic); control (disorders)
__ **de comercio**: restraint of trade
__ **de drogas**: drug law enforcement
__ **de infracciones**: punishment of offenses
représtamos: onlending, onward lending
reprivatización: reversion to private ownership
reprobado: rejected (not passing) (in grading system)
reproducción de documentos: duplication
reproducir una demanda: (leg) to file the same (an identical) complaint (e.g. with another court)
reproductivo: productive (investment)
reproductor de anotaciones (ficheros): log player
reproductores: breeding stock (cattle); brood stock (fish)
reprogramación de la deuda: debt rescheduling, debt workout
repuestos: spares, spare parts
repunte: upsurge (private investment); recovery, rebound, rally (economy); rise (prices); surge, upsurge (inflation); (Arg, Ur, Chi) roundup (cattle)
__ **febril**: (med) recurrence of fever
reputación comercial: commercial standing
requerimiento: request; demand, requisition; call (for capital); requirement, need
__ **judicial**: (leg) injunction
__ **imperativo**: (leg) mandatory injunction
requerimientos alimenticios mensuales de una vaca: cow-month, animal-unit month
requerir: to summon; investigate; enquire; require, need, call for; notify; involve; enjoin, solicit (assistance); apply for (permit)
requesón: cottage cheese
requisitado a satisfacción de: made out (and executed) to the satisfaction of
requisitar: to fill out a form
requisito: requirement, prerequisite; (prescribed) formality; essential qualification; (pl) qualifications (for a job), skills
__ **básicos (o iniciales)**: prequalifications (bidding)

requisitoria judicial: bench warrant
res: head of cattle; (Arg) carcass
__ **de vientre**: breeding cow
__ **para matadero**: stocker
reses de invernada: cattle for fattening
res judicata: (leg) cause (matter) adjudged; closed case
resaca: surf; undertow; eddy
__ , **cuenta de**: account of charges on return bills
__ **(letra de)**: redraft, counterbill, new bill of exchange (right of protest)
resaltar: to focus on, bring out, emphasize
resaltes: foot-rests (latrines)
resalvo: (for) standard (tree), staddle, sapling
resanado: mending (roads), patching and pointing (walls)
resarcimiento: indemnification, compensation, repayment, recoupment; (leg) redress (of injuries)
__ **de daños**: recovery of damages; (ins) recoupment of damages
resarcir: to compensate, make good, indemnify (loss)
resbalín: (Per) pallet
rescatable: (fin) redeemable, callable (bond)
rescatado: *a* redeemed (stock), treasury (stock)
rescatar: to rescue; retrieve, redeem (bonds); make up (lost time), bail out
rescate: redemption (bonds); retirement (stock, debt, bills of exchange), encashment (promissory notes); bailout (banks)
__ **(anticipado) de la deuda (pendiente)**: retirement of (outstanding) debt
__ **de deudores**: (fin) bailout, rescue operations
__ **de pagarés**: encashment of promissory notes
rescatista: (Bol) agricultural broker (collector of produce)
rescindir un contrato: to terminate a contract
rescisión: abrogation (loan); annulment, avoiding (of contract)
__ **de nombramiento**: termination (staff)
rescripto: official or authoritative order, decree, edict or announcement
reseña: newspaper article; book review; brief description; sketch; profile (document)
__ **analítica**: abstract
__ **decadactilar**: fingerprints
__ **del programa del país**: country program profile
__ **histórica**: short history
reseñar: to describe, outline; give a brief account of; review a book
resero: (Arg) drover
reserva: reserve, reservation; qualification of a statement; (acct) provision, reserve, retained earnings (balance sheet entry); (ot) booking of cargo space; (comp) back-up
__ **anticipada**: (ot) advance booking (cargo space)
__ , **bajo**: in confidence
__ **contable**: (acct) provision; accrued liability (e.g. for future pension payments)

___, **de**: standby
___ **de, a**: (correct meaning) with the intent of; (often) without prejudice to, subject to, contingent upon; provided that
___ **de bodega**: (ot) booking of cargo space
___ **de cambio**: (Sp) allowance for exchange losses
___ **de carga**: cargo preference, flag reservation, cargo restriction
___ **de depreciación**: (acct) accumulated depreciation; (econ) capital consumption allowance
___ **de dominio**: title retention (provision) (retail-sales agreement, retail installment contract)
___ **de espacio**: (ot) booking of cargo space
___ **de estabilización**: buffer stock
___ **de la propiedad**: title retention (provision) (retail-sales agreement, retail installment contract)
___ **de los consumidores**: consumer resistance
___ **de pesca**: stock of fish
___ **de previsión**: reserve for possible liabilities; (acct) general reserve, contingency reserve
___ **de provisión**: reserve for known liabilities
___ **de renovación**: reserve for replacement
___ **estabilizadora**: buffer stock
___ **forestal de inmovilización**: forest stock reserve
___ **genética (génica)**: gene pool
___ **latente (oculta)**: hidden reserve
___ **matemática**: (ins) actuarial reserve; actuarial liability; net liability, reserve for unexpired claims, fund to cover liabilities
___ **metálica**: bullion reserve
___ **para cuentas morosas**: provision for bad debts, for doubtful accounts
___ **para depreciación**: (acct) accumulated depreciation; (econ) capital consumption allowance
___ **para deudas incobrables**: provision for bad debts, for doubtful accounts
___ **para fauna silvestre**: wildlife sanctuary
___ **para garantías**: provision for warranties
___ **por agotamiento**: depletion allowance
___ **por concepto de envejecimiento**: obsolescence allowance
___ **presupuestaria**: appropriation reserve
___ **realizable**: liquid reserve
___ **, sin**: without qualification; unqualified, "clean" (audit opinion)
___ **técnica**: (Chi) (bnk) minimum cash reserve, liquidity ratio; reserve capacity (telecommunications); (ins) mathematical reserves, general reserves
___ **voluntaria**: (acct) optional reserve, contingency reserve, general reserve
reservas: (Sp) (acct) retained earnings and surplus
___ **complementarias del activo**: (Mex) contra asset accounts (typically: allowance for bad debts; accumulated depreciation)
___ **de depreciación de capital**: capital consumption allowances
___ **de garantía**: (ins) deficiency reserves
___ **disponibles**: free reserves
___ **en divisas**: exchange reserves
___ **en metálico**: (bnk) vault reserves
___ **estratégicas**: strategic stockpiles
___ **extractivas**: resource development reserves (rubber, etc in the Amazon)
___ **legales**: reserve requirements
___ **libres (de gravámenes)**: unimpaired reserves
___ **minerales comprobadas**: measured mineral reserves
___ **minerales potenciales**: inferred mineral reserves
___ **minerales probadas**: indicated mineral reserves
___ **obligatorias para un país específico**: (USA) allocated transfer risk (international banking)
___ **oficiales**: visible reserves
___ **sin gravámenes**: unimpaired reserves
___ **tácitas**: (Sp) hidden reserves
reservado: confidential, privileged (communication), executive (session), private (mail, room); earmarked (sale, account); exclusive (market)
reservar: to set aside, earmark for (funds)
resguardar: to protect against, safeguard
resguardo: protection, guarantee; security; collateral; voucher, receipt; frontier customs house officer; (Arg) border guard
___ **de depósito**: warehouse receipt
___ **de depósito de muelle**: dock warrant
___ **de embarque**: forwarder's receipt, ship's receipt
___ **de garantía**: security, collateral; warranty; stock warrant (commodities)
___ **fluvial**: inland waterway consignment note
___ **(provisional)**: (ins) binder
residencia: resident engineer's office
___ **forzada**: (leg) assigned residence
___ **forzosa**: (Chi) internal exile
___ **geriátrica**: (med) nursing home
___ **, juicio de**: impeachment proceedings
___ **para enfermos terminales**: (med) hospice
residir en: to lie, consist, be in; be vested in (ownership)
residual: waste, sewage (waters), hard-core (restrictions)
residuales tecnológicos: spillovers
residuo carbonizado: char
___ **inorgánico**: grit (in a drain)
residuos: waste, tailings (copper); screenings (stone); rubbish, garbage, remains
___ **de cervecería**: brewers grains
___ **de tratamientos**: (min) mill tailings
___ **de trigo**: wheat chaff
___ **tecnológicos**: technological spillover or fallout
resinación: resin tapping; naval stores (tar, turpentine, rosin, pitch, etc)

RESIDUOS / RESTAÑAR

resistencia: strength, bearing capacity or power; resistance
__ **de la tierra**: bearing power of the soil
__ **de los precios a bajar**: downward price rigidity
__ **pasiva**: civil disobedience
resistente: hardy (of plants)
__ **a la helada**: frost-hardy
resistir: to endure, stand, bear, put up with; hold up (under strain, adverse circumstances, etc); keep or hold (something) at bay
resma: ream of paper
resolución: solution; decision, determination; conclusion (activities); (leg) avoidance (contract)
__ **acusatoria**: (leg) indictment
__ **de conflictos**: settlement of disputes, dispute settlement; dispute resolution (e.g. alternative dispute resolution - ADR)
__ **de insistencia**: implementing resolution
__ **de la sociedad**: (com) corporate action
__ **de pleno derecho**: ipso jure or ipso facto avoidance (of contract)
__ **del contrato**: avoidance, cancellation of contract
__ **ejecutiva**: operative resolution
__ **general**: omnibus resolution
__ **modificadora**: amendatory resolution
__ **técnica**: (acct) pronouncement (auditing)
__ **terrestre**: ground resolution (remote sensing)
resolver: to clear up (doubt); solve, work out (problem); resolve (difficulty); settle (question); overcome (difficulty); decide (to do something); deal with (matter), process (file)
__ **a título prejudicial**: to make a preliminary decision
__ **lo que procede**: (leg) to decide what is proper, in accordance with the law
__ **sobre un problema**: to rule on
resonancia: resonance, echo, (fig) importance; renown; fame; repercussions, consequences; stir, commotion, widespread effects
__ **, tener**: to cause a stir
resorte: (tech) spring; (fig) ways, means, resources, influence
resortes judiciales: judicial machinery
respaldar: to make an annotation on the back of a document
respaldo: support, backing, backstopping; (min) wall of a vein
__ **de divisas**: (fin) exchange cover
__ **de los depósitos bancarios**: bank deposit coverage
respecto de: as to, as regards, in relation to, as concerns; in contrast to, versus
respetable: worthy (interests), strong (candidate), fair (number of)
respetar acuerdos previos: to honor, abide by, stand by, adhere to (prior agreements)
respiro de pago: (Sp) extension of time for payment
responder a: to match, be consistent, in consonance with (policy), be concordant with, serve (needs); be motivated by; meet (objection, requirements); deal with (situation); come up to (expectations); address (demand); answer (need); match (description); conform to (conditions); be appropriate to (needs); be in keeping with, be in line with, dovetail with, tally with, be commensurate with, be attuned to
responder de: to answer for, be answerable, accountable, responsible for; vouch for; be liable for (debts); guarantee
__ **de los costos del juicio**: to defray court costs
responsabilidad: responsibility; liability; accountability; (fin) (sometimes) assets/liabilities ratio, net worth
__ **ante más de una autoridad (entidad)**: matrix reporting
__ **ante terceros**: public liability
__ **, bajo**: on parole
__ **civil**: (leg) public liability; civil liability (as opposed to criminal liability)
__ **contractual**: contractual liability
__ **de, bajo la**: in the custody of
__ **directa**: primary liability
__ **fiscal**: accountability
__ **general del deudor**: unlimited liability of the debtor
__ **individual**: (leg) several liability
__ **patrimonial neta**: (bnk) equity, net worth (of a bank)
__ **pública**: public trust (water rights)
__ **social**: social conscience
__ **subsidiaria**: secondary liability
responsabilidades no financiadas: (ins) unfunded liabilities
responsabilizar: to hold responsible; empower
responsable: *n* officer in charge; *a* performing (organization)
__ **civil**: (leg) person liable for damages
__ **de daños y perjuicios**: liable for damages
__ **mancomunado**: jointly liable
__ **solidario**: jointly and severally liable
respuesta: feedback
__ **de control**: answer-back
__ **retrasada**: lag response
resquicio: (leg) loophole; window (in a market)
__ **tributario**: tax loophole
restañar: to staunch (a leak)
restar: (tr) to take away, rob of (dignity); subtract; (intr) remain, be left
__ **fuerzas**: to weaken
__ **importancia**: to make light of
restauración automática: (ins) automatic reinstatement
restaurar: (Sp) (comp) to reset
restaza: redfish
restinga: sand bar, rock ledge
restitución: (fin) replenishment (reserves), release

(of a deposit); refund (levies); tailwater (hydro power); plotting (surveying)
__ **de impuestos**: tax refund, tax rebate
__ **de la propiedad**: reconveyance
__ **de los derechos**: drawback
__ **de una reserva**: replenishment
restituir: to return something to, restore, give back, refund, surrender (foreign exchange)
restricción: limitation (freedom of the press), cut (in consumption, expenditure); squeeze (imports); constraint
__ **de la competencia**: restraint of trade
__ **de liquidez**: liquidity squeeze
__ **del comercio**: restraint of trade
__ **del crédito**: credit squeeze
__ **salarial**: wage restraint
restricciones residuales (a la importación): hardcore restrictions
restringido: moderate (price), limited, small (number), confined (space), short (form)
restringir: to clamp down on, cut down, downsize, reduce
restructuración: reform, reorganization, overhaul
resuelto: determined, resolute (person); settled (matter); realized (work of art)
__ **a**: resolved, determined to do something; bent on
resultado: result; issue, outcome, effect, consequence; end product; fruit (of effort)
__ **acumulado por actualización de activos**: (acct) restatement of assets, net
__ **antes de corrección monetaria**: (acct) income (loss) before price-level restatement
__ **bruto**: gross margin, gross profit
__ **del ejercicio**: (acct) annual balance
__ **económico**: (Arg) profit and loss statement; income statement
__ **escolar**: (ed) academic achievement, school achievement (student)
__ **final**: bottom line
__ **fiscal**: (Mex) taxable income
__ **inevitable**: foregone conclusion
__ **negativo**: (Arg) deficit statement
__ **neto**: (acct) bottom line
__ **presupuestario**: budget outturn
__ **puesto en equivalencia**: (Sp) income (loss) carried by the equity method (income statement)
__ **, tener como**: to cause, lead to, result in
resultados: findings, data, figures (survey), conclusions (investigation); (acct) profits (and losses), earnings; (fin) performance (loans); (ins) experience (e.g. loss); returns (census, election)
__ **acumulados**: accumulated surplus, earned surplus, retained earnings
__ **atípicos**: (Sp) (acct) non-trading income
__ **azules**: profits, positive earnings
__ **de la enseñanza**: (ed) educational outcome
__ **de las exportaciones**: export performance
__ **de un cobro**: fate (of collection)

__ **financieros**: financial performance
__ **indeterminados**: borderline results
__ **indirectos**: spin-offs
__ **intermedios**: intermediate outcomes
__ **limítrofes**: borderline results
__ **técnicos**: (ins) underwriting experience
resultandos: statement of facts (grounds) forming the basis of legal decision; findings of fact
resultar de: to be consequent upon, arise from, result from
__ **que**: consequently; the result is; it turns out that
__ **útil**: to come in handy
resumen: summary; outline; highlights; recapitulation; thumbnail sketch, round-up; summation, summing up; brief, abstract (project)
__ **analítico**: abstract
__ **de orientación**: executive summary
__ **, en**: in short, in brief, in a nutshell; to sum up, to cut a long story short, to recapitulate
__ **recapitulativo**: consolidated summary
resumidor de lluvias: trap, sink, catch basin
resurgimiento: (Sp) revival, recovery, recrudescence; renaissance (art, culture)
retareos: (El Sal) (acct) delinquent accounts
retales metálicos: broken metal
retardador de crecimiento: growth inhibitor
retardos distribuidos (escalonados), modelo de: (st) distributed lag model
retazos de papel: mill lots
retén: (irr) check; (Chi) police station
retención: retention money, retainage; withholding (tax); deduction, stoppage (pay); (Arg) export tax; (irr) check
__ **cafetera**: (Col) retention quota
__ **de garantía**: retention money, holdbacks
__ **de impuestos en la fuente**: (UK) pay-as-you-earn (PAYE) system (tax); (USA) payroll withholding taxes; tax withheld at source
__ **de mercancías**: hoarding
__ **de nómina**: payroll deduction
__ **escolar, coeficiente de**: (ed) holding rate
__ **(fiscal) en el origen**: (UK) pay-as-you-earn (PAYE) system (tax); (USA) payroll withholding taxes
__ **prendaria**: bailee's lien
__ **superficial**: depression storage (water)
__ **térmica**: heat trapping
retexturado: restoration (road surface)
reticencia: insinuation, innuendo; (ins) non-disclosure, concealment
reticular: *a* (comp) networked
retículo: grid (seismic line survey)
__ **cuadrado**: (st) square lattice
__ **de grupos**: group lattice
retirar: to take delivery (goods); draw (funds)
retiro: setback (building); withdrawal (funds); retirement, pension
__ **de fondos en cuenta**: (fin) drawdown

RETICENCIA

__ **de inversiones**: disinvestment
__ **, fecha de**: drawdown date (loan)
retobo: (Hond) culling of cattle
retoño: (for) seedling, sucker, shoot, sprout
retorcer: to throw (fibers); wring out (clothes); plait (rope)
retórica: figurative language
retorno: (Chi) repatriation (e.g. of proceeds of investment, exports, etc)
retornos al país: (Chi) export earnings
__ **de divisas**: (Chi) surrender of foreign exchange export earnings to Central Bank
__ **del riego**: (downstream) irrigation runoff
retorsión: retaliation
retracción: shrinkage (cement)
retractilado: (tech) shrink-wrap (products)
retracto legal: legal redemption
retraimiento: contraction (of investment)
retraso: delay; slippage; time-lag; lag; arrears; backwardness (mental or cultural); underdevelopment (market, economy, sector)
retrete de pozo anegado: aqua privy, pour-flush latrine
retribución: payment, fee paid; emolument; salary; wages, remuneration, compensation
__ **anual**: annual salary
retribuir: to remunerate, pay (for) (work); reward; compensate
retroacción: feedback
retroactivo: retrospective (effect, law)
retroceder: to backtrack; lose ground
retrocesión en arriendo: lease-back
retroceso: setback (economy), step backwards; new outbreak (disease); (comp) backtracking
__ **de precios**: falling prices, rollback of prices
retrógrado: reactionary (policies)
retroinformación: feedback
retroproyector: overhead projector
retrospectivo: backward (glance); retrospective (study)
retroventa, cláusula de: repurchase agreement
retumba: (for) second growth, young stand
reubicación escolar: (ed) regular class placement
reunión almuerzo: working luncheon
__ **con carácter reservado**: closed session (of a court)
__ **creativa**: brainstorming
__ **de consulta**: review meeting
__ **de datos**: data collection
__ **de instalación**: organization meeting
__ **de trabajo**: workshop
__ **interna**: private meeting
__ **mixta**: joint meeting
__ **privada**: closed meeting
__ **reservada**: executive session, closed meeting
__ **técnica**: workshop
reuniones oficiosas, sala de: (USA) caucus room
reunir: to put together, pool (things, efforts, money); gather, collect, assemble (facts);

REVESTIR

join (forces); fulfill (conditions), meet, satisfy, comply with (requirements), build, put together (a collection); conform to (specifications)
__ **capitales**: to borrow, raise capital
__ **las condiciones**: to qualify (for), be eligible for
reuso de desperdicios: recycling of waste
reutilizable: return (packing)
reutilización de los préstamos: relending
revacunación: booster shot
revalidación: renewal, confirmation; (ed) comprehensives
revaloración: (Sp) (acct) revaluation, restatement; appreciation; revival (artistic technique); resurgence of interest in; coming back into favor; renewed appreciation for (of)
revalorar: to revalue, increase value of a country's currency; (acct) revalue, restate; (fig) affirm
revalorización: revaluation, appreciation
__ **de zonas áridas**: arid zone control
__ **del capital**: capital appreciation
revalorizar: to increase, raise the (market) value of, write up, upgrade; revalue, restate (fixed assets), reappraise
__ **acciones**: to write up shares
revalorizarse: (bnk) to appreciate
revaluación: (currency) appreciation; (sometimes) revaluation
revalúo: (fin) appreciation
__ **por inflación**: inflation accounting
revancha: (ot) freeboard
revegetalización: replanting
revelar: to disclose, reveal, exhibit, show; develop (photograph)
__ **una huella**: to develop a fingerprint
revenimiento: (min) cave-in, slump
reventón: outcrop of mineral
rever la cuestión: to reopen the case, retry the case
reversión: roll-back (protectionist measures)
revés: setback, reverse
__ **, al**: upside down, inside out, wrong way up, back to front; in the reverse order
revestimiento: overlay (road); sheathing (cable)
__ **de imprimación forzado con sello**: installation of prime coat and seal (roads)
revestir: to cover, clothe; take on, assume (aspect, attitude); face, cover, sheathe, case, line
__ **carácter de urgencia**: to become urgent
revisar: to go over, check, go into, review; examine; audit (accounts); overhaul (machine)
revisión: inspection, checking, audit (accounts); overhaul (machine); review
__ **contable**: inspection (checking) of books of account
__ **de equipaje**: examination of baggage
__ **de la causa**: (leg) rehearing
__ **de la mano de obra**: manpower audit
__ **de títulos**: (leg) title search

__ editorial: editing
__ fiscal: (Col) statutory audit
revisiones por muestreo: spot checks, sample reviews
revisor fiscal: (Col) statutory auditor
revista de pasajeros: (ot) muster of passengers (ship)
__ del mercado: market report
revocar: to abrogate (agreement); vacate (judgment); reverse (appeal); annul (decision), countermand (order); rescind (warrant, contract)
revoque: plaster(ing); whitewash(ing)
rezagado: (left) behind; bypassed (by development); underserved (area); (st) lagged (variable); underdeveloped (sector)
rezago: leftover, backlog (orders); (sometimes) goods abandoned in a customshouse, lag, delay
__ educacional: low(er) educational achievement
__ , fase de: (st) lag phase
rezar: to say (of a text, proverb, sign, notice); run, read as follows
rezumado: seepage
riada: flood
ribes: currants
ricicultura: rice growing
ricino: castor bean
riego a presión: overhead irrigation
__ de adherencia: tack coat (road)
__ de dique a nivel: countercheck irrigation
__ de escurrimiento por eras: border irrigation
__ de escurrimiento por goteo: drip irrigation
__ de escurrimiento por tablares: border irrigation
__ de gravedad con retenes: border check (ditch) irrigation
__ de impregnación (o de imprimación): prime coat (road)
__ de liga: tack coat (road)
__ de sellado: sealing coat (road)
__ en cazuela: basin irrigation
__ eventual: water spreading
__ fertilizante: fertirrigation
__ mediante bombeo: pump irrigation
__ permanente: sustained irrigation
__ por amelgas: (Sp) border irrigation
__ por anegación controlada: flood control irrigation
__ por aspersión: sprinkler irrigation, spray irrigation
__ por aspersión con pivote central: center pivot sprinkler irrigation
__ por bancales: basin irrigation
__ por cajetes: basin irrigation
__ por compartimientos: basin irrigation
__ por corrimiento: border strip irrigation
__ por corrimiento con terrazas: bench border irrigation
__ por corrugaciones: corrugation irrigation
__ por desbordamiento: flood irrigation, flush irrigation
__ por eras: (Sp) check irrigation
__ por escurrimiento con terrazas: border dike irrigation
__ por exudación: subsurface drip irrigation
__ por goteo: drip irrigation, trickle irrigation
__ por infiltración: furrow irrigation
__ por inmersión: water spreading
__ por sumersión: basin irrigation
__ por sumersión controlada: basin check irrigation
__ por surcos: furrow irrigation
__ por surcos pequeños y próximos: corrugation irrigation
__ por tablares: border check (ditch) irrigation
__ por tendido: flood irrigation
__ subterráneo: subirrigation
__ superficial: surface irrigation; dressing (road)
__ tipo lluvia: overhead irrigation
riesgo: (bnk) exposure
__ agravado: (Sp) abnormal risk
__ cambiario compartido, sistema de: currency pooling system
__ de abuso: abuse potential (drugs)
__ de contigüidad: (ins) exposure hazard
__ de improbidad del asegurado: (ins) moral risk
__ de insolvencia de un país: sovereign risk
__ de liquidez: cash risk, liquid-holdings risk
__ de negligencia: moral hazard
__ de vecindad: (ins) exposure hazard
__ de volatilidad: (Mex) (fin) interest rate risk
__ del cliente: (bnk) customer risk, credit risk
__ eventual: (Sp) (acct) contingent liability
__ moral: (ins) moral hazard; (bnk) character risk
__ obligado: bound risk
__ político: sovereign risk (lending)
__ soberano: sovereign risk
__ subjetivo: (ins) moral hazard
__ tomado: bound risk
__ , vivo: (Sp) (fin) exposure
__ y ventura de, a: at the responsibility of
riesgos adicionales. (inr) third party liability exposure
__ del mar: perils of the sea
rifle sanitario: "stamping out" an outbreak (of foot-and-mouth disease)
rigidez: constraint; tightening (of the market); stickiness (wages); (ot) racking (containers)
__ de los precios: price stickiness
__ mental: (ed) mental set
__ que mostró el mercado de dinero: tight money market
rígido: strict, tight, stringent; tense; inflexible; sticky (prices)
rigor: harshness; severity; inclemency (weather); exactness; precision (measurement, calculation); strictness (discipline)
__ , de: imposed by courtesy or the circumstances; conventional, habitual, established by common usage

__ **de una prueba**: (st) strength of a test
__ **, en**: actually, strictly speaking
riguroso: harsh (attitude); hard (winter); precise (measurement); exact (reasoning); strict (discipline); drastic (measure); close, thorough, minute (examination); stringent (conditions); strict (neutrality); stiff (terms)
riles: (Chi) liquid and solid industrial waste (*residuos industriales líquidos y sólidos*)
rima: breadfruit
rimero (rima): heap, pile (of lumber, etc)
riñado, con (sin): kidney and knob in (out) (meat)
ripio: gravel; riprap; ballast material; filler, padding (speech); (min) spent ore
__ **, botadero de**: (min) waste dump
riqueza: riches, wealth, resources (natural, hydraulic, forestry, mineral); (med) strength (of a drug)
__ **fosilífera**: fossil content
__ **pecuaria**: livestock
risco: crag, cliff, headland
ritmo de progreso: (ed) pacing
__ **de la producción**: rate (pace) of production
rizoma: root stalk, rootstock crop
róbalo: snook
robo con violencia: robbery
__ **de automóvil con secuestro del conductor**: carjacking
__ **de menor cuantía**: petty larceny
robótica industrial: industrial robotics, industrial robot production and maintenance
robustez: hardiness (animals)
roca de caja: country rock
__ **de cubierta**: (min) capping rock
__ **de fondo**: bed rock
__ **encajante**: host rock
__ **estéril**: barren rock
__ **filoniana**: vein rock
__ **hospedante**: host rock
__ **madre**: parent rock; host rock
__ **original**: host rock
rocas carboníferas: coal measures
__ **no carboníferas**: hard rock
rocalla: riprap
roce a fuego: burning (land clearance)
rociamiento aéreo de gran dispersión: broad aerial application (insecticide)
__ **en anillo**: barrier spraying (malaria)
__ **periférico**: barrier spraying (malaria)
rodaballo: turbot
rodada: rut
rodado: wheeled-vehicle; (Arg) trailer; cobble, boulder; (min) float; (Chi) avalanche
rodadura: wearing surface (road)
rodal: stand of trees
__ **semillero**: seed stand
rodapié: (Col) baseboard, skirting board
rodeo: round-up (cattle); (Arg) herd of cattle; cattle enclosure, stockyard; deviation, detour, subterfuge, circumlocution

__ **de vientres**: (Arg) brood herd, breeding herd
__ **y repunte**: (Chi) round-up (cattle)
rodera: ruts, tracking (road)
rodete: runner (turbine)
rodilla de monja: (med) housemaid's knee
rodillo-grada: (agr) cultipacker
rodoviario: bus terminal
rodrigón: vine prop, tree prop, bean stalk
rol: list; (Chi) case records, case Nr ... (heading)
__ **Corte No.**: (Chi) Court Docket Nr., court calendar nr.
__ **de la dotación**: muster roll (ship)
__ **de la tripulación**: crew list
__ **único tributario (RUT)**: (Chi) tax registration number
roldana: sheave, pulley
rollizos: (for) billets; round logs
__ **de construcción**: (for) building poles
__ **largos**: (Chi) tree-length logs
__ **para cerillas**: match billets
__ **para leña**: cordwood
rollo: (timber) bolt; (steel) coil
__ **laminado en caliente**: hot rolled coil
romana: balance, scales
rompemuelles: (Per) speed bump (road)
rompeolas: pier, jetty
roncador: grunt, croaker
roña: mange, scabies
__ **de la papa**: potato blight
__ **negra**: black measles (plant disease)
ropa interior de tejido de punto menguado: fully fashioned underwear
rosa mosqueta: musk rose; (Chi) rose-hip
rosca, en: (ot) light displacement
rosella (cáñamo de): roselle hemp
roseta telefónica: telephone (wall) jack
rota: rattan
rotación: rotation (crops); turn-around (ships); turnover (labor, stock)
__ **cultural**: (agr) crop rotation
__ **de clientes**: (com) debtors to sales ratio
__ **de tres hojas**: three-course rotation
__ **del activo**: (Sp) (acct) ratio of gross sales to total assets
rotafolio: flip chart
rotulación: lettering (drawing)
__ **de cargas peligrosas**: marking, labeling of dangerous goods
rotulado automático: mechanical addressing
rotulador: felt-tipped pen
rótulo: label; docket (list of contents) of a package; price tag
rotunda: traffic circle
rotundo: forthright (answer); categorical (negative); pointblank, flat (refusal)
roturación: reclamation (wasteland); taking in, opening up, developing (a region)
roturar: to reclaim, plow up wasteland
roya: (agr) rust (plant disease)
__ **parda**: rust (of wheat)

roza (rozaría): underbrushing, land clearance; (min) undercutting
rozar: to grub, remove roots, clear land
rubí de Bohemia: rose quartz
rúbrica: the mark or flourish usually placed under a signature as an added obstacle to forgery
__ **, de**: customary (greetings, enquiries), habitual
__ **de, bajo la**: under the heading of
__ **, en**: (leg) as charged
rubricado: paraphed; stamped with official approval; (leg) signed and sealed
rubricar: to paraph; sign and seal; (sometimes) confirm, attest
rubro: title, heading; item; line of business; product, commodity; crop
__ **de gastos**: item of expenditure, object of expenditure
rubros alternativos: (agr) alternative crops
__ **comercializables**: (agr) tradable commodities
ruca: (Chi) hut, shanty
rudimentario: primitive (techniques); elementary, undeveloped
rueda: stock exchange session; trading
__ **compresora**: press wheel
__ **de bolsa**: (Per) (st ex) floor session
__ **de prensa**: news briefing, press conference
__ **de presos**: (Arg) line-up
__ **Pelton**: impulse turbine
rugosidad: roughness, washboarding (roads)
__ **, índice de**: roughness index
rugosímetro: roughmeter (roads)
rulo: (Chi) dry-farming land
rumbo: course of ship (in movement)
__ **del estrato**: strike (of rock stratum)
ruptura: disruption
__ **de carga**: breaking bulk; intermediate handling (reloading)
ruralidad: rural character
rústica, en: paperback (book)
rusticidad: hardiness (plants, cattle), coarseness (fish)
ruta marítima: sea lane
__ **nivométrica**: snow course
rutas de extensión: (aero) spokes (in a hub-and-spoke system)
rutabaga: swede, yellow turnip
rutinario: everyday (occurrence); day-to-day (operation); clerical (work)

S

sábalo: shad
sabalote: milkfish
saber y entender, a mi leal: to the best of my knowledge and belief
sabotaje: (leg) malicious destruction; (UK) rattening
saca: removal, extraction (logging); offtake (cattle)
sacar a concurso: to invite tenders, call for proposals
__ **a flote**: to bail out (banks, etc)
__ **a licitación pública**: to call for bids, invite tenders; put (a contract) out to bid, bid out (a contract)
__ **de apuros**: (fin) to bail out
sacatestigos: core barrel, core sampler
saco de marinero: duffel bag
__ **inflable**: air bag
__ **terreno**: sandbag
sacrificado: forgone (output, resources)
sacrificar: to slaughter (cattle)
sacrificarse: to sacrifice oneself; put oneself out for
sacudimiento: shakeout (of the market)
saetín: headrace
__ **de trozas**: log chute
sainar: to fatten (cattle)
sal en bruto: raw salt
__ **gema**: rock salt
__ **medicamentosa**: medicated salt
__ **mineral**: mined rock salt; mineral salt
sala: (large) room; court (of law); ward (hospital); division (of a court)
__ **capitular**: municipal council chamber
__ **de bombas**: pump house
__ **de Cuenta**: (Chi) (leg) that division of an Appeals Court that adjudicates a matter *en cuenta*
__ **de curas**: (med) dressing room
__ **de espectáculos (actos o reuniones)**: auditorium
__ **de espera**: ready room (drivers)
__ **de lo civil**: civil division, court of common pleas
__ **de máquinas**: engine room
__ **de matanza**: killing floor (slaughterhouse)
__ **de ordeño**: milking parlor
__ **de reuniones**: (ed) assembly hall
__ **de ruedas**: boardroom (stock exchange)
__ **de sesiones**: boardroom
__ **del consejo (o de la junta)**: board room
__ **privada habilitada para el parto**: (med) birthing room
salabardo: scoop net; shrimp net
__ **chino**: Chinese dip net
salabre: dipnet
saladar: salt marsh
saladero: (Ur) charqui (jerked meat) factory
salario: wage(s)
__ **base**: (national) wage floor, minimum wage; base salary (part of employee compensation package)
__ **corriente**: going rate
__ **de cuenta**: shadow wage
__ **inicial**: entrance wage (of a profession, union); starting salary (of an employee)

__ **monetario**: money wage
__ **neto**: take-home pay
__ **nominal**: money wage
__ **por rendimiento**: incentive wage
__ **real**: real wage, real purchasing power
salarios caídos: (Sp) back pay
__ **progresivos, sistema de**: incentive wage system
salbanda: (min) salband (layer of clay between sterile rock and the lode); selvage, selvedge; fault clay
saldar: to settle (accounts, differences); pay off, repay (debt); sell off (goods); discharge (obligations); clear up (arrears), balance, close, clear (account)
saldo: (acct) settlement (payment of debt); balance; (com) clearance sale; (acct) amount outstanding; carryover
__ **a favor**: credit balance
__ **a pasar**: balance carried forward
__ **acreedor**: credit balance
__ **activo**: cash balance
__ **de la balanza de pagos**: balance of payments position
__ **de, por**: in settlement of
__ **de tesorería**: cash balance
__ **deudor**: debit balance
__ **disponible**: balance on hand, uncommitted balance (loan, fund, budget, account); unobligated balance (budget or budget authority, trust fund, account)
__ **en caja**: cash balance, cash holdings, cash in (on) hand
__ **en efectivo**: cash balance, cash holdings, cash in (on) hand
__ **exportable**: exportable surplus
__ **favorable**: (balance of trade) surplus
__ **inactivo**: dormant balance
__ **incobrable**: bad debt
__ **liquidado**: balance extinguished
__ **líquido**: net balance
__ **negativo**: adverse balance (of trade); (balance of trade) deficit
__ **no comprometido**: uncommitted balance (loan, fund, budget, account); unobligated balance (budget or budget authority, trust fund, account)
__ **pagadero**: balance due
__ **para operaciones**: working balance
__ **positivo**: favorable balance (of trade), surplus
__ **presupuestario**: fiscal balance
__ **que se arrastra**: carryover
__ **sin liquidar**: unobligated balance
__ **traspasado**: (acct) balance carried forward; (acct) carryover
__ **vencido**: balance due
saldos de arrastre: (acct) brought forwards; carryforwards
__ **de compensación bancaria**: float
__ **deudores**: principal amounts outstanding (loan)

__ **pendientes**: overhang
__ **retrasados**: (acct) carrybacks
salegar: mineral lick, salt lick
salicor: saltwort
salida: going out, sailing, departure; exit; alternative; solution (problem); outlet (market); outflow (capital); output (computer); exit avenue (venture capital)
__ **a bolsa**: initial public offering (IPO), sale of shares to the public via an IPO
__ **de impresora**: (comp) printout
__ **de mar**: ground swell, undercurrent
__ **en el orden de adquisición**: FIFO (first in, first out)
__ **en el orden inverso al de adquisición**: LIFO (last in, first out)
__ **impresa**: (comp) printout, hard copy
__ **, tener buena**: to have a ready market, be easily marketable, sell well
salidas: (fin) expenditure, outlays, disbursements; (warehouse) issues (material drawn from stock)
saliente: retiring, outgoing (member)
salinas: saltworks
salir a bolsa: to go public (of a company)
__ **a flote**: to become solvent again; get back on one's feet
__ **de fiador**: to guarantee, go (or stand) surety for (another person's debt, obligation)
__ **de madre**: to burst its banks (river)
salitre: sodium nitrate, saltpeter
salitrera: saltpeter works
salmón de lomo azul: sockeye salmon
__ **de mar**: sea salmon, sea bass
__ **de roca**: rock bass
__ **desovado**: kelt (salmon after spawning)
__ **gigante**: king salmon
__ **macho**: kipper (male salmon shortly after spawning)
__ **plateado**: coho
__ **real**: Chinook salmon
__ **rojo**: sockeye
salmonete: surmullet, goatfish
__ **de roca**: red mullet
salón de expendio de leche: milk parlor
salsamentaría: cold cuts
saltillos: (irr) small waterfalls
salto neto: effective head
__ **total**: gross head
__ **útil**: operating head
salubridad de los alimentos: food purity (wholesomeness)
__ **del agua**: safety of water
salud administrada: (Chi) managed health care
__ **genésica**: reproductive health
saludar muy atentamente: to present one's compliments to
saludo militar: hand salute
salvadillo: middlings
salvado: bran (of rice, wheat, etc)
__ **cilindro**: rice polishings, white bran

salvador (OPAS): white knight
salvaguard(i)a: safeguard (of a right); safe conduct pass
__ **contra**: (fin) hedge, hedging
salvalino: lake trout, brook trout; char
salvamento de voto: (Col) dissenting vote, opinion
salvando a los presentes: present company excepted
salvar: to save, rescue; circumvent (difficulty); overcome (obstacle); stet (erasure); (fin) bail out, put back on one's feet; (leg) certify corrections made in a document
__ **voto**: (Col) to dissent from majority opinion
salvaturas: notation at end of document stating corrections, erasures, interlineations
salvedad: qualification (of a statement); reservation; (leg) proviso
__ **de que, con la**: subject to the exception that, except that, with the proviso that
salvo: unless, except, without prejudice to (the local law)
__ **de cualquier reclamación, a**: save harmless from any claim
__ **de, dejar a**: to hold harmless
__ **disposición en contrario**: except as otherwise provided
__ **el parecer de Ud.**: unless I hear to the contrary, unless otherwise notified
__ **imprevistos**: barring unforeseen circumstances
__ **indicación contraria**: unless otherwise noted
__ **indicación en contrario**: except as otherwise provided, unless otherwise noted
__ **las excepciones mencionadas en**: save as provided in
__ **lo dispuesto**: except as provided for
__ **lo dispuesto en otro lugar**: except as otherwise provided
__ **lo que se dispone en**: save as provided in
__ **mejor opinión**: unless the (Board) demurs; unless (...) otherwise prefers
__ **mejor opinión del Directorio**: unless the Board otherwise prefers
__ **otra especificación**: except as otherwise provided
__ **pacto en contrario**: unless otherwise provided
__ **prueba en contrario**: unless otherwise proved, unless proved to the contrary; unless the contrary be proved
sanción: punishment, penalty; approval, approbation, assent, authorization; signing of a bill into law by head of State
__ **de un decreto**: enactment of a decree
__ **definitiva a, dar**: to give full force and effect (to an initiative)
__ **penal**: penalty; punitive measure
__ **por extemporaneidad**: late filing penalty (taxation)
sanciones accesorias: (leg) cumulative penalties
__ **privativas de libertad**: (leg) custodial penalties

sancionar: to approve, ratify (action); give legal force to (law); confirm; support (theory); punish, penalize (offense)
saneado: free of encumbrances, unencumbered (credit document); cleared, cured (title); freed of defects; with no deductions or encumbrances; healthier (banking system); stabilized (currency); reorganized (finances)
saneamiento: rehabilitation, reorganization (company finances); reform (currency); clean-up (portfolio); writing-off (bad debts); consolidation (budget); amelioration (of a lending portfolio, environmental quality); regularization (tenure)
__ **ambiental**: environmental sanitation, environmental health; cleanup (of polluted river, scarred landscape); amelioration (of environmental quality)
__ **de activos**: (Sp) (acct) write-down of assets
__ **de cartera**: clean-up of (investment) portfolio (by selling off depreciated securities); (bnk) portfolio amelioration, restructuring, clean-up; clean-up of the balance sheet (e.g. by re-grading loans, boosting loss provisions, writing off bad loans, exchanging loans for government bonds); adjustment of lending portfolio to reflect true loan values and collectibility
__ **de la moneda**: currency rehabilitation or reform
__ **de tierras**: drainage; land reclamation
__ **de título**: clearing of title
__ **económico, plan de**: austerity program
__ **financiero**: financial reorganization, rehabilitation or restructuring
__ **legal**: clearing of title
__ **monetario**: financial rehabilitation; monetary reform
__ **por vicios ocultos de la cosa vendida**: indemnification for hidden defects
sanear: to eliminate doubtful assets; put (a budget) on a sound footing; iron out (difficulties); clear (title); clean up (portfolio); free of encumbrances, disencumber; drain (land); restore the health (of a river); (leg) guarantee, warrant; indemnify
__ **el balance general**: to strengthen the balance sheet
__ **su economía**: to put its economic house in order
__ **una empresa**: to rehabilitate a company; reorganize a company's finances
sangrado: tapping (of trees)
sangrar: to tap (a tree); indent a paragraph
sangre y fuego, a: mercilessly, pitilessly
sangría: drain on budget; tapping (trees, furnace); a melt, cast, tap (steel); (agr) (irrigation) ditch, outlet, outflow; indentation (paragraph)
sanguaza: bloodwater (fisheries); (Per) loss of fish catch due to loss of blood

sanidad vegetal: plant protection
sanseviera: bowstring hemp
santo y seña: password
sarandaja: Egyptian bean, hyacinth bean, lablab bean
sardina-arenque: pilchard
sardinel: rowlock (masonry); (Col) curb (stone)
sardineta: sprat
sarga: twill
sargazo: wrack (seaweed)
sargo: white bream (fish)
sarmiento: vine shoot; cane (of a plant)
sarna: scabies, mange; scab (sheep)
sarrapia: tonka bean tree, tung bean
satélite de telecomunicación: broadcast satellite
satinado: coated, glossy (paper)
satisfacer: to meet (conditions laid down); cater to (needs); fulfill (duties); supply, meet (the demand)
__ **una letra**: to honor (draft)
satisfactorio: satisfactory, productive, gratifying
__ **, poco**: disappointing (performance); lackluster
saturación: oversupply, glut (market); over-fishing; waterlogging
saturar: to overload
saturnismo: lead poisoning
sazón: mellowness, ripeness
__ **, a la**: then, at that time
sea como fuere: be that as it may, the fact remains, at any rate, anyway, anyhow, whatever happens
__ **como sea**: one way or another
__ **o no sea**: anyway
sebo: suet
__ **industrial**: tallow
secadero: kiln (wood)
__ **de cámara estable**: drying bin (wood)
secado: seasoning (wood)
__ **al fuego**: fire-cured
secamiento descendente: dieback
secano: rainfed area; dryland (farming, acreage)
sección: department, division; (sometimes) trade union branch; bin (for grain, in hold)
__ **de adquisiciones**: accessions department (library)
__ **de evisceración**: dressing section (hall)
__ **de tipo clásico**: (ed) academic section, stream, track (high school)
__ **de trigo en la bolsa de productos**: wheat pit
__ **transversal**: cross section
__ **vertical**: profile
seccionador: (tech) disconnect switch
seccional: section, division; bureau; branch; (Bol) 1-3 grade school; trade union branch, division (state, provincial); (Arg, Ur) precinct (police, electoral); (Col) (ed) branch campus
secretaría: executive department of government; secretariat
__ **de Hacienda**: Treasury Department
__ **del tribunal**: registry of the court

secretario de actas: recording secretary
__ **del tribunal administrativo**: registrar of the administrative tribunal
__ **judicial (de un tribunal)**: clerk of the court
__ **municipal**: town clerk
secreto estadístico: secrecy (or privacy) requirements in statistics legislation
sector adquiriente: downstream sector
__ **agrialimentario**: agrifood sector or industry; agri(-)foodstuffs sector
__ **agropecuario**: agricultural and livestock sector; agriculture sector
__ **central**: (for) census tract
__ **comercial**: business sector
__ **convencional**: formal sector
__ **crítico**: problem area
__ **cultural**: culture (cultural) sector, creative sector(s); cultural (creative) industries
__ **de apropiación de créditos**: appropriation line (budget)
__ **de interés**: area of concern
__ **de punta**: leading-edge sector, high-tech(nology) sector
__ **de transformación**: manufacturing
__ **de uso**: (elec) class of customers (residential, industrial, etc)
__ **del mercado**: market segment
__ **eléctrico**: electric power industry
__ **empresarial**: corporate sector, business sector; business
__ **estructurado**: formal sector; "mainstream economy"
__ **formal**: (Guat) (bnk) commercial banks
__ **industrial**: (elec) industrial sales or customers
__ **informal**: (Guat) (bnk) money lenders
__ **irregular (o no integrado)**: informal sector
__ **no estructurado**: informal sector
__ **pautador**: leading sector
__ **popular**: low-income sector or stratum
__ **privado**: business community; private sector; nongovernmental entities; sometimes, specifically, business community, private enterprise
__ **real**: productive sector; goods and services producing sector; non-financial sector; supply side
__ **residencial**: (elec) residential customers, households
__ **saneado**: profitable sector
__ **semiformal**: (Guat) (bnk) semi-formal sector (legal but unregulated)
__ **servicios**: service industries
__ **terciario**: service industries
__ **transable**: tradable goods sector
sectores crediticios: lending sectors; lenders, lending institutions
__ **de actividades**: (Sp) economic sectors
__ **de producción primaria**: commodity-producing sectors
__ **pasivos**: (Arg) pensioners, retired persons
__ **tradicionales**: rural sector (*campesinos*) plus

SECTORES

informal urban sector
sectorizar: to sectorize (images; firefighting site; the landscape, in land-use planning)
secuela: aftereffect; aftermath; results; consequence; implication; upshot
secuencia: timing
secuencias de aprendizaje: learning sets
secuestro: kidnapping; skyjacking; (leg) attachment (of goods, property); sequestration (gas)
__ **judicial**: attachment, embargo
__ **y embargo preventivo**: (leg) attachment and seizure
secular: century-old, of long standing, long-lived, enduring, age-old, time-honored (custom); long-term (trend)
secundario: secondary; minor; side (effects)
secundina: (med) afterbirth
securitización forestal: timberland securitization; securitization of timberland assets; securitization of timber
seda basta: raw silk
__ **en rama**: raw silk
__ **floja**: floss silk
__ **torcida (trabajada)**: thrown silk
sedal: hand line (fishing)
sedante: depressant
sede: headquarters (organization); head office (firm); seat (government); place (meeting); host country (meeting)
segadora trilladora: combine harvester
segmento: segment, pocket (of population), portion, part; (tech) ring
__ **censal**: enumeration area
__ **operativo**: business segment (of a corporation)
segregación: unbundling (tariffs, public utilities)
__ **de carga**: segregation (separation) of cargo (of different kinds)
__ **empresarial**: corporate unbundling
seguimiento: tracing, tracking; follow-up; monitoring
__ **de alumnos**: (ed) tracer study
__ **de egresados, estudios de**: (ed) tracer studies
__ **longitudinal**: (ed) tracer study (fellowship holders)
seguín: parr (young salmon before it enters salt water)
seguir: to follow; continue (to be); chase; track, follow up
__ **el paso (ritmo) de**: to keep pace with
__ **la corriente**: to follow suit
__ **la marcha**: to monitor, watch, track
__ **pleito**: to file suit, institute proceedings
__ **un expediente**: (Per) to take legal action
__ **un proceso**: to institute or bring a suit
__ **una cuenta con**: (Mex) to maintain an account with, do business with
según: in accordance with, according to; depending on; as and when; as; in the case of
__ **convenga**: as circumstances may require; as

SEGURO

circumstances dictate
__ **corresponda**: as appropriate
__ **el caso**: as appropriate
__ **están las cosas**:, as matters now stand, the way things are at present
__ **estén las cosas**: depending on or according to how things are
__ **las apariencias**: on the face of it
__ **las necesidades**: on an ad hoc basis; ad hoc
__ **las reglas**: by the book
__ **lo acordado**: as agreed to
__ **lo convenido**: as per agreement
__ **lo dispuesto en**: as provided in
__ **lo requiera el caso**: as the case may be (require); as circumstances dictate
__ **los planes**: as scheduled, according to schedule, on schedule
__ **mi criterio**: in my opinion
__ **parece**: apparently, seemingly, as far as I know, to all appearances, for all I know
__ **procede**: as appropriate
__ **que**: depending on whether
__ **sea el caso**: as the case may be
valorem ad valorem
segunda generación, empresa de: downstream company
__ **hipoteca**: home equity loan
__ **vía**: duplicate (of credit document)
__ **vuelta**: (Chi) run-off election
segundo ciclo de la enseñanza secundaria: (UK) upper secondary school; (USA) senior high school
__ **comandante**: executive officer (Navy)
__ **crecimiento del bosque**: (for) second-generation growth
__ **mercado**: (Sp) over-the-counter market (securities)
__ **miembro**: right hand term (equation)
seguramente: (LA) conceivably, possibly, likely
seguridad: security, safety, certainty, assurance; reliability (machine)
__ **alimentaria**: food security
__ **energética**: energy preparedness
__ **, con**: reliably (estimated)
__ **dada por terceros**: (com) comfort
__ **jurídica**: legal certainty, certainty in the law, legal security, legal guarantees
__ **, para mayor**: to be on the safe side; for safety's sake
seguro: insurance policy, insurance scheme
__ **a la exportación**: (Arg) marine insurance
__ **a primer riesgo**: first loss insurance
__ **abierto**: blanket insurance
__ **agrocrediticio**: crop-credit insurance
__ **con período de carencia**: insurance with qualifying period for benefits
__ **con x% de franquicia**: insurance with X % of particular average
__ **contra accidentes y daños**: insurance against accidents and material damage
__ **contra cese de negocios**: business interruption

724

SELECCION

 insurance
__ **contra daños**: casualty insurance
__ **contra desastres**: casualty insurance
__ **contra lucro cesante**: business interruption insurance
__ **contra mermas normales de la mercancía durante su transporte**: outturn insurance
__ **contra motín o tumulto popular**: riot and civil commotion insurance
__ **contra responsabilidad civil**: public liability insurance, third party insurance
__ **contra robo por (los) empleados (cobradores)**: (Sp) fidelity bond insurance; fidelity guarantee insurance
__ **contra todo riesgo**: comprehensive insurance
__ **de accidentes**: casualty insurance
__ **de amortización**: leasehold insurance
__ **de caución**: surety bond, surety bond insurance
__ **de cuotaparte**: assessment method of assurance
__ **de daños**: casualty insurance
__ **de daños y perjuicios**: indemnity insurance
__ **de desempleo**: unemployment compensation, benefit
__ **de desgravamen**: title insurance
__ **de desgravamen hipotecario**: mortgagee's policy of title insurance
__ **de enfermedad**: health insurance
__ **de expoliación**: fidelity bond, fidelity bond insurance
__ **de fianza**: fidelity bond, fidelity bond insurance
__ **de muerte**: whole-life insurance
__ **de navíos**: marine insurance
__ **de responsabilidad civil**: public liability insurance, third party insurance
__ **de renta**: annuity insurance
__ **de riesgo**: casualty insurance
__ **de riesgos profesionales**: workers compensation; (sometimes) malpractice insurance
__ **de transportes**: marine insurance
__ **de valor parcial**: insurance for less than full value
__ **de valores**: insurance of species (of valuables)
__ **de vida - valor efectivo**: life insurance-cash surrender value
__ **doble**: overlapping insurance
__ **flotante**: adjustable insurance
__ **forestal**: insurance of growing timber
__ **global, plan de**: wrap-up insurance arrangement
__ **libre**: paid-up insurance
__ **mixto**: endowment insurance
__ **prorrogado**: extended-term insurance
__ **solidario**: mutual insurance
__ **temporal de capital decreciente**: decreasing term insurance
selección automática interurbana: subscriber trunk dialing (STD)
__ **de lo mejor**: "cherry picking"
__ **de proveedores**: sourcing

SEMILLAS

__ **dirigida**: purposive selection
__ **genética**: (animal) breeding
__ **por mutación**: mutation breeding
__ **provocada**: induced breeding
__ **y formación**: (Sp) recruitment and training
seleccionador: breeder (plants)
seleccionadora: screening plant (roads)
seleccionar: to pick (investment, candidates, niches)
sellado: flash coat, seal coat (road)
__ **de garantía**: (provincial, state) revenue stamp
sello: hallmark; record label; brand
__ **de ingreso**: revenue stamp
__ **de neblina**: sealing coat, fog coat (road)
__ **de premio**: trading stamp
__ **ecológico**: Green Seal
__ **exonerado**: stamp paid
sellos de cobre: copper flashing
selva: jungle, forest
__ **pluvial**: rain forest
__ **tropical**: rain forest
semáforo: traffic light
__ **destellante**: flashing sign
semana inglesa: weekend break
semblanza: profile, portrait, biographical sketch
sembrado: cultivated field, sown land, land planted to (corn)
sembradora: drill, seeder, planter
__ **de granos**: grain drill
semental: sire (stallion, bull)
sementales: male breeding stock
sementera: sowing season; land sown; sowing (crops)
semestre adelantado, por: semi-annually in advance
semestres vencidos, por: (interest payable) semiannually in arrears; (interest calculated) semiannually not in advance
semiconductores, diseño de trazado de: semiconductor layout design
semilibertad para trabajar: (USA) work furlough
semilla botánica: true seed
__ **de almendra**: almond kernel
__ **de colza**: rape seed
__ **de mejorador**: breeder seed
__ **de palma**: palm kernel
__ **de tipo genéticamente puro**: true-to-type seed stock
__ **original**: foundation seed, foundation stock
semillas básicas para siembra: foundation seed
__ **pratenses**: grass seeds
__ **selectas**: improved seeds
semillero: seed bed; (for) seed tree
seminario móvil: roving seminar
semitín: (Arg) fine middlings
semitransformado: semi-processed (goods)
sémola de avena: oatmeal
__ **de sorgo**: sorghum grits
semovientes: (leg) stock (animals, cattle); (transp) draft (draught) animals
sencillo: *a* easy, straightforward, simple (model,

formula); plain, unadorned, uncomplicated; n small change
senda dorada: the royal road (to the university)
sendos: one each; one for each; separate, individual
seno: bight, inlet, cove
__ , **de su**: from among the (its) members; from among their number
__ **del comité, elegir del**: to elect (the chairman) from among the members
sensato: sensible, down-to-earth (person)
sensibilidad: sensitivity; responsiveness; discriminatory power (of a scale)
sensibilización: sensitizing; stimulation or creation of receptiveness to change; familiarization; heightening of public awareness or consciousness; sensitivity training; awareness building; (com) product promotion
__ , **campaña de**: awareness campaign or program
sensibilizar: to alert to, draw attention to, make aware of; warn; acquaint with; make someone think about something
__ **a la opinión pública**: to generate public awareness; motivate (the public, e.g. to participate in a census)
sensible: sensitive (person); tender (body part); substantial, perceptible, noticeable (change); tangible, palpable (difference); heavy (blow); marked (improvement)
__ **a**: responsive to
sentada: sit-in strike
sentado, dar por: to assume, take for granted
sentar las bases: to lay the foundations, groundwork for; create or establish as a basis
__ **jurisdicción (competencia)**: (leg) to lay venue
__ **jurisprudencia**: to set a precedent, be a test case
sentencia: final judicial decision; judgment, verdict, award (of an arbitrator)
__ **absolutoria**: acquittal
__ **condenatoria**: conviction
__ **contradictoria**: contradictory judgment (i.e. after trial, after both parties have been heard); judgment in an adversary proceeding; adversary (adversarial) judgment
__ **declaratoria**: declaratory judgment (i.e. one not followed by executory process)
__ **ejecutoriada**: (leg) judgment that gives authority to a writ of execution and has the effect of *res judicata*; (Mex) judgment that may be appealed to the Executive but not to a higher court
__ **en primera instancia**: appealable judgment
__ **en primera y última instancia**: unappealable judgment
__ **en rebeldía**: contumacious judgment, judgment by default
__ **firme**: unappealable judgment
__ **incidental**: interlocutory judgment

__ **(que causa) ejecutoria**: (leg) enforceable (executory) judgment
__ **recurrida**: appealed judgment
__ **ultra petita (extra petita)**: judicial decision that grants more than what was requested by the petitioner
sentido común: common sense; conventional wisdom
__ **de que, en el**: to the effect that, stating
sentimientos encontrados: mixed feelings
sentina, agua de: bilge water
seña: (Arg) down payment; (ins) binder
señas personales: particulars of a person
señal: down payment, deposit
__ **de, en**: as a token of, sign of; as a pledge of, as proof of, as evidence of; as an expression of, gesture of (friendship)
__ **distintivo**: call signal
señala: (Chi) marking of livestock, earmark
señaladamente: notably, remarkably, especially
señalar: to signal, be a sign of; mark; point out, point to; set (date); appoint (day); fix (price); determine (duties); mention (someone), earmark (cattle)
__ **cupos**: to allocate quotas
__ **domicilio**: to give an address (for service of documents), elect domicile
señalarse: to stand out, be noticeable, conspicuous; make one's mark, excel
señalización (señalamiento): traffic signs, signposting, traffic control devices
__ **horizontal**: (longitudinal) pavement markings
__ **horizontal y vertical**: pavement markings and road signs
__ , **pórtico de**: overhead traffic sign
señalizador cronológico de actividad: (comp) logger
señuelo: bait; sentinel (monkey, snail, etc); lead ox, lead mare, lead cow
separación: culling (of animals); unbundling (of a tariff, a technology)
__ **de bienes**: (leg) separation of property system, separation of estates (married couple); full separation of estate and personal possessions
__ **de cuerpos**: judicial separation
__ **de frecuencias entre canales**: (TC) frequency separation between channels
__ **de los elementos de una tecnología**: unbundling of a technology
__ **de los minerales**: ore classification
__ **entre canales**: (TC) channel spacing
__ **matrimonial**: legal separation
separadamente: separately, apart, one at a time; case by case
separador central: median strip
separar a un ministro: to dismiss a minister
separata: offprint (of an article)
sépase por el presente: know all men by these presents
sequedad: dryness (soil)

seres vivos marinos: marine biota
seriación: serial order, ordering
serie: set, series, sequence, string, line (trucks); series (articles); run (production); number (factors); battery (questions); package, set (measures); range (qualities); stream (benefits); (comp) array; (med) course (e.g. of injections)
__ **completa de servicios**: full range of services
__ **de bonos**: bond series; debt tranche (part of a debt issue)
__ **de precios**: price range
__ **histórica**: (st) time series
__ **representativa**: (st) cross-section series
seriedad: (com) reliability, dependability; sincerity; lack of passion, "coolness"; severity, gravity (crisis)
serigrafía: silkscreen work, silkscreening
seringueiro: rubber tapper (Portuguese word used in Spanish)
serio: serious, steady, responsible, staid (person); reliable, dependable, solid (firm); conscientious; businesslike; *bona fide* (offer); pressing (problem, matter), important (firm), grave, solemn (manner)
serranía: (Ven) rangeland
serreo: (LA) sawing
serrería: sawmill
serrucho: handsaw
servicio: department (of a ministry, etc); (fin) facility
__ **autónomo**: (aero) self-handling
__ **auxiliar**: (bnk) back office
__ **computable**: eligible service (pension)
__ **de alimentación**: food service, catering service
__ **de bar y comedor**: catering service
__ **de colocación**: placement service
__ **de emergencia**: hospital casualty department, emergency room
__ **de, estar al**: to be dedicated to; (seek to) further the interests of
__ **de evaluación**: (ed) accreditation service
__ **de homologación**: (ed) accreditation service
__ **de largo recorrido**: (aero) through airline service
__ **de mecanografía**: typing pool
__ **de redescuento**: discount window (US Federal Reserve)
__ **de sobregiro**: overdraft facility
__ **de telefonía celular de abonado visitante**: (TC) roaming cellular telephone service
__ **de traducciones urgentes**: forward echelon (UN)
__ **de vigilancia costera**: coast guard, coastguard
__ , **entrar en**: to become operational, go into operation, put into operation; go on stream; be commissioned (plant)
__ **interurbano**: long-distance (telephone) service
__ **libre**: (Sp) self-service
__ **pasivo, en**: in reserve, retired (military)
__ **permanente**: all-day service
__ **posventa**: post-sales service, after-purchase assistance
__ **remunerativo, en**: in pay status
__ **sin afiliación**: non-contributory service (pension scheme)
__ **social**: public welfare work; community service
__ **social familiar**: family casework
servicios a la comunidad: community outreach
__ **acreditables**: qualifying service(s)
__ **acumulativos, transporte por**: joint services
__ **adquiridos fuera de la empresa**: out-of-house services
__ **auxiliares**: support or backstopping services
__ **comunitarios**: community amenities (housing project)
__ **de apoyo**: backstopping services
__ **de caja y tesorería**: (bnk) treasury services
__ **de carácter intelectual**: knowledge services
__ **de control de natalidad**: contraceptive services
__ **de difusión (o divulgación)**: outreach services; outreach
__ **de educación popular**: (ed) extension services
__ **de ejecución**: operational services
__ **de enlace**: (ot) feeder services
__ **de enlace comunitario**: community outreach
__ **de escala**: (aero) ground handling equipment
__ **de extensión**: outreach services; outreach
__ **de fonda**: messing arrangements, catering services
__ **de informática**: computer and information services (balance of payments)
__ **de reglamentación**: regulatory authorities, regulators
__ **de tercer nivel**: (aero) commuter services
__ **de transporte auxiliares**: feeder transport services
__ **no atribuibles a factores**: non-factor services (n.f.s.)
__ **para reuniones**: parliamentary services (UN), conference services
__ **periféricos**: outreach services
__ **por contrata**: (Sp) concessions
__ **prestados en las fases finales**: on-stream services (productive control unit maintenance); (sometimes) downstream services (marketing, distribution, order processing)
__ **prestados en las fases iniciales de la cadena de producción**: upstream services
__ **públicos**: government services (generally, as opposed to those delivered or deliverable by the private sector); public utilities; government entities
__ **sociales**: entitlement programs
__ **vecinales**: neighborhood amenities (schools, parks, churches, markets, etc)
servidumbre: easement, charge on real estate
__ **de aguas**: water right, water concession

SERVIDUMBRE

__ **de libre paso**: free ingress
__ **de luz y vista**: servitude of light and view
__ **de paso**: right of way
__ **de utilidad pública**: servitude (easement) imposed by law for public purposes
__ **dominante**: affirmative easement
servir de: to be of use as, be useful, act as; use, employ, make use of
__ **para**: to answer a purpose, be used for, be good for, be for
sesgo: (st) bias, skew
__ **muy especial**: (st) marked bias
__ **por defecto**: (st) downward bias
__ **tecnocrático**: top-down approach
sesión: meeting; sitting (court)
__ **a puerta cerrada**: executive meeting
__ **, abrir la**: to call a meeting to order
__ **constitutiva**: organization meeting
__ **del tribunal**: a sitting of the Court
__ **privada**: closed session
__ **reservada**: executive meeting
__ **solemne**: formal sitting
seteo: (comp) setting
seto: fence, hedge
severo: strict (teacher, parents), hard (climate); harsh (winter); rigid (discipline); sharp (deceleration); substantial (penalties); stringent (rules)
sevicia: (leg) extreme cruelty
si el comité lo estima preferible: at the option of the Committee
__ **fuera necesario**: if necessary, if need be, if (as) the case requires, if (as) the need arises; if circumstances (so) dictate
__ **hiciera falta**: if necessary, if need be, if the need arises
__ **lo(s) hay**: if any
__ **procede**: if applicable, if appropriate, if indicated
__ **se estima conveniente**: if deemed appropriate, if indicated
__ **todo marcha bien**: in the normal course of events, if all goes well
__ **todo sigue bien**: in the normal course of events; if all goes well
sicarios: hired murderers; henchmen
sicopedagogía: mental health training
sideral: sky-high (prices)
siega: harvesting; harvest time; harvest
siembra: sowing, planting, sowing season; crop (when growing)
__ **al voleo**: broadcasting, broadcast sowing
__ **asociada**: companion crop
__ **de protección**: cover crop
__ **en línea**: seed drilling
__ **en terreno arado**: sod seeding
__ **intercalada**: undersowing
__ **mateada**: (Chi) planted seed
__ **sobre vegetación establecida**: oversowing
sierra: Spanish mackerel, kingfish
__ **circular**: radial power saw
sifón: siphon; trap (latrine, pipes)

SIMBOLO

__ **aliviadero (vertedero)**: (hydr) spillway siphon (dam)
__ **invertido**: depressed sewer, inverted siphon
sigatoka negra: black sigatoka (banana disease)
signar: (leg) to mark (notary places a mark above his signature on a notarized document) (*signo notarial*)
signatura de documento: symbol (of a document)
__ **topográfica**: shelf number, card number, book number
significación: significance, importance; meaning; ideology; (leg) service of process
__ **social**: social status
significado: *a* well-known, important, reputable; *n* implications
significar: to mean, add up to; imply; spell (trouble); express (condolences); be of importance; be influential in
significativo: meaningful (contribution); significant, relevant
signo: token
__ **circulante**: monetary unit
__ **convencional**: code number
__ **de, bajo el**: in conditions of, in a state characterized or marked by
__ **de intercalación**: caret
silabario: primer
sílabo: syllabus; list, index, catalog(ue)
silenciador: (TC) tone squelcher
silencio administrativo: administrative procrastination or failure or refusal to reply (to an application), interpreted, if so specified in the law, as tacit approval
__ **de (estos reglamentos), en el**: in the absence of a rule in these By-Laws
silex negro: rock flint
silicua: pod (bean, pea)
sillar: ashlar
silleta metálica: iron support
silo-cuba: pit silo
__ **de tránsito**: terminal elevator
__ **de trinchera**: pit silo, bunker silo, clamp silo
__ **horizontal**: on-floor silo
__ **zanja**: trench silo
silvicultura: forestry, forest growing; agroforestry
__ **agrícola**: farm forestry
sima: (st) trough
simbólico: token (payment); constructive (delivery); mock (burial)
símbolo de prestigio: status symbol
__ **monetario**: monetary token
símbolos: (st) key
__ **convencionales**: standard symbols (signs)
simbología: legend
simetría: (Sp) matching (maturities and lending)
simiente, de: breeding (hog)
similar: comparable (operations); allied (trade), like (purposes)
simpático: lik(e)able, attractive, congenial, pleas-

ant
simpatizar con: to get on well with (colleagues, etc); take to (person)
simple: plain, simple, unmixed, unadorned; (acct) single (entry); (fin) straight (debenture); (agr) straight (fertilizer); outright (sale)
__ **efecto, de**: single-acting
simplificación: streamlining
simulación: (admin) policy exercise
simulado: *a* dummy, bogus, sham, fictitious, mock
simultáneamente: concurrently with
simultaneidad: timing
__ **con otras reuniones**: overlapping with, conflict with other meetings
sumultáneo: at any one time, concurrent (contributions, training)
sin acabado interior: "green" (aircraft)
__ **ambages ni rodeos**: without beating about the bush, frankly, in plain language
__ **aplicar**: (acct) unappropriated
__ **comparación**: second to none, beyond compare
__ **compromiso**: without engagement, subject to confirmation (offer), without commitment
__ **contar**: net of
__ **cupón**: ex coupon
__ **duda**: no doubt, without a doubt, undoubtedly
__ **embargo**: even so, all the same, still, notwithstanding, however, nevertheless
__ **excepción**: bar none
__ **falta**: for sure, without fail
__ **gran dilación**: at once, forthwith, on short notice, promptly
__ **igual**: in a class by itself, unique, unparalleled, unequaled, *sui generis*, nonpareil
__ **incluir**: net of
__ **interés**: interest-free (loan, money); ex interest (securities, pricing)
__ **ir más lejos**: to cut a long story short
__ **la menor duda**: far and away, unquestionably
__ **lugar a dudas**: without question, unquestionably
__ **lugar, declarar**: to deny, reject (complaint); declare unfounded, without merit; invalidate (disqualifications); rescind, abrogate, vacate, void
__ **más (ni más)**: without further ado
__ **más que pedirlo**: for the asking
__ **(mi) responsabilidad**: without recourse (endorsement of promissory note)
__ **motivo alguno**: for no reason at all
__ **ninguna duda**: far and away, unquestionably
__ **orden ni concierto**: without rhyme or reason, any old how
__ **otro particular**: in closing (letter)
__ **par**: in a class by itself, unparalleled, unequaled, *sui generis*, nonpareil
__ **pensarlo**: without stopping to think, without thinking
__ **perjuicio de**: (+ noun) notwithstanding; (+ clause) even though
__ **perjuicio de ello**: however, nonetheless, nevertheless
__ **querer**: by mistake, by error, unintentionally, inadvertently; without meaning (or intending) to
__ **responsabilidad**: without recourse (endorsement of promissory note)
__ **solución de continuidad**: without let-up, continuously
__ **subrayar en el original**: emphasis added
sinalagmático: (leg) bilateral
sinceramiento: (acct) streamlining (account, economic sector, i.e. reduction of costs and benefits); (Arg) regularization; lifting of price controls, decontrol of prices
__ **de bienes**: (Per) disclosure of assets (candidates)
sincerar: to remove price and tariff anomalies; to correct distortions in (prices); disclose
__ **los precios**: to decontrol prices, lift price controls
sinceridad y crédito: (Ec) full faith and credit
sincronización: coordination; dubbing (film); (comp) timing
sindicar: to accuse; form a trade union
sindicato: (bnk) syndicate; labor or trade union; employers' association
__ **amarillo**: company union
__ **blanco**: company union
__ **de agricultores**: farmers union, organization, alliance, league
__ **de artesanos**: craft union
__ **garante**: underwriting syndicate
__ **libre (de una empresa)**: company union
__ **profesional**: craft union; (teachers, other professionals) association, union
sindicatura: receivership; office of a receiver; (sometimes) office of the auditor of a company
__ **, en**: (leg) in receivership
síndico: trustee; auditor; receiver in bankruptcy; official appointed by shareholders to safeguard their interests; statutory auditor; (DR) mayor
__ **de la emisión**: (Mex) trustee of indenture (bond issue)
__ **presidente**: (Sp) chairman of stock exchange committee
síndrome de abstinencia: (med) withdrawal syndrome (drugs)
__ **de "en mi casa no"**: not-in-my-backyard syndrome
sinecia: plant community
sinfin: (DR) bandsaw
singladura: day's run (ship)
singular: custom, tailor-made (software) (as opposed to "off the shelf"), exceptional (talent), notable (ability); unusual (coincidence), peculiar (merit), odd, strange
singularmente: in particular, especially
siniestrado: victim of a disaster

siniestro: damage, casualty, accident, fire, (ins) loss, claim; catastrophe
__ **en suspenso**: (ins) outstanding loss
__ **marítimo**: disaster at sea
__ **total**: (Sp) (ins) write-off
sinistrorso: counter-clockwise
sinodal: (Mex) member of a board of examiners (university)
sinopsis: synopsis; syllabus; abstract; round-up; overview (budget)
síntesis de acción: executive summary (WHO)
__ **, en**: in short, in a nutshell, to cut a long story short
sintonía: call sign, signature tune (radio); audience (television, radio), rating (radio, etc)
__ **fina**: fine tuning (economy)
siringa: rubber plant
sirte: shoal, shallow, submerged sandbank
sirviente de una servidumbre de tránsito: (leg) subject to (burdened with) a right of way
sisa: pilferage
sistema: means, method, procedure, mode, mechanism, machinery, apparatus; approach; framework; facility; scheme, plan (pension); set (of equations); form of (government), family (of organizations); pattern (of use)
__ **acusatorio**: (leg) accusatory system (in which the judge and the prosecutor are separate)
__ **administrativo**: administrative machinery
__ **agrícola**: farming system
__ **bancario constituido por consorcios bancarios**: chain or group banking
__ **cedular**: schedular system (tax)
__ **central**: (comp) host
__ **de acoplamiento**: docking system (space craft)
__ **de alarma anticipada**: early warning system
__ **de alerta**: early warning system
__ **de amortización**: method of repayment; (acct) depreciation method
__ **de canguro**: piggyback (transportation)
__ **de círculo**: ring system (taxes)
__ **de compensación**: clearing system, clearing facilities
__ **de coste integral (o completo)**: (acct) full cost accounting, (Sp) absorption costing
__ **de cruce**: (agr) breeding system
__ **de cultivo**: cropping system
__ **de distribución punto o multipunto**: (TC) point or multipoint distribution system (MDS)
__ **de doble precio**: dual pricing
__ **de dos sobres**: two-envelope system (bidding)
__ **de economía liberal**: free competition system
__ **de equilibrio de poderes**: checks and balances system
__ **de equivalencias**: (ed) accreditation system
__ **de escalafón**: (admin) career and merit system
__ **de evaluación global de la base (del impuesto)**: (Sp) presumptive (tax) assessment
__ **de fondo fijo**: imprest system
__ **de hojas (inter)cambiables**: loose-leaf system
__ **de incentivos**: incentive scheme
__ **de interpretación indirecta**: relay system
__ **de jubilación por capitalización**: funded pension plan
__ **de jubilación por reparto**: pay-as-you-go pension plan
__ **de labranza**: modes, methods of cultivation
__ **de notificación**: reporting system
__ **de pequeñas plantaciones**: outgrower scheme
__ **de permiso de estudio**: (ed) block release system
__ **de pignoración**: lien-credit mechanisms
__ **de plantación**: modes, methods of cultivation
__ **de precios de garantía**: price support
__ **de préstamos**: charging system (library)
__ **de primas**: bonus scheme
__ **de reajuste**: indexing
__ **de reserva**: stocking system (tea)
__ **de riesgo cambiario compartido**: currency pooling system
__ **de salarios progresivos**: incentive wage system
__ **de solidaridad**: pay-as-you-go pension plan
__ **de teledetección**: remote sensing system
__ **de vinculación**: "jumelage" system (patent licenses); (agr) linked sale system
__ **de volantes**: (acct) voucher system
__ **del impuesto en suspenso**: ring system (taxes)
__ **financiado con aportaciones**: unfunded system (pensions), pay-as-you-go pension plan
__ **financiado con fondos propios**: fully funded system
__ **informático con unidad central**: (comp) mainframe
__ **inquisitorio**: (leg) inquisitory system (in which the prosecutor is also the judge)
__ **megafónico**: public address system
__ **orográfico**: mountain system
__ **portagabarras**: sea-barge system
__ **presencial**: (ed) (traditional) classroom education (as opposed to distance education)
__ **procesal**: procedural system
__ **radial**: (aero) hub-and-spoke system, radial system
__ **salarial de pasos**: step-based salary system
__ **sí/no**: pass/fail system (call for bids)
sistemas de administración: patterns of administration
__ **de notación**: (comp) program languages
sistemáticamente: invariably, consistently, regularly, steadily
sistemático: organized (recruitment); regular, routine (inspection); consistent (framework); rational (development); methodical (person); thorough (analysis); preventive (maintenance); classified (vocabulary); coordinated, correlated, orderly, structured

sistematización: methodical arrangement; processing (data, information, results)
— **parcelaria**: replotting; improved allocation of plots
sistematizar: to order, arrange methodically; give proper form to; (Arg) standardize; codify (laws, regulations)
sitio: (Guat) tract of land (land registry)
— **de atraque**: (ot) berth
— **informático**: (comp) website
situación: location, rank, status; condition(s); position, state; (Sp, Mex) transfer of money, remittance
— **de caja**: balance of cash on hand, cash position
— **de cartera**: long position (ownership of securities)
— **de crisis**: emergency (situation)
— **de disponibilidad**: (admin) inactive status; readiness; (com) availability (of stock)
— **de fondos**: (Sp, Mex) transfer of funds
— **de importancia**: (audit) significant weakness; material weakness; (sometimes) reportable condition
— **de la balanza de pagos**: balance of payments position
— **de liquidez**: cash position, cash flow position, balance of cash on hand
— **de recursos**: resource allocation
— **de tesorería**: cash position, cash flow position, balance of cash on hand
— **del mercado**: tone of the market, market conditions
— **difícil**: straits
— **, estado de**: (acct) balance sheet, statement of financial position; (bnk) statement of condition)
— **financiera**: financial standing, position or condition
— **hipotetica**: scenario
— **jurídica**: legal status
— **líquida**: cash position, cash flow position, balance of cash on hand
situaciones y comisiones bancarias: (Mex) fund transfers and bank commissions
situado constitucional: transfer payments from central government to state, municipal governments; revenue sharing or shareout(s); revenue-sharing pool
— **fiscal**: (Col) subsidy or transfer payment (from Central Government to Provinces for health and education services)
— **municipal, sistema de**: central government transfers to municipalities; revenue-sharecouts (sharing) with municipal governments
situar: to place, assign a place to, locate, allot, assign, appropriate (money)
— **fondos**: to assign funds (for a purpose); remit, place funds (abroad)
so pretexto de que: under (or on) the pretext of (or that)

sobordado: carried on ship's manifest
sobordo: cargo manifest, freight list
soborno: bribery, graft
sobrado: more than enough; excessive
sobrante: (fin) balance on hand; surplus; remainder; carry-over; overhang
sobre acolchado: jiffy bag
— **el particular**: in this connection
— **franqueado**: stamped (self) addressed envelope
— **la par**: at a premium (shares, bonds)
sobreacarreo: additional haulage, overhaul
sobrecapa: (min) overburden
sobrecapitalización: (econ) excess capital formation; (fin, ind) overcapitalization, excess capital investment
sobrecarga: overload; (acct) burden; (min) overburden
— **de ganado**: overstocking
sobrecargar: to overload; overstock (range), overgraze
sobrecargo: purser
sobrecarpeta: overlay (roads)
sobrecosto: (UK) oncost; extra cost; (sometimes) cost overrun
sobrecubierta: book jacket
sobredimensionado: inflated (staffing level), bloated (payrolls)
sobredimensionamiento: excess capacity (of fishing fleet)
sobreendeudamiento: debt overhang
sobreentender: to imply (authority, powers)
sobreexplotación: depletion (natural resources)
sobregiro: overdraft
sobrellevar: to put up with, endure (misfortune); tolerate (faults)
sobrencajes: excess reserves
sobreprecio: surcharge, additional charge, premium, price differential, markup, price premium
sobrepuesto: super (beehive)
sobreseer: (leg) to dismiss (a case), stay, delay, discontinue (proceeding)
sobreseído definitivamente: case dismissed
— **provisionalmente**: case suspended
sobreseimiento: (leg) stay of proceedings; nonsuit
— **definitivo**: (leg) dismissal of proceedings
— **provisional**: (leg) temporary stay, stay of proceedings
sobrestadía: (ot) demurrage (in countries where *estadía* means loading time), compensation for extra lay days; (ot) damage for detention
sobrestante: foreman; overseer; site superintendent; (sometimes) quantity surveyor
sobresueldo: bonus, additional pay, differential
— **por trabajo nocturno**: night differential
sobretasa: tax surcharge; agio; premium (on the exchange rate)
— **arancelaria**: tariff surcharge, tariff surtax
sobretensión: (elec) surge
sobrevisión: (st) survey

sobrevivencia, certificado de: pension renewal certificate
sobrevivir: to live on, endure; outlast, go beyond
__ **con dificultad**: to struggle to survive; eke out a living; subsist
socavación: undermining; scour (water)
socavar: to undermine; excavate
socavarse: to cave in (river bank)
socavón: (min) adit, gallery, drift, (sometimes) undercutting
__ **con tajo abierto**: (min) adit with open cut
__ **y derrumbe**: (min) block caving
social: social; pertaining to a partnership or corporation; equity (capital); trade, business, company (name); low-income, subsidized (housing), community (development), fiscal (year), welfare, social assistance (services)
sociedad: society; association; corporation, partnership, firm; the public
__ **accidental**: joint venture
__ **anónima**: (UK) limited company; (USA) (business) corporation (shareholders are liable for what they invest, as opposed to joint stock company, where shareholders have unlimited liability)
__ **anónima cerrada**: closely held corporation
__ **anónima que no cotiza**: closely held corporation
__ **blanco de una OPAS**: target company
__ **capitalista**: (UK) joint stock company
__ **capitalizada por alta emisión de deuda**: highly leveraged company
__ **civil**: (com) non-commercial partnership, civil corporation; civil society organization (CSO)
__ **clasificadora**: (ot) classification society (shipping); (st ex) (bond, securities) rating service or agency
__ **coaligada**: affiliate, affiliated company
__ **colectiva**: general partnership
__ **comanditaria**: limited partnership
__ **comanditaria por acciones**: partnership limited by shares (in which limited partners are stockholders)
__ **comercial irregular o de hecho**: (Arg) temporary commercial joint venture
__ **condescendiente**: permissive society
__ **conyugal**: communal marital estate of the property of husband and wife, joint ownership of property by husband and wife, conjugal partnership
__ **de abundancia**: affluent society
__ **de ahorro y préstamo**: (USA) thrift
__ **de capital e industria**: partnership in which some partners put in money and others furnish services
__ **de capitales**: (Mex) corporation
__ **de capitalización**: investment company
__ **de cartera**: holding company; investment company; investment trust (or other form of mutual fund)
__ **de consumo**: consumption-oriented society; affluent society
__ **de control**: holding company
__ **de crédito para el consumo**: finance company
__ **de empresas**: (Sp) joint venture
__ **de financiamiento**: investment house
__ **de gananciales**: conjugal partnership
__ **de inversión**: investment company, mutual fund; investment trust
__ **de inversión abierta**: open-end investment company
__ **de inversión basada en la emisión de títulos**: open-end investment company
__ **de inversión cerrada**: closed-end investment company
__ **de inversión con cartera de composición fija**: closed-end investment company
__ **de inversión con cartera de composición variable**: open-end investment company
__ **de inversión con número de acciones variable**: open-end investment fund
__ **de inversión de capital fijo**: closed-end mutual fund
__ **de inversión de capital variable**: (open-end) mutual fund
__ **de inversión especulativa**: go-go fund
__ **de inversión por lotes de valores mobiliarios**: unit trust
__ **de inversión que cobra comisión**: load fund
__ **de inversiones**: investment company, mutual fund; investment trust
__ **de inversiones mobiliarias**: investment company
__ **de personas**: partnership
__ **de responsabilidad ilimitada**: (USA) joint stock company
__ **de responsabilidad limitada**: limited partnership
__ **de seguro médico**: health maintenance organization (HMO)
__ **dominada**: subsidiary company
__ **en comandita (simple)**: limited (liability) company or partnership
__ **en comandita por acciones**: partnership limited by shares (in which limited partners are stockholders)
__ **en participación**: joint venture
__ **familiar**: family-owned business, company
__ **ficticia**: shell company, dummy company
__ **fiduciaria**: trust company
__ **gremial**: trade association
__ **instrumental**: holding company; (sometimes) paper company; fictitious company (a nominee company set up for special purposes, often spurious)
__ **inversionista controladora**: holding company
__ **inversionista por obligaciones**: (UK) unit trust
__ **irregular colectiva**: partnership in which one

of the partners contributes services in lieu of capital and enjoys limited liability
__ **matriz**: parent company (with subsidiaries); holding company (engaged in no business of its own)
__ **mercantil**: commercial corporation, trading company
__ **mixta**: joint venture
__ **mutualista**: provident society
__ **opulenta (próspera)**: affluent society
__ **pantalla**: dummy company, shell company
__ **personal**: partnership
__ **personal de responsabilidad ilimitada**: general partnership
__ **personal de responsabilidad limitada**: limited partnership
__ **personalista**: partnership
__ **por acciones (de responsabilidad ilimitada)**: joint stock company (shareholders have unlimited liability)
__ **regular colectiva simple**: partnership (in which all the partners have unlimited liability)
sociedades de inversión cerradas y abiertas: unit and investment trusts
__ **en participación**: joint ventures
__ **mediadoras de dinero**: money market dealers
socio: member of an association; partner; shareholder, stockholder
__ **activo**: working partner
__ **adjunto**: associate
__ **administrador**: general or managing partner
__ **capitalista**: silent partner
__ **colectivo (regular, solidario)**: (Sp) general partner
__ **comanditado**: (Mex) active partner, general partner
__ **comanditario**: silent partner, limited partner
__ **consejero**: consulting partner
__ **director**: general partner
__ **estratégico**: strategic investor
__ **gerente o gestor**: general or managing partner
__ **industrial**: working partner (who furnishes services but no capital)
__ **mayoritario**: senior partner
__ **oculto**: silent partner
__ **vitalicio**: life member
sociología jurídica: sociology of law
sociólogo del derecho: sociologist of law, legal sociologist
socorro en casos de catástrofe: disaster relief
socuela: (Per) land clearance, clearing of brush and small trees
solado: tile floor, pavement
solapado: veiled (forms of control), underhand, deceitful, sly, insincere
solapar: to overlap
solar: building lot, building site; building land
__ **urbanizado**: serviced site
solaz y esparcimiento: amenities

soldadura autógena: seam welding
__ **por puntos**: spot-welding
solemne: formal (opening session); state (reception of dignitary); grave (tone)
soler: to usually (often) do something
solera: sill (doorsill, window sill); invert; bed (of canal or ditch); floor (oven); (Mex) floor tile; (Chi) curb
soleras: (ot) dunnage wood, beds
solicitación de fondos: call for funds
solicitaciones sísmicas: seismic stresses
solicitante: petitioner
solicitar (pedir) fondos del presupuesto: to apply for an appropriation (budget)
solicitud de admisión: application for membership
__ **de inscripción**: registration form
__ **presupuestaria**: budget submission
solidariamente: jointly and severally (liable)
solidaridad: cooperation, aid, assistance; sympathy; community of interests; group effort; common cause; support of or identification with a group or cause
__ **del grupo**: group unity
__ , **espíritu de**: esprit de corps, team spirit
__ **legal**: joint and several liability
__ **pasiva**: (Sp) joint and several liability
solidario: joint and several (obligations); joint or full (guarantee); common (responsibility); bound up with; integral, solid with; integral with; supportive of; common (action), unified (trade union), joint (and several) (creditor); (leg) jointly (responsible), mutually (binding)
solidarizarse con: to make common cause with, line up with, support, stand by, work together with, join ranks with
sólido: compact (soil); stout (shoes); fast (color); strong (financial position); sound (principle); well-established (business); secure (foundation)
soliflexión: soil creep
solomillo: strip loin, sirloin
solución: answer (to a problem); alternative; settlement (dispute); resolution
__ **de compromiso entre ventajas y desventajas**: trade-off
__ **de continuidad, sin**: unbroken (series); uninterruptedly, continuously, without letup
__ **de tabla rasa**: clean slate solution
__ **habitacional**: "no frills" housing, core housing unit
__ **única**: cure-all
soluciones hechas: off-the-peg solutions; one-size-fits-all (or cookie-cutter) solutions, approaches
solvencia: creditworthiness, credit standing, financial stability; freedom from tax obligations; ability to pay; (Ven) tax clearance certificate; standing (of an institution)
__ , **certificado de**: clearance certificate, certificate

of compliance
___ **global**: (bnk) capital adequacy
___ **moral**: integrity; (acct) personal guarantee; character (loan)
___ **técnica**: expertise (consultant)
solventar: to solve, get around (difficulty); settle, resolve (dispute); work out (problem); pay, meet (costs); allay (concern)
___ **una reclamación**: to adjust a claim
solvente: solvent, creditworthy; cleared (taxes); discerning, of sound judgment, reliable (person); talented, gifted (person); having (sufficient) means; in good standing
solla: plaice
sollo: paddlefish
sombreado: crosshatching
someter: to subdue; subject (someone) to; refer, submit (matter); lay before (request)
___ **a voto**: to put to a vote
sonda: sounding-line; sounding lead; (grain) sampler; (med) probe
___ **saca núcleos**: core lifter or extractor (oil)
sondador acústico: echo sounder
sondaje: soundings, boring, drilling; drilled well; (Chi) well; (opinion) poll; drill hole
___ **exploratorio**: test boring
___ **por rotación**: rotary drilling
sondaleza: lead line
sondear: to take soundings; probe, explore, delve into (question); sound out (person); see how the land lies
sondeo: sounding out, taking the pulse of (someone); spot check; probe; opinion poll; boreholing; (constr) trial hole
___ **coyuntural**: economic survey
___ **de paz**: overture
___ **, hacer un**: to put out a feeler
sonorización: sound recording; (electronic) bugging
sonoviso: cassette and slide presentation
soportales: arcade (in a square)
soportar: to prop up, hold up, sustain, bear; endure, suffer, put up with, undergo (crisis)
soporte de datos: data carrier
___ **escolar**: homework assistance/tutoring program (as a community service)
___ **físico**: (comp) hardware
___ **lógico**: (comp) software
___ **lógico de dominio público**: (comp) shareware
___ **logicodidáctico**: (ed) courseware
sorgo común: sorghum
___ **de Alepo**: Johnson's grass
___ **en grano**: grain sorghum
___ **escobero**: broom millet
___ **forrajero**: feed sorghum, broom millet
sorpresivo: unexpected (visit), unannounced (inspection), unscheduled (audit)
sorra: (ot) sand ballast
sortear: to overcome, weather (crisis); avoid,
elude, get round, dodge
sosa calcinada: soda ash
soslayar: to sidetrack, bypass, avoid, sidestep
sostén: support, breadwinner, sole support (family); mainstay (government); underpinning
___ **principal de la familia**: principal income earner
sostener: to support, prop; sustain, hold up (price); stand by, back (person); maintain, uphold (opinion); affirm (fact); maintain (family), sustain, hold (speed), withstand, hold out against (attack); hold (conversation)
sostenido: buoyant (prices); keen (demand); steady (market); (for) sustained (growth)
soto: coppice
sotobosque: (for) underbrush, undergrowth
suarda: suint (wool)
suave: smooth, even (surface); gentle (wind), clement (weather); soft (steel, landing); mild, bland
suavidad: softness (wool)
suavización: relaxation (credit); flagging (economy); easing up on (specifications); smoothing (curve)
___ **de la coyuntura**: easing of cyclical conditions
___ **de la demanda**: flagging demand
suavizar: to soften; smooth; graduate (curve); muffle, softpedal (facts); ease up on; flatten (slope); ease (curve); cushion (impact)
subactividad: (Sp) underuse
subalterno: junior (staff), (Sp) clerk
subasta: auction sale
___ **a la baja**: Dutch auction
___ **por adjudicación**: auction by tender
___ **pública**: competitive bidding
subastar una obra: to invite tenders for a job
subcanal: (irr) open canal
subconjunto: subassembly
subcontratar: to farm out
subcuentas: (acct) subsidiary accounts (included in controlling accounts)
subdelegación: (Mex) local field office
subdirección: (admin) branch (FAO)
subdivisión: (st) breaking-out
subempleo (del factor trabajo): employment slack
subfinanciación: on-lending
subíndice: subscript
subir precios: to stiffen prices
subirse al carro de la victoria: to jump on the bandwagon
subjetivo: theoretical (not objective, not real); personal (opinion), partial (judgment)
subocupación ilustrada: unemployment of educated people
subóptimo: second best
subordinación: (sometimes) chain of command
subpartida (arancelaria): tariff subhead(ing)
subproducto: by-product
___ **de la matanza**: tankage

subrasante: subgrade (the prevailing grade of a roadbed in a particular sector); (sometimes) roadbed
subrayar: to emphasize, underline, underscore, highlight, stress, hammer home (a point); make it clear that, impress upon someone that
subrepción: (leg) subreption (the fraud of obtaining a pardon, title, or grant by alleging facts contrary to the truth)
subrogación: (Sp) (fin) pass-through
subrogante: alternate (member)
subsanar: to remove, remedy (deficit); correct, rectify (error); overcome (difficulty, opposition); make up for (shortcoming, oversight); compensate (for damage)
__ **el reparo**: (leg) to correct the fault
subscribir acciones: to take up (shares); underwrite (shares)
subscriptores: (fin) underwriters of stock
subseccional: (trade union) chapter, local, branch
subsector agrícola: crop farming
__ **pecuario**: stock-raising; livestock industry, livestock subsector (as opposed to crop subsector, crop-raising, the two making up the larger "agriculture sector")
subsidiariamente: alternatively, on the other hand; additionally, secondly
subsidencia, riesgo de: risk of subsidence (drilling)
subsidio: aid; financial assistance; subsidy; allowance; grant; benefit
__ **de alojamiento**: accommodation allowance
__ **de asistencia social**: welfare payment; (generally) social assistance
__ **de destino**: assignment allowance
__ **de educación**: education grant or allowance
__ **de enfermedad**: sickness benefit
__ **de exportación**: export bounty
__ **de paro**: (Sp) unemployment benefit
__ **, en**: alternatively
__ **gremial**: strike pay
__ **oficial**: grant-in-aid
__ **(plus) por hijos**: children's allowance; family allowance (formerly: baby bonus)
__ **por lugar de destino difícil**: hardship allowance
__ **por misión**: assignment allowance
__ **por (de) traslado**: relocation grant
__ **uniforme**: flat-rate subsidy
subsistencia: continued existence, persistence; life, livelihood; subsistence (farmer, farming)
subsistente: to stand (of an article or clause)
subsistir: to last, persist, continue to exist, endure, live on
subsoladura: subsoiling
substanciación: (leg) trial of a case, proceeding
substraerse: to avoid, elude (obligations); escape (influence); get out of (doing something)
subsuelo marino: seabed subsoil
subtítulo: caption

subtransmisión, línea de: (elec) secondary transmission line
suburbio: slum, shanty-town (on outskirts of a city); (Arg) suburb
subvención: State subsidy or financial aid; grant-in-aid; stipend
__ **compensatoria**: (ed) equalization aid
__ **de interés**: interest rate subsidy, interest rebate, interest subsidy
__ **de las tasas de interés**: interest rate relief
subvencionado: grant-aided
__ **por el Estado**: in receipt of a State grant
subyacente: underlying (disorder, cause of death)
suceda lo que suceda: at all events, no matter what happens
sucedáneo: substitute (food)
__ **de uso inmediato**: drop-in substitute
suceder: to succeed (follow in succession); happen, occur
sucesión: (leg) inheritance, estate; issue, offspring
__ **, derechos de**: probate duties, death duties
__ **forzosa**: inheritance at law
__ **intestada**: intestate inheritance or succession
sucesivamente: consecutively
__ **, y**: and so on, and so forth
suceso: event, occurrence, happening, incident; outcome
suche: (Per) (agr) terrace
sueldo: pay, salary
__ **a convenir**: salary open
__ **de contratación**: initial salary
__ **justo**: rate for the job
__ **líquido**: net salary, take-home pay
__ **más bonificaciones, comisiones, etc**: compensation package
__ **neto**: net salary, take-home pay
__ **provisional**: acting salary
__ **vital**: minimum wage
suelo desaguado: drained soil
__ **emparrillado**: slated floor, duckboard floor
__ **expansivo**: swelling soil
__ **falso**: filled ground, reclaimed ground
__ **franco**: loam
__ **mecanizado**: tilled soil
__ **vegetal**: humic soil
__ **y subsuelo del mar**: seabed and subsoil
suelos de baja fertilidad: marginal soils
__ **soterrados**: trapped soils
suero de leche de vaca: buttermilk, whey
__ **fisiológico**: physiological saline solution
suerte insoluta: (Mex) principal amount outstanding
__ **principal**: (Mex) principal sum
suficiencia: adequacy (reserves, financing)
__ **de capital**: (bnk) capital adequacy (standards, ratios)
suficiente: pass(ing) (in grading system), adequate
sufragar: to pay, defray, cover (costs); vote
__ **gastos**: to meet expenditures, defray costs
sufrir: to bear, endure, put up with, sustain (loss);

SUFICIENCIA

experience, undergo (a change); be dealt a blow, be ravaged by (pest)
sugerencia: suggestion, hint, pointer, tip
sugestión: power of suggestion; fascination; stimulus
sugestivo: attractive (idea, plan); fascinating, interesting
sui generis: unique, special, peculiar, in a class by itself, one of a kind
sujetarse: to abide by (agreement); submit to (authority); conform to, act in accordance with (circumstances)
sujeto: subject, amenable to; prone to, liable to; contingent upon
___ **a arancel de aduana**: dutiable
___ **a requerimiento de pago**: subject to call; callable (loan)
___ **activo del delito**: (leg) criminal participant in the offense (may be perpetrator, accomplice or accessory)
___ **al régimen conyugal de gananciales y conquistas**: (leg) subject to conjugal partnership system (covers accrued gains and joint acquisitions)
___ **contable**: (Sp) transactor, economic agency or unit
___ **de aseguramiento**: person entitled to insurance coverage
___ **de crédito**: qualified borrower, credit recipient
___ **de ley**: legal person, subject of rights and duties
___ **del derecho**: person holding a legal right; person capable of holding a legal right or obligation; legal person
___ **económico**: transactor
___ **imponible**: tax payer
___ **pasivo del impuesto**: tax payer, obligor (taxes)
sujetos de la acción: (leg) parties to the suit
___ **de, no**: not qualifying (under a law, for benefits)
___ **(potenciales) del impuesto**: tax handles (potentially taxable activities or persons)
suma: amount; addition, tally, total
___ **alzada**: lump sum
___ **de los cuadrados residuales**: (st) error sum square
___ **exigible**: amount payable
___ **existente**: outstanding amount
___ **fija**: lump sum
___ **final**: grand total
___ **global**: lump sum
___ **global equivalente a un tercio de la liquidación**: one-third lump sum (pension)
___ **y sigue (vuelta)**: carried forward (account)
sumas cuadradas: (acct) crossfooted
___ **verificadas**: (acct) footed
sumar: to come to, add up, total; tally
___ **horizontalmente**: to crossfoot
sumarse: to join (party); associate oneself with (protest)

SUPERÁVIT

sumaria: written proceeding; preliminary proceedings in a military case
sumariado: investigated, under investigation
sumario: (leg) preliminary proceedings in a criminal suit; preparations for criminal trial; court records (criminal case); (Sp) table of contents
sumarios de causas, registro de: (leg) docket
sumatorio: summation sign Σ
sumidero: drain pit, sump; drain inlet, sink
___ **ciego**: soakaway
suministrar: to supply (information); furnish, provide (goods)
___ **una provisión**: to furnish cover
suministro continuo de electricidad: firm power supply
___ **de forraje verde**: soiling (cattle)
suministros fungibles: expendable supplies, fungibles
suntuario: luxury (goods), inordinately extravagant, sumptuary
supeditar: to subordinate to, make subject to, dependent or conditional upon
superabundancia: (fig) spate
superación: advancement, promoting, upgrading (staff); overcoming, surmounting (difficulty), excelling; self-improvement, self-betterment; social mobility; alleviation, amelioration; diminution, reduction, eradication, curing, uprooting of poverty
___ **de la mujer**: emancipation of women, empowerment of women
superactividad: abnormal capacity usage (industry)
superar: to be better than, surpass; best (a competitor); overcome, surmount (difficulty); excel, outshine; upgrade; weather (crisis); forge ahead, get on, rise in the social scale
___ **el mínimo**: to bottom out
superávit: surplus (excess of income over expenses); overage
___ **asignado**: (acct) appropriated surplus
___ **de la circulación monetaria**: excess money supply
___ **de revaluación**: appraisal surplus, appraisal increment
___ **disponible**: unappropriated surplus
___ **librado**: paid-in surplus; contributed surplus
___ **monetario**: glut of money
___ **pagado**: (acct) paid-in surplus; contributed surplus
___ **reservado**: (acct) appropriated surplus
___ **sin asignación**: unappropriated surplus
supercarburante: high-test, high-octane gasoline
supercongelado: deep frozen
superdotado: gifted (child, student)
superestructura de la vía: (rr) permanent way
superficie: surface, area; floor space; (agr) (sometimes) acreage
___ **aprovechable**: cultivable area, area of arable

land
__ **asignada para siembra**: acreage allotment
__ **cosechada**: harvested area
__ **cubierta útil**: floor area
__ **cultivable**: arable land
__ **cultivada**: acreage, cultivated area, crop area, land under crops
__ **de contacto**: interface
__ **de descarga**: apron (pier, wharf)
__ **de rodadura**: riding surface (road)
__ **de siembra de trigo**: wheat acreage, acreage planted to wheat
__ **de temporal**: (Mex) dryland (=rainfed) (crop) acreage (as opposed to irrigated acreage)
__ **dedicada al cultivo de yute**: area planted to jute
__ **edificada**: built-on site
__ **en explotación**: total area in farm units
__ **explanada**: apron (wharf)
__ **habitable**: surface area (housing)
__ **sembrada**: acreage planted
superintendente de bancos: bank examiner
superior: higher (education), advanced (studies)
superioridad: superior officers
supernumerario: *a* temporary (staff), *n* (Sp) non-practising member (of a professional association)
superposición: overlapping
__ **de categorías**: (admin) grade overlap
superpuesto: super (beehive)
supérstite: *a* surviving (spouse); *n* survivor
supervisión directa: front-line supervision
supervisor: watchdog (agency)
__ **inmediato**: first-level supervisor
supervivencia, período de: period of latency or latent period (plants)
suplantación: fraudulent alteration (signature)
suplementario: additional (credit); overtime (work); add-on (technology, hardware)
suplemento a una letra: (bnk) allonge
__ **de una póliza**: (ins) rider
suplente: *a* alternate (delegate, member); *n* substitute, replacement
supletorio: stopgap; *a* (leg) supplying deficiencies; in supplement; suppletory (oath)
súplica: (leg) petition, request, prayer for relief, demand for relief (in a civil action)
suplicatorio: (leg) letter rogatory
suplir A con B: to replace A by B; substitute B for A
__ **la diferencia**: to make up the difference
suponer: to suppose, assume; involve; imply, mean; be of importance, show, indicate, presuppose, entail (work, sustained efforts); account for, represent
suposición de persona: (leg) impersonation
__ **gratuita**: blithe assumption
supremo: ultimate (authority); paramount (importance); highest (degree)
supresión: elimination, omission, abolition, removal
__ **de derechos arancelarios**: removal of tariffs

__ **del puesto**: (admin) abolition of post
__ **progresiva**: phasing out
suprimir: to eliminate (obstacles); abolish (agency); omit (details); remove (restrictions); abate (nuisances); discontinue (service); delete (from a list); correct (shortcomings), remedy, clamp down on
supuesto: *a* self-styled; so-called, alleged; *n* assumption, hypothesis, scenario
__ **, dar por**: to assume, take for granted
supuestos: data, scenarios (analysis); assumptions underpinning a scenario
surco: furrow; (wheel) rut; (ship's) wake
__ **de desove**: redd (salmon breeding)
surgir: to emerge, spring up; arise, occur (problems); crop up, come up
surimi: fish fiber
surtido: assortment, selection (of shirts), range, array (of samples); supply, stock
surtidor: waterspout; gasoline pump
surtir: to furnish, supply, provide
__ **efecto**: to have the desired effect, produce results, "work"; strike home (argument); take effect, become effective, become operative (treaty)
__ **un pedido**: to fill an order
surto: at anchor
susceptible: capable of; admitting of, liable to, subject to, prone to; open to (improvement); apt to (occur); likely to (interest); touchy, easily offended (person); eligible for (pension), amenable to (improvement)
suscitar: to give rise to, engender (discussion, difficulties); provoke, stir up (trouble); arouse (interest), prompt, trigger
suscripción de póliza: policy underwriting
__ **de reservas, mecanismo de**: backup facility (securities)
sucripciones accionarias: subscriptions to capital stock
suspender: to hang, suspend; interrupt (construction); postpone (elections); lay off (from work); fail (an examination candidate); hold up, stop (payment); stay (enforcement); recess (meeting); adjourn (meeting), discontinue (payment), delay (work)
suspensión: stoppage; interruption; discontinuance; postponement; cessation (hostilities)
__ **de ejecución**: (leg) stay of enforcement
__ **de la prescripción**: (leg) tolling of the statute of limitations
__ **del derecho de voto**: disqualification from voting
__ **laboral**: layoff
suspenso: deferred; failed, conditional (in grading system)
__ **, dejar en**: to hold over (for further action), hold in abeyance
__ **, en**: pending, adjourned (meeting); (leg) in abeyance, on hold, deferred, pending (judgment)

sustancia regulada: (med) controlled substance (drug)
sustancias aromáticas: flavorings
sustanciación: hearing of a case
sustanciar: to try a case; examine a claim
__ **el artículo**: to carry on proceedings
sustentación de precios: price maintenance
sustentado: warranted (action, steps)
sustentar: to support, sustain; buoy up (hopes); maintain (person); uphold, defend (opinion); substantiate, back up (claim, request), advocate, underpin
sustitución, costo de: opportunity cost
sustituido: superseded (document)
sustituir por una variable ficticia: (st) to dummy out
sustitutibilidad: trade-off
sustitutivo: alternative (employment, resolution, etc); replacement (chemical); proxy (resolution); standby (personnel); *n* proxy, surrogate, deputy for
sustracción: poaching (staff), draining (of resources); (leg) theft
__ **de corriente**: (elec) pilferage
sutil: nice (distinction); refined (method)
suyo, hacer: to endorse (proposal); concur in (decision); associate oneself with (statement)

T

tabaco de mascar: chewing tobacco
__ **despalillado**: strip or stemmed tobacco
__ **desvenado**: stemmed tobacco
__ **elaborado**: manufactured tobacco
__ **en bruto (crudo)**: tobacco leaves, raw tobacco
__ **en polvo**: snuff
__ **en rama (de hoja)**: leaf tobacco, unmanufactured tobacco
__ **en rama y en picadura**: uncut and cut tobacco
__ **moteado**: honey dew tobacco
__ **picado**: cut tobacco
__ **podado**: stemmed tobacco
__ **rubio**: bright tobacco, Virginia tobacco
__ **secado al humo**: fire-cured tobacco
__ **sin despalillar**: leaf tobacco
__ **sin elaborar**: unmanufactured tobacco
__ **tapado**: air-cured tobacco
tabaquismo pasivo: involuntary smoking, secondhand smoking
tabique: partition wall; (flat) brick
__ **de panderete (de canto)**: partition wall of bricks on edge
__ **sordo**: wall with air space, hollow partition wall
tabla: plank, board; list, index, catalog(ue); table (containing numbers only); customs outpost; (agr) strip of (cultivated) land, plot, bed; (Chi) (leg) weekly list of cases
__ **de conexiones de datos**: panel data set (surveying)
__ **de demanda**: (econ) demand schedule
__ **de franquicias**: (ins) memorandum
__ **de insumo-producto**: input-output table
__ **de mortalidad**: actuarial table, life table
__ **de mortalidad general**: aggregate life table
__ **de múltiples entradas**: (st) cross-tabulations
__ **de quitapón**: flashboard
__ **de relaciones interestructurales**: input-output table
__ **de ripia**: shingle
__ **de salvación**: last hope, last resource, lifesaver
__ **de tributación**: (Per) tax schedule
__ **genealógica**: pedigree
__ **general**: (st) consolidated table
tablas de cubicación: volume tables
tablada: (Arg) stockyard
tablar: (agr) plot, check
tablazo: (Per) dock, wharf
tablero: panel (forest product); switchboard; (Chi) fuse box; (bridge) floor; (irr) weir-board
__ **con alma**: core plywood
__ **contrachapado**: plywood
__ **de alma**: coreboard
__ **de alma hueca**: hollow panel
__ **de alma llena**: blockboard
__ **de capa central**: coreboard
__ **de control**: control panel; (comp) paddle
__ **de cortacircuitos**: (elec) panel board
__ **de distribución (de electricidad)**: (Arg) switchboard
__ **de fibra**: fiberboard
__ **de fibra prensada**: compressed fiberboard
__ **de lino**: flaxboard
__ **de madera**: wood-based panel
__ **de madera OSB**: oriented strand board
__ **de madera triturada y comprimida**: hardboard
__ **de mandos**: (elec) panel board
__ **de paño**: (ed) flannel board
__ **de partículas**: particle board
__ **de ripia**: coreboard
__ **de velero**: (ed) hook and loop board
__ **de yeso**: gypsum board
__ **electrónico (de respuestas)**: (ed) buzz board; (comp) bulletin board
__ **enlistonado**: battenboard
__ **laminado**: laminboard
__ **laminar**: battenboard
__ **magnético**: (ed) magnetic board
__ **múltiple**: multilayered board
__ **semiduro**: medium hardwood board
tableros: (constr) shuttering
tablestacado: sheet piling
tablilla eléctrica de respuesta: (ed) buzz board
__ **gráfica**: graphics tablet
tablón: sugarcane field
tabular: (min) ore-pipe

tacha: (leg) objection, challenge (to witness)
__ **de testigos**: (leg) impeachment of witnesses
tachado: crossed out, struck out, deleted
tachadura: erasure, crossing out
tachar: to cross out; (leg) challenge (judge, witnesses); object (arbitrator)
tache lo que no interesa: strike out words not applicable
tácita reconducción: renewal (of lease) by tacit agreement
tácito: implicit (consent, waiver), implied, understood
taco: heel (dam)
tacotal: (CR) brush; (Hon) swamp
táctica: policy, technique
__ **de disuasión de tiburones (OPAS)**: shark repellents
tafiletería: Morocco leather goods
tahuampa: (Per) flooded area
taihua: hake
tajamar: cutwater (bridge); nosing of pier; dam; mole; pier; (Chi) seawall, embankment, dike; (Arg, Para, Per) cistern, pond
tajante: clear (separation); categorical (refusal); definitive (answer); decisive, rigorous, sharp
tajeo: (min) stoping
__ **de arriba a abajo**: (min) top slicing
__ **en cuadros**: (min) square setting
__ **en subniveles**: (min) sublevel space stoping
tajo: building site; site of a working mine, quarry or field; (Mex) strip mine
__ **largo**: (min) long-wall
tal como están las cosas: as it is; as it now stands; as things are; at this stage
__ **suerte**: therefore, accordingly, so, for that reason
__ **y como están las cosas**: as matters (now) stand
tales como, entre otros: including, but not necessarily limited to
tala: (for) felling of trees; (Chi) stubble grazing
__ **a hecho**: clear-cutting
__ **rasa**: clear-cutting
__ **y chamicera, método de**: (agr) slash and burn method
talabartería: saddlery; leather goods
taladro: drill, auger; (for) awl
talaje: (Arg) pasture, (Chi) pasture; grazing (fee); (sometimes) fattening on pasture
talanquera: (Per) (agr) drying rack
talar: to fell, cut down
__ **totalmente**: to clear cut
talento, de gran: gifted
tallado de lentes ópticos: grinding of optical lenses
tallar: coppice forest, low forest
taller: workshop
__ **agrícola**: repair shop
__ **-escuela**: (Sp) vestibule school
__ **mecánico**: engineering shop, machine shop
__ **naval**: shipyard
__ **protegido**: sheltered workshop (for the disabled)
talón: heel (dam); (Sp) stub, counterfoil of check (by extension, a check)
__ **de cheque**: counterfoil, check stub
__ **de ferrocarril**: railway consignment note
talpetate: (Hond) limestone (road ballast)
talud: slope, bank; batter (wall)
__ **de aguas arriba**: upstream face (of a dam)
talweg: valley line, thalweg
tamaño del lote económico: economic batch quantity
__ **legal**: legal size (stationery)
__ **natural**: full size, life size
__ **real**: full scale
__ **suelto**: odd size
tambero: (Arg) dairy farm; cowshed
tambo: shed; (Bol) llama shearing shed; (Nic) coffee processing unit; (Arg) dairy farm; milking shed
tambor de amasado: mixer drum (cement)
tamiz de arena: riddle
tamo: grain dust; (Ec) hay
tan pronto como le sea posible: at your earliest convenience
tanda: shift (workmen); run (machine); (st) batch
__ **de redistilación**: cracking run
tangente, irse por: to digress
tangón: boom (on prow of boat)
tanque de inmersión: dipping tank (cattle)
__ **de oscilación**: surge tank
__ **igualador**: surge tank
tanquero salchicha: dracone, towable water tanker
tanteo: rough estimate, score, scoring
__ **, derecho de**: preferential right to purchase
tanteos, por: by trial and error
tanto: a copy (of a document, receipt, etc); point in a score; (com) certain sum or amount, a percentage; rate
__ **alzado, a**: for a lump sum; on a lump sum basis; presumptive (base, method of taxation, income)
tapa corona: crown cap
tapabarro: (Chi) fender (automobile)
tapadero: stingray
tapado: backfilling, refilling, backfill work
tapar un pozo: to kill a well
tapas de pozo: well shutters
tapete: bargaining table
__ **, estar sobre el**: to be under discussion
tapia: fence wall; mud wall; adobe wall
tapicería: upholstery; draperies
tapiz rodante: treadmill
__ **vegetal**: ground cover; (for) forest floor
__ **verde**: ground cover
taquigráfico: *a* shorthand (version), verbatim (record)
taquígrafo parlamentario: verbatim reporter
taquilla: locker (ship)
taquimetría: stadia survey
tara aduanera: schedule, customs or legal tare

TAPIZ

__ **y merma**: tare and tret
taraje: tare weight
tarar: (com) to tare (allow for weight of container)
tarea: work, task, job, assignment, function; responsibilities; (DR) land measure (628 sq m)
tarifa: rate schedule, scale of prices or charges; price list; tariff
__ **a los usuarios**: user charges
__ **a tanto alzado**: (elec) bulk tariff, fixed payment tariff; flat rate
__ **aduanera discriminatoria**: protective tariff
__ **binomia**: (elec) two-part tariff
__ **consolidada**: (transp) through rate; (trade) bound tariff
__ **corrida**: (transp) through rate
__ **de cargos**: schedule of charges
__ **de emolumentos**: scale of legal charges and fees
__ **de flete reglamentado**: administered rate
__ **de horas valle**: (elec) low-rate tariff; off-peak rate(s)
__ **de maquila**: processing or treatment charge (coffee)
__ **de salarios**: wage rate
__ **de uso**: common tariff
__ **del impuesto**: tax rate schedule
__ **degresiva**: graded rate, tapering rate
__ **escalonada**: (elec) step tariff
__ **escalonada por bloques**: (elec) block rate
__ **horaria**: (elec) time-of-day tariff
__ **ordinaria**: common tariff
__ **plana**: flat rate
__ **por kilovatio/hora**: (elec) consumption charge
__ **progresiva**: graduated rate
__ **regresiva**: sliding-scale tariff
__ **sin aditamiento**: (aero) pare fare
__ **sin descuento**: rack rate (hotels)
__ **única**: flat rate
__ **uniforme**: flat rate
tarifas bonificadas: (Ur) subsidized rates
__ **de fletam(i)ento por tiempo**: time charter rates
__ **de fletam(i)ento por viaje**: trip charter rates
__ **de hospitalización**: accommodation rates (health insurance)
__ **desagregadas**: (TC) unbundled tariffs
__ **progresivas**: (elec) inverted rates
__ **según hora de consumo**: (elec) time-of-day rates
tarificación: rate fixing or setting
__ **al precio marginal**: (elec) marginal pricing
__ **portuaria**: port pricing
tarima: stand; platform; dais
tarja: tallying, tally
tarjar: (Chi) to cancel; cross out
tarjea: small culvert
tarjeta de felicitación: greeting card
__ **de lectura de marcas**: mark sensing card
__ **mnemotécnica**: flash card
__ **prepagada**: stored-valued card

TASA

tarquín: (Arg) mud, sludge, slime
tártago: castor bean
tarugo: wooden paving block; sett (road); bung (cask); wooden pin, dowel
tasa: fixed price; rate (interest); charge or fee for a public service; appraisal, valuation; (sometimes) tax
__ **activa**: interest rate on loans, lending rate
__ **anual efectiva (TAE)**: annual percentage rate (APR) (interest)
__ **central**: (fin) key money rate
__ **con corrección monetaria**: interest-to-follow rate
__ **constante**: straight-line rate
__ **crítica de rentabilidad**: hurdle rate; cutoff rate (of return)
__ **de abandono**: (ed) leaver rate
__ **de actividad**: activity rate (demography); labor force participation rate
__ **de actualización**: discount rate (projects, US treasury bills)
__ **de actualización de consumo**: consumption rate of interest
__ **de actualización de equilibrio**: crossover discount rate (projects)
__ **de capitalización de beneficios**: (Sp) price earnings ratio
__ **de captación**: borrowing rate, deposit rate, deposit interest rate
__ **de carga**: stocking rate
__ **de cobertura (de importaciones por exportaciones)**: cover rate
__ **de compartición**: (TC) shared rate
__ **de dependencia**: contribution-to-benefits ratio (social security)
__ **de deport**: (st ex) backwardation rate
__ **de descuento**: (bnk) discount rate
__ **de desempeño**: (agr) performance rate (bull)
__ **de deserción escolar**: (ed) dropout rate
__ **de desgaste**: attrition rate (stocks, equipment)
__ **de disminución normal**: attrition rate (employees)
__ **de distribución internacional**: (TC) international accounting rate
__ **de eficiencia bovina**: cattle performance
__ **de emisión**: coupon rate of interest (bond)
__ **de encaje**: (bnk) reserve requirement; reserve ratio
__ **de endeudamiento**: debt ratio; (USA) leverage; (UK) gearing
__ **de explotación**: (Ven) oil royalty
__ **de extracción**: offtake rate (cattle)
__ **de fecundidad**: fertility rate
__ **de fertilidad legítima**: married fertility rate
__ **de inactividad por edades**: age dependency rate
__ **de inserción laboral**: graduate employment rate
__ **de instancia**: (Chi) Central Bank interest rate
__ **de interés de transferencia**: onlending rate (loans)
__ **de interés fija**: locked-in rate

__ **de interés observada**: interest rate actually paid
__ **de interés pasiva**: borrowing rate; (bnk) deposit interest rate, deposit rate
__ **de interés preferencial**: prime rate
__ **de letalidad**: case fatality rate
__ **de mora**: (bnk ratio) default rate; arrears rate; (as an interest rate) default (or penalty or post-maturity or post-default) interest rate
__ **de moratoria**: post-default rate
__ **de morosidad**: arrears rate
__ **de mortalidad por edad**: age-specific mortality rate
__ **de motorización**: ratio of automobiles to population, automobile density, vehicle ownership ratio
__ **de movilización de bultos**: (Ur) package handling charge
__ **de ocupación (de camas)**: turnover rate (hospital)
__ **de omisión**: omission rate; percent(age) of omissions; percentage of individuals or households missed (census)
__ **de parición**: calving rate
__ **de parto en solteras**: rate of out-of-wedlock births
__ **de preferencia temporal**: rate-of-time preference
__ **de producción**: output
__ **de progresión**: (ed) transition rate, promotion or pass rate
__ **de promoción**: (ed) pass rate
__ **de recargo**: spread (over LIBOR)
__ **de redescuento**: discount rate (Central Bank)
__ **de referencia**: (st ex) benchmark, benchmark rate
__ **de remanencia**: (ed) retention rate; grade ratio, retention ratio
__ **de rendimiento**: offtake rate (cattle); performance rate (bull)
__ **de rendimiento de capital**: rate of return on capital
__ **de rentabilidad**: rate of return
__ **de rentabilidad aceptable**: cutoff rate of return
__ **de repetición**: (ed) repeater rate
__ **de reprobación**: (ed) failure rate
__ **de reproducción de generación**: cohort reproduction rate
__ **de retención**: (ed) retention rate; grade ratio, retention ratio
__ **de retorno negativa de 9%**: minus 9% rate of return
__ **de transición**: (ed) transition rate, promotion or pass ratio
__ **de valorización**: ad valorem fee
__ **diferencial de rentabilidad**: incremental rate of return
__ **específica por edad**: age-specific rate
__ **estadística**: (Arg) statistical tax (3% tax applied to imports from outside the Mercosur)
__ **fija de crecimiento natural**: intrinsic rate of natural increase
__ **impositiva global**: aggregate tax rate
__ **LIBOR revisable cada trimestre**: 3-month LIBOR
__ **más favorable para el cliente**: prime rate (of interest)
__ **máxima**: cap (derivatives)
__ **media**: collar rate (derivatives)
__ **mínima**: floor rate (derivatives); floor price, floor interest rate; reserve price
__ **mixta**: split rate
__ **oficial de descuento**: bank rate
__ **para préstamos a intermediarios**: (fin) call loan rate
__ **pasiva**: borrowing rate; (bnk) deposit interest rate, deposit rate, (fin) bond interest rate
__ **patronal**: payroll tax
__ **por vías de muelles**: dock siding haulage rate
__ **preferencial**: prime rate
__ **requerida de rentabilidad**: hurdle rate
__ **tendencial**: trend rate
__ **única**: (fin) all-in rate
__ **uniforme**: flat rate
tasas actualizadoras de cuenta: shadow rates of discount
__ **y gastos**: (leg) fees and costs
tasación: valuation, appraisal; pricing, charging (e.g. calculation of transportation charges or costs); assessment
__ **de averías**: (ins) adjustment of claims
__ **de costas**: (leg) (Sp) taxation of costs
__ **de costos**: (leg) assessment of litigation expenses and fees (by the judge)
__ **de daños**: (ins) appraisal of damages, adjustment of claims
__ **oficial**: assessed value
tasador: appraiser
tasajo: jerked beef; scrap rubber
tasar: to appraise value; set or fix price; limit, ration
__ **un siniestro**: (ins) to adjust a claim
tatuaje a presión: slap tattoo (animals)
taxativamente: specifically, restrictively
taxativo: strict, literal, limited, specific, concrete, restrictive; limiting, rigorous
taza: (Chi) area on ground corresponding to canopy of tree
té de altitud: high grown tea
__ **de limón**: lemon grass
__ **de Paraguay**: mate
__ **elaborado**: made tea, cured tea
tea, pino de: pitch pine
tebeos: (Sp) comics
teca: teak
techo de dos aguas: gable roof
__ **financiero**: financial cap
__ **máximo**: (Sp) cap
tecle: (Chi) hoist, tackle
técnica: technique, method, procedure, processes, technology, engineering; expertise, skill or ability to use such procedures and

processes
- __ de carga diferida__: after-load technique
- __ de cruce__: breeding technique
- __ de fabricación__: process engineering
- __ de la administración__: management engineering
- __ de pesca (de altura)__: catch technologies (on high seas)
- __ docente__: (ed) classroom technique
- __ financiera__: financial engineering
- __ mercantil__: merchandising
- __ pedagógica__: (ed) classroom technique
- __ por cámaras y pilares__: (min) room and pillar technique
- __ por tajos (franjas) cortos__: (min) shortwall technique
- __ vial__: highway engineering

__técnicas de cultivo__: farming techniques
- __ de gestión__: management tools
- __ poco o menos contaminantes__: clean technologies

__técnico__: *a* engineering (design); *n* specialist, expert, technician, technical officer
- __ calificado__: rated technician
- __ comercial__: sales engineer
- __ de aduanas__: customs valuer
- __ de sanidad__: public health officer
- __ especializado__: subject-matter specialist
- __ forestal__: forester

__técnicocentro__: technology-oriented

__tecnificación agrícola__: agricultural modernization, improvement of agricultural technology, introduction of modern agricultural methods

__tecnificar__: to use or apply modern methods; improve (production)

__tecnología__: technical know-how
- __ accesoria__: add-on technology
- __ anticuada__: outdated technology
- __ antisísmica__: earthquake engineering
- __ autóctona__: indigenous technology
- __ avanzada__: high technology, frontier technology
- __ bajo licencia__: proprietary technology
- __ de depuración__: scrubbing techniques (gas)
- __ de distribución__: delivery technology
- __ de dominio público__: public technology
- __ de etapa final__: end-of-pipe (end-of-line) technology
- __ de gestión y programas__: soft technology
- __ de modernización__: retrofit technology
- __ de objeto__: hardware technology
- __ de proceso__: software technology, process technology
- __ de producción en cadena__: continuous flow process technology
- __ de propiedad__: proprietary technology
- __ de punta__: cutting-edge technology, breaking technology, technological breakthrough
- __ de reconversión__: retrofit technology
- __ de transferencia global__: packaged technology
- __ de transferencia indirecta__: packaged technology
- __ de transición__: bridge technology
- __ de vanguardia__: frontier technology
- __ experimentada__: mature technology
- __ fácil de adaptar__: bolt-on technology
- __ global__: packaged technology
- __ incipiente__: emerging technology
- __ incorporada__: embodied technology
- __ industrial__: process technology
- __ inversa__: reverse technology
- __ lechera__: dairy science technology
- __ limpia__: no-waste technology, clean technology
- __ naval__: marine engineering
- __ no patentada__: non-proprietary technology
- __ perfeccionada__: sophisticated technology
- __ pesquera__: fishery engineering
- __ práctica__: operative technology
- __ privada__: proprietary technology
- __ química de la madera__: wood chemistry
- __ sencilla__: soft technology
- __ social__: social engineering
- __ suplementaria__: add-on technology
- __ transferida directamente__: unpackaged technology
- __ transferida en bloque__: packaged technology

__tecnologías disponibles__: off-the-shelf technologies
- __ poco o menos contaminantes__: clean technologies
- __ transversales__: cross-over technologies

__tecnológico__: *a* engineered

__teja__: (roof) tile

__tejamanil__: (roof) shingle

__tejaván (tejabán)__: (Mex) shed

__tejido abatanado__: fulled cloth
- __ cruzado__: twill
- __ de oruga (o de felpilla)__: chenille fabrics
- __ de punto__: jersey

__tejidos__: piece-goods
- __ anchos__: broad-woven fabrics
- __ de punto__: knitware

__tejuela aserrada__: shingle
- __ rajada__: shake

__tela de batán__: picker-lap
- __ de bramante__: burlap
- __ de caucho alveolar__: foam-rubber fabric
- __ de juicio, estar en__: to be in doubt
- __ de seda__: broad silk
- __ de toalla__: huckaback
- __ metálica__: woven wire, wire mesh, screen wire, wire gauze

__teledetección__: remote sensing

__teléfono compartido__: party line
- __ de cabeza__: headset, head phones
- __ "rojo"__: hot line

__telegrama colacionado__: repetition-paid telegram (for purposes of checking)
- __ diferido__: night letter

teleinformática: teleprocessing
telemando: remote control
telemática: computer communication
__ **electrónica**: data exchange
telemetría: telemetering; echo ranging
telémetro: range finder (camera)
teleobservación: remote sensing
telepercepción: remote sensing
telepregón: (st ex) electronic trading system
telepuntador: teleprompter
teleta: blotting paper
teletipo de la bolsa: "ticker"
televisión abierta: (TC) over-the-air television; network broadcasting
__ **de alta definición**: (TC) high-definition television
__ **didáctica**: instructional television
__ **numérica**: digital television
telón de boca: stage curtain, front curtain
__ **de fondo**: backdrop; background
__ **de foro**: backdrop
telúrico: relating to land; land-based (sources of pollution)
temario: agenda (meeting)
temática: subject, subject area, subject matter; fields or areas of a subject
temático: relating to a theme or subject; (comp) thematic (network)
tembladera: bog, swamp
temperamento: decision settling a dispute or controversy; settlement, conciliation, compromise; (Arg) criterion
__ , **dentro de este**: within this approach, in this context, accordingly
temperatura de sondeo: borehole temperature
temperización: (Arg) weathering (soil)
temple al aire: case hardening (steel)
__ **de superficie**: case hardening (steel)
temporada baja: off-season
__ **de cultivo**: growing season
__ **de mayor producción láctea**: flush season (cows in milk)
__ **de monta**: breeding season
__ **de pesca y caza**: open season
__ **de veda**: closed (fishing, hunting) season
__ **muerta**: off-season (industry)
temporal: *a* secular, profane; civil (as opposed to religious); time (preference, series), temporary, provisional (job), dry-land (farming, acreage); *n* storm, stormy weather
temporalidad: duration, period of time, term
tenada: cattle fold or shed
tendal: (Ec) drying floor (coffee, rice, etc); (Arg) shearing shed; (Ec) tobacco-drying shed; hay barn
tendencia: trend, inclination, propensity, pattern; line of thought; development (in literature, the arts, etc)
__ **a la baja (bajista)**: downward trend
__ **al alza (alcista)**: upward trend
__ **automática**: built-in tendency

__ **de las operaciones de crédito**: pattern of lending
__ **de retroceso**: downward movement (prices)
__ **dominante**: (st) central tendency
__ **intrínseca**: built-in tendency
__ **salarial**: wage rate trend
__ **secular**: long-term trend
tendencias históricas: secular trends
__ **predominantes**: current trends
tendencioso: partial, biased, slanted, tendentious
tender a: to tend to, be likely to; conduce, be conducive to; aim, be aimed at
__ **un cable**: to run a cable
tendido: laying (railway ties, cables), stringing (transmission line); (irr) flooding
__ **permanente**: permanent way
tendiente a: tending to; (sometimes) intended to, designed to
tenedor: holder
__ **de buena fe**: bona fide holder for value
__ **de un bono**: bearer, bondholder
__ **de un documento**: payee
__ **inscrito**: holder of record
__ **legal**: holder in due course
__ **legítimo**: holder for value
__ **privilegiado**: holder in due course
tenedores casados por sociedad conyugal: (leg) tenants in the entireties
__ **en copropiedad**: (fin) tenants in common
tenencia: possession of a thing; holding, tenure, tenancy
__ **censual**: (leg) copyhold tenure
__ **de cargo, certificado de**: incumbency certificate
__ **de vivienda**: housing tenure (census item)
__ **provisional de valores**: (fin) securities warehousing
tenencias: holdings, stock (of foreign assets, of financial items)
tener a bien: to see fit to, be kind enough to, care to, find it convenient
__ **el carácter de especial**: to be considered special
__ **el convencimiento de que**: to be satisfied that
__ **en cuenta**: to allow for, make allowance for, not to forget, bear in mind, take into account
__ **en cuenta, no**: to disregard
__ **igual prelación**: to rank *pari passu* with
__ **la palabra**: to have the floor, be recognized (of a speaker) by the Chair
__ **lo que hay que tener**: to have what it takes
__ **participación en**: to have (own, hold) shares or equity in, a stake or interest in (a company); have a say or voice in (a proposed project); (fig) "buy into", feel a sense of ownership of
__ **plenos efectos para**: to be binding on
__ **por objeto**: to be designed to
__ **por principio**: to make a point of
__ **presente**: to keep, bear in mind
__ **que ver con**: to relate to, have a bearing on, concern

__ relación con: to have a bearing on
tenerse (se tiene por parte a ...): before the court appears Mr ...
__ por: to be considered to be; to consider oneself to be
téngase presente: (Chi) (leg) for cognizance
teniendo en cuenta: in line with, in accordance with, in keeping with, on the basis of, in the light of; having regard to, taking into account, bearing in mind, being aware that, with ... in mind
__ en cuenta estos antecedentes: against this background
__ presente: in the light of
teniente político: (Ec) political deputy (head of a rural *parroquia*, the smallest territorial subdivision)
tenor: contents, terms, wording, purport, meaning of a document; (tech) percentage, content, degree, grade
__ de, a: pursuant to, under, within the purview of
__ de humedad: percentage of moisture, moisture content
__ , de igual: identical (article, words)
__ del artículo 6, a: under Article 6
__ en aceite: oil content (rock)
__ límite: (min) cutoff grade
tensión continua: (elec) D.C. current
__ de alimentación: supply voltage
__ de señal: (TC) full signal voltage
__ debida a la sequía: (agr) drought stress (plant)
__ en vacío: no-load voltage
tensiones inflacionarias: inflationary pressure
tentativa de agresión: (leg) assault
teoría de la combinación de factores de producción: factor endowment theory
__ de las colas: queuing theory
__ de los juegos: games theory
__ y práctica de la educación: education and pedagogy
teórico: notional (guideline)
tepatate: (Mex) hardpan, conglomerate, tufa
tepe: turf, sod
tequis: (Mex, CA) forced labor
tercena: (Ec) butcher's shop
tercer ciclo: (Sp) (ed) doctorate course
__ mes de aguinaldo: fifteenth month (salary supplement)
__ mundo: non-committed countries, non-aligned countries; (sometimes) Third World
tercería: (leg) mediation, arbitration; (leg) right to intervene in an action, third party claim, third party intervention
__ de dominio (o posesión): (leg) third party claim to ownership
__ de prelación: (leg) third party intervention with paramount right
tercerista: (leg) intervenor
tercerización: (sometimes) outsourcing

__ de la economía: shift to a service economy
tercero: (leg) mediator, arbitrator, referee, umpire
__ en discordia: (leg) umpire in (of) the dispute
terceros: bystanders (pesticide spraying); outsiders (sale of investment, company)
terciar: to take part in; go between, mediate
tercio: (Mex) bale
terciopelo de algodón: velveteen
tergiversar: to twist (someone's words), distort, misrepresent
termas: spa, health resort
terminación de contrato: expiration of contract
__ de invernada: (Arg) finishing (cattle)
terminal: end-of-carrier line (port administration)
__ de ferrocarril: railhead
__ de pantalla: (comp) display device
__ oceánico: deep-sea terminal
__ programable: (comp) intelligent terminal
terminales: warehouses (ports)
__ marítimos: seaboard terminals
terminante: clear-cut, conclusive, definitive; flat (refusal); strict (prohibition); absolute (obligation); point-blank, categorical (denial); (sometimes) express
terminantemente: strictly (forbidden), definitively, conclusively, expressly (deny)
término aleatorio (o de error): (st) error term
__ de la distancia: (leg) time allowed for appearance (of a party, a witness)
__ de liquidación: settlement period; (UK) (st ex) Account
__ medio: compromise
__ medio, por: on average
__ probatorio: (leg) period allowed parties for submission of evidence
términos de intercambio: terms of trade
__ de la determinación de la base de interés: (fin) pricing terms
__ genéricos: general terms or expressions
terminólogo: terminologist, documentalist
terna: panel, slate, list (of 3 persons); (sometimes) short-list
ternera: heifer calf
terneraje: calves
ternerito: spring calf
ternero de levante: (Col) new-born calf
__ lechal (mamón): unweaned calf
__ para engordar: feeder calf
ternuela: suckling calf
terracería: earthfill
terraplén: fill, earthfill, embankment; filling (road); terrace; bund
__ de lanzamiento: launching pad
__ en curva de nivel: contour bund
__ higiénico: sanitary landfill
terraplenes: earth works
terraplenar: to fill with earth, embank, terrace
terrazas de aluvión: river terrace land
__ de banco (de escalones): bench terraces

__ **de borde**: dike terraces
terremoto de ideas: brainstorming
terrenal: *a* worldly; (TC) terrestrial
terreno: soil, earth, ground, land; building site; *a* earthly; (TC) earth
__ **aluvial**: flood-plain
__ **arijo**: light soil
__ **bajo riego**: irrigated land
__ **baldío**: (in country) wasteland; (in city) vacant lot
__ **compacto**: heavy soil
__ **cultivable**: cropland
__ **de aluvión**: bottom land
__ **de aptitud agrícola**: potential farmland
__ **de cultivo (labrantía)**: arable land
__ **de pastos**: range, range land, grazing land
__ **deleznable**: brittle soil (road)
__ **fértil**: heavy soil
__ **no acondicionado**: raw land
__ **quebrado**: uneven ground
terrenos de desparramiento: spreading grounds
__ **de producción agropecuaria**: crop and pasture land
__ **edificados**: land built over, developed land
__ **fiscales**: publicly owned land, public land
__ **incultos**: untilled land
terrentera: (Ven) gully
terrestre: *a* onshore (drilling); (TC) land, overland
territorial: internal or domestic (savings, production, etc); territorial; area (code number), land (tax); mortgage (bank); subnational (government, legislation); local, municipal, departmental (government)
territorio principal: territorial landmass, continental landmass (of country)
__ **sumergido**: undersea territory
terrones, rancho de: (Ur) sodhouse
tesis: contention; opinion, proposition, view; argument; thesis, theory; proposal, policy, principle, idea, what one is trying to prove; (ed) dissertation
tesobonos: dollar-denominated bonds
tesón: tenacity of purpose, doggedness, perseverance
tesonero: persevering, assiduous, tenacious, dogged
tesorería: funds available for payment, cash, liquid assets; treasurer's office; (Sp) cash and bank balances
__ **de la Federación**: (Mex) internal revenue service
__ **, (situación de)**: liquidity position; (USA) cash position
__ **y mercados monetarios**: (Sp) liquidity and money markets
tesoro de seguridad: safe, vault
__ **del banco**: bank vault
__ **escondido (oculto)**: treasure trove
test de adquisiciones: (ed) attainment test
__ **de conocimientos**: objective test

__ **de ensamble (de cubos)**: assembly test
__ **de progreso escolar**: (ed) achievement test
__ **pedagógico**: attainment test, educational test
tests no anidados: (st) non-nested tests
testado: erased, crossed out, deleted, struck out
testaferro: dummy, man of straw, "front"; straw man
testamentaria: (leg) testamentary execution
testamento abierto (oral): nuncupative will
__ **cerrado**: sealed will
__ **ológrafo**: holographic will
testar: to make a will; erase, cross out, delete
testeros con tolva: (min) shrinkage stoping
testificaciones eléctricas: electrical logging
testigo: (leg) witness; (constr) core sample; (med) control (experiment)
__ **abonado**: (Arg) competent witness
__ **afirmativo**: subscribing witness
__ **certificador**: attesting witness
__ **de actuación**: subscribing witness
__ **de cargo**: witness for the prosecution
__ **de conocimiento**: identifying witness
__ **de descargo**: witness for the defense
__ **esencial (importante)**: material witness
__ **hábil (idóneo)**: competent witness
__ **instrumental**: witness to a notarial deed, subscribing witness; attesting witness
__ **juramentado**: witness on oath
__ **lateral**: wall core
__ **ocular**: eye witness
__ **presencial**: attesting witness
__ **testimonial**: witness to a will
testimonio: (leg) evidence; copy of an *escritura pública* authenticated by the notary who drew up the original; certified true copy; affidavit, attestation
__ **contradictorio**: conflicting evidence
__ **de, ser**: to attest to
__ **del auto**: (leg) authenticated copy of the order
tetunte: clod (earth)
TEU: (ot) TEU (Technical Equivalent Unit = 20 foot container)
textiles: dry goods
__ **y sus derivados**: textiles and textile goods
texto: body (of a document, letter); text (as opposed to drawings, etc); contents (of a document); purview (of a law)
__ **de fuerza legal**: authoritative text
__ **de la letra**: (com) tenor of the bill
__ **integrado**: integrated text; composite text (document)
__ **oficioso**: non-paper
__ **ordenado (TO)**: amended text of a law
__ **refundido**: integrated text; composite text (document)
__ **único**: consolidated text (of a law)
textualmente: word for word
__ **, decir**: to say and I quote
textura inversa: false twist texturing (textiles)
tianguis: (Mex) market

tiburón (OPAS): corporate raider
tiburoneo (OPAS): raid
___ **con oferta de prima (OPAS)**: premium raid
tiempo de carencia: safety period (insecticide)
___ **de conservación**: (med) shelf life (drug)
___ **de desmontaje**: tear-down time
___ **de despacho**: (ot) turn-around time
___ **de desplazamiento**: travel time
___ **de ejecución**: performance time; lead time (project)
___ **de espera**: (ot) queuing time (port); (comp) latency time
___ **de espera en rada**: (ot) queuing time (port)
___ **de inactividad**: (ot) down time
___ **de movimiento de materiales**: handling time
___ **de parada (paro)**: down time
___ **de permanencia en el puerto**: (ot) port time, laying time, lay days, lay time
___ **de presencia**: all-in time, attendance time
___ **de puesta en marcha**: start-up time; lead time (project)
___ **de recorrido**: travel time
___ **de tramitación**: lead time (project)
___ **de vigilancia**: attention time
___ **desfavorable**: adverse weather
___ **físico**: clock time
___ **improductivo (inactivo, muerto)**: dead time, down time (machine; power system; of a worker idle for reasons beyond his control)
___ **muerto agrícola**: seasonal shutdown of farm operations
___ **perdido**: (comp) down time
___ **real**: actual time, real time, clock time
___ **real, en**: (comp) in real time; real-time (processing)
___ **sin operar**: (comp) down time
___ **útil**: (comp) up time
tienda de artículos usados: (USA) thrift shop
___ **de conveniencia**: convenience store
___ **franca**: duty-free shop
tierra arcillosa: loam
___ **arenisca**: sandstone
___ **arrasada, política de**: scorched-earth policy
___ **bonificada**: reclaimed land
___ **cultivable**: arable land
___ **cultivada**: cropland
___ **, de**: (TC) ground
___ **de cobertura**: (Sp) top soil
___ **de labrantía**: arable land
___ **de muy bajo rendimiento**: marginal land
___ **de panllevar**: wheat land
___ **forestal**: land suitable for forests
___ **franca**: loam
___ **franco-limosa**: silt loam
___ **improductiva**: idle land
___ **inaprovechable**: uncultivable land
___ **negra**: humus
___ **sembrada**: cropland
___ **subarrendada por la temporada**: land let in conacre
___ **vegetal**: top soil

tierras accidentadas de pastoreo silvestre: rough pasture land
___ **de aptitud agrícola**: farmland
___ **de labranza**: farmland
___ **de producción agrícola**: crop and pasture land
___ **destinadas al cultivo**: cropland
___ **edificadas**: land built over, developed land
___ **empobrecidas**: degraded land
___ **en barbecho**: fallow, idle land
___ **estériles**: unproductive and barren farmland
___ **fiscales**: public land
___ **incultas**: balks (ridges of unplowed land)
___ **laborables**: agricultural land
___ **libres**: unocupied land
___ **muertas**: unoccupied land
tifus: typhus; often misused for typhoid fever
tijerales: roof trusses
tildar de: to accuse (someone of a shortcoming); call, brand, label
tilo americano: basswood
tímalo: grayling
timbre a la letra: (Sp) revenue stamp
___ **de dimensión**: revenue stamp
___ **de gloria**: something to one's credit; mark of honor; title or claim to fame, meritorious act or deed
___ **fiscal**: revenue stamp
___ **móvil**: (Sp) revenue stamp
timbres: (Sp) stamp duties
tinada: cattle shed; feedlot
tinglado: (open) shed; shanty, lean-to; clap-boarding
___ **aduanero**: customs shed
tipicidad: (leg) legal definition of an offense
típico: distinctive (features), picturesque (place)
tipificación: (tech) standardization; grading (meat); (leg) characterization (offense)
___ **de grupos sanguíneos**: (med) blood grouping
___ **de la demanda**: review of a suit by a court to determine whether or not it has jurisdiction
___ **de una variable**: (st) standardization
tipificar: to type (microorganisms); standardize; (leg) characterize, define, or classify (an offense)
típico: characteristic, traditional; standing (clause); standard (deviation)
tipo: *a* standard (design, contract, rates), standing (clause), model (agreement); *n* rate
___ **básico de derecho**: basic rate of duty (customs)
___ **consolidado de derecho**: bound rate of duty (customs)
___ **de alimentación**: food pattern
___ **de cambio**: exchange rate
___ **de cambio a término**: forward rate of exchange
___ **de cambio al contado (en plaza)**: spot exchange rate
___ **de cambio de cuenta**: shadow exchange rate
___ **de cambio de equilibrio**: cutoff exchange rate
___ **de cambio diferencial**: multiple exchange rate

__ **de cambio extraoficial**: (Sp) parallel rate of exchange, curb rate
__ **de cambio libre**: open-market exchange rate
__ **de cambio paralelo**: (Sp) parallel rate of exchange, curb rate
__ **de cambio recíproco irregular**: broken cross-rate
__ **de desarrollo**: growth pattern (person)
__ **de descuento**: (bnk) discount rate, price of money
__ **de fertilizante**: form of fertilizer
__ **de interés de aplazamiento**: (st ex) contango rate
__ **de interés preferencial**: prime interest rate
__ **de redescuento**: discount rate, Central Bank rate
__ **de régimen alimentario**: dietary pattern
__ **de reporte**: (st ex) contango rate
__ **delictivo**: (leg) offense
__ **interbancario de subasta de Londres**: London Interbank Bid Rate (LIBID)
__ **más favorable al cliente**: prime rate of interest
__ **móvil**: floating rate (foreign exchange)
__ **oficial de redescuento**: discount rate, Central Bank rate
__ **para subasta**: upset rate
__ **preferencial (de interés bancario)**: prime rate
tipos cruzados (discordes o dispares) de cambio: broken cross-rates of exchange
__ **de cambio múltiples**: split exchange rates
__ **de postura**: bid bases
tipografía: letter press; printing works
tiquisque: (Mex) new coco-yam, yautia
tira: strip (copper)
__ **en rollo**: strip (copper)
__ **fija**: film strip
tirabuzón: cracker (fabric defect)
tirada: edition; number of copies; roll figures (printing); circulation (newspaper), press run
__ **aparte**: off print
__ **mínima garantizada**: guaranteed minimum circulation (newspaper)
tirantez del mercado: stringency of the market
__ **internacional**: international tension
tiro de una mina: shaft
__ **inclinado**: (min) adit
tirona: seine
titulación: award of (land) titles
__ **supletoria**: (Hond, Guat) establishment (acquisition) of title by adverse possession
titular: *a* regular (member of a committee as opposed to alternate or deputy member); full (professor); principal (governor); established (official); of record (holder, etc); regular, accredited (judge); *n* proprietor (patent); headline; holder (right, certificate, license); bearer (passport); incumbent (post)
__ **de cuentas, ser**: to operate accounts
__ **de las mercancías**: claimant of the goods

__ **de un negocio**: proprietor, owner of a business
__ **de una acción**: (leg) party to a lawsuit
titularidad: entitlement; (fin) (corporate) holding, (leg) ownership, title
__ **en el empleo**: job tenure
titularización: (admin) confirmation or establishment of staff; (fin) securitization
título: title (of a book); section (title) of a law; diploma; degree, qualification; document evidencing a right; title deed; bond; stock certificate
__ **a la orden**: negotiable instrument, bearer security
__ **accionario**: (fin) share certificate, stock certificate
__ **al portador**: bearer bond
__ **anotado en cuenta**: book entry security
__ **aparente**: colorable title
__ **bastante**: good title
__ **consistente en un asiento bancario**: book-entry security
__ **de, a**: as, by way of, in (one's) capacity as
__ **de acción**: share certificate
__ **de acción fraccionada**: scrip
__ **de aptitud**: (aero) certificate of competency
__ **de bolsa**: listed security
__ **de capital**: mutual fund share
__ **de (contra) crédito**: credit instrument; negotiable instrument; debt security (for lender); (fin) outstanding claim, financial claim
__ **de crédito eventual**: contingent claim
__ **de cuenta**: name of account, account title, account heading
__ **de deuda**: debt security (for borrower)
__ **de dominio**: title deed
__ **de interés**: coupon (bond)
__ **de interés fijo**: (UK) active bond
__ **de propiedad**: title deed
__ **de propiedad de uso público**: open to general use (seed variety)
__ **de renta**: annuity; interest coupon
__ **de renta fija**: fixed-return security; fixed-income security
__ **de tradición**: document of title (sale); warehouse receipt
__ **de transferencia de ingresos**: pass-through certificate
__ **de una acción**: scrip
__ **desmantelado**: stripped security
__ **ejecutivo**: document on which (direct) enforcement can be obtained; executory instrument; plaintiff's right of execution, writ of execution
__ **escritural**: (fin) book entry security
__ **excepcional, a**: on a one-time basis
__ **híbrido**: structured security
__ **imperfecto**: clouded title
__ **incierto**: (leg) clouded title
__ **insuficiente**: clouded title
__ **libre de acciones y excepciones de terceros**: instrument free from claims and defenses of other parties

__ **mobiliario**: unregistered security
__ **nacional**: government security
__ **negociable**: marketable security
__ **nominal (nominativo)**: registered security
__ **oneroso, a**: for value, for valuable consideration; on a payment basis, subject to payment
__ **pedagógico**: teaching credentials, teaching certificate or diploma
__ **perfecto**: legal title
__ **por valor inferior a 1.000 dólares**: baby bond
__ **precario**: precarious right
__ **prendario agrícola**: farm warrant
__ **preventivo, a**: provisionally, as a precaution
__ **provisional**: scrip certificate (bond)
__ **representativo (de las mercancías)**: document of title (to the goods)
__ **seguro**: clear title
__ **superior**: paramount title; (ed) advanced degree
__ **supletorio**: (Hond, Guat) title established (acquired) by adverse possession
__ **traslativo (traslaticio)**: (leg) transfer, conveyance (real estate); title deed
__ **traslativo de dominio**: (leg) assignment instrument, transfer, conveyance (real estate), title deed
__ **universitario**: (ed) academic qualification; university degree or diploma
__ **válido**: clear title
__ **valor**: security, bond; (Sp) registered security
__ **títulos bajo reporto garantizados**: (fin) security repurchase units
__ **de divisas**: (Col) foreign exchange warrants
__ **de la deuda del Estado**: Government bonds
__ **de organismos federales**: (USA) agency securities
__ **de participación**: (Mex) stock certificates; (Col) Central Bank bonds
__ **de renta variable**: equities, equity shares
__ **derivados**: derivatives
__ **frente al gobierno general**: claims on general government
__ **representativos de acciones**: equity shares
tizón: smut (plant); header (masonry)
toba: tuff
tobera: (tech) vent; nozzle
tobogán: hopper chute, loading chute
__ **helicoidal**: spiral chute
toca: (Mex) case file
tocamientos impúdicos (deshonestos): (leg) fondling
tocayo: (Arg, Chi) namesake
tochano: (Sp) hollow clay brick
tochimbo: blast furnace
tocho: (iron) billet
__ **prelaminado**: bloom
tocino entreverado: streaky bacon
tocólogo: (med) obstetrician
tocón: tree stump
toda vez que: insofar as, to the extent that,

whenever
todavía en 1930: as late as 1930, as recently as 1930
todo lo contrario: quite the opposite
__ **parece indicar**: by all indications
__ **uno**: run-of-mine, mine-run; ungraded (material, sand, etc)
__ **uno de la cantera**: quarry-run
toldo: awning, canopy, tarpaulin
tolerancia: allowance (goods, weight), permissible variation from standard size or weight; (tech) tolerance, margin, limit
__ **de calibre**: size tolerance
__ **de fabricación**: factory limits
tolete: billet, bolt (wood)
tolla: bog, swamp
tollo: smoothhound
tolva: hopper, chute, (grain) bin; (Mex) concrete bucket
__**de grueso**: (min) glory hole, bunker
tolvanera: sand storm
toma: capture, seizure; intake; tap, outlet; (elec) plug, socket; intake works (dam); irrigation ditch
__ **de agua**: standpipe, hydrant
__ **de agua de distribución**: (irr) farm turnout
__ **de canal**: canal outlet
__ **de combustible líquido**: (ot) fuel hydrant
__ **de conciencia**: awareness; reappraisal, new approach; awareness building
__ **de corriente**: plug, power outlet
__ **de declaraciones**: (leg) hearing of witnesses
__ **de fuerza**: power take-off
__ **de la parcela**: farm outlet, farm turnout
__ **de mano**: handbill
__ **de posesión**: (Sp) take-over (firm)
__ **de razón**: recording in a register, entering an amount in an account book; (Chi) constitutional and legislative review of a law, decree
__ **de tierra**: (elec) ground conexion
__ **financiada del control corporativo**: leveraged buyout
tomador: payee (draft)
tomar bajo su responsabilidad: to take custody of
__ **forma**: to gel
__ **juramento a**: to administer an oath to, swear in
__ **nota**: to note (that)
__ **nota con satisfacción**: to commend (a proposal)
__ **razón**: to record, register, make an entry
tomavistas: motion picture camera, movie camera
tomo: survey (land)
tomografía axial computarizada: (med) CAT scan
tonel: barrel, cask, hogshead
tonelada de arqueo (de capacidad o de volumen): register ton, measurement ton (1.13 cu.m)
__ **de arqueo bruto**: gross register ton

__ **larga**: gross ton
__ **métrica fina (t.m.f)**: (min) tonne of contained metal
__ **rentable**: (ot) revenue ton
tonelaje: burden (of a ship)
__ **añadido**: (ot) additions to fleet
__ **de cubaje**: (ot) measurement ton
__ **de peso (porte) bruto (TPB)**: deadweight tons (DWT)
__ **disponible**: (ot) available bottoms
__ **útil**: payable tons
tónica: keynote; (main) characteristic
__ **, cambio de**: change in mood, attitude
__ **, dar la**: to set the tone
tonina: albacore (white tunny)
tope: (fin) ceiling, cap (interest rate); (Mex) speed bump; (tech) pipe-jack
__ **, sistema de**: pipe-jacking
tópico: hackneyed phrase or idea; platitude, cliché, commonplace
topografía: surveying, contouring
__ **de circuitos integrados**: layout of integrated circuits
topógrafo: surveyor
toque de queda: curfew
torcedura: warping (wood)
torete: bull calf
toril: (CA) milking shed; (Guat) cattle pen; drying ground (tobacco)
toriles planteadores: (Chi) open-air racks for drying tobacco
torneado: machining
tornillo oriental: Eastern (Pacific) spinner dolphin
__ **sin fin**: worm screw feeder or conveyor
torno: lathe; winch, windlass
__ **de banco**: vise, clamp
__ **revólver**: turret lathe; capstan lathe
toro castrado: steer, bullock
__ **magnético**: core (storage medium)
__ **semental**: sire bull
toros reproductores: bulls for service
toronja: grapefruit
torre biológica: aeration tank
__ **de equilibrio**: balancing tank (sewer)
__ **de perforación flotante**: floating rig
__ **de perforación mar adentro**: offshore drilling rig
__ **de sondeo**: derrick
torres conductoras: transmission towers
torrefacción de café: coffee roasting
torrente sanguíneo: blood stream
torta: oilcake; (Chi) (min) tailings, spoil of nitrate mining
__ **de borujo**: oilcake
__ **de fécula**: starch cake
__ **de orujo**: oilcake
__ **de prensado**: oilcake
__ **de (semillas) oleaginosas**: presscake
__ **prensada**: presscake
tortilla comprimida: presscake, expeller cake

tortuga: (land) tortoise; (sea) turtle
__ **carey (de concha)**: hawkhead turtle
__ **de cuero**: leatherback turtle
__ **golfina**: Pacific Ridley turtle
__ **grefim**: Olive Ridley turtle
__ **laúd**: leatherback turtle
__ **marina (Caguana)**: loggerhead turtle
__ **verde**: green turtle
tortuguero: turtle camp
tortuguismo: stay-in strike; slowdown
toruno: steer; ox castrated after three years
tosca: tufa, tuff; hardpan, conglomerate; (Ur) road ballast
tostación: roasting
total: *a* across-the-board (increase), complete, entire, whole; aggregate (amount, output)
__ **general**: grand total
__ **parcial**: subtotal
totalidad: aggregate, whole; full amount; (in its) entirety
totalización: aggregation
totalizador: *a* all-inclusive, comprehensive, unifying, whole, holistic; *n* totalizer (meter, ga(u)ge)
totora: bullrush reed
traba: impediment, obstacle, hindrance, fetter (on world trade); (leg) attachment of wages, distraint
__ **administrativa**: red tape
__ **de ejecución**: attachment, distraint; seizure
__ **de embargo**: (leg) attachment
__ **fiscal**: fiscal drag
trabas a la exportación: trade barriers; (sometimes) harassment of exports (e.g. uncertain application of regulations at border-crossing points or plethora of regulations and inspections for import of automobiles)
trabajador a cielo abierto: pithead worker
__ **aforado**: worker with trade union rights and privileges (e.g. official)
__ **ambulante**: migrant or unlocated worker
__ **autónomo**: self-employed worker
__ **calificado**: skilled worker
__ **de corbata**: white-collar worker
__ **de divulgación**: outreach worker
__ **de fondo**: coal-face worker
__ **de planta**: regular employee
__ **de reparaciones y conservación (o mantenimiento)**: grey collar worker
__ **especializado**: semi-skilled worker
__ **eventual**: casual worker
__ **independiente**: self-employed worker
__ **intelectual**: knowledge worker
__ **interino**: (Sp) casual worker
__ **ocasional**: casual worker
__ **semicalificado**: semi-skilled worker
__ **social**: case worker (welfare); social worker
__ **superfluo**: redundant worker
trabajadores asalariados: dependent labor force

TRABAJADORES — TRAMITACION

__ **eventuales**: temporary help
__ **formales**: salaried workers
trabajo a desgano: slowdown
__ **a destajo**: piecework
__ **a domicilio**: outwork
__ **accidental**: casual work, odd jobs
__ **administrativo**: clerical work, office work
__ **de gabinete**: research or investigative work; desk work (auditor, interviewer; as opposed to field work)
__ **de laboratorio (de taller)**: (med) bench work
__ **de línea de mando y de estado mayor**: line and staff functions
__ **de punto rectilíneo**: flat knitting (textiles)
__ **de tristeza**: (Arg) go-slow strike
__ **en cadena**: conveyor belt production, flow production
__ **en equipo**: team work; (ed) syndicate method
__ **intensivo**: work under pressure
__ **intermitente**: casual work
__ **material**: (Bol) manual labor
__ **negro**: moonlighting
__ **ocasional**: casual labor
__ **pendiente**: backlog
__ **por encargo**: outside processing, custom processing
__ **precario**: (agr) seasonal work
__ **precoz**: child labor
__ **preliminar**: spade work, ground work
__ **preparatorio**: spade work; ground work
__ **remunerado**: gainful employment, gainful activity; income-earning opportunity
__ **remunerado de estudiantes**: work/study program
trabajos de encargo: custom jobbing; outside processing, custom processing
__ **de levante**: (min) hauling
__ **en marcha**: work in progress
__ **manuales**: handwork, handcraft, handicraft
__ **preparatorios**: legislative history (of legal instrument)
trabar embargo: (leg) to attach
__ **un proyecto**: to stall a project
tracción: traction; propulsion
__ **animal**: animal traction, draft power
__ **de sangre**: animal traction, draft power
__ **de vapor**: steam propulsion
tracto: interval, space of time, lapse
__ **sucesivo**: (CA) (leg) chain of title
tractor con cuchillo frontal regulable: angledozer
__ **de alto despeje**: high clearance tractor
__ **de arco alto**: high clearance tractor
__ **de arrastre**: skidder tractor
__ **de oruga**: caterpillar tractor
__ **de zancas (zancador)**: high clearance tractor
__ **elevador**: (Chi) fork-lift truck
__ **universal**: all-purpose tractor
tradición: transfer of title to goods (= delivery); handing over (of property)

__ **, de larga**: long-standing (custom, etc); time-honored (tradition)
traducción de monedas: currency translation
__ **figurada**: free translation
traducir: to translate; express (idea, feeling); interpret (text, thought)
__ **en**: to lead to, result in, entail, mean in practice
traer a colación: to bring up, mention
__ **consigo**: to entail, lead to, result in; mean (in practice)
tráfico: trade, commerce; (vehicular) traffic; (ot) route (in shipping)
__ **afluente**: merging traffic
__ **convergente**: merging traffic
__ **de detalle**: less than carload traffic
__ **de importación**: (ot) in-bound traffic
__ **de influencias**: influence peddling; (fin) insider trading
__ **de información privilegiada**: (fin) insider trading
__ **de pasajeros**: (aero) carriage of passengers
__ **de perfeccionamiento**: inward/outward processing trade; processing for re-export; free import and export of goods to be processed, duty deferral (programs)
__ **de perfeccionamiento activo**: inward processing trade
__ **de perfeccionamiento pasivo**: outward processing trade
__ **de regreso**: backhaul traffic
__ **de retorno**: (ot) in-bound traffic
__ **de rodados**: vehicular or road traffic
__ **directo**: through traffic
__ **en tránsito**: through traffic
__ **entre terceros países**: cross-trade
__ **marítimo**: sea-borne trade; shipping
__ **seguro**: safe passage (ships)
tragante: outlet (sewer)
tralla: (agr) leveling harrow; road scraper
traína: trawl, deep-sea fishing net, drift net
trainera: trawler
traje de calle: informal dress
trama: weft, woof
__ **alimentaria**: food web
tramitación: (legal or administrative) proceeding; processing (applications, claims, loan, file); handling of a matter
__ **de pedidos**: order handling
__ **de sumario, en**: (leg) under examination (at the stage of preliminary proceedings in a criminal case)
__ **del incidente**: (leg) interlocutory pleading
__ **, en**: still pending; in the pipeline (projects); being processed, handled, arranged
tramitar: to process or handle (a matter); transact (business)
trámite: official or judicial proceeding; step to expedite a matter; arrangement(s) (for a trip, to obtain a passport); (business) transactions; formalities

TRAMITAR

__ , **asuntos de**: routine matters, procedural matters
__ **de personal**: (admin) personnel action
__ , **en**: being processed, in the pipeline, pending, being handled
trámites: paperwork; (leg) juidicial formalities; routine juidicial procedures
__ **aduaneros**: customs formalities
__ **de estilo**: (leg) routine
tramo: reach (channel); segment, portion; span (bridge); stretch, section (transmission line, road); tranche (credit); bracket, step (tax); leg (voyage)
__ **de la escala de sueldos**: salary range (spread)
__ **de escalera**: flight of stairs
__ **impositivo**: tax bracket
__ **libre**: clear span (bridge)
__ **simple, lona de**: single-ply canvas
__ **truchero**: trout reach (river)
tramoyista: (cine) grip; stage hand; scene shifter
trampa: trap, pitfall; trick; (Sp) bad debt
__ **anticlinal**: anticlinal trap (oil)
__ **lanzadora de rascatubos**: pig trap (pipeline)
trampolín: (fig) springboard, stepping stone
tranca: crossbar for securing door from inside; gate in a fence; bar for keeping cattle in
trance: crisis, critical moment or juncture; (Arg) (leg) judicial attachment, seizure, levy of property
tranque: (Chi) reservoir, dam
tranquera: gate; paling fence
tranquilidad cívica (pública): public peace
tranquillán: a mixture of wheat and rye
transable: (Chi) tradable
transacción: (com) transaction; (leg) compromise, settlement; accord and satisfaction; (civil cases) out-of-court settlement; (criminal cases) plea-bargaining
__ **amistosa (amigable)**: amicable settlement
__ **de pagos recuperables**: repayable transactions
__ **en la cual las comisiones eliminan toda posibilidad de utilidades**: (st ex) alligator spread
__ **judicial**: (leg) court settlement
__ **por cuenta de terceros**: (fin) agency transaction
transacciones comerciales por compensación: countertrade
__ **a plazo**: (st ex) dealings for forward delivery, dealings "for the Account"
__ **basadas en información privilegiada**: insider trading
__ **bursátiles basadas en información confidencial**: insider trading
__ **de capital**: equity transactions; proprietary trading
__ **ilícitas de personas iniciadas**: insider trading
__ **interbancarias**: wholesale banking
transar: (Arg) to compromise a law suit; (Chi) trade, transact

TRANSFORMADO

transbordador: ferry
__ **espacial**: space shuttle
transbordadores con cubiertas para autotransporte de vehículos, remolques y contenedores: ferries with roll-on/roll-off decks
transbordar: to transship (goods); transfer (passengers); break bulk
transbordo: reloading; transshipment
__ **por elevación**: lift on/lift off
__ **rodado**: roll-on/roll-off
transcripción: (leg) transcript, certified copy (of a decision, etc)
transcrito: (Arg) (leg) deed that has been filed verbatim in a real estate registry
transferencia: transfer, conveying, assignment (debt), handing over; transfer payment
__ **de activos de una sociedad a cambio de las acciones de una nueva sociedad**: spin-off (a form of corporate divestiture)
__ **de precios y ganancias**: transfer pricing (between affiliates)
__ **de remitentes, nivel de**: carry-over level (trade)
__ **desde/hacia el sistema principal**: (comp) down/up loading
__ **disociada**: unpackaged transfer (of technology)
__ **en bloque**: packaged transfer (of technology)
__ **"en bloque" de tecnología**: packaged transfer of technology
__ **libre de impuestos**: (fin) rollover
__ **sin contrapartida**: unrequited transfer (national accounts)
__ **social**: social spending; social transfer(s); transfer spending
__ **unilateral**: unrequited transfer (balance of payments)
transferencista: (agr) extension agent (e.g. of technology)
transferibilidad: assignability
transferido en propiedad: transferred in fee simple
transferir: to convey (property); assign (interest, right); remit (money); pass on (what one has learned)
__ **datos de una computadora a otra**: (comp) to download
transformación: transformation, change, alteration; refashioning, conversion; reform (education, sector); processing (food); fabrication (copper)
transformado: man-made (environment)
transformador eléctrico de aceite: (elec) oil-filled power transformer
__ **de distribución**: line transformer
transformar: to process, turn into, remodel, convert
transición: change-over
transigir: to compromise, yield, bow to; tolerate; accommodate and settle a dispute; settle a claim; (leg) reach a compromise

751

transitable: serviceable (highway); passable, usable, practicable (road)
transitario: freight forwarder, forwarding agent
tránsito: traffic (movement of vehicles)
— **de animales**: movement of animals
— **en, de**: temporarily in
— **inducido**: induced traffic
— **libre**: (ot) (right of) innocent passage
— **medio diario (TMD)**: average daily traffic (ADT)
transitoriedad: transitory, ephemeral nature
transitorio: transitional, provisional, stop-gap (solution); deferred (assets)
translocación genética: genetic shift
transmisión (de un precio o de un impuesto): pass-through
— **de arranque**: (elec) charge-on
— **de tecnología**: transfer of technology
— **de tecnología asociada**: packaged transfer of technology
— **(de la propiedad)**: (leg) conveyance
— **del mando, actos de**: inauguration ceremony
— **gratuita de bienes**: gratuitous transfer of property
transmitir: to pass on, hand on, transmit, transfer, convey
transparencia: clarity; (ready) intelligibility (tax); publication of (reporting of) information about (market prices, wages paid); (full) disclosure (accounting, derivatives); clarity
— **de la bolsa**: ready understanding of stock exchange operations
— **fiscal**: fiscal transparency, tax transparency
transparente: clear, plain, above board (transactions), demistified
transportador: carrier; (road) transport undertaking; conveyor (machine); road haulage contractor or operator
— **de tornillo sin fin**: screw conveyor
— **de troncos**: (for) logging arch
— **público**: common carrier
transportadores automáticos aéreos: overhead conveyors
— **centrífugos**: (ot) slinger belts
transporte: mass transit
— **a granel**: (ot) bulkerization
— **a la demanda**: (ot) tramping
— **aéreo**: (elec) overhead transmission line
— **colectivo**: public transportation; mass transit; public transit
— **combinado**: intermodal transport
— **de agua**: conveyance of water
— **de carga regular**: (ot) liner carriage
— **de energía**: power transmission
— **de enlace**: feeder transport services
— **de remolque por ferrocarril**: (rr) piggyback service
— **directo**: (ot) through carriage
— **en pabellón extranjero**: shipping in foreign bottoms
— **entre terminales**: line-haul
— **fluvial**: inland navigation, river transportation

— **marítimo**: shipping
— **mixto**: (ot) intermodal transport; sea and land carriage
— **o traslación**: transport or removal
— **plurimodal**: intermodal transport
— **público**: public transportation; mass transit; public transit
— **sucesivo**: (ot) on-carriage; joint service
— **terrestre**: overland transport
transportista: carrier, forwarder, forwarding agent
transversal: cross-section (study); side (road); cross-cutting (issues, provisions)
trapezoidal: V-shaped
trapiche: mill (olive, sugarcane); (Chi) ore grinding mill, ore crusher
trascendencia: moment, importance, impact, significance, consequence; implications, consequences, effects
— **, criterios de**: materiality criteria (project)
— **legal**: legal consequence or result
trascendental: of vital importance; far-reaching (decision); all-important; extremely important; momentous; capital; key, pivotal (figure); epoch-making, vital, paramount, overriding (importance); of consequence
trascender: to pervade; leak out
— **a**: to smack of, reek of, be suggestive of; spread, reach, extend to, become known, leak out, transpire
— **de**: to go beyond the limits, the ambit of; involve more than; make itself felt or have consequences elsewhere; cut across (racial, demographic lines; sectors)
trasegar: to decant, draw off, transfer (liquid)
trasfondo: background; (fig) undertone
— **político**: jockeying behind the scenes
trashumancia: migratory herding, seasonal migration of herds, flocks
trashumante: migratory
trasiego: decanting, drawing off, racking (to eliminate sediment); diversion (trade)
traslación: shifting (tax, demand)
traslado: transfer; move, removal; (admin) re-assignment, relocation, transfer (personnel); (leg) copy of document; notification of pleading to other party
— **al ejercicio anterior**: (acct) carryback
— **, dar**: to send a copy to; notify, inform
— **de jurisdicción**: (leg) change of venue
— **de la demanda**: (leg) service of process
— **de ley**: legal notice
— **de pérdidas a ejercicios anteriores/futuros**: (acct) loss carry backs/carry forwards
— **de un documento**: copy of a document
— **de vehículos de carretera sobre vagón plataforma**: piggyback system
— **interior**: (Arg) local transportation
— **laboral diario**: (Arg) commuting
traslados: shifts or reallocations (within a budget)

traslapo: overlapping
trasmallo: trammel net
trasnochado: stale (joke), outdated (concept); hackneyed (phrase)
traspapelarse: to be mislaid among other papers
traspasabilidad presupuestaria: budget fungibility
traspasar: to convey (land); cede (rights); transfer (funds)
___ **los límites**: to cut across (several sectors); be a cross-cutting issue; (leg) exceed limits, go too far
traspaso a pérdidas y ganancias: (acct) charge-offs
___ **al ejercicio anterior**: (acct) carryback
___ **de intereses**: divestiture
___ **de propiedad**: conveyance of property; (Sp) transfer of title
traspasos superiores en la posición: (fin) roll-ups
trasquila: sheep shearing
trastienda: back office
trastorno: upheaval; inconvenience, disruption
trasunto: copy, transcript (of a document); mirror image, replica (of something)
trasvase: diversion (interbasin transfer canal); importation (water)
___ , **operaciones de**: transfer operations (oil)
tratadista: scholar
___ **de economía política**: writer on political economy
tratamiento: treatment; form of addressing a person; dipping (cattle)
___ **de datos**: (comp) data processing
___ **de las semillas**: (agr) seed dressing
___ **de minerales**: milling
___ **extrainstitucional**: outreach treatment (WHO)
___ **fiscal diferenciado**: preferential tax treatment
___ **generalizado**: blanket treatment
___ **poshospitalario**: (med) aftercare
___ **superficial**: seal coat (road)
tratar: to treat; subject to a process; (comp) process (data); deal with, handle, discuss (a matter)
___ **con**: to do business with, have dealings with, deal with
___ **el asunto con**: to discuss with
tratar de: (+ infinitive) to seek, endeavor, try to; (+ noun) speak of, discuss, deal with
tratarse de (se trata de): what is involved is; it involves; the question, purpose, problem, issue, point is; the task before us is; it is a case of
tratativas: (Arg) discussion
trato: treatment; form of address; business deal; (pl) negotiations
___ **con el público**: dealings with the public
___ **de gente**: a way with people, winning ways
___ **de nación más favorecida**: most favored nation treatment
___ **en condiciones de igualdad, principio de**: arm's length principle

___ **extrajudicial**: (leg) plea bargaining
tratos vejatorios: maltreatment
trauma: lesions (seeds)
traumatismo: (med) injury
traumatología, servicio de: (med) emergency department, casualty department
travesaño: cross-piece, header (carpentry)
travesaños del suelo: cross-members (container)
___ **y tirantes de acero**: (constr) steel trusses
travesear: to act up (of children)
travesía larga: deep-sea traffic
traviesa: (railroad) sleeper, crosstie
traviesas y travesaños: beams and joists
trayecto: journey, distance traveled, stretch (road, railroad), route
___ **aleatorio**: (st) random walk
___ **entre, hacer el**: (ot) to ply between (of a ship)
trayectoria: path, trajectory; course (of development); experience; record; employment background, personal work history or record; record of achievement, "track record"
___ **futura**: way ahead; prospects
___ **profesional**: career path
trazado: alignment (road, railroad); location, route survey line; route (transmission lines); design (buildings, bridge, project); layout (network); routing (laying out of a route); (st) plotting; performance (export, economic); (energy) pathway; (flight, career) path; (student) progress
___ , **cambios en**: changes in routing (roads)
___ **definitivo**: final location (road)
___ **sobre el terreno**: location survey
trazar: to draw (line); plot, trace (route); lay out, locate (road); plan, design; delineate, sketch, outline
___ **los fundamentos**: to lay the foundations
___ **y ejecutar la auditoría**: to plan and perform the audit
trebejos: tools, equipment
trébol de los prados: red clover
trefilería: wire drawing
tregua fiscal: tax holiday
___ **laboral**: cooling-off period
___ **tributaria**: tax holiday
tremedal: quagmire, quaking bog, peat bog
trementina: turpentine
___ **mineral**: white spirit
tren: train, (fig) pace, speed
___ **bloque**: unit train, liner train, freight liner
___ **comercial**: revenue-earning train
___ **de barcas**: tow of barges
___ **de carga**: freight train, (bridge testing) load train
___ **de cercanías**: commuter train
___ **de ensamblaje**: assembly train
___ **de laminación**: rolling mill
___ **(de medidas económicas)**: package (of economic measures)
___ **de perforación**: oil rig
___ **de producción**: production line
___ **de vida**: way of life

__ ómnibus: local train
__ ordinario: local train
trenzado: braiding
trépano: drill (oil); boring bit
tresbolillo: quincunx
tresnal: stook, shock
tría: sorting, selecting, screening
tribuna: rostrum, platform; (grand) stand
__ **electoral**: hustings
__ **radiofónica**: radio forum
tribunal *a quo*: lower court, court whose decision is appealed
__ *ad quem*: higher court, court appealed to
__ **colegiado**: court composed of three or more judges (usually appellate court)
__ **competente**: court having jurisdiction
__ **de autos**: court of record
__ **de cuentas**: official auditing office
__ **de excepción**: court of special jurisdiction
__ **de** *exequatur*: court to which an application for the enforcement of a foreign judgment is made
__ **de legalización de testamentos**: probate court
__ **de menores**: juvenile court
__ **de primer turno**: first rota court
__ **de primera instancia**: trial court, court of original jurisdiction
__ **de segunda instancia**: court of appeal, appellate court
__ **de testamentarios**: probate court
__ **de única instancia**: court of sole instance
__ **en pleno**: the full court
__ **ordinario**: general court
__ **pluripersonal**: collegiate court
tributación de la sucesión: death duties, estate taxes
__ **escalonada (graduada, progresiva)**: progresive taxation
tributario de, ser: to depend on, be dependent upon
trigo candeal: bread wheat, common wheat, white wheat
__ **de calidad inferior**: screenings
__ **duro**: hard wheat, durum wheat
__ **fanfarrón**: durum wheat, hard wheat, flint wheat, macaroni wheat
__ **machucado**: bulgur wheat
__ **moreno**: macaroni wheat
__ **negro**: buckwheat
__ **otoñal**: winter wheat
__ **sarraceno**: buckwheat
__ **semolero**: durum wheat, macaroni wheat
__ **tierno**: soft wheat, bread wheat, common wheat
__ **turco**: bulgur wheat
trilla: threshing; threshing season; red mullet
trilladora: (Col) coffee mill; threshing mill
trinca: lashing, rope, cable
trincar y destrincar de los contenedores de cubierta, el: lashing and unlashing of deck containers

trinchera: trench, ditch; (rail or road) cutting; (min) prospect pit
tripa plástica: plastic tubing
tripas para embutidos: sausage casings
trípoli: diatomaceous earth
tripulación: crew (of ship, aircraft, etc); (in navy) crew (not including officers)
__ **, lista (rol) de**: muster roll (seamen)
tristeza: (Ur) tick fever, Texas fever, piroplasmosis
triticultores: wheat growers
trituración: crushing (of minerals)
trivial: superfical (point of view); banal (conversation), unimportant, insignificant (event, act)
troce: log cutting, cutting tree into logs
troceado: (for) crosscutting
trocear: to buck
trocero: bucker, cross cutter
trocha: trail, path; ga(u)ge of railway
troje: barn; granary; (Arg) crude corncrib
trompa de elefante: elephant trunk chute (cement)
tronadura: (min) blast; blast hole
__ **de avance**: (min) stoper blast
troncales: main roads, arterials, arterial roads; trunk lines
tronco común: (Para) (ed) core curriculum
troncos: roundwood; rounds; peeler logs
__ **debastados**: rough timber
__ **en largos de árbol**: (Mex) tree-length logs
__ **pequeños**: bolts
__ **sin elaboración**: unfinished logs
tronconaje: stumpage
tropa: rank and file; (Ur) (agr) herd, drove
troquel: die
__ **de molde**: (tech) forming die
troquelado: (tech) stamped (product)
troza: sawlog, squared log
trozas: logs; (sometimes) trees of saw timber size
__ **de coníferas**: softwood logs
__ **de frondosas**: hardwood logs
__ **para aserrar**: sawlogs
__ **para chapas**: veneer logs
trozar: (for) to buck, log, cut into logs
trozos escogidos: anthology
trucha arco iris: rainbow trout
__ **asalmonada**: salmon trout
__ **de arroyo**: brook trout
__ **de fontana**: brook trout
trueque: barter trade
trumao: very fine sandy soil derived from volcanic rock
truticultura: trout culture
tuberculinización: tuberculin testing
tubérculos: root crops, tuber crops
tubería: pipe, piping, tubing; (water) line
__ **de aducción**: (raw water) supply pipe; leg pipe (iron and steel)
__ **de bajada**: down pipe
__ **de captación**: intake pipe
__ **de carga**: penstock

__ **de desagüe**: drain pipe, sewer pipe
__ **de drenaje**: drain pipe, tile drain
__ **de entrada**: penstock
__ **de impulsión**: discharge pipe; pressure pipe
__ **de presión**: penstock
__ **de relleno**: (Arg) distribution line
__ **de trifurcación**: three-pronged penstock
__ **en carga**: (Chi) penstock; legpipe (iron and steel)
__ **forzada**: penstock, pressure pipe
__ **principal de impulsión**: pumping main
tubo de ademe: oil well casing
__ **de drenaje**: (USA) covered drain, underdrain
__ **de imágenes**: (ed) picture tube
__ **de prolongación**: riser
__ **de revestimiento en sondajes**: tube casing
tuca: (Ec) log
tuesta: calcination
tufa: tuff, tufa
tufita volcánica: tuffite (oil); sandstone
tugurización: urban blight
tuición: (leg) legal protection
__ **de, bajo la**: sponsored by, protected by
tuitivo: (leg) defensive, protective
tumba y quema: (Ven) slash and burn
tumbado: *a* (for) clear-felled; *n* clear-felling; (Ec) ceiling
tumbar árboles: to fell
__ **el monte**: to clear land
tuna: prickly pear; cactus fruit
tunar: (Chi) prickly pear plantation
tunco: (Mex) pig
tundido: (Arg) sheep shearing
túnel conducto: flow tunnel
__ **de alivio**: spillway tunnel
__ **de carga**: flow tunnel
__ **de explotación**: (min) drift tunnel
__ **de fuga a flujo libre**: (hydr) free flow tailrace tunnel
__ **de limpieza**: sluicing tunnel
__ **del frío**: freezing tunnel, tunnel freezer, blast freezer tunnel, blast tunnel
__ **forzado**: pressure tunnel
__ **vertedor**: spillway tunnel
tunelera: road header (coal mine)
tunido: shark
tupido: dense (vegetation)
turbera: peat bog, peat land
turbión: cloud burst
turbopropulsor: prop jet engine
turismo: tourist trade
__ **colectivo**: group travel
__ **de convenciones**: convention tourism
__ **interno (nacional)**: domestic tourism
__ **parlamentario**: "junketing"
__ **receptivo**: incoming tourism, foreign tourism (as opposed to domestic tourism); inbound tourism
__ **social**: popular tourism, low-cost tourism
__ **universitario**: student tourism
turnar: (leg) to assign cases to a court (judge)

turno: shift; rotation (of trees)
__ **de tarde**: swing shift
__ **discontinuo**: split shift
__ **suicidio**: graveyard shift
turril: small barrel
tusa: (Chi) cornsilk; horse's mane
tutela: (leg) guardianship (of minors and other incompetents)
tutor: (leg) guardian; (for) tree prop, stake, support

U

ubérrimo: very fruitful, very fertile; exceedingly plentiful, abundant; luxuriant
ubicuidad: pervasiveness, omnipresence
ucuncho: old coco-yam, taro
ujana: (Per) Indian sickle
ujier: usher; page (US Congress); (leg) bailiff, process server; (Arg) sheriff, court clerk
ulterior: later, subsequent, at a subsequent date
ulteriormente: later on, subsequently
última cara: squeegee coat (roads)
últimamente: recently, of late
ultimar: to finish, complete (work, task); conclude (agreement); kill
último: final; most recent; latest; farthest, most remote
últimos adelantos (de la técnica): state of the art
ultraje: outrage, flagrant insult; assault (= violent criticism); offense; indignity
ultramarinos: grocery store
umbral de beneficios: breakeven point
__ **de competencia**: (admin) efficiency bar
__ **de pobreza**: poverty line
__ **de rentabilidad**: breakeven point; profit threshold
__ **de rentabilidad económica**: minimum economic capacity (plant); cut-off economic rate of return (project)
umbría: shady place
una que otra vez: once in a while, on rare occasions, from time to time, occasionally, sporadically
__ **sola vez**: once and for all, one-time (exception)
__ **y otra vez**: again and again, time and time again
único: sole; single; only; consolidated (report, text, law); unique, unparalleled, unrivaled (beauty)
__ **de cambio**: (com) sole of exchange
unidad: unit; unity; oneness; consistency (in conduct); uniformity (in plan); (sometimes) coordination
__ **bancaria extraterritorial**: offshore banking unit
__ **binaria**: (comp) bit

UNICO

__ **censal**: enumeration area
__ **de autoridad**: unbroken line of authority
__ **de carga**: (ot) unit-load cargo
__ **de ciclo combinado**: combined-cycle generator
__ **de clasificación**: (st) building block
__ **de cuenta**: accounting unit, unit of account; numeraire
__ **de cultura**: (agr) basic agricultural equipment
__ **de determinación de costos**: cost center
__ **de disco**: (comp) drive
__ **de ejecución**: servicing unit
__ **de explotación**: (farm) holding
__ **de fomento (UF)**: (Chi) Development Unit (a cost-of-living linked unit), the acronym UF is also used in English
__ **de información**: (comp) item; (Sp) (comp) bit
__ **de investigación**: (census) unit of inquiry; statistical unit
__ **de producción**: output unit
__ **de representación visual**: (comp) display unit
__ **de tratamiento**: (comp) processing unit
__ **de valor**: (ed) (academic) credit
__ **didáctica**: (ed) school period, teaching period; unit of instruction, instructional unit, teaching package
__ **docente**: (ed) (academic) credit
__ **económica**: economic agent, entity or unit
__ **familiar**: (st) household
__ **funcional**: activity unit
__ **unifamiliar**: single-family house
__ **vecinal**: (DR) housing development
unidades de esfuerzo: enforcement agencies
__ **, por**: by count
__ **puntuales**: (st) plotless units
__ **recogidas**: units traded in (e.g. on a new machine), trade-ins
__ **sin límites**: (st) plotless units
unificación: smoothness, evenness (surface); standardization (charges); amalgamation, merger (industries); pooling (efforts); consolidation (of debt)
__ **de carga**: unitization
unificar una deuda: to consolidate a debt
uniformación: standardization (methods)
uniforme: standardized (scale of financing); plain (color); even, level (surface), (fig) playing field); steady (flow); standard (classification, rate); standard-form (contract, agreement); flat (fee, rate); flat-rate (subsidy); across-the-board (cuts, increase), unvarying, aligned (commercial invoice)
uniformidad: smoothness (ratio); consistency (conduct); evenness (surface), regularity, uniformity
unilateral: (leg) one-sided, unilateral (contract); unrequited (transfer)
unimodal: (st) single peaked
unión: amalgamation (firms); (tech) joint, coupling; union; pooling
__ **de acciones**: (leg) joinder of actions
__ **de las partes**: (leg) joinder of parties

USO

__ **transitoria de compañías**: joint venture
uniones establecidas de facto: common-law unions
unir a masa: (elec) to earth, ground
universal: world; world-wide; all-embracing; all-encompassing (knowledge); all-purpose (device); (leg) general or residual (legatee)
universalidad: (leg) totality, the whole
universalización de mercados: globalization of markets
universidad a distancia (sin muros): open university
universo: universe (statistical population); (st) population covered
unívoco: unambiguous
urbanismo: city planning; land development (real estate); city management
urbanización: installation of essential public services (utilities); real-estate development; housing subdivision or estate; (sometimes) moving from countryside to the city; urbanization (of population, of countryside)
__ **de lotes**: servicing of plots (lots, sites)
__ **de solares**: site, plot development
urbanizaciones: improvements (land)
urbanizado: serviced (site), built-up (area), developed (land)
urbanizador: real estate developer
urbanizar: to develop (land), install urban services (utilities)
urdi(e)mbre: warp
__ **cultural**: cultural infrastructure, cultural industries, culture or cultural sector (of a country)
urgencia: imperative, pressing, urgent need; priority, press, pressure (of business)
__ **, de**: crash (program); first (aid); summary (procedure); emergency (treatment)
__ **de los negocios**: pressure of work
urgir: to be pressing, require immediate attention
urna (electoral): ballot-box
Usía: (USA) Your Honor; (UK) Your Lordship (form of address of judge)
uso: use; custom, practice, rite
__ **de diques**: mooring in docks
__ **de existencias**: drawdown of inventory, stocks
__ **de las facultades, en**: by virtue of the authority
__ **de razón**: discernment, ability to reason
__ **indebido de drogas**: drug abuse
__ **público, de**: affected with a public interest
__ **y desgaste**: wear and tear
usos contables: accounting conventions
__ **marítimos**: customs of the sea
usual: customary, common, standard, everyday, habitual, usual
"usuales": quick-reference books
usuario: customer, client, consumer, patron (shop,

restaurant); (bnk) borrower
__ **de métodos anticonceptivos**: acceptor
__ **final**: end-user, ultimate customer
usufructo: beneficial use, usufruct
__ **, en**: beneficially owned
usufructuar la línea: (aero) to operate the line
usurpación: (leg) unauthorized assumption of a right; encroachment; squatting; criminal detainer of real estate
__ **de patentes**: infringement of patents
utensilio: implement, tool; appliance; tackle
útil: useful, serviceable; helpful, beneficial; pay (load); carrying (capacity); working (days); operating (head)
útiles: tools, utensils, implements, equipment, materials, tackle
__ **de montaje**: jigs
utilero: (cine) property man
utilidad: usefulness, advantage, benefit; (com) profit; (econ) utility
__ **en cambios**: gain on monetary position
__ **por acción (UPA)**: earnings per share (EPS)
__ **pública, de**: for public purposes, affected with a public purpose; public (hospital)
__ **pública, por causa de**: by eminent domain
utilidades: (Ven) public utilities
__ **acumuladas**: retained earnings, accumulated profits, undistributed earnings
__ **aparentes**: paper profits; (CA) book profits
__ **imprevistas**: windfall profits
__ **incorporadas**: retained earnings, earned surplus, undistributed earnings
__ **líquidas**: net earnings
__ **no distribuidas**: retained earnings, earned surplus, undistributed earnings
__ **no realizadas**: unrealized gains (foreign exchange), unrealized ("paper") profit(s) (security holdings); unrealized income
__ **obtenidas**: accrued profits; profit performance
__ **ocasionales**: windfall profits
__ **reinvertidas**: plowed-back profits
__ **retenidas**: retained earnings, undistributed profits
utilitario: functional (design); utility or commercial (vehicle); household (objects)
utilización anticipada, nivel de: carry-forward level (trade)
__ **de datos**: (sometimes) data retrieval
__ **de recursos**: drawdown of resources
__ **escalonada de energía**: energy cascading
__ **productiva de la mano de obra (virtual o potencial)**: absorption into useful employment
utilizar warrants: to exercise warrants
utillaje: tools, equipment, gear
utrera: heifer calf (2-3 years)
utrero: bull calf (2-3 years)

V

vaca: (Sp) (com, fin) cash cow
__ **a punto de parir**: springer
__ **de desecho**: culled cow
__ **en ceba**: cow for fattening
__ **en lactación**: milking cow, milker
__ **en producción**: cow in production
__ **grávida**: bred cow, cow in calf, wet cow
__ **horra**: unbred cow
__ **no grávida**: open cow
__ **preñada**: cow in calf
__ **seca**: dry cow
vacas de vientre: breeding cows
__ **encastadas**: bred cows, upgraded cows
__ **fallidas**: cows served but not in calf
__ **mestizas**: hybrid cows
__ **para invernar**: fatstock
__ **productoras de animales de carne**: beef-type cows
vacaciones parlamentarias: recess
vacada: herd (of cows)
vacante: empty (house), vacant (post); (leg) in abeyance (estate)
vacciniáceas: blueberries
vaciado: a melt, a pour (steel); cast; casting
__ **de antemano**: precast (concrete)
__ **de contenedores**: unstuffing of containers, stripping of containers
__ **de un estanque**: drying out of a (fish) pond
__ **de zinc**: zincing
vacío: n gap; void; hole; blank space
__ **de título**: defect of title
__ **deflacionario**: deflationary gap
vacuna antipoliomielitis atenuada: attenuated poliomyelitis vaccine
__ **experimental**: candidate vaccine
__ **liofilizada**: freeze-dried vaccine
vacunas asociadas: combined vaccines
vacunación de refuerzo: booster shot
__ **en anillo**: ring vaccination
__ **generalizada**: mass vaccination
vado: ford
__ **pavimentado**: submerged bridge
vagón: (rr) freight car
__ **abierto**: gondola car
__ **batea**: gondola car
__ **cerrado**: box car
__ **completo**: car load
__ **de carga a granel**: hopper car
__ **de hacienda**: cattle car
__ **de jaula**: cattle car
__ **de plataforma**: flat car
__ **de reja**: (Chi) cattle car
__ **de volquete**: dump car
__ **móvil**: lift van
__ **tolva**: hopper-bottom car
vaho de bodega: (ot) ship's sweat
vainilla: spent cartridge

vaivén: vicissitudes; ups and downs; swing, seesaw (prices); (sometimes) commuting
vale: voucher; receipt; (CA) promissory note; scrip; due bill; stet (printing); sales slip
__ **a la orden**: negotiable instrument
__ **a la vista bancario**: bank's own promissory note payable at sight
__ **de almacén**: stores requisition
__ **de prenda**: (Chi) warehouse receipt
__ **postal**: money order
__ **vista**: sight bill or draft
valedero: valid; meaningful (comparison); reliable (indicator)
valer: to avail, help; be of use (things); hold true, be valid, be applicable; cause, gain, win, obtain; be worth (things); be worthy (person); be equivalent to, have same value as, be equal to
__ **, hacer**: to assert (rights), enforce (claim); vindicate (rights); command respect for (opinion)
valerse de: to make use of, take advantage of, avail oneself of
valga lo que valiere: for what it is worth
válidamente: duly
validez: validity, legal force; soundness; reliability
__ **de la anotación**: (ed) reliability of marking
__ **, sin**: null and void
válido: valid, binding, legally sufficient (contract, pledge, guarantee); well-grounded, cogent (argument); worthwhile, well-taken (point); sufficient (guarantee, evidence)
valija diplomática: diplomatic pouch
valimiento: aid, protection, (moral) support
valioso: valuable, precious, useful; (fig) helpful (suggestion), valuable (advice), excellent (idea)
valista: (Chi) bond or note holder
valla: palisade, fence, barrier, impediment, hindrance, obstacle
__ **publicitaria en carretera**: highway billboard
vallado: fence, barricade, barrier; obstacle, hindrance, impediment
valor: value, worth, importance, import; effectiveness, efficacy; figure, number, price, amount; score; weight, ratio; mileage; outstanding figure (in art, sciences); cost; (fin) security; level (interest rates)
__ **a precios corrientes**: value at current factor cost or current prices
__ **a tasa flotante de rendimiento mínimo garantizado**: (fin) droplock
__ **actual**: time value
__ **actual de una renta**: capitalized value
__ **actualizado**: discounted value; present value (project); present discounted value (PDV)
__ **acumulado**: aggregate value
__ **adquisitivo**: purchasing power
__ **agregado**: added value
__ **agregado en el país**: domestic value added
__ **amortizable**: depreciable balance; depreciation base
__ **apreciado**: (CR) appraised value
__ **auténtico de las mercancías importadas**: actual value of the goods imported
__ **bruto**: (ed) raw score
__ **calculado**: appraised value
__ **catastral**: assessed value (property)
__ **cereal**: (agr) grain equivalent
__ **cívico**: sense of civic duty
__ **comercial**: commercial paper or bill; market value; (acct) trade-in value
__ **contabilizado**: (acct) recorded book value
__ **contable**: book value
__ **contable de la participación**: (acct) equity value
__ **corriente**: (st) standard value
__ **crítico**: switching value (sensitivity analysis)
__ **de aceptabilidad**: switching value (security analysis)
__ **de adquisición**: cost value, value at cost, acquisition cost; cost (e.g. [valued at] the lower of cost and market)
__ **de amortización**: written-down value
__ **de cada parte integrante de una empresa**: break-up value
__ **de cambio (de un bien)**: value in exchange, exchange value
__ **de capitalización**: capitalized value
__ **de cesión**: (ins) surrender value
__ **de compra**: cost value, value at cost, acquisition cost; cost (e.g. [valued at] the lower of cost and market)
__ **de desecho**: scrap value
__ **de existencia**: existence value (plant)
__ **de heno**: (agr) hay equivalent
__ **de inventario**: inventory value (average; overall); stocktaking value
__ **de la madera en pie**: stumpage
__ **de las tasas de interés**: level of interest rates
__ **de liquidación**: salvage value
__ **de protección**: hedge (securities market)
__ **de realización**: (com) (net) realizable value (of asset, article); current exit value or price (sale of goods, assets; debt refinancing); cash value; exit value (investment)
__ **de recuperación**: salvage value
__ **de referencia**: shadow rate (exchange or interest)
__ **de rendimiento**: capitalized value
__ **de rescate**: (ins) surrender value
__ **de retorno**: drawback value; (com) trade-in value, trade-in allowance
__ **de tasación**: appraisal or appraised value (of real estate, antiques, gems, according to a trained appraiser); assessed value, assessed valuation (of property, according to a taxing authority)
__ **de transferencia de ingresos**: (fin) pass-through certificate
__ **de venta**: trade value (balance of payments)
__ **declarado**: (ins) stated value
__ **del comercio**: trade turnover

VALOR

- __ **depreciable**: depreciation base; depreciable balance
- __ **despachado**: landed cost
- __ **disminuido**: impaired value
- __ **efectivo**: real or actual value (variables, shares); cash value
- __ **en aduana**: customs (bonded) value
- __ **en balance**: (acct) balance-sheet value
- __ **en boca de mina**: minehead price
- __ **en bolsa**: market value
- __ **en cambio**: trade-in value
- __ **en libros**: (acct) carrying value
- __ **en plaza**: saleable value (property), market value
- __ **en propiedad, por**: for value received
- __ **equidistante de los límites**: mid-point of range
- __ **estándar**: (st) standard value
- __ **extrínseco**: intangible value; (acct) goodwill
- __ **facturado**: invoice value
- __ **fiscal**: assessed or assessable value (property): (UK) rat(e)able value; assessable, rat(e)able value (goods)
- __ **genético**: breeding value (fish)
- __ **global**: aggregate value
- __ **imponible**: assessed or assessable value (property): (UK) rat(e)able value; assessable, rat(e)able value (goods)
- __ **imponible en aduana**: dutiable value
- __ **in situ**: (min) in-ground value
- __ **inicial**: historical cost
- __ **intrínseco**: tangible value; real value; existence value (plant)
- __ **justo en el mercado**: fair market value
- __ **liquidable**: (ins) equity of a policy
- __ **líquido**: equity
- __ **líquido de la propiedad**: proprietary equity
- __ **líquido según libros**: net book value (asset); book value, equity value, book equity (of a business)
- __ **llave**: (com) goodwill
- __ **mínimo de variación**: (Sp) (st ex) tick (securities)
- __ **monetario**: currency denomination
- __ **neto**: (sometimes) net worth; owner's equity; proprietorship
- __ **neto de una póliza**: (ins) face value of a policy
- __ **neto de una propiedad**: equity (real estate)
- __ **neto del activo (en venta)**: net asset value (NAV)
- __ **nominal**: face value (stock or bond when issued); par value (of bond at maturity); legal value (stock), denomination (bank notes); (st) standard value
- __ **nominal de la exportación**: nominal export earnings
- __ **nominal de un préstamo**: gross amount of a loan
- __ **normal**: (comp) default
- __ **nutricional**: nutritional quality
- __ **patrimonial**: (Sp) shareholder equity

VALORES

- __ **precursor de tendencias**: bellwether security
- __ **predefinido**: (comp) default
- __ **productor**: producer price
- __ **real**: actual value; (Bol) net worth
- __ **real de una propiedad**: equity (real estate)
- __ **realizable en efectivo**: actual cash value; net realizable value
- __ **residual**: salvage value (asset); scrap value (old iron)
- __ **sin impuestos**: customs (bonded) value
- __ **sustitutivo**: (st) proxy
- __ **tasado**: appraisal or appraised value (of real estate, antiques, gems, according to a trained appraiser); assessed value, assessed valuation (of property, according to a taxing authority)
- __ **total**: aggregate value
- __ **troncal**: stumpage
- __ **usado**: secondhand value
- __ **venal**: saleable value (property), market value

valores: (fin) securities, stock, bonds, paper; (acct) assets; (fig) (archeological) treasures
- __ **a la orden**: negotiable instruments, bearer securities
- __ **absolutos, en**: in real terms
- __ **acreditados**: seasoned securities
- __ **activos realizables**: (Chi) current assets
- __ **aduaneros mínimos**: countervailing duties (an antidumping measure applied by Mercosur countries and Chile)
- __ **atípicos**: (st) outliers
- __ **bancarios**: bank paper
- __ **bursátiles**: listed securities
- __ **con interés creciente**: step-up securities
- __ **con porvenir**: growth stocks
- __ **congelados**: blocked assets
- __ **constantes, a**: at constant prices (i.e. adjusted for inflation)
- __ **corpóreos**: tangible assets
- __ **corrientes, a**: at current prices
- __ **de cartera**: investment securities; portfolio securities
- __ **de difícil colocación**: undigested securities
- __ **de explotación**: inventories, stock; (Sp) stocks and work in progress
- __ **de interés fijo**: funded securities
- __ **de porvenir**: growth stocks
- __ **de primer orden**: blue chips, gilt-edged securities
- __ **de primera clase**: blue chips, gilt-edged securities, prime securities
- __ **de renta fija**: fixed-income securities
- __ **de renta variable**: common stock, equity investment
- __ **de traspaso de activo**: pass-through securities
- __ **disponibles**: liquid assets, quick assets; (Arg) cash assets
- __ **en cartera**: securities held; items collectable; security holdings, investment securities, investment portfolio
- __ **en circulación**: outstanding securities

VALORACION

- __ **en custodia**: securities in safekeeping
- __ **inmovilizados**: fixed assets; capitalized assets
- __ **incobrables**: write-offs
- __ **incorpóreos**: intangible assets
- __ **internacionales**: international prices, world prices
- __ **materiales**: physical assets
- __ **mobiliarios**: securities (stocks, bonds)
- __ **negociables**: marketable securities
- __ **no cotizados**: unlisted securities
- __ **pasivos exigibles**: (Chi) current liabilities
- __ **patrimoniales**: capital assets
- __ **pignorativos**: collateral
- __ **públicos**: debentures; government securities
- __ **reajustables**: indexed securities
- __ **reales**: physical assets
- __ **realizables**: liquid assets
- __ **redescontables (negociables)**: (com) eligible paper
- __ **registrados**: listed securities
- __ **sin certificado de transferencia**: book-entry securities
- __ **sin historia**: unseasoned securities
- __ **singulares**: (st) outliers
- __ **solidísimos**: blue chips
- __ **subyacentes**: asset-backed securities, underlying securities
- __ **testigos**: (st) blank values
- __ **transitorios**: (asset side of balance sheet) deferred charges, deferred assets; prepaid expenses, prepayments; (Arg) unadjusted assets
- __ **transmisibles**: negotiable securities

valoración: appraisal, rating; (inventory) pricing; (sometimes) appreciation in value
- __ **aduanera**: valuation for customs purposes; customs valuation
- __ **de activos a precio de mercado**: marking to market
- __ **de activos de capital, modelo de**: capital assets pricing model
- __ **de actuación**: performance rating
- __ **de gestión**: management audit
- __ **del rendimiento**: performance rating
- __ **fiscal**: assessed valuation, assessed value (property; (sometimes) assessed tax; assessable, rat(e)able value (goods)

valorarse como: to be considered

valorización: appreciation; rise in price or value; (fig) development, production, enhancement; valuation, valuing (of companies), corporate valuation; (Per) bill of quantities; (sometimes) appraisal, rating, valorization (products); raising the price of (commodities); valuing (checks); (product) beneficiation; obtaining best return for (fish products)
- __ **económica del gas**: economic value, economic advantage of using gas
- __ **fiscal**: assessed valuation, assessed value (property; (sometimes) assessed tax; assessable, rat(e)able value (goods)
- __ **social de los maestros**: social standing of, or social regard for, school teachers

valorizar: to fix the value or price of, value, price, cost (an item); increase the value of something, raise the price of, mark up; step up (revenue), appreciate (peso); (leg) appraise, assess, estimate, evaluate; (fig) instill respect for, enhance (the image of); (Arg) cash in, convert into cash
- __ **en contraposición al dólar**: to appreciate against the dollar

valuación: valuation, appraisal
- __ **de inventario**: inventory pricing
- __ **fiscal**: assessed valuation, assessed value (property; (sometimes) assessed tax; assessable, rat(e)able value (goods)

válvula unidireccional: check valve

vanguardia, de: pioneer (technology, industry, etc)

vano extremo de un puente: end span

vaquilla: (Arg) yearling, heifer (1-2 years old)
- __ **cargada**: bred heifer

vaquillona: young heifer

vaquita marina: Gulf of California porpoise

varadero: shipyard; ship way, launching way, slip

varar: to run aground (on mud or sand)

vareo: beating down (olives)

variabilidad: volatility (of species)

variable aleatoria: random variable
- __ **ambiental**: environmental dimension (implication) (of proposed project)
- __ **artificial**: (st) dummy variable
- __ **binaria**: double variable
- __ **de holgura**: slack variable
- __ **ficticia**: (st) dummy variable
- __ **independiente (predictiva)**: (st) explanatory variable, regressor

variación: change(s); range, span (salary scale); shift, change in movement
- __ **de los ingresos reales**: real income movement
- __ **de los precios**: price movements
- __ **de precio**: (st ex) tick (securities)
- __ **de precios**: range of prices; price movements
- __ **en la estructura general de los pagos**: changes in leads and lags
- __ **estacional**: seasonal movement (prices)
- __ **neta de las existencias**: net changes in stock

variante: alternative route; change of line (road); alternative, alternative version (text); (Arg) temporary detour; (med) strain (of virus)
- __ **de la carretera**: line change, alignment change
- __ **de texto**: alternative text

varianza residual: (st) error variance; unexplained variance

variedad: variety; range (of activities, opinions); (agr) cultivar
- __ **de climas**: climatic diversity
- __ **natural**: land race (plants)

VARIANZA

__ **obtenida por selección**: (agr) cultivar
__ **pura**: true-to-type variety (seeds)
__ **xerófila (xerofítica)**: drought-resistant variety
varilla de soldadura: weldrod
__ **de zahorí**: divining rod
varillas: reinforcing bars
varios: different, diverse, motley; variable, changeable, several; miscellaneous (expenses); sundry (creditors); other (business), a number of
vaselina: mineral fat or jelly; petroleum jelly
vaso de precipitado: beaker (laboratory)
vasos comunicantes: channels of communication
vástago: scion, shoot; (sometimes) sapling; (for) sucker
vecería: alternate bearing (plant)
vecero: relating to a plant that gives abundant fruit in alternate years; alternate bearing (plant)
vecindad: (leg) legal residence; (ins) exposure
vecindades: (Mex) slums
veda: closed season (game, fish)
__ **de pastoreo**: enclosure
vedado: *n* preserve (game, fish)
veedor: (Ven) foreman, supervisor
veeduría: overseer's office; oversight, surveillance; (social) accountability
vega: flat lowland plain; meadow
vegetación, etapa de: stage of growth
__ **nativa**: natural vegetation
vegetativo: natural (increase of population)
vehemencia, con: eagerly, emphatically, ardently, warmly
vehemente: ardent, eager (desire)
vehículo a todo terreno: jeep, four-wheel drive vehicle; off (the) road vehicle, all-terrain vehicle (ATV)
__ **de lanzamiento al espacio**: space launching vehicle
__ **de reintegro**: reentry vehicle
__ **de tracción mecánica**: motor-driven vehicle
__ **de transmisión**: (med) vector (of disease)
__ **liviano**: light-duty vehicle
__ **nodriza**: fueling vehicle
__ **pesado**: heavy-duty vehicle
vehículos: (fin) instruments (capital market)
vejaciones: maltreatment
__ **y apremios ilegales**: unlawful harassment and coercion
vejamen: humiliation
vejar: to harass, humiliate
vejez: ageing
velada lírica: soirée
velar por: to watch over; safeguard (health, etc); take good care of; ensure, make sure that
velarse: to become blurred (photograph)
vello: lint, floss, fly (thread defect)
vellón: fleece
__ **jarrero**: kempy fleece
velocidad crítica: stalling speed (aircraft)
__ **de giro**: turnover rate
__ **de proyecto**: design speed

VENTA

__ **de régimen**: design speed
__ **de rotación**: turnover rate
__ **efectiva (media)**: overall speed
__ **nominal (de diseño)**: design speed
venal: (com) salable, marketable; market (value)
vencer: to fall due, mature; be the final (or closing or cutoff date) for
vencido: overdue (account); due; payable
vencimiento: expiry, expiration, maturity; due date; term, period, currency (of a bill); tenor (of an obligation, acceptance); closing date (for applications)
__ **, al**: when due
__ **común**: averaging of accounts, average due date
__ **de intereses**: interest-due date
__ **de la letra**: (com) tenor, term or currency of a bill
__ **único**: bullet maturity (loan)
vencimientos: bills due
__ **a menos de un año**: current maturities
vendedor misionero: missionary salesman
vendible: salable, marketable; merchantable (trees)
venduta: auction
venero: (min) lode, vein, seam; placer
venia, previa: after having received consent, permission, clearance
venir a los autos: to enter or include in the proceedings
venta a cualquier precio: distress selling
__ **a ojo**: sale of growing (standing) crop
__ **a prueba**: sale on approval
__ **al descubierto**: (fin) short sale
__ **automática**: automatic merchandizing
__ **callejera**: street trading
__ **compensadora**: (fin) short hedge
__ **de activos**: asset sale, asset divestiture; (sometimes) asset stripping
__ **de empresas filiales**: divestiture
__ **de liquidación**: close-out sale
__ **de préstamos por emisión de valores**: (fin) securitized loan sales
__ **de una empresa**: (Sp) divestiture
__ **definitiva**: outright sale
__ **diferida**: delayed delivery (bonds)
__ **difícil**: slow sale
__ **directa**: (fin) private sale
__ **en condiciones de favor**: concessional sale
__ **fácil**: ready sale
__ **ficticia**: wash sale (securities)
__ **forzada**: hard sell(ing)
__ **incondicional**: absolute sale
__ **insistente**: hard sell
__ **judicial**: execution sale, foreclosure sale; sale on execution, sale by judicial order
__ **líquida**: (fin) cash in
__ **parcial de activos**: (Sp) restructuring
__ **por anticipado**: pre-selling
__ **por convencimiento**: soft sell(ing)
__ **publicitaria**: promotion selling

VENTAS

__ **rápida del total de la emisión**: (fin) blowout sale
__ **sin compromiso de garantía de emisión**: best efforts sale
__ **sin garantía de suscripción total**: (fin) best efforts sale
__ **sin recurso de rescisión**: no recourse sale
ventas a futuro: futures contracts
__ **a las empresas internacionales de transporte**: bunker sales
__ **a precios desfavorables**: distress sale
__ **a precios "ruina"**: predatory pricing
__ **en abonos**: (Mex) installment sales
__ **finales**: (elec) sales to end-customers
__ **intersociales**: inter-corporate sales
__ **sin receta**: over-the-counter sales (medicines)
__ **subvencionadas**: social marketing
ventaja: advantage; benefit (of public ownership); merit; "edge"; (sometimes) leverage
__ **arancelaria**: tariff advantage
__ **comparativa**: comparative advantage; (pl. sometimes) trade-offs
__ **competitiva**: competitive advantage, competitive edge
__ **marginal**: marginal benefit
__ **onerosa**: reciprocal advantage
__ **relativa**: trade-off
__ **sobre la competencia**: competitive edge, competitive advantage
ventajas a media: mixed blessings
__ **fiscales**: tax privileges
__ **supletorias**: (Sp) fringe benefits
ventajoso: advantageous (conditions), profitable, attractive (terms); favorable (terms); paying, profitable (proposition)
ventana de construcción: adit
__ **de guillotina**: sash window
__ **de trabajo**: adit
ventanilla: (bnk) (USA) bank window; (UK) wicket
__ **automática**: automatic teller machine
__ **única**: (bnk) one-stop service, center, "shop" (for exporters, bank customers); one-stop banking; single point of access (to government services)
ventilación: (tech) aerage
ventilar: to air, discuss a matter, lay before (judge)
ventisca: blizzard, snowstorm, snowdrift
ventolina: gentle breeze
ventosa: vent, air hole
ver con simpatía: to support, look favorably on
__ **una demanda (causa)**: to hear, try a case
verse complementado por: to go hand in hand with
__ **en el caso de**: to be obliged to
__ **en sus méritos**: to be tried on its merits
veracidad: reliability (facts); truth (statement)
veranada: summer pasture
veranero: summer pasture
verbalmente: by word of mouth

VERTEDERO

verdad de Perogrullo: truism, platitude, cliché, self-evident truth
verdadero: real, true, veracious, genuine; outright, downright, nothing short of, full-scale
verde: immature (grains, etc), unripe (fruit, soya beans, etc), green (hides, goods)
verdunización: water chlorination (Verdun process)
verduras: green-leafed vegetables; green goods
vereda: path, trail; (Chi) sidewalk; (Col) village, parish
veredal: *a* (Col) community (irrigation, profile, etc)
vergel: orchard, fruit and flower garden
verificación: check, checking, check-up; control, inspection, review; audit (accounts), testing (machine); scrutiny (votes); verification (statement); performance, carrying out, fulfillment
__ **de pedidos**: requisitions control
__ **de rendimiento**: value-for-money audit
__ **esporádica (al azar)**: spot check
__ **sobre el terreno**: ground truthing (remote sensing)
verificar: to verify, check, confirm, test; carry out, effect, bring about; (acct) audit; (Ins) ascertain (damages)
verificarse: to take place, happen, occur, be held (meetings); come true
veril: base line (territorial waters); edge (of a sandbank)
__ **de peligro**: danger line
verisimilitud: likelihood
verja: grill, grating; fence; gate
vermut: a matinee (i.e. afternoon) performance (play, etc)
verraco: boar, hog
__ **reproductivo**: pig for service
versado en: proficient in; conversant, familiar with, strong, at home in, knowledgeable about
versalita: small capital letter
versar sobre: to deal with, treat a subject (in a speech)
versátil: changeable, fickle, unstable, erratic, inconstant
versión inglesa: English language version
vertedero: refuse dump; waste weir; overflow structure (sewer); drain inlet (road); spillway (dam)
__ **(abierto)**: open dump (i.e. without environmental control)
__ **controlado**: sanitary landfill
__ **de bocina**: (hydr) morning-glory spillway
__ **de excedentes**: spillway, wasteweir
verticalización: construction of high-rise buildings or housing
verticilos: whorls (fingerprints)
vertiente: slope (of a mountain); watershed; (Chi) spring; (acct) side (balance sheet)
__ **oriental de los Andes**: eastern slope of the Andes

vertientes: trends
vertiginoso: giddy, dizzy, dizzying; turbulent (times, era); fast-paced; sky-rocketing (prices)
vertimiento en los océanos: ocean dumping
vertimientos puntados: point-source discharge
veta con extracción superior/inferior: (min) overcut/undercut vein
__ **del plácer**: (min) mother lode, pay streak
veteadura: streaking (roads)
veza: vetch
vía: route; road; (railway) track; (respiratory) tract; (fig) avenue; copy of credit document; (judicial) proceeding; (leg) step, procedure
__ **administrativa**: administrative proceeding
__ **administrativa, en simple**: (leg) as a purely administrative measure
__ **administrativa, por**: through official channels
__ **contenciosa**: legal proceeding
__ **de agua**: leak
__ **de apremio**: proceeding for collection of debt
__ **de arrastre**: skid road (forestry)
__ **de comunicación**: communication route (overland route, sea lane, air lane); (sometimes) track
__ **de derecho**: recourse to legal proceedings
__ **de derivación**: branch track
__ **de enlace**: (ot) siding
__ **de gracia, por**: executive forgiveness (fine, penalty)
__ **de muelle**: (ot) dock siding
__ **de navegación**: waterway, shipping lane
__ **de recurso**: remedy at law
__ **ejecutiva**: summary proceedings for collection; execution (attachment, foreclosure, distraint)
__ **expedita**: fast track (trade negotiations)
__ **fluvial**: inland waterway
__ **jerárquica, por**: through proper, official channels; through the official's immediate supervisor
__ **judicial**: resort to law
__ **marítima, por**: by surface mail
__ **navegable**: waterway
__ **navegable interior**: inland waterway
__ **sumergible**: paved ford, Irish bridge
vías de comercialización (intercambio): channels of trade
__ **de comercio**: trade channels
__ **de hecho**: acts of violence; taking the law into one's own hands; assault and battery
__ **de hecho, amenaza de**: assault
__ **radiales**: radial arteries (roads)
__ **y medios**: ways and means
viabilidad: feasibility, soundness (of projects)
__ **técnica**: engineering feasibility
viable: viable, feasible, practicable, workable; sound (project); going (concern); affordable (financing)
viaducto: trestle

viaje: trip (fishing boat)
__ **a forfait**: all-in trip
__ **al lugar de destino**: (admin) assignment travel
__ **(de carácter) operativo**: business travel
__ **de estudio**: study tour, field trip
__ **de ida**: outward leg (of a voyage)
__ **de ida y vuelta**: (aero) round trip
__ **de negocios**: business travel
__ **de observación**: field trip
__ **de una sola dirección**: (aero): one-way trip
__ **en comisión de servicio**: duty travel
__ **organizado**: conducted tour
__ **reglamentario, en**: (admin) in travel status
__ **todo comprendido**: package tour
viajes de estudio: scholastic travel
__ **en misión oficial**: business travel
__ **nacionales**: in-country travel
vialidad: road construction; road system; highway administration; highway engineering
viático: per diem allowance, travel allowance, subsistence allowance
viceministro: deputy minister
vicio de consentimiento: mental mistake
__ **de forma**: (leg) procedural irregularity, flaw (in a document, in drafting)
__ **oculto**: latent defect
__ **propio**: inherent defect
victimario: perpetrator of a crime of violence, violent offender
vida activa: working life
__ **cultural**: cultural activities
__ **potencial**: physical life
__ **útil**: service life, useful life; economic life
vidrio cilindrado: plate glass
__ **deslustrado**: fully frosted glass
__ **despulido**: frosted glass
__ **esmerilado**: frosted glass
__ **estirado**: flat glass, sheet glass
__ **flotado**: float glass
__ **inastillable (infrangible)**: safety glass
__ **plano**: flat glass, sheet glass
vieiras: scallops
viento contrario (de proa): head wind
__ **de alambre**: guy wire
__ **de espalda (trasero, de cola)**: tail wind
__ **dominante**: prevailing wind
__ **pampero**: (Ur) winter wind
vientres: female animals for breeding (heifers, cows, ewes)
viga: beam, girder
__ **cajón**: box girder
__ **de ala ancha**: wide flanged girder
vigencia: effective date, date of entry into force (contract, policy); period during which a law, contract, custom, etc is in force, effective, in use; hence: term (contract, policy); life (project, project, program, contract, loan); currency (custom); duration (guarantee); force (treaty); effective exercise (human rights); (Col, Mex) fiscal year, availability (line of credit)

__ , a cinco años de su: five years later; a five-year review of…
__ a, dar: to give currency to
__ de la línea de crédito: (Per) availability of a line of credit
__ en curso: (Col) current fiscal year
__ hasta, tener: to be in force, effective until, run until
__ , tener absoluta: to be fully applicable; have (be in, gain) full force and effect
vigente: valid (policy); effective (date), current (time-limit), existing (policy), ongoing, in effect, in force (operation, treaty), prevailing (rate)
vigía: (Per) sick care attendant
vigilancia: surveillance, monitoring, observation; inspection, supervision, oversight
__ biológica: biomonitoring
__ , buque de: (Navy) patrol boat
vigilar: to keep an eye on, look after; monitor, watch
vigna: cowpea, black-eye pea
vigor: hardiness (animals); strength (plant growth)
__ , en: in effect, in force, operative
__ legal: force of law
__ y efecto plenos: (leg) full force and effect
vigorizar: to build up, beef up
vigueta: joist
viguetas del techo: roof purlins
vil precio: bargain price, cut-rate price
vinchuca: cone-nosed bug (vector of Chagas' disease)
vinculación: linkage, relationship, interrelation, association, tie-in
__ , sistema de: jumelage system (patent licenses)
vinculado con: associated with, tied to; varying (varies) with (price levels)
vincular: to peg (currency, prices, interest rates); link, bind; attach; plug in; associate (variables); couple
vínculo móvil: crawling peg
vínculos de concatenación regresiva: backward linkage
vindicar: (leg) to recover, regain possession of
vinicultura: wine growing; wine grape production
vinificación: wine making
vino no espumoso: still wine
vinos aromáticos: sparkling wines
__ de mezcla: wines for mixing
viñedo: large vineyard
violación: infringement, breach (of law); breaking (of rules); breach (of contract); contravention (of rule); violation (standard)
__ de domicilio (morada): housebreaking, burglary
violencia: duress
__ , con: forcibly (evict, eject)
violentar: to force, use force on; (fig) twist, distort (meaning)

violento: awkward, difficult (moment); embarrassed (of a person); embarrassing, awkward (situation); cramped (position); ill-at-ease (of a person)
virador: top rope, viol (anchor rope)
viradora: hauler (fish net)
viraje: change of direction; swing (in income distribution)
virtual: potential (source); constructive (eviction); implicit (cost); imputed (price), notional (salary); tacit (electronic payments, deposits = transactions in which no cash changes hands); (comp) virtual; consent (dividend)
virtud: capacity to produce a beneficial effect; merit
__ de, en: in/by virtue of, on the strength of, on the grounds of, in pursuance of, pursuant to, under (section, etc); under the terms of (treaty); as a consequence of (a decision)
__ de la ley, en: by operation of, in compliance with the law
__ de, tener la: to have certain qualities or properties that produce a beneficial effect, have the power to
viruta: woodwool, excelsior, wood shavings; (sometimes) wood chips; swarf
visación: consular visa requirements
visado: certified (by Consul)
visar: to mark "approved", countersign
vísceras: meat organs
viscorreducción: viscosity breaking
visible: evident, perceptible; commodity (balance); pictorial (form) (art)
visión: faculty of sight; vision; view, picture; review
__ de conjunto: overall view
__ de largo alcance: long range view
__ panorámica: overall view
__ sobre: review of
visita: visit; visitor; inspection, examination, survey; search; viewing (project, project site)
__ acompañada: conducted tour
__ de fondeo: (Mex) boarding (of ship for purpose of search)
__ de observación: field trip
__ domiciliaria: (leg) house search
__ organizada: conducted tour
visitador: enumerator (census)
__ de registro: boarding Customs officer, official, inspector; tidewaiter
visitadora social: home visitor; visiting homemaker
visitar un buque: to board, inspect a ship
visitoría: inspection, survey (marine insurance)
vislumbrar: to catch a glimpse of; conjecture, surmise
vislumbrarse: to be in the offing, be on the way, loom, come into sight indistinctly
vista: (f) (leg) oral hearing, trial hearing

__ **, a su**: in his presence
__ **de, en**: whereas, considering, in view of
__ **de este efecto, a la**: (com) on presentation of this draft
__ **de la causa**: (Arg) trial (by military court)
__ **en corte**: cut-away view
__ **en cuenta**: (Chi) (leg) hearing of an appeals court in which there are no pleadings and the court bases its decision on the report of the reporting clerk (relator)
__ **esquemática**: exploded view
__ **pública**: public hearing
vista: (m) customs inspector
__ **aforador**: customs appraiser
__ **de aduanas**: customs appraiser
visto: (leg) whereas, considering (that) (in written judgments, indicates that the judge has finished reviewing a case, and is about to set forth the applicable precepts and facts upon which the decision will be based)
__ **bueno**: the mark or formula "approved"; a release; clearance
__ **para sentencia**: (leg) examined, judged (indicates that all evidence has been heard and all statements entered) (decision still pending)
__ **y conforme**: read and approved
V°B° (visto bueno): approved; clearance, approval
vistos de un fallo: (leg) preamble of a judgment (containing the legal grounds)
visualizador: (comp) browser software
vitalizar: to breathe new life into
vitivinicultura: wine making; the wine industry
vivaz: perennial (plant)
vivencia: personal experience, consciousness; awareness
víveres: provisions (ship)
__ **y combustibles para embarcaciones**: ship's stores
vivero: seedbed, tree nursery garden; fish hatchery; live well (fishing boat), nursery pond (fish); hydrodome; rearing pond (fish)
__ **de partidas**: (for) foundation nursery
viveros de ostras: oyster racks
vivienda: housing, dwelling unit; housing unit, residential building (census)
__ **básica**: no frills housing, core housing
__ **colectiva**: multi-household or multiple-dwelling building; (sometimes) group living quarters (nursing homes, prisons, etc); (housing shortage context) doubling-up, accommodation-sharing, sharing of housing space (two or more families in one dwelling)
__ **construida por moldes neumáticos**: shell housing
__ **continua**: row houses
__ **integral**: housing package (land, shelter, utilities)
__ **mínima**: core housing
__ **múltiple**: multiple-dwelling building

__ **pareada**: semi-detached house
__ **popular**: low-cost housing; low-income housing
__ **precaria**: shanty; makeshift housing
__ **progresiva**: "no frills" housing that can be extended by homeowner
__ **propia**: owner-occupied dwelling
__ **social**: low-cost housing; low-income housing
viviendas improvisadas: shanties, hovels; makeshift housing
__ **industrializadas**: prefabricated houses
vivo: living (person, language); live (issue); vivid (description); keen (competition); lively, brisk, animated (discussion); smart, bright (person); intense, sharp (pain); (fin) outstanding (mortgage)
vizcacha: (Chi) large hare
vocación: bent, inclination, aptitude for; sense of mission, calling; (ed) professional commitment (teacher)
__ **agrícola**: agricultural potential
__ **cultural**: cultural purposes or aims
__ **de servicio público, con**: public spiritedness
__ **del suelo**: soil capability
__ **jurídica**: devotion to law
__ **latinoamericana**: commitment to Latin America
__ **minera, con**: mining-oriented
__ **, tener**: to be cut out for
vocal: member of a committee, board, etc who is not an officer; (non-executive) director (corporation)
__ **ejecutivo**: executive director; managing director, general manager
__ **en propiedad**: regular member
__ **principal**: ranking member
__ **titular (propietario)**: regular member
vocero: spokesman
__ **del sector privado**: representative of the private sector
voladura: (min) blasting
volante: flyer, leaflet; slip of paper
__ **de crédito**: credit memorandum
__ **de depósito**: deposit slip
volarse: to be spaced out (marihuana)
volatería, productos de: poultry products
volatilización: (tech) fuming (metals)
volcado en: aimed at
volcanita: (Chi) gypsum board, plaster board
volcar: to tip; pour; empty (a receptacle), turn over, overturn (automobile); channel (loans); dump
volcarse en: to do everything possible to, do one's utmost to, throw oneself into
volquete: hoist for dumping; (USA) dump truck; (UK) tip-up lorry
volteo: dumping; (Ven) dump truck; (CR) (for) felling, cutting
__ **de los árboles**: (Chi) felling
voluble: vacillating (person); unstable, fluctuating (prices)

volumen aprovechable: (for) merchantable volume, usable volume
— **comercial**: merchantable volume
— **comercializado de bananas**: banana shipments
— **corporal**: body size
— **de actividad de los muelles**: (ot) berth throughput
— **de contratación**: (st ex) volume of trading
— **de crédito (de préstamos)**: (bnk) exposure
— **de deuda**: debt stock
— **de excavación**: yardage
— **de intereses**: stock of interest
— **de la mano de obra**: size of the labor force
— **de los activos**: assets size
— **de negocios**: turnover
— **de transacciones**: volume of trade or trading
— **de un documento**: length of a document
— **del consumo de una planta**: (ind) throughput
— **del gobierno**: size of the Government
— **económico**: (Sp) total economic activity
— **edificado**: (constr) building bulk (space occupied)
— **en pie**: (for) standing volume, growing stock, (agr) standing crop
— **factible de pagos exteriores**: manageable external payments
— **global de consumo (incluido el consumo propio)**: throughput (of a plant)
— **muerto**: stable volume (reservoir)
— **útil (de embalse)**: live storage, useful storage volume
voluntad: will, disposition, intent (to do), inclination
— **de las partes**: intent of the parties; consent or free choice (of the parties)
— **tácita**: implied will
voluntariamente: purposely
voluntario: voluntary (action); willful (misconduct); intentional (damage); volunteer (plant); induced (abortion); deliberate (stockpiling); uncontested (divorce); non-contentious (jurisdiction); self-inflicted (wound); striated (muscle)
votación a mano alzada: vote by show of hands
— **cumulativa**: cumulative voting
— **con cédula**: voting by ballot
— **en un solo escrutinio**: single ballot
— **infructuosa**: deadlock
— **nominal**: roll-call vote, yea-and-nay vote
— **oral**: voice vote
— **ordinaria**: show of hand vote, vote by show of hands
— **por acuerdo tácito**: negative vote procedure
— **por correo**: mail ballot
— **por correspondencia**: mail ballot
— **por levantados y sentados**: rising vote
— **repentina**: snap vote
voto activo: right to vote
— **afirmativo**: concurring vote
— **de calidad**: casting vote
— **de desempate**: casting vote, deciding vote
— **del presidente**: casting vote
— **económico**: standing vote, rising vote
— **minoritario**: dissenting vote
— **particular**: dissenting vote
— **pasivo**: lack of right to vote but not to speak
— **preeminente**: casting vote
— **preferencial**: alternative vote
— **programático**: voting for the platform (of a candidate or party)
— **razonado**: explanation of vote
— **reservado**: dissenting vote
— **salvado**: dissenting vote (judge disagrees with finding); separate vote (judge disagrees with one or more grounds for the finding but not with the finding itself)
— **secreto**: vote by ballot, secret ballot
votos en bloque: unit (of votes)
voz cantante, llevar la: to call the shots; command, manage, be in charge
— **pero sin voto, con**: without the right to vote
— **y voto, con**: with the right to vote
vuelco: (political) change, shake-up, turn (of events); turnabout (economy); dumping; (agr) lodging of crops
— **de fondos de inversionistas**: contributions of investors
vuelo: crown (tree)
— **autónomo**: solo flight
— **colonizador**: (for) second growth
— **contratado (fletado)**: charter flight
— **de fletamiento**: charter flight
— **de itinerario**: scheduled flight
— **de segunda formación**: (for) second-generation growth
— **de servicio**: operational flight
— **de transbordo**: connecting flight
— **de travesía**: cross-country flight
— **futuro**: (for) future stand
— **puramente carguero**: all-cargo flight
— **regular**: scheduled flight
— **sin escala**: non-stop, direct, or through flight
vuelos: (Per) lights (easement)
— **direccionales**: flights in one direction only
— **particulares**: individualized flights
vuelta, a la: at the end of, after (6 years); (acct) carried forward
vulgar: ordinary (person); popular (opinion); everyday, commonplace (topics)
vulgarización: popularization, diffusion of knowledge; extension course
— , **servicios de**: (agr) advisory services, extension services
vulgarizador: (agr) advisory officer
vulnerabilidad acreedora: credit exposure
vulnerable: high-risk (population); at risk (population), disaster-prone (area)

W

warrant: warehouse warrant, dock warrant, produce warrant, (fin) warrant (to buy additional capital stock)
__ **ejercitado por terceros**: (fin) detachable warrant
__ **ejercitado sólo por el obligacionista**: (fin) non-detachable warrant
__ **independiente**: (fin) stand-alone warrant

X

xerófilo (xerofítico): drought-resistant (species, plants)
xilología: wood technology

Y

y demás: etc, etc,
__ **finalmente, pero no por ello menos importante**: last but not least
__ **más que todo**: and especially
__ **mucho menos**: let alone
__ **para colmo**: to make matters worse
__ **si fuera poco**: and to top it all
ya en (1910): as far back as (1910), back in 1910, as early (recently) as 1910
yac(i)ente de filón: (min) floor of a vein
yacija: bed; (Sp) litter for animals, bedding litter
yacimiento: mineral deposit; coal, oil, natural gas field; bed; seam
__ **de mineral**: ore deposit
__ **en aluviones**: placer deposit
__ **estannífero**: tin-bearing deposit
__ **geotérmico**: geothermal field or reservoir
__ **mar adentro (submarino)**: offshore field (oil)
__ **marino**: offshore field
__ **rentable**: commercial deposit
yambo: (DR) rose apple
yame: old coco yam
yanacón: (Per) sharecropper
yapa (ñapa, llapa): a small extra given by shopkeeper on a purchase (in order to win a customer)
yautia: new coco-yam, yautia
yeguarizos: (Ur) horses
yerba: grass
__ **mate**: Paraguayan tea
yermo: waste land, wild land
yeso: gypsum, plaster of Paris
__ **mate**: plaster of Paris; plasterboard
yuca (amarga, brava): manioc, cassava
yucca: agave
yungas: (Per, Bol, Ec) warm valleys
yuyo: (Arg) weed, herb
__ **, té de**: herb tea

Z

zabordar: to run aground, strand (ship)
zacatal: (Mex) pasture
zacate: (Mex) grass; forage, fodder
zacatín: market place
zafra: sugar crop; sugarcane harvest; harvest season; harvest
__ **de aceituna**: olive crop (harvest)
__ **lanera**: (Ur) wool clip
__ **pecuaria**: offtake
zafral: (Ur) seasonal
zaga, ir a la: to lag behind
zahena: sorghum
zahorí: water diviner, dowser
zahorra: sand ballast (ship)
zaleas: skins in the wool, fleeces
zamarra: slab (zinc); puddle ball
zampeado: foundation course, floor, grillage
zampear: to pave, riprap; strengthen with a grillage
zamuro: (Ven) scavenger (waste disposal)
zancudo: (Guat) mosquito
zanja: trench, ditch; (irr) distribution ditch; cable troughing; burrow pit
__ **a cielo abierto**: open field drain
__ **contra fuego**: cut-off trench
__ **de cimentación**: (constr) foundation pit
__ **de coronamiento**: intercepting ditch
__ **de desagüe**: outfall ditch
__ **de deslinde**: boundary ditch
__ **de desviación**: (irr) deviation ditch
__ **de evacuación**: disposal trench (sewage)
__ **de préstamo (terraplén)**: borrow pit
zanjar: to adjust (settle a dispute)
__ **una dificultad**: to obviate, surmount, overcome, get around, arrange a difficulty
zanjón: gorge, gully, deep ditch
zapallo: marrow, pumpkin
zapapico: mattock
zapatos: (Arg) footings
zapote: marmalade plum, sapodilla plum
zaranda: screen, sieve
zaraza: chintz
zarpa: wall footing; (Chi) berm; (ot) weighing anchor, departure (of ship); sailing; clearance, clearance papers
zarpar para: to sail for
zarzamora: blackberry
zarzaparrilla roja: red currant
zero labranza: zero tillage
zigzag, en: staggered
zizania: wild rice
zoarce: ling, eelpout (burbot)
zócalo: baseboard, skirting board

__ **continental**: continental platform, sill or basement
zona acotada: enclosure (fenced area)
__ **aislada**: remote area
__ **atmosférica**: airshed
__ **azotada**: blighted area
__ **azul**: restricted parking area
__ **bajo riego controlado**: (irr) command area
__ **bancaria franca**: offshore banking center
__ **comercial**: business district, trading area
__ **damnificada**: distressed area, affected area, emergency area, disaster area
__ **de alimentación**: recharge area (water)
__ **de captación**: catchment area (water supply, education)
__ **de colonización**: settlement area
__ **de compartición**: (TC) sharing zone
__ **de concentración industrial**: industrial estate, industrial park
__ **de contratación de mano de obra**: labor shed
__ **de descarga**: dump(site), dumping ground, disposal site
__ **de descarga en el muelle**: wharf apron
__ **de desempeño difícil**: (admin) hardship area
__ **de desove**: spawning ground (fish)
__ **de ensanche**: (urban) development area
__ **de evolución**: turning basin (port)
__ **de extracción petrolera**: oil field
__ **de influencia**: (ed) catchment area (students); (ot) hinterland (port); service area (project)
__ **de inmigración**: receiving area
__ **de libre cambio**: foreign trade zone
__ **de los muelles**: water front, dock area
__ **de matrícula**: (ed) catchment area
__ **de soberanía económica exclusiva**: exclusive economic zone
__ **de temporal**: (agr) rainfed area
__ **de tolerancia**: "red light" district
__ **demorada**: backward area, underdeveloped or backward area; (sometimes) underserved area
__ **deprimida**: depressed area
__ **difícil**: (admin) hardship area
__ **edificada**: built-up area
__ **expuesta a la sequía**: drought-prone area
__ **franca**: foreign trade zone, customs-free area
__ **franca industrial**: export processing zone
__ **frente a la costa**: offshore area
__ **indemne**: (med) disease-free area
__ **industrial**: industrial estate, industrial park
__ **interior**: (ot) hinterland (of a port)
__ **intermedia**: middle ground
__ **lechera**: dairy belt, milkshed
__ **maderera**: timber tract
__ **maquiladora**: export processing area
__ **mar adentro**: offshore area
__ **marítima terrestre**: shore area
__ **monetaria**: currency zone
__ **necesitada**: depressed area
__ **petrolífera**: oil belt
__ **regable**: irrigated area
__ **rezagada**: backward or underdeveloped area; (sometimes) underserved area
__ **silvestre protegida**: wildlife management area
__ **urbanizada**: serviced area, lot or site; built-up area
__ **vedada**: off limits
__ **verde**: landscaped area, green belt, recreational area
zonas deshabitadas: wilderness areas
__ **pantanosas**: wetlands
__ **silvestres**: wilderness areas, wild lands
zootecnia: animal husbandry, animal breeding
zootecnista: animal husbandry specialist
zorra: (min) (low frame, wheeled) hand truck
zostera: eel grass (lake)
zozobrar: to capsize, turn turtle (of a ship)
zubia: marsh
zuncho: hoop; iron strap; iron band; steel strapping
zurdera: (ed) left-hand preference
zuro: corncob without grains